A LINGUAGEM DE BION

CONSELHO EDITORIAL
André Costa e Silva
Cecilia Consolo
Dijon de Moraes
Jarbas Vargas Nascimento
Luis Barbosa Cortez
Marco Aurélio Cremasco
Rogerio Lerner

Blucher

PAULO CESAR SANDLER

A linguagem de Bion

UM DICIONÁRIO ENCICLOPÉDICO DE CONCEITOS

A linguagem de Bion: um dicionário enciclopédico de conceitos
© 2021 Paulo Cesar Sandler
Editora Edgard Blücher Ltda.

© 2005, *The Language of Bion a Dictionary of Concepts*. Karnac Books, Londres; atualmente, Routledge (Taylor & Francis)

Publisher Edgard Blücher
Editor Eduardo Blücher
Coordenação editorial Jonatas Eliakim
Tradução Daniela Sandler e Giovana Del Grande
Produção editorial Isabel Silva
Diagramação Taís do Lago
Preparação de texto Maurício Katayama e Milena Varalo
Capa Leandro Cunha
Imagem da capa Flávio de Carvalho (*copyright*, The Estate of W.R.Bion; reprodução para este livro autorizada por Francesca Bion)
Retrato do autor Elisabetta Castello, Genova (cortesia Elisabetta Castello Art Studio)

Blucher

Rua Pedroso Alvarenga, 1245, 4° andar
04531-934 – São Paulo – SP – Brasil
Tel.: 55 11 3078-5366
contato@blucher.com.br
www.blucher.com.br

Segundo o Novo Acordo Ortográfico, conforme 5. ed. do Vocabulário Ortográfico da Língua Portuguesa, Academia Brasileira de Letras, março de 2009.

É proibida a reprodução total ou parcial por quaisquer meios sem autorização escrita da editora.

Todos os direitos reservados pela Editora Edgard Blucher Ltda.

DADOS INTERNACIONAIS DE CATALOGAÇÃO NA PUBLICAÇÃO (CIP)
ANGÉLICA ILACQUA CRB-8/7057

Sandler, Paulo C.
    A linguagem de Bion : um dicionário enciclopédico de conceitos / Paulo C. Sandler ; tradução de Daniela SAndler, Giovana Del Grande. -- São Paulo : Blucher, 2021.
    1304 p.

Bibliografia
ISBN 978-65-5506-235-9
Título original: *The Language of Bion a Dictionary of Concepts*

1. Psicanálise - Dicionários 2. Bion, Wilfred R. (Wilfred Ruprecht), 1897-1979 3. Psicanálise - Língua e linguagem 4. Psicanálise - Conceitos I. Título II. Sandler, Daniela III. Del Grande, Giovana

21-1207   CDD 150.19503

Índice para catálogo sistemático:
1. Psicanálise

AGRADECIMENTOS

Para Ester, Daniela, Luiz, Clara, Beatriz, Isadora, Carolina e Antoine, razões de vida; e meus pais, Dr. Jayme Sandler e D. Bertha Lerner Sandler, que me deram à vida.

Para Francesca Bion, pelos estímulos fundamentais para que este dicionário viesse à luz, fazendo leituras e correções na gramática em muitos dos verbetes, incluindo sua autorização especial para a reprodução de citações longas da obra de Wilfred R. Bion, mantidas por seus filhos, Nicola e Julian Bion – a quem também dedico o livro.

Para James Grotstein, que utilizou duas cópias da versão em inglês; uma, como livro de cabeceira em sua residência, e outra, para uso em seu consultório. Francesca e Jim, infelizmente, não estão mais entre nós e não poderão ver esta nova materialização, incorporada no Dicionário em língua pátria, pela Editora Blucher – para cuja dedicadíssima equipe de publicação, dirigida por Eduardo Blucher e organizada por Jonatas Eliakim e, em uma primeira fase, por Bonie Santos, também dedico o livro. É uma editora cujo cuidado é idêntico aquele que encontrei em todas as editoras estrangeiras com as quais tive a oportunidade de trabalhar – e as supera em alguns aspectos.

Para os que arcaram com a difícil função de fazer esta versão em português de boa parte dos verbetes: Daniela Sandler, Patricia Lago e Beatriz Aratangy Berger.

Para Antonio Sapienza, um dos mais conhecidos e respeitados analistas em nosso meio, um amigo tão irmão como todo irmão poderia ser.

6

Prefácio

O leitor é convidado a ser escoltado pelo caminho que Paulo Cesar Sandler desdobra neste livro. Na minha opinião, o autor incorpora seriedade, sutileza e independência crítica em seus julgamentos sobre as instigações e contribuições complexas de Wilfred Bion. O Dr. Sandler consegue iluminar o enorme labirinto que caracteriza o trabalho de Bion e nos oferece uma lista completa de entradas abrangentes na forma de um dicionário.

O dicionário é baseado em uma leitura crítica que se constrói em um estudo histórico-genético sobre as ideias de Bion. Em suas entradas, o leitor pode encontrar as afinidades e raízes de Bion em seus ancestrais psicanalíticos, Freud e Klein. Além disso, o autor mostra as relações estreitas que esses três autores mantêm entre si. Ele também lida com a tarefa de exibir com clareza as diferenciações e particularidades que caracterizam as contribuições de Bion para a psicanálise contemporânea. E o faz como um cientista fiel e com devoção ao método psicanalítico.

Vou comentar especificamente sobre uma única entrada neste prefácio: "Trabalho onírico alfa". Pode servir como um modelo e um exemplo que ilustra a graça do autor em tornar um conceito exaustivo mais claro para a mente do leitor ao incorporá-lo às observações de Freud. Esta entrada é filtrada por rolamentos em Filosofia e Filosofia da Matemática e sua validação decorre de fatos clínicos. Convido a ler esta entrada como uma valiosa amostra do dicionário. Nela, o Dr. Sandler apresenta ao leitor trechos dos textos de Bion escritos de 1959 a 1960, publicados em *Cogitations* (1992). Ele traça um eixo progressivo que permite seguir a crescente distinção entre o trabalho onírico alfa e a teoria da função alfa. O leitor é então capaz de seguir a gênese das propostas de Bion sobre os elementos alfa e beta, que por sua vez apoiarão as partes psicóticas e não psicóticas da personalidade.

Ler esta entrada é uma experiência gratificante. O autor convida o leitor a acompanhá-lo, passo a passo, nas incursões às irradiações heurísticas. Ele aprofunda nossa compreensão da proposta freudiana sobre a questão do "sonhar a sessão". Além disso, ele permite a diferença entre as atividades ideogramáticas e simbólicas propriamente ditas. Este último baseia-se na vivência da posição depressiva.

Durante esse escrutínio, o Dr. Sandler pondera sobre as dimensões do espaço e as relações de ligação que surgem tanto do mundo apreensível sensual quanto do mundo da realidade psíquica. Vamos considerar um indivíduo, uma única pessoa. Alguns dos modos desse indivíduo de sentir e conhecer o Universo são indicados — pois o autor fornece esses modos únicos, que compõem os caminhos desse indivíduo, bem como seus planos. Pode-se compreender os modos psicótico e não psicótico de funcionamento; eles mantêm uma relação próxima com o estoque de elementos alfa desse indivíduo, bem como a proficiência do mesmo indivíduo em armazená-los. Os elementos alfa são baluartes que garantem a adequação daquilo que separa o Inconsciente do Consciente. A adequação desse sistema é entendida aqui como sua manutenção, vitalidade e vigor.

Ao terminar esta entrada, o Dr. Sandler enfatiza o funcionamento do "idealista ingênuo", uma definição que ele propõe como correspondente ao "realista ingênuo" de Kant. Este é um estereótipo de personalidade, abarrotado de elementos beta. Ele sobrevive com base em sua capacidade de desenvolver uma intensa atividade mental, cuja marca registrada é o uso predominante da identificação projetiva. Pode-se fazer uma analogia desse tipo de personalidade com um "extrusor" de pensamentos "crus e primitivos" - procurando alguém para digerir, refinar e refletir sobre eles.

O leitor que consultar as entradas neste dicionário descobrirá que ele é um trabalho de artesanato bonito, completo e profissional. Para citar apenas mais um exemplo, a entrada "Psicanálise Real" lança o leitor nos caminhos criativos de Bion, que ele abriu em sua generosa trilogia *A Memoir of the Future* (1975, 1977, 1979). Algumas questões interessantes são levantadas neste fragmento valioso deste texto: *existe alguma relação entre a vida real e a psicanálise? Se existe, quais são os aspectos positivos disso? Quais são as limitações da psicanálise em face da turbulência emocional? Qual é o valor dos mitos e modelos na situação analítica? Qual a relação entre sentimentos de sofrimento e seu uso como base de experimentação? Existem perigos envolvidos em uma análise real? O que eles são?* O Dr. Sandler atende à curiosidade do leitor e o convida a expandir suas ideias. Este é um livro que vale a pena consultar e um bom companheiro para uma pesquisa psicanalítica sofisticada. Uma semeadura fértil e uma safra segura de enriquecimento pessoal recompensarão o leitor deste volume.

Antonio Sapienza – analista didata da Sociedade Brasileira de Psicanálise de São Paulo

Conteúdo

Agradecimentos 5

Prefácio 7

Introdução 17

    O Tempora, o Mores 17

    Apreensão da realidade e comunicação 20

    Princípios gerais do conteúdo deste dicionário 23

    Obscuro e difícil? 24

    Princípios gerais deste dicionário 31

    O âmbito numênico e o etos da psicanálise 32

    Poucas teorias 38

    Abreviaturas 40

    Convenções 40

    Versões brasileiras publicadas inicialmente pela Imago Editora 41

    Versões brasileiras publicadas pela Editora Blucher 41

Pós-escrito para a edição brasileira 43

    Uma história 44

    Modo de Usar 46

A 53

    Alfa (α) 53

    Alucinação 53

    Alucinose 61

    Análise apropriada / interpretação apropriada 64

    Análise bem-sucedida 64

    Analogia 65

    Animado e inanimado 67

    Animal que faz ferramentas (Tool-making animal) 71

    Aparato (ou aparelho) sensorial 76

    Argumento circular 79

    Arrogância 82

B 83

    Barreira de contato 83

    "Bioniano" 86

C 90

    Catástrofe, mudança catastrófica 90

    Causa-efeito; causalidade 107

Prefácio

Causas e a seta do tempo 115
Causas e moralidade 119
Cesura 121
"Ciência versus religião" 128
Círculo, ponto e linha 178
Clivagem forçada 195
Comensal 197
Compaixão 198
Compreensão 202
Comunicação 202
Conceito 203
Concepção 204
Confronto 209
Conjunção constante 210
Contido: comunicações do paciente 211
Continente/contido 212
Contratransferência 228
Controvérsia 234
Correlação, relação, relacionamento 243
Crença 246
Culpa 246
Cura 246
Curiosidade 251

D 252
D 252
Desastre 252
Desconhecido, incognoscível 257
Desejo 261
Desenvolvimento (Development) 261
Desenvolvimento (Growth) 265
Disciplina sobre memória, desejo e entendimento 275
Disposições, disposição 276
Distância 278
Divindade 278
Dor 278

E 285
Édipo 285
Elementos-alfa 311
Elementos-beta 313
Elementos de psicanálise 316

A linguagem de Bion

Equação pessoal 322
Espaço mental 323
Esquizofrenia, uma teoria da 325
Estar-uno-a-si-mesmo (At-one-ment) 335
Estupidez 350
Evidência direta 350
Experiência emocional 350

F 361
Fama 361
Fato selecionado 361
Fatores e funções 365
Fatos 367
Fé, ato de fé (Faith, act of faith) 376
Fenômenos 379
Filosofia 379
Frustração, tolerância à 388
Função-alfa 390
Função-verdade 399

G 400
Gagueira 400
"Grade" (Grid) 403
Grupo 410

H 411
H 411
Hipérbole 411
Horda 418

I 419
Ideia 419
Identificação projetiva 421
Imaginação 425
Inefável 435
Infra-sensorial 436
Instituição (Establishment) 436
Interpretação 443
Interpretação, conteúdo 454
Intuição 456
Invariância 474
Inveja 476

Prefácio

J	478
Jargão	478
Julgamentos	484
Jung	489
K	491
K	491
"Kleiniano"	500
L	508
L	508
Linguagem de Consecução (Language of Achievement)	508
Linguagem de Substituição	517
Linha	517
Literatura (e estilo literário de Bion)	518
Lógica	527
M	529
Manipulação de símbolos	529
Matematização da psicanálise	539
Medicina	595
Medo	599
Memória	602
Memória-sonho	602
Menos (ou negativo)	603
Menos H (–H)	632
Menos K (–K)	632
Menos L (–L)	637
Mente	638
Mentira	650
Metateoria	670
Método científico	671
Místico	743
Mito, mito privado	745
Modelos	753
Multiplicidade de teorias	758
N	762
Não-coisa	762
Não-seio	762
Não-sensorial	763
Narcisismo e social-ismo	764
Negativo	770

A linguagem de Bion

O 771

"O" 771

OBJETIVOS DE UMA PSICANÁLISE 780

OBJETO PSICANALÍTICO 780

OBJETOS BIZARROS 787

ÓDIO 793

OPINIÃO (DO ANALISTA) 794

P 807

PARAMNÉSIAS 807

PARAMNÉSIAS "PSICANALÍTICAS" 808

PARASÍTICO 808

PAREAMENTO (CASAMENTO) DE PRÉ-CONCEPÇÕES COM REALIZAÇÕES
[MATING (OR MATCHING) OF PRE-CONCEPTIONS TO REALIZATIONS] 809

PARTE NEURÓTICA DA PERSONALIDADE 811

PARTE PSICÓTICA DA PERSONALIDADE 811

PÊNIS 811

PENSAMENTOS SEM PENSADOR 812

PENSAMENTOS VERBAIS 824

PENSAMENTOS VERBALIZADOS 824

PENSAR, UMA TEORIA DO; OU UMA TEORIA DO PENSAMENTO 828

PENUMBRA DE ASSOCIAÇÕES 830

PERSONALIDADE NÃO-PSICÓTICA 835

PERSONALIDADE PERTURBADA 835

PERSONALIDADE PSICÓTICA E NÃO-PSICÓTICA
(OU PARTE PSICÓTICA DA PERSONALIDADE E PARTE NEURÓTICA DA PERSONALIDADE) 841

PERSPECTIVA REVERSÍVEL 849

PONTO 852

POSIÇÃO DEPRESSIVA 853

PRÉ-CONCEPÇÃO, PRECONCEPÇÃO, PREMONIÇÃO 855

PRÉ-CONCEPÇÃO DO ELEMENTO-ALFA EDIPIANO
(ALPHA-ELEMENT OEDIPAL PRE-CONCEPTION) 866

PRÉ-CONCEPÇÃO EDIPIANA DO ELEMENTO-ALFA 867

PREMONIÇÃO 868

PRESSUPOSTOS BÁSICOS 868

PRINCÍPIO DE REALIDADE 872

PRINCÍPIO DE INCERTEZA 872

PRINCÍPIO DO PRAZER / DOR 879

PRINCÍPIOS DO FUNCIONAMENTO PSÍQUICO
(OU PRINCÍPIOS DO FUNCIONAMENTO MENTAL) 879

PROTO-RESISTÊNCIA 882

Prefácio

PSICANÁLISE CLÁSSICA 883
PSICANÁLISE INTUITIVA, INTUIÇÃO PSICANALÍTICA TREINADA 884
PSICANÁLISE REAL/ANÁLISE REAL/ ANÁLISE APROPRIADA/
  INTERPRETAÇÃO APROPRIADA 884
PSICOLOGIA BI-PESSOAL 935
PS⟺D 936

R 937
RAZÃO 937
REALIDADE SENSORIAL E PSÍQUICA 942
RELAÇÃO 949
RESISTÊNCIA 952
RÊVERIE 954
REVERSÃO DA FUNÇÃO-ALFA 959

S 961
SATISFAÇÃO 961
SATURAÇÃO 963
SAÚDE MENTAL 973
SEIO, BOM E RUIM 977
SENSAÇÕES, SENTIMENTOS, AFETOS, EMOÇÕES 984
SENSO COMUM 997
SENSO DA VERDADE (OU SENTIDO DE VERDADE) 1003
SENSORIAL 1005
SENTIMENTOS 1009
SETA DUPLA: SINAIS E SÍMBOLOS QUASE MATEMÁTICOS 1009
SEXO 1018
SIMBIÓTICO 1025
SISTEMA DEDUTIVO CIENTÍFICO 1025
SOCIAL-ISMO 1027
SONHAR O MATERIAL PROVENIENTE DO PACIENTE 1027
SONHO 1038

T 1044
T 1044
Tα 1044
Tβ 1044
TELA BETA 1045
TEORIA CLÁSSICA 1047
TEORIA DE OBSERVAÇÃO PSICANALÍTICA 1049
TEORIAS 1055
TEORIZAÇÃO AD HOC 1057
TERROR, TERROR SEM NOME 1057

A linguagem de Bion

Terror sem nome 1057

Tornar-se 1059

Trabalho onírico alfa (α) 1062

Transferência 1101

Transformação; Transformações e Invariâncias 1103

Transformações, modos de 1124

Transformações: sinais 1125

Transformações em alucinose 1127

Transformações em K 1144

Transformações em −K 1144

Transformações em movimento rígido 1145

Transformações em O 1145

Transformações em psicanálise 1145

Transformações projetivas 1152

Tropismos 1153

Turbulência emocional ou turbulência psicológica 1156

Turbulência psicológica 1163

U 1164

Ultra-sensorial, infra-sensorial, ultra-humano, infra-humano,
ultra-lógico, infra-lógico, infra-conceitual, infra-intelectual,
infra-visual: 1164

Universidade 1203

V 1207

Verdade 1207

Verdade absoluta 1218

Vértice 1221

Vínculo 1227

Vínculo H 1235

Vínculo L 1235

Violência de emoções 1235

Visão analítica 1237

Visão binocular 1277

Visão pública, ou Opinião pública (Public view) 1282

Y 1288

Y 1288

Referências 1289

16

INTRODUÇÃO

"Há escassez de tempo; de conhecimento; de competência. Portanto, o ato de escolher torna-se algo de fundamental importância – escolha de tempo, teorias e fatos observados." (Bion, *Cogitations*, Agosto de 1975).

"P.A.: Há um perigo na crença de que psicanálise seja uma nova abordagem a um recém descoberto perigo. Se os psicanalistas tivessem visão abrangente da história do espírito humano, poderiam avaliar a real extensão desta história de assassinato, fracasso, inveja, engano (Bion, *A Memoir de Future*, 1979, p. 571).

O TEMPORA, O MORES

"...termos técnicos desgastam-se, tornando-se um tipo de moedas que perderam seu valor facial. Precisaríamos manter estes termos técnicos em boas condições de uso." [*Bion's Brazilian Lectures* II, p. 87]

ALICE: Daquilo que tenho ouvido, tanto complacência como ignorância dos psicanalistas faz com que lhes seja difícil dar qualquer passo adequado para aperfeiçoar a si mesmos ou à psicanálise. [*A Memoir of the Future*, vol. III, p. 571]

O inconsciente é a verdadeira realidade psíquica; em sua natureza mais profunda, nos é tão desconhecido quanto o é a realidade do mundo externo; **sua apresentação pelos dados da consciência é tão incompleta como os dados do mundo externo nos são incompletamente apresentados através de sua comunicação pelos nossos órgãos sensoriais** (Freud, 1900, p. 613; grifos de Freud.)

O que se segue é a versão em português de um livro escrito, originalmente, em inglês. Este livro constitui-se como resultado de uma conjunção de muitos fatores, dentre os quais, constantes solicitações de vários colegas. De modo especial, aquelas feitas pelo Doutor Carlos Alberto Gioielli, a quem manifestamos profunda gratidão. O Dr Gioielli, psiquiatra respeitado, não está mais entre nós. Iniciou seus estudos na Faculdade de Medicina da Universidade de São Paulo e iniciou-se na psiquiatria, por coincidência, sob a orientação de meu pai. Frequentou, entre 1992 e 1999 o que denominei de "conversas", havidas com vários colegas na Sociedade Brasileira de Psicanálise, a respeito da apreensão da realidade psíquica, colaborando para que

Introdução

outra obra viesse à luz: uma investigação transdisciplinar sob o vértice psicanalítico, a respeito de origens e raízes da psicanálise, e sua descoberta por Freud.

Tenho necessidade de mencionar também os candidatos à formação psicanalítica, hoje membros da Sociedade Brasileira de Psicanálise de São Paulo, além dos alunos do curso de pós-graduação senso lato sobre psicoterapia psicanalítica da Universidade de São Paulo, quando este curso era dirigido pelo Prof. Ryad Simon. E também os 600 compradores da edição inglesa que residem no Brasil.

Outro fator coadjuvante para a escrita deste dicionário pode ser iluminado com a seguinte elaboração dialógica imaginária, mas nada fantasiosa, feita por Bion. Esta elaboração, que tomou o nome de *A Memoir of the Future,* é formada por representações verbais de objetos parciais de Wilfred R. Bion, extraídos de sua experiência psicanalítica, indivisível de suas experiências de vida, que perdurou por mais de oitenta anos. Este texto teve sua primeira versão para uma língua estrangeira publicada no Brasil; foi objeto de outras obras do autor deste dicionário. No texto a seguir, o leitor poderá "conhecer" uma representação verbal de um ministro religioso versado em história e ciência, e um psicanalista, tomados genericamente:

SACERDOTE: ....Será que sua experiência sustenta a ideia que alguém dedique a este assunto algum pensamento sério? Daquilo que vejo nos psicanalistas, eles não sabem o que é a religião; simplesmente transferem sua lealdade de um sistema de emoções indisciplinado, eivado de desejo, para outro sistema. Ouvi psicanalistas discutindo; sua própria discussão trai todas as características que tenho reconhecido como patognomônicas de uma espécie de religião primitiva, indisciplinada, intelectualmente desestruturada. Discutem acaloradamente, aduzindo motivações nacionais, racionais, estéticas e outras, coloridas emocionalmente para sustentar sua marca particular de atividade.

P.A.: Não nego que façamos tudo isto, mas na realidade continuamos a nos questionar, e a questionar nossas motivações, de um modo disciplinado. Podemos não ter sucesso, mas também não desistimos da tentativa.

SACERDOTE: Odeio parecer estar julgando, mas tenho que fazê-lo, para avaliar tal evidência como a recebo, já que ela toca a minha vida privada e minha responsabilidade pelos meus próprios pensamentos e ações. Vocês tem tantas seitas de psicanalistas quanto as que existem em qualquer religião que eu conheça, e igual número de "santos" psicanalíticos, cada qual com sua respectiva procissão de devotos. Estou convencido da força da posição científica na prática psicanalítica. (*A Memoir of The Future*, p. 544-4)

A expressão "procissão de devotos" pode refletir – e talvez, na maior parte dos casos, reflita mesmo – tendências idealistas. Desde os anos 80 o fenômeno, "procis-

A linguagem de Bion

são de devotos" tem se popularizado, como modismo, sob o nome, "leituras". Seus adeptos, em verdadeiro "trio elétrico" do textualismo idealista, fazem parte de um tipo de banda barulhenta, auto-denominada pós-moderna. Em sua base, parece-me haver um estado mental pleno de religiosismo, esclarecido por Freud em muitas obras, como o comentário psicanalítico sobre o livro memórias do Juiz Paul Daniel Schreber, *O Futuro de uma Ilusão, Psicologia das Massas e Análise do Ego e Moises e o Monoteismo,* depois desenvolvidos por Bion em *Experiencia em Grupos* e *Cogitações:* nós, seres humanos em estados de alucinose e também delirantes, fantasiamos poder projetar nossa própria onipotência e onisciência em alguma entidade divinizada. É duvidoso que tal atitude seja aceita por teólogos – uma questão levantada desde o princípio dos tempos, pela chamada tradição mística, sempre cassada ou caçada pelo establishment religioso. Há uma diferença, observada por Bion pelo menos desde 1965, entre uma atitude de temor reverencial (termo cunhado por Bion em 1967: *Cogitations*, p. 285) e projeção de onipotência. A mesma questão aparece de uma maneira particular em organizações que se apresentam como não-religiosas: a pessoa lê a obra de um autor, mas substitui o que o autor quis dizer por suas próprias ideias.

O aspecto religioso é marcado por cegueira fanática do leitor, fiel às suas próprias idiossincrasias; ele as considera como refletindo descobertas do autor que se leu, mas não apreendeu. Uma complicação adicional ocorre quando tal fidelidade ocorre com textos de autores que também compartilham a mesma tendência – auto-intitulados "discípulos", exercendo autentico apostolado daquilo que desconhecem, mas imitam. A tendência é tão antiga quanto a filosofia. Recebeu vários nomes ao longo do tempo: subjetivismo, idealismo e, nos tempos de Freud, solipsismo - que se referiu a ela em seu artigo "A Questão de uma Weltanschauung"[1] (*SE*, XXIII).

Estes leitores não tentam avaliar se um determinado conceito ou um determinado evento formulado e descrito num texto, mantem – ou não - alguma contrapartida na realidade. Esta ocorrência determinou outro fator na decisão de escrever este dicionário: a observação de que prevalece a tendência idealista, até agora não-examinada, no movimento psicanalítico. Pode-se conceituar idealismo como antiga falácia onipotente, que dita que o universo e a própria realidade são produtos da mente humana. Ideia tentadora para muitas pessoas, marcadamente popular. Típica de crianças bem pequenas, e de psicóticos aprisionados em estados paranoides. Uma vez instalada, espalha-se mais facilmente do que água passando por uma parede podre, ou pelos dedos da mão tentando contê-la – por sedenta que esteja.

John Ruskin, poeta, literato, pintor e arquiteto, introdutor de um sistema de ensino na época vitoriana, que se mantem universalizado até hoje. Um, dentre os

---

[1] Termo alemão a rigor intraduzível, hoje globalizado, em algumas disciplinas, como teoria da ciência, cujas versões mais correntes tem sido "visão de mundo˜ ou "cosmologia". Die Welt, mundo, ou universo; Anschauung: apresentação, e também intuição.

Introdução

autores admirados por Bion, que citou *Sesame and Lilies* (Sésamo e Lírios) em *A Memoir of the Future*. Nesta obra, hoje clássica, Ruskin menciona exemplos do estrago causado quando leitores se recusam procurar o sentido original dos autores, tentando substituí-lo por suas próprias ideias. Paradigmáticos desta atitude, os auto-intitulados "pós-modernistas", que perdem de vista o fato de que maneiras pessoais de formular uma leitura – um ato indispensável – são confundidas, de modo despercebido, com atos de distorcer aquilo os reais autores realmente escreveram; privilegia-se, no mais profundo "idealismo" (ou subjetivismo, ou solipsismo), a ideia personalista, e não a ideia do autor. Uma espécie de uso-capião da obra, onde todos são autores e ninguém é autor. Perde-se de vista que "invariantes em literatura", na advertência de Bion em *Transformations*, página 3, dificilmente garantem o encontro dos sentidos originais dos autores. Fato demonstrado por Freud, que se deu conta de um numero excessivo de leitores que "entendiam" seus estudos sobre histeria como se fossem *roman à clef* ou até mesmo pornografia.

Como psicanalistas, temos oportunidade talvez única – e muitas vezes, desperdiçada – de diminuir nossas interferências idiossincráticas e propensões que muitas vezes nascem de preconceitos e nunca evoluem a partir disto – pois temos condições em adquirirmos noção mínima do que Freud definiu como "fator pessoal", ou "equação pessoal" ("A Questão da Análise Leiga", 1926). Inclui questão ética, pela necessidade de obtermos nossa análise pessoal como condição de formação. Análise pessoais permitem-nos examinar com maior cuidado certos usos daquilo que pode ser colocado em palavras como fantasia, imaginação, sonhos, devaneios, ilusões, alucinações, delírios, fantasias inconscientes (phantasia) e investigar melhor a existência, ou não, de suas eventuais contrapartidas na realidade, assim como suas funções em psicanálise.

APREENSÃO DA REALIDADE E COMUNICAÇÃO

Este dicionário é uma reorganização das contribuições de Bion, sob forma que nos pareceu, talvez, apropriada à nossa época, tão apressada, sedenta de informações mas tendente a aceitar acriticamente o que não passa de banalização, superficialismos e moda. Do antigo *Tractatus*, de um autor, para textos fragmentados por muitos autores, típicos de periódicos: a história editorial de nossos tempos? O Sr. Oliver Rathbone, concordou com nossa visão. E também o público leitor, se avaliado pela excelente acolhida da primeira edição inglesa, seguida de várias reimpressões nos dez anos seguintes. "Estou convencido da força da posição cientifica na prática psicanalítica." (*Learning from Experience*, p. 77).

A linguagem de Bion

O leitor atento pode perceber que a posição expressa em 1962 não se modificou em 1975 (por favor, conferir na citação de *A Memoir of the Future*, acima), mesmo que no final tenha sido atribuída a um objeto parcial (uso o termo conforme Freud e Klein o utilizaram) do próprio Bion, que ele mesmo denominou, "Sacerdote". Sacerdotal ou não, pois agora situa-se no âmbito da crença, por mais cientifica que seja a crença, e deste modo, idêntica à postura de Freud no artigo já citado, "Sobre a Questão de uma Weltanshauung". Bion reafirma a posição cientifica da psicanálise; observamos não existir nenhuma possibilidade de comunicação científica sem um sistema preciso de notações: uma taxonomia o mais clara possível. Incluirá – por necessidade – três tipos fundamentais de definições: (i) de conceitos; (ii) de teorias; (iii) de modelos. Que sejam tão claras e mutuamente discriminadas quanto possível. Intolerância frente a definições foi assunto plenamente desenvolvido por Bion a partir de Learning from Experience:

Como exemplo de uma tentativa de fazer uma formulação precisa, considero a função-alfa e dois fatores: identificação projetiva excessiva e excesso de objetos maus. Suponhamos que no curso de uma análise esses dois fatores se sobressaiam, a ponto de excluírem outros fatores que o analista tenha observado. Se a teoria psicanalítica fosse organizada racionalmente, seria possível referir-se aos dois fatores por símbolos que façam parte de um sistema de referência aplicável de modo uniforme e universal. A referência à teoria kleiniana de identificação projetiva seria feita por meio de iniciais, páginae parágrafo. De modo semelhante, a visão de Freud sobre o conceito de atenção poderia ser substituída por uma referência. Mesmo hoje é possível fazer isso, ainda que de modo um tanto grosseiro, através da referência à página e linha de uma edição padronizada. Um enunciado desse tipo poderia se prestar a uma mera manipulação de símbolos, mais ou menos engenhosa, de acordo com regras aparentemente arbitrárias. Desde que o analista mantenha uma nação do pano de fundo factual a que esta formulação esteja se referindo, existem vantagens no exercício em termos de precisão e rigor de pensamento ao se tentar concentrar na experiência clínica realmente ocorrida, de tal modo que possa ser expressa naquela notação abstrata. (LE, 38-9)

Baseado em observações psicanalíticas feitas de 1950 até 1979 com pacientes exibindo perturbações nos processos de pensar, iluminou o maior fator envolvido na observação de que, entre os vários ódios exibidos pela personalidade psicótica (q.v.), encontra-se o ódio à necessidade de Definições, quando o alvo é se aproximar daquilo que é verdade; daquilo que é o que é, e não é nenhuma outra coisa ou não-coisa. Pois a personalidade psicótica, impossibilitada de transitar livremente para a posição depressiva e vice versa, no movimento descrito por Klein (1946, 1957), odeia definições, como odeia limites (em ultima análise, ao principio do prazer/desprazer). Ao

Introdução

mesmo tempo, paradoxalmente, exige precisão absoluta em qualquer interlocutor, ou em qualquer realidade com que se defronte, recusando-se a encontra-la; no sentido de que exige que qualquer interlocutor e toda realidade se adequem às suas ideias pessoais, mergulhada em onipotência e onisciência autoritárias. O movimento em tandem entre as Posições assumidas pelo aparato psíquico, simbolizado quase-matematicamente por Bion por PS⇔D (q.v.) expressa-se por imobilização na posição esquizo-paranóide. No âmbito fenomênico, por onisciência, onipotência, fantasias de superioridade, rivalidade, posse da "verdade absoluta", expressando fenômenos mentais inconscientes típicos desta posição. No âmbito científico, expressa-se por desprezo às demonstrações empíricas que poderiam basear enunciados e afirmações. Na falta de demonstrações científicas, favorece-se: (i) retórica; (ii) moda; (iii) jargão, visível nos alertas de Bion, em *A Memoir of the Future*. Bion observou a existência de desnecessária proliferação de teorias (q.v). No âmbito social, expressa-se pelos fenômenos descritos por Bion em *Experiences in Groups*, *War Memoirs*, *Attention and Interpretation* e *Cogitations*. Destaco, nestas duas ultimas obras, e também nos verbetes deste dicionário, a fábula a respeito da função social dos mentirosos (reproduzida totalmente neste dicionário), e aos queixumes de São Tiago e São João frente a Cristo, além de assinalações sobre falsa controvérsia no movimento psicanalítico.

Verdade é necessária tanto para a sobrevivência como para a vida; uma das máximas paradoxais cunhadas por Bion, novamente baseada em observação psicanalítica, é de que "verdade é alimento para a mente"; mas a" mente odeia a verdade", em algum grau. Exames desta gradação são importantes, pois, em alguns casos, quantidade (grau) se transmuta em qualidade, como o leitor poderá ver caso se detenha em vários verbetes deste dicionário. No capítulo sete de *Transformations*, Bion se aprofunda no exame deste fator, o ódio à necessidade de Definições (cientificas ou artísticas), ilustrando esta necessidade com modelos extraídos da filosofia da matemática, integrados a exemplos extraídos da clinica psicanalítica. Demonstra – a meu ver, de modo até hoje único na literatura, que inspiraram pelo menos um autor, Ignacio Matte-Blanco – que a necessidade de Definições traz à personalidade humana, intrinsicamente, o fator Frustração. Bion supõe, neste estudo, de que a matemática bem pode ser o modo mais primitivo de se lidar com psicose - ao se constituir um modo humano de se lidar com a "não-coisa". Do ponto de vista psicanalítico, do modo mais elementar até hoje conhecido, igualmente identificado de modo explicito por Bion, isto se expressa na vida do bebê e se reflete na vida adulta, com modos de se lidar – ou de não se lidar - com o "não-seio" (ausência do seio). Tudo que está fora da Definição fica alijado, incitando ódio da personalidade psicótica. Uma das principais características da personalidade psicótica é avidez (uma das extensões clinico-teóricas de Klein sobre as contribuições de Freud). Um mínimo de precisão comunicacional só pode ser obtido às custas de fazer uso decidido de Definições. Um mínimo de ação cientifica e/ou artística só pode ser obtida às custas de um uso decidido de Disciplina (cientifica e/ou

A linguagem de Bion

artística). Indisciplina quanto à Disciplina Artística e Cientifica confunde liberdade com libertinagem. Tudo isto se baseia nos graus de subserviência ao Principio do Desprazer/Desprazer e no grau de tolerância de frustração, ou seja, de tolerância à introdução do Principio de Realidade no aparato mental, e da possibilidade de apreensão do que ocorre "após" o Principio do Prazer/Desprazer, descritos por Freud em 1911 e 1920.

PRINCÍPIOS GERAIS DO CONTEÚDO DESTE DICIONÁRIO

Nossos princípios gerais da reorganização dos conceitos de Bion na forma de um dicionário são:

i. Fidelidade ao texto original;

ii. Generalizações;

iii. Historicidade.

(i) Fidelidade ao texto original: as definições incluídas neste dicionário foram compiladas dos escritos de Bion. A maior parte do trabalho envolveu reunir ideias espalhadas em diferentes obras de Bion, escritas em diferentes períodos. Um leitor hostil não estará enganado ao se sentir tentado a desmerecer esta tentativa como mera compilação que reorganiza a obra escrita de Bion. Um leitor não-hostil poderá se beneficiar desta tentativa – que inclui comentários sobre os excertos de Bion. Dez anos após a publicação desta obra na língua inglesa, sentimo-nos autorizados a expressar nosso alívio frente ao fato de que a proporção de leitores não-hostis, mundialmente, excedeu a proporção de leitores hostis, baseado no fato do dicionário ter ocupado a lista dos livros mais vendidos pela Karnac Books por muitos anos, e de ter sido adquirido por pelo menos 800 universidades na América do Norte e pelo menos 600 na Europa e Ásia, para suas bibliotecas circulantes; sem contar inúmeras citações que o tornaram obra de referencia, sendo reeditado pelo menos seis vezes. O livro parece ter cumprido sua função primordial, de compartilhar informação.

(ii) Generalizações: generalizações que incluem particularidades fazem parte do etos científico, pelo menos desde o advento de Francis Bacon. Podem ser expressas por meio de sistemas classificatórios originalmente criados por Carl Linneus, que deram sequência a formulações clássicas e atemporais: sua taxonomia Botânica, de 1735, que resultou no tratado botânico de Goethe (1790); e a tabela periódica de elementos químicos de Mendeleev (1869). Esses sistemas classificatórios são agrupamentos científicos que tentam detectar conexões de sentido subjacentes ou ressaltar aquelas explícitas. A classificação

Introdução

cumpre função dupla: de comunicação e de ajudar o cientista a orientar sua pesquisa. Frequentemente, classificações iluminam o caminho de descobertas, como ocorreu com os exemplos citados de Linneus, que ajudou Goethe a descobrir o fenômeno de metamorfose e seleção natural de espécies botânicas, que por sua vez, permitiu Darwin descobrir seleção natural de espécies animais. Neste dicionário, o fio condutor permite que as várias citações integralizem unidades coerentes, principalmente através de referencias cruzadas. Cada uma destas unidades corresponde a um verbete.

(iii) Historicidade: os verbetes são desenvolvidos historicamente conforme os conceitos aparecem na obra de Bion. Observamos que os conceitos de Bion foram desenvolvidos de maneira comparável aquela do artesanato de um joalheiro – onde exaustivo processo de polimento, com nível crescente de refinamento, resulta em luminescência transparente. Isso levou alguns críticos a crer que "Bion estava sempre falando a mesma coisa." Bion menciona estes críticos na introdução a *Seven Servants,* uma re-edição de seus quatro livros básicos, *Learning from Experience, Elements of Psycho-Analysis, Transformations* e *Attention and Interpretation*), com característico bom humor, e utiliza a crítica como oportunidade para aprender: fizeram-no dar-se conta do quão pouco sabia, e do débito que ele sentia em relação a Freud, Rickman e Klein - os dois últimos, seus analistas.

Muitas vezes, as críticas ao trabalho de Bion tinham tom hostil. Na minha opinião, tais leitores e públicos talvez ignorem o fato de que houve aprofundamento contínuo de conceitos. "Mais do mesmo" é uma expressão que bem poderia ser também usada para falar de oxigênio, água e alimentos. Podemos refletir sobre o quanto esses conceitos são fundamentais, e como é útil que eles aparecem em formas mais desenvolvidas, purificadas; ou depuradas, como as descrevem nefrologistas e fisiologistas.

Os princípios descritos acima resultaram em verbetes que (espero) formam um "todo em desenvolvimento".

OBSCURO E DIFÍCIL?

Freud abriu muitos e amplos rumos de pesquisa. Poucos analistas se aventuraram a desenvolver a pesquisa psicanalítica para além dos limites impostos pelo fim da vida de Freud. Bion enfrenta esta tarefa com relação a pelo menos quatro aspectos determinados por teorias de Freud:

A linguagem de Bion

i. sonhos;

ii. os dois princípios do funcionamento mental;

iii. Édipo;

iv. e a natureza das associações livres.

Pretendendo esclarecer algumas questões, intercalo escritos de Bion (em itálico, com o uso do ponto-e-vírgula, e com o número exato da página onde as palavras podem ser encontradas) com meu texto. Constituem uma tentativa de lidar com um fato percebido em minha experiência com colegas do mundo inteiro nos últimos 34 anos (ou 24, quando foi publicada a edição original, em inglês): muitos sentem que os textos de Bion são (ou seriam, se a afirmação pudesse ser tomada como hipótese) "obscuros e difíceis".

Será que "Sordello" é incompreensível por seu propósito de ser difícil, ou é a tentativa de Browning de expressar o que tinha a dizer nos termos o mais breves e compreensíveis possível? (*A Memoir Of The Future*, 132)

Os comentários abaixo devem ser lidos como uma apreciação, e não julgamento de valor. Não tenho a intenção, nem a possibilidade de julgar dificuldades de leitura de ninguém, o que seria um ato de quem se arroga a ser superior, equivalente a desrespeito e à falta de humanidade. É preciso mencionar isto, pelo fato de que se constitui como outro fator que me motivou escrever este dicionário, a ideia que já se tornou lugar comum, de que os textos de Bion seriam obscuros e difíceis. Parece-me que alguns dos fatores relacionados à suposta (sentida) obscuridade dos textos de Bion se encaixam em uma das seguintes categorias:

i. Falta de leitura atenta, algo que já acontecia com os textos de Freud; destacado por ele, por exemplo, nos textos introdutórios às edições mais tardias da Interpretação dos Sonhos.

ii. Falta de experiência analítica, aqui definida como a análise pessoal do analista, e a experiência em atender pacientes.

iii. Falta de experiência de vida; experiência que pode ajudar no desenvolvimento de uma preocupação com a vida e a verdade.

Uma combinação constante dos fatores (i), (ii), e (iii).

Estas dificuldades não são nenhuma novidade na história do movimento psicanalítico (uso o termo do mesmo modo que seu idealizador, Freud, no estudo, *Historia do Movimento Psicanalitico*, 1914). Talvez sejam mais comuns do que raras. Manifestam-se frequentemente por meio de sentimentos de aversão quando da leitura de textos psicanalíticos reais e que promovem desenvolvimento positivo, "con-

Introdução

tributivos". Este tipo de texto toca aspectos internos do leitor de maneiras inesperadas e desconhecidas. Às vezes, o leitor é impelido a procurar uma análise; às vezes, ele ou ela são levados a odiar a análise desde o início. Este fato foi bem documentado por Freud, cujos textos foram considerados pornográficos, semíticos, antissemitas, ateus, progressistas, reacionários, vitorianos, pansexuais, antifeministas, ou *romans-à-clef*. Como costuma acontecer em muitos campos de especialização, em particular aqueles que dependem de experiência, "invariantes em literatura" (*Transformations*, p. 3 e capitulo sétimo, onde ele discorre sobre a forma narrativa, moeda ainda existente em psicanálise) são necessárias, por serem as únicas até hoje possíveis, mas não suficientes, como tentativas de comunicação para permitir verdadeira apreensão dos fatos descritos e dos escritos. Em disciplinas muito mais antigas, como a música, de tempos em tempos surgem polêmicas entre a leitura textualista da partitura e tendências "interpretacionistas." Por outro lado, formas literárias surgiram em campos insuspeitos, já dominados por comunicação com outras simbologias, que não palavras, como no tratado de mecânica quântica de Paul Dirac (1933). A questão é: ambas são necessárias. Um sistema de notação puramente matemático é muito difícil de realizar, dependeu de milênios na historia da matemática, e talvez seja impossível fora do campo da matemática mesma. Não tem sido possível em varias disciplinas, por mais cientifica que seja, como etimologia e psicanálise.

Uma abordagem científica pode ajudar a evitar que o leitor considere minhas observações como autoritárias. Ciência se baseia em fatos, em experiência real.

Segue-se a descrição de alguns fatos que ilustram esta questão.

Em 2002, um sentimento prevalente de confusão surgiu entre vinte e cinco participantes de um seminário mantido em uma sociedade de pessoas interessadas em psicanálise. A maioria dos colegas no grupo vinha lendo as obras de Bion por mais de uma década; alguns, por mais de trinta anos. O seminário estava sendo conduzido por dois colegas com fama de serem autoridades sobre a obra de Bion. Este fato tem uma evidência empírica, pela existência de gravações magnetofonicas desta reunião, apresentada pelos organizadores como se fosse um seminário.

Entronização auto-atribuída como endossada por outras pessoas (hetero-atribuida), como toda entronização, bem descrita nos estudos sobre pequenos grupos por Bion, e também em grandes grupos por Le Bon, Freud, Toynbee, Canneti, e muitos outros, exacerbou o clima emocional do grupo, que já demonstrava sinais claros da prevalência de duas pressuposições básicas de um grupo (na classificação proposta por Bion em *Experiences in Groups*): líder messiânico e ataque-fuga, algo complicada por rivalidade quase inaudível e invisível entre as duas autoridades, no sentido de assumir liderança imposta por autoridade outorgada – algo difícil de discriminar de autoritarismo, e que muitas vezes degrada-se nele. A liderança dividiu-se: uma era implícita; outra, explícita. Todos os membros do grupo tinham como

A linguagem de Bion

tarefa a leitura do primeiro capítulo de *Transformations*, antes da reunião. Um expositor foi escolhido pelo líder aparente do grupo, agora organizado piramidalmente.

No primeiro encontro, o expositor escolhido atrasou-se. Após um longo silêncio, que logo se tornou constrangedor, embaraçoso, outro membro do grupo se ofereceu para fazer um resumo do capítulo – de certa forma, negando a estrutura do mesmo, que não podia aceitar manifestações naturais, pela presença dos dois pressupostos básicos acima mencionados. Alguns minutos depois de iniciada sua exposição, outros membros do grupo manifestaram discordância, pois o expositor voluntário, acreditando estar suprindo a falta momentânea do expositor previamente eleito, qualificou inequivocamente de que o conceito, Invariância, era inescapável, pois estava embutido na Teoria de Transformações. O expositor, posto em quarentena por incredulidade de alguns membros do grupo, em sua reação argumentativa: tal expositor estaria falando absurdos. Outros acusaram-no de estar falando "uma coisa vinda da cabeça" dele mesmo. Um deles afirmou não havia nada nesse sentido escrito no texto, recorrendo às palavras de uma outra "autoridade" local (que não estava presente, por ter falecido), que um dia haveria dito, "Tudo neste mundo são transformações!": um tipo de Lavoisier banalizado. Frase que tornara-se bordão: no Brasil, e em outros locais no mundo, a introdução das contribuições de Bion tem se dado por grupos de pressuposto messiânico, com finalidades políticas. A discussão intensificou-se, dando margem a uma aparente discórdia, com tonalidades hostis. O expositor pediu que todos lessem a primeira página de *Transformations*. Os dois líderes do grupo – o explicito e o implícito - não apenas ecoaram a discordância da maioria, como manifestaram sua oposição de forma mais veemente do que o resto. Resultado: recusa inicial de ler o texto naquele momento.

O expositor, respondendo à crescente pressão e reagindo a um ambiente hostil de modo que não pode ser classificado como sereno, mas perplexo, observou que o primeiro parágrafo do capitulo primeiro de *Transformations* já descrevia o conceito de Invariância. A maioria dos participantes, com poucas exceções, acabou concordando em ler o texto, com murmúrios de protesto. Alguns de fato leram. O resultado foi mais uma confirmação inadvertida da fábula das "roupas novas do imperador". Alguns disseram que Bion não sabia do que ele mesmo estava falando; outros disseram que a questão não tinha nenhuma importância. E continuaram com leitura preconceituosa, negando o que estava escrito.

Na experiência deste autor, acrescida de uma década desde a publicação do texto em inglês, permite-nos observar que: (i) este tipo de leitura de *Transformations* tem se mostrado crescentemente popular. Adapta o texto de Bion ao dito sabidamente problemático de Lavoisier; é uma abordagem que atrai leitores predispostos a visões simplistas subservientes ao "já conhecido"; (ii) o padrão básico desta experiência foi repetido muitas vezes em diferentes contextos por mais de trinta anos, embora muitas destas ocasiões não tenham contido o mesmo tom hostil narrado

Introdução

acima. Alguns públicos mais compreensivos, como aquele composto por alunos de pós-graduação na universidade e por candidatos à formação psicanalítica no instituto local de psicanálise, onde lecionamos desde 1997, beneficiaram-se da observação de formas prevalentes de incompreensão e leitura equivocada: negações, cesuras (q.v.) e transformações do conteúdo escrito em seu oposto. A perplexidade foi útil a esses alunos.

Nossas asserções sobre termos e suas definições são sempre balizadas pelos escritos de Bion, dos quais as definições derivam. Os termos do dicionário tem o privilégio da visão retroativa (ou "retrovisora"); tenta-se seguir o desenvolvimento dos conceitos ao longo de toda a obra de Bion.

Bion alertou *Learning from Experience*:

> Os métodos neste livro não são definitivos. Mesmo quando percebi sua inadequação, frequentemente não fui capaz de aprimorá-los. Encontrei-me em posição similar à do cientista que continua a empregar uma teoria que sabe ser falha, porque ainda não se descobriu outra melhor que a substituísse. (LE, item 9 da Introdução)

Portanto, posicionou suas explorações no âmbito científico. Fato repetido em vários de seus livros, fazendo parte do subtítulo de um deles, *Attention and Interpretation*. Em função disto, pareceu-nos pertinente e necessário algum esforço no sentido da estandardização e precisão ao expressar conceitos de Bion. Não há alternativa de comunicação científica do que firme adesão a uma taxonomia clara e explicita. Quando Bion recomenda que um psicanalista conheça bem seu vocabulário, para poder comparar o uso que um paciente faz daquilo que pode ouvir do analista, mostra que comunicação científica não é algo exclusivo entre colegas (hoje chamados, "pares") de atividade; psicanálise é ciência *in situ*, ocorrendo empiricamente em cada sessão de análise. Apela para funções científicas do paciente e do analista. Não pudemos encontrar outra maneira de escrever, que não a utilização dos próprios termos de Bion. Que, ao adicionar um índice para *Attention and Interpretation*, como já o fizera em seus três livros anteriores, afirma, "Este índice, como o resto deste livro, é o desfecho de uma tentativa de ser preciso; O fracasso desta tentativa ficará claro; no entanto, o seguinte dilema poderá não ficar claro: "precisão" é frequentemente uma distorção da realidade; "imprecisão" é frequentemente indistinguível de confusão." (*Attention and Interpetation*, 131).

A inclusão extensa de textos de Bion neste dicionário, graças a uma, dentre muitas das especiais gentilezas afetuosas da Sra. Francesca Bion, é também uma tentativa de permitir ao leitor chegar às suas próprias conclusões. Espera-se que estes textos sirvam como convite: "Agora, por favor, experimente o original." Todas as citações são seguidas do título e número da página nas obras de Bion. Este dicio-

A linguagem de Bion

nário foi concebido como um guia rápido, contanto que o leitor não confunda uma tentativa de rapidez com superficialidade. A intenção é poupar ao leitor os esforço de ter de mapear referências espraiadas na obra de Bion, e seus desenvolvimentos.

Parafraseando Bion, em sua introdução para *Learning from Experience*: este dicionário não foi concebido para ser lido de uma só vez. Cada parágrafo, cada termo (em muitos casos, com subdivisões), foi concebido para funcionar como um marco para consulta, e para ser consultado, na esperança de desfazer a ideia de que Bion teria sido um autor obscuro. Até mesmo cada termo individual não precisa ser lido de ponta a ponta, a não ser que o leitor o prefira fazer. Os termos e comentários foram concebidos para ser objeto de reflexão cuidadosa. Leitores canônicos ou idólatras poderão sentir que a forma de apresentação deste dicionário não se coaduna com modos de apresentação típicos de Bion. O autor pensa que não é útil lidar com a obra de Bion – e dos outros grandes autores em psicanálise - como se houvesse algum "São Bion" a ser seguido e imitado. Imitação constitui prole do medo pareado à rivalidade. Uma pequena criança indefesa não tem outro meio de sobreviver que não a imitação; mantida na idade adulta, produzirá consequências destrutivas; como alucinação, tem uma qualidade de "irrealidade". Talvez o movimento psicanalítico já tenha tido quota suficiente de imitadores, repetidores, e mimetismo. É inegável que a qualidade das contribuições de Bion funcionou como sedução para este tipo de seguidor: fato lamentado por ele mesmo, e enfatizado por autores como Ignacio Matte-Blanco, James Grotstein e André Green. Este autor pensa que nenhum estudioso do trabalho de Bion que mantenha o vértice daquilo que é Verdade – ou do trabalho de qualquer outro grande autor – pode se autonomear ministro ou apóstolo de suas escrituras.

Não compartilhamos – talvez por deficiência de ordem que nos é desconhecida - da experiência de obscuridade e dificuldade experimentada por colegas na leitura das contribuições Bion. Falta de descuido (em que pese a deselegância de estilo linguístico) pode ser considerada como deficiência; e o será, caso levemos em consideração as descrições de Bion reproduzidas no verbete, "Narcisismo e Social-ismo". (q.v). Fonte de considerável de ansiedade, no início de nossos estudos sobre a obra de Bion, no inicio dos anos 1980: algo que pode ocorrer com alguns indivíduos que se encontram fora de sintonia com seu grupo circundante - fato enfatizado por Bion em *A Memoir of the Future*, Livro III, conforme pode-se constar no verbete "Establishment". Isto jamais diminuiu nossa simpatia para com as dificuldades enfrentadas por outros leitores. Tornou-se ainda outro fator motivando o esforço de escrever este dicionário. Ao tentar examinar fatores preponderantes na ideia de clareza que atribuímos aos escritos de Bion, algumas hipóteses surgiram, todas relacionadas à prática, que pode ser resumida em três pontos:

(i) Onze anos de contínua prática psiquiátrica num hospital psiquiátrico tradicional, lidando diariamente com pacientes rotulados como psicóticos. A experiên-

Introdução

cia incluiu "psicoterapia intensiva", usando métodos preconizados por Frieda Fromm-Reichmann e John N. Rosen. O trabalho incluía atendimento psiquiátrico de emergência, em plantões de 24 ou 48 horas. Produziram, entre outros sentimentos, o de culpa, ao ler *Second Thoughts* primeira vez, manifestado por um lamento, o de não termos tido acesso ao livro logo no início de nosso trabalho com pacientes no hospital.

(ii) Nove anos num centro de saúde mental comunitário.

(iii) Dezesseis anos de análise pessoal com dois psicanalistas diferentes, influenciada profundamente pelas contribuições de Freud, Klein e Bion.

Depois de pelo menos dez anos tentando compartilhar as ideias sobre a utilidade iluminadora do trabalho de Bion em conversas com colegas de profissão; de ter escrito um livro introdutório a *A Memoir of the Future*, junto à tradução desta trilogia para a língua portuguesa – a primeira versão no mundo - percebemos que talvez seria mais sábio guardarmos para nós mesmos nossa apreciação sobre a obra de Bion, aquela que nos dizia de sua clareza, e não obscuridade. Afinal, até mesmo Bion sentiu necessidade de alertar o leitor para isso, motivado pelas reações que testemunhava em relação à sua obra.

Percebendo ainda de que muitas destas reações eram marcadas por raiva e irritação, descobrimos uma espécie de tipologia: alguns dos que acham os escritos de Bion obscuros tem interesse sincero em sua obra, mas desistem no meio da leitura; outros são francamente hostis. Uma pessoa que fazia parte deste último grupo, tentando ganhar influência política no establishment psicanalítico, escreveu que o livro *Transformations* era "fascinante" e "contraditório". Paradigmaticamente, não apresentou nenhum exemplo concreto de passagens do livro que pudessem ser vistas como fascinantes ou contraditórias. Nenhum desses críticos se perguntou se a realidade é simples, clara e fácil – o mesmo se aplica à psicanálise, aos sonhos, à própria vida. É como se tudo isso nos fosse dado de presente, sem dificuldade. Se a obra de Bion – ou de Freud – tem alguma coisa a ver com a realidade tal como ela é, qual seria o material através do qual seriam feitos seus livros? E como expressar a dificuldade, a complexidade cujo sinônimo bem poderia ser, "vida". Parece-nos existir indiscriminação entre complicação e complexidade. Não nos parece existir complicações na obra de Bion, mas ela não e menos complexa do que qualquer outra obra que valha nossa atenção, do que qualquer obra realmente útil. A obra de Bion encerra – como toda obra científica – percepções do obvio. E o óbvio e o mais difícil de se perceber, na máxima que se tornou senso comum, cunhada por I. Asimov.

Apesar de os verbetes respeitarem a historicidade e invariâncias subjacentes, sua construção teve outro ingrediente: nossas associações livres no momento da escrita, junto com anotações feitas ao longo de duas decadas. O fenômeno é parecido com o que ocorre quando o analista exerce sua atenção flutuante com pacientes. O analista, ou a analista, é capaz de recordar em um estado onírico as memórias de

A linguagem de Bion

suas experiências com aquele paciente, de sessões; ele, ou ela, pode acessar intuitivamente, mas nao por decisoes conscientes, e sim por experiencia, fatos pessoais que vivenciou, inclusive com aquele paciente em particular, temporariamente esquecidas; ou por elaboracao de mitos sociais ou pessoais, no exato momento em que fornece uma interpretacao ou construcao. Essas "ferramentas" fluem espontaneamente em sua mente. Qualquer pessoa que escreve sobre algo, tem este método a sua disposição, mesmo que possa nao usa-lo ou sequer suspeitar que o tem. Isso significa que esta compilação não é o resultado de uma abordagem em voga atualmente, a saber, o recurso a métodos de pesquisa digitais. O computador foi utilizado aqui apenas como um processador de texto.

PRINCÍPIOS GERAIS DESTE DICIONÁRIO

PRINCÍPIOS FORMAIS

Como resistir à tentação de reproduzir exaustivamente todas as passagens que lidam com os tópicos selecionados? Restringimo-nos a faze-lo apenas com, temas considerados polêmicos, sujeitos a interpretações errôneas. O leitor poderá notar que algumas citações são usadas em mais de um verbete, segundo um método didático observado por muitos, entre eles, Freud, e praticado milenarmente por muitas disciplinas, como musica, orientação espacial, e aprendizado de línguas: repetição e sedimentação. Bion aborda isto quando trata da maneira pela qual um bebê aprende a transformar a palavra "Papai" no inconsciente, em *Learning from Experience*. Bion, como Franz Schubert, foi acusado de repetir seus temas, tanto na mesma obra como em outras variações, conforme registrado acima. Bion idealizou uma serie notável de conceitos, baseados em algo que pode ser visto como uma língua – do mesmo modo que Freud, Klein e Winnicott. Seus termos basearam-se em experiência vivida – e viva, replicável por outros analistas. Para os leitor que não consegue entender o sentido numa primeira leitura, o "método de repetição" pode ser útil. Para leitores já familiarizados com a obra de Bion, o método pode dar a impressão de rever um velho conhecido.

CONCEITOS

Tanto quanto possível na psiquiatria e na psicanálise, e consequentemente na contribuição de Bion, não se pouparam esforços para extrair o caráter (ou natureza) inato que alguns dos verbetes parecem possuir; a saber, seu caráter de conceito. Bion tomava muito cuidado para não atribuir apressadamente um status de conceito científico a suas contribuições. Partimos do princípio (primeiro estabelecido por

Introdução

Spinoza, e depois, por Kant) de que se uma formulação verbal consegue representar, ainda que minimente, sua contrapartida na realidade, está qualificada a ser considerada como conceito. Para alguns leitores, a formulação verbal não apenas expressa sua contrapartida, como também carrega, imaterialmente, a própria realidade que tenta representar. Depende da experiência do leitor poder intuir o sentido que as palavras tentam comunicar, mesmo que esta tarefa, em si, e principalmente, se deixada apenas sob o encargo delas mesmas e daquele que as utiliza para escrever, esteja fadada ao fracasso. Daí, a já citada insuficiência de se ficar restrito a "invariantes sob literatura". Freud e Bion enfatizaram que trabalhos psicanalíticos precisam ser lidos por psicanalistas, presumindo que a análise do analista seja tão extensa e profunda quanto possível. Muitos conceitos da obra de Bion, assim como ocorre com todos os conceitos analíticos validados por experiência clínica, originam-se de experiências de vida. Nossos comportamentos bestiais, mortíferos e violentos, e a seu oposto (dialético), nossos comportamentos amorosos, vivificantes e sublimes originaram todos os conceitos em psicanálise de utilidade real, tanto para pacientes como para analistas, já que todo analista precisa ser paciente – como condição de sua própria formação. Bion sofreu – mais do que "passou por" experiências como soldado e oficial em duas guerras, verdadeiras hecatombes; a formação escolar "pública" (para quem podia pagar, como ele mesmo notou), incluindo formação médica; a perda física de sua primeira esposa, Betty Jardine, justamente no nascimento de sua primeira filha; duas chances de se submeter a análise real (q.v.), com dois analistas talentosos e sinceros, John Rickman e Melanie Klein. E, acima de tudo, contou com a dedicação de sua segunda esposa, Francesca, que lhe proporcionou mais dois filhos. Um matrimonio real, cercado e embebido por afeição e não-afeição mútuas, pode – e precisa - também ser qualificado como "sofrimento", principalmente depois das observações de Freud, Klein, Winnicott e Bion. Assim como Freud fez com Édipo, e Klein fez com *Inveja e Gratidão*, Bion tornou essas experiências, plenas de dificuldades e seu oposto, não-dificuldades, em algo útil. Tornou proveitosas, tarefas ingratas; seu sofrimento e não-sofrimento (ainda mais sério do que o primeiro, em termos de oferecer desenvolvimento) se transformou em contribuições à psicanálise, ou seja, a paciente que sofrem e seus analistas.

O ÂMBITO NUMÊNICO E O ETOS DA PSICANÁLISE

Reiteramos algo já exposto: este dicionário pretende **não** ser uma "leitura" no sentido pós-estruturalista e pós-modernista do termo. Parece-nos existir problemas insolúveis no uso de expressões como "de acordo com Bion" ou "de acordo com Freud", ou "segundo...". Um titulo de um dos seminários que monitoramos sobre a

A linguagem de Bion

obra de Bion no Instituto de Psicanálise "Virginia Bicudo" da SBPSP foi, "Bion, segundo ele mesmo" – reflexo dos tempos de apostolados e autoritarismos que estávamos vivendo, já há três décadas. E continuamos vivendo. Qual seria a utilidade de afirmar, como virou regra no movimento psicanalítico, tão pleno de "dissidências" que relembram (des)organizações politizadas, de que "transferência (ou contra--transferencia, ou fixação, etc.) não é o que Freud disse que era, mas é algo que o "Grande", "Maravilhoso", XXXX (o leitor pode colocar o nome que preferir, para substituir XXXX) diz que é"? Qual seria a utilidade em ficar aderido a modismos, a ultimas palavras em psicanálise, a uma obra que desbanca todas as outras? Progresso em psicanálise pode ser mensurado pela quantidade de novas palavras para designar fenômenos já descritos? Se não conseguimos ver utilidade para a ciência psicanalítica, será útil semear ou participar de "síndromes de Babel", a serviço de fatores pessoais chamados por Freud, narcísicos. Há outra possibilidade, em ciência, de algo que não seja "de acordo com a realidade"? Não será mera coincidência que observadores filosóficos argutos, jejunos de qualquer experiência prática, mas movidos por rivalidade e principalmente, ódio à psicanálise manifestada por nunca terem se submetidos a nenhum processos psicanalítico pessoal, crendo que leitura de textos poderia substitui-la (como Popper, Sulloway, Eisenck, Grunbaun, a partir dos anos 1960), tenham escolhido este ponto central para atacar a obra de Freud. Tendo confundido psicanálise com atitudes de membros do movimento psicanalítico, e demonstrando que idólatras e iconoclastas são duas faces da mesma moeda destrutiva, podem ter sido provocados por tentativas de mimetizar ou imitar reais progressos em ciência, apenas com emissão desenfreada de pseudo-teorias sem a menor corres- pondência na realidade. Ou para mimetizar ou imitar reais progressos em ciência, apenas com emissão desenfreada de pseudo-teorias sem a menor correspondência na realidade, dando munição a desinformados, pois informação em psicanálise se obtém apenas por formação em psicanálise.

Uma observação da realidade, ou expressão de algo verdadeiro, expressa por algum autor real, rapidamente é elevada (sob a ótica do elevador) ou rebaixada (sob minha ótica) a uma afirmação autoritária, todo-poderosa, idolatrada. Como observou Freud muitas vezes, resgatado de modo ainda mais explicito por Bion, realidade ou verdade não se prestam a serem compreendidas, totalmente conhecidas, previstas, e menos ainda, controladas, possuídas por meio de palavras (verbalizações). No entanto, realidade ou verdade podem ser intuídas. Pode-se apreender e utilizar realidade ou verdade (a sinonímia está aberta a criticas para os que a observam sob vértices filosóficos ou religiosos, mas não para o vértice cientifico de observação, que se confundo com uso pratico). Mesmo que momentaneamente, em vislumbres fugazes, pode-se estar "uno à" realidade, na formulação verbal de Bion. Não sem um certo senso de humor, em *Transformations*, Bion acrescenta que realidade não é algo que pode ser conhecido, da mesma maneira que batatas não podem ser cantadas.

Introdução

Batatas podem ser plantadas, descascadas, assadas, fritas, ingeridas, mastigadas, digeridas. Mas a sua realidade última, a invariância imaterial que torna a batata uma batata e nada mais – a sua "batatisse" – não pode ser conhecida. Esta invariância existe; pode ser intuída, mas a nós, seres humanos, só nos é dado usar as suas manifestações, aproveitando-as; ou desperdiçando-as.

Freud, Bion, Klein, Winnicott, Einstein, Shakespeare, Bach ou quem quer que seja, tenha sido, ou venha a ser, puderam formular verbalmente, matematicamente, ou musicalmente *aquilo* que tem uma contrapartida na realidade. Podemos, de repente, ter "daquilo" um vislumbre transitório, efêmero, mas eterno enquanto dura, na formulação de um poeta (Vinicius de Morais), de modo intuitivo. Os grandes autores, também chamados, criadores, tanto na arte como na ciência fizeram formulações que, fugazmente, apreenderam certas emanações da realidade. Nisso reside a possibilidade de uma "análise real", um termo cunhado por Bion (q.v.). No setting analítico, os grandes autores ou criadores constituem o casal analítico, composto de um(a) paciente e um(a) analista.

Nossa tarefa, facilitada pela extrema precisão com que, na vasta maioria dos casos, Bion formulou conceitos, acompanhada por notável consistência na maneira pela qual são usados em sua obra, permitiu-nos a observação de que, em meio a uma centena de verbetes que representam conceitos, encontramos apenas dois exemplos de imprecisão. Esperamos que expressões como "precisão extrema" e "consistência notável" sejam vistas não como loas, mas como representação verdadeira da realidade dos escritos de Bion. O mesmo se aplica à citação das origens de seus termos e declarações – o que se denomina, em ciência, de citações bibliográficas. Nesta vasta maioria, explicitamos as poucas exceções: paradoxalmente, uma "vasta minoria". Algumas, talvez, devidas a erros de revisão literária, quase que plenamente assumidas pela datilógrafa (tempos pré-editores de texto em computadores) editora e revisora de seus escritos, Sra. Francesca Bion. Podemos trazer nossa própria experiência em escrever e traduzir, que coincidiu com a dela: apesar de todos os esforços de autores, editores e revisores no sofrimento envolvido em tarefa tão exaustiva, muitas editoras tornam o processo frustrante. Quando uma pilha de livros "novinhos em folha", dotados de capas reluzentes e muitas vezes bem desenhadas, chega às prateleiras de livrarias (eletrônicas ou não), sobra um espectro de vai de alguns a muitos erros - que o autor, tradutor ou revisor **haviam** corrigido. Algumas editoras nos trazem incômoda safra de novos erros, ao bel-prazer de tipógrafos, e, hoje em dia, diagramadores, independentes do manuscrito original.

Vamos à "vasta minoria" onde os conceitos de Bion, em sua maioria usados com coerência e da mesma maneira em todos os seus livros, acabaram incluindo quatro ocasiões em que são tratados de modo diferente. Todas elas, ligadas à definição do termo "concepção"; à definição da função-alfa; à definição do processo de transformações; e a uma atribuição única, peculiar à função-alfa. No que toca a seus

A linguagem de Bion

possíveis antecessores intelectuais, Bion deixa de lado a citação precisa de seus nomes por três vezes em toda a sua obra - em meio a centenas de menções.

Boa parte dos verbetes demonstram a evolução cronológica dos conceitos. Por motivos de clareza, nos casos em que existe uma definição posterior do conceito, aperfeiçoada, esta será apresentada imediatamente.

Este dicionário inclui também usos equivocados ou abusivos de seus termos – como por exemplo, que "função-alfa é a teoria do pensamento", ou que se algo "for saturado", ou "muito sensorial, não serviria para psicanálise"; hoje, lugares comuns no movimento psicanalítico, que desafiam e desprezam o senso comum. É necessário notar a origem de pelo menos dois desses exemplos. Talvez ninguém na psicanálise, com a possível exceção de Freud, Klein e Winnicott, tenha sido, e continue a ser, submetido a tantos ataques de seus contemporâneos como Bion. Esses ataques revelam idolatria e incompreensão. Ou, com frequência, a combinação de ambos. Críticas ferozes também sugerem idolatria não-consciente, de modo implícito. Idolatria e iconoclastia, duas faces da mesma moeda – a nosso ver, inútil. Alguns idólatras tornam-se iconoclastas, no correr dos anos, criando as "dissidências". Pode-se argumentar que Bion esteve em boa companhia, mas tal estado das coisas não ajuda analistas nem pacientes e menos ainda, o movimento psicanalítico. Esperamos que estas partes do dicionário possam ser suprimidas em eventuais novas edições, o que implicaria que os equívocos teriam sido sanados.

As fontes de usos equivocados ou abusivos estão indicadas nos seus respectivos verbetes. De forma geral, têm sua origem em dois problemas principais: (i) o uso de termos "emprestados" por Bion; (ii) a experiência analítica do leitor.

(i) Bion explicita ter *tomado como empréstimo termos de outras disciplinas*. Visível sua preferência, a de não recorrer muito a neologismos, e muito menos utilizar jargão, como indicado claramente, de modo que nos parece bem-humorado, em *A Memoir of the Future* (verbete Jargão). Bion tenta aproveitar – segundo ele mesmo - da penumbra de associações de alguns termos já existentes em filosofia da matemática. Em geral, enfatiza quando um termo específico já vem carregado de algum significado ou conotação conhecido e estabelecido. Quer (o termo é de Bion, não do autor deste dicionário) que o leitor tenha esses significados conhecidos em mente. Por exemplo, "transformações e invariâncias", "alucinações". Às vezes, usa o termo, mas avisa que o leitor precisa perceber que tal termo é usado de modo diferente em sua obra do que o seria por um filósofo ou por um autor que se dedicou à teoria do conhecimento. Por exemplo, o termo "preconcepção", sem hífen; ou social-ismo, agora hifenado. Por vezes, acabou criando novos termos para evitar associações com termos existentes, como no caso de "O", "α", e "β". Finalmente, às vezes salienta algumas conotações, em detrimento de outras, como no termo, "hipérbole". Infelizmente, pareceu-nos que muitos leitores não prestaram ou não prestam

Introdução

atenção às advertências e explicações de Bion sobre o uso dos termos em seus textos, ocasionando confusão e qualificações já expressas, de dificuldade e obscuridade. Novamente, Bion está em boa companhia: no prefácio à décima edição da *Interpretação dos Sonhos*, Freud comentou que as pessoas não estavam lendo estes livros.

As disciplinas das quais Bion tomou emprestado termos são: mitologia, ciência, matemática, física, arte, tradição teológica mística (em especial a cabala judaico-cristã). O uso de termos emprestados com o propósito de facilitar a comunicação parece-nos ter sido depreciado. Alguns leitores não podem ver que esse uso dos termos não significa que Bion tenha transplantado modelos de outras ciências. Em 1975 ele advertiu: "Relatividade é relação; transferência, o termo psicanalítico e a realização correspondente aproximada. A Matemática, ciência como é conhecida, agora, não pode fornecer modelo algum. A religião, a música, a pintura, pelo menos como esses termos são entendidos, são insuficientes. Mais cedo ou mais tarde alcançaremos um ponto onde não há nada a ser feito, exceto – se é que existe alguma exceção - esperar." (*A Memoir Of The Future*, I, 61)

(ii) Em 1970, Bion ainda estava tentando deixar claro esperar que psicanalistas praticantes pudessem se dar conta de que *ler sobre* psicanálise é diferente de *praticar* psicanálise, pois "só [podia] representar" a prática "por meio de palavras e formulações verbais – que têm uma finalidade diversa" (*Attention and Interpetation*, Introdução). Isso significa que Bion contava com a análise pessoal e com a experiência analítica do leitor. Falta de prática analítica torna o leitor cego ao valor do intenso uso de **analogias** na obra de Bion: "A abordagem psicanalítica, ainda que valiosa ao ampliar o consciente, através do inconsciente, acabou ficando viciada por sua incapacidade de entender a função de "seio", "boca", "pênis", "vagina", "continente", "conteúdo", enquanto analogias. Mesmo escrevendo isto, a dominância sensorial de pênis, vagina, boca, ânus, obscurece o elemento a que a analogia busca dar significado" (*A Memoir Of The Future*, I, p. 70-1). Estas analogias são, muitas vezes, oferecidas por meio de metáforas e máximas, inspiradas ou retiradas de poesia romântica e poesia teológica da tradição mística.

Aqueles que não conseguem transcender aparências apreensíveis por meio dos sentidos, ou seja, aqueles tendentes a concretizar de modo excessivo (tanto suas leituras, como seu modo de sobreviver) também não conseguem apreender o fato de que a tradição mística, assim como a matemática, a arte e a filosofia, foram ou são *modos anteriores à psicanálise (ou seja, mais primitivos) de expressar tentativas humanas de se aproximar da natureza humana e do funcionamento daquilo que hoje denominamos, de modo prevalente, "mente".* Os vários comentários sobre esta denominação

A linguagem de Bion

verbal incluídos nos dois primeiros volumes de *A Memoir of the Future,* espalhados em vários verbetes (por exemplo, psicanálise real, O, realidade última, "Estar-uno-a" (*Atonement*), Linguagem de Consecução) podem ser úteis para delimitar com mais clareza algo que não sabemos o que é, mesmo que saibamos que ocorre, que existe, e que já recebeu um sem-número de denominações através de vários milênios: psique, alma, espírito, cérebro, personalidade, mente. Tentativas míticas, matemáticas, místicas, tentaram servir a humanidade antes da intrusão da ciência e da ciência psicanalítica. Não poderemos nos deter sobre o tema neste momento, já o tendo abordado em uma série de sete livros e vários artigos publicados em periódicos psicanalíticos no Brasil e no exterior; o tema se refere à natureza negativa dos âmbito numênico.

Esta, uma das maiores contribuições de Bion ao conhecimento humano e para conhecer dificuldades em obtê-lo. Seguindo indicações de Freud, e expandindo-as em *Transformations, Attention and Interpretation e A Memoir of the Future* situa-se o clímax de seus esforços. Bion costumava dizer que pessoas como Shakespeare tinham sido grandes psicanalistas, antes que aparecesse um Freud para pensar o pensamento sem pensador chamado "psicanálise". Em *Transformations,* sugere: Platão foi patrono do objeto interno de Melanie Klein (*A Memoir of The Future,* I, p. 138). Em outras palavras, parcialmente semelhantes ao que esta registrado em *A Memoir of the Future*: aquilo que a psicanálise, por meio de observações clínicas, como herdeira da medicina colocou à disposição de pessoas individuais que sofrem, já havia sido abordado por um sem-número de profetas, fazedores de mitos, artistas, mãe e pais, e também filósofos, desde o inicio da humanidade. Ainda que de modo mais primitivo e muitas vezes, sofisticado artisticamente; mas levando em conta apenas o grupo social – e não o indivíduo. O que vem a ser este "aquilo"? É algo pertencente ao âmbito numênico – emanações do que é desconhecido, ou inconsciente – em parte por sua natureza em todo semelhante ao espaço-tempo ocupado por matéria e não-matéria (energia), se utilizarmos a terminologia corrente na física. Realidade sensorial e psíquica, que assinala um dos capítulos em *Attention and Interpretation ,* idêntica, e mais precisa ao descrever um paradoxo daquilo demostrado por Freud com terminologia pouco diversa, realidade material e realidade psíquica.

Os termos de Bion, mesmo quando emprestados da arte, teologia, matemática ou do neo-positivismo, podem não ser considerados como proveniente de um artista, clérigo, matemático ou neo-positivista tentando impingir arte, religião, matemática ou neo-positivismo à psicanálise. Pois Bion tentava ser psicanalista, e não artista, clérigo, matemático ou neo-positivista. A reverência respeitosa de Bion frente ao desconhecido (*unbewubt,* no alemão de Freud, mais conhecido por inconsciente, termo que se tornou jargão, e por isto, perdeu seu valor inicial) parece-nos semelhante aquela que pode-se encontrar na obra de Platão, Kant, Luria, Ekhart, São

Introdução

João da Cruz, Diderot, Goethe, Keats, Nietszche, Freud, Einstein, Heisenberg, Buber para mencionar apenas alguns, quase todos citados por ele. Muitos leitores aos quais parece-nos escapar a apreensão das analogias, e em função disto, tendem tanto para o que Kant denominou, "realismo ingênuo", e o que pode ser visto, como outra face da mesma moeda inútil, "idealismo ingênuo", não hesitam em dizer que Bion era: (i) louco, deteriorado, senil. (Joseph, 2002); (ii) incompreensível, não-psicanalítico. Por exemplo, o coordenador da sessão sobre esquizofrenia do IPAC em Edimburgo, em 1961, que teria exclamado "Isso não é mais psicanálise!", ao mesmo tempo em que atirava sobre a mesa um manuscrito contendo "A theory of thinking", logo após sua apresentação pública (Bicudo, 1996). Alguns rejeitaram totalmente alguns conceitos, como o de pensamento-sem-pensador, afirmando que não teriam nenhum valor psicanalítico (Segal, 1989); outros o achavam ser apenas um teórico, cuja obra não teria qualquer aplicação clínica (Joseph, 1986). Bion referiu-se a esses em *Cogitations.* críticos em sua obra (por exemplo, *Cogitations*, p. 377).

POUCAS TEORIAS

Um último comentário sobre a natureza dos conceitos. Com a exceção de duas teorias, (i) do pensamento; e (ii) do continente / contido, acrescidas de uma teoria inacabada, provisoriamente denominada, metateoria, Bion não criou novas teorias em psicanálise. Mas expandiu teorias existentes para que elas se adequassem melhor aos dados empíricos (clínicos). Além disto, Bion introduziu teorias de observação do ato psicanalítico, para uso do psicanalista praticante.

Suspeitamos de que existem conceitos não suficientemente desenvolvidos, e, em função disto, foram omitidos na feitura deste dicionário. Por exemplo: "voga" (C, 374). Nossa escolha foi a inclusão daquilo que foi claramente definido como conceito – uma reiteração de que este dicionário não inclui interpretações, e menos ainda, ideias pessoais sobre o que "Bion estava dizendo" ou "tentando dizer". Podemos observar o que ele escreveu, e no nosso modo de ver, Bion foi um autor que escreveu de modo claro, apesar de compacto e sintético. Deixou ainda uma série de escritos preparatórios, publicados postumamente por sua dedicada esposa, que levou à frente algo que ela mesma classificou ser, *"spread the word"*, disseminar seus escritos (Francesca Bion, 1985). Quem, hoje, pode se arrogar a dizer o que Bion disse, dado o fato de que seu falecimento deu-se em 1979? Bion fez questão de "não deixar escola", não nomeou representantes nem apóstolos; ficou notória sua verdadeira abominação por autoritarismos. Bion não teve a felicidade de encontrar um interlocutor crítico, que pudesse auxiliá-lo em algumas denominações – algo que Melanie Klein, e Freud, tiveram. Melanie Klein pensava em intitular uma obra,

A linguagem de Bion

como "Inveja". A ação decidida de um de seus analisandos, Elliott Jacques, a fez modificar o titulo para "Inveja e Gratidão". Pensamos que o livro *Transformations* bem poderia ser melhor intitulado como *Transformations and Invariances*; os artigos, "On Arrogance", poderia ser melhor intitulado como "On Arrogance, Curiosity and Stupidity"; "Notes on Memory and Desire", poderia ser intitulado "Notes on Memory, Desire and Understanding". Arrogar-se a dizer "o que Bion disse" seria, na melhor das hipóteses, um exercício da imaginação, em um espectro que parte da frivolidade, alcançando o disparate. Isso não significa, no entanto, que os comentários apresentados aqui não incluam nossa experiência, ou nosso modo de formular o que já estava formulado de outro modo. A intenção, à maneira de Ruskin, é que esses comentários refletindo nossa experiência não dominem o texto; a citações extensas garantem que nunca substituirão o original de Bion.

As origens – raiz cientifica, mítica ou literária – e a historicidade dos conceitos foram iluminadas pela consulta direta nas cópias pessoais dos livros dos autores consultados e utilizados por Bion, graças ao seu hábito de fazer anotações às margens das páginas de suas cópias. Segundo Francesca Bion (1988), sua maior preocupação, dentre muitas mudanças geográficas de pessoas entre países traz, foi embalar os milhares de livros - que Bion havia adquirido desde 1920. De Platão a Popper, passando por Copplestone, boa parte dos literatos e poetas românticos e modernos ingleses e franceses, principalmente autores do Iluminismo e Renascenca; obras religiosas, como a Biblia, o Alcorão e o Baghavad Gita; obras de teoria da ciência, biografias, e de historia das ideias clássicas no mercado editor ingles – como a obra de Eric Temple Bell. Sempre nos foi impossível agradecer adequadamente a ajuda generosa de Francesca Bion, que nos enviou fac-símiles de algumas destas páginas comentadas, entre 1981 e 2002 e franqueou-nos acesso livre à sua biblioteca, herdada de seu marido, em uma viagem para Oxford, em 2004. Nossos comentários sobre as origens intelectuais da obra de Bion podem, com justiça, ser considerados muito mais do que meras hipóteses - foram comprovados por pesquisa de campo, na residência de Francesca Bion, em Oxford.

Não podemos afirmar que a lista de verbetes deste dicionário está completa, já que não se inclui em nossas aspirações, nenhuma perfeição. Este autor será grato ao leitor que eventualmente descubra definições e conceitos de Bion faltantes a este dicionário; caso contrário, tanto o dicionário como futuros estudiosos precisarão suportar o peso das limitações deste autor.

Manifesto um desejo pessoal, dirigido aos leitores: que este volume seja pelo menos um pouco útil, e que sirva como convite a futuras leituras dos textos de Bion.

Introdução

Abreviaturas

EG *Experiences in Groups*, Heinemann Medical Books, 1961.

ST *Second Thoughts*, Heinemann Medical Books, 1967 re-impresso por Karnac Books.

LE *Learning from Experience*, Heinemann Medical Books, 1962 re-impresso por Karnac Books.

EP *Elements of Psycho-Analysis*, Heinemann Medical Books, 1963 re-impresso por Karnac Books.

T *Transformations*, Heinemann Medical Books, 1965 re-impresso por Karnac Books.

AI *Attention and Interpretation*, Tavistock Publications, 1970 re-impresso por Karnac Books.

BLI *Brazilian Lectures, I*, Imago Editora, 1974.

BLII *Brazilian Lectures, II*, Imago Editora, 1975.

AMF *A Memoir of the Future*, Imago Editora, 1975, 1977 and Clunie Press, 1979 re-impresso por Karnac Books,1991.

CSOW *Clinical Seminars and Other Works*, Karnac, 1994.

BNYSP *Bion in New York and São Paulo*, Clunie Press, 1979.

C *Cogitation*, Karnac Books, 1997.

TLWE *The Long Week-End*, Fleetwood Press, 1982 re-impresso por Karnac Books,1991.

AMSR *All My Sins Remembered*, Fleetwood Press, 1985 re-impresso por Karnac Books.

WM *War Memoirs*, Karnac Books, 1997.

Convenções

[ ] entre colchetes = o primeiro número refere-se à pagina das edições mencionadas acima; o segundo número, a parágrafos numerados, quando disponíveis.

Exceto quando indicado, o uso de negrito e itálico é do próprio Bion.

Alguns conceitos incluem, quando necessário:

📖 = leituras adicionais recomendadas.

🕐 = a evolução do conceito na obra de Bion.

40

& = esclarecimentos ou extensões sugeridos por outros autores a partir de Bion.

▱ Utilidade = indicações de usos quando não comumente vistos na literatura.

Os verbetes orientam o leitor para dois tipos de referências cruzadas:

1. Recomendadas – os verbetes complementam-se mutuamente e a leitura de ambos (ou mais) é necessária.
2. Sugeridas – os verbetes enriquecem um ao outro e a leitura de ambos (ou mais) amplia o escopo, para alguns leitores.

Versões brasileiras publicadas inicialmente pela Imago Editora

Learning from Experience (1962, publicada por Heinemann Medical Books; por Jason Aronson; várias re-impressões por Karnac Books) – *Aprender da Experiência*, versão em portugues, do autor desse dicionário, em conjunto com Dra Ester Hadassa Sandler, 2015.

Elements of Psycho-Analysis (1963, publicada por Heinemann Medical Books; várias re-impressões por Karnac Books ; após 2018, Routledge) – *Elementos de Psicanálise*, versão em portugues, do autor desse dicionário, em conjunto com Dra Ester Hadassa Sandler, 2003.

Transformations (1965, publicada por Heinemann Medical Books; várias re-impressões por Karnac Books; após 2018, Routledge) – *Transformações*, versão em português, do autor desse dicionário, 2004, com revisão técnica de Renato Trachtenberg..

Attention and Interpretation (1970, publicada por Tavistock Publications com várias re-impressões por Karnac Books ; após 2018, Routledge) – *Atenção e Interpretação*, versão em portugues, do autor desse dicionário, revisão técnica de Ester Hadassa Sandler, 2007. Estes quatro volumes foram reunidos em *Seven Servants,* por Jason Aronson, New York.

A Memoir of the Future (Volumes I e II, 1975, 1977, pela Editora Imago, em inglês; 1979, pela Clunie Press; em 1990, reunidas em um volume, pela Karnac Books; após 2018, Routledge) – *Uma Memória do Futuro*, Volume I, Editora Martins Fontes, 1988; volumes II e III, Imago Editora, 1996, versão brasileira, pelo autor desse dicionário.

Cogitations (1992, publicada por Karnac Books; após 2018, Routledge) – *Cogitações*, versão em portugues, do autor desse dicionário, em conjunto com Dra Ester Hadassa Sandler, 2000.

VERSÕES BRASILEIRAS PUBLICADAS PELA EDITORA BLUCHER

Learning from Experience (1962, publicada por Heinemann Medical Books; por Jason Aronson; várias re-impressões por Karnac Books e depois de 2018, Routledge) – *Aprender da Experiência*, versão em portugues, de Ester Hadassa Sandler e revisão técnica do autor desse dicionário, 2021.

Second Thoughts (1967, editado pela Heinemann Medical Books, com várias reimpressões pela Karnac Books e desde 2018, Routledge) – Versão em português: *No entanto...*, do autor desse dicionário, no prelo

Tavistock Seminars (1976, editado por Francesca Bion com várias re-impressões por Karnac Books) – *Seminários na clínica Tavistock*, versão em portugues, do autor desse dicionário 2017.

Taming Wild Thoughts (1977, editado por Francesca Bion & P. Bion Talamo com várias re-impressões por Karnac Books) – *Domesticando pesamentos selvagens*, versão em portugues, do autor desse dicionário, 2016.

Italian Seminars (1978, editado por Francesca Bion com várias re-impressões por Karnac Books; após 2018, Routledge) – *Seminários italianos*, versão em portugues, do autor desse dicionário, 2017.

Four Talks with W. R. Bion (1979, editado para a Clunie Press, com várias re-impressões por Karnac Books; após 2018, Routledge) – *Quatro conversas com W. R. Bion*, versão em portugues, do autor desse dicionário, 2020.

Bion in New York and Sao Paulo (1979, editado para a Clunie Press, com várias re-impressões por Karnac Books) – *Bion em Nova York e São Paulo*, versão em portugues, do autor desse dicionário, 2020.

Pós-escrito para a edição brasileira

Entre 2005 e 2019, muitos colegas, cuja língua materna é o português - uma condição idêntica à do autor - perguntaram, em um espectro que contemplou, em um polo, curiosidade e em outro, perplexidade: porque não há uma versão em português? Como todos os porquês, este é de resposta longa e difícil. Envolve aspectos sociais e pessoais. Sob o vértice macro-social, liga-se a características dos processos editoriais típicos de nosso país, totalmente dependentes de mercado, de políticas econômicas, e de distribuição de livros – alvos de distorções tão sérias que resultaram na extinção de grandes livrarias, e da venda de editoras às empresas do grande capital, hoje globalizado.

Durante este tempo, duas grandes editoras brasileiras de livros de medicina e de psicanálise interessaram-se em publicar uma versão em português. Desistiram, ao calcular os custos e se inteirar do preço cobrado pela editora inglesa original, Karnac Books, representava menos do que a metade daquele que teriam que arcar. Uma destas editoras encontra-se em fase pré-falimentar.

Sob o vértice micro-social, liga-se a características típicas de nosso país, onde instituições de propósitos científicos são rápida e continuamente dominadas pela meritocracia política, ou por elites minoritárias dominantes, que relegam a meritocracia científica a posições secundárias – criando grupos sectários e idolatrias a pessoas pertencentes à meritocracia politica intra-grupal, sob os pressuspostos básicos em grupos, primeiro descritos por Bion. Que são objeto de alguns verbetes nestes dicionário.

Uma versão em língua inglesa pareceu a este autor que poderia evitar – e de fato evitou – estas situações problemáticas. Encontrado um público incomparável, em termos numéricos. Tornou-se referência mundial; tem sido re-impressa muitas vezes, nestes quatorze anos – sem modificações no conteúdo. Foi indexada na National Library of Congress, USA, e tem sido utilizada por algo em torno de oitocentas universidades nos Estados Unidos, em suas bibliotecas circulantes. E, em menor numero, em universidade europeias e asiáticas – além de compradores individuais.

Durante os dois anos iniciais, prévios à recessão econômica que abalou o capitalismo mundial, foi vendida em versão capa-dura. Como nota curiosamente lamentável, cópias nesta edição são ofertadas a preços facilmente qualificados como ridículos: mais do que mil dólares por cópia, no site Amazon. Cópias em brochura podem ser adquiridas novas – hoje editadas pela grande editora Taylor & Francis, sob o selo Routleddge, que adquiriu, em 2017, a Karnac Books.

Pós-escrito para a edição brasileira

Os porquês pessoais se substanciam pela feitura do próprio dicionário; podem ser resumidos por uma qualificação: uma necessidade de compartilhamento social do que nos parece ser, conhecimento, quando nos parece haver ausência do mesmo. Em funçao disto, boa parte dos verbetes contempla uma secção, denominada, "falhas e distorções na apreensão do conceito; des-entendimentos". O autor espera que estas secções tornem-se ultrapassadas, pela leitura da obra, e principalmente, pela leitura atenta dos textos de Bion.

Se o intervalo de 14 anos pode ser visto como desvantagem para leitores que não puderam ler a versão em inglês, apresenta também duas vantagens: é uma versão consideravelmente expandida, e portanto mais completa; e dispõe de um índice, algo que a versão em ingles ainda não tem. Esta versão foi feita por Daniela Sandler, Patricia Lago e teve a colaboração de Beatriz Aratangy Berger. Foi totalmente revisada e expandida pelo autor.

A feitura desta versão em português teve um fator principal: a implementação da Karnac Books no Brasil, através de uma associação com a Editora Blucher.

Uma história

Em 2015, a editora Karnac Books, sediada em Londres, permanecia como a única editora de livros dedicados ao nicho de mercado de psicologia que mantinha-se independente dos grandes grupos financeiros que estavam dominando o mercado livreiro mundial. Que sofria do fenômeno descrito por economistas, de "consolidação": eufemismo para absorção do pequeno capital pelo grande capital. Karnac Books enfrentava redução de mercado na Europa e nos Estados Unidos para livros em psicologia. Decidiu implantar-se no Brasil e na Argentina. O autor deste livro foi convidado para executar a implantação - em grande parte respaldado pelas boas vendas deste dicionário e pela excelente relação que foi desenvolvendo ao longo deste tempo com o *Publisher* (como tem sido conhecido os proprietários-editores de casas publicadoras de livros), Sr. Oliver Rathbone.

Propôs ao Sr. Rathbone, uma procura de leitores em potencial por análise estatística prévia. Estes leitores poderiam propiciar, em princípio, venda que pelo menos garantisse retorno da quantia investida. A implantação no Brasil se daria por métodos experimentais: uma pesquisa no mercado comprador formado por membros e alunos de três centros de formação psicanalítica para descobrir quais poderiam ser as obras, e que autores, internacionais ou brasileiros, estes membros e candidatos à formação analítica precisavam, ou queriam ler. O editor apoiou a iniciativa.

A ideia era de que uma eleição livre, de natureza investigativa, sem candidatos prévios – a "candidatura" emergiria na escolha de leitores – poderia garantir uma venda que justificasse o investimento. Fez-se a hipótese de que, da pesquisa estatís-

A linguagem de Bion

tica, poderiam emergir uma lista de autores. Embora inspirada no que já ocorrera no exterior, por venda prévia de livros, onde se apresentava, por mala direta, seu conteúdo, compôs uma experiência editorial inédita, na busca de representação democrática, sem favorecimentos de nenhuma espécie.

Através de uma amostra representativa do nicho de mercado para livros de psicanálise – formada por três entidades de ensino que também eram associações de pessoas interessadas em formação de psicanálise, composta por um universo amostral de pouco mais do que 5.000 pessoas, contatada por meio eletrônico (e-mail), em duas consultas separadas por quinze dias (para evitar qualquer tipo de interferência que viciasse a própria pesquisa), solicitou-se aos respondentes, sem que se revelasse o nome da editora, que indicassem o nome de um autor brasileiro, um autor estrangeiro e uma obra, caso soubessem, que desejariam ter impressa em versão nacional. A hipótese de trabalho revelou-se verdadeira: obteve-se uma listagem de 48 autores. Na primeira lista, obtida pelas primeiras respostas, havia 16 autores. Na segunda lista, boa parte obteve entre um e cinco votos.

O Sr. Rathbone decidiu-se pela escolha dos 7 primeiros mais votados, para levar a cabo os trabalhos de tradução, se fossem livros escritos em língua estrangeira, ou de impressão, se fossem livros de autores nacionais. Destes sete livros, foram preparados e impressos quatro. Cinco, dentre estes autores, demonstraram surpresa pela escolha e principalmente pela ideia de haver um projeto democrático em um mercado em diminuição, agora dominado por iniciativas onde os riscos financeiros eram assumidos por autores, e não mais por editores – com algumas exceções. Quatro autores aceitaram ofertar suas obras. Um autor declarou-se comprometido com outra editora. Dois deles não emitiram nenhuma resposta ao convite.

O primeiro livro mais votado foi *The Language of Bion – a dictionary of concepts*. Embora o livro escrito originalmente na língua inglesa já tivesse vendido pouco mais do que 600 cópias no mercado brasileiro, tal escolha surpreendeu este autor.

Introduzia-se, a seu ver, uma questão ética, pois o o autor coincidentemente administrava a implantação da Karnac no Brasil. Embora o editor discordasse, anuiu frente a decisão pessoal do autor, de deixar a tradução do livro para o último lugar, invertendo a escolha do leitores, no cronograma elaborado para os trabalhos de implantação.

Os dois anos seguintes findaram a fase de implantação - com a tradução e preparação de 27 livros. Nestes não estava incluído o dicionário, pois houve o lançamento de quatro livros de autores nacionais. Estes dois anos foram marcados pela emergência da verdade econômico-financeira no Brasil: corrupção desenfreada, como nunca dantes vista, irresponsabilidade fiscal, que piorou todos os índices econômicos, fazendo retornar taxas inflacionárias insuportáveis. Inviabilizou-se a etapa seguinte do projeto: a implementação da editora no Brasil. A editora Karnac, já pressionada financeiramente na Inglaterra e Estados Unidos, percebeu o incremento

Pós-escrito para a edição brasileira

no risco de se implementar no Brasil. Investimentos mais altos em pessoal, questões aduaneiras, jurídicas e fiscais tornaram-se, rapidamente, obstáculos intransponíveis.

Neste momento, por nova coincidência, a Editora Blucher – muito respeitada em outros nichos do mercado livreiro, dedicada à ciência e engenharia, decidiu-se adentrar na edição de livros de psicologia. O autor deste livro convidou os dois editores para que fizessem uma reunião. De onde surgiu um acordo de co-edição destes vinte e oito títulos – inclusive o dicionário.

MODO DE USAR

Com base na experiência com colegas e candidatos à formação psicanalítica, e no nosso modo de ler, permitimo-nos sugerir um instrumento. Analogicamente, como se fosse uma bússola, para ser usada por leitores que precisem, ou desejem alguma orientação na leitura.

Bússola são feita por um material imantado que fica atraído, ou é exercida sobre o material uma força natural de nosso planeta, que reage pela atração, expressa por movimento.

O "material imantado", nesta analogia, é aquilo que orientou todo cientista e artista desde que ciência e arte existem. Denominado por Immanuel Kant, de "análise crítica de métodos", ou, abreviadamente, "criticismo". Exercido sobre algo natural em todos nós, chamado por Aristóteles de "ânsia de saber" e de instinto epistemofílico por Freud. Onde há desenvolvimento de curiosidade sexual para curiosidade científica e artística. Isto foi um fator importante na obra de Freud – e de todo cientista e artista – inspirado, segundo ele mesmo, por Charcot. Que exerceu análise critica sobre o que acompanhou, por tempo suficiente, em mulheres internadas em Sapetriére, cujo comportamento parecia ser de epilépticas, mas demonstrou-se como forma de histeria. Pois toda leitura – a não ser a influenciada por propaganda ou política ideológica – é um método científico, na extensão de que é um modo de se aproximar da realidade. A realidade não pode ser apreendida caso nos limitemos por aparências, apreensíveis pelo nosso aparato sensorial. Com a imantação de uma "análise crítica", quais seriam nossos pontos cardeais?

Norte: Sentidos do autor - Para exercer a análise critica, será necessária uma disciplina – como aquela à qual se submetem artistas, atletas e cientistas – de não tentarmos impor nossos próprios sentidos, ao sentido do autor. Mitos como o do "Gênio da Lâmpada" nos aconselham que, na qualidade de leitores, somos mais abridores (como abridores de garrafas ou latas) do que conteúdo, e que o autor é mais conteúdo do que forma. Sugerimos que o nosso Norte seja a recomendação de John Ruskin, em *Sesame and Lillies*. Quando temos acesso a um texto – além de adquiri-lo, ou pedi-lo emprestado, ou copiá-lo para depositar em algum armário - ou

46

A linguagem de Bion

seja, um acesso que não seja apenas materializado, será necessário respeitar que a realidade primeira à qual será necessário que nos aproximemos seja a realidade daquilo que o autor tentou expressar. Em termos psicanalíticos: é necessário não se dedicar a projetar nossos sentidos sobre o texto, sob o vértice de Freud, ou fazer identificações projetivas sobre o texto, sob o vértice de Klein. O que o autor pretende ou pretendia ou estaria pretendendo dizer e comunicar? Qual será a realidade que este autor pretendia abordar?

Em psicanálise, a questão não se reduz a semânticas, embora as incluam necessariamente. É necessário um respeito e domínio mínimo da língua do autor – algo problemático, por trabalhoso, mas não intransponível, na obra de Freud. Bion, por sua vez, escreveu em inglês – em princípio, mais accessivel. Embora muitos leitores cuja língua materna é inglês o qualificam de obscuro.

Psicanálise é um modo de apreender os sentidos e estruturas psíquicas do outro, do paciente. Muitas delas, absolutamente novas para nós; e as que não o são, estarão transformadas. O que ocorreria, caso uma postura psicanalítica não pudesse ser aplicada a leituras de textos?

A experiência psicanalítica – idêntica à experiência médica de diagnóstico e semioliogia (armada ou não), e também a algumas testagens psicológicas, como o teste de Rorscharch, de Pfister, WISC e outros, nos mostram a necessidade peremptória (um imperativo categórico, na linguagem de Kant) de que nos aproximemos do que o paciente, ou o individuo - que nunca é a nossa pessoa - pretende dizer e principalmente, pretende não dizer, mesmo que não saiba de nenhum dos dois. De como o paciente ou o individuo que não é a nossa pessoa está estruturando sua linguagem, e a ausência dela - em atos falhos, ou sob efeito de trabalho onírico, ou sob comunicações não verbais.

Sul: Disciplina - De posse deste "Norte", qual seria o nosso "Sul", nesta bússola analógica? Será definido por uma conjunção de vários negativos: uma disciplina para não fazermos uma leitura idolátrica, onde o que o autor diz não estaria sujeito, a priori, a nenhuma crítica – apenas por que foi dito por aquele autor. Que é preferido, demasiadamente, por propaganda (tantas e tantas vezes, por casas editoras, com finalidades comerciais); ou por erudição; ou por moda; ou por compartilhamentos político-financeiros; ou religiosos; ou por rivalidades nacionalistas; ou por patriotismo – "o último refúgio do velhaco", na observação do Dr Samuel Johnson, um autor do Iluminismo inglês citado por Bion. Ou por todos estes fatores, em conjunção constante e portanto, avassaladora, impediente de disciplinas do leitor, e que podem ser ensacadas em um mesmo invólucro: busca de prazer. Nosso "Sul" também necessita que não seja uma leitura iconoclasta, onde o que o autor diz está destruído a priori, justamente por ser dito por aquele autor. É um engano misturar a pessoa do autor, ou, pior ainda, dados biográficos a respeito dele, com sua obra. Embora pareçam constituir-se como exceções, reconhecidos canalhas legaram arte

Pós-escrito para a edição brasileira

real a todos nós – como Richard Wagner; ou praticantes de violência contra mulheres, como Auguste Rodin, Diego Rivera e Pablo Picasso. Ou cientistas que nos legaram notáveis avanços, mas com conduta cruel e até violenta – como James Watson, a respeito de propaladas diferenças intelectuais devidas à hiperpigmentação tegumentar, e Albert Einstein, no que se referiu à sua relação com a primeira esposa, Mileva Maric-Einstein, e seu filho, além da atitude, depois objeto de desculpas pessoais, frente a S. Freud, na possibilidade da entrega de um Premio Nobel. Leituras idolátricas e iconoclastas apelam para racionalizações, tentando substituir criticismo. Na maior parte das vezes, idênticas na invariância, apesar de aparentemente opostas na aparência, transformada por palavras para persuadir o leitor de que se trata do melhor ou pior texto do mundo escrito pelo melhor ou pior autor. "Melhor" é escrito como "genial", "único", revolucionário", "inovador", criador de "paradigmas novos", etc. "Pior" é escrito como "louco", "errado", "ruim", "obscuro", "ininteligível", etc.

Nosso "Sul" corresponde ao que Bion observou sobre a necessidade de disciplina sobre entendimento, desejo e memória. Podemos ler um livro do mesmo modo que podemos ajudar um paciente a obter uma análise:

> ....o analista que vem para uma sessão com uma memória ativa não se encontra em posição de fazer "observações" dos fenômenos mentais desconhecidos, pois estes não são sensorialmente apreensíveis (AI, 107)

Entendimento é reduzido a uma porta de entrada, as condições pictóricas ou acusticas: um livro é feito por páginas, frases, palavras e letras; não permite apreensão, a despeito de propagandas sobre "inteligência artificial" computadorizada. Kant denominou esta tendência de "realismo ingênuo", que precisa ser disciplinado se precisarmos ou quisermos obter uma leitura real.

Leste: Senso Comum - Definidos (como limites) "Norte" e "Sul", podemos procurar: quais seriam os outros dois pontos cardeais? Leste, o lugar que começamos a ver a luz, seria, analogicamente, respeito ao senso comum (q.v.). O que será lido não brotou de nós, por mais que alguma vez, no passado desconhecido, o tenhamos intuído, ainda que parcialmente, e em outras condições. Ou, em grande parte das vezes, nunca o tenhamos intuído. Uma parte dos leitores poderá fazer o ajuste, utilizando-se de senso comum (q.v.) na leitura – diferente de uma pessoa qualificável como "psicótico". Quem poderá, ou poderia afiançar a porcentagem de leitores que façam o ajuste? Há uma necessidade de precisão mínima em uma linguagem comunicacional; a fortiori, em um texto científico e em um texto com pretensões de se constituir como dicionário.

Oeste: Solitude - Toda a questão da leitura pode estar compactada em um verso predileto de Bion, cuja autoria foi de Rudyard Kipling, nos servos dos "Sete

A linguagem de Bion

Pilares da Sabedoria”: O quê, Porque, Quando, Como, Quem e Onde, lançados por mar e terra, para o leste e para o oeste. Após terem trabalhado, concedemos-lhes um descanso. O sétimo é o que falta: nossa leitura, feita em solitude – mas nunca solidão. Históricamente, definiu-se arbitrariamente, mas com alguma base natural, de que vivemos no “Oeste”[2]. Dentro deste senso comum, nosso “Oeste” na leitura, será composto por nós mesmos. Só podemos ler com os nossos olhos – ou, na formulação poética de Keats, “o belo está nos olhos de quem o vê”, e também, o feio.

Parece-nos necessário considerar um aspecto ambiental. Vivemos, atualmente, sob uma tendência escolástica, dita “pós-moderna”, que favorece idealismos e, conscientemente ou não, desanda em personalismos e cultos a personalidades. Nosso “Norte” exclui todas e quaisquer ideologias a priori, como as advogadas por leituras idealistas e relativistas, típicas de nossos tempos “pós-modernos”. Que autorizam apenas aquilo que surge na concepção do leitor, negam sentidos do autor – o universo seria aquilo que a mente individual diz que ele é. Algo indispensável e intrínseco, mas de forma alguma, suficiente.

Não será leitura “pós-moderna”; nunca será idealista, ou solipsita, ou subjetivista, ou narcisistas, mas sempre uma leitura “moderna”. No sentido de que seremos sempre mais modernos do que o escrito - mesmo que tenha sido escrito por alguém mais novo do que nós mesmos, cronológicamente. Pois chegamos ao escrito depois dele ter sido escrito, para fazermos a análise crítica, imantando-nos ao nosso “Norte” – o sentido do autor . O quão atraídos ou imantados? Dependerá de tudo que não nos deixa sós: nossa formação; educação; experiência de vida; experiência clínica; psicanalítica; dotações do nosso aparato sensorial e aparato psíquico. Corresponde ao que em música e também em psicanálise, se denomina, “interpretação” – diferente entre os interpretes, e por vezes, diversa no tempo para o mesmo intérprete. Mas o autor precisa ser reconhecido, pois uma vez foi conhecido.

O autor expressa o mesmo desejo registrado na versão inglesa, mas acrescido a uma necessidade – a de tentar atender a um anseio demonstrado por centenas de pedidos pessoais de colegas, ao longo destes quatorze anos. Que a consulta deste livro, agora em português, lhes seja útil - e não uma perda de tempo.

Paulo Cesar Sandler, 2019.

---

[2] Dizer-se, “civilização ocidental”, tornou-se senso comum mundial, mesmo que não universal. Para uma pessoa nascida no Japão ou China, será verdadeiro, mas contrario ao senso comum, dizer-se que possam viajar para Leste e não mais do que de repente, encontrarem-se naquilo que o senso comum diz ser, América (do Sul, do Norte, ou Central).

50

PAULO CESAR SANDLER

A linguagem de Bion

UM DICIONÁRIO ENCICLOPÉDICO DE CONCEITOS

A

Alfa (α)

Sob um estudo histórico dos conceitos formulados por Bion, trata-se de uma formulação quase-matemática precocemente descartada. Foi substituída pelo conceito de função-alfa (ou função-α; as notações gráficas variam, na obra de Bion). Também utilizado como notação taquigráfica, para outro conceito descartado, o de trabalho onírico α (q.v.). O conceito tem interesse para estudiosos da história das ideias de Bion que pretendem alcançar a evolução que resultou nos seu descarte, em torno de 1961, à luz de experiências clínicas. O leitor está convidado a consultar os verbetes: função-α e trabalho onírico α. De modo nada usual, e talvez ligado a um problema de revisão das provas originais, o conceito, Alfa (α) ressurgiu em apenas uma única ocasião, em 1975 (AMF, I, 59).

Alucinação

Bion usa o termo exatamente no mesmo sentido que tem sido classicamente definido pela psiquiatria e pela psicologia acadêmica. As contribuições de Bion fazem parte de um passado, provavelmente de uma era dourada de contribuição mutuamente frutífera entre a psicanálise e a psiquiatria. Uma época que pode ser datada: do final do século XIX, com o trabalho de Emil Kraepelin, Karl Bonhöfer e Eugen Bleuler, perdurando pelo menos até a 1980, no final da geração que produziu psiquiatras como Henry Ey e Silvano Arieti, os irmãos Menninger, Harry Stack Sullivan, Donald Winnicott, Herbert Rosenfeld, W. Clifford Scott, entre outros; na Europa, André Green.

Durante a época da confecção deste dicionário, houve interrupção desta polinização cruzada. Não se situa no escopo deste dicionário investigar se tal interrupção é um sinal de extinção; nem tampouco sobre fatores que contribuíram para ela. Dado o fato, observado por Francis Bacon, de que "toda novidade não passa de esquecimento" (em *Ensaios*), e da constatação de períodos cíclicos na história do conhecimento dentro da civilização ocidental, de enterramentos e re-descobertas, é possível que tal polinização cruzada possa retornar. O gradativo desconhecimento

A

que parece imperar em alguns setores a respeito de definições básicas em psiquiatria e psicanálise implica a inclusão dessas definições no presente texto.

Alucinação é um conceito que define a existência de percepções anobjetais, ou seja, que não possuem nenhum objeto real para estimular algum órgão sentorial; em outras palavras, uma percepção que carece de objeto; uma falsa percepção. A mente cria imagens, ou outras manifestações sensoriais, a partir de nada. Trata-se de um processo, até certo ponto, similar ao que se observa na produção onírica. Sabe-se que há ligações neuronais entre o sistema ocular e o sistema nervoso central (cérebro). Fazem parte do sistema ocular dois olhos, que abrigam vários órgãos internos, entre os quais aquele denominado retina – neurônios especializados em captar energia luminosa, que age como estímulo externo (fótons). Partindo dessa definição, Bion amplia seu escopo e investiga sua origem. Observando pacientes que não podem sonhar, nem tampouco alucinar sonhos, Bion dá-se conta de que esses pacientes recorrem, na vida de vigília, a uma forma especial de imagem – e, por vezes, a outras manifestações sensoriais. Imagens que parecem funcionar como meios de comunicação com aquilo que não lhes parece ser pensável; com aquilo que não lhes parece poder ser incluído nos seus processos oníricos; aquilo que não lhes parece ser tolerado intrapsiquicamente.

Bion escreve, como verdadeira qualificação ou julgamento prático, que "é essencial, e também compensador, *acessar tal observação do processo alucinatório*". A revisão prática do termo não o modifica; aumenta seu alcance durante a prática psicanalítica. Esclarece uma função; e também uma origem de alucinação, demonstrando seu caráter "grupal", isto é, um processo que envolve duas pessoas, em vez de apenas uma. A expansão observacional implica a própria expansão do vértice psiquiátrico, usualmente positivista, na crença de um observador neutro, fornecida pela psicanálise, que introduz o fator relacional. Não se trata mais de se entreter a fantasia positivista, idêntica à do lugar-comum, de um observador neutro, "observando" a loucura do outro ser, mas da apreensão de um relacionamento entre dois seres animados. Nesse sentido, a psicanálise avançou para além de crenças positivistas, claramente enunciadas na obra de Auguste Comte, inserindo a própria psiquiatria no âmbito das ciências modernas, como a física e a química pós-Planck e pós-Eintein, e a biologia pós-Darwin, que estudam relações entre fenômenos. Psicanálise e física levam adiante descobertas da matemática, a ciência mais precisa até hoje conhecida, fornecendo status científico às observações da psiquiatria fenomenológica, ainda que empírica, mas relegada à impressionística superficial.

FUNÇÃO

A atividade alucinatória parece ser *"uma tentativa de lidar com a parte psicótica"* da personalidade, usualmente sentida como perigosa (ST, 71). Como expansão da

A linguagem de Bion

obra de Freud em relação aos caminhos da formação de sintomas, descrito nas conferências introdutórias sobre psicanálise na Universidade de Viena, entre 1916 e 1917, Bion observa que o *leitmotiv* dos processos alucinatórios contitui-se como *"uma tentativa de cura"*.

A primeira observação analítica de Bion publicada sobre a alucinação utiliza plenamente as percepções de Klein sobre a fantasia de identificação projetiva e também de identificação introjetiva: os pacientes alucinam ter uma capacidade concreta tanto para ejetar como engolfar sentimentos e ideias, e até mesmo ejetar e/ou engolfar uma pessoa: *"Pode ter ocorrido o fato de o paciente ter manipulado a análise, e a mim mesmo, a tal ponto que, em seu sentimento, eu não seria mais um objeto independente, e poderia então ser tratado por ele como se fosse uma alucinação"*.

Observa um paciente que sentiu que *"seus olhos podiam sugar algo de mim"*; os olhos também podiam *"expulsar"* aquilo que ele tinha sugado para dentro de forma alucinatória (ST, 67). Bion, segundo seu escrito, parecia ser capaz de trabalhar de um modo em que simultaneamente aliava prática e teoria; habilidade psicanalítica praticada primeiramente por Freud, e passível de ser reproduzida por analistas atentos que puderam obter sua própria análise: uma visão dinâmica, que permite uma tolerância de paradoxos. Neste caso, uma postura pessoal aberta, possibilitando observar uma fantasia "interna" e "externa", ocorrendo simultaneamente, de modo, especificado pela primeira vez por Freud, "dinâmico". Realmente, Freud sugeriu pelo menos três nomes para a ciência que descobrira: psicanálise, psicologia profunda e psicodinâmica.

Uma das aplicações que pode ser considerada como prática similar àquelas preconizadas pela psiquiatria preventiva aparece na frase *"Uma 'consciência consciente' [awareness*, no original] *do duplo sentido que verbalizações alusivas aos órgãos sensoriais têm para o psicótico, por vezes, possibilitam detectar um processo alucinatório antes de ele se denunciar por meio de sinais mais conhecidos"* (ST, 67). Os sinais mais conhecidos correspondem à perturbação manifesta conhecida em psiquiatria como esquizofrenia e sentimentos malignos de perseguição. Bion, fiel à visão de Freud sobre a função "curativa" dos sintomas, mostra-os como um ajudante para o psiquiatra, evitando posturas que apelem para julgamentos de valor.

Alucinações e a fantasia de que órgãos sensoriais poderiam ejetar e também receber indicam a severidade do distúrbio impondo sofrimento ao paciente; no entanto, preciso assinalar a benignidade no sintoma, que certamente não foi demonstrada anteriormente. Clivagem, uso evacuativo dos sentidos e alucinações estavam sendo empregados a serviço de uma ambição, a de ser curado, e, portanto, podem ser considerados como atividades supostamente criativas (ST, 68).

A

Natureza

É profícuo considerar o processo alucinatório como uma dimensão da situação analítica na qual, junto às "dimensões" remanescentes, os objetos são sensorialmente apreensíveis, segundo a indicação do modelo de Freud sobre a consciência como órgão dos sentidos para apreensão de qualidades psíquicas. (T, 115)

Em 1965, Bion insere a definição clássica de alucinação dentro da expansão que fez, utilizando a influencia de Kant, até então implícita, no trabalho de Freud, sobre funções de ego: acrescenta à listagem contida em Formulações sobre os Dois Princípios do Funcionamento Psiquico (1911) as seguintes categorias: definição (hipóteses definitórias), sobre as já existentes, notação, atenção e memória, além de ação. Bion acrescentou também, a essass categorias (ou dimensões), o termo, pré--concepções: a *base psicanalítica intuitiva* (T, 138). Capacitou-se, assim, a poder *"reconsiderar agora o termo 'alucinação . . . precisa ser discriminada de uma ilusão ou delírio, dois termos necessários para representar outros fenômenos, a saber, aqueles associados com pré-concepções que se tornam concepções porque elas se casam com realizações que não se aproximam suficientemente da pré-concepção para saturá-la, mas aproximam-se suficientemente para originar uma concepção ou concepção distorcida, falsa* [misconception]" (T, 137).

Ilusão, portanto, constitui-se como interpretação distorcida, e, por isso, falsa (*misinterpretation*) oriunda de percepções falsas a partir de um objeto real devido à distorção dos sentimentos.

De acordo com o texto de Bion, ilusão constitui-se como casamento de pré--concepção com realização externa que leva a uma concepção distorcida (*misconception*). Delírios constituem-se como incoerências dotadas de lógicidade (lógica formal). A pessoa constrói um delírio com auxílio de racionalizações (no sentido dado por Freud e Jones, que tanto impressionou Bleuler, Jung e Adler), histórias verossímeis que partem de premissas falsas; isso também leva a concepções distorcidas (*misconceptions*). Alucinações são percepções sem objeto (externo).

Uma pré-concepção poderá formar um conceito: *"A pré-concepção requer saturação por uma realização que não é uma evacuação dos sentidos, mas tem uma existência independente da personalidade"* (T, 137). Caso respeite esse requerimento, a pessoa adquirirá um tipo de seguro contra a introdução de processos alucinatórios. Em termos teóricos, Bion utiliza contribuições de Melanie Klein e de Freud, enriquecendo a psiquiatria com o vértice analítico – pela primeira vez a *formação do mecanismo* alucinatório é investigado. A alucinação *"emerge a partir de uma predeterminação e requer satisfação (a) pela evacuação a partir da personalidade e (b) pela convicção de que o elemento é de fato sua própria evacuação"* (T, 137).

56

A linguagem de Bion

A alucinação constitui-se como fenômeno grupal; é possível que Bion tenha feito uso do conceito de "psicologia bi-pessoal" (*two body-psychology*) de John Rickman – seu primeiro analista. É um vértice interacional, dependendo de pelo menos dois pontos de vista: um, proveniente do paciente, acoplado a outro, proveniente do analista. Rickman e Bion foram pioneiros na aplicação da psicanálise ao estudo de grupos. Duas pessoas já constituem um grupo; introduz-se a consciência da interferência do observador no fenômeno observado, elucidada incialmente por Freud, Planck e Heisenberg. A tolerância a "dualidade", como passo para apreensões monísticas, é uma das "marcas registradas" das contribuições de Bion à psicanálise (o leitor pode consultar os verbetes "Psicologia Bi-Pessoal" e "Visão Binocular"). Nas palavras de Bion,

> Surge uma confusão, caso não se dê o devido peso ao fato de a conjunção total vinculada pelo termo alucinação estar associada com dois pontos de vista diferentes ou, como prefiro chamá-los, com dois vértices diferentes; um, representado pelo paciente; e outro, pelo analista. (T, 137-138)

A inspiração de Freud em Goethe, na invocação às bruxas em *Fausto,* indicada em "Construções em análise", permitiu que, desde o início de sua obra, Bion pudesse comparar construções do analista às alucinações dos pacientes: *"alucinações podem ser equivalentes às construções que erigimos durante um tratamento analítico – tentativas de explicações e cura"* (ST, 82).

Essa indicação auxilia no refinamento de observação do estado da mente do analista; Bion o faz por meio de um uso expandido de alucinação. O refinamento inclui uma diferenciação entre sonho e alucinação. Diferença longamente perseguida por Freud. Inicialmente, Freud enfocou o aparecimento dessas duas atividades mentais no paciente; posteriormente, percebeu que apareciam no analista; Bion expande a observação, percebendo que tanto o paciente quanto o analista podem – e precisam – "sonhar a sessão" (*q.v.*); conceito desenvolvido entre 1959 e 1965. Ficou-lhe claro que a pesquisa não poderia se limitar apenas à atividade onírica, sob pena de incorrer em erro, por falta. Isso caracterizou a trajetória de Bion na atividade psicanalítica, e mostrou-se necessário, como percurso, de ser trazido à consciência (tanto do paciente como do analista) em toda e qualquer análise. Pode-se dizer que uma análise permanecerá desnecessária e grandemente incompleta se não houver trabalho nesse sentido, nessa diferenciação. Pelo menos em uma psicanálise que considere uma pesquisa adentrando no desconhecido (*unbewußt* no alemão utilizado por Freud, ou seja, inconsciente, cujo sinônimo é "desconhecido"). Infelizmente, nos tempos atuais, o termo inconsciente foi degradado, transformando-se em jargão (*q.v.*). Uma pesquisa no desconhecido, realizada dentro de limites desconhecidos, ou seja, tendendo ao infinito, já que o Sistema Inconsciente, segundo Freud, caracteri-

A

za-se por ser atemporal e anespacial. Isso é parte integral do ato de analisar. Um momento decisivo ocorreu quando Bion finalmente abandonou critérios psiquiátricos, emparedados entre ideias de patologia, de um lado, e de cura, do outro. A psiquiatria parece-nos ser útil à psicanálise no que tange a diagnósticos, mas não à conduta. Outro assunto primordial: a percepção de Bion sobre os estados de alucinose: estados aparentemente normais, por socialmente aceitos, quando coincidem com hábitos do analista, ou com códigos socialmente aprovados de conduta. Nesses estados, fantasias onipotentes de superioridade, ocorrendo durante a sessão, podem passar – e usualmente passam – despercebidas; tanto ao analista, quanto ao paciente. Quando um casal analítico elucida, tanto quanto possível, a presença da personalidade psicótica, o paciente percebe sua capacidade de alucinar; é necessário que o analista o acompanhe minimamente. Bion, em 1967, afirma:

> Um estado adequado para intuir realizações psicanalíticas . . . pode ser comparado a estados que supostamente oferecem condições para alucinação. O indivíduo alucinado fica, aparentemente, tendo experiências sensoriais sem qualquer base na realidade sensorialmente apreensível.

> Um psicanalista precisa estar habilitado a intuir a realidade psíquica, aquela que não possui nenhum quadro de referência na realidade sensoriamente apreensível. Um indivíduo alucinado transforma e interpreta o pano de fundo da realidade, sobre o qual está ciente, em termos diferentes daqueles utilizados pelo psicanalista. Não considero que um paciente alucinado esteja se reportando a uma realização que disponha de algum pano de fundo sensorialmente apreensível; da mesma forma, não considero que uma interpretação psicanalítica possa se originar a partir de fatos acessíveis a nosso aparato sensorial. Como alguém poderia explicar a diferença entre uma alucinação e uma interpretação de uma experiência psicanalítica intuída? É comum brandir-se uma acusação, feita por vezes de forma solta; e por vezes, de forma sub-liminar: psicanalistas psicanalisando pacientes psicóticos também são psicóticos.

> De minha parte, tentaria buscar uma formulação que pudesse representar a diferença entre intuição (no meu sentido do termo) de uma realização que não possui qualquer componente sensorialmente apreensível e alucinação de uma realização que, de modo semelhante, esteja desprovida de qualquer realização sensível. Um psicanalista, nessas condições, teria pelo menos uma oportunidade de oferecer uma resposta; muitas pessoas supostamente sãs e responsáveis transformam pensamentos em ações que, de modo caritativo, poderiam ser chamadas de insanas; muitas vezes essas pessoas são chamadas, elas mesmas, ainda que de modo caritativo, de insanas . . .

A linguagem de Bion

Comumente, órgãos dos sentidos possuem seus próprios objetos, que são senso-rialmente apreensíveis. . . . No âmbito mental, emprestando uma frase de Freud, o "órgão dos sentidos para a qualidade psíquica" não padece desse tipo de limitação. Pode apreciar, de um modo indiferenciado, todas as contrapartidas de todos os sentidos. Contrapartes mentais de olfato, visão etc. podem, em sua totalidade, serem intuídas pelo mesmo aparato. O assunto possui importância prática para analistas cujos analisandos falam "Vejo o que você quer dizer", quando, na verda-de, o analisando está tendo uma alucinação, digamos, aquela de estar sendo sexu-almente abusado; o que o analisando quer dizer é algo sobre o significado daquilo que o psicanalista disse, algo que lhe apareceu sob forma visual, mas não que tenha entendido uma interpretação. (ST, 163-164)

Um modo ainda mais sintético pode ser visto em um texto publicado três anos depois:

Receptividade adquirida por esvaziamento de memória e desejo (que é essencial para que "atos de fé" operem) é essencial, tanto para psicanálise como para outros procedimentos científicos. É essencial para experimentar alucinação ou o estado de alucinose.

Não considero o estado de alucinose como um exagero de uma patologia ou mesmo de uma condição natural; considero-o como um estado sempre presente, mas coalescido por outros fenômenos, como uma tela. Caso esses outros elemen-tos possam ser moderados ou suspensos, a alucinose fica demonstrável; sua total riqueza e profundidade são acessíveis apenas aos "atos de fé". É possível apreender sensorialmente apenas os elementos de alucinose que são manifestações mais gros-seiras e de menor importância; para apreciar a alucinação o analista precisa parti-cipar do estado de alucinose. (AI, 36)

Falhas na apreensão do conceito, mal-entendidos e distorções: prevalece, pelo menos em alguns locais, a ideia de que a alucinação para Bion diferiria da alucinação conforme tradicionalmente descrita em psiquiatria. Esses leitores não se dão conta do seguinte fato: Bion ilumina dois usos – o do psiquiatra e o do analista – desse termo sobre um mesmo fenômeno; os usos são diversos entre si, mas não o fenôme-no. Por exemplo, nas tentativas de Bion para demonstrar que "a situação analítica exige amplitude e profundidade maiores do que aquelas fornecidas por um modelo baseado no espaço euclidiano", enfatiza que existe uso extenso de expressões nada familiares ao analista, de modo que a não familiaridade permanece vagamente inde-finida (para o analista): seriam elementos beta trabalhando:

A

Como essa vagueza é uma expressão do "pensamento" elemento β, a vagueza não é devida à perda de definição; ela pode se introduzir porque o analista está em uma posição análoga à de um ouvinte exposto à descrição de uma obra de arte executada com materiais e em uma escala que lhe são desconhecidas. É como se ele ouvisse a descrição de um quadro e ficasse procurando em uma tela pelos detalhes representados para si, visto que o objeto foi implementado em um material com o qual ele não está familiarizado. Tal paciente pode falar de um "aquilo roxo"[3] ou um "olho verde de inveja" como sendo visíveis em uma pintura. Pode ser que esses objetos não estejam visíveis ao analista; ele pode pensar que o paciente os está alucinando. Mas tal ideia, talvez perfeita para um psiquiatra, não é suficientemente perspicaz para seu trabalho como analista . . . (T, 115)

. . . descrições atualmente disponíveis sobre alucinações não se constituem como boas o suficiente para a prática psicanalítica. (ST, 160)

Seriam depreciações sobre visões atualmente disponíveis? Acrescentar e incrementar diferem de eliminar. Bion afirma que explicações analíticas existentes – e não apenas as psiquiátricas – alusivas à alucinação são insuficientes; e dessa insuficiência não escapa sua própria explicação. Qualificar como não suficiente não implica que "a psiquiatria esteja errada". Outro des-entendimento (*misunderstanding*) que nos parece sério aparece em um tipo de elogio à loucura, ainda que diferente da obra de Erasmo: leitores há que pensam que os analistas deveriam alucinar durante a sessão; confundem a visão de Bion a respeito da participação do analista nos estados de alucinose (AI, 30) com alucinações do analista. Estas podem ocorrer, e precisam ser tratadas na análise do analista; podem implicar o discernimento entre alucinações do analista e estados de compaixão, consideração pela vida, e também outros discernimentos: sobre a presença de identificação projetiva; de tolerância diante de estados ávidos e invejosos exibidos pelos pacientes; onipotência; realização de fenômenos expressando hipérbole (*q.v.*). Participar de estados de alucinose originados pelo paciente constitui um passo para a apreensão de fenômenos alucinatórios por parte do paciente e uma discriminação mais precisa daquilo que provém dos pacientes e daquilo que provém do analista, os participantes do casal analítico.

Caso ainda restem dúvidas, pode-se examinar mais uma definição clara de alucinação:

Todos os modos de comunicação, sejam eles verbais, musicais, artísticos, encontram-se com algo real; este algo real parece ser representado pelos vários modos apenas aproximadamente. Pode-se considerar, erroneamente, alucinação como

---

[3] *"Penis black of envy"* no original; substituímos pelo equivalente na linguagem popular brasileira.

A linguagem de Bion

uma representação e, portanto, sem serventia para algumas atividades. Dado o fato de transformações verbais, musicais e artísticas serem dotadas de valores vicariantes originados do fato de elas serem transformações de O, será natural considerar que as alucinações teriam a mesma possibilidade de sê-lo. Entretanto, as alucinações não são representações; são coisas-em-si geradas por desejo, por intolerância de frustração. Seus defeitos não se devem a seu insucesso para representar, mas à sua incapacidade de ser. (AI, 18)

🕐 Ecoando pontos de vista de Freud sobre seu próprio trabalho com sonhos, a visão de Bion sobre alucinação não se transformou ao longo de sua obra. No entanto, Bion manteve fortes esperanças de que algum entre seus leitores pudesse encontrar outras funções da alucinação, que não apenas aquela de evacuação (ST, 160). A revisão publicada em *Second Thoughts* reafirma a necessidade de *"intuir alucinações"*, e também de respeitar o fato de que a experiência analítica, como experiência de vida, se efetua por contínua evolução: *"O psicanalista não pode permitir ser desviado de um vértice específico: aquele que parte de eventos emocionais, os quais, quando já tiverem evoluído, tornam-se 'intuíveis'. Neste vértice, o estudo da alucinação está se iniciando, e não finalizando"* (ST, 161). Algumas possibilidades aparecem em *Transformations* e em *A Memoir of the Future*; nesta última obra, ocorre uma representação vivificada de personagens alucinados – por exemplo, "Alice", que alucinou casamentos.

📖 Este verbete não detalha experiências clinicas - dados empíricos - que embasam a teoria; mesmo considerando-se dificuldades inerentes e inescapáveis em colocar experiências psicanalíticas sob forma escrita, talvez seria útil se o leitor consultasse os locais onde Bion tentou reproduzi-las. Por exemplo: ST, 65-81; C, 15, 23, 82, 83, 88, 89; T, 30), assim como as resolvas feitas por ele, na introdução a *Learning from Experience* e nos "Comentários", em Second Thoughts. Outras tentativas, à luz dos conceitos e teorias de Bion, podem ser vistas em *A Clinical Application of Bion's Concepts,* do mesmo autor deste dicionário.

Alucinose

Não considero o estado de alucinose como um exagero de uma patologia ou mesmo de uma condição natural; considero-o como um estado sempre presente, mas coalescido por outros fenômenos, como uma tela. Caso esses outros elementos possam ser moderados ou suspensos, a alucinose fica demonstrável. (AI, 36)

A

Bion, sob o vértice da observação do funcionamento psíquico , utiliza o conceito psiquiátrico de alucinose, como uma das formas funcionais, ou modos de expressão incluídos, teoricamente, no conceito de Transformação. Este uso não modifica o conceito de alucinose; apenas expande seu alcance. Não restringe o conceito de alucinose ao âmbito da patologia, ecoando as descobertas de Freud sobre a natureza e função dos sintomas neuróticos e psicóticos, como últimos redutos, embora toscos e falhos, da saúde. De modo resumido: a descoberta da universalidade de neuroses. A psicanálise proporciona condições de observar-se fenômenos de alucinose nas assim chamadas "pessoas normais". A visão sobre a existência de uma psicopatologia da vida cotidiana, na linguagem de Freud, pode ser acrescentada da psicose cotidiana. Em psiquiatria, o conceito de alucinose demarca a presença de alucinação em pessoas que, de resto, mantêm sua personalidade conservada. Esta concepção foi delineada na descoberta das diferenças entre a personalidade psicótica e a personalidade não-psicótica (q.v)

Bion menciona alucinose, pela primeira vez, nos comentários sobre manifestações da intolerância ao não-seio, seguidas de vários procedimentos subsequentes após ser submetida a provocações, para substituir *a coisa pela não-coisa, e a própria coisa como um instrumento para tomar o lugar de representações, quando representações são uma necessidade, como elas o são no âmbito do pensar. Assim, almeja-se um assassinato factual, ao invés do pensamento representado pela palavra "assassinato"; um pênis ou seio factuais ao invés do pensamento representado por estas palavras, e assim por diante, até que ações e objetos reais bastante complexos sejam elaborados como parte de* acting-out. *Tais procedimentos não produzem os resultados comumente obtidos por pensamento, mas contribuem para estados que se aproximam de estupor, medo de estupor, alucinose, medo de alucinose, megalomania e medo de megalomania*" (T, 82).

Uma "intuição analiticamente treinada" permite a apreensão[4] do seguinte fato: atuações – ou *acting-out*, no sentido dado por Freud ao termo, ou seja, uma passagem direta do impulso à ação, sem interveniencia de processos de pensar - altamente elaboradas por meio de racionalizações – no sentido psiquiátrico e psicanalítico do termo, como mecanismo psíquico básico de estados psicóticos, conforme elucidados no escrito de Freud sobre o comportamento do Juiz Paul Daniel Schreber – quando aplicadas na realidade exterior, costumam ser bem-aceitas pela organização social circundante. Estão na base de estados hipomaníacos ou maniatiformes. Uma associação desse tipo – obedecendo a vínculos parasíticos (*q.v.*) não observados, ou mesmo comensais (*q.v.*) – dá maior relevo às aparências, contribuindo para que estados de alucinose fiquem despercebidos. A aparência permanece sendo a de de uma personalidade conservada, a não ser pela emergência de alucinações, que podem ser socialmente compartilhadas e, portanto, tornam-se despercebidas no âmbito da

---

[4] Embora pessoas com longas e amplas experiências de vida também possam adquirir intuição similar.

consciência. O que mimetiza a própria alucinose, que passa por normal, no sentido exato dado ao termo alucinose, como categoria psiquiátrica. Torna-se tanto possível quanto necessário experimentar-se estados de alucinose quando analistas, ou quaisquer outros cientistas, objetivam aproximações a "O" (AI, 29, 36).

A atitude ativa de diciplinar-se memória, desejo e entendimento capacitam o alcance de um estado de *"receptividade"* (AI, 34), como pré-condição para efetuar algo que Bion denomina *"ato de fé"*[5], "essencial para experimentar alucinação ou estados de alucinose" (AI, 36).

Reitero que Bion não considera *"o estado de alucinose como exagero de alguma patologia ou mesmo de uma condição natural"*; considera estados de alucinose como um estado sempre presente, mas coalescido por outros fenômenos, como se fossem uma tela.

> Caso esses outros elementos possam ser moderados ou suspensos, a alucinose fica demonstrável; sua total riqueza e profundidade são accessíveis apenas sob "atos de fé". "É possível apreender sensorialmente apenas os elementos de alucinose que são manifestações mais grosseiras e de menor importância; para apreciar a alucinação será necessário que o analista participe do estado de alucinose. A partir daquilo que eu disse ficará claro que assim é, pois postulei que um vínculo K pode operar apenas sobre um pano de fundo dos sentidos; que permite apenas um conhecimento "sobre" algo, e precisa ser diferenciado do vínculo O, essencial para transformações em O. Antes que se possa dar interpretações de alucinose, que são transformações O⇒K, é necessário que o analista experimente, em sua própria personalidade, a transformação O⇒K. Abstendo-se de memórias, desejos e das operações da memória, o analista pode se aproximar do âmbito da alucinose e dos "atos de fé" por meio dos quais ele, e unicamente ele, pode Estar-uno-a-si-mesmo (*At-one-ment*) (q.v.) alucinações de seus pacientes; e assim efetuar transformaçõs O⇒K.

> Um tipo de alucinação que vale a pena examinar é aquela que pode ser provisoriamente descrita como visual. Descrevi um paciente que parecia pensar que minhas palavras voavam sobre sua cabeça; podiam ser detectadas naquilo que, para mim, era a padronagem de uma almofada. Quer dizer, ele era capaz, em um estado de alucinose, de ver que os desenhos da padronagem eram realmente minhas palavras indo, por meio de seus olhos, até ele. Além do mais, o "significado", que não podia ser captado fora das condições de alucinose, ficava perfeitamente claro em um estado de alucinose. No entanto, o "significado" de um enunciado em alucinose

---

[5]   Seria útil que leitores previamente providos de educação religiosa pudessem discriminar a definição de Bion sobre "atos de fé" de outras concepções, como "autos de fé". A despeito do uso de nomes semelhantes, referem-se a eventos diametralmente diversos. "Fé", para Bion, é fé de que a Verdade existe (*q.v.*).

A

difere do significado do mesmo enunciado no âmbito do pensamento racional. Comumente, constelação, conjunção constante e vinculação (por meio do ato de denominar algo, de alguma forma) são um prelúdio para investigar significado. No âmbito da alucinose, o evento mental é transformado em uma impressão sensorial; a impressão sensorial nesse âmbito não tem significado: provém unicamente do prazer, ou dor. Desse modo, o fenômeno mental inapreensível pelo sensório é transformado em um elemento-beta. Este pode ser evacuado e reintroduzido de tal modo que o ato não permite um significado, mas prazer ou dor. (AI, 36)

Falhas na apreensão do conceito, mal-entendidos e distorções: a definição de Bion sobre alucinose tem sido lida, em muitos locais e por muitos leitores, como se fosse um elogio à loucura; como se houvesse uma pregação de que analistas deveriam ter alucinações. As frases de Bion reproduzidas anteriormente, *"para apreciar alucinação o analista precisa participar do estado de alucinose"*, *"estar uno a"*, implicam efetuar uma apreensão onde haja compaixão pelo sofrimento do paciente, mas não um clamor ou reforço para atuações (*acting-out*) por parte do psicanalista. Como seria possível instituir algo que já ocorre por si mesmo? Os mal-entendidos surgem para aqueles que se esquecem, ou desprezam que o ato psicanalítico, e a obra de Bion, centram-se em observação, constatação e, no caso do conceito de alucinose, também de tentativas de uso de alucinose.
Referências cruzadas: Fé, Transformações em Alucinose.

ANÁLISE APROPRIADA / INTERPRETAÇÃO APROPRIADA

Consulte o verbete "Psicanálise Real".

ANÁLISE BEM-SUCEDIDA

"Se a análise for bem-sucedida em restaurar a personalidade do paciente, esse paciente vai se aproximar de ser a pessoa que foi quando seu desenvolvimento tornou-se comprometido" (T, 143).

Falhas na apreensão do conceito, mal-entendidos e distorções: o des-entendimento, neste verbete, é geral; não atinge apenas as teorias, conceitos e modelos

A linguagem de Bion

sugeridos por Bion, mas todo o movimento psicanalítico – e a ideia geral que se faz de psicanálise. Talvez não seja exagero afirmar que no "guarda-chuva" da psicanálise tem se abrigado, predominantemente, práticas indistinguíveis do que em medicina se denomina "efeito placebo". Os membros do movimento psicanalítico não estão sozinhos nisso: ocorre desde os tempos da demonologia, do exorcismo, do mesmerismo, da hipnose e do advento avassalador da assim chamada "psicofarmacologia"; e também de tratamentos introduzidos com maior frequência no final do século XX, como a neuromodulação. De modo resumido, inclui-se em todas as fantasias de "cura".

> ROBIN: E seu dia de trabalho não consiste em discutir as qualidades e defeitos dos outros?
>
> P.A.: Tento demonstrar as qualidades do indivíduo. Se elas são créditos ou débitos, ele pode então decidir por si mesmo.
>
> ROLAND: Achei que você os curava.
>
> ROBIN: Eu também achava isto.
>
> P.A.: "Cura" é uma palavra que, como "doença" ou "estado mórbido", é emprestada dos médicos e cirurgiões para descrever nossas atividades de um modo compreensível. (AMF, III, cap. 9, 133)

Referências cruzadas: Estar-uno-a-si-mesmo (*At-one-ment*), Psicanálise real; Visão analítica.

ANALOGIA

Do mesmo modo que Freud trabalhava e escrevia em psicanálise, Bion se utilizou de método verbais para demonstrar fatos em sessões e elaborar concepções, modelos e teorias em psicanálise: analogias, metáforas, metonímias e aforismos (máximas); e também por meio de parábolas, como aquela da função social ansiolítica exercida pelos mentirosos (AI, 100). O método de comunicação – inclusive científico – por meio de analogias havia sido recomendado por Goethe, e fez parte das primeiras aquisições científicas na Grécia Antiga. Bion escreveu de um modo que pareceu ao autor deste dicionário como uma lembrança – e um reconhecimento – aos autores ingleses e franceses do Iluminismo e do período romântico. Metáforas, metonímias e aforismos, e também analogias, parecem ser métodos razoáveis para comu-

A

nicar a percepção de fatos do âmbito psíquico – desconhecidos e inefáveis (impossíveis de serem colocados em formas verbais)

A rigor, todo e qualquer modelo científico é comunicado por meio de analogias. Mesmo fatos matemáticos e fatos químicos, ou fatos musicais, são comunicáveis por um sistema de notação gráfica que possui uma sintaxe própria, e então sempre será uma representação analógica da realidade que intenta comunicar. Essas analogias tentam ter uma correspondência – uma contraparte – no âmbito da realidade que tentam comunicar, dentro do critério estabelecido por Spinoza e Kant, para comunicações científicas.

Em outras palavras, cientistas tentam construir modelos que mantenham correspondência com fatos tais como eles ocorrem na realidade. Kant denominou esses modelos de "esquemas".

Bion estava preocupado – como haviam ficado Freud e Klein – com o futuro da psicanálise, por observar os efeitos que ocorriam nas posturas e tendências do movimento psicanalítico. Nelas, nota-se que analogias são excessivamente concretizadas, principalmente quando apelam para formas narrativas – passam a ser tomadas como se fossem a coisa-em-si. O valor analógico, imaterializado, dependendo de processos do pensar que possam extrair (ou abstrair) a concretude da forma narrativa, evanesce. Permanece a "casca", a superfície materializada. Isso ocorre com muita frequência nos mitos e peças teatrais, iluminando as dificuldades de pessoas como Sócrates, e incontáveis pessoas depois dele, com essas formas de apreensão da realidade humana.

Uma das principais analogias utilizadas por Bion se fez com a teoria do conhecimento matemático. O leitor pode consultar o verbete "matematização da psicanálise". O uso das analogias com a matemática tem importância científica e na clínica: constituem-se como teorias e métodos de observação clínica em psicanálise. Perder a noção de que se trata de uma analogia implica perder de vista a própria realidade à qual a analogia tenta descrever.

O fato em questão é que nós, seres humanos, percebemos fenômenos, e intuímos numena. Analogias limitam-se ao âmbito dos fenômenos, como instrumento auxiliar na intuição do número subjacente, ou "superjacente" aos fenômenos. Do ponto de vista da forma, ao usarmos analogias, existe um risco de que nos mantenhamos apenas na forma – caracterizando alguém que, segundo Kant, acredita que só podemos apreender a realidade pelo uso do nosso aparato sensorial (visão, audição, tato, paladar, olfato). No entanto, analogias sempre permitem – dependendo de quem as usa – que possamos dar um "salto quântico" que nos permita apreender algo além da forma, das aparências sensorialmente apreensíveis: a própria realidade.

A linguagem de Bion

A abordagem psicanalítica, ainda que valiosa ao ampliar o consciente, através do inconsciente, acabou ficando viciada por sua incapacidade de entender a função de "seio", "boca", "pênis", "vagina", "continente", "conteúdo", enquanto analogias. Mesmo escrevendo isto, a dominância sensorial de pênis, vagina, boca, ânus, obscurece o elemento a que a analogia busca dar significado... (AMF, I, 70-71)

Referências cruzadas: Estar-uno-a-si-mesmo (*At-one-ment*), Visão analítica, matematização da psicanálise, Modelos, Psicanálise real, Pensamentos sem pensador.

Animado e inanimado

Bion notou, já em seus primeiros trabalhos, uma tendência em seres humanos, mais evidente nos pacientes qualificados como psicóticos: tentar lidar com aquilo que é animado com métodos mais apropriados ao âmbito do inanimado. Observou também nesses trabalhos a existência de pessoas que são submetidas, em função de subserviência ao princípio do prazer-desprazer, mas de modo involuntário, como consequência, a ficar submetidas a três situações, que funcionam em conjunção constante: (i) não conseguem dormir ou ficam completamente despertas; (ii) não conseguem reportar seus sonhos (Bion enuncia que não conseguem sonhar, mas, com base nas observações dele mesmo, este autor supõe que não é possível afirmar que não sonham, mas é possível afirmar não podem se recordar dos sonhos); (iii) seu estado não pode ser descrito nem em termos de estarem vivas nem de estarem mortas.

Na tentativa de eliminar, pela violência de suas emoções, a natureza viva do seio – expressa por consolo, aquecimento, amor, compreensão, cuidado –, uma percepção da verdadeira natureza do seio fica afastada; nega-se a existência do seio. Tudo que resta é quase nada, mas um quase nada que pelo menos garante sobrevivência física – a materialização externalizada do seio (leite) percebido apenas concretamente (LE, 10). Introduz uma questão importante, não apenas de um ponto de vista teórico; um encaminhamento minimamente útil a essa questão pode discriminar a prática de uma psicanálise real, ou análise real (q.v.) e práticas imitativas. Tal discriminação poderia iluminar as presentes tribulações do movimento psicanalítico? Pode-se lembrar que Bion, explicitando e, com isdo, ampliando descobertas de Freud, enfatizou que boa parte das aquisições, no âmbito da percepção e da cognição efetuadas pelo vértice psicanalítico, efetuam-se em um âmbito não concretizado: não se pode palpar depressão, nem ouvir ansiedade, nem olhar medo, mesmo que fenômenos concretizados, indicações sempre imprecisas e superficiais, possam

A

acompanhar esses eventos, usualmente nomeados como sentimentos, afetos e emoções. Observa-se que, durante uma análise, principalmente se essa análise puder atingir a profundidade que faz emergir de modo minimamente claro os núcleos psicóticos das pessoas, os pacientes não conseguem lidar com interpretações isentos de anseios, em sua forma mais profunda: mostram-se desesperados por amor e pelo amor incondicional do grupo. Algo que traz, inevitavelmente, seu par complementar, e mais primitivo: ódio.

> . . . as necessidades de amor, compreensão e desenvolvimento mental são agora defletidas na busca de satisfação material. Como os desejos por confortos materiais são reforçados, o anseio por amor permanece insatisfeito e converte-se em uma voracidade pretensiosa e mal dirigida. (LE, 11)

O paciente tenta forçar o analista a fornecer uma cura concreta, soluções, respostas, sabedoria, conselho e, cada vez mais, interpretações que são engolidas como se fossem verdades-em-si-mesmas ou coisas-em-si-mesmas, sem nada resolver. O paciente

> não sente que está tendo interpretações, pois isso requer uma capacidade de estabelecer com o analista a contraparte da relação que uma criança tem com um seio que forneça sabedoria material e amor. Mas sente ser capaz apenas de estabelecer a contraparte de uma relação em que se tem o tipo de sustento fornecido por objetos inanimados; ele pode ter interpretações analíticas que sente como flatos, ou como contribuições notáveis nem tanto por aquilo que elas são, e sim por aquilo que não são. (LE, 11-12)

A questão é relevante não apenas para a prática analítica, mas para a noção de que a psicanálise faz parte do movimento científico, tendo consequências para o desenvolvimento da prática científica, para a teoria da ciência (muitas vezes denominada epistemologia) e para o movimento psicanalítico. No que tange à teoria da ciência, Bion observou – explicitando, uma vez mais, algo implícito na obra de Freud, e objeto de considerações, por exemplo, em artigos como "A questão da análise leiga" e "A questão da *Weltanschauung*" – que os mesmos problemas em relação à apreensão da realidade enfrentados por filósofos sob o ponto de vista teórico são enfrentados por psicanalistas sob o ponto de vista prático; ele tomou de empréstimo algumas formulações utilizadas por teóricos da ciência. O objeto de estudo da psicanálise, e por pelo menos uma parte, hoje fora de moda, da filosofia, é o mesmo: o aparato psíquico, ou "mente" humana, e a apreensão de verdades.

Existem dificuldades para pessoas que acreditam nos postulados da religião positivista: elas confundem ciência com o que Kant denominou "realismo ingênuo".

A linguagem de Bion

Essas dificuldades, manifestadas por aderentes ao movimento científico, se impuseram em vários momentos na história das ideias científicas: nas descobertas de Darwin e de Einstein. Emergiram com força externamente ao movimento psicanalítico, sendo um fator na sua invenção; no campo da medicina, em que ideias positivistas alcançavam sucesso; e, precocemente, intestinas ao movimento psicanalítico, com as assim chamadas "dissidências", produzindo desentendimentos por rivalidade, esquecimento e degeneração:

> O cientista cujas investigações incluem a substância da própria vida encontra-se em uma situação paralela à dos pacientes que estou descrevendo. O colapso no equipamento para pensar leva à dominância de uma vida mental em que o universo do paciente fica povoado por objetos inanimados. Mesmo nos mais avançados dos seres humanos, existe uma incapacidade de usar os próprios pensamentos, porque a capacidade de pensar é rudimentar em todos nós; isso significa que, em função de inadequação humana, o campo para investigação – toda investigação sendo, em essência, científica – é limitado aos fenômenos que têm características do inanimado. Assumimos que a limitação psicótica é devida à doença, mas que a do cientista não. A investigação dessa suposição ilumina, de um lado, a doença; de outro, o método científico. Parece que nosso equipamento rudimentar para "pensar" pensamentos é adequado quando os problemas são associados ao inanimado, mas não quando o objeto de investigação é o fenômeno da própria vida. O analista, confrontado com a complexidade da mente humana, precisa ser criterioso ao seguir os métodos científicos, mesmo os aceitos; a fraqueza desses métodos pode estar mais próxima da fraqueza do pensar psicótico do que um exame superficial admitiria. (LE, 14)

Teria sido a prudência o conselheiro de Bion nas críticas ao que ele chama de "método científico aceito"? Max Planck enfrentou feroz oposição de Ernst Mach, ecoando aquela enfrentada por Freud, pela instituição (*establishment*) médica. O mesmo ocorreu com Klein, que enfrentou a oposição do *establishment* autointitulado "freudiano". A obra de Bion enfrentou a oposição de muitas escolas aparentemente bem instaladas, fazendo parte do *establishment* psico-analítico durante a década de 1980. Fato delineado nas tentativas de cooptá-lo durante os anos 1960 – seguidas das tentativas de excluí-lo nos anos que se seguiram. Green mencionou a última ocorrência na resenha do livro *Cogitations* para o *International Journal of Psycho-analysis* (1992).

Learning from Experience, escrito por volta de 1960-1961, teve, como uma espécie de rascunho, artigos preparatórios sobre o "método científico" publicados em *Cogitations*, datados do ano de 1959. Naquilo que se refere ao equipamento humano para tentativas de conhecimento da realidade, durante 1964-1965, em *Transformations*,

A

Bion colocaria a questão de modo ligeiramente diferente, em que a prudente crítica ao método considerado como científico é acrescido do ponto de vista psicanalítico: quando o objeto de estudo é a vida humana, ou seja, um objeto animado que então se torna um objetivo, torna-se equiparado ao âmbito imaterial da realidade psíquica.

Para obter um modelo para discutir a situação, Bion recorreu à terminologia de Kant: numena e fenômenos. De modo mais confiante se comparado com os escritos anteriores, situa os fenômenos no âmbito dos fatos concretos, sensorialmente apreensíveis. Podem ser vistos como emanações materializadas da verdade absoluta, ou realidade última. Em si mesma, e de modo último, incognoscível. Bion a denominou, nesta época, de "O" (q.v.). A partir do momento que apreendemos, mesmo que por relances transitória, sua existência, cessa qualquer necessidade de buscar, provar ou multiplicar suas formulações concretas. Corresponde ao que Freud denominou um *insight*:

> Pode ser representado por termos como realidade última ou verdade. O máximo e o mínimo que o indivíduo pode fazer é ser **O**. Estar identificado com **O** é uma medida da distância de **O**. O belo que há em uma rosa é um fenômeno que denuncia a feiura de **O** do mesmo modo que a feiura trai ou revela a existência de **O**. . . As qualidades atribuídas a **O**, os vínculos com **O**, todos são transformações de **O** e *vão sendo* **O**. . . . **O**, representando a realidade última incognoscível, pode ser representado por qualquer formulação de uma transformação – como "realidade última incognoscível", que acabei de formular. Portanto pode parecer desnecessário multiplicar representações de **O**; realmente, a partir do vértice psicanalítico, isto é verdade. Mas desejo tornar claro que minha razão para dizer que **O** é incognoscível não é que eu considere que a capacidade humana não esteja à altura da tarefa. . . . (T, 139-140)

Obs: para a definição da realidade representada pelo sinal O, favor ver o verbete correspondente.

"Verdade" pode ser a formulação mais sintética, apesar de demasiado tosca, para obter-se um sinal, ou um marco, no ato de apreender-se algo que é uma realidade imaterializável e animada. Tudo aquilo que abrange um âmbito animado é inefável – palavras como "animal", "macaco", "criança", "planta", nem sequer alcançam o *status* de caricaturas. Aquilo que é inanimado pode ser expresso, de modo igualmente tosco, em palavras e linguagem que alcançaram o senso comum, a despeito da multiplicação delas – descrita no mito de Babel. Permite expressões de verdade como de não-verdade – quando se usam termos simples, ou únicos, com mais tendência à não-verdade.

A linguagem de Bion

Na época de Bion, podemos considerar que o movimento psicanalítico era composto prevalentemente pela segunda e pela terceira geração de psicanalistas. Na observação de Bion, esse movimento teria se desorientado, rumando para uma perdição, em duas buscas em trilhas sobejamente conhecidas há pelo menos dois milênios. Recusando-se a estar na encruzilhada entre elas e não rumar para nenhuma, por descobrir a falsidade da própria encruzilhada. De um lado, a busca por causas e efeitos concretamente considerados – puramente explicativas, racionais e racionalizadas –, e teria voltado a apelar para pontos de vista unicamente inanimados; por outro lado, na busca de pontos de vista externos, sociais, ideológicos e filosóficas, em uma libertinagem desenfreada de voos de fantasia imaginativa, desligados da realidade, desconsiderando a existência de verdade.

Teria sido isso apenas um ponto de vista de Bion? Seria restrito apenas à sua época, ou seja, estaria totalmente influenciado pelo zeitgeist, e cego para algo transcendente ao seu tempo? Os alertas que Bion tentou fazer, teriam sido ouvidos? Cada leitor pode fazer sua ideia. Para este autor, que provavelmente pertence a uma geração de analistas que pode ser vista como algo entre a sexta e a décima, a partir da descoberta deste método, a resposta a essas perguntas é "não". Bion tentou alertar para essas tendências, vivas e imensamente atuantes em sua época. Nesse sentido, o movimento psicanalítico teria e parece ainda manter uma tendência prevalente: funciona como funcionam, de modo prevalente, boa parte de nossos pacientes – esta afirmação inclui todos nós, pelo menos quando somos pacientes de outro analista. Condição *sine qua non* para exercer a prática – não dada por instituições, mas pela realidade.

Animal que faz ferramentas (*Tool-making animal*)

A psicanálise não te diz nada; é um instrumento, como a bengala do cego, que aumenta o poder para colher informações. (C, 361)

Bion sugere que a conjunção constante de duas habilidades: (I) racionalizar; (II) criar ferramentas, originada pela variação biológica (probabilística), geneticamente determinada, que nos dotou de polegares opositores, incrementou os dois instintos primitivos de amor e ódio. As expressões construtivas do primeiro são conhecidas, aparecendo, por exemplo, no mito moderno que alega ter havido progresso da humanidade. As expressões auto e heterodestrutivas, ligadas ao segundo instinto – e, de modo mais preciso e real, aos desbalanços no equilíbrio dos dois instintos –, são enfocadas como hipótese no trabalho de Bion.

A

A hipótese é apresentada com o auxílio de uma metáfora, depois transformada em mito, utilizando-se de dois seres hoje denominados antediluvianos: estegossauro e tiranossauro. Conhece-se o fato real de que ambos foram destruídos sob seu próprio peso, afundando na lama formada por um derretimento das geleiras polares. Dois répteis gigantescos, que excitaram a imaginação humana por séculos – talvez mais do que qualquer outro ser primitivo –, parecendo proporcionar uma forma concisa de comunicar a hipótese, de que algo pode ser visto com vantagem para sobrevivência, mas que encerra em si mesmo uma desvantagem mortífera.

As raízes dessa metáfora parecem ser as experiências de guerra. Bion lutou nas trincheiras na Primeira Guerra Mundial, na qual dois milhões de jovens europeus morreram em vão. O fato deu-lhe percepção para o empedernimento insensível dos oficiais que falavam sobre o aspecto cretáceo ou lunar dos campos de batalha de Flandres. Bion teve íntimo contato com a armadilha letal que ficou conhecida como "tanque": um entre cada 50 soldados do batalhão de tanques que equipava esta máquina infernal voltava vivo do fronte. Lenta – atingia no máximo 16 quilômetros por hora em terreno plano – e quase ineficaz como arma de guerra, apresentada como "invencível", a não ser como um tanque de combustível que ateava fogo à própria tripulação, foi vista como uma arma secreta que acabaria com o inimigo em poucas semanas; e provou a incompetência, pressa e insensibilidade desumana dos governantes e engenheiros que a projetaram. Mais velho, funcionando como psiquiatra para reabilitar pessoas diagnosticadas de portadoras de neuroses traumáticas e pós-traumáticas (*shell-shock*) em um hospital, testemunhou os eventos da Segunda Guerra Mundial e o fenômeno nazista, bem como confrontos locais que ele nomeou "*Grandes Guerras da Psicanálise*" (AMF, II, 273). Essas observações posteriormente possibilitaram-lhe questionar o funcionamento racional do nosso aparato psíquico – ou nossa mente – e os chamados desenvolvimentos do mundo civilizado. Seriam apenas pensamentos desejosos, delirantes? Questionamento contemporâneo aos feitos por muitos literatos, como Siegfried Sassoon, William Owen, Erich Maria Remarque, Ernst Junger, Friedrich Dürrenmatt. Questionamento presente nos trabalhos dos primeiros românticos, alguns deles precursores de Bion – William Wordsworth, John Keats, John Ruskin, que lutou em vão contra a implantação de ferrovias. E também Freud, em *Das Unbehagen in der Kultur*, usualmente vertida como *O mal-estar na civilização*. Questionamentos que deram origem, nos tempos mais atuais, a movimentos "ecológicos" e partidos políticos de proteção ambiental, que tentam responder à guerra provocando mais uma delas. O questionamento é relevante para a formação de *establishments* cuja intenção inicial era formar uma meritocracia técnica, mas caminham resolutamente para serem engessados por meritocracias políticas, comandadas por elites autoritárias (ver o verbete "Instituições (establishment)").

A linguagem de Bion

Em 1959, citando *Física e filosofia*, de Werner Heisenberg, Bion desenvolve pela primeira vez uma hipótese que permaneceria inalterada até o fim de sua vida. "*E aqui penso na teoria que expus, que a capacidade do homem para fazer ferramentas está se hipertrofiando como a carapaça defensiva do estegossauro se hipertrofiou, levando-o à pró-pria extinção*" (C, 60).

Em 1975, a ideia foi elevada ao *status* de quase mito:

Sou o descobridor e o inventor do homo alalu. Eu e meus amigos homines, com nossos polegares oponíveis, aprendemos a dar à luz e a criar vida opondo pênis a pênis, vulva a vulva, até que um de nós começou a inchar, e toda a terra e o céu foram preenchidos com o inchaço e o rugido. Foi decidido que o monstro tinha que ser destruído. (AMF, I, 41)

Conheci um velho etegossauro fascinante que pensou ter encontrado a resposta para o tiranossauro. Acontece que a "resposta" foi tão boa que o transformou numa espécie de tiranossauro e o sobrecarregou com uma fama tal – para não falar no exoesqueleto – que ele acabou afundando sob seu próprio peso. Na verdade, ficou tão carregado que o único traço que sobrou foi seu esqueleto. É mas esses mesmos ossos mortos deram origem a uma mente. Pois enquanto todos os olhos se fixa-vam no conflito entre o destino e a armadura (não existe nenhuma armadura contra o Destino), o atacante penetrou, disfarçado de bombardeiro...

O tiranossauro provoca uma reação igual + contrária – o estegossauro. O estegos-sauro afunda sob sua própria "linha maginot", a armadura defensiva que é sua própria fraqueza e faz do armamento seu próprio peso, sob o qual ele afunda. A elaboração autodestrutiva é cega para a qualidade que vai conduzir à sua própria destruição. (AMF, I, 60)

O mesmo é válido para as teorias psicanalíticas e científicas; teoria, etimologi-camente, tem o sentido de espelho; no caso, refletem aspectos de "O":

Se a história de Édipo é a arma que revela o homo, também é a história que escon-de, mas não revela, aquilo através do que ela vai se destruir. O que aconteceu com Delfos? E com Sócrates? Se o homem é um animal capaz de fabricar ferramentas, ele não vai notar que essa mesma capacidade vai ser maior do que a que ele possui para se proteger dela. Superficialmente, talvez fique claro que o homem é um macaco inteligente que consegue produzir uma bomba atômica, que é uma amea-ça potencial à sua existência. Enquanto sua perscrutação fisiológica é dirigida para a observação e a "desintoxicação" da ameaça representada pela bomba atômica, ele vai, pelo mesmo engano, ser dirigido para longe da forca aniquiladora crescente, a

A

"criança devalidada". "Aprender muita coisa ainda vai acabar te deixando doido. "Muita "tirania" – liberdade, comida, armadura, defesas; pode-se ampliar a lista – mas a única realidade que importa é aquela denotada pelo "demais". Quantidade,+ e -, requer consciência. Numa linguagem apropriada para a comunicação, se poderia chamá-la de capacidade de discriminação entre quantidade e qualidade. Mas, no domínio que nos diz respeito, não há nada que conduza, por si só, ao exercício da discriminação; não há nenhuma qualidade a ser discriminada. Relatividade é relação; transferência, o termo psicanalítico e a realização correspondente aproximada. (AMF, I, 61).

Bion, de modo similar a Freud, compõe um quase-mito sobre as desvantagens de termos um estado mental desenvolvido; no entanto, evita adesões romantizadas à irracionalidade. Leva em consideração a existência de uma base instintual humana paradoxal que não é racional – apenas é –, mas não a confunde com irracionalidades. O quase mito criado por Bion assume a forma de um diálogo entre dois objetos parciais dele mesmo – e que podem ser encontrados em qualquer ser humano que se considere, ainda que em proporções diversas – de nomes inesperados: Adolf Tiranossauro e Albert Estegossauro: referências a personagens históricos de origem germânica: Adolf Hitler e o príncipe consorte Albert de Saxe-Coburg e Gotha, marido da rainha Vitória. Bion utiliza uma metáfora historicamente imprecisa e, por isso mesmo, efetiva, com características de ferocidade excessiva e ausência dela, que foi considerada por alguns como igualmente excessiva.

Parada total. Sono. Aí aparecem:

ALBERT ESTEGOSSAURO e seu parente próximo ADOLF TIRANOSSAURO.

ADOLF Por que diabo você está usando essa couraça toda?

ALBERT Pode me chamar de Albert. Estou usando isso para o Diabo. Que diabo você supõe que seja? Estou descansando; é o meu Estágio de esporo.

ADOLF Mas eu arranjei estes dentes para os esporos. Sua existência vegetativa é uma ofensa. É uma provocação, cara! É uma resistência! Você está enfiando idéias na minha cabeça. Eu estava muito bem antes de você ficar aí incitando os dez mandamentos. Desse dia em diante, nem dormir eu consigo – o desejo de cometer adultério me persegue como uma sombra. E tudo por sua culpa.

ALBERT Lá vem você! Agora você está fazendo eu me sentir culpado. Por que não guarda sua consciência para si mesmo? Agora fico remoendo o tempo todo a consciência e a reconsciência e o remorso. Um mundo sem fim – Amem.

ADOLF Guarde sua religião para si! Agora você faz com que eu queira ir à missa. Bem feito! Bem feito que eu te coma!

ALBERT Você me acordou muito cedo. Tenho que dormir de novo.

ADOLF Me acorda daqui a uns mil anos.

ALBERT Nessa época eu já devo ter chegado ao seu ânus.

ADOLF O lugar certo para o remorso de qualquer um – mantenha distância da minha boca e dos meus dentes! Fica na outra ponta do canal alimentar.

ALBERT Não vá botar a culpa em mim se tiver cólicas. Você não pode me culpar se me devorar. Minha couraça, minhas resistências, meus esporos são um tanto rijos. Tem certeza de que seu ânus pode com eles?

ADOLF Ganhei um inconsciente bem rijo. Não deixo minha mão direita saber o que vou fazer. Vai levar uns mil anos para que seu conceitos parem de ser cegos e seus pensamentos sem conteúdo sejam descobertos por um pensador sem pensamentos que tenha espaço para uns poucos pensamentos que não conseguem encontrar um pensador que lhes dê um lar.

ALBERT Você me dá dor de cabeça.

ADOLF Eu te avisei para guardar seus pensamentos no lugar certo! Não é de surpreender que sua cabeça doa,se você os deixa envaidecidos! Ouça meu conselho – guarde sua cabeça para pensamentos. O que é esse negocinho que você tem aí em cima?

ALBERT Um cérebro rudimentar.

ADOLF Hummm..... Não gosto dele. Toma nota, ele vai explodir sua cabeça. Chacun a son goût! Ai! Que é isso? Você enfiou seus pensamentos em mim, sua criatura vil.

ALBERT Você não devia querer sentir o gosto do que come. Por que não fica satisfeito em comer tudo, sem discriminação? Mantenha sua cabeça longe do meu cu! Se eu fosse você, manteria o cu longe da própria cabeça, também! Ou você vai acabar sendo erótico-anal!

ADOLF Pelo menos não vou saber nada a respeito. Se o idiota do Albert pensa que eu não posso mastigar sua couraça!.....

ALBERT Se o idiota do Adolf pensa que minha couraça não pode escangalhar os dentes dele!.....

AMBOS ... ele vai ter uma grande surpresa!

AMBOS (bem alto) Graças a Deus nós concordamos. (AMF, I, 83-4).

Na formação do conceito de animal que faz ferramentas (*tool-making animal*) é possível ressaltar algumas referências a:

A

(i) Conceitos básicos da psicanálise: abuso de identificação projetiva e o dano consequente a esse abuso, sobre o exercício de autoridade e responsabilidade pessoal; culpa relacionada a conflitos humanos básicos que têm sido tratados em larga escala (a escala de grupos humanos, da massa) pelas organizações religiosas e jurídicas – com sucesso questionável; clivagem; as possibilidades de trânsito entre os sistemas consciente e inconsciente; o princípio do prazer-desprazer sendo desafiado pela presença da dor (no mito, de modo bem-humorado, dor-de-cabeça).

(ii) Outros conceitos básicos: da biologia, com os esporos malignos; já delineado através da metáfora de uma vida restrita em uma "*compartimento abandonado do pombal*": autismo e alucinação (AMF, I, 29 e AMF, I, 75; também foi equiparado à inveja), julgamento moral (os dez mandamentos).

Referências cruzadas sugeridas: *Establishment*; Mente; Psicanálise real; Violência de emoções e violência de sentimentos.

& O autor deste dicionário propôs, como desenvolvimento dessas hipóteses delineadas por Bion, o conceito de "tolerância de paradoxos" como uma das quatro bases da postura psicanalítica, ao lado de uma noção do sistema inconsciente, do complexo de Édipo, do uso de associações livres.

Aparato (ou aparelho) sensorial

Como podemos medir algo que as pessoas "sentem"? Postulando "temperatura", após nos livrarmos do preconceito em relação a pares de opostos. Então descobrimos que coisas, objetos inanimados, são sensíveis à temperatura, ainda que elas não sintam "calor e frio". E sobre amor e ódio? Não seriam preconceitos? E se for, simplesmente, "x" – a quantidade de x, como a quantidade de temperatura? Assim, a pessoa poderia ser capaz de medir x, mesmo que não fosse capaz de medir amor e ódio, calor e frio. (C, 3)

Bion usa esse termo em seu sentido neurológico e neurofisiológico – idêntico ao uso feito por Freud. Uma síntese, que funciona em conjunção constante, de um dos muitos aparatos, ou aparelhos inatos que nos compõem, descritos pela medicina interna – e mais sistematizados por Claude Bernard e Rudolf Virchow, que determinaram o rumo de uma atividade na geração imediatamente anterior a Freud, cuja formação foi totalmente influenciada por eles. A convenção terminológica, hoje de senso comum, é que temos aparatos digestivo, cardiorrespiratório, osteomuscular, reprodutor, endócrino, neurológico, hepático, renal, dermatológico. Cada um desses aparatos é composto de outros. Fazendo parte do aparato neurológico, temos o aparato sensorial, como instrumento de captação de estímulos – internos e externos. O aparato sensorial foi um dos primeiros sistemas humanos e animais a serem conhecidos. Inscrições em pedra dos antigos gregos demonstram que o primeiro a descrevê-lo – por meio de estudos anatômicos, incluindo vivissecção – foi o médico Alcméon de Crotona (uma região que hoje faz parte da Turquia). O principal fator foi prático: a existência de guerras, entre seres humanos e também entre seres humanos e outros seres animados. Em outros termos, estuda-se a natureza humana em função de sofrimentos e vicissitudes que se abatem sobre nós – o que situa a medicina como um dos avanços no conhecimento, talvez contemporâneo à matemática.

Alcméon de Crotona conseguiu isolar três sentidos – visão, audição, olfato – e as vias neuronais que os ligavam a alguma coisa gordurosa que não lhe pareceu importante – que hoje chamamos de cérebro. Alcméon – muito respeitado por Platão e Aristóteles – fantasiava, como todos os gregos, desde a época homérica, que aquilo que atribuímos ao cérebro localizava-se na região supradiafragmática, distribuída em três órgãos, também descobertos por eles: timo, coração, pulmões e o diafragma. Essas crenças gregas mantêm vestígios em expressões populares: por exemplo, que o coração abriga sentimentos ou emoções.

Influenciou outro médico, Aristóteles, que descobriu mais dois sentidos: paladar e tato. Aristóteles é considerado como o primeiro fisiologista, ou biólogo natural da história ocidental e oriental – tanto de seres humanos como de muitas outras espécies, como canídeos, felinos, cobras, muares, batráquios, répteis. Os estudos fisiológicos que fez, hoje pouco lembrados, foram agrupados a estudos em matemática e o que hoje denominamos física. Aristóteles, atualmente, é conhecido como filósofo; mais raramente, como matemático. Pode-se afirmar que ele se recusaria a ser qualificado como filósofo, que era um termo ao qual ele e Platão tinham reservas suficientes para proibirem seus contemporâneos de que assim os qualificassem; certamente os dois concordariam em serem qualificados como sofistas. Aristóteles também é conhecido, hoje, como "metafísico". Um engano? Certamente. Pois o termo "metafísico" foi cunhado 150 anos depois da morte de Aristóteles, por Andrônico de Rodes, um romano que traduziu a obra de Aristóteles, e também a editou.

Atualmente – e na época de Freud – considera-se que temos, além dos cinco sentidos descritos por Alcméon e Aristóteles, os órgãos de sentidos proprioceptivos (para captar estímulos dos outros aparatos internos inervados, como estômago e intestinos) e cenestésicos (de movimento). O sentido do tato também tem especializações, para captar diferenças de temperatura, pressão e dor.

A

Bion utiliza o termo aparato sensorial do mesmo modo que Kant e Freud o utilizaram. O termo refere-se, em analogia, ao "porto de entrada" para qualquer estímulo que nos atinja. Estendendo mais a analogia portuária, órgãos dos sentidos correspondem também a uma alfândega – deixam passar alguns estímulos, e não deixam passar outros. Isso não implica em eficácia – como tudo que é da natureza humana, eles são falhos e limitados. Um fator pode ser a nossa presença recente sobre a face da terra, caso nos comparemos as outras espécies vivas. Uma outra analogia, derivada da físico-química e da fisiologia histológica: o aparato sensorial, formado de órgãos dos sentidos, age (ou tem a função) de filtro, ou de membrana viva (ou orgânica).

Os órgãos dos sentidos são transdutores; são postos avançados que permitem uma apreensão, ainda que imperfeita, dos aspectos transitórios e parciais da realidade interna e externa. O espectro de apreensão de cada um dos órgãos dos sentidos é notavelmente limitado em nossa espécie.

Freud fez outras hipóteses teóricas de valor operacional, para conseguir lidar com mais um outro aparato, que ele mesmo denominou de "aparato psíquico", funcionando em conjunção constante com o aparato sensorial. O termo já era utilizado, ainda que de modo não operacional, nas duas gerações anteriores a Freud. O termo "psiquiatria" foi inventado (por J. Reil) para designar mais uma especialidade médica que pudesse dar conta de fenômenos que não podiam ser incluídos entre os estudos de outra especialidade, a neurologia – existente há um século e meio. Manteve-se controverso e pouco usado, inclusive na época de Freud – que era considerado (por ele mesmo e pelo meio ambiente) como neurologista e, depois, neuro-psiquiatra.

Uma entre as várias hipóteses teóricas de Freud, derivada da primeira, foi considerar a existência de três sistemas compondo o aparato psíquico: sistema inconsciente, pré-consciente e consciente. O sistema consciente, ou consciência, nessa hipótese, cumpria a função de ser mais um órgão sensorial, além dos já conhecidos, para apreensão de qualidades psíquicas. Outra hipótese – na verdade, a única descoberta de Freud – foi a da existência de uma "realidade psíquica". Sugeriu que o sistema inconsciente era *a verdadeira realidade psíquica, que ficava tão incognoscível como a realidade material é incognoscível aos nossos órgãos dos sentidos"* (Freud, 1900). Será necessário lembrar que as duas atividades iniciais de Freud foram a neurofisiologia e a neurologia? Ele viveu em uma época em que havia também uma especialização médica chamada de "neuropsiquiatria" – que perdurou até o início dos anos 1970.

Bion manteve algumas reservas críticas à hipótese de Freud; mas, a partir de 1953, passou a aceitá-la, notando que é melhor usar uma teoria que se apresenta defectiva, por não poder dar conta de alguns fenômenos, até que outra melhor esteja disponível. Essa teoria, no que tange a considerar o aparato psíquico como contendo três sistemas – inconsciente, pré-consciente e consciente –, ainda não apareceu.

A psicanálise não despreza – como preferem fazer os membros do movimento psicanalítico de formação não médica – a existência do aparato sensorial. O desprezo se faz de várias formas: no privilégio de abordagens não clínicas, como as filosóficas, advindas de transplantes de outros vértices: fenomenológico, existencial, hermenêutico, estrutural, linguístico (ou semiótico), que tendem a substituir o vértice analítico. Ao mesmo tempo, a psicanálise – como a psiquiatria – nunca se reduziu ao estudo do aparato sensorial. Tarefa que tem sido levada a cabo, de modo mais adequado à moda, do que ao modo científico, por algumas correntes psicológicas, como o behaviorismo e sua versão mais moderna, o cognitivismo, ou a terapia cognitiva inventado por Beck. O fazem na presunção, ou preconceito, de que a psicanálise não lida com questões do conhecimento, ou cognição; nem com a percepção. O advento da obra de Bion não modificou esse preconceito. Um fenômeno análogo ao enfrentado pela neurologia: a neurociência insiste que a neurologia não é ciência – por desprezo à origem clínica da primeira.

A psicanálise lida com o aparato sensorial como porta de entrada, mas se interessa também, e principalmente, com o que vem após esse porto: os ainda insondáveis caminhos "pós-sensoriais". O leitor pode ver detalhes a respeito desse nome no verbete, "ultra-sensorial, infra-sensorial, ultra-humano, infra-humano, ultra-lógico, infra-lógico, infra-conceitual, infra-intelectual, infra-visual".

Argumento circular

Conceito destinado a medir a eficácia de uma interpretação dada por um analista *vis-à-vis* as formulações do paciente. A "análise apropriada" (q.v.) precisa ser tal que evita restringir-se a "conhecer sobre"; atingindo um estado que Bion descreve como "tornar-se" (q.v.). Argumento circular é aquilo de que é feita uma sessão de análise.

O conceito de argumento circular parece exigir uma compreensão de conceitos anteriores formulados por Bion, todos revistos neste dicionário. O conceito de "argumento circular" agrega um resumo conciso desses conceitos.

"Argumento circular" reúne os seguintes conceitos que Bion formulou em seu livro *Transformations*: O, realidade última, tornar-se, lembretes da realidade última, bem como as categorias da "Grade" (Grid); também ideias de causalidade, a teoria das Formas de acordo com Platão, de divindade conforme a cabala judaica e cristã, a teoria da encarnação, o uso prático de Freud sobre a ideia do inconsciente, os dois princípios do funcionamento mental, a teoria de Klein de evacuação e da identificação projetiva, teorias de Bion sobre a concretização e hipérbole.

A

É necessário ter em mente alguns conceitos básicos e intuitivos da matemática e da física. Ao fazer isso, podemos muito bem estar seguindo o que este autor presume ter sido o caminho de Bion. Este pode ser seguido pela utilização de linguagem coloquial e senso comum.

Pode-se iniciar a partir da geometria elementar: a ideia de um círculo e de que ele tem um diâmetro. O diâmetro do círculo é infinitamente variável (quantidade). O conceito, variação de diâmetro, é de natureza qualitativa. Uma percepção dinâmica visual de um círculo, de acordo com suas variações em diâmetro, exibe uma circunferência ampliando-se ou contraindo-se.

Mantendo-se em mente essa figura se ampliando e contraindo, pode-se agora avançar com o auxílio da exposição de Bion, **referente a uma interpretação dada por um analista**:

A interpretação poderia ser tal que se favoreceria a transição de *conhecer sobre* a realidade para *tornar-se real*. A transição depende de casar o enunciado do analisando com uma interpretação tal que o raciocínio circular continua a circular, mas tem um diâmetro adequado. Se o diâmetro for muito pequeno, o raciocínio circular torna-se um ponto; se for muito grande, uma linha reta. O ponto e a linha reta, junto com números, são representantes de estados de mente primitivos, dissociados de experiência madura. O raciocínio circular proveitoso depende de uma quantidade suficiente de experiência que forneça uma órbita onde se circule. Expressando isso em termos mais sofisticados: a experiência analítica precisa se basear em conhecer e ser, sucessivamente, muitos enunciados elementares, discriminando suas relações esféricas, circulares e orbitais, e estabelecendo os enunciados que são complementares. As interpretações que fazem a transição, partindo do conhecer a respeito de O para se tornar O, são aquelas que estabelecem complementaridade: todas as outras dizem respeito a firmar o material por meio do qual o raciocínio circula. A transição de "conhecer sobre" para "tornar-se" O pode ser vista como uma forma específica do desenvolvimento da concepção a partir da pré-concepção (linha E, a partir da linha D). (q.v. "Grade" (Grid)"). (T, 153)

A frase *"O ponto e a linha reta, junto com números, são representantes de estados de mente primitivos, dissociados de experiência madura. O raciocínio circular proveitoso"* resume a proposição da função psíquica de representações e abstrações como pontos, linhas e números. Isso ocupa uma boa parte do livro *Transformations*.

A matemática é vista como uma tentativa primitiva de lidar com a psicose durante a era pré-psicanalítica – que constitui quase toda a história.

Os termos: orbital, circular e esférico pertencem à experiência real da sessão analítica. Às vezes, nós, analistas, fornecemos dicas aos nossos pacientes que são "orbitais" ao **O** do paciente. O conceito de *"complementaridade"* é seminal. Exige

A linguagem de Bion

elaboração do relacionamento entre seio e boca, bebê e mãe, feminilidade e masculinidade. Em termos de Bion (AI), trata-se de uma relação comensal (q.v.) entre continente e contido (q.v.). Os "enunciados elementares" são os blocos de construção de uma sessão, a experiência de conversar e falar.

O diâmetro do círculo em um argumento circular marca a possibilidade de ter uma conversa real com os pacientes. Os índios americanos cercam, por meio de incrementos decrescentes de diâmetro, a área que lhes permite chegar mais perto de um cavalo bravio, até que possam montá-lo. O processo pode levar anos.

> A complexidade de um enunciado feito pelo analista, ou pelo analisando, impõe uma escolha ao analista; ele precisa decidir que dimensão do enunciado do paciente vai interpretar, e em que termos. Em grande parte, a escolha já está determinada pela personalidade e desenvolvimento histórico do analisando. Não pretendo lidar com esses fatores; estou me ocupando mais com as circunstâncias imediatas e com os fatores que se encontram sob o controle consciente do analista. Ele precisa ser cauteloso diante de uma interpretação que seja uma que ele possa fazer. Neste caso o analista não pode "arrebatá-la" do "infinito vazio e sem forma" da personalidade do analisando, mas apenas dos elementos do enunciado que o analisando "arrebatou" do seu próprio "infinito vazio e sem forma". Não se ganha nada dizendo ao paciente aquilo que ele já sabe, a menos que aquilo que ele "sabe" esteja sendo usado para excluir o que ele "é" (K oposto a **O**). Tal interpretação é parte do raciocínio circular cujo "diâmetro" é excessivamente pequeno: de modo semelhante, a interpretação pode ser excessivamente abstrusa e pertencer a um raciocínio circular cujo "diâmetro" é excessivamente grande. Como medir o "diâmetro"? Se a interpretação é feita principalmente por estar à mão, ela é um enunciado de coluna 2 cuja intenção é impedir "turbulência" no analista. A interpretação abstrusa relaciona-se ao desejo no analista, um desejo de sentir que ele pode ver mais adiante do que seu analisando ou qualquer outro que sirva como rival. Pertence ao âmbito da hipérbole. Diâmetros excessivamente pequenos e grandes indicam defesa contra hipérbole, e projeção de hipérbole: a defesa é contra hipérbole originada pelo analisando. (T, 166-167)

Referências cruzadas sugeridas: Visão analítica, Estar-uno-a-si-mesmo (*atonement*), Análise Apropriada, Hipérbole.

📖 O autor deste dicionário propôs uma extensão à teoria do pensar proposta por Bion, integrando os modelos digestivo e reprodutivo (em *W. R. Bion between Past and Future*, ed. Parthenope Bion Talamo, Silvio Merciai e Franco Borgogno. Londres: Karnac Books, 2001). O modelo foi desenvolvido clinicamente em termos do exercício de feminilidade e masculinidade em uma sessão analítica, pelo casal analístico formado por um paciente e seu analista.

A

ARROGÂNCIA

Bion observou a emergência, no âmbito dos fenômenos clínicos, de uma conjunção comportamental triádica, quando nos sentimos impedidos de fazer identificações projetivas (q.v.). O sentimento pode ser real ou pode ser fantasioso. A tríade é composta por arrogância, estupidez e curiosidade. Clinicamente, observa-se que, nos instantes nos quais a personalidade psicótica não consegue funcionar por meio de identificações projetivas, recorre a essa tríade; ou a uma variação dela, em que um ou dois de cada um desses comportamentos prevalecem (ST, 86, 92). O uso do termo não contempla nenhum julgamento de valor: a pessoa se arroga a ter um comportamento no qual tanto ela, como os circunstantes, seriam levados a imaginá-la como se fosse um ser superior.

Referências cruzadas: Curiosidade; Estupidez; Identificação projetiva.

B

BARREIRA DE CONTATO

Um filtro ativo e vivo que regula a relação entre os sistemas consciente e inconsciente: tanto separa como liga os dois sistemas.

🕐 Na atualidade, o modo que boa parte dos trabalhos dos membros do movimento psicanalítico lidam com o conceito de barreira de contato, formulação verbal cunhada por Freud no *Projeto para uma Psicologia Científica* tem sido considera-lo como predecessor da teoria da condução neuronal, dos estímulos no sistema nervoso entre os axônios. Esta visão foi reconhecida por Ramon Cajal y Cajal, considerado como o autor da doutrina do neurônio que tem sido utilizada atualmente; e por vários neurologistas, como Erich Kandel e historiadores das ideias de Freud, que a apresentam com indisfarçado orgulho. É uma visão que reflete a verdade dos fatos; e passou a ser uma visão autorizada pelo establishment psicanalítico. Como tudo na vida, isto apresenta vantagens e desvantagens. A última é representada pelo seguinte fato: assim que uma ideia, ou hipótese ou teoria real, ou mesmo falsa teoria (com mais probabilidade) ganha a chancela de algum tipo de *establishment* (qv) e torna-se lugar comum, o grupo – independente to tamanho – que já adquiriu um comportamento de massa, segue esssa ideia ou teoria em um estado isento de pensar critico. Ao longo de vários verbetes deste dicionário, este autor tem defendido a ideia de que o titulo pespegado a Bion de ter sido um "revolucionário" na psicanálise é falso; e para que não fique uma afirmação autoritária, aparecem evidências deste fato, como a origem das ideias de Bion nas ideias de Freud. Por outro lado, se este tipo de rótulo poderia ser dado a esta pessoa, talvez seja útil considerar o ponto de vista do grupo destes membros do movimento psicanalítico. Para quem não mantem nem nutre espirito critico, alguem que o faça será considerado, por este grupo, como "revolucionário". O leito pode consultar o verbete, "pensamento-sem-pensador": Bion não se curvou a uma pretensa autoridade dada a René Descartes pelo establishment filosófico, e pode questionar uma, dentre as "provas" racionais dada pelo médico e pensador francês. O mesmo caso pode se aplicar ao conceito de barreira de contato. Bion tentou usá-lo de um modo que pudesse se inserir no modelo do aparato psíquico de Freud, de um modo que Freud não havia proposto; e nenhum outro analista parece ter proposto.

B

Ao estudar pacientes com distúrbios graves do pensamento, Bion percebeu uma fraqueza na teoria de Freud sobre a consciência para aplicação a esses pacientes. A teoria da consciência de Freud afirma que o inconsciente precede o consciente, em termos de sucessão temporal.

Bion observa, na psicose, uma mescla de inconsciente com consciente, sugerindo que, em níveis psicóticos, eles funcionam simultaneamente (consultar o verbete "Tela Beta [*Beta-screen*]"). Essa é a primeira fragilidade que Bion observa na teoria de Freud. É importante afirmar, como faz Bion explicitamente, que fraqueza não implica falsidade. Bion afirma que a teoria de Freud é verdadeira, não falsa (LE, 54).

Além disso, a teoria de Freud da consciência como o órgão dos sentidos para qualidades psíquicas parece não considerar registros de qualidade psíquica que não sejam "*imparciais*" (LE, 54). Assim, termos tais como processos primários e secundários não seriam satisfatórios. A proposta de Bion de uma barreira de contato permite a simultaneidade de ambos – consciente e inconsciente, primário e secundário –, sem qualquer primazia.

Esses pacientes têm uma incapacidade para sonhar e, portanto, uma incapacidade para dormir ou acordar, para estar consciente ou inconsciente. Pode-se ver, portanto, que Bion estava levando ao extremo a teoria de Freud sobre inconsciente e consciente, quando a necessidade era a de aprofundar ainda mais a análise da personalidade psicótica. Nos livros escritos a partir de *Elements of Psycho-Analysis*, Bion traz uma situação até então inusitada: algumas pessoas não conseguem alcançar a condição psíquica para resolver o complexo de Édipo, por manterem-se fixadas ou regredidas na formação objetal, ficando condenadas a se manter em objetos parciais. Isto não implicava que não havia o complexo de Édipo, mas que a estrutura edipiana de algumas pessoas se caracterizava for ausência de formação complexo de Édipo: a procura pela forma que emerge na personalidade não-psicótica (ou na parte neurótica da personalidade, na dupla nomenclatura que aparece no estudo de Bion de 1957) mostrava-se infrutífera. Freud observava que pessoas qualificáveis pela psiquiatria como tendo comportamentos de perversão podiam ser vistas deste modo. A novidade foi descibrir que essa situação determinava prevalência da personalidade psicótica – em todo e qualquer indivíduo.

Bion supôs que nestas pessoas, não haveria sucessão temporal entre consciente e inconsciente, mas haveria uma espécie de filtro que permite um movimento do material psíquico – que tanto para a própria pessoa como na observação em análise se baseia em apresentações por palavras, ou formulação verbais e apresentações não-verbais, motoricas, expressas pelo sistema neuro-muscular – ocorre simultaneamente entre as duas instâncias. Bion uilizou-se de um termo cunhado por Freud: "barreira de contato". O filtro funciona, como todo filtro natural, de modo paradoxal: tanto une como separa. Pode-se dizer, portanto, que o funcionamento é uma unidade monista formada pelos dois sistemas, cconsciente e inconsciente. A "bar-

84

A linguagem de Bion

reira de contato" pode ser, na experiência deste autor, ser vista – e lidada, clinicamente – como o sistema pré-consciente; um modo percebido por Freud durante a primeira guerra mundial, como pode-se ver em sua correspondência com Lou Andreas-Salomé. O conceito de barreira de contato deixa claro que a situação insere-se, de modo simultâneo ao sistema consciente **e** ao sistema inconsciente, e ao mesmo tempo, é consciente mas separada do inconsciente. Esse conceito pode ser considerado um ancestral do conceito de cesura (q.v.).

"*O termo barreira de contato enfatiza o estabelecimento de contato entre os sistemas consciente e inconsciente, e a passagem seletiva de elementos de um para outro. Da natureza da barreira de contato dependerá a mudança de elementos, do sistema consciente para o sistema inconsciente e vice-versa*" (LE, 17). O conceito de barreira de contato faz parte da teoria da função-alfa, em que "*os poderes de censura e resistência são essenciais para a diferenciação entre consciente e inconsciente, e ajudam a manter a discriminação entre os dois*" (LE, 16).

Depois de examinar a função do sonho, ajudando a "*explicar a tenacidade com que o sonho, como está representado na teoria clássica, defende-se da tentativa de tornar o inconsciente consciente*" (LE, 16), Bion transfere o enunciado que acabou de fazer, sobre a "*instalação dos sistemas consciente e inconsciente, e de uma barreira entre os dois, para uma suposta entidade*", que nomeia "*barreira de contato*".

Uma pessoa, ao falar com um amigo, converte impressões sensoriais desta experiência emocional em elementos-alfa, tornando-se assim capaz de pensamentos oníricos e, portanto, de uma consciência não perturbada dos fatos, sejam os fatos os eventos dos quais ele participa, sejam seus sentimentos sobre esses eventos, ou ambos. Esta pessoa é capaz de permanecer "adormecida" ou inconsciente de certos elementos que não podem penetrar a barreira apresentada pelo seu "sonho". Graças ao "sonho" ela pode continuar acordada ininterruptamente, isto é, acordada para o fato de estar conversando com seu amigo, mas adormecida para os elementos que levariam sua mente a ser dominada por aquilo que comumente são ideias e emoções inconscientes, caso tais elementos pudessem penetrar a barreira de seus "sonhos".

O sonho faz uma barreira contra fenômenos mentais que poderiam sobrecarregar a consciência do paciente de que ele está falando com um amigo; ao mesmo tempo, torna impossível que sua consciência de estar falando com um amigo sobrecarregue suas fantasias . . . a habilidade para "sonhar" preserva a personalidade daquilo que é, virtualmente, um estado psicótico. (LE, 15, 16)

A barreira de contato "é feita" de "elementos-alfa". Portanto, para que haja formação da barreira de contato, faz-se necessário que haja solidez da "função-alfa" (q.v.). "*Podemos esperar que a barreira de contato manifeste-se clinicamente – caso ela se*

85

B

manifeste de alguma forma – como algo que se assemelha a sonhos. Como temos visto, a barreira de contato permite um relacionamento, e a preservação da crença nele como um evento na realidade, sujeito às leis da natureza, sem que essa visão fique submersa por emoções e fantasias originadas endopsiquicamente. Reciprocamente, ela preserva emoções cuja origem é endopsíquica de serem soterradas pela visão realística. Portanto, a barreira de contato é responsável pela preservação da distinção entre consciente e inconsciente e por sua gênese. O inconsciente é assim preservado" (LE, 26-27).

Referências cruzadas sugeridas: Função-alfa, Elementos-alfa, Elementos-beta e Tela beta, Sonhar a sessão.

"BIONIANO"

> P.A.: Todos nós ficamos escandalizados pelo fanatismo. Nenhum de nós gera fanatismo; quer dizer, nenhum de nós consegue admitir que nós mesmos somos a fonte da qual flui o fanatismo. Como resultado, não reconhecemos aqueles que, dentro de nossa prole, apresentam características que desaprovamos. Melanie Klein, realmente, descobriu que a onipotência infantil, primitiva, era caracterizada por fragmentar[6] traços individuais não desejados e então evacuá-los. (AMF, II, 228)

A contrapartida da realidade a que este termo se refere corresponde a um estado de alucinose (q.v.) compartilhado pelos membros de alguns grupos no movimento psicanalítico, em alguns países. Em função de sentimentos – reais ou não de desespero –, dissemina-se uma crença, iluminada pela teoria a respeito de "pressupostos básicos" (q.v.) que ocorrem em grupos, de que o próprio grupo e, em especial, um de seus membros, ou alguns de seus membros, encontraram um salvador e que o salvador estará ou já está fazendo parte desse mesmo grupo – independentemente de estar vivo ou não, já que algum membro do grupo atua como preposto, apóstolo ou ministro do salvador. Esse membro, ou mais de um membro, se autointitula, ainda que subliminarmente, como preposto, apóstolo ou ministro, e é intitulado pelo grupo como tal.

Estado de alucinose idêntico ocorreu, inicialmente, com a pessoa e, depois, com a obra de Freud. Que manifestou severo desacordo com o uso do termo "freudiano"; a partir deste momento, e até sua morte, ninguém mais mencionava o termo diante da pessoa dele – caso possa se confiar no registro feito por Ernest Jones, na biografia que elaborou sobre a vida de Freud. Outros autores, como

---

[6] *Split off* no original.

A linguagem de Bion

Melanie Klein e Donald Winnicott, experimentaram o mesmo estado de alucinose em grupos reunidos em torno deles. Melanie Klein demonstrou perplexidade ao ouvir pessoas se dizendo "kleinianas"; Bion registra que Betty Joseph teria advertido Melanie Klein a respeito da impossibilidade de que ela mesma pudesse fazer algo para conter ou impedir esse tipo de funcionamento grupal em alucinose. A Sra. Joseph também repetiu a essência desse relato em outra ocasião (AMF, II, 259). No entanto, é forçoso registrar que essa senhora foi uma das pessoas que se diziam "kleinianas", principalmente após o falecimento de Melanie Klein. A esse termo, ajuntou-se o de "neokleinianos"; já existiam os termos "junguianos", "adlerianos", e, nos anos 1950 em diante, "rogerianos", "kohutianos" e outros. Aparentemente, o termo "greeniano" não ganhou popularidade, talvez devido à postura de André Green quanto a idolatrias.

Bion deixou algumas observações sobre idolatria e cultos à personalidade em algumas "conversas" entre alguns objetos parciais que denominou "P.A." (Psicanalista) e "Sacerdote" (AMF, II e III). Cerca de dois meses antes de falecer, deixou registrado em um gravador magnetofônico sua visão a respeito:

> Comparando minha experiência pessoal com a história da psicanálise, e mesmo com a história do pensamento humano, que tentei esboçar *grosso modo*, parece bastante ridículo que alguém se encontre na posição de ser visto estando nessa linha de sucessão, ao invés de constituir apenas uma de suas unidades. É ainda mais ridículo esperar que alguém participe de um tipo de competição por precedência de quem está por cima. Por cima do quê? Onde este por cima entra nesta história? Onde entra a própria psicanálise? O que está em disputa? O que é esta disputa na qual se supõe que alguém esteja interessado? Sempre ouço – como sempre ouvi – que sou um kleiniano, que sou louco. Será possível estar interessado neste tipo de disputa? Acho muito difícil ver como isso poderia ser relevante, cotejado com o acervo de luta do ser humano para emergir da barbárie e da existência puramente animal para algo que poderia ser denominado uma sociedade civilizada. (C, 377)

Também em *Cogitations*, obra póstuma publicada pela dedicação e decisão de sua editora, que também foi sua esposa, um estudioso das contribuições de Bion poderá apreciar, ou odiar (isto depende de cada um), descrições sinceras sobre o comportamento em grupo de membros do movimento psicanalítico, tanto em reuniões ditas "científicas", citando um modo típico (C, 303), e também sobre o comportamento de candidatos em um instituto de psicanálise (C, 317). Observando a existência de "guerras entre psicanalistas" totalmente isentas de regras, em que todo golpe baixo é permitido, faz um comentário indireto à existência de "-istas" e "-anos" no movimento psicanalítico (AMF, II, 273).

B

Pode-se considerar que há duas referências ao trabalho de Samuel Johnson nas contribuições de Bion a respeito de verdade. Dentro dessa consideração, pode-se recordar quais eram as ideias deste que foi um dos maiores autores do Iluminismo na Inglaterra, a respeito do nacionalismo: "o último refúgio do canalha". Todos os "-ismos" e "-ianos" do movimento psicanalítico, que pode ser considerado como um microcosmo que imita, simiescamente, os vários "Nacionalismos" do macrocosmo social no qual se insere. Ambos compartilham da natureza da alucinação, alucinose e delírio (q.v.): percepções e comportamentos a eles correspondentes destituídos de qualquer objeto real, ou ideações destituídas de contrapartes na realidade.

ROBIN: Até agora, pelo menos, nós conseguimos evitar uma formação em uma Instituição com uma doutrina e um uniforme – nem mesmo um uniforme mental.

P.A.: Até agora. Fiquei surpreso ao descobrir que até mesmo o meu nome começou a passar de boca em boca. Eu costumava pensar que Melanie Klein era um pouco otimista e irrealística – embora sincera – ao deplorar a ideia de que as pessoas se autodenominassem de kleinianas. Freud esteve alerta para o perigo de que muitos poderiam subir na vida abrigados sob o guarda-chuva da "psicanálise", mas eu não esperei jamais me encontrar incluído entre os efêmeros refrescos espirituais, brilhantes e coloridos, mas que esmaecem rapidamente. (AMF, II, 259)

Bion parece ter adquirido maior liberdade para expor autoadvertências – que podem servir para que alguns leitores possam aproveitar suas contribuições, como ocorreu com Freud, que exercia autocrítica científica sobre seu próprio trabalho. De modo que nos parece sutil, e coloquial, observar uma tendência generalizada para alimentar-se narcisismo e núcleos paranoides; que, de modo "demasiadamente humano", como observou Niestzche, expressam ódio à psicanálise:

P.A.: Não estou cônscio de que nos orgulhemos ou nos depreciemos por sermos membros comuns da raça humana. Do mesmo modo que ocorre com meus companheiros, ficaria gratificado caso descobrisse ser excelente de alguma forma; na realidade, não descobri nenhuma evidência de minha "excelência" como psicanalista.

ALICE: Seus colegas lhe têm em alta conta.

P.A.: Alguns, por sorte; não deixo de reconhecer o fato, mas isso me diz mais sobre a generosidade e afeição de meus colegas do que sobre *meus* méritos. Penso que podíamos discutir algo de maior interesse do que eu, minhas qualidades e *meus* defeitos. (AMF, III, 540-541)

Referências cruzadas sugeridas: "Kleiniano".

A linguagem de Bion

📖 "Why we cannot call ourselves Bionians" ("Por que não podemos nos chamar de bionianos"), de Parthenope Bion Talamo. Na época da feitura deste dicionário, em uma constatação mutual, em dois países diversos, de uso típico da posição esquizoparanoide da obra de Bion, por elites que compõem aristocracias políticas internas ao movimento psicoanalítico, propagandeando-a como "superior" à obra de Freud, que a teria "desbancado", o autor deste dicionário e a Dra. Parthenope Bion Talamo combinaram empreender uma divulgação da falsidade destrutiva – tanto da obra de Freud como da obra de Bion – desse tipo de propaganda. O falecimento precoce dessa autora, em fase de pleno desabrochamento de sua própria obra científica, interrompeu o projeto. Este verbete é parte dele.

C

Catástrofe, mudança catastrófica

Catástrofe é um termo usado por Bion para descrever uma mudança ou perturbação súbita em um determinado *status quo* – que pode ser real ou alucinado. Perturbação tal que leva à destruição do *status quo*.

Marca uma resistência ao desenvolvimento (q.v), ou crescimento, especialmente no que diz respeito ao ato psíquico de experimentar-se a posição depressiva.

Gradualmente, Bion foi dotando o termo de qualidades de um conceito.

Quando usado como conceito, não expressa obrigatoriamente eventos físicos provenientes do mundo externo; torna-se necessário evitar usá-lo no mesmo sentido da linguagem comum. Muitas vezes, Bion usa termos com um "desejo" (segundo ele mesmo) de que o leitor fosse lembrado do mesmo significado que tais termos já possuíam na linguagem do senso comum. No entanto, em muitas outras ocasiões, Bion usa termos retirados da linguagem coloquial, com outros sentidos: entre eles, o uso do termo "catástrofe" como um conceito. Aqui, o termo é usado para descrever uma configuração mental e relacional. Não há causalidade implicada; não pode ser confundido com o uso comum mais frequente, implicando trauma de origem externa.

Os fatos descritos por meio do conceito de catástrofe são mais facilmente observáveis em psicóticos; foi assim que Bion descobriu a existência dessa configuração particular. Dada a presença de núcleos psicóticos em todo ser humano, que emergem em contingências sociais específicas – matrimônio, morte de um parente próximo, nascimento de filhos, desastres ambientais ou de saúde, desafios poderosos ao princípio do prazer para os que exibem dificuldades de enfrentar frustração, e também durante uma psicanálise – o conceito e os fatos reais aos quais o conceito corresponde são mais visíveis em estados psicóticos, mas não são restritos à sintomatologia de psicóticos internados em hospitais. Esses fenômenos sentidos como catástrofe podem ser detectados como reações a ocorrências cotidianas, no trabalho onírico de vigília, como falsas premonições (q.v.) e no trabalho onírico noturno. Marcam resistência ao crescimento.

🕘 O conceito foi delineado a partir dos primeiros trabalhos de Bion; sua última formulação e esclarecimentos aparecem em *A Memoir of the Future*, *The Long Week-End* e *War Memoirs*.

A linguagem de Bion

Mudança catastrófica pode ser considerada expressão de um "fato selecionado" (q.v.), e também de uma "invariância" (q.v.) caracterizando toda a trilogia de *A Memoir of the Future*. Várias descrições de mudanças catastróficas foram inspiradas, e, portanto, umbilicalmente ligadas a pelo menos duas experiências pessoais de Bion: (i) guerra; (ii) desilusão, ou alternativa a produções alucinatórias e/ou delirantes. Em (i), uma primeira experiência foi formada durante e após a perda violenta de companheiros de armas; em (ii), durante e após a perda de confiança em políticos, funcionários públicos, inclusive oficiais do exército, evidenciando-se que a confiança que havia tido era de natureza alucinatória e delirante. A partir daí, Bion desenvolve sua teoria sobre grupos e sobre resistências notáveis diante de mudanças proveniente daquilo que denominaria *establishment*, ou instituições – para ele, entidades mortas. Para instituições, toda mudança se configura como catastrófica, pois desafia ilusões de eternidade ou imutabilidade – produtos do medo, que sempre se eleva a ódio, ante o desconhecido.

> P.A: Todos os Institutos são mortos; portanto, como todos os objetos inanimados, seguem leis e subleis compreensíveis dentro dos limites do entendimento humano. Entretanto, estas Instituições são compostas de pessoas e indivíduos, que são susceptíves de desenvolvimento, e, em consequência, a Instituição começa a ceder à pressão. (AMF III: 446)

Em outros termos, propostos pelo autor deste dicionário em outros trabalhos (Sandler, 1999, 2011, 2012, 2013), Bion manteve desconfianças para com meritocracias políticas de base autoritária, orientadas por motivações e que fazem ações diversas daquelas utilizadas por meritocracias científica (ou artística, ou técnica). Após Bion ter retornado da guerra, sua mãe tornou-se incapaz de dirigir-se a ele da forma anteriormente habitual, que havia sido "Querido" (*Dear*). Segundo sua esposa, Bion tornou-se incapaz de sorrir, mesmo que mantivesse bom humor. Em *The Long Week-End*, ocorre mais uma mudança catastrófica interna como consequência da atitude de Bion em relação à sua primeira filha, ainda bebê, ligada à atitude de Bion em relação à gravidez de sua primeira esposa, Betty (TLWE, II). Bion verbalizou de modo compacto esta mudança catastrófica por meio de uma epígrafe, retirada de uma citação de Shakespeare em *Hamlet*: "Ninfa, que todos os meus pecados sejam recordados". Em *War Memoirs*, resistências à mudança catastrófica, ou seja, o abandono de uma "noção" delirante de posse de verdade absoluta, ficaram pictorializadas na reação quase suicida do jovem Bion, quando sob fogo pesado, em abrigo precário que fornecia tudo, menos abrigo real (WM, 94 e 106). Mudança catastrófica, ou mudanças que são sentidas como catastróficas, são totalmente dependentes de elaborações, minimamente, da posição depressiva.

C

Como acontece com qualquer conceito psicanalítico realmente útil, o de mudança catastrófica tem como matéria-prima as possibilidades de alguns analistas em elaborar algumas de suas experiências de vida, como amostras representativas da mente humana. Por exemplo: a teoria sobre Édipo baseou-se nas experiências pessoais de Freud com sua mãe e seu pai; as teorias sobre estados maníacos, inveja/ avidez basearam-se em experiências de Melanie Klein com sua prole.

A mudança catastrófica pode ser considerada resistência à mudança natural, sentida por algumas ou talvez muitas pessoas como catastrófica.

Não se dispõe, até o momento, de análises estatísticas dessa condição; no entanto, observações de senso comum do comportamento em todas as sociedades permitem afirmar que a proporção deverá ser alta. Manter um hábito que pode ser chamado de "ter hábitos" parece expressar uma reação contra mudança. Trata-se de tipo de constituição da personalidade cujo lema poderia ser *"daqui não passo"* (AMF, II, 237). No início do volume I de *A Memoir of the Future*, Bion coloca a situação de modo bem-humorado – o personagem "Robin" fica grudado em uma casa de pombos, imaginando-se ao abrigo de uma cerrada artilharia. Agarrar-se ao "daqui não passo" equivale a autismo; negar a existência de mudanças traduz-se por real catástrofe; enfrentar mudanças implica o risco de outro tipo de catástrofe, pois algo mudará na conduta do observador – pelo menos aos olhos do mesmo observador, quando se trata da própria conduta. Implica abandonar hábitos. *Delirium Tremens*, caso esta hipótese seja correta, não será reserva exclusiva dos alcoolistas.

A sensação e o sentimento – meras sensações e sentimentos, e, como tais, fadadas a erros individuais em seu alcance – de que uma catástrofe ocorreu origina- -se da ânsia por prazer, da intolerância ante frustrações e, acima de tudo, intolerância à ausência de significado de qualquer fenômeno humano; a procura de significados pertence a práticas religiosas e hermenêuticas; tudo isso encontra-se detalhado em *Totem e tabu, O futuro de uma ilusão, Moisés e o monoteísmo*, e expandido, na área dos processos do pensar, em *Learning from Experience, Elements of Psycho-analysis, Transformations* e *Attention and Interpretation*; as dificuldades quanto a isso aparecem de modo coloquial em *A Memoir of the Future*.

Quando a falta de significado é sentida como intolerável, fatos da vida humana tal como ela é, como ódio, assassinato e a própria morte, são sentidos como impossíveis de enfrentar; como consequencia inevitáveis, impossiveis de lidar: *"a intolerância do paciente diante de um estado de ausência de significado não será interpretada; o paciente vai borbotar uma torrente de palavras de tal modo que possa evocar uma resposta indicativa da existência de significado, tanto em seu próprio comportamento como no do analista. Já que o primeiro requisito para a descoberta do significado de qualquer conjunção depende da capacidade de admitir que os fenômenos podem não ter nenhum significado, uma incapacidade de admitir que eles não tenham significado pode extinguir a possibilidade de curiosidade, em seu nascedouro"* (T, 81).

A perspectiva de mudança catastrófica fica presente quando o analista encontra, mas não enfrenta, estratos (ou configurações estruturais) psicóticos de sua própria personalidade, sem ter podido elaborá-los minimamente.

O termo - mudança catastrófica – tenta abranger uma experiência emocional complexa: a reação ante alguns tipos de estímulos, que pode ser, ou não, realística, mas que é sentida como transmitindo sensações de catástrofe. Um sentido de catástrofe pode emergir como premonição realista ou como reação alucinatória.

A mudança catastrófica expressa tentativas de negar alguns fatos, como:

(i) Mudança natural.
(ii) A natureza desconhecida e incontrolável da realidade emocional como ela é.
(iii) Dificuldades na introjeção, quando ocorre introdução violenta de evidências impossíveis de serem negadas, para determinadas configuração inatas, ou para certas características educacionais (formando as "séries complementares", descritas por Freud nas Lições Introdutórias sobre Psicanalise) que apresentem verdades interiores temidas, defendidas ou negadas. Um termo retidado de ditado popular, como exemplo: "dura verdade"
(iv) Peculiaridades da reação a estímulos externos súbitos, inesperados, negados e/ou violentos. Podem provocar – em muitas pessoas – uma situação em que esta mesma pessoa fique, ou sinta-se *"nua, incongruente, alienada, sem qualquer ponto de referência que faça sentido"* (AMF, I, 27).

A violência pode ser real ou não. Como exemplos de mudança, Bion cita mudanças aparentes de comportamento, facilmente apreendidas pelos sentidos. Classicamente, colapsos psicóticos como descritos em psiquiatria. Esse tipo de mudança é descrito no primeiro capitulo de *Transformations*. A mudança encobre aquilo que não é modificado, ou transformado fenomenicamente: a psicose já estava presente, expressando-se por queixas psicossomáticas na fase (ou estágio) pré-catastrófica. Na fase (ou estágio) pós-catastrófica, revela-se por aparência exterior modificada, como autismo.

Outro tipo de mudança catastrófica relaciona-se a fatos provenientes do meio externo, mas não daquilo que Klein, inspirada em Claude Bernard e a aplicação que Freud fez dos termos, interno e externo, ao aparato psíquico, denominou de "mundo interno.". A qualificação é didática, pois não é possível discriminar, nos efeitos que as mudanças ambientais externas, repentinas ou não, podem determinar na realidade material e psíquica – e no comportamento – de cada pessoa individualmente considerada, qual seria a proporção da reação proveniente do ambiente interna da pessoa frente a tais mudanças externas à pessoa. Diversos termos, como resistência individual, resiliência, contenção, fragilidade e outros termos derivados de outras disciplinas, são usados para tentar mensurar qualitativamente (por paradoxal que possa parecer essa formulação verbal) e assim conseguir algum tipo de discriminação.

C

Constituem ampla gama: desde uma escala macroscópica, por exemplo, de movimentos estelares que provocaram a extinção de seres que haviam se desenvolvido durante trilhões de anos, até, em escala microscópica, eventos sociais, como o descrito nos capítulos iniciais de *A Memoir of the Future*: a invasão armada de algum povo inominado, de uma "fazenda inglesa". Inspirado nas tentativas de invasão nazista das Ilhas Britânicas, Bion afirma explicitamente: *"Havia derrota, é verdade, mas essa que ocorria era de tal maneira desastrosa que seria necessário supor que acontecera algo análogo à Conquista Normanda"* (AMF, I, 27).

Alterações produzidas por catástrofes naturais não serão necessariamente catastróficas para todos os envolvidos; e, se o forem, o sentido da catástrofe será diverso. Por exemplo, as inundações globais que extinguiram os grandes sáurios e a prevalência de outros seres, inclusive todos nós, serão qualificadas de formas diversas. Houve uma substituição dos sáurios como espécie dominante sobre a face do nosso planeta, por baratas, ratos e seres humanos. A catástrofe foi destrutiva para a maior parte das espécies de sáurios; paradoxal e simultaneamente, pode ser qualificada como não destrutiva para todos nós, seres humanos, que puderam compensar limitações físicas para sobrevivência pela interveniência iluminada por muitos cientistas, entre os quais não será abstrusto demarcar a figura de Charles Darwin - a da posição bípede, vocalização, braquialização e dos processos de pensar, dependentes da aquisição, por seleção genética, dos polegares oponíveis à região tenar. Algumas espécies de sáurios sobreviveram, às custas de diminuição de tamanho físico – igualmente por escolha probabilística, genética. O sentido e o significado plenamente destrutivo – implicando julgamentos e fantasias onipotentes de posse da verdade última daqueles que consideram o termo deste modo – da palavra catástrofe, ou seja, mudança violenta de um determinado *status quo*, ficam por conta do uso da palavra no lugar-comum e também nos usos retóricos que pode ser feito, por exemplo, por literatos e poetas; ou por teólogos.

O desenvolvimento do conceito de mudança catastrófica, por Bion, teve como vértice a situação intrapsíquica: o âmbito da psicanálise.

Na proposição da teoria de continente e contido (1962), o termo catástrofe possuía o seguinte sentido: ocorre uma catástrofe para um determinado continente, que será destruído pelo contido. Nascimento e morte são eventos desse tipo. Dependendo de fatores individuais, podem ser ligados a crescimento.

PONTOS DE VISTA

É necessário observar o vértice pelo qual o termo é usado:

(i) Quando o vértice é formado por julgamentos de valor, morais, ocorre uma situação contraditória, dependendo da personalidade que o usa. As qualificações mais utilizadas, na disciplina sociológica e no lugar comum social, interes-

A linguagem de Bion

sados em comportamentos consciente, tem sido: "conservadores" e "revolucionários" (cuja sinonímia pode ser, "de esquerda", de "direita", "progressitas", "liberais", etc). A contradição é a seguinte: mudanças reais serão temidas pelos "conservadores:" e favorecidas ao extremo pelos "revolucionários". Como toda contradição determinada pelo vértice moral, examinado psicanaliticamente, temos a seguinte realidade: "conservadores" abertamente aparentam temer a mudança, mas são os que mais a praticam, mesmo que inconscientemente e sempre de modo gradual; "revolucionários" abertamente aparentam favorecer a mudança, mas são os que menos a praticam, por tentarem impô-la com violência. Qualquer mudança acaba sendo julgada como erro, devido à dor envolvida. "Conservadores" preferem o *status quo* no meio externo, iludindo-se ou delirando quanto à sua conservação; negam decadência. "Revolucionários" preferem o *status quo* de suas ideias preconcebidas, iludindo-se ou delirando quanto a mudanças mais aparentes do que reais. Ocorre dor ante aquilo que é desconhecido, prevalecendo onisciência e onipotência, tanto no "conservador" como no "revolucionário." Mudanças são inevitáveis quando existe uma situação de perda, fato aparentemente insuportável para personalidades ávidas e onipotentes.

(ii) Quando o ponto de vista é observacional – como ocorre em ciência e arte, na medida em que podem se libertar de qualquer determinante social – ideológica – pode haver apreciação, mas não julgamento moral do evento, coisa ou pessoa que está se observando, independentemente da dor envolvida.

Mudança pode ser *sentida* como catastrófica – principalmente para indivíduos que teme toda e qualquer mudança que implique crescimento, ou decadência (crescimento negativo). Para alguns indivíduos que – emprestando a frase de um discurso de Franklin Delano Roosevelt ao se defrontar com o fenômeno econômico de recessão - temem o próprio temor, ocorre como consequência, o aparecimento de um "temor ao quadrado" (usando a notação quase-matemática proposta por Bion em *Transformations*). Em algum grau, variável de indivíduo para indivíduo, sempre existe ódio no contato com a realidades material e psíquica. Ódio, um dos instintos básicos do ser humano, pertence ao âmbito dos númena, ou "O", na notação proposta por Bion (q.v.)

Este ódio se traduz, ou é expressado, no âmbito dos fenômenos, por negação, mecanismo psicótico básico descoberto por Freud.

Se a realidade material e psíquica do indivíduo nega ódio, a reação consciente (expressão fenomênica) do paciente pode se assemelhar à depressão; ou mania, caso a negação seja expelida. (Para "Menos Ódio", ou – H [ver o verbete específico])

Se a realidade psíquica nega amor, o paciente pode sentir-se perseguido pela mudança em potencial; ou que está ocorrendo, ou que já ocorreu, por crescimento

C

(positivo ou negativo): *"Evolução mental, ou crescimento, é algo catastrófico e atemporal"* (AI, 108).

Pode-se observar mudanças catastróficas, ou sentidas como se fossem catastróficas em todas as conquistas humanas – ou ausência delas - mais básicas, como os atos de sobrevivência, executados por todos os bebês que sobrevivem, a partir do momento em que precisam inspirar ar ambiente e expirá-lo após o parto; ou se alimentar; atos ditos instintivos, dependentes de memória filogenética - ou aprender a andar. Na idade adulta, as primeiras observações acuradas desses fatos dependeram de experiências psicanalíticas com psicose:

> Do ponto de vista do paciente, a aquisição do pensamento verbal foi um acontecimento muito infeliz. O pensamento verbal está de tal modo entrelaçado à catástrofe e à dolorosa emoção da depressão que o paciente, recorrendo à identificação projetiva, o fragmenta e enfia no interior do analista. As consequências, uma vez mais, são infelizes para o paciente; a falta dessa capacidade agora é sentida por ele como equivalente a estar louco. Por outro lado, a retomada dessa capacidade parece-lhe inseparável da depressão e da consciência, desta vez em nível de realidade, de que está "louco". Esse fato tende a dar realidade às fantasias do paciente acerca das consequências catastróficas que adviriam se ele tentasse reintrojetar sua capacidade de pensamento verbal. . . . O problema com que se defronta o analista é o horror do paciente, agora bem manifesto, a tentar obter uma compreensão analítica do significado que esses problemas têm para si, em parte porque agora entende que a psicanálise exige dele precisamente o pensamento verbal que tanto o horroriza. (ST, 32)

Em um grupo, mudança catastrófica é percebida como tal quando ocorre a necessidade de se abandonar algum pressuposto básico (q.v.).

Grupos nutrem aversão à mudança de modo acentuado: constituem-se como somas de indivíduos que preferem unir-se em grupos justamente por desamparo básico – típico, e normal, em recém-nascidos:

> O pressuposto subjacente à fidelidade ao vínculo K é que as personalidades do analista e do analisando podem sobreviver à perda de sua capa protetora de mentiras, subterfúgio, evasão e alucinação, e podem até ser fortalecidas e enriquecidas pela
>
> perda. É uma suposição fortemente questionada pelo psicótico, e *a fortiori* pelo grupo, que se baseia em mecanismos psicóticos para sua coerência e sentido de bem-estar. (T, 129)

A linguagem de Bion

Experiência clínica

Em *Transformations*, pp. 8, 9 e 10, Bion descreve um colapso psicótico, conforme pode ser vivenciado em sessões de análise. A descrição inclui conjunção constante de eventos concomitantes ou em seguimento rápido, todos eles atuados (*acting-out*: a pessoa, ou o grupo, passa do impulso à ação de modo direto, sem interpolação do pensar). Os eventos concomitantes conjugam-se por manipulação de sentimentos e emoções, por parte do paciente, de modo ativo, e em boa parte de modo inconsciente, com o intuito sempre inconsciente de provocar certos estados emocionais específicos no ambiente que o rodeia. Ambiente que sempre inclui o psicanalista que tenta auxiliar o paciente.

O paciente assim o faz apelando inconscientemente para identificações projetivas que objetivam livrá-lo de certos sentimentos. Esse estado constituirá ou não um problema, dependendo da capacidade do analista de manter a postura analítica. Pacientes qualificáveis como histéricos, delinquentes e psicopatas exibem capacidades especiais, para um aprendizado em fazer manipulações, em parte conscientes, exacerbando o uso de identificações projetivas. Pois tiveram experiências nas quais pensaram obter vantagens.

Parte dessas manifestações compõe-se pelo comportamento emocionalmente carregado que caracteriza todo analisando – mesmo que a emoção não fique aparente, em pacientes extremamente defendidos, ou naqueles que se recusam a submeter-se a tratamento. Os pacientes terminam por desempenhar um papel: o de um tolo. O resultado será determinado pelos analistas que, a exemplo de Freud, principalmente após obter maior desenvolvimento do método psicanalítico, não se deixam enganar pela imposição de tais aparências, mesmo que sejam violentas – de modo verbal ou teatralmente. É óbvio que a postura analítica não pode ser mantida (a não ser como autocontenção) quando a violência se expressa de modo concretizado, por meio de armas letais ou potencialmente letais, ou força física. O óbvio é aqui ressaltado pelo fato de que a superveniência de violência concretizada por força física impede a manutenção de qualquer atividade do "cuidar": como medicina, magistério e psicanálise.

É necessário que um analista discipline-se – o que pode ocorrer por treino – para tornar-se insensível à propaganda, sensorialmente apreensível: berros, gesticulações, alterações de semblante demonstrando raiva, mesmo que traindo intenções assassinas. Certamente assassinarão uma eventualidade de *insight*, agora natimorto. No entanto, uma das poucas vantagens da imaterialidade em uma situação de análise é a reversibilidade do fenômeno, algo impossível em violências concretizadas. Melanie Klein observou a existência da aquisição, ainda que temporária, de ocupar-se a posição depressiva – uma extensão da concepção de *insight*, por Freud, e um aprofundamento da experiência do próprio *insight*.

C

Num certo sentido, disciplinando-se para fazer o menor uso possível de memória, desejo e entendimento, um analista gradualmente poderá tornar-se mais imune às situações de "faz-de-conta" que o paciente tenta impor. Isso é especialmente verdadeiro para situações que se apresentam como sendo catastróficas. É essencial que a falsidade básica, de natureza ilusória, alucinatória ou delirante, que caracteriza estados de alucinose (q.v.) seja minimamente iluminada.

O analista dá a alguns eventos nomes que façam sentido psicanalítico; por exemplo: dores físicas e até mesmo doenças constatáveis por médicos aparecem como sintomas hipocondríacos. Um praticante que se disponha a executar uma análise real (q.v.) não os considera pelo que parecem, quando pode ver que esses nomes refletem alguma parte – e, em alguns casos, o todo – do estado dos objetos internos do paciente. Quando tal reconhecimento fica possível, poder-se-á atribuir aos eventos experimentados em uma sessão de psicanálise uma nomeação mais adequada, permitindo sua identificação pelo casal analítico. A identificação é condição *sine qua non* para eventual manejo.

O paciente, seus familiares, amigos e mesmo o médico ou algum outro profissional de atividades do cuidar (como as denominou Winnicott) que tenha substituído – por questões sociais – o médico, como enfermeiros, psicólogos, fisioterapeutas, fonoaudiólogos, que fizeram o encaminhamento para um psicanalista, ficam propensos a recorrer a atuações: "*iminentes processos judiciais, hospícios, internações e outras contingências aparentemente adequadas às mudanças circunstanciais são na verdade dores hipocondríacas e outras evidências de objetos internos, agora sob um aspecto adequado ao seu novo status de objetos externos*" (T, 9).

Didáticamente, para o estudioso que necessita utilizar o conceito sem confundi-lo com usos coloquiais ou com usos peculiares para cada indivíduo, que inviabilizam a possibilidade de utilização do nome em um trabalho científico, será necessário atenção para a qualidade da catástrofe que se instalou: é catastrófica **para a manutenção de análise**. Bion a descreve claramente neste texto.

Para manter-se uma análise, há necessidade de autocontenção por parte do analista. Trata-se de uma necessidade na vida de qualquer pessoa – autoconter-se em suas próprias ansiedades; todos nós somos vulneráveis, nas relações humanas, às indentificações projetivas iniciadas, ou criadas por outros. No entanto, a autocontenção torna-se especialmente necessária quando o indivíduo em particular esteja em alguma função materna – de modo geral, as mães. Bion denomina esta situação – autocontenção de u'a mãe com seu bebe, de *rêverie* (q.v.), que parece ao autor desse dicionário, similar aquilo que Donald Winnicott caracterizou verbalmente como a mãe suficientemente boa; aquela que contenha sua própria angústia básica, sempre existente: de modo último, a angústia frente à possibilidade de perder a criança. A autocontenção fará com que a mãe não tente impedir sofrimentos naturais que se abatem sobre a criança. Poderá servir de exemplo para a criança, exem-

A linguagem de Bion

plo de que contenção é possível. A mesma situação – necessidade de autoconteção - ocorre com analistas. A falta dela emerge de modo claro em situações de mudança catastrófica. Ao mesmo tempo, autocontenção do analista pode resultar em algum *insight*, algum grau de contato com a própria realidade psíquica, de modo minimamente responsável – partindo do analista, e, como exemplo, também para o paciente. Ou, ao menos, para alguns pacientes. Quando isso não ocorre, emerge uma crise, intensificada no envolvimento de pessoas além do casal analítico – agora, mero par. A crise constitui-se em extrapolação dos limites da sala de análise: "É uma mudança catastrófica em um sentido restrito, ou seja, de um evento que produz uma subversão da ordem ou sistema; é catastrófica no sentido de se acompanhar de sentimentos de desastre nos participantes; e é catastrófica no sentido *de ser repentina e violenta – de um modo quase físico . . . há três características para as quais desejo chamar a atenção: subversão do sistema, invariância* (q.v.) *e violência* (q.v.)" (T, 8).

Será útil sublinhar a palavra "sentimentos" e precisar seu sentido do modo mais exato possível. "Sentir" não implica, necessariamente, "ser" – cerne de um problema ligado à leituras dos escritos de Melanie Klein sobre identificação projetiva. Embora seja impossível discutir-se sentimentos, que sempre são produto direto de sensações, a primeira apreensão direta pelos nossos órgãos sensoriais, por estarem ligados a uma dotação genética, idiossincrática, peculiar a cada indivíduo, a noção o mais exata possível se determinado sentimento é alucinado, ou não, é fundamental para que haja análise. Serve como um guia para um analista – não para ser modificado à força, mas para ser apreendido e lidado como tal. Um analista pode ser tratado, pelo seu paciente, como se fosse um individuo insano. O paciente pode sentir isto. Um analista precisa estar preparado para ser chamado de insano; esta situação faz parte do trabalho do analista. Isto não implica que seja realmente insano, naquele momento. No mesmo livro onde está este texto – o capítulo primeiro de *Transformations* – Bion introduzirá no capítulo V, o conceito de Transformações em Alucinose. Agora, especifica melhor, no capítulo dez (T, 133 e 142) o conceito de -K (Menos K): a tentativa de alguns pacientes em provar que des-entender é superior a enteder. O leitor aogra poderá perceber que estes "alguns pacientes" são aqueles nos quais há prevalência da personalidade psicótica. Neles ocorrem transformações em alucinose, que são consideradas por estes mesmos pacientes como superiores às Transformações em Análise, que Bion descreve sob as rubricas de Transformaçoes em K e Transformaçoes em O. O leitor está convidado a ver os verbetes correspondentes. Cinco anos depois, em *Attention and Interpretation*, escreve sobre a necessidade de que o analista participe dos estados de alucinose. Mais cinco anos parecem ter sido necessários para que desse sua última versão sobre o vínculo Menos K (-K), mudança catastrófica, Transformações em Alucinose e a função do analista, como participante delas durante as sessões. No entanto, abandona a linguagem técnica e faz uso de linguagem coloquial. Suas partes

C

objetais (ou objetos parcias) denominados "Eu Mesmo" e "Bion" dialogam sobre limites de uma psicanálise:

EU MESMO.......Ao lado disso, proponho uma teoria de com um órgão de sentido recentemente reproduzido, conhecido como "fim", no qual se presume que várias funções, geralmente associadas com a psicanálise (a situação edipiana, agressão rivalidade) sejam observadas (no modelo, sob forma de dis-túrbio, dis-função, sexo, medo, amor). Na realidade, elas são padrões, configurações insignificantes em si mesmas, mas que, delineadas, indicam uma realidade subjacente em função de suas perturbações, reagrupamentos, mudanças em padrões e cor; refletem uma categoria e uma espécie em cuja presença humana não pode formular ou conjecturar. Assim sendo, essas situações edipianas, esses impulsos, instintos e caracteres poderiam tornar-se opacos, do mesmo modo que padrões em raio X são revelados através do uso de placas sensibilizadas. A personalidade, ou mente, assim retratada psicanaliticamente em detalhe, é um fotograma recente de uma realidade existente há muito tempo, que tem significado apenas na medida em que uma anatomia física arcaica possa tê-lo. A psicanálise poderia parecer um fenômeno efêmero que denuncia certas forças na superfície em que a raça humana bruxuleia, tremeluz e esmaece, em resposta a uma realidade não conhecida, porém gigantesca.

O ponto prático é não continuar com investigações da psicanálise, mas sim da psique que ela denuncia. isso precisa ser investigado através de padrões mentais; isso que é indicado não é um sintoma; isso não é uma causa do sintoma; isso não é u a doença ou algo subordinado. A própria psicanálise é apenas uma listra na pele de um tigre. Em última instancia, ela pode se encontrar com um Tigre – a Coisa-Em-Si – O.

BION Se eu tivesse ouvido você falar isso há alguns anos, tenho a impressão de que tanto eu como meus colegas ficaríamos chocados e pensaríamos que você estava se voltando contra a psicanálise e se sentindo culpado de des-honestidade. O que realmente me interessa é saber como é que você justifica o fato de ainda estar praticando – você a chama de psicanálise ou de algum outro termo, como psicoterapia? – e cobrando honorários das pessoas. Você pode desenvolver esse tema?

EU MESMO Graças à memória, posso fazer uma comparação. A comparação causa mudança, e em algumas ocasiões se manifesta. Quando isso acontece, você sente que a mudança merece ser registrada, e o dialogo entre eu e eu poderia muito bem ser conduzido entre eu e uma personagem fictícia. A ficção pode ser tão retórica a ponto de se tornar incompreensível; ou tão realista que o diálogo se torna audível para os outros. Ocorre assim um duplo medo: o medo de que a conversa seja tão teórica que os termos possam ser considerados um jargão completamente desprovido de significado; e o medo da realidade aparente. Sente-se como

A linguagem de Bion

loucura o fato de se ter duas séries de sentimentos a respeito dos mesmos fatos, e, conseqüentemente, desgosta-se desse estado. Essa é uma razão pela qual se sente que é necessário ter um analista; outra razão é o desejo de que eu esteja disponível para ser considerado louco, e usado para ser considerado louco. Existe um receio de que você possa ser chamado de analisando, ou, reciprocamente, de que possa ser acusado de insanidade. Será que eu poderia ser suficientemente forte e flexível para ser considerado e tratado como insano, sendo ao mesmo tempo são? Se é assim, não admira que se espere que os psicanalistas, quase que como a função de analista, se preparem para serem insanos e serem chamados como tal. É parte do preço que um analista precisa pagar por ser um psicanalista. (AMF, I, 113).

OS MOMENTOS PRÉ E PÓS-CATASTRÓFICOS

Uma diferença fundamental entre esses os dois momentos – pré- e pós-catastrófico é a de a emoção poder ser, ou poder não ser, apreendida pelos nossos órgão sensoriais. Elementos hipocondríacos podem carecer de sua contraparte ideacional de violência, geralmente vista como teórica:

A análise, na etapa pré-catastrófica, difere daquela que acontece na etapa pós-catastrófica pelas seguintes características superficiais: ela carece de emocionalidade, é teórica; fica destituída de qualquer modificação externa marcante; há uma proeminência de sintomas hipocondríacos; o material se presta a interpretações baseadas nas teorias kleinianas de identificação projetiva e de objetos internos e externos; a violência se restringe a fenômenos experimentados pelo *insight* psicanalítico – é como se fosse uma violência *teórica*. O paciente fala como se o seu comportamento, afável para efeitos externos, estivesse causando grande destruição, devido à sua violência. O analista dá interpretações, quando elas parecem ser adequadas ao material, que chamam a atenção para características que o paciente supõe serem violentas.

Em contraste, na etapa pós-catastrófica, a violência fica patente, mas parece faltar a contraparte ideacional, anteriormente inequívoca. Fica óbvia a emoção, despertada no analista. Elementos hipocondríacos se introduzem menos intensamente. Não é necessário conjeturar sobre a experiência emocional, pois ela está aparente. (T, 8-9)

A discriminação requer uma pesquisa clínica por invariantes no âmbito representado pelas teorias da identificação projetiva e objetos internos e externos (q.v.): *"o analista precisa buscar, no material, por invariantes relativas às etapas pré e pós-catastróficas. . . . Recolocando isso em termos do material clínico: o analista precisa ver e demonstrar que certos eventos impregnados de emoções aparentemente externos são, na realidade, os mesmos eventos que haviam aparecido na etapa pré-catastrófica sob a forma de dores no*

C

joelho, pernas, abdômen, ouvidos etc. – nomes outorgados pelo paciente – e como seus objetos internos – nomes outorgados pelo analista" (T, 9).

É possivel observar que, por catástrofe, entende-se um evento no qual intervém violência. A verdade emerge quando se enfocam *"invariantes ou os objetos nos quais a invariância tem que ser detectada".* A invariância principal é a própria violência.

Desde o pré ao pós-catastrófico, *"a mudança é violenta . . . e, na nova fase, sentimentos violentos são expressos violentamente"* (T, 9).

Havia violência no momento pré-catastrófico. Apresentada, no entanto, sob forma não captável, ou infimamente captável pelo aparato sensorial humano. No segundo caso, um exercício de intuição (inata ou aprendida) é fundamental para se evitar dores desnecessárias. Havia sentimentos violentos, mas não eram violentamente expressos. A verdade é robusta e irá prevalecer: acaba emergindo no momento pós-catastrófico. Enfrenta-se um fato que não é somente relacionado aos sentimentos da pessoa, mas também à sua própria violência. Violência não é um sentimento; é um fato. Pode ser uma violência de emoções, por exemplo. O indivíduo pode sentir como catastrófico o ato de enfrentar a violência que abriga. Isso é verdadeiro no caso da verdade dos sentimentos violentos ou da violência da emoção (C, 249).

A resposta das pessoas envolvidas – médicos, parentes, agentes da lei e psiquiatras – pode ser catastrófica quando essas pessoas se tornam bons continentes para a identificação projetiva do paciente. São bons continentes aqueles que se deixam levar por aparências, ou os adeptos da falsidade.

A expressão "bons continentes" pode dar a impressão de um erro de impressão. Alguns leitores poderão discordar; o máximo que o autor deste dicionário pode fazer é recomendar que atenção, e não hipersimplificação na leituras dos conceitos de Melanie Klein, conforme escritos por ela – mas não por discipulos. Um exemplo da leitura de discípulos pode ser a transposição direta das descrições de Melanie Klein, que se aplicam ao casal mãe-bebê. Ou seja, descrições relativas às mães de bebês pequenos. Nessa circunstância particular, mães suficientemente boas – uso a descrição de Winnicott, desenvolvida a partir de suas experiências com pediatria seguidas das influências que se permitiu ter, de Melanie Klein – são pessoas que aceitam, como parte de sua função maternal, a identificação projetiva de seus bebês como um meio de comunicação. Esta observação foi melhor iluminada por Herbert Rosenfeld e Wilfred Bion. No entanto, médicos, parentes, agentes da lei e psiquiatras não são mães de bebês pequenos, mesmo que uma mãe possa estar envolvida nesse imbróglio. A situação é descrita em um ambiente adulto:

. . . o estado de emoção violenta do paciente contribui para a instauração de reações no analista e em outras pessoas relacionadas ao paciente, de um modo tal que *eles também tendem a ficar dominados por seus objetos internos superestimulados,* produ-

A linguagem de Bion

zindo assim uma ampla externalização destes objetos internos. (T, 9; itálicos adicionados)

Esta é a catástrofe: devido a identificações projetivas múltiplas e cruzadas entre todos os envolvidos, ocorre uma crise geral de responsabilidade. Ou, de modo mais preciso, uma crise geral no ato de fazer-se responsável. Todos os envolvidos tentam se livrar de estímulos dolorosos. Os circundantes utilizam o estímulo fornecido pelo paciente para também ficarem "dominados por" seus próprios "objetos superestimulados". O analista precisará contar apenas com sua própria análise, quando o grupo fica clivado em pares de luta-fuga, de procura incessante por líderes messiânicos, ou apela para acasalamentos, ou fica perseguido por fantasias alucinadas de exclusão ou inclusão (o leitor poderá examinar o verbete "Pressupostos Básicos"). Um psicanalista corre o risco de tornar-se objeto do ódio do grupo, na extensão exata em que persistir mantendo sua postura analítica.

Bion adverte que, apesar de o analista "dificilmente" poder preocupar-se com o pano de fundo social em relação ao qual o trabalho analítico precisa ser feito, *a cultura pode se preocupar com o analista*" (T, 10). Nos tempos atuais (2015), isso pode soar como se tivesse sido uma antevisão. Talvez o movimento psicanalítico, na atualidade, ainda não tenha se dado conta da magnitude das questões problemáticas que já havia naqueles tempos: incremento notável na teorização *ad hoc* e *a priori*; manipulações engenhosas de símbolos que tendiam a substituir métodos de avaliação de resultados com verificação na prática; infiltração de jargões (q.v.); movimentos partidários internos à instituição advogando de modo exacerbado em um estado psíquico indistinguível daquele que encontra-se entre povos em guerra, argumentos para provar sua própria superioridade, sobre outros praticantes vistos como sendo de outros partidos. Pelo menos desde 1914, começaram a surgir muitos "-istas" e "-anos" (um exame deste problema está expandido no verbete "Bionianos") – e na época de Bion, e também na atualidade, isto se incrementou em proporção geométrica, no sentido de novas e novas e novas instituições que pretendem ser não apenas de reunião de praticantes, mas de ensino. Resultou em favorecimentos de meritocracias políticas às expensas de meritocracias científicas[7]. Todos esses problemas foram assinalados por Freud; enfatizados por Bion e também por outros autores, como Ernest Jones, Karl Menninger e André Green. Por alguns fatores, dos quais se pode destacar a conjunção de que no primeiro meio século depois da descoberta da psicanálise havia menor quantidade de praticantes, conjugado com o fato de haver novidade da prática psicanalítica, indesligável de um modismo, a apreensão destes problemas não era assunto que parecia ser importante para boa parte dos membros

---

[7] Sandler, P. C. (2016). Curso de Psicoterapia Psicanalítica: Meritocracia Técnica e Política In: Novos Avanços em Psicoterapia Psicanalítica. Riad Simon, Kayoko Yamamoto e Gina Khafif Levinson. 1São Paulo: Zagodoni. p. 89-109.

C

do movimento psicanalítico. O resultado, aliado a questões econômicas circundantes na sociedade, foi acúmulo na quantidade de praticantes, acompanhada de banalização da formação em análise – é fato reconhecido que aumentos em quantidade raramente acompanham-se de desenvolvimentos em qualidade. No entanto, meio século depois, a importância desses problemas não pode mais ser negada: resultou na assim chamada "crise na psicanálise" – na verdade, crise no movimento psicanalítico. Nunca se poderá saber o que teria ocorrido caso as advertências de Freud, e depois de Bion, pudessem ter sido ouvidas.

Pode-se resumir a natureza básica, elementar da mudança temida: o nascimento criativo do que quer que seja: uma coisa concreta, um evento, uma atividade, uma pessoa. Há um temor de que o contido irá destruir seu continente, ou vice-versa. Essa a catástrofe a ser evitada. Isso também pode significar que tanto um bebê como um pensamento poderão nunca nascer (AI, 95).

Em um exemplo de uma questão clínica, cuja manifestação externa é a dificuldade de fonação conhecida no senso comum como gagueira. Bion demonstra duas caeacteristicas em pessoas com esta dificuldade: uma personalidade iracunda que, entre os insucessos, encontra-se a tentativas de "conter-se" (AI, 94). A repetição de palavras e, logo depois, de sílabas expressando ansiedade sentida como insuportável,. e potencialmente "transmitindo" (na dependência de receptores adequados) ansiedade, concretiza o insucesso. Na experiência do autor deste dicionário, a partir das observações psicanalíticas de Klein e Bion, a permanência de um mau humor crônico caracteriza um estado alucinatório: o mau humor refelete a prevalência de um princípio do prazer inesgotável (avidez) que nunca é satisfeito; e não pode ser, dado o fato de que a realidade não foi feita para satisfazer desejos individuais. Anteriormente, Bion sugerira que pessoas com gagueira haviam evacuado – não haviam contido – sua própria consciência (C, 77). Uma pessoa padecendo de gagueira, e que não possua lesões neurológicas comprováveis, oferece um exemplo de catástrofe, por ser *"de tal modo dominado pela emoção que gagueja, tornando-se incoerente"* (AI, 94). Segundo a experiência do autor deste dicionário, a emoção, de modo último, origina-se pela prevalência do principio do prazer. Há um abismo entre significado e a expressão do significado; entre emoção e expressão da emoção. *"Se a pessoa permanecesse coerente, isso corresponderia ao continente prevalecer sobre o contido. Sua fala ficaria tão restrita neste caso a ponto de ela não poder expressar seus sentimentos. Mas suponhamos que essa pessoa se expressasse 'perfeitamente': poder-se-ia então imaginar que suas emoções serviram para desenvolver sua destreza para escolher bem a fala; e que essa capacidade para a fala ajudou seu desenvolvimento emocional"* (AI, 95-96).

O exemplo do gago ilustra um fracasso: decorrência de um relacionamento "parasítico" (ver o verbete "Vínculo") entre continente e contido. Continente e contido produzem um terceiro objeto – incoerência – que impossibilita tanto a expressão como os meios de expressão; essa seria uma mudança catastrófica, impedida por meio da gagueira.

Os últimos trabalhos de Bion enfatizam que a mudança é sentida como catastrófica, na medida em que o indivíduo fica intolerante diante da emergência e percepção daquilo que lhe é desconhecido. Em 1971, escreve que *"Parece razoável supor que a psicanálise, nossa especialidade um tanto insignificante, já tenha esgotado seu ímpeto e esteja prestes a desaparecer no limbo, seja porque ela é uma carga excessiva para carregarmos, ou porque é mais uma das explorações destinadas a mostrar um beco sem saída; ou porque desperta ou irá despertar o medo ao desconhecido a um ponto tal que os mecanismos protetores da noosfera compelem-na a destruir as ideias invasoras, pelo medo que elas causem uma catástrofe em que a noosfera irá se desintegrar no não amorfo. Essa mudança catastrófica pode ser causada pelos avanços na astronomia, física, religião ou, de fato, em qualquer domínio que ainda não tenha sido nomeado. Os princípios do crescimento psíquico são desconhecidos"* (C, 319-320).

A invasão da "fazenda inglesa", no primeiro capítulo de *A Memoir of the Future*, e a negação da mudança, expressa pelos objetos parcias de Bion dialogando, ou não dialogando, parecem fornecer uma expressão ainda mais vívida do medo de mudança que seria sentida como catastrófica, ameaçando um *status quo*. Pois "fazenda inglesa" era o nome pleno de amargura e sarcasmo dado à terra-de-ninguém: os campos destroçados de Flandres na Primeira Guerra Mundial. O lugar onde Bion conheceu uma de suas próprias mudanças catastróficas: partiu de delírios de grandeza adolescentes para um enfrentamento da realidade de modo rápido e precoce. Versões atuais disso ocorrem na Ásia, no Oriente Médio e na África.

Muitas vezes, a perspectiva do abandono do sistema alucinatório ou da fidelidade à alucinose é sentida como catastrófica. A questão é mais explorada em *Transformations*, p. 130 e seguintes; ver também o capítulo onze, p. 147, sobre a crença de que um *"anteparo de ilusões"* teria poderes protetores.

Menos óbvias parecem ser as mudanças ligadas às duas análises de Bion, e aquelas provenientes do relacionamento com sua segunda esposa. Ainda menos óbvia, a tentativa de cooptá-lo, com a finalidade de pôr fim às propostas de Bion de mudança – principalmente as mudanças de vértice que propôs no trabalho psicanalítico, mais visíveis após a publicação de *Transformations*. Segundo ele mesmo, a Sociedade Britânica de Psicanálise ofereceu-lhe postos administrativos de prestígio social que ameaçaram sua atividade criativa. Isso evitaria mudanças potenciais na instituição que foram sentidas como potencialmente catastróficas. Mudar-se para Los Angeles pareceu-lhe oferecer uma oportunidade de mudança catastrófica para si mesmo – substituiria um *"ambiente morno"*, pelo Velho Oeste norte-americano. Poderia oferecer uma oportunidade de mudança à Sociedade Britânica de Psicanálise; realmente, alguns – como Donald Meltzer – sentiram-se "abandonados".

C

Mudanças catastróficas podem ser produzidas pela experiência genuína de permitir-se associar livremente, e pelo permitir-se sonhar:

P.A: Um de seus profetas, o Isaías, que foi o tipo de pessoa no qual vocês, religiosos, costumavam prestar atenção – perdoe-me se desconheço a marca de sua religião...

SACERDOTE: (curva-se ligeiramente) Sinto-me honrado. Posso congratular-me pela sua integridade discriminatória em não me ter "rotulado" com nenhuma "marca" de religião.

P.A: Vamos deixar as cortesias e apresentações de lado. Eu estava me referindo a Isaías, que descreve o seu contato com o Senhor em termos comuns, e datados de modo preciso. É claro que não podemos saber o que foi que aconteceu, mas podemos ter opiniões. Meu objetivo não é discutir a experiência passada, mas ilustrar as ilimitadas possibilidades quando você fala "um sonho esquisito"; possiblidades que nesta discussão são limitadas apenas pela minha ignorância. A *experiência* não é "limitada" pelas considerações "finitas" de nossa capacidade, ainda que nossa "discussão" sobre a experiência o seja.

SACERDOTE: Sonhei com uma explosão, de proporções vastas, tremendas, majestosas. Foi aterrorizante. Estava escuro como a noite; não uma noite como eu poderia entender no sistema solar, mas a negra noite da alma...

P.A: Talvez algo como foi descrito por São João da Cruz?

SACERDOTE: Eu não sou São João da Cruz nem Isaías; e isso já contribui para a sensação de esquisitice: que o sonho pudesse ser *meu*.

P.A: Estou familiarizado com relatos de experiências aterrorizantes, descritas em termos cuja inadequação é variável – exatamente como você estava fazendo. Nós dois estamos cientes da experiência de terror reverencial.[8*] Muitos não estão. Temem "ficar malucos", algum desastre indescritível, um "colapso". Podem se expressar trazendo algum desastre. Nós, os psicanalistas, achamos que não se sabe o que é um sonho; o próprio sonho é uma representação pictórica, expressa verbalmente, do que aconteceu. Não sabemos o que realmente aconteceu quando se "sonhou". Nenhum de nós tolera o desconhecido e fazemos um esforço instantâneo para senti-lo explicável, familiar – como uma "explosão" é para você e para mim. O próprio evento é suspeito, *porque* é explicável em termos de física, química, psicanálise, ou outra experiência *pré*-concebida. A "concepção" é um evento que se tornou "concebível". Aquilo que se tornou concebível não é mais a experiência genética. Pré-concepção, nascimento – saber que uma mulher tem um bebê deve ser um choque terrível! Como deve ser absurdo supor que possa haver qualquer ligação com o ato sexual! Descobri que há pessoas que pensam ser ridículo que

---

[8] *"Awe-ful"* no original. Trocadilho de *awful* (terrível) com *awe* (temor reverencial).

uma mulher possa iniciar uma ideia ou ter um pensamento que seja digno de consideração. (AMF, II, 381-382)

Falhas na apreensão do conceito, mal-entendidos e distorções: até o ponto que a experiência deste autor permite afirmar, boa parte dos mal-entendidos que envolvem o uso do conceito de mudança catastrófica ocorre por simplificação excessiva. O conceito tem sido corrompido, como se expressasse uma relação de causa-efeito (q.v.). Bion deixou alguns alertas sobre este fato em *Transformations*: avisa que uma inevitável adoção da forma narrativa para descrever fatos, se possibilitou uma comunicação, igualmente possibilitou uma distorção na apresentação dos fatos, justamente por permitir a emergência de explicações de causa-efeito. Formulações de causa-efeito são dispositivos descartáveis, podem ser utilizados beneficamente se puderem ser considerados como etapas provisórias no processo comunicacional – um exemplo pode ser dado pelos mitos.

Outra distorção simplificadora é o uso do conceito em seu sentido comum mais fácil de captar: como se pudesse ser equiparado ao conceito de trauma. Essa postura deprecia a natureza psicodinâmica da psicanálise – torna estático, algo dinâmico. A hipersimplificação fica evidente quando o fenômeno é visto como se o termo simplesmente reproduzisse o sentido da palavra no lugar-comum social. Para os leitores interessados em uma comparação e discriminação entre mudança catastrófica e turbulência emocional, talvez uma consulta a este último verbete possa ser útil.

Referências cruzadas sugeridas: Comensal, Continente/Contido, Controvérsia, Parasítico, Simbiótico, Turbulência Emocional, Transformação em Alucinose.

Causa-efeito; causalidade

Bion manteve-se crítico em relação ao sistema de pensamento que imagina haver relações lineares de causa-efeito – típicas da religião positivista inventada por Auguste Comte. Isso ocorreu desde os primórdios de sua obra, permanecendo ao longo dela.

Pode-se considerar *Experiences in Groups* como uma de suas primeiras contribuições.

A visão geral de Bion sobre causas é a de que se trata de uma ideia falsa. No entanto, é uma ideia que pode demonstrar-se útil em certas condições, quando se pode considerá-la, historicamente, como passo, ou estágio, ou momento preparatório para conhecimento real, ulterior.

C

Bion considera a construção de causas pelo paciente; o uso que o analista faz disso; e o estatuto teórico das teorias causais. Nunca se estendendo em considerações filosóficas, deixa claro que foi influenciado, ou inspirado, por vários filósofos e teóricos da ciência. Tomou como certo que seus leitores teriam familiaridade com as obras de Platão, Euclides, Aristóteles, Hume, Kant, Bradley, Braithwaite e Prichard; ou que, se não tivessem tal familiaridade, poderiam procurá-la. Isso é claramente aparente nas conferências e palestras em algumas cidades no mundo, e consta de alguns prefácios feitos por sua esposa em alguns de seus livros, como *Bion in New York and São Paulo*.

Nas fases iniciais do seu trabalho, a abordagem de Bion às chamadas neuroses traumáticas de guerra desafiou aceitações acríticas – por vezes hipócritas, quando motivadas por ideologias políticas – de causas externas para determinadas incapacidades dos soldados. Essa causa foi, e ainda é, socialmente entendida como correspondendo exclusivamente a condições externas desfavoráveis. A abordagem de Bion e Rickman, em Northfield, em relação aos soldados feridos produziu resultados práticos quase imediatos: os soldados retornaram ao trabalho em um período de tempo notavelmente curto, quando comparado à prática habitual, mesmo que o trabalho fosse para tarefas aparentemente leves, ou realmente mais leves do que o trabalho mortífero apresentado por situações de guerra, ou de maternidade, ou trabalhos médicos.

Em um artigo publicado postumamente, sem data – mas que, por seu contido, parece pertencer aos anos em que ele estava desenvolvendo ideias que seriam reunidas em *Learning from Experience* –, Bion detém-se no exame de elaborações intelectuais em torno de causas, apelando para a filosofia da matemática de Poincaré no uso do conceito de fatos selecionados. O trabalho foi escrito após a sugestão conceitual da existência de algo que ele denominou, inspirado por Freud e Klein, de personalidade psicótica e personalidade não psicótica (q.v.). No seu exame crítico do conceito de causa, Bion é influenciado por David Hume. Tenta discernir fatos selecionados de causas e, ao mesmo tempo, busca verificar semelhanças entre os dois. Sua abordagem psicanalítica (ou seja, clínica) liga de forma original causa e fato selecionado com psicose e neurose. Afirmando repetidamente que ambos concernem ao âmbito da crença, mostra tolerância notável a paradoxos:

> A causa e o fato selecionado são equiparáveis, por serem ambos ideias com o poder de se associarem a uma experiência emocional, a qual, em um dado momento, origina um senso de síntese criativa *e* consciência de objetos separados e ainda não sintetizados. (C, 275)

Pode-se considerar pelo menos três usos da ideia de causa:

A linguagem de Bion

(i) Pode-se usá-la mantendo consciência de suas limitações, como instrumento provisório para permitir ao pensador ou pesquisador continuar investigando.

(ii) Pode-se usá-la como se oferecesse posse – ao "investigador", que então freia ou termina a investigação de uma verdade em si: uma crença inquestionável. Constitui-se como manifestação de intolerância ao desconhecido, negando aquilo que é, em última análise, incognoscível.

(iii) Pode-se usá-la na construção ficcional de histórias narrativas, sempre feitas por meio de personagens, ou usando-a dentro do método narrativo, sequencial, mas tomado como se fosse consequencial. A base na teoria da ciência – na verdade, falsa – pode ser encontrada em Kant, pois o método narrativo oferece uma sequência de fatos no tempo e no espaço, sendo tomado como consequencial, apenas pelo fato de que um evento predata outro evento no tempo.

Bion considera, de modo especial, e até o momento talvez único, a existência de formas narrativas na comunicação humana, tanto intrapsíquica como relacional, em grupos humanos, a partir de um grupo de dois, ou casal (psicologia bipessoal, de Rickman). O modo único é baseado no fato de que a consideração, notavelmente crítica (aplicação do criticismo kantiano), se faz de modo amplo, sem julgamentos nem partidarismos – nunca seduzido pelos vértices partidários (clivados) que interessam apenas a poetas, literatos, semióticos, hermeneuticistas, e, ao mesmo tempo, nunca seduzido por difamações e desprezos advindos de outros profissionais. Pode-se constatar o enfoque das formas narrativas em *Learning from Experience*, *Transformations* e *A Memoir of the Future*. Na construção da teoria de função-alfa (q.v.), distingue o

modelo de abstração ao reservar o termo modelo para uma construção em que imagens concretas combinam-se mutuamente; frequentemente, o vínculo entre imagens concretas fornece o efeito de uma narrativa, implicando que alguns elementos na narrativa causem outros elementos. O modelo é construído com elementos provindos do passado do indivíduo, enquanto abstrações ficam, por assim dizer, impregnadas com pré-concepções do futuro do indivíduo. Sua semelhança com modelo repousa na origem de ambos: uma experiência emocional e sua aplicação sobre outra experiência emocional, totalmente nova; sua diferença repousa no ganho em flexibilidade e aplicabilidade, obtidas na perda de imagens concretas específicas; os elementos na abstração não estão combinados por narrativa, mas por um método cuja intenção é revelar a relação, e não os objetos relacionados . . . a investigação de elementos essencialmente animados não permite tal correspondência. A forma de associação entre elementos ligados por narrativa difere das formas de associação discriminadas pela transição entre as posições esquizoparanoide e depressiva. . . . A partir de uma "realização", o físico intenta derivar e

C

representar outra "realização", enquanto a formulação do psicanalista deriva e ao mesmo tempo é expressa pela experiência emocional de uma narrativa folclórica, e, a partir daí, diz-se que ela representa uma "realização" encontrada na psicanálise. Freud derivou sua teoria da experiência emocional da investigação psicanalítica, mas sua descrição não podia ser comparada com as formulações que em geral se supõe representarem descobertas científicas. Desejo discutir apenas duas fragilidades metodológicas na teoria edipiana:

(1) A teoria, tal como ela está, é tão concreta que não pode ser casada com sua "realização"; quer dizer, inexiste alguma "realização" que possa ser encontrada para se aproximar de uma teoria cujos elementos, concretos em si mesmos, são combinados em uma rede narrativa de relacionamentos intrínseca e essencial. Sem a narrativa, os elementos perdem seu valor.

(2) Inversamente, se os elementos generalizados na teoria tornam-se uma manipulação engenhosa de símbolos de acordo com regras arbitrárias, a formulação mais comum desta suspeita sobre a teoria é a crítica de que analista e analisando indulgem-se a um gosto por jargão. Uma formulação teórica que parece ser excessivamente concreta e, mesmo assim, excessivamente abstrata requer uma generalização tal que suas "realizações" possam ser mais facilmente detectadas, sem a fragilidade que anteriormente lhe era companheira, como é mais visível na matemática, de parecer uma manipulação arbitrária de símbolos. Será possível reter seus elementos concretos sem perder a flexibilidade, tão essencial na aplicação psicanalítica? Ainda que não possamos encontrar um cálculo algébrico para representar o sistema dedutivo científico, podemos torná-la mais abstrata. . . . Estou convencido da força da posição científica na prática psicanalítica. Acredito que a prática dos psicanalistas em fazer psicanálise é uma experiência essencial de treinamento para lidar com as dificuldades fundamentais – até o momento –, pois ela disponibiliza o consciente e o inconsciente para correlação; mas não considero que seja menos intensa a necessidade de investigar a fragilidade que se origina de uma construção teórica falha, falta de notação e falência do cuidado metodológico, e ainda falência na manutenção do equipamento psicanalítico. ("Cuidado", "manutenção", "equipamento" – novamente o modelo implícito.) (LE, 64 e segs. O preparo para estas distinções pode ser encontrado a partir da p. 15 da mesma obra)

O método narrativo facilita a rápida apreensão de um conjunto de relações – entre personagens, tomados como pessoas, ou entre eventos, tomados como existentes. Como exemplo de situações humanas e das relações interpessoais, e principalmente descrevendo falta ou inexistência de relações, o método narrativo tem se demonstrado útil. No entanto, se tomado concretamente, como se os personagens fossem realmente pessoas existentes, ou como se os eventos fossem realmente exis-

A linguagem de Bion

tentes, ou projetados no tempo, tendo existido ou que irão existir (passado e futuro), o método narrativo tem se demonstrado mais inútil do que útil, arriscando-se à nocividade quando a tarefa é a apreensão da realidade. Há uma necessidade de uma clivagem útil do leitor, ou de algum observador, se for o caso de um evento que não a leitura de um texto: o ato de clivagem útil pode retirar, da forma concreta da narrativa, algo denominado por Bion de abstração – abstrai-se da concretude, ou evolui-se, a partir da porta de entrada oferecida pelo aparato sensorial humano, algo que permite o exercício do pensar. Ocorre a inteveniência de associações livres e da atividade onírica, de vigília ou noturna. Se a clivagem for excessiva, haverá uma tendência, produzida por prevalência de um grupo de instintos, às expensas de outro grupo de instintos. Embora tenha se criado uma tradição em membros do movimento psicanalítico de se considerar-se a existência de apenas dois grupos de instintos – de vida e de morte, a partir da reformulação teorica de Freud, a partir de 1920, o autor deste dicionário sugere, por precisão e respeito à natureza humana, conforme estudada por Freud, Klein, Winnicott e Bion, ser necessário considerar os quatro instintos básicos do ser humano descritos por Freud: instintos de vida, de morte, epistemofílicos e gregários (ou de grupo). Esta sugestão pode se ligar a controvérsias, já que muitos membros do movimento psicanalítico preferem não considerar a reformulação feita por Freud; Winnicott, que está fazendo parte dos autores que norteiam a feitura deste dicionário, e a prática do autor, foi um dos membros que recusou-se a considerar os instintos de morte, além de muitos outros. O termo abstração usado por Bion é de senso comum em matemática e filosofia.

O excerto que se segue, retirado de *Transformations*, difere do original apenas por incluir explicações do significado, ou seja uma notação verbal dos símbolos quase-matemáticos utilizados por Bion. O autor do dicionário tem a experiência, que se prolonga por décadas, de que a maioria dos membros do movimento psicanalítico que se interessa pelo estudo da obra de Bion demonstra dificuldades na intelecção ou leitura dos textos – fato já comentado na introdução deste dicionário: o apelo a esta notação, que pretendia ser uma colaboração para simplificar a comunicação, teve como desfecho (pelo menos até o ano da confecção deste dicionário) uma reação contrária. Tem sido visto como complicado e confuso. Para tentar remediar a situação, e na esperança de que neste caso, a verdade do ditado popular, "pior a emenda do que o soneto" não se aplique, aviso que as explicações de significado por formulação verbal aparecem entre colchetes, e logo depois vem a notação quase-matemática, por sinais, como aparece no original:

A emergência de um grupo de impulsos dominantes na psique envolve conflito dentro da personalidade e crise fora dela, mas esta mesma crise pode ser vista como o ponto em que [um processo de Transformações] Tα origina [os produtos finais desta mesma Transformação] Tβ.

C

Uma tendência que permita à forma narrativa do mito impor uma perspectiva de causa-e-efeito no investigador obstrui um uso apropriado dos elementos edipianos. A teoria causal está implicada na forma narrativa do mito, é inseparável dela, mas a forma narrativa é uma função das categorias [mitos, pensamentos oníricos] da coluna 3; relacionando-se diretamente à notação. Confundir notação – particularmente em sua associação com narrativa e uma teoria causal – com categorias de colunas 4 e 5, atenção e investigação, obscurece a importância do aprender por intermédio da experiência dos mecanismos de Ps⇔D. Assim como uma fórmula matemática pode ser memorizada, o essencial da forma narrativa é o fato de ela permitir fácil memorização de uma conjunção constante. A forma narrativa, com sua implicação de causalidade, é relevante e importante para a função do mito de registrar uma conjunção constante. Mas a relação na qual os elementos constantemente conjugados se combinam depende a relação da conjunção com Transformação. (T, 93).

O texto continua com considerações específicas sobre vários modos pelos quais podem ocorrer, ou emergir, Transformações (q.v.). Aquela transformação que nos interessa agora, a respeito de causalidade, é a observação de que determinados usos de uma ideia sabidamente falsa podem ser úteis na medida em que se esteja ciente de sua falsidade.

Como exemplo, Bion oferece a ideia de que "o sol nasce" em "A causa e o fato selecionado" (em *Cogitations*) para mostrar a utilidade de uma ideia falsa. Bion nunca julga moralmente, mas apreende o que pode ocorrer, por observação. Em trabalho posterior, volta ao mesmo exemplo, agora enfatizando o irmão gêmeo dos raciocínios em torno de causas e efeitos: racionalização, conforme iluminada por Freud e Jones, tornada explícita no exame de Freud da autobiografia do Juiz Paul Daniel Schreber. Bion recoloca a mesma ideia, agora utilizada para demonstrar danos aos processos de conhecimento e distorções difíceis de contornar no próprio conhecimento: geradores de preconceito do "pouco saber", "algo perigoso", como observou Alexander Pope, um dos autores citados por Bion:

Não estou certo da facilidade com que se produzem "teorias plausíveis" de que estamos falando, a teoria plausível (ou a "interpretação convincente") pode ser bem difícil de aparecer. Pode ser plausível e falsa. A ideia de que o "sol nasce" é um testemunho disso – que confusão ela causou! (AMF, I, 172).

Na experiência deste autor, formas narrativas em sonhos infantis podem expressar para a própria pessoa suas fantasias inconscientes. Proponho examiná-las como mitos privados (q.v.), que, por sua vez, podem ser considerados como teorias pessoais do conhecimento – exercício dos instintos epistemofílicos. Assinalam, pelo

A linguagem de Bion

engano, caminhos de aproximação à verdade – sempre uma verdade temida, ou negada, ou reprimida. As teorias do seio bom e do seio mau – tanto na mente da criança como na descoberta de Melanie Klein –, quando podem ser vistas como meios caminhos para a integração do objeto total, para a obtenção de um senso de verdade (q.v.), como etapas inescapáveis e necessárias, também demonstram a utilidade de ideias falsas, caso a pessoa não fique nelas imobilizada, confundindo-as com posse de verdade absoluta. O mesmo pode ser dito em relação à teoria da Transferência e ao próprio fenômeno – situações alucinatórias podem ser usadas, caso a pessoa procure uma análise, ou amadureça de outro modo, como via para procurar a Verdade. "Agora vejo como Papai ou Mamãe estavam corretos", ou "Não escutei o que Mamãe ou Papai diziam", constituem expressões no senso comum. "Erros, nossos melhores professores", observou Mohnish Pabrai, nascido na Índia, como Bion; algo que parece estar se tornando um ditado popular entre empreendedores e comerciantes. Ver também o verbete "Grade" (Grid), coluna 2.

Algumas ideias e experiências emocionais dão lugar à possibilidade de uma síntese criativa ou integração – nos termos propostos por Klein, quando ocorre integração do objeto total. Bem como consciência de haver objetos separados. Ideias – e isso inclui a ideia de causa e a ideia de fato selecionado – pertencem ao âmbito de algo que não necessariamente existe, no sentido de que não possui necessariamente alguma contraparte na realidade. A ideia provê um sentido, independentemente de ele ser verdadeiro ou falso. Haver algum sentido se reveste de importância básica, mesmo que seja falso, por permitir algum tipo de experiência emocional em transição. Os termos transitoriedade – utilizado inicialmente por Freud – e objeto transicional – cunhado por Winnicott – podem ser vistos como expressando este mesmo tipo de experiência emocional: de criação, de síntese e de alguma consciência de singularidades – a própria ideia – e pareamento com a própria realidade.

A ideia de causa pode incluir resistência à mudança e ao crescimento, uma das manifestações dos instintos de vida e morte:

> Toda experiência emocional de obtenção de conhecimento é, simultaneamente, uma experiência emocional de ignorância não esclarecida. Portanto, o senso de êxito e a exaltação que o acompanha são inseparáveis de um senso de fracasso para sintetizar os objetos separados, as partículas elementares, que são reveladas pelo sucesso. (C, 275)

Ou, na proposição posterior de Bion: qualquer solução para uma pergunta abre espaço para outras perguntas. Winnicott fez uma palestra observando que o pior evento para um cientista seria chegar a uma solução final para um problema científico (Winnicott, 1961); realmente, Albert Sabin, ao resolver o problema de uma vacina antipoliomielite, precisou mudar de atividade ao perceber que o proble-

113

C

ma, agora, era um método para aplicá-la. A finalidade era não eliminar a própria vacina como arma útil, por haver possibilidade de mudanças genéticas (iluminadas por Darwin) resultantes de aplicações inadequadas da vacina recém-descoberta, fator fundamental para fazer com que os vírus adquirissem imunidade à vacina. De imunologista a epidemiologista, de laboratorista a viajante, Sabin validou a vacina.

Bion, que nunca havia gozado de algum interlocutor válido, apreciou a colaboração de André Green, que lhe revelou a existência de Maurice Blanchot, por uma citação: *"La réponse est le malheur de la question"* ("A resposta é a desgraça da questão"). No caso das crenças positivistas de causa e efeito, a questão é tolerar ou não o desconhecido, a marcha da vida, a ausência de respostas definitivas.

"Um predomínio dos instintos de vida acarreta uma contínua repetição dessa experiência. O medo dessa experiência, em sua forma extrema, pode levar a repudiar os instintos de vida, reforçando os instintos de morte – que são idealizados e libidinizados" (C, 275). Ou seja, agarrar-se a causas como se estas fossem definitivas, em vez de experienciar a descoberta de causas provisórias, é uma manifestação da prevalência dos instintos de morte, às expensas dos instintos de vida. Isso se expressa por racionalizações; ou uso exclusivo de lógica formal, ou geometria euclidiana no âmbito do pensar. Matemática, física, biologia evoluíram, pela lógica não euclidiana, paraconsistente, física relativística e quântica, e darwiniana. A medicina tem provido uma alternativa, ainda que ambivalente e débil, para teorias causais, com a introdução da multicausalidade e apreensão da complexidade do funcionar disfuncional do ser humano, usualmente denominado patológico. A existência do genes "interruptores" (*switch*) e de genes geradores de tumores em todo ser humano, mantidos inativos em certas condições, tem contribuído para modificar ideias de causalidade.

Kant atribuiu um sentido causal para a sucessão de fenômenos no tempo, sentido evocado na diferenciação proposta por Bion, entre causa e fato selecionado: *"O fato selecionado relaciona-se à síntese de objetos sentidos como contemporâneos, ou sem qualquer componente temporal. Assim, o fato selecionado difere da causa; esta relaciona-se à síntese de objetos dispersos no tempo e, consequentemente, com um componente temporal"* (C, 275).

O uso psicótico de causa caracteriza-se pela atribuição de realizações no âmbito material:

> Embora a causa não tenha nenhuma realização que corresponda ao conceito, o paciente considera que a causa tem uma existência como coisa-em-si, que não é independente do pensamento, mas como uma parte de sua personalidade que possui independência, pois ele não consegue controlá-la. . . . Portanto, não há nenhuma possibilidade de o paciente sentir ter discernido o vínculo que reúne os fenômenos e, portanto, não pode ter a experiência emocional que a personalidade não psicótica reconhece pelo nome de "causa". Ele tem experiências muito diferen-

A linguagem de Bion

tes dessa: sente que vários objetos ficaram coesos; sente que eles assim o fizeram voluntariamente, independente de sua volição [ou, nos termos prévios de Bion, e como sabe qualquer psiquiatra experiente, antropólogo ou pessoa que cuide de crianças, a mente primitiva atribui qualidades animadas a objetos inanimados]; mas como os objetos são parte de sua personalidade, ele é responsável pela sua concatenação voluntária e independente. (C, 276)

CAUSAS E A SETA DO TEMPO

Muitos âmbitos cientificos entronizaram teorias de causalidade. A maior parte deles conseguiu abandonar essa ideia; aqueles que a mantém têm decretado ciclos viciosos de pesquisas mal-sucedidas, perdidas em aspectos tão parciais que integrações são hoje vistas como impossíveis. Desenvolvimento, crescimento, sua importância ou, de modo inverso, inutilidade evocam repetidamente a questão da causalidade. Causas são vistas, no esquema kantiano adotado por Bion, como sucessões de certos acontecimentos no tempo – como crescimento também o é. O que promove crescimento? Quais as suas causas? Ao discutir a intolerância à frustração, a intolerância ao não-seio, Bion conjectura que a introdução do pensar matemático no desenvolvimento humano ocorreu quando houve a ideia configurada por "Ponto" (ou "Orifício"), refletindo o emergir da tolerância à não-coisa (*no-thing*):

Porque, então, voltando ao ponto e à linha, estas imagens visuais conduzem, em um caso, ao florescimento da matemática e, em outro, à esterilidade mental? E "esterilidade mental" seria uma conceituação incontestavelmente correta? A questão implica a validade de uma teoria de causalidade que considero enganosa, propensa a originar construções basicamente falsas. Se a questão é enganosa, podemos descartá-la por outra, tão enganosa quanto – que pode tornar verdadeira a formulação, por Heisenberg, do problema da multicausalidade. As duas visões provaram ser valiosas no desenvolvimento da ciência; no entanto, desenvolvimentos da física pela escola de Copenhague parecem ter tornado a teoria irrelevante. Caso assim seja, o passo lógico seria não se incomodar mais com causalidade e sua contraparte – resultados. Em psicanálise, fica dificil não sentir que sua extinção deixa uma lacuna que precisaria ser preenchida. Em muitas de nossas questões, considerar a teoria da causalidade como falaciosa, porém útil, não causa dificuldades. Mas não se pode enfrentar a dificuldade deste modo quando chegamos às questões apresentadas pelos distúrbios do pensar. . . . Consequentemente, a rede de causalidade proposta pode ser vista como uma *racionalização* do senso de perseguição. Além do mais, se o paciente é capaz de ver que a rede de causalidade que

115

C

ele propõe não tem o menor sentido, pode usá-la para negar a perseguição e assim se evadir de qualquer interpretação que porventura revelasse a depressão que tanto receia. (T, 56-7)

O interesse de Bion na busca de elementos no âmbito platônico, ou seja, no inconsciente ou no âmbito dos *numena*, aliada à abordagem empírica (fenômenos observáveis na clinica psicanalítica), levaram-no naturalmente à noção humeana de causalidade:[9]

*"A objeção de Hume a uma teoria causal parte do pressuposto de que nem um martelo nem um prego podem sentir uma força; assim, é incorreto dizer que um martelo forçou que um prego assumisse uma determinada posição. O termo 'força' é aplicável apropriadamente apenas à experiência sensorial de um ser humano que exerce uma força; ou a alguém sobre o qual ela é exercida. Hume supõe, consequentemente, que falar de força como realidade externa é uma projeção de um sentimento humano. . . . Penso que o argumento de Hume vale para a psicanálise. . . . Segue-se de uma teoria de transformações: sempre que vejo um elemento da equação O, Tp α, Tp β, + L, ou H, ou K, os outros precisam estar presentes.[10] Mas **não** vou assumir que um causa o outro, ainda que, por conveniência, eu possa (como já fiz quando usei a frase 'por causa do ódio' etc., p. 68) empregar uma teoria causal para me expressar"* (T, 64-69). [Na p. 68, Bion escreve: *"O paciente mantém uma transformação (Tp β) (poderia ser de um objeto amado) por causa do ódio que sente pela pessoa O do analista."*] Para uma discussão detalhada da causalidade de Hume, consultar Hempel (1962) e Ruben (1993).

Hume observou a existência de necessidades psicológicas, levando-nos ou levando seres humanos a "encontrar" causas, quando a rigor estávamos ou estamos formulando conjunções constantes de fatos observados. Se consideramos que Bion manteve o criticismo proposto por Kant – ou método crítico, base para Freud desenvolver a psicanálise –, será possível fazer a hipótese de que Bion pôde investigar o que tem sido visto como "vergonha da filosofia" – a ideia segundo a qual, em psicologia, seria necessário buscar a raiz da ideia de causalidade, bem como a origem psicológica na busca por causas. Bion lançou mão de um dispositivo gráfico para ajudar o leitor que pudesse se interessar em investigar causalidade, ou seja, que não a aceitasse como postulado dogmático, indiscutível, inquestionável, como o faz o positivismo. Para tanto, tomou a liberdade de hifenizar o termo: "psico-lógico", para ressaltar o fato de que a razão é escrava da paixão. Ou seja, a mente cria causas de forma racionalizada.

---

[9] Anexamos na próxima nota de rodapé, apensa à citação a seguir, uma legenda ou explicações de sentido para as notações quase-matemáticas utilizadas por Bion.

[10] O – realidade última; Tp α – processos de transformação efetuados pela mente do paciente em análise; Tp β – produtos finais, na mente do paciente, expressos por algum órgão sensorial, verbais ou não; + L – vínculo Mais Amor; H – vínculo Ódio; K – vínculo Conhecer.

A linguagem de Bion

Razão deriva da matemática; originalmente, significou extrair raízes, na teoria dos números clássica. Alguns números que admitiam raízes infinitas passaram a ser chamados números infinitos e, depois, irracionais; para alguns números os métodos de extrair raízes eram impossíveis. A matemática evoluiu a partir daí, providenciando métodos para extrair raízes de números negativos, descobrindo números denominados imaginários. Mesmo que esse nome tenha se consagrado pelo uso, eles podem ser tudo, menos imaginários; talvez outro nome pudesse ser "inconcretizáveis", mesmo que nessa nomenclatura em nada se separem de qualquer número, quando se adota a teoria dos números de Frege (Sandler, 1997a). Para atender alguns interesses do ramo apostólico da Igreja Católica Romana, São Tomás de Aquino e depois Descartes criaram uma filosofia na qual desvirtuou-se o sentido original da extração de raízes numéricas, que passou a significar a procura de essências. Causas passaram a ser consideradas essências nesta adaptação da metafísica de Aristóteles.

Mesmo que possa ser dito que Bion usou o conceito kantiano de causalidade (uma sucessão de fenômenos no tempo), ele o fez a partir de observação clínica, e não de meditações filosóficas:

> Os pacientes* demonstram que a resolução de um problema parece apresentar menos dificuldades caso possa ser considerada como pertencente a um âmbito moral; causalidade, responsabilidade e, portanto, uma força controladora (oposta a desamparo) fornecem um arcabouço onde impera onipotência. [*Nota de rodapé de Bion: "E não só os pacientes. Grupos são dominados por moralidade – é claro que incluo o sentido negativo que se mostra como rebelião contra moralidade – e isso contribuiu para a atmosfera de hostilidade em relação ao pensamento individual enfatizado por Freud"]. (T, 64)

Será necessário considerar esse fenômeno como ocorrência diária? As pessoas o utilizam como uma forma comum de não-pensar, que se passa por pensar real – como fica expresso nesta frase reproduzida acima, verdadeira advertência de Bion: *"Mas **não** vou assumir que um causa o outro, ainda que, por conveniência, eu possa (como já fiz quando usei a frase 'por causa do ódio')"*.

O raciocínio de causas e efeitos tipifica o pensar (e ausência de pensar) em pessoas rotuláveis pela psiquiatria de esquizofrênicos. Esquemas racionais são construídos baseados em causas. Freud, como Kant antes dele, intuiu as falácias e armadilhas da razão pura. Freud chamou de "racionalização" aquilo que observou mais claramente, mas não pela primeira vez, no livro escrito por Schreber. Em outras palavras: esquemas racionais de causa e efeito constituem fenômenos psicóticos, como pode atestar todo psiquiatra experiente – inclusive os avessos ao uso de métodos psicanalíticos de diagnóstico. Delírios psicóticos de natureza paranoide são dotados de lógica interna, racionalmente impecável.

C

Raciocínio causal, ou explicativo, pode se constituir como dispositivo destinado a aliviar a personalidade de autorresponsabilidade. Raciocinar na linha de esquemas de causa-efeito obstrui ou impede o exercício de um vértice psicanalítico (q.v.).

A investigação de relacionamentos entre objetos (matemáticos, físicos, artísticos, psicológicos, biológicos) e, *a fortiori*, de redes de relações, de sentidos e de funções fica impossível naqueles que partem do postulado de causalidade, principalmente de unicausalidade: *"Uma tendência que permita à forma narrativa do mito impor uma perspectiva de causa-e-efeito no investigador obstrui um uso apropriado dos elementos edipianos"* (T, 96).

Baseando-se nas observações de Bion, parece-nos ter se instalado no desenvolvimento das ideias na civilização ocidental uma confusão entre causas e o ato de nomear uma conjunção constante. Isto foi assinalado pela primeira vez por David Hume, e pode ser estudado através de uma história das ideias na civilização ocidental, como fizeram, talvez de modo pioneiro em suas próprias épocas, G. Vico, F. Bacon, von Herder, A. Schopenhauer, F. Nietzsche, E. Cassirer, Nicolai Hartmann e Isaiah Berlin),:

O nome, em sua função de aglutinar uma conjunção constante, tem a natureza de uma definição. Tem importância no início, mas é desprovido de significado até que a experiência o vá suprindo de acréscimos de significado; deriva força negativa tanto em virtude de sua gênese – porquanto é parte do pensar – como em virtude da lógica imprescindível que rege seu nascimento, justamente porque a conjunção constante que o nome vincula *não* é qualquer das conjunções constantes anteriores, já nomeadas. Aversão ao nome é, portanto, derivada de sua gênese e do medo das implicações de seu "uso". [Cf. Aristóteles, *Tópicos*, VI, 4, 141b, 21.] Como nomear e definir são inescapáveis, isso contribui para a aversão ao que não é conhecido e ao desafio que ele apresenta ao aprendiz. A intensidade da aversão depende de outros fatores. É uma questão acadêmica, em que ponto deve se considerar patológica a aversão ao que não se conhece e seu impacto no desenvolvimento de processos que são parte do ato de descoberta; para o analista, este ponto fica determinado toda vez que houver evidência de um desejo de aprender e uma incapacidade de fazê-lo. Em tal situação, estimulam-se níveis primitivos de pensamento para se descobrir a "causa" da obstrução. [Cf. Hume. *Investigação sobre o entendimento humano*. Q 43-45.] Evidência de emprego de uma teoria causal é evidência de que uma teoria inadequada está em funcionamento. Vou considerar a gênese de uma teoria causal e seu uso com a ajuda dos dois eixos da "Grade" (Grid). A aparência em uma determinada situação – alguma obstrução na investigação, por parte do analista ou do paciente – deve ser avaliada sobre a categoria "Grade" (Grid) para a qual ela tem que ser encaminhada. Caso pareça pertencer às categorias da coluna 2, uma conjectura fortemente provável seria que há uma origem patológica. Caso pertença à coluna 4, isso evidencia algo compatível com crescimento saudável, especialmente em um vínculo K; como, aliás, deveria ser uma análise. (T, 63-64)

A crença em causalidades difere de usá-las como passos em direção ao esclarecimento de relações funcionais; é um modo para formular algo a ser investigado. Pode-se estar ciente de sua falsa natureza – causas seriam objetos bizarros de pseudocientistas; produtos de pressa, de sensações de incapacidade de esperar, de intolerância diante do desconhecido. Em ciência, existe uma questão: estabelecer, não por engenhosas meditações filosóficas, *a priori* ou *ad hoc*, ou por manipulações de símbolos de modo autoalimentante (como ocorre no raciocínio dedutivo), mas por alguma nutrição empírica, relações entre objetos, a fim de evidenciar suas respectivas funções.

Religiões buscam o "por quê?", para se assenhorar de divindades eternas.

Ciência procura "como" ou, "de que modo": "onde"; "quando", para se aproximar de invariâncias transdendentais. O método histórico-ontologico pode procurar também "quem", arriscando-se a cultos de personalidades.

Causas e moralidade

O componente moral é invariante aos elementos-beta e aos objetos bizarros, na medida em que estes compartilham as características dos elementos-beta. O componente moral é inseparável de sentimentos de culpa e de responsabilidade, e de um senso de que o *vínculo* entre um desses objetos e outro, e entre esses objetos e a personalidade, é a causalidade moral. A teoria da causalidade, em um sentido científico, na medida em que este exista, é, portanto, uma instância de transporte de uma ideia (por falta de uma palavra melhor) desde um âmbito moral a um âmbito no qual a sua original penumbra de associação moral é inadequada.

A força de um sentido de causalidade e implicações morais pode destruir a observação da conjunção constante de fenômenos cuja conjunção ou coerência não tenha sido observada anteriormente e, em consequência, destruir a totalidade do processo de interação Ps⇔D, definição e busca de significado que precisa ser anexado à conjunção. (T, 64)

Em 1967, revendo o estudo clínico "Attacks on linking", que pode ser vertido de modo impreciso, mas breve, como ataques ao vínculo, e de modo menos impre-

C

ciso, mas desajeitado, por ataques ao ato de vincular, Bion encontrou um modo para colocar a questão de forma ainda mais explícita:

> Considero errônea a ideia de causalidade implícita no corpo do trabalho em exame; semelhante noção restringirá a perspicácia do analista caso este permita que o elemento aludido em "Ataques ao vínculo" se imiscua. O "elo de ligação causal" tem aparente validade somente em se tratando de fatos que se associam intimamente no espaço e no tempo. O caráter falacioso do raciocínio baseado na noção de "causas" é claramente arguido por Heisenberg (*Physics and Philosophy*, Allen & Unwin, 1958, p. 81) em termos que deveriam suscitar em qualquer analista uma reação de entendimento. O artigo em exame poderá estimular o analista a fazer seus próprios questionamentos, desde que este não se deixe enganar e saia em busca de "causas", nem tampouco as proponha, a não ser como um modo informal de exprimir-se. A descoberta de uma "causa" tem mais a ver com a paz de espírito do descobridor que propriamente com o objeto de sua investigação. (ST, 163)

📖 Em *Transformations* (pp. 56-59), Bion oferece uma análise detalhada e abrangente sobre causalidade. Embora falaciosa, pode ser útil, dependendo do usuário, na medida em que uma eventual detecção de causas permite ao analista acompanhar o uso de causalidades pelos seus pacientes. Um paciente pode usar uma teoria de causalidade sem o menor sentido, a fim de *"negar a perseguição, e assim se evadir de qualquer interpretação que porventura revelasse a depressão que tanto receia"* (T, 57). Portanto, é necessário separar usos epistemológicos (ou de teorias de ciência) de uma crítica das teorias de causalidade, de quaisquer visões autoritárias, ou diretivas, que podem se infiltrar durante uma análise, quando o analista observa o paciente usando tal "dispositivo". Acreditar em causas pode ser nocivo a um cientista e a um filósofo que possa respeitar uma tradição que remonta a Sócrates e Aristóteles, é aperfeiçoada por Kant, Schopenhauer e Nietzsche e cantada em prosa e verso por Shakespeare, Goethe, Keats e muitos literatos. Acreditar em causas indica *"um conflito entre, de um lado, onisciência e, de outro, investigação. Etapas posteriores vão mostrar que a abordagem causal lógica produz uma discussão circular"* (T, 58).

&? O autor deste texto tentou mostrar, em outro estudo, como as experiências de Bion na função de comandante de tanques, parecem ter-lhe permitido adquirir uma visão não autoritária sobre um tipo de "causa" específica que ganhou popularidade e status de verdade absoluta: "trauma de guerra" (em Pines & Lipgar, 2002, *apud* Sandler, 2003).

Cesura

A formulação verbal, "cesura", enfoca a presença de um evento que tanto *conecta* como *separa* outros eventos – de modo simultâneo e paradoxal. Até o momento em que este dicionário foi elaborado, o termo cesura tem sido usado para descrever a ocorrência de apenas dois eventos, interconectados por um terceiro. No entanto, a formulação verbal "cesura", ao ser usada como modelo científico, possibilita a representação de modelos não apenas tridimensionais. Parece, pelo menos ao autor deste dicionário, possível, e necessário, construir modelos científicos multidimensionais para espelhar a complexidade dos fenômenos do funcionamento mental. O modelo multidimensional do funcionamento mental pode ser considerado, em consequência, como multieventual; uma das dimensões constitui-se como a magnitude dos eventos, que permitiu o desenvolvimento de um Grid tridimensional; a este, foi possível acrescentar o desenrolar dos eventos no tempo, que possibilitou idealizar-se o instrumento *Grid* quadridimensional, e também os modelos tri, quadri, hexa e multidimensionais. (Sandler, PC (2013) A Multi-dimension Grid In Verbal e Visual Approaches to Reality; volume III de A Clinical Application of Bion's concepts. Londres: Routledge, 2019). O fator para a inclusão destes modelos em um dicionário a respeito da obra de Bion é o seguinte: o modelo multidimensional provém do modelo básico sugerido por Bion, o do instrumento "Grid" (Grade) (q.v) A despeito da complexidade envolvida, é possível fazer a hipótese de que a definição de cesura comporta descrições de vários eventos que podem estar sendo conectados e simultaneamente separados por vários outros eventos.

Bion expandiu alguns dos rumos abertos por Freud. Uma analogia da amplitude das contribuições de Freud para o estudo da natureza humana e de alguns de seus sofrimentos até hoje inabordáveis por métodos excessivamente concretizados pode ser feita utilizando-se de um fato: a confecção de mapas aerofotogramétricos. Após sua feitura, alguns pesquisadores posteriores "descem" ao terreno, para explorá-lo em maior detalhe. Outra analogia seria a de um terreno com várias picadas, a partir das quais podem surgir estradas calçadas ou asfaltadas, provendo aos habitantes viagens menos impossíveis, mais rápidas e confortáveis, se comparadas com as picadas anteriores. No que se refere à obra de Bion, ela parte e expande a teoria sobre os sonhos; a teoria dos princípios do funcionamento mental e do pensar; e a teoria sobre instintos de Freud. Na observação deste autor, esta última teoria estava composta por quatro instintos que podem ser classificados sob vértice cronológico na história das ideias de Freud: epistemofílicos (1909), de vida, de morte (1920) e grupal (ou gregário, 1927. Freud manteve restrições para denominá-lo assim, mas ao mesmo tempo, não ofereceu nenhuma outra denominação que realmente preferisse). Dessas teorias, Bion expandiu, por observações clínicas, a teoria dos intintos, à qual foram acrescentadas as duas teorias de vínculos (q.v.) e a teoria do pensar.

C

Pode-se perguntar, e pode-se responder à seguinte pergunta, sob um critério estatístico, com exame da literatura disponível: qual seria a proporção de analistas que perceberam a amplitude dos rumos abertos por Freud? Freud manteve uma esperança desconfiada de que isto ocorresse; desconfiada, por ter também sentido que a psicanálise poderia morrer depois que ele morresse.

Bion, a exemplo de muitos autores, que viveram tanto na antiguidade histórica como em nossa época, e em todos os períodos intermediários, utilizou-se de diálogos e monólogos ficcionais para introduzir *insights* sobre a natureza humana – ou realidade material e psíquica - e seus sofrimentos e vicissitudes, ou seja, um dos objtivos de uma psicanálise. Como exemplos destes autores podemos citar: Platão, Bacon, Dennis Diderot e Goethe. Os diálogos são efetuados de um modo muito específico: são diálogos internos, do mundo interno de W.R.Bion. Sugerí, em outra obra citada a seguir, sobre a adequação de se considerar que são diálogos entre partes objetais de Bion, fornecidos pela sua experiência psicanalítica, indivisível de sua experiência de vidas.

Parecem ser personagens teatrais, mas isto, como toda aparência, é enganadora. Na montagem destes diálogos, é evidente que Bion se utilizou de um recurso idêntico, talvez emulado, ao usado por Shakespeare: certas partes objetais, em todos nós, e portanto na pessoa de Bion, como alguns personagens nas peças de Shakespeare, exercem papéis aparentemente menores. No entanto, o valor destes personagens teatrais é fundamental: por vezes modificam todo o curso da peça; assim também como em nossa vida. Do mesmo modo, existem observações aparentemente menores feitas por Freud, *en passant,* que chamaram a atenção de Bion. Não por mera coincidência, Bion escreveu um livro que, depois de pronto, recebeu o título, *Attention and Interpretation.* Comparando as notas à margem de Bion nos exemplares de livros de mais do que mil autores, na biblioteca particular de Bion, com toda sua produção escrita, e também com relatos de antigos pacientes, conclui-se que a atenção necessária para um analista poder trabalhar, comparável à atenção de um cirurgião – Bion fez formação nesta atividade – ocorreu na leitura que ele fez da obra de Freud.

Uma dessas observações atentas de Bion (1977d) se deu sobre a formulação verbal, cesura. Na obra de Freud, observação perspicaz, elevada ao status de conceito por Bion. Foi utilizado como anexo (intitulado "Sobre uma citação de Freud") ao trabalho publicado em 1977, "Turbulência Emocional". A observação de Freud, finalmente, passou para a ser mais conhecida no movimento psicanalítico, graças à ênfase de Bion. (Há uma versão desse texto traduzida para o português pelo autor deste dicionário, publicada pela *Revista Brasileira de Psicanálise* em 1987.)

O conceito de cesura lida com um paradoxo. Bion, como Freud, não tenta resolver o paradoxo, mas apreendê-lo e usá-lo. O paradoxo é a própria cesura. Marca algo que que flui continuamente e, ao mesmo tempo, parece ter passado por uma mudança total – em função de "formidáveis" aparências de toda cesura, que são sensorialmente apreensíveis, mais facilmente visíveis, audíveis, palpáveis. Há alterações, mas nunca abrangentes como parecem ser. Aparências enganam; ocorre uma mesma verdade subjacente, que não varia em nenhum dos dois eventos conectados imaterialmente pela cesura.

Cesura é um conceito que poderia ser representado pelo uso de uma seta dupla, como na representação quase-matemática proposta por Bion para a teoria das posições, de Melanie Klein: PS⇔D (q.v.). A seta dupla também poderia representar as interações entre os dois princípios do funcionamento mental; as interações entre os sistemas consciente e inconsciente (q.v.); as interações entre as duas formas de existência da realidade, material e psíquica, conforme observada por Freud (1900); as interações entre continente e contido (q.v.). Caso seja possível tolerar o paradoxo, ou seja, que a aparência externa muda e também não muda em sua verdade profunda, essa "verdade" poderá ser apreendida, ainda que transitoriamente.

O conceito de cesura pode ser utilizado para apresentar dificuldades na comunicação de uma psicanálise real quando ela é feita por meio da escrita, de formulações verbais. Mostra dificuldades intrínsecas à psicanálise real no *setting* analítico, na mesma proporção em que uma psicanálise depende, pelo menos como porta de entrada e também como saída, de formulações verbais. Algo quase impermeável à expressão da tolerância a paradoxos – a não ser no caso de formulações poéticas, e, mesmo assim, que tenham sido formuladas pelos grandes poetas. A tolerância a paradoxos é condição fundamental para exercer psicanálise, do mesmo modo que é necessária para viver a vida como ela é, sem se imobilizar na posição esquizoparanoide. Segundo o autor deste dicionário, tolerar paradoxos pode ser visto com uma quarta regra fundamental para o exercício da psicanálise, junto com as três expressas por Freud – noção da existência do sistema inconsciente, uso de associações livres; e noção da existência do complexo de Édipo (Sandler, 1997a, 2011)

Cesura pode ser vista como modelo teórico para o modo de funcionamento neurológico e psíquico, ou atinente às duas formas da mesma existência: a realidade simultaneamente materializada e imaterializada; ou realidade material, apreensível sensorialmente, e realidade psíquica, descrita como Barreira de Contato, descrita inicialmente por Freud, e expandida por Bion, principalmente com a aplicação da teoria de Transformações e Invariâncias (q.v.). O exemplo de Freud – hoje prototípico – abordou a percepção das impressionantes continuidades entre a vida pré-natal e a vida pós-natal, obtida pela cesura do nascimento. Essa percepção pode ser dificultada quando observadores permanecem mesmerizados com a "impressionante *cesura* do ato do *nascimento*". Bion expandiria o conceito no ensaio "Cesura", escrito no mesmo ano de "Turbulência Emocional" (1977d).

Também em 1977, no livro II da trilogia *A Memoir of the Future* (1977c), há um diálogo específico entre aquilo que o autor deste dicionário sugeriu qualificar como partes objetais da personalidade de Bion, ou objetos parciais em um "passado presentificado" – o título da obra. Uso o termo "objeto parcial" segundo as definições de

Freud, expandidas por Melanie Klein) de Bion, apresentadas como figuras fictícias, porém reais, pela sinceridade com que são apresentadas, e por demonstrar experiências (inicialmente de Bion) compartilháveis com qualquer leitor, ou pelo menos com uma boa parte dos leitores. Descrições detalhadas destes personagens e de toda a obra aparecem em outras publicações (Sandler, 2015a, 2015b).

O objeto parcial (ou parte objetal da personalidade de Bion) denominado por Bion de "Paul", representando um sacerdote genérico, inicia o diálogo, continuado por mais quatro representantes verbais: "Roland", representando um homem comum, com prevalência de um comportamento fazer *acting-out,* em vez de pensar; "Alice", representando paradoxalmente fraquezas e sensibilidades femininas, e "P.A.", acrônimo que representa ideias de um psicanalista genérico, mas profunda e profusamente moldado na experiência de vida, médica e de psicanálise de Bion (que representa um psicanalista).

Todos os diálogos desta obra ocorrem sob a forma de associações livres.

Um dos objetos parciais, "P.A.", faz uma espécie de exortação irônica, inspirado em John Ruskin: afirma que as pessoas "naturalmente haviam lido os clássicos". O personagem "Roland" diz *"Touché"*, sinalizando que não os havia lido devidamente, mas que tinha captado a mensagem exortativa, quase pedagógica, para lê-los. É visível em todas as obras escritas por Bion que ele partia do princípio de que seus leitores podiam ler ou haviam lido os clássicos que lhe serviraram de inspiração. Essa hipótese, feita por este autor e por muitos leitores de Bion, foi corroborada com a afirmação escrita da Sra. Franceca Bion no prefácio para *Bion in New York and São Paulo* e nas suas palestras na França e Estados Unidos; além de várias comunicações pessoais com este autor. As associações livres prosseguem, concentrando-se em uma definição mais clara de cesura:

> PAUL: Não sei por que razão, mas você me recorda de uma charge que eu vi no *New Yorker*, na qual um sujeito que estava em duelo desferiu um golpe mortal e logo em seguida falou "Touché".
>
> ROLAND: Eu vi uma fotografia, horrível! Um duelo entre dois indivíduos armados de sabres; um deles decapitou o oponente, com um só golpe. Não fiquei falando sobre uma separação tão radical assim, entre eu e o meu sistema nervoso central, ou o lugar de minha inteligência.
>
> ALICE: Você vive dizendo que eu, por ser mulher, jamais poderia ter uma inteligência da qual pudesse me separar.
>
> P.A.: Talvez isso ocorra porque Roland nunca ficou completamente separado de sua mente primordial e continue dominado por uma crença: já que mulheres são desprovidas de pênis, não obtiveram capacidade para o pensamento masculino.
>
> ALICE: A cesura conecta ou separa? Roland frequentemente se comporta como se não fosse um animal sexual macho.

ROLAND: Isso não é justo! Você está se comportando como um animal sexual feminino. Dificilmente eu seria censurado por outros, quando – às vezes – sou cauteloso.

PAUL: Aqui não é o lugar nem agora é a ocasião para exibições de experiência matrimonial. Mas, se digo isso, vai se pressupor que eu, e meu nominalmente santificado predecessor, nos opomos ao sexo. O criador biológico parece não se dar muito bem com o criador da moralidade. Ao coito verbal não se garante a mesma liberdade que sociologicamente supõe-se que tenhamos.

P.A.: A liberdade, geralmente, parece que se dirige para o "subsolo" – ou será que eu deveria dizer "subterrâneo"?

ALICE: Faça como lhe aprover; no entanto, suponha que tanto o ditador como o libertador revolucionário vão para o subsolo, e lá se encontram.

P.A.: Vou me outorgar de seu aval para verbalizar: "infraconceitual".

PAUL: Bom, este termo é suficientemente horrível para não conseguir durabilidade como expressão artística. O mundo do pensamento contrai suas fronteiras na proporção inversa ao comprimento das armas verbais que usa; quão mais curta a "baioneta", maior a influência do império. (AMF, II, 248-249)

Na observação deste autor, publicada em outros lugares (Sandler, 1997a, 2008, 2013), graças à clivagem forçada (q.v) que gera tendência à concretização, a maioria das pessoas que habitam o estratosférico ambiente da *intelligentsia* na história das ideias da civilização ocidental racionaliza [11] o assunto do funcionar humano em termos de um enigma, denominado de modo nebuloso: por vezes mente e corpo, por vezes mente ou corpo; a partir da metade do século XX, o ambiente puramente hipotético – e que até agora não conseguiu se demosntar como real - da assim chamada "medicina psicossomática", hoje abreviada para "psicossomática". É em relação a isso que "Paul" se refere na primeira frase do diálogo reproduzido acima.

"Experiências da vida cotidiana" pode compactar a manifestação de "P.A." sobre os clássicos. Como acontece com associações livres, de uma forma em nada diversa da bricolagem descrita por Claude Lévi-Strauss a partir de seus estudos na brevíssima temporada em que esteve no Brasil, a charge da revista semanal americana fornece a forma, a "carcaça" que veste e, portanto, expressa a ideia que Bion tenta introduzir.

"Introdução" pode ser uma formulação de uma das invariâncias do diálogo. É significativo que tenha sido reservado a um "Sacerdote" assumir a postura cuidadosa de tentar "não separar o que Deus reuniu" (estou usando uma observação de Pascal

---

[11] Uso o termo, racionalizar, comum na psiquiatria do século XIX e até meados do século XX, conforme Freud, no seu exercício psicanalítico em torno das memórias do Juiz Daniel Paulo Schreber. A aparentemente, o mecanismo psíquico, racionalizar (não se trata de mecanismo de defesa) tornou-se tão habitual, que hoje faz parte do lugar comum, tornando-se "normal"- talvez por desprezo à pesquisa psicanalítica no século XXI.

C

feita em *Pensamentos*). O duelista da charge assassina o ser – na realidade factual, a existência material, concreta. A natureza imaterial da vida não é separável da sobrevivência material; na charge, isso pode ser expresso com uma espécie de *aplomb* cavalheiresco, que soaria ridículo e descabido estando a própria vida em jogo: *"Touché"*. O homem comum, "Roland", segue a indicação: comenta sobre a dificuldade em *não* separar mente e corpo. Neste momento, de modo que pode ser visto como oportuno, como sempre o são associações livres, pela sinceridade que as marca, Bion apela para "Alice", que entra na conversa. Essa conversa, caracterizando verdadeiro debate, pode ser visto como um assunto "masculino". Ou, em outras palavras, observa Bion, seguindo experiência milenar de seres humanos, independente de cultura e época, a cesura entre homem e mulher *"não pode ser estável"* (AMF, I, 196).

A contribuição feminina parece ser animada, como apenas as mulheres podem ser, quando ocorrem questões masculinas. Neste momento, a psicanálise vem à tona: inveja do seio, desprezo para com a feminilidade – geralmente concretizado como desprezo para com mulheres – exibem sua face. O diálogo prossegue demostrando a cesura como evento caracterizado por união e des-união simultâneas. Suas primeiras raízes, do ponto de vista psicanalítico, quase que comemorado com a introdução dos três ensaios sobre a sexualidade por Freud, são retomadas na intervenção de P.A.: *"Talvez isso ocorra porque Roland nunca ficou completamente separado de sua mente primordial e continue dominado por uma crença: já que mulheres são desprovidas de pênis, não obtiveram capacidade para o pensamento masculino".*

"Alice" explicita a questão: *"A cesura conecta ou separa? Roland frequentemente se comporta como se não fosse um animal sexual macho"*. Adentra-se no âmbito das relações entre duas pessoas: feminino e masculino, sede do mistério que envolve e embebe o que pode ser denominado como (pro)criação.

"Paul", o ministro religioso, intervém. Cita a divindade judaico-cristã, advertindo sobre tendências superegoicas assassinas, geradoras de moralidade. "P.A." supõe que liberdade – sexual, mental – seja manifestação de realidade psíquica. Nunca apenas aparência. *"A liberdade, geralmente, parece que se dirige para o 'subsolo' – ou será que eu deveria dizer 'subterrâneo'?"* Freud insistiu que o sistema inconsciente e, depois disso, o Id – *Das Es* – permitiam a prática de uma psicologia profunda. Na verdade, essa foi a única denominação expressa por Freud como sinônima de "psicanálise".

"Alice" é agora capaz de fornecer uma espécie de contrapartida social à clivagem aparente entre ditadores autoritários e libertadores revolucionários. Na realidade, essa denominação que se tornou lugar-comum, por banalização e pouco pensar, constituiu mais um exemplo de cesura: ambos se encontram no "subsolo", ou seja, em suas mentes. O mesmo pode ser dito a respeito de outro lugar-comum social, cujos efeitos destrutivos persistem por séculos: "direita" e "esquerda". É fato conhecido que os mais violentos e destrutivos ditadores tinham ideias elevadas sobre si mesmos. Pensavam ser apenas libertadores (ou benfeitores etc.). Significativamente, esquerdistas e direitistas compram suas armas dos mesmos vendedores, utilizam-se dos mesmos meios demagógicos e populistas; e exibem o mesmo amor pelo "vil metal" – para eles, nada vil.

"Sacerdote", representando a tradição mística (que não pode ser confundida com misticismos, parapsicologia, espiritualismo), parece o mais propenso – entre os vários integrantes do diálogo – a ter vislumbres do "infinito", da invariância, da transcendência. Transcendência é aquilo que provê a "substância" imaterial para formulações que provam ter valor, ou utilidade na vida real; pois o sentido (não se trata de significado, assunto mais apropriado para hermeneuticistas) que carreiam e podem transmitir (dependendo do leitor, da audiência) é verdadeiramente real. Mas, para ser assim, invariâncias precisam pertencer ao âmbito imaterial. Devem transcender a forma, ou a formulação factual; a casca; se usarmos a linguagem de Kant, emprestada dos gregos antigos, o fenômeno. "Sacerdote" (no inicio do volume II, Bion chamou este personagem de "Paul") parece ser mais capaz de alertar sobre limitações das formulações verbais para expressar "O" (q.v.). Sua advertência começa com uma admoestação ao personagem "P.A.": que falta elegância às suas tentativas de formulação científica. Quando não tolerada, a cesura caminha irresolutamente para a clivagem; segundo Keats, outro autor predileto de Bion, *o belo é eterno*.

No que tange à comparação da postura de Bion e a de Lévi-Strauss, uma confirmação aparece na segunda conversa impressa no volume *Four Talks with W.R. Bion*, gravações magnetofônicas de diálogos que manteve com médicos psiquiatras e psicanalistas em um hospital de Los Angeles. A equivalência de associações livres com bricolagem é deste autor.

Falhas na apreensão do conceito, mal-entendidos e distorções: apesar da clareza do texto de Bion, parece a muitos leitores que somente interessaria o bombardeio sensorial provido pelas aparências, sempre cambiantes. Usualmente, a cesura tem sido tomada como se conceitualizasse apenas uma pausa, uma interrupção. Seria difícil justificar sua introdução, pois já teríamos esses conceitos – pausa, interrupção – para dar conta do fenômeno. Sua natureza dupla, paradoxal, de interior [continuidade] ⇔ ruptura [sensorialmente apreensível], permanece, portanto, negada.

📖 Parthenope Bion Talamo tentou aplicar clinicamente o conceito.

&⸴ A postura psicanalítica básica proposta pelo autor deste dicionário, a ser acrescentada às três regras fundamentais sugeridas por Freud, denominada "tolerância de paradoxos" (Sandler, 1997a, 2009, 2011), baseia-se, em parte, no conceito de Cesura.

C

"Ciência *versus* religião"

P.A.: O seu Satânico Jargonista ficou ofendido; com o pretexto de que o jargão psicanalítico estivesse sendo erodido por erupções de clareza. Fui obrigado a procurar asilo na ficção. Disfarçada de ficção, de vez em quando a verdade se infiltrava.

ROBIN: Você está sendo bem sarcástico, não?

P.A.: Sei que isto soa assim exatamente como interpretações psicanalíticas sérias são frequentemente tomadas como sendo piadas. Geralmente não se leva Deus e o Diabo a sério.

ROLAND: Quer dizer que você os leva a sério?

P.A.: É claro que sim – sou um psicanalista.

ROLAND: Ora! Pensei que os psicanalistas não levavam a religião a sério.

P.A.: Como é que eu posso lidar com pessoas sem levar a sério uma de suas características mais marcantes?

ROLAND: Pensei que na psicanálise tudo era sexo.

P.A.: Já que psicanálise é um interesse humano, você naturalmente presumiria que ela com certeza seja sexual sem que nenhum psicanalista tenha te dito. Como você disse: "tudo sexo". Já que as teorias psicanalíticas são sobre seres humanos, ou se referem a seres humanos, você podia sentir que elas poderiam assemelhar-se à vida real, pessoas reais. Assim sendo, sexo deveria aparecer em algum lugar nas teorias.

ROLAND: Mas não em todo lugar.

P.A.: Mesmo assim, vocês dois parecem ficar surpresos que a religião faça parte da discussão. A arte e a ciência também devem ser parte dela. Num processo de simplificação, nós podemos reduzir a *discussão* a proporções manejáveis e dividir o *falar sobre* o animal humano nestas três categorias principais – ciência, religião e arte.

ROLAND: Por que você diz "falar sobre" com uma ênfase tão especial?

P.A.: Porque deveríamos permanecer conscientes de uma distinção entre "falar sobre" alguma coisa e a própria alguma coisa; a "coisa-nela-mesma", a realidade última, o *noumenon* que jamais podemos conhecer. As pessoas religiosas falam sobre Deus e parecem acreditar que Ele pode, e certa vez o fez, "encarnar". Isaías falou como se estivesse sensível a Ele.

ROBIN: Até o ponto que me diz respeito, toda esta baboseira não passa de uma porcaria incompreensível.

P.A.: Se até mesmo "falar sobre" alguma coisa pode estar além da sua compreensão, o que não dizer do *noumenon*. Eu não digo que chego a entender nem a fala psicanalítica sobre a psicanálise, então o que dizer da realidade última, da qual a psicanálise é apenas o "fenômeno"?

ROBIN: Bom, você é o primeiro psicanalista que eu ouvi falar que acredita em Deus ou na encarnação de Deus.

P.A.: Eu não disse que acreditava nisto, mas com certeza não consigo imaginar-me fazendo qualquer coisa diferente, ou usando tal capacidade de crer para qualquer outro objetivo que não para os fatos. (AMF, II, 302-303)

A ciência e, como consequência, a psicanálise teriam algum tipo de relacionamento com a religiosidade? Ou com a teologia? Demasiadas vezes, a descoberta de Freud de intenção científica explícita e clara foi acusada de constituir-se como apenas mais uma religião. Paradoxalmente, foi acusada de ser antirreligiosa por instituições que se apresentam como religiosas, sofrendo discriminação de índole política. O mesmo havia ocorrido e ainda ocorre com algumas disciplinas científicas, como a antropologia descoberta por Charles Darwin. As mesmas acusações, de religiosidade e antirreligiosidade, foram brandidas por integrantes do movimento psicanalítico. No primeiro caso, alguns, que nunca se integraram à Associação Internacional de Psicanálise, declaram que a obra de Freud é produto direto de práticas religiosas medievais, especialmente da cabala judaica; outros acusam Freud de ser ateísta, ou contrário à religião, baseados no fato de que não era religioso praticante de nenhuma seita.

Aparências enganam. Membros influentes na meritocracia política do movimento psicanalítico podem ter julgado – e, como todo julgamento, há um alto risco de erro – os escritos de Freud sobre origens psíquicas de práticas sociais de religiosidade, confundida com a instituição social de seitas religiosas propriamente ditas. Desse modo, criaram mais um movimento social contrarreligião, disfarçado de não religião, utilizando-se de palavras e teorias inicialmente psicanalíticas como instrumentos de ataque a um "outro partido". Juntaram-se, desse modo, a uma série de fanatismos político-ideológicos – movimentos cruéis de massa – típicos do século XIX e XX, como se fossem ciência: os vários "-ismos", como marxismo, leninismo, nazismo. Uma noção tão generalizada como superficial de que uma "visão psicanalítica da religião" equivale a uma desaprovação total de religiões tem impedido a real apreciação das observações de Freud – sempre confundidas como se fossem "opiniões". Tornou-se lugar-comum, mundialmente, a pergunta "o que a psicanálise diz sobre...?". O leitor pode completar o espaço pontilhado com o assunto que for de seu maior ou menor interesse. Tanto a pergunta como a sanha de dar respostas imediatas trazem em si, como componente constitutivo, julgamentos de valor. Esse componente coloca as pessoas que fazem a pergunta e as que a respondem em uma situação na qual fica impossível que essas pessoas façam apreciações. E, consequentemente, fora do âmbito psicanalítico, substituindo-o por pedagogia, ou ações midiáticas, de propaganda, judiciárias ou policiais. O leitor pode consultar os verbetes Julgamentos e Senso da verdade, para detalhamentos sobre essa situação. Essas perguntas e respostas provavelmente são feitas por dificuldade de membros (não temos nenhum estudo estatístico) do movimento psicanalítico que não podem observar que *"A psicanálise não te diz nada; é um instrumento, como a bengala do cego, que aumenta o poder para colher informações"* (C, 361).

Alguns membros do movimento psicanalítico – entre os quais, o autor desse dicionário – usam a analogia entre as contribuições de Bion para a prática da psicanálise e exames sob um microscópio. Essas contribuições toranram possível uma prática sobre sobre os "micro-momentos", no aqui e agora de uma sessão. Talvez essa contribuição possa "acordar" alguns membros do movimento, adormecidos pela tendência em generalizar abordagens teóricas – talvez válidas fora das sessões – tornando-as chavões padronizados para substituir atenção, investigação e cognição do analista. O "sono" ocorre por horror ao que desconhece, e o afunda em conclusões prévias, lidas na obra de algum autor, obrigando-o a encaixar o material frente ao qual ficou desorientado.

Uma pessoa afirma ser psicanalista; pode ter obtido um certificado dado algum grupo institucionalizado. Essa pessoa estaria autorizada ficar falando sobre outras pessoas que tenham sido envolvidas em questões sociais de impacto midiático? Basta se apregoar, que tal pessoa é um psicanalista, de que isto seria verdade? Essas pessoas que se dizem analistas poderiam "analisar" pessoas que nunca viram, estariam isentadas de observar e vivenciar os fatos e eventos nos quais as personalidades de impacto midiático foram agentes ou participantes – como assassinatos, suicídios, catástrofes naturais ou políticas –depois vistas como líderes, heróis ou vítimas?

Tal ideia, de que alguém seria um psicanalista – para muitos, autoevidente –, apenas por ter sido enunciada, mesmo que por meio de propagandas, foi escrutinada por padrões analíticos? Estes padrões poderiam, por exemplo, revelar as observações de Freud em "O Futuro de uma Ilusão", a respeito da base narcísica em certas escolhas éticas; ou fantasias de onipotência e onisciência. Ou a existência de uma tríade, descrita por Bion (ST, 866) e composta fenomenicamente por arrogância, estupidez e curiosidade (ST, 86).

Talvez seja útil considerar que afirmações cujo tipo geral poderia ser enunciado como "uma visão analítica de... (qualquer coisa que seja: futebol, de um mandatário governamental, de uma peça de teatro, etc.)" seja apenas o enunciado de uma hipótese a ser testada. Por exemplo, quem poderia afirmar que a pessoa que se presta a propagandear que está dando a "visão analítica", seria, realmente, um analista, na hora em que dá a visão? Existe psicanálise fora de um consultório? No lugar-comum, na mídia em geral, se escreve: "O que Freud diria sobre...?" E a audiência ouve, ou lê, não o que este médico austríaco falecido há quase um século diria.

Como se pode saber o que ele diria, já que morreu há quase um século? Sequer sabemos se diria ou teria dito alguma coisa de um fato que jamais testemunhou.

Em um polo oposto, a mesma frase pode ser vista como crença. Em consequencia, não pode ser testada, pois crenças sequer pedem para ser testadas.

Caso o leitor – independentemente de fazer coro com essa afirmação ou não – considere o trabalho de Freud "A questão da *Weltanschauung*" (a última nas *Novas conferências introdutórias sobre psicanálise*), terá uma melhor iluminação a respeito das controvérsias introduzidas no movimento psicanalítico, rapidamente alastradas na sociedade circundante, a respeito de relações entre duas práticas humanas, psicanálise e religião. Seria útil considerar a reprodução de diálogos entre Freud e o pastor Pfister – seja para incrementar ou para dissipar parte dessas controvérsias surgidas no movimento psicanalítico e fora dele sobre psicanálise e religião? Embora os dois tenham falecido, há o registro escrito.

Círculo de Confusão Óptica ou Fusão Parasítica?

Tem havido uma atribuição de que seria verdade absoluta dizer que a psicanálise despreza religião. Uma leitura minimamente cuidadosa comprova que essa atribuição é apenas manifestação de preconceito: um estado de *hubris* da pessoa que o afirma. É uma atribuição que não pode ser evidenciada por fatos. O mesmo ocorre com quem se apresenta como psicanalista e fala sobre disciplinas que não conhece.

> P.A.: Psicanalistas são treinados para fazer somente psicanálise – uma tarefa considerável. Eu não me sentiria qualificado, pelo meu treinamento, a fazer nada mais do que isso; entretanto espera-se que eu, como os cirurgiões, engenheiros e outros cidadãos, desempenhe tanto as minhas obrigações civis como as profissionais. Mas condeno a ideia de que minha perícia se estenda além da psicanálise; já é suficientemente difícil tentar ser um "perito" na própria profissão. Mesmo assim, constantemente se espera que sejamos peritos muito além de nossa área profissional, e somos encarados com desprezo se não correspondermos às expectativas que tentamos não levantar. (AMF, III, 507)

O leitor familiarizado com a obra de Bion poderá recordar-se de que ele lança mão de formulações verbais da teoria da ciência; da teoria da ciência matemática (ou filosofia da matemática); de formulações dos primeiros fazedores de mitos e, depois, de filósofos; de poesia e poesia teológica; de posturas de poetas, artistas, músicos e teólogos em relação a acontecimentos da natureza humana e de seus sofrimentos; da prática e teoria da medicina; de aquisições de cientistas; de fatos históricos seminais, como o advento do cristianismo sobre a tradição judaica; e de algumas guerras internacionais.

C

>ROLAND: Se você não pode acreditar em uma solução religiosa, eu pelo menos não posso "acreditar" em *fatos*. Fatos não oferecem uma saída para um impulso religioso – só para a curiosidade científica.
>
>P.A.: E ambos não poderiam ser a mesma coisa? As pessoas religiosas que conheço estão imbuídas da certeza de se ocuparem com a Verdade e nada mais do que a verdade. Frequentemente é difícil manter um sentido de temor reverencial perante o que tendemos a pensar como banalidades do cotidiano do que fatos que merecem ser tratados com respeito.
>
>ROLAND: Eu poderia lidar com o "respeito", mas não com "temor reverencial".
>
>ALICE: Eu pensaria que seria mais apropriado deixar o temor reverencial para as pessoas que são religiosas.
>
>P.A.: Concordo: deveríamos respeitar a linguagem que usamos e ter cuidado para não desnaturá-la.
>
>ROBIN: Existe algum fato que você conheça e considere com "temor reverencial"?
>
>P.A.: Com certeza – conheço o temor reverencial devoção inspirado pelas cortinas de luz da Aurora, montanhas...
>
>ROLAND: Por pessoas não? (AMF, III, 513)

Na visão do autor deste dicionário, que se baseia apenas nos escritos de Bion, pode-se dizer que existe uma integração de natureza genética entre a psicanálise e essas outras disciplinas. Bion considera que houve algum tipo de cerne irradiador – qual uma pedra radioativa, ou um embrião – do qual se desenvolveram todas essas disciplinas, incluindo psicanálise. Historicamente, é necessário levarmos em conta que os primeiros médicos eram também clérigos, pelo menos desde a época do surgimento do *Homo sapiens*. O interesse pela natureza humana e seus sofrimentos e vicissitudes talvez seja tão antigo quanto a própria raça humana.

O cerne irradiador é o mesmo em todas elas – desde o princípio. Sob esse vértice, matemática e sua filosofia, mitos, arte, teologia e ciência são formas diferentes de uma mesma tentativa, que permanece subjacente: a apreensão da própria realidade. Bion supõe que cientistas, filósofos e teólogos da antiguidade possam ter sido psicanalistas ancestrais, antes ainda de que o nome "psicanálise" pudesse ter sido cunhado por Freud:

>P.A.: A esperança é que a psicanálise traz à luz pensamentos, ações e sentimentos dos quais o indivíduo pode não estar consciente e, portanto, não pode controlar. Se o indivíduo puder estar consciente deles poderá, ou não, decidir – ainda que inconscientemente – modificá-los.

ALICE: Não sei no que isto difere daquilo que foi feito por pais, professores, santos, filósofos para incontáveis gerações de profetas de uma espécie ou outra. (AMF, III, 509-510)

Seria possível a todos que se disponham a examinar a questão não constatar a existência de pontos em comum entre membros do movimento que se diz psicanalítico e membros de instituições que se dizem religiosas? E também do movimento que se diz médico? Em nenhum dos dois casos será possível constatar, na realidade, se essas pessoas assim o são, além de fazerem parte de um movimento institucionalizado; algumas vezes investidos de poder político sobre os destinos de outras pessoas. Isso dependeria de constatações individuais, e esbarra no problema de critérios mínimos necessários – sempre envolvidos em contenção, demasiadas vezes jurídicas. Independentemente dessa constatação mais próxima da verdade, oferece menos problemas apenas a partir do princípio de que alguém se diga membro de algum movimento, e que seja aceito – por vezes, com emissão de certificados impressos, ou aprovação por alguma elite, ou pelo maior parte de uma população que esteja sendo dominante, nesse mesmo movimento. Alguns pontos em comum: (i) interesse nas vicissitudes e sofrimentos que se abatem sobre a natureza humana; (ii) pretensões de conhecer as causas desses sofrimentos; (iii) pretensões de curar ou extinguir esses sofrimentos; (iv) submeter-se a uma formação reconhecida pela sociedade, "oficialmente" ou não; (v) algum contato ou respeito por alguma coisa que denominam "realidade"; alguns ainda enunciam, com certo orgulho, reverência ou temor à palavra "verdade"; (v) tendência à secularização – um termo religioso para falar sobre o envolvimento em coisas materiais, inclusive vantagens financeiras; (vi) envolvimentos com a tradição mística, que tradicionalmente lidaria com fatos imaterializados, escorregando facilmente para misticismos e arriscando acusações (reais ou não) de charlatanismo e falsidade. Fatos imaterializados desafiam definições precisas, mas sempre têm algum tipo de nome – mesmo que não se saiba exatamente o que são; tanto psicanalistas como religiosos se interessam e tentam cuidar, ou lidar, ou extinguir fatos imaterializados que são nomeados de espiritualidade e também mente – no mais das vezes, com uma multidão de nomes técnicos. Definem muitos comportamentos e estados situacionais na vida, como angústia; depressão; mania; amor, ódio, solidão, saudade, rivalidade, violência ou vitimização por violência.

Em termos de comportamento social, é possível constatar outras similaridades entre pessoas que veem a si mesmas como psicanalistas e pessoas que veem a si mesmas como religiosas: uma tendência à autoidealização; e também um senso abnegado de levar a cabo uma missão. Por vezes "movendo mundos e fundos", ou "a ferro e a fogo", tantas vezes como sérios sacrifícios na vida pessoal – não diferem, apesar das aparências, de líderes políticos ou das finanças.

Sob o ponto de vista da prática psicanalítica, esses comportamentos podem ser expressão de negação de ódio; e de ódio a si mesmo. Freud, e Bion, totalmente ins-

C

pirado nele, identificam uma situação de culpa inconsciente, em pessoas que seguem carreiras médicas e clericais. Socialmente, pode ser visto como sendo uma expressão de generosidade ou capacidade de doação. Mas pode visto também como apenas uma adesão a ideologias. Entre financistas, a ideologia psíquica é de que receber é melhor do que dar – apontada por Bion como uma das regras características de um estado de alucinose (T, 133); entre religiosos, a ideologia expressamente manifesta é a de que dar é melhor do que receber – mas tantas e tantas vezes tem sido "demasiado humano", como constatou Nietzsche, e as duas ideologias se confundem, já que os opostos se atraem.

Na experiência deste autor, e baseado na obra de Freud e de Bion, há algumas diferenças claras entre as atividades de pessoas que se dizem psicanalistas e as de pessoas que dizem levar a cabo atividades religiosas. Psicanalistas – até o ponto que realmente o sejam – se diferenciam, até certo ponto, de boa parte dos médicos e principalmente de clérigos no que se refere à adaptação. Para os primeiros, a adaptação é ao meio externo; para os psicanalistas, ao meio interno: a pessoa "torna-se" quem ela realmente é. Isso foi expresso de modo implícito em duas máximas cunhadas por Freud – tornar consciente o inconsciente e, depois, onde existia id, haja ego – e também na obra de Bion, que elevou o "tornar-se" ao objetivo maior em uma psicanálise.

Isso nos permitiria deixar, para os objetivos deste verbete, atividades de política e de finanças de lado? Muitos supõem que sejam atividades tão diversas – e até opostas – às práticas de medicina, religião e psicanálise. Essa afirmação pode gerar controvérsias, mas também pode simplificar nossa investigação.

Neste caso, pode-se observar que a incidência e, por vezes, prevalência que leva à confusão entres essas práticas é a presença, nas três, de autoritarismo, com ideias messiânicas, de propriedade sobre a verdade absoluta. Será difícil encontrar alguém que não tenha conhecido algum médico, e algum religioso, que não tenha mostrado, em alguma época de sua vida, algum tipo dessas características. Que tem condenado à degeneração das práticas médicas e religiosas, e à pouca confiança que certas sociedades nutrem por elas – cuja origem foi comum. O aparecimento de vários indivíduos e grupos na história da civilização ocidental fica especialmente visível nas evoluções e involuções do cristianismo, desde o aparecimento de Jesus Cristo. Por exemplo, a emergência de Francisco de Assis; os jansenistas; a Reforma Protestante e seus precoces descaminhos. Terão essas situações paralelos nas evoluções e involuções insensatas que têm caracterizado boa parte da história do movimento psicanalítico? Bion manteve a noção de que isso ocorre, e deixou registrada sua visão. A catalogação resultaria em um livro inteiro; podemos citar alguns exemplos que nos parecem marcantes: o episódio relatado no evangelho de São Lucas a respeito da Inquisição e insatisfação de São Tiago e São João com Jesus, para que ele dissesse quem seria cristão ou não. Pois muitos estavam dizendo fazer milagres "em nome de Cristo" (AI, 113). Bion qualifica a instituição (*establishment*) religiosa como "organização", no sentido social do termo.

Sob o vértice psicanalítico – e também sob outros vértices, de crítica de costumes sociais, como fizeram Hannah Arendt (1963) e a equipe chefiada por R. N. Sanford (Adorno, Frenkel-Brunswlk, Levinson, & Sanford, 1950) no estudo do totalitarismo e da "personalidade autoritária" – pode-se observar que a incidência e, por vezes, a prevalência que leva à fusão entre essas práticas deve-se à presença, nas três, de autoritarismo e ideias messiânicas, com fantasias de propriedade sobre a verdade absoluta. Será difícil encontrar alguém que não tenha conhecido alguma pessoa que se apresentou como membro de alguma instituição médica, ou clerical, ou psiquiátrica, ou psicológica, ou psicanalítica, que não tenha mostrado, em alguma época de sua vida, algum tipo dessas características. São características naturais em bebês, mas dependem de fatores inatos combinados com fatores de criação para manterem-se quase intactos, ou nada desenvolvidos, em outras fases da vida. Quando prevalentes em pessoas qualificadas cronologicamente como adultos, condenam à degeneração todas essas práticas. E iluminam a pouca confiança que certas sociedades nutrem por elas – cuja origem foi comum. Até o ponto que foi a investigação do autor deste dicionário, há vários exemplos, configurados por outra similaridade: o comportamento e utilidade social de que pessoas que se apresentaram e foram vistas como clérigos e médicos trabalhem em instituições de custódia, como prisões e hospitais (Foucault, 1963). Demasiadas vezes, adentram a área de polícia social, para adaptar pessoas a determinadas organizações sociais. Das práticas de tortura da Inquisição do Santo Ofício para a demonologia, ou para a administração de antipsicóticos para quem se declarava contrário ao regime social estalinista, a diferença é meramente na aparência: a invariância prossegue idêntica. Até hoje, não está relatado um caso de alguma pessoa que tenha se visto como psicanalista, e tivesse sido apontada como tal pela sociedade circundante, que tivesse trabalhado em regimes totalitários. Ainda que algumas tenham passado muito perto disso – como Sándor Ferenczi no governo de Bela Kuhn, ou nos lamentáveis eventos na cidade do Rio de Janeiro, onde Amilcar Lobo, um homem qualificado como psiquiatra que procurava formação analítica, participou de práticas de tortura inquisitorial durante o governo ditatorial conduzido por pessoas de formação militar. No entanto, gera sérias dúvidas a qualificação de médicos ou psicanalistas para essas pessoas, em geral. Pessoas com diplomas em medicina e psiquiatria, e com formação religiosa, colaboraram ativamente e de boa vontade com esse tipo de governo criminoso – uma forma de materializar fantasias (em si, imaterializadas) de onipotência e onisciência. Isso fica demonstrado na emergência de pessoas como Josef Mengele, cardeal Alojzije Stepinac, que serviu como arcebispo em Zagreb, e Radovan Karadzic. A lista é extensa, e todos eles faziam questão de dizer que faziam parte de religiões.

C

Outros pontos de similaridade podem ser enumerados: muitas vezes, o linguajar "técnico" – para religiosos, "sagrado", no correr do tempo, acaba ultrapassando as raias do incompreensível, necessitando de escolásticas. Um exemplo foi a suspensão de cerimonias religiosas e prédicas em latim pela elite mandante na Igreja Católica Apostólica Romana nos anos 1960 – em função da notável baixa na frequência de pessoas. Meio século depois, pode-se constatar que o estratagema teve resultados sofríveis, pois o incremento nas ausências foi logarítmico. Isso não diminuiu o sentimento de necessidade: de modo universal, a massa apenas troca a aparência da prática.

ROLAND: E aí, então? Vocês estão indo muito além do meu alcance mental.

PAUL: E do meu; mas, como homem religioso, deixem-me enfatizar que o autor do livro de Jó expressou em linguagem indelével a debilidade das pretensões humanas ao conhecimento.

ROBIN: Embora difícil, tenho de me curvar perante certos fatos, tais como o céu, suas nuvens tão longínquas e seus grandes ventos; ou a fatos que são menos aparentes, tais como aqueles que a minha pele me revela, mesmo que os meus olhos, ou os boletins meteorológicos, não o façam.

ROLAND: É por isso que você é um bom fazendeiro. Mais do que qualquer um, eu sei que você "pode ouvir o Noroeste[12] 'fazendo chuva'". Robin, a sua pele pensa.

ALICE: Se o Robin disser que vai chover, chove – independente do que possa dizer o boletim meteorológico.

EDMUND: Não vejo o que isso tenha a ver com a física. Se eu fosse um estudante, não ia dizer ao meu professor que tenho um amigo cuja pele me dá aquela resposta que eu não posso calcular matematicamente.

P.A.: Você fala como se não tivesse nenhuma dúvida que vocês – estou querendo dizer as "personalidades" que eu conheço como sendo "vocês" – são idênticos à anatomia física e estrutura psicológica com as quais todos estão familiarizados.

ROBIN: Bom, é claro que eu tenho uma mente.

ROLAND: É isso que nós estamos discutindo.

ROBIN: Se nós pudéssemos falar na língua da matemática...

PAUL: Se nós pudéssemos falar na língua da religião...

ALICE: Se nós pudéssemos aprender a enxergar pelo menos o que os analistas pensam...

ROLAND: O que há de errado em não falar nada e ficar ouvindo a música?

---

[12] *Southwest* no original.

EDMUND: Antes tivesse sido entendida a exortação para que ouvíssemos a música das esferas.

ROBIN: Eu não teria a menor objeção, caso pudesse falar a "matemática" das esferas.

P.A.: Deve haver alguma coisa que possa ser dita em relação à linguagem do psicanalista.

ROLAND: Ele não adquiriu uma linguagem – apenas "jargão".

P.A.: Não é bem assim. Tento falar em inglês porque essa é a língua que melhor conheço. Mas não a conheço suficientemente bem para utilizá-la para o que desejo exprimir. Não falo mais Jargonês do que o Paul fala Jornalês. Tento fazer uma deferência ao Robin, mas acho que mesmo os matemáticos intuicionistas não conseguiram dar conta do que quero expressar. Esta é minha falha e seu azar; na medida em que você queira que eu fale uma linguagem que *você* possa "compreender" e eu queira que você me encontre, pelo menos, no meio do caminho, falando uma linguagem que eu possa entender.

ALICE: Eu tento entender o que o Roland fala – até o ponto que ele tenta falar uma língua que eu entenda –, mas não sei o que o P.A. quer dizer com isso de tentar falar uma linguagem universalmente entendida.

ROLAND: Croce disse que a Estética era uma linguística universal.

ROBIN: E tem alguma coisa de novo nessa "carne de vaca"[13] para ficar falando dela assim?

P.A.: "Carne de vaca"? Por favor, traduza.

ROLAND: Ah, faz favor... todo mundo sabe o que significa.

P.A.: Nós, que falamos a língua de Shakespeare... só podemos, como Milton, sermos livres. Mas – repito – alguém me traduza, por favor.

ROBIN: Sem dúvida "carne de vaca" significa – Ah – *vieux-jeux* – você sabe – *cliché*.

ALICE: Isso é francês.

PAUL: Duvido. Quando Tertuliano tentou falar na língua do meu santo padroeiro, ele acabou nessa mesma dificuldade.

ROLAND: Quem? Ah, você quer dizer São Paulo.

PAUL: E quem mais poderia ser? Ainda que eu falasse a língua dos Anjos e não tivesse Caridade...

ROBIN: Isso me soa antiquado.

P.A.: A música de Bach também é – *isto* me foi dito que está fora de época.

---

[13] *Old-hat* no original.

C

PAUL: Se é o som que tanto te preocupa, talvez você ficasse mais impressionado com Xaritas.

P.A.: Algumas pessoas que eu conheço ficam muito impressionadas – se é com *impressão* que você tanto se preocupa – com carisma e carismata.

DOUTOR: Dificilmente encontramos as Carismata, hoje em dia. Estão meio fora de moda desde que descobrimos que elas não passam de manifestações histéricas.

ALICE: Se você acha que a caridade é apenas uma manifestação histérica, o que é que você pensa do amor? O que os psicanalistas pensam disso?

P.A.: Eu preferiria não me pronunciar a respeito do que os psicanalistas pensam. Descobri que já existem obstáculos em número suficiente para fazer pronunciamentos sobre o que eu desejo falar.

ROBIN: E por que a gente não lança mão, uma vez mais, da arte, religião ou matemática?

P.A.: Já te disse que não conheço nenhuma dessas línguas para usá-las do modo que não seja uma grosseira falsificação.

ROLAND: Você está sendo modesto.

ROBIN: Não – acho mesmo é que ele é um charlatão.

P.A.: Isso é uma coisa que frequentemente se fala, e eu seria um verme se dissesse que não existe verdade nessa acusação. Mas você vai sair perdendo, caso sinta que o motivo último é o único; assim como penso que não passa de uma falácia assumir que a verdade científica, ou que a verdade religiosa, ou que a verdade estética, ou verdade musical, ou verdade racional sejam, cada uma delas, a única verdade. Mesmo aquilo que os psicanalistas chamam de racionalizações tem de ser racional. O fato de eu pensar que poderíamos estar conscientes do ultra ou infra-sensorial, ou do superego e do id, não implica que eu penso que se deva negar o resto.

ROLAND: Céus! O que poderia nos acontecer caso eu não pudesse me cegar para o tempo espacial ou sideral quando quero dizer o meu tempo pelo meu relógio?

P.A. : Se nós vamos traduzir nossos pensamentos e sentimentos em fatos físicos ou corpóreos, deve haver a possibilidade de focalizar nosso aparelho mental como um prelúdio para a ação. Esse ato, em si mesmo, parece-me – colocando os meus pensamentos em uma forma "verbo-visual" – envolver colocar outros elementos fora de foco. Na prática, é difícil des-focalizar – periferializar – o irrelevante, sem acabar caindo na insensibilidade permanente – que seria o erro oposto: cegueira, surdez, repressão. Por isso, digo a respeito de "opacidade" em memória, desejo, e entendimento. (AMF, II, GR)

A linguagem de Bion

Possíveis analogias

Bion evoca similaridades – muitas vezes vistas como surpreendentes e inesperadas – entre a postura teológica e a psicanálise. E também entre a instituição (*establishment*) religiosa e o psicanalítico. Enfatiza diferenças – sempre sob o vértice psicanalítico derivado das descobertas de Melanie Klein, sobre o movimento *in tandem* de PS para D e de volta para PS. Retorna algumas vezes à observação da tendência à veneração, diretamente proporcional ao prevalecimento de desamparo. O leitor poderá examinar os seguintes verbetes para uma leitura conjunta: "estar-uno-a-si-mesmo"; "fatos"; "místico"; "psicanálise real".

ROSEMARY: . . . Vocês dois (aponta para o Sacerdote e o P.A.) conseguiram chegar a um acordo. Fico feliz...

SACERDOTE: É um acordo mais aparente do que real.

P.A: Nós chegamos à mesma cerca, ao mesmo tempo. E isso dá a ilusão de um acordo, passível de obscurecer o fato de que estamos em lados diferentes da cerca.

ROSEMARY: Cerca? Que cerca?

SACERDOTE: Infelizmente ela é invisível, impalpável, insensível . . .

P.A.: Quase que inexprimível, não fosse pelo empréstimo de disciplinas que não as nossas.

ROSEMARY: Vocês então chegaram a um acordo "contratual".

P.A: Não. Ele rouba, ou empresta de mim, faço o mesmo com ele. Ficamos ambos ressentidos um com o outro, até conosco mesmos à medida que temos que nos conluiar. Conluios, roubos, ladroagens – o quanto não devemos a estes!

SACERDOTE: Fanatismo, ignorância, intolerância – o quanto a ciência deve a estes!

P.A: Quão firmes os alicerces sobre os quais a Igreja deve construir!

SACERDOTE: E com que persistência os cientistas nos roubam de fé! E o quão vígil deve ser a nossa resistência aos seus ataques!

ALICE: Uma praga na casa de ambos vocês e logo poderão morrer. (AMF, II, 384-385)

P.A: Os Intuicionistas diriam que o matemático lógico e o intuicionista podem conviver bem desde que os lógicos admitam a realidade da outra abordagem. Os físicos da mecânica quântica não negam a existência do movimento ondulatório. (AMF, III, 554)

C

Na mesma época em que Bion estava escrevendo esses textos, ocorreu uma entrevista com um psicanalista norte-americano: Anthony Banet Jr., especialista em grupos:

BANET: Há uma explicação, na religião: o espírito.

BION: Pois religiosos têm tido isto há um longo tempo, obtiveram um vocabulário considerável, mesmo que possamos dizer que não seja adequado. Teremos que inventar algum tipo de extensão, teremos que fazê-la eclodir em algum lugar. Parece-me que a obteríamos caso tivéssemos esta pequena pintinha, que denominamos psicanálise. O problema é nossa enorme limitação – nós, analistas, pensamos que, se somos uma parte desta pintinha, o resto do corpo simplesmente inexiste – que o mundo religioso (seja lá o que for isto) foi extinto. Psicanalistas têm se mantido particularmente cegos no que diz respeito ao tópico religião. Caso tentemos estender – se estivéssemos na borda do ponto de crescimento – seria absurdo imaginar que inexiste algo anterior a nós, ou que inexiste algo que não estaríamos empurrando.

O que nos traz a outro ponto. Se a psicanálise for um tipo de extensão do mundo religioso, o mundo religioso colocaria objeções a tal extensão. Judeus questionaram sobre alguma distorção na tradição hebraica naquilo que se denominou cristianismo. Batemos, renovadamente, com este tipo de coisa. O que são estas novidades – psicanálise, psicologia, grupos, terapia? Todas falaciosas; a resposta comum tem sido "Tudo conhecido pela igreja, há séculos" e, alternativamente, "Tudo perigoso, herético. Destruirão a religião, caso introduzam sexo nas coisas".

BANET: Parece que, em um estágio posterior, a igreja abraçou a psicanálise, incorporando-a dentro de seu treinamento.

BION: Sim, mas parece ser o mesmo processo de obtermos uma casca suficiente para nos proteger, e então teremos de mostrar rebeldia contra a casca, pois tal casca não apenas nos protege, mas pode nos silenciar. A casca que protege também mata. Deixe-me colocar isto da seguinte forma: indivíduos podem ficar tão rígidos a ponto de parecer não mais tendo ideias, ou podem ficar tão livres e profusos no brotamento de ideias que chegam a uma condição patológica. Simultaneamente, as mesmas coisas parecem-me ser aplicáveis ao país, ou a qualquer organização. Não se pode escapar facilmente, e tomar o encargo de uma nova missão, caso permaneçamos membros de nossa organização. Por outro lado, pessoas externas não poderiam afirmar que são membros de nossa organização, para usar-nos com o intuito de obter um tipo de cloaca de respeitabilidade para ideias que são dessas mesmas pessoas externas. Então, eis aqui o problema. O quão permeável somos para fazer este envelope do *self*, esta casca? Ou, retornando à expressão verbal freudiana, o quão permeável pode ser o ego? Há pressões internas e externas. Em que extensão pode-se prover a capacitação de uma ideia para que adentre? Sente-se a necessidade de um tipo de tela de discernimento. Se fosse uma tela física, poder-se-ia tentar a invenção de algum tipo de filtro, que filtrasse aquilo que não se quer e capacitasse aquilo que se quer. Não sei como se faz isto, quando se trata da mente. (TS, 112)

Analogias entre atividades religiosas e psicanálise podem ser vistas em outras palestras, dadas na mesma época, em outras cidades do mundo. As primeiras tentativas para conhecer alguma coisa estiveram, e continuam estando, ligadas a estados de desamparo real ou imaginário; a estados de perplexidade; a estados de medo; mesmo o advento de crenças, como o estado contrário à procura de conhecimento e de verdade, pode ser visto como uma tentativa abortada. Desamparo, perplexidade e medo parecem ser as experiências emocionais mais básicos permeando e circundando a vida humana – do nascimento à morte. O meio ambiente oferece, paradoxalmente, condições hostis e facilitadoras à vida; haverá dúvidas de que a proporção é desigual, pendendo de modo notável para as primeiras? O universo, externo e interno a nós, compõe-se de modo notável de uma quantidade de fatos e processos incomensuráveis, incompreensíveis e inefáveis. Isso garantiu o nascimento da ciência, mas não garante seu sucesso.

A capacidade humana de criar escalas de medida não é proporcional à capacidade humana de interpretar e compreender essas mesmas escalas que criou. Muitas vezes originam outras, cada vez mais complexas. Os fatos de que devemos nos ocupar, quaisquer que sejam, ocorrem num âmbito tal que escalas de medida são, quando muito, caricaturas do que exige ser mensurado. Em medicina, por exemplo, em hemodinâmica ou em cardiologia, imagina-se, mais e mais, que as qualidades dadas pelo nosso reduzido espectro de absorção de luz, de "sangue vermelho" e "sangue azul" circulando, respectivamente, em tubos de calibre muito variável chamados de artérias e veias, sejam reais; e a realidade tem sido afiançada não pela verdade dos fatos, mas por engenheiros de computação que manuseiam *pixels*. Escalas padecem das mesmas limitações de que padece nossa apreensão dos fatos. Fenômenos ocorrem em escalas infinitamente pequenas ou grandes, caso sejam comparados com escalas que possamos imaginar. Isso é válido independentemente das unidades de medida inventadas, que ocasionalmente elegemos e estabelecemos como padrão. Por exemplo, tamanhos definidos microscopicamente.

Resumindo: nós, seres humanos, precisamos, por sobrevivência, lidar com aquilo que nos é desconhecido. Demasiadamente, ocorre evasão da percepção dessa necessidade – há um costume de negação e racionalização (se usarmos a linguagem proposta por Freud para a formação de estados psicóticos). A intolerância para com esses fatos está vinculada, como mostrou Freud, a uma reação, que funciona gerando ideias onipotentes e oniscientes. Usualmente projetadas externamente, sob a forma de divindades; ou explicações finalistas indistinguíveis de crenças, sobre origens e finalidades do universo.

C

SACERDOTE: Onde é que você pensa que a realidade se origina – só nos genes, cromossomos, D.N.A., na dupla hélice?

P.A: Não sei.

SACERDOTE: Esta é a admissão mais sábia que você já fez.

P.A: Eu não poderia aspirar a uma investigação científica, sem esses pressupostos básicos.

SACERDOTE: Não poderia aspirar a Deus sem uma admissão semelhante.

P.A: A objeção que faço à sua gente é que eles apregoam um Deus onisciente e onipotente.

SACERDOTE: Nós aspiramos a um deus feito à nossa própria imagem – isso é bem conhecido; mas só porque somos acompanhados por pessoas que têm certos pontos de vista, não acho que devemos ser cobrados por esses pontos de vista.

P.A: Faz parte do meu trabalho assinalar que todos nós somos vítimas justamente dessa experiência. O reinado dos homens é assim quer você goste ou não.

SACERDOTE: Isto eu não discuto . . . (AMF, II, 383-384)

É possível identificar, algumas vezes por interpretações, e algumas vezes de modo direto, que formas primitivas para conseguir lidar com abandono, e com a verdade do desamparo humano, foram canalizadas e tiveram uma expressão por meio do que pode ser visto como movimento psíquico pleno de religiosidade, que resultou em um movimento social para um objetivo comum e finalista: evasão da dor acoplada com o anseio simultâneo por segurança e felicidade – sempre fantasiosos e ganhando lugar na imaginação. Aqui definida como nossa capacidade de fazer imagens, mesmo sem estímulos externos – nas palavras fornecidas pela psiquiatria, alucinação. Segurança e felicidade sempre são equacionadas como negação de qualquer frustração de desejo; ou procura do prazer absoluto. De modo resumido, por meio de evasão, ocorre a negação de dor vinculada a desamparo e abandono: o lidar com esses fatos transforma-se em um não-lidar. Posterga alguma resolução viável – delineada por Freud como "modificação" – para o que a tradição judaico-cristã denominou de "dia de expiação dos pecados", mais postergada ainda com o dia da "suprema unção", ou "juízo final", ou "apocalipse". Nessa involução final, ocorreria o retorno ao "paraíso". Estudos de Freud – alguns deles chamados imprecisamente de "sociais", como "Formulações sobre os dois princípios do funcionamento mental" e seus contemporâneos, "Notas psicanalíticas sobre um relato autobiográfico de um caso de paranoia", *O futuro de uma ilusão*, "Um estudo autobiográfico", *O mal-estar na civilização*, *Moisés e o monoteísmo*, completando-se com a palestra (em si imaginária) "A questão da *Weltanschauung*" – ofereceram e ainda oferecem, para os que não a esqueceram ou a desprezem, observações, hipóteses e conjecturas a respeito desse fato básico. E também oferecem teorias e novas hipóteses operacionais – para serem usadas em sessões de psicanálise – sobre essas observações, hipóteses e conjecturas (C, 378).

A origem emocional tem uma ação paradoxal: ao mesmo tempo estimula e trava tentativas de se apreender a realidade como ela é. Por vezes, para algumas pessoas, em determinadas condições que podem ser descritas clinicamente na experiência médica, e com mais precisão na experiência psicanalítica, realidade é realmente vista ou sentida como insuportável. Um *oeil en trop*, como disse André Green, conforme reproduzido por Bion (AMF, III, 537). Green foi um dos poucos autores em psicanálise contemporâneos a Bion que foi citado nominalmente – junto com Money-Kyrle, Elliott Jaques, Winnicott (apenas em uma palestra), Wisdom e Eissler. O sentimento que produz uma visão de natureza real ou alucinatória – por exemplo, a morte de um filho ou experiências de guerra ou a desumanidade que apenas seres humanos conseguem dedicar a outros seres humanos – está ligado à regressão do desenvolvimento do pensar a maneiras mais primitivas de brecar os processos de pensar: como o julgamento moral, para substituir uma noção ética inata. Essa noção inata foi denominada por Kant de imperativo categórico; e por Freud de superego.

Um ponto central e recorrente em boa parte da obra de Bion parece, pelo menos para o autor deste dicionário, constituir-se como a descrição de substitutivos do julgamento moral primitivo por meio de formas desenvolvidas do funcionamento psíquico. Em outras palavras, estados de ausência de mente (*mindlessness*) substituídos ou reparados pela introdução dos processos de pensar. Do ponto de vista social, a clivagem básica, "amigo ou inimigo", pode ser substituída por "eu e o outro". A questão fundamental pode ser compactada com um dilema: "Ou" ou "e"? Medicina, religião, psicanálise e serviços públicos podem ter na maternidade e na distribuição pródiga do sêmen pelos machos suas origens mais primitivas até hoje conhecidas. No entanto, é tênue a fronteira entre responsabilidade pessoal e culpa – fato observado por Freud no que se refere a decisões pessoais de perseguir-se uma carreira médica. Bion, baseado em Freud, coloca a questão em termos de "narcisismo" e "social-ismo", ou seja, a direção tomada pela pessoa quando submetida a alguma prevalência (ou égide) de dois instintos, de morte ou de vida. Um sempre prevalece às custas do outro. A questão sempre será que, se um deles está sendo dirigido narcisisticamente, ou social-isticamente, o outro estará no "caminho" oposto. O leitor pode consultar o verbete específico para melhor noção desse mecanismo psíquico, colocado por Bion com um exame sobre qual seria a égide que direciona a ação em cada pessoa.

Podemos utilizar anotações autobiográficas – contidas em *War Memoirs, The Long Week-End e A Memoir of the Future* – para coletar implicações morais internas à própria pessoa de Bion, a ele mesmo, acopladas e estimuladas por esquemas morais infligidos socialmente. Essa mistura, comparável a um comburente e um combustí-

C

vel, afligiram a vida pessoal de Bion a um ponto insuportável durante a adolescência. Suficiente para fazê-lo mergulhar no esforço de guerra britânico de 1914. Não é possível dizer que a questão tenha sido apenas pessoal, mesmo que possa ser estudada a partir de uma situação pessoal: afligiu e afetou a vida de dois milhões de jovens em apenas uma semana: um movimento de ausência de mente (*mindlessness*) de massa, como todo movimento de massa que se preze. Implicações e aflições que, na adolescência, produziam um *acting-out*. Décadas depois, acopladas a outras experiências – casamento e paternidade –, puderam ser tratadas como conflitos básicos, sob um ponto de vista científico fornecido pela psicanálise. O leitor pode consultar os verbetes "causa-efeito"; "mentiras"; "senso comum"; "senso da verdade"; "verdade", para maior detalhamento.

Durante uma sessão de análise – que é o principal objetivo da obra de Bion, como também o motivo básico para a confecção deste dicionário –, há a prevalência de julgamentos morais. Na obra de Bion, isso pode ser visto sob algumas denominações, até hoje não sistematizadas, mas sempre após Freud e Klein: "super-ego delinquente" (C, 31); "superego aterrorizador" (C, 32) "superego punitivo" (C, 90-91); "superego destrutivo" (C, 96); "superego brutal", (C, 113); "super-ego assassino" (LE, 22); ou "super" ego (LE, 97). Esse termo, que apela para um recurso gráfico dependente da *Gestalt* do leitor (que também será usada em *Elements of Psycho-Analysis*), pode ser lido como descrevendo um "super-superego".

"Em primeiro lugar, sua característica predominante, que posso apenas descrever como sendo "destitui-zice" (*withoutness*). Trata-se de um objeto interno destituído de um exterior. É um tubo alimentar sem um corpo. É um super-ego que não possui praticamente nenhuma das características do superego, conforme ele tem sido compreendido na psicanálise.: é um "super" ego. É uma asserção invejosa da superioridade moral, sem qualquer moral. De modo sumarizado, é o resultado de uma remoção ou espoliação . . . como a que existe, em sua origem, entre duas personalidades" (LE, 97).

Bion ainda tentava uma melhor denominação: "super-ego repressivo" (EP, 83), até compactar todas as denominações anteriores sob o nome de "superego cruel" (T, 58). Sempre se utilizando das expansões de Melanie Klein sobre as observações e teorias de Freud, descobre que

> O problema surge na prática com personalidades esquizoides. Nelas, em termos de desenvolvimento, o superego parece anteceder o ego, e nega ao ego tanto desenvolvimento como a própria existência. A usurpação, pelo superego, da posição que seria do ego envolve um desenvolvimento incompleto do princípio da realidade, exaltação de uma perspectiva "moral" e falta de respeito pela verdade. O resultado é inanição de verdade e retardo no desenvolvimento (T, 38).

Diferencia-se daquilo que Freud denominou de "superego primitivo", no qual Bion nota que, "Neste caso, a teoria de Freud, negando a existência de culpa antes da situação edipiana, é uma teoria mais frutífera que a teoria de Melanie Klein [*Developments in Psycho-Analysis*, p. 272 et seq.]. – um dos poucos momentos na obra de Bion em que se observa sua preferência pela teoria de Freud, e não a de Melanie Klein, em um aspecto em que a integração lhe pareceu impossível. *"Uma consequência é a psique ficar privada de seu suprimento de realidade. Não há nada para opor à fantasia"* (C, 96). O resultado desse modo científico – baseado em observações empíricas, advindas da clínica psiquiátrica – foi a elaboração psicanalítica de dois conceitos científicos fundamentais: senso comum, originado da obra de John Locke, e conjunção constante, originado da obra de David Hume. Bion observa as armadilhas contidas em formas narrativas, que deságuam necessariamente em teorias falsas, de causalidade – algo tóxico para a obtenção de uma análise. As formas narrativas e a causalidade intrínseca a elas são estudadas, ainda que de modo compacto, em três livros, *Learning from Experience, Elements of Psycho-Analysis e Transformations*. Caminhou para uma nova elaboração: a teoria da função-alfa; e de outros conceitos, como objeto bizarro. O leitor pode consultar os verbetes específicos. A escrita de estudos a respeito de superego clivado tomou pelo menos três anos (de 1958 até 1961), mas as observações clínicas, mais do que uma década.

Esses estudos também resultaram em vários alertas para o psicanalista praticante que se seduz por julgamentos morais e causalidade, intrassessão. Entra em uma "zona de risco", com alta probabilidade de:

1. perder o vértice psicanalítico;
2. tornar impossível a consecução de uma psicanálise real (q.v.);
3. substituir momentos que poderiam ser de insight por um autoritarismo, disfarçado de autoridade do analista, revertendo qualquer trabalho anterior sobre fantasias transferenciais;
4. entrar em conluio com o paciente para manter fantasias alucinatórias transferenciais, substituindo qualquer elaboração construtiva dessas fantasias e estimulando onipotência e onisciência mútuas, e imitação do que poderia ser uma análise real – no aqui e agora da sessão.

De modo ideal, esta investigação precisaria lidar simultaneamente com dois processos: (i) de transformação, pela qual **O** é convertido em pensamento, ou sejam lá quais possam ser as alternativas ao pensamento; (ii) de desenvolvimento (ou transformação) associados ao *vínculo* entre pensamentos e entre *pensamentos* e as várias alternativas ao pensar.

O componente moral é a invariante dos elementos-β e objetos bizarros, na medida em que estes últimos compartilham as características de elementos-β. O compo-

C

nente moral é inseparável tanto dos sentimentos de culpa e responsabilidade como de um sentido em que a causalidade moral é o vínculo entre tais objetos, e entre esses objetos e a personalidade. Portanto, a teoria da causalidade em um sentido científico, até o ponto que ela o tenha, constitui um exemplo do transporte de uma ideia (na falta de um termo melhor) a partir de um âmbito moral para um âmbito onde sua penumbra original de associações à moral a torna inadequada.

A força de um sentido de causalidade e implicações morais pode destruir a observação da conjunção constante de fenômenos cuja conjunção ou coerência não tenha sido observada anteriormente e, em consequência, destruir a totalidade do processo de interação Ps⇔D, definição e busca de significado que precisa ser anexado à conjunção. Os pacientes demonstram que a resolução de um problema parece apresentar menos dificuldades caso possa ser considerada como pertencente a um âmbito moral, causalidade, responsabilidade e, portanto, uma força controladora (oposta a desamparo) fornecem um arcabouço onde impera onipotência. Em determinadas circunstâncias, que serão consideradas adiante, arma-se um palco para conflito (refletido em controvérsias como a de Ciência e Religião). Os mitos de Éden e de Babel retratam a situação. A importância para o indivíduo está na sua parte em obstruir a interação Ps⇔D. (T, 64-65)

Pode-se considerar a gravidade do problema quando se observam suas amplas consequências que afetam todo o movimento psicanalítico; incluindo a produção teórica, usualmente submetida a controvérsias escolásticas:

Deve-se considerar que a solução de qualquer problema foi defectiva, em primeira instância, se teve como consequência uma neurose. E mais, a solução foi uma vitória do correto, moralmente correto; e a vitória consolidou a "correção" e a moralidade da parte da personalidade que triunfou. A parte triunfante está incluída no superego; é a moralidade do superego que está sendo desafiada, tal como o superego desafia a "id-icidade" do id. A dor do reajuste é ter que admitir que a parte "desvalorizada" da personalidade estava certa. O triunfo "maligno" – mas torna as coisas piores por triunfar, num certo modo de dizer, na casa da própria moralidade, em seus próprios domínios. O aspecto vitorioso da personalidade escreve livros de história, mas o lado vitorioso varia consideravelmente de tempos em tempos. Livros não vendáveis, artigos ilegíveis e não lidos não constituem um componente social; o pensador *deve* ser um homem de ação. (C, 169)

Considerações sobre igualdades e diferenças entre psicanálise e práticas religiosas, isentas de juízos de valor, mas trazendo a leitores observações de comportamentos sociais, indicando situações de personalidade, aparecem, de modo dialógico, em *A Memoir of the Future*. O diálogo se estabelece entre objetos parciais, na tentativa de demonstrar verbalmente experiências de várias décadas de vida de uma vida humana, incluindo experiência psicanalítica. Esses objetos parciais são denominados de "Paul" – representando um sacerdote de qualquer religião que possa se considerar; "P.A." – representando um psicanalista; "Doutor" – representando um médico; "Edmund" – representando um cientista astrofísico; e outros, como "Robin", "Tom", "Roland", "Alice" – representando maridos, esposas, pessoas que habitam o campo; de modo geral, "pessoas comuns". Esse termo é entendido neste dicionário como pessoas de senso comum: pessoas que têm algo em comum com todo leitor, independentemente da atividade profissional ou ofício que tenham abraçado. Todos esses objetos parciais podem ser considerados como expressões daquilo que, à falta de nome melhor, pode ser qualificado como núcleos psicanalíticos, núcleos religiosos e núcleos científicos no aparato psíquico humano.

Bion introduz toda a questão das relações entre psicanálise e religião de modo a suscitar ou evocar nos leitores várias interrogações. Uma delas é a situação de que comportamentos que poderiam ser considerados como científicos, artísticos ou psicanalíticos tornam-se distorcidos caso sejam, em algum momento, e de modo inconsciente, influenciados ou dirigidos por situações religiosas. Trata-se de uma advertência, idêntica à feita por Freud, de que não se incida em preconceitos – algo que caracteriza fanatismo pleno de religiosidade –, atacando um movimento psíquico relacionado ao desamparo (de modo multiplicado, social) que tipifica o ser humano, caracterizado por Melanie Klein como "angústia de aniquilamento" em bebês. Que não é apenas fantasioso. Por preconceito, arrisca-se a descartar a possibilidade de haver algum tipo de abundância de conhecimento sobre a verdade humana e, portanto, sobre a natureza humana e o aparato psíquico, possibilitada pelo vértice religioso. Um fator desse preconceito é aplicar uma religiosidade destrutiva à própria religião, reduzindo o preconceito a apenas mais um.

ROBIN: "Os céus declaram a Glória de Deus". Quando estive na R.A.F., costumava pensar no verso "Vou pegar as asas da madrugada e voar para as partes mais longínquas da terra". Tenho certeza de que o Paul sabe disso.

PAUL: É claro – todos nós sabemos.

TOM: O que me dá um pouco de medo é que jamais tive pensamentos tão poéticos. Eu estava entupido de fumaça de petróleo.

ROBIN: Foram os melhores anos de minha vida, apesar de aterrorizado, com medo da morte. Mais tarde acabei me sentindo envergonhado de não ter sido suficientemente corajoso, como um rapaz muito jovem que conheci, que desafiou um inimigo a lhe exigir rendição, enquanto ele saía se arrastando de seu tanque destruído.

P.A.: O que foi que aconteceu?

C

ROBIN: O que aconteceu? Ora, o que podia ter acontecido? Eles...

TOM: Atiraram nele, é claro.

ROBIN: É claro; como você diz, "É claro".

ALICE: A Rosemary trouxe um pouco de chá. O que permite esfriarmos, antes de gerarmos mais calor do que luz. Você esteve na guerra, Rosemary?

ROSEMARY: Sim, madame. Na WAACS.[14] É tudo, madame?

ALICE: Sim, obrigado.

ROLAND: Podemos continuar enquanto degustamos nosso chá.

PAUL: Você esqueceu que as asas da madrugada eram para ajudar a não bem-sucedida fuga para longe de Deus.

P.A: Provavelmente para as profundezas do inferno.

ROBIN: Como disse o Paul, eu me esqueci das "asas da madrugada" – uma forma poética de fuga. Acho que consegui – talvez não tanto quanto o P.A., mas o suficiente para não ir à igreja.

P.A.: De onde você tirou que eu consegui?

ROBIN: Ué? E não? Sempre pensei que as pessoas que fossem analisadas adequadamente, como os psicanalistas, não acreditassem nesse monte de besteira como "Deus em seu paraíso, corre tudo bem com o mundo".

ALICE: Ah, então é assim, Robin? Por que você não lê direito o seu Browning?

ROBIN: Que foi? O que fiz de errado agora?

ROLAND: Praticamente tudo – você não leu direito a Bíblia.

TOM: Você se esqueceu dos regulamentos de voo.

P.A.: Gastei uma boa parte do meu tempo de vida tentando mostrar às pessoas qual era o deus particular que elas estavam adorando, em determinado momento. Se a pessoa estava certa ou errada, isso é uma questão individual, que cada um decide por conta própria. Segundo o que Robin diz, parece que o deus dele é um deus solar, mas isso iria depender da evidência para a qual eu tentaria fazê-lo ficar atento, à medida que fosse ficando discernível.

ROLAND: Para ele ou para você?

P.A.: Eu esperaria que fosse para ambos. Dou a minha interpretação quando acho que tanto eu como ele possamos compreendê-la, em uma linguagem que, penso eu, ambos possamos compreender e, como evidência, seja "visível" para dois seres comuns. Agora mesmo...

ROLAND: Poderia me dar um exemplo?

---

[14] *Women's Army Auxiliary Corps* – Corpo Auxiliar Feminino do Exército Britânico.

A linguagem de Bion

P.A.: ... Tom parecia estar pensando que *ele* poderia cheirar gasolina; Robin poderia ter alguma experiência visual ou religiosa.

ROBIN: Eu não estava falando nada que tivesse a ver com religião; desisti disso já faz muito tempo.

P.A.: Ou você não tem o menor respeito pelo que diz, ou pronuncia palavras pelas quais não tem nenhum respeito. Você disse "Os céus declaram a glória de Deus"...

PAUL: ... "e o firmamento mostrou a sua obra", é o texto

ROBIN: Meu bom deus! Será que não se pode nem falar em inglês castiço?[15]

P.A.: Vocês precisam ouvir os meus candidatos do Instituto de Psicanálise falando um inglês "castiço".

PAUL: Mas isso muito me surpreende. Você acha mesmo que alguém tenha a expectativa de ouvir os psicanalistas falarem um inglês comum? Eu achei que estava bem entendido que um dos pontos de honra é conversar em um jargão incompreensível.

P.A.: Isso é um ponto de honra quando estamos naquela brincadeira de "Quem é Quem", no campeonato anual dos Times Psicanalíticos, mas isso ocorre quando estamos "falando sobre" psicanálise.

ROLAND: Vocês também têm campeonatos intertimes. Eu li alguns registros nos seus jornais. A linguagem é feroz e incompreensível. (AMF, II, 225-278)

No "diálogo" – a rigor, um diálogo interno de um autor (chamado de Wilfred Ruprecht Bion) consigo mesmo para fazer algo, analogicamente, comparável a um balancete de sua experiência analítica, incluindo sua experiência como membro do movimento analítico – pode-se detectar uma avaliação crítica (ou criticismo) a respeito de diferenças e similaridades de "religiosismos" observáveis em membros do movimento que se declara, conscientemente, como sendo psicanalítico, com membros do movimento que se declara, conscientemente, como sendo religioso. Permite uma ilustração prática de um psicanalista em ação, de modo climático, no modo peculiar pelo qual o objeto parcial "P.A." lida com aquilo que é atribuído ao objeto parcial "Robin".

As similaridades esmaecem quando o diálogo passa a incluir o uso de hinos, *jingles* e outros procedimentos típicos de práticas sociais de religião, sem que impliquem nada mais do que religiosidade ou "religiosismos". As diferenças se esmaecem na última frase do objeto parcial "Robin". São perfeitamente adequadas tanto para descrever momentos cruciais no movimento psicanalítico quanto para movimentos na instituição (*establishment*) religiosa – respectivas guerras. O diálogo imaginário prossegue com uma observação sobre uma marca muito característica de práticas

---

[15] *"A literate English"* no original.

C

sociais sob a declaração consciente de que são práticas religiosas: intolerância. É possível que o alerta a seguir reproduzido possa beneficiar ou, alternativamente, ligar-se a uma abominação de membros do movimento que se autointitulam (e, no grupo, podem ser vistos como heterointitulados) de "freudianos", "kleinianos", "bionianos", "lacanianos", "junguianos", "winnicottianos". Será difícil que algum leitor munido de atenção mínima à leitura não perceba que a última frase se dirige diretamente aos membros que se autointitulam "bionianos" (q.v.).

P.A.: Os psicanalistas podem "em nome da verdade" apregoar, como os médicos, que estão engajados em uma ocupação digna de respeito, merecedora de uma linguagem que pode ser empregada por pessoas que respeitam a verdade, sem ficar envergonhadas por causa de uma precisão técnica, de um lado, e uma precisão "primitiva", de outro. Termos que não são mais permitidos em culturas socialmente orientadas...

ALICE: Por exemplo?

P.A.: Merda. Se você puder me apontar a fronteira cultural, sou capaz de predizer se o termo daria origem a raiva. Mostre-me o desenho e os espectadores que vão olhá-lo, e eu vou poder predizer o desfecho. Quando Freud falou que as crianças têm uma vida sexual, as pessoas ficaram ultrajadas. Hoje considera-se James Joyce permissível. A afirmação de que está havendo uma manifestação religiosa dará origem a hostilidade e suspeição por parte de psicanalistas, que negarão o fato de estarem demonstrando fanatismo.

ALICE: É mesmo? Muito me surpreende.

P.A.: Todos nós ficamos escandalizados pelo fanatismo. Nenhum de nós gera fanatismo; quer dizer, nenhum de nós consegue admitir que nós mesmos somos a fonte da qual flui o fanatismo. Como resultado, não reconhecemos aqueles que, dentro de nossa prole, apresentam características que desaprovamos. Melanie Klein, realmente, descobriu que a onipotência infantil, primitiva, era caracterizada por fragmentar[16] traços individuais não desejados e então evacuá-los.

ROLAND: Você não está querendo dizer que as crianças *pensam* desse jeito, está?

P.A.: Seria enganador e impreciso dizer dessa forma. E é por isso mesmo que Melanie Klein chamou-as de "fantasias onipotentes". Ainda que eu achasse sua verbalização esclarecedora, com o decorrer do tempo e investigações posteriores, possíveis graças às suas descobertas, essas formulações foram desnaturadas e tornaram-se inadequadas. Esses elementos primitivos do pensamento são difíceis de serem representados por qualquer formulação verbal, porque precisamos nos apoiar em uma linguagem elaborada posteriormente e com outros objetivos.

---

[16] "*Split off*" no original.

Houve época em que tentei empregar termos desprovidos de sentido – alfa e beta eram exemplos típicos. Descobri então que "conceitos sem intuição são vazios e intuições sem conceito são cegas" rapidamente se tornaram "buracos negros nos quais a turbulência se infiltrou e conceitos vazios fluíram com significados desordeiros". (AMF, II, 228-229)

A citação seguinte utiliza o fato de haver ocorrências naturais catastróficas para todos nós, seres humanos, a elas expostos: por exemplo, uma erupção vulcânica, para comparar o que tem se atribuído – tanto socialmente como por membros do movimento psicanalítico – aos analistas, e o que se atribui a ministros religiosos. O leitor poderá observar que, por vezes, mudam as funções, e frases facilmente atribuíveis aos analistas são "pronunciadas" pelo objeto parcial religioso. Que também alerta e, por vezes, admoesta o "psicanalista" de que as posturas enunciadas por ele, relativas à sua atividade analítica, não são distinguíveis daquelas de uma pessoa que afirma ser religiosa:

ALICE: Até o ponto que sei, o Monte Pelée[17] eliminou uma grande quantidade de efêmeros.

P.A.: Claro que isso é desagradável, mas não teríamos o poder de estar acima de nós mesmos e sermos indulgentes com o sentido megalomaníaco de nossa própria importância – deve existir alguma coisa entre os extremos da humilhação e da exaltação religiosa.

PAUL: Quer fazer o *favor* de não chamar isto de religioso – pode até ser humilhação psicanalítica ou exaltação psicanalítica, mas não venha se ancorar na religião. Acredito em Deus e na Verdade de Deus e na Ira de Deus e no Amor de Deus, mas não vejo a menor razão para que as pessoas acabem confundindo seu pensamento humano indisciplinado, justamente com Deus. O homem está sempre adorando sua própria imagem e fica chamando-a de Deus.

P.A.: Você não está muito longe de expressar uma coisa à qual eu, sendo um psicanalista, tento chamar a atenção quando intercepto uma afirmação como sendo algo que trai uma fantasia onipotente. Você ficaria espantado se constatasse que frequentemente esta minha atitude é vista como lançando dúvidas sobre Deus; o que tento fazer é dar ao indivíduo uma oportunidade de observar seu pressuposto divino de possuir atributos divinos. Não surpreende que o indivíduo sinta ser muito difícil ser temente a Deus, ainda que não tenha a menor dúvida sobre suas próprias qualidades divinas.

---

[17] Vulcão nas Ilhas Martinicas, Antilhas francesas; tristemente famoso pela maior erupção do século XX, em 1902. Destruiu São Pedro, a maior cidade da região, que estava a 6,4 km; houve apenas dois sobreviventes em uma população de 30 mil pessoas que viviam nas imediações.

C

ROBIN: Estes seus pacientes devem constituir uma turminha um bom bocado convencida.

P.A.: Mas mesmo assim eles são suficientemente humildes para se submeterem a uma observação não devota por parte de um outro animal humano comum.

PAUL: Você está querendo dizer um psicanalista ao falar "observação não devota por parte de um outro animal humano comum"? (AMF, II, 242)

Formulações verbais e realidade última

ROBIN: É mesmo? Então quer dizer que a culpa vai ser nossa, se não soubermos a respeito do que você está falando?

P.A.: Não. Seus protestos não me surpreendem; eu tive provas à exaustão de que, se eu for falar o que quero dizer, isto não é inglês; se eu escrevo em inglês, não sai escrito aquilo que eu quero dizer.

PAUL: Os teólogos têm sido censurados por sua incapacidade de serem religiosos – a situação de vocês não é muito melhor do que a nossa!

P.A.: Muito provavelmente pela mesma razão. A Verdade Última é inefável.

ALICE: Acho que você está sendo muito duro com ele. Não tenho a pretensão de entender, mas faço uma ideia.

P.A.: Afinal de contas, a realidade última deve ser um todo, mesmo que o animal humano seja incapaz de apreendê-la. Se eu destampar um formigueiro, para a formiga isso vai parecer, sem dúvida, um ato de Deus. No entanto, isso pode ter uma explicação simples.

PAUL: Bom, você pensa dessa forma.

P.A.: E é isso mesmo; não consigo ver por que razão uma partícula biológica infinitamente pequena que é lançada do centro galáctico sobre um torrão de sujeira – a que nós demos o nome de Terra – poderia, durante uma vida efêmera que não dura nem mesmo mil voltas em torno de um Sol, imaginar que o Universo das Galáxias está em conformidade com suas limitações.

PAUL: As leis da natureza são apenas as leis do pensamento científico.

ROBIN: E se aceita rapidamente, como se fosse algo pleno de significado, que essas forças colossais "obedecem" às leis do mesmo modo que nós obedecemos convenções sociais. (AMF, II, 229)

A linguagem de Bion

Verdade, religião, psicanálise: problemas de comunicação e sabedoria intuitiva feminina

ROLAND: Nós seguimos o caminho traçado por nossos pastores.

P.A.: Você não precisa ser uma ovelha. Não aspiramos a ser líderes ou pastores; nós esperamos apresentar a pessoa ao *self* "real". Ainda que não apregoemos ter sucesso, a experiência tem mostrado quão poderoso é o impulso do indivíduo para ser conduzido – a acreditar em algum deus ou bom pastor.

ROBIN: De fato uma figura paterna.

P.A.: Não; uma "figura paterna" é um termo técnico; o indivíduo acredita que exista uma pessoa real que se aproxime de tal termo teórico. "Deus Pai" é um termo familiar sobre o qual Paul pode falar mais do que eu.

PAUL: Nós acreditamos em Deus, não em Figuras Paternas.

P.A: Nós não afirmamos ou negamos a realidade, mas desejamos que nossos analisandos reconheçam que uma raiz de tal ideia é uma reminiscência de um pai humano real. Isso não é o mesmo que dizer que, pelo fato de existir uma reminiscência, não possa existir uma "coisa" que seja lembrada. O fato de tentarmos dirigir a atenção para uma ideia preexistente, talvez gerada por uma realidade comum e sem valor, não quer dizer que não possa existir nenhuma outra fonte que gere tal ideia.

PAUL: Fico feliz em ouvir isto. Uma de minhas objeções a psicanálise e seus devotos sempre foi de que eles parecem ser tão dogmáticos, tão certos em suas refutações da realidade religiosa, que...

P.A: Eu não gostaria de substituir um dogma por outro; o fato de se erigir qualquer deus deveria ser estudado.

PAUL: E não é isso que a Igreja sempre advogou?

P.A. A mim me parece que a Igreja, ou seus representantes, exige uma crença inquestionável em Deus. Talvez eu tenha sido mal conduzido pelas Instituições da Religião que obscureceram o acesso a uma realidade que pudesse estar além dos dogmas da Instituição.

PAUL: Mas há muitos mestres religiosos que deploram esse estado de coisas e fizeram alertas contra isso. São João da Cruz chegou mesmo a afirmar que o ato da leitura de suas palavras poderia se tornar uma pedra no meio do caminho se fossem veneradas em detrimento da experiência direta. Supõe-se que aulas, dogmas, hinos, atividades congregacionais não sejam fins em si mesmos – mas um prelúdio à religião propriamente dita.

P.A. Isso parece muito semelhante a uma dificuldade que experimentamos quando o jargão psicanalítico – "figuras paternas" e assim por diante...

ROBIN: *Touché*.

C

P.A.: ... são substituídos por procurar dentro da própria mente do paciente, para intuir aquilo que o psicanalista luta por assinalar; é como um cachorro que procura o dedo da mão de seu dono ao invés do objeto que a mão está tentando apontar. (AMF, II, 266-267)

P.A.: "Falar sobre" sonhos não causa sonhos. Sonhos existem – alguns de nós pensam, como Freud, que sonhos sejam dignos de consideração e debate. À noite, o sonho é uma "farpa" entremeada na consciência, reluzentemente polida pela luz do dia; uma ideia poderia ser alojada nessa "farpa". Mesmo numa superfície plana e polida pode haver um delírio ou alucinação ou alguma outra falha na qual uma ideia possa se alojar e florescer antes de ser extirpada e "curada"...

PAUL: Está bem, mas você acredita que os sonhos possam ser *cientificamente* estudados. Isso limita a sua liberdade de investigar mentiras, falsidades, "farpas", ao invés de ficar somente procurando a verdade.

P.A.: A busca da verdade não limita a minha capacidade; minha liberdade é limitada pela minha falta de equipamentos; pela falta de capacidade de *procurar* a verdade. O seu pressuposto de que Deus existe limita a busca, ao excluir, já de saída, a descoberta de que Deus não existe se de fato ele não existir. De qualquer forma, como alguém descobre um negativo?

PAUL: Sabe, na prática, não acho que essa crença seja limitante. Eu limitaria minhas pesquisas no que tange à verdade se eu venerasse dinheiro ou um jogador de futebol famoso *como se* um ou outro fossem Deus.

P.A.: Em contraste com a religião professada, encontramos financistas e esportistas que praticam isso. Daí a utilidade de dispormos de termos tais como "figura-paterna". Entretanto, é desastroso pensar-se que esse termo implica se estar definindo corretamente a realidade como sendo nada além de uma "figura paterna".

THEA: Tais distinções me parecem sutis; antes exercícios de semântica do que aventuras no reino da Verdade. (AMF, II, 267-268)

Sabedoria intuitiva feminina: tentando iluminar os vértices científico e religioso, sem guerras religiosas

P.A.: Não quero dizer que seja "religioso" no sentido de algo merecedor de respeito geral ou absoluto, mas que o fenômeno observado fica corretamente caracterizado como religião. Se essa característica religiosa em particular é desdobrada de modo adequado ou de modo que valha a pena é outra questão. Pode muito bem haver diferenças de opinião no que concerne ao exercício da faculdade religiosa por um azteca, ou um vudu, ou um católico romano, ou um judeu, ou um protestante. Tais diferenças não se constituem em evidência para a existência ou não da religião.

ROLAND: Não entendo o que você quer dizer.

P.A.: Um homem pode estar exercendo uma atividade sexual fetichista. Isso não quer dizer que não exista sexo ou não exista o objeto para o qual o sexo possa ser dirigido de modo adequado.

ROBIN: O que você quer dizer com "modo adequado"?

P.A.: É um modo capaz de desenvolvimento, não de decadência.

ROBIN: Desse jeito, uma pessoa idosa cujas capacidades estão degenerando não conseguiria ser sexual de modo apropriado.

P.A.: Você está falando de uma decadência que não tem nada a ver com sexo: isso "tem a ver com" anatomia ou fisiologia, e devia ser discriminado de uma decadência ou desenvolvimento que se "origina" em sexo. De modo análogo, desenvolvimento ou decadência que se originam em forças religiosas deveriam ser discriminadas daqueles que se originam em outros locais.

PAUL: Asseveramos fortemente que se deve fazer uma distinção importante entre impulsos originados em Deus e aqueles que se originam nos impulsos do indivíduo. Isaías escreveu de um modo que não deixava dúvidas de que o impulso veio de uma experiência direta com Deus.

ROBIN: Será que o P.A. admitiria a validade da experiência de Isaías, ou a encararia como tendo uma força alucinatória – um fantasma da mente?

P.A.: Não tenho evidências científicas para entrar numa discussão a respeito de um evento que ocorreu séculos atrás.

PAUL: Estamos nos referindo a uma experiência religiosa que é algo cotidiano – *não* é "séculos atrás" –, mesmo que a história esteja sugerindo que isso ocorra desde épocas remotas. Em tempos recentes Cowper[18] escreveu, corretamente: "Ás vezes uma luz surpreende um cristão enquanto ele canta".

P.A: Cowper era um maníaco-depressivo e se suicidou.

---

[18] William Cowper, poeta romântico inglês do século XVIII, autor dos mais populares – na Inglaterra – hinos religiosos e de louvor à natureza; inspirador de Wordsworth e Coleridge. Bion se refere a uma lembrança infantil, recontada no volume I de *The Long Week-End*, sobre um hino entoado na igreja protestante não conformista instalada na Índia, profissão de fé seguida pelos seus pais. Reproduz um diálogo no qual seu pai pergunta à sua esposa, mãe de Bion, se ela algum dia enxergara tal luz; os dois confirmam que não.

C

PAUL: A experiência religiosa é universal; não é exclusiva dos psicóticos, dos desafortunados.

ROBIN: Frequentemente, a causa aparente é a religião. Você não vai querer negar, vai?

P.A.: Não nego causas; até acho que é muito provável que a gente acabe sempre pensando em termos de causas. Edmund tem alguma ideia a respeito disso?

EDMUND: Gosto de pensar em causas, mas não vejo a menor razão para que a mente humana algum dia venha a compreender o vasto universo que nos rodeia. Pessoas religiosas fazem afirmações otimistas.

PAUL: "Os céus declaram a glória de Deus; e o Firmamento, sua obra".[19]

EDMUND: Aí está uma dessas afirmações.

P.A.: Isso é uma observação e Paul formulou o que *ele* observou. Parece-me que ele fez sua afirmação a partir do vértice religioso. Sei que o Edmund diz que não tem religião e sou levado a supor que suas observações e formulações são "apenas" ou "somente" científicas. Le Conte disse que havia um fato que nós *jamais* poderíamos conhecer – a composição das estrelas. Eu estaria muito interessado em saber o que o Edmund diria a respeito desse *"jamais"*.

EDMUND: Le Conte estava certo em dizer isso, mas a investigação espectrográfica nos conduziu a ideias definidas no que concerne à composição estelar.

ALICE: Vamos deixar a composição estelar com Edmund; e vamos deixar todos estes assuntos para outro dia. Sugiro que já seja hora de todos nós irmos para a cama. (AMF, II, 287-288)

PSICANÁLISE E RELIGIÃO: PREJUDICIAIS OU NÃO?

Karl Marx, um grande influenciador popular, ancestral dos descobridores da propaganda (comercial e política, antecedendo Edward Bernays e Joseph Goebbels) – hoje chamados "formadores de opinião" –, popularizou uma visão: a de que a religião é danosa. Pensando ter inventado uma nova economia, acabou fundando outra religião, segundo alguns, como Raymond Aron e Isaiah Berlin. Visão em sua época condenável por muitas sociedades; anteriormente a ele, digna de extermínio pessoal ou grupal. Marx apregoava que era tóxica, o "ópio do povo". Leitores apressados e superficiais de Freud, provavelmente influenciados pelo *zeitgeist* guerreiro sob o formato qualificativo de "revolucionário", que imperou na Europa pelo menos desde a assim chamada "Revolução Francesa", acusaram a psicanálise do

---

[19] Salmo número 19, Livro dos Salmos de David.

mesmo modo; cleros cristãos e judaicos apregoaram que a obra de Freud é contra a religião. A acusação em relação à psicanálise tem sido contraditória: de modo desfavorável e preconceituoso, e também favorável e tão preconceituoso quanto. Outras reações sociais, certamente por temor inconsciente diante do que lhes seria um rival perigoso – autointituladas de marxistas, ou seguidoras da religião positivista –, acusam a psicanálise de não passar de mais uma prática religiosa, e também esotérica. Os que esposam tais acusações – espraiadas no limitadíssimo espectro político primitivo de "amigo *versus* inimigo", ou de "esquerda" e "direita" – talvez poderiam apreciar – caso pudessem não julgar – um entre vários textos de Bion que demonstram um psicanalista em ação, intrassessão:

ROBIN: Então, você admite que a psicanálise faz mal?

P.A.: Não faz bem nem mal, mas a pessoa pode usar a experiência com o objetivo que lhe aprouver. Afinal das contas, um cirurgião mitiga o sofrimento de um ladrão ou de um assassino, e ele os torna mais eficientes com isso. Porém, não os torna mais morais.

ROLAND: Ninguém espera que ele o faça.

P.A.: Creia-me: as pessoas esperam que sim! Se uma mulher ou um homem esteve por algum tempo em um psicanalista, este é encarado como sendo responsável pelo comportamento dessa pessoa.

SACERDOTE: Nós enfrentamos o mesmo problema com as pessoas religiosas.

P.A.: Você ajuda seus crentes a ver que tipo de deus eles seguem? Ou você lhes assegura que são boas pessoas ao apoiar a causa do verdadeiro Deus?

SACERDOTE: É claro que tentamos mostrar-lhes qual é o deus que eles seguem. As pessoas tentam servir tanto a Deus como ao Diabo.[20]

P.A.: E isso tem algum efeito?

SACERDOTE: Através dos séculos, sim.

P.A.: "Através dos séculos"? Pode ser que não se disponha de séculos. É por isso que nós encaramos o procedimento analítico como essencial se as pessoas estão com disposição de entender a que crenças elas estão aferradas, e quais crenças as mantêm nessas crenças.

SACERDOTE: Você acha que elas entendem – mais rapidamente?

P.A.: Às vezes, acho que sim; mas... não é frequente. Apesar disso, a psicanálise capacita o psicanalista a aprender algo e até mesmo passar isso adiante. Há ocasiões em que uma resistência é sobrepulgada com velocidade surpreendente; um certo número de fatos mostra sua relação pela primeira vez. É quase uma revelação.

---

[20] *Mammon* no original.

C

SACERDOTE: Você usa um termo que faz parte do nosso equipamento técnico.

P.A.: Eu achei que você iria notar isso. Gostaria que pudéssemos tornar claros tanto o fato verbal que você menciona quanto a realidade psíquica a ele correspondente. A concentração de significados pode requerer uma concisão que pode ser alcançada na música ou na pintura. Se eu conseguisse alcançar tal precisão, será que o meu analisando desencumbir-se-ia do trabalho necessário para entender? A audiência raramente ouve a música ou observa pinturas e menos ainda acha que vale a pena ouvir o que um analista fala.

SACERDOTE: Há muitos séculos que o religioso se familiarizou com essas dificuldades. Música, pintura, poesia, vestimentas austeras e suntuosas – já se usou de tudo como meios auxiliares.

P.A.: Descobri que o receptor pode com facilidade transmitir o "meio auxiliar" deslocando-o da periferia, que era o seu lugar, para o centro. Mensagens cuja intenção era trazer verdades profundas – a *Ilíada*, *Eneida*, o *Paraíso perdido*, a *Divina comédia* – tornaram-se famosas, por sua vez, como contextos suntuosos para a "pedra" preciosa, ofuscada pelo esplendor que a acompanha. Krishna alertou Arjuna que ele podia não ser capaz de sobreviver à revelação da divindade que ele, Krishna, estava preparado a outorgar. Dante só raramente conseguiu encontrar um leitor capaz de discernir a visão que ele demonstra no Canto XXXI do Paradiso. A mente de Milton ficou ensombrecida por uma dúvida de se ele poderia ultrapassar os "dias de Mal" nos quais caíra; isso inclusive foi sua tragédia.

SACERDOTE: A expressão de desespero mais profunda que nos foi dado conhecer foi "porque me abandonaste?"

P.A.: Todos temem fazer tal descoberta. Não se pode formular uma teoria em que o animal humano não peça a Deus para fazer a ele o que ele tem que fazer por si próprio na solidão e no desespero; qualquer formulação é um substituto para o que não pode ser substituído.

ROLAND: Você está sugerindo que *esta* interpretação psicanalítica é a explicação da propalada fala de Cristo na Cruz?

P.A.: Você mostra que falhei ao esclarecer algo que penso ser da máxima importância na prática de análise, ou seja, a presença do analista e do analisado ao mesmo tempo, no mesmo lugar e em condições nas quais os fatos discerníveis conscientemente sejam disponíveis para ambas as pessoas. Essas são as condições *mínimas*, não as máximas. Só a partir *daí* a psicanálise torna-se uma atividade aberta aos dois participantes. Você sugere que eu esteja fazendo uma afirmação sobre eventos que, diz-se, tiveram lugar há quase dois mil anos; se você acredita ser essa a essência das minhas observações, o que você não dirá sobre as minhas opiniões quando eu não estiver presente para defendê-las?

ROBIN: Não sei por que fica irritado. O erro do Roland me parece natural e compreensível. *Eu* não havia observado que ele estava o distorcendo.

P.A.: Se não ficasse irritado, estar-me-ia faltando o sentimento próprio a esta situação, conforme eu a percebo.

ROLAND: Esta é a sua opinião.

P.A.: Foi o que eu disse. Opinião de quem mais poderia ser? A sua? Bem, por que não? Espero não estar fazendo nada que obstrua sua liberdade.

ROLAND: Sua resposta é hostil e, embora ache que você não possa, eu posso detectar nela impaciência e também ironia e sarcasmo.

P.A.: Não vou negar ou confirmar a sua afirmação; acho que você quer que eu fique tão impressionado com os fatos que você observa que eu sequer ousaria fazer uma interpretação.

....

P.A: Você fica dizendo "venerar"; de minha parte, prefiro usar um termo menos emocional.

SACERDOTE: Não se trata de um termo emocional. Seu significado é exatamente aquele que pretendo que seja quando estou falando sobre Deus, como agora. Evito usar em contextos diferentes, tais como "venerar" o Homem ou venerar nossa patroa aqui. Se eu o fizesse, sentir-me-ia culpado de blasfêmia; ou, pelo menos, de bajulação.

P.A: Quando você usou "venerar" agora mesmo, estava falando de quem ou de quê?

SACERDOTE: Eu já disse: Deus. Eu não consideraria o meu sonho esquisito como sendo apenas um sonho acompanhado de um adjetivo qualificativo.

P.A: Efusões do inconsciente...

SACERDOTE: Inconsciente – o que é isto?

P.A: "Deus" – o que é isto?

SACERDOTE: Segundo o que eu posso perceber, você acha que eu sei tão pouco sobre Deus quanto você. E que talvez eu conheça menos ainda sobre o inconsciente. Mas eu estava falando sério quando lhe perguntei sobre o inconsciente. Você sabe algo mais sobre ele do que as teorias usuais de Freud, de Melanie Klein, e do resto? Você sabe o quanto psicanalistas qualificados são inconscientes da realidade, mesmo das realidades da psicanálise? Os psicanalistas que tenho visto, individualmente e nos seus congressos, parecem-me apenas serem capazes de alcançar aquela estreita gama de fenômenos que caem, por assim dizer, dentro da faixa racional do espectro. A menos que vocês consigam formular suas "descobertas" dentro do espectro do discurso racional, articulado, não ficam satisfeitos que "saibam".

P.A.: Provavelmente é assim mesmo; uma vez que tentamos nos coadunar às convenções aceitas pelos cientistas como "científicas", nossas formulações ficam vulneráveis

C

às críticas que as qualificam como apenas afirmações racionais – senso comum. Mesmo assim são desafiadas como não tendo base em evidência. Criticam-nos tanto por sermos "lugar-comum" como por ser incompreensíveis – "loucos", como se diz vulgarmente.

SACERDOTE: Queria saber se você levou em consideração os "cientistas", como você os chama.

P.A: Posso fazer uma pergunta? Você já levou em consideração os Cientistas Cristãos?[21]

SACERDOTE: Sim, sem dúvida, assim como também os Filósofos Cristãos. Não deixo de considerar nenhum fenômeno, mas precisamos considerar de quanto tempo se dispõe para "levar em consideração" entre o nascimento e a morte.

P.A: Uma das minhas objeções à sua escola de pensamento é que ela parece encorajar uma crença em tempos ilimitados, por exemplo, a vida após a morte.

SACERDOTE: Infelizmente, somos onerados com os pontos de vista – geralmente errados – que as pessoas têm sobre aquilo que nós ensinamos.

P.A: Você mesmo parece me onerar com ideias sobre a psicanálise que não tenho; se você fosse meu analisando, parte da minha tarefa seria elucidar seus pressupostos de tal forma que fosse possível contrastá-los e compará-los com quaisquer outras ideias que você pudesse vir a entreter. Nesse aspecto, penso que a minha atividade difere da sua. *Você* aspira a dizer aos outros como e o que pensar. *Nós* aspiramos apenas a mostrar o que as pessoas pensam; o resto é escolha delas.

SACERDOTE: Bastante razoável; não tenho objeções a isso. No entanto, tenho objeções aos psicanalistas que falam como se não fossem sujeitos a essa fraqueza.

P.A: Também acho que você está sendo bastante razoável. Nós também temos objeções a esse tipo de psicanalista. Eu gostaria de não ser um deles.

SACERDOTE: Soa ideal.

P.A: E é. Mas estamos conscientes da diferença entre o ideal e o real. Existiriam algumas pessoas que fizeram mais do que nós para ajudar os outros a discriminar entre o real e o ideal.

SACERDOTE: Não gostaria de negar-lhe crédito por isso; também a religião teve um papel importante em promover essa consciência.

P.A: Eu acho que se pode dizer que os escândalos da igreja e o comportamento escandaloso de seus devotos ensinaram as pessoas a poder discriminar; mas dificilmente se pode dizer que isso é uma virtude da atividade religiosa, ou uma atividade da qual os religiosos poderiam se proclamar orgulhosos.

---

[21] *"Christian Scientists"* no original.

SACERDOTE: Os escândalos da psicanálise não são muito diferentes. Perante o trono do nosso Criador, todos deveriam se postar em reverência penitencial.

P.A: Você fala de assuntos que só me foram dados conhecer por meio de "ouvir falar". Uma psicanálise dá oportunidade de se comparar e reconhecer a superioridade quando é observada.

SACERDOTE: Isso contrasta pungentemente com a psicanálise tal como eu a conheço.

P.A: A realidade frequentemente envolve dor quando se aproxima do ideal, seja ele científico ou estético. Geralmente fico sensível a essa dor; espero ser suficientemente tolerante com ela para evitar recorrer a algum recurso "mais sagrado" (mais científico, mais artístico, mais rico, mais aristocrático) "do que vós".

SACERDOTE: Em termos de aspiração não parecemos estar tão apartados – até agora.

ROSEMARY: *Como* falam!

ALICE: É, como falam!

P.A: Vejo que as senhoras estão escutando. Talvez não incluí-las constitua uma grosseria.

SACERDOTE: Ou "superioridade"?

P.A: Pessoas de sexos diferentes acham que é mais fácil resolver suas diferenças anatômicas e fisiológicas do que suas diferenças de perspectiva. Afinal de contas, o físico pode ser objeto de investigação e resolução táctil, olfatória e visual. (AMF, II, 332-333; e AMF, II, 387-388, respectivamente)

O leitor pode continuar verificando, em todas as situações anteriores, algo que foi visto pelos leitores superficiais ou hipersimplistas da obra de Freud como se fosse um "pansexualismo": Bion trata o tempo todo tanto da diferença como da igualdade entre sexos; da presença e importância dos dois, mas nunca de uma indiferenciação, que só existe na extinção da procriação – ou da "suprema criatividade da dupla parental", na observação de Melanie Klein. Essa é uma situação que tem sido abordada sob o vértice psicanalítico; e, antes da descoberta deste, sob o religioso. Existe uma situação paradoxal. Um analista que intencionalmente pretende abraçar uma visão científica pode ser presa de um tipo de fanatismo cego – mais típico dos seguidores das chamadas seitas "religiosas". E mais fanáticas do que as de vários ministros religiosos ou estudantes de teologia, tantas vezes acusados de "hereges" por instituições (*establishment*) religiosas. Ministros que, ao longo da história, e mesmo que por vezes de modo muito fugaz – como Martinho Lutero – ou de modo mais consistente e menos contraditório, como alguns papas – como Angelo Giuseppe Roncalli ou Karol Wojtyla – e outros clérigos, como Hélder Câmara, Martin Niemöller e

C

Dietrich Bonhöffer, podem ser mais abertos ao desconhecido, ou menos preconceituosos. Uma tarefa científica depende de pré-conceitos obtidos de modo inato, por genética (ou memória filogenética[22]), no sentido dado por Kant ao termo:

> P.A.: Isso soa como se me faltasse flexibilidade mental. Foi isso que suspeitei a respeito de estar morto. Jamais antecipei a possibilidade de ter experiência após a morte; das duas, uma: ou não morri, ou terei que rever meus pontos de vista.
>
> SACERDOTE: Permita-me recomendar uma abordagem menos dogmática, não apenas porque você pode não estar familiarizado com o dogma e seus usos.
>
> P.A.: Usualmente, tenho considerado que dogmas são análogos às assim chamadas "leis da natureza".
>
> SACERDOTE: Acredito que dogmas são uma formulação da "coisa em si".
>
> P.A: Como os místicos, você reivindica ter experiência direta de Deus. Pensaria que sua organização vai considerar que isto é heresia; um psiquiatra suspeitaria de megalomania.
>
> SACERDOTE: Há opiniões que questionam a reivindicação de qualquer animal humano que aspire a tal experiência. Dante apenas reivindica a experiência direta que um mortal pode ter. (AMF, II, 420)

No diálogo imaginário que se segue, extraído de *A Memoir of the Future*, há uma descrição sincera de objetos parciais de Bion. Um deles, denominado, "Homem" representa uma tendência na personalidade em toda espécie humana, agindo sob a égide do princípio do prazer-desprazer, dando vazão ao desrespeito violento, criminosamente predatório, dirigido contra outros seres humanos, tentando usá-los como se fossem objetos inanimados. É mais usual nos machos, e retratado como um invasor mais eficiente do que os nazistas. Esse tipo de "Homem" tem um aparato psíquico que pode se canalizar em atividades sociais: finanças, comércio, polícia e em alguns esportes. Possuem pensamento logico e racionalizado, para obter sobrevivência física; necessidades psíquicas se confudem com desejos ávidos e invejosos. "Moriarty", outro objeto parcial de Bion como um nome emprestado da obra de Conan Doyle, para representar outro ser racionalizador e absolutamente lógico: o maior inimigo de "Sherlock Holmes". Outros objetos parciais não causarão perplexidade a alguém com formação médica ou biológica: Somitos, ou partes de um embrião que podem se desenvolver em determinados órgãos ou sistemas funcionais humanos, na criança e no adulto; "Diabo", uma figura mítica na tradição religiosa judaico-cristã e muçulmana.

---

[22] Críticas aos conceitos de ontogênese e filogênese, termos cunhados por Ernst Haeckel, e também a definição dos conceitos correspondentes, provaram ser errôneas, por serem ideologicamente orientadas.

HOMEM: Dei um tiro em você, portanto deite-se e mantenha-se deitado e fora daqui. E quieto. Seu amigo Robin, também – anos atrás. Não quero ouvir nenhuma voz fantasmagórica por aí. Qualquer um pensaria que ainda não era bastante ruim termos o *non-sense* religioso inventando uma vida futura e vozes angelicais para aumentar o tumulto.

ROBIN: Não acho isso pior do que o P.A. e sua turma inventando mentes, personagens e distúrbios psicossomáticos.

ROLAND: Os médicos são tão ruins quanto – novas doenças, e junto com elas, tratamento novos e mais caros e especialistas para elas.

MORIARTY: Na qualidade de alguém que empreende uma guerra contra os absurdos religiosos, muito tempo antes do que...

P.A: Ora, ora – você mesmo é uma criatura fictícia!

SHERLOCK HOLMES: Mas *não* religiosa. A ficção científica é muito superior.

DIABO: Sou religioso, mas certamente não me considero fictício. É claro que não aprovo as ridículas fantasias com que apareço nos jardins do Éden e em outras paisagens primitivas. Na verdade, sempre fui muito meticuloso com as minhas vestes. Desafio qualquer um a dizer que tenha me visto em alguma ocasião vestindo uma roupa que não fosse discreta, bem cortada e com maneiras para nenhum *gentleman* ou *lady* colocar defeito. Desculpe-me, o que você ia dizer?

P.A: Confesso que sempre achei você um habitante do inconsciente.

ALICE: Lá na escola, ensinavam-nos que o Diabo existia, mas nenhuma de nós acreditava que isso fosse verdade.

DIABO: Minha cara senhora. Não sei como me desculpar pela minha falta de perspicácia. Recordo-me perfeitamente de sua escola. Frequentemente eu distribuía os prêmios anuais e costumava me dirigir à senhora no final da cerimônia; eu era tão vaidoso que considerava essa cerimônia como um tributo anual pelos meus serviços. Se me permite, todos vocês pareciam muito charmosos. Suas diretoras – eu as conhecia muito bem – eram de uma deferência gratificante. Eu até mesmo cheguei fazer um donativo para um prêmio a ser concedido ao aluno mais promissor – para as promessas mais improváveis de se realizar. Era uma bolsa de estudos – da universidade – para Filosofia Moral. Não, não – obrigado. Nunca chego nem mesmo a tocar em xerez. Descobri que ele libera uma genialidade algo genuína.

ROLAND: Agora posso entender por que sua face é tão familiar – os nossos dias de entrega de prêmios. Era você e responsável por todas as nossas encrencas sexuais?

DIABO: Claro que não. Sexo, tal como xerez, libera frequentemente sentimentos perfeitamente genuínos de amor e afeição. Eu contava com diversos professores de religião e moralistas para inflamar o ódio moral contra essas práticas inofensivas e agradáveis.

SOMA: Meu departamento.

DIABO: E como! Como meu amigo P.A. estava dizendo...

P.A: Desculpe-me; seu amigo, *não*. Nem mesmo acredito em você.

DIABO: Você me deixa maravilhado. Achei que, nesta altura dos acontecimentos, os fatos já teriam te levado a se atualizar com o Sacerdote – pelo menos ele acredita em mim.

P.A: Eu não desperdiço o meu tempo acreditando em fatos ou em qualquer coisa que eu *conheça*. Poupo a minha credulidade para aquilo que *não* conheço.

DIABO: Tal como Deus?

P.A: Sem dúvida. No entanto, deixo você e Deus a cargo do Sacerdote e de seu departamento religioso.

ROLAND: Mas... Suponho que você iria dizer que não acredita em homens e mulheres porque eles são fatos que você conhece.

P.A: Sem dúvida – conheço alguns homens e algumas mulheres. Sei que eles tanto possuem mentes quanto corpos.

TRIGÉSIMO SOMITO: Somiticamente falando, sei de muita coisa que não posso te deixar clara, mas que é bastante factual para mim. O Soma tem que me emprestar o discurso articulado.

SOMA: A minha dificuldade é exatamente essa. Não consigo deixar nada claro à psique, a menos que eu empreste uma dor de barriga ou mal-estar respiratório do vocabulário somítico para qualquer dessas estruturas pós-natais. Eu acredito na mente e na personalidade, sem que haja evidência para qualquer coisa que não seja corpo. E, quando eu consigo tornar alguém consciente de uma dor de barriga, a probabilidade é que se agarre imediatamente a uma "cura". E, no que se refere à minha mensagem, só Deus sabe...

DIABO: Deus sabe! O Soma também está entre os religiosos?

ROSEMARY: Você sabe disso tão bem quando eu. Algumas das barrigas mais saudáveis e bem nutridas que conheço são encontradas entre os religiosos. Os celibatários parecem particularmente grávidos.

ROLAND: Conheço mulheres que parecem grávidas. Às vezes, estão.

P.A: E eu conheço silêncios grávidos – não tenho que acreditar neles. O Setenta e Cinco estava dizendo de todos ficarem falando ao mesmo tempo, como se estivessem no Juqueri.

SACERDOTE: Milton falou do Pandemônio.

DIABO: Isso foi antes que a Razão assumisse a direção.

P.A: E o Juquerí – já que a Razão foi um Diretor muito ruim. As assim chamadas *leis* da lógica eram uma receita para o Caos. Não deixaram nenhum espaço para a vitalidade. Mesmo hoje, ela seria uma natimorta, caso não tivesse encontrado refúgio naquilo que Alice chamaria de loucura, ou...

DOUTOR: Psicose maníaco-depressiva, ou histeria, ou esquizofrenia, *et cetera, et cetera, et cetera* – e assim por diante.

P.A: Ou o Royal College of Physicians, ou o Royal College of Surgeons.[23]

DOUTOR: Ou a Associação Psicanalítica Internacional, ou a Igreja.

DIABO: "Vá lá, Justiça; vá lá, João.

Vá lá, Clarissa; vá lá, Perdão".[24]

Adoro ouvir isso – é música para os meus ouvidos! Todos mortos – e todos tão vívidos.

P.A: Todos os Institutos são mortos; portanto, como todos os objetos inanimados, seguem as leis e subleis que são compreensíveis dentro dos limites do entendimento humano. Entretanto, como essas Instituições são compostas de pessoas e indivíduos, que são susceptíveis de desenvolvimento, a Instituição começa a ceder à pressão. (AMF, III, 521)

Religiosidade deslocada e extemporânea: tentativas de idolatria

Será um caso de desorientação espacial e temporal, como os que caracterizam delírios paranoides? Após um giro para palestras e supervisões clínicas em algumas cidades da América do Norte e do Sul, e também na Itália, França e Inglaterra, entre 1969 e 1977, emerge um diálogo imaginário com um leitor, em *A Memoir of the Future*. Que ele trata de modo respeitoso e bem-humorado – levando-se em conta a peculiar experiência de Bion, auxiliado pelos vértices médico, psiquiátrico e psicanalítico, a respeito do comportamento generalizado de muitos de nós, seres humanos – os quais podem ser compactado (com todos os riscos de tal compactação) como seres subservientes a desejo. O "leitor" imaginário, chamado de Q (Questionador), demonstra não ter modificado sua "conduta". No primeiro livro da trilogia, "tinha ido", na imaginação ficcional de Bion, direto para a última página sem ter lido o permeio. "Fez" a mesma coisa no terceiro livro:

---

[23] O equivalente brasileiro seria a Associação Médica Brasileira.
[24] "*Go it Justice; go it Percy/ Go it Eustace, go it Mercy*" no original.

C

A: Vejo que você foi direto para a última página, como é seu hábito.

Q: É claro. Da última vez, você contou quanto custou publicá-lo. Achou-o interessante? Como foi a América – Norte e Sul?

A: Maravilhosa; uma bela mudança em relação à Terceira Batalha de Wipers.

Q: E muito mais desde então. E mais ainda por vir – o que me lembra, preciso me apressar; tenho um encontro marcado com o Destino.

A: Tchau – Feliz holocausto!

O "diálogo" nos parece altamente evocativo, convidando o leitor a pensar e a se informar, caso não tenha a informação. Diz que uma maravilha é uma "bela mudança", fazendo uma comparação peculiar, em que o fator subjacente, ou invariância, que jamais muda, é um estado de guerra mantido por muitos seres humanos. A sua experiência no continente americano, que em 1978 ainda era chamado de "Novo Mundo", foi com pessoas que moravam em algumas cidades (em ordem alfabética): Brasília, Buenos Aires, Los Angeles, New York, Rio de Janeiro, São Paulo e Topeka, que faziam parte do movimento psicanalítico, e também psiquiátrico. Compara-a, dizendo-a "maravilhosa", por uma bela mudança, à Terceira Batalha de Ypres. Há um trocadilho com Wipers – que pode ser esclarecido para quem leia o que nos parece um complemento para a trilogia, a autobiografia *The long week-end*. Aparece também um estado premonitório: realmente, Bion faleceu poucos meses depois. E o mundo que ele não pode mais conhecer já estava se formando, com holocaustos no varejo, logo depois de um holocausto no atacado – nas duas guerras mundiais que ele viveu profundamente.

Premonição é um estado frequentemente atribuído a misticismos – no entanto, pode ser visto no senso comum, naquilo que se denomina de "intuição" e "intuição feminina". Aparece em entidades animadas de outras espécies, mais desenvolvidas do que nós em muitas áreas: como algumas crianças, e alguns animais em zoológicos que fogem espavoridos ao perceber a iminência de um *tsunami*. Ou em pessoas que evitam assaltos ou acidentes de trânsito "na última hora". Ou que procuram serviços de atendimento de urgência, ainda a tempo. Bion define *"premonição"* de dois modos: (i) como englobando todas as observações de *"estados emocionais"* que possam ser feitas de *"modo direto"* – como ocorre em uma sessão de análise, pois essa é a experiência de um analista com seu paciente; (ii) como uma contraparte, na realidade vivida em uma sessão, de um termo teórico, que chamou de "preconcepção", um estágio genético no desenvolvimento de qualquer processo de pensar, consciente ou não:

Se as interpretações propiciam o desenvolvimento de emoções, por iluminar seus precursores, segue-se que teríamos que considerar os sentimentos, sexuais e outros, como elementos. A contraparte da pré-concepção é a *premonição*. Estados emocionais observados de modo direto são significativos apenas como premonições. Defini a pré-concepção como um elemento privado ao indivíduo, possivelmente não consciente; o mesmo vale para a pré-monição. (EP, 75)

Leitores que tentam, por ideologia ou preconceito, impor ao texto de Bion um sentimento, ou emoção, ou intenção religiosa, e que tentam se aproveitar do uso de palavras que também foram usadas por clérigos, teólogos, místicos ou adeptos de misticismo – como premonição – cometem falsidade por, na melhor das hipóteses, falta de leitura atenta.

A inspiração de Bion, aqui, é científica – observação da realidade o mais atenta possível. Não por coincidência, escreveu um livro cujo título é *Attention and Interpretation*. Em *A Memoir of the Future*, a discriminação fica ainda mais clara, com a ajuda de uma obra ficcional que, segundo Bion (na autobiografia *The Long Week-End*), ajudou-o a manter "alguma saúde mental" durante a adolescência, participando de ambiente de guerra sangrenta. Monta um "diálogo" entre seus objetos parciais, representados, em parte, por empréstimo da obra de Conan Doyle, com "Sherlock Holmes", que simboliza uma pessoa movida por atenção e pensar, o "Dr. Watson", um antigo cirurgião que apenas age, com detrimento de observação e pensar, "Mycroft Holmes", o irmão de "Sherlock" que apenas pensa, mas não age, e "Bion", alguém que pouco pensa e frequentemente age como obstáculo prejudicial a si e a outros. Mas há outros auxílios, subjacentes – de uma pessoa com dote literário peculiar e notável, que se apresentou como religioso: Gerard Manley Hopkins, de onde Bion lança mão de uma de suas obras, a poesia *The Habit of Perfection* (O Hábito da Perfeição) para expressar a utilidade do silêncio; e da possibilidade de se ouvir algo apenas no silêncio, quando falatórios inconsequentes se extinguem. No entanto, esse auxílio é parcimonioso, como se pode ver nas palavras atribuídas a "Mycroft". O leitor poderá encontrar referências a duas teorias observacionais já expostas por Bion em *Transformations* e *Learning from Experience*: transformações e reversão de perspectiva:

SHERLOCK: Watson é que lidou com a parte simples da coisa. Você já ouviu falar naquele cara, o Bion? Ninguém nunca ouviu falar nele, nem tampouco na psicanálise. Ele acha que ela é real, mas que seus colegas estão envolvidos. Numa atividade que não passa de uma manipulação mais ou menos engenhosa de símbolos. O que ele fala faz sentido. Existe uma impossibilidade de se entender que qualquer definição deve negar uma verdadeira prévia, assim como trazer em si um componente insaturado.

WATSON: Como na sua observação do caso do Estrela de Prata.

C

SHERLOCK: O velho e eficiente Watson: sempre acertando na mosca.

WATSON: (expandindo-se no universo de elogios dentro do qual se encontra inesperadamente) Se não me falha a memória, você disse: "Watson, se me permite, chamo sua atenção para o extraordinário comportamento do cachorro latindo", e eu respondi que não tinha ouvido nenhum cachorro latir. "É isso", disse você, "que torna o fato tão extraordinário".

SHERLOCK: Exatamente. Ninguém vai ouvir a ciência. Ela foi a maior contribuição isolada para a extinção final e misericordiosa da psicanálise. Se fosse possível alguém notar, ou talvez apreciar, um silêncio, os psicanalistas iniciaram seus latidos, ganidos e desavenças caninas. No início, eu ficava ouvindo porque parecia ter significado, mas acabei percebendo que era tudo destituído de sentido, que era um barulho que iria acabar tornando o pensar impossível. Fui possuído por um rudimento de capacidade para pensar, e aí percebi que eles eram alguns dos primeiros animais a odiar o pensamento. É claro que foi um poeta que formulou isso em primeiro lugar.

"Para pastagens do silêncio me transporte

e seja a música que almejo ouvir."[25]

MYCROFT: Sherlock, você e suas futilidades sempre me fazem pensar que está mais para um artista ou pároco do que para um cientista. Será que não podemos ir direto ao assunto? Com toda certeza é óbvio para você, como é para mim, que Bion está fingindo dormir, como um disfarce para roubar meu tempo e minha capacidade, à guisa de substituto para sua real e majestosa estupidez. Esses "pensamentos" são sintomas de um grupo subjacente de transformações. O animal humano é altamente desenvolvido. Todo o seu aparelho sensorial é um re-agente de modo geral assumidamente grosseiro. Se ele tiver comido demais, como geralmente ocorre, torna-se consciente de um desconforto – de uma dor, como ele a denomina. Não devemos perpetrar o erro de desvalorizar o fato – aliás muito impressionante – de o homem ter notado, após mil anos ou mais, que tinha uma dor, quando se desenvolveu além do estágio de uivar e berrar. O tiranossauro não gostava de ser comido. Em suma, quão divertida e satisfatória era a mesma atividade, quando a perspectiva se revertia e era sentida de modo diferente – ou assim ele pensava. Não era "diferente", mas sim "reversa". Seus rudimentos de matemática nunca foram além de uma atividade simples, que eles chamavam de geometria projetiva algébrica. Mesmo essas palavras compridas eram muito populares, e davam aos animais humanos sentimentos agradáveis, quando eles as usavam, mas causavam gemidos de ódio e dor se a direção fosse revertida. Não era mais um pedaço do trato digestivo anatômico, mas uma parte da mente que eles sentiam ser

---

[25] No original: *"Elected Silence, sing to me/ And beat upon my whorlèd ear, Pipe me to pastures still and be/ The music that I care to hear".*

de alguma forma derivada, ou geneticamente relacionada, com seu sistema nervoso. Não estava relacionada com sua anatomia. Mas eles tinham que prosseguir na tentativa de usar, como substituto para o pensamento, um antiquado e inadequado sistema de modelos. É muito bom poder relatar aqui que o sistema continuou a se desenvolver – a crescer, como eles diziam – até que seres imaginários como eu emergiram. Sou um pensamento-sem-pensador, mas posso adquirir uma aparência de realidade e posso mesmo passar por uma dessas criaturas excepcionalmente desenvolvidas, ser aquilo que andaram chamando de alucinação. Nesse domínio, uma "alucinação" dá origem a medo. É objeto de ódio qualquer pensamento que não caia dentro das "regras" que eles gostam de imaginar serem obedecidas pelo que chamam "pensamento"; são assim os sistemas de "gramática" que diferem das regras com as quais eles estão familiarizados. O mais incrível é que jamais apareceu nenhum procedimento, desenvolvimento ou crescimento. Agora, o problema que você está levantando, meu caro Sherlock, é ridiculamente simples se você percebe a necessidade de usar a contrapartida, digamos, de um filme de raios X: alguma coisa que possa revelar padrões de pensamentos com partes iluminadas e escuras, de modo característico. Uma vez isso feito, e se ousa observar a configuração mental sem ser inundada pelo medo e desgosto, por exemplo, de pensamentos-sem--pensador...

SHERLOCK: Entendo o que quer dizer.

MYCROFT: Eu achei mesmo que você ia entender.

BION: Quanto a mim, caso perceba, irei me danar. (AMF, I, 92)

Há um estado de guerra dirigido contra o movimento psicanalítico. Como e onde podemos encontrar muitas outras indicações desse estado de guerra? Bion percebia que seus esforços em fazer contribuições estavam sendo distorcidos e degenerados, por serem recebidos como se fossem advindos de algum tipo de ídolo messiânico. Como um último alerta, escreve com um bom humor que beira e, por vezes, ultrapassa a ironia sarcástica, denotando preocupação desesperançada com a espécie humana e principalmente com membros do movimento psicanalítico, colocando-se como se pudesse ser representado pelo objeto parcial denominado "Sacerdote".

O questionamento fica ainda mais evidenciado, ou explícito, no penúltimo capítulo de *Cogitations*, retirado de uma fita gravada em 1979, quatro meses antes de seu falecimento: Bion demonstra perplexidade diante do fato de que algumas pessoas na cidade de Los Angeles – refletindo o que ocorria na Argentina e no Brasil, em maior grau, mas também em outros locais – o viam como se ele fosse uma espécie de divindade (C, 276). Na visão do autor deste dicionário, detalhada em outra obra, Bion supôs que havia um objeto parcial, dentro de si mesmo, sacerdotal – pleno de julgamentos de valor, como qualquer sacerdote que se preza. Por outro lado, Bion considera também a existência de outro objeto parcial, denominado "P.A." – psicanalista. Que precisará arcar com o objetivo pessoal estabelecido por ele mesmo – uma espécie de ilha de serenidade e isenção de julgamentos de valor. Os mais elevados objetivos da psico-análise – entre eles, a universalidade das neuroses e psicoses, bem como a busca pela verdade sem mentiras e evasão – são constantemente afirmados:

> P.A.: O avanço matemático pode ser análogo a olhos intuitivos, que precisamos "plantar".
>
> ROBIN: Suas observações têm um tom literário. Eu não sei o que você pensa, mas também não está muito claro o que podemos fazer sobre isso – se é que existe algo para ser feito. Você andou falando de guerra que todos nós conhecemos. E nós achamos que somos mais sábios do que éramos quando nos alistamos, quando lutamos e quando nos contaram – e nós acreditamos – que ganhamos.
>
> ROLAND: Quando nós desmoronamos; adequadamente, nos submetemos a ser psicanalisados pelo último profeta, o último profeta autêntico, da nova religião – cá estamos nós.
>
> ROBIN: Até agora, pelo menos, nós conseguimos evitar uma formação em uma Instituição com uma doutrina e um uniforme – nem mesmo um uniforme mental.
>
> P.A.: Até agora. Fiquei surpreso ao descobrir que até mesmo o meu nome começou a passar de boca em boca. Eu costumava pensar que Melanie Klein era um pouco otimista e irrealística – embora sincera – ao deplorar a ideia de que as pessoas se autodenominassem de kleinianas. Freud esteve alerta para o perigo que muitos poderiam subir na vida abrigados sob o guarda-chuva da "psicanálise", mas eu não esperei jamais me encontrar incluído entre os efêmeros refrescos espirituais, brilhantes e coloridos, mas que esmaecem rapidamente. (AMF, II, 199)

> ALICE: (para o Sacerdote) É muito bom tê-lo de volta ao nosso grupo. Espero que sua viagem tenha tido êxito.
>
> SACERDOTE: Teve mesmo; estou feliz em voltar e de ver que todos vocês parecem tão bem. Como está indo o debate?
>
> ROBIN: Bem; embora eu ache que não tenhamos feito qualquer descoberta. Ficamos pensando se você poderia reavivar a chama que parece ter ficado tão pálida que quase se extinguiu. Como foi a sua conferência?
>
> SACERDOTE: Muito semelhante a outras que conheci – na verdade, suspeito que minha experiência não tenha sido muito diferente da de vocês. Seu depoimento

poderia ser transferido para a conferência religiosa sem alterações verbais – insignificantes, mas não aos olhos de Deus.

ROBIN: Para que se agarrar em Deus? Não temos evidências de que ele exista.

SACERDOTE: É verdade. Mas o fato de não podermos provar que Deus existe pode ser um assunto de importância somente para os nossos eus autoadmirantes. Como diz o poeta, "Autofermentado de espírito, azeda o estúpido". "Mas com o vento expandidos, a inconfundível nevoa eles desenharam", como disse um poeta anterior.

ROLAND: Você não mencionou que esses dois que você citou eram de seitas opostas.

SACERDOTE: De seitas opostas, sim; mas unos na aceitação de que há um Deus.

ROLAND: Entre eles não há *um* Deus, mais dois. De fato parecem existir tantos deuses quanto as pessoas que neles acreditam.

P.A.: Concordo, mas isso é apenas dizer que indivíduos diferentes têm ideias diferentes em relação a quem estão se dirigindo e de que maneira deveriam comunicar a sua abordagem.

SACERDOTE: Isso não prova que Deus não exista.

ALICE: Penso que essa discussão é interminável. Algumas pessoas têm uma experiência que não podem explicar de nenhum modo comparável àquele com que descrevem outras experiências. O sentido do contato com Deus não é semelhante a outros contatos.

P.A.: Você está, aqui e agora, fazendo exatamente essa comparação. Isso poderia ocorrer porque, quando fala de "contato com Deus", está usando "contato" de modo metafórico; quando você fala de contato com água, ar ou com "Tom Smith", não vai querer que se suponha que o contato seja metafórico. Não tive tal experiência e, portanto, não encontro nenhuma necessidade para qualquer tipo de explicação. Freud tinha muito a dizer sobre a psicanálise da religião; ele parecia pensar não haver necessidade de procurar nenhuma outra explicação além da psicanalítica.

ROBIN: Em outras palavras – ele não acreditava em Deus.

P.A.: Essa poderia ser uma conclusão. Não sei se ele possuía outros pontos de vista.

SACERDOTE: Tivesse ou não tivesse, não consigo ver que qualquer dos pontos de vista de Freud, por impressionantes que sejam, possam ser encarados como relevantes por alguém que não seja ele mesmo. Freud falou de uma psicanálise da religião; se eu tivesse tempo, poderia escrever um livro sobre a religião da psicanálise.

P.A.: Será que você podia nos dar alguma ideia que seu livro conteria?

C

SACERDOTE: Penso que escreveria um ou dois volumes introdutórios sobre as muitas "religiões" que existiram e foram descartadas e substituídas por outras, que, por sua vez, foram substituídas por alguma que estivesse mais de acordo com as necessidades da época. Mesmo levando em conta seu aparato de erudição, ainda vejo a psicanálise como mais uma religião – não a Verdadeira Religião – destinada a florescer em seu tempo e então nunca mais dela se ouvir falar.

P.A.: Por que categorizá-la como uma religião? A maioria de nós tenta ser científico; isso equivale a reivindicar apenas um padrão – a Verdade. Não é incompatível com a ênfase religiosa, na verdade, mas isso não a torna uma religião.

SACERDOTE: O fato de ter havido pessoas que reivindicaram serem tementes a Deus e mostraram pouco respeito pela verdade não torna falsa toda religião, nem tampouco Deus apenas uma ficção disseminada por uma imaginação febril. Não seria mais provável que isso valesse para a psicanálise? Afinal de contas, quem foram os originadores da psicanálise? Não foi gerada por neuróticos, e coisa pior?

P.A.: Penso que isso seja provável, mas a revolta contra a neurose e psicose também é gerada entre essas mesmas pessoas. Se você reunir um grupo de neuróticos, psicóticos, hipocondríacos e outras pessoas perturbadas, eles logo se rebelam contra si mesmos e seus problemas.

ROBIN: E isso difere do que as pessoas fazem quando querem escapar das consequências de uma escolha errada?

P.A.: Penso que sim. Tenho dúvidas se os indivíduos fazem escolhas; eles não podem saber o que a "escolha" é. O primeiro requisito da pessoa que faz uma escolha é ter conhecimento das alternativas que ela pode escolher. No entanto, assumindo que a pessoa teve uma escolha errada, não deveríamos tentar corrigi-la? Se a crença em um espírito todo-poderoso é equivocada, se a experiência nos conduz à suposição de que não exista tal espírito, poderíamos parar de nos comportar como se ele existisse.

SACERDOTE: Concordo. Mas será que sua experiência sustenta a ideia de que as pessoas dediquem a esse assunto algum pensamento sério? Daquilo que vejo nos psicanalistas, eles não sabem o que é a religião; simplesmente transferem sua lealdade de um sistema de emoções indisciplinado, eivado de desejo, para outro sistema. Ouvi psicanalistas discutindo; sua própria discussão trai todas as características que tenho reconhecido como patognomônicas de uma espécie de religião primitiva, indisciplinada, intelectualmente desestruturada. Eles discutem acaloradamente, aduzindo motivações nacionais, racionais, estéticas e outras, coloridas emocionalmente para sustentar sua marca particular de atividade.

P.A.: Não nego que façamos tudo isso, mas na realidade continuamos a nos questionar, e a questionar nossas motivações, de um modo disciplinado. Podemos não ter sucesso, mas também não desistimos da tentativa.

SACERDOTE: Odeio parecer estar julgando, mas tenho que fazê-lo, para avaliar tal evidência como a recebo, já que ela toca a minha vida privada e minha responsabilidade pelos meus próprios pensamentos e ações. Vocês têm tantas seitas de psicanalistas quanto as que existem em qualquer religião que eu conheça, e igual número de "santos" psicanalíticos, cada qual com sua respectiva procissão de devotos.

P.A.: Somos humanos e mostramos todas as fraquezas dessa categoria biológica. Não paramos de venerar e adorar porque a adoração e veneração são características básicas e fundamentais e, portanto, inalteráveis e inalienáveis; tentamos levar o fato em consideração.

SACERDOTE: Será que vocês então não deveriam abrir espaço para a capacidade de venerar e adorar – até mesmo para depender de algo de que valha a pena depender, adorar e venerar? De outra forma, tais capacidades "envelhecem sem serem usadas", ou tornam-se desnaturadas pelo objeto adorado.

P.A.: É verdade. O indivíduo que adora uma nação em particular, ou uma droga – como o álcool – pode estar desgastado por esse fato, e incapaz de se livrar de uma lealdade que se tornou desnaturada e perigosa. Lealdades que em um estágio da vida são saudáveis e promotoras de crescimento tornam-se uma barreira quando o indivíduo não pode transcedê-las. A barreira pode ser qualquer coisa, desde as limitações impostas pela nossa natureza animal até algo temporário que se tornou endurecido, calcificado, rígido – empresto os termos da descrição médica da degeneração arterial; há razão para supor alguma contrapartida espiritual, alguma má vontade para entreter novas ideias, que é inseparável do avanço na idade física.

ROBIN: Será que a "religião" da psicanálise, ou a investigação da psicanálise pelos teólogos, não pode ensinar aos psicanalistas algo valioso, assim como a psicanálise da religião poderia ensinar algo de valioso para a teologia? Por que deveria haver alguma dificuldade?

P.A.: Há uma dificuldade; a própria eficiência do ato de ensinar é um assunto que requer cautela, porque não sabemos o que vão aprender aqueles que foram ensinados. Frequentemente as crianças aprendem a emular os erros de seus pais. Esse fato pode anular até mesmo as boas intenções dos pais e professores.

SACERDOTE: Aquilo que o homem professa não é tão importante quanto aquilo que o homem é.[26] (AMF, III, 542-546)

---

[26] No Brasil, uma verdade humana entoada em verso e música, por Vinicius de Moraes e Baden Powel, em "Canto de Ossanha".

C

Mais uma religião?

O autor deste dicionário tenta demonstrar em todos os verbetes, por meio de fatos constituídos pelo exame detalhado das contribuições de Bion, segundo ele mesmo, que houve expansão não substitutiva de partes das observações de Freud a respeito do funcionar do aparato psíquico. Deixou explícitas certas conclusões, anteriormente implícitas; e considerou a existência de dúvidas sobre a eficácia terapêutica e a base científica daquilo que se considera ser a teoria psicanalítica.

Será esse o caso do escrutínio do fenômeno religioso, conforme feito por Freud? Parece-nos que Bion o expande, mas não discorda; faz alertas, por meio de uma crítica de costumes a respeito de uma religião, não da psicanálise, mas do movimento psicanalítico. Na visão do autor deste dicionário, o faz assinalando – em alguns casos, denunciando – a formação de uma instituição (*establishment*) interna ao movimento, movida por necessidades políticas e por prevalência de hipocrisia social, como substituto de verdade. A citação que se segue poderá ser mais bem apreendida caso lida em conjunção com o texto do verbete '"kleiniano"'; pois essa citação segue-se a uma afirmação a respeito de um sentido de iluminação obtido por Bion em função da análise que fizera com Melanie Klein. A questão inteira da psicanálise centra-se nas dificuldades de todos nós, seres humanos, no que se refere à introdução do princípio da realidade. Caso o leitor não tenha familiaridade com a trilogia *A Memoir of the Future*, ou com os volumes introdutórios escritos pelo autor deste dicionário, será útil que considere que a "personagem" denominada "mãe de Rosemary", representa uma prostituta.

P.A: ... Frequentemente a realidade do mundo provoca sentimentos de ressentimento; as pessoas não podem se reconciliar com os fatos de que não gostam e não podem negar.

ALICE: E o que isso tem a ver com o feto?

P.A: Um feto pode não gostar de suas experiências, inclusive a percepção delas. Como resultado de suas experiências com crianças, Melanie Klein formulou uma teoria que se tornou conhecida mais tarde como "identificação projetiva". Ela *não* atribuiu isso a fetos.

ROLAND: Então por que complicar a teoria supondo a existência ainda mais precoce do mecanismo mental? Não é um fato que essa teoria kleiniana já é questionada por muitos psicanalistas?

P.A: Se fosse simplesmente uma questão de dizer "dito pela Sra. Klein, só que ainda mais precoce", eu concordaria que existiriam todas as razões para dispensar tanto a teoria kleiniana como seu suposto "progresso" como sendo provavelmente ridículo e não merecedores do dispêndio de tempo e esforço envolvidos em considerá-los.

Muitos analistas repudiam a extensão kleiniana da psicanálise conforme Freud a elaborara. Achei difícil entender a teoria e prática de Klein apesar de – talvez porque – ter sido analisado pela própria Melanie Klein. Mas, depois de grandes dificuldades, comecei a sentir que havia verdade nas interpretações que ela me deu e que elas iluminaram muitas experiências, minhas e de outras pessoas, que até então estavam incompreensíveis, isoladas e não relacionadas. Metaforicamente, a luz começou a alvorecer e então, com intensidade crescente, tudo ficou claro.

ALICE: Você permaneceu convencido por meio de experiências posteriores?

P.A: Sim – e não. Uma das características dolorosas e alarmantes da experiência continuada foi o fato de que tive certos pacientes com os quais empreguei interpretações baseadas em minha experiência prévia com Melanie Klein, e, embora eu sentisse empregá-las corretamente, não podendo achar nenhum erro em mim mesmo, não ocorreram nenhum dos bons resultados que eu havia antecipado.

ROBIN: Em outras palavras: as objeções levantadas à teoria kleiniana pelos psicanalistas contemporâneos de Melanie Klein foram apoiadas pela sua própria experiência de futilidade?

P.A: Realmente, essa foi uma de minhas ansiedades – e foi uma que eu não me senti disposto a ignorar.

ROLAND: Mas você deve tê-la ignorado. Você não sente ter tido um interesse escuso encoberto em continuar a sustentar a psicanálise, kleiniana ou qualquer outra?

P.A: Eu estava ciente de que provavelmente iria ficar acalentando as minhas preconcepções. Mas passaram a ocorrer "aquis e agoras" e em cada um deles ocorria algo que me convencia de estar sendo tolo em abandonar as minhas ideias como se elas estivessem claramente erradas. De fato ficou claro que elas não estavam sempre erradas. Então tornou-se um problema de discriminação

ROLAND: O que induziu você a persistir?

P.A: Em parte, uma recapitulação casual da descrição dada por Freud, da impressão criada nele pela insistência de Charcot sobre a observação continuada dos fatos – fatos sem explicação – até que um padrão começasse a emergir; e em parte pela sua admissão que o "trauma do nascimento" poderia produzir uma razão plausível, porém enganosa, para se acreditar que havia mesmo tal cesura entre natal e pré-natal. Havia outras cesuras impressionantes – por exemplo, entre consciente e inconsciente – que poderiam ser, de modo similar, enganosas. As interpretações de Melanie Klein começaram a ter uma qualidade vaga, mas verdadeiramente iluminadora. Foi como se, tanto literal como metaforicamente, a luz começasse a crescer, a noite substituída pela aurora. Percebi com uma nova compreensão o trecho de invocação à luz de Milton, no começo do Livro Terceiro do *Paraíso perdido*. Li outra vez todo o *Paraíso perdido*, de um modo que jamais havia lido anteriormente, embora tenha sido

C

sempre devotado a Milton. Isso também foi verdade para a *Eneida* de Virgílio – embora isso tenha envolvido muito mais arrependimento doloroso pelo modo com que eu desperdiçara e odiara o privilégio de ter sido ensinado por alguns mestres-escolas por cuja devoção não obtiveram mais do que uma pobre resposta de minha parte. Permitam-me agora louvar homens que deveriam ter sido famosos. Para meu próprio prazer escrevo-lhes os nomes: E. A. Knight, F. S. Sutton, Charles Mellows. Depois veio o débito para com meus amigos, que não vou nomear para não lhes causar embaraço.

ROBIN: Gostei disso, mas gostaria de saber um pouco mais a respeito da "iluminação".

P.A: Não seria melhor perguntar a si mesmo a quem você deve tal iluminação que lhe poupou da sua jornada de ser lançado na noite eterna ou, ainda pior, no esplendor da eterna certeza e boa sorte?

SACERDOTE: Posso introduzir uma pitada de piedade pelos desafortunados que foram lançados na eterna sombra e autossatisfação do conhecimento científico – um destino que eliminou da vida de muitos as alegrias da devoção a Deus e respeito por sua verdade.

ALICE: Sem dúvida os cientistas se devotam à verdade, com toda modéstia. Conhecem-se até mulheres que desejaram criar filhos nos quais pudesse germinar um amor à verdade; não ambicionamos apenas sermos satisfeitas sexualmente.

ROSEMARY: A maioria dos homens que minha mãe conheceu se comportava como se esta fosse a única coisa na vida.

ROLAND: Meu bom Deus!

SACERDOTE: Pobre Deus! Você pode imaginar o que é ficar sendo adorado por homens e mulheres? Diz-se que mesmo Sócrates foi julgado e condenado à morte pelos seus superiores. Alguns de vocês lembram da história do Jardim de Gethsêmani.

ROLAND: Deus Todo-Poderoso primeiro plantou um jardim; realmente, disse Bacon, este é o mais puro dos prazeres.

P.A: Um dos prazeres humanos mais puros parece ser o prazer da crueldade. Será que o Sacerdote pode nos esclarecer a respeito disso?

SACERDOTE: Talvez eu possa fazer isso lembrando-lhes de uma doutrina religiosa: a da Imaculada Conceição. Isso contrasta com os "prazeres humanos". Parece-me que as descobertas dos psicanalistas podem ser algo que a Igreja há muito tempo conhece.

P.A: Psicanalistas que respeitam a verdade fizeram e ainda tentam fazer exatamente isto – respeitar a verdade. Mas nós não a colocamos nos mesmos termos que você usa.

SACERDOTE: Entretanto, o que você diz e o modo como o faz importa. É por essa razão que a Igreja Católica é escrupulosa com o que diz e como o diz. Frequentemente somos acusados de fanatismo e estreiteza de mente por sermos escrupulosos, e de não co-operarmos com pessoas que se acreditam nossos aliados.

P.A: Fomos desviados do nosso problema, ou seja, de levar em conta fatos que nos conduzem a pensar que as teorias existentes são inadequadas, porém verdadeiras demais para serem descartadas sem prejuízo. Talvez seja significativo que a discussão que irrompeu se centre na propriedade, em quem criou ou era proprietário da ideia.

SACERDOTE: Ou melhor, quem era o dono do dono – Deus ou o homem? Mas vamos nos aprofundar mais nessa ideia amanhã.

SACERDOTE: Qual é a visão psicanalítica do pecado original? Você nega que tal coisa exista?

P.A: Hesito em dizer que acredito ou desacredito em algo relatado por alguém como sendo um fato. Tenho estado convencido de que poder-se-ia explicar mais facilmente certas observações se houvesse uma coisa tal como a culpa original. (AMF, III, 559-562)

BION: Captei a ideia – graças à descrição bi-lingue conseguida por Alice e Rosemary co-operando para descrever a... a.... hum...

ALICE: {Puta

ROSEMARY: {Dama

BION: Vossa feliz combinação e a clarificação que conseguiram ao juntar seus esforços me encoraja a chamar a atenção para uma outra união que não difere da que eu estava descrevendo entre nossos dois inimigos, Soma e Psique. Às vezes, os dois personagens não compartilham o mesmo corpo; cada um contribui com um componente físico real e imaginário. Eles tendem a ser descritos de modo supersimplificado, como "homosexual" ou "heterossexual", ou casados ou "em parceria". Nessas situações, o disfarce – a roupagem convencional – excita a atenção psiquiátrica – e pode acontecer de eles serem descritos como partícipes de uma *folie-à-deux*. Se chamarem a atenção do Ministério da Indústria e Comércio, podem ficar conhecidos como um famoso empreendimento de negócios, ainda que a linha divisória – cesura? – entre isso e uma falência, ou associação criminosa, ou casamento infeliz, pode não ser tão fácil de determinar em investigações, como o seria em um escrutínio literário ou gramatical. Palavras e discurso articulado são invenções maravilhosas – ainda em sua infância.

ROLAND: E mesmo assim vocês, psicanalistas, falam como se fossem eruditos.

P.A: É verdade; e isso frequentemente conduz os *cognoscenti* – talvez eu poderia incluir Roland nesta profética comunidade – a supor que nós não conhecemos nada de coisa nenhuma.

C

SACERDOTE: Frequentemente assume-se que os teólogos, sacerdote, profetas – como a entonação do P.A. acabou de sugerir – também não sabem nada, que Deus é um invento da imaginação. Existe verdade na crítica porque os deuses nos quais a maioria das pessoas acredita são inventos criados por tal capacidade imaginativa, à medida que ela fica disponível.

P.A.: Algumas religiões poderiam ser descritas como *folie-à-deux*; ou seja, relações entre um indivíduo e um deus criado pelo indivíduo. Com frequência essas realidades são fundamentalmente reais, mas são feitas para parecerem irreais pela dependência verbal de clivagem como base do discurso articulado. Por exemplo: falamos de "melancolia religiosa". Conheci um trabalhador pobre que ficou em um estado de depressão profunda por *acreditar* que a vaca da qual ele dependia para ganhar a vida tinha tuberculose.

BION: Quem ou o que tinha tuberculose? Sua vaca? Sua esposa? Ou filha? Ou a sociedade que ele tinha que servir? Não se pode examinar essas questões aqui – só em contato com o paciente

P.A.: Sempre existe o risco de o investigador vir a se contagiar – um risco que ele pode não querer correr. A analogia na esfera da atividade mental é o medo do psiquiatra se "contagiar" – ou descobrir que já se contagiou – caso ele se permita ter um contato próximo. (AMF, III, 565-566)

Referências cruzadas: Estar-uno-a-si-mesmo (*At-one-ment*); Intuição; "Kleiniano"; Místico; Psicanálise real; Verdade.

Círculo, ponto e linha

Neste verbete, tentaremos sintetizar o uso de uma analogia com a matemática feita por Bion, para ilustrar, ou pictorializar, uma questão elementar encontrada na prática psicanalítica, e suas expressões no âmbito da teoria psicanalítica, aplicada à observação de estados precoces, ou primoridiais, no desenvolvimento psicológico.

Bion se utilizou de desenvolvimentos da matemática – geometria euclidiana – como **modelo** analógico para investigar desenvolvimentos nos processos de pensar, sempre aliado à observação em clínica psicanalítica de alguns de seus distúrbios. Como em Freud, e também em psiquiatria, a origem dos estudos sobre o funcionar mental pode ser feito pela ausência dele ou por distúrbios em tal funcionar. Distúrbios e turbulência passam a ser, em alguns aspectos, passos necessários para a introdução e manutenção de processos de desenvolvimento. Demonstrações disso podem ser vistas no ato de procriação, no desenvolvimento do embrião e do feto, na primeira infância, na adolescência – cujo nome original, aparentemente imune ao uso continuado, talvez seja revelador – e na velhice, ou envelhecimento por uso – extensível a eventos e coisas, e não apenas exclusivo de pessoas. Expressões no âmbito sociológico e teconológico podem ser vistas em expressões verbais: "revolução permanente", ou "evolução permanente".

Bion propõe considerar a matemática como tentativa inicial do ser humano – visível na história antropológica e sociológica, e na história individual de cada ser humano – para lidar com a psicose. A matemática, assim como a geometria, parece estar implicada na própria introdução dos processos de pensar e ausência de pensar que tem caracterizado aquilo que denominamos seres humanos.

Bion parte de duas contribuições principais:
(i) de Freud, no que tange às observações de perturbações do contato com a realidade, para perceber e lidar com ela, tal como ela é, quando prevalece o princípio do prazer/desprazer. Freud inferiu a existência de alucinação em alguns bebês: alucinam um seio quando o seio não está fisicamente disponível. Isso se constitui como raiz para observações ulteriores em clínica psicanalística para adultos por Bion.
(ii) de Klein, como desenvolvimento a partir de Freud, no que concerne à prevalência do ciclo avidez/inveja, nutrindo sentimentos intolerantes ante a frustração, visíveis em relações mantidas por bebês com a primeira realidade pós-natal dotada de características animadas – a entidade, seio materno. Em outros termos, Bion utilizou-se dos aportes observacionais de Klein relativos às características da "posição esquizoparanoide", principalmente a fantasia de identificação projetiva, na qual ocorre tendência a se executar equações simbólicas, em vez de se executar o ato de simbolizar; e imobilizações na posição esquizoparanoide, impedindo um trânsito de vai e vem, para posição depressiva, e seu contrário: um movimento vivo, comparável ao funcionar cerebral central e autônomo, e de outros sistemas humanos, como circulatório, respiratório e endócrino.

Catapultado desse duplo ponto de partida, Bion prossegue para examinar minuciosamente o desenvolvimento emocional como consequência de formas específicas de lidar e de não lidar com frustração. Há pessoas que acreditam que o aparato de pensar surgiu "por si", como ato divino; no entanto, há fatos, estudados por biólogos, a partir de Charles Darwin, de paleontologistas, etólogos e linguistas, que evidenciam que nosso aparato de pensar – responsável pelas formulações verbais - foi imposto por necessidade de sobrevivência. O desenvolvimento emocional e o desenvolvimento dos processos de pensar, indivisíveis a não ser como tentativas didáticas, são, no início da vida pós-natal, exclusivamente dependentes de como cada pessoa experimenta a ausência do seio. Em outras palavras, dependem dos

C

modos pelos quais pode-se sentir ou perceber sensações de frustração – sempre real, e muitas vezes alucinada.

Constitui-se como protótipo para todos os outros sentimentos de frustração, que se incrementam em numero e complexidade relacional. Assumem, ao longo de um ciclo de vida, formas gradualmente mais complexas e, muitas vezes (não dispomos de estudos estatísticos), mais complicadas.

Bion propõe que consideremos a existência de algo cuja experiência pode ser denominada de "não-seio" - para descrever experiências de ausência do seio – real ou alucinada. Essa terminologia toma emprestado um modelo aritmético derivado da teoria dos números de Gottlob Frege (para um resumo da teoria dos números para uso de psicanalistas, cf. Sandler, 1997a). Mais especificamente, a descoberta dos números negativos.

Bion observa, em análise de adultos, resultados da excessiva intolerância – inata ou adquirida – à frustração. Corresponde ao que era conhecido como psicose, desde os tempos pré-psicanalíticos da psiquiatria: estados psicóticos impedem tolerar o não-seio, equiparando uma exposição à ausência de seio ao nada (*noughtness*). Como Bion propõe um sinônimo para não-seio, não-coisa (*no-thing*), pode-se dizer que fica impossível para estas pessoas enfrentar e, portanto, lidar com a não-coisa, agora equiparada com nada (*noughtness*). Pode-se dizer, em português, "coisa nenhuma"; em francês, "*néant*". Na mesma extensão – cujos modelos derivados da física newtoniana, mais acessíveis de apreender, por serem concretizados, podem ser: no mesmo comprimento de onda, ou volumes – em que cada indivíduo tolera ou não tolera o negativo, a frustração – em primeiro lugar, o não-seio –, serão determinadas as predominâncias de mecanismos psicóticos de evasão ou negação do enfrentamento do não-seio. O acme da negação se dá por equipará-lo ao nada, à "coisa nenhuma".

Bion propõe considerar a geometria, como desenvolvimento na matemática, pelas concepções de ponto, círculo e linha, como uma manifestação que indica a existência de algum grau de tolerância à frustração. *O ponto refere-se ao local em que o seio estava (ou esteve).*

A primeira vez que Bion recorreu à história e à filosofia da matemática foi em 1961, em um artigo que talvez esteja a caminho de tornar-se mais um clássico em psicanálise: "A Theory of Thinking" ("Uma teoria sobre o pensar"). Observa a relação íntima entre emoções primitivas e a capacidade de desenvolver o pensar matemático. Na experiência deste autor, existe uma evidência, um fato bem conhecido: crianças com dificuldades emocionais têm notória dificuldade na aprendizagem do funcionamento dos elementos em aritmética, matemática e física. Isto não implica que crianças, ou mesmo adultos, não teriam dificuldades emocionais porque aprendem estas disciplinas, ou se dedicam a elas. A questão não é buscas "saúde mental", mas tentar reconhecer obstáculos nos processos de pensar.

A linguagem de Bion

Reconhece-se, há milênios, uma possibilidade: há a capacidade para algo que matemárocps e filósofos denominam de abstração, para alcançar além (ou aquém) daquilo que nos parece ser apenas concretude factual. Pode-se dizer que "abstrair" é nossa capacidade de extrair da concretude alguma qualidade imaterial; ou considerar existência real de algo imaterial, mesmo que conservando existências fenomenicamente apreensíveis, de qualidade que nos parece (parece a nós, seres humanos) como sendo exclusivamente material, por ficarem apreensíveis pelo nosso sistema sensorial – que compartilhamos com todos os mamíferos, e muitas outras espécies vivas. Formulando em termos emprestados de um tradutor e editor de Aristóteles, um romano chamado Andronico de Rodes - que descobriu uma série de textos inéditos, cento e cinquenta anos após a morte de Aristóteles, indicando a capacidade de "ir além da física" – em grego antigo, usado na transição das duas civilizações, "metafísica". Meta significa, "o que veio depois". Física era um termo usado naquela época, definido como o estudo da fisiologia humana, animal e do comportamento de objetos inanimados e da matemática. Variável em grau nos vários indivíduos, mas sempre existente. Isso fica especialmente visível na história da matemática, e no desenvolvimento do pensamento matemático: matemáticos e geômetras passaram a lidar com questões que puderam ser expressas por algo que séculos depois se denominou números. Inicialmente, na Pérsia, foram chamados de algaritmos, que ainda continua sendo sinônimo de número. Depois, com cadências e decadências numéricas – algoritmos, nome resgatado no ressurgimento da computação; e na teoria dos números.

> Elementos matemáticos – isto é, linhas retas, pontos, círculos, e algo correspondente ao que mais tarde vem a ser conhecido pelas designações dos nomes dos números – provêm de realizações de dualidades, a exemplo de seio e bebê, dois olhos, dois pés, e assim por diante. Se a intolerância à frustração não for demasiada, a finalidade precípua passa a ser a modificação. O desenvolvimento dos elementos matemáticos – ou objetos matemáticos, como os denomina Aristóteles – é análogo ao desenvolvimento das concepções. (ST, 113)

Essa citação foi publicada em 1967; desde 1965, Bion passou a lidar com o desenvolvimento de conceitos e concepções em geral (q.v.), não mais se dedicando a observações e formulações a respeito da formação primitiva de concepções específicas, tais como Seio e a intolerância ao Não-Seio. Adoto, apenas nesse verbete, e nesse momento, um recurso gráfico: vou usar maiúsculas para escrever estes dois termos, com a esperança de que o leitor perceba que se trata de uma entidade paradoxal, material e imaterial. Prefiro não introduzir este recurso gráfico no resto do dicionário, para não modificar, de modo não autorizado por W. R. Bion (que faleceu em 1979) uma notação adotada por ele. Nunca poderemos saber se ele concordaria,

C

ou discordaria. No entanto, neste verbete, que está lidando com questões de abstração matemáticas, penso ser adequado ressaltar a questão com este recurso gráfico. Seio e Não-seio são formulações verbais referindo-se a processos de identificação introjetiva e projetiva da entidade "Seio", que, a partir do momento em que foi encontrado materialmente, passa a incluir o "Não-Seio", marcando o desencontro. Este paradoxo tem sido muito difícil de ser tolerado por nós, seres humanos: todo encontro marca também desencontro; sensações de satisfação marcam também sensações de frustração. Sensações, e sentimentos, podem ser reais ou alucinados, havendo muitas vezes uma mistura caleidoscópica dos dois; sensações reais podem servir de estímulos para ilusões e alucinações.

Retornando ao percurso da obra de Bion: um estudo mais detalhado a respeito das formulações primitivas advindas da mente (de nossa mente) humana foi, por assim dizer, adiado. Enquanto isso, Bion continuou usando modelos matemáticos retirados daquilo que um estudioso e editor de Aristóteles chamou metafísica e daquilo que este autor supõe poder ser denominado "meta-matemática" de Aristóteles, para elaborar as hipóteses a respeito da existência – se considerarmos que prática teórica tem existência – do "objeto psicanalítico" e "elementos de psicanálise" (q.v.), para lidar com questões elementares, básicas, fundamentais, que emergem em toda sessão psicanalítica. Pode-se dizer que, para muitas pessoas, a situação (contexto, *setting*) psicanalítica constitui-se como convite para regressão (uso o termo no sentido dado a ele por Freud) e abertura para expor vários dispositivos dos processos oníricos e, em consequência, de mecanismos de defesa (como repressão, condensação, deslocamento etc.).

Em *Transformations*, p. 2, Bion adverte que descrições da geometria euclidiana são "intimamente casadas às marcas sobre o papel". Este "casamento íntimo" parece não ter sido útil para observadores, ou estudiosos, que tentassem não apreender geometria como se geometria fosse uma coisa-em-si: ou que tentasse não apreender os vários símbolos do sistema de notação euclidiano, como se tais símbolos não fossem coisas-em-si. Durante séculos, ensinou-se a teoria dos números por meio da memorização mecânica de tabuadas, até o advento da teoria dos números. Até o ponto que foi minha investigação na época da confecção destes dicionário, o desenvolvimento e síntese mais recentes da teoria dos números pode ter sido feita por Gottlob Frege. Um dos desenvolvimentos de Frege foi a teoria dos conjuntos. Um de seus resultados práticos foi transformar o aprendizado matemático para pequenas crianças. Até então, estavam condenadas a nunca aprenderem o pensar matemático, substituído por memorizações - facilmente esquecidas. Outros observadores e estudiosos podiam dar o "salto quântico" e perceber que a geometria euclidiana, como qualquer geometria, era composta de modelos: passos intermediários para uma abstração - delas mesmas - absolutamente necessária.

A linguagem de Bion

Talvez a dificuldade não resida exclusivamente nas contribuições de Euclides e alguns de seus contemporêneos, mas em séculos de uso distorcido, concretizado. Quando se tenta ensinar a geometria de Euclides para crianças – esquecendo-se de que ensinar é uma das atividades impossíveis, em uma das centenas de observações populares trazidas à consideração de psicanalistas por Freud (na introdução ao livro Juventude Rebelde, de August Aichorn) que nos parece arguta. Muitas crianças, incapazes de apreender o *ethos* da geometria euclidiana, julgam-na algo inútil e entediante: "Para que serve isto?", reclamam, olhando para o sol ou a neve onde queriam brincar ou mesmo seus coleguinhas, ou para um inseto voador, ou um parafuso no banco escolar. Outras crianças, que podem aprender e se dispõem a abstrair – uma função expressando alguma capacidade para tolerar frustração, implícita no ato de abstrair –, têm outras reações. Acabam apreendendo o *ethos* imaterial contido na geometria euclidiana.

Terá sido esse o caso com os persas e gregos antigos? Provavelmente sim, mesmo com a ressalva de que esses conceitos foram disseminados por pessoas adultas. Será a infância, uma fase inadequada para seu aprendizado? Ou a questão é a forma como a matemática é ensinada, como sugeriam, durante os anos 1950, alguns matemáticos interessados em pedagogia que puderam estudar as contribuições de Frege.

Matemáticos parecem ter sido, desde que surgiram, pessoas capazes de dispensar, até certo ponto, a "concretude" dos seus objetos de estudo. Era e ainda são capazes de pensar e usar esses objetos na sua ausência. Como clínico experiente, Bion observou que uma das bases da psicose era a dificuldade em fazer exatamente o que o matemático parecia capaz de fazer. Além disso, mesmo um estudo não muito profundo da história dos conceitos matemáticos mostra como essa capacidade matemática foi ampliada, ainda que de modo setorial, com o desenvolvimento da matemática. A matemática evoluiu de uma forma que parece apropriada para expressar, como analogia, a evolução emocional que ocorre, da psicose à neurose – vice-versa, pelo fato de que novos problemas matemáticos encontram pessoas despreparadas para resolve-los, e dependem de gerações posteriores para tanto. Neste sentido, os movimentos em tandem entre as posições descritas por Klein também oferecem um modelos para os matemáticos. A associação de fenômenos autísticos - falta de sensibilidade para questões humanas, para consideração à vida - não parece ser paralela às capacidades matemáticas. Não há estudos estatísticos a respeito, mas apenas impressões advindas da clinica: ser bom matemático, ou bom enxadrista, parece estar associado justamente a fenômenos autísticos[27]

---

[27] Estou usando a definição de Freud de ambas, que coincide totalmente com a definição psiquiátrica da época, no artigo, hoje clássico "Neurose e Psicose". O ênfase na época me parece necessária: Bion também se utilizou dela e ainda hoje, apesar de uma influência notável das classificações atuais de doenças promovidas pela Organização Mundial de Saúde e pela

C

Em termos descritivos: o "percurso" entre dois pontos imaginários no tempo, partindo de uma falta quase absoluta, até um grau mais marcado de tolerância à frustração, implica na existência de uma capacidade de adiar uma satisfação imperativa de desejo. O limite, e os graus para este percurso imaginário, porem contendo uma contrapartida real na experiência clinica é dado pela magnitude individual de narcisismo primário e a inveja primária.

Bion iria expandir isso em *A Memoir of the Future*. Por exemplo, o diálogo a seguir retrata a evolução da matemática a partir da geometria euclidiana "visual" até os modelos "mentais" da álgebra cartesiana. Nos objetos parciais de Bion, caracterizados por um homem de ação que tem dificuldades para pensar (denominado de "Robin"), contrastando com outro objeto parcial, uma mulher perceptiva e intuitiva (denominada de "Rosemary") e também com outro objeto parcial, com uma condição social de empregado (denominado "Tom"), que aprendeu com a experiência. Os dois últimos objetos parciais de Bion, Rosemary e Tom, pertencem às classes sociais desfavorecidas economicamente. A utilização desta forma dialógica utilizando as experiências de vida e psicanalíticas de Bion, acrescentar um tom sutilmente bem-humorado, mas sem perder a seriedade humana à questão:

> TOM: O que ele diz é um apoio mental para o *insight*; assim como um círculo, uma linha ou um triângulo ajudaram Euclides, e Tales antes dele.
>
> DOUTOR: Estes apoios corpóreos se tornaram limitações; o crédito se torna um débito. A um bebê que cresce para ser móvel, credita-se como vantagem a sua estrutura anatômica e fisiológica.
>
> P.A.: De maneira sintética: se torna "automóvel".
>
> TOM: Mas a geometria euclidiana, auxiliada pelo espaço, o espaço geométrico, cresceu de modo tão poderoso que em poucos milhares de anos tornou-se constrangida por esta moldura visual. Neste ponto, as demandas da mente são aprisionadas na estrutura corporal.
>
> DOUTOR: E aí, então, entra o príncipe encantado para libertar a bela adormecida.
>
> P.A.: E qual é o nome dele? Acho que você podia ir apresentando os personagens, segundo a sua ordem de entrada no palco.
>
> TOM: Coordenadas Cartesianas.
>
> ALICE: Que nome bonito.

Associação Psiquiátrica Norte-Americana, que tem persistido na tentativa de impor critérios "politicamente corretos", com interferências de outros fatos, que não necessariamente científicos (ou seja, neurológicos, psiquiátricos, psicológicos e psicanalíticos). Esta imposição não tem tido efeito maior do que em órgãos públicos de registros epidemiológicos, hospitais, e companhias de seguro: na prática, em todos os países, persistem as definições operacionais práticas – neurose e psicose persistem sendo usadas inumeráveis clínicos e pacientes.

ROSEMARY: Madame, o senhor Robin.

ALICE: Oi, Robin. Nós estávamos pensando nas Coordenadas Cartesianas.

ROBIN: Céus! Espero sinceramente que vocês não estejam querendo que eu as utilize. A minha fazenda seria inundada por coordenadas – e elas iriam crescer muito mais depressa do que as sementes do pensamento germinariam em minha mente. (AMF, II, 224)

Ou, de forma mais resumida, cunhando uma metáfora: *"A mente que é um fardo pesado demais, que a besta dos sentidos não consegue carregar"* (AMF, I, 38).

A referência a esta parte da história da matemática aparece em *Transformations* e em *A Memoir of the Future*. Parece ter sido inspirada pela história da matemática de Alfred North Whitehead. Tanto Whitehead como Bion salientam que os cálculos algébricos liberam a matemática das limitações sensoriais das representações pictóricas, concretas. Trata-se de uma questão de formulação. O que seria necessário para tornar "público" um determinado *insight*? Por meio de formulações – podem ser artísticas e científicas; especificamente, verbais – literatura - auditivas, como as musicais, matemáticas, físicas, químicas. Todas elas provam ser questão de necessidade. O mesma necessidade, que pode ser constituir como problema, aparece em um paciente que precisa tornar "pública" sua experiência emocional. Também o analista tem que "publicar" suas conclusões ao seu paciente ou aos seus colegas. A notação matemática parece ter sido bem-sucedida na superação da fidelidade psicótica à satisfação do desejo, na medida em que essa satisfação já fica impedida logo de início, pelo fato de que o objeto materializado, ou concretizado, inexiste.

Bion detém-se na comunicação psicanalítica: *"A dificuldade do 'público' de entender o fato de que uma analogia é uma tentativa de vulgarizar uma relação, e não os objetos relacionados, é uma prova visível de como isso tudo afetou o assim chamado pensamento prático. A abordagem psicanalítica, ainda que valiosa ao ampliar o consciente por meio do inconsciente, acabou ficando viciada por sua incapacidade de entender a função de 'seio', 'boca', 'pênis', 'vagina', 'continente', 'contido' como analogias. Mesmo escrevendo isto, a dominância sensorial de pênis, vagina, boca, ânus, obscurece o elemento a que a analogia busca dar significado"* (AMF, I, 70-71).

Esse verbete limita-se a citar partes da trilogia *A Memoir of the Future*, que parece, ao autor deste dicionário, desenvolver elaborações anteriores de Bion em *Transformations*. De modo diverso em quantidade, mas não em qualidade, os textos dessa trilogia prosseguem se utilizando de modelos matemáticos, mas incrementa-se o uso da história dos conceitos; e menos a formulações quase-matemáticas. Parece a este autor que, para o leitor que não se sente confortável com o uso de símbolos quase-matemáticos, *A Memoir of the Future* pode facilitar a apreensão das elaborações iniciais de Bion.

C

De qualquer forma, antes de tentar essa forma dialógica, quase artística, Bion já havia recorrido a formulações convencionais, verbais, mesmo quando usava analogias matemáticas: "É necessário descrever o ponto e a linha reta pela totalidade dos **relacionamentos** *que estes objetos mantêm com outros objetos*" (T, 2). Infere-se que a parte mais importante aqui não é a analogia matemática, mas a analogia usada para introduzir a questão dos relacionamentos. Afinal, é disso que trata a matemática. Antes, usando o modelo dos relacionamentos, ele definiu que *"Não se pode conceber uma experiência emocional isolada de um relacionamento"* (LE, 42).

Sua próxima analogia é com a música, de duas maneiras. Em uma delas, adverte que, para algumas pessoas, as pequenas marcas negras em um pentagrama podem ser vistas apenas como isso, marcas pretas. Em contraste, um músico experiente pode "extrair" música a partir delas (AMF, I). Na outra maneira, ele volta ao âmbito do campo negativo, retomando a direção introduzida em *Learning from Experience* – seu modelo agora descreve o valor das pausas em uma partitura musical e na própria música.

Usa essas analogias para falar sobre o seio, o pensamento e a experiência do não-seio: *"Represento o estado de mente acima descrito por intermédio de um modelo, o de um adulto que mantém* **violenta** *e exclusivamente um estado primitivo onipotente* ⇔ *desamparado. O modelo pelo qual represento a visão que* **ele** *tem de* **mim** *é o de um seio ausente, o lugar ou posição que eu, o seio,* **deveria** *ocupar, mas não ocupo. Este 'deveria' expressa violência e onipotência moral. A imagem visual que ele tem de mim pode ser representada por aquilo que um geômetra chamaria de um ponto; um músico, de símbolo de staccato em uma pauta musical"* (T, 53).

Em outras palavras, a falta de tolerância à frustração do não-seio leva a reivindicações onipotentes; o lugar onde o seio costumava estar é abominado. A ausência é abominada. A negação da realização do desejo é sentida como ausência e igualmente abominada. Em alguns casos, necessidades reais que demandam ser atendidas não o podem ser; a reação pode ser igualmente violenta. Não dá lugar à realização do ponto; o ponto é equiparado à frustração; isso é irredutível. *"Na ilustração, o problema centra-se no fato de o seio ausente, o 'não-seio', diferir do seio. Caso isso seja aceito, pode se representar o 'não-seio' pela imagem visual do ponto"* (T, 54).

Esse ponto parece ser fundamental para captar o modelo matemático de Bion como um auxílio para pensar sobre um fato notável – a pessoa parece julgar que sua intolerância à frustração, cuja forma fenomênica mais provável é o ciclo auto-alimentante, de base alucinatória, de inveja-avidez, conforme descrito por Klein, seria sua única forma de sobrevivência. Quando a experiência prática demonstra o contrário. **O ponto é usado como uma representação visual do "não-seio".** Isso não é matemática, embora possa ser visto como uma representação de uma experiência emocional tomada e inspirada na geometria.

A linguagem de Bion

Bion inclui no texto algumas discussões entre Platão, Proclus, os pitagóricos, Euclides e Arquimedes. Essa discussão gira em torno das insuficiências para representar o ponto como uma perfuração. Os antigos gregos discutiam se era para ser chamado de *shmeton* ou *stigma* (σημετον ou στιϒμη): *"tenho razões para citar ilustrações que reforçam a impressão do componente sexual na investigação matemática"* (T, 55-56). Bion também cita as discussões aparentemente racionais de Aristóteles sobre a indivisibilidade da linha. O ponto é indivisível; como poderia uma junção de pontos ser divisível?

Isso serve como uma tentativa de iluminar as origens da própria matemática. Bion propõe considerar a matemática como um modo primitivo de lidar com a psicose, pois a psicose no adulto ocorre quando a intolerância à frustração é muito grande: *"busquei mostrar que construções geométricas relacionavam-se com ou esforçavam-se por representar realidades biológicas, como as emoções . . . o espaço matemático pode representar emoção, ansiedade de intensidade psicótica, ou sossego de intensidade também psicótica – um sossego descrito psiquiatricamente como estupor. Em cada caso, é para a emoção ser parte da progressão seio → emoção (ou lugar onde o seio estava) → lugar onde a emoção estava"* (T, 105).

". . . tolerar frustração envolve se conscientizar da presença ou ausência de objetos, e daquilo que, posteriormente, uma personalidade desenvolvida vem a conhecer como 'tempo' e 'espaço' (conforme descrevi a 'posição' onde o seio costumava estar)" (T, 54, 55). Em outras palavras: [os conhecimentos] *a priori* de Kant não são de todo possíveis se a intolerância à frustração é muito grande. Kant propôs considerar espaço e tempo como duas categorias inatas *a priori* no entendimento humano – ou na mente, como se diz hoje.

Se o paciente tolera o "ponto", ou seja, o não-seio, ele pode fazer imagens visuais dele; o mesmo aplica-se à linha. O processo é semelhante ao sonho; o paciente pode *"**pensá-los**, ou seja, usar pensamentos de acordo com regras aceitáveis para, e compreensíveis a, outrem"* (T, 56). Isso conduz "ao florescimento da matemática" (T, 57), aqui entendido como a capacidade de pensar. Um caminho divergente, expresso pela incapacidade de fazer imagens visuais pela intolerância à frustração e ódio à experiência do não-seio, *"leva . . . à esterilidade mental"* (T, 57). Embora Bion utilize a expressão "leva à", ele adverte que não há nexo de causalidade envolvido, a própria causalidade estando relacionada com a questão de não tolerar frustração conjugada com outros fatores, tais como um superego cruel (cf. o verbete "Causa-Efeito").

O analista que lida com distúrbios de pensamento também lida com dificuldades com o não-seio; *"Em psicanálise, o aparecimento de escotomas, máculas, pingos, símbolos de stacatto em partituras musicais etc. pode ser representado por meio do ponto do geômetra; de modo semelhante, a variedade de símbolos supostamente fálicos pode ser representada por meio da linha do geômetra."* Agora, *"certos pacientes usam o ponto e a linha . . . como se fossem coisas, acreditando que outras pessoas também o façam"* (T, 76-77).

C

Essa parece ser uma questão fundamental. O modelo de pontos e linhas parece auxiliar na questão fundamental subjacente, a que o autor propõe chamar de tendências da mente a "sensorializar" e "concretizar". Essas tendências prevalecem naqueles que sentem não poder tolerar a frustração. Se o paciente ouve ou sente que surgiu um "ponto", dito ou visto por ele mesmo, pelo analista ou quem quer que seja, *"independente de como seja simbolizado ou representado"*, ele conclui que o enunciado ou a imagem visual *"marca o lugar onde o seio (ou pênis) estava. . . . Ele parece investir este 'lugar' de características que pessoas menos perturbadas poderiam atribuir a um objeto que denominariam um fantasma. O ponto (.) e o termo 'ponto' são tomados como manifestações sensíveis do 'não-seio' . . . 'o lugar onde o seio estava' compartilha de muitas das características de um seio que é hostil por não mais existir. . . . É deste modo que uma certa classe de pacientes 'conclui' que um pensamento é uma coisa. . . . Tal visão contrasta com aquela que capacita um matemático a usar um ponto para elaborar um sistema geométrico, independentemente de como ele seja representado. De modo semelhante, contrasta com a visão comum da palavra 'seio' ou 'pênis', que possibilita o uso destes termos na elaboração de sistemas anatômicos, fisiológicos, artísticos ou estéticos (no sentido filosófico)."* (todas as citações anteriores, T, 76, 77; negrito adicionado).

O paciente torna-se "retrovisor", propenso a funcionar fazendo transferência, na acepção de Freud. É uma busca interminável por *"aquilo que foi perdido"*. Isso contrasta com uma capacidade de marchar em direção ao desconhecido, que Bion chama de *"visão comum"*, que conduz à matemática, à ciência e à vida comum, *"ante-visora, relacionada* àquilo que pode ser descoberto". Talvez o trabalho de Freud sobre luto e melancolia bem como o estudo de Klein sobre a posição depressiva sejam os precursores da investigação de Bion. Este expandiu tais contribuições especificamente para os processos de pensamento envolvidos. Bion considerou que a história da geometria poderia ajudar a apreender o problema; parece que ajudou a ele, que então colocou à disposição do movimento psicanalítico.

> A elaboração geométrica continua da seguinte maneira: começando com um ponto, linha ou qualquer outra figura mais complexa, como aquelas associadas ao teorema de Pitágoras, a proposição é interpretada distanciadamente da figura, quer dizer, parece ser considerada como autoevidente a partir da natureza da figura. À inspeção da figura pode se seguir uma formulação em termos não pictóricos. Plutarco dá uma descrição imaginativa e edípica do triângulo 3-4-5. (T, 78)

Deve-se ressaltar que, no texto citado acima, quando se toma uma *"elaboração geométrica"* que *"continua da seguinte maneira: começando com um ponto, linha ou qualquer outra figura mais complexa"*, esta **não** deve ser considerada como um objeto concreto, apesar da apreensão sensorial, que é o primeiro passo nesse processo, e apesar da figura que se mantém na mente. Caso contrário, não seria possível captar o que é transmitido pelas complexidades crescentes *"como aquelas associadas ao teorema de Pitágoras"*. De forma idêntica, não seria possível perceber que *"a proposição é interpretada distanciadamente da figura"*, nem apreender algo que *"parece ser considerado como autoevidente a partir da natureza da figura"*. Em outras palavras, crescer matematicamente pode ser, e pode ter sido ontogeneticamente, uma contraparte do crescimento a partir da psicose até a neurose, ou a partir de objetos parciais até o Édipo, ou da realidade material à realidade psíquica. Bion não está matematizando a psicanálise, mas, ao contrário, está usando a história da matemática como modelo.

O problema pertence, simultaneamente, à área de comunicação. Essa comunicação é necessária em pelo menos dois âmbitos: a comunicação intrapsíquica, que há de se realizar consigo mesmo; e a comunicação com os outros. Os matemáticos podem se comunicar com eles mesmos e com outros matemáticos por meio dos seus sistemas de símbolos não visuais e não verbais. Deveríamos nós, analistas, estar habilitados a fazer o mesmo? E o que dizer de um paciente com seu analista? O que dizer sobre palavras, que são também símbolos? Afinal, elas são, muitas vezes, investidas com uma miríade – Bion chama de "penumbra" – de associações. É válido procurar métodos mais precisos de comunicação? Aonde Bion foi levado quando recorreu ao auxílio dos conceitos de pontos e linhas?

> Descrevi o ponto ou linha como um objeto indistinguível do lugar onde estava o seio ou o pênis. Devido à dificuldade de se ter certeza a respeito do que o paciente está experimentando, lanço mão de uma variedade de descrições; todas elas insatisfatórias. O escotoma, por exemplo, parece ser constituído de partes: a parte consciência, a parte seio, a parte fezes; destruído, inexistente embora presente, cruel e maligno. A total inadequação de uma descrição ou categorização como pensamento levou-me ao termo elemento β, à guisa de um método de representá-lo. *A palavra escrita parece importante apenas porque este elemento é invisível e intangível; a imagem visual, de modo similar, é importante por ser inaudível. Toda palavra representa aquilo que não é – uma "não-coisa" [no-thing], que deve ser discriminada de "nada" [nothing].* (T, 78-79, itálicos adicionados)

O apelo de Bion às analogias matemáticas levou-o ao âmbito do negativo – o âmbito numenico (também denominado, numinoso) resgatado por Kant, ou o âmbito do sistema inconsciente, na nomenclatura proposta por Freud. A importância disso para a gênese dos processos de pensamento e da capacidade de sonhar não pode ser exagerada. Platão, Kant, Freud e agora Bion mostram que a apreensão inconsciente da realidade **como ela é** tem uma necessária etapa preliminar: tolerar **o que não é**; que não é o que nós desejamos que seja.

Há uma função do desejo; qual é, vai ser determinado na prática, em cada caso. Mas há um fato: independente de sua importância, não pode ser realizado de modo

C

total, amplo e irrestrito: isto implica em escravidão ao principio do prazer-desprazer – notado com clareza, mas em uma nota de rodapé, no artigo de Freud que pode ser visto como origem mais fundamental de toda a obra de Bion: "Formulações sobre os Dois Principios do Funcionamento Psíquico", de 1911.

Cada significado emerge da tolerância ao não-significado; toda comunicação emerge da tolerância àquilo que não é comunicado; toda luz surge da tolerância aos períodos de não luz. Um estado psíquico descrito pelo mito de Midas, cuja alternativa foi "nada": uma busca interminável, por avidez impossível de ser satisfeita, por coisas materiais, concretas, que tentam negar a existência da não-coisa.

Vamos prosseguir com o texto de Bion, a respeito do círculo?

O pensamento, representado por uma palavra ou outro símbolo, pode, quando é significativo como uma não coisa, ser representado através de um ponto (.). O ponto pode então representar a posição onde estava um seio, ou pode até *ser* o não-seio. O mesmo é verdadeiro a respeito da linha, seja ela representada pela palavra linha, ou por um sinal feito no chão ou no papel. O círculo, útil para algumas personalidades à guisa de uma imagem visual de "dentro e fora", é, para outras personalidades, principalmente a psicótica, evidência de que não existe tal membrana.

Intolerância de uma não-coisa, tomada em conjunto com a convicção de que qualquer objeto capaz de uma função representativa, em virtude daquilo que a personalidade sã considera como sua função representativa, não é nenhuma representação, mas é a própria não-coisa, exclui a possibilidade de usar palavras, círculos, pontos e linhas como fomento para o aprendizado a partir da experiência. Eles se tornam uma provocação para substituir a coisa pela não-coisa, e a própria coisa como um instrumento para tomar o lugar de representações, quando representações são uma necessidade, como elas o são no âmbito de pensar. Assim, almeja-se um assassinato factual ao invés do pensamento representado pela palavra "assassinato"; um pênis ou seio factuais ao invés do pensamento representado por estas palavras, e assim por diante, até que ações e objetos reais bastante complexos sejam elaborados como parte de *acting-out*. Tais procedimentos não produzem os resultados comumente obtidos por pensamento, mas contribuem para estados que se aproximam de estupor, medo de estupor, alucinose, medo de alucinose, megalomania e medo de megalomania. (T, 82)

O conceito, círculo parece ter sido um passo à frente, na medida em que expressa a capacidade da mente de tolerar paradoxos sem tentativas precipitadas para resolvê-los. O autor deste dicionário propôs, em outros estudos, sempre baseados nos aportes de Freud, Klein, Bion e Winnicott, que uma disciplina de tolerar paradoxos marca a postura analítica e talvez possa ser equiparada às outras necessidades propostas por Freud: uma capacidade de observar associações livres, uma noção da existência do sistema inconsciente e uma noção da existência do complexo de Édipo.

A associação do círculo com "dentro e fora" contribui para a dificuldade de compreensão de conceitos como o de uma linha que corta um círculo em pontos que são conjugados complexos. A dificuldade se origina de uma suposição, ou seja, a linha que atravessa o círculo deste modo está "fora" do círculo; em oposição à linha que o atravessa em dois pontos, cujas raízes são reais e distintas, e assim supostamente fica "dentro" do circulo. A dificuldade diminui caso não se tenha que defrontar com intolerância com a não-coisa; consequentemente, não haverá oposição a um termo cujo significado fica indeterminado.

O exemplo que usei, simples, da linha reta que pode cortar um círculo em dois pontos que são, respectivamente, (i) real e distinto; ou (ii) real e coincidente (caso a linha seja uma tangente); ou (iii) conjugados complexos (caso a linha esteja inteiramente "fora do círculo"), estabelece um problema que o matemático conseguiu resolver tomando um ponto de vista matemático, mas eu o utilizo para ilustrar a natureza do problema psicológico. Vou colocar isso da seguinte maneira: no domínio do pensar – em que uma linha reta pode ser considerada estando dentro, ou tangenciando, ou estando inteiramente fora de um círculo – efetuou-se uma transformação; nela, certas características, já conducentes por si mesmas ao manejo matemático, foram manejadas matematicamente para esboçar, e então resolver, um problema matemático. No entanto, as características residuais retêm seu problema, a-nônimas (des-vinculadas), e, portanto, permanecem sem ser investigadas. *Alucinose é um âmbito, análogo ao da matemática, no qual se procura sua solução.* (T, 83)

O leitor pode consultar o verbete "Alucinose". Em síntese, um estado em que alucinações e delírios podem aparecer, ainda que o resto da personalidade – ou funções do ego – esteja comparativamente preservado. Novamente, a intolerância à não-coisa, à frustração, pode ser vista como a função anticientífica (ou antimusical, ou antianalítica) da mente que funciona sob a égide da pulsão de morte. O reverso é nutrir observância pelo princípio da realidade (ou verdade).

O problema matemático é parecido com o problema psicanalítico, no que se refere à necessidade de que a solução tenha um amplo grau de aplicabilidade e aceitação, evitando assim a necessidade de usar argumentos diferentes para casos diferentes, quando os diferentes casos parecem ter essencialmente a mesma configuração. Todo analista vai reconhecer a confusão causada ou, na melhor das hipóteses, o sentido de insatisfação que prevalece quando, em uma discussão entre colegas, fica

C

bastante claro que todos apreenderam a configuração do caso, mas que os argumentos formulados em sua elucidação variam, de pessoa para pessoa, e de um caso para outro. É essencial fazer com que essa situação fique desnecessária, se for para haver progresso. A busca precisa ser por formulações que representem a similitude central das configurações, reconhecidas por todos que lidam com elas, e assim eliminar a necessidade do caráter *ad hoc* de tantas teorias psicanalíticas. (T, 83-84)

Vértice

A importância de pontos, linhas e círculos começa a partir da tolerância/intolerância ao seio e prossegue para o desenvolvimento de vértices. O ponto é a origem dos vértices. Estes últimos são passíveis de serem tratados como **sentidos**, ou, para usar um termo emprestado da física: um vetor. Cada um dos cinco sentidos humanos básicos pode ser considerado como um vértice: temos um vértice visual, um vértice auditivo, um vértice olfativo, e assim por diante. Bion lida com as contrapartes mentais de alguns vértices, como o sistema reprodutor, o qual é *"relacionado a premonições* (q.v.) *de prazer e dor"* (T, 91).

Os vários vértices, decorrentes de pontos – originalmente, o não-seio e o lugar onde o seio costumava estar –, geram possibilidades multifacetadas, talvez infinitas. Esse fato tem consequências para uma análise. A fim de facilitar a apresentação do problema, vamos recorrer à supremacia do vértice visual. Infinitas possibilidades estão disponíveis tanto para a produção alucinatória como para o trabalho onírico. No primeiro, o infinito tem o significado de uma produção caótica, ávida, de tudo que equivale a nada; no último, as possibilidades aparentemente infinitas convergem em verdade, ou infinito: *"O ponto/linha pode ser transformado por projeção central a partir de qualquer vértice, entre muitos; ou pode ser transformado por projeção paralela por um ponto isolado no infinito"* (T, 91). Ambos são desenvolvimentos paralelos. A supremacia do vértice visual ocorre em qualquer mente, e contribui para a tradução dos sonhos em imagens visuais, um fato que impressionou profundamente tanto Freud como Bion.

Foi nesse momento que Bion deu início aos seus esforços para enfatizar a importância de colocar a linguagem coloquial a serviço da análise, como Freud fez. Isso apresentava vantagens definitivas em relação ao uso de jargões, que prevalecia na época. Mas, ao mesmo tempo, ele considerava que a notação matemática conferiria precisão à comunicação, uma precisão que o uso da linguagem coloquial jamais poderia aspirar oferecer.

Bion usa termos coloquiais, como área de calor, nuvens, a fim de retratar suas imagens visuais ao atender um paciente (capítulo nove de *Transformations*).

A linguagem de Bion

Simultaneamente, ele chama atenção para as limitações do uso desse tipo de terminologia, *vis-à-vis* o uso de conceitos derivados da matemática:

> A combinação de termos tais como "área de calor" com outros termos tais como "nuvem" e "probabilidade" interdita ao modelo qualquer variação em sua aplicabilidade, restringindo sua utilidade a um contexto. Termos como "probabilidade" e "nuvem" não são homogêneos. Será possível substituí-los por termos que o sejam? Sim: caso sejam substituídos por pontos. (T, 121)

Falhas na apreensão do conceito, mal-entendidos e distorções: na tentativa de elucidar o uso de analogias matemáticas por Bion, parece necessário levar em conta de que tais analogias tem sido mal-interpretadas. A falha em captar o valor da analogia parece ser uma marca do movimento psicanalítico. Os alertas de Bion a respeito dessa falha e suas tentativas de evitá-la sofreram o mesmo destino.

> P.A.: Todos nós ficamos escandalizados pelo fanatismo. Nenhum de nós gera fanatismo; quer dizer, nenhum de nós consegue admitir que nós mesmos somos a fonte da qual flui o fanatismo. Como resultado, não reconhecemos aqueles que, dentro de nossa prole, apresentam características que desaprovamos. Melanie Klein realmente descobriu que a onipotência infantil, primitiva, era caracterizada por fragmentar[28] traços individuais não desejados e então evacuá-los.
>
> ROLAND: Você não está querendo dizer que as crianças *pensam* deste jeito, está?
>
> P.A.: Seria enganador e impreciso dizer desta forma. E é por isso mesmo que Melanie Klein chamou-as de "fantasias onipotentes". Ainda que eu achasse sua verbalização esclarecedora, com o decorrer do tempo e investigações posteriores, possíveis graças às suas descobertas, estas formulações foram desnaturadas e tornaram-se inadequadas. Esses elementos primitivos do pensamento são difíceis de serem representados por qualquer formulação verbal, porque precisamos nos apoiar em uma linguagem elaborada posteriormente e com outros objetivos. Houve época em que tentei empregar termos desprovidos de sentido – alfa e beta eram exemplos típicos. Descobri então que "conceitos sem intuição, que são vazios, e intuições sem conceito, que são cegas", rapidamente se tornaram "buracos negros nos quais a turbulência se infiltrou e conceitos vazios fluíram com significados desordeiros". (AMF, II, 228-229)

A analogia matemática foi submetida a uma supersimplificação; o apelo de Bion à história e à filosofia da matemática foi visto como se ele estivesse apelando

---

[28] "*Split off*" no original.

para a matemática em si mesma, como se fosse possível substituir psicanálise por matemática; ou matematizar a psicanálise.

Essas leituras ignoram ou rejeitam frases como: *"Espero que com o tempo venha a se estabelecer a base para uma abordagem matemática à biologia alicerçada nas origens biológicas da matemática, e não em uma tentativa de amarrar uma estrutura matemática à biologia, que deve sua existência à capacidade do matemático para encontrar realizações entre as características do inanimado que se aproximam de seus constructos"* (T, 105).

Isso pode ser comparado com seus estudos clínicos sobre psicose e pensamento esquizofrênico, em que ele afirma que alguns pacientes lidam com o âmbito animado pormeio de medidas que seriam bem-sucedidas se aplicadas ao inanimado.

> Intolerância de uma não-coisa, tomada em conjunto com a convicção de que qualquer objeto capaz de uma função representativa, em virtude daquilo que a personalidade sã considera como sua função representativa, não é nenhuma representação, mas é a própria não-coisa, exclui a possibilidade de usar palavras, círculos, pontos e linhas como fomento para o aprendizado a partir da experiência. Eles se tornam uma provocação para substituir a coisa pela não-coisa, e a própria coisa como um instrumento para tomar o lugar de representações, quando representações são uma necessidade, como elas o são no âmbito do pensar. (T, 82)

> As regras que governam pontos e linhas, as quais foram elaboradas por geômetras, podem ser reconsideradas com referência à sua origem, ou seja, os fenômenos emocionais que foram substituídos pelo "lugar (ou espaço) onde os fenômenos mentais estavam". Tal procedimento estabeleceria um sistema abstrato dedutivo, baseado em um alicerce geométrico, com teoria psicanalítica intuitiva à guisa de realização concreta deste sistema. (T, 121)

Parece que as dificuldades em tirar proveito das analogias de Bion se iniciaram a partir da primeira apresentação pública de um trabalho que continha tal proposição: "A theory of thinking". Uma reação comum era, e continua sendo: "Por que um analista falaria sobre matemática em um texto analítico?" A ausência de uso de jargão psicanalítico não agradou aos primeiros leitores. Bion teceu comentários sobre a noção de que é considerado não psicanalítico um livro que não mencione Édipo, repressão ou qualquer teoria conhecida. A questão, se colocada sob a égide da curiosidade científica, pode levar ao desenvolvimento; se sob a égide de ideias já existentes, leva à decadência.

Fatores profundamente arraigados esclarecem a objeção. Estariam relacionados com o mesmo tipo de intolerância à frustração que Bion tentou abranger com sua analogia? O leitor que se "encontra" nessa situação pode ainda recorrer às suas experiências de vida ou com pacientes para obter alguma ajuda. No entanto, parece ao autor desse dicionário que esta dificuldade não pode ser abordada fora do âmbito da análise pessoal do analista.

Referências cruzadas recomendadas: Função, Hipérbole, Matematização da psicanálise.

Referências cruzadas sugeridas: Alucinação, Não-seio, Frustração.

📖 Sobre a expansão da teoria dos números e geometria euclidiana: *A Memoir of the Future*, volume I, pp. 71-72.

Há livros introdutórios, com explicações, escritos por físicos e matemáticos profissionais renomados, dirigidas a jovens matemáticos e ao leigo interessado que podem ser úteis para compreender os referenciais teóricos de Bion, adjacentes ou auxiliares aos referenciais psicanalíticos: a lista de autores é muito ampla, e pode ser orientada pela leitura do trabalho de Bion: Platão, Aristóteles, Euclides, Kant, Quine, Poincaré, Prichard, Braithwaite, Whitehead, Russell, Tarsky, Morris Kline, Gottlob Frege; permito-me acrescentar outros, cuja obra parece-me útil: A. Eddington, Roger Penrose, Paul Dirac, Stephen Hawking, Paul Davies. John Barrows.

CLIVAGEM FORÇADA

O conceito enfoca uma ampla e profunda separação entre realidade material e realidade psíquica. Bion usou esse termo apenas uma vez, em *Learning from Experience*, capítulo V. *"Se a emoção é suficientemente forte, inibe o impulso da criança para obter sustento."*

> O amor, tanto na criança como na mãe, mais aumenta do que diminui o impedimento; em parte, por ser o amor inseparável da inveja do objeto tão amado, . . . O papel desempenhado pelo amor pode passar despercebido; pois inveja, rivalidade e ódio obscurecem o amor, embora não exista ódio caso o amor não esteja presente. A violência da emoção impele a um reforço do impedimento, porque não se distingue violência de destrutividade e das subsequentes culpa e depressão. O temor à morte por privação do essencial impele a retomar a sucção. Desenvolve-se então clivagem (*splitting*) entre, de um lado, satisfação material e, do outro lado, satisfação psíquica. (LE, 10)

Clivagem forçada é um conceito advindo de uma observação clínica, publicada em *Second Thoughts*: há pessoas que tentam lidar com aquilo que é animado usando métodos que podem ser bem-sucedidos com aquilo que é inanimado. Pelo menos

C

desde os anos de 1940, Bion observara esse fato em pacientes com graves distúrbios nos processos do pensamento. A clivagem forçada parece ser o principal fator na concretização excessiva, cuja consequência maior parece ser falta de entrar em contato com a realidade psíquica. Impede a formação de símbolos; contribui de um modo especial para a formação de "equações simbólicas", termo criado por Melanie Klein, mas popularizado por Hanna Segal.

A clivagem forçada difere de clivagem *"realizada para evitar depressão"* bem como de *"clivagem mobilizada por impulsos sádicos"*. Despertada por medo violento ao ódio, inveja e pelo próprio medo; todos violentamente mantidos; todos originados por violência de emoções, fato inato, provavelmente geneticamente orientado, razoavelmente descrito em análise de crianças por Melanie Klein (por exemplo, em "Psicogênese dos estados maníacos", estudo clássico publicado em 1936, mas apresentado no 13º Congresso da IPA, em Lucerna, 1934) e em adultos, por Bion. Sentimentos e emoções de tal modo temidos que certas pessoas tomam medidas "anticognitivas", na área perceptiva, para *"destruir a consciência de todos os sentimentos"*, mesmo que o preço a ser pago seja a abolição *"da própria vida"*. Algumas vezes, a própria sobrevivência física está ameaçada. A experiência clínica (inclusive do autor deste dicionário) permite afirmar que isso é verdadeiro em casos de homicídio e permite apenas supor que pode ser verdadeiro em casos de suicídio. Neste ultimo caso, o estudo (retrospectivo e prospectivo) é impossível, por razões óbvias. Em todo caso, nenhum suicídio pode deixar de ser considerado, realisticamente, como homicídio. Esta a matéria-prima sobre a qual se faz clivagem forçada. Quando ocorre clivagem forçada, usualmente, o indivíduo tem contato com algumas manifestações externas da realidade – tais como a necessidade de sobrevivência – mas pouca consideração pela verdade (q.v.). No entanto, a experiência clínica e relatos que acabam aparecendo nas páginas policiais dos jornais possibilitam a hipótese de que tudo isso depende do tempo. Notícias de suicídios entre empresários e financistas durante as assim chamadas "crises econômicas" têm sido antes a regra do que a exceção, ultrapassando as taxas de prevalência usuais na população geral.

> Se um senso de realidadegrande demais para ser submerso por emoções força a criança a voltar a se alimentar, intolerância à inveja e ao ódio, em meio a uma situação que desperta amor, leva a uma clivagem (*splitting*) . . . cujo objetivo e efeito é capacitar a criança a obter o que posteriormente na vida será chamado de satisfação material, sem reconhecer a existência de um objeto vivo do qual dependem esses benefícios. . . . Por não poderem ser satisfeitas, as necessidades de amor, compreensão e desenvolvimento mental são agora defletidas na busca de satisfação material. Como os desejos por confortos materiais são reforçados, o anseio por amor permanece insatisfeito e converte-se em uma voracidade pretensiosa e mal dirigida . . . o paciente vorazmente persegue toda forma de satisfação material; o

paciente torna-se insaciável e, simultaneamente, implacável em sua busca de saciedade.

... o paciente parece ser incapaz de sentir gratidão ou consideração tanto para com ele mesmo como para com os outros. Esse estado envolve a destruição de sua consideração pela verdade ... sua busca de uma cura toma a forma de uma procura por um objeto perdido e termina em dependência incrementada, cada vez maior, de satisfação material; aquilo que governa sua consideração é quantidade, não qualidade. (LE, 10-11)

Estes pacientes invariavelmente qualificam como "ruins" toda e qualquer interpretação que lhes seja oferecida, independentemente da natureza ou qualidade delas – mas sentem precisar *"ter mais e mais delas"* (LE, 11). Embora a experiência clínica com pacientes classificáveis como "consumistas" e também, apesar de rara, a experiência clínica com pessoas que buscam avidamente cargos burocráticos e políticos demonstrem ser essa a ideia na qual essas pessoas imaginam se basear, não existem, até agora, estudos estatísticos psicanaliticamente orientados que permitam afirmar cientificamente o fato. No senso comum, afirmações como aquela atribuída a Jesus Cristo, "é mais fácil um camelo passar pelo fundo de uma agulha do que um rico entrar no Reino de Deus", podem constituir referência ao fato.

Referência cruzada sugerida: Verdade; Narcisismo/Social-ismo.

Comensal

Bion introduz esse termo, emprestado da biologia, em *Learning from Experience*, p. 90. O termo pode ser visto como uma extensão de sua teoria dos vínculos, da qual efetivamente depende, bem como da teoria do continente/contido. Logo após ter introduzido o conceito de continente e contido (q.v.), ele reconsidera o vínculo K (q.v.) sob esse vértice – ou, mais precisamente, ele considera que K é um fator da função continente/contido (e por isso é subordinado a ela). É apenas nesse momento que define "comensal":

> Sendo K, L e H fatores e, portanto, subordinados, ♂ é projetado dentro de ♀, e a abstração, que vou denominar pelo termo comensal, segue-se por um tipo que descrevo da seguinte maneira: por comensal, quero dizer que ♂ e ♀ são interdependentes para seu mútuo benefício, sem nenhum dano para nenhum. Em termos de modelo, a mãe deriva benefício e alcança crescimento mental a partir da experiência: de modo idêntico, também a criança abstrai benefício e alcança crescimento. (LE, 90-91)

C

Os fenômenos que se apresentam na realidade material têm natureza biológica, e também têm uma contraparte imaterial na realidade psíquica, passíveis de abordagem psicanalítica. O modelo de relacionamento comensal é uma maneira de colocar esses fatos em uma abordagem integradora transdisciplinar, em múltiplos níveis. Ele detecta invariâncias comuns a diferentes modos de observação. "Comensal" parece ser um deles. Existem alguns impedimentos para que uma relação comensal se estabeleça, entre eles, inveja (LE, 96). Oito anos mais tarde, a definição foi apresentada de forma mais desenvolvida: *"Por 'comensal', quero dizer de uma relação na qual dois objetos compartilham de um terceiro, com vantagem para os três"* (AI, 95).

Referências cruzadas sugeridas: Continente/Contido, Parasítica, Simbiótica.

Compaixão

P.A. Não penso que poderíamos tolerar nosso trabalho – doloroso como é, tanto para nós como para nossos pacientes – sem compaixão. (AMF, III, 522)

As palavras compaixão e paixão (q.v.) são usadas por Bion em textos importantes; mas nunca como conceitos. Bion usa a palavra "compaixão" em seu sentido vernacular, coloquial. Foi trazida para a consideração na prática analítica a partir da experiência de Bion com psicose. Tem a ver com os limites, limitações e dificuldades do método analítico no tratamento de certos pacientes que abrigam excessiva inveja e narcisismo, resultando em rivalidade e disposição à inatividade pelas "regras da alucinose" (q.v.). As regras da alucinose são expressas por duas tendências: (1ª.) fantasiar que se é "o máximo"; (2°) substituir o pensar por *acting-out* (atuar):

Quando o problema que se apresenta em análise são as alucinações do paciente, chegou-se a um ponto crucial. Ao problema que o paciente está tentando resolver por intermédio de transformação em alucinose soma-se o problema secundário ocasionado pelo método de solução. Este problema secundário aparece em análise como um conflito entre o método empregado pelo analista e o método empregado pelo paciente. O conflito pode ser descrito como um desacordo sobre as respectivas virtudes de uma transformação em alucinose e as virtudes de uma transformação em psicanálise. O desacordo colore-se do sentimento do paciente, deste desacordo entre paciente e analista ser um desacordo entre rivais, concernente a métodos de abordagem rivais. Não se progride, caso este ponto não fique claro.

Quando ele é esclarecido, o desacordo persiste, mas torna-se endo-psíquico: os métodos rivais lutam por supremacia dentro do paciente.

As "regras" de acordo com as quais ele maneja esses elementos são: (i) O paciente não precisa de nenhum analista porque ele mesmo provê o material para sua própria cura e sabe como obter a cura deste material. . . . (iv) A relação entre os contendores é delineada para provar a superioridade do paciente e de alucinose sobre o analista e psicanálise. . . . Certas anomalias se seguem a estas "regras": qualquer benefício conseguido como um resultado de cura analítica fica viciado por ser indistinguível de um "defeito" do analisando. Toda vitória do analisando fica viciada por perpetuar o *status quo* doloroso. O elemento doloroso é devido à intrusão do analista – "a falha do analista". . . . Todas as suas interpretações são elementos psicanalíticos destinados a provar a sua superioridade e a superioridade da psicanálise. Na medida em que ele seja culpado, (i) suas ações como um psicanalista são "atuações"; (ii) suas ações como um psicanalista são atos (em oposição a "atuação") e são expressões de uma capacidade para compaixão. Mas uma capacidade para compaixão é uma fonte de admiração e, portanto, inveja em um analisando que se sinta incapaz de compaixão. (T, 142-143)

Pacientes nesta situação sentem-se incapazes de exercer compaixão. Sentimentos podem ou não ser realistas. Confundir "sentir" com "ser" parece ser um hábito persistente no movimento psicanalítico. Seria uma espécie de "aprendiz de feiticeiro" que impede de ir além do aparente? Embora "sentir" possa ser empregado para denotar um tipo de captação intuitiva, proponho limitar seu campo semântico em psicanálise ao sentido que Freud, Klein e Bion o utilizam.

Os sentimentos, através das suas ligações com alucinação, são mais frequentemente irrealísticos do que realísticos. O exercício de uma pseudocompaixão pode levar a alguns desdobramentos que impedem a consecução de uma psicanálise: (i) conluio; (ii) reasseguramento; (iii) desconsideração do verdadeiro potencial do paciente; (iv) pseudopsicanálise piegas; (iv) balbuciar psicológico; (v) falsa humanidade. A partir de sentimentos criados, aos quais o paciente estava preso, o analista será aprisionado no mesmo círculo interminável feito de "nadisses"; descrito por Shakespeare em algumas peças teatruas: "muito barulho por nada", e "tempestades plenas de som e fúria, nada significando".

Baseado em sua experiência com psicóticos, Bion examina profundamente a afirmação de Freud, em "Neurose e psicose" (1924). "o . . . *ego a serviço do id retira-se de uma parte da realidade*" (Freud, citado por Bion, ST, 45). Para conseguir *"que a descrição de Freud torne-se mais próxima aos fatos"*, Bion propõe *"duas modificações"*, ao considerar que, naquilo *"que se refere aqueles pacientes que podemos, com maior probabilidade, encontrar na prática analítica, seus egos nunca ficam totalmente isolados da realidade. Diria que o contato com a realidade fica mascarado pela dominância, na mente e no*

C

comportamento do paciente, de uma fantasia onipotente cuja intenção é destruir a realidade, ou destruir um estado de estar cônscio da realidade, e então obter um estado que não é vivo, nem morto. Já que o contato com a realidade nunca é totalmente perdido, os fenomenos que estamos acostumados a associar com neurose nunca estão ausentes; quando há um progresso suficiente na analise, a presença de neurose em meio ao material psicótico serve para complicar a análise. Este fato, do ego reter um contato com a realidade, depende da existência de uma Personalidade Não-Psicótica paralela, mas obscurecida pela Personalidade Psicótica. No que se refere aqueles pacientes que podemos, com maior probabilidade, encontrar na prática analítica, seus egos nunca ficam totalmente isolados da realidade." (ST, 46).

Pode-se argumentar que Freud – e Bion o cita – fez concessões também pelo *"conhecimento insuficiente"*, e advertiu que descreveria os processos *"muito superficialmente"*. Freud também deixa uma porta aberta quando escreve *"parte da realidade"*. Ou seja, o paciente se retira de partes da realidade, e não se retira de outras partes da realidade. Embora seja claro que, no que se refere às partes das quais o paciente se retira, a retirada é completa. O que isso significa?

Poderia significar que Bion estava em contato constante; e constantemente monitorando tanto aspectos mais desenvolvidos da personalidade quanto os mais primitivos. Examinando seus escritos, percebe-se que não embarcava na escolha fácil de condenar as pessoas à doença, e nem mesmo à saúde perpétua, como se estivessem "curados".

Talvez isso seja compaixão, na medida que implica em confiança no trabalho árduo a ser feito, bem como a ser cuidadoso em relação a aparências de cura ou aparências de piora, quando ocorre a realização de insanidade (ST, 33; T, 8). Bion, como Freud, alerta a respeito do perigo em reassegurar pacientes, indicando a necessidade de não ser esmagado pelo *acting-out* do paciente e de sua família (ST, 44; T, 8). Mais tarde (1965), esse ponto de vista seria a origem do conceito de mudança catastrófica (q.v.). Em 1967, descreve a respeito de sensações de isolamento, para limitar confusões entre paciente e analista: *"É necessário que um analista seja capaz de maior isenção que os demais; não é possível ser analista e se dissociar do estado mental que supõe-se, será analisado por este analista"* (ST, 146).

Usar um vértice analítico é uma alternativa a outro estado: ser seduzido por ideias de patologia ou loucura. O que está em jogo é a relação entre analista e analisando, que parecem ser rivais, mas a verdadeira rivalidade é originada por um conflito intrapsíquico de métodos rivais dentro da mente do analisando.

Em consequência, há uma questão difícil para o analista, qual seja, conduzir-se de modo que sua associação com o analisando seja benéfica ao analisando. A prática, na visão do paciente, é a instituição da superioridade, rivalidade, inveja e ódio sobre compaixão, complementação e generosidade. Descobre-se o ponto crucial a que me refiri no caráter da cooperação entre duas pessoas, e não no problema para o qual se requer a cooperação. A natureza da cooperação pode ser determinada por meio das perturbações da personalidade do paciente, mas pode se presumir que esta situação seja suscetível à psicanálise: difere da situação produzida pela disposição inata do paciente. Se a análise for bem-sucedida em restaurar a personalidade do paciente, ele vai se aproximar de ser a pessoa que era quando seu desenvolvimento tornou-se comprometido. (T, 143)

Um texto preparatório, publicado postumamente, descreve um modo de lidar psicanaliticamente com a contraparte na realidade que a formulação verbal, compaixão, tenta se aproximar. Esclarece algumas questões relacionadas à compaixão, bem como aos "sentimentos relatados". Isso parece ser importante no fomento à alucinação e à crença, e na "síndrome de aprendiz de feiticeiro" que se abate sobre o profissional pego de surpresa em um ambiente pleno de sentimentos. Há o risco de ocorrer um conluio com os sentimentos do paciente, em vez de uma análise destes. Se houver análise real, evidencia-se que os sentimentos pertencem ao âmbito da alucinação. Nenhuma compaixão é possível nesse contexto de alucinação não detectada, mas somente contratransferência e conluio. Isso pode estar ligado à subestimação oculta, inconsciente, pelo analista, das capacidades do paciente. Disfarçada de paciência, tolerância e "humanidade", uma postura indulgente implica em ausência de compaixão.

Embora compaixão possa ser expressa como sentimento, pertence ao âmbito dos instintos e da natureza.

Compaixão e Verdade

1. Compaixão e Verdade são, ambas, sensos do homem.

2. Compaixão é um sentimento que ele necessita expressar; é um impulso que ele precisa experimentar em seus sentimentos pelos outros.

3. Compaixão é, igualmente, algo que ele necessita sentir na atitude que os outros têm em relação a ele.

6. Verdade e compaixão são também qualidades pertinentes à relação que o homem estabelece com pessoas e coisas.

7. Um homem pode sentir que lhe falta a capacidade para amar.

8. Um homem pode não ter a capacidade para amar.

10. Esta capacidade pode, de fato, lhe faltar.

11. A carência pode ser primária ou secundária, e pode diminuir a verdade ou o amor, ou ambos.

12. A carência primária é inata e não pode ser remediada; mas algumas de suas consequências podem ser modificadas analiticamente.

C

13. A carência secundária pode se dever a medo ou ódio ou inveja ou amor. Mesmo o amor pode inibir o amor. (C, 125)

14. Aplicando (8) e (10) ao mito de Édipo, a morte da Esfinge pode ser uma consequência dessas carências, pois a questão que ela colocou não visava estimular a verdade; possivelmente a Esfinge não tinha consideração por si mesma, consideração que poderia erigir uma barreira contra a autodestruição. Pode-se dizer que Tiresias carecia mais de compaixão por si mesmo do que de falta de consideração pela verdade. A Édipo faltava mais compaixão por si mesmo do que consideração à verdade.

A experiência clinica evidencia a seriedade da situação rival evocada pela presença de analista capaz de exercer compaixão. O foco não precisa ser o problema apresentado conscientemente, como se fosse o contido dos enunciados verbais do paciente. Por outro lado, praticantes que sejam levados por tendências sádicas, usam a verdade que observam, mas mantem pouco respeito por verdade; incrementam sofrimento desnecessário no analisando - por exemplo, culpa; um analista intelectualizado age de forma a impingir sentimentos dentro do paciente como se fosse um publicitário. Em todas essas situações há falta de compaixão.

Resumindo:
(i) Compaixão não pode ser confundida com sentimentos, nem com demonstrações evidentes deles.
(ii) Compaixão é uma habilidade inata compelida a despertar aspectos de inveja e avidez. Este é um paradoxo embutido na prática psicanalítica. Acarreta perigos reais para proticantes sinceros e intuitivos.

Compreensão

Consultar os verbetes "Disciplina sobre memória, desejo e entendimento".

Comunicação

Favor consultar os verbetes Correlação, Controvérsia, Identificação Projetiva Realista.

Conceito

Em *"A theory of thinking"* (1961), Bion estabelece uma teoria sobre o desenvolvimento genético dos processos de pensamento. Em *Elements of Psycho-Analysis* (1963), essa teoria seria detalhada e expandida clinicamente. Os princípios básicos permaneceram inalterados. Bion classifica os pensamentos de acordo com a *"natureza da sua história evolutiva"*: pré-concepções, concepções (que naquele texto são sinônimos de pensamentos) e conceitos.

Em 1961, definiu conceitos como *"concepções ou pensamentos fixos"*. E por que são fixos? Para serem "nomeados". Bion modifica essa definição um tanto frouxa e imprecisa, substitundo-a pela noção de que conceitos podem ser insaturados. Pouco depois, altera a noção, afirmando que conceitos **precisam** ser insaturados, a fim de evitar a ideia de ter alcançado verdade absoluta. O conceito, "**O**" (q.v.), e um uso mais amplo dos aportes de Platão e Kant estavam ainda por vir.

O conceito de saturação (q.v.), bem como de sua falta, já estava implícito nos conceitos de pré-concepção e concepção, na medida em que estes dependiam do grau de tolerância à frustração.

Conceitos e ciência

Em 1963, Bion atribuiria uma importante função aos conceitos: *"O conceito deriva da concepção por meio de um processo destinado a libertá-lo de elementos que o tornariam inadequado para ser um instrumento na elucidação ou expressão da verdade"* (EP, 24). Em outras palavras, o conceito pertence ao âmbito das formulações científicas. Édipo bem como e $= mc^2$ podem qualificar-se como conceitos.

Conceitos podem ser utilizados como compostos de um sistema dedutivo científico, o que *"significa uma combinação de hipóteses e sistemas de hipóteses logicamente relacionadas entre si. A relação lógica de um conceito com outro e de uma hipótese com outra acentua o significado de cada um dos conceitos e hipóteses assim vinculados e expressa um significado que, sozinhos, os conceitos, hipóteses e vínculos não possuem. Nesse aspecto, pode-se dizer que o significado do todo é maior do que o significado da soma de suas partes"* (EP, 24).

Isso é transmitido com outro conceito, o de saturação. Bion muda sua antiga definição de conceitos como pensamentos fixos: *"Uma capacidade para crescimento negativo é necessária, em parte, para reviver uma formulação que perdeu significado . . . mas talvez sobretudo para alcançar uma visão ingênua quando um problema ficou tão soterrado pela experiência que seu contorno tornou-se borrado e suas possíveis soluções, obscuras"* (EP, 85-86).

C

O eixo A-H da "Grade" (Grid) descreve a evolução que caracteriza a formação de um conceito, que Bion denomina de eixo genético, o qual envolve crescimento que depende de sucessivas particularizações, generalizações e saturações. O ciclo se renova após um conceito ser criado: um conceito pode ser utilizado como uma nova pré-concepção, em um ciclo renovado. Dois anos depois, chamaria esses ciclos de "transformações". À pré-concepção foi dada a fórmula de uma constante (ψ), que se combina com um elemento insaturado (ξ).

Referências cruzadas sugeridas: Pré-concepção, Concepção.

Concepção

A partir de pré-concepções inatas, o bebê busca e eventualmente encontra realizações no mundo exterior. Esse achado é essencial para a sobrevivência. Quando uma pré-concepção encontra uma realização, nasce uma concepção. Concepção é o resultado de um pareamento entre uma pré-concepção e sua realização.

🕒 Em "A theory of thinking" (1961), Bion publicou uma versão resumida de uma longa série de observações, e também de sua elaboração, decorrentes da experiência com pacientes que sofrem de distúrbios graves dos processos cognitivos e do pensamento. Essa experiência se iniciou no final dos anos 1940 e se estendeu até os anos 1960. Parte desse material, referente ao final dos anos 1950, foi publicada em 1992 por sua dedicada esposa Francesca, em *Cogitations*. É composta por anotações clínicas e suas tentativas de correlacionar as atribuições do psicótico, ao lidar com a realidade, com as vicissitudes do filósofo diante da mesma tarefa.

O resumo final a que Bion chegou para transmitir sua elaboração na forma do breve artigo "A theory of thinking" é aparentemente teórico. Leitores com experiência analítica reconhecem sua utilidade clínica.

O conceito kantiano que Bion utiliza é o de "pré-concepções" (q.v.). Corresponde a um conhecimento *a priori* - independente de razão pura e de dogma. O ser humano parece ser dotado de noções inatas que Kant propôs chamar *"a priori"*. Bion conjectura que, a partir de pré-concepções inatas, o bebê busca e eventualmente encontra realizações no mundo exterior. Esse achado é essencial para a sobrevivência. Quando uma pré-concepção encontra uma realização, nasce uma concepção.

Uma concepção se inicia pela conjunção de uma pré-concepção com uma realização... Quando uma pré-concepção é posta em contato com uma realização que dela se aproxime, o desfecho mental é uma concepção. Em outras palavras, quando o bebê é posto em contato com um seio, a pré-concepção (a expectativa inata de

um seio, o conhecimento *a priori* de um seio, um "pensamento vazio") casa-se à percepção da realização; e é síncrônica com o desenvolvimento de uma concepção.
. . . Concepções, portanto, estarão invariavelmente associadas a uma experiência emocional de satisfação. (ST, 111)

Satisfação: preenchimento?

A questão da "satisfação" parece requerer consideração à luz da totalidade da obra de Bion.Em 1965 Bion alertava para a dificuldade que teve em definir com maior precisão emoções, afetos e experiências emocionais. Mesmo que seu trabalho tenha nos permitido fazer isso, o conceito de experiência emocional precisa ser visto no contexto de seu tempo. Requer uma diferenciação nítida entre sentimento de satisfação e satisfação real.

As concepções, ou seja, o resultado da união entre uma pré-concepção e sua realização, repetem, sob forma mais complexa, a história da pré-concepção. A concepção não encontra, necessariamente, uma realização que dela se aproxime o bastante de modo a satisfazê-la. Caso se tolere a frustração, a reunião da concepção com a realização, negativas ou positivas, inicia os procedimentos necessários para um aprender com a experiência. (ST, 113)

A percepção crescente de Bion da importância do "não" resultou de sua experiência com pessoas que pareciam ser incapazes de tolerar esse "não". "Não" pode ser considerado uma abreviatura de frustração. Dois anos mais tarde, quando da elaboração da "Grade" (Grid) (q.v.), a definição de concepção foi enriquecida por achados anteriormente indisponíveis, tais como o objeto psicanalítico (q.v.) e a questão da saturação. Assim, o conceito foi modificado de acordo com os novos desenvolvimentos, podendo a concepção ser considerada *"como uma variável que foi substituída por uma constante. Caso representemos a pré-concepção por $\psi(\xi)$, com (ξ) representando o elemento insaturado, aquilo que substitui (ξ) por uma constante vai se derivar a partir da realização com a qual a pré-concepção se casou. No entanto, na medida que a concepção pode estar expressando uma expectativa, ela pode então ser empregada como uma pré-concepção"* (EP, 24).

A ênfase no ciclo das pré-concepções e seu caminho às concepções passou a ser vista não exatamente como iluminando todo o processo de pensamento, mas como uma parte dele: a parte "genética". Os processos pareciam muito mais complexos devido à aceitação de Bion (inicialmente com alguma crítica e, talvez, relutância) da proposta de Freud da consciência como órgão sensorial para a percepção de qualidades psíquicas. Bion integrou os modelos de Kant naqueles de Freud.

A partir de então, a "Grade" (Grid) (q.v.), ou "Ideia", como ele a chamava, todo o processo, a genética do pensamento, foi enriquecida pelo empréstimo da teoria de Sylvester e Cayley, sobre Transformações e Invariâncias. A saturação de uma concepção e seu uso como uma nova pré-concepção seriam utilizados em termos mais amplos: ciclos de transformações (q.v.) imobilizados nas concepções é considerado como manifestação da pulsão de morte; é a recusa de prosseguir em PS. PS abriga experiências de desordem, confusão, perseguição, medo, impotência. Em síntese, a condição humana.

A concepção encontra-se dentro do domínio consciente (processo secundário). A visão mais tardia de Bion pode ser aferida por meio de exemplos, tais como:

> Nenhum de nós tolera o desconhecido e fazemos um esforço instantâneo para senti-lo explicável, familiar – como uma "explosão" é para você e para mim. O próprio evento é suspeito, *pois* é explicável em termos de física, química, psicanálise, ou outra experiência *pré*-concebida. A "concepção" é um evento que se tornou "concebível". Aquilo que se tornou concebível não é mais a experiência genética. Pré-concepção, nascimento – saber que uma mulher tem um bebê deve ser um choque terrível! Como deve ser absurdo supor que possa haver qualquer ligação com o ato sexual! Descobri que há pessoas que pensam ser ridículo que uma mulher possa iniciar uma ideia ou ter um pensamento que seja digno de consideração. (AMF, II, 382)

Bion postulou a existência de duas pré-concepções inatas: Seio e Édipo:

> Postulo um mito edipiano privado em uma versão elemento-alfa que é o meio, a pré-concepção, em virtude do qual a criança é capaz de estabelecer contato com os pais como estes existem no mundo da realidade. A correspondência desta pré-concepção edipiana – elemento-alfa – com a realização dos pais reais origina a concepção dos pais. (EP, 93)

Falhas na apreensão do conceito, mal-entendidos e distorções: a ênfase está na consciência da realização, e não em uma alegada satisfação total da pré-concepção. Em termos da evolução da teoria de Bion, pode ser útil lembrar que, nessa época, ele estava – a partir da experiência clínica – construindo uma forma para apreender o movimento entre consciente e inconsciente (barreira de contato, q.v.). Esse ponto – consciência, percepção da realidade e suas vicissitudes – é fundamental. Se não for levado em consideração, resultará uma leitura distorcida da contribuição de Bion; e, talvez, impedir a prática de uma psicanálise.

A distorção de desconsiderar a questão de tornar real, para a própria pessoa, uma dada realidade – o termo que Bion usou é "realização" – seria apenas a reprodução de uma distorção anterior que houve, por muitos membros do movimento psicanalítico, a respeito da teoria de Freud, da qual estas contribuições de Bion se originam? Talvez o problema seja a **ideia** de satisfação. Existe alguma realização que dela se aproxime? Há contrapartidas deste termo na realidade humana? Ou seria apenas uma palavra, que expressa uma alucinação humana tão comum quanto antiga, constatável na história da humanidade e na história de cada indivíduo: uma nostalgia por algo que nunca ocorreu? De modo sintético, a prevalência do princípio do prazer-desprazer às expensas de considerar o princípio da realidade? Muitos leitores consideram que se trata de satisfazer a pré-concepção. O texto de Bion indica uma situação totalmente diferente. Quando uma *"consciência de realização"* ocorre, há também – *"sincronicamente"* – o *"desenvolvimento de uma concepção".*

A frase seguinte associa concepções com um estado de expectativa (de *"uma experiência emocional de satisfação"*), em conjunção constante. Pode-se desprezar o fato de que o trabalho de Bion – como qualquer trabalho que possa ser denominado de psicanalítico – e portanto sua escrita, não se limita apenas a sentimentos conscientes; ou se limite a repetir algo sobre uma conjunção constante no sentido dado por David Hume, que, afinal, considerava que uma conjunção constante não se referia aquilo que de fato ocorre, mas aos sentimentos "psicológicos" do observados. No modo de Bion considerar a situação, uma consciente – é "psico-lógicamente necessária";

> Uma conjunção constante é uma função da consciência no observador. O observador sente uma necessidade, *sua*, que a conjunção precisa ter um significado, *para si*. O significado é uma função de auto-amor, auto-ódio ou auto-conhecimento. É necessário psico-logicamente, não logicamente. Por uma questão de necessidade psicológica, é preciso que a conjunção constante, tão logo tenha sido nomeada, adquira um significado. Assim que se tenha obtido o significado psicologicamente necessário, a razão, como escrava das paixões, transforma a necessidade psicologicamente necessária em uma necessidade logicamente necessária. A inadequação da gratificação alucinatória para promover desenvolvimento mental impele uma atividade destinada a prover um significado "verdadeiro": a pessoa sente que o significado atribuído à conjunção constante deve ter uma contraparte na realização da conjunção. Em consequência, a atividade da razão como escrava das paixões é inadequada. Em termos da teoria do princípio do prazer/dor há um conflito entre o princípio do prazer e o princípio da realidade para obter controle da razão. A objeção contra um universo (independentemente do quão grande ou pequeno se pense ser este universo) deriva do medo que a falta de significado deste universo seja um sinal de que o significado tenha sido destruído, e da ameaça disto para o

C

narcisismo essencial. Caso um universo dado, qualquer que seja, não permita a existência de um significado *para o indivíduo*, o narcisismo do indivíduo vai demandar a existência de um deus, ou algum objeto supremo, para o qual este universo tem um significado; significado este, supõe-se, do qual o indivíduo se beneficie. Em algumas situações, por meio de clivagem, ataca-se a ausência de significado projetando-a para dentro de um objeto. Em psicanálise, significado -- ou sua ausência -- é uma função de auto-amor, auto-ódio, auto-conhecimento. (T, 73)

"Uma experiência emocional de satisfação" difere fundamentalmente da satisfação factual. Muitas leituras transformam a observação de Bion – como já o fizeram com as de Freud - fazendo dela a descrição de uma satisfação real. Alguns pensam que Freud era um "pessimista", por exemplo, na hipótese da existência de algo que ele não sabia bem o que era, mas teve contato com manifestações deste "algo" e o denominou, "instintos de morte", ou do "futuro de uma ilusão", ao se referir às soluções sociais determinadas por religiões; ou às dificuldades dos processos civilizatório. Caso partamos do principio de que sagtifação existe, como se fosse um postulado de senso comum, não haverá nenhuma discussão; não cabe aqui o método crítico – origem da psicanálise. Não se trata de um problema filosófico apenas; mas resulta invariavelmente, na criação de divindades, mais antigas do que Mamon. O eterno problema dos sistemas sociais e da economia nunca é realmente enfrentado: une, ainda que nunca de modo reconhecido, "capitalistas" e "comunistas": avidez. Seria útil considerar que avidez, em sua forma mais primitiva, é avidez de satisfação, e que satisfação é a forma mais primitiva de avidez?

A lógica subjacente a isso é um tipo de leitura e apreensão da psicanálise que evidencia a ideologia ou *Weltanschauung* do leitor. O que está em jogo é a fidelidade humana ao princípio do prazer/desprazer, que poderia ser descrita, na extensão que pode assumir, como escravidão ao princípio do prazer/desprazer.

Uma das primeiras distorções desse tipo parece ter sido dificuldade de apreender o conceito de instintos, de Freud, confundido como o ato de buscar sua satisfação; Freud expandiu, conforme a experiência foi demonstrando a necessidade, o elenco de funções do trabalho onírico, e também do sonho – no início, havia apenas uma função dos sonhos: satisfação de desejo. No entanto, a partir de 1904, e em alguns outros trabalhos – por exemplo, no adendo metapsicólogico à teoria dos sonhos, e nas conferencias introdutórias, Freud assinala claramente que a satisfação de desejo "objtida" pela atividade onírica é alucinatória.

O mesmo ocorreu com a teoria dos instintos – por exemplo, no estudo sobre "Instintos e suas vicissitudes": os objetivos dos instintos foram persistentemente confundidas com uma busca de satisfação do desejo, como se nunca houvesse a presença de vicissitudes.

Imprecisão: há poucos lugares onde é possível detectar qualquer falta de precisão nos escritos de Bion. Até agora, o autor deste dicionário detectou quatro. Uma delas está na definição do conceito de concepção. Todas as definições são dadas de forma precisa e são utilizadas no mesmo sentido em toda sua obra. Pode-se ver que uma das imprecisões ocorre em *Learning from Experience*, p. 91. Ali, Bion afirma que a concepção é *"resultado do casamento entre a pré-concepção com 'realizações', que dependem de impressões sensoriais percebidas de modo adequado"*. Nesse momento, ele estava recém-definindo continente e contido (q.v.), e parece que o conceito de realização é, ali, confundido com o conceito de impressões sensoriais. As impressões sensoriais são formas mais primitivas que abrigam realizações, mas não são realizações.

Além disso, as impressões sensoriais são os dados brutos utilizados para formar elementos-alfa, após a digestão das impressões sensoriais pela função-alfa. O leitor pode perceber a confusão ao comparar essa definição específica com outras, anteriores ou posteriores, na obra de Bion. Em todas elas, ele usa a mesma definição básica, que data de 1963 (reproduzida acima) e de 1965 (ver *Transformations*, p. 40). Parece seguro considerar que:

1) Essa definição não é usada em qualquer outro lugar em sua obra.

2) Ela não se encaixa precisamente no conceito de função-alfa nem na teoria da evolução genética do pensamento. No primeiro caso, função-alfa refere-se à recepção de impressões sensoriais e, no segundo, há uma série de eventos, quais sejam, pré-concepções casando-se com realizações, e não com impressões sensoriais, como essa frase estabelece, levando a concepções.

Pode-se muito bem deixá-la de lado e adotar a definição que é consistentemente repetida ao longo de seus textos anteriores e posteriores.

Em conversa pessoal, e tambem em correspondência com Francesca Bion, o autor deste dcionário constatou que havia vários problemas de revisão na obra de Bion. A atividade de tradutor de boa parte destas obras permitiu a detecção de vários destes problemas. As edições brasileiras dos livro de Bion feitas pelo autor deste dicionário tiveram estes erros corrigidos, com anuência e concordância de Francesca Bion.

Referências cruzadas sugeridas: Catástrofe, Conceito, Continente/contido, Controvérsia, Mito, Pré-concepções, Objetos psicanalíticos, Rêverie, Transformações.

Confronto

Como podemos lidar com diferentes pontos de vista, tanto intrapsiquicamente como nas relações que mantemos com outras pessoas, sem transformá-los em conflito, mas respeitando as diferenças envolvidas? Biologicamente isso se expressa na realidade da reprodução sexual, masculina e feminina. Édipo, novidade, desconhecido e prevalência da vida são um resultado possível. Ruptura, casamentos impossíveis e extinção da vida são seus pares opostos, que marcam outro possível resultado.

Confronto pode significar uma situação de *vis-à-vis*, estar se defrontando com o que quer que seja. A maiêutica de Sócrates e o criticismo de Kant parecem ser manifestações de confronto; a psicanálise, uma de suas formas atuais . Conteúdos manifestos e latentes, os dois princípios do funcionamento mental, PS e D, parecem ser formulações de confrontação básica. O analisando confronta o analista com o que é desconhecido para ambos; o analista confronta o paciente com o que este havia tornado desconhecido para si mesmo.

O leitor pode refletir sobre uma questão: seria verdadeira, a proposição de que confronto, no sentido de uma diferença de vértices, é o material de que são feitas a psicanálise real (q.v.) e a vida real? Se for verdade, então será necessário tolerar a diferença. Falsa conformidade o termo coloquial seria "conformismo"; e, paradoxalmente, guerra sangrenta, para quem a inicia (mas não para quem a ela reage, aceitando o confronto sangrento) são sinais de intolerância à diferença.

Para o alguém inseguro; ou sedutor, confronto é confundido com violência. Será ativamente evitado, por apaziguamento; em ultima análise, verdade será evitada, a todo custo.

. . . é necessário haver uma diferença de vértices para possibilitar correlação. Essa mudança deve ocorrer finalmente no indivíduo. (Por enquanto, assumo que correlação é uma parte necessária de confrontação, e que confrontação é uma parte necessária da análise.) Mobilizam-se defesas esquizofrênicas contra a confrontação; violência impossibilita confrontação porque se aniquilam os dois lados de uma confrontação. (AI, 93)

Pode-se lembrar que não há crescimento sem uma força contrária.

Referência cruzada sugerida: Controvérsia.

Conjunção constante

Termo emprestado da obra de David Hume, sem qualquer modificação. Hume constatou que alguns fatos podem ser observados em conjunção constante, mas essa conjunção pode não ter contrapartida na realidade. Há falhas na observação, especialmente quando a conjunção constante ou associação é vista como tendo efeitos causais. Conjunções constantes originam-se de necessidade psicológica, conveniência ou crença do observador.

Para Kant, a observação de Hume era o escândalo da filosofia. Incialmente, atacou seu antecessor; posteriormente, (em *Prolegômenos*) reconheceu que devia seus maior progresso à obra de Hume, que o teria acordado do "sono dogmático" – referencia à filosofia de Wolff. Bion afirmou que a razão é escrava da paixão e, portanto, a razão é necessária psico-logicamente (T, 73). Isso também corresponde à consciência de que o observador interfere com o objeto observado. Hume talvez tenha sido o primeiro teórico da ciêhcia, na filosofia ocidental, a observar este problema. Foi acusado por muitos filósofos que o seguiram de ser "excessivamente psicologizante".

Contido: comunicações do paciente

Esse verbete é totalmente dedicado a comentar algo que, segundo o autor deste dicionário, pode ser visto como uma das várias distorções frequentes dos textos de Bion, por leitores. Alguns argumentam que Bion não se interessava pelo que está contido em sonhos e outras verbalizações do paciente. Os mesmos leitores argumentam que Bion não estava interessado na história de vida do paciente; ou no que está contido nas interpretações dadas.

O argumento dificilmente se sustenta se é dada atenção aos textos que se referem claramente à questão, em algumas partes do seu trabalho. Especificamente, aqueles em que ele lida com uma teoria de observação em psicanálise, que se diferencia de teorias da psicanálise. Ao recomendar um freio na construção de centenas de improváveis teorias da psicanálise, enfatizando, que em cada teoria, a necessidade é a de iluminar a *"psique que ela denuncia"* (AMF, I, 112), não estava depreciando as teorias existentes que provaram ser úteis, como Édipo, que podem, ou não, caso distorcidas, se referir a contidos.

> O contido da comunicação, tão importante em análise, vai ser tocado apenas acidentalmente na discussão sobre transformações; este contido estará na dependência de O, conforme deduzido a partir do material, sob a luz das pré-concepções teóricas do analista. Assim, se o contido for material edipiano, não me ocupo disto, mas me ocupo com a transformação que ele sofreu, o estágio de pensamento que este contido revela, e o uso sob o qual se coloca sua comunicação. Esta exclusão de contido é artificial, para simplificar a exposição, e não pode ser feita na prática. (T, 35)

C

O texto é claro ao ressaltar que a mudança de ênfase é apenas efeito da exposição de uma teoria – a teoria de transformações; e pode ser necessário em determinados momentos de uma sessão, mas não como regra, e menos ainda, como regra exclusiva. O autor deste dicionário viveu uma experiência onde uma pessoa, apontada pelo grupo e por ela mesma como "bioniano", vangloriava-se por "nunca ter interpretado sonhos", e que isto seria seu passaporte para ser considerado "bioniano". Ao mesmo tempo, era adepto de um *laissez-faire, laissez-aller* no que tange à sua própria imaginação e na imaginação de quem apresentava como tendo sido seus pacientes.

Continente / contido

Esse termo duplo contém um paradoxo – algo que contém e algo que é contido. Os dois executam, um em relação ao outro, as funções de conter e ser contido.

Ele deriva da teoria da identificação projetiva de Melanie Klein, mantendo estreito parentesco com essa teoria. Define tanto uma função da personalidade como um "elemento de psicanálise" (q.v.). Desde o início da vida, é uma forma de relacionamento que permite crescimento emocional e crescimento dos processos de pensamento. É o processo por meio do qual se obtém acréscimo de significado. Consequentemente, continente/contido equipara-se ao próprio pensamento. Representa a forma mais desenvolvida da teoria de pensamento de Bion: precisou de nove anos para alcança-la. Os mistérios mais profundos e mais secretos da vida humana são explorados nessa teoria. É uma das poucas teorias de psicanálise propriamente dita proposta por Bion; ao mesmo tempo, pode também desempenhar a função de teoria de observação do ato analítico.

Emoções e processos de pensamento

As possíveis relações entre desenvolvimento emocional e desenvolvimento intelectual foram enfocadas por pesquisadores interessados em psicanálise, na época de Freud – notadamente por August Aichhorn, que conduzia uma instituição para delinquentes juvenis, tendo condição mais clara de observação. Outros pedagogos o seguiram - Anna Freud interessou-se sobremaneira pela questão. No Brasil, dentre as duas primeiras pessoas que se interessaram por psicanálise, uma delas logo aplicou o método à educação infantil. A primeira delas foi o primeiro catedrático de psiquiatria na Faculdade de Medicina de São Paulo (hoje, Faculdade de Medicina da Universidade de São Paulo), Professor Francisco Franco da Rocha - que escreveu o primeiro livro sobre a obra de Freud no país (*A doutrina de Freud: resumo geral para a compreensão da psicoanalise. Rio de Janeiro: Companhia Editora Nacional*, 1930) O livro desenvolveu uma tese, de 1919, que lhe deu a cátedra de psiquiatria. A segunda pessoa foi seu discípulo, o Dr Durval Bellegarde Marcondes, que entrou na formação médica no ano de 1919 e se impressionou de tal maneira que dedicou-se à psicanálise durante toda sua vida. No entanto, a relação, em si mesma, era presumida – mas tomada como se fosse uma tese comprovada, e não mais como observações clinicas que precisariam ser testadas em outros casos. Freud escreveu trabalhos a respeito de situações clínicas que contrariavam a teoria psicanalítica, mas, pelo menos na observação do autor deste dicionário, poucos outros analistas dispunham-se a rever a teoria, como Freud fez. Ao contrário, a maioria teve a tendência, que continua atual, de forçar conclusões *ad hoc* para provar que a teoria estava correta. No caso das relações entre desenvolvimento emocional e intelectual, a relação ficou, portanto, vagamente estabelecida. Além de Freud e seus contemporâneos, outros analistas – Klein, Winnicott. Renée Spitz e John Bowlby, entre outros, foram apresentando evidencias desta relação, em "contextos de privação" específicos, similares aos que Aichhorn havia descrito. A questão de como isto se dava, permenacia. Os métodos de Montessori, bem como o experimento em Summerhill, foram tentativas iniciais de dar forma prática ao conhecimento, hipotético ou real, dessas relações. Pode-se citar que entre as contribuições pré-psicanalíticas, e também não-psicanaliticas, as ideias de Rudolf Steiner e os estudos de Jean Piaget foram algumas expressões de consciência dessa ligação.

A teoria de Bion proveu conhecimento a respeito de *como* essa relação funciona – por enfocar os primórdios, ou a instalação dos processos de pensar.

Desenvolvimento – ou crescimento - emocional e intelectual foi enfocado em termos da relação entre o bebê e o seio; sob o vértice psicanalítico, não se estabeleceu a priori que tal relação teria que ser uma questão de princípio, postulado ou construto imaginário de uma autoridade.

Crescimento

Continente/contido forma uma teoria da psicanálise. É *"o atributo fundamental da concepção de identificação projetiva, de Melanie Klein"* (EP, 3). Bion, contemporâneamente a Herbert Rosenfeld, mas de forma paralela, sem contato prévio, observou que uma das funções de identificação projetiva é a de comunicação com a mãe. Evidenciou depois mais outra função desse mecanismo, relacionando crescimento e aprendizagem. Bion utiliza um símbolo quase matemático derivado da genética para denotar a relação em evolução entre continente e contido: ♀♂. *"O crescimento de ♀♂ fornece a base de um aparelho para aprender da experiência"* (LE, 92).

☽ Bion começou a trabalhar com a ideia de continente a partir de observações de Freud e Klein sobre o resultado de processos de negação, clivagem – no caso da teoria de Freud, clivagem do ego e dos mecanismos de defesa - e identificação projetiva.

C

Suas experiências na guerra, entre 1919 e 1919, forneceram um pano de fundo experiencial que deu sentido às observações de Klein; mais especificamente, a ideia de um exército em guerra contendo inimigos. Em 1970, usa exatamente essa metáfora na descrição clínica de continente e continência: *"um homem falando de uma experiência emocional, na qual estava intimamente envolvido, começou a gaguejar terrivelmente, à medida que a memória lhe foi ficando mais vívida. Os aspectos significativos do modelo são os seguintes: a pessoa estava tentando conter sua experência em uma forma verbal; estava tentando conter-se, como às vezes diz-se de alguém que está prestes a perder o autocontrole; estava tentando 'conter' suas emoções dentro de uma forma verbal, como poder-se-ia dizer de um general tentando 'conter' forças inimigas dentro de uma determinada zona"* (AI, 94).

A primeira utilização do termo data de 1955-1956, em "Development of schizophrenic thought" e "Differentiation between the psychotic and non-psychotic personality". Considera o fato de que fragmentos expelidos da personalidade exercem uma função de contenção. O paciente sente que é capaz de expelir partes de seu ego que foram atacadas. Quais seriam os fatores para que tivessem sido atacadas? Entre tais fatores, um deles é que *" levariam o paciente a tomar conhecimento da realidade que este mesmo paciente odeia"* (ST, 47) – a realidade do seu medo, dor e sadismo; e também a dor que a condição humana inflige à onipotência infantil. O paciente considera que esses fragmentos estão espalhados ao seu redor, colocados em objetos ou em pessoas. Colocar isso em termos de ódio à realidade, tão claramente expresso, significa que a iluminação de Klein sobre identificação projetiva tinha mais uma base, explicitada por Bion: a necessidade de conhecimento do ser humano, uma expressão dos instintos epistemofílicos.

O *"paciente experimenta a falência de sua capacidade de percepção. Todas as suas impressões sensoriais parecem haver sofrido uma mutilação de um tipo compatível com uma situação na qual teriam sido atacadas, do mesmo modo pelo qual o seio é atacado nas fantasias sádicas do bebê. O paciente se sente aprisionado no estado mental que acabou de conseguir, e incapaz de escapar, por sentir falta do aparato mental que poderia deixa-lo cônscio da realidade, o qual é, ao mesmo tempo, a chave para a fuga e a própria liberdade para a qual escaparia. Uma presença ameaçadora dos fragmentos expelidos intensifica a sensação de aprisionamento; os fragmentos movimentam-se de modo planetário; neste movimento, o paciente fica contido. . . . Na phantasia do paciente, as partículas de ego expelidas levam uma existência independente e sem controle, fora da personalidade; mas ora contendo, ora sendo contidas pelos objetos externos onde exercem suas funções, como se a provação a que se submeteram servisse apenas para aumentar-lhes o número e provocar nelas hostilidade contra a psique que as ejetou"* (ST, 39).

Há algo que é sentido como merecedor de expulsão, por ser indesejável, hostil, potencialmente aniquilador. Seria mais tarde denominado *"terror sem nome"*, em

Transformations, e *"medo subtalâmico"*, em *A Memoir of the Future*. Esse "algo" se esforça para encontrar um continente adequado.

O que é este "algo"? A própria mente, plena de medo e hostilidade, e hostilidade ao próprio medo, no caso de prevalência de aspectos narcisistas, paranóides.

Nesse ponto da obra de Bion, já está claro que tal continência precisa ser feita originalmente pelo seio, no sentido de que o seio pode recusar, ou concordar em receber essas fantasias. A recusa intensifica a situação. A concordância, dependendo do bebê, que pode ser excessivamente dominado por violência emocional, resultando em imobilização na posição esquizo-paranóide, e expressando-se por avidez e inveja de um seio receptivo, também pode intensificar a situação, embora isto possa ser considerado como exceção. Realmente, com certas pessoas, onde há narcisismo primário e, na extensão de Klein, inveja primária, a situação é, apelando para um ditado popular, "se ficar, o bicho come; se correr, o bicho pega"; se usarmos uma expressão idiomática inglesa, "catch-22". Parece nunca haver um confronto (q.v.) da pessoa com ela mesma, e da pessoa com a realidade.

Como ocorre com frequência em psicanálise, esses achados foram vistos primeiro em pacientes severamente perturbados. Mais tarde, percebeu-se que esses fenômenos emergem em qualquer pessoa. Típicos do recém-nascido, englobam sua relação com o seio.

A falta de capacidade para conter esses fragmentos de ego prejudica desde o início, e pode impedir, para certas pessoas, características da personalidade *"que poderiam, em algum dia, prover-lhe fundamentos para uma compreensão intuitiva a respeito dele mesmo, e de outras pessoas,"* (ST, 47).

Não apenas partes do ego indesejadas são expulsas, mas também as funções do ego que proporcionam contato com a realidade, ou seja as várias respostas à esta realidade: consciência das impressões sensoriais, atenção, memória, julgamento, pensamento, *"são trazidas contra todos estes componentes da resposta"*, tornam-se alvo, *"de um modo muito incipiente, similar ao que estes componentes tinham no início da vida, ou seja, sob forma de ataques sadicos, estilhaçadores e eviscerantes, levando a um incremento na fragmentação, produzindo fragmentos minúsculos destas mesmas funções - e então, são expulsas da personalidade para penetrar, ou encistar os objetos."* (ST, 47).

Sete anos depois, Bion tornaria a definição ainda mais explícita, em *Learning from Experience*. O conceito de continente e contido passa a ser considerado uma nova teoria em psicanálise – advindo das observações clínicas. Utiliza-as, mas acrescenta um aspecto importante, sob forma de uma concepção derivada da matemática e química: "saturação". O acréscimo parece, pelo menos ao autor desde dicionário, permitir tratar as observações em um âmbito psicanalítico além da patologia: de apreensão e compreensão, mas não de julgamento.

Em termos de teoria da ciência, Bion coloca a proposição sob a forma de modelo; ou, na terminologia de Kant, "esquema" (Sandler, 2000a). Na citação abai-

C

xo, omitem-se, em função de clareza, os números dos parágrafos constantes da edição original do livro *Learning from Experience* – correspondem aos numero 5, 6, e 7 do capitulo 27:

> 5. Melanie Klein descreveu um aspecto da identificação projetiva ligado à modificação de temores infantis; a criança projeta uma parte de sua psique, qual seja, seus sentimentos ruins, no interior de um seio bom. A partir daí, no devido tempo, esses sentimentos ruins serão removidos e reintrojetados. Durante sua estada no seio, tais sentimentos são modificados de um modo tal que o objeto reintrojetado torna-se tolerável para a psique da criança.
>
> 6. A partir da teoria acima, abstraio uma ideia, para ser usada como modelo, de um continente no interior do qual se projeta um objeto, e do objeto que pode ser projetado dentro do continente: denomino este último de contido. A natureza insatisfatória dos dois termos assinala a necessidade de abstrações ulteriores.
>
> 7. Continente e contido são susceptíveis de conjunção e permeio por meio de emoção. Conjugadas ou permeadas, ou ambas, os dois passam por modificações que, usualmente, são descritas como crescimento. Se estiverem desconjugados ou espoliados de emoção, diminuem em vitalidade, ou seja, ficam mais próximos de objetos inanimados. Tanto continente como contido são modelos representacionais abstratos de "realizações" psicanalíticas. (LE, 90)

Bion expande a contribuição de Klein, ao aprofundar o estudo clínico dos mecanismos esquizoparanoides.

Usou símbolos conhecidos em biologia, indicando qual poderia ser a natureza da relação entre continente e contido: *"Vou usar o sinal ♀ para a abstração de continente e ♂ para a abstração de contido"* (LE, 90).

O empréstimo de símbolos até então utilizados por geneticistas indica fatos naturais que podem ser descritos verbalmente: penetração, alojamento, inseminação, crescimento e experiência. Ao mesmo tempo, não confere prioridade ao princípio do prazer/desprazer. Transmite a natureza biológica do aparato psíquico, enunciando claramente que ♂ tem um poder de *"penetrabilidade"* em *"elementos ♀♂"* (LE, 93).

Isso também traz consigo a possibilidade de tratar continente e contido como função e como fator. Onde os fatores são ♀ e ♂, constantemente conjugados; e ao mesmo tempo, os dos fatores são funções psíquicas do fator ♀♂ (**continente/contido**) .

O leitor está convidado e examinar, ou re-examinar o verbete "fatores e funções" deste dicionário. Onde tenta-se esclarecer que o conceito de função presume que algo ou alguém funciona. É uma atividade dinâmica: *"A atividade que descrevi aqui, quando compartilhada por dois indivíduos, torna-se introjetada pela criança, de tal modo que o aparato ♀♂ instala-se na criança. . . . A ideia de que a criança explora um objeto ao colocá-lo em sua boca fornece um modelo para isso. Ainda que o falar seja feito, originariamente, pela mãe, possivelmente como função designante rudimentar, será substituído, gradativamente, pela fala do próprio bebê"* (LE, 91).

A teoria de psicanálise propriamente dita, sobre Continente e Contido é parte da teoria de teoria de observação sobre Função-alfa (q.v.). Tendo, à guisa de modelo, na área do pensamento, o casamento de uma pré-concepção com uma realização - cuja origem é composta de impressões sensoriais - para produzir uma concepção. Reiterando o enunciado acima: modelo é representado por ♀♂.

Continente e contido, o casamento – algo além do pareamento - de pré-concepções e realizações, conforme vai sendo repetido (LE, 91, item 14) *"promove o crescimento em ♀ e ♂"*. Um ano depois, Bion qualifica mais especificamente uma *"operação benigna"* de ♀♂ (EP, 33). Essa operação benigna é vista como evolução, em termos genéticos, representado pelo eixo denotado por letras na "Grade" (Grid), de A até K: *"A benignidade da operação ♀♂ vai depender da natureza do vínculo dinâmico L, H ou K."*. Conclui-se que a ausência de benignidade depende da natureza do vínculo dinâmico -L,-H, -K.

Crescimento não é necessariamente "bom" ou construtivo, pois não há julgamento em psicanálise. No entanto, pode ser benigno ou construtivo, ou não ser benigno e destrutivo, para a própria pessoa. Para algumas pessoas, em sua própria visão, H pode ser visto como construtivo: por exemplo, sob o vértice do sadismo. Em algumas situações, como os estados de stress – luta ou fuga, na concepção original de Hans Selye – reações violentas, por sobrevivência, à violência externa podem ser manifestações de L, e não -H (O leitor pode examinar os verbetes correspondentes). Um vínculo continente/contido pode evoluir no sentido negativo; neste caso, Bion constrói o seguinte modelo*: "a criança sente medo de estar morrendo..... esta criança cliva e projeta seus sentimentos de medo para dentro do seio, junto à inveja e ódio do seio imperturbável. Inveja exclui um relacionamento comensal. O seio, em K, poderia moderar o componente de medo de morrer que lhe havia sido projetado, e a criança, no devido tempo, reintrojetaria uma parte de sua personalidade mais tolerável e, consequentemente, estimuladora de crescimento. Em –K, o seio é sentido de modo invejoso, removendo assim elementos bons ou valiosos no medo de morrer, forçando o resíduo sem valor de volta para dentro da criança. A criança que, no início, estava possuída pelo medo em estar morrendo acaba se encontrado possuída por terror sem nome"* (LE, 96). O crescimento desse processo está intrinsecamente associado à violência da emoção. Sua maior sofisticação é transmitida *"dizendo-se que o ímpeto para viver, necessário para que depois exista um temor de morrer, é uma parte da bondade removida pelo seio invejoso"* (LE, 97). Para ver a definição de "comensal", o leitor pode examinar o ítem logo abaixo: "Qualidade do vínculo entre continente e contido"; e também o verbete "Comensal".

C

O modelo que reflete a possibilidade de um $-(♀♂)$ (menos continente contido) fica melhor detalhado: possui uma moralidade crescente. Surge um *"super-superego"*, que afirma a superioridade moral de desfazer e desaprender, e as vantagens de *"encontrar falha em tudo"*. *"A característica mais importante é seu ódio a qualquer desenvolvimento posterior na personalidade, como se o novo desenvolvimento fosse um rival a ser destruído. Portanto, qualquer geração de uma tendência a procurar pela verdade, de estabelecer contato com a realidade e, resumidamente, de ser científico, mesmo que seja em um modo rudimentar, encontra-se com ataques destrutivos que seguem a tendência e a reivindicação contínuas da superioridade 'moral'. Isso implica o advento do que, em termos sofisticados, seria denominado uma lei moral e um sistema moral, como superiores à lei científica e ao sistema científico"* (LE, 98). Isso é crescimento, mesmo que ocorra de forma revertida; na linguagem de Freud, perversa. Um exemplo social: uso pacífico ou guerreiro da energia nuclear; consumismo ou geração de desigualdade financeira nas sociedades; corrupção financeira ou serviços públicos.

A experiência clinica em psicanálise e a observação de grupos sociais evidencia o fato de que em alguns casos, parece que a pessoa sente que que lhe é insuportável entrar em contato, estar cônscio de aspectos de seu aparato psíquico, e em especial, do aparato de pensar que faz parte dele – especialmente quando há uma desfusão dos instintos de vida e morte: *"A mente que é um fardo pesado demais, que a besta dos sentidos não consegue carregar. Sou o pensamento sem pensador e o pensamento abstrato que destruiu seu pensador, tão sábio quanto Newton, o continente que ama seu contido até a destruição; um contido que explode seu continente possessivo"* (AMF, I, 38).

Nesta citação, que pode parecer hermética a todo leitor que não esteja informado sobre a história de cientistas, será útil recordar que a referência a Isaac Newton alude ao fato de que ele teria perdido a sanidade, na iminência de fazer novas descobertas, no cálculo diferencial. de acordo com alguns historiadores Bion cita o discurso feito por John Maynard Keynes, no centenário do falecimento de um dos mais bem sucedidos físicos na história. Envolveu-se em uma polêmica com o Bispo Berkeley e voltou-se excessivamente para a religião. Houve um incêndio de origens desconhecidas em seu escritório; fo qual foi retirado inconsciente, em estado de sufocamento. O relato foi resumido em *Transformations* (T, 156), como exemplo de Transformações em alucinose, e dificuldades de Transformações em O; e novamente abordado, de modo muito sintético, na citação acima.

O crescimento perverso no âmbito do negativo torna-se mais explícito, durante uma sessão de análise, quando Bion toma de empréstimo a teoria de Transformações e Invariâncias e a aplica ao estudo deste âmbito: formula a existência, na realidade, de algo que pode ser denominado de Transformações em Alucinose (q.v.) *"A capacidade de 0 [zero] para se ampliar por partenogênese corresponde às características da avidez; avidez também é capaz de extraordinário crescimento e floresci-*

mento, suprindo-se de suprimentos irrestritos de nada" (T, 134). O resultado final parece ser *"um inferno feroz de ávida não existência"*.

Pode-se perguntar: haverá algum membro do movimento psicanalítico que seja praticante, que não tenha se mantido apenas na área coberta pelo sistema consciente; que não tenha se limitado a trabalhos de psicoterapia de apoio ou reforço, que não tenha experimentado, durante a sessão, a vivência com pacientes que ficam tentando suprir a própria sessão, de modo irrestrito, de "nada"; ou melhor, "nadas"?

Bion expandiria a questão consideravelmente em muitas partes de *A Memoir of the Future*. O leitor fica convidado a ver, ou rever o verbete "Controvérsia" neste dicionário; e os cinco primeiros capítulos do vol. I, *The Dream*, de uma experiência de crescimento de "nada" (na língua inglesa, *nothingness*) representado no falso casamento de "Alice" e "Roland". Infelizmente, a língua brasileira não dispõe de nenhuma locução adjetiva ou adverbial que possa equivaler ao termo *nothingness*. "Nadisse", caso existisse este termo, constituir-se-ia em neologismo; embora de estilo muito questionável.

As anotações na cópia de Bion de *O futuro de uma ilusão*, de Freud, ilustram a questão. Enfrentam verdade de forma totalmente independente da dor envolvida nesse ato: *"Muitíssimo do pensamento sobre psicanálise impede a possibilidade de considerar como boa uma teoria que poderia destruir o indivíduo ou o grupo. Ainda assim, nunca haverá um escrutínio científico de teorias analíticas até que essa investigação inclua a apreciação crítica de uma teoria que, por sua própria consistência, poderia levar à destruição da estabilidade mental; por exemplo, uma teoria que incrementasse memória e desejo a um ponto que eles impossibilitassem a sanidade"* (C, 378).

Uma observação muitas vezes esquecida parece ter ficado clara em *A Memoir of the Future* – ver, por exemplo, os capítulos 12 e 23 no volume I, e também a "libertação" do objeto parcial "Rosemary"; e ainda o "casamento" entre "Rosemary" e "Homem" no volume II, capítulos 1 a 5. A observação aqui é que os fenômenos esquizoparanoides são tão fundamentais para o pensamento como os fenômenos depressivos. Na visão do autor deste dicionário, Bion resgata a postura analítica, que foi comprometida por alguns membros do movimento psicanalítico, que fantasiaram que a pessoa só pensa se estiver na posição depressiva: ou que retornaram à psiquiatria, transformando o conceito de "organizações defensivas", proposto inicialmente por Joan Riviere, em "organizações patológicas". O autor do dicionário considera – como Freud considerou ao esperar sua ida final para a Inglaterra – que as reações do establishment psicanalítico, impulsionando e valorizando "escolas", podem ser violentas, a tal ponto de impedir a comunicação e troca de ideias científicas. O exercício de análise crítica de métodos – seguido na elaboração deste dicionário – usualmente é considerado por estes membros, como ultraje pessoal, aos que fantasiam ser adeptos de "escolas". Em função disto, prefiro não citar autores, nem trabalhos. Talvez o leitor possa procurar por si mesmo;

C

como os bons vinhos, vai precisar do amadurecimento do movimento, para algum dia em que se perceba a destrutividade científica de "escolas". Bion continou e expandiu a teoria de Freud no que se refere à fusão e defusão dos instintos de morte e instintos de vida, no mesmo modo que já havia feito na explicitação da teoria de de Klein a respeito do que ocorre entre as posições esquizoparanoide e depressiva; é um eterno movimento, cujo modelo pode ser o do pêndulo; ou de um eixo em tandem, entre duas rodas. Ao mesmo tempo, integra as teorias de Freud e Klein de um modo diverso ao que era feito e continua a ser feito em algumas regiões do globo terrestre: o modo é benigno, ou construtivo, e não destrutivo, por clivagem e julgamentos morais de superioridade e inferioridas. Neste modo, surge uma teoria unificada do pensamento. A apreciação do movimento entre PS⇔D, com o uso do sinal quase-matemático, ou quase-fisico da dupla seta, não é um elogio à loucura, como muitos membros do movimento, incluindo os que se dizem "bionianos", o fazem, nos seus elogios ao "imaginário", ou à "imaginação do paciente"- como se esta precisasse de elogios ou apoios, dado o fato de que imaginação é o único evento de geração espontânea, ou auto-geração. Muito menos seria um elogio do percurso à posição depressiva (⇨D): duas formas diferentes de negar o avanço no desconhecido que essa ideia representa.

Em 1963 – um ano depois - Bion proporia que ♀♂ se qualifica como um "elemento da psicanálise". Isso implica que se trata de uma partícula elementar do psiquismo em si. *"Representa um elemento cuja denominação poderia ser: uma relação dinâmica entre continente e contido."* Bion estava gradualmente resgatando o *ethos* dinâmico da concepção de psicanálise, por Freud. Parece ter sido nesse momento, especialmente depois da morte de Melanie Klein, que o movimento psicanalítico decretou que psicanálise seria uma ciência estática, aprisionada em "manipulações engenhosas de símbolos" verbais. As teorias passaram a ser objeto de memória por parte dos estudantes de psicanálise; exibições de memória e aplicações mecanizadas (que atualmente podem ser arquivadas em "memórias" de computador) por padrões *a priori* e também *ad hoc*, foram ficando gradualmente despidas do que lhe era próprio – a própria vida. Bion achou melhor não perder tempo com as criticas feitas por teóricos da ciência sobre dificuldades de verificação científica dos enunciados em psicanálise, sobre o valor-verdade destes enunciados, como o autor deste dicionário reproduziu acima. Ao invés, disto, e concordando com parte destas criticas – mais relativa a questões sociais do grupo psicanalítico, e não exatamente à psicanálise em si, em discrimiancao que ainda precisa ser melhor elaborada – fez alguns instrumentos, como a "Grade" (*Grid*). É impossível saber sua visão do que foi ocorrendo, intestinamente ao movimento: em sua época, pareceu-lhe que alertas críticos poderiam ser úteis. Cabe à geração atual e às futuras, verificar se realmente foram.

APRENDIZAGEM, PENSAMENTO E SEXUALIDADE

Em *Elements of Psycho-Analysis*, ♀♂ é, por assim dizer, "elevado" ao status do pensamento em si, no que diz respeito à construção de significado: *"Proponho representar provisoriamente o aparelho para pensar por meio do sinal ♀♂. I é o material, por assim dizer, a partir do qual este aparelho é manufaturado. . . . Precisamos agora considerar I em sua operação ♀♂, uma operação sobre a qual geralmente falamos, de modo coloquial, como sendo pensamento. Do ponto de vista do significado, o pensamento . . ."* (EP, 31). "I" é um sinal quase-matemático, significando Ideia – indicando o crescimento dos processos de pensar, bem como seu movimento em retrocesso, conforme pode ser "visto" através da "Grade" (Grid).

Tolerar a dúvida e o desconhecido é a essência de uma sucessão de ♀♂ em um algo que, para ser descrito, fica sendo, analogamente, apresentado pelos termos verbais, "perfurado" e vagamente conectado. Isto descreve a função deste algo. Bion, para descrever e qualificar o "algo", outra palavra, emprestada da obra de Elliott Jaques: o conceito de retículo. Em outras palavras, o pensamento é considerado um impulso para o desconhecido, em vez de um "depósito" de lógica e racionalidade.

Bion propõe um símbolo gráfico, que pode ser visto como mistura de matemática e biologia, para representar o continente crescente: $♀^n$: *"Aprender depende da capacidade de $♀^n$ manter-se integrada e, mesmo assim, perder rigidez"* (LE, 93). Pode-se visualizá-lo por meio de alguns modelos extraídos de suas contrapartes na realidade externa. Seu aspecto concreto pode facilitar a apreensão de $♀^n$: um útero com um feto em crescimento, um sistema teórico que aceita novos dados empíricos. *"Aqui reside o fundamento de um estado de mente daqueles indivíduos que podem conservar seu conhecimento e experiência e, mesmo assim, ficarem preparados para reconstruir experiências anteriores de um modo que os capacita a estarem receptivos diante de novas ideias"* (LE, 93).

Aquilo que começou primitivamente como *"pré-concepções indiferenciadas, relativamente simples, provavelmente vinculadas à alimentação, respiração e excreção"*, evolui em crescente sofisticação de dúvida tolerada.

Os sistemas extremamente sofisticados de hipóteses científicas *"retêm suas qualidades receptivas denotadas por ♀, ainda que suas origens dificilmente fiquem reconhecíveis"* (LE, 94). Crescer, pensar e aprender são essencialmente experiências em evolução de penetrar no desconhecido: *"Tolerância de dúvida e tolerância de um sentido de infinito constituem o conectivo essencial em $♂^n$, para que haja possibilidade de ocorrer K"* (LE, 94).

A natureza sexual ou componente edípico de ♀♂ estão implícitos na utilização do símbolo genético. De qualquer forma, o termo "sexual" pode transmitir um sentido sensorial e concreto que é alheio à teoria (AI, 106).

C

A unificação das teorias propostas por Freud e Klein, parecem ao autor deste dicionário, como desempenhando uma função na psicanálise análoga ao que físicos gostariam de ver em uma teoria ainda inexistente em seu próprio campo de pesquisa: aquela que poderia integraria as teorias quântica e da relatividade. Talvez Bion tenha chegado a essa integração porque não a estava buscando, como os físicos estão. Observação participante de fatos clínicos e experiência o levaram naturalmente a isso. A natureza bissexual da mente humana é evidenciada:

> *I* [Ideia] desenvolve uma capacidade para qualquer um de seus aspectos ♀ ou ♂ assumir, indiferentemente, a função ♀ ou ♂ para qualquer outro de seus aspectos, ♀ ou ♂. Precisamos agora considerar *I* em sua operação ♀♂, uma operação sobre a qual geralmente falamos, de modo coloquial, como sendo pensamento. Do ponto de vista do significado, o pensamento depende da introjeção bem-sucedida do seio bom, responsável, na origem, pela performance da função α. Dessa introjeção depende a capacidade de qualquer parte de *I* para ser ♀♂ de qualquer outra parte de ♀. . . . Resumidamente, pode-se considerar que "elucidar" relaciona-se à atitude um uma parte da mente com outra; e "correlacionar" é a comparação do contido expresso por um aspecto de *I* com o contido expresso por outro aspecto de *I*. (EP, 31-2)

Ou seja, o seio pode ser o continente do bebê, mas o bebê também é o continente do seio. Em termos de funções, não há mãe em *abstractio*, ou uma mãe-em-si. A entidade "mãe" existe porque há um bebê que propicia um ambiente para "maternagem" (*motherness*). (Winnicott é outro autor que percebe isso.) O mesmo pode ser dito para pênis e vagina, masculinidade e feminilidade, como existem em qualquer pessoa, independentemente do sexo concreto biológico ou sensorial. Pode-se dizer que, do mesmo modo que existe PS⇔D, ♀♂ possui em seu interior um funcionamento que é uma constante mudança ⇔. Isso pode ser subsumido como "expulsão⇔ingestão" (EP, 42). Algumas de suas realizações também podem ser representadas por outros modelos além daqueles fornecidos pelo trato digestivo. "*Os mais sugestivos são: (1) o sistema respiratório, ao qual se liga o sistema olfativo; (2) o sistema auditivo, ao qual se ligam transformações, tais como música ⇔ ruído; e (3) o sistema visual*" (EP, 95).

Como se pode dizer que ♀♂ é um "elemento de psicanálise"?

A resposta seria clinicamente importante?

Na experiência do autor deste dicionário, a resposta às duas questões é afirmativa. A situação demanda ser devidamente considerada na sessão analítica. Algumas formulações aparentemente familiares evidenciam algo estranho que é a chave para seu significado emocional. "*A avaliação da importância ou significância do evento emocional em relação ao qual as verbalizações pareçam ser pertinentes à experiência emocional depende de reconhecer que continente e contido, ♀♂, é um dos elementos de psicanálise. Portanto, pode-se julgar se o elemento ♀♂ é central ou meramente presente, um entre vários componentes de um sistema de elementos cujos significados são conferidos mutuamente, em função da conjunção na qual os elementos se mantêm.*

Deparo-me agora com uma dúvida: existirá mesmo a necessidade de abstrair a ideia de continente e contido como um elemento de psicanálise? Continente e contido implicam uma condição estática; é necessário que nossos elementos estejam livres dessa implicação; precisa haver mais do caráter comunicado pelas palavras 'conter ou ser contido'. 'Continente e contido' tem um significado que sugere a influência latente de um outro elemento em um sistema de elementos" (EP, 7).

Em *Attention and Interpretation*, Bion fornece uma síntese de suas teorias sobre o pensamento e continente-contido em termos de suas origens emocionais:

> Freud considera que memória não opera na fase primeva dominada pelo princípio do prazer, pois memória depende de um desenvolvimento prévio, ou seja, uma capacidade para pensar. Nesta fase, parece que o protótipo da memória reside em um dos aspectos da identificação projetiva. Este aspecto, usado para desempenhar as funções do pensar até que o pensar as assuma, aparece primeiro como um intercâmbio entre boca e seio e, depois, entre a boca introjetada e o seio introjetada. Considero isso como reação entre continente ♀ e contido ♂. Nesta fase, parece ser o elemento mais próximo de memória . . .
>
> ♂ evacua desprazer para livrar-se dele; para tê-lo transformado em algo que é prazenteiro, ou é sentido como prazenteiro; pelos prazeres da evacuação; pelo prazer de ser contido. ♀ aloja a evacuação pelos mesmos motivos. A natureza da relação demanda investigação. ♀, que pode evacuar e reter, é o protótipo de uma memória olvidante ou retentiva. Se a preocupação dominante for apossar-se de algo, retém-se prazer. Se a preocupação dominante é formar um depósito de munição, retém-se ressentimento. Pode-se forçar evacuação como que para converter o objeto evacuado em um míssil; pode-se forçar introjeção, como satisfação de avidez. (AI, 29)

Expansões posteriores

A teoria ♀♂ sofreu novas ampliações entre 1970 e 1975. Bion sugeriu novas possibilidades para a natureza do vínculo entre ♀♂ e ♀♂. Até então, descrito como "comensal". No entanto, experiências no âmbito negativo, ou "Menos", forçaram, como pensamentos-sem-pensador, que Bion – por *insights* em (–K), se desse conta de novas possibilidades. Foram chamadas de parasítica e simbiótica, coerentes com a adoção necessária, e não inventada, de um modelo biológico.

C

Toda questão está centrada nas possibilidades de o continente ser destruído pelo contido, ou vice-versa. Há muitas consequências desta situação para grupo de pessoas. Bion recorre novamente ao conceito de "místico", como evolução de suas observações de que além de cientistas e artistas, a tradição mística parece tentar, com maior sucesso em alguns casos – como transformações verbais, de apresentações por palavra, como esclareceu Freud, aproximaçõea à verdade. Tal constatação aparece no livro *Transformations*:

> *Minha teoria pareceria implicar em um hiato entre os fenômenos e a coisa-em-si, e tudo que eu disse não é incompatível com Platão, Kant, Berkeley, Freud e Klein, para citar uns poucos, que mostram o quanto acreditam que um anteparo de ilusão nos separa da realidade. Alguns acreditam conscientemente que o anteparo de ilusão seja uma proteção contra a verdade, essencial para a sobrevivência da humanidade; o resto de nós acredita inconscientemente nisto - mas não menos tenazmente. Mesmo aqueles que consideram esta visão um equívoco, e que a verdade é essencial, consideram que o hiato não pode ser transposto porque a natureza do ser humano impede o conhecimento de algo além dos fenômenos, que não seja conjectura. Os místicos devem ser liberados desta convicção da inacessibilidade da realidade absoluta. A incapacidade dos místicos de se expressar por intermédio da linguagem comum, arte ou música, relaciona-se ao fato de todos estes métodos de comunicação serem transformações; e de transformações lidarem com fenômenos; e com eles se lida através de serem conhecidos, amados ou odiados – K, L ou H. (T, 147)*

Verdade é vista como um contido potencialmente explosivo ao continente social. (AI, 110-112)

Parece que Bion baseia-se, como sempre, em sua experiência clínica. Que é sempre adicionada por sua experiência pessoal de ter sido cooptado por algumas instituições (*establishment*). Suas palavras parecem premonitórias: todas as instituições (*establishment*) de sua época demontraram-se inflexíveis e experimentam declínio, após sua exclusão pessoal. O solo da Inglaterra, que foi capaz de conter "místicos" do calibre de Freud e Klein, expulsou místicos locais, como Alan Touring, Oscar Wilde e, na visão do autor deste dicionário e de outros membros do movimento psicanalítico, W.R. Bion – empobrecendo-se com isso. A exclusão atual se faz pelos auto-intitulados "bionianos", que passam a exercer funções políticas de censura e exclusão de outros. É possível que esta situação se modifique, mas apenas as próximas gerações poderão dizer. Não parece, ao autor deste dicionário, que houve premonição, mas apenas intuição daquilo que já existia, ainda que em menor grau.

Mesmo um casal que é casado pode ser não criativo se *"a relação sexual ♀♂ desempenha uma parte tão importante que não existe* **nenhum espaço** *para qualquer outra atividade na qual o casal poderia se engajar"* (AI, 107 – o mesmo tema seria ampliado em A Memoir of the Future). O intercurso sexual dinâmico, representado por ♀♂, é a sessão analítica real quando o desconhecido é considerado e a dúvida tolerada: *"A pista encontra-se na observação das flutuações que tornam o analista ♀, em um certo momento, e o analisando ♂, e no outro revertem-se os papéis"* (AI, 108).

A natureza transitória, evasiva, em evolução da própria vida é o próximo passo na expansão do conceito ♀♂, como pode ser observado e "vivido" na sessão analítica. De forma a evocar isso, Bion recorre à discriminação entre "memória" e "lembrar"; também serve para apresentar a utilização flexível e dinâmica da teoria:

> ♀ ou ♂ podem representar memória. O continente ♀ fica pleno de "memórias" derivadas da experiência sensorial. . . . Portanto, a memória ♀ fica saturada. Em consequência, o analista que vem para uma sessão com uma memória ativa não se encontra em posição de fazer "observações" dos fenômenos mentais desconhecidos, pois estes não são sensorialmente apreensíveis. Existe algo essencial para o trabalho psicanalítico que tem sido chamado "lembrar"; é necessário diferenciar precisamente este algo daquilo que tenho chamado memória. Quero discriminar entre (1) lembrar um sonho ou ter uma memória de um sonho de (2) a experiência do sonho que parece aderir como se fosse um todo, ausente num certo instante, presente em outro. Considero esta experiência essencial à evolução da realidade emocional da sessão; ela é frequentemente chamada uma memória, mas precisa ser discriminada da experiência de lembrar. (AI, 107)

A teoria do continente e contido tem algumas ramificações em grupos, em alguns sentidos de inclusão e exclusão dos membros de um grupo, bem como a possibilidade de alguns membros de um grupo que vislumbram a realidade como ela é (os "místicos"). Mais considerações sobre a teoria do continente/contido no que se refere à sua utilidade na prática analítica podem ser encontrados no verbete "Psicanálise Real/Análise Apropriada/Interpretação Apropriada".

A NATUREZA DAQUILO QUE LIGA CONTINENTE COM CONTIDO

O desenvolvimento final da teoria enfocou a natureza ou qualidade do vínculo entre continente e contido.

Como o leitor pôde ver acima, o vínculo denominado de "Comensal", foi esboçado em 1962: *"Por comensal, quero dizer que ♀ e ♂ são interdependentes para seu mútuo benefício, sem nenhum dano para nenhum. Em termos de modelo, a mãe deriva benefício e alcança crescimento mental a partir da experiência: de modo idêntico, também a criança abstrai benefício e alcança crescimento"* (LE, 91).

Oito anos mais tarde, a definição era apresentada de forma mais desenvolvida: *"Por 'comensal', quero dizer uma relação na qual dois objetos compartilham de um terceiro, com vantagem para os três"* (AI, 95).

Um leitor apressado, ou tendente à senso-concretização, poderia notar uma discrepância. Será mais aparente do que real; a primeira definição já inclui o terceiro, ainda que imaterial: é chamado "crescimento mental"; também tem uma materialidade, chamada de "leite". A definição posterior é mais fiel à definição biológica, bem como psicanaliticamente mais explícita.

Ao vínculo Comensal, Bion acrescenta, a partir da observação clínica, mais dois vínculos: "Simbiótico" e "Parasítico": *"Por 'simbiótico', entendo uma relação em que um depende do outro para vantagem mútua. Por 'parasítico', quero representar uma relação na qual um objeto depende do outro para produzir um terceiro, que é destrutiva para todos os três"* (AI, 95). Pode-se concluir, sem dúvida, que modelos biológicos, que sempre orientaram o trabalho de Freud, Klein e Winnicott, continuam agindo no trabalho de Bion. A clivagem entre realidade material e psíquica é fruto de leituras sob a égide de -K; e não ocorre na realidade, tal como ela é.

Em *A Memoir of the Future*, Bion desenvolveria ainda mais o conceito. O Livro I – *O Sonho* - trata extensivamente de diversos continentes - interrompidos e ininterruptos. No final do livro, os objetos parciais (Eu mesmo, Bion, Homem etc.) são colocados em seus termos teóricos iniciais de continente e contido:

> EU MESMO: Termos como "patroa" e "empregada", "marido" e "mulher" são significativos "sensorialmente", e, no domínio das relações sensoriais, A + B pode ser significativo sob um ponto de vista macroscópico. Mesmo relações matemáticas que podem ser expressas matematicamente, que estão na matemática pura, como diz o matemático "puro", tornam-se sensoriais.
>
> BION: Será que isso não é o mesmo que falar que o mero fato de ser capaz de formular a relação A + B a torna uma relação macroscópica? Mas o *faz*? Não seria mais verdadeiro dizer que estamos de tal modo acostumados a formular afirmações somente quando elas são macroscópicas que assumimos instantaneamente que aquilo que é formulado deve, pela própria formulação, ser macroscópico?
>
> EU MESMO: Pensa-se que o inverso é verdadeiro: que, se nós não podemos formular a coisa, "ela" tem que ser ultra ou infrassensorial; que conceitos que são "vazios" e intuições que são "cegas" devem ser carentes de completude e que a "completude" que não é "completa", ou é "não preenchida", continua existindo, apesar disso. ♀ tem ♂ e ♀ tem ♂. Em resumo: ♀ [separado de] ♂ não pode ser estável. Uma disciplina, qualquer uma, tem por função preencher ou completar; a

"tarefa" do vínculo ou sinapse é ligar; pode ser separado de um substituto utilizado como "vínculo", mas nenhum substituto pode fazer o que o vínculo faz. A adição, no lugar de "casamento O" (ou "divórcio O"), fracassa; mais cedo ou mais tarde qualquer substituto da coisa real está fadado ao fracasso, por causa da instabilidade. (AMF, I, 196)

Ou seja, a ênfase é, mais e mais, no "negativo", representando instabilidade; "separado de": o âmbito "Menos".

A relação continente/contido é exemplificada, como em 1970 (em *Attention and Interpretation*), por meio de algumas de suas manifestações na história das ideias científicas e sociais, no âmbito da criação de divindades:

BION: .... Se o "universo de discurso" não facilita a solução de 3 menos 5, então os números reais não são bons, mas têm que ser ampliados pelos "números negativos". Se o "espaço para brincar" matemático não é adequado para a manipulação dos "números negativos", ele tem que ser ampliado, provendo então condições para "jogos" com números negativos. Se o mundo do pensamento consciente não é adequado para se brincar de "Édipo Rei", o "universo de discurso" deve ser ampliado com a finalidade de incluir tais brincadeiras. Se a discussão psicanalítica séria não pode ocorrer no domínio que Freud achou adequado, este deve sofrer uma ampliação. De fato, Freud ampliou-o quando descobriu que não podia acreditar naquilo que sua experiência com os pacientes parecia sugerir – que todos eles teriam sofrido agressão sexual. Ele teve que cogitar a ideia de que eventos que não tinham jamais ocorrido poderiam ter sérias consequências. (AMF, I, 176)

Finalmente – estamos considerando, numa escala de tempo, o falecimento de Bion, aos 82 anos - propõe um novo símbolo para continente /contido que talvez ilustre mais apropriadamente a sequência da vida em evolução.

O leitor que acompanhou a tentativa de descrever a evolução do conceito poderá vê-lo agora em uma forma mais compactada, abrangendo a gênese do pensamento no movimento de PS para D, e em sentido contrário: a realização da crueldade e a ameaça à vida que a própria vida representa, e a resultante possibilidade de surgimento de processos de pensamento. O novo símbolo retrata Édipo, e inclui também uma boa dose de humor.

HOMEM: .... Deus lançou esses objetos presunçosos ♀♂ para fora do Éden. O Onipotente se opõe às extensões da capacidade humana para ter relações sexuais. Babel opôs as extensões da força ao âmbito da mente. Assim, extensões de mais K certamente revelarão obstáculos, se estendidas a menos K. A imortalidade obtida por meio da reprodução por divisão celular conduz à mortalidade obtida pela fissão nuclear.

BION: E daí?

HOMEM: Não vou pensar por você. Mais cedo ou mais tarde, você vai ter que pagar o preço de decidir pensar ±; na formulação de Freud, ou para interpor o "pensamento" entre impulso e ação, ou para interpô-lo entre os dois como um substituto para a ação, ou para interpô-lo entre os dois como um prelúdio à ação.

BION: Tudo bem – vamos continuar com esse inebriante e espetacular espetáculo.

(A escuridão se aprofunda. O objeto sugador e esmagador de crânios está dominado pela depressão causada pelo esgotamento do suprimento de nutrição proveniente da ♂ morta e de sua incapacidade de lhe restaurar vida. Ele formula na rocha uma representação *arte*-fatual, facilmente vista por Plantão como sendo uma representação mentirosa, um substituto de pro-criação, um substituto da criação. A substituição mentirosa é transformada num prelúdio para a ação. Esse caos turbilhonante e rodopiante de uma escuridão infinita e informe torna-se luminoso, e um Leonardo da Vinci rouba, desse caos informe, o cabelo, o nascente deserto de águas.)

BION: Repugnante! Piegas! (AMF, I, 160-1)

Contratransferência

Termo incluído neste dicionário em função do mal-entendido que envolve sua utilização por alguns membros do movimento psicanalítico ao redor do mundo, que fantasiam, ou acreditam que seria parte importante do trabalho de Bion não apenas a inclusão, mas a defesa do uso contratransferência, como "arma terapêutica" durante uma sessão. Compõe um sub-movimento no movimento psicanalítico – não apenas relativo ao trabalho de Bion, mas de um modo mais generalizado. Movimento inegavelmente influente do ponto de vista político. Serviu como uma prática de *"pax romana"* entre fragmentos antes clivados politicamente dentro do movimento psicanalítico, que travaram verdadeiras guerras verbais e pessoais: "kleinianos/neokleinianos" contra os "freudianos/ annafreudianos"; e "freudianos" contra "junguianos". Outras escolas, com seus próprios líderes ou ídolos, se irmanaram nesta pax romana – que aparece na crença comum a todos estes grupos, sobre o uso da contra-transferencia durante uma sessão, de modo consciente.

Esse sub-movimento pode ser visto como tendência: ou como modismo; ou como voga interna ao movimento psicanalítico. Está fora do escopo deste dicionário estudar sua real natureza, que toca em questões políticas que parecem ao autor deste dicionário, alheias ao âmbito da psicanálise. É mencionado apenas para enunciar da forma mais clara possível que Bion nunca fez parte desse movimento, como logo veremos usando sua própria escrita.

O ESTADO MENTAL DO ANALISTA DURANTE A SESSÃO

Bion parece ter sido, seguindo Freud e Ferenczi, o autor que deixou a mais notável contribuição ao escrutínio do **estado psíquico do analista durante uma sessão de análise**. Sua motivação: desenvolver o status científico da prática psicanalítica, na esteira de Freud e Ferenczi. Há uma tentativa de desenvolvimento primário nas condições de trabalho do analista para alcançar ao menos alguma familiaridade com o que Freud chamou de "fator pessoal" ou "equação pessoal" (Freud, 1926, 1928). Desta necessidade surgiu a recomendação absoluta, de que para a pessoa poder exercer a atividade, precisaria se analisar com outra pessoas.

Se a análise pessoal dos analistas for uma atividade possível, habilitaria o analista a perceber, ainda que minimamente, mas suficientemente, algumas – não todas - de suas influências nos fenômenos observados, ou seja, no estado mental do paciente. Além disto, auxiliaria o analista na discriminação daquilo que é uma questão dele, pessoal, ou do paciente. Em última análise: trata-se de objetivo inatingível de modo total e completo. No entanto, pode ser defensável como tentativa feita de modo mais ou menos consciente.

A introdução da análise do analista – depois chamda de "análise didática", e depois submetida a tornar-se "obrigatória" institucionalmente, foi uma tentativa ousada, já que quais seriam os métodos de se obrigar alguém a fazer qualquer coisa que seja?. Mas, na falta de outra alternatica, permanece como forma de abordar a questão da falibilidade – em si mesma, uma demonstração de que existe a necessidade absoluta de que o analista lide com suas fantasias onipotentes e oniscientes. E que pode ter resultados viáveis, fornecendo o mínimo de condições para o empreendimento psicanalítico. Podemos comparar aos experimentos com micro-particulas, em física, por aceleradores ou colisores de partículas: alcança-se algum conhecimento quando faz-se a mensuração da correlação entre a interferência entre o comportamento de partículas conhecidas, com outras, desconhecidas.

Freud foi contemporâneo – historicamente, - aos físicos, no que se refere a notar a interferência do observador sobre o fato observado. Em psicanálise, essa interferência pode ser vista como fazendo parte, no todo inevitável, mas em parte, evitável, da contratransferência. Ou seja, o analista confundindo seus pacientes com figuras relevantes de seu próprio passado. Sö pode ser observada e tratada, e semrpe só até certo ponto, e exclusivamente, na análise do próprio analista. Descobertas

C

sobre contratransferência pertencem a essa análise, a partir do inesperado e desconhecido.

A contratransferência foi definida por Freud. Difere da tentativa consciente de disciplinar um escrutínio dos estados do aparato do pensar no analista, segundo o estabelecimento claro dos vértices que orientam o pensamento do analista - como Bion apresentou em seus livros *Elements of Psycho-Analysis, Transformations* e *Attention and Interpretation*. A disciplina que Bion propõe nesses livros inclui instrumentos, recomendações e consequências de alguém que possa seguir as recomendações:

(i) alguns instrumentos, como a "Grade" (Grid) (q.v.);
(ii) recomendações para alcançar uma postura: a de disciplinar memória, desejo e entendimento racional (diverso de compreensão);
(iii) descrições de consequências dessa postura, tais como:

- ser capaz de "sonhar a sessão", o o material verbal e não – verbal proveniente do paciente, muitas vezes usando a atenção livremente flutuante, incluindo experiências de vida do analista, experiências em psicanálise e mitos privados do analista;
- treinar analiticamente a intuição;
- discernir a presença de transformações em alucinose durante a sessão, como prelúdio para discriminar sonho de alucinação;
- realizar atos de "fé" sobre a existência de Verdade (q.v.);
- obter uma "linguagem de consecução" (q.v.), que precisa necessariamente ser coloquial, no sentido de um coloquialismo customizado para o ouvinte, o paciente;
- habilidade para ser visto ou ser chamado de "louco".

Tudo isso, embora parcialmente consciente, precisa ser efeuado, até certo ponto, de modo inconsciente – intuitivo e instintivo, sendo o instinto, ligado ao cuidar (compaixão) e respeitar a existência de verdade. Semelhante aos exercícios de escalas para os músicos e ao treino físico para atletas. Escalas escritas em uma pauta por professores de musica e treinos disciplinados são materialização de atos imateriais: música e movimentos atléticos. Há um movimento contínuo entre os sistemas inconsciente e consciente do analista, descrito, em *Learning from Experience*, como o funcionamento mínimo da "barreira de contato" (q.v.). Deve incluir uma capacidade de permitir o livre movimento entre PS e D e vice-versa, bem como de tolerância ao exercício da interação entre continente e contido.

Esses processos de aprendizagem a partir da experiência e do exercício contínuo da intuição analiticamente treinada permitem o desenvolvimento do autoexame do estado mental do analista.

Nada disso tem a ver com contratransferência, que é, em certo sentido, uma questão mais geral, complexa e tanto primária como secundária ao ato de atender pacientes em análise. A contratransferência refere-se à personalidade do analista como um todo. Influencia o estado mental do analista durante a sessão, como o faz em qualquer momento de sua vida. Mas não é o objeto de estudo de Bion. Veremos em breve que, para Bion, contratransferência só pode ser observada e talvez, tratada durante a análise do analista.

O mal-entendido parece estar ligado ao fato de que, durante alguns anos, Bion trabalhou com alguns seguidores de Paula Heimann. Nunca participou pessoalmente do que poderia ser visto, em termos grupais, segundo uma expressão coloquial utilizada inicialmente no Estado da Bahia: o "trio elétrico da contratransferência". Que parece, pelo menos ao autor deste dicionário, um movimento que assumiu proporções formidáveis na instituição psicanalítica, de negação do sistema inconsciente no analista.

Na primeira versão do trabalho de Bion sobre a linguagem do esquizofrênico - "Language and the schizophrenic" – escrita em 1952-1953 e publicada em 1955 como capítulo 9 do livro *New Directions in Psycho-analysis* aparecem referencias ao uso da contratransferência. Este livro teve como editores, Melanie Klein, Paula Heimann e Roger Money-Kyrle. Na republicação do texto, doze anos depois, em *Second Thoughts*, Bion suprimiu ou modificadas as partes que abordavam a contratransferência sob um modo que tipificou as contribuições de Paula Heimann e Heinrich Hacker (especialmente nas pp. 224 e 225). As supressões e modificações não deixam dúvidas quanto ao abandono do que parece ter sido um interesse inicial, por parte de Bion nessa tendência – mas apenas para examiná-la respeitosa e criticamente, sem aderências diretas: *"Não penso que eu defenderia este uso da contratransferência como uma solução final; pelo contrário, é um expediente a que devemos recorrer até que algo melhor se apresente"* (Bion, 1953, p. 225). Fica explícito em seus escritos posteriores que, para ele, este "algo melhor" é a análise do analista.

Se ainda restarem dúvidas, talvez as próprias palavras de Bion possam ser usadas para dissolvê-las. Um texto útil parte da tentativa de acercar-se ao âmbito numenico, ou, como Bion o chamou, "O":

> Postulamos que . . . O, em qualquer situação analítica, está igualmente disponível para transformação pelo analista e pelo analisando.
>
> Vou ignorar a perturbação produzida pela personalidade ou aspectos da personalidade do analista. A existência de tal distúrbio é bem conhecida e seu reconhecimento é a base para a aceitação analítica da necessidade dos analistas serem analisados e dos vários estudos sobre contratransferência. Conquanto outras disciplinas científicas reconheçam a equação pessoal, o fator de erro pessoal, nenhuma ciência que não a psicanálise tem insistido em uma investigação tão profunda e prolongada de sua natureza e ramificações. Em consequência, ignoro-o aqui para manter um problema já supercomplicado, em seus termos mais simples. Vou assumir um

C

analista ideal e que Taα e Taβ não estejam perturbados por turbulência – ainda que turbulência e suas fontes sejam parte de O. (T, 48)

É necessário distinguir a gênese do pensamento na história de vida do paciente da gênese de expressões de pensamento em uma dada contingência. A emergência da dimensão coluna 2 pode ser observada na contingência da análise como um passo na evolução do enunciado; a partir daí o analista pode julgar que foram obtidas as condições para interpretação; mas isso não significa que se deve fazer uma interpretação – pois o pensamento do analista também precisa estar maduro. Quando ele pode ver o elemento coluna 2 em seus pensamentos, completam-se as condições para interpretação: seria necessário fazer uma interpretação. Em termos de teoria analítica, é aproximadamente correto, mas apenas aproximadamente, dizer que se obtiveram as condições para uma interpretação quando os enunciados do paciente dão evidência de que a resistência está em operação: as condições se completam quando o analista se sente consciente da resistência, em sua própria pessoa. Não é contratransferência, com a qual é necessário se lidar por meio da análise do analista, mas resistência às reações do analisando, que o analista antecipa, caso dê a interpretação. Note a semelhança da resistência do analista à resposta que ele antecipa do paciente à sua interpretação com a resistência do paciente à interpretação do analista. (T, 168)

FREUD, BION E O CONCEITO DE CONTRATRANSFERÊNCIA

Contratransferência é um termo técnico. Em psicanálise – mas também em outras ciências - acontece de termos técnicos, criados como ferramentas de trabalho, ficarem desgastados e se transformarem em uma espécie de moeda gasta que perdeu o seu valor. Seria necessário manter essas ferramentas em boas condições, para podermos usá-las em nosso trabalho? A teoria sobre a contratransferência remete à relação de transferência que o analista tem com o paciente sem o saber. Ouve-se os analistas dizerem "Eu não gosto desse paciente, mas posso fazer uso da minha contratransferência". Neste caso, está aberta a possibilidade da pessoa não usar a sua contratransferência; e nos dois, o uso e a falta de uso, serão conscientes. Talvez possa ser capaz de fazer uso do fato de não gostar do paciente, mas isso não é contratransferência. O assunto pode surgir na análise de um analista que coloca relevância no fato de gostar ou não gostar de seus pacientes, ou de seu trabalho – e os fatores nisto sempre serão inconscientes, abordáveis na análise do analista.

Um analista não pode fazer uso de sua contratransferência no consultório; isso seria uma contradição semântica. Utilizar o termo nesse sentido implica a necessidade de descobrir – pode ser uma questão de inventar - um novo termo para fazer o trabalho que tem sido atribuído, de modo a confundir com a definição de Freud, à palavra "contratransferência". Na definição de Freud, são emoções e afetos *inconscientes* em relação a uma pessoa que ao anlista pensa ser o paciente – na verdade, não é - e, uma vez que são inconscientes, não há o que possamos fazer sobre isso na hora em que aparecem. Será um infortúnio compartilhado pelo paciente e pelo analista, se a contratransferência **está** operando na sessão de análise. O momento em que a situação de contratransferência poderia ter sido observada e, com sorte, tratada, já ocorreu - no passado, na análise do próprio analista. Ou vai ocorrer, se o analista voltar a ter sessões de sua própria análise. Bion expressa apenas uma esperança: que contratrasnferencias não nos use em demasia; e que tenhamos tido análise suficiente para manter o número de operações inconscientes, nem sempre contratransferencias, em um mínimo. (BLII, 87-88)

Isso não implica no fato de que Bion fosse contra as pessoas que se dispusessem a estudar fenômenos contratransferenciais. Até o final de sua vida, ele tentou deixar clara sua opinião sobre a forma de lidar com isso. Essa opinião é coerente com sua atitude geral, que diferenciava "falar sobre" de "ser" ou "experimentar":

ROLAND: Você parece sugerir que, como psicanalista, é um condensado do melhor de ambos os sexos.

P.A.: Que isso fosse verdade! Espero que este desejo não obscureça minha herança de fraquezas. Notei um preconceito em favor de meus pacientes e um desejo correlato de compartilhar de suas excelências.

ROBIN: Contratransferência?

P.A.: Não esqueça que, por definição, "contratransferência" é inconsciente; assim, na realidade, desconheço a natureza de minha contratransferência. Conheço teoricamente, mas isso é apenas conhecer *sobre* a contratransferência – isso não é conhecer a "coisa em si".

ROBIN: Presumivelmente, é útil conhecer algo "sobre" a contratransferência. Não é inevitável que as pessoas aprendam muito daquilo do qual não têm experiência direta? Aprendo sobre viagem à lua, mas com certeza não vou experimentá-la. Deve ter algum valor, a menos que acreditemos que o processo de educação seja irrealístico. (AMF, III, 515)

Freud pensava que era – repetiu um ditado popular na Europa: educar, governar e cuidar seriam três profissões impossíveis (na introdução ao livro de August Aichhorn). Este ditado tem sido distorcido por membros do movimento psicanalítico, que substituem o termo "cuidar" por "psicanalisar". Psicanálise é uma das atividades do cuidar; mas não a única. Sinais de onipotência, entre membros do movimento psicanalítico, aparecem em lugares insuspeitos.

C

Contratransferência, L e H

Se o caminho para uma interpretação inclui aspectos de L e H, ligados à fragilidade humana, *"postula-se que o analista permita existir ou exclua L ou H de seu vínculo com o paciente. Para os objetivos da presente discussão, postula-se que Tα e Tβ estejam livres de distorção por L, H (i.e., por contratransferência). Postula-se que Tp α e Tp β, ao contrário, estejam sempre sujeitas à distorção; e a natureza dessa distorção, na medida em que ela é um objeto a ser iluminado por meio da interpretação psicanalítica, é o O da transformação que o analista executa em seu caminhar da observação à interpretação"* (T, 49).

Para se familiarizar com a necessidade de Tp α, Tp β, L e H, ver os respectivos verbetes.

Referências cruzadas sugeridas: Visão analítica, Psicanálise real, Método científico.

Controvérsia

Muitos verbetes neste dicionário mostram os esforços de Bion para contribuir com o estudo do esforço do ser humano para fazer aproximações em direção à realidade ("interior" e "exterior"), tal como ela é – para usar uma expressão de Francis Bacon e Immanuel Kant.

As tentativas de apreender a realidade, caso vistas na história da ciência e da arte, evidenciaram o surgimento de diferentes pontos de vista e conclusões. Como impressões digitais, variam tanto quanto há indivíduos. A visão da realidade de determinado indivíduo pode diferir da visão de outro indivíduo de forma tal que pareceria que os dois indivíduos não estavam falando sobre a mesma coisa e até mesmo, considerando algo que fosse a mesma coisa. Em filosofia, isso ficou conhecido como as divergências entre, de um lado, "subjetivistas" = também chamados, na historia da filosofia, de "idealistas" e de outro lado, "solipsistas" -e "realistas".

O uso exclusivo dos sentidos, defendido, aparentemente, pela primeira vez, por Aristóteles, e apenas quando era jovem, sob a forma de desconfiança sobre a existência das "Formas Ideais" observadas por alguns des seus mestres – principalmente Platão - foi seguido por longa linhagem de filósofos. Aristóteles, mais idoso, reconciliou-se com seu mestres, mas a primeira tendência firmou-se na filosofia. Esta tendência foi submente a uma análise crítica por alguns, como Spinoza, Pascal, Hume e sistematizada por Kant e uma linhagem, talvez não tão longa, depois deles.

Na obra de Bion, conceitos como senso comum, conjunção constante, fato selecionado, invariâncias, o âmbito numenico - "O", modos científicos e artísticos de apreensão da realidade também surgiram como contrapontos desafiadores para a tendência subjetivista ou idealista a privilegiar, que pode também ser rotulada como a "visão impressão digital".

Aquelas pessoas que pensam poder se sustentarem pela visão denominada aqui, de "impressão digital", tendem a esquecer que a realidade-O-"dedo" é uma e a mesma para qualquer ser humano. Que transformações e individualidade são abrigadas intrinsecamente em cada impressão digital; mas a realidade transcendente, a qualidade de ser-uma-impressão-digital, independe das infinitas transformações de sua aparência exterior. Os "realistas" confiam demasiado na aparência externa, de forma idêntica a seus adversários aparentes. Essas controvérsias persistem e são típicas de teóricos. Ciência se desenvolve de forma imperturbável, independente das reflexões de pessoas que não têm experiências práticas.

Um paradoxo é que tanto realistas como idealistas baseiam-se em aparências externas. Os segundos, ao defender a superioridade criativa e imaginativa da mente sobre os fatos, chegando à tendência atual – nos últimos cinquenta anos – que são chamados, por si mesmos e pelo grupo, de pós-modernistas, argumentam que não existe algo que possa ser chamado de "fato", igualam-se aos primeiros, que defendem a superioridade da realidade externa conforme seja apreensível pelo nosso aparato sensorial. Como toda falsa controvérsia, os dois se apoiam na aparência externa, tano ao desvaloriza-la como ao valoriza-la – e esta invariância fica negada, pelo segundo componente invariável: argumentos de superioridade, demonstrando prevalência de núcleos esquizo-paranóides. A experssão externa é a tentativa de resolver esses paradoxos por partidarismos socais, "escolas".

Controvérsia e julgamento

O trabalho de Bion nos permite afirmar que um fator psíquico de controvérsia é a eleição de julgamentos morais. Depende de fantasias de superioridade. Bion examina a origem dos julgamentos na mente humana; ele os relaciona ao não pensar. A questão pode ser vista como o triunfo da paranoia: uma aversão à realidade como ela é:

> Caso a intolerância de frustração não seja muito poderosa para ativar mecanismos de evasão, e mesmo assim seja poderosa o suficiente para tolerar o domínio do princípio da realidade, a personalidade desenvolve onipotência como substitutiva para o casamento de uma pre-concepção, ou concepção, com a realização negativa das mesmas. Isto envolve o pressuposto de que onisciência é uma substituição do aprender da experiência, com a ajuda de pensamentos e do pensar. Inxiste qualquer tipo de atividade psíquica que possa discriminar aquilo que é verdade, daquilo que é falso. Onisciência substitui por enunciado ditatorial, de que algo é moralmente certo e que o outro algo é moralmente errado, o discriminar entre verdade e falsi-

C

dade. O pressuposto de onisciência que nega aquilo que é real, que nega a própria realidade, assegura o engendramento de moralidade, como função de psicose. O ato de discriminar entre verdade e falsidade é uma função da parte Não-Psicótica da personalidade, e de seus fatores. Há, portanto, um conflito entre uma asserção sobre existência de verdade, e outra asserção, a de superioridade moral. O extremismo de uma infecta a outra. (ST, 114)

Em outras palavras, quando se perde de vista o que é verdadeiro, ou falso, a falta desse tipo de discriminação cria um vácuo sentido como insuportável. O vácuo não existe na realiadde, mas a pessoa o sente como tal, na medida em que esta pessoa está colocando a realização de desejo acima de tudo. Essa atitude alimenta um círculo vicioso. Resulta no incremento do ódio à realidade. Verdade parece ser inatingível: recorrer a julgamentos é uma tentativa, sempre mal-sucedida, para preencher o que é sentido como vácuo; que é alucinado, não apenas por ser sentido como insuportável, mas por não existir na realidade. O que existe é a frustração do desejo.

O alcance da *correlação*, que permitiria à psique tolerar o fato de que paradoxos não admitem outra resolução além da tolerância, é dificultado ou impedido. A tolerância é ao próprio paradoxo. Quando existe tolerância ao paradoxo, exclui-se, ainda que temporariamente, onisciência; requer tolerância ao desconhecido que sempre permanece como tal; fica inconsciente. Pode ser visto, na linguagem, ou nomenclatura taxonômica proposta por Freud, como o âmbito do id; na taxonomia proposta por Bion, "O".

Os pacientes* demonstram que a resolução de um problema parece apresentar menos dificuldades caso possa ser considerada como pertencente a um âmbito moral; causalidade, responsabilidade e, portanto, uma força controladora (oposta a desamparo) fornecem um arcabouço em que impera a onipotência. Em determinadas circunstâncias, que serão consideradas adiante, arma-se um palco para conflito (refletido em controvérsias como a de Ciência e Religião). Os mitos de Éden e de Babel retratam a situação. A importância para o indivíduo está na sua parte em obstruir a interação PS⇔D. (T, 64-65)

[*Nota de rodapé de Bion: E não só os pacientes. Grupos são dominados por moralidade – é claro que incluo o sentido negativo que se mostra como rebelião contra moralidade – e isso contribuiu para a atmosfera de hostilidade em relação ao pensamento individual enfatizada por Freud.]

Em 1969, Bion escreveria sobre a controvérsia:

Grande parte da "controvérsia" psicanalítica não é controvérsia alguma. Se ouvida por um longo período, digamos um ano, mas de preferência dois ou três, um padrão começará a emergir; assim poderia escrever um comentário de coordenador que, alteradas uma ou duas frases, serviria praticamente para qualquer artigo de qualquer pessoa, em qualquer momento. Assim:

"Senhoras e senhores, estivemos ouvindo um artigo muito interessante e estimulante. Tive a grande vantagem de poder ter lido o trabalho antes e, embora não possa dizer que concorde com tudo que o Dr. X diz" (principalmente porque não faço a menor ideia do que ele pensa que está falando, e tenho certeza absoluta de que ele também não faz), "achei sua apresentação – hum – estimulante. Existem muitos pontos que eu gostaria de discutir com ele, caso tivéssemos tempo" (graças a Deus, não temos), "mas sei que aqui há muita gente ansiosa para falar" (em particular, os nossos chatos vitalícios de plantão *ex officio* que ninguém ainda conseguiu silenciar), "assim não devo ocupar muito do nosso tempo. No entanto, há apenas um ponto sobre o qual gostaria de ouvir a visão do Dr. X, se ele puder dispor do tempo." (Nesse ponto, preparo-me para liberar uma das minhas ideias obsessivas favoritas. Não importa que seja irrelevante; também não importa que, provavelmente, o Dr. X não tenha qualquer visão sobre o assunto ou como seria improvável que, se ele tivesse alguma, eu quisesse ouvi-la – a hora chegou e vai embora.) "Frequentemente me ocorre" (e só os coitados da minha Sociedade sabem como isso é frequente isso) "que... etc... etc." (C, 303)

Esse registro bem-humorado da realidade, provavelmente, foi escrito na época em que Bion morava na cidade de Los Angeles. Foi colocado no papel sem a intenção de publicação. Um momento menos delicado para publicá-lo, pelo menos na opinião de Francesca Bion, ocorreu vinte e três anos mais tarde, parecia ser. Contém esclarecimentos sobre o fato de que a controvérsia requer ser vista a partir de um vértice livre de julgamento. Simultaneamente ao escrito acima, Bion escreveria uma síntese da cogitação acima, em outros termos, talvez mais palatáveis para o público: *"Controvérsia é o gérmen de onde brota o desenvolvimento..."* (AI, 55).

Há um paradoxo a ser enfrentado, na medida em que a controvérsia parece ser uma condição natural e necessária. Mas o paradoxo perdura; é necessário, mas não suficiente. A continuação da frase deixa claro:

... mas é necessário que seja uma confrontação genuína e não um bate-boca inútil entre oponentes cujas diferenças de visão jamais se encontram. Segue-se uma contribuição para reunir – em acordo ou desacordo – visões psicanalíticas diversas.

Ouvindo controvérsias psicanalíticas senti que se descrevia a mesma configuração e que as diferenças aparentes eram mais acidentais do que intrínsecas; acreditava-se que pontos de vista diferentes significavam pertencer a um grupo, e não uma experiência científica. No entanto, todos sabem que não é importante o suposto uso de uma teoria em particular, mas se a teoria foi adequadamente compreendida e, então, se a aplicação foi confiável.

Pode-se levantar a objeção de que estabelecer isso envolveria considerar individualmente todos os analistas, e também as circunstâncias de cada interpretação individual. (AI, 55)

Bion sugere uma saída: *"Mesmo sendo assim, poder-se-ia abreviar muitas dificuldades definindo-se mais precisamente o ponto de vista (vértice)"* (AI, 55).

Oito anos antes – 1962 – Bion sugeriu um caminho para obter tal precisão. Parte das controvérsias era vista como uma falta de precisão ao citar os grandes autores. Suspeitando que seria importante simplificar a comunicação entre os analistas, assinalou a alternativa de uma página e linha específicas de alguma edição padronizada de um livro, em vez de referir teorias ou recorrer, fazendo cópias do que está escrito no original, ou rótulos teóricos, que correm o risco de se tornar apenas um jargão estéril (LE, 38). Nesta época, Bion fora escolhido, pela segunda vez, para exercer a presidência da instituição psicanalítica britânica: e honrara o lançamento da Standard Editions, traduzida por James Strachey, Alix Strachey, Alan Tyson e Joan Riviere, como imprimatur dado por Anna Freud. O reconhecimento desta tradução, talvez não por coincidência, aparece no volume III, de *A Memoir of the Future*, "A Aurora do Esquecimento", em um diálogo entre as partes objetais (ou objetos parciais) de Bion, Psicanalista (P.A.), cuja representação se dá pelo próprio nome: a parte objetal de Bion que pretendia ser um psicanalista; Robin e Roland, partes objetais representando fazendeiros que um dia foram militares; e Alice, a parte objetal expressando feminilidade, ainda que incerta, em Bion.

> P.A.: "Cura" é uma palavra que, como "doença" ou "estado mórbido", é emprestada dos médicos e cirurgiões para descrever nossas atividades de um modo compreensível.
>
> ROLAND: Espero que você não vá assassinar a linguagem introduzindo monstruosidade tais como "anti-corpos".
>
> ROBIN: Esta foi uma das aversões de Quiller-Couch, mas não vejo porque. Quiller-Couch foi inibido pela admiração pelos tradutores da Bíblia do Rei James e nunca se recobrou do fato que a ciência médica não tenha sido escrita por homens de gênio literário à altura da cultura Inglesa. Penso que o feito de James Strachey ao traduzir Freud ainda poderá vir a ser devidamente valorizado.
>
> ALICE: Deve-se pensar que o assunto que ele traduziu é de valor comparável ao assunto da Bíblia? Talvez possamos discutir isto com Sacerdote, quando ele voltar.

Ele ficou um longo tempo ausente, mas entendo que vai voltar a tempo para nosso próximo encontro.

ROLAND: Ai, meu . . . deeeus.

ALICE: Você não parece nada contente, qual é o problema?

ROLAND: Estou contente que ele venha, mas não desejo ser envolvido com Deus e toda esta tralha piedosa.

ROBIN: Para ser justo com o Sacerdote: ele não tenta nos converter. Para ser razoável com o P.A.: ele também não tenta nos converter. (AMF, III, 541)

No entanto, isto foi antes da época em que os interesses comerciais de muitas editoras no mundo se sobrepujaram a uma realidade que só foi reconhecida, e por questão não científicas, nos setenta e cinco anos após o falecimento de Freud. Outra vez pode parecer premonitória, a constatação de uma verdade que já existia. A parte objetal sacerdotal de Bion diz, para si mesma:

PAUL: (em solilóquio) Todo mundo pensa que os psicanalistas nunca brigam. Quando começarem as Grandes Guerras da Psicanálise, aí é que vamos ver alguma coisa – e não vai haver nenhum golpe proibido. Santayana temeu o dia em que as bestas e canalhas científicos tomassem conta do mundo. O que será que fez com que ele se referisse aos ingleses como sendo os "professorzinhos doces."[29*] (AMF, II, 273)

Manipulações de símbolos

Talvez grande parte da controvérsia decorra da perda da apreensão do vértice psicanalítico, dando lugar à situação confusa de "uma psicanálise ou muitas", como escreveu Robert Wallerstein. Isso leva ao que é conhecido em matemática como formalismo. Uma tendência que ameaçou destruir o pensar matemático no início do século XX:

SHERLOCK: . . . Você já ouviu falar naquele cara, o Bion? Ninguém nunca ouviu falar nele, nem tampouco na psicanálise. Ele acha que ela é real, mas que seus colegas estão envolvidos numa atividade que não passa de uma manipulação mais ou menos engenhosa de símbolos. . . . Existe uma impossibilidade de se entender que qualquer definição deve negar uma verdade prévia, assim como trazer em si um componente insaturado. (AMF, I, 92)

---

[29] * "Sweet boysh masters" no original.

C

INVARIÂNCIAS E CONTROVÉRSIA

Quando Bion concebeu a aplicação da teoria de transformações e invariâncias para a psicanálise, ele observou que "invariâncias em alfabetização", isto é, o fato de um leitor ser alfabetizado, não são suficientes. Cita o exemplo de Freud, de ser considerado como um escritor de *romans-à-clef* (T, 3). A teoria das transformações e invariâncias parece oferecer uma maneira diferente de lidar com controvérsias.

Seria possível que os membros do movimento analítico poderiam "realizar" que grande parte da controvérsia decorre de uma dificuldade de "realizar" que o vértice ou ponto de vista influencia a possibilidade - ou impossibilidade - de "realizar" qual invariância, ou padrão subjacente, flui, "sob" qualquer tipo de manifestação evidente de seja lá o que for? Controvérsia, controvérsia escolástica, seria entendida como baseada em diferenças enfrentadas sob o vértice da superioridade – um vértice que dita que um vértice (e suas consequentes invariâncias) é superior a outro vértice (e suas consequentes invariâncias): *"Transformação kleiniana, associada com determinadas teorias kleinianas, teria invariantes diferentes daquelas invariantes em uma transformação freudiana clássica"* (T, 5).

Esse enunciado verbal tem uma nota de rodapé: *"Na prática eu lamentaria o uso de termos tais como 'transformação kleiniana', ou 'transformação freudiana'. São usadas aqui apenas para simplificar a exposição"* (T, 5).

Há uma dificuldade em "realizar" que um vértice diferente pode preencher uma lacuna deixada por outro vértice. Um ponto de vista que admita cooperação mútua substituiria o ponto de vista de destruição mútua. Há alguns vértices que reúnem diferentes vértices. Na história da ciência, foram chamado, por Robert Merton – um sociólogo que respeitou psicanálise – de "transdisciplinares".

Em psicanálise, o vértice da alucinose é um vértice transdiciplinar que integra as teorias de Freud e Klein, permitindo "realizar" que transferência e identificação projetiva referemse a diferentes espectros de alucinação. A projeção de um estado desejado repetindo padrões infantis, em um caso, e a identificação projetiva de estados indesejados em outras pessoas, no outro. Isso demonstraria que não existe realmente qualquer controvérsia: *"Já que as invariantes seriam diferentes, o significado expresso também seria diferente, apesar de poder se conceber o material transformado (a experiência ou realização analítica) como sendo o mesmo nos dois exemplos"* (T, 5-6).

As invariâncias podem ser concebidas como "configurações". A perda de percepção da configuração subjacente provoca sentimentos de controvérsia. Pode ser vista como a perda da visão científica, acarretando impossibilidade de apreender formulações gerais que abarcam casos individuais: *"O problema matemático é parecido com o problema psicanalítico, no que se refere a uma necessidade, que a solução deve ter um amplo grau de aplicabilidade e aceitação, evitando assim a necessidade de usar argumentos diferentes para casos diferentes, quando os diferentes casos parecem ter essencialmente a mesma configuração. Todo analista vai reconhecer a confusão causada ou, na melhor das hipóteses, o sentido de insatisfação que prevalece quando, em uma discussão entre colegas, fica bastante claro que todos apreenderam a configuração do caso, mas que os argumentos formulados em sua elucidação variam de pessoa para pessoa e de um caso para outro. É essencial fazer com que esta situação fique desnecessária, se for para haver progresso"* (T, 83).

E também: *"Muitos analistas passaram pela experiência de sentir que a descrição das características de uma entidade clínica específica serviria para descrever outra entidade clínica muito diversa"* (EP, 2).

Controvérsia e teorização ad hoc

Os textos citados acima contêm o que talvez seja o único ponto no qual Bion utilizou as proposições de teoria da ciência de Karl Popper: alertas sobre o perigo contido em teorização *ad hoc*: *"A busca precisa ser por formulações que representem a similitude central das configurações, reconhecidas por todos que lidam com elas, e assim eliminar a necessidade do caráter* ad hoc *de tantas teorias psicanalíticas"* (T, 84). A semelhança de configuração é a invariância subjacente.

O abandono, rejeição ou pura falta de apreensão de teorias existentes parece contribuir para a controvérsia:

> Na prática, não é desejável que descartemos teorias estabelecidas caso elas eventualmente pareçam inadequadas a determinadas contingências; tal procedimento exacerbaria a tendência à elaboração fácil de teorias *ad hoc*, quando melhor seria aderir à doutrina consagrada pelo tempo. Assim, é aconselhável preservar uma atitude conservadora com teorias amplamente aceitas, mesmo que fique clara a necessidade de alguns ajustes. (T, 4)

Seria possível não descartar uma teoria já disponível quando não se pode apreende-la desde o início? *"O erudito pode ver que uma descrição é de Freud ou de Melanie Klein, mas permanecer cego para a coisa descrita"* (AMF, I, 5).

Esta situação evidencia-se na rejeição a uma psicanálise que considere a existência real do complexo de Édipo; da sexualidade infantil; da existência materialização de fatos imateriais contemplada pela teoria sobre realidade material e psíquica; às propostas de tentar se lidar, por metapsicologia, com fatos psicológicos, por muitos membros participantes do movimento psicanalítico da era pós-anos 1960.

Seria uma questão de formação? Alguém que não pode lidar com seu próprio complexo de Édipo, em sua análise pessoal, poderia rejeitar uma teoria que jamais fez sentido para ele, por nunca ter abordado, em experiência pessoal, uma abordagem a estes problemas? André Green, um dos poucos analistas citados por Bion em sua obra escrita, afirmou que, em algumas partes do mundo, diversos institutos de "psicanálise" proibiam o ensino da obra de Freud. Essa não foi a atitude de Bion,

C

embora ele tenha ativamente feito alguns ajustes nas teorias de Freud sobre os dois princípios de funcionamento mental e os sonhos: *"Há duas vantagens em usar o mito de Édipo para representar a versão da categoria da linha C: (i) economia; (ii) evita-se toda uma série de modelos e teorias* ad hoc *para problemas diversos cujas configurações são as mesmas"* (T, 96). No texto citado sobre erudição, o parágrafo continua: *"Freud disse que as crianças eram sexuais; isso foi negado ou reenterrado. Tal destino poderia ter ocorrido à psicanálise inteira, se não tivesse havido alguém, como Horácio dizia de Homero, para conferir-lhe imortalidade"* (AMF, I, 5).

A questão da rejeição das descobertas mais básicas de Freud parece justificar a uma investigação: haveria raízes profundas para a controvérsia?

Sou o descobridor e o inventor do homo alalu. Eu e meus amigos homines, com nossos polegares oponíveis, aprendemos a dar à luz e a criar vida opondo pênis a pênis, vulva a vulva, até que um de nós começou a inchar, e toda a terra e o céu foram preenchidos com o inchaço e o rugido. Foi decidido que o monstro tinha que ser destruído. Mas alguns eram mentirosos e trapaceiros e, na sua mentira e trapaça, resolveram continuar suas práticas malignas em segredo e contribuir uns com os outros com seus conhecimentos de sensações prazerosas, por meio da ficção. Alguns resolveram descobrir esse segredo aprendendo dos que eram mais reservados a agir de maneira análoga, e outros resolveram, da mesma maneira, mentir e enganar e assim aprender quem e o que fazia essas coisas e assim matar aqueles que ensinavam e praticavam tais práticas, e assim a confusão cresceu e tornou-se impossível discernir o bem do mal. Alguns aprenderam a falar, mas a mesma coisa aconteceu de novo, pois alguns utilizavam a linguagem para aperfeiçoar a arte de mentir e outros para aumentar o prazer, mas eles não conseguiam concordar sobre o que era o quê, nem qual era o sinal por meio do qual que coisa poderia ser conhecida. O inchaço e o rugido monstruoso cresceram até o mundo ficar prestes a acabar, e aí cessaram. Surgiram então a paz e a quietude, e o homem foi visto segurando uma "coisa" deformada. E ele mentiu e disse que ela provinha de dentro dele. E alguns disseram que era assim e alguns disseram que poderia não ser assim e alguns tentaram destruir a coisa maligna e alguns disseram "Vamos esperar e aí poderemos dizer se estão certos os que dizem que isso é maligno, ou se aqueles que o acham bom têm razão". Mas ninguém poderia dizer por que algumas vezes mesmo os que falavam que a coisa era boa admitiam que ela era maligna, mas eles não eram constantes e sua decisão veio tão tarde que a coisa, se fosse maligna o suficiente, poderia matar aqueles que tinham vindo matá-la, e assim a confusão cresceu novamente até que mesmo a confusão de línguas – mesmo a prudência – anuviou-se até cobrir a terra. E o medo fez os homens venerarem o que eles não conheciam e alguns disseram – Vamos cultuar isto na ignorância e no medo – e alguns disseram – Vamos cultuar à luz do dia quando não

A linguagem de Bion

temos medo – e alguns disseram – Vamos fingir que temos medo ou não vamos conseguir ter medo – e alguns cultuaram o sol e alguns a lua. Alguns, de maneira semelhante, cultuaram o próprio medo e alguns cultuaram a alegria, a felicidade e a luz. E novamente eles não podiam entrar em acordo. E alguns veneraram o que haviam feito e alguns veneraram sua esperteza dizendo – Somos os maiores e os melhores entre todos os animais, pois somos animais que fazem ferramentas – e alguns veneraram aquela parte de si mesmos que eles pensavam que os capacitava a fazer ferramentas, as ferramentas que faziam ferramentas, mas novamente eles não podiam entrar em acordo acerca de qual era essa parte ou de que modo ela deveria ser tratada. (AMF, I, 41-42)

Pode-se manter uma discussão sobre possíveis controvérsias reais, quando não se utiliza controvérsias como ponto de partida ou plataforma de lançamento:

Não acredito que aquilo que separa os cientistas sejam suas diferenças quanto a teorias. Nem sempre me senti "separado" de alguém que difere de mim nas teorias que sustenta; isso não me parece prover um padrão de medida que possa medir o hiato. De modo inverso, senti-me muito separado de alguém que aparentemente sustenta as mesmas teorias. Portanto, se for para se "medir" o "hiato", isso terá que ser feito em outro âmbito que não o da teoria. As diferenças em teorias são sintomas de diferenças no vértice, e não uma medida das diferenças. (AI, 86)

Referências cruzadas sugeridas: Transformações em alucinose, Vértice.

Correlação, relação, relacionamento

Correlação, a possibilidade básica de vinculação interna no aparato de pensar, poderia ser colocada como correlação entre objetos, pessoas e entre pessoas e objetos? Goethe chamou-a de "afinidades eletivas". Parecem compor o material daquilo que não sabemos o que é, mas a que chamamos vida.

Se as partículas primitivas de amônia são, de fato, o nascimento da vida na terra, apresentam-nos, sob uma formulação, química, a possibilidade de combinação e correlação entre o que os químicos chamam hoje de elementos químicos: nitrogênio e hidrogênio. A correlação NH_3 incorpora um (em notação matemática, 1) algo real e elementar, (N); um (1) outro algo real e elementar, (H), compondo duas entidades, (2), feita de N e H, que, por sua vez, ao serem correlacionados profundamente, produzem um terceiro (3), (NH_3) – que é nenhum dos anteriores e é

C

ambos. Em psicanálise, temos 1, fêmea humana; 1, macho humano; que, se correlacionados profundamente, produzem um terceiro, que pode ser denominado, complexo de Édipo.

Correlação encarna um paradoxo não resolvido: o mistério da vida que sempre se acompanha, não como ameaça, como fato real, de não-vida. Um economista, Karl Marx, percebeu que todos nós morremos um dia, a cada dia que vivemos. Vida pode se manifestar sob uma miríade de formas. Por exemplo, em música e matemática, manifesta-se por vínculos (q.v.). Parece permitir uma visão de senso comum da realidade como ela é, e do **senso de verdade** (q.v.).

Inicialmente Bion lidou com correlação por meio de sua investigação sobre a questão da comunicação em sua origem mais profunda: a comunicação entre o bebê e a mãe, ou melhor, o bebê e o seio. Evidenciou a existência de uma forma primitiva de identificação projetiva que está fora do âmbito da patologia e da normalidade, qual seja, a identificação projetiva como um meio de comunicação entre o bebê e sua mãe. Ele a chamou de "identificação projetiva realista".

> A comunicação originariamente se faz por meio da identificação projetiva realista. Esse primitivo método infantil sofre diversas vicissitudes, inclusive, conforme vimos, a desvalorização, dada a hipertrofia da fantasia onipotente. Poderá evoluir, caso a relação com o seio seja boa, e se transformar na capacidade de o *self* tolerar seus próprios atributos psíquicos, abrindo assim caminho para a função-alfa e o pensamento normal. Mas esse método se desenvolve também como parte da capacidade social do indivíduo. Tal evolução, de grande importância na dinâmica de grupo, virtualmente não tem recebido atenção alguma; sua ausência tornaria impraticável até mesmo a comunicação científica. Sua presença, no entanto, poderá suscitar sentimentos de perseguição nos receptores da comunicação. A necessidade de diminuir os sentimentos de perseguição concorre para a tendência à abstração na formulação de comunicações científicas. A função dos elementos de comunicação, palavras e signos, é veicular, seja por meio de substantivos isolados ou de locuções verbais, que determinados fenômenos estão constantemente conjugados nos moldes da relação recíproca que entre eles vigora.

> Função importante da comunicação é a obtenção da correlação. Na medida em que a comunicação se conserva como uma função privativa, é necessário haver concepções, pensamentos e a verbalização destes para facilitar a combinação de um determinado conjunto de dados sensoriais com outro. Se os dados conectados se harmonizarem, experimenta-se um senso de verdade, sendo desejável que esse sentimento ganhe expressão em forma de um enunciado análogo a um enunciado funcional da verdade. A não obtenção dessa conjunção de dados sensoriais e, portanto, de se chegar a um ponto de vista baseado no senso comum acarreta um estado mental de debilitação no paciente – como se a inanição por falta de verdade

fosse, de certo modo, análoga à inanição pela privação de alimentos. A verdade de um enunciado não implica, necessariamente, a existência de uma realização que se aproxime do enunciado verdadeiro em questão.

Poderemos agora examinar melhor a relação entre consciência rudimentar e qualidade psíquica. As emoções preenchem, no que se refere à psique, função semelhante à que os sentidos exercem em relação a objetos situados no espaço e no tempo. Ou seja, a contrapartida, no conhecimento privado, de um ponto de vista baseado no senso comum é a visão emocional compartilhada; vivencia-se um senso de verdade se a visão de um dado objeto, odiado, puder unir-se à visão do mesmo objeto quando amado, e tal conjunção confirmar que o objeto experimentado sob emoções distintas é o mesmo objeto. Estabelece-se uma correlação. (ST, 118-119)

Esse texto integra contribuições de Platão, Kant, Hegel, Freud e Klein. Traz uma observação sobre a capacidade de tolerância ao *self* que, no futuro, Bion nomearia "estar-uno-a-si-mesmo" (*at-one-ment*) (q.v.) – ser o que realmente se é. Para isso, faz-se necessário uma apreensão mínima dos fatos que a formulação verbal, posição depressiva, tenta indicar. Uma personalidade que abrigue instintos de morte e instintos de vida violentos e que não pode observar a magnitude dos dois, não pode tolerar a si mesma. Caso esta observação alcance um grau mínimo de consciência, pode ocorrer suicídio ou homicídio; ou os dois. Uma cegueira como a descrita no mito de Édipo, na versão teatral de Sófocles, determinou a impossibilidade de alcançar correlação. O lema de Auschwitz (*Arbeit machts frei*), o trabalho liberta, subsume a resolução do dilema por meio de falsidade e negação.

O leitor pode perguntar: o que é um *"enunciado funcional de Verdade"*? Talvez seu nome tenha sido dado pela primeira vez por Freud: *"insight"*. O conceito, Senso de Verdade, implica em ausência de julgamento; ingredientes necessárias: maturidade emocional, tolerância a paradoxos, diminuição da onisciência e onipotência, disciplina sobre o ciclo avidez- inveja, paciência. Talvez tenha marcado o início das atividades artísticas e científicas na humanidade; e da humanidade do homem para com o homem. Em conjunto com a sua contraparte, a desumanidade do homem para com o homem.

Transformations pode ser visto como uma obra cujo *leitmotif* é correlação: *"A intenção da teoria das transformações é iluminar uma cadeia de fenômenos na qual a compreensão de um vínculo, ou aspecto dele, ajuda na compreensão dos outros"* (T, 34).

Referências cruzadas sugeridas: Função-Alfa, Estar-uno-a-si-mesmo (*at-one-ment*), Controvérsia, Vínculos, O, Senso de verdade, Verdade.
 Sir Isaiah Berlin – *O senso de realidade*.

C

Crença

Ver "fatos", "ciência *versus* religião", "método científico", "'O'", "paramnésias", "senso da verdade", "visão analítica".

Culpa

Consultar o verbete "ciência *versus* religião".

Cura

Em seus primeiros trabalhos dos anos 1950, Bion recorreu ao modelo, considerado como sendo médico, de cura. Deixou-o de lado, de modo não muito distinto daquele feito por cirurgiões experientes, intensivistas, médicos de tratamento paliativo, oncologistas, cardiologistas, nefrologistas, endocrinologistas e da grande maioria dos médicos experientes. Medicina cuida de pessoas; estados de cura são raras exceções. O modelo de cura é substituído pelos de "crescimento" (1962); pelo de "tornar-se" (1965); e a partir de 1975, outro modelo é apresentado: utilidade para a vida.

A dispensa do modelo de cura por Bion é resultado – em parte – da adoção de uma perspectiva científica, artística e psicanalítica. Nas três perspectivas, requer-se respeito por verdade e fatos reais. Bion deu-se conta da natureza alucinatória das ideias de cura: meta idealizada, que indica predominância do princípio do prazer, onipotencia e onisciência.

A adoção dos modelos de cura tem o condão de transformar o que poderia ser uma psicanálise em associações parasíticas coniventes. Podem ser descritas como de admiração mútua; frequentemente, indistinguíveis de otimismo; de reafirmações panglossianas; e, principalmente, do exercício de sugestão e placebo. Curar é uma expressão de ódio de análise, na medida em que extingue investigações sobre o inconsciente. Fica difícil de discriminar entre "alta" e "baixa", para descrever a contribuição do paciente que se sente curado, e do analisa que pensa a mesma coisa.

🕒 1950-1957 Os estudos publicados em *Second Thoughts* se baseiam fortemente em modelos de cura, embora contenham sementes de dúvida.

1959-1961 Essas dúvidas florescem em seu trabalho anteriormente inédito, que surgiu em 1992, em *Cogitation*.

A linguagem de Bion

1963-1966 São trazidas à tona as questões de verdade, crescimento, funcionamento mental.
1967 No "Comentário" a *Second Thoughts*, Bion demora-se nas insuficiências do modelo de cura. Neste texto, e no breve trabalho "Notes on memory and desire", a cura é vinculada ao desejo.
1970 As ideias de cura são examinadas, durante as sessões de psicanálise.

> Por definição e por tradição de toda e qualquer disciplina científica, o movimento psicanalítico é dedicado à verdade como principal objetivo. Se o paciente constantemente formula (–L) e (–K), este paciente e seu analista estarão, ao menos em teoria, em conflito. Mas, na prática, a situação não se apresenta de modo tão simples. O paciente, especialmente se for inteligente e sofisticado, oferece de tudo para induzir o analista a interpretações que deixam as defesas intactas; e, finalmente, a aceitar a mentira como um princípio operativo mais eficaz. Em última instância, o paciente progredirá consistentemente em direção a uma "cura" – que lisonjeará tanto o analista quanto a ele mesmo, paciente. . . . Algumas formas de mentir parecem estar intimamente relacionadas a experimentar desejo. (AI, 99-100)

Bion oferece, como substituição às ideias de cura, a perspectiva de desenvolvimento em termos emocionais, idêntica àquela de Freud: *"Como o paciente fica barrado de aprender da experiência da relação entre os pais, tudo aquilo que depende da resolução do complexo de Édipo para o desenvolvimento do paciente e para um desfecho bem-sucedido da análise fica gravemente prejudicado"* (EP, 94); *"A concepção psicanalítica de cura precisa incluir a ideia de uma transformação em que um elemento está saturado e, assim, pronto para outra saturação. No entanto, deve ser feita uma distinção entre esta dimensão de 'cura' ou 'crescimento' e 'avidez'"* (T, 153).

O vértice de conhecimento e verdade permanece; ao comentar sobre o valor das interpretações: *"Seu valor terapêutico é maior quando conducente a transformações em O; menor, quando conducente a transformações em K"* (AI, 26).

> O homem mentalmente sadio é capaz de obter força, consolo e o material necessário para o seu desenvolvimento mental por meio do seu contato com a realidade, independente dessa realidade ser dolorosa ou não. . . . O ponto de vista recíproco é que nenhum homem pode tornar-se mentalmente sadio, exceto por um processo em que há uma busca constante dos fatos e uma determinação em deixar de lado qualquer elemento, conquanto sedutor ou prazeroso possa ser esse elemento, que se interponha entre ele e seu ambiente real. (C, 192)

C

Pode-se conceber a perturbação mental como uma incapacidade de enfrentar verdade; um hábito contínuo de mentira acarreta decadência psíquica: *"Se a análise for bem-sucedida em restaurar a personalidade do paciente, ele vai se aproximar de ser a pessoa que foi quando seu desenvolvimento tornou-se comprometido"* (T, 143).

Isso nos leva à sua menção do tratamento psicanalítico e os fatores limitantes apresentados por características inatas: *"Faz diferença se a intolerância à frustração, ou qualquer outra característica dinâmica, é primária ou secundária? A distinção indica a limitação de qualquer tratamento que objetive efetuar modificações na personalidade: tal tratamento circunscrever-se-á a fatores secundários, pois fatores primários não serão alterados"* (LE, 29).

Parece necessário ponderar a tolerância de cada um à dor e à frustração, que compõe um paradoxo na relação do homem com a verdade:

> Em contraste, pode-se dizer que o homem deve sua saúde, e a sua capacidade para manter-se saudável, à capacidade de se proteger, no decorrer de seu crescimento como indivíduo, repetindo em sua vida pessoal a história da capacidade da raça humana para o autoengano, opondo-se à verdade que sua mente não pode receber sem desastre. (C, 192)

No mito de Édipo segundo a versão de Sófocles, pode-se dizer que há o relato desse dilema. Édipo foi premiado com cegueira; uma mulher que perdeu seu filho de quinze anos de idade desmaiou, o que corresponde a uma cegueira, ou a morte da percepção e consciencia. Para algumas pessoas, "O" traz consigo uma carga potencialmente explosiva de verdade. A ideia expressa em torno de 1960 seria desenvolvida em 1965, porém sem qualquer desvio na experiência do efeito potencialmente nutritivo operado por Verdade:

> Minha teoria pareceria implicar um hiato entre os fenômenos e a coisa-em-si; tudo que disse não é incompatível com Platão, Kant, Berkeley, Freud e Klein, para citar uns poucos, que mostram o quanto acreditam que um anteparo de ilusão nos separa da realidade. Alguns acreditam conscientemente que o anteparo de ilusão seja uma proteção contra a verdade, essencial para a sobrevivência da humanidade; o resto de nós acredita inconscientemente nisso – mas não menos tenazmente. Mesmo aqueles que consideram essa visão um equívoco, e que a verdade é essencial, consideram que o hiato não pode ser transposto porque a natureza do ser humano impede o conhecimento de algo além dos fenômenos que não seja conjectura. Os místicos devem ser liberados desta convicção da inacessibilidade da realidade absoluta. A incapacidade dos místicos de se expressar por intermédio da linguagem comum, arte ou música relaciona-se ao fato de todos esses métodos de

comunicação serem transformações; e de transformações lidarem com fenômenos; e com eles se lida por meio de serem conhecidos, amados ou odiados. (T, 147)

Ou seja: uma capacidade para crescer implica intuir O; intuir a realidade da personalidade, da própria pessoa e de outros, em consequencia. Intuir não se confunde com conhecimento racionalizado, é necessário para viver; viver a vida tal como ela é: *"Não é o conhecimento da realidade que está em jogo, nem mesmo o equipamento humano para conhecer. A crença de que a realidade é algo que é conhecido, ou poderia ser conhecido, é equivocada porque a realidade não é algo que se presta, por si, a ser conhecido. É impossível conhecer a realidade pela mesma razão que faz com que seja impossível cantar batatas: pode-se plantá-las, colhê-las, ingeri-las, mas não cantá-las. A realidade tem que ser 'sendo': poderia existir um verbo transitivo 'ser', para ser usado expressamente com o termo 'realidade'.*

Quando, como psicanalistas, nos interessamos pela realidade da personalidade, há mais em jogo do que uma exortação de 'conhece-te a ti mesmo, aceita-te a ti mesmo, seja você mesmo', porque implícita ao procedimento psicanalítico está a ideia de que, sem a experiência psicanalítica, não se pode colocar esta exortação em prática. O ponto em questão é como passar do 'conhecimento de' 'fenômenos' para 'ir sendo' aquilo que é 'real'" (T, 148).

Ou *"O, representando a realidade última incognoscível, pode ser representado por qualquer formulação de uma transformação – como 'realidade última, incognoscível', que acabei de formular. Portanto, pode parecer desnecessário multiplicar representações O; realmente, a partir do vértice psicanalítico, isso é verdade. Mas desejo tornar claro que minha razão para dizer que O é incognoscível não é que eu considere que a capacidade humana não esteja à altura da tarefa, mas porque K, L ou H são inadequados para 'O'. São adequados para transformações de O, mas não para O"* (T, 140).

Bion dá a devida importância à possível relação entre dor e cura: *"A dor não pode ser considerada um índice confiável dos processos patológicos, em parte em função de sua relação com o desenvolvimento (reconhecida na frase comumente usada: 'dores de crescimento') e, em parte, porque a intensidade do sofrimento nem sempre é proporcional à severidade do distúrbio. . . . O conceito de crescimento está implícito na discussão da perspectiva reversível como um meio de preservar uma defesa contra dor. Crescimento é um fenômeno que parece apresentar dificuldades específicas à percepção, seja pelo objeto que está crescendo ou pelo objeto que estimula o crescimento, pois sua relação com os fenômenos precedentes é obscura e separada no tempo. As dificuldades de observá-lo contribuem para a ansiedade de se estabelecer 'resultados', por exemplo, da análise"* (EP, 62).

Visão posterior de Bion

ROBIN: E seu dia de trabalho não consiste em discutir as qualidades e defeitos dos outros?

C

P.A.: Tento demonstrar as qualidades do indivíduo. Se elas são créditos ou débitos, ele pode então decidir por si mesmo.

ROLAND: Achei que você os curava.

ROBIN: Eu também achava isso.

P.A.: "Cura" é uma palavra que, como "doença" ou "estado mórbido", é emprestada dos médicos e cirurgiões para descrever nossas atividades de um modo compreensível. (AMF, III, 541)

Na experiência do autor deste dicionário, que inclui experiência médica propriamente dita, seria adequado rever o modelo dito médico sobre cura. Curas – até o começo do século XX, na língua portuguesa, eram os párocos, ou padres. Fantasias transferenciais dominantes ocorrem na relação entre médicos e pacientes, como bem estudado por aqueles que tem se dedicado, desde os anos 1930, à disciplina denominada Psicologia Médica. No incioo deste verbete, mencionamos a existência de médicos experimentados, que não usam o modelo de cura. Talvez este seja um fator que ilumine a dificuldade em se encontrar "bons médicos". Heveria bons médicos e maus médicos? Será que os segundos merecem esta qualificação?

Um numero demasiado de praticantes, principalmente jovens, ou aqueles que se recusam, em alucinose, a saberem que não são mais jovens e fazem de conta que continuam sendo jovens, às custas de não aprender de suas experiências, talvez não mereçam a qualificação, médico ou médica. Todem até ter obtido um certificado fornecido por entidades governamentais sob forma de diplomas ou autorizações por conselhos de médicos. Estas pessoas são bons continentes para fantasias transferenciais, típicas de pessoas que se sentem na miséria, ou que estão na miséria, cujo limite para a vida pode estar até mesmo visível e se afigura como precocissimo. Para infortúnio de seus pacientes e deles mesmos, serão bons continentes e aceitam o título de médicos, profetas, salvadores da vida.

Na educação médica, existe, desde a medicina Hipocrática, a denominação, "iatrogenia" - o paciente morre da cura. Na época de Galeno, surgiu outra denominação: *Furor curandis*. Seria mais adequado não mais denominar este modelo de médico? Poderia ser denominado de modelo não-médico?

Freud tinha noção desta situação; no estudo autobiográfico, assinalou o fator de culpa, movendo pessoas a adotar a atidude de desafiar os estados de doença e fantasiar que poderiam vence-la.

Referências cruzadas sugeridas: Visão analítica, Tornar-se, Análise apropriada, Desenvolvimento, Matematização da psicanálise, Verdade.

CURIOSIDADE

Bion considera curiosidade sob dois vértices que implicam dois significados diferentes.

1. Um primeiro sentido dado ao termo, curiosidade, semelhante ao descrito por Freud e Klein é aquele que o considera como manifestação do desenvolvimento do instinto epistemofílico. A curiosidade infantil relacionada aos órgãos sexuais se transforma em curiosidade sobre a própria mente. Pode, no passo seguinte, ser submetida a um processo de sublimação, prosseguindo para curiosidade pelo mundo externo, como curiosidade científica ou artística. Esse tipo de curiosidade vincula-se aos instintos de vida; tem uma função na prevenção da senilidade. É uma manifestação específica do vínculo K (EP, 46, nota de rodapé)

2. Um segundo sentido corresponde a uma regressão ou fixação à curiosidade sexual infantil. Ela se manifesta como uma curiosidade arrogante, estúpida, que emerge quando o recurso à identificação projetiva é sentido como dificultado ou impedido. Na clínica, essa curiosidade é evidenciada por meio de um exagerado interesse na vida privada do analista. O paciente se comporta como se a pessoa mais importante no consultório fosse o analista. Os trabalhos "On arrogance" e "Attacks on linking" introduzem a questão.

Referências cruzadas sugeridas: Arrogância, Reversão de Perspectiva.

D

D

Símbolo quase-matemático, para a posição depressiva. Proposto inicialmente em *Elements of Psycho-Analysis*, p. 4. (o leitor pode consultar o verbete PS⇔D).

Desastre

Termo usado no trabalho de Bion como descrição de pelo menos cinco situações emocionais precisamente definidas: (i) prejuízo na aquisição do senso de realidade; (ii) clivagem; (iii) incapacidade de sonhar, (iv) evitar dor de modo excessivo; (v) Édipo (tanto como pré-concepção quanto como configuração mental).

Dor e Édipo (iv e v) são considerados "elementos de psicanálise": básicos e fundamentais na personalidade e, em consequência, ao trabalho analítico. As situações (i-iii) são funções do aparato psíquico, referindo-se à dor e e às tentativas de evitá-la. Há um problema técnico envolvido, na possibilidade real de que um analista provoque um desastre na sessão, quando manobras para evitar dor tenham efeito paradoxal, ao incluir dor desnecessária.

Desastre e senso de realidade

Desastre relaciona-se à falha no uso de experiência emocional para a aquisição de um senso de realidade: *"Impossibilidade para alimentar-se, beber ou respirar adequadamente traz consequências desastrosas para a própria vida. Não conseguir usar a experiência emocional produz desastre comparável para o desenvolvimento da personalidade; incluo neste desastre graus de deterioração psicótica, que poderiam ser descritos como morte da personalidade"* (LE, 42).

Desastre e clivagem

Suponha que o paciente tem, ou teve, condições de normalidade: o conglomerado de fragmentos da personalidade que lhe serve de personalidade pode ser considerado apenas como evidência de um desastre. A discussão de um caso assim é difícil, porque não estamos interessados nas estruturas comuns de personalidade para as quais Freud proveu termos como ego, id e superego; estamos interessados nos fragmentos destroçados dessas estruturas, fragmentos que foram juntados, mas não rearticulados. (C,74-5)

Não será nenhum exagero classificar clivagem do pensamento como desastre, principalmente se levarmos em consideração que a clivagem dos processos de pensar constitui-se como único efeito real da fantasia inconsciente (phantasia), identificação projetiva.

Desastre e incapacidade para sonhar

As três situações acima aparecem em conjunção constante com a incapacidade para sonhar, que fica danificada por clivagem e por ataques sobre o aparelho sensorial. Bion observou que alguns pacientes evitavam estar expostos a determinados estímulos sensoriais. Consequentemente, evitavam experimentar "aquilo que as impressões sensoriais lhes carreavam. *Privações de impressões sensoriais levam à incapacidade para sonhar; conduzem à necessidade de alucinar impressões sensoriais, à guisa de substitutos do sonho*". Isso pode ser observado na prática analítica cotidiana. Tais pacientes confudem alucinações com sonhos; desafiam a capacidade do analista para discriminar associações livres de falsidades.

Uma alucinação de um sonho não pode proporcionar associações, do mesmo modo que um seio alucinado não pode proporcionar leite.

O paciente sente que sua incapacidade para sonhar como um desastre tão grave que continua a alucinar durante o estado de vigília, alucinando um sonho ou manipulando os fatos, de modo a sentir que está tendo um sonho — esta é a contraparte diurna da alucinação noturna de um sonho. Mas é também a tentativa de extrair um sonho de uma experiência da realidade, ou da atualidade. E, nesse aspecto, o sonho que não produz associações e a realidade que não produz sonhos equiparam-se. São semelhantes à gratificação alucinatória. (C, 112)

Desastre e Dor

Dor não pode estar ausente da personalidade. Uma análise deve ser dolorosa, não porque exista necessariamente algum valor na dor, mas porque não se pode considerar que uma análise na qual não se observa e discute a dor seja uma análise que esteja lidando com uma das razões centrais para a presença do paciente. A importância da dor pode ser subestimada, como se fosse uma qualidade secundária, algo que irá desaparecer quando os conflitos estejam resolvidos; de fato, a maior parte dos pacientes adotaria esse ponto de vista. Além disso, essa visão pode ser sustentada pelo fato de que uma análise bem-sucedida leva mesmo à diminuição do sofrimento; entretanto essa visão obscurece a necessidade, mais óbvia em alguns casos do que outros, de que a experiência analítica aumente a *capacidade* do paciente para sofrer, mesmo que o paciente e o analista possam esperar diminuir a própria dor. A analogia com a medicina física é exata; destruir uma capacidade para a dor física seria um desastre em qualquer situação, exceto naquela em que um desastre ainda maior seja certo – a própria morte. (EP, 61-2)

Abuso de identificação projetiva, típica da personalidade psicótica, resulta numa frequência exacerbada de perspectiva reversível, difícil de ser discriminada enquanto o analista não perceber que o paciente tenta transformar uma situação dinâmica em uma situação estática.

O trabalho do analista é restituir dinâmica a uma situação estática, possibilitando o desenvolvimento . . . o paciente manobra para estar de acordo com as interpretações do analista; assim, estas se tornam o sinal exterior de uma situação estática . . .

Na perspectiva reversível, o fato de o analista aceitar a possibilidade de a capacidade para dor estar prejudicada pode ajudar a evitar erros que poderiam levar a um desastre. Caso não se lide com o problema, à capacidade do paciente manter a situação estática pode sobrevir uma experiência de dor tão intensa que resulta em um colapso psicótico. (EP, 60 e 62)

Desastre e Édipo

Bion descreve uma observação clínica como destruição da pré-concepção edípica (q.v.), constituindo *"um desastre ao ego"* (EP, 93), cuja relevância prática é que tal situação possibilita ao analista tratar um tipo específico de material falado na sessão como fragmento, mesmo que tenha a aparência de ser o todo – quando tomado pelo valor aparente, ou seu aspecto sensorialmente apreensível.

Analistas precisam . . . considerar que o material edipiano possa constituir-se como evidência para um aparato primitivo de pré-concepção e, portanto, estar imbuído de maior significância quando comparado com aquela atribuída na teoria clássica. Postulo um precursor da situação edipiana – não no sentido atribuído por Melanie

Klein a este termo, no estudo "Fases primitivas do complexo de Édipo", mas como algo pertencente ao ego, em seu aparato para contato com a realidade. Sumarizando: postulo uma versão elemento-alfa (α) de um mito edipiano privado naquilo que esta versão significa uma pré-concepção, em virtude da qual a criança se capacita a estabelecer contato com seus pais, conforme eles existem no mundo real. O casamento desta pré-concepção edípica elemento-alfa com a realização dos pais reais origina a concepção, pais.

Segundo Melanie Klein, por sadismo, voracidade e inveja ou por outras causas, a criança não tolera a relação parental, atacando-a destrutivamente, e a personalidade atacante torna-se fragmentada em função da violência dos ataques de clivagem. Se enunciarmos essa teoria em termo de uma pré-concepção edípica: a carga emocional carreada pela pré-concepção edípica elemento-alfa (α) fica destruída, por si mesma. Resulta disso que a criança perde o aparato essencial para obter uma concepção do que seria uma relação parental e, consequentemente, para poder resolver problemas edipianos: não se trata de falhar em sua resolução – pois ela sequer os alcança.

O significado disso na prática psicanalítica é que se deve tratar com reserva aquilo que poder parecer restos de material edipiano. Se há evidência relacionando-se com um desastre ocorrido com o Ego, a destruição da pré-concepção e, consequentemente, da capacidade para pré-conceber, será parcialmente bem sucedida uma interpretação baseada na suposição de que exista material edipiano fragmentado como sendo evidência de um objeto destruído. A investigação precisa ser dirigida para discriminar entre elementos de material edípico daqueles que são fragmentos de uma situação edipiana fragmentada. Como o paciente fica impedido de obter uma experiência de aprendizado sobre a relação parental, haverá grave prejuízo para seu desenvolvimento – e para um desfecho bem-sucedido da análise, o qual depende da resolução do complexo de Édipo. (EP, 92-4)

Estes enunciados demonstram que a origem do trabalho de Bion é a obra de Freud, e que Bion a expande, mas não tenta substituí-la. Fez observações que estendem o campo teórico-prático descoberto por Freud, quando o analista evita rigidez e engessamento no ato de observar e interpretar. Bion enfatizou a necessidade de não se seguir modelo preestabelecidos; o que evita fazer interpretações escolásticas. Neste caso, o escolasticismo prevalente à época se "baseou" na teoria das relações de objeto. Bion sugere que a teoria de Freud, desde que empregada de forma mais integrada à teoria de Klein, demonstra-se mais abrangente do que própria a teoria de Klein, quando a segunda esteja sendo aplicada maquinal, ou exclusivamente.

A aplicação da teoria da clivagem na clínica é expressa pela busca de fragmentos microscópicos. Pode-se dizer que isso seria uma aplicação pura do éthos da

D

teoria de Klein. Pode-se dizer que uma procura por material edípico em lugares inusitados, ou lugares anteriormente não observáveis sensorialmente, é uma aplicação pura da atitude científica de Freud, na medida em que o material usado por psicanalistas não é diretamente acessível aos sentidos humanos. Aparências externas são enganosas. As duas teorias, elaboradas por Freud e Klein, são levadas às últimas consequências – ou pelo menos além do que se imaginava possível até então.

Um desastre humano, em termos quase artísticos, retrata uma mulher incapaz de obter noção do que vem a ser um casal parental:

> Alice não estava ouvindo. Sua atenção tornara-se caprichosa; desde que a guerra havia estourado, notara uma deterioração . . . não conseguia manter o fluxo de pensamento. . . . Conhecia bem aquela sala; com certo esforço conseguiu visualizar como havia sido, quando, outrora, jantara ali. Agora, sem mobília, tinha condição monótona, estabelecendo-se como se fosse um *slide* fotográfico que tivesse substituído a cena anteriormente conhecida. . . . Ficou mais fácil acreditar que os habitantes da ilha tivessem sido varridos e substituídos. . . . A vila lhe era familiar desde a infância. Ela nunca se concebera como alguém que não pertencesse à aristocracia. Agora, lá estava: nua, incongruente, alienada, sem qualquer ponto de referência que lhe fizesse sentido. Havia uma derrota, é verdade, mas essa que ocorria agora foi de tal maneira desastrosa: seria necessário supor que acontecera algo análogo à Conquista Normanda. (AMF, I, 27)

Falhas na apreensão do conceito, mal-entendidos e distorções: (i) o termo, desastre, tem sido, muitas vezes utilizado como se fosse o componente básico em redes fantasiosas de causalidade – hiper simplificação que ocorre no positivismo e também no lugar-comum, que resultou na ideia de "causa e efeito". Talvez o melhor exemplo desse tipo de utilização seja a ideia de trauma, conforme utilizada por Freud nos tempos em que ainda não havia descoberto a psicanálise; (ii) desastre, muitas vezes, tem sido confundido com mudança catastrófica (q.v.).

Deve-se tomar com cuidado o uso da palavra "causa" na citação acima (EP, 92-4). Na frase, a palavra "causa" pode ser vista como expressando "multicausalidade", pois corresponde a uma ou mais causas de *"intolerância à relação parental"* – portanto, a frase não indica nenhuma causa direta do desastre. Mais importante é que, à luz dos pontos de vista subsequentes de Bion a respeito de causalidade, a ideia é recolocada, agora no âmbito da falácia – como fica claramente indicados em *Transformations* e em *A Memoir of the Future*. O mesmo se aplica ao termo "resultado". A redação o coloca é precedido por artigo numeral, "um". Não se trata de nenhuma generalização, mas de observação de uma situação específica. Esta é uma nova formulação, implícita no trabalho de Klein. Aparentemente, Bion foi o primeiro a torná-la explícita e, mais ainda, operá-la: a de que algumas pessoas nunca alcançam uma realização do que chamamos "Édipo".

"Trauma" foi uma destas palavras banalizadas por excesso de uso descuidado com suas origens etimológicas e conceituação original ligada à medicina, tornando-se lugar comum. Compartilha, com a frase falaciosa idealizada de "Freud explica", a ideia do leigo a respeito do que seria psicanálise. Infelizmente, servindo de mais uma prova empírica para uma aguda e talvez irônica observação de Alexander Pope em *Essays of Criticism*, a respeito de "nadas", expressas como elaboradas afirmações, "em estilos estranhos, que maravilham o ignorante e fazem sorrir o estudioso".[30] Uma das ironias da história, se usarmos a frase cunhada por Isaac Deutscher: tanto o uso da palavra como a dupla idealização – sobre o nome, "Freud", e sobre poderes falaciosos de "explicações" – trazem enganosa e destrutiva penumbra de associações. Em contraste, a história real das ideias em psicanálise demonstra que Freud descobriu a psicanálise por meio de três pilares: (i) abandono da ideia de trauma, (ii) a interpretação dos sonhos, (iii) Édipo. Deu-se conta daquilo que realmente importa em análise – não se trata de algum hipotético, suposto ou mesmo verdadeiro trauma na infância. O que importa é o uso que o paciente faz dos fatos de sua vida. Isso pode ser observado como um "passado presentificado": como o material emerge no aqui e agora da sessão. Emerge como eventos reais na sessão: "restos", fragmentos. É preciso detectar – caso haja – um Édipo fragmentado, ou mesmo o Édipo negativo, algo inexistente nos restos falados na sessão. Esses restos assumem muitas formas, mas nunca passíveis de apreensão por meio de lógica formal.

Referências cruzadas sugeridas: Visão Analítica, Mudança Catastrófica, Causas, Cura.

Desconhecido, incognoscível

Ao recorrer a uma formulação verbal que até o momento não ganhou o lugar-comum, e também não pode tornar-se senso comum, Bion resgata o *éthos* de uma das observações mais fundamentais de Freud para a descoberta da psicanálise: a natureza do que ele mesmo denominou, recorrendo a âmbitos já conhecidos por teóricos da ciência – como Bacon, Spinoza, Pascal, Locke e Hume –, mas conferindo-lhe uma qualidade científica, de "sistema inconsciente". Também pode ser denominado o âmbito do Id (*Das Es*). No alemão utilizado por Freud, *unbewußt*. A tradução para o inglês, *unconscious*, é precisa e clara. Um sinônimo seria *unknown*. É possível encontrar todas elas em muitos textos de fundamentais escritos por Freud. Por exemplo:

---

[30] "*Such labored nothings, in so strange a style, Amaze th'unlearned, and make the learned smile*".

D

"O inconsciente é a verdade realidade psíquica; **em sua natureza mais íntima, ele nos é quase desconhecido quanto à realidade do mundo exterior, e é quase tão incompletamente apresentado pelos dados do consciente quanto é o mundo externo pelas comunicações de nossos órgãos sensoriais"** (Freud, 1900, p. 613; grifos de Freud).

Talvez seria útil investigar-se, sob o vértice psicanalítico, o fato de que muitos integrantes do movimento psicanalítico que aderem abertamente às contribuições de Freud e também às de Bion têm se mantido alheios a esta definição de Freud – que deixa clara sua origem na obra de Kant, e na humildade científica que caracteriza parte da investigação que pode ser qualificada como médica – aquela que não se filia à religião positivista, sempre crente de ser dona da verdade última, na pseudoelucidação de causas e localização materializada delas.

Talvez nenhum outro autor antes de Bion – com a exceção de Theodor Reik – ou depois dele tenha usado a obra de Kant de maneira tão explícita. O que fica implícito em Freud, exigindo um leitor atento e informado, emerge de modo explícito na obra de Bion: (i) a noção de pré-concepções inatas (q.v.); (ii) o uso do âmbito dos *numena*; (iii) a noção sobre características primárias e secundárias de qualquer objeto de investigação sob métodos científicos; (iv) o uso da intuição sensível para a formação de conceitos científicos; (vii) o uso de modelos.

A partir dos anos 1990, seguindo um hiato de meio século, surgiram algumas contribuições que enfatizaram que o conceito de Freud a respeito de fatos inconscientes originou-se de obras do movimento romântico alemão. A psicanálise foi, desde seu início, uma investigação naquilo que é desconhecido – do paciente e do analista. O desconhecimento é incrementado pelo fato de que o objeto de estudo da psicanálise inclui fatos imaterializáveis – denominados depressão, ansiedade, mania, amor, ódio, conhecimento. Os instrumentos também são, pelo menos inicialmente, desconhecidos – como pode ocorrer na ciência, que também é uma investigação no desconhecido. O próprio termo "ciência" se aplica a uma consequência da aplicação desses instrumentos e métodos – algo torna-se conhecido; ficamos cientes daquilo que estamos investigando, passo a passo; devido às limitações humanas, esses passos podem demorar centenas de anos – ou mais. Mesmo quando alguns instrumentos e métodos são conhecidos, podem a seguir levar a novos desconhecidos. Um teórico da ciência, Otto Neurath, fez a metáfora de que o cientista navega em um barco que se danifica à medida que navega, e que demanda reparações no próprio casco à medida que navega.

Em psicanálise, os instrumentos são predominantemente inconscientes (desconhecidos) e intuitivos, desenvolvidos pela própria análise: associações livres e sonhos, provenientes do paciente. Que evoluem a partir do que é desconhecido. Precisam acoplar-se à atenção e experiência livremente flutuante do analista, armazenadas na capacidade de sonhar do analista, vinculada diretamente a expressões instintivas, e de intuir a partir dessa capacidade. Klein e Winnicott denominaram essa capacidade de "jogo" (*play*), que é especialmente característica na infância. Usualmente vai sendo danificada pela civilização – métodos educacionais ligados a coexistências entre seres humanois, conforme descrito por Freud. Isso tudo emana do desconhecido – no "momento decisivo" experimentado pelo casal analítico, no aqui e agora das sessões de análise.

O conceito "O" – sinal quase matemático para representar o âmbito dos *numena*, do desconhecido e, em última instância, o incognoscível (a realidade ou verdade última) – demonstra uma tentativa de resgatar a descoberta de Freud – psicanálise. Que havia sido enterrada pela meritocracia política no movimento psicanalítico, em túmulos institucionais, travestidos de associações (clubes) de pessoas e institutos de formação. Nessas instituições, usam-se palavras, termos, modelos e teorias originalmente psicanalíticos para construir racionalizações explicativas, por manipulações *a priori*, muitas vezes engenhosas e eruditas de símbolos verbais. Pois toda palavra constitui-se como um símbolo, na equação significante/significado mais bem estudada por semiólogos e linguistas. Essas manipulações engenhosas sempre ficam a serviço de escolas, e servem para idolatrias de certos autores.

> Reconhecer-se que sempre houve, há e haverá algo que é "incognoscível de modo último" é uma forma verbal que pode ser vista como diversa, e menos pretensiosa, caso seja comparada com pretensões que seriam típicas de alquimistas, do esoterismo de misticistas, que apregoam propriedade ou conhecimento de essências. A realidade não pode ser conhecida de modo último; mas pode ser apreendida transitória e parcialmente, por lampejos provisórios. Pode ser intuída; pode ser utilizada. Bion apela para uma cosntrução verbal complexa, metafórica e metonímica, e antropomorfizada, para facilitar uma apreensão do fato de haver algo que é "incognoscível de modo último". Essa apreensão se faz pelo método conhecido na matemática como "prova por absurdo":
>
> Não é o conhecimento da realidade que está em jogo, nem mesmo o equipamento humano para conhecer. A crença de que realidade é algo que é conhecido, ou poderia ser conhecido, é equivocada porque realidade não é algo que se presta, por si, a ser conhecido. É impossível conhecer realidade pela mesma razão que faz com que seja impossível cantar batatas: pode-se plantá-las, colhê-las, ingeri-las, mas não cantá-las. Realidade tem que ser "sendo": poderia existir um verbo transitivo "ser", para ser usado expressamente com o termo "realidade".
>
> Quando, como psicanalistas, nos interessamos pela realidade da personalidade, há mais em jogo do que uma exortação de "conhece-te a ti mesmo, aceita-te a ti mesmo, seja você mesmo", porque implícita ao procedimento psicanalítico está a ideia de que sem a experiência psicanalítica não se pode colocar essa exortação em prática. O ponto em questão é, como passar do "conhecimento de" "fenômenos" para "ir sendo" aquilo que é real. (T, 147-148)

Para expressar intolerância e medo do que é "incognoscível" – do sistema inconsciente, que mantém algo não descoberto, ou não evolvido –, Bion faz um empréstimo de uma frase de Blaise Pascal, o descobridor da probabilidade e o primeiro teórico da matemática de probabilidades, em Études: "Aterroriza-me o silêncio desses espaços infinitos" (*"Le silence de ces espaces infinies m'effraie"*). (T, 171)

Falhas na apreensão do conceito, mal-entendidos e distorções: parecem advir de personalidades incapazes de manter a humildade que podemos ver na observação de Pascal – também inferível nos relatos a respeito de dados biográficos desta pessoa. Evitar a experiência de que há sempre algo que permanece desconhecido, nos percursos que possamos efetuar, incluindo, e por excelência, percursos científicos e artísticos, desanda na pretensão ao conhecimento total; na negação de qualquer possibilidade de passos ou estágios no conhecimento; na extinção, de modo último, dos processos de conhecer. Em última instância, iguala-se a uma profunda desconfiança com relação à existência da própria verdade:

> O ponto prático é não continuar com investigações da psicanálise, mas sim da psique que ela denuncia. Isso precisa ser investigado através de padrões mentais; isso que é indicado não é um sintoma; isso não é uma causa do sintoma; isso não é uma doença ou algo subordinado. A própria psicanálise é apenas uma listra na pele de um tigre. Em última instancia, ela pode se encontrar com um Tigre – a Coisa-em-Si – O. (AMF, I, 112)

Leitores tendentes – inconscientemente ou não – a se filiar a tendências idealistas, ou solipsistas, vitimados por angústias predominantemente paranoides, negam a última frase. Leitores tendentes – inconscientemente ou não – a se filiar a tendências do realismo ingênuo, vitimados por angústias predominantemente esquizoides, equivocam-se por concretização excessiva, representada na metáfora proposta por Bion, pelas listras da pele do tigre, vistas como o ponto final na observação científica. Nas duas situações, que se encontram no que inexiste, no que é irreal, temos sensações de posse da verdade absoluta: listras que podem ser colocadas, extraídas, exumadas, adoradas, em quadros bidimensionais, como se fossem o Tigre (ou psicanálise), de um lado; e, de outro, adoradas manipulações verbais de puras ideologias, acompanhadas de algum autor idolatrado, como se fossem o Tigre (ou psicanálise).

Aquilo que é "incognoscível de modo último" pode ser degradado como se fosse aquilo que não existe, que nunca poderá ser intuído, que nunca poderá ser utilizado de modo parcial, tosco e provisório. Para essas pessoas, o "princípio de Incerteza", formulado por Werner Heisenberg, degradasse em um "princípio da Ignorância".

O conhecimento pertence ao âmbito do sistema consciente. O evoluir e o "tornar-se", às emanações de "O"; as possibilidades de estar-se-uno-a-si-mesmo (o leitor pode consultar o verbete "estar-uno-a-si-mesmo (*at-one-ment*)", são pertinentes ao âmbito daquilo que é "incognoscível de modo último". No entanto, há um estado nas investigações a respeito do que é desconhecido em que se pode estar capacitado, pela própria experiência, real, existente, a executar a investigação. Foi expresso por algumas metáforas e analogias, por Freud: o analista precisa "cegar-se artificialmente"; o sistema inconsciente pode ser comparado às muitas camadas que formam uma cebola. O "estado de ser cebola", ou uma "cebolice", como a "batatice" referida por Bion, podem ser intuídas, percebidas e utilizadas. Mesmo que permaneçam desconhecidas, de modo último.

&᠎ O autor deste dicionário tentou descrever a difícil relação do desenvolvimento científico com as tradições nos processos do pensar e do não-pensar, em uma investigação transdisciplinar na história das ideias na civilização ocidental, sob o vértice psicanalítico observado por Melanie Klein: os movimentos entre as posições esquizoparanóide e depressiva), que subjazem à essa história. Cujo percurso resultou na descoberta de algumas disciplinas científicas, culminando com a psicanálise. Os textos contendo essa descrição estão relacionados na terceira parte da Bibliografia, demonstrado mecanismos psíquicos subjacentes representados como definições: realismo ingênuo e idealismo ingênuo, que tem composto essa história das ideias.

Ver também "análise real", "estar-uno-a-si-mesmo (*at-one-ment*)", "jargão", "'O'", "personalidade perturbada", "realidade sensorial e psíquica", "tornar-se", "verdade", "verdade absoluta", "visão analítica".

Desejo

Ver "Disciplina sobre Memória, Desejo e Entendimento".

Desenvolvimento (*Development*)

Em conjunto com "utilidade", o conceito de desenvolvimento, usado em algumas ocasiões como sinônimo de crescimento, é utilizado como critério para determinar se uma análise está acontecendo.

Desenvolvimento e utilidade (à vida) substituíram, na obra de Bion, critérios de cura (q.v.). Estes últimos se baseiam em ideias de aquisição estável e irrestrita de estados paradisíacos, cuja descrição tem sido revestida por expressões verbais ou teorias psicanalíticas. Por exemplo, apregoa-se um predomínio do consciente sobre o inconsciente; ou uma aquisição de posição depressiva por demonização da posição esquizoparanoide; ou obtenção de prazer acima de tudo; ou aquisição de *self*-objetos "empáticos".

D

> O nome dado a um objeto . . . é similar a uma teoria no sentido de que ambos implicam que certas qualidades estão constantemente conjugadas; consequentemente, não pode ser descrito adequadamente como verdadeiro ou falso em sua relação com O; estes termos expressam julgamentos sobre o efeito saudável da teoria à qual são aplicados, na personalidade que pensa sobre a teoria. A diferenciação a ser feita para o nome, ou teoria, está entre "útil" e "inútil". (T, 53, 54)

Desenvolvimento, na obra de Bion, significa desenvolvimento do pensar (q.v. em inglês, *thinking*) e também, desenvolvimento emocional, de acordo com as observações de Freud e Klein. Em termos teóricos, Bion ressalta: (i) introdução do princípio da realidade, que se traduz em tolerância à frustração e dor; (ii) integração da situação edipiana no interjogo entre posições esquizoparanoide e depressiva. Ou seja, o desenvolvimento do aparelho mental, no trabalho de Bion, constitui-se como uma integração das descobertas de Freud e Klein.

> Na metodologia psicanalítica o critério em relação a um uso específico não pode ser o de certo ou errado, significativo ou verificável, e sim o de promover ou não o desenvolvimento.
>
> Não estou sugerindo que a promoção do desenvolvimento forneça um critério sem reservas; nos casos em que haja perturbações sérias no pensar, a teoria e a prática psicanalíticas . . . (LE, Introdução, final do item 7 e início do 8)

Os artigos e livros escritos entre 1962 e 1963 descrevem, sem exceção, problemas de crescimento emocional e social, sempre em termos de processos mentais e de pensamento. Descrevem também os obstáculos a eles. Tomam por certo a familiaridade do leitor com as teorias do desenvolvimento emocional de Freud e Klein. Bion se concentra no âmbito do desenvolvimento do pensar e do conhecimento. Para tanto, desenvolve um instrumento, a "Grade" (Grid) (q.v.). Que pode ser considerada uma ferramenta potencialmente útil aos analistas e à psicanálise, idealizada para melhorar o valor científico desta. A "Grade" (Grid) permite medir o desenvolvimento ou não do pensar. O estabelecimento de categorias tem por finalidade medir os *"níveis de desenvolvimento"*. Esse desenvolvimento é visto como maior habilidade de apreender a realidade como ela é; parece que é possível avaliar o valor da verdade dos enunciados verbais por meio do emprego dessa ferramenta. As categorias desse instrumento foram especificamente construídas para avaliar o desenvolvimento do pensar, tanto geneticamente quanto em termos de suas funções: "é útil para a psicanálise poder expressar graus de desenvolvimento, e representá-los por etapas, com símbolos apropriados. Até o momento, falei de 'desenvolvimento' e 'sofisticação ampliada'" (T, 43).

A linguagem de Bion

Um dos desafios para o analista praticante e também para a teoria psicanalítica é o da escolha de teorias úteis, que ampliem o conhecimento. Esse critério é ainda mais relevante que o critério de verdade, quando se trata de teorias. Uma teoria pode ser falsa, mas pode ter uma função útil para o desenvolvimento da ciência.

Tal noção de desenvolvimento incrementou a diminuição do uso de julgamentos de valor, na prática e na teoria psicanalítica. Por exemplo, o modo com que se considera alucinação. Trata-se de evento útil para o desenvolvimento dos processos cognitivos ou da apreensão da realidade. Ela fornece uma estrutura de referência paradoxal, ou seja, a do engano. Um ditado popular nos povos de fala inglesa ilustra esta afirmação: "Erro – o melhor professor". Bion desenvolve suas primeiras concepções a respeito da fantasia da identificação projetiva como meio de comunicação ao longo dessas linhas. A identificação projetiva não é vista como patologia, mas como ferramenta epistemológica: *"O aumento da percepção depende, a princípio, do funcionamento não perturbado da identificação projetiva"* (T, 36). Na formulação de Shakespeare: "Por desnorteio, encontra-se o norte " (Hamlet, II, 1, 64).

Na prática, não é desejável que descartemos teorias estabelecidas caso elas eventualmente pareçam inadequadas a determinadas contingências; tal procedimento exacerbaria a tendência à elaboração fácil de teorias *ad hoc*, quando melhor seria aderir à doutrina consagrada pelo tempo. . . . Para minha presente finalidade, é útil considerar as teorias psicanalíticas como pertencendo à categoria dos grupos de transformações; e considerar esta categoria como uma técnica análoga à de um pintor, por meio da qual os fatos de uma experiência analítica (a "realização") são transformados em uma interpretação (a representação) (T, 4); . . . é necessário estarmos prontos para perceber que o modelo do pintor, ainda que útil, é enganoso. (T, 36)

O que promove o desenvolvimento? Bion, ao discorrer sobre a intolerância à frustração, intolerância ao não-seio e, analogicamente, sugerir que o pensar matemático iniciou-se quando a humanidade tolerou a não-coisa e concebeu o que, em geometria, chama-se de "ponto" (que, na época de Platão e Aristóteles, era chamado de "orifício", ou ausência), questiona:

> Por que, então, voltando ao ponto e à linha, estas imagens visuais conduzem, em um caso, ao florescimento da matemática, e em outro, à esterilidade mental? E "esterilidade mental" seria uma conceituação correta? A questão implica a validade de uma teoria de causalidade que considero enganosa, propensa a originar construções basicamente falsas. Se a questão é enganosa, podemos descartá-la por outra, tão enganosa quanto. Isso pode tornar verdadeira a formulação, por Heisenberg, do problema da multicausalidade [na obra *Física e filosofia*]. As duas visões provaram ser valiosas no desenvolvimento da ciência; no entanto, desenvolvimentos da física pela escola de Copenhague parecem ter tornado a teoria irrelevante. Caso

D

assim seja, o passo lógico seria não se incomodar mais com causalidade e sua contraparte – resultados. Em psicanálise, fica difícil não sentir que sua extinção deixa uma lacuna que precisaria ser preenchida. Em muitas de nossas questões, considerar a teoria da causalidade como falaciosa, porém útil, não causa dificuldades. Mas não se pode enfrentar a dificuldade deste modo quando chegamos às questões apresentadas pelos distúrbios do pensar... a rede de causalidade proposta pode ser vista como uma *racionalização* do senso de perseguição. Além do mais, se o paciente é capaz de ver que a rede de causalidade que ele propõe não tem o menor sentido, pode usá-la para negar a perseguição, e assim se evadir de qualquer interpretação que porventura revelasse a depressão que tanto receia. (T, 56-7)

Ao descrever, com a sinceridade que lhe era típica, uma das discordâncias expressas por Melanie Klein em relação a uma de suas sugestões – a teoria de pré--concepções (q.v.) – Bion enfatiza "utilidade", e não "verdade": *"Melanie Klein, em conversa comigo, opôs-se à ideia de que o bebê tem uma pré-concepção inata do seio. Ainda que seja difícil produzir evidência de que existe uma realização que se aproxime desta teoria, a própria teoria me parece útil como uma contribuição para um vértice que quero verificar"* (T, 138). Em função dos progressos em psicanálise ocorridos justamente em função das contribuições de Klein e Bion, a demonstração cientifica de discordâncias ou oposições – pertencentes às áreas de ego – sem transportá-las ou sem deixar que fossem influenciadas por eventuais áreas de id, como rivalidade, permanece como lição para as gerações seguintes. Não foi o que ocorreu, por exemplo, com discordâncias entre Jung e Freud, nem com discordâncias entre Paula Heimann e Melanie Klein: Jung e Heimann tornaram a discordância em competição hostil, eivada de fantasias de superioridade.

Bion descreveu possíveis utilidades no uso da teoria de transformações e, mais especificamente, de transformações em alucinose:

"Transformações podem ser científicas, estéticas, religiosas, místicas, psicanalíticas. Também podem ser descritas como psicóticas e neuróticas, mas, ainda que haja um valor em todas essas classificações, não me parece que seu valor seja adequado psicanaliticamente. Minha escolha de escrever, ainda que resumidamente, sobre transformação em alucinose se deve ao fato de que a descrição pode servir para explicar por que considero inadequados os métodos atuais de observação, notação, atenção e curiosidade; e por que uma teoria de transformações pode ser útil em fazer com que esses métodos fiquem um pouco mais adequados" (T, 140). Os termos, "ajudar", "servir" comportam sentidos intercambiáveis com "útil".

Bion observa que a atividade científica usualmente apela para o exagero quando é necessário obter melhor foco sobre um determinado assunto. Em conexão, ele desenvolve o conceito de hipérbole (q.v.). *"Do mesmo modo que o exagero é útil para esclarecer um problema, também pode se sentir que é importante exagerar com o intuito de obter a atenção necessária para o esclarecimento de um problema*" (T, 141).

Leitores sociologicamente informados poderão ver a influência da ética protestante (no sentido weberiano) no trabalho de Bion – bem como a influência dos chamados filósofos utilitaristas, contemporâneos de Freud.

📖 Capítulos 6 e 7 de *Transformations*.

Desenvolvimento (Growth)

Bion conceitua o termo "desenvolvimento" utilizando-o continuamente em **todos** os seus livros, e em vários de seus artigos, como aproximação a uma "psicanálise científica" – qualificação pesadamente utilizada em **todos** os seus livros. Alguns deles trazendo essa qualificação em seus subtítulos.

Por exemplo, em *Transformations*: "'*Desenvolvimento' refere-se aqui ao desenvolvimento de uma formulação mental*" (T, 42, nota de rodapé 1). Há uma ênfase na necessidade desse vértice – ciência – na prática da psicanálise, idêntico àquele iniciado e mantido por Freud,

Desenvolvimento é visto por meio de transformações necessárias para transições entre o pensamento consciente, como porta de entrada para atividades oníricas inconscientes e vice-versa. Por meio do pensamento consciente, podemos usar aquilo que Freud denominou, com felicidade, "restos mnêmicos", para compor, como tijolos compõem uma parede, o trabalho onírico. As duas condições de existência – consciente e inconsciente –, depois denominadas por Freud "sistemas" do funcionar mental e, ainda mais tarde, "instâncias", implicam crescimento e desenvolvimento. Em função disso, o desenvolvimento pode ser visto como reflexo, no âmbito dos fenômenos, da superação de estágios primitivos, onde ocorre aquilo que Bion denomina "estados de ausência do pensar" – taquigraficamente, o "não-pensar". Uma denominação mais precisa, baseada no trabalho de Bion, proposta por este autor, poderia ser estados de quase ausência do pensar – já que aquilo que Bion denomina "pré-concepções inatas" forma um arcabouço, ou forma (um modelo concreto podem ser formas pré-moldadas para fabricação de peças em série, em máquinas de extrusão) para um pensar pós-natal. Pois é necessário levar-se em conta que o cérebro, e alguns órgãos sensoriais básicos, como o aparelho visual e o aparelho auditivo, encontram-se prontos no quarto mês de vida do embrião humano, já considerado estado fetal; ou seja, anteriores até à definição do sexo. Dois fatores principais na superveniência desses dois estados, que atuam em conjunção constante (como Bion, empresto o conceito de David Hume), são: (i) prevalência do princí-

D

pio do prazer/desprazer, por dificuldades (inatas ou ambientais) da introdução do princípio da realidade; (ii) o brutal desamparo diante da hostilidade do ambiente externo que nos cerca. Os dois caracterizam condição natural na vida de qualquer um de nós, seres humanos, que, observa-se, produz maiores distúrbios durante a época do nascimento e da primeira infância. O interesse por psicanálise na vida infantil, proveniente da obra de Freud, foi mais bem especificado quando ocorre falta daquilo que Donald Winnicott, Harold Searles, Wilfred Bion e John Bowlby denominaram, respectivamente, maternagem suficientemente boa, *rêverie*, ambiente facilitador e apego: outras condições naturais na vida de qualquer um de nós, mas que podem variar em grau (quantitativamente).

A observação em sessões de psicanálise permite considerar que ocorre desenvolvimento mental quando há algum vínculo entre o ato concreto de alimentação – a relação entre o bebê e o seio materno. Usualmente, germinam experiências emocionais, abrangendo amplo espectro: a partir da formação simbólica observada por Freud e, principalmente, por Melanie Klein. Alcança-se, em alguns casos, alguma estruturação daquilo que Freud observou como sendo o complexo de Édipo – e que pode ser visto, em sinônima, como o triângulo edipiano. Estruturação essa em infinitos graus qualitativos.[31] Nesses casos, à sua possível dissolução, conforme descrita por Freud. Não dispomos de estudos estatísticos nem de métodos verificáveis para quantificar o número de casos em que se estrutura Édipo, ou quando existe falta de estruturação – apontada inicialmente por Bion em *Learning from Experience*. O leitor poderá ver revisões históricas desse conceito, como história das ideias de Bion, contidas em *Elements of Psycho-analysis* e *Attention and Interpretation*, caso se disponha a consultar o verbete Édipo neste dicionário. Quais são exatamente os graus variáveis e os fatores envolvidos? Mesmo sem dispormos de analises estatísticas, dispomos de senso comum entre psicanalistas praticantes, há pelo menos cem anos, baseados em estudos de casos individuais. Atualmente, há menos interesse em casos individuais, embora existam algumas vozes influentes dentro do movimento médico clamando por sua volta.[32]

---

[31] A expressão, "graus qualitativos" pode gerar perplexidade por sua natureza paradoxal. O paradoxo poderá ser mais bem apreendido se o leitor recordar que, algumas vezes, quantidade se transmuta em qualidade, algo que é referido em física atômica como "massa crítica". Um modelo coloquial pode ser visto na anedota pseudomatemática infantil: "o que pesa mais, cem quilogramas de chumbo ou cem quilogramas de algodão?"

[32] Todas as grandes descobertas intuitivas que marcaram o desenvolvimento da medicina basearam-se no método de estudo de casos individuais. Pressões para análises estatísticas devem-se mais a interesses comerciais de laboratórios e a prevalência de ilusões de causalidade positivista. A psicanálise pode ser considerada como um dos desenvolvimentos da medicina, de aspecto vicariante, pois apareceu quando os médicos não podiam, em função de muitos fatores cuja revisão foge ao escopo do presente estudo, atentar devidamente a muitos aspectos dos seus pacientes. A psicanálise, assim como a enfermagem, a psiquiatria e muitas outras especiali-

Graças às contribuições de Bion, baseadas em Freud e Klein, pode-se dizer que o símbolo mais primitivo até hoje reconhecido é a contraparte imaterial do seio: o não-seio, condição necessária para o primeiro processo de pensar. Só é possível haver o pensamento "seio" e a simbolização "seio" quando inexiste o fornecimento externo, por assim dizer, de algum seio concreto. Uma definição de símbolo que nos parece útil, feita por Ernst Gombrich (1959), é que um símbolo representa algo que não ele mesmo. Portanto, padrões individuais de crescimento determinam-se por meio da extensão (ou falta dela) em que um bebê tolera (ou não) a frustração provocada pela presença do não-seio. Essa formulação paradoxal fundamenta e sintetiza a teoria do pensar de Bion. Foi descrita em detalhe no início do capítulo cinco de *Transformations*, conforme se apresentou em uma situação clínica de uma análise de um adulto.

Talvez a primeira menção teórica sobre o desenvolvimento tenha aparecido em *Learning from Experience*, na definição do objeto psicanalítico. Bion amplia o conceito para incluir *"fenômenos relacionados ao desenvolvimento"* (LE, 70) – *"analogamente a extensões de todos os conceitos biológicos. . . . Pode-se considerar que há desenvolvimento positivo e negativo. Vou representá-lo por (± Y). Os sinais mais e menos são usados para dar um sentido, ou direção, ao elemento de um modo análogo ao empregado em coordenadas geométricas. . . . Se (Y) é precedido pelo sinal mais ou menos, será determinado apenas pelo contato com uma 'realização'"* (LE, 70).

À guisa de um modo didático que permita ver o fato de que o desenvolvimento pode ser positivo ou negativo, Bion propões que se considere um pano de fundo, a *"resolução dos objetivos em conflito, narcisistas e social-istas. Se a tendência for social (+Y), a abstração relacionar-se-á ao isolamento de qualidades primárias. Se a tendência for narcisista (– Y), a abstração será substituída pela atividade apropriada a – K . . ."* (LE, 70).

Por meio do trabalho clínico, Bion obteve várias indicações sobre a possibilidade de observar que o pensar se desenvolve em graus de sofisticação. Representou os diferentes graus, denotando desenvolvimento, pelos seus reflexos quando se examina detalhadamente a "Grade" (Grid) (q.v.) (EP, 86). As categorias, em termos de complexidade e sofisticação, foram denominadas por uma conjunção constante de dois eixos perpendiculares entre si, subdivididos, respectivamente, em letras, de A a H, e em números, de 1 a 6. As letras representam estágios mais primitivos do pensar, abrangendo a ausência dele (A), atingindo estágios mais desenvolvidos, ou sofisticados (H). Os números representam as funções de ego, conforme definidas por Freud, acrescentadas de mais dois estágios primitivos. Leitores ainda não familiarizados com o dispositivo "Grade" (Grid) poderão consultar o verbete correspondente. As

---

dades, surgiu em função de falhas de presença e atenção dos médicos. Ou seja, desenvolvimento negativo pode produzir desenvolvimento positivo. Negativo implica falta, positivo implica acréscimo; empresto a conceituação da matemática, e não da religião, pedagogia ou de estudos legais, plenos de juízos de valor. (Seifter, 2015).

D

categorias – formadas por conjunções constantes, representadas pelas intersecções desses eixos – foram denominadas de modo semelhante ao utilizado na geometria euclidiana: de A1 até H6, incluindo quase todas as outras combinações possíveis (A2, A3, B1, B2 etc.). Esse tipo de evolução significa evolução dos processos de pensar.

Seguindo sua própria linha de investigação, Bion passou a considerar que o desenvolvimento ocorre quando há incremento na capacidade para enfrentar o desconhecido; para abandonar desejos de explicação e compreensão; para incrementar a percepção da destrutividade de cada indivíduo, pelo próprio indivíduo: ou seja, o sentido de autoconhecimento como processo contínuo, em transição, o "tornar-se", mais ainda do que o autoconhecimento em si. O processo começou a ser descrito por Melanie Klein como transição entre as posições esquizoparanoide e depressiva. Desenvolvimento incluiria, a partir do momento em que Bion escreveu *Transformations*, um temor respeitoso para com a existência de verdade, "O" (q.v.). Cinco anos depois, em *Attention and Interpretation*, Bion empresta um termo utilizado na teologia e introduz o conceito de "estar-uno-a-si-mesmo" (*atonement*, q.v.) para auxiliar o analista a perceber a relação entre o ser humano e "O":

> O psicanalista aceita a realidade de reverência e temor, a possibilidade de haver uma perturbação no indivíduo que impossibilite estar-uno-a-si-mesmo (*atonement*) e, portanto, expressar reverência e temor. O postulado central é que estar-uno-a-si-mesmo (*atonement*) com a realidade última – ou O, como a denominei para evitar envolvimento com uma associação existente – é fundamental para o crescimento mental harmonioso. A isso segue que interpretação envolve a elucidação de evidência que diz respeito a estar-uno-a-si-mesmo (*atonement*), e não o esclarecimento apenas da evidência da operação continuada de relação imatura com um pai. ... A perturbação na capacidade de estar-uno-a-si-mesmo (*atonement*) está associada a atitudes megalomaníacas. (ST, 145)

Crescimento equivale, em psicanálise, a uma capacidade evoluída para amar, odiar e conhecer – conhecer que abrigamos sentimentos agressivos sem que precisemos ser oprimidos por satisfazê-los, ou negá-los. Em outras palavras: crescimento implica desenvolvimento emocional.

Desenvolvimento emocional tem como consequência uma diminuição de fidelidade à alucinose (q.v.). Implica tolerar um estado de dúvida a respeito da crença de superioridade da alucinação em relação à apreensão da realidade; duvidar a respeito da ideologia de que receber é superior a dar; renunciar à busca ou eleição de uma ideia, ser, imagem ou questão que seja superior a qualquer outra ideia, ser ou imagem que possam se apresentar, principalmente se for desconhecida para o pensador, para o indivíduo. (O leitor pode ver outros detalhes no verbete "Transformações em Alucinose"). Desenvolvimento emocional depende de dar-se conta de que a vida não se restringe à sua natureza material, nem unicamente à sobrevivência física. A única exceção a isso é o estado social de guerra ou outras violências que ameaçam a sobrevivência.

A concepção psicanalítica de cura incluiria a ideia de uma transformação por meio da qual um elemento é saturado e por meio disso fica pronto para posterior saturação. Mas é preciso fazer uma distinção entre essa dimensão de "cura" ou "crescimento" e "avidez". (T, 153)

Na realidade psíquica, pode-se falar em "memória sonho-símile"; pode-se ainda qualificar esse tipo de memória como essência do ato psicanalítico. Aquilo que se relaciona a um pano de fundo de experiência sensorial não serve para os fenômenos da vida mental, que são desprovidos de forma, intocáveis, invisíveis, inodoros, sem gosto. Esses elementos psiquicamente reais (no sentido de pertencerem à realidade psíquica) são os elementos com os quais o analista tem que trabalhar ... o sacrifício de memória e desejo leva ao desenvolvimento da "memória" sonho-símile, que é uma parte da experiência da realidade psicanalítica. A transformação da experiência emocional em desenvolvimento mental do analista e do analisando contribui para a dificuldade de ambos de "lembrar" aquilo que ocorreu; na medida em que a experiência contribui para o desenvolvimento, não é mais reconhecível. Se não se lhe assimila, acrescenta-se àqueles elementos que são lembrados e esquecidos. Desejo obstrui a transformação a partir de conhecer e entender para ser, K → O. (AI, 71)

Esse o passo necessário a partir de um "conhecer" (K), de um "falar sobre algo" e compreendê-lo, em direção a O: estar uno à realidade como ela é, uma situação em constante evolução. Parece ser difícil executar esse passo: *"A separação sistemática em dois objetos, bom e mau, consciente e inconsciente, prazer e desprazer, feio e bonito, forneceu um quadro de referência que parece ter facilitado o desenvolvimento do conhecimento, mas o elemento de crescimento parece ter escapado à formulação, principalmente quando ele lembra maturação"* (AMF, I, 77).

O crescimento, + ou –, permanece inacessível ao pensamento, apesar de inconfundível para o sentimento. Dentro dos limites dos universos de discurso existentes, é impossível relacionar pensamento conceitual e sentimentos apaixonados. (AMF, I, 138)

Desenvolver-se seria tolerar paradoxos. O protótipo desses paradoxos pode ser a formação de um objeto interno percebido simultaneamente em seus aspectos amados e odiados, como um objeto único, não clivado nesses aspectos, como se

D

fossem dois objetos. Todos os textos de Bion parecem indicar isso, na medida em que exibem pelo menos duas faces de uma mesma situação; em alguns casos, esses textos exibem mais faces.

Desenvolvimento emocional implica crescimento de significado: ocorrem acréscimos de significado nos processos do pensar, incrementando complexidade e sofisticação, e no relacionamento continente-contido. Resulta daí crescimento no continente e também no contido: algo importante em uma sessão de análise, na medida em que existem profissionais cuja deficiência em análise pessoal permite-os tender, conscientemente ou não, para autoritarismo, para aceitar idealizações, ou que prefiram exercer outras psicoterapias, como as de suporte ou de reforço, atividades indistinguíveis de advocacia e pedagogia, visando adaptação ou rebeldia social. Se o analista perceber essas tendências em si mesmo, com o auxílio de sua própria análise, ou também no caso de analistas que não nutram tais tendências, o casal analítico poderá desenvolver-se no enfrentamento do desconhecido, por meio da *"dúvida tolerada"* (LE, 92). Poderão fazê-lo na medida em que se permitam exercer um trabalho mútuo de ouvir (e não apenas escutar), associar livremente (e não apenas imitar, no sentido idealizado, servil ou sedutor) e "inseminar" um ao outro (um trabalho ativo e minimamente harmônico, de interpenetração e renúncia contínuas).

Com o intuito de descrever um modo em que ocorre desenvolvimento, Bion utiliza-se de uma de suas pouquíssimas contribuições teóricas para o *corpus* psicanalítico – pois suas contribuições para uma teoria de observação do ato psicanalítico compõem um número maior de teorias. Trata-se da teoria do continente/contido. No intuito de simplificar a comunicação entre analistas – independentemente de julgamentos sobre sucesso ou ausência dele, nesta tentativa –, Bion utilizou uma notação quase biológica para simbolizar a teoria do continente/contido, derivada dos símbolos da genética: feminino e masculino, ♀♂. Essa teoria integra-se (e depende) harmonicamente com a evolução da teoria do pensar; especificamente, com o ciclo de evolução das pré-concepções em sua marcha para concepções. Para descrever o desenvolvimento do continente/contido, Bion utilizou-se de três modelos: (i) o do retículo, a partir do questionário de Elliott Jaques; (ii) o dos espaços em branco de Victor Tarski, que podem ser preenchidos; (iii) e o de um ambiente, ou um meio, no qual emergem ou entram em protrusão *"conteúdos suspensos"*, brotando de uma *"base desconhecida"*. As contrapartes na realidade desse modelo manifestam-se por meio de exemplo observáveis: um bebê que suga; um bebê no útero; um pênis e uma vagina: o processo de aprender da experiência.

Incrementando a notação biológica com a notação matemática derivada de operações de potencialização e da teoria das séries de Frege, para indicar um movimento progressivo, Bion propôs os sinais $♀^n$ e $♂^n$ para o desenvolvimento de ♀♂. A possibilidade de aprender *"depende da capacidade de $♀^n$ manter-se integrada e, mesmo* *assim, perder rigidez"* (LE, 93). Talvez seja mais fácil visualizar o modelo por meio de uma de suas manifestações concretas, um bebê dentro de um útero, com os dois submetidos a um processo de crescimento. No entanto, é necessário ter-se em mente que qualquer concretização específica, se facilita o entendimento, não esgota o modelo científico, o que implicaria reducionismo. O modelo científico pode ser utilizado de modo geral e, portanto, imaterial; vale para qualquer continente/conteúdo que seja necessário considerar na situação clínica – sempre desconhecida, até que ocorra. Esse um desafio de praticar psicanálise; que, para alguns, exerce fascinação e, para outros, ojeriza: duas faces da mesma moeda, o ódio ao conhecimento. Idealmente, o aprendizado em evolução tende a aumentar em sofisticação, tendendo ao infinito (LE, 94). O desenvolvimento de conhecimento é inseparável da sua deterioração, destruição, ou "menos K". Desenvolvimento, estando relacionado com o material do inconsciente, é temido: *"Evolução mental, ou crescimento, é algo catastrófico e atemporal"* (AI, 107-108).

Desenvolvimento está intrinsecamente relacionado à dor. Tanto o senso comum como o saber médico observam *"dores do crescimento"* (EP, 63). Introduzindo uma de suas teorias de observação do ato psicanalítico, Bion cria o termo reversão de perspectiva, ou perspectiva reversa (q.v.), para descrever tentativas de restituir dinâmica a situações estáticas (EP, 60). Observa que reversão de perspectiva, exercida pelo excessivo de identificação projetiva, é *"evidência de dor"*. Qualquer desenvolvimento tem aspectos dolorosos; pode levar a mudanças catastróficas e exige abandono de hábitos considerados como prazenteiros.

Estudar o desenvolvimento, no entanto, refere-se a eventos separados no espaço e no tempo, de um modo intransponível: *"Desenvolvimento é um fenômeno que parece apresentar dificuldades peculiares à percepção, seja por parte do objeto em crescimento ou do objeto que o estimula, uma vez que sua relação com fenômenos precedentes é obscura e separada no tempo"* (EP, 63). Bion apela para mitos, com o intuito de auxiliar a percepção dessa situação: considera que mitos provêm enunciados sucintos *"das teorias psicanalíticas relevantes para auxiliar o analista tanto a perceber desenvolvimento como para alcançar interpretações que iluminam aspectos dos problemas do paciente que se referem a desenvolvimento"* (EP, 63). Pode-se observar que na elaboração e, depois, na própria leitura de mitos há uma conjunção constante de desenvolvimento e de dor, sob formas toleráveis – portanto, há a possibilidade que a própria construção dos mitos tenha sido uma tentativa de elaborar psiquicamente (nos termos de Freud, *working through*) tanto desenvolvimento como dor. Bion sugere pelo menos três mitos à guisa de modelos primitivos de crescimento mental: (i) Árvore do Conhecimento; ii) Torre e a Cidade de Babel; (iii) a Esfinge.

Desenvolvimento liga-se intrínseca e inexoravelmente a desequilíbrio entrópico; e também é inescapável de pelo menos um conflito, o de narcisismo e social-ismo (q.v.) como componentes da situação edipiana.

D

DIFICULDADES NO DESENVOLVIMENTO

O desenvolvimento emocional, na visão de Bion, é prejudicado pelo desejo, que alimenta a alucinação:

Santo Agostinho, para expressar a separação entre o bem e o mal, lançou mão do equipamento da religião, disponível em várias religiões. A separação sistemática em dois objetos, bom e mau, consciente e inconsciente, prazer e desprazer, feio e bonito, forneceu um quadro de referência que parece ter facilitado o desenvolvimento do conhecimento, mas o elemento de crescimento parece ter escapado à formulação, principalmente quando ele lembra maturação. (AMF, I, 77)

O conceito de "objeto psicanalítico" (q.v.) inclui a noção de desenvolvimento.

Falhas na apreensão do conceito, mal-entendidos e distorções: o autor deste dicionário tem observado uma falha comum na apreensão do conceito de desenvolvimento na obra de Bion: misturá-lo, ao ponto da total indiscriminação, com o vértice terapêutico/patológico, sugerindo que ocorreria desenvolvimento quando alguém caminha da patologia para a cura. Talvez o principal fator nessa mistura simplista – que foi obtida por clivagem - origine-se de uma prevalência do princípio do prazer/desprazer, às custas do princípio da realidade, bem descrito em alguns mitos, como o do Paraíso. A harmonia a que Bion se refere é uma harmonia de senso comum: da pessoa com ela mesma, dentro dela mesma. Bion propôs um termo técnico – "estar-uno-a-si-mesmo", ou *"at-one-ment"*, para descrever este estado natural, de a pessoa tornar-se quem ela realmente é e, então, ser minimamente, e transitoriamente, quem realmente é. Eventuais alargamentos desse estado, ou situação, correm por conta de fatores individuais; e também do casal analítico que pacientes e analistas possam formar. De modo coloquial, esse estado pode ser classificado como de intimidade; sempre dependendo da prevalência ou de um equilíbrio entrópico entre os dois princípios do funcionamento mental, para algumas pessoas, esse estado pode significar assassinato – autoassassinato ou heteroassassinato.

A evocação sugerida pela notação quase matemática da seta dupla, representando uma interação, torna explícito o sentido paradoxal de um funcionamento mental, implícito na teoria das Posições de Melanie Klein: um tandem, ou um movimento de vaivém entre as duas posições. O artigo "Notas sobre memória e desejo" (1967); as reflexões a respeito de cura (ST, 1967); o capítulo "Medicina como modelo" em *Attention and Interpretation*, complementados por muitas observações sobre anseios por uma vida, incluídas em *A Memoir of the Future*, podem atestar as distorções havidas neste tipo de leitura das contribuições de Bion: *"É interessante considerar a relação que existe quando o desenvolvimento de uma formulação mental parece ser casado com uma realização de desenvolvimento que se aproxima, ou é 'paralela', à formulação mental"* (T, 42, nota de rodapé 1); a dificuldade em observar o desenvolvimento *"contribui para a ansiedade de se estabelecer 'resultados', por exemplo, da análise"* (EP, 63).

Em *Cogitations*, p. 378, Francesca Bion incluiu o fac-símile do exemplar de Bion de *The Future of an Illusion*, de 1927, pleno de anotações à margem do próprio Bion. No final do capítulo II, p. 14, Freud discorre a respeito das "satisfações substitutivas" providas pela arte (termos de Freud); enfatiza que "nenhuma menção se fez ainda do que talvez constitua o item mais importante do inventário psíquico de uma civilização, item que consiste, no sentido mais amplo, em suas ideias religiosas ou, em outras palavras... em suas ilusões". As notas à margem de Bion observam que no movimento psicanalítico *"assume-se que uma teoria é falsa se ela não parece estar a serviço do 'bem' da maioria da humanidade. E como a ideia de 'bem' é uma platitude. A ideia toda de 'cura', de atividade terapêutica, permanece sem escrutínio. Ela é amplamente determinada pelas expectativas do paciente, embora isso seja questionado em uma boa análise (conforme eu a conheço). Mas em física nuclear uma teoria é considerada boa se ela ajuda a construção de uma bomba que destrói Hiroshima. Muitíssimo do pensamento sobre psicanálise impede a possibilidade de considerar como boa uma teoria que poderia destruir o indivíduo ou o grupo. Ainda assim, nunca haverá um escrutínio científico de teorias analíticas até que essa investigação inclua a apreciação crítica de uma teoria que, por sua própria consistência, poderia levar à destruição da estabilidade mental; por exemplo, uma teoria que incrementasse memória e desejo a um ponto em que eles impossibilitassem a sanidade.*

Desenvolvimento difere de crescimento: por exemplo, nos tumores, não há criatividade, independe de um par, ou casal. É uma reprodução não-sexual: crescimento pode ser visto como desenvolvimento negativo – o mesmo que pode ocorre em atividades alucinatórias e delirantes .

P.A.: . . . O nosso problema não surge porque essas ideias sejam erradas ou malévolas, mas porque são acronicamente ativas e constituem a fonte de ação. Sendo assim, acredito que seja aconselhável exibir o "deus" no qual a pessoa acredita; por comparação com outras ideias, isso pode tornar possível a moderação da força da fonte primeva.

ROLAND: Ao expor tal ideia, como você sabe que não vai torná-la ainda mais poderosa? Ou, de modo inverso, minar a fé em Deus?

P.A.: Infelizmente, sim! Não podemos ter certeza de que o indivíduo de fato não use a experiência analítica dessa maneira.

ROBIN: Então você admite que a psicanálise faz mal?

P.A.: Não faz bem nem mal, mas a pessoa pode usar a experiência com o objetivo que lhe aprouver. Afinal das contas, um cirurgião mitiga o sofrimento de um

D

ladrão ou de um assassino, e ele os torna mais eficientes com isso. Porém não os torna mais morais.

ROLAND: Ninguém espera que ele o faça.

P.A.: Creia-me, as pessoas esperam que sim! Se uma mulher ou um homem esteve por algum tempo em um psicanalista, este é encarado como sendo responsável pelo comportamento dessa pessoa.

SACERDOTE: Nós enfrentamos o mesmo problema com as pessoas religiosas.

P.A.: Você ajuda seus crentes a ver que tipo de deus eles seguem? Ou você lhes assegura que são boas pessoas ao apoiar a causa do verdadeiro Deus?

SACERDOTE: É claro que tentamos mostrar-lhes qual é o deus que eles seguem. As pessoas tentam servir tanto a Deus como ao Diabo.[33]

P.A.: E isso tem algum efeito?

SACERDOTE: Através dos séculos, sim.

P.A.: "Através dos séculos"? Pode ser que não se disponha de séculos. É por isso que nós encaramos o procedimento analítico como essencial se as pessoas estão com disposição de entender a que crenças elas estão aferradas, e quais crenças que as mantém com essas crenças.

SACERDOTE: Você acha que elas entendem... mais rapidamente?

P.A.: Às vezes eu acho que sim, mas não é frequente. Apesar disso, a psicanálise capacita o psicanalista a aprender algo e até mesmo passar isso adiante. Há ocasiões em que uma resistência é sobrepujada com velocidade surpreendente; há um certo número de fatos que mostram sua relação pela primeira vez. É quase uma revelação.

SACERDOTE: Você usa um termo que faz parte do nosso equipamento técnico.

P.A.: Eu achei que você iria notar isso. Gostaria que pudéssemos tornar claro tanto o fato verbal que você menciona quanto a realidade psíquica a ele correspondente. A concentração de significados pode requerer uma concisão que pode ser alcançada na música ou na pintura. Se eu conseguisse alcançar tal precisão, será que o meu analisando desincumbir-se-ia do trabalho necessário para entender? A audiência raramente ouve a música ou observa pinturas e menos ainda acha que valha a pena ouvir o que um analista fala. (AMF, II, 99)

Sinônimo: Crescimento.
Referências cruzadas sugeridas: Visão Binocular, Cura, Desenvolvimento, "Grade" (Grid), Objeto Psicanalítico, Reversão de Perspectiva.

---

[33] *"Mammon"* no original.

A linguagem de Bion

Disciplina sobre memória, desejo e entendimento

Embora seja extremamente frequente atribuir apenas a Bion a recomendação de disciplina sobre memória, desejo e entendimento, quando se almeja efetuar algo que possa ser classificado como psicanálise, o fato real é que tais recomendações foram também expressas por Freud. Embora o tenham sido por meio de outros termos e outras analogias. Como exemplo de um termo, pode-se citar "abstinência", em correspondência diretamente proporcional a uma disciplina sobre desejo – recomendação que explicita e especifica mais claramente o âmbito ao qual se aplica a abstinência. Fornece mais um exemplo da expansão respeitosa – nunca intentando substituição – da obra de Freud por Bion. Como exemplos de analogia para descrever o trabalho de um psicanalista, podemos citar aquelas expressas por Freud, a respeito do trabalho do arqueólogo e do cirurgião.

Interpretar sonhos exige uma sofisticada disciplina mental, abrangendo memória, desejo e entendimento. Isso também se aplica ao abster-se de dar conselhos ou fornecer algo que possa ser interpretado como apoio: manobras sedutoras movidas por desejo; por obtenção de prazer e evasão de desprazer. A mesma disciplina é necessária para perceber um amor alucinado, aquele que ocorre quando o paciente está sob efeito de fantasias transferenciais. Portanto, Bion tenta resgatar e reunir recomendações de Freud – dadas de modo esparso – e, ao mesmo tempo, transformá-las, por ênfase e integração, em **ferramentas técnicas**. Amplia recomendações de Freud quando descobre que a disciplina tem o condão de resgatar a vivacidade da experiência analítica. Em última análise, Bion resgata o "aqui e agora" referido por Freud.

Ele observa que o analista, ao se lembrar conscientemente ou de modo dirigido sobre algum tipo específico de informação, restringe sua potência no que tange a exercer uma atenção livremente flutuante; e diminui gradualmente sua intuição. Uso dirigido de memória pode expressar ataque defensivo contra o desconhecido – e a própria direção rapidamente permanece desconhecida. Bion observa a natureza alucinada das memórias, destituídas de uma observação realística dos fatos que estavam até então desconhecidos, mas que podem se revelar na sessão. Perdendo um instrumento básico, o que mais pode restar ao analista? Fundamentar-se em memórias, para compor um falso conhecer a respeito da realidade psíquica do paciente – em um âmbito de alucinose.

A ênfase de Bion sobre a disciplina do desejo deve-se à observação de que a submissão ao princípio do prazer impede a observação do paciente como ele é. A

D

disciplina de entender aquilo que ocorre na sessão, de explicar alguma fala do paciente, liga-se às outras duas. Tentativas apriorísticas de entender obstruem e finalmente impedem o ato de observar, e excluem o acesso sobre percepções, teorias e explicações do analisando. Questões analíticas demandam intuição e apreensão – mas não entendimento. Analogias com atos médicos – como diagnóstico – e atos artísticos podem auxiliar a apreensão desta questão.

Memória, desejo e entendimento expressam negação do desconhecido; revelam ansiedade fóbico-obsessiva e desaguam em precipitação. A questão foi ampliada no artigo "Notes on Memory and Desire", reproduzido em vários lugares, em ingles e português, incluindo o livro *Cogitations*, e também no "Commentary" (Comentário), em *Second Thoughts*, ambos de 1967. Danos que esta falta de disciplina podem ocasionar à observação e apreensão da realidade são vividamente expressos em "erros" e insensatez expressos pelas partes objetais denominadas por Bion, Alice, Roland, Robin e Tom, nos capítulos iniciais de *A Memoir of the Future*.

Falhas na apreensão do conceito, mal-entendidos e distorções: alguns imaginam que a disciplina sobre memória equivaleria a uma "tábula rasa". No entanto, Bion escreveu que *"Uma má memória não é suficiente: o que normalmente é chamado de esquecimento é tão ruim quanto à lembrança. É necessário inibir a ênfase em memórias e desejos"* (AI, 41).

Disposições, disposição

Kant, na história das ideias da civilização ocidental, formulou mais claramente algo conhecido desde os gregos antigos, a respeito dos *"a priori"*, ou sobre pré-concepções básicas da mente humana. A formulação de Kant influenciou notavelmente Bion, pelo menos de duas maneiras. Um de seus trabalhos inacabados versou sobre um tipo de disposição para que alguém tente tornar-se um analista, bem como sobre ferramentas necessárias para exercer a psicanálise, que Bion, como Freud, considerava ser uma disciplina eminentemente prática e também científica.

Bion não define o que seria "Disposição" nos sentidos filosófico ou teórico. Pode-se dizer que o termo Disposição(ões) forma uma concepção, a caminho de um conceito, em que a definição se encontra no ato de cada pessoa – um ato de intuir, pensar, e de agir. Pois Bion tenta chamar a atenção do leitor para problemas práticos envolvidos — de relevância clínica e científica. Em outras palavras: não define em que medida os termos empregados por analistas encontram correspondência na realidade quando expressam uma Verdade, em relacionamentos do tipo "Eu conheço X". Pode-se ver que Bion estabelece algumas premissas e logo a seguir lhes dá um

A linguagem de Bion

"corpus dinâmico" essencialmente empírico, vivo e observável – na vida real e em psicanálise. Pode-se dizer, com segurança, apenas como meio de comunicação em um texto escrito, que esse *"corpus* dinâmico", se colocado em termos gramaticais, usa uma sentença completa, com sujeito, verbo e objeto. O conceito "Disposições" pode ser visto como apreciação transitória, em vez de diagnóstico:

> Um homem pode ter disposição para a inveja ou violência emocional: ou ter grande respeito por Verdade e pela vida; ou ser intolerante à frustração. . . . Chamarei o estado mental do momento em que ele mostra essa tendência de sua "disposição". . . . Isso teria significado para a psique? Existiria alguma coisa como disposição? De imediato, o problema seria saber o que se entende por "coisa". A pessoa está inclinada a ser invejosa; tem uma disposição invejosa; sua disposição é ser invejoso. Todas essas frases significam alguma coisa. Não parece irrazoável afirmar-se que existe alguma coisa como disposição invejosa. Muito bem: existem, portanto, disposições invejosas... disposições para o amor – para dar exemplos das premissas que escolhi. (C, 262)

Bion tenta definir algo, embora essa definição sirva apenas como um meio, e não um fim em si mesmo. Assim o faz para permitir reconhecimento da necessidade, sob forma confiável de comunicação científica entre os analistas. Não há a menor necessidade de tratar "Disposições" como um novo conceito, mas como analogia e veículo:

> Uma vez que desejo dizer que *existem* tais coisas, isto é, coisas na realidade efetiva, que são representadas pela palavra "disposição", é essencial sempre usar essa palavra de modo que o leitor esteja certo em assumir que estou dizendo o que disse anteriormente, que há na realidade algo que é representado pela palavra "disposição". (C, 262)

Na visão deste autor, Bion introduz (mais) um conceito fundamental, básico. Na experiência de Bion, é *"inerente ao trabalho psicanalítico; confronta o analista em cada sessão"*. Parece-nos verdadeiro o alerta. Considerando o tempo em que vivemos, tornou-se diverso do que foi, por vários séculos, um problema diante do qual gerações de filósofos e teóricos da ciência também se confrontaram – pelo menos até o final dos anos 1950, com o advento, na filosofia, do chamado "pós-modernismo". Foi incrementado, entre os teóricos da ciência, com as posturas de Thomas Kuhn, nos anos 1970. Nega-se à filosofia estudos da mente, daquilo que é Verdade. Afirmam que os vários filósofos que os antecederam –por exemplo, de modo especial, John Locke e David Hume – seriam excessivamente "psicologizantes", e que essa característica teria marcado a decadência da própria filosofia. Verdade foi vista como inexistente, mera ilusão – no mais das vezes, ideológica.

D

Consequentemente, qualquer estudo que se dedique a esse âmbito não se constitui sequer como problema para filósofos, como afirmou Richard Rorty – talvez o maior divulgador do pós-modernismo francês nos países de língua inglesa. Parece haver uma confusão entre a impossibilidade de acessar a Verdade última, com aproximações intuitivas fugazes, mas verdadeiras, para os aspectos parciais dos *numena*. Qual seria o analista que poderia abster-se do *"preocupar-se com a prática psicanalítica, ou seja, ter que aplicar suas teorias em setting empírico"*, e mesmo assim poder chamá-la "psicanálise"?

Equivale ao reiterar a natureza científica da psicanálise: *"Isto pode significar um acréscimo de dificuldade para o cientista, que terá que expressar suas teorias em termos de dados empiricamente verificáveis, antes de submetê-los a teste experimental"* (C, 263).

Referência cruzada sugerida: Método Científico.

Distância

Ver o verbete "Hipérbole".

Divindade

Em *Transformations* e *Attention and Interpretation*, Bion utiliza a formulação verbal, divindade, emprestada da teologia e da tradição mística encontrável em algumas religiões, das quais Bion cita a cabala judaica, o cristianismo e o sufismo. O campo semântico que ele tenta delimitar ao usar este termo corresponde ao que os gregos antigos, depois redescobertos por Kant, denominavam verdade última, o âmbito dos *numena*.

Dor

Considerada por Bion como um dos "elementos de psicanálise" (q.v.). Presença de Dor se qualifica como algo básico, fundamental no ser humano. Tem função estruturante no aparato psíquico e na vida humana. Consequentemente, Dor constitui-se como uma função em uma sessão analítica. Bion em geral utiliza o termo princípio do prazer/dor e não princípio do prazer/desprazer; o termo princípio do prazer/dor não está apenas implícito, mas também aparece em alguns textos de Freud.

Caso alguém questione a inclusão de Dor, como um dos elementos de psicanálise, este alguém poderá ser relembrado *"pela posição que ela ocupa nas teorias de Freud do princípio do prazer-dor. É evidente que a dominância do princípio da realidade, e realmente o seu estabelecimento, são ameaçados se o paciente inclinar-se mais para a evasão da dor do que para sua modificação; além disso, a modificação da dor é ameaçada caso a capacidade do paciente para a dor esteja danificada. . . . Dor não pode ser considerada como um índice confiável dos processos patológicos, em parte em função de sua relação com o desenvolvimento (reconhecida na frase comumente usada "dores de crescimento") e em parte porque a intensidade do sofrimento nem sempre é proporcional à severidade do distúrbio. Seu grau e significado dependem da relação com outros elementos"*. (EP, 62)

A relação entre dor e crescimento é discutida no verbete específico sobre Desenvolvimento. A necessidade de nunca tomar nenhum elemento que esteja sob análise em uma sessão, e também em uma teoria, como se fosse uma coisa-em-si-mesma, como se o praticante tivesse domínio da realidade última, mas que é possível examinar relacionamentos, foi vista em outros verbetes, como "Édipo". Relacionamentos e vínculos são tarefas possíveis para cientistas; em geral, tanto no lugar-comum como na psicologia acadêmica e na filosofia – e, ultimamente, também marcando tendência em historiadores – há a tendência de isolar alguns termos, como "paixão", "vida privada", "amor", "raiva" ou "lágrima", e tecer várias considerações definitivas como se esses termos pudessem oferecer domínio sobre as coisas-em-si-mesmas ou, resumidamente, o âmbito numenico.

Há evidências de que Bion aprendeu com várias experiências de vida – guerra; perda física da primeira esposa, acompanhada de perda psíquica precoce desta, no lamento, até o fim da vida, por tê-la abandonado na hora do primeiro parto, em favor de compromissos profissionais; e, em certa medida de uma perda psíquica da filha de ambos. O lamento aparece na autobiografia *The Long Week-End*. Essas experiências contribuíram para dúvidas excruciantes quanto às capacidades que ele mesmo teria para amar e odiar.

Bion não lida como dor e também com temor (medo) como se fossem coisas-em-si. Dirige, invariavelmente, seu foco de visão para dificuldades em tolerar e suportar a dor e o medo; portanto, na relação que nós, seres humanos, temos com dor e medo. Propõe uma terminologia específica que parece ao autor deste dicionário como um acréscimo útil aos instrumentos psicanalíticos práticos, para sessões de análise: analogicamente, um salto quântico – citando seus próprios termos – entre, em um polo, "sentir a dor" e, no outro polo, "sofrer a dor" (AI, 9).

Esta formulação – que poderia parecer apenas literária – coloca um bem-sucedido contraste com o ponto de vista popular, ou lugar-comum, apoiado pela grande maioria dos profissionais da área chamada de "doença mental" – psiquiatras, psicó-

D

logos e outros –, de que se deve, sem a menor dúvida, agir para que se extinga a dor. Esse lugar-comum, em relação a objetivos de um tratamento, não diferencia pacientes médicos, e psiquiátricos, da população de drogados, que igualmente demanda essa ação. Nesse lugar-comum, não se dá a menor atenção para a qualidade da dor; ou para quantidade de dor; e menos ainda para a forma como cada indivíduo lida ou não lida com dor. Freud manteve visão idêntica à de Bion; mas foi desprezado com qualificativos como "pessimista", e também "ateu".

Em um de seus primeiros escritos, publicado postumamente, Bion cita John Donne para tratar de dor. A inspiração desse autor, hoje quase esquecido por pessoas que não estudam literatura inglesa, possibilita que Bion evite colocar-se como vítima do lugar-comum, ou seja, uma fidelidade fácil às tentativas de extinguir dor, como também de tentativas de cooptá-la por meio de adesão a sadismo: *"Donne disse que 'a aflição é um tesouro; dificilmente algum homem tem o bastante dele. Todo homem que teve aflição suficiente amadureceu por seu intermédio'.[34] Hoje em dia ninguém vai reclamar que exista escassez dessa mercadoria; mas será que nosso elaborado sistema social e individual, ao negar a existência de dificuldades e perturbações do cotidiano, não levou a uma revolta sob a forma de uma produção artificial de calamidades em grande escala? Tal sentimento pode derrubar a ideia, muito disseminada, de que a guerra e suas consequentes vicissitudes sejam boas para a raça"* (C, 346).

Bion teve uma formação cristã, dentro do ramo não conformista da Reforma, numa seita conhecida como huguenote; estudou com afinco a tradição mística judaica e cristã; essa formação exerceu sensível influência sobre seus pontos de vista, que se tornaram conjugados às observações de Freud sobre a necessidade de abstinência quando o objetivo era exercer um trabalho analítico.

A dor não pode estar ausente da personalidade. Uma análise deve ser dolorosa, não porque exista necessariamente algum valor na dor, mas porque não se pode considerar que uma análise na qual não se observa e discute a dor seja uma análise que esteja lidando com uma das razões centrais para a presença do paciente. A importância da dor pode ser subestimada, como se fosse uma qualidade secundária, algo que irá desaparecer quando os conflitos estejam resolvidos; de fato, a maior parte dos pacientes adotaria esse ponto de vista. Além disso, essa visão pode ser sustentada pelo fato de que uma análise bem-sucedida leva mesmo à diminuição do sofrimento; entretanto essa visão obscurece a necessidade, mais óbvia em alguns casos do que outros, de que a experiência analítica aumente a *capacidade* do paciente para sofrer, mesmo que o paciente e o analista possam esperar diminuir a própria dor. A analogia com a medicina física é exata; destruir uma capacidade para a

---

[34] No original, *"affliction is a treasure and scarce any man hath enough of it. No man hath affliction enough that is not matured and ripened by it"*.

dor física seria um desastre em qualquer situação, exceto naquela em que um desastre ainda maior seja certo – a própria morte. (EP, 61-62)

A sugestão técnica para lidar com Dor baseia-se no conceito de perspectiva reversível (q.v.). Segundo a experiência de Bion e de outros analistas que se inspiraram nele, é importante na prática clínica. Perspectiva reversível é definida como um uso específico de identificação projetiva, em que o paciente tenta tornar uma situação originalmente dinâmica, em algo estático.

A perspectiva reversível é evidência de dor; o paciente reverte a perspectiva para tornar estática uma situação dinâmica. O trabalho do analista é restituir dinâmica a uma situação estática, possibilitando o desenvolvimento . . . o paciente manobra para estar de acordo com as interpretações do analista; assim, estas se tornam o sinal exterior de uma situação estática. É improvável que as interpretações do analista sempre permitam isso; também é improvável que o paciente sempre possua a agilidade mental suficiente para combinar a interpretação com um desvio que reverta a perspectiva, a partir da qual a interpretação é vista; assim, o paciente emprega um arsenal que é reforçado por delírio e alucinação. Se não conseguir reverter a perspectiva de imediato, o paciente poderá ajustar sua percepção dos fatos, ouvindo erroneamente e compreendendo erroneamente, de modo que estes possam dar substância ao ponto de vista estático: um delírio em curso. . . Na perspectiva reversível, o fato de o analista aceitar a possibilidade de a capacidade para dor estar prejudicada pode ajudar a evitar erros que poderiam levar a um desastre. Caso não se lide com o problema, à capacidade do paciente de manter a situação estática pode sobrevir uma experiência de dor tão intensa que resulta em um colapso psicótico. (EP, 60, 62)

A palavra "estático" pode – e precisará, tanto em medicina como em psicanálise – ser vista como formulação verbal de manifestação dos instintos de morte; inversamente, "dinâmico" é característica intrínseca e inescapável da própria vida. Isso não será verdadeiro em um físico que pratique o estudo de grandes corpos; mas é verdadeiro para um físico quântico.

Na visão do autor deste dicionário – que apenas explicita algo implícito na obra de Freud e de todos os psicanalistas que o seguiram –, trata-se de um dos problemas até hoje intransponíveis para profissionais que se dedicam à neuroanatomia; e, como poucas exceções, dos que têm se dedicado ao que chamam de "neurociência", como se neurologia clínica não fosse ciência. Esses profissionais deixam de praticar ciência, ao seguir sem sombra de qualquer dúvida científica e também filosófica os postulados e preceitos da religião positivista, inventada por Auguste Comte. A qual defende a existência de redes de causalidade teleológica, usualmente simples; algumas vezes, disfarçada pelo acréscimo de multicausalidade, e não apenas multifato-

D

rialidade, que seria testável pelo método estatística. Essa religião acredita na localização estática de fenômenos, pensando poder se utilizar apenas do conceito de espaço, demonstrado como falho pela física, e não da unidade real, espaço-tempo. Parecem ainda não ter aceitado a natureza dinâmica dos sistemas vivos. Esse foi exatamente o problema enfrentado por Freud em relação a dois pesquisadores de sua época, Broca e Wernicke, que imaginaram ter descoberto "o centro da fala" em áreas do córtex esquerdo do cérebro. Lidaram com a doutrina do neurônio como se não fosse apenas mais uma doutrina, mas fosse algo concretizado, e não uma ilusão devida a preparados histológicos – mortos.

Uma complicação adicional no estudo psicanalítico de Dor foi descoberta pela observação clínica do "problema econômico do masoquismo", como formulou Freud: o sadismo constitui-se como uma forma para introduzir e infligir dor – na própria pessoa ou a outros – com a finalidade de obter sensações prazerosas. Abriu caminho para novas descobertas clínicas: uma das criações da personalidade psicótica que cria estados de alucinose, em um tipo de colaboração com a personalidade não-psicótica. Alucinose é definida como presença de alucinações em uma personalidade, de resto, conservada. Nesse estado de alucinose específico que tentamos descrever, a criação é algo que sugerimos denominar, baseados nas observações de Freud e Bion, "pseudodor". Mimetizando relações sádicas, em conjunção constante com uma incapacitação – inata ou adquirida – para sofrer dor, serve como disfarce, pois a pessoa cria, inconscientemente, uma dor que realmente não tem. Trata-se de dor fantasiada – não se coloca dúvidas de que é sentida. Ao ser fantasiada, fica – alucinatoriamente – "sob alcance" da pessoa que a fantasia. Uma dor controlada e planejada, "sob alcance", mesmo que inconscientemente, parecerá ser mais aceitável para os intolerantes à dor do que a vivência de uma dor real. Há ilustrações populares da questão, como a fábula do menino e do lobo. Tanto dor real como "pseudodor" também ficam ilustradas, clinicamente, no trabalho de Bion – de muitas formas. Uma delas, que parece útil ao autor deste dicionário, é a necessidade imperiosa, inescapável, de sofrer dor para que uma pessoa possa manter-se em contato com a sua própria mente – parte integrante de poder ocupar-se a posição depressiva:

> Existem pacientes cujo contato com a realidade apresenta mais dificuldade quando a realidade é seu estado mental. Por exemplo, um bebê descobre sua mão; bem poderia ter descoberto sua dor de estômago, ou seu sentimento de terror; ou ansiedade; ou dor mental. Isto é verdade na maioria das personalidades comuns. No entanto, existem pessoas de tal modo intolerantes à dor ou frustração (ou em quem dor ou frustração são de tal modo intoleráveis) que elas sentem a dor, mas não a sofrem; não se pode então dizer que a descubram. O *que* tais pacientes não vão sofrer, ou descobrir, temos que conjeturar a partir do que aprendemos dos pacientes que *se permitem* sofrer. O paciente que não sofre dor falha em "sofrer" prazer; isso impede que obtenha ajuda a partir de algum alívio acidental ou intrínseco. (AI, 9)

A linguagem de Bion

Na medida em que estados de mente do analista interferem no trabalho analítico, precisarão ser examinados e controlados conscientemente:

Desenvolvimentos de memória inevitáveis ao psicanalista são . . . uma primazia de prazer-dor (em contraste com realidade ou verdade), e "posse", com seu recíproco, medo de perda; todos estes adquiridos em associação íntima com os sentidos. Quando a pessoa está engajada na procura de Verdade O, o impulso de se livrar de estímulos dolorosos confere uma qualidade insatisfatória ao "conteúdo" da (♀) memória. Quanto mais bem-sucedida for a memória em suas acumulações, mais ela se aproxima de relembrar um elemento saturado de elementos saturados. Um analista com uma mente desse tipo é alguém incapaz de aprender, por estar satisfeito. (AI, 29)

Alguns leitores que não levem em consideração – ou que nem sequer tenham lido – vários reparos, como o que está reproduzido na citação extraída da página 62 de *Elements of Psycho-Analysis*, acima, concluirão, de modo apressado e clivado, que havia algum tipo de entronização da dor nos textos escritos por Bion; se for o caso, poderiam levar em conta que

Quando uma emoção chama a atenção, ela teria que ser óbvia para o analista, mas não observada pelo paciente; normalmente, uma emoção que é óbvia para o paciente é *dolorosamente* óbvia; e evitar a dor desnecessária deve ser uma meta no exercício da intuição analítica. Uma vez que o analista, por intermédio de sua capacidade intuitiva, é capaz de demonstrar uma emoção antes de ela ter se tornado *dolorosamente* óbvia, seria útil que a nossa procura por elementos de emoções se dirigisse a facilitar as deduções intuitivas. (EP, 74)

Havia movimentação do outro lado da sala. Dois ou três homens e uma mulher chegaram com um jarro de água e umas coisas que poderiam ter sido instrumentos cirúrgicos. A água estava fria. Falavam entre si, sem prestar a menor atenção às duas moças, exceto para lavar e limpar meticulosamente seus corpos, sem maiores preocupações com elas – como se fossem inanimadas. . . . Pouco tempo depois, Rosemary, exasperada por uma raspagem incrivelmente dolorosa entre seus dedos – esse pessoal era perito em infligir dor, mesmo não intencionalmente –, perguntou se ela poderia pedir um emprego de limpadora. "Fora de cogitação", foi a resposta lacônica.

Quando a limpeza terminou, a equipe retirou-se e foi substituída por assessores médicos. A sala, na qual até momento fora permitido instalar-se a escuridão, foi inundada por uma luz brilhante. Agora não havia conversa, e, quando Alice perguntou para um homem se elas iriam receber comida e permissão para usar algum tipo de banheiro, alarmou-se tanto com o olhar feroz, que se quedou em silêncio.

Foi um exame médico completo e minucioso. Os desejos das duas moças não tinham a menor importância. A melhor maneira de demonstrar a extensão da irrelevância delas era justamente o modo pelo qual se realizou o exame, nessa e em outras ocasiões. Era uma rotina diária, executada de maneira eficiente. (AMF, I, 27-28)

Incidência ou sentimentos de prevalência de dor, e modos específicos de tentar evitá-la de modo alucinatório – por meio do mecanismo de defesa descrito pela primeira vez por Melanie Klien como identificação projetiva – são colocados de um modo escrito mais vívido, isento de linguajar técnico (por exemplo, identificação projetiva, que acabamos de usar) para prover ao leitor uma oportunidade de torná--los reais durante a própria leitura, na série de livros que poderia ser denominada, uma "pentalogia": *A Memoir of the Future, The Long Week-End* e *War Memoirs*. No exemplo acima, a experiência viva de sermos tratados por outrem como se fôssemos coisas inanimadas faz parte da vida de todos nós que tivemos contato com entidades governamentais, inclusive exacerbadas no fenômeno conhecido como "guerra"; com enganos vivenciais, como falsos casamentos; ou com profissionais descuidados, o que sempre inclui sadismo, em experiências que poderiam ser médicas mas perdem a oportunidade, por violências, ou pela desumanidade com a qual seres humanos tratam outros seres humanos.

E

Édipo

Como tentei mostrar em meu artigo sobre ataques ao vínculo, isso significa que as duas rotas principais por meio das quais o paciente pode manter a comunicação com as fontes essenciais do desenvolvimento saudável estão obstruídas; o grau de obstrução depende da severidade e da duração dos ataques feitos aos vínculos. Irei discutir isso mais tarde com mais detalhe; no momento, deixo o assunto de lado para considerar o que são essas fontes vitalizadoras, das quais o paciente está isolado.

A princípio, devo esclarecer que não tenho a pretensão de fornecer mais do que uma pálida ideia a respeito dessas fontes; não duvido de que elas precisarão ser investigadas psicanaliticamente por muitos anos. Falando de modo geral, acredito que sejam fontes que revelam sua presença e atividade no mito de Édipo.

Graças às descobertas de Freud, estamos acostumados a atribuir grande importância e significado ao complexo de Édipo e, consequentemente, ele passou a ser considerado como o ponto de partida de um processo dinâmico. (C, 200)

Se a história de Édipo é a arma que revela o *homo*, também é a história que esconde, mas não revela, aquilo que destruirá o *homo*. (AMF, I, 61)

. . . a interpretação pode ser verbalmente idêntica em cada caso – mas a interpretação é uma teoria utilizada para se investigar o desconhecido. O exemplo mais óbvio disso é o mito de Édipo, conforme Freud o abstraiu para formar a teoria psicanalítica. A função das formulações teóricas nessa categoria é usar interpretações com uma intenção, a de iluminar o material que de outro modo permaneceria obscuro – para ajudar o paciente a liberar ainda mais material. O objetivo primário é obter material para satisfação dos impulsos de investigação no paciente e no analista. (EP, 19)

O uso que Freud fez do mito de Édipo iluminou algo além da natureza de facetas da personalidade humana. Revendo o mito graças às suas descobertas, é possível ver que ele contém elementos não enfatizados nas investigações mais antigas; haviam sido eclipsados pelo componente sexual do drama. Os desenvolvimentos da psicanálise tornaram possível dar mais peso a outras características. Vou considerar que

existe significado em dizermos que o mito de Édipo é um componente importante do conteúdo da mente humana. . . . Ao discutir o mito de Édipo como uma parte do conteúdo da mente, encontramo-nos, desde o princípio, com dificuldades específicas. . . . Características que podem servir como símbolos para a mecânica do pensar contribuem para minha suspeita de que é inadequado considerar a situação edípica como uma parte do *conteúdo* da mente. Proponho suspender, temporariamente, a discussão da concepção da mente como tendo conteúdo, até que tenha lidado com o mito de Édipo em sua função de pré-concepção. (EP, 45, 47 e 49)

Parece-nos útil, pelo esquecimento que marca a mente humana, explicitar-se o fato de que Freud abriu – analogicamente – amplas avenidas à pesquisa dos eventuais fatos psíquicos envolvidos no desenvolvimento humano. A qualificação "ampla avenida" é válida em relação ao conhecimento anterior; se colocada na perspectiva da pequenez humana, pode-se dizer que abriu pequenas picadas. No entanto, poucos analistas aventuraram-se a prosseguir com essa investigação sem recair em repetições, demasiadamente distorcidas, das palavras de Freud, ou tentativas de transplantar modelos teóricos advindos de outras disciplinas como substituição rival das observações de Freud. Esquece-se facilmente que as contribuições dele originaram-se da prática clínica, não de um abracadabra de um gênio. Esse fato foi comentado por ele muitas vezes – inclusive no momento em que reconhece o valor da obra de Nietzsche, que chegou às mesmas conclusões sobre a natureza humana, mas por uma via diferente – a intuição filosófica. No entanto, Freud não propôs substituir a psicanálise pela filosofia de Nietzsche, pelo fato óbvio de que Nietzsche não tinha o intuito médico de ajudar indivíduos com sofrimentos decorrentes ou incidentes à natureza humana. O atual fascínio por formas narrativas literárias, crítica literária e filosofia dita "pós-moderna" resultou em afirmações notáveis – advindas tanto de adeptos como de detratores, crentes na religião positivista – de que a psicanálise seria apenas mais uma forma de literatura.

Pelo menos na visão de Freud, uma ampla avenida ou pequena picada – o leitor pode fazer sua escolha – se referiu à descoberta de mecanismos típicos do sistema inconsciente no nosso aparato psíquico. Não foi uma descoberta "do inconsciente", pois esse fato era conhecido pelo menos desde os antigos gregos, como querem alguns. Até que ponto analistas de gerações posteriores levaram adiante a tarefa, além dos limites estabelecidos pelo fim da vida de Freud? Quantos, além de Klein e Winnicott, levaram adiante a investigação de fantasias inconscientes, das relações entre bebês e mães, em épocas do nosso desenvolvimento psíquico em que a existência do sistema inconsciente é indubitável – até o ponto que não pode ter acesso à nossa memória consciente? Desenvolvimento psíquico pode ser enunciado como ontológico, se o leitor preferir um termo advindo da biologia, cunhado por Ernst Haeckel, depois aproveitado por filósofos.

Bion e Klein parecem-nos ter assumido a tarefa de continuar investigando mecanismos do nosso sistema inconsciente – de um modo diverso de boa parte dos autores que lhes foram contemporâneos. Fizeram-no em pelo menos quatro áreas de funcionamento do sistema inconsciente: (i) trabalho onírico; (ii) os dois princípios do funcionamento psíquico, no que tange aos processos de pensar; (iii) Édipo; (iv) a natureza das associações livres; (v) o funcionamento de indivíduos em grupos; (v) extensões na teoria dos instintos humanos; (vi) a teoria das relações objetais.

Uma das extensões de Bion foi colocada na observação, até então inexistente, sobre a existência de um processo psíquico que desenvolve, individualmente, "mitos privados". Observa que se trata de uma apresentação especial, com a realização de mitos universais; e uma apresentação individual, para o próprio indivíduo. Portanto, uma manifestação de seus processos de pensar, e de não-pensar. *"O mito privado, que corresponde ao mito de Édipo, permite que o paciente compreenda a sua relação com os pais"* (EP, 66). Munido dessa observação, convida ou sugere que membros do movimento psicanalítico – usualmente chamados os analistas – tentem desistir de duas tendências: (i) aquela que usa Édipo como se fosse um material pré-moldado, proveniente de algum tipo de forma, ou estampa, para justificar montagens artificiosas de partes do material verbal proveniente de pacientes; (ii) aquela de reificar e concretizar materialmente o conteúdo – usualmente visto sob a forma narrativa, literária – existente nas várias versões do mito de Édipo – em especial, a versão de Sófocles, utilizada por Freud.

As duas tendências se fazem às expensas de examinar e apreender a função no desenvolvimento, ou a falta de desenvolvimento, das concepções do complexo de Édipo em cada indivíduo que se considere. A psicanálise é uma técnica individual – atualmente, confundida com "subjetivismo", mais um transplante direto de uma teoria filosófica. Não vamos nos alongar nesse transplante neste momento, objeto de estudo em outros textos – talvez seja útil apontar apenas um, de Freud, "A questão da *Weltanschauung*", em que ele discorre brevemente sobre essa escola filosófica (sob o rótulo de "solipsismo", mais comum em sua época). A maneira como Édipo fica concebido em cada indivíduo deixa de ser examinada. O conteúdo da versão de Sófocles fica tratado como um fim em si mesmo. Se o leitor admite analogias metafóricas emprestadas da física e da engenharia: Bion tenta mostrar que conteúdos agem como correntes transportadoras em uma linha de montagem; ou um fio condutor de energia elétrica, ou uma fibra óptica para condução de linhas telefônicas. São veículos da função do mito universal e do mito privado: a função pode ser, metaforicamente, vista como se fosse essa energia, ou o desenvolvimento de um produto em uma linha de montagem, da matéria-prima ao produto acabado. Essas analogias pecam por sua própria materialização, mas essa mesma materialização pode facilitar a apreensão, caso seja deixada de lado no momento que o leitor apreende o que ver a ser "função". Bion tentou se utilizar da teoria matemática de funções e derivadas no livro *Learning from Experience*.

Nesse mesmo livro, sugere que consideremos pré-concepções inatas, e o aparato psíquico inicia seus trabalhos, por assim dizer, à falta de melhor nomeação, a partir delas. Haveria duas pré-concepções: Seio e Édipo. A partir dessas pré-concepções, caso encontrem alguma realização advinda tanto do meio exterior como delas mesmas, podem surgir concepções e conceitos – de Seio e Édipo. Nesse segundo caso, a segunda pré-concepção, *"mito privado, correspondente ao mito de Édipo, capacita o paciente a compreender a sua relação com os pais"* (EP, 66). É necessária a interveniência de outo fator: o Pai. Édipo, na extensão provida pelo trabalho de Bion, é uma pré-concepção que busca uma *"realização dos pais, para originar uma concepção de pais"* (EP, 93).

Convida analistas a procurarem ativamente interpolar *"componentes edipianos"* com *"eventos ocorridos no consultório psicanalítico"* (EP, 68). Ao fazê-lo, tenta evitar o que lhe pareceu ser uma séria falha: a tendência em desvalorizar mitos, nunca considerando-os como *"instrumentos para encontrar fatos"* (EP, 66). *"Desejo restituir ao mito seu lugar em nossos métodos, de modo que possa, em nossos métodos, desempenhar a parte vitalizadora que desempenhou na história (e na descoberta que Freud fez da psicanálise) . . . mitos são também um objeto para investigação em uma análise, como parte do aparato primitivo do arsenal de aprendizado do indivíduo"* (EP, 66).

Caso seja usado dessa forma, diferente das formas utilizadas por teólogos, antropólogos, mitólogos ou historiadores, o mito surge como instrumento científico, na medida em que seja uma generalização suficientemente poderosa para ser aplicada a casos particulares. E casos particulares – não apenas "subjetivos" – são o que podemos ter e, portanto, observar e, talvez, apreender minimamente no aqui e agora de uma sessão psicanalítica.

Mito de Édipo; teoria do complexo de Édipo

A teoria do complexo de Édipo e suas várias formulações – talvez infinitas, quando consideramos a existência de mitos privados – pertencem ao âmbito abrangido pelas funções do ego: atenção e investigação, se usarmos, como Bion usou, a nomenclatura de Freud, em "Formulações sobre os dois princípios do funcionamento mental". Origina conceitos derivados de atenção e investigação, utilizados para abordagens científicas obtidas por meio – mas não "por causa" – dessa teoria. O mito de Édipo difere da teoria por ser pertinente ao âmbito abrangido pela atividade onírica, resultando em sonhos (EP, 58).

A linguagem de Bion

Bion oferece (ou convida a) uma abordagem à situação de Édipo, conforme vista pela versão de Sófocles, de um modo que se assemelha, ao menos para a apreensão do autor deste dicionário, à oferecida por Giambattista Vico, de Martinho Lutero e de Herder. Nossa visão, detalhada em outros trabalhos, tem um duplo ponto de apoio: o primeiro, constatar que a obra de Vico foi uma das inspirações da obra de Bion (AMF, I, 88, 119), no que diz respeito à história da humanidade e da religião. A contribuição "não conformista" – em relação a atitudes do clero do ramo apostólico romano da Igreja católica –, iniciada por Lutero, aparece implicitamente na formação religiosa de Bion, que pertenceu, na infância e início da adolescência, por imposição parental e social, ao "ramo não conformista" da Igreja protestante, tal como era praticada no solo inglês. Bion nunca citou, nem parece ter lido a obra de Herder – até o ponto em que foi nossa pesquisa das origens da obra de Bion, feita na sua biblioteca particular –, mas a abordagem pioneira de Von Herder, depois seguida por Schopenhauer, sobre escrituras que até então eram consideradas sagradas, dogmáticas, mas que podiam ser vistas como crônicas e apreensões da natureza humana e da vida, é patente na contribuição de Bion (Sandler, 2001a, 2002, 2003b).

Essa postura teve pelo menos duas consequências: um uso na sessão; um modo pelo qual podemos lidar com o legado de Freud. Bion considerou o estudo da obra de Freud do mesmo modo que considerou, por exemplo, o estudo da obra de Descartes: de modo não santificado; não como tabu, como dogma autoritário; como postulados desenterrados do nada, que são o que são apenas porque ditados ou proferidos por Freud, Descartes ou qualquer outro. Não como questões acima de qualquer contestação.

Bion emprega o conceito de "historicidade", de consideração sobre condições históricas, similar ao empregado por Vico, por Herder e por Freud, tanto em termos sociais como, e principalmente, em termos da história individual de cada um.

Na história das ideias de Bion, talvez o primeiro enunciado date de 1960:

> O cientista precisa conhecer matemática o suficiente para compreender a natureza e o uso das várias formulações e descobertas matemáticas, tais como o cálculo diferencial ou o teorema binomial: o psicanalista precisa conhecer seu mito. O cientista precisa também saber o suficiente para ter uma ideia, quando está se confrontando com um problema ao qual poderia aplicar um procedimento matemático específico: o psicanalista precisa saber quando está enfrentando um problema para o qual um mito poderia fornecer a contraparte psicanalítica do cálculo algébrico. Poderíamos dizer que foi exatamente isso que Freud fez; ele reconheceu, como um cientista, que estava perante um problema cuja solução requeria a aplicação do mito edipiano. Daí resultou não a descoberta do complexo de Édipo, mas a descoberta da psicanálise. (Ou será que quando esses elementos estão constantemente conjugados descobrimos o homem, a psique humana?). É nessa acepção

E

que acredito ser necessário usarmos o mito de Babel, ou de Édipo, ou da Esfinge: como instrumentos comparáveis àqueles da formulação matemática. (C, 228)

Será óbvio inferir que Bion utilizou este pensamento – publicado apenas em 1992 – pelo menos três anos mais tarde, colocando-o de modo mais compacto, como era típico em sua escrita: *"Pode-se considerar o mito de Édipo como um instrumento que serviu a Freud em sua descoberta da psicanálise, e que a psicanálise é um instrumento que possibilitou a Freud que descobrisse o complexo de Édipo"* (EP, 92).

Sete anos depois, em *Attention and Interpretation*, Bion aproveitou de modo mais extenso as apreensões humanas de outros mitos, já constantes nos trabalhos preparatórios dos anos 1960, e integrando questões antropológicas e culturais e desenvolvimentos registrados no livro *Transformações*, em relação a aproximações científicas à Verdade:

A situação edipiana, ou mesmo suas raízes mais primitivas, teriam uma configuração diferente de acordo com o vértice do grupo; se ele fosse psicanalítico, religioso, financeiro, legal, ou qualquer outro. Isso, em si mesmo, aumenta a variedade de experiências abertas durante os limites da psicanálise, até mesmo a psicanálise rígida. A expectativa messiânica, formulada e institucionalizada na religião cristã, pode representar o aspecto evoluído de um elemento que também é representado em seu estado evoluído por meio do mito de Édipo.

Semelhanças nas configurações sugerem uma origem comum e perturbações comuns associadas ao problema de conter o místico e institucionalizar seu trabalho. O impacto emocional de (continente-contido) será proporcional ao quão mais intimamente ele esteja relacionado às forças representadas pela esperança messiânica, o mito de Édipo, o mito de Babel, e o mito do Éden; quanto maior o impulso emocional, maior o problema. Esses mitos são estados evoluídos de O e *representam* a evolução de O. Representam o estado de mente conseguido pelo ser humano em sua intersecção com aquele O que está em evolução. (AI, 84-85)

A ferocidade com que as crianças – por vezes – brincam constitui uma evidência de que elas não sentem que estejam brincando, ou de que o observador esteja testemunhando "apenas um jogo". A ideia de "jogo" é uma descrição inadequada para aquilo que está sendo testemunhado. Está sendo erroneamente categorizado por meio do nome "jogo". Penso numa analogia matemática. Se o "universo de discurso" não facilita a solução de 3 menos 5, então os números reais não são bons, mas têm que ser ampliados pelos "números negativos". Se o "espaço para brincar" matemático não é adequado para a manipulação dos "números negativos", ele tem que ser ampliado, provendo então condições para "jogos" com números negativos.

Se o mundo do pensamento consciente não é adequado para se brincar de "Édipo-Rei", o "universo de discurso" deve ser ampliado com a finalidade de incluir tais brincadeiras. Se a discussão psicanalítica séria não pode ocorrer no domínio que Freud achou adequado, este deve sofrer uma ampliação. De fato, Freud ampliou-o quando descobriu que não podia acreditar naquilo que sua experiência com os pacientes parecia sugerir – que todos eles teriam sofrido agressão sexual. Ele teve que cogitar a ideia de que eventos que não tinham jamais ocorrido poderiam ter sérias consequências. (AMF, I, 175-176)

Caso sejam considerados como instrumentos para apreender a realidade, os fatos tais como eles são, mitos relacionam-se, de algum modo, com a matemática. Bion fez tentativas para demonstrar possíveis analogias e também vínculos. São trabalhos preliminares, publicados em *Cogitations*: relacionam Édipo, o triângulo de Pitágoras, o *pons asinorum* de Euclides e a matemática de Lewis Carroll (O leitor pode examinar o verbete "matematização da psicanálise").

DIFERENTES PERSPECTIVAS PROVENDO NOVOS MANEJOS DO MITO DE ÉDIPO EM SUA OCORRÊNCIA EM SALAS DE ANÁLISE: INTEGRAÇÕES ENTRE OS MODELOS TEÓRICOS DE FREUD E KLEIN

O conceito de "continente/contido" (q.v.), ♀♂, e, principalmente seu fulcro funcional, representado graficamente pelo uso de uma seta dupla, apontando um paradoxo, dois sentidos simultâneos, ⇔, implica um modo de melhor explicitar uma integração antes implícita, dos modelos teóricos de Freud – o complexo de Édipo – com as expansões de Klein, sobre Édipo formando-se a partir do nascimento, e a teoria das Posições. O nome, teoria das posições, como modo taquigráfico de se referir à teoria das posições esquizoparanoide e depressiva, e a adição (apenas gráfica, para facilitar comunicação, e não teórica) da seta dupla entre as posições, para denotar um movimento *in tandem*, foram criados por Bion. Os sinais quase matemáticos são: PS para posição esquizoparanoide; D para posição depressiva. A integração de natureza puramente clínica sugerida por Bion refere-se a uma vivência do casal analítico durante uma sessão psicanalítica, que pode ser, analogicamente, comparada a um ato criativo entre duas pessoas, resultando em uma terceira entidade, diversa das duas pessoas, nova. Esse ato, em sua forma mais fundamental, é a relação sexual criativa entre fêmeas e machos na espécie humana.

Dificuldades de apreensão dos muitos que se interessaram por psicanálise ocasionaram acusações de que Freud teria apregoado uma teoria "pansexualista". Não contar com formação analítica produz um des-entendimento literal – e não uma apreensão real e menos ainda entendimento compreensivo – dos termos utilizados por Freud. Nesse tipo de des-entendimento, confundido com entendimento ou compreensão, Freud estaria tratando – como o leitor trata – apenas de uma concretude sexualizada, ou "sexo-em-si-mesmo". Outros dois fatores que influem no aparecimento desse des-entendimento são: (i) a forma narrativa, típica de qualquer mito que se conheça; (ii) o tomar a parte pelo todo; no caso, uma parte do texto pelo todo do texto.

> Os mecanismos envolvidos nestes fenômenos primitivos podem ser considerados, em sua forma mais básica, como PS⇔D (ou fragmentação⇔desintegração) e ♀♂ (ou expulsão⇔ingestão) . . . PS pode ser considerado como uma nuvem de partículas capazes de se reunir, D; e D pode ser considerado como um objeto capaz de se tornar fragmentado e disperso, PS. Pode-se considerar as partículas, PS, como uma nuvem de incerteza. Essas partículas elementares podem ser consideradas como se reunindo em uma partícula elementar, objeto, ou elementos-β. Tal processo é um exemplo particular do movimento geral representado por ⇔D. (EP, 42)

Um dos mistérios de vida, que denominamos "instintos", expressa-se pela prodigalidade que se pode observar no fenômeno masculino de ejaculação, necessária para o encontro de um óvulo. Um seio, ao prover leite, prodigamente, também pode ser visto como expressão do mesmo fenômeno – originando uma fantasia inconsciente comum, da confusão entre seio (ou mamilo) e pênis, observada pela primeira vez por Melanie Klein. Esses fenômenos podem ser utilizados para auxiliar uma apreensão, ainda que aproximada, do ato criativo que ocorre em Édipo ou em uma relação mãe-bebê. O autor deste dicionário utiliza-se do termo "apreensão aproximada" em função do risco de que o texto também possa ser mal apreendido, ou des-entendido (o leitor pode ver o verbete "–K"), por excessiva concretização do fenômeno. Bion tenta prover algumas formulações para maior segurança na leitura desses textos, mas todas essas formulações necessitam de experiência clínica:

> D pode ser considerado de vários modos: como um objeto integrado, como uma aglomeração produzida pela convergência de partículas elementares em uma partícula ou elemento-beta, ou como um exemplo especial de objetos integrados, ou seja, tanto ♀ ou ♂. Pode até mesmo ser adotado para representar o universo fragmentariamente disperso, partículas elementares PS. Equivale a dizer: se a característica significativa for o *campo* de fragmentações, então D poderia ser a representação global desse campo composto por partículas elementares. PS pode funcionar como se fosse uma forma de ♀: uma realização correspondente a essa abstração pode ser vista na prática quando um paciente parece despejar uma série de associações incoerentes, desarticuladas e desmembradas, cujo desígnio é conjurar do analista um enunciado para cumprir uma das seguintes funções: (1) um fato selecionado para dar coerência ao todo (uma interpretação); (2) um comentário significativo a partir do qual se extrairá um significado; (3) um comentário significativo

sobre o qual as associações desmembradas vão se ancorando para destruir o significado ("E daí?", pode responder o paciente, à resposta que ele conjurou do analista); (4) um comentário significativo sobre o qual as associações desmembradas vão se ancorar para possuí-lo. (O paciente aparentemente não responde; e imediatamente exibe o pensamento do analista como se fosse seu).

O mesmo pode ocorrer na leitura sob efeito da fantasia de que des-entender é superior a entender: o leitor "imediatamente exibe seu pensamento como se fosse de Freud" (ou Bion, Klein etc.).

Parece-nos necessário apreender o texto de Bion como referindo-se à bissexualidade do ser humano, descrita por alguns autores em psiquiatria durante a época de Freud, mas operacionalizada como instrumento de análise, e explicitada de modo único por Freud.

Em suma, os dois mecanismos podem operar segundo o modo que caracteriza cada um deles; ou de um modo típico ou semelhante àquele em que o outro opera. Dei uma descrição de PS operando como uma forma de ♀♀; essa operação pode ser pensada como representando uma situação na qual o mecanismo PS⇔D ficou encarcerado em PS. No entanto, para manter sua função vital, assume a qualidade operativa da mecânica de ♀♂ e assim retém sua qualidade dinâmica. De modo semelhante, ♀♂ pode assumir a qualidade operativa peculiar a PS⇔D.[35] (EP, 43)

"Processos de pensar" é uma expressão verbal utilizada para *"descrever os processos pelos quais pensamentos são produzidos e os processos pelos quais, logo a seguir, se lida com eles"*. Qualquer sessão de análise, caso seja assim qualificável, será ou foi um modo de produção criativa de pensamentos, conformados pela realidade psíquica do paciente; sessões de análise são um trabalho, dirigido no sentido de obtenção de características verdadeiras da realidade psíquica do paciente.

Processos de pensar compartilham da qualidade criativa que existe em Édipo: *". . . não é para se considerar PS⇔D e ♀♂ como representando uma realização de duas atividades separadas, mas como mecanismos que podem, cada um deles, assumir as características do outro, conforme a necessidade. Em tudo isso, ocupei-me do conteúdo somente na medida em que isso ajudava a ilustrar os mecanismos. Preciso assinalar uma dificuldade no uso do termo 'conteúdo' . . . convém claramente a hipóteses do tipo que representei por ♀♂. Já tivemos dificuldades inerentes ao uso de termos tais como 'mecanismo', por causa do modelo implicado e de sua inadequabilidade para expressar um conteúdo, quando a vida é um elemento essencial no significado a ser expresso. Semelhante dificuldade ocorre no uso do*

---

[35] Em particular, a ingestão de ♂ por ♀ e a penetração de ♀ por ♂ substituem algumas das funções do fato selecionado.

termo 'conteúdo'". Bion realmente lança mão de formular a *"situação edipiana como se ela fosse o conteúdo de pensamentos"*, mas tenta esclarecer que vai considerar pensamentos, e os processos do pensar, *"como parte do conteúdo da situação edipiana"* (todas as citações de EP, 44). Processos de pensar, seu produto final, sempre transitório, os assim chamados "pensamentos", são vivenciados em qualquer momento da vida que possamos considerar e, portanto, em qualquer momento da vida de um casal analítico. O qualquer momento pode ser visto como "minuto a minuto". Sempre há uma possibilidade de formar-se casais criativos ou casais destrutivos; podem ser vislumbrados em sessões de análise, caso o analista possa fazer minimamente seu trabalho. O paciente já faz o seu, vindo à sessão. Essa "vinda" implica presença na realidade material e psíquica. Nunca clivada. Não se pode fazer psicanálise por meios eletrônicos, como não se pode procriar por meios eletrônicos. Pode-se masturbar por eles, ou fazer falsas análises.

Édipo implica "união", apresentando – e não representando! – o mistério da própria vida humana em evolução. "O termo 'situação edipiana' pode ser aplicado à (1) realização dos relacionamentos entre Pai, Mãe e filho; (2) pré-concepção emocional, usando o termo "pré-concepção" do mesmo modo que eu o utilizei, algo que se casa com a consciência de uma realização, para dar origem a uma concepção; (3) uma reação psicológica estimulada em um indivíduo por (1). . . . O uso que Freud fez do mito de Édipo iluminou algo além da natureza de facetas da personalidade humana" (EP, 44-45).

Reexame de Édipo e sexo em termos de realidade (psíquica) imaterial

Bion alerta sobre a impossibilidade, na vida real, e também em uma sessão de análise, de atribuir-se importância maior, ou menor, a qualquer um dos possíveis conteúdos e elementos do mito. Em uma sessão de análise, isso será nocivo, quando psicanalistas reexaminam o mito, graças às descobertas de Freud; poderão *"ver que o mito contém elementos não enfatizados nas investigações mais antigas; haviam sido eclipsados pelo componente sexual do drama. Os desenvolvimentos da psicanálise tornaram possível dar mais peso a outras características. . . . Nenhum elemento, como o sexual, pode ser compreendido salvo em sua relação com outros elementos. Por exemplo, a determinação de Édipo ao diligenciar sua investigação do crime, apesar dos alertas de Tirésias. Consequentemente, é impossível isolar o componente sexual, ou qualquer outro, sem com isso incorrer em distorção. Sexo, na situação edipiana, tem uma qualidade que só pode ser descrita pelas implicações que lhe são atribuídas pela sua inclusão na história. Caso se remova o sexo da história, perde sua qualidade, a não ser que se preserve seu significado por meio da restrição expressa de que 'sexo' é um termo usado para representar sexo conforme ele é experimentado no contexto do mito. O mesmo é verdade para todos os outros elementos que servem a abstrações a partir do mito. Na medida em que me ocupo de elucidar os elementos de psicanálise, vou considerar a sequência causal, conforme expressa no mito, à guisa de mais um elemento que podemos pensar ser necessário para abstrair, mas que, por outro lado, é subordinado à função de vincular todos os elementos para outorgar-lhes uma determinada qualidade psíquica, específica. A esse respeito, os elementos sofrem modificações análogas às das letras de um alfabeto que se combina formando uma palavra específica".*

No que tange a dificuldades de apreensão, notamos que ocorre, em todo mito, uma rede literária causal – um problema que limita formas narrativas no que tange ao seu valor científico. No caso do mito de Édipo, Bion observa que o *"encadeamento causal é uma necessidade, para expressar o sistema moral, do qual a causalidade forma parte integrante"*.

Bion observa outros elementos, ao poder valorizar as redes de causalidade não como determinantes reais, mas como questões de comunicação. Esses outros elementos estão combinados – ou constantemente conjugados – no mito (todas as citações de EP, 46-47): curiosidade, autocuriosidade – que correspondem ao desenvolvimento sexual, na medida em que a curiosidade sexual, de acordo com Klein, já é uma manifestação de autocuriosidade para com o próprio corpo, evoluindo para uma curiosidade sobre o próprio psiquismo. *"Um atributo essencial da história é a Autoconsciência ou curiosidade da personalidade sobre a própria personalidade."* Bion observa – a nosso ver, de modo bem-humorado, e também crítico com aqueles que fantasiam que Édipo teria sido uma invencionice de Freud, desprovida de base científica, ou no polo oposto, mas significando a mesma coisa, uma invenção genial – que *"a investigação psicanalítica tem origens de venerável antiguidade"*. O pronunciamento do Oráculo de Delfos; o aviso de Tirésias, personagem mítico que pagou um preço considerável, sua própria cegueira, por testemunhar a relação sexual; o enigma da Esfinge; a húbris de Édipo, cujo pagamento foram desastres serializados - praga, suicídios, homicídios (pelos personagens Laio, Jocasta, Esfinge) e a repetição da cegueira de Tirésias, em si mesmo.

> Desejo considerar o mito de Édipo, a versão do mito por Sófocles, e as próprias descobertas de Freud como sendo tentativas de resolução de uma encruzilhada do desenvolvimento. Espero mostrar que essas tentativas de resolução estão muito mais dispersas no tempo e são muito mais variadas nas suas formas e métodos de resolução adotados, do que temos nos dado conta ou, até mesmo suspeitado, até hoje. (C, 200-201)

Édipo: preconcepção inata do nosso aparato psíquico?

Bion investiga possibilidades que emergiram pela sua observação a respeito da inadequação de se considerar Édipo como *"conteúdo da mente"*. Sugerimos equacio-

E

nar o significado do termo "conteúdo" com aquele atribuído por filósofos de orientação teológica, e também por muitos outros, ao termo "essência". Bion não o utiliza, por vê-lo inútil e até nocivo quando há um intuito psicanalítico; Édipo é apreendido como um compacto múltiplo e complexo de muitas funções psíquicas.

Por exemplo: usa as categorias indicadas pelo eixo horizontal de "Grade" (Grid) (q.v.), ou seja, a descrição de Freud para funções do ego. Mostra que o pronunciamento do oráculo de Delfos pode ser utilizado como hipótese definitória; o pronunciamento de Tirésias, a um enunciado falso (coluna 2), mantido para agir como barreira contra ansiedade que pode se originar quando há contato com verdade (ver especialmente EP, 80). O mito, como um todo, é um modo de notação; o personagem Esfinge corresponde às funções que Freud atribuiu à atenção.

Outra função do mito, já existente na descrição de Freud, foi descrita por Bion de modo que nos parece mais explícito, por utilizar alguns dos conceitos criados por ele mesmo – algo de que Freud não dispunha, obviamente: *"O modo clássico como a psicanálise emprega o mito ilumina a natureza dos vínculos L e H; ilumina igualmente o vínculo K"* (EP, 49). Se o leitor aceita considerar que funções psíquicas não se constituem como conteúdo, mas como fatores constitutivos, perceberá a necessidade apontada por Bion da inadequação de *"considerar a situação de Édipo como uma parte do* **conteúdo** *da mente"*. Coerente com contribuições anteriores de Bion que sempre enfatizaram, implícita ou explicitamente, sobre funções psíquicas. Uma consequência prática dessas ênfases pode ser saudável para membros do movimento analítico e, portanto, para o desenvolvimento construtivo desse movimento, e principalmente para pacientes, ao adquirir a noção de que o conteúdo do mito pode ser visto como um transportador; um apresentador; e também como mais uma manifestação do próprio mito. Esses três vértices de observação (ou pontos de vista) podem evitar o uso de mitos como se fossem símbolos a serem manipulados *a priori* ou *ad hoc*, por racionalizações ou preferências dos usuários. Pode evitar falhas de apreensão por demasiada concretude. Por exemplo, aquela que ocorreu com uma pessoa que foi assistir uma interpretação teatral da versão de Sófocles e saiu indignado, comentando o mau gosto pornográfico de alguns gregos antigos, que, para essa pessoa, eram "malucos".

Outro exemplo, dado por Bion, em *Elements of Psycho-Analysis*, derivado de experiência clínica, relata sobre um paciente que mencionava questões com um secretário e com uma esposa, dando *"a impressão, sessão após sessão, de estar cooperando de um modo que era tanto cordial quanto informado – desde que suas respostas não fossem examinadas com muita agudeza"*. Na verdade, tentava esconder – de si mesmo – uma experiência de dor intensa, tanto no momento da sessão como nas experiências com o secretário e a esposa, dizendo o tempo todo que o analista estava *"certo"*. A experiência no consultório, neste momento exato, demonstrava o paciente submerso em uma experiência emocional dupla: *"Suas respostas eram variadas; iam de um silêncio quase pasmo a uma aquiescência apática, aos quais se seguia mais material – mais 'associações livres'. Algumas vezes ele dizia que tinha ficado 'pensando' durante o silêncio 'sobre o que você disse'. Algumas vezes ele discordava da interpretação ou de algum aspecto dela e então, como se fizesse um esforço para alcançar uma solução, mudava de opinião para concordar que eu provavelmente estava certo, não – seguramente certo. Em outras ocasiões, quando eu sentia que ele, seguramente, devia estar familiarizado com minha interpretação, concordava brandamente, como se ela fosse um clichê que dificilmente perturbaria seus pensamentos. Somente quando fui capaz de sugerir que ele fazia esse tipo de comunicação por sentir que os episódios mencionados lhe eram extremamente incompreensíveis, produziu uma resposta que mostrou que, de fato, era esse o caso. Um fracasso tão completo para compreender sempre seria notável, mas duplamente, em um homem que tinha tido tanta experiência de ser analisado. Isso não poderia ser explicado por falta de inteligência, falta de sensibilidade, falta de experiência ou inépcia da minha análise; pois os exemplos que ele comunicava eram quase todos do tipo que poderiam ter sido escolhidos para ilustrar teorias psicanalíticas"* (EP, 57).

Em resumo, havia a perplexidade de um *"silêncio quase pasmo"* conjugado a uma *"uma aquiescência apática"*, seguida de acréscimos verbais desarticulados, mas racionalizados, como resposta às interpretações de Bion. A situação total era de uma transformação – uma situação dinâmica, o enfrentar de dor, tornou-se estática, na fabricação de entendimento racionalizado: algo que Bion denominou *"reversão de perspectiva"* (q.v.). A prática – não pré-moldada, *a priori* – de utilizar-se a teoria de Édipo esclareceu uma situação real: a incapacidade do paciente de compreender a gravidade da sua dor. Mas isso só ocorreu depois que interpretações puderam estabelecer maior contato com a realidade, evidenciando-a:

> Esta última característica dessas comunicações é, nesse contexto, particularmente desconcertante: se o paciente não tem nenhuma perspicácia psicanalítica, como explicar a evidência de uma seleção cuidadosa, adequada aos princípios psicanalíticos? Caso se admita a evidência da seleção, como explicar o fracasso na compreensão?
>
> Excluo a hipótese de negação intencional, consciente ou semiconsciente, do trabalho do analista. A minha razão, da qual vou falar mais tarde, é a evidência de dor. Após as interpretações terem estabelecido a realidade da incapacidade do paciente para compreender, houve ampla evidência da severidade de sua dor.
>
> Em cada caso, a perspectiva que me capacitou, mas não o paciente, a captar o significado das associações foi fornecida pela teoria edipiana. Em todos os casos, aquilo que parecia fazer com que o paciente revertesse a perspectiva era o mito de Édipo. Eu digo mito, e não teoria, porque a distinção é importante: a teoria edipia-

E

na e suas várias formulações pertencem à área da "Grade" (Grid) coberta por F4, G4, F5, G5. O mito pertence à área C.

A capacidade do paciente para aprender as teorias psicanalíticas, mas não para usá-las, é uma falha em combinar pré-concepções com realizações que delas se aproximem. O elemento insaturado permanece insaturado. (EP, 58)

Para os leitores ainda não familiarizados com as notações quase matemáticas utilizadas por Bion na confecção do instrumento "Grade" (Grid), e que ainda não consultaram esse verbete, fornecemos uma legenda. Será útil ler os vários sinais atribuídos à teoria – no caso, edipiana – conforme localizáveis pela "Grade" (Grid), compostos de números e letras acima descrito, F4, G4, F5, G5, do seguinte modo:

F4 = atenção a concepções;

G4 = atenção a sistemas dedutivos científicos – a rigor, inexistentes no conhecimento psicanalítico atual, segundo Bion;

F5 = investigação de concepções;

G5 = investigação em sistemas dedutivos científicos – a rigor, inexistentes no conhecimento psicanalítico atual, segundo Bion.

C = formulações verbais referentes ao mito – e também a sonhos e pensamentos oníricos.

Repetindo a frase: os quatro primeiros sinais referem-se a teorias, e o quinto sinal, ao mito, fornecendo, com o uso da Grade, a melhor distinção até agora disponível entre teoria de Édipo e mito de Édipo. A ênfase notável na discriminação entre "mito" e "teoria", dada, por exemplo, pela frase, *"a distinção é importante"*, ilumina-se pelo fato de que a teoria de Édipo, como qualquer teoria, proporciona situações de observação pertinentes aos âmbitos da atenção e da notação de conceitos, e das teorias científicas. O mito de Édipo, como qualquer mito, abrange situações pertinentes ao âmbito das atividades oníricas.

Quem puder consultar o livro *Cogitations* vai deparar com muito exemplos de manifestações verbais de pacientes aparentemente incoerentes; e nada condizentes com Édipo – pelo menos de modo aparente. Por exemplo:

• alucinações associadas a privação intensa (seja a causada pelo efeito bloqueador da própria inveja do paciente, ou a causada por outra razão qualquer, por exemplo, a destruição de todos os vínculos, superego assassino, predominância dos instintos de morte);

• sonhos;

• o discurso e suas perturbações (por exemplo, gagueira);

• a pintura e o desenho;

• relatos de dificuldades para execução musical. (C, 198)

O modo aparente era dado por uma certa habilitação em *"criar uma impressão"*. Bion assinala ter feito uma tentativa, provavelmente um ano antes (1959), no estudo sobre ataques ao vínculo, de que havia obstrução de *"duas rotas principais, através das quais o paciente pode manter a comunicação com as fontes essenciais do desenvolvimento saudável . . . o grau de obstrução depende da severidade e da duração dos ataques feitos aos vínculos . . . no momento . . . considero que há fontes vitalizadoras, das quais o paciente permanece isolado . . . acredito que sejam fontes que revelam sua presença e atividade no mito de Édipo. . . . Graças às descobertas de Freud, estamos acostumados a atribuir grande importância e significado ao complexo de Édipo e, consequentemente, ele passou a ser considerado como o ponto de partida de um processo dinâmico. . . . . Desejo considerar o mito de Édipo, a versão do mito por Sófocles e as próprias descobertas de Freud como sendo tentativas de resolução de uma encruzilhada do desenvolvimento. Espero mostrar que essas tentativas de resolução estão muito mais dispersas no tempo e são muito mais variadas nas suas formas e métodos de resolução adotados do que temos nos dado conta ou mesmo suspeitado até hoje. Podemos discernir, nos assuntos envolvidos na produção de um sistema dedutivo científico e do cálculo que o representa, uma dessas tentativas"* (C, 199-200).

Todas esses detalhamentos, obtidos às custas de experiência clínica com psicóticos, permitiram que Bion fizesse uma hipótese sobre a existência de *"um precursor da situação edipiana"*; Édipo seria não só uma ferramenta de averiguação para o analista atendendo durante uma sessão. Mais do que isso, seria um instrumento de averiguação para qualquer ser humano. Nesse sentido, difere do uso de Klein desse mesmo termo, no seu texto hoje clássico "Fases iniciais do complexo de Édipo": *"um precursor da situação edipiana, não no sentido que esse termo teria na discussão de Melanie Klein sobre as fases precoces do complexo de Édipo, mas como algo pertinente ao ego, conquanto parte do aparato do ego para contato com a realidade . . . uma versão elemento-alfa de um mito privado de Édipo que é o modo pelo qual a pré-concepção, em virtude da qual a criança capacita-se a estabelecer contato com os pais, do modo pelo qual esses pais existem na realidade . . . o casamento da . . . pré-concepção edipiana com a realização dos pais origina a concepção de pais"* (EP, 93).

A diferença que Bion manteve com Klein não foi redigida em termos de rivalidade, e não se trata de uma substituição, mas de expansão. Bion faz pleno uso das observações de Klein para chegar a um ponto que até então não estava disponível. Pode ser colocado como um "não-Édipo", em determinados pacientes nos quais predomina a personalidade psicótica (q.v.). Caso utilizemos a terminologia que Bion sugeriu em época posterior, *"o lugar onde* Édipo *poderia estar"*. Muitos casos clínicos nos oferecem uma difícil situação: não conseguimos encontrar Édipo, não por algum problema observacional, ou de limitação do método psicanalítico, desde que o analista tenha lidado com seu próprio Édipo, em sua análise pessoal, ou mesmo de outro modo em sua própria vida:

> Se uma criança, em função de inveja, avidez, sadismo ou qualquer outro fator, não puder tolerar a relação parental, atacando-a destrutivamente, a personalidade ata-

cada – segundo Melanie Klein – torna-se fragmentada pela violência dos ataques clivantes. Recolocando tudo isso em termos da pré-concepção edipiana: a carga emocional veiculada pela pré-concepção edipiana do elemento-alfa privado é tal que a própria pré-concepção edipiana fica destruída. Como resultado, a criança perde o aparato essencial para que pudesse obter uma concepção da relação parental; e, consequentemente, para resolução dos problemas edipianos: ele não apenas falha em resolver esses problemas – essa criança jamais os alcança.

A significância disso tudo para a prática é que fragmentos do que parece ser material edipiano terão que ser tratados com reserva. Se a evidência se relaciona com um desastre no ego, a destruição da pré-concepção e, consequentemente, a destruição de uma capacidade para pré-conceber tornarão apenas parcialmente bem-sucedidas as interpretações baseadas na suposição de que existiria um material edipiano fragmentado. A investigação precisará ser dirigida para a discriminação entre os elementos do material edipiano, no qual haverá fragmentos da pré-concepção edipiana, e os elementos que são os fragmentos da situação edipiana já fragmentada. Dado o fato de que a experiencia de aprendizado desses pacientes fica, por consequência inevitável, excluída da relação parental, determina um prejuízo grave no desenvolvimento do paciente, e no desfecho bem-sucedido da análise, que são dependentes da resolução do complexo de Édipo. (EP, 93-94)

Psicanálise intuitiva

Dois termos – noções – cunhados por Bion, "intuição psicanaliticamente treinada", e "intuição psicanalítica", formaram concepções intrinsecamente associadas à teoria de Édipo. Utilizou-se do conceito de Kant, "intuição sensível", apreendido por experiência. Não exatamente aprendido, mesmo que envolva um tipo de aprendizado inconsciente, pois não se pode aprender a ser intuitivo. Ao expandir as conclusões já expressas nos livros *Learning from Experience* e *Elements of Psycho-Analysis*, relembra que analistas precisam *"ter uma concepção da teoria psicanalítica da situação edipiana. Sua compreensão dessa teoria pode ser considerada como uma transformação dela; nesse caso todas as suas interpretações do que está ocorrendo durante uma sessão, sejam ou não verbalizadas, podem ser vistas como transformações de um O que é bi-polar. Um polo de O é a capacidade intuitiva treinada, transformada para realizar sua justaposição com o que está ocorrendo na análise; outro polo de O está nos fatos da experiência analítica que demandam transformação para demonstrar quais são as aproximações que as realizações têm com as pré-concepções do analista – sendo a pré-concepção, aqui, idêntica a $T^n\beta$, o produto final de $T^n\alpha$ operando sobre as teorias psicanalíticas do psicanalista.*

Freud enunciou um dos critérios para julgar um psicanalista: seu grau de lealdade harmônica à teoria do complexo de Édipo. Mostrou assim a importância que conferiu à sua *teoria; o passar do tempo não trouxe nenhuma sugestão de ele ter se equivocado, superestimando-a; ainda que possa conservar-se não observado, nunca falta evidência para o complexo de Édipo.*

Melanie Klein, em seu estudo 'Fases iniciais do complexo de Édipo', observou elementos edipianos onde sua presença não era detectada anteriormente; métodos de observação, notação e registro poderiam tornar menos frequentes os insucessos na detecção de material relevante" (T, 49-50).

Falhas na apreensão do conceito, mal-entendidos e distorções: as citações neste verbete o tentam fornecer dados empíricos (no caso de um dicionário, o material empírico constitui-se pelo escrito original do autor dos conceitos) sobre o profundo respeito e fidelidade mantidos por Bion à obra de Freud, garantindo continuidade e expansão, além de esclarecimentos mais explícitos de aspectos implícitos a essa obra. No entanto, como efeito que pode parecer surpreendente para alguns e, paradoxalmente, esperável para outros, observa-se, no exame da literatura escrita por membros do movimento psicanalítico de gerações posteriores à de Bion, a tendência em comparar o trabalho de Bion com a de Freud justamente na questão de Édipo, como se houvesse algum tipo de suplantação, ou revolução, ou superioridade no trabalho de Bion sobre o de Freud. O des-entendimento, sob a égide do vínculo −K (q.v.), corre também em leituras clivadas sobre a teoria do pensar, sobre a teoria de função-alfa, sobre ênfases em uma teoria abandonada por Bion, de trabalho onírico alfa e a teoria das Transformações e Invariâncias. Essas falhas na apreensão estão detalhadas nos verbetes específicos. De modo geral, tentativas feitas por Bion para desenvolver construtivamente suas próprias contribuições à psicanálise têm sido lidas por alguns membros do movimento psicanalítico autointitulados de "bionianos" como se fossem declarações de rivalidade e também de obsolescência das teorias de Freud. Pode-se citar alguns exemplos. Um deles, extraído de *Learning from Experience* (LE, 76-78):

1. Suponhamos que o paciente produziu uma certa quantidade de associações e outros materiais. O analista tem a sua disposição:
    1. observações do material advindo do paciente;
    2. várias de suas próprias experiências emocionais;
    3. um conhecimento de uma ou mais versões a respeito do mito de Édipo;
    4. uma ou mais versões de teoria psicanalítica a respeito do complexo de Édipo;
    5. outras teorias psicanalíticas fundamentais.

Alguns aspectos da sessão vão parecer familiares; vão lembrá-lo de experiências psicanalíticas anteriores e de outras situações. Outros aspectos parecerão lembrá-lo

E

da situação edipiana. A partir dessas fontes, ele pode elaborar um modelo; o problema é decidir se o analista está confrontado com uma "realização" da teoria de Freud a respeito do complexo de Édipo.

Destacamos agora, para a finalidade desta seção do verbete, sobre falhas de interpretação, uma frase notável, que se segue à frase anterior:

A teoria edipiana não corresponde exatamente àquilo que um físico chamaria de um sistema dedutivo científico, mas pode ser formulada de um modo que a qualifica para ser incluída em tal categoria. Sua fragilidade para ser um membro dessa classe, provavelmente, é sua falta de abstração e a estrutura peculiar, na qual seus elementos ficam mutuamente relacionados. Isso é devido, em parte, à proporcionalidade inversa entre a concretude dos elementos e a variabilidade de combinação que eles podem conduzir.

Muito provavelmente – estamos nos baseando na leitura de artigos que idolatram alguém que os autores chamam de "Bion" – o termo "fragilidade" tenha impressionado os leitores tendentes à idolatria.

O fato de que leitores pratiquem – ou perpetrem – sobre um texto a mesma clivagem que já fizeram em seus processos do pensar (o único efeito real daquilo que, de resto, é mera fantasia inconsciente, chamada por Melanie Klein de "identificação projetiva") equivale, metonimicamente, a amputar um membro e valorizar o membro amputado, desprezando todo o corpo que anteriormente fazia bom uso dele.

Esses leitores clivam o termo do texto e o hipervalorizam por des-entendimento (sob o vínculo –K): julgam que o termo se refere à teoria de Freud especificamente, e não ao poder de mitos, de um modo geral, para servirem de teorias científicas. O fato de eles terem servido inicialmente – e transcendentemente – como teorias científicas, em uma época na qual só se dispunha de formulações verbais descritivas, não implica que não possam ser desenvolvidos. Esses leitores, mais interessados em mitologia do que em psicanálise, esquecem-se, por exemplo, de algumas lições da história das ideias da civilização ocidental e oriental. Alguns mitos foram enterrados e nunca mais desenterrados de modo útil. Outros, como a versão de Sófocles do mito de Édipo, foram desenterrados. O sentido que podem ter feito para os gregos e romanos antigos permanecerá no âmbito das inferências atuais: por exemplo: a ligação com a biologia dos mamíferos, das relações entre fêmeas, machos e suas crias, conforme pode ser observada na vida humana tal como ela é. Esse é o sentido que o mito faz em nossa época; coincide com o que podemos inferir dos muitos registros históricos da humanidade, transcendentes à época e lugar culturais. Ilustrando a fraqueza apontada por Bion, o fato de o mito ter sido enterrado e ainda ser objeto de certa rejeição atualmente permite a ideia de que fazia mais sentido intuitivo aos gregos antigos do que conseguiu fazer para o público atual até o advento de Freud. Excessiva concretude não é privilégio das formas narrativas de mitos: muitas teorias físicas, como a teoria da relatividade de Einstein e a teoria atômica de Bohr, têm sido alvo, e vítimas, do mesmo tipo de des-entendimento clivado, por concretude e materialização excessivas *na leitura* delas. Como tentou alertar Russell, há pessoas que gostam de dizer "tudo é relativo, como disse Einstein". Tanto ele como o próprio Einstein falaram sobre algo que NÃO é relativo no que tange à posição do observador: a velocidade da luz, que sempre flui a 300.000 km por segundo! O princípio da incerteza de Heisenberg não surgiu por mera coincidência: foi um alerta. Na evidência empírica (obtida por um gigantesco acelerador e colisor de micropartículas) da existência, até então matemática, do bóson de Higgs, a micropartícula materializante, logo apareceu uma qualificação demasiadamente concreta: seria a "partícula de Deus". Um cognome visto por mitos físicos como lamentável, atribuído justamente por um físico excepcional, codescobridor de outra micropartícula, o *quark* – Leon Lederman. No entanto, essa pessoa acabou se especializando em divulgação; mais idoso, inventou o cognome para a descoberta de seus colegas Peter Higgs e François Englert. Uma teoria científica tornou-se um mito "moderno". Neste texto de Bion, ainda há – na visão do autor deste dicionário – um fascínio por sistemas dedutivos científicos. O problema, como poderemos ver, e pudemos ver graças aos avanços providos por Freud, pela física e matemática modernas, e também pelo trabalho de Bion, que ultrapassou esse fascínio, é o "sistema dedutivo", mas não a abordagem científica. Propomos manter o termo "sistema científico" e abandonarmos o termo "dedutivo"; e, obviamente, toda as pretensões que este termo encerrou, durante séculos. Alguns fatores na proposta desse abandono foram praticados por Freud, e também por Bion, a partir de 1965 – ou seja, dois anos depois, como tentaremos ver logo a seguir. Outros fatores nesse abandono foram abordados em outro texto do autor deste dicionário, já citado, e também em outros verbetes deste dicionário.

Podemos continuar com o texto de Bion, que acrescenta mais dois fatores:

(1) a verdadeira natureza da rede de relações em que os elementos são mantidos, e (2) a derivação dos elementos de um mito contrasta com os elementos de um sistema dedutivo científico quanto utilizado por um físico. Este último pretende desviar de uma realização para ser capaz de representar outro, enquanto a formulação psicanalítica é derivada e expressa pela experiência emocional de uma narrativa popular, e diz-se que representa uma realização encontrada na psicanálise.

A situação na qual um psicanalista se encontra fica apresentada com uma diferença da situação geral com a qual cientistas se confrontam; Bion precisou de três

E

anos para adotar colaborações de Heisenberg no que tange a questionamentos sobre as assim chamadas evidências providas por ciências até então qualificadas como "exatas". Bion parece não ter tido informação a respeito dos achados de Kurt Gödel sobre a indecidibilidade última que se abate sobre questões matemáticas; estava ainda influenciado por afirmações de teóricos da ciência ligados ao positivismo e neopositivismo. Mesmo que os considerasse de modo crítico, levava em consideração os autores. Vamos acompanhá-lo:

> Freud derivou sua teoria a partir de uma experiência emocional, que compõe a investigação psicanalítica, mas sua descrição não podia ser comparada com as formulações que se supõe, geralmente, representarem descobertas científicas.

A comparação à qual Bion se refere é relativa aos modos usuais pelos quais se avaliavam, ou se julgavam, em sua época, se uma representação podia ser considerada científica ou não. Uma avaliação corrente nessa época era a respeito da "matematização" do modo de representação, conforme as tentativas dos "neopositivistas". O leitor pode examinar o verbete "matematização da psicanálise". Outras avaliações eram os critérios postulados e defendidos inicialmente por Karl Popper – falsificação e reprodutibilidade – aos quais se submetiam experiências para que pudessem obter a qualificação de científicas, no final da década de 1950. Popper fizera parte do movimento "neopositivista", mas separou-se dele; esses critérios, mais simplificados do que as tentativas de descobrir uma sintaxe matemática para toda e qualquer enunciado científico, cujo expoentes foi Rudolf Carnap, logo ganharam popularidade. Bion teve noção de que todos esses critérios eram altamente questionáveis e que enunciados psicanalíticos não podiam se adequar a eles. O exame das anotações à margem no exemplar de Bion do livro mais famoso escrito por Popper, cotejado com os capítulos de *Cogitations* e dos três primeiros livros básicos sobre psicanálise escritos por Bion, em 1962, 1963 e 1965 (não estamos incluindo o livro sobre grupos, de 1961), com textos incluindo considerações ao método científico e psicanálise, demonstra os vários questionamentos. A princípio – em 1962 e 1963 – são mais comedidos, mas, a partir de 1973, e mais ainda, depois de 1970, são mais decisivos e conclusivos. Adotou, com menor timidez, uma noção já clara permeando todo o trabalho de Freud, sistematizada principalmente na teoria da transferência, na concepção do fator pessoal, que reconheceu a necessidade inescapável da análise pessoal do analista, e na noção de construções em análise. Essa noção, de modo geral, enfatiza o fato de que há interferências do observador no objeto observado. Bion relembra o fato de que os psicanalistas não estão sozinhos nas dificuldades de qualificar seu trabalho como científico, no que tange à ilusão de certezas na conclusões sobre experimentos; lança mão do trabalho de Heisenberg, que demonstrou o "princípio da incerteza" na física e em toda tentativa de investigação científica.

Sua tentativa foi incrementar e também fornecer uma base científica sólida para a psicanálise, quando ela inexistia. Isso difere de textos que criticavam e desqualificavam a obra de Freud, como os escritos por pessoas como Sulloway, Ellenberger, Eysenck e outros nessa época. Bion nunca coloca em dúvida o vértice científico, e aponta questões sérias no apelo – que não tem alternativa até agora – às formulações verbais que usamos, em psicanálise, tanto para comunicações com pacientes como com nossos colegas.

Os textos citados a seguir foram escritos durante um período histórico em que a visão predominante dos membros do movimento científico e dos teóricos da ciência, e seus representantes em algumas disciplinas que se preocupavam com questões de método, mesclava a religião positivista e as tentativas neopositivistas. Bion, reconhecendo o mérito, ou fundamento, de algumas críticas contra o uso de conceitos elaborados por Freud – não do próprio conceito, mas de seu uso pelos chamados seguidores de Freud –, tentou adaptar a tendência neopositivista à psicanálise. O leitor pode consultar o verbete "manipulação de símbolos" para detalhes sobre essas críticas. No que tange ao propósito deste verbete, será oportuno citar o final do capítulo 23 de *Learning from Experience*.

. . . Desejo discutir apenas duas fragilidades metodológicas na teoria edipiana, a seguir:

1. A teoria, como ela está, é tão concreta que não pode ser casada com sua "realização"; quer dizer, inexiste alguma "realização" que possa ser encontrada para se aproximar de uma teoria cujos elementos, concretos em si mesmos, são combinados em uma rede narrativa de relacionamentos intrínseca e essencial. Sem a narrativa, os elementos perdem seu valor.

    Inversamente:

2. Se os elementos generalizados na teoria se tornam uma manipulação engenhosa de símbolos de acordo com regras arbitrárias – a formulação mais comum desta suspeita sobre a teoria é a crítica que o analista e o analisando indulgenciam-se a satisfazer seu gosto por jargão.

3. Uma formulação teórica que parece ser excessivamente concreta e, mesmo assim, excessivamente abstrata requer uma generalização tal que suas "realizações" possam ser mais facilmente detectadas, sem a fragilidade que anteriormente lhe era companheira, como é mais visível na matemática, de parecer uma manipulação arbitrária de símbolos. Será possível reter seus elementos concretos sem perder a flexibilidade, tão essencial na aplicação psicanalítica? Ainda que não possamos encontrar um cálculo algébrico para representar o sistema dedutivo científico, pode-se torná-la mais abstrata. Posteriormente vou discorrer mais sobre tal possibilidade.

E

4. Estou convencido da força da posição científica na prática psicanalítica. Acredito que a prática dos psicanalistas em fazer psicanálise é uma experiência essencial de treinamento para lidar com as dificuldades fundamentais – até o momento –, pois ela disponibiliza o consciente e o inconsciente para correlação; mas não considero que seja menos intensa a necessidade de investigar a fragilidade que se origina de uma construção teórica falha, falta de notação e falência do cuidado metodológico, e ainda falência na manutenção do equipamento psicanalítico. ("Cuidado", "manutenção", "equipamento" – novamente o modelo implícito.)

Mais ainda do que fatores históricos, a última frase desautoriza toda e qualquer leitura do texto que insista em vincular e confundir – em casos extremos de confusão, filiar – a obra de Bion às tendências impostas por escolas filosóficas conhecidas como estruturalismo e seu herdeiro, o pós-modernismo. Definindo mais especificamente o termo anterior, "fatores históricos": referimo-nos à história das ideias de Bion, no que tange ao fato de ele nunca ter citado autores dessas escolas filosóficas. Assim como nunca citou a escola filosófica criada por Martin Heidegger. Os termos, reiterados no trecho entre parênteses "cuidado", "manutenção", "equipamento", indicam a herança médica imbuída no intuito do tratamento psicanalítico; e a tendência de amor à verdade, condutor último de qualquer tentativa científica, e sempre enfatizada, teórica e praticamente, por Freud, Klein e Winnicott. Sobre a qual Bion não deixa dúvida quando aplicada à psicanálise. O texto anterior compacta a questão das tentativas de aplicação de sistemas dedutivos científicos à psicanálise. Sistemas dedutivos científicos provaram ser úteis dentro de limites estreitos de investigação. Bion trata de alguns aspectos da impossibilidade de serem aplicados à psicanálise, de modo mais detalhado, às páginas 2, 8, 76, 147, 151, 154 de *Cogitations*. De modo resumido: o modelo dedutivo, em ciência, não é útil para a descoberta daquilo que é novo, ou de investigações no desconhecido; sistemas dedutivos apenas circulam em racionalidades, que provam apenas as premissas de estudo – como o autor deste dicionário expande em outros textos, inspirado na obra de Freud e de Bion (Sandler, 1997b). Outro problema básico foi indicado pela primeira vez por Francis Bacon: consiste na capacidade de um modelo teórico de transpor dados empíricos brutos para obter generalizações que possam ser consideradas como científicas, na medida em que possam abranger casos particulares. O acima citado claramente demonstra:
(1) Qual é o ponto de partida de Bion: não há discordância sobre Édipo; há apenas o assinalamento de questões de um modelo científico baseado em formas narrativas, que necessitam de redes causais, e a as redes causais nunca possuem correspondentes na prática. Essa característica ficou visível, para Bion, no estudo da atividade onírica, em que inicia a crítica segundo o método crítico,

ou criticismo, sugerido pela primeira vez por Kant, de formas narrativas. O leitor pode encontrar este início em *Learning from Experience*, às páginas 16 e 64; a partir daí, Bion considera a forma narrativa e suas limitações na atividade de fazer mitos, o similar grupal à atividade onírica individual, principalmente à página 73. Veremos a seguir como o exame continua em *Elements of Psycho-Analysis* e *Transfomações*. Em *Attention and Interpretation*, Bion parece estar mais aberto para sugerir um mito pessoal, ou privado, a respeito dos "mentirosos". Também nesse sentido, pode ter se inspirado em Freud, que, apesar de manter alguns temores quanto à reação de leitores, não se furtou a oferecer alguns mitos pessoais como prelúdios a modelos científicos, e sempre baseados em experiência clínica. O leitor pode consultar os textos *Totem e tabu*, *Moises e o monoteísmo*, "Construções em análise". Os temores podem ser examinados em um texto póstumo, publicado sem sua autorização, mas talvez de valor inestimável para estudiosos, "Uma fantasia filogenética: revisão da neurose de trasnferencia".

(2) O texto demonstra a diferença fundamental entre visão científica de Freud *vis-à-vis* ao que era considerado como ciência em sua época – os preceitos da religião positivista inventada por Auguste Comte. Esses preceitos voltaram a ressurgir no século XXI, em algumas áreas da medicina. A psicanálise e a física moderna (iniciada com as descobertas de Planck sobre o fenômenos quântico e as de Einstein sobre as transformações entre matéria e energia) mostraram a falácia de alguns desses preceitos; será engano confundir a obra de Bion com esses preceitos. No entanto, até o capítulo X de *Transformations*, e nos dois livros anteriores, Bion cortejou a tentativa dos assim chamados "neopositivistas", eue difere das crenças positivistas. Abandonou as tentativas neopositivistas – de exame de valor-verdade de enunciados – e também de um sistema notacional quase matemático, ao concluir que essas tentativas são inadequadas para o exame do tipo de fenômeno que não admite exames sob clivagem entre matéria e energia, duas formas de apresentação da mesma realidade. Em termos psicanalíticos propostos por Freud, realidade material e psíquica; nos termos propostos por Bion, realidade sensorial e psíquica.

Como se fosse uma "joia" sob o trabalho de um ourives, os livros seguinte prosseguem o "polimento". A mesma defesa da abordagem científica em psicanálise, colocada como alerta para membros do movimento psicanalítico pertencentes à meritocracia política que havia se implantado, pode ser examinada com maior clareza quanto aos problemas de método:

> Mesmo teorias psicanalíticas compreensíveis e claramente enunciadas padecem de um defeito: sua compreensibilidade depende de se investir um valor fixo aos elementos que a constituem, como constantes, por meio de suas associações com os

E

outros elementos na teoria. É um fenômeno análogo ao da escrita alfabética: pode-se combinar letras desprovidas de significado para formar uma palavra significativa. Por exemplo, na teoria da situação de Édipo, de Freud, os elementos combinam-se, por meio de sua associação, para formar a narrativa do mito de Édipo. Desse modo, adquirem um significado contextual que lhes outorga um valor constante. Isso é essencial para sua utilidade como elementos de uma descrição de uma "realização" que já foi descoberta; mas, como componentes de uma teoria para ser usada na iluminação de "realizações" ainda não descobertas, seu valor constante termina por constituir um defeito, na medida em que diminui uma necessária flexibilidade. (EP, 5)

Apontar um problema é apenas um passo necessário, nunca suficiente. Bion recomenda medidas para que se possa utilizar elementos de uma teoria, ou modelos científicos, durante uma sessão real. Parece-nos evidente, uma vez mais, que ele se refere à utilização da teoria por muitos membros do movimento psicanalítico, e não à própria teoria. Este texto pode ser considerado como uma preparação para poder introduzir o instrumento "Grade" (Grid), e também serve como introdução ao próximo livro, *Transformations*. Nos dois livros, em resumo, propõe primeiro um instrumento de observação e, depois, uma teoria de observação em psicanálise. Nos dois livros torna-se cada vez mais explícita uma tendência de membros do movimento psicanalítico que tentaram transformá-lo em um *establishment* psicanalítico. Algo que era dinâmico torna-se estático; algo vivo torna-se materializado, morto. Bion se inspira na mesma crítica já ocorrida nos movimentos sociais conhecidos como Renascimento e Iluminismo: cita Francis Bacon, Thomas Browne, dr. Johnson e Alexander Pope, em *Learning from Experience* e, principalmente, em *A Memoir of the Future*. Demonstra a recusa de Bion em submeter-se a dogmas; e alerta que qualquer teoria que pode ser utilizada de uma forma "imobilizada" pode ser transmitida como se fosse algo a ser apenas repetitivo, pré-moldado, e degenera-se em teorias *ad hoc*.

No mesmo texto, Bion tenta representar Édipo por meio de uma fórmula cuja notação é quase matemática e quase biológica:

$$♀♂ \geq 2$$

Isso seria um modo de trazer, instantaneamente, ao leitor o sentido dinâmico, paradoxal, de "mãe, pai, um casal e sua possível prole". Taquigraficamente, Édipo. Qual seria a necessidade dessa nova fórmula, dado o fato de que já dispomos da representação verbal, que, por analogia, parece-nos taquigráfica? Usando essa analogia, pode-se dizer que poucos são técnicos em taquigrafia e, portanto, talvez a notação "Édipo" possa sofrer alguns acréscimos, providos por outras notações. Não substitutivas, mas acrescentadas. A necessidade pode ser vista no texto de Bion: uma notação como ♀♂ ≥ 2 poderia ter o mesmo sentido que tem as letras do alfabeto, formando palavras; ou as páginas de edições padronizadas que se usam em bibliografias científicas:

> Se a teoria psicanalítica fosse organizada racionalmente, seria possível referir-se aos dois fatores por símbolos que façam parte de um sistema de referência aplicável de modo uniforme e universal. A referência à teoria kleiniana de identificação projetiva seria feita por meio de iniciais, página e parágrafo. De modo semelhante, a visão de Freud sobre o conceito de atenção poderia ser substituída por uma referência. Mesmo hoje é possível fazer isso, ainda que de modo um tanto grosseiro, por meio da referência à página e linha de uma edição padronizada. Um enunciado desse tipo poderia se prestar a uma mera manipulação de símbolos, mais ou menos engenhosa, de acordo com regras aparentemente arbitrárias. (LE, 38)

Parece, ao autor deste dicionário, que Bion manteve a tendência de elaborar alertas a membros do movimento psicanalítico para um esforço contínuo de manter-se aberta uma disponibilidade para a investigação científica dentro da própria sessão analítica. Do mesmo modo que foi praticado por Freud, mas talvez esquecido pelos psicanalistas de épocas posteriores. Uma disponibilidade tornada impossível pelo autoritarismo institucional, por repetições ossificadas, por manipulações de símbolos e distorções de leituras. Bion não atava nem tenta invalidar a teoria de Édipo, nem o apelo ao mito, como instrumento psicanalítico – de modo totalmente inverso, Bion parece-nos contribuir para que membros do movimento psicanalítico possam desenterrá-lo.

De modo resumido, sua contribuição – no sentido de elaborar expansões sobre teorias já existentes – é a observação, até o momento indisponível, de que um trabalho clínico precisa encontrar configurações específicas, individuais, de Édipo. São variáveis, como impressões digitais o são. São desconhecidas – inconscientes – para o paciente e para o analista. Um trabalho psicanalítico configura-se como uma tentativa de vislumbrar aspectos individuais de algo geral, análogo ao trabalho de um datiloscopista:

> . . . a interpretação pode ser verbalmente idêntica em cada caso – mas a interpretação é uma teoria utilizada para se investigar o desconhecido. O exemplo mais óbvio disso é o mito de Édipo, conforme Freud o abstraiu para formar a teoria psicanalítica. A função das formulações teóricas nessa categoria é usar interpretações com uma intenção, a de iluminar material que de outro modo permaneceria obscuro – para ajudar o paciente a liberar ainda mais material. (EP, 19)

E

Esse enunciado serve de exemplo para ilustrar a base de muitas críticas destrutivas a respeito das contribuições de Bion. Talvez haja uma barreira intransponível, caso os autores dessas críticas não possam rever o fato de que tentam entender de psicanálise de modo erudito. A psicanálise – como a vida – não demanda entendimentos, mas apreensão. Como toda disciplina prática – como jardinagem, culinária, medicina, engenharia –, essa apreensão depende de experiência. No caso, experiência clínica: submeter-se a uma análise e analisar pessoas. Isso demanda vértices da apreensão da natureza da vida que podem ser impossíveis para certas pessoas:

> O uso que Freud fez do mito de Édipo iluminou algo além da natureza de facetas da personalidade humana. Revendo o mito graças às suas descobertas, é possível ver que ele contém elementos não enfatizados nas investigações mais antigas; haviam sido eclipsados pelo componente sexual do drama. Os desenvolvimentos da psicanálise tornaram possível dar mais peso a outras características. Já de início, em virtude de sua forma narrativa, o mito liga os vários componentes na história de um modo análogo à fixação dos elementos de um sistema dedutivo científico, por incluí-los no sistema: é semelhante à fixação dos elementos no cálculo algébrico correspondente, onde tal cálculo existe. Nenhum elemento, como o sexual, pode ser compreendido salvo em sua relação com outros elementos. Por exemplo, a determinação de Édipo ao diligenciar sua investigação do crime, apesar dos alertas de Tirésias. Consequentemente, é impossível isolar o componente sexual, ou qualquer outro, sem com isso incorrer em distorção. Sexo, na situação edipiana, tem uma qualidade que só pode ser descrita pelas implicações que lhe são atribuídas pela sua inclusão na história. Caso se remova o sexo da história, perde sua qualidade, a não ser que se preserve seu significado por meio da restrição expressa de que "sexo" é um termo usado para representar sexo conforme ele é experimentado no contexto do mito. O mesmo é verdade para todos os outros elementos que servem a abstrações a partir do mito. (EP, 45)

Este vértice de observação – que pode ser chamado de um vértice que procura identificar sistemas funcionais, em termos de relacionamentos entre elementos básicos – ocorre nos des-entendimentos a respeito da notação quase matemática e da adoção de conceitos matemáticos em sua aplicação à psicanálise prática. Psicanálise, matemática, física, química, biologia e música compartilham uma invariância: são cinco disciplinas capazes de estudar relações entre objetos.

Referências cruzadas recomendadas: Teorização *ad-hoc*; Continente-contido; Sonho; "Grade" (Grid); Manipulação de símbolos; Matematização da psicanálise; Mito, mito privado.

Elementos-alfa

Elementos hipotéticos pertinentes a um modelo de observação, que tenta descrever um processo psíquico, inspirado pelo modelo proposto por Freud na teoria das funções do ego, que, como ocorreu na investigação de Freud, inclui neste percurso sua origem neurológica. O modelo tenta lidar com uma sequência de eventos, em si, desconhecidos, mas passíveis de inferência e apreensíveis indiretamente por analogias. A sequência pode ser conhecida por meio das manifestações de seus estados iniciais e produtos finais. Estímulos sensoriais correspondem aos estados iniciais. Manifestações no âmbito psíquico – o ato que denominamos, sonhar; o ato de armazenar na memória; a formação de mitos e os processos de pensar – correspondem aos produtos finais. Que por sua, vez, determinam a eventual repetição dos mesmos atos, mas no sentido contrário.

Como, onde, e quando os estímulos sensoriais se transformam para conseguir penetrar no âmbito psíquico, em nosso meio interno? Tal percurso permanece desconhecido; sabemos apenas que estas transformações ocorrem; apenas a transformação pode ser reconhecida, ainda que parcial e de modo tosco.

Elementos-alfa são definidos como o produto da ação da função-alfa na realidade última, ou seja, sobre coisas-em-si-mesmas, que podem ser apreendidas como estímulos sensoriais internos ou externos. Estímulos provenientes da realidade, ou verdade última, foram denominados por Bion como elementos-beta (q.v.). A princípio, considerados como externos, ou ambientais; e depois – a partir de 1963 - abrangendo também estímulos internos a todos nós, seres humanos.

Função-alfa foi o modelo criado por Bion para representar a ocorrência dessa transformação (q.v.). O processo em si mesmo não é conhecido: pode ser visto como ficção teórica, com valor de hipótese científica, com base na realidade clínica – do mesmo modo que Freud elaborou boa parte de suas teorias. Pode-se apreender o sentido dessa hipotética função-alfa caso apelemos para a formulação verbal, "tradução". Sugiro emprestar da física e da neurofisiologia um outro termo, "transdução", para melhor ilustrar o sentido da função-alfa. Exemplos de transdutores: microfones e autofalantes; ou, no corpo humano, os corpúsculos de Meissner e de Pacini.

A função-alfa "transforma" elementos-beta – impressões sensoriais em estado puro. Esse estado pode ser qualificado também como bruto ou, mais precisamente, inalterado – em elementos-alfa. Elementos-alfa são os produtos transduzidos dessa operação, que poderia ser chamada, caso seja permitido um termo que sequer pode ser denominado de neologismo, de "betalfalização". Esse nome está sendo incluído aqui apenas como esforço de compreensão; este autor não está propondo nenhum outro nome para ser utilizado como se fosse parte da teoria e menos ainda, em clínica. Elementos-alfa são elementos-beta transduzidos.

Numa segunda fase, elementos-alfa hipotéticos são colocados para trabalhar, postos "em uso". Podem ser considerados como partículas elementares imateriais: analógicamente, blocos de montar como os que se usam em brinquedos infantis e de adultos, passíveis de serem utilizados em sonhos, pensamentos, ou para ser guardados na memória.

Utilidade: como ocorre que impressões sensoriais, predominantemente materializadas, possam ganhar o *status* de dados psíquicos, predominantemente imateriais? Bion não consegue – nem se propõe a – resolver este problema: um entre inúmeros mistérios do acontecer material e psíquico, que não sabemos o que é, mas chamamos "vida". Relaciona-se com a transição do inanimado para o animado. Esse mistério foi alvo da atenção de alguns dos maiores pensadores da humanidade, desde os autores dos mitos da Antiguidade e da Bíblia, passando por Platão, Kant, Goethe, Freud, Dobzhansky, Schrödinger, chegando ao bóson de Higgs: uma lista longa demais para reproduzir neste texto, que se resume a um verbete de um dicionário. Consta de outros estudos deste mesmo autor.

Perguntar como isso ocorre equivale a perguntar: "o que vem a ser aquilo que chamamdos de vida?" Até hoje, a resposta, caso realmente exista, resvala ou talvez adentre resolutamente em religiosidades e tem composto a história das Religiões.

Os conceitos, função-alfa e elementos-alfa, derivado de um modelo teórico proposto por Bion restringe-se a um trajeto específico, ou seja, daquilo que ainda não é "psíquico" para aquilo que seria ou pode ser "psíquico." Se usarmos a terminologia proposta por Freud: uma transição complementar, tipicamente humana, de realidade material sendo gradualmente acrescentada, mas nunca substituída, por realidade psíquica: duas formas diferentes de uma mesma existência (realidade).

Bion baseou-se criticamente na sugestão de Freud: de atribuir ao sistema consciente, ou consciência, a função de órgão sensorial para a percepção de qualidade psíquica. E também na teoria dos instintos de Freud, que oferece um modelo prático para o analista clínico.

Um analista que pode utilizar-se dessa teoria tem à sua disposição uma ferramenta para detectar aspectos inanimados no discurso do analisando – aspectos que em geral são considerados "normais". Além disso, essa teoria oferece uma abordagem original ao trabalho onírico, ocorrendo quando a pessoa está acordada.

&᠎ Parthenope Bion Talamo, no segundo encontro extraoficial do grupo Bion's Readers Aroung the World, organizado por Thalia Vergopoulo no IPAC de São Francisco em 1995, comparou os elementos-alfa às pecinhas de montagem dos brinquedos escandinavos de marca registrada Lego®.

Antonino Ferro sugeriu a existência de derivativos sob forma narrativa de elementos-alfa, verificáveis em material clínico (1999).

Referências cruzadas sugeridas: Função-alfa; Elementos bizarros; Trabalho onírico alfa; K.

Elementos-beta

"Elementos-beta", por vezes escritos sob notação inspirada na matemática e outras disciplinas científicas, com letras gregas: β-elementos.

Representam aquilo que teóricos da ciência e filósofos denominam pelo menos por três termos, sinônimos entre si: verdade absoluta; verdade última; "coisa-em-si" – quando são assim sentidas pelo observador. Desde a época dos antigos gregos, postulou-se que a correspondência na realidade desses vários termos seria incognoscível de modo último.

Mais especificamente, para a prática psicanalítica: aplica-se o termo para todo e qualquer estímulo proveniente do ambiente externo ou do ambiente interno a nós, que possa ser captado pelo nosso sistema sensorial (conforme o termo é definido pela medicina, neurologia e psicanálise)

Elementos-beta correspondem a uma construção teórica; fazem parte da teoria da função-alfa (q.v.). Além da função anteriormente descrita – de estimular nossos órgãos sensoriais –, tem outra: são adequados para fazerem funcionar o mecanismo inconsciente descrito por Melanie Klein: identificação projetiva, mas não são adequados para processos de pensar. Na teoria de função-alfa, elementos-beta constituem-se como a matéria-prima passível de ser apreendida pelo aparato sensorial que pode ser decodificada em elementos adequados ao pensar, ao sonhar e ao lembrar, chamados elementos-alfa (q.v.).

🕐 elementos-beta, definidos pela primeira vez em 1960, representam objetos sentidos pelo bebê, em suas primeiras fases de desenvolvimento, como mortos e não-existentes. Isso ocorre anteriormente à introdução do princípio da realidade, quando *"os objetos são sentidos como vivos e possuem caráter e personalidade, presumivelmente indistinguíveis daqueles da criança ... o real e o vivo são indistinguíveis; se um objeto é real para a criança, então está vivo; se estiver morto, não existe"*.

Bion observou e tentou descrever objetos internos existentes em estágio primitivo, pré-verbal. Nesse estágio, observou que há objetos que não são sentidos como vivos devido ao fato de serem, por assim dizer, "extintos" pela raiva do bebê. *"Se um bebê deseja que o objeto esteja morto, estará morto na percepção do bebê. Portanto torna-se não-existente; terá características diversas daquelas do objeto real, vivo e existente; o objeto existente está vivo, é real e benevolente.* Bion propõe que *chamemos objetos reais e vivos, de elementos-α; elementos mortos e irreais serão chamados de elementos-β"* (todas as citações, C, 133).

Objetos primitivos são denominados de proto-objetos: *"É, portanto, conforme [o bebê] sente prazer, cercado por estes objetos protorreais, sentidos como reais e vivos. Entretanto, caso dor se imponha, o bebê fica cercado por objetos mortos, destruídos por sua raiva: já que ele não consegue tolerar dor, os objetos são não-existentes"* (C, 133-134).

Elementos-β parecem constituir o núcleo da vida mental do bebê, como o material do funcionamento psicótico, quando permanecem num estado "não-digerido". Por que não-digerido? Porque, se a intolerância desses objetos prevalecer, o bebê atacará o aparato mental, que continuamente recebe estímulos apreensíveis sensorialmente e que informa ao bebê que os objetos sentidos como mortos ainda permanecem lá.

> A existência dos objetos reais pode ser negada, mas as impressões sensoriais persistem. . . . O próximo estágio, imposto por uma intolerância ainda mais poderosa, é a destruição do aparato responsável pela transformação das impressões sensoriais em materiais, adequadas para despertar o pensamento inconsciente – um pensamento onírico. Essa destruição contribui para o sentir que as "coisas", e não as palavras ou ideias, estão interiorizadas. (C, 134)

Pode-se observar que, entre 1959 e 1960, Bion define o funcionamento de elementos-β antes mesmo de dar-lhes um nome; ao mesmo tempo, está em processo de elaboração das primeiras definições do funcionamento da função-α – que, igualmente, antecedem a criação do próprio nome. Observa que algo está sendo atacado nos processos de pensar do bebê, e este algo, em consequencia, não consegue funcionar. Após criar o nome "função-α" – poucos meses depois dessas definições, Bion conseguiu formular sua observação: um bebê depende da função-alfa da mãe para digerir seus elementos-β. Poucos meses depois, já no ano de 1961, observa outra situação, em análise de adultos, que expressou do seguindo modo: adultos podem reverter elementos-α em um tipo especial de elemento-β. Denominou esse tipo especial de "objetos bizarros" (c.f.).

Uma invariância permeia elementos-β e objetos bizarros, na medida em que compartilham de uma característica principal de elementos-beta: um *"componente moral"* (T, 64). Essa invariância parece importante, pelo menos para o autor deste dicionário, por embasar teoricamente uma observação "absoluta" em clínica: em nossa experiência, inspirada pelo trabalho de Bion, inexiste pessoa que não fantasie ser proprietária, ou "dona", da verdade absoluta, a conotação primeira de elementos-β, que não se imagine detentora de toda a moralidade que pode haver no mundo; fantasiam ter "direitos autorais" absolutos para dizer o que é certo, e o que é errado, sem qualquer escrúpulo ou reflexão posterior. O distúrbio pode ser tal, em alguns adultos, nos quais a transformação de elementos- β em algo diverso parece nunca ocorrer. Em outras palavras, Bion gradualmente expande a definição de função-α, conforme a ampliação de sua experiência clínica, consequente às primeiras definições, o permitiu fazê-lo: considera a possibilidade extrema de ausência de funcionamento da função-α – o que lhe permite aperfeiçoar a definição dos elementos-β:

> Se a função-alfa estiver perturbada e, portanto, inoperante, as impressões sensoriais de que o paciente tem consciência e as emoções que ele está experimentando permanecerão inalteradas. Eu as chamarei de elementos-beta. Os elementos-beta, em contraste com os elementos-alfa, não são sentidos como fenômenos, mas como coisas-em-si. As emoções são, igualmente, objetos dos sentidos. Somos assim apresentados a um estado de mente que contrasta nitidamente com o estado do cientista que sabe estar interessado em fenômenos, mas não tem a mesma certeza de que os fenômenos tenham uma contraparte de coisas-em-si. (LE, 6)

"Possuir" e "conhecer" a realidade absoluta; ou ver os fenômenos como se fossem a realidade absoluta corresponde ao estado mental de uma pessoa cujos elementos-beta permanecem não-digeridos. Kant já havia denominado tal estado de "realismo ingênuo"; psiquiatricamente, corresponde a estados de delírio de grandeza, com fantasias oniscientes. Poucos meses depois, Bion descreve esse estado sob o nome "clivagem forçada" (*forced splitting*) – nos capítulos IV, V e VI de *Learning from Experience* (q.v.). Parece-nos necessário considerar elementos-β sob dois vértices: do ponto de vista da pessoa e do ponto de vista de um cientista. No primeiro caso, ele ou ela pode ter sentimentos de posse da verdade absoluta; ele (ou ela) pode estar em delírio paranoide. Do ponto de vista de um cientista, são realidades-em-si-mesmas cujas manifestações fenomênicas podem ser apreendidas por meio de nosso aparato sensorial.

> Em consequência, sugiro, provisoriamente, que não se dispense sumariamente as categorias elementos-β da "Grade" (Grid), como se fossem inexistentes, mas que sejam pensadas, no âmbito das expressões de sentimento, como relacionadas às fantasias que são sentidas como indistinguíveis de fatos. (EP, 97)

É necessário que os analistas tenham cuidado para não pender para nenhum dos dois lados; que nunca demonstrem desprezo com relação às manifestações ilusórias, seja na prática, seja em teoria. Neste último caso, o exercício provido pelas categorias do instrumento "Grade" (Grid). Especial cuidado pode ser reprentado, analogicamente, pela síndrome do aprendiz de feiticeiro – equivalente ao que Freud denominou "análise selvagem", que hipervaloriza produções verbais ou não provenientes do paciente como se fossem verdade-em-si-mesmas, em que falha uma noção mínima daquilo que Freud denominou fantasia inconsciente.

Falhas na apreensão do conceito, mal-entendidos e distorções: os juízos de valor exercidos por leitores, idênticos aos descritos por Bion no que se refere a pacientes, distorcem a apreensão da noção de elementos-β, considerados agora como patológicos. Distorção que não se refere apenas a esta definição: ocorre com muitas outras teorias psicanalíticas. Sua natureza primitiva e básica também é negada: alguns falam de uma "função-beta", algo que Bion nunca definiu. Este autor observou que a maior parte dos leitores que executam essa distorção são movidos por um vértice pleno de religiosismo.

Referências cruzadas sugeridas: Elementos-alfa; Objetos bizarros; Função-alfa; K; Trabalho onírico alfa; Verdade absoluta.

Elementos de psicanálise

Bion procurou elementos: algo que pudesse ser qualificado como fundamental e básico, *"irredutível"*, em termos de realidade psíquica. Para isso, recorreu a analogias emprestadas da filosofia da matemática (ou teoria da ciência matemática). Já havia empregado esse tipo de analogia ao elaborar a teoria das funções, aplicada ao estudo dos processos de pensar.

"Elementos" são abstrações científicas, e não entidades concretas. No entanto, uma descrição de uma procura por "elementos" não pode parar por aí, pois isso não diferenciaria a proposta de Bion daquela dos alquimistas. O autor deste dicionário constatou (por notas à margem das páginas) que Bion leu os *Elementos* escritos por Euclides, e traduzidos para o inglês no início do século XIX por Thomas Little Heath.[36] O sentido dado a esse termo na obra de Euclides é o mesmo que seria séculos depois atribuído por Bion, aplicado à psicanálise (C, 111).

Proponho procurar um modo de abstração que assegure, no enunciado teórico, a retenção de um mínimo de particularização. . . . Os elementos que busco são tais que poucos serão

---

[36] Esta obra clássica, *The Thirteen Books of Euclid's Elements*, foi publicada em 1920; reimpressa dezenas de vezes, pode ser adquirida ainda hoje; a leitura do resumo da lógica euclidiana na *Encyclopaedia Britannica* pode ser útil, assim como a resenha por: Smith, David E. (1923). Heath and Greek Mathematics, *Bull. Amer. Math. Soc.*, 29, 79-84, disponível em http://www.ams.org/journals/bull/1923-29-02/S0002-9904-1923-03668-9/S0002-9904-1923-03668-9.pdf

> *necessários para expressar, por meio de combinações diversas, quase todas as teorias essenciais ao psicanalista praticante. . . . A combinação na qual certos elementos são mantidos* é essencial para que expressem seu significado**. . . . A tarefa é, partindo da realização em relação à qual, originalmente, designou-se tais elementos como representantes, abstraí--los*** por meio de sua liberação, tanto da combinação na qual estão sendo mantidos como da particularidade que se adere a eles.* (EP, 2)

[Notas de rodapé de Bion:

* Compare-se esta situação com a tendência de produzir teorias *ad hoc* para satisfazer uma situação em que uma teoria existente, enunciada com suficiente generalização, já poderia dar conta do assunto. Compare-se com Proclus, citado por T. I. Heath, em *Euclid's Elements* – Heath, T. I. *The Thirteen Books of Euclid's Elements*, Capítulo 9, CUP 1956).

** Uma consequência de PS$\Leftrightarrow$D. Veja o Capítulo 18.

*** Uma consequência de PS$\Leftrightarrow$D. Veja Capítulo 18.]

Veja também os verbetes "Continente/Contido", "PS$\Leftrightarrow$D"

Trata-se de uma formulação compactada da tarefa psicanalítica, válida durante uma sessão, bem como na atividade de construção de teorias psicanalíticas reais — para conseguir *"a 'realização' da representação, para a qual foram originalmente concebidas"*.

Afirmar que "elementos" não se constituem como entidades concretas, mas abstrações, não implica que sejam invenções, ou criações irreais. Mantém a natureza matemática de uma função dinâmica, imaterializada – possuem um funcionamento que pode ser observado, ainda que não possa ser apreensível por nenhum de nossos órgãos sensoriais:

> *Os elementos são funções da personalidade. . . . Na medida em que cada um é uma função, o significado do termo "função" é semelhante ao significado do termo em matemática. . . . Na medida em que toda função* tem *uma função, o termo "função" é usado como um nome para um conjunto de ações físicas ou mentais, governada por ou dirigida a uma finalidade. Sempre usarei o termo "função" para significar algo que tanto é como tem uma função.* (EP, 9)

A matemática constitui-se como manifestação primitiva da própria mente. Talvez tão primitiva como o foram os primeiros instrumentos de sobrevivência como aqueles feitos pelos antigos hominídeos; ou as primeiras manifestações artísticas, musicais e pictóricas. A afirmação de que "elementos são e possuem uma função" nos diz que um fato imaterial real – como a gravidade, ou forças de atração

E

e repulsão de micropartículas que sequer possuem massa – realmente ocorre, compartilhando qualidades básicas do que tem sido denominado, na falta de melhor nomenclatura, "fenômenos mentais." Elementos são abstrações mentais; no entanto, em um paradoxo que requer tolerância, num certo sentido, são observáveis; há "realizações" que correspondem a eles: *"o sinal que representa uma abstração precisa representar uma função incognoscível, ainda que suas qualidades primárias e secundárias (no sentido kantiano) sejam cognoscíveis. Como estou propondo considerar os elementos como fenômenos observáveis, é necessário assumir que estou falando a respeito das qualidades primárias e secundárias dos elementos, e não das abstrações ou sinais por meio dos quais eu os represento"* (EP, 9).

Sendo fenômenos, elementos são observáveis, embora não apenas em suas manifestações materializadas, mas em seu funcionamento e nas relações que determinam. Bion descreve algumas de suas características. Os elementos, sua notação quase matemática e suas "realizações", são apresentados na Tabela 1

Tabela 1 – Os elementos e suas "realizações"

	Nome do elemento	Notação quase matemática	"Realizações"
1	Relação dinâmica entre continente e contido		1. Um bebê e uma mãe que se comunicam através da identificação projetiva; 2. uma pessoa criativa; 3. pênis, seio e vagina; 4. o aparato do pensar (EP, 31)
2	Fato selecionado	PS⇔D	Livre movimentação entre a posição esquizoparanoide e a posição depressiva, *insight*, senso de verdade
3	Vínculos	L, H, K	Amor, ódio e processos do conhecimento
4	Razão e Ideia	R e I	R, razão, é uma função apropriada às paixões, possibilitando o posterior domínio delas no âmbito da realidade, I corresponde ao elemento-alfa; R e I estão relacionadas na medida em que I é uma interpolação entre impulso e ação (EP, 4); é o negativo da atuação; a Grade
5	Dor		A reversão de perspectiva, a negação da dor e a divergência entre analista e analisando apenas aparecem quando o analisando é menos capaz de alucinar; tentativas de negar o movimento e transformar o dinâmico em estático (EP, 54, 60, 61)

Como podemos observar esses fenômenos? Há uma antiga tradição recomendando utilizar-se o senso comum (q.v.). A definição de senso comum aparece em

A linguagem de Bion

muitas partes do trabalho de Bion; resumidamente: para apreensão de qualquer realidade considerada, é necessário empregar dois ou mais sentidos oferecidos pelo nosso aparato sensorial (classicamente, visão, audição, tato, paladar, olfato; e também órgãos captadores de estímulos de órgãos internos, cenestésicos; e, segundo Freud, a consciência, nosso órgão sensorial para captar qualidades psíquica):

> Vou considerar um objeto como sendo sensível ao escrutínio psicanalítico se, e apenas se, satisfizer as condições análogas àquelas satisfeitas no caso em que a presença de um objeto físico for confirmada pela evidência de dois ou mais sentidos. (EP, 10; a versão completa está em C, 9ff.]

A investigação psicanalítica da realidade psíquica e material resulta em uma formulação por meio das interpretações psicanalíticas. É necessária alguma consideração com as "dimensões" que caracterizam o espaço-tempo psicanalítico. Bion descreve três dessas "dimensões" e suas extensões:
1. Uma dimensão no âmbito dos sentidos.
2. Uma dimensão no âmbito do mito.
3. Uma dimensão no âmbito da paixão.

RAZÃO E PAIXÃO SÃO DISCUTIDAS EM RELAÇÃO AOS ELEMENTOS

> Quando é necessário usar os pensamentos sob as exigências da realidade, seja a realidade psíquica ou externa, o mecanismo primitivo tem que ser dotado de capacidades tais que resultem em exatidão; a necessidade de sobrevivência demanda isso. Temos, portanto, que considerar a parcela desempenhada pelos instintos de vida e de morte, e também pela razão. Esta, em sua forma embrionária, sob a dominância do princípio do prazer, está destinada a servir como escrava das paixões; foi forçada a assumir uma função que relembra a de uma patroa das paixões; e os pais da lógica. Pois a busca por satisfação de desejos incompatíveis levariam a frustração. O sucesso em transpor o problema da frustração envolve ser razoável; uma frase tal como "os ditames da razão" pode colocar em um relicário a expressão de reação emocional primitiva a uma função destinada a satisfazer, não frustrar. Portanto, os axiomas da lógica têm suas raízes na experiência de uma razão que fracassa em sua função primária de satisfazer as paixões, justamente como a existência de uma razão poderosa pode refletir uma capacidade dessa função de resistir às investidas de seus frustrados e ultrajados patrões. Essas questões demandam consideração na medida em que a dominância do princípio da realidade estimula o desenvolvimento do pensamento, do pensar, da razão, e da consciência da realidade psíquica e ambiental. (EP, 35-36)

E

Os elementos de psicanálise são elementos insaturados em busca de saturação; uma vez alcançada a saturação, ou o significado, o elemento saturado deve se tornar insaturado – em busca de nova saturação. Esses elementos foram representados por Bion em *Learning from Experience* pelo signo (ξ) – que representa um elemento insaturado, para determinar o valor de uma constante (Bion atribuiu a notação quase matemática de ψ para essa constante). Portanto, elementos de psicanálise estão intimamente relacionados ao que Bion anteriormente chamou de "objetos psicanalíticos" (q.v.). Os objetos psicanalíticos são *"derivados"* dos elementos psicanalíticos (EP, 11). Sendo derivados dos elementos, constituem então parte necessária desses objetos. *"Se são elementos, apesar de não parecerem, é necessário saber de qual objeto psicanalítico eles são parte"* (EP, 104). Como exemplo prático, pode-se citar um de seus estudos sobre a transferência, em que os dois conceitos de objeto e de elemento parecem ser clinicamente úteis:

> Os elementos de transferência são encontrados em um aspecto do comportamento do paciente que trai a sua consciência quanto à presença de um objeto que não ele mesmo. Não se deve desconsiderar qualquer aspecto que seja do seu comportamento; deve-se avaliar a sua relevância para o fato principal. A forma como ele cumprimenta ou deixa de cumprimentar, referências que faz ao divã, aos móveis ou ao clima, tudo deve ser observado para descobrir quais aspectos se relacionam com a presença de um objeto que não seja ele mesmo; a evidência deve ser considerada a cada nova sessão e nada deve ser tomado como certo, uma vez que os aspectos da mente do paciente que se apresentam à observação não são decididos pelo tempo de duração da análise. Por exemplo, o paciente pode considerar o analista como uma pessoa a ser tratada como se fosse uma coisa; ou como uma coisa para a qual a sua atitude é animista. Se ψ (ξ) representa o estado mental do analista diante do analisando, é o elemento insaturado (ξ) que importa em cada sessão. (EP, 69)

Os elementos de psicanálise são uma parte intrínseca da ferramenta epistemológica de Bion, a Grid ("Grade"; q.v.). A "Grade" (Grid) pode medir o valor de verdade das afirmações feitas pelos participantes do ato analítico. Mede também a função e o estado genético (ou ontogenético) do desenvolvimento de alguns pensamentos, ideias, objetos e elementos. A formulação dos elementos de psicanálise é importante no sentido de que esses elementos podem se desenvolver, apesar de sua qualidade de "elementar" perdurar. Eles são passíveis de "saturação" pelos significados e, nesse sentido, podem ser selecionados e "observados" com a ajuda da "Grade" (Grid). Não é mera coincidência que Bion tenha desenvolvido as duas teorias, a da "Grade" (Grid) e a dos elementos, no mesmo livro. A "Grade" (Grid) rastreia o desenvolvimento – ou a decadência – de um elemento, mostrando seu estado em um determinado ponto do tempo.

Os elementos de psicanálise são ideias e sentimentos, conforme representados pela sua posição em uma categoria singular de grade. (EP, 103)

ELEMENTOS DE PSICANÁLISE E ANÁLISE PESSOAL DO ANALISTA

A pesquisa de elementos de psicanálise se restringe aos aspectos cujo discernimento cabe ao psicanalista. Eles não podem ser representados pelos sinais abstratos que sugeri, nem por narrativas mitológicas que evoquem imagens visuais, de modo que aquele que não for um psicanalista praticante e treinado não "realizaria" a aproximação da representação. (EP, 67)

& Bion descreve algumas das características intrínsecas aos "elementos". O autor propôs em outro estudo alguns rótulos ou nomes genéricos para essas características. Embora não tenham sido dados por Bion, podem ser úteis, na medida em que retratam fielmente as características descritas (e escritas) por ele mesmo:

1. **Transcendência:** os elementos precisam conseguir manter *"a 'realização' original de suas representações"* (EP, 3 e 4).

2. **Valência ou capacidade de relacionar:** *"devem conseguir se articular com outros elementos semelhantes"* (EP, 3). Isso depende do "tropismo" (C, 34; T, 109), utilizando-se a terminologia poética de Goethe, de "afinidades eletivas".

3. **Senso de verdade:** os elementos são pensamentos sem pensador, mas nunca produtos de imaginação. Tampouco são produto do desejo: *"quando assim articulados, precisam formar um sistema dedutivo científico capaz de representar uma 'realização', supondo que exista alguma"* (EP, 3).

4. **Paradoxo:** um elemento de psicanálise precisa ser capaz de conter um paradoxo básico: a criatividade suprema de um casal. Neste sentido, um elemento é sempre pregnante – dado pelo seu fator insaturado, representado por (ξ).

Na investigação transdisciplinar deste autor, as "dimensões" referidas por Bion, de uma interpretação psicanalítica, assemelham-se ao "espaço de fase", descrito por Hamilton (Sandler, 1997a, pp. 44, 51; 2013, p. 77). Elementos de psicanálise não são postulados filosóficos, pedagógicos, psicológicos ou teológicos; são constatações empíricas que podem ser colocadas sob essa forma teórica.

E

Equação pessoal

Freud observou a existência, em sessões analíticas, de algo que ainda não tinha nome, e que poderia ser chamado – como ele a chamou – de "equação pessoal" (Freud, 1926, 1938c). A descrição já havia sido feita, mas sob o título de "transferência" e "contratransferencia" (Freud, 1912). Dois modos abreviados, taquigráficos, para descrever um fato: a personalidade do analista influencia suas percepções e, consequentemente, limita ou expande todo o manejo e ação durante uma sessão, incluindo interpretações e construções verbais. Com isso, Freud demonstrou que o observador interfere no objeto observado – anos antes que pelo menos dois físicos quânticos, Werner Heisenberg e Paul Dirac, pudessem tê-lo descoberto. Em termos históricos, a diferença em anos é desimportante. Em termos transdisciplinares é importante.

Até o ponto que foi a investigação do autor deste dicionário, Ferenczi foi o primeiro colaborador que reavivou a questão. Reconhecer, e manejar, ainda que minimamente, a "equação pessoal" é decisivo na consecução de uma análise. Por que decisivo? Porque em psicanálise nosso objeto de estudo e nosso método de estudá-lo coincidem, são os mesmos – a mente humana. Como poderíamos avaliar se a visão do analista sobre seu paciente não seria imputável ao próprio analista? Freud percebeu que um modo de minimizar o fator pessoal é a análise pessoal do analista. Desde sua época, ainda não se divisou nenhum outro método melhor. Do mesmo modo que Freud, Bion iguala a equação pessoal ou fator pessoa à contratransferência:

> Vou ignorar a perturbação produzida pela personalidade ou aspectos da personalidade do analista. A existência de tal distúrbio é bem conhecida e seu reconhecimento é a base para a aceitação analítica da necessidade de os analistas serem analisados e dos vários estudos sobre contratransferência. Conquanto outras disciplinas científicas reconheçam a equação pessoal, o fator de erro pessoal, nenhuma ciência que não a psicanálise tem insistido em uma investigação tão profunda e prolongada de sua natureza e ramificações. (T, 48)

Uma das tarefas importantes no ato analítico é a extinção de um fator: julgamentos de valor, que parecem caracterizar a espécie humana. Em toda sua obra, Bion ressalta a perspectiva moral, e faz alertas profundos em relação à necessidade de conheê-la para controlá-la. Em 1961, no estudo "Uma teoria do pensar", observa que, nos casos em que

> ... intolerância de frustração não seja demasiadamente grande para ativar mecanismos de evasão e mesmo assim seja demasiadamente grande para tolerar o domínio do princípio da realidade, a personalidade desenvolve onipotência como

substituta para o casamento de uma pré-concepção ou concepção, com a realização negativa destas. Isso envolve o pressuposto de que onisciência é uma substituição do aprender da experiência, com a ajuda de pensamentos e do pensar. Inexiste qualquer tipo de atividade psíquica que possa discriminar aquilo que é verdade daquilo que é falso. Onisciência substitui por enunciado ditatorial, de que algo é moralmente certo e que o outro algo é moralmente errado, o discriminar entre verdade e falsidade. O pressuposto de onisciência que nega aquilo que é real, que nega a própria realidade, assegura o engendramento de moralidade, como função de psicose. O ato de discriminar entre verdade e falsidade é uma função da parte Não-Psicótica da personalidade, e de seus fatores. Há, portanto, um conflito entre uma asserção sobre existência de verdade e outra asserção, a de superioridade moral. O extremismo de uma infecta a outra. (ST, 114)

Praticar ciência exige, por necessidade, isenção de qualquer julgamento moral; o mesmo se aplica ao ato de observar e analisar – Bion, em 1962, recorre a uma citação de Darwin para evidenciar esse fato (LE, 86). Não se pode aprender da experiência com esse tipo de perspectiva. Ao atender pacientes com prevalência da personalidade psicótica (q.v.), Bion observa a presença de *"asserções invejosas de superioridade moral, sem qualquer moral"* (LE, 96). Especifica que a superioridade moral é atribuída, nesses pacientes, ao ato de *"des-aprender"*, típico do vínculo (–K) (q.v.) (LE, 98). Assinala que a moralidade é intrínseca às formas narrativas, que se baseiam em causalidade – o que constitui o maior problema das formas narrativas no que tange à função científica que os mitos tiveram, mas que hoje não podem mais ter, como tinham na época em que foram feitos. Foram perdendo essa função – ao ponto de serem criticados por ninguém menos do que Sócrates. Foi só com a obra de Von Herder e Schopenhauer que os mitos recuperaram parte de seu *status* científico primitivo. E o fator que mais contribuiu para a perda desse *status* foi justamente as noções de causalidade, intrínsecas às formas narrativas (EP, 46). À medida que sua obra evoluía, descobria que a moralidade pertence à categoria das transformações em alucinose; o leitor pode examinar, no verbete "alucinose", as "regras de alucinose" (T, 58-66, 79, 133; AI, 8). Até mesmo a questão da Mentira pode ser examinada psicanaliticamente sem que se apele para o vértice moral (AI, 96, 101, 117).

Espaço mental

A possibilidade de adquirir noção a respeito desse conceito na obra de Bion exige familiaridade prévia com outros conceitos expostos nos seguintes verbetes: "círculo, ponto, linha", "menos K (–K)", "ponto", "matematização da psicanálise" e, especialmente, "método científico". As origens psíquicas de desenvolvimentos primitivos, ou básicos, iniciais (em termos de desenvolvimento psicológico), da noção de espaço podem ser encontradas nesses verbetes. Tentaremos agora mostrar a forma final e sintética do conceito "espaço mental":

E

> Farei, no momento, uso dos conceitos geométricos de retas, pontos e espaço (derivados originalmente de apreensões da vida emocional, e não de uma apreensão do espaço tridimensional) como algo restituível ao âmbito a partir do qual eles parecem-me ter se originado. Ou seja, se o conceito de espaço do geômetra deriva de uma experiência do "lugar onde havia algo", deve-se novamente capacitá-lo para iluminar o âmbito onde é significativo, em minha experiência, dizer que "um sentimento de depressão" é o "lugar onde um seio, ou outro objeto perdido estava"; e que "espaço" é "onde depressão ou alguma outra emoção costumavam estar".
>
> Assinalei que este espaço, estes pontos e estas linhas na mente diferem daquele espaço do geômetra em um aspecto importante: no âmbito das imagens visuais mentais um número infinito de retas pode passar por um ponto; mas, se eu fosse tentar representar sobre uma folha de papel essa imagem visual mental, haveria um número finito de linhas. Essa qualidade limitante é inerente a todas as realizações do espaço tridimensional que se aproximam dos pontos, retas e espaço do geômetra. Pelo menos até o momento de se fazer uma tentativa de representar o espaço mental por meio de pensamento verbal, essa qualidade limitante não é inerente ao espaço mental. Estou assim postulando espaço mental como uma coisa-em-si, incognoscível, mas que pode ser representada por pensamentos. (AI, 10-11)

Falhas na apreensão do conceito, mal-entendidos e distorções: até o ponto em que foi nossa investigação em trabalhos publicados por membros do movimento psicanalítico que se declaram interessados no trabalho de Bion, a noção sobre espaço nos parece ter sido submetida apenas a entendimentos, não a uma apreensão do seu *éthos*. Tentativas de entendimento fazem-se sob forma racionalizada e, a nosso ver, excessivamente concretizada: um problema que afeta a apreensão de todos os conceitos em física. Em psicanálise, ocorre uma busca por significados; no entanto, "espaço mental" só pode ser representado e, na obra de Bion, não admite significados; é necessário perceber sua função no aparato mental. Bion recorre ao âmbito "menos (ou negativo)" (q.v.) para poder circunscrevê-lo. O conceito de espaço mental na obra de Bion pode ser visto como o clímax de uma pesquisa sobre consequências emocionais e comportamentais (no aqui e agora de uma sessão analítica, como amostra representativa da vida do indivíduo sob exame) de não poder, ou sentir que não se pode tolerar ausência, falta, não-seio, não-espaço: o "lugar onde algo estava". Paradoxalmente, estudos a respeito do um "lugar onde algo estava" têm sido gradativamente preenchidos por falta de apreensão da correspondência desse termo na realidade, degenerando o conceito "espaço mental" para algo que seria concretizável e materializável, que poderia ser tocado, pintado, esculpido ou descrito em termos de objetos concretos, o que poderia produzir teorias escritas. O "lugar onde algo estava" transforma-se, no entendimento racionalizado, em um "local onde um sólido está". Vinho velho em odres novos? A dificuldade de apreender o conceito, como conceito-limite, sofre o mesmo destino dos modelos teóricos propostos por Freud: pessoas há que sentem poder "olhar" "um ego", ou "um

inconsciente", que "fariam", como se fossem entidades (animizadas ou não) o "espaço mental".
Referência cruzada recomendada: Método científico.
Referências cruzadas sugeridas: Estar-uno-a-si-mesmo (*At-one-ment*); Menos K (–K); Matematização da psicanálise; Psicanálise real.

Esquizofrenia, uma teoria da

Nota sobre a terminologia. Em 1965, Bion já havia desenvolvido suas observações iniciais sobre inadequações do modelo curativo, típico de algumas áreas na medicina, para a prática psicanalítica. Pode-se observar que a denominação "modelo médico" abrange mais as pretensões de estudantes e dos primórdios da prática médica, datando de época pré-hipocrática e pré-galênica, ainda aprisionada por idealização (no mais das vezes, por culpa não analisada, como observou Freud) da atividade médica. Seria mais a atividade xamanística, ou dos pagés, ou de ministros religiosos. Essa versão primitiva ressurge de tempos em tempos: por exemplo, na demonologia, ou nas práticas de exorcismos – todas de natureza delirante e alucinatória.

A utilidade limitada do diagnóstico psiquiátrico, quando aplicado ao aqui e agora da sessão analítica, aparece em vários momentos da obra escrita por Bion. Por exemplo: *"os termos utilizados em 34 são quase inúteis para um psicanalista praticante; atualmente, iria utilizá-los com maior cautela"* (ST, 139; o item 34 se refere a um paciente rotulável como esquizofrênico).

Na mesma época na qual Bion reviu com mais profundidade suas ideias sobre patologia, surgiram recomendações quase didáticas – uma exceção no estilo geral de escrita – sobre a necessidade do analista de disciplinar-se em termos de memória, desejo e compreensão, para adquirir uma capacidade mínima para obter um vértice psicanalítico. Aparecem no comentário a *Second thoughts* e em "Notas sobre memória e desejo". Podem ser vistos como trabalhos preparatórios para *Attention and Interpretation* (que seria publicado em 1970). Evolui como se fosse um salto quântico, de diagnósticos psiquiátricos para apreciações psicanalítica, baseadas em observações de Freud e, principalmente, de Melanie Klein: *"Os pacientes nos quais ocorrem essas dificuldades são importantes na mesma extensão na qual suas ambições destrutivas permanecem ativas"* (ST, 139).

O leitor atual poderá considerar a evolução obtida no momento em que houve uma autocrítica a respeito de seu trabalho anterior – antes de começar a usar definições e posturas que poderiam ser válidas em uma época, mas mereceram reflexão posterior.

E

Teoria da esquizofrenia: Bion explicita claramente que as observações de Melanie Klein, em sua representação teórica, ocupam posição central em sua visão da esquizofrenia. Fornece uma abordagem a essa patologia – pois a considerava como patologia quando elaborou suas teorias – incomum para a época. Talvez os únicos paralelos possam ser encontrados nas contribuições de Herbert Rosenfeld, Silvano Arietti e John Rosen. Em termos históricos, insere-se em uma tradição que se iniciou com Freud e continuou com a obra de J. Von Domarus – que esclareceu um pensar específico na esquizofrenia, denominado por ele mesmo de "não-silogístico".

Nos países de língua portuguesa, e principalmente no Brasil, a obra de todos esses autores tem sido ignorada. Não será exagero afirmar, mesmo que pareça um exercício de futurologia, que esse está sendo o caminho para um exame cuidadoso da obra de Bion – fora de modismos superficiais. Referimo-nos agora ao um escrutínio cuidadoso que Bion tentou fazer sobre o pensamento verbal típico daqueles que são rotuláveis, ou rotulados como esquizofrênicos, na psiquiatria. Mais precisamente: os processos por meio dos quais o pensamento se forma; e como esses processos se demonstram, naquilo que Bion denomina "pensamento verbal". Na observação de Bion – em que há uma de suas maiores contribuições à prática psicanalítica – há pensamentos não-verbais, ou seja, pensamentos oníricos de vigília que não se expressam por verbalizações. Embora também não seja necessário, seria útil, por esses pensamentos serem verdadeiros, que não se considere que essa contribuição é original. Pode ser encontrada nas obras de Aristóteles, redescoberta e ampliada por Baruch Spinoza, Moses Mendelsohn e Immanuel Kant e, depois, na obra de Freud, sobre pensamentos oníricos, que, na origem, são predominantemente visuais, e não verbais. Passam a também serem representados verbalmente quando relatados na vida em vigília – descritos por Freud como "conteúdos manifestos do sonho". Freud também indicou a existência de outros pensamentos não verbais, expressos nas áreas de funções do ego, materializadas e imaterializadas – notação, atenção e ação motriz – por meio de nosso aparato psíquico, sensorial e motor, sob os dois princípios do funcionamento mental. Parte das funções de ego pode ser, de modo útil, abarcada teoricamente pela formulação verbal denominada – desde os antigos romanos – de conação. Melanie Klein deu o que nos parece ter sido o maior impulso prático para a investigação do pensamento não verbal, aliando o trabalho onírico de vigília à conação com a técnica do brincar, ou ludoterapia. William McDougall, inspirado por Aristóteles, Auguste Comte e C. J. Jung, também deu contribuições teóricas às estruturas não verbais do pensar na área de conação, com similaridades às obras de Freud, Klein e Bion. Especificamente, que o pensar não-verbal consegue, de modos ainda não apreendidos, *formular* percepções sensorializadas, como pictogramas e outras imagens visuais cinéticas, inclusive na motricidade facial, de maior complexidade neuromuscular, em quantidade e qualidade, se comparada com aquela em outras partes de nosso corpo.

A linguagem de Bion

Como Freud e Klein, Bion ocupou-se da esquizofrenia usando observações clínicas fornecidas pela psiquiatria que procuraram síndromes de sintomas e sinais, com base em descrições fenomenológicas – em vigor durante dois séculos e meio, até a entrada de inventários puramente sintomatológicos, sob pressões comerciais de laboratórios farmacêuticos, no início dos anos 2000.

Talvez seja útil recordar, ou pelo menos conhecer, que teóricos da ciência criadores de teorias do conhecimento – Platão, Aristóteles, Spinoza, Bacon, Vico, John Locke, David Hume, Immanuel Kant (e alguns divulgadores, como Voltaire) e, na época de Bion, Wittgenstein –, necessitaram, para a elaboração dessas teorias, descobrir e considerar vínculos entre realidade, pensamento e linguagem. Wittgenstein foi citado por Bion em *Cogitations*, e também em "Linguagem e esquizofrenia", publicado como o capítulo 9 em *New Directions in Psycho-analysis*, um livro hoje tão clássico quanto esquecido, organizado por Melanie Klein, Paula Heimann e Roger Money-Kyrle. Wittgenstein construiu toda uma teoria em que a realidade é representada pela própria linguagem – não como representação, mas como "proposições" – em *Tractatus Logico-Philosophicus*.

Bion utiliza-se das ideias de Locke sobre um conceito criado por ele, "senso comum"; as ideias de Hume sobre "conjunções constantes"; e também se utiliza, ainda que indiretamente, de contribuições de um orientador de Wittgenstein, Bertrand Russell, cuja influência aparece nas questões centrais em psicanálise de autoridade pessoal e **responsabilidade** (q.v.). Possivelmente o ambiente intelectual na época de Bion tenha influenciado seu interesse por explicitar características do pensamento verbal, implícito nas obras de Freud e de Klein: em "Formulações sobre os dois princípios do funcionamento mental" e na formação de linguagem simbólica na criança, respectivamente. Em artigos técnicos, como as "Recomendações a médicos que praticam psicanálise", ou sobre o início do tratamento, na década de 1910, e examinando questões em análise por não médicos, então denominada análise leiga, Freud ressalta que a única ação que ocorre dentro de uma sessão de análise é uma conversa. Ou seja, enfatiza a comunicação verbal como a única, caso o exame se dê sob o vértice dos enunciados do analista, que precisam sempre ser verbalizados, e não atuados (um termo usado para verter o conceito de *acting-out* para o português). Bion retorna à ênfase, várias vezes, ao enfatizar o fato de que as intervenções do psicanalista precisam se dar por meio do vínculo K (conhecimento), mas não H nem L (ódio e amor) – mesmo que, em termos da teoria das Transformações e Invariâncias (q.v.), precise haver algo além – um percurso das transformações em K para transformações em O (q.v.). Sófocles, Shakespeare e Goethe foram autores atemporais que se expressaram por meio de recursos providos pelo pensamento verbal. Totalmente nos dois primeiros casos; e notavelmente, mas não apenas, no terceiro caso. Esses três autores podem ser vistos como as maiores fontes inspiradoras para a investigação de Freud no âmbito da natureza humana e de seus sofrimen-

E

tos, ombreando-se ou, no máximo, secundando-se à inspiração fundamental obtida por Freud em autores que se dedicaram à medicina e fisiologia? O leitor que responder afirmativamente a essa questão não terá nenhuma surpresa caso detecte o interesse de Bion sobre a elucidação de algumas características do pensamento verbal e de seus distúrbios. Algumas, pois nem Freud nem Bion tentaram fazer aproximações que pudessem resolver todo o problema nessa investigação. Anteriormente estudados por outras disciplinas, como etimologia, crítica literária de textos anteriormente denominados "sagrados", antropologia, e posteriormente por novas disciplinas, como linguística e, depois, semiótica. Alguns desses autores nessas disciplinas disseram ter sido inspirados pelo trabalho de Freud.

Bion tinha noção da resistência, por parte dos membros do movimento psicanalítico, a essa abordagem ou ênfase. Um tipo de resistência mostrou-se abertamente como restritiva, dizendo que não era psicanálise; o outro tipo mostrou-se idolátrico, dizendo que era uma "revolução". Todos eles guiados por aparências, pois julgaram-na nova.

No final de sua vida, alertou, de modo em que o bom humor parece (pelo menos ao autor deste dicionário) ceder lugar a um sarcasmo rebelado, sobre o que lhe pareceu a ignorância de muitos membros do movimento psicanalítico para questões fundamentais do comportamento humano, iluminadas por disciplinas que – na metáfora cunhada por ele mesmo – seriam "psicanálise ancestral", antes que um Freud aparecesse para poder descobri-la. E cunhar a palavra; ou seja, usar seu pensamento verbal para fazê-lo. Bion, influenciado por Freud e Klein, enfatizou a noção do ouvir, e não apenas do escutar; e do silêncio, ou seja, momentos em que o pensamento verbal não consegue expressar a imaterialidade dos fatos psíquicos, mas apenas conduzi-la toscamente:

SHERLOCK: Watson é que lidou com a parte simples da coisa. Você já ouviu falar naquele cara, o Bion? Ninguém nunca ouviu falar nele, nem tampouco na psicanálise. Ele acha que ela é real, mas que seus colegas estão envolvidos. Numa atividade que não passa de uma manipulação mais ou menos engenhosa de símbolos. O que ele fala faz sentido. Existe uma impossibilidade de se entender que qualquer definição deve negar uma verdadeira prévia, assim como trazer em si um componente insaturado.

WATSON: Como na sua observação do caso do Estrela de Prata.

SHERLOCK: O velho e eficiente Watson: sempre acertando na mosca.

WATSON: (expandindo-se no universo de elogios dentro do qual se encontra inesperadamente) Se não me falha a memória, você disse: "Watson, se me permite, chamo sua atenção para o extraordinário comportamento do cachorro latindo", e eu respondi que não tinha ouvido nenhum cachorro latir. "É isso", disse você, "que torna o fato tão extraordinário".

SHERLOCK: Exatamente. Ninguém vai ouvir a ciência. Ela foi a maior contribuição isolada para a extinção final e misericordiosa da psicanálise. Se fosse possível alguém notar, ou talvez apreciar, um silêncio, os psicanalistas iniciaram seus latidos, ganidos e desavenças caninas. No início, eu ficava ouvindo porque parecia ter significado, mas acabei percebendo que era tudo destituído de sentido, que era um barulho que iria acabar tornando o pensar impossível. Fui possuído por um rudimento de capacidade para pensar, e aí percebi que eles eram alguns dos primeiros animais a odiar o pensamento. É claro que foi um poeta que formulou isso em primeiro lugar: "Para pastagens do silêncio me transporte / e seja a música que almejo ouvir". (AMF, I, 92)

É possível detectar nos escritos de Bion, no final dos anos 1940, uma imersão no clima político mundial – a época imediatamente posterior às duas maiores hecatombes, ou demonstrações de desumanidade com a qual apenas seres humanos conseguem tratar outros seres humanos: as chamadas duas "grandes guerras mundiais" (entre 1914 e 1918 e sua continuidade, entre 1939 e 1945). Bion vivenciou as duas de modo altamente específico: como militar, em duas atividades que, hoje em dia, são vistas como "avançadas", ou "de ponta", tecnologicamente: uma engenhoca concretizada, mecânica, de destruição, denominada "tanque", e, depois, em outra predominantemente imaterial, materializada como "dinâmica de grupo". Da qual ele foi um dos maiores contribuintes – mas, certamente, não o criador, como tentam pregar idólatras. A aparência era de que desejavam repeti-la de modo imaginário, longe da crueza desatinada de campos de batalha reais. O movimento psicanalítico – reflexo da sociedade circundante – criava falsas guerras, com aparência de verdadeiras, levadas a cabo com racionalizações. Por exemplo, com acusações de desvios da teoria e de técnica psicanalíticas; de "dissidências". Prosseguiram nos anos 1960 e 1970. Afetaram de modo adverso as obras de Melanie Klein, Donald Winnicott, Michael Balint, John Bowlby: *"abordando o assunto por meio de considerações a respeito do pensamento verbal, incorro no risco de parecer negligenciar a natureza das relações objetais do esquizofrênico"*. Embora enfatize que, em sua opinião, *"a maior característica da esquizofrenia é a peculiaridade das relações objetais mantidas por esquizofrênicos"*, há um motivo importante para a busca de um caminho aparentemente novo, que tem "a capacidade de iluminar a natureza dessas relações objetais, às quais tal natureza tem uma função subordinada" (todas as citações de ST, 23)

Bion sugere uma possível colaboração entre psicanálise e teorias do conhecimento – justamente as teorias de relações objetais e seus vínculos com a formação e manutenção de linguagem. Este foi o segundo estudo puramente psicanalítico publicado por Bion, dado o fato de que, historicamente, seus primeiros trabalhos mantinham

E

forte influência sociológica. Agora, Bion sugere a utilização de dois instrumentos científicos para apreender aspectos fundamentais da realidade psíquica:

1. Uma pesquisa da "natureza" de fenômenos na realidade psíquica.
2. Uma pesquisa das funções executadas por esses fenômenos, na mesma realidade psíquica.

O primeiro instrumento deriva de uma integração mais explícita dos dois estudos básicos de Freud sobre os dois princípios do funcionamento mental, feitos em 1911 e 1920, com alguns aspectos das contribuições de Platão – sobre as Formas Ideais – e de Kant, sobre as características primárias e secundárias dos objetos de conhecimento, contidas em *Crítica da razão pura*. O segundo instrumento engloba modos descobertos por matemáticos para tentar estruturar certos processos de pensar – Euclides, Aristóteles, Poincaré, Sylvester e Cayley, Brouwer. Bion não se utiliza de matemática *per ser*, mas da história das ideias que formaram teorias matemáticas; especificamente, de relações entre objetos. O termo "objeto" parece ter sido cunhado pela primeira vez para a matemática, por Aristóteles. Na visão do autor deste dicionário, Bion considera – como muitos e muitos autores – que a matemática é o modo mais sofisticado de apreensão da realidade.

O leitor poderá se recordar que Freud sempre enfocou funções. Sua origem foi a biologia e a medicina; e que o exame científico de funções o levou a alternativas mais válidas do que a crenças localizatórias da religião positivista, correntes na "neuropsiquiatria" de seu tempo – e dos tempos de Bion, e, apesar do pequeno intervalo provido por avanços em algumas disciplinas, como matemática, física, química, biologia e antropologia. Assim equipado, tratou de obter quais poderiam ser *fatores* e *funções* e seus correlatos, para que pudesse se aproximar de aspectos transitórios daquilo que, à falta de nome já existente, denominou de Verdade, ou Realidade-O (q.v.): a coisa-em-si-mesma (se adotarmos a terminologia de Kant); ou Formas Ideais ou Platônicas, para denotar o âmbito numênico. Com isso, juntou a recém-descoberta "psicanálise" a essas disciplinas que forneceram avanços sobre a religião positivista.

Em termos psicanalíticos: Bion tenta explorar aquilo que é desconhecido, ou, no termo mais utilizado pelos membros do movimento psicanalítico, investiga o âmbito do sistema inconsciente; ou Id (*Das Es*, no alemão usado por Freud). Investigações psicanalíticas – a exemplo de todas as investigações científicas reais – tentam enfocar relações entre objetos imaterializados; mas nunca com pretensões teleológicas (ou finalistas). É possível obter *insights* transitórios, de relance, entre aquilo que Bion denominou "**tornar-se**" (q.v.). Analogicamente, incursões adentrando o desconhecido, com instrumentos parcialmente conhecidos – associações livres e investigações no trabalho onírico, de vigília e durante o sono, e as personalidades do paciente e do analista – e desconhecidos, forjados momentaneamente, no aqui e agora da sessão de análise, instrumentalizado pela intuição analiticamente treinada (ver o verbete "psicanálise intuitiva") do analista.

Um exame da história das contribuições de Bion permite constatar o quanto seguiu e desenvolveu a abertura de caminhos de investigação promovida por Freud, e um desenvolvimento próprio a partir dessas aberturas, ao equacionar a atitude de uma pessoa em relação ao pensamento verbal *"com sua potência e seu equipamento para trabalho e amor"* (ST, 27). Não há nada de novo na parte sobre o equipamento para o trabalho e amor, enfatizados muitas vezes por Freud, como objetivo de uma psicanálise, que poderia incrementá-los caso estivessem prejudicados; nem no fato de essas capacidades terem sido incluídas na tarefa psiquiátrica pela psicanálise. A expansão, ainda dentro das aberturas de pesquisa e terapêutica nela baseadas, por Freud, ocorre na ênfase explícita de "potência", inclusive mas não somente sexual. Hoje, com base nesses desenvolvimentos, pelo menos na investigação do autor deste dicionário e de outros autores brasileiros, a "potência" referida por Freud, enfatizada por Bion, pode ser colocada em termos de uma potência para quem exerce (independente do sexo físico e da escolha sexual) sua própria masculinidade. Portanto, a capacidade de produzir pensamento verbal e o ódio, mais a ambivalência contra essa capacidade, pode se expressar como ódio contra a análise. O paciente pode se sentir um *"prisioneiro da psicanálise"* (ST, 27). Em termos mais coloquiais: ódio e ambivalência diante do pensamento verbal implicam ódio à existência de uma realidade psíquica. As implicações no movimento científico dessa constatação parecem-nos sérias: envolvem todos aqueles filósofos e pessoas com certificados oficiais de que são médicos, ou psicólogos, que comungam da religião positivista. As resistências dos neuropsiquiatras oficiais contra a psicanálise cedo apareceu; e prossegue. Afinal, a psicanálise é um modo – pode haver outros – para entrar em contato com nossa realidade psíquica, ou "vida mental", ou "mundo mental", na metáfora de muitos membros do movimento psicanalítico, que se tornou senso comum.

Avanços elaborados por Bion, a partir de Freud e Klein, com o método que o autor deste dicionário denomina "observação participante", iniciado por Freud, permitem-nos perceber e lidar com a universalidade da psicose. Que, por sua vez, permite-nos perceber, ainda que minimamente, durante uma sessão de análise, como, e quando, essas manifestações clínicas surgem nos assim chamados pacientes "neuróticos". Muitos deles agem (no sentido do conceito de *acting-out*, de Freud), ao invés de pensar; muitos se comunicam não por verbalizações, mas provocando emoções, de um modo "micrométrico" se comparado ao dos pacientes psicóticos, mas não menos eficaz, pois a aceitação da provocação, de modo inconsciente, sempre dependerá da análise pessoal e das capacidades do analista; alguns usam seu discurso para disfarçar sentimentos, emoções e afetos.

Perdas na capacidade verbal implicam mais uma perda: a capacidade da personalidade neurótica de inventar racionalizações, cuja função é instrumentar sistemas

E

de evasão do paciente, até então utilizados para evitar contato com sua verdade interior. Na análise, manifesta-se, na observação clínica de Bion, por meio de frases, com o que ainda resta de pensamento verbal, que podem ser comparadas, analogicamente, a um *diminuendo* em uma partitura musical; paradoxalmente correspondem a um *crescendo*, pois são queixas: *"Perdi minhas palavras"*, tinha o sentido real de que *"o instrumento pelo qual o paciente tornava efetiva sua evasão foi se perdendo no processo de análise, à medida que este processo libertava mais material"* produtor de *insights* – não importa a qualidade deles; nem os sentimentos que brotam, bem ou mal-vindos. O que importa é aquilo que está sob ataque: a análise e o contato com a vida mental. Na mesma extensão em que a análise colocava claros os pensamentos, *"o instrumento que efetuara a fuga foi sendo perdido durante o processo. Palavras, a capacidade para pensamento verbal, bem aquilo que era essencial para novos progressos, haviam ido embora"* (ST, 27). E a engenhosidade da personalidade neurótica, com a qual a personalidade psicótica campeava solta, vai se perdendo à medida que a análise prossegue. Bion chama a atenção para um paradoxo: tanto a aquisição quanto a perda da capacidade verbal são temidos. O indivíduo regride espontaneamente no uso das melhorias de sua capacidade verbal como *"modo de ação"*.

> Sob o ponto de vista do paciente, a aquisição de um pensamento verbal tinha sido um evento muito desastroso. O pensamento verbal fica de tal modo entrelaçado com catástrofe e com emoções dolorosas de depressão que o paciente, apelando para identificação projetiva, executa a clivagem dessas emoções, empurrando-as para dentro do psicanalista. Os resultados são, uma vez mais, desastrosos para o paciente, que sente a falta desta capacidade como idêntica a ser insano. . . . O problema do psicanalista é o pavor do paciente, agora totalmente manifesto, de que a tentativa de uma compreensão psicanalítica daquilo que esses problemas significam, parcialmente pelo fato de que o paciente agora entende o que a psicanálise exige: o mesmo pensamento verbal que o apavora. (ST, 32)

Um pouco mais de uma década de outras observações permitiram que Bion modificasse sua apreensão a respeito de esquizofrenia e também do pensamento verbal. Ficam expandidas não apenas com a consideração a respeito de que há sempre uma personalidade psicótica subjacente, mas também com algo que parece ser uma necessidade humana: o pensamento religioso. Formado por idolatria e também pela nossa capacidade de **temor reverencial** (q.v.) (ST, 145; C, 284). Mais outra década será necessária para uma melhor iluminação transdisciplinar – entre ciência, religião e psicanálise. Abandonando quase todas as tentativas anteriores de fazer uso de conceitos teóricos, Bion apela para uma linguagem coloquial, sob forma dialógica, para apresentar alguns de seus objetos internos "dialogando" entre si. Em resumo, Bion tenta demonstrar que é possível haver o contato com a vida mental, antes abordado em pessoas que não podiam ou não queriam fazer isso, oferecendo-se – na esteira do que fizeram Freud e Klein antes dele – como exemplo dessa possibilidade. O leitor poderá examinar as "falas" entre os objetos parciais de Bion denominados P.A. e Sacerdote, nos volumes II e III de *A Memoir of the Future*. E também o verbete "ciência *versus* religião" neste dicionário. Contemporaneamente a Wittgenstein, mas com o vértice psicanalítico, e não filosófico, nem lógico, Bion desenvolve uma investigação clínica dos vínculos entre palavras, pensamento verbal, realidade e verdade.

A característica que, na clínica, pode ser denominada de psicótica não se vincula apenas ao diagnóstico psiquiátrico; fica enriquecida pelo vértice psicanalítico, na medida em que ilumina aspectos da posição esquizoparanoide: prevalência de autointeresse; fantasias de superioridade; desprezo pelo objeto; abandono de fantasias persecutórias, em que ódio é sempre atribuído a outrem; ódio à verdade. Um enunciado feito em 1975 ilustra a questão:

> Posso ver que isso é compatível com uma cultura na qual se tem como certeza você não acreditar no que te dizem. É difícil ver como eles conseguem chegar a algum resultado, quando fazem algo em que se requer saber a verdade . . . você simplesmente assume que a pessoa que está falando está dizendo uma inverdade; ou, de qualquer modo, sendo desonesta, no sentido de efetuar uma comunicação que visa, primariamente, seus próprios objetivos; e não comunicar a outra pessoa algo verdadeiro. Lança uma luz inteiramente nova sobre os problemas da psicanálise e sobre o fato de ninguém estar propenso a acreditar que alguém esteja tentando lhe dizer algo que valha a pena ser ouvido. (C, 357)

Em 1965, Bion observa que um problema implícito à análise do paciente psicótico parece ser sua impossibilidade de trabalhar sem a presença dos objetos com os quais, e a respeito dos quais, o trabalho precisa ser feito. Como consequência, isso produz uma *"tendência a provocar situações problemáticas em vez da solução dos problemas"*.

Todas essas observações são desenvolvimentos do estudo psicanalítico que Bion fez a respeito de esquizofrenia; será útil se o leitor, caso não esteja familiarizado, possa ter contato com esses estudos. Bion enfoca a situação com base no âmbito da percepção. Se usarmos um termo mais atual, cognição. Isso determina o curso dos pensamentos, ou do que se denomina, mesmo que não se saiba do que se trata, de "ideação" ou "mentalidade". Seja lá qual for a nomenclatura que se escolha, pode-se dizer que percepção, englobada por cognição, que permitiria a formação de ideias ou conformaria uma estrutura geral, "mentalidades", o sentido é o mesmo: algo que almeja conhecimento (sinônimo de cognição, que está mais próxima, etimologicamente, do radical greco-romano), ou, como preferimos denominar, de

E

apreensão da realidade. Bion, a partir de 1956, passa a se utilizar de um enquadramento generalizador, não enunciando mais a categoria específica de esquizofrenia: refere-se à parte psicótica da personalidade e, depois, apenas psicose. Observou, em 1965, que *"o psicótico se comporta como alguém que, para 'pensar' algo, tivesse que esperar pelo aparecimento daquela coisa no mundo da realidade externa. De modo semelhante, tal paciente parece incapaz de pensar ou imaginar uma situação, mas tem que 'atuá-la'".*[37] Nessa época, tentou definir a situação total em termos da teoria das Transformações e Invariâncias (q.v.), aplicada à observação psicanalítica. Caso o leitor não esteja familiarizado com os aspectos dessa teoria emprestada por Bion, será útil que saiba – ou que se relembre – que, nessa teoria, como em toda teoria matemática, existe um sistema notacional de signos. T é o signo que Bion usa para representar o contraponto fenomenológico de O; O é o sinal que Bion usa para representar a realidade total, ou a que pertence ao âmbito do número; Tp é o signo que representa os produtos finais das transformações do paciente. Neste caso, parece que o paciente não consegue transformar T (a contrapartida fenomenológica de O). Parece que o paciente tem um contato direto com a realidade total, ou última ("O"), e não consegue transformar O em T.

> A situação deve ser examinada de duas perspectivas: a pessoa nunca consegue conhecer a coisa-em-si-mesma, só conseguindo conhecer as qualidades primárias e secundárias, que são de fácil apreensão pelo aparelho sensorial humano. Mas o psicótico parece ser incapaz de reconhecer qualquer coisa além da coisa-em-si-mesma. Esta atitude aparente tem semelhanças com uma outra atitude aparente, ou seja, aquela postulada pela teoria da identificação projetiva. O psicótico se comporta como se partes de sua personalidade tivessem propriedades físicas e pudessem ser clivadas e projetadas para o interior de outras pessoas, como objetos físicos que o outro objeto poderia modificar ou usar. Já que um paciente psicótico pode expressar palavras e sentenças, parece razoável supor que ele possa pensar. Mas pensar, no sentido de manejar as palavras e pensamentos para fazer a tarefa na ausência do objeto, parece ser justamente o que o paciente não pode fazer. Expus anteriormente (em *Learning from Experience*) que tais pacientes não têm memórias, mas apenas fatos não digeridos. Parece haver um colapso da necessidade de um objeto no interior do qual o paciente se sente capaz de projetar partes de sua personalidade, para desenvolvê-las e manejá-las. Um distúrbio se instala, caso o paciente sinta que tal objeto não existe, e que não há nenhuma possibilidade de "clivar partes de sua personalidade". (T, 40-41)

---

[37] *Acting-out* no original – no sentido dado por Freud à expressão verbal: uma ação no mundo externo em que não se interpolam processos de pensar, entre o instinto, ou impulso, e a ação.

Essa postura desenvolve aquilo que Bion sugeriu em 1957, sempre por observação clínica em sessões de psicanálise: a tríade formada por três comportamentos – descritos segundo a psiquiatria fenomenológica: arrogância-estupidez-curiosidade. Emerge quando o paciente se sente impedido – real ou alucinatoriamente – de exercer identificação projetiva. Neste artigo, encontra-se uma diferença fundamental entre uma medida terapêutica recomendada por Bion e aquela dos assim chamados "kleinianos" e "neokleinianos": habitar a posição esquizoparanoide, como ocorre na prevalência da personalidade psicótica, e em todos os psicóticos – segundo Melanie Klein, a principal inspiradora de Bion no manejo psicanalítico de psicóticos, sejam eles esquizofrênicos ou depressivos (Klein, 1960, p. 99), não é um inimigo que precise ser combatido ou exterminado. Não é sinônimo qualitativo de doença: Melanie Klein deixou isso muito claro desde 1946 e até seu último estudo – "Sobre o sentido de solidão" (ela se utiliza do termo *sense*, e não *feeling*, como traduções tão apressadas quanto desastradas quiseram fazer crer). O que ocorre é uma questão quantitativa – a tendência para se ocupar a posição esquizoparanoide fica exagerada no caso de haver transtornos psíquicos. A noção de economia psíquica, originária dos estudos de Gustav Fechner, totalmente aproveitada por Freud, conserva-se na obra de Melanie Klein. A noção de economia psíquica remete-nos obrigatoriamente a questões inatas, geneticamente determinadas e, portanto, biológicas. Essa noção tem sido combatida ferozmente pelos que apregoam que a psicanálise é apenas uma forma de literatura.

Referências cruzadas: Intuição (especialmente a última parte, sobre "Farejando o perigo"); Matematização da psicanálise; Transformações.
Nota: O número 34 corresponde aos dois primeiros parágrafos de "Notes on the Theory of Schizophrenia", 1953, em *Second Thoughts*.

Estar-uno-a-si-mesmo (*At-one-ment*)

P.A. Não penso que poderíamos tolerar nosso trabalho – doloroso como é tanto para nós como para nossos pacientes – sem compaixão. (AMF, III, 522)

Para o desenvolvimento mental harmonioso, torna-se essencial o uso de um postulado central: estar-uno-a-si-mesmo à realidade última, ou O, como a denominei, para evitar envolvimentos com associações já existentes. (ST, 145)

No momento decisivo que ocorre no aqui e agora de uma sessão em psicanálise, faz-se necessária a formulação verbal de enunciados cujo fator principal é uma

E

visão analítica (q.v.). Um dos fatores principais para a constituição desse tipo de visão é o "estar-uno-a" alguma pessoa, ou a algum evento imaterializado. Trata-se de um modelo representativo de um estado psíquico, tomando de empréstimo uma denominação de movimentos sociais que podem ser qualificados como inseridos na tradição mística da civilização ocidental (diversa de misticismo). Encontrável na cabala judaica e na cabala cristã, como consequência das posturas renascentistas do antigo testamento promovidas pela assim chamada Reforma, deflagrada por Martinho Lutero. O conceito precisa ser utilizado como ferramenta verbal para a consecução de uma "psicanálise real" (q.v.).

Para apreendermos o significado do conceito, é preciso submeter-se a uma análise real. No entanto, em uma obra escrita como esta, só há o recurso escrito.

Será necessário compreender algo a respeito daquilo que Bion denominou por um sinal quase matemático para o âmbito dos númena: "O" (q.v.). Corresponde ao sistema inconsciente (desconhecido) proposto por Freud para sistematizar o estudo do aparato psíquico; em termos de instâncias psíquicas, *Das Es*, ou Id, na versão inglesa do termo. Não é possível saber com certeza os fatores que levaram Bion a escolher esse tipo de sinal, nem tampouco sobre a escolha das origens. Mas é possível inferir, em termos de probabilidade, alguns deles. Por exemplo, o fato de o movimento psicanalítico ter transformado termos inicialmente técnicos em jargão destituído de sentido real, degenerando o valor comunicacional de termos elaborados por Freud. Pode-se também invocar a formação pessoal de Bion, cujo interesse nas aquisições da ciência e da arte da antiga Grécia pode ser comparado ao de Freud – e, em alguns setores, feito de um modo ainda mais marcado. Por exemplo, na obra de Platão, que parece ao autor deste dicionário ter assumido um valor equivalente à obra de Sófocles para as contribuições de Freud.

"O" foi utilizado por Bion para denotar aquilo que os primeiros cientistas na Grécia antiga intuíram ser a realidade última, a verdade absoluta; no período renascentista e depois, iluminista, foi denominado como "coisa-em-si-mesma".

At-one-ment, que o autor deste dicionário sugeriu, na versão brasileira de *Attention and Interpretation*, ser escrito em português como "estar uno a", constitui-se como indicação verbal cuja intenção é possibilitar uma descrição para eventos experimentalmente vivos, verdadeiros, sem contaminação por mentiras. Tenta formular uma realidade última, primariamente originada e importante para a vida do paciente, que esteja em evolução durante o aqui e agora de uma sessão analítica. Evolução que se faz por meio de um fato: do paciente estar disponível, como alguém que seja operado em uma cirurgia (invasiva ou minimamente invasiva), à exposição do operador, o analista, em analogia a um cirurgião. Como os cirurgiões, o analista participa da operação. Diferente do ato de cirurgia, em que as ações e reações do paciente passam a ser totalmente inconscientes (desconhecidas do paciente) e condenadas a sê-lo assim, em psicanálise elas são, ao menos parcialmente, conscientes. Diferente do ato cirúrgico, os instrumentos do analista são predominantemente verbais.

Estar-uno-a-si-mesmo (*at-one-ment*) não é um instrumento para *se conhecer* estaticamente alguma realidade psíquica de alguém, mas de *apreendê-la* de modo transitória e parcial, por relances, em que a intuição se faz necessária. Define-se neste dicionário o termo intuição segundo Kant – intuição sensível, dada por aprendizado por experiência, de alguma realidade, sem interpolação de processos racionais que passam pelo pensar.

Uma dada realidade, que, em entidades animadas, sempre está em evolução ou involução. Boa parte dessas realidades, que interessam vitalmente a nós, seres humanos, relacionam-se à sobrevivência: nutrição, reprodução, que sempre são uma mistura de atos e fatos materializáveis, mas sempre imaterializados, em proporções variáveis. Em psicanálise, foram denominados, ainda que de modo grosseiro e parcial, como toda denominação verbal: realidade material e psíquica. Poderá ser formulada, para finalidades de comunicação, por nós, seres humanos, sob muitos modos: literário, musical, matemático, químico, culinário, entre outros. Estar-uno-a-si-mesmo (*at-one-ment*), ou, no original, *"at-one-ment"*, tenta formular um estágio instantâneo, como se fosse uma passagem no espaço-tempo, para um *insight*.

Não se trata de uma ferramenta para conhecer a realidade psíquica devido ao fato de que a realidade psíquica, como qualquer outra forma em que a realidade possa eventualmente se apresentar, não é algo que se preste a ser conhecido: *"Não é o conhecimento da realidade que está em jogo, nem mesmo o equipamento humano para conhecer. A crença de que realidade é algo que é conhecido, ou poderia ser conhecido, é equivocada porque realidade não é algo que se presta, por si, a ser conhecido. É impossível conhecer realidade pela mesma razão que faz com que seja impossível cantar batatas: pode-se plantá-las, colhê-las, ingeri-las, mas não cantá-las. Realidade tem que ser "sendo": poderia existir um verbo transitivo "ser", para ser usado expressamente com o termo "realidade"* (T, 148).

Realidade-O, ou verdade-O (AI, 29) – o autor deste dicionário propõe que esta seja o *leitmotiv* da investigação, ou da busca sob o vértice analítico (AI, 29). Realidade-O pode "tornar-se", mas não pode ser "conhecida" (T, 149; AI, 26). O analista "torna-se O" (AI, 27) e, portanto, torna-se parte das expressões ou manifestações fenomênicas originadas em O – a experiência emocional como é experimentada pelo casal analisando e analista, com relação à realidade do paciente como ele (ou ela) realmente é. Esta prioridade – o paciente – nunca pode ser perdida de vista. Mesmo que muitos pacientes, como Bion observou e publicou, pelo menos desde 1957 (no artigo "Sobre a arrogância"), prefiram impor a visão, ou reverter a perspectiva, de que a pessoa mais importante em uma sala de análise seria o psicanalista. Freud, como sempre, foi o primeiro a observar o fenômeno, que denominou "transferência".

E

"Na medida que o analista torna-se O, ele se habilita para conhecer os eventos que são *evoluções* de O" (AI, 27). Portanto, a experiência de estar-uno-a-si-mesmo (*at-one-ment*) não pode ser descrita. Pode ser vivida. Não é uma questão de meros sentimentos – que Bion classifica como pertencentes ao âmbito das expressões sensoriais internas.

Como preparação diagnóstica que permite o uso do conceito de estar-uno-a-si-mesmo (*at-one-ment*), Bion aponta um caminho, que remete a uma "de-sensorialização" da prática psicanalítica: "Existem pacientes cujo contato com a realidade apresenta mais dificuldade quando a realidade é seu estado mental. Por exemplo, um bebê descobre sua mão; bem poderia ter descoberto sua dor de estômago, ou seu sentimento de terror; ou ansiedade; ou dor mental. Isto é verdade na maioria das personalidades comuns. Existem pessoas de tal modo intolerantes à dor ou frustração (ou em quem dor ou frustração são de tal modo intoleráveis) que elas sentem a dor, mas não a sofrem; não se pode então dizer que a descubram (AI, 9).

O autor deste dicionário infere (e esta inferência pode ser considerada como uma expansão, mas nunca uma modificação) que essa citação possibilita a introdução de um fator que contribui para um estado de *at-one-ment*: dor e seu dialético, nutrição. Bion havia tornado isso claro em *Learning from Experience* e em *Transformations*. O modelo teórico do aparato digestivo para adquirir-se alguma noção do trabalho analítico, ou seja, o modelo digestivo para o aparato psíquico, pode ser visto como excessivamente materializado, por referência à medicina – uma distorção de leituras já ocorrida com a obra de Freud, quando o acusaram de ser excessivamente "fisicalista" e "pouco psicológico" em afirmações quanto ao futuro da psicanálise, relativas ao que ele denominou "ego corporal", ou dos fatores "químicos" que contribuem para o estabelecimento de sofrimentos imaterializados, "psíquicos". Químico, psíquico – terminologia de Freud, que só podia se utilizar de métodos de investigação, e seus termos correspondentes, existentes à sua época, em pesquisas que não eram propriamente psicanalítica.

O modelo digestivo permitiu que Bion iniciasse primeiras incursões na observação de métodos para fazer aproximações a "O". Tolerância de frustração e de dor permitem experimentar a "Não-(alguma coisa)": o negativo por meio do qual a realidade, tal como se apresenta, e tal como ela é, emerge e pode se apresentar. E dependendo de o receptor se introduzir, em graus variáveis, no âmbito cognitivo – inicialmente, nos umbrais da percepção.

Partindo da renúncia da satisfação do desejo de que a realidade seja aquilo que a pessoa quer que ela seja à realização de que a realidade NÃO é aquilo que a pessoa quer, ou mesmo necessita que ela (a realidade) seja, emerge realidade-O, ou Verdade-O. Emerge de onde? Daquilo que foi objeto de nutrição, comparado com aquilo que foi desejado. O autor deste dicionário, partindo da obra de Bion, propõe que se diferencie nutrição – forma específica de realização, que sempre inclui a frustração – de satisfação (ver a seguir: satisfação).

> Para que **O** se qualifique para ser incluído entre as categorias da coluna 1, por meio da definição de suas qualidades definitórias, arrolarei as seguintes negativas: Sua existência como moradia não tem nenhum significado, na suposição de que **O** habita em uma pessoa individual, em Deus ou no Diabo; não é bem nem mal; não pode ser conhecido, amado ou odiado. Pode ser representado por termos como realidade última ou verdade. O máximo e o mínimo que o indivíduo pode fazer é ser **O**. Estar identificado com **O** é uma medida da distância de **O**. O belo que há em uma rosa é um fenômeno que denuncia a feiura de **O** do mesmo modo que a feiura trai ou revela a existência de **O**. (T, 139-140)

A experiência de estar-uno-a-si-mesmo (*at-one-ment*) liga-se estritamente ao momento decisivo em que ocorre uma interpretação, ou construção analítica. Não se trata de um ato estático de conhecimento – passível de ser escrito em uma página sob regras gramaticais –, mas um ato dinâmico, inefável, parcialmente imaterializado, de "ir sendo":

> A experiência de psicanálise provê material inigualável se comparado com qualquer outra fonte. Em consequência, este material precisaria estar totalmente disponível ao psicanalista. . . . Os eventos da experiência psicanalítica são transformados e formulados. O valor dessas formulações pode ser avaliado conforme as condições sob as quais se efetuam as transformações. O valor das formulações dos eventos de análise feitas durante a análise deve ser diferente daquelas feitas fora da sessão. Seu valor terapêutico é maior quando conducente a transformações em O; menor, quando conducente a transformações em K. . . . O analista precisa focalizar sua atenção sobre O, o desconhecido e incognoscível. O sucesso da psicanálise depende de se manter um ponto de vista psicanalítico; o ponto de vista é o vértice psicanalítico; o vértice psicanalítico é O. O analista não pode estar identificado: ele precisa *sê-lo* . . . em termos de experiência psicanalítica, o psicanalista pode conhecer aquilo que o paciente fala, faz e aparenta ser. Mas não pode conhecer o O do qual o paciente é uma evolução; ele apenas pode "ser" O. . . . A interpretação é um evento que ocorre realmente dentro de uma evolução de "O" comum ao analista e ao analisando. (AI, 25, 26, 27)

"Ser" – a transição entre o passado do paciente e o nascimento de uma psicanálise – e "tornar-se" – o presente de uma psicanálise – dependem vitalmente de uma relação com a Verdade: "não pode haver nenhum desfecho genuíno baseado em falsidade. Portanto, o desfecho depende da intimidade da avaliação interpretativa com Verdade" (AI, 28).

Bion fornece uma descrição a respeito de um estado de estar-uno-a-si-mesmo (*at-one-ment*): "Colocando em termos mais comuns: quanto mais o psicanalista possa estar 'uno' com a realidade do paciente, mais 'real' é este psicanalista" (AI, 28). Esta experiência é real, mas não depende de situações factuais, concretas e sensorialmente apreensíveis e fendidas, tais como o universo do discurso do paciente, suas afirmativas e coisas semelhantes: "De modo inverso, quanto mais o psicanalista depende de eventos concretos, mais ele se baseia em pensar que depende de um pano de fundo de impressões sensoriais" (AI, 28).

Aquilo que já é conhecido, ou a tendência a afirmar "Daqui não passo" (AMF, II, 265), impede a consecução interna (seja do paciente ou do analista) de um estado de estar-uno-a-si-mesmo (*at-one-ment*): "Quando a pessoa está engajada na procura de Verdade O, o impulso de se livrar de estímulos dolorosos confere uma qualidade insatisfatória ao 'conteúdo' da (♀) memória. . . . Quanto mais bem-sucedida for a memória em suas acumulações, mais ela se aproxima de relembrar um elemento saturado de elementos saturados. Um analista com uma mente deste tipo é alguém incapaz de aprender, por estar satisfeito" (AI, 29).

"O" representa a verdade absoluta de ou em qualquer objeto; "Representa a verdade absoluta em, e de todo objeto; postula-se que nenhum ser humano pode conhecê-la. Pode-se saber algo a respeito dela; pode-se reconhecer e sentir sua presença, mas não pode ser conhecida. É possível se estar uno a ela. Que ela existe, constitui um postulado essencial da ciência, mas ela não pode ser descoberta cientificamente. Não é possível nenhuma descoberta psicanalítica sem reconhecer a existência da realidade absoluta, 'estar-uno-a-ela' e sua evolução" (AI, 30).

At-one-ment e Verdade

"Pode-se perguntar que estado de mente é bem-vindo, já que memórias e desejos não o são? Um termo que expressaria de modo aproximado o que preciso expressar é 'fé' – fé de que existe uma realidade última e verdade –, o 'infinito desprovido de forma', desconhecido, incognoscível" (AI, 31). A questão não é(são) a(s) verdade(s) particular(es). Menos ainda "a verdade", mas a própria verdade.

At-one-ment e interpretação

A interpretação poderia ser tal que se favoreceria a transição de *conhecer sobre* a realidade para *tornar-se real*. As interpretações que fazem a transição do conhecer a respeito de O para se tornar O são aquelas que estabelecem . . . o material através do qual o raciocínio circula. (T, 153)

Bion examina as propriedades do número "um", sugerindo que algumas pessoas – qualificadas por ele como "místicos", emprestando o termo do senso comum em teologia e filosofia da religião, e também do lugar-comum popular –parecem ter tipo algum tipo de contato com O. Apoiam-se numa capacidade de tolerar os paradoxos. Bion cita como exemplos Santo Agostinho e São João da Cruz. Na obra deste último, há descrições de qualidades "repelentes", que "possam ser um preito inconsciente à sua identificação do mal real absoluto com o bem real absoluto" (T, 139). Embora Bion nunca tenha citado Isaac Bashevis Singer, pudemos encontrar alguns livros deste autor em sua biblioteca; segundo Francesca Bion, teria sido um prosador muito querido de seu marido. Singer descreve a mesma contingência em muitos de seus romances, como *Satã em Gorai* e *A Família Moskat*. Neste último, o protagonista, "Asa Herschel", finalmente (pois o ato se dá como conclusão do romance) descobre quem é o Messias do povo judeu: Adolf Hitler.

Em *Transformations* (1965), Bion recorreu à obra escrita de poetas renascentistas – como John Milton – e dos "místicos" para tentar expressar sua vivência a respeito de "O". Dois anos depois, 1967, Bion recorre à obra de poetas românticos para enfatizar a mesma situação:

> Se nas sessões psicanalíticas os psicanalistas puderem se entregar à análise, quando forem recordar essa experiência com tranquilidade, estarão aptos a discernir a experiência como parte de um todo maior. Quando esse estado é alcançado, abre-se caminho para a descoberta de configurações, as quais revelam ainda outros grupos de teoria, mais profundos. Mas o descobridor precisa estar preparado para descobrir que iniciou um novo grupo de oscilações: Perseguição⇔Depressão. (C, 285)

Lembramos – ou, para alguns leitores, podemos re-lembrar – que "relembrar a experiência na tranquilidade" são palavras de Wordsworth para expressar como "sentia a poesia" (Smith, 1798, p. 171); em *A Memoir of the Future*, Bion cita essa pessoa, considerada por literatos especializados na língua inglesa como o "maior dos românticos ingleses".

Em termos do sinal "O", Bion fornece mais modelos literários, em forma de quase fábulas. Uma delas, baseada em experiências de infância às quais foi submetido no então protetorado inglês, a Índia:

> O ponto prático é não continuar com investigações da psicanálise, mas sim da psique que ela denuncia. Isso precisa ser investigado por meio de padrões mentais; isso que é indicado não é um sintoma; isso não é uma causa do sintoma; isso não é uma doença ou algo subordinado. A própria psicanálise é apenas uma listra na

E

pele de um tigre. Em última instancia, ela pode conhecer o Tigre – a Coisa-em-Si – O. (AMF, 112)

AT-ONE-MENT E CIÊNCIA

Incapacidades para apreender usos de analogias – o método preferido por Goethe – travam ou, em casos extremos, impedem qualquer tipo de realização da natureza científica da formulação a respeito do estado de estar-uno-a-si-mesmo (*at-one-ment*). Em consequência, de uma realização da prática psicanalítica:

> A crítica se aplica a todo e qualquer vértice, seja musical, religioso, estético, político; todos são inadequados quando são relacionados a O porque, com exceção talvez da religião do místico, estes vértices e outros semelhantes não se adaptam ao que é desprovido de base sensorial. O psicanalista lida com realidades desprovidas de pano de fundo sensorial – por exemplo, medo, pânico, amor, ansiedade, paixão –, ainda que frequentemente as identifique a um pano de fundo sensorial – ritmo respiratório, dor, impressões tácteis etc. – e então as trate de modo supostamente científico. Não se requer uma base para a psicanálise e suas teorias, mas sim uma ciência cuja gênese no conhecimento e no pano de fundo sensorial não a limite. É necessário que seja uma ciência do estar-uno-a-si-mesmo (*at-one-ment*). Tal ciência precisa ter uma matemática do estar-uno-a-si-mesmo (*at-one-ment*), não da identificação. Não pode haver nenhuma geometria do "similar", "idêntico", "igual"; apenas da analogia. (AI, 88-9)
>
> A dificuldade do "publico" de entender o fato de que uma analogia é uma tentativa de vulgarizar uma relação, e não os objetos relacionados, é uma prova visível de como isso tudo afetou o assim chamado pensamento prático. A abordagem psicanalítica, ainda que valiosa ao ampliar o consciente por meio do inconsciente, acabou ficando viciada por sua incapacidade de entender a função de "seio", "boca", "pênis", "vagina", "continente", "conteúdo" como analogias. Mesmo escrevendo isto, a dominância sensorial de pênis, vagina, boca, ânus obscurece o elemento a que a analogia busca dar significado . . . (AMF, I, 71)

Um estado de estar-uno-a-si-mesmo (*at-one-ment*) mantém-se ligado ao trabalho onírico; ver o verbete "'Sonho', material do paciente".

Falhas na apreensão do conceito, mal-entendidos e distorções: Bion deixa claro que tomou emprestado alguns termos de outras disciplinas. Faz isso intencionalmente, aproveitando a penumbra de associações existentes nesses termos. Quando os utiliza com a finalidade de que o leitor se relembre de alguma disciplina – como matemática, filosofia, física, psiquiatria, medicina, biologia –, também esclarece a

A linguagem de Bion

qual penumbra se refere, e qual é seu sentido, para diferenciar dos sentidos matemáticos ou filosóficos, ou para aproximá-los. Exemplos disso podem ser encontrados em *Learning from Experience* e *Transformations*; ao mesmo tempo, enuncia de modo claro suas reservas quanto a leituras que tentam inserir e impor significados dos leitores sobre textos escritos.

Muitos dos termos emprestados por Bion já possuíam sentidos, significados ou conotações amplamente aceitos, ou de senso comum. Quando Bion pretendeu que o leitor se mantivesse nestas conotações de senso comum, avisava literalmente, por escrito. Um exemplo pode ser dado pelos termos "transformações e invariâncias", "alucinose", derivados da matemática e da psiquiatria. Em outros momentos, apresenta advertências específicas de que o leitor deve estar atento ao fato de que o termo é usado diferentemente em sua obra, se comparado com o uso no senso comum. Por exemplo, o termo "preconcepção" sem hífen (q.v.). Em outros momentos ainda, cunha novos termos, com a finalidade específica – até hoje frustrada, como ele mesmo observa no final de sua vida (por exemplo, AMF, II, 229) – de evitar alguma associação com termos existentes, tais como "O" e "α". Também enfatiza alguns significados de senso comum – principalmente em termos matemáticos – para aderir a eles, sempre sob o vértice da clínica psicanalítica. Por exemplo, os termos "ponto", "reta", "tangente", "hipérbole" em *Transformations*.

A falta de atenção a essas advertências e a desconsideração ao escrito onde há explicações a respeito do uso de um termo despertaram confusão e polêmica? Na visão do autor deste dicionário, a resposta é "sim". Será possível que os preconceitos tenham prejudicado a percepção dos usos que Bion faz de termos derivados da experiência mística, tais como fé, e estar-uno-a-si-mesmo (*at-one-ment*)?

O uso de termos conhecidos facilita a comunicação sem ser preciso recorrer a neologismos. Pessoas que mantêm a tendência de concretizar em excesso todos os produtos finais de seus próprios processos de pensar – qualificados ao longo deste dicionário do mesmo modo que foram qualificados por Immanuel Kant, os "realistas ingênuos" – não podem apreender um fato: o de que tradições místicas – e, talvez concomitantemente, em termos da história da humanidade, a arte e a ciência, inicialmente amalgamadas sob a forma de tecnologias para sobrevivência (ferramentas para caça ou para aproveitamento de materiais naturais para abrigo e, logo depois, para práticas médicas), e, depois, já entre os antigos gregos, a filosofia – foram as primeiras tentativas de nos aproximarmos da natureza humana, e do nosso funcionamento, inclusive nos nossos períodos de sofrimento. Nessa época, não havia clivagens, como as hoje vigentes, na área do (não) saber, como a clivagem entre mente e corpo, baseada na clivagem entre energia e matéria. Estes artefatos falsos, produtos de nosso ódio ao desconhecido, tiveram, como algumas falsidades, uma função, e o sucesso dos produtos finais advindos dessa falsidade no pensar, prevalentemente materializados, parece ter disfarçado sua natureza básica de falsidade. Produziram descrédito e ignorância a respeito das aquisições, igualmente valiosas e **úteis** para nossa vida, advindas das tradições místicas. Degradadas como "metafísica", foram relegadas a um *status* **não** científico. No entanto, alguns dos *insights* contidos em obras da tradição mística adquiriram durabilidade, na medida em que mantiveram o valor-verdade, ou transcendência no tempo, e das formas em que foram elaborados e expressos.

Alguns leitores consideram os termos emprestados por Bion literalmente: como se Bion os usasse no sentido estritamente religioso; ou com propósitos plenos de religiosidade. Estaria ele tentando impingir religiosidade à psicanálise? Ou, ao contrário, estariam esses leitores tentando impingir religiosidade à obra de Bion? Cada leitor pode fazer sua ideia e concluir por si mesmo. No entanto, parece-nos necessário recordar que Bion não atacou nenhuma religião – da mesma forma que Freud não atacou nenhuma religião. Essa afirmativa vai em sentido contrário à atual crença (religiosa) prevalecente que atribui a Freud uma postura antirreligiosa. Tal crença transforma o movimento psicanalítico em outra forma de religião. Basta ler com verdadeira atenção o que Freud afirma sobre a religião em "A questão da *Weltanschauung*".

Bion descreveu estados de religiosidade que ocorrem em todos nós, seres humanos. E os descreveu de modo similar aos de Freud – em termos de compreensão benigna, mas crítica, desses estados psíquicos que caracterizam a insensatez humana em uma adesão à mentira. Em *Attention and Interpretation*, insere uma fábula a respeito de mentirosos e o "bem" que teriam feito ao ódio à verdade que caracteriza a espécie humana; e também comentários atribuídos a Jesus para dois discípulos, Thiago e João (AI, 113):

> Os mentirosos demonstraram coragem e resolução em sua oposição aos cientistas. Parecia provável que os cientistas, com suas doutrinas perniciosas, extirpariam das vítimas do engano até o último fiapo de autoengano, deixando-as sem nenhuma proteção natural necessária para a preservação de sua saúde mental contra o impacto da verdade. Alguns mentirosos, conhecendo plenamente os riscos que corriam, sacrificaram suas próprias vidas enunciando mentiras de modo a convencer os fracos e inseguros por meio de sua convicção de que mesmo as afirmações mais absurdas eram verdadeiras. Não é exagero dizer que a raça humana deve sua salvação ao pequeno grupo de mentirosos preparados para manter a verdade de suas falsidades mesmo diante de fatos indubitáveis. Até mesmo a morte foi negada, desenvolvendo-se os argumentos mais engenhosos para sustentar afirmações obviamente ridículas de que os mortos viviam na mais perfeita alegria. Frequentemente estes mártires da inverdade tinham origem humilde; seus nomes desapareceram. (AI, 100)

A linguagem de Bion

A referência indireta a Emmanuel, de origem humilde, cujo nome desapareceu depois de ter sido chamado de Jesus (Judeu, ou Ioshua), nos parece visível, ainda que inferida – o temor, visível na comunicação indireta, pode ser idêntico ao exibido por Freud no adiamento da publicação de *Moisés e o monoteísmo*. Em *A Memoir of the Future*, cinco anos depois, volta a tecer comentários críticos sobre a plausibilidade racional de teorias e sua natureza de religiosidade cega:

> Imagino quantas teorias plausíveis não foram usadas e confundiram a raça humana. Gostaria de saber. Não estou certo da facilidade com que se produzem "teorias plausíveis" de que estamos falando, a teoria plausível (ou a "interpretação convincente") pode ser bem difícil de aparecer. Pode ser plausível e falsa. A ideia de que o "sol nasce" é um testemunho disso – quanta confusão ela causou! Não sabemos o custo, em termos de sofrimento, associado à crença num Deus Cristão, ou num deus da Ur de Abrão, ou da Alemanha de Hitler, ou no peyotismo – ou noutro Deus de qualquer espécie. (AMF, I, 172)

Há um perigo em estados mentais de religiosismo, diferente da aderência a algumas tentativas de ensinamento a respeito da natureza humana, e tentativas, sempre fracassadas, de conter impulsos assassinos em algumas religiões: são disfarces para o **ódio à capacidade de fé na existência de Verdade. É um disfarce de lobo para mostrar que o lobo não existe – pois será visto como disfarce:**

> BION: Se todo o resto fracassar, você ainda poderia ficar com raiva, do mesmo modo como eu também posso, de você mesmo, de sua juventude ou sua idade, de sua fora ou sua fraqueza. Este é um dos usos que se pode fazer de Deus – se você conseguir acreditar em Deus.
>
> ROBIN: E você consegue?
>
> BION: A que Deus você se refere?
>
> ROBIN: Allah Akbar!
>
> BION: Não acho que você esteja falando a sério. Eu até poderia levar piadas a sério, usando a licença psicanalítica. Para começar, você está consciente de ter uma escolha.
>
> ROBIN: Você acha que eu estou fazendo piada. Não seria tão fácil pensar isso de mim se eu fosse de fato membro de uma cultura muçulmana. Nem você ia achar que ia poder "escolher" levar isso a sério "por ser" membro de um grupo psicanalítico. Você estaria sendo compelido a levar isso a sério. Não tem nada a ver com o fato de pertencer a um grupo, profissão ou cultura particular, mas aquela "cultura" particular tem muito a ver com algumas conjunções constantes subjacentes (não

E

observadas) de crenças – um verdadeiro Deus, do qual as várias variações religiosas constituem apenas aproximações às configurações subjacentes de fatos.

BION: Você está me pedindo para supor que existe uma "coisa-em-si", um númeno, uma divindade, que, usando a terminologia de Kant para meus objetivos, se torna "manifesto" como um fenômeno; "deus" em contraste com "Divindade"; "finito" em contraste com "infinito"; "conquista", como diz Milton, "do infinito informe e despojado", uma figura geométrica euclidiana, um triangulo com lados de 2, 4 e 5 unidades, em contraste com um sistema algébrico dedutivo. Mas um fato racional não dá nenhum escopo à "crença". A própria crença é destruída caso se transforme para encontrar uma "razão" para crença. (AMF, I, 179-180)

Bion respeitava as contribuições que algumas pessoas criadas na tradição religiosa deram à humanidade. Diferenciou a tradição mística do fanatismo, comparado a estados de ausência dos processos de pensar; e também os momentos nos quais o movimento psicanalítico se comporta de modo igual a qualquer movimento de massa pleno de religiosidade – relembrando os trabalhos de Freud *Totem e tabu*, *O futuro de uma ilusão*, *Moisés e o monoteísmo* e, principalmente, *Psicologia das massas e análise do ego*. Todas as referências a São João da Cruz, John Tuysbroeck (em *Transformations*), Isaac Luria (segundo Georg Scholem, em *Attention and Interpretation*), o Bhagavad Gita (especialmente *A Memoir of the Future*, I, pp. 69, 79, 140, 147; II, 333; *Cogitations*, p. 371), o Deus de Israel (*A Memoir of the Future*, I, p. 80) e Cristo (*A Memoir of the Future*, p. 140) indicam este procedimento: um respeito pela sabedoria contida na tradição mística, fora de insistências ritualísticas – utilizadas como substitutos para o pensar – e de submissões idolátricas ou iconoclastas, típicas de todos os movimentos religiosos até hoje conhecidos. O leitor pode consultar os diálogos imaginários entre os objetos parciais de Bion (Sandler, 2015a) denominados "Sacerdote" (um ministro religioso genérico, primeiramente chamado "Paul") e "P.A." (um psicanalista genérico) nos volumes II e III de *A Memoir of the Future* para poder concluir por si mesmo se o comentário acima se aplica, ou não; vários deles compõem verbetes neste dicionário. Pode ainda consultar verbetes mais específicos sobre o assunto: "ciência *versus* religião", "místico".

Uma reverência respeitosa perante aquilo que é desconhecido – sob o vértice psicanalítico, o sistema inconsciente – iguala-se às dos matemáticos que alargaram as fronteiras de pesquisa, avançando para além da lógica euclidiana; e às de cientistas como Darwin, Planck, Einstein, Freud, Heisenberg e Hawking, para citar apenas alguns. Com base nisso, um número excessivo de integrantes da elite minoritária no movimento psicanalítico acusaram Bion de estar deteriorado e senil. Basearam tal acusação, feita à socapa e, principalmente, após o falecimento de Bion, no fato de este recorrer a esses modelos (por exemplo, Meltzer, 1980; Segal, 1989; Joseph, 2002; a noção de Bion a respeito pode ser vista em *Cogitations*, p. 375).

Também constituindo "motivo" para essas acusações é o fato de Bion ter tentado usar outros modelos, como a notação matemática. Influenciado por um pensador do Iluminismo inglês, Alexander Pope, e pelo poeta romântico William Wordsworth, Bion tentou formular a experiência analítica em termos mais coloquiais – em uma época em que a comunicação entre analistas e pacientes e entre analistas e analistas estava intoxicada por controvérsia (q.v.), pseudoteorias *a priori* e *ad hoc*, e degenerando; mostra da degeneração foi o uso de fraseologia garbosa, que não passava de jargão (q.v.). Tal tentativa coincidiu, temporalmente, com a de Donald W. Winnicott. Embora os dois tenham mantido uma pequena correspondência, não se pode dizer que tenha havido qualquer comunicação científica mais profunda entre os dois. Talvez não por parte de Winnicott, que tentou fazê-la – por exemplo, na resenha de livros para o *International Journal of Psycho-analysis* quando do lançamento do livro *Elements of Psycho-Analysis*. Para Winnicott, uma pessoa marcada pela cordialidade, o conteúdo do livro apontaria o futuro da psicanálise. Pode-se discutir os dotes de previsão de Winnicott, mas nunca sua abertura para o novo, ou o respeito por um colega; isso foi recuperado por André Green, que se inspirou nos dois, para quem o movimento psicanalítico estava usando palavras psicanalíticas sem correspondência clínica, por enfocar fatos que não permitiam nenhum uso psicanalítico. O comentário que Green fez a um trabalho de um membro que obtinha projeção política no movimento psicanalítico, Theodor Jacobs, no congresso bianual da International Psychoanalytical Association, em Amsterdã, no ano de 1993, ilustra o problema. O comentário de Green iluminou um fato: a plateia, representativa dos analistas no mundo inteiro (cerca de 1.400 pessoas) dividiu-se; aplausos seguidos de vaias seguidas de aplausos demonstraram um espetáculo de massa digno de um jogo esportivo com uma audiência de *hooligans*. Mas há evidências de que as contribuições de Bion e de Winnicott, nesse sentido, foram aproveitadas.

No entanto, apelar para coloquialismos na conversa que psicanalistas tenham com seus pacientes é uma condição necessária, mas não suficiente: o vértice analítico é, em si, uma experiência emocional; evoca e lida com experiências emocionais. Em função disso, Bion utilizou termos derivados de disciplinas que tentaram levar em consideração a existência de experiências emocionais. Pode-se perguntar qual seria o âmbito ou a disciplina científica que estaria isenta de levá-la? Bion ilustra o fato em muitas ocasiões: em *Attention and Interpretation*, sugere que "poder-se-ia abreviar muitas dificuldades definindo-se mais precisamente o ponto de vista (vértice). É admissível que um observador diga não dispor de nenhuma evidência a respeito da sexualidade infantil, garantindo-se que se trata de um engenheiro aeronáutico, e que observa crianças apenas superficialmente. O que não seria admissível é que esta pessoa dissesse não dispor de nenhuma evidência a respeito da sexualidade infantil sem mencionar seu vértice" (AI, 55). No entanto, mesmo engenheiros aeronáuticos não se dedicam a essa disciplina 24 horas por dia; fora dela, podem assistir a uma montagem de uma peça de Sófocles ou Racine e intuir os assuntos vitais os quais ela tenta representar teatralmente.

Alguém discordaria de que o âmbito religioso seja um dos que levam em consideração a existência de experiências emocionais? Freud não foi uma dessas pessoas,

E

caso elas existam. Formulações verbais como intuição, mística e fé sempre foram trazidas para o primeiro plano por disciplinas religiosas e teológicas.

Caso possa ocorrer uma intuição precisa a respeito de uma situação psicanalítica – prefiro usar o termo intuir, e não "observar", ou "escutar", ou "olhar", na medida em que esse termo não carreia uma penumbra de associações sensorializadas como esses outros –, o psicanalista descobrirá que um inglês coloquial torna-se surpreendentemente adequado para que ele formule sua interpretação. Mais ainda: a situação emocional serve para tornar a interpretação compreensível ao paciente, ainda que o fato de haver o fenômeno de resistência demande alguma modificação na afirmativa acima, que, do modo que está, fica excessivamente otimista (ST, 134).

A formulação verbal estar-uno-a-si-mesmo (*at-one-ment*) deriva da experiência religiosa; cristãos a utilizam no confessionário e no ritual da extrema-unção. Levando-se em consideração a escassez de termos melhores, que são ainda mais escassos em função dos processos degenerativos promovidos pelo movimento psicanalítico sobre formulações originais de Freud e Klein, não é de estranhar que se recorra a formulações verbais derivada de outros âmbitos. Freud recomendou várias vezes, na formação do psicanalista, informar-se o mais profundamente possível sobre formulações artísticas – por exemplo, em *A questão da análise leiga* – literárias, pictóricas, míticas, e de história da religião e da ciência. Mais do que ter recomendado, praticou – usou – todas essas fontes.

> O . . . representa a verdade absoluta em, e de todo objeto; postula-se que nenhum ser humano pode conhecê-la. Pode-se saber algo a respeito dela; pode-se reconhecer e sentir sua presença, mas não pode ser conhecida. É possível "estar uno a" ela. Que ela existe constitui um postulado essencial da ciência, mas ela não pode ser descoberta cientificamente. Não é possível nenhuma descoberta psicanalítica sem reconhecer a existência da realidade absoluta, "estar-uno-a-ela" e sua evolução. Os místicos religiosos provavelmente foram os que mais intimamente se aproximaram da expressão de experimentar a realidade absoluta. Tanto para a ciência como para a religião, sua existência é igualmente fundamental. (AI, 29-30)

Se pudermos ler essa citação– escolhida por ser representativa, entre várias – do mesmo modo respeitoso recomendado por John Ruskin (em *Sesame and lillies*), ou seja, sem tentarmos inocular nossos sentidos prévios, mas levarmos em conta o sentido do autor, Bion, poderemos perceber uma formulação verbal analógica, com a intenção de comunicar alguma coisa. Essa "alguma coisa" é adquirir e manter uma capacidade de apreender a realidade. Pode-se verificá-la em todas as vezes nas quais Bion cita especificamente as obras dos assim chamados "místicos".

> Expressões verbais que pretendem representar o objeto básico frequentemente parecem ser contraditórias dentro delas mesmas, mas, nas descrições oferecidas

por místicos que sentem ter experimentado a realidade última, há um grau surpreendente de concordância, apesar das diferenças de experiências, tempo e espaço. Ocasionalmente, a concordância parece ser exata mesmo quando o indivíduo parece conhecer a realidade última, ao invés de tê-la experimentado, como ocorre com Milton.

Nascente mundo de profundas, obscuras águas
do infinito vazio e sem forma arrebatado. (Milton, *Paraíso perdido*, livro 3)

Não estou interpretando a fala de Milton, mas usando-o para representar **O**. O processo de aglutinação constitui uma parte do procedimento pelo qual algo é "do infinito vazio e sem forma arrebatado"; este processo é K; é preciso ser distinguido do processo por meio do qual **O** é "tornado". (T, 151)

O sinal K representa os processos psíquicos para conhecer (*knowledge*). Uma questão não se restringe ao trabalho de teóricos:

Um psicanalista que aceita a realidade de um temor reverencial aceitará a possibilidade de um distúrbio individual que torne impossível conseguir um estado de estar-uno-a-si-mesmo (*at-one-ment*) e, em consequência, torne impossível uma expressão de temor reverencial. O postulado central é de que um estado de estar-uno-a-si-mesmo (*at-one-ment*) com a realidade última, ou O, como o denominei para evitar envolvimentos com associações já conhecidas, é essencial para um desenvolvimento mental harmonioso. Segue-se que o ato de interpretar envolve a elucidação de evidências que tocam o estar-uno-a-si-mesmo (*at-one-ment*), e não a evidência apenas de uma operação contínua de relação imatura com um pai. . . . Distúrbios para adquirir um estado de "estar uno a" associam-se a atitudes megalomaníacas. (ST, 145)

Um estado de estar-uno-a-si-mesmo (*at-one-ment*) é incompatível com avidez, com fantasias de satisfação de desejo; com idolatria – manifestada por afirmações absolutas, indubitáveis, de estar, ou ter tido "contato com Deus" como pai, ou com um Deus onipotente encarnado na própria pessoa. Tentativas de lidar com esse estado, na tradição judaico-cristã, de escolhas de apóstolos, ministros e similares, de valor pedagógico – já que ensinar parece ser uma das profissões impossíveis, segundo Freud –, têm fracassado milenarmente.

Referências cruzadas: Psicanálise real; Interpretação correta; "O"; Pensamento sem pensador; Religião *versus* ciência; "Sonho", material do paciente; Transformações em O; Verdade; Ultra-sensorial.

ζ O autor deste dicionário, baseado na obra de Bion, sugere que nunca se escreva o termo apondo o artigo, como é senso comum na gramática portuguesa escrita no Brasil; mas escreva-se, como lembrete gráfico, "Verdade", utilizando-se de outro recurso gráfico (maiúscula), e Realidade. Existe a esperança de que haja resiliência em Verdade, e que Verdade prevaleça, mesmo que atacada na área da percepção humana. O autor deste dicionário propôs, em outro estudo, que o mito da Fênix espelha (especula) o modo humano de lidar com Verdade. Fé, no texto de Bion, não tem qualquer conotação de religiosidade: trata-se de fé na existência de Verdade; de Realidade.

Estupidez

Ver os verbetes "arrogância" e "curiosidade".

Evidência direta

Bion considera que a prática analítica se constitui como atividade empírica, pois fornece evidência direta ao observador. Essa evidência consiste em experiências emocionais vivas que emergem durante uma sessão. "É necessário que o analista considere principalmente o material sobre o qual tenha evidência direta, ou seja, a experiência emocional das próprias sessões" (T, 7).

Experiência emocional

O termo "experiência emocional", na obra de Bion, vincula-se diretamente às questões intrínsecas das tentativas humanas de apreender a realidade. É uma forma verbal que torna mais explícitas as observações de Freud e Klein a respeito do seio como uma – talvez **a**? – das nossas experiências mais fundamentais; a expressão "nossas" refere-se a todos nós, seres humanos, e também a todos os mamíferos. Cronologicamente, pode-se considerar em "Uma teoria do pensar" marca a primeira publicação de Bion a respeito de "experiência emocional" de modo explícito – de modo implícito, a noção, ainda não sob forma de conceito, já havia aparecido nos estudos sobre o funcionamento de pequenos grupos, sob a denominação de "mentalidade".

Especificamente, Bion descreve a procura e a oferta – disponibilidade – de um seio real. Um bebê possui inatamente uma pré-concepção (no sentido atribuído por Immanuel Kant ao termo, de pré-concepções inatas) do seio, e ocorre uma "realização" de um seio, quando o bebê se encontra com algum seio que lhe esteja disponível.

Trata-se de uma experiência particular – no sentido mais puro do termo, "empírico". Um seio disponível, ou oferecido, não é apenas – ou mais – um invento da imaginação do bebê, nem tampouco o seio pré-concebido, inato; trata-se agora de um seio real, existente de fato, na realidade tal como ela é. Caso não existisse, o bebê teria perecido. A necessidade absoluta da disponibilidade ou oferta externa ilumina aquilo que Melanie Klein denominou "angústia de aniquilação", a ansiedade básica do bebê. Pode haver mistura de uma situação real com eventuais fantasias, dado o fato de que o meio ambiente é hostil, e raramente facilitador para a manutenção da vida; e de vida. Esta experiência terá sua qualidade emocional se e quando puder acoplar-se, ainda que incompletamente, a algo que corresponda à pré-concepção que um bebê faz do seio. Pode-se dizer que quando **um** seio se transforma, pela experiência de um determinado bebê, em seio, ocorre o protótipo de todas as experiências emocionais: *"vou supor que um bebê tenha uma pré-concepção inata sobre a existência de um seio que satisfaz a sua natureza incompleta. A 'realização' do seio provê uma experiência emocional"* (LE, 69).

A mesma proposição é reafirmada três anos mais tarde, incluindo algumas formulações verbais de representações no mundo adulto: *"A experiência infantil do seio como fonte de experiências emocionais (representadas, em épocas posteriores, por meio de vários termos: amor, compreensão, significado) significa que perturbações no relacionamento com o seio envolvem perturbações abrangendo um amplo espectro de relacionamentos adultos"* (T, 81).

Experiência emocional não é um evento que ocorre exclusivamente independentemente do mundo interno. Possui uma ligação inicial também com a realidade externa, que fornece matéria-prima para construir essa mesma ligação – indicada pelo termo "experiência". Pode-se perceber que Bion escolhe uma frase – emprestada de Freud e Klein – denotando que se trata apenas uma emoção. Esta última é um termo que expressa um influxo dinâmico, em movimento, dependente das catexias objetais relacionadas às fontes instintivas. Quando Freud, Klein e Bion acrescentam ao termo emoção o termo experiência, especificam que a ligação se dá com algo a mais. Esse "algo a mais" pode ser tanto externo como interno a nós, seres humanos.

Toda a teoria do pensar formulada por Bion baseia-se – como se fosse, metaforicamente, uma raiz – em "experiências emocionais". Afastando-se, como Freud, da psicologia acadêmica, observa que o pensar, em sua origem, depende de uma experiência emocional. Expandindo as teorias observacionais de Freud e Klein, identifica a natureza mais íntima dessa experiência emocional específica: contato íntimo com o seio. Pode se constituir em algo paradoxal, expresso por ausência (no espaço-tempo da pré-concepção, pré-natal), seguida de presença (no espaço-tempo do encontro/desencontro com um seio real, ou na realização do seio) e, finalmente, possibilitando a introdução dos processos de pensar, em ausência renovada: um companheiro (a) negativo, ou negativado. À perda do seio recém-realizado – na terminologia proposta por Bion –, "não-seio", introduz-se o pensar, e o bebê inicia seus processos de simbolização, abstraídos da presença concreta de um seio. Neste instante, o bebê pensa, "seio."

E

Na procura do elementar, do básico (o leitor pode consultar o verbete "Elementos de psicanálise"), Bion observa a questão como dependente de experiências emocionais iniciais, primevas (pode-se utilizar a sinonímia: primárias, ou primitivas. Este último termo, ao nosso ver, tem sido gradativamente inutilizado, por ter adquirido funções de jargão, e de moda): "É necessário assumirmos que o seio bom e o seio mau são experiências emocionais" (LE, 35) – em outra palavras, trata-se de uma hipótese científica, empírica; algo implicado na própria denominação. Em termos científicos, constitui-se em hipótese a ser verificada.

Tentar "entender" esta definição constituirá perda de tempo: é algo a ser experimentado. Pode-se tentar intuir e apreender, por meio da experiência, a contraparte na realidade correspondente a esse termo, experiência emocional. O próprio termo compartilha as qualidades animadas – experimentais – que são marcas de todas as definições ligadas às ciências. Pode-se "definir" um crocodilo ou o cozimento de um ovo, mas isso é diferente de experimentar o que é, ou pode ser, um crocodilo real; ou tentar cozinhar um ovo.

Experiência emocional é algo que demanda ser descrito em sua totalidade. Por exemplo: aquilo que Freud denominou "complexo de Édipo", depois abreviado para "Édipo" – atualmente, senso comum na bibliografia psicanalítica –, não é um sentimento. Mesmo que seja acompanhado por uma miríade de sentimentos paradoxais e, por vezes, contraditórios.[38] Édipo não é uma emoção – mesmo que as emoções humanas básicas (descritas por Freud, Klein e Riviere) estejam envolvidas em sua origem e desenvolvimento. Édipo é uma experiência emocional marcada por complexidade, demandando descrição em sua totalidade, à medida que tenha sido estruturada em cada pessoa, particularmente, por vezes delineada em observação de bebês; ou, em construções psicanalíticas, em análise de adultos. Pode ser vislumbrada – por vezes, nos seus escombros, de modo transitório, durante uma sessão analítica, por meio do uso intuitivo dos instrumentos operacionais denominados transferência, identificação projetiva, objeto transicional e relações entre continente e contido, por Freud, Klein, Winnicott e Bion. Em algumas pessoas, a estruturação edipiana é transitória; pode sofrer evolução ou degenerescência, principalmente nas fases de latência e puberdade. Na terminologia de Freud, pode haver elaboração, por dissolução; ou regressão por retorno a níveis instintuais mais primitivos (caso utilizemos a segunda definição do conceito de repressão, de Freud). No adulto, a transitoriedade faz-se de modo intensamente lentificado – caso o padrão de comparação seja a evolução em bebês, crianças e adolescentes – pelo fato de que adultos tendem a ocupar a posição esquizoparanoide de modo que tende à imobilização, sem permitirem-se efetuar a transição para a posição depressiva de um modo mais livre. A experiência clínica em psicanálise permite constatar a existência de questões que beiram a proibição das experiências emocionais

---

[38] Definições operacionais que permitem diferenciar contradicão de paradoxo podem ser vistas em Sandler, 1997b, Vol. I, p. 191; e Sandler, 2011, pp. 6-9.

edipianas, pelas dificuldades em manter-se respeito à verdade e consideração a atividades amorosas (C, 125). Em algumas pessoas, constata-se presença de narcisismo e inveja primários, nas denominações de Freud e Klein, respectivamente, que influem decisivamente no ódio à verdade e desconsideração por vida, dependente de atividades amorosas. No caso de lentificação, onde inexiste narcisismo e inveja primários, existe indicação do tratamento psicanalítico; esses pacientes poderão ter um uso minimamente construtivo dele. No segundo caso, o método psicanalítico pode agir sobre alguns entre os efeitos destrutivos decorrentes de uma estruturação quase imobilizada na personalidade. Parece ser "demasiadamente humano", caso seja admissível emprestar a formulação de Nietzsche, que muitos (não dispomos de nenhum estudo estatístico – a noção é meramente impressionista, derivada de nossa experiência em psicanálise, e também à de alguns colegas) habituem-se, por subserviência ao princípio do prazer/desprazer, a viverem emparedados em padrões repetitivos, automáticos. Corresponde ao que Freud chamou de "transferência"; Joan Riviere, inspirada por Freud e Melanie Klein, de "organizações defensivas"; e Bion, de "transformações em movimento rígido".

Experiências emocionais se manifestam no âmbito dos fenômenos por meio de aparências, ou experiências sensorialmente apreensíveis. Para apreender uma experiência emocional é necessário captar algo que ocorre, além, ou aquém, ou em torno, ou embebido por aparências; experiências emocionais são atinentes à realidade "material e psíquica", ou "sensorial e psíquica", nas definições de Freud (em *A interpretação dos sonhos*, capítulo VII), e na variação sugerida por Bion (em *Attention and Interpretation*, capítulo II). Em sessões de análise, torna-se necessário observar algo que ocorre de modo subjacente, ou "superjacente", às aparências manifestas demonstradas pelo paciente. Um fator determinante de experiências emocionais que demanda ser captado em psicanálise pode ser colocado em termos de ação de fantasias inconscientes. Ou phantasias; por questões de convenção gramatical, alheias às necessidade de comunicação científica em psicanálise, phantasia tem sido um termo atualmente em desuso. Na visão deste autor, de modo lamentável, por ter sido aprovado por Freud, na tradução para o inglês de sua obra, e utilizado por ele a partir de então. Como exemplo de experiência emocional, podemos voltar a utilizar a situação edipiana: atração e repulsa extremas entre pais e filhos. No mundo dos fenômenos, tal magnitude de atração pode se manifestar por meio de comportamento mutuamente repulsivo – em função do mecanismo de defesa do ego denominado por Freud de "resistência".

Em 1959, Bion, ao descrever uma experiência emocional *in situ*, ou de modo empírico, ressalta que:

"*O contato com um paciente psicótico é uma experiência emocional que apresenta algumas características precisas, diferenciando-a da experiência de contato mais comum. O analista não se encontra com uma personalidade, mas com uma apressada improvisação de personalidade ou, talvez, improvisação de um jeito. É uma improvisação de fragmentos; se a impressão*

E

predominante for de cordialidade, encontraremos, no entanto, fragmentos de hostilidade facilmente discerníveis, incrustados no conglomerado que foi reunido, na ocasião, para fazer as vezes de uma personalidade. Se a impressão predominante for de depressão, o mosaico de fragmentos revelará pedaços incongruentes de um sorriso, sem contexto outro que não o da contiguidade com os fragmentos vizinhos. Lágrimas sem profundidade, jocosidade sem cordialidade, pedaços de ódio – tudo isso e muitas outras emoções ou ideias fragmentárias aglomeradas entre si para apresentar uma fachada lábil" (C, 74). Talvez seja útil enfatizar que a descrição de uma experiência emocional prescinde de qualquer recurso, ou apelo, para construções teóricas travestidas de linguajar psicanalítico. Dois conceitos básicos – "paciente psicótico" e "personalidade" – foram utilizados operacionalmente para delimitar o campo de investigação, ou limitar o enquadre. Pela descrição, o próprio leitor poderá apreender o *éthos* daquilo que Bion irá elaborar como o conceito de "experiência emocional" – caso tenha tido alguma experiência pessoal de psicanálise (apreendida por este autor como a disponibilidade pessoal de se submeter a uma análise acoplada à disponibilidade pessoal de analisar outras pessoas).

Alguns mamíferos, e muitos seres humanos – que não tenham sido afetados por situações denominadas por psiquiatras, sociólogos, psicólogos e psicanalistas de "psicopatia" ou "sociopatia" –, adquirem algo que pode ser denominado "emocionalidade". Inclui situações sádicas, mais características dos assim denominados "delinquentes". Os primórdios dessa qualidade – "emocionalidade" –, dependentes de características inatas daquele que poderá "ficar emocionado", foram abordados na teoria da função-alfa (q.v.): uma função humana que tenta descrever como ocorre um fato anteriormente estudado pelos primeiros fisiologistas – na Grécia antiga, Alcméon de Crótona e Aristóteles. O fato é o seguinte: com as impressões advindas de estímulos captados pelo nosso aparato sensorial (visão, audição, tato, paladar, olfato e, depois, as impressões sensoriais internas às entidades vivas, denominadas pelos neurologistas e neurofisiologistas de proprioceptivas), o que ocorre quando aquilo que era apenas uma porta de entrada de qualquer estímulo transforma-se em uma experiência psíquica? A questão foi colocada por neurofisiologistas como se implicasse uma diferença entre dois "sistemas" nervosos, denominados de autônomo e central. Haveria uma transição entre os dois. Permaneceu misteriosa, mas intuível em sua existência real, e tem sido nestes dois milênios sempre colocada em termos teóricos (ou especulativos, entendendo o termo dentro do seu significado original, de espéculo, ou espelho: espelho da realidade). Ocupou boa parte da investigação de Freud, que tentou estudá-la no sentido inverso: como, quando e de que modo algo "emocional" transforma-se em "sonho", ou seja, volta a se constituir como imagem (compondo a primeira definição do termo "regressão")? Em função de limitações seríssimas que todo observador enfrenta até hoje, em relação à inexistência de aparatos de observação, Freud utilizou-se do método de intepretação de sonhos noturnos e também de comportamentos diurnos; e de formulações teóricas verbais para tentar alcançar os fatos, elaborando uma série de hipóteses: a existência de uma "barreia de contato"; e sobre funções exercidas por três "sistemas mentais", consciente, pré-consciente e inconsciente. O "sistema consciente" – ou consciência – funcionaria como órgão sensorial para a apreensão de qualidades psíquicas, em analogia com os órgãos sensoriais então conhecidos – por exemplo, o aparelho ocular, estudado por um dos mestres de Freud, Von Helmholtz. Existiriam, internamente à pessoa, possíveis *locus* em um espaço-tempo interno, para captação de estímulos inicialmente materializados, previamente existentes, e que seriam imaterializáveis no âmbito "psíquico" ou mental. Este espaço-tempo pode ser visualizado por uma analogia concretizada, à guisa de modelo: sugerimos o modelo dos moldes, como aqueles utilizados por máquinas que fabricam peças mecânicas em série; ou moldes para gravuras utilizados por pintores ou escultores. Como, e de que modo, e quando, e onde, impressões sensorialmente apreensíveis passam a se associar ou a tornarem-se ligadas a esses "moldes" preexistentes, denominados por Bion de "pré-concepções"? O conceito, "pré-concepções", aparece em um artigo, "A Theory of Thinking"; expandido em *Learning from Experience*, *Elements of Psychoanalysis* e *Transformations* – em que Bion os explicita (no capítulo nove) como previstos na Teoria das Formas Ideais de Platão. Na visão do autor deste dicionário, pré-concepções inatas são adquiridas filogeneticamente. Teve também como predecessor as "protofantasias" sugeridas por Freud em *Além do princípio do prazer*.

Bion, como Freud e Klein, inspirado também na história e na filosofia da matemática, e também em função de sua formação médica e biológica, além de um interesse em física, tentou estudar relações entre "algos", sem tentar saber ou conhecer a essência desses "algos", ou a realidade última desses vários "algos". A teoria do pensar de Bion reconhece – dentro de um estudo que enfoca relações entre funções e fatores –que o primórdio dos processos de pensar ocorre quando uma criança experimenta, como estimulo externo, emoções advindas da falta; especificamente, da falta do seio. Ou "não-seio". Em consequência, nenhuma emoção poderia sequer existir sem algum estímulo externo à pessoa, que pode ser visto como "não-eu". É uma teoria observacional, continuando as formulações de Freud a respeito das catexias libidinais, originadas das fontes instintivas: berço das pré-concepções, direcionadas aos objetos, que tornam possíveis as ligações (relações) objetais. As observações de Freud – sobre relações de objeto, e as definições sobre objetos libidinais – talvez se constituam como os primeiros estudos relacionais disponíveis no âmbito da investigação do aparato psíquico. A teoria do pensar de Bion expande as formulações de Freud a respeito das finalidades, objetivos e objetos dos instintos.

Na visão deste autor, um aspecto da teoria do pensar de Bion que tem sido pouco valorizado é a introdução do conceito de "senso de realidade" (ST, 119), que forma e performa experiências emocionais. O "senso de realidade" pode ser considerado como um conceito integrador – compor de modo coerente –, um senso comum, composto dos vários sentidos básicos até agora conhecidos ou postulados como modelos teóricos – visão, audição, tato, paladar, olfato, sentidos proprioceptivos (incluindo os sentidos cenestésicos) e a consciência, como órgão sensorial de captação de qualidades psíquicas. É um conceito generalizador das nossas funções cognitivas, das cognição humana – como explicitou Roger Money-Kyrle, provavelmente o primeiro autor a expandir parcialmente a obra de Bion. Cada um dos sentidos básicos funcionaria como fator no "senso de realidade", que depende – na teoria do pensar de Bion – da possibilidade de o indivíduo integrar, binocularmente, o objeto total, conforme explicitado pela primeira vez por Melanie Klein. Ou seja, de que o objeto amado e o objeto odiado são o mesmo objeto. Uma "experiência emocional", *per se*, nunca é uma entidade concreta ou um conceito em si, mesmo que contribua para efetuar entidades concretas – como um bebê, ou entidades inanimadas úteis para o viver e o sobreviver, usualmente chamadas de "criações". Experiências emocionais são imaterializadas, e podem se materializar, na consecução da própria vida.

> A função-alfa desempenha papel central na transformação de uma experiência emocional em elementos alfa, pois um senso de realidade é tão importante para o indivíduo quanto o são o alimentar-se, sorver água, respirar e defecar. A impossibilidade de alimentar-se, beber ou respirar adequadamente traz consequências desastrosas para a própria vida. Não conseguir usar a experiência emocional produz um desastre comparável para o desenvolvimento da personalidade; incluo entre esses desastres certos graus de deterioração psicótica que poderiam ser descritos como morte da personalidade. . . . Não se pode conceber uma experiência emocional isolada de um relacionamento. (LE, 42)

Qual seria o sentido do termo "relacionamento" neste momento na obra de Bion? Um estudo da obra de Bion que pode levar em conta as contribuições compactadas em *Learning from Experience*, cuja base empírica foi publicada postumamente, contida em observações clinicas e refutações preparatórias impressas no volume *Cogitations*, demonstra que objetos, animados e inanimados, estão "em mútua relação". Há muitos exemplos que permitem constatar esses fatos: o nosso nascimento decorre do relacionamento de uma mulher com um homem. Matéria e energia se relacionam entre si – desse relacionamento emergiu o universo em que vivemos. O senso comum (melhor definido por John Locke) é obtido por conjunção constante de pelo menos dois sensos. Matemática, música, biologia, física, história e várias outras disciplinas que tentam se aproximar da realidade têm sido elaboradas por observação de encadeamentos de muitas relações entre "verdades últimas".

A linguagem de Bion

EXPERIÊNCIAS EMOCIONAIS EXIGEM PRESENÇA FÍSICA

Experiências emocionais, imaterializadas, podem ser captadas por meio de materializações. Por exemplo, sentidas, ou afetando as pessoas envolvidas. Não se pode fazer psicanálise por carta, ou por métodos ainda mais ilusórios, como telefone (falado ou escrito, como foi nos seus primórdios o telégrafo, ou atualmente por transmissão via satélite em suas várias "marcas registradas" comerciais: e-mail, WhatsApp, Skype etc.), da mesma forma que não se pode manter uma relação sexual nem efetuar uma refeição por telefone ou internet. A questão, sempre influenciada por comércio, já apareceu na prática médica: cirurgias por computador, "a distância", nunca podem ser feitas sem interferências físicas, mesmo que remotas, que pudessem prescindir de um cirurgião e de um paciente. Após um breve modismo – perdurou por quase quinze anos –, a recomendação geral é a limitação no seu uso. Muitas instituições hospitalares recomendam, atualmente, tarefas de "humanização", reconhecendo a impossibilidade da prática médica nesses termos.

> O psicanalista que se ocupa de uma análise com paciente esquizofrênico vive uma experiência na qual ele deve improvisar e adaptar o seu aparelho mental ao que lhe é exigido. Ele leva uma grande vantagem em sua relação com seu analisando que lhe falta no relacionamento com seus colegas e aos outros que estão fora da experiência – o analisando tem a experiência disponível à sua intuição, se permitir que o psicanalista chame a sua atenção para esse fato. As pessoas que estiverem fora da sessão analítica não podem se beneficiar das formulações do psicanalista porque estas dependem da presença na experiência que está sendo formulada. Estão, portanto, em posição análoga a alguém cuja habilidade matemática não atingiu o ponto em que possa tratar de um problema de objetos sem a presença deles. (ST, 146)

Caso a experiência psicanalítica do leitor tenha permitido a noção de que a personalidade psicótica e a personalidade neurótica são características sempre presentes, em graus de prevalência variáveis, e que desequilíbrios implicam a presença constante de psicose como constituinte básico da personalidade humana, a observação de Bion nesta citação aplica-se a toda e qualquer análise que se considere que possa ter atingido os níveis mais profundos até hoje descobertos.

Falhas na apreensão do conceito, mal-entendidos e distorções: o conceito, "experiência emocional", não passou imune à tendência generalizada no movimento psicanalítico (Freud, 1914), ou no *establishment* psicanalítico, como o denominou Bion. A formulação verbal tornou-se rapidamente degrada. A exemplo do que tem ocorrido como quase todas as outras formulados por Freud, Klein, Winnicott e Bion – além de outros autores: temos observado a mesma situação em psiquiatria e medi-

E

cina, com a expressão "stress" cunhada por Hans Selye, e, na obra de Andre Green, os conceitos de "mãe morta" e "posição fóbica central". Até o ponto que o autor deste dicionário pode constatar, a degradação ocorre por limitações na possibilidade de apreensão de alguns membros do movimento psicanalítico: caracterizadas por excessiva materialização, e, paradoxalmente, tanto por hipersimplificação como por hipercomplicação, por racionalizações expressas por manipulações engenhosas de símbolos verbais, para explicar tudo que provem do paciente e também do analista, sem prover espaço para o que permanece desconhecido. Tanto o paciente como o analista "entendem tudo", e permanecem virgens de análise. Há várias manifestações desta degradação materializante: (i) "Eu trabalho **na** experiência emocional"; (ii) "Eu trabalho **com** a experiência emocional"; (iii) alguns praticantes não apreendem a condição de notação científica do conceito, resultando em negação desse status como integrante de sistema científico de notação; em outros termos, a excessiva materialização resulta em antropomofizações e animizações de um mero conceito, como se fosse dotado de uma existência própria.

(i) Trabalhar "na experiência emocional" parece incorporar a ideia de que experiências emocionais são "coisas", ou "entidades" que existem, e estando disponíveis para algumas pessoas. Em grupos, essas pessoas adquirem, em função de movimentos grupais bem descritos por sociólogos – como Le Bon – e, depois, por psicanalistas – como Freud e Bion – e também por literatos – como Elias Canetti – um status alucinado, de líderes messiânicos, com a colusão dos integrantes grupais. Consequentemente, "trabalhar na experiência emocional" não seria uma atividade disponível para outras pessoas. Uma alternativa a essa concretização animada que nos parece distorcedora seria a de que os correspondentes na realidade que o termo experiências emocionais tenta expressar constituem-se como existência real; uma analogia pode ser o ar do ambiente que nos rodeia; e pode ser respirado por todo aquele que dispõe de um sistema cardiorrespiratório. Não foram descritos casos de alguém que não os possua e consiga prosseguir sobrevivendo sem assistência total. É verdade que algumas pessoas desenvolvem esse sistema, mas isso é o suficiente para colocá-las como "especiais", a despeito de situações sociais extremamente transitórias, como a instituição das Olimpíadas? Quais seriam os critérios para uma "Olimpíada Psicanalítica"? Nessa segunda perspectiva, tanto os analistas quanto qualquer pessoa, em qualquer contexto, estariam sempre trabalhando "em experiência emocional", mesmo que não se apercebam disso. O que está em jogo não é o trabalhar ou não em alguma coisa, que nem mesmo é uma "coisa"; o que está em jogo é uma capacitação mínima para poder apreendê-la. Sendo apreendida, mesmo que minimamente, surge a possibilidade de dotá-la de uma forma; de se elaborar algum tipo de formulação. Por exemplo, verbal – como ocorre no caso de uma psicanálise, ou de uma obra literária, incluindo crítica literária; ou

não verbal (incluindo formas simbólicas, teorizadas por Ernst Cassirer no âmbito da consciência), no caso obras artísticas ou científicas.
(ii) Trabalhar "com a experiência emocional", igualmente, induz à ideia de concretude inanimada: neste sentido, pensa-se que uma experiência emocional é algo que pode ser tocado, agarrado etc.
(iii) Negar ao conceito seu status como sistema de notação. Bion afirmou de modo inequívoco que a denominação "experiência emocional" é apenas um sistema de notação – uma das funções de ego (SE, 10; LE, 42). Tratá-la como se fosse uma coisa concreta significa esquecer o fato de que se trata apenas de uma formulação verbal, um modelo científico, idealizado para auxiliar o alcance de um *"senso de realidade"* (LE, 42).

Pode-se dizer que escritos dos assim denominados "grandes autores" – independentemente de esses escritos alcançarem ou não níveis artísticos, enquanto escritos –, como os escritos de Freud (agraciados com um prêmio literário pelas contribuições à língua alemã), Klein, Winnicott e Bion, proporcionam oportunidades de vivenciar, na hora da leitura, experiências emocionais – variadas, intensas e profundas. Estudantes de medicina e, depois, de psicologia relatam a experiência de suas primeiras leituras de livros médicos ou psicanalíticos. Afirmam ter visto, ou sentido, a si próprios nesses textos técnicos: usualmente pensam ter adquirido doenças; ou imaginam quais seriam os diagnósticos que aplicariam a si mesmos; ou sentem-se afetados de algum modo. As obras de Bion têm sido apontadas como "portadoras" de uma propriedade: a de evocar experiências emocionais. Elas podem ser colocadas, na atualidade, dentro de um espectro cujos polos seriam "ame-o ou deixe-o". Essa propriedade revelou ser ainda mais clara em seus últimos trabalhos. Talvez seja responsável pela falta de popularidade – em termos de venda de livros e de leituras – de todos essas obras, especialmente *A Memoir of the Future*, *War Memoirs* e *The Long Week-End*. Ecoando o que ocorreu com Freud e Klein, a intensa falta de popularidade parece estar sendo proporcional ao intenso efeito dessas obras no movimento psicanalítico.

📖 *Second Thoughts*, p. 119: senso de verdade.
&; Há pouca consciência a respeito da necessidade de discriminar com maior precisão, tanto em trabalhos escritos como na prática de psicanalise em consultório, os conceitos que cercam os termos, experiências emocionais, afetos, emoções e sentimentos. Freud e Klein fizeram essa discriminação, até certo ponto, provavelmente pelo uso da língua alemã, que possibilita maior precisão do que outras linguagens. Em 1965, Bion pensava ser prematuro tentar tal discriminação. No entanto, graças ao seu trabalho talvez hoje estejamos em melhor posição para elaborar tentativas. O autor deste dicionário propôs tal classificação em um texto apresentado na SBPSP,

E

em 1998; um desenvolvimento dela aparece no volume III de *A Clinical Application of Bion's Concepts*, "Visual and Verbal Approaches to Reality", Karnac Books, 2013.
Referências cruzadas sugeridas: Vínculos, Matematização da Psicanálise, Modelos, Senso de Verdade.

F

Fama

P.A.: Não existe esta coisa de um "analista bem conhecido"; um analista é alguém que em uma certa época da moda é famoso, e em outra, infame; a barreira entre "famoso" e "infame" é tão pequena quanto o prefixo "in". Isto não é importante – exceto para o psicanalista, que não pode se permitir ficar inconsciente de que isso é uma parte constitucional de sua profissão. (AMF, III, 520)

Há um número considerável de referências semelhantes a essa na obra de Bion, ao enfocar o que o lugar-comum denomina "fama", e seus acompanhantes, glória e importância secular, em termos humanos. Bion tenta demonstrar uma falácia básica nesse tipo de ideia, baseada em fantasias de superioridade. Um dos inspiradores de Bion, John Milton, via tal fenômeno como "uma semente que não cresce em solo mortal". Outras citações podem ser lidas em *A Memoir of the Future*: I, pp. 55, 91-92, 158; II, p. 396, e o leitor poderá achar outras mais. O comentário final de Bion a respeito do estado delirante que produz fantasias de importância e fama aparece em *Cogitations*, p. 377, feito dois meses antes de seu falecimento.

Fato selecionado

Reservo o termo "fato selecionado" para ser usado na experiência emocional de pensamento sobre fenômenos nos quais se exclui o tempo, e em todos os sistemas dedutivos científicos e cálculos correspondentes construídos para representar tais fenômenos. (C, 278)

"Fato selecionado" é um termo emprestado da filosofia da matemática; ou da teoria da ciência matemática. Foi cunhado por Jules Henri Poincaré, que aliou duas atividades: matemático propriamente e teórico da ciência matemática, ou filósofo da matemática. Poincaré atualmente é menos conhecido por outro fato: conseguiu se aproximar da teoria da relatividade um ano depois de Einstein, usando outros instrumentos matemáticos, e sem ter noção exata do trabalho de Einstein. Seus trabalhos sobre ciência, método e criação matemática podem ser vistos como clássicos. A citação de Poincaré, por Bion, é:

> H. Poincaré descreve o processo de criação de uma formulação matemática: "Se um resultado novo tem algum valor, precisa unir elementos há muito conhecidos, mas até então espalhados e mutuamente estranhos. Repentinamente, tal resultado inovador introduz ordem onde reinava aparente desordem. Capacita-nos a ver, instantaneamente, cada em desses elementos no lugar que eles ocupam no todo. O novo fato tem seu valor intrínseco e, mais do que isso, por si só, dá um valor aos fatos antigos que une. Nossa mente, tão frágil quanto nossos sentidos, perder-se-ia na complexidade do mundo, se em tal complexidade não houvesse harmonia; como no míope, que vê apenas os detalhes, seria obrigada a esquecer cada um desses detalhes antes de examinar o seguinte, incapaz que seria de captar o todo. Os únicos fatos que valem nossa atenção são aqueles que introduzem ordem nessa complexidade e desse modo fazem-na acessível para nossa mente". (LE, 72)

Bion fornece a aplicação psicanalítica dessa observação teórica: *"Esta descrição lembra muito a teoria psicanalítica das posições esquizoparanoide e depressiva delineadas pela sra. Klein. Utilizei o termo 'fato selecionado' para descrever o que o psicanalista precisa experimentar no processo de síntese. O nome de um elemento é utilizado para particularizar o fato selecionado, ou seja, nomear o elemento que na 'realização' parece ter vinculado elementos até então vistos como desconexos.... Os fatos selecionados, junto com o fato selecionado que parece conferir coerência para uma quantidade de fatos selecionados, emergem de um objeto psicanalítico, ou de séries de tais objetos, mas não podem ser formulados de acordo com os princípios de um sistema dedutivo científico. Antes que tal sistema possa ser criado, o fato selecionado terá que ser elaborado por meio de processos racionais conscientes. Só depois desse estágio pode-se formular a representação que conjugará de modo coerente dentro de um sistema dedutivo científico os elementos de fatos selecionados. As hipóteses do sistema dedutivo científico precisam ser mantidas conjugadas por regras, mas elas não correspondem àquilo que, na 'realização', parece veicular os elementos cuja relação parece estar revelada pelo fato selecionado. O fato selecionado é o nome de uma experiência emocional, a experiência emocional de um sentido de descoberta de coerência; sua importância é, portanto, epistemológica, e a relação dos fatos selecionados não pode ser pressuposta como sendo lógica. Os elementos que se pensa estarem relacionados têm uma contraparte na realidade, das coisas-em-si"* (LE, 72-3).

Bion sugere e utiliza a noção de fato selecionado como equivalente à transição entre PS e D, em um processo de síntese. Alcançou-se uma verdade transdisciplinar? Ele a utiliza não apenas para a criação do matemático, mas para demonstrar uma função psíquica, que tenta achar "fatos selecionados". Tanto a "criação matemática" quanto a posição depressiva parecem ser expressões de um processo de pensar real, que produz pensamentos próximos à realidade dos fatos. Bion emprega o termo "fato selecionado" para descrever um fato intrassessão: um psicanalista precisa experimentar a descoberta de fatos selecionado para poder fazer o processo de síntese (LE, 72). Será um preparo para a interpretação – um estágio necessário, e não necessariamente suficiente. Na experiência do autor deste dicionário, não é fácil encontrarmos este tipo de investigação transdisciplinar, em quaisquer disciplinas que se considere.

> Podemos ver aqui como a filosofia da física moderna – a mais bem-sucedida e rigorosa das disciplinas científicas – é bastante compatível com a visão filosófica de elementos desco-ordenados e incoerentes, semelhantes ao domínio mental dos elementos isolados do qual, como Poincaré descreve, o matemático tenta fugir pela descoberta do "fato" selecionado; além disso, como o estado mental descrito por Poincaré é bastante compatível, ou mesmo idêntico, com o descrito por Melanie Klein na discussão das posições esquizoparanoide e depressiva, é razoável supor que a investigação e a explicação desses elementos desco-ordenados serão ditadas pelo impulso descrito por Poincaré e investigado psicanaliticamente, em detalhe, por Melanie Klein e seus colaboradores; a investigação é limitada pela capacidade mental que, em última análise, é a ferramenta pela qual a investigação é levada a cabo. (C, 85)

Uma descoberta e posterior formulação de um fato selecionado age como fator de precipitação de modelos (q.v.); que poderão ser transformados, pelo analista, em uma linguagem compreensível para os pacientes, e comunicados. Podem também fornecer a concretização do psicótico, levando a cabo o papel de objetos que tenham sido fantasticamente ejetados; fatos selecionados podem também emergir sob a forma de ideias e emoções (EP, 39, 83).

🕐 O empréstimo da formulação de Poincaré foi decisivo na elaboração mais explícita de uma abordagem científica para a psicanálise – que estava implícita na obra de Freud.

No entanto, não foi expressa de modo ampliado e explicativo, e também não possuía, com apenas uma exceção, a exemplificação clínica, nem as dúvidas que Bion enteteve, antes de compactá-la para ser utilizada, em forma publicada, a partir de 1962. A exceção é a formação, na criança, do termo "Pa-pa", significando "papai". Bion generaliza a situação, em termos de um triângulo relacional edipiano – mãe, pai e um filho ou filha. A criança, após ter ouvido várias vezes o apontamento da pessoa – papai – a quem a mamãe dedicava amor, aprende que essa pessoa é seu pai. Essa seria a aplicação teórica climática, em psicanálise, de um fato selecionado.

F

Exemplificações clínicas e dúvidas podem ser consultadas em *Cogitations*, escritas entre 1959 e 1960. O leitor poderá consultar o verbete "método científico".

Em 1965, o termo fato selecionado é usado pela última vez, mas agora expresso por meio de uma analogia com uma outra figura algébrica, a hipérbole (q.v.), que *"tem uma história conveniente para uma representação compacta de uma série de enunciados clínicos que (i) ocorrem frequentemente, (ii) são facilmente reconhecíveis como exemplos de hipérbole e (iii) são quase que certamente sintomáticos de uma conjunção constante importante para a personalidade que está sendo analisada e para a maior parte das teorias psicanalíticas de idealização, clivagem, identificação projetiva e inveja. . . . Tem assim um amplo espectro, é flexível e se conduz facilmente a ser usada pelo analista como um 'fato selecionado' para ajudar a mostrar coerência que, sem ela, pode não ficar aparente"* (T, 162).

A partir de 1965, Bion não enfatiza mais o termo "fato selecionado". Poderíamos concluir que o uso da teoria das transformações o sobrepujou? Não exatamente, caso seja considerado como um estágio, uma etapa na investigação: um curso universitário não sobrepuja um curso primário. O instrumento – um conceito – para detectar realidades subjacentes em meio a um material aparentemente desconexo, denominado "fato selecionado", pode ser visto como a infância de uma sessão, de um momento em uma sessão, de uma análise: uma etapa e um preparo para uma aquisição mais desenvolvida, ou nutriente para esta, que se constitui como a procura e eventual formulação de uma Invariância. Os dois mantêm uma função teórica – na medida que são apenas palavras – na observação de uma sessão analítica. Suas contrapartidas na realidade: atitudes e atos dinâmicos, predominantemente imaterializados, levados a cabo pelo nosso aparato psíquico.

A coerência provida pela formulação de um fato selecionado é definida como uma coerência que faz sentido para o observador, mas não obrigatoriamente para o objeto observado. É a mesma coerência dada à conjunção constante, por David Hume. Talvez possamos denominá-la, de modo mais específico, de "coerência criacional" (*generandi*), mantendo a definição de Poincaré, que se referia a um ato criativo. O par criativo é composto de um paciente e um analista. Um modelo na vida real poderia ser o da corte entre uma fêmea e um macho. Na evolução da obra de Bion, e em função de incrementos na sua própria experiência clínica, lança mão de outro conceito, que também faz uso de uma coerência. Talvez possamos denominá-la, de modo igualmente específico, de "coerência inata" (*coeundi*) – que já existia, e esperava para ser intuída. Expande a utilidade de outro conceito, o de pensamento-sem-pensador – introduzido em *Elements of Psycho-Analysis* e desenvolvido em *Second thoughts, Attention and Interpretation* e *A Memoir of the Future*. Um modelo na vida real poderia ser o de um casal criativo no momento da concepção de um filho. Todos esses conceitos – conjunção constante, fato selecionado, pensamento-sem-pensador e invariâncias (como suas respectivas transformações) tentam se aproximar de formulações que, na realidade, são transitórias, parciais, fugazes, iluminando, como relâmpagos, alguma realidade. Podem ser compactadas, na linguagem de Freud, como atos de insight (*einsicht*).

Referências cruzadas: Modelos; Invariâncias; Método científico; Pensamentos-sem-pensador.

Fatores e funções

Os conceitos, fatores e funções, pertencem à matemática, à geometria e à filosofia da matemática. A geometria pode ser vista como uma das aplicações "práticas" da matemática, além de uma das formas mais primitivas de comunicação em matemática. Bion tomou emprestado os conceitos de fatores e funções para auxiliá-lo no desenvolvimento da teoria do pensar e de sua ramificação, a teoria do aprender da experiência. Em termos cronológicos, essa é a segunda vez que Bion faz uso da filosofia da matemática – a primeira foi a teoria dos números, de Frege, utilizada em "Uma teoria do pensar" (q.v.). Bion gostaria que o leitor se recordasse do uso filosófico, matemático e coloquial desses conceitos.

Pode-se afirmar que a quase totalidade das contribuições de Bion para a psicanálise tem origem em "Formulações sobre os dois princípios do funcionamento mental", de Freud. O conceito de função aparece de forma tão óbvia, parecendo ter passado despercebido. Algo funciona quando é visto *vis-à-vis* por alguma outra coisa. Trata-se de um conceito basico em toda ciência, e parece ter sido mais ressaltado em biologia, após Darwin, e em medicina, após Virchow e Helmholtz, mestres de Freud.

Aqueles que lembram da matemática e da física, matérias estudadas no ensino fundamental e em alguns cursos universitários, reconhecerão uma descrição do sistema de coordenadas euclidiano com um exemplo simples: a função linear. Ela pode ser representada geometricamente pelo sistema de coordenadas, duas linhas que se cruzam a noventa graus. E também algebricamente, por uma equação com duas variáveis (x e y), que podem ser representadas no sistema de coordenadas acima descrito. As variáveis funcionam sob alguma regra, uma *vis-à-vis* à outra. Por exemplo, "um x" (1x) é igual a "dois y" (2y). O éthos de uma função matemática possui características similares às presentes em qualquer atividade humana, já que a matemática é uma das mais antigas tentativas humanas de criar uma formulação que apresente ou represente algumas contrapartes da realidade. O éthos da função linear é uma capacidade de ligação para formularmos relações.

Podemos lembrar ainda da fatoração, dos números ímpares, do mínimo denominador comum e do máximo divisor comum. Supomos que Bion foi capaz de perceber e resgatar um fato investigado por Freud: que o aparelho mental funciona. O termo "funcionamento" traz em geral associações com máquinas, mas é parte da história; há uma abstração ligada ao termo, o conceito em si. Freud observou dois **fatores**, que, sob sua própria observação e de milhares de outros que nele se inpiraram, provaram ser, empiricamente, "princípios". Bion enfatiza a percepção de Freud em relação à existência de **funções** mentais, especialmente a função de atenção (LE, 5). Na verdade, Freud estabeleceu pela primeira vez as "funções do ego", bem como as funções da sexualidade humana – além de algumas outras, como a função do ato onírico para a manutenção da vida humana.

A teoria das funções, no trabalho de Bion, apesar de ter sido formulada com inspiração em parte na matemática, nada tem a ver com matemática *em si*. É, por assim dizer, "Freud puro", em suas raízes. Qualquer ciência aplicada estuda funções; isso é verdadeiro para biologia, física, medicina e engenharia. Caso o leitor pense que tal afirmativa é criação deste autor, um enunciado do próprio Bion pode ser suficiente para dissipar qualquer desconfiança: *"O termo 'função', usado no sentido de uma função da personalidade, não tem o significado utilizado pelo matemático ou lógico da matemática, embora compartilhe de características do significado usado pelos dois"* (LE, 89).

O conceito de função subjaz a outras contribuições básicas de Bion – o conceito de relacionamentos ou vínculos. As relações entre objetos e pessoas, bem como entre pessoas e outras pessoas, constituirão importante passo na construção de suas teorias de observação psicanalítica (o leitor pode, eventualmente, consultar os verbetes, Vínculos, H, L, K, Comensal, Parasítico, Simbiótico). O conceito de fatores está constantemente conjugado com o conceito de função, e ambos incluem o conceito de conjunção constante (usado exatamente como Hume propôs usá-lo). Fatores são subordinados à função.

A teoria das funções destina-se a fornecer maior precisão e rigor à prática psicanalítica, e também à formação de teorias em psicanálise, em comparação com o que pode ser obtido pelo uso de formulações verbais baseadas em teorias previamente conhecidas, sejam elas formuladas em linguagem teórica ou coloquial. Esse conceito salienta a complexidade do funcionamento mental, e teria como consequência a formação de outros conceitos:, visão binocular (q.v.) e a primeira teoria sobre vínculos (q.v.), no mesmo livro, *Learning from Experience*. Bion nunca reservou nenhum lugar para postulações de absolutos teóricos, nem de essencialismos. Desde o início de seus trabalhos, estudou, de modo observacional, *relações*.

Coloquialmente, é bastante comum denominarmos uma ação pelo nome da pessoa de quem pensamos que essa ação é típica; por exemplo, falar de um Spoonerismo[39] como se fosse

---

[39] *Spoonerism e Spooner*, no original. *Spooner* em inglês significa simplório, tolo ou piegas. *Spoonerism* também tem um significado: transposição acidental ou deliberada das letras iniciais

função da personalidade de um indivíduo chamado Spooner. Tiro vantagem desse costume para dele obter uma teoria de funções, que resista a um uso mais rigoroso do que o empregado na frase coloquial. Suponho existir na personalidade fatores que se combinam para produzir entidades estáveis, às quais chamo de funções da personalidade. (LE, 1)

Bion desenvolve as definições: *"'Função' é o nome para a atividade mental própria a alguns fatores operando em consórcio. "Fator" é o nome de uma atividade mental operando em consórcio com outras atividades mentais para constituir uma função. Deduz-se os fatores a partir da observação das funções das quais eles são parte, em consórcio com outros fatores. Eles podem ser teorias ou as realidades que as teorias representam."* (LE, 2).

Portanto, fatores subordinam-se às funções, embora um elemento ou característica possa ser uma **função** no âmbito de **determinado vértice** e um **fator** sob outro vértice. Funções pertencem ao âmbito dos fenômenos: são observáveis. Fatores pertencem ao âmbito dos numena; nunca são observáveis de modo direto: *"Fatores não são dedutíveis diretamente, mas pela observação das funções"* (LE, 2).

Torna-se necessária uma flexibilidade no uso desses conceitos; não são realidades últimas; não devem ser reificados, sob pena de perder seu poder comunicacional, prático e teórico: *"Fatores podem ser tanto as teorias como as realidades que as teorias representam. Tais fatores podem se assemelhar a lugares-comuns de* insight *ordinário; mas não o são, porque a palavra usada para nomear o fator específico é empregada cientificamente e, portanto, de modo mais rigoroso, se comparado com aquele que usualmente se emprega em linguagem corrente"* (LE, 2).

Referência cruzada sugerida: Matematização da Psicanálise.

Fatos

P.A.: Tenho certeza de que ter consciência dos fatos teve, em mim, um efeito análogo àquele do alimento no meu físico. (AMF, II, 330)

Este verbete oferecerá evidências adicionais às formulações propostas nos verbetes "Visão Analítica", "Opinião (do Analista)" e "Método Científico". Todos eles, presentes neste dicionário à guisa de esforço para ajudar a dissipar quaisquer dúvidas sobre a necessidade de não atribuir a Bion visões não científicas sobre o trabalho do

---

de duas ou mais palavras. O exemplo de Bion, refere-se ao Reverendo W.A.Spooner, estudioso inglês morto em 1930, que costumava fazer tais erros. *The Oxford Concise Dictionary of Current English*,6ª edição.

F

analista. Por "visões não científicas", o autor deste dicionário inclui visões idealistas – também chamadas, ao longo dos séculos, nas disciplinas filosóficas e nas teorias da ciência, de subjetivistas ou solipsistas, bem como um relativismo cego, que nega a própria existência de verdade e realidade.

Observação e fatos

Ao convidar o leitor a utilizar uma teoria de observação psicanalítica para aprimorar o valor científico da psicanálise, Bion tenta avaliar o material sobre o qual são feitas as formulações verbais do paciente.

Para leitores ainda não familiarizados com o sistema notacional proposto por Bion, será necessário atentar para o significado de alguns sinais antes de ler a seguinte citação:

(i) T(paciente), abreviado como T(p), representa as transformações realizadas por um paciente específico em relação a determinadas experiências emocionais e/ou físicas, em torno de uma Invariância, cuja natureza e valor precisam ser determinados.

(ii) T(paciente)α, abreviado como T(p) α, representa os **processos** pelos quais o paciente específico efetuou certas transformações;

(iii) T(paciente)β, abreviado como T(p) β, representa os **produtos finais**, ou **efeitos**, advindos daqueles processos efetuados pelo paciente específico. Outros detalhes sobre a construção e sentidos desses termos quase matemáticos podem ser vistos nos verbetes: Transformações, e símbolos T, T α e T β.

Bion tenta avaliar o que as palavras transmitem, além da aparência externa, manifesta. Essas aparências externas manifestam-se aberta e diretamente no discurso e também em atuações (*acting-out*, conforme definido por Freud: o instinto torna-se diretamente uma ação, sem nenhuma interpolação do pensar) durante uma sessão analítica. Bion se interessa pela *"natureza (ou, em outras palavras, significado)"* de uma série de fenômenos. Ou seja, *"o material proporcionado pela sessão analítica"*, que "é significativo, por ser a visão (representação) do paciente de certos fatos, que são a origem (O) *de sua reação"* (T, 15).

> Na prática, isso significa que vou considerar apenas aqueles aspectos do comportamento do paciente importantes por representar sua visão de O; vou compreender aquilo que ele fala ou faz como se fosse a tela de um artista. Na sessão, os fatos de seu comportamento são iguais aos fatos de uma tela; a partir deles preciso descobrir a natureza de sua representação.... A partir do tratamento analítico como um todo, espero descobrir, proveniente das invariantes neste material, o que é O, o que o paciente *faz* para transformar O.... Estou considerando a *natureza* (ou, em outras palavras, significado) desses fenômenos; meu problema é determinar a rela-

ção entre três incógnitas: T(paciente), T(paciente)α e T(paciente)β. É apenas na última que disponho de *fatos* sobre os quais posso trabalhar. (T, 15)

Dezessete anos depois, usou uma forma literária para expressar observações sofisticadas, de teoria da ciência, dispensando o uso de termos quase matemáticos: *"P.A.: Descobri a utilidade de fazer uma distinção entre fato e significado. 'Fatos' é o nome que damos a qualquer coleção de experiências em conjunção constante que sentimos terem, temporariamente, um significado. Aí consideramos ter efetuado a descoberta de um 'fato'"* (AMF, II, 236). Na sessão psicanalítica, há fatos disponíveis para observação do analista, que pode colocá-los disponíveis para a consciência do paciente: consistem nos produtos finais – ou conteúdo manifesto – das várias transformações do analisando de suas experiências, observáveis durante a sessão. Pois essas transformações do paciente, e os processos pelos quais ele chegou a elas, não são conscientes para o próprio paciente.

Um número cada vez maior de leitores de Bion – seguindo uma tendência no movimento psicanalítico – não possui experiência médica, nem outro tipo de experiência científica de contato com fatos e observação. Alguns deles têm adotado uma atitude sectária, favorecendo – durante os últimos cinquenta anos – visões que podem ser denominadas como pertencentes a idealismos relativistas, e podem ser subdivididas sob duas modas, "estruturalistas" e, logo depois, "pós-modernas". A conclusão desses leitores filosoficamente informados sobre o uso de Bion do termo "observação" foi de que esse homem estava sob influência de uma ideia positivista: da existência de um observador neutro. O mesmo ocorre quando os textos de Bion demonstram sua preocupação com verdade e vida, quando proferia a palavra "fatos". Um termo gramatical proibido na época atual, de fanatismos ideológicos, religiosidades e de filosofia pós-moderna, e de teoria da ciência ainda mesmerizada por ideias de "paradigmas", introduzidas por Thomas Kuhn.

O mesmo problema havia sido apresentado nas diatribes que Aristóteles manteve com seu mestre Platão – resolvidas somente quando um Aristóteles mais velho, então em fuga, tentando salvar sua vida, amadureceu emocionalmente, por sofrimento pessoal.

Uma das discussões de Aristóteles relacionava-se à palavra que representava "ponto", como utilizada por Platão, significando "punção". Segundo Aristóteles, essa palavra era excessivamente ligada à realidade factual sensorialmente apreensível. Aristóteles defendia os estudos sobre a física, mas que não eram físicos (depois da morte de Aristóteles, chamados "metafísica" por um de seus editores), e acabou retornando à concretude nesta diatribe, por tentar negar que o termo punção evocava não apenas orifícios físicos, mas também sentimentos.

Bion nos lembra que Platão foi atacado por Aristóteles quando o primeiro definiu ponto por uma experiência emocional, um aspecto negativo, no sentido da não existência do que quer que seja, com a finalidade de atingir existência: um ponto seria "o início de uma linha". Considerando que Platão parecia a Aristóteles inadequadamente "pleno de sentimentos", seria lícito fazermos a hipótese de que Aristóteles parecia favorecer uma visão "insensível": algo que também pede escrutínio crítico. Na verdade, esta crítica acabou sendo feita por Kant, justamente quando criou o "criticismo"; denominou um de seus dois livros fundamentais de *Crítica da razão pura* – obra que inspirou as obras de Nietzsche e de Freud.

Ora, as associações a um enunciado incluem sentimentos: realmente, muitas das associações a uma afirmação verbal representam sentimentos. . . . [A objeção de Aristóteles] sugere que a importância de uma definição é marcar uma conjunção constante, sem a evocação de sentimentos; mas algo parece real apenas quando existem sentimentos a respeito desse algo. Então, a qualidade negativa de uma definição se relaciona à necessidade de excluir emoções e ideias existentes. (T, 77)

Alguns fatos aparentemente simples e básicos, por sua natureza intuitiva, como um ponto, constituiram-se como os primeiros objetos matemáticos. Sendo um objeto matemático, pode ser usado como uma realidade que não depende do objeto concreto para ser utilizada. Esse fato tem, como *"a realização que vai se aproximar dele"*, *"uma experiência emocional"* (T, 77). Talvez se possa argumentar que o ponto precisou de alguns milênios para ser finalmente experimentado, apesar de que, no vértice matemático, permanece simples e básico. Pode-se encontrar várias referências à escassez de intuição em algumas passagens da obra de Bion. Um exemplo: em suas formas iniciais de expressão, presentes nos livros anteriores a 1975, Bion recorreu ao aforismo de Kant "conceitos sem intuições são vazios, intuições sem conceitos são cegas". Outro exemplo, de 1979, ocorre no diálogo imaginário entre o local onde nascem os instintos, denominado como "Soma", com a realidade psíquica, denominada "Psique". Os dois objetos parciais (não são exatamente personagens) referem-se a um evento que poderia ter-lhes tirado a vida, durante uma ação na guerra:

> SOMA: . . . Se você tivesse um pingo de respeito pelos meus "sentimentos" e fizesse o que eu sinto em você, não estaria metido nesta confusão.
> PSIQUE: Se estou nesta confusão é porque nela me enfiaram. Quem é o responsável? Seus sentimentos ou Suas ideias? Tudo o que me possui é seu – fluído amniótico, cheiro, luz, gosto, ruído; estou embrulhado nisto. Cuidado! Estou sendo absorvido! (AMF, III, 434)

A linguagem de Bion

Fatos e sentimentos

Respeito pela existência de fatos reais precisa ser acompanhado pela capacidade humana para percebê-los. Além disso, fatos podem ser acompanhados por dúvidas sobre a capacidade humana de comunicá-los além do âmbito dos sentimentos:

ROSEMARY: . . . Charlatanice científica. O que sabe você sobre as ondas que meus pés emitiram, quando escolhi que eles relampejassem, relampejassem no duro, duro e precário calçamento de minha rua? Eu via os brutamontes e cafajestes naturais, de minha favela, conservados, nos meus calcanhares, fios de aço invisíveis enganchando seus olhos e arrastando-os indefesos aos meus pés até que eu decidisse libertá-los. Amor! Você não sabe o é que isto – nenhum de vocês sabe.

P.A: Suas crenças expressam grande confiança em seus poderes; não sei como você chegou a essas "crenças" nem que evidências lhe convenceram de que elas são "fatos". . .

ROSEMARY: E as sinto; eu as conheço. (AMF, II, 400)

Os sentimentos do analista também necessitam ser examinados, para determinar se eles têm ou não contrapartes na realidade:

P.A.: As pessoas frequentemente presumem que sou vazio de cultura ou de equipamento técnico, ou de ambos.

ROLAND: Você parece pouco acostumado com isso.

P.A.: Não; faz parte da profissão do analista estar familiarizado com o mundo real, enquanto que os leigos pensam poder se manter cegos e surdos a estes componentes desprazeirosos da vida real.

ROLAND: Qual é a solução que você sugere? A psicanálise me parece estar disponível apenas aos ricos, e mesmo assim apenas para confirmar a esses analisandos e seus analistas sua crença de que o mundo dos ricos é o melhor dos mundos possíveis.

P.A.: Penso que este é o melhor dos mundos possíveis porque não conheço nenhum outro mundo que seja possível. Isso não é pensar, como Pangloss, que não há nenhum modo pelo qual poderíamos lutar por melhorá-lo. Consideramos que a tentativa de melhorar os humanos é tão urgente quanto valiosa. (AMF, III, 528)

P.A.: . . . Assume-se que o caráter ou personalidade correspondem às fronteiras físicas que podem ser vistas e tocadas, mas isso não parece ser um pressuposto sábio – se é que existe na realidade tal entidade como mente ou caráter. Por exemplo, se um de nós saísse da sala e falasse, poderíamos reconhecer que era . . .

ROBIN: Ah, sem dúvida! Poderíamos reconhecer o som e interpretar que isso era evidência de um indivíduo, não um "caráter".

P.A.: Talvez. Mas penso que logo aprenderíamos a distinguir entre uma gravação, ainda que fiel, e a coisa real. . . . Não acredito que um bebê permanecesse inconsciente da distinção caso ouvisse uma gravação da voz de sua mãe, mesmo que a mãe estivesse fisicamente presente e parecendo falar com ele.

ROLAND: Já não fizeram esse teste?

ROLAND: Mas isso é pura conjectura! Não há nenhuma prova científica?

P.A.: É conjectura; mas não tenho certeza de que o que considero "pura verdade" disponível para meros seres humanos como nós seja mais do que "pura conjectura". Os psicanalistas têm que ser cautelosos em relação às suas reivindicações de verdade científica. A maior proximidade de um "fato" que o casal psicanalítico alcança é quando um de seus componentes tem um sentimento. Comunicar esse fato a alguma outra pessoa é uma tarefa que frustrou cientistas, santos, poetas e filósofos desde que a raça existe. (AMF, III, 462)

P.A.: Parece-nos que o caso é esse. Mas será que aquilo que "nos" parece é para ser encarado como sendo idêntico ao fato? O Sacerdote e outros parecem pensar que nós, os psicanalistas, apregoamos saber. Encaro qualquer coisa que "sei" como sendo uma teoria transitiva – uma teoria "a caminho" do conhecimento, mas não o *conhecimento*. É meramente uma "parada para descanso", uma "pausa" aonde eu possa ficar temporariamente livre para estar consciente de minha condição, mesmo que essa condição seja precária. (AMF, III, 462)

A busca por fatos sempre tropeça em crenças, ou paramnésias, para preencher o vazio da ignorância:

ALICE: Eu achei que você era um cientista.

ROSEMARY: E eu achei que cientistas falavam a verdade e acreditassem em fatos.

P.A.: Eu não desperdiçaria em fatos a minha capacidade de crer – só creio quando não há fato disponível.

ROBIN: Você quer dizer que, quando não há nada factual, você recai nas crenças – igual à Religião Cristã e a toda esta baboseira. Não é de admirar que a psicanálise seja uma rede de mentiras.

P.A.: Não. Eu não quis dizer isso. Quero dizer que sou cuidadoso para escolher o que sei e aquilo no que acredito, e uso o máximo de minha capacidade para não misturá-los. Não tomo por verdade aquilo que os humanos acham que são fatos; mas isso não significa que eu tenha que "recair" em uma "crença" sobre um montão de tagarelices como se tivesse que manter a minha mente repleta a todo custo. Ou o reverso – vazia –, como se fosse um tipo de anorexia nervosa mental.

ROLAND: Sempre pensei que a suposição a respeito da anorexia nervosa é que ela fosse mental.

P.A.: Não por mim. Considera-se que isso é um fato, do mesmo modo que toda esta massa de teorias psicanalíticas que não são, afinal das contas, fatos; embora suas representações, como páginas em um livro, sejam fatos. Elas preenchem um espaço do mesmo modo que paramnésias preenchem uma amnésia. (AMF, II, 294-295)

Fatos são eventos em desenvolvimento; conhecê-los é um ato transitório, e pode ocorrer até mesmo antes que o próprio fato seja reconhecido; fatos são passíveis de deterioração. A prevalência de determinados hábitos pode atentar contra e até extinguir curiosidade; muitas vezes leva à senilidade precoce. Um desses hábitos é baseado em um sentimento calmante, que pode ser denominado sentimento do "já conhecido"; outro hábito, coligado a este, constitui verdadeira síndrome onipotente: o sentimento do "eu sei", que é tanto originário de desastre psíquico como fator de desastres psíquicos. Sentimentos de "já conhecido" ou do "eu sei", geradores de preconceitos, ameaçam a habilidade para perceber fatos, e com o tempo, por hábito, a capacidade individual para tal percepção. Fatos não podem ser criados individualmente. Em contraste, alucinação, alucinose, delírio e ilusão – taquigraficamente, mentiras – podem ser criadas individualmente, previamente conhecidas, arquivadas, memorizadas, sem consideração por objetos (vivos ou inanimados) cuja natureza pode ser vista como "não eu".

Bion tenta retratar esse tipo de desastre nos primeiros capítulos de *A Memoir of the Future*, com o auxílio de quase personagens imaginários (ou, mais precisamente, descrições de objetos internos correspondentes a experiências de vida), denominados "Alice" e "Roland". Recorre a alguns fatos que emergem, e são derivados, de experiência psicanalítica – ódio, amor, inveja, hostilidade, sonhos, alucinação –, na tentativa de incrementar a percepção de eventuais leitores quanto aos significados e sentidos (vetoriais e emocionais) de um fato, em contraste com imaginação (q.v.). Por "vetorial", o autor deste dicionário tenta indicar um senso de direção, emprestado da física newtoniana: de dentro para fora, de fora para dentro, indo para cima, ou abaixo, ou para algum lado etc.

As citações a seguir podem ser vistas como resumindo as visões finais de Bion a respeito de fatos reais, conforme foram revelando-se para ele. Os diversos quase personagens representam as várias idades cronológicas – sob o vértice do desenvolvimento (ou maturação) emocional que o próprio Bion teve, ao ser confrontado com fatos, bem como suas reflexões. Verdade factual – objetiva, ou dependente de algum objeto real, interno ou externo – não demonstra ser mais importante do que lembranças sinceras. Uma pessoa pode expressar uma ideia falsa, mas de modo sincero. Ideias falsas expressando intenções reais, como "vamos nos encontrar no nascer do sol para pescar?", produzem realidades úteis, por serem verdadeiras:

P.A.: Certo... vamos começar. Lembro-me como me senti quando era Vinte e Um. Havíamos acabados de entrar em formação de linha de frente; eu estava aterrorizado. Não gostei nem um pouco das perspectivas. As ordens eram de não permitir nenhum descanso ao inimigo, continuar com a perseguição, pois, em função de nossa vitória de 8 de agosto, ele estava exausto e uma enorme brecha havia sido aberta em suas linhas. Infelizmente, eu havia sido condecorado por heroísmo. Vinte e Um sabia que eu estava aterrorizado e não teve a coragem de conseguir que o médico me desse uma licença. Eu sabia que não tinha a coragem necessária para proezas "heroicas". Além do mais, eu estava gripado; meu batedor havia recebido uma garrafa de conhaque para dividir comigo. Ninguém sabia que doença eu tinha; então chamaram aquilo de F.O.D. – febre de origem desconhecida. Eu esperava que minha morte fosse súbita e sem dor. O soldado que estava ao meu lado tinha um furo na barriga. Olhamos para ele friamente. "Ele é um caso perdido... por que desperdiçar tempo cuidando dele? Vamos... é a hora H"; arrastei-me para fora da trincheira e comecei a andar. Inibi – termo que aprendi a usar tempos depois – qualquer resquício de algum fato que pudesse irromper por meio de minha febre de origem desconhecida. Um homem de cabelos cinzentos com as pernas enroladas no pescoço que nem um cachecol queria que eu o "ajudasse". Era irritante a expectativa daquele homem de eu desfizesse o nó de seu cachecol. Além do mais, eu estava ocupado. "Não... os padioleiros estão chegando!" Eu sabia que não estavam chegando; os únicos que ajudam são os padioleiros do regimento. Por que eu lhe disse isso? Haviam me ensinado – disciplinado – para que em uma crise como esta eu não tivesse problemas desconhecidos, não raciocinados previamente para resolver em condições inadequadas para a sua solução. Como médico, eu agora compreendo; como oficial tanquista encharcado pela gripe, "Padiola chegando!", eu menti. *"Kamerad Kaput"*, berrava o pequeno alemão enquanto corria em minha direção rebolando furiosamente para não cair. Eu pude mandar o velho e estropiado "Tommy" para o inferno – "Padioleiro chegando" –, mas permiti que aquele bochezinho horroroso me puxasse para dentro de seu buraco? Nenhuma disciplina – e eu sabia que ele me mataria. Entrei; no escuro, outro boche com as pernas enroladas no pescoço, a guisa de cachecol. *"Kaput."* Ele me forçou a tocá-lo – *"Kaput?"*; eu o toquei. "Sim, *Kaput.*" Irrompeu em lágrimas. Falei para mim mesmo, "Agora – seu idiota – caia *fora*". Só aí eu pulei fora – fora do buraco, para o ar livre, para o bom senso de levar meu Smith & Wesson aonde haviam me ensinado a levá-lo.

SACERDOTE: Você não se sentiria nem um pouco melhor se fosse um padre. Lembro-me do nosso padre jovial, faces rosadas jogando baralho, e como você foi sarcástico – você e aquele ruivinho rebelde, teu ordenança – porque o padre não iria aparecer para enterrar o morto. Pobre Smith! Ele estava tão rigidamente cadavérico a ponto de não conseguirmos enfiar seus braços no túmulo; além disso também estávamos com pressa.

P.A.: O padre preferiu jogar *bridge* com o coronel no refeitório do Q.G.

ROLAND: Ora, não seja tão hipócrita – você faria o mesmo se fosse capaz de jogar *bridge* e não estivesse comandando um tanque.

P.A.: É verdade. Eu não estava com medo – eu estava nada. Achei que iam me mandar para a corte marcial. Fiquei surpreso por contar uma história tão coerente e articulada que eu mesmo não pude detectar um fiapo de falsidade nela... e meus homens ficaram tão gratos e cheios de admiração. Fiquei impressionado por não poder acreditar em uma palavra do que eu disse. Tudo mentira; mas tudo tão completamente factual que ainda hoje...

ROLAND: Bem, o que foi que aconteceu?

P.A.: Eu alcancei meu tanque-líder. Sabia que os canhões navais de longo alcance iam nos pegar. "Saiam!", disse aos homens, "e andem atrás do tanque até que ele seja atingido". Regulei os controles para a velocidade máxima e me pus para fora do tanque. O tanque correndo – correndo em relação ao padrão da época – para a frente, de tal forma que quase não conseguimos acompanhá-lo. Foi aí – *só aí!* – que o horror me tomou por completo. Cretino! O que foi que eu fiz? À medida que me arrastava e tropeçava, na minha embriagante gripe para alcançar o tanque, sob cuja sombra eu havia ordenado que minha tripulação ficasse abrigada, minha gelada realidade revelou um *fato*: o tanque, em perfeitas condições, com metralhadoras, munição e seus motores de 175 cavalos de força, havia sido entregue nas mãos do inimigo. E eu fizera isso, sozinho; sozinho! Minha febre sumiu, para se reencontrar à sua origem desconhecida.

SACERDOTE: Como é que você entrou lá? Batendo suas mãos nas frias portas de aço?

P.A.: Eu estava dentro; entrei lá dentro. Uma granada em alta velocidade bateu; sem pensar, me atirei para fora enquanto as chamas de petróleo envolviam a carcaça de aço. Está ferido, senhor? Não... caí de bunda. O senhor está bem? É claro! Por quê? Para casa... rápido.

SACERDOTE: Você realmente se recorda disso? Soa como algo totalmente improvável... mas eu não posso dizer que atribuo grande importância àquilo que vocês, cientistas, chamam de fatos.

ROLAND: Tanto Robin quanto eu encaramos fatos como sendo fatos. Se eu não me lembrasse de semear o milho e de colher "fatos", a tripulação que você "salvou" não teria nada para comer. Nem os corvos ficariam crocitando pelo céu do entardecer.

ROBIN: Lembro-me quando P.A. e seu amigo doutor eram crianças e levaram a Curley, que não queria se separar de seu bezerro, para Munden. Pobre animal, desprovido de inteligência! Ninguém havia contado à Curley nada sobre a "Ansiedade de Separação", mas ela sabia tudo sobre como *não* ir para Munden.

P.A.: O meu Doze Anos também não tinha ouvido falar de "ansiedade de separação", mas "lembrou-se" de não se separar de minha

(consciência

consciente)

adquirida, de 175 cavalos de força disciplinados inteligentemente. Ainda agora me arrisco a ser ouvido por algum desgraçado atirador de neologismos psiquiátricos.

ROBIN: Você fala com uma amargura que ouço com mais frequência conjugada à evacuação de ódio. Na verdade, se odiasse a psicanálise, eu não teria ficado surpreso de ouvir o que ouvi você falar. Como está, fico quase chocado.

ROLAND: Se você tivesse 12 anos, eu não ficaria nada surpreso caso ouvisse que a Curley não havia chegado a Munden. Fico chocado com você, como psicanalista, estar irritado que o seu "significado" não tenha sido enfiado naquilo que você pensa ser o invólucro verbal correto.

P.A.: Eu sei, e tenho razões para recear que o "invólucro" dentro do qual o meu significado entrou vai aprisionar tanto a mim quanto a ele... de modo inescapável. Você pensa que tudo isto aqui é conversa... e que conversa é nada. Eu sei – embora não possa provar – que não é. (AMF, III, 474-477)

Referências cruzadas sugeridas: Psicanálise Real, Sexo.

Fé, ato de fé (*Faith, act of faith*)

Um termo emprestado da cabala luriânica/cristã. Bion o utiliza para descrever um *"estado de mente científico"* (AI, 32), para ser aplicado no momento decisivo de uma interpretação em uma sessão de psicanálise.

Refere-se a um sentido, o de se experimentar uma existência: aquela de haver realidade; ou Verdade. O autor deste dicionário utiliza o termo "sentido" conforme ele é usado em física e em biologia: respectivamente, um sentido vetorial, de um senso de direção, e também de ser algo apreendido pelo nosso aparato sensorial. Mesmo que a Verdade não seja totalmente acessível, apreensível ou passível de ser proferida ou possuída, sua existência pode ser intuída e utilizada. Uma vivência de Verdade, ou realidade em evolução, é sempre transitória – mas inconfundível. Não é a postura mística que pode parecer, mas um reconhecimento de que a intuição treinada pode ser desenvolvida e posta em prática. Expressa uma fé de que a verdade existe.

Pode-se exercer a Intuição quando se experimenta privação; Bion utiliza-se da metáfora escrita por São João da Cruz: as "três noites escuras da alma". Trata-se de experimentar alguma "não-coisa", incluindo, em primeiro lugar, a disciplina sobre memória, desejo e compreensão: *"Um 'ato de fé' depende de se abster disciplinadamente de memória e desejo. Uma memória ruim não supre essa necessidade; aquilo que comumente é chamado 'esquecer' é tão ruim quanto lembrar. É necessário inibir o tempo despendido com memórias e desejos"* (AI, 41).

O termo foi introduzido, além disso, para diferenciar o "saber sobre" do "ser" – uma das tentativas de apreensão da realidade tal como ela é. Foi concebido de forma implícita em *Transformations*, um escrito em que, pela primeira vez, Bion apela à tradição mística. Melhor descrito em *Attention and Interpretation* e expresso vividamente em *A Memoir of the Future*, o termo "fé" tenta descrever um estado de mente "bem-vindo" quando alguém tenta disciplinar-se de memória, compreensão e desejo: para apreender, ainda que transitoriamente, Verdade e realidade. Ainda mais especificamente, "fé" permite transitar de K (processos de conhecimento) para O (origem, verdade última). Na notação quase matemática de Bion, K$\Rightarrow$O. Todas essas definições de fé estão em *Attention and Interpretation*, pp. 31 e seguintes.

A natureza intuitiva da contraparte psíquica correspondente ao termo "fé" assemelha-se àquilo que, provavelmente, é praticado por qualquer bebê que sobreviva. Equipado com uma pré-concepção, "seio", procura por um seio real que possa corresponder, ainda que apenas parcialmente, a tal procura. Uma correspondência real ocorre apenas quando o bebê tolera a parte "não-seio" da experiência.

> Precisa "evoluir" antes que possa ser apreendida e é apreendida quando é um pensamento, exatamente como o O do artista é apreensível quando foi transformado em uma obra de arte.
>
> Mas o "ato de fé" não é um enunciado. . . . Não há nenhuma associação com memória, ou desejo, ou sensação. Tem uma relação com o pensar, análoga à relação do conhecimento *a priori* com o conhecimento. . . . Por si mesmo, não leva ao conhecimento "sobre" algo, mas conhecimento "sobre" algo pode ser o desfecho de uma defesa contra as consequências de um "ato de fé". Um pensamento tem sua apreensão como uma não-coisa. Um "ato de fé" tem como pano de fundo algo inconsciente e desconhecido, pois ainda não ocorreu. (AI, 35)
>
> Um termo que expressaria de modo aproximado o que preciso expressar é "fé" – fé de que existe uma realidade última e verdade – o "infinito desprovido de forma", desconhecido, incognoscível. É necessário acreditar nisso a respeito de todo objeto do qual a personalidade possa estar consciente; a evolução da realidade última (simbolizada por O) foi introduzida em objetos em relação aos quais a personalidade pode estar cônscia. Os objetos da consciência são aspectos do O "evoluído". Esses aspectos do O "evoluído" são tais que as funções mentais derivadas do sensório são adequadas para apreendê-los. Não se requer fé para eles; para O, requer-se fé. O analista não se ocupa de tais objetos sensorialmente apreendidos, nem com o conhecimento deles. Memórias e desejos são características inúteis, porém inevitáveis, com as quais o analista se depara em si mesmo durante seu trabalho. O analista considera-as em seu analisando, por estar se ocupando do funcionamento da mente do analisando. Seu analisando expressará sua consciência de O em pessoas e coisas, por meio de formulações representando a intersecção de evoluções de O com a evolução de sua consciência. . . .
>
> Não pode haver regras sobre a natureza da experiência emocional que demonstre que a experiência está madura para ser interpretada . . . posso apenas sugerir regras que ajudarão o analista a obter o estado de mente receptivo a O . . . pode então sentir-se impelido a lidar com a intersecção da evolução de O com o âmbi-

to dos objetos dos sentidos ou de formulações baseadas nos sentidos. Se ele assim o faz, ou não faz, não pode depender de **regras** para O . . . mas apenas de sua capacidade de estar-uno-a O.

Minha última sentença representa um "ato" que denominei "fé". Em minha visão, trata-se de uma afirmação científica, pois para mim "fé" é um estado de mente científico. (AI, 31-32)

Essa experiência pode ser sentida como perigosa: *"Abstendo-se de memórias, desejos e das operações da memória, o analista pode se aproximar do âmbito da alucinose e dos 'atos de fé' por meio dos quais ele, e apenas ele, pode ficar uno às alucinações de seus pacientes; e assim efetuar transformações O⇨ K"* (AI, 36).

A experiência de "fé" (que verdade existe) permite mudanças catastróficas (q.v.) e estar-uno-a-si-mesmo (*atonement*) (q.v.).

Falhas na apreensão do conceito, mal-entendidos e distorções: somando-se à tendência solipsista/relativista, leituras preconcebidas ou superficiais – as duas sempre partidaristas – recaem na fantasia de que Bion teria sido um escritor religioso; como toda fantasia, não encontra fatos reais que se lhe correspondam: *"Um 'ato de fé' é peculiar ao procedimento científico e precisa ser diferenciado do significado religioso com o qual o uso coloquial o investe"* (AI, 34-35).

O termo "fé" constitui-se como mais uma tentativa de Bion para expressar e transmitir apenas *"aproximadamente"* observações sobre um estado de mente propício a interpretações e ideias científicas (ou seja, verdadeiras) no *setting* analítico; não pode ser tomado como se fosse um conceito regulador. Parece-nos essencial enfatizar que trata-se de **um** estado de mente, **uma** postura, mas nunca **o** estado de mente. Isso equivaleria a um mandamento autoritário. Em termos grupais, expressa formação de grupos messiânicos (q.v.), que logo desandam em grupos de ataque-fuga (q.v.). A menção a grupos, neste verbete, segue o intuito do próprio escrito de Bion em *Attention and Interpretation*, cujo subtítulo já os inclui, assim como boa parte do conteúdo.

Recorrendo novamente aos escritos de Bion, que podem – esperançosamente – prevenir interpretações preconcebidas de sua obra: *"Um termo que expressaria de modo aproximado o que preciso expressar é 'fé' – fé de que existe uma realidade última e verdade – o 'infinito desprovido de forma', desconhecido, incognoscível. . . . Mas o 'ato de fé' não é um enunciado"*. Não se trata de nenhum enunciado que pode ser aprendido; pode apenas ser apreendido. Não é algo que possa melhorar ou piorar durante uma sessão analítica, mas é condição para que a psicanálise exista – postura idêntica à de Freud, expressa, por exemplo, em "Construções em análise". Tampouco é um enunciado teórico ou técnico. Trata-se de um termo que *"aproximadamente"* descreve uma postura possível.

Referências cruzadas sugeridas: Visão Analítica, Estar-uno-a-si-mesmo (*atonement*), Mudança Catastrófica, Alucinose, K, O, Transformações em K e O.

Fenômenos

Bion usa esse termo do mesmo modo como foi utilizado por Kant – e pelos antigos gregos. Fenômenos são emanações formalizadas que apresentam a realidade última – o âmbito numênico; constituem-se daquilo que Kant denominou qualidades secundárias dos objetos. Fenômenos podem ser apreendidos, ainda que parcialmente e de modo limitado, pelo aparato sensorial humano. O termo é parte integrante de "uma teoria do pensar" (q.v.). Bion continua apelando para o temo para propor a teoria da função-alfa (q.v.) (ST, 115, LE, 67; EP, 6-9). A função-alfa, de modo breve, faz uma descrição de um processo de depuração, ou filtragem, ou transformação em que um componente sensorializado, materializado e concreto que dá forma a um determinado fenômeno vai sendo gradativamente substituído por componentes imaterializados. Imaterializações e de-sensorializações ficam mais detalhadas no livro seguinte, *Transformations* (T, 12).

A contraparte imaterializada do fenômeno, não apreensível pelo nosso aparato sensorial – o número –, foi nomeada por meio de um sinal quase matemático, "O" (q.v.).

Filosofia

> O ato de abandonar memórias e modelos derivados da medicina física envolve a experiência de problemas que o psicanalista poderá considerar como estando fora de seu âmbito de trabalho, ou de sua capacidade. Frequentemente, parecem pertencer a disciplinas para as quais ele não foi treinado. A experiência do psicanalista para questões filosóficas é de tal modo real que frequentemente um analista adquire um alcance mais claro da necessidade de um pano de fundo filosófico do que o filósofo profissional. O pano de fundo da filosofia acadêmica e o primeiro plano realístico da experiência psicanalítica se aproximam mutuamente; mas o reconhecimento de um pelo outro não é frequente; nem tão frutífero como poderíamos esperar. (ST, 151-152)

Bion utiliza-se de avanços providos pela teoria da ciência – muitas vezes feitas por filósofos –, ou seja, do desenvolvimento de métodos utilizados para o progresso científico – sempre mantendo explícitas as distinções acentuadas entre o analista e o filósofo. Como consequência, discrimina claramente psicanálise de filosofia. A psicanálise, descoberta por Freud, iniciou-se como parte do esforço científico, na medida em que tenta se aproximar de verdade ou realidade; para Freud, termos sinônimos em toda sua obra. Não o são para alguns filósofos e teólogos. Em um trabalho publicado postumamente e inacabado ("Metateoria"; q.v.), Bion provê apenas uma única diferença entre verdade e realidade, ao estudar clinicamente a diferença entre personalidade psicótica e personalidade não-psicótica, de um lado, e psicopatia (que pode ser dividida, psiquiatricamente, entre delinquência e personalidade psicopática). Refere que há pessoas com noção do que pode ser visto como realidade física, mas com desconsideração desapaixonada por verdade. Assim munidos, e portadores de quantidade de inteligência e de treinamento no aparato sensorial, evitam verdade, com o intuito de não tropeçar nela, por descuido ou acidentalmente.

A tarefa de nutrir algum interesse em verdade, levada a cabo pelos antigos gregos, no desenvolvimento da matemática, medicina, fisiologia, física, tecnologia e retórica – ou seja, o desenvolvimento da linguagem que pudesse se aproximar das contrapartes na realidade que tentava descrever –, foi enterrada ou exilada para Damasco e Pérsia, após a decadência do império romano e as cruzadas. Ficou sob a égide do clero do ramo apostólico romano da Igreja católica, que impôs critérios dogmáticos, autoritários, em que a proibição de acesso à verdade imperou. Termos como "alma", "espírito" foram criados, e distorções sobre o que um editor das obras de Aristóteles denominou "metafísica". O conhecimento – aproximações à verdade – precisou aguardar que surgisse uma época hoje descrita como Renascimento para poder ser resgatado; e mais dois séculos para que surgisse o que chamamos de Iluminismo, para que a medicina, como tarefa de se aproximar da verdade humana e seus sofrimentos, também pudesse ressurgir. O campo estava preparado para que surgisse um Freud para pensar a psicanálise: ele levou adiante a tarefa de investigar ou pelo menos nutrir o interesse em verdade, em tentar conhecer a realidade e aquilo que passou a ser chamado "mente". Até então, esses estudos permaneceram com filósofos, que também eram chamados de psicólogos. O termo "psique" é mais antigo, cunhado pelos antigos gregos; o termo "mente" é da Idade Média, cunhado na Europa Ocidental.

Ao elaborar uma teoria sobre os processos de pensar, sob o vértice psicanalítico, utilizando a experiência clínica com pessoas que apresentam distúrbios nesse processo, Bion inicia o estudo do seguinte modo:

> Neste estudo, considero primariamente um sistema teórico. A semelhança desse sistema com uma teoria filosófica depende do fato de que alguns filósofos se ocuparam do mesmo assunto; difere da teoria filosófica naquilo que é sua intenção: a de ser utilizada – de modo idêntico à intenção de todas as teorias psicanalíticas. (ST, 110)

De modo habitual, e inclusive comentado por ele, no prefácio a *Seven servants*, quando alguém avisou que não iria em uma palestra, pelo fato de ele dizer a mesma coisa em todas as palestras, Bion reiterou essa noção por muitas vezes – de modo mais extenso, em *A Memoir of the Future*; de modo mais sintético, em *Learning from Experience*, *Elements of Psycho-Analysis*, *Transformations* e *Attention and Interpretation*:

Aqui está uma vantagem do psicanalista sobre o filósofo: seus enunciados podem ser relacionados a "realizações"; e as "realizações", a uma teoria psicanalítica. (T, 44)

... o psicanalista se preocupa *na prática* com um problema que o filósofo aborda *teoricamente*. (AI, 97, itálicos do autor)

O termo *realization*, em inglês, não admite tradução literal para o português. O mais adequado, nos parece, é vertê-lo como "tornar real para si mesmo". Já existe como neologismo, caracterizando a progressiva anglicização de nossa língua – um fenômeno globalizado pelo menos desde os anos 1980.

A mesma reiteração aparece de modo mais esclarecedor – além de indicar que existe a diferença, Bion fornece uma iluminação de *como se dá* essa diferença, à luz de uma teoria matemática, de transformações e invariâncias (q.v.):

Quando, como psicanalistas, nos interessamos pela realidade da personalidade, há mais em jogo do que uma exortação de "conhece-te a ti mesmo, aceita-te a ti mesmo, seja você mesmo", porque implícita ao procedimento psicanalítico está a ideia de que sem a experiência psicanalítica não se pode colocar essa exortação em prática. O ponto em questão é como passar do "conhecimento de" "fenômenos" para "ir sendo"[40] aquilo que é real. (T, 148)

O uso que Bion faz de Kant e de algumas teorias matemáticas é comumente visto como "errado" por acadêmicos limitados; o leitor poderia examinar os verbetes "penumbra de associações" e "universidade". Essa visão comum, feita por detratores da obra de Bion, como acusação, aparece em alguns textos, como na introdução de *Learning from Experience*, na introdução a *Seven Servants*, e em muitas passagens de *A Memoir of the Future* e *Cogitations*. Críticas feitas por detratores explícitos não poderão danificar as contribuições de Bion como podem as falhas de apreensão e "des-entendimentos" – utilizando um tipo de neologismo expresso por uma versão hifenada proposta por Bion quando define a prevalência do vínculo –K (q.v.) – feitas por pessoas que se intitulam "bionianos" (q.v.). Essas pessoas atribuem a Bion – sempre considerado como pessoa, mas não em termos das contribuições que ele nos legou – tendências filosóficas, literárias, míticas, teológicas e místicas. Essas pessoas têm se sentido enganadas ou deixadas em confusão, qualificando a pessoa de Bion como obscura, mal informada, contraditória e enganadora, sem dar uma atenção mínima para aquilo que ele escreveu. Fazem escolhas pessoais, baseadas em preconceitos ideológicos, executando clivagens na leitura. Tentam retroceder no tempo histórico, negando ou esquecendo que a obra de Freud, a origem principal em toda

---

[40] Em inglês, *become*; verbo intraduzível; escolhemos a locução verbal "ir sendo" para uma versão em português.

a obra de Bion, tentou fazer com que algo que até sua época era uma preocupação relegada a filósofos, teólogos pudesse ser objeto de um estudo científico:

> **Necessidade de verdade e necessidade de reajustar constantemente os desajustes**[41]
> Os procedimentos psicanalíticos pressupõem que haja, para o bem-estar do paciente, um constante suprimento de verdade, tão essencial para sua sobrevivência quanto o alimento é essencial para a sobrevivência física. Além disso, pressupomos que uma das pré-condições para sermos capazes de aprender a verdade, ou pelo menos para procurá-la na relação que estabelecemos conosco e com os outros, é descobrirmos a verdade sobre nós mesmos. Supomos que, em princípio, não podemos descobrir a verdade sobre nós mesmos sem a assistência do analista e dos outros. (C, 99)

O texto continua com um exame proveniente, de modo direto, das formulações sobre os dois princípios do funcionamento psíquico de Freud.

Bion enfatiza o fato de que há limitações, por parte de filósofos e, por extensão, de sua obra filosófica, para obter um manejo minimamente suficiente dos problemas com os quais analistas lidam – ou seja, quando o objetivo é auxiliar pessoas individuais em seu sofrimento. Se algum leitor der atenção apenas à ênfase, e mesmo que não se aprofunde na natureza dos fenômenos que justificam essa ênfase, poderá discriminar – como Bion discriminou – psicanálise de filosofia. A discriminação antecede até mesmo a publicação dos primeiros trabalhos propriamente psicanalíticos. Por exemplo, em 1947, em um estudo, nos tempos do pós-guerra, sobre uma tentativa de aplicar o conhecimento psiquiátrico baseado em psicanálise para movimentos sociais de massa, Bion alerta que *"o filósofo ... retrocede, derrotado, quando o fator dos impulsos emocionais irrompe. Estou certo de que isso será muito habilmente negado. Este é meu ponto: é função da filosofia negá-lo"* (C, 341).

Origens da obra de Bion na filosofia, teologia filosófica e literatura

As duas tabelas a seguir constituem-se como uma tentativa de sintetizar fontes filosóficas na obra de Bion. Algumas estavam implícitas, colocadas de modo muito compacto ou brevemente mencionadas, nos primeiros livros, e ficaram mais explicitadas em *A Memoir of the Future* e, depois, em *Cogitations*.

1. Tabela 2a: Origens confirmadas pelos textos ou por anotações à margem dos exemplares de livros constantes na biblioteca particular de Bion.
2. Tabela 2b: Origens deduzidas ou inferidas, a serem confirmadas.

---

[41] Título original: *"Truth – need for, and need to keep maladjustment in repair"*; o título refere-se a duas necessidades opostas – a necessidade de verdade por parte da mentalidade científica e da personalidade não-psicótica, e a necessidade do psicótico de "reajustar" continuamente seus desajustes, para que esses desajustes "funcionem".

A linguagem de Bion

TABELA 2A – FONTES CONFIRMADAS: ESCRITOS DE WILFRED BION E CONSTANTES EM SUA BIBLIOTECA PESSOAL, QUANDO CUIDADA POR FRANCESCA BION

Categoria	Época	Autor	Inspiração e uso	Onde pode ser encontrado?	Onde se encontra no trabalho de Bion?
Filósofos	Antiguidade	Platão e Aristóteles	Formas ideais; o conceito de Nous – a mente que pensa sobre si mesma; objetos matemáticos, resultando em objetos psicanalíticos; formulações a respeito do acontecer humano sob forma de diálogos; apreensão sensorial de estímulos externos e internos	República, Fédon, Metafísica	T; AMF, I, II, III; LE; EP ; AI
	Tradição judaico-cristã	Isaac Luria	Formulação de um sistema interpretativo, por meio dos sephiroth, para extração de sentidos profundos e verdadeiros implícitos nas escrituras do Velho Testamento: não são diretamente dados por palavras, são sentidos que já estão lá. O texto "sagrado" revela-se, implicando algo além dele mesmo	Sobre a Cabala e seu Simbolismo (George Scholem, Martin Buber)	AI; AMF, I, II, III
		Meister Ekhart e São João da Cruz	Verdade humana e divindade; o âmbito do "menos (ou negativo)", intuindo a verdade sobre a base da experiência do negativo, desapropriação sensorial, abstinência e dor		T; AMF, I, II, III
		William Blake	Crueldade humana; mulher; Verdade	Gravuras de Blake para seus livros e romances O livro de Urizen e O livro de Jó	AMF, I, II, III; C, e.g. p. 125
	Idade Média e Renascença	Thomas Browne	Insubmissão a autoridades dogmáticas		EP
		Francis Bacon	Generalização e particularização de leis científicas; Realidade; aproximações a fatos tais como esses fatos realmente são.	Ensaios	T; AMF, I, II, III

383

TABELA 2A – *Fontes confirmadas: escritos de Wilfred Bion e constantes em sua biblioteca pessoal, quando cuidada por Francesca Bion*

Categoria	Época	Autor	Inspiração e uso	Onde pode ser encontrado?	Onde se encontra no trabalho de Bion?
Filósofos	Idade Média e Renascença	Giambattista Vico	A noção de historicidade		AMF, I, II, III
		René Descartes	Bion se utiliza de dois aspectos na obra de Descartes, por uma análise crítica: o conceito de "pensamento sem um pensador", apresentado por Descartes como um absurdo, por uma argumentação racionalizada, para provar um preconceito religioso. Bion usa a afirmação negativa, sem se submeter a uma autoridade social conferida a um filósofo considerado como gigante, para demonstrar a utilidade de se considerar que pensamentos são epistemologicamente anteriores ao pensador; a defesa, por meio de uma concepção de "penso, logo existo", contrasta, assinala Bion, com outra defesa, a da "dúvida filosófica".	*Discours sur le méthode*	ST (*Uma teoria do pensar*); LE; EP; T; AI; AMF, I, II, III
	Filósofos do Iluminismo e do período romântico	John Locke	"Senso comum": o leitor precisa discriminar claramente essa expressões de duas expressões populares: "lugar-comum", que implica banalização e superficialização de algo que um dia foi algum conceito real; e "bom senso", uma degeneração moral, ou pedagógica, do que algum dia foi senso comum.	*Ensaio acerca do entendimento humano*	LE; EP; C
		David Hume	Conjunção constante; Bion não enfatiza o fato de que a obra de Hume tem sido crescentemente ignorada e desprezada, e colocada em um nível inferior por muitos filósofos acadêmicos, que a acusam de ser "demasiadamente psicologizante".	*Tratado da natureza humana*	ST (*Uma teoria do pensar*); EP; T
		Samuel Johnson	A verdade dos fatos, tais como são	*A vida de Samuel Johnson* (Boswell)	ST (*Uma teoria do pensar*); EP; T; AMF, I, II, III

A linguagem de Bion

TABELA 2A – FONTES CONFIRMADAS: ESCRITOS DE WILFRED BION E CONSTANTES EM SUA BIBLIOTECA PESSOAL, QUANDO CUIDADA POR FRANCESCA BION

Categoria	Época	Autor	Inspiração e uso	Onde pode ser encontrado?	Onde se encontra no trabalho de Bion?
		Alexander Pope	Advertências contra a falsa ciência; banalização; noção sobre uma invariância denominada "espírito da Inglaterra"	Alexander Pope Epístola para Dr. Arbuthnot; Ensaio sobre a crítica (citado em AMF, I, 42)	AMF, I, II, III
		Immanuel Kant	Qualidades primárias e secundárias de um objeto de estudo científico; os âmbitos do número e dos fenómenos; conceito de intuição sensível	Crítica da razão pura (Kant); Uma história da filosofia (Copleston)	EP; T; AMF, I, II, III
		Johann von Goethe	Erros em julgamentos de valor; valor do método analógico em exposições científicas; método de escrita dialógica; perspectivas a respeito de Mulher; formulações a respeito do acontecer humano sob forma de diálogos	Fausto	AMF, I, II, III
		W. F. Hegel	Percepções da verdade; limites do idealismo, religião, processos racionais; aquisição de consciência humana; noções sobre infinito e absoluto	Nature and Destin of Man (Niebuhr); Uma história da filosofia (Copleston)	ST; EP; T; AI; AMF, I, II, III; C
Filósofos	Idade Média e Renascença	Friedrich Nietzsche		Uma história da filosofia (Copleston)	AMF, I, II, III

385

F

Tabela 2a – Fontes confirmadas: escritos de Wilfred Bion e constantes em sua biblioteca pessoal, quando cuidada por Francesca Bion

Categoria	Época	Autor	Inspiração e uso	Onde pode ser encontrado?	Onde se encontra no trabalho de Bion?
Teoria da ciência; teoria da ciência aplicada a matemática e física		Platão	A República – controvérsia com Proclo	Copleston	
		Aristóteles	Noção de objeto		
		Euclides	Elementos de geometria	*The thirteen books of Euclid's Elements* (T. L. Heath)	
		Blaise Pascal	Intuição; limites e possibilidades de busca pela verdade; probabilidade	Pensamentos	ST ("Uma teoria do pensar"); EP; T; AMF, I, II, III
		James Joseph Sylvester e Arthur Cayley	A teoria de transformações e invariâncias	Men of mathematics (E. T. Bell)	T
		Gottlob Frege	Teoria dos Números		
		Jules Henri Poincaré	Fato selecionado; intuição	*Science and method*	ST (*Uma teoria do pensar*); EP; T; AMF, I, II, III; C
		Andries Brouwer	Intuicionismo, geometria não euclideana, lógica não euclideana	*Intuitionism – An introduction* (W. Heyting)	AMF, I, II, III
		Alfred North Whitehead	Teoria dos números	*History of mathematics*	

A linguagem de Bion

TABELA 2A – FONTES CONFIRMADAS: ESCRITOS DE WILFRED BION E CONSTANTES EM SUA BIBLIOTECA PESSOAL, QUANDO CUIDADA POR FRANCESCA BION

Categoria	Época	Autor	Inspiração e uso	Onde pode ser encontrado?	Onde se encontra no trabalho de Bion?
Filósofos da física		Max Planck	Teoria quântica, resistência a novas ideias	Scientific autobiography	T
		Albert Einstein	Relatividade		AMF; I, II, III
		Werner Heisenberg	Conhecimento, conjunto de conceitos e realidade; princípio da incerteza	Physics and philosophy	T; AMF; I, II, III; C
Filósofos da ciência	Historiadores de ideias científicas	H. A. Prichard	História da teoria do conhecimento; ideia de que intuição permite uma percepção direta de objetos concretos e conhecimento de universais e as suas relações	Knowledge and perception	C
		R. B. Braithwaite	Sistema dedutivo científico; comunicação pública sobre teorias científicas	Scientific explanation	EP; C
Filósofos da ciência	Neopositivistas	F. H. Bradley	Crítica sobre noção de causalidade; multicausalidade; coisas materializadas e concretas e ideias; contraparte ideacional de um objeto externo; indução humeana	Principles of logic	EP; C
		Karl Popper	Bion utilizou a observação de Popper sobre elaborações de teorias ad hoc. Refuta os critérios de Popper sobre cientificidade, se aplicados à psicanálise	The logic of scientific discovery	LE; T; AMF, I, II, III
		P. Tarski	Valor-verdade de enunciados científicos	History of philosophy (Copleston); Introduction to mathematics (Kleene)	T
		Rudolph Carnap	Enunciados sob sintaxe matemática lógica para obter-se enunciados com valor-verdade verificáveis	Introdução à meta-matemática (Kleene)	T

F

TABELA 2B – FONTES FILOSÓFICAS DEDUZIDAS (BIBLIOTECA PESSOAL DE WILFRED E FRANCESCA BION)

Categoria	Época	Nome	Inspiração e uso	Onde pode ser encontrado?	Onde se encontra no trabalho de Bion?
Filósofos	Iluminismo e período romântico	Voltaire	Crítica sobre o uso de palavras, para disseminar mentiras	Candide	AMF, I, II, III
		Denis Diderot	Formulações a respeito do acontecer humano sob forma de diálogos		AMF, I, II, III
Filósofos da matemática		Bertrand Russell	Os paradoxos de Russell, teoria dos números, autoridade pessoal	*História da filosofia ocidental* (Russell)	T
Filósofos da ciência	Historiadores de ideias científicas	Isaiah Berlin	Senso de realidade	*O senso de realidade* (Berlin)	ST ("*Uma teoria do pensar*"); EP; T; AI; AMF, I, II, III

FRUSTRAÇÃO, TOLERÂNCIA À

Seria exagero afirmar que todas as contribuições de Bion à psicanálise têm um ponto de apoio: a questão da tolerância e ausência de tolerância à frustração? Cabe ao leitor decidir, baseado em sua própria experiência psicanalítica e familiaridade com o trabalho escrito por Bion. Subserviência ao desejo – em alguns casos, configurando verdadeira escravidão –, fidelidade à memória e entendimento são algumas das manifestações de intolerância à frustração. Bion descreveu em 1957 uma tríade, verdadeira síndrome, que emerge (no mundo dos fenômenos observáveis na clínica) como curiosidade, arrogância e estupidez, em que a frustração ante o desconhecido parece ser fator maior. A capacidade de tolerância à frustração, ou falta dela, é inata, geneticamente determinada. Como todo traço geneticamente determinado, pode ser incrementado ou diminuído em função de contingências externas, como educação (ou falta dela). Intolerância à frustração e tolerância à frustração originam respeito por verdade e capacidade para compaixão.

Narcisismo e inveja primários parecem ser formulações verbais, baseadas em observação psicanalítica, que descrevem de modo mais profundo (até hoje), de modo qualitativo (ou seja, a existência) e quantitativo (em termos de magnitude), um atributo básico: a capacidade de tolerar frustração e de não a tolerar.

Uma das phantasias inconscientes[42] mais comuns, devida à prevalência de estados mentais em que há uma imobilização na posição esquizoparanoide, dificultando ou impedindo o movimento em tandem com a posição depressiva, é a de que o mundo (originalmente o seio) deve ser aquilo que o indivíduo deseja, e não aquilo que pode ser na realidade. Intolerância à frustração indica prevalência do princípio do prazer/desprazer, implicando intolerância à dor. A pessoa sente a dor, mas não se pode dizer que a sofre (AI, 9); dispende boa parte de seu tempo – talvez o único bem não renovável que dispomos – tentando negar e se evadir da dor. A questão não é limitada pela imposição de desejo, pois existe a possibilidade de que alguma necessidade esteja em jogo. No entanto, devido à prevalência de traços paranoides e narcísicos inatos, a pessoa phantasia que todas as suas necessidades precisam ser satisfeitas.

Pode-se dizer que os distúrbios do pensamento que Bion estudou em suas primeiras contribuições para a psicanálise, e a exploração que se seguiu no âmbito da alucinação e de alucinose – intolerância máxima ao não-seio –, decorrem de contribuições básicas de Freud e Klein à psicanálise. A primeira descrição de um estado alucinatório infantil foi feita por Freud, ao observar em seu neto uma alucinação do seio quando o seio (ou a mãe) estavam ausentes. Observação esta repetida inúmeras vezes, por inúmeros observadores, da pediatria à psicanálise, e por muitas e muitas mães, pais, irmãos mais velhos, avós, avôs, outros familiares e babás, ao longo de séculos.

Historicamente falando, a origem desta contribuição de Bion, cuja percepção foi provavelmente incrementada por análise própria, podem ser localizadas na série autobiográfica de seis volumes: a trilogia *A Memoir of the Future* (1975-1978), os dois volumes de *The Long Week-End* (publicados postumamente durante os anos 1980) e *War Memoirs* (idem, no final dos anos 1990).

---

[42] O autor deste dicionário prefere o termo criado por James Strachey, Alix Strachey e Joan Riviere, na tradução do termo em alemão *Phantasie* – utilizado por Freud –, ou seja, *phantasia*. O termo permaneceu sob ataque após a morte de Freud por alguns do que se autojulgavam seus legítimos apóstolos ou seguidores e, ao mesmo tempo foi extensamente utilizado por Melanie Klein. Mesmo que a defesa do uso desse termo tenha sido feita, por Susan Isaacs, de modo que nos parece suficiente para significar o que Freud observou como uma das mais precisas expressões do inconsciente (em vigília e em sonhos) – desde sua criação, no caso do pequeno Hans –, é forçoso reconhecer-se que o termo *phantasia* tem caído em desuso. Pode-se manifestar discordância e lastimar o fato; o menor uso desse termo coincide com degenerescências no cuidado teórico e na prática de psicanálise, apesar dos alertas de Bion.

F

Pode-se dizer, a partir das opiniões de Bion sobre si mesmo, que duas das suas experiências de vida – (i) um impensado, impulsivo alistamento às hostes de jovens ingleses para lutar na Primeira Guerra Mundial, e (ii) o abandono de sua primeira esposa e primeira filha, novamente para servir seus conterrâneos, cujos fatores (segundo ele mesmo) foram uma mistura de ambiente social estimulante com autoindulgência frente a seu próprio desejo – forneceram-lhe autoridade para usar observações de Freud sobre os dois princípios do funcionamento mental de forma direta; algo talvez sem paralelo na história do movimento psicanalítico.

A abordagem puramente psicanalítica é obtida quando se escreve, como Bion fez, uma obra que não é ofuscada por ideias de causalidade; e, menos ainda, de causalidade externa ao indivíduo. Dentro de certos limites (por exemplo, existência ou ausência de danos físicos, condições sociais ultrajantes ligadas a diferenças de classes sociais, distribuição de riqueza que impõe fome a crianças ou guerra dirigida contra civis desarmados, para citar alguns exemplos), o problema nunca se resume à quantidade de dor, mas à capacidade de suportá-la. Isso pode constituir uma questão de sobrevivência.

Função-alfa

Uma função mental para transformar estímulos apreensíveis sensorialmente em elementos úteis ao pensar, para formar sonhos e memória.

> Não há dados sensoriais diretamente relacionados à qualidade psíquica, no sentido de existirem dados sensoriais diretamente relacionados a objetos concretos. (LE, 53)
>
> O inconsciente é a verdadeira realidade psíquica; *em sua natureza mais profunda, permanece desconhecida, do mesmo modo que a realidade do mundo externo permanece desconhecida, sendo apresentado de modo incompleto pelos dados da consciência, assim como o mundo externo nos é apresentado de modo incompleto pela comunicação de nossos órgãos sensoriais.* (Freud, 1900, p. 613, itálico de Freud)
>
> A teoria das funções e da função-alfa não fazem parte da teoria psicanalítica. São instrumentos de trabalho do psicanalista praticante para facilitar problemas de pensar a respeito de algo desconhecido. (LE, 89)
>
> Não sabemos o que está envolvido na transformação do animado em animado, ainda que saibamos, ou pensamos saber, alguma coisa sobre a mudança de animado e inanimado. (AMF, I, 129)

A formulação verbal "função-alfa" refere-se a um modelo que foi desenvolvido em uma teoria observacional de observação de fenômenos clínicos. A formulação, criada por Bion em torno de 1960, publicada pela primeira vez em 1961, constitui-se como uma tentativa de lidar com uma questão difícil: como estímulos sensoriais atingem o *status* de fatos psíquicos? E por que, em certos casos, jamais atingem esse *status*?

Para apreensão do sentido da expressão "função-alfa" poderá ser útil considerar que:

1. O conceito de função foi emprestado da matemática e da biologia. De forma simplificada, podemos tomar a lógica euclidiana: uma determinada variável **funciona** de uma determinada maneira com relação a outra determinada variável. As duas variáveis têm uma relação uma com a outra.
2. A função-alfa é um modelo que tenta lidar com uma questão cognitiva, a saber, a apreensão da realidade.
3. A "porta de entrada" daquilo que é realidade é o aparato sensorial do ser humano individual.
4. O modelo proposto por Freud para a consciência como o órgão sensorial para a apreensão da qualidade psíquica (Freud, 1900).

A teoria da função-alfa tem base na teoria da ciência formulada por Kant e na biologia; mais precisamente, na neurofisiologia. A função-alfa vincula-se à obra de Kant no sentido de lidar com manifestações fenomenológicas (impressões sensoriais, que Bion chamou de elementos-beta). E está ligada à neurofisiologia porque conecta o sistema nervoso autônomo – receptores e transdutores do aparato sensorial – com o sistema nervoso central. O estudo dessa conexão havia sido ignorado durante um século; havia sido estudado por Fechner e Von Helmholtz em uma disciplina hoje esquecida, denominada "psicofísica".

O modelo proposto por Bion para a função-alfa pretende descrever o fato de que o sistema nervoso autônomo humano capta fatos apreensíveis sensorialmente, em estado natural, e então se combina ao sistema nervoso central para traduzir esses fatos em algo diferente – um percurso de algo predominantemente materializado para algo imaterializável. Esse "algo diferente" não é apenas uma "coisa"; tem uma natureza imaterial. Seres humanos – e, provavelmente, outras entidades vivas, como mamíferos, répteis e outros não tão desenvolvidos – têm uma capacidade de "de-sensorializar" estímulos provenientes das realidades externa e interna. Bion usa os termos "traduzir" e "transformar". Pode-se tomar emprestado o vocabulário da física e da neurofisiologia e usar o termo "transduzir". Transdutores são dispositivos e também aparelhos que transformam um tipo de energia em outro, sem adulterar as invariâncias transmitidas por eles. Por exemplo, um microfone e um alto-falante são transdutores. O microfone transforma uma energia conduzida de forma mecânica – o som – em energia elétrica; o segundo faz o contrário. Os corpúsculos de Meissner e Paccini fazem o mesmo no corpo humano.

Estímulos constituem-se como coisas-em-si-mesmas, incognoscíveis de modo último. Isso implica que uma hipotética função-alfa permitiria apreender aspectos com os quais não se pode ter contato direto. Coisas-em-si-mesmas são chamadas, no arcabouço da teoria da função-alfa, "elementos-beta" (veja o verbete). Quando a pessoa não consegue "de-sensorializar" as coisas-em-si-mesmas, sejam estas provenientes do aparato sensorial ou de sentimentos internos, fica tomada pela sensação paradoxal de "invadir" e, simultaneamente, "ser invadido" por verdade absoluta e, em consequência, obter "posse" com relação à verdade absoluta. Essa sensação, hoje reconhecida como pertencente à posição esquizoparanoide (q.v.), manifestada por fenômenos narcísicos, foi descrita na análise de Freud (1912), feita com base em dados autobiográficos do juiz Daniel Paul Schreber – e replicada inumeráveis vezes no mundo inteiro desde então. Neste caso, os elementos-beta não são "digeridos" pela função-alfa, se considerarmos o fato de que Bion se utilizou de um modelo teórico tomando de empréstimo a função do aparato digestivo.

⊕ Na primeira definição publicada do termo, Bion ainda não tinha postulado teoricamente os elementos-beta:

> Descrevi . . . o uso do conceito de função-alfa como ferramenta de trabalho em análise de distúrbios do pensar. Pareceu-me conveniente supor a existência de uma função-alfa que converteria dados sensórias em elementos-alfa, provendo então à psique do material a ser utilizado no pensar onírico, e, portanto, à capacidade do indivíduo poder acordar, ou adormecer, de estar consciente, ou inconsciente (ST, 115).

Para ler mais sobre o desenvolvimento da definição da função-alfa, assim como de elementos-beta, veja os verbetes elementos-beta; trabalho onírico alfa.

Em função disto, o autor deste dicionário propõe que se considere que função--alfa pode ser vista, de modo compactado, como função psíquica "de-sensorializadora".

Esta definição inclui particularidades que viriam a ser expandidas nos quatro anos seguintes: dados sensoriais passariam a ser vistos como fenômenos que traem e, portanto, apresentam, ainda que indiretamente, por lampejos transitórios, aspectos da coisa-em-si-mesma, e seriam chamados de elementos-beta (em 1962) e, posteriormente, de O (1965). Os pensamentos-sonho passaram a ser vistos, como Freud já havia percebido, como atividade diurna, além de noturna. Descobertas neurofisiológicas colocaram em questão a existência descontínua da atividade onírica, tradicionalmente dividida segundo uma hipotética correspondência eletroencefalográfica com movimentos oculares rápidos ou lentos. Portanto, permanece válida a concepção psicanalítica de que o trabalho onírico ocorre durante o dia e durante a noite. O que varia é apenas a percepção e integração consciente destas duas ocorrências. Podemos lançar mão da analogia proposta por Thomas Hobbes, em Leviatã: durante o dia, o bombardeio sensorial do sol nos impede de ver as estrelas, que persistem no firmamento diuturnamente. O conceito de "barreira de contato" (ver verbete), criado por Freud para descrever a condução neuronal, atualmente esclarecido como transmissão eletroquímica sináptica, foi resgatado por Bion como forma verbal para mostrar relações e falta delas, entre o sistema consciente e o sistema inconsciente. Criada para lidar com pacientes com perturbações de pensamento – os assim chamados psicóticos, ou pessoas com prevalência da personalidade psicótica (ver o verbete específico) –, em 1962 o caráter mais geral de aplicação clínica da teoria foi reconhecido; no entanto, a definição do conceito e a de função-alfa não se modificou (EP, 4):

> A função-alfa opera sobre impressões sensoriais, quaisquer que sejam; e sobre emoções, quaisquer que sejam, das quais o paciente está cônscio. Caso a função-alfa tenha êxito, serão produzidos elementos-alfa; esses elementos servem para armazenamento e para necessidades do pensar onírico. (LE, 6)

Esta aplicação expandida da teoria ocorreu ao mesmo tempo que Bion tornou-se cada vez mais consciente de que uma camada subjacente de psicose permeia personalidades consideradas como "normais". A aplicação expandida também coincidiu com o movimento que Bion fez para revisar conceitos de cura, dependentes de concepções de patologia psiquiátrica. Retratados de forma mais explícita em 1967 – no Comentário sobre os *Second Thoughts* –, atingiram a maturidade em 1970, pela análise crítica de um transplante mecanicista de ideias de cura derivadas da medicina, em *Attention and Interpretation*.

A segunda definição, expandida, da função-alfa inclui uma analogia com o funcionamento do sistema digestivo. Se a mente pode "processar", "digerir" elementos-beta, os produtos finais dessa transformação poderiam ser denominados "elemento-alfa" (ver verbete específico).

Elementos-alfa podem ser usados para pensar; para armazenar algo na memória; para sonhar. Filogeneticamente, para elaborar mitos. A função-alfa abstrai a "concretude" das impressões sensoriais. Reciprocamente, elementos-beta só podem ser utilizados para identificação projetiva. A semelhança com o metabolismo humano após uma refeição é notável, pelo menos para este autor. E parece ter sido para W. R. Bion, que deixou o registro por escrito. Elementos-alfa podem ser comparados, analogicamente, ao glicogênio que é armazenado no fígado, ou aos pacotes básicos de energia, as moléculas de trifosfato de adenosina (ATP). Elementos-beta podem ser comparados com fezes. Ambos subprodutos de um processo que transforma matéria-prima em nutrição ou excrementos; que, por sua vez, podem funcionar como estímulos para criação de mais matéria-prima.

Elementos-alfa estão presentes, segundo Bion, na vida do bebê – se e quando existe uma determinada mãe que seja suficientemente capaz de criar um ambiente interno a si mesma e, portanto, externo e internalizável no bebê, denominado *rêverie* (ver o verbete específico). O exercício da *rêverie* constitui-se como empréstimo temporário, tendo um sentido (vetorial) que parte da mãe e ruma para o bebê. Os bebês, por assim dizer, tomariam emprestado a função-alfa de suas mães. Assim, a mãe desintoxica – o termo é de Bion – elementos-beta provenientes da criança; sendo então "devolvidos" ao bebê em forma digerida. Inspirados pela analogia com sistemas humanos de Bion, propomos sinonímia com o termo desintoxicar: a mãe processaria, por meio de purificação, ou, se usarmos o termo fisiológico utilizado em nefrologia, depuraria e poderia até eliminar elementos-beta sentidos como tóxicos para o desenvolvimento psíquico. A toxicidade poderia ser descrita, e avaliada, como quantidades de ansiedade dentro do equilíbrio entrópico descrito como "princípio de constância" por Gustav Fechner – utilizado por Freud na descrição de catexias psíquicas de natureza instintual e dos dois princípios do funcionamento mental. *Rêverie* estaria ligada à capacidade da mãe de conter suas próprias ansiedades; em última análise, a ansiedade de aniquilação, conforme descrita por Melanie Klein. Uma exposição contínua – dada pelo convívio de um bebê com sua mãe (biológica ou não), que seria alguém que faz este trabalho de autocontenção, pode permitir o aprendizado de que um tal estado poderá ser obtido – ou seja, que a mãe não se desestrutura, não se fragmenta perante a vivência de estados de ansiedade.

Alguns exibem pouca capacidade de tolerar frustração, sentindo maior dor associada à frustração. Esta capacidade parece ser inata; por vezes, pode ser incrementada, por experiências de vida e por análise.

A primeira frustração com a qual a pessoa precisa lidar parece se constituir na ausência do seio idealizado. Uma pessoa com dificuldade de tolerar frustração não consegue abstrair qualidades imateriais de um seio, que persiste sendo idealizado, concretamente – em termos da pré-concepção inata do seio, segundo a teoria do pensar de Bion (ver o verbete específico). Um bebê que consegue abstrair essas qualidades pode utilizar essas qualidade imateriais, configuradas por aconchego, consolo e compreensão materna. Uma pessoa mergulhada em dificuldades para lidar com frustrações não consegue apreender nada mais do que um seio concreto, um mamilo e o leite extraído deles. Daí resulta um tipo especial de clivagem (*splitting*), denominada por Bion "clivagem forçada" (ver o verbete específico).

Pode-se constatar nos escritos de Bion publicados postumamente por sua dedicada esposa que o conceito apareceu inicialmente sob duas denominações: a primeira, um tanto vaga, "alfa"; a segunda, acoplada criticamente à teoria de interpretação de sonhos de Freud, um pouco mais específica: "trabalho onírico alfa", almejando uma substituição da teoria proposta por Freud. A crítica de Bion era quanto a um aspecto da teoria de interpretação de sonhos: a função do sistema consciente, colocado por Freud, como hipótese de trabalho, de órgão sensorial, análogo a todos os outros conhecidos (visão, audição, tato, paladar, olfato e propriocepção) para apreensão de qualidades psíquicas, advindas do sistema inconsciente. A crítica se dava pelo trabalho com pacientes psicóticos, em que inexistiria consciência a respeito de estados psíquicos, que emergiriam de modo direto, sem interferência de linguagem e com processos de pensar muito específicos. O que nascia como conceito tomou forma de teoria sobre o sistema psíquico, para descrever uma função. O leitor pode consultar o verbete "trabalho onírico alfa".

A primeira vez que um artigo publicado menciona a função-alfa parece ter sido em janeiro ou fevereiro de 1960 (C, 120). Francesca Bion, ao introduzir o livro *Cogitations*, descreve métodos cuidadosos, dignos de um Sherlock Holmes, que utilizou para determinar quando Bion teria escrito artigos cuja data não está explicitamente indicada. Ao traduzir o livro, que foi denominado em português *Cogitações,* este autor, em conjunto com Ester Hadassa Sandler, coletou dados ligados ao conteúdo dos estudos. Esses dados sugerem que o primeiro artigo sobre função-alfa teria sido escrito posteriormente à data mencionada. Francesca Bion concordou com essa conclusão, de que o princípio da elaboração da teoria de função-alfa, como substituição final ao trabalho onírico alfa, ocorreu depois da data presumida por ela, como se pode deduzir do conteúdo de todos os artigos incluídos em *Cogitations*. É mais provável que a teoria tenha demorado mais do que dois anos para ser elaborada; na versão brasileira do livro, com a permissão de Francesca Bion, a posição ordinal do estudo na impressão do livro foi modificada.

O conceito da função-alfa seria retomado em *A Memoir of the Future*. A possibilidade de que nós, seres humanos, emergimos de estados de não integração, e também de desintegração, pela elaboração e o uso de processos oníricos e, a partir daí, por processos mais sofisticados do pensar, em que apreensões da realidade podem ocorrer, foi colocada em forma dialógica, por meio de descrições antropomórficas de objetos parciais de Bion, como se fossem personagens imaginários. Pode-se também considerá-los objetos parciais de Bion, construídos e elaborados de acordo com suas experiências de vida, como se estivessem cumprindo a mesma função que elementos-beta cumprem para qualquer pessoa. Os livros da trilogia *A Memoir of the Future,* caso tal apreensão seja realística, seriam o produto final da função-alfa de Bion, constantemente conjugada à do leitor (Sandler, 2011, 2015a).

Usos equivocados ou abusivos: muitos leitores confundem função-alfa com o próprio pensamento. Outros tantos confundem função-alfa com o sonhar. Talvez essa confusão provenha de um problema persistente: a leitura de trechos clivados da obra de Bion, mantendo esses trechos excessivamente distantes do seu contexto integral ou ignorando o contexto integral.

Esses leitores parecem ignorar que o modelo da função-alfa é apenas isto – um modelo. Existe como realidade na medida em que a capacidade da mente humana de construir modelos é real. A função-alfa é um modelo que pretende descrever funções imateriais da mente humana. **Função-alfa não existe concretamente**. Propõe-se a descrever um fato que é o precursor (ou prelúdio) tanto do sonho quanto do pensar. Refere-se a um tipo de limite ou filtro permeável que transforma o impensável nas unidades básicas do pensamento e/ou do sonho e da memória.

Os artigos preparatórios – que, hoje, podem ser vistos como preliminares de Bion sobre a função-alfa (1959-1960) – revelam suas dúvidas a respeito das diferenças entre pensamento, sonho e alucinação. Na época, conferiu um nome diferente à função-alfa, chamando-a de "trabalho onírico alfa". Com o tempo ele abandonou essa denominação; isso se tornou possível quando pôde separar "alfa" de sonhos.

Esses artigos preliminares foram publicados apenas em 1992; alguns leitores ignoram essa ordem cronológica e o fato de que Bion reformulou sua teoria. Citar Bion como se ele tivesse se dedicado exclusivamente ao trabalho onírico alfa equivale a citar Freud como se fosse um autor adstrito à teoria a respeito de trauma sexuais infantis. Isso restringiria sua obra ao período anterior a 1899 – a fase pré-analítica de Freud.

Os termos alfa e beta foram usados numa tentativa de tornar a comunicação precisa. Bion tentou emular o modo de notação da matemática – e não a matemática em si. Assim como os termos desconhecidos no âmbito da matemática, os termos alfa e beta não tinham significado prévio. Seria necessário que fossem mantidos como não saturados – a saturação depende de dados clínicos e pode ocorrer em qualquer sessão analítica que se considere. De todo modo, assim como ocorreu com os modelos de Freud, esses termos muitas vezes são tomados como entidades que existem em si mesmas. Bion fez muitas advertências sobre isso. Uma delas, publicada no fim de sua vida, é a seguinte:

> Esses elementos primitivos do pensamento são difíceis de serem representados por qualquer formulação verbal, porque precisamos nos apoiar em uma linguagem elaborada posteriormente e com outros objetivos. Houve uma época em que tentei empregar termos desprovidos de sentido – alfa e beta eram exemplos típicos. Descobri então que "conceitos sem intuição que são vazios e intuições sem conceito que são cegas" rapidamente se tornaram "buracos negros nos quais a turbulência se infiltrou e conceitos vazios fluíram com significados desordeiros". (AMF, II, 229)

Outro uso errôneo decorre de um problema mais amplo, não específico desta teoria, que assola a compreensão de teorias psicanalíticas em geral. Pode ser uma manifestação da proibição mítica do conhecimento. Talvez seja irônico que se possa concretizar uma teoria concebida justamente para ressaltar a capacidade da mente de "de-concretizar" ou "de-sensorializar" (Sandler, 1997a). Muitas outras teorias tiveram destino similar.

Outra concepção enganosa deve-se a uma leitura cindida, combinada a uma atitude de ser "mais real do que o rei". Alguns leitores se recusam a definir o conceito. A "leitura cindida" talvez seja ajudada pelo item 7 de *Learning from Experience*:

> O termo "função-alfa" é intencionalmente desprovido de significado. Antes de indicar a área de investigação na qual eu me proponho a empregá-lo, devo discutir um dos problemas incidentais a essa investigação. O objetivo desse termo sem significado é abastecer a investigação psicanalítica com uma contraparte de variáveis matemáticas, uma incógnita que pode ser investida com um valor quando seu uso ajudou a determinar qual é esse valor; assim, é importante que o termo não seja usado prematuramente para veicular significados, pois os significados prematuros podem ser precisamente aqueles cuja exclusão é essencial. (LE, 3)

Este parágrafo se refere claramente ao uso do conceito na **prática analítica**, e não à definição do conceito em si. Pois esse conceito faz parte de uma teoria, e uma teoria é apenas um modelo. Teorias são tentativas de apresentar realidades – mas não são realidades em si, como Bion escreve na Introdução a *Learning from Experience*. Todo cientista e analista praticante deveria estar ciente disso.

Logo após a passagem citada, Bion define o "campo de investigação" da sua teoria. A precondição para usar essa teoria efetivamente é saber o que significa uma variável matemática. Uma variável desconhecida em matemática é apenas isto: algo desconhecido, cujo valor pode ser ou não determinado. Entretanto, a teoria que introduz o conceito de variáveis ou do desconhecido não é vaga nem indeterminada. Bion chama a atenção para isso repetidamente; por exemplo, em *Learning from Experience*. Assim, aqueles que se recusam a definir a função confundem a teoria com a sua aplicação.

&; Os artigos "Cognitive development" e "The aim of psycho-analysis", de Roger Money Kyrle (1968 e 1970, IJPA) – "Desenvolvimento Cognitivo" e "O objetivo de uma psicanálise", parecem, até o ponto que chegou a investigação do autor deste dicionário, ser a primeira investigação de expande o estudo de aspectos ligados à função-alfa. Roger Money-Kyrle seria, portanto, o primeiro autor a ter expandido o trabalho de Bion.

F

Imprecisão Há pouquíssimos exemplos de imprecisão na obra de Bion. Até hoje, este autor só identificou quatro.

A definição de função-alfa é precisa em toda a obra de Bion, com duas possíveis exceções. O estudioso pode reconhecer isso no início capítulo 14 de *Learning from Experience*. Em vez de usar o termo "impressões sensoriais", Bion escreve "experiência emocional".

Talvez isso não seja exatamente um erro; ainda em 1965 Bion achava que não havia condições de discriminar entre sentimentos – os quais, na própria definição de função-alfa, ele situa definitivamente no ambito sensorial – e emoções. Para ele, "sentimentos" são impressões sensoriais internas.

Além disso, em *Attention and Interpretation* (p. 11), ao sintetizar suas contribuições anteriores para com um modelo de "espaço mental", Bion afirma ter "incluído no pensar tudo que é primitivo – principalmente os elementos-alfa, conforme os descrevi". Em todas as definições prévias, elementos-alfa eram a matéria-prima que eventualmente poderia ser utilizada para pensar. Eles nunca tinham sido considerados como pensamentos ou como o ato de pensar. Tomado isoladamente, este texto é um tanto impreciso e pode dar origem a desentendimentos.

Utilidade Como impressões sensoriais podem atingir um *status* que lhes confira utilidade para o funcionamento mental? Constata-se que o atingem; esse fato é inferido e corresponde aos primeiros passos de Freud em direção à psicanálise. É a base de sua elaboração do conceito da realidade psíquica.

Bion não parece ter pretendido elucidar este problema: um dos segredos mais misteriosos da própria vida. Corresponde a nada menos que a transição do inanimado para o animado. Os autores mais talentosos em disciplinas científicas e literárias na civilização ocidental enfrentaram esse mistério desde o início dos tempos – pelo menos desde os escritores de mitologias, passando pela Bíblia, Platão, Shakespeare, Kant, Goethe, Freud, Dobzhansky, Schrödinger, chegando ao bóson de Higgs, e muitos outros.

Perguntar como isso ocorre equivaleria a perguntar: o que é a vida? Muitas vezes, a pessoa que acredita ter a resposta – se é que a resposta existe – recorre a religiões e crenças. O esquema de Bion para a função-alfa e elementos-alfa restringe-se a investigar o caminho que leva do "não psíquico" ao "psíquico".

É uma teoria intencionalmente limitada; concebida para ser uma teoria não explanatória, e não é uma teoria de psicanálise propriamente dita. Pretende ser apenas uma teoria de observação psicanalítica, oferecendo um modelo clínico ao analista praticante. O analista que se beneficia dessa teoria pode ser capaz de detectar, no discurso do analisando, aspectos inanimados que muitas vezes são vistos como "normais". Além disso, essa teoria oferece uma abordagem renovada ao trabalho onírico diurno.

No que toca à utilidade de uma teoria, Bion recomendou muitas vezes que não se descartasse uma teoria útil, embora potencialmente falha em alguns aspectos, quando não houvesse uma alternativa melhor (por exemplo, T, 4). Este parece ter sido o caminho que ele mesmo seguiu. A princípio, Bion criticou Freud, mas eventualmente adotou suas proposições a respeito da consciência como o órgão dos sentidos para a percepção de qualidade psíquica. O mesmo se aplica à teoria de Freud sobre os instintos. É exatamente a postura crítica construtiva de Bion, combinada com o fato de ele ter finalmente aceitado essas duas teorias de Freud, o que possibilitou-lhe formular a teoria da função-alfa.

Referências cruzadas: Elementos alfa; Elementos bizarros; Trabalho onírico alfa; Mente; Menos (ou negativo); Reversão da função-alfa; Pensamentos sem pensador.

Função-verdade

A hipótese de sua existência foi colocada:

> Posta à prova de uma situação de realidade, é difícil acreditar que exista alguma técnica, qualquer que seja seu nome, que possa revelar que eu sou qualquer coisa — lembrando ao mesmo tempo que já disse o que estou pensando. Supondo que haja algum padrão pelo qual se possa distinguir o que é verdadeiro e o que não é, a saber, que existe uma espécie de função de verdade, é difícil acreditar que eu, como objeto de investigação, provavelmente lhe darei uma resposta correta (verdadeira) sobre o que eu sou ou contenho. (BLI, 59).

Referências sugeridas: Verdade absoluta; Visão analítica; *At-one-ment (Estar-uno-a-si-mesmo)*; Tornar-se; Senso comum; Compaixão; Correlação; Personalidade perturbada; Clivagem forçada; "O"; Jargão; Místico; Filosofia; Psicanálise real; Realidade sensorial e psíquica; Senso da verdade; Pensamento; Função-Verdade; Ultrassensorial; Incognoscível; Desconhecido.

G

Gagueira

Bion dedicou especial atenção ao sintoma da gagueira, pela frequência que aparece não apenas na clínica psicanalítica, mas também na vida – mesmo que seja em formas aparentemente mais frustras. A psicanálise nasceu desta forma: atenção a questões que pareciam detalhes, mas que expressam ou indicam mecanismos e funções mentais. Gaguejar relaciona-se com estados psicóticos – especificamente, com ansiedade de aniquilamento. Demonstra deficiências para dois atos vitais – respiração e tolerância à realidade, tal como ela é; e intolerância às próprias limitações.
⏲ Em 1959, há uma observação clínica sobre *"a gagueira"*, que *"também é muito recalcitrante. A intolerância à frustração leva à intolerância à estimulação"* (C, 48). O aspecto recalcitrante é devido ao fato de ser impossível ter uma vida isenta de estímulos. Gagos tentam fazê-lo: ficam quietos para disfarçar a gagueira; método nunca seguido, justamente por ser avidez, que contribui para que seja recalcitrante.

A intolerância com a estimulação pode ser tão marcada que, gradativamente, vai englobando qualquer estimulação; e todos os tipos de estimulação. Contudo, como se pode viver em um mundo do qual os estímulos estão ausentes? Se utilizamos a teoria de Freud sobre o aparato psíquico – que não difere das teorias neurológicas –, estímulos sensoriais são a porta de entrada de tudo. Sem eles, não existe vida. Se utilizarmos a teoria sobre função-alfa (q.v.), sem estímulos inexiste função--alfa; inexistem sonhos; inexiste inconsciente nem consciente. Bion sugere que *"A gagueira é um repúdio da consciência, uma evacuação da consciência do que está acontecendo no momento; é uma antítese de α. Portanto, é incompatível com um estado de autoconsciência"* Pergunta-se: *"E, então, o gago não tem personalidade? E em que extensão?"* E arrisca uma resposta, sempre baseada em evidência clínica: *"Isto não é verdade; eu diria que o gago tem uma personalidade marcante, frequentemente irascível, qualquer que seja o gago em que possa pensar"* (C, 77).

Um ano depois (1960), aparentemente tendo que lidar com o mesmo paciente, Bion sugere que a gagueira corresponde a um tipo de *flatus* oral. Indica a erupção da personalidade psicótica. *"Essa sessão foi me dando, cada vez mais, o sentimento de que ele estava tendo, ou estava prestes a ter, um surto psicótico. Tudo apontava para a ideia de que ele sentia como se não conseguisse respirar, como se algum homem estivesse impedindo que ele inspirasse; e ele estava suando e atacando o homem com o seu flatus oral — a gaguei-*

ra. *Estava eufórico, talvez megalomaníaco. Chamei a atenção para o que me parecia ser a evidência de que ele se sentia incapaz de aprender da experiência que estava tendo comigo"* (C, 142). Não ser capaz de aprender com a experiência implica inanição da realidade. A psicose irrompe porque *"A necessidade de conhecer a verdade então se torna uma questão de necessidade psíquica"* (C, 143).

A última consideração de Bion sobre gagueira aparece em *Attention and Interpretation*, de 1970, utilizando-se de duas teorias; uma de observação e a outra, um misto de teoria de observação e de teoria de psicanálise propriamente dita: a de visão binocular e a de continente/contido, respectivamente. Se for factível assinalar o estado de avidez psicótica em episódios de gagueira, podemos relembrar a observação de Freud sobre a existência de duas faces em um estado psicótico – paranoia de um lado e fantasias homossexuais de outro –, e também parece haver, na tentativa do gago de impedir a visão binocular no analista (por identificação projetiva, pois no paciente, durante um episódio de gagueira, foi extinta) desequilíbrio entre continente e contido:

> É necessário um modo de representar fenômenos mentais sem fazer uso de palavras (que não têm serventia por causa de seu pano de fundo de experiência sensível). O paciente usa palavras que representam imagens visuais; ou pode ficar longos períodos emudecido; ou usar palavras evocativas de emoções, por vezes poderosas. Ele desafia, no entanto, o analista a detectar um conteúdo, e expressá-lo em inglês coloquial. Evocações de raiva, ansiedade, medo, pena, ódio, e lealdade a si mesmo frequentemente incluem palavras que dão uma cor específica ao todo: ira; irritação e cemitério podem ser palavras dispersas no fluxo de um modo tal que sugerem desmame; ou palavras como advogados, danos, doenças, para sugerir que tem em mente uma ação legal.
>
> Desse modo o paciente parece estar tendo uma experiência que não consegue representar em termos de uma fala comum. Poderia ser descrito como padecendo de uma perturbação da fala, se tais termos não parecessem descrever a perturbação como se ela fosse algo inadequado ou excêntrico. Reciprocamente, para o ponto de vista comum, parece excêntrico dizer que um gago sofre de uma psicose. Na realidade, tem cabimento descrever um paciente psicótico como alguém com uma perturbação da fala, ou descrever o gago como psicótico; nos dois casos a excentricidade depende do vértice. "Gagueira" e "psicose" são vértices que mostram a mesma configuração de um modo que ilumina características, exatamente como a visão binocular mostra características que, para ficarem manifestas, precisam de uma estereoscopia. (AI, 42-43)

O que se segue servirá de modelo para uma formulação teórica deste tipo de vínculo: um homem falando de uma experiência emocional, na qual estava intima-

G

mente envolvido, começou a gaguejar terrivelmente, à medida que a memória lhe foi ficando mais vívida. Os aspectos significativos do modelo são os seguintes: a pessoa estava tentando conter sua experiência em uma forma verbal; estava tentando conter-se, como às vezes diz-se de alguém que está prestes a perder o autocontrole; estava tentando "conter" suas emoções dentro de uma forma verbal, como poder-se-ia dizer de um general tentando "conter" forças inimigas dentro de uma determinada zona.

As palavras que deveriam representar o significado que a pessoa tentava expressar encontravam-se fragmentadas pelas forças emocionais, forças estas às quais ele desejava dar apenas expressão verbal; a formulação verbal não podia "conter" suas emoções, que irromperam e se dispersaram, como forças inimigas que rompessem as linhas de defesa empenhadas em contê-las.

O gago, em sua tentativa de evitar a contingência que descrevi, recorreu a modos de expressão de tal modo enfadonhos que fracassaram em expressar o significado que ele desejava transmitir; portanto ele não ficou nem um pouco mais próximo de seu objetivo. Suas formulações verbais poderiam ser descritas como idênticas às forças militares exauridas pelo atrito infligido por parte das forças contidas. O significado que essa pessoa se esforça arduamente por expressar ficou despojado de significado. Sua tentativa de usar sua língua para expressão verbal não foi bem-sucedida em conter seu "desejo" de usar sua língua para um movimento masturbatório em sua boca.

Em certas ocasiões, o gago podia se reduzir ao silêncio. Pode-se representar essa situação por meio de uma imagem visual de alguém que falava a tal ponto que o fluxo de palavras afogava todo e qualquer significado que pretendia expressar (AI, 93-94).

&; As sugestões de Bion, advindas de observações no aqui e agora da sessão, mostram que, no exato momento em que uma pessoa – principalmente os reconhecidamente gagos, por eles mesmos e pelo ambiente – gagueja, ela renuncia, por ódio pela realidade, à sua personalidade. Portanto, a questão levantada por Bion sobre estados de ausência na personalidade – fato já observado em psiquiatria, desde o século XIX, como os estados de despersonalização – ganha uma visão analítica, ainda não disponível. Nesses instantes – em que a gagueira se instala, irascível e inexoravelmente – existe, por assim dizer, intensa dedicação à gagueira-em-si-mesma. Nesse momento, o gago vivencia um estado real, despersonalizado; um gago pode ser concebido como não tendo personalidade nenhuma. Por meio de identificação projetiva, tenta alienar o analista, que pode se sentir movido a gaguejar, e ficar também deficiente de sua própria personalidade. O estado de sexualização dos processos do pensamento, descrito por Freud no caso do Pequeno Hans e em *Totem e tabu*, ocorre devido ao ódio pela frustração e pela realidade. A linguagem é masturbatória, bem como o ato de falar.

"Grade" (Grid)

Desde 1966, um instrumento epistemológico para avaliar o valor-verdade contido, ou não, em enunciados verbais e não verbais emitidos pelos pacientes em análise e pelos analistas. O instrumento "Grade" (Grid) funciona por mensuração qualitativa da evolução ontogenética dos processos de pensar, constantemente conjugada às funções de Ego, conforme observadas por Freud, expandidas por Bion. Durante quase meio século, este instrumento epistemológico, que Bion denominou Grid, foi chamado no Brasil de Grade termo que se tornou consagrado pelo uso comum.

O autor deste dicionário optou por mantê-lo,[43] a despeito da imprecisão que o caracteriza, dando margem a uma penumbra de significados que distorcem o sentido original do dispositivo criado por Bion. Esta tem sido a conduta do autor deste dicionário desde 1981, ao fazer a revisão técnica da tradução brasileira do *Dicionário de psiquiatria*, de Robert Campbell. Versões para o português falado em Portugal contemplam outro termo, "grelha", que nos parece preciso, por expressar o sentido original no inglês utilizado por Bion. A imprecisão semântica que marca o termo quando escrito na língua portuguesa falada no Brasil pode ser assinalada graficamente, por meio do uso de aspas.

O dispositivo "Grade" (Grid) foi planejado para ser utilizado **fora** de uma sessão de análise, de modo **consciente**. Em outras palavras, foi criado para ser usado **extra-analiticamente**, com o intuito de avaliar criticamente o material psicanalítico que emerge das manifestações e formulações advindas do casal psicanalítico – paciente e analista (T, 128). Essas manifestações e formulações podem ser efetuadas de modo verbal e não verbal, ou por mistura dos dois modos.

O dispositivo "Grade" (Grid), paradoxalmente, também foi planejado com outra finalidade, paralela a esta: uma **verificação inconsciente** do material psicanalítico. Essa verificação inconsciente precisará ser, agora, **intra-analítica**. Segundo Bion, um uso consciente da "Grade" (Grid) **não é** apropriado para *"o contato real*

---

[43] A manutenção de um termo que ganhou o senso comum, consagrado pelo uso, tem nos parecido a alternativa mais adequada, conforme apontamos em vários trabalhos anteriores, incluindo versões para língua portuguesa falada no Brasil da obra de Bion que o autor deste dicionário realizou; algumas, em conjunto com a Dra. Ester Hadassa Sandler. Versões para outras línguas, traduções, ou transcrições, na denominação cunhada pelos professores Haroldo de Campos e Augusto de Campo, são, invariavelmente, alvo de críticas, por constituírem-se tarefas quase impossíveis. Por motivos alheios à nossa vontade, muitos anos se passaram entre as primeiras versões e a atual que estamos utilizando: o que deu margem às várias revisões e, também, à percepção da tradução como obra aberta, em relação à qual sempre é possível detectar falhas, aprimorar algo ou encontrar alguma alternativa que corresponda a preferências de estilo. Acreditamos que nosso empenho talvez possa ajudar a ressaltar eventuais pontos para essas melhorias, contando sempre com a boa vontade do leitor.

G

com o paciente" (o leitor poderá consultar o verbete "Ideia", sobre o uso inconsciente da "Grade" (Grid)).

A "Grade" (Grid) pode ser usada como um prelúdio a uma sessão psicanalítica; e também como sequência de uma sessão psicanalítica. Na civilização ocidental, o termo prelúdio designa algo que se utiliza previamente a algum jogo, como treinamento para o próprio jogo (pré = prévio; ludo = jogo). Há pelo menos cinco séculos, tem sido um termo mais utilizado em teoria e prática musical. Dificilmente os leitores deste livro não teriam alguma noção de que há peças musicais clássicas, de Bach até Chopin, denominadas "Prelúdio". Em princípio, não foram feitas para serem ouvidas, mas foram feitas para treinamento do pianista – mesmo que tenha se adquirido o hábito de ouvi-las, pois os ouvintes conferiram-lhe a qualidade de portarem o belo. Bion qualificou a "Grade" (Grid) como prelúdio; se prosseguirmos utilizando, como Bion, termos emprestados da teoria e prática musical, será lícito perceber que a "Grade" (Grid) pode também ser usada como *coda* a qualquer sessão psicanalítica.

Portanto, a "Grade" (Grid) cumpre a mesma função daquilo que foi denominado por Freud como metapsicologia: um pensar a respeito do que ocorre, praticamente, em psicanálise. Em outras palavras, a "Grade" (Grid) e a metapsicologia cumprem a mesma função que certos textos de Aristóteles cumpriram e ainda cumprem: um pensar a respeito da física, dito teórico, sem que sejam física propriamente dita. Foram agrupados em um capítulo final, após a morte de Aristóteles, por um de seus discípulos, que sequer o conheceu pessoalmente, mas tornou-se editor destas obras: Andrônico de Rodes, que denominou este capítulo final de "Metafísica"; literalmente, o que veio depois da física. Com o tempo, o uso desgastou o sentido original do termo, que foi inundado por uma série de significados, em enorme penumbra, em amplo espectro: abrangem desde âmbitos filosóficos até os esotéricos. Sofrendo tal alargamento, como se fosse um elástico que acaba sofrendo ruptura por abuso, seu campo semântico passou a significar apenas aquilo que o pensador achava ou acha que é, perdendo o valor de senso comum, mas adquirindo valor localizado e limitado a certos grupos, semelhante à gíria, idêntico a qualquer jargão.

Freud reconheceu o empréstimo que fez daquilo que se conhecia a respeito da obra de Aristóteles – em sua época, pensava-se que a própria palavra, metafísica, teria sido cunhada por ele; mas o fato é que Aristóteles jamais conheceu esse termo, criado duas gerações após seu falecimento. Portanto, metafísica, metapsicologia e a "Grade" (Grid) são um "falar sobre" – física e psicanálise, respectivamente.

No caso da psicanálise, tanto a metapsicologia como a "Grade" (Grid) implicam um pensar teórico que tanto antecede como é consequência de sessões psicanalíticas. Metafísica, metapsicologia e a "Grade" (Grid) podem ser vistas como pertencentes àquilo que Berger e Luckmann denominaram "prática teórica".

A linguagem de Bion

O dispositivo, na intenção de Bion, poderia ser usado – e ele esperou que pudesse – para treinar a avaliação do analista sobre o trabalho analítico feito, podendo também ajudar o analista em seu eventual trabalho futuro: *"provê prática, análoga às escalas e exercícios do músico, para aguçar e desenvolver intuição"* (EP, 73).

A intuição prova ser necessária e fundamental, devido à natureza imaterial do ato psicanalítico: psicanalistas lidam com objetos na ausência destes objetos: *"O que o pensamento psicanalítico requer é um método de notação e regras para seu emprego. Elas nos habilitarão a fazer o trabalho na **ausência** do objeto, para facilitar a continuidade do trabalho na **presença** do objeto"* (T, 44).

Avaliação esta feita em relação ao sucesso (ou à falta dele) em aproximar-se, ainda que parcial e transitoriamente, da verdade do paciente, bem como da verdade do que ocorre em uma sessão. Em outras palavras: em que medida e por quais parâmetros pode-se qualificar como verdadeiros aqueles *insights* que ocorreram tanto intrapsiquicamente como na relação entre analista e analisando? A matéria-prima a ser examinada são, em grande parte, **enunciados verbais** do analista e do paciente. O dispositivo contempla, graficamente, por sua inspiração na geometria euclidiana, dois eixos perpendiculares entre si, que *"devem, assim, juntos, indicar uma categoria que implica uma ampla gama de informações sobre o enunciado"*. O leitor que reunir em suas capacidades aquela de praticar psicanálise, e que aceitar o convite de Bion, poderá interessar-se em examinar a base científica da sua própria prática.

A "Grade" (Grid) foi uma tentativa de simplificar a comunicação entre analistas, bem como um dispositivo para prover uma comunicação pessoal do analista consigo mesmo (LE, 38). Sua formulação ocorreu por volta de 1960 (C, 195); integrou, de forma até então indisponível, "Formulações sobre os dois princípios do funcionamento mental", de Freud, com o interjogo entre as duas Posições formuladas por Melanie Klein (Freud, 1911, 1920; Klein, 1940, 1946, 1947). Publicada pela primeira vez em *Elements of Psycho-Analysis*, foi aplicada extensamente em *Transformations* (pp. 39-47, 167-169) por meio de uso clínico. Caracteriza-se por ser um dispositivo, verdadeira ferramenta dotada de mobilidade interna, dinâmica e não padronizada (pp. 50, 66, 74-75, 88, 94, 96-100, 126). A leitura dessas partes selecionadas de *Transformation* parece-me essencial para a utilização da "Grade" (Grid). Bion tentou aprimorar a ferramenta em 1967 e 1971 com trabalhos publicados postumamente (em Bion, 1992, pp. 325, 357). Quatorze anos depois, duas das suas "categorias" (linha C e coluna 2) sofreram considerável desenvolvimento (Bion, 1977b; 1977d, pp. 57 e 92).

A "Grade" (Grid) constitui-se como ferramenta de senso comum, na medida em que usa sentidos compartilhados – cada eixo fornece um sentido. Bion buscou um método psicanalítico para discriminar *"fatos básicos como eles são"* (Bacon, 1620, 1625; Johnson, muitas vezes citado por Bion; por exemplo, em *Cogitations*, pp. 6, 13, 114; por volta de 1959; também em 1970, 1975). Pode-se atribuir qualquer categoria

G

da "Grade" (Grid) – com a condição de que a categoria represente a conjunção constante dos dois eixos – a qualquer enunciado do analista ou do paciente, relacioná-la com sua experiência anterior com o paciente, ou com uma associação livre; da comunhão – senso comum – desses dois sentidos diferentes, pode-se medir a verdade de uma determinada declaração. Os dois eixos da "Grade" (Grid) *"podem parecer arbitrários"*, mas eles *"derivam da própria situação analítica"* (EP, 91). Eles levam em conta o uso que o analisando *"faz da situação analítica"* pelo exame da atividade mais evidente do paciente em análise: o pensamento e a falta dele. Os dois eixos medem, respectivamente: **usos** e **funções** (eixo horizontal) das enunciados *vis-à-vis* seu **valor ontogenético** (eixo vertical), que reflete desenvolvimento dos processos de pensar (EP, 63, 92). Enunciados verbais são função dos processos de pensamento; um fato bem descrito por Freud como "representação de palavra". A realidade de uma ocorrência clínica é indicada em termos claramente explícitos pelas as várias categorias da "Grade" (Grid).

A "Grade" (Grid) contém **categorias** vinculadas entre si de forma dinâmica. Até o momento da feitura deste dicionário, tanto em sua versão inglesa com na brasileira, esse aspecto do instrumento tem sido esquecido; ou talvez sequer apreendido, pois os usuários – caso utilizemos relatos em trabalhos publicados – têm conferido à "Grade" (Grid) um uso estático, aprisionador e aprisionado. No entanto, a dinamicidade do dispositivo já aparece na necessidade de utilizá-lo por meio da **intersecção dos dois eixos**, em uma representação euclidiana bidimensional (Fig. 1). Essas categorias representam conjunções constantes. Um *"enunciado pode pertencer simultaneamente a diferentes categorias e uma categoria pode recair em outra"* (T, 116). Um enunciado pode recair, em um certo momento, em uma categoria e, no "momento decisivo" seguinte, pode haver uma modificação caleidoscópica que poderá ou precisará ser representada por meio de outra categoria da "Grade" (Grid). A expressão verbal, "momento decisivo", é emprestada de uma obra teórica sobre fotografia jornalística escrita por Henri Cartier-Bresson (1952). Cada eixo expressa atividades psicanalíticas básicas, teórico-práticas, ocorrendo intrassessão. A "Grade" (Grid) pode ser considerada como instrumento epistemológico sintético, para iluminar a estrutura da tarefa prática dos psicanalistas, sob o vértice dos processos do pensar e dos seus distúrbios. Os processos são enfocados segundo desenvolvimento construtivo ou destrutivo, em termos de ampliação e degeneração.

i. O eixo horizontal determina seis colunas; para fins de notação, numeradas de 1 a 6, descrevendo funções do ego primeiro descritas por Freud (1911: notação, atenção, investigação e ação. Bion adicionou à descrição original de Freud mais duas categorias que podem ser classificadas como "kantianas", antecedendo as funções de ego esboçadas por Freud. Essa antecedência implica estágios mais primitivos no desenvolvimento ontogenético do ego. Nossa visão é de que essas duas categorias estavam implícitas na obra de Freud e, por serem implícitas, não haviam sido nomeadas:

(1) Coluna 1: equivalente primitivo daquilo que Bion denominou, ao elaborar uma teoria do pensar, de pré-concepções intuitivas. Na "Grade" (Grid), qualifica-as como *hipóteses definitórias*. Em termos do desenvolvimento emocional, sua origem – até o ponto em que se pode fazer hipóteses comprováveis na clínica – baseia-se em dotações instintivas.

(2) Coluna 2: categoria insaturada, plena daquilo que é sentido pelo indivíduo como conhecido, mas que, na verdade, lhe é desconhecido. Bion a denomina "ψ". Corresponde a enunciados *falsos, reconhecidos como tal*, tanto pelo paciente como pelo analista. No caso de terem sido geradas pelo analista, indicam necessidade de análise para o próprio analista. Enunciados pertencentes à categoria 2 não são passíveis de compreensão – mesmo que pareçam ser, por hábitos na comunicação social –, mas precisam, na situação analítica, ser percebidas para poderem ser utilizadas como indicadores. Um exemplo revelador de enunciados pertencentes à coluna 2 ocorre quando pacientes e analistas recorrem a explicações e racionalizações. Enunciados da categoria 2, usualmente, foram magistralmente expressos por Shakespeare, (por exemplo, em *Macbeth*, V, v, 19): nada significam, mas são plenos de sentimentos, som e fúria; no entanto, desprovidas de experiências emocionais, a não ser a da postura de "fazer crer"; pois experiências emocionais só existem em um relacionamento (LE, 42). Algo com aparência de emoções, passíveis de representação pela coluna 2, não se constitui como emoção, pois sua *"principal função é negar outra emoção"* (AI, 20).

Durante o desenvolvimento da "Grade" (Grid), Bion salientou a natureza fantástica da identificação projetiva, já enfatizada por Melanie Klein (1946, p. 298), bem como a relação de identificação projetiva com alucinação, na medida em que transformações em alucinose são a mídia pela qual flui a identificação projetiva. A identificação projetiva bem-sucedida depende de conluio: a essência da coluna 2. Bion propõe tipificar mentiras, a fim de diferenciá-las dos enunciados falsos: *"o enunciado falso estando mais relacionado à inadequação do ser humano, analista ou analisando, que não pode se sentir confiante em sua capacidade de estar ciente da 'verdade' e o mentiroso que tem de ter certeza de seu conhecimento da verdade, a fim de estar seguro de que não tropeçará nela por acidente"* (Bion, 1977d p. 11). Sintetiza que *"é mais simples considerar coluna 2 como estando relacionada com elementos conhecidos pelo analisando por serem falsos, mas que consagram enunciados valiosos contra o surgimento de qualquer desenvolvimento em sua personalidade que envolva mudança catastrófica"*. A "Grade" (Grid) ajuda-nos a lidar com mentiras sob um vértice científico, e não moral: um esforço científico, a apreensão da realidade, está em questão.

G

A *"reversão de perspectiva"*, um fato dependente da presença de identificação projetiva em uma sessão de análise, desempenha papel central em eventos categorizáveis na coluna 2. Apreender o fato que Bion denomina "reversão de perspectiva" (ou "perspectiva reversa") constitui-se como um instrumento para obter-se alguma visão para ver além das aparências materiais, ostensivas, atuadas (EP, pp. 54, 60; 1975, pp. 11-37). Um exemplo da ação de reversão de perspectiva pode ser visto quando se examinam emoções de ódio e amor durante uma sessão de análise, ou ao longo de uma análise, quando esse exame pode ser feito sob o vértice da tolerância a paradoxos (Sandler, 1997b). A reversão de perspectiva se expressa pela realização do analista de que *"quando o ódio que um paciente está experimentando é um precursor de amor, sua virtude como um elemento reside em sua qualidade de precursor de amor e não do fato de ser ódio"* (EP, p. 74). Isso inclui as aparências da fala, do discurso manifesto. Resistência (utilizamos o termo no sentido definido por Freud) expressa-se até mesmo em certas palavras – nem sempre é necessário examinar frases – proferidas pelos nossos pacientes. Palavras sempre são contrapartes, durante uma sessão analítica, do discurso manifesto, como tradicionalmente ele é considerado nas interpretações de sonhos. Portanto, palavras, frases, fatos, eventos relatados pelos pacientes podem ser sonhos sendo sonhados durante uma sessão real. Mas eles também podem ser alucinações e delírios: trata-se de uma questão de discriminação. Quando constituem sonhos, resistência e conteúdo manifesto simultaneamente, apontam para alguma verdade e disfarçam essa mesma verdade. Nós, psicanalistas, estamos sempre correndo o risco de imitar um cão que olha para seu dono enquanto este aponta o dedo para algum objeto, em vez de prestarmos atenção ao objeto para o qual o dedo aponta (AMF, 2, 267). Uma metáfora poderia ser a de alguém que intuiu a existência do lado escuro da Lua; de intuir o anverso do que quer que permaneça escondido, à espreita – mas **está** lá. Isso nos permite formular enunciados que evitem descrições de *"entidades clínicas específicas"* que serviriam para descrever *"outras entidades clínicas bastante diversas"*: *"A interpretação correta irá depender de o analista ser capaz, em virtude da 'grade', de observar que duas formulações idênticas do ponto de vista verbal são psicanaliticamente diferentes"* (EP, 103).

ii. O eixo vertical (linhas) da "Grade" (Grid) completa a representação gráfica de um sistema euclidiano de coordenadas. É necessário que o uso de eixo vertical seja **constantemente conjugado** com o uso do eixo horizontal, ou o eixo de funções. Foi elaborado para que se alcance um senso comum entre dois sentidos (os dois eixos). A falsidade de um enunciado, bem como sua verdade, é uma *"função de sua relação com o outro elemento no esquema"* (Bion, 1977b, p. 9). *"Portanto, uma possível abordagem é considerar a natureza do casamento entre a etapa (ou coluna) e a linha que lhe corresponde (dos usos), em termos de sua adequação mútua. Mas isso apenas posterga o problema para uma etapa posterior, pois é necessário obter critérios segundo os quais se julgaria tal adequação"* (T, 44).

Esse eixo tem categorias designadas por letras, de A a H. Fornece uma visão (onto)genética do desenvolvimento do aparelho de pensar, dentro de um espectro que se inicia por estímulos sensoriais e avança às mais sofisticadas expressões do pensamento humano até hoje conhecidas. Bion, então influenciado pelo neopositivismo, atribuiu esse status aos sistemas científicos dedutivos e ao pensamento algébrico. Suas categorias, da mais primitiva (ou inicial) à mais sofisticada, vão da linha "A", abrigando aquilo que é sentido como sendo coisas-em-si: sentimentos psicóticos de realização e detenção da verdade absoluta, que Bion denominou "elementos-beta". A linha "H" corresponde ao **cálculo algébrico**. Entre A e H, temos:

Linha "B", "elementos-alfa", isto é, elementos-beta "de-sensorializados", aqueles que passaram por uma "digestão" pela "função-alfa" (Bion, 1962. Podem ser vistos, em uma metáfora concretizada, como equivalente a blocos ou tijolos usados em construção de edifícios, que podem ser usados para trabalho onírico; ou para pensar; e também para construir pensamentos oníricos e armazenamento, em forma de memórias.

Linha "C", que compreende **sonhos, mitos, pensamentos oníricos**, aos quais podem-se acrescentar, metáforas e metonímias, e outras figuras de linguagem. Correspondem simultaneamente às formas ideais de Platão **e** ao *nous* de Aristóteles: a mente pensando sobre si mesma; apresentando ao indivíduo o universo real, a natureza humana e, acima de tudo, apresentando-se a si mesma. Essa é uma categoria notável: mitos são poderosos o suficiente para transmitir verdades universais, macro, e também são válidos no nível individual, micro, como parte do *"aparelho primitivo do arsenal individual para o aprender"*. Bion considera o mito como uma *"ferramenta para investigação de fatos"*, enfatizando explicitamente seu *"Desejo"*: o de *"restituir o mito ao seu lugar em nossos métodos, de modo que possa desempenhar a parte vitalizadora que desempenhou na história (e na descoberta que Freud fez da psicanálise)"* (EP, 66). Bion examina dois mitos: Édipo (EP) e Babel (C, 226). Essa categoria da "Grade" (Grid) seria perceptivelmente expandida em 1977, a ponto de merecer uma "Grade" (Grid) própria.

Linha "D" abriga **pré-concepções** kantianas, que correspondem às protofantasias de Freud (Freud, 1920). *"Uma vez que o autoconhecimento é uma meta do procedimento analítico, o equipamento para obter conhecimento, o aparelho e a função de pré-concepção devem ser proporcionalmente importantes"* (EP,. 91). Elas são, provavelmente, introjeções filogenéticas e, portanto, inatas. Por exemplo: a pré-concepção de um seio.

Linha "E" abriga **concepções**. Essa evolução dos processos de pensamento foi esboçada pela primeira vez em "Uma teoria do pensar" (ST, 110). É o produto do frustrante (ou parcialmente satisfatório) casamento das pré-concepções com uma realização. Se o pensamento puder ter acréscimos em seu próprio desenvolvimento, a linha "E" leva à

Linha "F", **conceitos**, que conduzem à

Linha "G", **sistemas dedutivos científicos**. A fim de melhor apreender o *éthos* da linha C em diante, é útil considerar a concepção da realidade psíquica como uma forma de existência diferente da realidade material (Freud, 1900); a postura para uma apreensão mínima deste *éthos* implica não ser "muito concreto", como afirma Hanna Segal (Segal, 1989, p. 62; Sandler, 1997b). Isso conduz à *linha "H"*.

A "Grade" (Grid) é um dispositivo aberto, permitindo a construção de "grades" com outras colunas e linhas, hoje desconhecidas, segundo eventuais dados clínicos obtidos por outros investigadores. Bion sugeriu, em 1977 e 1979, a construção de uma grade "negativa", pertinente ao âmbito "menos" (q.v.); na sugestão do autor deste dicionário, baseado em indicações implícitas de Bion, existe a possibilidade de construir, ante necessidades clínicas, "grades" com três, quatro, seis ou n-dimensões (Sandler, 2013).

&; Em 1979, Bion expandiu a "Grade" (Grid), como mero esboço, mas não como mera representação visual, para enfatizar um uso mais adequado do que aquele ao que ela estava sendo submetida por alguns leitores, para o espaço tridimensional euclidiano (usualmente, e erroneamente, denominado cartesiano). Denominou então o dispositivo de Grelha – no original em inglês, *grating* (BNYSP, 91). Foi a partir dessa expansão que o autor deste dicionário propôs, em 1987, uma "Grade" (Grid) tridimensional. Bion tentou esclarecer algumas das limitações da "Grade" (Grid) já na sua introdução, em *Elements of Psychoanalysis*; o estudioso pode encontrar outros comentários críticos a respeito dessas limitações em 1977 e 1978, e também em um trabalho inacabado e não nomeado, escrito provavelmente entre 1962 e 1963. Sua dedicada esposa, Francesca Bion, e sua filha, Parthenope Bion-Tálamo, publicaram esse estudo em comemoração ao primeiro centenário do nascimento de Bion, sob o nome de *Taming Wild Thoughts*.

Referências cruzadas sugeridas: Ideia, Intuição.

GRUPO

O leitor pode consultar os verbetes "Pressupostos Básicos", "Instituições (*Establishment*)", "Psicologia Bi-pessoal".

H

H

Notação simbólica, quase matemática, para Ódio; originalmente *Hate*, na língua inglesa. Neste dicionário, seguimos as regras já estabelecidas em nossas versões para o português das obras de Bion, mantendo a notação na língua inglesa. Há três fatores principais para tal decisão: (i) o uso tradicional feito por membros do movimento psicanalítico; (ii) a constatação de que se insere um fator de confusão quando se tenta verter notações simbólicas; por exemplo, o símbolo O, na obra de Bion (*q.v.*); (iii) na taxonomia científica (incluindo a notação matemática), não se traduzem **símbolos.**

Hipérbole

Termo utilizado para a definição de um fato; não constitui uma teoria de psicanálise propriamente dita, mas, como ocorre com a grande maioria das contribuições de Bion, constitui-se como teoria de observação psicanalítica. Baseia-se na teoria da identificação projetiva de Klein:

> ... Considero a teoria kleiniana da identificação projetiva como formulação psicanalítica.... Para vincular sua contraparte fenomenológica na prática analítica, com a penumbra de associações que considero importantes, vou chamar essa característica de hipérbole. Quero que o termo expresse uma impressão de exagero, de rivalidade, e atendo-me ao seu significado original, de arremesso e distanciamento. O aparecimento da hipérbole sob qualquer forma precisa ser considerado como significativo de uma transformação na qual operam rivalidade, inveja e evacuação. ... Do mesmo modo que o exagero é útil para esclarecer um problema, também pode se sentir que é importante exagerar com o intuito de obter a atenção necessária para o esclarecimento de um problema. Mas o "esclarecimento" de uma emoção primitiva depende de ela ser contida por um continente que a desintoxique. A emoção precisa ser exagerada, a fim de angariar a ajuda do continente. O "continente" pode ser um "seio bom", interno ou externo, que seja capaz de desin-

H

toxicar a emoção; ou o continente pode ser incapaz de tolerar a emoção, e a emoção contida pode não ser capaz de tolerar descuido. O resultado é hipérbole. (T, 160)

O conceito de observação do ato psicanalítico em consultório denominado hipérbole usa uma imagem visual, emprestada da geometria algébrica, para tentar descrever um exagero de sentimentos violentos, cujo objetivo é forçar o continente a tolerar esses mesmos sentimentos. O exagero tenta garantir atenção do continente. Que, por sua vez, pode reagir de diversas maneiras: por exemplo, o resultado pode ser um estado de *rêverie* (*q.v.*), abrigando mas não reagindo contra nem a favor das identificações projetivas; em outras ocasiões, o continente reage por meio de maiores evacuações.

① Termo sugerido em 1965. A situação clínica à qual se refere foi objeto de estudo anterior por Bion. Oferece ao estudioso um - dentre vários exemplos da abordagem puramente empírica à psicanálise, a partir da experiência clínica. Assim como houve na obra de Freud e Klein, enfoca-se um fato que já existia, mas que permanecia não observado. Ao ser gradualmente intuído, percebido, e depois de trabalho considerável, qualifica-se ao status de ser nomeado. Implica em postura científica, que pode ser contrastada com posturas religiosas – aquelas que usualmente nomeiam algo desconhecido, sem a menor preocupação prévia em obter qualquer noção sobre manifestações fenomênicas reais a respeito de algo que indique tal presença. A postura científica do vértice psicanalítico precisa ser discriminada do uso de outros vértices: religioso; literário; hermenêutico, etc. O vértice científico – na linguagem utilizada por Freud, a *weltanschauung* científica - evita transformar o âmbito examinado pela psicanálise em "uma vasta paramnésia para preencher o vácuo de nossa ignorância", nas palavras de Bion publicadas em 1976, 1977 e 1979 em "Evidência" e "Turbulência emocional", e em um livro, *A Memoir of the Future*.

Durante qualquer sessão de análise é possível apreender contrapartes fenomênicas correspondentes à noção de hipérbole. Em algumas obras anteriores de Bion, com o conceito ainda inomeado, essa apreensão podia se dar nas descrições sobre o *"destino de fragmentos expelidos"* da personalidade, após o exercício maciço da fantasia observada por Melanie Klein de identificação projetiva, em que a criança fantasia ter expulso partes de sua personalidade, e também percepções sentidas como dolorosas. Em 1956, Bion descreve um *"destino"* caracterizado por fragmentos *"consistindo de um objeto externo real encapsulado por um fragmento da personalidade que fantasia ter engolfado este objeto externo real"* (ST, 39). Nessa época, Bion descrevia o status "final" das partículas, pouco tempo depois nomeadas como *"objetos bizarros"*. A partir de então, as descrições passaram a traçar a *"trajetória"* e também algumas características da ejeção. Para tanto, segue sugestões de Freud sobre a função dos Sintomas, "últimos bastiões da saúde": *"Alucinações e a fantasia de que órgãos sensoriais poderiam ejetar e também receber indicam a severidade do distúrbio impondo sofrimento ao paciente; no entanto, preciso assinalar a benignidade no sintoma, que certamente não foi demonstrada anteriormente. Clivagem, uso evacuativo dos sentidos e alucinações estavam sendo empregadas a serviço de uma ambição, a de ser curado, e, portanto, podem ser considerados como atividades supostamente criativas"* (ST, 68).

Em 1957, Bion percebe que os objetos eram "lançados", em alucinação, a lugares distantes, no espaço e no tempo (ST, 75). Em 1958, centra sua atenção nas tentativas do paciente de *"forçar"* partes de sua personalidade para dentro do analista, *"com desespero e violência crescentes"* quando o paciente *"sentia"* – a palavra usada por Bion parece-nos inseminadora, e merece atenção, pois indica que ocorre apenas um sentimento – que o analista *"recusou-se aceitar partes de sua personalidade"* (todas as citações de ST, 103-104). Qual é o sentido dessas observações? Nossa hipótese é de que mostravam a possibilidade de se manter em uma pista dual (como todo ser humano o faz, quando caminha com o auxílio de dois pés), observando movimentos do paciente e, simultaneamente, reações do analista, e, portanto, em que medida, e como, reações do analista poderiam influenciar as comunicações do paciente. Naquilo que pode ser visto por meio de uma expressão popular, "se ficar, o bicho pega: se correr, o bicho come": *"no sistema de crenças do paciente . . . as tentativas de compreensão do analista são consideradas como tentativas de enlouquecê-lo (o paciente)"* (ST, 107). Isso corresponde à prática comum dos analistas de serem contemplados com a visão – não apenas dos pacientes, mas também das famílias, dos colegas e da socidade cirdundante – de que "psicanalistas são loucos" e de que "fazer psicanálise enlouquece as pessoas".

Voltando à observação da sessão analítica, ou seja, ao texto de Bion agora citado - pois as outras constatações, comuns a boa parte de analistas praticantes, constam de outros textos, examinados em outros verbetes deste dicionário: ocorre um paradoxo, tipificando um estado psicótico (usando a terminologia de Herbert Rosenfeld), ou a prevalência da personalidade psicótica (usando a terminologia de Bion), onde e quando inveja primária e narcisismo primário são fatores inatos, constituintes da personalidade. O exame desse estado paradoxal marca o percurso posterior das investigações de Bion, levando-o (e sendo levadas por ele mesmo) às formulações de transformações em alucinose (q.v.) e hipérbole. Divisou claramente a *"aglutinação"* de uma *"conjunção constante de força de emoção crescente com força de evacuação crescente"*, evoluindo continuamente e quase ininterruptamente em um tipo de processo de autoalimentação pelo ciclo inveja/avidez. Algo similar à "reação em cadeia" observada em quimica atômica; Bion utilizara essa analogia em 1956. A frase acima, utilizada como mera cogitação em 1960, foi repetida em 1965, por acréscimo em experiência, que o permitiu publicá-la, extrapolando o nível de mera conjectura. Coincidiu – certamente não por acaso – com o empréstimo do termo,

H

proveniente da geometria espacial e algébrica, que já descrevia uma função matemática em expansão; e em literatura, disciplina onde foi usada pelo menos desde a Renascença (C, 249; T, 142). O termo hipérbole pareceu-lhe minimamente adequado para representar uma conjunção constante observável em clínica psicanalítica. Para o autor deste dicionário, a formulação mais clara do termo, que pode ser usada como definição, aparece no último capitulo de *Transformations*:

> O termo "hipérbole" tem uma história conveniente para uma representação compacta de uma série de enunciados clínicos que (i) ocorrem frequentemente, (ii) são facilmente reconhecíveis como exemplos de hipérbole e (iii) são quase que certamente sintomáticos de uma conjunção constante importante para a personalidade que está sendo analisada e para a maior parte das teorias psicanalíticas de idealização, clivagem, identificação projetiva e inveja. Nos termos categoriais da "grade", pode ser classificada como linha A (elementos-β), linha C (a dimensão visual ou pictórica), linha D e linha E. Tem assim um amplo espectro, é flexível e se conduz facilmente a ser usada pelo analista como um "fato selecionado" para ajudar a mostrar coerência que, sem ela, pode não ficar aparente. "Hipérbole" pode ser considerada como representando hipérbole e hipérbole é projeção conjugada a rivalidade, ambição, vigor que pode chegar à violência e consequentemente à "distância" à qual um objeto é projetado. (T, 162)

A definição de Bion para o termo **distância** inclui não apenas o sentido do espaço tridimensional euclidiano, mas também o sentido mais preciso, conforme foi desenvolvido no cálculo diferencial. Pelo menos desde 1959, se nos basearmos em seus textos escritos, mas ainda não publicados, Bion tentatava integrar sua visão de que alguns problemas para os quais matemáticos tentavam resoluções compartilhavam qualidades observáveis nos problemas enfrentados por psicóticos, como intolerância com ausência, com o negativo – referido pelo menos desde Platão e Aristóteles, nas questões de representação do ponto, como orifícios, como algo em que nada existia; no caso de observação psicanalítica, com ausência do seio, com o não-seio. Espaço e tempo não são unidades existentes no sistema inconsciente – na observação de Freud, o inconsciente é atemporal e anespacial. Espaço e tempo são, de fato, construções irreais da mente racional – uma descoberta feita simultaneamente por Freud na psicanálise (1900) e por Einstein na física (1905), já que cinco anos, em uma escala de tempo histórica, significam uma quantidade de tempo desprezível. Em termos de realidade psíquica, essa distância não aceita mensuração: configura um "espectro de uma quantidade desaparecida". Outro modo de formular: uma quantidade inexistente. Poderia ser onde a quantidade estava ou onde vai estar, mas não onde *está*; representa um elemento insaturado, um incremento evanescente ou "quantidade desaparecida" (todas as citações: T, 162).

A realização parece a este autor ainda mais mais viável por meio da descrição de experiências clínicas. Bion as veicula com uma série de quatro afirmações fornecidas por um paciente:

1. Sempre acreditei que o senhor é um bom analista.
2. Quando eu era criança, conheci uma mulher no Peru que era vidente.
3. Parece-me que os psicanalistas atuariam melhor se acreditassem em Deus: Deus pode curar.
4. Não devia haver tanta dor e sofrimento no mundo. O que pode fazer um mero ser humano?

A interpretação desses enunciados dependeria de circunstâncias que não posso relatar aqui: deve-se ver as sugestões que faço como relacionando-se à exposição, e não à experiência clínica.

Comentário:

1. (a) É como se a bondade do analista se recusasse a ir adiante de minha pessoa. Eu sou "ela".

(b) A bondade do analista está encarnada em mim. Sou a incorporação da bondade analítica.

(c) A bondade do analista está incorporada em mim. Ou me apossei da bondade do analista por intermédio de "ingeri-la", ou alguma força "enfiou-a" em mim.

Quais entre esses enunciados representam mais intimamente os fatos dependerá do julgamento que o analista forma na própria experiência emocional.

2. (a) A bondade do analista foi projetada muito longe, no tempo e espaço. Isso é hipérbole: há algo na experiência com o analisando que torna esse termo adequado para aglutinar a conjunção específica, e nenhuma outra (a dimensão negativa da definição), que quero examinar. O termo já denota uma conjunção (a dimensão positiva da hipótese definitória) que está presente na conjunção para a qual quero chamar a atenção, ou seja, o significado primevo da hipérbole como um "derrotar" alguém, significando rivalidade.

(b) A bondade do analista foi lançada para "dentro" da mulher, ou Peru, ou passado.

O analista vai ter que decidir, de acordo com a experiência, que outras qualidades estão conjugadas com as qualidades representadas pelo termo "hipérbole". Por exemplo, a bondade encarnada está na mulher ou por ela incorporada, ou nela projetada e, se assim é, por quem? E quem ou onde está o rival? (T, 160-161)

H

Há uma autorização, em termos de teoria da ciência, para utilizarmos a expressão hipérbole; podemos completar uma citação antes mencionada parcialmente:

> É lugar comum dizer que qualquer tentativa de investigação científica envolve uma distorção, pois exagera certos elementos para expor sua importância. Essa característica está presente em L e H, tanto quanto em K. Para vincular sua contraparte fenomenológica na prática analítica, com a penumbra de associações que considero importantes, vou chamar essa característica de hipérbole. Quero que o termo expresse uma impressão de exagero, de rivalidade e, atendo-me ao seu significado original, de arremesso e distanciamento. O aparecimento da hipérbole sob qualquer forma precisa ser considerado como significativo de uma transformação na qual operam rivalidade, inveja e evacuação. Existe uma profunda diferença entre o "sendo" O e rivalidade com O. Caracteriza-se esta última por inveja, ódio, amor, megalomania e o estado que os analistas conhecem como atuação, que precisa ser nitidamente diferenciado de representação; que é característica do "sendo" O.
>
> Do mesmo modo que o exagero é útil para esclarecer um problema, também pode se sentir que é importante exagerar com o intuito de obter a atenção necessária para o esclarecimento de um problema. Mas o "esclarecimento" de uma emoção primitiva depende de ela ser contida por um continente que a desintoxique. A emoção precisa ser exagerada, a fim de angariar a ajuda do continente. O "continente" pode ser um "seio bom", interno ou externo, que seja capaz de desintoxicar a emoção; ou o continente pode ser incapaz de tolerar a emoção, e a emoção contida pode não ser capaz de tolerar descuido. O resultado é hipérbole. Quer dizer, a emoção que não pode tolerar descuido aumenta de intensidade, ficando exagerada para garantir atenção; e o continente reage evacuando violentamente, mais e mais. Ao usar o termo "hipérbole" quero aglutinar a conjunção constante de força de emoção crescente com força de evacuação crescente. Para a hipérbole, é secundário qual é a emoção; mas é da emoção que vai depender se a expressão hiperbólica é idealizadora ou denegridora. (T, 141-142)

O termo hipérbole foi usado para auxiliar uma das formulações mais fundamentais na obra de Bion: a de transformações em "O". Para leitores ainda não familiarizados com as definições dos conceitos de K, O e transformações em O, será útil consultar os verbetes correspondentes. Alternativamente, pode fazer uma leitura conjunta deles, antes da leitura da próxima citação:

> . . . "por meio dos fenômenos podemos ser relembrados das "formas". Por meio da "encarnação" é possível estar unido a uma parte, a parte encarnada da Divindade. Por meio de hipérbole, o indivíduo pode lidar com o indivíduo real. Por

meio da interpretação psicanalítica será possível efetuar uma transição entre conhecer os fenômenos do *self* real para ir sendo o *self* real?

Caso eu esteja correto em sugerir que os fenômenos são conhecidos, mas a realidade é "tornar-se", a interpretação precisaria fazer mais do que ampliar conhecimento. Pode-se argumentar que isso não é uma questão para o analista e que ele pode apenas ampliar conhecimento; que os passos seguintes, necessários para transpor o hiato, precisam emanar do analisando; ou de um aspecto específico do analisando, qual seja, sua "divindade", que precisa consentir com a encarnação na pessoa do analisando.

Parece haver, aqui, uma questão de "direção": não são a mesma coisa a "divindade" consentir com a encarnação na pessoa do analisando e o analisando consentir "tornar-se" deus ou a "divindade" da qual "deus" é a contraparte fenomenológica. A segunda situação sempre pareceria estar mais próxima da insanidade do que da saúde mental.

Psicanaliticamente, é mais fácil de apreender o problema se O representar a realidade última, bem e mal. Parece que seria mais fácil associar o tornar-se O à cura do que ao tornar-se, por intermédio de clivagem, o supremo bem ou supremo mal. Além do mais, pode-se associar mais facilmente saúde a ser passivo, *vis-à-vis* os supremos bem e mal, do que a ser ativo. . . . A "causa" O pode ser sentida como presente ou ausente, única ou múltipla, independente da personalidade, ou alucinada. O, em sua dimensão "causada", como em todas as outras, pode ser localizada na Forma Platônica, da qual pessoas e coisas são "lembretes"; em uma deidade, da qual pessoas e coisas são "encarnações"; na hipérbole, da qual pessoas e coisas são continentes. (T, 148 e 152)

Como vivenciar sanidade sem ter-se vivenciado insanidade? Como descansar sem estar-se cansado? Prosseguindo e expandindo um caminho descoberto por Freud, Bion explicita mais detidamente algo que pode ser visto por meio de uma formulação poética de Dorival Caymmi e Nelson Motta: "só quem partiu pode voltar" ("De Onde Vens").[44]

Referências cruzadas recomendadas: O, K, Saturação, Transformações em Alucinose.
Referência cruzada sugerida: Matematização da Psicanálise.

---

[44] Ah, quanta dor vejo em teus olhos/ Tanto pranto em teu sorriso/ Tão vazias as tuas mãos/ De onde vens assim cansada/ De que dor, de qual distância/ De que terras, de que mar/ Só quem partiu pode voltar/ E eu voltei prá te contar/ Dos caminhos onde andei/ Fiz do riso amargo pranto/ No olhar sempre teus olhos/ No peito aberto uma canção/ Se eu pudesse de repente te mostrar meu coração/ Saberias num momento quanta dor há dentro dele/ Dor de amor quando não passa/ É porque o amor valeu.

H

Horda

Consultar o verbete "Instituição (*Establishment*)".
📖 *Instincts of the Herd in War and Peace*, por Wilfred R. Trotter – um dos alicerces básicos do pensamento de Bion: que o integrou à obra de Freud, Klein e a obras de filosofia clássica, renascentista e do Século das Luzes.

I

IDEIA

Denotada pelo sinal *I*. Um nome generalizador dado especificamente para o instrumento "Grade" (Grid) (q.v.), qualificado para ser utilizado apenas no momento decisivo no qual esse instrumento esteja sendo utilizado. A utilização pode ser feita de modo consciente, depois, ou antes de uma sessão psicanalítica. Também pode ser feita no único "uso" intrassessão indicado por Bion deste instrumento, "Grade" (Grid). Em outras palavras: quando o instrumento é utilizado inconscientemente, como resultado da atenção livremente flutuante do analista, impulsionada pela apreensão clínica intuitiva – incluindo introjeção de concepções advindas da psicanálise, pela análise individual do analista (EP, 28). O uso intrassessão do instrumento "Grade" (Grid) não tem sido divulgado pelos estudiosos da obra de Bion, mesmo que tenha sido preconizado por ele. Um fator é que a própria apreensão do instrumento por membros do movimento psicanalítico tem se demonstrado rara e difícil. Pode ser caracterizada, analogicamente, como similar ao modo que usamos nosso fígado ou suprarrenais de modo inconsciente. Os dois usos compartilham as qualidades dos atos oníricos – são, por herança filogenética, ou podem ser, por aprendizado por meio de experiências, fisiológicos, independentes de vontade ou desejo, mas dependentes de necessidades.

> A "Grade" (Grid) e o conceito de transformações são delineados para examinar uma situação e são alterados por essa mesma situação, na mesma proporção em que foram trazidos para ter alguma ligação com ela. A "Grade" (Grid) e o conceito de transformações retêm seu caráter caso sejam empregados fora da situação tensa; depois de uma sessão na qual tenham sido usados, recuperam as características que possuíam extra-analiticamente, ainda que tão transformados por $T^a\alpha$ e pela tensão da sessão que o analista pode não ser capaz de ver que a "Grade" (Grid) e a trans- formação estão sendo usadas. Isso é perturbador, mas ninguém que tente usar os conceitos de "Grade" (Grid) ou transformação em uma sessão duvidariam da vera- cidade desta afirmação. A menos que o instrumento (**O** = a "Grade" (Grid)) seja transformado de maneira tal a se tornar $T^a\beta$, ele perde força para iluminar durante a sessão, mas a recupera depois. Permanecendo sem transformação, reduziria o analista ao estado de um músico que, consciente de que a composição

I

que ele estava tocando em um concerto era composta de escalas e arpejos, começasse a tocá-la como se fosse um exercício de escalas e arpejos.

Ninguém pode compreender a "Grade" (Grid) ou transformações sem a experiência de seu uso como parte da prática psicanalítica.

Suponhamos que esse contato essencial seja estabelecido e que o paciente esteja fazendo sua contribuição; a aparência de complexidade da contribuição é proporcional à possibilidade de se aprofundar nesse contato. Caso a atenção do analista se incline para apreender as características que determinam a classificação da "Grade" (Grid), seria uma atenção seletiva. Portanto, a construção da "Grade" (Grid) é tal que ela apreende o que é procurado para psicanálise.

Ainda que a lição de casa não seja feita em uma atmosfera de tensão emocional, a teoria da "Grade" (Grid) e transformação se aplica a lembranças dessas situações. A intuição do analista, cujo exercício e desenvolvimento constituem o objetivo dessas revisões, está funcionando em contato com a situação tensa. É importante discriminar entre a "Grade" (Grid) (conforme ela aparece em meu esquema) operando em tranquilidade sobre as memórias e a "Grade" (Grid) como parte do contato intuitivo do analista com a situação emocional. (T, 75-76)

Com *I*, Bion tenta representar toda a "Grade" (Grid) ou um de seus componentes, diferenciado pelas coordenadas dos eixos horizontal e vertical da "Grade" (Grid). *I* também se aplica ao funcionamento vivo do que Bion denomina de *"aparato para pensar"*, agora do paciente.

Com a denominação *I*, Bion expande a estrutura do pensar: acopla ao modelo, que já incluía o aparato digestivo humano, já descrito em "Uma teoria do pensar" e em *Learning from Experience*, o aparato reprodutor humano, denominado de continente (denotado pelo símbolo genético ♀) e contido (♂) (q.v.). Tal aparato para pensar, integrando os dois modelos teóricos, se ocupa das "categorias primitivas de **I** . . . **I** desenvolve uma capacidade para qualquer um de seus aspectos ♀ ou ♂ assumir, indiferentemente, a função ♀ ou ♂ para qualquer outro de seus aspectos, ♀ ou ♂. Precisamos agora considerar **I** em sua operação ♀♂ , uma operação que denominamos de modo coloquial como 'pensamento'" (EP, 31). O aparato para pensar engloba a bissexualidade original de todo ser humano, mais bem esclarecida por Freud (1905), mas já estudada pela psiquiatria da época do autor austríaco, antes da decoberta da psicanálise; engloba também a sexualidade primitiva mais bem observada por Klein, em termos do relacionamento entre o bebê e o seio:

Precisamos agora considerar **I** em sua operação ♀♂, uma operação sobre a qual geralmente falamos, de modo coloquial, como sendo pensamento. Do ponto de vista do significado, o pensamento depende da introjeção bem-sucedida do seio bom, responsável, na origem, pela performance da função-α. Dessa introjeção depende a capacidade de qualquer parte de I para ser ♂ do ♀ de qualquer outra parte de I. Vou lidar em outro ponto com a relevância disso para com os atos de explanação e correlação.[45] Resumidamente, pode-se considerar que "Elucidar" relaciona-se à atitude um uma parte da mente com outra; e "Correlacionar" é a comparação do conteúdo expresso por um aspecto de I com o conteúdo expresso por outro aspecto de I. (EP, 32)

&; Para funções didáticas, acreditando que possibilitaria melhor apreensão por leitores, o autor deste dicionário propôs explicitar a integração dos modelos digestivo e reprodutor, na teoria do pensar, já implícita nos textos originais, em um estudo apresentado no evento comemorativo do centenário de nascimento de Bion, em 1997; publicado como capítulo em um livro organizado por Parthenope Bion-Talamo, Silvio Merciai e Franco Borgogno (Sandler, 2000c); e também explicitar o modo prático, em sessões de análise, da utilidade deste modelo: *I*, ou ideia, corresponde ao produto da operação de feminilidade e masculinidade do analista e do paciente, no momento em que o primeiro deve executar uma função receptiva e contenedora, quando exerce intuitivamente sua capacidade de atenção flutuante livre, bem como a necessidade de o que paciente exerça sua própria masculinidade ao expressar, prodigamente, associações livres.
Referências cruzadas sugeridas: Continente/contido, "Grade" (Grid), Intuição.

Identificação projetiva

Bion não altera nada na definição dada por Melanie Klein, em 1946, para o conceito de identificação projetiva. No entanto, Bion – como Herbert Rosenfeld – percebe uma função a mais nesse mecanismo de defesa: ele pode ser utilizado à guisa de comunicação entre um bebê e sua mãe, à falta de outros mais comuns na idade adulta, como a linguagem articulada. Além disso, Bion observa um uso exagerado desse mecanismo de defesa fantasioso por pacientes que sofrem de perturbações severas em seus processos de pensar.

Bebês utilizam a identificação projetiva como recurso para obter um senso de proteção contra a ansiedade básica nessa idade: a angústia de aniquilação. Mães suficientemente boas – na denominação de outro contemporâneo de Bion, Donald Winnicott – são capazes de "conter" a própria ansiedade. Bion sugere o conceito de

---

[45] Ver o Capítulo 18, sobre mecanismos relacionados a coerência e compreensão.

I

rêverie (q.v.) para descrever a experiência de um "seio bom". Descreve-a, metaforicamente, como "desintoxicação" (EP, 27; T, 24, 121, 141). Em 1961, esse uso especial de identificação projetiva foi chamado de "identificação projetiva realística". A partir de 1965, Bion estende o alcance do conceito, que não se resume apenas a uma forma de comunicação, nem a apenas um uso especial de identificação projetiva: *"O problema técnico é relacionado à expressão do pensar, ou à concepção sob forma de linguagem; ou suas contrapartes em sinais. Isso me traz à comunicação. Em sua origem, efetua-se comunicação por meio de identificação projetiva realística"* (ST, 118).

Bion considera que há desenvolvimento psíquico normal quando há um ajuste mútuo entre mães e crianças, e que a *"identificação projetiva possui o papel de administrar esse ajuste, por meio de um senso de realidade rudimentar e frágil; a identificação projetiva usualmente é uma fantasia omnipotente, mas, nessa fase, opera de modo realístico"*. Ele se inclina a *"acreditar que isso é uma condição normal"*. Faz, então, um tipo de reparo, que também forma uma expansão na teoria de Melanie Klein a respeito da identificação projetiva "excessiva": pensa *"ser necessário compreender o fato de que a aplicação do termo 'excessiva' abrange não a frequência pela qual se emprega a identificação projetiva, mas o excesso de crença em onipotência. . . . Como atividade realística, a identificação projetiva demonstra-se como comportamento calculado razoavelmente para originar sentimentos, na mãe, de que a criança deseja ficar livre. Se a criança sente-se morrendo, pode originar, na mãe, esses mesmos sentimentos"* (ST, 114).

Bion sugere que pode haver uma falha na mãe, levando à perpetuação de efetuar-se identificação projetiva – que então perde o seu propósito realístico, adquirindo uma natureza repetitiva:

> Uma mãe bem equilibrada pode aceitar esses sentimentos de medo e responder terapeuticamente a eles: isso equivale a dizer que reage de um modo que faz com que a criança sinta estar recebendo de volta sua própria personalidade aterrorizada, mas de um modo pelo qual poderá tolerá-la – os medos ficam administráveis pela personalidade infantil. . . . Seguir-se-á um desenvolvimento normal no caso em que a relação entre a criança e o seio permite que a criança projete um sentimento – por exemplo, de que está morrendo – para dentro da mãe, e o reintrojete após um período de permanência no seio que o faz tolerável pela psique da criança. (ST, 114, 116)

Bion faz deduções a partir do comportamento de pacientes adultos na sala de análise, para usar essas deduções na formulação de um modelo: *"a criança do meu modelo não se comporta de modo que eu, na maioria das vezes, esperaria que fosse o comportamento de um adulto que está pensando: comporta-se como sentisse que estivesse construindo um objeto interno com características de um "seio" idêntico a uma vagina ávida, despojando toda a bondade que poderia ser dada, ou recebida pela criança – deixando-lhe apenas objetos degenerados. Esse objeto interno priva seu hospedeiro de todo e qualquer tipo de compreensão disponível".*

O paciente adulto, em análise, *"parece incapaz de obter ganhos que sejam provenientes do ambiente e, portanto, de seu psicanalista. As consequências deste estado para o desenvolvimento de uma capacidade para pensar são sérias . . . um desenvolvimento precoce de um estado de consciência".* Bion se utiliza da denominação "um estado de consciência" como equivalente à função atribuída por Freud ao sistema consciente: o de "órgão sensorial para percepção de qualidades psíquicas" (todas as citações anteriores: ST, 115). A análise prossegue por uma contínua desvalorização do analista, que, por meio da identificação projetiva, é continuamente provocado a abrigar sentimentos de inutilidade, sem qualquer valor, suicida. Seria adequado dizer que Bion descreve um estado quase onírico, e também quase alucinatório, entretido por bebês, crianças e também pacientes em análise? Entre 1950 e 1956, Bion havia detectado, em pacientes adultos que se submetiam a uma análise, estados nos quais não era possível afirmar que estavam acordados, nem tampouco dormindo. Quatro anos depois, com o auxílio da teoria de observação psicanalítica de Transformações e Invariâncias, denominaria esses estados originários de uma situação primeva que determinou a formação demasiadamente precoce de um "estado de consciência", de "transformações em alucinose". Em 1970, alertou sobre a necessidade de que o analista participasse desses estados de alucinose (AI, 36). Na visão do autor deste dicionário, e utilizando a teoria de Freud a respeito do aparato psíquico poder admitir uma classificação que incluiu três sistemas psíquicos (inconsciente, pré-consciente e inconsciente), Bion fazia explorações no sistema inconsciente e também no sistema pré-consciente. Esses sistemas – igualmente na visão do autor deste dicionário, baseado em Freud e Bion – permitem expressões fenomênicas de intuição; se for o caso da dupla formada por um bebê e sua mãe, de rêverie (q.v.). E também de falsa intuição. Ocorre intuição quando o sistema pré-consciente aceita prevalentemente influxos (ou catexias, na linguagem proposta por Freud) instintivos advindos do sistema inconsciente. De falsa intuição, ou fábrica de mentiras, quando o sistema pré-consciente reprime esses influxos (por meio dos vários mecanismos de defesa) e permite a prevalência formulações verbais do sistema consciente, de processos racionalizadores idênticos aos descritos por Freud no exercício psicanalítico em torno do diário do juiz Schreber.

Um exemplo do primeiro sentido, ou seja, de intuição, tirado da experiência do autor deste dicionário: uma mãe desprovida de alfabetização, proveniente das classes menos favorecidas financeiramente, em um país subdesenvolvido, trouxe seu bebê, ao qual havia dado à luz duas semanas antes, à beira da morte, para um grande hospital universitário público, famoso pela excelência de seus serviços. A criança não aceitava nutrição; assim que mamava, vomitava, incontinente. A mãe agia – em condições precárias, por enfrentar sozinha um grupo, e logo depois de um parto –

contra a vontade de sua família, que acreditava mais em uma ajuda espiritual para trazer animação ao bebezinho. Por mera coincidência, o médico plantonista responsável pelo pronto-socorro era um cirurgião infantil. Diagnosticou estenose inata do esôfago. Essa mãe, caso observada segundo a hipótese de Bion sobre *rêverie*, agia de modo intuitivo no sentido de apreender a necessidade da criança por um cirurgião. Aceitou e conteve a angústia de aniquilamento real da criança, em fantasia compartilhada como toda aquela necessária entre bebês e mães, de que a ansiedade possa ser colocada na mãe. Sendo uma fantasia compartilhada, pode-se constatar que ela, a mãe, não poderia de fato ter salvado a criança. Mas podia dar passos nessa direção, independentes de racionalidade – enfatizamos que era uma pessoa desprovida de educação intelectual, analfabeta.

Até o ponto em que chegou a investigação do autor deste dicionário, Bion descreve "micrometricamente" (se a analogia com medidas de espaço pode ser aceita) em todos os chamados "artigos clínicos", de forma não disponível em qualquer outro lugar, o que vai ocorrendo após uma identificação projetiva - geralmente em velocidade de tal modo alta, que ainda não pode ser medida por métodos conhecidos. Descreve de modo claro sua natureza fantástica, expressa por estados de alucinação e alucinose. Sua última expansão teórica sobre a teoria de identificação projetiva como método de comunicação foi feita pelo uso de uma analogia extraída da matemática: hipérbole (q.v.), para descrever o exagero como método de atrair a atenção de um observador participante – incialmente, uma mãe. Após 1970, Bion abandona recursos teóricos feitos por formulações emprestadas de outras ciências e tenta retornar a uma linguagem coloquial, sob forma dialógica, em *A Memoir of the Future*.

Bion também se utiliza da teoria sobre identificação projetiva em seu esforço integrativo das contribuições de Freud e Klein, que estavam sendo submetidas a pseudo-controvérsias (q.v.) patrocinadas por pessoas mais interessadas em fazer parte da meritocracia política no movimento psicanalítico. Essas pseudocontrovérsias prosseguem, e de forma mais abrangente, por ser mais bem encobertas, por cooptação ou desprezo das teorias de Klein, a serviço de uma superficialização racionalizante de todo o corpo teórico das teorias de Freud. Quando Bion traz à tona aquilo que estava implícito, ou seja, o uso de identificação projetiva para retirar, sob um vértice econômico (incialmente descoberto por Gustav Fechner, e aproveitado por Freud), uma quantidade notável, excessiva, de acréscimos de estímulo. Portanto, o uso de identificação projetiva, como método de comunicação está na própria origem do pensamento em si mesmo (LE, 31).

Referências cruzadas sugeridas: Arrogância; Curiosidade; Esquizofrenia; Hipérbole; Transformações em alucinose.

📖 Sobre a arrogância; Notas sobre uma teoria da esquizofrenia; Desenvolvimento do pensamento esquizofrênico; Diferenciação entre personalidade psicótica e não-psicótica; Sobre a alucinação; Ataques à vinculação.

Imaginação

Este verbete pretende esclarecer os usos do termo verbal "imaginação" na obra de Bion. Consideramos que a penumbra de associações desse termo foi de tal modo alargada que o sentido etimológico – nossa capacidade (a capacidade de todo humano) de "criar imagens" – foi, ao longo do tempo sendo nublada e substituída por outras, no lugar-comum social. Usos coloquiais implicam poluição no campo semântico do termo – destacamos a tendência filosófica conhecida como subjetivista, ou idealista, chamada de solipsista na época de Freud – que desandou na tendência relativista atual. De modo resumido, o termo imaginação passou a expressar e, mais ainda, defender, como juízo de valor, poderes criativos da mente individual. A capacidade de formar imagens, trazendo à nossa consciência a indivisibilidade, ou integração do ser humano, em que não é possível fazer a popular clivagem, "corpo" e "mente", foi perdida.

O fato de a psicanálise lidar com fatos imateriais pareceu a alguns, e ainda parece, ter criado mais um solo fértil para uma primitiva adoção de um tipo de "elogio da loucura": idealismo, subjetivismo e solipsismo. Bion deixou algumas observações a respeito da semelhança dos trabalhos de um analista e de um filósofo, e de que algumas produções rotuladas pela psiquiatria como "psicóticas" e "paranoides" se aproximam das produções dos "idealistas"; plenas de negações (da realidade) e racionalizações – observadas por Freud no exercício psicanalítico sobre o diário do juiz Paul Daniel Schreber. Todo analista com formação em prática hospitalar de psiquiatria percebe essas similaridades. As vicissitudes do idealista parecem estar sendo esquecidas ou ignoradas por boa parte dos membros do movimento psicanalítico. Isso tem ocorrido apesar das várias advertências de Freud em, por exemplo, sua recusa quanto a aproximações de André Breton, e bem explicitadas no artigo "A questão da *Weltanschauung*". Muitos outros autores, como Ferenczi, Menninger e Reik, tentaram contribuir com esses alertas. Apesar disso, incrementaram-se, ao longo do último século, louvores às assim chamadas "capacidades imaginativas", atribuídas tanto a pacientes com a analistas, e uma idolatria a capacidades artísticas, como se elas tivessem algum traço genético com a prática psicanalítica. Os louvores têm incluído uma autoqualificação: psicanalistas teriam que ser, ou já são, artistas no ato analítico. Esquecem-se, nesse idealismo de natureza esquizoparanoide, que o

I

trabalho em análise é um trabalho "a dois": um paciente e um analista. Equivale a dizer que uma mãe – qualquer mãe – é uma artista por gerar um filho – como se o ato fosse uma questão unicamente individual, sem colaboração de um pai e sem colaboração do próprio bebê. Alguns autores, como Winnicott, precisaram avisar que não existe uma "mãe", considerada de modo único, e sim uma díade, "mãe-bebê".

O modo claro pelo qual Bion ressaltou a necessidade de tolerar-se aquilo que não se conhece – em outras palavras, o que é inconsciente – e a necessidade de, para se exercer tal tolerância de modo mínimo, haver uma liberdade para pensar, o que obviamente inclui nossa capacidade de fazer imagens, expressa pelo sonhar, por exemplo, tem atraído, na observação do autor deste dicionário, praticantes dispostos a impor seus preconceitos idealistas. O mesmo tem ocorrido com a obra de Melanie Klein e Donald Winnicott, que igualmente expandiram nossa apreensão prática daquilo que nos é desconhecido. Nenhum desses autores – Freud, Klein, Winnicott e Bion – defendia uma "criatividade" exclusivamente baseada na mente individual. Muito pelo contrário, é facilmente demonstrável que "criatividade", para eles, implica necessariamente um encontro da pessoa com ela mesma. Em termos teóricos pode ser colocado como o encontro do ego inconsciente com o ego consciente; ou com a dissolução do "falso *self*". Nas palavras de Freud: um encontro do inconsciente com o consciente; um encontro entre ego e id. Na obra de Bion, bem como na de Freud, Klein e Winnicott, sempre há a presença de pares antitéticos e sua consequência, uma síntese. Nos termos teóricos mais primitivos: Édipo, ou seja, mãe, pai e filho(a). A teoria das relações do objeto é um modelo para o início de alternativas para autismo. Exigirá não mais do que leitura atenta, citar muitas passagens na obra de Bion atestando a fidelidade ao vértice científico, e não ao idealista:

> A teoria das transformações servirá para iluminar e resolver problemas que permanecem não resolvidos no cerne de certas formas de perturbação mental; e fazer o mesmo para problemas inerentes à psicanálise de tais distúrbios.
>
> Uma teoria das transformações deve ser composta de elementos e constituir um sistema capaz do maior número possível de usos (representado pelo eixo horizontal da "*Grade*" (Grid)) se for para ampliar a capacidade do analista para trabalhar em um problema – estando ou não presentes os componentes materiais do problema.
>
> Isso parece introduzir uma doutrina perigosa, que abre espaço para o analista que teoriza desvinculado dos fatos da prática. No entanto, a teoria das transformações não é aplicável a nenhuma situação em que um elemento indispensável não seja a observação. Usa-se a teoria das transformações para se fazer a observação e regis-

trá-la de um modo apropriado para se trabalhar *com* ela, mas desfavorável a fabricações instáveis e indisciplinadas. (T, 39-40)

Pode ser, fazendo parte de uma observação mais geral de Nietzsche, "demasiadamente humano" que muitos, talvez de modo excessivo, defendem a ideia de que a imaginação deva existir independentemente de fatos. Não seria motivo de surpresa a imensa popularidade de delírios de massa, como o fenômeno do consumismo ou da eterna eleição de demagogos. Para essa tendência idealista, o que chamamos de "fatos" seriam apenas construções da mente. O universo seria apenas uma produção psíquica. Haveria tantas verdades quanto há pessoas no mundo. A interferência do observador no objeto observado é confundida pela não-existência do objeto observado – uma desconfiança de que verdade inexiste. Observa-se que, em determinadas condições – genéticas e de criação –, um psiquismo individual é capaz de fazer aquilo que o idealista acredita ser a única maneira possível: imagina-se, ao nos desligarmos da realidade, em estados de autismo, alucinação, alucinose e delírios, que realidade inexiste. Em geral, para o sonhador, isso ocorre quando se está sonhando. Mas, em geral, todo sonhador acorda: em parte, sonhos são um lembrete da realidade, mesmo que o sonhador resista – pelo trabalho onírico – a considerá-la e enfrentá-la. Alguns sonhadores o conseguem, após acordar, de uma forma ou de outra. A psicanálise foi descoberta em função da dificuldade: psicanalistas usualmente interpretam, com a ajuda dos pacientes, sonhos.

Pode-se afirmar que, em seu trabalho escrito, Bion não caiu nesta armadilha, que confunde e persiste confundindo partes consideráveis do movimento filosófico. Filósofos podem ser mais poupados da experiência de fatos – algumas escolásticas orgulham-se disso, como aquelas tendências que denunciam como autênticos pecados filosóficos o que lhes parece excessivo, ultrajante "empiricismo", "psicologização" (como nas acusações contra a obra de Bacon, Locke e Hume), ou "essencialismos"; acusam como ilegais as "sistematizações", como a proposta por Kant e Hegel, por exemplo. Essa tendência tipifica o "pós-modernismo", adepto absoluto do que os "pós-modernos" idolatram como "relativismo", a espécie mais atual de todo tipo de idealismo. Membros do movimento psicanalítico que tentam embalsamar ou restringir a contribuição de Bion às fantasias idealistas parecem não considerar que, quanto mais abominam a realidade tal como ela é, mais recaem nas psicologizações e essencialismos que apregoam serem contrários. Ao tentar substituir a incognoscibilidade última de qualquer realidade com a negação da existência da realidade última, estabelecem, em um voo alucinatório de fantasia, um tipo de realidade ainda mais última e cognoscível do que todas: a da não-existência de algo (coisa materializada, evento, pessoa) que possa estar fora dos poderes criativo da mente individual. Esse fato social pode ter pelo menos um fator profundo, descoberto por Melanie Klein: a negação da existência do par supremamente criativo - o casal parental.

Todo fato que caracteriza o que denominamos realidade fornece estímulos que são sentidos, mesmo que em graus variáveis, como ofensas pelo narcisismo de qualquer ser humano, homem ou mulher. Bion tentou evitar a armadilha intelectual do falso problema racional que parece ter afogado boa parte dos membros do movimento filosófico por milênios: realismo *versus* idealismo. A falsidade emerge clara quando se observa a questão sob o vértice psicanalítico. Bion enfrentava uma situação com um paciente que desafiava ou negava-se lidar com uma questão facilmente resolvível pelo senso comum; por fatores que não podemos saber, mas provavelmente, em parte, decorrentes de sua informação escolar em Oxford, recorre a teóricos da ciência que haviam enfrentado o mesmo problema séculos antes – como Immanuel Kant e David Hume – e também seus contemporâneos – como Pritchard e Braithwaite. A questão, em sua descrição clínica, conforme fornecida por Bion em artigo publicado postumamente – no segundo capítulo de *Cogitations*, sobre o "método científico" –, era que o paciente, convidado a deitar no divã, olha em torno de si e fala estar vendo sangue em toda parte. "Seu tom de voz insinua desagrado, e sua resposta sugere que não está disposto a deitar no divã em função da presença de sangue por toda parte". Podemos nos concentrar, neste verbete, apenas em partes que nos parecem relevantes para a presente discussão sobre o que está incluído, psicanaliticamente, no termo verbal "imaginação". Bion pergunta: *"Onde está o senso comum do paciente? O que aconteceu com esse senso?"* (C, 17) (ver o verbete "senso comum").

Ao discutir isso, na busca por alguma verdade interna na produção deste paciente que pode ser rotulado, sob o vértice psiquiátrico, como o fez Bion, de psicótico, que parece sofrer excessivamente para que um estado psíquico psicótico possa suportar tal sofrimento. Neste momento, Bion traz para o primeiro plano um fato: o positivismo – ou a religião positivista, conforme a qualificou seu inventor, Auguste Comte, ao tentar sintetizar uma tendência filosófica que remonta aos tempos de São Tomás de Aquino e René Descartes – totalmente baseado, de modo escolástico, na lógica clássica, criando o que filósofos denominam, tanto encomiástica como pejorativamente, "realismo", pode estar a serviço do mais primitivo e desenfreado "idealismo":

> Portanto, uma resposta à questão "Onde está o senso comum do paciente?" é: está onde sempre esteve; ainda é uma parte daquela parte não psicótica da personalidade que eu, como Mauritz Katan e outros observadores, acredito que sempre subsista. No entanto a questão ainda permanece, pois, de acordo com um dos pontos de vista, o paciente comporta-se como se não tivesse qualquer senso comum, ou, caso tivesse algum, como se este não tivesse qualquer utilidade... considerei como

cientificamente plausível a ideia de que podemos e devemos aceitar o senso comum como o árbitro que decide quais são os fatos na realidade externa que se relacionam a essas atividades mentais. Nesse ponto, o filósofo da ciência sempre acaba chegando a um impasse, encurralado, por um lado, pela lógica do filósofo idealista e, por outro, pelo sentimento de irrealidade ao qual ficaria exposto caso aceitasse tal lógica. Não há, essencialmente, nenhuma diferença entre as reações de Braithwaite e as do Doutor Johnson diante das demandas do idealista. Se voltarmos à experiência clínica psicanalítica, talvez possamos considerar o dilema do cientista e, portanto, o nosso próprio dilema de um modo diferente, pois essa experiência pode esclarecer algo sobre o senso comum e sobre o que conhecemos como interpretação psicanalítica, este exemplar específico de hipótese científica e dedução.

Sei que o ódio que esse paciente tem à realidade está fortemente colorido pelo sentimento de que um senso de realidade leva à estimulação do aspecto socialmente polarizado de seus impulsos emocionais; o paciente sente que essa estimulação ameaça os aspectos ego-cêntricos de seus impulsos emocionais e, portanto, ameaça seu narcisismo, incrementando o temor que sente da aniquilação. Sei, portanto, que a crença de que seu senso comum foi perdido, destruído ou alienado ilumina e combina com o ódio que sente da realidade e do aparelho mental que poderia vinculá-lo a ela.

Hume defendeu a ideia de que a hipótese científica consiste apenas em uma generalização, e que todo e qualquer elemento que lhe possa ser acrescentado não pertence à generalização científica propriamente dita, mas é apenas o fator psicológico do observador, fator que ele reconheceu como sendo uma tendência da mente humana a associar certas ideias entre si. Antes de Hume ter insistido nisso, os filósofos da ciência não estavam preparados para admitir que nada existia além da generalização, ou que a existência desse algo a mais residisse na personalidade do ser humano. Supôs-se que esse algo era análogo à lógica da mente humana. Meu ponto de vista diverge daquele que inclui na lei ou na hipótese científica algo que vá além de uma generalização, e que esse algo seja uma função da realidade externa. Minha visão se aproxima dos pontos de vista dos epistemologistas – Kant, Whewell, Mill, Peirce, Poincaré, Russell e Popper –, cujas crenças são compatíveis com a ideia de que o conhecimento científico resulta do crescimento do conhecimento de senso comum. As concordâncias e discordâncias que tenho com esses epistemologistas resultam diretamente de uma investigação psicanalítica dos fenômenos que eles todos conheciam e denominavam por vários sinônimos do senso comum científico. Minha visão é que o impasse no qual se encontram os cientistas e filósofos da ciência não pode ser mais bem esboçado, e muito menos resolvido, sem que se empregue a pesquisa psicanalítica e, mais precisamente, a pesquisa do fenômeno chamado coletivamente de senso comum, que é o tema principal dessa

I

investigação. Digo tema principal, mas de fato proponho que assim seja apenas porque seus dados, embora fugazes, são mais acessíveis a uma investigação preliminar do que os fenômenos associados à intuição, à primeira hipótese, à inspiração (Popper, 1959, pp. 31, 32]. Se não elucido esta última é porque não consigo fazê-lo. Na realidade, não considero que a elaboração de um sistema dedutivo a partir do que o senso comum declara como fatos possa ser separada do fenômeno mais palpável, a inspiração, que é uma pré-condição para a elaboração de um sistema dedutivo. Proponho, portanto, não fazer um esforço extenuante para separar um fenômeno do outro. . . . A compreensão implica tanto análise como síntese. Se o ato for levado a cabo de modo amoroso, conduz à compreensão; se é levado a cabo de modo violento, isto é, violentamente e com ódio, então conduz à cisão e justaposição cruel ou fusão. (C, 15, 19, 21, 22)

Pode-se afirmar que há dois fatores na indisponibilidade de Bion em aceitar abordagens positivistas hipersimplificadoras ao problema de senso comum: formação psicanalítica e experiência em tentativas de tratar psicoses sob o vértice psicanalítico. Abordagens positivistas impõem que se considerem reações clínicas submetidas à prevalência momentânea da personalidade psicótica como se fosse o total da personalidade – daí sua lembrança da observação da permanência, ainda que prejudicada, da personalidade não psicótica, em uma das poucas citações que faz de outro autor (no caso, M. Katan). A interpretação de Bion, diante da pergunta que fez, "onde está o senso comum do paciente?", é que "está em toda parte". Ele leva em conta a resposta verbal do paciente e percebe, sob o vértice psicanalítico – inspirado por Freud, em "Instintos e suas vicissitudes" –, que "sangue" é a formulação verbal do psicótico para seu senso comum. Na hipersimplificação positivista, a reação da personalidade psicótica seria considerada como patológica, confundindo uma de nossas capacidades – capacidades humanas –, ou seja, a de que podemos fazer imagens. De modo idêntico, e com a mesma intensidade, estava – também devido ao contato próximo com fatos reais propiciados pelo trabalho clínico – propenso a aceitar a solução mais fácil, igualmente hipersimplificadora, para os problemas criados pelos positivistas: o idealismo niilista.

Bion, como Freud em vários momentos de sua obra, nos alerta para o fato de que teorias científicas podem se iniciar por intuições inspiradas (citando Karl Popper); correspondendo a conjunções constantes ou fatos selecionados que assim o são para o observador, sem que necessariamente tenham correspondentes já observados na realidade (utilizando conceitos de Hume e Poincaré, respectivamente). Ou seja, iniciam-se por formulações psíquicas do observador, do cientista. Freud já alertara sobre o fato; por exemplo, na observação de que a teoria científica dos dois princípios do funcionamento psíquico iniciou-se como ficção útil diante de fatos clínicos imunes à observação por outros vértices e, portanto, inalcançáveis;

ficções intuitivas, ou inspiradas – na linguagem de Popper –, poderão, observou Freud, serem desenvolvidas quando novos fatos, que emergem sob seu uso, justificarem expansões ou mesmo modificações radicais. Isso realmente ocorreu, por exemplo, quanto à teoria inicial dos instintos, que pareciam ser classificáveis como instintos de ego e instintos sexuais.

O senso comum de membros do movimento psicanalítico, assim como membros do movimento científico, perde-se quando é substituído pelo lugar-comum escolástico, baseado em idolatrias religiosas, em torno de algum líder messiânico de plantão, determinado, na maioria das vezes, por fatores políticos e de modismos. Ao se perder o senso comum, perde-se também a observação de que hipóteses científicas não são a realidade – ou seja, a única realidade da hipótese científica é que ela existe sob uma formulação verbal, que pretende ter algum correspondente, ou contraparte na realidade, tal como ela é. O fato de que tanto a hipótese como as assim chamadas "leis" ou, de modo que nos parece mais preciso, critérios, parâmetros ou limites científicos são formulações psíquicas não nega que realidade exista. Realidade que permanece fora do alcance dos esquemas humanos – como Kant os chamou –, ou como modelos – como Freud e Bion os chamaram. Este permanecer fora, sob o ponto de vista de alguém ocupando prioritariamente a posição esquizoparanoide, aparece como teimoso. Adeptos da religião positivista perdem a paciência, ou não toleram o desconhecido, e arrumam alguma conclusão causal, que "resolve" – para eles – o problema. A implicação disso é que esquemas, ou modelos científicos, não podem ter uma realidade própria, como se pudessem substituir a realidade que se propõem a descrever. Pessoas há no movimento psicanalítico que se igualam a leigos, que acreditam que exista algum "Id", ou "superego", ou "inconsciente", de modo materializado, como realidades concretas factuais. Como se pudéssemos tocá-los, como se fossem alguma coisa materializada, ou uma pessoa (por antropomorfização a animização) andando por aí. Freud, Klein, Winnicott e outros não compuseram esse grupo.

Anos depois, Bion afirmaria que os voos da imaginação se disfarçam de ciência de uma forma dialógica:

> P.A.: . . . não consigo ver por que razão uma partícula biológica infinitamente pequena que é lançada do centro galáctico sobre um torrão de sujeira – ao qual nós demos o nome de Terra – poderia, durante uma vida efêmera que não dura nem mesmo mil voltas em torno de um Sol, imaginar que o Universo das Galáxias está em conformidade com suas limitações.
>
> PAUL: As leis da natureza são apenas as leis do pensamento científico.

I

ROBIN: E se aceita rapidamente, como se fosse algo pleno de significado, que estas forças colossais "obedecem" às leis do mesmo modo que nós obedecemos convenções sociais. (AMF, II, 229-230)

Não por mera coincidência impensada, Bion trouxe ao movimento psicanalítico a necessidade de considerar-se um entre os vários aforismos de Kant: *"conceitos sem intuição são vazios; intuições sem conceitos, cegas"*. No entanto, pode-se constatar que o alerta sobre a necessidade de se utilizar a intuição tornou-se solo fértil para apressadas interpretações idealistas a respeito das contribuições de Bion. O uso de intuição sensível é tão básico e necessário, ainda que não suficiente, para a prática psicanalítica na mesma proporção que o é para a prática científica, para práticas artísticas e para a sobrevivência de cada um no senso comum ante hostilidades naturais do meio ambiente. A necessidade se dá pela existência de fatores imaterializáveis na realidade tal como ela é:

O que o pensamento psicanalítico requer é um método de notação e regras para seu emprego. Elas nos habilitarão a fazer o trabalho na *ausência* do objeto, para facilitar a continuidade do trabalho na *presença* do objeto. A barreira a este trabalho apresentada pela atividade desbridada das fantasias do analista foi reconhecida há tempos: enunciados pedantes por um lado, e verbalização carregada de implicações não-observadas por outro significam que o potencial para mal-entendidos e deduções falsas é tão elevado que chega a ponto de pôr a perder o valor de um trabalho executado com instrumentos tão defeituosos. (T, 44)

O leitor poderá consultar os verbetes "estar-uno-a-si-mesmo", "matematização da psicanálise" e "O âmbito negativo (menos)" para uma análise mais pormenorizada da questão idealista que assola a infância da psicanálise.

Usos demasiadamente humanos de nossa capacidade de fazer imagens – imaginação –, alçando-a a fugas fantásticas da realidade, na formulação de Francis Bacon, compõem, tanto em forma como em conteúdo, convenções socialmente compartilhadas, ou transformações em alucinose socialmente compartilhadas. A citação seguinte concentra as últimas observações, feitas sob forma dialógica, de uma conversa de Bion com seus objetos internos, concernentes à imaginação e suas relações com fatos e qualidades da linguagem para expressar Verdade:

ROLAND: Não seja filho da puta.[46] Vai querer que eu conte o sonho ou não?
P.A.: Continue...

---

[46] *"Don't be a bloody cunt"* no original.

ALICE: Muito boa, esta! E agora temos que ouvir este tipo de linguagem! Não é nem mesmo sexual – como o P.A. concordaria.

ROLAND: Tudo bem, querida Xantipa. Dá para entender as queixas do Sócrates, se não podemos discutir natural e espontaneamente.

ALICE: Não tenho objeções, mas com certeza não há necessidade de falar deste modo. Já sei – você vai dizer "que modo?", mas não devo repetir tal... tal... linguagem, embora, você esteja tentando me fazer usá-la. Você sabe muito bem o que eu quero dizer, mas tenho que pensar em Rosemary. Tenho certeza de que ela concorda.

ROSEMARY: Ah, sim, madame, concordo sim. Minha mãe me criou muito bem. Quando eu perguntei o que ela e aquele cavalheiro estavam fazendo – entrei sem querer no quarto porque a Patricia, nossa cadela, estava latindo muito alto – a gente costumava chamá-la de Pati[47] porque parecia menos afeminado, está me entendendo? Ele era um cachorro e não uma cadela, se a madame me desculpa a expressão.

ROBIN: Ai, Deus-todo-foderoso – vai continuar ou não vai?

ALICE: Lá vem você outra vez – será que precisa blasfemar para se fazer entender?

P.A.: Ele está falando rapsodicamente – sem precisão social ou científica.

ROLAND: Robin concordará que não está sendo mais blasfemo do que eu, quando falo "filho da puta"; mãe e filho são sagrados. Vamos lá, Rosemary. Pelo amor de Deus, continue.[48]

ROBIN: Ai, Jesus!

ROLAND: Jesus em "linguagem comum". Agora, *por favor*, continue.

ALICE: Agora que ele foi suficientemente civilizado para dizer "por favor", pode continuar, Rosemary.

ROSEMARY: Pois não, senhora – mamãe sempre foi muito educada e usava um crucifixo o tempo todo porque me disse para nunca esquecer Nosso Senhor, principalmente quando os cavalheiros vinham nos ver. Foi assim que eu descobri que ela só tinha cavalheiros de alta sociedade como lordes indo visitá-la, ainda que minha amiga Fé – ela tinha este nome por causa da "Fé, Esperança e Caridade"...

---

[47] "*Trixie*" no original.

[48] "*Bloody cunt*" no original; uma expressão de baixo calão na lingua inglesa, comum em linguagem coloquial de senso comum. Refere-se à fala do objeto parcial de Bion denominado por ele como "Roland": "*Robin will agree with me that he is being no more blasphemous than I am when I say 'bloody cunt'; bloody is only a quick way of saying 'by our Lady' – which is sacred*". Literalmente: ". . . quando falo 'vagina nojenta', isso é apenas um modo rápido de falar".

I

ALICE: Não vou lhes perguntar o que estão pensando, porque posso vê-lo em suas faces.

ROBIN: Deve haver algo de errado com seus músculos da face, Roland.

ROLAND: "Miastenia gravis", sem dúvida. Mas a história de Rosemary é tão excitante que não aguento ter que esperar para ouvi-la.

ALICE: Então por que os dois sacanas aí não calam a boca e a deixam continuar? Não dá para você controlar os músculos da face? Veja – posso falar estas drogas de palavrões tão bem quanto você.

ROLAND: Estou certo de que o P.A. sabia que você sempre pôde.

ALICE: Continue, Rosemary – não ligue para cara feia.

ROSEMARY: Isso é o que mamãe sempre costumava dizer. "Rosemary", ela dizia, "não ligue para o que as pessoas falam. Você peca por ter cão e por não ter também" – mas o que é que eu estava dizendo mesmo? – esqueci – ah, sim, Fé e eu costumávamos rir dos cavalheiros que minha mãe conhecia. Nós costumavamos espionar e rir até que um dia o Pati voou em cima de um dos cavalheiros porque achou que ele estava sendo cruel com a minha mãe; fiquei apavorada, porque minha mãe estava muito pálida e me contou que, se não fosse pelo Pati, o cavalheiro poderia tê-la surrado até a morte com sua bengala de couro.

ROLAND: O P.A. chamaria isto de "pura fantasia".

P.A.: Não apenas fantasia, mas certamente fantasia.

ROBIN: Você quer dizer que não acredita que isso tenha acontecido?

P.A.: Quero dizer que não duvido que seja uma fantasia real e um fato – até onde sou capaz de saber o que é um fato e de respeitar a factualidade de um fato apesar de ele ter se "realizado". As fantasias às vezes articuladas quando o indivíduo está com a "guarda baixa", como quando está dormindo, irrompem também quando o indivíduo está consciente e completamente acordado. Às vezes elas "invadem" o discurso articulado, a música ou a arte convencionalmente aceitáveis, e às vezes em "comportamento" convencionalmente aceitável. Neste exemplo foi uma ação muscular inaceitável. Às vezes a "conversação aceitável" tem que se esticar, se alterar, para acomodar a coisa que "irrompe", às vezes o "convencionalmente aceitável" esmaga o "impulso disruptor". Geralmente ocorre um compromisso entre os dois. Agora mesmo Alice permitiu que seus ouvidos e lábios fossem degradados por "filhas da puta"; e nós tivemos que nos contentar em ser polidos e dizer "por favor".

ROSEMARY: ... o cavalheiro teve que fugir.

ALICE: Ele teve sorte. Ou será que não?

P.A.: Esta linguagem que todos conhecemos claramente, ainda que dela tenhamos nos esquecido, ainda que estejamos nos esquecendo, e esperamos esquecê-la no futuro, traz uma contribuição não reconhecida arcaica e ainda assim vital – para nossa relação. (AMF, III, 483-485)

Referências cruzadas sugeridas: Visão analítica; Estar-uno-a-si-mesmo (*At-one-ment*); Fatos.

Inefável

Formulação verbal cujo sentido é assinalar a presença de eventos que não podem, em hipótese nenhuma, estarem confinados dentro dos limites de qualquer formulação verbal que possa ser idealizada ou cunhada por todos nós, seres humanos. Um alerta paradoxal tipificando o valor de um símbolo: uma palavra avisando sobre o que não pode ser colocado em palavras. Bion a utilizou para indicar a existência do âmbito numênico e dar consciência, aos membros do movimento psicanalítico, de considerá-lo – pois as palavras usadas em psicanálise, originalmente cunhadas como tentativa de lidar com esse âmbito imaterial, haviam ficado desnaturadas pelo uso constante e irrefletido, principalmente por materializações excessivas, em uma busca incessante por significados. O sentido se perde quando ocorre um alargamento no campo semântico: a busca por um retorno fica impossível pelas seguidas concretizações e a dependência de ministros ou apóstolos que tentam explicar o texto original.

A palavra "inefável" pode parecer nova ou estranha ao âmbito de trabalho em psicanálise. No entanto, pelo menos na visão do autor deste dicionário, a aparente novidade indica a presença de fatos preocupantes, relacionados à obra de Freud e de suas origens na obra de Platão e de Kant: precoce esquecimento, resultando em ignorância. A palavra não aparece, mas o conceito ao qual ela se refere aparece implicitamente, por exemplo, na afirmativa, no Capítulo VI de *A interpretação dos sonhos* (p. 690 da *Standard Edition*), de que o sistema inconsciente – ou em sua abreviatura, "inconsciente" – é a verdadeira realidade psíquica. Compara de modo explícito a incognoscibilidade última da realidade psíquica – expressa verbalmente pelo termo inefável – com a incognoscibilidade última da realidade material, que permanece, em última análise, incognoscível, pelo menos para o limitado espectro de alcance de apreensão para nossos órgãos sensoriais.

Modelos em ciência são construções, ou formulações (verbais, matemáticas, químicas, musicais, pictóricas etc.), que tentam representar, ainda que parcialmente, algumas de suas contrapartidas na realidade. Tarefa sempre deficiente. Em termos platônicos, tentam representar algo que corresponde ao trabalho do demiurgo: sempre submetido a uma perene reforma, tenta expressar aquilo que é inefável.

Falhas e distorções na apreensão do conceito; des-entendimentos: inefável implica exatamente isso: o fato de que algo – um evento, um fato ou uma entidade – não pode ser expresso por meio de palavras. Experiências emocionais são inefáveis. São intuíveis; são experimentáveis; mas são inefáveis, por existirem sempre dependentes de relações intrapsíquicas e interobjetais. Na obra de Bion, o termo inefável – como na gramática portuguesa – não está ligado a esoterismos, nem misticismos. Paradoxalmente, Bion assinala que alguns, na tradição mística, foram os primeiros, na história das ideias na civilização ocidental, depois de Platão, a reconhecer a existência daquilo que não é passível de ser expresso por palavras; nem por qualquer tipo de formulação religiosa, artística ou científica.

INFRA-SENSORIAL

Ver o verbete "ultra-sensorial".

INSTITUIÇÃO (*ESTABLISHMENT*)

> BION: Em Oxford, quando escrevi o relato, não estávamos tão críticos. Não acho que tenha sido porque estava contra as ordens, mas porque era menos horrível pensar que tudo estaria bem do que se acreditássemos que o nosso maior inimigo era o que mais tarde você chamou...
> EU: ... a Instituição (*Establishment*). Certas palavras grosseiras teriam sido – ainda são – mais apropriadas. (WM, 205-206)

Platão pareceu imaginar que os gregos socráticos poderiam ao menos entender a parábola da caverna. Mas, entre aquela época e a atualidade, muitas centenas de pessoas tentaram, ah "cada vez mais", entender o que significa. E algumas pessoas, como Jesus, persistiram na ideia ingênua. "Se você não consegue entender a parábola, quem sou eu para explicar?", reclamava ele quando seus discípulos não eram estúpidos o suficiente para serem simples. Não conseguiam fazer nada senão decidir que Jesus era Deus e encerrá-lo sob uma pedra tumular, pesada e fria, de adoração religiosa. (AMF, I, 47)

A linguagem de Bion

Bion, após Freud, introduziu explicitamente o termo "instituição" (ou *establishment*) no movimento psicanalítico e no arcabouço teórico em psicanálise, emprestado da sociologia – disciplina cujo nascimento coincide com o da psicanálise. Muitas das definições de Durkheim coincidem, embora com terminologia diversa, com as da psicanálise.[49] Se é verdade que Bion introduziu o termo, Freud tratou da questão propriamente dita, ainda não nomeada. Estuda instituições em *Totem e tabu*, como a Igreja e o Exército; estudo continuado em *Psicologia das massas e análise do ego*, nas descrições de mal-estares decorrentes da civilização),[50] e em *Moisés e o monoteísmo*. Questões institucionais são relevantes para a psicanálise em si e para o movimento psicanalítico. Houve uma anglicização acelerada na língua portuguesa falada no Brasil e, pelo menos no microcosmo do movimento psicanalítico, o termo *"establishment"* ganhou popularidade.

Bion estudou algumas características da instituição – que podem ser vistas como interesses da horda – que se constituem como problemas, afetando destrutivamente o indivíduo. Podem ser agrupados sob pelo menos três temas:

(i) Moda.
(ii) Cooptação.
(iii) Extinção da individualidade.

Bion observou a existência de um fato: uma instituição pode ser introjetada. Este trabalho produziu frutos, principalmente nas contribuições de Money-Kyrle e Elliott Jaques. Introjeções de processos institucionais possuem relevância psicanalítica. Podem ser tratadas – em contraste com situações macrossociais – dentro do *setting* (ou contexto) psicanalítico.

Bion observou, em análise de psicóticos, "instituições introjetadas" submetidas ao princípio do prazer/desprazer, por *"superabundância de narcisismo primário"*. A toda introjeção segue-se projeção (que bem poderia se chamar "extrojeção"), sendo as duas embebidas por identificação; quando a instituição introjetada torna-se projetada (ou "extrojetada"), emergindo (fenomenicamente e, portanto, passível de observação) exigências de amor infindável do grupo em relação ao indivíduo. Caso as instituições introjetadas prevaleçam na mente do analista – indicação de dificuldades na sua própria análise – ocorre medo em relação ao desconhecido, decorrente de superabundância do narcisismo do analista, igualmente não analisado; manifesta-se, fenomenicamente, por demasiado e indisciplinado apego a códigos estabelecidos; e também por desequilíbrio entre narcisismo e social-ismo (q.v.). Haverá exacerbação do conflito entre a horda e o indivíduo; os dois lutarão por sua própria sobre-

---

[49] Obras de Robert Merton, Talcott Parsons, Dante Moreira Leite e Ruy Coelho podem ser guias neste tipo de investigação.
[50] A versão mais comum é *O mal-estar na civilização*. Traduções para o português, de termos alemães, pode ser impossível; reflete-se na multiplicidade de termos. Muitas vezes, "Civilização" tem sido substituída por "Cultura".

I

vivência: um às custas do outro. Uma expressão pictórica aparece na música de Chico Buarque "Vagalume": "vence na vida, quem diz sim".

Há muitas indicações de que a moda (ou modismo) parece incutir hábitos mentais compostos por formas estabelecidas de pensar e de não pensar. Como todo hábito, repete-se como vício – Marx, ao observar o fenômeno religioso, denunciou-o como ópio do povo. Talvez o fato de ter se constituído como denúncia eivada de juízo de valor indique a sabedoria do ditado popular "quem desdenha, quer comprar", já que ele mesmo acabou fundando mais uma religião – como se houvesse escassez delas. A moda exerce efeitos paradoxais: capacita a erupção científica ou artística e também aniquila a curiosidade científica e epistemofílica. A moda, mesmo que em um certo ponto no tempo pudesse ter estado a serviço da criação, pode também emparedar alguém em estado repetitivo e não criativo. Em instituições, isso se dá por indisciplina em relação a memória, desejo e compreensão.

Entre as modas destrutivas, uma se destaca: a prevalência do cartesianismo e do positivismo no pensamento (talvez a melhor colocação seria falta de pensamento) ocidental. Explicitada por Bion, cujos ancestrais foram Kant e Freud (EP, 35; AI, 103; C, 189), manifesta-se, pelo menos na investigação do autor deste dicionário (*em A Apreensão da Realidade Psíquica,* 1997-2003), por meio de pelo menos cinco ideias que têm dominado boa parte do movimento científico e do lugar-comum popular:

(i) a propalada existência de causalidade;
(ii) a de que o pensador cria pensamentos;
(iii) a de que o pensamento lógico – ou "razão pura", na terminologia de Kant – seria a única forma de pensar existente;
(iv) a de que existe separação entre matéria e mente;
(v) a de que existe separação entre tempo e espaço.

Em *Attention and Interpretation,* Bion observa que instituições (ou o *establishment*) tendem, de forma definitiva, a cooptar aquilo que no lugar-comum denomina-se "gênios"; Bion sugere outra denominação, ainda que sinônima: "místicos". Este autor prefere chamar "gênios" de "aquilo", e não "aqueles", pois a questão nunca é pessoal, idolatrias à parte. Pois o "aquilo" se refere à obra, que é algo concretizado, como o fenômeno de idolatrização ou entronização, estudado em psicanálise por Bion e Thorner, a partir de Freud. Pois a alternativa à cooptação do indivíduo e de sua obra, geralmente para finalidades políticas, de dominação de muitos seres humanos por uma elite ditatorial minoritária, bem estudada por Nietzsche, Merton, Toynbee, Bracher e Taubes, entre outros, é o assassínio do "gênio" ou "místico"; assassínio físico, da pessoa, e de sua obra, por institucionalização. A partir da formação das cidades-Estado, a institucionalização se dá por nacionalismos – "o último refúgio do velhaco", segundo Samuel Johnson. "Místicos", na definição de Bion, são pessoas capazes de vislumbrar, ainda que parcialmente e por lampejos, "O" (q.v.). Um dos exemplos escolhidos por Bion é derivado da teologia: a história do pensamento de Cristo. Bion, teve educação infantil sob a influência da tradição não conformista, uma das dissidências da reforma luterana, que havia sido confinada, por perseguição religiosa da tradição católica apostólica romana, na etnia huguenote; tanto na França, e depois, refugiando-se na Inglaterra. Esta tradição parece ter sido a origem de várias inserções em *A Memoir of the Future*, a respeito da vida de Jesus Cristo – alguém que, nesta tradição, foi considerado como se tivesse sido enterrado sob um "túmulo de adoração". Neste "túmulo", configurando concretização e idolatria, houve alterarações daquilo que se atribui a esta pessoa: transformando aquilo que Jesus Cristo teria dito, em um legado desvitalizado. Houve tantas tentativas de revolta quanto a esta atitude que um elenco dos fatos registrados na historio inventário poderia ocupar um livro inteiro. Apesar de, ou talvez, pela sua ascendência, Bion não escolhe o que ficou conhecido como "Noite de São Bartolomeu", uma espécie de *Kristalnacht* medieval onde houve o genocídio dos huguenotes, mas o movimento jansenista ocorrido em Port Royal. Neste ressaltou-se, históricamente, a figura de Blaise Pascal; e também o compromisso impensado de John Milton às políticas violentas de Oliver Cromwell. Na visão do autor deste dicionário, Bion alerta sobre "revoltas" contra instituições cuja consequência – até hoje - tem sido a criação de instituições idênticas às anteriormente criticadas. A única variação, ou transformações desta invariância social tem sido apenas os nomes de pessoas privilegiadas – dado a finitude de uma vida humana – e também a nomenclatura, sempre culturalmente determinada; e outras aparências. Atualmente, os nomes tem sido, "Esquerda" e "direita"; cujas invariâncias persistem sendo o mercador de armas e o endinheirado que lhes financia a destruição. No epigrama criado por um jornalista[51] durante a época do nascimento de Freud: *"plus ça change, plus c'est la même chose"* ("quanto mais se muda, mais é a mesma coisa"):

> . . . aparentemente o narcisismo primário (Freud, 1915), correlaciona-se com o fato de ser o senso comum uma função da relação do paciente com seu grupo; e, em sua relação com o grupo, o bem-estar do indivíduo é secundário à sobrevivência do grupo. A teoria de Darwin, da sobrevivência dos mais aptos, necessita ser substituída por uma teoria da sobrevivência dos mais aptos a sobreviver no grupo – até onde a sobrevivência do indivíduo possa interessar. Isto é, ele precisa ser dotado de um alto grau de senso comum: (1) uma habilidade de ver o que todos os outros veem, quando submetidos ao mesmo estímulo; (2) uma habilidade para acreditar na sobrevivência dos mortos, depois da morte, em um tipo de Paraíso ou Valhala ou algo assim; 3) uma habilidade para alucinar ou manipular fatos de modo a produzir material para um delírio: que há no grupo um fundo inexaurível de amor por ele, paciente. Se, por alguma razão, faltar ao paciente essa capacidade, ou algum

---

[51] Jean-Baptiste Karr, jornalista, diretor do *Le Figaro*; anático por floricultura, ao se aposentar, criou o espécimen, dália.

conjunto similar de capacidades, para obter subordinação ao grupo, ele terá que se defender do temor que sente do grupo – grupo que, sabidamente, é indiferente ao seu destino como indivíduo – destruindo seu senso comum ou o senso da pressão do grupo sobre ele como um indivíduo, como o único método por meio do qual conseguiria preservar seu narcisismo. (C, 29-30)

QUARENTA ANOS: Você está levando pelo lado pessoal, Vinte e Cinco. Você aprendeu isto do P.A. Ele está sempre levando tudo pelo lado pessoal.

CINQUENTA ANOS: Pessoal, não... específico.

P.A.: Tenho muito respeito pelo indivíduo. Você acha isso errado?

CINQUENTA ANOS: Não, mas isso não está acompanhando o crescimento da Horda. Posso ver que o P.A. vai se meter em sérias complicações se a Horda se desenvolver mais rápido do que ele.

P.A.: Se o desenvolvimento da Horda é incompatível com o do indivíduo, ou o indivíduo perece, ou a Horda vai ser destruída pelo indivíduo a quem não se permite desenvolvimento... Alguns de nós pensam que o desenvolvimento do indivíduo requer uma supervisão cuidadosa. (AMF, III, 461)

Outras demonstrações práticas a respeito de modos usados por instituições para aniquilar a individualidade parecem ter sido extraídas da própria experiência de vida de Bion. Aos seis anos de idade, foi separado de seus pais, por subserviência destes a uma norma institucional, hoje, e mesmo anteriormente, considerada como requinte de crueldade: filhos de servidores públicos britânicos tinham que receber educação em escolas "públicas" na Inglaterra, independentemente do local onde o servidor estava servindo o Império. Nesta época, o Império Britânico, segundo a propaganda oficial, era o único império em que "o sol nunca se punha", tal sua extensão territorial. Em plena adolescência mal vivida, durante 1915, alistou-se voluntariamente no esforço de guerra contra as "Potências Centrais", no primeiro exército de tanques de guerra existente no mundo. Suas experiências possibilitam-no considerar as ações governamentais como similares às atitudes de criminosos (WM, 205-206). O interesse de instituições marca-se como diametralmente contrário às necessidades individuais.

Fontes clínicas e implicações

Tendências institucionais possuem sérias implicações impeditivas para a tarefa do analista. Em um grupo de dois, paciente e analista, *"a defesa psicótica contra a interpretação . . . que constitui, ou que o analista sente constituir, um ataque ao narcisismo do paciente. Na prática, isso significa evadir-se da elucidação dos mecanismos ilusórios, delirantes ou alucinatórios, fazendo o paciente sentir-se amado; a elucidação, por outro lado, iria mostrar que tal amor, como o paciente gostaria de sentir que recebe, de fato não existe. Isso, por sua vez, quer dizer que o analista tem que veicular, por vários meios, que ele ama o paciente; nesse aspecto, ele é um representante do senso comum do grupo social de seu paciente, grupo que tem mais amor pelo paciente do que por si mesmo. Naturalmente, essa última crença pode ser corroborada pelo fato de o paciente acreditar que a sua própria análise é uma expressão desse amor do grupo por ele. Ou, em termos infantis precoces, que o grupo familiar lhe deu o seio de presente".*

O problema é o mesmo enfatizado por Freud desde *A interpretação dos sonhos*. Recorre-se à alucinação como fonte de "bem-estar": *"Se o paciente tem êxito em evadir-se dos ataques ao seu narcisismo, experimenta uma gratificação alucinatória de seu anseio por amor. Esta, como toda gratificação alucinatória, deixa o paciente insatisfeito. Consequentemente, ele recorre, de modo voraz, a um reforço de sua capacidade para alucinação, sem que haja, obviamente, um aumento correspondente na satisfação* (C, 30).

A sensação de que a alucinação pode propiciar alívio também tem implicações sociológicas; muitas pessoas em estado de alucinação simultânea produzem enorme alucinação compartilhada. Uma leitura cuidadosa de *Experiences in Groups* e *Transformations* deixa o leitor impressionado com o fato de que todos os grupos são alucinados; uma das características que compõem a "instituição introjetada" parece ser uma aliança de mentiras, que aparece sob a forma de hipocrisia e/ou cinismo:

O pressuposto subjacente à fidelidade ao vínculo K é que as personalidades do analista e do analisando podem sobreviver à perda de sua capa protetora de mentiras, subterfúgio, evasão e alucinação, e podem até ser fortalecidas e enriquecidas pela perda. É uma suposição fortemente questionada pelo psicótico e, *a fortiori*, pelo grupo, que se baseia em mecanismos psicóticos para sua coerência e sentido de bem-estar. (T, 129)

No que tange ao estado mental do analista, instituições manifestam-se fenomenicamente de várias práticas: (I) ideias; (II) teorias em que poderia haver, no máximo, hipóteses aguardando verificação; (III) teorias sobre um paciente específico; (IV) códigos; (V) hábitos culturais; (VI) qualquer coisa institucionalizada que parece justificar uma sentença "daqui não passo" (AMF, II, 236-237, 242, 265).

ROBIN: O todo da teoria psicanalítica parece estar viciado – como o demonstra a natureza estruturada do próprio sistema – pelo favorecimento apenas daqueles fenômenos que parecem estar de acordo com a lógica clássica, à qual já estamos familiarizados.

PAUL: Timidez é um fato de nossa natureza. Agarramo-nos a qualquer coisa que nos dê a oportunidade de dizer: "daqui não passo". Qualquer descoberta é seguida de um fechamento. O que permanece de nossos pensamentos e esforços é devotado a consolidar o sistema para impedir a intrusão de mais um outro pensamento. Qualquer farpa do nosso sistema que porventura pudesse facilitar o alojamento do gérmen de outra ideia é logo suavizada e polida. (AMF, II, 265)

Todo analista que se sente satisfeito pelo uso de memória, por exercer desejos e se orientar por julgamentos condena-se, mesmo que inconscientemente, a frear e impedir a investigação; consequentemente, impede-se também de ajudar seu paciente a investigar mais além; odeia aquilo que é desconhecido.

⌚ O conceito de "instituição" ou *establishment* parece ser, ao autor deste dicionário, uma evolução do termo "opinião pública", que não alcançou status de conceito. Bion descreve especialmente usos de "opinião pública" por pessoas capacitadas a ascender na meritocracia política de toda e qualquer instituição, pública ou privada, não por levar a cabo o bem-estar público, mas por oportunismos delinquenciais:

EDMUND: Não duvido, mas quero continuar com os meus *hobbies* astronômicos.

P.A.: Não há nada que te impeça, caso você não se aterrorize muito com sua imaginação ou com sua atividade científica, a ponto de ficar impedido de pensar.

ROBIN: O governo ia ficar tão apavorado que iria barrá-la. No entanto, talvez eles sejam excessivamente ignorantes para chegar a ficar apavorados; o que acabaria funcionando como um manto para proteger os tenros raminhos da especulação científica até que eles se tornem "teorias".

ROLAND: Caso tornem-se teorias muito fortemente estabelecidas, ficarão excessivamente fortes para os tenros raminhos da especulação social. O pânico pode ser um solvente poderoso da disciplina.

ALICE: Nenhum governo ousaria impedir que os astrônomos fizessem pesquisa astronômica.

P.A.: Se eu fosse o governo e quisesse frear a pesquisa astronômica, tenho certeza de que conseguiria fazê-lo de modo tão sutil que escaparia às críticas. Poderia dizer que não há papel para imprimir pesquisas astronômicas. Podia atacar a disponibilidade de material essencial para a fabricação de determinados instrumentos. Podia fazer com que não se liberassem as verbas destinadas à formação de estudantes de astronomia potencialmente bem-dotados.

ROLAND: O que demonstra que não é aconselhável deixar você ocupar postos no governo que detenham poder!

ALICE: Acho que seria muito bom se um astrônomo se candidatasse para o Parlamento.

ROBIN: Mas o princípio permanece – é perigoso permitir que homens dotados de uma força tão nociva tenham autoridade, pois podem usá-la para impedir o crescimento mental.

P.A.: Suponha que os astrônomos pudessem convencer a maioria dos seres humanos de que o Sol mostrou sinais de uma catástrofe iminente; que seríamos envoltos por redemoinhos de temperaturas intensas. Você permitiria que isso fosse divulgado quando nada pudesse ser feito? (AMF, III, 284-285)

Referências cruzadas sugeridas: Senso Comum, Horda, Opinião Pública.

Interpretação

"Não se ganha nada dizendo ao paciente aquilo que ele já sabe . . ." (T, 167).

Bion lida com interpretações ao longo de toda sua obra – sempre sob um vértice específico. Focaliza, a partir da especificação o mais clara possível do vértice adotado, quais e como são as interferências que transformam interpretações em formulações afastadas daquilo que é Verdade – sempre segundo o vértice qualificado previamente.

Tenta propor algumas ferramentas epistemológicas para avaliar o valor-verdade dos enunciados verbais dados pelos analistas, à guisa de interpretações durante uma sessão. Em outras palavras, a capacidade de oferecer uma interpretação que possa ajudar uma pessoa a "tornar-se **O**" (q.v.) – aqueles lampejos transitórios do âmbito numênico, ou, na notação de Freud, o sistema inconsciente. Interpretações tentam representar "O". Os vértices podem ser as teorias psicanalíticas utilizadas pelo observador, acrescentando a necessidade de manter uma pequena quantidade de teorias para estabelecer vértices de observação. Sugeriu recursos epistemológicos para melhorar a validade das interpretações num determinado contexto. E enfatizava que o fato – na notação também proposta por ele, "O" – precisa estar igualmente disponível para um analista e seu analisando.

Um contexto analítico fornece uma oportunidade única para essa disponibilidade. Oportunidades desse tipo são óbvias em ciência, na qual o vértice de observação é um – talvez *o* – princípio básico. Como um cientista poderia estudar um fenômeno que não lhe está disponível?

É absolutamente necessário que um paciente e um analista estejam fisicamente presentes para que haja observação; condição necessária, mas não suficiente –

I

pacientes e analistas ocupam-se de fatos imateriais, pertencentes à realidade psíquica; a presença sobre a qual discorremos é pertinente à realidade material e psíquica; não é o caso de "ou". No entanto, a imaterialidade dos fatos sobre os quais nos ocupamos tem facilitado a emergência daquilo que Bion denominou uma atividade fantasiosa desbridada por parte de membros do movimento psicanalítico. Pareceu-lhe necessário deixar advertências aos praticantes – no que tange à disciplina sobre memória, entendimento e desejo – da necessidade de não se fiar acriticamente em relatos verbais de fatos afirmados por pacientes que tenham ocorrido fora das sessões, ou seja, fatos que o analista não observou. O exame da obra de Bion demonstra que esse tipo de armadilha idealista não ocorre: não se encontra nenhuma teoria que pretenda ser "definitiva", ou superior a todas as outras, que possa originar interpretações que resolvam em definitivo, e para sempre, o que é necessário: uma busca aproximativa da realidade. Nos termos propostos por ele, uma "busca por verdade-O" (AI, 29). Ao elaborar uma teoria de observação psicanalítica, não resvalou em teorias específicas:

> Para meu objetivo, é conveniente considerar psicanálise como pertencente ao grupo de transformações. A experiência original, a "realização" – no exemplo do pintor, o tema que ele pinta e, no exemplo do psicanalista, a experiência de analisar seu paciente – é *transformada*. Na pintura, em um quadro; na análise, em uma descrição psicanalítica. A interpretação psicanalítica fornecida durante uma análise pode ser vista como pertencendo a esse mesmo grupo de transformações. Uma interpretação é uma transformação; uma experiência, sentida e descrita de um modo, é descrita de outro – para mostrar as invariantes . . .
>
> A referência feita por Freud a respeito de desenvolvimentos na técnica psicanalítica indica uma direção necessária para o prosseguimento dessa investigação. Como a psicanálise vai continuar se desenvolvendo, não podemos falar de invariantes na categoria psicanálise como se a psicanálise fosse uma condição estática. Na prática, não é desejável que descartemos teorias estabelecidas caso elas eventualmente pareçam inadequadas a determinadas contingências; tal procedimento exacerbaria a tendência à elaboração fácil de teorias *ad hoc*, quando melhor seria aderir à doutrina consagrada pelo tempo. Assim, é aconselhável preservar uma atitude conservadora com teorias amplamente aceitas, mesmo que fique clara a necessidade de alguns ajustes. Para minha presente finalidade, é útil considerar as teorias psicanalíticas como pertencendo à categoria dos grupos de transformações; e considerar essa categoria como uma técnica análoga à de um pintor, por meio da qual os fatos de uma experiência analítica (a "realização") são transformados em uma interpretação (a representação). Uma interpretação pertence à classe de enunciados que incorporam invariantes na categoria de uma teoria psicanalítica específica; assim,

uma interpretação poderia ficar compreensível por incorporar "invariantes na teoria da situação edipiana". (T, 4)

O que o pensamento psicanalítico requer é um método de notação e regras para seu emprego. Elas nos habilitarão a fazer o trabalho na *ausência* do objeto, para facilitar a continuidade do trabalho na *presença* do objeto. A barreira a esse trabalho apresentada pela atividade desbridada das fantasias do analista foi reconhecida há tempos: enunciados pedantes por um lado, e verbalização carregada de implicações não observadas por outro significam que o potencial para mal-entendidos e deduções falsas é tão elevado que chega a ponto de pôr a perder o valor de um trabalho executado com instrumentos tão defeituosos. (T, 44)

Este autor não possui dados estatísticos que poderiam substanciar precisamente a seguinte afirmação: nos quarenta anos após a publicação destes textos de Bion, seus alertas parecem ter sido ignorados, com poucas exceções, pelos membros das instituições (*establishment*) psicanalíticas. O único dado experimental que temos é a conjunção de leitura assídua e individual de boa parte da literatura psicanalítica publicada em periódicos e livros durante esse tempo; e frequência a congressos e reuniões científicas dentro e fora do Brasil. Conclusões filiadas à religião positivista inventada por Auguste Comte, que acredita em relações de causalidade direta, localização apenas concretizada de eventos e a capacidade religiosa de predições, equivalem, no seu distanciamento em relação à realidade tal como ela é, às crenças idealistas, também denominadas de subjetivistas, solipsistas e relativistas: aquelas que acreditam que o universo e os fatos seriam criações da "mente", seja lá o que ela for para o crente, mas que não há nenhuma realidade prévia a tais criações. A partir da década de 1970, passaram a ser chamadas de abordagens hermenêuticas e/ou pós-modernas. Tais crenças – aparentemente diferentes, mas essencialmente idênticas, na medida em que ambas originam-se de um tipo de processo mental minimamente iluminado pelas observações de Melanie Klein sobre a posição esquizoparanoide – colocam em risco qualquer procura de valor-verdade nas conclusões desses crentes – caso essas conclusões sejam, como nos parece, não científicas; ou afastadas daquilo que é verdade. No caso dos adeptos da religião positivista, existe uma prevalência de tendências esquizoides; no caso dos adeptos de idealimos, existe uma prevalência de tendências paranoides. Em nenhum caso ocorre movimentação para posição depressiva. Estarão seguindo os mesmos processos de pensar que seguem os assim chamados "psicóticos" – seja incluídos na classificação psiquiátrica de "paranoia", seja na classificação de "mania". Em nome do progresso científico real, e não de avidez comercial de grandes laboratórios ou fantasias de superioridade vigentes em universidades, baseadas em pseudocientificidade baseada em usos questionáveis de

I

estatística, não poderemos considerar classificações vigentes das várias DSM, após a versão V. Negam contribuições para diagnósticos sindrômicos, baseados em experiência clinica, tentando impor listagens de sintomas pré-Charcot, Meynert, Kraepelin, Freud e Jaspers. Mesmo que ainda não disponhamos de estudos estatísticos – isso requer uma estrutura de investigação científica encontrável em universidades, e não em um trabalho individual, como tem sido o do autor deste dicionário – pode-se testemunhar, em termos de senso comum, um incremento desenfreado dessas abordagens nos textos disponíveis na literatura e em congressos; e, no favorecimento de boa parte da meritocracia política no movimento psicanalítico, a notável prevalência de uma dessas duas crenças. Mesmo aquelas que não são apresentadas como tais consagram a função preponderante, única, à imaginação, ou à opinião individual do analista. Essa tendência tem sido alimentada por desejo; ou, mais precisamente, sob a égide do princípio do prazer-desprazer. Muitos analistas pensam e afirmam que realmente poderiam interpretar os pais, parentes, cônjuges, filhos ou parceiros profissionais do paciente sem jamais tê-los visto. Até que ponto esses autores tiveram contato, e, se tiveram, consideraram seriamente que

> Em psicanálise, qualquer **O** que não seja comum tanto ao analista como ao analisando e, portanto, não esteja disponível para ser transformado por ambos, pode ser ignorado como irrelevante para a psicanálise. Qualquer **O** que não seja comum para ambos é impróprio para investigação psicanalítica; toda aparência em contrário depende de um insucesso em compreender a natureza da interpretação psicanalítica. (T, 48-49)

Portanto, na obra de Bion, o conceito de interpretação é o mesmo conceito usado na última fase da obra de Freud. Traz consigo um sentido mais preciso, o de uma "construção", como expresso claramente nos artigos finais de Freud. Construções em análise tentam se aproximar de verdades subjacentes, ou "superjacentes", embebidas ou envolvendo formulações verbais, e formulações não verbais, que se expressam por comportamentos no aqui e agora de sessões analíticas, mas que nunca são oferecidas diretamente ao nosso aparato sensorial. Construções em análise: uma tentativa de se aproximar de verdades do paciente, por meio daquilo que seja verdade e a falta dela, vivida no aqui e agora, na relação com o analista: como estágio para alcançar, transitória e parcialmente, a verdade sobre si mesmo (do paciente). Isso tem sido chamado, desde Freud, de *insight*. Requer intuição e capacidade mínima para sonhar: Freud cita Goethe, em sua "busca da ajuda de bruxas". No que se refere ao aqui e agora, Bion integra as contribuições de Freud com as de Klein: é necessária a observação de que a transferência ocorre como "situação total", por meio da interação entre a posição paranoide-esquizoide e a posição depressiva. Observa-se que pacientes tentam controlar, por restrição, o alcance da visão do psicanalista apelando para a identificação projetiva como modo preferencial de relacionamento – com o analista, que funcionava como amostra representativa dos modos de relacionamento que o paciente tem com todas as pessoas.

No que pode ser visto historicamente (na história das contribuições de Bion para a psicanálise) como primeira fase, ou seja, nos estudos clínicos sobre esquizofrenia, Bion examinou quais poderiam ser as pistas para uma interpretação. Muitas das manifestações dos pacientes, por exemplo, um olhar fixo, inexpressivos, falta de alterações – aparente – do humor, silêncios e outras, *pari passo* com as manifestações verbais, passaram a ser minuciosamente observadas e utilizadas para possibilitar uma melhor apreensão daquilo que estaria ocorrendo (ver o verbete "visão analítica") com o paciente na sessão. Entre 1959-1964, buscou qual será uma base científica para interpretar, apelando para teóricos da ciência – notadamente a obra de Platão, Locke, Hume e também as abordagens neopositivistas da ciência, de Braithwaite, Pritchard; e, de modo crítico, de Popper, Descartes e outros matemáticos, como Pascal e Poincaré. Fez uma analogia: entre o *insight* obtido pelo matemático e pelo analista. Especificamente, na abordagem integrativa entre o conceito de fato selecionado de Poincaré. O conceito de fato selecionado descreve a observação de elementos até então desconexos e dispersos, mas que podem adquirir integração e coerência pela formulação de um "fato selecionado".

Em *Learning from Experience*, ao desenvolver a teoria observacional primeiro apresentada em "Uma teoria do pensar", correlaciona o ato de poder pensar os próprios pensamentos com o ato de sentir os próprios sentimentos. Isso é importante do ponto de vista da prática de interpretações:

> . . . Na prática, a teoria das funções e a teoria de uma função-alfa tornam possíveis interpretações que mostram de modo preciso: como o paciente sente ter sentimentos, mas não consegue aprender com eles; sensações, algumas das quais são extremamente tênues, mas também não consegue aprender com elas. Pode-se mostrar que uma determinação de não experimentar nada coexiste com uma inabilidade de rejeitar ou ignorar qualquer estímulo. Podemos ver que impressões sensoriais têm algum significado, mas o paciente sente-se incapaz de saber qual é o significado. . . . Interpretações derivadas dessas teorias parecem efetuar mudanças na capacidade do paciente pensar e, portanto, de compreender. (LE, 18)

Oito anos depois, em *Attention and Interpretation*, p. 9, Bion constata: pacientes há que são capazes de ter sentimentos de dor, mas não conseguem sofrê-la. Constatação que ilumina um pouco mais a impossibilidade de algumas pessoas em aprender com a experiência, descoberta entre 1952-1954 em pacientes cuja personalidade psicótica prevalecia sobre a personalidade não-psicótica. Havia sentimentos de dor, mas não experiências emocionais dela – bem ao contrário, em função daquilo que Freud descrevera como resistência. Observa que a mente tem funções correspondentes a necessidades, mas há pessoas que não conseguem respeitar essas funções, por recusarem-se a experimentar necessidades.

Bion considera que interpretações baseadas unicamente na teoria da transferência, no sentido original de Freud, bem como interpretações baseadas em erotismo anal e nas teorias de clivagem do ego, de identificação projetiva e de falso *self*, dadas para pacientes com severos distúrbios de pensamento, tinham apenas ligeiro efeito – quando o tinham. Observou que não se tratava de uma situação na qual estaria sendo convocado inconscientemente para ser depositário de partes da personalidade do paciente – identificação projetiva –, mas estava sendo usado como repositório de *funções psíquicas*, inclusive "ser", alucinatoriamente, o sistema consciente do paciente (LE, 20-21).

Portanto, podemos afirmar que Bion propõe interpretações que incluem a experiência viva das funções psíquicas quando elas ocorrem durante uma análise. Ou seja, ocorre uma expansão da observação de Klein sobre identificação projetiva. Segue-se que, se uma análise for suficientemente profunda, será necessário que o paciente não apenas exiba, mas tente lidar com sua própria personalidade psicótica (q.v.). Na observação do autor deste dicionário, torna-se necessário considerar, como inclusão à psicopatologia da vida cotidiana descrita por Freud, nossa psicose cotidiana. A personalidade psicótica demanda expansão na abordagem interpretativa em análise para qualquer pessoa que submeta a uma análise. Que ficará incompleta no caso de recusa, consciente ou não, de avanços nessa abordagem – *a fortiori*, para alguém que precise mais além do que deseje ser analista.

Se adotarmos a qualificação histórica de uma segunda fase na obra de Bion – que tem sido nomeada por autores ingleses, seguindo nomenclatura tradicional em estudos de história das ideias, como "Bion tardio" –, implica-se expansão – e nunca substituição – das primeiras analogias, entre um analista e um matemático, com a analogia de um analista com um pintor. E, obviamente, de modo mais generalizador, com artistas. Bion, embora expanda, neste momento, sua inspiração na teoria matemática – de Transformações e Invariâncias –, propõe considerarmos que uma interpretação analítica pode ser vista como parte do grupo de transformações: uma interpretação analítica possui o mesmo sentido transformacional que existe quando um pintor transforma aquilo que vê em uma imagem. Que não é mais, ou apenas, a imagem vista pela nossa retina, mas uma imagem transformada pelo pintor, devolvida de modo igualmente concreto, em uma tela, mas isenta da concretude da imagem original. O paciente pronuncia uma ou mais sentenças; constrói situações. Há algo subjacente, embebido, ou "superjacente", involucrando: Bion denomina estse algo de "invariâncias". Elas podem ser intuídas; podem ser detectadas com a ajuda de um exame das movimentações do paciente, que parte de uma hipótese definitória para uma apreensão da realidade total, por meio de modos mais sofisticados e desenvolvidos nos processos de pensar. Esses modos são descritos no livro *Elements of Psycho-Analysis*, incluindo funções de ego (atenção, notação, memória, ação) constantemente conjugadas a um espectro que inclui pré-concepções, concepções, conceitos e cálculo algébrico – ver o verbete '"Grade" (Grid)".

Aceitando que existe verdade na visão de que qualquer interpretação é uma forma particular de transformação, poder-se-á examinar aspectos da interpretação – como tentou Bion, com a ajuda da teoria das transformações, em alguns deles. Um desses aspectos é o de que há formas particulares, tornadas aparentes com pacientes com distúrbios de pensamento que se tornam intolerantes à frustração; pacientes para quem o não-seio é insuportável. Fazem enunciados verbais desprovidos de qualquer tipo de dimensão, pois uma das dimensões básicas, a ausência de dimensão, é negada: não conseguem fazer enunciados "transformáveis". Fazendo assim, negam ao analista as próprias bases para interpretações, quando interpretações se restringem a operar apenas em aspectos transferenciais e aspectos de identificação projetiva: esse modo de interpretar funciona para a personalidade não-psicótica.

> Para ficar incapacitado de transformação, o enunciado precisa ser despojado de dimensões; as regras precisam ser incapacitadas para regular (em outras palavras, despojadas de quaisquer dimensões que qualificam regras para serem consideradas como regras); e os vértices, destruídos. Para a prática analítica, isso significa que estarão sob ataque todos os esforços do analista para estabelecer dimensões, regras ou vértices, ou estabelecer que existem tais dimensões, regras ou vértices. Entre tais procedimentos, coloca-se a identificação projetiva em um vértice tal que ela fica inoperável; assim, uma parte da personalidade do paciente vai ocupar o "lugar do" analista para negar aquele vértice ao analista. (T, 135)

Será possível manter a atividade psicanalítica conhecida como "interpretar", ou, na sua versão final na obra de Freud, de "construções em análise", quando existe esse tipo de desigualdade de natureza entre categorias de enunciados formulados pelo paciente, quando comparados com aqueles formulados pelo analista? Mesmo que, na aparência, possam ser vistos como pertencendo à mesma categoria? Pois "o meio da transformação do analisando situa-se no âmbito da ação, e a do analista, no âmbito do pensamento e sua representação verbal. O moto do paciente cujas transformações são efetuadas no ambiente de alucinose quase poderia ser "ações falam mais alto do que palavras", dando a entender que a rivalidade é uma característica essencial da relação. Parece que ao analista é oferecida a escolha de abandonar sua técnica, o que é uma admissão de submissão à sabedoria e técnicas superiores do analisando; ou, caso ele conserve a análise, estará, portanto, exibindo por meio de *suas* ações que *ele* considera *a sua* técnica superior; os dois caminhos se encaixariam em uma atuação de rivalidade" (T, 136).

I

A teoria das transformações oferece uma alternativa prática quando lidamos com esses pacientes, na medida em que mostra que a natureza das transformações nesse tipo de paciente não pertence mais, de modo puro, nem à transferência, nem à identificação projetiva, e sim a algo que funciona como mídia para os dois: a transformação em alucinose (T, 137). É necessário que uma interpretação possa auxiliar tanto o paciente como o analista a utilizarem-se mais amplamente daquilo que pode ser visto como uma das ferramentas do analista, formulada por Freud como o "transformar o inconsciente em consciente". Bion especifica melhor, na visão do autor deste dicionário, *como* essa transformação pode ser realizada.

> Caso eu esteja correto em sugerir que os fenômenos são conhecidos, mas a realidade é "tornar-se", a interpretação precisaria fazer mais do que ampliar conhecimento. Pode-se argumentar que isso não é uma questão para o analista e que ele pode apenas ampliar conhecimento; que os passos seguintes, necessários para transpor o hiato, precisam emanar do analisando; ou de um aspecto específico do analisando, qual seja, sua "divindade", que precisa consentir com a encarnação na pessoa do analisando. (T, 148)

Freud tentou demonstrar que a obtenção de insight (*Einsicht*) é tarefa do paciente; analistas são uma espécie de parteira. Freud fazia bom uso de analogias, seguindo um conselho de Goethe; esta analogia com o método socrático é bem conhecida. Bion expressou isto muitas vezes, com clareza cristalina: "Já que os psicanalistas não almejam conduzir a vida do paciente, mas capacitá-lo a conduzi-la de acordo com suas próprias luzes e, portanto, conhecer que luzes são estas, $T^a\beta$, sob a forma de uma interpretação ou de um estudo científico escrito, precisaria representar a representação verbal do analista referente a uma experiência emocional" (T, 37). O leitor pode consultar o estudo de Bion para poder ler a notação quase matemática, $T^a\beta$, ou mesmo outros verbetes deste dicionário que tentam sistematizar esse estudo. Para facilitar, pode-se ler essa notação em forma escandida: produtos (indicados pela letra grega β) das transformações efetuadas pelo analista (indicadas por T^a).

Dez anos depois, o que parecia poder ser visto apenas sob forma teórica seria expresso sob formas literárias, dialógicas e coloquiais. Utilizando o modelo das disciplinas física, química e medicina: se o livro *Transformations* pode ser visto como uma teoria, *A Memoir of the Future* pode ser visto como uma aula prática sobre essa teoria:

> EU MESMO: Talvez eu possa ilustrar com um exemplo tirado de algo que você conhece. Imagine uma escultura que é mais fácil de ser compreendida se a estrutura é planejada para funcionar como uma armadilha para a luz. O significado é

revelado pelo padrão formado pela luz assim capturada – não pela própria estrutura, ou pelo trabalho de escultura em si. O que estou sugerindo é que, se eu pudesse aprender a falar com você de maneira tal que minhas palavras "capturassem" o significado que elas não expressam nem poderiam expressar, eu poderia me comunicar com você de um modo que no presente não é possível.

BION: Como as "pausas" numa composição musical?

EU MESMO: Um músico certamente não negaria a importância dessas partes de uma composição nas quais nenhuma nota soa; porém resta uma imensa quantidade de coisas por serem feitas além do que se pode conseguir por meio da arte hoje disponível e de seus procedimentos tradicionalmente estabelecidos de silêncios, pausas, ranço espaços em branco, intervalos. A "arte" da conversa, do modo como é conduzida como parte do relacionamento conversacional da psicanálise, requer e demanda uma extensão no domínio da não-conversa. A "coisa-em-si", impregnada de opacidade, torna-se ela mesma opaca: o O, do qual a "memória" ou o "desejo" é a contrapartida verbal, é opaco. Estou sugerindo que essa opacidade é inerente aos muitos Os e suas contrapartidas verbais, e aos fenômenos que geralmente se supõe que expressem. Se, por meio da experimentação, nós descobríssemos as formas verbais, também poderíamos descobrir os pensamentos aos quais a observação se aplicou de modo específico. Dessa maneira, conseguiríamos uma situação em que essas formas poderiam ser utilizadas deliberadamente para obscurecer pensamentos específicos.

BION: Há alguma coisa nova nisso tudo? Assim como eu, você deve ter ouvido com muita frequência pessoas dizerem que não sabem do que você está falando e que você está sendo deliberadamente obscuro.

EU MESMO: Elas estão me lisonjeando. Estou sugerindo um objetivo, uma ambição, o qual, se eu pudesse atingir, me capacitaria a ser obscuro de maneira deliberada; no qual eu poderia fazer uso de certas palavras que poderiam ativar, de modo instantâneo e preciso, na mente do indivíduo que me ouvisse um pensamento, ou cadeia de pensamentos, que surgisse entre ele e os pensamentos e ideias já acessíveis e disponíveis para ele. (AMF, I, 189-191)

Resistências ao ato de interpretar

Questões englobadas pelo termo técnico cunhado por Freud, após uma descoberta clínica, de "resistência", foram mais bem explicitadas e possibilitaram expansões esclarecedoras pela formulação da coluna 2, no instrumento "Grade" (Grid). Essa categoria inclui falsidades ou enunciados reconhecidamente falsos pelo nosso sistema consciente. Inclui ainda manifestações da posição esquizoparanoide: marcadas por presença de medo. Em última instância: medo de que possa emergir a verdade. Não há juízo de valor nessa apreciação, mas apenas a constatação de um paradoxo humano, já que eventos classificáveis como pertinentes à coluna 2 são indispensáveis para obter-se uma interpretação: "Epistemologicamente, um enunciado pode ser considerado como evolvido quando alguma dimensão puder ter uma categoria da "Grade" (Grid) a ela atribuída. Para finalidades de interpretação, o enunciado está insuficientemente evolvido até que fique aparente sua dimensão de coluna 2. Quando a dimensão de coluna 2 evolveu, pode-se dizer que o enunciado está maduro para ser interpretado; seu desenvolvimento como material para interpretação atingiu a maturidade" (T, 167).

Analistas precisam tolerar muitos paradoxos como condição para fazerem seu trabalho; um deles é que se pode obter lampejos de verdade quando permite um espaço-tempo para evoluções daquilo que a revela: mentira. Fato explicitado, ainda que por analogias, por Freud, na evocação de Goethe às bruxas em "Construções em análise" – citado anteriormente. Ele comparou construções feitas por analistas a delírios de pacientes.

ROSEMARY: Nem você lamenta, nem eu estou entendiada. Mas...

ROBIN: Mas o quê? Ou será que isto é um segredo entre você e a Alice?

P.A.: Se for, eu poderia sugerir uma interpretação psicanalística. Mas isto não é uma ocasião psicanalítica e, portanto, não existem as condições mínimas para uma interpretação verbal e audível.

ROBIN: Aposto que é algo sexual.

P.A.: Uma situação sexual proporciona as condições para uma interpretação sexual, uma situação analítica proporciona uma oportunidade para uma interpretação psicanalítica.

ALICE: O que *é* uma interpretação psicanalítica?

P.A.: Ela tem que ser perpicaz e perspícua. Isto é...

ROLAND: Ah, estas palavronas!

P.A.: ... uma expressão de um *insight* cientificamente preciso que é formulado em uma linguagem compreensível pelo ouvinte. O analista deve acreditar que isto é verdadeiro e deveria fazer sua formulação em termos que poderiam penetrar as barreiras da incompreensão do ouvinte.

ALICE: Ah, sei – isto poderia entrar na minha cabeça dura feminina.

ROSEMARY: Não sei *não*, hein!

P.A.: Vocês duas dão um exemplo da dificuldade sobre a qual me refiro. Alice, hostil, "pensa" que eu sou um macho insensível; Rosemary "lembra" a minha erudição. Ambos – sentimentos e ideias relembradas – produzem uma obscuridade. (AMF, III, 459)

De obscuridades, faz-se clareza – um ciclo paradoxal determinado pelo movimento entre PS e D, e vice-versa.

Falhas na apreensão do conceito, mal-entendidos e distorções: leituras canônicas supersimplificadas, eivadas de fantasias de superioridade e idolatria, produziam ideias de que "Bion" teria suplantando "Freud" no que diz respeito ao ato de interpretar. Um falso dilema se instalou, por vezes de modo inflamado emocionalmente: em certos grupos do movimento psicanalítico que se autointitulam "bionianos" (q.v.), haveria uma "guerra" em nome de alguém que esses membros imaginam ser "Bion" contra outros membros, que agiriam em nome de alguém que imaginam ser "Freud", opondo "forma" a "conteúdo" de interpretações. Afirmam que "Bion" teria desprezado o conteúdo. Será isso mais um reflexo daquilo que Alexander Pope observou (em *An Essay on Criticism*) ser o "pouco saber, algo perigoso"? Seria útil recordarmo-nos de que a obra escrita por Bion inclui ênfases na função das ações do paciente; e dos enunciados verbais do paciente no aqui e agora de sessões de psicanálise – talvez comparáveis ao que Freud e Klein haviam feito. Por vezes, com um certo tipo de paciente, ignorar a função será uma receita segura para se enganar. A contribuição de Bion não é um substitutivo para as interpretações de conteúdo, que requer ser intuído – quase nunca é dado de modo direto aos nossos sentidos, ao sentido da audição –, observado e apreendido, conforme sua função vai se desenvolvendo no aqui e agora. A diferença com relação a esses casos é que o trabalho não termina aqui. Intuir o significado do conteúdo é um prelúdio para o esclarecimento da função. A questão nunca é, como apregoam os adeptos da supersimplificação, de "conteúdo *versus* função", mas de considerar detalhada e cuidadosamente o contexto, que sempre inclui o conteúdo.

Por exemplo: o par analítico detecta a ocorrência de rivalidade durante uma sessão. O conteúdo é apenas uma parte; existe um "efeito corruptor produzido quando se aborda uma configuração por intermédio de suas partes. Rivalidade é um elemento importante, mas sua importância depende da configuração ou conjunção constante específica da qual ela faz parte. "Rivalidade" significa uma conjunção constante, mas a conjunção constante significada por "rivalidade" não é a conjunção constante fundamental nesse contexto. É comum que se encontre uma característica – por exemplo, a crueldade do superego – e se suponha que se descobriu a chave para uma situação desconcertante, mas que acabe se descobrindo a ocorrência da mesma característica em outras situações que não mantêm nenhuma semelhança importante com a situação para a qual se esperou haver descoberto a chave. Em minha experiência, essa dificuldade surge porque a *chave* foi detectada nos elementos de um segundo, terceiro ou subsequentes ciclos de transformações psicanalíticas (isto é, do analista), quando seria necessário procurar tal chave na natureza das transformações efetuadas pelo analisando. O que importa no presente contexto não é tanto rivalidade, mas rivalidade sob transformações em alucinose. (T, 136-137).

Parece-me que os propagadores desta pseudoguerra em que haveria superioridade em uma pretensa "psicanálise de Bion" sobre uma fantasiosa "psicanálise de Freud" – como se uma disciplina científica pudesse ter donos – que não prestem atenção ou tenham negado a expressão "no presente contexto", escrita por Bion, estarão instrumentados, ainda que por negação e/ou resistência, para generalizar indevidamente a recomendação. Leitores excessivamente munidos de fantasias de superioridade perdem aquilo que Bion observou ser um "senso de verdade" (ST, 119); condenam-se a transformar recomendações em julgamento de valor; observações em prescrições autoritárias, de um "evangelho segundo São Bion" – ou qualquer outro santo, sempre fantasiado pelo leitor que lê apenas o que acredita, mas não o que está escrito pelo autor idolatrado. "Atenção", uma das funções de ego (Freud, 1911), foi objeto de consideração especial por W. R. Bion – que escreveu um livro inteiro a respeito: *Attention and Interpretation*. Esse fenômeno com profundas consequências grupais ocorreu com parte importante das definições anteriores de outros autores em psicanálise, como transferência, identificação projetiva, maternagem suficientemente boa.

Referências cruzadas sugeridas: Visão analítica; Análise apropriada/interpretação apropriada; "Grade" (Grid); Alucinação; Interpretação; Conteúdo; Transformações em alucinose.

Interpretação, conteúdo

Existem leituras específicas feitas por indivíduos da obra de Bion, marcadas por negação e clivagem de partes do texto, que tentam impingir a outros uma ideia: a de que poderia haver uma disputa entre interpretações de conteúdo da comunicação e outras interpretações; por exemplo, de funções de enunciados verbais emitidos por pacientes; ou de ideias particulares do analista, independentes do sentido e resistências incluídas nesse sentido, na tentativa de distorcer, para o próprio paciente, a natureza daquilo a ser comunicado, ou dos modos de apreensão da realidade e falta dela; aquilo que faz pacientes procurarem por analistas. Negam-se, desse modo, investigações sobre o trabalho onírico e, em consequência, a investigação sobre os mecanismos de defesa do ego – duas etapas interligadas historicamente na evolução do conhecimento de alguns processos psíquicos, ou seja, a essência da psicanálise, conforme descoberta por Freud.

Esses membros do movimento psicanalítico argumentam que o conteúdo da comunicação, muitas vezes transmitido por conteúdo de sonhos, e também pelas interpretações dadas por alguns analistas, não apresentariam nenhum interesse para uma pretensa "análise bioniana". Haveria alguma análise "bioniana" fora do âmbito da idolatria? Essa postura compõe distorções da obra de Bion e é determinada por transformações em alucinose (por idealização) compartilhada por grupos. Qualquer leitura que tente substituir o texto original pela leitura individual do texto constitui-se como distorção: implica que o leitor ou leitora impingem seus próprios significados, em vez de procurar os sentidos dados pelo autor. Essa noção aparece, por exemplo, em uma *Sesame and lillies* – obra de um autor citado com respeito por W. R. Bion: John Ruskin. Esse argumento é endossado por alguns que se intitulam ou vêm a si mesmos como seguidores, e também por alguns detratores. Estes últimos se queixam de uma alegada precariedade de descrições clínicas nos escritos de Bion.

Até o ponto que foi minha investigação, há pelo menos um trecho na obra de Bion que pode esclarecer essa questão social, onde aparece um fator identificável que tem sido usado para nutrir essa leitura distorcida: clivagem de determinadas citações do contexto total dos escritos – que pode ser um livro inteiro; ou um capítulo; e, em alguns casos, pelo trecho do qual citação foi extraída. O trecho a que me refiro é o seguinte:

O analista que está gerindo a sessão precisa decidir instintivamente a natureza da comunicação que o paciente está fazendo. Em *Elements of Psycho-Analysis*, sugeri um método de classificação para auxiliar no desenvolvimento de uma capacidade para tais decisões instintivas e o incorporei na "Grade" (Grid). Caso certas demandas da análise exijam ênfase no crescimento do pensamento do paciente, o analista vai deter sua atenção principalmente na linha que representa essa categoria – o eixo vertical. Se a ênfase for no uso que o paciente está fazendo de sua comunicação, a atenção do analista vai ser dirigida para o componente horizontal. O conteúdo da comunicação, tão importante em análise, vai ser tocado apenas acidentalmente na discussão sobre transformações; esse conteúdo estará na dependência de **O**, conforme deduzido a partir do material, sob a luz das pré-concepções teóricas do analista. Assim, se o conteúdo for material edipiano, não me ocupo disso, mas me ocupo com a transformação que ele sofreu, o estágio de pensamento que esse conteúdo revela e o uso sob o qual se coloca sua comunicação. Essa exclusão de conteúdo é artificial, para simplificar a exposição, e não pode ser feita na prática (T, 35).

Um artifício "para simplificar a exposição" teórica, que "não pode ser feito "na prática", utilizado por W. R. Bion como tentativa para introduzir – e, portanto, comunicar por escrito – uma teoria de observação em psicanálise, a teoria de

I

Transformações e Invariâncias (q.v.), tem sido distorcida, por supersimplificaçao clivada, como se fosse uma postura intrassessão. A situação crucial e decisiva descrita por W. R. Bion, "O analista que está gerindo a sessão precisa decidir instintivamente a natureza da comunicação que o paciente está fazendo", é negada e excluída no âmbito do não-pensar desses leitores. Tornado dominante, ou prevalente, e dissociado do possível pensar, dá o conteúdo de uma fantasia onipotente e idolátrica.

Referência cruzada: Interpretação.

Intuição

O analista que está gerindo a sessão precisa decidir instintivamente a natureza da comunicação que o paciente está fazendo (T, 34).

Immanuel Kant foi uma das pessoas que se dedicaram a elaborar uma teoria da ciência (tantas vezes denominada, nos nossos tempos, de "epistemologia"); em *Crítica da razão pura*, deu notável atenção ao estabelecimento de muitas definições de conceitos. Uma delas, que interessa ao trabalho prático de analistas – como interessa à própria sobrevivência de qualquer indivíduo que se possa considerar – é a do termo intuição (*Anschauung*). A definição dada por Kant parece-nos precisa o bastante e teve ampla aceitação. O sentido dessa definição é claro: um contato com a realidade sem mediação do pensamento racional. O autor deste dicionário leva em consideração que as descobertas de Freud são embebidas de um éthos extraído das observações de Kant, explicitadas por Freud em várias partes de sua obra (e detalhadas em uma investigação anterior, *As origens da psicanálise na obra de Kant*). Acrescido a isso, Bion não deixa a menor dúvida a respeito de sua própria filiação à obra de Kant. Talvez seja verdade afirmar que poucos autores, ou talvez nenhum outro, tenham relembrado com tanta ênfase aos membros do movimento psicanalítico a utilidade das contribuições de Kant para atividades práticas e teóricas em psicanálise. Principalmente no que tange ao conceito de "intuição".

Na verdade, "intuição" é um termo que Bion trouxe de volta ao vocabulário analítico. Isso aconteceu depois de décadas de uma situação criada por membros do movimento psicanalítico em relação a esse termo e ao seu sentido que pode ser colocada dentro de um espectro: do temor à desconfiança; da desconfiança ao desprezo. Pode-se observar alguns fatores que originaram essa situação social:

A linguagem de Bion

1. Dificuldades na versão do termo: Kant escrevia em latim, mas sua obra, traduzida para o alemão, ofereceu duas línguas pouco utilizadas fora das áreas de instrução germânica.
2. Houve uma séria e precoce distorção no uso do termo nos países germânicos, durante os anos de formação de formação de Freud. O termo intuição foi banalizado, degenerando a precisão original que tinha na obra de Kant. A precisão científica – expressando amor à verdade – de Kant foi mantida na geração seguinte, por Goethe, que a utilizou em sua obra científica. Especificamente nos seus estudos científicos sobre botânica, que inspiraram Darwin; na teoria física sobre cores (*Farbenslere*), mal compreendida, mas que pode ser uma antecessora da teoria da relatividade por Einstein; na filosofia natural (*Naturphilosophie*), que pode ser vista como antecessora tanto da "psicofísica" elaborada por Gustav Fechner e vários seguidores, como Von Helmholtz, como da "psicanálise" proveniente, segundo investigação do autor deste dicionário em outras obras, de todas elas. No entanto, ainda na geração de Goethe se iniciou uma distorção idealista de *Naturphilosophie* que ganhou ampla aceitação, como toda vulgarização ou popularização baseada no "pouco saber" – algo perigoso, segundo Alexander Pope, um autor do Iluminismo inglês respeitado e citado por Bion. Divulgada principalmente por Schelling e seus seguidores, uma *Naturphisophie* distorcida, aproveitando um nome preexistente, mas desprezando a conotação e definição originais, favoreceu fantasias esotéricas, dotando práticas diversas daquelas preconizadas por Goethe. Concomitantemente, houve um desenvolvimento criminoso de religiões pagãs, todas elas dizendo-se proprietárias daquilo que era "natural", ou "do povo", que desembocaram nos movimentos sociais hoje conhecidos como stalinismo e nazismo. Eram excessos idealistas do movimento romântico, que caracterizaram o que pode ser visto como romantismo. Goethe os percebeu em estado embrionário, passando a rejeitar qualquer classificação de sua obra, inclusive poética, como "romantismo": acreditava que poderia visto como representante dos clássicos. Freud fez o possível para manter a prática e a teoria que chamou de "psicanálise" e também de outros nomes, como psicologia profunda (termo já utilizado por outros psiquiatras) e psicodinâmica, longe e a salvo dessas tendências idealistas (chamadas na sua época de subjetivistas e solipsistas). Em função disso, evitou também o termo "intuição", que se tornara jargão dos partidários da "vida natural", contrários a qualquer desenvolvimento científico – que nunca hesitaram em empreender guerras violentas contra a ciência. Esses movimentos se reagudizaram nos anos 1970 e mais ainda no século XXI; no Brasil, são conhecidos por meio de uma gíria, "naturebas". Outros autores pioneiros, notavelmente Sandor Ferenczi, nunca deixaram de afirmar que confiavam em sua intuição para lidar com os pacientes.

I

Outros âmbitos de pesquisa científica também foram afetados, e alguns de seus representantes iniciaram uma reação. Na disciplina de física, uma pessoa responsável por reais progressos, Ernest Mach, condenou como falsa a ideia de que alguma ciência poderia ser baseada em intuição: fator fundamental na impossibilidade de Mach de aceitar o trabalho de Max Planck e manter restrições ao de Albert Einstein. Chegou ao ponto de fundar um movimento contra isso, que ficou conhecido como "neopositivismo" deu-se de modo coerente com sua intenção científica: incidental e de modo surpreendente, se examinarmos a obra dos principais autores: Ludwig Wittgenstein, que abandonou o movimento; Moritz Schlick – assassinado cedo demais para poder terminar uma revisão de suas posições iniciais; Rudolf Carnap – que empreendeu um projeto inacabado de encontrar uma sintaxe matemática básica para todo e qualquer enunciado que pudesse ser considerado científico; e também Von Neurath e Imre Lakatos.

🕐 Até o ponto que pode chegar a investigação da história dos conceitos observacionais de Bion, a primeira aparição do termo "intuição" está no trabalho que tenta diferenciar o que Bion denomina "personalidade psicótica" daquilo que ele também determina "personalidade não-psicótica". Possíveis fatores que motivaram essas denominações podem ser examinados nos verbetes "personalidade psicótica e não-psicótica". O termo tenta auxiliar na descrição da peculiar fragmentação dos processos de pensar e, consequentemente, do ego dos pacientes em que a "personalidade psicótica" prevalece quando tenta expulsar as partes que possam torná-la "consciente da realidade que odeia"; prevalencedo a clivagem, fica impossível qualquer tipo de integração, de apreensão do objeto total, conforme observado por Melanie Klein (ST, 47). Essa ação afeta percepção e autopercepção: "Entre os vários concomitantes do ódio à realidade assinalado por Freud, encontram-se fantasias psicóticas infantis sobre ataques sádicos dirigidos contra o seio materno – descritos por Melanie Klein como pertencendo à fase esquizoparanoide. Desejo enfatizar o fato de que, nessa fase, as clivagens que o Psicótico efetua sobre seus objetos em fragmentos excepcionalmente diminutos e, simultaneamente, em todas as partes de sua personalidade que poderiam fazê-lo consciente da Realidade que ele odeia, contribuem materialmente para os sentimentos desse psicótico de que não poderá recuperar seus objetos, nem seu próprio ego. Como resultado desses ataques clivantes, todas as características de personalidade que poderiam algum dia fornecer os alicerces para a compreensão intuitiva dele mesmo, e de outras pessoas, ficam ameaçadas ao nascedouro. Em um estágio posterior, todas as funções descritas por Freud como respostas desenvolvimentais ao princípio da Realidade, ou seja, consciência de impressões sensoriais, atenção, memória, julgamento, o ato de pensar trazem contra si, sob formas embrionárias que tiveram no início da vida, os ataque sádicos eviscerantes que os fizeram ficar microscopicamente fragmentados, e então expulsos da personalidade, para penetrar ou encistar os objetos. Na fantasia do paciente, as partes expelidas do ego levam uma existência independente e descontrolada, contendo ou sendo contidas por objetos externos; continuam exercendo suas funções como se o tormento ao qual foram submetidas tenha servido apenas para incrementar sua produção quantitativa e provocar sua hostilidade à psique que as ejetou" (ST, 47).

"Intuição" é uma formulação verbal, utilizada em psicanálise como instrumento de aproximação ao conhecimento de algo que existe na realidade, na medida em que a psicanálise pode ser considerada como disciplina científica; que usa formulações verbais para essa finalidade; e na tentativa de descrever algo – não sabemos, ainda, o que é esse algo, sabemos apenas que existe. Esse "algo" é usado por nós, seres humanos (e também outros seres, considerados por nós, erroneamente, pelo menos sob o vértice filológico, como "não-humanos"), quando surge a necessidade de investigarmos o que nos é desconhecido. Nos termos propostos por Freud para o funcionamento do "aparato psíquico": aquilo que pertence ao sistema inconsciente. O termo "aparato psíquico" serve como ilustração: não sabemos o que é "psíquico", mas dispomos da formulação verbal, o nome. Intuímos que existe algo – uma contraparte na realidade – que tem sido denominado, inspirado nas investigações e terminologia dos gregos antigos, de "psíquico". No que tange ao "sistema inconsciente", o autor deste dicionário supõe que a apreensão do campo semântico da palavra em alemão ajudaria membros do movimento analítico a alcançar com menor concretização – e, portanto, menor probabilidade de erros de distorção ou corrupção das descobertas de Freud – o que é o "sistema inconsciente" do aparato psíquico. Em alemão, Freud se utilizou do termo *unbewußt*, formulação verbal composta de um prefixo e de uma expressão verbal: o prefixo *un* precisa ser vertido para nossa língua como "não", ou seja, ausência. A expressão verbal *wußt* é o tempo passado de *wissen*, que pode ser vertido, sem probabilidade de engano, como "conhecer". Em última análise, o sistema inconsciente – que poderia ser também chamado de "sistema abrigando aquilo que não é conhecido" (ou "sistema abrigando aquilo que é desconhecido") – é um sistema que abriga realidades últimas, ou coisas-em-si-mesmas, se utilizarmos a linguagem introduzida por teóricos da ciência, notadamente Immanuel Kant. Considerando que este texto é um verbete de dicionário, e que o autor endossa o conselho contido na adoção de determinadas regras (expostas na introdução), como aquela que nota a nocividade, para a comunicação entre cientistas ou estudiosos, de ficar-se elaborando modificações terminológicas em palavras consagradas pelo uso (ou pelo senso comum, usualmente denominadas "clássicas"), então o termo "sistema abrigando aquilo que não é conhecido" jamais poderia substituir o termo "inconsciente". Não apenas por deselegância estilística, mas pelo fato de que "inconsciente" consagrou-se pelo uso. Talvez os membros do movimento psicanalítico que já concretizaram o significado poderiam se desintoxicar, caso houvesse uma parada no uso do termo "inconscien-

I

te", e começar a usar o termo "desconhecido", até que a tendência avassaladora e prevalente de concretizar o termo – como se houvesse alguma coisa material que pudesse ser tocada, olhada, levada para cá ou para lá, como um pacote, chamado "inconsciente". Que pudesse – não na transformação em alucinose desses membros do movimento – ter donos e proprietários, os apóstolos ou ministros de um determinado ídolo e divindade, ser propriedade desses apóstolos ou ministros ou guardiões de alguma coisa materializada que chamam "inconsciente". Como os santos e imagens de membros de movimentos religiosos, tão combatidas por outros membros, a posse dessa coisa garantiria a eles a prática do que pensam ser "psicanálise" – vedada a todos os outros membros, a não ser os aprovados pelos primeiros.

Retornando ao sistema inconsciente proposto como mero modelo teórico a respeito de algo descoberto por Freud – o sistema psíquico –, será útil nunca negar, ou esquecer, que o modelo tem sentido científico, de aproximação à realidade, quando acompanhado de outros dois termos: o sistema pré-consciente e o sistema consciente; igualmente alcançáveis, como estágios ou etapas, por meio do instrumento "intuição". O sistema consciente admite apreensão total pelo uso direto do nosso aparato sensorial, conforme estudado desde os antigos médicos gregos: descoberto por Alcméon de Crótona; descoberta essa desenvolvida por Aristóteles e, quase dois milênios depois, por neurologistas. Corresponde ao que os gregos antigos – principalmente Sócrates, conforme relatado por Platão – denominavam o ambiente (termo deste autor) dos *fenômenos*. O sistema pré-consciente interliga os outros dois sistemas; um modelo analógico pode ser o de uma ponte. Se utilizarmos linguagem histoneurológica, os dendritos que interligam axônios para possibilitar condução nervosa – hoje estudada ainda de modo muito grosseiro, como condução eletroquímica.

Bion, exercendo sua própria intuição, advinda de experiência (sensível, se utilizarmos a terminologia de Kant) com pacientes sofrendo distúrbios em seus processos de pensar – pacientes com prevalência da personalidade psicótica (q.v.) –, acrescentou ao modelo teórico de Freud, no que tange ao melhor manejo de psicanálise com esse tipo de paciente, que o movimento dos processos de pensar, e dos pensamentos, o produto final dos processos de pensar, ocorreria entre o sistema consciente e o sistema inconsciente em "duas mãos". Há, portanto, um desenvolvimento – mas nunca uma substituição, como fantasiam alguns membros do movimento psicanalítico autointitulados "bionianos" (q.v.), tendentes a criar um ídolo que denominam "Bion". A teoria proposta por Freud, de que há um movimento de uma mão só, partindo do sistema inconsciente, e rumando ao sistema consciente, é útil para o tratamento de pessoas com prevalência da personalidade não-psicótica (q.v.). É uma teoria que W. R. Bion observou ser "fraca" para instrumentar o manejo de pacientes com prevalência de personalidade psicótica. Pode-se pensar, analogicamente, na teoria da gravidade que permitiu cálculos gravitacionais para grandes corpos, elaborada por Newton. Esta se demonstrou fraca para cálculos em pequenos corpos (*quanta*). Não é inválida; a teoria da relatividade expandiu-a. Forças gravitacionais – a teoria básica – continuam existindo, em grandes e pequenos corpos. Não é útil ignorar o fato de que Bion apoiou-se na obra de Freud ao descrever que o movimento em "duas mãos", de "vai e vem", entre os sistemas consciente e inconsciente, ocorre por meio daquilo que Freud descrevera, nos estudos para uma psicologia científica (nas palavras de James Strachey), como "barreira de contato" (q.v.). Noção recuperada pela obra de Bion e, atualmente, pela neurologia e neurofisiologia da condução nervosa.

Analistas precisam dizer a pacientes aquilo que esses mesmos pacientes não sabem; novamente, o ponto de partida de Bion é a obra de Freud:

> Quando uma emoção chama a atenção, ela teria que ser óbvia para o analista, mas não observada pelo paciente; normalmente, uma emoção que é óbvia para o paciente é *dolorosamente* óbvia; e evitar a dor desnecessária deve ser uma meta no exercício da intuição analítica. Uma vez que o analista, por intermédio de sua capacidade intuitiva, é capaz de demonstrar uma emoção antes de ela ter se tornado *dolorosamente* óbvia, seria útil que a nossa procura por elementos de emoções se dirigisse a facilitar as deduções intuitivas. (EP, 74)

> ... o analista precisa ter uma concepção da teoria psicanalítica da situação edipiana. Sua compreensão dessa teoria pode ser considerada como uma transformação dela; nesse caso todas as suas interpretações do que está ocorrendo durante uma sessão, sejam ou não verbalizadas, podem ser vistas como transformações de um **O** que é bi-polar. Um polo de **O** é a capacidade intuitiva treinada, transformada para realizar sua justaposição com o que está ocorrendo na análise; outro polo de **O** está nos fatos da experiência analítica que demandam transformação para demonstrar quais são as aproximações que as realizações têm com as pré-concepções do analista – sendo a pré-concepção, aqui, idêntica a $T^a\beta$, o produto final de $T^a\alpha$ operando sobre as teorias psicanalíticas do psicanalista. Freud enunciou um dos critérios para julgar um psicanalista: seu grau de lealdade harmônica à teoria do complexo de Édipo. Mostrou assim a importância que conferiu à sua teoria; o passar do tempo não trouxe nenhuma sugestão de ele ter se equivocado, superestimando-a; ainda que possa conservar-se não observado, nunca falta evidência para o complexo de Édipo.

> Melanie Klein, em seu estudo "Fases iniciais do complexo de Édipo", observou elementos edipianos onde sua presença não era detectada anteriormente. (T, 49,50)

> Intuição analiticamente treinada torna possível dizer que o paciente está falando a respeito da cena primal e, do desenvolvimento das associações, vão se acrescentando nuances de significado, que complementam a compreensão do que está ocorrendo. (T, 18)

I

Caso consideremos que a formulação verbal "intuição" tenta descrever o exercício da capacidade psíquica de apreender-se uma realidade sem nenhuma interferência do pensamento lógico, ou se utilizarmos a teoria proposta por Freud a respeito do funcionamento psíquico, sem nenhuma interferência direta do sistema consciente – que agirá apenas como fase final nesse processo de pensar, "intuição", então aquilo que Bion qualifica ser "intuição analiticamente treinada", exercitada, na visão do autor deste dicionário, com o livre trânsito entre os sistemas inconsciente e pré-consciente, tornará possível a lealdade do praticante ao que Freud denominou de uma das três regras fundamentais para que alguém possa se capacitar a fazer análise: noção de Édipo, e das várias configurações individuais assumidas por Édipo – inclusive sua inexistência, ou não estruturação. Não se trata de um enigma, e menos ainda de algo que poderia ser entendido – já que todo ser humano nasce da conjunção, por vezes comunhão, entre mãe e pai; qualquer ser humano tem essa experiência. Que pode ser negada, resistida, atacada, condensada, transformada no contrário, racionalizada. A experiência em si permanece no sistema inconsciente: e esquecida, se tomada pelo vértice do sistema consciente. Mas precisa ser intuída, considerada, percebida e aprendida, mesmo que transitória e parcialmente, por meio da própria análise. Se for o caso de um analista, pela análise deste analista, que em nada difere de qualquer análise que se possa obter. Segundo Bion, aprendida pela experiência.

Bion elaborou o instrumento artificial "Grade" (Grid), como auxílio para treinar a intuição de analistas:

> Ainda que a lição de casa não seja feita em uma atmosfera de tensão emocional, a teoria da "Grade" (Grid) e transformação se aplica a lembranças dessas situações. A intuição do analista, cujo exercício e desenvolvimento constituem o objetivo destas revisões, está funcionando em contato com a situação tensa. É importante discriminar entre a "Grade" (Grid) (conforme ela aparece em meu esquema) operando em tranquilidade sobre as memórias e a "Grade" (Grid) como parte do contato intuitivo do analista com a situação emocional. (T, 75-76)

Bion também observou o fato de existir um uso excessivo de jargão e, paradoxalmente, de erudição explicacionista, interferindo, atrapalhando e até impedindo o trabalho interpretativo:

> Caso intua-se acuradamente a situação psicanalítica – prefiro utilizar este termo, e não outros, como "observar", ou "escutar", ou "olhar", pois intuir não carreia uma penumbra de associações sensorializadas – um psicanalista descobrirá como o inglês coloquial é surpreendentemente adequado para seu trabalho de interpretar. (ST, 134)

Exercer intutivamente o ato psicanalítico depende de fatores primitivos no desenvolvimento emocional de um psicanalista:

> As regras que governam pontos e linhas e foram elaboradas por geômetras podem ser reconsideradas com referência à sua origem, ou seja, os fenômenos emocionais que foram substituídos pelo "lugar (ou espaço) onde os fenômenos mentais estavam". Tal procedimento estabeleceria um sistema abstrato dedutivo, baseado em um alicerce geométrico, com teoria psicanalítica intuitiva à guisa de realização concreta desse sistema. Os enunciados (i) o recomeço de uma experiência emocional, pela psique, que foi desintoxicada por meio de uma estadia no seio bom (Melanie Klein) e (ii) a transformação da experiência emocional em uma formulação geométrica e o uso dessa formulação geométrica como a contraparte de uma realização concreta de um sistema dedutivo rigorosamente formulado, baseado geometricamente (possivelmente, algébrico), podem agora ser considerados como (i) psicanalítico intuitivo e (ii) representações axiomáticas dedutivas do mesmo processo. (T, 121-122)

A continuação da frase parece demonstrar que Bion exerça uma atividade crítica em relação à sua capacidade de comunicação por meio de formulações verbais; essa análise crítica, ou criticismo, se utilizarmos a linguagem de Kant sobre avaliação de métodos científicos, também se dava sobre a terminoliga psicanalítica utilizada nessa época – quando estava fazendo a tentativa de expressar suas observações por uma notação quase matemática, mesmo que já a considerasse instatisfatória:

> Os dois enunciados são representações verbais de uma realização. Nenhum deles é satisfatório. Também não melhora muito caso haja domínio do meio de expressão verbal. O enunciado intuitivo leva, por si mesmo, à representação das etapas genéticas: a formulação axiomática leva, por si mesma, à representação de uso. (T, 122)

Abandonou essa tentativa, substituindo-a por notações quase-literárias, em diálogos internos com objetos parciais derivados de sua experiência de vida e de sua própria experiência analítica, dez anos depois – em *A Memoir of the Future*. Essa nova tentativa, que pode marcar maior liberdade, pode servir como evidência da insatisfação anterior:

> Relatividade é relação; transferência, o termo psicanalítico e a realização correspondente aproximada. A matemática, ciência como é conhecida, agora, não pode fornecer modelo algum. A religião, a música, a pintura, pelo menos como esses termos são entendidos, são insuficientes. Mais cedo ou mais tarde alcançaremos

I

um ponto onde não há nada a ser feito, exceto – se é que existe alguma exceção – esperar. No presente contexto, o "impasse" é por si próprio uma palavra usada para denotar o sentimento. (AMF, I, 61)

A tendência a concretizar tanto a percepção de fatos como a apreensão da realidade, focalizada com o conceito de "clivagem forçada" (q.v.; *enforced splitting* no original) descrita nos Capítulos V e VI de *Learning from Experience*, contitui-se como obstáculo sério para exercer uma intuição psicanaliticamente treinada – que Bion, em alguns trechos, denomina "psicanálise intuitiva"; outro termo utilizado por ele foi "psicanálise real" – que precisa ser exercida quando operamos na ausência do objeto. Essa necessidade, e também os problemas advindos do fato de que existem dificuldades para exercê-la, faz eco com os problemas enfrentados no início de nossa vida, ou na vida de bebês, que precisam introjetar um objeto. O ato de introjeção, para poder se completar, necessita destituir a concretude do objeto – fato resumido em *A Theory of Thinking*, e expandido em *Learning from Experience*: a introdução dos processos de pensar, sendo que o primeiro pensamento, "Seio", deriva da experiência da ausência do seio, da privação, ou do "Não-seio". Seio precisa ser destituido de seu aspecto concreto para ser introjetado; paradoxalmente, a concretude inicial é sempre necessária, por sobrevivência – e pelo fato de que realidade é "material e psíquica" ou "sensorial e psíquica", como escreve Bion em *Attention and Interpretation*. Existe uma deficiência básica quando nós, seres humanos, tentamos fazer formulações verbais a respeito de elementos adequados à representação de estádios genéticos dos processos de pensamento, do ato de pensar – o leitor pode consultar o verbete '"Grade" (Grid)". Essa deficiência básica ocorre em função da natureza daquilo que Bion denominou elemento-beta, ou seja, como apreender, e comunicar a presença do seguinte fato: o da existência daquilo que teóricos da ciência e filósofos denominam "coisa-em-si-mesma"? Coisas-em-si-mesmas não têm capacidade de saturação, pois já são saturadas. A natureza desses elementos é, ao mesmo tempo, totalmente materializada e totalmente imaterializada; não existe um "Não", nenhum "negativo" que permita que aquilo que seja "novidade", ou "alternativa", ou o oposto, que apareça para nossa percepção e apreensão.

O elemento que representa etapas genéticas parece ter, ou demandar, uma capacidade para saturação, para se tornar grávido. Os termos do fraseado que uso nesta última sentença ilustram a dificuldade que surge quando um termo que, por sua qualidade metafórica (um "enunciado grávido"), representa um ganho em alguns contextos, perde sua qualidade comunicativa caso seja empregado em um contexto em que cessa esta sua qualidade metafórica, pois o contexto aproximou-a de um elemento-β – ou seja, relativamente a este seu contexto, ela fica saturada. (T, 122)

Portanto, exercer-se uma intuição psicanaliticamente treinada, ou uma psicanálise intuitiva, será tarefa impossível para membros do movimento psicanalítico que acreditam poder trabalhar tomando verbalizações de pacientes em seu valor nominal. Isso pode ser útil para os profissionais da psicologia do sistema consciente, e será especialmente significativo quando o profissional acredita poder fazer "reconstruções" sobre "lembranças" do passado relatadas pelo paciente, como se correspondessem a fatos realmente ocorridos – que o analista nunca observou. Impossibilita ter sequer alguma noção realística do que seriam associações livres, da natureza do trabalho onírico e de situações do complexo de Édipo. Aquilo que pode parecer um trabalho de interpretação de sonhos revela-se uma manipulação *a priori* ou *ad hoc* de símbolos e de pseudoteorias imunes a qualquer teste de realidade (se usarmos uma expressão de Freud utilizada em vários textos, como "Formulações sobre os dois princípios do funcionamento mental"). Eventais valores metafóricos e/ou metonímicos, ou de analogias de qualquer tipo de teoria, se perdem: pseudoteorias sempre são tomadas como se fossem a coisa-em-si-mesma. Até hoje, não houve nenhuma teoria que foi poupada disso.

Seria possível elencar obstáculos para o exercício de intuição? Existem pelo menos dois: 1) a prevalência de desejo, memória e entendimento; 2) a ideia de que as transformações em K poderiam substituir transformações em O – em vez de serem um passo em direção a O.

A tradição formalista no movimento psicanalítico – que nos parece lembrar outras tradições formalistas em outras disciplinas, como matemática e sociologia – dita uma aplicação *a priori* de teorias pré-aprendidas – que se tornam pseudoteorias, pois não foram aprendidas por experiência, mas por manipulações e aprendizados racionalizados. Uma analogia seria uma pequena criança que aprende a fazer tabuada, mas permanece cega para uma intuição matemática; nesta disciplina, os educadores tentaram substituir o aprendizado formalista pelo treino na teoria dos conjuntos, inspirados no trabalho de G. Frege. Em psicanálise, essa postura – consciente ou não – provocou a erupção de uma multiplicidade de formulações verbais que aparentam ser teorias psicanaliticas, mas não o são, por impossibilitar exercer-se uma intuição que permitiria a detecção, a descoberta de invariantes, de indicadores que levem a transformações vívidas que possam proporcionar uma experiência em direção a "O", em meio a um "material imaterializado" que evolve durante uma sessão, do desconhecido; de uma "memória do futuro presentificada" em sessões de análise, vividas pelo casal analítico. Essa multiplicidade caotizante, revestida de terminologia que um dia foi psicanalítica, ou seja, com palavras elaboradas ou utilizadas pelos pioneiros, como Freud, Abraham, Klein, Winnicott, Fairbairn, Bolwby e outros, progressivamente tem impedido a apreensão e descrição de configurações básicas das personalidades em análise – ou que poderiam estar sendo submetidas a uma análise, caso análise estivesse ocorrendo. A consequência é que ocorrem tantas teo-

I

rias quanto há fantasias imaginativas das pessoas. Na visão de Bion, e de alguns outros analistas, como André Green, a base dessa situação é um medo ao que é desconhecido. Essa situação parece-nos mais bem descrita em 1975, quando uma forma dialógica é acrescentada à forma teórica apresentada em 1962:

> SHERLOCK: Watson é que lidou com a parte simples da coisa. Você já ouviu falar naquele cara, o Bion? Ninguém nunca ouviu falar nele, nem tampouco na Psicanálise. Ele acha que ela é real, mas que seus colegas estão envolvidos. Numa atividade que não passa de uma manipulação mais ou menos engenhosa de símbolos. O que ele fala faz sentido. Existe uma impossibilidade de se entender que qualquer definição deve negar uma verdadeira prévia, assim como trazer em si um componente insaturado. (AMF, I, 92)

Se os elementos generalizados na teoria tornam-se uma manipulação engenhosa de símbolos de acordo com regras arbitrárias – a formulação mais comum desta suspeita sobre a teoria é a crítica que o analista e o analisando indulgem-se a um gosto por jargão. (LE, 77)

Será exagero afirmar que formam uma minoria quase absoluta as tentativas de manter teorias psicanalíticas livres dessa situação, ou seja, tentativas de alcançar novas formulações no aqui-e-agora de uma sessão psicanalítica, de acordo com as limitações e características de cada indivído que tenha procurado um analista, mas que essas novas formulações possam corresponder àquilo que foi descoberto por Freud, Klein e outros descobridores daquilo que personalidades humanas são? Será possível fazer isso desprezando-se o exercício de uma intuição analiticamente treinada? Assim como quase todas as pessoas possuem narizes, olhos, e todas possuem certos órgãos e sistemas internos como os sistemas digestivo, reprodutor, endócrino, reconhecíveis apesar de infinitas variações individuais, e de funcionamentos individuais, todas as pessoas parecem ter invariâncias, ou elementos básicos de psicanálise – os três sistemas psíquicos (consciente, inconsciente, pré-consciente); os dois princípios do funcionamento psíquico; os quatro instintos básicos (epistemofílico, vida, morte, grupais); podem habitar e se movimentar entre duas posições básicas; podem manter gratidão e experimentar culpa. Parece-nos necessário "presentificar" ou "atualizar" aquilo que Freud descobriu em cada paciente, caso o paciente apresente alguma variação daquilo que Freud descobriu. Não terá sido exatamente isso que Freud fez? Principalmente quando foi desenvolvendo e atualizando suas teorias? Não será isso que muitos analistas que não alcançam fama na meritocracia política, mas fazem seu trabalho, já fazem? Independentemente de seus rótulos institucionais, ou "carreiras" aprovadas, ou reprovadas por "autoridades" institucionais? Essa é uma questão na formação de analistas que não pode ser resolvida por regras burocráticas impostas por "autoridades" políticas. Não nos parece ser necessário, no escopo deste dicionário, completar exaustivamente o elenco de teorias válidas, universais, transcendentes a tempo e espaço, e por isso científicas, em psicanálise: cada leitor pode ter obtido treinamento nestas e também em outras, e poderá complementar a relação. Sendo a única condição que as teorias tenham sofrido o teste da experiência clínica. Inversamente, teremos apenas um destino, o de pseudoteorias, e a multiplicação, tendendo ao infinito, pelo menos desde 1914, de "-ismos", "-anos" (ver o verbete "bioniano"):

> P.A.: Todos nós ficamos escandalizados pelo fanatismo. Nenhum de nós gera fanatismo; quer dizer, nenhum de nós consegue admitir que nós mesmos somos a fonte da qual flui o fanatismo. Como resultado, não reconhecemos aqueles que, dentro de nossa prole, apresentam características que desaprovamos. Melanie Klein, realmente, descobriu que a onipotência infantil, primitiva, era caracterizada por fragmentar[52] traços individuais não desejados e então evacuá-los.
> ROLAND: Você não está querendo dizer que as crianças *pensam* desse jeito, está?
> P.A.: Seria enganador e impreciso dizer dessa forma. E é por isso mesmo que Melanie Klein chamou-as de "fantasias onipotentes". Ainda que eu achasse sua verbalização esclarecedora, com o decorrer do tempo e investigações posteriores, possíveis graças às suas descobertas, essas formulações foram desnaturadas e tornaram-se inadequadas. Esses elementos primitivos do pensamento são difíceis de serem representados por qualquer formulação verbal, porque precisamos nos apoiar em uma linguagem elaborada posteriormente e com outros objetivos. Houve uma época em que tentei empregar termos desprovidos de sentido – alfa e beta eram exemplos típicos. Descobri então que "conceitos sem intuição são vazios e intuições sem conceito são cegas" rapidamente se tornaram "buracos negros nos quais a turbulência se infiltrou e conceitos vazios fluíram com significados desordeiros". (AMF, II, 228-229)

Em 1965, Bion introduz um quadro de referência que utiliza um *"pano de fundo psicanalítico intuitivo"* (T, 138), incluindo a definição clássica em psiquiatria e psicologia de alucinação, idêntica à utilizada por Freud: *". . . como uma dimensão da situação analítica na qual, juntamente com as outras 'dimensões' restantes, estes objetos são 'sensorializáveis' (caso incluamos a intuição analítica, ou consciência, seguindo uma indicação de Freud, como um órgão sensorial da qualidade psíquica)"* (T, 115). *". . . Um psicanalista não pode permitir-se desviar do vértice no qual eventos emocionais, no instante em que tenham evoluído, tornam-se 'intuíveis'. O estudo de alucinação estará se iniciando, e não terminando"* (ST, 161).

---

[52] *"Split off"* no original.

I

As regras que governam pontos e linhas e foram elaboradas por geômetras podem ser reconsideradas com referência à sua origem, ou seja, os fenômenos emocionais que foram substituídos pelo "lugar (ou espaço) onde os fenômenos mentais estavam". Tal procedimento estabeleceria um sistema abstrato dedutivo, baseado em um alicerce geométrico, com teoria psicanalítica intuitiva à guisa de realização concreta desse sistema. (T, 121)

A representação "psicanalítica intuitiva" de uma experiência emocional básica – o desemparo infantil – é expressa pelos seguintes enunciados: *"o recomeço de uma experiência emocional, pela psique, que foi desintoxicada por meio de uma estadia no seio bom (Melanie Klein)"*; *"o enunciado intuitivo leva, por si mesmo, à representação das etapas genéticas"* (T, 122). Encontra-se no texto de uma ampliação das formulações axiomáticas (transformações das experiências emocionais em ponto, o local onde estava um seio e outras formulações mais sofisticadas) que se prestam às representações dos usos.

Intuição e Geometria

... como parte de uma teoria psicanalítica intuitiva, enuncio que o paciente tem uma experiência, tal como uma criança poderia ter quando privada do seio, de enfrentar emoções que lhe são incógnitas (ou seja, desconhecidas), não reconhecidas como lhe pertencendo, e confuso com um objeto que ele só possuiu recentemente. Descrições adicionais apenas aumentam a multiplicidade que já lamentei, como o leitor verá caso consulte qualquer descrição analítica do comportamento infantil. A relação dessas representações com as realizações que delas se aproximam podem ser comparadas com o espaço geométrico axiomático dedutivo que desejo introduzir como um passo em direção a formulações que sejam precisas, comunicáveis sem distorção, e mais proximamente adequadas para abranger todas as situações que sejam basicamente as mesmas. Sugiro as seguintes comparações: (i) "Incógnito", no modelo proporcionado pela teoria psicanalítica intuitiva, com "incógnita", no sentido matemático no qual desejo utilizar "espaço geométrico". (ii) "Variável", conforme aplicada ao sentido de instabilidade e insegurança no modelo da ansiedade infantil, com "variável", conforme desejo aplicá-la ao espaço geométrico. Assim, espaço geométrico tanto pode representar como pode ser substituído por valores constantes, para qualquer universo específico de discurso. A relação do espaço geométrico com a teoria psicanalítica intuitiva que proponho como *sua* realização; a relação ulterior da teoria psicanalítica intuitiva com determinada experiência clínica que considero ser *sua* realização; juntas, representam uma progressão como aquela da transformação de uma experiência em um poema

– "emoção relembrada em tranquilidade". A transformação geométrica pode ser considerada como uma representação "desintoxicada" (quer dizer, tornando suportável a emoção dolorosa) da mesma realização, como aquela representada (mas com a emoção dolorosa enunciada) pela teoria psicanalítica intuitiva. Isso implica, quando **O** é uma realidade psíquica, que qualquer indivíduo capaz de fazer a transformação, partindo de **O** para Tβ, é capaz de fazer, por si mesmo, algo análogo à identificação projetiva no seio bom, estando identificado consigo mesmo e com o seio. (T, 124-125)

No caso de não nos darmos conta, ou, de modo mais preciso, no caso de que não podemos apreender – a totalidade dos processos de cognição, consciente ou não – o que é, ou que vem a ser, "Seio" e "Mãe", o que só pode ser feito após termos tido um contato real com "um seio" (aquele que nos é oferecido), e "uma mãe" específicos, ou seja, nos casos denominados por Freud de narcisismo primário, e por Klein, inveja primária, talvez não possamos reunir condição mínima e necessária para exercer psicanálise; ou arte; ou ciência.

Bion traz à baila questões que envolvem respostas bizarras às interpretações feitas por analistas, mas que seriam consideradas absolutamente adequadas caso fossem conectadas à presença de processos alucinatórios, e também a estados de alucinose (q.v.), ao aventar que *"pode-se desenvolver a intuição do analista (do mesmo modo que os exercícios de um músico facilitam sua capacidade de executar uma criação musical real ainda que eles mesmos não sejam mais do que escalas e outros exercícios manuais), preparando-a para o trabalho que se requer dela em análise . . ."*, ou, mais especificamente, *"o estado de mente no qual possa se supor que ideias assumam a força de sensações, pela confusão do pensamento com os objetos do pensamento, e o excesso de paixão anime as criações da imaginação (para prover a realização do enunciado 'alucinose', uso a formulação de Shelley do acontecimento que explica sua intuição poética)"* (respectivamente, T, 130; e T, 133-134).

O que seria necessário para formar um arcabouço mental que possibilitaria o exercício de uma intuição psicanalítica? Um ingrediente que nos parece fundamental é o exercício das funções de ego – e também das atividades mínimas do sistema consciente: o órgão sensorial para captação de qualidades psíquicas. As funções que Freud viu como pertencentes ao ego ou ao consciente como órgão sensorial para a apreensão das qualidades psíquicas: *"O pano de fundo psicanalítico intuitivo é aquele que 'vinculei' por intermédio de termos tais como pré-concepção, definição, notação, atenção"* (T, 138).

A intuição psicanalítica permite aproximações a realidades últimas. Formulações verbais permitem a comunicação por meio auditivo e visual quando são escritas e, nos dois casos, dependem de representações. Se for uma atividade científica, as representações verbais precisam ter correspondentes na realidade. O mesmo ocorre

I

quando existe uma atividade artística, denominada de literatura e também poesia. O termo poesia torna mais precisa a representação verbal de aproximações à realidade, por tentar expressar uma situação criativa (*poiesis*). Bion escolheu – não podemos saber por quais fatores, e este texto não abre espaço para conjecturas – formulações verbais para comunicar a natureza dos processos psíquicos envolvidos em intuição psicanalítica: a poesia teológica, ou poesia de pessoas classificáveis como pertencendo à tradição mística na história das ideias da civilização ocidental. Essa poesia sempre apelou para metáforas, máximas e, principalmente, parábolas, construções gramaticais de efeito emocional notável. A obra escrita por São João da Cruz ofereceu-lhe uma oportunidade: uma intuição psicanalítica poderia ser exercida quando o praticante pudesse experimentar um tipo de "noite de trevas". Corresponde ao que Freud denominou de "abstinência", incluindo o conhecimento: *"a abordagem intuitiva fica obstruída porque a 'fé' envolvida é associada à carência de investigação, ou 'noite de trevas' para K"* (T, 159).

Aprofundando-se – intuição feminina

Formulações feitas aproximadamente três anos antes da morte de Bion englobam suas últimas posturas, incluindo situações comuns em clínica psicanalítica:

ROBIN: Interessa-me saber o que o P.A. pensa da intuição materna. Você pensa que os psicanalistas paternalmente dotados seriam capazes de tal acuidade discriminativa? (AMF, III, 515)

P.A.: Por vezes, penso que sim, mas não é frequente. Apesar disso, a psicanálise capacita o psicanalista a aprender algo e até mesmo passar isso adiante. Há ocasiões em que uma resistência é sobrepujada com velocidade surpreendente; um certo número de fatos mostra sua relação pela primeira vez. É quase uma revelação.

SACERDOTE: Você lança mão de um termo que faz parte do nosso equipamento técnico.

P.A.: Pensei que não iria te passar despercebido. Gostaria que pudéssemos tornar claros tanto o fato verbal que você menciona quanto a realidade psíquica a ele correspondente. A concentração de significados pode requerer uma concisão que pode ser alcançada na música ou na pintura. Se eu conseguisse alcançar tal precisão, será que o meu analisando desencumbir-se-ia do trabalho necessário para entender? A audiência raramente ouve a música ou observa pinturas e menos ainda acha que valha a pena ouvir o que um analista fala.

SACERDOTE: Há muitos séculos que o religioso se familiarizou com essas dificuldades. Música, pintura, poesia, vestimentas auteras e suntuosas – já se usou de tudo como meios auxiliares.

P.A.: Descobri que o receptor pode com facilidade transmitir o "meio auxiliar" deslocando-o da periferia, que era o seu lugar, para o centro. Mensagens cuja intenção era trazer verdades profundas – a Ilíada, Eneida, o Paraíso Perdido, a Divina Comédia – tornaram-se famosas, por sua vez, como contextos suntuosos para a "pedra" preciosa, ofuscada pelo explendor que a acompanha. Krishna alertou Arjuna que ele podia não ser capaz de sobreviver à revelação da divindade que ele, Krishna, estava preparado a outorgar. Dante só raramente conseguiu encontrar um leitor capaz de discernir a visão que ele demonstra no Canto XXXI do Paraíso. A mente de Milton ficou ensombrecida por uma dúvida se ele poderia ultrapassar os "dias de Mal" nos quais caíra, isso inclusive foi sua tragédia.

SACERDOTE: A expressão de desespero mais profunda que nos foi dado conhecer foi "por que me abandonaste?"

P.A.: Todos temem fazer tal descoberta. Não se pode formular uma teoria em que o animal humano não peça a Deus para fazer a ele o que ele tem que fazer por si próprio na solidão e no desespero; qualquer formulação é um substituto para o que não pode ser substituído.

ROLAND: Você está sugerindo que *esta* interpretação psicanalítica é a explicação da propalada fala de Cristo na Cruz?

P.A.: Você mostra que falhei ao esclarecer algo que penso ser da máxima importância na prática de análise, ou seja, a presença do analista e do analisado ao mesmo tempo, no mesmo lugar e em condições nas quais os fatos discerníveis conscientemente sejam disponíveis para ambas as pessoas. Essas são as condições *mínimas*, não as máximas. Só a partir *daí* a psicanálise torna-se uma atividade aberta aos dois participantes. Você sugere que eu esteja fazendo uma afirmação sobre eventos que, diz-se, tiveram lugar quase dois mil anos atrás; se você acredita ser essa a essência das minhas observações, o que você não dirá sobre as minhas opiniões quando eu não estiver presente para defendê-las?

ROBIN: Não sei por que fica irritado. O erro do Roland me parece natural e compreensível. *Eu* não havia observado que ele estava lhe distorcendo.

P.A.: Se não ficasse irritado, estar-me-ia faltando o sentimento próprio a esta situação, conforme eu a percebo.

ROLAND: Essa é a sua opinião.

P.A.: Foi o que eu disse. Opinião de quem mais poderia ser? A sua? Bem, por que não? Espero não estar fazendo nada que obstrua sua liberdade.

I

ROLAND: Sua resposta é hostil e, embora ache que você não possa, eu posso detectar nela impaciência e também ironia e sarcasmo.

P.A.: Não vou negar ou confirmar a sua afirmação; acho que você quer que eu fique tão impressionado com os fatos que você observa que nem eu sequer ousaria fazer uma interpretação.

ROSEMARY: Como sua interpretação do coldre do Homem.

P.A.: Ainda acho que seria mais sábio interpretá-lo como contendo uma arma do que aceitar uma sugestão do homem, de interpretá-lo como contendo chocolate.

ROBIN & ROLAND: Também achamos.

P.A.: Nós temos muitos fatos à nossa disposição; se interpretarmos cada um isoladamente, tanto fatos como interpretações não são muita coisa. Tomados em conjuntom o "cerne" pode ser interpretado. A soma matemática não pode ser expressa matematicamente, mas o "cerne" pode.

ROLAND: Qual é a sua definição de "cerne"?

P.A.: Não tenho nenhuma, pois uma definição poderia ser uma adição a um já irresistível vocabulário de formulações que dá a aparência de ser preciso, onde não existe nenhuma precisão. Se você ouvisse a minha conversa, provavelmente poderia sentir que a "essência" do que eu queria dizer quando usei a palavra "essência" era uma conjunção constante de suas impressões. A sua interpretação de minha comunicação poderia ser algo que você poderia formular.

ROLAND: Será que você poderia me dar um exemplo de algo – digo, uma interpretação que expresse o "cerne" de uma ideia?

P.A.: Chamaram-me para ver um paciente, suspeito de ser "esquizofrênico". Ao me aproximar de sua cama, fiquei consciente de um ruído de movimento. Quando cheguei à sua cama, o paciente havia se escondido sob um cobertor, de um modo tal que só um olho ficava visível. Com esse olho, ele me observou de modo intenso e intencional. Ele se manteve em silêncio durante semanas – deve ter sido um mês ou mais.

ROLAND: Sim, mas será que você poderia me dar a "essência" da sua definição? Eu não quero ser descortês, mas nosso tempo aqui é muito limitado.

P.A.: É isto que eu chamo de "intenso – e intencional". Às vezes, como neste exemplo, pode-se levar muito tempo para se conseguir atingir a essência de uma experiência. Um olho, visto isoladamente, não permite comunicação alguma; observado durante algumas semanas, como eu o observei, permite um resumo razoável daquilo que vi "intenso – e intencional" – o "cerne" da experiência. A psicanálise pode exprimir a "essência" do que duas pessoas estão fazendo, se ambos estiverem satisfeitos com o fato de que o nome "psicanálise" expressa significado sufuciente às necessidades imediatas. Mas aquilo que eu quero comunicar para você poderia requerer outras condições e tempo de que você não dispõe.

ROLAND: Então, vá em frente. E sobre o seu paciente maluco?

ROBIN: Temos tempo para discutir pacientes malucos?

ROSEMARY: Sim. Eu estou interessada.

ROLAND: Isto não é época para se procurar satisfazer interesses.

ROSEMARY: Para você, talvez não. Quando fui a empregada aqui, nunca tive tempo para nada que pudesse me interessar. Você devia se dar conta da sorte que tem por eu permitir que você e o resto participem, quando eu estou satisfazendo o meu interesse. Vá em frente, P.A. Alice, pode ficar, porque pode ser que eu precise de você; e pode te fazer bem.

P.A.: Um dia, depois d'eu ter feito muitas interpretações, aparentemente sem o menor efeito, o homem disse de repente: "Ajude-me" (AMF, II, 333-334)

Farejando o perigo

ROLAND: Com certeza você não está falando sério quando diz que uma sessão analítica é comparável a entrar em combate, certo?

P.A.: Comparável, sim. Não há expectativa de morte iminente; embora haja a possibilidade. Isso não contrabalança a ansiedade – medo em tom menor. A pessoa se esquiva a dar uma interpretação indesejável.

ROLAND: Não é apenas o medo de que o paciente vá ficar irritado ao ser criticado?

P.A.: Não penso assim; o paciente pode ficar irritado ante um comentário crítico, ter talvez mesmo uma irritação assassina, mas eu não penso que essa possibilidade impeça conscientemente.

ROBIN: Será que é algum medo inconsciente – a contratransferência da qual você falou?

P.A.: É. Ainda que a pessoa não esteja "consciente" – neutralizá-la é uma das razões pelas quais pensamos que os próprios analistas devam ser analisados –, existe um temor inerente a dar uma interpretação. Se um psicanalista estiver fazendo análise propriamente, então está engajado em uma atividade indistinguível de um animal que investiga aquilo do qual está com medo – ele fareja perigo. Um analista não está fazendo seu trabalho se investiga algo porque é agradável ou lucrativo. Os pacientes não nos procuram porque antecipam um evento agradável iminente. Vêm porque estão desconfortáveis. O analista precisa compartilhar o perigo e tem, portanto, que compartilhar "o cheiro do perigo". Se você fica com os pelos da nuca arrepiados, seus sentidos arcaicos e primitivos estão indicando a presença do perigo. Seu trabalho é ser curioso a respeito do perigo de um modo que não seja covarde ou irresponsável. (AMF, III, 517)

Referências cruzadas sugeridas: Visão analítica; Estar-uno-a-si-mesmo (*At-one-ment*); Intuição; Transformações em alucinoses; Transformações em K e O.

Invariância

Conceito emprestado da filosofia da matemática. Foi cunhado e definido pela primeira vez no final do século XIX por dois matemáticos, James Joseph Sylvester e Arthur Cayley, que viveram em Londres e, depois, em Baltimore. Sylvester faleceu em 1897; Cayley, em 1895. A descoberta matemática foi o cálculo matricial, a partir dos conceitos de funções e fatores. Usado pela primeira vez em uma ciência tradicionalmente considerada como "prática" – a física – por Paul Dirac, em 1930. A segunda ciência prática a se utilizar do conceito foi a psicanálise – por Bion, em 1965. A química e a teoria musical também passaram a utilizá-la; e a filosofia, em 2001, por Robert Nozik. O leitor pode obter relato mais detalhado sobre essas origens no verbete "transformações".

O conceito é fundamental para qualquer iniciativa científica, na medida em que a ciência se ocupa de apreensões da verdade. Invariâncias referem-se a uma qualidade – Verdade – que caracteriza a natureza mais íntima de qualquer "algo" que se considere – uma pessoa, um evento, uma coisa materializda –, independentemente da posição do observador ou da época na qual foi feita a observação. Invariâncias referem-se às formas platônicas; ao âmbito dos números.

Bion não usou o conceito formado de dois termos, "Invariâncias", e "Transformações", antes de 1965. Pode-se encontrar a concepção englobada por eles sob forma coloquial, em uma manifestação prática de sua manifestação individual no comportamento humano, ou na realidade sensorialmente apreensível e psíquica, no primeiro capítulo de *Learning from Experience*: "Coloquialmente, é bastante comum denominarmos uma ação pelo nome da pessoa de quem pensamos que essa ação é típica; por exemplo, falar de um Spoonerisse[53] como se fosse função da personalidade de um indivíduo chamado Spooner. Tiro vantagem desse costume para

---

[53] *Spoonerism* e *Spooner*, no original. *Spooner* em inglês significa simplório, tolo ou piegas. *Spoonerism* também tem um significado: transposição acidental ou deliberada das letras iniciais de duas ou mais palavras. Bion, refere-se a um professor bem conhecido em Oxford, o

A linguagem de Bion

dele obter uma teoria de funções, que resista a um uso mais rigoroso do que o empregado na frase coloquial. Suponho existir na personalidade fatores que se combinam para produzir entidades estáveis, às quais chamo de funções da personalidade" (LE, 1).

Bion utiliza o conceito para desenvolver uma teoria psicanalítica inspirada pelos conceitos matemáticos de fatores e funções; é fácil perceber que o "tipicamente" refere-se a uma invariância que marca, neste exemplo, que alguém chamado Spooner é ele mesmo, e nenhuma outra pessoa, em função da existência de um invariância que o caracteriza. "Spoonerisse" – que pode ser considerada como marca peculiar que tipifica uma pessoa. Se o sobrenome fosse "Pereira", poderíamos dizer, "Pereirisse", etc. Invariâncias constituem-se como uma marca peculiar de qualquer coisa material, evento ou pessoa que possa se considerar.

> ... **algo** *permaneceu inalterado; e que deste* **algo** *depende o reconhecimento. Denomino de invariantes os elementos que vão compor o aspecto inalterado da transformação.* (T, 1)

O apelo ao conceito de Invariância constitui-se como evolução de outro conceito igualmente emprestado da matemática: "fato selecionado" (q.v.; LE, 72; C). Essa evolução fica livre da adoção estrita do conceito de fato selecionado cunhado por Poincaré, na extensão que diz respeito a qualidades do objeto observado, e não mais como característica restrita ao que faz sentido para o observador. É também mais abrangente em termos psicanalíticos. Refere-se agora à possibilidade de um acesso transitório, ou de relances momentâneos de "O" (q.v.) – o âmbito numênico gerador de eventos na realidade psíquica e material, sensorialmente apreensível. Invariâncias podem ser intuídas, detectadas e, de modo extremamente parcial, até certo ponto, nomeadas. São a contrapartida psíquica de uma determinada realidade que é *existente, intuível e usável*. O leitor poderá rever a observação de Bion a respeito da impossibilidade de se *"cantar batatas"* (T, 148). Essa realidade é, em última instância, incognoscível. Pode ser parcialmente conhecida, conservando a característica fundamental de "O": sua **transcendência** com relação ao tempo, espaço e individualidades.

No exemplo dado por Bion na primeira página do livro *Transformations*, considera-se a existência de uma qualidade, denominável por um neologismo, "papoulice": **a qualidade de ser uma papoula**. A rigor, inefável, mas "intuível" e existente. Permeia, **sem variações em sua essência, as várias representações que se podem fazer dela: verbais, visuais, olfatórias**. Paradoxalmente, há **variações em sua forma – daí o uso do termo** transformações. Formas são as expressões da realidade no âmbito fenomênico. No exemplo de Bion, considera-se concretamente um

---

Reverendo W.A.Spooner, falecido em 1930, que fazia esses erros. "*The Oxford Concise Dictionary of Current English*", 6ª edição.

I

campo de papoulas: flores, folhas e o próprio campo, nas condições normais de temperatura e pressão, apreendido pelos nossos órgãos sensoriais. Podemos ter – no exemplo de Bion – pelo menos duas representações: uma, sob a forma de pintura impressionista; outra, sob a forma de pintura realista desse campo de papoulas, caso aceitemos a classificação hoje tradicional de escolas de pintura, Impressionismo e Realismo. A escolha desse tema por Bion parece dever-se à pintura de Monet, e também aos campos do Somme, onde Bion lutou durante a Primeira Guerra Mundial.

As formas – imagens na retina; uma pintura de um artista impressionista; uma pintura de artista realista – efetivamente variam. Paradoxalmente, sob um vértice binocular, "papoulice" não varia. O paradoxo que exige ser tolerado é que as transformações e invariâncias variam *e* não variam. Detectar uma invariância é um passo em direção à apreensão de uma realidade – aquilo é aquilo, e não outra coisa (cf. **Transformações em "O"**). Invariâncias são uma marca de reconhecimento – de uma escola de pintura, de um vértice na psico-análise e até de um determinado psico-analista. *"As invariantes tornam... a representação compreensível"* (T,5). Podemos aplicar diferentes conjuntos de teorias ao mesmo material; invariantes diferentes podem expressar diferentes significados, o material transformado *"pode ser concebido como o mesmo nos dois casos"* (T, 5-6).

> A partir do material discutido agora seria possível detectar um padrão que se mantém inalterado em contextos aparentemente muito diversos. Seria útil isolar e formular as invariantes daquele padrão de tal modo que o padrão pudesse ser comunicado.
>
> As formulações de Freud fazem exatamente isto. O pensar, desenvolvido por meio de psicanálise, levou a descobertas que não foram feitas por Freud; são, no entanto, reveladoras de configurações similares às descobertas que Freud *fez*. (AI, 92)

Referência cruzada sugerida: Transformações.

Inveja

O termo é usado da mesma forma que em Klein; se pudermos utilizar a linguagem coloquial, o conceito de inveja pode ser visto, em analogia, como um "arroz com feijão" no trabalho de Bion, algo de uso cotidiano, tanto teórica como praticamente; a observação de Melanie Klein, publicada em forma de livro em 1936, de que a violência de impulsos instintivos amorosos destrói o objeto tanto quanto o ódio o faz, norteia as expansões de Bion. Em *A Memoir of the Future* pode-se encontrar uma descrição compacta sobre vínculos de inveja com crueldade. A inveja volta-se primariamente contra a própria pessoa, chamada no lugar-comum, que adora rótulos, de "invejoso", e secundariamente, como consequência óbvia, para o exterior, quando se considera que o meio "interior" é o da própria pessoa: *"Célula solitária, a inveja jaz à espera de tornar-se maligna"* (AMF, 1, 10). Essa formulação verbal compactada ressalta a natureza anobjetal dos estados de inveja; pois o objeto foi aniquilado. Talvez por isso, a inveja é parte intrínseca de um ciclo, que pode ser denominado "avidez-inveja". Uma procura ávida de algum objeto se inicia, e qualquer um que se encontre é imediatamente aniquilado, em fantasia. No mesmo livro, Bion proporciona ao leitor uma analogia que poderia ser chamada "médica", caso estivesse havendo um ato médico. Na verdade, é uma crítica de costumes a respeito de uma falsa medicina, caracterizada por indiferença e desumanidade, praticada por invasão eivada por inveja e desrespeito: *"Rosemary, exasperada por uma raspagem incrivelmente dolorosa entre seus dedos – esse pessoal era perito em infligir dor, mesmo não intencionalmente. . . . Foi um exame médico completo e minucioso. Os desejos das duas moças não tinham a menor importância"* (AMF, 1, 28).

J

Jargão

P.A.: O seu Satânico Jargonista ficou ofendido, com o pretexto de que o jargão psicanalítico estivesse sendo erodido por erupções de clareza. Fui obrigado a procurar asilo na ficção. Disfarçada de ficção, de vez em quando infiltrava-se uma verdade. (AMF, II, 302-303)

Sigmund Freud recebeu a recompensa literária mais valorizada nas sociedades de língua alemã – o Prêmio Goethe – pelas suas contribuições a essa linguagem, semelhante ao russo, por permitir cunhar novas palavras sem que sejam neologismos. Originou muitos dialetos; entre eles, o iídiche, que foi um dos que mais conservou a plasticidade do alemão. A construção de palavras para propósitos específicos nessas línguas não compartilha necessariamente da natureza de neologismos.

Pode-se dizer, sem que a próxima afirmação seja acusada de imprecisão ou falsidade, que o rico vocabulário elaborado por Sigmund Freud, por meio de uma linguagem rica, para tentar expressar o que, em última análise, não pode ser expresso – nossa vida psíquica –, sofreu alguns destinos infelizes e, em alguns casos inesperados, resultou em corrupção e redução do poder original para representar nossos estados emocionais. ("Nossos", significando, o de nós, seres humanos). Precocemente transformada em jargão; demasiadamente precoce, utilizada como se fosse material para criar modelos teóricos *a priori* e também *ad hoc*. Concebida como instrumento científico, para ser utilizada na pesquisa empírica, em sessões de psicanálise, ou na clínica psicanalítica, para elucidar algo até então desconhecido (em termos de Freud, do sistema inconsciente, que é sinônimo de desconhecido), passou a ser utilizada para negar esse mesmo desconhecido. Uma analogia, talvez excessivamente concretizada, pode ser feita com uma chave de fenda. Originalmente elaborada – ou descoberta – para fazer um movimento complexo, formado de uma força impulsiva ou expulsiva acoplada a uma força circular, para parafusar ou desparafusar, acabou sendo utilizada para finalidades notáveis por corrupção destrutiva, como assassinar pessoas, retirar lascas de alimentos de dentes e outros usos similares, alienados de sua função precípua.

Três anos antes de falecer, em artigos curtos, palestras e também sob forma de livro, Bion questionou se toda a psicanálise seria uma vasta paramnésia, destinada a preencher o vazio de nossa ignorância. Esse questionamento, com a função de alerta, ocupou boa parte do final de sua vida. Bion enunciou-a, com persistência, para surpresa e até aborrecimento de parte das audiência, na quarta conversa em Topeka, de 1976; em "Evidência", de 1976; em palestras dadas em Londres (TS, 2, 17); em Roma (IS, 7, 19, 48), o que sugere que a questão foi emergencial; em "Turbulência emocional", de 1977; em também em 1979, em New York, (BNYSP, 30); e em *A Memoir of the Future*, em que fornece também uma constatação sobre a tendência humana de se escravizar ao princípio do prazer-desprazer, que assola e corrompe muitas experiência que, no nascedouro, haviam sido científicas:

> P.A.: Muito mais simples – e também muito mais racional. É este o meu ponto; uma explicação racional é sempre bem-vinda, especialmente em contraste com nenhuma explicação, ou uma confissão de ignorância. O fato de ela ser mais aceitável às nossas insignificantes mentezinhas não significa que um fato mal-vindo iria embora apenas porque não gostamos dele.
> ROBIN: Em algum lugar Freud descreve uma paramnésia como sendo uma elaboração secundária cuja intenção é tomar o lugar de algo esquecido.
> P.A.: Ou algo que nunca foi conhecido – o espaço onde um fato deveria estar, mas não está.
> ROLAND: Sim, mas existe alguma evidência de que uma mente realmente exista? Não tem cor, cheiro nem qualquer outro componente sensorial. Por que toda a psicanálise não seria apenas uma enorme e crescente Babel de paramnésias para preencher o espaço onde deveria estar nossa ignorância?
> P.A.: Não penso que Freud ou qualquer outro psicanalista dariam boas-vindas para tal abrangência; é típico da desvalorização a que o uso da linguagem está sujeita. Estou preparado para entreter a possibilidade de que os castelos nas nuvens das estruturas imaginativas humanas possam desaparecer como a visão imaterial de um sonho. Não tenho a menor dificuldade em pensar que a própria raça humana possa desaparecer em uma baforada de fumo. Suponha que o Sol começasse a piscar, como um prelúdio à sua própria desintegração – algum humano sobreviveria? Este mundo é apenas um grão de poeira cósmica; e o nosso Sol, uma estrela comum pelo menos, é isto que nos dizem os astrônomos. Não conhecemos nenhum outro mundo para a qual poderíamos fugir, à guisa de um lar. (AMF, III, cap. 9)

O autor deste dicionário defende o seguinte ponto de vista: a publicação das várias palestras dadas por Bion em alguns países têm lugar garantido no estudo de estágios na história da experiência psicanalítica desse autor, como fonte daquilo que se tornaram teorias e modelos a respeito do aparato psíquico. Ou seja, parece-nos

J

necessário considerá-las como estudos provisórios, que resultaram, em redação que pareceu a Bion como mais compacta, clara e precisa, nas suas obras publicadas em vida, com sua aprovação. No que tange às palestras, a obra escrita – pois discursos em palestras orais diferem de discursos para serem lidos – é *A Memoir of the Future*. Assim, leituras de palestras parecem-nos requerer maior cuidado, o carácter espontâneo – embora Bion por vezes preparasse alguns apontamentos, sempre falava "de improviso" – não pode ser submetido a revisões literárias no momento em que são expressos. É usual, e necessário, que discursos falados sejam posteriormente submetidos a revisões para serem publicados. Neste caso, pode haver uma confusão – como de fato tem havido, em algumas audiências – no uso por membros do movimento psicanalítico, que elevam ou rebaixam (o juízo depende de cada leitor) termos utilizados por Bion: por vezes, analogias, metáforas e metonímias são elevadas ou rebaixadas (cada leitor pode escolher um destes dois juízos de valor) a termos técnicos, ou a novas teorias psicanalíticas. Essa confusão pode se desfazer quando se considera a última "fala" do objeto parcial de Bion, por ele denominado "P.A.", acima – em que uma origem da corrupção por jargão fica iluminada. Alguns ouvintes, e mesmo alguns leitores que clivam o questionamento do contexto da frase, decidiram que Bion estaria desqualificando e denegrindo todo o *corpus* teórico psicanalítico conforme elaborado por Freud.

Será útil perceber que Bion não diferenciou claramente o que chamou de "psicanálise", nesses textos, do que pode ser mais bem esclarecido quando usamos o termo "uso por membros do movimento psicanalítico do que no início era ou intencionava ser a teoria e conceitos psicanalíticos". Só podemos fazer conjecturas hipotéticas a respeito dos possíveis fatores: sugerimos que o fato de Bion não poder contar com interlocutores críticos, nem revisores literários profissionais, possa ter contribuído para essa falta de esclarecimento. Bion não deixou uma escola e nunca tratou seus colegas como se fossem alunos; há relatos, como o de André Green (2003), de que as pessoas se sentiam intimidadas em sua presença; e que havia idolatria. Bion refere-se ao fato de que membros do movimento psicanalítico fiquem tentando achar o melhor psicanalista no mundo, classificando tal atividade como como "ridícula" (C, 377).

Outro exemplo pode ser dado na formulação metafórica e, na visão do autor deste dicionário, bem-humorada de "pensamentos selvagens", ou não domesticados (TWT, 27). Bion baseou-se, talvez claramente, na teoria dos instintos – que pode ser creditada aos antigos gregos, redescoberta cientificamente por Lamarck e Darwin, em sua expansão psicanalítica por Freud – e também, ainda baseado em Freud, nos artigos de indicações técnicas (como *"Análise selvagem"*, *"Recomendações aos médicos que praticam psicanálise"*, *A questão da análise leiga*), com acréscimos do próprio Bion, como alertas em relação a plágios ou descuidos de menção a citações de outros autores. Existe a possibilidade de que membros do movimento psicanalítico elevem ou rebaixem "pensamentos selvagens" a uma nova teoria, a um novo conceito, eivado de idealizações "revolucionárias".

O jargão, como a gíria, dá ao observador uma sensação alucinada: especificamente, de que ele "sabe" alguma coisa que, na verdade, não sabe. Em grupos, tal alucinação contribui para um senso de coerência beatífica, como se o grupo estivesse contemplando alguma divindade materializada, sob forma de texto. Palavras há que não têm a menor contraparte, ou correspondência na realidade: não têm sentido e, por vezes, têm significados apenas alucinados – como bruxa, belzebu, crocotó ou jaguardarte (os últimos termos, inventados, respectivamente, por Monteiro Lobato e Augusto de Campo, na tradução de *Alice através do espelho*, de Lewis Carroll). Podem ainda significar coisas diferentes para diferentes pessoas. No entanto, no jargão, todas essas diferenças ou nadas ficam ignorados, ou negados – como na religião (na observação de Francis Bacon), concordam na obscuridade do conhecimento. Um sentido de "claridade delirante", indistinguível de estados paranoides e de religiosidade, é obtido no momento no qual a palavra "eleita" é pronunciada. Seria a presença de jargão um sinal da adolescência em qualquer campo de atividade que se possa considerar?

> ROBIN: Meu bom deus! Será que não se pode nem falar em inglês castiço**?
>
> P.A.: Vocês precisam ouvir os meus candidatos do Instituto de Psicanálise falando um inglês "castiço".
>
> PAUL: Mas isto muito me surpreende. Você acha mesmo que alguém tenha a expectativa de ouvir os psicanalistas falarem um inglês comum? Eu achei que estava bem entendido que um dos pontos de honra é conversar em um jargão incompreensível.
>
> P.A.: Isto é um ponto de honra quando estamos naquela brincadeira de "Quem é Quem", no Campeonato Anual dos Times Psicanalíticos, mas isto ocorre quando estamos "falando sobre" psicanálise.
>
> ROLAND: Vocês também têm campeonatos intertimes. Eu li alguns registros nos seus jornais. A linguagem é feroz e incompreensível. (AMF, II, 230-231)

Existiria alguma função na criação de jargão? Algumas hipóteses: (i) em estenografia; (ii) para os que se familiarizam com a contraparte ou correspondência na realidade que tiveram como palavras técnicas, e que percebam que palavras técnicas podem ser, no máximo, caricaturas. Nesse caso, até mesmo jargão pode servir como forma de comunicação entre profissionais experientes. Mas, mesmo assim, o uso contínuo pode comprometer o sentido, substituído por significados. No movimento do campo psicanalítico, o contínuo surgimento de "substitutos" que se julgavam superiores a Freud, que foram movidos por rivalidade, fez complicar a situação de

J

modo notavelmente destrutivo. Como se fosse possível apagar um incêndio jogando nele gasolina.

Outro exemplo: o conceito expresso em uma palavra por Freud: "transferência". Muitos tentaram, e conseguiram degenerar o poder comunicacional inicial dessa palavra com a contínua atribuição de novos significados, sempre considerados como superiores ao original. Um resultado foi inutilizar seu uso quando o propósito da comunicação é científico: a excessiva penumbra de significados pode impedir a apreensão do sentido do termo.

> Termos como "excessivo", "centenas de vezes", "culpa", "sempre" obtêm um significado, resguardado o fato de que o objeto a ser discutido esteja presente. Nunca está presente, em uma discussão entre psicanalistas; quando não está presente, o intercâmbio entre psicanalistas tenderá ao jargão, ou seja, uma manipulação arbitrária de temos psicanalíticos. Mesmo que não aconteça, apresentará uma aparência de que está ocorrendo. (ST, 148)

O jargão torna-se um fim-em-si-mesmo. Há indicações – em muitas disciplinas, como filosofia, crítica literária, crítica musical, economia e enologia – de constituir-se, para alguns usuários, como alojamento para erudição, formando um ciclo autoalimentante contínuo, dando falsos foros de realidade à fantasia de alguns engenheiros e físicos da possibilidade de se elaborar um "moto contínuo". Qual seria a proporção de pessoas que confundem uma habilidade retorica com prática de análise: *"Um erudito pode ver que uma descrição foi feita por Freud ou Melanie Klein, mas permanece cego para o que foi descrito"* (AMF, I, 5).

Pode-se fazer uma hipótese factível de ser vista como ilusoriamente esperançosa: quando, e se, a prática psicanalítica puder evoluir de sua *"tateante infância"*, conseguirá livrar-se de jargão:

> SHERLOCK: Watson é que lidou com a parte simples da coisa. Você já ouviu falar naquele cara, o Bion? Ninguém nunca ouviu falar nele, nem tampouco na Psicanálise. Ele acha que ela é real, mas que seus colegas estão envolvidos. Numa atividade que não passa de uma manipulação mais ou menos engenhosa de símbolos. O que ele fala faz sentido. Existe uma impossibilidade de se entender que qualquer definição deve negar uma verdadeira prévia, assim como trazer um componente insaturado. (AMF, I, 92)

> Paul: . . . São João da Cruz chegou mesmo a afirmar que o ato da leitura de suas palavras poderia se tornar uma pedra no meio do caminho, se fossem veneradas em detrimento da experiência direta. Supõe-se que aulas, dogmas, hinos, atividades

congregacionais não sejam fins em si mesmos – mas um prelúdio à religião propriamente dita.

P.A.: Isso parece muito semelhante a uma dificuldade que experimentamos quando o jargão psicanalítico – "figuras paternas" e assim por diante...

ROBIN: *Touché*.

P.A.: ... é substituído por procurar dentro da própria mente do paciente, para intuir aquilo que o psicanalista luta por assinalar; é como um cachorro que procura o dedo da mão de seu dono ao invés do objeto que a mão está tentando apontar. (AMF, II, 267)

P.A.: Mistério é vida real; e a vida real é o interesse de uma análise real. O jargão passa por psicanálise, assim como se substitui música por som, poesia e literatura por fluência verbal, pintura por *trompe d'oeil*. Não se observa "autoassassinato" real, e o suicídio acidental passa por coisa real, planejada, elaborada economicamente até o último detalhe para criar efeito real

ROLAND: Ou Pitágoras, enterrado sob seu triângulo...

P.A.: Ou Freud, enterrado sob seu triângulo edipiano, ou Melanie Klein sob uma massa de identificações evacuadas.

ALICE: Ou uma massa de teorias kleinianas tratadas por "projeções introjetivas" ou mesmo aquilo que eu falo interpretado, diagnosticado, relegado à latrina como distorções, em virtude de neologismo da psiquiatria. Tempo que torna as antiguidades antiquadas permitindo que os neo-novos calcifiquem nos âmagos do esquecimento até que os arqueólogos mentais raspem as artérias, livrando-as de tegumentos córneos e exibam os jargões mortos do passado para serem admirados, re-diagnosticados, re-interpretados e re-enterrados.

P.A: James Joyce tentou romper as ossificações mentais nas quais seus tenros ramos de animação estavam encerrados pelas bandagens clongowesianas do Zeus semítico católico romano.

SACERDOTE: De qualquer forma, Zeus era um adolescente vulgar. A verdade sempre tem que romper as bandagens do último Entusiasta que quer trazer à vida sua múmia de estimação. (AMF, III, 466-467)

J

Falar sobre psicanálise; experimentar uma psicanálise

P.A.: . . . descobri que qualquer explicação racional que seja proferida "razoavelmente" tem só um efeito efêmero. Fatores ambientais não deixam praticamente nenhuma lição duradoura na mente do receptor, nenhum traço sequer.

ROBIN: Então... o que tem um efeito duradouro?

P.A.: Qualquer coisa que estimula, mobiliza ou cria sentimentos que pertençam ao espectro amor⇔ódio.

ROBIN: Não sei do que você está falando – soa como jargão. Acho que é difícil ver o que diferencia a sua afirmação de outras afirmações em jargonês.

P.A.: Você está certo – e não sei o que fazer com essa dificuldade, quando estou "falando sobre" psicanálise. Se eu estivesse praticando psicanálise com você, poderia tentar demonstrar uma experiência emocional que você estivesse tendo e dizer "*Agora* você está sentindo o que eu chamo de 'ódio', ou 'amor' ou alguma subdivisão entre os dois". *Aqui* posso elaborar o que você chamou de jargão, por meio desta estória prolixa – "construção", como Freud poderia tê-la denominado...

ROBIN: "Poderia tê-la denominado" – lá vai você outra vez. Você é muito cauteloso. Por que você não fala diretamente aquilo que quer dizer?

P.A.: Porque não seria a verdade que eu queria exprimir.

ROBIN: Você me faz pensar que a psicanálise deve ser muito difícil, se não pode falar em inglês comum.

P.A.: Você está certo; psicanálise é muito difícil: o inglês comum também o é. Se eu pudesse falar a coisa, ela não iria "falar" aquilo que quero "dizer". (AMF, II, 361-362)

Referências cruzadas sugeridas: "Bioniano"; "Kleiniano".

Julgamentos

Na metodologia psicanalítica, o critério em relação a um uso específico não pode ser o de certo ou errado, significativo ou verificável; mas sim o de promover, ou não promover, desenvolvimento. (LE, Introdução, 3)

Em "Uma teoria do pensar", Bion oferece uma visão a respeito de julgamentos de valor. Eles podem ser vistos como originando-se em um ponto no tempo simultâneo à introdução dos processos do pensar. Aquilo que insere como o aprender a partir de uma experiência primordial e específica, fundamental: um pareamento (casamento) de pré-concepções com realizações – na visão do autor deste dicionário, inicialmente ambiental, e provavelmente filogenética – dessa mesma pré-concepção. Desse casamento – mais do que mero pareamento – emerge uma concepção que "não encontra, necessariamente, uma realização que possa ser suficientemente aproximada a ela a ponto de satisfazê-la" (ST, 113).

Concepções, portanto, são algo derivado de processos primitivos do pensar. Fica implícito que sempre existe algum grau de frustração implícito; se ele puder ser tolerado, "o casamento entre uma concepção e uma realização, seja negativo ou positivo, inicia os procedimentos necessários para um aprender pela experiência" (ST, 113-114).

Podem ocorrer alguns tipos de desenvolvimentos quando há uma realização negativa: é necessário considerar que sempre existirá uma parcela, ou porcentagem, maior ou menor de realizações negativas, conforme Bion pôde constatar clinicamente; o que também inclui experiência de vida – e, portanto, qualquer psicanalista poderá constatar.

Pode ocorrer deficiência na possibilidade, ou mesmo disponibilidade para tolerar frustração: isso depende do grau de subserviência ao princípio do prazer-desprazer. Pode haver, igualmente em graus variáveis de sucesso, ativação dos mecanismos de evasão do desprazer – na maior parte das vezes, à infância, equacionados à presença de dor, ou de modificação no modo pelo qual a criança (e, depois, o adulto) lida com a frustração de desejo ou a presença de dor. A intolerância de frustração pode ser quantitativamente grande, e a criança, ou o adulto, sente que não suporta qualquer tipo de prevalência do princípio de realidade. Nesse caso, "a personalidade desenvolve onipotência como substitutivo para o casamento de uma pré-concepção, ou concepção, com a realização negativa" (ST, 114). Na observação clínica de Bion – e também na de Freud, Abraham e, mais ainda, nas observações mais específicas de Klein –, pode-se perceber que este é um momento em que emerge a tendência a equacionar os pensar a julgamentos de valor. Estes podem ser vistos, analogicamente, como se fosse uma instituição jurídica de "último recurso" para a personalidade, que "desenvolve onipotência como substituta para o casamento de uma pré-concepção, ou concepção, com a realização negativa destas. Isso envolve o pressuposto de que a onisciência é uma substituição do aprender da experiência, com a ajuda de pensamentos e do pensar. Inexiste qualquer tipo de atividade psíquica que possa discriminar aquilo que é verdade daquilo que é falso. A onisciência substitui pelo enunciado ditatorial de que algo é moralmente certo e que o outro algo é moralmente errado, o discriminar entre verdade e falsidade. O pressuposto de onisciência

J

que nega aquilo que é real, que nega a própria realidade, assegura o engendramento de moralidade como função de psicose. O ato de discriminar entre verdade e falsidade é uma função da parte não-psicótica da personalidade, e de seus fatores. Há, portanto, um conflito entre uma asserção sobre existência de verdade e outra asseção, a de superioridade moral. O extremismo de uma infecta a outra (ST, 114).

Baseando-se nas contribuições de Freud e Bion, será útil diferenciar Ética de Moralidade? Penso que sim: o substrato de Ética seria a instância psíquica, superego, ligada ao "imperativo categórico" enunciado por Immanuel Kant; o sentido de Moralidade constitui-se nos fenômenos psicóticos descritos por Bion.

> ALICE: . . . Talvez possamos discutir isto com o Sacerdote quando ele voltar. Ele ficou um longo tempo ausente, mas entendo que vai voltar a tempo para nosso próximo encontro.
> ROLAND: Ai, meu . . . deeeus.
> ALICE: Você não parece nada contente, qual é o problema?
> ROLAND: Estou contente que ele venha, mas não desejo ser envolvido com Deus e toda esta tralha piedosa.
> ROBIN: Para ser justo com o Sacerdote: ele não tenta nos converter. Para ser razoável com o P.A.: ele também não tenta nos converter. (AMF, III, 541)

Uma postura que possa ser qualificada como "psicanalítica" precisa ser diferenciada de posturas que caracterizam pedagogia, justiça e lei, sacerdócio ou o parental. Fenômenos de transferência parecem constituir-se como convite para confundir psicanálise como o trabalho exercido por juízes, professores, sacerdotes e, em última análise, pais. Análise pessoal das tendências narcisistas no praticante – que, na ausência desse escrutínio, será no máximo um membro de alguma instituição que se diga psicanalítica, mas nunca um psicanalista – será fundamental para que essa pessoa possa alcançar um nível mínimo de discriminação. Um analista não julga; ele observa, percebe, aprecia e descreve. Uma análise mostra como uma pessoa é; nunca como uma pessoa deveria ser. Julgamentos de valor são relevantes em uma sessão de psicanálise na extensão em que esteja sendo algo emergente na sessão, como algo originário da personalidade, ou da estrutura de personalidade, ou dos processos de não-pensar do analisando:

> Já que os psicanalistas não almejam conduzir a vida do paciente, mas capacitá-lo a conduzi-la de acordo com suas próprias luzes e, portanto, conhecer que luzes são estas, $T^a\beta$,[54] sob a forma de uma interpretação ou de um estudo científico escrito,

---
[54] A sigla representa o produto das transformações feitas por um psicanalista, a respeito de associações ou sonhos ou qualquer enunciado verbal emitido por um paciente. Favor ver os

precisaria representar a representação verbal do analista referente a uma experiência emocional. (T, 37)

ROBIN: E seu dia de trabalho não consiste em discutir as qualidades e defeitos dos outros?

P.A.: Tento demonstrar as qualidades do indivíduo. Se elas são créditos ou débitos, ele pode então decidir por si mesmo.

ROLAND: Achei que você os curava.

ROBIN: Eu também achava isso.

P.A.: "Cura" é uma palavra que, como "doença" ou "estado mórbido", é emprestada dos médicos e cirurgiões para descrever nossas atividades de um modo compreensível. (AMF, III, 541)

ROLAND: Ou você é muito modesto ou psicanálise não é algo muito eficiente.

P.A.: Nenhum dos dois. A psicanálise é um bom instrumento: a experiência psicanalítica faz com que uma capacidade pobre para certas coisas fique maior do que a sua.

ROLAND: Muito obrigado; muito gentil de *sua* parte!

P.A.: Eu não esperava que você gostasse de minha opinião, e seu desprezo não se perde em mim. Se eu fosse vítima de depressão, poderia me desesperar com sua impenetrável complacência. Ela só torna mais familiar o fato de que me é impossível conseguir ajuda de uma atitude crítica. Ajudaria um pouco se eu pudesse apelar para o efeito purificante da crítica austera. Mas não posso. Admiração fantástica e hostilidade complacente: ambos são lixo mental disponíveis em grande quantidade. *Não* valorizo sua censura nem tampouco seus elogios.

ROLAND: Você acha que eu valorizo os seus?

P.A.: Eu sei que não; na minha opinião, você não pode. Foram as centenas de "vocês" cultos, educados e bem-intencionados que se constituíram em um peso que a Inglaterra não pôde mais suportar e acabou afundando sob tal peso.

(Rosemary entra inesperadamente e sem ser notada; senta-se e ouve)

ROLAND: Pensei que se presumisse que vocês fossem imparciais.

P.A.: Durante a prática de meu trabalho, eu sou; mesmo quando não estou envolvido na minha profissão, mantenho hábitos de imparcialidade. Sejam quais forem as circunstâncias ou contingências, meu impulso natural inclinar-me-ia antes para a justiça do que para a injustiça. Mas isso não é o que *você* quer dizer quando fala de imparcialidade – você está falando de uma parcialidade que favoreça os seus

---

verbetes "transformações", "transformações do analista", "transformações do paciente", "invariâncias".

pontos de vista. Não é algo natural para mim ser parcial com os seus pontos de vista até que eu tenha razões para conhecê-los. (AMF, II, 308-309)

P.A.: Você pode não invejar o tipo de eminência que estimula a minha inveja, e, no entanto, você tem sentimentos de inveja. O fato d'eu eventualmente não ser capaz de definir sentimentos, sejam seus, meus, ou aqueles que não são seus nem meus, não significa que os sentimentos não existam, não tenham existido ou não possam vir a existir no futuro. Em algum estágio eles podem ficar tão evidentes que se torne possível conectá-los a algum nome.

ROBIN: Embora eu esteja consciente da pressão do que chamo de sentimentos sexuais ou invejosos, eu me sentiria ultrajado caso me dissessem que sou sexual ou invejoso.

ROLAND: Fico particularmente irritado quando outros podem verbalizar sentimentos meus que eu mesmo não posso.

P.A.: Este é um componente constante da prática da psicanálise, mesmo que não seja constantemente percebido. Os sentimentos de culpa são mal-vindos e facilmente evocam-se, mesmo em crianças. É difícil dar uma interpretação que seja distinta de uma acusação moral.

ROLAND: Este, com certeza, é um defeito de psicanálise?

P.A: Sem dúvida; mas, na medida em que eu concordo, vocês tenderão a admitir que somente a psicanálise sofre dessa fraqueza, ao passo que eu acredito que isso é uma experiência fundamental. É essa experiência fundamental, que subjaz ao diálogo de Platão sobre Sócrates, no *Fédon*, que está sendo revivida aqui – alguns séculos depois — nesta discussão. (AMF, III, 480)

Em *Attention and Interpretation*, o privilégio do individual sob o vértice analítico – "*Os psicanalistas aceitam que seu campo seja o indivíduo*" (AI, 127) – pode ser comparado com o vértice de agências morais da sociedade, do meio circundante ao indivíduo. Isso abrange sistemas teóricos e certos questionamentos a respeito deles: "O esquema de Freud – id, ego e superego – sugere uma visão pessoal da organização da personalidade, ainda que não haja nada que sugira que o esquema represente uma preferência, e não uma observação" (AI, 127).

ADOLF: Por que diabo você está usando essa couraça toda?

ALBERT: Pode me chamar de Albert. Estou usando isso para o Diabo. Que diabo você supõe que seja? Estou descansando; é o meu estágio de esporo.

ADOLF: Mas eu arranjei estes dentes para os esporos. Sua existência vegetativa é uma ofensa. É uma provocação, cara! É uma resistência! Você está enfiando ideias na minha cabeça. Eu estava muito bem antes de você ficar aí incitando os dez mandamentos. Desse dia em diante, nem dormir eu consigo – o desejo de cometer adultério me persegue como uma sombra. E tudo por sua culpa.

ALBERT: Lá vem você! Agora você está fazendo eu me sentir culpado. Por que não guarda sua consciência para si mesmo? Agora fico remoendo o tempo todo a consciência e a reconsciência e o remorso. Um mundo sem fim – Amém.

ADOLF: Guarde sua religião para si! Agora você faz com que eu queira ir à missa. Bem feito! Bem feito que eu te coma!

ALBERT: Você me acordou muito cedo. Tenho que dormir de novo.

ADOLF: Me acorda daqui a uns mil anos.

ALBERT: Nessa época eu já devo ter chegado ao seu ânus.

ADOLF O lugar certo para o remorso de qualquer um – mantenha distância da minha boca e dos meus dentes! Fica na outra ponta do canal alimentar.

ALBERT: Não vá botar a culpa em mim se tiver cólicas. Você não pode me culpar se me devorar. Minha couraça, minhas resistências, meus esporos são um tanto rijos. Tem certeza de que seu ânus pode com eles? (AMF, III, 83-84)

Referências cruzadas sugeridas: Animal fazedor de instrumentos; Instituição *("Establishment")*; Visão analítica.

Jung

Existe uma discreta referência crítica à obra de Carl Gustav Jung nos escritos de Bion. Afirma-se que ele esteve presente às palestras de Jung em Londres; leitores tardios tendem a identificar o misticismo de Jung com o uso que Bion faz do modelo místico.

SACERDOTE: Não foi Jung, aquele que disse isto?

P.A.: Jung disse concordar com a descrição de transferência feita por Freud; também falou de arquétipos e de um inconsciente coletivo. Não vejo por que Jung não poderia chamar a figura de Édipo de um arquétipo, se assim o quisesse; ou dizer que existe um equivalente da figura de Édipo em todo ser humano, mas não vejo qualquer necessidade de acréscimos a fatos já descritos por Freud. Se eu visse uma maneira melhor de demonstração, não hesitaria em utilizá-la. O postulado de um inconsciente coletivo me parece desnecessário. Jamais diria, por exemplo: isto é evidência de um "olho coletivo", quando duas pessoas veem uma montanha. Mais

J

simples dizer: ambos têm olhos que funcionam de modo similar. Não usaria uma expressão que pudesse arriscar um aumento em ambiguidade para algo, na melhor das hipóteses, que seja suficientemente ruim. (AMF, II, 422)

K

K

A letra K, inicial das palavras na língua inglesa *know*, *knowledge* e *knowing*, é utilizada na obra de Bion como um símbolo para representar a presença de processos de conhecer em indivíduos. Essa presença se manifesta por vínculos sob pelo menos quatro modos, em termos de desenvolvimento psíquico: (i) um vínculo intrapsíquico, da pessoa com ela mesma, simultâneo e em consequência de um vínculo entre duas pessoas, um bebê e sua mãe, ou alguém que exerça maternalidade sobre o bebê, o que incrementa o vínculo do bebê com ele mesmo; (ii) como consequência de (i), entre o bebê e seu pai, ou alguém que exerça paternalidade com o bebê; (iii) entre pessoas e coisas concretizadas, ou materializáveis; (iv) ou entre pessoas e eventos. Corresponde ao que Aristóteles descreveu como "urgência em conhecer" que caracteriza a nós, seres humanos; e ao que Freud descreveu como "instintos epistemofílicos".

Sinônimos: Vínculo K; *"conhecer"*, 50); na evolução da obra de Bion, houve maior precisão quando K passou a representar a natureza transitória e dinâmica do *"conhecer"* (EP, 3), incluindo, mas nunca limitado a um conhecer teleológico e, portanto, estático – passível de ser mal-apreendido – ou *"fragmento de conhecer"* (LE, 47).

Sob um vértice da história cronológica das contribuições de Bion à psicanálise, pode-se afirmar que o vínculo K faz parte daquilo que o autor deste dicionário propõe classificar como a primeira teoria sobre vínculos proposta por Bion. Também constitui-se como um dos alicerces das integrações feitas por Bion de teorias de psicanálise propriamente dita propostas por Freud com uma teoria de psicanálise proposta por Klein. Especificamente: a teoria dos dois princípios do funcionamento mental, a teoria sobre instintos humanos como base do funcionamento psíquico e a teoria de identificação projetiva. Parece ao autor deste dicionário que um fato pouco enfatizado – é possível que nunca tenha sido enfatizado, se nossa investigação possa ser considerada como suficiente – é que o todo da teoria a respeito de instintos elaborada por Freud inclua pelo menos quatro grupos de instintos (cronologicamente, de 1909 a 1924): instintos epistemofílicos, instintos de vida, instintos de morte e instintos gregários, ou de formação de grupos.

Atenção e cuidado com processos de conhecer constituem-se como características básicas na pesquisa em psicanálise – a qual pode ser vista, sem temor de enga-

K

no, como uma das atividades científicas exercidas por nós, seres humanos. A psicanálise ocupa-se com o conhecer. Trata-se de elaboração científica sobre o psiquismo humano: uma tentativa de obter acesso prático e teórico à nossa vida interior (se utilizarmos a classificação proposta por Claude Bernard); incluindo, mas também aquém e além, nossa existência material. Independentemente de qualquer outra nomenclatura que possamos escolher – não há falta delas: mente, alma, espírito, mundo interior, vida emocional, personalidade, caráter, ego, id e pelo menos mais outros 44 nomes – para rotularmos aquilo que Freud denominou "realidade psíquica", constituiu-se como nossa tarefa apreender o que seja isso. O excesso de nomes pareceu facilitar tal tarefa; mostrou-se como dificuldade e índice de desconhecimento. Conhecer – e lidar com aquilo que permanece desconhecido apesar de avanços no conhecer – é uma atividade que originou a ciência.

Ocupação que marcou toda a obra de Bion, filiando-se a uma linhagem na qual podemos identificar o nome de algumas pessoas, de modo exemplar: Alcméon de Crotona, Sócrates, Platão, Aristóteles, culminando com Freud. Nas tentativas de todos eles, e muitos outros, observa-se uma invariância, que pode ser formulada verbalmente do mesmo modo como fez Aristóteles em obra (nunca nomeada por ele) com as reflexões que fez sobre seus estudos sobre a natureza humana: uma "urgência por conhecer".[55] A mesma urgência mencionada por Aristóteles pode ser encontrada nos estudos de Bion sobre o início dos processos cognitivos e da formação de um aparato de pensar; no entanto, a obra de Bion nunca apelou para elaborações desprovidas de prática típicas de filósofos, que podem ser vistas em estudos denominados por Ernst Cassirer de "o problema do conhecer":

> Dúvidas sobre a capacidade humana de conhecer algo subjazem às investigações do filósofo da ciência; hoje em dia, essas dúvidas originam-se da inescapável consciência de que a situação representada pelos termos abstratos x K y é idêntica a x L y ou x H y na existência intrínseca de elementos animados. Equivale a dizer que, na mesma proporção em se desaloja o elemento vivo pela introdução de um maquinário inanimado, extingue-se L, H ou K. Por essa razão, o filósofo da ciência tornou-se associado a um problema de importância magnificada pela psicanálise es além dessa razão, por mais duas séries de razões: x tem o vigor e mostra-se em detalhe ter a fragilidade que sempre se suspeitou que ele tinha quando (x) inicia uma investigação de y relacionada à capacidade de y se contactar à realidade. Não

---

[55] O título "Metafísica" nunca foi dado por Aristóteles – falecido 150 anos antes da cunhagem desse termo de conotação meramente editorial, significando "o que veio depois da física". O termo foi dado por um tradutor e editor da obra de Aristóteles no início do império romano: Andrônico de Rodes. Física, na obra de Aristóteles e de todos os antigos gregos contemporâneos seus, por sua parte, abrangia não apenas o que hoje entendemos como física, mas também biologia e matemática.

me proponho a dispensar tempo para lidar com os problemas filosóficos, pois tal atividade pode ser encontrada em Kant, Hume e seus sucessores. Mas desejo enfatizar que tudo até hoje dito sobre o problema do conhecimento aplica-se com força particular à psicanálise; e que a psicanálise se aplica, com força particular, a esses problemas. (LE, 48)

Psicanálise provê instrumentos para lidarmos com as questões que emergem quando o intuito é o de obter conhecimento: *"desejo enfatizar que tudo até hoje dito sobre o problema do conhecimento aplica-se com força particular à psicanálise; e que a psicanálise se aplica, com força particular, a esses problemas"* (LE, 48)"; *"Estou convencido da força da posição científica na prática psicanalítica"* (LE, 77). O que garantiria uma postura científica? O fato de que a psicanálise se baseia em observação clínica.

As contribuições advindas da obra de Freud, aliadas à maior experiência clínica, mostraram o **modo** pelo qual emoções interferem no problema do conhecer; de modo específico, a influência do fenômeno sensorialmente apreensível que denominamos dor. Trata-se de um fator sempre presente, que se impõe ao analista. Se o conhecimento de um seio real é viável, incluindo tolerar-se a ausência do seio – ou o não-seio –, dor é um fato inevitável, que sempre acompanha a experiência. Graças às contribuições de Freud, Klein, Winnicott e Bion, sabemos que distúrbios de pensamento incialmente observados em esquizofrênicos são visíveis em qualquer pessoa cuja análise se estenda por tempo suficiente, em que emerge dor – em última instância, no incremento de considerações e enfrentamento do que é verdade. Usualmente, a pessoa teme sentir-se louca. Dor qualifica-se como fato selecionado (q.v.), como invariância nos processos do conhecer.

Kant observou a insuficiência de utilizar os cinco sentidos humanos básicos e também a "razão pura" para garantir o conhecer. Hume observou que "conjunção constante" forma apenas construções psicológicas, indicando mais a realidade do estado psíquico do observador do que traços verdadeiros que compõem realidade. Em termos analíticos, obter sensações do conhecimento significa que a evasão da frustração está operando, e não o modificando.

No exemplo utilizado por Bion: x K y (x conhece y) representa dolorosa e complexa experiência emocional, na medida em que inclui o não-conhecimento. Caso o processo se desenvolva, surgirá a percepção de que x retira algum conhecimento de y. Ao não se conseguir uma sensação de conhecimento, "tenta-se a evasão ao substituir-se o significado 'x é possuído por um traço de conhecimento chamado y' de tal modo que x K y não representa mais a experiência emocional dolorosa, mas alguma experiência supostamente indolor" (LE, 49).

Entre 1959 e 1960, desenvolvendo a teoria da função α, (ver os verbetes "função-alfa"; "trabalho onírico alfa (α)"; "elementos-alfa"), Bion considerou de modo aprofundado o método científico, tomando todas as precauções para não resvalar

K

em ideias de conhecimento de realidade absoluta, mantendo-se no exame psicanalítico de uma estrutura de pensar em indivíduos particulares: "Reservo o termo 'conhecer' para a soma total de elementos-α e β. Portanto é um termo que abrange tudo que o indivíduo sabe e não sabe. Não se pode supor, pela forma que utilizo o termo conhecimento, que ele implique a existência de alguma coisa-em-si denominada 'conhecimento'; é um nome para um postulado que não tem realidade; não existe nenhuma 'realização' correspondente na acepção de que sistemas matemáticos abstratos possam ter uma ou mais realizações concretas. Veremos que 'conhecimento', na minha acepção, pertencerá assim puramente ao domínio da epistemologia. Do modo como eu uso o termo, não tem nenhum sentido falar do conhecimento de astronomia, ou que haja qualquer realidade correspondente a um termo como 'conhecimento astronômico', exceto na acepção do indivíduo que emprega elementos-α e β na sua relação com um domínio de fatos" (C, 182).

No Capítulo 16 de *Learning from Experience,* por meio de observação participante de experiências emocionais durante sessões de psicanálise com pacientes com notáveis distúrbios em seus processos de pensar, expressas no relacionamento entre o paciente e o analista – no caso, Bion –, esse autor introduz pela primeira vez o nome "vínculo K", *"relacionado com um aprender pela experiência"*. (LE, 45). Esse nome, ou "enunciado-chave", ou "formulação-chave", foi introduzido com outros dois: vínculo L e vínculo H (ver verbetes específicos). Não se trata de conseguir enunciados que pretendam dominar alguma verdade absoluta: Bion parece, pelo menos para o autor deste dicionário, ter se orientado segundo a tradição científica, melhor expressa pela matemática. Tanto a ciência como a matemática não pretendem conhecer a realidade última; cientistas e matemáticos tentam descrever e manejar relacionamentos entre variáveis – cuja essência permanece ultimamente desconhecida. Ou, nos termos agora tradicionais em psicanálise, inconscientes. As variáveis sobre as quais podemos apreender alguns relacionamentos entre si podem ser coisas concretas, ou materializadas; podem ser eventos; podem ser entidades animadas, como nós mesmos, seres humanos.

Bion tenta nomear e descrever relações entre elementos de um modelo teórico, que pretende ter alguma contrapartida na realidade:

> A escolha de **L** ou **H** ou **K** não é determinada por uma necessidade de representar fatos, mas pela necessidade de fornecer uma chave para o valor de outros elementos que estão combinados na afirmação formalizada. Em psicanálise, sempre que uma formulação depende de outras formulações para o estabelecimento de seu valor, impõe-se a necessidade de reconhecer uma formulação-chave desse tipo. (LE, 47)

L e H são relevantes – ou podem ser – para K; no entanto, se o propósito é K, "nenhum deles conduz, por si, a K" (LE, 47). Ter um objetivo, ou um propósito "K", não equivale a ter um amor abstrato por conhecimento, e sim uma necessidade de conhecer um determinado paciente. Bion representa essa necessidade segundo uma formulação quase matemática, *"analista K paciente"*. Assim como se pode ler de modo escandido a formulação sintática "a + b" como "a mais b", pode-se ler a formulação sintática *"analista K paciente"* como uma formulação gramatical: "um analista conhece algo de um paciente". Trata-se, portanto, de uma formulação para denotar uma relação. *"Analista K paciente"* é uma frase que *"representa uma experiência emocional"*. Essa experiência emocional é propiciada por uma sessão de análise. Existe uma sugestão: *"se x K y, então x faz algo a y. Representa um relacionamento psicanalítico"* (LE, 47).

Processos usados para conhecer e conhecimento

Uma atividade K implica recorrer à abstração, em contraste com um processo de concretização – que pode ser visto como processo reverso – pelo qual palavras deixam de ser signos abstratos: tornam-se coisas-em-si-mesmas. Abstração e formalização são essenciais quando existe uma tentativa para demonstrar-se uma relação.

> À medida que proponho seu uso, inexiste um senso de finalidade; ou seja, um significado de que x tem posse de um fragmento de conhecimento chamado de y, mas que x encontra-se em um estado de conhecer y e y está em um estado de ir sendo conhecido por x. O enunciado x **K** y, até o ponto em que significa que x possui um fragmento chamado y, cai na categoria de uma relação entre a pessoa que faz o enunciado e a pessoa para quem o enunciado é feito *e* uma relação que x e y sobre os quais ele é feito. (LE, 47)

Isso inclui a ideia de um processo que nos permite encetar uma pesquisa naquilo que é desconhecido: *"cobre tudo aquilo que um indivíduo sabe e que não sabe"* (C, 182). Fica visível a existência de um paradoxo, e uma tolerância deste paradoxo: conhecer inclui não-conhecer. Experimentar verdade inclui experimentar mentira; experimentar realidade inclui um experimentar de alucinação.

A questão, "Como x pode conhecer alguma coisa?" expressa um sentimento que parece doloroso e inerente à expressão emocional que represento por x **K** y. Uma experiência emocional sentida como dolorosa, pode iniciar uma tentativa de se evadir ou de modificar a dor, de acordo com a capacidade de a personalidade tolerar a frustração. Evasão ou modificação, de acordo com a visão expressa por Freud, em seu artigo 'Formulações sobre os dois princípios do funcionamento mental'

(1911b), visam remover a dor. A relação x **K** y é utilizada para tentar a modificação, conduzindo a um relacionamento onde x é possuidor de uma parte de conhecimento chamado y – o significado de x **K** y que repudiado na página anterior. Por outro lado, a tentativa de evasão é feita pela substituição do significado "x é possuidor de uma parte de conhecimento chamado y" de tal modo que x **K** y não representa mais a experiência emocional dolorosa, mas a experiência que se supõe indolor. (LE, 48-49)

Portanto, exercer-se um vínculo K incorre necessariamente em um risco: uma manobra para se obter algum conhecimento "tem a intenção de negar, e não firmar aquilo que é real; de des-representar e não representar a experiência emocional, ao fazê-la parecer uma satisfação, e não uma excitação por satisfação. A diferença entre o alvo da mentira e o alvo da verdade pode ser expresso como uma mudança no sentido em x K y, relacionado à intolerância da dor associada com sentimentos de frustração . . . é possível incrementar a compreensão do insano considerando seu fracasso em substituir uma des-representação dos fatos pela representação que corresponde à realidade, que, portanto, a ilumina. Provavelmente, a explicação do motivo disto encontra-se no enunciado de Freud, 'abandona-se a alucinação apenas em consequência da falta de gratificação esperada'" (LE, 49).

Até então, examinava-se o vínculo K sob a luz da teoria dos dois princípios freudianos do funcionamento mental; uma maior precisão no exame está sendo obtida por uma chave: a observação de haver um processo alucinatório de que existiria satisfação sendo substituído pelo seu contrário, ou seja, pela possibilidade de tolerar-se uma urgência condenada à insatisfação. Há ainda a possibilidade de que, em analogia a um "tribunal de último recurso", pacientes excepcionalmente intolerantes à frustração apelem para atividades de des-entender, de forçar a prevalência de representações errôneas – expressando ódio à verdade – na tentativa de assegurar uma evasão de experiências sentidas como dolorosas, que, idealmente, na fantasia do paciente, pudesse ser contínua. Essa eventualidade – não se trata de alternativa, pois o autor deste texto supõe que alternativas existem na realidade – é examinada com mais detalhe neste dicionário no verbete "menos K (–K)".

A teoria a respeito de continente e contido (q.v.), coberta por verbete específico neste dicionário, faz parte da teoria dos vínculos. As duas se incorporam, do ponto de vista de teoria da ciência, em uma teoria do conhecimento, já que a psicanálise é, em si, uma teoria do conhecimento. Na obra de Bion, pode-se identificar o vértice de uma teoria do conhecimento geral que se iniciou como teoria do pensar, sob o vértice analítico. Essa teoria geral foi sofrendo emendas, compactadas e esclarecidas nos capítulos finais de *Learning from Experience*. Constituiu-se como uma das poucas teorias de psicanálise propriamente dita, contrastada com teorias de observação psicanalítica elaboradas por Bion. Parece-nos importante, como fio condutor na elaboração desta teoria do conhecimento, uma atenção contínua ao funcionamento intrapsíquico. O modelo K passa a ser usado em conjunção com a Teoria do Pensar (q.v.); especificamente no que tange à evolução dos processos de cognição do bebê, e também em adultos, a partir de pré-conceitos, que determinam uma busca instintiva e intuitiva – por necessidade de sobrevivência humana – por realização. O objetivo dessa evolução é a geração de conceitos. K, que precisa ser examinado sob o vértice das interações mútuas entre continente e contido, é sempre permeado por sentimentos, afetos e emoções. O desenvolvimento emocional do bebê e seus ciclos posteriores na infância, adolescência e maturidade podem ser vistos, conforme a proposta de Bion, como formulação verbais que representam modificações (mudanças) no continente e no contido, que se conjugam por meio de experiências emocionais. Tal desenvolvimento inclui necessariamente incrementos e também decréscimos em conhecimento/não-conhecimento, estabelecendo dúvida – que pode ser dúvida científica, artística, filosófica, sexual, o que for. Formam, como um todo, um processo de conhecer. Incrementos ou seu contrário sempre são dados individualmente; podem ser vistos em psicanálise, que é uma atividade individual, em um grupo de duas pessoas, como esclareceu Rickmann. Bion chama esse processo de "aprender com a experiência". É um processo que mantém analogias com pelo menos dois de nossos sistemas orgânicos: os sistemas digestivo e reprodutivo.

🕐 K associa-se à curiosidade (T, 67). É possível representar K por meio do instrumento "Grade" (Grid). Não se pode obter conhecimento real por meio de razão, pois razão é *"escrava das paixões"* (T, 73); Bion sugere o uso da intuição para que possamos experimentar *"transformações em O"* (q.v.). Em termos de teoria do conhecimento, ou de teoria da ciência, Bion expande psicanaliticamente as observações de Platão (a respeito de Formas Ideais), de Kant (na crítica da razão pura) e de Freud (nas observações sobre erro alucinatório no uso de racionalização).

Há um percurso em uma psicanálise; almeja-se um objetivo; é possível caracterizar o percurso e o objetivo em termos de tempo e de um ponto (no espaço-tempo) de partida. Em psicanálise, pode-se evoluir de K para O, e isso expressa o objetivo e o percurso. O leitor pode examinar os verbetes específicos. Bion recorre tanto a Hume como à poesia de Milton no que diz respeito a conjunções constantes, responsáveis por processos de vinculação e aglutinação de pensamentos, parte integrante e necessária nos processos de pensar; na consideração da razão como escrava das paixões e na necessidade de enfrentar-se o desconhecido, durante uma sessão analítica:

"Nascente mundo de profundas, obscuras águas

do infinito vazio e sem forma arrebatado."

K

> Não estou interpretando a fala de Milton, mas usando-o para representar **O**. O processo de aglutinação constitui uma parte do procedimento pelo qual algo é "do infinito vazio e sem forma arrebatado"; este processo é K; é preciso ser distinguido do processo por meio do qual **O** é "tornado". O sentido de dentro e fora, objetos internos e externos, introjeção e projeção, continente e conteúdo, todos estão associados com K. (T, 151, grifos do original)

No final de sua vida, Bion dedica mais – e talvez melhores – descrições a respeito da natureza viva e transitória dos processos de conhecer: P.A.:

> Parece-nos que o caso é este. Mas será que aquilo que "nos" parece é para ser encarado como sendo idêntico ao fato? O Sacerdote e outros parecem pensar que nós, os psicanalistas, apregoamos saber. Encaro qualquer coisa que "sei" como sendo uma teoria transitiva – uma teoria "a caminho" do conhecimento, mas não o *conhecimento*. É meramente uma "parada para descanso", uma "pausa" onde eu possa ficar temporariamente livre para estar consciente de minha condição, mesmo que essa condição seja precária. (AMF, III, 462)

Espaço K

K parece ser o *"espaço no qual normalmente se considera que a análise clássica ocorra e no qual as manifestações transferenciais clássicas tornam-se "sensorializáveis"* (T, 115).

Falhas na apreensão do conceito, mal-entendidos e distorções:

1. Bion adverte sobre tentativas de usar K como se fosse um fragmento de conhecimento.
2. Usar K – e a teoria dos vínculos – como se fosse evidência ou mesmo prova de uma filiação de Bion a uma imaginária escola "relacionista" dentro do movimento psico-analítico. Aos membros do movimento psicanalítico que tentam usar K desse modo, será útil que prestem devida atenção, por exemplo, ao texto em que Bion introduz a teoria sobre continente e contido.[56]

> O próximo passo na abstração é ditado pela necessidade de designação. Vou usar o sinal ♀ para a abstração de continente e ♂ para a abstração de contido.
> Os dois sinais tanto denotam como representam. São variáveis ou incógnitas, e nisso são substituíveis. São constantes naquilo que são substituíveis apenas por constantes. Para objetivos sintáticos, são functores.

---

[56] O autor deste dicionário, em nome da brevidade de comunicação, omite a numeração ordinal dos parágrafos no original de Bion, de 8 a 10.

Reconsiderando K sob a luz da discussão precedente: ainda que K seja, essencialmente, uma função de dois objetos, pode também ser considerado como função de apenas um objeto.

A manifestação mais precoce e primitiva de K ocorre na relação entre mãe e bebê. Pode ser colocada como a relação entre uma boca e o seio. Em termos abstratos, uma relação entre ♂ e ♀ (como propus pelo uso desses sinais) (LE, 90).

3. K e interpretação: leitores há, no movimento psicanalítico, que gostam ou talvez sentem que precisam negar a existência de L e de H, tentando instituir uma regra: para fazer a interpretação apropriada, deve-se usar exclusivamente K. Confundem a necessidade de disciplina sobre nossos processos de pensar durante uma sessão de psicanálise – disciplina sobre memória, desejo e entendimento – com regras rígidas e estáticas de boa conduta, introduzindo uma norma jurídica no trabalho clínico. Tentar negar a existência de L e H no exercício e eventual prevalência final de K – como uma etapa também transitória para tentar alcançar, ainda que parcialmente e por lampejos, O – exclui a abordagem intuitiva e apreciações dirigidas a cada caso individual, recomendadas por Bion (por exemplo, em EP, 51). O equívoco se incrementa quando consideramos que existe no texto de Bion uma recomendação dirigida especificamente à análise dos fenômenos associados à prevalência de personalidade psicótica (q.v.) – usualmente denominada análise de psicóticos; neste caso, algo específico desta análise fica sendo recomendado como se fosse uma postura generalizadora, para todas as análises da psicose e do psicótica com uma postura geral. Em prevalência de personalidade psicótica, torna-se necessário iluminar os desafios a K – ódio à verdade; iluminar o desprezo assassino por K, no favorecer tendencioso a climas emocionais, plenos de identificação projetiva e reversão de perspectiva (q.v.). Pacientes neste estado tentam, por todas as formas, provocar interpretações baseadas exclusivamente em H e L; e, nesses casos, torna-se necessário disciplinar-se para não ser vítima desses climas – e, mais ainda, tentar frear a análise, como se houvesse um ponto final. Portanto, nesses casos, que podem ser momentos em uma análise – e sempre o serão em qualquer análise que seja profunda o suficiente para alcançar fenômenos psicóticos –, será necessário (mas não como norma jurídica estabelecida por alguma autoridade que se julga perfeita, ou superior) tentar *"estabelecer um vínculo K"* (T, 61). Isso se aplica ao *"tom emocional que acompanha a interpretação"* (T, 60) e está relacionado com a *"aparente cobrança do paciente por uma exatidão, tanto da própria comunicação verbal como do concomitante emocional"* (T, 61). Embora Bion considere que estabelecer um vínculo K será, *"afinal das contas, o caso com qualquer interpretação, não pode haver nenhuma emoção pertencente ao grupo H ou L"* (T, 61); isto se refere a um momento específico do ato de interpretar, em que H e

K

L podem ser um prelúdio ou podem ser uma consequência da interpretação. Será necessário ter cuidado especial pacientes exigentes, que ocupam a posição esquizoparanoide em tempo integral e dedicação exclusiva, que nunca dão *"uma certa folga para a facilidade humana de cometer erros"*, que se comportam "como se a comunicação verbal não tivesse sido recebida, ou que ela é um veículo para transmitir algum aspecto de L ou H – geralmente a projeção deste aspecto para dentro do paciente" (fn T, 61).

&; O autor deste dicionário propôs uma integração entre os dois modelos da teoria do pensar de Bion (Sandler, 2000c).

"Kleiniano"

> P.A.: *Gostaria de expressar o reconhecimento do meu débito a Freud e Melanie Klein; no entanto, eles poderiam ficar afrontados com tal atribuição. Eu poderia reconhecer minha dívida também a outros, mas estou consciente de que muitos achariam que tal reconhecimento é muito mais um "dever" do que um "haver"; eles poderiam não desejar ser encarados como meus precursores mentais. Tampouco desejo vestir a plumagem do pavão quando as minhas cores verdadeiras são as penas do pardal.* (AMF, II, 360-361)

Bion manteve uma postura cuidadosa no que se refere ao adjetivo "kleiniano" – um produto de uma crença entre alguns membros do movimento psicanalítico. Deixa explícito, em um momento de sua obra escrita, que se curva a um costume amplamente usado; sua utilização do costume pode servir para propósitos de comunicação. É nesse momento que tenta introduzir a concepção de que interpretações são transformações de experiências originais durante uma sessão de análise, formuladas a partir das observações e, consequentemente, em termos teóricos, das teorias de Klein ou de Freud: *"Deploro, na prática, usar termos como 'transformação kleiniana' ou 'transformação freudiana'. Eles são usados aqui para simplificar a exposição"* (T, 5, nr 1).

Dois anos antes de falecer, expressa a questão de modo igualmente enfático:

ROBIN: Até agora, pelo menos, nós conseguimos evitar uma formação em uma Instituição com uma doutrina e um uniforme – nem mesmo um uniforme mental.

P.A.: Até agora. Fiquei surpreso ao descobrir que até mesmo o meu nome começou a passar de boca em boca. Eu costumava pensar que Melanie Klein era um pouco otimista e irrealística – embora sincera – ao deplorar a ideia de que as pes-

soas se autodenominassem de kleinianas. Freud esteve alerta para o perigo de que muitos poderiam subir na vida abrigados sob o guarda-chuva da "psicanálise", mas eu não esperei jamais me encontrar incluído entre os efêmeros refrescos espirituais, brilhantes e coloridos, mas que esmaecem rapidamente.
EDMUND: Até mesmo as supernovas escurecem – no devido tempo.
ROLAND: Mas o mal que fazem sobrevive a elas – se for verdade que interferem na herança cromossômica. (AMF II, 259)

Bion tentou demonstrar a questão com um alerta, o do fanatismo dogmático:

P.A.: Todos nós ficamos escandalizados pelo fanatismo. Nenhum de nós gera fanatismo; quer dizer, nenhum de nós consegue admitir que nós mesmos somos a fonte da qual flui o fanatismo. Como resultado, não reconhecemos aqueles que, dentro de nossa prole, apresentam características que desaprovamos. Melanie Klein, realmente, descobriu que a onipotência infantil, primitiva, era caracterizada por fragmentar traços individuais não desejados e então evacuá-los. (AMF, II, 229)
PAUL: Não faço a menor ideia, mas o nome de Pitágoras se impôs, e ao grupo que eles formavam deu-se o nome de Pitagóricos.
P.A.: Algo meio parecido ocorreu com a psicanálise. Ninguém sabe o que vem a ser isto, mas as pessoas, lá, são chamadas de freudianas e kleinianas. Vexilla Regis Prodeunt.
PAUL: Avante, soldados cristãos, marchem como se fosse para a guerra. (AMF, II, 237)

Seis meses antes de falecer, novo alerta: inclui esta história de "kleinianos", dentro do contexto de fantasias de superioridade e idolatrias:

Tive muitas oportunidades de ouvir meus pacientes falarem sobre meus muitos defeitos e falhas, assim como sobre os defeitos e falhas da psicanálise. O mesmo tipo de coisa ocorreu quando transferi minhas atividades – pensei então que seria por um período curto de tempo, talvez uns cinco anos – para os Estados Unidos. Levou muito tempo para me acostumar, uma vez mais, ao fato de que ninguém jamais ouvira falar de mim, a não ser uma ou duas pessoas que pareciam sentir, por alguma razão, que queriam ter alguma assistência a mais. Ao mesmo tempo, haviam me atribuído uma série de qualidades ou capacidades que pareciam ser irrelevantes; se eu tivesse as qualificações ou o hábito, teria me achado metido no papel de um tipo de messias ou deidade. Tudo isso correu paralelamente com o tornar-se cristalinamente claro para mim que eu era um mero ser humano, que a psicanálise, afinal de contas, era apenas uma forma de comunicação verbal, e que havia limites para o que se podia fazer com ela – especialmente pelo fato de a pessoa estar na dependência de ter alguém que ouça aquilo que ela tem a dizer. Assim, por ter que dizer alguma coisa, e também por ter que haver alguém que ouvisse o que eu dizia, ficou claro que estava sendo impingida a mim uma posição, ou eu estava sendo convidado a ocupá-la, inteiramente alheia a meu alcance ou capacidade.

Comparando minha experiência pessoal com a história da psicanálise, e mesmo com a história do pensamento humano, que tentei esboçar *grosso modo*, parece bastante ridículo que alguém se encontre na posição de ser visto estando nessa linha de sucessão, ao invés de constituir apenas uma de suas unidades. É ainda mais ridículo esperar-se que alguém participe de um tipo de competição por precedência, de quem está por cima. Por cima do quê? Onde esse por cima entra nesta história? Onde entra a própria psicanálise? O que está em disputa? O que é esta disputa na qual se supõe que alguém esteja interessado? Sempre ouço – como sempre ouvi – que sou um kleiniano, que sou louco. Será possível estar interessado nesse tipo de disputa? Acho muito difícil ver como isso poderia ser relevante, cotejado com o acervo de luta do ser humano para emergir da barbárie e da existência puramente animal para algo que poderia ser denominado uma sociedade civilizada.

Uma das razões pelas quais estou falando isto aqui é porque penso que seria útil caso nos lembrássemos da proporção das coisas nas quais estamos envolvidos, e onde, aproximadamente, se localiza um pequeno nicho que poderíamos ocupar. (C, 377)

ROLAND: Você soa como Gilbert e Sullivan.

TRIGÉSIMO SOMITO: Nunca ouvi falar deles.

ALICE: Não dá pra aguentar esta droga. Deem-me Bach e Mozart.

DIABO: Tenho certeza de que o P.A. vai reconhecer as beligerantes seitas musicais como as teorias psicanalíticas sob nova roupagem. Dryden teria dado boas risadas!

P.A: Estou certo de que ele riu, ri e rirá. Isto não é divertido para pessoas como eu, que ainda estão conscientes, despertas e cônscias do meio que as cerca, como o é para Deus ou para o Diabo. Por falar nisso, como devo me dirigir a você? Vossa Satânica Majestade? Vossa Id-iotia?

DIABO: (curvando-se polidamente) Faça sua escolha. Não sou cheio de nove horas, como eles lá no Outro Lugar. Fanatismo e Intolerância são simplesmente os meios onde eu floresço. Nós o tecemos em um véu bem fino no qual projetamos as nossas demonstrações para identificação.

P.A: Meu Deus! Você não é um kleiniano, é?

DIABO: Será possível que você está se dirigindo a mim? Será que você é uma destas pessoas para quem Deus é o Diabo? Não cultivo teorias; teorias são sintomas de animais gregários quando eles funcionam como membros de um grupo. Eu sou especial, individual, uma vítima da desaprovação. (AMF, III, 448)

Em uma conversa com um grupo de praticantes, na mesma época em que escrevia *A Memoir of the Future*, Bion sugeriu – em Nova York – que, *"Se a teoria kleiniana tem algo a ver com fatos reais, crianças devem ser kleinianas maravilhosas, pois sabem tudo a respeito do que é sentir-se criança. Porém não obtêm qualquer conceito: não podem escrever nenhum desses grandes livros – seus conceitos são cegos. Depois acabam esquecendo como é se sentir aterrorizado; pegam umas palavras que permanecem vazias – 'Estou aterrorizado'. É necessário que nos demos conta de que se trata de uma frase vazia; é um conceito apenas verbal, falta-lhe intuição"* (BNYSP, 40).

O diálogo prossegue:

Q. O senhor acabou de falar que toda criança é uma kleiniana; fiquei pensando se também é verdade dizer que todo kleiniano é uma criança.

B. Absolutamente verdade. Infelizmente, os kleinianos parecem crianças, mas tendo crescido, parecem-se muito com adultos. Todos nós temos essa ilusão, de que somos adultos, de que alcançamos o pico e de que não temos mais nada a aprender. É por isso que sugiro que se formule uma questão que seja aberta... Por que estou fazendo análise? (BNYSP, 40)

P. Existe alguma associação entre a sua recomendação - de que a pessoa evite memória e desejo - com a noção de abstinência de Freud, alguém que costumava dizer que era adequada para a prática dos analistas?

B. Pensaria que são muito próximas. Melanie Klein costumava dizer que não era uma analista "kleiniana", apenas uma psicanalista trabalhando na mesma linha de Freud. Mas, gostasse ou não, foi condenada a ser uma "kleiniana". Então, com referência à sua questão, a pessoa gostaria de ser capaz de reconhecer seu débito sem insultar aquele de quem se diz ter emprestado a ideia. (BNYSP, 83)

Na Itália, em 1977, foi ainda mais enfático:

Melanie Klein ficava bastante irritada ao ser rotulada de "kleiniana". Julgava ser uma psicanalista comum. Que simplesmente seguia as teorias estabelecidas da psicanálise. Betty Joseph disse: "É tarde demais. Goste ou não, a senhora é uma kleiniana". Não conseguia escapar disso; sob a pressão das várias objeções às suas ideias, tornou-se dogmática. Acredito ter se afastado da possibilidade de dar a devida atenção ao valor de certas ideias que merecem a chance de crescer e se desenvolver.

Em São Paulo, onde havia um intérprete, um ano antes de falecer (1978):

Intérprete. Gostaria de saber o que significa "kleiniano".
B. O senhor é um otimista. Mesmo a senhora Klein não sabia o que isso significava – protestava quando era chamada de "uma kleiniana". Só que, como lhe disse Betty Joseph: "A senhora chegou tarde – goste ou não goste, tornou-se kleiniana". Não havia nada que pudesse fazer a respeito. Então, ainda que aspiremos a respeitar o indivíduo, o fanatismo novamente mostra sua cara feia. Embora, pessoalmente, eu tenha a aspiração de respeitar os indivíduos, não me surpreendo mais quando descubro estar fanático a respeito de alguma coisa. (BNYSP, 86-87)

Mesmo sabendo não ser "kleiniano", Bion era grato a Melanie Klein; frequentemente deixava clara essa gratidão:

DOUTOR: Conheci algumas pessoas inteligentes, verdadeiros "crânios", que jogavam por Oxford; pareciam continuar sendo "crânios" e atléticos.
P.A: Felizardos! Se alguém pudesse saber como estas pessoas faziam isto, poderia resolver o problema de como produzir mais energia do que muque. Eu pensaria estar realmente me tornando um psicanalista se me tornasse mais energético por ser mais energético. Isso poderia capacitar outros a iniciar essa reação. Melanie Klein parece ter feito isso pela psicanálise.
BION: O quê! Você não está querendo dizer que é um kleiniano, está?
P.A: Você me lembra Sir Andrew Aguecheek – "Se me passasse pela cabeça que ele era um puritano eu poderia...!" Por que pergunta, Senhor?
BION: Achei que você apreciaria uma experiência que pudéssemos compartilhar. (AMF, III, 559-560)

P.A: Um feto pode não gostar de suas experiências, inclusive a percepção delas. Como resultado de suas experiências com crianças, Melanie Klein formulou uma teoria que se tornou conhecida mais tarde como "identificação projetiva". Ela *não* atribuiu isso a fetos.
ROLAND: Então por que complicar a teoria supondo a existência ainda mais precoce do mecanismo mental? Não é um fato que esta teoria kleiniana já é questionada por muitos psicanalistas?

P.A: Se fosse simplesmente uma questão de dizer "ditto, ditto pela Sra. Klein, só que ainda mais precoce", eu concordaria que existiriam todas as razões para dispensar tanto a teoria kleiniana como seu suposto "progresso" como sendo provavelmente ridículos e não merecedores do dispêndio de tempo e esforço envolvidos em considerá-los. Muitos analistas repudiam a extensão kleiniana da psicanálise conforme Freud a elaborara. Achei difícil entender a teoria e a prática de Klein apesar de – talvez porque – ter sido analisado pela própria Melanie Klein. Mas, depois de grandes dificuldades, comecei a sentir que havia verdade nas interpretações que ela me deu e que elas iluminaram muitas experiências, minhas e de outras pessoas, que até então estavam incompreensíveis, isoladas e não relacionadas. Metaforicamente, a luz começou a alvorecer e então, com intensidade crescente, tudo ficou claro.

ALICE: Você permaneceu convencido por meio de experiências posteriores?

P.A: Sim – e não. Uma das características dolorosas e alarmantes da experiência continuada foi o fato de que tive certos pacientes com os quais empreguei interpretações baseadas em minha experiência prévia com Melanie Klein, e, embora eu sentisse empregá-las corretamente, não podendo achar nenhum erro em mim mesmo, não ocorreram nenhum dos bons resultados que eu havia antecipado.

ROBIN: Em outras palavras: as objeções levantadas à teoria kleiniana pelos psicanalistas contemporâneos de Melanie Klein foram apoiadas pela sua própria experiência de futilidade?

P.A: Realmente, esta foi uma de minhas ansiedades – e foi uma que eu não me senti disposto a ignorar.

ROLAND: Mas você deve tê-la ignorado. Você não sente ter tido um interesse escuso encoberto em continuar a sustentar a psicanálise, kleiniana ou qualquer outra?

P.A: Eu estava ciente de que provavelmente iria ficar acalentando as minhas preconcepções. Mas passaram a ocorrer "aquis e agoras" e em cada um deles ocorria algo que me convencia de estar sendo tolo em abandonar as minhas ideias como se elas estivessem claramente erradas. De fato, ficou claro que elas não estavam sempre erradas. Então... tornou-se um problema de discriminação.

ROLAND: O que induziu você a persistir?

P.A: Em parte, uma recapitulação casual da descrição dada por Freud, da impressão criada nele pela insistência de Charcot sobre a observação continuada dos fatos – fatos sem explicação – até que um padrão começasse a emergir; parte pela sua admissão de que o "trauma do nascimento" poderia produzir uma razão plausível, porém enganosa, para se acreditar que havia mesmo tal cesura entre natal e pré--natal. Havia outras cesuras impressionantes – por exemplo, entre consciente e

K

inconsciente – que poderiam ser, de modo similar, enganosas. As interpretações de Melanie Klein começaram a ter uma qualidade vaga, mas verdadeiramente iluminadora. Foi como se, tanto literal como metaforicamente, a luz começasse a crescer, a noite substituída pela aurora. Percebi com uma nova compreensão o trecho de invocação à luz de Milton, no começo do livro terceiro do *Paraíso perdido*. Li outra vez todo o *Paraíso perdido*, de um modo que jamais havia lido anteriormente, embora tenha sido sempre devotado a Milton. Isso também foi verdade para a *Eneida* de Virgílio – embora isso tenha envolvido muito mais arrependimento doloroso pelo modo como eu desperdiçara e odiara o privilégio de ter sido ensinado por alguns mestres-escolas cuja devoção não obteve mais do que uma pobre resposta de minha parte. Permitam-me agora louvar homens que deveriam ter sido famosos. Para meu próprio prazer escrevo-lhes os nomes: G. A. Knight, F. S. Sutton, Charles Mellows. Depois veio o débito para com meus amigos, que não vou nomear para não lhes causar embaraço.

Outras menções às experiências que Bion obteve com Melanie Klein podem ser encontradas de forma pungentemente grata em *All My Sins Remembered* (p. 68): relata que terminou seu contato analítico com ela por acordo mútuo: que ela teria pensado que já havia tido o suficiente "de Dr. Bion", pois ele mesmo se classificou como um tedioso questionador. Também na Introdução a *Seven Servants*: "*Havia me esquecido do quanto aprendi com John Rickman e Melanie Klein*". Com a sinceridade que lhe era característica, Bion deixa clara a existência de algumas discordâncias com aquela que foi a analista que mais o ajudou – e o influenciou:

Melanie Klein, em conversa comigo, opôs-se à ideia do bebê ter uma pré-concepção inata do seio, mas, ainda que seja difícil produzir evidência de que existe uma realização que se aproxime desta teoria, a própria teoria me parece útil como uma contribuição para um vértice que quero verificar. (T, 138)

Há membros do movimento psicanalítico indisponíveis para elaborar, internamente, rivalidade, inveja, avidez, e ódio contra um seio nutriente. Há evidências de que, para essas pessoas, a única saída seja o apelo a mecanismos de defesa do ego, como transformação no contrário e negação, e também racionalização, condições que permitem que os fenômenos de rivalidade, inveja, avidez e ódio contra a existência de um seio nutriente, e ódio à verdade, irrompam pela composição ou criação de grupos idolátricos. Um fenômeno descrito por Bion dentro do pressuposto básico de "líder messiânico", em *Experiências em grupos*.

Observação desse fato no senso comum, atribuída por historiadores tanto a Kant como a Napoleão, é que ambos pareciam manter a esperança de que "Deus me defenda de meus amigos, pois, dos inimigos, sei cuidar". "-ianos" e "-istas", os defensores dos "-ismos", promovem o desenvolvimento de ministros, apóstolos, exegetas, idólatras (que depois tornam-se iconoclastas); do escolasticismo, do nacionalismo.

Referência cruzada sugerida: "Bioniano".

L

L

Letra inicial da palavra inglesa *love*, amor: o conceito está mais detalhado no verbete "**vínculo**".

Linguagem de Consecução (*Language of Achievement*)[57]

Refere-se ao desenvolvimento de métodos de formulações verbais para uso em sessões de psicanálise, quando um *"analista precisa empregar métodos que tenham a contraparte de durabilidade ou extensão em um âmbito em que inexiste tempo e espaço, conforme esses termos são utilizados no mundo dos sentidos. . . . Com certeza, minha impressão é de que se supõe, ou intenta-se, que a experiência de uma psicanálise tenha um efeito duradouro"* (AI, 2).

Bion supõe ser geral entre psicanalistas uma busca por "durabilidade e extensão" no ato de interpretar e na sua efetivação na realidade psíquica e material do paciente; ou na vida do paciente após e durante uma psicanálise (AI, 1).

É possível delinear origens do conceito "Linguagem de Consecução" em *Learning from Experience*, *Elements of Psycho-Analysis* e *Transformations*; seu desenvolvimento em *Attention and Interpretation*; e sua aplicação prática, dentro e fora de uma sessão, em *A Memoir of the Future*. Constituem-se como propostas finais de Bion para possibilitar o encontro de um método prático, no momento decisivo da sessão – se pudermos utilizar uma frase do Cardeal de Reitz, já utilizada por Henri Bartier-Bresson para definir o ato de um foto-repórter –, para expressar e descrever a maneira pela qual um analista efetivamente opera. De modo especial, uma Linguagem de Consecução tem como característica básica a consideração por Verdade.

Sendo uma formulação verbal, e sendo um escrito de Bion, será óbvio procurar por sua origem literária; está claramente enunciada em *Attention and Interpretation*.

---

[57] A escolha do termo em português se fez pelo fato de que outras versões, como "linguagem de êxito", são consideradas inadequadas quando confrontadas com o conteúdo de toda a obra de Bion, onde inexistem idealizações, nem exigências de performance superior; mas apenas críticas a essa postura, produto de um super-ego assassino.

A linguagem de Bion

Bion inspirou-se em uma observação antropológico-histórica sobre a existência de pessoas capacitadas a realizar algo (*men of achievement*) que traduz ou representa algum sentido natural e faz algum tipo de sentido, seja lá em que âmbito for, para elas e para seus contemporâneos. A formulação foi feita por aquele que pode ter sido o mais apto (ou considerado um dos mais aptos) poeta romântico na Inglaterra: John Keats. O conceito compacta uma necessidade – segundo Bion: que o trabalho de um analista precisa ser durável. Em *Transformations*, Bion tenta conseguir uma linguagem que possa prover uma comunicação real entre pares. Não é possível exercer-se uma atividade científica caso falte um modo comunicacional minimamente eficiente que possa transmitir algo (que foi descoberto) entre pares científicos.

Bion considera os produtos finais do trabalho de artistas – por exemplo, uma pintura, ou uma poesia, ou uma escultura, ou uma peça musical. Utiliza-se da notação "Tβ" para representar produtos finais, enfatizando que nesses produtos finais um artista *"comunica uma experiência emocional – do mesmo modo que o artista pretende produzir, no maior número de pessoas entre as quais ele pretende produzi-la. Nesta classe de transformação, os componentes de Tβ são: experiência emocional, precisão de comunicação, universalidade e durabilidade"* (T, 32).

Parafraseando-o, em uma tentativa de especificar melhor a aplicação do conceito na prática analítica: um analista real concebe aspectos totalizadores da experiência emocional ocorrendo no maior número de âmbitos da personalidade do paciente e de sua própria personalidade. Os componentes de T nesse tipo de transformação são: 1) precisão da comunicação; 2) universalidade; 3) individualidade; 4) durabilidade (T, 32).

Questões de comunicação entre os analistas – comunicação científica – revelam-se como questão de comunicação entre um analista e seu paciente. Recorrer ao artista como modelo não implica que Bion esteja apregoando que psicanalistas devam ser artistas. A rigor, um núcleo artístico – ou sensibilidade para arte – existe em todos nós, seres humanos, que se considere, mas habilidade pessoal e oportunidade ambiental não são alvo de escolha pessoal de indivíduos em particular. Bion enuncia que, em um plano idealizado, talvez ele mesmo ou qualquer outro analista tornaria seu trabalho mais fácil ou talvez realizável se conseguisse se comunicar com pacientes de modo musical ou odorífico (EP, 12; AI, 18). O que é uma confissão de limitação pessoal para a apreensão de fenômenos e fatos psíquicos tem sido lido como se fosse um tipo mandamento escolástico de natureza paranoide, pleno de fantasias de superioridade, por parte dos leitores, que julgam seu trabalho como se fosse arte.

Mesmo os sinais que acompanham ansiedade, por exemplo, taquipneia, seriam menos apropriados para detectar um fenômeno endopsíquico do que, no caso de alguém que estivesse suspeitando de um perigo, se o perigo exalasse um odor e

L

nossos poderes olfativos fossem bem desenvolvidos. Um aparelho útil quando há um perigo sensível é inútil ou obstrutivo quando o perigo deriva de um pano de fundo mental, não-sensível. Portanto, vamos manter registros para eventos cujo pano de fundo é sensível, como a hora em que o paciente deve chegar, mas não para fenômenos de importância para a psicanálise, já que seu pano de fundo não é sensível. (AI, 57)

. . . Tentei descrever pictoricamente esta situação total; gostaria de ser capaz de descrevê-la aromaticamente, do mesmo modo que um cachorro poderia cheirá-la e, caso fosse suficientemente dotado, poderia delineá-la aromaticamente. Gostaria de ser capaz, de modo similar, de descrever a situação com todos os outros meios sensoriais disponíveis. Já que desejo encontrar um sistema de representação que servisse para todos estes sistemas, e outros sistemas cuja existência não estou ciente, procuro um sistema de representação que seja insaturado ($\psi\,(\xi)$) e vá permitir saturação. (AI, 118)

Este modelo específico pode mostrar a natureza e as limitações das capacidades ou trabalho envolvidos; a comparação – mera analogia – com o trabalho artístico é uma ênfase na possibilidade de ter um ponto de vista que de-sature aquilo que vem saturado – o produto final das transformação do pacientes. E que possa fornecer ao paciente uma interpretação, em si saturada, que possa ser de-saturada por ele. Como ocorre em uma obra de arte – algo concreto, saturado, definido fisicamente, apreensível pelo nosso aparato sensorial, que pode ser de-saturado pela audiência. Em uma análise real, é necessário fazer um "salto quântico" para obter-se uma apreensão de uma dada realidade psíquica, como forma diferente de existência, se comparada com a realidade material – aparentemente mais fácil de ser apreendida, apesar de limitações intransponíveis, pelo nosso aparato sensorial.

Consegue-se durabilidade quando se vislumbra, por exercício de intuição analiticamente treinada (q.v.), mesmo que de maneira imperfeita e transitória, "verdade O". O termo "O" foi definido em *Transformations*; tal definição pode ser encontrada em outros verbetes deste dicionário; mais especificamente, em "O". O termo duplo, "verdade O", introduzido em *Attention and Interpretation* (AI, 29), acompanhado de um termo que nos parece notável – "busca de verdade-O" –, descreve uma ação parcialmente consciente de todo psicanalista; de modo específico: Bion alerta que a atenção (definida segundo os parâmetros de Freud para funções de ego, em 1911) de psicanalistas em seu trabalho clínico precisa ser voltada ou direcionada para "O" (AI, 27). Também nessa obra, Bion delineia a Linguagem de Consecução. O termo verdade-O equivale à proposta deste autor: Verdade, escrita com V maiúsculo.

É **necessário** utilizar um tipo de linguagem em uma sessão de psicanálise que possa apreender minimamente uma transcendência implícita: a Verdade-O, individual do paciente, durante o aqui e agora da experiência com **este** paciente. Toda transcendência pertence ao âmbito numênico; na minha hipótese (Sandler, 1997b), o mesmo âmbito do sistema inconsciente, no funcionamento psíquico. É a origem ("O"), a realidade última gerando e, depois, reagindo com novas gerações, para compor características que tornam aquele paciente específico aquilo que ele, ou ela, realmente é. Analogicamente, pode ser comparado a um ninho, ou útero, com um óvulo de possibilidades finitas e paradoxalmente infinitas, assim que fecundado, gerando evoluções a partir do desconhecido. "O" pode evoluir ou involuir durante sessões de análise. Involuções dependem do *quantum* de avidez/inveja o paciente seja dotado. A experiência comprova que pode evoluir, ou involuir, fora da sessão, configurando o que Freud descreveu como *working through* (elaboração). Um funcionamento similar ao trabalho onírico – de vigília ou noturno.

> ROBIN: Para alcançar um poeta, envie um poeta. Blake não se enganou a respeito do significado do *Paraíso perdido*. Em uma época mais recente, Kenner demonstrou que Shakespeare, ao escrever "Não tenha mais temor do calor do sol", não foi muito além de sua pretensão consciente. (AMF, II, 248)

É preciso tolerar a presença de falsidades (por vezes devidas a dificuldades inatas no aparato sensorial das pessoas) e mentiras (intencionais, conscientes ou não); de alucinação e de alucinose (AI, 36). É necessário que ao analista, durante uma sessão com um paciente, não expanda seus próprios estados de alucinose – o que equivaleria a estados contra-transferenciais, ou falhas sérias em sua própria análise. No entanto, é necessário que sua experiencia em análise o permita *"participar do estado de alucinose"*. Isto é necessário. O mesmo estado foi descrito anteriormente, no mesmo livro, ante duas necessidades, que podem ser enunciadas como: (i) diagnóstica, dirigida ao material proveniente dos pacientes; (ii) de vivência instrumentadora do ato analítico, de diferenciar um sentir dor aguda do sofrer de dor aguda (AI, 9). *"Para alcançar um poeta, envie um poeta"*: formulação metafórica e metonímica que possui uma contrapartida em uma sessão de psicanálise. Freud não hesitou em recomendar – como sonho ideal – um curso de formação de psicanalistas em que houvesse uma noção da "ciência da literatura" (*Literaturwissenchaft*), em A questão da análise leiga. É necessário enviar "uma pessoa que tenha tido a oportunidade de ter seus núcleos psicóticos analisados para alcançar um psicótico", como disse a este autor, em supervisão, um psicanalista experiente (Dr. Jayme Sandler, em 1970). Freud, talvez procurando maior precisão, e sabedor das limitações de títulos, deu para a psicanálise outros nomes. Um deles, "psicologia profunda".

L

Uma Linguagem de Consecução permite vislumbres transitórios de evoluções fugidias do que é uma Verdade, no paciente, refletida na experiência emocional do aqui e agora com seu analista. Apreensões daquilo que é Verdade são "microscópicas", "imortais enquanto duram, posto que são chama", parafraseando Vinicius de Moraes; sutis, ou escancaradas, e de tão obscuras ou tão ofuscantes, impossíveis de serem apreendidas pelos nossos órgãos sensoriais; mas subjacentes ou superjacentes, carreadas fugazmente pelo que é sensorialmente apreensível, podem ser observadas pelo casal analítico. Em momentos decisivos, pode-se enunciar uma centelha de Verdade – permitindo ao indivíduo uma visão interna, dele mesmo, por ele mesmo. É um trabalho do paciente, propiciado pela análise. Freud denominou-o de *einsicht* – em inglês, *insight*, termo mundializado, antes mesmo do próprio inglês).

É necessário levar em conta que algo se torna, inevitavelmente, perdido pelo próprio ato da verbalização. A perda pode – e precisa, quando o intuito é fazer uma análise – ser compensada por alguma capacidade que todo ser humano tem e, portanto, todo paciente tem, mesmo que variável em grau, de contenção, tolerância de frustração e manter uma tensão interna necessária para retomar o fluxo associativo livre. O mesmo ocorre com aquilo que Freud denominou atenção livremente flutuante pelo analista (o leitor pode consultar os verbetes "análise real", "Estar-uno-a-si-mesmo (*At-one-ment*)" e "visão analítica").

Não é possível ensinar o exercício de uma Linguagem de Consecução orientada pela intuição e a experiência. Mas pode-se aprender, por experiência, um exercitar fazer uma Linguagem de Consecução. Durante pelo menos dois milênios tornou-se senso comum reconhecer que uma de nossas capacidades (ou capacidade humana) é usar a linguagem com a finalidade de provocar mal-entendidos, ou desentendimentos. Expressões disso podem ser encontradas no uso da técnica de Sócrates pelos assim chamados "sofistas", que usavam a linguagem para abater adversários. O próprio título dado por historiadores a esse grupo ("sofistas") constitui um exemplo prático deste uso reverso, ou perverso, da linguagem. O termo sofista – como se pode verificar no diálogo com esse nome elaborado por Platão – foi criado para determinar alguém que buscava sabedoria, buscava se aproximar do que é Verdade. Platão e Sócrates, por exemplo, não se consideravam "filósofos" – termo criado por Pitágoras e mantido pelos pitagóricos, que inseria uma ideia de superioridade, abominada por Platão. Voltaire também tentou alertar para o fato, justamente porque ele mesmo o teria realizado. Caso adotemos a terminologia de Bion, o uso perverso de linguagem é manifestação do exercício de –K (q.v.). Tornou o uso da linguagem como instrumento bem-sucedido para enganos, embustes e evasão; uma atividade que corre paralela ao exercício de uma Linguagem de Consecução, elaborada para fazermos aproximações à Verdade. Quando prevalece, em grupos, o pressuposto básico, luta ou fuga, a falta de diálogo interna ao grupo será feita por meio de –K (AI, introdução, 3, 4).

A linguagem de Bion

A relação paradoxal do exercício de uma Linguagem da Consecução com o âmbito Menos (ou negativo) pode ser comparada com a imagem de uma faca de dois gumes. Um não pode existir sem o outro; Verdade e mentira: um par inseparável – que pode ser sinônimo de realidade e alucinação.

Na história das contribuições escritas por Bion, pode-se identificar um desenvolvimento inicial dessa questão nos livros *Elements of Psycho-Analysis* e, principalmente, no último capítulo de *Transformations*. No primeiro, a sugestão de que certos enunciados verbais podem ser vistos frutiferamente sob a categoria da coluna vertical 2 do instrumento "Grade" (Grid). Ajuda na discriminação de enunciados que se inserem nessa categoria uma disciplina sobre memória, desejo e compreensão, aliada à sua própria análise, que poderá iluminar o que Freud denominou narcisismo primário, por este analista considerado, e denominado por Klein, inveja primária. Compaixão e Verdade decidem que caminho a interpretação vai tomar: será determinado pelo uso de uma Linguagem de Consecução, ou da consecução de uma mentira. Para o segundo caminho, Bion reserva o exercício de uma "Linguagem de Substituição". Os dois caminhos ocorrem, por potencialidade, paralelamente, e são, em potencial, sempre existentes. Uma Linguagem de Substituição faz-se necessária para finalidades ou opções de evasão, subterfúgio e alucinação. Não há **nenhum** julgamento envolvido nessa apreciação (o leitor pode consultar o verbete "julgamentos de valor").

Pode-se compactar a questão em uma formulação verbal: será necessário tolerar a tensão, e o paradoxo na área da atenção: "É necessário que a atenção do psicanalista não fique vagando de áreas de material caracterizadas por Linguagem de Substituição ou por Linguagem de Consecução. Ele precisa permanecer sensível às duas. Não tenho a pretensão de que se possa adquirir facilmente es*sa sensibilidade; o espaço mental disponível ao analisando e o material observado sujeitam-se a tantas transformações que tal pretensão sugeriria inexperiência na prática de psicanálise*" (AI, 126).

Uma Linguagem da Consecução, caso evolua, alcança o âmbito numênico. Esse estado foi expresso por Keats como "capacidade negativa" – a origem do conceito de Bion, expresso tanto na introdução como no último capítulo de *Attention and Interpretation*. Uma Linguagem de Consecução (termo de Bion), levada a cabo por algum "Homem de Consecução (termo de Keats), dotado de uma *"qualidade formadora . . . especialmente em Literatura . . . – Capacidade Negativa, ou seja, quando um homem é capaz de estar em incertezas, mistérios, dúvidas, sem nenhuma busca irritável por fato e razão"* (AI, 125). Seria a conjectura de Keats – na qual ele mesmo cita Shakespeare, como exemplo de um "Homem de Consecução" em literatura – uma "ode à frustração"?

A menção a uma "busca irritável" não exclui algum tipo de busca – apenas coloca sob uma perspectiva delimitada e específica: de eterna vigilância; de noção da incompletude, ou da existência perene de uma não-satisfação, do não êxito total ou absoluto. Além disso, alerta sobre o que tem sido um "canto de sereia" para todos nós, seres humanos, do uso indiscriminado, "irritável", daquilo que Freud – e outros psiquiatras de sua época – denominaram racionalização. O leitor pode consultar os verbetes "estar-uno-a-si-mesmo (*At-one-ment*)" e "psicanálise real"). Uma Linguagem de Consecução constitui-se como *"substituto, e não um prelúdio para a ação"* (AI, 125). Seria uma negativização – e não negação – do agir. Será uma disciplina sobre um *acting-out* – definido por Freud como um salto direto do impulso à ação, sem interpolação de nenhum processo do pensar: é uma tolerância ante o âmbito "negativo" dos númenos, conforme definido por Kant. Pode ser colocado sob a seguinte forma: exercer uma Linguagem de Consecução é um menos-*acting-out* (–[*acting-out*]) Um analista não explica; nem justifica; nem busca causas: um analista auxilia um paciente a obter algo que jazia à espreita, já disponível, ainda que isento de forma, e até então desconhecido; ou inconsciente (para ambos). Paradoxalmente, é, *"em si mesmo, um tipo de ação"*. Algo precisa ser dito, mas, sendo ainda inefável, pode aparecer sob a forma de metáforas; de metonímias; de máximas; de parábolas. O algo a ser dito – para que ocorra análise – aproxima-se daquilo que James Joyce denominou como *idées mères*: imagens apaixonadas, ainda não sensorializadas, e que possam ser captadas pela atividade onírica, com interveniência dos processos de memória ("imagens mnêmicas", "restos diurnos", na linguagem de Freud). Não se trata de uma situação caótica; há um tipo de ingenuidade no sentido do termo dado por Schiller: é uma situação orientada por intuição analítica treinada (ver o verbete "psicanálise intuitiva").

> A discussão centra-se no problema de chamar atenção às apreensões (3) às quais as teorias de Freud se aproximam.
>
> Toda e qualquer sessão precisaria ser julgada comparando-a à formulação de Keats, à guisa de resguardo contra uma falha comumente despercebida, conducente à análise "interminável". A falha está no insucesso do ato de observar; intensifica-se pela incapacidade de apreciar a importância deste ato de observar. Raramente deixei de experimentar tanto ódio à psicanálise como seu recíproco, sexualização da psicanálise. Ambos são parte de uma "conjunção constante". Em termos de categoria C: o animal humano não parou de ser perseguido pela sua mente e os pensamentos a ela associados – seja lá qual for sua origem. Assim, não espero que nenhuma psicanálise executada adequadamente fuja do ódio inseparável da mente. Com certeza busca-se refúgio em estados de ausência de mente (4), sexualização, *acting-out*, e estupor em vários graus. É necessário que a atenção do psicanalista não fique vagando de áreas de material caracterizadas por Linguagem de Substituição ou por Linguagem de Consecução. Ele precisa permanecer sensível às duas. Não tenho a pretensão de que se possa adquirir facilmente esta sensibilidade; o espaço mental disponível ao analisando e o material observado sujeitam-se a tantas transformações que tal pretensão sugeriria inexperiência na prática de psicanálise. (AI, 125-126)

A linguagem de Bion

É possível isolar e descrever pelo menos um passo necessário, mas não suficiente, para o exercício de uma Linguagem da Consecução: a escolha de um vértice de observação (consultar o verbete "vértice"). Constitui-se como um caminho – talvez o único até agora descoberto, passível de descrição verbal – para que possamos ligar manifestações verbais e não verbais provenientes de um paciente, que compõe uma massa verbalizada, aparentemente conexa, mas, na verdade, desconexa. Há uma conexão real, composta por alguma invariância subjacente, ou superjacente, às verbalizações e outras manifestações, não verbais, que são apenas indicadas, como se fosse um sinal viário, por conjunções constantes e fatos selecionados, compostos por essas mesmas verbalizações e outras manifestações.

Um exemplo de vértice que tem se demonstrado particularmente frutífero foi descrito de forma clara por Freud no início do capítulo VII de *A interpretação dos sonhos*. O material aparentemente conexo pode apenas se constituir como um agrupamento nuclear de um tumoração cancerosa racionalmente construída (AI, 128). Que solicita, por parte do analista, e pode ser aceita, como se fosse uma tragada, também pelo mecanismo psíquico de racionalização – já que a razão é escrava da paixão. Aquilo que se iniciou como um sentido – baseado em necessidade e possibilidade – torna-se um significado:

> O significado é uma função de auto-amor, auto-ódio ou auto-conhecimento. É necessário psico-logicamente, não logicamente. Por uma questão de necessidade psicológica, é preciso que a conjunção constante, tão logo tenha sido nomeada, adquira um significado. Assim que se tenha obtido o significado psicologicamente necessário, a razão, como escrava das paixões, transforma a necessidade psicologicamente necessária em uma necessidade logicamente necessária. (T, 73)

> Razão é escrava de Paixão, e existe para racionalizar a experiência emocional. Em algumas ocasiões, a função do discurso é comunicar a experiência emocional para outrem; em outras, é distorcer a comunicação da experiência emocional. (AI, 3)

Bion completa (historicamente, pois faleceu logo depois) sua tentativa de obter uma Linguagem de Consecução por meio da trilogia *A Memoir of the Future*, e em textos preparatórios para essa obra, publicados em *War Memoirs*.

BION: Não estou entendendo.

EU MESMO: Talvez eu possa ilustrar com um exemplo tirado de algo que você conhece. Imagine uma escultura que é mais fácil de ser compreendida se a estrutura é planejada para funcionar como uma armadilha para a luz. O significado é revelado pelo padrão formado pela luz assim capturada – não pela própria estrutura, ou pelo trabalho de escultura em si. O que estou sugerindo é que, se eu pudesse aprender a falar com você de maneira tal que minhas palavras "capturassem" o significado que elas não expressam nem poderiam expressar, eu poderia me comunicar com você de um modo que no presente não é possível.

BION: Como as "pausas", numa composição musical?

EU MESMO: Um músico certamente não negaria a importância dessas partes de uma composição nas quais nenhuma nota soa; porém, resta uma imensa quantidade de coisas por serem feitas além do que se pode conseguir por meio da arte hoje disponível e de seus procedimentos tradicionalmente estabelecidos de silêncios, pausas, ranço, espaços em branco, intervalos. A "arte" da conversa, do modo como é conduzida como parte do relacionamento conversacional da psicanálise, requer e demanda uma extensão no domínio da não-conversa.

BION: Mas será que isso é novo? Será que todos nós, de alguma forma, não estamos familiarizados com "lacunas" dessa espécie? Isso não é geralmente uma expressão de hostilidade?

EU MESMO: Como já vimos antes, provavelmente estamos familiarizados com aquelas atividades para as quais a evidência que se requer é a mera existência de um vocabulário. A própria "evidência" é de uma espécie que se inclui na esfera da experiência sensorial com a qual estamos familiarizados. Qualquer um entende o termo "sexo" quando ele está relacionado com a experiência sensorial. Se, ao invés de dizer "sexo", eu falasse em "amor de Deus", estaria fazendo uso da expressão que comumente se ouve em comunidades religiosas que têm uma distribuição dentro de coordenadas temporais e topológicas particulares. Mas suponha que meu termo "sexo" se refere a um domínio que não tenha tais coordenadas sensoriais e um O do qual não haja elementos análogos ou átomos mentais ou psico-lógicos; então O poderia ser desqualificado enquanto "pensamento", do modo como uso o termo.

BION: E nos que diz respeito a sonhos e pensamentos oníricos?

EU MESMO: Sugeri um "truque", por meio do qual uma pessoa poderia manipular coisas destituídas de significado, pelo uso de sons, como "α" e "β". Esses sons são análogos àquilo que Kant chamou de "pensamentos desprovidos de conceitos", mas o princípio, e uma realidade que dele se aproxima, também pode ser estendido à palavra de uso comum. As realizações que se aproximam de palavras como "memória" e "desejo" são opacas. A "coisa-em-si", impregnada de opacidade, torna-se ela mesma opaca: o O, do qual a "memória" ou o "desejo" é a contrapartida verbal, é opaco. Estou sugerindo que essa opacidade é inerente aos muitos Os e suas contrapartidas verbais, e aos fenômenos que geralmente se supõe que expressem. Se, por meio da experimentação, nós descobríssemos as formas verbais, também poderíamos descobrir os pensamentos aos quais a observação se aplicou de modo específico. Dessa maneira, conseguiríamos uma situação em que essas formas poderiam ser utilizadas deliberadamente para obscurecer pensamentos específicos.

BION: Há alguma coisa nova nisso tudo? Assim como eu, você deve ter ouvido com muita frequência pessoas dizerem que não sabem do que você está falando e que você está sendo deliberadamente obscuro.

EU MESMO: Elas estão me lisonjeando. Estou sugerindo um objetivo, uma ambição, o qual, se eu pudesse atingir, me capacitaria a ser obscuro de maneira deliberada; no qual eu poderia fazer uso de certas palavras que poderiam ativar, de modo instantâneo e preciso, na mente do indivíduo que me ouvisse, um pensamento, ou cadeia de pensamentos, que surgisse entre ele e os pensamentos e ideias já acessíveis e disponíveis para ele.

ROSEMARY: Ah, meu Deus! (AMF, I, 189-191)

Uma Linguagem de Consecução, na medida em que possa ser uma tarefa exequível, não está obrigatoriamente restrita à própria sessão analítica – talvez esteja na base não apenas de uma literatura ou poesia reais, mas também na possibilidade de comunicação mínima entre um bebê e sua mãe, e entre cônjuges, irmãos, amigos e inimigos.

Referências cruzadas sugeridas: Psicanálise real; Estar-uno-a-si-mesmo (*At-one-ment*); Julgamentos; Vértice; Visão analítica.

&; André Green fez uma tentativa que parece, ao autor deste dicionário, constituir-se como Linguagem de Consecução, ao lidar com associações livres em suas definições de "Dan", em um estudo no qual propõe a existência de uma posição fóbica central – em que a fobia se dá por autoproibição (por parte do paciente) de executar associações livres. Em conversa pessoal com o autor, o Dr. Green concordou com a qualificação.

Linguagem de Substituição

Ver o verbete "Linguagem de Consecução".

Linha

Ver o verbete "Círculo, ponto, linha"

L

Literatura (e estilo literário de Bion)

Este verbete liga-se umbilicalmente ao título deste dicionário, como agradecimento para Oliver Rathbone, que o sugeriu e cunhou. Leitores familia- rizados com a literatura francesa reconhecerão a inspiração editorial no título da versão inglesa de uma das obras de maior circulação no movimento psicanalítico: o dicionário sobre a obra de Freud elaborado pelos Drs. Jacques Laplanche e Jean-Bertrand Pontalis.

Literatura, uma das transformações efetuadas por formulações verbais dependentes de linguagem, tanto em prosa como em poesia, firmou-se como método de comunicação entre pessoas, para expressar senso comum. E, de modo mais complexo e sofisticado, como forma de arte, ou como manifestação artística, para que nós, seres humanos, tentemos apreender a realidade como ela é. Também tornou-se forma privilegiada para expressar e demonstrar vicissitudes e enganos nessa empreitada, e como forma de incrementar esses enganos – o leitor pode consultar o verbete "menos K (–K)". Como ocorrera nas obras de Freud e de Klein, a literatura ocupa um lugar essencial na obra de Bion; talvez como fonte de inspiração, mas, acima de tudo, como fonte de formulações verbais para comunicar aspectos do funcionamento da psique de modo que só artistas podem fazer, mas Bion (e Freud, e Klein) não podiam, por eles mesmos.

Se é verdade que expressões literárias podem ser consideradas como a mais notável manifestação sofisticada – evoluída e complexa – de todas as aplicações do pensamento verbal, em um sistema simbólico para a comunicação, então será verdade que a literatura não poderá estar excluída daquilo que chamamos de psicanálise. Freud – em *A questão da análise leiga* – recomendou que, na formação psicanalítica, seria necessário incluir informação literária; não exclusivamente, mas junto com a antropologia e outras disciplinas, além de medicina. Nunca desqualificou a medicina, apenas mostrou limitações na formação médica, como pode-se perceber em "Recomendações a médicos que praticam psicanálise". Linguagem, literatura, formulações verbais importaram tanto para a psicanálise como formulações por imagens visuais, como manifestações primitivas da própria existência humana. Psicanálise, conforme foi descoberta por Freud, parece ter surgido ainda antes da cunhagem do nome "psicanálise", quando Freud se interessou por limitações na expressão humana da linguagem, em seu trabalho *On Aphasia*. (Sobre a Afasia) Do mesmo modo, interessou-se pela formação de imagens. Nos dois casos, dada não só sua formação médica, mas seu interesse médico, o interesse teve origem na observação de dificuldades no exercício delas, e não por outro modo especialmente desenvolvido, como o artístico. Dificuldades na formação de imagens não são um problema que se encerra na oftalmologia – formulações verbais como repressão e resistência dão conta inicial do que Freud denominou "trabalho onírico". Uma paciente de Freud notou a importância disso, expressando-o de modo hiperbólico – já que se tratava de uma pessoa qualificável como histérica – e idealizado. Para ela, um psicanalista era um "limpador de chaminés", e seu instrumento seria verbal, pois – sempre segundo a paciente de Freud – havia uma "cura pela fala".

A mídia verbal é – na obra de Freud e na de Bion, no que tange à postura e possibilidade de um analista – a única forma de comunicação entre o analista e seu paciente. O paciente pode se utilizar de outros meios – como Bion tenta deixar claro em todos os seus textos clínicos; mas o analista precisa se ater a comunicações verbais para dizer o que apreendeu, e interpretar. Bion interessou-se pela comunicação, e tambem pela ausência dela (o leitor pode consultar os verbetes "negativo", "'O'", "transformação em O").

De onde surgiu a necessidade de se apelar para formas literárias quando se tenta fazer psicanálise? Bion parece ter fornecido a melhor iluminação em termos gerais – não individuais – dessa necessidade. A questão não é preferência individual; nem é ditada por esnobismo, ou tentativas de fazer parte de alguma *intelligentsia*, alucinatória e delirantemente elevada a uma categoria superior entre todos nós, seres humanos. A necessidade é científica, não exatamente artística. Discorrendo sobre limitações de transmitir a experiência psicanalítica, sempre específica, única, por meio do uso de termos técnicos, demasiadamente generalizadores, Bion observa a existência de *"um duplo defeito: de um lado, a descrição de dados empíricos fica insatisfatória, na medida em que é manifestamente descrita em linguagem coloquial; uma "teoria" sobre aquilo que ocorreu, e não um relato factual do que ocorreu;[58] por outro lado, a teoria daquilo que ocorreu não pode satisfazer os critérios aplicados a uma teoria, como esse termo é empregado para descrever os sistemas utilizados na investigação científica rigorosa.[59] Assim, o primeiro requisito é formular uma abstração[60] para representar a "realização" que teorias já existentes intentam descrever. Proponho procurar um modo de abstração que assegure, no enunciado teórico, a retenção de um mínimo de particularização. A perda de compreensibilidade acarretada por isso pode ser compensada pelo uso de modelos suplementares aos sistemas teóricos. O defeito da teoria psicanalítica existente na atualidade lembra o do ideograma, se comparado a uma palavra formada alfabeticamente; o ideograma representa apenas uma palavra, mas se requer relativamente poucas letras para a formação de muitos milhares de palavras. De modo semelhante, os elementos que busco são tais que poucos serão necessários para expressarem, por meio de combinações diversas, quase todas as teorias*

---

[58] Em termos da "Grade" (Grid), excessivamente G_3 ao invés de D ou E_3. [Optamos por não verter o termo "Grade" (Grid) para o português, pela imprecisão conceitual que implica a tradução já consagrada pelo uso de "Grade". O leitor poderá ter uma ideia das razões para tanto, assim como poderá se inteirar do que vêm a ser as categorias G, D e E, que foram citadas pelo autor nesta nota de rodapé antes de sua explicitação, que aparece no capítulo 6.]

[59] Excessivamente C_3 ao invés de G_4.

[60] Discutiremos mais extensamente sobre o conceito de abstração; sua utilização nas etapas iniciais é provisória. Tal formulação estaria em G_3.

essenciais ao psicanalista praticante.[61] Muitos analistas passaram pela experiência de sentir que a descrição das características de uma entidade clínica específica serviria para descrever outra entidade clínica muito diversa" (EP, 1-2).

Pode-se argumentar que alguns autores em psicanálise possam ter sido ou serem escritores reais, detentores de um estilo que, para alguns leitores, seja notável e diverso daquilo que é comum (estatisticamente). Alguns tentaram publicar obras poéticas ou literárias. Se configuram arte, é assunto para os leitores e, talvez, críticos literários decidirem. Uma editora hoje extinta, a Karnac Books, publicou vários livros de psicanalistas no seu catálogo de livros artísticos. Tendência também extinta pela editora que a adquiriu, a Taylor & Francis. Parecem-nos autores que tinham discriminação suficiente para escrever literatura, e para escrever psicanálise. No entanto, será duvidoso afirmar que os escritos psicanalíticos desses autores – e de outros que sequer escreveram literatura – tenham atingido o *status* de arte. Pode-se considerar que Freud recebeu o Prêmio Goethe não por fazer parte dos praticantes daquilo que os alemães denominam *Literaturwissenchaft*, mas devido às suas contribuições à língua alemã. Melanie Klein, por outro lado, foi acusada de escrever mal em inglês por alguns leitores. No entanto, sua escrita é concisa, objetiva, tentando fazer descrições empíricas puras. Mesmo sem atribuir nenhuma habilidade especial para exercer algum tipo de arte literária, parece-nos necessário reconhecer que Bion recorreu fortemente aos estilos literários, metáforas, metonímias, parábolas e máximas evocativas. Por exemplo: *"A Mente ... é um fardo muito pesado, que a besta sensorial não consegue carregar"* (AMF, I, 38). Podemos lembrar analogias do aparelho psíquico com o sistema digestivo que permitiram frases como "a verdade é o alimento da mente". Tornou-se lugar-comum afirmar que literatura "provoca pensamentos"; isso depende do leitor, e também tornou-se lugar-comum entre membros do movimento psicanalítico que se interessam pela obra escrita por Bion atribuir tal dote aos seus textos.

É possível observar que, desde o início da obra escrita por Bion, há um resquício literário, por assim dizer, sem pretensão de ser literatura em si mesma. A origem é sempre clinica, ou seja, parte do paciente e Bion tenta acompanhar aquilo que o paciente fala.

Existe um uso específico e cuidadoso de termos verbais para expressar alguma observação clínica. Escreve que tentaria, se fosse capaz, expressá-la – para o paciente – musical ou odorificamente (T, 118), marcando sua apreciação crítica às formulações verbais – muito limitadas.

---

[61] Compare-se essa situação com a tendência de produzir teorias *ad hoc* para satisfazer uma situação em que uma teoria existente, enunciada com suficiente generalização, já poderia dar conta do assunto. Compare-se com o Proclvs, citado por Sir T. L. Heath (1956) nos *Elementos de Euclides*, cap. 9.

Esta envolve seus escritos para os psicanalistas, mas não apenas – envolve principalmente a comunicação durante uma sessão. Repetidas vezes, recorre a modelos literários para facilitar a tarefa de expressar fenômenos psíquicos de forma comunicável. Como exemplo literário, ou quase literário, do estilo de escrita escolhido (conscientemente ou não – não podemos saber agora) por Bion, podemos citar dois termos, "objetos bizarros" (q.v.) e "mobília de sonhos". Correspondem aos "resíduos diurnos" observados por Freud que fornecem um tipo de molde, ou invólucro externo, para confecção de sonhos, mas mutilados e concretizados, devido ao fato de o paciente ocupar prevalentemente ou estar imobilizado à posição esquizoparanoide. Esse estilo foi escolhido como tentativa de descrição do material básico utilizado por pacientes em que a personalidade psicótica prevalece, do ambiente psíquico onde, e como, esses pacientes "movem-se" (ST, 40). Uma parábola se segue à metáfora:

> Neste momento, o paciente move-se em um ambiente que não pode ser qualificado como se fosse um mundo de sonhos, mas um mundo de objetos que, usualmente, são a mobília dos sonhos. Esses objetos, primitivos, porém complexos, compartilham das qualidades que, na personalidade não-psicótica, caracterizam aquilo que é matéria, objetos anais, sentidos, ideias, superego, e as qualidades restantes da personalidade. Um resultado é que o paciente luta por usar objetos reais como se fosse ideias, ficando perplexo quando esses objetos reais obedecem às leis da ciência natural, e não às leis do seu próprio funcionamento mental (ST, 40)

Aquilo que propomos denominar, resquício literário nos escritos de Bion, aparece primeiramente como apontamento clínico – de modo crítico. Em outras palavras, como alerta em relação a aparências:

> A linguagem que devo usar para descrever uma situação dinâmica produz uma distorção porque é a linguagem de um método científico destinado ao estudo do inanimado. (LE, 24)

O resquício literário, baseado em instintos amorosos, aparece na formação da linguagem, segundo a teoria de função-alfa, quando Bion observava o início da formulação verbal "Papai" pelo bebê, após influência repetitiva da verbalização da Mãe ao apresentar o Pai para o bebê (LE, 68).

> A característica mais precoce que fui capaz de observar parecia sugerir que o desenvolvimento do pensar por meio de Ps⇔D dependia da produção de sinais. Equivale a dizer que a pessoa teria que reunir elementos para formar sinais e então reunir os sinais antes de poder pensar. Nesse caso, não apenas o falar mas também

o pensar seriam precedidos pelo "escrever". Seu discurso real ficava incompreensível se eu tentasse elucidá-lo aplicando meu conhecimento de vocabulário e gramática comuns. Seu discurso ficava mais significativo se eu pensasse nele como sendo um rabisco sonoro, algo como um assobiar à toa, sem tom; não poderia ser descrito como discurso, discurso poético, nem música. Do mesmo modo que um assobiar ao léu não consegue constituir música por não estar de acordo com a disciplina da criação artística, também o discurso desarmônico com os usos do discurso coerente não se qualifica para constituir comunicação verbal. As palavras empregadas pelo paciente incorriam em um padrão sonoro indisciplinado,[62] e ele acreditava poder ver esse padrão, pois acreditava que as palavras e frases que emitia se incorporavam nos objetos da sala. Tendo emitido objetos factuais, e não frases, o padrão formado por eles revelava, supostamente, seu significado; ele esperava poder retomar para si esse significado. Note-se a semelhança que isso mantém com identificação projetiva. (EP, 38)

O interesse científico – não literário, nem mítico, vistos, analogicamente, como serviços auxiliares para finalidades de comunicação –, e sempre atendo-se ao trabalho clínico, é uma invariância que percorre toda a obra de Bion. Discorrendo sobre uma dificuldade aparente de certos pacientes, e contrastando-a com a forma verbal das interpretações do analista, ou do produto final das transformações do analista (na notação quase matemática de Bion, $T^a\beta$) observa, *"para manter o assunto aberto à discussão, deliberadamente descrevi a fala do paciente como se ele não pudesse transformar O em T. Pacientes que mostram ou que aparentam mostrar tal incapacidade são, na verdade, capazes de se comunicar com o analista. A comunicação, ainda que use palavras, é mais aparentada à comunicação musical, ou artística, do que à verbal. Ela contrasta com o que eu disse (às páginas 24-26) sobre a natureza de $T^u\beta$, a contribuição do analista"* (T, 41).

É possível citar muitos outros exemplos, que vão se incrementando em número e em sofisticação, à medida que a obra de Bion evoluiu. Um exemplo de estilo literário, usualmente pleno de evocações (sempre dependentes do leitor), pode ser encontrado em uma hipótese inexequível na vida real para demonstrar a impossibilidade absoluta de se compreender ou conhecer a realidade. Outra vez inspirada na matemática, que se desenvolveu por meio das "provas por absurdo": a hipótese de que batatas pudessem cantar (T, 148). Pois realidade não permite ser compreendida, nem conhecida de modo último; ocorre indecidibilidade. Paralelos com a matemática que não foram mencionados por Bion podem ser enfatizados. Por exemplo, com o teorema de Gödel, ou com os paradoxos de Zenon e de Russell, conforme feito pelo autor deste dicionário em outro texto (*A apreensão da realidade psíquica*,

---

[62] Ver adiante: coerência e significado.

volume 1). Bion tenta demonstrar que realidade pode ser intuída; pode ser apreendida parcial e transitoriamente, em suas evoluções e involuções.

Se tentarmos identificar a principal influência literária sobre a obra de Bion, surgirão alguns problemas. Talvez ocupe posição especial a obra de William Shakespeare; outros "candidatos" seriam John Milton, Gerard Manley Hopkins, Robert Browning, a Bíblia, a literatura poética produzida, desde Homero até Lewis Carroll, passando pelas novelas de Conan Doyle – demasiadamente desqualificadas como gênero literário "menor" pelas fantasias de superioridade que sempre caracterizaram a autodenominada *intelligentsia*; por pessoas que são consideradas parte da tradição mística da cabala judaico-cristã e da literatura romântica, mas pouco estudadas no Brasil, como Isaac Luria (na versão de Gershom Scholem), Meister Eckhart, John Ruysbroeck, São João da Cruz; Dante, John Ruskin, William Wordsworth, John Keats; Rimbaud, Verlaine, William Blake, Gerard Manley Hopkins; místicos ocidentais e orientais como os autores desconhecidos do Velho Testamento, do Bhagavad Gita; e também Maurice Blanchot, por sugestão de André Green. E filósofos-escritores: Blaise Pascal, Goethe, Nietzsche. O apelo a fontes literárias, já ensaiado em *Transformations* e *Attention and Interpretation*, foi precocemente submetido à abominação por membros do movimento psicanalítico comprometidos com a meritocracia psicanalítica. Vamos citar apenas membros do movimento em solo inglês, contemporâneos a Bion, e que de algum modo trabalharam com ele; foram pessoas que manifestaram, inicialmente, sentimentos quase idolátricos, mesmo que subliminares, em relação à pessoa de dr. Bion – o que pode ser visto nos escritos delas. Podemos citar a dra. Hanna Segal e a sra. Betty Joseph. Inicialmente pareciam respeitar o trabalho de Bion, colaborando para um ambiente institucional de idolatria. As duas tiveram reconhecimento público por parte do dr. Bion, publicados em *Learning from Experience* e *Elements of Psycho-Analysis* – o nome destas duas autoras aparece junto ao de outros analistas: Elliot Jaques e Roger Money-Kyrle, por terem lido os manuscritos e feitos comentários vistos por Bion como "úteis". No entanto, a partir de *Transformations*, a atitude delas se modificou – isso não ocorreu com os outros dois. As duas expressaram o ponto de vista de abominação em cartas pessoais ao autor deste dicionário. Para a dra. Segal, "o que Bion escreveu depois dos dois livros citados "não é psicanálise"; manteve reservas sérias sobre conceitos como "pensamentos-sem-pensador" e com o instrumento "Grade". No caso da sra. Joseph, além das cartas, fez uma manifestação pública na SBPSP (referências Segal (1989) e Joseph (2002) no final deste dicionário) a respeito do trabalho de Bion, principalmente em *Transformations* e após este livro. Na sua visão, seriam escritos de uma pessoa que "perdera o juízo", ficara "gagá". Ainda sob o vértice de literatura, outro autor que manteve, inicialmente, uma postura idolátrica em relação à pessoa de W. R. Bion, o dr. Donald Meltzer, fez um comentário (no obituário em homenagem a Bion, publicado no *International Journal of Psychoanalysis*) de que os primeiros capítulos de *A Memoir of the Future* seriam uma "novela malfeita" – talvez tenha sido a primeira referência publicada a respeito dessa obra, e já contendo uma crítica denigritória, ainda que *en passant*. Como toda idolatria, estas três escondiam iconoclastia – que, por vezes, se manifesta abertamente.

A principal fonte para que possamos observar uma **inspiração**, tanto para escrever como para aproveitar poucos escritos advindos da tradição literária que conseguem expressar aspectos do funcionamento psíquico humano, pode ser encontrada em *A Memoir of the Future*. Uma obra que marca o abandono, por parte de Bion, de suas primeiras tentativas de obter um sistema notacional inspirado pela teoria da matemática, e por teorias biológicas, deixando mais espaço para modos verbais, que sugiro qualificar como quase literários.

O apelo sempre se acompanhou de alertas e demonstração de limitações quanto a modos literários em sua aplicação para o trabalho psicanalítico. No início de *Transformations*, Bion adverte – utilizando, explicitamente, um exemplo proveniente da obra de Freud, no alerta quanto a leituras de sua obra sobre histeria que tentam distorcê-la como se fosse um *roman-à-clef*:

> Em seu estudo "Fragmentos de uma análise de um caso de histeria" (1905), Freud dá uma descrição de uma paciente, Dora. Enquanto representação verbal de uma análise, o estudo pode ser considerado como análogo (ainda que diferente) a uma pintura. Apesar de o campo original de papoulas, assim como a análise original, nos permanecer incógnito, podemos obter uma impressão da experiência, do mesmo modo como podemos obter uma impressão de um campo de papoulas. Consequentemente, é necessário haver algo na descrição verbal da análise que seja invariante. Algumas condições prévias são necessárias para que as invariantes na descrição escrita e impressa possam ser eficazes: o leigo pode ser alfabetizado; a descrição correspondente seria "invariante em alfabetização".
>
> Nem todos os leigos compreenderiam a mesma coisa a partir da descrição impressa. Bion observa que "transformações em alfabetismo ou alfabetização" não são suficientes para apreender o significa de um texto (T).

Bion escolheu, como última tentativa de comunicar seus achados e não achados em psicanálise, uma forma dialógica – escolhida em *A Memoir of the Future*. Utiliza um método típico de Platão e muitos outros. Podemos citar, à guisa de autores que influenciaram os conceitos de Bion: Francis Bacon, Diderot, Goethe, Nietzsche: e de seus contemporaneos, Leonard Bernstein, na música, e que era muito apreciado por Bion; e Imre Lakatos, que nunca foi citado por Bion, mas pelo fato de ter sido um teórico da ciência contemporaneo de Bion. Descrições de objetos parciais (no sentido dado por Freud e Klein a esse termo) provenientes de sua experiência psicanalítica, indissolúvel de sua experiência de vida, dão formato a algo que pode ser, em exame superficial, confundido com personagens fictícios teatrais. Já havia tentado essa forma em 1958, e em estudos publicados postumamente como *War Memoirs*. As centenas de metáforas, aforismos, parábolas, analogias e psicanálise quase pura contidas em *A Memoir of the Future* não podem ser reproduzidas nem mencionadas neste verbete; elas compõem vários outros verbetes e podem ser mais bem consultadas em outra obra do autor deste dicionário, em forma de livro e artigos para periódicos e congressos (Sandler, 1988, 2015a, 2018).

Em nossa opinião, expressa em 1987 (no *International Review of Psycho-Analysis*), há uma tentativa de Bion em escrever não apenas sob um estilo, mas sob um conteúdo de provável valor literário. Ele nos legou uma autobiografia. Psicanalistas versados em literatura e crítica literária, poderiam dizer, perpetrou uma autobiografia. Intitulada *The Long Week-End*, essa obra demonstra que o autor não relutou em fazer, já idoso, uma tentativa de maior risco. Neste sentido, desenvolveu algo de sua adolescência e também de quando já era um adulto: foi um homem que participou como voluntário nas duas guerras de maior violência e magnitude do século XX; e, até agora, também do século XXI. Depois, assumiu riscos políticos nos avanços que não se furtou a fazer dentro do movimento psicanalítico. Nunca se submeteu ao establishment deste movimento. Que, na sua geração, já estava condenado ao imobilismo institucional; na visão do autor deste dicionário, por prevalência da meritocracia política. O conteúdo, que pode ser visto, como incessante busca de Verdade, expresso de modo notável por escrita absolutamente sincera; pelas expressões verbais de um idoso experiente que manteve intacta sua percepção das intenções e do "mundo psíquico" da criança, podem ser comparados a outras poucas, demasiadamente poucas autobiografias sinceras escritas nos últimos dois milênios. Das quais, provavelmente por ignorancia deste autor, só posso citar uma: *Dichtung und Warheit*, que pode ser vertido como *Poesia e verdade*, de Goethe.

Pode-se dizer, sem temor de errar, que Bion procurou palavras e termos que pudessem ser dotados da qualidade de poder expressar alguma contraparte na realidade que pudesse ser visível ao leitor. Quase sempre tentou definir precisamente o que queria dizer ao usar palavras e formular conceitos (por exemplo: C, 220-253). Recomendou persistentemente que analistas conhecessem seu vocabulário particular ("Evidência", 1976) e pudessem construir um reservatório pessoal de mitos pessoais como instrumento de comunicação com seus pacientes (EP, 12). Recomendou que psicanalistas tentassem conhecer e, portanto, dominar sua própria "literatura"; nesse caso, seriam capazes de comparar o uso que faziam dela com o uso que seus pacientes fizessem dela.

Desde a publicação da primeira edição deste dicionário, pode-se observar uma modificação de natureza política nos caminhos institucionais seguidos pelo movimento psicanalítico. O apelo à literatura, não mais como instrumento limitado a formulações verbais, mas feito de modo autoritário, pleno de fantasias de superioridade, sugere um transplante heterólogo. Literatura poderia substituir psicanálise: afirmações destituídas de base na realidade clínica, mas baseadas em preferências pessoais, afirmam que "psicanálise é outra forma de literatura". Autores como Paul Ricoeur podem ser considerados como porta-vozes ou porta-bandeiras dessa tendência. Questionamentos sobre o valor científico de psicanálise encontraram um estuário nesse apelo; a tendência de desprezar a obra de Freud – presente desde o momento em que ele descobriu a psicanálise – disfarça-se agora de "psicanálise". No início do século XXI, em alguns institutos, tornou-se *de rigueur* incluir citações de autores literários, colocando o trabalho clínico em segundo plano. E a busca por contrapartes na realidade, na lata do lixo da história – contada segundo esses autores. Teorias desenfreadas isentas de contrapartes na realidade, negação de busca da realidade por fugas de fantasia imaginatória, manipulações retóricas de símbolos verbais prevalecem. Estou me permitindo propor um neologismo, na suposição de que o termo "imaginativo" não seja suficientemente potente para abranger o âmbito delirante que o termo até hoje inexistente: "imaginatório", poderia indicar. Talvez seja uma tendência passageira. Em outro polo de um espectro de suposições, talvez decrete o fim da pesquisa psicanalítica. Que muito querem que seja substituída por literatura. Neste caso, cada autor de textos supõe que ele mesmo seja artista, ou inovador genial. Autores como P. Sulloway, A. Grünbaun, K. Popper, H. Eysenck, S. Gould, H. Bloom – que falou que Shakespeare teria sido o "inventor da personalidade" – defenderam a tese, que, para eles, sequer precisou passar pelo estágio de hipótese, de que a psicanálise não é científica. Isentos totalmente de experiência psicanalítica, com maior ou menor penetração na mídia leiga - produto comercial, sempre feito sob o vértice financeiro - construiram o que os autores ingleses denominam de *band-wagon*s – cujo equivalente brasileiro pode ser um "trio elétrico". E sempre com a moeda fácil para alcançar fama: o denegrimento rival de psicanálise e do nome "Freud".

Outras pressões sociais, sempre de ordem financeira, como pressões de corrupção na pesquisa científica comandada por laboratórios produtores de fármacos em massa, do grande capital, e as eternas dissidências "superiores", como as assim chamadas "terapias cognitivas" e "neurociência", juntaram-se ao coro. A posição de Bion é diversa:

> O que o pensamento psicanalítico requer é um método de notação e regras para seu emprego. Elas nos habilitarão a fazer o trabalho na *ausência* do objeto, para facilitar a continuidade do trabalho na *presença* do objeto. A barreira a esse trabalho apresentada pela atividade desbridada das fantasias do analista foi reconhecida há tempos: enunciados pedantes, por um lado, e verbalização carregada de implicações não observadas, por outro, significam que o potencial para mal-entendidos e

deduções falsas é tão elevado que chega a ponto de pôr a perder o valor de um trabalho executado com instrumentos tão defeituosos. Vou manter a liberdade de falar de "incorporar" uma teoria específica "no *corpus* da teoria analítica" com a precisão requerida para usar as teorias de Melanie Klein dos objetos internos. Isso significa que é necessário haver invariantes psicanalíticas e parâmetros psicanalíticos. (T, 44)

Uma verdade individual e social é que tentativas de obter verdade sempre se acompanham do movimento contrário: Verdade é alimento da mente; mas a mente a odeia, na metonímia elaborada por Bion e escrita em algumas ocasiões – descrita em vários verbetes deste dicionário. Esperanças – como quase todas as esperanças – de que a psicanálise estaria isenta disso mostraram-se infundadas. Há evidências, na obra de Freud, de que ele as manteve por pouco tempo; e não as manteve principalmente no final de sua vida.

Referência cruzada sugerida: Filosofia, "O", Verdade, Método Científico, Religião.

Lógica

O acesso à biblioteca particular de dr. Bion, mantida – na época da publicação da primeira edição deste dicionário, 2005, e até 2016 – por Francesca Bion, permite afirmar que Bion estudou as leis da lógica clássica (euclidiana). Manteve vários exemplares de livros a respeito dessa disciplina, com anotações à margem. Alguns são citados em *Elements of Psycho-Analysis*, e também na obra póstuma, *Cogitations* (que serviu de preparo para *Elementos*) reputados autores entre os estudantes de matemática: por exemplo, a introdução de Heath ao trabalho de Euclides. Na opinião da dra. Parthenope Bion Talamos, coincidindo com a opinião do autor deste dicionário, Bion não nutria interesse na matemática, em si memsa. Mas mantinha interesse pela história e pela teoria da ciência matemática (por vezes denominada filosofia da matemática). Bion leu outro clássico, *Men of Mathematics*, de Eric Temple Bell. Encontramos este livro em um estado de ter sido bastante manuseado. Mas não há tantas anotações à margem.

Bion, na tentativa de obter uma comunicação mais precisa, de alcance científico em psicanálise, por observar que esta passara a ser extinta, principalmente após o falecimento de Freud, fez uso, entre 1959 e 1965, de notações simples, emprestadas da lógica – do mesmo modo como Freud havia feito com algumas letras gregas. Por exemplo: x (para designar uma incógnita); alfa, beta, mi, épsilon. Essas notações foram feitas com a (vã) esperança de que não se tornassem saturadas com penum-

L

bras de significados que impedissem seu uso científico. Em *Transformations* – e em *Cogitations* –, inclui uma discussão sobre o sentido da palavra "Ponto", citando uma controvérsia entre Platão e Sócrates; e cita teoremas de Euclides e Pitágoras, tentando ligá-los ao conhecimento psicanalítico do complexo de Édipo. Em 1977 (AMF, II, 229), reconhece o insucesso: todas foram sendo preenchidas de significados "turbulentos"; reconhece, na história da matemática, que essa disciplina expandiu-se ao se libertar de amarras concretizantes impostas pela geometria e lógica clássicas. Teve contato – segundo o exame dos livros em sua biblioteca particular – com os trabalhos de Gottlob Frege e de Cantor e com a Escola Intuicionista de Brouwer – que tentou testar as hipóteses da não validade de uma das leis fundamentais da lógica euclidiana, a dos meios excluídos (alguns filósofos de língua neolatina vertem essa lei como se fosse do "terceiro excluído". Essas partes nos livros de matemática têm anotações à margem. Parece-nos mais adequado dizer "terceiros excluídos", pois não é o caso de um "terceiro", apenas). A "escola" intuicionista – que, na matemática, tem tido interesse que pode ser qualificado como periférico – originou-se da geometria não euclidiana de Riemann e Lobachevsky, citada em *A Memoir of the Future* (AMF, I, 62; II, 224, 247; III, 553).

Referências cruzadas sugeridas: Filosofia; Literatura; Matematização da psicanálise.

M

Manipulação de símbolos

Em sessões de psicanálise, é necessário haver respeito à realidade, ou procura de Verdade, sob um método crítico. O caminho de Freud para isso sempre teve um método intrínseco – o método científico, que precisa conter, passo a passo, uma investigação a respeito de problemas que ocorrem durante uma procura de Verdade. Agir segundo a égide do princípio do prazer-desprazer (Freud, 1911) origina pelo menos parte desses problemas, naquilo em que podem ser abordados psicanaliticamente. Nessa contribuição psicanalítica, uma procura de Verdade precisa ser feita segundo a égide do princípio da realidade. Agir segundo o princípio do prazer-desprazer constitui-se como contradição se o intuito é psicanalítico, científico ou artístico. Em psicanálise, o método crítico se dá sob um exame empírico no aqui e agora de sessões analíticas, não apenas do comportamento, mas dos processos de pensar e de suas vicissitudes – tanto no paciente como no analista.

O autor deste dicionário inferiu, na leitura de dois escritos de Bion, *Learning from Experience* e *A Memoir of the Future*, que, além de tentar seguir o modo científico estabelecido por Freud, nutriu-se também de duas fontes de inspiração fundamental: os escritos contidos nos livros *Introduction to mathematics*, de Alfred North Whitehead, e *A lógica da pesquisa científica*, de Karl Popper. Não houve adesão incondicional, principalmente em relação à segunda obra, mas inspiração para o exercício de análise crítica dos métodos utilizados nessa procura. Essa inferência era correta? Anos depois, pudemos constatar sua veracidade –não sendo mais fruto de mera leitura pessoal: dois exemplares de cada um desses livros na biblioteca de Bion, que durante a época da feitura do manuscrito deste dicionário era mantida por sua viúva, a sra. Francesca Bion, tinham anotações à margem, em trechos que correspondem ao que se seguirá neste verbete. Constituem-se o que denominamos inspiração.

Bion aplicou uma observação de Whitehead, feita em 1911, sobre uma tendência, em trabalhos de pessoas com o título de matemáticos, que ameaçava distorcer ou já distorcia o estudo e a aplicação da disciplina matemática. Bion observou a existência dessa mesma tendência destrutiva, prevalente em comunicações escritas ou orais feitas por membros do movimento psicanalítico. Com efeitos em todo similares à prática e à teoria psicanalítica. Aplicando, quase que *ipsis litteris*, a observação de Whitehead, Bion parece ter conseguido descrever algo que sugiro qualificar, em analogia, uma "doença infantil" assolando boa parte dos membros do movimento psicanalítico: uma contraditória simultaneidade de pseudoteorizações, *a priori* e *ad hoc* (T, 4, 84, 96). Fizemos a hipótese de que esta "doença infantil" foi e ainda é um fator no falso sucesso social de algo que era e ainda é denominado pelos praticantes como "psicanálise". Tornou a palavra "psicanálise" e práticas que assumiram esse nome uma moda (*fashion*) intelectualizada, nos membros da *intelligentsia* e das classes financeiramente favorecidas – sempre fascinadas por modismos. O auge desse sucesso social deu-se entre os anos 1930 e 1970; a partir dessa data, ganharam críticas destrutivas, como acusações de charlatanismo, por vezes revestidas de crítica científica, sempre existentes, muitas delas igualmente falsas, movidas pelo mesmo modismo, produtor de rivalidade.

O modismo se instalou sob uma forma que, em medicina, denomina-se placebo. Substituiu, com novas formas, práticas anteriormente consideradas religiosas, que prometiam felicidade eterna; e, por vezes, vida eterna, além de pretensas superioridades do método "psicanalítico" sobre outros métodos – incluindo a prática da medicina. Bion, em pelo menos dois livros, *A Memoir of the Future* e *The Grid and Caesura*, utiliza-se de uma pesquisa arqueológica que marcou época e tornou-se inspiração para muitas produções teatrais e de cinema sobre "a maldição dos faraós". Essa pesquisa científica deu-se na cidade de Ur,[63] por uma equipe binacional liderada por Leonard Wooley, patrocinada por duas instituições (Museu Britânico e Universidade da Pensilvânia). Descobriu muitos fatos históricos, um deles citado por Bion, para uso de investigação científica sob o vértice psicanalítico. O fato, ocorrido com um rei, Meskalan Du, na então Mesopotâmia, compôs uma analogia ficcional. Bion enfatiza o fato de que o rei sorvera uma beberagem preparada por sacerdotes e que lhe conferiria, pelo menos em sua crença, vida e felicidade eternas. Envolveu-se então em um aparente suicídio, inconsciente para ele mesmo. Na verdade, um assassinato psicopático preparado por sacerdotes-políticos que prometeram, mas não entregaram felicidade nem vida eterna. Uma hipótese do autor deste dicionário, baseado em Freud e Bion, é que essa pessoa, com o título social de rei, poderia estar escravizada pelo princípio do prazer-desprazer, e funcionou como coautor, ainda que inconscientemente, de um homicídio, com a aparência externa de suicídio inconsciente. Teria havido acoplamento de ingenuidade infantil, de natureza paranoide, a uma tendência psicopática do grupo dos sacerdotes; produziu um fato destrutivo, constatado dois milênios depois: todos faleceram ao ingerir uma beberagem. O rei teria ordenado aos sacerdotes que também ingerissem a mesma porção que haviam preparado para ele. O grupo assassinado incluiu a esposa do rei, e

---

[63] Atualmente localizada naquilo que restou de um país artificioso inventado pelos governos inglês e francês no início do século XX, o Iraque: usualmente denominado o "berço da civilização ocidental".

outros membros da corte, e também uma quantidade notável de coisas concretas, vistas como tesouros, pois confeccionadas em ouro. Não se pode saber o que moveu o rei no momento em que deu a ordem para que os sacerdotes bebessem o líquido; não há registros de que a cerimônia na qual eles acabaram entrando teria sido planejada; há indícios que foi algo no aqui e agora, momentânea. Não se pode saber, hoje em dia, se alguns dos sacerdotes acreditavam nos poderes falsamente atribuídos por eles mesmos à beberagem. Nem se pode saber nada sobre o modo eles foram obrigados a fazer isso: teria sido por desconfiança, produzida por intuição tardia sob a égide do princípio da realidade, mas atacada e finalmente vencida pelo princípio do prazer-desprazer? Teria sido gratidão por religiosidade tola, sempre sob a égide do princípio do prazer-desprazer, depois repetida por muitos outros acoplamentos similares, em todo mundo, como o ocorrido entre Montezuma e Cortez? A partir desse momento, baixou-se um decreto: ficou proibida, por tabu religioso, qualquer entrada na tumba real – na verdade, tumba funerária. Qualquer um que entrasse seria "amaldiçoado". A tumba foi fechada com os métodos possíveis da época e o tabu parece ter funcionado por mais de um milênio. Bion completa sua própria analogia ficcional lançando mão de outro fato, constatado cientificamente pela expedição de Wooley: fora antecedida, muitos séculos antes, por outra, de autores desconhecidos, denominados na região de "ladrões de túmulos", que adentrarem no local e realmente apoderaram-se de várias coisas concretizadas em ouro. Bion propõe uma fábula nessa analogia ficcional: a de que os "ladrões de túmulos" seriam fundadores do que hoje é conhecido como ciência, ao não se submeterem a tabus e enfrentarem o que lhes era até então desconhecido.

Haverá formas modernas desse mesmo tipo de invariância aparentemente transcendental: um acoplamento de ingenuidade paranoide escravizada pelo princípio do prazer-desprazer com tendências psicopáticas, ambos de natureza destrutiva, em que suicídio e homicídio se juntam em um círculo de confusão, como o denominam os matemáticos? Parece-nos que sim: a ingestão de beberagens que tentam eliminar um fato real – morte – foi substituída, por influência de crenças instituídas pelo ramo católico apostólico romano da igreja cristã, entre os séculos X e XIX, pela prática de exorcismos, e quase que simultaneamente (em uma escala de tempo histórico em que a unidade pode ser um século) por hipnose coletiva, com finalidade financeira, então chamada de mesmerismo (inventada por um médico austríaco, Anton Mesmer). Nesse momento, tomou a forma daquilo que a medicina atual denomina "efeito placebo" e também "efeito nocebo". O advento da psicologia incrementou a ocorrência do fato: falsa medicina, e falsa ciência baseada na religião positivista inventada por Auguste Comte, criou e ofereceu, e continua oferecendo, inumeráveis explicações e justificativas para efeitos placebos. A religião positivista fundou, em muitos países, templos. Seguidores posteriores a Comte retiraram, para conveniência própria, o nome "religião", preferindo deixar apenas o "positivismo".

M

A invenção de Auguste Comte, como evolução de fragmentos da filosofia de São Tomás de Aquino e René Descartes, constitui-se como sincretismo, aproveitando fragmentos do empirismo iniciado por gregos antigos e resgatado por Francis Bacon, para montar artificiosamente uma religião – reiteramos, palavra utilizada por Comte – que se autoproclamou a única ciência possível. Sofreu alguns solavancos, com a introdução – historicamente, no mesmo momento – da psicanálise e da física quântica e relativística. No entanto, nos tempos atuais, aparentemente marcados por uma nova degenerescência destrutiva na área do conhecimento, incrementou-se outra vez, em algumas disciplinas.

Essas crenças podem ser descritas, ainda que brevemente:

1. Causalidade; teorias causais têm sido estudadas criticamente por muitos teóricos da ciência, em uma tradição que se iniciou, na época moderna, com Bacon, Spinoza, Hume e Kant; Bion, influenciado por Hume, Kant, Prichard, Poincaré, Braithwaite e Heisenberg, fornece uma iluminação, sob o vértice crítico da psicanálise, principalmente da formação onírica, sobre falsas ideias de causalidade, induzidas por formas narrativas (LE, 65, 74, 75, 77; EP, 6, 23, 45, 67, 82; T, 96). A situação é complicada, pela limitação dos nossos instrumentos básicos, ou dos instrumentos disponíveis para psicanalistas; no caso, formulações verbais, que levam, por hábito (tradição), a formas narrativas nas comunicações entre todos nós, seres humanos.
2. Ideias falsas de localização concreta, tentando substituir noções funcionais; algo que tem barrado o progresso em especialidades médicas como a neurologia e também a psiquiatria.
3. Ideias falsas de predição de eventos.
4. Ideias falsas de dedução e indução, segundo racionalizações limitadas pela lógica clássica (euclidiana).

Tais crenças têm sido objeto de estudo e refutação em vários textos de Bion, sintetizados, descritos e revistos neste dicionário. Refutações, sempre originadas pela experiência clínica em psicanálise, aparecem em textos fundamentais de Freud, Abraham, Ferenczi, Reik, Klein, Jones, Money-Kyrle, Winnicott, Jaques, Lovejoy; e, fora do movimento psicanalítico, Merton, Feuer. O leitor pode também consultar outros textos deste autor, sobre noções de teoria da ciência, para uso específico por psicanalistas.

Freud temia que a psicanálise pudesse ser confundida com esse tipo de prática social, ou coletiva, como se fosse apenas uma nova versão dessa prática. Boa parte das assim chamadas "dissidências" tiveram esse fato como invariância básica – nunca observada. Esse fato incrementou-se após a morte de Freud. Parece-nos que o sucesso social daquilo que foi qualificado, tanto pelos praticantes como pelos pacientes, de "psicanálise" decorreu, em parte, de efeitos placebos. Como todo efeito placebo, é passageiro, por ser irreal – baseado em sentimentos sob a égide do princípio do prazer-desprazer, solo fértil para religiosidades.

Esta é a "doença infantil" que assola boa parte do movimento psicanalítico, na observação do autor deste dicionário, que tenta se basear na aplicação de Bion da observação de Whitehead.

Neste verbete, tentaremos isolar um fator nessa "doença": limitações da teoria da ciência subjacente à qual esses membros do movimento psicanalítico aderem, provavelmente de modo inconsciente: racionalizações pseudoteóricas, autoalimentantes – indistinguíveis de produções esquizofrênicas. Constituem-se como crenças, fiéis a preceitos da religião positivista, anteriormente sistematizada de modo breve sob o ponto de vista didático.

Focalizaremos agora nossa atenção no item (i) anterior, que sugerimos chamar os perigos da sereia intelectualizada, racionalizadora de causalidade. Poderemos então observar, por meio de apenas um exemplo na obra de Bion, algumas descobertas teóricas de implicação prática profunda, que expandiram a descoberta inicial de Freud a respeito da função estruturante, no funcionamento psíquico, do complexo de Édipo. Escolhemos os termos "isolo" e "deixando de lado" para verter o termo em inglês "ignoro". Em nossa língua, há penumbras de significado que dão sentidos muito diversos a este termo:

> Isolo os seguintes elementos, deixando de lado a cadeia narrativa da história, exceto no que contribuem para os componentes se vincularem:
>
> 1. O pronunciamento do Oráculo de Delfos.
> 2. O alerta de Tirésias, cego em função de ter atacado as serpentes, cuja cópula havia observado.
> 3. O enigma da Esfinge
> 4. A conduta imprópria de Édipo ao arrogantemente diligenciar seu inquérito e assim ter sido culpado de *hubris*.
>
> Acrescem-se uma série de desastres:
>
> 1. A praga infligida à população de Tebas.
> 2. Os suicídios da Esfinge e de Jocasta.
> 3. A cegueira e exílio de Édipo.
> 4. O assassinato do Rei
>
> É notável que:
>
> 1. A pergunta original é proposta por um monstro, ou seja, por um objeto composto de uma quantidade de características incongruentes entre si.

Isso conclui minha breve revisão do mito de Édipo sob a luz da teoria psicanalítica. Vou considerar que existe significado em se considerar o mito de Édipo como um componente importante do conteúdo da mente humana. (EP, 46)

Voltemos agora aos "sintomas" da "doença infantil" que assola o movimento psicanalítico, em relação à qual Bion deixou alguns alertas: pseudoteorizações *a priori* e *ad hoc*.

Pseudoteorização *a priori* é uma procura autoritária de encaixar dados clínicos em teorias conhecidas, ou o membro do movimento psicanalítico pensar que conhece, por fazer parte de alguma escolástica, ou idolatrar algum autor que escreveu algo que se encaixa em alguma preferência, sempre baseada na religião positivista. É uma forma daquilo que em matemática foi chamado de "formalismo", que produziu uma abordagem que esperava encontrar procedimentos já conhecidos em matemática para resolver todos os problemas matemáticos ainda desconhecidos. A esperança era encontrar uma fórmula matemática geral que pudesse ser aplicada a toda a matemática, pela qual sempre se poderia decidir com certeza da resolução. Embora tenha contado com tentativas de matemáticos respeitadíssimos, como David Hilbert – que pensava estar no percurso adequado –, um de seus alunos, Kurt Gödel, evidenciou matematicamente a verdade de que há certos teoremas para os quais não é possível encontrar resolução, nem encontrar evidências de que são irresolvíveis. A noção de indecidibilidade entrou na ciência que se pensava exata para não mais sair, com o que ficou conhecido na história como Teorema de Gödel. Pseudoteorização *a priori* resulta em uma miríade infindável de explicações racionalizadas e justificativas em redes intrincadas, e falsas, de causalidade, sempre baseadas naquilo que já é conhecido. Baseia-se em dedução. Na verdade, raciocínio dedutivo; melhor chamá-lo, do ponto de vista psicanalítico, racionalizações dedutivas – nunca avançam além das premissas, muitas vezes arbitrárias.

De modo idêntico, a pseudoteorização *ad hoc* resulta em uma miríade de pseudoteorias, ou travestis de teorias, que são distintas entre si, tentando justificar, entender e explicar uma mesma entidade clínica – cuja invariância (termo emprestado por Bion da matemática para a teoria de observação em psicanálise) subjacente permanece inobservada. Em termos da teoria de transformações, o analista perde de vista, ou nunca percebe, as invariâncias. Busca-se adaptar dados clínicos, em uma pseudossabedoria que podemos chamar "retrovisora" – na língua inglesa, há a expressão idiomática *hindsight wisdom*. Depois que o fato aconteceu, fica fácil encontrar "sábios" que "explicam" o que já ocorreu – em quantidade demasiadamente grande. Nos dois casos, ocorre escassez de uso de intuição – a rigor, o motor da ciência e da arte. Por intuição, entendemos, após Kant, uma apreensão da realidade, por vezes imediata, sem o uso do aparato de pensar.

A situação foi descrita por Bion, pela primeira vez, em 1962: a questão era encontrar uma teoria que pudesse não mais ser tão concreta, e, **ao mesmo tempo**, que essa mesma teoria pudesse não ser demasiadamente geral. Embora Bion não forneça exemplos específicos, podemos pensar, no primeiro caso, nas teorias formuladas por Melanie Klein, que são de tal forma "coladas" na observação empírica que acabaram não sendo apreendidas por aqueles que não dispunham da observação. E, no segundo caso, as teorias formuladas por Freud que pareçam excessivamente gerais e desprovidas de qualquer sentido empírico, como a teoria do complexo de Édipo. Com o tempo, Bion deu-se conta de que um problema intransponível não era exatamente a dificuldade de formular teorias que pudessem ser suficientemente gerais para abranger casos específicos, mas que todas as teorias em psicanálise nunca faziam sentido para pessoas que não dispusessem de experiência de análise suficientemente profunda. O intuito de relatos clínicos é descrever casos específicos que encontramos na clínica psicanalítica. Casos específicos permitem, se escritos com sinceridade mínima, descrever dados empíricos que podem ficar demasiadamente concretizados, ou vistos como se ocorressem apenas sob o nível concretizado, limitado ao âmbito dos fenômenos – pois se baseiam em memórias imaginativas, do psicanalista que tenta escrever casos clínicos. Essa situação só ficou mais clara para Bion em torno de 1965-1966 – é dessa data a redação dos "Comentários" a todos seus estudos anteriores, reunidos no livro *Second Thoughts* – cujo título pode ser vertido para o português como "No entanto, pensando melhor...". Até esta data, Bion descreve dados clínicos do mesmo modo que todos os autores em psicanálise: o paciente disse isto, o analista disse aquilo. Ao elaborar teoricamente, em estudos publicados postumamente, nota-se que estava claro para si que estava lidando com aquilo que os teóricos da ciência de sua época (Braithwaite, Popper – e outros que ele não cita, como Hempel) denominavam *low level data*. Elaborações teóricas corresponderiam a maiores abstrações sobre esses dados empíricos, e seriam *high level data*.

Qual seria o problema quando ocorrem generalizações excessivas, tanto *a priori* como *ad hoc*? Incrementam a probabilidade de se escorregar para *"uma manipulação engenhosa de símbolos de acordo com regras arbitrárias"* (LE, 77).

Até o ponto que pudemos constatar, meio século depois, o movimento psicanalítico, apesar da advertência feita por Bion, não foi capaz de livrar-se da crítica de que *"analista e analisando indulgenciam-se a um gosto por jargão"* (LE, 77). *"Uma formulação teórica que parece ser excessivamente concreta e, mesmo assim, excessivamente abstrata requer uma generalização tal que suas 'realizações' possam ser mais facilmente detectadas, sem a fragilidade que anteriormente lhe era companheira, como é mais visível na matemática, de parecer uma manipulação arbitrária de símbolos"* (LE, 77).

O leitor minimamente informado em teoria da ciência perceberá que essas formulações demonstram – a nosso ver, claramente – a influência de Francis Bacon e de Alfred North Whitehead no trabalho escrito de Bion. Que, sob essa influência, questiona: *"Será possível reter seus elementos concretos sem perder a flexibilidade, tão essencial na aplicação psicanalítica?"* (LE, 77). Para consegui-lo, Bion toma pelo menos cinco ações reais, interligadas entre si, tanto na prática clínica como na teorização que resulta dela:

1. evita o uso de jargão (q.v.), palavras inicialmente elaboradas e também cunhadas como neologismos, que pareciam dar conta da tarefa – em psicanálise, por Freud;
2. busca precisão na comunicação;
3. busca aprimorar a observação dos fatos por meio da construção de teorias observacionais, cujos termos não tinham nenhum significado prévio, como "α" ou "β", ou por símbolos, como ♀♂. Exemplos de teorias observacionais: teoria da função-alfa, ou a teoria de transformações e invariâncias. Na primeira, houve um empréstimo de um sinal quase matemáticos e, no segundo, o empréstimo de toda uma teoria da matemática;
4. tenta construir modelos analógicos, ficcionais, e dialógicos – timidamente entre 1962 e 1970 e, de modo amplo, a partir de 1975;
5. recorre, como Freud e Klein recorreram, a mitos.

Fica visível, pelo menos a este autor, e certamente a outros, como Parthenope Bion-Talamo, que a maior inspiração prática foi o trabalho de Freud. Isso é passível de exame nos trabalhos escritos pelos dois autores. Freud tentou elaborar teorias sob firme origem empírica, originária da prática clinica. Caso examinemos com atenção todos os trabalhos de Freud, até mesmo durante a época em que nem mesmo a palavra "psicanálise" havia sido cunhada. Esta palavra merece atenção: atualmente, tem sido tomada como se sempre tivesse existido e cujo sentido sequer precisa ser verificado. Foi um verdadeiro neologismo – mais fácil de ser feito na língua alemã, se comparado com outras línguas - que misturou um conceito grego, *psyche*, com um termo usado em matemática, química e medicina: *análise*. No estudo sobre afasia, Freud tenta descrever redes funcionais, questionando acerbamente tentativas de localização concretizada de "centros causais", sem a menor correspondência na realidade. Isso também ocorreu em um texto inacabado, denominado por James Strachey de "Projeto para uma psicologia científica"; e em todos os escritos de Freud, desde *A Interpretaçao dos Sonhos* até "Construções em análise".

Em 1970, Bion publicou um mito ficcional, para uso de psicanalistas, como um modo de levar a cabo de modo que pudesse ser ainda mais claro seu alerta, em uma época em que havia controvérsias institucionais e mal-entendidos sobre tudo aquilo que já havia escrito:

> Os mentirosos demonstraram coragem e resolução em sua oposição aos cientistas. Parecia provável que os cientistas, com suas doutrinas perniciosas, extirpariam das

vítimas do engano até o último fiapo de autoengano, deixando-as sem nenhuma proteção natural necessária para a preservação de sua saúde mental contra o impacto da verdade. Alguns mentirosos, conhecendo plenamente os riscos que corriam, sacrificaram suas próprias vidas enunciando mentiras de modo a convencer os fracos e inseguros por meio de sua convicção de que mesmo as afirmações mais absurdas eram verdadeiras. Não é exagero dizer que a raça humana deve sua salvação ao pequeno grupo de mentirosos preparados para manter a verdade de suas falsidades mesmo diante de fatos indubitáveis. Até mesmo a morte foi negada, desenvolvendo-se os argumentos mais engenhosos para sustentar afirmações obviamente ridículas de que os mortos viviam na mais perfeita alegria. Frequentemente esses mártires da inverdade tinham origem humilde; seus nomes desapareceram. Mas, para eles e para o testemunho trazido pela sua óbvia sinceridade, a carga imposta sobre a sanidade da raça deve tê-la destruído. Ao sacrificar suas vidas, sustentam a moral do mundo sobre seus ombros. Suas vidas, e as de seus seguidores, foram devotadas à elaboração de belos sistemas altamente complicados, nos quais se preservou a estrutura lógica por meio do exercício de um intelecto poderoso e raciocínio impecável. Em contraste, os frágeis processos pelos quais os cientistas repetidamente tentavam manter suas hipóteses facilitavam aos mentirosos demonstrar a vacuidade das pretensões desses arrivistas e assim atrasar, quando não impedir, a divulgação de doutrinas cujo efeito seria unicamente o de induzir um sentido de desamparo e desimportância nos mentirosos e seus beneficiários. (AI, pp. 100-101)

Cinco anos mais tarde, Bion afirmaria:

SHERLOCK: Watson é que lidou com a parte simples da coisa. Você já ouviu falar naquele cara, o Bion? Ninguém nunca ouviu falar nele, nem tampouco na psicanálise. Ele acha que ela é real, mas que seus colegas estão envolvidos numa atividade que não passa de uma manipulação mais ou menos engenhosa de símbolos. O que ele fala faz sentido. Existe uma impossibilidade de se entender que qualquer definição deve negar uma verdade prévia, assim como trazer em si um componente insaturado. (AMF, I, 92)

Talvez alguns leitores interessados em história da ciência, história da filosofia e história de modo geral se recordem dos episódios sociais que cercaram e definiram a vida e a sobrevivência de pessoas como Sócrates, Pascal, Giordano Bruno, Thomas More e muitos outros, como Galileu; do mesmo modo, mas no âmbito negativo, as ações dos vários inquisidores, como Savonarola. A questão central: uma busca científica por Verdade e reações a ela.

É seguro afirmar que, na época em que este dicionário foi escrito (2002-2004), as advertências de Bion, em boa parte do movimento psicanalítico, não haviam sido ouvidas e menos ainda utilizadas, com exceção de um abandono progressivo no uso de jargão dentro de sessões psicanalíticas. Parece-nos que houve dois autores responsáveis por esse desenvolvimento: Bion e Winnicott; o nome de Reik poderia ser citado, mas não se pode dizer que tenha tido influência real sobre membros do movimento psicanalítico.

Embora fosse parte de nossa intenção complementar esse verbete com exemplos de manipulações de símbolos efetuadas por membros do movimento psicanalítico, julgamos que tal complementação, útil e necessária sob um ponto de vista científico, seria muito precoce – correndo alto risco de não ser considerada como parte do método crítico elaborado por Kant (criticismo). Tentamos aprender das experiências de Freud, Klein, Reik, Winnicott, Bion e Jaques, aplicando algo já aplicado por Goethe, em uma das maiores aplicações literárias do método crítico de Kant: a segunda parte do romance *Fausto*, que precisou aguardar meio século após a morte de Goethe para ser publicada. O movimento psicanalítico ainda não pode aceitar, na atualidade, a aplicação desse método. Bion sintetiza o fato por meio de um diálogo entre seus objetos parciais – "Homem", "Rosemary", "Eu Mesmo" – em que metáforas, metonímias compõem uma fábula da tragédia do conhecimento que ainda nos caracteriza. A nós, seres humanos, que tentamos praticar ciência, arte – e psicanálise.

HOMEM: Quem poderá liberar a matemática dos grilhões revelados por seus vínculos genéticos com os sentidos? Quem poderá encontrar um sistema cartesiano que de novo transforme a matemática, de modo análogo ao da expansão aritmética efetuada pelos números imaginários e números irracionais; ao das coordenadas cartesianas ao libertar a geometria do jugo de Euclides, abrindo o domínio dos sistemas algébricos dedutivos; ao da desajeitada infância da psicanálise, do domínio da mente baseada na sensualidade?

ROSEMARY: Será que Beleza ajuda? Poincaré falava como se ela existisse na disciplina da formulação matemática.

HOMEM: Um problema que me interessa é quem o Eu Mesmo pensa que é. Eu Mesmo, será que você pensa que é diferente de todos nós?

EU MESMO: Não; ainda que sim, pois, apesar do fato de perceber que tenho muitas características de uma fantasia de minha (e de outras pessoas) imaginação, também sou uma personagem fictícia. Certamente posso imaginar (e ser imaginado por outro) que sou tão verdadeiro, tão vívido visualmente, que me convença de modo completo de que não tenho nenhum meio de discernir a diferença entre o real e o imaginário, de que discriminação entre os dois é impossível. Caso eu saiba quem é o "Bion" e caso eu saiba quem eu sou, posso comparar os dois. Posso dizer que sei quem eu fui quando estava na escola, mas isto é muito diferente daquele que eu fui; e isso eu nunca irei saber. (AMF, I, 142)

Referencias cruzadas: Estar-uno-a-si-mesmo (*At-one-ment*); Intuição; Matematização da psicanálise; O; Ultra-sensorial.

Matematização da psicanálise

O cientista precisa conhecer matemática o suficiente para compreender a natureza e o uso das várias formulações e descobertas matemáticas, tais como o cálculo diferencial ou o teorema binomial: o psicanalista precisa conhecer seu mito. O cientista precisa também saber o suficiente para ter uma ideia quando está se confrontando com um problema ao qual poderia aplicar um procedimento matemático específico: o psicanalista precisa saber quando está enfrentando um problema para o qual um mito poderia fornecer a contraparte psicanalítica do cálculo algébrico. Poderíamos dizer que foi exatamente isso que Freud fez; ele reconheceu, como cientista, que estava perante um problema cuja solução requeria a aplicação do mito edipiano. Daí resultou não a descoberta do complexo de Édipo, mas a descoberta da psicanálise. (Ou será que, quando esses elementos estão constantemente conjugados, descobrimos o homem, a psique humana?). É nessa acepção que acredito que devemos usar o mito de Babel, ou de Édipo, ou da Esfinge: como ferramentas comparáveis àquelas da formulação matemática. (C, 228)

Talvez essa citação possa ajudar na introdução de leitores pouco familiarizados, ou movidos por preconceitos em relação ao trabalho escrito de Bion no uso de analogias derivadas de teoria (ou filosofia, ou teoria da ciência) matemática por Bion.

De modo geral, Bion utilizou-as, fundamentalmente, para investigar métodos primitivos que nós, seres humanos, desenvolvemos para com a psicose – ou seja, nossas primeiras tentativas de apreender a realidade. De modo específico: em estados psicóticos, ou de prevalência da personalidade psicótica (q.v.), inexiste ou fica pouco desenvolvida uma capacidade de pensar na ausência do objeto.

No entanto, parece-nos, pelo exame da pouca literatura a respeito e pela audição atenta de opiniões retiradas de impressões sobre leituras incompletas do texto de Bion, em que se clivam certas frases do contexto total do escrito – tomando a parte pelo todo, uma postura conhecida em psiquiatria como expressar um pensar esquizofrênico –, que Bion teria feito uma "matematização da psicanálise". Não

M

vamos citar autores que assim pensam, para não transformar este verbete em uma "guerra santa". Talvez uma frase de Bion seja emblemática, para mostrar a questão: *"Diz-se que não se pode considerar que uma disciplina seja científica até que ela tenha sido matematizada"* (T, 170).

Bion teria endossado tal postura?

Este verbete tentará avaliar a questão, bem como resumir todas as analogias e usos de modelos matemáticos por Bion. A questão, de modo geral, tornou-se polarizada e permite duas formulações mutuamente exclusivas, em uma autêntica guerra de extermínio: "sim, é possível matematizar a psicanálise"; ou "não é possível matematizar a psicanálise"

Até o ponto em que chegou nossa pesquisa, Bion foi influenciado, ou encontrou formulações verbais para aquilo que observava clinicamente, por meio do estudo da história da matemática durante praticamente todo o tempo em que se dedicou à psicanálise. Consultou obras que se tornaram clássicas, cobrindo boa parte do século em que viveu e razoável parte do pensar matemático: a história da matemática, de Alfred North Whitehead; descrições contidas em uma obra tão respeitada quanto popular, hoje clássica, de Erich Temple Bell; nas duas, parece ter tido o primeiro contato com a obra de Gottlob Frege; não lhe faltou informação sobre a teoria da ciência matemática, pela obra fundamental de Jules Henri Poincaré, um matemático que também alcançou os mistérios da transformação de matéria em energia, ainda que posteriormente, de modo diverso daquele de Einstein; e também sobre a geometria euclidiana, por meio de pelo menos três estudos tonados clássicos na formação de matemáticos, de Thomas Little Heath; de John Greenlees Semple e Geoffrey Thomas Kneebone; de Victor Tarsky; e de Morris Kline.[64] Encontrou nos caminhos em direção à resolução de problemas em matemática, um caminho para os mesmos problemas que enfrentava na prática psicanalítica:

> Transformando a geometria euclidiana e sua representação visual em geometria projetiva algébrica, o geômetra conseguiu liberar suas investigações de algumas das restrições impostas pela história genética dos procedimentos que utiliza; igualmente, é necessário libertar a psicanálise das restrições impostas por associações com espaço e visão pelas quais confiei na geometria para simplificar a exposição. (T, 111)

Naquilo que pode ser visto como uma síntese e, paradoxalmente, uma expansão de toda a obra anterior de Bion, o leitor pode encontrar:

---

[64] Respectivamente: *An Introduction to Mathematics*, de 1911; *Men of Mathematics*, de 1936; *Science and Method*, de 1914; *The Thirteen books of Euclid's Elements*, de 1909; *Algebraic Projective Geometry*, de 1952; *Introduction to Logic*, de 1956; *Mathematical Thought from Ancient to Modern Times*, de 1972.

HOMEM: Quando a mente ± tiver sido mapeada, as investigações podem revelar variações nos vários padrões que ela demonstra. É possível que o mais importante não seja, como os psicanalistas presumem, apenas revelações de doenças ou enfermidades da mente, mas padrões indiscerníveis no domínio no qual Bio ± (vida e morte; animado e inanimado) existe, pois a mente abarca um espectro da realidade muito inadequado. Quem poderá liberar a matemática dos grilhões revelados por seus vínculos genéticos com os sentidos? Quem poderá encontrar um sistema cartesiano que de novo transforme a matemática, de modo análogo ao da expansão aritmética efetuada pelos números imaginários e números irracionais; ao das coordenadas cartesianas ao libertar a geometria do jugo de Euclides, abrindo o domínio dos sistemas algébricos dedutivos; ao da desajeitada infância da psicanálise, do domínio da mente baseada na sensualidade? (AMF, I, 130)

O problema, que consta da primeira página do livro de Whitehead e é expandido em todos os outros, pode ser colocado em termos de uma concretização excessiva, dando a impressão de que se trata de realidade, contrastada com uma falta de concretização sentida como excessiva que impediria a apreensão da realidade. Em outros termos: demasiada materialização e demasiada imaterialização; em termos mais usuais, graus de abstração. Abstração do quê? Daquilo que é concreto, apreensível pelo nosso aparato sensorial.

O que moveu Bion quando apelou para o estudo de teoria da ciência? Embora o intuito estivesse implícito e notavelmente compactado nos seus primeiros livros, os leitores sentiram-se confusos, ou duvidosos. Talvez alguns deles, caso nutrissem maior interesse, poderiam ter um esclarecimento explícito nos escritos preparatórios, publicados por Francesca Bion após o falecimento do marido. Em um deles, Bion impressionou-se com um escrito de seu conterrâneo James Cowley Prichard, um médico formado em Edinburgo, etnólogo e teórico da ciência, que viveu na geração anterior àquela de Freud – início do século XIX. Também era alienista, o nome da época dado ao que hoje se chama "psiquiatra", já que a palavra, inventada por um alemão, na mesma época de Prichard (Reil), precisou de mais de um século para se firmar. Prichard foi o primeiro alienista a descrever uma entidade clínica chamada demência senil. Denominação hoje considerada "politicamente incorreta", apesar de (ou talvez por) ser real. A palavra de ordem – altamente imprecisa cientificamente – é "Alzheimer"; poucos (entre 3% e 50% – estudos estatísticos têm tido conclusões notavelmente disparatadas) realmente merecem essa denominação, que depende de medições bioquímicas sofisticadas, ou exames anatomopatológicos pouco ou nada disponíveis em termos populacionais. Prichard, hoje, é praticamente desconhecido; jamais obteve fama no Brasil, país em que estudos de medicina e filosofia iniciaram-se no início do século XIX, mas cujo progresso precisou de mais de um século para se iniciar. A quantidade de especialistas era ínfima se comparada com a de outros países: e, a partir do século XX, tornou-se influenciada por tendências da assim chamada escola francesa de medicina e de filosofia e, na psiquiatria, da escola alemã. Continuemos com um texto de Bion que ilumina a questão da cientificidade da psicanálise e também o apelo à matemática:

> A despeito dos avanços da ciência nos últimos anos, os métodos empregados no trabalho científico encontram-se sob investigação crítica. O questionamento moral feito pelos próprios cientistas sobre o uso dado ao conhecimento científico é pouco relevante à discussão dos próprios métodos, embora tenha contribuído para essa discussão.
>
> A questão não é nova em filosofia, embora não seja necessário retroceder a uma época anterior a Hume para descobrir as origens das controvérsias atuais. O problema, como se apresenta ao filósofo, foi formulado por Prichard (*Knowledge and perception*, p. 69). Ele diz: embora estejamos cônscios de que todo conhecimento alcançado é o resultado de um processo de nossa parte, não refletimos sobre a natureza do processo – em tempo algum, de qualquer modo sistemático – para torná-lo objeto de um estudo especial. Mas, mais cedo ou mais tarde, o conhecimento de nossos erros e o desejo de termos certeza de estarmos obtendo o artigo genuíno, isto é, algo que seja realmente conhecimento, nos leva a refletir sobre o processo . . . enfim, ficamos nos perguntando se somos capazes de ter algum conhecimento de fato, ou se não estamos simplesmente iludidos, pensando que somos capazes de conhecer. As teorias da mecânica quântica perturbaram, nas ciências naturais, o clássico conceito de um mundo de fatos objetivos, estudado objetivamente. E, ao mesmo tempo, o trabalho de Freud suscitou a crítica de que não era científico, por não estar em conformidade com os padrões associados à física e à química clássicas; seu trabalho, ao mostrar quão frequentemente as manifestações das crenças e atitudes humanas se notabilizam mais pela eficiência em disfarçar impulsos inconscientes do que por contribuir para o conhecimento dos assuntos que pretendem discutir, constitui-se em um ataque à pretensão do ser humano de possuir uma capacidade para observação e julgamento objetivos. (C, 86-87)

De acordo com tendências em teoria da ciência (usualmente denominada por filósofos como "epistemologia"), vigentes na época de Bion e também hoje, nenhum campo do conhecimento humano poderia aspirar ao *status* de ciência a menos que tenha sido matematizado, ou possa ser visto como passível de ser. Pode-se dizer que Platão foi o primeiro ou um dos primeiros teóricos da ciência; Bacon, o fundador do método científico utilizado até hoje; Kant, um herdeiro direto de Hume, não apenas reviveu essa prática, mas a desenvolveu com uma crítica dos métodos científicos. Platão, Bacon, Hume e Kant podem ser vistos como "patronos" da obra de Bion. É desse modo que ele qualificou Platão em relação à obra de Klein, no que tange ao conceito de objeto interno, um desenvolvimento feito por ela a partir de Freud. Não é possível saber o que motivou Bion a não incluir Freud como tendo um ancestral, Platão; pode-se dizer que ele não o excluiu. Platão e outros gregos antigos – como Tales, Pitágoras, Aristóteles, Zenon – ficaram conhecidos pelos avanços que propiciaram à Matemática, uma *techné* (técnica prática) nobre para aquelas pessoas. No que tange aos empréstimos analógicos e para finalidades de notação retirados da matemática para uso em teorias de observação psicanalítica, pode-se contatar que tentativas semelhantes apareciam na obra dos assim chamados neopositivistas (mesmo que parte deles nem soubesse desse nome).

Será necessário não confundir "neopositivistas", que insistiram na necessidade "empírica", ou seja, de haver uma experiência real que pudesse estar sujeita a raciocínios lógicos – tanto da lógica euclidiana como da não euclidiana –, com os adeptos da religião positivista, de Auguste Comte, mais usualmente denominados "positivistas". Estes também insistiram na necessidade da experiência, mas há diferenças importantes no modo como lidaram com ela. Os neopositivistas nunca depreciaram o uso de intuição; a maior parte foi crítica quando à noção de causalidade. Sua obra pode ser examinada nas produções escritas de Moritz Schlick; do jovem Ludwig Wittgenstein; de Richard Bevan Braithwaite e Bertrand Russell, autores de uma posição independente de qualquer tipo de escola, mas que filósofos insistem em dizer que seriam "neopositivistas". Mais tarde, na obra de autores nunca citados por Bion, como Rudolph Carnap, e outros provavelmente desconhecidos por ele, como Carl Gustav Hempel; e um outro que Bion nunca conheceu, Imre Lakatos.

Sim?

Ao reunir a experiência clínica obtida na prática psicanalítica, Bion sugeriu – com base em observação clínica de pessoas com distúrbios psicóticos no pensar e relacionando-as, talvez pela primeira vez no movimento psicanalítico, com o início dos processos de pensar de modo geral, e o pensar matemático na mente humana – que as tribulações do psicótico, do matemático e do psicanalista eram similares no que se referia a aspectos fundamentais do pensar. Matemática e geometria mostram sinais de serem métodos primevos, tanto na história da humanidade como na história de cada indivíduo, através dos quais dispúnhamos, e continuamos dispondo, quando o objetivo é tentarmos lidar com psicose. Parecem ter servido para nosso desenvolvimento psíquico e ontológico.

No entanto, Bion deixa claro que, se alguma matemática pudesse ser considerada como utilizável em psicanálise, e também no nosso desenvolvimento psíquico, ainda não fora descoberta. Sugere que há um tipo de relação entre alguma matemática ainda não descoberta e aquilo que Klein descreve como o movimento entre as posições esquizoparanoide e depressiva, e também nas inter-relações entre mãe, pai e filho (ou filha), ou seja, Édipo. Essa matemática ainda não conhecida poderia ser,

M

aliada a formulações verbais provenientes de poetas e teólogos da tradição mística, a matemática "dodgsoniana" (de Charles Dodgson, nome real de Lewis Carroll: T, 153), mas nunca aquela formulável segundo as assim chamadas leis da lógica formal. No entanto, a matemática que expandiu o campo do conhecimento para além dessas "leis", demonstrando sua inaplicabilidade – e incapacidade de iluminar – a muitos fenômenos, como a existência de fenômenos probabilísticos, primeiro elaborada por Pascal; a geometria não euclidiana, a matemática dos números infinitesimais (primeiro elaborada por Cantor), a matemática matricial, o intuicionismo e a mecânica quântica pareceram-lhe oferecer algum caminho. Bion não cita Cantor nem Syvester e Cayley – os iniciadores da matemática infinitesimal e matricial, respectivamente. Mas cita Pascal, que elaborou a primeira teoria de probabilidades, e Brouwer, que idealizou o intuicionismo.

> A configuração, que pode ser reconhecida como sendo comum a todos os processos de desenvolvimento – sejam religiosos, estéticos, científicos ou psicanalíticos –, é uma progressão do "infinito vazio e sem forma" para uma formulação "saturada" que é finita e associada a um número, por exemplo, "três"; ou geométrica, por exemplo, o triângulo, ponto, linha ou círculo. Associada a isso, existe a necessidade de um componente geométrico ou numérico em produzir uma transformação. . . . Até que ponto isso representa um vínculo essencial na capacidade de produzir uma transformação, qual seja, da experiência da realidade para o conhecimento . . .? Não pode ocorrer a transição da sensibilidade para a consciência, de um tipo adequado para se constituir em alicerce da ação, exceto se o processo de mudança . . . for matemático, ainda que, talvez, sob uma forma que não foi reconhecida como tal [nota de rodapé: Um exemplo simples disso é a tentativa de comunicar o que é uma psicanálise por meios outros que não uma análise mesma, de modo que se possam formular regras para sua prática: prontamente "arrebatam-se" à experiência inefável – "cinco vezes" por semana, e por "50" minutos]. (T, 170-171)

Não?

Se for verdade que Bion realmente não matematizou a psicanálise, não será surpreendente que possa ter se inclinado para o outro lado. Seria essa uma posição que teria sido imutável ao longo de toda sua obra escrita? Parece-nos que sim. Podemos, por exemplo, comparar textos em um espectro que vai desde o início de suas cogitações escritas até seus últimos livros:

1959: *"Em suma, a matemática deve ser considerada pelos psicanalistas como uma das classes limitantes que pertencem à psicanálise, enquanto tentativa de ser um conjunto coerente de sistemas e, em particular, como um dos métodos pelos quais os sistemas esquizoparanoide e depressivo entram em uma relação dinâmica entre si; portanto, como um aspecto daqueles fenômenos mentais referentes à aquisição de desenvolvimento mental, por meio da facilitação dessa relação dinâmica. Veremos, portanto, que, do ponto de vista psicanalítico, a matemática não pertence ao domínio da ontologia e nem mesmo ao da epistemologia, mas sobretudo àquela classe de funcionamento mental que é essencial à própria sanidade, uma vez que a transição entre as posições esquizoparanoide e depressiva, e vice-versa, é essencial ao próprio desenvolvimento mental.*

Isso não visa diminuir a matemática, mas mostrar como é falacioso considerar que a sua importância primordial em uma área qualquer, por mais importante que seja essa área, confere-lhe uma igual e universal importância para todas as outras áreas – uma falácia que influenciou alguns observadores a suporem que o sistema dedutivo da biologia e, em particular, da psicanálise, falhando em produzir cálculos que o representem, condena necessariamente o assunto para o qual não exista o cálculo. A matemática pode ter um papel muito importante como um objeto de estudo psicanalítico e, ao mesmo tempo e pela mesma razão, ser um elemento importante nos processos mentais que permitem que o indivíduo se torne um psicanalista" (C, 86-87).

1962: *"Não se dispõe de formulações matemáticas para psicanalistas, ainda que existam possibilidades sugestivas"* (LE, 51).

1975: *"A matemática, ciência como é conhecida, agora, não pode fornecer modelo algum"* (AMF, I, 61).

Bion, como Freud, manteve uma postura de abertura quanto a contribuições de outras disciplinas à psicanálise. Uma atitude que, a partir de 1948, passou a ser denominada transdisciplinaridade por Robert Merton, um sociólogo – que talvez tenha cunhado o termo. No entanto, a colaboração mútua entre disciplinas, e um estudo integrado, difere de transplantes, ou "aquisições", como as que se fazem entre empresas comerciais. Um exame cuidadoso dos escritos de Bion demonstra que ele nunca sequer propôs, e menos ainda praticou, um transplante de outras disciplinas para a psicanálise, nem substituiu o vértice psicanalítico por outro. Sua prática se caracterizou por atitude inversa: sugeriu que a psicanálise poderia ter tido origens em outras disciplinas e que poderia auxiliar a pesquisa em problemas até então intratáveis para essas mesmas disciplinas – como a matemática, a filosofia e a teoria da ciência. Da mesma forma que houve com Freud, que jamais negou sua origem na neurologia, medicina e psiquiatria, propondo-se a auxiliar neurologistas, médicos e psiquiatras em problemas até então intratáveis e insondáveis. Em termos de matemática:

> Mas os números que representam sentimentos não evoluíram ao ponto de poderem lidar com aquilo que se apreende do âmbito a partir do qual jorrou aquilo que apreendeu. (AI, 91)

Há indicações escritas inequívocas de que a procura é por uma matemática interna à própria psicanálise, similar a uma matemática interna à teoria da ciência, ou a procura de uma sintaxe matemática para formular problemas de teoria da ciência, como fizeram Bertrand Russell, Alfred North Whitehead e, de modo (a nosso ver) ainda mais sofisticado, Rudolf Carnap:

> Pode-se lidar com certos problemas por meio da matemática. Com outros, por meio da economia, outros, pela religião. Um problema pode parecer pertencer a uma determinada disciplina, mas não se submeter ao manejo por ela proporcionado; deveria haver a possibilidade de se lidar com esse mesmo problema com uma outra disciplina. Se a geometria euclidiana não pode lidar com problemas multidimensionais, pode-se transferi-los à geometria algébrica, que pode lidar com eles. Desse modo, alguns problemas podem ser transferidos dentro da disciplina que lhes é própria, de tal modo que se possa tentar solucioná-los. A matemática desenvolvida pela manipulação dos "números" tem provado ser até o momento muito bem-sucedida na correspondência entre a formulação e aquilo que se deu conta existir na realidade que a formulação representa. (AI, 91)

É possível afirmar que Bion não matematizou a psicanálise, nem usou a matemática como modelo, com a única possível exceção de ter adotado um sistema quase matemático de *notação* – letras romanas e gregas, setas e similares.

A impossibilidade de matematizar a psicanálise parece residir nas diferentes origens das duas disciplinas. Poderia ser feita uma analogia comparativa entre o geômetra e o analista? Pelo menos é isso mesmo que Bion fez. Trata-se da capacidade de lidar com "objetos", apesar da ausência física desses mesmos "objetos" no momento do exame. Nos termos psicanalíticos usados por Bion, um deles, proveniente da natureza mais primitiva e profunda na vida dos mamíferos e, em consequência, de todos nós, seres humanos; o outro, de um desenvolvimento matemático. Respectivamente: trata-se da capacidade de tolerar a ausência de um seio, que Bion denomina "não-seio"; e da tolerância da existência de "ponto". Não "do" ponto, pois é uma questão da natureza humana; menos ainda "o" ponto, como se fosse uma entidade concretizável em "um" ponto.

Essa é uma necessidade – tanto em crianças como em analistas. O matemático parecia ser alguém que podia ser capaz, precocemente – na história da humanidade, e no desenvolvimento ontogenético de cada indivíduo –, de exercer essa tolerância. Para retirar concretude ou materialização do seio ou do ponto, uma criança precisa formar, por assim dizer, "meta-objetos" em seu mundo interior: o que veio depois do objeto, no sentido etimológico do prefixo "meta-". Seio – não mais "um seio" só pode ser pensado quando um seio falta fisicamente. Algo não varia em "ambos" os seios, internamente e pela razão óbvia de que "eles" são o mesmo seio – mas também são diferentes; algo se transformou. Esse é um paradoxo que precisa ser tolerado, mas não pode ser resolvido. Talvez o psicanalista que mais se aproximou disso foi Winnicott (em "O uso de um objeto").

Aquilo que não varia é chamado, talvez de modo óbvio, invariância. O que varia é chamado transformação. O último varia em forma. Uma descrição detalhada dessa teoria pode ser encontrada no verbete "transformações". Transformações do bebê que tolera a ausência do seio parecem depender de invariâncias "mamíferas". Invariâncias abrangem tanto realidade psíquica como material. Uma das maneiras de que o ser humano dispõe para efetuar tal transformação se baseia em um sistema de notação. O bebê se torna capaz de dizer: "mamãe"; torna-se então capaz de fazer uma transformação verbal.

Da mesma forma, as transformações do analista parecem depender de invariâncias psicanalíticas; transformações geométricas ou algébricas parecem depender de invariâncias geométricas ou algébricas: *"Não tenho evidência para formulações que não são geométricas em origem (diferentes de um material sugerindo uma relação entre ter um terceiro filho e ter três filhos). O que não fica claro é a razão para um desenvolvimento ser geométrico e não verbal"* (T, 78).

Outras citações poderiam, dependendo da atenção do leitor, dissipar dúvidas sobre as alegadas tentativas que Bion teria feito para matematizar a psicanálise: *"Na crítica à psicanálise, tem se dito que não se pode considerá-la uma ciência por não ser possível matematizá-la. A matemática disponível não prove formulações adequadas ao analista"* (AI, 63). O mesmo foi reiterado em *A Memoir of the Future*.

Transformações em K são aquelas que podem nos levar a conhecer algo sobre algo – uma coisa, um evento, uma pessoa. São diferentes daquilo que Bion denomina como transformações em **O**, que tentam descrever algo vivo, nunca estático, denominado por ele de "tornar-se". Bion lança mão de analogias teológicas e matemáticas, no esforço de descrever, ainda que indiretamente, essas transformações:

> Contrariamente à visão comum, transformação em K tem sido expressa menos adequadamente por meio da formulação matemática do que pelas formulações religiosas. As duas são incompletas, quando delas se demanda que expressem desenvolvimento e, portanto, transformação em **O**. Mesmo assim, as formulações religiosas se aproximam, mais do que as matemáticas, de corresponder às necessidades de transformações em **O**. (T, 156)

Levando em conta que Bion afirmou que, para que se possa efetuar uma psicanálise, torna-se necessário fazer transformações em **O**, temos um dado para pensar criticamente sobre a ideia, propagada por alguns leitores, de que ele teria tentado matematizar a psicanálise.

Bion pareceu abominar pseudopolêmicas pseudocientíficas, o que pode ser atestado por sua avaliação da diatribe criada por Berkeley contra Newton, em relação aos primórdios do que hoje é conhecido como cálculo diferencial, no último capítulo de *Transformations*. No entanto, pode-se conjecturar que ele vivia em uma época em que eram levantadas críticas violentas à psicanálise, negando seu *status* científico, feitas por acadêmicos então proeminentes: Henri Ellenberger, Frank Sulloway, Hans Eysenck e Karl Popper. O último qualificou a psicanálise como pseudociência, pois não podia ser matematizada. Ao lado disso, para justificar a prática psicanalítica, e implicitamente concordando com essas pessoas, alguns membros do movimento, e também fora dele, apregoaram que a psicanálise é apenas mais uma forma de literatura.

Contato provido por mais de quarenta anos com ensino, eventos, periódicos e livros produzidos por membros no movimento psicanalítico permitem observar que muitos leitores não estavam e não estão disponíveis para ler atentamente as tentativas de descrições e recomendações escritas nos três livros escritos por Bion até hoje considerados como básicos: *Learning from Experience*, *Elements of Psycho-Analysis* e *Transformations*. Quais, entre os leitores, se dedicaram a conseguir informação elementar em história da geometria, a saber do que tratam as teorias de lógica euclidiana, de funções e derivadas, na história da teoria dos números, dos conjuntos, em cálculo matricial? Em princípio, pelo menos alguns desses temas poderiam ter sido objeto de atenção no curso secundário. Quem estaria disposto a familiarizar-se com conceitos básicos de matemática que os ajudariam a melhor apreender aquilo que Bion escreveu? Quantos membros do movimento psicanalítico acham e já concluíram, sem ter considerado a questão por meio de estudo, mínimo que seja, que tudo isso nada tem a ver com psicanálise? Que apenas a literatura deve ser (de modo autoritário) considerada? Ou que teorias elaboradas por pessoas consideradas como geniais, ou simpáticas, ou empáticas, destituídas de evidência clínica que pudesse originá-las, mas produtos de mentes consideradas como superiores, é que devem ser consideradas? Que a atenção a conceitos é dispensável, pois conceitos são apenas o que um autor ou seu apóstolo ungido (por si mesmo, usualmente) falaram que são?

> Em suma, a matemática deve ser considerada pelos psicanalistas como uma das classes limitantes que pertencem à psicanálise, como tentativa de ser um conjunto coerente de sistemas e, em particular, como um dos métodos pelos quais os sistemas esquizoparanoide e depressivo entram em uma relação dinâmica entre si; portanto, como um aspecto daqueles fenômenos mentais referentes à aquisição de desenvolvimento mental, por meio da facilitação dessa relação dinâmica. Veremos, portanto, que, do ponto de vista psicanalítico, a matemática não pertence ao domínio da ontologia e nem mesmo ao da epistemologia, mas sobretudo àquela classe de funcionamento mental que é essencial à própria sanidade, uma vez que a transição entre as posições esquizoparanoide e depressiva, e vice-versa, é essencial ao próprio desenvolvimento mental.

A linguagem de Bion

Isso não visa diminuir a matemática, mas mostrar como é falacioso considerar que a sua importância primordial em uma área qualquer, por mais importante que seja essa área, confere-lhe uma igual e universal importância para todas as outras áreas – uma falácia que influenciou alguns observadores a suporem que o sistema dedutivo da biologia e, em particular, da psicanálise, falhando em produzir cálculos que o representem, condena necessariamente o assunto para o qual não exista o cálculo. A matemática pode ter um papel muito importante como um objeto de estudo psicanalítico e, ao mesmo tempo e pela mesma razão, ser um elemento importante nos processos mentais que permitem que o indivíduo se torne um psicanalista. (C, 86-87)

Portanto, a psicanálise pode contribuir com a matemática, e não – exclusivamente – o contrário disso – ou seja, que a matemática poderia contribuir com psicanálise. Seria viável, uma colaboração mútua? Há indícios de que Bion pensou que sim. Delineamentos de tal projeto – que parece não ter se materializado – incluíram *"uma abordagem matemática à biologia alicerçada nas origens biológicas da matemática"*. Bion, como Freud, sempre apreendeu a psicanálise como uma entre as várias ciências naturais. Ao discutir os termos utilizados por Euclides e Arquimedes sobre ponto e linha, Bion afirmou com clareza ter *"razões para citar ilustrações que reforçam a impressão do componente sexual na investigação matemática"*, que é um *"aspecto da história da geometria"* (T, 56). Expõe essas razões, ainda que de modo embrionário, mas fundamental, em *Transformations*.

Propôs, igualmente, com clareza meridiana – negar isso equivale e não ter sequer lido o que ele escreveu – a possibilidade de se lidar com aritmética e geometria sob um vértice psicanalítico: *"Assim, pode-se distinguir entre desenvolvimentos 'geométricos' e 'aritméticos': os desenvolvimentos geométricos de pontos e linhas são primariamente associados à presença ou ausência, existência ou não-existência de um objeto. O desenvolvimento aritmético é associado à condição do objeto, se ele está integrado ou fragmentado, se é parcial ou total.*

O desenvolvimento geométrico se associa a depressão: ausência ou presença do objeto; o desenvolvimento aritmético, a sentimentos de perseguição, a teoria kleiniana de uma posição esquizoparanoide" (T, 151).

Tentaremos iluminar algumas controvérsias em relação a essas tentativas de Bion. Por mais que possa parecer a alguns leitores demasiadamente rude, ou desagradável formular a seguinte frase, talvez o desagrado ou rudeza sejam proporcionais a algum distanciamento ou ódio à realidade. Parece-nos que as controvérsias decorrem do "pouco saber" – algo perigoso, na observação de Alexander Pope, um dos autores preferidos de Bion. Pope era considerado socialmente como desagradável, mas nunca foi visto como alguém que negasse ou odiasse aproximações à realidade. Portanto, controvérsias não se originam da escrita de Bion, mas de modos pouco atentos ou desconsiderados daquilo que está escrito. Não parece ser mera coincidência que ele escreveu um livro cujo título – dado por ele mesmo – foi *Attention and Interpretation*. Existiria – como Bion observou existir – falta de cuidado na leitura das formulações originais de Freud, e também de Klein, contaminando destrutivamente o movimento psicanalítico desde seu início? O autor deste dicionário observa o mesmo fato, ainda existente. Foi atestado pelo próprio Freud, nos sucessivos prefácios às muitas edições de *A interpretação dos sonhos*; e também no fato social conhecido como "discussões controversas" que ameaçaram a expulsão de Melanie Klein do movimento psicanalítico inglês. E nas contínuas idolatrias sobre a obra de Bion, qualificando-as como "revolucionárias", em um fator invariante (fantasias onipotentes e oniscientes de superioridade), incitando ou dando lugar a reações igualmente baseadas na mesma invariância por outros membros do movimento psicanalítico. Como toda idolatria, seguidas de iconoclastia.

Neopositivismo e proposições matematizadas

A matemática, entre as várias descobertas humanas de instrumentos artificiais para executar tarefas que nós, seres humanos, não podemos fazer, talvez seja a disciplina mais provida de um método de investigação e de um sistema de representações simbólicas muito preciso – muito próximo daquilo que é verdade – quando se trata de identificar contrapartes na realidade que demandam algum tipo de tratamento útil, dentro dos limites do vértice matemático. Existem algumas disciplinas que não se prestam a nenhum tipo de qualidade "dotadora". Por exemplo, o vértice psicanalítico encontra áreas mais limitadas de atuação, mesmo que efeitos a longo prazo, e amplificados, possam auxiliar as pessoas em tarefas que não a própria psicanálise. Bion assinala que será "admissível que um observador diga não dispor de nenhuma evidência a respeito da sexualidade infantil, garantindo-se que se trata de um engenheiro aeronáutico, e que observa crianças apenas superficialmente" (AI, 55). Expandindo essa observação, não se pode tratar um problema edipiano caso a pessoa exerça a função de um aeronauta, quando essa pessoa supervisiona o voo de uma aeronave. E vice-versa: controlar manches ou acelerações em motor a jato não serve para o tratamento de pessoas durante uma psicanálise – mesmo que paciência e treinamento sejam invariâncias necessárias dentro de vértices específicos. Nisto, tanto o vértice psicanalítico como o aeronáutico diferem do vértice matemático, cuja qualidade "dotadora" é mais ampla: ele pode servir para um psicanalista em seu trabalho e também para um aeronauta. Psicanalistas defrontam-se com um problema que nasce tendo um fator fundamental e importantíssimo – número –, como observado por John Rickmann, que qualificou a psicanálise como uma "psicologia de dois corpos" (*two-body psychology*). Número (como classe platônica: o "numero de ouro" dos antigos gregos, ou seja, "3") está envolvido em Édipo. Está envolvido no conceito de grupos e em problemas específicos de psicanálise, como presença do ciclo avidez-inveja; na tolerância do "não-seio"; no uso do numero "Zero" em *Transformations*. A matemática dota a ciência de algo confiável; fornece-lhe, ao longo de milênios, vários instrumentos. Pelo menos desde os tempos dos antigos egípcios, hebreus, persas, árabes e gregos, a matemática tem sido considerada a base indispensável para o conhecimento, termo que é sinônimo de "ciência". Ter ciência é conhecer; não ter ciência é a obscuridade do não-conhecer. No entanto, essas relações intrínsecas, originárias, integrantes e por vezes integradoras de matemática com outras disciplinas, que sugerimos denominar "dotadoras", não implicam a "matematização" – que conferiria superioridade ao vértice matemática. Somos dotados de uma camada embriológica, chamada pelos biólogos do crescimento e pelos geneticistas de ectoblasto. Vários sistemas funcionais humanos, denominados pelos médicos como sistema tegumentar (pele), sistema mucoso, sistema digestivo, sistema endócrino (em parte), sistema nervoso, são provenientes do ectoblasto, que tem função intrínseca, originária, integrante e por vezes integradora nos vários outros sistemas mais desenvolvidos. Mas nenhum médico fala em "ectoblastização" do sistema nervoso, por exemplo.

Até o ponto em que chegou a investigação do autor deste dicionário, publicada em outros textos, alguns entre os assim chamados "neopositivistas" têm sido os mais recentes defensores do que eles mesmos denominam de "matematização" de outras disciplinas. O termo "neopositivista" merece reparos e alertas. A qualificação foi dada, em parte, por alguns filósofos, que usualmente têm a tendência (por eles confundida como necessidade) de rotular com qualificativos – e não com substantivos – pessoas, eventos e coisas. Alguns deram a si mesmos essa qualificação, mas depois a refugaram – por exemplo, Ludwig Wittgenstein. A defesa da matematização de outras disciplinas deu-se como tentativa de conferir-lhes *status* científico quando este foi questionado. Neste verbete, o assim chamado "movimento neopositivista", surgido em uma época histórica plena de movimentos e contramovimentos, tem importância na medida em que se inclui na parte da obra escrita e das tentativas de ressaltar o vértice científico em psicanálise, ou de resgatar esse vértice, que estava se perdendo após o falecimento de Freud. Parece-nos importante explicitar que Bion se utiliza de contribuições que podem ser vistas como "neopositivistas" de modo crítico, sem adesões incondicionais ou *a priori*; ou por preferência ideológica ou pessoal.

É possível notar, em escritos de psicólogos e filósofos, principalmente no Brasil, uma confusão entre o que foi denominado de neopositivismo com os adeptos da religião positivista. Confusão feita, inicialmente, por alguns dos membros desse movimento, antes mesmo que alguns entre eles tentassem desfazer a confusão adicionando o prefixo "neo". O movimento nasceu na Áustria e na Alemanha; fundaram uma sociedade extramuros em relação às universidades – em uma época em que fundar sociedades passou a ser moda. Faziam parte dessa sociedade físicos famosos, mesmo que antagônicos, como Ernst Mach, Max Planck, Albert Einstein; e também Sigmund Freud. O grupo manifestou-se pelo avanço da ciência como reação a tendências que favoreciam misticismos e eram contrárias à pesquisa científica. Constituíram grupo coeso no início do século, consolidando um objetivo, o de obter uma sintaxe em que as frases fossem simbólicas – símbolos verbais ou matemáticos – a partir de proposições claramente definidas que pudessem ser provadas ou refutadas dentro de uma linguagem compartilhável entre pesquisadores, munidos de critérios verificáveis. Pode-se citar alguns expoentes do neopositivismo:

(i) Ernst Mach – físico que descobriu o valor numérico da velocidade do som; abominava o exercício da intuição e nunca reconheceu a existência da mecânica quântica, nem da teoria da relatividade de Einstein.

(ii) Moritz Schlick – assassinado por um nazista no auge de sua carreira; foi professor de alguém que talvez tenha sido o único continuador da obra de Bion durante o período em que esse autor vivia: Roger Money-Kyrle.

(iii) Otto von Neurath – um físico dotado de poderes literários; uma de suas metáforas ficaram famosas: a analogia entre a investigação científica e um barco avariado, demandando reconstrução enquanto navega (Pepe, 1989).

(iv) Ludwig Wittgenstein – aderiu ao movimento na juventude, mas cedo o abandonou. Dado o fato de que aproximações à verdade não são propriedade pessoal de ninguém, é possível identificar semelhanças entre alguns pontos na obra de Bion e na de Wittgenstein. O exame delas foge ao escopo deste verbete.

(v) Rudolph Carnap – sua sintaxe matemática permite construir proposições verificáveis. Parece-nos ter sido a principal inspiração de Bion para a construção do instrumento "Grade" (Grid). Nesse instrumento, representa-se por um eixo horizontar as funções de ego, conforme elaboradas por Freud. Uma delas, fundamental na denotação – isolamento para exame – de fatos psíquicos, foi denominada de "notação". É o passo inicial, mais primitivo, que se pode desenvolver para representações de palavra – outra concepção de Freud. Notação e representação, concepções básicas na obra de Bion, são necessárias para a introdução dos conceitos de continente e contido (q.v.). Nesta introdução, Bion lança mão de uma concepção matemática proveniente da teoria de números de Frege (teoria dos conjuntos), denominada funtor. Significa um ou vários mapeamentos (funtores) para espaços matemáticos (denominados topológicos) multidimensionais definidos por vários pontos, cuja localização e função se tornaram impossíveis por métodos da geometria euclidiana. O conceito de funtor foi desenvolvido na obra de Carnap para sintaxes matemáticas com formulações verbais. Na teoria de continente e contido, apela para o conceito de funtor: *"Os dois sinais tanto denotam como representam. São variáveis ou incóg-*

nitas, e nisso são substituíveis. São constantes naquilo que são substituíveis apenas por constantes. Para objetivos sintáticos, são funtores" (LE, 90).

(vi) Karl Popper – Bion utilizou criticamente o trabalho de Popper e pode-se dizer que aproveitou apenas uma observação desse teórico da ciência austríaco radicado na Inglaterra, a respeito de alertas sobre raciocínio *ad hoc*. Que, no texto de Popper, caracteriza uma falsa ciência. Exemplo de raciocínio *ad hoc* é ficar tentando adaptar fatos clínicos às teorias preexistentes, em que "consegue-se", de modo autoritário e alucinatório, provar qualquer coisa. Em uma sociedade de psicanálise no Brasil, tornou-se moda duradoura "traçar" teorias em materiais clínicos. Popper tornou-se o mais famoso entre os membros do movimento neopositivista, ao transformar duas recomendações clássicas que tinham até então o propósito de aperfeiçoar a pesquisa científica em dogmas que determinariam se um experimento seria científico ou não. Uma das recomendações: a possibilidade de se demonstrar que um enunciado seria falso. Foi transformado em um "critério de falseabilidade", aplicável a todo e qualquer enunciado científico. Para ser científico, o enunciado teria que provar que seria falseado. A outra recomendação foi o "critério de reprodutibilidade", exigindo que um experimento, para ser considerado científico, teria que ser duplicado ou triplicado etc. *ad infinitum*, e, além disso, deveria ser feito nas mesmas condições do experimento original. "Critério" foi um eufemismo para postulado, logo tornado regra, ou "lei", pela popularidade que alcançou na massa dos membros do movimento científico. Que se comportam como qualquer massa de pessoas que se considere, perdendo intenções científicas, ao fantasiar que alcançaram conhecimento absoluto – por meio de "regras" ou "leis".

(vii) Carl Gustav Hempel –filósofo alemão, que, até certo ponto, foi seguidor de Popper no que tange a valorizar raciocínios lógicos sobre experiências reais (chamado, tanto por detratores como por defensores, de "empirismo"). Diferente dele, enfatizou problemas intrínsecos em teorias de causalidade, mais inspirado nas observações de Hume. Bion utilizou-se da obra de Braithwaite, um teórico da ciência que ajudou a disseminar contribuições do movimento neopositivista na Inglaterra sem jamais ter feito parte dele.

Talvez os últimos "grandes" representantes – em termos de aceitação geral – foram Rudolph Carnap e Imre Lakatos. O movimento neopositivista, caracterizado como tal, perdeu a influência inicial: extremamente influente no meio acadêmico anglo-saxônico até o início dos anos 1970, hoje é pouco mencionado ou valorizado. No entanto, mantém seu legado no trabalho dos assim chamados "lógicos", que têm sido admitidos em faculdades de filosofia provendo algo novo, na medida em que boa parte deles conta com formação matemática, e não apenas filosófica. Um matemático brasileiro, Newton da Costa, que elaborou uma "lógica paraconsistente", pode ser visto como exemplo: floresceu no ambiente filosófico. Alguns lógicos na Inglaterra já haviam sido admitidos em faculdades de filosofia – sempre centrando-se na obra de Bion, pode-se citar o caso de Braithwaite, autor de *Scientific explanation*, uma obra de teoria da ciência, que foi admitido como professor de ética em Oxford.

Pode-se citar alguns fatores para o descenso em importância do movimento neopositivista: (i) insucesso nas tentativas de fornecer uma sintaxe científica geral baseada na matemática que possa ser aplicada a toda pesquisa científica, ou mesmo com variações segundo disciplinas, já que, para várias delas, como sociologia, economia, meteorologia, a aplicação sempre tem sido questionável, sempre adstrita à aplicação de estatística; (ii) emergência de modismos que se tornaram populares, resistindo a análise crítica, como o trabalho de Thomas Kuhn e Paul Feyerabend e o dos assim chamados "pós-modernistas". Todos esses autores, seguindo uma tendência claramente presente na obra de Poppe, fizeram, conscientemente ou não, de modo exagerado ou não, negações absolutas da possibilidade de aproximações à verdade. Na obra de Popper, iniciou-se a moda de que toda verdade científica será falseada. O critério de falseabilidade é útil no sentido de prover crescimento; por exemplo, em ensaios duplos-cegos em grandes populações, para verificar hipóteses nascidas em estudos de casos. No entanto, divulgar erros de pesquisadores que mostram o que não é ciência como se fosse ciência pode ter uso para editoras sensacionalistas e sequiosas, sob o ponto de vista financeiro, explorando o gozo popular, sempre baseado em manifestações destrutivas dos instintos de morte, como o ciclo de avidez e inveja, cuja base é a prevalência do princípio do prazer-desprazer. Diminuem, em alucinose, o delírio popular de que cientistas seriam seres superiores: combate-se um delírio com outro. Resumidamente, idolatrias seguidas de iconoclastia. Kuhn elevou o ataque à Verdade, erigindo às alturas da superioridade absoluta o que ele denomina de grupos "de pares", que decidiriam os rumos da ciência. A decisão é por acordos políticos, sempre limitados por história, em torno do que ele denomina de "paradigmas". Protótipos foram substituídos por "paradigmas" – que surgem não de evidência intuitiva dos pesquisadores, mas de decisões racionalizadas (usamos o termo no sentido dado por Freud, no exercício psicanalítico sobre o diário do juiz Daniel Paul Schreber) dos "grupos de pares". Equivale a uma judicialização da ciência; talvez antevendo a atual judicialização de todo o sistema social nos países "desenvolvidos." Um homem, devidamente agraciado com títulos universitários de uma famosa instituição, decretou o "fim da história", em uma reedição do apocalipse que prejudicou o continente europeu no ano 1000. Negação ainda mais violenta de verdade e possibilidade de apreensões aproximativas e transitórias da realidade, dos fatos tais como eles são – resumidamente, de arte e ciência –, aparece na obra dos "pós-modernistas" no final do século XX e, agora, na crença generalizada de "pós-verdade". Reeditaram com novos nomes tendências antes denominadas pelos filósofos de "idealistas", "subjetivistas", "solipsistas" e, atualmente, "relativistas". Se para o cientista uma pós-verdade poderia corresponder apenas a mais uma expansão na apreensão daquilo que é verdade, para os pós-modernistas, que inventaram esses nomes, é a negação institucionalizada de Verdade. Nomes, nomenclaturas – algo fácil de inventar; diverso daquilo que é Verdade, ou realidade, que se apresenta a nós sem nos pedir "leis" – científicas, jurídicas, canônicas, religiosas, o que for. Talvez seja um fenômeno transcendente, cíclico, cuja representação gráfica poderia ser feita por meio de uma curva senoide ao longo da história da espécie humana. Nos tempos atuais, mostra uma tendência para destruição niilista generalizada – que se inicia com tentativas de destruir apreensões daquilo que é Verdade. No século XX, manifestaram-se com força destrutiva por avanços tecnológicos nos movimentos sociais de massa que historiadores e sociólogos denominam estalinismo e sua cópia alemã, o nazismo. Movimentos que perpetraram bemum-sucedido ataque relativista e idealista contra Verdade, para destruir o que é realidade. Stalinismo e nazismo, assim como pós-modernismo, tentam reduzir ciência à ideologia; acordos políticos entre grupos de interesse são vistos como a única saída para toda uma geração, chamada por vezes Geração X e outros nomes fantásticos, sem base genética, que tenta romper vínculos com a realidade, agora decretada como inexistente. Como toda falsidade, pode perdurar por muito tempo em casos individuais; ou pouco tempo em grupos massificados – uma observação atribuída a Abraham Lincoln.

A questão que tem sido vista como "matematização" tornou-se central – caso a palavra possa se aplicar – nos interesses de W. R. Bion entre 1959 e pelo menos até 1979. Evidências das datas iniciais aparecem nos livros *Cogitations* e *Second Thoughts*. Evidências das datas finais aparecem em *A Memoir of the Future* – e estão citadas neste verbete. Sobre a data final, outra evidência está na cópia do livro *Mathematical Thought from Ancient to Modern Times*, de Morris Kline, de 1972 – constante na biblioteca de Bion pelo menos até 2004. Todo pesquisador que se dê ao trabalho de examiná-la encontrará anotações à margem, evidenciando cuidado no estudo. Na época da escrita deste dicionário, o capítulo 16 – "The *Mathematization of Science*" ainda guardava o marcador de livros típico de Bion. A biblioteca era guardada de modo amoroso por sua esposa, que mantinha os livros do mesmo modo que estavam à morte de seu marido – e também os vários instrumentos de leitura, como lentes e um estoque desses marcadores. Não está claramente divulgado o atual[65] paradeiro da biblioteca após o falecimento da sra. Francesca Bion, ocorrido em 2015. Sua filha, Nicola Bion, confiou-a ao dr. James Gooch, que reside em Los Angeles.

Definição. Matematização é um termo com uma penumbra de significados. Um deles pode ser: extração de regras o mais simples possíveis, formuladas em lingua-

---

[65] Ano de 2019.

gem compartilhada, descrevendo por enunciados verbais ou não (podem ser matemáticos, musicais, químicos) bem-sucedidos transcendências a essas regras, subjacentes, que abrangem casos individuais. Essas transcendências podem ser chamadas de invariâncias (q.v.); as regras podem ser chamadas de transformações (q.v.). Encontramos esse poder paradoxal de generalização/particularização na teoria dos triângulos; na teoria dos números; e também nas teorias expostas por Einstein, e em muitas formulações de muitos outros cientistas. Nesses casos, puderam ser enunciadas em formulações, ou códigos, ou sinais matemáticos. Em outros casos, não puderam e ainda não podem; e não é possível saber se poderão ou não. Exemplos são a teoria da seleção das espécies vivas, exposta por Darwin, e a teoria do complexo de Édipo, exposta por Freud. O termo "exposta" representa uma tentativa de precisão: todas essas teorias eram pensamentos sem pensadores, que puderam ser expostos – antes, eram desconhecidos. Tornaram-se conhecidos por atividade científica; ciência significa conhecer. Sejam passíveis de formulação por meios numéricos ou não, todas essas teorias são científicas, por terem a mesma qualidade – historicamente, iniciada pela matemática, e que ainda persiste sendo muito mais precisa em matemática – de generalização que engloba casos particulares. Se a teoria pode expressar-se por um sistema de notação e manipulação de elementos e objetos (no sentido dado por Aristóteles ao termo), pode-se dizer que o campo foi matematizado.

Modelos: comunicação, PS-D, fato selecionado, conjunção constante e public-ação

... será necessário mencionar uma característica matemática nas etapas iniciais da resolução de problemas. Um indivíduo pode pensar que o problema é vasto, ou complicado, ou então inatingível. O ato de fazer um modelo constitui-se como tentativa de colocá-lo ao seu alcance. Quando esse indivíduo se defronta com aquilo que, comparado a si mesmo, é uma quantidade, ou número infinito, liga o "inumerável", abrigando-o no nome "três", tão logo experimente uma sensação: de "três-isse". O "número infinito" tornou-se agora finito. A sensação de "três-isse" por ele experimentada torna-se então "englobada": o que era infinidade agora é três. Infinidade (ou três) é o nome de um estado psicológico e se estende para aquilo que estimula esse estado psicológico. O mesmo é verdade no que tange a "três". Este se torna a designação daquilo que estimula a sensação de três-isse. "Três" e "infinidade" são, então, exemplos de uma forma peculiar de um modelo: podem ser considerados como incorporações de um estado psicológico. Por exemplo, "pai"; ou, como "pai", "Três" e "infinidade" podem ser considerados como relacionando-se, ou disponibilizando, em termos de comunicação, um estado psíquico que nos é peculiar – peculiar a seres humanos. A partir de um vértice, "Três" conecta uma conjunção constante, "arrebatando-a do infinito obscuro, e sem forma". É um sinal de que imprecisão foi substituída por precisão. Qual será o sentido no qual "Três" é preciso, e "infinito", impreciso? Com certeza, não é no sentido matemático, pois os matemáticos empenham-se ao máximo para conseguir uma notação, que, independentemente da inexatidão que caracteriza seu contexto genético, ao ser transplantada para um novo domínio, terá o papel de transmitir o mesmo significado, de modo universal. Obter-se precisão em psicanálise é algo limitado pelo fato de que a comunicação é de um tipo primitivo, necessitando da presença do objeto. Termos como "excessivo", "centenas de vezes", "culpa", "sempre" obtêm um significado, resguardado o fato de que o objeto a ser discutido esteja presente. Nunca está presente em uma discussão entre psicanalistas; quando não está presente, o intercâmbio entre psicanalistas tenderá ao jargão, ou seja, uma manipulação arbitrária de temos psicanalíticos. Mesmo que não aconteça, apresentará uma aparência de que está ocorrendo. Fazer uma crítica de que psicanálise não é matemática e, portanto, não pode ser científica baseia-se em um engano na apreensão da natureza do problema – essa natureza é o tipo de matemática a ser utilizada. Psicanálise lida com um assunto no qual não se pode empregar nenhum modo de comunicação que possa ser suprido daquilo que se requer para lidar com um problema na ausência do próprio problema a ser lidado. Sequer pode empregar modelos que poderiam providenciar substitutos adequados para o problema original. Tal situação desencaminhou até mesmo críticos amigáveis, pois a linguagem utilizada por psicanalistas geralmente mantém similaridade íntima com a linguagem coloquial comum. Enunciados feitos em conversas coloquiais parecem dizer exatamente o mesmo que psicanalistas dizem – e, frequentemente, diz-se melhor em conversas coloquiais. (ST, 147-149)

Bion teve como principal influência, ao tomar os conceitos de elementaridade, comunicação, padrões subjacentes e psicanálise, a teoria da ciência matemática, mais usualmente denominada filosofia da matemática, elaborada pelo matemático prático Jules Henri Poincaré. Há uma questão especial, sobre a qual as reflexões de Bion são tão claras como permanecem sem ser lidas. Portanto exigem ser citadas. Foi esse o desenvolvimento matemático que ajudou Bion a integrar partes da teoria de Freud com a de Klein, que nos parecem terem sido mantidas sem essa integração: sonhos e a aquisição da noção de objeto total, da personalidade; e do movimento entre PS e D. Em *Learning from Experience*, Bion recorre ao conceito de "fato selecionado" de Poincaré de forma compactada. Trata-se de um fato que parece dar coerência a muitos outros fatos aparentemente dispersos, de modo idêntico à aquisição do movimento *in tandem* entre PS ⇔ D, elaborado por Melanie Klein nos processos do pensar. A questão é expandida em um trabalho anterior, preparatório para o livro *Learning from Experience*: "The Synthesizing Function of Mathematics" (C, 170). A influência das contribuições dos livros de Whitehead, Bell, Simple e Kneebone, Tarsky pode ser evidente a alguns leitores.

A experiência psicanalítica evidenciou a incapacidade do psicótico de integrar objetos dispersos; o ato de sonhar mostra sinais inequívocos de ter uma função, como forma especial para integrar elementos ambientais, sensorialmente apreensíveis, e emocionais, aparentemente dispersos – e também dispersados por atividade psicótica e, paradoxalmente, pela atividade onírica. Por exemplo, na descrição de Freud, os mecanismos do trabalho onírico denominados de condensação e deslocamento, formas de resistência do ego. Bion observa que tanto matemáticos como a personalidade não-psicótica parecem ser capazes de fazer, ainda que imperfeitamente, um trabalho: o de integrar. Integração foi assunto matemático – e que não apenas interessou, mas tornou-se sério problema, que parecia ser de índole misteriosa, sobre o desaparecimento de quantidades, entre alguns dos mais importantes pesquisadores na história da matemática: o bispo Berkeley e *sir* Isaac Newton. Um pequeno resumo, sob o vértice psicanalítico, das diatribes entre os dois pode ser encontrado no último capítulo de *Transformations*. No exame – um exercício psicanalítico – entre os dois, Bion sugere a existência de traços psicóticos, de natureza paranoide e autoritária, cuja forma assumida foi religiosa. Em ambos, cessaram pesquisas matemáticas, para iniciarem-se guerras pessoais por autoridade – cuja forma, mera aparência, era religiosa e matemática.

Armado dessas ideias principais e impulsionado pela "mãe necessidade" – pacientes com distúrbios de pensamento, com prevalência da personalidade psicótica –, Bion desenvolveu uma teoria do pensar (q.v.). Pensar é uma função da personalidade, um fator funcional do ego, influenciado por posturas superegoicas e instigado pelos instintos, da instância psíquica "id". Pensar ocorre segundo integrações – movimentos de vai e vem – entre três sistemas psíquicos, consciente, pré-consciente e inconsciente. E também de desintegrações, por interferência de clivagens do ego – segundo observação de Freud, envolvendo mecanismos de defesa, como a sublimação; e clivagem do próprio processo de pensar, no mecanismo de identificação projetiva. Consiste no único efeito real desse mecanismo – de resto uma fantasia, conforme observado por Melanie Klein, em "Notas sobre alguns mecanismos esquizoides", em 1946. A tolerância diante do "não-seio", a ausência – em notação matemática, o número 0 (zero) – equivalem à possibilidade de adquirir-se uma posição depressiva: a noção de que houve um ataque, ávido e invejoso, ao seio, proveniente do interior da pessoa, por prevalência de violência de emoções, do ciclo autoalimentante, ávido-invejoso.

Nisso consiste – não totalmente, mas de modo importante na prática clínica – uma detecção psicanalítica, no aqui e agora, de padrões subjacentes; que são denominados por Freud "conteúdos latentes", indispensáveis para o ato maior em análise, verdadeiro objetivo: o *insight*.

A linguagem de Bion

No *Pons Asinorum* [Euclides I.5] os estudantes despedem-se de elementos que têm as suas contrapartes em outras situações matemáticas. Assim, existem os elementos que estão combinados de um modo particular, formando a notação empregada nos determinantes. Mas, mesmo quando os matemáticos não empregam o termo, existem situações em que é possível ver que algo, que de fato poderíamos denominar justificadamente de "elementos", está sendo combinado de acordo com certas regras para produzir fórmulas. Esses elementos parecem variar consideravelmente; pode ser interessante reuni-los a fim de observá-los.

Existem números; existem letras do alfabeto; existem pontos, linhas, círculos, ângulos; existem sinais como <, +, –; existem letras do alfabeto grego, maiúsculas e minúsculas. Todos, sem exceção, são escritos e, embora os sinais escritos tenham nomes – como "maior de", "mais", "Menos (ou negativo)", "alfa", "beta" –, os matemáticos, de fato, não parecem usar esses sinais para falar do modo como usamos as palavras para conversar. Portanto, devemos supor que na síntese desses elementos a finalidade é diferente da finalidade de uma verbalização, embora o processo sintetizador pareça similar.

Por que os matemáticos não falam matemática? Por que não poderíamos falar – "está um belo dia" – por meio de uma cadeia de fórmulas matemáticas? O vocabulário não é suficientemente extenso? Não: é óbvio que o objetivo primário dessas fórmulas não é conversacional, embora seja claro que uma das funções da matemática é a public-ação.

Vamos ter que considerar três pontos:

1) A natureza dos elementos.

2) A natureza dos métodos empregados para reuni-los.

3) A natureza dos objetos criados pela síntese dos elementos (Poincaré, *Science and Method*, p. 30; *The Thirteen Books of Euclid's Elements*, I.1, I.5, I.47).

Pode parecer que eu esteja sugerindo que a síntese deva ser associada, simplesmente, a uma reunião dos elementos, de acordo com alguma regra conhecida, para formar, vamos dizer, um polinômio ou um determinante. Mas não podemos assumir tal restrição e excluir a possibilidade de que a reunião desses elementos aconteça de um modo bastante diferente; por exemplo, de um modo que resultasse em um sonho, ou em alguma outra estrutura, tal como aquela sugerida pela descrição que Stendhal fez de uma pintura como *"de la morale construite"*.

Com certeza, acompanhando a personalidade psicótica, há uma falência para sonhar; essa falência parece paralela a uma inabilidade para alcançar plenamente a posição depressiva. Portanto, pode-se dizer que a capacidade para sintetizar resulta em dois eventos principais:

1) O construto lógico, uma fórmula matemática, sentença etc.

2) Um sonho. (C, 110-111)

Representações psicanalíticas intuitivas e teorização ad hoc

Uma representação "psicanalítica intuitiva" de uma experiência emocional básica –desamparo infantil – pode ser expressa pelo seguinte enunciado: *"o recomeço de uma experiência emocional, pela psique, que foi desintoxicada por meio de uma estadia no seio bom (Melanie Klein)"* (T, 122). Esse é o enunciado intuitivo observado por Klein, que *"leva, por si mesmo, à representação das etapas genéticas"*. No texto de Bion há uma expansão de formulações axiomáticas – transformações da experiência emocional do seio ausente em pontos, o lugar onde o seio estava; e outras formulações mais sofisticadas. Ambos são conducentes a representações de usos; nas palavras de Bion, *"os dois enunciados são representações verbais de uma realização. Nenhum deles é satisfatório"* (T, 122). O enunciado intuitivo pode ser saturado pela experiência; o enunciado geométrico pode ser confirmado ou rejeitado pela experiência; ambos podem ser distorcidos por concretização, o que verbalização sempre faz.

A matemática ajuda quando surge a necessidade de formular algo; não importa o que seja esse "algo": *"O paciente me procura por ajuda e uma razão para sua aflição é que sua formulação não proporciona uma oportunidade para solução de seu problema"* (T, 123). Pacientes encontram-se na precária situação de necessitar algo que os permitam expressar questões que não são adultas; nem racionais, mas precisam expressá--las em termos racionais, adultos. *"Já que são indescritíveis, isto, em si, indica que os sentimentos descritos não podem ser aqueles que eram sentidos . . . 'perdido', 'aprisionado', 'pânico' etc. Posso casar essa heterogeneidade de termos com minha própria heterogeneidade: 'despersonalizado', 'objeto interno' etc. Para meus objetivos, quero ter vocábulos que sejam sempre corretos para todas as situações nas quais os problemas têm a mesma configuração. Pacientes e analistas ficam constantemente utilizando termos diferentes para descrever situações que parecem ter a mesma configuração. Quero encontrar invariantes de acordo com psicanálise para todas elas . . . A necessidade é de uma solução que finalmente descarte a diversidade de termos que hoje em dia se requer para descrever a experiência . . . e descarte também o defeito muito mais sério associado a essa diversidade, qual seja, a elaboração de tantas teorias quanto há sofredores, quase equiparadas por tantas teorias quanto há terapeutas, quando se reconhece que as configurações provavelmente são as mesmas . . .*

Desejo introduzir como um passo em direção a formulações que sejam precisas, comunicáveis sem distorção, e mais proximamente adequadas para abranger todas as situações que sejam basicamente as mesmas" (T, 123-124).

Intuito expresso de modo que nos parece claro, inserindo todo o *corpus* teórico e prática clínica em psicanálise, conforme elaborada por Freud, e desenvolvida por Klein, Winnicott e Bion, em termos científicos idênticos, essencialmente, às recomendações de Platão, Spinoza, Kant e, principalmente, de modo mais explícito, de Bacon e dos neopositivistas. O acréscimo que Bion fez se dá no sentido de tornar mais explícito o intuito, sendo possível reconhecer o alerta de Popper sobre os perigos encerrados pela teorização *ad hoc* – citada anteriormente, às págs. 6 e 23 neste verbete; e também no verbete "manipulação de símbolos".

Matematização e psicanálise

Bion propôs, por exemplos, que a abordagem científica em psicanálise por meio de generalizações que abrangem casos particulares, mantendo correspondências na realidade clínica, ou seja, na realidade da vida humana e de suas vicissitudes e sofrimentos, pode ser mediada, e então obtida, por atividade onírica e, socialmente, lançando mão de sonhos sociais, ou seja, a atividade mítica. A proposição aparece simultaneamente ao seu apelo por formulações em que existe uma notação quase matemática – mitos e notações quase matemáticas, entremeadas de aspectos, pequenos, mas fundamentais, emprestados da filosofia da matemática, que podem ser encontrados – simultaneamente – em *Learning from Experience* e *Elements of Psycho-Analysis*, e no produto ainda mais desenvolvido a partir desses dois livros contido em *Transformations*. O problema a ser enfrentado permanece o mesmo: a comunicação de experiências emocionais – que incluem sensações, sentimentos, afetos e emoções – ainda se encontra condenada a limitar-se a formulações verbais. Permanece duvidoso que haja, no futuro, algum outro modo de formulação, já que as tentativas feitas por Bion, também propostas nestes volumes, e em um crescendo evolutivo – quase musical, como o que encontramos em obras sinfônicas –, ainda não alcançaram sequer o nível de compreensão generalizada – nem mesmo entre as pessoas que têm se interessado pela obra de Bion. Muitos teóricos da ciência acreditam que a ciência é uma coleção de metáforas; algumas delas, uma mistura de metáforas com metonímias. Parábolas e máximas têm sido um dos modos pelos quais podemos nos aproximar daquilo que é real. Assim como Bion, Lakatos apoiou-se em diálogos imaginários, entre personagens fictícios. Formulações geométricas podem ser vistas como metáforas. Além da forma final, notavelmente compactada – criando mais uma dificuldade para muitos leitores, quando o intuito original de Bion seria facilitar o acesso à informação que ele pretendeu disseminar – que aparece nos três primeiros livros mencionados, parece-nos fundamental o estudo das reflexões iniciais, tanto de experiências clinicas como de um início de um "estoque" – como Bion os denomina – de mitos, acrescidos, como elemento de ligação teórica, nos apelos de Bion a estudos de teoria da ciência e de teoria da ciência em matemática, contidos em *Cogitations*. Por exemplo:

Isso me traz à aplicação de nosso mito ao problema que tem de ser interpretado. O cientista precisa conhecer matemática o suficiente para compreender a natureza e o uso das várias formulações e descobertas matemáticas, tais como o cálculo diferencial ou o teorema binomial: o psicanalista precisa conhecer seu mito. O cientista precisa também saber o suficiente para ter uma ideia quando está se confrontando com um problema ao qual poderia aplicar um procedimento matemático específico: o psicanalista precisa saber quando está enfrentando um problema para o qual um mito poderia fornecer a contraparte psicanalítica do cálculo algébrico. Poderíamos dizer que foi exatamente isso que Freud fez; ele reconheceu, como cientista, que estava perante um problema cuja solução requeria a aplicação do mito edipiano. Daí resultou não a descoberta do complexo de Édipo, mas a descoberta da psicanálise. (Ou será que quando esses elementos estão constantemente conjugados descobrimos o homem, a psique humana?). *É nessa acepção que acredito que devemos usar o mito de Babel, ou de Édipo, ou da Esfinge: como ferramentas comparáveis àquelas da formulação matemática.* (C, 228; itálico nosso)

Sugerimos que Bion propõe que consideremos matemática e psicanálise como parentes. Difere de matematização da sessão – como acreditou Meltzer[66] – ou da psicanálise. Tentamos explicitar anteriormente que analogias matemáticas, na obra de Bion, baseiam-se em observações clínicas de problemas nos processos do pensar apresentados por pacientes psicóticos – similares e, em alguns casos, idênticos aos problemas que filósofos e matemáticos enfrentam desde a época dos antigos gregos.

Em "The mystic and the group" (O místico e o grupo), que constitui um capítulo em *Attention and Interpretation*, versão retrabalhada de um texto anterior apresentado à SBPSP denominado "Mudança catastrófica", Bion retorna a um modelo histórico da história da matemática, de que certas aquisições e também a falta de aquisições de um matemático notável – *sir* Isaac Newton – vinculavam-se às suas peculiaridades emocionais. Não eram loucura, como usualmente são qualificadas, mas eram a origem das aquisições. Pareciam operar algum tipo de vínculo entre matemática e a assim chamada psicose. O senso comum usualmente vê esse vínculo, ainda que de forma idealizada, dizendo que bons matemáticos são "inteligentes"; que têm mentes "brilhantes", ainda que "meio doidas". Crianças que têm dificuldades de aprendizagem em matemática com frequência exibem dificuldades emocionais.

Elementos e objetos psicanalíticos: as seis analogias matemáticas de Bion

As analogias matemáticas de Bion começaram como tentativa de formular objetos e elementos de psicanálise – do mesmo modo que matemáticos gregos,

---

[66] Em sua última visita à Sociedade Brasileira de Psicanálise de São Paulo (SBPSP).

A linguagem de Bion

como Tales, Euclides e Aristóteles, tentaram formular elementos e objetos em matemática. A fim de encontrá-los, e também de poder dispor de instrumentos para descrevê-los, Bion elaborou, de um modo original e antes nunca tentado, em psicanálise, alguns sistemas de notação (os conceitos são aqui citados de acordo com o seu aparecimento, em ordem cronológica, nos livros escritos por Bion):

(i) Um sistema quase matemático de notação. O leitor familiarizado com a escrita de Bion certamente lembrar-se-á de símbolos como PS, D, ⇔, ♀♂ e setas – vetores – em sentidos diferentes para indicar crescimento ou declínio.

(ii) Um sistema para examinar e avaliar o "valor-verdade" de enunciados verbais, sejam eles emitidos por pacientes ou por analistas, além da relação entre os dois, com explicitação o mais clara possível dos vértices sob os quais são emitidos, por meio das várias categorias do instrumento "Grade" (q.v.).

(iii) Um sistema composto de condições para investigar algo que seja desconhecido, ou algo que permanece incógnito, disfarçado por conteúdos manifestos em sessões de psicanálise. Esse sistema foi idealizado, ainda que apenas como tentativa, segundo os modos pelos quais se investiga algo desconhecido – incógnitas – em equações matemáticas. Na notação matemática, incógnitas são usualmente representadas pela letra "x". "Objetos psicanalíticos" podem ser saturados no mesmo sentido em que variáveis são saturadas com valores, que nos permitem estabelecer o valor de uma incógnita, ou algo desconhecido. Por exemplo, uma equação linear: $a = bx + c$. Ou a equação de Pitágoras: $a^2 = b^2 + c^2$, que representa de modo generalizado algo que, na representação geométrica bidimensional da geometria de Euclides, é um triângulo.

(iv) Um sistema conceitual, com sete conceitos derivados da matemática, aplicados à psicanálise como instrumentos de trabalho (e não **teorias**) para observação psicanalítica (mas **não** aplicáveis para teorias psicanalíticas propriamente ditas):

iv.1 – fatores e funções – derivados dos estudos funcionais elaborados por Freud, como os dois princípios do funcionamento mental, acrescidos de contribuições vindas do conhecimento matemático.

iv.2 – transformações e invariâncias – derivados da teoria para cálculos matriciais, elaborada por Sylvester e Cayley e apresentados pela primeira vez em *Transformations*. Os primórdios do uso dessa teoria podem ser estudados em *Learning from Experience*, nos conceitos de conjunção constante e de fato de selecionado (Hume e Poncaré).

iv.3 – vértice – derivado da geometria plana, ou bidimensional, de Euclides, e também da física.

iv.4 – ponto – lugar e tempo onde a coisa estava, como forma primitiva de lidar com psicose; linha, em *Learning from Experience*.

iv.5 – desconhecido; variável.

iv.6 – hipérbole.

M

    iv.7 – círculo (de iv.4 a iv.7, em *Transformations*).
(v) Um sistema de "elementos" que preenchem condições de "elementaridade", não no sentido de fundamentos de uma teoria, mas no sentido de elementos básicos, como o são, por exemplo, em matemática, física e química, as constantes da natureza. Nesse sentido, matemática e psicanálise podem ser vistos como experiências no âmbito dos *numena*, ou, na notação quase matemática de Bion, "O". Compartilham com o inconsciente a natureza transcendente de Verdade. *"A passagem do tempo não afeta a matemática e a lógica, mesmo que o tempo seja intrínseco à descoberta de formulações lógicas ou fórmulas matemáticas"* (C, 278).
(vi) Um sistema de três vértices, que formou um conceito; na notação quase matemática adotada por Bion, (–). O autor deste dicionário propõe denominar verbalmente este âmbito (–) de "âmbito negativo", ou "âmbito menos". Conceito que traz à consideração do analista praticante o âmbito dos números negativos – uma forma de retratar, e não apenas representar teoricamente, algo imaterializável. Os três vértices são dados pelos vínculos de conhecimento, ódio e amor, em seus respectivos negativos: –K, –H, –L. Optamos por manter os sinais quase matemáticos sob a inicial das palavras na língua inglesa, utilizada por Bion. O leitor pode consultar os verbetes específicos.

Pode-se elencar as analogias matemáticas utilizadas por Bion; o elenco também descreve suas origens:

Objetos psicanalíticos: pode-se dizer que a origem deste conceito é multifatorial: um dos fatores de origem é o objeto matemático conforme classificados por Aristóteles e, séculos depois, por outros matemáticos, dos quais destacamos Gottlob Frege, por ter sido um dos autores consultados por Bion. Também se originam – a nosso ver, implicitamente – dos objetos dos instintos, conforme qualificados, por observação clínica, por Freud. Objetos de instintos diferem dos propósitos de instintos; o leitor pode consultar os estudos (hoje tornados clássicos): *Three essays on a theory of sexuality* e "Instintos e suas vicissitudes"; o conceito de Freud, de objetos internos, posteriormente desenvolvido por Abraham, Klein e Winnicott. A teoria de objetos psicanalíticos é uma teoria de observação psicanalítica e, a nosso ver, pode ser considerada também como teoria de comunicação entre psicanalistas, caso esta comunicação se desenvolva. Nessa teoria, o conceito de saturação, e de variáveis sob notação quase matemática, são utilizados como se fossem elementos de uma equação; o conceito de equação é usado, como forma de analogia notacional. O leitor pode consultar o verbete específico ("objeto psicanalítico") para familiarizar-se com a notação e o que representam as letras gregas na equação.
Elementos psicanalíticos: o leitor pode obter a descrição da construção da quase equação que representa, de forma geral, um elemento de psicanálise e de outros detalhes no verbete correspondente. A concepção tem origem dupla. Uma delas é a

teoria sobre elementos de Euclides. Que teve como desdobramento uma busca, por parte de cientistas, de fatores elementares, primitivos, básicos, irredutíveis a quaisquer outros, na vida humana e no ambiente que nos cerca. As primeiras teorias, puramente verbais e com analogias à vida animal, como as "almas" de Platão, resultaram em buscas alquímicas, longe da verdade; a busca de elementos produziu, para os antigos gregos, a ideia de que eram a água, o fogo e outros, sempre baseados em raciocínios sobre aparências. Paradoxalmente, teorias sobre elementos também resultaram em teorias e modelos os mais próximos da realidade até hoje conseguidos, sintetizados, por exemplo, na tabela periódica de elementos químicos de Dmitri Mendelejev. Elementos psicanalíticos, um conceito sugerido por Bion (q.v.), espelha-se nessa tabela. Não é o caso do instrumento "Grade" (Grid), como os mais apressados, submetidos às aparências, pensaram ser. Talvez pelo fato de que tanto o instrumento "Grade" (Grid) como o conceito de elementos psicanalíticos foram introduzidos no mesmo livro, *Elements of Psycho-Analysis*.

A **teoria de funções** também é uma teoria cuja origem é pelo menos dupla: oriunda da geometria e do cálculo algébrico, também deriva de observações de Freud sobre funções do ego – e do escrutínio de fatores relacionados a essas funções. O autor deste dicionário obteve confirmação empírica sobre a origem dessa teoria; está claramente enunciada em *Learning from Experience* e também em notas à margem no exemplar de *Mathematical Thought from Ancient to Modern Times*, de Morris Kline, publicado em 1972 pela editora Oxford, consultado por este autor na biblioteca particular de Bion. À *página 335*, o leitor poderá encontrar um capítulo denominado "The Function Concept".

A **teoria de transformações e invariâncias**, utilizada como teoria de observação em psicanálise. Consultar os verbetes específicos, "transformações" e "invariância".

O âmbito (–), ou negativo, foi concretizado graficamente em duas dimensões no sistema de coordenadas de Euclides; origina-se na noção de números negativos. Tem semelhanças importantes com o âmbito do negativo descrito inicialmente por Kant para transmitir a concepção de números; e, depois, por Hegel. Não há nenhuma menção a Hegel nos escritos de Bion.

Vértice: *"Posso descrever meu uso do termo 'vértice' como exemplo do aproveitamento de um termo matemático (categoria da "Grade" (Grid), H1), usando-o como um modelo (categoria da "Grade" (Grid), C1) . . . Aqui reside a utilidade, penso eu, em diferenciar nossa visão da visão matemática e da visão filosófica: considerar 'abstração' ou 'incógnita' como designações de etapas no eixo genético"* (T, 91). Portanto, enfatiza – repetidamente – o fato de que não se propunha a "matematizar a psicanálise" e muito menos tornar o trabalho durante uma sessão em algum tipo de operação matemática. No entanto, as várias ênfases parecem ter permanecido despercebidas por muitos leitores (ver a seguir, em "Falhas na apreensão do conceito, mal-entendidos e distorções").

M

Círculo, ponto, linha, espaço, como analogias geométricas: *"... pontos, originalmente, foram o espaço então ocupado por um sentimento, mas tornou-se um 'não-sentimento' ou o espaço onde um sentimento costumava estar. ... Descobriu-se que a geometria euclidiana tem muitas aproximações a realizações de espaço. ... Minha sugestão é sua origem intrapsíquica: a experiência de 'o espaço', onde um sentimento, emoção, ou outra experiência mental 'estavam'"* (T, 121).

Não se pode dizer hoje que todos esses instrumentos e desenvolvimentos foram plenamente apreendidos pelos membros do movimento psicanalítico durante os quase quarenta anos que nos separam da data do falecimento de Bion. Em consequência, não puderam ser adequadamente aplicados, em termos de maioria; é questionável que tenham sido também por aqueles que apregoam se interessar pela obra de Bion e que se autodesignam de "bionianos".

Na única vez em que utilizou a matemática como modelo para formulações psicanalíticas de modo explícito, deixou claro que seria a matemática "dodgsoniana", criação literária do reverendo Charles Dodgson, sob o pseudônimo mais conhecido de Lewis Carroll – manifesta em apenas uma obra, *Alice através do espelho*[67] (T, 153, 170). No final de sua vida, fez uma tentativa ampla de obter essa matemática em *A Memoir of the Future*. Um dos objetos parciais de Bion nessa obra, denominado "Alice", demonstra o fato. O inverso é verdadeiro – Bion não apenas sugeriu que psicanalistas poderia contribuir para problemas de matemáticos; tipificando sua atitude, deu um exemplo prático sobre uma possível contribuição psicanalítica para a apreensão da função da própria matemática no desenvolvimento da mente humana: como referido, desenvolver a disciplina matemática parece ter sido uma das tentativas da humanidade de lidar com psicose. Se foi bem ou malsucedida, apenas o tempo poderá dizer. Outras maneiras aventadas e outros trabalhos do autor deste dicionário podem ter sido manifestados por algumas disciplinas regendo instituições sociais: comércio, economia e esportes, no sentido de evitarmos guerra cruenta: uma expressão de avidez e inveja indisciplinadas, ou intolerância de frustração. Em seus termos mais elementares, expostos por Bion, intolerância do ponto, de zero, da ausência. Ausência do quê? De satisfação de prazer, e de concretizações advindas dele.

ANALISANDO A FUNÇÃO MATEMÁTICA DA MENTE OU A MATEMATIZAÇÃO DA PSICANÁLISE?

Relatividade é relação; transferência, o termo psicanalítico e a realização correspondente aproximada. A matemática, ciência como é conhecida agora, não pode fornecer modelo algum. A religião, a música, a pintura, pelo menos como esses termos são entendidos, são insuficientes. Mais cedo ou mais tarde alcançaremos

---

[67] Há uma versão em português de Augusto de Campos.

um ponto onde não há nada a ser feito, exceto – se é que existe alguma exceção – esperar. (AMF, I, 61)

Utilizado o método indicado por Hume, Bion buscava a *"conjunção constante de relações"* (T, 108). O leitor talvez possa acompanhar o escrito de Bion se introduzir as contribuições que lidam com algoritmos mais simples. Em etapa posterior, estudaremos as analogias geométricas. Tal como fizemos em outros verbetes, tentaremos substituir o sistema de notação quase matemático por suas verbalizações correspondentes.

ATRIBUIÇÕES DO ANALISTA E A POSSÍVEL AJUDA POR MEIO DE UMA CIÊNCIA DE RELACIONAMENTOS

Há uma relação peculiar entre dor e perigo, especialmente quando vinculados à maturação. Às vezes não há qualquer razão aparente para tal vínculo. Esse é um caso que ilustra como, muitas vezes, a intensidade da dor não tem qualquer relação real ou definida com a intensidade do *"perigo reconhecível"* (AI, 5).

Ao discutir essa situação peculiar, Bion observa que *"a relação de dor com perigo é obscura. Nisso ela não é peculiar, pois parece difícil determinar qualquer relação mútua entre os elementos de personalidade. Ainda está por se estabelecer uma ciência de relacionamentos; poder-se-ia procurar alguma disciplina **análoga** à matemática para representar a relação de um elemento com outro na estrutura da personalidade psíquica. É possível argumentar que as formulações matemáticas podem ser plenamente apreciadas, pois sempre existe um pano de fundo mais concreto no qual elas podem ser vistas se relacionando,* **mesmo que o próprio pano de fundo seja apenas matemático***. É possível que haja algo similar no relacionamento de elementos da estrutura da personalidade. Outro elemento típico de personalidade cuja existência qualquer pessoa estaria preparada para admitir é a inveja. No entanto, a inveja não emite odores; é invisível, inaudível, intangível. Não tem forma. Inveja deve ter invariância, ou não poderia ser ampla e seguramente reconhecida; e, se tem invariantes, precisa ser invariante em relação a algum tipo de operação; e, portanto, deve haver algum grupo subjacente de tais observações"* (AI, 53-4; primeiro negrito nosso, para ressaltar a ideia de Bion de uma analogia; segundo negrito, do autor).

ZERO, NADA, NÃO-COISA, NÃO-SEIO: UMA MATEMÁTICA PARA ESTADOS DE ALUCINOSE

Parece-nos haver uma diretriz fundamental para ajudar o leitor que necessita ou mesmo deseja aprender o uso de Bion da matemática. Será necessário recordar-se que ele a utiliza como analogia. Se o leitor não pode ver esse ponto, arrisca-se a concretizar toda a questão e cair na mesma armadilha que Bion parecia tentar impedir. A concretização levou alguns leitores a concluir sobre uma intenção de matematizar a sessão; ou a psicanálise; ou o paciente.

M

    Pensar na ausência de objetos é o fulcro para obter uma apreensão mínima da utilização que Bion fez de ilustrações matemáticas: *"O uso dos números para enumeração e registro nos proporciona uma ilustração matemática. O manejo dos números marcou uma sofisticação maior para resolver um problema* **na ausência de objetos que originaram o problema**" (T, 39).: a experiência da situação de não-seio pode levar a pessoa a pensar o seio. O conceito inicial de não-seio aparece pela primeira vez em "Uma teoria do pensar" e é expandido em *Learning from Experience* e *Transformations*. Nesta última obra ganha mais uma noção – a de espaço. Noção esta que só pode ser obtida na vida real caso a pessoa tolere o espaço onde o seio estava.

    Talvez uma formulação poética[68] dessa situação auxilie alguns leitores:

É sempre bom lembrar
Que um copo vazio
Está cheio de ar
É sempre bom lembrar
Que o ar sombrio de um rosto
Está cheio de um ar vazio
Vazio daquilo que no ar do copo
Ocupa um lugar
É sempre bom lembrar
Guardar de cor
Que o ar vazio de um rosto sombrio
Está cheio de dor
É sempre bom lembrar
Que um copo vazio
Está cheio de ar
Que o ar no copo ocupa o lugar do vinho
Que o vinho busca ocupar o lugar da dor
Que a dor ocupa a metade da verdade
A verdadeira natureza interior
Uma metade cheia, uma metade vazia
Uma metade tristeza, uma metade alegria
A magia da verdade inteira, todo poderoso amor
A magia da verdade inteira, todo poderoso amor
É sempre bom lembrar
Que um copo vazio
Está cheio de ar

---

[68] Gilberto Gil, "Copo vazio", 1974.

A avidez obsta a tolerância necessária para o "sempre bom lembrar" recomendado pelo poeta. Inveja – ou melhor, o ciclo autoalimentante, onipotente de avidez/inveja – destrói o seio; deixa um espaço terrível, onde o seio estava. No estado psíquico pleno de avidez-inveja – plenitude é o alvo desse ciclo –, a pessoa sente que o seio recusa-se a estar, tendo sido morto pelo mesmo ciclo de avidez-inveja (o leitor pode consultar o verbete "espaço psíquico"). Esse, o fulcro das tribulações da personalidade psicótica. Intolerância à frustração, ao não-seio, conduz a uma incapacidade de simbolizar o seio e de obter uma noção de espaço/tempo.

> Fazer uma crítica de que psicanálise não é matemática e, portanto, não pode ser científica baseia-se em um engano na apreensão da natureza do problema – esta natureza é o tipo de matemática a ser utilizado. Psicanálise lida com um assunto no qual não se pode empregar nenhum modo de comunicação que possa ser suprido daquilo que se requer para lidar com um problema na ausência do próprio problema a ser lidado. (ST, 148)

Bion abre um arcabouço que nos permite vislumbrar possíveis colaborações mútuas entre psicanálise e matemática; e não uma adoção simplista, e autoritária, como desejaram alguns teóricos da ciência que nunca dispuseram de qualquer experiência analítica – como Karl Popper e Adolf Grünbaum –, de contribuições da matemática injetadas forçosamente à psicanálise. Atribuições de superioridade moral – iluminadas no final do artigo "Uma teoria do pensar", em *Learning from Experience* e em *Transformations*:

> Caso falte verdade, ou ela seja deficiente, a personalidade deteriora. Não posso sustentar esta convicção por intermédio de evidência considerada como científica. Pode ser que esta formulação pertença ao âmbito da estética. O problema surge na prática com personalidades esquizoides. Nelas, em termos de desenvolvimento, o superego parece anteceder o ego, e nega ao ego tanto desenvolvimento como a própria existência. A usurpação, pelo superego, da posição que seria do ego envolve um desenvolvimento incompleto do princípio da realidade, exaltação de uma perspectiva "moral" e falta de respeito pela verdade. O resultado é inanição de verdade e retardo no desenvolvimento. (T, 97; o leitor pode também estudar o texto entre as páginas 63 e 66)

Quanto à menção à estética – como fonte de formulações verbais – nesses escritos, e também em *Transformations*, inserimos a formulação poética acima.

Uma contribuição mútua fica impossível quando se atribui superioridade, por meio de racionalizações, a uma disciplina sobre a outra. A recomendação de Bion demonstra polinização cruzada; ancora-se naquilo que é natural; do lado analítico, a teoria dos instintos naturais (biológicos), adotada por Freud – a teoria de continente e conteúdo é baseada no complexo de Édipo, dentro da extensão proposta por Klein.

Até o ponto em que se refere à sua semelhança a um superego, –(♀♂) mostra-se como um objeto superior que reivindica sua superioridade encontrando falhas em tudo. A característica mais importante é seu ódio a qualquer desenvolvimento posterior na personalidade, como se o novo desenvolvimento fosse um rival a ser destruído. Portanto, qualquer geração de uma tenência a procurar pela verdade, de estabelecer contato com a realidade e, resumidamente, de ser científico, mesmo que seja em um modo rudimentar, encontra-se com ataques destrutivos que seguem a tendência e a reivindicação contínuas da superioridade "moral". Isso implica o advento do que, em termos sofisticados, seria denominado de uma lei moral e um sistema moral, como superiores à lei científica e ao sistema científico. ... A função imitativa de –♀♂ à função do ego difere no fato de destruir, ao invés de promover, conhecimento. Essa atividade destrutiva colore-se das qualidades "morais" derivadas da qualidade de "super"-ego de – (de –♀♂). Em outras palavras: –♀♂ reivindica superioridade moral e superioridade de potência no *DES*-aprender. (LE, 97-98)

O Prof. Adolf Grünbaum e o grupo que o cercou (Cohen & Laudan, 1983) o apresentaram como se fosse a maior autoridade possível em teoria da ciência; mantiveram atividade destrutiva contra as obras de Freud e Einstein – sem ter sido psicanalista nem físico.

Espero que com o tempo venha a se estabelecer a base para uma abordagem matemática à biologia alicerçada nas origens biológicas da matemática, e não em uma tentativa de amarrar uma estrutura matemática à biologia, que deve sua existência à capacidade do matemático de encontrar realizações entre as características do inanimado que se aproximam de seus constructos. (T, 105)

O "inanimado" ao qual Bion se refere nunca é aquilo a que os matemáticos se referem como sendo "zero". Ao contrário, entidades tão materializáveis, tão concretizadas, sensorialmente apreensíveis, que desde o início parecem surgir como calmantes daquela dor devida à intolerância à frustração, são um inanimado sempre destinado a preencher algum buraco; ou orifício, como sustentava Proclus. Intolerância à frustração impede tolerância ao zero, impede tolerância diante da **não-coisa** – que se transforma, nesse estado de alucinose, em **nada**. A origem de alucinose (q.v.) ilumina tanto a aquisição do zero como sua falta. A situação pode ser exemplificada pelo mito de Midas, a situação do avaro; do ávido que acumula dinheiro ou bens materiais, que viram males assassinos – da própria pessoa, que confunde vida com total materialização. Termos populares como "mulher objeto" também exemplificam a questão, que produz um espectro que vai do desastre à tragédia pessoal. Em termos de mecânica relativística: a alta concentração de matéria produz uma energia tão descomunal que a consequência é uma explosão – chamada "buraco negro".

O desenvolvimento da geometria, partindo dos grilhões sensorialmente apreensíveis na geometria de Euclides, fortemente dependente de imagens sensorialmente apreensíveis, caminhando até o cálculo algébrico de Descartes, conforme a história da matemática de Alfred North Whitehead, tem uma equivalência na formulação psicanalítica de que o aparato psíquico pode tolerar frustração na ausência do seio concreto, sensorialmente apreensível.

Vértice e frustração

> Primeiramente, vou equacionar a "um ponto de vista" o objeto que descrevi como análogo à consciência. Já que não desejo identificá-lo com nenhum ponto de vista específico, nem mesmo com algum sentido, não vou considerá-lo como um ponto "de vista", seja "do cheiro"; ou "do tato"; ou "da audição"; irei simplesmente considerá-lo como um ponto. A experiência clínica determinará a resposta à questão "ponto de quê?"; o ponto geométrico que se emprega para indicar o ponto da projeção central, na geometria projetiva, vai servir de modelo. Transformando a geometria euclidiana e sua representação visual em geometria projetiva algébrica, o geômetra conseguiu liberar suas investigações de algumas das restrições impostas pela história genética dos procedimentos que utiliza; igualmente, é necessário libertar a psicanálise das restrições impostas por associações com espaço e visão por meio das quais confiei na geometria para simplificar a exposição. (T, 110)

Reproduziremos agora parte dessa citação com finalidade didática: *"Primeiramente, vou equacionar a 'um ponto de vista', o objeto que descrevi como análogo à consciência. Já que não desejo identificá-lo com nenhum ponto de vista específico, nem mesmo com algum sentido, não vou considerá-lo como um ponto 'de vista', seja ou 'do cheiro'; ou 'do tato'; ou 'da audição'; irei simplesmente considerá-lo como um ponto"* (T, 110).

Houve uma expansão dessa mesma citação – dez anos mais tarde –, em uma tentativa de esclarecê-la melhor:

> A vantagem de lançar mão de um termo matemático como vértice é a de que isso torna possível conversar com lunáticos que ficam confusos quando se diz coisas como "do ponto de vista do cheiro". É simplesmente exasperante topar com

alguém que te interrompe, dizendo: "Meus olhos não cheiram" ou "Meu cheiro não consegue ver nada". (AMF, I, 3)

Podemos, como fez Theodor Reik, alterarmos nosso vértice usando um "terceiro ouvido" para captar o "lado obscuro", oculto, ou não muito aparente, quando escutamos o discurso manifesto, o discurso aparente do paciente:

PA: O ponto prático é não continuar com investigações da psicanálise, mas sim da psique que ela denuncia. *Isso* precisa ser investigado por meio de padrões *mentais*; *isso* que é indicado *não* é um sintoma; *isso* não é uma causa do sintoma; *isso* não é uma doença ou *algo* subordinado. A própria psicanálise é apenas uma listra na pele de um tigre. Em última instância, ela pode conhecer o Tigre – a Coisa-em-Si – O. (AMF, I, 112)

Na frase que citamos, extraída de *Transformations*, a palavra "ponto" exerce a mesma função exercida pelos termos "psique" e "padrões mentais" nessa última citação de *A Memoir of the Future*. Os termos "do cheiro", "da audição" etc. desempenham a mesma função exercida pelas expressões "investigações da psicanálise", "isso", "sintoma", "doença" etc. Estas últimas formulações verbais possibilitariam melhor apreensão, para os leitores, e também para os praticantes, em sessões de psicanálise? A recomendação de Freud – "cegar-se artificialmente" – remete à mesma questão, ainda que formulada de modo aparentemente diverso. Resumindo: o *"ponto de vista específico"* em *Transformations* corresponde a *"investigações da psicanálise"* em *A Memoir of the Future*. A mudança de vértice pode ser enunciada: parte-se de maior materialização (ou realidade material) para fatos imaterializados (ou realidade psíquica); ou de K para O.

O exame acurado e minucioso de algo que pode parecer apenas um detalhe irrelevante, ou enunciados verbais socialmente aceitos e acima de qualquer crítica, algo tomado como autoevidente que não merece ser questionado, estando dentro de usos e costumes sancionados socialmente, em uma sessão específica, correspondem àquilo que Freud denominou, em análise de sonhos, de conteúdos manifestos; nosso objetivo no trabalho analítico é detectar o conteúdo latente, no aqui e agora da sessão analítica: o "caminho régio" para o conhecimento dos processos (evolutivos e involutivos) do sistema inconsciente – o desconhecido; *unbewusßt*, na linguagem de Freud. Pode-se dizer que em toda enunciação verbal proveniente dos pacientes há sempre um ato falho, aguardando detecção, que pode ser considerado sob outro vértice que não o imposto pelo paciente. Dele emerge o que é Verdade.

Bion destaca, na primeira citação, o "ponto" – sendo o "de vista", algo já materializado, que passa a ser secundário. Sugere um modo que pode ser adotado durante uma sessão. Como Freud ressaltou, a prática de um exame atento a nada em particular – em outras palavras, atenção livremente flutuante – permite a apreensão daquilo que importa, mas não é dado diretamente aos sentidos. Nessa mesma citação, pode-se constatar a viabilidade e a utilidade de tolerar-se uma falta de qualidade material, de algo apreensível sensorialmente e facilmente concretizável, permitindo apreensão daquilo que permanece imaterializado – referido por Freud como "realidade psíquica": *"A experiência clínica determinará a resposta à questão 'ponto do quê?'"* (T, 110). Pois sessões de psicanálise, em si mesmas, são materializações: um paciente se desloca, "física e psiquicamente", até nosso consultório, igualmente materializado.

Dúvidas sobre a existência de imaterialidade básica dificilmente serão bem-vindas para uma mente que busca prazer, abomina frustração: ela irá preferir a adoção imediata de teorias *a priori* – ilusão de conhecimento daquilo que de fato, permanece desconhecido. A determinação daquilo que pode ser Verdade, na experiência clínica real, demanda tolerância diante do desconhecido. O matemático precisou enfrentar a mesma questão quando o cálculo algébrico expandiu a geometria descritiva. Podemos elaborar a hipótese de que a evolução da matemática deu-se por crescente "dessensorialização": extrair raiz quadrada de um número negativo, considerado algo proibido na lógica euclidiana, produziu algo que os matemáticos denominaram "números imaginários". A denominação – como toda denominação – foi imprecisa: números "imaginários" são reais, não apenas produtos de fantasias imaginativas. Foram responsáveis por avanços no cálculo, até hoje, apesar de seus quinhentos anos. Na verdade, foram divisados por uma pessoa que viveu na Antiga Grécia (Heron de Alexandria), mas provocou sensações tais, ligadas ao medo ante uma complexidade desconhecida, que precisou de mais de um milênio para ser apreendido.

Voltemos à citação: *"o ponto geométrico que se emprega para indicar o ponto da projeção central, na geometria projetiva, vai servir de modelo. Transformando a geometria euclidiana e sua representação visual em geometria projetiva algébrica, o geômetra conseguiu liberar suas investigações de algumas das restrições impostas pela história genética dos procedimentos que utiliza; igualmente, é necessário libertar a psicanálise das restrições impostas por associações com espaço e visão por meio das quais confiei na geometria para simplificar a exposição"* (T, 110).

Em outras palavras: recorrer à geometria difere de substituir psicanálise por geometria. Exemplos derivados da prática médica, grosseiros, mas fáceis de serem apreendidos, justamente por sua concretude: uma pessoa com dificuldade para deambular pode recorrer a um aparelho chamado "andador"; ela vai andar, mas não vai substituir seu sistema locomotor pelo aparelho. Uma pessoa com disritmia cardíaca pode recorrer a um aparelho chamado "marca-passo", mas não substitui o sistema circulatório pelo aparelho; um microscópio expande nosso espectro de absorção ótica, mas não substitui nosso aparato ocular.

Quem poderá liberar a matemática dos grilhões revelados por seus vínculos genéticos com os sentidos? Quem poderá encontrar um sistema cartesiano que de novo transforme a matemática, de modo análogo ao da expansão aritmética efetuada pelos números imaginários e números irracionais; ao das coordenadas cartesianas ao libertar a geometria do jugo de Euclides, abrindo o domínio dos sistemas algébricos dedutivos; ao da desajeitada infância da psicanálise, do domínio da mente baseada no sensório? (AMF, I, 130)

Teoria dos números: número e alucinose

Obtenção, ou falta de obtenção dos conceitos – dependentes de estágios genéticos, noção, concepção e conceito. Podemos definir noção como um casamento entre atenção (inata, pertencendo ao grupo de instintos, no sistema inconsciente, dependendo de fatores de personalidade) com algum dado de realidade, que será investigado por meio de nosso aparato sensorial; concepção, como casamento entre noção e uma experiência real; conceito, como casamento entre concepção e um ato consequencial, que tornou real para aquela pessoa a experiência real. Armados dessas definições, propomos que a obtenção, e a falta dela, de noções de 0 (zero), de 2 (dois) e de 3 (três) depende de condições psíquicas, envolvendo percepção, cognição e educação cultural de cada indivíduo considerado. Para estudar essa obtenção, ou a falta dela, Bion utiliza contribuições de Gottlob Frege à teoria dos números.

Propomos considerar, com base no estudo de Bion, que sentidos (vetoriais) não concretizados, ainda não materializados, no estágio genético de "noção", a caminho de "concepção", de "zero-zisse", "um-zisse", "dois-isse" e "três-isse"[69] e suas contrapartes manifestas na realidade materializável – morte; solidão; dois pais; dois seios; Édipo, respectivamente, como cerne embrionário de realidade material e psíquica de todos nós, seres humanos. Como consequência, o fracasso em obter esses sentidos pode formar uma base para enganos na apreensão do desenvolvimento do nosso aparato psíquico, tanto em psicanálise como em matemática.

Bion propõe uma "matemática de alucinose" em termos de um relacionamento com o seio, quando seio é sentido como não-existente, por ser frustrante (T, 133). Na verdade, embora variando em grau, todo seio é frustrante – nunca é o seio desejado pelo bebê e muitas vezes não é sequer o seio que o bebê necessita. Alguns bebês executam um tipo de prótese; alguns, sob a égide do princípio do prazer-desprazer, fazendo próteses formadas por fantasias imaginosas; alguns, sob a égide do princípio da realidade, lidam com aquilo que encontram, que se lhes é oferecido. Algo que em um espectro imaginário vai das migalhas ao demasiado excesso.

---

[69] *Zeroness, oneness, two-ness* e *three-ness*.

Um analista precisa experimentar alucinose, a fim de percebê-la no paciente (T, 136). Pode – e precisa – explorar a forma pela qual um ser humano lida ou não lida com frustração. Muitos não conseguem tolerá-la; transformam-na em "nadisse", ou "Zero Seio". Bion propõe uma notação ou representação quase matemática de alucinose. A notação pode ser grafada por formulação verbal:

seio alucinado mais um seio real é igual a um seio alucinado

ou por formulação quase matemática:

$$1 \text{ seio} + 0 \text{ seio} = 1 \text{ seio}$$

Matematicamente, temos $1 + 0 = 1$ ou, em formulação verbal, *"memória de satisfação é usada para negar falta de satisfação"* (T, 134).

Não se pode defender que $1 + 0 = ?$, onde ? é uma incógnita. O problema é a utilização do 1 para *"remover a 'nadisse' de 0"*. Bion conclui: *"no domínio da alucinose, 0 - 0 = 1"* (op. cit.). Bion oferece a si mesmo, e ao leitor, uma questão: qual seria o resultado de adicionar 0 a 0? No âmbito da realidade, seria zero; mas, no âmbito de alucinose, seria um insuportável 0^0. (Zero elevado a zero, ou à "zeréssima potência", tendendo ao infinito.

Colocando verbalmente: *". . . se a nadisse fosse adicionada à nadisse, a nadisse fica multiplicada por si mesma. O estado emocional que poderia prover uma realização, em um segundo plano, que se aproxima disso, é o estado de total liberdade das restrições impostas por contato com realizações de todo e qualquer tipo"* (T, 134).

Sugiro, novamente, uma analogia derivada da prática médica: haverá um crescimento de "câncer psíquico": *"A capacidade de 0 para se ampliar por partenogênese corresponde às características da avidez; avidez também é capaz de extraordinário crescimento e florescimento, suprindo-se de suprimentos irrestritos de nada"* (T, 134). O resultado final parece ser *"um inferno feroz de ávida não-existência"*. Talvez agora seja mais fácil ver por que Bion viu a matemática como uma tentativa inicial de lidar com psicose – aqui entendida como uma incapacidade de pensar na ausência do objeto concreto. Fenômenos psicóticos desse tipo não são de forma alguma restritos a psicóticos declarados:

> O cientista cujas investigações incluem a substância da própria vida encontra-se em uma situação paralela à dos pacientes que estou descrevendo. O colapso no equipamento para pensar leva à dominância de uma vida mental em que o universo do paciente fica povoado por objetos inanimados. Mesmo nos mais avançados entre os seres humanos, existe uma incapacidade de usar os próprios pensamentos, porque a capacidade de pensar é rudimentar em todos nós; isto significa que, em

função de inadequação humana, o campo para investigação – toda investigação sendo em essência científica – é limitado aos fenômenos que têm características do inanimado. Assumimos que a limitação psicótica é devida à doença, mas que a do cientista não. A investigação dessa suposição ilumina, de um lado, a doença; de outro, o método científico. Parece que nosso equipamento rudimentar para "pensar" pensamentos é adequado quando os problemas são associados ao inanimado, mas não quando o objeto de investigação é o fenômeno da própria vida. O analista, confrontado com a complexidade da mente humana, precisa ser criterioso ao seguir os métodos científicos, mesmo os aceitos; a fraqueza desses métodos pode estar mais próxima da fraqueza do pensar psicótico do que um exame superficial admitiria. (LE, 14)

A matemática pode lidar com questões que não têm, ou ainda não têm, realizações materializadas, usualmente ditas práticas. Bion utiliza o termo "prático". Com base nos seus estudos, e também nos de Freud, Klein e Winnicott, propomos utilizar o termo "materializável". Materializações dependem de tecnologia – gregos antigos se referiam a isso usando o termo *techné*. Por vezes, realizações práticas, ou materializadas, ocorrem anos, séculos e milênios mais tarde, em relação à descoberta matemática. Por exemplo, o efeito asa, calculado matematicamente um século antes da descoberta de materiais e engenhocas propulsoras. Na formulação verbal proposta por Bion: *"a verdade de um enunciado não implica, necessariamente, a existência de uma realização que se aproxime do enunciado verdadeiro em questão"* (ST, 119). Equivale à invocação às bruxas, enunciada por Freud, que utilizou a metáfora de Goethe em *Construções em análise*. Outros exemplos: a teoria do buraco negro; a teoria dos jogos, de John Nash; a teoria do bóson de Highs.

Dois-isse[70]

Em 1961 – "Uma teoria do pensar " – Bion elaborou uma hipótese sobre a existência de alguma capacidade de pensar em uma situação em que não há um objeto real: em outras palavras, em condições de frustração, tanto de desejo como de necessidade real. A hipótese se baseou na sua própria experiência de vida, na qual não houve escassez dessa situação, e na experiência com o tratamento psicanalítico de psicóticos. A hipótese é de que essa condição – frustração – é primária, inevitável e necessária para a introdução dos processos de pensar. "Pensar", como elaboração não racional, que procura apreender a realidade tal como ela é, com todos os seus componentes, incluindo, necessariamente, frustração de desejos e até mesmo necessidades – temporariamente. Uma ausência do objeto constitui-se como frustração primária, que precisa ser enfrentada. Ou seja, o seio desejado, e a pré-concepção do

---

[70] *Two-ness*.

seio, nunca é o seio que pode ser oferecido. Não há "seio sob medida", dentro da imaginação, desejo ou mesmo necessidade da criança.

Os elementos matemáticos – isto é, linhas retas, pontos, círculos e algo correspondente ao que mais tarde vem a ser conhecido pelas designações dos nomes dos números – provêm de realizações de dualidades, a exemplo de seio e bebê; de dois pés; e assim por diante. (ST, 113)

Se a intolerância à frustração não for demasiada, a finalidade precípua passa a ser a modificação. O desenvolvimento dos elementos matemáticos – ou objeto matemático, como os denomina Aristóteles – é análogo ao desenvolvimento de concepções [o casamento de pré-concepções com realizações].

Se a intolerância à frustração predominar, tomam-se medidas para evadir da percepção da realização por meio de ataques destrutivos. À medida que pré-concepção e realização se unem, formam-se concepções matemáticas, mas estas são tratadas como se fossem indistinguíveis da coisa em si, sendo evacuadas . . . para aniquilar o espaço. Na medida em que se percebem espaço e tempo como idênticos a um objeto mau, destruído – ou seja, um não-seio –, não se tem mais a realização que deveria unir-se à pré-concepção e assim completar as condições necessárias à formação de uma concepção. A predominância de identificação projetiva faz com que se confunda a distinção entre *self* e objeto externo. Tal fato contribui para a falta de qualquer percepção de dois-isse, já que essa percepção está condicionada ao reconhecimento da diferenciação entre sujeito e objeto. (ST, 113)

Três-isse[71]

No que se refere a uma qualidade de "ser três", ou "tornar-se três", e se pudermos fazer como Bion, ao fazer uso do neologismo "três-isse", houve duas tentativas, se considerarmos obras escritas e divulgadas. A primeira delas ocorreu em 1960, constituindo-se como preparo para outra versão, mais compacta:

Matemática

1 + 1= 2. No entanto, suponha que sexualizemos o sinal, "mais": então 1 + 1 = 3 não apresenta nenhuma dificuldade. Mas isso não quer dizer que 1 + 1 *deva* ser = 3. Para isso, seria necessário fazer algo além de sexualizar o sinal de mais. Seria

---

[71] *Three-ness.*

necessário fazer com que a expressão fosse, pelo menos, ? + ? = 3. Provavelmente, seria necessário fazer com que o sinal "mais" significasse "relação sexual com o intento de procriar crianças, em condições adequadas, entre pessoas adequadas".

O que está acontecendo é que, aqui, o sinal "mais" também está sendo tratado como uma variável, assim como são variáveis os outros termos da expressão. Que tipo de matemática pode evoluir se todos os termos de uma expressão são variáveis? Parece que somente o caos seria possível, mas isso não é assim. Por exemplo, 1 + 1 = 3 tem um significado se eu disser que 1 = um homem, e 1 = uma mulher. Nesse caso o "valor" do sinal "mais" foi afetado "contextualmente". Isso me recorda das proposições "contextualmente" contingentes (Braithwaite, *Scientific Explanation*, p. 112). (C, p. 145)

Cinco anos depois, surgiu a versão mais compacta e evoluída dessa cogitação pessoal de Bion:

Diz-se que não se pode considerar que uma disciplina seja científica até que ela tenha sido matematizada; posso estar dando a impressão, ao esboçar uma "matemática Lewis Carroll" para a psicanálise, que defendo essa visão e, ao fazê-lo, estou arriscando uma matematização prematura de um assunto que não está suficientemente maduro para tal procedimento. Vou, portanto, chamar a atenção para algumas características do desenvolvimento matemático que até o momento não foram consideradas psicanaliticamente. Como ilustração, vou usar a descrição de Meister Ekhart . . . da transição a partir da divindade de trevas e desprovida de forma, para a Trindade "cognoscível". Minha sugestão é que uma característica intrínseca da transição da "incognoscibilidade" da Divindade infinita para a Trindade "cognoscível" é a introdução do número "três". A Divindade foi, ou foi tornada, matematizada. (T, 170)

Outro ponto de vista sobre "três-isse" foi colocado anteriormente, na subseção "Modelos: comunicação, PS-D, fato selecionado, conjunção constante e public-a-ção".

Abstrações matemáticas como fuga de Édipo

Leitores possuídos pela tendência de fazer acusações (positivas ou não) de que Bion matematizou a psicanálise podem obter mais uma oportunidade de rever suas ideias caso deem atenção aos textos que compõem mais este trecho neste verbete. A leitura superficial do texto de Bion, acoplada ao ouvir dizer e preconceitos, fornece material para ataques acusatórios. Um exame atento demonstra o fato de que Bion levanta muitas hipóteses, para convidar ou evocar os leitores a considerar que há semelhanças – que podem ser vistas como inesperadas – entre os objetivos de psicanalistas e de matemáticos.

Processos do pensar e apreensão de realidade, em suas formas material e psíquica, são maneiras de enunciar tais objetivos semelhantes. Parece que a constante busca de Bion por verdade encontrou um continente provisório em matemática, e também no que ele pensou, em determinado momento de sua vida, serem sistemas dedutivos científicos. Continente de vida curta. Foi substituída pelo retorno de formulações verbais – mas não menos científica – em *A Memoir of the Future*.

Nesse sentido, trabalhos compreendidos entre os anos 1950 até meados dos anos 1960 exibem uma formatação que precede diálogos mas os traz implícitos – algo que será expresso mais tarde, por meio de dois objetos parciais de Bion, P.A. e Sacerdote, em que ocorre uma troca de ideias a respeito de questões emergentes à ideia da possível existência de algo que pode ser denominado psique, ou mente. Alguns leitores perceberão que se trata de uma abordagem destinada à tentativa de prover critérios científicos válidos à psicanálise.

O seguinte léxico pode ser útil para a leitura do próximo texto: I.5 e I.47 significam, respectivamente, a quinta e a quadragésima sétima proposições de Euclides, contidas no volume I de sua obra *Element of Psycho-analysis* As noções de "dois-isse" e de "três-isse" foram mencionadas acima. No verbete "Édipo", aparece uma fórmula quase matemática: (Édipo – ≥ 2), extensivamente descrita neste verbete.

No que diz respeito a Édipo: *"Espero mostrar que essas tentativas de resolução estão muito mais dispersas no tempo e são muito mais variadas nas suas formas e métodos de resolução adotados do que temos nos dado conta, ou até mesmo suspeitado, até hoje"* (C, 200). A ideia vincula-se a situações clínicas e também à matemática:

> Podemos discernir, nos assuntos envolvidos na produção de um sistema dedutivo científico e do cálculo que o representa, uma dessas tentativas.
>
> Proponho, com essa finalidade, examinarmos os elementos de Euclides. Isso me traz de volta ao ponto onde disse ser necessário pesquisarmos a interseção entre os processos análogos aos que vemos corriqueiramente nos sonhos e os processos que associamos comumente com a lógica matemática. Mas, antes de fazê-lo, torna-se necessário um alerta: é inevitável que, em certos pontos da discussão, possa parecer que eu esteja vendo símbolos sexuais, especialmente edípicos, em certas proposições euclidianas . . . desejo propor a hipótese de que o teorema de Euclides e a descoberta de Freud a respeito do complexo de Édipo, junto com o mito de Édipo e a versão dele por Sófocles, são indistinguíveis como tentativas de resolver conflitos e problemas; são, ao mesmo tempo, uma manifestação desses conflitos e problemas e uma tentativa de solucioná-los. (C, 200-201)

Bion propõe mais uma resposta – talvez nova – para o enigma da Esfinge, diferente daquela atribuída a Édipo. Tal enigma é geralmente interpretado como a evolução do homem da infância até a idade adulta e, depois, para a velhice, com uma bengala. Bion toma a quinta proposição de Euclides, em seu primeiro livro dos *Elements*, sobre o triângulo isósceles, e a traduz verbalmente do grego antigo: *"uma coisa de três pés com pernas iguais"*. Em seguida, adota a descoberta de Onians, de que no início da literatura grega joelhos são associados com genitália. Isso junta Euclides I.5 e o mito de Édipo: *"são, ao mesmo tempo, uma manifestação desses conflitos e problemas e uma tentativa de solucioná-los"* (C, 201-202).

Ao examinar o encadeamento de Édipo, Bion verifica o destino da cena primária: uma experiência sensorial de fato assume o caráter de um ideograma que torna-se uma fórmula, ou uma abstração em uma figura geométrica euclidiana; é, então, localizada em um espaço definido por um sistema de coordenadas cartesianas; a partir de então, pode adquirir formas mais abstratas, que podem ser vistas como sistemas dedutivos e cálculo algébrico. Por exemplo, realizações de espaço – incluindo espaço astronômico. A partir de então, Bion sugere *"reverter a direção"*, ou seja, retornar aos dados de nível inferior – às experiências sensoriais. *"Serão factualidades ou realidades correspondentes a* **ideias** *de realidade que os cálculos capacitaram o astrônomo a adquirir? Ou estarão as ideias apenas refletindo a origem dos cálculos e o sistema dedutivo científico, a geometria euclidiana – ou seja, o espaço do indivíduo primitivo a partir do qual o processo científico se originou?"*

Isso abre duas possibilidades: *"uma é que, graças à elaboração dos métodos científicos, estamos aprendendo mais; a outra é que, graças ao impulso de fugir do material edipiano, produzem-se cálculos que ficam impregnados do impulso de escapar dos remanescentes daquilo que se procura fugir . . .*

Será que os cálculos produzidos poderiam fornecer um equipamento adequado para investigar o problema a partir do qual eles se originaram? Será que os cálculos, que representam uma tentativa de abstração como fuga de uma situação edipiana, poderiam ser utilizados para explorar essa situação? Será que os conflitos edipianos poderiam ser resolvidos por meio de uma experiência **matemática**? *O universo interno poderia então ser explorado por um cálculo revertido a sua origem"* (C, 203-205).

Bion propõe considerar o teorema de Pitágoras e seu cálculo como sistema dedutivo científico dos conteúdos da situação edipiana; a proposta é feita na forma de dúvida: *"Será que I.5 e I.47 são externalizações da situação edipiana? . . . Ou serão os sistemas dedutivos científicos que possibilitam investigar a situação edipiana?"*

O trecho que encerra o parágrafo traz uma hipótese inesperada, que se assemelha de perto às situações descritas no verbete "ciência versus religião", e traz à tona o mesmo tipo de problema para psicanalistas – que, por vezes, outras disciplinas parecem ser mais psicanalíticas do que muitos entre os escritos psicanalíticos oficiais:

Esse ponto poderia ser fixado se alguém descobrisse que I.5 ou I.47 concluíram algo passível de ser traduzido em termos de hipótese de nível inferior – ou melhor, em termos de dados empiricamente verificáveis; assim, essas hipóteses conduziriam a teoria do conflito edipiano a um ponto mais avançado do que o alcançado pelas descobertas psicanalíticas. (C, 209)

Analogias geométricas: seis conceitos e Édipo

Bion recorre a representações gráficas – visuais – para efetuar analogias geométricas. São feitas por pontos, linhas e setas em muitas direções. Qualquer pessoa que mantenha uma capacidade mínima para o trabalho onírico (no sentido do termo "regressão", cunhado por Freud, em *A interpretação dos sonhos*, ou seja, a reversão, indicando nível mais primitivo, de pensamentos para imagens visuais) poderia apreender seus escritos.

O tempo mostrou que muitos leitores costumam sentir que os símbolos de Bion são um "labirinto", como escreveu certa vez ao autor um membro da equipe de leitores do *International Journal of Psycho-Analysis* destinada a aprovar ou reprovar trabalhos submetidos à publicação. Esse membro se apresentava como um "especialista" na obra escrita por Bion.

> Para meus objetivos, desejo ter vocábulos que sejam sempre corretos para todas as situações nas quais os problemas têm a mesma configuração. Pacientes e analistas ficam constantemente utilizando termos diferentes para descrever situações que parecem ter a mesma configuração. Quero encontrar invariantes de acordo com psicanálise para todas elas . . . desejo introduzir como um passo em direção a formulações que sejam precisas, comunicáveis sem distorção, e mais proximamente adequadas para abranger todas as situações que sejam basicamente as mesmas. (T, 124)

Ponto: O ponto corresponde ao *"lugar onde o seio estava"*. Ponto é indestrutível, imaterial e real. O *"lugar onde o seio estava"* é uma formulação verbal cuja contraparte na realidade é o mesmo que "ponto". Outra formulação verbal é (desde 1961) "não-seio". O ponto representa uma contraparte visual, geométrica da contribuição intuitiva de Klein à psicanálise, qual seja, o seio e o bebê. É assim transformado em um fato elementar, básico, que pode ser formulado em uma proposição verbal generalizante. Intolerância ao ponto implica em psicose. (Favor consultar o verbete "Círculo, ponto, linha".)

Linha: A linha é uma contraparte visual, geométrica à contribuição intuitiva de Freud à psicanálise, qual seja, o pênis. É então transformada em fato elementar, básico, que pode ser formulado em uma proposição verbal generalizante.

Círculo: Corresponde à experiência emocional do interior e exterior, *self*, não--*self*, perfuração, evolução.

Espaço: Correspondente ao imperativo categórico de Kant, representa emoções que são sentidas como indistinguíveis do *"lugar onde algo estava"* (T, 124; AI, 10).

Desconhecido: Um exemplo prático é fornecido a seguir; consulte o verbete "objeto psicanalítico".

Variável: Corresponde às muitas transformações individuais, e é expandido a seguir.

Uma conjunção constante desses seis conceitos corresponderia àquilo que em teoria psicanalítica intuitiva é indicado como "Édipo e suas vicissitudes".

Uma das ilustrações fornecidas no texto de Bion constitui-se como apenas **uma** das possíveis aplicações do símbolo matemático (geométrico) ● [ponto]. Outros investigadores podem propor outras aplicações de outros símbolos, conforme seu conhecimento, posto que sejam clínica e matematicamente válidos. A ilustração ● compõe uma representação gráfica a respeito de agorafobia e claustrofobia. O símbolo geométrico [●] organiza sinteticamente uma abordagem para um problema específico. Pode ser formulado verbalmente como "o lugar onde o seio estava":

> Pacientes e analistas ficam constantemente utilizando termos diferentes para descrever situações que parecem ter a mesma configuração. Quero encontrar invariantes de acordo com a psicanálise para todas elas. Os termos "lugar onde a coisa estava" ou "espaço" quase preenchem essa condição. Quase, mas não totalmente. Seu benefício pode ser visto no fato de serem satisfatórios tanto para agorafobia como para claustrofobia, e nessa medida evita-se usar dois termos para configurações que são diferentes apenas na aparência. A necessidade é de uma solução que finalmente descarte a diversidade de termos que hoje em dia se requer para descrever a experiência denominada "claustro ou agorafobia", e descarte também o defeito muito mais sério associado a essa diversidade, qual seja, a elaboração de tantas teorias quanto há sofredores, quase equiparadas por tantas teorias quanto há terapeutas, quando se reconhece que as configurações provavelmente são as mesmas. Requer-se uma solução que abranja mais do que eu havia escolhido como ponto inicial, claustrofobia e agorafobia. Escolho "espaço" para representar, por um lado, emoções que são sentidas como indistinguíveis do "lugar onde algo estava" e, por outro, espaço aparentado à realização geométrica a partir da qual se acredita derivar a geometria euclidiana. (T, 124)

A linguagem de Bion

A elaboração geométrica continua da seguinte maneira: começando com um ponto, linha ou qualquer outra figura mais complexa, como aquelas associadas ao teorema de Pitágoras, a proposição é interpretada distanciadamente da figura, quer dizer, parece ser considerada como autoevidente a partir da natureza da figura. À inspeção da figura pode seguir uma formulação em termos não pictóricos. Plutarco dá uma descrição imaginativa e edípica do triângulo 3-4-5. O desenvolvimento matemático pode ter sido adquirido pela transformação da imagem visual em uma formulação aritmética. (T, 78)

O reverso também é verdadeiro, e relaciona-se à maturação: *"Minha experiência analítica é compatível com um desenvolvimento que se origina de uma imagem visual* **completa** *e caminha para uma elaboração em termos não visuais; quer dizer, partindo das categorias da linha C rumo à linha H, ainda que eu não tenha testemunhado uma transformação em linha H"* (T, 78).

Ao utilizar os dois eixos da "Grade" (Grid), que permitem visualizar movimento, Bion tenta representar um objeto dinâmico, transitório, caracterizado por um influxo ou "exfluxo" (se o leitor puder aceitar um neologismo, para representar o movimento contrário ao influxo), representando crescimento ou declínio; em termos verbais utilizados na matemática, regressão ou progressão. Esse movimento pode ser representado pelo exame das muitas categorias de "Grade" (Grid), para cima e para baixo, para trás e para a frente, na diagonal, horizontal ou vertical. O leitor pode consultar o verbete específico '"Grade" (Grid)", neste mesmo dicionário, ou também "A multi-dimension Grid", no volume III (*Verbal and visual approaches to reality*) de *A Clinical Applications of Bion's Concepts*. O que nos importa agora é descrever o apelo feito por Bion ao recurso gráfico de setas, usual em matemática, física e química, para tentar descrever a presença de movimento dinâmico e seu sentido. As setas podem e precisam ser apreendidas pelo leitor do mesmo modo que vetores o são na disciplina, física: ←↑→, e assim por diante (T, 114, nota de rodapé).

A partir daí, Bion prosseguiu para unir o sinal gráfico (uma abordagem visual) – setas – a conceitos psicanalíticos. Obteve assim um símbolo graficamente misto: uma representação tendendo ao visual (significante) constantemente conjugada a uma representação tendendo ao verbal (significado). O símbolo resultante segue a fórmula semiótica, hoje de senso comum, significante/significado, proposta por alguns, desde sua introdução, por De Saussure. Os conceitos psicanalíticos escolhidos por Bion são os três sistemas: consciente, pré-consciente e inconsciente, no método científico proposto por Freud. A seta indica o movimento, no sistema pré-consciente. O leitor interessado poderá consultar os capítulos 6, 7 e 8 de *Transformations* – nos dois últimos, Bion une as setas com pontos (●) e linhas (_____). Caso seja difícil ou impossível seguir o texto no qual Bion apela para essas definições, talvez auxilie a consulta ao verbete "Círculo, ponto, linha".

É possível formular verbalmente símbolos como ⟶

consciente

Uma forma de fazê-lo: "no caminho de estar consciente".
Outra forma, sinônima: "na direção de consciência".
E o seguinte símbolo?

Essa é uma representação que apela preferencialmente para a visualização, embora sua apreensão dependa de representações verbais. Significa, verbalmente, "o lugar onde o seio estava (ou ponto) em um movimento de retrocesso – ou decadência, ou degenerescência – em direção à sua destruição". Ainda em outras palavras: representa algo que tende à intolerância absoluta à frustração. Os termos utilizados por Bion fornecem uma explicação para a analogia matemática: tenta descrever nossas tentativas – tentativas de seres humanos – para lidar com psicose. Nesse sentido, é uma tentativa de iluminar a psicanálise de psicóticos, ou a personalidade psicótica – e não alguma matematização da psicanálise. Nos termos de Bion:

Prosseguindo de

busquei mostrar que construções geométricas se relacionavam com, ou se esforçavam por representar, realidades biológicas, como as emoções. A progressão representada por

leva à possibilidade do espaço matemático poder representar emoção, ansiedade de intensidade psicótica, ou sossego de intensidade também psicótica – um sossego descrito psiquiatricamente como estupor. Em cada caso, é para a emoção ser parte da progressão seio → emoção (ou lugar onde o seio estava) → lugar onde a emoção estava. *Espero que com o tempo venha a se estabelecer a base para uma abordagem matemática da biologia alicerçada nas origens biológicas da matemática, e não em uma tentativa de amarrar uma estrutura matemática à biologia, que deve sua existência à capacidade do matemático para encontrar realizações entre as características do inanimado que se aproximam de seus constructos.* (T, 105, itálico nosso)

O último parágrafo pode iluminar a citação que encabeça este verbete. Assim, também pode evitar mal-entendidos que atualmente cercam a questão. Grande parte do volume I de *A Memoir of the Future* é dedicado a analisar os modelos artísticos e esclarecer o fato de que meios matemáticos e artísticos, embora possam estar capacitados – sempre dependendo do receptor, que somos nós, seres humanos, dotados de graus de capacitação – para atingir nosso aparato psíquico com mais eficácia, nunca podem ser substitutos da psicanálise. Se o fossem, a psicanálise não precisaria ter sido descoberta, por falta de necessidade. A matemática – ou a literatura, por exemplo – teria resolvido, ainda que minimamente, problemas que permanecem não resolvidos – o problema de como lidar com psicose. Isso não implica que a psicanálise os tenha resolvido, mas implica que o "minimamente necessário" foi atingido.

Formulações gerais que poderiam ser capazes de comunicar descobertas da psicanálise intuitiva poderiam ser enriquecidas pela *"abordagem matemática à biologia"* (T, 105): *"As regras governando pontos e linhas que foram elaboradas por geômetras podem ser reconsideradas com referência à sua origem, ou seja, os fenômenos emocionais que foram substituídos pelo 'lugar (ou espaço) onde os fenômenos mentais estavam'. Tal procedimento estabeleceria um sistema abstrato dedutivo, baseado em um alicerce geométrico, com teoria psicanalítica intuitiva à guisa de realização concreta deste sistema"* (T, 121).

A seguinte citação exige um leitor disposto a ler com a mesma atenção a detalhes e persistência exigidas de alguém que tenta resolver uma equação algébrica; ou a exigida de um iniciante tentando ler um idioma estrangeiro; ou a atenção de um cirurgião examinando uma barriga aberta em busca de um sangramento oculto em uma veia; ou a atenção de um analista em ação. Caso essa atenção seja disponibilizada, o texto revela-se como uma apresentação compacta da analogia matemática:

> . . . como parte de uma teoria psicanalítica intuitiva, enuncio que o paciente tem uma experiência, tal como uma criança poderia ter quando privada do seio, de enfrentar emoções que lhe são incógnitas, não reconhecidas como lhe pertencendo, e confusas com um objeto que ele só possuiu recentemente. Descrições adicionais apenas aumentam a multiplicidade que já lamentei, como o leitor verá caso consulte qualquer descrição analítica do comportamento infantil. A relação dessas representações com as realizações que delas se aproximam podem ser comparadas com o espaço geométrico axiomático dedutivo que desejo introduzir como um passo em direção a formulações que sejam precisas, comunicáveis sem distorção, e mais proximamente adequadas para abranger todas as situações que sejam basicamente as mesmas. Sugiro as seguintes comparações: (i) "Incógnito", no modelo proporcionado pela teoria psicanalítica intuitiva, com "incógnita", no sentido matemático em que desejo utilizar "espaço geométrico". (ii) "Variável", conforme aplicada ao sentido de instabilidade e insegurança no modelo da ansiedade infantil,

com "variável" conforme desejo aplicá-la ao espaço geométrico. Assim, espaço geométrico tanto pode representar como pode ser substituído por valores constantes, para qualquer universo específico de discurso. A relação do espaço geométrico com a teoria psicanalítica intuitiva que proponho como sua realização; a relação ulterior da teoria psicanalítica intuitiva com determinada experiência clínica que considero ser sua realização; juntas, representam uma progressão como aquela da transformação de uma experiência em um poema – "emoção relembrada em tranquilidade". A transformação geométrica pode ser considerada como uma representação "desintoxicada" (quer dizer, tornando suportável a emoção dolorosa) da mesma realização, como aquela representada (mas com a emoção dolorosa enunciada) pela teoria psicanalítica intuitiva . . .

Existem outras similaridades . . . caso seja aceito que o espaço geométrico proporciona um vínculo entre problemas emocionais simples, suas soluções simples e a possibilidade de reenunciá-los em termos complexos que admitem soluções complexas, então pode ser que o método musical ou outros métodos artísticos proporcionem um vínculo semelhante. É necessário não considerá-los como substitutos da abordagem geométrica. É necessário dirigir a investigação para a elucidação do ponto e linha como elementos incrustados no material de transformações na mídia de todas as artes e ciências. O ponto e a linha podem ser encontrados no ritmo de um poema; podem ser encontrados em uma pintura . . . na matéria a partir da qual se forma o constructo. Pode-se encontrá-los na música; não na notação musical, mas na própria música . . .

Esta discussão diz respeito a essas representações, independentemente da disciplina, como tendo ordenado, em seu interior, as invariantes de ponto e linha; a teoria psicanalítica intuitiva é sua correspondente realização. (T, 124-126)

Matemática, estar-uno-a-si-mesmo (At-one-ment) e ciência

A abordagem científica, associada a um pano de fundo de impressões sensoriais – por exemplo, a presença do psicanalista e do paciente na mesma sala –, pode ser vista como tendo uma base. Na medida em que for associada à realidade última do paciente, ela não tem nenhuma base. Isso não significa que o método psicanalítico não seja científico, mas que o termo "ciência", como tem sido comumente usado até o momento para descrever uma postura perante os objetos dos sentidos, não é adequado para representar uma abordagem às realidades com as quais a "ciência psicanalítica" tem que lidar. Esse termo tampouco é adequado para representar aquele aspecto da personalidade humana que se ocupa com aquilo que não é conhecido e é incognoscível de modo último – com O . . .

O psicanalista lida com realidades desprovidas de pano de fundo sensorial – por exemplo, medo, pânico, amor, ansiedade, paixão – ainda que frequentemente as identifique a um pano de fundo sensorial – ritmo respiratório, dor, impressões tácteis etc. – e então as trate de modo supostamente científico. Não se requer uma base para a psicanálise e suas teorias, mas sim uma ciência cuja gênese no conhecimento e no pano de fundo sensorial não a limite. É necessário que seja uma ciência do estar-uno-a. Tal ciência precisa ter uma matemática do estar-uno-a, não da identificação. Não pode haver nenhuma geometria do "similar", "idêntico", "igual"; apenas da analogia. (AI, 88)

🕐 Muitos sentiram que as razões para trazer a matemática à consideração do analista não estavam claras em livros clássicos de Bion. *Cogitations*, publicado postumamente, pode ajudá-los. Talvez alguns leitores que tenham sentido dificuldades quase intransponíveis ao tentar ler dados e conclusões compactadas nos quatro primeiros livros considerados como básicos (*Learning from Experience*, *Elements of Psycho-Analysis*, *Transformations* e *Attention and Interpretation*) possam alcançar as observações caso se defrontem com os dados preparatórios, reflexões, citações e contrapontos contidos nos estudos preparatórios, publicados postumamente.

Revimos o modo pelo qual Bion traz à tona observações matemáticas em função de algumas questões clínicas básicas, aquelas que permitem ou obstaculizam uma abordagem ao comportamento de pacientes durante a sessão: (i) distúrbios de percepção; (ii) do pensamento, formando formas particulares nos processos de pensar, cuja apreensão é necessária para uma apreensão e ajuda psicanalítica; (iii) movimentos, ou falta deles, entre os sistemas consciente e inconsciente; (iii) peculiaridades do movimento entre PS e D, em termos de concretização/abstração; (iv) dificuldades com o exercício de trabalho onírico. Todas essas questões podem, talvez, ser resumidas em termos de uma transição seminal, de uma movimentação daquilo que é sensorialmente apreensível (algo que teóricos da ciência e filósofos denominaram "sensibilidade") para aquilo que é psíquico. Matemática é um dos primeiros modos – o primeiro? – disciplinados que nos auxiliam na apreensão, aqui definida como **transição daquilo que é sensorialmente apreensível, em seu caminho ao sistema consciente, ou à consciência, mantendo, até certo ponto, e também transitoriamente, uma permanência no sistema inconsciente, e de volta a ele,** para possibilitar novas evoluções. Essas novas evoluções concretizam-se nos termos do desenvolvimento da disciplina matemática. Isso poderia ser um protótipo de todo o desenvolvimento psíquico: evoluções na apreensão da realidade, por meio de ciclos contínuos de evoluções e involuções – os movimentos *in tandem*, PS-D.

Em 1959-1960, Bion escreveria, ao tratar de trabalho onírico alfa (q.v.): "Pode ser que nunca saibamos [os mecanismos cruciais], que possamos apenas postular sua existência, de modo a explicar hipóteses passíveis de serem traduzidas em dados empiricamente verificáveis; e que precisemos trabalhar com esses postulados sem supor que possamos descobrir, em algum momento, realidades que lhes correspondam. Considero alfa como um postulado dessa natureza" (C, 95). Há muitos exemplos desse processo nas disciplinas científicas básicas – entendendo o termo básico, neste momento, como aquele que permite aproximações mais precisas possíveis, na atualidade, à realidade: física e matemática. Talvez o exemplo mais atual seja o bóson de Higgs: calculado matematicamente em 1961, encontrou sua concretização empírica por avanço na tecnologia em 2013.

Parece-nos necessário, no caso de nos dispormos a estudar quais seriam as possibilidades e limitações de alcance de apreensão da realidade (material e psíquica) contida nas analogias matemáticas ou quase matemáticas utilizadas ou propostas por Bion (ver a citação anterior extraída das páginas 86-87 de *Cogitations*), dar total atenção à validação, ou intervalidação, por correspondência, entre a *"função sintetizadora da matemática"* e a teoria da posições de Klein, que descreve uma evolução de sínteses após clivagens entre PS e D (C, 170).

Argumento circular, saturação, números: um exemplo de analogias matemáticas

É senso comum afirmar que pessoas que não podem adquirir ou não são dotadas de "pensamento matemático" tentam aprender "de cor" tudo aquilo que precisariam para poder obter uma apreensão mínima na estrutura psíquica do indivíduo – ou observador – "tornar-se" e "evoluir". Pessoas que adotam, conscientemente ou não, o que pode ser visto como um tipo de atalho, o "decorar", condenam-se ao fracasso, às trevas nos atos de conhecer, ao desconhecimento; ao precoce "desaprender por inexperiência". "Decorar", e "imitar", em analogia a fazer cenários sobre estruturas mambembes, um "fazer crer" insubstancial justamente por excesso de substância naquilo cujo processo é imaterializado – o próprio pensar –, parece-nos constituir mais uma forma de submissão ao princípio do prazer-desprazer. Por exemplo, para a obtenção de sucessos limitados e ilusórios em sistemas sociais, como a escola primária. Uma criança que "decora" resultados em tabuada ou "lições de história" para conseguir notas em exame escolares. Se utilizarmos a formulação verbal proposta por Bion, um "aprender de cor" reduz a criança a "saber sobre matemática", isentando-a de "tornar-se matemática" toda vez que executa alguma ação matemática, como somar, subtrair, multiplicar, dividir etc. Uma criança "conhece algo sobre matemática" ao divisar números ou sinais de operações aritméticas, ou equações ou sinais de geometria apostos sobre um papel, mas fica cega para as realidades ali apontadas. Um erudito ou filósofo sabe que o texto foi escrito por Freud, mas fica cego para a realidade apontada no texto. Sua analogia com a psicanálise foi feita por Bion: "saber sobre" psicanálise difere de "tornar-se" psicanalista": um ato possível apenas durante sessões de psicanálise.

Todo enunciado poderia ser . . . reavaliado . . . de acordo com sua posição na escala da Realidade, que é Forma e lembrete, deidade e encarnação, hipérbole e evacuação. A interpretação poderia ser tal que se favoreceria a transição de *conhecer sobre* a realidade para *tornar-se real*. A transição depende de casar o enunciado do analisando com uma interpretação tal que o raciocínio circular continua a circular, mas tem um diâmetro adequado. Se o diâmetro for muito pequeno, o raciocínio circular torna-se um ponto; se for muito grande, uma linha reta. O ponto e a linha reta, juntamente com números, são representantes de estados de mente primitivos, dissociados de experiência madura. O raciocínio circular proveitoso depende de uma quantidade suficiente de experiência que forneça uma órbita onde se circule. Expressando isso em termos mais sofisticados: a experiência analítica precisa se basear em conhecer; e ser, sucessivamente, muitos enunciados elementares, discriminando suas relações esféricas, circulares e orbitais, e estabelecendo os enunciados que são complementares. As interpretações que fazem a transição do conhecer a respeito de O para se tornar O são aquelas que estabelecem complementaridade: todas as outras dizem respeito a firmar o material através do qual o raciocínio circula.

A transição de "conhecer sobre" para "tornar-se" O pode ser vista como uma forma específica do desenvolvimento da concepção a partir da pré-concepção . . . Descrevi esse processo como sendo de saturação; um elemento insaturado $\psi(\xi)$ torna-se $\psi(\psi)(\xi)$. Ou seja, uma pré-concepção torna-se uma concepção e retém sua dimensão de "usabilidade" como uma pré-concepção. . . . A concepção psicanalítica de cura incluiria a ideia de uma transformação por meio da qual um elemento é saturado, e por meio disso fica pronto para posterior saturação. Mas é preciso fazer uma distinção entre essa dimensão de "cura" ou "crescimento" e avidez. Vou voltar a isso depois de prosseguir considerando "aritmética". Devo dizer, caso isso ainda não esteja claro, que estou considerando o âmbito da matemática "dodgsoniana" ou sua variedade, "Alice através do espelho".

Eu disse anteriormente que números são um meio de aglutinar . . . uma conjunção constante. Por definição, isso significa que a conjunção é desconhecida ou destituída de significado. O não é conhecido, mas, para facilidade de exposição, estou supondo que a conjunção . . . a ser delimitada com vistas a uma investigação é o "grupo". O número significado por 1 é um modo de denotar um objeto total que não é um grupo. O grupo é infinito, seja um grupo de pessoas, coisas ou "causas". A partir disso podemos prosseguir para matemática emocional (ou a matemática da emoção?); desta maneira: 1 = "um é um e totalmente solitário e assim sempre o será". 1/1 = uma relação com "o todo de um objeto que é um objeto total, que não se relaciona a quaisquer outros objetos e, portanto, não tem propriedades; já que propriedades são uma dimensão de relações". Com o vértice da religião, esse símbolo pode representar o **O** representado pelo termo "Divindade". Com um vértice miltônico, esse símbolo é representado pelo "infinito vazio e sem forma", a partir do qual o objeto que é conhecido é "arrebatado". Com um vértice dantesco, o símbolo é representado pelo 33º canto do Paraíso. Com um vértice matemático, considerado em seu aspecto negativo de definição, pode ser representado pelo termo "não infinidade".

De modo semelhante, ½ pode representar... uma relação com uma parte de uma parte de um grupo. Em sua dimensão negativa, ela nega que no grupo há mais, ou menos, do que dois; e assevera que a relação é com um deles.

Quando formulados, esses números podem ser usados no processo de transformação. Podem ser combinados com outros números à medida que, e quando, esses outros números forem sendo formulados. O desenvolvimento é, portanto, duplo: o grupo pode ser denotado por um novo número toda vez que se sente que uma conjunção constante esteja requerendo aglutinação, por exemplo, caso se sinta a necessidade do número dois por não se sentir que 1 represente **O**. Dessa maneira, o desenvolvimento pode prosseguir de acordo com um plano de enumeração. Ou a curiosidade a respeito da relação de 1 com 1/1 ou ½ com **O** e, a partir daí, para a relação de um com o outro leva ao manejo e combinação dos números...

A combinação e manejo de números é estimulada pela mesma força que estimula sua formulação – a consciência de uma conjunção constante que demanda ser aglutinada. (T, 152-155)

Exemplos materializados dessa situação: durante uma época, dizia-se que o Brasil tinha 150 milhões de técnicos de futebol; mas jogar futebol difere de assistir ao jogo em estádios. Há um ditado corrente em escolas de medicina, e também entre médicos: há pessoas que não podem ser médicos; esses, vão ensinar medicina. Isso ocorre em outras atividades. Um cirurgião cardíaco, vão ensinar medicina, fazendo "carreiras universitárias". Um cirurgião cardíaco, após trinta anos de aflição quase insuportável quando se defrontava com um paciente cujas coronárias eram intramurais (uma variação anatômica na qual a artéria não é visível, por se situar internamente ao músculo cardíaco), e outras variações anatômicas que tornavam impossível uma previsão da cirurgia, desistiu de operar, dedicando-se desde então apenas a ensinar técnicas cirúrgicas.

Falhas na apreensão do conceito, mal-entendidos e distorções: a acusação de que W. R. Bion teria matematizado o trabalho do analista **durante a sessão** não encontra respaldo no exame acurado de qualquer de suas obras. Tentamos demonstrar esse fato no conteúdo deste verbete. Alguns leitores sistematicamente deixam de lado, ou talvez sequer tenham percebido que distúrbios de pensamento afetando a personalidade psicótica constituem problemas idênticos aos enfrentados – ou, talvez, mal enfrentados por evasões racionalizadas – por gerações de filósofos; e talvez mais bem enfrentados por gerações de médicos e matemáticos da Antiga Grécia, e seu resgate na Renascença e Iluminismo, como Tales, Aristóteles, Descartes e Locke. Hoje, vistos como se fossem apenas filósofos; distorção histórica vinculada por idolatria a tecnologias, mesclada com antipatias de filósofos contra a medicina. Bion buscou ajuda nas obras de autores como Poincaré, um físico e matemático capaz de fazer formulações verbais próximas à realidade dos fatos – tradicionalmente vistas como "filosóficas". Platão e Goethe dedicaram-se à política, literatura, física e botânica a e literatura – "ancestrais" de Freud e Bion. Bion não cita Poincaré ou Heisenberg por interesse específico por matemática ou física *em si*, mas por aquilo que a filha de Bion, Parthenope Bion Talamo, denominou como "filosofia da matemática". Parthenope teve formação filosófica; sua tese de doutorado foi voltada à obra de Hegel. A denominação do interesse real de Bion, segundo Parthenope, discutida com ele mesmo, foi expressa para este autor durante algumas conversas sobre a obra de seu pai que pudemos manter entre 1995 e 1998, em São Francisco, Turim e São Paulo; algumas delas em forma escrita, por fax e e-mail.

Existem mal-entendidos importantes entre alguns leitores que perpetuam a ideia de que Bion teria sido um autor "complicado, obscuro e difícil". Boa parte deles lança mão desta questão, criada por eles mesmos, que chamam de "matematização da psicanálise" para provar, de modo advocatício, sua tese baseada em preconceitos. Seria uma questão facilmente resolvível caso esses leitores – alguns deles, autores de livros que conheceram algum grau de fama no movimento psicanalítico – dedicassem parte de seu tempo no qual não houvesse influência de preconceitos, já que ninguém poderia sequer sobreviver se fosse movido apenas por preconceitos, para ler os primórdios da elaboração da teoria da função-alfa. Que "transforma" dados sensorialmente apreensíveis (que pensadores da Idade Média e do Século das Luzes denominaram "dados sensíveis") em dados não-sensoriais (q.v.), ou, de modo que nos parece ainda mais preciso, "não mais sensorialmente apreensíveis". Foi nesses primórdios que Bion tentou, se não resolver, pelo menos enfrentar essa questão. A teoria da ciência matemática, abrangendo dois milênios, conforme elaborada por matemáticos práticos – no caso, Platão, Proclo, Pitágoras, Euclides, Jules Henri Poincaré –, pareceu-lhe fornecer um exemplo da viabilidade de tal tarefa. Um exemplo que não precisa ser necessariamente seguido, mas que mostrou que essa transformação poderia ser feita. O exemplo a ser seguido tem sido origem de confusões aparentemente intermináveis no movimento psicanalítico, desde a descoberta dessa atividade por Freud: quantos de nós não tentaram aplicar o método sugerido por Freud em nossos pacientes, fazendo questão de encontrar exatamente neles os *mes-*

M

mos mecanismos sintomáticos, as mesmas estruturas particularíssimas que produziram sintomas particulares, e os mesmos fatores que Freud encontrou em seus próprios pacientes, *ipsis litteris*? Como se Frau Elizabeth ou Dora ou o Homem dos Lobos tivesse sido reencarnados em pacientes que pudemos ver, décadas e hoje séculos depois, em termos de diagnósticos, como histéricos ou como fóbico-obsessivos? Aprender de cor, aprender o truque de imitar o que nossas transferências nos "falam", em alucinação, que somos "Freud" ou "Bion", e que "Freud" e "Bion" são ídolos, ou seu negativo, ídolos caídos. Idolatria e iconoclastia, berço dos imitadores e detratores, difere do apreender por experiência:

> De acordo com Proclus, houve objeções ao termo formulado por Platão, stigmη, baseadas no fato de seu significado perfurar, sugerir um fundo de realidade inadequado à discussão geométrica. A objeção relembra aquela feita por um paciente quanto à imagem visual do ponto, por causa de sua mal-vinda penumbra de associações. Ele se evadiu da dificuldade por meio de um neologismo; não me ocupo da solução do problema, mas de sua semelhança com a dificuldade científica de usar termos que têm uma longa história para expressar situações novas.
>
> Os pitagóricos consideravam o ponto como tendo posição, mas Euclides não incluiu isso em sua definição, ainda que ele, Arquimedes e autores que vieram depois tenham utilizado o termo shmetov ao invés de stigmη. Ao discutir a noção prevalente do parentesco entre o ponto e a linha, Aristóteles levantou uma objeção: sendo o ponto indivisível, nenhuma acumulação de pontos pode resultar em algo divisível como a linha. A discussão é importante pelo fato de se desejar estabelecer a conexão que se sente existir entre o ponto e a linha. Um analista, lendo os aportes que estabeleceram a geometria, veria elementos que parecem convidar à interpretação psicanalítica do tipo indicado; tenho razões para citar ilustrações que reforçam a impressão do componente sexual na investigação matemática, mas não proponho adentrarmos nesse aspecto da história da geometria. (T, 55-56)

Bion deixou trabalhos preliminares sobre o componente sexual em investigações matemática, inclusos no verbete "Édipo" deste dicionário. Atenção e noções de matemática do ensino médio serão suficientes para seguir seus modelos. Bion adotou um sistema quase matemático de notação simbólica, mas não cálculo ou similares.

Outro tipo de crítica levantada contra seus escritos relaciona-se à ideia de que Bion não "entendia muito" de matemática; nem de filosofia, ou mesmo sobre o trabalho de Freud. Assim, como pespegaram adjetivos desairosos de "doido", "psicótico" (como se alguém não o fosse, em algum momento da vida; imprecação lamentável quando parte de um integrante do movimento psicanalítico, expressando ódio à análise) e "gagá". Os membros do movimento psicanalítico que expressaram esses julgamentos de valor obtiveram fama temporária, enquanto viveram, por construírem *networks* políticos, muitas vezes disfarçados de ensino. Omito a nomeação desses autores, e também citações de trabalhos, ou datas, ou lugares onde emitiram esses julgamentos, sempre de modo acerbo, em respeito ao fato de que nosso movimento ainda se encontra em uma "tateante infância" (AMF, II, 223) e não pode admitir – em função de rivalidade, onipotência e onisciência desses membros – uma discussão científica a respeito de reais controvérsias. A visão do autor deste dicionário é diferente. Há evidências de que Bion – a exemplo de muitos outros antes dele, como Abraham, Jones, Ferenczi (até certo ponto), Reik, Rickmann, Sharpe, Riviere, Strachey, Menninger, e também seus contemporâneos, como Clifford-Scott, Bowlby, Money-Kyrle, Balint, e autores mais novos, como Green, apreendeu o *éthos* da obra dos vários autores que cita, mas evitando a rota, talvez mais fácil para alguns, da erudição racional ou filosófica. Aquela que cria, demasiadas vezes para entretenimento pessoal ou de grupos interessados, "manipulações engenhosas de símbolos", ou racionalizações, se utilizarmos a linguagem de Freud. Algumas pessoas têm dificuldades para fazer este tipo de evitar, trilhando caminhos típicos daqueles que pensam fazer parte da *intelligentsia*. Como aqueles que rabiscaram o quadro *Mona Lisa*, de Da Vinci, ou martelaram estátuas de Michelangelo são pessoas capazes de apreender o belo, mas apenas para nutrir rivalidade e ódio. Tornam-se aflitas ao deparar com aquilo que é belo. Tentam inserir-se em meritocracias políticas, por falhas em inserir-se em meritocracia científica, os grupos componentes em todo e qualquer movimento estabelecido "oficialmente". Tentam garantir sua permanência por meio de erudição: é um fato iluminado no capítulo 7 de *Attention and Interpretation*, que se utiliza de um fato da história da religião cristã registrado em um evangelho. A erudição impede o casamento de escritos com a prática empírica; facilita sobremaneira racionalizações *ad hoc* e *a priori*. Esse fato tem caracterizado boa parte do assim chamado meio acadêmico. Talvez seja útil considerar que o uso de Bion de textos de teóricos da ciência raramente está de acordo com os modos "oficiais"; Bion procura outros pontos de vista; ou, como ele mesmo enfatiza, "vértices": outro termo emprestado da matemática. (T, 26, 90-92; AMF, I, 3). Não seguir o rebanho usualmente é fonte de problemas, dos quais ele estava ciente:

> Existe a possibilidade de que eu estaria utilizando termos cujo significado teria sido anteriormente estabelecido – como o meu uso das palavras Função e Fatores. Um crítico assinalou que tais termos estão utilizados de maneira ambígua; um leitor sofisticado poderia ficar confuso pela associação que essas duas palavras já mantêm com matemática e filosofia. Esclareço que as usei deliberadamente em função dessa mesma associação; desejo que tal ambiguidade permaneça. Gostaria que o leitor se recordasse de matemática, de filosofia e também do uso coloquial, devido

ao fato de que estou discutindo sobre uma característica da mente humana passível de um tal desenvolvimento que, em um estágio posterior, poderia ser intitulado sob essas classificações – e também sob outras. (LE, Introdução, 2)

ÉDIPO

Situações nomeadas com neologismos, "umzisse", "dois-isse" e "três-isse", foram discutidas anteriormente. Parece-nos haver des-entendimentos a respeito de Édipo, acoplados a des-entendimentos a respeito do conceito de "saturação", em sessões analíticas e, em consequência, des-entendimentos teóricos, produzindo pseudoteorias demasiadamente materializadas, ou concretizadas. São revisados nos verbetes "Édipo" e "saturação".

Referências cruzadas sugeridas: Círculo, ponto, linha; Argumento circular; Instituição (*Establishment*); "Grade" (Grid); Manipulação de símbolos; Menos (ou negativo); Modelos; Édipo; Objeto psicanalítico; Relação; Método científico; Saturação, Ultra-sensorial.

📖 Relacionamos obras encontradas na biblioteca de Bion, a partir de mais de sessenta exemplares. Nem todos foram citados nos livros e artigos incluídos em *Cogitations*. Podem servir de guia didático àqueles que se interessem em maior aprofundamento nas fontes da obra de Bion: (i) *The Philosophy of Mathematics*, de Stephan Korner, Hutchison University Library, 1960; pleno de anotações à margem, comprovando alto interesse pelas contribuições da Escola Intuicionista, no início dos anos 1970; (ii) *The World of Mathematics*, de James R. Newman, Londres: George Allen & Unwin, 1956, igualmente pleno de anotações e notas, constituindo uma fonte abrangente de noções de teoria da ciência matemática; (iii) o exemplar de Bion de *Introduction to Mathematics*, de Alfred North Whitehead, data de 1911 – ou seja, é contemporâneo à publicação do livro. A citação nominal, com agradecimento de estima, ainda que postergado, a F. S. Sutton, seu professor de matemática de Oxford, no volume III de *A Memoir of the Future*, permite-nos fazer a hipótese de que essa pessoa o introduziu à obra de Whitehead; (iii) *Introduction to Metamathematics*, de S. C. Kleene, Amsterdam: North Holland Publishing Co., 1959; (iv) *The Foundations of Arithmetic*, de G. Frege, edição bilíngue, traduzida por J. L. Austin, Oxford: Basil Blackwell, 1953; (v) *The Principles of Mathematics*, de B. Russell, Londres: George Allen & Unwin, 1956. Segundo Francesca Bion, seu marido conviveu de modo amigável e respeitoso com o famoso matemático; os dois cruzavam-se em Oxford.

Medicina

Histórica e clinicamente, a medicina proporcionou à obra de Bion o mesmo modelo investigativo útil que já havia proporcionado à obra de Freud: uma abordagem útil para tentativas de lidar com o sofrimento humano individual. A natureza predominantemente imaterializada de fatos psíquicos, assim como o fato de que nosso instrumental é predominantemente baseado em formulações verbais, tem obscurecido, com frequência, a percepção desse fato.

A psicanálise tenta criar um ambiente destinado a ajudar no sofrimento de pessoas **individuais**. Alguns pensam que há um preconceito; outros pensam que se trata de "pré-concepção", que favorece indivíduos. Ajudar o indivíduo é "característica de fábrica" que marcou o movimento médico, um movimento natural, nascido de necessidade. Isso ocorreu nos seus primórdios – entre povos indo-europeus e seus sucessores egípcios, hebreus e gregos antigos, como, e de modo ainda mais marcante, por antidogmatismo, no resgate de medicina da escuridão da ignorância dogmática, durante o Iluminismo; ato que continuou durante o movimento romântico e prossegue até hoje, a despeito de alguns desvios culturalmente induzidos; notadamente, subserviências a teoria simplistas, hoje representadas pela religião positivista.[72] Pode-se destacar pelo menos quatro modelos derivados da medicina, imbuídos no trabalho teórico e prático elaborado por Bion:

(i) **Modelo médico de desenvolvimento, degeneração, utilidade funcional, para a consecução do ciclo vital** – os conceitos de **desenvolvimento** (ou **crescimento**), **degeneração** e **utilidade funcional** são seminais para a medicina. Embora Bion aborde esses conceitos de forma crítica, eles permeiam toda sua obra. Não vamos acrescentar dados obtidos por pensadores (filósofos) rotulados como "utilitaristas" e "pragmatistas", como Jeremy Bentham e W. C. Pierce, pelo fato de eles nunca terem sido citados por Bion. Mesmo que a formação médica de Bion tenha sido feita no University College. Essa universidade pode ser vista como uma das mais importantes obras práticas de Bentham. No entanto, não nos parece adequado citar autores cujos livros não se encontram na biblioteca de Bion, o que seria apenas uma ilação personalíssima, sem a menor possibilidade de comprovação científica, de leitores: fato que começou a ocorrer a partir do século XXI. Produzem idéias nas quais fica impossível diferenciar atribuições pessoais delirantes à personalidade de Bion – como as que lhe

---

[72] O autor deste dicionário procurou demonstrar esse caminho na história das ideias médicas, que se confunde com a história das ideias na civilização ocidental (*A apreensão da Realidade Psíquica*, em sete volumes, Rio de Janeiro: Imago; *Funções de um psicanalista em um centro de reabilitação em hospital universitário*, tese de doutorado, FMUSP).

atribuem qualidades místicas. O leitor poderá consultar também o verbete "visão analítica". Seguindo a linha mestra de elaboração deste dicionário, escolhemos duas citações, uma do início de sua obra e outra da fase final.

Na metodologia psicanalítica o critério em relação a um uso específico não pode ser o de certo ou errado, significativo ou verificável; mas sim o de promover ou não desenvolvimento . . . Não estou sugerindo que a promoção de desenvolvimento forneça um critério isento de reservas. (LE, Introdução, 3)

Mas a qual escala de valores se deve relacionar o valor da crença? Ruskin definiu que algo gerador de vida é "valioso". Tal definição pode servir no sentido de que a teoria edipiana e a cena primal proporcionam um vínculo . . . entre instintos de vida e morte; e entre aquilo que é valioso ou revitalizante, e seu oposto. Se o critério for o valor, surgem dificuldades, pois valor absoluto não existe: a pessoa pode não acreditar necessariamente que seja melhor criar do que destruir; um suicida parece endossar a visão oposta a essa. (AI, 101)

> Uma pessoa de formação militar – como o foram alguns outros contemporâneos famosos de Bion – por exemplo, os generais Haig e Ludendorff, Montgomery e Rommel – poderá abraçar a tese oposta; o mesmo vale para alguém que esteja comprometido com a distribuição da riqueza em instituições autoritárias. Outros exemplos da crença na destruição podem ser a questão Churchill *versus* Hitler; ou suas versões mais recentes, a questão da família Bush *versus* Hussein e, depois, Obama *versus* Bin Laden. Encarnam o mesmo paradoxo que pode passar despercebido por contemporâneos. É possível lembrar-se que tanto Ernst Junger como Wilfred Bion, lutando em grupos de guerra, tiveram pontos de vista semelhantes sobre fatos humanos na guerra. Por exemplo: fraternidade intramilitar.

(ii) Modelo médico do aparato digestivo: ao finalmente considerar, como Freud sugeriu, em termos de hipótese, que o sistema consciente desempenharia a função de órgão sensorial para a percepção de qualidade psíquica. Bion também considera – na mesma linha de jamais clivar realidade material de realidade psíquica – que o próprio nome indica uma unicidade. Bion observou que o ato de alimentar-se – além do ato de ser alimentado, indissolúvel dele, por amamentação – constitui-se como ato indivisível básico e primordial. É a realidade material e psíquica de todos nós, seres humanos, que se impõe para ser conhecida, minimamente, para todos nós – logo após nosso nascimento. Bion reconhece a prioridade cronológica – e, portanto, ontológica e filogenética – do componente puramente materializado, usualmente dito "físico". Como bebês, qualquer pesquisador precisa estar de acordo com a realidade da natureza tal como ela é: *"leite, falta de saciedade ou seu contrário"* (LE, 35). Essa prioridade é coerente com a prioridade cronológica a elementos beta (q.v.) em relação a elementos-alfa (q.v.). O que isso significa? Que *"O componente mental, amor, segurança, ansiedade, sendo distinto do somático, requer um processo análogo de digestão"* (LE, 35). Essa é a primeira vez que Bion explicita uma analogia do funcionamento psíquico com o funcionamento do sistema digestivo. Bion denomina aquilo que denominamos de prioridade cronológica, ontológica e filogenética, de prioridade epistemológica, ao elaborar uma teoria do pensar, para finalidades de conhecimento.

Embriologicamente falando, a sugestão de Bion tem base sólida. Tanto o aparato cerebral como o aparato digestivo derivam das partes mais primitivas do embrião: a mesma que forma nossa pele. Os embriólogos a denominam ectoderme. Se pudermos trazer um exemplo derivado da vida humana tal como ela é, ocorre um fato – em geral doloroso, e admitindo apenas uma exceção, que não se verifica em todos os casos. Uma pessoa faminta, sob ameaça de sobrevivência, prioriza alimento concretizado, e não amor. Exceções ocorrem com algumas duplas parentais: mães e seus bebês e, em menor proporção, pais para com mães e bebês, caso os pares tenham sido adotados. Adoção não depende de nascer na barriga de uma mulher, nem de "sangue": filhos naturais também exigem adoção – que precisa ocorrer dos dois lados: filhos precisam adotar os pais que receberam, sem tê-los encomendado ou sequer conhecido, assim como pais precisam adotar os filhos que tiveram, sem tê-los encomendado nem conhecido.

(iii) **Modelo médico do sistema reprodutor:** outra aplicação do modelo médico-biológico ao funcionamento do aparelho psíquico ocorre na analogia de Bion do aparato psíquico com o sistema reprodutivo (o leitor pode examinar o verbete "vínculo").

(iv) **O modelo pseudomédico de cura**, persistente fonte de confusão na medicina ocidental influenciada pela pseudociência defendida pela religião positivista, foi utilizado por Bion em seus primeiros trabalhos dos anos 1950. Esse modelo estava fadado a ser deixado de lado, em ambos os casos, pois tanto a medicina como o trabalho de Bion resultante dele

M

possuem o *éthos* científico de respeito por Verdade e por fatos reais. Assistimos, na atualidade, ao aproveitamento de outras formas – mais antigas – de cuidado médico: por exemplo, aquelas da assim chamada "medicina paliativa". Médicos experientes e todos os seus pacientes sabem, igualmente, que médicos **cuidam** e **tratam**, mas nunca realmente curam. Bion – sempre na esteira de Freud, que havia assinalado que desejos de curar equivalem a sentimentos de culpa, e também a desejos sádicos, de base onipotente e onisciente – observou, em mais uma expansão das contribuições de Freud, que curar é um objetivo idealizado alucinado, expressando fidelidade absoluta ao princípio do prazer. Ideias de cura reduzem aquilo que poderia se constituir em uma análise a um vínculo parasítico – conluio. Ideias de cura entronizam fantasias transferenciais. Analista e paciente são levados a uma situação de admiração mútua cercada por reasseguramentos panglossianos. Ideias de cura expressam ódio à análise, na medida em que extinguem investigações no inconsciente. Ou desconhecido, já que esses termos são meramente sinônimos. Fato esquecido por concretização e idolatria do conceito. A parte final, denominada de modo simples, "Comentário", em *Second Thoughts*, e o capítulo "Medicina como modelo", em *Attention and Interpretation*, não deixam dúvidas quanto ao fato de que Bion se utilizou desse modelo como alerta para não ser seguido.

Por definição e por tradição de toda e qualquer disciplina científica, o movimento psicanalítico é dedicado à verdade como principal objetivo. Se o paciente constantemente formula (–L) e (–K), ele e seu analista estarão, ao menos em teoria, em conflito. Mas na prática a situação não se apresenta de modo tão simples. O paciente, especialmente se for inteligente e sofisticado, oferece de tudo para induzir o analista a interpretações que deixam as defesas intactas; e, de modo último, a aceitar a mentira como um princípio operativo mais eficaz. Em última instância, o paciente progredirá consistentemente em direção a uma "cura" – que lisonjeará tanto o analista quanto a ele mesmo, paciente . . .

Algumas formas de mentir parecem estar intimamente relacionadas a experimentar desejo. (AI, 99-100)

O modelo pseudomédico de cura, incluído no mesmo livro, a exemplo do que ocorreu com o modelo de Descartes sobre pensamentos que exigem pensador, resumido pela máxima notavelmente popular – onipotente e onisciente, sob o vértice psicanalítico, defensora do sistema consciente – *cogito ergo sum*, forneceu ao trabalho crítico elaborado por Bion a consideração de pensamentos-sem-pensador (q.v.), que serviu, portanto, como ancoragem negativa: sujeita a uma crítica, permitiu o nascimento de um novo vértice, de um novo ponto de vista. Isso já havia ocorrido com o trabalho de Freud – desde os tempos pré-psicanalíticos; por exemplo, nas teorias sobre afasia.

&; O autor deste dicionário tentou integrar os modelos brevemente elencados nos itens (ii) e (iii) acima, para o aparato de pensar, no aqui e agora da sessão analítica, em outro texto (Sandler, 2000c).

Medo

Medo é uma reação básica das espécies animadas; embora não haja possibilidade de observar a presença de medo em artrópodes, peixes, batráquios ou ofídios, é possível inferir que faz parte do equipamento de sobrevivência em mamíferos. As observações de Hans Selye a respeito da descarga de catecolaminas e seus efeitos sobre vários órgãos no corpo de muitas espécies mais desenvolvidas, quando ocorre uma questão de sobrevivência, para possibilitar reações de luta ou fuga, confere base biológica àquilo que nós, humanos, denominamos medo. No entanto, talvez fazendo parte de um dos "mal-estares" provenientes da civilização, o medo também se constitui como uma das manifestações de repúdio à dor. Desde Freud, podemos observar vínculos entre medo, covardia e estados paranoides: um tipo de "autoamor" (coloquialmente, "amor próprio") fundido com "auto-ódio" em um estado absoluto. Um estado de avidez e inveja, em que o receber é considerado superior ao dar e produz medo de qualquer perda – condição essencial e necessária para o desenvolvimento, que implica opção. Excesso de autoamor produz autoproteção física transitória, implicando clivagem entre realidade física e realidade psíquica. Experiências emocionais de dor insuportável são bem documentadas nos sobreviventes de hecatombes e genocídios; a insuportabilidade marca-se por uma carreira suicida ou homicida. Vínculos entre masculinidade, feminilidade e medo, ou "medo subtalâmico", compuseram a tentativa final de Bion de construir uma teoria da psicanálise, esboçada em muitas partes de *A Memoir of the Future*. Uma das passagens mais representativas talvez seja a citação que segue. Ocorre em um pano de fundo de realizações sensoriais: uma invasão impiedosa de um país por um exército – representado pelo personagem "Homem"; uma ex-empregada, que se transforma em patroa de sua ex-patroa, "Rosemary" e "Alice", respectivamente; uma invariância subjacente – que pode ser vista como relacionamento sadomasoquista – permanece inalterada; e um psicanalista, chamado "Bion":

BION: De acordo com Rosemary, Alice é capaz de manter uma relação masoquista com sua antiga empregada.

HOMEM: Isso é uma formulação psicanalítica.

BION: Concordo. Às vezes expresso meus pontos de vista em termos que podem se caracterizar por si mesmos; nesse exemplo, minha formulação é chamada de teórica. Mas deixa eu lhe contar uma coisa, em termos mais coloquiais, sobre um homem que conheci no exército. Ele foi finalmente educado numa escola pública muito conhecida e, ao que me consta, teve a oportunidade, comum às pessoas de classes privilegiadas, de assumir um posto de responsabilidade e poder. Não o faz. Perdeu sua oportunidade de receber treinamento para oficial, tornou-se ordenança de um oficial e permaneceu nessa posição até o final da guerra, época em que não tive mais meios de conhecer sua carreira ulterior.

ALICE: Você está sugerindo que minha carreira é comparável?

BION: O pensamento lhe ocorreu; se você quiser, e outros quiserem, isso pode ser discutido. Se assim for, o fato de Alice ser mulher e de o meu caso ser um homem não constituirá obstáculos; esse tipo de comportamento não se restringe a um dos sexos. Mas isso pode ser descrito, tanto no homem e agora em Alice, como "sexual". Essa classificação me é familiar; em psicanálise, a relação entre Rosemary e Alice poderia ser descoberta ou demonstrada ou classificada como sexual. Suponha que Rosemary e Alice recebam de bom grado, por razões individuais, a derrota de sua terra; sua nação ou cultura se submete a uma mudança que torna possível, a cada indivíduo, buscar uma vida que eles, de outra forma, não seriam livres para experienciar. Vejo que a derrota torna essa liberdade possível. O desejo de conseguir tal liberdade, se compartilhado por um número suficiente de pessoas, poderia contribuir para a derrota.

HOMEM: Isso poderia ser descrito como uma derrota trazida pela decadência da sociedade ou do grupo; ainda que eu tenha conhecido uma sociedade que seria considerada decadente e vitoriosa. Reciprocamente a vitória é encarada como um sinal ou sintoma ou "resultado".

ROSEMARY: Os homens parecem conferir muita importância a conflito, rivalidade, vitória. Mesmo em questões privadas, eu não consegui fazer um homem pensar que aquilo que eu pensava ou sentia em relação a ele era importante. Ele falava e agia como se a única coisa importante fosse seu sucesso. Suponho que ele pensava que eu iria morrer de amores por um homem dotado de tal brilho e capacidade. Até o final, ele nunca cogitou a possibilidade de que eu o amava e não ligava a mínima para seu sucesso.

BION: É verdade isso? Eu ficaria surpreso se você não descobrisse, se fosse honesta consigo mesma, que você ligava bastante para o sucesso dele.

ROSEMARY: Ele tinha uma certa distinção; essa era sua parte mais chata. Bem, mesmo no amor sexual ele estava convencido de que tinha que ser potente. Não conseguia acreditar que eu poderia amá-lo e, portanto, ser capaz de ajudá-lo a ser potente.

BION: Tenho certeza de que existem muitos homens que não têm a menor dúvida a respeito da capacidade das mulheres de fazê-los de idiotas. Em termos técnicos, há uma quantidade imensa de homens certos de que as mulheres podem "castrá-los". Existem todos os estados possíveis, desde os temores primitivos dos genitais femininos, expressos, por exemplo, nos protótipos visuais da vagina dentada, até os temores de que a mulher possa se deleitar com o triunfo de humilhar o homem.

HOMEM: Existe com certeza uma crença profunda no prazer de triunfar e humilhar o rival. Esse estado da mente é muito comum e é temido por homens ou mulheres. Isso e os modos decorrentes podem ser gerados por experiências infantis.

BION: Sua eficácia depende da crença. Mas pode haver inúmeras razões para o temor, inclusive o temor dos prazeres da crueldade.

HOMEM: Você está outra vez falando em "razões" – "uma" razão, "inúmeras" razões. Você não acha que a *crença* é um gerador de ações análogo ao "gerador de números"? O homem, como os animais, é capaz de ter medo. Você pode ter "razões" para estar com medo; pode temer a morte e acreditar que vai morrer. A crença é um gerador de ações; o que gera a crença?

BION: Se esse estado foi uma parte sua, você deve estar familiarizado com os elementos conjugados de modo constante. Podemos supor que a conjunção constante tem "muito a ver" – ou é "conjugada de modo constante" – com o fato de ainda estarmos vivos. Eu poderia ir mais além: devo e vou continuar devendo minha existência contínua à minha capacidade de temer um "desastre iminente". A questão não é "onde se deve traçar a linha?", mas "onde foi traçada a linha: entre o consciente e o inconsciente?", "junto ao frenos?", "ao tálamo?" (AMF, I, 173-175)

Medo e terror, uma realidade intuitiva primitiva da mente humana, parece ser, junto com o amor apaixonado, a formulação mais próxima de "O" que Bion obteve. Corresponde à "angústia de aniquilação" observada por Melanie Klein. O modo mais primevo possível de lidar com ela, pelo bebezinho recém-nascido, é tentar expelir essa angústia, cuja base real nunca poderá ser negada. Pois uma criancinha que não puder encontrar um seio minimamente bom (parafraseando Winnicott) perecerá em pouco tempo:

> No mundo civilizado é mais cômodo acreditar em qualidades civilizadas, obscurecer o riso cruel . . . que poderia evocar, por meio de memória ou desejo, a configu-

ração evocativa do medo. Parece claro que a tentativa é inerente a evitar algo, ou evitar a consciência de algo que é medo ou terror e, atrás disso, o objeto que é inominável. Existem muitas formulações não formuladas e inegáveis para o medo – as quais chamo de O. (AMF, 1, 77)

Memória

Bion define memória como *"tentativas conscientes de se relembrar"* (AI, 70). Nessa definição, a memória dificulta e impede investigações naquilo que é desconhecido – necessárias para um trabalho que possa ser qualificado como psicanalítico. O leitor pode consultar o verbete "disciplina sobre memória, desejo e entendimento".
Referência cruzada sugerida: Memória-sonho.

Memória-sonho

Termo introduzido pela primeira vez em 1970, que esclarece a observação anterior de Bion sobre a memória, como fator deletério se usada durante sessões analíticas.

É definida por meio de uma paráfrase de um verso de Shakespeare sobre sonhos e vida. Bion afirma que *"memória-sonho é a memória da realidade psíquica e é material de análise. Está na base das experiências sensoriais; não é adequada aos fenômenos da vida mental – que são disformes, intocáveis, invisíveis, inodoros, insípidos. Sobre esses elementos psiquicamente reais (no sentido de pertencer à realidade psíquica) é que o analista terá que trabalhar"* (AI, 70).

A memória-sonho faz parte das associações livres, na ainda desconhecida natureza dos sonhos – material do inconsciente. Com elas, o analista pode "sonhar a sessão". Com elas, o paciente pode atingir um estado que possibilite o trabalho analítico. Ou seja, sua mente produz novas associações livres.
Referências cruzadas sugeridas: Disciplina sobre Memória, Desejo e Entendimento, Sonho, Trabalho Onírico Alfa (α), Memória, Psicanálise Real.

Menos (ou negativo)

"Até mesmo um feto envolve-se com o *não-feto*" (AMF, III, 490).

Teria sido a contribuição mais importante de Bion à psicanálise, uma expansão e aprofundamento do estudo sobre o âmbito do sistema inconsciente? Se a resposta a essa pergunta for "sim", será necessário notar um fato social no grupo de pessoas que compuseram o movimento psicanalítico em sua época: o movimento voltava-se, prevalentemente, a valorizar o que se denominou "psicologia do ego". Essa tendência teve concomitantes e consequências, talvez inevitáveis: (i) um retorno ao ponto de vista da psicologia acadêmica descritiva de fenômenos conscientes e lógico-racionais; (ii) inclinação para "teorização" racionalizada *ad hoc*, vestida de termos originalmente psicanalíticos, perdendo de vista o estudo de fatos imaterializados, característicos daquilo que Freud denominou como "realidade psíquica". Deixar de seguir vestígios dos processos típicos do sistema inconsciente implica desconsiderar fatores e invariâncias subjacentes, embebidas, ou subjacentes, involucrando as aparências. A atenção livre flutuante do analista foi, gradativamente, sendo substituída por racionalizações *a priori*, travestidas de "teorias" psicanalíticas que nunca podem passar de hipóteses, sem evidência originária, na prática. Não se pode dizer que os esforços de Bion reverteram a maré. Talvez seja seguro afirmar que seu trabalho ofereceu uma alternativa a esse estado de coisas, mantendo "ilhas" de "psicanálise real" no movimento psicanalítico (q.v.). Mantendo? Sim, pois essa tendência marcou o movimento psicanalítico desde seus primórdios, com a instalação de "dissidências". Na visão do autor deste dicionário, entre autores mais atuais, André Green pode ter sido a pessoa que mais alcançou o sentido dos alertas de Bion a respeito dessa situação: o clímax dela pode ter surgido, em termos grupais, no Congresso da International Psycho-Analytical Association, em Amsterdã, 1993, no comentário de Green sobre um trabalho de Theodore Jacobs.

A pesquisa renovada do inconsciente tinha como uma de suas mais importantes características a iluminação de um âmbito e a prática de uma atividade que – graças às contribuições de Bion, e tentando fazer justiça às denominações que ele deixou – podem ser chamados sob várias denominações. Sugerimos: "o âmbito menos"; em notação quase matemática, "âmbito (–)"; ou "âmbito negativo", que estudaria efeitos – se for possível tolerar um neologismo – de uma "força negativante". O neologismo tenta realçar a natureza viva, dinâmica, dessa força. O termo físico – "força" equivale ao termo instinto, cuja origem etimológica grega tem o sentido de "empurrão". O fulcro do sistema inconsciente é expresso por instintos – em si mesmos, desconhecidos, ou inconscientes. Foram denominados por Freud como instintos epistemofílicos (correspondendo à "ânsia por conhecer" descrita por

Aristóteles, em estudos hoje conhecidos como "metafísica", nome que Aristóteles nunca conheceu), instintos de morte, instintos de vida e instintos gregários, ou grupais. Essa força negativante fica mais visível em expressões dos instintos de morte e de vida – um todo unitário, paradoxal –, mas é facilmente evidenciável nos outros grupos instintivos. Representa-se por um sinal emprestado da matemática: (–) desenvolvido para denotar números negativos. Pode ser nomeado como "não-coisa" (*no-thing*).

O estudo do "âmbito negativo", ou "âmbito" (–), se iniciou com os assim chamados estudos clínicos, reunidos em *Second thoughts*, como expressões dos instintos de morte, utilizando as contribuições de Klein sobre o caminho aberto por Freud na sessão analítica com psicóticos – logo denominados pessoas com prevalência da personalidade psicótica. Quando esta prevalece sobre a personalidade não psicótica, uma força negativante sobre a segunda está agindo, e vice-versa. O estudo ressaltou o paradoxo envolvido – já claro na teoria elaborada por Freud sobre instintos de vida e de morte, em 1920. A primeira tentativa de Bion para elaborar uma teoria de psicanálise propriamente dita – uma Teoria do Pensar – ilumina um efeito fundamental no desenvolvimento do aparato psíquico: processos de pensar iniciam-se quando ocorre uma experiência "menos (ou negativo)", denominada por Bion de "Não-Seio": a ausência de um seio concreto, plenamente materializado, permite a criação de processos de pensamento. Pressionado por uma contingência externa real – denominada por Freud, que usou um ditado popular na Europa Central, "a mãe necessidade" – emerge a forma mais primitiva do pensar (pelo menos aquela conhecida até hoje): o pensamento de um seio, que é um pensamento provocado por um seio ausente. Permite a realização do que é um seio real – que nunca é totalmente o seio pré-concebido (se aceitarmos a ideia de uma pré-concepção inata) pelo bebê. A satisfação dos instintos, observada por Freud em 1915, difere de satisfações de desejos, que só se constituem como fenômenos alucinatórios. O bebê sobrevive por tolerar a frustração imposta pela "força negativante" que impõe um não-seio.

Quando a pessoa tolera que sua própria pré-concepção inata de seio difere, tanto em quantidade como em qualidade, do seio real que lhe é oferecido, mas, ao mesmo tempo, ambas mantêm uma invariância – "seio", como pré-concepção filogeneticamente adquirida –, um pensamento nasce. Um pensamento é feito durante a experiência da diferença entre o seio real e a pré-concepção do seio. Essa hipótese foi primeiro esboçada no texto "Uma teoria do pensar", de 1961. Um ano depois, Bion observa uma consequência desse fato, estudada em detalhes durante os sete anos seguintes. Essa consequência pode ocorrer com mais intensidade quando prevalece a intolerância à frustração: a "força negativa" emerge, introjetada no bebê.

O ÂMBITO "MENOS (OU NEGATIVO)"

1. **"Menos (ou negativo)" contrapontístico** – define o âmbito. É "feito" de ausências: não-seio; obscuridade daquilo que é desconhecido (inconsciente); falta transiente de apreensões de Verdade. Define-se como contraste no sentido de apreensão de realidade. É o ninho de sonhos e de seu equivalente diurno mais claro, associações livres, conforme descritas por Freud. É o material inconsciente; corresponde à definição de Kant para os *numena* como um "conceito-limite", um negativo. A situação "Não" tornou-se, ainda que não totalmente explícita, um instrumento científico e filosófico – desde Platão e, depois, desde Spinoza – que pode nos ajudar – ajudar a todos nós, seres humanos – a fazer aproximações daquilo que **é**.

Pode-se descrever aquilo que um objeto desconhecido *não é* de modo a chegar ao que a coisa *é*. Duas disciplinas cientificas, hoje conhecidas como "matemática" e "química", puderam progredir em função dessa percepção; na física desenvolvida por Newton, pode-se citar a "força de atrito", oposta ao movimento, que contribuiu para o estudo do movimento. Bion faz uma listagem de "negativos" quando tenta descrever o âmbito do "O" (q.v.; T, 139, 161).

2. **"Força negativante"** – no desenvolvimento (ontogenético) do âmbito "menos (ou negativo)" pode incrementar ou ativar uma força negativa, destrutiva. Isso ocorre em graus variáveis, dependendo das características inatas da personalidade do indivíduo em questão acopladas a questões de educação (em família e em sociedade), nas "séries complementares" observadas por Freud, ou na questão "natureza-criação" trazida por antropólogos e sociólogos. Caso essa força prevaleça, o indivíduo pode encontrar algum lócus social igualmente destrutivo, ou pode tornar-se "paciente", procurando médicos, psicanalistas, psicólogos, ou sendo captado por alguma instituição social, ligada ao sistema jurídico. Tudo isso ocorre quando prevalece intolerância à dor e frustração – inerentes ao âmbito do menos (ou negativo) – ou, em outras palavras, subserviência ao princípio do prazer-desprazer e desconsideração ao princípio da realidade. Inicialmente, a forca negativante é utilizada como barreira ao desconhecido; e ao conhecido odiado, ou amado com tal violência que, sob efeito do ciclo avidez-inveja, acaba destruído, como observou Klein. Nesse ciclo, observa-se o exercício de nutrir a fantasia de um poder: o de desnudamento, propositadamente construído para retirar características dolorosas e desagradáveis daquilo que originalmente é sentido como dor e desagradável – cujas descrições iniciais foram feitas por Freud em *Além do princípio do prazer*. Fatos reais têm características tanto agradáveis como desagradáveis; no ciclo ávido-invejoso, o desagradável é negado, colocado para fora da pessoa; no entanto, como resultado, nada do que se realmente possui é visto como existente – é atacado por avidez e seu valor é negado. A "força negativadora", que transforma em "nada" (*nothing*) tudo

M

que possa existir, foi representado pela primeira vez por meio do símbolo matemático que denota os números negativos (−).

A primeira manifestação da "força negativante" destrutiva, na teoria de Bion, foi denominada "menos K" – na notação quase matemática, −K. Um ato que materializa a atividade da "força negativante". Este dicionário contém um verbete específico sobre menos K (−K) (q.v.); no entanto, parece-nos que algumas de suas características precisam ser inseridas mais adequadamente neste momento:

> O ponto apareceu clinicamente como mancha, ou manchas; escotoma ou escotomas ("escotomas" na vista, ou defronte aos olhos, constitui um fenômeno bastante comum). Descrevi o ponto ou linha como um objeto indistinguível do lugar onde estava o seio ou o pênis. Devido à dificuldade de se ter certeza a respeito do que o paciente está experimentando, lanço mão de uma variedade de descrições; todas elas insatisfatórias. O escotoma, por exemplo, parece ser constituído de partes: a parte consciência, a parte seio, a parte fezes; destruído, inexistente embora presente, cruel e maligno. A total inadequação de uma descrição ou categorização como pensamento levou-me ao termo elemento beta, à guisa de um método de representá-lo. A palavra escrita parece importante apenas porque esse elemento é invisível e intangível; a imagem visual, de modo similar, é importante por ser inaudível. Toda palavra representa aquilo que não é – uma "não-coisa"; que deve ser discriminada de "nada". (T. 78-79)

"Não-coisa" marca o valor contrapontístico de menos; "Nada" marca o rescaldo final da ação da "força negativante". A apreciação definitiva a respeito de "−" pode ser encontrada em *A Memoir of the Future*. Destacamos uma entre as muitas passagens:

> HOMEM: . . . Deus lançou esses objetos presunçosos para fora do Éden. O Onipotente se opõe às extensões da capacidade humana para ter relações sexuais. Babel opôs as extensões da força ao domínio da mente. Assim, extensões de K certamente revelarão obstáculos, se estendidas a menos K. A imortalidade obtida por meio da reprodução por divisão celular conduz à mortalidade obtida pela fissão nuclear.
> BION: E daí?
> HOMEM: Não vou pensar por você. Mais cedo ou mais tarde, você vai ter que pagar o preço de decidir pensar ±; na formulação de Freud, ou para interpor o "pensamento" entre o impulso e a ação, ou para interpô-lo entre os dois como um substituto para a ação, ou para interpô-lo entre os dois como um prelúdio à ação.

BION: Tudo bem – vamos continuar com esse inebriante e espetacular espetáculo. (A escuridão se aprofunda. O objeto sugador e esmagador de crânios está dominado pela depressão causada pelo esgotamento do suprimento de nutrição proveniente da morta e de sua incapacidade de lhe restaurar vida. Ele formula na rocha uma representação arte-fatual, facilmente vista por Platão como sendo uma representação mentirosa, um substituto de, procriação, um substituto da criação. A substituição mentirosa é transformada num prelúdio para a ação. Esse caos turbilhonante e rodopiante de uma escuridão infinita e uniforme torna-se luminoso, e um Leonardo da Vinci rouba, desse caos informe, o cabelo, o nascente deserto de água).
BION: Repugnante! Piegas! . . . (AMF, I, 160-161)

A FUNÇÃO PRIMITIVA DO "NÃO": O NÃO-SEIO

Se existem apenas elementos beta, que não podem se tornar inconscientes, não pode haver repressão, supressão, ou aprendizado. Isso cria a impressão de que o paciente é incapaz de fazer discriminações.

Ataques sobre a função-alfa, estimulados por ódio ou inveja, destroem a possibilidade de o paciente ter contato consciente consigo mesmo, ou com os outros, como objetos vivos. Correspondentemente, ouvimos falar de objetos inanimados, ou mesmo de lugares, quando esperaríamos normalmente ouvir falar de pessoas. O paciente, embora as descreva verbalmente, sente que elas estão presentes materialmente, e não simplesmente representadas pelos seus nomes. Em tal estado, em contraste com o animismo, objetos vivos estão dotados de qualidades de morte. (LE, 8-9)

A citação acima é uma versão compacta de uma expansão que foi publicada em *Cogitations*:

Nas fases mais primitivas do desenvolvimento, a criança sente que os objetos estão vivos e possuem um caráter e uma personalidade que, podemos presumir, são indistinguíveis dos da própria criança. Nessa fase, que pode ser considerada como anterior ao desenvolvimento do princípio da realidade descrito por Freud, o real e o vivo são indistinguíveis; se um objeto é real para a criança, então ele está vivo; se ele está morto, então não existe. Mas este "ele" que não existe e não está vivo – por que seria necessário falar sobre ele, ou discuti-lo? . . . É necessário discuti-lo porque ele está vinculado ao início dos processos alucinatórios que fazem com que fatos irreais passem por fatos reais (pessoas, eventos, coisas). "O problema é dar uma resposta *verbal* sobre objetos que estão em um estado *pré-verbal*". (C, 133)

O estado pré-verbal parece ser concebível e "formulável" em termos visuais, como nos sonhos e alucinações. *"Neste caso, é necessário falar sobre esse objeto que seria não existente e, portanto, impossível de discutir. Sua importância reside no fato de que a criança, quando enraivecida, tem desejos de morte, e, se deseja que o objeto morra, o objeto fica morto"* (C, 133).

Esse "fica" indica uma atividade mental alucinatória e ilusória que efetivamente drena vida, do uso e proveito da própria pessoa, daquilo que permanece vivo, mas não pode ser usado e muito menos desfrutado. Ou, devido a ataques sádicos, o gozo é extraído de destruição. Esse é, até o ponto em que foi nossa pesquisa, o primeiro momento em que Bion descreve o movimento interno que propomos denominar de uma força "negativante".

Depois da "negativação", ou depois de ser "lançado", ou "expelido" para o âmbito "menos (ou negativo)", finalmente formulado em 1962, pode-se afirmar que o objeto – ou um fato; ou seio, ou mãe, ou sentimento, ou emoção, ou coisa – *"como consequência torna-se não existente, e suas características são diferentes daquelas dos objetos reais, vivos e existentes; o objeto existente permanece vivo, real e benevolente"* (C, 133).

Em 1960, Bion chamou esses objetos de *"proto-reais"*. Proto-realidade é o âmbito do negativo. É um complemento importante para o âmbito do sistema inconsciente. *"Proto-real"* é um protótipo. Pode servir para finalidades de comparação com objetos reais, que podem adquirir um estatuto reforçado na mente do espectador devido à comparação com os proto-objetos.

A criança, em todas as fases primitivas de sua vida, é dominada pelo princípio do prazer. Portanto, à medida que sente prazer, fica rodeada por esses objetos proto--reais que ela sente serem reais e vivos. Mas basta que haja dor para que ela fique rodeada por objetos mortos destruídos pelo seu ódio, pois, uma vez que ela não pode tolerar dor, são objetos não-existentes. (C, 133)

O princípio que regula o processo é qualitativo e quantitativo: tolerância à frustração. Se for baixa, os proto-objetos serão transformados de protótipos em paradigmas. Decidirão se a vida adulta deverá ser uma não-vida, ávida e invejosa "que a tudo negativa" (no inglês de Bion, *all-negativating*), plena, locupletada por objetos concretos vazios de sentido. Ou se a vida adulta poderá ser uma vida, insatisfatória em muitos aspectos, e quase satisfatória em outros, sempre transitórios, cedendo lugar a novas insatisfações e a novas tentativas de nutrição.

A função do não-seio nos processos do pensar é examinada no verbete "não-seio".

A linguagem de Bion

A função contrapontística do "Não", o âmbito "menos (ou negativo)", foi mais iluminada em 1965. Em sua maneira típica, Bion usa uma das (sacrossantas?) leis da lógica formal euclidiana em uma paráfrase perspicaz:

> Simplifica-se o problema por meio de uma regra em que "uma coisa nunca pode ser a menos que ela tanto seja como não seja". Enunciando a regra sob outras formas: "uma coisa não pode existir desacompanhada na mente: nem uma coisa pode existir a menos que simultaneamente exista a não-coisa". Contradição não é uma invariante de acordo com psicanálise, ainda que ela possa existir no âmbito dos objetos psicanalíticos (que *precisam* tanto ser como não ser). (T, 102-103)

A questão a respeito das origens do âmbito "menos (ou negativo)", enfocando mais a situação nos estados iniciais da vida, já definições amplas, e não tão precisas que possam ser utilizadas em sessões durante a idade adulta, embora tenham iluminado situações clínicas correntes, aparece pela primeira vez nos capítulos V e VI e são mais desenvolvidas nos últimos capítulos de *Learning from Experience*. Melhor resolução para sessões levadas a cabo com pacientes em idade adulta *é* introduzida com o auxílio do conceito, emprestado da matemática, de Transformações e Invariâncias. Em *Learning from Experience*, a origem mais precoce de fenômenos esquizoides foi mais bem iluminada – como expansão – do que havia sido nas contribuições básicas de Melanie Klein, principalmente quanto a construções teóricas sobre efeitos de clivagem (*splitting*) nos processos de pensar; em *Transformations*, munido deste novo instrumento observacional, criou o conceito de transformações em alucinose (q.v.), que forneceu melhor esclarecimento para situações alucinatórias de natureza paranoide. Embora não haja menção explícita, é possível afirmar (com o auxílio dos exemplares de obras constantes da biblioteca particular de Bion) que houve inspiração na visão de Shelley sobre os personagens de Shakespeare: afirmou que eram reais, embora não possuíssem existência física, materializada, ou na realidade material. Shelley, caso tivesse sido mais bem considerado por alguns críticos literários orientados para encontrar defeito em tudo (uma das manifestações de transformações em alucinose), argumentando sobre a falta de credibilidade histórica de Shakespeare, teria contribuído para resolver esse falso problema, criado por rivalidade dos críticos contra a precisão sociológica e psicológica do maior poeta e teatrólogo inglês, e talvez mundial. Talvez ninguém que se aproxime tanto do que é Verdade passe impune por isso; na época de Freud, questionava-se até mesmo a existência de William Shakespeare. Engano similar ocorreu no mundo da música: expostos à capacidade interpretativa de Vladimir Horowitz e Glenn Gould, críticos musicais levantaram o mesmo falso problema: os dois erravam notas ou eram muito lentos, ou muito rápidos, ou tinham problemas de postura nas mãos. Tentaram estragar o principal: o quão esses intérpretes se aproximaram da verdade musical – uma questão de experiência emocional. Tentaram "negativar", não suportando os "númenos musicais" expressos no âmbito "menos contrapontístico", inefável, onde se instalam experiências emocionais – indivisíveis de uma relação (entre o intérprete e os ouvintes, entre um paciente e um analista, entre um casal apaixonado, e outros exemplos que o leitor pode citar).

A primeira formulação do âmbito "menos (ou negativo)" contrapontístico foi:

> Se existe uma "não-coisa", a "coisa" precisa existir. Por analogia, se Falstaff é uma não-coisa, Falstaff também existe: se é possível dizer que Falstaff, um personagem de Shakespeare desprovido de existência real, possui mais "realidade" do que pessoas que existiram de fato, é porque existe um Falstaff factual: a invariante de acordo com psicanálise é a razão da não coisa com a coisa. (T, 103)

"Razão", neste texto, equivale ao sinal matemático de divisão – ou proporção. Por exemplo, ½ ou ¾ etc. A mesma citação, de forma mais coloquial e talvez ainda mais desenvolvida, é publicada dez anos depois:

> Falstaff, um artefato conhecido, é mais "real", nas formulações verbais de Shakespeare do que incontáveis milhões de pessoas que são opacas, invisíveis, desvitalizadas, irreais, em cujos nascimentos e morte – e, que pena! Até mesmo casamentos – somos obrigados a acreditar, já que sua existência é certificada e garantida pela assim chamada certidão oficial. (AMF, I, 4-5)

Analogicamente, teríamos uma faca de dois gumes: o âmbito numênico, ou o âmbito "menos (ou negativo)", contrapontístico, pode nutrir tanto uma apreensão de realidade, por meio da ausência da presença concretizada, ou materializada, desta realidade, como também pode nutrir alucinações, alucinoses e delírios. Freud precisou de vários anos para diferenciar a atividade onírica da atividade alucinatória; os dois ocorrem no âmbito "menos contrapontístico". Não apenas em psicanálise, mas na vida real, eventos factualmente materializados, ou concretizados, não podem atestar realidade; na medida em que realidade pode incluir materializações, nas aparências, mas também sempre inclui fatos imaterializáveis, que não podem ser sensorialmente apreensíveis.

Uma "força negativante"

Diversa da tolerância ao não-seio, que é um movimento de enfrentamento da realidade ausente, na tentativa de adiar a satisfação do desejo e de enfrentar o desconhecido, pois nenhum bebê conhece o tempo no qual ocorrerá o adiamento, a "força negativante" surge como uma "vingança do objeto". Primeiro descrita por

Freud, nos estados de melancolia – hoje denominados "depressão" (em "Luto e melancolia"). A primeira "negativação" – também descrita por Freud, às custas de intenso sofrimento pessoal, ao observar seu netinho, notando que ele alucinava o seio (*fort-da*). Estados alucinatórios emergem por ódio puro, que nega a realidade que não se coaduna com os mandamentos da própria pessoa, escrava do desejo, ou do princípio do prazer-desprazer. Produz um estado que não pode ser visto como acordado, nem dormindo. Tenta-se criar um estado descrito por alguns povos como "nirvana", ao desafiar a realidade, insistindo que realidade não é como realmente é: foi negativada.

O paciente agora mover-se-á não em um mundo de sonhos, mas em um mundo de objetos que, normalmente, são mobília de sonhos. Esses objetos, primitivos e, mesmo assim, complexos, compartilham de qualidades que, no não-psicótico, são peculiares à matéria, a objetos anais, aos sentidos, às ideias, ao superego, e às qualidades restantes da personalidade. Um dos resultados é que o paciente se esforça para usar objetos reais como ideias, ficando perplexo quando esses objetos obedecem às leis da ciência natural, e não aquelas do seu próprio funcionamento mental. (ST, 40)

Quando essa "força negativante" persiste, será fator maior na origem de estados psicóticos. Como qualquer mecanismo de defesa, fadado ao fracasso. Como qualquer mentira, requer continuamente novos fornecimentos de mentiras para manter o sentimento de que pode ser mantida. Uma etapa que pode ser denominada a segunda "negativação" se impõe com força renovada em outro disfarce:

Mas normalmente esses objetos continuam a existir, porque as impressões sensoriais ainda operam. Se a intolerância a esses objetos ultrapassar certo ponto, a criança começará a atacar seu aparelho mental, aparelho que a informa da realidade dessas impressões sensoriais e da existência de algum objeto que ela sente estar além das impressões sensoriais. (C, 134)

Por isso, a ação durante essa segunda etapa será contra a própria mente; não somente a realidade externa á atacada, mas a própria percepção dela e a todo aparelho que a percebe. Segue-se um ataque tanto contra a realidade externa como contra a interna.

O excesso de instintos de morte, qualquer que seja a sua razão ou duração, além de contribuir para um excesso de objetos mortos – dolorosos e proto-não-reais –, significa que o animismo (uma visão animística) não consegue se desenvolver. (C, 134)

Animismo é aqui visto não apenas como a situação encontrada em organizações sociais primitivas, mas também como um passo em direção ao aspecto que caracteriza vários mamíferos, que de-sensorializam coisas materializadas e as transformam em fatos reais imateriais a serem vividos, mas não possuídos. Falta de animismo impede a transformação de um seio e leite concretos em consolo, calor, percepção de maternidade e criação de objetos internos reais.

> A necessidade de aplacar contribui para um estado complexo, no qual os objetos têm que ser reanimados e venerados. Esses objetos não são propriamente deuses e ídolos, que se acredita estarem vivos e dotados de atributos humanos, mas objetos que são escolhidos, específica e precisamente por *estarem mortos*. . . . Os objetos mortos, não-existentes, são produtos de ódio assassino; a culpa os investe de atributos semelhantes àqueles associados com consciência, onipotência, onisciência, mas não com as qualidades necessárias para o emprego em pensamentos oníricos. (C, 134)

Esta parece ser a primeira descrição detalhada daquilo que pode ser descrito como "menos-objetos": não podem ser inconscientes, estão mortos e não podem ser sonhados ou combinados. Os estudos clínicos que levaram a essa descrição podem ser encontrados nos verbetes "esquizofrenia", "pensamento esquizofrênico", "elementos-beta" e "personalidade psicótica". Além disso, a reversão da função-alfa lida de forma mais específica com o tema, e pode ser encontrada no verbete "função-alfa".

DE "NÃO" A "MAU"

Os desenvolvimentos ocorridos na época em que Bion escreveu suas reflexões sobre animismo (que seriam publicadas mais tarde por Francesca Bion) permitiram-lhe estabelecer as bases do âmbito "menos (ou negativo)". Ao fazê-lo, promove uma integração transdisciplinar, provida por experiência analítica, entre psicóticos e produções filosóficas e religiosas. Bion demonstra apreensão do *éthos* da descrição de Kant, dos *numena* como um negativo. Na citação a seguir, o leitor pode ver parágrafos numerados (iniciados, na citação, a partir do número 8; o leitor pode consultar o livro original para ver os sete parágrafos anteriores. A numeração de parágrafos foi uma característica típica da escrita de Bion até 1963; e, por outros motivos, também em 1967:

> 8. Na qualidade de um analista tratando de um paciente adulto, posso estar consciente de algo de que o paciente não esteja. Igualmente, a mãe pode discernir um estado de mente em sua criança antes que esta possa estar consciente dele, por

exemplo, quando o bebê mostra sinais de necessitar alimentação antes mesmo de obter consciência adequada disso. Nesta situação imaginária, a necessidade pelo seio é um sentimento e o próprio sentimento é um seio mau; a criança não sente que quer um bom seio, mas sente um querer, o de evacuar um seio mau.

9. Suponha que a criança seja alimentada; a ingestão de leite, calor, amor, pode ser sentida como a ingestão de um seio bom. Sob a dominância do seio mau, inicialmente sem sofrer oposição, o "ingerir" comida pode ser sentido como indistinguível de evacuar um seio mau. Ambos, seio bom e seio mau, são sentidos possuírem o mesmo grau de concretude e realidade que o leite já possui. (LE, 34)

Esta frase nos parece importante: um bebê que não tolera o âmbito "negativo" em seu início prefere um âmbito "positivo": a satisfação concreta.

A próxima frase estabelece o âmbito "menos (ou negativo)": *"Mais cedo, ou mais tarde, o seio 'querido' é sentido como uma 'ideia de um seio que falta', e não de um seio mau presente"* (LE, 34).

Essa frase é seminal. Em vez de utilizar a "experiência menos" para crescer, para saber o que é a presença, "menos (ou negativo)" – "seio que falta" – é usado para estabelecer-se como vingança; a ideia de um seio que falta passa por cooptação, a fim de gerar uma promessa escondida de que o seio estará disponível em algum lugar, algum dia. Um episódio "menos (ou negativo)" torna-se, nos sentimentos do bebê, um "mais" perverso, alucinatório. O "seio mau presente" é negado, e com ele a oportunidade de usar "menos (ou negativo)" como um contraponto. Intolerância a "menos (ou negativo)" leva à sua institucionalização sob cooptação:

Podemos ver que o mau, isto é, o que se quer, mas está ausente, é muito mais propenso a se tornar reconhecido como uma ideia do que o seio bom, que fica associado àquilo que um filósofo iria chamar de coisa-em-si ou coisa-existente; pois o senso de um seio bom depende da existência do leite que a criança obteve de fato, ao tomá-lo. O seio bom e o seio mau, o primeiro associado com o leite real que satisfaz a fome e o outro com a não existência desse leite, precisam ter uma diferença de qualidade psíquica. "Pensamentos são um aborrecimento", disse-me um entre meus pacientes. (LE, 34)

Não tolerar a ausência de um objeto concreto impede tanto objetividade como subjetividade; tanto consciência como inconsciência:

Se existe um seio bom, um objeto meigo, é porque ele foi evacuado, produzido; o mesmo ocorre com o seio ruim, seio necessário, seio amargo, seio cáustico etc. Não pode ser visto como objetivo nem tampouco subjetivo. Destes objetos meigo,

M

amargo abstraem-se meiguice, amargura, ardência. Assim que tenha sido abstraído, pode ser reaplicado; a abstração pode ser utilizada em situações nas quais se aproxima uma "realização" – mas não a "realização" original a partir da qual foi abstraída. (LE, 59-60)

As qualidades pertencem, em primeiro lugar, ao âmbito "menos (ou negativo)". São intuídas, sentidas, experimentadas, e têm uma natureza evanescente – que precisa ser apreendida apenas para ajudar o indivíduo a procurá-la novamente. A natureza evanescente é o "menos (ou negativo)" – algo abominado. Portanto, um bebê que abomina frustração não pode "abstrair"; sua única saída será buscar o "positivo" ou "concreto", sempre desejando possuí-lo para sempre. Encontra-se em um estado de privação eterna real, sem perceber que de fato poderia usar, e não apenas ter; mas, para isso, precisa obter uma contraparte do objeto real introjetada no seu próprio aparato psíquico, um âmbito "menos (ou negativo)". Qual forma encontrará sucedâneos transitórios, mas nunca provisórios; que podem ou não ser concretizados, ao longo da vida, ainda que parcialmente – como alguém que aprende a cozinhar; ou a ler; ou a andar. Alguns achados biológicos, na genética e também na formação de memória, são contrapartes materializadas deste âmbito "menos (ou negativo)".

Para obter-se "propriedade" não é necessário ser "proprietário". Pois experiência e aprendizagem, que precisam ser feitas através de um instrumento fundamental – intuição (q.v.), todos nós poderemos obter a coisa necessária: para fazê-la, e não realmente para possuí-la. Há uma necessidade, a de casar uma "propriedade concreta de um objeto" com um "pensar sobre" o objeto possuído; para isso, há que vivê-lo, de modo apaixonado. Qualquer propriedade concreta é temporária; qualquer evento é transitório. O preço a ser pago, se a remoção e renúncia necessária não for alcançada, será ficar preso a algo (originalmente, o seio real da mãe) que nunca existiu em seu aparato psíquico – e, apesar de poder até ter existido na realidade material, certamente desapareceu.

O primeiro nível de enunciados é o específico, derivado do episódio real, e concreto; a abstração vai ficando cada vez mais distante do concreto e do específico até que se perde de vista sua origem. As abstrações aí produzidas podem então ser reaplicadas a uma "realização", quando se encontra uma "realização" que parece se aproximar da abstração. (LE, 60)

A linguagem de Bion

A INTRODUÇÃO DO SÍMBOLO NEGATIVO (−)

Bion introduz o âmbito "menos (ou negativo)", pela primeira vez, na descrição de "menos K": um vínculo *constituído pelo NÃO entender, ou seja, pelo des-entender* (LE, 52). Introduz simultaneamente todo o âmbito "menos (ou negativo)": "menos L", e "menos H" – favor consultar os verbetes "K", "L" e "H".

Bion tenta evitar que o todo da psicanálise se perca no verdadeiro labirinto de teorias e jargões, receita certa para enganos científicos; tal miríade origina-se de ideias individuais particularíssimas, nunca originadas pela experiência clínica, mas de interpretações *a priori* e *ad hoc* sobre pessoas, indistinguíveis de preconceitos. Bion observou que essa situação fica piorada por outra limitação: a linguagem de comunicação comum não foi originada para descrever sentimentos e emoções; em boa parte das situações, pode escondê-los. Freud estava consciente disso; por exemplo, ao descrever o conteúdo manifesto e o conteúdo latente dos sonhos. Bion tenta optar, entre 1960 e 1970, por um método de notação quase matemático; não se utiliza, como boa parte dos autores no movimento psicanalítico, de transplantes de uma linguagem filosófica. Por exemplo, das teorias sobre "o espírito" de Hegel, ou da fenomenologia de Husserl, provenientes de raciocínio filosófico executado por indivíduos desprovidos de experiência clínica em psicanálise. Isso não impediria que pudessem ter observações sobre a natureza humana e seus sofrimentos, por perspicácia ou intuição – como ocorreu com Nietzsche –, mas permanece duvidoso que esse fato tenha ocorrido. Alguns autores, como Ludwig Binswanger, tentaram fazer uma integração entre o trabalho de Hegel, Husserl e Martin Buber. Bion não se utiliza dessas novas teorias, mesmo que tivesse lido e estivesse consciente da obra de Martin Buber. Em uma transcrição de uma gravação em fita, quase um ano antes de falecer, refere-se a uma observação de Buber, relativa a alguns paradoxos humanos envolvidos na formação da linguagem:

> Muitos místicos foram capazes de descrever uma situação na qual a crença é que realmente existe uma força, um poder que não pode ser medido, pesado ou estabelecido por um mero ser humano dotado de uma mera mente humana. Essa assunção me parece ser um postulado profundo, até agora completamente ignorado; e mesmo assim as pessoas falam sobre "onipotência" como se soubessem o que isso significa, e como se ela tivesse uma conotação simples. Há certas realidades envolvidas no ato de se recorrer ao discurso humano; Martin Buber foi alguém que chegou mais perto do reconhecimento delas. [*Eu e Tu*: "A Atitude do homem é dupla, em concordância com as duas palavras básicas que pode falar. As palavras básicas não são termos singulares, mas pares de palavras. Uma palavra básica é o par de palavras Eu-Tu . . . Esse é diferente da palavra básica Eu-Isto."]. Quando alguém fala sobre "Eu-Tu", a coisa significativa não são dois objetos relacionados;

M

mas a *relação* – ou seja, uma realidade em aberto onde não existe término (na acepção que os seres humanos comuns compreendem). A linguagem dos seres humanos comuns adequa-se apenas àquilo que é racional; pode descrever unicamente o racional; pode fazer afirmações apenas em termos de racionalidade. (C, 370)

Ao observar uma correspondência entre um sério problema clínico enfrentado por psicanalistas que tentam analisar psicóticos e um problema já enfrentado por matemáticos e também por teóricos da ciência, Bion passa a tentar contornar os até então incontornáveis obstáculos de comunicação entre colegas – correspondendo ao problema dos pacientes psicóticos – apresentados pelo uso de uma linguagem segundo as regras gramaticais usuais no país, ou a etnia onde vivem o paciente e o analista. Seja a linguagem utilizada pela personalidade psicótica – por sua especificidade única, absolutamente idiossincrática, em função dos delírios de propriedade da verdade absoluta – ou pela personalidade neurótica, em função de mecanismos de defesa. Nos dois casos, ocorrem disfarces daquilo que é falso, enunciado como se fosse verdade, ou omitindo partes da verdade. Essa mesma linguagem coloquial apresenta problemas semelhantes quando usada na notação e na comunicação de teorias em psicanálise. Bion usa um método de notação quase matemática emprestado da teoria dos números: uma tradição que remonta aos antigos gregos, desenvolvida ao longo de milênios. Especificamente, lança mão da noção de números negativos. A matemática pareceu-lhe ser um método poderoso quando o intuito é fazer aproximações à realidade: a matemática seria um dos protótipos do método científico. O uso da teoria dos números permitiu, como permite a todos os seus leitores, que pudéssemos formar um espectro imaginário, porém real, formado por números positivos e negativos, englobando o enorme problema representado pela ausência, chamada pelos matemáticos de Zero. Isso foi originalmente colocado sob forma geométrica por Euclides e, depois, aperfeiçoado por Descartes. A escolha da notação quase matemática se expande na definição dos seguintes conceitos: "objeto psicanalítico", "elementos de psicanálise", "desenvolvimento" e "transformações": o leitor pode consultar os verbetes sob esses nomes para detalhes.

A notação matemática de números negativos foi utilizada para descrever um processo negativo no pensar: $-K$ (q.v.) – ou (ou menos K), ou seja, o negativo dos processos de pensar. Bion usa a noção de "menos (ou negativo)" para caracterizar mais amplamente o fato que chamamos Desenvolvimento:

> Pode-se considerar que há desenvolvimento positivo e negativo. Vou representá-lo por ($\pm Y$). Os sinais mais e menos são usados para dar um sentido ou direção ao elemento de um modo análogo ao empregado em coordenadas geométricas.... Se (Y) é precedido pelo sinal mais ou menos, será determinado apenas pelo contato com uma "realização". (LE, 70)

Esse conceito marca a descrição do segundo sentido do âmbito "menos (ou negativo)", ou âmbito negativo. A função do âmbito "menos (ou negativo)", até agora contrapontística, na apreensão de realidade, passa a ser acrescentada pela função destrutiva. Dependendo do grau (quantidade), essa função pode, em indivíduos, tornar-se prevalente, substituindo a função contrapontística. Tanto sob a égide dos instintos de morte como dos instintos de vida – no caso de eles tornarem-se prevalentes, um sobre o outro –, torna-se destrutiva; sob a tolerância do paradoxo entre os dois grupos de instintos (morte e vida), mantém-se uma tensão contrapontística. Corresponde à ansiedade na vida comum; e à angústia de aniquilação à infância, conforme descritas por Freud e Klein, respectivamente. Pode-se afirmar que, na medida em que o contraponto não pode ser tolerado, a consequência é que um dos polos no par contrapontístico "vence" o outro. O âmbito "menos (ou negativo)" prevalece e torna-se destrutivo. Isso pode ser claramente observado no conceito de menos K (–K) (q.v.), introduzido no livro *Learning from Experience* – e com maior detalhe no capítulo final. Constitui uma eterna tentativa de demonstrar a superioridade do des-aprender sobre o aprender; da des-informação sobre a informação; do des-entender sobre o entender; da incompreensão sobre a compreensão.

Há uma contínua destituição e espoliação de significado do que quer que seja. O seio não pode ser tomado como moderador dos sentimentos aniquiladores e de terror; não pode permitir uma re-introjeção que poderia estimular o desenvolvimento. O seio, ou "menos seio" no âmbito de "menos K", é sentido *"de modo invejoso, removendo assim elementos bons ou valiosos no medo de morrer, forçando o resíduo sem valor de volta para dentro da criança"* (LE, 96). A violência de emoções (q.v.) contribui para a situação, afetando processos projetivos *"de tal modo que se projeta muito mais do que o medo"* (LE, 97). O processo de espoliação – no caso de K, espoliação de significado – é, *"portanto, . . . mais sério. . . . Pode-se expressar ainda melhor a seriedade do assunto dizendo-se que o ímpeto para viver, necessário para que depois exista um temor de morrer, é uma parte da bondade removida pelo seio invejoso"* (LE, 97).

O exercício de menos K (–K), tanto na mãe como na criança, abre a possibilidade de um "menos continente-contido" (o leitor poderá consultar os verbetes "continente-contido" e "minus"). Sua característica predominante é promover um processo de "destitui-ice"[73] – que deve ser diferenciado da "nadisse",[74] ou zero. "O *processo espoliativo prossegue até que* –♀ –♂ *representam pouco mais do que uma superioridade e inferioridade, que, por sua vez, degenera em nulidade"* (LE, 97). O estado de "menos continente-contido" *"mostra-se como um objeto superior que reivindica sua superioridade encontrando falhas em tudo. A característica mais importante é seu ódio a qualquer desenvolvimento posterior na personalidade, como se o novo desenvolvimento fosse um rival a ser destruído. Portanto, qualquer geração de uma tendência a procurar por verdade, de*

---

[73] *Without-ness.*

[74] *Nothingness.*

M

estabelecer contato com a realidade e, resumidamente, de ser científico . . . encontra-se com ataques destrutivos que seguem a tendência e a reivindicação contínuas da superioridade "moral" . . .

Em K, o clima é conducente à saúde mental. Em (–K), nem o grupo, nem a ideia sobrevivem, parcialmente pela destruição incidente à espoliação e parcialmente pelo produto do processo espoliativo" (LE, 98-99).

A introdução do símbolo ←↑

A "força negativante" pode ser representada na "Grade" (Grid) como um movimento das categorias mais desenvolvidas, às mais primitivas. A "Grade" (Grid) (q.v.) é um instrumento artificial, construído graficamente: um conjunto bidimensional de dois eixos, constantemente conjugados. O processo de pensar para alcançar pensamentos desenvolve-se através do eixo vertical, constantemente conjugado ao eixo horizontal. O eixo vertical expressa desenvolvimento do pensar; o eixo horizontal, as funções de ego envolvidas nesse desenvolvimento. A partir de um estado primitivo, em que inexiste pensar, mas existe apenas recepção de estímulos sensoriais, "caminhando" pelas várias categorias marcadas por letras (no eixo vertical) e número (no eixo horizontal), até alcançar pensamentos mais sofisticados. Na terminologia proposta por Bion: de hipóteses definitórias (eixo horizontal), conjugadas sensorialmente com elementos-beta (eixo vertical), coisas-em-si, até ações (eixo horizontal) e cálculos algébricos (eixo vertical). De modo mais resumido, o caminho parte de apreensões sensoriais de coisas-em-si, que são então "metabolizadas" por meio das várias funções do ego e constantemente conjugadas, mas em progressão, à função-alfa, até que uma ação possa ser tomada no mundo real: de hipóteses definitórias sobre elementos-beta até ação.

Bion usa um símbolo vetorial para esse desenvolvimento: →↓. Por conseguinte, o anverso, que pode ser chamado declínio, fica simbolizado por ←↑.

> O problema apresentado por ←↑ pode ser enunciado por analogia com objetos existentes. ←↑ é violento, voraz e invejoso, implacável, assassino e predatório, sem respeito pela verdade, pessoas ou coisas; é algo como se fosse aquilo que Pirandello poderia ter chamado um Personagem em Busca de um Autor. . . . Esta força é dominada por uma determinação invejosa de possuir tudo aquilo que os objetos que existem possuem – incluindo a própria existência. (T, 102)

A introdução de símbolos vetoriais – uma terceira notação quase matemática – representando um sentido de desenvolvimento e também a falta dele permitiu uma redefinição mais precisa do âmbito "menos (ou negativo)". Na citação a seguir, talvez fique claro que o âmbito dos processos de pensar é visto como pertencendo ao inconsciente, de forma coerente com todas as contribuições anteriores de Bion. Com isso, ele oferece pelo menos uma resolução – que, se não for completa, pelo menos é um início – para críticas feitas à psicanálise conforme elaborada por Freud, de que seria um absurdo falar sobre "pensamentos inconscientes". Quase meio século depois, a psicologia acadêmica passou a utilizar o termo "inteligência emocional", e alguns passaram a afirmar, de modo nebuloso e suspeito, mas cercados de um uso questionável de métodos estatísticos, de algum outro inconsciente "que não o de Freud", que alguns outros autores passaram a afirmar, apropriando-se indevidamente de um conceito operacional de Freud. Por exemplo, foi o modo executado por autores famosos como Carl Jung e, mais recentemente, em outras disciplinas, como economia, sobre algo que agiria em decisões irracionais, como o fez Daniel Kahneman.

Os símbolos

$$\overset{\rightarrow}{\bullet}$$

e

$$\overset{\leftarrow}{\bullet}$$

significam, respectivamente: "ponto positivo", ou "mais ponto"; e "ponto negativo" ou "menos ponto".

Pode-se conceber o âmbito do pensamento como um espaço ocupado por não-coisas. O espaço ocupado por uma não-coisa específica é designado por um símbolo, como as palavras "cadeira", "gato", "ponto" ou "cachorro". O uso de conceitos como "pensamento", "pensar", "na mente", ampara a tentativa de liberar este âmbito de associações com percepção espacial; mas um pensamento continua tendo a penumbra de associações apropriadas ao "lugar onde..." está a não-coisa. Isso também é verdadeiro em relação a sentimentos e emoções, seja lá como forem expressos.

O psicanalista lida com "objetos" que incluem a relação da não-coisa com a coisa. A personalidade capaz de tolerar uma não-coisa pode usar a não-coisa, e assim é capaz de usar aquilo que podemos agora chamar de pensamentos. Caso possa fazê-lo, pode procurar preencher o "espaço" ocupado pelo pensamento; isso torna possível casar o "pensamento" de espaço, ou linha, ou ponto, com uma realização, que é sentida como se aproximando desses pensamentos. A esse respeito,

$$\overset{\rightarrow}{\bullet}$$

contrasta com

$$\overset{\leftarrow}{\bullet}$$

M

    e podem ser encontrados novos usos para

                                       →

                                       •

    que não podem ser encontrados para

                                     ←

                                     •

(T, 106)

APLICAÇÕES CLÍNICAS: UM RETORNO DO CONTRAPONTO

O último capítulo de *Learning from Experience* foi dedicado a analisar em maior detalhe menos K (Bion se utiliza da notação quase-matemática de –**K**). Em *Elements of Psycho-Analysis*, expande a função do âmbito "menos" (ou negativo), o indicador de emanações do âmbito dos *numena*, da realidade última, que apresenta a realidade material e psíquica **do paciente** para o casal analítico – no aqui e agora da sessão. Bion centra o foco na função contrapontística do âmbito "menos" (ou negativo): um contraponto, passo intermediário nos processos mentais para que um indivíduo possa apreender a realidade.

Como expressão mais profunda e primitiva a ser enfrentada pelo aparato psíquico, e movido tanto pela formação analítica conforme elaborada por Freud como pelas questões clínicas que a psicanálise iluminou, Bion enfoca o instinto sexual e suas apresentações: *"O instinto sexual é uma parte integrante da teoria psicanalítica; mas o elemento sexual, no sentido de algo que preciso procurar, não é sexo, mas aquilo do qual posso depreender a presença de sexo"*. Bion propõe a busca de elementos que revelem a presença de *"algo mais fundamental"*, a partir do desconhecido. O elemento é um *"precursor"* (de sexo, por exemplo) e deve ser intuído no âmbito de sua falta física ou material – o âmbito "menos (ou negativo)" (todas as citações: EP, 74). Tudo isso é o embrião das formulações posteriores de Bion, colocadas como "Transformações em O" (q.v.); no entanto, o interesse neste verbete é demonstrar as primeiras incursões nas formulações e usos práticos do âmbito "menos (ou negativo)": o âmbito dos *numena*.

Sua importância é seminal: caso a utilizemos, poderemos ter materializações excessivas resultando em concretização e compreensão literal das teorias de Freud e de Klein, que foi se tornando habitual entre membros do movimento analítico. Até o ponto que podemos ver no exame da bibliografia disponível, esse alerta de Bion não tem sido ouvido; muitos membros continuam dividindo uma realidade indivisível, falando de realidade física, somática, e realidade psíquica, como se fossem entidades diferentes; como se não fossem duas formas diferentes – transformações – da mesma realidade. Muitos continuam fazendo citações errôneas, como "sonhos, a via régia para o inconsciente", como se Freud nunca tivesse escrito (no capítulo VII de *A interpretação dos sonhos*) – "sonhos, a via régia para o conhecimento dos processos inconscientes da mente"[75].

Excesso de materialização conduz a danos severos à vida de indivíduos. Existe abundância de exemplos, formando o lugar-comum e o conteúdo de mitos antigos, como o do Toque de Midas. Filmes pornográficos anunciam cenas de "sexo explícito", oferecendo masturbação, mas nunca relações sexuais. Em contraste, filmes vistos como "artísticos" podem ser profundamente sexuais, sem pictorializar concretamente vulvas, pênis. Sexo é confundido com paixão.

Bion detalha mehor a noção de *"desenvolvimento negativo"* em *Elements of Psycho-Analysis*. Já o apresentara como –Y, em 1962. O símbolo quase matemático é abandonado, mas o modelo "geométrico" de um espectro de sentidos ou vetores para apontar uma direção, não. Bion apresenta uma versão do conceito – "menos (ou negativo)" – que nos parece ser ainda mais clara, e mais polida, como se fosse uma peça de madeira aparelhada e lixada, ou uma joia, de algo que, como tentativa, marca toda a obra de Bion. A citação a seguir contém a sugestão técnica a ser utilizada na sessão. Parece-nos intimamente vinculada à visão de Schiller de "ingenuidade" sobre a perspectiva do artista. Visão atribuída por *sir* Isaiah Berlin a Verdi. Berlin, um teórico da ciência, e historiador das ideias na civilização ocidental, propôs a noção de um "sentido de realidade", que corresponde ao "senso da verdade" (q.v.) proposto por Bion, com a diferença de que Bion se apoiou na teoria de relações objetais de Freud, com os acréscimos de Melanie Klein. Bion não cita Berlin; no entanto, guiados pela semelhança nos escritos, e encontrando duas cópias de dois dos livros desse autor na biblioteca particular de Bion, perguntamos à sra. Francesca Bion se houve algum conhecimento pessoal dos dois. Berlin era muito conhecido na Universidade de Oxford, e, avesso a escrever, teve todas as suas palestras transcritas por secretárias. Ela afiançou que Bion frequentou várias palestras de Berlin, e que haviam se conhecido, ainda que superficialmente. "Ingenuidade", no sentido expresso por Schiller, é o que permite que o observador analítico faça incursões no âmbito "menos (ou negativo)", denominado também "desconhecido" – os númenos como conceito "negativo", de Kant:

> Introduzo a ideia de crescimento negativo como um método de abordar um aspecto do aprender da experiência; não quero dar o sentido de espoliação, à qual associo impulsos hostis e destrutivos tais como inveja. Espoliação implica empobrecimento da personalidade. . . . Uma capacidade para crescimento negativo é necessária, em parte, para reviverscer uma formulação que perdeu significado; em parte,

---

[75] O autor deste dicionário alertou algumas vezes sobre esse problema. Por exemplo: Sandler (2015a, p. 105).

para estabelecer um vínculo no tornar público o conhecimento privado; mas talvez seja necessário sobretudo para alcançar uma visão ingênua quando um problema ficou tão soterrado pela experiência que seu contorno tornou-se borrado, e suas possíveis soluções, obscuras. Uma das vantagens da "Grade" (Grid) é que seu uso, para pensar sobre o material que emerge na prática psicanalítica, estimula a reconsiderar fenômenos familiares, tais como sonhos ou material edípico e as formulações teóricas psicanalíticas que lhe são correspondentes. A habilidade de um analista para reter a substância de seu treinamento e experiência e ainda assim alcançar uma visão ingênua em seu trabalho permite que ele descubra, por si mesmo e a seu próprio modo, o conhecimento herdado de seus predecessores. (EP, 85-86)

Seriam necessários mais doze anos para que Bion propusesse uma formulação ainda mais clara dessa experiência:

Geralmente se entende que um analisando fale para manter o analista corretamente informado, e que o psicanalista tenha um objetivo similar. É fácil demonstrar o erro de tal suposição. O mesmo vale para a suposição contrária. Constroem-se questionários e espera-se que eles formulem questões investigatórias em relação às quais seriam fornecidos complementos reveladores, e o resultado poderia ser "revelador". Espera-se que, em psicanálise, não se formulem questões, e que as respostas às *Não-Questões* possam ser mais reveladoras. Proponho uma extensão desse procedimento – a invenção do *Não-Questionário*. (AMF, I, 89)

EU MESMO: Talvez eu possa ilustrar com um exemplo tirado de algo que você conhece. Imagine uma escultura que é mais fácil de ser compreendida se a estrutura é planejada para funcionar como uma armadilha para a luz. O significado é revelado pelo padrão formado pela luz assim capturada – não pela própria estrutura, ou pelo trabalho de escultura em si. O que estou sugerindo é que, se eu pudesse aprender a falar com você de maneira tal que minhas palavras "capturassem" o significado que elas não expressam nem poderiam expressar, eu poderia me comunicar com você de um modo que no presente não é possível . . .

Um músico certamente não negaria a importância dessas partes de uma composição nas quais nenhuma nota soa; porém, resta uma imensa quantidade de coisas por serem feitas além do que se pode conseguir por meio da arte hoje disponível e de seus procedimentos tradicionalmente estabelecidos de silêncios, pausas, ranço, espaços em branco, intervalos. A "arte" da conversa, do modo como é conduzida como parte do relacionamento conversacional da psicanálise, requer e demanda uma extensão no domínio da não-conversa . . .

Sugeri um "truque", por meio do qual uma pessoa poderia manipular coisas destituídas de significado, por meio do uso de sons, como "alfa" e "beta". Esses sons são análogos àquilo que Kant chamou de "pensamentos desprovidos de conceitos", mas o princípio, e uma realidade que dele se aproxima, também pode ser estendido à palavra de uso comum. As realizações que se aproximam de palavras como "memória" e "desejo" são opacas. A "coisa-em-si", impregnada de opacidade, torna-se ela mesma opaca: o O, do qual a "memória" ou o "desejo" é a contrapartida verbal, é opaco.

Estou sugerindo que essa opacidade é inerente aos muitos Os e suas contrapartidas verbais, e aos fenômenos que geralmente se supõe que expressem. Se, por meio da experimentação, nós descobríssemos as formas verbais, também poderíamos descobrir os pensamentos aos quais a observação se aplicou de modo específico. Dessa maneira, conseguiríamos uma situação em que essas formas poderiam ser utilizadas deliberadamente para obscurecer pensamentos específicos.

BION: Há alguma coisa nova nisso tudo? Assim como eu, você deve ter ouvido com muita frequência pessoas dizerem que não sabem do que você está falando e que você está sendo deliberadamente obscuro.

EU MESMO: Elas estão me lisonjeando. Estou sugerindo um objetivo, uma ambição, o qual, se eu pudesse atingir, me capacitaria a ser obscuro de maneira deliberada; no qual eu poderia fazer uso de certas palavras que poderiam ativar, de modo instantâneo e preciso, na mente do indivíduo que me ouvisse, um pensamento, ou cadeia de pensamentos, que surgisse entre ele e os pensamentos e ideias já acessíveis e disponíveis para ele. (AMF, I, 189-191)

Uma "Grade" (Grid) negativa; coluna 2

O instrumento "Grade" (Grid) é detalhado em verbete próprio neste dicionário, e expandido em outra obra deste autor (Sandler, 2013). O que nos interessa agora é o espaço que esse instrumento provê para visualizarmos o âmbito "menos (ou negativo)", nas categorias de coluna 2 – mentiras – e também na proposição de uma ""Grade" (Grid) negativa". A coluna 2 é explorada nos verbetes ""Grade" (Grid)" e "Transformações em alucinose".

Será necessário detalhar aquilo que Bion propõe como "Grade" (Grid) negativa: preenche uma lacuna em relação à proposições iniciais sobre a função do âmbito "menos (ou negativo)". Liga suas duas funções aparentemente diferentes: a de contraponto com a de uma força negativante, destrutiva, dirigida a tudo aquilo que é. A "Grade" (Grid) negativa também demonstra a honestidade científica de Bion, ao tentar melhorar um instrumento que lhe pareceu defeituoso:

Estou cônscio de que a "Grade" (Grid) não só pode, mas requer ser aprimorada. Senti que a coluna 2 poderia ser substituída por um sentido negativo do eixo horizontal. É plausível e manteria uma agradável semelhança com o sistema de coordenadas cartesianas usado no desenvolvimento da geometria algébrica. Além disso, algumas dificuldades diminuiriam se, ao invés do arranjo presente, o eixo horizontal fosse lido – (n), –(n-1) ... –5, –4, –3, –2, –1, 1, 2, 3, 4, 5, ... (n – 1), (n) com a coluna 2 representando aquilo que na "Grade" (Grid) atual é a coluna 3. Então talvez se diga que todos os "usos" 1⇔n podem ser usados negativamente, como uma barreira contra o desconhecido ou contra aquilo que é conhecido, mas sentido como desagradável. (EP, 99)

Ou seja, quando o não-seio é categoricamente rejeitado, sob a égide do princípio do prazer-desprazer, resulta o desenvolvimento descrito por uma "Grade" (Grid) negativa; a consequência será uma postura, e uma perspectiva destrutiva. O âmbito "menos (ou negativo)", inicialmente descrito como um terreno fértil para investigações naquilo que é desconhecido (inconsciente), em evolução, dá origem a uma negação perene, que o degenera no "já conhecido" – do que quer que seja. Bion exploraria, em *Transformations*, e em *Attention and Interpretation,* apenas esse sentido do âmbito "menos (ou negativo)" que havia sido delineado nos dois livros anteriores: as evoluções e involuções das barreiras *"para o desconhecido e o conhecido desagradável".*

A função geradora de mentiras da coluna 2 e a "Grade" (Grid) negativa são reformuladas em termos emocionais: *"Sendo um elemento pertinente à coluna 2, toda emoção sentida é uma 'não-emoção'. Neste aspecto, é análoga a 'passado' ou 'futuro' como representando o 'lugar onde o presente costuma estar' antes do tempo ter sido totalmente aniquilado. O 'lugar' onde o tempo estava (ou um sentimento estava, ou estava uma 'não-coisa' de qualquer tipo que seja) é aniquilado, de modo semelhante. Cria-se assim um âmbito do 'não-existente'"* (AI, 20).

Delimitação final do âmbito de menos (ou negativo): Geometria, Nomeação e Alucinose

Com o auxílio renovado de outro modelo matemático, surge uma formulação ainda mais desenvolvida em relação à experiência do não-seio. A noção do âmbito "menos (ou negativo)" decorre da noção matemática de números negativos acrescido da noção geométrica de ponto.

Um interesse perene na obra de Freud e de Bion forma outra contribuição elaborada a partir da experiência clínica na tentativa de explorar o âmbito "menos (ou negativo)": o ato de nomeação. As dificuldades da personalidade psicótica – ou melhor, as dificuldades psicóticas – com pensamento verbal e pensamento em geral, como parte da tentativa humana de apreender realidade, foram as fontes dessa contribuição. Ela resume a maior parte da chamada fase inicial de Bion, a partir dos anos 1950:

> O nome, em sua função de aglutinar uma conjunção constante, tem a natureza de uma definição. Tem importância no início, mas é desprovido de significado até que a experiência o vá suprindo de acréscimos de significado; deriva força negativa tanto em virtude de sua gênese – porquanto é parte do pensar – como em virtude da lógica imprescindível que rege seu nascimento – justamente porque a conjunção constante que o nome vincula não é nenhuma das conjunções constantes anteriores, já nomeadas. Aversão ao nome é, portanto, derivada de sua gênese e do medo das implicações de seu "uso". (Cf. *Aristotle and definition. Topics*, VI, pp. 4, 141b, 21). (T, 63)

> Resumidamente: a palavra "seio" não é reconhecida como uma palavra representando um seio; é pensada como sendo a manifestação exterior de um "não-seio". Constitui-se, portanto, como uma das qualidades que caracterizam o próprio "não-seio". É desse modo que uma certa classe de pacientes "conclui" que um pensamento é uma coisa, ainda que seja uma "coisa" em um sentido que um ser racional comumente não compreende. Tal visão contrasta com aquela que capacita um matemático a usar um ponto para elaborar um sistema geométrico, independentemente de como ele seja representado. De modo semelhante, contrasta com a visão comum da palavra "seio" ou "pênis", que possibilita o uso desses termos na elaboração de sistemas anatômicos, fisiológicos, artísticos ou estéticos (no sentido filosófico). (T, 76-77)

> Anteriormente, dei minhas razões para amparar a definição de uma definição como algo *em essência* negativo; uma definição precisaria ser, implícita ou explicitamente, um enunciado em que o próprio enunciado não constitui nenhum enunciado passado (e, se não fosse esse o caso, que necessidade haveria para tal enunciado?) e seja desprovido de qualquer significado (se houvesse algum, não haveria nenhuma necessidade de uma definição) para vincular os elementos constantemente conjugados; pois eles precisam ser vinculados de tal modo que seu significado possa ser determinado. Portanto, convém que cheguemos, pela via da discussão da não-coisa, a características impregnadas de uma qualidade considerada pelo cientista (que caminha, no processo de pensar, para $H1\downarrow$) como indesejável. (T, 88)

Para os leitores que não estão familiarizados com a notação quase matemática criada por Bion, fornecemos uma legenda para ler o símbolo $H1\downarrow$: refere-se à

"Grade" (Grid), significando o desenvolvimento do pensamento de estágios mais primitivos até o mais sofisticado até agora disponível, o cálculo matemático.

O ato de nomear pode ser considerado a origem psicológica tanto do âmbito de menos como das dificuldades que circundam sua realização, que pertence àquilo que é imaterial e, em última instância, inefável.

Nomeação; hipóteses definitórias

Aquilo que Bion chama de "hipóteses definitórias" é um "negativo": um contraponto contrastante a ser confrontado com as realizações que irão "saturá-lo". Musicalmente, corresponde às obras contrapontísticas de Bach, Beethoven (principalmente a "Grande fuga") e várias obras de Brahms – principalmente o Quinteto para Clarineta, op. 115. Essa correspondência, suspeitada pelo autor deste dicionário, teve uma oportunidade de comprovação: expus a suspeita em conversa com a sra. Bion. Ato contínuo, ela se levantou e trouxe um videoteipe reproduzindo a interpretação do Quinteto 115 de Brahms, pelo Quarteto "Amadeus", para podermos ouvir conjuntamente. No final, revelou que essa era uma das preferidas de Bion: os dois compraram a cópia dias depois de terem assistido ao espetáculo. O leitor pode consultar os verbetes "pré-concepção", "concepção" e "saturação". A definição do conceito pode ser vista no verbete ""Grade" (Grid)", mas cabem agora alguns lembretes. Interessa-nos usar essa categoria – a primeira tentativa de pensar até então conhecida – como forma de melhorar nossa apreensão da definição do âmbito "menos (ou negativo)", tanto na sua função epistemológica, como escreveu Bion, ou contrapontística, como estamos propondo, em relação aos processos de conhecer, como em sua função como força negativante, a serviço do "não conhecer":

> ... a hipótese definitória é algo para aglutinar uma conjunção constante e excluir todas as conjunções constantes registradas anteriormente (a qualidade "negativa" da definição) ...
>
> O aspecto negativo da hipótese definitória se fortalece de tal modo que a função excludente da hipótese não funciona como uma barreira contra a irrelevância, mas como uma negação do âmbito ao qual pertence a hipótese. Por exemplo, o termo "gato" não conecta uma conjunção constante para excluir "cachorrice", mas conecta tão restritivamente uma conjunção constante que exclui todas as características animais. Em seu limite, o termo "gato" é meramente um símbolo; é análogo ao "ponto" e ao "lugar onde o seio costumava estar"; poderia significar o "não-gato". Mais despojamento conduz, em última instância, a um ponto. Que é meramente uma posição, sem nenhum traço daquilo que costumava ocupar aquela posição. (T, 98, 99)

Com o duplo instrumento, formado por geometria e pelas vicissitudes dos atos de nomear, Bion formula uma visão integrada das duas funções que tinha estabelecido do âmbito "menos (ou negativo)". O resultado: nova definição, que não substitui, mas amplia as definições até então disponíveis desse âmbito:

> Implícita no nome como aquilo que significa conjunção constante, e inseparável desse significado, está a qualidade de negação. Uma conjunção constante, circunscrita desse modo por um nome, não é nada que a personalidade tenha observado como tendo existido anteriormente, mas pode ser semelhante a isso. Essa tem sido uma dificuldade desde Aristóteles. Na prática, é uma dificuldade para o paciente que não pode tolerar frustração, e no qual predominam inveja, avidez e crueldade.
>
> Na ilustração, o problema centra-se no fato de o seio ausente, o "não-seio", diferir do seio. Caso isso seja aceito, pode-se representar o "não-seio" pela imagem visual do ponto. Mas, se o fenômeno for pertinente à coluna 2, o ponto não vai ter a qualidade de enunciado definitório; vai se aproximar de um objeto dotado de características da coluna 3. Possui, portanto, o significado de um seio que foi reduzido a uma mera posição – o lugar onde o seio estava. Esse estado parece ser para o paciente uma consequência da avidez que exauriu o seio ou de uma clivagem que destruiu o seio, deixando apenas a posição. (T, 54)

Portanto, o âmbito "menos (ou negativo)" será visto como um âmbito "ocupado" por algo que existia, mas não mais existe. Esse "não mais" inicialmente não é tolerado, em função do desejo (sob a égide do princípio do prazer-desprazer e evasão de dor; mais tarde, em termos do desenvolvimento psicológico individual, não poderá ser tolerado por culpa – obstáculo para aquisição de posição depressiva – de ter sido destruído, por ódio e avidez. Essa é uma distinção importante, por determinar aversão perene e crescente em relação à tolerância ao não-seio: a falta, a ausência, o âmbito "menos (ou negativo)" é continuamente destruído, mas como destruir o que não mais existe? O âmbito "menos (ou negativo)", menos ainda, será utilizado no que tange às suas manifestações oníricas, no indivíduo; e científicas e artísticas, no meio social. Em termos de ciência, esse tipo de destruição e inutilização perene produziu a religião positivista, totalmente materializante, que nega a existência de fatos imaterializados. Em termos históricos, ilumina as severíssimas restrições de Ernst Mach ao trabalho de Max Planck:

> Certos pacientes usam o ponto e a linha . . . ou seus símbolos em pintura, música, palavras etc. como se fossem coisas, acreditando que outras pessoas também o façam. Equivale a dizer que, ao ouvir falar "ponto", ou ao ver uma manchinha puntiforme feita com uma caneta, o paciente se comporta como se o ponto, inde-

pendentemente de ser simbolizado ou representado, marcasse o lugar onde o seio (ou pênis) estava. Ele parece investir este "lugar" de características que pessoas menos perturbadas poderiam atribuir a um objeto que denominariam um fantasma. O ponto (.) e o termo "ponto" são tomados como manifestações sensíveis do "não-seio". Até o ponto em que posso expressar isso em termos comuns, o paciente parece pensar que o fato de a palavra "ponto" ser utilizada constitui um indício da presença de um seio não existente, "o lugar onde o seio estava" – que compartilha de muitas das características de um seio que é hostil por não mais existir. (T, 76)

FALTA DE SENTIDO[76]: VIVÊNCIAS OU FALTA DELAS, DO ÂMBITO "MENOS (OU NEGATIVO)" NA SESSÃO

O desnudamento do objeto produz um estado que pode ser descrito como "falta de sentido". Devido a Transformações em alucinose (q.v.) e concretização contínuas, esse estado é disfarçado por discurso racionalizado, redes de causalidade por formas narrativas – em si mesmas, concretizadas, e atuação[77]. A aparição destes é um sinal de que se está de fato imerso no âmbito "menos (ou negativo)", sem estar ciente disso. Como consequência, lida-se com o âmbito "menos (ou negativo)" da mesma forma que se lidaria com eventos e pessoas como se fossem coisas.

Sua importância clínica reside na possibilidade de levar a cabo – ou não – psicanálise real (q.v). A citação a seguir fornece um resumo das questões esboçadas em *Learning from Experience*, na medida em que são necessárias para realizar o que está em jogo quando uma pessoa adquire uma capacidade de *imitar* falas, como o fazem os mímicos, mas com a intenção de fugir da dor, obter reasseguramentos, e abominar o desconhecido. Em outras palavras, evitar qualquer tipo de "consciência inconsciente", puramente intuitiva e vivencial, mas sempre inefável (que não pode ser colocada em palavras) do âmbito "menos (ou negativo)", como um contraponto, leva à prevalência da "força negativante" gerada pelo âmbito "menos (ou negativo)".

O não-seio, se tolerado, permite um salto quântico para aquilo que é desconhecido (ou inconsciente). Este não é sempre o caso. A pré-concepção pode ser vista como o "já conhecido"; a realização é o desconhecido, e vivenciá-la proporciona a vivência do salto quântico para o desconhecido. O termo "salto quântico" é usado apenas como analogia. A "força negativa" destrói, em alucinação, o seio real, e a pessoa "preenche" um desconhecido real com "coisas" falsamente conhecidas – geralmente objetos bizarros (q.v.). *"A capacidade de 0 para se ampliar por partenogênese corresponde às características da avidez; avidez também é capaz de extraordinário cresci-*

---

[76] *Meaninglessness.*
[77] *Acting-out.*

mento e florescimento, suprindo-se de suprimentos irrestritos de nada" (T, 134). O resultado final parece ser *"um inferno feroz de ávida não-existência"*.

A citação a seguir descreve uma sessão de análise que corre o risco de degenerar para tal atividade.

> A experiência infantil do seio como fonte de experiências emocionais (representadas, em épocas posteriores, por meio de vários termos: amor, compreensão, significado) significa que perturbações no relacionamento com o seio envolvem perturbações abrangendo um amplo espectro de relacionamentos adultos. A função do seio, de prover significado, tem importância para o desenvolvimento de uma capacidade para aprender. Em um exemplo extremo, ou seja, o temor de que haja uma destruição total do seio, não está envolvida apenas a extinção do próprio ser (já que, sem o seio, o bebê fica inviável), mas também se envolvem temores de que o próprio significado tenha cessado de existir – como se significado fosse matéria. Em certas contingências, o próprio significado é considerado como fonte de significado, mais do que o seio. Frequentemente a ansiedade mantém-se eclipsada, pois o analista fornece interpretações, parecendo assim realçar a existência de significado. Caso isso não seja observado, a intolerância do paciente diante de um estado de ausência de significado não será interpretada; o paciente vai borbotar uma torrente de palavras de tal modo que possa evocar uma resposta indicativa da existência de significado, tanto em seu próprio comportamento como no do analista. Já que o primeiro requisito para a descoberta do significado de qualquer conjunção depende da capacidade de admitir que os fenômenos podem não ter nenhum significado, uma incapacidade de admitir que eles não tenham significado pode extinguir a possibilidade de curiosidade, em seu nascedouro. O mesmo é verdadeiro quanto a amor e ódio. A necessidade de manejar a sessão para evocar evidência de significado se estende para uma necessidade de evocar evidência da existência de amor e ódio. Todos aqueles que têm experiência com a personalidade psicótica estão familiarizados com a penetrante investigação, incessantemente ativa, destinada a destampar fontes de contratransferência. As associações do paciente dirigem-se para obter evidência de significado e emoção (aqui divididas, de modo amplo, em duas categorias bem abrangentes, de amor e ódio). Já que a atenção do paciente dirige-se para encontrar evidência de significado, mas não para encontrar qual é o significado, as interpretações têm pouco efeito em produzir mudança, até que o paciente veja que está destampando uma fonte de reasseguramento para prover um *antídoto* para esse problema, e não uma *solução* para ele.
>
> O pensamento, representado por uma palavra ou outro símbolo, pode, quando é significativo como uma não-coisa, ser representado por meio de um ponto (.). O ponto pode então representar a posição onde estava um seio, ou pode até *ser* o não-seio. (T, 81-82)

A intolerância ao âmbito "menos (ou negativo)" produzindo o estado de alucinose pode ser enunciada:

> Suponhamos agora que a personalidade não possa tolerar frustração. Isso se associa com "o estado de mente no qual possa se supor que ideias assumam a força de sensações, pela confusão do pensamento com os objetos do pensamento, e o excesso de paixão anime as criações da imaginação" *(para prover a realização do enunciado "alucinose", uso a formulação de Shelley do acontecimento que explica sua intuição poética). Memória de satisfação é usada para negar falta de satisfação. Negação de tempo é usada para negar que o seio é o lugar onde o seio costumava estar, e para manter que o seio é onde o seio está agora. (T, 133-134)
> * Shelley, P. B.: *Hellas*. Sua sexta nota sobre o poema.

CERCO FINAL AO INCONSCIENTE, ABSTINÊNCIA E O ÂMBITO DE MENOS (OU NEGATIVO)

> "A primeira (noite da alma) tem a ver com o ponto a partir do qual a alma parte, pois ela tem que se privar gradualmente de desejo de todas as coisas terrenas que possuía, negando-as para si; negação e privação estas que são, por assim dizer, noite para todos os sentidos humanos. A segunda razão tem a ver com o meio, ou o caminho ao longo do qual a alma precisa viajar para esta união – ou seja, fé, que, para o entendimento, também é tão escura quanto a noite. A terceira tem a ver com o ponto para o qual viaja a alma – ou seja, Deus, que, igualmente, é noite de trevas para a alma nesta vida" (*The Ascent of Mount Carmel*, 1, 1 e 2).
>
> Uso essas formulações para expressar, de forma exagerada, a dor envolvida em obter o estado de ingenuidade inseparável de aglutinação ou definição (col. 1). Toda nomeação de uma conjunção constante envolve admitir a dimensão negativa; a ela se opõe o medo à ignorância. Portanto, ao nascedouro, ocorre uma tendência à antecipação precoce, quer dizer, para uma formulação que é uma formulação coluna 2, cuja intenção é negar ignorância – a noite de trevas dos sentidos. A relevância disto para os fenômenos psicológicos origina-se do fato de eles não serem susceptíveis à apreensão por meio dos sentidos. . . . De modo semelhante, a abordagem intuitiva fica obstruída porque a "fé" envolvida é associada à carência de investigação, ou "noite de trevas" para K. (T, 158-159)

Bion utiliza temporariamente o modelo dado por poetas teológicos como passo para recorrer integralmente à linguagem coloquial, em sua incessante tentativa para descrever a questão:

WATSON: Posso fazer ele calar a boca?

SHERLOCK HOLMES: Meu caro Watson!

BION: (indignado) Que diabos vocês pretendem se intrometendo numa discussão séria? Não percebem que estou levantando questões sérias?

MYCROFT: (nada impressionado) Prossiga, Sherlock. Isso é mais na sua linha do que na minha. Fale *você* com ele.

WATSON: (antes que Sherlock intervenha, o que inclusive parece improvável) Meu caro senhor, o Sr. Holmes e seu irmão não devem ser interrompidos; é um assunto privado e importante.

BION: Mas, meu bom homem, você não percebe que todos vocês são personagens completamente fictícias? Sou médico diplomado.

WATSON: Eu também; sou M.D.*

BION: Absurdo. Puramente imaginárias e não lá muito brilhantes, mesmo na opinião de seus amigos fantasmas. Sou ex-presidente da Sociedade Psicanalítica Britânica e ex-diretor da Clínica de Londres.....

MYCROFT & SHERLOCK: (explodem em gargalhada, juntos)

WATSON: (Contém seu júbilo com dificuldade, mas consegue ser civilizado) O Sr. vai me desculpar, mas devo admitir que jamais ouvi falar de sua existência. Não quero feri-lo ou dar a impressão de estar me vangloriando, mas, mesmo que Mycroft sempre tenha tido um caráter retraído, Sherlock e, em menor grau, eu próprio temos seguidores por todo o mundo. O senhor mesmo estava aí admitindo que existem personagens imaginárias que são infinitamente mais conhecidas do que inúmeras gerações de não-entidades. Agora, peço desculpas. Sou um homem muito ocupado – sugiro que deite naquele divã e adormeça tranquilamente.

BION: (com um gesto de desespero, abandona seu consultório para os três intrusos e vai dormir)

SHERLOCK: Espero que você não tenha sido duro demais com ele, Watson.

WATSON: É preciso tratar as pessoas reais com dureza quando se pretende proporcionar um universo seguro para as pessoas imaginárias. Se você bem se lembra, esse mesmo problema já apareceu antes, com os números reais. O problema matemático mais simples ficava impossível de ser formulado, até os números negativos destruírem a tirania de ficar confinados ao espaço restritivo da adição – apenas números reais e mais.

MYCROFT: Qual era o problema, Sherlock? Eu tinha a nítida impressão de que era uma coisa simples.

SHERLOCK: Watson é que lidou com a parte simples da coisa. Você já ouviu falar naquele cara, o Bion? Ninguém nunca ouviu falar nele, nem tampouco na psicanálise. Ele acha que ela é real, mas que seus colegas estão envolvidos numa atividade que não passa de uma manipulação mais ou menos engenhosa de símbolos. O que ele fala faz sentido. Existe uma impossibilidade de se entender que qualquer definição deve negar uma verdade prévia, assim como trazer em si um componente insaturado. (AMF, I, 91-92)

* Doutor em Medicina.

Referências cruzadas recomendadas: Turbulência emocional; Menos K (–K); O; Transformação em alucinose.
Referências cruzadas sugeridas: Concepção; "Grade" (Grid); Desenvolvimento; Pré-concepção; Objeto psicanalítico; Saturação.
&; Este autor propôs um termo prático para definir e explicitar a postura analítica como desdobramento da formulação de Bion do âmbito "menos (ou negativo)" e da força negativa: tolerância a paradoxos (Sandler, 1997b, 2001a, 2003b, 2009, 2011).

Menos H (–H)

Notação simbólica significando "menos Ódio", ou negativo de ódio. Não equivale a L (*q.v.*), ou seja, amor. O sentido desta notação pode ser alcançado por meio de suas manifestações: (i) sedução: a natureza odiosa da ligação indicada por sedução permanece disfarçada - por exemplo: fofoqueiros, manipuladores, políticos, mães ou pais superprotetores; (ii) mães e/ou pais que fazem uso de crueldade ao permitir que prevaleçam suas próprias expectativas sobre o comportamento dos filhos, obstaculizando ou impedindo a naturalidade real de tal comportamento. O fenômeno foi apontado por D. W. Winnicott como introdução de um *"falso self"*.
Referências cruzadas: Vínculos, Menos (*Minus*), Negativo.

Menos K (–K)

A letra K, precedida do sinal matemático que denota números negativos (–), compõe um símbolo que representa conhecimento, e processos de conhecer no âmbito "menos", ou "negativo". Pode ser vista como um "anticonhecer". Foi criada em função de uma observação de um fato ocorrido em sessões de psicanálise, descrita detalhadamente. O fato descrito é que alguns pacientes mostraram-se preocupados em provar que seriam, ou eram (pelo menos em fantasias imaginativas), superiores ao analista. Para tanto, empenhavam-se em demonstrar que a capacidade de des-entender seria superior a uma capacidade de entender (LE, 95); de modo prático, faziam todo o possível para derrotar toda e qualquer tentativa de interpretação, ao mostrar suas habilidades em des-entender as interpretações. Para essas pessoas, existiria *"superioridade moral e superioridade de potência no DES-aprender"* (LE, 98). Aparentemente, boa parte das assim chamadas "dissensões" no movimento psicanalítico, desde as agressões com base na afirmação vista pelos afirmadores como "devastadora", que "Freud está errado", deveu-se a isso. Essa conclusão necessita de estudo próprio, com demonstrações na literatura dos vários afirmadores – um linhagem guerreira que abrange Stekel, Jung, Adler, Ferenczi e, mais modernamente, Eysenck, Lévi-Strauss (até certo ponto), Sulloway, Grunberg, Kanneman.

A adoção do sinal matemático (–) utilizado na aritmética para denotar a área, na teoria dos números, ocupada pelos números negativos, fazendo um símbolo quase matemático, foi uma tentativa de representar um âmbito negativo nos processos de pensar. Pode-se descrever esse âmbito como um âmbito destrutivo, "contra". Processos "negativos", "anti-", são introduzidos e incrementados pelo exercício do ciclo de avidez/inveja. Produzem em tentativas de conversação – como a que ocorre em situações de análise – desentendimentos intencionais, ainda que inconscientes, durante essas mesmas sessões de análise. Entrar dentro desse ciclo autoalimentante, composto de avidez/inveja, constitui-se como função de violência de emoções, conforme esclarecido pela primeira vez por Melanie Klein entre 1934 e 1936. Avidez, inveja e violência são fatores neste tipo de conhecimento negativo. Existem outros fatores em menos K (–K)? Tal pergunta ainda aguarda maior pesquisa clínica.

Há um modelo formulado por Bion que parece útil ao autor deste dicionário para apreensão do conceito menos K (–K): um bebê teme estar morrendo. Nega tal sentimento, projetando-o no seio. Inveja e ódio se juntam até o ponto de o seio permanecer imperturbável. Levando-se em conta que *"inveja exclui um relacionamento comensal"* (LE, 96), o seio não poderá ser sentido como moderador de sentimentos aniquiladores; não permitirá uma re-introjeção que possa estimular desenvolvimento. Um seio, neste caso, continua a ser um seio, mas, na verdade, é um "menos Seio" (–Seio); ou um seio no âmbito de menos K (–K): *"o seio é sentido de modo invejoso, que remove os elementos bons ou valiosos no medo de morrer, e força o resíduo sem valor de volta para dentro da criança. A criança que começara com um medo que estaria morrendo acaba se vendo com um terror inomeável"*. Violência de emoções (q.v.) soma-se à situação, afetando os processos projetivos *"de tal modo que se projeta muito mais do que o medo. Realmente, é como se toda a personalidade estivesse sendo evacuada pela criança. Portanto, o processo de espoliação descrito em 5 é mais sério, por ser mais extenso, daquele implicado no exemplo simples da projeção do medo de morrer. Pode-se expressar ainda melhor a seriedade do assunto dizendo-se que o ímpeto para viver, necessário para que depois exista um temor de morrer, é uma parte da bondade removida pelo seio invejoso"* (LE, 97).

M

Poder apreender um fenômeno no comportamento intrassessão de um paciente – de que o ato de des-entendimento é superior a um exercício de menos K (–K) abre a possibilidade de haver o exercício de "menos continente/contido", ou, na notação quase biológica de Bion, –♀♂. A característica predominante é um estado de ausência. Que precisa ser diferenciado de uma concepção e, portanto, apreensão de "nada", ou Zero. Apresenta-se, no trabalho clínico, como *"uma asserção invejosa da superioridade moral, sem qualquer moral"* (LE, 97). Muitos dos leitores deste verbete provavelmente tiveram a experiência de lidar com pacientes que argumentam não poder pagar a análise; alguns clamam, de modo falso, que não têm dinheiro. Tais argumentações se acompanham, na maioria dos casos, por encenações, expressas por medidas concretizadas no mundo exterior. Por exemplo, podem aventar um fato real, provocando, na realidade material externa à sessão, a demissão de um chefe; podem aventar brigas com maridos, pais ou outros que eventualmente pagam as despesas, e assim por diante. Assim armados, argumentam não poder pagar – argumento superior que lhes dá superioridade moral. Graças à reversão de perspectiva, o analista é reduzido a um ser ávido e invejoso, querendo apenas espoliar os bens materiais do paciente. Normalmente, o fato é que o paciente sente (alguns reconhecem de maneira consciente) que a análise lhes está sendo útil de muitos modos. Quanto mais útil estiver sendo análise, mais enunciados morais sobre sua inutilidade haverá, de modo manifesto – usualmente agressivo, ou vitimizado: *"O processo espoliativo prossegue até que –♀ –♂ representam pouco mais do que uma superioridade e inferioridade, que, por sua vez, degenera em nulidade"* (LE, 97). Implementa-se de vez –K.

O exercício, na fantasia do paciente, de *"–(♀♂)"*[78] *mostra-se como um objeto superior que reivindica sua superioridade encontrando falhas em tudo. A característica mais importante é seu ódio a qualquer desenvolvimento posterior na personalidade, como se o novo desenvolvimento fosse um rival a ser destruído. Portanto, qualquer geração de uma tendência a procurar pela verdade, de estabelecer contato com a realidade e, resumidamente, de ser científico, mesmo que seja em um modo rudimentar, encontra-se com ataques destrutivos que seguem a tendência e a reivindicação contínuas da superioridade 'moral'. Isto implica no advento do que, em termos sofisticados, seria denominado, uma lei moral e um sistema moral, como superiores à lei científica e ao sistema científico.*

Re-colocando o item 10 em outros termos: pode-se vê-lo como implicando uma capacidade essencial, aquela que tenta manter um poder de criar culpa. A força de gerar culpa é essencial e apropriada para a operação de identificação projetiva, em uma relação entre a criança e o seio. Essa culpa é específica desta relação, naquilo que ela implica que culpa é algo destituído de qualquer significado, por sua associação com a identificação projetiva primitiva".

O estado e exercício contínuo de *"–(♀♂) contrasta, portanto, com a consciência, pois –(♀♂) não conduz a nenhuma atividade construtiva. . . . A função imitativa de –♀♂*

---

[78] Menos continente/contido.

à função do ego difere no fato de destruir, ao invés de promover conhecimento. Esta atividade destrutiva colore-se das qualidades 'morais' derivadas da qualidade de 'super'-ego de – (♀♂)" (todas as citações: LE, 98).

Bion supõe que as teorias na qual utilizou *"sinais K e –K podem ser vistas para representar 'realização' em grupos. Em K, o grupo se incrementa pela introdução de novas ideias ou pessoas. Em –K espolia-se o valor da nova ideia (ou pessoa), e o grupo, por sua vez, sente-se desvalorizado pela nova ideia. Em K, o clima é conducente à saúde mental. Em –K, nem o grupo nem a ideia sobrevivem, parcialmente pela destruição incidente à espoliação e parcialmente pelo produto do processo espoliativo"* (LE, 99).

A continuação e melhor esclarecimento a respeito da natureza dos produtos de processos expoliativos podem ser estudados em *Transformations, Attention and Interpretation* e *A Memoir of the Future*.

Na construção artificiosa (e não artificial) de –(♀♂), e na implementação de menos K (–K), não se trata de falta ou ausência de conhecimento – mesmo que em termos práticos, no final, isso possa ocorrer. Trata-se de um conhecimento a serviço do princípio do prazer-desprazer. Obtenção imperiosa de prazer, inescapável de seu inverso, ocorrendo de modo simultâneo – evasão de desprazer – origina-se de destruição do senso de realidade (ST, 119). Fica expresso, por exemplo, quando pessoas se utilizam de verdades, ou do que no nascedouro era verdade, alienadas de intenções de alcançar, ou obter, ou comunicar verdade. –K cria inverdade com fragmentos bem escolhidos de verdade, expressos de modos mentirosos; por exemplo, com omissões. Destituído de qualquer intenção para conduzir acrescimentos de conhecimento, mas pleno de processos para extinguir esse conhecimento. Por exemplo, um político fica ciente de dados que provam que seu competidor, um segundo político, é corrupto. Esses dados são reais; o segundo político realmente é corrupto. O primeiro político conhece bem como obter os dados, pois também é corrupto. Denuncia publicamente esses dados, que, em si, expressam verdade. No entanto, o objetivo, a intenção – vencer eleições, extinguindo o que lhe parece inimigo – fica alienado, permanece omitido nas falas e omitido; tal uso de verdade transforma-a, pelo contexto, em mentira. O objetivo declarado e anunciado é falso: finge proteger interesses públicos.

O desenvolvimento das observações e da teoria a respeito de alucinose permitiu maior precisão à descrição do âmbito "menos", ou "negativo" (–), e do "menos continente/contido", verificável durante uma sessão de análise: um *"um inferno feroz de ávida não-existência"*, no qual pacientes imersos na personalidade psicótica – aqueles que ocupam em tempo integral e dedicação exclusiva à posição esquizoparanoide, ou cuja paranoia embebe o que poderia ser a posição depressiva,[79] permanece colorida por paranoia – tentam impor seu sentimento de que existiria, na sessão de análise, uma *"relação entre os contendores delineada para provar a superioridade do pacien-*

---

[79] Sob classificação psiquiátrica: esquizofrênicos, maníacos, histéricos, obsessivos, fóbicos.

te e de alucinose sobre o analista e psicanálise. . . . Em consequência, há uma questão difícil para o analista, qual seja, conduzir-se de modo que sua associação com o analisando seja benéfica ao analisando. A prática, na visão do paciente, é a instituição da superioridade e rivalidade, inveja e ódio sobre compaixão, complementação e generosidade" (T, 133, 142).

O âmbito "menos" (em notação matemática, [–]) refere-se à natureza da "não-coisa", da ausência, inseparável da "coisa" (que pode ser denominada presença, embora Bion não tenha se utilizado desse vocábulo a não ser quando se referia ao seio), criado pelos que sentem que não conseguem tolerar a "não-coisa", ou ausência; em outras palavras, pessoas que sentem não poder tolerar frustração. Originalmente, no desenvolvimento psíquico, do seio. Trata-se de um estado ávido, em que e quando a pessoa perde a capacidade de abstrair. Originalmente, a pessoa fica praticamente incapacitada a abstrair da concretude sensorialmente apreensível, o sentido do que é um seio. Incapaz de reconhecer um seio que nunca é o seio que a pessoa deseja, não consegue conceber "Seio" como categoria platônica. "Nada" substitui a "não-coisa". Trata-se de um processo de destituição contínuo e evolutivo, como se fosse um vórtice infindável, de diâmetro mais amplo. Um termo oriental mais utilizado nos anos 2000, "tsunami", pode constituir-se como analogia: *"sua característica predominante que posso apenas descrever como sendo 'destituizice'.*[80] *Trata-se de um objeto interno destituído de um exterior. É um tubo alimentar sem um corpo. É um superego que não possui praticamente nenhuma das características do superego, conforme ele tem sido compreendido na psicanálise: é um "super" ego. É uma asserção invejosa da superioridade moral, sem qualquer moral. De modo sumarizado, é o resultado de uma remoção ou expoliação descrita em 5, como a que existe, em sua origem, entre duas personalidades. O processo espoliativo prossegue até que –♀ –♂ representam pouco mais do que uma superioridade e inferioridade, que, por sua vez, degenera em nulidade"*. Este estado, "destituizice", substitui, em alucinose, uma falta real de algo sentido como importante, ou que realmente seja importante.

Processos de conhecer podem trazer ou tornar possível algum grau de tolerância da "não-coisa"; de modo último, podem trazer ao mundo mais um cientista, ou mais um artista, ou uma dupla parental criativa, ou um filho e sua mãe, e o pai. O leitor pode consultar os verbetes "não-coisa", "não-seio" e "teoria do pensar": *"Pode-se conceber o âmbito do pensamento como um espaço ocupado por não-coisas"* (T, 106).

Espaço menos K (–K): o "espaço" da alucinação

Pode-se apreender estados alucinatórios de modo proveitoso, quando se lida como eles – sempre utilizando a terminologia de Bion – como *"uma dimensão da*

---

[80] Um estado de destruição invejosa e ávida; o termo em inglês utilizado por Bion é *without-ness*.

situação analítica na qual, juntamente com as outras 'dimensões' restantes, esses objetos são 'sensorializáveis' (caso incluamos a intuição analítica, ou consciência, seguindo uma indicação de Freud, como um órgão sensorial da qualidade psíquica).

Caminhando mais em direção à definição desse espaço, consideramo-lo um 'espaço' –K e contrastamo-lo com o 'espaço' K – o espaço no qual normalmente se considera que a análise clássica ocorra e no qual as manifestações transferenciais clássicas tornam-se 'sensorializáveis'. Usando novamente as analogias (elementos C^3) que já empreguei, é possível descrever o 'espaço' –K como o lugar onde o espaço costumava estar. Fica preenchido com objetos violenta e invejosamente ávidos de toda e qualquer qualidade, coisa, ou objeto, por sua 'obsessão' (por assim dizer) de existência. Não proponho levar minhas analogias além da indicação que o 'espaço' –K é o material no qual, e com o qual, e sobre o qual (etc.) trabalha o 'artista' em transformações projetivas. Já que espaço pode distorcer facilmente uma analogia, proponho abandonar o termo e falar de transformação em –K" (T, 115).

Falhas e distorções na apreensão do conceito: menos K (–K) não é falta de conhecimento; existe um significado: "em K, o particular pode ser generalizado e tornado abstrato, mas em –K o particular torna-se espoliado de qualquer qualidade que em alguma ocasião tenha tido; o produto final é espoliação, e não abstração" (LE, 75). –K produz conhecimento notavelmente utilizado em algumas situações humanas – como a intuição jurídica (ou disciplina do direito); extensamente utilizado na atividade publicitária e política, para convencer pessoas daquilo que é falso. Um exemplo na prática analítica é a propaganda, por alguns membros do movimento analítico, de que uma "análise clássica" seria uma prática inferior *vis-à-vis* a uma análise cujo praticante segue linhas escolásticas, caracterizadas por sufixos como "-anos" (para as pessoas que assim creem) ou "-ismos" (para a escola de crença).

Menos L (–L)

A letra L precedida do sinal matemático que denota, na Teoria dos Números, os números negativos, compõe um símbolo para representar Amor no âmbito "menos", ou o âmbito "negativo".

Não se trata da prevalência básica dos instintos de morte apenas por relacionamentos em que haja somente ódio, como é o caso do H. No entanto, o exercício do vínculo –L, seja com pessoas, com coisas ou com eventos, pode estar mesclado com afetos odiosos. –L pode ser apreendido por algumas de suas manifestações fenomênicas: evasão de dor, ou apelar para subterfúgios, evitando-se enfrentar Verdade. Estou apelando para o recurso gráfico de escrita com letra maiúscula: qualquer verdade; que sempre se apresenta como transformações fenomenicas = que podem ser denominadas verbalmente de "uma verdade", emergindo naquele momento exato de vivência. Verdade, neste método de notação que estou propondo, baseado nas cosntribuiçoes de Bion, difere de "a verdade" - que expressa sensaçÕes de posse sobre a verdade última. Por exemplo, apelos para sedução: comportamentos obsequiosos; amizades de ocasião; na relação mãe-bebe, mimos; casos como roubos de recém-nascidos também servem como exemplo para constatar-se presença do vínculo –L. Exercer –L implica indiferença e falta de compaixão; sua função é destruir qualquer exercício do vínculo L (amor). Concretizações excessivas, manifestadas pelo fenômeno de avareza, apelo a consumismos, e também fenômenos sociais, como nazismo, stalinismo, demagogia; ou o exercício de tortura. Uma manifestação cinematográfica de –L pode ser encontrada em uma obra de Ingmar Bergman, *Fanny e Alexander*, **e em fenômenos mortíferos da Inquisição.**

Referências cruzadas recomendadas: Vínculo; Menos (ou negativo).

& Bion fornece uma descrição detalhada do exercício de – (q.v.), e da ação do âmbito negativo em sessões de psicanálise, além das interações entre continente e conteúdo no âmbito do "negativo". Isso não ocorre com o exercício do vínculo –L (e também de –H). Talvez os dois estejam implícitos. Expansão clínica sobre –L pode ser encontrada em outras obras (Sandler, 2002a e 2011, pp. 13-78).

Mente

A mente . . . é um fardo pesado demais, que a besta dos sentidos não consegue carregar. (AMF, I, 38)

Bion utiliza-se do termo "mente". O termo é de origem latina; corresponde ao termo grego *psyche*.

Como psicanalista, parto do princípio de que existe uma realidade que se aproxima dos termos "pensamento", "mente", "personalidade". Suspeito – e isso não é mais que uma intuição ou suspeita – que a mente e a personalidade têm uma contrapartida física. . . . Nesse contexto, assumo que toda psique tem uma contrapartida física no sistema nervoso central. . . . Lateral, profundo, superficial, fundo, precoce, tardio – todos esses termos são mais apropriados à consciência temporal, espacial . . . mas não o são se existe um domínio em relação ao qual seja possível ser mentalmente consciente. . . . Somos compelidos a usar essa linguagem para a comunicação de algo para o qual ela não foi projetada e do qual ela mesma é um produto. (AMF, I, 184)

A linguagem de Bion

Existe um âmbito em que o ser humano é, de fato, mentalmente consciente de si mesmo? Freud atribuiu essa função à consciência ou, mais precisamente, ao sistema consciente, que pode ser visto teoricamente segundo a hipótese de Freud: o órgão sensorial para percepção de qualidades psíquicas. Bion precisou de mais de dez anos para digerir e aceitar essa definição (o leitor pode consultar o verbete "trabalho onírico alfa").

Sendo necessário o acionamento, por assim dizer, do sistema consciente para que possamos lidar com o sistema inconsciente – Freud e Bion abreviaram a grafia para "consciência" e "inconsciente" –, pode-se perceber que aquilo que é inconsciente permanecerá inconsciente. Sugerimos, dado o fato de que "inconsciente", em nossa época, tornou-se jargão e degenerou-se em concretizações, que passemos a utilizar um sinônimo desse termo, "não conhecido". No alemão utilizado por Freud, *unbewußt*. A única vantagem dessa disciplina no uso do termo é que "não conhecido" (ou desconhecido) ainda não se tornou jargão; não foi institucionalizada pelo movimento psicanalítico. Talvez seja um problema insolúvel, expresso por um enunciado de Bion: *"somos compelidos a usar essa linguagem para a comunicação de algo para o qual ela não foi projetada e do qual ela mesma é um produto"*. Trata-se do mesmo problema que cerca a situação edipiana: nenhum de nós, seres humanos, poderemos realmente saber como fomos concebidos. O termo "mente" é uma tentativa, fadada ao fracasso, para descrever o âmbito dos *numena* – na linguagem proposta por Bion, "O". Demarcar o problema, em si mesmo, pode servir, pelo menos, para marcar a existência desse âmbito. Que pode ser intuído, mesmo não sendo "sens-ível" – e, portanto, não poderá ser apreensível totalmente, mas apenas transitoriamente, por relances.

Os termo "mente" e *"psyche"* remontam a tempos pré-psicanalíticos. Houve uma "filosofia da mente" na mesma época em que houve uma "psicofísica" – que tentaram abordar questões hoje abordadas pela psicanálise.

> Até aqui, o termo "mente" mostrou-se útil. Eu mesmo me proponho a usá-lo, mas não com o objetivo de escrever um registro filosófico, ou religioso, ou artístico, ou qualquer outro. Proponho-me utilizá-lo como um termo desprovido de significado, útil para falar ou escrever sobre o que *não* sei – para marcar o "lugar onde" poderia existir um significado. (AMF, I, 141)

Com a finalidade de incrementar o poder comunicacional de uma palavra – "mente" - investida de uma enorme penumbra de significados, Bion circunscreve e ao mesmo tempo expande as aplicações clínicas provenientes das hipóteses e modelos científicos de Freud: nos dois princípios do funcionamento mental, expande as funções de ego (verbete "Grade"). Nos três sistemas do aparato psíquico, pretere a palavra "pré-consciente", para algo que lhe pareceu mais preciso, igualmente encontrável no trabalho de Freud: barreira de contato. Aprofunda o modo de lidar com trabalho onírico, incluindo aquele que ocorre em vigília. Na situação edipiana, na versão de Sófocles, acrescenta ao exame de Freud outros aspectos, que não apenas o sexual: as tentativas desenfreadas a uma verdade inatingível, por onipotência e auto-ódio em personagens de sexo identificado e não claramente identificado: Laios, Édipo, Tirésias, Jocasta, a Esfinge, a Pitonisa. Bion se utiliza de uma mescla de formulações verbais com notações quase- matemáticas para representar aspectos do funcionamento mental da personalidade psicótica – termo cunhado por ele mesmo. A gênese e desenvolvimento do pensamento, conjugados com funções do ego, deu origem ao instrumento para avaliar o valor-verdade de enunciados intrassessão, assim como qualificar graus de desenvolvimento ou seu inverso, dos processos de pensar. Tudo isso permitiu elaborar teorias de observação psicanalítica: a teoria da função-alfa e a teoria de Transformações e Invariâncias, além de teorias de psicanálise propriamente dita, como a teoria do pensar, a teoria do continente-conteúdo e as duas teorias integradas sobre vínculos.

No entanto, os vários conceitos propostos por ele, e também termos específicos igualmente cunhados por ele, ou emprestados de outras disciplinas científicas para finalidade psicanalítica, pareceram-lhe falhos – principalmente pelo uso distorcido ao qual testemunhou estarem sendo submetidos por membros do movimento psicanalítico. Notou o triste destino das teorias úteis elaboradas anteriormente, também por uso indevido e mal-entendidos por membros do movimento psicanalítico. Decidiu então tentar utilizar mais um meio de comunicação – uma linguagem coloquial, sob forma dialógica (o leitor pode ver o verbete "jargão", e os verbetes sobre os conceitos básicos de Bion, "função-alfa", "elementos-alfa", atenção e interpretação etc.). Tentou descrever, quase literariamente, e com a ajuda de um grande número de contribuições de considerável parte de obras de autores de filosofia, de teoria da ciência, de matemáticos, de poetas e teólogos, conceitos fundamentais em psicanálise, como transferência; estados oníricos; as condições de exercício de feminilidade e masculinidade; aspectos da situação de filiação; e situações grupais, como guerra e paz – sempre sob o vértice psicanalítico. Seria o exercício de atividades "mentais", sob forma escrita. E outras expressões fenomênicas do que denominamos "mente", por meio de situações-tipo na realidade da vida tal como ela é, incluindo situações alucinatórias e delirantes, e estados de despersonalização, caracterizando estados em que as pessoas podem ocupar a posição esquizoparanoide e transitar para a posição depressiva, e vice-versa. Aquilo que chamamos de "mente" emerge na descrição de algumas contrapartes na realidade; e em algumas crenças religiosas e observações científicas, integradas no vértice psicanalítico de observação. Isso constitui os três volumes finais de sua obra, sob o título, *A Memoir of the Future*:

P.A.: Você fala como se não tivesse nenhuma dúvida de que vocês – estou querendo dizer as "personalidades" que eu conheço como sendo "vocês" – são idênticos à anatomia física e estrutura psicológica com as quais todos estão familiarizados.

ROBIN: Bom, é claro que eu tenho uma mente.

ROLAND: É isto que nós estamos discutindo.

ROBIN: Se nós pudéssemos falar na língua da matemática...

PAUL: Se nós pudéssemos falar na língua da religião...

ALICE: Se nós pudéssemos aprender a enxergar pelo menos o que os artistas pintam... (AMF, II, 230)

ROLAND: Em uma época, houve um jogo no qual a pessoa precisava combinar determinados elementos musicais – segundo regras estabelecidas – com números aleatórios obtidos após lançar-se um par de dados. O resultado obtido era registrado em uma pauta musical, dando um certo ar de "Bach", ou "Beethoven", ou "Mozart".

ROBIN: Pode ser que haja um modo de se combinar linhas, triângulos ou outras formas para se produzir um esboço do tipo "Leonardo". Houve o caso de um atleta que falou de "ler" o movimento do adversário.

PAUL: Qualquer músico perceberia que não foi Beethoven quem escreveu a música.

P.A.: Faltaria Beethoven. O ato mecânico de jogar dados não poderia tomar o lugar de Beethoven...

PAUL: ... ou Kant, ou Freud, ou Leonardo.

P.A.: Assumimos que existe um "pensamento para ser pensado em bloco", ou um Deus para ser venerado, ou uma mente que seja encoberta, ou revelada por notas ou nomes rabiscados em um papel. Nosso problema é "que mente"? É apenas uma mente suficiente para se coadunar às regras que orientam a proeza "atlética" do lançamento de dados e de criar o "jogo" e as regras, ou capaz de expressar um espírito que nós chamamos de Bach ou Mozart ou Platão...

PAUL: ... ou uma Catedral de Chartres, ou um Hermes de Praxiteles, ou um Teorema de Pitágoras...

P.A.: ... sem a interveniência do "acaso" aparentemente revelado após a queda dos dados? (AMF, II, 263)

ROSEMARY: Pensei que você acreditava na mente.

M

P.A: Você poderia chamá-la disto. *Eu a chamo assim porque tenho que falar às mentes humanas e não posso executar tal ato sem acreditar que elas existam.* (AMF, II, 358)

"Mente" é um dos objetos parciais fictícios de Bion, colocado sob forma dialógica, em termos de associações livres, com outros objetos fictícios, no terceiro volume de *A Memoir of the Future*. *É utilizada como sinônimo de "Psique" – do mesmo modo* como os antigos romanos e povos europeus na Idade Média fizeram. Pode-se dizer que o texto a seguir expressa a "Mente" ou "Psique" em funcionamento, como se fosse um tipo de personagem. Bion alerta sobre a necessidade de tolerância de um paradoxo, e da indivisibilidade última daquilo que nós, em profundo desespero por ignorância, negamos ignorar e executamos, alucinatoriamente, clivagem do "inclivável":

MENTE: Oi! De onde foi que vocês saíram?"

CORPO: O quê? Você, de novo? Eu sou Corpo – se quiser pode me chamar de Soma. Quem é você?

MENTE: Chame-me de Psique – Psique-Soma.

CORPO: Soma-Psique.

MENTE: Devemos ser parentes.

CORPO: Nunca – se depender de mim.

MENTE: Ora, deixa disto. Não é tão ruim assim, é?

CORPO: Muito pior. Você nos meteu neste ar. Por sorte, eu trouxe algum líquido comigo. O que você está fazendo?

MENTE: Nada! Devem ser os meus frenos – este diafragma aí, subindo e descendo. Estou inspirando ar – fluido, não líquido. Para que você trouxe este troço úmido aí? Cheira bem.

CORPO: Você nunca saberia nada a respeito do cheiro se eu não tivesse o líquido para agregar seus átomos. Típico da Mente – palavras, palavras, e nenhum conteúdo. Onde foi que você as achou?

MENTE: Emprestadas do futuro – e você as está emprestando de mim; o que faz com elas? Você as enfia pelo diafragma?

CORPO: *Elas* penetram-no. Só que o significado não passa. Onde você consegue suas dores?

MENTE: Emprestadas – do passado. E o significado também não passa pela barreira. Gozado, hein? O significado não passa nem de mim para você nem de você para mim.

CORPO: É o significado da dor que eu estou lhe enviando; as palavras que eu não enviei passam – mas o significado se perde.

MENTE: O que é esta coisinha linda, apontando para fora? Gostei dela. Tem uma mente própria – igualzinha a mim.

CORPO: É igual a mim – tem um corpo próprio. É por isso que ele é tão ereto. Não existe a menor evidência para a sua mente.

MENTE: Não seja ridículo. Eu sofro de ansiedade tanto quanto você tem dor. Na verdade, eu tenho dor em relação a coisas que você nada sabe. Sofri intensamente quando fomos rejeitados. Eu te pedi para me chamar de Psique e prometi te chamar de Soma.

SOMA: Tudo bem, Psique; não admito que exista uma pessoa que não seja um artefato de minha digestão.

PSIQUE: Então... Com quem você está conversando?

SOMA: Estou falando comigo mesmo e o som é refletido de volta por uma de minhas membranas fetais.

PSIQUE: Uma de suas membranas fetais! Ah, ah! Muito boa, esta! Fui eu ou você quem fez esse trocadilho?

SOMA: Esta é a única linguagem que você entende.

PSÍQUE: Esta é a única linguagem que você ouve. Tudo o que você fala é dor. (AMF, III, 433-434)

Explicita-se o significado "prolixo"[81] – mais do que "mundano"[82] – do termo "mente". Em outras palavras: o termo "mente" é usado, apenas e tão somente, como um modelo. Busca representar uma contraparte na realidade que é, em última análise, inefável, de tal forma que a tarefa de formulá-la verbalmente está condenada, antes mesmo de aparecer, a falhar. O sucesso relativo dessa formulação depende da experiência do ouvinte; especificamente da intuição em relação à apreensão do âmbito dos *numena*; usualmente dito, o âmbito platônico-kantiano: o sistema inconsciente, ou desconhecido. Para o exercício dessa intuição, parece-nos necessário não descambar para o erro do realista ingênuo – como denominado por Kant –, abandonando a ilusão de que os nossos órgãos sensoriais seriam suficientes para apreendermos a realidade.

Seria verdadeiro isentar poetas dos fracassos de formulações verbais para aproximações à realidade? Para os não poetas, sejam eles emissores ou receptores, a falha de formulações verbais é muitas vezes sentida como intolerável – uma ofensa à onipotência humana. Usualmente, evade-se para concretização. Assim que se obtém

---

[81] *Wordy*.
[82] *Worldly*.

um nome, observa-se a tendência para que prevaleça uma sensação, de que se resolveu a questão, pela própria formulação do nome. O nome passa a substituir e faz cessar qualquer investigação ulterior sobre sua contraparte na realidade. A extinção da investigação impede mais descobertas – incluindo a possibilidade de não existir contraparte na realidade para aquele nome.

O resultado é que termos como "mente" adquirem o valor do "como se". O "como se" passa despercebido como tal, adquirindo, para aquele que executa o ato de falar o nome, o valor de "como" (que significa "igual"). Do ponto de vista analítico, ocorre o que Klein descreveu como equação simbólica (nome mais atribuído no movimento psicanalítico a Hanna Segal, que foi divulgadora dele, mas não a descobridora, nem a pessoa que o cunhou). Assim que o observador do termo o pronuncia, sente que é "dono" e "possui" a realidade que o termo busca expressar, mas não consegue.

As pessoas falam sobre uma ou a mente, como se de fato isso existisse, para além do âmbito do discurso. Desconsidera-se demasiadamente que "mente" pode ser, no melhor cenário, apenas uma hipótese. No entanto, muitos membros do movimento psicanalítico, sem nenhuma diferença com o lugar-comum dos leigos, lida com a "mente" como se tivesse o *status* de uma tese comprovada. Em outro estudo, o autor deste dicionário catalogou 54 nomes propostos para "isso"; ou talvez "isto": frenos, timo, psique, mente, alma, personalidade, espírito, aparelho psíquico ou mental, caráter, ego, id, *self*, superego, inconsciente, consciente, e 38 outros. Ao chegar nesse número, desistimos, com a observação de que, quanto menos sabemos que seja algo, mais nomes esse algo tem. Todos esses nomes gozaram de períodos de glória e popularidade. Foram pronunciados com um senso de iluminação por algumas pessoas que apenas modismos possuem. Às vezes, desaparecem e ressurgem, apenas para recair no esquecimento em algumas décadas, ou por vezes séculos – conferindo verdade à observação de Bacon: "toda novidade não passa de esquecimento" (em *The Vissitudes of Things*). A incerteza é negada pelo observador tão logo ele atinja um estado (estado "mental"...) de iluminação quando o termo "mente" (ou seja qual for) for pronunciado. É um estado indistinguível daquele que caracteriza a religiosidade de grupos; ou de membros de uma gangue. De "prolixo" a "mundano": o significado imaterial é substituído, em alucinação, por uma propriedade ou qualidade concreta.

. . . posso argumentar que a mente e seus trabalhos têm grande importância; o resto, uma total estupidez em estado nascente, chamado "o inconsciente", é misturado, glorificado e idealizado como um tributo posterior à mente. . . . A personalidade, ou mente, assim retratada psicanaliticamente em detalhe, é um fotograma recente de uma realidade existente há muito tempo, que tem significado apenas na medida em que uma anatomia física arcaica possa tê-lo. A psicanálise poderia parecer um fenômeno efêmero que denuncia certas forças na superfície em que a raça humana bruxuleia, tremeluz e esmaece, em resposta a uma realidade não conhecida, porém gigantesca. (AMF, I, 111-112)

HOMEM: É raro, pelo menos entre os psicanalistas, imaginar que o máximo que sua ciência pode fazer é mapear a natureza da mente. A própria "descoberta" da mente depende do trabalho de filósofos que alcancem progressos paralelos à descoberta micromolecular no domínio físico. Pode-se verificar que a mente e, com toda certeza, a mente humana são algo que tem um crescimento muito diminuto e muito embrionário. Do mesmo modo, pode parecer miraculoso que uma mente, equipada com um sentido visual, possa "ver" coisas inacessíveis ao paramécio cego, e poderia parecer profético – e não um senso comum aplicado – que uma pessoa capaz de *insights* pudesse detectar algo para o qual a uma outra pessoa pareceria faltarem evidências. Talvez um paramécio tivesse que acreditar em "deus". E que deus seria mais adequado que o homem? E o que mais adequado ao homem que algum "super-homem" disponível? Como tornar isso apropriado à veneração por meio de algum bem-arrumado sistemas de mentiras e embustes? Como lidar com isso de maneira mais fácil do que por um bem-arrumado sistema de mentiras e embustes "científicos" "expondo" mentiras e embustes?

ROSEMARY: Com frequência se oferece dinheiro, moral, "honrarias", posição e poder a mulheres que aceitam a falsificação como verdadeira e que oferecem sua "riqueza" e seus "bens", prostituídos de maneira igualmente fácil, do mesmo modo como comida e preparados farmacológicos podem ser oferecidos, à guisa de embuste, pelo prostituto homem, assim como pela prostituta mulher. E então a mente se torna disponível a uma extensão ainda maior de mentiras, enganos e evasões, para produzir mentirosos e embustes maiores e melhores do que qualquer mente "humana" tenha até agora conseguido . . .

HOMEM: Quando a mente $\pm$ tiver sido mapeada, as investigações podem revelar variações nos vários padrões que ela demonstra. É possível que o mais importante não seja, como os psicanalistas presumem, apenas revelações de doenças ou enfermidades da mente, mas padrões indiscerníveis no domínio no qual Bio $\pm$ (vida e morte; animado e inanimado) existe, pois a mente abarca um espectro da realidade muito inadequado. Quem poderá liberar a matemática dos grilhões revelados por seus vínculos genéticos com os sentidos? Quem poderá encontrar um sistema cartesiano para transformar novamente a matemática, análogo à expansão aritmética efetuada pelos números imaginários e números irracionais; ou às coordenadas cartesianas ao libertar a geometria do jugo de Euclides, abrindo o domínio dos sistemas algébricos dedutivos; ao da desajeitada infância da psicanálise, do domínio da mente baseada na sensualidade? (AMF, I, 129-130)

Bion expande um diálogo fictício que engloba várias tentativas religiosas, artísticas, astronômicas, míticas e matemáticas de apreender a realidade. Poderia ser percebido como a contraparte na realidade que corresponderia a "expressões da mente", ou aquilo que chamamos "mente" em si em funcionamento:

"Sou uma história divertida. Sou um livro infantil. Sou o país das maravilhas. Sou uma história infantil. Você está rindo enquanto dorme. Você está acordando. A história engraçada que fez você rir vai fazer você chorar. O sonho infantil vai crescer e se tornar adulto, o pesadelo vai te levar para fora de casa bem devagarinho, como o soneto de Shakespeare . . . lançarei a ti e a teu rebento de volta ao domínio de onde viestes disfarçado de Palinuros, de Urânia . . .

"Sou o sonho horrendo que transformou Ficção Científica em Fato Científico. Transformei uma noite horrível num dia mais horrível ainda. E você?

"Sou o pensamento buscando um pensador que me dê nascimento. Destruirei o pensador assim que o encontrar. Sou a Odisseia, a Ilíada, a Eneida. Evitei que Marte me destruísse, mas devorei Marte por dentro, por fora, e então ele morreu. Ele é uma memória e um desejo; eu sou o eternamente vivo, indestrutível, indispensável, venerável. Sou a força que faz os livros. Meu triunfo último é a Mente. A mente que é um fardo pesado demais, que a besta dos sentidos não consegue carregar. Sou o pensamento sem pensador e o pensamento abstrato que destruiu seu pensador . . . (AMF, I, 37-38)

Uma questão prática – não filosófica, nem teórica – provê o motivo condutor do conceito; perceber as dificuldades envolvidas na investigação da "mente" permite que se faça uma investigação de fato. Faz parte dos alertas quanto às desorientações, por membros do movimento psicanalítico. Acreditar cegamente que existe "a mente" produziu uma ideologia: "daqui não passo". Produz um estado automático, que se autoalimenta, de si mesmo – impedindo uma investigação analítica real, produzindo equívocos e desperdício:

O ponto prático é não continuar com investigações da psicanálise, mas sim da psique que ela denuncia. *Isso* precisa ser investigado por meio de padrões *mentais; isso* que é indicado *não* é um sintoma; *isso* não é uma causa do sintoma; *isso* não é uma doença ou *algo* subordinado. A própria psicanálise é apenas uma listra na pele de um tigre. Em última instância, ela pode conhecer o Tigre – a Coisa-em-Si – O. (AMF, I, 112)

A linguagem de Bion

"Mente": seu funcionar, e o analista

Dificuldades em apreender a contraparte na realidade correspondente à "mente" vincula-se à erudição. Alexander Pope fez muitos alertas que ajudaram alguns ingleses a evitar os problemas derivados de erudição estéril: "O tapado livresco, ignorantemente letrado/ vive atolado/ em madeiramento inútil" ("The bookful blockhead, ignorantly read/With loads of learned lumber in his head. O maestro Thomas Beecham usou o alerta: "Um musicólogo sabe ler música, mas não a ouve"; Bion traz o alerta para analistas: ". . . *o erudito pode ver que uma descrição é de Freud ou de Melanie Klein, mas permanecer cego para a coisa descrita*" (AMF, I, p. 5).

> A ficção pode ser tão retórica a ponto de se tornar incompreensível; ou tão realista que o diálogo se torna audível para os outros. Ocorre assim um duplo medo: o medo de que a conversa seja tão teórica que os termos possam ser considerados um jargão completamente desprovido de significado; e o medo da realidade aparente. Sente-se como loucura o fato de se ter duas séries de sentimentos a respeito dos mesmos fatos, e, consequentemente, desgosta-se desse estado. Essa é uma razão pela qual se sente que é necessário ter um analista; outra razão é o desejo de que eu esteja disponível para ser considerado louco, e usado para ser considerado louco. Existe um receio de que você possa ser chamado de analisando, ou, reciprocamente, de que possa ser acusado de insanidade. Será que eu poderia ser suficientemente forte e flexível para ser considerado e tratado como insano, sendo ao mesmo tempo são? Se é assim, não admira que se espere que os psicanalistas, quase que como uma função do papel de analista, se preparem para serem insanos e serem chamados como tal. É parte do preço que eles têm que pagar por serem psicanalistas. (AMF, I, 113)

A contraparte na realidade que a formulação verbal "mente" pretende apresentar parece pertencer ao âmbito dos *numena*. Isso significa que emoções primitivas como medo, dor, capacidade de crueldade e avidez existem e podem prevalecer ao se tentar considerar a mente na sua forma mais pura e simples. Bion usa uma metáfora para questiona a crença de que a mente humana se desenvolveu, nos últimos setenta milhões de anos. O leitor poderá examinar *A Memoir of the Future*, tomo I, páginas 33-39, 55, 58-63, 75-82, 83-100, 186-194; e o "casamento" de Rosemary, tomo II, pp. 365, 391 e seguintes, para analisar criticamente ideias a respeito da "mente", ou que isso, caso exista, abrigaria apenas ciência e arte; ou será a realidade última do ser humano abriga sublimidade e bestialidade?

Será correta a suposição de que a idade dos répteis antecedeu a Hitler ou será isso uma característica de nosso processo de pensamento que se tornou uma aberração, que não tem sido considerada como tal, mas que acabou se tornando parte daquilo que é observado? (AMF, I, 86)

A Memoir of the Future é um condensado que tenta descrever uma série de crenças alucinatórias e delirantes compartilhadas socialmente – igualmente produtos daquilo que se convenciona denominar mente, ou aparato psíquico. O leitor se defronta com uma análise crítica ampla e abrangente, sob o ponto de vista psicanalítico, da tragédia humana – incluindo o desaparecimento do que denominamos "vida", que denominamos "morte"; e parte de nossas frágeis tentativas de entender o que vida e morte vêm a ser. Tivemos mais sucesso em intuir, mas não entendê-los; e mais ainda no que tange ao desaparecimento. O texto não é nada pobre em dúvidas e referências bem-humoradas e respeitosas a muitos dos conceitos elaborados por Freud, bem como conceitos neurológicos, físicos e matemáticos básicos: tentativas de apreender algo dessa tragédia em termos não literários. Por exemplo: a elaboração dos sistemas inconsciente e de seu órgão sensorial vinculado, o sistema consciente; qualidades do sistema inconsciente; uma certa enumeração de hipóteses sobre hipóteses sobre hipóteses que caracterizaram o trabalho de Freud – algo enfatizado por ele mesmo; o leitor pode consultar as páginas 378 e 379 de *Cogitations*. Bion não se evade de dúvidas sobre os alegados efeitos considerados como positivos, e somente positivos, nos processos de conhecimento de nossa civilização. Constata uma vez mais, como já houve anteriormente, uma verdade sempre enterrada e que tem parecido, ao longo de pelo menos dois milênios, precisar ser resgatada: um trabalho percebido por Platão, expresso por uma figura mítica – o Demiurgo. Um trabalho descrito por vários autores mais atuais, como Max Weber e Friedrich Nietzsche: tentativas humanas de conhecer, sempre dependentes de estabelecer pontos de vista, ou vértices (demasiadamente confundidos com meras ideologias), resultaram, pelo menos até agora, e de modo predominante, em pelo menos dois percursos: (i) mais questões; ou (ii) imensos edifícios de conhecimento cindido que afundam sob seu próprio peso, tendendo a uma plenitude de vacuidade prática. A metáfora de uma concha vazia, ou de que, no final das contas, resta apenas um esqueleto, pode ser evidenciada por fenômenos sociais, como a "secularização" das igrejas ou de qualquer instituição; ou de erudição desprovida de sabedoria; ou conhecimento desprovido de amor:

ALFA: E mesmo em relação a mim, meus pensamentos e sentimentos perdurarão por muito tempo depois que eu tiver acordado, e permanecerão ativos e vivos na minha vida acordada por muito mais tempo do que se espera ou supõe (quem supõe, meu Deus? Cala a boca!) que eu deveria estar morto e enterrado (onde?). Na terra do sono, do inconsciente, do esquecido, do... em qualquer outro lugar para onde eu tenha que ir – o Futuro vai fazer uma espécie de cemitério real, assim como o passado. Abaixo do tálamo. O cemitério real em Ur, Newton, Shakespeare, Descartes. Mas alguns foram tão profundamente enterrados, esquecidos, seus nomes foram de tal forma tragados que eles precisam libertar-se da cova. Mesmo as metáforas se tornam vivas, do contrário as palavras necessárias adquirem qualidades da "vida". (Mas metáforas malditas. Quem é que pode ficar borbotando uma verborragia como essa?) Você poderia tentar chamá-lo de "Esquizoparanoide" depois – muito tempo "depois" – de Melanie Klein. Boa ideia, vem, vem, cachorrinho esquizoparanoide bonzinho, vem, olha aí uma boa pratada de jargão pra você. Está desconfiado? Segura essa, então! Outro montão de associações livres, sonhos e as interpretações deles, poesia ("tudo mente", disse Platão, um sujeito safado, matreiro e altamente suspeito), é lançado sobre os pobres nenês recém-nascidos. Eles chamam a coisa escassa, minúscula, de "Inteligência". Cadê aquela Anarquia de pontos e aspas e Parênteses intermináveis? Sterne, não é assim que eles o chamavam? As Anarquias do mundo da escuridão guardam um trono para ti, Inteligência minúscula e escassa. Uma rosa que tivesse outro nome... poderia muito bem cheirar mal, ainda que você a chamasse de "meio ambiente saudável".

Vem cá, seu cachorrinho malvado! – Hitler, meu querido, que Hitler mais lindo, que bonito, que menininho mais fofo! Isto é o que se pode chamar de um meio ambiente saudável de verdade! Não só lavado, mas ainda banhado nos nossos chuveiros de Auschwitz. Que aroma – ah! Você não pode imaginar como são gostosos e refrescantes esses banhos de chuveiro. Agora aqui vai uma mente novinha em folha. Um instrumento de discriminação muitíssimo superior ao nariz. Para obter um órgão de discriminação realmente superior, você só tem que conectar uma de nossas "mentes" ao antigo aparelho e este pequeno ajuste, acoplado ao nariz e a qualquer dos órgãos não *nonsense*! Sim: mas como é que eu vou saber se é charlatanice ou não? – Use-o! por que discriminar? – da verdade? Será que através disso vou poder saber, por exemplo, se essa mente da qual você fala é melhor do que todas as outras engenhocas inúteis que já me convidaram a acoplar, a um preço exorbitante, aos diversos arsenais de engenhocas que já possuo? Conheci um velho estegossauro fascinante que pensou ter encontrado a resposta para o tiranossauro. Acontece que a "resposta" foi tão boa que o transformou numa espécie de tiranossauro e o sobrecarregou com uma fama tal – para não falar no exoesqueleto – que ele acabou afundando sob seu próprio peso. Na verdade, ficou tão carregado que o único traço que sobrou foi seu esqueleto. É, mas esses mesmos ossos mortos deram origem a uma mente. Pois, enquanto todos os olhos se fixavam no conflito entre o destino e a armadura (não existe **nenhuma** armadura contra o Destino), o atacante penetrou, disfarçado de bombardeiro. Agora, a Mente... experimente. É só conectá-la com suas percepções sensoriais! Como é que eu vou saber se ela não vai se transformar em percepções extra-sensoriais – s.p. ⇔ e.s.p.? O animal, ou seja, você, que lê isto, e eu, que escrevo isto, e todos os constructos biológicos vivos têm um mecanismo inato de autodescartabilidade. Essa hipótese definitória, dogmática, compartilha o caráter do caráter que ela representa. Sobre essa hipótese definitória é construída a hipótese e o constructo do qual ela é o alicerce. (AMF, I, 59-60)

Referências cruzadas recomendadas: Estar-uno-a-si-mesmo (*At-one-ment*); Sonho; Jargão; Matematização da psicanálise; Psicanálise real; Trabalho onírico alfa; Animal que faz instrumentos; Ultra-sensorial.

Mentira

O pressuposto tácito de Descartes, de que pensamentos pressupõem um pensador, só vale para a mentira (AI, 103).

Bion questiona-se sobre a possibilidade de analisar um mentiroso (AI, 105), citando a visão de Melanie Klein, que achava impossível fazê-lo. Mantendo uma postura crítica – já visível, por exemplo, no enunciado autoritário de Descartes, pois Bion, ao questioná-lo, propõe a existência de "pensamentos sem pensador" –, observa que um *mentiroso é um fato importante em psicanálise, e sua importância aumenta a partir da natureza mentirosa daquilo que fala*" (AI, 104). A inabalável "busca por verdade-O" (AI, 29) parece caracterizar o *leitmotiv* da contribuição escrita por Bion. Uma concepção científica sobre verdade – talvez nova, em sua forma – emerge no todo da obra escrita por Bion: paradoxalmente, observa que podemos examinar aquilo que é verdade, quando verdade fica sob ameaça, influenciando um estado psíquico produtor de falsidades e mentiras.

Origens

Bion – obviamente, como todo e qualquer habitante da Terra – foi confrontado por mentiras durante sua infância e adolescência. Pode-se fazer uma hipótese geral: de que a intensidade e profundidade que mentiras possam ter, variam entre as várias pessoas, na medida em que a recepção daquele que é confrontado pode variar, por caracterisitas inatas. Bion foi submetido, durante a infância às práticas culturais na classe média da Inglaterra vitoriana e eduardiana. Incluiram uma educação religiosa protestante, e também interferiu o fato de que seu pai era um funcionário público do governo colonial na Índia. Os filhos, neste estamento social, eram obrigados a separar-se da família de origem. Isto ocorreu quando Bion contava com 8 anos de idade. Foi então apresentado, de modo abrupto, à hipocrisia social; e ao erro social, configurado por estas práticas de descuido em relação à infância. – um relato sincero aparece na autobiografia *The Long Week-End*. Era uma época em que se acreditava que crianças eram para serem vistas - mas não ouvidas.

Narrada de modo literário, este confronto proecoce com falsidades pode ser visto como se expressasse um primeiro teste para algo que anos depois, seria denominado por ele mesmo de "senso da verdade". Em torno de seus 19 anos de idade - sempre segundo seu relato na autobiografia, – Bion estava mergulhado em um estado psíquico tipico de uma imobilização na posição esquizo-paranóide: prevaleciam fantasias (sociais e dele mesmo) sobre a existência de apenas *uma* verdade; ou "a verdade" (q.v.; ST, 116). Tomou a forma de uma submissão isenta de crítica ou rebeldia à educação vigente na Inglaterra, que foi plenamente compartilhado por seus pais: havia apenas uma "coisa certa a fazer", escudado pela crença na posse da "verdade absoluta". Decretou-se que um garotinho de 8 anos tinha que estudar num país que ficava a milhares de quilómetros distante, separado por dois oceanos, tão longe dos pais, no espaço e no tempo. Se levarmos em contar as condições tecnológicas vigentes, podermos considerara que havia incomunicabilidade quase total: longas viagens ferroviarias e de navio e dificuldade de ter acesso ao telégrafo, reservado para autoridades governamentais superiores. A sensação de posse da "verdade absoluta" desalojou "Verdade": a de que as crianças precisam de alimentação psíquica proveniente dos pais, e não apenas uma alimentação sensorialmente apreensível. Bion investiga esta situação no conceito de "clivagem forçada" (q.v.) e de um super-ego assassino. "Dever" substituiu "Necessidade". Em *A Memoir of the Future*, Bion sugere, com bom humor, e por um trocadilho na língua ingles, a respeito de uma existência alucinatória social de um "deverismo" (*oughtism*).

> DU: Embora seja impróprio, adultos amadurecidos projetam-no no universo dos universos. Eles não vão nem mesmo estudar mecânica quântica, nem a mecânica obedece às leis que aplicam às suas frágeis mentes; eles não querem descobertas; descobertas que provoquem uma expansão de suas mentes. "Onde é que vou parar se a minha cabeça explodir com todas estas coisas? Como se interessasse saber aonde vão parar todos os experimentos já descartados! *Quo fata vocant*? *Quo fast et gloria ducunt*? "Só conduzem ao túmulo", disse o sabe-tudo que então briga com outros sabe-tudos. De sua inexpugnável fortaleza de fanatismo e ignorância, falou um obstinado: "Ouvi diferente", "louco", sussurra a ainda pequenina voz da rendição, à medida que restitui a sanidade. Vamos lá! Acorda!
>
> ROLAND: Você não vai gostar quando descobrir que é uma mente e tem de obedecer às leis da Lógica.

M

DU: Você não ia gostar de dormir ou acordar e ter que ficar obedecendo às ocultas leis do "Deverismo".[83] As leis de O – o *blanc* perfeito. Nenhum polo para a bipolaridade; nenhum meio para excluir, nenhum gênio para fazer o trabalho que você é muito preguiçoso para fazer; nenhum tolo para ousar ser suficientemente "bobo" para ser "santo". (AMF, II, 276)

Nas lembranças autobiográficas – *The Long Week-End* – e também em *A Memoir of the Future*, tenta demonstrar o quanto adentrou em sentimentos de natureza paranoide, imaginando-se em poder da verdade absoluta, prevalecendo sobre um senso da verdade (q.v.). Leitores atentos perceberão manifestações sobre vivências de mentira, consciente ou não: algumas aplicadas – infligidas? – sobre ele, por ele mesmo; dele, aplicadas a outros; e de outros, aplicadas a ele mesmo:

1. Ter sido enviado para estudar na Inglaterra, isolado da família de origem, por uma mentira social aplicada aos jovens: a de que educação escolar poderia ser superior a – e, portanto, substituir – uma educação em família.
2. Esta rigidez se completou pelos problemas sexuais provocados pelo sistema escolar "público" inglês – "escolas públicas para quem podia pagar", acrescenta Bion em sua autobiografia.
3. Uma fase adolescente com prevalência da personalidade psicótica (q.v.) terminada durante o serviço no Exército Real Britânico, como capitão do batalhão de tanques de guerra, arma recém-introduzida. Sofreu autoimposição idolátrica, de colorido patriótico fornecido pelo *establishment* europeu da época.
4. Sofreu, como mentira infligida pelo ambiente sócio-cultural, a atividade criminosa de funcionários do governo real inglês localizados no exército (o leitor pode consultar o verbete "Instituição ('establishment')").
5. Uma mentira aventada, e oficialmente atestada em relatório de oficiais de inteligência, que ficavam tão distantes do fronte de guerra e, portanto não podiam saber o que ocorria. Mesmo que sua função fosse observar e reportar exatamente aquilo que tinha ocorrido. Tal mentira valeu-lhe a mais alta condecoração militar na Inglaterra para oficiais que não fossem de carreira, mas voluntários - ao invés de ser julgado por uma marcial - como Bion esperou que ocorresse. Em consequencia, receber uma foi uma surpresa e imediata vergonha - que o acompanhou até o fim de sua vida. Na visão do próprio Bion, a alternativa que não ocorreu - prisão imediata e julgamento em corte marcial - teria ocorrido caso prevalecesse a verdade. Bion havia acordado possuido de imenso mal-estar: havia sido acometido de febre alta. Talvez fosse a gripe espanhola, que dizimou a população mundial, matando quase tantas pessoas nos vários frontes da primeira guerra como o fizeram os soldados inimigos. Varias unida-

---

[83] *Oughtism* no original. Faz-se um trocadilho com *occultism*.

des do regimento de tanques já haviam tido alguns membros mortos por esta pandemia. Dentro da caixa metálica que era o tanque de guerra, que provia um ambiente claustrofóbico e com ar rarefeito, para abrigar cinco soldados sentados em banquinhos muito próximos - três deles, também acometidos pela gripe. A cabine ficava sempre infiltrada pelos gases de petróleo do combustível do motor. Era prática comum que dois ou tres dos soldados, com exceção do motorista - um jovem australiano chamado Allen, que Bion apreciava muito) e do comandante, saíssem do ambiente fétido da cabine, para acompanharem o tanque em marcha acelerada. O tanque estava sob fogo cerrado, mas apenas de um lado. Também era prática comum que os soldados se abrigassem do outro lado do tanque, aproveitando-se da construção metálica blindada da máquina para não que serem alvejados. Bion percebeu que não conseguia respirar, caso ficasse na cabine com o motorista, pela presença de obstrução nas mucosas de suas vias aéreas; tossindo, tentou permanecer na torre, que era seu posto de comando, de onde orientava o motorista - que, sob fogo, precisava fechar a exígua fresta de observação à frente de seu assento. Mas não conseguia sequer enxergar, pois seus olhos estavam congestionados e lacrimejantes pelas secreções gripais. Bion teve uma idéia: saiu do tanque de guerra, juntando-se aos três comandados. Ato continuo, ordenou ao motorista Allen que deixasse a caixa de marchas engrenada na ultima marcha; pediu para também que travasse as alavancas de direção que comandavam as esteiras à direita e à esquerda, para que o tanque pudesse rodar em linha reta automaticamente, sem necessitar do motorista para conduzi-lo. Não pensou nesta hora que havia mandado para o inimigo uma arma caríssima. abarrotada de projéteis de vários calibres, carregados com pólvora, com os depósitos plenos de combustível. A geringonça alcançava em torno de 15 km e foi rodando, obediente. Nenhum dos soldados podia acompanha-lo sob a chuva: três, incluindo Bion, tropeçaram na lama revolvida pela forte fuzilaria. O tanque se desgovernou, e acabou atingindo uma casamata fortificada sobre um pequeno morro, que metralhava as tropas inglesas. Foi só neste momento, caído na terra enlameada, que pensou: "Enviei um tanque armado direto para o inimigo; vão me manda para a corte marcial!". Os alemães ainda não possuíam nenhum tanque de guerra, que era uma arma secreta. Todos os oficiais, inclusive os da Divisão de Inteligência, já sabiam de um segredo de polichinelo: tanques, prometidos como arma secreta assutadoramente terrível que exterminariam os inimigos de um só golpe, para resolver de modo direto a guerra de infantaria, mostrou-se realmente terrívelmente assutador. Mas apenas como uma armadilha para a equipe de tripulantes. Ao ser submetido a um tiro direto. que sempre perfurava a blindagem, que na tecnologia metalurgica daquela época provou ser precária, tornava o tanque uma arma auto- incendiária. Foi o que ocorreu. No entanto, o incêndio do tanque fez explodir também a casamata. Bion e sua equipe, deitados na lama, viram cessar a fuzilaria. Levantaram-se e voltaram ilesos à trincheira. O oficial da inteligência obervava tudo atravéz de binoculos de longo alcance, mas de baixa precisão. Julgou ter sido um ato heroico, produto de notável tirocínio do comandante: destruiu um ninho de atiradores alemães e ainda salvou toda sua equipe . Examinando a ficha do capitão. Descobriu que o capitão Bion, de 19 anos, já havia sido condecorado com a Cruz de Ferro, por ato de bravura. Recomendou nova homenagem. O coronel do batalhão e o estado maior reconheceram que o jovem capitão merecia o mais alto reconhecimento para oficiais voluntários no Exército Real da Inglaterra: a comenda denominada Distinguished Service Order, D.S.O. (pode ser vertida como "Ordem por Mérito Excepcional"). Bion relata que ter ganho esta comenda ficou uma marca de vergonha, principalmente depois que um de seus jovens comandados tentou fazer algo similar e com isto encontrou a morte.

6. Nessa época, precisou enfrentar mais mentira social, que sentiu como extremamente dolorosa. Durante uma licença do fronte, viajou para longe do fronte na França para ver seus pais. Deparou-se com uma populaçãodando demosntrações exageradas de pseudoalegria por turbas de pessoas dando gargalhadas, ao sair de teatros e *night clubs*, "na iluminação feérica de Londres", enquanto a juventude inglesa se estraçalhava na "lama de Flandres".

7. A culpa o impediu de voltar a sorrir; não conseguia mais se relacionar com sua própria mãe Praticamente só conseguia pensar no seu comandado, que, segundo ele mesmo, teria expressado um "amor apaixonado", pois for a capaz de morrer por um companheiro e que pensava que Bion era um herói. Qualificação que Bion rejeitou; segundo sua esposa, a vida inteira. A rejeição aparece também em um relato de Donald Meltzer, que parecia discordar da visão de Bion, insistindo em *The Kleinian Development* volume III, de que Bion teria sido um herói:

> Acordar? Vá para o Inferno! Ah, tudo bem – é hora de acordar? Quase inferno? Será que é a cotovia que canta fora de tom? Não a ouça, Duncan. O burro selvagem pode escoicear sua cabeça, mas não se pode interromper o sono de Bahram, este grande caçador pode jamais voltar a dormir e aí Cawdor pode jamais voltar a dormir, Enéas pode jamais voltar a dormir mais... Palinurus!... Eu não sou um Arganás desgraçado... então não fique aí piscando como uma Estrela brilhante e firme! Deu no John Bull – terminou a guerra, no mês de julho último. Vencemos! Oficialmente! Oh, entre, Equivocador... isto é que são boas notícias. Palavra de Deus.[84]
> Oh, é Homem. Por que *você* atuou? Por que eu *apenas* sonhei? O que é

---

[84] *Gos-spel* no original.

A linguagem de Bion

pior: que você não possa me acordar, ou você apenas o atua? Ou será que a pessoa que dorme apenas envenena seus sonhos com seu excremento mental? Ou aquele que não consegue sonhar em destruir o mundo, mas tem que transformar seus sonhos em uma bomba que nos envenena com seus destroços atômicos? "Em meia hora" este rufião diz que espera a minha resposta, e eu aqui aparvalhado, com este belo intelectualismo em tempo Quasar. Sou honesto; penso; preocupo-me com uma quase moral. Não há ciência especial, mas ciência. Sim, mas não sei qual ciência, qual verdade. *"Couvre-toi de flannele"* impressiona menos do que *"Coivre-toi de gloire"*, só que este tipo de glória é confortável segundo sua natureza; e a *flanelle* também. Costumávamos cantar "Oh, não quero morrer, eu quero mesmo ir para casa".[85] *Isto* era verdade; esperávamos que a feia realidade não penetrasse a blindagem de piadas. A blindagem de um tanque era penetrável; nós éramos covardes enfeitiçados, atordoados, ofuscados por probabilidade. "Provavelmente" não seríamos mortos; "provavelmente" poderíamos sobreviver para habitar um novo firmamento e uma nova terra – *aprés la guerre*. Eu não sabia que amava a vida tanto assim. Sobrevivi para resgatar a promissória; lute numa guerra e dispenda o resto da vida pagando a conta de todas aquelas granadas e tanques e balas e estados de mente usados para prover uma armadura mais impenetrável do que *gloire* ou *flanelle*. "Ante Agamemnona multi". . . . Eu me lembro, ainda estou impregnado da memória daqueles homens corajosos cujos nomes não "viveram para todo o sempre". "Seja lá qual for a ênfase de amor apaixonado repetido", o eco de seus nomes termina por dissipar, "suave como um velho arrependimento, brilhante como uma velha fama"; ele esmaece e morre. Mas por que me importo com este grosseirão lamentoso e vitorioso? Não é a morte que temo, mas a vergonha de conhecer uns poucos, apenas uns poucos dos meus múltiplos e miseráveis fracassos. O sino, outra vez! Telefone? Alarme? Entre, Equivocador – as anarquias do mundo do *Aprés la Guerre Fini*. Desta guerra não se dá baixa jamais – *après la guerre fini*. Venha, Forbas! Venha, venha. Como tempestades de verão que surgem subitamente, ainda que o céu esteja sem nuvens. *Mene huic confidere* monstro? Não tem a menor chance! *Ecce deus* . . . *ecce homo* . . . faça sua escola. Durma ou acorde – "você paga, você escolhe". Oh! É você? (AMF, II, 395)

---

[85] *"Oh my, I don't want do die, I want to go home"* no original.

1. Interessou-se por psicanálise. Mesmo que alguns professores em Oxford e, depois, no University College em Londres, reputados como sendo a mais fina nata da intelectualidade, advertiram-no de que esta não seria uma atividade que pudesse ser recomendada: "isso é coisa de judeus".
2. 1. A mentira pregada pelo seu primeiro "analista". Essa pessoa assim se qualificava, sem jamais ter tido formação em análise; dizia-lhe, monotonamente: "Sinta isto no seu passado" (Em *The Long Week-End*).
3. Apresentando uma experiencia não aprendida, a ter se alistado para a Primeira Guerra Mundial, parece ter mergulhado em racionalização psicótica similar à de quando jovem, voltando a servir o exército, na qualidade de psiquiatra militar na comissão de admissão de novos soldados, deixando de cuidar de uma esposa grávida.
4. Deixou registrada a experiência de ser objeto de idolatria, acoplada ao sentimento de perplexidade e aborrecimento frente à situação (o leitor pode examinar os verbetes "bioniano" e "kleiniano").

Mentira, ciência e psicanálise

A postura de Bion ao se defrontar com o ato de mentir foi expressa algumas vezes; uma síntese razoável é obtida pela citação, por duas vezes, da comparação feita pelo dr. Samuel Johnson entre o possível consolo obtenível por Verdade com aquele possivelmente obtenível por Mentira; não há juízo de valor, que é sempre arbitrário e individual. O dr. Johnson – um dos sábios do Iluminismo inglês – faz uma observação a respeito da transcendência do que é Verdade, e da fugacidade de mentiras (C, 114; AI, 7) – que sempre precisam de contínua reforma na tentativa, sempre frustrada, de manter-se em pé. Ditados populares, que refletem sabedoria, referem-se ao mesmo fato: "É mais fácil pegar um mentiroso do que que um coxo"; ou "Mentira tem perna curta".

> O pressuposto subjacente à fidelidade ao vínculo K é que as personalidades do analista e do analisando podem sobreviver à perda de sua capa protetora de mentiras, subterfúgio, evasão e alucinação, e podem até ser fortalecidas e enriquecidas pela perda. É uma suposição fortemente questionada pelo psicótico, e *a fortiori* pelo grupo, que se baseia em mecanismos psicóticos para sua coerência e sentido de bem-estar. (T, 129)

Tentativas de substituição de uma perspectiva científica – que intenta discriminar o que é falso do que é Verdade – por códigos morais – uma decisão arbitrária, ou disfarçada de racionalidade, entre o que tem que ser imposto como absolutamente certo ou o que tem que ser imposto como absolutamente errado – impedem ou atacam a percepção de que Verdade e Mentira igualam-se, respectivamente, à realidade e à alucinação, e não ao bem ou o mal. Entre essas tentativas, segundo o autor deste dicionário, destaca-se a de Nietzsche, que tentou observar algo "além do bem e do mal". A ênfase na obra dessa pessoa se dá tanto pelo fato dele ter sido uma das influências sobre a obra de Bion – citado, ainda que brevemente, em pelo menos dois livros (AI, 74; AMF, I, 118), como nas referências feitas a ele por Freud. Por exemplo: que Nietzsche teria sido a pessoa que mais se conheceu – antes ou depois dele.

Um artifício gramatical pode ser usado para uma comparação entre duas personalidades: uma delas indica a tolerância do paradoxo ao investigar e então distinguir Verdade e Mentira; e a outra, conclui moralmente, de modo arbitrário - como ocorre com juristas - de que algo seria Certo ou Errado segundo algum código de conduta civil, ou criminal. O artifício gramatical se dá quando substitui-se a preposição "e" pela preposição condicional "ou".

Um dos teóricos da ciência citados por Bion foi Karl Popper. Contemporaneo de Bion, foi um professor nascido na Áustria que radicou-se na Inglaterra, e gozou de fama na intelelectualidade de sua época; sua obra ainda é estudada, ainda que não com tanta intensidade, como o foi, por ter sido moda. Popper foi uma pessoa que tentou impor critérios de cientificidade: de modo breve, os critérios de replicabilidade e falseabilidade de experiências ditas científicas. Baseou-se, portanto, na procura daquilo que fosse Verdade: escreveu sobre teorias "fortes", "fracas" e "pseudoteorias". Nesta última, colocou, entre outras, a psicanálise e o marxismo. Não se pode dizer que Karl Popper tenha se preocupado muito em se informar sobre que seria psicanálise. Partiu do preconceito de que se igualava às técnicas preconizadas por Alfred Adler. A qualificação de preconceito ocorre pelo fato de que Popper fora amigo de juventude de Adler. Que, provavelmente Alfred Adler discordaria de qualificar "psicologia individual", como chamou técnica, poderia ser confundida com psicanálise. Não há registros de que Popper o tenha consultado para saber. Popper, e outros, como Thomas Kuhn, afirmaram, como se fosse uma verdade absoluta, que a história demonstraria que ciência é algo que só expressa mentiras e falsas conclusões. Ao serem demonstradas como falsas, são substituídas por outras conclusões, igualmente falsas. Na visão do autor deste dicionário, Popper e Kuhn limitaram-se a fazer uma cronica de costumes dos enganos ou êrros no movimento científico, e na sociedade circundante. É possível que essa afirmação tenha estimulado alguns físicos a tentar demonstrar que a teoria da relatividade de Einstein está errada; e, atualmente, que a teoria da seleção das espécies de Darwin (e também a de Goethe, que o inspirou) estaria errada. Popper e Kuhn não eram cientistas – o primeiro jamais realizou pesquisas científicas e o segundo desistiu de prosseguir na atividade de físico.

M

Bion submete as posturas a uma análise crítica – e foi aproveitada de modo útil a consideração a respeito de teorizações *ad hoc* (o leitor pode consultar o verbete "multiplicidade de teorias"). Pelo menos do que se pode depreender não apenas da leitura atenta dos escritos de Bion, mas da leitura da cópia do único livro de Popper em sua biblioteca, com anotações à margem, Bion não se estendeu – e talvez nunca tenha examinado – no exame crítico dos critérios para afirmar que uma experiência seria científica. Um ponto a ser ponderado, mesmo que Bion nunca o tenha deixado explícito, refere-se a um dos critérios de Popper: o de falseabilidade. Em contraste com Popper, Bion sempre permaneceu ligado à atividade científica prática. Seu interesse científico fez com que valorizasse a função das mentiras – como algo que existe realmente, como atividade do ser humano. Se existe, podemos investigar cientificamente se possui uma função. Bion observa que tem – pode ser, como indicado inicialmente por Descartes, e levado a cabo por Freud, no "teste de realidade": a função da mentira não é fazer a história da ciência; não seria *apenas* uma história de falsidades e mentiras, como propunham Popper e Kuhn. Mentira pode ser um estágio intermediário na marcha em direção ao desconhecido, e na busca de Verdade – que leva a fragmentos de conhecimento; alguns deles transitórios, pela capacidade humana de esquecimento, e alguns deles transcendentais.

Bion nunca deixou nenhuma indicação escrita de que haveria algum tipo de caminho especial ou único para descobrir o que é Verdade – afirmação indistinguível do autoritarismo pleno de religiosidade. Em *A Memoir of the Future*, questiona a veracidade de posturas que afirmam algum tipo de superioridade de psicanalistas na percepção, cognição e apreensão daquilo que é Verdade, *vis-à-vis* a outras disciplinas e vértices. Por meio do uso de um diálogo interno fictício, entre seus objetos internos, na visão deste autor, exposta em outros textos, quase socrático, entre "P.A." e "Sacerdote". Nesse diálogo, e também em palestras em Nova York e São Paulo, utiliza-se da metáfora a respeito da existência de muitos "psicanalistas" ancestrais a Freud, que existiram antes mesmo que o termo psicanálise pudesse ser cunhado: psicanálise seria um exemplo de um pensamento sem pensador, antes que um Freud aparecesse para poder pensá-lo.

Todo pensador assume inconscientemente um risco: será um mentiroso. O ato de pensar e, mais do que isso, a ação de expressar verbalmente um pensamento põem em perigo a apreensão – sempre intuitiva – daquilo que é Verdade. Que estará subjacente, ou embebida, ou superjacente, tentando emergir. Sua apreensão depende da audiência, do ouvinte, do "vidente". Prova disso pode ser exemplificada pelo precoce esquecimento, por negação, daquilo que Freud observou: Bion cita a sexualidade infantil (AMF, I, 5). O leitor pode consultar o verbete "verdade". A questão, como Bion tentou alertar em 1962, parece similar àquela que tem ocupado o trabalho de gerações milenares de filósofos (LE, 48). Como toda aparência, é falsa – Bion tornou a diferença explícita em 1965 e 1970, demonstrando que, se a filosofia não pode contribuir para a prática da psicanálise – se pudesse, a psicanálise jamais teria sido descoberta, por falta de necessidade prática –, a psicanálise pode contribuir para encaminhar com menos insucesso o que tem sido um problema até agora insolúvel para a filosofia:

> ......Para os problemas do entendimento sobre os quais falei, o psicanalista pode trazer algo que o filósofo da ciência desconhece, pois o psicanalista tem experiência da dinâmica do *desentendimento* ......o psicanalista considera *de modo prático* um problema que o filósofo aborda de *modo teórico*. Investigações do entendimento e desentendimento embutem-se nos problemas associados à verdade e não-verdade. A realidade do problema torna-se aparente quando o psicanalista precisa perguntar a si mesmo: pode-se analisar um mentiroso?
>
> O problema pode ser formulado sem tom moral nos termos da "grade". A categoria 2 (reservada para formulações sabidamente falsas por aquele que as origina, mas mantidas à guisa de uma barreira contra enunciados que conduzem a uma revolução psicológica) parece oferecer um lar provisório à mentira. Tal categorização supõe que se permitiu o prosseguimento da experiência até um ponto em que o paciente pensa saber que sua formulação não é verdadeira, mas será verdade que ele a mantém porque, se assim não o fizesse, seu desenvolvimento seria perturbado? A mentira poderia ser pregada porque, na visão do mentiroso, ser-lhe-ia lucrativa, ou prejudicial a outrem: será correto, neste caso, dizer que seria verdadeiro e, se verdadeiro, importante que a incapacidade de lucrar ou prejudicar poderia levá-lo a uma revolução psicológica? (AI, 97)

Assim, Bion enfatiza uma prática que pode ser seguida de teorias que tentam espelhá-la. Isso constitui o moto do livro *Attention and Interpretation*, uma citação de Francis Bacon, retirada de *Novum Organum*, e todo o *éthos* dos outros três livros ainda considerados como "básicos" sobre a obra de Bion. Pode-se recordar, de modo proveitoso, a origem etimológica da palavra teoria em grego – espelho. Essa ênfase diferencia esse tipo de teoria daquela outra atividade, atualmente também chamada "teoria", que está dissociada de prática. Essa diferença marca teorias médicas, teorias físicas, teorias químicas e teorias musicais de teorias filosóficas. Eivadas de racionalismos, de raciocínios dedutivos ou indutivos segundo a lógica formal, de manipulações engenhosas de símbolos filosóficos, e, segundo algumas escolas – notadamente as francesas –, orgulhosa e superiormente desprezando qualquer tipo de origem prática, ou mesmo aplicações práticas. Na investigação deste autor, inserem-se dentro de uma tradição que remonta à época dos reinados medievais em que o trabalho era delegado para classes menos favorecidas economicamente. Termos como "empirismo ingles", "psicologismo", colocados como enganos filosóficos, demonstram essa fantasia de superioridade que denigre a prática.

"Prática", no caso da obra de Bion, são experiências clínicas com pessoas consideradas, socialmente, como os mentirosos *par excellence*: rotuladas por psiquiatras, juristas e sociólogos como psicóticos, ou psicopatas, ou sociopatas.

A obra de Bion permite enfatizar que os termos "psicótico" e "personalidade psicótica" abrange mais do que a população de pessoas que se tornam pacientes internados em hospitais - psiquiátricos ou não. Inclui histéricos, hipocondríacos, e os propensos a envolverem-se ou causarem acidentes físicos; que perpetram violências a si mesmos e outros. Muitos literatos observaram este fato, como Erasmo de Roterdã, em *Elogio da loucura*; Machado de Assis em *O alienista*.

Freud, demonstrou a universalidade da neurose, notando a presença de alucinações em histéricos; Klein, expandindo a obra de Freud, notou a universalidade da psicose. Permanecem nessa classificação controvérsias a respeito da necessidade de analisar núcleos psicóticos em qualquer pessoa – membros do movimento psicanalítico não constituem exceção a tal controvérsia. Emerge quando alguns desses membros afirmam: "Eu não analiso psicóticos". Para quem obtenha familiaridade com a detecção do mecanismo de identificação projetiva, equivale a dizer: "Recuso-me analisar meus próprios traços psicóticos". Seria útil discriminar intenções e vértices na atividade profissional, como promessas de "cura" e o vértice financeiro. Muitas vezes, intenções e vértices emergem combinados:

> Se o analista ou grupo de analistas consideram ter lucros financeiros como uma parte essencial da prática psicanalítica, equivale a dizer que os analistas consideram ter lucros financeiros – fazer dinheiro – como uma parte essencial da prática que é uma parte igualmente essencial da cura, então penso que o vértice poderia ser descrito como ter lucros financeiros; as descobertas feitas em tal análise terão o selo do vértice financeiro. (AI, 85)

Contemporâneo a Bion, John Rosen tentou trabalhar com alucinações e delírios sob o vértice de que demonstravam a presença de mentira (Rosen, 1959), propondo uma "análise direta" em ambiente resguardado. Seu trabalho e também sua pessoa – de modo similar, mas não idêntico – foram submetidos a controvérsias por parte do *establishment* psicanalítico e psiquiátrico norte-americano; e, depois, mundial. Talvez de modo mais violento, em termos comparativos; talvez por ter sido dono de um hospital munido de uma equipe altamente específica, que colocou em dúvida outros tipos de tratamentos?

Resgatando o vértice psico-analítico, a abordagem de Bion enfatiza:

1. **Ausência de julgamentos:** os julgamentos são vistos como resultantes de uma perspectiva específica: a da mentira. Incapacidade de apreciar Verdade e mentira conduz a julgamentos de valor: certo *ou* errado. Mentira pertence ao

âmbito de alucinação; não à moral, mesmo que o vértice jurídico, religioso, político, pedagógico – em suma, cultural – tenha encampado mentira para construir, artificialmente, moral. Shakespeare coloca a questão na "boca" de Hamlet: *"Não há coisas boas nem más; a mente assim as faz"* (Hamlet, ato V, cena ii).

2. **Tolerância de paradoxos:** Bion não se centra em Verdade ou mentira *per se*; enfoca um binômio monista, uma relação: verdade/mentira.

🕓 1962 – A primeira abordagem da mentira foi feita em termos de uma postura inconsciente de alguns pacientes de que desentender é superior a entender. Desentendimentos induzem erros, ou mentiras (o leitor pode examinar o verbete "menos K"). Em 1963, Bion expande a teoria, por meio do instrumento para examinar o valor-verdade contido em enunciados verbais expressos durante uma sessão de psicanálise, nos uso das categorias atinentes à coluna 2 da "Grade" (Grid) (q.v.). Essas categorias descrevem enunciados que tanto o analista quanto o paciente sabem serem falsos. Em 1965, Bion expande uma vez mais a teoria psicanalítica sobre Verdade e mentira com o empréstimo de uma teoria matemática, a de transformações e invariâncias. Por meio de exemplos clínicos, descreve produções esquizoparanoides efetuando hipérboles (q.v.). A função de mentira como estágios necessários em direção ao conhecimento daquilo que é Verdade recebe impulso notável: testar mentira com realidade que possa estar ocorrendo em pessoas nas quais não prevaleça intolerância à frustração e à dor, pode ser conducente a apreensões da realidade. Aparece, então, tanto uma origem como mais uma função do mentir: subserviência ao princípio do prazer/desprazer: *"Algumas formas de mentir parecem estar intimamente relacionadas a experimentar desejo"* (AI, 100).

Talvez fique visível a alguns leitores que Bion persiste, ao longo de toda sua obra, nunca lidando com o ato de mentir sob um vértice moral (AI, 96). Enunciados que podem ser inseridos na coluna 2:

> O problema pode ser formulado sem tom moral, nos termos da "grade". A categoria 2 (reservada para formulações sabidamente falsas por aquele que as origina, mas mantidas à guisa de uma barreira contra enunciados que conduzem a uma revolução psicológica) parece oferecer um lar provisório à mentira. Tal categorização supõe que se permitiu o prosseguimento da experiência até um ponto em que o paciente pensa saber que sua formulação não é verdadeira, mas será verdade que ele a mantém porque, se assim não o fizesse, seu desenvolvimento seria perturbado? A mentira poderia ser pregada porque, na visão do mentiroso, ser-lhe-ia lucrativa, ou prejudicial a outrem: será correto neste caso dizer que seria verdadeiro e, se verdadeiro, importante, que a incapacidade de lucrar ou prejudicar poderia levá-lo a uma revolução psicológica? (AI, 96)

Não há estudos estatísticos (ainda) que sejam baseados em prática psicanalítica. Pode-se perguntar a porcentagem de pessoas para quem apreciar sua própria Verdade interna pode ser considerado como ameaça à sua própria vida, levando essa pessoa ao suicídio, ou ao heteroassassinato. "Coluna 2 envolve conflito com impressões daquilo que é realidade" (AI, 102).

Bion examina o problema clínico sob o ponto de vista da segunda teoria sobre os vínculos (comensal, parasítico ou simbiótico; q.v.):

> O pensamento O e o pensador existem independentemente. Não há relação. Como poderíamos dizer de modo coloquial, identificando-nos com o pensador: a verdade não foi descoberta ainda que "exista". Na simbiose, o pensamento e o pensador correspondem, e modificam-se mutuamente pela correspondência. O pensamento prolifera e o pensador se desenvolve. Na relação parasítica entre o pensamento e o pensador existe uma correspondência – mas a correspondência é categoria 2, significando que a formulação é sabidamente falsa, mas mantida à guisa de uma barreira contra verdade. Esta última é temida, como aniquilante do continente, ou vice-versa.
>
> A posição comensal muda quando o pensamento e o pensador se aproximam. Em termos mais coloquiais: quando uma "descoberta" ameaça acontecer, surge uma situação crítica. Diz-se comumente que, à época do nascimento de Jesus, esperanças messiânicas estavam mais ativas do que o usual; igualmente, é notável que, na época em que se faz uma descoberta, frequentemente mais de um investigador parece estar se aproximando dela. A resistência do pensador ao pensamento não pensado é característica do pensar coluna 2. (AI, 117)

Mentira e clínica psicanalítica

Para o autor deste dicionário – baseado na contribuição de Bion –, mentira sem disfarce, não transvestida por fragmentos de verdades engenhosamente aplicada, permanece como mentira, porém complicada por uma erupção de verdade. Um mentiroso que coloca uma mentira de modo aberto consegue um passaporte, ainda que frágil, para não ser visto - pelo meio circundante e por ele mesmo - como mentiroso. Não estou considerando os casos de psicopatia, mas de delinquencia (Sandler, 1969). Uma fórmula geral pode ser: "Eu sou um mentiroso". Se não for um psicopata, pode ser uma pessoa expressando um *insight*, em uma psicanálise.

Por outro lado, mentiras que emergem com o intuito de serem disfarces qualificam-se mais facilmente como mentiras, e parecem constituir maioria. Os fatores componentes – já exemplificados anteriormente neste verbete, como no caso daquilo que impera nas pessoas que procuraram a profissão de políticos – são racionalização e negação. Usualmente assumem a forma de omissão. Não se resumem a estas pessoas. Na experiência clínica, um disfarce comum (mesmo que não disponhamos de estatísticas a respeito) é "cura" – fantasias e intenções de "cura". Isso parece ser particularmente observável quando a aparência do paciente é a de um mentiroso – agindo sob a égide de [menos K] e [menos L] (–K e –L). Pode aparecer em membros do movimento psicanalítico: a pessoa, transvestida de psicanalista finge (conscientemente ou não) agir sob a égide de K, como se fosse um cientista, ou como se fosse um ministro religioso ou apóstolo de qualquer ideologia que prega o bem, mas pratica seu inverso – como descrito por Goethe em *Fausto*; e em outras inumeras obras de literatura e cinema. Como o pastor protestante do filme Fanny e Alexander, de Ingmar Bergamnn: um especialista em crítica de costumes sociais mentirosos.

> Pode-se ver o paciente decidindo entre a mentira e a verdade. A frequência com a qual se faça tal ‹"decisão" a favor do enunciado sabidamente falso, de modo automático, determinará a natureza do caso. Focalizo a atenção sobre a posição que surge agora ao analista.
>
> Por definição e por tradição de toda e qualquer disciplina científica, o movimento psicanalítico é dedicado à verdade como principal objetivo. Se o paciente constantemente formula (–L) e (–K), ele e seu analista estarão, ao menos em teoria, em conflito. Mas na prática a situação não se apresenta de modo tão simples. O paciente, especialmente se for inteligente e sofisticado, oferece de tudo para induzir o analista a interpretações que deixam as defesas intactas; e, de modo último, a aceitar a mentira como um princípio operativo mais eficaz. Em última instância, o paciente progredirá consistentemente em direção a uma "cura" – que lisonjeará tanto o analista quanto a ele mesmo, paciente. A alternativa que ele oferece é negra: deterioração crescente, perda de estima mútua, tanto privada como pública, hostilidade e, em casos extremos, ameaças de processo legal. É em face disso que o analista tem que equilibrar uma esperança de reter sua integridade. (AI, 99-100)

Caso aceite-se o fato da existência de pensamentos-sem-pensador, perceber-se-á que um pensador é necessário para mentira, mas não para Verdade. Verdades existem independentemente do que pensadores pensam delas. *"Podemos considerar provisoriamente que a diferença entre um pensamento verdadeiro e uma mentira consiste no fato de que um pensador é necessário logicamente para a mentira, mas não para o pensamento verdadeiro. Ninguém precisa pensar o pensamento verdadeiro: ele aguarda o advento do pensador, que adquire importância por meio do pensamento verdadeiro. A mentira e o pensador são inseparáveis. O pensador não tem a menor consequência para verdade, mas a verdade é logicamente necessária ao pensador. Sua importância depende de se ele vai ou não pensar o pensamento, mas o pensamento permanece inalterado"* (AI, 102-103).

Fatos na realidade, cuja contraparte mítico-teórica foi sintetizada no complexo de Édipo, existiram independentemente, antes de aparecer um Sófocles ou, dois milênios depois, um Freud para pensar neles; que persistem existindo depois de Sófocles e Freud. $E=mc^2$ existiu independentemente do aparecimento de um Einstein ou um Poincaré para pensar nessa relação – e continua existindo depois da morte deles.

O ato de mentir não precisa – e não é útil – ser considerado como se fosse um sintoma psiquiátrico, psicanalítico ou religioso, que pudesse ser submetido a um código moral: abordagem levando a contínuos enganos: talvez uma colusão a favor da permanência do mentir. Em alguns mentirosos, parece haver um sentimento de que haveria uma necessidade: aquela de negar continuamente a presença de mentira. Neste caso, a pessoa confunde desejo (ou subserviência ao principio do prazer--desprazer) com necessidade. Em "Metateoria" (C.), escrito em torno de 1960, Bion alerta sobre pacientes que se mantêm indefinidamente em análise, objetivando exterminar qualquer ponto no qual possa haver Verdade; o texto que compacta esse alerta aparece dez anos depois, em *Attention and Interpretation*:

> Frequentemente o paciente confunde a determinação do sistema de crenças, os vértices, objetivos, queixas e "curas" com uma tentativa de estabelecer um sistema correto. A investigação da categoria 2 é ver em que aspecto seus esforços comparam-se com os esforços de outros sistemas, e de que modo essas relações entre sistemas diferem entre si. Tais *insights*, colocados à disposição do paciente, parecem dar-lhe a oportunidade de corrigir erros. Contemplar os diferentes sistemas capacita o analista a reconsiderar e corrigir seu próprio sistema. A categoria 2 envolve conflito com impressões da realidade; há certas ocasiões em que elas podem não ter importância, mas além de um certo ponto agudiza-se o conflito entre a necessidade de conhecer e a necessidade de negar, introduzindo ataques sobre o vínculo, com o intuito de parar estímulos que levam a conflito. (AI, 102)

Isso pressupõe um objetivo; consequentemente, existem diferentes padrões a ser observados em diferentes mentirosos – enfatizando o trabalho individual necessário em se fazer uma psicanálise; "é impossível fiar-se no fato de que a escolha de um sintoma isolado, por exemplo, um desejo de agradar o analista, vá revelar o padrão. *O mentiroso precisa de uma audiência para se satisfazer. Isso o torna vulnerável, pois sua audiência deve estabelecer um valor para suas fabricações*" (AI, 102).

Não importa se a audiência é vítima ou exemplo moral (por autoidealização) para um mentiroso; importa para o trabalho analítico, intrassessão, que o praticante se discipline a perceber que não pode se prestar a ser, ou imaginar ser, nenhuma dessas duas coisas. Com tal disciplina – inspirado em Freud, Bion a explicita como disciplina sobre memória, desejo e entendimento –, um psicanalista, mesmo que seja uma vítima que tentou ser um psicanalista, já que ninguém fica livre de cair em armadilhas psicopáticas ou afirmar-se imune a cair nas mentiras de outros, poderá *"dar a mesma importância aos enunciados do paciente que daria a formulações de uma verdade"*. Mantendo-se, desse modo, na prática de uma psicanálise real, um psicanalista capacitar-se-á para observar incoerências e *"e detectar um padrão que reúne elementos díspares"*. Leitores atentos poderão notar que Bion utiliza os mesmos termos que já havia utilizado em 1962 (em *Learning from Experience*), na tentativa de descrever a introdução de um "fato selecionado" (q.v.). O qual exibe uma coerência e um significado que os elementos, até então dispersos, não pareciam possuir sob os olhos do observador; Bion traz o modelo de filosofia matemática de Poincaré para mostrar a " transformação que ocorre quando, da posição esquizoparanoide, ruma-se à posição depressiva" (AI, 102). Esse movimento, como pode ser experimentado na sessão analítica, parece ser, na observação de Bion, *"superior a uma formulação narrativa, que revela os elementos mentirosos da história apenas pela fraqueza dos vínculos causais. . . . A reação PS⇔D revela uma situação total que parece pertencer a uma realidade preexistente ao indivíduo que a descobriu. À descoberta mentirosa falta a crua espontaneidade da genuína PS⇔D"* (todas as citações: AI, 102). Pode-se perguntar, já que o termo "superioridade" não é lugar-comum nos escritos de Bion: superior ao quê? Superioridade do poder de esclarecimento e na possibilidade de limitar confusão comunicacional; a fórmula narrativa sempre leva a conclusões causais; redes de causalidade são alienações na tarefa científica; são típicas da religião positivista. Nem sempre é possível mostrar a fraqueza dos pseudovínculos causais; formulações narrativas engenhosas – novamente, exemplos típicos são de jurisconsultos, políticos, eruditos, todos movidos por preconceitos ideológicos ou financeiros – induzem um ambiente de fazer crer.

O âmbito de O é sentido por pessoas ocupando a posição esquizoparanoide, como indução à perseguição, devido ao fato de estar em constante evolução. *"Pode-se dizer que o âmbito O está, vis-à-vis o pensador, em um estado de desenvolvimento. O sistema em desenvolvimento intersecta com a personalidade do pensador individual. Sentimentos persecutórios da posição esquizoparanoide sinalizam o impacto do âmbito O em desenvolvimento no âmbito do pensador. Pensar ou não os pensamentos é importante para o pensador, mas não para a verdade. Se forem pensados, conduzem à saúde mental; caso contrário, dão início ao distúrbio. A mentira depende do pensador e ganha importância por meio do pensador. A mentira é o vínculo entre o hospedeiro e o parasita na relação parasítica"* (AI, 103).

Mentira pode ficar, no lugar-comum social, e na moda, investida de importância social: *"A relação entre a mentira, o pensamento, o pensador e o grupo é complexa"*. Um pensador pode expressar Verdade, mesmo inserido em grupo mentiroso, subserviente ao princípio do prazer-desprazer, que nunca quer perturbação nas ideias grupais; a relação entre o pensador e este tipo de grupo será de inveja e ódio. Se um pensador estiver expressando uma mentira, terá um relacionamento parasítico entre ele e seu próprio *self* (ou, em sinonímia, entre ele e ele mesmo) – *"mentiras e pensador destruir-se-ão mutuamente"* (AI, 103).

Pode-se estudar algumas expansões sobre vários resultados possíveis da relação entre mentira, mentirosos e pensadores nas páginas 104-105 de *Attention and Interpretation*. Algumas culturas promovem o desenvolvimento da mentira. *"Já que o analista se ocupa dos elementos evoluídos de O e suas formulações, pode-se avaliar essas formulações considerando-se até que ponto a existência do analista é necessária para os pensamentos que ele expressa. Quanto mais suas interpretações possam ser julgadas como demonstrando como seu conhecimento, sua experiência, seu caráter são necessários para formular aquele pensamento daquela maneira como foi formulado, mais razão existirá para supor que a intepretação é psicanaliticamente inútil, ou seja, alheia ao âmbito O"* (AI, 105).

Como ilustração derivada da evolução e involução em grupos sociais, Bion destaca, em pelo menos dois escritos publicados entre 1975 e 1977 ("A Grade" (*The Grid*) e *A Memoir of the Future*), uma mentira de fundo religioso-financeiro, que ganhara popularidade durante sua época – inspirando manifestações de pretensões de lazer grupal, com produções literárias, teatrais e cinematográficas de colorido dito paranormal ou espírita (uma invenção norte-americana do século anterior). Após a publicação dos resultados de uma pesquisa arqueológica do início do século XX, organizada pelo Museu Britânico e pela Universidade da Pensilvânia, o público ocidental soube de uma mentira ocorrida quase três milênios antes, em uma região que hoje corresponde ao Iraque. Sacerdotes prometeram, mas não entregaram a vida eterna a um monarca, que tomou uma beberagem e foi "internado" em uma caverna na cidade de Ur.

SACERDOTE: A Rainha? Nada mal. Ficou irritadíssima quando o Rei morreu.

P.A.: Foi aí que você apareceu com seu frasco e o seu enorme suprimento de estórias de fadas; e, no devido tempo, o Museu Britânico.

SACERDOTE: Não se esqueça da Universidade da Pensilvânia, e seu farto suprimento de dólares. E Freud – não se esqueça de Freud e daquela carga de ciência sob a qual estão enterrados Deus, Arte e a própria Sabedoria.

P.A.: Como você diz, a morte não deve ter nenhum domínio.

SACERDOTE: Eu não digo nada disso; não é *esta* a minha visão da morte. Os pensamentos vivem até encontrarem um pensador que lhes dê nascimento – e assim traz a morte para o mundo e todo nosso infortúnio.

P.A.: Pode *parecer* assim a partir do seu vértice, mas isso depende de ficar parado diante do vertiginoso precipício que é o "parecer".

SACERDOTE: Com a finalidade de seus pensamentos vazios parecerem cheios, você recorre a imagens visuais.

P.A.: Concordo que isso os faz parecerem cheios, mas acho que estas formulações têm conteúdo. Eu estou falando sobre "alguma coisa" e acho que valeria a pena ter respeito pelo "parecer". Duvido do equívoco do demônio cruel que mente como se fosse a verdade. (AMF, II, 363-364)

Um indivíduo chamado W. R. Bion, e mentira

Bion deixou um número suficiente de relatos escritos descrevendo suas próprias ideias a respeito de si mesmo. Alguns leitores poderão qualificá-las como pungentes. Uma delas, forneceu o título a um dos livros póstumos, expresso com a ajuda de uma citação de Shakespeare, que colocou na "boca" de Hamlet uma invocação de culpa depressiva: *"Ninfa, que em tuas preces relembrem todos os meus pecados"* (ato III, cena I). Este, o comentário ou autoapreciação a respeito da relação que Wilfred Ruprecht Bion conseguiu ter com sua primeira esposa e sua primeira filha. A esposa, uma artista de teatro *avant-garde*, Betty Jardine, faleceu no parto em que veio à luz uma menininha – que os dois resolveram chamar de Parthenope, um nome grego encontrável na obra de Homero, dado a uma entidade inexistente – sereia – que se afogou após não conseguir encantar Ulysses. Não é possível saber se os dois conversaram a respeito da aplicação do nome na genética: uma reprodução partenogenética ocorre quando um embrião se desenvolve sem que o óvulo tenha sido fecundado. Até 2007, biólogos imaginavam que isso ocorria apenas em entidades unicelulares, ou outras extremamente primitivas, mas descobriu-se que o fenômeno ocorre em seres mais desenvolvidos, como o dragão-de-komodo. Bion tinha formação médica e com grande probabilidade conhecia a denominação. Outro exemplo é sua opinião, nunca aceita por alguns de seus idólatras, de que não merecia as condecorações de guerra. Até o final de sua vida afirmou que se tratava de um engano das autoridades oficiais. Em um diálogo fictício entre seus objetos parciais, que de vez em quando conversam como amigos – denominados por W. R. Bion de Roland (um fazendeiro, ex-soldado), P.A. (um psicanalista), Alice (uma esposa) e Watson (tomado de empréstimo de Conan Doyle, um médico acostumado a agir, com experiência, ainda que fictícia, de guerra):

ROLAND: Eu estava conversando com um homem e, enquanto ele falava, estouraram-lhe os miolos. Alguém lhe havia ensinado que isso era meritório e não assassinato.

P.A.: Talvez seja uma instância em que a quantidade de uma ação afeta a qualidade. Assassinato + incremento se torna GUERRA, o espectro de incrementos desaparecidos se torna covardia; "quantidades de prudência" não se tornam a "melhor parte da coragem", são a pior parte da covardia. (AMF, II, 316-317)

P.A.: Não tenho a coragem necessária para o papel.

ALICE: Você me entristece, mas acho que está certo.

WATSON: Como você pode saber? Conheci pessoas bastante comuns que se comportaram com extraordinária coragem.

P.A.: Eu sei o que você quer dizer. Aconteceu até de atribuírem coragem a mim. Mas não me lembro de nenhuma ocasião na qual eu não tenha sido um covarde, lá no fundo do coração. Até mesmo no meu prosaico e nada heroico papel de psicanalista, sempre receio dar uma interpretação. (AMF, II, 362)

Os objetos internos, por vezes, foram denominados cronologicamente:

DEZOITO ANOS: Você não ficou contente quando foi condecorado pelos seus feitos militares?

VINTE E TRÊS ANOS: Tarde demais! Além disto, eu sabia demais. Recordo-me de Lorde Helpus, como a chamávamos, falando para o Vinte, "Sempre digo para meu filho João: caso veja alguém ostentando mais do que dois galardões, fique certo de que se trata de um esbanjador".

VINTE ANOS: Eu me lembro. Tive um único galardão, que temia ter que provar merecer – sabia que não conseguiria. "Covarde! Covarde!" meu descontrolado coração me diria. Em Anvin, quando senti o ar nos meus ouvidos tremendo, reverberando com os estrondos . . . um bombardeio? Trinta e poucos quilômetros adiante? Não me senti melhor nem quando um veterano, Trapper, disse: "É só um raide de trincheira". Achei que tinham destrancado as portas do Inferno. (AMF, III, 451-452)

Mentira, verdade, prazer: a análise real

Ao longo do texto que compõe este verbete, ressaltamos, nos escritos de Bion, a vinculação íntima, original e fundamental, do ato de mentir com subserviência ao princípio do prazer-desprazer. O leitor poderá encontrar comparações entre mentira e Verdade, incluídas definições a respeito de uma psicanálise que possa ser qualificada como tal – ou, na linguagem de Bion, "psicanálise real" (q.v.) –, e do trabalho de um analista, e também do instrumento pouco desenvolvido que podemos usar em nossa comunicação com pacientes e também com nossos colegas e outros interessados – formulações verbais.

ALICE: Você deprecia a glória, mas não há alguma realidade nela?

ROBIN: O mote regimental, *"Quo Fas et Gloria Ducunt"*, me impressionou.

ROLAND: E ainda me impressiona. *"Ubique"* também tem aquele apelo misterioso e convidativo.

P.A.: Não nego. Em um mundo de paz, fico feliz de ter ficado com algumas reminiscências, alguma luminosidade que penetra a sombra e a escuridão. A ideia de glória sustentou minha covardia, por mais que eu não soubesse o que viria. Assim como seria possível explicar a alguém que não tivesse estado em ação o que era ser soldado combatente, ou um padioleiro, também é impossível descrever a alguém que não tenha sido um psicanalista praticante o que é experimentar a psicanálise real.

ROLAND: Com certeza você não está falando sério, que um sessão analítica seja comparável a entrar em combate?

P.A.: Comparável, sim. Não há expectativa de morte iminente; embora haja a possibilidade. Isso não contrabalança a ansiedade – medo em tom menor. A pessoa se esquiva a dar interpretação indesejável.

ROLAND: Não é apenas o medo que o paciente vá ficar irritado ao ser criticado?

P.A.: Não penso assim; o paciente pode ficar irritado ante um comentário crítico, ter talvez mesmo uma irritação assassina, mas eu não penso que essa possibilidade impeça conscientemente.

ROBIN: Será que é algum medo inconsciente – a contratransferência da qual você falou?

P.A.: É. Ainda que a pessoa não esteja "consciente" – neutralizá-la é uma das razões pelas quais pensamos que os próprios analistas devam ser analisados –, existe um temor inerente a dar uma interpretação. Se um psicanalista estiver fazendo análise propriamente, então está engajado em uma atividade indistinguível de um animal que investiga aquilo do qual está com medo – le fareja perigo. Um analista não está fazendo seu trabalho se investiga algo porque é agradável ou lucrativo. Os pacientes não nos procuram porque antecipam um evento agradável iminente. Vêm porque estão desconfortáveis. O analista precisa compartilhar o perigo e tem, portanto, que compartilhar "o cheiro do perigo". Se você fica com os pelos da nuca arrepiados, seus sentidos arcaicos e primitivos estão indicando a presença do perigo. Seu trabalho é ser curioso a respeito do perigo de um modo que não seja covarde ou irresponsável.

ROLAND: Você deve se ter em alta conta, se é tal paragão.

P.A.: Estou tentando descrever o trabalho – não a minha capacitação para ele ou qualquer outra coisa assim. Tenho respeito suficiente pela tarefa do psicanalista para dizer a diferença entre esta conversa social sobre psicanálise – ou mesmo a discussão técnica dela – e a prática da psicanálise. Qualquer um que, ao estar engajado em psicanálise, não sinta medo, não está fazendo seu trabalho ou não está preparado para ele.

ROBIN: Um aeronauta ou um marinheiro que não tenha medo do tempo, dos mares ou dos céus não serve para navegar. É tênue a linha entre o medo e a covardia.

P.A.: É mesmo. Eu acrescentaria: a linha entre a ousadia e a estupidez é igualmente tênue.

ROLAND: Como você a define?

P.A.: Eu não definiria. Na prática, onde se traça essa linha depende dos fatos, incluindo os fatos da personalidade da pessoa, com a qual ela julga – a capacidade total. Definições são apenas uma questão de teoria – úteis para discussão e comunicação de ideias. Na prática, ninguém confia em algo tão ambíguo quanto formulações verbais. (AMF, III, 516-518)

Referências cruzadas sugeridas: Estar-uno-a-si-mesmo (*At-one-ment*); Compaixão; Correlação; Clivagem forçada; Desconhecido; Incognoscível; Filosofia; Função-Verdade; Jargão; Manipulações de símbolos; Místico; "O"; Pensar; Personalidade perturbada; Psicanálise real; Realidade sensorial e psíquica; Senso comum; Senso da verdade; Tornar-se; Ultra-sensorial; Verdade; Verdade absoluta; Visão analítica.

METATEORIA

Nome dado por Bion, em 1960, a uma de suas poucas tentativas de elaborar uma teoria de psicanálise propriamente dita – em contraste com teorias de observação (q.v.). O nome, que precisa ser lido como "o que vem depois da teoria", é um título para um estudo que engloba uma profunda pesquisa clínica sobre a natureza da apreensão da realidade; da origem e função de sistemas psíquicos funcionais, aos quais Bion confere os nomes de **Seio**, **Pênis** e **Violência de emoções**. Partes dela foram utilizadas na construção de suas teorias; partes dela ainda não foram mais desenvolvidas. A pesquisa permaneceria inédita até Francesca Bion recuperá-la e decidir publicá-la em *Cogitations* (p. 220).

O nome compartilha a mesma inspiração de Freud, que cunhou o título "Metapsicologia": aquilo que vem depois da psicologia, dado o fato de que a psicologia, até sua época, era a disciplina científica que estudava fenômenos adstritos ao sistema consciente. A psicanálise também estuda fenômenos que expressam o sistema inconsciente e pré-consciente. Freud, por sua vez, inspirou-se em um nome cunhado por um tradutor e editor romano da obra de Aristóteles (Andrônico de Rodes). Defrontando-se, um século e meio após a morte do médico, fisiologista, biólogo, educador e matemático grego, com estudos que não podiam ser classificados como médicos, fisiológicos, biológicos nem matemáticos – então denominados estudos sobre *physis* –, agrupou-os em um volume final, que denominou "metafísicos", ou seja, que vieram depois da física. Os textos eram comentários e reflexões sobre os outros, e incluíam também questões imaterializadas, relacionais, entre pessoas, e da vida nas cidades (pólis) ou a política.

Referências cruzadas sugeridas: Introdução a este dicionário; Teorias de Observação.

MÉTODO CIENTÍFICO

Sempre dentro do modo escolhido para a confecção deste dicionário, podemos exemplificar a postura de Bion em relação à psicanálise como um método científico para o estudo de nosso aparato psíquico – uma postura que se iniciou com a própria descoberta da psicanálise. Nunca se modificou: pode ser constatada no início de seus escritos – artigos sobre grupos escritos durante a Segunda Guerra Mundial – e também no final de sua existência:

> Estou convencido da força da posição científica na prática psicanalítica. Acredito que a prática dos psicanalistas em fazer psicanálise é uma experiência essencial de treinamento para lidar com as dificuldades fundamentais – até o momento –, pois ela disponibiliza o consciente e o inconsciente para correlação; mas não considero que seja menos intensa a necessidade de investigar a fragilidade que se origina de uma construção teórica falha, falta de notação e falência do cuidado metodológico, e ainda falência na manutenção do equipamento psicanalítico. ("Cuidado", "manutenção", "equipamento" – novamente o modelo implícito.) (LE, 77-78)

> ... a lei científica tem uma relação íntima com a experiência, e também é a epítome da experiência; a lei científica tem uma relação com a memória; a capacidade para formular uma generalização científica deve ser uma função essencial de toda personalidade que seja capaz de aprender da experiência (isto é, armazenando experiências em uma síntese e comparando um fato com a expectativa engendrada pela "lei"). Em essência, esses postulados permanecem válidos mesmo quando lidamos, como analistas, com manifestações primitivas e rudimentares dessa capa-

cidade, muito distantes das demonstrações sofisticadas das capacidades evidentes, digamos, nos melhores trabalhos de físicos modernos. (C, 8)

ROLAND: Frequentemente ouço que um psicanalista diz a um paciente "quando ele era uma criança..." ou "quando ele era um bebê", tal e qual o evento ocorreu. Parece que não há nenhuma evidência para sustentar essas afirmações e nada que o analisando possa fazer a respeito de algum evento que se reputa ter ocorrido no passado.

P.A: Concordo que o "passado" é o passado e nada pode ser feito em relação a ele. Tudo que pode ser feito é aquilo no presente sobre consequências atuais de alguma ação efetuada no passado. O que é *feito* em psicanálise é "feito" por meio de discurso articulado, no presente. Em cirurgia, não dizemos: "Uma época você teve uma cauda como um macaco"; dizemos: "Existe uma malformação na porção inferior de sua espinha; penso que valeria a pena para você permitir-me operá-lo. Penso que você achará que podemos aliviá-lo e, quando acabar o período de convalescença, não terá mais esta queixa". Não estou preocupado em dizer que uma coisa ou outra coisa aconteceu "na infância", ou "antes de você nascer", e assim por diante, *ad infinitum*. Isso poderia ser relevante se eu estivesse ensinando embriologia psicológica, ou arqueologia psicológica, ou história. A psicanálise, na prática, está analogicamente muito mais próxima da cirurgia, mas isso é apenas uma analogia.

ROBIN: Parece-me que você está prestes a fazer comentários reasseguradores, talvez lisonjeiros, sobre aquilo que a maioria de nós encara como um estado de coisas desastroso – aquilo que denominamos estar louco, ou insano. Você não considera a psicose algo sério?

P.A: É claro que sim; considero todos os estados de mente como sendo dignos de estudo. A seriedade do estado não melhora se ele for mal nomeado ou permanecer não tratado. Todos os termos descritivos – adormecido, acordado, sadio – precisam de manutenção constante. Parentes e doutores permitem que suas esperanças sejam estimuladas pelos fatos da cirurgia, medicina e psicanálise a um otimismo indistinguível da irresponsabilidade ou descuido. É um infortúnio tão grande quanto se acrescentar à depressão e ao desespero passividade e negligência.

ROLAND: Não há substituto para o senso comum.

P.A: Substitutos para o bom senso comum formam uma legião; as pessoas se voltam para qualquer ação que ofereça uma alternativa ao senso comum. Elas tornam-se devotadas à psicanálise pois pensam que as teorias são como uma fuga romântica e sedutora do senso comum; tornam-se devotadas à análise individual quando seria preferível a análise comum ao senso de um grupo. É muito mal-vindo o fato de que bebês – talvez até mesmo os fetos – exibam "senso comum". (AMF, III, 463)

A linguagem de Bion

Características onipresentes no trabalho cotidiano em psicanálise desde sua descoberta, e colocadas em relevo na contribuição de Bion, são evidências clínicas que originam teorias psicanalíticas e, consequentemente, validações científicas e suas limitações das interpretações e construções intrassessão. Bion ocupou-se em explicitar a existência de situações nas quais há o risco de voos de fantasia imaginosa, já alertados por aquele que talvez tenha sido o principal redescobridor europeu (caso a ilha britânica possa ser considerada como representante da Europa) dos métodos científicos utilizados na Grécia: Francis Bacon. Bion traz a redescoberta em teoria da ciência para o âmbito mais específico da psicanálise – alerta sobre o mesmo tipo de voo, destituído de origem na clínica; e totalmente voltado para teorizações que não passam de "manipulações engenhosas de símbolos", *a priori* ou *ad hoc*, para tentar encaixar fatos mal observados em pseudoteorias cuja marca é o preconceito, determinado ideologicamente, ou por preferências pessoais, de índole dogmática. Bion ocupou-se também em alertar sobre a proliferação de descrições que tentavam lidar com uma mesma configuração subjacente aos fatos clínicos; configuração que permanecia não descrita, por inobservável apenas com o uso do nosso aparato sensorial. Lembrou ou ensinou a membros do movimento psicanalítico uma observação de Kant, em *Crítica da razão pura*: "conceitos sem intuições são vazios, e intuições sem conceitos são cegas".

Com relação a apreensões errôneas da realidade, Bion observou que os problemas propostos por pacientes rotuláveis como esquizofrênicos para o meio circundante – incluindo, obviamente, as pessoas que os atendiam na função de psiquiatras ou psicanalistas – eram similares aos problemas que matemáticos, cientistas e filósofos já enfrentavam nas suas disciplinas de estudo específicas. Bion nutriu – novamente expandindo e explicitando mais claramente as tentativas de Freud e Klein – um interesse sobre tentativas anteriores de apreensão da realidade feitas por filósofos, teólogos e artistas.

Bion se apoiou decisivamente nas teorias da ciência de Platão, Euclides, Aristóteles, Bacon, Pascal, Locke, Hume, Kant, Alfred North Whitehead, Poincaré, Einstein, Heisenberg, e autores contemporâneos, professores em Oxford e Cambridge: Prichard, na obra *Knowledge and Perception*; Bradley, em *The Principles of Logic*; e Braithwaite, na obra *Scientific explanation*, que influenciaram toda uma geração. Situa-se na tradição platônica, a respeito da incognoscibilidade última a respeito de qualquer evento, pessoa ou algo concretizado que se possa considerar. Em outras palavras, aquilo que se refere ao "sistema inconsciente", ou seja, aquilo que nos é desconhecido – uma noção aplicada à psicanálise, mas já existente na obra de Sócrates, Platão, Spinoza e resgatada de vez, na modernidade, por Kant. Pode-se ver, nesse breve elenco, que Bion se interessou sobremaneira pela teoria da ciência matemática.

M

A biblioteca particular de Bion, de 1979 até 2015, sob os cuidados de sua esposa, Francesca Bion, continha um exemplar de um dos maiores *best-sellers* sobre teoria da ciência, escrito por Karl Popper: *A lógica da teoria científica*. Uma obra típica da comunidade austro-húngara, contém várias anotações às margens, de natureza crítica. Bion percebeu, ainda que não tenha explicitado claramente, que ideias predominantes na pesquisa científica e na teoria da ciência que parecia justificá-las eram as mesmas pregadas pela religião positivista – e não tinham real valor para psicanalistas, por situarem-se no reduzido espectro abrangido por noções de causalidade, locação concreta de fenômenos, desprezo por intuição e por algo que tivesse alguma natureza imaterializada e que pudesse ser objeto de pesquisa. Faz uso de dois conceitos de teoria da ciência: (i) senso comum – delineado de modo muito limitado por Aristóteles, e desenvolvido um milênio e meio depois, por John Locke; (ii) conjunção constante, elaborada por Hume, justamente em uma crítica da noção de causalidade e dos limites da observação.

Os primeiros estudos clínicos de Bion parecem ter sido motivados por uma conjunção de problemas propostos pelos assim chamados psicóticos; como Freud, que partiu do problema proposto pelos que haviam perdido a noção de linguagem – os assim chamados afásicos –, Bion parte do problema proposto por aqueles que perderam o senso comum e criam, por assim dizer, um senso não comum, por idiossincrático. Que pode ser descoberto por meio de uma investigação psicanalítica – naquilo que se separa do senso comum. (O leitor pode consultar, neste dicionário, o verbete "senso comum"). Por que "perderam"? Pois, se jamais o tivessem adquirido, sua sobrevivência seria impossível – é necessária uma dose mínima de senso comum para um bebê poder encontrar um seio que possa nutri-lo.

Desde o início de sua obra, recorreu à física quântica; à teoria da probabilidade; à possibilidade de podermos fazer modelos imaginários, mas não apenas fantasiosos – uma noção já resgatada por Freud no conceito de fantasia, ou fantasia inconsciente –, recorrendo ao uso dos mitos; às analogias matemáticas, alinhando-se ao projeto original de uma psicanálise científica, de base empírica, proposto por Freud. Na visão do autor deste dicionário, pode-se identificar a primeira crítica publicada postumamente, de modo mais detalhado, aos preceitos da religião positivista em *Cogitations*. Nos livros publicados em vida, Bion não se estendia em questões de teoria da ciência, mas apenas nas conclusões úteis para a prática psicanalítica. Essas questões precedem a invenção dessa religião por Auguste Comte: na Idade Moderna, datam do Iluminismo, com as observações de David Hume. Em uma das "cogitações" escritas em 1959, aparece de modo explícito uma tentativa de obter conhecimento que possa ser qualificado como real, nutrido por respeito à verdade. Que se mantém até o fim de sua obra, nutrido por maiores observações clínicas e leituras dos textos de autores clássicos – inclusive Goethe e Nietzsche. Não rotula a visão prevalecente com relação à ciência como sendo o "positivismo"; sequer cita Comte, ou outros autores franceses contemporâneos a ele, mas é nítida a crítica ao que se pretendia ser a única ciência:

> A questão não é nova em filosofia, embora não seja necessário retroceder a uma época anterior a Hume para descobrir as origens das controvérsias atuais. O problema, como se apresenta ao filósofo, foi formulado por Prichard (*Knowledge and Perception*, p. 69) – que afirma:
>
> *"Embora estejamos cônscios de que todo conhecimento alcançado é o resultado de um processo de nossa parte, não refletimos sobre a natureza do processo – em tempo algum, de qualquer modo sistemático – para torná-lo objeto de um estudo especial. Mas, mais cedo ou mais tarde, o conhecimento de nossos erros e o desejo de termos certeza de estarmos obtendo o artigo genuíno, isto é, algo que seja realmente conhecimento, nos leva a refletir sobre o processo . . . enfim, ficamos nos perguntando se somos capazes de ter algum conhecimento de fato, ou se não estamos simplesmente iludidos, pensando que somos capazes de conhecer."*
>
> As teorias da mecânica quântica perturbaram nas ciências naturais o clássico conceito de um mundo de fatos objetivos, estudado objetivamente. E, ao mesmo tempo, o trabalho de Freud suscitou a crítica de que não era científico, por não estar em conformidade com os padrões associados à física e à química clássicas; seu trabalho, ao mostrar quão frequentemente as manifestações das crenças e atitudes humanas se notabilizam mais pela eficiência em disfarçar impulsos inconscientes do que por contribuir para o conhecimento dos assuntos que pretendem discutir, constitui-se em um ataque à pretensão do ser humano de possuir uma capacidade para observação e julgamento objetivos.
>
> Mas poderíamos questionar: será que os fatos descobertos graças à aplicação do método científico não constituiriam uma prova de que os métodos empregados – por exemplo, as fórmulas matemáticas na predição dos fenômenos astronômicos – teriam uma validade independente do observador que os elabora e emprega? Será que os métodos não pertenceriam à ontologia, e não à epistemologia, e que seriam "objetivos", e não "subjetivos"? Infelizmente não, pois, como Heisenberg mostrou por meio da interpretação da teoria da mecânica quântica feita por ele, Niels Bohr e outros da escola de Copenhagen, nenhum fato isolado está isento de relação com a totalidade dos fatos nem está isento de ser influenciado por ela, sendo que essa totalidade deve permanecer desconhecida. Mesmo o conceito de espaço pode ter apenas uma aplicação muito limitada, pois não é necessário haver nenhuma realidade que corresponda ao conceito. (C, 84)

Embora haja, de modo explícito, uma ênfase no método científico que ultrapassou os preconceitos positivistas, herdeiro direto das pseudoteorias de ciência

M

estabelecidas por São Tomás de Aquino e Descartes, no transplante clivado de afirmações do jovem Aristóteles para interesses do ramo apostólico romano da Igreja católica, o parágrafo citado de *Cogitations* implica também uma das aquisições da psicanálise – que ficará clara a quem ler todo o parágrafo (reproduzido a seguir, página XX). Bion não tentou comprovar alguma eficácia do método psicanalítico submetendo-a a critérios de outras disciplinas – matemática e física –, sendo que sua cientificidade, nos anos 1950, não era mais colocada em cheque. Pelo menos não de modo prevalente, como havia sido entre os anos 1900 e 1940. Bion estabelecia paralelos entre as duas disciplinas científicas que mostraram a inadequação da religião positivista. A importância da citação de Prichard, no todo da obra de Bion a partir de então – pelo menos 1959 – não pode ser por demais enfatizada. Na visão do autor deste dicionário, o conteúdo dessa citação pode ser responsabilizado por ter moldado (dado limites, enquadrado) e guiado a direção da pesquisa de Bion como um tipo de bússola: do pseudoconhecimento localizatório, anatômico, macroscópico, concretizados em matéria, para o conhecimento de aspectos parciais de processos – semoventes, dinâmicos, imaterializados. Resgatou a concepção inicial de Freud, já expressa no estudo neurológico de afasia – antes mesmo que ele descobrisse algo que chamou psicanálise. E também psicologia profunda – um termo já usado por Pierre Janet e outros psiquiatras, aos quais Freud, como todo autor científico, reconhece a autoria e a prioridade na cunhagem do termo e na pesquisa que o justificou. E psicodinâmica, um termo dado por ele mesmo; como psicologia profunda, complementar ao termo "psicanálise".

Entre 1950 e 1959, Bion examinava o estado psíquico dos pacientes, observando problemas do psicótico ao lidar com a realidade, no limite de distúrbios dos processos de pensar, tentando diferenciá-los de fantasia – incluindo fantasias inconscientes, ou *phantasia*. A partir daí, passou a examinar, de modo complementar, mas não substitutivo, alguns estados psíquicos do analista que pudessem influenciar as observações. Precisou de quatro a seis anos[86] e o auxílio de uma teoria da ciência matemática (ou filosofia da matemática), de Euclides, contida no conceito de "vértices" para poder indicar alguma elucidação – não totalmente, mas melhor do que se podia obter antes. Partia do princípio da importância fundamental da análise pessoal do analista – uma concepção que manteve até o final de sua vida. Manteve crítica à moda sedutora, apregoando a facilidade em usar-se a contratransferência como arma terapêutica: um dos momentos nos quais se desautorizaram as definições de Freud, que eram baseadas em observação clínica. Heinrich Hacker e Paula Heimann, ao contrário, criaram mais uma moda, dominando o movimento psicanalítico da época. Prosseguem dominando, até hoje, incluindo sociedades de praticantes fora do âmbito institucional da Associação Psicanalítica Internacional; o leitor pode consultar o verbete "contratransferência". Bion não ignorou essa questão,

---

[86] Em estudo publicado em *Elements of Psycho-Analysis* e *Transformations*.

afirmando que só podiam ser abordadas experimentalmente na análise do analista, e não em textos escritos, como se fossem um tipo de bíblia ou apostolado.

Os "processos" enfatizados por Prichard, executados anteriormente em outras disciplinas cientificas, como a matemática, nas teorias de probabilidade (introduzidas por Pascal), no cálculo diferencial (iniciado por Newton), na geometria não euclidiana (de Riemann e Lobachevsky), no cálculo matricial (introduzido por Sylvester e Cayley) deram o instrumento final para Bion o instrumento final para o exame do ato analítico, sobre Transformações e Invariâncias. Foram logo utilizados pela física, nas subdisciplinas de ótica e termodinâmica; e em medicina, nos estudos de "psicofísica", de Gustav Fechner, Hermann Von Helmholtz e Rudolf Virchow. O estudo de processos foi ativamente praticado por Freud em neurologia, mesmo antes da descoberta da psicanálise. Embora Bion não tenha feito a correlação explícita, pelo menos em publicações, ele a praticou na clínica.[87]

Assim fazendo, e sempre seguindo o método de Freud, teve comando sobre alguns processos pelos quais *não* se obtém um conhecimento real – por desconsideração à verdade; por prevalência do princípio do prazer/desprazer; por intolerância à frustração do desejo. A realidade não pode ser introduzida nesse estado psíquico. No entanto, boa parte das críticas ao trabalho de Freud, feita por pessoas que jamais tiveram experiência prática de psicanálise, é de que ele descobriu intuitivamente – não por dedução, nem por inferência – o funcionamento psíquico de todos nós, seres humanos (ou da natureza humana), a partir de distúrbios (chamados de patologias, em sua época) nesse funcionar.

O modo de investigação de Freud e Bion se originou da "crítica da razão pura", contribuição de Kant que determinou os caminhos da ciência, após o trabalho de Francis Bacon. Kant usou um método para detectar obstáculos à obtenção do conhecimento. Na investigação do autor deste dicionário, a primeira disciplina científica a utilizar esse método foi a estequiometria – termo cunhado por seu descobridor, Jeremias B. Richter, em 1792. Como era hábito entre cientistas pós-renascença, e por mais de duzentos anos, Richter usou um termo grego usado por Sócrates, Platão e Aristóteles, *stoicheion*, ou elemento. Transformou alquimia em uma verda-

---

[87] Seria essa uma das origens da diatribe – talvez de natureza psicótica, comum em grupos - empreeendida de modo político. sob o vértice de rivalidade – por um presidente da Associação Psicanalítica Internacional, o dr. Joseph J. Sandler, contra a pessoa do dr. W. Bion? Precedida de contato amigáveL, registrado no agradecimento em *Learning from Experience*, foram substituídos por acusações, de fundamento questionável. Por exemplo, de que "Bion pouco entendia de Freud" (em uma entrevista cedida ao periódico *Ide*. Não ter citado Freud pode ser configurado como falha científica; no entanto, pelo menos segundo Francesca Bion, seu marido partia do princípio de que os leitores eram psicanalistas, e saberiam a respeito do que ele estava escrevendo. A mesma situação pode ser exemplificada pela falta de citação do trabalho de Joseph Sylvester e Arthur Cayley; a noção matemática era assunto escolar de nível médio, pré-universitário, na época de Bion.

deira química, por introduzir uma tentativa de mensuração qualitativa. Partiu de princípios muito limitados, e alguns errôneos, mesmo se considerarmos o vértice de observação, como o da conservação da massa (de Lomonosov e Lavoisier). Que fornecem mais uma indicação de que concepções falsas, caso ultrapassadas, podem levar a concepções verdadeiras.

Kant, Freud e Bion enfocaram não apenas o *objeto* de estudo, mas também os *métodos* para estudá-lo. Esses métodos incluem particularidades do equipamento psíquico do observador e a interferência que esse observador faz no objeto observado.

Podemos levar em consideração que as obras de Bradley, Prichard e Braithwaite nunca atingiram a popularidade de Popper e os que vieram posteriormente, como Kuhn e Lakatos. No entanto, a popularidade – uma questão que conseguiu perturbar a serenidade de pessoas como Arthur Schopenhauer, que morreu perplexo com a popularidade de Hegel – não pode ser vista como índice de apreensão que teorias ou práticas possam ter de aspectos daquilo que é real e verdadeiro. A massa dificilmente é sábia. Falta de popularidade mundana entre contemporâneos não é um fator confiável para poder apreciar e avaliar contribuições de pessoas na arte e na ciência. É raríssimo que autores possam gozar de reconhecimento em vida. Quando ocorre – como ocorreu com Freud e, depois dele, em medicina, com Albert Sabin, ou com Albert Einstein, na física – é sempre controverso, e quase nunca como reconhecimento real das aquisições, mas por idolatria e pouco saber. Em medicina, por efeito placebo. Esses exemplos raros podem ser comparados com a quantidade notável de exemplos póstumos, em que autores tiveram a sobrevivência física ameaçada por questões financeiras ou políticas: Sócrates, Bach, Schubert, Van Gogh, Nietzsche... a lista é longa.

Harold Arthur Prichard nasceu em 1871 e faleceu em 1947. Fundou a chamada escola inglesa do intuicionismo – seguida na matemática por Brouwer e em psicanálise por Bion. Respeitado intelectual em Oxford, foi especialista na obra de Kant. Em estudos que hoje seriam chamados de cognitivos, observou que dificilmente, ou talvez nunca, uma percepção direta dos objetos concretos pelo nosso aparato sensorial permitiria algum conhecimento real daquilo que poderia ser considerado como universal; e menos ainda das conexões entre os universais. Sua crítica a Kant estende a incognoscibilidade da realidade última, do âmbito numênico, para a incognoscibilidade dos fenômenos, em função de limitações do observador.

Richard Bevan Braithwaite, contemporâneo de Bion, nasceu em 1900 e faleceu em 1990. Graduado em física e matemática, tornou-se professor em Cambridge. Deu uma contribuição fundamental, pouco reconhecida fora dos países anglo-saxônicos, à natureza do raciocínio científico. Pode ser visto como um continuador do trabalho de Francis Bacon no que se refere às generalizações procuradas por uma "lei" científica, que tenta abarcar casos individuais: os achados empíricos. Uma parte de seu trabalho, muito adiante de seu próprio tempo, podendo ser utilizado no século XXI, foi o uso que fez dos modelos científicos. Particularmente, a crítica a uma universalidade dos modelos probabilísticos, que o conduziu a um trabalho básico em teoria dos jogos. Ficou um pouco mais conhecida no final do século XX, pelos avanços populares das teorias computacionais; alcançou uma certa fama em função de um romance quase biográfico sobre a vida de um laureado pelo Prêmio Nobel em economia, John Nash. Caso algum dia, no futuro, algum trabalho de Braithwaite se torne um clássico, o candidato seria um livro publicado em 1953: *Scientific Explanation: a Study of Theory, Probability and Law in Science,* usado por Bion.

Francis Herbert Bradley, contemporâneo de Freud, nasceu em 1846 e faleceu em 1924 – desafiando falsos conhecimentos que alguns médicos costumavam (e ainda costumam) manter sobre prognóstico e expectativas de duração da vida humana em sua época, enfrentou problemas médicos, incluindo uma séria doença renal. Citamos anteriormente que influenciou toda uma geração de cientistas e artistas, entre os quais alguns se tornaram famosos. *The principles of logic*, de 1883, que contém uma descrição dos processos do pensar, influenciou sobremaneira Bion. Na investigação do autor deste dicionário, Bion se utilizou de um conceito formulado por Bradley a partir de Kant: o de "julgamentos com conteúdo", chamados por Bradley de "ideias". A utilização é clara no instrumento "Grade" (Grid) (q.v.), que também foi chamado, de modo generalizador, de "Ideia". Ideias, no sentido dado por Bradley, "representam a realidade". São "universais"; representam "tipos de coisas", embora "coisas em si mesmas" sejam, de modo último, não apenas incognoscíveis, mas produtos de um aparato psíquico individual. Bradley pode ser visto como um dos originadores de um movimento de teóricos da ciência e de cientistas denominado "neopositivismo" – não na Inglaterra, mas no Império Austro-Húngaro e na Alemanha. Esse movimento teve, talvez precocemente, uma instituição associativa: um tipo de "clube de cientistas", do qual fizeram parte, entre outros, Einstein e Freud. Do mesmo modo como, anos depois, os psicanalistas fizeram seu primeiro clube associativo – e como todos os partidos políticos na época já o faziam, descendentes um tanto degenerados dos *guilds*, pois não se dedicavam a nenhuma atividade técnica. Essa instituição se autointitulou apenas de "positivista", de modo apressado, sem dar importância maior do que apenas tentar ser reação de colorido nacionalista ao que já se fazia na França, já que desejava ser um "novo positivismo", para negar cientificidade a uma disciplina nascente que desejava ser científica – a sociologia de Comte e Durkheim. Essa sociedade teve, coincidentemente, outra ligação com o movimento psicanalítico, pois um de seus fundadores – Moritz Schlick – foi um professor de teoria da ciência de Roger Money-Kyrle: um dos poucos amigos íntimos de Bion. O movimento neopositivista utilizou-se de uma discriminação interna a qualquer julgamento que possamos fazer, proposta por Bradley: entre formas gramaticais e formas lógicas. A forma lógica é sempre aquela que produz condicionais, os que afirmam sobre *"a existência de conexões universais, obtidas na realidade"*. Qualidades universais inserem a contribuição de Bradley na tradição platônica, mantida principalmente por Kant. No entanto, a condicionalidade das condições observada por Bradley – em última análise, condicionadas pela realidade – traz um paradoxo. Realidade é um "todo", mais bem descrito por Hegel. Nós, seres humanos, podemos ter contato com esse "todo", mas apenas por meio da experiência imediata; julgamentos são abstrações de experiências imediatas; mas essas experiências só podem ser não relacionais. Não há contato direto com "conexões universais", mesmo que estas sejam obtidas na realidade.

Parece-nos ser essa a origem de algumas hipóteses de Bion: (i) a respeito de uma hipotética função-alfa, que ocorre após uma relação (de apreensão ou captação) de um estímulo externo; (ii) a respeito de uma experiência emocional: ela só pode ser concebida, e não é divisível de uma relação; (iii) as duas teoria sobre vínculos (o leitor pode encontrar detalhamento nos verbetes específicos).

O paradoxo é que julgamentos são inescapavelmente relacionais; não podem, portanto, representar de maneira precisa alguma realidade não relacional. Isso implica que julgamentos não conseguem atingir a verdade. Bradley e também Bion fazem uso de parte da contribuição de Hegel – por isso, Bradley foi tachado de "idealista", o que nos parece lamentável. Do mesmo modo, Bion tem sido visto como adepto de um pós-modernismo, do qual ele mesmo nunca ouviu falar.[88] É fácil ver que nenhum dos dois apelou para o que é visto como "idealismo hegeliano extremo". Os dois enfatizam que o pensamento e os produtos dos processos do pensar nunca são idênticos à realidade que ambos tentam apreender. Pensamentos, como produtos finais de um processo de pensar, nunca passam os limites de uma mera aproximação transitória, e fugaz, da realidade

Outra obra de Bradley que nos parece importante para o método científico, *Appearence and reality*, publicada em 1893, sugere que realidade nunca é autocontraditória. Em contraste, aparências sempre podem ser autocontraditórias: não pudemos encontrar nenhuma citação de Bradley na obra de Freud, mas nos parece evidente que toda a psicanálise, iniciada com o interesse de Freud sobre o fenômeno histérico, a hipnose e, mais ainda, a descoberta de uma possibilidade de interpretar sonhos, corresponde a essa sugestão.

Braithwaite prefere o ponto de vista que diz que a hipótese científica consiste em uma generalização – e nada mais. Ele admite que a formulação de Hume, da teoria da conjunção constante, está sujeita a uma crítica muito séria, e que essa formulação contribuiu muito para obscurecer o valor do ponto de vista que ele (Braithwaite) apresenta, embora com modificações importantes. Enfatiza, particu-

---

[88] Uma inferência do autor confirmada em conversas pessoais com Francesca Bion e Parthenope Bion-Talamo.

larmente, a conexão íntima existente entre o ponto de vista de Hume a respeito da conjunção constante e o ponto de vista de Hume de que, em uma hipótese científica, além do elemento de generalização, só há um fato psicológico, relativo à associação de ideias ou a crenças na mente da pessoa que acredita nessa lei científica. Fica evidente que, para Braithwaite, há . . . o desejo de acreditar que uma lei científica assevera, além da generalização, que existe algum tipo de relação entre os fatos que foram generalizados, relação análoga à relação lógica que existe, em uma inferência indutiva, entre a premissa e a conclusão. Cita outros exemplos dessa tendência, como o desejo de acreditar na existência de uma relação de atividade, análoga àquela que ocorre na volição ou, finalmente, numa relação bastante específica, que não seja análoga a nada mais. (C, 13)

Física moderna

Bion também tinha plena consciência de que, "a despeito dos avanços da ciência nos últimos anos, os métodos empregados no trabalho científico encontram-se sob investigação crítica" (C, 84) – implicando informação suficientemente boa a respeito dos avanços efetuados pelos físicos modernos: "As teorias da mecânica quântica perturbaram, nas ciências naturais, o clássico conceito de um mundo de fatos objetivos, estudado objetivamente" (C, 84). Por meio deles, Bion ressaltou que o observador interfere no objeto observado, valendo-se das contribuições de Werner Heisenberg e Niels Bohr. Com relação a essa observação, Bion não cita Freud especificamente. Empresta – de David Hume – o conceito de conjunção constante. De Poincaré, Bion usa a noção de que os métodos humanos utilizados para mensurações espaciais – que são a própria essência do conceito de espaço – relacionam-se com a nossa consciência – a consciência humana – a respeito de nosso próprio corpo. Ou seja, têm uma base emocional. E empresta uma noção de Riemann, a de que nossas ideias do espaço podem – e precisam, em alguns vértices de observação – ser dispensadas. Apenas nesse momento, assinala que tudo isso já era conhecido (ou poderia ser conhecido) por psicanalistas: *"Como Poincaré assinalou, nossos métodos de mensuração, que desempenharam e ainda desempenham um papel considerável no conceito de espaço, estão claramente relacionados à percepção que o homem tem de seu próprio corpo (Science and Method, p. 100) e podem, de fato, ser ignorados na geometria posicional de Riemann. Nenhum psicanalista ficaria surpreso se atribuíssemos as origens da mensuração a experiências da primeira e segunda infância"* (C, 85).

Repetidas vezes, apresenta a sugestão de que a psicanálise poderia contribuir para nossos *insights* com relação às origens do que ficou conhecido sob a denominação de "ciência". Que seria um instrumento útil para os que, devido à negligência, se perdem no labirinto que aguarda qualquer um que tente implantar autoproclamados métodos científicos (na verdade, métodos pseudocientíficos) na psicanálise.

Bion não enfatizou de modo explícito a coincidência histórica – na verdade, cinco anos antes, mas o que são cinco anos, se o método de contagem for histórico? – entre a física moderna e a psicanálise, no que se refere à constatação da interferência do observador no fenômeno observado. Esses métodos, em muitos aspectos, podem replicar uma religião positivista:

> As teorias da mecânica quântica perturbaram, nas ciências naturais, o clássico conceito de um mundo de fatos objetivos, estudado objetivamente. E, ao mesmo tempo, o trabalho de Freud suscitou a crítica de que não era científico, por não estar em conformidade com os padrões associados à física e à química clássicas; seu trabalho, ao mostrar quão frequentemente as manifestações das crenças e atitudes humanas se notabilizam mais pela eficiência em disfarçar impulsos inconscientes do que por contribuir para o conhecimento dos assuntos que pretendem discutir, constitui-se em um ataque à pretensão do ser humano de possuir uma capacidade para observação e julgamento objetivos. (C, 84-85)

Bion viveu uma época – similar à nossa, neste primeiro quarto do século XXI – na qual havia pesadas alegações contra a psicanálise de que seria uma prática não científica. Bion cita, ainda que brevemente, uma opinião de um acadêmico respeitado no âmbito da psicologia, Hans Eysenck.[89] A fama desse autor foi obtida, em grande parte, por ataques públicos à psicanálise, bem aceitos pela mídia leiga e por editoras sequiosas de lucro – sem que ele mesmo jamais tenha se submetido a alguma forma dela: "o psicanalista é censurado por ser não científico, por não poder produzir um cálculo que é a contraparte do sistema dedutivo dos cientistas, por exemplo". Alguns, incapazes de enfrentar as críticas, aderiram a ela pela negação da cientificidade buscada por Freud, dizendo, de modo encomiástico, que não era uma ciência biológica. Afirmaram, de modo reducionista, mas, a seu ver, protetor, ou como argumento jurídico contra as críticas, que a psicanálise seria uma forma especial e notável de literatura. Por exemplo: Paul Ricoueur, e outras personalidades na crítica literária, como Harold Bloom, que chegou a afirmar que um literato reconhecido, Shakespeare, havia "inventado a personalidade". Seria o caso descrito pela fábula de Esopo, depois revivida por La Fontaine, da raposa e das uvas? Na visão do autor deste dicionário, tudo isso faz parte dos recorrentes ciclos de ignorância e desconhecimento de aproximações reais à realidade que foram feitos por gerações anteriores.

---

[89] *The decline and fall of the Freudian empire* (Eysenck, 1985). Essa obra foi divulgada após o falecimento de Bion, e sintetiza um esforço destrutivo de quase vinte anos.

Posturas anticientíficas

Algumas das personalidades que obtiveram influência e poder midiático contemporâneas de Bion, como Hans Eysenck e Karl Popper, nas décadas de 1950 e 1960, para citarmos apenas duas, nunca se preocuparam em apreender o que poderia vir a ser uma psicanálise – ou seja, algo possível apenas se submetendo a uma, e analisando pessoas. Popper confundiu psicanálise com uma alternativa chamada psicologia individual, de Alfred Adler – seu conterrâneo e amigo em Viena. A enorme fama midiática e o estudo detalhado de sua obra por seguidores entraram em fase de extinção a partir do momento em que eles mesmos faleceram. Talvez comprovem a observação de Shakespeare de que a moda é o *"ardiloso uniforme do demônio"* (*Measure for measure*). Houve tentativas de examinar o *status* científico da psicanálise, mas sob um sentido de legitimá-la sob termos extrapsicanalíticos – com teorias transplantadas, para igualar a psicanálise a uma ciência aprovada pela moda, ou por determinadas instituições. Por exemplo, tentativas de reduzi-la ao dadaísmo e surrealismo; ao existencialismo; ao heideggerianismo; à psicologia acadêmica; à psicologia do ego, mas nunca do id; ao subjetivismo e sua versão do século XXI, o intersubjetivismo; à hermenêutica; ao estruturalismo; à semiótica; à literatura; ao pós-modernismo; ao positivismo, com mensurações oníricas que requerem acordar o paciente na hora em que estaria sonhando; a modelos simplificadores apregoados por uma nova disciplina que despreza neurologia, a neurociência, dos neurotransmissores.

Ou seja, a mesma invariância – falta de apreensão do que é psicanálise, na prática – permanece, em diferentes formas. Uma diferença é que anteriormente a reação contra a psicanálise se fazia a partir do meio externo – por exemplo, por membros do movimento médico, ou religioso, ou político. Mas agora, são internas ao movimento psicanalítico. Os primeiros atacantes tinham em seu favor a desculpa da ignorância; como intrusos, talvez não tenham se sentido obrigados a saber do que se tratava a psicanálise. Deram lugar a alguns membros do movimento analítico; talvez o trabalho de maior fôlego tenha sido o de Ellenberger, em 1970, a respeito de uma propalada "descoberta do inconsciente". Ellenberger se apresentou como um psicanalista devidamente aprovado pela Associação Internacional de Psicanálise. A revolta sempre inclui acusações de que a psicanálise é apenas uma pseudociência. Tem sido brandida inicialmente, e principalmente, por pessoas com formação em psiquiatria, psicologia e filosofia que tentam adentrar-se na disciplina da teoria da ciência sem ter jamais obtido experiência de prática científica e, menos ainda, de prática psicanalítica propriamente dita. Perscrutam, para provar postulados indistinguíveis de preconceitos, uma propalada "biografia" atribuível a Freud, destacando cuidadosamente alguns detalhes, retirando-os do todo, e tomando a parte pelo todo. Alguns desses estudos tentam ser exaustivos, e como qualquer estudo feito por *scho-*

lars da academia contém dados úteis para outros estudiosos, apesar de tentarem substituir o que poderia se constituir, no máximo, como hipóteses, por teses já provadas, em que a prova advém de autoritarismo ou fama pessoal.[90] Como toda iconoclastia, traz em seu bojo, de modo não observado, idolatria disfarçada (Sandler, 2013, p. 117; 2015a, p. 20). Muitos deles – como Eysenck nos anos 1970 e inícios da década seguinte, e talvez involuntariamente inspirados por ele – tentaram usar métodos com sucesso bastante limitado na psicologia acadêmica, o campo em que obtiveram sua graduação ou pós-graduação. Considerando-se que eles não se referem a seus antecessores históricos, imagina-se que tipo de análise tiveram e que tipo de informação histórica sobre filosofia da ciência eles possuem. Este comentário não tem a intenção de atacar ninguém; está ligado a uma desconfiança básica com relação à psicanálise que surge quando se observam as tentativas de transplantar modelos que a própria psicanálise superou – desde Freud. É notório que membros do movimento psicanalítico tendem a repetir os modelos de seus analistas. Se o analista que oferece treinamento não confia na análise, consciente ou inconscientemente, aquele que está sendo treinado tenderá a também não confiar nela. Mais recentemente, o órgão político que tende a governar padrões, a Associação Psicanalítica Internacional, amedrontado com a queda de procura, tenta impor uma diminuição na frequência de sessões – configurando um ataque a um valor libertário contido na proposta de Freud.

Inconsciente e o âmbito dos numena

Bion observou que a psicanálise não poderia ser vista, de modo exato, como não científica. Se é verdade que o todo da psicanálise manteve problemas no que tange a dificuldades na apreensão da realidade, compartilhou todos esses problemas com outras disciplinas que propalaram ou tentaram ser científicas:

> Por intermédio da geometria projetiva algébrica, o matemático pode investigar invariantes comuns ao objeto circular e à elipse – invariantes que representam tanto um como outro. Há uma parte da geometria euclidiana, aquela constituída por enunciados referentes a comprimento, ângulos e congruência, que compõe investigações que ainda não puderam encontrar um lugar em termos de geometria projetiva; portanto, não é necessário que os psicanalistas fiquem descorçoados caso se possa demonstrar que em suas teorias não há lugar para mensurações e outros lugares-comuns em disciplinas aceitas como científicas. Do mesmo modo que há certas propriedades geométricas invariantes em projeção e outras propriedades geométricas que não o são, também existem propriedades que são invariantes em

---

[90] Popper, 1963; Pinckney & Pinckney, 1965; Ellenberger, 1970; Sulloway, 1979; Grunbaum, 1984.

psicanálise. A tarefa é descobrir quais são as invariantes em psicanálise e que natureza tem o relacionamento mantido por essas invariantes entre si. (T, 2)

Como podemos medir algo que as pessoas "sentem"? Postulando "temperatura", após nos livrarmos do preconceito em relação a pares de opostos. Então descobrimos que coisas, objetos inanimados, são sensíveis à temperatura, ainda que elas não sintam "calor e frio". E sobre amor e ódio? Não seriam preconceitos? E se for, simplesmente, "x" – a quantidade de x, como a quantidade de temperatura? Assim, a pessoa poderia ser capaz de medir x, mesmo que não fosse capaz de medir amor e ódio, calor e frio. (C, 2)

Bion propõe a possibilidade de obter-se a mais científica das posturas – aquela que seja isenta de preconceitos. Ao respeitar a percepção já adiantada por Platão e resgatada por Kant, de que lidamos com fenômenos e podemos intuir, e utilizar, ainda que fugazmente e de modo parcial – assim como fugaz e parcial é nossa vida –, seus *numena* correspondentes, sem que precisemos "possuí-los" e, muito menos, nomeá-los. Adotou – pelo menos depois de 1959 – a postura que lida com pares de opostos sem tentar resolvê-los por clivagem, com negação da existência de um dos polos. Três anos depois, em *Elements of Psycho-Analysis*, ilumina mais claramente a teoria de Klein sobre as posições: PS e D são tolerados como coexistentes, em uma não-clivagem, mas sob um processo dinâmico de equilíbrio e desequilíbrio mútuo. Em vez de tentar instalar a psicanálise num leito procrustiano de tecnicalidades pseudocientíficas – como ocorre com estudos estatísticos que tentam legitimar uma causa injustificada e imaginária, ou com fantasias decorrentes de estruturas narrativas em que relações de causa e efeito são a consequência inexorável; ou com fantasias de reprodutibilidade de dados, estatisticamente controlados; ou com a eleição forçada de grupos de controle grosseiramente homogeneizados; ou com a exigência de falseabilidade, no critério de cientificidade imposto por Popper, Bion recorreu à teoria da ciência – mesclando contribuições de diferentes autores –, seguindo a recomendação de Bradley de nunca se filiar a apenas um autor.[91]

A integração é um termo e uma prática cara à psicanálise – constitui um fulcro, a partir do trabalho de Freud, sobre mecanismos de defesa e clivagem do ego, desenvolvido de forma até agora única por Melanie Klein na teoria das Posições. Integração é algo subjacente a todos os estudos classificados como "sociais" que fazem parte da herança de Freud: *Totem e tabu*, *O futuro de uma ilusão*, *Psicologia das massas e análise do ego*, *Moisés e o monoteísmo*.

Bion tentou integrar as sugestões de teóricos da ciência – ao invés de transplantá-las de forma mecânica, ou prioritária – com observações da psicanálise. Pode-se

---

[91] A mesma recomendação aparece na obra de Robert Merton, que cunhou – até o ponto que foi a investigação deste autor – um nome para uma disciplina integrativa: transdisciplinaridade (Merton, 1948).

dizer que um psicótico seja necessariamente um falso cientista; e que todo cientista, quando vitimado por situações psicóticas, não consegue fazer ciência – mas apenas política. De maneira alternativa, em suas próprias palavras, também percebeu que os problemas enfrentados por matemáticos, cientistas e teóricos da ciência igualavam-se – no que tange a apreensões da realidade —aos problemas enfrentados por psicanalistas:

> O que não se avalia com tanta facilidade, é o impacto imediato que têm os problemas, já conhecidos do filósofo da ciência, sobre os fenômenos mentais expostos por métodos psicanalíticos modernos. (C, 9)

Essas tentativas lidaram com as expansões teóricas sobre o funcionamento psíquico sugeridas por Melanie Klein – é elas que Bion qualifica como "métodos psicanalíticos modernos". Teve três instantes definidos que caracterizam duas fases no trabalho de Bion. Dois instantes, separados pelos autores originais de conceitos de teoria da ciência – David Hume e Jules Henri Poincaré –, ocorreram simultaneamente nos estudos de Bion:

1º) O primeiro instante relaciona-se com três noções sugeridas por teóricos da ciência: a de senso comum, fundamental para haver uma capacidade de simbolizar; a das críticas às ideias de causalidade, advindas da observação de Hume a respeito de conjunções constantes (q.v.) que fazem sentido para o observador, mas são independentes do objeto, que prossegue inobservado, mas vítima de crenças do observador; a dos alertas desenvolvidos por Braithwaite, que pode ser visto como um dos herdeiros de Hume, a respeito do uso indevido de inferências probabilísticas favorecendo quantidade, às custas de qualidade. Essas noções e conceitos de teoria da ciência foram relacionadas analogicamente à teoria das Posições de Klein. Toda essa tentativa mostrou-se parcial por ressaltar apenas sentidos e significados localizados no aparato psíquico do observador, e nunca fenômenos que pudessem ser fundamentais no objeto observado. Deu lugar à aplicação psicanalítica da teoria de Transformações e Invariâncias, proposta por Sylvester e Cayley, em que finalmente Bion se aventura a explicitar melhor algumas possibilidades de acesso a verdades localizadas no objeto observado – em psicanálise, o aparato psíquico do paciente. Bion tentou examinar dificuldades de natureza psicótica que obstaculizam a observação de fenômenos: uma área de investigação compartilhada com teoria da ciência. Cognição – uma das funções do ego – é parte do aparato psíquico do paciente e do analista. Do mesmo modo que ocorre com pacientes, o todo do aparato psíquico pode ser abordado, ainda que parcial e transitoriamente, na análise pessoal do analista.

2º) O segundo instante ocorreu na mesma época, ainda relacionado à teoria das Posições de Klein, aproximando-se de situações de *insight*; Bion lança mão de um conceito em teoria da ciência proposto por um matemático, Poincaré – o fato selecionado (q.v.) .

3º) O terceiro instante implica um desenvolvimento dos dois anteriores. Ocorre em um exame da história das contribuições de Bion, quando há maior atenção à introdução do princípio de realidade. Justamente aquilo que permite uma ttransdisciplinaridade entre psicanálise e teoria da ciência: dois métodos diversos mantendo o mesmo objetivo: que sintetizo como ações, ou tentativas, para apreensão da realidade material e psíquica. Bion observa que uma capacidade para pensar teria – pelo menos hipoteticamente – sua origem, quando ocorre, por questões naturais, uma ausência do objeto concreto. Como o vértice utilizado é o mesmo de Freud e Klein, ou seja, o desenvolvimento ontológico e genético do aparato psíquico, o ponto inicial considerado por Bion, entre 1950 e 1976, é dado por um bebê: o momento em que ele começa a se relacionar com sua mãe.

Trata-se de um momento fundamental – tanto na história da psicanálise como na história do movimento psicanalítico. Neste último, vivia-se, nos anos 1960, algo que pode ser considerado como um rescaldo ainda mais destrutivo do que a situação já destrutiva original. Foi um modo notável de apresentação de um estado de alucinose compartilhada – típica de fenômenos de massa – que grassa no microcosmo de sociedades de psicanálise.[92] Iniciou-se no final dos anos 1930, e prolongou-se por pelo menos quatro décadas. Foi nomeada "discussões controversas" – pelo menos em relação ao nome, não houve controvérsia. O leitor poderá consultar o verbete "controvérsia". Mais importante do que as vicissitudes do movimento psicanalítico – quando e onde psicanalistas não se utilizam das eventuais análises a que puderam ter se submetido, no caso dessas análises puderam prover um exame crítico mínimo das situações narcísicas, ou da prevalência da personalidade psicótica (q.v.) em cada pessoa que se considere – o momento foi fundamental na história da psicanálise. Integrou, no modo de ver do autor deste dicionário, de modo indubitável, pois apoiado empiricamente, por experiência clínica, uma contribuição fundamental de Freud – aquela que originou toda a obra de Bion – com uma contribuição de Klein. As duas enfocam os primórdios da formação do nosso aparato psíquico: a teoria sobre os dois princípios do funcionamento psíquico e a teoria das Posições. Conduziu a um estudo ainda mais acurado a respeito do relacionamento que o bebê tem, ou pode ter, com o seio. Bion expande ainda mais alguns de seus conceitos teóricos, por meio de analogias matemáticas. A seu ver, a matemática foi e ainda é uma tentativa primeva em todos nós, seres humanos, para lidarmos – usando um

---

[92] Descrita pelo autor deste dicionário como a vigência de mais um "pressuposto grupal" a ser acrescentado aos três observados por Bion: Sandler (2001d); nova versão: Sandler (2006a). Após uma contribuição do Dr. Vitor Bazzo Jr., modifiquei o título, de quarto para sexto pressuposto grupal: "Eine Sechste Grundannahme?", apresentado em reunião científica na Sociedade Psicanalítica de Colônia em 2010; e publicado como "The Sixth Assumption" em Sandler (2013)..

termo psiquiátrico (que foi usado por Bion) – com psicose. Em termos psicanalítico: um exame da capacidade, e a falta dela, para tolerarmos frustração (do objeto concreto). Bion apela para a teoria matemática de ponto; cita matemáticos da antiga Grécia (Euclides, Proclo, Platão e Aristóteles) e modernos (Gottlob Frege e Victor Tarsky). O leitor pode examinar os verbetes: "estar-uno-a-si-mesmo (*At-one-ment*)"; "causa-efeito"; "círculo, linha, ponto"; "matematização da psicanálise"; "psicanálise real"; "visão analítica".

Os três instantes, incluindo a descrição mais extensa das reflexões de Bion baseadas em teorias da ciência, podem ser estudados nos capítulos iniciais de *Cogitations*. Todas as reflexões e hipóteses são feitas exclusivamente sob o vértice psicanalítico. Em outras palavras, sob uma abordagem empírica, com observação psicanaliticamente treinada (termo utilizado em *Transformations*) sobre casos clínicos. Podem ser razoavelmente considerados como trabalhos preparatórios, ou rascunhos, para textos notavelmente compactados e conclusivos, que compuseram os livros *Learning from Experience*, *Elements of Psycho-Analysis* e *Transformations*.

Os dois primeiros instantes, que qualificariam uma primeira fase, podem ser vistos pela seguinte citação:

> O fato que aqui equaciono com aquilo que Bradley denomina "o elemento real" não difere, em absoluto, dos fatos ou elementos reais que são objetos de curiosidade, elucidação e estudo em qualquer ciência, embora esse fato possa ficar obscurecido por ser um "fato" ou "elemento real" do tipo que o analista convida o paciente a estudar – ou seja, o próprio paciente.
>
> Pode-se observar que postulo, na teoria que estou apresentando, um fenômeno com três facetas:
>
> 1. Aquela que Bradley denominaria "elementos reais em uma união real", idêntica ao que o cientista denominaria "dados observáveis", em uma relação que é, igualmente, observável.
>
> 2. Uma contraparte ideacional do item anterior, dependente da capacidade do indivíduo de traduzir um "elemento real" em uma ideia. (O psicótico fracassa nesse ponto. Mesmo quando verbaliza, ainda pensa que palavras são coisas.) Essa operação depende da capacidade do indivíduo de tolerar a depressão da posição depressiva e, portanto, de adquirir formação simbólica. Essa fase é idêntica à capacidade do cientista de produzir um sistema dedutivo científico e sua representação, denominada cálculo [Braithwaite, p. 23].
>
> 3. Um desenvolvimento mental associado a uma capacidade "de ver os fatos tais como eles realmente são" [Samuel Johnson para Bennet Langton; para os detalhes, *ver* o texto à página 114]; internamente, associado a um senso de

bem-estar, que tem um efeito instantâneo efêmero e um sentido duradouro de estabilidade mental, sempre crescente. (C, 5-6)

Facetas do fenômeno

Qual seria o sentido da primeira faceta? Talvez fique evidente na definição de Bradley e também na citação feita por Bion: há uma consideração humana que pode ser qualificada como científica, ou artística, que se expressa por uma busca de verdade; e que verdade pode ser aproximada por meio de processos relacionais entre qualquer tipo de entidade que se considere, animada ou não.

Qual seria o sentido da segunda faceta? Teria o mesmo sentido anteriormente dado pelo que tem sido tradicionalmente classificado como "tradição platônica"? Não se trata de idealismo, como algumas qualificações acadêmicas altamente reconhecidas por muitas instituições (*establishment*) filosóficas querem fazer crer. Essas qualificações, sob a visão do autor deste dicionário, fundamentadas em outros textos,[93] tem como componente intrínseco uma desatenção, produto de preconceitos – ora ideológicos, ora nacionalistas. A "tradição platônica", que poderia também se chamar "socrática", observa e alerta sobre uma necessidade de que haja uma "correspondência" entre uma formulação verbal, ou matemática, ou outras que possam ser descobertas, com a realidade materializável ou imaterializada que essa formulação intenta descrever. Quando a atividade é prática, ou praticável concretamente, ou materialmente, tenta alcançar e lidar. Na investigação deste autor, Bion, como Freud antes dele, coloca em prática na clínica psicanalítica esta observação fundamental, que tem guiado a conduta dos cientistas até hoje. Consta – de modos diversos, ou seja, como transformações em torno de uma invariância, que podemos chamar "teoria correspondencial" – das obras de vários autores por pelo menos dois milênios. Na obra de Bion, até *A Memoir of the Future*, inicia-se com a obra de Platão e também com a obra de Aristóteles, em sua época de idoso; depois resgatada por Francis Bacon, Baruch Spinoza, David Hume, Immanuel Kant, Samuel Johnson, Isaac Newton, Alexander Pope e o bispo Berkeley. Na cogitação que toma boa parte deste verbete, Bion se utiliza preponderantemente, de modo implícito e explícito, das contribuições desses autores, e sintetizadas e explicitadas por Bradley, Prichard e Braithwaite.

Sempre apoiado na obra de Freud, e referindo-se à sua própria teoria do pensar (q.v.), que já havia tomado dois de seus livros hoje considerados básicos, Bion deixa

---

[93] *A Apreensão da Realidade Psíquica*, em sete volumes. Rio de Janeiro, Imago (1997-2003); Le projet scientifique de Freud en danger un siècle plus tard ? Une étude psychanalytique et épistémologique. *Revue Française de Psychanalyse (Paris)*. V. hors série : 181 (2001b); *A Clinical Application of Bion's concepts*. Londres: Routledge (2009-2013) *An Introduction to 'A Memoir of the Future', by W.R.Bion*, em dois volumes. Londres: Routledge (2015-2016) .

a implicação de toda sua obra na invariância de uma "teoria correspondencial" ainda mais clara em *Transformations*:

> Por definição, o termo consciente relaciona-se a estados dentro da personalidade: a consciência de uma realidade externa é secundária à consciência de uma realidade psíquica interna. Realmente, a consciência de uma realidade externa depende da capacidade da pessoa tolerar ser lembrada de uma realidade interna. (T, 86)

Acrescenta uma nota de rodapé a esta frase: *"O relacionamento entre a Realidade interna e externa é, portanto, similar ao relacionamento entre a pré-concepção e a realização que se aproxima da pré-concepção. Isso é reminiscente da teoria das Formas, de Platão"* (T, 86). A mesma observação volta a aparecer em outra nota de rodapé, à página 107.

Há muitas passagens neste livro em que Bion enfatiza o relacionamento entre "Formas Ideais" de Platão e as teorias de Freud e Melanie Klein sobre objetos internos, e também sobre introjeção e projeção.

Isso não implica a submissão de Bion a eventuais ordenações de Freud ou Melanie Klein? A leitura dos textos não deixa nenhuma dúvida. As críticas à teoria de Freud sobre a função da consciência para análise de pessoas com perturbações nos processos de pensar, rotuladas como psicóticas – ou seja, de que a teoria era "fraca" –, nunca invalidaram a mesma teoria para análise de neuróticos; nem invalidaram a teoria de modo geral.

> A teoria da consciência como órgão sensorial para captação de qualidades psíquicas é fraca, mas não é falsa, pois, quando a expandimos, ao dizer que o consciente e o inconsciente são produzidos constantemente e funcionam juntamente, como se fossem binoculares, ambos ficam capacitados para correlação e autoconsideração. (LE, 54)

Nesta época, Bion havia desistido de modificar a teoria sobre sonhos e simplificado, ou diminuído suas pretensões, resultando na teoria observacional – e não de psicanálise propriamente dita – de função-alfa. O leitor pode consultar os detalhes nos verbetes "função-alfa" e "trabalho onírico alfa".

A sinceridade científica de Bion deixa clara para o leitor a discordância de Melanie Klein em relação ao conceito de pré-concepção. Ou seja, um acréscimo inspirado em Kant que Bion fez à teoria das funções de ego de Freud – no que tange aos processos de pensar – que parecia afetar a teoria de Klein. Na visão do autor deste dicionário, o acréscimo que Bion fez à teoria das funções de ego, conforme a hipótese de Freud, foi sugerir a existência de duas categorias que podem, e talvez precisem, ser consideradas como etapas genéticas nos processos usados por nós, seres humanos, para construir e depois manter nosso aparato de pensar: a categoria das pré-concepções (q.v.). Por que afetaria a teoria de Klein? Não conseguimos encontrar nenhum fator. Pois foi justamente Klein a pessoa que estendeu a teoria da transferência de Freud, no artigo "Origens da transferência", notando a existência de Édipo e do superego em fases mais precoces do que aquelas constatadas por Freud. Talvez, para Klein, seria ir longe demais postular um aparato psíquico e cerebral já pronto no nascimento. Não são necessárias teorias que nos guiem; tanto Freud como Klein podiam fazer análise independentemente de teorias – ou de metapsicologias, na denominação de Freud, aquilo que vinha depois da psicologia. Essas teorias vieram da prática, e a prática era algo que eles tinham.

> Vou tomar de empréstimo, livremente, todo e qualquer material que possa simplificar minha tarefa; começo com a teoria das Formas de Platão. Conforme compreendo o termo, vários fenômenos, como o aparecimento de um belo objeto, são significantes. Não por serem belos ou bons, mas porque servem para "lembrar" o espectador do belo ou o bom que em uma época foi, mas não é mais, conhecido. Esse objeto, em relação ao qual o fenômeno serve de lembrete, é uma Forma. Afirmo que Platão é um patrono da pré-concepção, do objeto interno, da antecipação inata. Melanie Klein, em conversa comigo, opôs-se à ideia de o bebê ter uma pré-concepção inata do seio, mas, ainda que seja difícil produzir evidência de que existe uma realização que se aproxime dessa teoria, a própria teoria me parece útil como uma contribuição para um vértice que quero verificar. Fenômenos (esse termo está sendo usado como Kant poderia usá-lo) são transformados em representações, $T^p\beta$. $T\beta$ pode então ser considerado como uma representação da experiência individual **O**, mas a importância de **O** deriva de e é inerente à Forma Platônica. (T, 138)

Não podemos saber se *Learning from Experience* e *Elements of Psycho-Analysis* foram uma espécie de rascunho para *Transformations*. Provavelmente, não – pois *Transformations* não os modifica. Outra hipótese: Bion preferia ir colocando suas noções aos poucos? Pois nota-se um desenvolvimento. Certamente ele não pensava em aplicar a teoria matemática de Transformações e Invariâncias em 1962 e 1963 – essa teoria não modifica as teorias de conjunção constante e fato selecionado. Mas as amplia: até este momento, Bion colocava uma ação científica de correspondências na realidade que descobria algo intrínseco ao observador. A partir de 1965, a concepção de invariância adentra mais resolutamente no esclarecimento de uma verdade naquilo que é observado: a realidade psíquica do paciente, conforme pode ser examinada no inter-relacionamento com o analista, no aqui e agora da sessão, denominada por Bion de "experiência emocional" (q.v.). Experiência emocional é um fator fundamental na formação e manutenção dos processos do pensar. Este é um dos momentos nos quais Bion coloca uma aplicação puramente psicanalítica de um conceito originalmente matemático, demonstrando que os problemas enfrentados por teóricos da ciência e filósofo são os mesmos problemas enfrentados por psicanalistas – e por psicóticos. Em outras palavras, demonstra a possibilidade vantajosa de um estudo transdisciplinar:

> Sugeri que todos os elementos do método científico para os quais chamei a atenção, e que irei citar, estão presentes em um estágio precoce da história do indivíduo e da raça, e estão associados especificamente ao desenvolvimento do pensamento verbal. Esses elementos são: a relação entre as necessidades psicológicas do indivíduo; as demandas do princípio da realidade; as demandas que a realidade faz ao indivíduo, para que ele sobreviva, de que ele a reconheça como realidade; a hipótese como uma asserção da conjunção constante de elementos, estabelecendo que os elementos estão conjugados por formas diferentes de relacionamento, que precisam ser discriminadas; o componente social, discernível no fato de que a public--ação é uma característica essencial, e não acidental.
>
> Aqui penso, novamente, que podemos simplificar o problema caso deixemos de lado, no momento, a característica das palavras que até agora dominaram a cena – ou seja, seus símbolos característicos – e consideremos cada palavra como um etapa daquilo que chamaremos, em um estágio posterior, de hipótese.
>
> Desse ponto de vista, sugiro que o indivíduo, ao emitir sons selecionados que depois podem se distinguidos como palavras, procura expressar que certos elementos ao seu redor estão constantemente conjugados. Assim o indivíduo pode expressar, por meio de algum som, como "pa-pa-pa", que certas impressões sensoriais ficam sempre conjugadas; o "pa-pa-pa" é um método de public-ação da hipótese; ao mesmo tempo, reduz a hipótese a termos que podem ser verificados, por meio de testes empíricos. "Pa-pa-pa", diz a criança. "Sim", diz a mãe perceptiva, "está certo, é o papai". Assim nasceram o método científico, a hipótese de nível superior, a generalização e a asserção verificável, juntamente com a public-ação.
>
> Não estou sugerindo que isso vá satisfazer as objeções do filósofo da percepção. Ele ainda pode sentir que o problema de como o conhecimento privado das impressões sensoriais tem que ser traduzido em conhecimento público é insolúvel; ou que é insolúvel o problema de como o indivíduo tem que se assegurar de qualquer fenômeno que esteja além das impressões sensoriais que ele tenha consciência. Só posso responder, tirando uma folha do livro hipotético da minha criança hipotética: é por public-ação – ou seja, discurso. Esse problema, que para muitos filósofos surge como uma questão de dialética, não pode ser tratado pelo psicanalista como se não tivesse importância; o psicanalista pode estar tratando de um paciente cujas impressões sensoriais parecem dar-lhe informações que não corres-

pondem àquilo que o analista comumente considera como sendo os fatos externos apropriados. (C, 196-197)

Esse exemplo demonstra um fato transcendental, mesmo que as formas que possa assumir sejam diferentes: a palavra mama, praticamente universal. Bion não duvida de que as obras de Freud e Melanie Klein são herdeiras diretas da obra de Platão, alertando que a teoria de Transformações e Invariâncias, aplicada à psicanálise, *"pareceria implicar um hiato entre os fenômenos e a coisa-em-si, e tudo que eu disse não é incompatível com Platão, Kant, Berkeley, Freud e Klein, para citar uns poucos, que mostram o quanto acreditam que um anteparo de ilusão nos separa da realidade. Alguns acreditam conscientemente que o anteparo de ilusão seja uma proteção contra a verdade, essencial para a sobrevivência da humanidade; o resto de nós acredita inconscientemente nisso – mas não menos tenazmente. Mesmo aqueles que consideram essa visão um equívoco, e que a verdade é essencial, consideram que o hiato não pode ser transposto porque a natureza do ser humano impede o conhecimento de algo além dos fenômenos que não seja conjectura. Os místicos devem ser liberados dessa convicção da inacessibilidade da realidade absoluta. A incapacidade dos místicos de se expressar por intermédio da linguagem comum, arte ou música, relaciona-se ao fato de todos esses métodos de comunicação serem transformações; e de transformações lidarem com fenômenos; e com eles se lida através de serem conhecidos, amados ou odiados . . ."* (T, 147).

O apelo às observações ou descobertas de alguém como Platão tem deixado alguns leitores perplexos. Leitores dotados de formação acadêmica vinculada à filosofia e à teologia, não necessariamente atinentes à tradição mística, enquanto fenômeno histórico, diverso de misticismo. Parecem-me habituados a manter uma visão isenta de liberdade, por submissão a vários autoritarismos: escolástico, ideológico, idolátrico, reproduzindo o mesmo problema enfrentado pelos "místicos" que procuravam por verdade, sendo perseguidos pela instituição (*establishment*) religiosa, durante a Renascença e o Iluminismo. A invariância, constituindo um problema social, persiste, aparecendo de modo transformado. Atualmente, sob forma de dissidências, ou de ausência de adoção de um método científico considerado como válido, ou "paradigmático" (que veremos no final deste verbete), em muitas academias através do mundo. Esses leitores se inserem em várias modas – por exemplo, "pós-modernista"; ou pessoas interessadas em manter dogmas religiosos. Têm tentado impor a qualificação de Bion como um "místico". Ou de que estaria defendendo um "idealismo", mas nunca um "realismo". Pois negam a validade da tradição científica, inseparável da experimentação, ou experiência em senso comum. Em sua fase inicial, sempre por meio de nossos órgãos sensoriais.

No ciclo de "cogitações" a respeito do método científico, que se constitui como uma investigação transdisciplinar entre teoria da ciência e psicanálise, há alguns exemplos de iluminações que puderam ser feitas pelo fato de que Bion não se deixou levar pela abominação de filósofos e teóricos da ciência que desconsideram que "estados ideacionais" incluem, necessariamente, expe- riências emocionais. Em um "cogitação" escrita em 12 de fevereiro de 1960, Bion ressalta o mesmo esclarecimento transcendental que remonta aos tempos de Platão e Aristóteles e alguns outros médicos do período hoje esquecidos, como Alcméon de Crotona – que descobriu a existência de nossos órgãos sensoriais: *"Todas as nossas ideias são redutíveis, a longo prazo, a dados da experiência sensorial"*. Essa afirmação categórica é uma citação de um livro de divulgação histórica, cientifica e filosófica, escrito por Copleston (1953, vol.6, p. 8).

O exame da biblioteca particular de Bion, mantida por sua esposa até 2015, demonstra o quão ele se utilizou de uma das obras mais populares – no Império Britânico – sobre história da filosofia, por mais de meio século. O fato de ser popular, arriscando uma degradação para o lugar-comum, não implica falta de acurácia. Denominada de modo recatado e nada onipotente de "**uma** história", não se arrogou a ser "**a** história". Ao contrário: permanece sendo publicada até nossos dias – como uma das mais respeitadas histórias sobre a filosofia e sobre a ciência jamais escritas. Não há de ser por mera coincidência o fato de que Frederick Copleston tenha se graduado em Oxford, contemporaneamente a Bion – e ter sido criado, inicialmente, na Índia. Também pode-se estabelecer um paralelo em personalidades: nenhum dos dois podia ser qualificado como preconceituoso: Copleston, filho de um sacerdote anglicano, foi preparado para a mesma profissão do pai. Mas tornou-se católico, e nunca foi abandonado pelo pai, que intercedeu para que o filho prosseguisse como professor em Oxford. A cópia da obra foi muito utilizada por Bion, quase como se fosse um guia de um estudo que ele mesmo nunca teve. Algo que deixa claro na introdução de *Learning from Experience*:

> Este livro lida com experiências emocionais diretamente relacionadas às teorias do conhecimento, e também, de modo especialmente prático, à psicanálise clínica. Em geral, pessoas com treinamento em métodos filosóficos não dispõem da experiência íntima dos processos que perturbam o pensar – algo disponível a psicanalistas. Entretanto, raramente os psicanalistas assumem tais casos. Tenho sido afortunado nesse aspecto, mas careço de treinamento filosófico. (LE, Introdução, 2)

Na "cogitação" que se inicia com a citação do livro de Copleston, podemos ler:

> A teoria de Montesquieu [ibid., p. 11] não é uma simples generalização empírica, mas lida com tipos ideais de governo. Isso levanta uma possibilidade interessante: se existem teorias, por exemplo na mecânica quântica, nas quais não há um nível de dados empiricamente verificáveis, mas um nível de hipóteses estatísticas ocupando o lugar de dados empiricamente verificáveis, poderia existir uma teoria onde

o lugar dos dados empiricamente verificáveis tenha sido ocupado por hipóteses de tipo ideal, análogas a hipóteses estatísticas? E, nesse caso, qual seria a relação das hipóteses de tipo ideal para com as premissas ou hipóteses de nível superior de generalização crescente? Generalização e idealização são então a mesma coisa? Se não são, em que diferem? Pode ser que haja lugar para três tipos de hipóteses que necessitam ser distinguidas:

1. Hipóteses de nível superior, generalizadas e, portanto, não verificáveis empiricamente.
2. Hipóteses estatísticas, ocupando o lugar de hipóteses empiricamente verificáveis e incorporando uma asserção de probabilidade. Disso decorre uma questão: como o cientista usa essas asserções probabilísticas?
3. Hipóteses de tipo ideal, que dizem que em um dado estado (que de fato nunca será encontrado) existe um estado de "existência necessária" de algo, qualquer que seja esse algo a que a hipótese esteja se referindo. Por exemplo, tome a asserção: "A cisão e a identificação projetiva excessiva levam a uma desintegração da personalidade". "Identificação projetiva excessiva" é um estado ideal, e não uma generalização empírica. A hipótese assevera que, ao se realizar esse estado ideal, devemos encontrar uma desintegração da personalidade. Seria isso uma asserção probabilística em uma hipótese estatística? Não; mas suspeito que seja uma asserção que é "compreendida" quando uma hipótese estatística é usada, e esta é a pista para o problema colocado por Braithwaite (*Scientific Explanation*, p. 124) sobre *como* um cientista usa uma asserção probabilística numa hipótese estatística. A hipótese de tipo ideal pode ser considerada como uma asserção probabilística primitiva, não matemática, que Braithwaite chamaria de "razoabilidade" (ibid., p. 120). Até onde posso ver, ela não teria que incorporar sempre uma asserção probabilística. De qualquer modo, considero que a asserção probabilística é frequentemente empregada como uma asserção de medida de certeza. Mas, se eu não considerar a hipótese de tipo ideal idêntica como uma hipótese estatística, também não poderei considerá-la como uma hipótese de alto nível de generalização, pois em psicanálise ela é claramente usada como uma hipótese de nível inferior.

Na experiência empírica de tratamento analítico não há, até o momento, nenhuma etapa entre a asserção "Identificação projetiva excessiva leva a uma desintegração da personalidade" e a percepção de dados sensoriais, substituindo o nível de dados empiricamente verificáveis.

Nesse caso, as hipóteses de um sistema dedutivo científico em psicanálise podem ser arranjadas hierarquicamente; o arranjo não se dá entre hipóteses de nível superior de generalização crescente e hipóteses de nível inferior de particularização crescente, mas entre hipóteses de nível superior de idealização crescente e hipóteses de nível inferior de realização crescentes; ou pode haver um tipo especial de sistema dedutivo científico, no qual a generalização e a idealização estão combinadas, e a realização e a particularização estão combinadas. Como podemos cotejar isso com a realização das fórmulas matemáticas?

Antes de tentar responder a essa questão, precisamos considerar certas similaridades e contrastes que emergem ao compararmos fórmulas matemáticas com sonhos. Os elementos de um sonho, usados como o ponto de partida para uma série de associações livres, podem ser usados para produzir pensamentos e ideias coerentes entre si, exibindo, em sua forma integrada, um construto (o conteúdo latente dos sonhos, segundo Freud) que parece mostrar uma grande expansão de significado se comparado com o que é mostrado no sonho do qual esse construto derivou. Certas fórmulas algébricas, tratadas de acordo com regras aditadas previamente – não associações livres –, produzem, de modo similar, uma expansão que é coerente intrinsecamente; como o conteúdo latente do sonho, essa expansão é aplicável, com frequência, a dados empiricamente verificáveis; estes, sob a forma coerente que a expansão matemática tem revelado, proveem uma realização para o sistema de fórmulas que constitui o cálculo algébrico original. Por analogia, o conteúdo latente do sonho é empregado pelo psicanalista para "interpretar" os dados empiricamente apresentados pelo paciente, revelando assim uma forma coerente, que pode ser considerada como uma "realização" do conteúdo latente do sonho.

Em ambos os exemplos a "realização" terá de ser procurada no domínio dos fenômenos que consideramos existir de modo independente do observador. Em certo sentido, o cálculo algébrico, assim como o conteúdo latente, pode ser considerado como uma tentativa, por parte do indivíduo, de produzir um aparato mental tão bem adaptado à compreensão do seu meio ambiente como o aparato visual sensorial é bem adaptado à visão do seu ambiente. O conteúdo latente do cálculo algébrico também pode ser tratado de modo paralelo, com objetivos de comparação. Para evitar confusão, é necessário observar que o conteúdo latente está sendo usado para alcançar compreensão de dados que se julgou serem independentes do observador, mesmo que o conteúdo latente seja um produto da mente de um observador, e os dados aos quais está sendo aplicado, facetas da personalidade do observador. Essa independência será posta em xeque caso o conteúdo latente tenha sido aplicado, ou tenha sido considerado aplicável, ao problema associado com a sua própria produção – em suma, como se fosse um conteúdo latente relacionado a um sonho do qual ele foi o conteúdo latente. O mesmo vale para o cálculo algébrico: em geral, esperaríamos que o fato selecionado de Poincaré fosse aplicável a dados independentes do observador, visando dar ordem e coerência a esses fenômenos. Mas eu sugeri que o fato selecionado — conteúdo latente ou cálculo algébrico, neste caso — é, em si mesmo, uma tentativa de lidar com a incoerência psíquica interna (vista na teoria kleineana como a posição esquizoparanoide), pelo menos como uma externalização na qual, e por meio da qual, o indivíduo é capaz de compensar sentimentos internos por um senso de consecução externa. Poderia haver um conteúdo latente referente a um sonho do qual ele foi o conteúdo latente? Será possível que haja um cálculo algébrico, ou que exista uma faceta em qualquer cálculo algébrico, de modo que o todo coerente que o cálculo expressa encontre sua realização no âmago dos fenômenos mentais elementares dos quais se origina, bem como nos dados independentes do observador? (C, 127-129)

Alguns meses depois, após ter examinado as questões de um carácter instintivo inato, com uma transdisciplinaridade com biologia – idêntica a uma das fontes de psicanálise, conforme descoberta por Freud –, Bion deixa registrada mais uma "cogitação", em que exerce uma autocrítica dupla: à sua conduta com um paciente, "X", aquele que via "sangue por toda parte", e ao seu projeto de se preocupar com *"com a psicologia do filósofo"*. Considera que isso *"poderia levar-nos a negligenciar a questão da veracidade ou da falsidade das próprias ideias filosóficas"* (C, 147).

Novamente se baseia em Copleston (1953, vol. 1, p. 9):

Do mesmo modo, talvez seja verdade que, além da distorção produzida pelos próprios conflitos do analista, outros elementos contribuam para que ele não consiga ser científico; por exemplo, conhecimento insuficiente do assunto. Podemos supor, com excessiva facilidade, que conseguiríamos lidar com todas as dificuldades por meio de mais análise. O assunto desta discussão é como determinar, elaborar e expor os procedimentos que constituam uma análise correta ou que satisfaçam padrões que evitem, pelo menos, os métodos que sob qualquer circunstância possivelmente não conseguiriam ser científicos. E, reciprocamente, como encarar que descobertas comprovadamente psicanalíticas possam ser não científicas, mesmo quando verdadeiras? (C, 147)

O primeiro requisito seria termos um meio pelo qual pudéssemos dizer que alguém esteja errando; o segundo, um meio pelo qual pudéssemos retificar o erro.

Penso que errei com X. Objeto a isso depois de anos de experiência. Minha objeção é baseada em um sentimento, o de ter feito duras tentativas e infindáveis esforços para ficar na rota certa. Mas admito isso. Tenho conhecimento da crítica e posso ser crítico, porque tenho um quadro de mim mesmo: um homem ranzinza, sentindo muita autopiedade pelo infortúnio em que estive, prazerosamente, me descrevendo. A visão que eu tenho, de ter feito "duras tentativas" e "esforços infindáveis", bajula a minha estima, mas é uma visão calcada em um estado de espírito moral no qual "duras tentativas" é uma virtude que será recompensada. Caso não o seja, eu tenho direito de ficar aborrecido com alguém — talvez com o destino, ou com X.

Ocorre-me que eu possa ter errado porque não me agradei. Quer dizer, o fato de não estar me agradando, tanto na acepção de poder agradar a mim mesmo e por meu próprio intermédio, como na acepção de estar desagradado comigo mesmo, é um sinal de que eu estava errando. Mas estou estabelecendo um sintoma ou uma causa? E será que isso não significa que eu acredito que "algo" causou "isso" ou que "isso" está causando alguma coisa? Estou preso numa teia que eu mesmo arquitetei.

Isso significa que eu não tenho a capacidade, caráter ou personalidade que concebo para estar agradado. Mas quem é o "eu", o sujeito que então profere julgamento sobre quais das minhas características seriam "agradáveis"? E para quem elas seriam, ou não, agradáveis?

Tenho uma imagem, uma imagem visual, de alguém que é amado por todos. Mas isso também soa como um estado que certa vez acreditei existir, vamos dizer, quando eu era um bebê, e vai além, como se eu nunca tivesse me recuperado desse estado. Isso significaria que a ambição não é adequada para minha idade atual, assim como minhas capacidades não se adequam à minha ambição, ou para corresponder a ela – o que também pode ter sido verdadeiro quando eu era bebê ou criança.

A necessidade parece ter sido a de reconciliar a percepção que tenho de meu caráter – isto é, como eu penso que seja o meu caráter – com minha concepção de um caráter desejável. Mas "caráter desejável" significa simplesmente um caráter que se deseja. E, quando se deseja um caráter, ele se converte em um caráter que é desejado. Em suma, eu preciso sentir que sou amado por mim e pelos outros. (C, 147-148)

A tradição científica tem sido objeto de difamação por leitores que se pensam modernos, ou que idealizam novidades – que estamos englobando sob os rótulos de "estruturalistas", que desaguaram no "pós-modernismo". Como todos os rótulos, estes são falhos. Estamos nos referindo a uma crença delineada à página 97 deste verbete, que agora impera. Para essa crença, uma reação violenta à religião positivista, verdade não existe, e então inexistiriam possibilidades de acesso científico (ou qualquer outro) à verdade; uma variação dessa crença é afirmar categoricamente que a ciência é sempre ideológica – como apregoaram Louis Althusser e outros. Outra variação é afirmar que verdade não é assunto de filósofos – como apregoa Richard Rorty, qualificado como "o embaixador pós-moderno" nos Estados Unidos. Qualificam-na como "mero empirismo inglês"; ou, de modo contraditório, "mero psicologismo de Hume".

Podemos retornar à "tradição platônica" que observa "Formas Ideais" ultimamente incognoscíveis, mas existentes, que ronda e muitas vezes se abate sobre a pesquisa científica. Marcada por incerteza e imaterialização, dotada de teimosa resistência a explicações racionalizadas, reapareceu nos números irracionais, com a descoberta do número "Pi" – que resultou, em tecnologia, na fabricação de um dos maiores utensílios para a espécie humana: a roda. E tem reaparecido e sido repelida, de um modo ou de outro, na descoberta da probabilidade, por Blaise Pascal, que precisou se isolar para não ser alvo da Inquisição; na geometria não euclidiana, por Lobachewsky e Riemann; na teoria dos *quanta*, por Max Planck; na teoria da relatividade, por Albert Einstein; na psicanálise, com o estudo dos sonhos e de estados psíquicos como ansiedade, depressão e outros; no princípio da incerteza, por Werner Heisenberg; pelo "gato de Schödinger", que requisita a tolerância de paradoxos; e, mais recentemente, no bóson de Higgs, em que uma micropartícula puramente energética – calculada em 1961 –, levou uma existência imaterial, puramente matemática, até 2013. Uma micropartícula, em si imaterializada, pura energia, que doa ou cria massa, ao colidir com outras partículas.

Dentro dessa tradição platônica, Bion não glorifica "místicos", ou pessoas da tradição mística. Ele nos relembra da existência da tradição mística, denominada por alguns, inclusive pelo autor deste dicionário, em outro trabalho, de cabalas judaica e cristã, *apenas* como um exemplo da possibilidade de se obter um modo verbal de se aproximar, por indicações transitórias, do âmbito numênico da verdade absoluta. Aproximar-se e, por evolução do senso comum, obter acréscimos ou incrementos de aproximação implicam *nunca* dominar ou exercer propriedade do âmbito numênico.

Sugerimos deixar a nomenclatura um pouco mais precisa: pessoas da tradição mística, que se expressaram de alguns modos – como por exemplo, através de poesia de aparência teológica. Embora alguns deles tenham sido rotulados na academia como representantes do "platonismo cristão" e da "cabala cristã" – São João da Cruz, John Ruysbroeck, Meister Eckhart, Dante Alighieri, John Milton (T, 139, 154) –, Bion também inclui obras que não se restringiram ao cristianismo, no que se refere a questões de public-ação e da impossibilidade de se realizar enunciados verbais a respeito da realidade última: os sufistas, Isaac Luria (AI, 75) e a obra de alguém ou, mais provavelmente, de muitos indianos para produzir o *Bhagavad Gita* (C, 370; AMF, III, 473; TS, 62, 85; BLI, 52). Todas essas pessoas tentaram publicar apreensões da realidade que puderam fazer. Bion enfatiza que essas indicações que alguns místicos obtiveram relacionam-se ao que Freud denominou instintos de vida (amor), instintos de morte (ódio), solidão e seus contrários; e também obtiveram algo que foi estendido por Freud por meio de formulações verbais de Freud, que se tornaram máximas no movimento psicanalítico: tornar consciente o inconsciente; ou onde havia id, haja ego. Também parecem ter obtido *insight*, depois mais bem precisado na teoria das Posições de Klein, no que tange a possibilidades de ocuparmos, transitoriamente, momentos que tipificam a posição depressiva.

Místicos usavam uma linguagem poético-teológica. Psicanalistas podem se utilizar de uma linguagem psicanalítica. São duas transformações, buscando a mesma invariância: verdade. Um exemplo aparece à página 103 de *Transformations*. Bion tenta lidar com uma das mais sérias questões que um psicanalista pode encontrar, em que há uma desconsideração com a verdade e um desrespeito à vida, como reflexos comportamentais de uma das mais destrutivas vicissitudes ou sofrimentos da natureza humana. São uma verdade que podemos encontrar na clínica, como podemos encontrar ao longo de qualquer vida que possamos considerar: de *"objetos existentes"* cujo movimento psíquico se caracteriza por ser "violento, voraz e invejoso, implacável, assassino e predatório, sem respeito pela verdade, pessoas ou coisas". Um tipo de objeto interno comumente encontrado de forma total ou predominante em pessoas rotuladas pela psiquiatria como personalidades psicopáticas, e também em delinquência, e em estados paranoides, maníacos e depressivos. Neste momento, Bion faz uma analogia com *"algo como se fosse aquilo que Pirandello poderia ter chamado um Personagem em Busca de um Autor"* (T, 103).

Aquilo que o autor deste dicionário está formulando verbalmente como "movimento psíquico de um objeto existente" foi formulado, em *Transformations*, por meio de uma notação quase matemática, também utilizada em física. A notação gráfica faz uso de setas. Em matemática, são usadas nos estudos de cálculo diferencial – funções, limites e derivadas, e também em cálculo matricial. Em física, são utilizadas nos estudos de vetores e de forças. Essas setas indicam o sentido (não o significado!) de um movimento. Dado o objetivo deste dicionário, estamos evitando reproduzi-las por constatar que o uso desses sinais quase matemáticos tem tido um efeito contrário ao planejado por Bion. Pretendendo simplificar a comunicação, seus textos encontram (até agora) uma prevalência de leitores que sentem o texto com esses sinais como se fosse uma complicação intransponível. Para não distorcer a comunicação do texto, podemos reproduzir o sinal para indicar o movimento psíquico de um objeto real, existente, que seja voraz e destrutivo: ← ↑. O leitor pode consultar o verbete '"Grade" (Grid)" para ter uma melhor noção dessa sinalização.

Podemos continuar com o texto de Bion: ele observa que, *"até o ponto que"* este objeto voraz e destrutivo tenha feito um movimento para encontrar *"um 'personagem', ele parece ser uma consciência completamente imoral. Essa força é dominada por uma determinação invejosa de possuir tudo aquilo que os objetos que existem possuem – incluindo a própria existência"* (T, 103).

O método científico em suas relações com o método psicanalítico, a partir de *Transformations*, ganha uma ajuda, já delineada nos outros livros, por meio de formulações analógicas – meramente analógicas – derivadas da literatura. Novamente, isso não é revolucionário: Freud e Klein, e outros autores, como Winnicott e Marion Milner, utilizaram-se dessas analogias. Formulações verbais têm sido mais desenvolvidas por literatos – mesmo que outros autores que se dedicaram a outras disciplinas, como matemática e física, e até mesmo músicos, também tivessem dotações literárias, e que fossem usadas extensivamente em suas obras. Isso não implica, nem pode ser equiparado, às opiniões de alguns autores, já indicados à página 95 deste verbete, de que a psicanálise é apenas uma forma de literatura, ou que faria "excelentes narrativas".

É evidente que, nesta visão, Deus é considerado como uma Pessoa independente da mente humana. O fenômeno de Deus ou do Belo não seria então aquele que "lembra" a personalidade de uma Forma (pré-concepção), mas é uma encarnação de uma parte de uma Pessoa independente, totalmente fora da personalidade, para quem os fenômenos são "dados". O fenômeno não "lembra" o indivíduo da Forma, mas capacita a pessoa a adquirir união com uma encarnação da Divindade, ou a coisa-em-si (ou a Pessoa-em-Si).

Por conveniência, vou me referir a essas duas configurações como "Formas" e "Encarnação". Em ambas, há uma sugestão da existência de uma realidade última passível de contato direto, ainda que em ambas pareça que cada contato direto seja possível apenas depois da submissão a uma severa disciplina de relações com fenômenos, em uma configuração, e com a Divindade encarnada, em outra. Em nenhuma das duas há discussão sobre estabelecer um contato direto com a realidade do mal absoluto, ainda que seja possível que algumas das qualidades "repelentes" atribuídas a São João da Cruz possam ser um preito inconsciente à sua identificação do mal real absoluto com o bem real absoluto. (T, 139)

Bion apenas tenta relembrar seus leitores de que algumas pessoas obtiveram, e outras talvez possam obter no futuro, aproximações verbais intuitivas ao âmbito dos números. Analistas poderia fazer isso? Não é por coincidência que Bion aventa a existência de uma "intuição analiticamente treinada" (T, 18). Isso faz parte do método psicanalítico, como fez parte do equipamento de trabalho de todos os cientistas reais – que se utilizaram de sonhos, como Kekulé ao intuir a fórmula do benzeno, ou de Einstein e muitos outros. Notamos que mesmo positivistas estritos, como Popper, reconheceram o valor da "inspiração".
A lembrança de Bion não implica que analistas sejam místicos – mas implica que a aproximação aos números, à realidade psíquica, como a definiu Freud, pela primeira vez na história das ideias da civilização ocidental, é possível.

A referência às capacidades de místicos prossegue e talvez se complete, em termos teóricos, em *Attention and Interpretation*, no qual talvez tenhamos a formulação verbal mais precisa a respeito de um instrumento interno ao analista, que nos recorda do enorme interesse de Freud a respeito da linguagem. Seria necessário haver, para uma psicanálise que possa ser qualificada como científica, uma prática na qual o analista pudesse fazer uma "Linguagem de Consecução" (q.v.; no original, *Language of Achievement*) (AI, 64), cuja maior consequência é a própria psicanálise como método de apreensão da realidade.

M

No curso da análise é inevitável que o analisando obtenha uma enorme quantidade de informação *sobre* si mesmo, do mesmo modo que o analista compartilha informação *sobre* análise. Na melhor das hipóteses esse tipo de informação é inútil; e, na pior, danosa, pois toda análise é única; falar sobre análise não o é.

O analista precisa focalizar sua atenção sobre O, o desconhecido e incognoscível. O sucesso da psicanálise depende de se manter um ponto de vista psicanalítico; o ponto de vista é o vértice psicanalítico; o vértice psicanalítico é O. O analista não pode estar identificado: ele precisa *sê-lo*.

Todo objeto conhecido ou cognoscível pelo ser humano, incluindo o próprio ser humano, precisa ser uma evolução de O. É O, a partir do momento em que evoluiu suficientemente para que as capacidades K no psicanalista o encontrem. O psicanalista não conhece a "realidade última" de uma cadeira, ou da ansiedade, tempo e espaço, mas conhece uma cadeira, ou a ansiedade, tempo e espaço. Na medida em que o analista torna-se O, ele se habilita para conhecer os eventos que são *evoluções* de O. (AI, 27)

Assim como um poeta da tradição mística necessitava e ainda necessita de um leitor – pois essas escritas que se aproximam de verdade têm provado ser transcendentais, de um modo que nem mesmo seus autores imaginavam –, um analista só pode existir se houver um paciente.

Toda a questão – ou a invariância básica que compõe um trabalho que possa ser denominado de psicanalítico, desde as descobertas registradas em *A interpretação dos sonhos* – pode ser resumida por um termo: intuição a respeito da existência de fenômenos imaterializados. Que se constituem no objeto de estudo para psicanalistas, como já se constituíram no objeto de estudo de místicos. Depressão, ansiedade, amor, ódio, objetos internalizados e externalizáveis são processos funcionais: analogicamente, como digestão, anabolismo, catabolismo ou internalização, conforme ocorrem em uma vida humana. São comunicáveis, até certo ponto, para a própria pessoa, por formação de imagens e de linguagem, como ocorre nos processos oníricos e, em menor grau e talvez em menor qualidade, na vida em vigília – com a exceção extremamente transitória dos artistas nos momentos em que estão criando, sempre com a ajuda de algum tipo de mídia concretizada, ou materializada, e de um método preciso. Constituem-se como fenômenos que admitem um estado simultaneamente materializável, mas que permanece, em primeira e última análise, imaterial. São objeto de uma psicanálise, que estuda a realidade material e psíquica, na terminologia de Freud; ou realidade sensorial e psíquica, na terminologia de Bion.

Não é possível um acesso direto – por meio dos nossos órgãos sensoriais, de reduzido espectro de captação – ao âmbito dos números. No entanto, podemos intuí-lo; vislumbrá-lo parcial e transitoriamente, sob vértices determináveis por nós mesmos e, ao mesmo tempo, pelos númenos. Requerem intuição para conhecer seu sentido e, parcialmente, seu movimento dinâmico.

Podemos equacioná-los como processos dinâmicos – descritos de modo geral por Braithwaite. Citamos apenas o exemplo desse autor, por ter sido estudado mais a fundo por Bion. De modo específico, pelas disciplinas científicas, como biologia – por exemplo, a origem das espécies vivas; pela física – por exemplo, os processos relacionais entre matéria e energia; pela psicanálise, nos processos dinâmicos no aparato mental, como Édipo, ou resistências, ou mecanismos de defesa do ego; ou nos processos instintivos.

Podemos também lidar com suas manifestações fenomênicas, materializadas. O problema do cientista, ou da capacidade científica de qualquer pessoa, é transduzir[94] materiais empírico brutos, ou de nível inferior (conforme são chamados por teóricos da ciência), parcialmente apreendidos pelo nosso aparato sensorial, em dados imaterializados "pensáveis" – a meio caminho de uma concretização materializada, em dados que possam ser "simbolizáveis". Em outras palavras: dados empíricos brutos equivalem às "coisas-em-si-mesmas" – denominadas por Bion, em 1962, de "elementos-beta", em evidente inspiração na teoria dos sonhos de Freud: estímulos externos e internos. Em 1965, foram denominadas de "O".

Em psicanálise, espera-se que o praticante consiga lidar com correspondências, na realidade humana, à compactação verbal feita em tempos atuais por Freud, denominada "complexo de Édipo". Com base em observações dos antigos gregos, que puderam lidar com a mesma realidade sob modo mítico e, depois, teatral. Embora essa realidade imaterializada seja inalcançável de modo último e, portanto, inefável, por encerrar o mistério da procriação, ou da manutenção de vida, tende definidamente, mas não definitivamente, para usar a própria consecução, a materializações sexualizadas. No entanto, se para um obstetra ou uma parteira a prática se extingue em uma dessas materializações – um filho ou filha –, para um psicanalista a prática demanda níveis de sofisticação que extrapolem a possível, necessária, mas não suficiente materialização sexualizada. O termo "amor platônico", de ocorrência universal, não se deve a mera coincidência probabilística. Exige pelo menos transformações visuais. Por outro lado, dificuldades nesse tipo de apreensão sofisticada ocor-

---

[94] Não se trata de um erro de impressão, mesmo que esse termo tente ter alguma semelhança com "traduzir". Tento implicar algo além (ou aquém) de uma atividade literária, e o autor solicita que o eventual leitor tolere o apelo a um neologismo para comunicar um fato real para o qual não há nenhuma formulação verbal em nossa língua – que contempla os termos transdução e transdutores; não há transduzir. Alguns leitores conhecem transdutores descritos pela tecnologia que se utiliza dos avanços da matemática e da física nas disciplinas de acústica, ótica e termodinâmica: microfones, aparelhos de ultrassom. Tecnologias que não estranham o fato de lidar com fenômenos imaterializados, ditos "energéticos", em condições normais de temperatura e pressão sobre a face da terra, que podem ser materializáveis para efetuar estímulos sonoros, óticos e calóricos.

rem no senso comum e são especialmente visíveis nos assim chamados psicóticos. E também, ainda que de modos não tão visíveis, em todas as classificações psiquiátricas clássicas: neuroses, perversões e transtornos delinquenciais e psicopáticos. E ainda em membros do movimento psicanalítico, a despeito de poderem receber certificados "oficiais" de alguma instituição de que são psicanalistas, mas que não podem ou não conseguem apreender a natureza alucinatória dos fenômenos transferenciais. Esses membros tendem a considerar que teorias psicanalíticas seriam coisas-em-si. Transformam o que poderia ser psicanálise – ou o que um dia foi uma descrição psicanalítica de um caso determinado (inicialmente, por Freud) – numa manipulação engenhosa de símbolos verbais. Outros detalhes encontram-se nos seguintes verbetes: "Édipo"; "'kleiniano'"; "manipulações de símbolos".

Bion – na visão do autor deste dicionário – mostrou a possibilidade de utilizarmos de modo construtivo parte das críticas provenientes de alguns cientistas, que haviam sido consideradas apenas como uma manifestação contrária a toda psicanálise, em alertas para membros do movimento psicanalítico. Embora Bion não tenha se utilizado dessa distinção – entre movimento psicanalítico e psicanálise propriamente dita, uma disciplina científica –, parece-nos que a discriminação está implícita nos escritos que essa pessoa nos legou. Minha pequena contribuição é deixá-la explícita – implica gratidão, pois foi em função de minha leitura que, pessoalmente, consegui fazer essa discriminação de modo mais claro. Discriminação que originou, em parte, outros trabalhos.

Os alertas de Bion nasceram de uma observação do grupo de psicanalistas do qual ele fazia parte; e se continuou com a observação de outros grupos, nos Estados Unidos e na América do Sul.

Percebeu que parte desses membros comportava-se como o *"erudito"* que *"permanece cego com relação à coisa descrita"* (AMF, I, 5). Utilizando-se do objeto parcial "P.A." (psicanalista), afirma que, se alguém puder apontar-lhe a "fronteira cultural", seria *"capaz de predizer se o termo daria origem a raiva. Mostre-me o desenho e os espectadores que vão olhá-lo, e eu vou poder predizer o desfecho. Quando Freud falou que as crianças têm uma vida sexual, as pessoas ficaram ultrajadas. Hoje considera-se James Joyce permissível. A afirmação de que está havendo uma manifestação religiosa dará origem a hostilidade e suspeição por parte de psicanalistas, que negarão o fato de estarem demonstrando fanatismo"* (AMF, II, 228).

O diálogo imaginário prossegue, com mais alertas; foi reproduzido à página 49 deste mesmo verbete, em que Bion descreve, de um modo no qual será difícil não divisar, pelo menos como hipótese, um desapontamento consigo mesmo, e impaciência com seus contemporâneos:

> Esses elementos primitivos do pensamento são difíceis de serem representados por qualquer formulação verbal, porque precisamos nos apoiar em uma linguagem

elaborada posteriormente e com outros objetivos. Houve época que tentei empregar termos desprovidos de sentido – alfa e beta eram exemplos típicos. Descobri então que "conceitos sem intuição são vazios e intuições sem conceito são cegas" e rapidamente se tornaram "buracos negros nos quais a turbulência se infiltrou e conceitos vazios fluíram com significados desordeiros". (AMF, II, 228)

Bion notou o que estava ocorrendo nos vários lugares onde era chamado para dar conferências e palestras. O autor deste dicionário menciona que "parte desses membros" do movimento psicanalítico comporta-se do modo descrito por Bion: favorecendo erudição e idolatria, fontes de pouco saber disfarçado de muito saber; de autoritarismo que gostaria de ser autoridade – um fato observado por Bion e retratado nas dificuldades de Jesus Cristo com dois de seus primeiros seguidores, São Tiago e São João, a respeito de quem estava autorizado a fazer milagres em nome de Jesus (AI, 113). Ainda não temos uma noção estatística desse número de pessoas. Certamente são suficientes para mover uma meritocracia política no movimento psicanalítico, às expensas de uma meritocracia científica (Sandler, 2012, 2015b, 2016). Não sabemos se são maioria ou se compõem apenas uma elite política dominante. No entanto, há um fato sociológico conhecido em ambientes democráticos muito clivados politicamente: são necessários apenas 17% de eleitores para entronizar um demagogo. Outro fato comprovado é que interferências ideológicas degradam e impedem a pesquisa científica e a experimentação artística. Nos dois casos, o exemplo mais conhecido ocorreu nos regimes estalinista (como o "Realismo Soviético", na arte pictórica) e nazista (com a expulsão ou impedimento de cientistas em todas as disciplinas).

Qual seria o sentido da terceira faceta? Implica o que Freud definiu como "amor pela verdade", isento de mentiras e subterfúgios – como condição *princeps* para a consecução de uma análise (Freud, 1937) Expresso como a *Weltanschauung* científica da psicanálise. A terceira faceta do fenômeno pode ser vista como a declaração de princípios, incorporando o movimento *in tandem* da posição esquizoparanoide para a posição depressiva, e seu inverso, representado graficamente por PS⇔D. Outra implicação é quanto às obras de Platão, Aristóteles, Francis Bacon, Hume, Locke, Bradley, Braithwaite e Poincaré, que, integradas às obras de Freud e Klein, forneceram alimento, ou talvez combustível, para impulsionar essa tentativa de Bion – que ocupou pelo menos três décadas de sua vida científica. Especificamente: dotar teorias psicanalíticas de um nível de sofisticação tal que permitisse o "salto quântico" que se inicia, analogicamente, em "dados empíricos brutos", ou "dados de nível inferior", ou seja, material extraído de descrições clínicas, intensamente contaminado pelo que hoje se costuma chamar impressões subjetivas, para um nível mais geral de abstração, que poderia caracterizar uma "lei científica" válida.

Isso já ocorria na hipótese sobre a existência de "pressupostos básicos" em um grupo. Voltaria a ocorrer na sugestão de um modelo observacional sobre processos psíquicos, conforme podem ser vistos em sessões de análise com pessoas que apresentam distúrbios nos processos de pensar – essenciais para uma apreensão mínima da realidade. Talvez se possa considerar que uma procura e descrição mais acurada por *elementos de psicanálise* representaria o clímax dessa procura, sob inspiração básica dos autores anteriormente citados. Embora não se possa qualificar a obra de Bradley e de Braithwaite como fazendo parte do movimento neopositivista, que procurou estabelecer sintaxes matemáticas básicas para que se pudesse qualificar certas formulações (verbais ou não) como científicas, não se estará incorrendo em erro caso se afirme que a obra de Bradley foi uma influência considerável sobre os neopositivistas; e que a obra de Braithwaite não é incompatível e é contemporânea às tentativas de teóricos da ciência que fizeram parte desse movimento, como Rudolph Karnac.

No entanto, dentro das intenções deste dicionário, parece-nos necessário não considerar que duas categoria da "Grade" (Grid) (q.v.), denominadas G e H, ou sistema dedutivo científico (G), passível de levar a um cálculo algébrico (H), denunciaria uma submissão concreta a princípios teóricos dessa época, na qual se acreditava na comprovação de que enunciados, pesquisas ou conclusões pudessem ser qualificados como científicos.

Bion se utiliza desses princípios apenas como "pré-concepções", às quais vai tentar dar alguma coerência, quando tenta estudar processos psíquicos. Ao definir as várias categorias do eixo da genética dos processos de pensar, no instrumento "Grade" (Grid) (q.v.), de um modo ordenado (com itens), Bion afirma, nos itens 7 e 8:

> 7. O sistema dedutivo científico. Neste contexto, o termo "sistema dedutivo científico" significa uma combinação de hipóteses e sistemas de hipóteses logicamente relacionadas entre si. A relação lógica de um conceito com outro, e de uma hipótese com outra, acentua o significado de cada um dos conceitos e hipóteses assim vinculados e expressa um significado que, sozinhos, os conceitos, hipóteses e vínculos não possuem. Nesse aspecto, pode-se dizer que o significado do todo é maior do que o significado da soma de suas partes.

> 8. Cálculos. O sistema dedutivo científico pode ser representado por meio de um cálculo algébrico. Neste, reúne-se um certo número de sinais, de acordo com certas regras de combinação. Os sinais não têm nenhuma propriedade além daquelas que lhes conferem as regras de combinação. $(a+b)^2=a^2+b^2+2ab$ é um enunciado das regras de combinação de a e b. a e b não têm nenhum outro significado que não aquele que lhes é conferido pela possibilidade de serem substituídos por números; devem ser entendidos como suscetíveis de manipulação definida pelo enunciado $(a+b)^2=a^2+b^2+2ab$. Resumidamente, dizer que a e b têm propriedades pode

apenas e tão somente significar que eles levam, por si mesmos, a uma manipulação de acordo com regras; e que as regras às quais se conformam podem ser deduzidas a partir do enunciado, na medida em que, como a concepção, ele mantém uma capacidade para vir a ser saturado. (EP, 24)

O apelo a uma notação matemática com letras (a, b) para formar uma equação, em que a maior complicação seria conseguir uma recordação da matemática aprendida em cursos de nível médio, não pode ser interpretada como "matematização da psicanálise"; mas depende de uma disposição do leitor em fazer uma leitura minimamente adequada, antes de saltar direto para conclusões destrutivas.

Bion também se utiliza dessas duas categorias como modelos exemplares quando nosso intuito seria conseguir "abstração e generalização", na procura de obter significado simbólico (EP, 52). E qual seria a função da linguagem, entre nós, seres humanos, se não a de formular sentidos – de início, instintivos – e, depois, significados, que, por sua vez, servirão para desenvolver maiores sentidos? Na apreensão do autor deste dicionário, a obra de Bion nunca teve a intenção de matematizar a psicanálise, nem de provar que psicanálise possa ser reduzida a um sistema dedutivo científico:

> O termo "cachorro" ou o termo função-α passam a existir, um de modo espontâneo e inconsciente, o outro de modo premeditado e artificioso, porque os fenômenos são destituídos de sentido e necessitam ser coligados para que se possa pensar sobre eles. O significado pode começar a ser acumulado logo que se tenha dado um nome e, assim, a dispersão tenha sido impedida. O quão rápido e espontaneamente isso ocorre pode ser ilustrado pela observação[95] de como as tentativas de forjar um termo despido de uma penumbra de associações são vencidas, amiúde, pela velocidade com que tal termo sem sentido acumula um significado. Para resumir: a pré-concepção aguarda sua realização produzir uma concepção: o termo "cachorro" espera por um cachorro real que lhe forneça um significado. O cálculo algébrico espera uma realização que dele se aproxime. Desse modo, os matemáticos que dizem que a matemática não tem significado estão certos. As fórmulas matemáticas são análogas às pré-concepções, como eu uso o termo, aguardando uma realização que delas se aproxime antes que se possa dizer que tenham um significado. A própria grade, como eu a esbocei aqui, compartilha as qualidades que atribuo à pré-concepção. (EP, 88)

As conclusões do autor deste dicionário, anteriormente citadas, advêm da leitura das obras de Bradley, Poincaré e Braithwaite citadas por Bion. Foi possível

---

[95] Popper, K.R.: *The Logic of Scientific Discovery*, Chap. II, 9 e 10.

inferir que Bion não está se apoiando totalmente em algumas hipóteses teóricas desses autores. A confirmação de que Bion analisava criticamente a obra de todos eles, e nunca se submetia a elas, só apareceria em 1992 – o ano da publicação de *Cogitations*. Tornou-se forçoso dar um pequeno crédito, a partir daí, para alguns dos leitores que haviam julgado a obra de Bion como "obscura" ou "difícil". A ideia de que alguns leitores já possuiriam as noções fundamentais que influenciaram ou guiaram a pesquisa e a escrita de Bion, e de que outros leitores que não a possuíam iriam encontrá-las por si mesmos (BNYSP, prefácio), provou-se demasiadamente otimista.

O leitor será brindado com mais uma intenção de Bion: examinar o estado psíquico dos pesquisadores científicos. Novamente, a inspiração pode ter vindo de Freud, que observou um fato influenciando a escolha da profissão médica: uma culpa inconsciente não elaborada. (Freud, 1925-1926).

> Nesse ponto, torna-se necessário rever o que eu já disse a partir de um ângulo um pouco diverso: se assumirmos, junto com Bradley, que existem, na realidade,[96] elementos que se unem em um determinado momento real, iniciando um processo de mudança que leva àquilo que denominamos o efeito, precisamos determinar, no âmbito da ideação, quais são esses elementos e qual é esse momento; isso é feito pelo processo seletivo pelo qual, segundo Poincaré, o indivíduo pinça e retira "fatos merecedores de atenção". Portanto, eu sugeriria que Bradley não está sendo preciso ao supor, quando descreve elementos na realidade, que esses elementos se unam em um momento real para produzir um processo real de mudança que desemboca num evento real. Seria preferível dizer que é verdade que existe, na realidade, um fluxo de elementos; *vemos* alguns desses elementos unirem-se em um determinado momento; esse momento, como os próprios elementos, é selecionado *pela predisposição do observador*; o observador vê esses elementos desembocarem em um processo de mudança, e em seu efeito concomitante – eventos que são característicos da atitude mental do observador. Sugiro então que o fluxo de elementos mantém-se constante na realidade, mas que a união e a escolha desses elementos que supomos unirem-se, junto com a escolha do momento no qual se supõe que essa união é efetuada, depende do observador; depende, em particular, daquilo que poderíamos denominar disposição do observador (caso sejamos analistas) ou disciplina científica. Se uma esfera de aço cai em um assoalho de mármore, os elementos que vemos se unir em um momento específico, iniciando um processo de mudança, serão diferentes caso os observadores sejam, digamos, um físico, um astrônomo, ou um filósofo adepto da nova teoria da visão de Berkeley.

---

[96] *Actuality* no original.

A questão que surge agora é: até que ponto a abordagem científica, ou seja, a tentativa de entender, constitui-se em um compromisso entre duas necessidades: a necessidade imposta pela compulsão a sobreviver ao "princípio da realidade", ao conhecer os fatos da realidade externa, e a necessidade imposta pela intolerância da psique à posição esquizoparanoide ou à posição depressiva, de mover-se livremente de uma posição à outra, sem ficar nem com sentimentos persecutórios coloridos depressivamente nem com sentimentos depressivos coloridos persecutoriamente.

As citações que fiz de Poincaré e de Bradley, referentes, respectivamente, ao método científico e à causalidade, estão sujeitas a uma objeção: seriam expressões das tensões internas às personalidades de seus autores, não podendo ser tomadas como descrições válidas do método científico, tendo em vista o assunto tratado neste artigo. Considerando que o meu objetivo é mostrar que o próprio método científico carece da "objetividade" que lhe é amplamente atribuída, e que essa objetividade pode realmente originar-se de elementos muito profundos na personalidade, que buscam satisfação, fica óbvio que a própria tese desse estudo pode ser tomada como refutação de suas premissas.

Com relação a esse assunto, posso apenas responder que estou cônscio da objeção; tenho tido o cuidado de usar esse tipo de descrição do método científico apenas quando ela me pareça insuperável em termos de clareza de expressão, e quando a autoridade dos autores dessas descrições possa ser sustentada, pelo fato de serem expoentes do pensamento científico. Excluí cuidadosamente as citações ilógicas ou as citações que evidenciem qualquer fragilidade, o que estimularia críticas, embasadas cientificamente, por parte das pessoas habituadas ao método científico. (C, 7)

Leitores familiarizados com a obra de Jean Jacques Rousseau poderão ver a semelhança dessa observação com a visão, talvez excessivamente cáustica, do controverso autor francês[97] com relação a alguns ramos da ciência. Por exemplo, quando comparou a atividade do astrônomo a um disfarce para a atividade do astrólogo.

Senso comum e a observação psicanalítica

A "cogitação" de Bion sobre método científico se completa do modo que pode ser visto como o mais psicanalítico possível: um exemplo clínico de um paciente que vê *"sangue em toda parte"*. Todas as citações que se seguem, exceto quando indicado, foram extraídas da página 9 do livro *Cogitations*.

---

[97] Entre muitas controvérsias que cercam o estudo da obra desse autor, e de sua biografia, muitas vezes é colocado como fazendo parte do movimento romântico; e, igualmente, como fazendo parte do Iluminismo.

M

O caso se inicia quando o paciente entra na sala e observa algum tipo de desordem no divã. Ato contínuo, começa a arrumá-lo de modo subserviente. Parece estar vendo alguma coisa, mas não expressa isso verbalmente: faz uma série de expressões corporais aparentemente desconexas e vários pequenos *acting-out* irrelevantes em si.

O leitor terá uma oportunidade para constatar diretamente, e não apenas inferir ou depreender – algo que era possível na leitura dos quatro livros básicos, e também para os poucos que puderam assistir palestras e supervisões –, que Bion foi uma pessoa intuitiva; dotado de uma capacidade incomum para apreender a verdade expressa por pacientes que lançavam mão de discursos aparentemente irracionais; ou por comportamentos marcados por *acting-out* aparentemente desimportantes, de lugar-comum. Ou seja, poderá perceber a possibilidade de captar a comunicação não verbal e também não se deixar enganar por comunicações verbais feitas por pacientes psicóticos que teriam perdido ou nunca teriam tido a noção de senso comum.

No lugar-comum social, em que há a hipocrisia mantida por comportamentos aceitos culturalmente, o conceito de senso comum é sempre confundido com "bom senso": uma noção plena de julgamentos sociais de valor. Nessa "cogitação", Bion demonstra uma aplicação psicanalítica do conceito de senso comum – e contribui para um maior esclarecimento a respeito desse conceito, originário da obra de John Locke. Estabelece a diferença entre uma *falta de senso comum* – que caracterizaria o paciente por meio de uma visão superficial, como usualmente o é, por exemplo, a visão de psicologia acadêmica, ou da psiquiatria forense, baseadas em racionalizações e critérios sociológico-culturais, e outro tipo de *senso comum*, não racional. Este último surge na análise, em que o convívio prolongado é absolutamente essencial, e fornece justamente o material de trabalho para um psicanalista: *"No devido tempo, as evidências que surgem de suas associações indicam, juntamente com uma variedade de fatos irrelevantes para esta discussão, que ele está experimentando, nessa situação específica, uma ansiedade crescente e que, além disso, o conteúdo ideacional da ansiedade é o divã desarrumado, mobília que faz parte do cenário de uma relação sexual entre os pais"* (C, 9; exceto quando indicado, todas as citações provêm dessa página de *Cogitations*). Uma leitura que possa ser qualificada como minimamente adequada dessa frase demanda um mínimo de experiência psicanalítica. Se tal experiência não estiver disponível, a frase se torna incompreensível e arbitrária. Por experiência psicanalítica, o autor deste dicionário quer dizer que exige a experiência do leitor – em princípio, um psicanalista – com seu próprio Édipo. Esse foi um ponto repetido algumas vezes por Freud e por Bion; provavelmente citações tornar-se-iam redundantes. Muitas expressões e frases, no trabalho de Bion, exigem uma capacidade de apreensão, por experiência, de fenômenos psicóticos. Psiquiatras experimentados também poderiam alcançar o sentido. Por exemplo, a expressão verbal *"mobiliário de sonhos"*, utilizada em "Desenvolvimento do pensamento esquizofrênico" e "Diferenciação entre a personalidade psicótica e não-psicótica". Alguns notarão um tom literário – pelo menos em um momento, Bion explicita que uma de suas frases dificilmente se coadunaria com critérios científicos vigentes em sua época: *"Quase toda resposta parece fazer com que verdade fique contingente a alguma circunstância ou ideia; que são, em si, contingentes. Voltando à experiência analítica para obter uma indicação, sou lembrado de que um desenvolvimento mental parece depender de verdade do mesmo modo que o organismo vivo depende de alimento. Caso falte verdade, ou ela seja deficiente, a personalidade deteriora. Não posso sustentar essa convicção por intermédio de evidência considerada como científica. Pode ser que essa formulação pertença ao âmbito da Estética"* (T, 38). Sem dúvida, é verdade que o conceito de senso comum foi elaborado por pessoas que tentaram se aproximar de verdade; se as atividades básicas da pessoa que descobriu esse conceito, John Locke, podem servir de indicação, ele foi médico e também cientista político: elaborou os princípios básicos de democracia representativa

O término da frase acima, extraída de *Cogitations* – *"o conteúdo ideacional da ansiedade é o divã desarrumado, mobília que faz parte do cenário de uma relação sexual entre os pais"* serve como um exemplo que justifica a exigências, ou pré-requisito, de que o leitor precisa ter uma experiência de análise para alcançar o sentido da frase. Esse critério incorpora toda a prática empírica de psicanálise. Freud alertara sobre esse fato; o alerta incitou resistência, pois muitos não se dispõem a se submeter à dor que pode estar implicada em uma experiência de análise. Os membros do movimento psicanalítico não precisariam se sentir vitimados pela situação: todas as atividades práticas exigem, para serem aprendidas, a própria prática. Não se pode aprender medicina, jardinagem, cozinha, pilotar meios de transporte ou engenharia apenas por leituras. A prática sempre inclui a intuição; a prática inclui sempre algo que não é racional nem compreensível logicamente: é algo "vivenciável". Um neologismo, cujo significado pode ficar óbvio: tenta dar o sentido mais puro possível ao termo "empiricamente observável" – especialmente em psicanálise e antropologia. Dado o fato de que este verbete é sobre método científico, podemos acrescentar que essa frase confere validade a pelo menos uma das regras estabelecidas por Karl Popper (1963) para poder-se afirmar que um experimento é científico: a regra de reprodutibilidade. A rigor, intuições científicas da realidade não necessitam, em si, de "provas empíricas". Que, lamentavelmente, são falseadas por interesses financeiros ou rivalidade. No vértice psicanalítico, a prevalência de núcleos esquizoparanoides em algumas pessoas em todo e qualquer ambiente que se considere – no caso, o ambiente científico. Exemplos: a teoria da relatividade primeiro demonstrada por Albert Einstein, que não dependeu da experiência de Arthur Eddington (feita no Brasil) para que pudesse ser verdadeira. Ou a descoberta da penicilina por Alexander Fleming. Podemos retornar ao texto escrito por Bion: *"Esta conclusão, e o ato psicanalítico que a expressa, a interpretação, são alcançados pela observação dos fatos, vistos a partir de uma hipótese psicanalítica"* (C, 9). Seis anos depois, Bion chamaria o critério diagnóstico e, portanto, a conclusão a que chegou de "abordagem psicanalítica intuitiva". O leitor poderá ver detalhes nos verbetes "Édipo" e "intuição". Fica explícito que, neste momento, introduz-se o conceito de senso comum – tanto na vivência, que poderá, com justiça, ser considerada como manifestação de um estado de alucinose pelo paciente, como na interpretação fornecida por Bion: *"Mas o senso-comum diz a esse paciente que ele está deitado em um divã comum, que as pessoas comuns, como ele mesmo poderia dizer, saberiam que um divã é um divã, e que o paciente anterior, ao se mexer, foi quem desarrumou o divã".*

Para o autor deste dicionário, Bion demonstra que o paciente, cujos processos de pensar apresentam perturbação, recorreu ao que Kant chamaria de "realismo ingênuo": *"O senso-comum, o mais elevado fator em comum do nosso aparato sensorial, por assim dizer, sustentaria o ponto de vista que os seus sentidos veiculam"* (C, 10). Um paciente agindo sob essa égide acabará por desenvolver a ideia de que seu analista é louco. Idêntico ao modo pelo qual muitos leitores isentos de experiência psicanalítico, ao ler textos escritos por psicanalistas que fizeram reais contribuições a essa disciplina – começando com Freud –, acharam que esses psicanalistas, incluindo Freud, eram loucos. Dezesseis anos depois, Bion observaria que nenhum analista pode tolerar seu trabalho a menos que esteja preparado para tolerar esse tipo de acusação:

> A ficção pode ser tão retórica a ponto de se tornar incompreensível; ou tão realista que o diálogo se torna audível para os outros. Ocorre assim um duplo medo: o medo de que a conversa seja tão teórica que os termos possam ser considerados um jargão completamente desprovido de significado; e o medo da realidade aparente. Sente-se como loucura o fato de se ter duas séries de sentimentos a respeito dos mesmos fatos, e, consequentemente, desgosta-se desse estado. Essa é uma razão pela qual se sente que é necessário ter um analista; outra razão é o desejo de que eu esteja disponível para ser considerado louco, e usado para ser considerado louco. (AMF, I, 113)

Na visão do autor deste dicionário, Bion adota, de modo claro, mas sem mencionar a fonte, o conceito de Locke: o senso comum refere-se ao uso conjunto de mais de um dos cinco sentidos humanos básicos. Em termos da vida humana tal como ela é, ou da verdade humana, o conceito mostrou-se vantajoso: é claramente biológico; está ligado à sobrevivência. Ou seja, se coaduna com necessidade e possibilidade: exigências do princípio de realidade conforme descoberto – pela primeira vez na história das ideias da civilização ocidental – por Freud. É independente de preconceitos sociais ou culturais, mesmo que, paradoxalmente, tenha sido invocado para criar algumas convenções sociais básicas e necessárias. Apreensões possibilitadas por senso comum são absolutamente necessárias para a sobrevivência, no início da vida e também no início de uma vida em grupo. Duas pessoas precisam estar concretamente juntas para haver procriação; é necessário um senso comum, no espaço e no tempo, simultaneamente, para um óvulo e um espermatozoide se encontrarem. De algum modo – em psicanálise e em antropologia usa-se o termo filogenia – há uma memória genética (na época de Freud, chamava-se filogenética, na versão mais imprecisa de Ernst Haeckel, que cunhou o termo), e será necessário que a boca de um bebê mantenha um senso comum com um mamilo. Um grupo precisa estar reunido, e então há, socialmente, um senso comum, observado inicialmente por Locke e alguns de seus seguidores que idealizaram a Constituição dos Estados Unidos da América, como Tom Payne. A Inglaterra adotou o conceito na prática, ainda que com defeitos sérios, com o *commonwealth*, ou riqueza comum: *"Para evitar uma discussão excessivamente detalhada, proponho que agora possamos dizer que o senso-comum é um termo empregado comumente, abrangendo experiências nas quais o orador sente que seus contemporâneos, indivíduos que ele conhece, irão sustentar, sem hesitação e de comum acordo, o ponto de vista que ele apresentou"* (C, 9-10).

No entanto, será necessário enfatizar o fato de que o conceito de senso comum alerta que há sempre um nível privado, intrapsíquica: o âmbito da psicanálise real: *"Também nesta acepção, privativa ao próprio indivíduo, ele sente que o termo 'senso-comum' é uma descrição adequada, que abrange uma experiência que sentiu estar apoiada por todos os sentidos, sem desarmonia. Como contraste, posso citar a experiência na qual uma impressão táctil de, digamos, veludo – repentina e imprevista – dá origem à ideia de um animal, ideia que então tem de ser confirmada ou refutada pela visão; e assim, espera-se, o ponto de vista de senso-comum é adquirido"* (C, 9-10). O âmbito privado, que tem reflexos mal aprendidos, mas ainda os únicos disponíveis, nas disciplinas ainda filosóficas e teológicas de estética e ética, respectivamente (muitas vezes interpenetradas), diferencia psicanálise, e medicina, de filosofia, sociologia e, até certo ponto, de literatura; mas não da música e, até certo ponto, de artes pictóricas. Que possuem uma natureza atemporal – em psicanálise, do sistema inconsciente – e anespacial. Uma literatura excessivamente carregada de fatores temporais e espaciais (muitas vezes ditos culturais) não pode ser universal, nem atemporal. Há uma diferença entre uma poesia de Homero, Shakespeare e Goethe de uma crônica de costumes bem-humorada de Nestroy ou Gilbert e Sullivan; de uma peça de Racine e Molière e uma crônica de costumes de Simone de Beauvoir. Não podemos saber o que ocorreria se um grego antigo tivesse contato com a música de Bach, mas podemos saber o que ocorreu com asiáticos que finalmente tiveram; um filme de Werner Herzog, *Fitzcarraldo*, fornece um trabalho onírico a respeito de uma ópera italiana apresentada a índios na Amazônia brasileira. Até hoje, economistas e políticos não aprendem o valor do fato de que povos que atingiram o maior grau de senso comum – segundo o índice Gini, que mede desigualdade financeira em um povo – são justamente os povos em que ocorre a maior prevalência de suicídios, uso de álcool e até mesmo homicídio de líderes serenos, não corruptos e humanitários.[98]

Para a vida, para a realidade material e psíquica, ou sensorial e psíquica, como Bion a denominou, com alguma imprecisão, em 1970 (AI, 26), há algo além do senso comum. Bion observa – e a observação inclui um alerta:

> Mas existe uma dificuldade. Poderíamos dizer que, até aqui, o ponto de vista do paciente concorda essencialmente com o ponto de vista estritamente científico, que Braithwaite investiga depois de ter limitado o escopo de sua pesquisa, como mostrei anteriormente. No entanto, o analista também pode reivindicar que sua interpretação se baseia no senso-comum; mas ele é comum somente para alguns psicanalistas, presumivelmente, os que testemunham os mesmos eventos e fazem as mesmas deduções.
>
> O problema do analista não se associa às possíveis objeções de um fenomenologista, embora seja possível argumentar que o ponto de vista do analista, de que todos os analistas deveriam ser analisados, apoia implicitamente uma percepção da crítica do filósofo fenomenologista à teoria científica. (C, 10)

Há um problema: *". . . o procedimento do psicanalista não satisfaz a objeção do filósofo fenomenologista; por enquanto, vamos discutir esse problema relegando-o ao âmbito referente à transformação do conhecimento privado em conhecimento público"* (C, 10). Portanto, trata-se exatamente do mesmo problema, que se introduz no percurso do psicótico; e na tarefa do fenomenologista, do cientista e do psicanalista. Aquilo que se considera como "leis gerais", na ciência – o termo *rex*, originalmente, tentou ser uma referência à verdade –, é algo que permite uma ação pública.

Bion elenca dois componentes para que dados empíricos brutos, de nível inferior, possam conduzir e ficar entranhados em leis gerais. Em outras palavras, aquilo que usamos para realizar observações, com o intuito de obter informações que possam ser comunicáveis – a nós mesmos e a outros. Isso ocorre, primariamente (ou inicialmente), como função do nosso aparato sensorial.

Um dos componentes refere-se à possibilidade de um aumento na capacidade de absorção, ou captação, além do espectro possibilitado pelos vários órgãos sensoriais: estetoscópios, amplificadores, microscópios e telescópios, ou métodos mais indiretos, como uma balança para medir "peso" (na verdade, massa). Nesse momento, na história das contribuições de Bion, esse primeiro componente não é examinado mais detalhadamente, segundo o vértice psicanalítico – sempre com a intenção de melhor apreender o fenômeno psicótico. Bion precisaria de mais seis anos para

---

[98] No último século, países da região escandinava tem sido exemplos marcantes.

fazê-lo: em *Transformations*, o examina por meio de um modelo matemático, a respeito de hipérbole (T, 141).

O outro componente, mais enfatizado nesse momento, *"depende do equipamento mental do observador. O filósofo da ciência ocupa-se com um aspecto restrito do equipamento mental do observador; como já ficou patente pela breve exposição que fiz, sobre a delimitação da área que Braithwaite deseja discutir. Mesmo o filósofo fenomenologista, que estuda o método científico, tenta restringir seu campo, embora seja incerto que ele o queira tão restrito como está – pela falta das descobertas psicanalíticas, que poderiam dar maior liberdade. Como poderíamos esperar, o psicanalista não exclui de sua investigação nenhuma parte do equipamento mental; no entanto, a aspiração a uma investigação plena é limitada, automaticamente, pelas próprias limitações de seu conhecimento e de sua capacidade. A investigação da técnica científica foi imposta ao psicanalista, primeiramente, pelo ímpeto de Freud, de investigar a mente de modo científico; depois, por Freud ter percebido que suas descobertas levavam a suspeitar do equipamento mental do investigador – o próprio Freud, em primeiro lugar"* (C, 11-12).

Bion não propõe nada de "revolucionário" nem "novo". Qualificativos exagerados, fruto de desatenção e pouco saber, ocorrem na espécie humana por pelo menos três fatores em conjunção constante: idealização, negação e esquecimento (ou resistência bem-sucedida à verdade): o título do último livro de Bion avisa, como que premonitoriamente, sobre uma "aurora do esquecimento" (AMF, III). Essas considerações são opinião pessoal do autor deste dicionário? Caso sejam, não merecem atenção. São a atitude prática de Bion, conforme podemos ver em seus escritos – que propõem a mesma situação anteriormente proposta por Freud havia proposto: que se considere psicanálise como atividade científica. Há medidas mínimas para que se possa apreender, sempre transitória e parcialmente, aspectos do que é realidade. Foram levadas a cabo por Freud, Klein, Winnicott e Bion, entre vários outros, para prover auxílio a pacientes minimamente dispostos a se submeter a uma psicanálise. Pode-se generalizar: todas essas medidas incluem diminuição e, até onde for possível, ausência de: 1) dogmas, de onde fluem preconceitos; 2) indisposições para coletar dados empíricos: no caso de psicanálise, por atenção e interpretação, como Bion sugeriu onze anos depois; 3) diminuição do fator pessoal (q.v.). Isso fica claramente indicado em:

> ... estou convencido de que muito do que se fez até agora, em termos de trabalho psicanalítico, tem sido uma investigação da técnica científica ou do componente mental, ainda que sob outra denominação. Temos apenas que considerar, como exemplo, o predomínio da Teoria do Princípio da Realidade, de Freud, para reconhecermos que ele descreve um desenvolvimento que inclui necessariamente, em suas manifestações mais sofisticadas, a elaboração do que hoje chamamos de téc-

M

nicas científicas – ou de técnicas conhecidas pela ciência como técnicas de dedução, indução, hipóteses. (C, 12)

Esse texto pertence ao período no qual Bion mantinha uma hipótese a respeito do estado psíquico que parecia caracterizar as recomendações de filósofos da ciência para cientistas; tendiam a descartar situações emocionais que ocorrem em conjunção constante com o que Bion denominou de "estado ideacional", e de "estado de mente". A hipótese contemplava outro fato: o de que tal estado ideacional é idêntico ao estado ideacional do psicótico. Hipótese fadada a ser mantida até o final de sua vida. No entanto, o que Bion chamava método científico entre 1959 e 1963 sofreria uma expansão e, ao mesmo tempo, uma eliminação – depois de 1965. A eliminação já estava delineada, quando aventou a impossibilidade atual de aplicarmos a categoria H (cálculo algébrico) na "Grade" (Grid) para o método psicanalítico. E a eliminação, de modo geral, se fez no abandono das tentativas que lembravam a abordagem neopositivista, substituindo-as pela aplicação de uma outra teoria matemática de observação, além daquela de fatores e funções: a de Transformações e Invariâncias (q.v.). No que tange à teoria de fatores e funções, Bion seguiu adiante, no mesmo caminho iniciado por Newton e Berkeley: utilizou-se da teoria sobre cálculo diferencial, de limites e derivadas.

Embora eu não pretenda, expressamente, estar dizendo nada de novo aqui – exatamente porque, do meu ponto de vista, a psicanálise sempre se ocupou de tais problemas, elucidando-os –, acredito que haja alguma novidade na justaposição dos fatos que servirão para focalizar a atenção psicanalítica, de modo mais direto e intencional, sobre elementos que ainda não foram suficientemente considerados.
Isso me faz voltar à dificuldade que precisei abordar, por meio desta longa digressão. O indivíduo cujo desenvolvimento permitiu a implantação do princípio da realidade estabeleceu, no decorrer de sua vida e com vários graus de sofisticação, uma enorme massa de hipóteses. A maior parte dessas hipóteses admite um certo grau de justificação, tanto no que tange às circunstâncias externas existentes no período em que foram formuladas como no que se refere à qualidade e gradação do equipamento mental disponível para o indivíduo, naquele momento. Em outras palavras, não precisamos supor que elas sejam injustificáveis, embora, como no caso que mencionei, o paciente não hesite em dizer que é injustificável a reconstrução que *o analista* faz da formulação que ele, analista, acredita ser a formulação hipotética original e ainda atual do paciente. E essa reconstrução não se justifica mesmo – no nível de mente em que o paciente se encontre mais adulto, mais sofisticado, mais científico. (C, 12)

A mesma afirmativa – isenta de qualquer dúvida no que se refere à usa postura, e às suas intenções – apareceria em termos mais concisos no final de sua vida:

P.A.: O que está envolvido é uma capacidade para julgamento e discriminação. Isto é algo primitivo e fundamental, sofisticado, fazendo parte de uma sociedade desenvolvida. Os peixes sentem, pelo cheiro, uma diferença entre o nocivo ou perigoso e a "coisa" que desenvolve e nutre. O anfíbio também. O animal que, como o homem, vive em fluido gasoso também.

ROBIN: Você está sugerindo seriamente que sejamos iguais a peixes, sapos, répteis?

P.A.: Estou sendo totalmente sério, mas isto não é uma discussão científica; estou especulando livremente como uma conversa social. Confino a especulação científica às reuniões científicas; aqui reivindico liberar-me da disciplina imposta pelo pensamento científico.

ROBIN: Mas para mim soa como se você estivesse discutindo assuntos científicos.

P.A.: Este é um dos problemas da comunicação verbal. O discurso é ambíguo; sua ambiguidade é a mais perigosa por estar disfarçada em sua aparente precisão

ROBIN: Você quer dizer que a psicanálise, como a maioria de nós sempre suspeitou, abriga-se em termos aparentemente científicos, mas na realidade é jargão?

P.A.: Penso que a crítica é justa. No entanto, temo admiti-la, pois em geral se considera que estou concedendo "verdade" superior às outras disciplinas.

ALICE: Disciplinas! Esta não é uma palavra que surge de modo espontâneo em minha mente quando penso em psicanálise ou psicanalistas. Eles me parecem reivindicar os méritos das emoções desobstruídas, sejam elas sexo, raiva ou aquilo que eles adoram chamar de amor.

ROLAND: Aqueles que geralmente encontro parecem um bando de deprimidos e ansiosos – para não dizer "chatos".

P.A.: Temos o direito de sentir.

ROLAND: A noite passada, sonhei um sonho... (AMF, XXX)

P.A.: Supõe-se que mesmo as teorias e os termos teóricos nos re-lembrem de uma realidade. Não tenho dúvidas de que alguém "fala" com uma pessoa experiente; o assunto da psicanálise é tal que tanto o analista como o analisando não podem permitir negligenciar todas as suas capacidades sofisticadas, das quais ambos são capazes. O psicanalista tem uma vida inteira de experiência, incluindo a experiência de treinamento técnico psicanalítico; o analisando, mesmo que seja apenas uma criança pequena, pode lançar mão de uma experiência prévia considerável.

Certamente a psicanálise falhará caso o analisando não respeite o conhecimento, caráter e sabedoria do analista – e vice-versa. (AMF, 496)

Penso ser possível fazer uma hipótese sobre a existência de uma "função científica" no nosso aparato psíquico, ligada à sobrevivência – aquela que tenta atender às demandas do princípio da realidade. A ciência – pelo menos duas vezes, na história das ideias da civilização ocidental, denominada "nova ciência" (por Bacon e por Vico) – é um método para se tentar apreender a realidade como ela é. Se é um método mais antigo ou mais novo do que o outro que nós, seres humanos, descobrimos, o método artístico, será uma questão que ainda procura evidências. Voltemos ao texto de Bion de 1959:

> A maior parte dessas hipóteses admite um certo grau de justificação, tanto no que tange às circunstâncias externas existentes no período em que foram formuladas como no que se refere à qualidade e gradação do equipamento mental disponível para o indivíduo, naquele momento. Em outras palavras, não precisamos supor que elas sejam injustificáveis, embora, como no caso que mencionei, o paciente não hesite em dizer que é injustificável a reconstrução que *o analista* faz da formulação que ele, analista, acredita ser a formulação hipotética original e ainda atual do paciente. E essa reconstrução não se justifica mesmo – no nível de mente em que o paciente se encontre mais adulto, mais sofisticado, mais científico. Eu chamaria a atenção para o ponto de vista do cientista, de que a hipótese científica é uma generalização, abstraída do fato de encontrarmos certos fatos constantemente conjugados – a teoria da conjunção constante. A complicação é que a experiência clínica mostra como é forte o desejo de formular uma hipótese que estabeleça que certos eventos estão constantemente conjugados e que, portanto, precisamos considerar o duplo sentido da relação entre a conjunção constante e os fatos a partir dos quais ela foi inferida, enquanto generalização. Ou seja, que a hipótese pode ser considerada como:
>
> a) inferência obtida de fatos constantemente conjugados.
>
> b) destinada a afirmar que certos fatos estão constantemente conjugados, mesmo que tenha se derivado desses fatos. (C, 12-14)

Bion propõe que aceitemos que *"as duas opiniões estão corretas"*; sendo esse o caso, a hipótese científica desempenha três funções: 1) uma experiência particular fica *transmutada* em comunicação pública; 2) a memória que nos permite afirmar que alguns fatos são *aglomerados, articulados* ou *integrados* está ligada à realidade; podemos testar essa realidade, por meio do que Freud observou como uma função de ego; 3) o encontro de vários elementos e fatos da contrapartida ideativa de uma dada realidade (implicando que os elementos não precisam necessariamente estar reunidos na realidade externa) *"dá início a um processo que resulta em uma mudança; mudança esta que denominamos de efeito"*. Bion usa a formulação de Braithwaite de que não há sequer apelo a uma palavra, causa, que está colocada no mesmo sentido em que foi colocada por Hume. Que é também o mesmo sentido assumido pelo termo *fato selecionado*, formulado por Poincaré (o leitor pode consultar o verbete "fato selecionado") (C, 14-15).

Haveria implicações – e não explicações – decorrentes dessas constatações e observações? Caso haja uma leitura do texto de Bion, sem dúvida. Ele aceita, de modo absolutamente claro, uma postura científica que nunca poderá ser considerada – a não ser que se tente distorcer seus textos – como idealista. Enuncia claramente que *"podemos e devemos aceitar o senso-comum como o árbitro que decide quais são os fatos na realidade externa que se relacionam a essas atividades mentais"*. Com a possível exceção de Freud em *"A questão da Weltanschauung"* e de outros pioneiros, como Abraham, Jones e Alexander, o movimento psicanalítico foi adentrando em uma época em que minguam registros de que outros psicanalistas tenham percebido o fato de que *"o filósofo da ciência sempre acaba chegando a um impasse, encurralado, por um lado, pela lógica do filósofo idealista e, por outro, pelo sentimento de irrealidade ao qual ficaria exposto, caso aceitasse tal lógica. Não há, essencialmente, nenhuma diferença entre as reações de Braithwaite e as do Doutor Johnson diante das demandas do idealista.*

Se voltarmos à experiência clínica psicanalítica, talvez possamos considerar o dilema do cientista e, portanto, o nosso próprio dilema de um modo diferente, pois essa experiência pode esclarecer algo sobre o senso-comum e sobre o que conhecemos como interpretação psicanalítica, este exemplar específico de hipótese científica e dedução" (C, 15).

EXPERTO CREDE *(HORÁCIO, ENEIDA, XI, 283: OU: CONFIE EM QUEM PASSOU POR ISTO) (C, 17)*

Onde está o senso comum do paciente? O que aconteceu a esse senso? (C, 17)

Problemas inesperados – novos – aguardam psicanalistas que empreendem uma pesquisa científica, intrassessão. A situação é suficientemente complicada nos casos em que ideias que poderiam parecer de senso comum eram apenas ideias racionalizadas, compartilhadas socialmente? Por exemplo, quando o paciente atendido por Bion passou a arrumar o divã. Uma pessoa que se dispusesse a exercer a função analítica, mas estivesse desprovida de uma "intuição analiticamente treinada", poderia interpretar que o paciente era uma pessoa educada e prestimosa. Ou submissa, caso essa pessoa que poderia ser analista tivesse falhas em sua análise e não tivesse noção de sua própria vaidade e onipotência. O paciente não se surpreenderia com esse tipo de interpretação, e não suporia que o analista estaria maluco.

M

Uma probabilidade maior caso o paciente recebesse a interpretação dada por Bion – de que os dois estariam testemunhando uma relação sexual parental. O mesmo ocorre quando esse mesmo paciente, já qualificado como psicótico, exclame haver "sangue por toda a parte". Na verdade, tratava-se apenas de ideias adultas racionalizadas, como no caso do paciente que arrumava o divã e recebeu uma interpretação baseada no "testemunho" de relação sexual entre os pais. O que acontece com um paciente rotulado desde o início de psicótico?

Podemos nos recordar de que essas "cogitações" sobre o método científico foram escritas em torno de nove anos depois da publicação do trabalho "O gêmeo imaginário", com o qual Bion se apresentou para adquirir a qualificação de psicanalista; e no espaço de seis a dois anos depois da publicação dos trabalhos sobre a linguagem de pacientes rotulados como esquizofrênicos, e de uma teoria psicanalítica sobre esquizofrenia, cujo clímax foi a publicação de um trabalho que constatou clinicamente a coexistência de algo que, à falta de nomenclatura já existente, nomeou como "personalidade psicótica", coexistindo com "personalidade não-psicótica" em todos esses pacientes. Em outras palavras, um passo decisivo não apenas na demonstração da universalidade da psicose, mas de um modo psicanalítico de lidar com essas pessoas. Atualmente, analistas inspirados no trabalho de Bion experimentam o mesmo em pacientes rotulados como neuróticos e com transtornos de personalidade. O paciente tratado por Bion e utilizado para o texto dessa "cogitação" usualmente deita-se no divã. Mas, um certo dia, "olha de modo apreensivo e cauteloso ao seu redor e, finalmente, senta-se precariamente na borda do divã". Demonstra de modo inequívoco[99] sinais de ansiedade, misturados com uma postura apressada e superficial, apenas para confirmar preconcepções; ato contínuo, submerge em silencio – profundo e prolongado. Denotando uma diminuição sensível de ansiedade, que agora fica substituída por desânimo, desalento. Bion leva sua atenção para esse comportamento, de modo dinâmico, que corresponde aos momentos descritos brevemente acima. Esses movimentos parecem indicar que o paciente está obnubilado, ou vagamente cônscio da presença de outra pessoa na sala. Bion verbaliza o fato observável.

Dr. Bion: "Hoje, você não se deitou".

Paciente: "Há sangue em toda parte". (C, 15)

---

[99] Ou, pelo menos, inequívoco sob a visão de senso comum de Bion, que ele mesmo poderia até esperar que fosse compartilhada por eventuais leitores. Em conversa com Francesca Bion, o autor deste dicionário levantou a possibilidade de ter havido pelo menos quatro leitores desse texto antes da publicação póstuma: seus colegas Mauritz Katan, Roger Money-Kyrle, Oliver Lyth e sua esposa, Francesca Bion. Encontrou nela uma confirmação da possibilidade, mas certeza apenas a respeito dela mesma. O nome de Katan aparece no artigo.

Justamente por ter observado um fato – em princípio, observável por qualquer observador participante que se mantivesse atento – Bion faz a hipótese de que *"a sugestão do paciente, de que havia sangue por toda parte, impossibilitou que deitasse"*. (C, 15)

Tentamos deixar explícito ao longo deste verbete que qualquer tipo de publicação que configure uma tentativa de compartilhar dados depende de uma experiência psicanalítica compartilhável. Em outras palavras, partimos do princípio de que existe análise pessoal entre os vários observadores que tentam se comunicar. No entanto, um relato de dados que não puderam ser observados pelo leitor – um caso absoluto, a não ser que o leitor tenha sido o paciente, ou o analista – sempre esbarra no fato de que vai ser necessária uma postura de "fazer crer", ou "faz de conta", se usarmos uma linguagem de crianças. Portanto, é impossível, já de saída, haver um senso comum real. O leitor não poderá usar seu aparato sensorial para uma experiência que não teve e, portanto, nunca poderia ter observado. Uma experiência viva, no aqui e agora de uma sessão de análise, só pode ocorrer no âmbito da interação entre um paciente e seu analista.

> Afirmo que a descrição que dei é uma descrição de senso-comum; não estou indeciso sobre qualquer das afirmações que fiz; acredito que qualquer ser humano comum, de minhas relações, iria estar de acordo que o relato que fiz é uma descrição precisa, mesmo quando emprego termos tais como "como se estivesse confirmando alguma preconcepção". Essa frase é sancionada pelo uso e pode-se esperar que ela veicule uma impressão com a qual o leitor possa cotejar as suas próprias impressões. Infelizmente, nesse exemplo, o leitor não pode ter nenhuma impressão do episódio ao qual me refiro, a não ser aquela que eu transmiti. Portanto, parece razoável dizer que dei ao leitor uma oportunidade de exercitar seu senso-comum, de modo que ele possa decidir, por si mesmo, se o seu senso-comum diz, ou não diz, que um evento como o que eu descrevi realmente ocorreu, ou não. Em suma, estou dizendo que é senso-comum falar que os fatos ocorreram do modo que descrevi, e acreditar nisso. (C, 16)

Essa afirmação de Bion não é diferente de todas as comunicações aceitas como científicas. Quantos dos leitores de prestigiosas publicações médicas, por exemplo, *The Lancet*, são efetivamente capazes de "reproduzir" as experiências registradas por um determinado cientista? E se a reproduzirem *a posteriori* ou reconhecerem o trabalho como algo que espelha suas experiências passadas bem-sucedidas, existe alguma diferente daquela que está na afirmação de Bion? Senso comum, aqui, é a base: *". . . atribuo um papel extremamente importante à natureza do senso-comum para o qual apelo . . . de acordo com as visões de uma poderosa escola de filósofos à qual me afilio"* (C, 16); contenta-se com *"uma delimitação parcial do termo, que abarque aquele aspecto da personalidade que é um condensado de um componente dos sentidos, comum a dois ou mais sentidos, que acredito ter um componente social; este componente social funcionaria de modo análogo aos impulsos sexuais, segundo a suposição de Freud; parece-me verdade para todos os impulsos emocionais* [Freud, 1915].

Onde está o senso-comum do paciente? O que aconteceu a esse senso? . . . Existe alguma razão para duvidar que o julgamento do paciente, 'há sangue por toda parte', seja, na opinião dele, uma visão de senso-comum?" (C, 17). Afinal, existe na resposta desse paciente uma espécie de comunicação de senso comum – por ser "racionalizada" (no sentido dado por Freud ao termo, no exercício psicanalítico sobre, ou, no lugar-comum, "racional". Está equipada, por assim dizer, de uma relação de causa e efeito – na interpretação (que pode parecer a alguns observadores uma inferência) psicanalítica feita por Bion. Quem, em sã consciência, e que tivesse um mínimo de senso comum, se disporia a deitar sobre um divã com sangue em toda parte? Ou seja, o paciente racionaliza, explica – isso fica claro quando Bion pode adotar uma postura de, em linguagem coloquial, se colocar no lugar do paciente, ou "na pele do paciente", se usarmos uma linguagem popular. Seis anos depois, ajudado pela aplicação da teoria de Transformações e Invariâncias à observação psicanalítica, Bion propõe uma questão técnica para que se possa obter essa postura: um analista precisa participar do estado de alucinose do paciente:

> É possível apreender sensorialmente apenas os elementos de alucinose que são manifestações mais grosseiras e de menor importância; para apreciar alucinação o analista precisa participar do estado de alucinose. A partir daquilo que eu disse ficará claro que assim é, pois postulei que um vínculo K pode operar apenas sobre um pano *de fundo dos sentidos; que permite apenas um conhecimento "sobre" algo, e precisa ser diferenciado do vínculo O, essencial para transformações em O.* (AI, 36)

O leitor que não estiver familiarizado com esses sinais quase matemáticos poderá consultar os verbetes "K", "vínculo K", "'O'" e "vínculo O".

Mesmo que em 1959 Bion não estivesse munido da teoria das Transformações e Invariâncias, estava munido de uma postura que precisa ser qualificada como psicanalítica. O que ainda não tinha era um instrumento verbal para comunicar o que lhe parecia mais fundamental. Estamos enfatizando esse fato, pois há uma tendência, nos movimentos em grupo, a eleger um líder messiânico (q.v.) quando o grupo está fragmentado (dilacerado) sob a égide de um subgrupo de "luta-fuga" (q.v.). No movimento psicanalítico, isso aparece sob forma de rivalidade entre "escolas" e entre "autores". Todos convenientemente falecidos, o que facilita sua entronização ou demonização. É questionável que Freud, ou Klein, ou Winnicott, tenham sido "piores" analistas do que analistas mais recentes; ou, de modo inverso, como propagam os autointitulados "bionianos", ou "neokleinianos", que a análise inspirada em

Klein, Winnicott, Bion, Fairbairn, Bowlby, Kohut ou Green (a lista é extensa, cada leitor pode fazer a que lhe mais aprouver) seja "melhor" do que uma análise feita por – em última análise – Freud.

Nesta postura psicanalítica, de análise crítica (ou criticismo, se usarmos o termo de Kant), já usada por Freud (e, antes dele, por Charcot), Bion enumera alguns fatores *para duvidar* de que o paciente de fato expressa uma visão de senso comum: *"em situações anteriores, parecidas com esta, mostrou não acreditar que eu compartilhasse de sua visão; a prontidão com que ele, voluntariamente, explicou por que não deitava no divã, expressa a confiança que eu vá tolerar sua opinião, mas não que eu vá compartilhá-la . . . sabe que sua visão não é a de senso "comum". Ele prefere que a diferença de perspectiva não se torne pública. Portanto podemos supor que ele experimente que seu sentido de "sangue por toda parte" não é senso-comum, não estando de acordo com a visão "comum" que se espera dele, como o preço que se paga por fazer parte do grupo"* (C, 17).

A conclusão nos parece óbvia, mesmo que o óbvio seja o mais difícil de ser visto: podemos concluir que Bion fica nos limites de sua experiência observacional dentro da sessão. Existe uma conjunção da experiência prévia com o paciente com aquilo que está ocorrendo na sessão. Bion enfoca o monitoramento das opiniões do paciente – e não as possíveis visões, e menos ainda os preconceitos do analista. Se houver um senso comum proveniente de um estado psíquico científico (disposto a aproximações à realidade) de um leitor conjugado constantemente com um estado psíquico científico de um escritor, fornecido por um repertório de experiências clínicas em análise compartilháveis, notar-se-á que a resposta do paciente, dada (na descrição ao mesmo tempo fenomenológica e também psicanalítica, por observação participante de Bion, naquele momento) de um modo demasiadamente rápido, apresenta paradoxo. Possui um senso comum aparente, racionalizado, mas ao mesmo tempo está, fundamentalmente, desprovida de senso comum: trata-se de um aprendizado de um lugar-comum, ou hipocrisia social, como condição para sobreviver em grupo. Não parece ser coerente com a observação "Você não está se deitando hoje"; pois não é, na realidade, apenas "hoje". Para alguém que apela de modo costumeiro para a hipocrisia social, o ato real, na realidade material e psíquica, de deitar-se ao divã fica clivado; a verdade, "não deito", está negada. Costuma-se dizer "só veio fisicamente", como em cerimônias religiosas, "missa de corpo presente"; denominação imprecisa, por dar valor excessivo a uma alucinose: a pessoa não está presente, por mais que os órgãos dos sentidos sintam que está presente. Para qualquer leitor com um mínimo de experiência psiquiátrica, esse aspecto está ligado à alucinação; mais especificamente, a um estado de alucinose (q.v.). O mesmo tipo de leitor poderá se recordar do fato de que pacientes psiquiátricos "treinados" se autodomesticam: tentam esconder sua atividade delirante e/ou alucinatória – o que parece ter ocorrido no início da sessão, com a resposta racionalizada. *"Portanto, uma resposta à questão 'Onde está o senso-comum do paciente?' é: está onde sempre esteve; ainda é uma parte daquela parte não psicótica da personalidade que eu . . . e outros observadores acreditamos que sempre subsista"* (C, 17). Se o paciente consegue sobreviver, sempre há uma parte não perturbada que permanece respeitosa com relação a alguns aspectos materializados da realidade. Não há compromisso com verdade, no entanto (C, 125).

Pode-se dizer que até agora, na descrição deste caso destinado a demonstrar a cientificidade de uma observação empírica sob o vértice psicanalítico, tivemos um prelúdio, um estágio inicial – já demonstrando uma postura psicanalítica, de não se deixar levar por aparências, justamente por dar atenção total a elas. Nos termos da teoria de Freud a respeito de funções do ego, até agora, havia uma situação de notação e atenção. Neste momento, consideramos que se iniciará um estágio que caracteriza uma ação psicanalítica: uma atitude respeitosa pelo conteúdo manifesto, ou seja, aquilo que o paciente traduz (ou transduz) de seu estado psíquico, em discurso, por uso de formulações verbais, ou linguagem – feita de palavras. Não obstante, isso tem parecido estranho, para algumas audiências – desde a época da descoberta de psicanálise por Freud; na linguagem proposta por ele, em alemão, *Umleimich*: um estrangeiro que pode ser recebido pelo vértice psicanalítico. E não expulso, por amedrontador. A atitude respeitosa "vê" que Verdade, como o Belo, vai além, ou aquém de aparências. Há algo subjacente (na linguagem mais comum entre os membros do movimento psicanalítico) ou "superjacente" às palavras: a própria verdade. Pelas palavras, carreada; pelas mesmas palavras, escondida. Freud denominou essa situação de "resistência". Não se consegue apreender essa verdade, no caso de aceitar-se as palavras pelo seu valor nominal: isso ocorre no lugar-comum social. É necessário perceber o paradoxo: palavras escondem e ao mesmo tempo traem uma verdade interior:

> Onde está o senso-comum do paciente? Obviamente, está "em todo lugar". O que ocorreu com ele? Igualmente óbvio, transformou-se em sangue – "sangue por toda parte". (C, 18)

Um enunciado verbal puramente psicanalítico, no sentido de que sintomas (fenômenos) podem ser vistos como o último bastião das tentativas objetivando a saúde. Um paradoxo apontado por Freud várias vezes: por exemplo, em "Os caminhos para a formação do sintoma" (Freud, 1933).

O leitor poderá se recordar da percepção de Bion a respeito da existência de um senso comum racionalizado: ninguém se deitaria num divã "com sangue por toda parte"; quem estaria disposto a exibir abertamente suas próprias alucinações e delírios? Mesmo quando ocorre prevalência da personalidade psicótica, nos "esquizofrênicos" certificados por alguma instituição psiquiátrica, das duas uma: ou o delírio é apresentado expressamente, conscientemente, como senso comum, e então negado à percepção pelo próprio paciente; ou o delírio é (paranoidemente) apresentado como algo tão especial que ninguém em "sã consciência" poderia duvidar dele. A segunda interpretação parte de uma nova hipótese. Ou seja, Bion agora considera que há um episódio de senso comum entre as duas pessoas presentes na sala de análise, em uma experiência que pode ser vista como de análise, feita pelo paciente e pelo analista (no caso, Bion): *"Caso eu esteja correto, então eu e o paciente estamos a caminho de estabelecer uma visão de 'senso-comum', ou seja, uma visão comum a nós dois"* (C, 18).

Seria possível *"sustentar"* (um termo de Bion, ou seja, fornecer uma evidência científica) que essa descrição de um senso comum entre duas pessoas, naquele episódio limitado, peculiar, no desenvolvimento de uma sessão de análise, seria *"uma descrição de senso-comum em um contexto mais amplo, extra-analítico? E, se assim for, de que modo?"* Esta a pergunta de Bion nesse momento de sua "cogitação"; sua resposta: "É evidente que, mesmo nesse sentido limitado [uma sessão *de análise], a interpretação que propus do comportamento do paciente, baseada nos fatos que dei até o momento, não pode ser considerada como um 'senso' comum ao paciente e a mim"* (C, 18). Recorre então a um de seus modelos de teoria da ciência até então preferido – o empréstimo de Poincaré, a que nos referimos no início deste verbete. Considerado como prioritário, sem acréscimos, até 1965 – no que tange aos cuidados que Bion mantinha para não adentrar efetivamente em enunciados mais incisivos em relação à verdade intrapsíquica do paciente. Ou seja, do objeto observado. Parecia sentir-se mais seguro ao fazer enunciados a respeito de constelações que faziam sentido ao observador.

O que era central nessa "cogitação", ou seja, nesse momento de dúvidas que o fizeram não publicar o texto? Em primeiro lugar, uma "questão fechada" para Bion: concisão e síntese. E, depois, questões diante de tentativas de aproximações à verdade psíquica do paciente que pudessem estar o mais livre possíveis de outras interferências: (i) teóricas *a priori*; (ii) ditadas pela instituição (*establishment*) social, inclusive do movimento psicanalítico; (iii) da análise pessoal do analista:

> É uma id*eia selecionada, ou acolhida, entre uma penumbra de circunstâncias, sugerindo uma semelhança com o fato novo que, segundo Poincaré, o matemático busca –* "o vínculo que une fatos que possuem uma analogia profunda, porém oculta" *[Science and Method, p. 27]. Pois, se for realmente um fato que o senso-comum transmutado que eu procuro é o sangue que meu paciente descreve estar em toda parte, então esse fato une uma quantidade de outros fatos, revelando uma analogia profunda, porém oculta. Assim o paciente, como sei, acredita-se louco, e sempre sentiu que era diferente dos outros; acredita ter um sentimento compatível com não ter nenhum* "senso" *em comum com as outras pessoas e com a aparente ausência de qualquer fator em comum entre os seus sentidos. [Science and Method, p. 27]* (C, 18).

M

Atenção livremente flutuante – o equivalente de associações livres, pelo analista - alerta a fatos experimentados no aqui e agora de uma sessão, tão alerta quanto alguém que examina um preparado orgânico em um microscópio, compõe uma atividade científica ininterrupta desse analista, durante qualquer sessão que se considera. Não por coincidência, Freud recomendou que a atitude de um analista precisaria se modelar na de um cirurgião, em "Recomendações a médicos que praticam psicanálise". Com a extensão de informações a respeito de medicina em época de maior comunicação, e também com a participação de psicólogos em trabalho hospitalar, por meio de equipes multidisciplinares, a recomendação de Freud mantém-se válida mesmo para os que não puderam contar com formação médica. Podemos também comparar à atitude de Alexander Fleming, que lhe permitiu descobrir a penicilina onde antes outros encontravam apenas bolor, ou um fato que, na interpretação deles, apenas estragava o experimento. Continuemos com o texto da "cogitação": Bion se recorda (atenção livremente flutuante) de que o paciente *"frequentemente expressa isso (como dois outros pacientes) por um lamento reiterado sobre quase todo sentimento que tem – "Não sei por quê". Sei que, se ele visse sangue em toda parte, e aí também sentisse que o sangue estava em toda parte e, além disso, pensasse que sentia o cheiro de sangue em toda parte, então iria pensar que sabia por quê – ver sangue por toda a parte seria apenas uma questão de senso-comum – pois o senso-comum do paciente lhe diria que o sangue estava por toda parte. No entanto, como o seu senso-comum não lhe diz isso, pode ser interessante e significativo considerar qual foi o sentido que lhe disse isso"* (C, 19).

Neste momento, Bion retorna – por algo que depois classificaria como "visão binocular" (q.v.) – ao aqui e agora da sessão. Conclui que, simultaneamente à dúvida real que tanto seu paciente como o analista mantiveram a respeito da afirmação em alucinose, "há sangue por toda parte". O paciente, de modo parcialmente inconsciente e indireto, tentando forçar, por identificação projetiva, que o analista "pense" por ele e o chame de louco; e o analista (Bion, no caso), de modo conscientemente ativo, por atenção e interpretação, por meio de uma "dúvida psicanalítica", a melhor versão do que Descartes pregou, mas não realizou, como "dúvida filosófica". Essa dúvida, nos diz (ou, mais precisamente, escreve) Bion, *"serviu para apontar uma possível direção para continuarmos investigando; ao mesmo tempo, serviu para vincularmos o fato atual, a afirmação que o paciente faz a respeito do sangue, aos fatos observados anteriormente, referentes a um sentido profundo, de isolamento e esquisitice. Além do mais, sei que para esse paciente a visão do sangue é significativa; o paciente sente o sangue como algo que perdeu, e sente que a perda está associada a um desastre sofrido pelo objeto que perdeu o sangue. Nesse episódio que narrei, a presença do sangue estava associada a sentimentos de depressão e perseguição (esses últimos sendo observações de meu senso-comum). Sei que o ódio que esse paciente tem à realidade está fortemente colorido pelo sentimento de que um senso de realidade leva à estimulação do aspecto socialmente polarizado de seus impulsos emocionais; o paciente sente que essa estimulação ameaça os aspectos ego-cêntricos de seus impulsos emocionais e, portanto, ameaça seu narcisismo, incrementando o temor que sente da aniquilação. Sei, portanto, que a crença de que seu senso-comum foi perdido, destruído ou alienado ilumina e combina com o ódio que sente da realidade e do aparelho mental que poderia vinculá-lo a ela . . ."* (C, 19).

A capacidade de autocrítica e uma busca incansável por verdade, típicas de cientistas reais – que pode ser, se utilizarmos a observação de Freud sobre "séries complementares" (Freud, 1916-1917), parcialmente genética e parcialmente aprendida –, aparecem na evolução desta "cogitação". Esse comentário não pode ser tomado como idolatria por parte do autor deste dicionário, mesma que aparente ser: demonstra que Bion aponta uma situação que pode ser alcançada por qualquer pessoa disponível para a tarefa analítica; mesmo que haja variações no grau de intuição, peculiares a cada um. Estamos nos referindo à clareza contida na afirmação de que Bion **não está** "*defendendo a ideia de que minha interpretação está baseada em observações anteriores, que ela seja uma hipótese científica, na acepção em que esse termo é usado por quem considera que uma hipótese é uma generalização feita a partir de um certo número de observações específicas dos fatos*". Ainda que esse ponto de vista ainda lhe "*pareça ter substância, já não o considero adequado*". Pois não deseja "*excluir do debate a influência exercida por numerosos estímulos, sejam eles patentes ou subliminares, que são recebidos durante um certo período da experiência psicanalítica*". Bion reafirma uma vez mais que faz parte de uma apreciação das situações experienciais multifacetadas que possam se tornar parte do repertório inconsciente do analista e, portanto, não podem controladas. "*. . . seria enganoso*" afirmar que a interpretação específica "*nada deva ao fluxo de estímulos que eu, como analista, recebi*" (todas as citações de C, 19). Na ilustração de Bion, a interpretação foi que "*sangue em toda parte*" é o senso comum do paciente influenciado pela sua postura de cometer identificações projetivas "*em toda parte*" (C, 17-19).

O leitor deste verbete poderá se recordar do fato de que, para o autor deste dicionário, essa interpretação de Bion foi qualificada como puramente psicanalítica. É a apreciação psicanalítica do discurso manifesto (fala) do paciente, sem que o analista fique escravizado pelo significado conscientemente manifesto. Corresponde àquilo que Freud observou ser um "conteúdo manifesto" de um sonho; e foi um dos condutos para que Bion, no mesmo ano em que escreveu essa cogitação, recomendasse que analistas "sonhassem o material do paciente" (q.v.). Esses significados claramente aparentes, conscientes tanto para o paciente como para o analista, constituem-se, quase sempre, em lugar-comum, e não em senso comum. É um lugar-comum travestido de senso comum, como apareceu na primeira interpretação, que esclarece ao paciente o significado "social-ístico" do enunciado do paciente, dado como explicação lógica racionalizada, socialmente e moralmente justificável. Ou seja, que esse paciente, como qualquer outra pessoa que tivesse seus sentidos funcionado, **obviamente** nunca conseguirá deitar num divã manchado de "sangue em toda parte". Também é do âmbito do senso comum de um louco certificado por algum psiquiatra ou psicólogo ou instituição social que ele não pode comunicar esse tipo de ideia livremente, temendo ser acusado de estar tendo uma alucinação, ou estar delirando. De qualquer modo, enfatizar, como faz Bion, que a segunda interpretação está ligada à experiência não implica que ela seja só e unicamente *"baseada na experiência"* (C, 19); seria *"igualmente enganoso afirmar"* isso. Aqui, podemos ver um analista – no caso, Bion – como um prático que não pula direto para conclusões. Como ele mesmo escreveria em 1970, e também diria, se utilizarmos algumas gravações de palestras, por exemplo, em São Paulo (BLI, 72), seguindo analogicamente um alerta de Keats para que se possa realizar uma construção poética, mas como um psicanalista prático: munido de "paciência", por "capacidade negativa", não procura irritavelmente por fato e razão (AI, 124). Usando os termos que Bion iria usar sete anos depois: já praticava ativamente, intrassessão, uma disciplina com relação à memória, compreensão e desejo.

Somente por desinformação, ou falta de análise, ou pura má intenção, alguém poderia acusar – como vários membros do movimento psicanalítico, inclusive, e talvez principalmente, os autodenominados "bionianos" (q.v.) – que Freud "não fazia isto", que já tinha interpretações prontas, *a priori*, e todas elas ditadas apenas por "teorias" – "suas" teorias. Não são apenas os "bionianos" que afirmam isso com certeza absoluta. Segundo André Green, havia (em 2003) institutos de psicanálise aprovados pela Associação Internacional de Psicanálise, em Nova York, que retiraram o ensino de Freud para os candidatos à formação analítica (Green, 2003). A verdade dos fatos históricos é diversa: Freud aprendeu, por experiências dolorosas, a disciplinar seu desejo, entendimento e memória, para poder descobrir psicanálise. Por exemplo, as experiências nefastas com aquilo que era uma droga psicoativa aprovada socialmente, distribuída em farmácias, e que deu à Alemanha uma liderança comercial na fabricação de fármacos: a cocaína (que logo recebeu um concorrente, a heroína; os laboratórios envolvidos ainda existem: Merck e Bayer). Usar cocaína era ser escravo de desejo, de intolerância à dor e frustração, e também de memória e entendimento, pois nunca faltaram falsas teorias "neurológicas" para explicar a ação da droga. Freud não entreteve nenhuma restrição em abandonar a administração de cocaína; nem de, poucos anos depois, renunciar à teoria do trauma, uma teoria causal (memória e entendimento) que lhe dera guarida na instituição médica. Ou de modificar a teoria dos instintos. Todos esses abandonos e renúncias foram fruto de experiência: o mais puro empirismo. Tanto a adesão como o abandono estavam ligados a algum tipo de experiência, mas não se baseavam na experiência de um modo exclusivo ou absoluto. Embora Freud não tenha usado de modo sintético, como Bion usou, o termo "disciplina sobre memória, desejo e entendimento", a noção foi claramente cristalizada em *A questão da análise leiga* – que, parece ao autor deste dicionário, a inspiração para Bion, que não deixou nenhum registro escrito, mas apenas notas à margem no seu exemplar do livro de Freud.

Existe um paradoxo que exige ser tolerado: quando Bion descreve sua interpretação como "descrição", que *"deveria ser reservada para crenças, interpretações e hipóteses que foram comprovadamente submetidas ao que o senso-comum reconhece como sendo o teste da Realidade. (Uma vez mais eu apelo para o senso-comum, ou seja, um senso orientado grupal ou socialmente, cujos 'objetivos' vão além do indivíduo. Eu, como indivíduo, preciso considerar o que o 'grupo' irá aceitar como teste da realidade, antes de poder sentir que meu ponto de vista está sancionado pelo meu 'senso comum'"* (C, 19-20).

Em uma análise, o analista depende da resposta do paciente. O casal analítico forma um grupo – exatamente o que Freud (1937) observa no início de "Construções em análise". Um trabalho que não apenas sintetizou toda sua obra anterior, mas abriu o caminho para o futuro, em que o termo "interpretação" é substituído por "construção". Freud aborda o tempo todo – mesmo antes de descobrir a psicanálise – a questão científica: validação de teorias e, em psicanálise, validação de interpretações por meio de evidências. Isso continua na obra de Bion. Verdade, *insight* emergem por meio de uma experiência emocional criativa, que depende de uma relação e ocorre no fluxo momentâneo do aqui e agora em uma sessão de análise (o leitor pode consultar o verbete "experiência emocional"). Isso não diferencia a psicanálise de nenhuma outra disciplina científica, em que cientistas "dialogam" – sob formulações específicas de cada disciplina – com "algo". O algo é sempre materializável, mas, paradoxalmente, é também imaterializado, ou imaterializável; ou animado e inanimado. Um texto escrito – como este aqui, ou os textos de Freud, ou de Bion – pertence ao inanimado. Pode ser animado, na dependência de leitores. Sempre há uma zona intermediária entre inanimado ou animado, milenarmente denominada matéria ou energia. Uma "zona" denominada por matemáticos "zona de confusão" – nos estudos astrofísicos do grande Universo; nos estudos quânticos, sejam do grande universo ou das micropartículas; em eletricidade, acústica e óptica, em biologia. O "algo" (evitamos propositalmente denominá-lo "coisa", pois é coisa e também não é coisa, que tem uma penumbra de associações que nos parece excessivamente concreta) possui propriedades que fornecem e "respondem" à experiência científica. Que se faz por interferência contínua entre o observador e o observado, os métodos do observador – que sempre vão além de uma mensuração de resultados dessas interferências. Na interpretação sobre "sangue em toda parte", Bion "sugere" a existência de um *"componente, entre os elementos a que deve seu aparecimento, a influência que os eventos externos exercem na psique do analista, tanto ao moldar a forma que a interpretação assume enquanto cristalização da experiência, o componente de memória, quanto como um compêndio que facilita a predição da realidade e, em função disso, o teste da Realidade"* (C, 20).

M

Na experiência do autor deste dicionário, será necessário ter cuidado com o uso – a intepretação – do termo "previsão". Liga-se ao repertório das experiências que permitem que se aprenda inconscientemente a partir delas. Bion precisaria de mais quatro anos para esclarecer o sentido deste termo, substituindo-o por "premonição" (q.v.): *"estados emocionais observados diretamente são significativos apenas como premonições"* (EP, 75). O termo parece-nos ter sido originado pela noção de Kant de "intuições sensíveis", em *Crítica da razão pura*. Até este ponto, Bion cita Bradley, que foi uma das maiores autoridades na obra de Kant. As indicações dessa origem, sempre dependentes de intuições, aparecem em 1962, nos "pensamentos vazios" (LE, 91), perpassam toda a sua obra e ficam esclarecidas em algumas palestras ao redor do mundo, a partir de 1975 – quando Bion cita explicitamente a máxima de Kant sobre intuições sem conceitos, que são cegas, e conceitos sem intuições, que são vazios (AMF, 33). *"Resta o elemento de cuja existência Hume suspeitou, e que classificou como 'psicológico'. Esse elemento destaca-se principalmente no momento em que a síntese da experiência do senso-comum converte-se em uma ordenação científica, em um sistema científico"* (C, 20). A questão é que *"Não há uma linha firme e segura que divida o ponto em que a síntese da experiência do senso-comum converte-se em uma ordenação científica, em um sistema científico. Assim como, refazendo o caminho do senso-comum no indivíduo ou na raça, não há ponto onde não haja uma generalização em que se acredite, também é raro existir, na história da ciência, uma única data histórica na qual seja possível dizer que se esboçou a primeira hipótese"* (Esta citação literal de Braithwaite [*Scientific explanation*, p. 28]) tornou-se um divisor de águas que tem se constituído como enigma para muitos teóricos da ciência e filósofos, criando dois partidos, como se fosse um tipo de guerra militar ou política. E criou uma terra de ninguém no âmbito do conhecimento humano que fica dependendo de explicações e racionalizações, entre "idealistas" e "realistas". Tem sido combustível para críticas infundadas à psicanálise. Bion parafraseia Braithwaite:

> Eu acrescentaria que isso também é verdadeiro na história de uma análise – raramente existe um momento preciso no qual se possa dizer que uma interpretação específica foi enunciada pela primeira vez. No entanto, mesmo que na realidade seja difícil dizer que um dado momento é *o* momento, podemos supor que tal momento exista; é justamente antes de alcançarmos esse ponto que suspeitamos do papel dominante desempenhado pelos assim chamados fatores psicológicos na atividade científica. (C, 20)

O último uso da frase "há sangue por toda parte" foi em *A Memoir of the Future*. Dois objetos parciais de Bion, denominados "Robin e "Roland", que colocam em relevo um "Bion jovem" marcado (na "pele" de Robin) por um misto de prudência com covardia, e seu oposto (na "pele" de Roland), um homem totalmente imprudente, que não consegue fazer uso mínimo do seu próprio aparato de pensar. Os dois objetos parciais são lembranças de infância e adolescência: os dois põem em risco a própria vida. "Robin", por se "acomodar", em delírio imaginário de que iria se salvar de invasores cruéis em um lugar tão impossível quanto um pombal (AMF, I, 51); "Roland", que leva uma precocidade imposta pelos seus pais e pela instituição (*establishment*) social inglesa – que separava os filhos se os pais eram funcionários públicos em uma colônia em ultramar, fazendo uma adesão voluntária impensada a uma hecatombe chamada Primeira Guerra Mundial (WM, 106). "Roland", inopinadamente, coloca-se em perigo e também coloca "Robin" em perigo ao não prestar atenção à maneira como conseguiu escapar de um tiroteio do exército invasor; e "fala" a frase: *"Sangue por toda parte"* (AMF, I, 58). "Roland" representa um homem que tem relações sexuais com uma "empregadinha" ("Rosemary"), de modo escondido de alguém que poderia ser sua esposa ("Alice"), mas não é. Ambos se submetem a hipocrisias sociais. Seu destino, depois de vários desatinos, é acabar sendo "alvejado". Por um objeto parcial de Bion denominado de "Homem", que representa o grupo de instintos mais profundos de todo ser humano: ódio e amor; é o "comandante de um exército invasor" incomparavelmente mais efetivo, por violência e cupidez, do que os nazistas. Que eram *"gentis e bondosos. Um pouquinho sentimentais e incrivelmente incompetentes"* (AMF, I, 37). Parecendo que se utiliza de senso comum, "Roland" acredita que "Homem" está portando uma arma feita de chocolate. Não presta atenção ao fato de que se trata de balas de verdade (AMF, II, 370).

Bion apoia-se integramente na observação de David Hume sobre um fato: uma hipótese científica não passa de uma generalização, e mais nada; de que os elementos acrescentados a partir da experiência não pertencem à generalização científica propriamente dita, mas são expressões contínuas do fator psicológico presente no observador. Hume reconhecia uma tendência da mente humana: a de que certas ideias associam-se entre si. Chamado pelos contemporâneos de "cético", e atualmente quase expulso do movimento filosófico de inspiração francesa (como ocorre no Brasil, em boa parte) por ter sido, segundo essas escolas, "muito psicológico", foi alguém que resgatou o âmbito platônico para fazer emergir de vez a atitude científica no Iluminismo. Antes de Hume, nenhum filósofo da ciência esteve preparado para admitir o fato de que elementos acrescentados à generalização, que seriam "algo extra" à generalização, absolutamente não existem na realidade dos fatos. Ou que sua existência está apenas na personalidade do ser humano. Foi apenas Immanuel Kant, e em outro país, e depois de muitos anos, que reconheceu a verdade na denúncia aparentemente falsa sobre o "escândalo da filosofia" – nas palavras de Kant. Que reputou o fato de ter "acordado de seu sono dogmático" por intermédio de Hume (em *Prolegômenos*). Kant poderia ter sido mais permeável à contribuição de Hume – que, de início, rejeitou – caso tivesse seguido os passos de seu próprio mestre, Georg Hamann (Sandler, 2000a, 2002b).

O "algo extra" era atribuído à lógica da mente humana; mas nunca seria uma função da realidade externa. Se o fosse, sequer poderia existir, na medida em que é apenas um produto da mente, como observou Hume. Caso isso soe como perigosamente idealista, poderemos nos recordar que a crítica de Bion sobre a neutralidade do observador – como ainda acreditam os adeptos da religião positivista – vincula-se à impossibilidade de apanhar totalmente, ou ter maestria, ou ter propriedade sobre o âmbito numênico.

Pois é isso mesmo que o psicótico sente, ou fantasia, ou imagina que pode fazer. O realista ingênuo e o idealista ingênuo cometem exatamente o mesmo erro. Defender a possível inexistência ou incognoscibilidade de "alguma coisa extra" (os elementos acrescentados a partir da experiência e externos à generalização científica) não equivale a uma negação solipsista ou idealista da realidade externa. É reconhecer as limitações de nossas percepções, cognições, esquemas e modelos, teorias e realizações que possam ser advindas das anteriores.

> Meu ponto de vista diverge daquele que inclui na lei ou na hipótese científica algo que vá além de uma generalização, e que esse algo seja uma função da realidade externa. Minha visão se aproxima dos pontos de vista dos epistemologistas – Kant, Whewell, Mill, Peirce, Poincaré, Russell e Popper –, cujas crenças são compatíveis com a ideia de que o conhecimento científico resulta do crescimento do conhecimento de senso-comum. (C, 21)

Bion aproxima suas "cogitações" daquelas de uma certa corrente de teóricos da ciência, mas sem aderir aos autores de modo cego. Essa corrente vê o que é conhecido pelo nome de "conhecimento científico" como resultado de um desenvolvimento do conhecimento pelo uso de senso comum. Não implica que o objeto do conhecimento seja, em si mesmo, senso comum. Caso mantenhamos em mente o que nos parece – e também para muitos outros autores – a melhor definição de senso comum, essa definição contempla uma relação entre pelo menos dois órgãos humanos. Pode haver senso comum com mais de dois órgãos – audição, tato, visão, por exemplo; ou o senso de extinção, denominado por Freud, "instintos de morte", que permitiu que alguém cujo nome perdeu-se, ou algum grupo, certamente antes da descoberta da comunicação escrita, pudesse descobrir – por exemplo – a existência de cogumelos venenosos. A complexidade dos sistemas vivos, ou animados, exige a aplicação de um senso comum composto de todos os sensos (órgãos dos sentidos) possíveis. A teoria de Freud sobre a função do sistema consciente – de órgão sensorial para percepção de qualidades psíquicas – tem se demonstrado útil para o avanço da ciência, para o manejo, por vezes terapêutico, de alguns sofrimentos na natureza humana. Uma ou mais utilidades construtivas, e não destrutivas, se dá ou se dão independentemente de algum encontro materializado, que tem sido visto, erradamente, como se fosse evidência ou prova da realidade última desse sistema. Podemos encontrar algo que corresponde a isto, mas não o "isto". Não nos parece que Bion ou a "corrente" de filósofos à qual ele adere criticamente (ou seja, em parte) almejem descobrir alguma realidade última de "senso comum"; que é apenas mais um modelo científico, útil para alguns objetivos. O acordo de Bion com as noções de *"Kant, Whewell, Mill, Peirce, Poincaré, Russell e Popper"*, além de outros, elencados em outro trabalho do autor deste dicionário (Sandler, 2006b), advém de experiência clínica, e não de uma preferência pessoal, nacional ou ideológica.

Em todas as "cogitações" que desaguaram na atitude científica do trabalho de Bion, nunca existe nenhuma negativa da abordagem intuitiva a respeito daquilo que seja naturalmente real, e externo à pessoa, ou genético, de herança genética. Bion, com a ajuda, ao menos parcial, dessa "corrente" de filósofos, afirma que, pelas acumulações do conhecimento propiciado pelo senso comum, poder-se-ia estar mais perto do número do que se estava anteriormente.

Na visão do autor deste dicionário, está implícito no que Bion afirma que o "anteriormente" se refere a uma questão temporal e espacial. Pode-se demonstrar isso na história do indivíduo, à medida que ele se desenvolve de um bebê para um adulto, e na história da ciência.

Aquisições do conhecimento humano reais – chamadas por Freud de *insights* – são, como o sistema inconsciente, atemporais. Algumas manifestações fenomênicas podem ser citadas e constituem-se como descobertas, e não invenções: o mecanismo imaterializado e nada racional que se materializou pelo que conhecemos como "roda"; a relação de matéria com a velocidade da luz ao quadrado que se iguala à energia; a descrição do complexo de Édipo. O *insight* pode ser interno ao indivíduo, e interno a um processo vital, presente em qualquer nível que se considere. Essa apreensão do método científico amplia-se na aplicação da teoria de Transformações e Invariâncias (q.v.). Neste momento Bion sugere a possibilidade de algum tipo de apreensão – nas palavras dele, "contato" com a realidade última, ou "O", em sua notação quase matemática.

Bion lançaria mão da teoria de Transformações e Invariâncias seis anos depois. Talvez seja verdade afirmar, ao evitar adesões partidárias, seja à religião positivista – que acredita cegamente em deduções e induções que chama de "científicas", e nega a participação do observador –, seja ao idealismo relativista. A noção de que Bion rejeita qualquer armadilha que possa negar o valor da experimentação científica aparece sob a forma de um método que não se seduz pelo falso problema colocado na guerra entre "realistas" *versus* "idealistas".

Traz à baila um paradoxo e, simultaneamente, enfatiza que a psicanálise pode contribuir para desenvolver a ciência – justamente por evitar a falsidade de uma "guerra" entre os que acreditam que o universo pode ser captado apenas pelo nosso

M

aparato sensorial e os que acreditam que o universo é produto da mente individual. O leitor pode constatar a ausência de tutela das duas abordagens:

> As concordâncias e discordâncias que tenho com esses epistemologistas resultam diretamente de uma investigação psicanalítica dos fenômenos que eles todos conheciam e denominavam por vários sinônimos do senso-comum científico. Minha visão é que o impasse no qual se encontram os cientistas e filósofos da ciência não pode ser mais bem esboçado, e muito menos resolvido, sem que se empregue a pesquisa psicanalítica e, mais precisamente, a pesquisa do fenômeno chamado coletivamente de senso-comum, que é o tema principal dessa investigação. Digo tema principal, mas de fato proponho que assim seja apenas porque seus dados, embora fugazes, são mais acessíveis a uma investigação preliminar do que os fenômenos associados à intuição, à primeira hipótese, à inspiração [Karl Popper, *The Logic of Scientific Discovery*, pp. 31, 32]. Se não elucido essa última é porque não consigo fazê-lo. Na realidade, não considero que a elaboração de um sistema dedutivo a partir do que o senso-comum declara como fatos possa ser separada do fenômeno mais palpável, a inspiração, que é uma pré-condição para a elaboração de um sistema dedutivo. Proponho, portanto, não fazer um esforço extenuante para separar um fenômeno do outro. (C, 21)

Mesmo que tivesse avisado – em princípio, para si mesmo, já que se trata de uma "cogitação" que não pensou que seria publicada, mas, atualmente, para leitores – a respeito de discordâncias em relação a algumas das colocações de Karl Popper, Bion também concordou com aspectos da obra dessa pessoa. Um desses poucos aspectos pode ser visto como um tipo de capitulação por parte de um adepto da religião positivista, como foi Popper – outro emigrado austríaco que adquiriu fama após se estabelecer na Inglaterra. Popper achou necessário para cientistas obter algo que ele denominou de "inspiração". Podemos lembrar do testemunho de Albert Einstein, que dominava a opinião pública – senso comum ou lugar-comum? – da época, e o respeito absoluto de todos os teóricos da ciência para com Einstein. O que Popper chamou de "inspiração" foi equiparado, por Bion, à "intuição". O leitor poderá consultar o verbete específico ("intuição"). A postura de Bion quanto a isso nunca mudou; pode ser constatada no seguinte alerta dado no final de sua obra:

> Se a intuição psicanalítica não provê uma reserva para seus asnos selvagens, onde se vai achar um zoológico para preservar as espécies? De maneira inversa, se o meio ambiente é tolerante, o que acontecerá com os "grandes caçadores" que repousam não revelados ou re-enterrados? (AMF, I, 6)

Causas, indução e dedução: crenças positivistas

Esta "cogitação", que inicia o livro *Cogitations*, data de janeiro de 1950. Em torno de um ano e meio depois, em meados ou final de 1960, segundo o método digno de um detetive utilizado por Francesca Bion para fazer a cronologia das "cogitações" de Bion, ele parece ter se sentido em condições (independentemente dos fatores que poderiam ter dado essas condições) de se aprofundar em um problema que *"originou tanta confusão para o filósofo da ciência"* (C, 193). Um problema que se repetia em muitos "pontos" na sua obra e também nas leituras que fazia a respeito da história de cientistas (e, por extensão, da ciência). Bion tangencia, "nesse ponto", o *"problema da indução"*. Havia alguma consequência no conceito que Bion encontrou e com o qual se fascinou na obra de Poincaré de fato selecionado (q.v.): *"um fato apropriado faz com que a massa embrionária de elementos incoerentes, ou aparentemente incoerentes, apareça ao observador como se estivesse reunida em um todo; neste, os elementos parecem estar relacionados entre si, enquanto partes do todo"* (C, 193).

Qual era essa consequência? Bion não estava nada à vontade para lidar com a ideia de que o *"fato selecionado é conhecido como a causa, quando o 'tempo' é um componente essencial; mas esse fato não é diferente de outros fatos que são selecionados pela sua aparente capacidade de reunir elementos em um todo. Tais fatos não possuem, necessariamente, importância intrínseca; a importância dependerá do fato que falta ao observador; e isso, obviamente, depende do observador"* (C, 192).

A importância dessa análise crítica não pode ser exagerada, mesmo que, na investigação do autor deste dicionário, não tenha sido explorada até agora. Muito ao contrário, tem sido desprezada, ignorada ou negada.

Há quatro pontos notáveis:

1. indução: a noção da dependência do observador e da personalidade do observador – ou seja, a contribuição possível à psicanálise, para a teoria da ciência;
2. causalidade – que Bion, criticando Poincaré, quer dissociar do conceito de fato selecionado;
3. senso comum;
4. temporalidade – algo fundamental em psicanálise e ciência, em função da atemporalidade que caracteriza toda aquisição transcendental (a época, cultura e nacionalidade), incluindo, e principalmente, a identificação de um "sistema" que Freud, utilizando uma aquisição milenar, denominou "sistema inconsciente", que equivale ao âmbito numênico.

Vamos começar do mesmo modo que está nessa "cogitação" de Bion – pelo *"problema da indução"*.

Indução

Hume parece ter sido o primeiro a desafiar uma das mais poderosas ilusões que se abateram sobre o movimento científico: o método indutivo. Uma das figuras que inauguraram o Iluminismo na Inglaterra, deu um exemplo, na *Investigação sobre o entendimento humano*, que durante alguns séculos ficou famoso, fazendo parte do senso comum: embora o sol apareça todos os dias, nada garante que isso continuará a acontecer.

Sempre se achou que a indução era muito importante. Mesmo hoje, Bertrand Russell considera que nenhum método científico é possível sem indução; ele chegou até a sugerir que a indução é o alicerce de todo conhecimento científico. É evidente que Russell não está feliz com as consequências dessa crença; declara expressamente estar convencido de que os argumentos de Hume nunca foram realmente satisfeitos (pois Russell discorda da suposição de que haja, na conjunção constante, algo além de um fenômeno puramente psicológico, fenômeno originário da tendência da mente humana para associar as ideias). Espero demonstrar que agora, graças à psicanálise, temos a possibilidade de enxergar por que os filósofos favoráveis à indução acabaram chegando a um impasse, para o qual, até o momento, não encontraram saída; e também por que os filósofos insatisfeitos com a maneira com a qual Hume limitou a conjunção constante – dispensando-a de acrescentar qualquer coisa a um puro fenômeno da mente humana, a saber, a sua tendência para associar uma ideia à outra – não conseguem propor nenhuma alternativa que expresse simultaneamente a natureza de sua insatisfação e que preencha o hiato que esses filósofos sentem que Hume deixou na estrutura do método científico. (C, 193)

Bion prossegue a "cogitação" introduzindo seu modo de observar: para ele, *"a falha reside na crença de que o método indutivo consiste em uma coleção de dados e da inferência de generalizações, a partir dos dados observados, tais como aquelas que são, normalmente, incorporadas em uma hipótese"*. Um modo de observar nada arrogante: *"Acredito que a hipótese não seja baseada naquilo que supomos, usualmente, ser a observação; mas a hipótese é, essencialmente, uma afirmação de que isso-ou-aquilo é um fato"*. Ou seja, coloca uma crença, e uma crença nada onipotente: reduz um autoritarismo a uma hipótese – e, com isso, delimita um âmbito científico, a ser investigado sem preconceitos ou superioridades. Nessa hipótese, Bion elenca *"as seguintes características, essenciais ao fato como hipótese: 1. afirma que certos elementos estão constantemente conjugados; 2. afirma que esses elementos estão conjugados de um modo particular"* (C, 194).

Bion introduz então o fator tempo. Simultaneamente a algo que parece ser, pelo menos ao autor deste dicionário, como uma expressão de uma primeira contribuição da psicanálise para a teoria da ciência. Esse fato nos parece importante. Usualmente, os membros do movimento psicanalítico têm ficado mesmerizados, fascinados com disciplinas completamente estranhas ao âmbito psicanalítico: historicamente, dadaísmo, existencialismo, fenomenologia, estruturalismo, linguística, semiótica, literatura, neurociência, pós-modernismo, hermenêutica. Isso sem contar a influência de autores famosos – que, como cometas, ofuscam tudo e desaparecem sem deixar vestígio. Bion coloca uma situação que pode ser expressa por uma analogia: a obra de Beethoven para violoncelo, ou violino e piano. Nessa obra, não há superioridade ou rivalidade de nenhum instrumento. Apenas colaboração mútua. Se uma formação e informação em teoria da ciência pode ser útil para o desenvolvimento da psicanálise, a psicanálise pode ser útil para a teoria da ciência. Freud tentou fazer isso, mesmo que de modo não explícito, para teorias históricas e sociológicas.

> Afirma-se sempre, quando o tempo é um dos elementos, que os elementos estão relacionados entre si como causa e efeito. A palavra "causa" é aplicada ao fato selecionado que, para o observador individual específico, dá coerência a certos elementos; elementos que estavam mentalmente presentes de modo incoerente para o observador, reclamando coerência. São elementos essenciais, entre esses, os elementos de tempo (externamente) e os sentimentos de culpa (internamente, peculiares ao indivíduo). Posteriormente, veremos a importância dessa descrição sobre a natureza de uma hipótese científica. No momento, quero abordar o problema da indução.
>
> Acredito que os filósofos estejam certos quando expressam a necessidade de algum conceito teórico como a indução, para representar um fato que desempenha um papel essencial no método científico e seja passível de verificação. Acredito também que o processo de indução – seja lá o que venha a ser isso – relaciona-se, e precisa relacionar-se, à consciência sensorial dos dados da realidade externa. (C, 195)

O leitor pode notar, uma vez mais, a função de uma análise crítica sobre teoria da ciência – sempre seguindo as contribuições de Locke, Hume e os outros autores citados por Bion –, isenta de superioridades, mas movida por um vértice psicanalítico. Que sempre traz algo de novo – ou seja, algo que era inconsciente pode começar a ser consciente. No caso, a questão básica em ciência e em uma sessão de psicanálise: a públic-ação. Com um neologismo hifenizado – que se tornaria característico na obra de Bion, sempre usado com parcimônia –, Bion traz um termo duplo que remete à origem etimológica: todo ato só pode ser científico se for publicado. Trata-se de uma "ação pública", denotada pelo neologismo "public-ação". Todo ato só pode ser científico se for publicado – do paciente para o analista e do analista para o paciente. O autor deste dicionário sugere que a mesma atitude também configura, necessariamente, um ato artístico.

> Mas a função da indução não é extrair uma hipótese dos dados coletados por meio do aparato sensorial, e sim uma pergunta – de preferência a pergunta certa. Entendo por "pergunta certa" aquilo que o senso-comum dita (senso-comum na acepção por mim definida); pois qualquer outra pergunta é um assunto de interesse particular, e todos os assuntos científicos são fatos que se tornaram públicos e de conhecimento público – o trabalho científico consiste em public-ação. (C, 195)

Causa

A *rationale* básica – um termo de senso comum em teoria da ciência, que, em psicanálise, equivale à racionalização básica – de quase todos os trabalhos apresentados como sendo psicanalíticos ignora ou despreza o fato de que a psicanálise, desde Freud, tenta descrever relações de elementos, em um todo, mas nunca de modo causal, nem explicativo. Como toda e qualquer ciência, e como toda e qualquer arte psicanálise, descreve e tenta manipular relacionamentos entre elementos que, em si, permanecem incognoscíveis. A psicanálise não lida com "essências" – isso tem sido tarefa de religiões. Traduções do alemão de Freud, acopladas a aspectos não analisados de narcisismo, ou de imobilidade na posição esquizoparanoide (onisciência e onipotência, manifestadas fenomenicamente por rivalidade vaidosa) dos membros do movimento psicanalítico, têm favorecido esse tipo de interpretação. No caso deste dicionário, a maior preocupação é com as leituras da obra de Bion. Que, igualmente, tem favorecido esse tipo de racionalização hipersimplificadora, ao transformar o que poderia ser psicanálise em algum tipo de religião, ou de prática jurídica, forense ou policial. Toda vez que aparece alguma teoria que parece esposar causalidade, ou já esposa abertamente causalidade sob o modo da religião positivista, essa teoria adquire popularidade instantânea, por ficar automaticamente isenta de crítica. A psicanálise sempre enfrentou esse problema, que pode ser visto sob uma forma geral, hipersimplista: "doenças mentais têm causa física", de um lado, ou "doenças mentais têm causa psicológica". O leitor pode fazer o exercício nos trabalhos que puder ler, para ver se encontra o racionalismo básico que norteia boa parte deles. Alguns autores mais famosos – começando com Freud – não fizeram isso. Ou, quando fizeram, depois criticaram sua investigação – novamente começando com Freud, no exemplo do abandono da teoria traumática.

A linguagem de Bion

Na mesma época em que Bion escreveu essas duas "cogitações", começaram a aparecer noções a respeito de formulações verbais sob formas narrativas. Justamente o tipo de formulação utilizado por Freud: formas narrativas constituem todas as formulações míticas. Em outras palavras, a forma mais antiga de se fazer ciência é por meio da construção de mitos. Pode ser vista até mesmo nas primeiras formulações matemáticas, feitas por antigos egípcios e gregos. Sonhos que podem ser considerados como associações livres, um fulcro de toda a psicanálise, fazem-se sob formas narrativas; que só não são totalmente completas em função do trabalho onírico, cuja característica é nunca ser racionalizado.

Elucidações sobre forma narrativa e teorias causais aparecem entre 1962 e 1965. Em um certo momento, para conseguir demonstrar o que significa, e qual é o sentido dos "elementos de psicanálise" – um dos maiores esclarecimentos sobre a natureza científica de uma pesquisa sob o vértice psicanalítico, durante uma sessão, e de toda teoria psicanalítica que possa almejar a qualificação de ser válida –, Bion "abandona" a forma narrativa do mito de Édipo (LE, 46).

A psicanálise surgiu quando Freud – inspirado em Charcot – ressaltou a inadequação de seguir-se unicamente conteúdos manifestos. Charcot e Freud não estavam inventando nada de novo: a formação médica dos dois provavelmente os ensinou que pacientes procuram médicos munidos de suas próprias formas narrativas a respeito de seus problemas – culturalmente influenciadas, e fantasticamente efetuadas. Para tentar fazer um diagnóstico, o médico se utiliza da forma narrativa do paciente como passo inicial – é chamado de sintomatologia. A partir daí, busca por sinais, em uma disciplina chamada semiologia. A conjugação dos dois pode fornecer um diagnóstico sindrômico. Não se trata de desprezar a forma narrativa, ou, quando Freud descobriu a possibilidade de interpretar sonhos, o conteúdo manifesto. Trate-se de encontrar seu devido valor, como algo que indica e também disfarça, ou não indica, o que é necessário elucidar. Vivemos em uma época em que se entronizam formas narrativas – principalmente na redação dos vários órgãos midiáticos, e em propaganda política. Formas narrativas têm sido usadas como instrumentos de persuasão – sua principal arma é a falsidade. Atualmente, em muitas disciplinas, pensa-se que a psicanálise é apenas isto: mais uma forma narrativa a respeito de sofrimentos humanos.

Segue-se um elenco de páginas onde o leitor poderá encontrar análises críticas que ressaltam perigos envolvidos em seguir-se unicamente formas narrativas: LE: 15, 17, 64, 74, 77; EP: 5, 23, 45, 67 82; T: 96, 97 e 120; AI: 13, 19, 20, 59, 60 (onde Bion diferencia a forma narrativa da essência real de um mito), 93, 102, 106, 109.

Sejam essas narrações, qual uma história de Sherazade, contadas em mitos básicos usados para a construção de alguma teoria analítica, geral, ou particular a cada caso, no "mito privado" (q.v.) descrito por Bion, instrumento único em análise; sejam essas narrações usadas pelos pacientes nos relatos de conteúdos manifestos dos sonhos; sejam elas contadas no "sonho em vigília", que corresponde a toda e qualquer sessão em análise e, em consequência, em toda a teoria da ciência e no trabalho de pessoas que gostariam de ser cientistas, mas que não conseguem fazer ciência, ou perpetram falsa ciência, que pode obter popularidade no lugar-comum, passando-se por ciência – os danos que isso acarreta, na função social de uma psicanálise, que tem sido acusada de ser falsa ciência, ou "ciência fraca", no dizer de Karl Popper, são incalculáveis.

Validação científica

Caso permaneçam dúvidas sobre a postura de Bion, pode ser oportuno esclarecer que a experiência, os dados empíricos e dados do nível inferior bruto foram as fontes que deram vida às suas observações. Este nos parece um valor necessário e fundamental para a formação de teorias psicanalíticas, e este era o método de Freud: seu início era a clínica. O item 9 da Introdução a *Learning from Experience* reproduz exatamente o que Freud seguiu: *"Os métodos neste livro não são definitivos. Mesmo quando percebi sua inadequação, frequentemente não fui capaz de aprimorá-los. Encontrei-me em posição similar à do cientista que continua a empregar uma teoria que sabe ser falha, porque ainda não se descobriu outra melhor que a substituísse"*. O início deste verbete começa com um – entre vários – alerta sério a respeito da existência de construções teóricas falhas em psicanálise. Como em filosofia, há um fascínio por um jargão autoalimentante.

Embora, durante os anos 1950, Bion tenha mantido esperanças de que dados empíricos pudessem "validar" teorias e hipóteses, os anos 1960 trouxeram-lhe mais dados, mais experiência clínica. Quando resolveu publicar algumas novas conclusões que pudessem substituir as mais antigas, extraídas de casos clínicos, no livro *Second thoughts*, após quinze anos de prática contínua, havia desenvolvido ainda mais sua análise crítica sobre teoria da ciência. Aproveitou de modo peculiar uma certeza racionalizada de Descartes, sobre a inexistência de "pensamentos-sem-pensador" (q.v.), para questionar a validação científica por meio do método empírico. Outro ponto controverso na história da ciência, que dividiu "realistas" de "idealistas". O fato de que estudos científicos se originam do que é empírico não implica que possam ser validados pelo que é empírico. Pois, se a pesquisa continua, pode-se inclusive refutar o que já foi descoberto – inclusive em função das descobertas:

> Preciso alertar a respeito de uma frase que empreguei: "dados empiricamente verificáveis". . . . Não estou querendo dizer que a experiência "verifica" ou "valida" coisa alguma. A crença que encontrei na literatura de filosofia da ciência relaciona-se à experiência que capacita o cientista a obter um sentimento de segurança para neutralizar e compensar o sentimento de insegurança na descoberta de que a

própria descoberta expôs mais profundamente novas visões de problemas não resolvidos – "pensamentos" em busca de um pensador. (ST, 166)

Nenhuma teoria proposta por Bion foi fruto de um idealismo – a ideia de que o universo, ou o mundo, ou as pessoas sejam fruto de uma construção peculiar de alguma autopropalada autoridade ou genialidade atribuída pelo grupo e por ele mesmo. Na obra de Bion, considerações sobre a possibilidade de se discriminar se um enunciado é falso ou verdadeiro sempre foram empíricas – ou seja, não dependem de escolas, apóstolos ou verdades absolutas faladas por algum ídolo social. Para que um enunciado verbal seja considerado – ainda que provisória e parcialmente – expressão de verdade, precisa ter necessariamente uma contrapartida na realidade (já referido neste verbete – página 102). Um dos resultados da investigação de Bion foi o desenvolvimento de um instrumento para ser usado, primariamente, fora de uma sessão clínica para uma "busca de verdade-O" em enunciados verbais falados durante uma sessão: a "Grade" (Grid) (q.v.). Na visão do autor deste dicionário, há uma espécie de namoro teórico com algumas pretensões dos autores que fizeram parte, segundo eles mesmos, do neopositivismo.

Outro resultado foi a adoção de analogias com a física e a matemática, no sentido de evidenciar algum valor-verdade nos enunciados psicanalíticos – chamados por Bion "abstrações".

A matemática e a física, ao lado da biologia, têm sido disciplinas usualmente consideradas como as mais sofisticadas em termos da precisão de suas formulações para chegar o mais próximo possível da realidade como ela é. Também é verdade que a matemática e a física têm possibilitado intervenções efetivas na realidade materializada e imaterial, ou psíquica. Podemos ver os primórdios, ainda sob forma de "cogitação", dessa adoção na tentativa de Bion de examinar uma concepção de Freud sugerida várias vezes em sua obra – de modo mais generalizador, na observação da existência de uma conjunção constante (Freud não se utiliza desse nome, nem da teoria da ciência de Hume – mas usa-a de modo talvez intuitivo) entre algo que denominou "séries complementares", que não recai em muitos dos falsos problemas colocados por algumas disciplinas científicas e filosóficas, de natureza *versus* criação. Em trabalho anterior, indicamos o fato de que Freud se baseou, em parte, nas "afinidades eletivas" de Goethe – uma pessoa que desenvolveu atividades, boa parte delas bem-sucedidas, em várias disciplinas: literatura, desenho técnico, economia, botânica e física. As séries complementares totalizam e regulam o aparato psíquico; Bion centra-se na questão atualmente pesquisada pela antropologia cultural, genética e biologia molecular, da existência de algo interno a indivíduos, que denominou "disposições".

M

Como quero dizer que *existem* tais coisas, isto é, coisas correntes, coisas na realidade, representadas pela palavra "disposição", é essencial usar sempre a mesma palavra; assim o leitor assumirá, corretamente, que estou querendo dizer o mesmo que havia dito anteriormente: que existe algo, na realidade, que a palavra "disposição" representa.

Não valeria a pena trabalhar essa questão caso houvesse apenas uma dificuldade específica relativa a esse contexto imediato; no entanto, ela é inerente ao trabalho psicanalítico, confrontando-se com o analista a todo momento. Para o filósofo, este problema não é novo; mas a posição do analista é mais difícil, pois ele se ocupa da prática da psicanálise, isto é, tem que aplicar suas teorias em um contexto empírico. Mesmo assim, talvez as dificuldades do analista não sejam maiores do que as dificuldades que o cientista enfrenta ao ter que expressar suas teorias em termos de dados empiricamente verificáveis, antes de sujeitá-las ao teste experimental; mas o teste experimental da psicanálise e de suas teorias difere, em aspectos importantes, dos experimentos do físico, cujos procedimentos, pelo rigor que os caracteriza, foram recomendados até mesmo por Kant. O físico tem, ou costumava ter, seu laboratório; suspeito que a situação analítica que o analista procura preservar é apenas similar a essa, pois suspeito que tentamos estabelecer uma identidade com o conhecido, o que é, de fato, inadmissível, exceto do modo mais superficial. As atribuições do físico, desde que os físicos da mecânica quântica demonstraram que suas hipóteses de nível inferior e seus dados empiricamente verificáveis são hipóteses estatísticas, podem ajudar o analista a sentir que o hiato que o separava da mais rigorosa entre todas as disciplinas científicas diminuiu; mas não contribui para que seu assunto seja mais impecável cientificamente. Tampouco contribui para a elaboração de um método ou, na falta desse, para que se compreenda a necessidade de um método, que colocaria toda ciência, inclusive a dele, em uma base mais firme. Além do mais, a exposição que Heisenberg fez sobre a filosofia da mecânica quântica demonstra que os fatos observados pelo físico dependem da relação com fatos que são desconhecidos, e que jamais poderão ser conhecidos; isso aboliu as paredes limitadoras de seu laboratório e, portanto, o próprio laboratório; assim, o físico tem com seu laboratório dificuldades análogas às que o analista tem com seu consultório e com a situação analítica. Mas, a menos que esse conhecimento possa trazer um grande avanço no fronte psicanalítico, ele não ajuda os psicanalistas a se ajudarem, ou os físicos a saberem disso. Daí a necessidade, para um ponto de vista científico, de investigar a natureza de nossas próprias abstrações. (C, 262-263)

Não será falso fazer a hipótese de que essa "cogitação" pode ter sido contemporânea e ter servido de preparo a três livros: *Learning from Experience*, *Elements of Psycho-Analysis* e *Transformations*; e, de modo dialógico e mais aprofundado em alguns aspectos, na trilogia *A Memoir of the Future*. Há dezenas de formulações sobre a possibilidade de colaboração mútua entre psicanálise, teoria da ciência e a física quântica, especialmente no volume I da trilogia *O sonho*. Algumas formulações aparecem a seguir, em "verbetes cruzados recomendados":

> P.A.: De acordo com Heisenberg, o fato de *observar* a interação de fatores físicos muito pequenos influencia a interação sob observação. Não sei se ele está falando sobre algo que eu costumo encarar como um fenômeno *mental* tendo um efeito sobre o que eu denomino um fato *físico*. Pode ser que eu erre em discriminar fenômenos "mentais" de fatos "físicos". Tal "ideia" pode ser uma falha do aparelho mental. Será que, como humano, eu tenho um preconceito que favorece encarar meus pensamentos como sendo "superiores" aos movimentos aparentemente ao acaso de partículas infinitamente pequenas de matéria?
> ROLAND: Você tem preconceito contra os movimentos ao acaso das minúsculas partículas de matéria?
> ROBIN: O todo da teoria psicanalítica parece estar viciado – como o demonstra a natureza estruturada do próprio sistema – pelo favorecimento apenas daqueles fenômenos que parecem estar de acordo com a lógica clássica, à qual já estamos familiarizados. (AMF, II, 265)

Místico

> ALICE: Você diz que jamais teve experiência direta de um evento misterioso; você quer dizer com isto que nunca esteve numa sala no momento em que alguém, não você, estivesse sob a influência de uma força mística?
> P.A.: Nunca tive evidência que eu ou outro estivéssemos passando por tal experiência. Lembro-me apenas de duas ou três ocasiões em que um analisando meu apregoou uma origem mística para o evento. Fiquei mais impressionado quando o indivíduo não estava apregoando conscientemente tal evento. (AMF, III, 525)

Ao recorrer a formulações verbais encontradas originalmente na teoria das formas, de Platão, na descoberta delas por Kant, na cabala judaica e cristã e nas ampliações destas por Buber, Bion usou uma analogia das mais incompreendidas para descrever o âmbito psicanalítico negativo do id e inconsciente (veja os verbetes "estar-uno-a-si-mesmo"; "O"). Uma discussão sobre mal-entendidos comuns relacionados com a utilização de metáforas pode ser encontrada no verbete "modelos".

M

Há uma forte semelhança entre Bion, Freud e precursores de Freud do movimento romântico alemão: todos foram acusados de ser "místicos" em seu tempo; mesmo Hume recebeu tal acusação.

Bion considera a religião tão relevante como uma escola de pensamento; ele mantém algumas objeções que, no entanto, não impedem sua valorização das realizações dessa *"escola de pensamento"*. Em uma das muitas passagens em que recorre a um confronto entre os personagens imaginários "Psicanalista" ("P.A.") e "Sacerdote", Bion afirma:

> P.A: Uma das minhas objeções à sua escola de pensamento é que ela parece encorajar uma crença em tempos ilimitados, por exemplo, a vida após a morte.
>
> SACERDOTE: Infelizmente, somos onerados com os pontos de vista – geralmente errados – que as pessoas têm sobre aquilo que nós ensinamos.
>
> P.A: Você mesmo parece me onerar com ideias sobre a psicanálise que não tenho; se você fosse meu analisando, parte da minha tarefa seria elucidar seus pressupostos de tal forma que fosse possível contrastá-los e compará-los com quaisquer outras ideias que você pudesse vir a entreter. Nesse aspecto, penso que a minha atividade difere da sua. *Você* aspira a dizer aos outros como e o que pensar. *Nós* aspiramos apenas a mostrar o que as pessoas pensam – o resto é escolha delas. (AMF, II, 388)

O termo se reveste de importante uso prático; tem vínculos com contrapartes na realidade sugeridas pelo termo "intuição", no aqui e agora do momento decisivo da interpretação analítica:

> O pano de fundo psicanalítico intuitivo é aquele que "vinculei" por intermédio de termos como pré-concepção, definição, notação, atenção . . . [Nota do autor deste dicionário: o leitor precisa manter em mente que os dois últimos termos são funções do ego, de Freud. Ver Freud, "Formulações sobre os dois princípios do funcionamento mental", 1911.] Vou tomar de empréstimo, livremente, todo e qualquer material que possa simplificar minha tarefa; começo com a teoria das Formas de Platão. Conforme compreendo o termo, vários fenômenos, como o aparecimento de um belo objeto, são significantes. Não por serem belos ou bons, mas porque servem para "lembrar" o espectador do belo ou bom que em uma época foi, mas não é mais, conhecido. Esse objeto, em relação ao qual o fenômeno serve de lembrete, é uma Forma. Afirmo que Platão é um patrono da pré-concepção, do objeto interno kleiniano, da antecipação inata. . . . Fenômenos (esse termo está sendo usado como Kant poderia usá-lo) são transformados em representações. (T, 138)

Bion define que produtos finais de transformações (q.v.) podem ser considerados como representações da experiência do indivíduo no âmbito dos *numena*, realidade, O, id; que *"deriva de, e é inerente à Forma Platônica"* (T, 138).

Sobre a visão de Bion sobre religião:

> BION: . . . Imagino quantas teorias plausíveis não foram usadas e confundiram a raça humana. Gostaria de saber. Não estou certo da facilidade com que se produzem "teorias plausíveis" de que estamos falando, a teoria plausível (ou a "interpretação convincente") pode ser bem difícil de aparecer. Pode ser plausível e falsa. A ideia de que o "sol nasce" é um testemunho disso – que confusão ela causou! Não sabemos o custo, em termos de sofrimento, associado à crença num Deus Cristão, ou num deus da Ur de Abrão, ou da Alemanha de Hitler, ou no peiotismo – ou noutro Deus de qualquer espécie. (AMF, I, 172)

Ao discutir seus últimos livros, que tentam ser *"uma descrição da psicanálise"* (AMF, I, 86), Bion deixa claro seu tipo de relacionamento com manifestações religiosas: *"Tenho que empregar um equipamento extremamente inadequado para discutir isso. Tenho que fabricar o equipamento à medida que prossigo. Afirmo que é artístico, ainda que a arte não tenha sido criada; que é religioso, ainda que a religião não tenha sido e nem possa (sem parar de ser uma religião) ser obrigada a coadunar-se com nenhum dos dogmas e instituições até então considerados característicos da religião"* (AMF, I, 88).

Referências cruzadas sugeridas: Estar-uno-a-si-mesmo (*At-one-ment*), Análise apropriada; "O"; Filosofia; Ciência *versus* religião; Verdade; Ultra-sensorial; Pensamentos sem um pensador.

Mito, mito privado

O resgate por Bion da **função** dos mitos descrevendo o funcionamento psíquico pode ser considerado como uma de suas mais notáveis contribuições para a psicanálise. Remonta às tentativas de autores renascentistas e românticos, como Von Herder e Nietzsche. Elucidou a função que tiveram para Freud. No entanto, o uso de mitos na formação do *corpus* psicanalítico por Freud passou a sofrer um aviltamento quanto se tentou fazer um transplante, ou até mesmo substituição, da mitologia à psicanálise.

A função do mito: apreensão e memória, instrumentada por elaborar e preservar *insights* transcendentes sobre a natureza e psicologia da humanidade. Essa função tem sido negada ou mesmo desprezada pela assim chamada filosofia "moderna" e "pós-moderna".

Isso ilumina a busca, por parte dos membros do movimento psicanalítico, por especialistas em mitos. Esperam obter ajuda na apreensão do significado de mitos, como se esse estudo pudesse levá-los a descobrir a psicanálise. No entanto, essa esperança despreza os seguintes fatores:

(i) os fazedores de mitos não estavam interessados em pessoas individuais;

(ii) os fazedores de mitos não se interessavam em aliviar ou cuidar do sofrimento de indivíduos.

O MITO PRIVADO

O conceito de "mito privado", proposto por Bion, conserva a qualidade científica do mito: pode simultaneamente generalizar e particularizar:

> O mito privado tem esse papel importante na tentativa de o indivíduo aprender da experiência, análogo ao papel desempenhado pelos mitos públicos como sistemas de notação e registro no desenvolvimento de grupos. . . . Deve-se esperar que o mito apareça em uma versão privada. (EP, 67)

Em *A Apreensão da Realidade Psíquica*, emerge o fato de que o vértice observacional sobre o a aparato psíquico, de Freud e de Bion, advêm dos antigos gregos, conforme resgatado na Renascença, no Século das Luzes e no Movimento romântico; é implícito na obra de Freud e mais explícito na obra de Bion. Aplicado à medicina, imprimiu como prática social um interesse maior no indivíduo; também deu origem a movimentos sociais vistos como "revolucionários".

A observação de Bion que resgata o *éthos* do trabalho de Freud apareceu em *Elements of Psycho-Analysis*, de 1963. Parece estar ainda mais explícita no estudo preparatório que permaneceria inédito até 1992, "Tower of Babel: possibility of using a racial myth":

> Isso me traz à aplicação de nosso mito ao problema que tem de ser interpretado. O cientista precisa conhecer matemática o suficiente para compreender a natureza e o uso das várias formulações e descobertas matemáticas, tais como o cálculo diferencial ou o teorema binomial: o psicanalista precisa conhecer seu mito. O cientista precisa também saber o suficiente para ter uma ideia, quando está se confrontando com um problema ao qual poderia aplicar um procedimento matemático específico: o psicanalista precisa saber quando está enfrentando um problema

para o qual um mito poderia fornecer a contraparte psicanalítica do cálculo algébrico. *Poderíamos dizer que foi exatamente isso que Freud fez; ele reconheceu, como um cientista, que estava perante um problema cuja solução requeria a aplicação do mito edipiano. Daí resultou não a descoberta do complexo de Édipo, mas a descoberta da psicanálise. (Ou será que quando esses elementos estão constantemente conjugados descobrimos o homem, a psique humana?).* É nessa acepção que acredito que devemos usar o mito de Babel, ou de Édipo, ou da Esfinge: como ferramentas comparáveis àquelas da formulação matemática. (C, 228; itálico nosso)

A forma mais compacta aparece em Elements of Psycho-Analysis: "*O mito de Édipo pode ser considerado como um instrumento que auxiliou Freud a descobrir a psicanálise, e a psicanálise como um instrumento que capacitou Freud a descobrir o complexo de Édipo*" (EP, 92). Muitos dos membros do movimento psicanalítico que assistiram às palestras dadas por Bion no final de sua vida em algumas cidades do mundo – Buenos Aires, São Paulo, Brasília, Nova York, Topeka, Los Angeles, Roma, Paris – emitiram o julgamento de que os assuntos eram repetitivos – fato registrado por ele mesmo na introdução a Seven Servants. Outro modo de avaliar é que aquilo que se assimila a repetições constituem-se como evoluções e crescentes *insights* sobre uma invariância. Novas formulações podem ter, analogicamente, a mesma função dos exercícios de um atleta ou de um músico – antes ou depois de uma demonstração.

Mitos no momento prático decisivo: o aqui e agora da sessão analítica

A interpretação é uma teoria utilizada para se investigar o desconhecido. O exemplo mais óbvio disso é o mito de Édipo, conforme Freud o abstraiu para formar a teoria psicanalítica. A função das formulações teóricas nessa categoria é usar interpretações com uma intenção, a de iluminar material que de outro modo permaneceria obscuro – para ajudar o paciente a liberar ainda mais material. O objetivo primário é obter material para satisfação dos impulsos de investigação no paciente e no analista. Note-se que a qualidade investigatória de tais interpretações pode ajudar a considerar as diferenças de reação no paciente, comparativamente às que ele exibiria às interpretações na categoria 1 ou 4 [hipótese definitória e notação, ou seja, atenção iniciais]. Este componente pode ser discriminado de um componente derivado do conteúdo da interpretação. (EP, 19)

M

Um instrumento para detecção de fatos

Mitos ocorrem durante a sessão, na investigação do desconhecido das formas psíquicas, tanto estruturantes como as estruturadas individualmente, criativas ou não criativas, específicas de cada indivíduo. Emergem no fluxo momentâneo do aqui e agora de uma sessão – demonstram *"o valor do mito como ferramenta para se encontrar fatos"* (EP, 66). Bion tentou resgatar o *éthos* – então ameaçado pela meritocracia política do movimento psicanalítico – das descobertas de Freud e da psicanálise em si. A ameaça persiste, apesar do fato de que Bion registrou seu intuito: *"Desejo restituir o mito ao seu lugar em nossos métodos, de modo que possa desempenhar a parte vitalizadora que desempenhou na história (e na descoberta que Freud fez da psicanálise) . . . é também um objeto para investigação em uma análise, como parte do aparato primitivo do arsenal de aprendizado do indivíduo"* (EP, 66).

Mitos e a atividade onírica

Mitos são vistos como um tipo específico de atividade onírica com expressões e utilidades sociais; o parentesco do sonhar com mitos pode ser evidenciado desde que Freud trouxe sonhos para consideração científica como instrumentos de autoconhecimento de cada pessoa; usualmente denominada *self*. Ao tornar inconsciente o que era originalmente apreensão sensorial, o sonho desempenha uma função de elaboração de experiências emocionais. O movimento de ida e vinda a partir da apreensão sensorial consciente até a introjeção inconsciente, e o percurso de um retorno à consciência, definida como órgão sensorial para apreensão da realidade e qualidade psíquica (ver o verbete "barreira de contato"), permitem uma evolução e maturação contínuas de sentimentos, afetos, emoções e experiências emocionais. Mitos e sonhos, quando relatados por palavras ou outras formulações, como formulações pictóricas, ou musicais, ou seja, como formas sensíveis – como diziam os filósofos até o século XIX – ou sensorialmente apreensíveis, como passaram a ser denominadas por neurologistas e neuropsiquiatras, executam a mesma função descrita por Freud como conteúdos manifestos. Requerem um ouvinte ou leitor experiente que não os considere pelo seu sentido aparente, que é dado diretamente ao nosso aparato sensorial. Esse ouvinte ou leitor estará habilitado a evocar, juntamente com aquele que emite o sonho, ou o mito, o conteúdo latente, para usar as palavras de Freud – como o fez Bion. Em sua aparência exterior, mitos e sonhos, um trabalho de bricolagem análogo ao descrito por Lévy-Strauss em antropologia, feito de restos do dia ou da tragédia humana, de fatos experienciados, são sempre estranhos sob o vértice racionalizante, intelectual; e, portanto, não apreensíveis sensorialmente. Esse seria, paradoxalmente, tanto o poder como a fraqueza de mitos e sonhos.

A linguagem de Bion

Mitos parecem servir a funções, socialmente falando, na transmissão e conservação de pré-concepções da espécie humana, biologicamente fundadas. Mitos não permitem apreensão total; permitem aprendizado, como evoluções de postulados ou hipóteses definitórias. Esse é o modo que Bion sugeriu na elaboração das categorias C da "Grade" (Grid) (q.v.): surgem de elementos-alfa, que, por sua vez, são transformações evolutivas de elementos-beta (estímulos sensoriais em estado bruto, coisas-em-si). Elementos-alfa pode evoluir para mitos e sonhos, em uma "genética": *"será que quando esses elementos estão constantemente conjugados descobrimos o homem, a psique humana?"* (C, 228). Pode-se considerar esse movimento como o desenvolvimento ontogenético de cada indivíduo, de cada etnia, filogeneticamente determinado. Fornece uma qualidade "durável" ou transcendente tanto aos sonhos, para o indivíduo, quanto aos mitos, para a humanidade. Mitos e sonhos são vistos como pertencentes à mesma categoria, o que significa que compartilham a mesma natureza ou invariância. Qual seria a invariância? Poderia ser denominada "invariância em conhecimento"? Essa seria a sugestão do autor deste dicionário, baseado na investigação de Bion. Uma invariância implicando apreensão de fatos; transformação de sua materialidade em imaterialidade psíquica, por armazenamento que confere durabilidade e public-ação, com poder comunicativo. A frase seguinte precisa ser lida mantendo em mente a definição de função-alfa. De modo sintético, proposto em outro trabalho pelo autor deste dicionário: a função *"de-sensorializante"* do nosso aparato psíquico (q.v.).

> O sonho do indivíduo significa que certos elementos-α estão constantemente conjugados.... A função-α serviu então ao propósito de tornar armazenável, comunicável e publicável uma experiência emocional que está constantemente conjugada, tornando possível registrar esse último fato.... Se considerarmos o mito e o conteúdo manifesto do sonho como versões grupais e individuais da mesma "coisa" – e essa "coisa" é uma asserção de que certos elementos-α estão constantemente conjugados –, como poderíamos usar essa formulação? Caso consideremos a asserção análoga a $(a + b)^2 = a^2 + b^2 + 2ab$, então, presumivelmente, precisaremos saber como a asserção foi construída e que regras deveremos obedecer para usá-la corretamente.
>
> ... que todos os sonhos têm uma, e apenas uma, interpretação – ou seja, a de que os elementos-α estão constantemente conjugados ... todo sonho corresponde a uma realização, a qual, portanto, representa ... a semelhança com o sonho que a representa pode ficar tão próxima do consciente que o sonhador tem uma ilusão, que ele expressa ao dizer que teve um sonho que se tornou realidade ... *certas experiências fatuais jamais serão compreendidas pelo paciente; portanto, ele jamais conseguirá aprender dessas experiências, a menos que possa interpretá-las sob a ótica de seu*

sonho ou do mito em que o grupo entronizou tanto o sonho como a crença de que o sonho seja válido para todos os membros do grupo. (C, 229-231; itálico nosso)

"Regras" em psicanálise só podem ser aprendidas por meio da experiência real da própria psicanálise. Experiências de senso comum da humanidade são nascimento, morte, amor e ódio, narcisismo, inveja e ganância, capacidade para bestialidade e sublimidade. Elas fornecem generalizações que englobam suas variações ou transformações individuais. Regras pertencem ao âmbito inconsciente dos *noumenon*, verdade "O". Não podem ser apreendidas e muito menos aprendidas por procedimentos racionais, tais como leituras de textos.

Sonhos: mitos privados

O sonho em si é visto como um mito privado (EP, 92). Sonho, mito e mito privado pertencem – talvez filogeneticamente – àquela parte de cada aparato individual que serve para o contato com a realidade. Resumindo: são fatores do ego. Nesse sentido, há um precursor de Édipo em um sentido que difere do observado por Klein (consulte o verbete "pré-concepção"): *"Postulo um mito edipiano privado em uma versão elemento-alfa que é o meio, a pré-concepção, em virtude do qual a criança é capaz de estabelecer contato com os pais como estes existem no mundo da realidade. A correspondência dessa pré-concepção edipiana – elemento-alfa – com a realização dos pais reais origina a concepção dos pais"* (EP, 93).

A situação a ser considerada é ainda mais complexa do que o estudo de uma singularidade de um determinado par formado de dois sexos que procria: psicanaliticamente, é necessário considerar a formação de um casal – no texto de Bion, "pais reais", que podem se formar a partir de um par de dois sexos; da própria "concepção de pais", que incluiu, como se pode conferir no livro anterior, *Learning from Experience*, concepção de maternidade, expressa por Bion pelo conceito de *reverie* (q.v.) e paternidade, expressa por Bion pelo amor que uma mãe pode sentir pelo pai – o pai daquela criança que começa a falar, com a ajuda da mãe, a palavra, "Papai" (LE, 101).

Pode-se usar – como Bion usou – o termo "relatividade", ou, para não submergir nas várias penumbras de associações e significados desta palavra, "relacionamentos". Em outros termos, mais descritivos: um indivíduo não existe solitariamente, não resultou de uma produção partenogenética, como exige um mandamento determinado por ocupar-se em tempo integral e dedicação exclusiva a posição esquizoparanoide (q.v.), ou estar seguindo regras de alucinose (q.v.). Uma pessoa está sempre sendo "relacionada com". O autor deste dicionário prefere que o leitor se utilize do uso do termo "relatividade", segundo Albert Einstein; uma pessoa que estudou uma relação transformacional, entre "matéria" e "energia", efetuada por meio de um desconhecido, nomeado pelos físicos "luz".

O mito privado tem certas características primitivas que iluminam ainda mais a natureza da pré-concepção como uma espécie de gerador – tanto dos mitos privados como de expressões da estruturação peculiar da personalidade. Elas orientam as maneiras específicas e totalmente pessoais de sua estruturação. Tal visão permitiu a Bion observar e formular a hipótese de uma pré-concepção edipiana.

Até o ponto em que chegou a investigação de Bion, nós, seres humanos, teríamos pelo menos duas pré-concepções: (1) seio; (2) Édipo. Na prática, isso permite que se apreenda a função de material aparentemente incoerente. São expressões da destruição dessa pré-concepção e consequente perda do *"aparelho essencial para ganhar uma concepção da relação parental e, consequentemente, para a resolução dos problemas edipianos: não é que não consiga solucionar aqueles problemas – nunca os alcança"* (EP, 93) (ver os verbetes "pré-concepção" e "desastre").

Mitos são uma maneira de exercitar a função-alfa (q.v.), na medida em que fornecem uma forma narrativa que liga os componentes de uma história. Seus componentes relacionados ao tempo são dados sensorialmente apreensíveis que desmentem a qualidade atemporal do inconsciente – qualidade que precisa ser suscitada na mente do ouvinte. Os componentes temporais e, principalmente, as formas narrativas que os aproveitam de modo restrito geraram redes de causalidade: ideias religiosas de "Causas" e "Efeitos", conforme são colocadas nas narrativas. São características da narrativa, mas não de realidade. A aparência concreta dos personagens e do espaço demandam ser "de-sensorializados", de forma a alcançar uma narração que apresente coisas, fatos e fatos emocionais imateriais como realmente são, independentemente de tempo e espaço. Isso prove a qualidade transcendente da invariância que o mito se esforça por transmitir. Nesse sentido, Babel e a expulsão do Paraíso exibem uma invariância: "proibição de conhecimento e verdade". O mito de Ajax mostra uma invariância, "arrogância" ou "fama onipotente".

Mitologias: pseudociência?

"Pensamentos sem um pensador" é um conceito (q.v.) que aproveita uma tese de Descartes, examinando-a sob outro vértice, que não o racionalismo usado pelo pensador francês. Descartes tentou provar racionalmente que se tratava de um absurdo. Freud, por meio da observação clínica do fenômeno que chamamos "sonhos", iniciou uma tendência não preconceituosa de exame de fenômenos, e pode examinar o que parecia ser inútil para outras disciplinas. Por exemplo, a religião positivista desconsiderou qualquer estudo a respeito de atividades oníricas, afirmando aprioristicamente, em relação ao assunto, que se tratava examinar resíduos sem sentido. Sem dispor de instrumentos, e seguindo apenas regras apriorísticas de natureza religiosa, durante todo o século XIX a atividade onírica ficou relegada a algo analogicamente idêntico a uma lata de lixo. Nessa época ainda não se industrializava o lixo. A religião positivista depreciativa o uso de intuição; mas toda descoberta científica sempre teve uma "dose" de intuição individual; não é apenas um fator, nem é suficiente, mas é necessário. Por exemplo, a infectologia precisou da intuição de *sir* Alexander Fleming sobre a penicilina; que evidenciou que o mofo não podia ser tratado como se fosse apenas lixo. O resgate de Bion da função do mito, na esteira de Freud, apoiou-se na atenção ao detalhe, à descoberta do óbvio, da realidade como ela é.

Ao sugerir a possibilidade de identificarmos "elementos de psicanálise" (q.v.), Bion observou que esses elementos precisam ter algumas "extensões", em três âmbitos: no *"âmbito do mito"* (EP, p. 11), além de extensões nos âmbitos dos sentidos e da paixão. "É mais difícil fornecer uma explicação satisfatória daquilo que quero dizer com extensão no âmbito do mito. Na ausência desse âmbito, *que faz parte do aparelhamento disponível a um analista, não posso conceber a possibilidade de se fazerem modelos. Suponhamos que um paciente esteja enraivecido. Caso se amplie o comentário, dizendo-lhe que sua raiva é igual à de uma 'criança querendo bater na babá porque ela disse que a criança era desobediente', o enunciado terá maior efeito, em função do incremento obtido no significado. O enunciado sob aspas não é apenas uma expressão de uma teoria em uma exposição genética. É necessário não supor que o enunciado expresse uma teoria de que menininhos batem nas suas babás quando são chamados de desobedientes. É um enunciado semelhante àqueles que os filósofos desprezam, com base na ideia de que constituem mitologias, quando eles usam o termo pejorativamente para descrever teorias ruins. Preciso de enunciados desse tipo, como parte do equipamento e procedimento científico analítico. Não são afirmações de um fato observado: são enunciados de um mito particular. . . . Vou me referir a essa dimensão como mito, ou o componente 'como se'"* (EP, 12).

Uma das funções científicas do mito é a de notação (usando a nomenclatura de Freud para funções do ego) ou registro (EP, 48). Seria possível avançar alguma disciplina científica, ou artística, desprovida de um sistema de notação ou de registro?

Mitos e crescimento

O leitor pode consultar o verbete "desenvolvimento".

Origens

Há evidências de que pelo menos parte da apreensão de Bion da função dos mitos na evolução do pensar ocidental teve origem na obra clássica *Origins of European Thought*, de R.B. Onians (por exemplo, pp. 55 e 59, CUP, reimpressão de 2000) e à abordagem revolucionária de Giambattista Vico aos mitos. Onians é citado em *Elements of Psycho-Analysis*, página 40; e também nas *Brazilian Lectures*, volume I; Vico, em *A Memoir of the Future*, volume I, p. 98.

& Sobre as funções do mito, pode-se lembrar um paralelismo nas observações de Bion com as de Georg Hamann, professor de Kant, e de Von Herder, professor de Goethe. As contribuições dos fundadores do período iluminista em solo alemão assemelham-se à abordagem histórica de Vico. No entanto, ao não se limitar a questões filológicas, foram mais profundos na possibilidade que abriram de podermos apreender algumas transcendências. Forneceram, mais do que qualquer um antes ou depois, uma maneira de sair do obscurantismo determinado pelos dogmas autoritários que impediam o estudo dos textos bíblicos sob o ponto de vista de que se constituem como mitos. Pela primeira vez, esses textos não precisavam ser apenas mecanicamente repetidos e adorados. Fora do autoritarismo religioso, esse estudo de mitos abriu caminho para outros investigadores, notadamente Schopenhauer e Nietzsche, para também revalorizar a função dos mitos gregos – na época, igualmente considerados como lixo literário. O autor deste dicionário não encontrou evidência de conhecimento por Bion do trabalho de Hamann e Von Herder. É possível que o ambiente intelectual que eles fundaram, mais bem desenvolvido por Goethe, Hegel, Schopenhauer e Nietzsche, tenha tinha algum tipo de influência, como a origem das descobertas de Freud – incluindo o fato de se utilizar da sabedoria sobre o funcionamento mental humano de mitologia grega (Sandler, 1997-2003).

No evento comemorativo ao centenário de Bion, um grupo de analistas brasileiros examinou o mito de Ajax; outro autor, examinou o mito de Satanás (Sandler, E. H. et al, 1997; Chuster, 1997).

Referências cruzadas sugeridas: Função-alfa; Causa-efeito; Concepção; Édipo; Pré-concepção.

MODELOS

Bion, como Freud, usou modelos no sentido científico do termo, estabelecido pela primeira vez por Immanuel Kant e aperfeiçoado por Goethe. Na obra de Freud, propomos examinar *A interpretação dos sonhos* (capítulo VII, particularmente itens A e F); "The unconscious"; "Construções em análise". Modelos são instrumentos iniciais para abordar uma questão, ou um problema real composto por fatos desconhecidos. Foram chamados por Freud de andaimes; e também metapsicologia, ou aquilo que vem depois da psicologia, e que implica elaborar pensamentos sobre achados clínicos. Freud os dispensava assim que novos dados empíricos geravam tal necessidade: por exemplo, o modelo de instintos sexuais e instintos de ego. Esses novos dados somente se tornaram visíveis devido à utilização do modelo a ser logo suplantado, como pode ocorrer em ciência. Bion, ciente do uso de modelos por Freud, seguiu exatamente essa linha, retratada em *A interpretação dos sonhos* e também em escritos que foram recuperados postumamente em *Project for a Scientific*

Psychology – cujo título foi dado pelo maior tradutor para o inglês das obras de Freud, James Strachey, que também foi editor da obra. As referências de Bion à obra da Freud são abundantes e claras (LE, 56, 57, 61).

Bion define modelos como *"uma construção em que imagens concretas combinam-se mutuamente; frequentemente, o vínculo entre imagens concretas fornece o efeito de uma narrativa, implicando que alguns elementos na narrativa causem outros elementos. O modelo é construído com elementos provindos do passado do indivíduo. . ."* (LE, 64).

Experiências são modelos para experiências futuras; *"o valor de um modelo é que dados familiares estão disponíveis para se encontrar com uma necessidade urgente interna ou externa. . . . A confecção de modelos durante a experiência está relacionada com o modelo necessário para tal experiência. . . . A personalidade abstrai . . . desses elementos o modelo que irá preservar algo da experiência original, mas com flexibilidade minimamente suficiente para permitir experiências novas, mas supostamente similares. . . . Vou usar o termo modelo onde o constructo é forjado para encontrar uma 'necessidade urgente' por concretude"* (LE, 74-75).

Modelos são utilizados tanto por pacientes como por analistas. Pacientes os usam para representar seus próprios estados psíquicos, que vão desde o conteúdo manifesto de sonhos até enunciados como "Eu te odeio" (EP, 76-77). São instrumentos para investigação do desconhecido, no desdobrar de experiências emocionais vivazes que compõem uma sessão de psicanálise real (q.v.).

Bion teria utilizado modelos importados de outras disciplinas? *"A matemática, ciência como é conhecida agora, não pode fornecer modelo algum"* (AMF, I, 61). Medicina e biologia oferecem modelos usados em todo o trabalho de Bion. Seguindo o caminho de Freud, Bion utilizou esses ramos do conhecimento humano para fornecer modelos que permitem abordagens clinicamente frutíferas para investigações sobre o funcionamento psíquico. Mais especificamente: modelos inspirados no funcionamento dos sistemas digestivo e reprodutivo, para sua teoria do pensar. Também como Freud, usou mitos como modelos para aproximar-se do funcionamento mental humano. Mitos, em si mesmos, são modelos.

Bion observa dois paradoxos que marcam a confecção de modelos:

(i) Modelos servem para concretização e abstração. Concretização é aqui entendida como o nível mais inferior, ou dados empíricos – o ponto de onde começamos em ciência. Abstração é aqui entendida como o processo básico de pensamento, isto é, pensar na ausência do objeto concreto. Prototipicamente, de acordo com a teoria do pensar de Bion, o seio.

(ii) Modelos trazem em si as sementes de sua substituição, em um sentido dinâmico que se assemelha à própria vida humana. Na época romântica, reformadores sociais criaram movimentos revolucionários, provavelmente por concretização excessiva que degenerou uma percepção psicológica:

O valor no uso de um modelo se constitui em restaurar um sentido concreto a uma investigação que pode ter perdido contato com seu pano de fundo, por sistemas abstratos e teóricos associados a ela. . . . Um modelo também tem qualidades que o capacitam a cumprir algumas das funções de abstração. Habilita o investigador a utilizar uma experiência emocional quando ele a aplica como uma totalidade, para uma experiência subsequente, ou dirigida a algum aspecto dela. Esses méritos, em si mesmos, carreiam os elementos que, finalmente, obsoletam o modelo. Inexiste qualquer experiência que se pareie a uma experiência passada . . . modelos . . . podem ser apenas aproximações à realização, e vice-versa. (LE, 64)

Bion não mudou seu uso e suas ideias sobre modelos ao longo de toda sua obra:

1962: O modelo pode ser considerado como abstração de uma experiência emocional, ou como a concretização de uma abstração. . . . No âmbito dos grupos, pode-se dizer que mitos têm uma certa reivindicação para serem considerados como preenchendo o mesmo papel, nas organizações sociais, que modelos preenchem no trabalho científico a respeito do indivíduo. Modelos são efêmeros; diferem das teorias nesse aspecto. Não tenho nenhuma culpa em descartar um modelo assim que ele tenha servido ou fracassado em servir ao meu objetivo. Se um modelo mostra-se útil em ocasiões diversas, é chegado o tempo para considerar sua transformação como teoria. (LE, 79)

1973: Modelos são dispensáveis; teorias, não. (BLI, p. 31)

Modelos e abstrações

Abstração é definida como uma ideia que emerge a partir da tolerância à ausência de um objeto – evento, fato, pessoa ou coisa materializada. Fazer abstrações parece ser uma tarefa quase impossível para o psicótico. São mais flexíveis e mais amplamente aplicáveis devido ao fato de terem perdido a âncora em imagens concretas específicas.

Modelos e abstrações originam-se de uma experiência emocional, e sua aplicação é em uma experiência emocional. Se modelos são *"construídos com elementos provindos do passado do indivíduo . . . abstrações ficam, por assim dizer, impregnadas com pré-concepções do futuro do indivíduo"* (LE, 64).

Em comparação com modelos, os elementos em uma abstração *"não estão combinados por narrativa, mas por um método cuja intenção é revelar a relação, e não os objetos relacionados"* – modelos salientam os elementos reais. A abstração sublinha as relações entre elementos reais (LE, 65). Um exemplo de um modelo que se transformou em teoria por descrever uma relação é a teoria da relatividade restrita: $E = mc^2$. Em psicanálise, "Édipo". As duas teorias foram propostas, historicamente, na mesma época.

Bion usou modelos que o ajudaram a comunicar problemas psicanaliticamente relevantes. Podemos dividi-los e oferecer apenas alguns exemplos:
1. Em exposições clínicas: por exemplo, o modelo imaginário, durante uma sessão de uma "nuvem de probabilidade" (T, 117); ou a do "choque cirúrgico" (AI, p. 12).
2. Em teorias: função-alfa, para apresentar a forma como dados sensoriais são transformados em dados úteis para pensar, para armazenar em memórias, para sonhar e para fazer mitos.
3. Análise real, elaborada principalmente em *A Memoir of the Future*:
    - Patroa e empregada – para apresentar prazer sádico; a falácia dos valores absolutos; o perigo de basear-se em aparências.
    - Fazenda inglesa – para apresentar transcendência, sob a forma de uma Inglaterra submetida à violência.
    - Guerra – para apresentar a desumanidade com a qual nós, seres humanos, lidamos com outros seres humanos que não nós.
    - Sacerdote e P.A. – para apresentar abordagens aparentemente diferentes à realidade que são, paradoxalmente, idênticas em suas formas interiores.
    - Somitos – para apresentar estados primitivos da mente.
    - Ultra e Infra-sensorial – para apresentar fatos imateriais da realidade psíquica
    - Diabo – para apresentar Instituições (*Establishment*): escolaridade, hipocrisia.
    - Mycroft/Sherlock/Watson – para apresentar pensamento puro, sem ação/a capacidade de interpor pensamento entre impulso e ação/e ação pura.

Os modelos de Freud de processos primários e secundários, id, ego e superego parecem ter sido tomados concretamente por muitos no movimento psicanalítico.

MODELOS E A EXPERIÊNCIA DO AQUI E AGORA NA SESSÃO

Uma pessoa que esteja excluída de experimentar uma psicanálise encontra-se em posição análoga à de alguém que, em termos de capacidade matemática, ainda não conseguiu um ponto no qual possa lidar com um problema no qual os objetos do problema não estejam presentes. A posição dessa pessoa quando enfrenta esse tipo de problema é similar à de uma outra pessoa que tem que fazer um experimento com o objeto original, mas que esteja desprovida da ajuda de um modelo interveniente, que ela possa manipular. . . . À falta de uma contraparte para o modelo, ocorrerá a manipulação direta com o original, negando então um dos instrumentos requeridos para que um psicanalista possa trabalhar, contribuindo para um estado de perene *acting-out*. Tal estado será evidência de que o psicanalista não está nem pode se comportar como se estivesse lidando com modelos (verbais ou outros) do seu problema, mas com o próprio original. (ST, 146-147)

Algumas práticas em psicanálise que usufruem da contribuição de autores que puderam continuar a investigação em personalidades ou "estratos" psicóticos mais profundos, existentes em qualquer pessoa que se considere, impõem o enfrentamento de uma situação que contrasta com uma análise limitada a características não-psicóticas:

De modo inverso, a relação com realidade externa sofre uma transformação paralela à relação com realidade psíquica – a qual carece de um modelo interveniente (ou "intercedente"). Não há qualquer "personalidade" intervindo entre o analista e o "inconsciente", "a relação com a realidade externa sofre uma transformação comparável à relação com a realidade psíquica – a qual carece de um modelo que intervenha (ou "interceda'). Não há qualquer "personalidade" intervindo entre o analista e o "inconsciente". (ST, 147)

A observação de Bion corresponde à observação de pessoas que possuem experiência com psicóticos – como psiquiatras, enfermeiros, psicólogos ou terapeutas ocupacionais que trabalham em hospitais psiquiátricos: psicóticos não têm resistências; seu inconsciente emerge de modo direto, desimpedido, impedindo qualquer tipo de interpretação. Caso alguém faça um estudo estatístico com pacientes com personalidade predominantemente psicótica, verá que a proporção deles que recaem, em uma curva de Gauss, na área central – configurando normalidade estatística – verbalizam frases como "Quero fazer sexo com minha mãe", como se estivessem surdos às suas próprias palavras.

Modelos são agentes; seu modo de obter notável poder de comunicação baseia-se no fato de que são analogias, em relação às suas contrapartes na realidade que tentam representar.

Referências cruzadas sugeridas: Função-alfa; Analogia; Elementos-beta; Visão binocular; Experiência emocional; Vínculo K; Vínculo; Medicina; Mito; Fato selecionado.

M

Multiplicidade de teorias

> Pacientes e analistas ficam constantemente utilizando termos diferentes para descrever situações que parecem ter a mesma configuração. . . . A necessidade é de uma solução que finalmente descarte a diversidade de termos que hoje em dia se requer para descrever a experiência . . . e o defeito muito mais sério associado a essa diversidade, qual seja, a elaboração de tantas teorias quanto há sofredores, quase equiparadas por tantas teorias quanto há terapeutas, quando se reconhece que as configurações provavelmente são as mesmas.
>
> . . . desejo introduzir como um passo em direção a formulações que sejam precisas, comunicáveis sem distorção, e mais proximamente adequadas para abranger todas as situações que sejam basicamente as mesmas. (T, 124)

Durante o tempo em que Bion viveu, houve verdadeira inflação de teorias alternativas em psicanálise que se autodenominavam de "psicanálise", propagandeadas subliminarmente como se fossem a "verdadeira psicanálise". Sua base era de que seriam "anti-Freud". Seus autores pretenderam demonstrar inadequações daquilo que Freud observou; no entanto, não se preocupavam em demonstrar qual seria a origem empírica das "novas" teorias; nem se havia alguma evidência clínica que pudesse refutar aquilo que Freud escreveu. Em retrospecto, é possível identificar a situação de rivalidade, no sentido de que as pessoas queriam ser "melhores" do que Freud, em que o fenômeno de idealização campeava solto, assim como sua outra face, iconoclasta. A pessoa de Freud, por sua vez, carregava o preço de uma fama que não parece ter procurado, a despeito de racionalizações feitas por autores posteriores, como Ellenberger e Sulloway. O exame das ideias de autores como Wilhelm Stekel, Carl Jung, Alfred Adler, Otto Rank, Sándor Ferenczi será útil para demonstrar, historicamente, essa primeira "onda" microssocial "anti-Freud". A situação, além de representar ideias pessoais racionalizadas, sem maiores preocupações de demonstrar qualquer tipo de correspondência mais adequada na realidade, sempre foi colocada de modo pessoal: como se a pessoa de Freud tivesse alguma importância; ou se as pessoas desses autores tivessem alguma importância. Ou, de modo mais preciso: como se essas pessoas tivessem maior importância do que aquilo que todas elas observaram; ou de que modo (vértice; q.v.) observaram. Produziram "logicalidades" racionais, algumas vezes inteligentes, intelectualizadas e eruditas, mas desprovidas de origem empírica. Outras "ondas" (do ponto de vista histórico) sobrevieram, inspiradas na primeira; algumas delas, não tão interessadas em depreciar rivalmente a obra de Freud, feitas por analistas que não romperam acerba ou violentamente com a pessoa de Freud, mas que pensaram ser mais adequado se apoiar em teorias filosóficas, como fenomenologia e existencialismo, feitas por Leopold Szondi, Ludwig Binswanger; escolas filosóficas interessam-se por investigar a natureza humana; mas não, na mesma magnitude, na investigação e manejo das vicissitudes e sofrimentos da natureza humana. O que tem sido responsabilidade maior da medicina – origem da psicanálise. Outras teorias anunciaram a si mesmas, sem o menor escrúpulo, como se fossem "além" de Freud: o "psicodrama" de Jacob Levy Moreno, e a "orgonoterapia" de Wilhelm Reich; outras, como a "psicoterapia centrada na pessoa", construída por Carl Rogers – como se psicanálise e medicina não fossem práticas centradas em pessoas –, dificilmente poderiam reivindicar muito mais do que descrever os mesmos fatos clínicos, em palavras diferentes. Nos anos 1950, a tendência prosseguiu, por exemplo, com as "terapias cognitivistas", iniciadas por Aaron Beck, como se a psicanálise não se ocupasse dos processos cognitivos. Como toda moda, essas "ondas sociais" aparecem e desaparecem; algumas vezes, quase sem deixar vestígios, como se fossem cometas que muito impressionam pela sua luz brilhante. Pairando como se fosse um espectro, uma "ameaça" constante: ideias de redes causais, intimamente ligadas a formas narrativas, como as que caracterizam afirmações autoritárias sobre genética, ou bioquímica, ou neurocientíficas, ecos mal disfarçados da clivagem entre "somático" e "psicológico", apregoando prioridade do "somático", ou "orgânico".

A tendência começou a ser sentida dentro do movimento analítico: ódio intestino pode estar sendo uma força ainda mais destrutiva do que o ódio proveniente do meio externo. Por exemplo, a reivindicação de Paula Heimann e Heinrich Hacker de que Freud estava errado em seu conceito de contratransferência; ou as diatribes de Heinz Kohut em relação à metapsicologia e a importância de narcisismo, que lhe parecia inadequada por ser reversa, nas observações de Freud; as ideias sobre *borderlines* e *enactment* seguem a mesma tendência, ainda que não detectada pelos seguidores, de modismos isentos de um sentido clínico, ou que só a experiência clínica poderia fornecer. Têm provado ser tão evanescentes quanto parecem ser onipresentes, ao compor mais uma entre as muitas "ilusões populares extraordinárias e loucura das massas" que caracterizam a vida humana na face da terra, quando não podemos enfrentar nossas vicissitudes e sofrimentos sem um desespero que fica responsabilizado por nossas capitulações no enfrentamento.

Será útil examinar esta tendência externa e interna ao movimento psicanalítico como uma das várias expressões de compulsão à repetição, na formulação de Freud, ou da vigência da "lei do eterno retorno", se utilizarmos a terminologia proposta por Nietzsche? Especificamente, a compulsão de repetir a negação do fato descrito por Bacon: toda novidade não é mais do que esquecimento; de que ideias de causas concretas periodicamente aparecem e desaparecem, sem deixar rastro.

M

O defeito da teoria psicanalítica existente na atualidade lembra o do ideograma, se comparado a uma palavra formada alfabeticamente; o ideograma representa apenas uma palavra, mas se requer relativamente poucas letras para a formação de muitos milhares de palavras. De modo semelhante, os elementos que busco são tais que poucos serão necessários para expressarem, por meio de combinações diversas, quase todas as teorias essenciais ao psicanalista praticante. [NR de Bion: Compare-se essa situação com a tendência de produzir teorias *ad hoc* para satisfazer uma situação em que uma teoria existente, enunciada com suficiente generalização, já poderia dar conta do assunto. *Compare Proclus*, citado por Sir T. L. Heath, sobre *Elementos* de Euclides (Heath, T.L.: *The Thirteen Books of Euclid's Elements*, cap. 9, Cambridge University Press, 1956)]. (EP, 2)

Religiões possuem multiplicidade de santos; religiões mais primitivas, multiplicidade de deuses ou divindades. A multiplicidade de teorias exibe uma espécie de eterna perseguição caótica de fatos, sem nunca efetuar aproximações úteis a tais fatos; marcam impossibilidade de se formular, intuitivamente, teorias generalizadoras, que pudessem abarcar fatos individuais.

Há uma peculiaridade intrínseca da psicanálise, como fator contribuinte para esse estado:

As teorias psicanalíticas têm sido criticadas por serem não científicas na medida em que constituem um amálgama de material observado com abstrações a partir deste material. São excessivamente teóricas, ou seja, cada uma delas é demasiadamente uma representação da observação e então não pode ser aceita como observação propriamente dita; ao mesmo tempo, são excessivamente concretas, faltando-lhes a flexibilidade que permitiria casar uma abstração a uma "realização". Consequentemente, uma teoria que poderia ser considerada amplamente aplicável – caso fosse enunciada de modo suficientemente abstrato – pode ser condenada; sua própria concretude torna difícil reconhecer uma "realização" que essa teoria poderia representar. . . . Há, portanto, um duplo defeito: de um lado, a descrição de dados empíricos fica insatisfatória, na medida em que é manifestamente descrita em linguagem coloquial; uma "teoria" sobre aquilo que ocorreu, e não um relato factual do que ocorreu; por outro lado, a teoria daquilo que ocorreu não pode satisfazer os critérios aplicados a uma teoria, conforme esse termo é empregado para descrever os sistemas utilizados na investigação científica rigorosa. (EP, 1)

Um dos fatores na criação de muitas teorias é o anseio por explicações – pertinentes a outras disciplinas, não científicas, ou cuja cientificidade é sempre questionada, como teologia, religião, pedagogia, lei. Outro, coletas apressadas por dados sensorialmente apreensíveis, sem que se possa esperar pelo surgimento espontâneo, temporalmente determinado, de conjunções constantes; de fatos selecionados e, principalmente, de invariâncias que poderiam iluminar um fato conectivo subjacente. Enunciar esse fato leva à teoria científica.

> Criar uma notação poderá ajudar, caso cada analista construa, para seu próprio uso, uma antologia de teorias psicanalíticas operacionais, alicerçada em poucas teorias básicas que estejam bem compreendidas e sejam capazes, tanto individual como combinadamente, de abarcar a grande maioria de situações que este analista espera encontrar. (LE, 42)

Matemáticos tiveram que lidar com o mesmo problema, e deles surgiram as primeiras tentativas bem-sucedidas de generalizar teorias – que foram posteriormente estendidas a outros domínios científicos. *"O problema matemático é parecido com o problema psicanalítico, no que se refere a uma necessidade, que a solução deve ter um amplo grau de aplicabilidade e aceitação, evitando assim a necessidade de usar argumentos diferentes para casos diferentes, quando os diferentes casos parecem ter essencialmente a mesma configuração. Todo analista vai reconhecer a confusão causada, ou, na melhor das hipóteses, o sentido de insatisfação que prevalece quando, em uma discussão entre colegas, fica bastante claro que todos apreenderam a configuração do caso, mas que os argumentos formulados em sua elucidação variam de pessoa para pessoa, e de um caso para outro. É essencial fazer com que essa situação fique desnecessária, se for para haver progresso. A busca precisa ser por formulações que representem a similitude central das configurações, reconhecidas por todos que lidam com elas, e assim eliminar a necessidade do caráter* ad hoc *de tantas teorias psicanalíticas"* (T, 83-84).

Ou, resumindo, precisa-se procurar invariâncias subjacentes: *"Notar-se-á que, escrevendo 'configurações semelhantes', estou pré-supondo a presença de invariantes, reconhecidas como tais, consciente ou inconscientemente"* (T, 84).

Freud foi capaz de intuir uma configuração básica ou invariância da humanidade, um fato apreendido por Bion: *"Há duas vantagens em usar o mito de Édipo . . . (i) economia; (ii) evita-se toda uma série de modelos e teorias* ad hoc *para problemas diversos cujas configurações são as mesmas"* (T, 96).

Referência cruzada sugerida: Manipulação de símbolos.

N

Não-coisa

Corresponde à experiência do não-seio, cuja tolerância leva:

(i) ao início do pensamento;
(ii) à possibilidade de simbolizar;
(iii) à busca por significados saturados e processos verbais;
(iv) à procura por um companheiro.

"*Toda palavra representa aquilo que não é – uma 'não-coisa'; que deve ser discriminada de 'nada'*" (T, 79). A capacidade de usar palavras pode ser vista como possibilidade de tolerar o não-seio. Em consequência, intolerância à não-coisa equivale a psicose; significa que a pessoa busca um objeto, fato ou situação eterna e plenamente satisfatória. Intolerância à não-coisa é expressa por alucinação – uma percepção desprovida de objeto – e ilusão.

Referências cruzadas sugeridas: Estar-uno-a-si-mesmo; Círculo, ponto, linha; Matematização da psicanálise; Princípios do funcionamento psíquico; Transformações em alucinose.

Não-seio

É **a** condição para o início dos processos de pensamento. Quando a criança tem uma experiência frustrante – de realizar que o seio que quer, precisa e pré-concebe não é o seio real –, ela "pensa" o seio. O seio desejado, necessário e pré-concebido nunca é o seio real. O seio real é tanto o seio externo de fato oferecido como a sintonia final não sintonizada que marca o seio introjetado.

Não-seio marca a introdução dos processos de pensar e de simbolização, na medida em que possibilita pensar na ausência do objeto concreto.

Suponha que a criança seja alimentada; a ingestão de leite, calor, amor, pode ser sentida como a ingestão de um seio bom. Sob a dominância do seio mau, inicialmente sem sofrer oposição, o "ingerir" comida pode ser sentido como indistinguível de evacuar um seio mau. Ambos, seio bom e seio mau, são sentidos possuírem o mesmo grau de concretude e realidade que o leite já possui. Mais cedo ou mais tarde, o seio "querido" é sentido como uma "ideia de um seio que falta", e não de um seio mau presente. Podemos ver que o mau, isto é, o que se quer mas está ausente, é muito mais propenso a se tornar reconhecido como uma ideia do que o seio bom, que fica associado àquilo que um filósofo iria chamar de coisa-em-si ou coisa-existente; pois o senso de um seio bom depende da existência do leite que a criança obteve de fato, ao tomá-lo. O seio bom e o seio mau, o primeiro associado com o leite real que satisfaz a fome e o outro com a não existência desse leite, precisam ter uma diferença de qualidade psíquica. (LE, 34)

Referências cruzadas sugeridas: Estar-uno-a-si-mesmo (*At-one-ment*); Seio; Concepção; Matematização; Pré-concepção; Psicanálise real; Pensamento; Transformações em alucinose.

Não-sensorial

Termo que corresponde ao que filósofos tradicionalmente denominam "não-sensível". Refere-se aos fenômenos que não podem ser apreendidos pelo aparato sensorial. A existência de um âmbito que não pode ser apreensível pelo nosso aparato sensorial parece ter sido primeiro descrito por Platão e retomado por Kant – o âmbito dos *numena*. Sua aplicação prática foi dada por Freud e, poucos anos mais tarde, por Planck e Einstein, na física.
Falhas na apreensão do conceito, mal-entendidos e distorções: estritamente falando, para evitar confusão, o termo "não-sensorial" usado por Bion de forma que, na visão deste autor, é clara no conteúdo da comunicação não prima por clareza gramatical. Poderia ser visto como se fosse uma abreviatura para uma formulação mais precisa, que poderia ser, por exemplo, "algo não sensorialmente apreensível". Houve – a nosso ver, de forma lamentável, mesmo que usual – uma reificação do termo, concretizando-o e perdendo o sentido original. Muitos membros do movimento psicanalítico que se anunciam seguidores de Bion usam o termo "não-sensorial" como se houvesse uma contraparte do "não-sensorial" na realidade. Ou seja, haveria uma "realidade não-sensorial". No entanto, pode-se considerar que essa comunicação, caso prossiga sendo adotada, configura uma contradição semântica, uma falta de formação filosófica e, mais sério ainda, falta de prática psicanalítica. Nada pode ser sensorial, exceto os próprios órgãos sensoriais. Essa atitude degenerou em um ataque à experiência sensorial e uma transformação da psicanálise em

N

uma prática esotérica, desencarnada; um solipsismo e idealismo vestidos por termos quase analíticos. O próprio Bion parece ter tido conhecimento de tal distorção.

Houve tentativas para corrigir essa imprecisão terminológica: (i) na adoção do no termo "realidade sensorial e psíquica", utilizado para nomear um capítulo do livro *Attention and Interpretation*; (ii) na criação dos termos ultra-sensorial e infra-sensorial (o leitor pode consultas esses verbetes).

Narcisismo e social-ismo

... o narcisismo, à primeira vista o narcisismo primário (Freud, 1915, SE XIV), correlaciona-se com o fato do senso comum ser uma função da relação do paciente com seu grupo; e, em sua relação com o grupo, o bem-estar do indivíduo é secundário à sobrevivência do grupo. A teoria de Darwin, da sobrevivência dos mais aptos, necessita ser substituída por uma teoria da sobrevivência dos mais aptos a sobreviver no grupo – até onde a sobrevivência do indivíduo possa interessar. (C, 29)

Bion apreende a psicodinâmica de Freud de modo que talvez seja raro: sem simplificações, que podem estar expressas por ideias de patologia; de cura; de causalidade; e cercadas de pseudocontrovérsias racionalizantes, como a que ocorreu no início do movimento, sobre Freud ser pansexualista. Ou se a contratransferência era um veneno na terapia; ou essência inebriante para os terapeutas, como ocorreu com as tentativas de substituição da teoria de Freud por Racker e Heimann. Mais recentemente, se havia excesso de narcisismo, segundo Freud, ou se havia falta de narcisismo, segundo outros autores, entre os quais o mais famoso foi Heinz Kohut – no qual simplesmente se reeditava, sob novos nomenclaturas, terapias denominadas "de apoio" ou "re-asseguradoras". Bion baseia-se em "Instintos e suas vicissitudes", fornecendo ao movimento psicanalítico um aprofundamento na integração das observações de Darwin, Lamarck e Freud – o alicerce antropológico de psicanálise, no qual o indivíduo, biologicamente determinado, não é clivado na construção teórica do ambiente. Um ambiente que, igualmente, não é clivado em "antropologia biológica" e "antropologia cultural". Atualmente, advoga-se um retorno a um vértice científico que possa ser "holístico"; e também "sistêmico". Até que ponto tem se dado atenção ao fato de que o vértice psicanalítico se constitui como uma tentativa de mantê-los?

Narcisismo, na proposição de Bion, é definido em conjunto com o que ele coloca de modo peculiar, fazendo uso de um recurso gramático representado graficamente – a hifenação –, como "social-ismo". Com isso, tenta chamar a atenção do leitor que não está usando o termo segundo seu significado usual, da disciplina sociológica: uma indicação de alguma ideologia. Os dois conceitos – narcisismo e social-ismo – são inseparáveis.

O modelo pode ser, analogicamente, comparado com o instrumento denominado balança, para avaliar pesos que funcionam por contrapesos, com dois pratos conectados por um fulcro central ao instrumento. Ou com o brinquedo infantil denominado gangorra.

Há um pré-requisito necessário para que se possa apreender o funcionamento daquilo que não sabemos o que é, na realidade, mas sabemos – por observação clínica em indivíduos e grupos – que é algo que mantém uma contraparte conceitual: narcisismo/social-ismo. O pré-requisito é que o estudioso tenha claro um conceito relativo à nossa vida instintual, denominado por Freud de instintos de vida e de morte que "funcionam" em tandem. O que funciona é sua contraparte na realidade, não o conceito, que não passa de uma tosca caricatura dessa contraparte na realidade. Narcisismo e social-ismo são um conceito que tenta abarcar uma operação conjunta – na realidade – de quatro variáveis que também têm contrapartes teóricas: narcisismo, social-ismo, instintos de vida e instintos de morte. Pode-se dizer que é necessário um pensador capaz de intuir, e trabalhar imerso em quatro âmbitos para usar o conceito.

O conceito inicial foi cunhado e definido por Freud, cuja formação básica foi feita com as pessoas – Darwin, Fechner, Virchow, Von Helmholtz, Ehrlich e muitos outros – que estabeleceram sistemas teóricos fundamentais em medicina, em psicofísica, biologia celular e bioquímica. Psicofísica, nome que pode ter inspirado Freud a cunhar "psicanálise", hoje é um vestígio daquele passado, sendo pouco usado, e o campo, pouco explorado – os dois últimos nomes ainda não tinham sido cunhados naquela época. Sistemas utilizados, em essência, até hoje. Uma concepção essencial advinda desses sistemas é a de "passividade-atividade". As tendências naturais de muitas entidades vivas parecem desafiar ou domar interesses individuais em favor do grupo. Freud tinha noção de que essa tendência é determinada biologicamente. Pode-se elaborar a hipótese de ele não ter ressaltado explicitamente a palavra "socialismo" (Freud, 1915, pp. 125, 133, 140). Embora Freud tenha sido contemporâneo dos primeiros estudos sociológicos, feitos por Durkheim, não há referências aos estudos dessa pessoa, de orientação marcadamente positivista (sob os mandamentos da religião positivista inventada por Auguste Comte), que não adentraram fenômenos inconscientes individuais nem adotaram classificações psiquiátricas. Freud deu atenção ao instrumento psicanalítico: a fusão e defusão dos instintos, biologicamente determinada, e a tendência biológica que não é racional nem irracional, mas obedece a um princípio intuível – denominado por Bion "social-ista". Trata-se de um princípio biológico. Um físico, *sir* Arthur Eddington, o denominou de "seta do tempo", baseado na segunda lei de termodinâmica. Em termos biológicos e psicanalíticos: pessoas perecem. Alguns pensam que podem resolver isso em um estado de alucinose, individual, e que se espalha e então é compartilhada em grupos. Nos dias atuais, temos a expressão "muçulmana" disso; no meio do século passado, nos *kamikazes*.

A operação de narcisismo e social-ismo é conjunta; equilíbrios e/ou desequilíbrios são feitos sob a égide de amor e ódio, voltando ao interior ou ao exterior do indivíduo, conforme observados por Freud. A noção de "psicodinâmica", um dos três nomes escolhidos por Freud para definir sua descoberta, inicialmente denominada "psicanálise" (o terceiro, também utilizado por outros autores, como Pierre Janet, era mais geral: "psicologia profunda"), será muito útil para que o estudante não clive esses vários nomes e, com isso, inutilize sua própria aplicação do método. Na atualidade, com o incremento da visão literária a respeito de psicanálise, a tendência já existente na época de Freud, de tomar os vários nomes – muitos cunhados por ele mesmo – como se fossem entidades concretas ou antropomórficas, e então passíveis de certa individualização, tem destruído a percepção de que esses nomes correspondiam a fenômenos integrados, dinâmicos (termo advindo da física), fluidos – como a própria vida, a qual tentavam perceber, nos limites da comunicação verbal a respeito dessa percepção.

Definição. Narcisismo e social-ismo são vistos como duas **tendências** humanas. Sendo tendências, pode haver, por clivagem (q.v.) – termo introduzido por Freud no que se refere ao âmbito do ego, e expandido por Melanie Klein no que se refere aos processos de pensar –, predomínio de um ou de outro. Se predomina narcisismo, vai imperar uma constelação subjacente: instintos de vida são dirigidos ao ego; simultaneamente, os instintos de morte são direcionados para o grupo. Essa noção estava implícita no estudo de Freud sobre psicologia de grupos – então denominada de massas – e análise do ego. Complementarmente, e de modo inverso, se ocorre uma tendência (individual) que Bion denomina "social-ismo", então instintos de morte são dirigidos ao ego, enquanto instintos de vida, para o grupo (C, 122).

Formam um *continuum*, um espectro quantitativo, que resulta em mudanças qualitativas na vida das pessoas. Quando um tiver intensidade reduzida, o outro aumentará de modo correspondente (T, 80). Além de PS⇔D, narcisismo⇔social-ismo é a única outra definição na qual por Bion faz uso gráfico da seta dupla ⇔.

🕒 Esse conceito pode ser visto como um dos poucos que Bion mais apresentou do que definiu com descrições detalhadas, quando decidiu publicá-lo em 1965. Como todos os outros, sofreu um processo de compactação no momento em que Bion o publicou, mas, nesse caso, a compactação deixou-o dissecado da definição explícita. Esta ocorre em escritos preparatórios que Bion pensava em *não* publicar, por se ocupar mais de uma objetividade compacta, e não com muitas descrições. É possível que nessa decisão também influiu a falta de uma revisão mais detalhada dos escritos entregues à editora Heinemann. Os estudos preparatórios que culminaram no conceito foram escritos pelo menos seis anos antes. Só foram publicados em 1992, graças aos esforços de Francesca Bion.

Em 1959, Bion define o conceito, mas ainda não lança mão da hifenização na palavra social-ismo. Propõe substituir a divisão de Freud por *"narcisismo, de um lado, e o que chamo de socialismo, do outro"* (C, 105). Desse modo, demonstra, implicitamente, seu acordo com a revisão teórica de Freud a respeito dos dois grupos de instintos, feita entre 1915 e 1920; acordo que expande ou reforça o abandono de Freud quanto a instintos de ego e instintos sexuais. Em função disso, propõe a substituição acima referida: não por descordo com Freud, de modo geral, mas apenas até 1915. Pode-se considerar que, em relação a esse ponto específico, o próprio Freud também ficou em desacordo consigo mesmo, pois modificou sua posição. Será necessário recordar que, nos anos 1960, havia uma polêmica séria entre membros do movimento psicanalítico, que discordavam quanto à revisão de Freud sobre a teoria dos instintos. A polêmica foi usada para atacar a obra de Melanie Klein. Bion tomou uma posição, mas, em sua maneira característica, não entrou nas pseudocontrovérsias sobre instintos de ego e sexuais *versus* instintos de vida e morte. A posição que toma é científica, e não política travestida de ciência.

Oferece, a seguir, uma definição clara: "**Com esses dois termos quero indicar os dois polos de todos os instintos**. . . . *Quando mencionamos apenas a sexualidade, desconsideramos um fato contundente: que a atividade dos instintos agressivos oferece ao indivíduo um problema de solução ainda mais perigosa. Esses instintos agressivos, graças à bipolaridade já mencionada, podem impor ao indivíduo a necessidade de lutar pelo seu grupo, o que implica necessariamente uma possibilidade de morrer; concomitantemente, esses mesmos impulsos agressivos impõem também a necessidade de o indivíduo agir no interesse de sua sobrevivência . . .*

Essa luta potencializa forças que levam, sob certas circunstâncias, à cisão do ego e, em casos extremos, à sua fragilização e destruição. . . . Portanto, em casos extremos, há um enfraquecimento ou mesmo uma destruição do ego, por meio de ataques de cisão que derivam das pulsões instintuais primitivas; essas pulsões buscam satisfação para ambos os polos de sua natureza, voltando-se contra o órgão psíquico que parece frustrá-las igualmente. Daí a aparência que Freud notou, de ódio à realidade – agora, ódio do ego que liga à realidade – característica dos pacientes muito perturbados, que vemos nas psicoses" (C, 106; itálico nosso).

Em 1960, define que os termos poderiam ser empregados *"para descrever duas tendências, uma ego-cêntrica e a outra socio-cêntrica, que, a todo momento, podemos ver influenciarem grupos de pulsões na personalidade. Essas tendências são iguais em quantidade e opostas no sinal. Assim, se em um dado momento os impulsos amorosos são narcisistas, então os impulsos de ódio serão social-istas, isto é, dirigidos contra o grupo, e vice-versa . . .*

se um grupo de impulsos é dominado por uma tendência narcisista, então os impulsos remanescentes serão dominados pelo sentido social-ista" (C, 122).

Caracteristicamente, o conceito, na obra de Bion, permanece em constante evolução, por meio de um método: o autoquestionamento: *"O amor ao self não precisa ser narcisista; o amor ao grupo não necessita ser social-ista. Em um polo está o objeto: no outro polo, uma infinidade de objetos"*. Ou, em outras palavras, pode-se dedicar amor narcisista a uma pessoa e amor social-ista (clivado em grupos de emoções ou grupos de objetos) a outra (C, 122). Talvez tenha sido esse questionamento adicional que o fez deixar de lado, na definição final, a questão específica dos polos. Poderiam ser feitos não apenas de instintos, mas também de objetos clivados.

Em 1962, o conceito é novamente mencionado, relacionado ao objeto psicanalítico e suas possibilidades de desenvolvimento e declínio:

> Pode-se considerar que há desenvolvimento positivo e negativo. Vou representá-lo por (±Y). Os sinais mais e menos são usados para dar um sentido, ou direção ao elemento, de modo análogo ao empregado em coordenadas geométricas. . . . Se (Y) é precedido pelo sinal mais ou menos, será determinado apenas pelo contato com uma "realização". Abstração a partir do objeto psicanalítico relacionar-se-á à resolução das reivindicações conflituosas do narcisismo e socialismo. Se a tendência for social (+Y) a abstração relacionar-se-á ao isolamento de qualidades primárias. Se a tendência foi narcisista (–Y), a abstração será substituída pela atividade apropriada a –K . . . (LE, 70)

Em 1965, Bion suprime os comentários sobre a matéria de que são feitos os polos: *"Pode-se considerar que narcisismo e social-ismo estão em polos opostos. Não vou considerá-los, em si, polos . . . "* (T, 80). As partes da definição remanescentes não seriam os "polos"; seriam a noção de espectro e o modo de funcionamento *in tandem*; a ênfase ficaria na clivagem com a resultante prevalência de um deles.

Origens

Provavelmente as experiências de guerra de Bion, bem como a perda da sua primeira esposa, o ajudaram a aceitar de forma mais suave do que muitos de seus contemporâneos a revisão de Freud sobre a teoria sobre instintos do ego clivados dos instintos sexuais. Freud observou, anos mais tarde, que ódio é a forma mais primitiva de amor. Bion parece ter deixado ainda mais explícito que ódio contra si mesmo se expressa como amor para com o grupo. Na visão do autor deste dicionário, nos tempos primevos da vida de um bebê, o amor pode ficar dedicado ao grupo, que, nessa época, é a mãe. A integração final de amor e ódio fez com que Bion passasse a ter serias dúvidas, muitos anos mais tarde, sobre a utilidade de servir seus compatriotas. Ou, em outras palavras: a profissão médica, bem como as intenções conscientes dos reformadores sociais ou de muitos dos soldados de nações em guerra. Deixa claro – em *The long week-end* e *War Memoirs* – que, em seu ponto de vista, seu próprio narcisismo prevaleceu. Criou sérias dúvidas sobre a própria capacidade de amar.

> ROBIN: No entanto, o rapaz de quem eu falava não se rendeu, quando a alternativa era claramente a morte. Talvez você pense que isso não era claro – que ele fez essa escolha baseado em uma apreensão distorcida.
>
> P.A.: Tal devoção estava, e ainda está, além de minha capacidade. Em situações de grande perigo, sempre acreditei que, provavelmente, sobreviveria. Se alguma vez tivesse me dado conta – compelido por algum ferimento terrível a me dar conta – de que tal crença não tinha sentido, teria escapulido do perigo. Ninguém me contou – nem eu teria entendido caso alguém o fizesse – que servir na guerra poderia mudar radicalmente minha capacidade de gozar a vida. Mesmo hoje, estaremos preparados para contar aos nossos filhos, e aos filhos de nossos filhos, que preço teriam que pagar caso servissem seus compatriotas? (AMF, III, 508)

A implicação do narcisismo⇔social-ismo do analista é enfatizada:

> A ficção pode ser tão retórica a ponto de se tornar incompreensível; ou tão realista que o diálogo se torna audível para os outros. Ocorre assim um duplo medo: o medo de que a conversa seja tão teórica que os termos possam ser considerados um jargão completamente desprovido de significado; e o medo da realidade aparente. Sente-se como loucura o fato de se ter duas séries de sentimentos a respeito dos mesmos fatos, e, consequentemente, desgosta-se desse estado. Essa é uma razão pela qual se sente que é necessário ter um analista; outra razão é o desejo de que eu esteja disponível para ser considerado louco, e usado para ser considerado louco. Existe um receio de que você possa ser chamado de analisando, ou, reciprocamente, de que possa ser acusado de insanidade. Será que eu poderia ser suficientemente forte e flexível para ser considerado e tratado como insano, sendo ao mesmo tempo são? Se é assim, não admira que se espere que os psicanalistas, quase que como uma função do papel de analista, se preparem para serem insanos e serem chamados como tal. É parte do preço que eles têm que pagar por serem psicanalistas. (AMF, I, 113)

    &   As origens desse conceito relacionam-se com feminilidade e aspectos de PS⇔D. São parte da tentativa de examinar as raízes iniciais das contribuições de Bion à psicanálise, como parecem surgir em *War Memoirs* e *A Memoir of the Future* (Sandler, 2003a).

N

Negativo

Ver o verbete "menos (ou negativo)". Esse âmbito foi descrito pela primeira vez por Kant que, em *Crítica da razão pura*, delimitou o âmbito dos *numena* como *"conceito limite"*, como *"mero negativo"*. Hegel desenvolveu esse conceito posteriormente, em *Philosophy of mind*, a fim de investigar o *"absoluto"*.

Embora o termo "negativo" possa ser considerado como filosoficamente mais convincente, o âmbito a que ele se refere foi denominado por Bion como "menos (ou negativo)" (q.v.).

O

"O"

Um sinal quase matemático para designar o âmbito numênico daquilo que desconhecemos – corresponde ao que Freud denominou nosso sistema psíquico inconsciente: espaço-tempo incognoscível de modo último, no qual residem interligadas a verdade humana e individual. Outras denominações tradicionais utilizadas por teóricos da ciência e filósofos são: realidade última, ou verdade absoluta.

  Bion introduz essa notação pela primeira vez em 1965, no livro *Transformations*, página 12. Faz parte integrante e fundamental das aplicações da teoria das Transformações e Invariâncias à psicanálise. Fornece um exemplo na página 1 – o que pode ser interpretado como um exemplo de fidedignidade a um fato real, gerando teorias em psicanálise. O exemplo é uma situação humana razoavelmente usual: um pintor contemplando – e, portanto, observando – uma paisagem, e depois fazendo uma pintura dessa mesma paisagem. O exemplo é dado à guisa de analogia, como modelo da tarefa de psicanalistas quando atendem pacientes e também quando tentam se comunicar com seus colegas de atividade. A comunicação de analistas com seus pacientes e dos pacientes com seus analistas dá-se por transformações em torno de alguma invariância básica, que necessita ser apreendida; o mesmo ocorre quando analistas tentam se comunicar com seus colegas (atualmente denominados "pares"). A tarefa é, basicamente, a de uma "ação pública", ou publicação. Composta de um disponibilizar, para si mesmo e para outros, aquilo que resulta de uma labuta por conseguir um *insight*. Essa labuta será, cinco anos depois, chamada por Bion, em um desenvolvimento da teoria observacional de Transformações e Invariâncias por meio do uso, por intuição psicanaliticamente treinada, de uma "Linguagem de Consecução" (q.v.). Na língua inglesa, *Language of Achievement*, descrita no livro *Attention and Interpretation*. Um vislumbre transitório, qual um relampejar, de aspectos parciais, vividos, como no ato de respirar, de emanações que apresentam a realidade material (por vezes denominada por Bion "sensorial") e psíquica, compactadas pelo sinal "O".

  Um sinal para representar o que a percepção denotaria . . . a paisagem como uma coisa-em-si, e, portanto, distingui-la tanto de $T_2\alpha$ [processos de transformação daquilo que o pintor viu] e $T_2\beta$ [a pintura pronta]. O sinal denotaria algo que não

O

é um fenômeno mental e, portanto, como a coisa-em-si de Kant, nunca pode ser conhecido.

Introduzo a ideia da coisa-em-si, a fim de deixar claro o *status* de $T_2\alpha$ e $T_2\beta$ como sinais de fenômenos mentais.

O uso desses sinais pode ser esclarecido por uma ilustração: o paciente entra e, na sequência de uma convenção estabelecida na análise, dá um aperto de mãos. Este é um fato externo, que tenho chamado de "percepção". (No sentido de Kant) que é indicado pelo sinal O. O fenômeno, que corresponde ao fato externo, uma vez que existe na mente do paciente, é representado pelo sinal T(paciente)α...

Denoto a experiência (a coisa-em-si) pelo sinal O (T, 12-13) . . .

Vou, portanto, supor que o material fornecido pela sessão de análise é importante pois é a visão que o paciente tem (representação) de certos fatos que são a origem (O) de sua reação. (T, 15)

Essa notação quase matemática, na medida em que assinala a presença e, como formulação, também simboliza o âmbito numênico (descrito na Idade Moderna por Kant em 1781, que resgatou a noção dos antigos gregos) de experiências não sensorialmente apreensíveis – pode-se dizer, apreensíveis após percepções sensoriais, como descritas na teoria da função-alfa (q.v), a coisa-em-si –, corresponde à Teoria das Formas sugerida por Platão. De modo último, incognoscível e inefável. Corresponde a fatos psíquicos como eles são; pertinentes ao âmbito do sistema inconsciente; o âmbito do id (*Das Es*).

"O" corresponde à "origem". Origem do quê? De estímulos. Isso é enunciado explicitamente: "*Vou, portanto, supor que o material fornecido pela sessão de análise é importante pois é a visão que o paciente tem (representação) de certos fatos que estão na origem (O) de sua reação*" (T, 15). Em pelo menos um texto, ainda que de modo irônico, em um diálogo imaginário entre uma pessoa em estado quase onírico, e então investigativo, "conversa" com algum tipo de fonte de conhecimento e, sob forma de resposta, configura um aborto da questão perene de que "O" pode ser confundido com "Zero". (AMF, I, 44)

Pode-se evoluir a partir de O, ou para O. É estritamente necessário, na descrição delimitativa do conceito operacional O, em uma sessão de psicanálise, nunca estarmos identificados com O. Não se pode descrevê-lo verbalmente; não se pode conhecê-lo totalmente; pode-se intuí-lo transitoriamente. Alguém pode *se tornar* e ser O (T, 140 e seguintes; AI, 26): "*O não se enquadra no âmbito do conhecer ou da aprendizagem, mas pode se enquadrar apenas incidentalmente; pode 'tornar-se', mas não pode ser 'conhecido'*" (AI, 26).

Uma Teoria?

Não é, como parece, uma formulação para a teoria psicanalítica em si mesma, mas uma formulação de uma teoria observacional, para ser utilizada na prática psicanalítica. Bion expressa esse fato, explicitamente, em diversas partes de *Transformations, Attention and Interpretation* e *A Memoir of the Future*, salientando, por exemplos, sua possível utilidade durante uma sessão de análise, como algo a ser conseguido. Acrescenta o conceito observacional de O às descrições das tarefas de um analista, conforme estabelecidos por Freud:

> O psicanalista tenta ajudar o paciente a transformar aquela parte de uma experiência emocional que lhe é inconsciente em uma experiência emocional que lhe seja consciente. Caso o psicanalista faça isso, ele ajuda o paciente a obter conhecimento privado. No entanto, considerando-se que o trabalho científico demanda que a descoberta seja comunicada para outros pesquisadores; o psicanalista precisa transformar *sua* experiência privada de psicanálise de modo tal que ela se torne uma experiência pública. O artista é usado aqui à guisa de um modelo cuja intenção é indicar os critérios para um estudo psicanalítico escrito: ele precisaria estimular no leitor a experiência emocional pretendida pelo escritor; a experiência emocional assim estimulada precisaria ser uma representação acurada da experiência psicanalítica (O^a) que estimulou inicialmente o escritor. (T, 32-33)

Ecoando a prática médica, inspirado na sugestão de Freud para que analistas tentassem funcionar analogamente a cirurgiões, em "Recomendações a m*édicos que praticam* psicanálise", enfrentam-se obstáculos similares, dos quais Bion ressalta o ato de intuir; igualmente, esses obstáculos muitas vezes parecem ser insuperáveis. Adquirir uma intuição psicanaliticamente treinada (ver o verbete "psicanálise intuitiva"), também descrita em *Transformations*, depende de nossa capacidade pessoal. Levemos em conta o fato de que todos nós, que nos denominamos "seres humanos" precisaremos, mais cedo ou mais tarde, considerar que nossas capacidades, sejam lá quais forem, são notavelmente pequenas; acrescendo-se o fato de que estamos tentando fazer uso de um instrumento demasiadamente novo – de pouco mais do que um século – descoberto por Freud, chamado por ele de psicanálise, teremos noção da pequenez dos eventuais resultados. Caso existam.

Todo aquele que se dedique a ler atentamente o livro *Transformations* – e também a obra de Freud e de Melanie Klein, que são integradas e compactadas neste livro, continuando um processo iniciado em *Learning from Experience* – demonstra que a inacessibilidade de O também é acompanhada, embora de modo precário e lento, por um tipo de "traição" dessa inacessibilidade. Um fenômeno que não se revela de modo direto para nossos órgãos sensoriais, e que esteja no âmbito "menos

O

(ou negativo)", pode, dependendo do ouvinte – no caso, um analista, mas pode ocorrer em um casal apaixonado, com uma mãe e um filho, ou com um clínico experiente, em medicina –, ser um fenômeno que se revela por "trair-se". Essa traição não se apreende por meio do nosso aparato sensorial, mas para um outro modo de apreensão, sob forma de pensar, momentânea e transitória: "ainda que seja apenas um lampejo entre duas longas noites, mas esse lampejo é tudo", na metáfora de Jules Henri Poincaré, utilizada pela sra. Francesca Bion como moto para o livro *Cogitations*, composto de estudos preparatórios, incluindo exemplos clínicos, para todos os livros de Bion. Poincaré foi um matemático e, além disso, podia formular verbalmente suas conclusões. A sra. Bion, em conversa com o autor deste dicionário, revelou ter decidido inserir essa metáfora pois, se Bion nunca o usara nos livros, tinha predileção por ela.

"O", ou verdade última, fica ainda mais inacessível por muitos fatores: por exemplo, pela ação de mecanismos de defesa à ansiedade e frustração de desejo denominado por Freud de resistência. Foi expandido por Bion no que se refere ao exercício de mentiras, ato pelo qual muitas pessoas mantêm predileção. Pode-se dizer que Anna O. e outras pacientes histéricas apelavam para os sintomas na mesma proporção na qual se recusavam a enfrentar uma verdade – fornecida pela realidade material e psíquica que negavam, e racionalizavam tal negação. Podem ser caracterizadas como pertinentes à coluna 2 da "Grade" (Grid) (q.v.) – uma parte integral do livro *Transformations*. Esse instrumento, como método de avaliação do "valor-verdade" dos enunciados verbais emitidos por pacientes e analistas em sessões de análise, havia sido introduzido em *Elements of Psycho-Analysis*. No âmbito das mentiras, inserem-se alucinações e delírios, mas ambos não se resumem apenas a mentiras, neles, e também nos mecanismos de defesa, em atos falhos, são formas que permitem algum vislumbre de "O" transitoriamente. Esses seriam os termos nos quais ocorre a "traição", não mais do que de repente, anteriormente descrita. Isso se dá de um modo idêntico ao descrito por Freud em *A interpretação dos sonhos* e depois, no estudo sobre o percurso para a formação de sintomas, nas "Novas conferências introdutórias".

Será necessário examinarmos a história do movimento psicanalítico – trabalho iniciado por Freud e que começa a aparecer no trabalho de Bion, a partir de 1967. Bion sempre manteve interesse por grupos, após ter sofrido as consequências de vários obstáculos à consecução de sua vida, por atitudes desatinadas da massa da qual fazia parte, e também no microcosmo formado pelo movimento psicanalítico – algo facilmente constatável em *A Memoir of the Future*, na autobiografia *The Long Week-End* e em seu complemento, *War Memoirs*. Constatou que as aquisições da psicanálise passaram a ser desprezadas pela meritocracia política que se formou na instituição psicanalítica. Que favoreceu atitudes de uma elite dominante, para quem pareceu necessário garantir a um subgrupo o conhecimento absoluto e definitivo, escolástico. Apareceram dissidências, pseudo-controvérsias (ver o verbete "controvérsia") e diatribes quanto às tentativas de suplantar e substituir psicanálise com atividade literária ou artística; e o favorecimento de teorias explicativas, *ad hoc* e *a priori*, como aquelas que tendem a investigar apenas o sistema consciente do âmbito de ego, às expensas de investigações no sistema inconsciente, do id, e do fenômeno de idolatria. Quem, no movimento psicanalítico, realmente estendeu as observações de Freud a respeito da interpretação de sonhos, de fantasias inconscientes, de estados de alucinose, se não Klein, Winnicott e Bion? Bion tentou alertar para esse fato:

> O método mais profundo de investigação psicanalítica conhecida por nós não fará mais do que arranhar a superfície. (BLI, 52)

> O ponto prático é não continuar com investigações da psicanálise, mas sim da psique que ela denuncia. Isso precisa ser investigado por meio de padrões mentais; isso que é indicado não é um sintoma; isso não é uma causa do sintoma; isso não é uma doença ou algo subordinado. A própria psicanálise é apenas uma listra na pele de um tigre. Em última instância, ela pode conhecer o Tigre – a Coisa-em-Si – O. *(AMF, I, 112)*

Sem se envolver em lutas políticas – no caso, pseudolutas por supremacia de poder institucional baseado em situações paranoides –, Bion tenta descobrir algum modo de estudo de teorias que não se envolva em escolásticas. Ou que, pelo menos, cada escolástica esclareça seu vértice. Expande aquisições publicadas em 1962 e 1963, mas agora enquadrando-as mais claramente em termos de uma teoria observacional – e não de uma teoria de psicanálise propriamente dita: a aplicação da teoria de Transformações e Invariâncias (q.v.), feita por dois matemáticos. A matemática pareceu-lhe menos vulnerável a escolásticas, no que tange a aproximações à verdade. Fornece então, como já o fizera Charcot, e Freud, inspirado nele, uma nova perspectiva sobre fatos que realmente existem, mas de apreensão demonstravelmente difícil, conforme ocorrem em sessões de psicanálise:

> O analista precisa focalizar sua atenção sobre O, o desconhecido e incognoscível. O sucesso da psicanálise depende de se manter um ponto de vista psicanalítico; o ponto de vista é o vértice psicanalítico; o vértice psicanalítico é O. O analista não pode estar identificado: ele precisa *sê-lo*. Todo objeto conhecido ou cognoscível pelo ser humano, incluindo o próprio ser humano, precisa ser uma evolução de O. É O, a partir do momento em que evoluiu suficientemente para que as capacidades K no psicanalista o encontrem. O psicanalista não conhece a "realidade última" de uma cadeira, ou da ansiedade, tempo e espaço, mas conhece uma cadeira, ou da

ansiedade, tempo e espaço. Na medida que o analista torna-se O, ele se habilita para conhecer os eventos que são *evoluções* de O. Re-colocando isso em termos de experiência psicanalítica, o psicanalista pode conhecer aquilo que o paciente fala, faz e aparenta ser. Mas não pode conhecer o O do qual o paciente é uma evolução; ele apenas pode "ser" O. O psicanalista conhece fenômenos em virtude de seus sentidos. Mas, dado o fato de que sua consideração é com O, é necessário ver os eventos como possuindo, das duas, uma: ou os defeitos de irrelevâncias obstruindo, ou os méritos de apontadores iniciando o processo de "tornar-se" O. Entretanto, interpretações dependem de "tornar-se" O (já que o analista não pode conhecer O). A interpretação é um evento que ocorre realmente dentro de uma evolução de "O" comum ao analista e ao analisando. (AI, 27)

Na prática, isso significa que vou considerar apenas aqueles aspectos do comportamento do paciente importantes por representar sua visão de **O**; vou compreender aquilo que ele fala ou faz como se fosse a tela de um artista. . . . A partir do tratamento analítico como um todo, espero descobrir, proveniente das invariantes nesse material, o que é **O**, o que o paciente faz para transformar **O** . . . (T, 15)

O postulado é aquele já designado por **O**. Para que **O** se qualifique para ser incluído entre as categorias da coluna 1, por meio da definição de suas qualidades definitórias, arrolarei as seguintes negativas: Sua existência como moradia não tem nenhum significado, seja a suposição de que **O** habita em uma pessoa individual, em Deus ou no Diabo; não é bem nem mal; não pode ser conhecido, amado ou odiado. Pode ser representado por termos como realidade última ou verdade. O máximo, e o mínimo que o indivíduo pode fazer é ser **O**. Estar identificado com **O** é uma medida da distância de **O**. O belo que há em uma rosa é um fenômeno que denuncia a feiura de **O** do mesmo modo que a feiura trai ou revela a existência de **O**. . . . A rosa é ela mesma, seja lá o que se possa *ter sido dito* que ela seja. (T, 139-140)

O, representando a realidade última incognoscível, pode ser representado por qualquer formulação de uma transformação – como "realidade última incognoscível", que acabei de formular. Portanto, pode parecer desnecessário multiplicar representações de **O**; realmente, a partir do vértice psicanalítico, isto é verdade. Mas desejo tornar claro que minha razão para dizer que **O** é incognoscível não é que eu considere que a capacidade humana não esteja à altura da tarefa, mas porque K, L ou H são inadequados para "O". São adequados para transformações de **O**, mas não para **O** . . . (T, 140)

A linguagem de Bion

Minha teoria pareceria implicar em um hiato entre os fenômenos e a coisa-em-si, e tudo que eu disse não é incompatível com Platão, Kant, Berkeley, Freud e Klein, para citar uns poucos, que mostram o quanto acreditam que um anteparo de ilusão nos separa da realidade. Alguns acreditam conscientemente que o anteparo de ilusão seja uma proteção contra a verdade, essencial para a sobrevivência da humanidade; o resto de nós acredita inconscientemente nisto – mas não menos tenazmente. Mesmo aqueles que consideram essa visão um equívoco, e que a verdade é essencial, consideram que o hiato não pode ser transposto porque a natureza do ser humano impede o conhecimento de algo além dos fenômenos, que não seja conjectura. Os místicos devem ser liberados dessa convicção da inacessibilidade da realidade absoluta. . . . Precisamos, portanto, tecer mais considerações sobre o hiato entre **O** e conhecimento de fenômenos, e transformações de **O**.

O hiato entre a realidade e a personalidade, ou, como prefiro denominá-lo, a inacessibilidade de **O**, é um aspecto da vida com a qual os analistas estão familiarizados sob a forma de resistência. A resistência é algo que só fica manifesta quando a ameaça é o contato com o que se acredita ser real. Não há resistência a nada que se acredite falso. A resistência opera porque se teme que a realidade do objeto esteja iminente. **O** representa essa dimensão de coisa de qualquer espécie, qualquer que seja – sua realidade. Não é o conhecimento da realidade que está em jogo, nem mesmo o equipamento humano para conhecer. A crença de que a realidade é algo que é conhecido, ou poderia ser conhecido, é equivocada porque a realidade não é algo que se presta, por si, a ser conhecido. É impossível conhecer a realidade pela mesma razão que faz com que seja impossível cantar batatas: pode-se plantá-las, colhê-las, ingeri-las, mas não cantá-las. A realidade tem que ser "sendo": poderia existir um verbo transitivo "ser", para ser usado expressamente com o termo "realidade". (T, 147-148)

. . . proponho estender a expressão O, abrangendo então o âmbito da realidade e "tornar-se". Proponho estender o significado de O para englobar o domínio da realidade. (T, 156)

O ÂMBITO O

Bion detalha e expande sugestões anteriores sobre elementos da psicanálise: medo, dor, nascimento, morte, ódio e amor: "Existem muitas formulações não formuladas e inegáveis para o medo – as quais chamo de O. Platão denominou-as 'formas', das quais os objetos sensoriais são a contrapartida irreal mas sensível" (AMF, I, 77).

O é, por definição, indestrutível e não sujeito ou circunscrito a inícios, términos, regras, leis da natureza ou qualquer constructo da mente humana. No âmbito da compreensão humana, Melanie Klein jamais se reconciliou consigo mesma pelo fato de que, sempre que ela se fazia entender, aquele fato se transformava em algo que ela entendia como não mais estando "vivo". (AMF, I, 88-89)

O mais próximo que consigo chegar de uma transformação verbal que "represente" a coisa em si, a realidade última, "O", como a denominei, aproximando-se a "O", é "amor apaixonado". (AMF, I, 183)

ROSEMARY: Alice! Hora de irmos embora. Sinto que não estou num estado de mente suficientemente sério para acompanhar esses dois.

BION: Eu diria que vocês duas podem entender muito bem do que é que eu estou falando – a coisa-em-si contrastando com a linguagem sobre ela. Vocês podem se achar tão inadequadas quanto eu para falar sobre isso, ou seja, para tentar dizer alguma coisa mais – comunicação lateral. Não posso ser otimista sobre minhas chances de me fazer entender nem para mim mesmo.

EU MESMO: Entendo o ponto.

BION: Então, isso não pode ser o ponto.

EU MESMO: Você está querendo dizer que estou errado?

BION: Não, mas agora você está.

ALICE: Rosemary, você acha que algum dia nós vamos entender isso?

ROSEMARY: Não, mas sinto que estou "me tornando" isso, mesmo que eu não entenda e nunca irei "entender" o que estou "me tornando" ou "sendo".

BION: Em resumo, "ser" alguma coisa é diferente de "entendê-la". O amor é o máximo em "tornar-se" e não em entender-se.

ALICE: (olhando para Rosemary) eu me "tornei" alguma coisa, e essa coisa, se eu pudesse descrevê-la, poderia depender de eu dizer "Eu amo". (AMF, I, 182-183)

Diferenciando apreensão de aspectos verdadeiros, apesar de transitório, de "O" e sentimentos de se possuir "verdade absoluta"

Existe uma profunda diferença entre o "ir sendo" **O** e rivalidade com **O**. Caracterizando-se esta última, por inveja, ódio, amor, megalomania e o estado que os analistas conhecem como atuação, que precisa ser nitidamente diferenciado de representação; que é característica do "sendo" **O**. (T, 141)

Bion fornece, implicitamente, uma noção individual e grupal: individualmente, avidez e inveja dirigidas contra a própria pessoa, caracterizando imobilização na posição esquizoparanoide, impede a pessoa de "ser" ela mesma, de "tornar-se"; grupalmente, reside nessa situação o que conhecemos como idolização, ou idolatria

FORMULAÇÕES DE O EM PSICANÁLISE

"Uma descrição enganosa, porém útil, é que o analista praticante precisa esperar que a sessão 'evolua'. Ele não precisa esperar que o analisando fale, ou mantenha-se silencioso, nem gesticule, ou nenhuma outra ocorrência que seja um evento factual lá ocorrendo concretamente. Mas precisa esperar que uma evolução ocorra, de tal modo que O torna-se manifesto em K, por meio da irrupção de eventos factuais. De modo semelhante, o leitor precisa considerar aquilo que digo até que o O da experiência de leitura tenha evoluído a um ponto no qual os eventos factuais do ler emerjam em sua interpretação das experiências. Considerar excessivamente o que escrevi obstrui o processo que represento pelos termos 'ele torna-se o O que nos é comum, a ele e a mim" (AI, 28). Bion considera a existência de *"intersecções"* do *"ser humano com o O em evolução"* (AI, 83-85).

As primeiras descrições ocorreram em 1963, como "elementos da psicanálise" – que podem e, a nosso ver, precisam ser vistos como uma generalização prévia do que em 1965 Bion definiria mais precisamente, no indivíduo, como "invariâncias" e "O". Édipo, o movimento entre PS e D, continente e contido, bem como as formulações dos dois princípios do funcionamento mental e da teoria dos instintos, de Freud, também podem ser vistos como base para o que Bion se refere como aproximações a "O".

Referências cruzadas recomendadas: Menos (ou negativo); Édipo.
Referências cruzadas sugeridas: Verdade absoluta; Visão analítica; Estar-uno-a-si-mesmo (*At-one-ment*), Tornar-se; Personalidade perturbada; Fatos; Jargão; Nada; Psicanálise real; Realidade sensorial e psíquica; Pensamentos sem pensador; Transformações em alucinose; Transformações em O; Verdade; Desconhecido, incognoscível.
& Um estudo transdiciplinar de tentativas de exploração sobre o âmbito "O" podem ser examinados na série A Apreensão da Realidade Psíquica (1997-2003), Rio de Janeiro: Imago.

O

Objetivos de uma psicanálise

Ver os verbetes "Visão analítica", "Estar-uno-a-si-mesmo (*At-one-ment*)"; "Psicanálise real".

Objeto psicanalítico

O conceito de objeto matemático precisa ser considerado como uma das contribuições fundamentais de Aristóteles para a teorias da ciência e para a teoria da ciência matemática. Simultaneamente, também o é para o conhecimento humano, já que esse homem, médico de profissão, um dos primeiros fisiologistas na historia da ciência ocidental, como vários de seus contemporâneos, foi um matemático notável. Constituindo-se como um pensamento a respeito dos vários avanços matemáticos ocorridos em sua época – como a lógica e geometria desenvolvidas por Euclides e os vários teoremas desenvolvidos por Tales e Zenon, por exemplo –, acabou sendo cognominado, por Andrônico de Rodes, de um pensamento "metafísico". Andrônico foi um tradutor e editor das obras de Aristóteles para a linguagem romana, que viveu 150 anos após a morte de seu êmulo. O nome "metafísica" nunca foi usado por Aristóteles. Andrônico, ao encontrar e traduzir as obras de Aristóteles relativas às fisiologias humana e animal, à matemática, à física e aos sistemas sociais, deparou com escritos que não se encaixavam em nenhuma dessas categorias. Decidiu colocá-las em um último volume, que chamou "o que veio depois da física". Utilizou-se do prefixo grego "meta", que pode ser traduzido como "o que vem depois de".

Objetos matemáticos aparecem nessas obras sem classificação; era um pensamento que se referia a estudos sobre matemática feitos por Aristóteles. Permitem que se manipule e lide com problemas matemáticos sem a presença concreta daquilo que havia sido concretizado, e é então objetificado. O problema em si é uma formulação materializada de algo que é imaterial; constitui-se como abstração. Os instrumentos utilizados para lidar com o problema, também abstraídos da natureza do problema, são, até certo ponto, materializáveis – por exemplo, pelas operações matemáticas, ou representações geométricas – e, até certo ponto, imaterializados na sua própria operação.

Bion inspirou-se, como Freud já havia se inspirado, nos objetos matemáticos. Ao lidar com um objeto igualmente imaterializado – o aparato psíquico –, propõe a criação e uso de "objetos psicanalíticos".

Por um modelo analógico complexo, composto de metáfora e metonímia, Bion apresenta a internalização do objeto paternal, representado pela formulação verbal "Pai". A criança aprende a enunciar e proferir a palavra "Pai" – mas apenas quando a mãe pode nutrir amor por essas duas pessoas: seu filho, e o pai desse filho. A nomeação é simultânea e condicional ao saber de quem é o pai; e o que implica ser um pai:

O uso do termo hipótese, como nome para o objeto que seria mais frequentemente descrito como um conceito, é expressão do problema apresentado por (3), conforme ele emerge ao ser investigado psicanaliticamente. *[Nota: no texto original de Bion, esse item (3) descreve o nome atribuído a uma seleção de sentimentos e impressões que se tornaram – sempre nos sentimentos e impressões do observador – relacionados e coerentes entre si.]* O problema apresentado pela experiência psicanalítica está na falta de alguma terminologia adequada para descrevê-lo. Nesse aspecto, lembra o problema resolvido por Aristóteles quando supôs que a matemática lida com objetos matemáticos. Será conveniente supor que psicanalistas lidam com objetos psicanalíticos e que a ocupação dos analistas na condução de uma análise é a detecção e observação desses objetos? (3) descreve um aspecto desses objetos (LE, 67-68).

O conceito "objeto psicanalítico" superpõe-se e expande o conceito de "objeto" no trabalho de Freud, que já havia tido uma expansão notável no trabalho de Melanie Klein. É também uma tentativa de incrementar o escopo científico da psicanálise, por meio de uma abordagem mais específica ao funcionamento dos "objetos" nos processos psíquicos, ressaltando suas funções operacionais na personalidade. O escopo científico inclui algo básico em ciência: comunicação – entre um analista e seus pacientes e também entre analistas. Objetos psicanalíticos, no início da vida, constituem-se como objetos internos; também denominados imagos por Freud. Seu desenvolvimento mostra que, inicialmente, objetos são protótipos (e não obrigatoriamente paradigmas; se o forem, passam a ser imperativos morais, se usarmos a linguagem de Kant), para funcionar como padrões para aprendizagens – e não aprendizagens; e também para aprendizagem idiossincrática restritiva – que define modos de pensamento e os objetos com os quais a mente (aquela mente específica) lida.

Um modelo

Objetos psicanalíticos não podem ser observados diretamente. São modelos; abstrações (EP, 7). Objeto psicanalítico é um modelo de algo que ocorre no âmbito numênico do sistema inconsciente. Um objeto "se torna". Nas etapas iniciais do desenvolvimento da personalidade, algumas manifestações do objeto psicanalítico podem ser observadas pela mãe; pode ser "usado" por seu observador, a própria criança por seu desenvolvimento emocional; seu estado pode ser intuído por um analista.

Bion propôs uma notação quase matemática para um "objeto psicanalítico":
$$\Psi(\xi)(M).$$
A definição dessa notação quase-matemática está à página 69 de *Learning from Experience*. Essa notação resume toda uma teoria do pensar. Ao tentar fazer essa

O

formulação quase matemática, em um esforço de simplicidade, Bion correu o risco de ser considerado obscuro e difícil, justamente naquilo em que tentou ser o mais claro possível. O uso de símbolos foi e continua sendo visto como estranho ao campo analítico. Atualmente, tem sido complicado pela moda de utilizar acrônimos, com a intenção de que sejam símbolos.

Em todo caso, no esforço de idealizarmos um dicionário que possa ser útil para uma melhor apreensão da contribuição de Bion, decidimos descrevê-los:

(Ψ) = uma constante;
(ξ) = um elemento insaturado que determina o valor da constante y assim que ela é identificada.

Lembremos que, em formulações matemáticas, é usual utilizarmos, por exemplo, a notação **ax**. Prosseguindo neste exemplo, podemos tomar uma função linear. Ela pode ser representada por **ax + b**. **x** corresponde ao que Bion denota pela letra grega, tornada símbolo, (Ψ); **a** corresponde ao que Bion denota com o símbolo (ξ).

Em termos psicanalíticos:
(Ψ) = pré-concepções inatas;
(ξ) = "realização".

No âmbito dos fatos reais, temos as seguintes "realizações" de (Ψ) e (ξ):

(Ψ) = pré-concepções inatas. Bion descreve duas pré-concepções inatas que não são conteúdos do aparato psíquico; são funções humanas. Se apenas seres humanos têm essas funções, é impossível responder. Se outros mamíferos as possuem – por exemplo, os dotados de algum tipo de comunicação verbal e capacidade de formar imagens, similares a nós, seres humanos, como orcas, golfinhos, macacos – é uma questão que pode ser investigada por antropólogos e biólogos:

- {(Ψ) Seio} (LE e EP).
- {(Ψ) Édipo} (EP, 49).

Pré-concepções inatas demonstram claramente a indivisibilidade daquilo que apenas parece dividido ou clivado. Referimo-nos ao que Freud denominou realidade material e psíquica, e Bion denominou realidade sensorial e psíquica. As "duas" são uma só entidade, feita aparentemente divisível por necessidades didáticas e por falha no nosso sistema de comunicação por linguagem. Remetem-nos à falsa controvérsia em filosofia, como a clivagem entre matéria e energia; ou corpo e mente; e teorias causais. O leitor pode encontrar detalhes a respeito dessa questão em outros verbetes deste dicionário, como "estar-uno-a-si-mesmo (*At-one-ment*)"; "'O'"; "Realidade"; "Infra-sensorial"; "Ultra-sensorial"; Verdade.

(ξ) = uma "realização" que se encontra, por movimento mútuo dos dois seres envolvidos, com a natureza incompleta da pré-concepção.

(Ψ) = Seio, Pais, Mães: possíveis parceiros de casamento; habilidades que podem ser sublimadas em atividades diárias, dependentes de tecnologias (em si mesmas, mais uma dessas atividades; atualmente denominadas profissionais, ou seja, que professam um ofício).

Portanto (Ψ) (ξ) = concepção (experiência).

A formulação verbal do que acima está sob formulação quase matemática (do lado esquerdo da "equação") com formulação verbal (do lado direito da equação) é: pré-concepção multiplicada por realização resulta em concepção.

Nessa equação, obtemos uma função mental, cujos fatores são uma pré-concepção inata e uma realização: (Ψ) (ξ).

Qualidades secundárias – Bion utiliza-se da nomenclatura proposta por Kant – determinam o valor do elemento insaturado (ξ) e, portanto, o valor total de (Ψ) (ξ). O elemento anteriormente insaturado (ξ), combinado com a constante desconhecida (Ψ)(ξ), *"compartilha um componente, que é uma característica inata da personalidade"* (LE, 69), representada por M.

Bion define que o valor de (Ψ) assim como o valor de (ξ) são determinados pela *"pela experiência emocional estimulada pela 'realização', ou seja . . . pelo contato com o seio"*. O valor do objeto psicanalítico ψ (ξ) (M) será, então, *"determinado pela identificação de (ξ)(M), precipitada por uma 'realização'"*. Em consequência, um objeto psicanalítico (Ψ)(ξ)(M) possui um valor preciso e definido determinado por pelo menos duas experiências: uma delas, a identificação da experiência emocional de um contato com o seio; a outra é o valor do elemento insaturado. Fica aberto a outros pesquisadores investigar se o valor preciso poderá ser incrementado por outras experiências.

Objetos psicanalíticos são passíveis de submeter-se a um processo de **desenvolvimento**, que Bion denota com a letra **Y**. Também são passíveis de serem conhecidos, por meio do exercício do vínculo **K** (q.v.: processos de conhecer, e também conhecimento). Conhecer envolve uma capacidade de fazer abstrações de objetos psicanalíticos. Desenvolvimento e crescimento incluem dois sentidos: (i) positivo, na construção de conhecimento; (ii) negativo, na degradação, degenerescência, pouco saber e falsidade.

Esse objeto psicanalítico pode percorrer alguns "caminhos":

(i) poderá se desenvolver: Y, na notação de Bion;

(ii) poderá decair: (–Y);

(iii) poderá ser conhecido: K;

(iv) poderá ser objeto de desconhecimento, por contínuo e progressivo des-entendimento; (-K).

O

Se prevalecerem tendências sociais abstrações (+Y) ficarão isoladas das qualidades primárias do objeto. Se prevalecer narcisismo, abstrações (–Y) ficarão substituídas por atividades próprias de (–K). (LE, 70)

As duas tendências, ou prevalecimento de uma às expensas da outra, são antagônicas; precisam ser consideradas como ocorrências no início da vida. Uma tendência social conduz a apreensões mais próximas daquilo que realmente é o seio (ou, na notação que o autor deste dicionário propõe, "Seio", grafado sem o artigo e com letra maiúscula). Uma tendência narcisista conduz a um desprezo do seio que é oferecido, impede a noção de "Seio", por criar um seio como ele deveria ser, sob os mandamentos do princípio do prazer-desprazer: um seio fantástico, puramente imaginoso, que isentaria a criança de experimentar frustração. A tendência social foi denominada de social-ismo (q.v.), na notação hifenada proposta por Bion, para que não seja confundida com o termo utilizado sociológica e ideologicamente, com pretensões a modificar a engenharia social. No entanto, pode ser visto como origem desses movimentos sociais.

O concepção de objeto psicanalítico, assim como o de pré-concepção (q.v.) e dos ciclos de saturação, permanecem durante toda a história das contribuições de Bion à psicanálise como modelos ontogenéticos para descrever os processos do pensar. A permanência se faz também por desenvolvimento, no mesmo sentido que ocorre com todo ser humano, em que permanecem traços de desenvolvimento mais antigo – como as fendas branquiais; ou a permanência do objeto interno, conforme descrito por Freud, Klein e Winnicott.

No que tange ao seu manejo durante uma sessão psicanalítica, os conceitos de objeto psicanalítico, pré-concepções e saturação de conceitos farão parte de uma expansão mais abrangente das teorias de observação – que constituem a maior parte da contribuição de Bion. Essa expansão se configurou com a aplicação da teoria matemática de "Transformações e Invariâncias" (q.v.). Com o auxílio desta, aquilo que continuará sendo visto como componente insaturado será um fator nos "ciclos de transformações", em que produtos finais de um determinado ciclo servem como ponto de partida para um novo processo de transformações – *ad infinitvm*, enquanto durar uma vida humana. Invariâncias correspondem às constantes. Os conceitos iniciais, cuja formulação quase matemática, na visão de Bion, precisa estar mantida na consciência dos leitores. Na introdução de *Transformations*, ele deixa claro um limite de sua possibilidade de escrita, dado por uma tentativa de ser sintético e compacto, e não abusar de "repetições":

Tive a esperança de escrever este livro de tal modo que ele pudesse ser lido independentemente de *Learning from Experience* e *Elements of Psycho-Analysis*, mas logo descobri que era impossível fazê-lo sem uma dose intolerável de repetição.

Portanto, os outros dois livros ainda são necessários para entender este aqui. Lamento o fato; existem coisas que falei antes, mas que agora coloco de modo diverso. Mas todo leitor que acha que o assunto é importante, como eu, vai achá-lo recompensador, caso possa pensar o pensamento por inteiro, apesar dos defeitos de apresentação.

Mesmo que tenha evitado repetições, Bion sempre proveu sumários para todas as suas contribuições, por observar algumas dificuldades de apreensão. Em relação a elementos psicanalíticos, e os objetos deles derivados, tentou assinalar pelo menos três "dimensões" sob as quais precisam ser formulados. O sentido do termo "dimensões" pode não ficar claro para muitos leitores, principalmente os que preferem não lidar com "verdades absolutas", como se essas "absolutices" (caso o leitor admita um neologismo não autorizado pelos gramáticos) pudessem ser dadas pelo fato de ter sido escritas por um grande autor. Na visão do autor deste dicionário, o termo "dimensões" admite discussão. Bion tinha noção disso e, para deixá-lo claro, adotou um modo peculiar, que alguns veem como pouco didático. Remete o leitor a um capítulo posterior no livro – no caso, o leitor que está estudando o capítulo 3 será remetido ao capítulo 18:

1. Extensão no domínio do sentido.
2. Extensão no domínio do mito.
3. Extensão no domínio da paixão.

> Não se pode considerar uma interpretação satisfatória a menos que ela ilumine um objeto psicanalítico; e ilumine a necessidade de tal objeto ter essas dimensões no instante da interpretação. (EP, 11)

O resumo aparece no final do livro, onde é apresentado o instrumento de avaliar o valor-verdade de interpretações e de enunciados verbais emitidos pelo paciente e pelo analista:

> Para concluir: ideias e sentimentos representados pela sua colocação em uma *única* categoria da grade são *elementos* de psicanálise; associações e interpretações com extensões no domínio dos sentidos, mitos e paixão (*ver* Capítulo 3), requerendo três categorias da grade para sua representação, são objetos psicanalíticos. (EP, 103-104)

O

UM EXERCÍCIO NOTACIONAL

Com base nas definições propostas por Bion, podemos exercitar esse tipo de sistema notacional. Por exemplo, podemos escrever uma função biológico-psíquica, a de um "casal parental".

Formação da concepção:

{(Ψ) Édipo}{(ξ) casal parental criativo} = Concepção de casal parental.

Formação de um "objeto psicanalítico" correspondente que pode ser introjetado e projetado:

{(Ψ) Édipo}{(ξ) *casal parental criativo*}[(M) *experiência emocional – seio*} = Concepção de *casal parental*.

À medida que algum desses resultados forem ocorrendo, e com o passar da idade, essas ocorrências poderão ser vistas como maturação ou degenerescência, e ocorrerá uma possibilidade variável de uma determinada pessoa poder participar da formação de um casal parental. A situação total é mais complexa, pois as quatro possibilidades acima enunciadas ocorrem em combinação – os elementos na combinação seriam fatores – e a própria combinação pode se modificar ao longo do tempo por questões (influxos, oportunidades) externas e internas. Ocorre um produto final parcialmente detectável pelo nosso aparato sensorial, pois fica extensamente materializado, após várias e complexas combinações, que podem ser consideradas com o auxílio da concepção de "séries complementares", descrita por Freud. O termo combinação não foi utilizado por Bion; apoiando-se em sua contribuição, o autor deste dicionário sugere que o termo seja utilizado sob o conceito matemático de análise combinatória. Não há estudos disponíveis que possam dar substância empírica para isso; depende de avanços ainda não disponíveis de outra disciplina, a genética.

O produto final dessas transformações será a experiência de formar-se um casal, efetuando com afeto e afetando os produtos desse casal – que pode ser resumido por complexo de Édipo e suas vicissitudes. Pode-se aproximar de todo esse processo, como Goethe observou cientificamente, sob formulações verbais dotadas de poesia, considerando-se a existência de "afinidades eletivas", por "tropismos" intuitivos (q.v.). Para tanto, os dois componentes precisam ultrapassar fantasias transferenciais, descobrindo um modo de não se fixarem ou regredirem ao objeto original da catexia. Na idade adulta, o componente de fantasia imaginativa é clivado, em uma escolha de objeto parcial, produzindo estados de alucinose.

Referências cruzadas sugeridas: Elementos de psicanálise; "Grade" (Grid); Crescimento; Tropismos; Saturação.

A linguagem de Bion

&; Baseado nas contribuições de Bion sobre questões de excessiva concretização na escolha de termos para uso em psicanálise, o autor deste dicionário sugeriu, em outro estudo, o termo "âmbito" para substituir o termo "domínio", que talvez tenha como maior referência uma situação demasiadamente materializada.

Objetos bizarros

Bion descreveu a existência de algo que denominou, na realidade à falta de nomenclatura preexistente, de "objetos bizarros", pela primeira vez no início dos anos 1950, ao estudar a estrutura do pensar e do não-pensar que ocorre em pacientes rotuláveis como esquizofrênicos (q.v.) (ST, 39). Observando uma similaridade nas fantasias de ataques sádicos que ocorrem em bebês contra o seio que os nutrem, os psicóticos demonstram fazer ataques análogos, agora dirigidos a seus próprios aparatos perceptivos. As observações completam-se (de modo escrito) no livro *Transformations*: com a elucidação de transformações em alucinose – em que psicóticos entretêm fantasias de que poderiam ser seu próprio seio (T, 133). Os ataques ao aparato perceptivo, descritas em obras anteriores, principalmente em *Second Thoughts*, "alimentam" tais fantasias onipotentes e oniscientes. Levando-se em consideração que Bion, nestes momentos de sua obra, voltou a aceitar a hipótese de Freud quanto ao consciente – como órgão do sentido para a percepção da realidade psíquica –, sem maiores questionamentos e sem tentar propor teorias alternativas (o leitor pode consultar o verbete "trabalho onírico alfa"), pode então dar-se conta de modo mais completo do fato de que esses tipo de ataque resulta em danos para o sistema consciente. Com isso, pode integrar de modo mais eficiente as contribuições de Freud e Klein quanto a estados narcísicos, ou de ocupação "em tempo integral" da posição esquizoparanoide, em que o único efeito real de identificação projetiva (q.v.), de resto uma fantasia, pode ocorrer: a clivagem dos processos de pensar. Os estudos clínicos que permitiram essa evolução, compactados em construções teóricas nos livros *Learning from Experience* e *Elements of Psycho-Analysis*, podem ser consultados no livro *Cogitations*, datados de 1959 a 1961.

A aceitação final da teoria de Freud e sua integração harmônica com a teoria de Klein permitiu-lhe enquadrar, em termos de comunicação teórica, a observação de que o aparato utilizado para obtenção de percepção consciente da realidade interna e externa é tratado como se fosse um fragmento indesejado. Fica fantasticamente expelido da personalidade. Pacientes nesse estado sentem que seu aparato perceptivo seria – em fantasia – um fragmento "expelível", análogo a urina ou fezes. Como tal, será necessário localizar seu destino no exterior. Um analista precisará apreender – mas nunca fazer – o rumo alucinatório do paciente. Em função disso, oito anos depois (se contarmos a data de publicação), Bion alerta sobre a necessidade de que analistas que se dispõem a tratar da parte psicótica de qualquer pessoa possam participar dos estados de transformações em alucinose de seus pacientes (AI, 36)

Nesse estado, um paciente fica privado das contribuições internas dos seu sistema consciente: fica privado de consciência minimamente suficiente de fatos reais. Atinge *"um estado em que não se sente vivo nem morto"* (ST, 38). São três situações emocionais imateriais, observáveis por meio de manifestações materializadas no comportamento e na linguagem: um ataque ao seio; um ataque ao seu próprio aparelho perceptivo até sua expulsão; confusão mental em relação a concepções básicas, sobre morte e vida. Criam uma tendência de ocupar de algo que é animado e, portanto, imaterial mas materializável, com métodos que obteriam mais sucesso se aplicados àquilo que é inanimado, apenas materializado.

> Na fantasia do paciente, partículas de seu próprio ego são expelidas, levando a uma existência independente, incontrolável, como que estando fora de sua própria personalidade, mas contendo objetos externos ou por eles contida. Esses objetos externos exercem, fantasticamente, funções de personalidade, como se a provação à qual a personalidade estivera submetida tivesse servido apenas para aumentar o número desses objetos externos, provocando sua hostilidade com relação à psique que os ejetou. Como consequência, o paciente sente-se cercado por objetos bizarros... cada partícula é sentida como constituída por um objeto externo real; que, por sua vez, fica encapsulado numa fração da personalidade que o engoliu. O caráter dessa partícula completa dependerá, em parte, do caráter do objeto real. Por exemplo: um gramofone; e, em parte, do caráter da partícula da personalidade que o engoliu. Se a fração da personalidade está relacionada com a visão, o gramofone, quando tocado, é sentido como se estivesse olhando para o paciente. Se estiver relacionada com a audição, então o gramofone, quando tocado, é sentido como se estivesse ouvindo o paciente. O objeto... imbui e controla a fração da personalidade que o engoliu, na medida em que a própria partícula é sentida como se fosse uma coisa. (ST, 39-40)

Portanto, para que se possa apreender o conceito de objeto bizarro, será necessário tolerar um paradoxo – de modo similar ao percurso feito por Bion, conforme se pode constatar no texto – aqui expresso simultaneamente no paradoxo "engolir/ser engolido", que ocorre entre um fragmento fantasticamente expelido da personalidade e o objeto factual "encontrável", em estado de alucinose, na realidade externa. Objetos bizarros carreiam nos sentimentos do observador participante – um analista, por exemplo – partes reais da personalidade desse mesmo observador. Têm, ainda que de modo parcial, uma existência concreta, factual, materializada. Devido a esses dois fatores, sua real natureza – que pode ser descrita em termos provenientes da psiquiatra, alucinação, alucinose e delírio – tem sido demasiadamente negligenciada no ato que poderia ser analítico, ou teria a pretensão de ser analítico. A questão nos parece séria, pois nos baseamos nas comunicações verbais dos pacientes, que podem assumir uma concretização puramente alucinatória, no aqui e agora da sessão; muitas vezes, e sempre dependendo de sua própria análise, ou experiência de vida, ou experiência na prática psicanalítica, o observador despreza, ou se esquece do fato de que alucinação é definida como percepção desprovida do objeto. Neste caso, parece ao observador, como já parecia ao paciente, que existe um objeto que, na realidade, não existe.

Neste momento, o leitor encontra a definição "objetos bizarros". Pode-se considerar que a formulação "objetos bizarros" continua um modo de escrita em psicanálise, já utilizado por Freud e alguns de seus continuadores, como Ferenczi e Reik, que recorre a metáforas quase poéticas:

> O paciente movimenta-se em um mundo que não é de sonhos, mas um mundo de objetos que usualmente são mobília dos sonhos. São objetos primitivos, mas complexos, compartilhando das qualidades que, na personalidade não-psicótica, caracterizam peculiarmente algo materializado, objetos anais, algo sensorializado, ideias, superego, e qualidades remanescentes da personalidade. Um dos resultados é que o paciente empreende uma luta para usar objetos reais como ideias, ficando perplexo que tais objetos obedeçam às leis da ciência natural, e não às leis de seu próprio funcionamento mental. (ST, 40)

No estudo "Sobre alucinação", fornece uma formulação ainda mais sumarizada: *"o paciente sente-se cercado por objetos bizarros, compostos, em parte, por objetos reais e, em parte, por fragmentos da personalidade"* (ST, 81).

Para que se possa apreender esse conceito, como outros na prática de psicanálise, é sempre necessário que o praticante possa obter uma análise pessoal em que haja experiência das vivências reais aos quais esse conceito tenta se referir. O hiato entre entender e apreender (além, ainda, do compreender, que permanece dentro da esfera intelectualizada, de erudição consciente) só nos parece ser preenchido pela experiência em análise do praticante, ou do leitor. Pode auxiliá-lo a manter firmemente em sua própria psique, atualmente mais conhecida como "mente", que há um fator prevalente, de que objetos bizarros são fantásticos, ou inexistentes, por maior que seja seu apelo materializado. Objetos bizarros são sentidos *como se fossem reais – pelo paciente; e, em certos casos, pelo praticante. A pessoa sob o controle deste tipo de funcionamento mental sofre um verdadeiro empobrecimento ou distorção na área do pensamento.* O autor deste dicionário vale-se agora da palavra "mente", ou psique, como era denominada pelos antigos gregos, e que se tornou um prefixo para algumas disciplinas científicas, ou que tentam ser científicas, em nossa civilização: psicologia,

O psiquiatria, psicanálise. Parece-nos absolutamente necessário suportar o paradoxo de que aquilo que hoje denominamos, em locais de linguagem derivada ou influenciada pelo latim, "mente" encerra, em sua correspondência na realidade, em sua maior parte, aquilo que não é conhecido, ou é inconsciente, apesar da nomenclatura concretizada que pode dar uma aparência de que seria conhecida apenas pela enunciação do nome "mente". Neste caso, forma-se um objeto bizarro que corresponde *in totum* à descrição de Bion, agora manifestada por membros do movimento psicanalítico.

> . . . a reversão de função-alfa afeta o ego; portanto, não produz um simples retorno aos elementos-beta, mas objetos que diferem em aspectos importantes dos elementos-beta originais, que não possuíam nenhum matiz de personalidade aderente a eles. Os elementos-beta diferem do objeto bizarro, pois o objeto bizarro é um elemento beta mais traços de ego e superego. A reversão da função-alfa violenta a estrutura associada à função-alfa. (LE, 25)

De um lado, a clivagem fica reforçada por privações e temor à morte por inanição; e, de outro, por amor e pelo temor à inveja e ao ódio assassinos, associados ao amor; assim, essa clivagem produz um estado mental no qual o paciente vorazmente persegue toda forma de satisfação material; o paciente é insaciável e, simultaneamente, implacável em sua busca de saciedade. Uma vez que esse estado se origina em uma necessidade de se livrar das complicações emocionais da percepção de vida, e de uma relação com objetos vivos, o paciente parece ser incapaz de sentir gratidão ou consideração tanto por ele mesmo como pelos outros. Esse estado envolve a destruição de sua consideração pela verdade. Como esses mecanismos fracassam em livrar o paciente de suas dores, que sente devido à falta de alguma coisa, sua busca de uma cura toma a forma de uma procura por um objeto perdido e termina em uma maior dependência de satisfação material; o que governa é considerar a quantidade, e não a qualidade. O paciente sente estar rodeado por objetos bizarros, de forma que mesmo os confortos materiais são maus e incapazes de satisfazer suas necessidades. Mas ele carece do aparato, da função-alfa, por meio da qual ele poderia compreender sua tribulação. O paciente, de modo voraz e temeroso, pega um elemento-beta atrás do outro, incapaz, aparentemente, de conceber qualquer outra atividade além da introjeção de mais elementos-beta. Quando se observa isso acontecer na análise, sente-se que o paciente nunca deixará de seguir um curso de ação; pode-se pensar que ele, possivelmente, não pode ignorar que esse curso é fútil. Embora ele pense que as interpretações são más, sem exceção, precisa ter mais e mais delas. No entanto, o paciente não sente que está tendo interpretações, pois isso requer uma capacidade de estabelecer com o analista a contraparte da relação que uma criança tem com um seio que forneça sabedoria material e amor. Mas sente ser capaz apenas de estabelecer a contraparte de uma relação em que se tem o tipo de sustento fornecido por objetos inanimados; ele pode ter interpretações analíticas que sente como flatos, ou como contribuições notáveis nem tanto por aquilo que elas são, e sim por aquilo que não são. O fato de o paciente usar um equipamento que serve para o contato com o inanimado para estabelecer contato consigo mesmo explica a confusão produzida quando ele fica cônscio de que, de fato, esteja vivo. Embora sinta não haver aspectos redentores em seu ambiente, inclusas nesse ambiente as interpretações do analista e sua própria falta de equipamento para aprender qualquer coisa de sua experiência, o paciente finalmente capta algum do sentido do que lhe é dito. (LE, 11-12)

De modo idêntico, interpretações e construções feitas pelo analista ficam sugadas como se fossem objetos bizarros inanimados: a única consideração que parecem merecer é pelo seu aspecto superficial; seu valor facial e aparência externa. O paciente incrementa sua exigência por interpretações, que são tomadas pelo que elas não são, sendo destruídas assim que nascem; nada nelas é considerado como amor ou segundo senso comum: características animadas. O paciente, *"para estabelecer contato consigo mesmo, usa um equipamento que é apenas adequado para contato com o inanimado"*. Em algum momento, todo esse sistema fracassa, e, independente de vontade, o paciente adquire um grau mínimo de consciência de que está vivo e, neste momento, instala-se um estado de confusão. Pois havia prevalência de produções seriadas de objetos bizarros, configurando uma busca quase incessante por aquilo que seja materializado, concreto; no entanto, sempre há uma parte neurótica da personalidade (ou a personalidade neurótica) em funcionamento simultâneo, mesmo que de modo mínimo; em consequência, *"o paciente, em última instância, apreende parte do significado do que lhe é dito"* (LE, 12). O estado de clivagem forçado criara uma situação na qual a realidade material prevalecia, às custas da realidade psíquica. Até que ponto esse estado difere dos estados "idealistas" descritos pela filosofia e pela teoria da ciência, alucinados ou delirantes, em que os voos da imaginação parecem ser menos suscetíveis de se tratar por meio da psicanálise? Em última análise, e também na experiência do autor deste dicionário constata-se que nos casos em que existe uma análise da personalidade psicótica minimamente suficiente, não há nenhuma diferença entre o que filósofos descrevem como idealismo e as produções da personalidade psicótica.

O objeto bizarro compartilha das características da alucinação; é um componente básico na construção de delírios, que podem ser considerados como várias alucinações interligadas por constructos racionalizados – cuja razão é uma escrava de desejo quase controlado, memória seletiva e entendimento racional (na personalidade neurótica); ou do desejo avassalador, memória clivada e entendimento sob negação racionalizada (nos psicóticos); e apenas de desejo prevalente, com memória o suficiente para evitar a intromissão inesperada de realidade (na psicopatia). Em todos esses estados, objetos bizarros possuem um traço embutido: *"análogo a uma capacidade de julgamento"*

(ST, 81). Situações conhecidas em análise, como fetichismo e colecionismo, são fundamentadas por objetos bizarros: podem ser acompanhadas por culpa reprimida, não consciente, e por um senso financeiro de lucro, usualmente consciente, mas tomado como normal, pela capacidade peculiar de julgamento apenas materializado.

Bion correlaciona a cura e explicações para construções do analista – o termo "construções" é utilizado no mesmo sentido dado a ela por Freud, em 1937 – com os objetos bizarros. *"Pareceu-me, durante este período da análise . . . que parte dos delírios advindos do paciente constituíam-se como tentativas de empregar objetos bizarros a serviço de uma intuição terapêutica"* (ST, 82). Portanto, um vértice de observação cujo postulado seja a dicotomia, ou clivagem, "normal ou patológico", como ocorre com algumas disciplinas – psiquiatria e psicologia acadêmica –, não permitiria este tipo de observação. Neste sentido, Bion leva a postura psicanalítica descoberta por Freud às suas últimas consequências; sintomas e sinais até então vistos como "doenças-em-si-mesmos" podem ser tratados como se fossem, analogicamente, um tribunal interno de último recurso; onde se desenrola ainda uma última tentativa de equilíbrio ou homeostase interna para manter a sobrevivência do indivíduo. Não se trata de avaliar a correção da "sentença" emitida pelo "tribunal", mas do fato de que um processo de manutenção de vida, ainda que falho, está ocorrendo. Objetos bizarros não são bons nem maus, sob o vértice psicanalítico: trata-se de verificar, apreender sua função naquela pessoa; e, se possível, manejar, inicialmente em sessões de análise, alternativas a eles, quando o próprio paciente percebe, ou intui inconscientemente, sua ineficácia.

Pode-se afirmar que objetos bizarros se constituem em elementos básicos para estados alucinatórios cotidianos; ou de transformações em alucinose (q.v.). Formam o que pode ser visto como "redes sociais" – termo hoje popularizado por interesses financeiros da assim chamada "comunicação virtual por internet". Caso não adentremos em modismos sociais, as "redes sociais" já eram mantidas anteriormente, nas várias agremiações ou grupos específicos, como clubes de início esportivos, ou ligados a *hobbies* como jogo ou prostituição, ou agremiações de classe, sindicatos, grupos religiosos, e semelhantes, em que objetos inanimados dominavam o interesse – seja no início ou na involução desses grupos, como agremiações científicas ou artísticas. Nos anos 1950, alguns estudos em grupo, de orientação psicanalítica, demonstraram a existência de grupos marcados por reciprocidade e grupos marcados por pseudorreciprocidade e não reciprocidade, na mesma proporção em que interesses pelo inanimado prevaleciam. O fenômeno ocorre na hipocrisia da vida social, nas "meias-mentiras" ou "meias-verdades" – a rigor, sempre mentiras – que tentam manter subserviência ou escravidão ao princípio do prazer-desprazer.

> O pressuposto subjacente à fidelidade ao vínculo K é que as personalidades do analista e do analisando podem sobreviver à perda de sua capa protetora de mentiras, subterfúgio, evasão e alucinação, e podem até ser fortalecidas e enriquecidas pela

perda. É uma suposição fortemente questionada pelo psicótico e, *a fortiori*, pelo grupo, que se baseia em mecanismos psicóticos para sua coerência e sentido de bem-estar. (T, 129)

Há um "espaço-tempo" permanente de alucinose na vida psíquica de qualquer pessoa, assim como um "espaço-tempo" permanente de atividade onírica, à guisa de contraponto; que, durante a vida de vigília, pode garantir um contato mínimo com verdade, ou realidade. Pode-se encontrar ilustração vívida de objetos em *A Memoir of the Future*. Consumismo, fetichismo, fanatismo e prevalência de meritocracias políticas oferecem ampla oportunidade de constatação a respeito da função básica de objetos bizarros. Há uma invariância que permeia a emergência – e possível identificação – de expressões fenomênicas, intrassessão, de elementos-beta e de objetos bizarros, na medida em que os últimos compartilham uma característica principal de elementos-beta: *"o componente moral"* (T, 64).

 O autor deste dicionário sugeriu uma expansão do âmbito coberto pelo conceito de objetos bizarros, caso se possa qualificá-los segundo seu modo de apreensão pelo nosso sistema sensorial: haveria "elementos-beta aparentemente compreensíveis" (Sandler, 1990, 1997b) – como ocorre nos colecionismos de qualquer tipo, e no fenômeno social de moda (ou, na versão hoje universal, em inglês, *fashion*). Em sessões de análise, pode-se observar a existência de valores morais compartilhados, ou de linguagem compartilhada, não por senso comum, mas por preconceitos, conscientes ou não, provenientes do paciente e do analista. Nesses casos, parece-nos útil qualificar – caso se detecte a situação – os valores morais compartilhados, ou linguagem compartilhada, de "elementos-beta aparentemente compreensíveis". Embora sejam objetos bizarros, não parecem sê-los, nem ao paciente nem ao observador que não dispõe do vértice psicanalítico. Ambos os tomam como "normais" e não os submeterão a nenhum exame crítico (ou exame científico, ou da aplicação do método denominado por Kant de "criticismo"). O observador, que nestes casos se porta, na realidade, como não-observador, estará em conluio (inconsciente ou parcialmente consciente), por preconceito; o compartilhamento ficará não-observado e, portanto, será impossível de ser manejável; será incontrolável.

Ódio

Consultar o verbete "Vínculos".

O

Opinião (do analista)

Neste verbete, tentaremos esclarecer um modo de leitura que parece ao autor deste dicionário provocar um sério desentendimento a respeito das contribuições de Bion. Desentendimento é um termo utilizado aqui no mesmo sentido apontado por Bion por meio do conceito de "menos K" – ou "–K" (q.v.). O desentendimento origina equívocos e confusões que nos parecem demasiadamente perigosas para o trabalho com pacientes, para o psicanalista como membro de um movimento social, no que tange às opiniões e atitudes desse mesmo meio social no qual o psicanalista se encontra; e para o psicanalista como indivíduo, que recai na tendência a hipervalorizar opiniões próprias, naquilo que Freud denominou "transferência" (q.v.), com todas as implicações de sentimentos e fantasias paranoides de onipotência e onisciência nela envolvidos.

Parece ao autor deste dicionário que há leitores que abrigam dificuldades nos processos do pensar cuja manifestação social é um estado psíquico denominado por alguns estudiosos como Arendt, Sanford e colaboradores de autoritarismo, ou totalitarismo, e definido por alguns teóricos da ciência e filósofos (ao longo dos últimos mil anos) de idealismo, subjetivismo (na época de Kant), solipsismo (na época de Freud) e relativismo (na época atual). Esses leitores ficam dominados por uma tendência: a de fazer leituras clivadas do texto de muitos autores. No nosso caso, do texto de Bion. Nessa leitura clivada, escolhem uma frase, ou uma expressão verbal, ou até mesmo um termo (palavra) único, extirpando-o do contexto total do enunciado, ou da obra, para tentar legalizar sua própria crença. No caso que tentaremos iluminar, a crença própria fica travestida de uma frase utilizada por Bion na qual existe a expressão verbal "opinião do analista". Esse tipo de leitura tem se infiltrado – como seria de se esperar – em todos os escritos de Bion. Trata-se de um "preconceito de leitura", caso possamos classificá-lo. O preconceito pode ser visto como ideológico: tenta forçar uma filiação da obra escrita por Bion às manifestações das tendências filosóficas referidas acima. O autor deste dicionário expande algumas consequências dessa tendência em outros textos, denominando-a de "idealismo ingênuo", inspirado pelo termo de Kant "realismo ingênuo" (Sandler, 2000a, 2013, 2015a, 2015b).

O idealismo ingênuo implica, sob o vértice psicanalítico, negação da existência de Verdade (um termo equacionado, como foi equacionado por Freud e Bion, ao termo Realidade). De acordo com os "idealistas ingênuos", haveria, em última análise, apenas opiniões pessoais a respeito do universo, do mundo, e de fatos. Verdade, ou Realidade, seria sempre, e apenas, uma criação de um psiquismo (ou mente, em sua versão terminológica mais atual) individual. Não há possibilidade de apreensões da realidade tal como ela é – como escreveram Platão, Baruch Spinoza, Francis

Bacon e Immanuel Kant. Nos dias atuais, há recomendações autoritárias de que, no caso de alguém praticar filosofia, não deverá perder seu tempo com questões como realidade e verdade. Para citar alguns exemplos: as obras de Leotard, Althusser, Deleuze e Rorty. as pessoas que se dedicam a isso não passam de simplórios, ignorantes de determinantes sociais daquilo que é chamado de "verdade"; de que a ciência não passa de mais uma ideologia, supradeterminada pela ideologia social "capitalista". No caso do idealista ingênuo, ocorre confusão entre aproximações à Realidade (ou Verdade) e propriedade de Verdade Absoluta (no sentido definido pelos antigos gregos, resgatado por Kant); e também algo que o vértice psicanalítico observa como identificação projetiva: que os cientistas almejariam ser donos de Verdade Absoluta; mas não aqueles que decretam o "fim da história", ou o "fim da ciência". O não saber – ou o desconhecido, ou inconsciente – fica confundido com uma suposta não existência de Verdade (ou Realidade). Reduzida a opiniões individuais, que enaltecem o emissor da opinião; no grupo, funcionam como instrumento para idolatria momentânea, fomentando o espraiamento de preconceitos. Em análise, estimulam fantasias transferenciais. Não haveria apreensões de uma realidade já existente, independente de nós, e sim apenas opiniões individuais, que "decidem", em alucinação, qual é e como é a realidade. Não haveria "pensamentos sem pensador" (q.v.), mas apenas pensamentos com pensador. Nos séculos XVIII e XIX, apareceram como ideologias ditas "revolucionárias", originando o ditado popular "rei morto, rei posto". No nosso século, e desde o final do século XX, surgiram as tentativas de confundir o trabalho de Bion com o modismo "pós-modernista", visto como isento de qualquer sentido real por dois físicos práticos (Sokal & Bricmont, 1997), sob a forma de favorecer "leituras individuais" a respeito do que essa pessoa escreveu, sem compromissos com o que realmente ela escreveu. Indistinguíveis de imposturas, clivagens no texto tornaram-se regra. Um dos autores que se identificou com o modismo "pós-modernista", fazendo propaganda de interpretações hermenêuticas que, segundo ele, teriam valor literário, ficou perplexo ao ler um texto de Bion em que há a defesa inarredável do método científico. Suas ideias anti-científicas foram colocadas em questão pela então editora do *International Journal of Psychoanalysis*, a Dra Dana Birkstead-Breen, que pediu críticas a três colegas - conduta normal do periódico para artigos polêmicos[100]. Entre eles, o autor desse dicionário. Antes da crítica, esse autor convidara o autor desse dicionário para prefaciar um de seus livros, e citava constantemente verbetes desse dicionário, em atitude política, não científica. Enviei-lhe minha crítica antecipadamente. Enraivecido com a crítica, por força política, fez publicar secretamente uma réplica violenta, sem fazer menção aos dois outros críticos. Membros da meritocracia política, algumas vezes, mostram autoritarismo e posturas anticientíficas, expressões de ódio à verdade.

---

[100] Sandler (2015b).

O

Esse tipo de leitor, que sugiro denominar, relativistas e idealistas, degeneram o "princípio da incerteza" formulado por Heisenberg – válido para o comportamento de micropartículas – para um "princípio de ignorância". O moto subjacente, e desconhecido (inconsciente para essas pessoas) seria: "se eu não sei, ninguém sabe". Se o leitor deste verbete sente que está identificado com o tipo relativista, poderá desprezar as noções aqui contidas, como se fossem apenas mais uma "leitura" daquilo que Bion escreveu.

A perspectiva oposta a essa foi expressa por um dos autores preferidos de Bion: John Ruskin, um literato e pedagogo que idealizou todo o sistema de ensino na Inglaterra no século XIX – que se mantém até hoje. Recomendou que não se deve colocar nossos próprios sentidos em um texto, mas deve-se tentar apreender o sentido dado pelo autor original. Sendo esse o caso, talvez seja oportuno que os escritos de Bion falem por si mesmos.

Historicamente, podemos encontrar em *Cogitations* algumas abordagens à questão de verdade e da opinião do analista. Na tentativa de testar uma teoria – trabalho onírico alfa (q.v.) – com dados empíricos, enfatiza a necessidade de se procurar o que pode ser verdade nas interpretações do analista.

> É muito importante que o analista saiba não o que *está* acontecendo, mas o que ele *pensa* estar acontecendo. Essa é a única certeza que ele pode reivindicar. Se ele mesmo não souber que pensa que isso ou aquilo esteja acontecendo, não terá base para fazer a interpretação. Isso pode ajudar a superar o hiato. Deve-se correlacionar a teoria que está sendo testada empiricamente com o quanto essa teoria consegue fazer o analista ter certeza de que ele *pensa* que o caso é x; a teoria testada não deve ser correlacionada ao poder de assegurar que o caso *é* x. O fato sujeito ao teste empírico é a certeza, ou o grau de certeza, que o analista pode atingir sobre o que ele pensa estar ocorrendo. Ele poderia dizer: "Percebo que o meu ponto de vista pode estar completamente errado, mas, de qualquer modo, sei que tenho certeza que *esse* é o meu ponto de vista". (C, 70)

Um leitor idealista poderia se beneficiar da observação de que Bion não afirma que seria impossível saber o que está acontecendo; ele indica que será impossível qualquer abordagem para o que está acontecendo no caso de o analista não estar sendo sincero consigo mesmo. No texto anterior, Bion diferencia nitidamente um poder, o de obter uma apreensão de algo que "pensa estar ocorrendo", de outro poder, o "de assegurar que o caso *é* x".

Em 1962, ao introduzir os três vínculos que uma pessoa pode fazer com coisas materiais, com pessoas e com eventos, que denomina Amor (*Love*, ou L), Ódio (*Hate*, ou H) ou Conhecimento (*Knowledge*, ou K), alerta:

... o objetivo em escolher **L, H ou K** é o de fazer a melhor formulação possível a partir do que o analista crê ser verdadeiro. Não precisa ser uma formulação que represente de modo acurado a realização da qual ela é a contraparte; a formulação precisa parecer ao analista um reflexo verdadeiro de seus sentimentos, algo em que ele possa confiar para um objetivo importante, a saber, o de agir com um padrão ao qual ele possa referir todas as outras formulações que se proponha a fazer. (LE, 45)

Seis anos depois, Bion ilumina ainda mais a questão:

O, representando a realidae última incognoscível, pode ser representado por qualquer formulação de uma transformação – como "realidade última incognoscível", que acabei de formular. Portanto, pode parecer desnecessário multiplicar representações de **O**; realmente, a partir do vértice psicanalítico, isso é verdade. Mas desejo tornar claro que minha razão para dizer que **O** é incognoscível não é que eu considere que a capacidade humana não esteja à altura da tarefa, mas porque K, L ou H são inadequados para "**O**". São adequados para transformações de **O**, mas não para **O**. (T, 140) (O leitor pode examinar os verbetes "K", "vínculo L", "H", "'O'" e "Transformações").

Em 1970, retorna à questão:

Não é o conhecimento da realidade que está em jogo, nem mesmo o equipamento humano para conhecer. A crença de que realidade é algo que é conhecido, ou poderia ser conhecido, é equivocada porque realidade não é algo que se presta, por si, a ser conhecido. É impossível conhecer realidade pela mesma razão que faz com que seja impossível cantar batatas: pode-se plantá-las, colhê-las, ingeri-las, mas não cantá-las. Realidade tem que ser "sendo": poderia existir um verbo transitivo "ser", para ser usado expressamente com o termo "realidade". (T, 147-148)

Tanto em 1962 como em 1965, Bion salienta a importância que Verdade tem para a mente humana. Seria comparável à importância de água e de alimento para nosso corpo, se considerado materialmente. Aparece o alerta feito em 1959 e 1962 – sobre a necessidade de ser sincero. É possível que esse tipo de enunciado verbal possa soar como um tipo de defesa incondicional de que o acesso à Verdade dependeria apenas de contingências – ou, de modo menos disfarçado, que os textos de Bion constituem-se como negação da existência de Verdade. No entanto, para leitores isentos de preconceitos, estará aberta outra interpretação, que a obra de Bion ecoa a de Thomas Paine, sobre fidelidade – em que há uma observação de que ser fiel não se trata de ideologia, ou de alguma crença específica, em si. Fidelidade é uma ação que a pessoa precisa ter consigo mesma. O que importa, em uma sessão de análise, é o grau de fidelidade do analista perante sua crença, seja ela qual for.

No terceiro capítulo de *Transformations*, o leitor poderá encontrar – pela primeira vez – um enunciado verbal a respeito de conveniências para o analista. Ao tentar elaborar uma classificação do material em termos da teoria das Transformações e Invariâncias, Bion sugere que os analistas lidem com manifestações verbais que o paciente faz após ter sido submetido à recepção de estímulos. Nomeia a experiência de recepção, ou captação de um estímulo imaterializado e ultimamente incognoscível, "O" (q.v.), que pode ser materializada, até certo ponto, em transformações realizadas pelo paciente sobre "O", que denomina produtos finais de transformação do paciente. Em notação quase matemática, $T^p\beta$ (q.v.). Na citação seguinte, talvez seja útil apreender a notação quase matemática proposta por Bion segundo sua forma verbal, pela seguinte legenda:

T^p = transformações do paciente sobre um estímulo – a realidade última – original, "O";

$T^p\alpha$ = processos de transformação do paciente sobre o mesmo estímulo "O";

$T^p\beta$ = produtos finais da transformação do paciente, sobre o mesmo estímulo "O":

> O problema de classificar o material é complicado por encerrar elementos das três transformações: T^p, $T^p\alpha$ e $T^p\beta$. Isso é uma questão relevante, pois a decisão depende do que for mais conveniente ao analista. Caso pareça que a melhor aproximação à interpretação é cingir o exame (digamos, C^4 e D^4) aos aspectos do material que expressam $T^p\beta$, o analista precisa ajustar sua abordagem. O problema é reformular $T^p\beta$ em termos coloquiais, mas precisos. (T, 26)

A *conveniência* descrita por Bion não se vincula a preferências pessoais, a desejo: é restrita a uma direção necessária, que permita à comunicação obter a eficácia máxima possível. A *conveniência*, mesmo que emitida pelo analista, e precisando, paradoxalmente, considerar limitações do analista, será voltada ao paciente. Conhecer essas limitações, ainda que parcialmente, garante o seu aproveitamento. O conhecimento precisará ser obtido por experiências na vida, e também pela análise pessoal do analista. Bion traz a questão novamente em um artigo breve, de 1977, usando como título um dito popular: "tornando proveitosa uma tarefa ruim". O paradoxo é frequentemente abominado; para "resolvê-lo", ainda que alucinatoriamente, o praticante será levado, conscientemente ou não, a exagerar suas prerrogativas; seus desejos; suas conveniências. A teoria de Bion, concebida para disciplinar desejo, será usada para impor o desejo do analista.

"ANALISTAS" OPINIONÁTICOS (OU OPINIONISTAS)

O leitor poderá se aprofundar nos alertas de Bion a respeito da "opinião do analista" ou, como sugerimos apreender a noção, "visão do analista", se examinar com cuidado o Capítulo IV de *Transformations*. Para um exame cuidadoso, é útil examinar exames descuidados. Pode-se isolar dois fatores de distorção presentes em leituras descuidadas, gerando desentendimento (sob a égide de –K):

(1) Primeiro fator de distorção: tradução demasiadamente literal do termo em inglês *opinion* por "opinião"

(2) Segundo fator de distorção: clivagem da frase escrita por Bion no quarto capítulo de *Transformations*, à página 37: "A única limitação necessária da expressão verbal é que ela expresse verdade, sem nenhuma outra implicação além de ela ser verdadeira na *visão do analista*" (*"Verbal expression must be limited so that it expresses truth without any implication other than the implication that it is true in the analyst's opinion"*).

Vamos reproduzir agora, para que o leitor faça sua própria apreciação e possa chegar à sua própria conclusão, o que nos parece ser o contexto total. Para tanto, será útil, caso o leitor ainda não tenha se familiarizado com a notação quase matemática de Bion, manter em mente a seguinte legenda:

T^a = transformações do analista;
$T^a\beta$ = produto final das transformações do analista.

A teoria nos deixa livres para atribuir a $T^a\beta$ a acepção exata da verbalização que o analista faz de sua experiência na sessão – e o estado emocional gerado no seu paciente. Seria incompatível com a teoria e a prática psicanalíticas que o analista trabalhasse sobre as emoções de seu paciente do mesmo modo que um pintor poderia trabalhar sobre sua tela. O pintor que trabalhe sobre as emoções de seu público com uma finalidade em vista é um propagandista, cuja perspectiva corresponde à de um pintor de pôsteres – sua intenção não é que seu público esteja livre para escolher o que vai fazer da comunicação. A posição do analista é semelhante à do pintor que, por meio de sua arte, acrescenta algo à experiência de seu público. Já que os psicanalistas não almejam conduzir a vida do paciente, mas capacitá-lo a conduzi-la de acordo com suas próprias luzes e, portanto, conhecer que luzes são essas, $T^a\beta$, sob a forma de uma interpretação ou de um estudo científico escrito, precisaria representar a representação verbal do analista referente a uma experiência emocional. Seria inadequada uma tentativa de excluir por cerceamento verbal algum elemento de T^a que a fizesse passar do âmbito da comunicação do conhecimento para o da propaganda. A única limitação necessária da expressão verbal é que ela expresse verdade, sem nenhuma outra implicação além de ela ser verdadeira na *visão do analista*. Fica fora do escopo desta discussão como se faz essa tentativa, a não ser no que tange a certas implicações; passo a considerá-las. A primeira se refere ao caminho através do qual chegamos a essa conclusão. Algumas vezes assume-se que a razão para o trabalho científico é um amor abstrato pela verdade. A linha de raciocínio que segui implica que os bases para limitar os significados que podem ser substituídos por $T^a\beta$ por enunciados verdadeiros se situa na natureza de significados que *não* estejam limitados desse modo, e a conexão deles com outros componentes na teoria T. Caso verdade não seja essencial para todas as acepções exatas de $T^a\beta$, será necessário considerar que $T^a\beta$ está expressa na e por meio da manipulação de emoções do paciente, ou público, e não na ou por meio da interpretação. Verdade é essencial para qualquer acepção exata de $T^a\beta$ em arte ou ciência. O que significa isto, verdade ser um critério para uma acepção que se propõe para $T^a\beta$? Para o que ela tem que ser verdadeira? E como vamos decidir se é ou não verdade? Quase toda resposta parece fazer com que verdade fique contingente a alguma circunstância ou ideia; que são, em si, contingentes. Voltando à experiência analítica para obter uma indicação, sou lembrado de que um desenvolvimento mental parece depender de verdade do mesmo modo que o organismo vivo depende de alimento. Caso falte verdade, ou ela seja deficiente, a personalidade deteriora. Não posso sustentar essa convicção por intermédio de evidência considerada como científica. Pode ser que essa formulação pertença ao âmbito da estética. O problema surge na prática com personalidades esquizoides. Nelas, em termos de desenvolvimento, o superego parece anteceder o ego, e nega ao ego tanto desenvolvimento como a própria existência. A usurpação, pelo superego, da posição que seria do ego envolve um desenvolvimento incompleto do princípio da realidade, exaltação de uma perspectiva "moral" e falta de respeito pela verdade. O resultado é inanição de verdade e retardo no desenvolvimento. Vou considerar esse enunciado como um postulado que resolve mais dificuldades do que cria. (T, 37-38)

Há evidências óbvias de que o texto se constitui – analogicamente – como uma ode à necessidade de que psicanalistas sejam sinceros consigo mesmos. A necessidade de sinceridade pode ser vista como ética, no sentido dado por Spinoza e Kant ao termo, mas, psicanaliticamente, ética é disciplina sobre desejo – uma questão abordada didaticamente e, portanto, de modo raro na obra de Bion em um artigo breve de 1967 ("Notas sobre memória e desejo"). No entanto, ao se retirar aquilo que parece ao autor deste dicionário a frase dileta, que já se tornou bordão e jargão, dos "analistas opinionáticos" (ou "opinionistas") do contexto total, fica fácil utilizá-la para enaltecer a "opinião do analista", "autenticando" ou "legalizando" um enunciado amputado como uma nova crença ideológica, dando falso conforto à onipotência não analisada de membros do movimento psicanalítico.

Bion enfatiza uma necessidade: o modo pelo qual um psicanalista poderia disciplinar sua própria delinquência, impondo seu interesse próprio, mesmo que oculto de si mesmo, às expensas dos interesses dos pacientes. Nem sempre é o caso de que os interesses, ou desejos, ou prevalência do princípio do prazer-desprazer, estejam inconscientes, ou ocultos. Desse modo, instituem algo que fez parte de outro alerta de Bion, feito em 1967, no estudo, "Sobre a arrogância" (publicado em duas ocasiões: no *International Journal of Psycho-analysis* e, dez anos depois, no livro *Second Thoughts*): analistas também se portam como se fossem a pessoa mais importante no consultório, interessados apenas "no próprio umbigo", como bebês, agora travestidos de suas "opiniões". Desprezam os alertas feitos por Freud a Breuer a respeito de fantasias transferenciais.

Fantasias transferenciais, sempre produtos de processos alucinatórios, tipificam a personalidade psicótica (q.v.):

> Todos aqueles que têm experiência com a personalidade psicótica estão familiarizados com a penetrante investigação, incessantemente ativa, destinada a destampar fontes de contratransferência. As associações do paciente dirigem-se para obter evidência de significado e emoção (aqui divididas, de modo amplo, em duas categorias bem abrangentes, de amor e ódio). Já que a atenção do paciente dirige-se para encontrar evidência de significado, mas não para encontrar qual é o significado, as interpretações têm pouco efeito em produzir mudança, até que o paciente veja que está destampando uma fonte de reasseguramento para prover um antídoto para esse problema, e não uma solução para ele. (T, 81-82)

Essa postura restritiva parece-nos colocar quaisquer outras necessidades e também desejos provenientes do paciente – que não serão objeto de análise – em suspenso. Um analista daria apenas "opiniões pessoais", qual uma autoridade, mas expressando apenas autoritarismo superior. Diminui, ainda que alucinatoriamente e, portanto, com tempo contado, a responsabilidade do analista sobre os resultados do tratamento, já que caberia a ele ou ela emitir "opiniões pessoais". Um "psicanalista" assim considerado, em atitude olímpica, acima de tudo, de necessidades e de possibilidades, poderia apenas apresentar ideias pessoais, sem compromisso com o paciente. Agrada indivíduos que ocupem a posição esquizoparanoide em tempo integral e dedicação exclusiva; que valorizam a tal ponto suas opiniões pessoais, ficando liberados para fantasiar que suas opiniões pessoais seriam uma questão de interesse para qualquer pessoa, além deles mesmos. Aquilo que Bion nomeia como "visão analítica" seria algo irrelevante. Também será irrelevante a liberdade do paciente de utilizar a comunicação do analista como pode, ou mesmo como prefere.

O

Não terá nenhuma importância na continuidade da investigação – exceto nos casos de pacientes que, por questões de sensibilidade ou inteligência, interrompem um trabalho que se mostra infrutífero. De modo hiperbólico, a interrupção pode ser utilizada apenas para comunicação do fato, como último recurso para este tipo de analista. Podem ocorrer suicídio ou homicídio; neste caso "analistas opiniáticos" sentem que não haveria o menor motivo para se incomodarem, por considerar que não tem nenhuma responsabilidade, ainda que parcial, em tais desfechos. Afinal, sua função seria apenas emitir opiniões pessoais. Se o paciente as utiliza de modo proveitoso, o julgamento será o quão importante e sábio é o analista. Se o analisando não as utiliza, será sempre em função do grau de patologia a ser atribuído ao analista – eufemisticamente concebido como "um paciente inanalisável". Os danos dessa situação à visão que a sociedade circundante tem a respeito da psicanálise são incalculáveis. E já estão ocorrendo: a psicanálise já foi vista como atividade respeitável, e isso, hoje em dia, não é mais uma regra. Mesmo que se considere que parte da respeitabilidade fosse originariamente devida ao efeito placebo. Bion nos legou observações sintéticas a respeito disso, ao introduzir o conceito de "mudança catastrófica" (q.v.) e sua diferença com catástrofe, no primeiro capítulo de *Transformations* e, de modo extenso, em *A Memoir of the Future*.

Uma das diferenças entre mudança catastrófica e catástrofe ocorre quando membros do movimento psicanalítico pressupõem estar envolvidos em uma atividade isenta de responsabilidade; que o seu trabalho acabou, ou teria sido bem-feito no caso de ter emitido suas opiniões pessoais. Talvez essas pessoas poderiam refletir sobre a observação de que, *"De modo geral, pode se dizer que dificilmente o analista se preocupa com o pano de fundo cultural em relação ao qual o trabalho analítico precisa ser feito. Entretanto, a cultura pode se preocupar com o analista. Excepcionalmente – um caso notável foi o do próprio Freud – o trabalho psicanalítico afeta profundamente o panorama social. Portanto, uma questão importante para analistas é que a imagem pública de nosso trabalho não seja deturpada ao ponto de se produzir um clima de opinião que intensifique as dificuldades, já consideráveis. Esta imagem vai ser influenciada por pacientes, por seus analistas e pelas sociedades e grupos formados por analistas"* (T, 11).

Será útil detalhar ainda mais o exame do texto extraído das páginas 37 e 38 de *Transformations*? Para os leitores que supõem ser útil, como supôs, por experiência, o autor deste dicionário, sublinharemos a seguinte frase, que nunca deve ser clivada do contexto total, reproduzido anteriormente: *"Seria inadequada uma tentativa de excluir por cerceamento verbal algum elemento de T^a, que a fizesse passar do âmbito da comunicação do conhecimento para o da propaganda. A única limitação necessária da expressão verbal é que ela expresse verdade, sem nenhuma outra implicação além de ela ser verdadeira na visão do analista"* (T, 37).

A "exclusão" enfatizada por Bion é um alerta para que se evite, necessariamente, como critério para se saber se está havendo análise ou não, manipular informações, e forçar estados psíquicos não naturais – mentirosos – no paciente, pelos meios usuais de omissão, evasão de comunicar verdade e de insinceridade. O alerta enfático de Bion equivale a uma recomendação de sinceridade, evitando dar opiniões pessoais indiferentes. A opinião do analista é intransigente em relação a Verdade; é comprometida com experiências e pontos de vista emocionais provenientes, primariamente, do paciente – mesmo que sempre conjugadas com experiências pessoais do analista. Trata-se de uma dependência, aquele que depende de uma realidade externa – do paciente. E não apenas, e exclusivamente, de uma dependência de uma realidade interna – do analista. Emitir apenas opiniões pessoais pode ser idêntico a um estado autístico. A influência da realidade interna do analista é um fato a ser levado em conta – foi denominado por Freud de "fator pessoal", e por Bion, "equação pessoal" – um fator para ser disciplinado, e que não seja diretor ou ditador. A formação pessoal do analista que inclui a análise chamada "didática" permite detectar aspectos contratransferenciais e também exames do estado psíquico do analista, por meio do instrumento "Grade" (Grid), os quais podem ser examinados em outros verbetes neste dicionário. Uma consciência mínima, mesmo que incompleta, será obrigatória no trabalho com pacientes.

Aquele que apenas opina ficará incapacitado e, portanto, impossibilitado de perceber que há um paradoxo envolvido na prática de análise: *"Algumas vezes assume-se que a razão para o trabalho científico é um amor abstrato pela verdade. A linha de raciocínio que segui implica que os bases para limitar os significados que podem ser substituídos por $T^\alpha\beta$ por enunciados verdadeiros se situa na natureza de significados que não estejam limitados deste modo, e a conexão deles com outros componentes na teoria T. Caso verdade não seja essencial para todas as acepções exatas de $T^\alpha\beta$, será necessário considerar que $T^\alpha\beta$ está expressa na e por meio da manipulação de emoções do paciente, ou público, e não na ou por meio da interpretação. Verdade*[NT] *é essencial para qualquer acepção exata de $T^\alpha\beta$ em arte ou ciência"* (T, 37).

Dispomos de evidências de que Bion estava consciente da existência desse perigo. Ao discutir a imaterialização intrínseca ao trabalho analítico, Bion a compara com a empreitada dos matemáticos, pessoas que igualmente trabalham com a ausência física dos seus objetos. Boa parte das descobertas matemática acaba tendo, mais cedo ou mais tarde, alguma evidência empírica, dependente de evoluções tecnológicas, mas Verdade já estava incluída na descoberta de uma versão imaterializada, matemática. No trecho anteriormente reproduzido, podemos reiterar que *"Uma teoria das transformações deve ser composta de elementos e constituir um sistema capaz do maior número possível de usos (representado pelo eixo horizontal da 'grade') caso ela seja para ampliar a capacidade do analista para trabalhar em um problema – estando ou não presentes os componentes materiais do problema.*

Isso parece introduzir uma doutrina perigosa, que abre espaço para o analista que teoriza desvinculado dos fatos da prática. No entanto, a teoria das transformações não é

O

aplicável a nenhuma situação em que um elemento indispensável não seja a observação. Usa-se a teoria das transformações para se fazer a observação e registrá-la de um modo apropriado para se trabalhar com ela, mas desfavorável a fabricações instáveis e indisciplinadas. . . . Sumarizando: a teoria é para ajudar a observação e o registro em termos apropriados para o manejo científico, sem a presença dos objetos".

Continua ocorrendo um apelo que pode soar para alguns como sedutor. Algumas de suas características psíquicas serão elencadas a seguir; esses alguns seduzem-se com "leitores opinionáticos", ou "opinionistas", que legalizam a opinião pessoal de todos. Aparecem ou mantêm aparências de liberalidade, por vezes bonachões ou compreensivos. Um praticante que declara abertamente ser alguém que fornece "apenas uma opinião pessoal" apresenta-se como se fosse alguém que teria profunda consciência de suas limitações; mimetiza atitudes de alguém cuja aparência é de humildade. Disfarçada de humildade, campeia libertina uma paranoia subjacente – para se tornar galopante.

Esses leitores, ao deparar com a obra de Bion, que tenta aplicar a teoria das Transformações e Invariâncias à psicanálise, clivam a necessidade de percepção das invariâncias, amputando-as do corpo central da teoria. A finalidade, consciente ou não, é legalizar e institucionalizar a opinião pessoal de cada um. Em seminários clínicos em grupo, típicos da formação analítica, costumam dizer: "Isto é sua transformação, você está certo" para um e o mesmo para outro. Contanto que o outro não seja a pessoa que apresenta o caso clínico – este sempre estará "errado", se for uma situação de grupo, e "certo", se for uma supervisão pessoal. Na verdade, a pessoa que apresenta o caso, salvo falsidades, seria a única autorizada a dizer algo, pois foi ela quem vivenciou situações reais, não apenas imaginárias (pois situações reais sempre contêm elementos visuais, por ação de memória sobre processos do pensar) nem hipotéticas, com o paciente. Pelo menos na experiência do autor deste dicionário, de quatro décadas frequentando ambientes do movimento psicanalítico, nunca houve a experiência de um escrutínio cuidadoso do vértice adotado pelos comentadores "opiniáticos". A legalização egocêntrica da opinião individual teve, tem e provavelmente sempre terá apelo popular notável e real, ao prover um lócus social no microgrupo do movimento psicanalítico a serviço da onipotência de alguns, para quem, como ocorre com drogas, procuram drogas como *"substitutos utilizados por aqueles que não podem esperar"* (C, 299).

Pois emitir apenas opiniões pessoais, em sua forma extrema, é um ato oposto ao ato de investigação científica. Em análise, buscam-se aproximações à realidade última, sempre transitórias, de relance, captando apenas pequenos aspectos, de relance: um *insight*, na terminologia de Freud. Nestes, as pessoas enfrentam provas, sempre evidenciadas por contrapartes na realidade. A observação clínica, que se superpõe à observação da vida tal como ela é, mostra que alguns pacientes são propensos a manifestações de desinteresse – e situações de auto-ódio, manifestadas por sadismo e prazer em atos sádicos e autossádicos, também denominados por Freud de "masoquistas". Expõem-se prazenteiramente à indiferença, a outras pessoas com fantasias de superioridade; à desumanidade com que alguns conseguem dedicar a outros seres humanos; derivam prazer daquilo que usualmente é visto como origem de prazer para a maioria. Essas pessoas serão especialmente atraídas pela oferta de "opiniões pessoais". Fantasias sexuais de ser penetrado, de natureza "homo", podem ser um fator; a fantasia de postergar a assunção de responsabilidade pessoal, que transforma uma pessoa em eterno "aluno", constitui-se como outro fator na formação de um mercado para "analistas opiniáticos".

Quando ocorre a conjunção constante de um "analista opiniático" com um paciente que apresente um ou mais do que um dos fatores elencados anteriormente, haverá um desfecho que, de forma paradoxal, é o melhor e o pior. É o melhor a curto prazo, para os que buscam entretenimento, como os providos por drogas; e o pior pela consequência social. Em resumo, haverá desperdício de tempo – o único bem nunca renovável que nós, seres humanos, possuímos, sempre transitoriamente. Desconhecer ou desprezar esse problema sempre terá consequências graves para a vida dos envolvidos; não porque, segundo alguns, "tempo é dinheiro", uma perspectiva otimista e concretizada, mas porque o tempo é vida e não há retorno do tempo perdido. Não há espaço, nem tempo, para "analistas opiniáticos" e seus pacientes, em que o ódio à análise permanece despercebido, e virgem de análise, para considerar observações do seguinte teor: *"Como os psicanalistas não visam viver a vida do paciente, mas sim capacitá-lo para vivê-la de acordo com suas orientações e, portanto, conhecer suas orientações, T^{a}β, quer sob a forma de interpretação ou artigo científico, deve reproduzir a representação verbal de uma experiência emocional do psicanalista"* (T, 37).

Em 1970, Bion expressa ainda mais claramente sua visão a respeito de "opiniões de analistas", ajudado pela sua segunda teoria sobre vínculos (q.v.):

A mentira é prerrogativa de uma relação entre mente hospedeira e mente parasítica, e destrói as duas. O pensador pode acolher pensamentos, desde que não precise de pensamentos para contribuir para sua própria importância, e que possa tolerar pensamentos que não contribuam para sua importância. Se o pensador for essencial para ao pensamento, esse pensador conflita com outros pensadores que se sentem essenciais ao pensamento. A inveja, ciúmes e possessividade incitados são as contrapartes dos elementos tóxicos no parasitismo físico. Contribuem para a natureza destrutiva da cultura que se desenvolve a partir do desenvolvimento da mentira. A necessidade de cada indivíduo reivindicar que sua contribuição para o pensamento é única e essencial diferencia esse clima emocional de um outro, no qual a inevitabilidade do pensamento e a desimportância do indivíduo que a abriga não gratificam o narcisismo do indivíduo – este segundo estado carece, portanto, de apelo emocional. Falta esse apelo à pessoa que corrobora as descobertas de outros. Mesmo que o pensamento precise de um pensador, não precisa de um pensador *específico*; nisso ele se assemelha a verdades – pensamentos que não precisam de nenhum pensador.

Já que o analista se ocupa dos elementos evoluídos de O e suas formulações, pode-se avaliar essas formulações considerando-se até que ponto a existência do analista é necessária para os pensamentos que ele expressa. Quanto mais suas interpretações possam ser julgadas como demonstrando como *seu* conhecimento, *sua* experiência, *seu caráter* são necessários para formular aquele pensamento daquela maneira que foi formulado, mais razão existirá para supor que a intepretação é psicanaliticamente inútil, ou seja, alheia ao âmbito O. (AI, 103-105)

O leitor pode examinar o conteúdo do verbete "visão analítica".

Referências cruzadas: Estar-uno-a-si-mesmo (*At-one-ment*); Senso da verdade; Tornar-se; "O"; Transformações em O; Transformações em K; K.
Referências: obras de Isaiah Berlin, A. Sokol e J. Brickmont e I. Norris.

P

Paramnésias

Bion lançou uma questão sobre teoria em psicanálise: seria necessário considerar o todo das teorias psicanalíticas como uma vasta paramnésia destinada a preencher o vazio de nossa ignorância? Com base nessa questão, talvez seja adequado discriminar a teoria psicanalítica do uso feito dela por membros do movimento, no caso de não haver evidência clínica de que tenha originado a atualmente vasta quantidade de teorias disponíveis, a partir daquelas elaboradas por Freud. O exame pode e precisa incluir também aquelas elaboradas por Freud. Neste caso específico, ele mesmo fez o trabalho, que pode ser avaliado pelo fato de dispormos de pelo menos três alterações; nelas, constata-se pelo menos uma expansão e uma invalidação. A expansão se encontra na teoria sobre sistemas do aparato psíquico (inconsciente, pré-consciente e consciente), que foi acrescido pela teoria de instâncias no aparato psíquico (id, ego e superego), por meio de uma integração das duas teorias. Essas teorias têm sido denominadas de teoria topográfica e teoria estrutural por alguns membros do movimento – aproveitando a denominação meramente metafórica dada por Freud de teoria "topográfica" para a teoria dos sistemas. A invalidação se deu na teoria dos instintos: a inicial, sobre instintos sexuais e instintos de ego, foi substituída pela teoria de instintos de vida e morte. Outras teorias nunca sofreram invalidação e as expansões se deram nelas mesmas – como no caso do problema econômico do masoquismo, dos mecanismos de clivagem do ego, dos instintos epistemofílicos, dos instintos gregários ou de grupo, ou da natureza alucinatória do mecanismo psíquico de transferência. Houve também registros de casos que não confirmaram a teoria psicanalítica. No entanto, em autores contemporâneos a Freud, que discordavam sem base empírica, ou em autores posteriores, pode ter ocorrido o que Bion denomina "vasta paramnésia". Em função disso, ele faz um misto de recomendação e alerta, em *Learning from Experience*, *Elements of Psycho-Analysis* e *Transformations*, de que um analista poderia ter um conhecimento real de poucas teorias operacionais para poder trabalhar. E que não seria necessário o acréscimo *ad infinitum* de novas teorias. Não há juízo de valor nisso, mas apenas uma apreciação científica de algo danoso – se o leitor considerar que o fenômeno trai questões inconscientes no estado de mente dos autores. Os textos em que há o enunciado "vasta paramnésia" estão em *Brazilian Lectures I*, 1973; "Evidência", 1976; "Turbulência emocional", 1977d; e *A Memoir of the Future*).

As abordagens detalhadas dessa questão se fazem por alertas de teorias generalizadoras que possam dar contas de dados empíricos isolados e a respeito de teorização *ad hoc* (nos três livros citados anteriormente).

> ROLAND: Sim, mas existe alguma evidência de que uma mente realmente exista? Não tem cor, cheiro nem qualquer outro componente sensorial. Por que toda a psicanálise não seria apenas uma enorme e crescente Babel de paramnésias para preencher o espaço onde deveria estar nossa ignorância? (AMF, III, 540)

Para maiores detalhes, o leitor fica convidado a examinar os verbetes "visão analítica" e "manipulação de símbolos".

Paramnésias "psicanalíticas"

Ver o verbete "manipulação de símbolos".

Parasítico

Na segunda teoria a respeito de vínculos que podemos manter com pessoas, eventos e coisas materializadas, e com nossos objetos internos, Bion lança mão de conceitos já existentes, derivados da biologia. Correspondem a avanços no conhecer já efetuados por Darwin e Freud. Na teoria sobre continente e contido, introduz o exame das possíveis relações entre os dois. Implica três possibilidades de relação entre um hospedeiro e o seu visitante: relação comensal, parasítica e simbiótica. Bion usa esse modelo teórico para iluminar: (i) o vínculo real entre mãe e filho; (ii) a relação paternal; (iii) a relação do analisando com o analista durante a sessão; (iv) processos de pensar.

O leitor pode examinar o verbete "vínculo". O vínculo parasítico é detalhado sob o título do "segundo modelo de vínculos".

PAREAMENTO (CASAMENTO) DE PRÉ-CONCEPÇÕES COM REALIZAÇÕES [MATING (OR MATCHING) OF PRE-CONCEPTIONS TO REALIZATIONS]

Bion propôs relativamente poucas teorias para psicanálise propriamente dita. Uma delas – Bion ressalta que é apenas uma – sobre o início dos processos do pensar. Fundamenta-se na teoria da ciência de Kant, na biologia e nas contribuições de Freud: parte de uma hipótese, a de que crianças são equipadas com pré-concepções inatas. Em 1961, centra-se na pré-concepção "Seio". Corresponde aos pensamentos "vazios" ou pré-concepções hipóteses de Kant, correspondentes à hipótese filogenética de "protofantasias" de Freud (Freud, 1920). Embora tenha havido críticas de intenções comerciais (de uma grande editora, interessada em vender livros de um autor dedicado à divulgação de ciência para o público leigo, Stephen Jay Gould, nos anos 1990, ou seja, no auge das críticas destrutivas sobre psicanálise à noção de memória filogenética, proposta por Ernst Haeckel, há comprovação de sua existência na realidade). Em 1965, complementando a integração entre as teorias de Freud e Klein, acrescenta mais uma pré-concepção: "Édipo", com base nas etapas precoces da instalação do complexo de Édipo. Deixa claro que Melanie Klein não concordou que houvesse pré-concepção de um seio em bebês (T, 138). Em 1977, em um seminário em Roma, lamenta que Klein tenha se tornado – a seu ver – dogmática mais no final da vida. Caso consideremos que teve conversas com ela desde 1946 até 1961, e que sua teoria sobre o pensar date do final de 1960, o comentário vale apenas para essa época.

Não se pode saber o que teria acontecido se Klein tivesse sobrevivido além dessa data; e se não estivesse adoentada? E se não estivesse tão submetida à autêntica *entourage* que passou a cercá-la? Poderia ter modificado sua visão? Poderia manter-se irredutível? Sem intimidar-se pelo desacordo, imune à fama que a cercava e, principalmente, mantendo inabalável respeito e gratidão para com sua antiga analista, nunca rompeu relações e persistiu investigando clinicamente sua hipótese. Nela, sugeriu que um bebê equipado com uma pré-concepção de um seio encontra um seio, ou seja, obtém uma realização. Essa hipótese corresponde ao que ocorre com todos os mamíferos; a descoberta é precocíssima; caso não fosse, o bebê seria eliminado.

O seio recém-descoberto jamais coincide com o seio pré-concebido. Em outras palavras; um seio disponível não é o seio desejado. Tampouco será, necessariamente, mesmo que em alguns casos possa ser, um seio que seja idêntico àquele que seria necessário. Nenhuma entidade consultou previamente ao bebê, que também não poderia fornecer a essa fuga imaginária para a alucinação, que para o bebê parece ser uma entidade, algum tipo de planejamento de seio – em analogia a uma planta baixa como aquelas que arquitetos e engenheiros utilizam. Um seio real não pode

P

ser encomendado; esse seio real é como é. Por isso, o pareamento, ou casamento, da pré-concepção com a realização é **sempre** – em certa medida – frustrante e insatisfatório.

Pode dizer-se que o pareamento ocorre com sucesso apenas quando o bebê lida com essa parcela de frustração: matematicamente, o que falta *"para 100%"*, na notação de Bion no final de "Uma teoria do pensar". Se o vértice é o princípio de prazer/desprazer, satisfação nunca será resultado viável; frustração é intrínseca à realização. O *quantum* de insatisfação será o protótipo de todos os pareamentos ao longo da vida. Um casal sexual lida com insatisfações para moldar um casamento real.

A teoria do pensar proposta por Bion não advoga satisfação. Se o advogasse, estaria em desacordo com a teoria dos dois princípios do funcionamento mental. Freud manteve isso claro, principalmente após 1911, na observação da natureza alucinatória do fenômeno transferencial, das fantasias histéricas e paranoides, e, principalmente, em "Instintos e suas vicissitudes", da diferenciação entre satisfação do objetivo dos instintos e satisfação de desejo. Se a teoria do pensar não advoga satisfação, o inverso será verdadeiro? Sem a menor dúvida, pois isso está escrito no texto. Não há pensamento, caso ideias de satisfação prevaleçam. O prevalecimento de satisfação é fruto de alucinação – fato observado por Freud com seu netinho, que exclamava *"Fort, da"* ao se ver privado do convívio materno. Insatisfação – denominada por Bion, já em notação quase matemática, a teoria dos números negativos, "não-seio" – é justamente o fato que permite o início dos processos de pensar. A falta real de um seio abre espaço para que haja simbolização desse mesmo seio no aparato psíquico do bebê. A falta – total imaterialidade – permite a imaterialização interna do seio. Pois simbolização – um ato, um movimento – difere do símbolo, que é parcialmente concretizado em suas representações externas. A concepção que é formada após um pareamento da pré-concepção com a realização funcionará, então, em um segundo ciclo de pareamento, à guisa de nova pré-concepção, e assim por diante, para todas experiências, do nascimento até a morte. Essa formulação teórica forma a base dos livros *Elements of Psycho-Analysis* e *Transformations*.

A cota, ou porcentagem de insatisfação, não pode ser quantitativamente medida; apenas qualitativamente. Não é possível prever se um dia será medida ou não; mas, com os métodos hoje disponíveis, não pode. Essa porcentagem é o que falta *"para-100%"*, o não-seio, que pode ser tolerado ou não. O grau de aproximação com a realidade (o seio real frustrante como protótipo) é determinado pela capacidade de tolerar frustração.

Falhas na apreensão do conceito, mal-entendidos e distorções: alguns leitores imaginam que pareamento é um evento não frustrante e satisfatório. Confundem a existência de um seio real – que provê uma realização – com um seio satisfatório.
Referências cruzadas sugeridas: Concepção; Pré-concepção.

Parte neurótica da personalidade

Termo usado como sinônimo de "personalidade não-psicótica". O leitor poderá consultar o verbete "personalidade psicótica e não-psicótica (ou parte psicótica da personalidade e parte neurótica da personalidade)".

Parte psicótica da personalidade

Sinônimo de personalidade psicótica. Consultar o verbete "personalidade psicótica e não-psicótica (ou parte psicótica da personalidade e parte neurótica da personalidade)".

Pênis

Constata-se que Bion dedicou maior esforço para desenvolver teorias observacionais para o uso prático durante sessões do que para criar teorias de psicanálise propriamente dita. O leitor pode consultar o verbete "paramnésias". Trata-se de um produto coerente com a observação de que, em sua época – e, na experiência deste autor, também na atualidade –, novas teorias de psicanálise só têm sido adições à já considerável quantidade de teorias plausíveis disponíveis – uma quantidade completamente independente de seus eventuais valores científicos.

Entre as poucas teorias de psicanálise propriamente dita elaboradas por Bion, há algumas que permaneceram não publicadas durante sua vida. Estão incluídas em um título geral: "Metateoria". Ou seja, seria algo que vem depois da teoria. O que viria depois da teoria? A prática. Foi uma tentativa, fadada à incompletude, de descrever *cientificamente* alguns elementos básicos em psicanálise. Um dos seus itens foi intitulado "Pênis"; o outro, "Seio". "Metateoria" foi concebida para funcionar como um guia prático que serviu para discernir uma "classe de interpretações" (C, 253).

Nesta tentativa, pode-se divisar uma formulação substitutiva para teorias e métodos que pudessem ser considerados como totalmente científicos – que ainda não estavam, na observação de Bion, e também de outros autores, claramente disponíveis em psicanálise: "No entretempo, proponho improvisar soluções temporárias para nossos problemas, por meio desses breves apontamentos de metateoria, intercalando as discussões dos sucessivos elementos de teoria" (C, 254). A "*interpretação pênis*" é feita em conjunto com a "*interpretação seio*". O leitor está convidado a examinar o verbete "Seio", dado o fato de que tudo aquilo que Bion elabora sobre Seio aplica-se a Pênis (C, 253). *"Essa interpretação, em seus aspectos visuais, é mais alongada do que o seio. A verbalização da imagem visual, que é inescapável, impõe rigidez à interpretação; a interpretação reteria uma de suas qualidades mais importantes, ou seja, a plasticidade se pudesse ser registrada para public-ação (como estou tentando fazer neste momento, traduzindo-a em palavras) de um modo que preservasse suas qualidades. . . . Essas duas interpretações, seio e pênis, são plásticas; ou seja, essas imagens visuais podem sofrer alterações consideráveis na mente e, ainda assim, reter sua capacidade de identificação, sem perda ou diminuição"* (C, 254).

Referência cruzada sugerida: Seio.

Pensamentos sem pensador

Em *Discurso do método*, René Descartes formulou a ideia de um pensamento sem um pensador. Ele a formula em seu sentido negativo, com o intuito de descartá-la instantaneamente e de modo convincente, por meio da lógica formal e razão pura. Uma disciplina para a qual Descartes havia dado desenvolvimentos importantes – até o ponto de ela hoje ser chamada de lógica cartesiana. Descartes foi alguém que cultivou algumas sementes já plantadas por São Tomás de Aquino, e que resultaram na religião positivista, três séculos depois, inventada por Auguste Comte. Foi uma época na qual se consolidou o esquecimento, na área da percepção, do âmbito das formas platônicas: um âmbito negativo, sujeito à negação, para poder ser mantido como se fosse uma reserva de mercado para teólogos e religiosos do ramo apostólico romano da Igreja cristã. Transformado em "alma", seria assunto para a Divindade e seus ministros seculares, mas não para o povo. Negação substituiu clivagem (*speis*, em grego antigo), que até então era utilizada como uma espécie de instrumento científico. Descartes "provou" que um pensamento sem um pensador deveria ser considerado um absurdo. Não seria exagero fazer uma analogia: Descartes agiu como se fosse um Alexander Fleming ao contrário – alguém que tivesse descartado o mofo, ao invés de descobrir a penicilina. A crítica à razão pura de Descartes precisaria aguardar mais de um século para ser feita por Immanuel Kant.

Bion retoma essa hipótese descartada e investiga a possibilidade de tratá-la em um sentido inaugurado no século XIX por Charles Darwin. Cria uma hipótese de trabalho originada da experiência com os fenômenos psicóticos em sessões de psicanálise. Faz o mesmo que Freud fizera à sua época, no tratamento científico que deu para a atividade onírica e seus produtos, os sonhos – para citar apenas um exemplo.

Bion e Freud utilizaram algo que até então era visto como dispensável e não merecedor do respeito dos cientistas.

Bion propõe que os pensamentos possam ser considerados como epistemologicamente precedentes ao pensador. Eles podem ser impostos ao ser humano pela necessidade de sobrevivência. De fato, essa parece ser uma base razoável para o pensamento mais primitivo de todos, a saber, o pensamento de um seio. O termo "razoável" é utilizado aqui como o espelhamento de uma raiz, e não como um pensamento racionalizado; ele também significa algo que é derivado da observação. Caso aceitemos a teoria sobre personalidade psicótica e não-psicótica (q.v.) existindo em todas as pessoas (ou a universalidade da psicose), então, em algum nível de observação – que pode ser visto como mais profundo –, pensamentos são epistemologicamente prévios ao pensador.

O pensamento primitivo de um seio é imposto pela realidade do não-seio. O princípio desse pensamento deriva da necessidade de se lidar com um objeto em sua ausência. O desenvolvimento dos processos de pensamento teria um grau crescente de sofisticação no manejo de frustrações, expectativas e necessidades mais complexas.

Essa proposta é coerente com a hipótese – e parece originar-se dela – das pré-concepções inatas originalmente propostas por Kant. Essa hipótese sobreviveu, na história da filosofia, até a época de Hegel. Pré-concepções ainda não são pensamentos. Os "pensamentos sem pensador" são uma consequência inevitável da teoria do pensamento proposta por Bion.

Se as pré-concepções podem acoplar com as realizações, é fácil perceber que a realização é um evento real, do mundo externo. As realizações estão prontas mesmo antes de a mente nascer e impõem a necessidade de se pensar sobre elas – bem como impõem os limites da satisfação. O modelo elaborado por Freud a respeito do sistema consciente – usualmente dito consciência – propõe que sua função é a de um órgão sensorial para a percepção da qualidade psíquica; a observação de Freud, sobre uma espécie de encruzilhada, no percurso dos processos de pensar, entre evitar o contato com a realidade, de um lado, e tentar modificá-la e, portanto, lidar com a realidade, confere a base empírica à hipótese de Bion sobre os pensamentos sem pensador.

A obediência ao que pode ser denominado, tanto no pensamento ocidental como no oriental, de tradição transcendente, uma tradição que diz respeito ao âmbito numênico (Formas Platônicas), é coerente com essa hipótese. Que não nega o fato de que a mente pode produzir pensamentos. Seria esse, em seu modo mais original, o âmbito de onde brotam alucinações e ilusões? Ainda carece de elucidação se o gênio criativo, como é chamado, produz as ideias ou se o gênio criativo é aquele homem ou mulher que é capaz de perceber e apreender verdades internas e externas que já existem.

A hipótese parece receber suporte do fato de que a verdadeira obra de arte ou da ciência pode ser reconhecida de forma independente da cultura, do tempo e do espaço. Ela pode ser "descoberta" por pessoas que nunca se conheceram, que trabalharam totalmente independentes uma da outra – e que eventualmente se encontram; o encontro pode ser feito por gerações posteriores. Por exemplo, o fenômeno da relatividade originalmente descrito por Albert Einstein também foi descrito por Jules Henri Poincaré, um pouco mais tarde e de forma diferente. O fato é mais perceptível no caso de criações concretizadas, como obras de engenharia.

Tudo isso sugere fortemente uma independência do pensamento em relação ao pensador. Talvez o pensador seja importante para conferir forma ao pensamento: a forma é pessoal. Entretanto, essa importância talvez seja secundária. Na trilogia *A Memoir of the Future*, Bion sugere que o livro não é seu, embora ele o tenha escrito. Francis Bacon (1625) observou que toda novidade não é senão esquecimento ("Of vicissitude of things", um de seus *Ensaios*).

A primeira vez que Bion introduz essa hipótese é no início de "Uma teoria do pensamento".

> Será conveniente considerarmos o ato de pensar como dependente do sucesso de dois desenvolvimentos psíquicos. O primeiro deles, é o desenvolvimento de pensamentos; algo que requer um aparato que possa lidar com esses pensamentos. Consequentemente, o segundo desenvolvimento é justamente o desse aparato. Que, provisoriamente, denominarei de aparato de pensar. Reitero: o pensar é convocado a existir para poder lidar com pensamentos.
>
> Pode-se notar que essa teoria do pensar difere de qualquer outra teoria na qual o pensamento seja visto como se fosse um produto do pensar, já que na presente teoria, o pensar é um desenvolvimento que foi imposto sobre o aparato psíquico pela pressão de pensamentos – e não o contrário. (ST, 110-111)

A questão surgiu quando Bion deparou com o tratamento de pacientes com transtornos do pensamento que eram redutíveis a transtornos da apreensão da realidade. Um ano mais tarde, o tema foi expandido de forma mais aprofundada em seu livro *Learning from Experience* – o qual é, de todo modo, a construção detalhada de "Uma teoria do pensamento" (para usos pedagógicos, esta pode considerada como o primeiro capítulo de *Learning from Experience*).

Bion precisou manejar o tratamento de pacientes que lidavam com o aparato de percepção e o aparato de pensar como "fatos não digeridos", como algo que deveria ser expelido. Esse foi o núcleo do conceito de identificação projetiva de Melanie Klein; Bion investigou *"um modelo"* de pensamento desses pacientes que tratavam seus aparatos mentais como se fossem fezes, flatos ou urina (LE, 82). Ao fazê-lo, Bion propôs um modelo abrangente em relação à *"experiência emocional do sistema digestivo"* (LE, 82) como um modelo de pensamento. É senso comum falarmos em "fatos não digeridos" ou fatos que não foram agradáveis de serem pensados. No funcionamento psicótico, a necessidade real de um seio, a frustração que é inevitável devido ao fato de que seio algum pode satisfazer completamente a pré-concepção, acaba ditando a alternativa fantástica de expelir um seio que é sentida como um seio mau. O seio ausente, na personalidade que abomina frustração, é equacionado ao seio mau. Essa é a origem clínica do conceito sobre pensamentos-sem-pensador.

Muitas pessoas recorrem frequentemente à identificação projetiva: uma tentativa de livrar-se do seu aparato de pensar, quando se deparam com frustração, ou o não saber. Criam um problema para o investigador, pois não se permitem encontrar um modelo adequado de pensamento que se aplique ao problema de não-saber: frustração *in situ*. Bion supõe que esse *"fica simplificado se consideramos 'pensamentos' como epistemologicamente anteriores ao pensar, e que o pensar teve de ser desenvolvido como um método ou aparelhagem para lidar com "pensamentos". Se for assim, então muito vai depender se os "pensamentos" dever ser evadidos, modificados ou usados como parte de uma tentativa de evadir ou modificar alguma outra coisa. Se são sentidos como acréscimos de estímulos, então podem ser similares ou idênticos a elementos-beta e, como tais, se prestariam a ser tratados por descargas motoras e pela operação da musculatura para efetivar a descarga. Portanto, o falar deve ser considerado potencialmente como duas atividades diferentes, como um modo de comunicar pensamentos e como um uso da musculatura para livrar a personalidade de pensamentos."*(LE, 83).

> A divisão em duas classes e a atribuição de prioridade aos "pensamentos" sujeita-se às limitações peculiares à relação existente em todo trabalho científico entre a realização e a teoria representativa que acreditamos se aproximar dessa realização. A divisão e a prioridade são epistemológica e logicamente necessárias, ou seja, dentro da hierarquia de hipóteses no sistema dedutivo científico, a própria teoria de que o pensamento é anterior ao pensar antecede a hipótese do pensar. Uma prioridade correspondente é epistemologicamente necessária na realização que corresponde à teoria do pensar que delineei aqui. (LE, 85-6).

Esse passo permitiu uma abordagem bem-sucedida da evolução do pensamento em momentos que não estavam conectados às pré-concepções inatas. Entretanto, o que eram as pré-concepções? Qual era sua posição em relação ao pensamento? Elas possuíam imagens visuais, por exemplo, como aquelas que ocorrem nos sonhos?

Um ano depois, em *Elements of Psycho-Analysis,* Bion reafirmaria a mesma hipótese em uma tentativa de sanar essa questão. Ele também o faz sem incorrer no risco, exacerbado pelos leitores que tendem a ser "mais realistas do que o rei", de

P

clivar a realidade; ou de criar facções conflitantes no movimento científico. Na opinião do autor deste dicionário, Bion era capaz de tolerar paradoxos. A questão do pensamento contém alguns paradoxos a serem tolerados, e um deles é a existência de pelo menos dois tipos de "pensamento":

> A discussão se iniciou através da distinção entre pensamentos e um aparelho para usá-los; atribuiu-se aos pensamentos uma prioridade temporal, de tal modo que eles possam ser estudados separadamente do pensar. Pode-se observar que à medida que a discussão prosseguiu, foi necessário reintroduzir uma mecânica primitiva de pensar ou algo muito parecido com o pensar, para explicar o desenvolvimento dos pensamentos. Na verdade, é mais fácil acreditar que este desenvolvimento espontâneo na discussão representa os fatos de um modo que se aproxima mais da verdade do que seria o caso de se tomar como uma representação acurada da realidade do pensar a convenção que atribui prioridade aos pensamentos, uma conveniência epistemológica. No entanto, existem bases para supor que um "pensar" primitivo, ativo no desenvolvimento do pensamento, poderia ser discriminado do pensar agenciado para o uso de pensamentos. O pensar empregado no desenvolvimento de pensamentos difere do pensar agenciado para usar os pensamentos quando desenvolvidos. O último deriva do mecanismo Ps$\Leftrightarrow$D... Quando é necessário usar os pensamentos sob as exigências da realidade, o mecanismo primitivo tem que ser dotado de capacidades tais, que resultem em exatidão; a necessidade de sobrevivência demanda isto. Temos, portanto, que considerar a parcela desempenhada pelos instintos de vida e de morte, e também pela razão. Esta, em sua forma embrionária, sob a dominância do princípio do prazer, está destinada a servir como escrava das paixões; foi forçada a assumir uma função que relembra a de uma patroa das paixões; e pai e/ou mãe da lógica. (EP, 35-36)

A última frase é seminal; Bion introduz aqui a sugestão, apoiada pela experiência clínica, de que todos nós, seres humanos, aprendemos a enganar e a iludir, e uma de nossas principais ferramentas é o chamado pensamento racional. Ele está de acordo com pensadores como Hume, Voltaire e Freud, para citar alguns. Freud já havia apontado que "racionalização" tipifica o pensamento esquizofrênico. O termo era de uso corrente na psiquiatria do final do século XIX, e Freud o utilizou no estudo sobre as memórias do juiz Schreber.

A fabricação de pensamentos falsos, independentes dos pensamentos já existentes, é típica daqueles que pensam não conseguir tolerar frustrações – e, obviamente, daqueles que não o podem.

> Esta, em sua forma embrionária, sob a dominância do princípio do prazer, está destinada a servir como escrava das paixões; foi forçada a assumir uma função que

relembra a de uma patroa das paixões; e pai e/ou mãe da lógica. Pois a busca por satisfação de desejos incompatíveis, levariam a frustração. O sucesso em transpor o problema da frustração envolve ser razoável; uma frase tal como "os ditames da razão" pode colocar em um relicário a expressão de reação emocional primitiva a uma função cuja intenção é não frustrar. Portanto, os axiomas da lógica, têm suas raízes na experiência de uma razão que fracassa em sua função primária de satisfazer as paixões, justamente como a existência de uma razão poderosa, pode refletir uma capacidade desta função resistir às investidas de seus frustrados e ultrajados patrões. Estas questões demandam consideração na medida que a dominância do princípio da realidade estimula o desenvolvimento do pensamento, do pensar, da razão, e da consciência da realidade psíquica e ambiental. (EP, 36)

Bion desenvolveria essa investigação com a introdução da interação entre continente e conteúdo, dependente do movimento entre a posição esquizoparanoide e a posição depressiva (capítulo 18 de *Elements of Psycho-Analysis*).

Três anos depois, em *Transformations*, uma das implicações do conceito é mencionada, ainda que brevemente: *pode parecer estranho sugerir que grupos ou o infinito poderiam ser considerados como epistemologicamente anteriores a tudo; ficará menos estranho se considerarmos que somente quando um problema é intratável, ou parece sê-lo, ele será sentido como exigindo e prendendo nossos mais consideráveis esforços. Reciprocamente, quanto mais nos sentimos profundamente engajados, mais provável será que vamos supor que o problema precisa ser intratável -- e que ele é intrinsecamente assim.* (T, 152)

As exigências da realidade, com sua "intratabilidade intrínseca" absoluta no que quer que seja, são destacadas.

Em 1967, isto é, seis anos após a formulação da hipótese, nos comentários que constituem sua revisão (*Second Thoughts*) sobre sua própria experiência clínica obtida nos dezessete anos anteriores, Bion foca o fenômeno da alucinação. Esse texto é uma continuidade das formulações contidas em *Transformations* – que utilizavam a tradição mística como um exemplo de obtenção, a partir de algo que seja infinito vazio e desprovido de forma, de vislumbres parciais e transientes da realidade tal como ela é. Bion considera um paciente que diz ao analista, : *"Entendo o que você quer dizer"* quando esse paciente está sob uma alucinação, digamos, de ser agredido sexualmente; o que ele está querendo dizer é que o signficado do que foi dito pelo psicanalista disse lhe apareceu de forma visual; e não que ele entendeu a interpretação. O último artigo, "Uma Teoria do Pensar" introduz esse tipo de problema.

Um fato tão óbvio, que pode passar despercebido, é de que o pensar e o falar desempenham um papel muito importante na psicanálise. Fatos que não fogem à atenção do paciente, que está concentrando seus ataques aos vínculos. Em particular, o vínculo entre com seu analista. Esse paciente faz ataques destrutivos na capacidade dos dois para falar e pensar.

P

> *Para que esses ataques sejam devidamente compreendidos, o psicanalista precisa estar ciente da natureza dos alvos que estão sendo atacados – esse estudo tenta elucidar essa natureza. Revendo 98 com a mais experiência, colocaria mais ênfase na importância de duvidar que se existem pensamentos, é necessário um pensador. Para uma compreensão adequada de uma situação que emerge quando se fazem ataques à vinculação, é útil postular a existência de pensamentos que não têm pensador. Não posso discutir aqui esses problemas, mas preciso formulá-los para prosseguir nessa investigação. Um formulação pode ser: existem pensamento sem um pensador. A ideia de infinitude é anterior a qualquer ideia de finito. O finito é "arrebatado do infinito obscuro e sem forma" . Enuncio de modo diferente, mais concreto: um "sentimento oceânico" torna a personalidade humana ciente do infinito. A personalidade passa a ter uma noção consciente de que há limitações, presumivelmente através do senso de frustração adquirido pela experiência, física e mental, de si mesma. Podemos dizer que um sentido de infinidade, de um número infinito, fica substituído por um sentido de "três-isse" . Um sentido de existência de apenas três objetos substitui o sentido sobre a existência de um número infinito de objetos; o espaço infinito tornou-se um espaço finito. Pensamentos que não têm nenhum pensador adquirem, ou são adquiridos, por um pensador.*
>
> *Na prática, descobri que essa formulação, ou algo parecido com ela, é uma aproximação útil para a realizações psicanalíticas. O paciente que sofre o que costumava ser conhecido como "perturbações no pensar" fornecerá exemplos demonstrando que toda interpretação feita por um psicanalista é, na verdade, um pensamento desse mesmo paciente. Esse paciente irá revelar sua crença: que outras pessoas, incluíndo, é claro, seu analista, na realidade, furtaram dele, para depois escreverem estudos científicos e livros.* (ST, 165).

Essa questão expressa o ódio supremo que a personalidade psicótica dedica ao relacionamento parental, de origem sexual. A pessoa não consegue conceber que foi produto de um casal. Portanto, negar que existam pensamentos sem pensador é o mesmo que dizer que um indivíduo cria pensamentos como uma expressão da afirmativa mais básica, "Sozinho eu me criei".

> Em pacientes mais usuais, essa crença aparece estendida, na forma de uma situação edipiana. Até o ponto em que esse paciente pode admitir um fato – o da relação sexual parental, ou que há uma relação sexual verbal entre ele e seu psicanalista, ele é apenas um amontoado de fezes, o produto de um casal. Na medida em que ele se considera seu proprio criador, então evoluiu do infinito. Suas qualidades humanas (limitações) são devidas aos pais, pela relação sexual, que roubou sua própria pessoa de si mesma (equacionada a Deus). É tal a quantidade de ramificações desta atitude, discerníveis com maior clareza no caso de que o psicanalista postule "pensamentos sem pensador", que requerer-se-ia outro livro para tentar elucidá-las. Mesmo que esta formulação seja inadequada, mantenho a esperança de que o leitor encontre a continuidade dos desenvolvimentos que tentei esquematizar em todos esses estudos. (ST, 165-6)

A questão traz consequências para a ciência: *Preciso alertar a respeito de uma frase que empreguei: "dados empiricamente verificáveis" que usei . . . Não estou querendo dizer que a experiência "verifica" ou "valida" coisa alguma. A crença que encontrei na literatura sobre filosofia da ciência relaciona-se à experiência que capacita o cientista a obter um sentido de segurança para contrabalançar e neutralizar o sentido de insegurança na descoberta de que a própria descoberta expos mais profundamente novas visões de problemas que não haviam sido resolvidas – "pensamentos" em busca de um pensador.* (ST, 166)

Essa expressão parece ter evocado reações severas do *establishment* (ver, a seguir, "Falhas na apreensão do conceito, mal-entendidos e distorções"). Bion afirma que pensamentos produzidos por pensadores podem ser indistinguíveis de alucinações. Ao que parece, Bion necessitaria de mais cinco anos para apresentar uma formulação mais explícita, relacionando os pensamentos sem pensador à verdade, e os pensamentos com um pensador a mentiras:

Podemos considerar provisoriamente que a diferença entre um pensamento verdadeiro e uma mentira consiste no fato de que um pensador é necessário logicamente para a mentira mas não para o pensamento verdadeiro.

Ninguém precisa pensar o pensamento verdadeiro: ele aguarda o advento do pensador, que adquire importância através do pensamento verdadeiro. A mentira e o pensador são inseparáveis. O pensador não tem a menor consequência para verdade, mas a verdade é logicamente necessária ao pensador. Sua importância depende se ele vai ou não pensar o pensamento, mas o pensamento permanece inalterado. (AI, 102-3)

Como consequência, poder-se-ia afirmar que, em uma análise real, a pessoa do analista não possui qualquer importância – contanto que ele(a) seja um(a) analista verdadeiro(a). Neste instante de sua obra Bion menciona Descartes especificamente. Isto é, Bion oferece uma contraposição à ideia do pensador francês de que a mente humana produz pensamentos – ponto final.

O conceito seria aperfeiçoado no período de 1975 a 1979, com formulações verbais dialógicas que compõem a trilogia *A Memoir of the Future*. Também compuseram as várias "palestras" (se essa denominação for realmente adequada) ao redor do mundo. Devido a limitações de espaço, em parte, talvez seja suficiente citar um texto selecionado e representativo.

Esse texto faz uso de todos os desenvolvimentos iniciais, da filosofia à tradição mística e, acima de tudo, utiliza claramente os fatos imateriais pertencentes ao âmbito da realidade psíquica. A vida real, a fraqueza humana, os limites da percepção sensível, a onipotência e onisciência humanas, as tentativas de apreender a realidade exclusivamente através de meios baseados nos sentidos – isto é, não considerando sua função "mediadora" como uma etapa, significando uma ação intermediária, necessária, que, entretanto, não é suficiente para apreender a realidade como ela é.

Fica claro no texto a seguir, como em muitos outros da trilogia, que isso parece ser tão trivial que é, na maioria das vezes, negligenciado e descartado antes mesmo de ser considerado com seriedade pela grande maioria das pessoas, incluindo os analistas. Isso continua a acontecer, apesar – ou, talvez, em função – das contribuições de Freud, Klein, Winnicott e Bion. A percepção de manifestações do complexo de Édipo; dos dois princípios do funcionamento mental; das Posições; dos fenômenos transicionais – todos pertencem ao âmbito dos pensamentos imaterializados, sem um pensador. Os termos "abstrato" e "teoria" têm sido usados para descrevê-los.

A limitação de apreensão do aparato sensorial humano se dá em dois sentidos:

1. Cada um dos nossos órgãos dos sentidos possui um alcance notavelmente limitado de apreensão. Nossos olhos não conseguem enxergar nenhuma partícula cuja frequência esteja além do que os físicos e todas as pessoas chamam de "violeta" ou aquém do "vermelho", no espectro de ondas eletromagnéticas de luz. A consciência – o órgão sensorial para apreensão da qualidade psíquica – seria ainda mais limitada? Parece ser tão pouco utilizada quanto o são nossos rins, cérebro e o sistema musculoesquelético (no assim chamado mundo civilizado, consumista e orientado pelo conforto material). Outros seres vivos possuem capacidades de apreensão mais amplas e poderosas – a visão dos insetos e a audição dos cães, por exemplo; mesmo que nossos sentidos possam ser treinados e desenvolvidos, como o ouvido de um músico ou de um índio, os limites são bem definidos. São geneticamente determinados.
2. Órgãos de sentidos não são capazes de apreender fatos imateriais, mesmo com o auxílio da fabricação de dispositivos de amplificação, como microscópios e telescópios ópticos ou eletrônicos, ultrassom e ressonância magnética. Os dois últimos não estavam disponíveis na época de Bion, mas ele foi, como Freud antes dele, capaz de perceber tal impossibilidade. Os dois foram precedidos por muitos, como Platão, Espinosa, Kant e personagens na tradição mística.

Essas considerações marcam uma limitação que tem se mostrado resilientemente oculta, por séculos. Foi chamada de "secularismo" por teólogos; de "materialismo", "consumismo" e "tecnocracia" pelos cientistas sociais do nosso século e do século anterior. Isso não implica que outros métodos, como a psicanálise, a música ou a tradição cabalística, sejam completamente efetivas no desempenho da tarefa; mas implica que sejam menos ineficazes. O texto demonstra a tolerância a paradoxos, a natureza da relatividade e a inadequação dos julgamentos de valor (q.v.).

A linguagem de Bion

VOZ DE ROLAND (A enunciação é claro e precisa. Ele próprio não é visível e conforme vai falando torna-se cada vez mais um pensador sem corpo e, finalmente, um pensamento puro sem pensador.) krishna vai ao âmago da questão; mostra a Arjuna que sua depressão é parte de sentimentos de compaixão, que são indignos do pensamento e menos ainda da natureza divina. Esse tipo de coisa pode ser apropriada para a recepção e a emissão, na esfera da percepção sensorial, se percebida direta ou mecanicamente através de constructos, como receptores de rádio, filmes de raio X, instrumentos musicais e, em suas manifestações mais imperfeitas e grosseiras, pelos animais e criaturas da esfera biológica. Organismos animais muito sensíveis pode então ser capazes de interpretar ou transformar os distúrbios em ondas que os tornam opacos e obstrutores. São João da Cruz assinalou mesmo que, no processo de vulgarização, se poderia encontrar uma analogia útil, cujo objetivo fosse tornar as imperfeições mais grosseiras ainda mais grosseiras, até que elas se chocassem com elementos ainda pertencentes ao espectro do infrasensorial e do ultra-sensorial, embora sem sair dessa faixa muito estreita e limitada. Deve ser lembrado que ele utiliza a analogia das partículas de poeira que tornam perceptível um raio de luz que as atravesse. Recentemente foi possível, através de métodos mecânicos, detectar distúrbios de grande violência na esfera biológica (sub-categoria humana), os quais haviam escapado completamente à detecção por parte de animais que dependem da visão, mesmo quando a visão e aumentada por instrumentos tais como telescópios, espectrógrafos, câmeras e filmes providos de uma camada de partículas diminutas – todos macroscópicos. No entanto, tais perturbações são assuntos da maior rudeza e violência!

Ainda que sejam extremamente raros e estejam espalhados numa extensão enorme do espaço temporal, eles parecem ser extremamente raros apenas por causa da rudeza e da trivialidade do tempo registrado enquanto instrumento de medida. O tempo, enquanto conceito, é tão inadequado quanto o espaço topológico para prover um domínio para a atividade de pensamentos tão gigantescos quanto aqueles liberados da dependência de um pensador. O colapso, ainda que pareça vasto pela inadequação do quadro de referência, é tão trivial quanto – numa analogia muito grosseira porém simples – o que ocorre se tentarmos a operação simples de subtrair cinco de três, por meio de objetos sensoriais, ou mesmo uma matemática relativamente sofisticada, melhor circunscrita aos números negativos, ainda que bem sortida de números reais.

A impossibilidade de abarcar a esfera biológica trivial tem sido comparada com a vastidão daquilo que é de tamanho relativamente diminuto, mesmo quando o campo do animado, o inanimado. Em parte, isso se deve ao fato de ser impossível abarcar a natureza da relatividade, em particular o fato de que essa natureza inclui paradoxos. A restrição imposta pela limitação do pensamento a pensamentos com pensadores implica a polarização "veracidade" e "falsidade", adicionalmente complicada por "morais", sistemas de "morais não-investigadas" e extensões do pensamento de Plantão a visões morais da função de poetas e artistas. Uma filtragem semelhante, proveniente do domínio da religião, pode ser igualmente rastreada na incapacidade de se respeitar o "pensamento sem pensador" e, por extensão, a "relação sem objetos relacionados". A dificuldade do "publico" de entender o fato de que uma analogia é uma tentativa de vulgarizar uma relação, e não os objetos relacionados, é uma prova visível de como isso tudo afetou o assim chamado pensamento prático. A abordagem psicanalítica, ainda que valiosa ao ampliar o consciente, através do inconsciente, acabou ficando viciada por sua incapacidade de entender a função de "seio", "boca", "pênis", "vagina", "continente", "conteúdo", enquanto analogias. Mesmo escrevendo isto, a dominância sensorial de pênis, vagina, boca, ânus, obscurece o elemento a que a analogia busca dar significado...

ROSEMARY (bocejando) Ai, meu Deus.

VOZ Por que apelar para mim?

ROSEMARY (de modo imperativo) Alice! Vem cá imediatamente.

ALICE (submissamente) Sim, senhorita.

ROSEMARY por que será que você não consegue botar esse chato nos eixos? Por que você foi casar com ele se não sabe mantê-lo na linha? Você bem podia ter aprendido que o exercício factual de um relacionamento não são os dois objetos relacionados, como a xoxota e o pinto, mas manter uma coisa dentro da outra (ri desdenhosamente). O continente e o conteúdo! Meu Deus, acho que ele me deixou tão louca quanto ele! Estou até falando essas maluquices sem nexo. Se este negócio continuar por muito tempo, vou acabar num manicômio! (AMF, 69-71)

O texto citado será apreciado por leitores que se afastem de preconceitos em relação ao que irão ler. Leitores já familiarizados com *A Memoir of the Future* também podem achar produtivo reler esse texto. Aos leitores que não tiveram contato com essa obra, pode ser útil ter em mente que o "Roland" é um dos vários objetos parciais, criado para caracterizar experiências vitais de Bion. "Roland" representa uma pessoa imprudente, propensa a agir impulsivamente. Retrata alguém que sempre tenta fazer a coisa "certa", mas acaba por estar sempre "errado". A tentativa, atribuída a "Roland", de fornecer explicações tipifica esse caso; paradoxalmente, há laivos de contato com aquilo que é verdade. Alguns leitores perceberão com facilidade que "Roland" enuncia algumas das teorias de Bion sobre psicanálise, especialmente a teoria de continente/contido. O faz com senso de humor, aplicando o método crítico a mesmo. Objetos parciais que expressam feminilidade, "Rosemary" e "Alice", respectivamente, são tentativas de caracterizar o que é uma mulher real – na gíria brasileira, "de fibra" – e uma falsa mulher, por fraqueza, permitindo a prevalência do princípio do prazer-desprazer. As duas demonstram o exercício de identificações projetivas cruzadas – trocando de posições de modo contínuo, na evolução do texto. Poderá parecer, para alguns leitores, que se trata de uma novela, ou uma peça de teatro; mas trata-se de um comentário sério a respeito de pares que nunca formam casais – já antevisto na introdução à trilogia. Pode ser útil para aqueles que tenham escolhido a psicanálise como ofício; ou para membros do movimento psicanalítico que tentam "analisar" seus familiares, ou amigos e parentes. Será útil permitir-se cair em conversas técnicas naquilo que precisa manter-se como relacionamento humano? Esse problema ficou tragicamente claro ao *establishment* psicanalítico através do caso paradigmático de Hermine Hug-Hellmuth e seu sobrinho. A parte final do texto aborda esse assunto.

Outra forma de fazer essa leitura seria levar em consideração que o texto tenta incorporar experiências teórico-práticas acumuladas durante oitenta anos de vida, que incluem dois casamentos, duas filhas e um filho; formação médica; cinquenta anos de experiência psicanalítica, somada à formação escolar nos tempos vitorianos e eduardianos da Inglaterra, com educação religiosa não conformista; e, onipresentes, as experiências múltiplas em guerras.

Utilidade A utilidade clínica dessa sugestão reside no fato de que o texto se aproxima daquilo que faz uma sessão ser analítica. A suposição é de que os pensamentos já existem como realidades imateriais flutuando livremente, esperando que um pensador os pense. Essa situação pode ser analogamente comparada ao oxigênio que inalamos; já está lá, esperando que um respirador o respire. Se isso for verdade, o analista e também o paciente precisam tentar apreender esses pensamentos. Associações livres seriam exatamente isto: "entidades" livremente flutuantes oriundas das partes mais profundas do *self*, esperando que um pensador as pense. A atenção livremente flutuante seria a habilidade de intuir e apreender esses "pensamentos" – que expressam aspectos parciais do estado psíquico do paciente, reprimidos ou mantidos no sistema inconsciente desse mesmo paciente. São formados apesar, e não apenas por causa, da existência do pensador.

Falhas na apreensão do conceito, mal-entendidos e distorções: alguém poderia perceber os muitos acréscimos que Bion faz à definição desse conceito, com a mesma formulação verbal: "pareceria estranho...". Pode-se questionar: isso ocorre pelo fato de que Bion percebia o grau de incompreensão e perplexidade dos seus contemporâneos, membros do movimento psicanalítico, quando faziam parte das plateias em palestras, ou quando eram leitores de sua obra e se dirigiam a ele? A hipótese de pensamentos sem pensador foi intrigante até mesmo para uma mente robusta como a de Descartes. Provou causar ofensa aos que se demonstram incapazes de tolerar a observação de Freud: avanços científicos são tomados como ataques à onipotência humana. Os exemplos dados por Freud são bem conhecidos: as descobertas de Copérnico e de Darwin. A ideia de que a mente produz pensamentos, exaltada por Descartes, parece nunca ter sido questionada – a não ser por ele mesmo, mas no sentido negativo. Uma ideia claramente relacionada à onipotência e onisciência: uma das manifestações de que o ser humano é o centro do universo.

O autor deste dicionário, em 1980, impressionado com o contato com os conceitos de Bion, e de modo especial com aquele que lhe pareceu formar um dos mais úteis clinicamente – pensamentos-sem-pensador –, teve dificuldades para obter orientações e conversas com autores reconhecidos; o Brasil já era conhecido como um dos países onde a influência da obra de Bion era notável. No entanto, havia muitas resistências: por exemplo, algumas obras – de modo especial, *Transformations* e *A Memoir of the Future* – eram tidas como ilegíveis, excessivamente complicadas e muito diferentes do que essas pessoas consideravam ser psicanálise. Procurou então colegas no exterior, orientando-se pelo fato de que eram citados nos textos de Bion. Dentre os colegas que se dispuseram a responder ao contato por cartas, talvez seja oportuno citar a opinião da dra. Hanna Segal. Ela afirmou que a ideia de pensamentos-sem-pensador poderia ter, ainda que com restrições, um "sentido sociológico", mas que não era de utilidade para analistas. Acrescentou que valorizava as contribuições de Bion para a psicanálise, mas excluiu *todos* os trabalhos escritos após 1962.

Referências sugeridas: Visão analítica; *At-one-ment* (Estar-uno-a-si-mesmo); Visão binocular; Jargão; Julgamentos; Místico; "O"; "Psicanálise real; Método científico; Transformações em Psicanálise; Verdade; Ultra-sensorial.

PENSAMENTOS VERBAIS

Consultar os verbetes '"Grade" (Grid)", "esquizofrenia", "pensamentos verbalizados".

PENSAMENTOS VERBALIZADOS

Bion detalha o ambiente no qual o analista trabalha.

Usualmente, membros do movimento psicanalítico consideram o nosso meio ambiente segundo um critério que parece, ao autor desse dicionário, excessivamente concretizado: enfocam-se condições materiais do *setting* analítico. No entanto, segundo um vértice que possa ser visto como psicanalítico, todo e qualquer ambiente pertence à realidade material e psíquica, ou realidade sensorialmente apreensível e psíquica. Inexiste clivagem entre as duas. Pode-se dizer que a atenção a este fato, ou seja, de que inexiste clivagem, já que as duas são apenas formas da mesma realidade, forneceu a oportunidade para Freud descrever as qualidades funcionais do aparato psíquico: algo que ele tentou fazer em seus estudos sobre o aparato neurológico.

Uma dessas qualidades funcionais foi descrita quando Freud percebeu ocorrências que surgiam quando a pessoa funcionava sob a égide do princípio do prazer-desprazer: essa pessoa busca evadir-se de frustração. Por sua vez, sentimentos de frustração são, usualmente, equacionados a experiências de dor. A pessoa, nessas condições, utiliza os vários mecanismos de defesa do ego. Pode-se perguntar, defesa contra o quê? Freud apontou que a defesa era contra estados de angústia, respeitando o principio da constância, descoberto por Gustav Fechner. Em 1910, Freud publica um artigo para mostrar uma nova percepção: que a defesa é contra a realidade. Há intolerância à introdução do princípio da realidade. Expressões coloquiais, como "a dura verdade", expressam, como ditados populares, essa tendência. Por exemplo, o mecanismo de defesa qualificado como "projeção", entre os vários mecanismos de defesa do ego: trata-se de uma tentativa de descrever o meio ambiente relacional entre paciente e analista, no aqui e agora da sessão. Não é especifico de análise, ocorre em relações com pessoas fora do consultório analítico – mas em análise, há uma condição excepcional que permite sua observação.

O mecanismo de projeção foi primeiro observado como um dos mecanismos do trabalho onírico; e depois, foi acrescentado à teoria como um dos mecanismos de defesa do ego. É necessário que todo analista possa se dar conta de que a investigação de um processo intrapsíquico acaba levando à descrição de um mecanismo relacional – como o exemplo da projeção demonstra. No que se refere à projeção, a investigação foi frutífera – levou, por exemplo, à descoberta de um fenômeno alucinatório, denominado por Freud, à falta de nome existente, "transferência" (q.v.).

Esse é apenas um exemplo; o raciocínio teórico pode ser feito com todos os outros mecanismos de defesa que se considere: condensação, deslocamento, transformação no contrário, repressão, fixação, regressão.

Os membros do movimento psicanalítico que não conseguem acompanhar esse fato – de que mecanismos intrapsíquicos são prévios, e, na historia da psicanálise levam invariavelmente à descrição de mecanismos relacionais, perdem-se em críticas destrutivas ao trabalho de Freud – e também de outros autores. Não por defeitos intrínsecos a esse trabalho, mas por dificuldades de apreensão dos conceitos e teorias de Freud: afirmam que o descobridor da psicanálise não valorizaria o ambiente. Um exemplo dessa postura pode ser dada pelos adeptos do intersubjetivismo, cujos patronos foram os autores que fizeram a primeiras dissidências – Alfred Adler e C. G. Jung.

O estudo do mecanismo de projeção foi expandido por Melanie Klein, em termos da teoria dos mecanismos de defesa do ego, mas fazendo parte de uma fantasia inconsciente (*phantasia*), agora denominada de "identificação projetiva".

P

A ênfase a respeito de mecanismos intrapsíquicos –cuja apreensão constitui-se como objetivo máximo de uma psicanálise – e seu percurso para a apreensão de mecanismos relacionais entre pessoas, compondo parte importante de nosso meio ambiente externo e interno, nos permite retornando ao inicio desse verbete: o meio ambiente no qual paciente e analista trabalham contempla, de modo ainda mais importante do que as características materializadas, sensorialmente apreensíveis – local, frequência, horários, o divã em uma sala relativamente isenta de estímulos desnecessários, como ruídos e interrupções por outros motivos –, uma situação parcialmente materializada, mas predominantemente imaterial, e dinâmica, um "tornar-se", assinalado explicitamente por Bion, em *Transformations*. Já assinalado por Freud em vários lugares, como "A questão da análise leiga": o tornar-se expressa-se, ou materializa-se, no único fato que ocorre entre pacientes e analistas é que os dois conversam. Bion, como usualmente, parte de Freud e coloca a situação de modo ainda mais explícito e específico: um analista trabalha em um ambiente constituído por *"pensamentos verbalizados"*.

A partir dessa constatação, e enfatizando outra característica apontada por Freud, de que uma psicanálise é uma atividade científica, ou seja, busca se aproximar da verdade – Freud afirma que fazer psicanálise envolve necessariamente amor à verdade (em "Construções em análise"). Torna possível a percepção de que o passo seguinte será obter uma avaliação: qual seria a extensão em que "pensamentos verbalizados" conseguem se aproximar - ou não - daquilo que é verdade? Até que ponto, e quando, pensamentos verbalizados emitidos pelo paciente, e pelo analista, se aproximam daquilo que é verdade?

Bion direcionou-se para essa questão em função de seu trabalho com psicóticos. Ou seja, pessoas que odeiam a verdade e atacam sua própria percepção do que é verdade, afastando-se, por meio de alucinação e delírio, da realidade. Isso já havia sido demonstrado por Freud em muitos textos, desde os estudos pré-psicanalíticos sobre histeria; evoluindo nos textos sobre neuroses fóbico-obsessivas. E, logo depois, estudando paranoia – no exercício psicanalítico sobre o diário do juiz Daniel Paul Schreber. Estudos que culminam nas observações contidas no estudo "Neurose e Psicose".

Coincidindo historicamente com os aprofundamentos de Bion nos problemas dos psicóticos – o distúrbio nos processos de pensar que o impediam de se aproximar da realidade –, teóricos da ciência e epistemólogos voltavam-se para o mesmo problema. A rigor, um milenar problema em toda a filosofia. Que dividira o grupo de membros do movimento filosófico em alguns partidos. Parece ao autor desse dicionário ser necessário destacar dois: os "realistas" e os "idealistas", já conhecidos pelo menos desde a época de Kant. O segundo partido, dos "idealistas", também era chamado de "subjetivistas" e, na época de Freud, "solipsistas". Os membros do primeiro partido acreditavam haver um e apenas um método de se aproximar da realidade: o uso do nosso aparato sensorial. Os membros do segundo partido acreditavam que havia um e apenas um método de se aproximar da realidade: as visões e opiniões pessoais de cada pessoa.

Na época de Bion, os teóricos da ciência se aglutinavam – havia exceções, obviamente, mas exceções que confirmavam a regra – em torno de escrutínios da consistência gramatical de afirmações científicas. A consistência seria dada pela lógica gramatical, dada sob o ponto de vista da lógica matemática. Inicialmente, a lógica euclidiana. Atualmente, são chamados – em muitos locais, de modo depreciativo – de "lógicos". A procura por uma sintaxe matemática que pudesse tornar enunciados científicos passíveis de verificação dominou as ideias dos teóricos da ciência no início do século XX, até quase o alvorecer do século XXI. Dizia-se que nenhuma ciência poderia se considerar como tal se não fosse "matematizável" – pensamentos verbalizados precisariam ser transpostos para outras formulações que não apenas verbais. Procurou-se examinar se a transposição poderia ser para formulações matemáticas. A partir dos anos 1920, tornou-se esse, o projeto dos auto-denominandos "neopositivistas" – movimento que ocorria na filosofia alemã e austríaca (Escola de Viena), em que despontavam algumas pessoas: Moritz Schlick, Otto Neurath, Ernst Mach, Ludwig von Wittgenstein. Matemáticos respeitados, como Bertrand Russell, fizeram parte do movimento neopositivista – do qual também fez parte Sigmund Freud. A despeito do nome, nada tem a ver com a religião positivista inventada por Auguste Comte no século XIX. O movimento em busca dessa sintaxe sobreviveu na Inglaterra até os anos 1960, pelo trabalho de alguns emigrantes alemães, dos quais se destacou Rudolf Carnap. Essas pessoas tentavam buscar o valor-verdade que poderia estar contido em enunciados científicos.

Na visão do autor deste dicionário – baseado nas citações de Bion e também no *ethos* de sua tentativa durante os anos 1955-1965 –, a influência desses autores em seu trabalho foi marcante. Culminou, de modo materializado, no instrumento "Grade" (Grid) (q.v.), utilizado para categorizar de forma *"mais precisa"* os pensamentos verbalizados provenientes dos pacientes e dos analistas.

Bion enfatiza que pensamentos verbalizados precisam *"ser sinceros"*. Podem ser incluídos nas categorias pertencentes aos dois eixos da "Grade" (Grid), que tentam descrever e classificar, de modo conjugado, funções do pensamento e a genética do pensamento – consultar o verbete "Grade" (Grid), neste dicionário, para um relato detalhado dos dois eixos e categorias.

Bion afirmou que os enunciados que pudessem ser verdadeiros, emitidos pelo analista, precisariam ser incluídos nas categorias genéticas de concepções e conceitos; possivelmente, também, pré-concepções e sistemas científicos. As funções dos enunciados verdadeiros do analista deveriam pertencer às categorias de hipóteses definitórias, notação, atenção e investigação. Em termos da "Grade" (Grid), as linhas E, F e, possivelmente, D e G; e as colunas 1, 3, 4 e 5. Avaliou que as linhas correspondentes a sistemas científicos dedutivos e cálculo algébrico (G e H) aplicavam-se a fenômenos muito mais sofisticados e precisos do que aqueles que poderiam ser alcançados pela psicanálise, pelo menos do modo como ele conhecia essa prática.

Essa descrição que sintetiza as noções sobre pensamentos verbalizados e pensamentos verbalizados do analista podem ser encontradas dessa maneira em *Transformations*, páginas 4 e 38.

Referências cruzadas sugeridas: Visão analítica; "Grade" (Grid).

Pensar, uma teoria do; ou uma teoria do pensamento

Uma das contribuições de Bion para a teoria da ciência aplicada à psicanálise – mais usualmente qualificada pelo seu sinônimo, contribuição epistemológica à psicanálise – é a distinção entre um "sistema de teorias psicanalíticas" e um "sistema de teorias da observação" em psicanálise.

Uma das poucas contribuições de Bion ao "sistema de teorias psicanalíticas" é a uma teoria sobre o pensar proposta originalmente em 1961, no Congresso Internacional de Psicanálise, ocorrido em Edimburgo. Foi publicada como um artigo – "Uma teoria do pensamento" no *IJPA* e republicada como o último capítulo do livro *Learning from Experience*.

O artigo em questão é baseado nas "Formulações sobre os dois princípios de funcionamento mental" de Freud, enriquecido pela experiência de Bion com pacientes denominados psicóticos. Experiência que lhe indicou a utilidade das observações de Freud sobre os efeitos deletérios da prevalência do princípio do prazer/desprazer, principalmente quando prevalecem narcisismo primário e inveja. Também demonstrou a existência de uma atividade alucinatória precoce relacionada à subserviência ao princípio do prazer/desprazer.

O trabalho ajuda a dissipar visões paradisíacas que alimentavam ideias de patologia e culpa parental. Por exemplo, as "teorias" sobre ataques ao desmame. De forma similar a Winnicott, Bion demonstra a função formativa da personalidade de uma situação específica: quando o bebê encontra-se com uma contingência em que o seio desejado, ou seio idealizado, demonstra-se ausente. Isso vai ao encontro da percepção de que não existe desenvolvimento sem resistência – aqui entendida como uma força opositora. Parece fácil de obter essa compreensão em relação à realidade física, concreta. Nenhum sistema vivo, por exemplo, o sistema osteomuscular humano, cresce sem resistência. Esse modo de apreender a realidade permaneceu inalterado durante toda a obra de Bion. Apreensão que sempre inclui a presença de dor; sua importância parece ser tal que Bion a incluiu como um dos elementos de psicanálise (consultar esse verbete específico). Para os leitores que apreciam correlacionar a obra de um autor com sua vida, poderá ser útil recordar que Bion foi professor de ginástica em sua adolescência tardia e notabilizou-se como esportista. A correlação não é causal; a origem desses fatos é interna às pessoas, acoplada com oportunidades sociais – fato iluminado pela teoria das "séries complementares" de Freud (em *Conferências introdutórias à psicanálise*).

A formulação inicial proposta por Bion foi de que o bebê possui uma pré-concepção inata de um seio. Busca naturalmente um seio. Possui uma "disposição" para tal busca (C, 262). Para que uma criança sobreviva, inevitavelmente encontrará um seio. Esse seio é inevitavelmente diferente da pré-concepção do bebê. No entanto, ocorre um acoplamento. Esse acoplamento implica que ocorreu uma realização interna – no bebê – do seio; e essa realização encontra uma contraparte na realidade, pois realmente houve um seio (mais especificamente, um mamilo) para ser acoplado. A diferença entre o seio real e o seio desejado corresponde a uma experiência seminal denominada por Bion de "Não-Seio". Se e quando o "Não-Seio" for tolerado, emergem os processos de pensamento. O bebê será capaz de simbolizar o seio; o bebê será capaz de pensar o "Não-Seio". O conceito de seio emerge quando a pré-concepção se acopla com uma realização. Nas fases iniciais de sua obra, Bion denominou esse conceito de pensamento.

Essa teoria possibilitou uma visão mais precisa sobre as origens dos processos de pensamento. Não é uma atividade racional ou cerebral – mesmo que as inclua –, mas uma atividade dependente de experiências emocionais. A disciplina psicológica e também a filosofia que marcou o início do período romântico – atribuída a Jean Jacques Rousseau – fizeram, ou ainda fazem, menções vagas à dependência do pensamento sobre as emoções; no entanto, tal funcionamento não foi descrito em detalhe, o que nos parece ser iniciado pela psicanálise e, de modo especial, pela obra de Bion.

O estudo "Uma teoria do pensar" inclui uma importante diferenciação entre o que Bion qualifica – a nosso ver, de modo original – um "senso de verdade" e ideias valorativas, de julgamento, a respeito de certo ou errado. Obter um senso de verdade independe de julgamento; emerge quando a pessoa chega à realização de que o objeto que é amado e o objeto que é odiado são o mesmo objeto. Ideias de certo ou errado emergem quando a discriminação entre verdadeiro e falso não é possível. A falsidade básica, por assim dizer, é a alucinação de um seio, ou a ideia de que o Não-Seio é "errado". Isso significa que a própria natureza, ou o princípio de realidade, seria errado, uma vez que traz dor e frustração do desejo.

Em 1965, a teoria do pensamento foi formulada nos seguintes termos:

O desenvolvimento do pensamento depende da interação entre a não-coisa e a realização que é sentida como se aproximando desta não-coisa. Neste contexto, por

P

pensamento, quero dizer: aquilo que capacita a resolução de problemas na ausência do objeto. (T, 106-7)

A teoria do pensamento evoluiu para a teoria dos vínculos (q.v.).

Referências cruzadas sugeridas: Seio; Concepção; Vínculo; Pré-concepção.

Penumbra de associações

Uma busca por precisão em formulações verbais, no que se refere às tentativas de efetuar uma comunicação psicanalítica, marca todo o trabalho de Bion. Ele elaborou medidas para obter a menor ambiguidade e imprecisão possíveis. Tentou esclarecer penumbras de associações de alguns termos – tanto aquelas que os termos já tinham como aquelas que poderiam ter. Ao obter esse tipo de esclarecimento, tornou possível o uso desses termos dentro do sentido – e também do significado que lhe parecia necessário transmitir a um interlocutor. Em psicanálise, a prioridade é sempre do paciente.

Nesse sentido, a escrita de Bion ecoa aquela feita por Freud, em vários aspectos. Um deles é que os dois tentaram "falar" com interlocutores – os leitores – imaginários. Era um diálogo interno, com alguma entidade crítica, ocupada em desenvolvimento útil. Pode-se dizer que essa entidade crítica tinha um sentido nítido: autocrítica.

Na história das ideias de Bion, pode-se detectar uma primeira menção ao termo "penumbra de associações" na Introdução a *Learning from Experience*. Não é possível ter uma ideia de proporção, mas certamente pelo menos alguns dos leitores de "uma teoria do pensar" (q.v.) perceberam uma referência às notações matemáticas e à teoria da ciência matemática. Talvez inesperada para leitores mais habituados com a leitura de textos de psicanálise (o leitor está convidado a consultar os verbete "círculo, ponto, linha"). O apelo à matemática aparece na referência ao número três – Édipo – e ao número dois – referindo-se a uma entidade, "eu" e "não-eu"; o segundo corresponde ao Seio. Em termos mais precisos, aos sentidos – se o leitor admite um neologismo, de "dois-isse" e "três-isse" (*twoness* e *threeness*, em inglês). Leitores informados em teoria da matemática reconhecerão a teoria dos números de Gottlob Frege. Nove anos depois – 1970 – podemos encontrar, de modo explícito, essa origem.

Sugerimos considerar o estudo "Uma teoria do pensar" como o primeiro capítulo de *Learning from Experience*. Não pudemos descobrir os motivos pelos quais Bion não o fez – pois escolheu como introdução desse livro um texto algo diverso, sobre

A linguagem de Bion

noções emprestadas da filosofia da matemática, fatores e funções. Interessados na história das contribuições de Bion podem encontrar pelo menos mais uma versão dessa introdução em *Cogitations*.

As duas nos parecem claras no que se refere ao uso, por empréstimo, de conceitos e formulações verbais decorrentes da filosofia e da matemática. O termo "a ser emprestado" é empregado por Bion. Será útil que o leitor mantenha em sua consciência exatamente o que Bion escreve, enquanto lê qualquer um de seus textos? Na visão do autor deste dicionário, que pode ser acusada por algum defensor do pós-modernismo como tendenciosa, a resposta é sim, já que foi o fator principal na feitura do presente texto:

> Existe a possibilidade de que eu estaria utilizando termos cujo significado teria sido anteriormente estabelecido – como o meu uso das palavras Função e Fatores. Um crítico assinalou que tais termos estão utilizados de maneira ambígua; um leitor sofisticado poderia ficar confuso pela associação que essas duas palavras já mantêm com matemática e filosofia. Esclareço que as usei deliberadamente em função dessa mesma associação; desejo que tal ambiguidade permaneça. Gostaria que o leitor se recordasse de matemática, de filosofia e também do uso coloquial, devido ao fato de que estou discutindo sobre uma característica da mente humana passível de um tal desenvolvimento que, em um estágio posterior, poderia ser intitulado sob essas classificações[101] – e também sob outras. (LE, p. 2 da Introdução)

Bion usou, como instrumentos de apreensão da realidade, os conceitos matemáticos de fator e função, usualmente encontrados em outras disciplinas: teoria da ciência, filosofia (há um escola chamada "funcionalista"), e extensivamente em matemática, física, e também no segundo caso (função), fisiologia, biologia, psicologia e medicina. A situação – empréstimo – se aplica a outros escritos de Bion, com outros termos e conceitos, revistos neste dicionário. Observamos a existência de leitores que consideram o termo "ambiguidade" de modo demasiado literal, retirando-o do contexto. Perdem a noção de que o próprio termo "ambiguidade" implica que algo mantém pelo menos dois sentidos e, consequentemente, dois significados. Conforme o caso, mais do que dois, em uma degenerescência que vai perdendo o sentido original, inescapável com o uso continuado por séculos, por diferentes culturas, pessoas e épocas. Essa é a base de uma abordagem que possa ser qualificada como psicanalítica: um discurso manifesto – Freud usava o termo "conteúdo manifesto" (q.v.) – tem sentidos e significados subjacentes que podem ser obtidos por

---

[101] Bion se refere aqui à possibilidade de a mente se desenvolver de modos aparentemente diversos, entre eles: de modo artístico, científico, filosófico, matemático, teológico. Tal possibilidade é detalhada e expandida em seus livros posteriores, *Elements of Psycho-Analysis*, *Transformations*, *Attention and Interpretation*, *A Memoir of the Future*.

meio do uso da técnica psicanalítica. Freud o fazia no exame da "psicopatologia da vida cotidiana", dos atos falhos, das associações livres, da interpretação dos sonhos, para a construção do conteúdo latente (q.v.). O fato histórico obtenível em publicações mostra que Bion pode estender com clareza e perspicácia a teoria sobre a atividade onírica de Freud, no que tange ao estudo detalhado e útil psicanaliticamente de que essa atividade onírica ocorre no mundo de vigília. Em linguagem coloquial, durante o dia. Freud percebeu o fato, mas não pôde se estender no estudo, como tentamos demonstrar em outros estudos (Sandler, 2009).

Dificilmente haverá algum psicanalista praticante que não tenha se acostumado com o fato de que alguns pacientes frequentemente o acusam de usar suas palavras de forma errada. Há um fato real em jogo: um psicanalista precisa procurar por significados subjacentes – uma busca frequentemente destacada por Bion (o leitor pode consultar os verbetes "'O'"; "estar-uno-consigo-mesmo"; "infra-sensorial"; "sonhar a sessão analítica", "ultra-sensorial"; "visão analítica").

A busca de Bion por precisão, na comunicação em psicanálise, pode ser vista, por exemplo, na observação de situações em que essa precisão está seriamente comprometida. Por exemplo, na excessiva materialização, ou concretização das próprias palavras envolvidas, originalmente, no desenvolvimento emocional, quando houve intolerância psicótica da ausência do seio, ou dos ataques invejosos e ávidos a um seio real, que produz alucinatoriamente uma ausência "desejada". Bion classifica de "extraordinária" essa ocorrência psicótica; a classificação ocorre por comparação desse ponto de vista (ou vértice de observação) com a visão de senso comum daquilo que é a ausência do seio, ou "não-seio", na nomenclatura de Bion. No senso comum, ocorre tolerância mínima dessa ausência ou, mais precisamente, de estados de ausência concreta:

> Posso diferenciar as duas visões, considerando a visão extraordinária como retro-visora, relacionada ao que foi perdido; e a visão comum como ante-visora, relacionada àquilo que pode ser descoberto. Essa diferenciação não é conveniente, pois implica uma penumbra de associações; limita, portanto, a minha liberdade de discussão. Vou então simbolizar a visão extraordinária por –K, e a visão comum por K. (T, 77)

Nos trabalhos publicados sob forma de livro, pode-se relacionar uma única vez na qual Bion utilizou a expressão verbal "penumbra de associações" para poder demonstrar a utilidade do uso de uma linguagem coloquial, quando, ao rever uma situação clínica, ele tentou conversar com um paciente fazendo uma interpretação sob forma de linguagem técnica. Para poder ler de modo minimamente compreensível a citação seguinte, o leitor precisará estar familiarizado com a nomenclatura

que Bion propôs para o instrumento "Grade" (Grid) (q.v.). Se o leitor não tiver obtido tal familiaridade, a seguinte legenda será útil:
F = enunciados verbais que expressam Conceitos;
G = enunciados verbais que expressam Sistemas Dedutivos Científicos;
H = enunciados verbais que expressam Cálculos Algébricos.

> . . . neste caso, a formulação é sofisticada, com a intenção de ser a contraparte mental da ação. A intenção é que seja uma ação psicanalítica. Como todas as categorias F, G e H, terá a tendência de emergir como uma manipulação incompreensível de termos técnicos. Este é, precisamente, o perigo a ser antecipado, com todo o tipo de formulação sofisticada. . . . Falta-lhe permanência ou durabilidade. Nesse aspecto, difere de enunciados estéticos.
>
> Este problema não surge no momento em que a interpretação é dada; pois o psicanalista e o analisando podem comparar a interpretação com os fatos que se intenta interpretar. O leitor faz isso, mas inexiste qualquer quantidade de descrição, mesmo que seja feita habilmente, e inexiste qualquer interpretação, por mais apropriada que seja, que possa suprir pela falta de experiência do leitor daquilo que se relacionou às descrições e interpretações.
>
> Se uma situação psicanalítica for intuída de modo acurado – prefiro o termo "intuído" aos termos "observados" ou "ouvidos" ou "vistos", pois o primeiro não carreia a penumbra de associações sensoriais –, o psicanalista descobrirá que o inglês coloquial comum é supreendentemente adequado para que esse mesmo psicanalista possa formular a interpretação de modo que fique compreensível para o analisando, ainda que existam resistências, que requerem alguma modificação neste enunciado, que, do modo que está, fica demasiadamente otimista. (ST, 134)

Portanto, pode-se concluir que Bion alertou para que pudéssemos evitar penumbras de associação quando a situação fosse a de sessões de psicanálise – elas implicam confusões que diminuem a precisão na comunicação de enunciados do analista, expressas como notações, interpretações ou construções. Consegue-se criar esse tipo de confusão quando, em sessões de análise, utilizamos o linguajar que foi idealizado pelos autores originais – Freud e Klein, no caso de Bion – para comunicação entre psicanalistas. Na verdade, a confusão também se estabelece quando o analista não usa concretamente o linguajar, mas usa ideias teóricas *a priori*.

De modo contrastante, em alguns textos teóricos, para serem lidos por psicanalistas, Bion utilizou intencionalmente o fato de que poderia haver, dependendo do leitor, penumbras de associações. Desejou, explicitamente, que o leitor se relembrasse do uso do termo em outras disciplinas. Por exemplo, no caso do empréstimo das várias teorias matemáticas e físicas, como fatores e funções, dos conceitos de ponto, linha, hipérbole, secante e tangente da geometria bi-dimensional de Euclides, não euclidiana (em *A Memoir of the Future*), da teoria matricial de transformações e invariâncias (em *Transformations* e *Attention and Interpretation*), da física quântica, da teoria da relatividade:

> Existe a possibilidade de que eu estaria erroneamente utilizando termos cujo significado teria sido anteriormente estabelecido – como Função e Fatores. Um crítico assinalou que tais termos estão utilizados de maneira ambígua; um leitor sofisticado poderia ficar confuso pela associação que essas duas palavras já mantêm com matemática e filosofia. Esclareço que as usei deliberadamente em função dessa mesma associação; desejo que tal ambiguidade permaneça. Gostaria que o leitor se recordasse de matemática, de filosofia e também do uso coloquial, devido ao fato de que estou discutindo uma característica da mente humana passível de um tal desenvolvimento que, em um estágio posterior, poderia ser intitulado sob essas classificações[102] – e também sob outras. No entanto, não estou discutindo o que essa determinada função pode se tornar; meu uso do termo visa indicar que a pessoa observada está realizando um cálculo matemático; ou que está tendo um deambular com uma sequência de passos peculiar; ou está agindo por ato invejoso. Todos esses atos são funções da personalidade dessa pessoa que calcula, deambula ou inveja. Se me preocupo com a precisão da matemática que essa pessoa pratica, não é por estar interessado em sua matemática, mas porque matemática e precisão, na performance dessa pessoa, são funções de sua personalidade; é preciso saber quais são seus respectivos fatores. (LE, p. 2 da Introdução)

Bion também se utilizou desse modo, no uso de metáforas emprestadas de teólogos que será lícito qualificá-los como pertencentes à tradição mística. O uso de analogias, metáforas e metonímias confere aos enunciados científicos uma qualidade estética visual, não narrativa, explicitada por Bion na citação. É esse, o nosso caso quando nos utilizamos – como Freud, Bion, Klein, Winnicott e muitos outros, desse recurso.

Falhas na apreensão do conceito, mal-entendidos e distorções: isto não implica que Bion esteja privilegiando a estética, ou literatura, como tentam impor alguns leitores, tendentes a fazer desentendimentos e degenerações na leitura dos textos escritos por esse autor. Implica apenas uma tentativa de comunicação mais precisa:

---

[102] Bion se refere aqui à possibilidade de a mente se desenvolver de modos aparentemente diversos, entre eles: artístico, científico, filosófico, matemático, teológico. Tal possibilidade é detalhada e expandida em seus dois livros posteriores, *Elements of Psycho-Analysis*, *Transformations*, *Attention and Interpretation*, *A Memoir of the Future*.

Voltando à experiência analítica para obter uma indicação, sou lembrado de que um desenvolvimento mental parece depender de verdade do mesmo modo que o organismo vivo depende de alimento. Caso falte verdade, ou ela seja deficiente, a personalidade deteriora. Não posso sustentar essa convicção por intermédio de evidência considerada como científica. Pode ser que essa formulação pertença ao âmbito da estética. (T, 38)

Como uma "ironia da história", na expressão de Isaac Deutscher, e um paradoxo no conhecimento, ou dando evidência à verdade contida nos mitos de proibição ao conhecimento, como o mito de Babel ou o mito do pomo da sabedoria, no Velho Testamento, foi justamente neste último texto que Bion tentou alertar sobre o valor de Verdade:

O problema surge na prática com personalidades esquizoides. Nelas, em termos de desenvolvimento, o superego parece anteceder o ego, e nega ao ego tanto desenvolvimento como a própria existência. A usurpação, pelo superego, da posição que seria do ego envolve um desenvolvimento incompleto do princípio da realidade, exaltação de uma perspectiva "moral" e falta de respeito pela verdade. O resultado é inanição de verdade e retardo no desenvolvimento. Vou considerar esse enunciado como um postulado que resolve mais dificuldades do que cria. (T, 38)

Personalidade não-psicótica

Termo usado de forma intercambiável com o termo "parte neurótica da personalidade". Veja o verbete "personalidades psicóticas e não-psicóticas (ou parte psicótica da personalidade e parte neurótica da personalidade)".

Personalidade perturbada

Os escritos iniciais de Bion – de 1919 (ou seja, muito antes de se inclinar para a prática psicanalítica) até 1957 – utilizaram concepções psiquiátricas, separando normalidade de patologia. Se considerarmos o conjunto de sua obra, será possível apontar uma série de dúvidas, iniciadas ainda no final de uma adolescência precocemente interrompida, quando foi comandante em um batalhão de tanques durante o que ficou conhecido como Primeira Guerra Mundial. Terminada a guerra armada, Bion,

P

como oficial voluntário não comissionado, foi dispensado do exército; já nesta época, expressou dúvidas em relação a rótulos psiquiátricos aplicados a alguns de seus companheiros de armas – aqueles que se recusaram a continuar combatendo. Na trilogia *A Memoir of the Future* e em *The Long Week-End*, afirma que esses soldados foram diagnosticados como insanos. No entanto, sempre o procuraram de forma amável e gentil, durante e por muitos anos, depois da guerra. Tendo recebido as mais altas condecorações por bravura durante a ação – recomendadas por oficiais do setor de inteligência, que se mantinham fisicamente longe dos locais onde decorria a ação mortífera (mais de 80% dos soldados nos batalhões de tanques pereceram). Protegidos pela distância, o acesso dos oficiais de inteligência se dava por meio de binóculos e telescópios de pouco alcance, cujo poder de aumentar a percepção visual era severamente nublado pelas emanações em pólvora, fumaça, incêndios e explosões. Bion coloca claramente: coragem era algo que, no seu pensar, lhe faltava. Atribuiu a coincidências os resultados observados pelos oficiais da inteligência. Além disso, Bion prestou homenagem a um homem que tentou emulá-lo, pois este morreu durante a tentativa; segundo Bion, essa pessoa era dotada de uma coragem e capacidade para amar que Bion pensava não possuir – isso aparece claramente no *The Long Week-End* e também no "Commentary" em *War Memoirs*.

    Durante a década de 1950, Bion observava – como já havia ocorrido com Freud – que distúrbios de personalidade podem ser vistos, pelo menos sob o vértice psicanalítico, como distúrbios do pensamento. Essa visão também dominou a psiquiatria, com observações de Von Domarus e Bleuler. O fato de Bion ter descoberto e se concentrado em diferentes formas de desenvolvimento do complexo de Édipo, e de ter observado que, em alguns casos, o complexo pode até mesmo não se formar, parece ter sido uma primeira forma de dar mais atenção à falácia envolvida na divisão entre patologia e normalidade.

    Inspirado em Freud e Meltzer, o autor deste dicionário tem sugerido, desde 1992, e em obras publicadas em português e inglês, desde 1997, o uso do termo "apreensão", no que se refere ao trabalho prático em psicanálise, preferível aos termos mais usados: "entendimento" e "compreensão". Que tiveram como consequência uma verdadeira erupção de explicações embebidas e cercadas por julgamentos de valor socialmente orientados, em que a lógica clássica, racionalizada, erodia percepções a respeito da existência do inconsciente – em si, alógico, atemporal, anespacial. Na mesma proporção em que o ato intuitivo que pode ser razoavelmente descrito pelo termo apreensão foi gradualmente substituindo o ato racionalizado que pode ser razoavelmente descrito pela expressão verbal, julgamento de valores, no desenterramento que Bion conseguiu fazer das pesquisas no inconsciente iniciadas por Freud. Foram observações dos modos reais de funcionamentos específicos, individuais – não eram imaginárias, feitas *ad hoc*. Substituíram, gradualmente a ideia de patologias que se constituíram como se fossem generalizações fenomenológicas, pertencentes ao sistema consciente, enfocando apenas as aparências sensorialmente apreensíveis – fora, portanto, do âmbito psicanalítico. A ideia de patologias, útil em algumas atividades médicas, para efeitos mais imediatos no âmbito concretizado – por exemplo, atendimentos cirúrgicos em pronto-socorro –, tem sido extensamente questionada em algumas outras especialidades médicas, principalmente nos âmbitos do diagnóstico, da fisiopatologia, e também do tratamento, hoje decididamente multifatorial, levando em conta hábitos de vida. Em 1956, Bion faz uma hipótese paradoxal, com base em observação empírica na clínica psicanalítica: a da existência de personalidades psicótica e não-psicótica (1956). Deu um passo a mais no desenvolvimento da visão psicanalítica, reverberando a ausência de julgamento de valores, já existente, ainda que de certo modo embrionária, mas explícita, na obra de Freud. Que tratou, na transição dos séculos XIX e XX, de vários fenômenos, como o ato de sonhar, ou o desenvolvimento sexual, e de escolhas sexuais sem nenhum julgamento social ou psiquiátrico. No decorrer do século XX, passou a examinar sintomas psiquiátricos não como meras patologias a serem extirpadas, mas como últimos bastiões da saúde, enquanto recursos da dinâmica psíquica. Embora sejam malsucedidos – como todo mecanismo de defesa –, são existentes.

Bion passou a considerar que "personalidades perturbadas" assim o eram pela reduzida disponibilidade (em alguns casos) ou reduzida capacidade em tolerar frustrações. Tal visão não implica necessariamente "patologia", pois, em alguns casos, a reduzida capacidade pode ser transitória e é passível de tratamento e desenvolvimento, no sentido de tolerar dor e frustração advinda de dor; ou, pelo menos, a dor produzida por frustração de desejo. Aumentar o limiar de tolerância à dor está incluído no tratamento psicanalítico – desde Freud, que intentava ajudar as pessoas a substituir ansiedades "neuróticas" pela ansiedade cotidiana, de sobrevivência. É de Freud a observação sobre a existência de uma "ansiedade-sinal", origem para pesquisas neuroendócrinas de Hans Selye sobre *stress* e descarga de catecolaminas em contingencias de luta ou fuga.

Também não implica desprezar fatores genéticos de onde se origina a limitação, que podem restringir severamente o alcance de um tratamento psicanalítico. Implica a apreensão de um quadro em que ocorre uma aliança entre o princípio do prazer/desprazer e a negação do princípio da realidade. Implica o funcionamento sob a égide do desejo, indicando prevalência do instinto de morte. Tudo isso retrata um modo de funcionar daquilo que chamamos "mente", que não implica diretamente presença de doença. Mesmo que possa levar a alguns modos de viver que possam assim ser classificados por outras disciplinas.

Intolerância à frustração ou intolerância ao não-seio conduz a distúrbios do pensamento. "Distúrbio" é o mesmo que "doença"? Um lago revolto após ter sido atingido por um vento constituiria um "lago doente"? As ondas concêntricas criadas pela submersão repentina de uma pedra movida por vento ou mesmo por um ato de uma pessoa seriam "patológicas"? A imagem de um lago foi utilizada por Bion em *Transformations*.

Bion tenta encaminhar, e talvez resolver, uma questão relativa à Verdade, tida como a formadora do éthos fundamental da psicanálise. Essa postura é idêntica à de Freud. A falta de Verdade tem efeito destrutivo sobre o desenvolvimento da personalidade. Bion cria alguns aforismos, na esteira de autores do Iluminismo francês e britânico, bem ao estilo de Freud: "A Verdade é o alimento da mente"; "A mente odeia a Verdade".

Bion enuncia que realidade e Verdade são critérios de saúde mental. Por exemplo, em 1960, fez advertências sobre a inconveniente mistura de "conhecimento" com "realidade e Verdade", em um de seus comentários sobre a visão positivista da ciência, que considera falaciosa. Observou que algumas pessoas – nesta época consideradas por ele mesmo perturbadas – tendiam a tratar seres animados de uma forma apropriada a entidades inanimadas. É a mesma postura do "cientista" positivista:

> A falta de confiança do cientista no esforço intelectual humano tende a fazê-lo voltar-se ansiosamente para a máquina que tão frequentemente tem sido construída de forma a parecer o instrumento ideal de registro . . . como descobriremos a Verdade . . . se os fatos só podem ser registrados por um objeto incapaz de . . . alguma coisa que consideramos pensamento, por um lado, e, por outro, se o pensamento só for possível por um objeto incapaz de registrar fatos?
>
> Talvez a dificuldade não seja real, de qualquer modo significativo; assim o parece porque o método de formulação, em termos de conhecimento, Verdade e realidade, exagera falaciosamente alguns elementos do problema e exclui outros. Haverá menos impedimentos ao progresso se considerarmos que "conhecer" refere-se a relacionamento e que realidade e Verdade referem-se a qualidades dos fenômenos mentais necessárias para sustentar a saúde mental. (C, 146)

Bion define saúde mental em termos de dor e Verdade: *"o homem mentalmente saudável é capaz de obter força, consolo e estofo para atingir o desenvolvimento mental por meio de seu contato com a realidade, não importando se essa realidade é dolorosa ou não"* (C, 192). A falta de valores de julgamento é vista quando a saúde – diferente da saúde mental – puder incluir a alucinação e autoengano. Isso acontece porque a alucinação e o autoengano são socialmente importantes. O grupo obtém suas sensações de bem-estar a partir da alucinação (T, 5):

> Como psicanalista, incluo a personalidade do homem como parte, e uma parte muito importante, de seu ambiente. Em contraste, pode-se dizer que o homem

deve sua saúde, e a sua capacidade para manter-se saudável, à capacidade de se proteger, no decorrer de seu crescimento como indivíduo, repetindo em sua vida pessoal a história da capacidade da raça humana para o autoengano, opondo-se à Verdade que sua mente não pode receber sem desastre. Como a terra, ele carrega consigo uma atmosfera, ainda que seja uma atmosfera mental, que o escuda da contraparte mental dos raios cósmicos e de outros raios, os quais no momento julgamos serem inócuos ao homem graças à atmosfera física. (C, 192)

Em outras palavras, a compreensão psicanalítica dos sintomas, conforme enunciada por Freud e Klein, conduziu a uma percepção mais precisa sobre a natureza paradoxal da doença – como último recurso para tentar obter saúde. Isso se traduz em compaixão – marca registrada da postura psicanalítica, e sua herança médica. Falta de compaixão e amor pode ser vista por meio de uma de suas manifestações: consiste na busca cega pela Verdade, negligenciando o próprio indivíduo. Trata-se de mais uma forma, talvez mais sutil em termos de sua detecção, de pura delinquência. Analistas praticantes aprendem, por experiência de fatos reais, que, para algumas pessoas realmente intolerantes à frustração, o preço da Verdade pode ser suicídio, ou homicídio.

Bion faz essa afirmação em 1960, em um artigo no qual enumera quatorze pontos relacionados a compaixão e Verdade. Esse artigo é tido pelo autor deste dicionário como fundamental para o exercício de psicanálise. Parece-nos orientar todas as contribuições de Freud, Klein, Winnicott e Bion à psicanálise, além de outros autores menos estudados, como Karl Menninger e Elliot Jaques.

Édipo pode ser visto como paradigma de uma personalidade perturbada, vítima de arrogância, e, nesse sentido, a adesão imobilista ou congelamento na posição esquizoparanoide, sem possibilidade de retroceder ou avançar para a posição depressiva, seria patognomônico do distúrbio. Os pontos 8, 9, 10, 12 e 14 expressam a questão:

8. A um homem pode faltar a capacidade de amar.

9. Da mesma forma, ele pode sentir falta de capacidade para a Verdade, tanto para ouvi-la quanto para procurá-la, encontrá-la, comunicá-la ou desejá-la.

10. Pode, de fato, carecer de tal capacidade.

12. A falta primária é inata e não pode ser sanada, embora algumas de suas consequências possam ser modificadas analiticamente.

14. Aplicando (8) e (10) ao mito de Édipo, a morte da Esfinge pode ser uma consequência dessas carências, pois a questão que ela colocou não visava estimular a Verdade; possivelmente a Esfinge não tinha consideração por si mesma, consideração que poderia erigir uma barreira contra a autodestruição. Pode-se dizer que

P

Tirésias carecia mais de compaixão por si mesmo do que de falta de consideração pela Verdade. A Édipo faltou a compaixão por si mesmo, mais do que o respeito pela Verdade. (C, 125-126)

Tanto para a sobrevivência vegetativa, em catástrofes, como para a vida, individual e grupal, é necessária uma assimilação real mínima do que é Verdade: que não é imposta por outros, mas pela natureza: a realidade in vivo, tal como ela é.

Uma capacidade para compaixão pode ser inata; também pode ser aprendida, limitadamente, por contingências familiares e sociais.

O termo personalidade perturbada pode ser aplicado aos que fazem um uso excessivo de alucinose (q.v.):

Quanto mais o problema se relaciona ao caráter inato do paciente, mais difícil ser-lhe-á modificar sua aderência a transformações em alucinose como *a* abordagem superior. Caso sua solução fosse determinada por uma falsa crença de que nenhuma solução real existe, ser-lhe-ia mais fácil admitir seu erro do que quando sua solução é ditada por uma necessidade inata de ser "o máximo". Isso não seria importante, exceto pela crença de que certas perturbações, notavelmente a esquizofrenia, são físicas e se originam em estados patológicos físicos. Seria mais fácil apreender sua natureza se ela fosse vista como originária de um estado físico *normal* e brotando da própria dotação muito saudável e viril de ambição, intolerância de frustração, inveja, agressão; e sua crença que existe, ou deveria existir, ou vai existir (mesmo que tenha que ser criado por ele mesmo) um objeto ideal que existe para se autossatisfazer. A impressão que tais pacientes dão, que sofreriam de uma perturbação de caráter, deriva do sentido de que seu bem-estar e vitalidade brotaram das mesmas características que originam sofrimento. O sentido de que a perda das partes ruins de sua personalidade é inseparável da perda daquela parte onde reside toda sua saúde mental contribui para a agudeza dos temores do paciente. Esse temor agudo é inseparável de qualquer tentativa de resolver o ponto crucial. Será que o paciente vai repetir o antigo engano, tornando-se cronicamente aderido à transformação em alucinose, ou ele vai se voltar à transformação em psicanálise? (T, 144)

Subserviência à alucinose constitui-se como forma especial de intolerância à frustração. A criação de um objeto totalmente satisfatório está diretamente relacionada ao hábito de mentir. Mentir também é visto como manifestação de uma personalidade perturbada: *"A disposição para a mentira pode ser considerada como sintoma de uma personalidade gravemente perturbada"* (AI, Introdução, 2).

Referências cruzadas sugeridas: Visão analítica, Transformações em alucinose.

Personalidade psicótica e não-psicótica (ou parte psicótica da personalidade e parte neurótica da personalidade)

Melanie Klein expandiu a aplicação prática de algumas descobertas de Sigmund Freud, formulando-as como teorias. Freud descobriu a universalidade do estado denominado pelos psiquiatras de "neurose", até então colocado como patologia, que alguns teriam e outros não: estes últimos seriam considerados socialmente e psiquiatricamente "normais". Melanie Klein observou que núcleos psicóticos são apanágio da espécie humana, por serem uma herança primitiva – ontogenética e filogeneticamente. Freud estava ciente dessa situação pelo menos desde 1915, quando publicou um estudo baseado na observação de um fato que denominou narcisismo primário. Cinco anos depois (em *Além do princípio do prazer*), ressaltou uma dotação instintiva básica de todos os seres humanos, configurando um ímpeto destrutivo – os instintos de morte. No entanto, desde a descoberta da psicanálise, que tradicionalmente é considerada com a publicação de *A interpretação dos sonhos*, Freud ocupou-se de diferenciar produções oníricas de produções delirantes. Ele tinha noção de que ambas se confundiam no que tange à satisfação de desejo, puramente alucinatória; em 1912, no estudo "Dinâmica da transferência", fenômenos aparentemente neuróticos, como o fenômeno da transferência, tinham uma base psicótica, por serem baseados em atividade alucinatória.

Se é verdade – como o autor deste dicionário pensa que é, com base em evidência clínica – que Melanie Klein esclareceu de forma mais completa a natureza das características psicóticas universais do nosso aparato psíquico, e as tenha demonstrado de modo notável em análise de crianças, então talvez seja verdade que a obra de Bion tornou possível, com clareza ainda maior, aplicar as expansões de Klein em análise de adultos. A origem foi totalmente clínica; não foi, como poderia parecer, uma produção individual de Bion. Historicamente, Bion a introduziu como forma de patologia: a descoberta da personalidade psicótica se deu por meio da análise de pessoas rotuladas como esquizofrênicas.

A formulação verbal parecia ter algumas limitações. A primeira formulação, *"partes psicóticas e não-psicóticas da personalidade"*, aparece em 1956, no estudo "Desenvolvimento do pensamento esquizofrênico" (ST, 39). Em 1957, Bion julga mais adequado modificar a formulação para "personalidade psicótica e não-psicótica", no estudo "Diferenciação entre a personalidade psicótica e não-psicótica". No entanto, por alguma situação impossível de ser verificada – o autor deste dicionário aventou uma hipótese, a de questões de revisão gramatical, hipótese corroborada pela sra. Francesca Bion, mas apenas como hipótese –, os termos "parte psicótica da personalidade" e "parte neurótica da personalidade" voltam a ser utilizados na conclusão do estudo de 1957. Assim como qualquer formulação verbal, ambas sofrem de algumas desvantagens incorporadas a sua criação. Uma delas é que ambas tentam englobar, ou incluir, suas contrapartes na realidade; no entanto, todo termo verbal falha em cumprir tal tarefa.

A contraparte na realidade que nos parece mais importante, neste caso, é a natureza monista, paradoxal, em uma situação que inclui um par, e um paradoxo. A definição incluía um par antitético: Psicótico e Não-Psicótico indicam uma coexistência paradoxal. As formulações "Parte Psicótica da Personalidade" e "Parte Neurótica da Personalidade" parece ao autor deste dicionário uma tentativa em tornar mais clara a existência dessa situação. Nos dois casos, parece-nos necessário enfatizar o fato de que o termo "Personalidade" indica algo único, indivisível. Devido à clivagem, na fantasia, a personalidade *funciona como se* fosse feita de duas entidades ou personalidades separadas. O termo "diferenciação entre personalidade psicótica e não-psicótica" tende a enfatizar a clivagem. Esse aspecto só ficaria mais bem esclarecido dezessete anos mais tarde, com a publicação de um estudo a respeito de invariâncias (q.v.), depois completado com o conceito de cesura (q.v.). Um conceito derivado de uma observação de Freud sobre o ato do nascimento obstétrico, em que algo é interrompido mas, paradoxalmente, prossegue sendo o mesmo, havendo muitas "formidáveis" continuidades entre duas situações aparentemente diversas. O modelo pode ser o de uma semente de uma fruta, e a fruta propriamente dita: geneticamente, são a mesma coisa.

Sem uma apreensão do paradoxo de que algo pode ser visto como separado e também como conjunto – já prefigurado com a teoria de Freud sobre os dois princípios do funcionamento psíquico e com a teoria dos instintos, e a teoria Melanie Klein sobre Posições –, a aplicação do conceito na prática estará fadada a permanecer fora do alcance do membro do movimento psicanalítico que se interesse por essa contribuição de Bion. O assunto se reveste de seriedade, por envolver a formação de analistas:

> Melanie Klein acreditava que se poderia encontrar mecanismos psicóticos em todos e quaisquer analisandos; e que seriam descobertos nos casos em que uma psicanálise fosse satisfatória. Concordo com isso; inexiste qualquer candidato para uma psicanálise que não esteja amedrontado ante seus próprios elementos psicóticos, e que não acredite poder conseguir um ajuste satisfatório sem que tenha esses elementos psicanalisados. Para aqueles que se ocupam do treinamento de analistas, há uma solução particularmente perigosa para esse problema. O indivíduo procurar lidar com esse perigo tentando ser um candidato para treinamento em análise, de tal modo que, assim que tenha sido aceito como candidato, tomará a aceitação como uma declaração de imunidade, feita pela melhor autoridade que possa emitir tal declaração. Esse indivíduo poderá prosseguir na evasão de se defrontar e precisar lidar com seu medo, com o auxílio de seu psicanalista, e terminar na condição

de ser um psicanalista qualificado. Sua qualificação será uma habilidade, graças à identificação projetiva (na qual essa pessoa não acredita) de enfeitar-se com um estar livre de psicose, uma condição que desprezam, gabando-se de que só ocorre em seus pacientes e colegas. Na mesma proporção em que incrementamos estudos psicanalíticos sobre psicose, e mesmo sobre alucinações, ideias anteriormente estabelecidas sobre psicose e alucinação parecem ser ainda mais inadequadas. (ST, 162)

Exige algo muito além de compreensões racionalizadas ou lógicas de um texto: é necessário que o leitor tenha obtido uma experiência mínima de análise pessoal – uma característica partilhada por toda e qualquer leitura sobre a obra de Freud, Klein e Winnicott. O leitor pode consultar o verbete "psicanálise real".

A diferenciação entre personalidade psicótica e não-psicótica proposta por Bion lida com os aspectos da personalidade que mantêm um *"estado consciente[103] da realidade interna e externa"*. Colocar esse artigo em uma perspectiva histórica (da história das contribuições de Bion à psicanálise) talvez seja útil; nessa época, Bion entretinha dúvidas a respeito do *status* científico de uma hipótese operacional altamente frutífera de Freud: a de atribuir ao sistema consciente – abreviadamente, consciência – essa mesma função. Muito provavelmente, essas dúvidas, resolvidas a partir de 1960, fizeram que ele não a incluísse no artigo. Preferiu manter-se apenas na experiência clínica para poder ressaltar aspectos daquilo que determinou ser uma personalidade psicótica: é aquela que sofre perturbações para poder manter esse estado de consciência. Ocorrem *"clivagens instantâneas de todos os aspectos da personalidade que mantêm um estado consciente da realidade interna e externa, e a expulsão desses fragmentos; expulsão feita de tal forma que esses mesmos fragmentos adentrem em seus objetos; ou os envolvam, englobando-os"* (ST, 43).

A prática em psicanálise, que tenta integrar contribuições de Freud – quanto à universalidade dos mecanismos formadores de neurose – e de Klein – quanto à universalidade dos mecanismos formadores de psicose –, demonstra a possível prevalência dessas duas "faces"; uma se utiliza da outra. Uma concepção de uso mútuo constitui um paradoxo: uma entidade funcionando como duas e, ao mesmo tempo, como uma única. Uma impossibilidade de apreensão da "natureza monista" de uma personalidade completa, minimamente integrada (no sentido dado por Klein ao termo), ou seja, não clivada (no sentido dado ao termo por Freud, em mecanismos de clivagem do ego, desenvolvidos por Klein), por parte da própria pessoa, impede o "uso mútuo": "a partir deste ponto, ocorre uma divergência cada vez mais ampla entre as partes psicótica e não-psicótica da personalidade, até que que a pessoa sinta que o abismo fique intransponível" (ST, 39).

---

[103] *Awareness* no original: "consciência consciente" seria uma versão aproximada deste termo intraduzível.

P

Talvez seja possível utilizar a definição de Bion a respeito de personalidade psicótica e não-psicótica para que o uso mútuo torne-se minimamente apreensível para o leitor – em um exercício de percepção teórica, pois uma apreensão real só pode ser obtida durante e por meio de uma psicanálise real (q.v). A frase *"todos os aspectos da personalidade que mantêm um estado consciente da realidade interna e externa"* se refere principalmente à personalidade não-psicótica, ou parte neurótica. Nos termos de Freud, é o início dos processos secundários – nos quais começa a haver uma ação do "órgão sensorial para a percepção das qualidades psíquicas, ou seja, os processos do sistema consciente. Nos casos em que ocorre a clivagem, ou a *"divergência"*, a personalidade não-psicótica, ou parte neurótica da personalidade, usa ou é usada pela personalidade psicótica, cujo processo de pensar, ao negar a introdução e prevalência do princípio de realidade, habitando a posição esquizoparanoide, executa a clivagem. A clivagem em si dá forma à personalidade psicótica que agora tem controle da situação psíquica, tornando-se prevalente. A expulsão dos fragmentos que adentram os objetos, ou os englobam, constitui o funcionamento psicótico; cada fragmento é um tipo de "mini-personalidade-neurótica". Além do mecanismo de defesa de negação, a personalidade psicótica se utiliza do mecanismo psíquico de racionalização para conferir modos aparentemente palatáveis e plausíveis, racionalizados, aos produtos do pensar. Reveste o objeto de uma apresentação (fenomênica) neurótica – ou seja, torna-se aparentemente sã. Cada fragmento se torna uma "mini-personalidade completa", provida de ego e superego etc. A parte neurótica utilizou a parte psicótica para "externalizar" a si mesma; a parte psicótica usou a parte neurótica para alcançar, por assim dizer, em alucinação, uma vida para si própria.

Na prática, Bion e outros analistas, como Rosenfeld e John Rosen, entre outros, demonstram que psicóticos são capacitados de formar uma relação de transferência (definida segundo Freud). Não obstante, a transferência se apresenta de forma diferente se comparada com aquela apresentação mais típica, que aparece quando predomina a neurose. Eruditos no movimento psicanalítico fica "cegos" para as realidades clínicas apontadas por Freud (AMF, I, 5). Perpetram aplicações mecanicistas, fazendo repetições totalmente literalizadas – senso-concretizadas – das palavras contidas nas teorias elaboradas por Freud. Não podem obter apreensão, mas apenas aprendizado superficial a respeito dos pacientes, ficando sem acesso ao sistema inconsciente. Ficam impotentes para dar-se conta de que teorias tentam espelhar a realidade, mas não são a realidade. Em consequência, sua prática fica limitada a efeitos placebo, que, igualmente, não é alvo de discriminação. A visão de Freud, de que psicóticos não podem completar relacionamentos transferenciais, continua verdadeira. Esperanças de cura de psicóticos com tratamento psicanalítico, como toda esperança, não tem base na realidade; e foram feitas sem seguimento (follow-up) que pudesse permitir conclusões válidas. No entanto, psicanálise nada fica a dever com todas as outras tentativas feitas antes e depois.

Bion esclarece que a transferência psicótica é *"tênue e tenaz"*; a relação é *"prematura, precipitada e intensamente dependente"* (essas citações podem ser encontradas em algumas partes do texto de Bion: por exemplo, ST, 37, 44). Isso implica as dificuldades do tratamento. Na história da psicanálise, a possibilidade de descoberta de situações que já existiam, mas passavam despercebidas pelo analista, parece ter movido o entusiasmo (uma característica endógena, individual) de alguns, que fizeram a tese de que a descoberta do um fenômeno psíquico já implicaria diretamente a sua "correção" sob o ponto de vista apressado "terapêutico". Em muitas situações, psicanalistas, como astrofísicos, economistas, neurologistas e oncologistas, podem obter incrementos no conhecimento, mas isso não se traduz em manejos práticos, no sentido de intervir no curso dos fenômenos observados.

Embora não dispomos de estudos estatísticos quantitativos, temos noção de que alguns psicanalistas, psiquiatras e psicólogos experientes que afirmaram ter utilizado as contribuições de Freud, Klein e Winnicott, deram-se conta de que seus pacientes não haviam sido "oficial- mente" qualificados, ou certificados como psicóticos.

Por outro lado, quando uma análise é profunda o suficiente, ou se a atuação da pessoa com a função de tratar desses pacientes obtém algum tipo de relacionamento mais profundo, como o apontado por Freud em "Psicanálise selvagem", a psicose emerge além de seu uso da parte não-psicótica, ou da "camada" neurótica. A pessoa com a função de tratar desse paciente pode ser surpreendida por tal emersão – muitas vezes, violenta e catastrófica. Foi exatamente isso o que aconteceu com Bion, como podemos constatar com a leitura da análise crítica que ele nos deixou na forma de "Comentários" à sua prática com pacientes psicóticos – nos livros *Transformations*, de 1965; *Second Thoughts*, de 1967; e também no artigo breve "Evidência", de 1976.

Uma das três principais bases do primeiro artigo, agora clássico, a respeito de personalidade psicótica e não-psicótica é a diferenciação feita por Freud entre neurose e psicose (Freud, 1924). O ego, nos neuróticos, "em virtude de sua lealdade à realidade, suprime uma parte do id (os instintos de vida), enquanto, nas psicoses, o mesmo ego isola-se de uma parte da realidade, a serviço do id" (Freud, 1924, citado em ST, 45). Em outras palavras, tanto na neurose como na psicose, ocorre uma fantasia de que se poderia ultrapassar, por supressão, a realidade – no caso da neurose, a realidade interna ao indivíduo, e na psicose, a realidade externa. Freud estava consciente do uso que aspectos correspondentes, teoricamente, a essas duas categorias, neurose e psicose, faziam um do outro: *"a serviço de..."*. Na prática analítica, não será exagerado formular uma regra geral: quando o paciente se comporta preferencialmente sob um modo neurótico, o analista precisará procurar pela personalidade psicótica, que, subjacente ou "superjacente", sempre faz uso de uma apresentação neurótica; quando o paciente se comporta preferencialmente sob um modo psicótico, será necessário procurar pela personalidade neurótica (ou não psicótica) subjacente, ou superjacente,, que está colocando mecanismos psicóticos a seu próprio serviço.

Bion propõe duas modificações nas descrições de Freud, que parecem, para o autor deste dicionário, extensões, no sentido de conferirem maior precisão a essas descrições, incrementando seu alcance no trabalho com psicóticos: *"No que se refere aos egos dos pacientes que podemos, com maior probabilidade, encontrar na prática analítica, não há uma retirada completa da realidade"* (ST, 46). Psicose e neurose ficam presentes, mas como algo que pode ser comparado, analogicamente, como subcamadas, ou supercamadas, em continua coexistência. Quando uma aparece, a outra está latente, quase invisível, como fundamento para a outra. Uma analogia fisiológica pode ser o sistema nervoso autônomo, em que o sistema simpático coexiste e interage com o sistema parassimpático. No final da mesma página, Bion reitera com ainda mais ênfase a frase que citamos anteriormente, para caracterizar a segunda modificação: a *"retirada da realidade é uma ilusão, não um fato"* (ST, 46). Em outras palavras, em neuroses, ou quando prevalece a parte neurótica, a personalidade neurótica ou a personalidade não-psicótica, uma subcamada psicótica está constantemente em funcionamento, "alimentando" uma ilusão, e não um fato real, e afasta, portanto, o paciente da realidade. A retirada psicótica não seria real; não aconteceria devido a processos delirantes, mas, surpreendentemente, à ilusão, isto é, à neurose. Colocando a situação em uma linguagem coloquial: a pessoa "não é tão louca quanto parece" em uma sessão de análise; mesmo que simular loucura, como o fazem os histéricos, por exemplo, precise ser considerado como forma de loucura. E, talvez se revestindo de maior importância, uma abordagem segundo esse vértice oferece uma possibilidade de incremento construtivo no tratamento – que poderia estar submetendo o analista a trabalhar com meras aparências: *"Como resultado dessas modificações, chegamos à conclusão de que os pacientes que estejam suficientemente doentes, para obterem um certificado de que são psicóticos, contêm em seu aparato psíquico uma parte vitimada pelos vários mecanismos neuróticos com os quais ficamos familiarizados pela psicanálise, e que se tornou obscurecida pela parte psicótica em suas personalidades, que até este ponto prevalecia sobre a parte não-psicótica de suas personalidades, já existente em uma justaposição negativa"* (ST, 47).

Cabe uma questão: o que pode ser considerado como psicose, sob o vértice psicanalítico? Integrando as contribuições de Freud e Klein, Bion tenta demonstrar a existência de um processo de clivagem crescente, por onipotência, onisciência, incapacidade de suportar frustração, subserviência ao desejo produzindo clivagens contínuas do ego, com fragmentos cada vez mais diminutos, por meio do mecanismo de defesa descrito por Klein – identificação projetiva:

Um concomitante ao ódio à realidade enfatizado por Freud é composto pelas fantasias infantis do psicótico, de ataques sádicos sobre o seio, descritos por Melanie Klein como uma parte da fase esquizoparanoide . . . em que psicótico cliva seus objetos; simultaneamente, cliva em fragmentos excepcionalmente diminutos toda a parte de sua personalidade que poderia torná-lo cônscio de uma realidade odiada; é isso que contribui materialmente para os sentimentos do psicótico de que não poderá restaurar seus objetos, nem seu ego. Como resultado desses ataques clivantes, todas as características da personalidade que poderiam, algum dia, prover-lhe fundamentos para uma compreensão intuitiva a respeito dele mesmo, e de outras pessoas, ficam comprometidas assim que surgem. Todas as funções descritas por Freud como pertencendo, em etapas posteriores, a uma resposta de desenvolvimento diante do princípio da realidade – ou seja, um estado de consciência de impressões sensoriais, atenção, memória, julgamento, o pensar – são trazidas contra todos esses componentes da resposta, e de um modo muito incipiente, similar ao que esses componentes tinham no início da vida, ou seja, sob a forma de ataques sádicos eviscerantes, que conduzem a um estado fragmentado diminuto – e, então, são expulsos da personalidade para penetrar ou encistar os objetos. Na fantasia do paciente, as partículas expulsas do ego levam uma existência independente e descontrolada, contendo ou sendo contidas por objetos externos; continuam a exercer suas funções, como se a provação à qual foram submetidas tivesse servido apenas para aumentar sua quantidade e provocar sua hostilidade contra a psique que as ejetou. Em consequência, o paciente sente-se rodeado por objetos bizarros . . . (ST, 47)

Nessa operação bem-sucedida de alucinose, o paciente sob prevalência da personalidade psicótica pensa *"ter . . . se livrado do aparato para conhecimento consciente da realidade interna e externa"*, que lhe permite apresentar a si mesmo e a outros – especialmente o analista – em *"um estado que é sentido como não estando vivo nem morto"* (ST, 38).

P.A.: Pode *parecer* assim a partir do seu vértice, mas isso depende de ficar parado diante do vertiginoso precipício que é o "parecer".

SACERDOTE: Com a finalidade de que seus pensamentos vazios pareçam cheios, você recorre a imagens visuais.

P.A.: Concordo que isso os faz parecerem cheios, mas acho que essas formulações têm conteúdo. Eu estou falando sobre "alguma coisa" e acho que valeria a pena ter respeito pelo "parecer". Duvido do equívoco do demônio cruel que mente como se fosse a verdade. (AMF, II, 363-364)

Essa citação, em formulações verbais dialógicas e coloquiais, extraída de uma obra escrita em 1976 – vinte anos depois da observação então colocada sob formulações verbais utilizando a terminologia psicanalítica a respeito da coexistência da personalidade psicótica com a personalidade não-psicótica –, explicita claramente o problema central dos nossos pacientes: contato com realidade, ou respeito por verdade. Embora as formas sejam diferentes, a invariância estava prefigurada na observação clínica, como se pode ver no artigo de 1956:

> Minha experiência com estas teorias convenceu-me de seu valor genuíno; conduziram a melhorias com as quais até mesmo psicanalistas poderão sentir que essas teorias merecem um escrutínio e um teste rigoroso . . . não penso que um progresso real com pacientes psicóticos poderá ocorrer enquanto não se der o devido peso à natureza da divergência entre a personalidade psicótica e a personalidade não-psicótica; em particular, ao papel da identificação projetiva na parte psicótica da personalidade, como substitutiva para uma regressão à parte neurótica da personalidade. É necessário um trabalho com os ataques destrutivos do paciente contra seu próprio ego e a substituição de repressão e introjeção por identificação projetiva. Além disso, considero que isso também é verdade no que se refere a neuróticos severos, nos quais acredito haver uma personalidade psicótica escondida pela neurose sob a forma de uma personalidade neurótica, espelhada pela personalidade psicótica no psicótico – que deve ser mostrada claramente, e enfrentada. (ST, 63)

O uso que a personalidade psicótica faz da personalidade não-psicótica, ou da parte neurótica da personalidade, produz algo que pode ser analogicamente comparado a uma máscara socialmente aceitável, por ser racionalizada; outro modelo pode ser o de um verniz, ou uma maquiagem como as que se utilizam em teatro. O autor deste dicionário sugere uma paráfrase do título de um livro de Freud: a psicose da vida diária. Bion prosseguiu investigando as origens psíquicas e os caminhos e descaminhos tomados para a promoção dessa "psicose da vida diária", em uma extensão maior das contribuições de Melanie Klein: doze anos depois, sugere a existência de um veículo, ou mídia transportadora, por meio da aplicação da teoria de transformações e invariâncias: as transformações em alucinose (q.v.).

Parafraseando Bion, com o intuito de formular um corolário, e igualmente utilizando a experiência clínica, observa-se que muitos analistas, e também psiquiatras desde a fundação desta disciplina por Reil, puderam ter uma receptividade ou abertura não preconceituosa ou, também por falta de receptividade e abertura, defrontaram-se com poderosas manifestações instintivas e deram-se conta de que pacientes classificados ou certificados por alguma instituição médica, ou por médicos, como "neuróticos" contêm em seu aparato psíquico uma parte da personalidade aprisionada por mecanismos *psicóticos* com os quais a psicanálise nos fez familiar. Essas pessoas exibem um comportamento variável: podem encontrar um lócus social em organizações políticas ou científicas por um certo tempo. Ou podem demonstrar notáveis incapacidades de convívio social, correspondendo àquilo que atualmente tem sido classificado como síndrome de Asperger; a dificuldade de formar casais e a utilização frequente de clivagem forçada, em que há um predomínio de senso-concretizações (caracterizando o que socialmente tem sido visto como "consumismo" e também "comunismo"), tornam essas pessoas de convívio humano quase impossível, fora de sistemas negociais. Quando elas fazem tentativas de desenvolver relacionamentos mais íntimos, ou menos superficiais, com elas mesmas e, em consequência, com outros, ocorrem condições mais propícias para a emergência da parte psicótica da personalidade, resultando naquilo que Bion denominou "turbulência emocional" (q.v.). Tentativas de formar um casal, maternidade, paternidade e eventos sociais como guerra ou outras catástrofes naturais – e também uma "psicanálise real" (q.v.) – podem, entre outras situações, providenciar tais condições de intimidade. Será essa uma das mais importantes implicações do estudo de Bion sobre a divergência da personalidade psicótica e a não-psicótica?

PERSPECTIVA REVERSÍVEL

Modelo que descreve um uso específico de identificação projetiva, até então não observado: tornar estática uma situação dinâmica. Uma de suas ilustrações didáticas foi extraída da psicologia da Gestalt: a da figura gráfica que pode ser usada como representação de duas faces, ou de dois vasos, conforme o foco visual pelo qual seja olhada. Bion elabora esse conceito com o intuito de tentar lidar com um sério problema clínico.

DA (PSICO)DINÂNIMA À (PSICO)ESTÁTICA

A origem clínica foi uma observação: a da falsa concordância. Por exemplo: um paciente reage a uma interpretação por meio de uma negativa silenciosa, acompanhada de aceitação – por vezes encomiástica – dessa mesma interpretação. A força que a interpretação poderia ter fica drenada e sugada. *". . . o paciente reverte a perspectiva para tornar estática uma situação dinâmica"* (EP, 54, 55, 61).

Difere das formas comuns de resistência devido à sua apresentação travestida. O paciente está ávido por detectar alguma ambiguidade nas expressões na fala etc. do analista, dando à *"interpretação uma perspectiva não pretendida pelo analista"* (EP, 56).

Por exemplo: um paciente detecta uma nota de satisfação na voz do analista e responde num tom que expressa desânimo; outro paciente detecta uma suposição moral numa interpretação, e sua resposta é uma rejeição silenciosa do que sente como suposição moral. A negativa silenciosa é o traço clínico que se destaca.

A perspectiva reversível difere dos ataques feitos pela personalidade a seus objetos no sentido de que tem como resultado uma clivagem que produz uma fragmentação incrementada da personalidade e dos objetos; o componente de uma clivagem dinâmica faz-se ausente (EP, 58). Trata-se de uma situação que favorece a observação da personalidade psicótica e da não-psicótica.

A perspectiva reversível é evidência de dor. Liga-se à extinção de fontes de dor como são sentidas pelo paciente. O conflito, o debate e a discórdia não são verbalizados; a própria pseudoconcordância fica inerte, tornando-a insignificante. Sua significância é obtida por meio de uma negação dos pressupostos e vértices do analista. A discordância reveste-se de agradáveis recursos racionais, inseridos no discurso e agradando as duas partes.

A detecção é sutil: *"a discordância entre o analista e o analisando só fica aparente quando o analisando parece ter sido pego desprevenido"*. Ocorre uma pausa, e **essa** pausa é útil como ferramenta para detectar que a perspectiva está sendo revertida. *"A pausa não está sendo empregada para absorver plenamente as implicações da interpretação, mas, antes, para estabelecer um ponto de vista que não é expresso ao analista; a partir desse ponto de vista, a interpretação do analista, embora não tenha sido modificada verbalmente nem questionada, tem um outro significado além daquele que o analista pretendeu veicular"* (EP, 55). Se o paciente conseguir evitar a dor dessa forma, da mesma forma que o analista, o resultado é que, *"depois de vários meses de uma análise aparentemente bem-sucedida, o paciente adquiriu um amplo conhecimento das teorias do analista, mas nenhum insight"* (EP, 55). Nesse momento, expõe-se, ainda que involuntariamente, a discordância negada.

A perspectiva, por assim dizer, "não revertida" permitiu a Bion perceber que em *"todos os casos, aquilo que parecia fazer com que o paciente revertesse a perspectiva era o mito de Édipo."* (EP, 58). Será necessário "des-reverter" a situação, para restaurar dinâmica a uma situação estática e, portanto, tornar possível algum desenvolvimento" (EP, 60). O leitor pode consultar o verbete "desenvolvimento".

Bion fornece uma iluminação para que possamos discriminar duas categorias científicas. Uma que ele mesmo considera como mais primitiva: mito; e a outra, mais desenvolvida: teoria. Isso é verdade em termos da história das ideias na civilização ocidental; na visão do autor deste dicionário, sua origem está no modo pelo qual a obra de Von Herder, do Século das Luzes alemão, tratou os textos religiosos, fundando a disciplina de crítica literária. Tratou-os como mitos da tragédia humana, e não sob a visão dogmática do ramo apostólico romano da Igreja católica; Von Herder foi produto da revolta protestante. A teoria do complexo de Édipo (simplificada, talvez precocemente, no movimento psicanalítico, como teoria de Édipo) e suas formulações pertencem às áreas compreendidas pelas funções do ego na área da cognição e do pensar científico: atenção e investigação. Conceitos derivados de atenção e investigação constituem-se como os primeiros passos de abordagens científicas. O mito, em contraste, mesmo incluindo fragmentos de observação, pertence às áreas compreendidas pela atividade onírica (EP, 58)

A CONSTRUÇÃO DE UM DELÍRIO

Pacientes com prevalência de personalidade psicótica, às expensas da personalidade não-psicótica, tomam medidas sutis, embora violentas, para assegurar a concordância com interpretações de seus analistas que *"tornam-se o sinal externo de uma situação estática"*. Mas as interpretações do analista não permitem isso, até o ponto em que possam ser vivas, reais e evocativas. O paciente pode senti-las como provocativas; *"é improvável que o paciente sempre possua a agilidade mental suficiente para combinar a interpretação com um desvio que reverta a perspectiva, a partir da qual a interpretação é vista"*. Para se assegurar do sucesso, *"o paciente emprega um arsenal que é reforçado por delírio e alucinação. Se não conseguir reverter a perspectiva de imediato, poderá ajustar a sua percepção dos fatos escutando sem entender, e desentendendo o que ouviu, de tal modo que dará substância ao ponto de vista estático: está ocorrendo um delírio. . . . Caso isso não seja suficiente para manter a situação estática, o paciente lança mão de alucinação. . . para preservar, temporariamente, uma capacidade para reverter a perspectiva; e uma perspectiva reversa preservará uma alucinação estática"* (EP, 60)

Alucinações e delírios emergem em padrões sutis e velados; envoltas por aparência não-psicótica, são estáticas e evanescentes. As concordâncias determinam que *"a importância verdadeira do comportamento do paciente, como sinal de alucinação e delírio, não fica aparente, a menos que o analista esteja aberto a essa possibilidade. . . . A lição que se pode tirar desta discussão é a respeito da necessidade de deduzir-se a presença de intensa dor, e da ameaça que essa dor representa para a integração mental"* (EP, 61).

A questão não é evitar a dor – a questão é não detectar a dor. Tal questão torna-se duplamente séria na assim chamada "análise didática", em que frequentemente se encontram conluios do tipo descrito neste verbete sobre reversão de perspectiva (EP, 61).

Sinônimos: Perspectiva reversa; reversão de perspectiva.
Referências cruzadas sugeridas: Desenvolvimento; Dor; Psicanálise real.

P

Ponto

Não dispomos de nenhuma investigação estatística que possa iluminar cientificamente qual seria a quantidade de leitores da obra de Bion que se pergunta – meio século depois da publicação de *Transformations* – o que o sinal gráfico que também tem a formulação verbal "ponto" teria a ver com psicanálise. Temos apenas uma impressão pessoal, baseada em leitura acurada de boa parte dos trabalhos publicados em periódicos e livros, e também em cursos ministrados no Brasil e no exterior. Este verbete, assim como o referente à matematização da psicanálise, tenta se endereçar a essa questão, levando em conta que ela continua ligada a controvérsias e incompreensões. O fato não se modificou desde a publicação deste dicionário na língua inglesa, em 2005, apesar do fato de que desde então surgiram algumas obras cuja intenção parece ter sido, ou assim foi apregoado pelos autores, dedicar-se a essas questões.

O sinal gráfico usado para notação geométrica "·" – cuja formulação verbal é "ponto", e corresponde a uma teoria matemática – constitui-se como uma conquista notável da matemática. Bion se utiliza desse sinal para representar um estado de tolerância, daquilo que ele denominou não-seio. Trata-se da forma mais primeva do que, já na infância, se desenvolve como tolerância à frustração. Bion credita a própria formulação da teoria, e também do sinal gráfico, como uma tentativa – talvez a tentativa – mais antiga para lidar com estados psicóticos; na linguagem de Bion, com psicose. Bion pensa na possibilidade de concebermos "ponto" na história da humanidade. Na história das ideias na civilização ocidental, a nosso ver, "ponto" precisa ser considerado tanto como uma representação, como representante. Com o desenvolvimento dos processos de pensar, a tolerância primeva do não-seio, o conceito "ponto" começa a ser o representante de um pensamento – o não-seio: *"O pensamento, representado por uma palavra ou outro símbolo, pode, quando é significativo como uma não coisa, ser representado por meio de um ponto (.). O ponto pode então representar a posição onde estava um seio, ou pode até ser o não-seio"* (T, 82).

Este dicionário tambem possui um verbete denominado "círculo, ponto, linha". Qual seria o motivo da inclusão de um verbete específico para o ponto? Decidimos incluí-lo pelo fato de que indica – sempre dentro da obra Bion – algo elementar, o mais simples, irredutível, e mais resistente indício a respeito da realidade-em-si, da coisa-em-si, da realidade última, e também da última realidade humana. Se o "ponto" representa um tipo de dispositivo que nos habilita a tolerar frustração e, portanto, a realidade tal como ela é – em seus termos mais simples –, a contraparte na realidade representável por "ponto" será refratária a alucinação (imaginativa, auditiva, táctil, olfatória, o que for). A questão foi inicialmente abordada por Freud com seu netinho e retratada no *Fort-Da*.

"Ponto" permanece indestrutível na medida em que não fica "sensível" às tentativas de evasão da verdade e de subserviência ao princípio do prazer/desprazer que caracterizam parte considerável do ser humano; e de todo ser humano, em determinadas épocas e contingências. É indestrutível na medida em que a realidade, ou verdade-última, ou a coisa-em-si-mesma, é insubstituível. É indestrutível se comparado com falsidade, que sempre é destrutível; precisa ser reformada e reparada continuamente, sendo substituída por mais outra falsidade. Percepção de realidade, e, em última análise, no umbral da percepção humana, a percepção de "ponto" pode ser obliterada. Pode ser danificada. Pode parecer ter sido extinta durante o tempo de vida de um ser humano – por maior que ele pareça ser, hoje em dia, se comparado com a época de Bion, ou se comparado com a época na qual a primeira edição deste dicionário foi lançada. No entanto, realidade, ou verdade-última, a coisa-em-si-mesma, não será destruída, caso sua percepção o seja. *"A verdade é robusta"* e prevalecerá (AMF, III, 499).

Terá sido o "ponto" a representação mais irredutível de verdade disponível até hoje: a verdade da frustração: *"A fragmentação do ponto e linha não pode ultrapassar a condição de ponto; ainda que a linha possa ser aniquilada, tendo sido transformada em uma série de pontos, e depois em um ponto único, e depois ao lugar onde o ponto costumava estar, este último ainda é um ponto. Portanto, o ponto é indestrutível"* (T, 95).

Referências cruzadas sugeridas: Círculo, ponto, linha; Matematização da psicanálise; Psicanálise real.

Posição depressiva

Bion emprega esse termo exatamente no mesmo sentido criado por Melanie Klein no estudo breve, "Notas sobre alguns mecanismos esquizoides", publicado em 1946 e aperfeiçoado no livro *Inveja e gratidão*, de 1957.
Falhas na apreensão do conceito, mal-entendidos e distorções: criou-se uma tendência generalizada, no movimento psicanalítico, de excessiva simplificação do termo "posição depressiva", no que tange às correlações entre as contrapartes na realidade correspondentes a esta formulação verbal, "posição depressiva" e os processos do pensar. Alguns autores atribuíram a Bion a ideia de que o pensar ocorre na posição depressiva. E que a posição esquizoparanoide se caracteriza pela falta – chegando à ausência – de pensar. Nas ocasiões em que esse tipo de **falta** de apreensão não for considerada como tal, os leitores, ou o leitor, estarão retrocedendo aos tempos em que os objetivos de uma psicanálise ainda eram confundidas com os objetivos da psiquiatria, obcecada por ideias de patologia e cura – usualmente de

P

origem apenas social, visando a adaptação a sistemas sociais. Equiparar a posição esquizoparanoide à patologia e a posição depressiva à cura indica presença de supersimplificação (diversa de busca de simplicidade) e banalização. O verbete, PS⇔D tenta demonstrar que o *ethos* do conceito de posições, por Melanie Klein, inclui intrinsecamente um movimento, que pode ser descrito como de "ir e vir." *Éthos* aparentemente perdido para boa parte do movimento psicanalítico após a morte de Klein. A perda é evidenciada na leitura de vários trabalhos escritos por alguns de seus "seguidores", por vezes autointitulados como tais; e também por vezes assim intitulados por alguns grupos dentro do movimento psicanalítico. Em 1955 (o leitor poderá conferir em uma leitura da parte final do item 41, em *Second Thoughts*), Bion ainda considerava o aparato psíquico sob o vértice de patologia. Nesta época, afirmou que o *desenvolvimento* dos processos do pensar ocorria na posição depressiva. No entanto, Bion fez questão de rever, à luz de novas experiências, suas próprias ideias sobre patologia e cura e, consequentemente, suas conclusões clínicas – em atitude de todo semelhante à de Freud e de qualquer cientista. Esta revisão de Bion aparece no capítulo final do mesmo livro, "Comentários", sempre se referindo aos vários itens que foram acrescidos ao texto original originalmente publicado em um periódico amplamente reconhecido, *International Journal of Psycho-Analysis*. O título do livro parece, a este autor e a outros, altamente significativo: *Second Thoughts*, publicado em 1967. A versão desta expressão verbal escolhida como título do livro para a língua portuguesa é problemática, talvez impossível. Parece-nos lícito enunciar explicações aproximativas do sentido da expressão verbal em inglês, *second thoughts*: "no entanto...", "pensando melhor...", "refletindo melhor...". Nestes comentários, Bion escreve de modo explícito que processos de pensar, ainda que de modo específico, já existem na posição esquizoparanoide. A mesma revisão de conceitos sobre patologia e cura aparece em todas as suas obras escritas posteriormente a 1967, de modo exemplar, incluindo indicações técnicas, como na recomendação de disciplina sobre memória e desejo.

Tanto a apreensão da realidade – e, portanto, o pensar – e todas as funções do ego, embora embrionárias, já se apresentam na posição esquizoparanoide. Isto já poderia ter ficado claro para leitores atentos às sugestões de Melanie Klein sobre fases primitivas do complexo de Édipo. Em "Metateoria", artigo escrito em torno de 1960, considerada por Bion como inacabada, como o foi uma das sinfonias de Schubert, divulgado postumamente, em 1992, por sua dedicada esposa, Francesca Bion, em *Cogitations*, examina modos delinquentes, psicopáticos e paranoides de se lidar – ou não lidar – com a realidade, Bion observa um fato: algumas pessoas – talvez uma grande quantidade, não há estudos populacionais – são capazes de perceber onde e quando existe Verdade, apenas para evitar tropeçar acidentalmente nela. Tais pessoas acoplam dois componentes fundamentais em sua personalidade e em seu aparato cognitivo (ou funções de ego, conforme descritas por Freud: notação, atenção, investigação, ação), uma habilidade de apreender a realidade material sem qualquer respeito por amor e vida – e por Verdade. São usos paranoides, delinquenciais e psicopáticos; revelam um pensar altamente sofisticado em alguém "habitando" a posição esquizoparanoide. Contribuem para estados de alucinose (q.v.). Essas habilidades podem ser vistas, pela psicologia acadêmica, como inteligência elevada – basta encontrar algum ambiente social adequado para manter um modo de vida aparentemente "normal", garantindo sucesso no uso da "personalidade neurótica", pela "personalidade psicótica" (q.v.). Danos no objeto, seja por identificação com objetos sentidos como maus, ou rivalidade, avidez e inveja em relação a objetos sentidos como bons constituem-se como fator determinante e como consequências do evitar qualquer tipo de Verdade. Conduzindo-se por evasões, omissões e falsidades, a pessoa não experimenta depressão, no sentido de percepção dos danos causados ao objeto sentido como bom; ou, assim que se vislumbra alguma depressão, esta percepção será atacada. Dependendo de contingências externas, a erupção de algum aspecto correspondente à posição depressiva pode ter como consequência homicídio, ou suicídio – algo que nunca deixa de ser um homicídio – ou auto-homicídio.

Referências cruzadas sugeridas: P, PS⇔D.

Pré-concepção, preconcepção, premonição

> Todos esses termos representam um estado de expectativa. São homólogos a uma variável, na lógica matemática (euclidiana ou não euclidiana); ou seja, a algo que é desconhecido em cálculos matemáticos, mas que pode tornar-se conhecido, dentro de certos limites, e dentro de alguns vértices. Tem a mesma qualidade atribuída por Kant a um pensamento vazio – no sentido de que esse pensamento pode ser pensado, mas não pode ser conhecido. (LE, 91)

Bion sugere que nós, seres humanos, possuímos duas pré-concepções inatas. O termo deu origem a um conceito: pré-concepção. Está sendo definido do mesmo modo que já havia sido definido por Kant. Corresponde às protofantasias inconscientes propostas por Freud (Freud, 1920). O autor deste dicionário propõe, com base nas contribuições de Freud e Bion, que pré-concepções inatas são algumas manifestações, já no ambiente dos fenômenos, dos instintos de vida, de morte e epistemofílicos.

Bion propõe – sempre baseado na experiência clínica obtida pelas contribuições de Freud e Klein – que existem duas pré-concepções básicas: (i) Seio (em "Uma teoria do pensar") e Édipo (em *Elements of Psycho-Analysis*).

P

Há também pré-concepções não inatas, originadas das duas inatas: são formadas continuamente durante todo e qualquer período de aprendizado que todo e qualquer ser humano minimamente dotado possa enfrentar. Dependendo dos instintos epistemofílicos, de vida e de morte, o processo de aprendizagem por experiência pode abranger o período de uma vida inteira, em qualquer indivíduo que se considere. Contribuem para um crescente arsenal de conhecimento de não-conhecimento: um par paradoxal, inevitável para novos acréscimos de conhecimento.

Há pelo menos uma diferença entre as duas pré-concepções iniciais ou primárias e as que demarcam evolução na maturação e seu oposto (ver a seguir).

Bion abordou algumas entre as possíveis vicissitudes de apreensão da realidade, interna e externa. Para isso, utiliza-se de uma conjunção constante das contribuições de Platão, Kant, Freud e Klein. Um exame detalhado da história das ideias na civilização ocidental mostra que a obra de Klein e de Freud não foram apenas herdeiras da abordagem platônica; os dois conferiram uma aplicação prática dessa abordagem. A obra de Bion demonstra de modo mais explícito esse fato. A novidade da obra de Bion diz respeito a uma forma mais integrada da abordagem, mas não à abordagem em si.

Para poder lidar com as fases iniciais dos processos do pensar, e inserindo-se no domínio dos pesquisadores da ontologia do pensar humano, Bion faz uma procura pelos elementos o mais elementares, básicos, possível. Por meio de experiências reais com os assim chamados "psicóticos", incapazes de compreender e, portanto, formar conceitos, Bion obtem uma solução prática para problemas que até então eram vistos como filosóficos, cujo encaminhamento era apenas racionalizado – na linguagem de Kant e seus antecessores, "razão pura", baseada em manipulações engenhosas, por serem racionais na lógica euclidiana, de símbolos verbais: *"anseio por estabelecer os elementos de psicanálise alicerçado em experiência"* (EP, 8).

"Pré-concepções", na obra de Kant, correspondem ao conhecimento *a priori*, que imperam no pensar humano, e são independentes do uso de razão pura e de dogmas religiosos. Kant afirma sobre a existência de três *"a priori"* no pensar humano: tempo, espaço e o imperativo moral. Baseado nesse autor, Bion oferece uma hipótese sobre o funcionamento psíquico iniciando-se de duas pré-concepções (Seio e Édipo), precedendo o nascimento obstétrico. A hipótese se substancia em relação a outros sistemas humanos, como o nervoso, endócrino, renal, sensorial e vasomotor, por exemplo.

Bion adiciona mais dois estágios nos processos do pensar, ou etapas prévias à conceituação sobre funções do ego descritas por Freud em 1910-1911 ("Formulações sobre os dois princípios do funcionamento mental"), que denomina hipóteses definitórias e um estágio formado por mentiras, denominado pela letra grega "psi".

A linguagem de Bion

Pode-se considerar que a pré-concepção em psicanálise é análoga ao conceito de "pensamentos vazios" de Kant. Pode-se usar um modelo fornecido pela psicanálise, da teoria de que uma criança possui uma disposição inata que corresponde a uma expectativa de um seio. (ST, 111)

Bion esboça uma teoria do pensar, na tentativa de mostrar a evolução dos processos do pensar. Em 1961, propõe que pré-concepções se relacionam às "realizações" e, assim, formam concepções. O termo "realização" é um anglicismo: corresponde ao ato de uma pessoa tornar algo real para ela mesma. A experiência de uma "realização" negativa, a porcentagem, por assim dizer, de um não-seio, ou seja, o seio que permanece parcialmente ausente, é condição *sine qua non* que possibilita efetuar uma abstração daquilo que faz um seio ser um seio. Talvez o leitor possa aceitar, a despeito da má qualidade estilística, o uso de um neologismo – poderíamos chamar de "seidade", a qualidade de que algo seja um seio. A apreensão dessa qualidade imaterializada no âmbito do pensar é uma abstração feita a partir da experiência de um seio real materializado. A experiência de um seio real, já em si um processo de imaterialização, é abstraída a partir de um seio concretamente, materialmente oferecido a um bebê. Abstração é uma formulação verbal para a qualidade imaterial que caracteriza um seio – a "seidade". Fornece uma forma, na realidade psíquica; é a "realização" psíquica (ou simbolização) do Seio. Um seio concreto, apreensível sensorialmente, torna-se a abstração, Seio. O autor deste dicionário sugere o uso de um recurso gráfico (em si, totalmente materializado): retirar o artigo de "o seio" e introduzir uma letra maiúscula, para indicar a abstração imaterializada – "Seio".

Caso a intolerância de frustração não seja muito poderosa para ativar mecanismos de evasão, e mesmo assim seja poderosa o suficiente para tolerar o domínio do princípio da realidade, a personalidade desenvolve onipotência como substitutiva para o casamento de uma pré-concepção ou concepção, com a realização negativa destas. (ST, 114)

Na investigação que pudemos fazer na biblioteca particular de Bion, mantida por sua esposa até seu falecimento, não pudemos encontrar nenhum exemplar de algum livro onde houvesse alguma anotação que poderia evidenciar algum tipo de leitura da obra de Hegel – mesmo que algumas delas, como a história da filosofia escrita por Bertrand Russell e a obra de Copleston, refiram-se à obra de um dos autores que construíram um dos sistemas mais influentes nos processos de pensar da civilização ocidental. Também não pudemos encontrar nenhum texto escrito por Bion, nem transcrições de gravações de palestras, em que haja qualquer citação da obra de Hegel. Não se pode provar se Bion tinha ou não tinha conhecimento dessa obra; é possível fazer-se a hipótese de que o ambiente social na Inglaterra não era propício a nenhuma simpatia por ela: como se pode evidenciar na leitura de Russell. Que responsabiliza, de maneira bem fundamentada, partes do pensamento de Hegel pelo surgimento de autores como Fichte e, portanto, pelos excessos ideológicos típicos do período de degeneração do romantismo. Bion não cita Hegel, mas pode-se notar que é exatamente nesse momento de sua obra que Bion se refere não apenas à natureza negativa da definição dos númenos por Kant, mas ao âmbito de "ação negativa", dita "dialética", que se encontra na obra de Hegel. Que corresponde ao âmbito das Formas Ideais de Platão – o âmbito do sistema inconsciente, na proposição do autor deste dicionário (exposto em outra obra, *A apreensão da realidade psíquica*).

Em 1963 – dois anos depois –, no livro *Elements of Psycho-Analysis*, Bion desenvolve o conceito de pré-concepção, em dois sentidos: (i) um deles, expandindo a teoria do pensar, ao integrá-la de modo mais decidido e explícito à teoria de Freud sobre estágios cronológicos nos processos do pensar, como funções do ego; (ii) o outro, como tentativa embrionária de representar estados mentais do analista, a ser desenvolvida em 1965, em *Transformations*.

Os dois sentidos se materializam sob a forma de um instrumento de observação denominado "Grade" (Grid). Um instrumento a serviço de uma teoria da ciência – no senso comum entre filósofos e psicólogos, um instrumento epistemológico para avaliar o que Bion denomina, aproveitando um termo dos teóricos da ciência neopositivistas, "valor-verdade", que possa estar contido em enunciados verbais; e o valor relativo desses mesmos enunciados, em termos de crescimento ou degenerescência emocional.

Pode-se distinguir duas situações, implicando dois significados que foram atribuídos ao termo "pré-concepção", por Bion:

(1ª situação.) "pré-concepção" –(i) significa um estágio no desenvolvimento genético (pode-se usar o termo ontogenético) nos processos do pensar, implicando uma qualidade dos pensamentos produzidos por esse processo. Corresponde ao eixo vertical da "Grade" (Grid); ou linhas, quando o instrumento é utilizado na forma original, com disposição gráfica bidimensional, em um plano euclidiano; (ii) "pré-concepção" com o sentido idêntico ao da realidade que esse termo busca ser a contrapartida verbal; no seu sentido instintivo mais elementar que Bion conseguiu indicar, o termo provê a categoria mais primitiva simbolizada no instrumento "Grade" (Grid): "hipótese definitória".

(2ª situação).   "Preconcepção" – escrita de forma não hifenada, significando uma tentativa de descrever um estado psíquico do analista durante uma sessão de análise.

PRÉ-CONCEPÇÃO

Em sua forma mais inicial, elementar e primitiva, foi chamada por Bion de "hipótese definitória". Um conceito inspirado na obra de Kant; corresponde a um estado primitivo, de algo denominado por Bion de uma "protomente". Trata-se de um estado incipiente; nos termos do instrumento de observação "Grade" (Grid), tem uma função dupla: seria a primeira (a mais primitiva) função de ego e também, simultaneamente, uma função genética (ou ontogenética, se usarmos um termo cunhado por um médico, Haeckel, logo aproveitado por filósofos). Significa a origem dos processos do pensar e também dos próprios pensamentos, o produto final dos processos de pensar. Com relação a essa função dupla, uma hipótese definitória confere, e divide com o conceito de "pré-concepção", o *status* de um estado expectante. Pode ser, dependendo da capacidade inata para ocupar-se a posição esquizoparanoide, origem e entidade mantenedora de um estado de expectativas; em pessoas com maior capacidade de tolerar frustração, permanece voltada para manter um estado expectante, para investigar no que é desconhecido e isento de forma. Uma hipótese definitória carreia, dentro de si, o *éthos* de uma pré-concepção, mas difere de todas as que se seguirão no sentido de ser mais primitiva, elementar. Sendo inata, é anterior a estímulos sensoriais (ou sensorialmente apreensíveis); anterior a influxos de elementos-beta. Uma hipótese definitória, inata, espera por eles – principalmente, mas não apenas, após o nascimento obstetricamente definido.

Se nos basearmos nas datas de publicação em forma de livro, poderemos considerar que Bion acrescentou uma nova função ao conceito de "pré-concepção" pelo menos três anos depois da primeira. Essa nova função depende do destino dado pela pessoa à hipótese definitória – enfatizando a natureza psicodinâmica do processo do pensar. Essa nova função altera, ainda que levemente, a definição anterior. Uma pré-concepção é, a partir desse momento, mais um ponto de inflexão, embora fundamental, e não mais apenas um ponto inicial dos processos do pensar. Admite precursores ainda mais primitivos, pois, além dos termos hipóteses definitórias e elementos-alfa, serão acrescentados elementos-beta (q.v.). Elementos-beta são um estágio anterior aos elementos-alfa, e coincidem – no instrumento "Grade" (Grid) – com hipóteses definitórias. Trata-se de um paradoxo; inspirando-nos em Winnicott, a hipótese definitória, a pré-concepção "Seio", herdada filogeneticamente, já está lá, no bebê; e o estímulo externo, a realidade última, um seio, também já está lá.

Com o acréscimo dessa nova função, o conceito "pré-concepção" se adequa melhor às teorias de Freud sobre funções do ego. Genética e ontologicamente, quando elementos-beta, por assim dizer, são "lançados" sobre e para dentro ou para fora de um indivíduo, (pelo aparato nervoso e suas terminações, ou inícios sensoriais), formando estímulos internos ou externos, eles podem moldar hipóteses definitórias; que poderão ser usadas, por sua vez, como "moldes" ou "sondas" para os

P

estímulos, a realidade última – em si, incognoscível. Mas "sensorializável", até certo ponto; e, com o evolver da experiência, intuível e utilizável, mesmo que permaneça, de modo último, desconhecida.

No modelo do aparato do pensar proposto por Bion, assim que hipóteses definitórias, mescladas a elementos-beta, evoluem – caso evoluam –, podem propiciar uma transformação, por meio da "função-alfa" (q.v.), cujo resultado final será a produção de elementos-alfa. Metaforicamente, no modelo proposto por Parthenope Bion-Talamo, os elementos-alfa funcionam como se fossem blocos elementares análogos aos blocos do brinquedo Lego©. No modelo proposto pelo autor deste dicionário, esses blocos seriam também análogos aos "pacotinhos de energia" observados por Max Planck, denominados *quanta*. Com esses blocos, ao mesmo tempo imaterializados sob forma de cargas energéticas, e também materializáveis, nós, seres humanos, podemos construir, por meio do que Freud descreveu como trabalho onírico, sonhos; se observados na espécie humana como grupo, mitos. Podem ser armazenados na memória e podem ser utilizados para os processos do pensar, formando pensamentos. Isso completa a teoria da função-alfa, exposta em detalhe no livro *Learning from Experience*, publicado em 1962.

Bion continua expandindo (pode-se dizer, melhorando) o conceito de pré-concepções, ao defini-los de modo ainda mais preciso em 1963, se comparado à definição de 1961. Ao elaborar graficamente, em um plano bidimensional euclidiano, o instrumento "Grade" (Grid), atribui às pré-concepções toda uma linha nesse plano. As linhas são numeradas; às pré-concepções são localizadas na linha 4 da "Grade" (Grid): *"corresponde a um estado de expectativa. É um estado de mente adaptado para receber um espectro restrito de fenômenos. Uma ocorrência precoce poderia ser a expectativa que um bebê tem do seio. O casamento da pré-concepção com uma realização origina a concepção"* (EP, 23). Será útil que o leitor mantenha presente o fato de que o termo "fenômenos", na obra de Bion, é usado no sentido dado por ele pelos antigos gregos, e também por Kant (EP, 9).

Bion lança mão de uma formulação quase matemática inspirada na álgebra: a fórmula é de uma constante (ψ) relacionada a um elemento insaturado (ξ).

Ao invés de atribuir o valor da nomeação para conceitos; e também ao invés de vê-los como fixos, o que lhes conferiria uma natureza estática – típica de escolas filosóficas –, Bion atribui a atividade de nomeação ao próprio ato de formação de pré-concepções. Com isso, na visão do autor deste dicionário, enfatiza-se a natureza dinâmica dos conceitos. No entanto, é necessário perceber também a natureza paradoxal de todos esses conceitos: conceitos são também "fixos" – assim também o é o elemento constante (ψ), e o elemento insaturado (ξ), no exato momento no qual se conjugam. Uma – ou a – função constante (ou fixa) coexiste, em conjunção constante, com uma (ou a) função móvel (ou "não fixa"). Constantes – que, dois anos depois, no livro *Transformations*, seriam integradas a um outro conceito, "invariâncias" – são necessárias para caracterizar e limitar as fronteiras de uma pessoa individual e, na teoria, para circundar um campo e prevenir uma fragmentação infinita de uma personalidade. Personalidade é colocada em termos de sua capacidade e possibilidade de fazer processos de pensar; está colocada em termos de duas teorias, de continente/contido (q.v.) e de função-alfa, nos modelos do aparato digestivo e reprodutor: "Aquilo que tem sido considerado como um estado dinâmico, no qual elementos de uma realização são abstraídos seletivamente para formar uma abstração, generalização ou, de modo ainda mais abstrato, um cálculo algébrico, teria que ser considerado como a correspondência de uma pré-concepção com uma realização para formar uma concepção e *assim* uma reformulação: a reformulação é um *nomear* da constelação total de pré-concepção e concepção para impedir a perda de experiência pela dispersão ou desintegração de seus componentes" (EP, 88).

Talvez seja útil, didaticamente, em um dicionário que intenta elucidar origens e a história dos conceitos de Bion, que o desenvolvimento e expansão da definição do termo "pré-concepções", indivisível do conceito, "concepções", ocorreu em conjunto com o desenvolvimento da teoria de continente/contido (q.v.) Todas essas noções manter-se-iam mais integradas quando Bion emprestou uma outra teoria matemática, a de Invariâncias e Transformações (q.v.). Em 1963, Bion explicita claramente que *"O termo 'pré-concepção' é ambíguo porque denota uma ferramenta, a função para a qual ela existe e o uso que ela pode ter; naturalmente, os dois últimos podem ser o mesmo"* (EP, 89).

Hipóteses definitórias e pré-concepções possuem uma mesma qualidade, expectância, que lhes confere a natureza de precursores.

Preconcepção

Será necessário examinarmos com mais detalhe o abandono do recurso gráfico – e gramatical, obviamente – da hifenização do termo. Quando utilizado sem o hífen, e então grafado como "preconcepção", tenta descrever o estado mental do analista. Preconcepção é definida como pertinente ao "âmbito da emoção". Bion delimita-a como algo "no domínio das emoções . . . semelhante à relação entre a pré-concepção e concepção" (EP, 75).

A edição original de *Elements of Psycho-Analysis* contém erros de impressão, devido a uma revisão tipográfica falha nas provas: um deles foi que a palavra pré-concepção nessa frase omitia o hífen. Engano corrigido na edição brasileira.[104]

---

[104] Informamos a sra. Bion em relação ao erro, e também o sr. Christopher Mawson, editor final de *The Complete Works of W. R. Bion*. O sr. Mawson nos solicitou, em três ocasiões, por e-mail, a lista de correções que havíamos feito. No entanto, a edição inicial das obras completas manteve o engano. Outro engano tipográfico sério que ocorreu na edição original foi a grafia de um nome inexistente, *promotion*. Felizmente, a sra. Bion e o sr. Mawson conseguiram corrigir esse erro na edição inicial das obras completas.

P

Preconcepções (sem o hífen) são agora definidas como *"preconcepções teóricas do analista"*, referindo-se *"ao uso de uma teoria"*.

Enquanto pré-concepções pertencem à linha 4 da "Grade" (Grid), preconcepção significa os estados do ego, ou estágios das funções do ego do analista (no sentido descrito por Freud), a saber, notação e atenção – colunas 3 e 4. Há uma diferença fundamental entre pré-concepções e preconcepções: a primeira é uma formulação verbal de uma fase genética na evolução dos processos do pensar e, consequentemente, nos pensamentos; a segunda é uma formulação verbal de um estado emocional relacionado ao uso que analistas fazem de teorias analíticas.

Essas teorias são utilizadas como estruturas auxiliares que podem auxiliar a manutenção no estado expectante do analista – justamente nos momentos nos quais ele poderá detectar precursores de emoções. Isso é fundamental para a detecção de elementos durante uma sessão psicanalítica, elementos formadores da realidade psíquica de um paciente. Considerando-se que dor (q.v.) é um dos elementos de psicanálise – seja no corpo teórico, seja na prática –, constitui-se como forma de diminuir a dor envolvida na situação específica do paciente; e também como forma de integrar a presença de dor na intuição analítica (EP, 74).

Sendo a busca por precursores, o próprio exercício de busca permite outro exercício: o de premonição. A busca do analista não se limita a detectar aparências sensorialmente apreensíveis; tenta alcançar algo intrínseco, os elementos de psicanálise. O conceito de fato selecionado, emprestado de um matemático que também fazia teoria da ciência matemática, utilizado desde 1962, parecia ter limitações quando a situação científica é o estudo de emoções. Bion continuava tentando encontrar meios mais eficazes para descobrir o que realmente ocorre em uma sessão analítica; tentativa que traz à baila outra questão: quais são os objetivos de uma psicanálise, além daqueles expressos por Freud; e se os objetivos expressos por Freud podem se sustentar na atividade prática. Bion havia se reconciliado com um ponto na teoria elaborada por Freud a respeito da função do sistema conscientes, e precisava – ou desejava, como escreveu várias vezes, por exemplo, nas páginas 4, 31, 37, 46, 48 de *Learning from Experience*. Podemos citar o que está nesta última página, quando se aprofunda na questão dos vínculos mantidos pelas pessoas: *"Não me proponho a dispensar tempo para lidar com os problemas filosóficos, pois tal atividade pode ser encontrada em Kant, Hume e seus sucessores. Mas desejo enfatizar que tudo até hoje dito sobre o problema do conhecimento aplica-se com força particular à psicanálise; e que a psicanálise se aplica, com força particular, a esses problemas"*. A primeira teoria dos vínculos provém da teoria dos instintos de Freud; em 1962, Bion expande o exame dos instintos epistemofílicos (por meio do vínculo K, conhecer); dos instintos de morte (por meio do vínculo H, Ódio) e dos instintos de vida (vínculo L, amor – o leitor pode consultar os verbetes específicos). Essas expansões visavam maior precisão científica, ou explicitar melhor a visão científica contida nas descobertas de Freud.

Em 1963, Bion buscava os fundamentos – elementos – da psicanálise, que pudessem dotar a teoria analítica de maior solidez científica. A busca por fatos mantidos no sistema inconsciente, ou fatos subjacentes, era a tarefa:

> O instinto sexual é uma parte integrante da teoria psicanalítica; mas o elemento de sexo, no sentido de algo que eu necessito procurar, não é sexo, mas aquilo de que posso depreender a presença de sexo. Mas, para meus objetivos, o termo "elemento" não pode ser usado de modo apropriado para denotar algo que parece ser uma propriedade de algo mais fundamental, cuja presença ele denuncia. Portanto o elemento que escolho não é um sinal de sexualidade, mas um precursor de sexualidade. O precursor da emoção, e não a própria emoção, deve estar entre os elementos que buscamos, a menos que a emoção seja a precursora de alguma outra emoção que não ela mesma. Assim, quando o ódio que um paciente está experimentando é um precursor de amor, sua virtude como um elemento reside em sua qualidade de precursor de amor, e não no fato de ser ódio. E assim para todas as outras emoções. (EP, 74) (Ver também o verbete "menos (ou negativo)")

Nessa época, o termo "propriedades", aplicado aos elementos, foi considerado por Bion como determinando constantes. As propriedades estavam "estatizadas", ou encampadas pelos elementos de psicanálise, e eram próprias, únicas daquela pessoa. No entanto, essas "qualidades prímárias" – Bion cita Hume e Kant – eram vistas como fazendo parte do equipamento do observador, e não do objeto observado. No entanto, Bion estava movido pela descoberta de Freud sobre o inconsciente dinâmico. Em 1963, não tinha disponível o conceito de invariâncias e transformações; o fato de que as propriedades só podem ser encontradas em relacionamentos ainda não lhe estava claro. Como fica, por exemplo, no capítulo 11 do livro *Transformations*.

Premonição

Bion utiliza uma outra definição como recurso para detectar precursores: *"Se as interpretações propiciam o desenvolvimento de emoções, por iluminar seus precursores, segue-se que teríamos que considerar os sentimentos, sexuais e outros, como elementos. A contraparte da preconcepção é a premonição. Estados emocionais observados de modo direto são significativos apenas como premonições. Defini pré-concepção como um elemento privado ao indivíduo, possivelmente não consciente; o mesmo vale para a pré-monição"* (EP, 75).

Bion observou uma tendência nos membros do movimento psicanalítico com os quais manteve contato: quando um paciente e um analista estão em uma sessão, lidam com sensações, sentimentos e emoções como se tudo isso fosse a própria realidade última. O fato é que as três contrapartes fenomênicas de uma realidade última agem como indicadores e ao mesmo tempo disfarces daquilo que é a realida-

P

de última, ou a verdade absoluta (q.v.). Essa observação continua válida, e talvez aumentada, em nossos tempos, na experiência do autor deste dicionário.

Seriam necessários mais doze anos para que Bion pudesse abordar todas essas questões práticas, mas agora de um modo que representou um diálogo do investigador, Bion, consigo mesmo. Similar ao modo de escrita de Freud, em essência, mas diferente na aparência externa: sob a forma de diálogos entre objetos parciais do investigador. A rigor, esse método dialógico já havia sido tentado por Freud; por exemplo, em *A questão da análise leiga*. Teorias, pré-concepções, preconcepções, premonições, conceitos, sempre translações mais ou menos próxima do que é central em ciência, ou seja, métodos de apreensão da realidade, são apresentadas, em *A Memoir of the Future*, de modos coloquiais e, muitas vezes, bem-humorados. Até 1970, Bion se utilizou de analogias matemáticas e médicas para elaborar máximas para uso psicanalítico (por exemplo, sobre alimento e verdade: T, 38) e, gradativamente, de metáforas retiradas de literatura e poesia teológica. Em *Attention and Interpretation* arrisca uma bem-humorada parábola a respeito dos serviços social ou de utilidade pública mentirosos (AI, 100), abrindo caminho para um uso, em *A Memoir of the Future*, ainda mais livre de dezenas de analogias, metáforas, metonímias, máximas e novas parábolas utilizando-se da tradição mística, da música, da literatura, dos mitos e da poesia. O leitor poderá notar que a maioria dos termos colocados de modo mais adequado para um texto de teoria da ciência, "precursores" e "pré-concepções", são substituídos por um termo mais coloquial, derivado da música e da poesia: "prelúdio":

> PAUL: . . . São João da Cruz chegou mesmo a afirmar que o ato da leitura de suas palavras poderia se tornar uma pedra no meio do caminho, se fossem veneradas em detrimento da experiência direta. Supõe-se que aulas, dogmas, hinos, atividades congregacionais, não sejam fins em si mesmos – mas um prelúdio à religião propriamente dita.
>
> P.A.: Isso parece muito semelhante a uma dificuldade que experimentamos quando o jargão psicanalítico – "figuras paternas" – e assim por diante...
>
> ROBIN: *Touché*.
>
> P.A.: ... são substituídos por procurar dentro da própria mente do paciente, para intuir aquilo que o psicanalista luta por assinalar; é como um cachorro que procura o dedo da mão de seu dono ao invés do objeto que a mão está tentando apontar. (AMF, II, 267)

Origens filosóficas e psicanalíticas do termo pré-concepção

A noção, e o conceito de pré-concepções são expansões – e não substituições – das aquisições teórica anteriores provenientes das obras de Freud e Klein, independentemente de aprovações ou reprovações desses dois pioneiros. No caso de Freud, nem poderia haver: o descobridor da psicanálise havia falecido quando Bion trouxe suas próprias contribuições. Com a honestidade científica pessoal que lhe foi típica, Bion deixou clara a discordância de Melanie Klein no que se referia à utilidade de considerar uma pré-concepção inata do seio (T, 138).

Afirmo que Platão é um patrono da pré-concepção, do objeto interno, da antecipação inata. Melanie Klein, em conversa comigo, opôs-se à ideia de o bebê ter uma pré-concepção inata do seio, mas, ainda que seja difícil produzir evidência de que existe uma realização que se aproxime dessa teoria, a própria teoria me parece útil como uma contribuição para um vértice que quero verificar. Fenômenos (esse termo está sendo usado como Kant poderia usá-lo) são transformados em representações, $T^p\beta$. $T\beta$ pode então ser considerado como uma representação da experiência individual **O**, mas a importância de **O** deriva de e é inerente à Forma Platônica. (T,138)

Assinalamos anteriormente que, além da pré-concepção Seio, Bion propôs que considerássemos outra pré-concepção: Édipo. Uma outra origem da obra de Bion, e também de Freud, foi a teoria da origem das espécies de Charles Darwin; embora nenhum dos dois tenha citado a obra de Mendel, Bion cita o resultado das pesquisas do maior geneticista que seguiu Mendel – o DNA e o modelo da dupla hélice. Essas pré-concepções inatas estão claras na obra desses autores; no caso de Darwin, a respeito dos instintos básicos em várias espécies. Principalmente a espécie humana. Pré-concepções são utilizadas por Bion como um estágio na gênese e na evolução dos processos do pensar; e, na descrição de Freud e de Bion, oferecem uma noção, ainda que embrionária e talvez tosca, de um vínculo entre materializações e imaterializações. São descrições da realidade material e psíquica. Outros pesquisadores, no futuro, poderão observar e descrever outras pré-concepções: caso realmente existam. Toda e qualquer descrição que se habilite a ser útil, psicanaliticamente, precisará se originar de uma conjectura imaginativa, que possa ser obtida ou evocada por observação na prática clínica.

Os conceitos de pré-concepção, assim como o do objeto psicanalítico (q.v.), foram no modelo ontogenético dos processos de pensar. Sofrem nova sofisticação e precisão com a aplicação da teoria de observação psicanalítica de Transformações e Invariâncias. O componente insaturado do elemento psicanalítico, e do objeto psicanalítico, será mais bem descrito por meio da concepção de ciclos de transformações: produtos finais de um determinado ciclo, que pode ser descrito de modo coloquial, servem como ponto de partida para um novo processo de transformações. É possível ter acesso a Invariâncias, por meio de uma intuição analiticamente treinada, que correspondem à realidade psíquica do paciente – e equivalem, na obra anterior de Bion, ao termo "constantes".

Bion postula a existência de um precursor para a situação edipiana sob um sentido diverso daquele que este *"termo teria na discussão a respeito das 'Fases Precoces do Complexo de Édipo' feita por Melanie Klein; mas como algo pertinente ao ego, no seu contato com a Realidade* (EP, 93). Este precursor pertence ao âmbito dos mitos privados. O leitor pode ver ou rever o verbete correspondente.

Referências cruzadas sugeridas: Conceito; Concepção; "Mito, mito privado"; Premonição.

PRÉ-CONCEPÇÃO DO ELEMENTO-ALFA EDIPIANO (*ALPHA-ELEMENT OEDIPAL PRE-CONCEPTION*)

Uma pré-concepcão edipiana inata. Este termo aparentemente desajeitado é uma abreviatura de uma definição muito precisa na obra de Bion. Vincula-se ao mistério mais profundo da humanidade: a procriação – estudada pela primeira vez, sob o ponto de vista psíquico, por Freud. O termo é uma síntese das teorias de Freud e de Klein:

> Os analistas necessitam . . . considerar que o material edipiano possa evidenciar um aparelho primitivo de pré-concepção e, portanto, possuir uma significância adicional àquela que já possui na teoria clássica. Postulo um precursor da situação edipiana não no mesmo sentido que tal termo pode ter na discussão de Melanie Klein sobre *As fases precoces do complexo de Édipo,* mas como algo que pertence ao ego enquanto parte de seu aparato para contato com a realidade. De modo breve, postulo uma versão elemento-alfa de um mito de Édipo privado, que implica uma pré-concepção em virtude da qual a criança está capacitada a estabelecer contato com seus pais, do modo como eles existem no mundo da realidade. O casamento dessa pré-concepção de um elemento alfa edipiano com a realização dos pais reais dá origem a uma concepção dos pais. [EP, 93]

A procriação é uma entre a múltiplas e em boa parte desconhecidas conexões entre o inanimado e o animado. Do ponto de vista físico, a primeira observação teórica ocorreu em 1960, com a definição do que hoje é conhecido como o campo magnético e o bóson de Higgs, constatado praticamente após a introdução, em Genebra, de um acelerador/colisor de micropartículas, denominado de Large Hadron Collider.

Referências cruzadas sugeridas: Elementos-alfa; Função-alfa; Conceito; Concepção; Pré-concepção.

Pré-concepção edipiana do elemento-alfa

Uma pré-concepção edipiana inata. Este termo aparentemente desajeitado é uma abreviatura de uma definição muito precisa na obra de Bion. Tem a ver com o mistério mais profundo da humanidade: a procriação – estudada pela primeira vez, sob o ponto de vista psíquico, por Freud. O termo é uma síntese de Freud e Klein:

> Os analistas necessitam . . . considerar que o material edipiano possa evidenciar um aparelho primitivo de pré-concepção e, portanto, possuir uma significância adicional àquela que já possui na teoria clássica. Postulo um precursor da situação edipiana não no mesmo sentido de que tal termo pode ter na discussão de Melanie Klein sobre as "Fases iniciais do complexo de Édipo", mas como algo que pertence ao ego, enquanto parte de seu aparato para contato com a realidade. De modo breve, postulo uma versão elemento-alfa de um mito de Édipo privado que implica uma pré-concepção, em virtude da qual a criança está capacitada a estabelecer contato com seus pais, do modo que eles existem no mundo da realidade. O casamento desta pré-concepção de um elemento-alfa edipiano com a realização dos pais reais dá origem a uma concepção dos pais. (EP, 93)

Existem conexões funcionais múltiplas entre o que nos parece ser inanimado com o que nos parece ser animado; na maior parte, são desconhecidas. Procriação é uma delas. Sob o vértice da Biologia, em 1953, em Cambridge, James Watson, Francis Crick e Rosalin Franklin descobriram a reprodução através da divisão na dupla hélice do ácido desoxirribonucleico (ADN), materializado por uma imagem cristalográfica, obtida em 1958. Sob o vértice da Física, em 1960, R. Brout, F. Englert, G. Guralnik, R Hagen, T. Kobble e Peter Higgs descobriram o Boson de Higgs, a micropartícula doadora de massa; materializada pelo grande colisor de micropartículas em 2012, em Genebra. (Large Hadron Collider).

Referências cruzadas sugeridas: Elementos-alfa; Função-alfa; Conceito; Concepção; Pré-concepção.

P

Premonição

Em *Elements of Psycho-Analysis*, Bion utiliza o termo "premonição". O intuito foi de representar estados emocionais, que podem estar providos de conteúdos ideacionais, ou de conteúdos emocionais. Bion utiliza o termo apenas para representar e descrever os estados, e não conteúdos. São precursores de estados emocionais mais desenvolvidos, que, por sua vez, são chamados de "pré-concepções".

Emoções que permeiam uma premonição a definem: são *"Proponho usar o termo 'premonição' de um modo que seja mais representativo de estados emocionais do que de conteúdo emocional, deixando assim o termo 'pré-concepção' para representar o último. Não dissocio 'pré-monição' de sua associação com um sentido de aviso e ansiedade. O sentimento de ansiedade é valioso para guiar o analista a reconhecer a premonição no material. Portanto a premonição pode ser representada por (Ansiedade (ξ)) onde (ξ) é um elemento insaturado. . . . A análise precisa ser conduzida de tal modo que as condições para observar pré-monições existam, uma conclusão compatível com a definição que Freud faz da situação analítica, como uma situação em que predomina uma atmosfera de privação. Se as premonições não puderem ser experimentadas, torna-se difícil para o analista dar a interpretação correta e difícil para o paciente captá-la; torna-se mais provável que ocorra . . . uma dor desnecessária"* (EP, 76).

Referências cruzadas sugeridas: Pré-concepção; Psicanálise real.

Pressupostos básicos

Trabalhando com pequenos grupos, Bion observou algumas expressões da posição paranoide-esquizoide. Correspondiam a um tipo de preconceito, moldando os resultados do funcionamento grupal em sentidos altamente específicos: nomeou estes preconceitos de "pressupostos", que funcionam como postulados indiscutíveis. Impossibilitavam a formação e/ou o desenvolvimento de um grupo de trabalho. A natureza psicótica desses pressupostos básicos – Bion descobriu três - está clara nos escritos originais dos anos 1940. Graças a avanços posteriores na apreensão dos fatos do grupo, visíveis em *Transformations, Attention and Interpretation* a *A Memoir of the Future*, pode-se afirmar que os três modos subjacentes de funcionamento dos pressupostos básicos alicerçam-se em trasnformações em alucinose, compartilhadas grupalmente (q.v.).

Psicanálise pode ser considerada como "psicologia bi-pessoal", termo cunhado por Rickman. Em consequência, qualquer psicanálise qualifica-se como trabalho em grupo: um grupo de duas pessoas. No sentido amplo expresso por uma máxima de Aristóteles, "o homem é um animal político". Não existe humanidade no isolamento ou *in abstractio*. Psicanaliticamente falando, isso corresponderia – no máximo – ao autismo; à depressão; ou à masturbação.

De maneira inversa, o sentido de solitude (Alves, 1989) – uma pessoa que pode ficar consigo mesma – difere do sentido de solidão, mais bem descrito por Klein. No primeiro caso, ele ou ela percebe a existência do que tem sido tradicionalmente qualificado como "vida psíquica", ou, de modo ainda mais habitual, mas não tão preciso, "vida mental". Existe uma "entidade total": uma pessoa única, que, paradoxalmente, também pode ser vista como algo dotado de uma qualidade de ser "dois"; Bion se utiliza de um neologismo que não pode ser vertido para o português: *two--ness*. É necessário que uma pessoa possa manter um nível mínimo de conversação consigo mesma; literariamente, descrito de algumas formas, como autorreflexão, autoconsciência e monólogo, que difere de um delírio autista (Bion, 1977a). A pessoa estabelece um contato consigo mesma. Sócrates, Platão, Tales, Aristóteles e outros na antiga Grécia possuíam noção desse estado, descrevendo-o sob a denominação de *nous* – uma *psyche* pensando sobre si mesma. Funções e, portanto, métodos e modos de funcionamento individual, em termos dos objetos introjetados, puderam ser observados no funcionar grupal.

Bion, parcialmente em função de análise e colaboração posterior com John Rickman no trabalho com grupos, valeu-se da obra de Klein para exercitar o que ele mais tarde chamaria de "intuição analiticamente treinada" (ver o verbete "psicanálise intuitiva") como um dos componentes para formar uma postura psicanalítica básica; a essa concepção o autor deste dicionário propôs um acréscimo ou expansão: fazer-se um exercício de "intuição analiticamente treinada" por meio de "observação participante". Bion, mesmo que não usasse esses nomes – a concepção de intuição analiticamente treinada surgiu em torno de 1965, enquanto o trabalho com grupos data dos anos 1940 –, usou-a tanto no trabalho psicanalítico propriamente dito como no trabalho com grupos.

Pode-se constatar, em um estudo da história dos conceitos na obra de Bion, que, em seus primeiros estudos, utilizou-se – mesmo que ainda não a denominasse assim a de intuição analítica para detectar três modos subjacentes de organização/desorganização dos grupos. À falta de uma nomenclatura preexistente, criou e cunhou um nome para um conceito: "pressupostos básicos" de um grupo. Há três modos de ação provenientes desses "pressupostos":

1. *Luta/fuga*: o grupo se fragmenta em subgrupos que se dedicam à destruição mútua de seus membros; usualmente a agressão é expressa claramente; há uma busca e seleção hostil de "culpados" pela agressão, por meio de racionalizações.

2. *Formação de parelhas*: a fragmentação consiste em membros formando pares temporários – mas nunca casais – que produziriam um salvador; esses pares têm uma natureza que pode ser sintetizada por um termo: homo. Os membros de cada grupo de parelhas imobilizam-se na posição esquizo-paranoide-esquizoide, concretizando pseudoapegos marcados por transitoriedade maníaca, em que atribuem características uns aos outros, sentidas alucinatoriamente como similares ou idênticas.
3. *Messiânico, ou de dependência*: o grupo se aglutina em torno de um líder visto como salvador: um ser superior. Esses atributos são produtos alucinados de identificações projetivas compartilhadas pelos membros do grupo, que sentem que são capazes de se despojarem (de uma maneira fantástica) de sua autorresponsabilidade. A própria mente é excluída, em fantasia, e "colocada" em outra pessoa, o "salvador". Esse líder messiânico é visto como *a* – e não apenas como *uma* – fonte de sabedoria, autoridade e conhecimento.

Os três pressupostos básicos podem ocorrer de muitos modos: (i) em sucessão (por exemplo, o grupo de parelhas abre caminho para um grupo messiânico – por vezes, o grupo luta/fuga constitui-se como prelúdio para um grupo de parelhas; o grupo messiânico pode levar a renovadas lutas/fugas); (ii) em ciclos de *feedback*, sem possibilidade de mudança; (iii) em combinação, dificultando ainda mais o trabalho de detecção e manejo. O grupo pode morrer, desprovido de verdade; não consegue se nutrir pelo trabalho, por não se transformar em grupo de trabalho, mas se imobiliza apenas em grupos de pressupostos básicos. Ciclos autonutridores caracterizam-se por primitiva relação intergrupal destrutiva, sob o vértice de experiências emocionais intragrupais, quase que totalmente baseadas na alucinação e em delírios onipotentes e oniscientes. Em contraste, grupos de trabalho podem evoluir, ou degenerar, e, independentemente do sentido momentâneo, mas não do grau de evolução ou involução, podem fazer avanços rumo ao que é desconhecido dos membros do grupo. Grupos de trabalho são criativos; grupos agindo sob os três pressupostos básicos, indistinguíveis de preconceitos, são destrutivos – intra e extragrupalmente.

O caráter alucinado determina travamento ou impedimento da formação de "grupos de trabalho", cuja existência depende da relação com a verdade.

> O pressuposto subjacente à fidelidade ao vínculo K é que as personalidades do analista e do analisando podem sobreviver à perda de sua capa protetora de mentiras, subterfúgio, evasão e alucinação, e podem até ser fortalecidas e enriquecidas pela perda. É uma suposição fortemente questionada pelo psicótico, e *a fortiori*[NT] pelo grupo, que se baseia em mecanismos psicóticos para sua coerência e sentido de bem-estar. (T, 129)

Há indícios explícitos sobre uma esperança de Bion, idêntica à encontrável na obra de Freud – a de que novas observações pudessem levar à descrição de outros pressupostos básicos além desses três. A possibilidade de um funcionamento mais maduro corresponde a uma lealdade decrescente a pressupostos básicos.

Sinonímia: grupos básicos (de uso não frequente).

📖 Alguns autores tentaram descrever outros pressupostos básicos. Até que ponto obtiveram sucesso vai depender de uma replicação ou refutação mais efetiva das observações clínicas. Em 1974, P. Turquet afirmou haver um quarto pressuposto básico, que denominou *"a unidade"*: *"uma atividade mental em que os membros buscam juntar-se numa poderosa união com uma força onipotente, indisponivelmente elevada, para submeter o self à participação passiva e, assim, sentir a existência, o bem-estar e o todo . . . a unificação é personificada para ser uma parte de uma inclusão salvacionista"* (Turquet, 1974, pp. 357, 360). Partindo de Turquet, W. Gordon Lawrence, Alastair Bain e Lawrence Gould afirmaram a existência de um quinto pressuposto básico, *"a individualidade"*. Segundo eles, esse quinto pressuposto é o oposto do pressuposto básico *"a unidade"* de Turquet. Consiste em uma mentalidade grupal antigrupal. Os autores *"não desejam explicar o pbI* (pressuposto básico a individualidade) – filiam-se à tendência atual em algumas disciplinas científicas de apelar para acrônimos – *em termos do narcisismo individual, como pode ser encontrado em analisandos e pacientes, pois estamos enfocando o pbI* (pressuposto básico individualidade) *como fenômeno cultural"*. Levantam a hipótese de que esse pressuposto básico está se tornando *"mais proeminente nas culturas industrializadas"*. Supõem haver uma tendência individualista, detectável em diferentes épocas da civilização ocidental (Lawrence, Bain & Gould, 1996, p. 28).

Uma discussão detalhada das ideias desses autores não cabe no âmbito deste dicionário. De modo geral, possíveis discussões poderiam fortalecer suas contribuições: nos limites de minha compreensão de sua obra, não está claro até que ponto esses autores reproduzem expressões fenomenológicas das manifestações exteriores correspondentes, sob o modo de observação psicanalítica de grupos, aos grupos (des)organizados sob o pressuposto básico de "líder messiânico" e/ou sob o pressuposto básico de "dependência".

O autor deste dicionário observou fenômenos que permitem a hipótese sobre a existência de um sexto "pressuposto básico", provisoriamente chamado de "alucinose de exclusão/pertinência" (Sandler, 2001a, 2013). Uma notação quase simbólica para grupos (des)organizados sob este pressuposto pode ser: Grupos {"**A**" e "**Fora de A**"}. Observa-se em pequenos, médios e grandes grupos que as pessoas – os membros do grupo – alucinam pertencer a um determinado subgrupo dentro de um grupo e/ou alucinam que estão excluídas de um determinado subgrupo ou mesmo do grupo total, ao qual aspiram pertencer. O próprio grupo é produto da mente e não tem correspondente na realidade, apesar de sua materialização, baseada na capacidade humana de conferir formas concretas a algo que é puramente alucinado ou delirante. Essa capacidade liga-se ao fato de que somos entidades com polegares oponíveis – que nos dão a capacidade de fazer ferramentas. O sexto pressuposto tem natureza psicótica e não psicótica; nesta última é possível encontrar a situação edipiana.

Existe a possibilidade da existência de "grupos naturais", descritos por Durkheim, na observação de dois tipos de "solidariedade": "mecânica" e "orgânica". Esta última pode propiciar uma "atitude de inclusão" real entre seus membros. É uma questão de interesse (Sanders, 1986).

Existem algumas diferenças entre a hipótese do autor deste dicionário as de Turquet, Lawrence, Bain e Gould. Parece-nos mais adequado tratá-las como hipóteses a serem discutidas e serem submetidas ao teste científico de realidade, apontado por Freud (1911). Turquet, Lawrence, Bain e Gould fazem um estudo de sociologia filosófica, partindo não de fatos empíricos, mas de ideias socioeconômicas e políticas. A experiência na qual se baseiam provém de seus *papéis como consultores e diretores de . . . conferências ativas* com referência às relações de grupo e a educação, *"além de"* suas *"práticas como cientistas sociais, consultores organizacionais, psicanalistas e professores universitários"*. Não se trata de questioná-las, mas o registro clama por crença, da parte do leitor. Há uma diferença entre a apresentação de dados empiricamente verificáveis e apresentações de currículos, onde o limite entre autoridade auto-declarada e autoritarismo é impossível de ser feita. A base utilizada pelo autor foi empírica, formando uma tríade interdisciplinas: clínica psicanalítica propriamente dita, acoplada a um trabalho em grupos em psiquiatria comunitária e em um hospital de reabilitação ligado a uma universidade, e um estudo histórico do movimento psicanalítico no Brasil e no exterior.

Princípio de realidade

Ver o verbete "princípios do funcionamento psíquico".

Princípio de incerteza

Bion utiliza-se do princípio da incerteza de Werner Heisenberg, em *Transformations* e em *A Memoir of the Future* – assim como em alguns artigos preparatórios publicados por Francesca Bion em *Cogitations*. A primeira menção se faz por um alerta contra clivagens de partes em relação a um todo; é necessário, para que haja um trabalho analítico, observar e descrever as relações entre as partes (T, 2). O alerta vai sendo expandido, no que se refere ao tipo e qualidade de acesso que será possível no caso da ciência, de um modo geral, para que um investigador possa ter acesso direto e total a fatos; tenta utilizar o alerta de que, pelo menos em uma disciplina científica, a física, um *"cientista não pode se fiar na visão comumente aceita, de que o pesquisador tenha acesso a fatos, pois os fatos a serem observados são distorcidos pelo próprio ato da observação"* (T, 45). O mesmo alerta também é utilizado para iluminar o fato de que a tentativa de validar *a priori* teorias de causalidade múltipla já eram, de nascença, apenas um modo de "salvar as aparências" para teorias causais únicas. Teorias causais são uma característica de formas narrativas, que se desenvolvem apenas por formulações verbais – e não matemáticas, por exemplo. São típicas dos primórdios embrionários da ciência, que se fazia pela construção de mitos, facilmente confundidos com religião, trilhando o caminho sem volta do dogmatismo autoritário. Na época de Heisenberg e de Bion, e também nos nossos dias, o mesmo tipo de engano básico – ou des-entendimento, expressão de –K (q.v.) – prossegue nas teorias de causalidade múltipla. Continua-se perdendo, escondendo ou nunca percebendo o fato de que a noção de causalidade, seja única ou múltipla, é típica de formas narrativas, e não da contraparte na realidade que essas formas primitivas tentam elucidar. Sempre são falácias. Métodos científicos válidos, como a aplicação da teoria probabilística para análise multifatorial, se perde com as construções verbal palatáveis, em que a plausibilidade é dada de modo meramente advocatício, e formas verbal racionalizadas servem de "prova" para que análise multifatoriais – verdadeiras em si mesmas – permitiriam um engendramento de teorias multicausais (T,57). Bion não aceita, *a priori*, autoridade de ninguém; seja esse Descartes, Freud, Heisenberg etc. Se o leitor não se deixar levar por idolatrias, tão comuns quando se pronuncia algum tipo de nome famoso, como esses anteriores, ou outros, como Adorno, Habermas, Lyotard, Sartre, Deleuze etc. etc., aceitando de modo acrítico qualquer escrito que venha acompanhado do que nunca passa de uma grife aceita pela moda, poderá perceber que, além dessas aparências, Bion faz um tipo de diálogo crítico com os textos desses autores. Isso fica ainda mais claro nos textos impressos no livro *Cogitations*. Bion reproduz uma afirmação de Heisenberg (1958), publicada à página 32 de um trabalho hoje clássico, *Física e filosofia*: "Qual será o efeito do impacto deste ramo especial da ciência moderna sobre as diferentes e poderosas velhas tradições?"

Sobre essa afirmação de cunho claramente iluminista de Heisenberg, Bion explicita uma visão alternativa, colocada claramente como sua preferência pessoal: "Qual será o impacto das poderosas velhas tradições sobre este ramo especial da ciência moderna?" (C, 60).

P

Há uma reordenação da frase que, na visão do autor deste dicionário, tipifica o vértice psicanalítico. Não se trata de um enunciado mais típico das manipulações de símbolos verbais feitas por filósofos, trazendo contradições em seus próprios termos, mas travestidos de modismos ou frases de efeito, que têm sido mundialmente aclamados por *intelligentsias* guiadas por idolatria e partidarismo ideológico. Condutas ditadas por fantasias de onisciência, onipotência, caracterizando prevalência da personalidade psicótica (q.v.) ou, na visão psiquiátrica, de delírios paranoides, de fantasias de propriedade da realidade última. Para que essa nossa afirmação não seja tomada como arbitrária, podemos citar um dos enunciados feitos por Jean Paul Sartre em *O existencialismo é um humanismo:* "O homem não é o que é, e é o que não é". O filosofo francês, que gozou de fama mundial por pelo menos quarenta anos, não adquiriu prática psicanalítica. Que auxilia as pessoas a perceber que "as aparências enganam", no ditado popular que indica um caminho para a ciência. Sartre, um erudito, preferia dispensar linguagem coloquial e, nesse caso, adotou uma frase de efeito, exagerada e, por isso, falsa. Frases de efeito são usadas por políticos, propagandistas e literatos ligados à política, mas não por cientistas. Não me parece ser apenas uma metáfora; mas é possível dizer que se trata de uma hipérbole contraditória, para impressionar algumas audiências. Ao afirmar que "o homem é o que não é", tentando alcançar o que os filósofos gostam de denominar "o devir", ou o futuro, o autor, hoje falecido, recaiu na fantasia onipotente de alguém que pode prever o futuro. Como potencialidade, ou probabilidade, pode-se dizer que "o homem é o que não é". A validade disso é transitória; como enunciou sua esposa, Simone de Beauvoir, esse mesmo homem filosófico irá falecer e o desfeche é, "nunca vai ser". Sartres se colocava como um ser superior, que sequer poderia receber um Prêmio Nobel. O exemplo contrasta com o uso feito por Bion, de uma frase de Heisenberg.

Nesse uso, Bion oferece uma mudança de vértice de observação no exame do material proveniente de pacientes. Ou ponto de vista, termo que ele utiliza algumas vezes, embora notando claramente sua inadequação, se comparado com "vértice", à página 91 de *Transformations*. Bion não adiciona; não falsifica; não discorda nem muda a ideia básica, mas demonstra, em algo que parece ao autor deste dicionário uma demonstração de um exercício psicanalítico, a obtenção de um significado até então não percebido – mas existente, subjacente à frase. Leitores interessados em psicanálise podem utilizar, em imaginação comparativa, o conjunto feito pela frase de Heisenberg, um físico, e pela frase de Bion, uma conversa entre um paciente e um analista.

As duas frases oferecem um exemplo de duas conjunções constantes diferentes baseadas nos mesmos elementos observacionais. Por meio da descoberta de um vértice (ou ponto de vista) previamente existente, mas tornado obscuro por um outro vértice (que poderia ser denominado, por um leitor orientado ideologicamente, como "revolucionário" ou "inovador" etc.), analistas obtêm, por tolerância a paradoxos, isenta de julgamentos de valor, algo que pode promover desenvolvimento e maior amplidão nos processos de pensar e, consequentemente, reconhecer. A aparência de ineditismo é dada pelo fato de que aquilo que já existe ainda era desconhecido (ou, em uma linguagem atualmente transformada em jargão, "inconsciente"). Acréscimos de conhecimento produzem percepção mais ampla e profunda daquilo que permanece desconhecido, permitindo mais avanços. A percepção da infinitude do que nos é desconhecido se dá justamente pelo acréscimo – geralmente mínimo, sempre parcial – de conhecimento, que agora se tornou passado.

Outra utilidade no modo pelo qual Bion lida com teorias de Heisenberg é para pessoas interessadas em manter uma análise crítica dos vértices da religião positivista – que se apregoa como a única maneira de se fazer ciência: racionalizações; pretensões à neutralidade absoluta do observador; fantasias de causalidades; fantasias de poder localizar no espaço as origens causais, absolutas, de fenômenos empiricamente observáveis. Os vários âmbitos ou disciplinas que compõem o que se convenciona denominar ciência natural, as teorias desenvolvidas por físicos e matemáticos que tomaram o nome de mecânica quântica e de teoria da relatividade, invalidaram a concepção de que existiria um mundo objetivo composto de fatos que poderiam ser estudados objetivamente, onde o observador não interferiria no fenômeno a ser observado – pelo próprio ato da observação.

Desde a descoberta da psicanálise, e até hoje em alguns ambientes institucionais – notadamente, os pertencentes à academia –, o trabalho de Freud tem sido desprezado por não se coadunar com os padrões advogados pela religião positivista. Esse modo de ver se originou de algumas observações de Bion, que produziram, para o autor deste dicionário, uma evidência de que esse modo de ver não é apenas proveniente de uma pessoa (no caso, o autor deste dicionário). Serve como prova de veracidade desse modo de ver? A resposta a essa questão pode ser gerada pelo leitor; no ponto de vista deste autor, quando duas pessoas separadas pelo tempo e espaço, e que jamais se conheceram pessoalmente, obtêm uma visão minimamente similar, então isso pode ser visto como evidência de que alguma verdade emergiu para nossa consciência. Em 1959, Bion observou que:

> A despeito dos avanços da ciência nos últimos anos, os métodos empregados no trabalho científico encontram-se sob investigação crítica. O questionamento moral feito pelos próprios cientistas sobre o uso dado ao conhecimento científico é pouco relevante à discussão dos próprios métodos, embora tenha contribuído para essa discussão.
>
> A questão não é nova em filosofia, embora não seja necessário retroceder a uma época anterior a Hume para descobrir as origens das controvérsias atuais. O problema, como se apresenta ao filósofo, foi formulado por Prichard (*Knowledge and Perception*, p. 69). Ele diz:

P

> *Embora estejamos cônscios de que todo conhecimento alcançado é o resultado de um processo de nossa parte, não refletimos sobre a natureza do processo – em tempo algum, de qualquer modo sistemático – para torná-lo objeto de um estudo especial. Mas, mais cedo ou mais tarde, o conhecimento de nossos erros e o desejo de termos certeza de estarmos obtendo o artigo genuíno, isto é, algo que seja realmente conhecimento, nos leva a refletir sobre o processo . . . enfim, ficamos nos perguntando se somos capazes de ter algum conhecimento de fato, ou se não estamos simplesmente iludidos, pensando que somos capazes de conhecer.*

As teorias da mecânica quântica perturbaram, nas ciências naturais, o clássico conceito de um mundo de fatos objetivos, estudado objetivamente. E, ao mesmo tempo, o trabalho de Freud suscitou a crítica de que não era científico, por não estar em conformidade com os padrões associados à física e à química clássicas; seu trabalho, ao mostrar quão frequentemente as manifestações das crenças e atitudes humanas se notabilizam mais pela eficiência em disfarçar impulsos inconscientes do que por contribuir para o conhecimento dos assuntos que pretendem discutir, constitui-se em um ataque à pretensão do ser humano de possuir uma capacidade para observação e julgamento objetivos.

Mas poderíamos questionar: será que os fatos descobertos graças à aplicação do método científico não constituiriam uma prova de que os métodos empregados – por exemplo, as fórmulas matemáticas na predição dos fenômenos astronômicos – teriam uma validade independente do observador que os elabora e emprega? Será que os métodos não pertenceriam à ontologia, e não à epistemologia, e que seriam "objetivos", e não "subjetivos"? Infelizmente não, pois, como Heisenberg mostrou por meio da interpretação da teoria da mecânica quântica, feita por ele, Niels Bohr e outros da escola de Copenhagen, nenhum fato isolado está isento de relação com a totalidade dos fatos nem está isento de ser influenciado por ela, sendo que essa totalidade deve permanecer desconhecida. Mesmo o conceito de espaço pode ter apenas uma aplicação muito limitada, pois não é necessário haver nenhuma realidade que corresponda ao conceito. (C, 84-85)

O FATOR PESSOAL

O texto citado anteriormente, no qual Bion se baseia em Prichard, Heisenberg, Bohr e Poincaré, pode ser resumido por meio de uma teoria primeiro elaborada por Freud: a "equação pessoal" (q.v.). Essa teoria engloba outras, propostas anteriormente, como a teoria da transferência e da contratransferência, e a teoria do trabalho onírico, das associações livres e do complexo de Édipo. Em todas elas, é possível identificar a interferência do observador no fenômeno observado; permitiram a introdução do conceito de "observação participante", depois utilizado em antropologia. Uma diferença entre psicanálise e outras práticas (como a psiquiatria e outras práticas científicas) é que, em psicanálise, há uma tentativa de alcançar a consciência e um controle mínimo sobre essas interferências para permitir uma observação, e permitir elucidar o vértice da observação. Bion resume esse controle consciente como uma disciplina sobre memória, desejo e entendimento – e todas essas características que produzem interferências, a ponto de invalidar observações, foram adiantadas, embora não desse modo compacto, por Freud, em muitos artigos sobre técnica psicanalítica, como "Recomendações a *médicos que praticam* psicanálise", *Sobre a análise selvagem, A questão da análise leiga*. A concepção de observação participante foi elaborada no mesmo tempo histórico pela física quântica e pela psicanálise. Nas duas disciplinas, o investigador pode saber, embora parcial e minimamente, e até certo ponto, algumas características dos estímulos que esse mesmo investigador efetua sobre o objeto sujeito à observação. Empiricamente, a física conta com instrumentos tecnológicos como radiotelescópios, aceleradores de partículas e caldeirões que efetuam a colisão de partículas elementares já submetidas a aceleração. Algo que é conhecido – por exemplo, uma radiação de luz, ou emitida por outras fontes de energia – podem ser bombardeado sobre um outro material, cujo comportamento é desconhecido. Embora tenha sido conhecido por outros métodos, por outras formulações. Por exemplo, o assim chamado bóson de Higgs. Era conhecido, ou pelo menos suspeitado, por formulações matemáticas, desde 1961. Em 2015 foi conhecido por formulações tecnológicas, ao ser submetido a experiências "empíricas", se o leitor perdoa o uso de um pleonasmo de estilo literário discutível. Em um consultório de análise, ou no contexto analítico, intervém a análise do analista, seu conhecimento mínimo e parcial de si mesmo, também auxiliado pelo manejo que possa fazer de teorias, de seu vocabulário. Trata-se de um ambiente simplificado – no sentido de se eliminar uma série de estímulos ambientais, que pode ser comparável ao ambiente utilizado por físicos. A despeito daquilo que poderá ser julgado como aparente pobreza tecnológica à disposição de psicanalista, se comparada com a aparente riqueza tecnológica à disposição do físico. Nosso método e material de observação – como o do físico – é o ser humano. Nosso objeto de observação coincide com nosso método e material – o ser humano. No caso do físico, o método e material também são o ser humano, mas é um grupo mais amplo e complicado, ao qual se acrescentam produtos materializados, aqui compactados com o nome "tecnologia". Nos dois casos, sob determinados parâmetros conhecidos, observa-se algo que é real. Como tolerar o paradoxo contido no princípio de incerteza de Heisenberg? (O leitor pode consultar o verbete "princípio de incerteza"). A aplicação prática desse princípio permite conhecimento real e, ao mesmo tempo, que esse conhecimento seja transiente. Pode – ou não – ser aprofundado: ". . . o 'princípio da incerteza' (emprestado de Heisenberg) que utilizei tanto formula como destrói a formulação" (AMF, I, 88).

> ROLAND: Você disse: se o "pensar" fosse um subproduto da atividade glandular, seria uma pseudodescoberta. Por que uma pessoa iria negar a realidade do pensar, ou se abster de transformar *isso* em um bom negócio, mesmo se as glândulas originassem as ideias?
>
> P.A.: Não quis sugerir que as ideias eram um "mero" produto de atividade glandular. Não me surpreende se eu tenha revelado tal hostilidade em relação ao pensamento ou à sua inferior origem glandular. Estou bastante familiarizado com essa espécie de intolerância para supor que estou livre dela. Como meus confrades, aspiro a uma superioridade messiânica para minhas falíveis origens. O ódio às nossas origens parece ser inseparável de qualquer avanço.
>
> ALICE: De modo todo especial quando talvez tenhamos um débito com as origens a partir das quais ascendemos a "coisas maiores". Como somos bestiais!
>
> ROLAND: E fomos. Mas como nos tornamos rapidamente admiráveis! Poderia parecer vantajoso se pudéssemos descobrir as condições propícias para o progresso real.
>
> P.A.: Ou se conhecêssemos em que direção estaríamos progredindo. Às vezes duvido disso.
>
> ROBIN: Achei que vocês, psicanalistas, não tivessem a menor dúvida a respeito disso. Você fala como se tivesse certeza, pelo menos, do seu próprio progresso por ter sido analisado.
>
> P.A.: "Certeza", assim como "incerteza", é uma parte da vida. Não podemos evitar nenhuma das duas; são polos opostos do mesmo sentimento. Não sei que nome dar ao "mesmo sentimento" – ou seja, o sentimento cujos polos são opostos. Se eu fosse um poeta ou filósofo talvez pudesse. Não ajuda nada pensar que eu seja um psicanalista porque esta é a minha profissão. (AMF, III, 513)

Falhas na apreensão do conceito, mal-entendidos e distorções: membros do movimento psicanalítico adeptos do idealismo acreditam, como todo idealista, que o universo seria produto da mente individual, e têm persistido na incompreensão apressada do conceito definido por Heisenberg – o princípio da incerteza. Na nomenclatura proposta por Bion, lidam com esse conceito sob o vértice de –K (q.v.), ou seja, de que o des-entender seria superior ao entender. O des-entender tem sido possível por meio de um exame apressado do conceito, como se apenas sua forma verbal pudesse dar toda a noção: o autor deste dicionário observa que poucos tentaram estudar o modo pelo qual Heisenberg estabeleceu esse conceito na Física.

Outro fator é a existência de uma ideologia prévia, como a niilista, ou a revolucionária, entre outras. Uma consequência inevitável é que o modo pelo qual Bion se utiliza desse conceito também será objeto de desentendimento. De modo resumido, esses membros confundem o princípio da incerteza como um "princípio da ignorância". Negam o fato de que Heisenberg tenha observado a impossibilidade de determinar precisamente a posição de uma partícula quântica no espaço e simultaneamente determinar precisamente a velocidade orbital (chamada de *spin*) dessa mesma partícula. Negam que seja possível determiná-las, mas apenas em termos de probabilidade. Isso não implica, como vários autores – em nossa investigação, pela primeira vez, Erwin Schrödinger – demonstraram, que seria impossível determinar isoladamente a posição da partícula no espaço, ou sua velocidade orbital. Quando se efetuam essas medições isoladas, haverá um ganho na precisão de uma medida, com perda proporcional na precisão da outra medida.

Referências cruzadas sugeridas: Visão analítica; Estar-uno-a-si-mesmo *(At-onement)*, "O"; Transformações em O; Verdade.

Princípio do prazer/dor

Formulação verbal equivalente à formulação de Freud sobre o princípio do prazer/desprazer. Freud também se referiu, algumas vezes, ao princípio do prazer desprazer/desprazer desse modo, indicando que a presença de dor também poderia acarretar desprazer. Bion nunca utilizava o termo "prazer/desprazer"; muitas vezes utilizava apenas a abreviatura "princípio do prazer". A modificação, embora equivalente, é mais restritiva, pois não é apenas desprazer que resulta em dor, nem vice-versa. Não foi explicitamente explicada; foi simplesmente apresentada em muitas partes de seu trabalho.

Segundo nossa investigação, é provável que o primeiro momento no qual essa formulação apareceu foi em *Elements of Psycho-Analysis*, p. 62; repetida em *Transformations*, p. 73; e em *Attention and Interpretation,* p, 30. O leitor pode consultar o verbete "princípios do funcionamento psíquico".

Princípios do funcionamento psíquico (ou princípios do funcionamento mental)

Não será exagero afirmar que a totalidade do trabalho teórico de Bion origina-se de quatro contribuições de Freud:

P

1. Dois princípios do funcionamento psíquico (ou mental).
2. Trabalho onírico, incluindo associações livres e a atividade onírica em vigília.
3. Instintos epistemofílicos; de vida; de morte.
4. Édipo.

Bion integra essas quatro contribuições em sua teoria do pensar, e inclui nessa integração as contribuições de Klein: a teoria das posições e a teoria da inveja. Existe uma diferença – não no sentido de substituição, mas de acréscimo – entre as possibilidades abertas pelas contribuições de Freud e a expansão que Bion fez delas. Essa diferença se origina da experiência no tratamento de pessoas com transtornos nos processos de pensar, os assim chamados psicóticos. Uma experiência mais limitada, no caso de Freud. Essa diferença enriquece as observações de Freud, mas sempre dentro do quadro teórico de referência elaborado por Freud. Nesse quadro de referência, Freud propõe um modo operacional do sistema inconsciente: diz respeito à atemporalidade desse modo de operação. Freud sugere que, no início dos tempos, seja observado sob um ponto de vista filogenético, da espécie humana, ou ontogenético, do ponto de vista individual, que haveria um ponto de partida, dado pela operação apenas do sistema inconsciente, e que o pensar rumaria a partir dele para o sistema consciente. Bion se utiliza da contribuição de Melanie Klein sobre as raízes do complexo de Édipo e da origem da transferência, que seriam mais precoces do que aquelas sugeridas por Freud. Dar-se-iam já no nascimento de uma criança: haveria um ego e um superego rudimentares nesse período. Essa constatação permitiu o início de um trabalho clínico com psicóticos – que era muito raro na época de Freud. Outro pesquisador, também analisado por Melanie Klein – Herbert Rosenfeld –, também munido dessa experiência, também sugeriu, embora independentemente, que a identificação projetiva, ocorrendo já no nascimento, teria a função de comunicação, da criança para com a mãe. Considerando, como Freud considerou, que o próprio ato de pensar tenha sido concebido como método para diminuir o acréscimo de estímulos sobre o aparato psíquico, Bion conclui que a identificação projetiva – já concebida por Klein como um modo de diminuir esses estímulos, sentidos como insuportáveis – é uma forma primitiva nos processos de pensar. Em 1961, Bion sugere a hipótese de que a identificação projetiva seria não apenas uma forma, mas *a forma* primitiva de pensar.

O acréscimo que Bion sugere, em análise de psicóticos, ou na análise da personalidade psicótica (q.v.), um conceito proposto em 1956, é de que se considere que exista uma atemporalidade do sistema inconsciente ainda mais ampla, e que não haveria exatamente um ponto de partida no sistema inconsciente e um ponto de chegada no sistema consciente, mas uma coexistência dos dois sistemas. Desse modo, Bion propõe que nada poderá pertencer ao sistema inconsciente se um dia, ou em um momento, não tenha sido pertencente ao sistema consciente. De modo breve: nada pode ser inconsciente, se não foi consciente. Trata-se de um campo de investigação aberto por Freud, mas não totalmente explorado por ele:

> A formulação de Freud sugere que o princípio de realidade é subsequente ao princípio do prazer; a formulação necessita ser modificada para fazer com que os dois princípios coexistam. . . . O paciente, mesmo no início da vida, tem suficiente contato com a realidade para capacitá-lo a agir de um modo que engendre na mãe sentimentos de algo que ele não quer para si, ou quer que a mãe os tenha. Para fazer com que a teoria corresponda a esses achados clínicos, sugeri uma ampliação da teoria do princípio do prazer, de Freud, de forma a considerar a coexistência operativa do princípio da realidade com o princípio do prazer. (LE, 29, 31)

Dor

Freud, após ter descrito o princípio do prazer-desprazer – em alemão, *lust-unlust* – em 1911, começa a grafá-lo, em nome da brevidade, no restante de sua obra como "princípio do prazer", julgando que os leitores pensariam no princípio segundo sua denominação dupla. Em menor número de vezes, Freud também recorre à denominação princípio do prazer-dor – em função da enorme frequência de pessoas que vivenciam a introdução do princípio da realidade, em seu primeiro elemento, frustração de desejo, como indistinguível de sentir dor. Na obra de Bion, a nomenclatura preferida é a segunda: princípio do prazer-dor (C, 64; LE, 4, 52; EP; 34, 62; ST, 74; AI, 47). No entanto, também há a nomenclatura original de Freud, princípio do prazer-desprazer, e referências a desprazer, independentemente da presença de dor (T, 86; AI, 29). Algumas pessoas parecem ter utilizado essa grafia como argumento sobre uma falta de precisão ou fidelidade ao original, por parte de Bion; uma dessas pessoas que passou a brandir esse tipo de argumentação de natureza de discórdia hostil se notabilizou por reunir poder político no movimento psicanalítico.[105] Outros leitores, igualmente apressados, pensaram ser uma modificação discordante – jamais explicitada em nenhum trabalho escrito por Bion.

O conceito grafado como "prazer-dor" tem uma justificativa na obra de Bion: sua experiência com o tratamento psicanalítico de psicóticos, que demonstra cabalmente a notável intolerância à dor nessas pessoas. Após haver discutido de modo detalhado o estabelecimento do princípio da realidade e sua relação com estados psicóticos, conclui que dor se qualifica como um elemento – ou seja, um fundamen-

---

[105] Dr. Joseph J. Sandler. O fato de o sobrenome ser homônimo daquele do autor deste dicionário é mera coincidência. Revelou sua visão, plena de ideias de superioridade/inferioridade, em entrevista concedida ao periódico *IDE*, número 3, publicado pela Sociedade Brasileira de Psicanalise de São Paulo: "Bion entendia pouco de Freud".

to, algo básico – de psicanálise, encontrado em todo trabalho que possa ser qualificado como psicanalítico:

> O argumento para aceitar a dor como um elemento de psicanálise é reforçado pela posição que ela ocupa nas teorias de Freud do princípio do prazer-dor. É evidente que a dominância do princípio da realidade e, realmente, o seu estabelecimento são ameaçados se o paciente inclinar-se mais para a evasão da dor do que para sua modificação; além disso, a modificação da dor é ameaçada caso a capacidade do paciente para a dor esteja danificada. (EP, 62)

A frequência na qual o conceito é grafado desse modo indica que Bion preferiu, para os objetivos dos textos que escreveu, escolher os termos "prazer-dor", e não "prazer-desprazer". A mesma preferência nunca aparece na grafia do outro princípio – que, em toda a obra de Bion, é chamado "princípio da realidade". A quase totalidade das contribuições de Bion para nossa prática pode caracterizar, metaforicamente, uma longa caminhada – aquela do ser humano em direção a uma apreensão da realidade: uma aceitação da introdução e manutenção do princípio da realidade.

Proto-resistência

Termo de uso ainda não difundido, desenvolvido de outro termo, "premonição" (q.v.). Tenta representar o estado mental do analista favorável à emissão de uma interpretação ou construção. Origina-se de uma descoberta de Bion, sobre a necessidade de uma interpretação nascer de uma tolerância a estados nos quais o analista ocupa a posição esquizoparanoide, e começa a emitir mentiras, como uma forma de se aproximar do que é verdade. Também pode ser enunciada como a tolerância para perceber uma evolução de um elemento, que originariamente pertence à coluna 2 da "Grade" (Grid): enunciados reconhecidamente falsos.

A importância prática, para o exercício de uma clínica psicanalítica, dificilmente poderia ser exagerada: faz parte das tentativas técnicas para propiciar que um leitor possa atentar e talvez adquirir uma postura psicanalítica com relação a não ser enganado por aparências exteriores, assim como perceber uma situação dinâmica contínua que caracteriza o ato que chamamos de "psicanálise".

A emergência da dimensão coluna 2 pode ser observada na contingência da análise como um passo na evolução do enunciado; a partir daí o analista pode julgar que foram obtidas as condições para interpretação; mas isso não significa que se deve fazer uma interpretação – pois o pensamento do analista também precisa estar maduro. Quando ele pode ver o elemento coluna 2 em seus pensamentos, completam-se as condições para interpretação: seria necessário fazer uma interpretação. Em termos de teoria analítica, é aproximadamente correto, mas apenas aproximadamente, dizer que se obtiveram as condições para uma interpretação quando os enunciados do paciente dão evidência de que resistência está em operação: as condições se completam quando o analista se sente consciente da resistência em sua própria pessoa. Não é contratransferência, com a qual é necessário se lidar por meio da análise do analista, mas resistência às reações do analisando, que o analista antecipa, caso dê a interpretação. Note a semelhança da resistência do analista à resposta que ele antecipa do paciente à sua interpretação com a resistência do paciente à interpretação do analista. . . . Até aqui, a "distância" entre o enunciado do analisando (associação) e o enunciado do analista (interpretação) foi expressa em termos do tempo necessário para a emergência do elemento coluna 2 no enunciado do analisando e – cunhando um termo – a "proto-resistência" no analista a uma resposta que ainda não foi dada. A proto-resistência do analista precisa ser uma projeção de sua própria resistência a uma dimensão da interpretação que ele mesmo propôs. A interpretação que ele dá é uma teoria sabidamente falsa diante de uma circunstância contingente desconhecida; no entanto, é mantida como uma barreira contra a turbulência que se espera ocorrer caso ela não fosse assim mantida; nenhum enunciado fica sem uma realização com a qual ele não mantenha uma relação de coluna 2. Assim, um enunciado religioso sabidamente falso é usado para excluir um enunciado estético, ou científico, ou qualquer outro – e vice-versa. (T, 168-169)

Referências cruzadas sugeridas: Turbulência emocional; Premonição.
PS: um sinal abreviado, quase matemático, para indicar a presença daquilo que Klein denominou posição paranoideesquizoide; também utilizado como símbolo, para representar essa posição. Proposto inicialmente em *Elements of Psycho-Analysis*, p. 4 (favor examinar o verbete PS⇔D).

Também é escrito como Ps. Em conversa com a sra. Francesca Bion, o autor do dicionário confirmou que se trata de um erro de revisão tipográfica.

Psicanálise clássica

Consultar os verbetes Teoria Clássica, – K.

P

Psicanálise intuitiva, intuição psicanalítica treinada

Termos referentes à intuição possível para psicanalistas, a respeito de apresentações externas multifacetadas da situação edipiana subjacente a essas mesmas apresentações. O termo "externo" refere-se ao nosso funcionamento, ou o funcionamento de qualquer ser humano, que tem sido tradicionalmente colocado como "interno", a despeito de nosso inter-relacionamento com o meio externo. A intuição psicanaliticamente treinada depende de um aprendizado por meio da experiência psicanalítica: trata-se de uma intuição sensível; Bion utiliza-se da noção cunhada por Immanuel Kant em *Crítica da razão pura*. Ou seja, a porta de entrada que inicia essa experiência inclui necessariamente o uso de nosso aparato sensorial. Intuição não é algo que possa ser apreendido; não é algo que possa ser aprendido em si mesmo; depende de qualidades básicas de cada indivíduo acopladas a experiências de vida. A intuição psicanaliticamente treinada não pode ser trabalhada sob a religião positivista, inventada por Auguste Comte, que se limita a critérios da lógica euclidiana (ou lógica formal), e um sistema de crenças, como o da causalidade simples, localização concreta de fenômenos e predições.

Posteriormente, Bion utilizou o mesmo termo para descrever o que ocorre com capacidades intuitivas quando existe a presença de alucinação. Uma intuição treinada, em consequência, depende da análise pessoal do analista; depende de uma capacidade, sempre variável individualmente, de apreender o âmbito dos números; a possibilidade de considerar-se a existência da realidade psíquica, imaterial de modo último, e não mais sensorialmente apreensível: o sistema inconsciente descrito por Freud.

Referências cruzadas sugeridas: Estar-uno-a-si-mesmo (*At-one-ment*); Édipo; Intuição; "O"; Psicanálise real; Visão analítica.

Psicanálise real/análise real/análise apropriada/interpretação apropriada

> Após as interpretações apropriadas, o restante da sessão assumiu um padrão totalmente diferente . . . (C, 199)

A linguagem de Bion

A partir da década de 1970, Bion cunhou os termos, psicanálise real e análise real; utilizou-os como sinônimos. Em função da penumbra de associações fortemente moralizantes do termo "verdadeiro", que tem estimulado fantasias de superioridade em alguns usuários, ao longo dos séculos, o autor desse dicionário lamenta profundamente que alguns dentre os primeiros divulgadores da obra de Bion no Brasil[106] tenham vertido a palavra "real" para o português como "verdadeiro". O fenômeno não é localizado: em outros países, notamos a popularidade da fantasia de que a obra de Bion seria algum tipo de "psicanálise superior" a todas as outras, afirmando que haveria outras. Resultou nos autointitulados "bionianos" (q.v.). Este tipo de versão distorce o sentido do termo em inglês, e estimulou um preconceito que tem prejudicado um uso útil desse sintagma, "psicanálise real." O termo "real" corresponde a algo genuíno, que tem uma contraparte na realidade. Caso o leitor possa perceber essa situação semântica, e depure valores morais ou fantasias de superioridade em seu uso, poderá utilizar de modo adequado o conceito incluído no sintagma, "psicanálise real". Essa diferença poderá ficar clara se houver atenção para a seguinte citação:

> P. A.: Não aspiramos a ser líderes ou pastores; nós esperamos apresentar a pessoa ao *self* "real". Ainda que não apregoemos ter sucesso, a experiência tem mostrado quão poderoso é o impulso do indivíduo para ser conduzido – a acreditar em algum deus ou bom pastor. . . . Considero aquilo que ele diz; e sobre o que ele diz. Minha interpretação é uma tentativa de formular aquilo que um indivíduo diz, de tal forma que o próprio indivíduo possa compará-lo com suas outras ideias. (AMF, II, 266 e 269, respectivamente)

Por volta de 1960, Bion buscava métodos mais consistentes e confiáveis de comunicação para incrementar a credibilidade científica das teorias em psicanálise, que estavam sendo colocadas em dúvida por alguns teóricos da ciência, como Karl Popper. Bion não endossou os ditames da Religião Positivista, inventada por Auguste Comte, que se proclamou a única ciência possível: "*persiste a obrigação, não menos importante, de termos certeza de que estamos registrando e comunicando as essências de nosso trabalho, e não simplesmente elementos periféricos ou acidentais que porventura tenhamos confundido com o essencial. Aqui surge o problema: o que, de fato, ocorre em uma análise apropriada? O que é análise apropriada, e qual é o germe essencial, sem o qual não teremos registrado virtualmente nada?*" (C, 175).

---

[106] Os drs. Alcyon Baher Bahia, Bernardo Blay Neto e a sra Virginia Leone Bicudo foram os psicanalistas que trouxeram a obra de Bion para o conhecimento dos membros do movimento no Brasil. É necessário isentá-los desse tipo de uso idealizado, eivado de fantasias de superioridade; não o perpetraram, nem o estimularam em seus colegas.

P

Quase um quarto de século depois – entre 1973 e 1974 –, Bion cunhou a expressão "análise real". Empregada publicamente pela primeira vez durante as palestras de Bion no Brasil (1974), foi usada intensamente em *A Memoir of the Future*, vols. II e III (escritos entre 1976 e 1978). As palestras eram espontâneas; os escritos também o foram, mas dar uma palestra difere do ato mais intimista, que é o escrito. Utilizou-a por meio de uma observação, para ressaltar a possibilidade de prevalência de mentira, às expensas de aproximações à verdade, internas ao movimento psicanalítico, por pessoas que obtiveram a qualificação de psicanalistas. Essas tendências se faziam por meio de elaborações ditas teóricas, que pareciam para Bion apenas manipulações engenhosas de símbolos verbais. Produziam, na prática, um efeito destrutivo para o que poderia ter sido uma psicanálise, mas seria apenas uma imitação de psicanálise, usando palavras inicialmente cunhadas por Freud. O alerta foi tomado seriamente por poucos psicanalistas; o autor deste dicionário ressalta o nome de André Green, que levantou o assunto em um congresso da IPA, em Nice, no ano de 2001:

> P.A.: Mistério é vida real; e a vida real é o interesse da análise real. O jargão passa por psicanálise, assim como se substitui música por som, poesia e literatura por fluência verbal, pintura por *trompe d'oeil*. Não se observa "autoassassinato" real, e o suicídio acidental passa por coisa real, planejada, elaborada economicamente até o último detalhe para criar efeito real. (AMF, II, 307)

Psicanálise real e desenvolvimento

O postulado central é: estar uno à[107] realidade última, ou O, como a denominei, para evitar envolvimento com associações já existentes, é essencial para harmonia no desenvolvimento mental. (ST, 145)

Existe tanto a crença como a intenção de que as teorias analíticas exerçam um efeito terapêutico, caso sejam expressas corretamente e seu conteúdo seja acertado. (EP, 17)

Na metodologia psicanalítica o critério em relação a um uso específico não pode ser o de certo ou errado, significativo ou verificável; mas sim o de promover ou não desenvolvimento. (LE, Introdução, 3)

---

[107] *Atonement* no original.

ROBIN: Então você admite que psicanálise faz mal?

P.A.: Não faz bem nem mal, mas a pessoa pode usar a experiência com o objetivo que lhe aprouver. Afinal das contas, um cirurgião mitiga o sofrimento de um ladrão ou de um assassino, e ele os torna mais eficientes com isso. Porém não os torna mais morais.

ROLAND: Ninguém espera que ele o faça.

P.A.: Creia-me, as pessoas esperam que sim! Se uma mulher ou um homem estiveram por algum tempo com um psicanalista, este é encarado como sendo responsável pelo comportamento dessa pessoa. (AMF, II, 322)

🕐 O termo "psicanálise real", ou "análise real" corresponde a um alerta de Bion sobre efeitos deletérios do formalismo (um fenômeno descrito por teóricos da ciência, principalmente na matemática), da teorização *ad hoc*, das regras *a priori*, da erudição que se faz às expensas de uma apreensão real dos textos de grandes autores, de "verdades" preestabelecidas, impostas dogmaticamente. O termo também traz em seu bojo uma defesa do exercício de intuição, que leva ao *insight*:

> Fica difícil colar-se a regras quando praticamos psicanálise. De um lado, não sabemos quais são as regras da psicanálise. Muitas pessoas falam: "Você não conhece as teorias de psicanálise?". Para elas, eu diria: "Não conheço, mesmo que as tenha lido e relido muitas vezes. Atualmente, sinto que só tenho tempo para ler as melhores teorias psicanalíticas – caso soubesse quais são". No entanto, isto é apenas minha tentativa de limitar o que faço. A prática da psicanálise real é um trabalho muito rigoroso. Não é o tipo de coisa que poderia ser escolhida para ser um modo de vida confortável, bonito e fácil. É fácil ler teorias, é fácil falar a respeito de teorias; praticar psicanálise é outra coisa. (BLII, 114)

"Vida real", no escrito e também nas palestras de Bion, é uma referência tanto à vida dos pacientes fora da sessão analítica como à vida vivida durante o aqui e agora das sessões analíticas. Para o leitor garantir uma compreensão adequada da citação a seguir, será necessária familiaridade com o conceito de O, que aparece no verbete correspondente. Nesta citação, O corresponde à verdade última da vida, conforme experimentada no aqui e agora de uma sessão de análise:

> . . . qualquer **O** que não seja comum tanto ao analista como ao analisando e, portanto, não esteja disponível para ser transformado por ambos pode ser ignorado como irrelevante para a psicanálise. Qualquer **O** que não seja comum para ambos

é impróprio para investigação psicanalítica; toda aparência em contrário depende de um insucesso em compreender a natureza da interpretação psicanalítica. (T, 49)

Vida real, psicose e psicanálise

... Já que as teorias psicanalíticas são sobre seres humanos, ou se referem a seres humanos, você poderia sentir que elas poderiam assemelhar-se à vida real, pessoas reais ... (AMF, II, 303)

Análise real é indivisível de vida real – a realidade de uma análise é dada pela vida real tal como ela é. Problemas associados à vida real – e, consequentemente, à análise real – originam-se onde também se origina aquilo que psiquiatras denominam "psicose". Foi vista por Freud como uma negação básica à própria realidade – à realidade ambiental e à realidade da própria pessoa; ou a um contato, mínimo que seja, com a verdade. Psicose, após a contribuição de Freud para a psiquiatria e psicologia, é um nome dado para algo – muito mais do que um comportamento externo – que se manifesta como obediência cega ao princípio do prazer/desprazer, constantemente conjugado à intolerância à frustração e à emergência de dor, e também como medo, ao enfrentar a inevitabilidade de dor e de frustração de desejo. Tanto a vivência da dor como a avidez por satisfação de desejo encontram-se, na imensa maioria dos casos, transformados por fantasia; são provenientes das quantidades inatas de dotação que foi vista por Freud como narcisismo primário e por Klein como inveja primária – que produzem agressão violência de emoções. Em termos de comportamento, produzem agressão não limitada por necessidades de sobrevivência; a agressão é interna e externa.

P. A.: Assim como seria possível explicar a alguém que não tivesse estado em ação o que era ser soldado combatente, ou um padioleiro, também é impossível descrever a alguém que não tenha sido um psicanalista praticante o que é experimentar a psicanálise real.

ROLAND: Com certeza você não está falando sério, que uma sessão analítica seja comparável a entrar em combate?

P.A.: Comparável, sim. Não há expectativa de morte iminente; embora haja a possibilidade. Isto não contrabalança a ansiedade – medo em tom menor. A pessoa se esquiva a dar uma interpretação indesejável.

ROLAND: Não é apenas o medo de que o paciente vá fica irritado ao ser criticado?

P.A.: Não penso assim; o paciente pode ficar irritado ante um comentário crítico, ter talvez mesmo uma irritação assassina, mas eu não penso que essa possibilidade impeça conscientemente.

ROBIN: Será que é algum medo inconsciente – a contratransferência da qual você falou?

P.A.: É. Ainda que a pessoa não esteja "consciente" – neutralizá-la é uma das razões pelas quais pensamos que os próprios analistas devam ser analisados –, existe um temor inerente a dar uma interpretação. Se um psicanalista estiver fazendo análise propriamente, então está engajado em uma atividade indistinguível de um animal que investiga aquilo do qual está com medo – ele fareja perigo. Um analista não está fazendo seu trabalho se investiga algo porque é agradável ou lucrativo. Os pacientes não nos procuram porque antecipam um evento agradável iminente. Vêm porque estão desconfortáveis. O analista precisa compartilhar o perigo e tem, portanto, que compartilhar "o cheiro do perigo". Se você fica com os pelos da nuca arrepiados, seus sentidos arcaicos e primitivos estão indicando a presença do perigo. Seu trabalho é ser curioso a respeito do perigo de um modo que não seja covarde ou irresponsável.

ROLAND: Você deve se ter em alta conta, se é tal paragão.

P.A.: Estou tentando descrever o trabalho – não a minha capacitação para ele ou qualquer outra coisa assim. Tenho respeito suficiente pela tarefa do psicanalista para dizer a diferença entre esta conversa social sobre psicanálise – ou mesmo a discussão técnica dela – e a prática da psicanálise. Qualquer um que, ao estar engajado em psicanálise, não sinta medo, não está fazendo seu trabalho ou não está preparado para ele.

ROBIN: Um aeronauta ou um marinheiro que não tenha medo do tempo, dos mares ou dos céus, não serve para navegar. É tênue a linha entre o medo e a covardia.

P.A.: É mesmo. Eu acrescentaria: a linha entre a ousadia e a estupidez é igualmente tênue.

ROLAND: Como você a define?

P.A.: Eu não definiria. Na prática, onde se traça essa linha depende dos fatos, incluindo os fatos da personalidade da pessoa, com a qual ela julga – a capacidade total. Definições são apenas uma questão de teoria – úteis para discussão e comunicação de ideias. Na prática, ninguém confia em algo tão ambíguo quanto formulações verbais.

ALICE: Estou sempre me fiando em formulações verbais. Tenho que dizer ao marceneiro, ao açougueiro, ao peixeiro e a outros aquilo que quero. Rosemary e eu nos entendemos, portanto não há dificuldade.

P

P.A: Posso ver que para seus objetivos práticos elas são adequadas, mas em psicanálise pode levar a mal-entendidos. (AMF, III, 516-517)

É necessário – não se trata de "deve" – que uma psicanálise real esteja livre de qualquer jargão; e de qualquer desejo do analista; será necessário que tanto o paciente como o analista percebam que se reuniram por necessidade e possibilidade, mas nunca por desejo. Pode haver desejo da parte do paciente, como algo a ser analisado.

"Psicanálise real" é um termo substitutivo de termos anteriores, como "análise apropriada" e "interpretação apropriada". O termo "psicanálise real", ou "análise real", se comparado com esses termos, parece apresentar algumas vantagens. Uma delas é o fato de não apresentar matizes de julgamento nas possíveis associações (ou penumbra de associações, como Bion as chamava) que possam ser evocadas pelo ouvinte.

Apresenta a formulação final feita por Bion, para aprimorar o *status* científico da psicanálise: obtido após 25 anos de estudo contínuo e 75 anos de uma vida bafejada por acontecimentos raros, como ter participado de dois conflitos de guerra de proporções inéditas em termos de assassinatos. Se a dotação poderia ser qualificada, como se costuma fazer, principalmente após o falecimento da pessoa, que nada mais poderá opinar, de abençoada ou amaldiçoada, ou um misto das duas, ou nenhuma das duas, apenas um homem chamado involuntariamente "Wilfred Ruprecht Bion" poderia concluir. Embora pessoas próximas, que com ele tenham convivido intimamente, pudessem emitir alguma opinião.

Bion parece ter chegado à formulação assim que detectou seus próprios desejos de cura no seu trabalho clínico, percebendo a nocividade destes para um trabalho psicanalítico. Substituiu-os por tentativas de auxiliar o desenvolvimento do paciente: *"O problema psicanalítico é o problema de desenvolvimento e de sua resolução harmônica na relação entre o continente e o contido, repetida no indivíduo, no par, e finalmente no grupo (intra e extrapsiquicamente)"* (AI, 15-16).

O uso de vários termos declinados de "harmonia" inicia-se em 1970 e faz parte integrante, de modo notável, de todas a contribuições posteriores. Contém implicações que podem ser encontradas na natureza biológica, na natureza ambiental, e também nas estéticas, mas nunca julgamentos. Fornece a oportunidade de que todos os leitores possam refletir na adequação de manterem uma persistente (anti) leitura das obras de Bion, originadas nas tentativas de reduzi-la ou degradá-la a uma espécie de opiniática, que tem resultado em uma nova escola no movimento psicanalítico, a dos "bionianos" (q.v.). Essa escola poderia ser chamada, de modo menos impreciso e idolátrico, de "opinionismo". O leitor pode consultar o verbete "opinião (do analista)". O termo "harmonia" origina-se de uma apreciação que transcende tempo e espaço, o senso comum, independente, aquém e além de opiniões pessoais. Um exemplo, derivado da matemática euclidiana e da arquitetura, é a proporção áurea. Não é dependente de aquisições culturais, mesmo que a tecnologia envolvida na sua execução o seja.

"Opinionismo" pode ser visto como mais uma das manifestações idealistas que tentam disfarçar o autoritarismo contido nas emissões de opinião pessoal, como evidência de verdade. Será útil se puder ser considerado como uma expressão de dificuldades de elaboração e disciplina dos aspectos paranoides na posição esquizo-paranoide. Para aqueles membros do movimento psicanalítico que podem ter dificuldades ou restrições, ou mesmo desinformação no uso das extensões de Klein sobre a obra de Freud, será útil que considerem o "opinionismo" como uma expressão de dificuldades de elaboração e disciplina de aspectos narcísicos. O membro do movimento psicanalítico é tentado a entronizar sua própria opinião como a única possibilidade visível ou aceitável. Harmonia, na natureza e na arte – assim como seu oposto, desarmonia –, é um fato existente e subjacente, e não uma criação do cientista ou do artista. Não foi por mera coincidência que os antigos gregos criaram o mito das "musas". Algumas experiências de criação opiniática – como a úsica dodecafônica, ou os inumeráveis inventos que podem até conseguir algum registro em um departamento oficializado por nações, de patentes, mas que jamais alcançam um uso real – podem servir como exemplo de que a harmonia não depende de opiniões do cientista, do artista, nem do observador. Embora o observador dependa de educação e disciplina para poder atingir a harmonia. Todos podem apreendê-la e expressá-la de forma individual. A expressão de harmonia é muitas vezes confundida com a harmonia-em-si, com o algo imaterializado expresso por algo materializável.

A tendência "opinionista", muitas vezes, pode se apresentar como se fosse modéstia, apregoada pelo membro do movimento psicanalítico como propaganda pessoal. Como toda aparência externa, é enganadora. Modéstia propagandeada implica imodéstia real. Nessa postura, afirma-se que analistas poderiam apenas emitir opiniões pessoais para os pacientes, sem nenhum compromisso com verdade ou realidade. Confunde-se a necessidade de que um analista seja sincero – consigo mesmo e, como consequência inevitável, com seu paciente –, com uma postura nada responsável. Bastaria apenas "dar uma opinião". Opiniões pessoais, neste caso, independeriam de seu "valor-verdade". O leitor pode consultar outros verbetes neste dicionário para a definição desse termo: "estar-uno-a-si-mesmo (*At-one-ment*)", ""Grade" (Grid)", ""O"".

Verdade, afirmam os opinionistas, não existiria fora das nossas convicções. Uma postura indistinguível das *Weltanschauung* idealista, subjetivista ou solipsista, como têm sido chamadas através dos últimos dois mil anos. A modéstia autoapregoada dos "opinionistas" implica que nem eles, nem ninguém, poderiam ser proprietários da verdade última. Como se tal pretensão, a de ser proprietário de verdade, exigisse um anúncio consciente. Disfarçada de uma visão de que não é possível ter propriedade da verdade última, como se isso fosse alguma coisa a ser apregoada

P

ou defendida, trai o desejo ou a ideia de que alguém a teria. No entanto, ao apregoar que ninguém poderá emitir qualquer tipo de aproximação à verdade, implica-se a posse inquestionável dela na própria apregoação. A postura trai a visão ávida e invejoso: ao invés de perceber realisticamente, e talvez elaborar suas próprias limitações para o trabalho analítico, o "opinionista" age segundo um moto subjacente que pode ser enunciado: "Se eu não posso, ninguém pode". A atitude infantil de uma criança que estraga o brinquedo da outra para quem ninguém brinque torna-se a atitude do terrorista, disfarçado de agente social revolucionário. Se nenhuma interpretação apropriada é possível, por que alguém se incomodaria de tentar desenvolver sua própria intuição, e suas capacidades para observação de fatos, que possam ser úteis para outra pessoa – primariamente, o paciente – e para ela mesma?

Essa postura degenera, e confunde o princípio da incerteza, conforme formulado por Werner Heisenberg com um "princípio de ignorância". Ao pinçar uma única frase de um dos escritos de Bion, separando-a do todo de sua obra – "a opinião do analista" (q.v.) –, pressupõe que as transformações podem existir sem nenhuma referência às invariâncias (o leitor fica convidado a consultar o verbete "Transformações e Invariâncias"). Um industrial, Henry Ford, que gozou de grande fama mundial durante todo o século XX, costumava ditar: "Você pode adquirir um Ford pintado de qualquer cor, desde que seja preto". Esse senhor, admirador expresso de Hitler até 1941, ficou mais famoso pela fortuna que amealhou do que pelos desatinos que perpetrou contra seus funcionários. O resultado da jactância expressa na frase foi uma queda violenta nas vendas, pois tentou forçar um artigo de consumo a pessoas que não mais precisavam dele. Francis Bacon observou, no ensaio "Sobre a unidade da religião", que, "Nas trevas, igualam-se todas as cores".

Este tipo de leitura dos textos de Bion "legaliza" as opiniões de todos, sem nenhuma tentativa de oferecer interpretações ou construções que possam se aproximar daquilo que é verdade. Pode-se constatar que as várias denominações desse tipo de postura através do tempo – subjetivismo, idealismo, solipsismo, realitivismo – foram, são e provavelmente continuarão a ser populares, pois estão atreladas à subserviência humana ao prazer; à intolerância de frustração e dor. Tem agradado às posturas que preferem negar qualquer *status* científico para a psicanálise – talvez as mais influentes no movimento psicanalítico neste início do século XXI. Que enfrenta uma reação dos membros desprovidos de formação médica e científica, impossibilitados pelas leis de alguns países de praticar psicanálise, mas providos de formação literária, psicológica e filosófica, algo que falta aos membros providos de formação científica. Esses membros, hoje maioria, têm demonstrado ser mais vulneráveis a modismos filosóficos, baseados no "pós-modernismo". Técnicas que advogam a hipótese – que tratam como tese comprovada, justamente pela falta de prática e informação científica – de que a psicanálise é apenas outra forma de literatura. Fascinados com formas narrativas, submetem-se, paradoxalmente, aos ditames da religião positivista no que se refere a acreditar em causalidades e em "cura". As técnicas baseadas em manipulações literárias de símbolos, advocatícias de "um mundo melhor", típicas das assim chamadas terapias de reforço, de reasseguramento, de convencimento por autoridade (em que fantasiam transferências não são elaboradas), de evasão da dor, e da fantasia de que explicar com palavras psicanalíticas o comportamento do paciente poderia ser substituto para o *insight*. Muitos pacientes saem de anos e anos de "análise" sabendo tudo sobre eles mesmos, mas incapazes de se disciplinar quanto a uma noção real a respeito de que são. Na linguagem proposta por Bion, falam sobre O, mas nunca se tornam O. "Análises" que não podem ser qualificadas como reais são mais prazerosas, se comparadas com uma psicanálise real; são incomparavelmente mais fáceis de serem colocadas em prática entre sessões de análise, por vários fatores e razões. O que parece mais elementar para o autor deste dicionário, inspirado na obra de Bion, é que uma psicanálise tem como instrumento de comunicação as formulações verbais. Outros fatores associados e conjugados a esse fator principal: (i) facilitam conluios inconscientes, por superficialização de um trabalho que não busca aproximações à verdade; (ii) atendem, ainda que alucinatoriamente, desejos; (iii) insuflam fantasias de superioridade – uma delas, o fato de a pessoa ir a um consultório de um analista. Facilitam a colusão no sentido de que o paciente e o profissional têm a alucinação de que o paciente está no comando (a transferência da figura paterna no sentido clássico); também facilitam a evasão da dor (ver abaixo).

Para o autor deste dicionário, essa visão nega qualquer validade na tentativa científica feita por Bion. Este verbete é parcialmente dedicado à apresentação de textos escritos por Bion que talvez possam contrabalançar ou permitam que não se prossiga com esses desentendimentos e erros na leitura, ao trazer partes clivadas e negadas pelos adeptos da visão de que só exista uma "opinião do analista". Talvez possam ajudá-los a adquirir outra visão, mais abrangente e fiel aos escritos de Bion.

Um outro movimento promovido por alguns membros do movimento psicanalítico, que se tornou popular, feito pelos adeptos de se "usar a contratransferência" (q.v.) no aqui e agora de uma sessão psicanalítica, superpõe-se, no tempo, à emergência dos "opinionistas". Esses membros que advogam o uso de contratransferência impõem uma visão pela qual se nega a existência do inconsciente do analista. Se limitações inconscientes pessoais pudessem ser conscientemente conhecidas, seria possível buscar, e talvez encontrar, alternativas a elas durante uma sessão analítica com pacientes. Bion ficou interessado por essa tendência, é possível constatar que a abandonou. A evidência aparece em duas versões sobre a linguagem utilizada por pacientes esquizofrênicos: a primeira versão apareceu em *New Directions to Psycho-analysis* (p. 225), na qual Bion alerta claramente: "*Penso que, à medida que se acumula mais experiência, seja possível detectar e apresentar fatos que já existem, mas que, no momento, fogem à perspicácia clínica; tornam-se observáveis, de segunda mão, por meio da pressão que exercem para produzir aquilo que torna-me cônscio de que está existindo contratransferência. Não quero que alguém pense que advogo esse uso da contratransferência como solução final: isso é apenas um expediente de que precisamos lançar mão até que algo melhor possa ser apresentado".* Tudo isso foi suprimido na segunda versão sobre o pensar nos esquizofrênicos, restando apenas uma menção sobre a existência de contratransferência (ST, 24). A partir de 1965, e principalmente nas palestras dadas entre 1968 e 1978, impressas nos livros *Four talks with W. R. Bion* e *Bion in New York and São Paulo,* e também em *A Memoir of the Future,* pode-se constatar que Bion passou a *"ignorar a perturbação produzida pela personalidade ou aspectos da personalidade do analista. A existência de tal distúrbio é bem conhecida e seu reconhecimento é a base para a aceitação analítica da necessidade de os analistas serem analisados e dos vários estudos sobre contratransferência. Conquanto outras disciplinas científicas reconheçam a equação pessoal, o fator de erro pessoal, nenhuma ciência que não a psicanálise tem insistido em uma investigação tão profunda e prolongada de sua natureza e ramificações. Em consequência, ignoro-o aqui para manter um problema já supercomplicado, em seus termos mais simples"* (T, 48).

Segundo a experiência do autor deste dicionário, essa decisão clara de *"ignorar"* – didaticamente – *"a perturbação produzida por. . . aspectos da personalidade do analista"* é similar à que ocorre nas assim chamadas supervisões de casos. O analista que assume responsavelmente a função de supervisor precisa saber que não está fazendo análise no analista que assume a função de supervisionando. Podemos continuar com a citação, caso o leitor se recorde que o sinal quase matemáticos $T^a\alpha$ representa "processos de transformações do analista", e $T^a\beta$ representa "produtos finais da transformação do analista": *"Vou assumir um analista ideal e que $T^a\alpha$ e $T^a\beta$ não estejam perturbados por turbulência – ainda que turbulência e suas fontes sejam parte de* **O**" (T, 48).

> O objetivo . . . é introduzir o paciente à pessoa mais importante com que ele jamais poderá lidar, ou seja: ele mesmo. Soa como sendo algo simples; na realidade é extremamente difícil. A pessoa está sempre susceptível de afetar o paciente com seus próprios pontos de vista – tanto aqueles que mantém conscientemente como outros, os quais ele não mantém conscientemente, a contratransferência . . . (FTWRB, 5)

Termos como "contratransferência" sofreram uma desnaturação por meio da popularização da psicanálise. Talvez não seja pior do que a popularização da medicina física e cirúrgica, que conduz à aplicação de um emplastro caseiro em uma ferida cancerosa. Um dos pontos essenciais em relação à contratransferência é que ela é inconsciente. As pessoas falam sobre "fazer uso" de sua contratransferência;

não se pode usar algo que não se sabe o que é. Existe algo que é a minha reação emocional ao paciente; posso esperar que, por meio da minha consciência do fato de ter características humanas, como preconceitos e fanatismo, eu possa ser mais tolerante, e permitir que o paciente sinta se minha interpretação é ou não correta. Isso é uma experiência transitória. É uma razão para denominá-la "transferência"; é um pensamento, sentimento ou ideia que você tem em seu caminho para outro lugar. Quando você está na presença de algo que aprendeu a chamar de transferência, será que você pode sentir mais precisamente o que é isso na hora? Depende de se permitir que aquilo que o paciente diz entre em você, de se permitir que pule para fora, como se fosse o seu ser interior refletindo-se para fora . . . . Vou tomar em primeiro lugar a segunda questão: o meu entendimento do significado correto do termo "contratransferência" é que ele é inconsciente . . . e, já que é inconsciente, o analista não sabe o que ele é. Então, tenho que tolerar o fato; espera-se que eu esteja consciente de que tenho lá determinados elementos sobre os quais nada posso fazer, a menos que eu vá a um analista e nós tentemos lidar com a coisa. É uma questão de tornar proveitoso um mau negocio. Esse mau negócio acontece comigo. Não posso ser analisado por completo – não acho que isso exista. Algum dia tem que parar; depois disso vou ter que fazer daquilo que sou o melhor que puder. (BNYSP, 16 e 37, respectivamente)

Em *A Memoir of the Future*, escrita na mesma época em que houve essas palestras, podemos ver de modo ainda mais preciso a visão final de Bion sobre o que nos parece ser uma persistente moda no movimento psicanalítico, a de "usar a contra-transferência", iniciada por Heinrich Racker e Paula Heimann. Esta última, de resto uma clínica capaz de escrever casos, parece ter tido a detonação de alguma questão interna, demonstrando franca discordância com as observações de Freud – que nada podia fazer sobre isso, por ter falecido nove anos antes – consumadas por uma dissensão pessoal seríssima com Melanie Klein. O diálogo imaginário entre os objetos parciais de Bion, P.A. (psicanalista), Paul (um ministro religioso) e Robin (um fazendeiro) ilumina a questão:

P.A.: O meu problema é a relação quando duas pessoas, mentes, caráteres, se encontram. Freud chamou a atenção para um aspecto dessa relação, que chamou de transferência. Penso que Freud queria dizer que, quando um homem se encontra com seu analista, ele transfere características ao analista, as quais, em um dado momento, esse mesmo homem pensou, de modo consciente e de uma forma nada irrazoável, serem inerentes a algum membro de sua família parental. Tais características são impróprias quando sentidas como em relação a um estranho – o analista.
PAUL: E por que o analista? Por que não outras pessoas?

P.A.: O analista é um exemplo "típico" dessas "outras pessoas". Em análise, pode-se discutir esses *transfers* característicos.

ROBIN: *Só* pelo paciente?

P.A.: Não. O analista também reage ao paciente. Isso é conhecido como contratransferência, na medida em que essas reações são, para o analista, inconscientes. Você pode ler tudo sobre isso na literatura, ou, melhor ainda, descobrir por si próprio fazendo uma psicanálise. Não quero continuar neste assunto, pois na melhor das hipóteses conseguiríamos falar "sobre" – e não experimentar. (AMF, II, 249-250)

ROBIN: Contratransferência?

PA.: Não esqueça que, por definição, "contratransferência" é inconsciente; assim, na realidade, desconheço a natureza de minha contratransferência. Conheço teoricamente, mas isso é apenas conhecer *sobre* a contratransferência – isso não é conhecer a "coisa em si". (AMF, III cap. 8)

Desejo e vida real

A experiência em psicanálise permite a observação, e algum tipo de manejo na confusão entre desejo - subserviência ao princípio do prazer/desprazer - e liberdade. Confusão, talvez, ligada à nossa juventude sobre a face da Terra, se comparada com a presença de outras espécies. Prevalência de desejo estabelece intolerância de frustração – fato que fica colocado como algo que não deveria existir. Prevalência de desejo é um fator na produção de moralidade isenta de ética (ou isenta do "imperativo categórico", se utilizarmos a linguagem proposta por Kant, em *Crítica da razão prática*). Em contraste, a liberdade – sob o vértice psicanalítico – precisa ser considerada para o ato de o indivíduo estar livre para se tornar o que ele realmente é. Uma análise real não traz luzes para um paciente; revela a luz desse paciente, já *"que os psicanalistas não almejam conduzir a vida do paciente, mas capacitá-lo a conduzi-la de acordo com suas próprias luzes"* (T, 37). Um psicanalista não diz ao paciente o que deve fazer; ele esclarece o que o paciente está fazendo.

Interpretação apropriada, K, L, H e O

Examinemos os enunciados escritos por Bion como foram expressos, ou como se apresentam. Embora as "invariâncias de alfabetização" (T, 3) não possam garantir que sejamos capazes de descobrir o significado de um texto, pode valer a pena fazer isso, se tentarmos deixar de lado, ainda que momentaneamente, nossos preconceitos. O autor deste dicionário sugere ignorar, ainda que temporariamente, os significados dos textos, substituindo essa procura por uma que possa identificar o sentido (vetorial) dos textos, constantemente conjugado com a experiência psicanalítica do leitor. Além disso, como instrumento auxiliar, sugerimos examinar se há alguma evolução, na história dos conceitos de Bion, que possa se referir a uma elaboração intrassessão de uma interpretação apropriada – para incrementar o *status* científico do ato psicanalítico e das teorias psicanalíticas. Podemos, por exemplo, notar que houve uma tendência a substituir as visões de "usar a contratransferência" pela similaridade – vista por ele – das posturas psicanalíticas de Freud e Klein com as posturas dos neopositivistas, que buscaram o valor-verdade contido em enunciados científicos. Bion cita membros do movimento neopositivista: Karl Popper (em *Learning from Experience*) e Wittgenstein (em "Language in the Schizophrenic", um capítulo de *New Directions in Psycho-analysis*). Seu primeiro colaborador, Roger Money-Kyrle – foi aluno de Moritz Schlick. Outros teóricos da ciência de interesse idêntico ao dos neopositivistas - Prichard, Brathwaite, e Tarsky – são citados por Bion. A obra de Rudolph Carnap, não o é; parece-nos adequado examinar suas contribuições, onde encontramos o termo "valor-verdade". Entre 1956 e 1965, Bion enfatiza que uma interpretação precisa ser feita usando o vínculo K (conhecimento):

> Encontramos os elementos da transferência naquele aspecto do paciente que denuncia sua percepção da presença de um objeto que não é ele mesmo. Não se pode desconsiderar nenhum aspecto de seu comportamento; é preciso estimar sua relevância em relação ao fato central. O fato de o paciente cumprimentar ou deixar de fazê-lo, suas referências ao divã, à mobília ou ao tempo, tudo isso deve ser visto como aspectos que se relacionam à presença de um objeto que não é ele mesmo; a cada sessão a evidência deve ser considerada de um modo novo e nada deve ser tomado como garantido, pois a ordem em que aspectos da mente do paciente se apresentam à observação não é decidida pelo tempo de duração da análise. Por exemplo, o paciente pode considerar o analista como uma pessoa a ser tratada como se fosse uma coisa; ou como uma coisa em relação à qual a sua atitude é animística. Se $\psi(\xi)$ representa o estado de mente do analista *vis-à-vis* ao analisando, $(\xi,)$ é o elemento insaturado, aquele que é importante em toda sessão. (EP, 69-70)

Quais seriam as "dicas", ou indicações que poderiam ser encontradas na prática analítica, para auxiliar o trabalho do analista? Ele descobre que são características imbuídas nas experiências emocionais que podemos ter durante a sessão de análise. Derivavam de uma busca científica por verdade e dos obstáculos ao desempenho dessa tarefa. Podem ser incluídos nas seguintes categorias:

P

1. **Presença de julgamentos** – Em "Uma teoria do pensar", *Learning from Experience* e *Elements of Psycho-Analysis*, Bion ressalta um fato usualmente pouco notado: julgamentos impedem quase que definitivamente uma diferenciação adequada entre verdade e falsidade; baseia-se em Darwin: *"julgamento obstrui observação"* (LE, 86). Julgamentos podem ser colocados brevemente como a sempre finita busca do que é "certo" ou "errado", como tentativa de substituição simplificada para a infinita busca de aproximações à verdade, por meio de detecção de falsidade; certo "substitui" verdade e errado, falsidade. Verdadeiro e falso são intrinsecamente vinculados – "um" não existe sem o "outro". Existe verdade em formular gramaticalmente esse par de opostos como vinculados pela preposição "e". Que acaba sendo, inadvertidamente ou não, substituída por "ou", quando se descamba de um vértice científico ou artístico para vértices políticos, pedagógicos ou jurídicos. Resumindo: a situação "verdadeiro ou falso" permanece inacessível, pela substituição, no aparato psíquico do observador e também do observado, por "certo ou errado". Uma capacidade de des-entender, de distorcer, ou o exercício do vínculo "menos K (–K)" (q.v.), origina-se diretamente da prevalência de julgamentos de valor, que expressam fantasias de superioridade.
2. **Dor**.
3. **Ansiedade**.
4. **Medo**; os itens (2), (3) e (4) são descritos em *Elements of Psycho-Analysis* sob algumas formas. Desenvolvimentos a partir de sentimentos de Dor, Ansiedade e Medo em uma sessão de análise podem levar a descrição de premonições quando houver dois sentimentos intrínsecos: *"alerta e ansiedade"*. É necessário utilizá-los, assim que emergem, como é possível utilizar uma bússola: *Um sentimento de ansiedade é valioso para guiar o analista a reconhecer uma premonição*[108] *no material. . . . Uma análise precisa ser conduzida de tal modo que as condições para observar pré-monições existam: uma conclusão compatível com a definição que Freud faz da situação analítica, como uma situação onde predomina uma atmosfera de privação. Se premonições não puderem ser experimentadas, torna-se difícil para o analista dar a interpretação apropriada e difícil para o paciente captá-la; a dor desnecessária, da qual já falei, torna-se mais provável.* (EP, 76)

Outros aspectos desse obstáculo foram descritos em *Transformations* e *Attention and Interpretation* – apresentados em termos de resistência e do ato de mentir; em outras palavras, resistência à possível intrusão de verdade. As citações a seguir provêm da página 61 de *Transformations* – demonstram a possibilidade formular sucin-

---

[108] A edição original deste livro, publicada pela editora Heinemann Medical Books, e reimpressa dezenas de vezes pela editora Karnac Books, tinha um engano de revisão gramatical, grafando por duas vezes um termo inexistente, *"premotion"*.

tamente um modo de estabelecer uma interpretação: *"se eu estiver tentando estabelecer um vínculo K, que é, afinal de contas, o caso com qualquer interpretação, não pode haver nenhuma emoção pertencente ao grupo H ou L. Isso não é um lugar-comum da teoria da contratransferência, embora possa parecê-lo* (T, 61).

O tom – manter-se estritamente dentro de um vínculo K, dos processos de conhecer, e do conhecimento – permanece até o sétimo capítulo de *Transformations*. No entanto, pode-se detectar um ar de mudança, no sentido de um desenvolvimento, quando Bion retoma a análise crítica das teorias de causalidade – já iniciada nos livros anteriores, como inevitável mas indevidamente intrínseca às formas narrativas, que sempre ocorrem na construção de mitos; como o mito de Édipo, que ocupa função central na prática analítica, e na experiência de Bion, ao longo de todos esses livros. Neste momento, reafirma que teorias causais são falsas, e servem de exemplo de teorias reconhecidamente falsas que podem ser empregadas de maneira útil, como auxílios provisórios, para aproximações à verdade. No entanto, o uso de teorias falsas – um exemplo pode ser o de uma ponte sobre um rio, que, em si mesma, não implica o fato de que o rio não existe, mas pode ser transposto de um modo mais rápido, mesmo que, eventualmente, menos seguro, ou apenas de forma temporária – impõe uma exigência ao ouvinte. Ele, ou ela, precisa estar capacitado a transformar o que lhe seja dito pelo mito ou por qualquer forma narrativa, para obter o sentido que o mito luta por elucidar. *"Um paciente neurótico dá uma certa folga para a facilidade humana de cometer erros; o paciente psicótico se comporta como se a comunicação verbal não tivesse sido recebida . . há situações analíticas em que isso não é adequado, particularmente quando há proeminência de material psicótico. O paciente parece incapaz ou indisposto de fazer, por si, o ajuste de uma frase coloquial que a tornasse compreensível para si. A teoria implícita que a interpretação precisa ser exata"* (T, 61).

Em 1965, Bion ainda se utilizava da qualificação mais usual, que discrimina neurose e psicose; mas também alertava que, se uma psicanálise prossegue de modo minimamente bem-sucedido, a personalidade psicótica, que se faz clara em pessoas rotuladas como tais, também emerge em qualquer tipo de paciente que um analista poderá encontrar. Então, sempre se fará necessária maior exatidão – mais cedo ou mais tarde. Isso não é obtido com interpretações limitadas pelo vínculo K – elas são necessárias, mas não suficientes. Limitar uma interpretação, ou construção, ou mesmo notação preliminar ao vínculo K permanece como medida necessária no que se refere a um cuidado respeitoso – ético e humano – com o tom emocional que acompanha as interpretações. No entanto, para que haja algum efeito considerado por Bion como genuinamente psicanalítico, algo mais se faz necessário. Isso não implica nenhuma negação, por parte de Bion, a respeito de sua convicção de que analistas não precisam fazer interpretações como se fossem expressões dos vínculos L e H. Na visão do autor deste dicionário, o leitor poderá divisar que Bion aponta uma outra necessidade, similar àquela apontada por Melanie Klein, de que uma

P

interpretação precisa alcançar, de algum modo, uma fantasia inconsciente. É necessário, se o intuito for analítico, que uma interpretação não fique limitada, ou brecada, nos âmbitos da ansiedade, nem tampouco nos âmbitos dos mecanismos de defesa. A outra necessidade para que se obtenha ou se consiga um efeito psicanalítico é promover transformações em "O" (q.v.) – o mais próximo possível que o casal analítico poderá estar daquilo que é verdade. Essa tentativa ocupa os cinco últimos capítulos de *Transformations* e também todos os escritos de Bion até o fim de sua vida, formulada verbalmente nos conceitos de transformações em O e "estar-uno-a-si-mesmo" (*at-one-ment*) (q.v.).

Bion escreve que todo e qualquer psicanalista concorda que uma "*psicanálise apropriada*" exige que as formulações verbais feitas pelo analista ordenem de modo compreensível, pelo paciente, "*aquilo que o comportamento do paciente revela*"; e que "*o julgamento do analista precisa ser incorporado em uma interpretação, e não em uma descarga emocional (por exemplo, contratransferência ou* acting-out" (todas as citações anteriores: T, 35).

Pelo menos até a década de 1970, Bion equaciona o termo "análise" a "tratamento"; o conceito "O" pareceu fortalecer essa equação. Esse conceito completa o ciclo em busca do valor-verdade dos enunciados emitidos pelos analista durante o aqui e agora de uma sessão, iniciado nos artigos reunidos no volume *Second Thoughts*, mais voltados para as incapacidades ou impossibilidades da personalidade psicótica de efetuar essa busca, e prossegue em *Learning from Experience* e *Elements of Psycho-Analysis*. A "chave", por assim dizer, é fornecida pela adoção do modelo teórico de Transformações e Invariâncias e do conceito "O". Já no início do livro *Transformations*, Bion coloca de modo cristalino: "*A partir do tratamento analítico como um todo, espero descobrir, proveniente das invariantes neste material, o que é* **O**, *e o que o paciente faz para transformar* **O** *(equivale a dizer, a natureza de* $T^{(paciente)}\alpha$. *e, consequentemente, a natureza de* $T^{(paciente)}$*)*" (T, 5)[109]. Bion permanece, durante todos os seus escritos em psicanálise, ou seja, desde 1950 até 1979, dentro de uma tentativa de aplicações terapêuticas da psicanálise, ou seja, ptencente a um ofício de "cuidar", como explicitado por Winnicott. Isso difere de pretensões de cura (q.v.) – ligada ao desenvolvimento persiste em suas últimas obras:

> Os eventos da experiência psicanalítica são transformados e formulados. O valor dessas formulações pode ser avaliado conforme as condições sob as quais efetuam-se as transformações. O valor das formulações dos eventos de análise feitas durante a análise deve ser diferente daquelas feitas fora da sessão. Seu valor terapêutico

---

[109] O leitor pouco familiarizado com a notação quase matemática escolhida por Bion durante essa época precisará ler de um modo escandido os seguintes sinais: $T^{(paciente)}\alpha.$ = processos de transformação do paciente; $T^{(paciente)}$ = transformações do paciente.

é maior quando conducente a transformações em O; menor, quando conducente a transformações em K. (AI, 26)

Também é verdade que todas as tentativas de Bion para tratar ou cuidar de pacientes se fazem no sentido de promover, ou conservar, ou iniciar o *status* científico de uma psicanálise; especificamente, poder elucidar melhor o valor-verdade dos enunciados provenientes dos analistas. De modo resumido, obter-se uma psicanálise real (q.v.). Esses enunciados verbais podem ser parâmetros, alertas, balizamentos, notações, interpretações ou construções que façam aquilo que até então estava pertencendo ao sistema inconsciente passe a pertencer, ainda que parcialmente, ao sistema consciente. Para que um casal analítico consiga isso, há uma prerrogativa fundamental: uma análise pessoal do analista. Bion explicita em seus escritos algo que é sempre **acessório**, nunca substitutivo desta análise pessoal do analista: *"A experiência de psicanálise prové material inigualável, se comparado com qualquer outra fonte. Em consequência, esse material precisaria estar totalmente disponível ao psicanalista. A análise à qual todo psicanalista é obrigado a se submeter como parte de seu treinamento se faz necessária, pois remove obstáculos à participação na experiência psicanalítica; tem muitas facetas, mas, para o psicanalista, nenhuma delas pode se comparar na importância que tem este aspecto. O que tenho a dizer é acessório a isto"* (AI, 26).

ÉDIPO E ANÁLISE REAL

Uma análise apropriada, ou real, pode ser definida nos seguintes termos: *"Se a análise for bem-sucedida em restaurar a personalidade do paciente, ele vai se aproximar de ser a pessoa que foi quando seu desenvolvimento tornou-se comprometido"* (T, 143).

Talvez o mais próximo que a psicanálise chegou das representações de "O" esteja contido na teoria sobre o complexo de Édipo formulada por Freud. Bion expande alguns vértices para a observação dessa teoria. E explicita um fator para que haja *"um resultado bem-sucedido de uma psicanálise"*: a *"resolução do complexo de Édipo"* (EP, 94). Isso é enunciado por escrito, com todas as letras, em *Elements of Psycho-Analysis*. Ao integrar as teorias sugeridas por Freud com as teorias de Klein, Bion observa que Édipo pode ser qualificado como elemento; a mesma integração surge com a expansão das teorias sobre clivagem do Ego, inicialmente sugeridas por Freud, e já expandidas por Klein. Especificamente no que concerne à clivagem, Bion observa que é necessário procurar material edipiano em locais inesperados. Essa visão sintetiza todas as questões do início deste verbete: "verdade-O"; a realidade última, incognoscível, a sedução enganadora das aparências e outras:

De acordo com Melanie Klein, alguns pacientes muito perturbados atacam seu objeto com tal violência que sentem que não só o objeto desintegrou. mas a personalidade que desfechou o ataque também. Essa desintegração é característica do paciente que não consegue tolerar a realidade e, portanto, destruiu o aparato que o capacita a percebê-la. O mito privado, correspondente ao mito de Édipo, capacita o paciente a compreender a sua relação com os pais. Se esse mito privado, em sua função de investigação, for danificado, mal desenvolvido ou submetido a uma tensão excessiva, irá se desintegrar; seus componentes são dispersos e o paciente fica sem um aparato que o capacitaria a compreender a relação parental e, assim, ajustar-se a ela. Nessas circunstâncias, os fragmentos de Édipo irão conter elementos que são componentes do mito de Édipo e que deveriam ter operado como uma pré-concepção. Como reconhecer os componentes dispersos de um ego desintegrado? Nesse caso, o analista que procura iluminar os fragmentos do aparato de aprendizado do paciente pode ser levado a reconhecê-los notando fragmentos isolados[110] do mito de Édipo (e os mitos que eu associei a ele). (EP, 94)

IMITAÇÕES DE ANÁLISE

Muitas áreas não admitem um recurso imitativo como substituto da coisa real; a falsificação pode funcionar para um comerciante de arte desonesto que encontra um colecionador ávido; pode funcionar para um membro de uma meritocracia política em alguma instituição. Mas quem seria a pessoa que preferiria se tratar com uma imitação de um cirurgião, ou morar em um edifício construído pela imitação de um engenheiro ou voar em uma aeronave conduzida por uma imitação de um piloto de imitação? A natureza imaterial da análise parece facilitar a infiltração de pessoas adeptas, conscientemente ou não, do relativismo idealista. A expressão mais clara de atitudes imitativas de análise é a capacidade de alguns em serem aprendizes eruditos do que nunca passa de jargão – consultar os verbetes "opinião (do analista)" e "jargão").

O *status* científico da psicanálise, e de cada uma das psicanálises que possa ser praticada por todo e qualquer casal analítico que se possa encontra, encontra sérias dificuldades para que possa ser obtido:

. . . considerando qualquer sessão psicanalítica como uma experiência emocional, que elementos precisam ser selecionados na sessão a fim de tornar claro que a experiência foi uma psicanálise, e não poderia ter sido nenhuma outra coisa? Muitas, entre as características que podem ser consideradas como típicas da psicanálise, não lhe são exclusivas. Alguns desvios das regras comuns que regem encon-

---

[110] Esses fragmentos aparecem, especificamente, no material psicótico, amplamente disperso no tempo analítico. Um dos problemas de interpretação é mostrar que esses fragmentos temporariamente dispersos estão relacionados.

tros entre duas pessoas parecem insignificantes, mas, se esses desvios aparentemente insignificantes forem reunidos, o resultado final totaliza uma diferença, cuja qualificação demanda um termo específico. Um catálogo de tais diferenças possivelmente definiria o que constitui uma *imitação* de psicanálise, e não aquilo que é genuíno – a menos que a diferença pudesse ser estabelecida em termos de elementos. (EP, 14)

Uma prática pré-moldada que ocorria de modo endêmico no ambiente institucional do movimento psicanalítico inglês, na época em que Bion ali trabalhava – um pouco antes de ele assumir uma função considerada como notável por todos os membros do movimento e, em especial, pelos membros da meritocracia científica dessa instituição; como se fosse um posto honorífico de superioridade perpétua, e não apenas um encargo temporário, pelos membros da meritocracia política. Estes últimos incrementavam sua influência, indistinguível de atuação, principalmente pela difusão e controle nos processos de formação de novos analistas. Seu principal veículo serve de exemplo para uma atividade imitativa de psicanálise: espraiou-se a moda de aplicar um molde preestabelecido, sob forma de uma regra, a respeito dos efeitos imaginados que os fins de semana teriam sobre todo e qualquer analisando: *"como se fosse uma cadeira de um barbeiro, que se ajusta a qualquer traseiro"* (Shakespeare, *All's well that ends well*). A imposição de regras por determinadas minorias – no caso, uma elite administrativa autoritária, estudada por alguns autores, como Arnold Toynbee – usualmente serve de continente para fantasias paranoides entretidas por aqueles que se sentem capacitados a impor o que lhes parece certo ou errado. Tanto a pessoa como o subgrupo minoritário lidam com a moda imposta por elas mesmas como se fossem verdades absolutas, e não relativas a um conjunto arbitrário de regras, individual ou socialmente estabelecidas. O exemplo que estamos citando é o da afirmação indubitável de que tudo que um paciente fizesse, ou teria dito em uma sessão, tinha alguma ligação inequívoca com uma interrupção de fim de semana, ou de feriados, ou de férias do analista. Em uma análise de quatro vezes por semana, a última ou penúltima sessão antes do fim de semana sempre teria alguma ligação com a interrupção próxima; e a primeira e a segunda após a interrupção teriam que se referir à interrupção já existente. Em um cálculo ilustrativo do problema, restariam no máximo uma ou duas, ou nenhuma sessão de análise em que aquilo que é desconhecido poderia emergir. Tentou-se substituir uma observação participante do analista por um molde preestabelecido *a priori*, no qual se "acomoda" o material por meio de manipulações racionais. Esse molde parecia oferecer uma panaceia interpretativa de fácil aquisição. Alguns analistas, sensíveis ao problema, e muitos entre os estudantes, denominavam essa situação segundo um modelo extraído da medicina: haveria um caso endêmico de "interpretose". Bion propões alternativas a esse estado, no intuito de regatar psicanálise; uma delas pode ser lida em *Transformations*.

P

> ... já que assumi que **O**, uma interrupção de fim de semana, existe, e que os fenômenos associados a **O** pelo paciente são algo que denoto por meio de T$^{(paciente)}$, pode ser adequado, em algumas situações, dizer que o paciente está falando a respeito da interrupção de fim de semana. Pode ser adequado dizer algo assim em uma psicanálise. Mas, como os analistas sabem, tal enunciado não provê uma resposta que seja adequada para todas as interrupções em análise. A própria questão carece de precisão e, apesar disso, está sobrecarregada de significados. (T, 17)

Quem poderia garantir que essa situação não prevalece ainda hoje? Apesar – ou, talvez, em função – dos alertas de Bion? Um "formalismo *a priori*" tenta fornecer uma, e apenas uma, interpretação apropriada, totalmente desvinculada do contexto em que é apresentada. A precisão provém da superioridade idolatrada de algum ministro de alguma escolástica eleita de pensamento. Nenhuma observação de fatos se faz necessária; basta apenas uma repetição mecanicista apoiada pela meritocracia política em instituições (*establishment*) de que clichês grupalmente aceitos serão suficientes. Em situações grupais, quando há a prevalência de pressupostos básicos (líder messiânico, luta-fuga, acasalamento, conforme elencados por Bion em *Experiências em grupos*), uma interpretação apropriada sempre será orientada por atribuições grupais de autoridade, mas não em verdade.

> Escolhi esta ilustração, pois ela se presta facilmente a ser interpretada. O leitor pode ver que o estímulo do fim de semana poderia ser o gatilho para o sonho e suas associações. Não faltam teorias analíticas que poderiam se adequar à situação, e com o conhecimento que eu tinha do paciente – em análise comigo há dois anos – fui capaz de reduzir a escolha para duas ou três interpretações. Entretanto, duas ou três interpretações podem ser um estorvo quando se procura apenas uma, aquela que é correta no contexto na qual é fornecida. Ignoro também, no momento, e ao longo deste livro, qualquer discussão sobre teorias psicanalíticas. Estou me ocupando de teorias de observação psicanalítica, sendo uma delas a teoria das transformações, cuja aplicação ilustro aqui. Será que essa teoria pode ser aplicada para interligar as pré-concepções psicanalíticas, e os fatos conforme eles emergem durante a sessão? (T, 16)

O contexto, ou a situação total, será crucial; dados o contexto e o(s) ponto(s) de vista ou o(s) vértice(s), nenhum dos membros do casal analítico e, em consequência, nenhum dos integrantes de um grupo formado por membros de uma instituição serão obrigados a permanecerem restritos à opinião do analista. A interpretação apropriada não pode ser obtida por teorização predeterminada, que dificilmente poderia receber o nome de "teoria". Tampouco poderá ser obtida por alguém que se contenta ou se limita a examinar apenas a superficialidade provida por aparências.

É necessário um trabalho de busca por um fator subjacente, ou superjacente; ou "invisível ao olho mortal", na visão de um poeta citado por Bion, Wordsworth; ou, na linguagem de Bion, o uso de uma "visão binocular" (q.v.):

> Superficialmente, uma sessão analítica pode parecer tediosa; ou desprovida de traços característicos; ou alarmante; ou sem interesse, boa ou má. O analista, vendo além do que é superficial, está consciente da presença de ardente emoção; é necessário não haver nenhuma ocasião em que isso não lhe seja aparente.
>
> A ardente experiência é inefável; entretanto, uma vez conhecida, é inconfundível; este capítulo deve ser compreendido como relacionado a ela, um preparo para participar dela; pois, se esse contato for mantido, o analista pode se devotar à avaliação e interpretação da experiência central; e, se achar útil, das superficialidades nas quais a experiência central se incrusta.
>
> Um desses grupos de superficialidades pertence às circunstâncias nas quais uma análise é veiculada. Geralmente, elas se caracterizam por conforto físico, e trazem o cunho da existência civilizada, nada aventurosa. Essas circunstâncias, portanto, conspiram contra um estado em que haja consciência do fato do analista e do analisando estarem engajados em uma aventura tão perigosa quanto aquelas onde os perigos são mais óbvios e dramáticos. Dependerá das circunstâncias, do que consiste o perigo, mas perigo e consciência de perigo caracterizam a situação – o analista precisaria estar em contato com essas características. Para ser efetiva, a abordagem à situação é "binocular"; o analista precisa estar cônscio, enquanto presta atenção ao material do paciente, dos perigos de sua associação com esse paciente específico: ele também precisaria ser capaz de ver qual é este perigo que o paciente, pela sua presença, o convida a compartilhar. (T, 74)

Em linguagem coloquial, por meio de seus próprios objetos parciais, aqui denominados "Eu Mesmo" e "Bion", em que "Eu Mesmo" é alguém mais próximo à verdade do que pode ter sido uma pessoa chamada socialmente "Bion":

> EU MESMO: . . . O ponto prático é não continuar com investigações da psicanálise, mas sim da psique que ela denuncia. Isso precisa ser investigado por padrões mentais; isso que é indicado não é um sintoma; isso não é uma causa do sintoma; isso não é uma doença ou algo subordinado. A própria psicanálise é apenas uma listra na pele de um tigre. Em última instancia, ela pode conhecer o Tigre – a Coisa-em-Si – O.
>
> BION: Se eu tivesse ouvido você falar isso há alguns anos, tenho a impressão de que tanto eu como meus colegas ficaríamos chocados e pensaríamos que você estava se voltando contra a psicanálise e se sentindo culpado de desonestidade. O

P

que realmente me interessa é saber como é que você justifica o fato de ainda estar praticando – você a chama de psicanálise ou de algum outro termo, como psicoterapia? – e cobrando honorários das pessoas. Você pode desenvolver esse tema? (AMF, I, 112)

Caso seja uma verdade constatável na prática que *"o pensar é a atividade do paciente mais em evidência numa análise"* e que um *"analista pode ver o uso que o paciente faz, da situação analítica"* (EP, 91), então o problema que surgirá de modo mais precoce, para o analista, é o fato de que os pacientes tentam conferir coerência aparente às afirmações que fazem, por meio de vínculos obtidos por aplicação de lógica formal ou lógica dedutiva e indutiva propostas por Euclides e, depois, por Descartes. Estamos acostumados, devido à nossa formação grandemente baseada nesse tipo de lógica – pois a lógica não euclidiana, a despeito de já contar com três séculos de desenvolvimento, continua restrita às pessoas que contam com formação matemática –, a não considerar a atuação de forças irracionais, subjacentes ou superjacentes ao pensamento racionalizado. A noção de que o mecanismo psíquico de racionalização é originado na personalidade psicótica também aguarda melhor apreensão pelos membros do movimento psicanalítico que preferem se manter desconsiderando os desenvolvimentos de Fairbairn, Klein, Winnicott e Bion; ou que evitam ter contato com pacientes psiquiátricos. Não foi exatamente o caso de Freud, que tentou compensar a situação de alguns modos – como o exercício psicanalítico sobre o diário do juiz Daniel Paul Schreber e, depois, com os desenvolvimentos contidos nos estudos "Instintos e suas vicissitudes", *O ego e o id*, "Neurose e psicose" e *Além do princípio do prazer*. No entanto, boa parte desses estudos permaneceu como objeto de controvérsia por aqueles que não reuniram experiência de análise, tanto pessoal como em outras pessoas. O resultado disso é um crescente esquecimento, por desprezo. Modas em psicanálise dominam a atenção dos membros do movimento psicanalítico.

Uma consequencia prática desse estado de coisas, que se incrementou após o falecimento de Freud, Klein, Winnicott e Bion, é o impedimento de que se possa experimentar de modo minimamente consciente o movimento entre as posições esquizoparanoide e depressiva durante uma sessão de análise. No movimento psicanalítico, prevalece uma eterna repetição à compulsão, vigorando a "lei do eterno retorno" observada por Nietzsche. Promover-se o predomínio de entendimento, memória e desejo incrementa o esquecimento dos artigos técnicos de Freud, como "Recomendações a médicos que praticam psicanálise" e "A questão da análise leiga". A tentativa da International Psychoanalytical Association em patrocinar leituras modernas dos textos clássicos é uma evidência do esquecimento. Quantos analistas usam seu tempo para questionar pacientes a fim de "entender" o que está ocorrendo: "Por que você fez isto ou aquilo?"; "O que sente?" – perguntas que caracterizam a resistência do praticante em enfrentar dúvidas, incerteza, desconhecimento, que tipificam PS e o movimento PS⇔D. Pacientes que estivessem em condições de responder corretamente a esse tipo de questão, não precisariam de um analista. Ao fazer essas perguntas, o praticante efetuará uma reversão de perspectiva (ver "perspectiva reversível"): fantasiará que pode expelir sua função de analista, para dentro do paciente, como algo insuportável para si. O efeito será impeditivo ao fluxo de associações livres. Tal postura despreza a descoberta de Freud, de que sua recomendação para o paciente falar sem censuras tinha o condão de incrementá-las:

> O paciente pode estar descrevendo um sonho, seguido por uma lembrança de um incidente que ocorreu no dia anterior, seguido por um relato de alguma dificuldade na família de seus pais. O recital pode levar três ou quatro minutos, ou mais. A coerência que esses fatos têm, na mente do paciente, não é relevante para o problema do analista. Seu problema – eu o descrevo em estágios – é ignorar essa coerência de modo a confrontar-se com a incoerência e experimentar incompreensão a respeito daquilo que lhe está sendo apresentado. Foi possível para ele tolerar essa experiência emocional, embora ela envolva sentimentos de dúvida e talvez até mesmo de perseguição, graças à sua própria análise. Esse estado precisa perdurar, talvez por um curto período, mas provavelmente por um período mais longo, até emergir uma nova coerência; nesse ponto ele alcançou → D, o estágio que descrevi como análogo à nomeação ou "ligação". A partir desse ponto seus próprios processos podem ser representados por ♀♂ – o desenvolvimento do significado. (EP, 102)

Em retrospecto, pode-se identificar uma fase na história das contribuições de Bion, entre os anos de 1961 e 1963, onde não houve nenhuma indicação sobre alguma causa "real" que ligasse os fatos que estejam sob exame; a indicação é que sobre a obtenção de uma conjunção constante. A partir dela, pode-se obter um fato selecionado. Bion utiliza as duas expressões verbais, cunhadas por David Hume e Jules Henri Poincaré, respectivamente. Desse modo, pode se estabelecer um objeto psicanalítico (q.v.): um passo a mais para obtenção de uma interpretação apropriada. Fatos selecionados originam-se de um objeto psicanalítico, e são formulados por observações participantes de experiências emocionais, vividas no aqui e agora de uma sessão psicanalítica. Bion, como Freud, recorre a analogias e modelos, como passos necessários para formar teorias. No caso, recorre a um uso claramente definido de mitos:

> . . . o mito, no contexto em que é mencionado, constitui-se como a representação mais curta e mais compacta que se pode criar para expressar, vamos dizer, um sentido de presságio de uma qualidade específica. A importância do mito, nesse

caso, reside no fato de ele representar um sentimento e, como tal, o seu lugar em uma categoria da "Grade" (Grid) (q.v.) denota um elemento psicanalítico. Tomados com outros elementos psicanalíticos similares, o mito e os outros elementos formam, em conjunto, o campo de elementos incoerentes no qual se espera que o fato selecionado, que dá coerência e relacionamento a fatos até então incoerentes e não relacionados, irá emergir. Assim "nomeado", "ligado", o objeto psicanalítico emergiu. Resta discernir seu significado. Esse mesmo mito – o mesmo em termos de sua formulação verbal – pode então ser um objeto psicanalítico que é instrumental para dar significado à totalidade dos elementos, um dos quais foi o sentimento representado pelo mito na sua categoria da "Grade" (Grid). Portanto, a interpretação apropriada irá depender de o analista ser capaz, em virtude da "Grade" (Grid), de observar que duas formulações idênticas do ponto de vista verbal são psicanaliticamente diferentes. (EP, 103)

$PS \Leftrightarrow D$ E O ANALISTA

Elements of Psycho-Analysis, 1963 e "Reverência e temor reverencial", tema de uma palestra nos EUA em 1967, e publicado em 1992, há indicações técnicas para se tentar obter uma interpretação apropriada. Em primeiro lugar, a interpretação precisa estar de acordo com o contexto no qual foi formulada. Outra necessidade crucial é que o analista possa ter uma experiência trifásica, que se inicia por aspectos típicos da posição esquizoparanoide, prossegue na transição para a posição depressiva. Ato contínuo, um renovado ciclo composto das mesmas fases, e assim por diante, até que a sessão termine. Não há um número ideal em termos de quantidade. A experiência analítica demonstra que as fases, e os ciclos podem demorar semanas, meses e até anos, dependendo das qualidades do casal analítico. Melanie Klein descobriu a necessidade de analisar, no aqui e agora, o estado vivo das Posições e o movimento em tandem entre elas, no paciente; Bion introduziu a necessidade de acoplá-la ao estado psíquico do analista, similar, mas nunca idêntico ao do paciente. Enfatiza a necessidade do analista tolerar o movimento, a transição. Para tolerar o movimento de vaivém do paciente, $PS \Leftrightarrow D$, o analista precisa experimentá-lo *durante a sessão*. Muitos fatos reais embebem e involucram nossas experiências na vida – usualmente sintetizada como "experiência humana". No entanto, sua realidade não pode ser experimentada conscientemente. Por exemplo, o sangue fluindo por nossas artérias; radiações eletromagnéticas emitidas por artefatos de engenharia (rádio, televisão, telefones celulares etc) e elementos naturais (césio, urânio etc). A possibilidade de um analista obter algum grau de atenção e estar minimamente cônscio de seu próprio movimento $PS \Leftrightarrow D$ depende da análise pessoal desse analista. Será o caso de se fazer uma tentativa de levar a um termo que possa ser considerado construtivo, e não apenas destrutivo, do que pode ser visto como uma tarefa ingrata: tornar proveitosa uma fragilidade humana. Alguns membros do movimento psicanalítico – iniciado pelos autodenominados "kleinianos" ou "neokleinianos", após a morte de Melanie Klein, em 1961 – promoveram, e ainda promovem, a negação dessa realidade: apregoam que uma psicanálise bem-sucedida, que dizem ser "kleiniana", permitiria a um analista ficar livre de experimentar PS, e que uma pessoa analisada conquistaria D para todo o sempre. Entre os anos 1970 e 1990, pessoas que granjearam respeito político no movimento psicanalítico espraiaram essa ideia. A noção da religião positivista de causa e efeito retornou ao movimento psicanalítico, sob os trajes de obter a posição depressiva e de "mudança psíquica". PS foi demonizado, e os apontamentos feitos por Bion, desprezados. Concepções altamente úteis na prática, como a "organização defensiva", descoberta por Joan Riviere, foram simplificadas no mais retorno à psiquiatria curativa, atualmente praticada por psicólogos, na classificação de "personalidade defensiva". Uma consequência desse tipo de postura curativa foi a moda absolvitória, afirmando que há pacientes "difíceis de alcançar". Negou a existência de dificuldades no analista e no casal analítico: quando uma análise não cura, a responsabilidade é do paciente "difícil". Como toda moda, obteve popularidade instantânea, e relativo esquecimento posterior, para ser substituída por novas modas.

Modelos

Bion sugere que o ato de formar modelos durante uma sessão é essencial – mas não suficiente – para a obtenção de interpretações apropriadas. Extraído da obra de Kant, trata-se de um modo de utilizar nossos processos de pensamento, quando há o intuito de aproximar-se de uma realidade desconhecida. Bion não utiliza categoria racionalizantes de Kant, como a formação de "juízos", e isso o permite observar durante sessões de análise, em alguns casos, que

> O insucesso do paciente em resolver seus problemas pode estar na dependência de um emprego errôneo de modelos. Com essas pessoas, ao fazer seu próprio modelo, o analista precisa ter noção consciente e explicitar o modelo utilizado pelo paciente. O modelo do analista precisa ser tal que o habilite a chegar a uma interpretação dos fatos que se apresentam para exame. Se o analista supõe que o pensar do paciente falha e isso é a fonte de seus problemas, esse analista necessitará de um modelo e de uma teoria do pensar que lhe sejam próprios; precisará de um modelo para o modo de pensar do paciente; e precisará deduzir, a partir disso, qual é o modelo que o paciente tem para o pensar. O analista pode comparar seu modelo e abstração com o do paciente. Um paciente pensando que palavras são coisas-em-si

não sente que está fazendo a mesma coisa que nós pensamos que ele está, quando dizemos que ele está pensando. (LE, 82)

Em 1963, Bion enfatiza a necessidade do analista manter um estoque de mitos, utilizados como modelos durante a sessão, para auxiliar os processos de pensar defectivos dos pacientes, pois fornecem aproximações às contrapartes na realidade psíquica dos pacientes. Em 1976 (em "Evidência") observa a necessidade de que um analista conheça seu vocabulário. O intuito é prover uma comparação do uso que o paciente faz das palavras do analista. Toda palavra é um símbolo: usos particulares de um vocabulário podem indicar algum modelo de comportamento humano para aquele paciente. O autor deste dicionário tenta demonstrar esse caso na descrição de um caso clínico em uma situação comum: pessoas há que, ao responder afirmativamente, concordando com uma tese ou ideia, falam, em um átimo, "Não, é isto mesmo", ao invés de "Sim, é isto mesmo". A contraditoriedade verbal indica um modo de vida, denominado por psiquiatras de "negativismo" – bastante comum durante a infância.

A formação de modelos propõe uma situação simples, embora não simplista. Tal formação exige trabalho; vai além das aparências de um mero "estoque" disponível a ser usado. Exige um ato de atenção contínua para possibilitar uma observação o mais acurada possível. Nesta, não há atalhos, reduções, uso de teorias ou pensamentos *a priori*, nem modelos racionalizados – trata-se de uma aventura no desconhecido, no aqui e agora da sessão.

Em 1967, Bion sugere que, *"para uma interpretação ser correta, é necessário que o analista atravesse a fase de 'perseguição' – esperamos que de uma forma modificada – sem dar nenhuma interpretação. Do mesmo modo, ele precisa atravessar a depressão antes de estar pronto para dar uma interpretação. Novamente, não deveria dar uma interpretação enquanto estivesse experimentando depressão; a mudança da posição esquizoparanoide para depressiva deve estar completa antes que ele dê a sua interpretação"* (C, 291). Uma situação que pode ser sentida por alguns – não há dados estatísticos se esse "alguns" seriam muitos ou poucos – membros do movimento psicanalítico como complicada ou mais difícil. Exige que um analista disponha de uma *"intuição analiticamente treinada"* (T, 18). Na observação do autor deste dicionário, tal exigência enraiveceu esses membros do movimento analítico de forma similar àquela que ocorreu meio século antes, quando Freud observou a necessidade de que todo analista se sub-meta a uma análise pessoal: *"O analista que está gerindo a sessão precisa decidir instintivamente a natureza da comunicação que o paciente está fazendo"* (T, 35). Adeptos da religião positivista abominam referências à presença de intuição: fantasiam que descobertas científicas poderiam ter se iniciado apenas por racionalizações formuladas segundo uma lógica muito específica, que obteve resultados em um reduzido campo de atividades – a lógica euclidiana, depois desenvolvida por Descartes.

O uso de intuição – no caso de um analista, uma intuição analiticamente treinada, que parte de dados empíricos, apreensíveis apenas inicialmente pelo nosso aparato sensorial – permite a busca por uma interpretação apropriada, por meio da detecção de falsidades inevitáveis durante a investigação. Freud iniciou esse processo, por meio de conceitos como interpretação de sonhos, associações livres, transferência, fantasias inconscientes e compulsão à repetição, além de uma elucidação embrionária de mecanismos neuróticos e psicóticos, e sua relação mútua. *"Ainda que seja loucura, há método nela"* (Thought this be madness, there is method in it: *Hamlet*, II, ii): Shakespeare sintetiza a situação enfrentada por pacientes e analistas. Bion idealizou uma categoria do instrumento "Grade" (Grid) (q.v.), notavelmente útil na busca de um analista por uma interpretação apropriada – uma categoria necessária, mas não suficiente: a coluna 2, na qual alocam-se enunciados reconhecidamente falsos. O analista precisa perceber que pacientes se utilizam extensivamente dessa categoria, pois será convidado a se conluiar com esse uso. Precisa discriminar os momentos nos quais ocorre o conluio, e quando está quase que tomado de uma necessidade de também se utilizar da coluna 2 para fazer suas formulações; identificado com o paciente, fica sob efeito preponderante de memória, aderindo a códigos morais, ou sociais; de entendimento, por racionalizações com aparência de "teorias"; e desejo de cura, de acertar a todo custo, de ser visto como importante, sábio, ou desejar criar dependência. Originam-se de fantasias contratransferenciais, competindo inconscientemente com fantasias transferenciais do paciente, levando o profissional a aderir à mentira como atitude superior à busca por verdade:

> A visão geralmente aceita entre os psicanalistas é de que interpretações se expressam verbalmente e precisam ser concisas e relevantes, para fazer com que o paciente fique consciente de suas motivações inconscientes. A visão ortodoxa pode ser expressa nos meus termos: o meio de transformação é o inglês coloquial. É necessário que os enunciados do analista pertençam às categorias F^1, ^{3} e ^{4}.[111] O vínculo com o analisando precisaria ser K, não H, nem L. Seria necessário que ele não se expressasse em quaisquer outros termos que não aqueles utilizados por um adulto; teoricamente, isso exclui algumas categorias (particularmente a coluna 2), mas, como mostrei, é possível considerar o enunciado do paciente de modos diferentes, de tal modo que ocasionalmente se coloca em relevo uma dimensão, em outros momentos, outra, e, de modo idêntico, também ao paciente há esta mesma abertura para fazer exatamente deste modo. E é porque o paciente assim o faz que sua resposta a uma interpretação pode parecer anômala. Portanto, ainda que o analista tenha um compromisso de falar com a menor ambiguidade possível, na realidade

---

[111] O leitor não a familiarizado com a notação quase-matemática F^1, ^{3} e ^{4} poderá consultar o verbete "Grade" (Grid). Se preferir não o fazer neste momento, poderá ler de modo escandido: F^1 = hipótese definitória de conceitos; F^3 = notação de conceitos; F^4 = atenção a conceitos.

seus objetivos são limitados pelo analisando, que está livre para receber interpretações de qualquer modo que escolha. Em um certo sentido, pode parecer que o analista ficou preso em sua própria armadilha: ele é livre para decidir como interpretar os enunciados do analisando; o analisando devolve-lhe na mesma moeda. O analista não é livre exceto no seguinte sentido: quando o paciente o procura para análise, ele fica obrigado a falar de um modo que seria intolerável em qualquer outro quadro de referência e, nesse caso, apenas sob um determinado vértice.

A resposta do paciente também seria intolerável se não houvesse indulgência psicanalítica para perdoá-la, ou se não fosse em função de um vértice psicanalítico. (T, 144-145)

Uma interpretação apropriada precisa estar livre de mentiras; mesmo que para obter-se algo que se assimile a ela possa ser necessário transitar por mentiras; que servem para serem discriminadas, em um exercício interior ao analista – mas não faladas, à guisa de interpretações. Uma interpretação apropriada constitui-se como aproximação à verdade-O do paciente, fazendo parte de uma busca à verdade-O (AI, 29). Depende da evolução daquilo que é desconhecido dos dois integrantes do casal analítico; não tem interlocutores "oficiais", da instituição psicanalítica, científica, ou de qualquer outra. Ramifica-se daquilo que "não-é-falado"; do âmbito negativo dos *numena*. Que é o gerador original, inseminador para o trabalho de um analista – colocado por Freud como atinente ao sistema inconsciente, a "sede" dos instintos. Implica aquilo que um analista vai dizer, ou não vai dizer, quando um analista leva a cabo uma escolha de vértices; e uma discriminação de argumentações racionalizadas que podem estar envolvidas nessas escolhas, que determinam o que ele **não** vai dizer. Uma interpretação apropriada precisa "cair" assim como caem as folhas de árvores no outono, lançando mão de uma formulação poética de John Keats – um dos autores preferidos de Bion:

> Ninguém precisa pensar o pensamento verdadeiro: ele aguarda o advento do pensador, que adquire importância por meio do pensamento verdadeiro. A mentira e o pensador são inseparáveis. . . . Os únicos pensamentos para os quais o pensador é absolutamente necessário são mentiras. . . . Pensar ou não os pensamentos é importante para o pensador, mas não para a verdade. Se forem pensados, conduzem à saúde mental; caso contrário, dão início ao distúrbio. A mentira depende do pensador e ganha importância por meio do pensador. A mentira é o vínculo entre o hospedeiro e o parasita na relação parasítica. Já que o analista se ocupa dos elementos evoluídos de O e suas formulações, pode-se avaliar essas formulações considerando-se até que ponto a existência do analista é necessária para os pensamentos que ele expressa. Quanto mais suas interpretações possam ser julgadas como demonstrando como *seu* conhecimento, *sua* experiência, *seu caráter* são

necessários para formular aquele pensamento daquela maneira que foi formulado, mais razão existirá para supor que a intepretação é psicanaliticamente inútil, ou seja, alheia ao âmbito O. (AI, 103, 105)

Uma interpretação apropriada insere-se no âmbito predominantemente imaterializado – um "O" em evolução, na sugestão verbal de Bion; torna-se materializado assim que se emita uma interpretação. No entanto, é necessário que um analista obtenha percepção e, simultaneamente, se discipline a não ceder a nenhum impulso que porventura entretenha para materializar a interpretação. Assim como os gregos antigos falavam sobre "musas", a interpretação apropriada materializar-se-á, por assim dizer, por si mesma, no momento decisivo. Ela não tem donos – nem o paciente, nem o analista. Impulsos para materializá-la equivalem a agir sob efeito de memória, desejo e entendimento. Especificamente: memória de teorias aprendidas – e certamente pouco ou nada apreendidas; desejo de estar correto, de dar uma interpretação "genial"; ou o desejo negativo, de que qualquer interpretação estará sempre "incorreta", onde a questão é o "sempre", mostrando a presença paranoide de entendimento, de que o analista entendeu tudo ou não entendeu tudo que o paciente falou. Todas essas posturas já estavam delineadas nas descrições da situação turbulenta que enfrentamos em nossas tentativas de tolerar a incerteza intrínseca à posição esquizoparanoide, e o movimento entre a posição esquizoparanoide e a posição sepressiva. Uma interpretação apropriada surge de modo análogo a um salto sobre uma piscina com água: nunca se pode saber o que vai acontecee, por mais experiência que tenhamos tido em saltos sobre piscinas com água. Outra analogia é um salto quântico: ele ocorre quando as condições para que ocorra são cumpridas; ocorre "por si mesmo". Uma indicação técnica pode ser dada por uma pergunta, frequentemente feita por pacientes quando se defrontam com algo que reconhecem, ainda que inconscientemente, como verdade, condição na qual emitirão novas associações livres, conforme descrito por Freud para verificar a validade de uma interpretação em "Construções em análise": "Por que o sr. ou sra. me disse isto?". O analista precisará dizer: "Não sei". Nos termos propostos por Bion, que parecem ao autor deste dicionário como expansões e complementos às descobertas de Freud, quando um analista emite uma interpretação saturada – toda interpretação, ao ser verbalizada, é sempre saturada, pois fica definida pela própria verbalização, por ter sido colocada e representada por palavras –, o paciente de-satura a interpretação, por meio de novas associações livres. E o ciclo se reinicia: faz-se, querendo ou não, um novo ciclo de transformações. Intuição permite detectá-la: um paciente efetua transformações sobre uma experiência pessoal – representadas pelo sinal Tpα (processo de transformações do paciente); isso conduz a um enunciado verbal saturado, uma associação livre, que pode ser representada pelo sinal T$^p\beta$ (produto final das transformações do paciente). Defrontando-se com esse T$^p\beta$, o analista pode entrar em um processo de transformações pessoais centradas nela, de-saturando-a, para conseguir emitir, através de sua atenção livremente flutuante, uma interpretação apropriada. Esta será representada pelo sinal T^{a}β (produto final das transformações do analista), que pode conduzir a um segundo ciclo de transformações, reiniciado por T^{p}α, que, defrontando-se com a interpretação, emite novas associações livres, continuando o ciclo.

ANÁLISE REAL E TURBULÊNCIA PSICOLÓGICA

Bion usa o termo turbulência psicológica de maneira totalmente específica, de modo diverso daqueles que o usam de modo demasiadamente generalizador, que não designa nenhum estado que possa ser utilizado na prática clínica. Usualmente o termo é utilizado apenas para descrever uma perturbação nos pacientes. De modo diverso, Bion utiliza-o para descrever um estado psíquico que precisa ser experimentado pelo analista. O assunto já havia sido abordado por Freud em "Construções em análise", em teorizações psicanalíticas que parecem indistinguível de estados delirantes, auxiliado por uma analogia de Goethe: a "invocação às bruxas" (em *Faust*),:

> É necessário elucidar meu termo "turbulência psicológica". Por intermédio dele, quero dizer um estado de mente cuja qualidade dolorosa pode ser expressa em termos emprestados de São João da Cruz:
> "A primeira (noite da alma) tem a ver com o ponto a partir do qual a alma parte, pois ela tem que se privar gradualmente de desejo de todas as coisas terrenas que possuía, negando-as para si; negação e privação estas que são, por assim dizer, noite para todos os sentidos humanos. A segunda razão tem a ver com o meio, ou o caminho ao longo do qual a alma precisa viajar para esta união – ou seja, fé, que, para o entendimento, também é tão escura quanto a noite. A terceira tem a ver com o ponto para o qual viaja a alma – ou seja, Deus, que, igualmente, é noite de trevas para a alma nesta vida" [*A ascensão ao Monte Carmelo*, 1, 1 e 2]
> Uso essas formulações para expressar, de forma exagerada, a dor envolvida em obter o estado de ingenuidade inseparável de aglutinação ou definição (col. 1). Toda nomeação de uma conjunção constante envolve admitir a dimensão negativa; a ela se opõe o medo à ignorância. Portanto, ao nascedouro, ocorre uma tendência à antecipação precoce, quer dizer, para uma formulação que é uma formulação de coluna 2, cuja intenção é negar a ignorância – a noite de trevas dos sentidos. A relevância disso para os fenômenos psicológicos origina-se do fato de eles não serem susceptíveis à apreensão por meio dos sentidos. (T, 158-159)

Ao examinar o estado mental do analista, Bion dá à contratransferência – de modo diverso da ideia de Heinrich Racker e Paula Heimann. Ideia jamais colocada como hipótese, mas apenas como tese comprovada, apenas por ter sido afirmada. Os dois insistiram em modificar a definição de Freud, que cunhou o termo. A definição de Bion é idêntica à de Freud: alerta atitudes expressando fantasias contratransferenciais só podem ser devidamente descobertas, e portanto, minimamente configuradas e tratadas apenas na análise pessoal do psicanalista. Fantasias que podem ser úteis para delinear o que Freud denominou, "equação pessoal": um analista que dispõe de uma análise pessoal poderá detectar, com seu próprio analista, situações, que interferem deleteriamente no seu próprio trabalho do analista. Durante uma sessão com pacientes, o foco de atenção permanece dirigido ao paciente: a pessoa no contexto bi-pessoal que encontra-se incapacitada para lidar com fatos que não têm significado – em função da incapacidade desses pacientes de tolerar o não-seio. Intolerância esta que se torna um fato para reprimir curiosidade, amor e ódio, assim que essas experiências emocionais surgem:

> Já que o primeiro requisito para a descoberta do significado de qualquer conjunção depende da capacidade de admitir que os fenômenos podem não ter nenhum significado, uma incapacidade de admitir que eles não tenham significado pode extinguir a possibilidade de curiosidade em seu nascedouro. O mesmo é verdadeiro quanto a amor e ódio. A necessidade de manejar a sessão para evocar a evidência de significado se estende para uma necessidade de evocar a evidência da existência de amor e ódio. . . . Já que a atenção do paciente dirige-se para encontrar a evidência de significado, mas não para encontrar qual é o significado, as interpretações têm pouco efeito em produzir mudança, até que o paciente veja que está destampando uma fonte de reasseguramento para prover um *antídoto* para esse problema, e não uma *solução* para ele. (T, 81-82)

Fosse o caso de elaborar um dicionário compactado, e não exaustivo, a última citação poderia resumir todo esse verbete. Que também poderia ser substituído pelo seu negativo: há *interpretações incorretas*. Seria adequado chamar essas últimas de interpretações? Ou seria ainda mais adequado denominar "interpretações apropriadas", apenas de interpretações? Uma boa receita para efetuar interpretações incorretas será usar-se racionalizações (no sentido dado por Freud ao termo, no exercício psicanalítico sobre o diário do juiz Schreber) para fornecer plausibilidade lógica, montando artificiosamente explicações do comportamento do paciente, por meio de manipulações engenhosas de símbolos verbais baseados em teorias *a priori*, aprendidas em livros; fazer teorizações *ad hoc*. Infelizmente, essa tem sido uma boa receita para tornar toda a psicanálise *"uma vasta paramnésia para preencher o vazio de nossa ignorância"*.

SHERLOCK: Watson lidou com a parte simples da coisa. Você já ouviu falar naquele sujeito, o Bion? Ninguém nunca ouviu falar nele, nem tampouco da psicanálise. Ele acha que ela é real, mas que seus colegas estão envolvidos numa atividade que não passa de uma manipulação mais ou menos engenhosa de símbolos. O que ele fala faz sentido. Existe uma impossibilidade de se entender que qualquer definição deve negar uma verdadeira prévia, assim como trazer em si um componente insaturado. (AMF, 92)

BION: Mas não é exatamente aí que reside o perigo? Uma nova teoria plausível Criada para inchar ainda mais o já enorme arsenal de teorias plausíveis.

HOMEM: É claro. Mas o medo do que poderia acontecer é um mau guia.

BION: A plausibilidade também. Imagino quantas teorias plausíveis não foram usadas e confundiram a raça humana. Gostaria de saber. Não estou certo da facilidade com que se produzem as "teorias plausíveis" de que estamos falando, a teoria plausível (ou a "interpretação convincente") pode ser bem difícil de aparecer. Pode ser plausível e falsa. A ideia de que o "sol nasce" é um testemunho disso – que confusão causou! Não sabemos o custo, em termos de sofrimento, associado à crença num Deus Cristão, ou num deus da Ur de Abrão, ou da Alemanha de Hitler, ou no peyotismo – ou noutro Deus de qualquer espécie. (AMF, I, 172)

Bion coloca a expressão verbal, "componente insaturado", na frase enunciada pelo seu objeto parcial, "Sherlock". A postura foi descrita por de Freud, na possibilidade de o paciente emitir novas associações livres caso se defronte com uma interpretação apropriada. A expansão na obra de Bion está nos conceitos de ciclos de saturação e instauração, desenvolvida nos ciclos de transformações. Corresponde a enunciados verbais intuitivos, que se aproximam do âmbito numênico negativo; a *"busca de verdade-O"*. Nesse caminho, experiências de dor e de frustação pertencem ao que é desconhecido; só podem ser experimentadas, não antecipadas. As primeiras tentativas de formular essas indicações técnicas lançaram mão de formulações verbais de São João da Cruz: a *"escura noite dos sentidos"*. Eram alertas a respeito dos efeitos deletérios de indisciplina sobre memória, desejo e entendimento. Falsas iluminações, produtos dessa tríade, produzem cegueira real para os que não podem tolerar a "cegueira artificial" observada por Freud. Consuma-se o resgate da recomendação de Freud, usualmente esquecida: a de que o paciente nos diz – apesar das palavras faladas – algo que ele mesmo não sabe; e os analistas, igualmente, dizem ao paciente aquilo que ele também não sabe:

> O âmbito da personalidade é de tal modo amplo que não se pode investigá-lo de modo completo. A potência da psicanálise demonstra a todo psicanalista praticante que adjetivos do tipo "completo" ou "pleno" não tem lugar como qualificativos

de "análise". Quanto mais próxima a investigação esteja de ser completa, mais claro fica que, independentemente do quão prolongada seja uma psicanálise, ela representa apenas o início de uma investigação. Ela estimula o desenvolvimento do âmbito que investiga. Estou querendo dizer que exploro essa dificuldade do seguinte modo: se for verdade que a proporção do que é conhecido em relação ao que é desconhecido seja tão pequena no *final* de uma análise, deve ser menor ainda *durante* a análise. Portanto, desperdiçar tempo naquilo que foi descoberto é se concentrar em uma irrelevância. O que interessa é o desconhecido, e sobre ele o analista precisa focalizar sua atenção. Portanto, "memória" é alongar-se no que não importa, às expensas do que importa. De modo semelhante, "desejo" é uma intrusão no estado de mente do analista que encobre, disfarça, e o deixa cego para o ponto em questão: aquele aspecto de O que está apresentando, naquele exato momento, o desconhecido e incognoscível – ainda que isso se manifeste às duas pessoas presentes no seu caráter em evolução. Este é o ponto obscuro que precisa ser iluminado por meio de "cegueira". Memória e desejo são "iluminações" que destroem o valor da capacidade do analista para observar, do mesmo modo que uma infiltração de luz dentro de uma câmera fotográfica pode destruir o valor do filme que está sendo exposto. (AI, 69)

Dependendo da experiência em análise do leitor, alertas servem de indicações técnicas para manter uma análise em bom estado de funcionamento, mas em um sentido negativo: expressam aquilo que será útil **não** fazer. Em 1975, Bion enuncia suas últimas indicações técnicas, mas sob um sentido positivo, para exemplificar o exercício de uma "Linguagem de Consecução", durante uma sessão, (*Language of Achievement*; q.v.):

EU MESMO: Talvez eu possa ilustrar com um exemplo tirado de algo que você conhece. Imagine uma escultura que é mais fácil de ser compreendida se a estrutura é planejada para funcionar como uma armadilha para a luz. O significado é revelado pelo padrão formado pela luz assim capturada – não pela própria estrutura, ou pelo trabalho de escultura em si. O que estou sugerindo é que, se eu pudesse aprender a falar com você de maneira tal que minhas palavras "capturassem" o significado que elas não expressam nem poderiam expressar, eu poderia me comunicar com você de um modo que no presente não é possível.

BION: Como as "pausas", numa composição musical?

EU MESMO: Um músico certamente não negaria a importância dessas partes de uma composição nas quais nenhuma nota soa; porém, resta uma imensa quantidade de coisas por serem feitas além do que se pode conseguir por meio da arte hoje disponível e de seus procedimentos tradicionalmente estabelecidos de silêncios, pausas, espaços em branco, intervalos. A "arte" da conversa, do modo como é conduzida como parte do relacionamento conversacional da psicanálise, requer e demanda uma extensão no domínio da não-conversa.

BION: Mas será que isso é novo? Será que todos nós, de alguma forma, não estamos familiarizados com "lacunas" dessa espécie? Isso não é geralmente uma expressão de hostilidade?

EU MESMO: Como já vimos antes, provavelmente estamos familiarizados com aquelas atividades para as quais a evidência que se requer é a mera existência de um vocabulário. A própria "evidência" é de uma espécie que se inclui na esfera da experiência sensorial com a qual estamos familiarizados. Qualquer um entende o termo 'sexo" quando ele está relacionado com a experiência sensorial. Se, ao invés de dizer "sexo", eu falasse em "amor de Deus", eu estaria fazendo uso da expressão que comumente se ouve em comunidades religiosas que têm uma distribuição dentro de coordenadas temporais e topológicas particulares. Mas suponha que meu termo "sexo" se refere a um domínio que não tenha tais coordenadas sensoriais e um O do qual não haja elementos análogos ou átomos mentais ou psicológicos; então O poderia ser desqualificado como "pensamento", do modo como uso o termo.

BION: E nos que diz respeito a sonhos e pensamentos oníricos?

EU MESMO: Sugeri um "truque", por meio do qual uma pessoa poderia manipular coisas destituídas de significado, pelo uso de sons, como "α" e "β". Esses sons são análogos àquilo que Kant chamou de "pensamentos desprovidos de conceitos", mas o princípio, e uma realidade que dele se aproxima, também pode ser estendido à palavra de uso comum. As realizações que se aproximam de palavras como "memória" e "desejo" são opacas. A "coisa-em-si", impregnada de opacidade, torna-se ela mesma opaca: o O, do qual a "memória" ou o "desejo" são a contrapartida verbal, é opaco. Estou sugerindo que essa opacidade é inerente aos muitos Os e suas contrapartidas verbais, e aos fenômenos que geralmente se supõe que expressem. Se, por meio da experimentação, nós descobríssemos as formas verbais, também poderíamos descobrir os pensamentos aos quais a observação se aplicou de modo específico. Dessa maneira, conseguiríamos uma situação em que essas formas poderiam ser utilizadas deliberadamente para obscurecer pensamentos específicos.

BION: Há alguma coisa nova nisso tudo? Assim como eu, você deve ter ouvido com muita frequência pessoas dizerem que não sabem do que você está falando e que você está sendo deliberadamente obscuro.

EU MESMO: Elas estão me lisonjeando. Estou sugerindo um objetivo, uma ambição, o qual, se eu pudesse atingir, me capacitaria a ser obscuro de maneira deliberada; no qual eu poderia fazer uso de certas palavras que poderiam ativar, de modo instantâneo e preciso, na mente do indivíduo que me ouvisse, um pensamento, ou cadeia de pensamentos, que surgisse entre ele e os pensamentos e ideias já acessíveis e disponíveis para ele.

ROSEMARY: Ah, meu Deus! (AMF, I, 189-191)

Dor

Bion observa e descreve a existência de Dor sob a forma de uma concepção. Foi extraída da teoria de Freud sobre os dois princípios do funcionamento psíquico. É parte fundamental do conceito observacional a respeito da existência de "elementos de psicanálise". Parece-nos merecer maior atenção do que a dada até agora, por ser crucial para que se possa obter uma *"análise bem-sucedida"*, *"interpretações apropriadas"*, e uma *"análise apropriada"*. Na experiência do autor deste dicionário, não são perspectivas autoritárias como poderia parecer, mas tentativas de providenciar, para cada psicanalista em particular e, em consequência, para o movimento psicanalítico, uma prática que possa ser científica – não pedagógica. Compactada por Bion como uma "análise real":

> Dor não pode estar ausente da personalidade. Uma análise precisa ser dolorosa, não porque exista necessariamente algum valor na dor, mas porque não se pode considerar que uma análise na qual não se observa e discute a dor seja uma análise que esteja lidando com uma das razões centrais para a presença do paciente. A importância da dor pode ser subestimada, como se fosse uma qualidade secundária, algo que irá desaparecer quando os conflitos estejam resolvidos; de fato, a maior parte dos pacientes adotaria esse ponto de vista. Além disso, essa visão pode ser sustentada pelo fato de que uma análise bem-sucedida leva mesmo à diminuição do sofrimento; entretanto essa visão obscurece a necessidade, mais óbvia em alguns casos do que outros, de que a experiência analítica aumente a *capacidade* do paciente para sofrer, mesmo que o paciente e o analista possam esperar diminuir a própria dor. A analogia com a medicina física é exata; destruir uma capacidade para a dor física seria um desastre em qualquer situação, exceto naquela em que um desastre ainda maior seja certo – a própria morte. (EP, 61-62)

Para tornar possível uma abordagem de dor em uma análise, torna-se necessária uma noção da existência de um ato do paciente, que se expressa por aquilo que Bion observou ser uma perspectiva reversível (q.v.): um entre os possíveis usos especiais do mecanismo psíquico de identificação projetiva (q.v.). A reversão de perspectiva "torna" – em alucinação e delírio, durante uma sessão – estática uma situação dinâmica.

P

> O trabalho do analista é restituir dinâmica a uma situação estática, possibilitando o desenvolvimento . . . o paciente manobra para estar de acordo com as interpretações do analista; assim, estas se tornam o sinal exterior de uma situação estática. É improvável que as interpretações do analista sempre permitam isso; também é improvável que o paciente sempre possua a agilidade mental suficiente para combinar a interpretação com um desvio que reverta a perspectiva, a partir da qual a interpretação é vista; assim, o paciente emprega um arsenal que é reforçado por delírio e alucinação. Se não conseguir reverter a perspectiva de imediato, ele pode ajustar a sua percepção dos fatos, escutando sem entender, desentendendo o que ouviu, de tal modo que dará substância ao ponto de vista estático: está ocorrendo um delírio. . . . Para simplificar, posso recolocar isto como: alucinar para preservar, temporariamente, uma habilidade de reverter a perspectiva; e reverter a perspectiva para preservar uma alucinação estática.
>
> O recurso prolongado a perspectiva reversível é assim acompanhado por delírios e alucinações difíceis de detectar, porque ambos são estáticos e evanescentes. Além disso, uma vez que o seu objetivo é preservar as formulações do analista (interpretações) como uma expressão patente de concordância e uma defesa contra mudança, o verdadeiro significado do comportamento do paciente como um sinal de delírio ou alucinação não é aparente, a menos que o analista esteja alerta para essa possibilidade. (EP, 60, 62)

Uma análise que possa ser vista como real depende de interpretações apropriadas, ou adequadas. Um "termômetro" da adequação das interpretações é obtido por meio de uma avaliação sobre a possibilidade de um enfrentamento de dor, por parte do analista, para auxiliar no restauro da capacidade do paciente para enfrentar dor e tolerar sua presença. Na experiência do autor deste dicionário, a situação é ainda mais complexa nos casos em que os pacientes derivam prazer do ato de infligir dor – primariamente, a eles mesmos. E depois, aos circunstantes, como nos casos descritos por Freud em *Além do princípio do prazer*. Em consequência, será impossível levar a cabo uma análise real em ambientes onde inexista a abstinência recomendada por Freud, possibilitando que o paciente obtenha satisfações a prazeres. A recomendação mais explícita sobre as características do ambiente analítico, feita por Bion, é de que se mantenha disciplina sobre memória, desejo (prazer) e entendimento. Atualmente é impossível saber-se quantos contatos terapêuticos se classificam como terapias suportivas, de reasseguramento, implicando em evasão de verdade. Talvez sejam indicadas para algumas pessoas, mas é questionável que possam ser denominadas de "psicanálise":

> Uma análise que está tomando esse rumo parece ser curiosamente insatisfatória, pois a falta de progresso real só se manifesta de modo lento e então parece ser

estável, tediosa, crônica. Na realidade a situação é instável e perigosa. A pista para isso reside no fato mencionado no começo deste capítulo – dor. As manobras do paciente parecem carecer de objetivo porque, embora a pronta aceitação das interpretações desperte suspeitas, não fica claro que elas se dirijam contra mudança, *qualquer* mudança, e dor. É a qualidade dinâmica da interpretação que evoca reações evasivas. Na perspectiva reversível, o fato de o analista aceitar a possibilidade da capacidade para dor estar prejudicada pode ajudar a evitar erros que poderiam levar a um desastre. Caso não se lide com o problema, à capacidade do paciente manter a situação estática pode sobrevir uma experiência de dor tão intensa que resulta em um colapso psicótico. (EP, 62)

Argumento circular

. . . considerando qualquer sessão psicanalítica como uma experiência emocional, que elementos precisam ser selecionados na sessão a fim de tornar claro que a experiência foi uma psicanálise, e não poderia ter sido nenhuma outra coisa? (EP, 15)

A peculiaridade de uma sessão psicanalítica, o aspecto que estabelece que ela é uma psicanálise e não poderia ser nenhuma outra coisa, reside no fato de o analista usar todo material para iluminar uma relação K. (EP, 69)

Ao introduzir o conceito "O", dois anos depois, Bion acrescenta às transformações em K novos termos para formular uma interpretação apropriada: "A interpretação poderia ser tal que se favoreceria a transição de *conhecer sobre* a realidade para *tornar-se real*" (T, 155; itálicos do texto original de Bion). Bion desenvolve, de modo típico em sua obra, por meio de novas experiências clínicas possibilitadas pelo uso de conceitos anteriores, outras noções, concepções e conceitos, para incrementar a eficácia clínica de uma psicanálise. Agora, tenta descrever o que ocorre em uma sessão de análise no que concerne ao intercâmbio verbal entre um analista e um paciente, além da perspectiva reversível. Pode haver algo que denomina de **argumento circular**: conceito destinado a avaliar a efetividade de uma interpretação dada por um analista *vis-à-vis* às afirmações de um paciente. Uma "interpretação apropriada", ao precisar evitar se restringir ao "saber sobre", embora o inclua, precisará alcançar um "tornar-se" (q.v.). A situação havia sido delineada em 1963, sob uma descrição mais generalizadora, puramente teórica e, portanto, menos prática, no sentido de indicar claramente como ela poderia ocorrer em uma sessão: que uma interpretação precisaria conter uma "dimensão no domínio da paixão", que não

P

pode estar enjaulado em uma espécie de aprisionamento: o uso de lógica clássica (EP, 16):

> Quando é necessário usar os pensamentos sob as exigências da realidade, o mecanismo primitivo tem que ser dotado de capacidades tais que resultem em exatidão; a necessidade de sobrevivência demanda isso. Temos, portanto, que considerar a parcela desempenhada pelos instintos de vida e de morte, e também pela razão. Esta, em sua forma embrionária, sob a dominância do princípio do prazer, está destinada a servir como escrava das paixões; foi forçada a assumir uma função que relembra a de uma patroa das paixões; e pai e/ou mãe[112] da lógica. Pois a busca por satisfação de desejos incompatíveis levaria a frustração. O sucesso em transpor o problema da frustração envolve ser razoável; uma frase tal como "os ditames da razão" pode colocar em um relicário a expressão de reação emocional primitiva a uma função cuja intenção é não frustrar. Portanto, os axiomas da lógica têm suas raízes na experiência de uma razão que fracassa em sua função primária de satisfazer as paixões, justamente como a existência de uma razão poderosa pode refletir uma capacidade dessa função de resistir às investidas de seus frustrados e ultrajados patrões. Essas questões demandam consideração na medida em que a dominância do princípio da realidade estimula o desenvolvimento do pensamento, do pensar, da razão, e da consciência da realidade psíquica e ambiental. (EP, 36)

Favor consultar o verbete específico "argumento circular".

Compaixão

A concepção psicanalítica de cura incluiria a ideia de uma transformação por meio da qual um elemento é saturado, e por meio disso fica pronto para posterior saturação. Mas é preciso fazer uma distinção entre essa dimensão de "cura" ou "crescimento" e avidez. (T, 153)

Na possibilidade – inseparável da impossibilidade – de se fazerem interpretações apropriadas, com o intuito obter-se uma *"cura analítica"* (T, 143), ocorrem algumas *"anomalias"*, que podem ser vistas segundo um ditado popular: "se correr, o bicho pega; se parar, o bicho come". Nos países de língua inglesa, a expressão seria *"catch 22"*, ou "ardil 22", neologismo tornado popular após a exibição de uma obra cinematrográfica.[113] O paciente recorre a alucinações, sob fantasias de superioridade – manifestações recorrentes em uma sessão em que prevalece, subjacente, rivalida-

---

[112] *Parent* no original.
[113] *Ardil 22* (1970), dirigido por Michael Nichols, com roteiro de Buck Henry.

de, pelo ciclo de avidez e inveja. Os três movimentos psíquicos, mais bem estudados por Klein, invariavelmente conseguem transformar uma interpretação apropriada em algo incorreto: independentemente da interpretação em si. Na medida em que for analiticamente correta, será recebida como *"falha do analista"*, que estará tentando mostrar alguma *"defeito"* no paciente. Bion propõe uma saída para essa situação mutuamente mortífera, em que um dos dois precisará ser assassinado, ainda que no âmbito do pensar: enviar o problema de volta às suas origens, utilizando-se do vértice analítico. O analista precisa desfazer uma relação travada na visão de que analista e paciente são rivais, cada um tentando mostrar que é melhor do que o outro, para poder revertê-la para um conflito intrapsíquico, de métodos rivais internos ao analisando. Se o analista for uma pessoa capaz de compreensão generosa e paciência, um paciente "superior" transforma essa compreensão generosa e paciente em algo que pode parecer aos dois, em alucinação ou delírio, uma superioridade do analista (todas as citações de T, 143). O leitor pode consultar também o verbete "compaixão".

Falhas na apreensão do conceito, mal-entendidos e distorções: muitos daqueles que usualmente têm considerado a obra de Bion publicada após 1960 como inapropriada costumam escrever que é em D que a cura é alcançada. Que é em D que um paciente pensa; que PS se iguala totalmente ao não-pensar. Citemos Bion, que, em uma das muitas partes de sua obra, sugere que esse tipo de interpretação falha mostra-se como uma expressão clara de algo profundamente enraizado na personalidade do leitor:

> O sentimento do paciente, de que a associação entre a posição depressiva e pensamento verbal seria uma associação de causa e efeito – em si mesma, uma crença baseada em sua capacidade de integração –, acrescenta mais uma às muitas causas de seu ódio contra a análise – já bem evidente. Afinal das contas, análise é um tratamento que emprega o pensamento verbal para a solução de problemas mentais. (ST, 26)

Essa observação clínica poderia ser vista como alerta a respeito da qualidade da análise pessoal de alguns membros do movimento psicanalítico – independentemente do sucesso desses membros em ascender na meritocracia política do movimento. Mostra a ocorrência de um retrocesso teórico, após um retrocesso prático. Critérios de cura traem uma ideia questionável de cura cujo *leitmotiv* é o autoritarismo social, sobre o que é correto, ou não – tipificando a psiquiatria adaptativa. Uma noção que ou nega, ou ignora aquilo que Bion escreveu, que também aparece na citação seguinte:

A atividade do paciente mais em evidência em uma análise é o pensar. O analista pode ver o uso que o paciente faz da situação analítica. . . . A coerência que esses fatos têm, na mente do paciente, não é relevante para o problema do analista. Seu problema – eu o descrevo em estágios – é ignorar essa coerência de modo a confrontar-se com a incoerência e experimentar incompreensão a respeito daquilo que lhe está sendo apresentado. Para o analista, é possível tolerar essa experiência emocional, embora tal experiência envolva sentimentos de dúvida e talvez até mesmo de perseguição, graças à sua própria análise. (EP, 91; EP, 102)

Considerando a cronologia da história das contribuições de Bion, talvez seja útil um exame de um estudo menos compactado, feito em 1967, para uma conferência nos EUA: "Reverência e temor reverencial" ("Reverence and Awe"):

Devo explicar por que considero importante a capacidade do analista de observar e absorver tanto quanto for possível do material do analisando; as razões são as seguintes:

1. Isso irá capacitar o psicanalista a combinar aquilo que ouve com aquilo que já experimentou com o paciente, para dar uma interpretação imediata, nas circunstâncias da sessão real.
2. Ao mesmo tempo, o psicanalista observará características que não lhe são compreensíveis, mas que contribuirão, em um estágio posterior, para a compreensão do material que ainda virá.
3. Há ainda outros elementos a respeito dos quais o analista não vai estar nem sequer consciente, mas com os quais irá construir uma reserva experimental que, no devido tempo, irá influenciar a visão consciente que tenha do material do paciente, em uma ocasião específica.

Embora a razão 1 aparentemente conduza à interpretação operativa, ela é de menor consequência do que as razões 2 e 3, pois a interpretação simplesmente sela, formalmente, o trabalho que já foi feito; portanto já não tem tanta consequência.

A razão 2 é de grande importância, por ser parte do processo dinâmico e contínuo do qual depende toda a viabilidade da análise. Quanto mais o analista estiver aberto a essas impressões, mais capaz será de participar da evolução da análise.

A razão 3, embora mais remota, assegura a vitalidade, a longo prazo, de todo processo psicanalítico. De modo breve, quanto mais o psicanalista se aproximar do tipo de observação que almejo aqui, menor será a probabilidade de ele incorrer nos desperdícios do jargão e a análise irá se aproximar mais de ser uma experiência emocional única, notoriamente relacionada a um ser humano real, e não a uma aglomeração de mecanismos psicopatológicos.

Descobri ser importante enfocar cada sessão, independente do quanto o material pudesse parecer familiar, como se examinasse detalhadamente os elementos de um caleidoscópio antes que eles se misturassem em um padrão definível. A tentação é, sempre, extinguir prematuramente o estágio de incerteza e dúvida sobre o que o paciente esteja falando.

O modo mais provável para um analista fazer isso é interpretar antes da hora, antes que o padrão tenha emergido. O arsenal de teoria e experiência psicanalíticas que o analista possui é suficiente para supri-lo de interpretações plausíveis para esse fim. Todos nós estamos familiarizados com essa situação como uma manifestação de contratransferência; mas quero enfatizar como o rumo que estou advogando se aproxima dos sentimentos de perseguição próprios à posição esquizoparanoide. Pode-se argumentar que um analista deveria ser tão bem analisado que não sofresse sentimentos de perseguição. Mas estou mais interessado em qual é o caso do que no que ele *deveria* ser. Eu, que fui analisado por Melanie Klein, certamente não posso reclamar de ser incapaz de experimentar sentimentos de perseguição. No nosso presente estágio de progresso, penso que qualquer analista estaria sendo precipitado se pensasse de forma diferente. Como esses sentimentos são muito dolorosos, é natural que o analista fique ansioso para acabar com eles prematuramente, como mostrei. Sugiro que, para uma interpretação ser correta, é necessário que o analista atravesse a fase de "perseguição" – esperamos que de uma forma modificada – sem dar nenhuma interpretação. Do mesmo modo, ele precisa atravessar a depressão antes de estar pronto para dar uma interpretação. Novamente, não deveria dar uma interpretação enquanto estivesse experimentando depressão; a mudança da posição esquizoparanoide para depressiva deve estar completa antes que ele dê a sua interpretação.

Como corolário, enquanto ouve, o analista deveria deter-se nos aspectos da comunicação do paciente mais propícios de mobilizar sentimentos correspondentes à perseguição e depressão. Em minha experiência, isso prové uma aferição tão boa da integridade interpretativa quanto qualquer outra coisa que eu conheça. No todo, fico mais satisfeito com meu trabalho quando sinto que passei por essas experiências emocionais do que quando a sessão foi mais agradável. Essa minha crença foi reforçada pela convicção nascida em mim por meio da análise de pacientes psicóticos e *borderline*. Penso que esse tipo de paciente jamais aceitará uma interpretação, ainda que correta, a menos que sinta que o analista passou por essa crise emocional, como uma parte do ato de interpretar. (C, 287-292)

Uma análise apropriada pressupõe um estado de estar-uno-a-si-mesmo (*at-one-ment*), de estar em unidade consigo mesmo, como a pessoa – no caso, exercendo a função de psicanalista – realmente é. Um estado que pode provocar medo; envolve depressão, pois um reconhecimento verdadeiro do quanto esta pessoa abriga, como algo instintivo, em algum grau, que se manifesta por inveja, delinquência, avidez e violência injustificáveis para as necessidades da sobrevivência. Além disso, para algumas pessoas, isso significa enfrentar aspectos parciais empobrecidos e primitivos, em estados de ausência de processos de pensar, formando seu próprio *self*. Para muitas dessas pessoas – sejam elas pacientes ou analistas, pois todo analista sempre precisa ser paciente, um estado de estar-uno-a-si-mesmo (*at-one-ment*), de estar uno a si mesmo, pode ser indistinguível de um estado que leva ao suicídio ou homicídio:

> Em termos religiosos, essa experiência poderia manter aparências similares às da experiência representada por enunciados do indivíduo, ou da raça que sempre erra, que se permite enganar por imagens esculpidas, ídolos, esculturas religiosas, ou, em psicanálise, o psicanalista idealizado. É necessário fornecer interpretações baseando-se no reconhecimento do desejo, mas essas interpretações nunca poderão ser derivadas, ou fornecidas, pelo reconhecimento da memória sensorial. O alcance da necessidade de tal apreciação, e interpretação, é notavelmente amplo.... O psicanalista que aceita a realidade de que haja uma experiência de reverência e de temor reverencial aceitará a possibilidade de que possa haver um distúrbio no indivíduo que efetua um estado de estar uno a si mesmo[114] – o qual torna impossível, em consequência, uma expressão de reverência e temor reverencial. O postulado central é: estar uno à[115] realidade última, ou O, como a denominei, para evitar envolvimento com associações já existentes, é essencial para harmonia no desenvolvimento mental. Em consequência, essa interpretação envolve elucidação da evidência que tangencia o estado de estar uno a si mesmo,[116] e não da evidência de uma incessante operação de um relacionamento imaturo com um a pai.... Distúrbios na capacidade para estar uno a si mesmo associam-se a atitudes megalomaníacas. (ST, 145)

A revisão do conceito médico de "cura", iniciada por Freud, continua-se na obra de Bion, onde se explicita com mais detalhe os intuitos de uma psicanálise: tornar ansiedades histéricas, fóbicas, obsessivas, persecutórias e maníacas em uma ansiedade normal da vida cotidiana, ligada à necessidade de sobrevivência, sem uma subserviência ao princípio do prazer/desprazer. O conceito de cura, propagado milenarmente por pajés, curandeiros, ministros religiosos, falsos cientistas como Anton Mesmer, o "pai" dos hipnotizadores, fascinando aprendizes de medicina, começou a ser revisto pela iluminação das fantasias transferenciais. Sob o vértico sociológico, aparecem nos mitos da tradição judaico-cristã-maometana: expulsão de algum "Paraíso", seguido pelo retrocesso de uma recuperação do mesmo, por meio

---

[114] *Atonement* no original
[115] *Atonement* no original.
[116] *Atonement* no original.

de ascenção pós-morte que nega a morte – principalmente após o advento de Cristo e Maomé, já antevisto pelo mito da "terra prometida", à qual Moisés olhou mas não chegou materialmente. O mesmo retrocesso tem ocorrido no uso de palavras cunhadas por Freud para criar mal-entendidos, degenerando teorias psicanalíticas. Membros do movimento psicanalítico entronizam antigas fantasias de cura, como o intuito único da psicanálise, fazendo uso-capião de efeito placebo. Pessoas sugestionadas ou seduzidas por essa negação das observações e da revisão feita por Freud sobre o conceito de cura desconcertaram-se; alguns dos leitores da obra de Bion, que se intitularam "bionianos", ocupando o outro extremo de um espectro fantasioso, passaram a negar o modelo Médico. Utilizaram-se de críticas de Bion sobre inadequações do modelo médico quando aplicado mecanicamente à psicanálise, como se fossem decretos de extinção desse modelo. Seria o caso de imaginarem-se "mais realistas do que o rei", ignorando que o suposto "rei" já é uma fuga imaginosa, produto de fantasias transferenciais? Trata-se de uma leitura idealista; e também dos leitores indispostos a tentar levar a cabo um trabalho responsável, de compromisso com uma atividade de cuidar que seja relacionada a algum tipo de desenvolvimento (nos termos propostos por Bion, crescimento) humano. No caso, da percepção de quem se é, em um contínuo esforço por tornar-se quem realmente se é. Para esses leitores, uma psicanálise seria uma atividade cuja finalidade seria ela mesma, de efeitos indistinguíveis dos obtidos por alguém que se dedica a fazer sua conta bancária engordar; ou de uma atividade superior feita por seres superiores, filiados a alguma escolástica. São leitores que negam a existência de uma interpretação apropriada. Esses leitores negam e clivam boa parte dos textos de Bion. Por exemplo, ao ler *Transformations*, negam tudo aquilo que se refira à "invariância". Insistem que analistas só podem emitir "opiniões", independentemente do efeito benéfico ou maléfico que possam ter no *setting* analítico (q.v.). Afirmar que verdade – contida em uma interpretação apropriada – é sempre contingente equivale a negar qualquer tentativa de ajudar pessoas com seu sofrimento. Uma saída evasiva é apregoar que há apenas uma natureza literária ou poética no trabalho de um analista – e nunca uma atividade terapêutica. Assinalar as limitações do método analítico para essa finalidade – como Freud fez em *Análise terminável e interminável* ou Bion fez em *Transformations* e *Attention and Interpretation* – difere de negar um modelo do cuidar, ou terapêutico. Seria possível conciliar esse tipo de leitura com as citações a seguir:

Necessidade de verdade e necessidade de reajustar constantemente os desajustes[117]

---

[117] *"Truth – need for, and need to keep maladjustment in repair"*; o título refere-se a duas necessidades opostas – a necessidade de verdade por parte da mentalidade científica e da personalidade não-psicótica e a necessidade do psicótico de "reajustar" continuamente seus desajustes para que esses desajustes "funcionem".

P

> Os procedimentos psicanalíticos pressupõem que haja, para o bem-estar do paciente, um constante suprimento de verdade, tão essencial para sua sobrevivência quanto o alimento é essencial para a sobrevivência física. Além disso, pressupomos que uma das pré-condições para sermos capazes de aprender a verdade, ou pelo menos para procurá-la na relação que estabelecemos conosco e com os outros, é descobrirmos a verdade sobre nós mesmos. Supomos que, em princípio, não podemos descobrir a verdade sobre nós mesmos sem a assistência do analista e dos outros. (C, 99)

> Assumo que o efeito permanentemente terapêutico de uma psicanálise, caso exista algum, depende da extensão em que o analisando tenha sido capaz de usar a experiência para ver um aspecto de sua vida, a saber, ver como ele mesmo é. A função do psicanalista é usar a experiência dos recursos para o contato que o paciente consegue lhe estender, para elucidar a verdade a respeito da personalidade e das características mentais do paciente, exibindo-as a ele, paciente, de modo que este possa ter uma razoável convicção de que as asserções (proposições) que o analista faz a seu respeito representem fatos.
> Segue-se que uma psicanálise é uma atividade conjunta, do analista e do analisando, para determinar a verdade; que, sendo assim, os dois estão engajados – não importa quão imperfeitamente – em algo que pretende ser uma atividade científica. (C, 114)
> Se a análise for bem-sucedida em restaurar a personalidade do paciente, ele vai se aproximar de ser a pessoa que foi quando seu desenvolvimento tornou-se comprometido. (T, 143)

Essas citações ilustram uma postura básica, permeando, historicamente, toda obra de Bion. Ilustram mais uma das falhas de apreensão sobre essa obra. Leitores, principalmente os autointitulados "bionianos", defendem que o único interesse dessa obra e, em consequência, da própria pessoa, falecida em 1979, chamada W. R. Bion seria o de observação, nunca o terapêutico. Não especificam a natureza da observação: poucos deles insistem que pertenceria ao âmbito científico; argumentam que não se trata de uma observação médica, e que seria um âmbito absolutamente próprio, que denominam "psicanalítico". Esse modo de ler se acompanha daquele exibido por outros membros do movimento psicanalítico que não se interessam e pensam-se opostos ao estudo da obra de Bion, criticando-o acerbamente. Leitores idólatras e iconoclastas, aparentemente opostos, igualam-se na mesma distorção e intuito: confundem a observação e prática em psicanálise, com os vértices de outras disciplinas: estética, hermenêutica, semiologia, literatura. Evitam, por preconceito ideológico, qualquer referência à tradição mística, ou do exercício de intuição. Advogam que essas disciplinas superpõem-se e podem substituir o método proposto por Freud e seus continuadores. Negam a existência de uma "interpretação apropriada" que possa ir além da precisão na observação. A herança da prática médica é desprezada; a natureza médica do trabalho – cuidado individual a pessoas que sofrem – fica negada. O autor deste dicionário sugere que a origem desse estado grupal centra-se em um trabalho de Freud, *Análise terminável e interminável* – no qual há uma diferenciação entre dois usos de psicanálise: o método cientifico de observação do comportamento humano e das vicissitudes que o afetam e o método de tratamento terapêutico dessas vicissitudes. Não há partidarismo que possa implicar a superioridade de um dos dois usos em relação ao outro; não há a menor indicação de desprezo pela natureza humana, ou pela qualidade do percurso das pessoas através do pequeno tempo na qual permanecemos vivos. As obras de Freud, Klein, Winnicott e Bion nunca pões em dúvida a concepção de utilidade construtiva - não destrutiva – do método psicanalítico.

Idolatria e iconoclastia: duas faces paradoxais da mesma moeda, nunca podem ser vistas ao mesmo tempo – mas todo idólatra abriga um cripto-iconoclasta. Em psicanálise, começa-se e por idolatria e termina-se por iconoclastia. Em outras disciplinas, o sentido pode ser oposto. Multiplicam-se como reações grupais frente a pessoas que, por dotações genéticas e oportunidades ambientais, fizeram contribuições notáveis à vida – construtivas ou destrutivas. Usualmente, denominados de "gênios", são chamados de "místicos" na obra de Bion. O grupo sempre mantém interesse na personalidade destes que têm sido vistos como "criadores". Sob o vértice psicanalítico, o termo "criador" parece corresponder a fantasias onipotentes e transferenciais que não se desenvolveram (não analisadas suficientemente), fantasiando que possa haver uma geração espontânea, ou partenogenética, a partir do nada. A fantasia é de que o desenvolvimento do conhecimento e dos processos de conhecer poderia ser feito sem que houvesse etapas, estágios, incluindo retrocessos. Foram descritos – ainda que tosca- mente, por teorias. Por exemplo, a teoria da evolução das espécies, de Charles Darwin; que reconheceu sua herança na obra de Goethe. O interesse que podemos denominar pessoal transforma-se (podemos utilizar, como Bion utilizou, a teoria de Transformações e Invariâncias) em ênfase personalista – que deságua, obrigatoriamente, em idolatria e/ou iconoclastia. A obra e a pessoa de Freud foram vistas como bondosas, pessimistas, apaixonadas, desapaixonadas, sensíveis, insensíveis, progressista, retrógrada, revolucionária e conservadora. O mesmo ocorreu com a obra e a pessoa de Melanie Klein; repetiu-se com a pessoa e obra de Bion. Winnicott e sua obra, aparentemente, foram poupados dessas contraditoriedades, embora alguns acusam-nas de *soft humanism*, ou humanismo piegas. Reações individuais e grupais propensas à idealização negam ou ignoram que aproximações à verdade não demandam a existência de seres extra-humanos:

P

> Expressões poéticas e religiosas possibilitaram um grau de "public-ação" na medida que conseguiram durabilidade e extensão . . a atenção do psicanalista é detida por uma experiência específica, à qual ele chamaria a atenção do analisando . . . o analista precisa empregar métodos que tenham a contraparte de durabilidade ou extensão em um âmbito (4) onde inexiste tempo e espaço, conforme estes termos são utilizados no mundo dos sentidos. . . . Com certeza, minha impressão é de que se supõe, ou intenta-se, que a experiência de uma psicanálise tenha um efeito duradouro. (AI, Introdução, 2)

As noções a respeito das correspondências na realidade que as formulações verbais, interpretação e análise apropriada, e análise real, ficam ainda mais enriquecidas se o praticante se utilizar da teoria sobre continente/contido, ♂+♀ (q.v.). O que estou qualificando como enriquecimento? Parece-me que o apelo à biologia vivifica nossa prática; psicanálise, como a vida, pode ser uma prática não "estéril", dedicada à manutenção da vida humana:

> O paciente está em dificuldades para exprimir um significado, ou o significado que deseja exprimir vai ser muito intenso para ser adequadamente expresso por si, ou a formulação será tão rígida que o paciente sente que o significado expresso fica sem o mínimo interesse ou vitalidade. De modo semelhante, as interpretações dadas pelo analista, ♂, podem se encontrar com a resposta aparentemente cooperativa, qual seja, de serem repetidas com o intuito de serem confirmadas; isso priva ♂ de significado por compressão, ou por esvaziamento. O insucesso em observar ou demonstrar esse ponto pode produzir uma análise aparentemente progressista, mas factualmente estéril. A pista encontra-se na observação das flutuações que tornam o analista, em um certo momento, ♀ e o analisando, ♂, e no outro revertem-se os papéis. Quando se observa esse padrão, também é necessário observar os vínculos (comensal, simbiótico, ou parasítico) dentro do padrão.
>
> Quanto mais o analista se tornar familiarizado com a configuração ♀ e ♂, e com os eventos na sessão que se aproximam a essas duas representações, melhor. A experiência essencial não é ler este livro, mas sim o casamento do evento real na psicanálise que se aproxima dessas formulações. (AI, 108-109)

Entre as muitas recomendações e alertas feitos por Bion quanto à prática psicanalítica, em termos de uma "análise apropriada", há alguns que concernem a uma disciplina que mantenha o analista o mais impermeável possível para infiltrações, ou contaminações de memória, desejo e entendimento. Tem sido os alertas mais repetidos na literatura, pelos que puderam apreendê-lo e também pelos que não puderam. A apreensão se dá por meio de uma ação interna, não consciente, de resistência em relação à verdade nela contido. É necessário que se desenvolva uma disciplina; o inverso de uma atitude de pouco caso, que pode ser vista segundo uma expressão idiomática em francês, de *laissez faire, laissez aller*. Essa disciplina foi colocada de modo muito compacto, e como uma das poucas recomendações de natureza pedagógica que se pode encontrar na obra de Bion, no artigo "Notas sobre memória e desejo", de 1967. Três anos depois, o leitor poderia encontrar uma diferenciação mais clara entre "lembrança" e "memória" – originada, muito provavelmente, no estudo "Recordar, repetir e elaborar" de Freud:

> ... o analista que vem para uma sessão com uma memória ativa não se encontra em posição de fazer "observações" dos fenômenos mentais desconhecidos, pois estes não são sensorialmente apreensíveis. Existe algo essencial para o trabalho psicanalítico que tem sido chamado "lembrar"; é necessário diferenciar precisamente este algo daquilo que tenho chamado memória. Quero discriminar entre (1) Lembrar um sonho ou ter uma memória de um sonho de (2) a experiência do sonho que parece aderir como se fosse um todo, ausente num certo instante, presente em outro. Considero essa experiência essencial à evolução da realidade emocional da sessão; ela é frequentemente chamada uma memória, mas precisa ser discriminada da experiência de lembrar. Na memória, o tempo é essencial. O tempo tem sido considerado como a essência da psicanálise; mas não desempenha nenhuma parte nos processos de desenvolvimento. A evolução mental, ou crescimento, é algo catastrófico e atemporal. Vou usar o termo "memória" com seu significado coloquial comum; representa algo deslocado na conduta psicanalítica de um psicanalista. Os parentes de um paciente ficam oprimidos por memórias, o que os torna juízes inconfiáveis da personalidade do paciente; não servem para ser o analista daquele paciente.
>
> ... em toda e qualquer sessão, o psicanalista precisaria ser capaz, especialmente no que se refere a memória e desejo, de estar consciente de aspectos do material relacionados àquilo que é desconhecido tanto para si como para o analisando, seja lá quão familiar esse material lhe pareça ser. É necessário que o analista resista a toda tentativa de se atrelar àquilo que já sabe, com o intuito de conseguir um estado de mente análogo à posição esquizoparanoide. Cunhei um termo para este estado, "paciência", para distingui-lo de "posição esquizoparanoide", que seria deixado para descrever o estado patológico para o qual Melanie Klein o utilizou. Tenho a intenção de que o termo retenha sua associação com sofrimento e tolerância de frustração.
>
> Seria necessário manter "Paciência", sem "busca irritável por fato e razão", até que um padrão "evolua".
>
> Esse estado é o análogo daquilo que Melanie Klein denominou a posição depressiva. Uso o termo "segurança" para esse estado. Quero que segurança e diminuição

de ansiedade se mantenham associados a esse estado. Considero que nenhum analista qualifica-se à crença de que executou o trabalho necessário para dar uma interpretação a não ser que tenha passado pelas duas fases – "paciência" e "segurança". A passagem de uma à outra pode ser de pouquíssima duração, como nas etapas finais de uma análise; ou pode tomar muito tempo. Poucos psicanalistas, se é que algum existe, acreditariam ter alguma chance de fugir dos sentimentos de perseguição e depressão comumente associados aos estados patológicos conhecidos como as posições esquizoparanoide e depressiva. Resumindo: a um sentido de ter se conseguido uma interpretação apropriada, frequentemente se segue, quase que de imediato, um sentido de depressão. Considero a experiência de oscilação entre "paciência" e "segurança" uma indicação de que está se conseguindo fazer um trabalho valioso. (AI, 107-108; 124)

Em *A Memoir of the Future*, Bion faz uma última tentativa para descrever e comunicar por escrito uma *"evolução da realidade emocional da sessão"* e uma *"evolução mental ou desenvolvimento"* que "é catastrófica e atemporal", pois ambas compartilham das características de pertencerem, em sua própria evolução ou involução, ao sistema inconsciente. De um modo ainda mais semelhante à própria vida, se comparada com suas tentativas anteriores. Neste momento, Bion substitui o termo "correto", pelo termo "real".

Julgamentos

Como explicitado na Introdução deste dicionário, o autor obteve contato razoavelmente continuado, com vários leitores da obra de Bion através do mundo, na função de supervisionando, aluno, professor, supervisor de casos, comentador de artigos, escritor de prefácios e posfácios e colaborador em capítulos de livros, com vários leitores da obra de Bion através do mundo. Mais de quatro décadas de experiência confere segurança para a afirmação, mesmo que não disponha de dados estatísticos a respeito, que o termo verbal utilizado por Bion (de modo raro) "julgamento" tem sido considerado por boa parte desses leitores como se fosse sinônimo da expressão "juízo de valor moral". Apenas quatro leitores,[118] revelando sinceramente seu desconhecimento da obra de Kant, aceitaram minha ênfase de que Bion estaria se utilizando apenas do sentido dado por Kant. O modo mais explícito de definir o termo julgamento aparece em *Crítica da razão pura*: foi a base para todo o trabalho de Freud, de Bion e de toda a ciência atual. Kant estabelece alguns modos

---

[118] Os Drs. James Grotstein, André Green, Antonio Sapienza e Thomas Ogden. O Dr. Grotstein autorizou-me a divulgar um fato ocorrido no encontro organizado por Parthenope Bion Talamo, Silvio Merciai e Franco Borgogno sobre o centenário do nascimento de Bion, ocorrido em 1997, em Turim: reconheceu publicamente, durante a apresentação de seu estudo, que voltara a ler Kant com outros olhos, pelo estímulo dado pelas nossas conversas, iniciadas em 1981.

sob os quais ocorrem os processos de um pensar científico. Este verbete não é o local para detalharmos esses modos, que podem ser procurados na obra de Kant - e em algumas obras introdutórias. Alguns leitores usam o termo, julgamento, com propósitos rivais, em uma fuga fantasiosa imaginativa, como se tratasse de alguma guerra de uma "análise bioniana", que seria superior, contra uma "análise clássica", que seria obsoleta, inferior. Confusão amplificada por erros na versão para o português, trocando "real" por "verdadeiro", resultando no termo errôneo, "análise verdadeira", ainda utilizado por alguns leitores. Se Bion pretendesse escrever "análise verdadeira", escolheria o termo *true Analysis*, e não *real Analysis*. Esse tipo de mal-entendido serve para alimentar os interessados naquilo que Bion descreveu como guerras entre analistas: *"brincadeiras de "Quem é Quem", no campeonato anual dos Times Psicanalíticos"*, nas quais a "linguagem é feroz e incompreensível" (AMF, II, 227) – São distorções, desautorizadas pelos escritos originais de Bion. Leitores idolátricos "perfumam" – se atrativa ou repulsivamente, depende da audiência – bajulações, lamentavelmente populares, com qualificaticos típicos dos adoradores de divindades. Caso alguém examine - e não despreze o texto citado a seguir, como poderia insistir em propagar atribuições de superioridade à obra de Bion, ou, na face iconoclástica, o par complementar da idolatria, atacar formulações verbais como "psicanálise real", "análise apropriada", ou "interpretação apropriada", como se fossem afirmações de superioridade?

> P.A.: A esperança é que a psicanálise traz à luz pensamentos, ações e sentimentos dos quais o indivíduo pode não estar consciente e, portanto, não pode controlar. Se o indivíduo puder estar consciente deles, poderá, ou não, decidir – ainda que inconscientemente – modificá-los.
>
> ALICE: Não sei no que isso difere daquilo que foi feito por pais, professores, santos, filósofos para incontáveis gerações de profetas de uma espécie ou outra.
>
> P.A.: Aquilo que eu disse – e não consigo dizê-lo melhor – é uma descrição que poderia se aplicar a muitos procedimentos já consagrados pelo tempo. Você estaria certa em presumir, a partir de minha descrição, que não há razão especial para se atribuir qualquer primazia à abordagem psicanalítica. É por isso que a maioria das pessoas não se dispõe a gastar tempo e dinheiro para ir a um psicanalista. A "psicanálise real" à qual aspiramos é, na melhor das hipóteses, apenas uma aproximação àquela "psicanálise real". Só que ela é suficientemente "real" para conscientizar as pessoas de que há "algo" além dos débeis esforços do psicanalista e do analisado. Penso que é otimismo supor que em nossos esforços para consegui-lo façamos mais do que arranhar a superfície. (AMF, III, 509-510)

Perigos inerentes à análise real

A prática de uma análise que possa ser qualificada como real vincula-se a uma qualidade inerente a qualquer pessoa que se considere: todos nós possuímos amor e ódio à Verdade. O fato é patente em grupos sociais, descritos, provavelmente pela primeira vez, como "massa", por Émile Durkheim, cujo senso de bem-estar deriva do desprezo pela busca de "valor-verdade" contido em enunciados verbais feitos por não apenas por líderes políticos, mas por qualquer disciplina artística ou científica que se considere. Cedo ou tarde, toda e qualquer massa lida com psicanálise com ódio destrutivo. Psicanalistas incorrem no risco do ódio provindo do analisando, que faz com o analista um grupo; secundariamente, de todo o grupo social circundante. Uma análise bem-sucedida normalmente leva as pessoas a agir em situações sociais de modo que o indivíduo não se sujeita totalmente aos interesses da massa; ou, nos termos cunhados por Freud, aos interesses totais do superego, como se um ego fosse apenas um superego; na expansão de Bion, a um superego assassino. Uma análise bem-sucedida pode, ainda que temporariamente, incrementar um apelo – pelo mecanismo de defesa denominado por Freud de resistência – a estruturas psíquicas psicóticas (ou típicas da situação em que a personalidade psicótica prevalece, à expensas da personalidade não-psicótica), levando a manipulações, por identificação projetiva, do meio ambiente do paciente para destruir a análise – pelo próprio paciente, com a ajuda do meio ambiente. A manipulação emocional do meio ambiente difere da modificação da realidade referida por Freud. Muitas vezes, o analista pode ser visto como portador de más notícias. Pois as notícias tidas como desagradáveis – a consciência de avidez, mesquinhez, inveja e ódio injustificado – são associadas, proporcionalmente, à incapacidade de enfrentar aquilo que é Verdade para cada pessoa, contida não naquilo que a pessoa pensa conscientemente sobre si mesma, mas sobre suas ações, ou falta delas. Bion ocupa-se da opinião pública no capítulo I de *Transformations*. A questão é revista neste dicionário nos seguintes verbetes: "mentira", "personalidade psicótica", "verdade".

> P.A.: As pessoas frequentemente presumem que sou vazio de cultura ou de equipamento técnico, ou de ambos.
> ROLAND: Você parece pouco acostumado com isso.
> P.A.: Não; faz parte da profissão do analista estar familiarizado com o mundo real, enquanto os leigos pensam poder se manter cegos e surdos a esses componentes desprazeirosos da vida real. (AMF, III, 528)

A ficção pode ser tão retórica a ponto de se tornar incompreensível; ou tão realista que o diálogo se torna audível para os outros. Ocorre assim um duplo medo: o medo de que a conversa seja tão teórica que os termos possam ser considerados um jargão completamente desprovido de significado; e o medo da realidade aparente. Sente-se como loucura o fato de se ter duas séries de sentimentos a respeito dos mesmos fatos, e, consequentemente, desgosta-se desse estado. Essa é uma razão pela qual se sente que é necessário ter um analista; outra razão é o desejo de que eu esteja disponível para ser considerado louco, e usado para ser considerado louco. Existe um receio de que você possa ser chamado de analisando ou, reciprocamente, de que possa ser acusado de insanidade. Será que eu poderia ser suficientemente forte e flexível para ser considerado e tratado como insano, sendo ao mesmo tempo são? Se é assim, não admira que se espere que os psicanalistas, quase que como uma função do papel de analista, se preparem para serem insanos e serem chamados como tal. É parte do preço que têm que pagar por serem psicanalistas. (AMF, I, 112-113)

Referências cruzadas sugeridas: Argumento circular; Compaixão; Contratransferência; Cura; Desastre; Estar-uno-a-si-mesmo (*At-one-ment*); Julgamentos; Mentira; Temor reverencial; Senso da verdade, Verdade e transformações em O; Visão analítica; Visão binocular.

PSICOLOGIA BI-PESSOAL

Alguns leitores estranharão que se inclua um conceito cunhado por outro analista, John Rickman, em um dicionário dedicado aos conceitos de Bion. No entanto, parece-nos que Bion resgatou o éthos desse conceito, incrementando a possibilidade do uso, sem modificações em sua essência. Talvez não seja inadequado prestar homenagem ao primeiro analista de Bion. Tornaram-se amigos e colaboradores em experiências de análise e de dinâmica de grupo; o Dr. Rickman o inspirou para desenvolver o estudo de vínculos entre pessoas.

📖 *Selected Papers of John Rickman*, editado by W. Clifford-Scott. Londres: The Hogarth Press and the Institute of Psycho-analysis, 1951.

P

PS⇔D

> ... a capacidade de aprendizado do indivíduo, no decorrer de sua vida, depende de sua capacidade para tolerar a posição esquizoparanoide, a posição depressiva e a interação contínua e dinâmica entre as duas. (C, 199)

Também escrito, por engano de revisão tipográfica, como Ps⇔D. Uma notação simbólica quase matemática criada por Bion por volta de 1960. Publicada pela primeira vez em 1963 para representar de modo compactado a teoria das Posições proposta por Melanie Klein – que Bion tentou como classificar como o segundo elemento da psicanálise: *"Pode ser considerado como representando, aproximadamente, (a) a reação entre as posições esquizoparanoide e depressiva, descrita por Melanie Klein; (b) a reação precipitada pela descoberta do fato selecionado, descrita por Poincaré* [119]*"* (EP, 3).

Representa um movimento *in tandem*, dinâmico, vivo, para a frente e para trás, que persiste enquanto uma vida humana subsistir. Mencionado pela primeira vez em uma pequena nota escrita por volta de 1960, para assinalar e existência de uma interação dinâmica, e não um objetivo estático. Enfatiza a existência de um mecanismo primitivo, que se mantém mais ou menos desenvolvido ao longo da vida:

> As Posições não devem ser consideradas, simplesmente, como características da infância; a transição entre a posição esquizoparanoide e a depressiva também não deve ser considerada como algo que se adquire na infância, para todo o sempre, mas como um processo continuamente ativo, desde o momento em que seu mecanismo se estabeleceu com sucesso nos primeiros meses de vida. Portanto, se esse mecanismo não for estabelecido no início, sua operação permanecerá defeituosa através da vida (em vários graus de intensidade). (C, 199-200)

Referência cruzada sugerida: Elementos de psicanálise.

---

[119] Poincaré, J. H. (1908). *Science and Method*. Londres: Dover Publ. (1955).

R

Razão

Uma crítica da razão pura – originada de uma obra com esse título de Kant – foi feita por Bion. Deriva dos *insights* de Freud a respeito da possível existência de um sistema inconsciente no aparato psíquico humano. Questionamentos de Bion sobre a lógica formal (euclideana) e à razão provém não apenas das teorias de David Hume e Immanuel Kant (que são citadas explicitamente), mas também do contato com as obras de Trotter e Freud. São indissolúveis de suas experiências de vida. Principalmente aquelas relacionadas à guerra, e às reações antiautoritárias mostrando rebeldia ou crítica ao que ele mesmo denominou – em 1919, na obra *War Memoirs* – de instituições (*establishment*): igreja anglicana, escola e serviço público, militar e, depois, sociedades de psicanálise. O termo *establishment* se popularizou na Inglaterra em 1955, sendo utilizado por um jornalista famoso, H. Fairlie; as menções de Bion são anteriores. A vivência religiosa com o ramo não conformista da igreja protestante, incrementada com experiência com a guerra, medicina e psicanálise ofereceram-lhe uma oportunidade de descartar-se das ilusões da razão pura.

Pretensões à razão – posteriormente denominadas de "racionalização" por Freud – estão a serviço do princípio do prazer. Usando uma hifenização não usual, para ressaltar o aspecto, afirma que *"assim que se tenha obtido o significado psico-logicamente necessário, a razão, como escrava das paixões, transforma a necessidade psico-logicamente necessária em uma necessidade logicamente necessária"* (T, 73). Com isso, integra a obra de Hume com a obra de Freud. Muito provavelmente, as leituras que fez a respeito do caso Schreber – sobre racionalizações – acopladas às de alguns clássicos, como Bunyan, Milton e Shakespeare, foram o embrião dos alertas a respeito dessas ilusões, que desafiam o respeito ao indivíduo e à verdade:

QUARENTA ANOS: Você está levando pelo lado pessoal, Vinte e Cinco. Você aprendeu isso do P.A. Ele está sempre levando tudo pelo lado pessoal.

CINQUENTA ANOS: Pessoal, não – específico.

P.A.: Tenho muito respeito pelo indivíduo. Você acha isso errado?

CINQUENTA ANOS: Não, mas isso não está acompanhando o crescimento da Horda. Posso ver que o P.A. vai se meter em sérias complicações se a Horda se desenvolver mais rápido do que ele.

R

P.A.: Se o desenvolvimento da Horda é incompatível com o do indivíduo, ou o indivíduo perece, ou a Horda vai ser destruída pelo indivíduo a quem não se permite desenvolvimento.

SACERDOTE: Com toda certeza, vai depender se a Horda desenvolve uma intolerância para com o indivíduo ou o indivíduo para com a Horda.

P.A.: Alguns de nós pensam que o desenvolvimento do indivíduo requer uma supervisão cuidadosa.

SACERDOTE: É claro; todos nós estamos de acordo com isso. O desacordo começa quando o acordo tem de ser traduzido em ação. O executante tem que decidir *o que* deve ser ensinado, *o que* tem que ser digno de crédito, o que deve ser pintado; ou musical ou esteticamente criado.

DOUTOR: Ou quem vai viver: a mãe ou bebê. Ensinaram-me a "não se empenhem em sobreviver oficialmente".

ROLAND: Será que eu estou sendo "oficioso" ao me empenhar em continuar vivo?

ROBIN: Ou covarde? Ou suicida, para não sobreviver?

P.A.: Se é melhor pegar em armas contra um mar de problemas ...

SACERDOTE: Quem, ou o que decide?

P.A.: Parece que é o indivíduo quem decide se vai ou não preservar a vida.

FÍSICO: Hoje em dia, graças a nós, *um* único indivíduo pode ser capaz de decidir se ele mesmo *e* pessoas "não ele" vão viver ou morrer.

P.A.: Parece-nos que o caso é este. Mas será que aquilo que "nos" parece é para ser encarado como sendo idêntico ao fato? O Sacerdote, e outros, parecem pensar que nós, os psicanalistas, apregoamos saber. Encaro qualquer coisa que "sei" como sendo uma teoria transitiva – uma teoria "a caminho" do conhecimento, mas não o *conhecimento*. É meramente uma "parada para descanso", uma "pausa" onde eu possa ficar temporiamente livre para estar consciente de minha condição, mesmo que essa condição seja precária.

SACERDOTE: John Bunyan descreveu esse estado em uma porção de frases pictoricamente vívidas.

SCHEBER: Eu também.

ROLAND: Quem é esse cara?

P.A.: Ah, é só um pobre diabo, um paranoico.

ROBIN: Um o quê? Você quer dizer louco?

P.A.: Suponho que é isso que eu quero dizer; mesmo assim, penso que Freud suspeitava que aquilo que Schreber escreveu era digno de atenção. Escorreguei no pântano mental prevalente. A pessoa não consegue evitar o instinto de se adaptar ao lamaçal – sejam lá quais forem seus defeitos – no qual até então sobreviveu. Bunyan tentou se arrastar para fora disso; Schreber também. Ambos pensaram que o Campeão pela Verdade[120*] poderia ajudar – ainda que eles não o chamassem dessa forma. Schreber, suponho, pensou que estaria em segurança caso fosse um juiz ou um psiquiatra.

SACERDOTE: Ou psicanalista? Paraíso? ou a "Lei"? (AMF, III, 474-475)

O mecanismo psíquico "racionalização" ocupa um lugar único na história das contribuições teóricas de Freud. Nunca lhe foi atribuído o *status* de mecanismo de defesa do ego. Derivou dos *insights* de Freud a partir do trabalho com histéricos, nas suas tentativas de interpretar sonhos, e culminou com a leitura de um diário do juiz Paul Daniel Schreber. O termo, até o ponto a que chegou a investigação deste autor, era usado nos textos psiquiátricos da época; levamos em conta que Freud cita nominalmente Ernest Jones – que possuía experiência com pacientes internados – como alguém que o utilizava. Faz parte da demonstração no exercício psicanalítico sobre o diário que se trata de um dos mecanismos formadores de psicose – fato comumente negado. Pois algumas instituições sociais – como a política, a educação e o sistema judiciário – reservam-lhe um valor alto, indicativo de alguém que realmente pensa. Não há dúvida de que o pensamento verbal pode ser utilizado com sucesso como uma fábrica de mentiras.

> Quando é necessário usar os pensamentos sob as exigências da realidade, o mecanismo primitivo tem que ser dotado de capacidades tais que resultem em exatidão; a necessidade de sobrevivência demanda isso. Temos, portanto, que considerar a parcela desempenhada pelos instintos de vida e de morte, e também pela razão. Esta, em sua forma embrionária, sob a dominância do princípio do prazer, está destinada a servir como escrava das paixões; foi forçada a assumir uma função que relembra a de uma patroa das paixões; e pai e/ou mãe[121] da lógica. Pois a busca por satisfação de desejos incompatíveis levaria a frustração. O sucesso em transpor o problema da frustração envolve ser razoável; uma frase tal como "os ditames da razão" pode colocar em um relicário a expressão de reação emocional primitiva a uma função cuja intenção é não frustrar. Portanto, os axiomas da lógica têm suas raízes na experiência de uma razão que fracassa em sua função primária de satisfazer as paixões, justamente como a existência de uma razão poderosa pode refletir uma capacidade dessa função de resistir às investidas de seus frustrados e ultrajados patrões. (EP, 35-36)

[120*] *"Valiant for Truth"* no original.
[121] *Parent* no original.

Caso se possa considerar que existem pelo menos dois tipos de razão, ver-se-á que há uma "razão irracional" – sob o ponto de vista social – que é uma *"razão poderosa"* – sob o ponto de vista individual – como aparece no texto acima. No entanto, a razão irracional no lugar-comum por vezes parece se fazer necessária. Nas palavras do bardo, *"Preciso ser cruel para ser amoroso"* (Hamlet). Essa *"razão poderosa"* provém do fato de que essas *"questões demandam consideração na medida em que a dominância do princípio da realidade estimula o desenvolvimento do pensamento, do pensar, da razão, e da consciência da realidade psíquica e ambiental"* (EP, 36).

Bion faz um reexame do conceito de conjunção constante, de Hume, sugerindo a existência de uma "psico-lógica": *"Uma conjunção constante é uma função da consciência no observador. O observador sente uma necessidade, sua, que a conjunção precisa ter um significado, para si. O significado é uma função de auto-amor, auto-ódio ou auto-conhecimento. É necessário psico-logicamente, não logicamente. Por uma questão de necessidade psicológica, é preciso que a conjunção constante, tão logo tenha sido nomeada, adquira um significado. Assim que se tenha obtido o significado psicologicamente necessário, a razão, como escrava das paixões, transforma a necessidade psicologicamente necessária em uma necessidade logicamente necessária"* (T, 73)

Resumindo: razão "racionalística" é um mecanismo psíquico artificioso destinado a aliviar o aparato psíquico (ou, se o leitor preferir, a mente) da frustração e do terror diante do desconhecido. Parece haver dois tipos de sentidos de utilização pelo aparato psíquico: um deles, real; o outro, fabricado. O primeiro liga-se à própria realidade:

> A inadequação da gratificação alucinatória para promover desenvolvimento mental impele uma atividade destinada a prover um significado "verdadeiro": a pessoa sente que o significado atribuído à conjunção constante deve ter uma contraparte na realização da conjunção. Em consequência, a atividade da razão como escrava das paixões é inadequada. Em termos da teoria do princípio do prazer/dor há um conflito entre o princípio do prazer e o princípio da realidade para obter controle da razão. (T, 73)

A questão sobre o predomínio de uma razão "racionalizada", feita pelo menos desde a época de Sócrates e revivida por Spinoza, Pascal e Hume, reveste-se de seriedade na medida em que se refere, sob um vértice psicanalítico, ao narcisismo primário ou secundário. A personalidade narcisista consegue encontrar razão para tudo, tornando-se advogada de uma busca incessante por prazer, escravizada por desejo. Qualquer tipo de falta de respostas é sentida como abominável e ultrajante, além de potencialmente anuladora. No desenvolvimento infantil, corresponde à fase dos "porquês". Quando um determinado porquê resulta em desespero dos adultos e, consequentemente, da criança, ou seja, corresponde a sentimentos de "fim-de-mundo", de que está tudo acabado, e que a resposta satisfaz à pergunta e ponto final, determina-se que uma perspectiva científica torna-se impossível. Será substituída, obrigatoriamente, pela perspectiva religiosa.

> A objeção contra um universo (independentemente do quão grande ou pequeno se pense ser esse universo) deriva do medo que a falta de significado desse universo seja um sinal de que o significado tenha sido destruído, e da ameaça disso para o narcisismo essencial. Caso um universo dado, qualquer que seja, não permita a existência de um significado *para o indivíduo*, o narcisismo do indivíduo vai demandar a existência de um deus, ou algum objeto supremo, para o qual esse universo tem um significado; significado esse, supõe-se, do qual o indivíduo se beneficie. Em algumas situações, por meio de clivagem, ataca-se a ausência de significado projetando-a para dentro de um objeto. Em psicanálise, significado – ou sua ausência – é uma função de auto-amor, auto-ódio, auto-conhecimento.
>
> Caso o amor narcísico não seja satisfeito, o desenvolvimento de amor fica perturbado; o amor não pode se estender para amor a objetos.
>
> Auto-amor perturbado se acompanha de intolerância de significado, ou intolerância de carência de significado. Uma colabora com a outra. (T, 73)

Em outras palavras: explicações, justificativas, leis externas ao indivíduo sem correspondência de algum tipo de *insight* pessoal sobre limitações pessoais serão expressões disso. Na observação de Kant sobre a existência de "leis morais", ou "jurídicas" – o imperativo categórico, ou o superego descrito por Freud –, tornam-se impossíveis: *"do torto madeiramento da humanidade, não é possível fazer-se uma tábua"*. A única alternativa é um superego assassino. De fato, fenômenos sociais reconhecidamente destrutivos, conhecidos como stalinismo e nazismo, foram totalmente racionais, em termos de sua lógica interna.

Falhas na apreensão do conceito, mal-entendidos e distorções: confundir uma crítica da razão pura com irracionalidade implica ignorar o sentido original – matemático - dos termos "racional" e "irracional". Irracional, em matemática, é o fato de haver números nos quais não se pode extrair raízes. O manejo desses números abriu um campo na matemática tão amplo que até agora não foi devidamente explorado.

Referências cruzadas sugeridas: Estar-uno-a-si-mesmo (*At-one-ment*); Mudança catastrófica; Transformações em alucinose; Visão analítica.

R

REALIDADE SENSORIAL E PSÍQUICA

Título do capítulo III de *Attention and Interpretation*: sintagma que resgata, sob formulação pouco diversa, tentado ser mais precisa, a formulação original de Freud, no capítulo VII de *A interpretação dos sonhos*, sobre **duas formas de uma mesma existência**: realidade material e realidade psíquica. Bion se endereça a uma clivagem, como hipervalorização da segunda parte (psíquica), às expensas da segunda (material), que ficou negada; acrescento que ignorou-se que o termo "existência" corresponde ao termo "realidade", como determinante principal do sintagma. Freud usou o termo "factual" por alguns anos, até substitui-lo por "material"; que foi ressaltado por Bion com o termo sensorial".

    Membros do movimento psicanalítico degeneraram a formulação verbal cunhada por Freud - que utilizara as observações de Kant sobre a realidade material e falhas no uso da razão pura para apreendê-la. Observou a existência de uma transformação até então não observada: realidade psíquica. Dois milênios de uma diatribe filosófica, originada pelo aproveitamento de São Tomás de Aquino da obra do jovem Aristóteles, servindo a intuitos da Igreja Apostólica Romana, impuseram uma ideia que tomou conta do pensamento ocidental: haveria uma clivagem entre matéria e mente. A segunda seria assunto divino, reservada para o clero católico. Freud questionou a ideia, mas o movimento psicanalítico voltou à ideia tomista, fantasiando a existência de duas realidades, e não de **duas** formas da mesma realidade, conforme esclarecido por Freud – de modo mais desenvolvido, na clivagem do ego. A expansão se incrementou com a obra de Klein, no único efeito real da identificação projetiva – a clivagem dos processos do pensar. A esse tipo de clivagem, extremamente intensificado em pacientes hospitalizados, Eugen Bleuler – inspirado em Freud – cunhou um termo que passou a fazer parte da nosologia psiquiátrica: esquizofrenia. Algumas pessoas, em intervalos de séculos, resgataram das trevas consequentes à negação e clivagem, a apreensão da natureza monística do aparato psíquico. No entanto, nenhuma obra dessas pessoas escapou ilesa às tentativas bem-sucedidas de cooptação, degeneração e esquecimento por gerações posteriores. As obras de Platão, Aristóteles, Spinoza; Kant; Shakespeare; Goethe; Nietzsche; Freud; e Einstein foram cooptadas e degeneradas. As obras de Hamman, Von Herder, Maimon foram esquecidas. Será esse o destino da obra de Bion? Uma adesão aos mandamentos pseudocientíficos da religião positivista negam ao investigador qualquer apreensão sobre a natureza imaterializada, que tipifica a realidade psíquica. Levando às últimas consequências o favorecimento de pesquisas limitadas, apenas sobre a realidade material. Nega a existência de algo que é incognoscível, indeterminado e irresolvível, de modo último. O mesmo ocorre com a popularidade do idealismo intrínseco à hermenêutica e aos pós-modernistas, expressamente anticientíficos, ao desprezar a realidade material, propagando que Verdade sequer é assunto para filósofos.

A meritocracia política de qualquer instituição se fascina por tendências populares em filosofia; no movimento psicanalítico, contra o avanço promovido por Freud frente ao positivismo, obteve sucesso a clivagem que nega a verdade monista, manifestada pela formulação verbal "realidade psíquica e realidade material". Freud baseou-se em Kant, provavelmente o primeiro a analisar criticamente o conceito de realidade material, para cunhar a expressão, realidade psíquica – provavelmente pela primeira vez na história das ideias científicas. Usou sua própria investigação clínica em neurologia e psicanálise; o termo deriva de outro termo, também cunhado por ele: "aparato psíquico". Ao ligá-la à expressão verbal de Kant, usou a preposição "**e**"; não a preposição "**ou**". A negação da natureza monista incrementou-se no movimento psicanalítico, pela promoção contínua de controvérsias e negações a respeito de várias outras teorias originadoras da psicanálise; usualmente, nega-se que Freud, inspirado em Darwin e Lamarck, descreveu a realidade dos "instintos", no plural. Sendo inconscientes, ou seja, desconhecidos, não se sabe exatamente o que são, só podem ser percebidos de modo geral: não se trata de "instinto", mas de "instintos". Negam-se especificações baseadas em observação clínica. Na obra de Freud, podemos constar que há instintos de vida, de morte, epistemofílicos e gregários. Todos, comunicados por expressões verbais que se aproximam, mas não especificam algo incognoscível de modo último; é um algo simultaneamente materializado imaterializável. Incrementaram-se as negações: nas contínuas controvérsias sobre a observação de Freud a respeito do "ego corporal"; e de um *insight* a respeito de no futuro, alguém poderia esclarecer a natureza materializada dos sofrimentos psíquicos. Fica incluído o caso de que o esclarecimento poderia não ocorrer. Inclusão e exclusão, ainda que fantasiosas, têm sido negadas, por muitos membros do movimento psicanalítico. E também nas muitas controvérsias a respeito de construções "metapsicológicas", propostas por Freud, cuja maior degeneração foi a transformação em jargão, por excessiva materialização. Muitos pensam poder "pegar" o inconsciente, ou o id, como alguém pode pegar uma cadeira ou um prato. Acusações de que Freud era muito "fisicalista", pouco psicológico, contraditoriamente se aliaram a acusações de que era muito "literário" e excessivamente psicológico – acusações que uniam rivalidades internas e externas ao movimento psicanalítico.

Freud, e Bion depois dele, perceberam que a realidade se apresenta por duas formas: materializada e imaterializável. Mas de um modo que encerra mistérios profundos e tão antigos quanto a existência da vida sobre a face da Terra. Em uma analogia geométrica cartesiana, seriam como duas "faces" de uma realidade total, holística. Nos termos de Bion, é inefável – não se pode formalizada em palavras. Mas pode ser descrita, e o foi por Sócrates e Platão: é o âmbito das Formas Ideais. E por Freud, como pertinente ao sistema inconsciente – ou desconhecido, sinônimo quase nunca utilizado. Denominações – ou definições para efeito de estudo, feitas pelos gregos, como o âmbito numênico, ou por psicanalistas, como Freud e Bion, são e provavelmente sempre serão inevitavelmente toscas, parciais e sempre imperfeitas. Possuem apenas valor operacional, para possibilitar descrições e tentativas de manipulação prática, para usos práticos. Permitem intuição a respeito de sua existência, que se expressar mais claramente no âmbito dos fenômenos apreensíveis; tosca e parcialmente, pelo nosso aparato sensorial e suas extensões no sistema nervoso. Ou por extensões tecnológicas, como micro ou telescópios do sensório: aparelhos acústicos ou fotográficos, de ressonância magnética, entre outros. Assim que intuídas, "realidade material e psíquica", ou "realidade sensorial e psíquica", permitem usos na prática clínica em psicanálise.

A natureza transitória não apenas das apreensões, mas da própria realidade material e psíquica, que, em última análise, implica movimento contínuo, foi expressa no ramo científico de Física, da qual derivou a Matemática. As duas estudam o fenômeno do movimento, sob vários vértices: molecular – o "movimento browniano"; das subpartículas: os quanta; e transformações entre matéria e energia, relacionadas entre si pela velocidade da luz. Realidade pode ser vivida, mas não pode ser entendida; nem nomeada a não ser muito tosca e parcialmente, por lampejos; e não pode ser possuída. Até hoje, foi possível descrevê-la em pelo menos duas formas pelas quais pode se apresentar. E foi isso que cientistas e artistas têm feito, há milênios.

Alguns fenômenos exemplificam a situação fugidia que cerca não apenas o estudo, mas a vivência das duas formas que também são uma. Em psicanálise, tornou-se clássica a tentativa de lidar com pacientes que confundem sexo com sexualidade – em função da prevalência do princípio do prazer/desprazer resultando, em um paradoxo: clivam sexo de sexualidade. Um fator importante na clivagem é a negação de uma necessidade imaterializada, agora confundida com sexo, algo materializável. Pessoas nessa situação ficam impedidas de apreender a natureza monística dessas duas formas de uma mesma existência: fantasiam, em fuga maníaca sob a égide do princípio do prazer-desprazer, que há duas existências. Exclamações populares chulas, como "quero me casar com quem seja uma esposa durante o dia e uma prostituta durante a noite", ilustram o desastre psíquico ocorrido com o acoplamento entre negação e clivagem: pouco ou nenhum respeito à vida e desconsideração à verdade.

"Realidade sensorial e psíquica" constitui-se como formulação verbal que enfatiza uma totalidade paradoxal, composta factual e materialmente por representações concretizadas, após terem sido percebidas pelo nosso aparato sensorial, nas condições descritas em Física como "normais, de temperatura e pressão" sobre a face da Terra; e também por algo que não é necessariamente concretizado, que pode ser imaterializável, e o é, em algum grau, nas mesmas condições normais de temperatura e pressão; os físicos o chamam de Energia. A mesma totalidade foi chamada de "realidade sensorial e psíquica" por Bion, dentro de um sentido no qual aquilo que é factual, materializado e passível de concretização é, na maioria dos casos, passível de apreensão, ainda que demasiadamente parcial – dentro do espectro limitado de recepção do aparato sensorial humano. Nas palavras de Freud e de Bion, retiradas diretamente da neurologia: a realidade é apreendida, ainda que parcialmente, pelo aparato sensorial. Existiria um equivalente "psíquico" desse aparato? No capítulo VII de *A interpretação dos sonhos*, Freud sugeriu uma hipótese teórica: atribuiu a condição de órgão sensorial ao sistema consciente, para apreender qualidades psíquicas.

A maior precisão obtida pela formulação verbal de Bion *vis-à-vis* à de Freud é a inserção explícita da conjunção "e" – que parece ter ficado, para um número demasiadamente grande de leitores, apenas implícita. De tal modo implícita que facilitou sua transformação em "ou" para leitores tendentes a materializar a própria leitura. "E" mostra a tolerância de um paradoxo: a existência de duas formas de uma realidade única. Enfatiza a indissolubilidade de um vínculo monista. Membros do movimento psicanalítico seduziram-se por uma das falsa controvérsia que tem dominado boa parte do pensamento ocidental, manifesta pela popularidade de termos como mente ou corpo – ou psique ou soma. Foi antecedida pelas falsas controvérsias baseadas na clivagem entre matéria e energia; e entre natureza e criação – ou ontogênese e filogênese. A notável intuição de Freud, advinda das constatações de Virchow, Pasteur e Koch, sobre as "séries complementares", não parece ter sido levada em consideração de um modo decisivo pelo movimento psicanalítico como um todo. Talvez, no futuro, torne-se mais claro o quanto esses termos clivados – em sua representação verbal, pela introdução da preposição "ou", substituindo o "e" original – refletem apenas nossas dificuldades (humanas) de apreendermos de modo integrado o todo. Que exige ser minimamente apreendido, em vez de maximamente repetido e entendido.

Podemos fazer uma analogia concretizada – e, por isso, de fácil apreensão – com os dois lados de uma moeda: duas formas de apresentação da mesma realidade, única: a própria moeda. Não podem ser vistos simultaneamente. A mesma analogia pode ser feita com relação à mão humana, que tem uma forma denominada pelos anatomistas de face dorsal e a outra forma de face ventral; são a mesma realidade, que denominamos "mão". A aplicação (ou empréstimo) da teoria de Transformações e Invariâncias (q.v.) auxilia sobremaneira na apreensão desse fato. Paul Dirac afirmou que "tudo na natureza se faz por invariâncias e suas transformações".

Analogias concretizadas apresentam uma facilidade para serem apreendidas pelos nossos processos de pensar. Realidade sensorial e psíquica, ou realidade material e psíquica, têm demonstrado ser de apreensão mais difícil. O fenômeno de clivagem forçada (q.v.) iluminou as tendências à concretização por pessoas com prevalência da personalidade psicótica, que exibem resistências maiores para aprender da experiência e para entrar em contato mais íntimo e total com a realidade.

Falhas na apreensão do conceito, mal-entendidos e distorções: parece não ser aconselhável clivar, na leitura, o título dado ao capítulo de *Attention and Interpretation* "Realidade sensorial e psíquica". Alguns leitores o fizeram, e têm escrito, ou falado, que haveria uma "realidade sensorial" ou "realidade psíquica". Bion não escreveu desse modo; menos ainda, deu qualquer sugestão que assim se fizesse, a não ser em exemplos clínicos, para ilustrar que a personalidade psicótica concretiza excessivamente. Parece-me possível enunciarmos com maior precisão o conceito que originou o título desse capítulo: "Realidade sensorialmente apreensível e psiquica". Existe uma, e apenas uma contraparte do termo "realidade sensorial" na realidade: é a realidade de que todos nós, seres humanos, somos dotados de um aparato sensorial. Em outras palavras: a não ser no caso da descrição do aparato sensorial, inexiste qualquer outra "realidade sensorial". Bion não tinha interlocutores, não deixou escola; não havia alguém que pudesse lhe trazer outros pontos de vista, e nesse caso, não foi muito preciso. Kant demonstrou que confiança cega e total na capacidade dos nossos órgãos dos sentidos para apreender a realidade é ilusória: levou alguns pensadores – que ele denominou "realistas ingênuos" – à fantasia de que realidade se restringiria ao que nosso aparato sensorial consegue apreender. Até certo ponto – ou seja, de modo parcial, e muito limitado – pode-se apreender uma parcela do que compõe a realidade pelo uso do nosso aparato sensorial. Em outras palavras: realidade pode ser sensorialmente apreensível dentro de um espectro limitadíssimo, por superficialidade e estreiteza. Nós, seres humanos, fomos providos de um aparato sensorial dotado de um espectro restrito de absorção de estímulos externos, visuais, auditivos, de odor, paladar e formas; e internos, de nossos ógãos.

Em outros estudos, o autor deste dicionário tem tentado alertar que o uso do termo "realidade psíquica" demanda um cuidado científico e uma experiência clínica em psicanálise. Provavelmente por uma contínua distorção no seu uso, e mal-entendidos igualmente contínuos, alguns autores chegaram a recomendar que houvesse uma parada no uso desse termo – autores que também julgaram que termos como "metapsicalogia" pertenceriam ao lixo da história; por exemplo, Arnold Modell.

Faço a hipótese de que alguns membros do movimento psicanalítico obtiveram apenas formação acadêmica, segundo escolásticas filosóficas bem aceitas em universidades, confundindo incursões "além da psicologia", ou "metapsicológicas", na terminologia cunhada por Freud, com fantasias imaginativas excessivamente idealistas, idêntica às escolásticas filosóficas que defendem. Ignoram que metapsicologia fornece estrutura teórica e hipóteses de trabalho sobre observações clínicas. É possível que alguns acadêmicos que tiveram formação científica, assim como alguns membros do movimento psicanalítico, tenham se revoltado contra abusos idealistas.

Interpretações de origem escolástica muitas vezes desembocam em hermenêuticas; e idealismo favorece interpretação *a priori* e também *ad hoc*, dissociadas de fatos observáveis. A frase de Freud que se tornou máxima, "Por vezes, um charuto é apenas um charuto", ocorreu quando ele se deparou com uma todo-poderosa hermenêutica que estava se instalando no movimento psicanalítico em sua época. Pessoas seduzidas pelo *laissez faire* do relativismo solipsista negam a natureza do sistema inconsciente – sinônimo de sistema desconhecido – na medida em que o "desmaterializam" em explicações e causalidades; nesse sentido, não se distinguem dos "realistas ingênuos". Negam que instintos -etimologicamente, "empurrões" -originam-se daquilo que denominamos "corpo". Fantasiam um aparato psíquico totalmente desmaterializado – efeito de outras situações imaterializáveis, como cultura, religião, ideologias. Contraditoriamente, fantasiam ser efeito de outras causas materializadas: locais de nascimento, como países, em determinadas épocas absolutamente materializadas, localizadas em tempos específicos. Para essas pessoas, Freud se inte- ressou por sexo pois este seria um fato "proibido"; ignoram, ou negam que em boa parte da Europa – Viena, Londres e Paris – estudos científicos sobre sexo eram senso comum, e não revolta secreta ou produto de repressão. O engano idealista passou a prevalecer no movimento psicanalítico após o falecimento de Freud; e incrementou-se à medida que membros do movimento, antes treinados em medicina e ciência, foram sendo substituídos por pessoas com treinamento em outras áreas. Tendências filosóficas – hermenêuticas e pós-modernistas – são formas de expressão dessa substituição.

🕐 Realidade poderia se apresentar sob outras formas, além daquelas descritas por Kant (material, sensorialmente apreensível) e por Freud (psíquica)? Kant havia previsto a possibilidade dessa outra forma da mesma existência (em si, incognoscível), quando sugeriu uma disciplina futura, que chamou "antropologia", na *Crítica da razão pura*. Existiria uma realidade "lá fora", externa a nós, participando da natureza monística que foi esboçada como existente em nosso "meio interno", exemplificado, em última análise, até o ponto a que o conhecimento chegou, por instintos? Antes do advento da psicanálise, os "espaços infinitos", que aterrorizaram mentes robustas como a de um Pascal, ficavam fantasiosamente finitos e imaginosamente concretizáveis com ideias de um "firmamento" visualizável pelos seres humanos – por meio de nosso aparato sensorial, que o via como "azul" – e seria habitado por entidades que a tudo iniciavam e concluíam, chamadas de divindades ou Deus.

Na seguinte citação há menção explícita à forma descrita pela primeira vez na história das ideias da civilização ocidental por Freud – realidade psíquica. No entanto, no segundo parágrafo, há uma abertura para algo diverso, ainda que implicitamente, e ainda não nomeado:

> Recentemente foi possível, por meio de métodos mecânicos, detectar distúrbios de grande violência na esfera biológica (subcategoria humana), os quais haviam escapado completamente à detecção por parte de animais que dependem da visão, mesmo quando a visão é aumentada por instrumentos como telescópios, espectrógrafos, câmeras e filmes providos de uma camada de partículas diminutas – todos macroscópicos. No entanto, tais perturbações são assuntos da maior rudeza e violência!
>
> Ainda que sejam extremamente raros e estejam espalhados numa enorme extensão do espaço temporal, eles parecem ser extremamente raros apenas por causa da rudeza e da trivialidade do tempo registrado como instrumento de medida. O tempo, como conceito, é tão inadequado quanto o espaço topológico para prover um domínio para a atividade de pensamentos tão gigantescos quanto aqueles liberados da dependência de um pensador. O colapso, ainda que pareça vasto pela inadequação do quadro de referência, é tão trivial quanto – numa analogia muito grosseira, porém simples – o que ocorre se tentarmos a operação simples de subtrair cinco de três, por meio de objetos sensoriais, ou mesmo uma matemática relativamente sofisticada, mais bem circunscrita aos números negativos, ainda que bem sortida de números reais. (AMF, 70)

No final de sua vida, Bion pareceu estar aberto a essa possibilidade, deixando-a implícita em palestras pelo mundo – principalmente em São Paulo e Nova York, do mesmo modo que está em *A Memoir of the Future*. Sugeriu a existência de outros fatores, possivelmente de natureza mista, imaterializada e materializável, mas não apreensíveis pelos sentidos humanos, que podem estar em jogo – baseou-se na observação de que alguns pacientes, em determinadas condições, afetam seus analistas, de modo que não é iluminado com o uso de duas teorias conhecidas – transferência e identificação projetiva. Essas sugestões são abordadas em outros verbetes deste dicionário.

Referências cruzadas sugeridas: Estar-uno-a-si-mesmo (*At-one-ment*); Ultra-sensorial; Infra-sensorial; Visão analítica.
&; Teoria sobre a Tolerância dos Paradoxos como necessária à postura analítica (Sandler, 1997a, 2000b, 2001b).

Relação

Bion enfatizou que "relações" ou, mais precisamente, "relacionamento", e também, como sinônimo, "vínculo", são uma necessidade básica do ser humano; em especial, do funcionamento psíquico. Partindo das observações práticas de Freud e Klein, que permitiram a formação da teoria de que funções mentais, incluindo emoções e afetos, operam por meio de pares de opostos – uma relação já denominada por filósofos e teóricos da ciência de dialética –, Bion aprofundou-se no modo operacional pelo qual esses pares exercem sua função. De modo compacto: funcionam *in tandem*, simultaneamente. O *tandem* é dado por um vínculo. Exemplos: os dois princípios do funcionamento mental; instintos de morte e de vida; sadismo e masoquismo; amor e ódio; posições esquizoparanoide e depressiva; continente e conteúdo. Pares de opostos, na observação do autor deste dicionário, também condicionam os processos de pensar: realidade e alucinação, por exemplo. *"Não se pode conceber uma experiência emocional isolada de um relacionamento"* (LE, 42).

Vínculos combina-se entre si, permitindo desenvolvimento e sofisticação nas transformações. Pares dialéticos podem ser mutuamente criativos e mutuamente destrutivos. Um polo não existe sem o outro, que lhe serve de contraponto. Há desenvolvimento e sofisticação, denominada por filósofos e teóricos da ciência de "síntese"; a obra de Hegel pode ser citada como prototípica dessa observação. O desenvolvimento e sofisticação se manifestam pela transformação do par dialético em um casal. Em um terceiro estágio, ocorre uma síntese. O exemplo hoje clássico disso, sob o vértice psicanalítico, é o complexo de Édipo.

O uso que Bion fez de notações e também de teorias matemáticas – por exemplo, a teoria das funções e a teoria das Transformações e Invariâncias – baseou-se na observação de Freud, também derivada da matemática euclidiana e aristotélica, sobre a existência de relações entre objetos. O conceito de relação, ou relacionamento, ou vínculo, também é válido sob o vértice biológico – a vida surge quando se estabelecem relações entre os elementos. Também é válido sob qualquer outro vértice que se considere: químico, antropológico, musical. Sistemas vivos (Miller, 1965a, b, c) devem sua existência ao fato de que também existem relações – materializadas e imaterializáveis: *"Relatividade é relação; transferência, o termo psicanalítico e a realização correspondente aproximada"* (AMF, I, 61).

Relacionamento e paradoxo

A impossibilidade de abarcar a esfera biológica trivial tem sido comparada com a vastidão daquilo que é de tamanho relativamente diminuto, mesmo quando o âmbito daquilo que é vivo, fique estendido pelo âmbito daquilo que é morto, e o do animado, fique estendido pelo do inanimado, e tenha sido alcançado pela vastidão daquilo que é, relativamente, muito pequeno. Em parte, isso se deve ao fato de ser impossível abarcar a natureza da relatividade, em particular o fato de que essa natureza inclui paradoxos. A restrição imposta pela limitação do pensamento a pensamentos com pensadores implica a polarização "veracidade" e "falsidade", adicionalmente complicada por "morais", sistemas de "morais não investigadas" e extensões do pensamento de Plantão a visões morais da função de poetas e artistas. Uma filtragem semelhante, proveniente do domínio da religião, pode ser igualmente rastreada na incapacidade de se respeitar o "pensamento sem pensador" e, por extensão, a "relação sem objetos relacionados". A dificuldade do "público" de entender o fato de que uma analogia é uma tentativa de vulgarizar uma relação, e não os objetos relacionados, é uma prova visível de como isso tudo afetou o assim chamado pensamento prático. A abordagem psicanalítica, ainda que valiosa ao ampliar o consciente, por meio do inconsciente, acabou ficando viciada por sua incapacidade de entender a função de "seio", "boca", "pênis", "vagina", "continente", "conteúdo" como analogias. (AMF, I, 70-71)

Termos matemáticos poderiam ser utilizados para formular um problema e demonstrar a relação entre constantes e invariantes com tal precisão que a configuração apresentada pelos elementos dispostos de uma nova forma fosse familiar e indesejável. (AMF, I, 183)

Ao tentar demonstrar a utilidade de aplicarmos a teoria das Transformações e Invariâncias na psicanálise, Bion observa que teorias psicanalíticas baseadas em enunciados verbais feitos por pacientes e analistas são representações de experiências emocionais. Sugere a possibilidade de um tipo de capacitação, ou habilidade: o apreender um "processo de representação" que poderia ajudar-nos a compreender tanto as representações como o que está sendo representado – seja uma pessoa, um fato, ou mesmo um sonho, um conceito, uma ideia, ou um objeto. A teoria das Transformações e Invariâncias pretende esclarecer uma estrutura que funciona em cadeia, como um grupo de fenômenos nos quais uma apreensão de um determinado vínculo, ou até mesmo um aspecto desse vínculo, pode esclarecer ou guiar a apreensão de outros vínculos e objetos relacionados. O tempo todo, a origem dessas observações e, consequentemente, a ênfase são uma "sessão de análise": pode ser encontrada em *Transformations* página 34.

Relação e cesura

Consultar o verbete "cesura".

Falhas na apreensão do conceito, mal-entendidos e distorções: "relação" ou "vínculo" como necessidade básica do ser humano e, particularmente, do funcionamento mental não significa, como muitos entendem, que Bion tenha sido membro de alguma escolástica no movimento psicanalítico – como aquela autodenominada de "escola de relações de objeto"; que tenha sido um tipo de precursor, ou que pudesse ter endossado outra escola. Assim como no início alguns reivindicaram que Bion era adepto de "usar a contratransferência", evitando ler o que ele escreveu, atualmente há os que reivindicam que sua obra comunga com as crenças filosóficas dos escolas do "intersubjetivismo"; e também dos partidários da teoria do *enactment* – um termo derivado de interpretações teatrais cuja versão em português é difícil ou impossível de ser feita.[122]

Pode-se enumerar diferenças básicas entre as contribuições da obra de Bion a respeito do que ele denomina "relações entre objetos" – sempre definidos claramente como "objetos psicanalíticos" – e aquelas das várias escolas anteriormente citadas:

1. O vértice científico; que não apenas nunca foi enfatizado por elas, mas foi objeto de negação e desprezo. Relações entre objetos – nascidas na matemática, e desenvolvidas em disciplinas científicas – admitem estudos das funções exercidas por esses objetos nessas relações; e podem ser, até certo ponto, intuídas, usadas e conhecidas – como nos exemplos já citados da teoria da relatividade, na física; e do complexo de Édipo, em psicanálise.
2. Algumas dessas escolas, como a "intersubjetivista", menospreza a metapsicologia de Freud a ponto de sugerir a extinção do estudo desta.
3. Descrevem a obra de Freud como sendo "positivista"; e, contraditoriamente, acreditam em teorias de causalidade, típicas da religião positivista.
4. Descrevem-se a si mesmos como "escolas".
5. Tentam reduzir todo e qualquer fenômeno psíquico a algo "relacional", negando a existência daquilo que é intrapsíquico – constituindo uma das mais acerbas críticas destrutivas à obra de Freud.

---

[122] Poderia ser vertida como "ordenacionistas", como se o paciente e o analista fossem atores de teatro, fazendo tragédias ou farsas, sempre ilusórias, baseadas na capacidade humana de alucinar, e como se o paciente exercesse a função de um "contra-regra" em teatro, ordenando coisas para atores.

R

Resistência

Na obra de Bion, o termo, "resistência" é definido de modo idêntico à definição que se pode encontrar na obra de Freud. Dá ênfase explícita a um aspecto fundamental que, na obra de Freud, está implícito – o aspecto relacionado com a verdade. Não existe o mecanismo de defesa "resistência" às mentiras. De modo inverso, geram-se mentiras, sob prevalência do princípio do prazer/desprazer, para que resistências funcionem. A partir de 1990, popularizou-se o nome "recalcamento" com a pretensão de substituir o termo resistência. Embora haja justificativas – sempre questionáveis - sob o vértice gramatical, a superveniência atual do segundo termo, vincula-se a uma questão extrapsicanalítica: interesses financeiros de editoras, tentando dominar a venda dos livros escritos por Freud, que mantêm-se *best-sellers* mundiais na literatura em psicanálise. Criou-se um modismo intelectual, estimulado pela origem da substituição, advogada por psicanalistas francêses. Os dois termos foram emprestados da física, como analogias: Freud se inspirou na eletricidade e os franceses, na hidráulica. Os fenômenos físicos aos quais as formulações verbais se referem são diferentes. O leitor poderá escolher qual dos dois seria o mais fidedigno à descrição de Freud sobre o fenômeno psíquico ao qual se refere. Freud aprovara a versão de James Strachey para o inglês; Bion escrevia em inglês e não dispendia seu tempo em diatribes terminológicas.

Bion detalha a aplicação do conceito de resistência por meio de sua incorporação a uma teoria da observação do "momento decisivo" em uma análise (defino esse termo segundo o cardeal de Reitz, resgatado por Henri Cartier-Bresson, 1952).

Para os leitores que não estão familiarizados com o método de notação utilizado por Bion na época em que ele escreveu o texto a seguir, poderá ser útil memorizar o seguinte léxico:

Coluna 2: refere-se à segunda categoria no eixo vertical do sistema euclidiano bidimensional que representa o instrumento *Grid* ("Grade"; q.v.). O eixo vertical indica usos ou funções de ego sob as quais os processos de pensar se manifestam. A coluna 2 foi elaborada como recipiente de enunciados verbais feitos pelo paciente e pelo analista que são reconhecidamente falsos pelos dois ou por um dos dois.

K: sinal para representar processos do conhecer, e também o vínculo do conhecimento.

O: sinal quase matemático para representar aquilo que filósofos e teóricos da ciência denominam âmbito numênico, "habitado" por "coisas-em-si-mesmas", ou "realidade última", incognoscível de modo total.

Transformações em K: evoluções ou involuções nos processos do conhecimento, ou do conhecer.

Transformações em O: evoluções ou involuções nos processos de apreensão da realidade, sempre aproximativa, parcial e transitória; também chamados de "tornar-se".

(Se esse breve léxico não for suficientemente claro para o leitor, favor consultar os verbetes específicos neste dicionário.)

Quando o analista pode ver o elemento coluna 2 em seus pensamentos, completam-se as condições para interpretação: seria necessário fazer uma interpretação. Em termos de teoria analítica, é aproximadamente correto, mas apenas aproximadamente, dizer que se obtiveram as condições para uma interpretação quando os enunciados do paciente dão evidência de que a resistência está em operação: as condições se completam quando o analista se sente consciente da resistência em sua própria pessoa. Não é contratransferência, com a qual é necessário se lidar por meio da análise do analista, mas resistência às reações do analisando, que o analista antecipa, caso dê a interpretação. Note a semelhança da resistência do analista à resposta que ele antecipa do paciente à sua interpretação com a resistência do paciente à interpretação do analista: a resposta antecipada pelo analista fica colorida pela sua versão elemento-α da interpretação de sua interpretação. (T, 168)

Interpretações são parte de K. A ansiedade para que transformações em K não levem a transformações em **O** é responsável pela forma de resistência na qual parece que se aceitam interpretações; mas, de fato, a aquiescência tem a intenção de "conhecer sobre", e não "tornar-se". Em outros termos: é uma aceitação para preservar o vínculo K como um elemento de coluna 2 contra a transformação em **O**. Ao concordar com a interpretação, espera-se que o analista seja logrado e adentre em um relacionamento de conluio para preservar K, sem estar cônscio disso. (T, 159-160)

Bion observa um fato usualmente negado por membros do movimento psicanalítico que preferem ou se contentam em "entender", a serviço do princípio do prazer e utilizando memória e desejo para manipular engenhosamente símbolos verbais (formando pseudoteorias *a priori* e/ou *ad hoc* sobre o paciente). O fato é que, **se a manobra for bem-sucedida**, transformações em K serão usadas para elaborar falsos conceitos. Impedem que ocorra um processo de transformação vivencial que evolui para um produto final, intrapsíquico do paciente que estará equacionado à transformação do "conhecer sobre" para o "tornar-se". Uma verdadeira encruzilhada intra-sessão será desenvolvida em *Attention and Interpretation*, que detalha falácias no conceito de cura (q.v.), na sua origem no "modelo médico" e sua função reasseguradora. Freud alertou sobre o ato de substituir um *insight* por um processo meramente intelectual, nos estudos sobre técnica (por exemplo, em *A questão da análise leiga*).

Referências cruzadas sugeridas: Cura; Mentira; Transformações em O; Visão analítica.

Rêverie

O termo tem uma penumbra de associações: poéticas e musicais. Bion observa que associações em formulações verbais únicas (palavras) implicam significados preexistentes, tanto em conceitos teóricos como em sessões de análise. Alertou sobre a necessidade de evitar a penumbra de associações prévias para que o leitor pudesse apreender o texto. Esse é o caso com relação ao termo *reverie*. Bion desejava que o leitor adquirisse o mesmo sentido que esse termo tem em obras-primas atemporais da música. Por exemplo, o *Traumerei* de Robert Schumann. Pode ser vertido para o português como "estado onírico". Foi vertido para o francês e inglês como *"rêverie"* e *"reverie"*, respectivamente. Essa é a penumbra de significado que Bion desejou trazer para ser utilizada no contexto psicanalítico, como parte da teoria do pensar, incluindo a capacidade de tolerar frustração e a necessidade de amor para integrar processos do conhecer.

Qual será o maior fator para que o autor deste dicionário tenha escolhido especificamente o *Traumerei* de Schumann para ilustrar musicalmente este verbete? Afinal, outros autores também compuseram peças musicais e poéticas com esse título. Seria uma questão de gosto pessoal? O fator para a escolha fator provém de outro escrito de Bion: *War Memoirs*, que indica seguramente a raiz desse conceito, como tentamos demonstrar em outro trabalho (Sandler, 2003a). *War Memoirs* foi a última obra de Bion a ser publicada até o aparecimento deste dicionário. Não incluímos nesta classificação ("última obra") outras publicações que contêm o nome de W. R. Bion: transcrições de palestras, supervisões públicas e conferências, divulgadas por compiladores, como Joseph Aguayo, Barnet Malin, José Américo Junqueira de Mattos e sua filha Giselle, em conjunto com Howard Levine; e Rafael Lopez-Corvo. Dado o fato de que este dicionário inclui apenas conceitos da obra de Bion e as origens desses conceitos escritas por ele, ou encontráveis nos livros que ele leu, e sempre publicados pela sua esposa, sra. Francesca Bion, não incluímos essas obras – até o momento –, que podem ser usadas para outras finalidades.

Reverie faz parte também da teoria de observação, função-alfa (q.v.), que "de-sensorializa" e imaterializa aquilo que, em origem, era materializado e podia ser apreendido pelo nosso aparato sensorial.

A primeira vez que Bion menciona a *reverie* com propósitos analíticos foi em 1959: "*não encontramos capacidade para reverie no psicótico*", ou seja, na época em que Bion tentava expandir a teoria dos sonhos de Freud (consultar o verbete "sonhar o material do paciente"). Inequivocamente, o conceito de *reverie* e a realidade à qual ele se refere vincula-se à capacidade onírica que nos caracteriza, e de um modo específico: de sonhar, ou com um uso especial do sonho, no psicótico, ou pela personalidade psicótica (q.v.): "*. . . intolerância à frustração contribui para a intolerância à realidade e contribui para . . . ódio à realidade. Isso leva a uma intensificação da identificação projetiva como método de evacuação. Esta, por sua vez, leva a sonhos que são evacuações, e não operações introjetivas* (C, 53). Equivale a dizer que, nesse uso, sonhos não conseguem executar uma de suas funções primordiais, como instrumentos de autoconhecimento:

> Assinalei que a capacidade de "sonhar" uma experiência mental corrente, independente de ela ocorrer na vigília ou no sono, é essencial para a eficiência mental. Com isso quero dizer que os fatos, à medida que forem representados pelas impressões sensoriais da pessoa, têm que ser convertidos em elementos equivalentes às imagens visuais encontradas usualmente nos sonhos, como os sonhos, em geral, nos são relatados. Caso o leitor considere o que ocorre na *reverie*, tal ideia não parecerá estranha; a própria palavra, escolhida para nomear a experiência, é significativa da natureza generalizada da experiência. (C, 216)

Entre um e dois anos depois, Bion utiliza o termo para formar uma teoria – a teoria do pensar. Na página 116 de *Second Thoughts*, o sentido é de um estado amoroso onírico mantido pela mãe, que possibilita consolo, afeição e, por sua vez, garante uma condição mínima, introjetável, para que o sono do bebê possa gozar de uma condição de serenidade e segurança, que se reflete o tempo todo. Essa observação é detalhada muitas vezes em *Learning from Experience*; por exemplo: "*Suponhamos agora que, na realidade, o seio supra a criança com leite e sensações de segurança, calor, bem-estar, amor. Suponhamos ainda que a criança necessite – evito deliberadamente dizer 'deseje' — possuir, por si mesma, o próprio leite e as sensações correlatas. Podemos fazer uma distinção entre leite e amor por meio de uma classificação apropriada; ou podemos enfatizar, caso isso nos seja útil, os aspectos em que eles são similares. Assim, podemos dizer que leite é uma substância material e está relacionado à alimentação, sendo manejado pelo trato digestivo. Por outro lado, podemos considerar amor como imaterial, embora comparável ao leite para o bem-estar mental da criança. . . . Suponha que a criança seja alimentada; a ingestão de leite, calor, amor pode ser sentida como a ingestão de um seio bom*" (LE, 33-34).

R

A partir deste momento, na história dos conceitos na obra de Bion, elabora-se um quadro mais preciso – pois um aspecto fundamental fica detalhado na teoria do pensar. O aspecto pode ser sintetizado verbalmente: para que se inicie algum processo de pensar no ser humano, é necessária uma ausência concreta. Abstrações e simbolização tornam-se impossíveis diante de satisfações concretizadas. Caso fiquemos satisfeitos, somos reduzidos a um universo povoado apenas de elementos-beta (q.v). *"Ambos, seio bom e seio mau, são sentidos como se possuíssem o mesmo grau de concretude e realidade que o leite já possui. Mais cedo ou mais tarde, o seio 'querido' é sentido como uma 'ideia de um seio que falta', e não de um seio mau presente"* (LE, 34).

Bion propõe claramente *uma* teoria do pensar. Não nos parece ter almejado originalidade; uma teoria do pensar foi apresentada de modo que pareceu modesto para os que entretêm fantasias idolátricas. A diferença sequer tem sido notada por muitos, que a pensam como "**a** teoria do pensar". Acresce-se uma complicação que cumpriria aos tradutores dirimir: na língua portuguesa, o artigo "a" tem um significado; em inglês, outro. A teoria proposta por Bion, que é uma entre outras, implica a descrição teórica de um ponto decisivo para a evolução ontogenética e filogenética no aparato psíquico humano. Atribui um componente essencial para que se iniciem processos de pensar, que pode ser analogicamente comparado à função desempenhada, na história da Europa, pela descoberta de uma rota marítima para a Índia para os exploradores e navegantes portugueses do cabo da Boa Esperança, hoje chamado Cidade do Cabo. Um acidente geográfico descoberto por Bartolomeu Dias em 1487, inicialmente denominado cabo das Tormentas, devido ao tempo inclemente que o fustigava, acrescido pelas águas desconhecidas e inóspitas, e complicado por temores reais de um motim – como são reais os temores de um bebê desvalido por desmielinização e inexperiência total para sobrevivência pós-uterina. A história que nos é contada diz que Bartolomeu Dias abortou a viagem, retornando a Portugal. Os navegadores recomendaram à corte que rebatizasse o cabo das Tormentas como cabo da Boa Esperança – uma tentativa, afinal bem-sucedida, de desviar a atenção do fracasso relativo de Dias, que voltou, segundo documentos, "de mão abanando". Originou uma anedota injusta sobre os portugueses, que chegariam na metade da viagem e retornavam, cansados, sem perceber que no retorno apenas ficariam mais cansados ainda. A esperança que parecia otimista, de que no futuro seria descoberta uma rota para a Índia – de forma geográfica, mas não empírica, já comprovada –, realizou-se dez anos depois. Vasco da Gama – novamente, às custas de uma mentira diante de uma situação mentirosa de motim, dando razão aos temores de Dias, convenceu os tripulantes amotinados a contornar o cabo. Pensaram estar retornando a Portugal, pois não sabiam como operar o sextante. O extremo sul da África finalmente foi contornado e as naus, rumando para norte, alcançaram a Índia, ganhando a rota alternativa ao transporte em terra. *"Podemos ver que o mau, isto é, o que se quer mas está ausente, é muito mais propenso a se tornar reconhe-*

cido como uma ideia do que o seio bom, que fica associado àquilo que um filósofo iria chamar de coisa-em-si ou coisa-existente; pois o senso de um seio bom depende da existência do leite que a criança obteve de fato ao tomá-lo" (LE, 34).

A importância disso não pode ser superestimada; em ciência, a distorção causada pela avidez de satisfação concreta criou a religião positivista, que pode ser descrita como aversão pelo que é "negativo", pela ausência; Kant chamou-a de "realismo ingênuo". Na história social, criou, pelo menos desde a formação dos primeiros impérios (assírios, babilônicos, romanos), o consumismo e, na época de Freud, o comunismo, e guerras cruentas de conquista: "*O seio bom e o seio mau, o primeiro associado com o leite real que satisfaz a fome e o outro com a não existência desse leite, precisam ter uma diferença de qualidade psíquica*" (LE, 34). A "*diferença*" é, exatamente, o momento inicial, a ignição (na linguagem portuguesa anglicizada atual, o "start-up") dos processos de pensar, possibilitado, apenas e tão somente, pela experiência de frustração. Bion havia expandido essa visão nos capítulos V e VI do mesmo livro (o leitor pode consultar o verbete "clivagem forçada"). Neste ponto, Bion acrescenta mais uma observação: supõe que "*uma criança foi alimentada, mas sente-se não-amada*". Tratava-se da percepção responsável que tinha um problema a resolver na elaboração da teoria. Inicialmente, pensou em modificar a teoria a respeito da função da consciência proposta por Freud, o que acarretaria modificações na teoria do sonhar de Freud. Depois de maturar alguns meses sobre a possível existência de algo na realidade que poderia ser chamado um "trabalho onírico alfa" – fadada, pela sincera intuição científica de Bion, a ser rejeitada –, finalmente aceitou a hipótese de Freud: o sistema consciente (consciência) teria a função de órgão sensorial para percepção de qualidades psíquicas. O problema, agora, era descobrir como "*a consciência começa a existir*" (LE, 35). Auxiliado pela teoria sobre uma hipotética função-alfa – "*Obviamente, não é possível afirmar que a criança é consciente de qualidade psíquica e transforma essa experiência emocional em elementos-alfa, pois anteriormente expressei que a existência do sistema consciente*[123] *e do sistema inconsciente depende da produção prévia de elementos-alfa, pela função-alfa*", e que, portanto, outorga "*aos elementos-beta prioridade cronológica em relação aos elementos-alfa*". Em consequência coerente, a tolerância de frustração definirá o resultado qualitativo e quantitativo na formação dos processos do pensar: "*A intolerância à frustração poderia ser tão acentuada que a função-alfa seria abortada pela evacuação imediata de elementos-beta*" (LE, 35).

Neste momento, Bion traz a mãe para o primeiro plano, para definir *reverie*: "*Precisamos assumir que o seio bom e o seio mau são experiências emocionais. O componente físico, leite, falta de saciedade ou seu contrário podem ser imediatamente aparentes aos sentidos. . . . O componente mental, amor, segurança, ansiedade, sendo distinto do somático, requer um processo análogo de digestão. O uso do conceito de função-alfa esconde o que isso*

---

[123] *Consciousness* e *unconsciousness* no original. A notação de Freud é sistema inconsciente e sistema consciente (Freud, 1900, *S.E.* IV) e é a esses sistemas que Bion se refere.

poderia ser, mas a investigação psicanalítica pode encontrar um valor para isso. Por exemplo, quando a mãe ama a criança, o que essa mãe faz com essa criança? Deixando de lado os canais físicos de comunicação, minha impressão é que seu amor se expressa por reverie (LE, 35).

Qual seria o motivo para que Bion tenha trazido a mãe para o primeiro plano? Independentemente de qualquer explicação que use palavras psicanalíticas *post mortem* a respeito da personalidade de Bion, há um motivo óbvio, talvez principal: é isso que acontece na vida real; a mãe está no primeiro plano de tudo o que acontece na vida humana, e em tudo que acontecerá.

A psicanálise interessou-se em estudar os sofrimentos e vicissitudes em capacidades já consideradas principais e primordiais no ser humano, que pudessem servir de definição a respeito do próprio ser humano: a capacidade de formar imagens, perceber e conhecer o mundo externo e interno, e de armazenar dados na memória e utilizá-los, e algumas ainda não consideradas pela ciência, como a capacidade onírica; subjacente a todas elas, a capacidade de pensar. A psicanálise demonstrou empiricamente, por meio do estudo das dificuldades no pensar apresentadas por neuróticos, psicóticos e perversos, que a capacitação para pensar não pode ser obtida autisticamente, por satisfação, que é alucinada – fato demonstrado invariavelmente ao longo de milênios. Uma capacidade de pensar exige uma relação. Bion – como Freud, Klein e Winnicott – enfoca primariamente a mãe no seguinte sentido: o de que o amor está necessariamente relacionado com o pensar e o conhecimento. Caso se tome apenas a função-alfa, que é uma atividade intrapsíquica ligada ao aparato sensorial – tanto no adulto como na criança –, não será possível alcançar mais do que um tipo de matéria-prima, ou seja, o alimento para o pensar (especificamente, a produção de elementos-alfa); mas a função-alfa não consegue fornecer, para o adulto e para a criança, o próprio pensar. Na criança, o que irá fornecer meios para essa atividade, para formar e desenvolver uma capacitação inata, é a *reverie*.

Reverie não é amor; é uma forma para expressar e conduzir amor:

> O termo *reverie* pode ser aplicado a quase qualquer conteúdo. Desejo reservá-lo apenas para tais conteúdos se for impregnado de amor ou ódio. *Reverie*, usada nessa acepção estrita, é aquele estado de mente que está aberto para a recepção de quaisquer "objetos" provenientes do objeto amado; portanto, é capaz de receber as identificações projetivas da criança, independentemente de a criança senti-las como boas ou más. Em suma, *reverie* é um fator da função-alfa da mãe. (LE, 36)

Falhas na apreensão do conceito, mal-entendidos e distorções: alguns leitores hipersimplificam e degradam o conceito de *reverie* para o lugar-comum de um humanismo piegas (*soft humanism*).

Referências cruzadas sugeridas: Conceitos; Concepções; Identificação projetiva; Pré-concepção; Objetos psicanalíticos.

Reversão da função-alfa

No capítulo 10 de *Learning from Experience*, Bion descreve uma destruição da barreira de contato (q.v.). Esse conceito, derivado de estudos pré-psicanalíticos de Freud a respeito de neurofisiologia comportamental (em uma época em que essa disciplina ainda não existia), descreve um tipo de filtro orgânico, vivo, que tanto separa como une os sistemas inconsciente e consciente. O conceito de reversão da função-alfa está interligado ao conceito de barreira de contato e ao de sua destruição: há uma *"substituição da função-alfa por aquilo que pode ser descrito como uma reversão da direção da função"* (LE, 25). *"A reversão de direção é compatível com o tratamento de pensamentos por evacuação; isso quer dizer que, se a personalidade carece do aparato que poderia capacitá-la a 'pensar' pensamentos, mas é capaz de tentar livrar a psique de pensamentos exatamente do mesmo modo como se livra de acréscimos de estímulos, então a reversão da função--alfa pode ser o método empregado"* (LE, 101). *"Ao invés de mudar impressões sensoriais para elementos-alfa, usados em pensamentos oníricos e pensamento inconsciente de vigília, o desenvolvimento de uma barreira de contato é substituído pela sua destruição. Isso é efetuado pela reversão da função-alfa, que 'significa a dispersão da barreira de contato; fica bastante compatível com o estabelecimento de . . . objetos bizarros"* (LE, 25).

Bion afirma que a barreira de contato se constitui como função, enquanto que o ego é uma estrutura. Por esse motivo, o *"a reversão da função-alfa . . . afeta o ego"*. Isso é importante, por não produzir *"um simples retorno aos elementos-beta, mas objetos que diferem em aspectos importantes dos elementos-beta originais, que jamais possuíam nenhum matiz de personalidade aderido. Os elementos-beta diferem do objeto bizarro, pois o objeto bizarro é um elemento beta mais traços de ego e superego. A reversão da função-alfa violenta a estrutura associada à função-alfa"* [ou seja, o ego] (LE, 25).

&; Bion jamais retornou ao tema e, portanto, não o expandiu. O autor deste dicionário, ao notar que a menção é, comparativamente, pequena (em parte, apenas uma nota de rodapé), mas defrontando-se com observações clínicas próprias, publicadas outro lugares, tentou expandir – sempre com base clínica – o conceito de Bion de reversão de função-alfa. Valendo-se da revisão que Bion fez de suas primeiras afirmações a respeito de patologia psiquiátrica, e também de pretensões a curas nos comentários sobre casos clínicos atendidos entre 1950 e 1961, publicados em 1967, no livro *Second thoughts*, e também em 1970, em *Attention and Interpretation*, bem como as descrições sobre o âmbito "negativo" (ou "menos"; ou –), este autor elaborou uma hipótese: a da existência de uma função anti-alfa. Inclui a concepção de reversão, mas não se limita a ela; não a classifica como uma situação puramente de doença, ou patologia, mas de um contraponto paradoxal à função-alfa. Uma "face" necessária, antitética, encontrável em todo ser humano e necessária para a consecução da função-alfa. Se a função-alfa "inicia-se" a partir do polo de um de nossos órgãos sensoriais (por exemplo, os olhos, a pele, os ouvidos etc.), e os de-concretiza, ou os de-sensorializa, imaterializando-os em dados psíquicos, a função anti-alfa se inicia a partir de um polo intrapsíquico, ou o "ponto de chegada" da função-alfa. A função anti-alfa "capta" ou "toma" dados psíquicos para, ato contínuo, sensorializá-los e materializá-los, transformando-os em coisas concretas e sensoriais. Não há ênfase em patologia; corresponde à descoberta da universalidade da neurose, por Freud, e à universalidade da psicose, por Klein. Tal atribuição pode ser vista como pretensiosa, pois tratar-se-ia de uma função natural. Qual sua necessidade, já que, na natureza, tudo tem sua função, ou construtiva ou destrutiva? Uma função anti-alfa seria necessária para certos propósitos que têm sido considerados como típicos da espécie humana: a comunicação artística, a comunicação verbal e a comunicação visual, tanto intrapsíquica como com o mundo externo. Isso ocorre nos primeiros estágios da vida e em qualquer ação pública que exige ação no mundo exterior, que precisa ser materializada e em alguns casos garante a sobrevivência concreta (Sandler, 1990, 1997a).

Referências cruzadas sugeridas: Barreira de contato; Função-alfa.

S

Satisfação

Entre vários alertas sobre alucinações e delírios mais bem estudados em indivíduos, mas também compartilhados pelos grupos, Freud, quando mais idoso, observou fenômenos correspondentes a sentimentos de satisfação – frequentemente vista como sinônimo de felicidade – como algo impossível. O caminho para o desenvolvimento do conceito a respeito dos dois princípios do funcionamento psíquico foi razoavelmente longo se compararmos com o tempo de duração de uma vida; precisou de uma década, iniciando-se com experiências com cocaína, em que participou de um delírio coletivo impulsionado por interesses de dois laboratórios farmacêuticos alemães, já globalizados em todo o mundo "civilizado" (Merck© e Bayer©), vista como a "droga da felicidade". Mais uma década foi necessária para que Freud fosse "além" de **um**, dos dois princípios, o do prazer/desprazer. Equipara sensações de Nirvana à morte. Sensações tão antigas quanto a própria civilização indo-europeia que originou a tradição judaico-cristã. A noção fica ainda mais clara quando Freud alerta a respeito de uma análise "interminável" está descrita em um de seus últimos trabalhos, aliado às tribulações que aguardam cientistas ou artistas buscando por verdade, comparadas com o consolo propiciado pela religião (em *A Questão da Weltanschauung*). Resumem os alertas de Freud a respeito de satisfação e felicidade. O fato da obra de Freud ser inteiramente baseada em formulações verbais, aliada a questões de análise pessoal dos leitores, deixou uma questão em aberto: a existência de leitores onde prevalece o princípio do prazer/desprazer, às expensas do princípio da realidade, fazendo-os julgar que Freud seria um "pessimista". Até o ponto a que chegou minha experiência em psicanálise, há uma confusão entre a busca natural para atender necessidades instintivas "objetivas" (buscar um objeto de sobrevivência, sob a égide do princípio da realidade, descrita em "Instintos e suas vicissitudes"), com satisfação peremptória de desejo (ditada pelo princípio do prazer/desprazer). Instintos, conhecidos pelo menos desde a época dos antigos gregos, foram definidos por Lamarck e Darwin, originando boa parte do trabalho de Freud. Freud precisou de quase três décadas para firmar seu discernimento a respeito de satisfação. Quanto tempo precisarão os membros do movimento psicanalítico que, por limitações atuais de análise pessoal, ligadas ao movimento psicanalítico, se submetem à égide do princípio do prazer/desprazer?

S

O modo pelo qual Bion usa o termo "satisfação" pode ser visto em "Uma teoria do pensar" e *Learning from Experience*. Há um protótipo do pensar humano – colocado como um pré-conceito que *"satisfaz a necessidade por uma realização"*. O bebê tem, de modo inato, uma pré-concepção. Bion, expandindo e integrando o trabalho de Freud e Klein, denomina esse protótipo de "Seio". O ambiente externo oferece um seio para essa pré-concepção, necessário para a sobrevivência, que garantirá o prosseguimento da vida. O seio, específico e real – o objetivo da pré-concepção –, constitui a realização do seio pela pré-concepção. Nenhum leitor atento poderá encontrar nada que Bion escreveu em que a realização satisfaça totalmente o pré-conceito. Seria possível encontrar um objeto real quando o objetivo tem que ser totalmente, e sempre preenchido? Apenas nos casos de fuga fantástica da realidade, por alucinação.

A palavra "satisfação" na obra de Bion está investida do sentido matemático, dado pela teoria do cálculo diferencial, com os conceitos de função e fator. Uma leitura acurada de *Learning from Experience*, demonstra esse fato; por exemplo, na definição de objeto psicanalítico. Bion aplica o termo "fator" para a investigação psicanalítica, definindo-o como *"o nome de um elemento de qualquer função. Pode ser representado pelo elemento insaturado (ξ) em $\psi(\xi)$ e precisa existir uma 'realização' que se aproxima dele. Qual é a realização que a satisfaz, no sentido matemático de se satisfazer os termos de uma equação, será um assunto a ser determinado pela própria investigação psicanalítica"* (LE, 89).

☺ Todas as questões que leitores possam colocar, vinculadas ao sentido do termo "satisfação" em psicanálise, poderiam ser encaminhadas adequadamente caso esses leitores percebessem os fundamentos e objetivos do trabalho de Freud e Bion: as disciplinas científicas de medicina, biologia, antropologia, expressa pelo interesse em elementos instintuais humanos: amor e ódio, basicamente. Os dois afirmam, ao longo de todos os seus escritos, que há problemas que não podem ser resolvidos. Ecoam o Teorema de Gödel, mesmo sem citá-lo. A resolução de um problema científico sempre leva à formulação de novos problemas, até então desconhecidos.

Há um alerta demonstrando o modo pelo qual Bion lidou com a crença de que haveria contraparte na realidade correspondendo ao termo satisfação, sobre a necessidade de que psicanalistas disciplinem seus próprios desejos.

A partir de 1961, Bion trabalhou isolado: nunca fez escola, nem seguidores. A partir de 1969 passou a receber visitas de um analista vinte anos mais jovem, de cultura francesa, nascido no Cairo: André Green, que conquistaria respeito no movimento psicanalítico. Interessadíssimo na psicanálise praticada na Inglaterra, acabou sendo um dos pouquíssimos interlocutores de Bion. Cujo trabalho sofria severas incompreensões. Os encontros, mutuamente frutíferos, fizeram com que Bion incluísse um aforisma cunhado por Maurice Blanchot, um escritor e filósofo cuja vida e obra guardam semelhanças básicas: "A resposta é a desgraça da pergunta" ("*La réponse est le malheur de la question*"), compactando notavelmente uma parte importante das contribuições de Bion; e na impossibilidade de reduzir a palavras escritas a noção e concepção de verdade e falsidade a palavras. E também que ambos se recusavam a reduzir observações sobre a vida dentro dos limites da filosofia, crítica literária a "gêneros" e "tendências".

Bion não respondia questões; nem assumia modos professorais, para toda e qualquer audiência: poderia ser um paciente, um supervisionando, ou um grupo participando de suas palestras. . Fosse em uma análise pessoal, segundo seus antigos pacientes, fosse em palestras e seminários. Quatro dias antes de sua morte, falou para um amigo íntimos, o dr. Oliver Lyth: "*A vida é cheia de surpresas – a maioria delas, desagradável*".

Falhas na apreensão do conceito, mal-entendidos e distorções: A obra de Bion, como a obra de Freud, Klein e Winnicott, foi alvo da mesma dificuldade: muitos leitores confundem a formulação verbal a respeito dos instintos, que tentam conseguir uma satisfação que pode ser qualificada como "instintiva", ou seja, uma satisfação qualitativa, com satisfação quantitativa de prazer. De maneira similar, alguns adquiriram a certeza de que uma pré-concepção é satisfeita assim que encontra uma realização. O que fica satisfeito é a necessidade (qualitativa) de que exista uma realização. A satisfação do objetivo – um movimento, não algo concreto – de uma pré-concepção não implica que se obtenha e menos ainda que exista uma satisfação da "pré-concepção-em-si-mesma". Um seio real fornece a satisfação do objetivo, mas não a satisfação do seio que havia sido pré-concebido pelo bebê. Este é marcado por uma não-existência de modo completo, antes da realização; ou por uma esperança genética e biologicamente determinada. Que permite, devido à sua quota de "não-satisfação", a introdução dos processos do pensar; e da simbolização. Fantasias de completude da pré-concepção dão origem a processos alucinatórios.

A distorção na apreensão do termo, que tenta atribuir-lhe um sentido oposto ao original, mostra a resiliência da proibição milenar ao conhecimento – relatada em mitos, e no velho testamento. Será esse, ou já tem sido, o destino das contribuições da psicanálise?

Saturação

Já que desejo encontrar um sistema de representação que servisse para todos estes sistemas, e outros sistemas de cuja existência não estou ciente, procuro um sistema de representação que seja insaturado ($\psi\,(\xi)$) e vá permitir saturação. (T, 118)

S

Definição. Conceito destinado para referir-se a um **sistema de representação** que possa representar verbalmente, e também sob uma notação quase matemática, um estado de saturação de significados nos processos do pensar. Podemos tomar emprestada uma analogia da química estequiométrica para obter uma apreensão adequada do sentido do conceito: elementos químicos, ou moléculas, podem ser diluídos em (ou por) outros – em níveis variáveis de saturação do meio diluente. O conteúdo desse verbete se integra com os conteúdos dos verbetes "elementos de psicanálise", ""Grade" (*Grid*)"; "O", "Objeto psicanalítico".

🕐 O conceito de saturação, desenvolvido inicialmente para descrever o pareamento das pré-concepções com realizações (q.v.). O protótipo do pareamento é constituído pelo seio e a pré-concepção que o bebê faz do seio. Como o verbete anterior, "satisfação", tenta demonstrar, anseios por obter saturação da pré-concepção originam-se de alucinação. Quantitativa e qualitativamente, há não-saturação: o não-seio é condição para que os processos de pensar se introduzam. O conceito de saturação foi usado na descrição do fator que molda objetos psicanalíticos e de elementos de psicanálise (o leitor pode consultar os verbetes específicos). O desenvolvimento final, de 1965, com o auxílio da teoria de Transformações e Invariâncias (q.v.), envolve comunicações verbais que têm consequências decisivas para o trabalho analítico nos vários ciclos evolutivos das transformações materializáveis – que circundam, e dão forma às invariâncias originalmente imaterializadas. Podem ser descritos como ciclos de incrementos em saturação e consequente insaturação. O movimento em direção a níveis mais sofisticados de saturações e de-saturações corresponde à experiência consecutiva ao movimento *in tandem* das posições esquizoparanoide e depressiva. Esse movimento, que caracteriza um percurso, corresponde a um adentrar contínuo nas trevas do desconhecido e uma saída temporária dele, sob novo rearranjo. Implica o percurso de uma pessoa tornando-se o que ela realmente é, tanto durante sua vida como na amostra representativa da vida dessa pessoa: uma análise real. Pode ser visto pela experiência de um continente procurando abarcar um conteúdo – que, por sua vez, busca um continente. Traduzindo a última frase em termos práticos, durante uma sessão de análise: o continente pode ser visto como uma formulação verbal – seja do paciente, seja do analista.

Em uma representação animística – coerente com o fato de que o conceito tenta representar um fato humano –, um conteúdo empenha-se, por vezes arduamente, para obter comunicação, ou para não obtê-la, dependendo do equilíbrio ou desequilíbrio entre as personalidades psicótica e não-psicótica. Comunicação do quê? De sentimentos, emoções, afetos, experiências emocionais, por parte do paciente; e interpretações ou construções, ou apontamentos, parâmetros e ênfases temporárias, a caminho das interpretações ou construções. Há um exemplo do ciclo composto por saturações seguidas de insaturações: quando um paciente relata conteúdos manifestos em sonhos. Por meio do trabalho onírico, um conteúdo empenha-se em ser – e paradoxalmente, não ser comunicado. A mesma situação mesmo ocorre na sessão de análise, no que tange ao conteúdo latente, produzido em atividade conjunta pelo analista e pelo paciente.

Seria exagero afirmar que o conceito de saturação, como movimento do nosso aparato psíquico, fornece uma base fundamental para processos do pensar? Afinal, integra todas as contribuições de Bion à psicanálise, em um todo coerente. Desse modo, o pensar poderia ser visto sob a ótica de ciclos de saturações seguidas de in-saturações, para dar lugar a novo ciclo, até então desconhecidos para o pensador. O modelo da "Grade" (*Grid*) (q.v.) foi construído com base em sucessivas saturações e insaturações nas várias categorias do instrumento, de "cima" para "baixo" (linhas A até H) e seu retorno, conjugadas com categorias horizontais, da "esquerda" para a "direita" e vice-versa (colunas 1 a 6). Há sofisticação ou degeneração do pensar, e dos próprios pensamentos produzidos. Em analogia ao trabalho de um pesquisador, hipóteses definitórias "buscam" saturações. Nosso aparato sensorial capta e satura-se de elementos-beta, sendo seu continente; que ficam insaturados ao possibilitar formação de elementos-alfa. O mesmo ocorrerá com pré-concepções, concepções, conceitos etc. Portanto, processos de [...saturação⇄des-saturação⇄saturação⇄des-saturação...] expressa, de modo generalizado, os processos de pensar, de desenvolvimento positivo ou negativo dos pensamentos..

> Um impulso para obter saturação total não pode ser satisfeito. Se pudesse, extinguir-se-ia, dentro de um raciocínio lógico que precisa ser utilizado na construção de um conceito. A validade desse conceito é que há uma contraparte na realidade humana: a limitação para que seja satisfeito deve-se a algo que foi observado por Blaise Pascal, John Milton e outros matemáticos e poetas de inspiração teológica: às limitações das capacidades humanas acresce-se a existência de um "infinito vazio e sem forma". Essa existência, ou fator, pode ser vista internamente à mente humana, e externamente. Não pode ser conhecido; precisa ser "tornado", ou seja, saturado de um modo específico (T, 155).

O conceito de saturação é usado para descrever evento psíquico: o encontro de um seio idealizado, da pré-concepção (de seio) com um seio real. A experiência emocional é de insatisfação: condição *sine qua non* para a introdução dos processos do pensar, e para o amadurecimento dos pensamentos, permitindo o aprender pela experiência a cada evento realmente insatisfatório.

Em 1975, lançando mão de formulações verbais coloquializadas, substituindo linguagem técnica, Bion tenta integrar todas contribuições anteriores: Saturação, ou o percurso para aproximações intuitivas em direção a "O" (realidade última), e, paradoxalmente, como distanciamento de "O"; a tragédia da comunicação, composta de sucessos temporários com desastres, por falsidades devida às bases sensorializáveis; implicações desses processos para o trabalho em análise, e para uma postura científica.

Parece-me que Bion usa o recurso de comunicação com sinais quase-matemáticos, como um convite ao leitor para lidar com formulações verbais que não estejam excessivamente saturadas por linguagem teórica, tornada lugar-comum.

Um exemplo está na próxima citação: a palavra "Homem". Palavras coloquiais como "homem" estão sobrecarregadas de algo que qualquer leitor sentirá como já conhecido. Ficam saturadas de visões teóricas preconceituosas do grupo, impedindo avanços na investigação de algo que não se conhece. Todo alerta de cuidado com aquilo que a pessoa – paciente ou leitor se sente como já conhecido, será insuficiente. Precisará incluir o vocabulário usual, na língua materna dos integrantes do par. Cada palavra é um símbolo ou uma teoria; como tais, será uma relação entre um significante e um significado no primeiro caso, ou mais complexa, no segundo. O aprendizado de anos e anos de uma lingua- gem dá a falsa impressão de que todos os que falam uma língua seriam gramáticos ou linguistas. Isto não é verdadeiro em uma psicanálise; e em nenhuma comunicação comum. Literatos tentam ser precisos, mas como exigir que pessoas comuns tenham esse tipo de interesse, habilidade ou capacidade, ou cuidado? Por outro lado, cada paciente tem uma linguagem própria: precisa ser descoberta na análise. Analistas poderiam considerar a observação de Ernst Gombrich: um símbolo indica algo que não é ele mesmo:

> Suponhamos que eu desenhasse λ e afirmasse que isso é um homem, ou uma imagem de um homem. Se existirem condições para conversarmos, você, que olha o desenho, poderia me achar "igualzinho a ele" e considerar isso um exemplo meritório e contínuo de meu gênio artístico. Este livro poderia ser saudado por assumir, em si mesmo, semelhança com sua paternidade – de modo a não se poder confundi-lo com a obra de nenhuma outra pessoa.
>
> Mas eu posso ter um objetivo diferente, digamos, o de fazer uma descrição da psicanálise. Para mim, o fato de o livro testemunhar suas origens mentais poderia ser uma irrelevância indesejável, uma característica adicional ao componente principal de meu desejo de comunicar e de seu desejo de receber. O que desejo discutir é essa dupla característica da comunicação e o fato de que pode atribuir significado ora a um ora a outro componente, em graus variáveis. Quero enfatizar que os componentes não são "bi-valentes" mas multi ou poli-valentes, mesmo que no início eu assinale o fato por meio de um símbolo "bi-valente" – como $\lambda\xi$. Os sinais que estou escolhendo são o λ chinês e o ξ grego. Se eu escrevesse $\lambda(\xi)$, eu estaria desejando representar λ como uma constante e (ξ) como uma variável desconhecida. Mas o que é isso? Por que apareceram esses símbolos? A experiência de minha própria existência estimula a curiosidade sobre mim e meus objetos – de pessoas ou coisas como eu.

A linguagem de Bion

Como não sei com certeza o que são esses objetos, quero na verdade discuti-los, tenho que arranjar um modo de me referir a eles. Ocasionalmente eu poderia querer discutir um livro. Normalmente, não deveria existir nenhuma dificuldade porque eu poderia, com certa familiaridade, fazê-lo usando a língua inglesa, usando as regras de composição e o vocabulário existente. Mas, às vezes, como é o caso presente, isso não acontece. É verdade que eu quero discutir este livro. Mas esta é uma parte desimportante de minha pré-ocupação. Quero discutir o homem, mas no preciso instante em que falo isso percebo que a palavra "homem" tem uma significação definida, talvez enganadora e frustrantemente definida. Posso dizer que quero discutir "wilfred r bion". Isso poderia ter um significado definido para alguns, mas não é verdade; não quero excluir nenhum aspecto que seja "representado", significado, marcado, pelas letras "rbidefilnorw", arrumadas de acordo com certas convenções para formar um padrão visual no papel. O problema se impõe, mas não se apresenta de maneira plenamente elucidativa; se quero comunicar uma música para um grupo de pessoas familiarizadas com a palavra escrita, mas não familiarizadas com poemas cantados ou padrões formados pela impressão em papel, haveria uma compreensão pouco clara da música que desejo que ouçam quando eles veem o padrão formado no papel. Pound mostrou que a cultura de um povo pode ser de tal ordem que eles não imprimem poemas que podem ser cantados, mas constroem poemas que formam, quando impressos, um padrão que agrada à vista. Caso sejam cantados e ouvidos, não formam um padrão que satisfaz; esse padrão desagrada e dessatisfaz o ouvido.

Sou tão mal ou insuficientemente treinado, que não consigo gostar de ler, com os olhos, uma peça de Shakespeare; já se bons atores transformarem a mesma peça impressa em papel numa apresentação dramática, o efeito será uma experiência estimulante do ponto de vista emocional; efetua uma mudança – em Wilfred R. Bion – que é duradoura. O mesmo efeito é produzido se J. S. Bach compõe uma peça musical que, transformada por pessoas convenientemente treinadas, pode resultar em padrões sonoros que podem ser recebidos pelo meu ouvido. Queequeg, uma personagem de ficção de *Moby Dick*, pode ser, pelo contrário, profundamente comovente, através dos olhos, por um padrão em que um livro impresso do qual ela não compreende uma palavra provoque suas percepções visuais. Um autor, Herman Melville, "causou" a impressão de um livro que teve efeito similar – análogo? – no Wilfred R. Bion acima mencionado, que o "leu".

Nas sentenças que seguem, os lugares marcados por _ representam "alguma coisa" sobre a qual desejo falar. "Alguma coisa" não é adequado; é muito impregnado de um significado preexistente – muito saturado (λ) e ao mesmo tempo não saturado (ξ) o suficiente. Estou agora tão desperto, consciente, racional e são quanto sempre estive entre o momento de escrever e o dia do meu _. Atribuo uma data a _, ainda que eu não saiba qual seja. Imagino que o vazio vai ser completado em alguma época, como uma variável algébrica, durante o curso de cálculos matemáticos ou talvez um registro legal, de nascimentos, casamentos e mortes. Esse momento no tempo e essa entrada formal num documento parecem ser tão convenientes quanto a inscrição "finis" que, em certa época, era convencionalmente utilizada no final de um livro. Existem outras formas; e de modo notável, aquela que James Joyce considerou mais adequada, caso comparada com o ato sensorialmente apreendido de suspender-se a impressão das palavras sobre a página. Joyce desejou dotar sua história estivesse de qualidades vicoescas, que sentia ter extraído das pesquisas filosóficas de Giambattista Vico, e que não foi capaz de receber da obra de Freud.

$\lambda(\xi)$ denota um domínio desprovido de começo, fim ou qualquer outra dimensão. Tenho que empregar um equipamento extremamente inadequado para discutir isso. Tenho que fabricar o equipamento à medida que prossigo. Afirmo que é artístico, ainda que a arte não tenha sido criada; que é religioso, ainda que a religião não tenha sido nem possa (sem parar de ser uma religião) ser obrigada a coadunar-se com nenhum dos dogmas instituições até então considerados característicos da religião. Não espero que a arte seja análoga à música, à pintura, à expressão literária, à escultura ou a mecânica quântica; o "princípio da incerteza" (emprestado de Heisenberg) que utilizei tanto formula como destrói a formulação, junto com $\lambda(\xi)$. O é, por definição, indestrutível e não sujeito ou circunscrito a inícios, términos, regras, leis da natureza ou qualquer constructo da mente humana. No âmbito da compreensão humana, Melanie Klein jamais se reconciliou consigo mesma pelo fato de que, sempre que ela se fazia entender, aquele fato se transformava em algo que ela entendia como não mais estando "vivo". (AMF, I, 86-89)

Saturação e ausência do objeto

O ato que denominamos "pensar" é dotado de tal complexidade que pouco compreendemos a respeito dos fatores que o originam; e o mantém. É mais fácil dar nomes para algo que não conhecemos, e parece que a primeira coisa que fazemos é justamente isso, pespegar um nome a algo que desconhecemos. Em compensação, sabemos mais a respeito dos efeitos do pensar, assim como os efeitos da carência ou ausência desse ato. Faço uma afirmação que serve de exemplo do princípio de incerteza (q.v.).

O ato de pensar obteve uma pequena iluminação ao inserir-se o estudo da interação do pensar com algo que esteja ausente, que não exista naquele momento. Este algo pode ser uma entidade viva; ou uma coisa material ou um evento, ou os três conjugados se a clivagem não for excessiva. Sob o vértice prototípico e primordial, respectivamente: Seio, Leite e Amamentação. Nossos processos de pensamento se iniciam quando somos expostos à ausência – Bion a denomina de não-seio. É o protótipo do que será durante a vida, a não-coisa. Bion quer dizer que o pensamento é um ato que capacita o bebê a resolver um problema *"na ausência do objeto"* (T, 107), o protótipo de outros problemas durante a vida. O termo *"quero dizer"* é escrito explicitamente por Bion: NÃO se trata de atribuição indevida, nem inferência fantasiosa apostolar ou professoral do autor deste dicionário.

Ao definir um "objeto psicanalítico, Bion propõe uma notação quase matemática:

$$(\Psi) \, (\xi) \, (M).$$

ξ representa o componente insaturado do objeto. (Ψ) representa um componente inato, corresponde à mesma letra atribuída por Freud ao aparato psíquico humano em *A interpretação dos sonhos* e, anteriormente, em um estudo provisório não nomeado por ele, destinado a ser destruído: *Entwurf einer Psychologie* (Projeto para uma psicologia). Salvo, por probabilidade histórica, pela princesa Marie Bonaparte, após o falecimento de Freud. James Strachey – tradutor de Freud, e Ana Freud o denominaram de *Projeto para uma psicologia científica*, para ser publicado na *Standard Edition*.

A categoria mais primitiva no aparato do pensar, representada teoricamente no instrumento "Grade" (Grid) pela formulação verbal hipóteses definitórias, compõe-se, pelo menos em parte, por predecessores que se integram e também podem ser vistos como elementos-beta. Correspondem (ou tentam corresponder, teoricamente) a elementos básicos, fundamentais, inatos, filogeneticamente adquiridos, da realidade material e psíquica última, compondo a natureza humana – pelo menos na visão do autor deste dicionário, a partir das observações de Freud e Bion. Hipóteses definitórias definem (limitam, ou enquadram) a pesquisa e também a descoberta de situações elementares externas, perceptíveis no espaço-tempo, que, justamente por ação das mesmas hipóteses definitórias, começam a adquirir sentido interno ao ser humano. Uma hipótese definitória apresenta uma qualidade negativa, a ser descartada ou substituída por novos elementos, *"que saturam os elementos (ξ) de $\Psi(\xi)$"* (T, 106).

O ciclo, Saturação⇔Insaturação é um **passo necessário em todos as nossas tentativas** direção ao desconhecido.

A seguinte citação sumariza a questão, originada por uma experiência clínica – como em toda a obra de Bion, elaborações teóricas originam-se sempre de observações clínicas. No caso, a situação clínica foi propiciada por uma manifestação na realidade material (que Bion denominou realidade sensorial) e psíquica: um aperto de mão. As experiência emocional foi vivida pelo paciente ao ter avistado um cachorro – que emergiu sob forma de associação livre no aqui e agora da sessão). Se o leitor ainda não se familiarizou com as notações quase matemáticas, poderá utilizar a seguinte legenda, que traduz verbalmente a notação:

(i)   T (ξ) representa transformações de um elemento não-saturado.

(ii) C2 representa uma formulação verbal classificável como um sonho falso, ou mito falso.

(iii) A1 representa uma formulação verbal classificável com uma hipótese definitória.

Portanto, a formulação quase matemática, sob forma de uma equação, utilizada na citação

$$T(\xi) = C2 \Rightarrow A1$$

representa uma ação dinâmica do aparato psíquico, na qual uma alucinação saturada, proveniente de um objeto real não-saturado (por exemplo, um seio), fica disponível para ser transformado (e, no caso, foi transformado) em uma hipótese potencialmente útil para prosseguir-se uma pesquisa naquilo que chamamos Realidade. Um outro modo verbal pode ser formulado para a mesma ação investigativa: "Será que o seio real pelo qual anseio tanto existe?" A questão $T(\xi) = C2 \Rightarrow A1$ formulada pela função científica do aparato mental substitui o que antes era uma verdade absoluta, C2, que permite o prosseguimento da investigação, e uma saturação seguinte:

... tendo ligado os elementos constantemente conjugados da experiência analítica pela formulação $T(\xi) = C2 \Rightarrow A1$, podemos agora lançar mão de mais experiência analítica, que nos provê mais significado. Em outros termos, para saturar o elemento insaturado (ξ). Ou, colocando ainda de outro modo, esperamos encontrar, a partir da análise, uma compreensão mais precisa da transformação deste paciente em particular. (T, 14)

Saturação como necessidade; saturação como desejo

Todas as realizações apenas se aproximam da pré-concepção. Ficam longe de satisfazê-la. O problema a ser enfrentado, independente- mente do grau de sucesso em enfrentá-lo, é sempre o mesmo: o objeto ficará ausente. O objeto pode ser o seio, a mãe, o pai, e sucedâneos. Associa-se necessariamente a um "fator de não aproximação" em relação à realização. *"Na personalidade psicótica, a aproximação precisa ser extremamente próxima"*. Ou seja, tanto em pessoas qualificáveis como psicóticos, e em qualquer análise que possa ser suficientemente aprofundada, (ξ) permanece insaturado; outros fatores associados, como clivagem forçada (q.v.), resultando em excessiva concretização, incrementam o problema irresolvível, *"a não-coisa ativa – destituída de uma coisa que se lhe corresponda – se associa, no âmbito da alimentação, à insatisfação que ocorre quando existe fome, mas não há alimento"* (todas as citações, T, 107). A não ser que haja uma colaboração de que esse paciente possa fornecer uma tolerância para aquilo que falta e complementar, por si mesmo, o sentido da interpretação: de todo improvável, no caso da prevalência da personalidade psicótica. O analista e a interpretação funcionam, analogicamente, como um antibiótico. Cabe ao sistema imunitário – inconsciente, no paciente – utilizar-se do acesso ao auxílio externo; o que impede a multiplicação das bactérias é o sistema imunitário. O antibiótico, como a interpretação, são uma ajuda, que faltava.

SATURAÇÃO E COMUNICAÇÃO VERBAL

Enunciados provenientes do paciente, e do analista, podem ser tanto insaturados como saturados; a qualificação sempre depende do modo que o outro (paciente ou analista) irá lidar com o enunciado. No caso do paciente, enunciados insaturados foram qualificados por Freud como associações livres. São produtos da atividade onírica de vigília. Um exemplo de enunciado saturado, do paciente, é o conteúdo manifesto de um sonho noturno – para o próprio sonhador. O analista fará o trabalho de insaturação, se contar com associações livres, acompanhantes do relato do conteúdo manifesto e com a sua própria atenção livremente flutuante, aliada à intuição analiticamente treinada, obtida por experiência prévia com o paciente. Essa conjunção complexa do par analítico leva a conteúdos latentes, sempre insaturados. São oferecidos ao paciente para maior saturação, nos vários "ciclos de transformações" que podem ser o desfecho de uma interpretação correta (q.v.). Nos termos de avaliação de tratamento propostos por Freud: uma interpretação correta é aquela que se segue a novas associações livres do paciente. *"Portanto, a comunicação verbal é de um tipo que não pode representar* **O**, *em virtude de o* símbolo empregado já ter um significado aceito; nem tampouco pode representar **O** *acessando o significado por meio de saturação"* (T, 118). O leitor que não está familiarizado com a notação quase matemática utilizada por Bion poderá consultar o verbete "'O'"; se estiver, poderá lidar com a citação se considere que **O** representa a realidade última. "'O'". Caso esteja, poderá lidar com a citação ao considerar que **O** representa a realida- de última.

Há um componente intrínseco para fazer-se Saturação, em comunicações verbais: limites, ou definição. Assinalei que pessoas facilitam o trabalho de instauração; outras o dificultam, e outras ainda o tornam quase impossível. No capítulo 9 de *Transformations*, Bion apresenta um relato onírico de um contato que teve com um paciente:

> Duas pessoas estão presentes: eu e um paciente. Estou desapaixonado, e ele também, embora a experiência seja importante para nós dois. Enquanto ele se deita no divã e eu me sento, imagino que uma nuvem começa a se formar, mais ou menos como em certos dias de verão, quando, às vezes, pode se divisar nuvens se formando sobre uma área de calor. A nuvem parece pairar sobre o paciente. Pode ser que uma nuvem semelhante lhe fique visível, mas ele a verá originando-se de mim. São nuvens de probabilidade. (T, 117)

S

Bion oferece ao leitor uma intuição: que a *"área de calor"* e *"nuvens"*, termos verbais dotados de imagens (visual e tátil, respectivamente), são de-sensorializados por *"pressão"* e *"probabilidade"*, transformando-se em *"tensão"* imaterializada. Conforme a situação evolve, as evoluções apresentam nuvens onde *"probabilidade"* se torna *"dúvida"*, conjugada com nuvens de *"certeza"* e nuvens *"de depressão, culpa, esperança e também medo"*. Há uma "situação total", em andamento:

> Associo pressão tanto a tensão como a nuvens. Tentei descrever pictoricamente essa situação total; gostaria de ser capaz de descrevê-la aromaticamente, do mesmo modo que um cachorro poderia cheirá-la e, caso fosse suficientemente dotado, poderia delineá-la aromaticamente. Gostaria de ser capaz, de modo similar, de descrever a situação com todos os outros meios sensoriais disponíveis. Já que desejo encontrar um sistema de representação que servisse para todos esses sistemas, e outros sistemas de cuja existência não estou ciente, procuro um sistema de representação que seja insaturado ($\psi\,(\xi)$) e vá permitir saturação . . . preciso substituir os elementos C¹, imagens visuais de nuvens, analista, analisando etc., por elementos que se aproximem de $\psi\,(\xi)$. É claro que não se pode despojar os elementos C¹ de seu significado; se isso acontecesse, eles seriam substituídos por elementos-β. Posso fazer essa substituição usando o ponto (.) para representar o "lugar onde" uma "alguma-coisa" (contrastada com uma não-coisa) poderia estar, e a linha (———) como o *locvs* de um ponto, ou o lugar para onde o ponto está indo. Analogia defeituosa esta, pois saturada de um significado de movimento. . . . As mudanças que tive que fazer ao longo deste livro, desde a analogia até a formulação mais precisa, e da formulação mais precisa, novamente para a analogia, ilustram algumas das dificuldades com as quais estou tentando lidar. *Todas estas mudanças são exemplos de transformação* . . . o modelo (representado pelos símbolos verbais da categoria C) de analista e paciente teve serventia para comunicar em virtude da rigidez (qualidade invariante) das imagens. A mesma rigidez significou que o modelo estava saturado e, portanto, impróprio para ser utilizado como uma pré-concepção (elemento coluna 4). (T, 118-119, 121; itálico nosso)

Saturação; tornar-se

A transição de "conhecer sobre" para "tornar-se" **O** pode ser vista como uma forma específica do desenvolvimento da concepção a partir da pré-concepção (linha F, a partir da linha D). Descrevi esse processo como sendo de saturação; um elemento insaturado $\psi(\xi)$ torna-se $\psi(\psi)(\xi)$. Ou seja, uma pré-concepção torna-se uma concepção e retém sua dimensão de "usabilidade" como uma pré-concepção (T, 153).

Um exemplo de saturação: Édipo

O pronunciamento do oráculo define o tema da história e pode ser considerado como uma definição ou hipótese definitória. Ele se assemelha a uma pré-concepção ou a um cálculo algébrico, por ser uma "formulação insaturada" que é "saturada" pelo desdobramento da história; ou, na acepção matemática, a uma "incógnita" que é "satisfeita" pela história. O que tem que ser desdobrado é o enunciado do tema da história; a descrição do criminoso procurado (EP, 48).

Falhas na apreensão do conceito, mal-entendidos e distorções: em alguns locais no mundo, o conceito de saturação é considerado como se fosse uma regra, em um código de julgamento de valores. Esse modo de degenerar o conceito dita que interpretações e todo e qualquer pensamento que possa ser visto como psicanalítico nunca devem ser "saturados"; ou que sempre deverão ser "insaturados". A saturação é vista como se fosse um inimigo a ser combatido e exterminado pelo analista. Perde-se então a concepção dinâmica: há um processo em tandem: saturação⇔insaturação. A hipersimplificação ossifica o conceito, como se fosse uma teoria jurídica do que **deve** ser feito – longe do escrito de Bion.

Saúde mental

As contribuições de Bion demonstram quais são os critérios de saúde mental que subjazem à sua obra; por vezes, explicitamente. Os critérios sempre estão acompanhados de alertas, vinculados e dependendo de três situações:

1) Verdade e a possibilidade de percebê-la e tolerá-la.
2) Pensamento como um método de apreensão de uma realidade básica na vida – frustração; e de tolerância a essa realidade.
3) O movimento em tandem entre PS e D e vice-versa. (PS = posição esquizoparanoide; D = posição depressiva).

Nos estudos a respeito da estruturação dos processos de pensar em pacientes rotulados como esquizofrênicos, Bion não coloca em dúvida o diagnóstico. Adotou critérios diagnósticos distantes daqueles preconizados por Kurt Schneider; mas próximos a uma tradição em psiquiatria que remontava a Meynert, Charcot, Kräepelin, Freud, Bleuler, Bonhöffer e Von Domarus – investigadores que focaram distúrbios de percepção e pensamento, enfatizando a presença de alucinação, como expressão fenomênica para negar a realidade e praticar evasões daquilo que é Verdade.

Em 1960, Bion sugere haver uma equivalência entre saúde mental e uma liberdade interna para executar a movimentação entre PS e D, e vice-versa; em notação quase-matemática: PS$\Leftrightarrow$D. Usando essa notação, teríamos:

Saúde Mental = $\Leftrightarrow$

Tolerância a essa situação dinâmica, de vai e vém – em todo similar às movimentações iônicas intra e extracelulares, em um nível de observação (mas não do fato) mais materializado –, indicaria, em termos proporcionais, a presença de saúde mental. Maior tolerância de momentos de desorientação, de dúvida com "resoluções" paranoides, típicas de PS, resultando em maior frequência de movimentações para D, seguida, em igual proporção, de novos momentos PS, implicaria em incrementos na saúde mental. A observação de Bion difere da avassaladora certeza dos membros do movimento psicanalítico que se auto-outorgaram a qualificação de "kleinianos" de que ocupar-se PS seria sinônimo de patologia e adquirir-se D seria sinônimo de cura, e ausência de patologia. Bion enfatiza o movimento, mas nunca os resultados "finais" – algo que só ocorre na morte, e em estados psíquicos concretizantes, ou materializados, criados por membro do movimento psicanalítico com dificuldades de apreensão da obra de Klein:

> As Posições não devem ser consideradas, simplesmente, como características da infância; a transição entre a posição esquizoparanoide e a depressiva também não deve ser considerada como algo que se adquire na infância, para todo o sempre, mas como um processo continuamente ativo, desde o momento em que seu mecanismo se estabeleceu com sucesso nos primeiros meses de vida. Portanto, se esse mecanismo não for estabelecido no início, sua operação permanecerá deficiente através da vida (em vários graus de intensidade); o paciente não poderá colher benefícios que advêm da oscilação suave entre as duas posições. Essa operação tem que estar sempre à sua disposição, para que um paciente possa ter uma vida plena e saudável. (C, 199-200)

Postura aparentemente inalterada entre 1950 e 1959; deu lugar a uma pequena modificação por volta de 1960, quando emerge uma característica fundamental no trabalho de Bion: a tolerância de paradoxos que caracterizam a vida como ela é e, consequentemente, exigida para um trabalho psicanalítico. Saúde mental continua dependente de Verdade, podendo entreter vivências indistinguíveis de alucinação;

Bion observa uma questão subjacente fundamental, conduzindo não apenas o comportamento externo, mas todo o aparato emocional. A decisão predominantemente inconsciente é manter uma subserviência, verdadeiro escravagismo ao princípio de prazer/desprazer ou conservar respeito ao princípio de realidade. Por razões desconhecidas, Bion denominava o primeiro princípio, de prazer/dor, já presente na obra de Freud, em raras ocasiões:

Saúde mental

> Uma pessoa mentalmente sadia é capaz de obter força, consolo e o material necessário para o seu desenvolvimento mental do seu contato com a realidade, independente dessa realidade ser dolorosa ou não . . . nenhuma pessoa pode tornar-se mentalmente sadia, exceto por um processo em que há uma busca constante dos fatos e uma determinação em deixar de lado qualquer elemento, conquanto sedutor ou prazeroso possa ser esse elemento, que se interponha entre ele e seu ambiente real. (C, 192)

O paradoxo que completa a postura geral é apresentado a seguir:

> Em contraste, pode-se dizer que as pessoas devem sua saúde, e a sua capacidade para manter-se saudável, à capacidade de se protegerem, no decorrer de seu crescimento como indivíduos, repetindo em sua vida pessoal a história da capacidade da raça humana para o autoengano, opondo-se à verdade que sua mente não pode receber sem desastre. (C, 192)

O fator decisivo será o grau (qualitativo, que pode ser comparado, em analogia, a uma porcentagem) de tolerância à dor e à frustração. Cada pessoa tem algum tipo de habilidade para lidar com desastres. Permanecem as questões que só podem ser observadas e manejadas em análise: que será a quantidade, e a qualidade de Verdade poderá ser recebida sem desastre? Desastres e tragédias sociais expressam-se sob duas invariâncias: (i) invariância narcisista: homicídio; provoca reação grupal que promove o suicídio do perpetrador, por identificação projetiva, via sistemas jurídicos, instituindo penas de morte; (ii) invariância socialista: suicídio; provoca reação grupal, na qual parentes e amigos do perpetrador morrem ou sentem-se mortos. Nos dois casos, o ato violento espalha-se no grupo: em (i), a culpa recai no perpetrador; em (ii), a culpa recai no grupo. A questão é um divisor de águas na prática analítica em consultório. Bion precisaria de mais cinco anos de observação para desenvolver essas concepções sobre saúde mental, sempre mais próximas às possíveis apreensões de Verdade, até um ponto em que o conceito de saúde mental fica descartado, por inútil. Lança mão da teoria do pensar e da primeira teoria de vínculos, elaboradas entre 1961 e 1962, ressaltando o vínculo K (conhecer):

> O pressuposto subjacente à fidelidade ao vínculo K é que as personalidades do analista e do analisando podem sobreviver à perda de sua capa protetora de mentiras, subterfúgio, evasão e alucinação, e podem até ser fortalecidas e enriquecidas pela perda. É uma suposição fortemente questionada pelo psicótico, e *a fortiori* pelo grupo, que se baseia em mecanismos psicóticos para sua coerência e um sentimento de bem-estar. (T, 129)

Nesse mesmo livro, retornando ao uso do modelo médico do aparato digestivo, enfatiza que *"desenvolvimento mental parece depender de verdade do mesmo modo que o organismo vivo depende de alimento. Caso falte verdade, ou ela seja deficiente, a personalidade deteriora"* (T, 38).

O critério que vincula a saúde mental às possibilidades de aproximar-se de Verdade, proposto por Bion, implícito ou explícito, pode ser visto como incomum na literatura psicanalítica. Haveria preferência por evitar Verdade, preterida por manipulações engenhosas de símbolos, como as oferecidas por escolas filosóficas hermenêuticas? Parece-nos incomum considerar que a obra científica de Freud busca aproximações à Verdade. Há sentidos claros nessa busca: (i) não se filia a critérios sociais, maculados por juízos morais; (ii) não depende de sintomas, nem de patologias; (iii) é puramente psicanalítica, ampliando a sugestão clínica de Freud, sobrea universalidade de neurose, expandida por Klein, sobre a universalidade da psicose, e sobre sua presença em todas as fases da vida. Algumas observações de Freud – como o fato de que toda criança é um "perverso polimorfo" – que sempre sofreram restrições por parte de membros do movimento psicanalítico e também por praticantes de outras disciplinas, como sociologia, tem seu sentido mais explícito na obra de Bion. Sintomas são vistos como expressão de tipos específicos de funcionamento psíquico: não são inimigos; nem delitos que requerem repressão.

A partir de 1967, ocorrem novas expansões no sentido do critério de saúde mental como procura de Verdade, por meio de um incremento na distância do modelo pseudo-médico de cura. A experiência psicanalítica parece ter ajudado Bion a abandonar de vez preconceitos que estabelecem *a priori* patologias, baseados apenas em comportamentos externos das pessoas. São considerados como partes, ou estágios em um *continuum*, não mais como polos mutuamente opostos, estranhos à vida material e psíquica. A obra de Freud ainda é a fonte de inspiração: Bion ressalta a função de compulsão à repetição, como já havia ressaltado a função de estruturas delirantes como último bastião de salvaguarda da própria vida. Embora malsucedidas, e passíveis de desenvolvimento, precisam ser consideradas em análise, e não reprimidas por reasseguramentos, temor ou medicações. Durante décadas, Bion manteve dúvidas sobre a veracidade das crenças que pregam a divisão rígida entre doença e saúde mental, sem ficar circunscrita a considerações religiosas, filosóficas ou médicas. Originaram-se dos sofrimentos de trinta anos – de uma criança e adolescente precocemente amadurecidos por experiências terríveis: ser separado da família de origem aos 6 anos; ter sido submetido à experiência de massa de duas guerras mundiais. Observou, durante a Primeira Guerra Mundial, alguns soldados que se recusaram a lutar, sendo submetidos a cortes marciais. Saíram do fronte assassino sob o rótulo de esquizofrênicos. (AMF, I, 111). Durante essa guerra, Bion suspeitou que isso não correspondia à realidade, independentemente dos rótulos sociais ou psiquiátricos. A dúvida se solidificou, quando foi psiquiatra militar durante a Segunda Guerra Mundial, integrando comitês de recrutamento de oficiais – inclusive nos esquadrões de caça da Royal Air Force, e de reabilitação física, no Northfield Hopsital, para soldados resgatados do fronte que não queriam retornar, por "neurose de guerra". (Favor ver o verbete "Pressupostos básicos".

Referências cruzadas recomendadas: Instituição (*Establishment*).
Referências cruzadas sugeridas: Psicanálise real; Verdade.

SEIO, BOM E RUIM

Bion incrementa a expande de Klein sobre a teoria de relações objetais elaborada por Freud, com relação à função básica executada pela relação do bebê com um seio – que se consuma como um ato a três (o complexo Edipiano), que molda uma personalidade. Uma formulação verbal vaga, podendo ser substituída por outras, como psique; ou mente: ou caráter. Não há dúvida sobre a existência de sua contraparte na realidade, mesmo sendo desconhecida de modo último. Por aprendizado e tradição; a chamamos por esses nomes. O termo, "básica", tem o sentido de algo necessário e fundamental.

TEORIA PUBLICADA POSTUMAMENTE

Bion mostrou nítida preferência por tentativas de elaborar expansões para teorias observacionais para uso de psicanalistas, evitando a todo custo criar teorias novas, isentas de origem clínica, a serem acrescentadas ao enorme aparato já disponível em sua época. Repetiu em dois livros a afirmação de que lhe parecia mais adequado utilizar uma teoria falha, quando não se dispusesse de uma teoria mais aperfeiçoada elaborada sobre situações clinicamente verificáveis. Como corolário,

S

não se furtou a descartar uma teoria que não lhe pareceu evidenciável pela observação clínica – como a teoria sobre "trabalho onírico alfa" (q.v.).

Uma exceção em relação a uma nova teoria, que permaneceria inédita durante sua vida, pode ser encontrada em um texto intitulado "Metatheory" ("Metateoria", em tradução literal). Caso nos mantenhamos na origem etimológica desse neologismo, poderemos nos recordar que o prefixo "meta", em grego (antigo e moderno), tem o sentido de descrever "algo que aparece depois de outro algo". "Teoria" é um espelho da realidade. Qual será o sentido de algo que "aparece depois de uma teoria"? Penso tratar-se de uma tentativa de descrever *cientificamente* os fundamentos elementares da psicanálise. Que já havia sido colocado em termos teóricos por Freud e Klein, mas que talvez parecessem merecer maiores esclarecimentos provenientes da clínica psicanalítica: uma característica do trabalho de Bion. Bion prossegue se utilizando dos termos teóricos de Freud e Klein, como "seio", "pênis", "clivagem" e "emoções violentas", pensados como uma *"classe de interpretações"* (C, 253).

Bion parece ter tentado formular um paliativo, enquanto uma teoria psicanalítica totalmente científica não estivesse disponível: "No entretempo, proponho improvisar soluções temporárias para nossos problemas, por meio desses breves apontamentos de metateoria, intercalando as discussões dos sucessivos elementos de teoria. Discutimos resumidamente o que agora chamo de uma "interpretação seio"; segue-se uma discussão semelhante a respeito da "interpretação pênis" (C, 254) (ver o verbete "pênis").

Bion trata o "nome dado à palavra 'seio'" sob a forma de uma hipótese. Segue a visão de Hume de que *"uma hipótese é a expressão de um sentido subjetivo de que certas associações combinam-se constantemente, e não* é uma representação correspondente a uma realidade. . . . *Seio, como toda e qualquer hipótese, é uma condensação. É uma condensação na contraparte verbal de uma imagem visual, que é, ela mesma, uma condensação"* (C, 250). "Seio" não é tratado como símbolo nem como coisa-em-si-mesma, sendo *"uma hipótese definitória que pode ser usada pelo analista, fornecendo ao paciente o fato selecionado que ele não pode encontrar sozinho"* (C, 251).

A TEORIA, CONFORME PUBLICADA ENQUANTO BION AINDA VIVIA

Outra função da relação bebê-mãe é a formação e desenvolvimento dos processos do pensamento. A introdução do sistema consciente e, portanto, de todos os processos de cognição e contato com as realidades interior e exterior é vista sob esse vértice. Bion valoriza, de uma maneira até então desconhecida, a função das experiências emocionais (q.v.), conforme ela pode ser divisada nas relações.

Oferece uma alternativa para a excessiva e violenta valorização dos sentimentos, afetos e assim por diante; tal supervalorização é visível tanto em pacientes como em praticantes. Que tomam sentimentos, afetos e emoções como se fossem coisas-

-em-si-mesmas; a situação limitadíssima da psicologia acadêmica. que ignora os sistemas pré-consciente e inconsciente. Bion formula a alternatica com a ajuda de Descartes, embora num sentido negativo. O leitor pode consultar o verbete "pensar" neste dicionário. No momento, examinaremos mais detalhadamente, como fez Bion, o modo como as "coisas" – que não são apenas coisas materializadas – ocorrem. Descreveu *quais* coisas haviam ocorrido; proponho tentar acompanhá-lo para ver *como* elas ocorreram.

Na experiência do autor deste dicionário, membros do movimento psicanalítico fantasiam que seria possível exercer uma prática intrassessão paradisíaca denominada por Michel Foucault de "humanismo fofo" (Foucault, 1997) – responsável pelas atrocidades stalinistas; práticas que negam a essência da obra de Freud, clivando-a como se apenas houvesse um princípio do Nirvana. Freud, Klein e Bion, entre vários outros analistas, alertaram sobre as tendências de realizar psicoterapias de reforço, em que o ódio contra o princípio da realidade implica em ódio à verdade como tendência única. Um dos aforismas cunhados por Bion – verdade é o alimento da mente, mas, ao mesmo tempo, a mente odeia a verdade – expressa o paradoxo de que tendências para um lado ou para o outro implicam em violência, ou, nos termos propostos por Klein (1934) e Bion, violência de sentimentos e emoções.

> Não pretendo aqui, ao atribuir violência às emoções, referir-me apenas à quantidade de sentimento. Vou considerar apenas amor e ódio, pois penso que eles abrangem todos os outros sentimentos; não separo instintos de vida e amor, ou ódio e instintos de morte, nem vou considerar se a violência tem origem na dotação instintual ou é secundária ao estímulo ambiental externo. Em algumas ocasiões ela pode dever-se a uma deficiência na capacidade para pensar, ou a alguma outra função própria à instalação do princípio da realidade, que tende a produzir uma parada no estágio onde a psique usa a ação como método para descarregar o acréscimo de estímulos, contribuindo assim para a expressão física de amor ou ódio, que pode ser característica da violência. Então a violência, ainda que relacionada à quantidade ou ao grau, contribui para uma mudança qualitativa na emoção. As mudanças qualitativas fazem com que amor e ódio contenham laivos consideráveis de crueldade junto com uma diminuição na consideração pelo objeto. Assim tanto o amor como o ódio associam-se, com facilidade, à falta de consideração para com a verdade e para com a vida. (C, 250)

Tendências, implicando sempre em clivagem – do objeto total, entre seio bom ou seio mau: objeto bom ou objeto mal, entre aproximações à verdade ou ódio à verdade –, formam ideologias tão prevalentes até o ponto de serem absolutas (do ponto de vista social, ou em filosofia), ou *weltanschauungen*. Moldam determinadas compreensões de teorias psicanalíticas que excluem quaisquer outras, inclusive as já existentes. Visões paradisíacas, de que haveria "cura; sobre funções maternas perfeitas; de favorecimento apenas do seio bom, são expressões de intolerância à frustração. Prevalecem na prática de um número até agora não investigado de membros do movimento psicanalítico. Aparecem nas propagandas a respeito da possibilidade de substituir-se análise por meio de cursos teóricos dispensando a experiência viva, do casal analítico; de diminuições "legalizadas" de frequência de sessões ou de anos necessários para uma análise, por meritocracias políticas em agremiações "oficiais" de psicanálise - cuja oficialidade é conferida pelos associados.

Uma alternativa a essa tendência no microcosmo social das associações ou sociedades de psicanalistas reaparece nas contribuições de Bion, que resgata o que já havia sido comunicado nas contribuições de Freud, mas fora negado, e a seguir, enterrado pelo movimento psicanalítico: o que permite o início dos processos de pensar, e também da formação simbólica é a simbolização do próprio seio. Em seu modo mais primitivo, ou primário, inicia os processos de pensar, ocorrendo na experiência daquilo que Bion denomina de "não-seio": a não materialização de um seio. (O leitor pode consultar os verbetes "círculo, ponto, linha"). A ideia – em si, imaterializada – de "Seio", ou de um seio real, ocorre, como condição necessária, ainda que não suficiente, por meio da experiência de frustração - uma ausência concreta de um seio ausente, experimentado como frustrante. Não, e nunca, por meio de um seio concreto, "positivo", sentido como "satisfatório". Tal observação levou Bion a supor que pensamentos são algo que se impõe sobre um pensador – por necessidade:

> Este seio é um objeto que a criança necessita para supri-la de leite e bons objetos internos. Não atribuo à criança uma percepção dessa necessidade; mas atribuo à criança uma percepção de uma necessidade não satisfeita. Podemos dizer que a criança se sente frustrada se postularmos a existência de algum aparato para experimentar a frustração. O conceito de consciência de Freud como o "órgão dos sentidos para a percepção de qualidades psíquicas" nos fornece esse aparato.
>
> ... Podemos ver que o seio mau, isto é, querido mais ausente, é muito mais propenso a se tornar reconhecido como uma ideia do que o seio bom, que está associado com o que um filósofo iria chamar de coisa em si ou coisa na realidade; pois o senso de um seio bom depende da existência do leite que a criança de fato tomou. O seio bom e o seio mau, o primeiro associado com o leite real que satisfaz a fome e o outro com a não existência desse leite, precisam ter uma diferença de qualidade psíquica. "Pensar não passa de um aborrecimento", disse um de meus pacientes, "eu não o quero". Um "pensamento" é o mesmo que uma ausência de uma coisa? Se não há "coisa", a "não coisa" é um pensamento; e é com base no fato de que existe a "não-coisa" que alguém reconhece que "ela" precisa ser pensada? Vamos supor que a criança foi alimentada, mas não se sentiu amada. . . . Se for

correto supor que a questão central repousa na discriminação de qualidade psíquica e se consciência é legitimamente considerada como o órgão dos sentidos para a qualidade psíquica, é difícil ver como a consciência passa a existir. . . . Precisamos assumir que o seio bom e o seio mau são experiências emocionais (LE, 34-35)

METATEORIA

Bion cunhou o termo Metateoria, por não ter nenhuma nomenclatura disponível, para caracterizar a elaboração de uma teoria que pudesse compreender com maior precisão, parte das tentativas de Freud - que partira da prática intuitiva para poder fazer teorias; e prosseguiu na prática, mas não por exercícios intelectualizados desprovidos de base real - que correm o risco de se transformarem em mirabolantes manipulações engenhosas de símbolos. A prática, agora iluminada pela teoria, permitiu que Freud modificasse suas teorias, quando novos dados clínicos, obtidos pela prática anterior, justificassem as modificações: um verdadeiro mecanismo de *feedback*. A tentativa de Bion, realizada entre 1962 e 1964, foi tornada pública em 1992 por Francesca Bion; precede e é contemporânea a uma teoria observacional que acabou substituindo-a: a teoria de Transformações e Invariâncias, emprestada da matemática matricial (q.v.). Concluímos, historicamente, que uma teoria de psicanálise propriamente dita, mas inacabada, cede lugar a uma teoria de observação psicanalítica. Foi uma repetição de um mesmo fenômeno, na história das ideias de Bion: em 1961, desistiu de formar uma nova teoria sobre sonhos (trabalho onírico-α), substituindo-o pela teoria sobre função-α prevalentemente observacional.

Boa parte dos esforços de Bion substanciaram-se na elaboração de teorias de observação em psicanálise, destinando-se a esclarecer a noção de que o método psicanalítico constitui-se como método científico. Especificamente: Bion nos deixou **teorias observacionais do ato psicanalítico**. (Ver o verbete específico.) Pode-se considerar como exceção que confirma a tendência o fato de que nos Bion legou algumas teorias de psicanálise propriamente dita, como a teoria do pensar, as duas teorias sobre vínculos e a teoria do continente-contido. Caso a "Metateoria" tivesse sido publicada enquanto Bion estava vivo, poderia ser considerada como parte do legado de teorias de psicanálise propriamente dita. Penso ser verdadeiro e útil considerá-la como uma teoria inacabada: as várias observações poderiam ser utilizadas para a elaboração de uma teoria. Por exemplo, em "Metateoria", Bion usou os termos "seio" e "pênis" como parte de suas raras tentativas de elaborar teorias em psicanálise.

Haveria, em um bebê, algum tipo de consciência da necessidade de leite, e também de objetos que possam ser sentidos como bons e maus? Ou seria uma questão biológica, filogenética? Necessidades são algo imaterial e materializável, que **existem**. Fazem parte de realidade material e psíquica. Consistem em, e são constituídas de algo que filósofos denominam de "coisa-em-si-mesma". Não podem ser conhecidas de modo último, mas apenas aproximadas, por meios indiretos, de modos transitórios e parciais; não podem ser colocadas em nenhum tipo de formulação, e de modo especial, sob formulações verbais: palavras, em sua forma mais simples. Os literatos que elaboraram mitos – cujo nome desapareceu na lousa do tempo – filósofos, profetas, sofistas, teólogos, poetas, seresteiros são aqueles que tentaram se aproximar disso. Conseguiram? Caso o tenham conseguido – afirmação questionável –, esse ato sempre dependeu da audiência, do ouvinte. Necessidades formam a própria vida humana, e suas vicissitudes e sofrimentos.

Um termo que tem resistido de modo transcendente aos efeitos do tempo é o "instinto". Etimologicamente, "empurrão" – em direção a necessidades. Necessidades se expressam por materializações – igualmente necessárias para a manutenção da vida; chama-se isso de sobrevivência. O nome nada acrescenta à misteriosa incognoscibilidade da vida, dos fatores maiores que determinam suas vicissitudes e sofrimentos; apenas indica sua existência. "Seio" corresponde a algo necessário para a manutenção de vida.

Uma necessidade pode ser atendida em um momento, mas poderá não ser atendida outro, imediatamente anterior ou posterior. Klein e Bion explicitaram algo implícito na obra de Freud: para alguns, um seio que nutriu e foi sentido pelo bebê, como um seio bom, pode tornar-se um seio mau quando não atende a outra necessidade do bebê – do mesmo bebê que o sentira como "bom". Usualmente, um seio ausente tende a ser igualado a um seio mau. No caso de ser tolerado, iniciará um pensamento, que chamamos, "Seio". No caso do seio sentido como mau **não** puder ser tolerado, inicia-se, como notara Freud em seu netinho, um processo alucinatório análogo ao Paraíso, descrito no *Gênese*: um estado autista, ou de religiosidades. Klein observou o mesmo com o seio sentido como bom, quando prevalece o ciclo de avidez e inveja (inveja primária): o aparato psíquico dessa criança o transforma em seio sentido como mau.

Parece-nos fundamental observar que Bion usa o *termo* – seio – para elaborar uma observação clínica, determinando a necessidade de não confundir as contrapartidas na realidade com o termo; e menos ainda, a teoria construída com o termo. Além disso, é necessário levar em consideração que o termo "seio" tem longa história no movimento psicanalítico, mesmo que o próprio movimento ainda seja de curta história. Adquiriu forte apelo com os membros do movimento. Histórias longas determinam que termos incorporem considerável penumbra de associações e de significados – nos quais o *sentido* inicial acaba se perdendo ou fica enterrado – como se fosse o casco descuidado uma embarcação, fica sob cracas. Será este, o destino dos termos: criados para esclarecer, acabam sendo usados para confundir.

Termos extraordinariamente longevos que ainda mantêm a raiz greco-latina – como *psyche, physis* e *techné* – foram alterados e distorcidos por excesso de uso; fato notado por Nietzsche (1873); resgatado por Bion em "Evidência".

O termo "seio" em "Metateoria" é usado para marcar uma conjunção constante, conforme definida por David Hume: fatos que o observador sente como estando reunidos. Bion resgata um termo cunhado por Freud: condensação. Utilizado inicialmente para descrever um fator no trabalho onírico e, depois, como mecanismo de defesa do ego, advindo da física – mais especificamente, da "psicofísica", uma disciplina hoje em desuso, fundada por Gustav Fechner.

Bion utiliza-se do termo "seio" como formulação verbal cuja função é uma mídia – ou meio, como se falava no século XX – para que analistas ofereçam um fato selecionado (q.v.) a pacientes que não conseguem obtê-lo por si mesmos, no aqui e agora de uma sessão analítica. Há evidências, em observação de crianças segundo o método desenvolvido por Melanie Klein, de que o termo "seio" parece iniciar a função de processos de conhecer em bebês, que operam, ainda que rudimentarmente, seu vínculo K (processos de conhecer), mesclado em grande parte com vínculos H e L (ódio e amor). O mesmo ocorre com o casal analítico no aqui e agora da sessão. "Seio" expressa, ainda que imperfeitamente, algo importante em sua contrapartida na realidade *tal como ela é*. "Seio" é equacionado a um elemento-α; e não à senso-concretização mais primitiva do elemento-α, um elemento-β.

"Seio" é tanto um fato selecionado como fornece um fato selecionado, em evento sempre em evolução, semelhante à vida: compartilham sua existência no âmbito dos númenos. Ao propor, como parte de uma metateoria, "Seio", Bion usa teorias que elaborara anteriormente sobre o pensar; sobre formação de conceitos; sobre o efeito da nutrição – do modo mais amplo possível, incluindo a concretude do leite, a imaterialidade do conforto emocional, da compaixão, e da falta de todos eles, para ajudar o bebê a lidar com o primeiro e mais relevante fato da vida. Um fato dominado por frustração, sempre em evolução – a própria vida.

> Por que usamos tal palavra? Em que sentido é esclarecedor empregarmos um termo com tal penumbra de associações (muitas das quais são físicas, concretas, primitivas e sensoriais) para fornecer uma hipótese definitória que funcione como um fato selecionado para a situação analítica que, diante disso, não se parece com o significado histórico do seio? A situação que na análise requer o uso do termo "seio" assim o requer justamente por ter ficado tão divorciada da penumbra de associações aderidas ao seio que, superficialmente, não guarda nenhuma semelhança com elas. E requer porque seio, caso a interpretação esteja correta, é uma hipótese, na acepção de Hume, que fixa uma constelação de associações constantemente conjugadas mas que perderam sua conexão com o material expresso pelas associações livres da análise; estas últimas ficaram conjugadas com material que

agora está alienado da penumbra de associações do seio, ou então nunca teve contato com elas. Como já disse, por meio da interpretação do seio, podemos ver a justaposição aos eventos da análise se assemelhar ao fato selecionado que o analista fornece ao paciente, fato que ele não pode encontrar sozinho; mas também existem diferenças importantes. O fato selecionado é uma descoberta feita pelo paciente ou indivíduo; é a ferramenta pela qual ele garante a progressão constante, a própria essência do aprender e, portanto, do crescimento. Isso pode ser representado pela sequência: posição esquizoparanoide, fato selecionado (precipitando a coerência dos elementos da posição esquizoparanoide) conduzindo à posição depressiva, que então revela, instantaneamente, áreas ainda mais vastas de elementos pertencentes aos domínios da posição esquizoparanoide, até então não relacionados, imperceptíveis, insuspeitáveis; essa revelação contribui para a depressão peculiar à posição depressiva. O *fato selecionado* então é um elemento essencial em um processo de descoberta. A *interpretação* – o emprego de hipóteses definitórias, como seio, que são muito similares ao fato selecionado, e sob alguns aspectos idênticas a ele – não diz respeito tanto à *descoberta,* mas sim à *restauração.* (C, 252-253)

Referências cruzadas sugeridas: Concepção; Elementos de psicanálise; Objeto psicanalítico; Pênis, Pré-concepção; Saturação.

Sensações, sentimentos, afetos, emoções

Termos extensamente utilizados na bibliografia psicanalítica. Têm sido objeto, de modo mais raro se comparado ao uso, de tentativas de definição.

Seria necessária, tanto prática como teoricamente, uma classificação nomológica precisa, que não apenas discrimine, mas possa relacionar e integrar esses termos? Na visão do autor deste dicionário, e de outros praticantes, sim.

Partimos do princípio de que tanto a discriminação como a integração em um todo dependem do encontro – mesmo que de modo mínimo – de contrapartidas na realidade que possam corresponder a esses termos. Vamos limitar nossa escolha aos que nos parecem fazer parte de um senso comum, tanto em linguagem coloquial como técnica: impulsos, instintos, sensações, sentimentos, afetos, emoções e experiências emocionais. Essa listagem de seis termos deriva do fato de serem extremamente utilizados na obra de Freud e em muitos estudos psicanalíticos – incluindo os de Klein, Winnicott e Bion. Esses termos, entre dezenas de outros,[124] foram idealiza-

---

[124] Em uma pesquisa com outra finalidade, o autor deste dicionário fez uma contagem rápida, não exaustiva, interrompendo no número 54.

dos e cunhados como tentativa de descrever, como contraparte verbal, funções fundamentais reais de nosso aparato psíquico. Muitos deles acabaram descrevendo comportamentos, mais usados em psicologia acadêmica, que se limita ao sistema consciente. A psicanálise fez uma tentativa de resgate para fazer generalizações científicas em indicações da existência de instintos humanos. Por exemplo, os termos "amor" e "ódio".

Bion pensava ser prematura qualquer discriminação entre as contrapartidas na realidade que os termos instintos, emoções e impulsos tentam descrever:

> Associei K a curiosidade, mas é necessário considerar outros impulsos, emoções e instintos (Não distingo estes termos porque não há distinção que seja suficientemente precisa), ou seja, os fenômenos que agrupei como L e H e o efeito da intrusão de um grupo no outro. (T, 67)

Ao colocar este limite – entre parênteses –, Bion evitou adentrar em falsas controvérsias (q.v.) que já perduravam por pelo menos quatro décadas. Por exemplo, aquelas que rondam traduções dos termos *Trieb* e *Instinkt*, no alemão utilizado por Freud. Controvérsias que ainda prosseguem – até agora, sem solução. Talvez incrementadas em função de traduções de obras escritas em inglês – principalmente as de Melanie Klein, nos momentos em que ela se utiliza do termo *feeling*. O que permitiria uma versão correta seria uma versão que levasse em conta o sentido da frase – traduções literais reduzem o termo *feeling* a apenas "sentimento". Isso pode ser falso: em algumas frases, o sentido pode ser o de "intuição". Sentimentos podem ser alucinados; mas também podem não ser. Melanie Klein, como Freud, forneceu indicações precisas, definitórias, a respeito do sentido nos quais usou alguns termos, como "afeto" e "emoção" – por exemplo, no estudo hoje clássico feito em conjunto com Joan Riviere, a respeito de "emoções básicas" no ser humano: amor, ódio, reparação. Algumas vezes, Bion se utiliza do termo "emoção" do mesmo modo – por exemplo, na definição do conceito de "senso da verdade" (q.v.) (ST, 119). O problema foi se complicando com uma emissão em progressão logarítmica, de uma série de muitas e muitas "novas" teorias em psicanálise – um problema sério, que Bion resolver nos livros *Learning from Experience*, *Elements of Psycho-Analysis* e *Transformations*.

> Criar uma notação poderá ajudar, caso cada analista construa, para seu próprio uso, uma antologia de teorias psicanalíticas operacionais, alicerçada em poucas teorias básicas que estejam bem compreendidas e sejam capazes, tanto individual como combinadamente, de abarcar a grande maioria de situações que este analista espera encontrar.

S

....

Darwin enfatizou que julgar obstrui a observação. No entanto, o psicanalista precisa intervir com interpretações; nisto envolve-se o exercício de julgar ... a feitura de modelos, junto a um suprimento limitado a poucas teorias que asseguram menor probabilidade de que ocorra um rompimento grosseiro no tipo de observação recomendado por Darwin; podem ocorrer interpretações com perturbações mínimas de observação ... (LE, 42, 87, respectivamente)

Parece coerente o alerta sobre a dificuldade de discriminação em formulações teóricas, quando se explicita que o termo "curiosidade" corresponde a algo que poderia ser qualificado como impulso, mas também como emoção; e como expressão instintiva.

Também é possível colocar "Curiosidade" como uma expressão fenomênica, em parte consciente e em parte inconsciente, típica do aparato psíquico, ao envolver toda nossa estrutura neurológica; tem sido considerada fundamental para o desenvolvimento psíquico e para nossa sobrevivência. É usada por todas as psicologias adstritas ao sistema consciente, como os vários ramos da psicologia pedagógica, neuropsicologia cognitiva e outras, pois o exercício de curiosidade manifesta é fácil de detectar, não precisa de interpretações. Sob o vértice psicanalítico, fica muito expandido, por haver manifestações inconscientes de curiosidade. A curiosidade impulsiona uma pessoa – como o fazem os instintos. Sob o vértice psicanalítico, considera-se pelo menos três grupos de instintos envolvidos, "impulsionando" a curiosidade: vida, morte e epistemofílico.[125] O termo "impulsionado", colocado pelo autor deste dicionário entre aspas, demonstra a dificuldade de qualificação referida por Bion. Podemos ter um impulso sendo impulsionado por outro. Introduz-se então um problema teórico, de prioridades, com- plicando a função do cientista que tentar fazer uma nomologia. Não cabe no escopo deste dicionário aprofundar a discussão de modo específico para cada termo, feita em outro estudo.

No entanto, em *Transformations*, pode-se ler que *"Freud associou o pensar com o predomínio do princípio da realidade, e mostrou que este princípio interpunha uma etapa entre a consciência de um impulso e a ação necessária para sua satisfação; Freud chamou a atenção para seu efeito mitigador da frustração. A ausência deste princípio exacerba a frustração"* (T, 39): Bion usa o temo impulso de um modo que o diferencia de instintos e também de emoção.

Também faz uso do termo impulso de um modo autocrítico – o que pode ser visto como característico de sua escrita. O leitor poderá ver que faz uma crítica do termo impulso, ao discorrer sobre problemas de comunicação com psicóticos, e

---

[125] Será coerente, em um dicionário psicanalítico, usar a teoria de instintos de Freud, originada da teoria de instintos de Darwin.

quando um analista está tentando fazer uma interpretação baseada em processos de conhecer, ou seja, submetidos ao vínculo K (q.v.). Mas não em processos submetidos aos vínculos H ou L (ódio ou amor; q.v.) – que são inaceitáveis quando o vértice é uma psicanálise e está se referindo a uma conduta do psicanalista. Além disso, a crítica fica acrescentada ao fato de que o termo "impulso" fornece uma ideia de "causalidade", ou de "causa". Acrescenta que isso pode ser válido caso a comunicação se faça com uma pessoa onde não prevaleça a personalidade psicótica:

> Na prática, vejo-me constantemente tendo que fornecer interpretações sob uma forma específica: que algum impulso "conduz a" um defeito (ou característica) específico do modo de pensamento; ou que certas características do modo de pensamento "originam" um impulso específico. Por exemplo, a frustração engendrada pelo fracasso em resolver um determinado problema "conduz a" um ataque destrutivo ao caminho analítico. Considero esses enunciados como formulações coloquiais cujo emprego de uma teoria sabidamente falsa se dá por ela servir a uma utilidade útil, na ausência da teoria correta. Na prática, isso pode provar ser adequado, e frequentemente o é. Geralmente, é adequado falarmos, na linguagem cotidiana, sobre o nascer do sol. No entanto, há situações analíticas em que isso *não* é adequado, particularmente quando há proeminência de material psicótico. O paciente parece incapaz ou indisposto a fazer, por si, o ajuste de uma frase coloquial que a tornasse compreensível para si. A teoria implícita na interpretação precisa ser exata. Como demonstrarei posteriormente, isso também se aplica ao tom emocional que acompanha a interpretação: se eu estiver tentando estabelecer um vínculo K, que é, afinal das contas, o caso com qualquer interpretação, não pode haver nenhuma emoção pertencente ao grupo H ou L. (T, 60)

A despeito do alerta sobre a prematuridade na distinção, o termo "impulso" é utilizado dezenas de vezes em *Learning from Experience* e *Elements of Psycho-Analysis*, de modo coerente, em termos de definição. Em todos eles, Bion se utiliza do termo "impulso" para descrever funções do aparato psíquico que encontramos na clínica e na vida e também para introduzir conceitos que expandem os já existentes, deixando-os mais claros e explícitos: *"Introduzo a ideia de um crescimento negativo, como método de aproximação para um aspecto do aprender da experiência; não quero dizer espoliação, que associo a impulsos hostis e destrutivos, como inveja"* (EP, 85). Será fácil ver que Bion qualifica "inveja" como um impulso. Do mesmo modo que Klein, Bion não qualificou inveja de "emoção". Os dois usam a expressão, "impulso invejoso".

Leitores podem observar que Bion definiu claramente o termo "sentimentos"; e também delimitou dezenas de características diagnósticas e, portanto, definitórias para o uso do termo "experiências emocionais". Por exemplo, *"aprender a andar"* (LE, 8). Na verdade, um livro inteiro, *Learning from Experience*, foi usado para definir o que é necessário para utilizarmos a expressão "experiência emocional" em sessões de análise, e também teoricamente, no desenvolvimento psíquico de qualquer pessoa que se considere – um objetivo da psicanálise, teórico e prático. Este livro demonstra a construção de vários conceitos que, se não são exatamente novos (não estamos nos referindo a aparências), explicitam e sofisticam conceitos anteriores expostos por Freud e Klein. Nessa explicitação, pode-se encontrar, novamente, definições sobre emoções, conjuntamente com "preferências", introduzindo sofisticações teóricas e práticas. Na introdução da primeira teoria de vínculos, extraída (na investigação deste autor) de duas teorias de Freud – dos instintos e das relações de objeto – e integrada à teoria das posições de Klein, pode-se ler:

> Se o critério for emoção básica, sentimentos que conhecemos pelos nomes de "amor" e "ódio" parecem escolhas óbvias. Inveja e Gratidão, Depressão, Culpa, Ansiedade, ocupam lugar dominante na teoria psicanalítica; juntamente com Sexo, parecem ser alternativas para fornecer acréscimos a amor e ódio. Dou preferência a três fatores intrínsecos ao vínculo entre objetos que se considera estarem relacionados entre si. Não se pode conceber uma experiência emocional isolada de um relacionamento. Postulo três relacionamentos básicos: (1) X ama Y; (2) X odeia Y; (3) X conhece Y. Esses vínculos serão expressos pelos sinais **L, H e K**. (LE, 42)

Outro exemplo pode ser o conceito de fato selecionado, que é o *"nome de uma experiência emocional, a experiência emocional de um sentido de descoberta de coerência"* (LE, 73).

Sentimentos foram são claramente definidos como correspondendo a estimulações sensoriais internas e externas: elementos-beta, ou a realidade última proveniente do interior das pessoas e também estímulos externos. O leitor pode consultar os verbetes "elementos-alfa", "elementos-beta" e "função-alfa".

O autor deste dicionário elaborou e confirmou a hipótese de que não se trata de incoerência, nem tampouco de confusão teórica feitas por Bion. Trata-se de deficiência nas revisões literárias e gramaticais de seus escritos. Bion não relia seus trabalhos, a não ser no caso do volume *Second thoughts*,[126] cujo corolário, produto de

---

[126] Discutimos essa hipótese com a sra. Francesca Bion, encarregada – por ela mesma – e autorizada pelo seu esposo a editar e rever gramaticalmente os escrito, preparando-os para publicação. Não havia a possibilidade de acesso às casas publicadoras, Heinemann Medical Books e Tavistock Publications, por não mais existirem, restando a memória da sra. Bion como nossa fonte científica para transformar a hipótese em tese válida. Ela, dentro de sua sinceridade e abertura de sempre, nos confirmou a ideia. Ao verter para o português os livros de Bion, encontramos vários enganos, produtos dessa deficiência. Por exemplo, em *Transformations*, detectamos quarenta enganos. Alguns deles já conhecidos da sra. Bion. Boa parte deles foi utilizada para modificar os textos que acabaram resultando na edição das obras completas, sob responsabilidade final do sr. Christopher Mawson.

análise crítica sobre seu trabalho clínico, foi o *leitmotiv* da escrita, parecendo-lhe ainda mais importante do que as descrições nos artigos clínicos, cuja serventia foi nutrir a autocrítica. Outra evidência aparece no escrito, feito a quatro mãos com sua esposa, denominado *A key to A Memoir of the Future*. Há o registro de que "odeia ver seu próprio vômito". Outros escritores e artistas sentem o mesmo. A profissão de revisor literário não surgiu à toa. Alguns autores podem amar seus próprios escritos. Não lhe parecem vômitos, mesmo que o sejam: encoprese e coprofilia são fatos reais; amor e ódio – duas transformações da mesma invariância.

Com base nas muitas menções desses termos em toda a literatura psicanalítica, e percebendo que há definições, muitas vezes até para não persistir nelas – como na citação acima –, propomos examinar o assunto mais detidamente. Vamos usar o alerta de Bion não no sentido de obediência cega a algum ídolo, mas como evocação, ou talvez convocação – por pressões práticas, da clínica psicanalítica –, para prosseguir no caminho de obter definições operacionais úteis. Com isso, tentaremos prosseguir o caminho resgatado por ele mesmo, de diminuir dificuldades de comunicação, como mais um passo para alcançar um senso comum na construção científica de teorias em psicanálise, e de aprimorar a prática de psicanálise como atividade científica.

Os termos "sensações", "sentimentos" e "emoções" aparecem interligados na obra de Bion, como emanações parcialmente apreensíveis pelo nosso sistema consciente – o nosso órgão de percepção de qualidades psíquicas, na hipótese definitória de Freud – de uma dada realidade absoluta de um ser humano em particular. Foram classificados como fenômenos que podiam ser *"objetos do sentido"* (LE, 6). Isso ocorre em uma época em que Bion estava mais em paz para adotar, embora não exclusivamente, a teoria de Freud do sistema consciente como órgão sensorial para a percepção das qualidades psíquicas.

> Os psicanalistas têm que ser cautelosos em relação às suas reivindicações de verdade científica. A maior proximidade de um "fato" que o casal psicanalítico alcança é quando um de seus componentes tem um sentimento. Comunicar esse fato a alguma outra pessoa é uma tarefa que frustrou cientistas, santos, poetas e filósofos desde que a raça existe. (AMF, III, 536)

Pode-se notar que Bion faz uso de apenas um termo: "sentimento". Demonstra a situação atual, correspondendo ao alerta de Bion que iniciou este verbete. Por analogia, teríamos uma grande cesta para colocar todas as situações psíquicas. Poderiam discriminar mais efetivamente aquilo que Freud descreveu como "qualidade psíquica", a ser captada pelo nosso sistema consciente? Seria minimamente adequado que as descrevêssemos como se fossem apenas "sentimentos"? Isso não aconteceu – nem na obra de Freud, nem na obra de todos que se seguiram a ele. Se

S

ocorresse, criaríamos uma contradição, análoga à época em que as pessoas se comunicavam por grunhidos, de maneira demasiadamente reducionista. Impediríamos a identificação de outras situações psíquicas envolvidas, como se todas as situações psíquicas fossem "sentimentos". A mesma questão cerca o termo "psíquico"; com a diferença de que sua história é muito mais longa, e que esse termo tem se mantido desde a Grécia antiga – os tempos homéricos, anteriores a Sófocles, Sócrates, Platão e Aristóteles.

Seria necessário dispormos de definições que possam ser consideradas científicas, para serem usadas na comunicação entre colegas psicanalistas e também com pacientes, que possam ser dotadas de uma precisão mínima, diminuindo a probabilidade de mal-entendidos – descritos, por exemplo, em um dos mitos que constam da obra de Bion (em *Elements of Psycho-Analysis* e *Cogitations*) – Babel?

Na visão do autor deste dicionário e de outros analistas experientes, para incrementar a precisão na comunicação, ou na "public-ação", no neologismo hifenado utilizado por Bion (o leitor pode consultar o verbete "método científico"), existe a necessidade de obtermos uma nomenclatura operacional.

Ela poderá se impor, na passagem do tempo, com o desenvolvimento da psicanálise (caso ele ocorra) e do senso comum na identificação e manejo de problemas clínicos pelos membros do movimento psicanalítico. Se isso não ocorrer, qualquer nomenclatura corre o risco de ser aprovada ou reprovada por algum órgão institucional de poderes regulatórios, determinado por alguma elite política dirigente.

Mesmo que essa nomenclatura ainda não exista, nem tenha sido aclamada por algum valor de uso, pode-se elencar pelo menos seis fatores que impedem sua confecção. Alguns desses fatores constituem-se como crenças sociais; alguns têm sua identificação mais clara proveniente da pesquisa psicanalítica, referindo-se a situações de consequências reais, no âmbito da atuação (*acting-out*, conforme definido por Freud), mas de natureza alucinatória, que se traduzem como questões de sofrimento destrutivo, quando o vértice é a manutenção da vida humana. Os seis fatores são:

1. **Sentimentos inconscientes e clivagem** – embora possa soar como se fosse uma contradição de termos, sentimentos são, muitas vezes, vistos como inconscientes. Essa situação foi apontada pela primeira vez por Freud, que também acrescentou a surpresa que poderia existir quando se falasse a respeito de pensamentos inconscientes. Deu origem a algumas máximas de Freud: tornar consciente o inconsciente; ou onde havia id, haja ego. Boa parte dos membros do movimento psicanalítico usa a ideia de que há sentimentos inconscientes. Mecanismos de defesa expressos como resistências – por exemplo, negação, repressão, formação reativa, transformação no contrário, condensação, clivagem – têm a função de manter a vida emocional e todo o aparato psíquico a distância, para tentar acomodá-lo, sem ser observado, latente, na obscuridade

do que Freud denominou o inconsciente reprimido. Melanie Klein observou que o único efeito real de identificação projetiva – de resto, uma fantasia – é a clivagem dos processos de pensar; em consequência, a distância que a pessoa produz em relação a ela mesma também será real. Talvez a situação máxima ocorra em delírios paranoides, quando a pessoa não pode avaliar suas potencialidades e limitações. O contato com a própria pessoa vai ficando, com o tempo, impossível; isso traz as pessoas a uma psicanálise e, paradoxalmente, impede que uma psicanálise possa ser levada a bom efeito.

2. **Visão e nomeação de sentimentos pela própria pessoa** – os pacientes, seja com predomínio da personalidade psicótica ou não-psicótica (q.v.), demonstram incapacidade de nomear, de um modo minimamente adequado, o que sentem, devido à situação descrita no item 1. Isso é especialmente claro em pacientes rotuláveis como histéricos. Não há contato minimamente adequado com as emoções nem com os afetos – isso também fica claro com pacientes rotuláveis como psicóticos, em mania ou depressão; ou com transtornos psicopáticos de personalidade. A psicanálise apareceu como atividade necessária quando crenças racionalizadoras que privilegiam o sistema consciente, resumidas, por exemplo, no "penso, logo existo", enunciado por Descartes, mostraram-se limitadas – na medida em que o arauto da dúvida filosófica não pode praticá-la.

3. **Visão dos sentimentos por observadores externos, que não a pessoa que sente, se emociona ou está afetada** – embora a visão que pode ser classificada como externa possa ser precisa, haverá dano na comunicação dessa visão. O risco é que os pacientes tendam a limitar sua apreensão a serem apenas informados sobre essa visão, e evitem vivê-la; não poderão "tornar-se". Essa situação (não se limite ao informar-se sobre ela; mas que a pessoa "se torne" o que ela é, por meio da aquisição de insight. O texto a seguir se utiliza das notações quase matemáticas TK, TO, O, e também da seta ⇨.

Para leitores ainda não familiarizados com essa notação e que prefiram não consultar os verbetes "transformações", "K" e "'O'", a seguinte legenda poderá facilitar a leitura:

TK = Transformações em K, ou transformações em conhecimento;

TO = Transformações em O, ou transformações que se aproximam da Realidade última;

⇨ = Representa um movimento dinâmico, de algo imaterializado indo em direção a outro algo imaterializado; o algo imaterializado pode ser materializável por meio de um conceito verbal.

S

Independente do âmbito, com certeza fica em evidência a resistência do "conhecer sobre" contra o "tornar-se", que de modo algum se restringe à psicanálise. No entanto, em análise, onde o analista e o paciente precisam ter esperança de que uma capacidade para maturação se desenvolva, este aspecto de T K ⇨ T **O** é importante; é necessário prosseguir nas considerações a seu respeito. Qualquer interpretação pode ser aceita em K, mas rejeitada em **O**; aceitação em **O** significa aquela aceitação de uma interpretação que habilita o paciente a "conhecer" aquela sua parte em relação à qual sua atenção foi chamada; é sentida como envolvendo "ir sendo" ou "tornar-se" aquela pessoa. Para muitas interpretações, paga-se esse preço. Mas algumas são sentidas como envolvendo um preço excessivamente alto, notadamente aquelas que o paciente considera como levando-o a "enlouquecer"; ou perpetrar homicídio, seu ou de outrem; ou tornar-se responsável e, portanto, culpado. Existe uma classe de interpretações que parece iluminar boas qualidades; não é tão fácil compreender que haja oposição a elas. O exemplo extremo é o temor de interpretações que envolvem "tornar-se **O**" quando são inseparáveis de megalomania, ou aquilo que os psiquiatras ou público poderiam denominar delírios de grandeza ou outros diagnósticos implicando perturbação patológica séria. As visões pública ou psiquiátrica são mais importantes do que poderia parecer, dado o fato de que introduzem o componente social ou grupal na doença mental e seu tratamento. (T, 164)

4. **Natureza versus criação** – a origem corpórea – biológica – dos instintos; a existência de inveja e narcisismo primários cria um problema na decisão das possibilidades e maneiras de se lidar com os sentimentos, afetos e emoções – tanto pelo paciente, com ele mesmo, como pelo analista, nas tentativas de comunicação com o paciente.
5. **Ilusão, Alucinação, Alucinose e Delírio** – sentimentos – mas não sensações, nem emoções, nem afetos – podem ser alucinados, dando margem a delírios e estados de alucinose. Incapacidades inatas em órgãos do sistema sensorial vinculam-se diretamente a sensações ilusórias; caso se conjuguem a outras incapacidades intelectuais, podem fluir para estados alucinatórios e delirantes.
6. **Prevalência de julgamentos morais, substituindo apreciações reais** – um dos obstáculos à nomeação de sentimentos e emoções, bem como à sua definição teórica – como conceitos, ou na atividade prática, na vida e durante uma sessão de análise – parece ser a prevalência de julgamentos de valor e morais:

P.A.: Você pode não invejar o tipo de eminência que estimula a minha inveja, mas, mesmo assim, você tem sentimentos de inveja. O fato d'eu eventualmente não ser capaz de definir sentimentos, sejam seus, meus, ou aqueles que não são seus nem meus não significa que os sentimentos não existam, não tenham existido ou não possam vir a existir no futuro. Em algum estágio eles podem ficar tão evidentes que se torne possível conectá-los a algum nome.

ROBIN: Embora eu esteja consciente da pressão do que chamo de sentimentos sexuais ou invejosos, eu me sentiria ultrajado caso me dissessem que sou sexual ou invejoso.

ROLAND: Fico particularmente irritado quando outros podem verbalizar sentimentos meus que eu mesmo não posso.

P.A.: Este é um componente constante da prática da psicanálise, mesmo que não seja constantemente percebido. Os sentimentos de culpa são mal-vindos e facilmente evocam-se, mesmo em crianças. É difícil dar uma interpretação que seja distinta de uma acusação moral.

ROLAND: Este, com certeza, é um defeito de psicanálise?

P.A: Sem dúvida; mas, na medida em que eu concordo, vocês tenderão a admitir que somente a psicanálise sofre dessa fraqueza, ao passo que eu acredito que isso é uma experiência fundamental. É essa experiência fundamental que subjaz ao diálogo de Platão, entre Sócrates e Fédon, que está sendo revivida aqui – alguns séculos depois – nesta discussão. (AMF, III, 480)

Em uma tentativa de circunscrever e encontrar uma alternativa que evite a incidência destes seis fatores (pode haver outros), Bion recorre a outros recursos: um método dialógico, conversacional – e, muitas vezes, ficcional. Não por preferência pessoal, mas por ser, atualmente, o único possível. Este foi, na verdade, e tanto "no início" como "no final das contas" (já que quantidade e qualidade são indivisíveis), o método de Freud:

P.A.: O que está envolvido é uma capacidade para julgamento e descriminação. Isto é algo primitivo e fundamental, sofisticado, fazendo parte de uma sociedade desenvolvida. Os peixes sentem, pelo do cheiro, uma diferença entre o nocivo ou perigoso e a "coisa" que desenvolve e nutre. O anfíbio também. O animal que, como o homem, vive em fluido gasoso também.

ROBIN: Você está sugerindo seriamente que sejamos iguais a peixes, sapos, répteis?

P.A.: Estou sendo totalmente sério, mas isto não é uma discussão científica; estou especulando livremente como uma conversa social. Confino a especulação científica às reuniões científicas; aqui reivindico liberar-me da disciplina imposta pelo pensamento científico.

ROBIN: Mas para mim soa como se você estivesse discutindo assuntos científicos.

P.A.: Este é um dos problemas da comunicação verbal. O discurso é ambíguo; sua ambiguidade é a mais perigosa por estar disfarçada em sua aparente precisão.

ROBIN: Você quer dizer que a psicanálise, como a maioria de nós sempre suspeitou, abriga-se em termos aparentemente científicos, mas na realidade é jargão?

P.A.: Penso que a crítica é justa. No entanto, temo admiti-la, pois em geral se considera que estou concedendo "verdade" superior às outras disciplinas.

ALICE: Disciplinas! Esta não é uma palavra que surge de modo espontâneo em minha mente quando penso em psicanálise ou psicanalistas. Eles me parecem reivindicar os méritos das emoções desobstruídas, sejam elas sexo, raiva ou aquilo que eles adoram chamar de amor.

ROLAND: Aqueles que geralmente encontro parecem um bando de deprimidos e ansiosos – para não dizer "chatos".

P.A.: Temos o direito de sentir.

ROLAND: A noite passada, sonhei um sonho. (AMF, III, final do capítulo V)

A postura expressa nesse diálogo é que os sentimentos também emanam de experiências corpóreas, materializadas em nós mesmos, sob essa forma. O que denominamos "vida psíquica" é uma contrapartida simultaneamente imaterial e material do que chamamos de "instintos". Esses instintos são dependentes da espécie, basicamente animais, genéticos, inatos, herdados. São o solo, a terra em que as experiências sociais (a mãe, no primeiro caso) serão semeadas:

EM: Suas membranas fetais, como você as chama, são um estorvo quando não se consegue rompê-las. É por causa delas que eu não consigo te alcançar. Quem, ou o Que é você?

A TERMO: Eu sabia – até você meter o bedelho. Eu sou *mente* e minhas membranas mentais me tornam capaz de ir muito além dos meus pés. O Como, o Por Que e o Quem costumavam ajudar.

EM: Agora você me confundiu. Eu deverei ser *corpo*; deverei estar amarrado à sua mente para sempre.

MENTE: Oi! De onde foi que vocês saíram?

CORPO: O quê? Você, de novo? Eu sou Corpo – se quiser pode me chamar de Soma. Quem é você?

MENTE: Chame-me de Psique – Psique-Soma.

CORPO: Soma-Psique.

MENTE: Devemos ser parentes.

CORPO: Nunca – se depender de mim.

MENTE: Ora, deixa disto. Não é tão ruim assim, é?

CORPO: Muito pior. Você nos meteu neste ar. Por sorte, eu trouxe algum líquido comigo. O que você está fazendo?

MENTE: Nada! Devem ser os meus frenos – este diafragma aí, subindo e descendo. Estou inspirando ar – fluido, não líquido. Para que você trouxe este troço úmido aí? Cheira bem.

CORPO: Você nunca saberia nada a respeito do Cheiro se eu não tivesse o líquido para agregar seus átomos. Típico da Mente – palavras, palavras, e nenhum conteúdo. Onde foi que você as achou?

MENTE: Emprestadas do futuro – e você as está emprestando de mim; o que faz com elas? Você as enfia pelo diafragma?

CORPO: *Elas* penetram-no. Só que o significado não passa onde você consegue suas dores?

MENTE: Emprestadas – do passado. E o significado também não passa pela barreira. Gozado, hein? O significado não passa nem de mim para você nem de você para mim.

CORPO: É o significado da dor que eu estou lhe enviando; as palavras que eu não enviei, passam – mas o significado se perde.

MENTE: O que é esta coisinha linda, apontando para fora? Gostei dela. Tem uma mente própria – igualzinho a mim.

CORPO: É igual a mim – tem um corpo próprio. É por isto que ele é tão ereto. Não existe a menor evidência para a sua mente.

MENTE: Não seja ridículo. Eu sofro de ansiedade tanto quanto você tem dor. Na verdade, eu tenho dor em relação a coisas que você nada sabe. Sofri intensamente quando fomos rejeitados. Eu te pedi para me chamar de Psique e prometi te chamar de Soma.

SOMA: Tudo bem, Psique; não admito que exista uma pessoa que não seja um artefato de minha digestão.

PSIQUE: Então... Com quem você está conversando?

SOMA: Estou falando comigo mesmo e o som é refletido de volta por uma de minhas membranas fetais.

PSIQUE: Uma de suas membranas fecais! Ah, ah! Muito boa, esta! Fui eu ou você quem fez este trocadilho?

SOMA: Esta é a única linguagem que você entende.

PSIQUE: Esta é a única linguagem que você ouve. Tudo o que você fala é dor.

SOMA: Você só respeita dor ou a falta dela. Só consigo te transmitir alguma coisa quando uso uma linguagem direta, sem firulas nem enrolação: a linguagem da dor.[127]

---

[127] *"Pain-talk from the hills"* no original. Como traduzir uma paráfrase contendo quatro trocadilhos feitos por autores diferentes, Bion e Kipling? Optamos por transcrever em português, respei-

PSIQUE: Uma palavra por meio de seu estoma. Desculpe-me se no momento me dedico a falar com este mamilo imbecil – olhe! Uma ereção instantânea!

SOMA: Graças às minhas evacuações líquidas. O que é isto?

PSIQUE Eu mordo isto.

SOMA: Isto acabou de me morder. Morde de novo! Ei, você está me mordendo.

PSIQUE: Não pode ser. Eu pus os meus pés no seu estoma? Você me confundiu, de novo. Dor, pés – tudo misturado. Por que você não se resolve de uma vez?

SOMA: Eu me resolvo. Se você tivesse um pingo de respeito pelos meus "sentimentos" e fizesse o que eu sinto em você, não estaria metido nesta confusão.

PSIQUE: Se estou nesta confusão é porque nela me enfiaram. Quem é o responsável? Seus sentimentos ou suas ideias? Tudo o que me possui é seu – fluido amniótico, cheiro, luz, gosto, ruído; estou embrulhado nisto. Cuidado! Estou sendo absorvido!

SOMA: Vou só acabar de te absorver e aí vou te urinar. É tudo urina, merda e piedade. Você pode idealizá-lo – e certamente conseguir um bom preço por ele. Ei! Salvem-me – também estou sendo absorvido. Socorro!

PSIQUE: É nisto que dá ficar penetrando dentro e fora. Estou confuso.

SOMA: Ficou aí não penetrando? Deu nisto – ou você se desintegra ou entra em colapso. (AMF, III, 433-435)

Bion, que mantinha reservas sobre a possibilidade de obtermos uma nomenclatura generalizadora, fez uma última tentativa de captação e nomeação de "qualidades psíquicas": a trilogia *A Memoir of the Future*.

Tentou, explicitamente, seguir uma observação arguta de um poeta – Percy Shelley – a respeito da obra de outro poeta – William Shakespeare. O primeiro foi visto por ele mesmo, e também por outros, como não tão talentoso; o segundo foi visto por boa parte dos seus contemporâneos e de gerações posteriores, e da maioria das civilizações, como o mais talentoso jamais aparecido:

---

tando a noção original. *Plain tales from the hills* é o título de um livro de histórias curtas escritas por um dos autores prediletos de Bion: Rudyard Kipling. Alguém que também nasceu na Índia, e também teve experiências na Primeira Guerra Mundial. Os primeiros trocadilhos se fazem com a colocação do termo *plain*, planície – em contraste com *hill*, montanha; o termo *hill* se refere não apenas a um terreno que não é plano, mas também a uma estação ferroviária em uma cidade de veraneio na Índia, quando colônia do império britânico; e a frase toda que dá título ao livro se refere ao idioma *plain talk*, uma fala com a intenção de ser compreendida, que seja funcional: não é colocada de modo superior, nem inferior, em relação ao nível da audiência. O trocadilho de Bion colocado na paráfrase sobre esse título é feito pela substituição do termo *plain* por *pain* – dor.

Reivindico (e a reivindicação é, por si mesma, definitória) que isto é um relato fictício de psicanálise que inclui um sonho artificialmente construído; tal condição definitória também é reivindicada para construções durante o estado de vigília, para o alerta científico e a teoria científica. Pretende-se que a hipótese definitória seja levada a sério e seja aplicada com toda a seriedade, na prática da psicanálise, por aqueles que desejam confrontar-se com aquilo que acreditam serem os "fatos" de modo tão próximo aos *numena* quanto o animal humano possa chegar. Isso pode ser "nunca". Sustento, ao lado de Kant, que a coisa-em-si é incognoscível. *Falstaff*, um artefato conhecido, é mais "real", nas formulações verbais de Shakespeare, do que incontáveis milhões de pessoas que são opacas, invisíveis, desvitalizadas, irreais, em cujos nascimentos e morte – e, que pena! Até mesmo casamentos – somos obrigados a acreditar, já que sua existência é certificada e garantida pela assim chamada certidão oficial. (AMF, I, 3)

P.A.: O seu Satânico Jargonista ficou ofendido, com o pretexto de que o jargão psicanalítico estivesse sendo erodido por erupções de clareza. Fui obrigado a procurar asilo na ficção. Disfarçada de ficção, de vez em quando a verdade se infiltrava. (AMF, II, 302)

& O autor deste dicionário propôs, em outro estudo, uma classificação nomológica para os termos sensação, sentimento, afeto, emoção e experiência emocional (Sandler, 2011, pp. 171-180).

Senso comum

Bion usou essa expressão verbal – denominada pelos linguistas de sintagma - para indicar a necessidade absoluta do uso de mais de um ponto de vista, quando o intuito é incrementar a apreensão da realidade e dos fatos **como eles são**. *"Como critério do que constitui uma experiência sensível, proponho o senso comum, entendendo este termo segundo o significado que lhe atribuí em outro lugar: dados um ou mais sentidos, o senso comum é algum 'sentido' que é comum a um ou mais sentidos. Vou considerar um objeto como sendo sensível ao escrutínio psicanalítico se, e apenas se, ele satisfaz condições análogas àquelas satisfeitas no caso da presença de um objeto físico ser confirmada pela evidência de dois ou mais sentidos. . . . A correlação assim estabelecida capacita a pessoa a reivindicar que o termo 'senso comum' caracteriza a visão dessa pessoa de que aquilo é uma pedra, é comum aos sentidos dessa pessoa e, portanto, é uma visão de senso comum"* (LE, 10-11).

S

O termo tem implicações sociais: *"proponho que possamos dizer agora que senso comum é um termo empregado comumente para englobar experiências nas quais a pessoa que verbaliza algo sente que seus contemporâneos, indivíduos que ele conhece, mantêm em comum entre eles, sem hesitar, aquela visão de que essa pessoa falou. Senso comum, o fator comum maior do sensório, por assim dizer, alicerçaria sua visão daquilo que os sentidos carreiam"* (C, 10).

Nosso aparato sensorial pode ser considerado, analogicamente, como a porta de entrada de todo e qualquer estímulos, sejam quais forem, que se abatem sobre todos nós, seres humanos. Isto não implica que todos possam ser captados pelo nosso aparato sensorial; mas implica apenas que esta é a sua porta de entrada principal. A ação conjunta e integração do nosso aparato sensorial é fornecida por algo que neurologistas chamaram de sistema nervoso central. A denominação anterior das impressões carreadas pelo aparato sensorial, em filosofia, foi "experiências sensíveis".

Senso comum é um conceito muito antigo cuja história se mistura com a história da ciência. Foi definido pela primeira vez por Aristóteles e desenvolvido por Spinoza, Descartes, Bacon e principalmente por John Locke, para definir os princípios básicos da ciência; o "empirismo" foi fundado com base no conhecimento adquirido pelo uso dos sentidos. A crítica de Hume e Kant ao que este chamou de "realismo ingênuo" serviu também para refinar sua utilização, como pode ser visto na obra de cientistas modernos como Planck e Einstein, e teóricos da ciência como Bradley, Braithwaite, Prichard, Russell, Tasrky – citados por Bion (consulte os verbetes Método científico, Sistema dedutivo científico).

Em "Método científico" (C, 10) Bion fornece um bem-humorado exemplo de senso comum: *"posso citar a experiência na qual uma impressão táctil de, digamos, veludo – repentina e imprevista – dá origem à ideia de um animal, que tem que ser então confirmada ou refutada do ponto de vista visual; e assim, espera-se, consegue-se o senso comum"*. O pareamento de dois diferentes sentidos – tato e visão – permite uma ideia mais precisa da realidade.

São necessários dois sentidos. O significado do termo "sentido" é de direção; o físico chamou de vetor; mais tarde, Bion introduziu o termo vértice. Portanto, é necessário ter pelo menos dois vértices a fim de obter uma visão de senso comum, ou uma abordagem à realidade. Essa constitui a base da investigação científica. *"Segue-se que a lei científica é intimamente relacionada e é o auge da experiência"* (C, 8).

Vamos descobrir que mais de dois sentidos são utilizados. Acrescentemos a isso a repetição da experiência ao longo de um período de tempo. De certa maneira, quatro dias por semana, ano após ano, pode permitir a formação de uma visão de senso comum de uma mente específica **como ela** é (C, 10).

Senso comum é uma forma inicial de considerar realidade como sinônimo de verdade, e ver a situação em termos de uma necessidade instintiva básica do ser humano: *"A falha na obtenção dessa conjunção de dados sensoriais e, portanto, em chegar a um ponto de vista baseado no senso comum acarreta um estado mental de debilitação no paciente – como se a inanição por falta de verdade fosse, de certo modo, análoga à inanição pela privação de alimentos"* (ST, 119).

Lógica, senso comum, indução e dedução constituem termos que frequentemente representam mecanismos para trazer uma intuição ao alcance de uma realização, caso ela exista. (T, 109-110)

UM ÂMBITO NÃO SENSORIALMENTE APREENSÍVEL?[128]

É possível utilizar o conceito de senso comum, que é restrito ao uso dos sentidos, em outros âmbitos? Existe algum âmbito que está além dos sentidos? Essa área é abordada em outro verbete neste dicionário; o leitor pode consultar o verbete "Ultra-sensorial". Com o foco mais estrito, dado pelo exame do conceito de senso comum, será útil lembrar que muitos tendem a considerar a realidade psíquica como um âmbito não-sensorializável. Definida por Freud em *The Interpretation of Dreams* como uma forma imaterial de existência. A palavra "imaterial" expressa um âmbito independente dos sentidos? Muitos também tendem a ver a consciência como um âmbito não-sensível.

Um exame cuidadoso das definições de Freud de realidade psíquica e consciência em *A interpretação dos sonhos* pode lançar alguma luz sobre o assunto. Cem anos depois, elas continuam a ser as únicas definições disponíveis. Bion propôs uma outra nomenclatura, na tentativa de deixar a visão de Freud – sem discordar dela - mais precisa: Realidade material e psíquica, em *Atenção e Interpretaçao*.

Fazer uma hipótese a respeito de uma capacidade de enxergar – diversa da capacidade de olhar, que pode ser considerada como uma formulação verbal restrita ao uso do nosso sistema ocular, parte de nosso aparato sensorial - seria injustificada se lembramos que Realidade Psíquica tem algumas características constitutivas – desconhecidas, de modo último, fazendo parte de nosso sistema inconsciente - que nos oferecem alguns sentidos (vetores), observáveis por fenômenos na vida humana. São dados por aquilo que os gregos antigos denominaram de instintos, nomenclatura resgatadas por Darwin. Freud pode observar algo que denominou de representantes psíquicos: as fantasias inconscientes. Outro vetor, dependente deste, é dado pelo complexo de Édipo; outro, pela nossa capacidade de fazer associações livres, dependente de nosso aparato de pensar e de vocalização – apresentação intra-psiquica por palavras. E por representações de coisas, tambem intra-psiquica, A forma imaterial da existência – usando a terminologia proposta por Freud = realidade

---

[128] *"Sense-less"* no original.

psíquica, é diferente da outra forma da mesma existência, realidade material; mas ambas são realidade, ou existência.

Nosso aparato sensorial é um "cérebro" diferenciado – filogeneticamente, sua primeira forma. Materializações são formas; a existência é única – em última instância, incognoscível e inefável.Realidade psíquica é indivisível de realidade materializada – a divisão teórica facilita e também dificulta a observação, se for tomada de modo excessivamente concreto. Instintos são de origem biológica, materializável. Em uma analogia excessivamente antropomorfizada, realidade psiquica tem um "pé" imaginário em realidade material e realidade material tem uma "mão" na configuração de realidade psíquica, sempre intermediada por instintos e expressa, de modo tosco, transitório e parcial, pelo, e no aparato sensorial.

Respeito pela definição de Freud nos levou, de novo, ao senso comum. É devido aos sentidos instintivos, internos, que cada um orienta e desorienta sua vida, e, acima de tudo, pelo senso comum obtido por meio do pareamento paradoxal da realidade: material e psíquica, constantemente conjugados, fornecem senso comum.

A consciência é vista por Freud como um órgão dos sentidos, que apreende qualidades psíquicas. Ou seja, não pode ser vista – respeitando a hipótese de Freud, como "não sensorial". E o que dizer dos sentimentos? Eles podem ser considerados – e Bion efetivamente os considera – como impressões sensoriais internas. Nós dizemos: "Sinto frio"; mas também dizemos "Sinto ódio". Em "Método Científico", escrito em 1959, anexado como primeiro capítulo do livro *Cogitations*, por Francesca Bion, aparece o exemplo de uma pessoa que poderia sentir-se autorizada a dizer que uma pedra pode sentir calor, pois sua temperatura varia conforme a variação da temperatura externa. Capitulo, livro, formulações verbais como "cogitações" – formas materializadas, de intuito comunicacional, em si imaterializado, com contidos (palavra, ou seja materialização) imateriais.

Experiências emocionais, emoções, afetos, vínculos, relacionamentos: estão situados fora da abrangência do aparato sensorial? Certamente ansiedade e depressão não têm cor ou cheiro, como Bion escreve no comentário a *Second Thoughts* e em *Attention and Interpretation*. Têm alguma sensorialidade? Seria possível concebê-los sem a "porta de entrada", nosso aparato sensorial?

Há evidencias de que existem eventos que não-sensorialmente apreensíveis: pelo menos fora do espectro de alcance do aparato sensorial humano: abordados no verbete "Ultra-sensorial". Há muitos exemplos de quando a utilização dos sentidos é impossível; nesses casos, como podemos obter uma apreensão de senso comum de uma dada realidade? Há situações em que não há dispositivos inanimados mecânicos, óticos ou eletrônicos que possam ampliar o espectro de alcance de nosso aparato sensorial: telescópios, estestoscópios, quimógrafos, espectrógrafos tomografias, ressonâncias magnéticas – assinalado por Bion em todos os seus livros, especialmente em *Attention and Interpretation* e *A Memoir of the Future*).

não há nada de novo na crítica quanto à falta de objetividade em psicanálise, e não estou propondo que se perca tempo com isso.. . . Não há nada de novo na crítica quanto à falta de objetividade em psicanálise, e não estou propondo que se perca tempo com isso.....contudo, , para trazer ao leitor uma impressão da experiência psicanalítica (que não pode ser olhada, nem cheirada, nem escutada, pois o leitor não está ouvindo aquilo que o paciente pensa estar dizendo), a descrição é dada nos termos daquilo que foi experimentado senorialmente. Não é de se espantar que interpretações psicanalítica originem ceticismo. No entanto, ninguém duvidaria, digamos, da realidade da existência de ansiedade; mesmo assim, ansiedade não pode ser apreendida sensorialmente. (ST, 132)

Nossa pesquisa parece indicar que o conceito de senso comum é aplicável à psicanálise até certo ponto. É relevante à análise no que se refere à comunicação do paciente com ele mesmo, com seu analista, do analista com o paciente, e entre os analistas. É relevante como um método necessário, mas não suficiente para apreender a realidade.

Senso comum e uma interpretação apropriada

Se partimos do princípio que senso comum é um instrumento científico básico para apreender a realidade com menor probabilidade de engano – que seria maior se usássemos apenas um de nossos órgãos sensoriais. Durante a época quem que Bion esteve interessado nas possíveis contribuições do movimento neopositivista para apreensão da realidade, época que coincidiu com seu interesse em procurar soluções de matemáticos para o mesmo problema – principalmente a obra de Gottlob Frege - tentou construir maneiras de verificar o valor-verdade da interpretação analítica. Concebeu a conjunção de três sentidos, que chamou de dimensões. A partir dessas dimensões, o analista poderia delinear diferentes vértices de observação dos fatos durante as sessões de psicanálise: dimensões dos sentidos, da paixão e do mito (EP, 11).

A leitura de relatos de casos clínicos atendidos por Bion dão uma impressão a muitos de seus leitores – entre os quais se inclui o autor deste dicionário. Há evidências de que foi pessoa intuitiva, com capacidade notável para captar mensagens transmitidas pelos pacientes que recorriam à fala, aparentemente irracional e também *acting-out,* aparentemente discreto. Em um artigo publicado postumamente, Bion mostra uma aplicação psicanalítica do conceito de senso comum. Diferencia entre uma espécie de "perda do senso comum", que caracteriza o paciente sob uma visão superficial, acompanhado de um outro tipo de "senso comum" – não- racionalizado, não socializad, que emerge quando a análise acontece (C, 9).

S

Isso mostra que Bion fazia uso do conceito de senso comum, desde que pudesse não ficar escravizado a interpretação da organização social ao qual tanto ele com seu paciente se inseriam. Que sempre são colocadas a serviço do bem-estar, ou do mal-estar do grupo social circundante.

Quando isso ocorre, senso comum pode ser confundido com bom senso, ou seja, infiltram-se julgamentos de valor, alheios a uma prática cientifica – o instrumento de transformações em alucinose (q.v.) Bom senso é baseado na lógica, um dos mal-estares na civilização; a partir do momento que se infiltra bom senso, surgem ideias de loucura e sanidade; de correção, caminhando resolutamente para tornar-se o único sentido. O que pode ser vistocomo sentido neurológico do conceito de senso comum, bem como sua dupla natureza, perdem-se.

No final de sua vida, Bion deixaria uma clara advertência sobre essa alternativa:

. . . & EPÍLOGO

. . . FUGA

. . . DONA ES REQUIEM

. . . MUITOS

Durante toda minha vida tenho sido aprisionado, frustrado, perseguido por senso comum, razão, memórias, desejos e – o maior fantasma de todos – entender e ser entendido. Esta é uma tentativa de expressar minha rebelião, de dizer "Adeus" a tudo isso. Constitui-se no meu desejo, dou-me conta agora fadado ao fracasso, escrever um livro limpo de qualquer tintura de senso comum, razão etc. (veja acima). Então, mesmo que eu escrevesse: "Abandonai a Esperança, vós que esperais encontrar qualquer fato – científico, estético ou religioso – neste livro", não posso reivindicar que tenha conseguido. Temo que todos estes serão vistos como tendo deixado seus traços, vestígios, espectros escondidos dentro destas palavras; mesmo sanidade, e "alegria", insinuar-se-ão. E mesmo que minha tentativa tenha sucesso, sempre vai haver o risco de que o livro "se torne" aceitável, respeitável, alvo de honrarias e não lido. "Por que escrevê-lo, então?", você pode perguntar. Impedir alguém que SABE de preencher o espaço vazio – mas temo estar sendo "razoável", aquele grande Macaco. Desejando a todos uma Feliz Insensatez e uma Fissão Relativista . . . (AMF, III, 578)

Pepe Romero, notável pelo manego do instrumento musical, guitarra, relata um bem-humorado comentário de Joaquin Rodrigo, um dos mais criativos compositores do mesmo instrumento - alguns meses antes da morte de Rodrigo: "Veja, Pepito, eu vou e você irá me visitar. Nós iremos desfrutar de um bom 'Puro' [denominação para charutos fabricado em Cuba], e vamos ficar observando todos aqueles guitarristas, tão ocupados com todas essas coisas de partituras, modos de dedilhados . . . podermos dar boas risadas!" (History Channel, 2003).

Falhas na apreensão do conceito, mal-entendidos e distorções: há duas situações que nos parecem constituir-se como confusões: confundir senso comum com "bom senso" e "lugar-comum". A primeira confusão foi discutida acima; senso comum, mesmo que possa indicar uma visão compartilhada do que quer que seja em um grupo, não pode ser confundido de modo útil com bom senso, que é um julgamento socialmente definido.

Até o ponto que foi a investigação do autor deste dicionário, há uma outra confusão, talvez surgida na obra de Gaston Bachelard, um filósofo. Propôs uma visão ideológica da crítica de Kant ao "realismo ingênuo": a ideia de que o universo e os fatos podem ser devidamente apreendidos pelo aparato sensorial. Essa ideologia subestimou o que a filosofia na França rotulou de "empirismo britânico". Parece-nos haver confusão de senso comum com a visão popular, socialmente compartilhada dos fatos. Bachelard estava ciente de que a visão popular é em geral baseada na aparência sensorialmente apreensível das coisas. Proponho definir essa visão com o termo "lugar-comum". Ao datar e ideologizar a questão em torno de nacionalismos – em si mesmo, uma postura danosa para humanidade, responsável por hecatombes globalizadas, denominadas por historiadores de primeira e segunda guerras mundiais, Gaston Bachelard, cujo trabalho data do entre-guerras, deu voz a uma distorção do conceito de senso comum.

Referências cruzadas recomendadas: Visão Analítica, Visão Binocular, Instituições (*Establishment*), Sistema Dedutivo Científico, Método Científico, Senso de Verdade, Verdade.

Senso da verdade (ou sentido de verdade)

Frank Kermode, considerado um dos maiores autores de crítica literária dedicada à obra de William Shakespeare, identificou vários instrumentos de escrita surpreendentes utilizados pelo "Bardo". Um deles, usado com parcimônia, é o de fazer uso de personagens secundários para formular, em suas falas, verdades profundas e iluminadoras sobre o comportamento humano e desumano de todos nós – que nós chamamos de seres humanos. Um exemplo: um personagem secundário que representa um assassino profissional (sicário; hoje conhecido como pistoleiro) em Macbeth fornece um insight quanto à natureza do desprezo pela vida, da inumanidade com a qual um ser humano pode tratar seu semelhante. Macbeth quer matar seu melhor amigo e contrata assassinos para emboscá-lo. Durante a contratação, adverte que seu amigo é um galante e inflamado cavaleiro. O chefe dos assassinos sequer tem interesse pelo nome do emboscado, e menos ainda por suas qualificações sociais ou pessoais. Apenas comenta, com muxoxo:

> *Ah, no catálogo, todos passam por homens,*
> *Assim como sabujos e galgos, vira-latas, desentocadores, apontadores,*
> *Rastreadores, cães d'água e cachorros-lobo são tachados de cachorros.* (Macbeth, III, i, 91)

Não importa, para um assassino, quem está sendo assassinado.

Caso possamos prestar a mesma atenção aos textos de Bion que muitos de nós prestam a uma leitura, ou uma audição de uma peça de Shakespeare, iremos encontrar um conceito colocado quase que de passagem, sem ênfase especial: senso da verdade. Como o personagem assassino em Macbeth, ocupa uma parte surpreendentemente pequena no total da obra: no final de "Uma teoria do pensar", deparamo-nos com esse conceito. Talvez haja uma proporção inversa entre a importância da definição de "senso da verdade" – para o analista prático que procure manter uma postura isenta de julgamentos de valor moral – e a ignorância do conceito na literatura sobre sua obra até então disponível:

Definição. *"Podemos agora tecer mais considerações à relação de um estado de consciência rudimentar com a qualidade psíquica. Emoções preenchem, na psique, uma função semelhante à relação dos sentidos para com objetos no espaço e no tempo. Equivale a dizer que a contraparte da visão de senso comum, no conhecimento privado, é a visão emocional comum; experimenta-se um senso de verdade no caso de que a visão de um objeto que esteja sendo odiado possa ser conjugada com a visão deste mesmo objeto que esteja sendo amado, confirmando que este objeto, experimentado por diferentes emoções, é o mesmo objeto. Estabelece-se uma correlação"* (ST, 119).

Trata-se, antes de mais nada, de uma aplicação prática da noção da integração de um objeto total proposta por Melanie Klein, bem como do começo da posição depressiva. Essa noção, por sua vez, leva às últimas consequências os *insights* de Freud sobre a cisão do ego nos processos de defesa.

Seria difícil exagerar a importância desse conceito. Teoricamente, é mais uma integração da teoria de Freud a respeito do aparato psíquico, que leva em consideração a origem biológica, ou neurológica, desse aparato, por utilizar-se do termo "senso", ou sentido. Teríamos, de modo instintivo, ou inato, mais um sentido, além do sete descritos pela neurofisiologia, ou dos oito descritos pela neurofisiologia e psicanálise[129]: o senso, ou senso de verdade. Faria parte, como o sistema consciente,

---

[129] Audição, visão, tato, odor, paladar, sentidos proprioceptivos (de impulsos provenientes de alguns de nossos órgãos internos), sentidos cenestésicos (de movimento); Consciência (para

do nosso aparato sensorial. O senso de verdade se utiliza de pelo menos duas "qualidades psíquicas": amor e ódio, para poder existir e nortear nossa vida. Na prática, permite ao analista ocupar-se de paradoxos, sem fazer tentativa apressadas e inúteis para resolvê-los; ou sem estar em uma situação de ficar aprisionado por memória, desejo e entendimento.

Referências cruzadas: Clivagem forçada; Compaixão; Correlação; Desconhecido, incognoscível; Filosofia; Função-verdade; Julgamentos; Místico; Pensamento; Personalidade perturbada; Psicanálise real; Realidade sensorial e psíquica; Senso comum; Senso da verdade; Tornar-se; Ultra-sensorial; Verdade absoluta; Visão analítica; Visão binocular.

📖 Em conversa e também em correspondência particular com a sra. Francesca Bion, obtivemos confirmação para uma inferência, a de que Bion teria se inspirado na obra de *sir* Isaiah Berlin *The Sense of Reality*. Bion tinha relações amigáveis com esse emigrado russo, tornado cidadão britânico, e um dos mais respeitados críticos de literatura e de política no século XX, dedicado a resgatar as conquistas de autores do Iluminismo e romantismo da Europa Central, de fala alemã.

Sensorial

Termo, na obra de Bion, com o mesmo significado a ele atribuído pela neurologia, em neurofisiologia, em psicologia – principalmente no ramo da psicofísica. Um termo, e uma disciplina, ainda existente, mas atualmente menos divulgado, embora tenha sido uma origem fundamental para que a psicanálise pudesse existir: Freud sempre prestou respeito científico ao trabalho de Gustav Fechner, que chamou, em uma linguagem hiperbólica típica de sua época, de "grande Fechner". Em consequência, tem o mesmo sentido que pode ser encontrado na obra de Freud – principalmente em *A interpretação dos sonhos* (de 1899, datado de 1900) e no trabalho até hoje não nomeado a respeito de uma teoria geral do aparato psíquico (de 1895) – condenado ao desaparecimento, mas achado de modo acidental por Marie Bonaparte, depois publicado com o título dado por James Strachey (*Projeto para uma psicologia científica*). O termo aparece, mas em sinonímia – "sensível" –, na obra de alguns teóricos da ciência, mais conhecidos como filósofos. O sinônimo está atualmente caindo em desuso.

Parece-nos necessário enfatizar que o sentido – a mesma palavra da qual derivou o termo sensorial – do termo é o de uma abreviatura. Na obra de Bion, "senso-

---

captação da qualidade psíquica).

rial" tenta resumir tudo aquilo que pode ser apreendido por meio do nosso aparato sensorial.

Sensorial = Sensual?

Em inglês coloquial e não sofisticado – uma língua mais econômica com palavras do que o português coloquial –, embora existam os termos *sensible* e *sensuous*, ou sensível e sensorial, não há a diferenciação mais estrita no seguinte sentido: sensual, em português, sempre significa algo sexualizado, ou sexual. Em inglês, pode-se utilizar o termo *sensuous* no sentido neurológico, ou filosófico, como sinônimo de sensível, ou no sentido sexual. O que define é a estrutura da frase, como sempre ocorre nessa língua.

Com exceção de poucos trechos em *A Memoir of the Future*, o termo "sensorial" (*sensuous*) não tem nenhuma implicação sexual no restante da obra de Bion – inclusive nestes livros, onde é usado pelo menos três dezenas de vezes. Aplica-se no comportamento de dois objetos parciais de Bion, representando tanto a feminilidade e ausência dela na espécie humana como na personalidade de Bion, personificadas como duas "mulheres".[130] Uma, solteira, vigorosa e experiente, e desprivilegiada financeiramente, "Rosemary". Outra, privilegiada financeiramente, desprovida de vigor e experiência, deixando uma relação falsa de patroa/empregada em que não se sabe quem é o quê. A frase aparece no sentido negativo, de ausência de sexo real, após um desforço físico em que "Rosemary" mostra sua superioridade física: "*As duas ignoravam qualquer prazer sensual*" (AMF, I, 14).

Uma observação importante, da irrealidade de situações concretizadas, ou predominantemente materializáveis, em que a imaterialidade, ou o "componente" imaterializado, é aquilo que fornece vida, enquanto aquilo que seja sensorialmente apreensível não garante a existência de vida, mesmo que seja uma porta de entrada para esta, aparece na seguinte situação:

> As duas haviam aprendido tão bem seus papéis que ambas não estavam cônscias de que a sena na qual eram atrizes podia ser tudo, menos real; o passado era desconhecido, o presente, não observado, o "futuro" na verdade estava ali, bem à mão, na mesma noite, quando Rosemary brincou sensualmente com Roland na cama de Alice. (AMF, I, 21)

---

[130] Objetos parciais de W. R. Bion. O leitor pode consultar outra obra do autor deste dicionário para examinar a montagem da forma dialógica nesta obra final de Bion: *An Introduction to 'A Memoir of the Future' by W. R. Bion*, volume I: *Authoritative, not Authoritarian Psycho-analysis* (Sandler, 2015a).

A linguagem de Bion

É difícil resumir a questão, e algumas tentativas foram feitas, em que a preposição "e", que existe na realidade, sempre tem sido substituída por todos nós, em alguma época de nossas vidas, pela preposição "ou". Aproveito o recurso gráfico – o sinal de proporção – para evitar a controvérsia entre "e" e "ou": material/imaterial, inanimado/animado, realidade material/psíquica, matéria/energia, ser humano/divindade

Este, o fulcro da obra de Bion, prática e teoricamente, mais aprofundado em toda a trilogia *A Memoir of the Future*. A frase que acabamos de citar compacta o próprio título da obra, e indica características do sistema inconsciente (ou inconsciente, como é mais conhecido na literatura psicanalítica): uma delas, a atemporalidade do inconsciente, apontada por Freud, e aparentemente esquecida por boa parte dos membros do movimento psicanalítico (AMF, I, 110).

Nessa frase há uma indicação para um fato de interesse psicanalítico: a fantasia inconsciente infantil de que uma relação sexual é uma luta física. Trata-se de uma expressão precoce de fantasias homossexuais, de natureza sádica. Na extensão provida por Melanie Klein em *Psicanálise de crianças*: um estado ávido, invejoso e rival, para negar e destruir – em fantasia – a "suprema criatividade da dupla parental".

Outro exemplo que ilustra a questão diante da qual todos nós precisamos nos haver: há coisas materializadas, ou concretas, ou sensorialmente apreensíveis, nas condições normais de temperatura e pressão sobre a face da terra, e, simultaneamente, o componente imaterializado. E ambos os casos são incognoscíveis em sua natureza última, mas coisas materiais parecem-nos ser mais cognoscíveis. E, para os vitimados pelo "realismo ingênuo", segundo Kant, totalmente cognoscíveis pelo nosso aparato sensorial. Bion observou um fato no trabalho com pessoas cuja personalidade psicótica predomina, demonstrando perturbações nos processos de pensar: a clivagem forçada (q.v.), que reduz o interesse delas em coisas materiais. O componente imaterializado pode ser captado por analogias. Por exemplo, a face oculta da lua; ou, na metáfora de Thomas Hobbes no início do *Leviatã*, estrelas no firmamento, tornadas invisíveis pelo bombardeio sensorialmente apreensível, provido pela luz solar:

> No mundo civilizado, é mais confortável acreditar-se em suas qualidades civilizadas, para obscurecer a gargalhada cruel (como está expressa neste sonho artificial que compõe este texto) que poderia evocar, por meio de memória e desejo, a configuração evocativa de terror. Parece claro que a tentativa é inerente a afastar, ou afastar a consciência de algo que seja pavor e terror, subjacente ao objeto inominável. Há muitas formulações de pavor, não formuladas, inefáveis – que denoto por O. Platão as nomeou "formas", das quais os objetos sensorializáveis são sua contrapartida irreal, porém sensorializados. Santo Agostinho apelou para o equipamento fornecido pela religião, disponível em muitas religiões, para expressar a separação

entre o bem e o mal. A separação sistemática entre dois objetos, bom e mau, consciente e inconsciente, dor e prazer, feio e bonito, proveu um arcabouço que parece ter facilitado que o conhecer se desenvolvesse, mas o elemento de crescimento parece ter escapado à formulação – especialmente quando relembra maturação.
(AMF, I, 85)

O termo "sensorial" resultou, na obra de Bion, em dois neologismos: ultra-sensorial e infra-sensorial; o leitor pode consultar os verbetes específicos.

A rigor, este termo – "sensorial" – só pode ser aplicado ao aparato (ou aparelho) sensorial: um "equipamento de fábrica" de quase todas as espécies vivas, inclusive as mais primitivas, unicelulares.

HOMEM: Não sabemos o que está envolvido na transformação do inanimado em animado, ainda que saibamos, ou pensamos saber, alguma coisa sobre a mudança do animado para o inanimado. O processo de vinculação pode ser um assassinato e um suicídio. Alguns pensam que a mudança é efetuada por meio de um processo de mudança violento, feio, catastrófico. É raro, pelo menos entre os psicanalistas, imaginar que o máximo que sua ciência pode fazer é mapear a natureza da mente. A própria "descoberta" da mente depende do trabalho de filósofos que alcancem progressos paralelos à descoberta micromolecular no domínio físico. Pode-se verificar que a mente, e, com toda certeza, a mente humana, é algo que tem um crescimento muito de minuto e muito embrionário. Do mesmo modo, se pode parecer miraculoso que uma mente, equipada com um sentido visual, possa "ver" coisas inacessíveis ao paramécio cego, poderia parecer profético – e não um senso comum aplicado – que uma pessoa capaz de *insights* pudesse detectar coisa que a outra pareceria faltarem evidências. Talvez um paramécio tivesse que acreditar em "deus". E que deus seria mais adequado que o homem? E o que mais adequado ao homem que algum "super-homem" disponível? Como tornar isso apropriado à veneração por meio de algum bem-arrumado sistema de mentiras e embustes? Como lidar com isso de maneira mais fácil do que por meio de um bem-arrumado sistema de mentiras e embustes "científicos" "expondo" mentiras e embustes?

ROSEMARY: É muito comum oferecer-se para fêmeas, dinheiro, moral, "honrarias", posição, poder. Elas aceitam a falsificação como se fosse a verdade e que retribuem na mesma moeda. oferecendo sua "riqueza" e seus "bens" prostituídos, de modo igualmente fácil, do mesmo modo como comida e preparados farmacológicos podem ser oferecidos, à guisa de embuste, pelo macho prostituto, assim como pela fêmea prostituta. E então a mente se torna disponível a uma extensão ainda maior de mentiras, enganos e evasões, para produzir mentirosos e embustes maiores e melhores do que qualquer mente "humana" tenha até agora conseguido.
(AMF, I, 137)

Bion utilizou-se do termo acrescentando-o ao termo realidade, criando outro termo, realidade sensorial. Até o ponto a que chegou a pesquisa deste autor, é a única imprecisão terminológica em toda a contribuição de Bion. Sob o vértice biológico e neurológico, há apenas uma realidade sensorial: a realidade de que nós, seres humanos, obtivemos um aparato sensorial, como todas as espécies vivas surgidas após o paramécio. (descrito no verbete, "aparato (ou aparelho) sensorial".

Referências cruzadas: Aparato (ou aparelho) sensorial; Infra-sensorial; Não-sensorial; Ultra-sensorial.

Sentimentos

Bion considera que Sentimentos são estímulos sensoriais *internos*, provenientes do *self* e de todo o aparato psíquico (LE, 6-9, 18, 21, 60, 93, 100; EP, 40, e, especialmente, capítulo XIX, 91-97: inteiramente dedicado a sentimentos). Leitores com formação médica não estranharão esta classificação: além dos órgãos captadores de estímulos externos, como os dois olhos, que captam energia luminosa, ou as orelhas e ouvidos internos, que captam estímulos auditivos de origem externa, nosso aparato sensorial capta estímulos de todos os órgãos internos providos de inervação (estômago, coração, periósteo, laringe etc.; mas não o cérebro, que não é inervado!). Bion aceitou a hipótese de Freud sobre a função do sistema consciente, nosso órgão sensorial para captação da realidade psíquica. Sensações – calor ou frio – e sentimentos não fazem parte da realidade psíquica, ao serem captados; após essa fase, serão utilizados – similares à uma porta de entrada para uma sala, ou um porto – para formar afetos, emoções e experiências emocionais, que fazem parte da realidade psíquica. Nesse sentido, é possível considerar, como Bion considerou, que sentimentos são estímulos sensoriais provenientes do *self*. Caso não o tenha feito, leitor está convidado a consultar os verbetes, Função-alfa, Experiência Emocional, Fatos, Sexo, Ultrassensorial.

Seta dupla: sinais e símbolos quase matemáticos

Esse verbete pode ser lido em conjunto com "Matematização da psicanálise", "Saturação" e "Método científico."

As "cogitações" sobre o método científico, escritas em 1959, marcam a primeira vez na qual Bion faz uso de uma seta dupla. É uma descrição gráfica, ou uma formulação visual, permitindo uma comunicação quase instantânea daquilo que autores precisam comunicar – já que "uma imagem vale mais do que mil palavras". No caso da seta dupla, é usada para demonstrar um movimento em vai e vem; é usada com várias funções em física e matemática.

Posteriormente, Bion estendeu o uso para descrever o funcionamento de outros três mecanismos psíquicos, sob forma de três teorias. Uma delas, de Klein; as outras, do próprio Bion: 1) Teoria das Posições, descrita verbalmente por Klein; 2) Relação entre continente e contido (q.v.); 3) O par antitético narcisismo e socialismo (q.v.). Pode ser utilizada para descrever o movimento entre os três sistemas psíquicos, conforme descritos por Freud: inconsciente, pré-consciente e consciente.

Em primeiro lugar, vou considerar o oposto da intuição. "Não sei por quê", diz o paciente. Retruca com um "não compreendo" a uma interpretação especialmente clara que eu lhe dei. Quero dizer, com uma interpretação "especialmente clara", que em minha opinião dei uma interpretação que junta um certo número de fatos, aparentemente não relacionados, de um modo que mostra a relação entre eles; e o faz de modo tão preciso que a expressão da interpretação não deturpa a dedução que depende intrinsecamente de seu modo de expressão. Essas duas afirmações, "não sei por quê" e "não compreendo", são tão ativas, tão afirmativas, quanto "eu sei", ou "eu compreendo". De fato minha interpretação disse: "isso é porque..." e "ouça o que eu estou dizendo e descobrirá que fiz você compreender...". Em ambas as asserções declaro implicitamente que a relação que o paciente tem comigo é análoga à relação que poderia existir entre a sua capacidade para inspiração, qualquer que ela seja, e a contraparte ideacional dos elementos aparentemente não relacionados entre si, dispersos e aparentemente estranhos uns aos outros. De fato, eu disse: "eu sei por que...", isto é, eu uno os elementos. O paciente, efetivamente, disse: "eu, diferente de você, *não* sei por que...". Meu ponto é que essa afirmação é uma declaração de igualdade para comigo; não é simplesmente rivalidade, mas igualdade de *status*: "Eu uno..." é uma afirmação. "Eu desuno...." é a resposta antífona. Proponho esclarecer meu ponto em uma série de fórmulas como:

1. Eu uno ⇔ Eu desuno
2. Eu sintetizo ⇔ Eu analiso
3. Eu metabolizo ⇔ Eu catabolizo
4. Eu analiso violentamente ⇔ Eu faço uma cisão
5. Eu sintetizo violentamente ⇔ Eu faço uma fusão

A compreensão implica tanto análise como síntese. Se o ato for levado a cabo de modo amoroso, conduz à compreensão; se é levado a cabo de modo violento, isso é, violentamente e com ódio, então conduz à clivagem, justaposição cruel ou fusão. (C, 21-22)

A linguagem de Bion

Entre 1950 e 1976, Bion considera que o instante inicial, o *start-up* de tudo na vida humana, seria o nascimento obstétrico.

A partir de 1977, sob forma de um anexo complementar ao artigo "Turbulência emocional" (q.v.), com a ajuda de um texto de Freud, traz um paradoxo, contido na "cesura do nascimento" – a noção é de Freud: há mais em comum entre a vida dos pré-natais e dos pós-natais do que poderia indicar a formidável cesura provida pelo ato do nascimento físico. No início das palestras que fez em Roma, Bion dá uma versão totalmente pessoal dessa questão, incluindo uma dissensão no movimento psicanalítico, na época, dirigido por Ernest Jones. O comentário marca uma exceção: não encontramos outro comentário tão pessoalizado, a respeito de outras pessoas, em toda a obra de Bion:

"Há mais continuidades entre a vida intrauterina e a infância precoce do que a impressionante cesura do ato do nascimento nos permite acreditar" (S.E. 20, p. 138). Freud falara isso anteriormente, porém nunca pareceu ter levado o assunto adiante. Essa visão surgiu-lhe mais próximo ao final de sua vida. Infelizmente – talvez, por intervenções de Ernest Jones, fomentando, a meu ver, preconceitos de Freud contra Otto Rank – este último não seguiu adiante com suas ideias sobre o trauma do nascimento, ideia original sua. Freud tendeu a ignorar o fato daquela "impressionante cesura". Entretanto, sendo Freud quem era, chegou a considerar o fato do nascimento, e que havia alguma verdade em afirmar-se que tal evento seria muito impressionante.

Sugiro que aceitemos o recado; que admitamos o fato de que nos impressionamos excessivamente com o trauma do nascimento. Faço isso da seguinte maneira: Quando você nasceu? Qual foi o local de seu nascimento? Se você me fornecer as respostas comumente aceitas, eu poderia dizer "Isso é muito útil para estatísticas vitais do governo, que quer saber quando ocorreu seu nascimento, se foi no dia tal de tal, de tal e tal mês e de tal e tal ano. Isso seria ótimo para o governo". Eu gostaria, por outro lado, de ser capaz de perguntar e obter alguma resposta "por favor diga-me quando foi que suas fossas ópticas tornaram-se funcionais, durante a ocasião em que apareceu sua terceira protovértebra? Diga-me, quando suas fossas auditivas se tornaram funcionais?" Sei perfeitamente que ninguém poderá responder tal questão. (SI, 2, e também 64; TS, 14)

Utilizando a mesma observação, podemos dizer que não há limite entre maledicência e benedicência de pessoas que não estejam presentes a uma conversa. Em linguagem coloquial, fofoca negativa e fofoca positiva), já que a invariância é a mesma. Bion fala sobre três pessoas falecidas– Ernest Jones, Sigmund Freud e Otto Rank. A maledicência sobre Jones de que teria sido alguém agindo por preconceitos; sobre Freud, que agia por fofocas, mas dá um desconto misterioso: "sendo Freud quem era". Será que Freud teria se inspirado no alerta, tornado dito popular, dado Shakespeare, no diálogo imaginário entre os personagens fictícios Hamlet e Horácio, sobre muitas situações *"entre o céu e a terra do que sonha sua filosofia"* (*Hamlet*, I: v; o "sua" se refere a Horácio). Leitores familiarizados com a história do movimento psicanalítico podem conhecer a diatribe ligada à teimosia juvenil de Otto Rank, que desejou alcançar fama, não hesitando em adquirir certeza absoluta com uma elucubração simplista: a causalidade única das neuroses seria o "trauma do nascimento" - negando a complexidade do nosso aparato psíquico e o abandono da teoria traumática. Freud deixou por escrito sua visão sobre o exagero generalizador de Otto Rank. Uma pessoa que abandonou o movimento, irado por não ser aclamado como inovador. Esse comentário não implica que a observação de Bion traga uma contribuição importante a respeito dos conteúdos manifestos e latentes, e das aparências sensorialmente apreensíveis: um paradoxo elucidado por Freud e enfatizado por Bion em outras palestras e supervisões dadas entre 1977 e 1978, em Nova York, São Paulo e Buenos Aires.

Cesura do nascimento originou não apenas um pequeno artigo, mas diálogos imaginários, escritos entre 1977 e 1979, publicado no terceiro volume de *A Memoir of the Future*. Composto de objetos parciais oníricos que podem parecer surpreendentes, mesmo que o leitor tenha tido formação médica ou biológica: os vários somitos, representando uma vida intrauterina plena de potencialidades. Que ficam "dialogando" entre si, sob a forma fictícia de somitos, e também com outros objetos parciais, representando crianças, jovens, pessoas maduras e idosas, centradas em experiências de Bion em sua própria vida. Será necessário que o leitor não tome concretamente a imaginação de natureza onírica; é uma analogia sobre o imenso desconhecido que aguarda o investigador psicanalítico.

Entre 1967 e 1979, de modo gradual, Bion abandona pretensões para de encontrar uma sintaxe matemática que pudesse generalizar e conferir verdade para todo e qualquer enunciado científico, similar ao projeto do "neopositivismo", e de construir algum sistema dedutivo científico no âmbito psicanalítico, a não ser como um estágio para testar a cientificidade das interpretações psicanalíticas. O abandono de Bion ocorreu por acréscimo de experiência, e coincidiu, historicamente, com o falecimento físico dos dois expoentes do neopositivismo: Rudolf Carnap e Imre Lakatos. A tendência ainda existe, como uma espécie de último bastião de aproximações à verdade, mas sem as pretensões iniciais, de Wittgeinstein e Popper, no desenvolvimento do que atualmente se denomina "filosofia lógica", com autores provenientes da matemática, como Victor Tarski, citado por Bion, em 1962 (LE, 92); e, na visão do autor desse dicionário, a obra de um brasileiro, Newton da Costa. Bion passou a usar outros ramos da matemática, que alguns desprezam como se não passassem de curiosidade: o intuitivismo de Brouwer (AMF, II, 246), no questionamento de um postulado sacrossanto da religião positivista, tomado da lógica euclidiana - a lei dos meios excluídos. Bion também lança mão da existência de paradoxos irresolvíveis pela lógica formal, descobertos por Russell e Whitehead; pessoalmente, citaria seu antecessor, Zeno. O abandono iniciou-se com o livro *Transformations*. Bion nunca polarizou suas considerações; preferia extrair da obra à qual lançava mão, o que lhe parecia útil para a tarefa clínica do analista. A partir da "cogitação" acima citada, expande uma postura que persistiria até o final de sua obra, sempre de modo mais acentuado e explícito. Pode-se afirmar que, na medida em que ficou mais em paz em relação a um aspecto da teoria de Freud – a função da consciência – passou a aproveitar, com maior felicidade outros aspectos e principalmente posturas clínicas nas teorias de Freud, esquecidas pelo movimento psicanalítico: interpretação dos sonhos, e certos termos, como "barreira de contato" (q.v.) e "cesura".

Bion não deixou um nome para tal postura, que repete as posturas psicanalíticas de Freud e de Klein, e as estende. À falta desse nome, o autor deste dicionário propõe um: uma "tolerância dos paradoxos" (Sandler, 1997b; 2011, p. 124). Consiste em considerar plenamente a existência, na natureza humana e em seus sofrimentos, de pares antitéticos capazes de resultar em uma síntese. Que, por sua vez, pode funcionar como um dos polos de um novo par antitético, à medida que uma análise – e a vida – se continuam. A postura aparece como "razão de ser" de toda obra de Bion:

1. A influência de Poincaré (o leitor pode consultar o verbete "fato selecionado").
2. O uso intransigente da prática psicanalítica como origem das investigações científicas, expressa pela procura de aspectos que transcendem aparências.
3. Uma iluminação, por meio do uso dos aspectos 1) e 2), daquilo que *"efetivamente"* está sendo imaterialmente *dito*, para além do que está sendo materialmente *falado*. A imaterialização será denominada, a partir de 1975, como "ultra-" e "infra-sensorial" (q.v.). Algo que pode ser dito por meio da formulação verbal negativa, com um "não", sempre traz consigo um "sim"; e vice-versa. O princípio básico é o mecanismo de defesa "negação", descrito por Freud.
4. Ausência de julgamento moral, autoridade ou fantasias de superioridade, por parte do analista, sobre o paciente, permitindo uma experiência muitas vezes única do paciente, desse tipo de situação. Que talvez seja uma diferença fundamental entre o vértice psicanalítico e outros vértices, como o pedagógico, religioso, ou judicial, ou de parentalidade. Essa situação foi referida por Freud como a de fantasias transferenciais: e que uma análise começa quando se resolvem essas fantasias, ou "neurose transferencial", um artefato da situação analítica inicial.

Será difícil exagerar a importância dessas "cogitações" sobre método científico, que trata da violência de emoções como um fator instintivo de sofrimentos e vicissitudes da espécie humana, como um tipo de semente de descrições posteriores mais precisas: as duas teorias de vínculos, de 1962 e 1970 (q.v.).

Bion dedicou o final de sua vida para detalhar sua visão sobre o método científico, e sobre outros métodos de aproximação à realidade, em três livros e palestras ao redor do mundo. Em Londres – não na sociedade britânica de psicanálise, mas em uma instituição sempre considerada com desconfiança por esta, a Tavistock Clinic –, deixou gravada uma espécie de súmula sobre a trilogia *A Memoir of the Future*:

> Sem perder tudo isto de nossas vistas – os fatos sobre nossa ignorância e de que temos de tentar fazer incursões no universo em que vivemos por meio desses vários métodos, científicos, religiosos, artísticos – poderemos continuar multiplicando o número de abordagens que fazemos individualmente. Constituiremos desse modo nossa pequena contribuição individual para arranhar um espaço, por menor que seja, no enorme material que desconhecemos.
>
> Faço a hipótese de que houve permissão para biólogos, e outros, falarem sobre o sexo. No entanto, lembremo-nos do furor causado pela sugestão, por intermédio de Freud, sobre a enorme parte desempenhada pelo sexo. O próprio fato de que Freud tenha sido capaz de fazer tal sugestão teve um efeito: pudemos ver que a maior parte do desenvolvimento da psicanálise foi feito em termos de efeitos biológicos. Esse modo de ver mostrou-se adequado para Mendel, cujo trabalho promulgou leis de hereditariedade – algo que traz uma questão tautológica: hoje em dia, falamos de uma "herança mendeliana". No entanto, penso que nos encontramos em uma situação um tanto difícil quando supomos que existe algo que denominamos mente; supomos que todos nós possuímos uma mente, ou alma, ou psique, ou qualquer outro nome que se lhe dê – temos que falar desse modo, por falta de vocabulário mais adequado. A partir do momento em que possamos reconhecer tal situação, perceberemos haver uma lacuna, não totalmente vazia. Empréstimos da biologia falham quando consideramos questões da mente e de transmissão de ideias. Precisamos acrescentar algo além da herança biológica, esse mito mendeliano de propagação aplicado ao mundo das ideias, no qual se transmitem características de uma geração para a seguinte, ou para gerações subsequentes. Poderíamos dizer que há genótipos – herança genética – e também fenótipos – transmissão das aparências. Ensinaram-me a crer que características adquiridas não seriam transmissíveis; em outras palavras, que as características genéticas, mendelianas, seriam as únicas passíveis de transmissão. Não penso que assim seja, nem mesmo de modo mínimo; penso haver, inequivocamente, um modo para transmitir-se *ideias*. Um indivíduo gera, por assim dizer, para outro indivíduo, que agora abriga sinais ou sintomas desses fenomas – estou inventando uma palavra para descrever as partículas transmitidas, e que continuam a ser transmitidas: pode-

-se imaginar uma situação tal em que uma nação inglesa, afetada por Shakespeare, obtém características transmitidas de algum modo – não de formas óbvias, por livros e similares, como se poderia supor. (TS, 2)

Falhas na apreensão do conceito, mal-entendidos e distorções: ao longo deste verbete, detivemo-nos em alguns des-entendimentos que produziam distorções a respeito da postura científica de Bion. Durante os dez anos após a publicação da edição original desse dicionário, em inglês, começaram a surgir tentativas de desautorização e substituição da obra de Bion. Que não foi imune a modismos, transplantes de filosofias nunca referidas por Bion (e, talvez, desconhecidas por ele); apareceram rivalidades destrutivas, baseadas em distorções e mal-entendidos. Emergiram desconsiderações e negações a respeito dos alertas de Bion sobre ideias de causalidade, necessariamente carreadas por formas narrativas. O elogio desse tipo de forma – um modismo político, macro-social – tem sido uma bandeira ideológica da corrente filosófica denominada "idealismo", essência do relativismo "pós-moderno". Alguns autores, afirmado que Bion estaria "enganando" o leitor ao manifestar sua adesão ao método científico – como vimos ao longo deste verbete. Negam, em perplexidade, que Bion tenha se baseado em teóricos da ciência que resgataram o conhecimento dos antigos gregos, estabelecendo as bases da ciência moderna, pós--Inquisição: Thomas Browne (um médico renascentista), Francis Bacon, Hume, Kant. Parecem nunca ter lido os motes para dois de seus livros, quando reimpressos nos Estados Unidos – *Learning from Experience* e *Attention and Interpretation*. Em todas as contribuições, até o final de sua vida, em *A Memoir of the Future*, Bion não abre mão em se baseaer nessa referência. No entanto, os crentes da doutrina idealista, ao endeusar formas narrativas, com o intuito de preterirem a psicanálise, confundem--na com outras disciplinas. Alguns querem substitui-la pela semiótica, na sua versão "pós-moderna". Este tipo de engano foi detectado por dois físicos respeitados nessa atividade, Sokal e Bricmont, na obra de outro membro do movimento psicanalítico, Jacques Lacan: observaram uma expropriação de concepções distorcidas da física. (Sokal & Bricmont, 1997). Outras distorções idealistas entronizam fugas fantásticas de imaginação, negando que a valorização da possibilidade humana de fazer imagens é, sob o vértice de Freud, o trabalho onírico, e não um desembestado imaginoso idiossincrático a serviço do princípio do prazer-desprazer, que os franceses colocam como *laissez-faire, laissez aller*.

Preferimos, neste texto, colocar o alerta de um modo geral, e não ocupar o espaço destinado para este verbete com evidências de casos, uma exigência da tradição em textos científicos. Não nos parece possível, no presente momento histórico citar detalhadamente esses autores, para demonstrar onde, quando e como ocorreram essas distorções. O movimento psicanalítico, ainda em sua *"tateante infância"*

(AMF, I, 131), ainda abriga os autointitulados "bionianos", que não se dispõem ao hábito do criticismo[131]; não podem aproveitar uma análise crítica dos métodos que usam. Desconsideram que psicanálise é um exercício de cotidiano de análise crítica; pela análise didática do analista, primordialmente, e do paciente. O leitor interessado pode ver um exemplo disso em outro estudo do autor deste dicionário (Sandler, 2015b), que encontrou uma resistência intransponível de um membro do movimento que se auto-intitula de "bioniano". Sentindo-se atacado ao receber três críticas, das quais duas delas eram muito semelhantes, arregimentou um tipo de fã-clube, usando de influências políticas para nunca se endereçar cientificamente às críticas. O fã-clube alegou que as críticas impediam que o autor tivesse liberdade de usar os textos de Bion como bem lhe aprouvesse – sem respeito ao que Bion havia escrito. Essas críticas foram levantadas, inicialmente, pela equipe editorial do próprio periódico no qual esse autor desejou publicar seu artigo: foi qualificado como um artigo controverso e não podia ser publicado sem que outros três autores fizessem uma análise crítica. Fazendo parte da meritocracia política no movimento psicanalítico, esse autor utilizou-se de outros métodos políticos além da arregimentação: ausência de sinceridade e ataques personalizados, com o propósito de não se endereçar às críticas – que se tornaram, no seu entender, crimes de lesa-majestade.

    Alguns membros do movimento psicanalítico afirmam, sem sombra de dúvida, que Bion era um místico religioso. Outros tentam desvalorizar o trabalho de Bion afirmando que "copiou Wittgenstein (e outros autores famosos)". De modo mais sério o modismo, tornado lugar-comum no movimento psicanalítico dizer que Bion criou "um novo paradigma" na psicanálise, para provar que haveria alguma superioridade em uma psicanálise "bioniana", sobre o que alguns deles fantasiaram ser uma "psicanálise freudiana", "clássica", que hoje em dia não é mais psicanálise, já que "Clássico" significaria algo inferior e ultrapassado - contrastando com a visão de Goethe e Ítalo Calvino.

    Não obtivemos nenhuma referência, nos escritos de Bion, e também em conversas particulares com sua esposa, a sra. Francesca Bion, e também com suas duas filhas, Parthenope Bion Talamo e Nicola Bion, se ele teria tido alguma informação a respeito do trabalho de Thomas Kuhn (1970). O estudo que deu fama mundial, no mundo acadêmico, a essa pessoa foi publicado por uma editora globalizada, do grande capital, no mesmo ano da publicação de *Attention and Interpretation*, pela Tavistock Publications – dado o fato de os livros de Bion não alcançaram uma vendagem que pudesse ser considerada como lucrativa pela editora Heinemann, que havia publicado seus três livros anteriores. É correto dizer que nenhum dos dois cita o outro. Thomas Kuhn foi uma pessoa formada em física. Por situação não divulgada, não pôde prosseguir trabalhando nessa disciplina. Analogicamente: seria o caso de que pessoas como Freud, Klein, Winnicott ou Bion, a partir de um certo momen-

---

[131] Introduzido por Kant em *Crítica da razão pura*.

to, não trabalhassem mais em psicanálise; mas que se dispusessem apenas a falar de psicanálise. Essa foi uma questão abordada por Bion, de modo mais profundo, a respeito de "falar sobre" e de "ser" – físico, matemático, psicanalista, médico, o que for: um problema ainda não resolvido por teóricos da ciência, ou eruditos em qualquer disciplina: há uma diferença entre um botânico e um jardineiro. Quais seriam os fatores para transformar a diferença em combates por superioridade?

Kuhn tornou-se líder de uma verdadeira moda autoritária, estando inserido, e representando na academia a época de ressurgimento do autoritarismo social. Conseguiu adeptos para a formação de uma elite dita intelectual: os "grupos de pares", rapidamente reconhecidos pelo establishment acadêmico, que decidem arbitrariamente, em acordos políticos, qual será o "paradigma" científico de plantão que ditará os caminhos da ciência. Paradigmas que não derivam da natureza; nem de dados empíricos; nem de necessidades ou utilidades reais que podem ser minimamente atendidas por disciplinas práticas. Paradigmas passaram a depender da autoridade política de "professores", tornando-se o totalitarismo de uma elite dominante. "Paradigma", em um espaço de cinco anos, tornou-se mantra na maioria das instituições (*establishment*) acadêmicas. Mais cinco anos foram necessários para tornar-se jargão midiático, na imprensa leiga e na linguagem popular. Grupos de pares se infiltraram, por multiplicação do número de pessoas envolvidas, em atividades editoriais, seja em periódicos ou em livros. A teoria da ciência passou a se constituir como mais um objeto de consumo popular; mais uma fábrica de ídolos autoritários. Houve uma conjunção constante, criando um ciclo social autoalimentante, composto de pelo menos quatro fatores: (i) maior número de pessoas munidas de informação dada por universidades consideradas como grandes, ou melhores, pelo meio social; (ii) multiplicação de "prêmios", impulsionando a ideia de genialidade nos ganhadores de prêmios; (iii) dotação de grandes patrocínios financeiros (*grants*), governamentais ou particulares; (iv) grandes grupos editoriais interessados em finanças e comércio, às expensas de ciência. A própria psicanálise passou a ser vista, na academia, como apenas mais um paradigma: ultrapassado, errado e anacrônico, ditado por necessidades vitorianas, austríacas, burguesas ou do movimento *hippie* – em flagrantes contradições. A época de denegrir a psicanálise, movida por vários interesses, inclusive financeiros, estava começando. Alguns historiadores da ciência, como Sulloway, e outros teóricos eruditos, como Adolf Grunberger, que já estava se dedicando a mostrar erros na teoria da relatividade, passaram a atacar a psicanálise – confundindo psicanálise com movimento psicanalítico.

O desvio político-autoritário – verdadeira degeneração – ocasionado pela ideia de "paradigmas" foi cedo apontado por alguns autores então respeitados no âmbito da teoria da ciência, como Karl Popper e Imre Lakatos. Haviam sofrido, em sua vida pessoal, o dano causado pelo autoritarismo social; no caso de Popper, pelo nazismo; no caso de Lakatos, pelo estalinismo. No entanto, por fatores diversos, Popper e

S

Lakatos aproximavam-se do final de suas vidas. A moda "pegou" e perdura até hoje. Ao se espraiar entre membros do movimento psicanalítico tendentes à idealização, criou a lenda de que Bion teria instituído um "novo paradigma em psicanálise". Esse novo paradigma fica justificado de várias formas. Foge ao escopo deste dicionário fazer uma análise crítica dessas formas, a não ser no fato de que se reproduzem por pouco saber e leituras clivadas, ou preconceituosas, do textos de Bion.

Referências cruzadas: Analogia; Causa-efeito; Disposições; Édipo; Espaço mental; Estar-uno-a-si-mesmo (*At-one-ment*); Fato selecionado; Fatos; Intuição; Matematização da psicanálise; Modelos; Linguagem de Consecução; Julgamentos; Pensamentos-sem-pensador; Psicanálise Real; Senso comum; Ultra-sensorial; Verdade; Visão binocular.

&⫯ O autor, a partir da contribuição de Bion, propôs em outros textos[132] o uso de um quarto princípio (também denominado "regra" e "regra fundamental") em psicanálise: ao lado do reconhecimento do sistema inconsciente, da formulação do complexo de Édipo e da formação de associações livres, teríamos como postura psicanalítica fundamental uma capacidade mínima para tolerar os paradoxos, sem tentativas apressadas de resolvê-los.

Sexo

P.A: Pessoas de sexos diferentes acham que é mais fácil resolver suas diferenças anatômicas e fisiológicas do que suas diferenças de perspectiva. Afinal das contas, aquilo que é fisicamente concreto pode ser objeto de investigação e resolução táctil, olfatória e visual. (AMF, II, 389)

ROLAND: Eu vi uma fotografia, horrível! Um duelo entre dois indivíduos armados de sabres, com um golpe, um deles havia decapitado seu oponente. Não era a respeito de uma separação tão radical assim, entre eu e o meu sistema nervoso central, ou o lugar de minha inteligência, que eu estava falando.

ALICE: Você vive dizendo que eu, por ser uma mulher, não poderia ter uma inteligência da qual pudesse me separar.

---

[132] A Série em onze volumes *A apreensão da realidade psíquica*. Principalmente os volumes I, IV, V, VI e VIII: *Turbulência e urgência*, *Goethe e a psicanálise*, *O belo é eterno* e *Hegel e Klein: a tolerância de paradoxos*; e também a série de três livros *A Clinical Application of Bion's Concepts* (Londres: Routledge, 2009-2013), que tem exemplos clínicos da aplicação do conceito de tolerância de paradoxos.

P.A.: Talvez isso ocorra porque ele nunca ficou completamente separado de sua mente primordial e continue dominado por uma crença, qual seja: já que a mulher não tem um pênis, ela não tem uma capacidade para o pensamento masculino.

ALICE: A cesura conecta ou separa? Ele frequentemente se comporta como se não fosse um animal sexual macho.

ROLAND: Isso não é justo! Você está se comportando como um animal sexual feminino. Dificilmente eu seria censurado caso – às vezes – eu seja cauteloso.

PAUL: Aqui não é o lugar, nem agora a ocasião para ficar exibindo a experiência matrimonial. Mas, se eu digo isso, vai se pressupor que eu e o meu nominalmente santificado predecessor nos opomos ao sexo. O criador biológico parece não se dar muito bem com o criador da moralidade. Ao coito verbal não se garante a mesma liberdade que sociologicamente supõe-se que tenhamos.

P.A.: A liberdade, geralmente, parece que se dirige para o "subsolo" – ou será que eu deveria dizer "subterrâneo"?

ALICE: Faça como lhe aprover; mas suponha que tanto o ditador como o libertador revolucionário vão para o subsolo, e lá se encontram. (AMF, II, 377)

Há pelo menos dois milênios, obras que poderiam ser arte, mas apenas imitam arte – expressas por formulações pictóricas, ou formulações esculturais, literárias ou musicais, hoje mais populares por uma conjunção constante de todas elas, sob forma de teatro e cinema –, exibem o que ainda denominamos de "cenas de sexo explícito". Por serem imitativas, obtidas pelo uso, muitas vezes engenhoso e complexo, de artesanato tecnológico, só podem impor, por predominância de realidades materiais, algo que represente apenas pornografia, mas não sexo real. Isso sempre depende da audiência: alguns, movidos ou subservientes ao princípio do prazer, a tomam por sexo real, do mesmo modo que em suas vidas agem desse modo. Outros percebem a pornografia. Por outro lado, existem obras de arte – sob todas as mesmas formulações citadas acima, pictóricas etc. – que não têm nenhuma referência explícita, sensorialmente apreensível, a sexo. Mas expressam vivamente – costuma se dizer, "indiretamente" – sexo real, justamente por conseguirem extrair e comunicar, ou exibir, inopinada e subitamente, algo – uma amostra representativa, utilizando a linguagem da matemática probabilística – de uma realidade imaterializada que é expressão de sexo real, e também de relações sexuais, tantas vezes denominada de "sexualidade" – ainda que transitória, e também dependente da audiência.

Sexo, relações sexuais e sexualidade ocupam um lugar nuclear na obra de Bion – como ocorreu na obra de Freud. Membros do movimento psicanalítico não conseguem perceber isso – desde a época de Freud, pespegaram à sua obra, e a ele, como pessoa, a qualificação de pansexualista.

. . . o erudito pode ver que uma descrição é de Freud ou de Melanie Klein, mas permanecer cego para a coisa descrita. Freud disse que as crianças eram sexuais; isso foi negado ou re-enterrado. Tal destino poderia ter ocorrido à psicanálise inteira, se não tivesse havido alguém, como Horácio dizia de Homero, para conferir-lhe imortalidade (AMF, I, 5)

ROLAND: Pensei que na psicanálise tudo era sexo.
P.A.: Já que psicanálise é um interesse humano, você naturalmente presumiria que ela, com certeza, seja sexual sem que nenhum psicanalista tenha te dito. Como você disse: "tudo sexo". Já que as teorias psicanalíticas são sobre seres humanos, ou se referem a seres humanos; você podia sentir que elas poderiam assemelhar-se à vida real, pessoas reais. Assim sendo, sexo deveria aparecer em algum lugar nas teorias. (AMF, II, 303)

O uso que Freud fez do mito de Édipo iluminou algo além da natureza de facetas da personalidade humana. Revendo o mito graças às suas descobertas, é possível ver que ele contém elementos não enfatizados nas investigações mais antigas; haviam sido eclipsados pelo componente sexual do drama. Os desenvolvimentos da psicanálise tornaram possível dar mais peso a outras características. Já de início, em virtude de sua forma narrativa, o mito liga os vários componentes na história de um modo análogo à fixação dos elementos de um sistema dedutivo científico, por incluí-los no sistema: é semelhante à fixação dos elementos no cálculo algébrico correspondente, onde tal cálculo existe. Nenhum elemento, como o sexual, pode ser compreendido salvo em sua relação com outros elementos. Por exemplo, a determinação de Édipo ao diligenciar sua investigação do crime, apesar dos alertas de Tirésias. Consequentemente, é impossível isolar o componente sexual, ou qualquer outro, sem com isso incorrer em distorção. Sexo, na situação edipiana, tem uma qualidade que só pode ser descrita pelas implicações que lhe são atribuídas pela sua inclusão na história. Caso se remova o sexo da história, perde sua qualidade, a não ser que se preserve seu significado por meio da restrição expressa de que "sexo" é um termo usado para representar sexo conforme ele é experimentado no contexto do mito. O mesmo é verdade para todos os outros elementos que servem a abstrações a partir do mito. (EP, 45)

Lidar com sexo apenas por meio de sua senso-concretização[133] tem ocorrido na vida real, há milênios. Obedecendo à tendência atual de hipervalorizar assuntos comportamentais mais adaptáveis aos interesses jurídicos, sociais, político-, financei-

---
[133] Síndrome do sensório-concreto: termo proposto em outros textos, baseados na obra de Bion (Sandler, 1988, 2015).

ros, onde antes havia apenas psiquiatria, como método de adaptação às práticas sócio-culturais prevalentes, hoje outras disciplinas se ocupam de fenômenos qualificados como adoção, depressão, síndrome do pânico, déficit de atenção, bulimia, feminismo, transexualismo. Passaram a ser preocupação de membros do movimento psicanalítico; isso expressaria apenas a sexualização do pensar: manifestação de narcisismo primário, descrita por Freud em Totem e Tabu? Se for um reducionismo degradante, será danoso à vida real; e à prática psicanalítica?

ROBIN: Você faz alguma distinção entre indivíduos – homens e mulheres específicos – e suas "mentes"?

P.A.: Às vezes essa distinção é relevante. Fico cada vez mais consciente de que há algo mais do que aquilo que se apresenta aos meus sentidos – som, visão, audição, tato. Tenho sentimentos despertados por algo que não cheiro, não toco, não ouço nem vejo. Minhas percepções não são suficientemente acuradas – desgastadas pelo bombardeio contínuo da realidade sensorial. Não vou viver o tempo necessário para alcançar *aqueles* fatos, exceto em um grau rudimentar.

ALICE: Se é rudimentar, talvez seja algo que você pode experimentar, e experimentou quando era um caráter rudimentar – no útero.

PA.: Durante a gravidez você estava consciente de um "caráter" em seu corpo?

ALICE: Enfaticamente. Um chute na barriga nunca é igual a outro.

ROBIN: Eu estaria interessado em saber o que o P.A. pensa da intuição materna. Você pensa que os psicanalistas paternalmente dotados seriam capazes de tal acuidade discriminativa?

P.A.: Sou vítima de meus preconceitos. Devem existir contribuições conferidas pelos genes paternos e outras que derivam de ambos os pais.

ROLAND: Você parece sugerir que, como psicanalista, é um condensado do melhor de ambos os sexos. (AMF, II, 303)

ALICE: Concordo. Soa como se fosse um homem esperto que fica demonstrando sua superioridade diante do homem simples do povo, que acredita em Deus.

P.A.: Não estou muito certo sobre o seu "homem simples do povo". Geralmente, aquilo que é "fundamental" é simples; "povo" não é. É verdade que pode ser difícil distinguir entre a "simplicidade" digamos, do gênio e a "simplicidade" do fraudulento que aprendeu a simular as características de gênio. Frequentemente se usam as roupagens dos grandes para vestir a nudez da fraude; usa-se o dinheiro para cobrir a falência do pobre; uma moça bonita, instintivamente, embrulha com sua aparência uma alma feia.

ALICE: Conheci homens que tombaram diante da divindade de uma beleza "oca".[134]

P.A.: Porque restringir isso ao homem? Sexo físico frequentemente mascara-se de amor passional.

ROBIN: "Percebe-se" com muita rapidez a beleza de um belo homem ou de uma bela mulher. A realidade subjacente requer mais investigação do que conseguiu o comilão de iscas mentais.

ROLAND: Oferecem-se muitos prêmios "cintilantes" à alma voraz (AMF, II, 268-269)

REALIDADE SENSORIAL E PSÍQUICA: SENTIMENTOS

ESCOLAR: Quando eu estava na escola, escrevi uns artigos para a revista intitulada "Sexo no Estádio"[135] – era um relato longo e acurado da aula do professor de biologia, sobre o processo reprodutivo do dente-de-leão,[136] tanto o sexuado como o vegetativo. Fiz uma entrevista imaginária com o jardineiro, a quem eu faria perguntas sobre sexo. Ele respondeu: "Não sei nada sobre sexo, mas este lindo dente-de-leão enfeitado vai acabar me matando". Seja lá como for, gozado ou não, isto foi a minha morte. Foi por causa do título, ainda que houvesse nele muito de Ricardo Coração de Leão. O Diretor pediu minha transferência. Pobre mamãe... partiu seu coração; o Papi ficou furioso, mas secretamente achou engraçado. No final das contas, como eu já havia sido convocado para o exército, deixaram-me completar o ano letivo; isso era mais respeitável, e, como se esperava que eu desaparecesse, todos ficaram satisfeitos – menos a Mamãe. Mesmo ela acabou ficando orgulhosa, pois, quando finalmente "apagaram", meu comandante relatou que eu havia sido um bom oficial, algo que jamais fui, e que tinham me recomendado para uma C.V. póstuma. A sorte foi que ela morreu antes que o Exército Britânico e todas as suas honorarias não interessassem mais a ninguém. (AMF, II, 377)

Os objetos parciais que expressam feminilidade em Bion, "Alice" e "Rosemary", representam, respectivamente, a ex-esposa de um latifundiário e sua antiga empregada tiranizada. Esstas duas personagens representam a formação de um par – não um casal –, pois não podem procriar – e de modo que vai se transformando, partindo de isenção de sexo e caminhando para fantasias sádicas aparentemente sexualizadas, mas de uma sexualidade masturbatória, infantil, subserviente ao princípio do

---

[134] *Nit-wit* no original
[135] "*Sex on the games field*" no original.
[136] *Dandelidon* no original.

prazer/desprazer, de triunfo e dominação. "Rosemary" humilha Alice depois de anos de "ser humilhada" por ela; ela também "faz sexo" com "Roland" – o ex-latifundiário, que está tentando "se casar" com "Homem" – representando um conquistador pós-nazista todo-poderoso:

ROSEMARY: E quem são essas daí? Charlatanice científica. O que sabe você sobre as ondas que meus pés emitiram, quando escolhi que eles relampejassem, relampejassem no duro, duro e precário calçamento de minha rua? Eu via os brutamontes e cafajestes naturais, de minha favela, conservados, nos meus calcanhares, fios de aço invisíveis enganchando seus olhos e arrastando-os indefesos aos meus pés até que eu decidisse libertá-los. Amor! Você não sabe o que é isto – nenhum de vocês sabe.

P.A: Suas crenças expressam grande confiança em seus poderes; não sei como você chegou a essas "crenças" nem que evidências lhe convenceram de que elas são "fatos".

ROSEMARY: Pois *eu* sei – e não me impressiono nem um pouco com as suas dúvidas.

P.A: Você pensa que eu duvido da verdade de suas impressões. O que eu estou dizendo é que você não me contou que evidências estão alicerçando tais crenças.

ROSEMARY: Eu as sinto; eu as conheço.

P.A: Os seus sentimentos são um tipo de evidência, mas não cometa o erro de agir como se você tivesse um tipo diferente de evidência. Alice *sente* que você a ama, mas o sentimento a conduz a supor fatos. Ela pensa que pode depender de você; de fato ela não pode. Se Alice não pode depender de si mesma, seria pouco sábio depender de qualquer outra pessoa.

ROSEMARY: De mim, por exemplo.

P.A: Por exemplo – sim.

ROSEMARY: Concordo. Os meus princípios não me permitiriam pensar de outra forma; é o mesmo tipo de princípio que não me permitiria amar ou ser amada pelo Homem. Dependo de minhas garras...

P.A: E depende também dos olhos dele, para lhe fornecer "material", em que você possa enfiar essas mesmas "garras". Em outros termos – os meus termos psicanalíticos – sexo.

ROSEMARY: (Bocejando) Puxa. Que interessante.

P.A: Não no final. Geralmente o interesse sexual já morreu na puberdade, deixando apenas um vestígio mental. Você não pode confiar nesse vestígio mais do que confia em sua cauda vestigial para lhe apoiar, caso você tentasse se pendurar por ela no galho de uma árvore.

ALICE: Mas que ridículo!

P.A: Eu dei um exemplo bem ridículo para ilustrar uma dependência ridícula.

SHERLOCK HOLMES: Eu julguei que toda psicanálise dependia de sexo.

P.A: Na prática da psicanálise, dependo de ideias. (AMF, II, 400-401)

Bion utiliza-se de uma notação quase biológica: ♀ para simbolizar continente e, como modelo materializado, ou expressão fenomênica, fêmea ou útero; e ♂ para simbolizar contido e, como modelo materializado, macho, ou pênis, ou bebê. Os modelos materializados são transitórios, e dependem da evolução na sessão – algo pode ser continente em um certo momento, e contido e outro. A referência pode ser sexualizada ou não. Os mesmos conceitos também foram usados para representar "memória". Bion se utiliza do termo "memória", similar ao termo usado por Freud como "repetir". Isso implica que não se trata de "recordar, nem "elaborar". No texto, há referência às condições que permitem elaboração e recordação, vinculadas ao trabalho onírico e ao sonhar – durante uma sessão.

O leitor pode ver detalhes nos verbetes "continente/contido" e "'sonho', material do paciente".

O casamento *no* qual a relação sexual ♀♂ desempenha uma parte tão importante que não existe *nenhum espaço* para qualquer outra atividade na qual o casal poderia se engajar. De modo inverso, as outras atividades (ou seja, "não sexuais") desempenham uma parte tão importante que não existe *nenhum espaço* para satisfação sexual (as metáforas usadas nesta descrição exemplificam o padrão externo-interno, continente-contido, ♀♂).

♀ ou ♂ podem representar memória. O continente ♀ fica pleno de "memórias" derivadas da experiência sensorial. O pano de fundo sensorial é dominante; e "memórias" com tal pano de fundo são tenazes. Portanto a memória ♀ fica saturada. Em consequência, o analista que vem para uma sessão com uma memória ativa não se encontra em posição de fazer "observações" dos fenômenos mentais desconhecidos, pois estes não são sensorialmente apreensíveis. Existe algo essencial para o trabalho psicanalítico que tem sido chamado "lembrar"; é necessário diferenciar precisamente este algo daquilo do que tenho chamado memória. Quero discriminar entre (1) Lembrar um sonho ou ter uma memória de um sonho, de (2) a experiência do sonho que parece aderir como se fosse um todo, ausente num certo instante, presente em outro. Considero essa experiência essencial à evolução da realidade emocional da sessão; ela é frequentemente chamada uma memória, mas precisa ser discriminada da experiência de lembrar. Na memória, tempo é essencial. Tempo tem sido considerado como a essência da psicanálise; mas não desempenha nenhuma parte nos processos de desenvolvimento. Evolução mental, ou crescimento, é algo catastrófico e atemporal. Vou usar o termo "memória" com seu significado coloquial comum; representa algo deslocado na conduta psicanalítica de um psicanalista. Os parentes de um paciente ficam oprimidos por memórias, o que os torna juízes inconfiáveis da personalidade do paciente; não servem para ser o analista daquele paciente. (AI, 107)

Referências cruzadas: Aparato (ou aparelho) sensorial; Continente/contido; Édipo; Fatos; Psicanálise real.

Simbiótico

Termo introduzido na segunda teoria dos vínculos de Bion (1970). (Ver o verbete "vínculo").

Sistema dedutivo científico

Bion utilizou-se, inicialmente, de contribuições de teóricos da ciência notáveis pela independência e ausência de preconceito em relação a "escolas". Independentes também de subserviência a ídolos que teriam fundado essas escolas, ou seriam herdeiros delas. Esses teóricos da ciência, ou filósofos da ciência, como Bion os denomina, foram Francis Herbert Bradley, Harold Arthur Prichard e Richard Bevan Braithwaite, professores em Oxford e Cambridge. No Brasil, onde o estudo de teoria da ciência foi muito influenciado por um "departamento francês em ultramar", no dizer de Paulo Arantes, a obra dos teóricos de ciência ingleses tem sido ignorada. Bradley, contemporâneo de Freud, foi autor de *Appearance and Reality*, citado por Bion. Essa obra parece ter sido um fator para evitar que Bion se aprisionasse a dogmas, e não se esclerosasse (termos de Bradley), filiando-se a apenas uma escola. Fez uma crítica construtiva a aspectos da obra de Kant e Hegel; formou pessoas em várias áreas, que sempre o reconheceram. Duas tornaram-se famosas mundialmente: Bertrand Russell e T. S. Eliot. Prichard, falecido em 1947, foi um crítico construtivo em relação à obra de Kant, levando-a ainda mais adiante no que tange a dúvidas a respeito do conhecimento dos fenômenos, que também estariam sujeitos às mesmas limitações que afetam os numena. Como Freud, Prichard estava interessado nos conhecimentos dos processos pelos quais o conhecer ocorre – influenciando Bion diretamente –, e não em teorias essencialistas. Ao autor deste dicionário, parece que a importância dos processos no pensar aparece de modo decisivo na elaboração do instrumento de observação "Grade" (Grid), e também no aprofundamento proporcionado pela obra de Bion a respeito dos processos oníricos, descobertos por Freud. Braithwaite foi contemporâneo de Bion, mas ensinou em Cambridge; Bion cita seu livro mais conhecido, *Scientific Explanation*. Bion ressalta uma questão hoje praticamente ignorada na maior parte da atividade científica, fascinada indevidamente por teorias de probabilidade. Braithwaite – e Bion, inspirado nele – demonstra pseudocertezas científicas obtidas por uma reificação – ou entronização – de estatística. Dos dois últimos, Bion descobre o valor da intuição, em uma volta a Kant, e também a Freud. Utiliza-se dos três, e também de Kant e Freud, para identificar especificidades da observação psicanalítica, que desafiam o dogma de que toda teoria científica precisaria ser matematizável – algo que não existe nem mesmo na física; Bion cita a escola de Copenhagen e Werner Heisenberg. Também se utiliza da crítica de Karl Popper em relação a raciocínios *ad hoc* – o modo mais comum para elaborar falsas teorias de causalidade, principalmente no movimento psicanalítico. Os três autores ressaltam a importância do sistema dedutivo na ciência. Bion tenta implantá-lo na psicanálise, mas de modo crítico, fazendo alterações, em um tipo de breve namoro com o neopositivismo. Seguindo as proposições Braithwaite e Bradley, Bion faz uma tentativa de elaborar uma sintaxe para proposições psicanalíticas. O resultado foi o instrumento de observação, "Grade" (Grid) (q.v.), que contempla uma categoria, denominada de sistema dedutivo científico. É apenas um estágio na genética dos processos de pensar e no modo pelo qual os conceitos se formam: por conjugação. Sugere que o complexo de Édipo exemplifica, em psicanálise, uma elaboração similar à de um sistema dedutivo científico – que levaria, no futuro, a um cálculo algébrico que pudesse ser adaptado à psicanálise.

Sistemas dedutivos científicos apoiam-se no nível mais primitivo de dados empíricos, chamados de nível inferior (*low level*), adquiridos pelo uso de nosso aparato sensorial. São puramente empíricos. Bion esperava que, através do sistema dedutivo, a partir dos dados empíricos, seria possível fazer generalizações. Na visão do autor desse dicionário, publicadas em outro lugar, há sérias falhas nos sistemas dedutivos científicos. Nunca vão além das premissas, fazendo apenas raciocínios lógicos para aprová-las. Essa crítica não aparece na obra de Bion; mas fica claro que ele explicitou limitações do método – de modo geral, e especificamente para a psicanálise. O namoro da obra de Bion com o neopositivismo perdurou por quase uma década - rompido no livro seguinte, *Transformations* – e em toda sua obra posterior.

Falhas na apreensão do conceito, mal-entendidos e distorções: alguns membros do movimento psicanalítico julgaram que seria adequado qualificar a obra de Bion como se fosse neopositivista – apenas pelo fato de que ele cita Karl Popper. A qualidade da

citação não é examinada; bastou escrever o nome, e leitores apressados concluíram isso. Em suas visitas à América do Sul (São Paulo e Buenos Aires), ficou perplexo ao ver alguns analistas didatas obrigando candidatos a estudarem uma obra de Karl Popper – *A lógica da teoria científica* – publicada em 1963, apenas porque ela era citada por Bion. Outros, ainda menos informados, confundiram o neopositivismo com a religião positivista, pespegando esse rótulo à pessoa de Bion: "Bion é um positivista". Ecoa o que já haviam feito com Freud; e além disso, confundiram a pessoa com a obra.
Referências cruzadas: Matematização da psicanálise; Método científico.
Referência cruzada sugerida: "Grade" (Grid).

Social-ismo

Ver o verbete "narcisismo e social-ismo".

Sonhar o material proveniente do paciente

Faço um mote para esse verbete, com uma paráfrase de Freud: "Há mais continuidade entre o sonho noturno e o sonho diurno, que a formidável cesura feita pelo estado de vigília nos faz acreditar". Bion usou a frase original de Freud, no anexo a um artigo. Enfatizo, pelo mote, a necessidade de lidarmos com os fatos e o discurso do paciente do mesmo modo pelo qual Freud lidou com sonhos: uma postura que precisa ficar em primeiro plano, no exercício prático da psicanálise: um estudo científico da relação do consciente com o inconsciente; como uma, dentre as tentativas de se investigar o sistema inconsciente. Uma das extensões de Bion sobre a teoria de Freud foi descobrir a simultaneidade dos processos conscientes e dos processos inconscientes. Substitui a ideia de considerá-los como se o consciente sucede o inconsciente, no tempo; foi decorrente da descoberta da personalidade psicótica, que funciona em tandem com a personalidade não-psicótica. Análises em pessoas nas quais a última prevalece, admitem o uso de sucessões temporais nos processos de pensar, o que não ocorre na análise de alguém onde prevalece a personalidade psicótica. Bion, diferente de Freud, tinha experiência clínica com pacientes qualificados como psicóticos.

Historicamente, a formulação verbal "sonhar a sessão", pode ser considerada como primeiro passo para a formulação da teoria das transformações em alucinose

(q.v.). Considero que "Sonhar a sessão" e analisar situações de alucinose são ferramentas que permitem aos analistas:
(i) apreender a natureza irreal de certos climas emocionais criados na sessão analítica;
(ii) utilizar mais plenamente possibilidades criativas geradas por associações livres e pelo sonhar;
(iii) apreender a qualidade das resistências contidas nas palavras ditas numa sessão: como tentativas para esconder a Verdade e, ao mesmo tempo, apontá-la.

Assinalei que a capacidade de "sonhar" uma experiência mental corrente, independentemente de ela ocorrer na vigília ou no sono, é essencial para a eficiência mental. Com isso quero dizer que os fatos, à medida que forem representados pelas impressões sensoriais da pessoa, têm que ser convertidos em elementos equivalentes às imagens visuais encontradas usualmente nos sonhos, como os sonhos, em geral, nos são relatados. Caso o leitor considere o que ocorre na *rêverie*, tal ideia não parecerá estranha; a própria palavra, escolhida para nomear a experiência, é significativa da natureza generalizada da experiência. Para que se leve a cabo esse trabalho de conversão, são necessárias certas condições. . . . O analista precisa ter essas condições para seu trabalho, pois é essencial que a função-alfa (α) opere sem impedimentos. Ele precisa ser capaz de sonhar a análise conforme ela vai ocorrendo, mas, é claro, ele não deve dormir. Freud descreveu essa condição como uma condição de "atenção livre flutuante" . . . (C, 216)

Todas as extensões feitas por Bion, a partir da teoria de Freud sobre sonhos, explicitaram algo já implícito. Uma dessas extensões constitui-se como observação sobre uma necessidade técnica, formulada verbalmente como "sonhar o material do paciente". Parece-me a integração de A interpretação dos sonhos com "Construções em análise": *"sonhar o material do paciente"*, desfazendo o trabalho onírico para obter conteúdos latentes, seria a metapsicologização da própria sessão.

Bion observou que interpretações expressas em termos da teoria de Freud – que pode ser expressa por meio de uma máxima, a de tornar o consciente, inconsciente – bem como interpretações feitas em termos da teoria de Klein sobre identificação projetiva, apresentavam algumas limitações relacionadas à *"iluminação recebida"* (LE, 21). Essas limitações foram contornadas quando *"ocorreu-lhe"* que o paciente mantinha-se fazendo aquilo que Bion havia *"descrito anteriormente, como sendo um 'sonhar' eventos imediatos na análise"*; ou, em termos da teoria da função-alfa (α), *"traduzindo as impressões sensoriais em função-alfa (α)"* (todas as citações de LE, 21).

"Esta ideia pareceu-me iluminadora, algumas vezes; no entanto, ela só se tornou dinâmica quando a relacionei a uma função-alfa (α) defeituosa, isto é, quando me ocorreu estar

testemunhando uma incapacidade para sonhar, por falta de elementos-alfa (α) e, portanto, uma incapacidade para dormir ou acordar, para estar consciente ou inconsciente".

O analista é pressionado para ser o consciente do paciente. Por razões óbvias, o paciente está consciente de ser incapaz *"de exercer as funções do consciente"*. Por outro lado, o paciente é *"inconscientemente incapaz das funções do* **inconsciente**"*. A situação clínica é bastante típica: o paciente pode *"despejar uma torrente de material destinado a destruir a potência psicanalítica do analista"*; ou *"está preocupado em reter as informações em vez de comunicá-las"*.

O analista se vê oprimido por uma *"infinidade de interpretações que poderia ocorrer a qualquer pessoa com algum bom senso"*. Ele é convidado a proferir frases não psicanalíticas, socialmente aceitas. As interpretações tendem a ser reasseguradoras, tanto no sentido positivo (elogiosas), como no negativo (acusatórias). O paciente faz uso intensivo daquilo que Bion chamou de *"tela beta"* (q.v.), que *"é dotada de uma qualidade que a capacita evocar o tipo de resposta que o paciente deseja; ou, alternativamente, uma resposta do analista bastante carregada de contratransferência"* (LE, 21-24).

O paciente cria sucessivamente um ambiente cuja principal característica é um tipo específico de atuação: tenta evocar *"interpretações que se relacionem menos à sua necessidade de interpretação psicanalítica do que sua necessidade de um envolvimento emocional"* (LE, 25). O paciente demonstra incapacidade em entender seu próprio estado mental.

Tenta, por todos os meios, preencher a sessão com o estado mental do analista. Isso contribui para o inverso da função-alfa (α) e a criação de objetos bizarros (q.v.). Um desses é o que deveria ser análise, mas não é; análise transforma-se em aconselhamento; ou em julgamentos, por crítica destrutiva ou construtiva (reasseguramento).

A barreira de contato, em contraste com a tela beta (q.v.), *"pode se manifestar clinicamente – caso se manifeste de alguma forma – como algo que se assemelha a sonhos. Como temos visto, a barreira de contato permite um relacionamento, e a preservação da crença nele como um evento na realidade, sujeito às leis da natureza, sem que essa visão fique submersa por emoções e fantasias originadas endopsiquicamente"*.

> Reciprocamente, preserva emoções endopsiquicamente originadas, impedindo que sejam oprimidas pela visão realista. A barreira de contato é, portanto, responsável pela preservação da distinção entre o consciente e o inconsciente, bem como de sua gênese. Assim, preserva-se o inconsciente. (LE, 26-7)

Pode-se observar que pacientes tidos como psicóticos, internados em hospitais, apresentam, no contato imediato, um tipo de inconsciente sem pele, como na descrição de Rousseau feita por Hume; fica o tempo todo "evidente". Parecem estar inexoravelmente desprovidos de mecanismos de defesa do ego. É como se o inconsciente desses pacientes ficasse absoluto; não se pode torná-lo consciente. A pessoa sente-se incapaz de sonhar; "torna-se", em alucinação, seu próprio inconsciente.

Este estado sentido como insuportável convoca negação, clivagem e projeção em outra pessoa. As capacidades de sonhar e de pensar ficam projetadas no analista – que, por sua vez, é imediatamente convidado a sonhar pelo paciente, e, paradoxalmente, forçado a não ser capaz de sonhar, aliviando assim o paciente da dor envolvida no sonho e, em consequência, de ter acesso às atividades inconscientes da sua mente.

Todas essas observações e conclusões são apresentadas nos quatro livros de Bion, considerados tradicionalmente como básicos, publicados em 1962, 1963, 1965 e 1970. Graças aos esforços de Francesca Bion em *Cogitations*, temos à nossa disposição estudos preparatórios, ampliando consideravelmente nossa visão a respeito dos passos de Bion para chegar às várias reformulações, depois sintetizadas e compactadas nos quatro livros básicos. As reformulações decorrem dos acréscimos em experiência clínica – descrita com maiores detalhes em *Cogitations*, quando comparada com as descrições sintéticas incluídas nos quatro livros básicos.

Uma contribuição é ter tornado explícito algo que já estava na obra de Freud, mas que não podia ser utilizado a menos que o analista pudesse constatar a questão por si mesmo. Corresponde à "convocação às bruxas" de Goethe, citada por Freud, em "Construções em Análise". Bion amplia as observações de Freud sobre os sonhos – processos oníricos noturnos tem como matéria prima, processos de pensamento em vigília; e podem ser incitadores desses processos, que determinam o dia em que sua confluência desagua no trabalho onírico noturno; e dos sonhos diurnos em literatos criativos, originados do ato de brincar infantil (*A Interpretação dos Sonhos*, p. 71, 115, 171, 188, 189-194, 496-499; "Sonhos diurnos e artistas criativos") Analistas podem aproveitar esses processos oníricos à medida que ocorrem na sessão, ao "sonhar o material do paciente", vislumbrando processos inconscientes em ação no aqui e agora das experiências emocionais vividas na sessão.

Klein, partindo de Freud – em "O sonho diurno e artistas criativos" – adentrou analiticamente no sonho de vigília, ao desenvolver a técnica do brincar (ludoterapia). Crianças, ao brincar, tanto alucinam como sonham.

Bion integra três grandes "avenidas" abertas por Freud – (i) trabalho onírico, noturno e em vigília; (ii) funções de ego, enfocando principalmente processos cognitivos e desenvolvimento do pensar, (iii) teoria dos instintos de morte e instintos de vida - às duas teorias desenvolvidas por Klein – (i) teoria das posições esquizoparanóide e depressiva, (ii) teoria de avidez, inveja e rivalidade. Os primórdios dessa integração parecem ter ocorrido em torno de 1959, e a necessidade em fazê-la foi ditada por questões surgidas na experiência clínica, nos dados empíricos da proveniente. A unificação pode ser observada nas palavras utilizadas por Bion, ao tratar um paciente que tinha *"a capacidade de ver o que todo mundo vê, caso esteja submetido ao mesmo estímulo"*, e que recorria à identificação projetiva praticamente o tempo todo, expressando *"uma capacidade de acreditar na sobrevivência após a morte, em um tipo de Paraíso ou Valhala ou algo assim"*. Em outras palavras, uma pessoa desprovida de qualquer concepção do fato que, no senso comum, chamamos "morte." Trata-se de característica onipotente da personalidade em qualquer pessoa, variando apenas no grau de expressão externa e de elaboração durante a vida; um dos fenômenos que expressam prevalência de se ocupar preferencialmente a posição esquizoparanoide. O que implica prejuízo das funções de ego, principalmente as cognitivas (notação, atenção), que determinam todas as outras (investigação, ação).

Onipotência também emerge quando um paciente demonstra uma *"habilidade, habilidade para alucinar ou manipular fatos de modo a produzir material para um delírio: que há no grupo um fundo inexaurível de amor por ele, paciente"*. Interpretações são temidas por significar *"elucidação dos mecanismos ilusórios, delirantes ou alucinatórios, fazendo o paciente sentir-se amado; elucidação, por outro lado, iria mostrar que tal amor, como o paciente gostaria de sentir que recebe, de fato não existe. . . Se o paciente tem êxito em evadir-se dos ataques ao seu narcisismo, experimenta uma gratificação alucinatória de seu anseio por amor. Esta, como toda a gratificação alucinatória, deixa o paciente insatisfeito. Consequentemente, ele recorre, de modo voraz, a um reforço de sua capacidade para alucinação, sem que haja, obviamente, um aumento correspondente na satisfação."* (C, 29-30), conduzindo a *"uma incapacidade para sonhar e ódio ao senso comum"*, implicando *"ataques destrutivos a todos os vínculos e acting-out anti-social"* (C, 31).

Alguns pacientes psicóticos pareciam incapazes de circular, e comunicar para si mesmo, produtos do pensar pertinentes a áreas do Ego e do Id – que ficavam, portanto, incomunicáveis para o paciente, por ele mesmo ou por outros. Bion observou em sessões de análise que ficava obrigado a se manter circulando livremente nessas áreas. Para abarcar tal descoberta clínica, Bion precisou estender a teoria, reproduzindo sua própria trajetória, e pareceu-lhe que a teoria de Freud sobre a culpa "é mais proveitosa" do que a teoria de Klein. Freud observou que a negação da culpa se liga à situação edípica; Klein a coloca como efeito de um *"objeto amado destruído"* que *"pode muito rapidamente se transformar em perseguidor"* (Klein, 1946, p. 285).

Em termos teóricos, Freud enfoca a questão como atinente à estrutura do ego; Klein, como atinente à estrutura do Id. Freud, no início, observou que repressão é resultado de uma deflexão de catexias instintivas; portanto, as análises limitavam-se à área do Id (*Das Es*, embora ainda não tivesse cunhado o termo). Maior experiência clínica permitiu que Freud observasse a questão sob a ótica do complexo de Édipo, no qual atuam instintos de morte, incluindo áreas egóicas e superegóicas parcialmente inconscientes (em "Inibição, sintoma e ansiedade", 1926). Embora o estudo da dinâmica das relações de objeto inclua todo o aparato mental, Klein o direciona para catexias instintivas objetais (área do id), atenção adequada às áreas de ego e superego.

A ideia de um superego cruel e assassino, uma verdadeira *"massa de superegos – os objetos bizarros"*, é fundamental para o esclarecimento da incapacidade de sonhar. Bion tratou do assunto tolerando o paradoxo de um consciente e um inconsciente em funcionamento simultâneo. Não há prevalência de nenhuma instancia psíquica, id nem ego; a obstrução avassaladora de um superego assassino é percebida mais claramente.

O intuito da crítica científica de Bion é promover integração e esclarecimento no uso das duas teorias. Bion não considera, como Freud nunca considerou, um sonho como algo estático, encaixotado, compartimentalizado "no inconsciente, mas produto da atividade dinâmica, interacional, consciente, pré-consciente e inconsciente, onde aperam três instâncias, id, super-ego e ego – a exemplo do tratamento de Freud com os conceitos de conteúdo manifesto e latente; Bion estende-o para lidar com um sonho que é sonhado durante os momentos reais da sessão; e da capacidade, ou não, de sonhar.

> Hoje voltei a suspeitar que os eventos reais da sessão com X estejam sendo transformados em um sonho, quando, num certo ponto, suspeitei que a minha interpretação estivesse sendo convertida em um sonho. . . Tenho a impressão que o deslocamento, etc., de Freud seja relevante; mas ele levou em conta apenas a atitude negativa, o sonho "escondendo" algo, e não o modo pelo qual o sonho *necessário é construído*. (C, 33)

> . . . Irei assumir que o medo que o paciente tem do superego assassino o impede de se aproximar das Posições (posição esquizoparanóide e posição depressiva). Isto, por sua vez, significa que ele é incapaz de sonhar, pois é no sonho que as Posições são negociadas. Portanto, ele adia essa experiência para a sessão analítica, na qual, com esperanças de ter apoio ou talvez, sentindo que tem apoio, ousa ter o sonho que não pode ter sem a consciência do apoio. . . Ele tem que sonhar - o importante aqui não é o conteúdo do sonho, mas o ter de "sonhar". . . a principal diferença entre a resistência como algo peculiar ao neurótico e à relegação ao inconsciente, e a destruição psicótica dos meios de compreensão que são associados à uma consciência plena do que, comumente, é a mobília do inconsciente. "Eu não entendo", ou "não sei por que", ou "não sei como" etc., podem ser tomadas como asserções *positivas* da *incapacidade* para sonhar, ou como uma afirmação desafiadora, de uma capacidade para *não* sonhar. (C, 37)

Bion empresta um conceito do matemático J.H Poincaré para elucidar, do ponto de vista técnico, as teorias de Klein sobre as Posições: "fato selecionado", pois identificação projetiva e outras manifestações da posição esquizoparanóide, bem como fenômenos depressivos, emergem, sendo vistas ou não, de modo constante em todas as sessões de psicanálise: *"Torna-se possível fazer o interjogo entre a posição esquizoparanóide e a posição depressiva por meio do fato selecionado, que é conhecido como 'fato harmonizador ou unificador', do ponto de vista espacial, e como 'causa', do ponto de vista temporal"* (C, 44): é necessário intuir e "sonhar" um fato selecionado.

A importância disso é que muito do se passa por "normal" durante qualquer sessão de análise – em que a personalidade psicótica (q.v.) traveste-se pela personalidadenão-psicótica (q.v.), um paradoxo vivencial que podemos chamar "personalidade de relação social". Embora não se possa obter dados estatísticos, é possível observar, por experiência obtida em mais de um século de prática de psicanálise no mundo inteiro, que muitas sessões daquilo que se passa por análise são, de fato, pura alucinação: imitação de análise - fato observado por muitos analistas, e comunicado em publicações por André Green e Frank Julian Philips. Este último obteve suas análises com Adheleid Koch, Melanie Klein e Wilfred Bion. Até o ponto que foi minha investigação, é dele a observação de que imitação constitui-se como fenômeno alucinatório (Philips, 1988). As observações de Bion permitiram-lhe formular o conceito de Transformações em alucinose (q.v.), e a expressão verbal, "psicanálise real" (q.v.), diferenciada de práticas de conluio (alucinose compartilhada), reasseguramento, sugestão e hipnose: sinais de ignorância sobre fenômenos transferenciais.

> Em outras palavras, o trabalho onírico que conhecemos é apenas um pequeno aspecto do sonhar propriamente dito – o sonhar propriamente dito é um processo contínuo e pertencente à vida de *vigília*, agindo por meio de todas as horas de vigília, embora não seja usualmente observado – exceto no paciente psicótico. . . . De qualquer modo, a hipótese de que, numa sessão analítica, possa-se ver o sonho do paciente tem se provado muito valiosa, especialmente em conjunto com a sua contraparte: a visão da atividade contrastante da alucinação. (C, 38)

A base clínica que parece ter dado a Bion pelo menos uma pista a respeito de similaridades e também de diferenças entre sonhos e alucinações – algo que ocupou grande parte do trabalho de Freud – pode ser vista em afirmações como esta: *"Freud diz que o estado de sono representa um afastar-se do mundo, do mundo externo real, e 'assim providenciar uma condição necessária para o desenvolvimento de uma psicose'. Será que é por isso que X fala em perder a consciência?"* (C, 43). A experiência com psicóticos permitiu uma expansão da observação de Freud sobre atos falhos na sessão, sobre a função de verbalizações aparentemente insignificantes, pois racionalizadas. Acresceu-se a isso a importância da recomendação de avaliar constantemente o estado psíquico do analista, que pode propiciar ou obstar a análise: *"Ansiedade, no analista, é um sinal de que ele está se recusando a 'sonhar' o material do paciente: não (sonhar) = resistir = não (introjetar)"* (C, 43).

Uma ampliação importante à teoria sobre o sistema inconsciente é que Freud considerava-o anterior, no tempo, ao sistema consciente; Bion observou que são simultâneos: "Caso um paciente esteja resistindo, pode ser útil considerar se a resistência apresenta características relativas aos fenômenos descritos por Freud como "trabalho onírico". Mas o que *Freud* entendia ser o "trabalho onírico", era que um material seria completamente compreensível, caso não fosse transformado, inconscientemente, pelo sonho; e que o trabalho onírico precisava ser desfeito para fazer com que o sonho, por si mesmo incompreensível, fosse tornado compreensível. (*New Introductory Lectures*, 1933, SE 22, p. 25).

O que *eu* entendo é que o material consciente tem que ser submetido ao trabalho onírico para tornar-se adequado ao armazenamento e à seleção; portanto, passível de sofrer transformação da posição esquizoparanóide para a posição depressiva... *Freud* nos diz que Aristóteles afirmou que um sonho é o modo pelo qual a mente trabalha durante o sono; *Eu* digo que é o modo pelo qual a mente trabalha quando está acordada (*New Introductory Lectures* [1933a, SE 22], pp. 26-7). (C, 43). Em consequência, a atividade onírica de vigília, já observada por Freud, insere-se mais amplamente na prática clínica. Experiência com psicóticos, descrita em *Learning from Experience* e *Cogitations*, permite afirmar que os sistemas consciente e inconsciente funcionam simultaneamente – e não sequencialmente. A obra de Bion tornou-se mais possível o estudo dos processos inconscientes; como muitos filhos, Bion usa a obra de Freud, para ir adiante dela, por ampliação do escopo. O leitor pode confirmar minha apreciação, no seguinte trecho citação:

Freud diz,

É fácil de ver como a notável preferência demonstrada pela memória nos sonhos por elementos indiferentes e, consequentemente, despercebidos, na experiência de vigília, está fadada a levar as pessoas a desprezarem, de modo geral, a dependência dos sonhos sobre a vida de vigília e, seja como for, dificultar, em qualquer caso específico, a prova de tal dependência. [*Interpretação dos Sonhos*, 1900a, SE 4, p. 20]

Acredito que a dependência que a vida de vigília tem em relação aos sonhos foi subestimada; acredito que essa dependência é ainda mais importante. Vida de vigília = atividade do ego e, em particular, a atividade do pensamento lógico na síntese de elementos, isto é, partículas características da posição esquizo-paranóide. .... o que torna possível a memória é a simbolização onírica e o trabalho onírico. (C, 47)

Um membro da meritocracia política da IPA, Joseph Sandler, afirmou em entrevista ao periódico, "Ide" que Bion não entendia nada de Freud e ficou fantasiando. Penso que não é verdade; Bion descobriu algo implícito na obra de Freud, que a complementa, mas não a substitui.

A linguagem de Bion

Do inconsciente ao consciente... ou inconsciente ⇔ consciente?

Bion considera, em *Learning from Experience* e nas cogitações que serviram de rascunho para esse livro, o pensamento inconsciente de vigília. Constata que alguns atos conscientemente aprendidos à infância – o ato de andar – (C, 71; LE, 8) – torna-se inconscientes. Observação que implicou em acréscimo, por reciprocidade, para dois aforismas complementares em psicanálise: a descrição de Freud sobre dois objetivos do tratamento psicanalítico - "tornar consciente, o inconsciente"; depois aperfeiçoado, pela descoberta das instâncias psíquicas: "onde havia id, haja ego". Tentando analisar pacientes qualificados como psicóticos, Bion constata que mecanismos de defesa do ego, a versão de vigília do trabalho onírico – repressão, transformação no contrário, deslocamento etc. – praticamente inexistem em psicóticos – prefiro dizer, justamente pela contribuição de Bion, personalidade psicótica. O inconsciente parece aflorar, de modo direto. Não há retorno do reprimido, pois quase nada está reprimido. O aforisma de Freud permanece válido, e é desenvolvido por anteriormente não explicitado (visível?) à máxima. A expansão não substitutiva se aplicou, inicialmente (na história das contribuições de Bion) às análises de psicóticos - pessoas com perturbações no pensar. Com o tempo, descobriu que se aplica às análises suficientemente profundas para alcançar o âmbito psicótico que todo ser humano abriga. A personalidade psicótica se expressa por fenômenos mais facilmente observáveis, diante de certas contingências externas, sentidas como estimulantes. Por exemplo: preconceitos; fantasias onipotentes; idealizações; racionalizações; negações da realidade. Bion se utiliza de uma teoria neuropsicológica de Freud, como auxílio para descrever a simultaneidade entre os sistemas consciente e inconsciente: a teoria da "barreira de contato" (q.v.). Outro exemplo é o da aprendizagem da palavra "Papai" (LE, 66). Os dois aprendizados constituem-se como eventos inicialmente conscientes; ao automatizar-se, passam para o sistema inconsciente. Algumas vezes, Freud, e Bion, por facilidade, simplificaram a grafia dos três sistemas do aparato psíquico, ressaltando apenas a qualidade: consciente, pré-consciente e inconsciente.

O sistema inconsciente foi grafado por Bion – como Freud –, de modo mais abreviado, como "inconsciente". Uma mera hipótese é que para os dois autores o termo "sistema" poderia parecer óbvio e não precisaria ser repetido, por facilidade de comunicação. Nesse momento histórico do movimento psicanalítico, parece-me necessário usar-se o termo original, usado por Freud em *Interpretação dos sonhos*, (e no *Projeto para uma psicologia científica*). Bion se referia ao aparato sensorial; nos dois casos, sistema e aparelho, o modelo científico tem relevância. Não se trata de ser *avant la lêtre*, mas de apreender-se a natureza paradoxal daquilo que Freud demonstrou serem as duas formas (apresentações, transformações) de uma mesma existência, ou realidade: realidade material e realidade psíquica (imaterial). Bion utilizou-se da expressão verbal, "realidade sensorial e psíquica". Será necessário perceber-se que se trata de "e" – não "ou". Só há maniqueísmo e busca de certezas absolutas na posição esquizoparanóide (o leitor pode consultar o verbete "Senso de Verdade"). Qualidade básicas do sistema inconsciente - sua natureza atemporal e anespacial – parecem-me mais claras na grafia original da língua alemã utilizada por Freud: "desconhecido" (*unbewußt*). Bion resgata o sentido original, e o desenvolve sensivelmente, em várias hipóteses e conceitos - pensamentos sem pensador, busca de "fatos selecionados", de Invariâncias (q.v.), atenção do analista e do paciente ao desconhecido (retornando ao termo em alemão!). Que possa ser aproximado, parcial e transitoriamente. Penso que Bion apontou persistentes retrocessos no movimento psicanalítico – o exame dos trabalhos publicados mostra a tendência de tomar os discursos do paciente pelo seu valor aparente, dado diretamente ao nosso aparato sensorial, demasiadamente confundido com valores sociais do paciente e do analista. As atividades oníricas noturnas e na vigília apresentam-se através do que Freud denominou de conteúdo manifesto. Análise os leva em conta, como passo intermediário na procura por fatos subjacentes e "superjacentes", para que a dupla analítica possa construir: conteúdos latentes.

Penso que a prática que já foi psicanalítica, e talvez ainda poderia ser, e é, em alguns locais, sofre com o que é um retorno inadvertido à tradição acadêmica de psicologia, pré-psicanalítica. Incapacidade em "sonhar o material do paciente" resulta na consequência incapacidade de detectar pensamentos-sem-pensador, "flutuando" no ambiente da sessão, à espera de um pensador que os pense. Aprisionamento às palavras proferidas pelo paciente - indicadores de resistência, ao esconder e revelar aquilo que é desconhecido, parece-me ser um fator na assim chamada "crise da psicanálise". *A Memoir of the Future*, construída sob formas verbais similares às de um sonho, foi a última tentativa de Bion para mostrar o que é básico na obra de Freud: nada pode tornar-se consciente se não tiver sido inconsciente, e também a simultaneidade entre os sistemas consciente e inconsciente. (ver os verbetes "Visão Analítica", "Estar-uno-a-si-mesmo (*At-one-ment*)", "Psicanálise Real").

Há condições para que se possa "sonhar o material do paciente": (i) o exercício da liberdade pessoal sem recorrer à teorização *a priori* e *ad hoc*; (ii) intuição analiticamente treinada, ou seja, experiência de análise pessoal, tão profunda quanto possível, atingindo a personalidade psicótica do analista ligada à experiência com a personalidade psicótica do paciente. As condições (i) e (ii) podem trazer sensações de insanidade iminente; se negadas, conduzem à insanidade.

Uma maneira de lidar com o problema da evidência científica para a teoria dos sonhos poderia ser restringir à busca de dados na experiência compartilhada pelo analista e paciente, ou àquela em que ambos estejam presentes, paciente e analista.

Poderia ocorrer em todas as ocasiões em que o paciente diz que teve um sonho; e também naquelas em que estejam ocorrendo eventos intrassessão. Por exemplo:

Uma maneira de lidar com o problema da evidência científica para a teoria dos sonhos poderia ser restringir a nossa busca de dados à experiência compartilhada pelo analista e paciente, ou àquela em que ambos estejam presentes, paciente e analista. Poderiam ser todas as ocasiões em que o paciente diz que teve um sonho, ou todas aquelas onde estejam ocorrendo eventos, como por exemplo: o paciente levanta e senta, olhando à sua volta estupefacto; o analista, identificando-se com o paciente, sente que a experiência pela qual o paciente está passando seria mais compreensível se o paciente estivesse adormecido e sonhando.

"Mais compreensível". Por quê? Porque seria mais apropriado aos fatos, tais como o analista os vê. Mas isso significa que se o analista estivesse sentindo o que o paciente aparenta estar sentindo então ele, o analista, tenderia a dizer: "Eu devo ter estado dormindo".

Justamente aí me dei conta que estive dormindo; logo antes de acordar, parecia estar falando a F que eu sentia estar enlouquecendo, já que eu não podia identificar o sentimento que estava tendo no sonho de estar sonhando e nem quem eu era. Sonhei que tentava solucionar o problema que eu de fato estou tentando solucionar, mas acrescido do medo de enlouquecer – um tipo de desintegração mental. (C, 51)

O não psicótico e a parte não psicótica da personalidade temem tornar alguma coisa consciente – o típico medo neurótico da psicanálise – porque receia que torná-la consciente seja equivalente a "deixá-la às claras"; o neurótico sente que essa situação, por sua vez, é o mesmo que evacuar e tornar essa coisa consciente, de um modo que ela nunca mais possa voltar a ser inconsciente; portanto ela jamais ficará novamente disponível para o pensamento inconsciente de vigília. E a pessoa sente que isso, por sua vez, é indistinguível de estar psicótico. Esta é uma das razões pelas quais o neurótico teme que uma análise bem-sucedida irá torná-lo louco. (C, 71)

A necessidade dos pacientes de sonharem durante a sessão e seu paradoxal companheiro – o medo de sonhar – levaram Bion a duas descobertas:

1. Um analista precisa se capacitar para sonhar uma sessão.
2. A realidade dos estados de alucinose é mais frequente do que se supõe ser (ver o verbete "Transformações em Alucinose").

Para se fazer um trabalho criativo é essencial que a função-alfa (α) se mantenha intacta; assim, é claro que o analista tem de ser capaz de sonhar a sessão. Mas se ele tiver que fazê-lo sem dormir, deverá ficar com muito sono. (C, 120)

Sonhar é, ao mesmo tempo, apreender a realidade por meio de uma experiência *real* e não real. Não real, por tratar-se de *apenas* um sonho; *real* pois sonhar, como um ato, é real; seu conteúdo manifesto, indica fragmentos da realidade por irrealidades.

Sente-se como loucura o fato de possuir-se duas séries de sentimentos a respeito dos mesmos fatos e, consequentemente, desgosta-se desse estado. Essa é uma razão pela qual se sente que é necessário ter um analista; outra razão é o desejo de que eu esteja disponível para ser considerado doido, e usado para ser considerado doido. Existe um receio de que você possa ser chamado de analisando, ou, reciprocamente, de que possa ser acusado de insanidade. Será que eu poderia ser suficientemente forte e flexível para ser considerado e tratado como insano, sendo, ao mesmo tempo são? Se é assim, não admira que se espere que os psicanalistas, quase que como uma função de serem psicanalistas, estejam preparados para serem insanos; e serem chamados de insanos. É parte do preço que têm que pagar por serem psicanalistas. (AMF, I, 113)

Referência cruzada recomendada: Sonho.
Referências cruzadas sugeridas: Função-alfa (α), Trabalho Onírico Alfa (α), Tela Beta, Barreira de Contato.

Sonho

Uma das principais expansões de Bion em relação às teorias propostas por Freud foi uma investigação dos processos inconscientes, e, em especial sobre o trabalho onírico. A maior parte das contribuições pode ser estudada nos textos s escritos em 1959 – publicados em *Cogitations* (1992) e sintetizados de modo notavelmente compacto em *Learning from Experience* e *Elements of Psycho-analysis*. A contribuição final, de 1975 a 1970, está em *A Memoir of the Future*, principalmente nos volumes I e II, onde há representações verbais excepcionalmente similares às usadas por pessoas que podem sonhar. Analogamente à obra de Freud, o volume I inclui descrições de sonhos e pesadelos vividos por Bion. Há um tipo de artesanato na qualidade literária dessas descrições verbais.

A principal expansão está relacionada a uma observação que resgata um fato brevemente indicado por Freud em *The Interpretations of Dreams* (SE, VI, pp. 491-493; 494n; 510; 534-535; 667): há um trabalho onírico durante o estado de vigília, não só durante o sono. Freud tentou deixar evidente, com muitos e muitos exemplos, o fato de que eventos ocorridos em vigília tornam-se restos mnêmicos e dão as formas construtivas de sonhos. Se há um pensar inconsciente de vigília; e também uma atividade diária, em estados semi-acordados, cuja base é feita por alucinações, por que sonhos de vigília não deveriam existir? Thomas Hobbes observou que à noite podia ver as estrelas, por não estar submetido ao bombardeio sensorial da luz solar – um fato real em sua época, e, até certo ponto, também hoje, para a maioria da população mundial que não dispõe de telescópios eletrônicos. Brincadeiras na infância e seu desenvolvimento no adulto, associações livres, são expressões da atividade onírica de vigília. No lugar comum, qualifica-se o fantasiar e o devanear como se fossem sonhos durante a vigília; mas não há um estado de sono – o componente alucinatório é dominante.

Ao comentar a observação de Freud, de que *"as pessoas . . . subestimam . . . a dependência dos sonhos à vida de vigília"* (Freud, 1900, SE, 4, p. 19), Bion acredita *"que a dependência da vida de vigília tem em relação aos sonhos foi subestimada; e é ainda mais importante. Vida de vigília = atividade do ego . . . o que torna possível a memória é a simbolização onírica e o trabalho onírico"* (C, 47).

Outra expansão, ainda centrada nas funções dos sonhos, é uma integração original de Freud e Klein. Uma nova função é atribuída aos sonhos: "é no sonho que as Posições são negociadas" (C, 37); *"Certamente a personalidade psicótica apresenta uma falência em sonhar; esta falência parece paralela a uma inabilidade para alcançar plenamente a posição depressiva"* (C, 111).

Essas concepções não se afastam das de Freud, mas as aprimoram – especialmente no que se refere às funções do sonho. São tratadas com mais detalhes em outros verbetes deste dicionário.

A abordagem final de Bion em relação ao sonhar, tanto na teoria quanto na prática, pode ser ilustrada com a ajuda de alguns trechos de *A Memoir of the Future*:

Teoria

P.A.: "Falar sobre" sonhos não causa sonhos. Sonhos existem – alguns de nós pensam, como Freud, que sonhos sejam dignos de consideração e debate. À noite, o sonho é uma "farpa" entremeada na consciência, reluzentemente polida pela luz do dia; uma ideia poderia ser alojada nessa "farpa". Mesmo numa superfície plana e polida pode haver um delírio ou alucinação ou alguma outra falha na qual uma ideia possa se alojar e florescer antes de ser extirpada e "curada" . . .

THEA: Não sei por que se supõe que a Verdade iria emergir nos sonhos.

P.A.: "In vino veritas" não significa que o bêbado ou o sonhador esteja falando a Verdade. O bêbado, como o sonhador, tem menos oportunidade de ser um mentiroso eficiente; é pouco provável que ele consiga dar um polimento ou uma aplainada no lugar onde está a "farpa". No entanto, tal incompetência pode ser transformada em boa fonte de informações.

ROBIN: Atribuem-se "forças" excepcionais aos sonhadores e aos poetas.

P.A.: Temos aqui uma ambiguidade, uma vez que não se distingue o sonhador do poeta, nem do sábio. O sonhador é, como o bêbado, alguém que frequentemente fica em um estado rebaixado em sua eficiência consciente. O ser humano precisa estar consciente para ser eficiente, ou, como costuma-se dizer: precisamos estar "afiados". Não considero apenas aquilo que o indivíduo quer dizer, ou aquilo que não tem intenção de dizer, mas, de fato, aquilo que ele diz.

ROLAND: Isso vai depender de sua interpretação do que o indivíduo diz – não o que ele diz.

P.A.: Considero aquilo que ele diz e sobre o que ele diz. Minha interpretação é uma tentativa de formular aquilo que um indivíduo diz, de tal forma que o próprio indivíduo possa compará-lo com suas outras ideias. (AMF, II, 267-268)

. . . Nós, os psicanalistas, achamos que não se sabe o que é um sonho; o próprio sonho é uma representação pictórica, expressa verbalmente, do que aconteceu. Não sabemos o que realmente aconteceu quando se "sonhou". Nenhum de nós tolera o desconhecido e fazemos um esforço instantâneo para senti-lo explicável, familiar. (AMF II, 382)

PRÁTICA

Bion denominou o primeiro volume de *A Memoir of the Future* [Uma Memória do Futuro] de *The Dream* [O Sonho]. Como boa parte da última parte do volume II, *The Past Presented* – [O Passado Apresentado], foi construído artificialmente, como o próprio Bion o descreve no Pró-logo, de forma similar às formas com que todos nós construímos sonhos; ou de um modo o mais similar possível. Há partes deste escrito representando algo muito parecido com uma experiência real de sonhar, até o ponto em que se pode colocá-la sob uma forma coloquialmente escrita – similar à de todos os que relatam um sonho para outra pessoa, sem se preocupar com o escrever, mas apenas com o relatar.

Historicamente, vivemos em uma época em que surgiu uma forma específica de literatura de contos e novelas, em nossa opinião, muito influenciada pela técnica visual e verbal cinematográfica, denominada pelos críticos literários que escrevem na língua inglesa de *stream writing*. James Joyce, citado por Bion em *A Memoir of the Future*, escrevia desse modo; e Hans Günther Adler, em *A Jornada e Panorama*. O mesmo estilo foi imitado por Francisco (Chico) Buarque de Hollanda, em *O Irmão Alemão*. A escrita de Bion não almeja obter qualidades artísticas, mesmo que, semelhante a obras artísticas, expresse verdades, na tentativa de apreender a realidade psíquica – tarefa da psicanálise como atividade científica. Parece-nos lícito qualificá-la como a última tentativa de Bion para alcançar aquilo que ele mesmo qualificou, emprestando uma expressão de John Keats, como uma "linguagem de consecução" (q.v.). O leitor pode concluir por si mesmo o tipo de evocação ou outras impressões ou sentimentos que terá caso leia a citação a seguir:

CAP. BION: Olhei a lama, mera mancha, agitando-se na palha. Fiquei observando, através da aba sobre a fresta frontal, pedaços de terra, espirrando à nossa volta, para todos os lados. Fixei meu olhar no rosto sujo e tenso do meu motorista, Allen – em meu rosto tenso à medida que eu estava ao meu lado; no bumerangue que Allen me mandara da Austrália. Saí; fiquei lá, pairando, uns sessenta centímetros, acima de todos nós. Sabia que "eles" iriam . . . vi árvores como se fossem troncos de madeira, andando. Como andavam! Anda! Anda! Iam como paisnossos paisnossando. Painosso painosso juntos, painossando matéria para mim, oi, que isso aqui não é o Rolls-Royce que eu teria escolhido. Aí então um Fordinho bonito, reluzente e alegre passou, e quando eles chegaram e passaram este vau (Ford), eu disse: estique a canela! E o Valente pela Verdade, e todas as rameiras juntas trombetearam por ele, na outra margem. Sussurrou! O que aconteceu então? Ele falou muito mais coisas sobre Jesus e o cão e o homem e então ele falou de repente joga fora a outra muleta! Sussurro! O que houve, então? Caiu de bunda. O cú ficou puto dentro das calças, sai do meu cú, porra. Fica aí espalhando merda prá cima de mim, e agora fica aí de butuca, só esperando que a Inglaterra seja saqueada – por mim. Isso é um saco. Saco de sabão em pó e em barra, lindo, liiiindo, lindíssimo, liiiiiiiii-indo, num buraco de bomba, nos campos de Flandres. Pernas e tripas... devia ter uns vinte neguinhos lá embaixo – alemão, francês, e sei lá quem mais, eram todos! Posso te garantir, não demos nem um pio, nem um arf. Que vença o amor fraternal! Porra, quem mandou você entrar em forma e marchar? Um cuzão, quem acusou? Marcha, um dois, quarto. O cara quinou e fedeu 1/2. Parada total. Veio o capelão: Falou, o Reinado Virá. O Rei vai vir, para nada.

A versão portuguesa deste texto sofre, na medida em que o texto original de Bion, em inglês, se utilizou de trocadilhos intraduzíveis. Por exemplo, a marca registrada de uma fábrica com o sobrenome do fundador, que popularizou o automóvel, até o meio do século XX: "Ford", e o termo *ford*, passar a vau, em português. O autor desse dicionário fez uma versão em português do livro I de *A Memoir of the Future*, que foi bilíngue para alguns capítulos, incluindo esse. Impressionado pela qualidade deste texto, que lhe pareceu um sonho universal, compartilhou a ideia com a Sra. Francesca Bion – dois anos após o falecimento do Dr. Bion. Ela revelou tratar-se de um pesadelo recorrente do marido, por mais de meio século.

Falhas na apreensão do conceito, mal-entendidos e distorções: algumas leituras do trabalho de Bion pregam que ele teria feito uma conjunção constante de duas características no modo de interpretar os discursos manifestos do paciente: (i) teria colocado em oposição os *conteúdos* dos discursos do paciente, com a *forma* pela qual os pacientes faziam seu discurso; por exemplo: EP, 44-47. Em consequência, as interpretações que o analista faria desprezariam o conteúdo – por exemplo, dos sonhos – e privilegiariam a forma do discurso; (ii) que Bion teria criado interpretações no "aqui e agora" da sessão, e que Freud se interessaria apenas pelo passado do paciente. Essa conjunção constante provaria que Bion seria um "revolucionário", nos pontos em que teria se oposto a Freud no modo de interpretar o material do paciente, e, de modo especial, na interpretação de sonhos. Essas leituras negam que as extensões de Bion sobre a base que obteve em Freud nunca foram hostis, nem rivais. Parece-me que essas pregações se baseiam em falhas na apreensão dos trabalhos de Freud e de Bion, por apelarem a entendimentos racionalizadores de psicanálise. Apreensão, ou um uso intuitivo (intuição sensível, usando a terminologia de Kant, que originou o trabalho de Freud e Bion) de um fenômeno, inclui o uso do aparato sensorial e o exercício de todas as funções de ego, inclusive inconscientes, difere de entendimentos racionalizadores. Que, por sua vez, dependem umbilicalmente do uso exclusivo de lógica formal (ou "razão pura", na terminologia de Kant). Esse tipo de leitura distorcida subestima a teoria e a prática de Freud, a respeito dos processos do sistema inconsciente e, de modo especial, do trabalho onírico, reduzindo o trabalho de Freud a decodificações pré-padronizadas de símbolos – algumas vezes, engenhosas, idênticas às construções dedutivas típicas do trabalho de muitos filósofos; e também das produções racionalizadas de pacientes delirantes. Os alertas de Freud a respeito desse perigo têm sido desprezados, ou ignorados.
A citação a seguir pode contribuir para dissipar dúvidas lançadas por leitores propensos a transformar a obra de autores famosos, que um dia foi uma tentativa científica, em personagens teatrais de espetáculos de luta, ou de guerra, do tipo "quem é quem", por supremacias alucinadas em "escolas" de psicanálise:

> Dirijo-me agora a uma experiência clínica em que o analista e o analisando parecem estar falando a mesma língua, ter vários pontos de acordo e, contudo, permanecer sem qualquer outro laço além do fato mecânico, do continuar comparecendo às sessões analíticas. O progredir da análise revela uma divergência que irei sumarizar da seguinte maneira:

O analista está, e pensa estar, em um consultório conduzindo uma análise. O paciente considera o mesmo fato, seu comparecimento à análise, como uma experiência que lhe fornece o material bruto que dá substância a um sonho diurno. O sonho diurno, assim investido de realidade, é que o paciente, por ser extremamente intuitivo, é capaz de ver justamente, sem qualquer análise, onde residem suas dificuldades e assombrar e deliciar o analista com seu brilho e cordialidade. O paciente relata, e o analista acredita, que ele, o paciente, teve um sonho. O paciente relata, mas NÃO acredita, que teve um sonho. O paciente sente que o sonho, uma experiência de grande intensidade emocional, é um claro relatório dos fatos de uma experiência horripilante. Ele espera que o analista, ao tratar esta experiência como um sonho que requer interpretação, venha a dar substância ao seu sonho diurno — que era apenas um sonho. Em suma, o paciente está mobilizando seus recursos, e esses incluem o fato da análise, para bloquear sua convicção que o sonho não só era, mas é, a realidade; e que a realidade, como o analista a compreende, é algo a ser valorizado apenas por aqueles elementos que servem para refutar o "sonho".

Esse relato não é uma nova teoria de sonhos, mas uma descrição de um estado visto em um paciente extremamente perturbado, embora provavelmente de ocorrência bastante comum. (EP, 49-50)

Quando os dois forem capazes de acordar desse tipo de sonho, talvez o resultado possa ser sentido como catastrófico:

O paciente que não tem consideração por Verdade, por si mesmo ou pelo seu analista, adquire um tipo de liberdade originada do fato de que há muito tempo tem tido acesso a muita atividade destrutiva. Ele pode se comportar de um modo que destrói o respeito por si mesmo e pelo seu analista, desde que retenha sempre algum contato com a realidade, suficiente para que sinta que reste algum respeito a ser destruído. Ele sempre poderá supor que resta, caso seu analista continue a vê-lo. Se o analista não continuar, então o paciente destruiu a análise. Mas ele evita destruí-la, pois essa destruição implicaria perder a liberdade – pelo menos até que possa descobrir um novo objeto; isso introduz uma necessidade de moderação, que fica aparente em outros pontos do sistema fechado que o paciente produz com esforço. Um exemplo óbvio dessa situação é a necessidade de evitar o suicídio ou o assassinato bem-sucedidos. (C, 249)

Referências cruzadas recomendadas: Função-alfa (α), Sonhar a Sessão, Trabalho Onírico Alfa (α), Tela Beta, Barreira de Contato.

T

T

Símbolo quase matemático utilizado para representar "Transformação" (q.v.) (T,10).

Tα

Definição Símbolo quase matemático com duas letras; a segunda, em grego, para representar os *processos* de "Transformações" (q.v.) (T, 10).
Falhas e distorções na apreensão do conceito: de acordo com a pesquisa do autor deste dicionário, pode-se encontrar pelo menos quatro locais, em toda a obra publicada por Bion, onde há definições imprecisa, ou conflitantes, entre conceitos. Um deles está no livro *Attention and interpretation*: atribui-se ao símbolo Tα outro significado: *"o ponto a partir do qual se inicia uma transformação"* (AI, 4). Considerei-a imprecisa, pois se os processos de transformação incluam o seu ponto de início, compreendem mais do que esse "ponto". Em conversa pessoal com a sra. Francesca Bion, pudemos constatar que houve enganos de revisão editorial – ela assumiu que havia falhado em sua revisão, esclarecendo também que seu marido nunca revia seus manuscritos.
Referência cruzada sugerida: Transformação.

Tβ

Definição Símbolo quase matemático que se utiliza de uma letra grega para representar o *produto final* de uma transformação (q.v.) (T,10).

Tela beta

"Tela beta" é um modo verbal para agrupar teoricamente fatos clínicos que aparecem com pessoas rotuladas como psicóticos, e também em pessoas que não tenham sido rotuladas desse modo, mas que em determinados momentos em sessões de psicanálise prevalece a personalidade psicótica, às expensas de expressões da personalidade não-psicótica (q.v.). A presença de Tela Beta, no âmbito dos fenômenos observáveis clinicamente, é evocada pela própria situação analítica. Expressa-se de modo complexo e variável, indicativo de confusão mental: pode surgir sob a forma de uma incapacidade de dormir; ou de se manter em vigília; o paciente pode parecer incapacitado de estar consciente ou inconsciente; uma atenção microscópica para associações livres revela uma falta real delas, por racionalização e negação da realidade; ocorrem estados de identificação projetiva, fugas maníacas e presença, do ciclo avidez/inveja. Na sessão, há extravasamentos verbais formados por frases e imagens desconexas, mas racionalizadas, em estados maníacos, dando uma impressão mais superficial de que se trataria de um discurso "normal" feito por alguém entusiasmado; ou pode aparecer com o discurso de alguém que finge estar sonhando. Os extravasamentos verbais evidenciam a presença de alucinação; ou o paciente alucinava estar sonhando. Tudo isso pareceu impedir a introdução da posição depressiva, observada na experiência emocional com o analista. A natureza da experiência demonstrava intenções assassinas.

Alguns pacientes que passam por estados similares ao descrito acima tem como consequência a formação (talvez por falha emocional à infância, revista, ainda que inadvertidamente, pela experiência em análise, a uma neoformação, mais desenvolvida, de uma "barreira de contato" (q.v.). Em outros pacientes, ocorre um *"processo vivo"*, perceptível em análise, onde há uma substituição precoce da barreira de contato. De modo mais extremo, a substituição é direta, impedindo a neoformação da barreira de contato, onde os elementos básicos são elementos-alfa. Na tela beta, a componente básica é uma conglomeração de elementos-beta: o paciente torna-se incapaz de separar consciente de inconsciente; os dois sistemas permanecem, em confusão. O objetivo do paciente é impedir um estado de consciência do analista. Que, no confronto com alguém cuja tela beta permaneça em funcionamento, submerge em uma pletora de interpretações, baseada em lugares-comuns. Na observação do autor deste dicionário, ocorre confusão de lugar comum com senso comum. Este tipo de interpretação precisa ser qualificado como fraudulento, cuja intenção (consciente ou não) é garantir bondade do paciente. *"A tela beta . . . tem uma qualidade que a capacita a evocar o tipo de resposta que o paciente deseja, ou, de modo alternativo, uma resposta do analista pesadamente carregada de contratransferência"* (LE, 23). *"Graças à tela beta, pacientes psicóticos têm uma capacidade de evocar emoções no analista; suas associações . . . evocam interpretações . . . que são menos relacionados com sua necessidade de interpretação psicanalítica que com sua necessidade de produzir um envolvimento emocional"* (LE, 24).

Bion alerta que o estado não se origina de estados de contratransferência (q.v.): meras consequências complicadoras no estado psíquico do analista, em ambientes caracterizados por tela beta, mas sem terem sido diagnosticados. Tudo se passa por normal. o paciente e seu analista fantasiam que exista análise, quando o que estará ocorrendo poderá ser reasseguramentos, ou psicoterapias de apoio, tipificando falsidade: não se trata de análise. Não há comparações entre os vários tipos, em termos de julgamento de valor; a ênfase – falsidade – é não fazer algo passar pelo que não é.

Falhas na apreensão do conceito, mal-entendidos e distorções: alguns leitores afirmam que Bion legalizaria algum ato no qual pacientes estariam causando reações especificas no analista - por exemplo: sono, confusão, reasseguramentos. A "causa", "localizada" no paciente, isentaria qualquer responsabilidade pessoal do analista. Uma observação que se estendeu por quatro décadas, abrangendo em supervisões privadas e públicas de casos, e trabalhos de colegas, levou-me a concluir que alguns leitores confundem a expressão *"evocar emoções no analista"* com *"provocar* acting-out *do analista"*. Um fato natural na espécie humana é um estado de turbulência emocional (q.v.) que sempre ocorre quando duas personalidades se aproximam, pois não há aproximação sem afastamento; ou atração sem ojeriza, mesmo que um polo do par seja negado, por intolerância ao paradoxo e ao desconhecido. Um paciente pode tentar provocar emoções no analista, intencionalmente ou não, conscientemente ou não. Se o analista vai se sentir provocado, isso será de responsabilidade dele. Se evocações tornam-se provocações, dependerá não só da personalidade do analista, mas de sua análise pessoal. Estará sujeita a um escrutínio mínimo, como condição de trabalho do analista, dentro da disciplina sobre memória e desejo. O analista poderá percebê-las como aparentemente conectadas, mas realmente desconectadas da experiência emocional, intrapsíquica do paciente – nesse caso, estará fazendo o trabalho de discriminação do "fator pessoal". Um escrutínio mínimo capaz de discriminar o que provém do paciente e o que é autóctone do analista fornece (ou faz retornar) o vértice analítico ao analista. Para introduzir e preservar a função analítica, é necessário que o analista detecte emoções evocadas, para perceber a presença do funcionamento de uma Tela Beta – que preside um ambiente carregado de um clima emocional *"menos relacionado com sua necessidade de interpretação que com sua necessidade de produzir um envolvimento emocional"*. Leitores apressados e, em consequência, com déficit de atenção tornam-se inabilitados para considerar esse fato, criando uma tendência de entender o conceito de tela beta, mas não podem apreendê-la clinicamente. Alguns leitores têm concluído que seria endosso à distorção usual do conceito de Melanie Klein de identificação projetiva. Praticantes mais (ou apenas) dedicados a leituras ficam, ou sentem-se impedidos de perceber a presença da personalidade psicótica. Entendem, sem nunca apreender, o conceito de identificação projetiva: desprezam sua natureza de fantasia inconsciente ("phantasia") enfatizada por Melanie Klein – que não usou esse termo por imprecisão ou descuido. Nas distorções das obras de Klein e Bion, nega-se o fato da responsabilidade pessoal do analista pela sua vida psíquica: aspectos de personalidade, afetos e emoções sentidos como maus poderiam ser ejetados e colocados em outrem - são fantasticamente atribuídos ao paciente. Sucesso de identificação projetiva implica em perversão do que pretendeu ser uma psicanálise.

Teoria clássica

O uso que Bion faz do termo define as diretrizes tradicionais para a psicanálise. O sentido da palavra "clássica", na obra de Bion, é aquele de uma forma perene, transcendente, descoberta como uma conjunção constante, fato selecionado ou invariância. Expressa um fato (ou contraparte) essencialmente incognoscível na realidade psíquica como ela é. Essas formulações tinham, têm e terão *"durabilidade e extensão"* (AI, Introdução, p. 1). Essa era uma preocupação permanente de Bion, que colocava a questão em termos dos efeitos duradouros de uma psicanálise real (q.v.). Submeter-se a uma psicanálise poderia se transformar em um duradouro "clássico", na vida de cada analisando?

Bion vê suas próprias contribuições às teorias de Freud e Klein como "acréscimos". Essas contribuições foram para (i) a teoria dos sonhos, (ii) o livre intercâmbio entre consciente e inconsciente, (iii) o livre intercâmbio entre as posições esquizoparanoide e depressiva, (iv) pré-concepções de Édipo e do seio. Não pretendem substituir as teorias de Freud ou de Klein. A diferenciação entre as contribuições de Bion e aquelas dos autores clássicos é resultado das exigências da comunicação científica.

> Como é que ela chegou ao ponto de desperdiçar todos os seus tesouros dessa forma? . . . Será que ela não conhece o valor de seus dons – a educação, a saúde, sua beleza, nossa beleza? Será que ela sabe que nós éramos pretendentes de Penélope? Que Homero nos homenageou? Que morremos antes mesmo que existisse um poeta para nos conferir imortalidade? Ronsard nos conheceu quando éramos bonitas? . . .
>
> "Me diga quem você é; eu poderia me atracar com você e lutar da aurora ao anoitecer, do anoitecer à aurora, de O a Deus, de Deus à ciência, da ciência a Deus, da segurança ao infinito, que é infinitude do homem, dos confins infinitos da estupi-

T

dez, do estupor à intolerância da certeza; do ódio infinito ao amor infinito; da frieza e da indiferença infinitas do absoluto à infinitude intolerável do amor absoluto. Me mostra." "Não." "Me mostra."

"Já que você está insistindo tanto, vou levantar o véu. Não vou te dar visão (*sight*), mas introvisão (*insight*), de tal modo que seus maiores me verão num espelho turvo, a mim, que, ao ser girada, não projeto sombra alguma. Você pagará tanto quanto seus maiores tiveram que pagar – 'desde então, o equilíbrio da mente foi rompido'. Ele estava condenado a viver prisioneiro da sanidade eterna."

"Quem é você?"

"A compaixão."

"Quem é você?"

"Sua empregada – mas mesmo assim você não viu."

"Abra meus olhos."

"Não. Enviei-te profetas, mas você não ouviria."

"Abra meus ouvidos."

"Enviei-te Bach."

"Ele tinha um tom perfeito."

"Ele temperou bem o cravo."

"Envie-me um melhor."

"Não, eu te enviei Mozart."

"Você o tomou de volta muito depressa."

"Eu te enviei Beethoven."

"Ele tinha falhas."

"Você o fez falhar: você não devia olhar as falhas que cometi." (AMF, I, 34-35)

Expressões poéticas e religiosas possibilitaram um grau de "publica-ação" na medida em que conseguiram durabilidade e extensão. Dizendo a mesma coisa de modo diferente: a "força transportadora" do enunciado verbal estendeu-se tanto no espaço como no tempo. Expressões desta crença: *Vixere Fortes ante Agamemnona mvlti*; 'Nem mármore, nem os monumentos dourados dos príncipes/ a este poderoso poema sobreviverão'. (AI, Introdução, p. 1-2)

Bion assinala o que me parece ser uma das origens da psicanálise: os antigos gregos – lá "habitou" uma esposa real: Penélope, ameaçada por feras sexuais disfarçadas de pretendentes humanos; nos relembra do poeta Ronsard, que valorizou a Mulher. Newton, de acordo com alguns historiadores, teria perdido a sanidade, ao descobrir o cálculo diferencial; tornou-se religioso, e quase morreu em misterioso incêndio em seu escritório – fato registrado duas vezes por Bion (primeira, T, 156). O texto citado acima diferencia nitidamente entre a transcendência de Verdade e do Belo expressa nos clássicos, e sentimentos de amor ou ódio absolutos fundidos em estados paranoidemente narcísicos – vinculando-os a um Cristo *"turvado por espelho"*, na epístola aos Coríntios, por São Paulo. Bion questiona: *"Qual foi a parte da Inglaterra ou de Shakespeare que forjou a Inglaterra eterna, que sempre será Inglaterra?"* (AMF, I, 43). Questionamentos sobre a função dos clássicos é compactada pela proposição de que a psicanálise era um pensamento sem pensador, até que apareceu um Freud, para pensá-la.

Falhas na apreensão do conceito, mal-entendidos e distorções: um número excessivo de leitores tem usado os comentários de Bion sobre a teoria clássica como fosse uma situação de revoltas na adolescência, ou estados de revolução política armada. Fantasiam que Bion teria fundado algum partido ou escola contrário às teorias clássicas; rivalidade transforma expansões em superioridades; adequações, em substituições. Isso não é privilégio do movimento psicanalítico. Por exemplo, em disciplinas mais antigas, como a Física, popularizou-se a falsidade, de que "a Física de Einstein é superior à de Newton", negando os protestos do próprio Einstein frente ao absurdo, que vai além da animização e antropomofização de teorias científicas, em um "grande prêmio de personalidades". John Keats, um dos poetas mais admirados por Bion, em *Ode on a Grecian Urn*, iluminou, como iluminam os poetas: *Beauty is truth, truth beauty* – que pode ser vertido, ainda que toscamente, para o português: "Verdade é o belo, o verdadeiro belo". *A Memoir of the Future* dissiparia tais fantasias de novidade? Bion tentou iluminar a transcendência das ideias que se aproximam de Verdade - de seu eterno esquecimento, acoplado com o "eterno retorno", já descrito por F. Nietzsche:

> Se a intuição psicanalítica não provê uma reserva para seus asnos selvagens, onde se vai achar um zoológico para preservar as espécies? De maneira inversa, se o meio ambiente é tolerante, o que acontecerá com os "grandes caçadores" que repousam não revelados ou reenterrados? (AMF, I, 5)

Teoria de observação psicanalítica

Bion distingue, e define dois tipos de criações teóricas em psicanálise, compondo sistemas inter-articulados:

T

(I) Teorias de Psicanálise propriamente dita: teoria dos sistemas mentais (inconsciente, pré-consciente e inconsciente); complexo de Édipo; teoria do trabalho onírico, depois expandida sobre os mecanismos de defesa do ego; os dois princípios do funcionamento psíquico; teoria dos instintos; teorias psicanalíticas da formação de sintomas histéricos, obsessivos, fóbicos e depressivos; teorias sobre formação de psicose; teoria das Posições. Na obra de Bion: uma teoria do pensar; teoria sobre continente/contido (q.v.);

(II) Teorias de Observação psicanalítica: correspondem ao que Freud denominou "teoria da técnica". Foram expandidas por Sandor Ferenczi, Franz Alexander e Karl Menninger, entre os pioneiros, com o intuito de incrementar o valor científico da psicanálise, tentando encontrar formulações científicas que tenham correspondências na realidade, e fazendo explorações no desconhecido. Bion retoma e desenvolve a recomendação cientifica fundamental, já alvo de precoce esquecimento: *"amor à verdade"*, (T, 160), de modo tão explícito como havia sido na obra de Freud (por exemplo, em "Construções em Análise"). Desenvolve procedimentos observacionais para garantir uma *"busca por verdade-O"* (AI, 9; ver os verbetes "Psicanálise real" e "O").

Bion nos deixou vários alertas a respeito dos danos científicos originados pela interação de dois fatores: (i) teorização ad hoc (o leitor poderá examinar o verbete especifico; e também "manipulação de símbolos"); (ii) a observação de que, em psicanálise, diferentes descrições tem sido aplicadas às mesmas configurações básicas, subjacentes às aparências. A redução fenomenológica, das inumeráveis transformações aparentes – analogicamente, seria como ficar descrevendo todas as impressões digitais da população mundial – tende ao infinito, afastando-se da obtenção de noções das configurações básicas, ou invariâncias, predominantemente imaterializadas: *"Muitos analistas passaram pela experiência de sentir que a descrição das características de uma entidade clínica específica serviria para descrever outra entidade clínica muito diversa. No entanto, mesmo naqueles casos em que parece óbvio que a descrição pretende corresponder a determinadas 'realizações', raramente uma mesma descrição se constitui em uma representação adequada. A combinação pela qual certos elementos são mantidos é essencial para que expressem seu significado. Para determinados elementos expressarem seu significado, é essencial a combinação que mantêm entre si"* (EP, 2).

Na introdução deste dicionário, enfatizei que a maior parte das contribuições de Bion à psicanálise foi feita de conceitos e teorias de observação do ato psicanalítico. Será facilmente quantificável para leitores que se dispusessem a fazer uma contagem, no exame dos verbetes, e também por todos que se dediquem à leitura atenta dos textos originais de Bion. O único senão é que a divisão não pode ser muito rígida, pois teorias observacionais vinculam-se a teorias de psicanálise propriamente dita – âmbito em que Bion também contribuiu:

1. Uma teoria do pensar.
2. Teoria sobre continente/contido.
3. Tentou resgatar insights provenientes das teorias e termos cunhados por Freud e Klein, perdidos por boa parte dos membros do movimento psicanalítico, integrantes da meritocracia política, e mais interessados na formação de jargão (q.v.). Proponho quatro expansões de Bion sobre teorias de Freud e Melanie Klein:

(1ª) Teoria sobre existência de uma personalidade psicótica e uma personalidade não-psicótica em todo e qualquer indivíduo que se considere; (2ª.) Maior precisão quanto às condições do ego, enfatizando as capacidades inatas (filogeneticamente determinadas), em nomenclatura emprestada de Kant, sobre pré-concepções – Seio e Édipo; (3ª.) Duas teorias sobre vínculos (q.v.); (4ª.) uma teoria inacabada, publicada postumamente por Francesca Bion, datando de 1960, denominada "Metateoria" (ou, na minha sugestão de leitura, o que vem depois da teoria: teoria prática), cujo texto provê descrições observacionais precisas sobre ocorrências na clínica psicanalítica. Enfatizo os itens "Violência de Emoções", "Verdade" e "Compaixão". São estudos preparatórios para alguns textos muito mais compactados, sob forma de conceitos, que alguns leitores que já acompanhavam a obra de Bion podem ter lido em *Transformations* – de "hipérbole" (q.v.) e "O" (q.v.). Detalham o que Freud denominou de "metapsicologia", integrada às observações de Melanie Klein sobre seio e pênis. O título, Metateoria, um neologismo, conjuga uma questão, talvez bem-humorada: sendo possível fazer uma teoria sobre o que vem depois da psicologia também seria possível fazer uma teoria psicológica que vem depois da teoria? O significado real de "metapsicologia" é esse, mesmo sendo pouco, o nada lembrado. Tornou jargão concretizado no movimento psicanalítico em várias partes do mundo. O termo "metateoria" parece-me ser um alerta de que há uma psicologia prática, sob o vértice psicanalítico sob teorias de Freud e Melanie Klein.

Há vários trechos onde Bion explicita a discriminação entre teorias de observação e as cinco teorias (se consideraramos Metateoria, seis) de psicanálise propriamente dita em sua obra. Em 1965: *"Para evitar críticas e receios que podem arrebatar insidiosamente o psicanalista: se os primeiros capítulos de um livro sobre psicanálise não contenham amplas referências sobre sexualidade, conflito, ansiedade ou a situação Edipiana, o livro pode parecer irrelevante; ou servir a interesses muito específicos, de menor consequência. Na verdade, se os assuntos que estou discutindo forem considerados com a seriedade que penso ser necessária, torna-se possível ao analista ter um domínio firme e duradouro da realidade da experiência analítica e das teorias que dela se aproximam. A teoria das transformações e seu desenvolvimen-*

to não se relacionam ao corpo principal da teoria psicanalítica, mas à prática da **observação** *psicanalítica."* (T, 33-34; grifos de Bion). Em 1970: *"A teoria estabelece um padrão recorrente de experiência emocional. . . . Não substitui nenhuma teoria psicanalítica existente, mas destina-se a mostrar algumas relações que não foram assinaladas"* (AI, 87).

Leitores apressados e, portanto, desatentos (Bion deu título de Atenção e Interpretação para um de seus livros e insistiu nessa função de ego durante toda sua obra), impressionáveis pelas aparências dos termos demonstram falta de apreensão generalizada a respeito do que teoria sobre função-alfa trata. Não é considerada por Bion como teoria de psicanálise propriamente dita: ao descrever o vínculo K (processos de conhecer), Bion afirma (nos itens 1 e 4) que *"A teoria das funções e da função alfa não fazem parte da teoria psicanalítica. São instrumentos de trabalho de psicanalistas praticantes para facilitar o encaminhamento de problemas de pensar a respeito de algo desconhecido. . . . A teoria das funções e, em particular, a teoria da\ função-alfa não aumentam nem diminuem as teorias psicanalíticas existentes"* (LE, 89, itens 1 e 4).

Leitores que ainda não examinaram o verbete, "Função-alfa", e o façam agora, perceberão que, identicamente à obra de Freud, a teoria sobre função-alfa tem um alcance descritivo amplo, abrangendo a origem neurológica, caminhando para a psicanálise, ao tratar da apreensão de estímulos externos, pelo nosso aparato sensorial. Faz uma hipótese sobre a "de-sensorialização", ou incrementos na imaterialização que vão se seguindo. Elementos senso- rialmente apreensíveis – a realidade última – seriam transformados em elementos úteis para armazenar na memória, para sonhar, para fazer mitos e para pensar. A teoria da função alfa observa o "comportamento" de estímulos – internos ou externos – em um seu percurso no qual se transformam em fatos psíquicos, predominantemente imaterializados. Não há dúvida de que Bion fez contribuições teóricas sob forma de desenvolvimentos sobre conhecimento pré-existente. Mas nunca substituições – no movimento psicanalítico, sob forma de novidades no palavrório, marcadas por rivalidade:

1. Examinou com maior detalhe algo que Freud não pôde fazer, na teoria sobre sonhos, sobre a atividade onírica de vigília, sobre o trabalho onírico que continua ocorrendo durante o dia, e não quando a pessoa está dormindo. Este último pareceu a Bion suficientemente explorado por Freud.
2. Expandiu a teoria de Freud sobre os sistemas psíquicos, consciente e inconsciente. Freud teorizara sobre a existência de uma sucessão, no tempo, onde o ponto inicial seria localizado no sistema inconsciente e, daí, poder-se-ia caminhar – por assim dizer, em analogia – para o sistema consciente. Bion propôs que seria mais útil, no caso do analista estar tentando lidar com a personalidade psicótica – outra extensão das observações de Freud, principalmente no estudo "Neurose e psicose" e na análise psicanalítica de um diário (do juiz Paul Daniel Schreber) –, que pudéssemos considerar que os dois sistemas, consciente e inconsciente, funcionam simultaneamente. Isso é válido quando prevalece

a personalidade psicótica, e os distúrbios no pensar concomitantes a ela, às expensas da personalidade não-psicótica. Utiliza um conceito neuropsicológico criado por Freud em 1895, desprezado pelos membros do movimento psicanalítico: barreira de contato – e com o mesmo sentido dado por Freud. Junto com a noção kantiana de pré-concepções, parece-me superponível ao sistema pré-consciente. Não obtive nenhuma indicação a respeito dos fatores que fazem com que Bion não se refira explicitamente a esse sistema.

3. Extensões no estudo de particularidades individuais do complexo de Édipo, baseado nas expansões de Klein sobre objetos parciais: observou indivíduos que não puderam obter uma estrutura psíquica correspondente ao complexo de Édipo. Um Édipo não estruturado, ou sentido ou estruturado como inexistente, implica na formação de objetos, na relação mãe-bebê que irão afetar profundamente a apreensão de fatos, durante toda a vida. Graças a esse avanço, hoje sabemos que estes casos não são nada raros.

4. Desenvolvimento sobre a gênese e as vicissitudes dos processos do pensar: uma extensão da teoria sobre os dois princípios do funcionamento psíquico, de Freud. Bion especifica melhor a genética de processos de pensar ao acrescentar às funções do ego, conforme observadas por Freud, mais duas categorias: Hipóteses Definitórias (baseadas em Kant) e Falsidades, sob uma notação quase-matemática idêntica à usada por Freud para representar aparato psíquico - Ψ. Resta para futuros pesquisadores que expandam a obra de Bion alguma iluminação para essa escolha nominativa; o leitor poderá consultar o verbete "Grade" (*Grid*).

5. Descoberta de mais uma função do mecanismo psíquico de defesa observado por Klein, identificação projetiva, além daquelas descritas pela autora. No bebê, agiria como método de comunicação. Adultos em que a personalidade psicótica prevalece tentam fazê-lo, em uma fantasia de que sua capacidade para pensar estaria projetada no analista, tentando "obrigá-lo" a pensar "por" eles. Essa inclusão foi contemporânea à feita por Herbert Rosenfeld, outro analisando de Klein que trabalhava com psicóticos. Nenhum dos dois sabia dos resultados da pesquisa do outro; e concordaram com o achado. Constitui mais um exemplo de que algo descoberto por pesquisadores diversos, sem que um saiba do outro, tem maior probabilidade de corresponder à Verdade.

6. Expansão na teoria de Klein sobre simbolização, contribuindo para diminuir o peso de classificações sociais a respeito da "normalidade" de símbolos, de modo a incluir a descrição das funções do ato de simbolizar, na personalidade psicótica, onde o próprio ato é mais importante do que o conteúdo simbólico:

T

Melanie Klein escreve a respeito de formação simbólica como se fosse uma função específica que poderia se desintegrar ou ser perturbada, originando distúrbio profundo em uma personalidade; existem "fatos reais" que permitem apreender desta teoria, mas penso que se deveria considerar que a área de perturbação é maior do que sua teoria implica. Por exemplo, o paciente psicótico nem sempre se comporta como se fosse incapaz de formação simbólica. Realmente, frequentemente fala ou se comporta como se estivesse convencido de que algumas ações, para mim destituídas de qualquer importância simbólica, obviamente são simbólicas. Elas significam, aparentemente de modo óbvio, que alguma mensagem se refere a si, de modo pessoal e particular. Este "significado" é muito diverso daquele que se presume estar subjacente a uma conjunção constante pública, não restrita a um único indivíduo. É e parece pertencer a uma comunicação privada feita por um Deus (ou Diabo, ou Destino). Quando nos deparamos com o símbolo psicótico na prática, sua importância parece estar mais em indicar que o paciente está em uma relação privada com uma deidade ou demônio, do que sua importância para simbolizar algo. O símbolo, conforme é usualmente entendido, representa uma conjunção reconhecida pelo grupo como constante; do modo que é encontrada na psicose, representa uma conjunção entre um paciente e sua deidade, que o paciente sente ser constante. (AI, 65)

Embora o autor deste dicionário não tenha feito um estudo estatístico, ganhou a impressão – que pode ser colocada como hipótese – de que membros do movimento psicanalítico, autointitulados como "bionianos" (q.v.), e que também ganham o mesmo título pelo grupo circundante, apregoam, de modo sempre personalizado, que "Bion disse isto", "Bion disse aquilo", como se essa obra pudesse ser colocada contra a obra de alguém que esses mesmos membros sentem ser "Freud". O exame cuidadoso mostra maior identificação das contribuições de Bion com as de Freud, caso contrastado com a contribuição de Klein. A expansão sobre a formação simbólica, acima reproduzida, serve de exemplo.

Também constituem teorias observacionais as construídas com o instrumento operacional "Grade" (Grid) (q.v.). A intenção desse instrumento seria incrementar a capacidade dos analistas para observar, pensar e avaliar situações de análise em termos do "valor-verdade" de enunciados verbais feitos por pacientes e analistas. Tanto a "Grade" (Grid) como a aplicação da teoria das Transformações e Invariâncias, que faz extenso uso desse instrumento, são teorias de observação psicanalítica. Seriam os instrumentos mais poderosos disponíveis até agora para essa tarefa, com exceção da análise pessoal do analista? Não, pelo menos se alguém se detiver estudando a obra escrita por Bion, cuja recomendação, idêntica à de Freud e Klein, era de que os analistas procurassem a melhor análise que pudessem obter. Como Freud, manteve a noção de que seus escritos seriam inacessíveis a pessoas que não tivessem tido a experiência de uma análise pessoal.

Teorias

Bion afirma que um analista precisa trabalhar com poucas teorias (LE, 42), resguardado o fato de que as conheça profundamente e saiba como manejá-las clinicamente. Não é partidário da multiplicação desmesurada de teorias, principalmente aquelas que se referem ao mesmo fato clínico, mas o expressam em linguagem diversa. Em *Elements of Psycho-Analysis*, nomeia as teorias com que trabalha pessoalmente: (i) os dois princípios de funcionamento mental postulados por Freud; (ii) as Posições, descritas por Klein; (iii) Édipo; (iv) e sua própria contribuição à teoria psicanalítica, a teoria do continente-conteúdo. Enfatiza que o âmbito de poucas teorias é mais útil do que a coleção de uma miríade de teorias mal apreendidas.

Em 1976 – "Evidência" – enfatiza o fato de que um analista precisa conhecer precisamente seu próprio vocabulário, para poder compará-lo com aquilo que o paciente ouve: mais um exemplo de que a maior parte das contribuições de Bion à psicanálise foi de teorias de observação do ato analítico, conforme ocorre em uma sessão de psicanálise. Tem parecido a muitos leitores, até hoje, que seriam teorias de psicanálise propriamente dita, sobre o funcionamento do aparato psíquico. O esclarecimento aparece explicita e implicitamente em toda a sua obra, mas tem sido ignorado. Por exemplo: em *Transformations*, p. 160. As exceções são: (i) uma teoria do pensamento (e não "a" teoria do pensamento, como leitores idólatras gostariam que fosse ou como leitores desatentos pensam que é); (ii) a teoria do continente e conteúdo; (iii) "metateoria", publicada postumamente. Esta última foi apenas um esboço preliminar, inacabado. Pode ser lido como "o que vem depois da teoria"; ou seja, a prática, que tanto antecede como vem depois, após uma teoria ter sido formulada. A distinção entre teorias de psicanálise propriamente dita e teorias de observação não é uma cláusula pétrea, como dizem os juristas: algumas teorias mesclam uma teoria de observação e uma teoria de psicanálise propriamente dita. Por exemplo, a teoria da função α: uma teoria de observação incluindo uma teoria neurológica, idêntica à usada por Freud na definição do aparato psíquico e nos sistemas desse aparato – que também usou letras gregas, como Ψ – e inclui duas teorias de psicanálise: a teoria dos vínculos e de continente-contido.

O problema relacionado ao uso de teorias por membros do movimento psicanalítico foi a multiplicação desnecessária de explicações *ad hoc* que sempre circundam a mesma configuração básica.

Teorias e moda

P.A.: Concordo – não desejo depreciar eventos sobre os quais nada conheço. No entanto, tenho sido compelido a notar que "modas" em crenças, em teorias, em variedades de psicanálises e em psicanalistas são tão abundantes quanto as modas em cosméticos. Suspeito que a fonte fundamental de moda, seja em pessoas, religião, teorias "científicas" ou locais de veraneio é, ou deveria ser, um objetivo de nossa curiosidade. Como indivíduos, não podemos esperar fazer mais do que alcançar algum esboço, objetivo periférico, e satisfazer a nós mesmos reivindicando que esta é a verdade última; ou como alternativa, cair em desalento ante a descoberta de nossa insignificância.

ROLAND: Muita gente com um pouquinho de senso comum sabe disso.

P.A.: "Muita gente com um pouquinho de senso comum" – são, em minha experiência, realmente poucas pessoas. É muito raro que senso comum esteja em moda. Em contraste com o senso comum coméstico, há um excesso de coisas desconfortáveis no senso comum "real". (AMF, III, 525)

Um recurso nos alertas aos perigos para o conhecer representado por s tendências idolátricas, foi a obra de literatos, ressaltando que eram seres humanos comuns - Milton e Virgílio – e podiam orientar-se não pelo bel-prazer solipsista, mas toleravam paradoxos para aproximar-se da verdade humana.

O leitor, o dono, caso "dê ouvidos" e permita, a si próprio, ouvir, poderá dar-se conta do eco, mesmo que "finalmente, esmaeça". Nosso pensamento é pródigo: o custo é poluição mental - um sub-produto da combustão mental. Que pode ser susceptível de se tornar uma criação importante. (AMF, II, 234)

Necessidade de teorias

Alguns, dentre os enunciados verbalizados por pacientes, são teorias que mantêm sobre si mesmos; e sempre há limites na apreensão da realidade em toda teoria:

ROBIN: Com isto se aplica à prática da análise? Presumo que você não fala com o id, porque isto é apenas um têrmo teórico.

P.A.: Supõe-se que mesmo as teorias e os têrmos teóricos nos re-lembrem de uma realidade. Não tenho dúvidas de que alguém "fala" com uma pessoa experiente; o assunto da psicanálise é de uma qualidade em que o analista e o analisando não podem permitir-se negligenciar suas capacidades sofisticadas; ambos são capazes de tê-las. O psicanalista tem uma vida inteira de experiência – incluindo a de um treinamento técnico, em psicanálise; o analisando, mesmo que seja apenas uma criança pequena, poderá lançar mão de uma experiência prévia considerável. Certamente a psicanálise falhará, se o analisando não respeitar o conhecimento, caráter e sabedoria do analista – e vice-versa. (AMF, III, 496).

Teorização *ad hoc*

Ver os verbetes: "manipulação de símbolos" e "multiplicidade de teorias".

Terror, terror sem nome

Ver os verbetes: "Medo" e "Menos K (- K)".

Terror sem nome

Conceito criado a partir de uma observação clínica em psicóticos, sob o vértice das teorias observacionais de Melanie Klein em psicanálise de crianças. Tenta corresponder verbalmente à experiência que pode ser qualificada como uma das mais primitivas, em todos nós, seres humanos. Seria uma dotação inata, em graus variáveis, ligada à sobrevivência. Foi considerada por Melanie Klein como uma experiência relacional formando um processo psíquico, durante a primeira fase na vida extra-uterina. Um bebê tenta negar – na definição de Freud ao termo – seus sentimentos e emoções de aniquilamento, em parte reais. Ato contínuo, tenta projetar no seio (uma parte da mãe, tomada como se fosse o todo, a própria mãe). Klein denominou o processo de identificação projetiva. Há mães incapazes, em graus variáveis, de exercer *rêverie*, (q.v.), devolvendo com força redobrada o temor de aniquilamento (real ou não) ao bebê. A observação dessa situação foi descrita por Bion, em *Learning from Experience* (1962) como "terror sem nome". Em 1975, Bion usa mais plenamente suas experiências de vida, incluindo a militar para expandir o conceito: trata-se de uma dotação natural, inata da raça humana. Na experiência do autor deste dicionário, baseado nas descobertas de Freud, Klein, Winnicott e Bion, sentimentos ou emoções reais de terror sem nome não são, em princípio, falsos ou alucinados, dadas a condições precárias de sobrevivência para todo e qualquer

T

recém-nascido, independente da classe social. É necessário ter alguma percepção dessa sensação, sentimento ou emoção, para que um bebê procure um seio. No entanto, essa realidade pode originar falsidades alucinatórias em bebês, e delirantes, em adultos, vinculado à realidade última da vida em si – na nomenclatura de Bion, "O". Vincula-se à origem de crueldade – a tentativa, tantas vezes bem-sucedida, por identificações projetivas mútuas, em projetar terror sem nome sobre outrem:

> ROLAND: A religião nos fornece uma contínua fonte de estudo sobre uma perseverança impressionante: a capacidade humana de acreditar em Deus. Alguns usam a persistência dessa crença como argumento a favor da existência de Deus – como se ninguém, e menos ainda a raça, pudesse não acreditar na existência e até mesmo na veneração de uma realidade, que de alguma forma, se aproxima da realidade do impulso humano e animal de venerar. Um camundongo ou rato parece implorar, numa clara postura de prece reverencial, o perdão do gato - que lambe seus pelos, prestes a transformar a presa em refeição. O animal humano, ao adquirir algum grau de discurso articulado, certamente parece ter consciência de seu equipamento de crueldade e da necessidade de saciá-lo. Ou pelo menos de alimentá-lo, com dieta apropriada a seus impulsos cruéis. "Nem vem, que não tem, falaram as ostras, tornando-se ligeiramente azuis", constitui uma formulação do material que vai nutrir a crueldade e mantê-la em vigorosa saúde. Voces se recordam daquela bem conhecida estória –atribuída, entre outros, a Jesus, o herói epônimo da religião cristã. Acredita-se que tenha dito: "Por que me abandonaste, meu Deus?" Se Jesus tivesse imaginado que seu Pai era voraz e cruel, poderia ter reclamado de maneira mais racional sobre o fato de desejar ser lembrado – a tempo de ter sua fome de crueldade satisfeita. No entanto, de modo mais usual, um rato encurralado geralmente parece sentir, in extremis, a conveniência da adoração e da veneração. Uma formulação sucinta do princípio é *"Morituri te salutemos"*.
>
> No mundo civilizado é mais cômodo acreditar em qualidades civilizadas, obscurecer o riso cruel (como o expresso neste sonho artificial aqui) que poderia evocar, por meio de memória ou desejo, a configuração evocativa do medo. Parece claro que a tentativa é inerente a evitar algo, ou evitar a consciência de algo que é medo ou terror e, atrás disso, o objeto que é inominável. Existem muitas formulações não formuladas e inefáveis para o medo – as quais chamo de O. (AMF, I, 76, 77)

📖 *A família Moskat* e *Satã em Gorai*, de Isaac Bashevis Singer. O autor desse dicionário tomou a liberdade de incluir essas duas obras, com aprovação de Francesca Bion. Em nosso contato continuado, soube da admiração e respeito que o casal mantinha para com a obra de Singer. Um exemplar do primeiro livro fazia parte da biblioteca de Bion, junto a uma edição de contos breves. Presenteei a Sra. Bion com um exemplar do segundo livro, pois contém uma fábula similar a vários trechos do volume I de *A Memoir of the Future*.

Referências cruzadas sugeridas: Função-alfa; Controvérsia; Desenvolvimento; Psicanálise real; *Rêverie*; "O".

TORNAR-SE

> ROSEMARY: . . . Sinto que estou "me tornando", mesmo que eu não "entenda" e nunca "entenderei" o que estou "me tornando" ou "sendo".
> BION: Em suma, "ser" alguma coisa é diferente de "entendê-la". O amor é o máximo que "se torna", mas não é entendido.
> ALICE (olhando para Rosemary): Eu "me tornei" alguma coisa, e isto, se eu conseguisse dizer, dependeria de eu dizer: "Eu amo". (AMF, I, 183)

Para definição do conceito de "tornar-se", favor consultar os verbetes "Estar-uno-a-si-mesmo", "Transformações em O" e "Transformações em psicanálise". A situação que Bion enfoca abrange duas atitudes: uma primeira, é a tentativa que todos nós, seres humanos, fazemos, para nos aproximarmos da realidade; e a segunda, os métodos que usamos para essa finalidade. A formulação verbal "tornar-se" constitui-se como uma das tentativas de Bion, a partir de 1965, para apontar as sérias limitações do uso exclusivo que todos nós, em algumas épocas de nossa vida, fazemos do nosso aparato sensorial para esse tipo de apreensão da realidade: seu espectro de alcance é muito limitado, incapaz de apreender situações prevalentemente imateriais. O mesmo ocorre na situação analítica, onde o âmbito imaterial, dos afetos, emoções e experiências emocionais vai além das sensações e sentimentos, onde realmente ocorrem materializações, captáveis por alguns de nossos órgãos visuais, auditivos, de paladar, odores e tato: um estágio intermediário e insuficiente para aproximações realísticas à Verdade. A formulação verbal "tornar-se" tenta corresponder ao âmbito onde há fatos imateriais. Inclui a comunicação no contexto (setting) psicanalítico, entre pacientes e analistas, e também entre psicanalistas. "Tornar-se" abrange o sentido vetorial dos eventos psíquicos; formulações verbais escutáveis pelo nosso sistema auditivo expressam apenas significados – tem interesse para filósofos, semióticos, hermeneuticistas e literatos, mas não para a prática psicanalítica, a não ser como estágio intermediário. Camuflam o sentido vivido, ocorrendo no aqui-e-agora de uma sessão de análise.

Transformations, Attention and Interpretation e *A Memoir of the Future* tentam elucidar as diferenças fundamentais entre o correspondente na realidade do verbo, "tornar-se", com frases tradicionais em religiões e na filosofia moral e do conhecimento – de modo especial, na época de Sócrates – que podem ser resumidas pelo

T

"conhece a ti mesmo". Psicanálise é uma experiência prática, de vida: *"Uma vantagem do psicanalista sobre o filósofo é que os enunciados do primeiro podem se relacionar a realizações; e as realizações, a uma teoria psicanalítica"* (T, 44). Bion escolhe o termo "tornar-se" para enfatizar uma característica da natureza humana: sua continua, dinâmica transitoriedade, predominantemente imaterial. No final de sua vida, Bion lança mão de formulações verbais em diálogos fictícios para tentar vivificar o conceito, "tornar-se": são restos mnêmicos sinceros de um percurso ontogenético, representando objetos parciais, abrangendo boa parte da vida de uma pessoa, Wilfred Ruprecht Bion, tornando-se o que ele mesmo foi. Mantendo-se sempre sob o vértice psicanalítico, são denominados por mais do que cem objetos parciais[137]; destaco, nesse verbete, Somitos, Corpo, Psique, Mente, Soma, Termo, Menino, Velho, Bion, Eu Mesmo, Psicanalista, cujas idades variam: de 6, 11, 21, 32, 50, até 78; e também varia a função, por evocações de feminilidade e masculinidade, ou bi-sexualidade humana, conforme descoberta por Freud. Correspondem a um aprendizado a partir da experiência. Para o autor desse dicionário, recordaram o "Ciclo de Wilhelm Meister" de Goethe. Realmente, havia cópia dessa obra, na biblioteca particular de Bion mantida por sua esposa: não continha anotações à margem. Oferecem uma oportunidade de examinar modos de integração, seguidos de modos de desintegração, durante toda uma vida, vividos em momentos nos quais alguém "se torna", ou "vai tornar-se", ou "tornou-se". A vida existe só no momento em que está sendo vivida; quando e onde fatos são apresentados da pessoa para ela mesma, e em consequência, para outros; por vezes, na falsidade, *apenas* representados. Freud observou que todo conhecimento é apenas um reconhecimento, inicia-se por apresentações filogenéticas, modelo inicial para ontogênese. Os dois conceitos foram cunhados por Ernst Haeckel, provenientes de observação empírica. Embora tenham sido alvo de crítica ideológica, não científica no século XX, foram reabilitados, em parte, no século XXI.

"Tornar-se" é processo contínuo durante o ciclo vital: "tornamo-nos o que somos" na realidade, ou não, se falsidade (alucinatória) impera. Constitui-se como casamento: de um casal interno. Esse casal é constituído pela pessoa e seu "ego" real. O conceito de falso *self*, proposto por Winnicott, baseia-se em observações clínicas similares às de Bion – e de Freud e Klein. A diferença é na nomenclatura, agora mais específica, mas inexistente, embora implícita nos escritos de Freud e Klein. *A Memoir of the Future* oferece muitas outras formulações do "tornar-se"; os próprios livros são um "tornar-se-em-si-mesmos". Não são acessíveis à compreensão; são recursos à evocação de um "tornar-se". Por exemplo:

---

[137] Sandler PC (2015). Dramatis Personae. In *Introduction to a Memoir of the Future by W.R.Bion. Volume 1: Authoritative, not Authoritarian Psycho-analysis*. Londres: Routledge, 2021, p XXXI.

BION: Você não os considera historicamente distribuídos?

EU MESMO: Sim, mas não de maneira exclusiva. Na verdade, acho útil tomar emprestado de um paciente esquizofrênico a capacidade de uma relação transparente que, de modo alternativo, seja penetrante e plana; penetrante e confusa, ou superficial e de grande "alcance" como uma película monomolecular. Ao mesmo tempo, estes estados, embora aparentemente de exclusividade mútua, reconciliam-se e coexistem – como o movimento de onda e os *quanta*, objetos de um padrão conforme uma distribuição de Poisson disposta em dois planos – um temporal, um espacial – em ângulo reto. Vista do plano temporal, a outra "transferência" espalha-se de maneira molecular: vista do vértice do plano espacial, a "transferência" é penetrante.

BION: Acho que não entendi. Você quer dizer que, de um vértice histórico, os eventos são distribuídos sequencialmente um após o outro no que chamamos de tempo, mas que é impossível considerá-los, ignorando o vértice temporal, distribuídos no espaço, e não no tempo?

EU MESMO: Sim, mas, então, duas visões são obtidas, uma que é muito estreita e extremamente penetrante, e a outra, muito larga e espalhada, sem profundidade ou penetração.

ALICE: E daí? Isso é diferente do que eu e minhas amigas sempre soubemos? E os rapazes são sempre a mesma coisa – estão sempre mexendo com a gente, mas isso não quer dizer nada, ou nos "cutucando", querendo o que chamam de sexo, o que também não significa nada.

BION: Ou muito – e chamamos isso de esquizofrenia.

EU MESMO: E isso não significa nada, seja espalhado por toda a psiquiatria ou concentrado para se aplicar a uma "coisa" ou "pessoa" específica.

HOMEM: O mesmo se poderia afirmar sobre a "psicanálise", o "sexo", o "ódio" ou qualquer outra verbalização.

EU MESMO: Ou "sentimentos" ou nomes de sentimentos. Eles não significam nada. Ou, como disse Kant, "os conceitos sem intuição são vazios, e as intuições sem conceito são cegas".

BION: É claro que eu sei a que citação você se refere, mas... é *isso* que ele quis dizer?

EU MESMO: Não tenho ideia do que ele quis dizer, mas estou usando os "conceitos" *dele* para que batam com *as minhas* "intuições", pois, desta forma, posso unir um conceito a uma intuição, tornando possível sentir que *eu* sei o que *eu* quero dizer. Se eu também pudesse juntar você e eu mesmo, os dois juntos seriam significativos.

T

ROSEMARY: Vocês parecem se dar muito bem. Tão bem que eu quase fico imaginando se vocês não são a mesma pessoa.

BION & EU MESMO (juntos): Eu também. (AMF, I, 193-194)

Trabalho onírico alfa (A)

Este conceito é relevante para estudiosos da história das ideias de Bion. Na opinião do autor deste dicionário, é necessário colocar cuidadosamente este conceito em sua perspectiva histórica. Além da impossibilidade de defini-lo sem introduzir uma distorção grosseira, pois a definição sofreu rápidas mudanças com o tempo, o conceito terminou sendo descartado pelo próprio Bion.

Seu estudo ilustra, de modo exemplar, uma aprendizagem pela experiência do erro. Demonstra as vantagens em fazermos uma abordagem que não seja competitiva, mas possa ser crítica, em relação às obras dos grandes mestres. "Crítica" é aqui usada no sentido de não submissão ao autoritarismo ou idealização e corresponde ao "criticismo" proposto por Kant: a crítica dos métodos de estudo usados por cientistas: a base da teoria da ciência, existente pelo menos desde Sócrates e contemporâneos.

O conceito de trabalho onírico alfa (α) surgiu a partir de minucioso exame de Bion sobre a natureza misteriosa daquilo que nos acostumamos chamar "sonhos". Durante o século XX, milhares de artesãos, em boa parte do mundo civilizado, repetiram as observações de Freud. Estou usando a denominação sugerida por Antonio Sapienza, para todos os analistas praticantes. Repetição que tem fornecido um exemplo de um dos critérios de cientificidade expressos por Karl Popper – aquele de "reprodutibilidade". Confirmação que, segundo Popper, ainda que parcial, conferiria cientificidade ao trabalho psicanalítico.

O estudo da história deste conceito oferece a oportunidade de observar:

(i) O emprego de Bion das investigações de Freud, de forma não idealizada, não autoritária e não rival.

(ii) Um incremento no interesse de Bion por teoria da ciência, e, de modo especial, na teoria da ciência em matemática.

(iii) O modo pelo qual Bion se apoia integramente no trabalho clínico para corrigir e desenvolver conceitos e teorias – e não lealdades a sistemas filosóficos; e menos ainda, "voos de imaginação" (expressão de Francis Bacon), que se expressam por elaborações verbais precipitadas e infundadas, de teorias *ad hoc*. Bion tinha noção clara de que suas propostas *"poderiam dar a impressão de estar introduzindo uma doutrina perigosa, que abre espaço para o analista que teoriza de forma desvinculada dos fatos da prática"*. Advertiu, então, que *"a atividade desbridada das fantasias do analista foi reconhecida há tempos: enunciados pedantes, por um lado, e verbalização carregada de implicações não observadas, por outro, significam que o potencial para mal-entendidos e deduções falsas é tão elevado que chega a ponto de pôr a perder o valor de um trabalho executado com instrumentos tão defeituosos"*" (T, 39, 44). Bion fez essa advertência seis anos depois de ter proposto, e logo depois descartado, o conceito sobre "trabalho onírico alfa (α)". Portanto, é possível constatar que a prática antecedeu a teoria, confeccionada a partir da prática.

⏁ De 1950 até 1960, Bion permaneceu questionando criticamente uma sugestão hipotética de Freud, feita no capítulo VII de *A interpretação dos sonhos*, de que o sistema consciente teria função, no corpo humano, idêntica à dos órgãos sensoriais, ou seja, a função de captação e apreensão de estímulos. No caso: o sistema consciente teria a função de apreender qualidades psíquicas. Esse questionamento crítico ocorreu paralelamente a uma tentativa de refinar a diferenciação de Freud entre alucinação e sonho. Nesta época, Bion tentava criar uma teoria que pudesse ser mais ampla. Ficando em dúvida sobre a hipótese de atribuir ao sistema consciente a função de apreensão de qualidades psíquica – que seria isso? – pensou em elaborar uma nova teoria que pudesse dar conta de estados mentais da personalidade psicótica, ou com estados psicóticos, que lhe pareciam ter uma natureza semelhante àquela dos sonhos. Na nova teoria, sonhos constituiríam-se como atividade parcialíssima do aparato psíquico. No entanto, a tentativa de elaborar uma outra teoria a respeito de sonhos mostrou-se inútil na prática, e ainda mais restritivo como teoria. A continuidade da experiência clínica demonstrou que a confusão que estava tentando resolver em termos teóricos era, na verdade, uma confusão originada nas deficiências do funcionamento mental dos pacientes psicóticos. Não conseguiam sonhar; não conseguiam estar em um estado que pudesse ser denominado como de vigília: em termos coloquiais, não podiam ficar acordados, entrando em estados confusionais, sem possibilidade de discriminar sonhos de alucinações. Bion reunia uma experiência com pessoas certificadas como psicóticos desde o final dos anos 1940: isso o permitiu equiparar a observação desses pacientes, após tê-la ficado explícita para si mesmo, ao uso que a personalidade psicótica (q.v.) faz da personalidade não-psicótica – uma discriminação publicada em 1957. Essa progressão na teoria, sempre amparada pela prática, pode ser constatada nas "cogitações", escritas entre 1959 e 1960, publicadas postumamente, em 1992, Concluiu não haver real necessidade em substituir a hipótese de Freud sobre a função perceptual do sistema consciente, e que seria mais adequado examinar melhor as observações de Freud sobre o desenvolvimento cognitivo, em termos de percepção e apreensão de dados sensoriais, e sua transformação em algo pertencente a outro sistema, que não o aparato sensorial. Inicia este reexame a partir dos conceitos de Freud que resultaram na teoria do trabalho onírico, fazendo uma suposição integrativa com a teoria de Klein: seria no sonho em que as Posições *"são negociadas"*, e que um analista precisa *"'sonhar' o material do paciente"* (C, 43).

    Freud observou, em grande parte implicitamente, que o trabalho onírico inconsciente (diverso do devanear, em grande parte consciente) pode se iniciar durante o estado de vigília (o leitor pode consultar o verbete "Sonhar o material do paciente"). Não dedicou o mesmo esforço que estava dedicando ao estudo clínico do trabalho onírico noturno. Ao abordar as dificuldades que pacientes e analistas podem ter em sonhar, Bion resgata essa observação de Freud – e a expande clinicamente, para uso no aqui e agora da sessão analítica. Suponho que a importância do resgate e principalmente da expansão ainda não foram adequadamente avaliados. Talvez, por não ter sido feita anteriormente, por Freud e seus primeiros colaboradores; e talvez, pelo esquecimento da proposta de Freud (em "Recomendações aos médicos que praticam psicanálise"), que o analista dê toda a atenção que puder ao paciente, na tentativa de não ficar engolfado sentimentalmente pelos assuntos que o paciente traz, de modo consciente, em analogia à postura de cirurgiões: uma clivagem voluntária e disciplinada para poder levar adiante a função de cirurgião, no aqui e agora da cirurgia. Em 1970, Bion desenvolve mais a recomendação, enfatizando a necessidade de que um analista participe das transformações em alucinose (q.v.), sem nelas se envolver sentimentalmente, mas compartilhando da experiência emocional (q.v.) de alucinose, conforme é vivida sessão. Um paciente que sente não poder sonhar faz tentativas para introduzir um sonho-ainda-a-ser-sonhado para dentro da personalidade do seu analista, utilizando-se do mecanismo psíquico de identificação projetiva. Sob forma de "convites", mas na realidade, impondo que seu analista sonhar em seu lugar, substituindo os processos oníricos do paciente, "garantirá", em conluio alucinatório, que paciente fique livre de sonhar. Toda a situação –imposição, substituição, a função de sonhar - passa-se nos sistemas inconscientes do paciente e seu analista. Não é útil que um analista o faça: estará presa inconsciente de identificação projetiva. Ao invés de fazê-lo, caso se dê conta, um analista poderá "sonhar a sessão". Além de resgatar a observação de Freud, Bion expande nossa noção sobre as funções da atividade onírica. Como ocorre nos sonhos noturnos, sonhos em vigília podem ser úteis para nos aproximarmos mais da realidade, do que a aproximação proveniente por convenções sociais e valores mundanos – na maior parte das vezes, pertencentes ao âmbito alucinatório.

    Esse fato é demonstrado por representações literárias: por exemplo, na obra de Machado de Assis e de Nelson Rodrigues. Não há escassez de exemplos na literatura estrangeira – que serviu de inspiração e modelo para as obras de Freud, Klein e Bion: as obras de Dante, Cervantes, Shakespeare, Dostoievsky, James Joyce e muitos outros. Tomo a liberdade de incluir obras que nenhum desses autores em psicanálise leu: as obras de Franz Kafka, Vassily Grossmann, Hans Günther Adler. O leitor pode fazer sua própria lista. Todas essas obras fornecem exemplos de situações sociais plenas de alucinose coletiva. Bion havia delineado essa situação, ainda que nebulosamente, no estudo sobre o funcionamento de pequenos grupos, supondo a existência "pressupostos básicos" (q.v.) Freud tentou demonstrar o fato em vários empréstimos das obras de literatos alemães, como Hoffmann e Goethe. Por exemplo, o chamamento às bruxas, para se referir às hipóteses do analista, usadas para "construções em análise". Winnicott, na mesma época em que Bion escrevia suas cogitações a respeito de seu trabalho, ressaltou a função da participação da mãe nos processos de ilusão que ocorrem durante a formação do aparato psíquico do bebê. A função do fenômeno psíquico denominado por Freud de resistência pode se apresentar, durante uma sessão, no seu negativo. Resistências podem ter aparências sensorialmente apreensíveis, conforme o receptor, sob continentes formais que simulam, no discurso manifesto pelo paciente, como se fossem desobstruções; ou facilitações empáticas; ou pseudo-concordâncias racionalizadas, baseadas em memória, desejo e entendimento. São convites a conluios, de um tipo descrito em literatura antes considerada para crianças e atualmente, politicamente incorreta, por Charles Perrault e pelos irmãos Jakob Ludwig e Wilhelm Karl Grimm, nas novelas A Bela Adormecida (La Belle au Bois Dormant) e João e Maria (Hansel und Gretel), respectivamente.

Resistências podem ser paradoxais, simultaneamente traindo e escondendo a Verdade – principalmente um século depois da descoberta da psicanálise. Pode-se fazer uma analogia com a antibióticoterapia. O "outro lado" do que quer que seja pode corresponder ao sonho de vigília. Bion fez várias tentativas de esclarecer a situação, tanto com termos técnicos (a coluna 2 do instrumento "Grade" (Grid), na fábula sobre a possível função social dos mentirosos, antevista por Freud em "Totem e Tabu", "O Futuro de uma Ilusão", "Sobre a questão da Weltanschauung" e "Moisés e o Monoteísmo". Usualmente o "outro lado" é denominado de "subjacente": penso que pode ser também "superjacente", caso existisse esta palavra fora do âmbito dos neologismos; ou "de um lado", ou "do outro lado"; e também, de algo não configurável como "lado" (verbetes, Minus, e Tranformações em alucinose). O uso de palavras únicas incrementa a senso- concretização do que é imaterial. Psicanalistas lidam com modelos, feitos por um instrumento básico, primitivo e tosco: formulações verbais tentando corresponder a algo que, na realidade, é imaterializado, transitório.

A extensão de Bion é clara:

Caso um paciente esteja resistindo, pode ser útil considerar se a resistência apresenta características relacionadas ao fenômeno descritos por Freud como "trabalho onírico". *Freud* queria dizer, com "trabalho onírico", algo sobre material inconsciente, que de outro modo seria perfeitamente compreensível, mas, ao ser transformado em um sonho, tornava-se incompreensível; deste modo, é necessário desfazer o trabalho onírico para que um sonho incompreensível torne-se novamente compreensível. No *meu* entender, o material consciente precisa ser submetido ao trabalho onírico para adequar-se ao armazenamento e à seleção; portanto, passível de sofrer transformação da posição esquizoparanoide para a posição depressiva.... *Freud* nos relembra: Aristóteles afirmou que o sonho é o modo pelo qual a mente trabalha no sono; *Eu* digo que é a maneira pela qual a mente trabalha quando está acordada. (C, 43)

A investigação de Bion tornou partes do trabalho de Freud mais explícitas: *"Contato com a realidade* **não** *depende do trabalho onírico; o acesso da personalidade ao material derivado deste contato* **depende** *do trabalho onírico. A falha no trabalho onírico, junto com a consequente falta de disponibilidade da experiência de realidade externa ou de realidade psíquica interna, origina um estado característico do psicótico: alguém que parece ter contato com a realidade, mas faz pouco uso de tal contato, seja para consumo imediato ou para aprender da experiência.*

Neste aspecto, o sonho parece desempenhar um papel na vida mental análogo aos processos digestivos na vida alimentar do indivíduo. Por quê?" (C, 45).

A descrição de Bion torna mais explicita a função epistemológica do sonho – como se fosse uma "teoria da ciência individual", da pessoa sobre ela mesma. Possuiria propriedades "introjetivas, s", simultâneas às propriedades projetivas, mais conhecidas por membros do movimento psicanalítico? Introjeta a própria realidade, interna ou externa. Apoio-me agora na analogia de Bion com o sistema digestivo e respiratório, que foram incorporadas posteriormente à teoria sobre uma função-alfa (α).

Na cogitação escrita no dia 5 de agosto de 1959 aparece a primeira menção a alfa (α): Bion relaciona o ato de sonhar à incapacidade do psicótico de sonhar - descrita como um "ataque a alfa (α)": *"elementos oníricos no sonho do psicótico são realmente resíduos descartados de elementos-alfa (α), que sobreviveram às mutilações de alfa (α)"* (C, 53). Sob o ponto de vista conceitual, alfa (α) é claramente definida, como uma entidade funcional hipotética limitada, operando apenas e tão somente sobre impressões sensoriais: *"alfa (α) diz respeito ao pensamento inconsciente de vigília, sendo idêntica a ele; esse pensamento destina-se, como parte do princípio da realidade, a auxiliar na modificação real da frustração, em contraposição à modificação patológica da frustração"* (C, 54).

A base empírica de Bion é sempre a mesma: problemas encontrados na prática clínica em psicanálise. Um fato clínico surpreendente demandou investigação: alguns pacientes tentavam compensar a incapacidade, sonhando *durante* a sessão. Usavam a sessão de análise para sentirem-se permitidos a executar o ato de sonhar.

Desejo agora estender o termo "sonho" para abranger eventos que ocorrem na análise de um esquizofrênico – eventos que me parecem merecer ser descritas como "sonhos".

Um dos pontos que desejo discutir diz respeito ao fato de que eventos reais da sessão, na medida em que ficam aparentes para o analista, estão sendo "sonhados" pelo paciente; *não* na acepção suposta pelo paciente de que os eventos observados por ele sejam os mesmos observados pelo analista (excetuando-se o fato de o paciente acreditar que sejam parte de um sonho, e o analista acreditar que sejam parte da realidade), mas na acepção de que esses mesmos eventos *percebidos* pelo analista estão sendo percebidos pelo paciente, que os está submetendo a um processo, sonhando-os. Isto é, algo está sendo feito a esses eventos do ponto de vista mental, e aquilo que está sendo feito é o que estou denominando de sonhá-los . . . (C, 39)

Ao definir elementos-alfa (α), Bion integrou escritos de Freud publicados entre 1900 e 1920. Considerar "alfa" ou, na notação quase-matemática, "α", como parte do inconsciente, bem como parte do princípio da realidade, amplia e enfatiza contribuições de Freud, enfocando a existência da atividade onírica de vigília. Indicada e delineada por Freud, e desenvolvida por Bion. Minha afirmação não implica que outros autores não tenham feito, ou não façam desenvolvimentos. Freud o indica sob a hipótese da existência de um sistema pré-consciente, no aparato mental, em 1900. Entre outros escritos, o leitor pode consultar uma carta para Lou-Andreas Salomé, na qual Freud enfatiza sua visão de que boa parte do trabalho em análise pode ser localizado, teoricamente, no sistema pré-consciente, já que o sistema inconsciente é totalmente desconhecido. A hipótese aqui é que sonhos não são apenas a via régia para o conhecimento dos processos psíquicos inconscientes, mas também para o conhecimento da realidade como ela é; ou seja, tanto a realidade do *self* quanto qualquer realidade, interna, externa, internalizada ou projetada: realidade material e psíquica; na nomenclatura de Bion, "Realidade sensorial e psíquica" (AI, 26). A função dos sonhos na veiculação da realidade psíquica – e não apenas para satisfação de desejos foi delineada por Freud nos vários acréscimos metapsicológicos à sua teoria sobre interpretações de sonhos – de 1904 até 1938.

O autor usa o termo *self* pelo fato dele ter sido usado por Freud e Bion; comentários críticos a respeito deste termo podem ser vistos em trabalhos de alguns analistas. Sonhos podem ser vistos como uma das ferramentas que buscam algum conhecimento do *self*, a serviço dos instintos epistemofílicos, conforme definidos por Freud em vários estudos – por exemplo, o do caso do Pequeno Hans (1909). Realidade é passível de ser apreendida pelos sentidos, embora de modo involuntário, transitório, fragmentário e parcial, e nunca de modo absoluto e total. Dentro desse nível, não há diferença entre todos nós, que nos denominamos de seres humanos, e qualquer outra entidade

T

animada na natureza. Taxonomica- mente, a partir da primeira espécie viva provida de terminações nervosas para apreensão de estímulos – Paramécia. Que, em espécies mais desenvolvidas, implicam em dor. Após ter sido apreendida, e internalizada, a realidade material e psíquica pode ser tornada inconsciente, ser sonhada e, posteriormente, retornar à consciência. Bion considerou exaustivamente a observação de Freud a respeito de uma escolha que todos nós, seres humanos, precisamos fazer, ao nos defrontarmos com os dois princípios do funcionamento mental. Verdadeira encruzilhada: iremos evitar a realidade? Ou modificar nossos modos de lidar com a realidade? Em 1959, fez a hipótese de que elementos-alfa (α) seriam dispositivos que permitiriam-nos modificar a realidade. Nessa época, não qualificava alfa (α) como função; e não tinha nenhum atributo que pudesse levar alguém a confundi-lo com a atividade onírica.

Havia uma questão que lhe parecia insolúvel, por lhe ser totalmente desconhecida: a hipótese de Freud, de que a consciência realizaria a função de um órgão sensorial para apreender a qualidade psíquica. O que seria isso? Na visão do autor deste dicionário, obtida no cotejamento com outros escritos – em *Cogitations*, e principalmente em *Transformations*, *Attention and Interpretation* e *A Memoir of the Future* – essa questão encerra uma outra, mais ampla: o que viria ser o correspondente na realidade da formulação verbal "qualidade psíquica"? Isso inclui o pensar? Bion não especifica a situação desta forma que proponho; tentou fazê-lo por prática teórica, propondo uma noção igualmente desconhecida, alfa. Em 1960, faz as pazes com a teoria de Freud, e a expande com a teoria sobre a função-alfa. Enuncia claramente que é mais útil usar uma teoria insatisfatória, quando não se descobriu nenhuma substituição melhor (LE, item 9, introdução; T, 45, 49, 54).

Bion faz uma crítica construtiva, para tentar expandir a teoria de Freud, que mostrava limitações para iluminar fatos clínicos nos casos de psicose, ou de prevalência da personalidade psicótica. A possibilidade de observar mais detalhadamente o quanto aspectos psicóticos – intolerância de frustração, basicamente – podem impedir a formação das qualidades psíquicas, e portanto, sua percepção (pelo paciente e pelo analista), tornando a pessoa incapacitada para modificar a frustração, foi possível graças à integração da teoria de Freud à teoria de Klein, sobre identificação projetiva – quando utilizada para evacuação, servirá de servir como evasão da frustração.

Nessa análise histórica das contribuições de Bion, o leitmotiv desse dicionário de conceitos, é seguro afirmar que a crítica se acompanhou de uma prática: a construção do que proponho denominar, genericamente, de um "projeto alfa (α)": uma teoria que pudesse substituir a teoria freudiana sobre o sistema consciente e suas funções – que denomino de modos para apreender da realidade material e psíquica. Basicamente: os processos emocionais de intuir e pensar, inconsciente pré-consciente e inconsciente. Bion vai resgatando, gradualmente, forçado por dados clínicos na análise de psicóticos, observações delineadas e indicadas de modo espalhando na obra de Freud, no desenvolvimento da teoria sobre sonhos. Até o ponto que foi minha investigação, as indicações foram desprezadas pelos membros do movimento psicanalítico, até que Bion as desenvolva: *"Como um sonho promove evasão de frustração? Pela distorção dos fatos da realidade e. . . pelo trabalho onírico sobre a percepção dos fatos. . . . Freud atribui ao trabalho onírico a função de disfarçar os fatos da vida mental interna – mas apenas nos pensamentos oníricos. Atribuo a este trabalho a função de evasão da frustração gerada pelos pensamentos oníricos e por sua consequente interpretação, caso esses pensamentos pudessem funcionar de modo apro- priado – isto é, como mecanismos associados às tarefas legítimas envolvidas na modificação real da frustração"* (C, 54).

"Alfa (α)" abriu caminho para um estudo mais preciso do pensar inconsciente de vigília. Na mesma época em que a tendência majoritária no movimento psicanalítico perpetrava desvios sem volta, em direção ao estudo da parte consciente do ego – e, consequentemente, favorecia o sistema consciente, às expensas dos outros dois. Um dos discípulos de Freud – Heinz Hartmann – emigrando para os Estados Unidos, insistiu numa nova disciplina: "psicologia do ego"; não se apresentou, nem foi acusado de "dissidente", embora estivesse expressando a tendência de desprezar o estudo do sistema inconsciente – *unbewußt* (desconhecido) – o composto básico do Id. Correndo o risco do pedantismo, apelo para palavra em alemão, língua materna de Freud e de Hartmann. Desconhecido e inconsciente são sinônimos.

Poucos dias após apresentar sua alternativa, Bion se questiona: *"Terá este [pensamento inconsciente de vigília] a função que atribuo à alfa (α) ou é alfa (α) que leva a cabo a transformação das impressões sensoriais, tornando-as armazenáveis, de forma a ficarem disponíveis ao pensamento inconsciente de vigília?"* (C, 55).

Neste momento, a escrita de Bion (provavelmente, ele mesmo) nega categoricamente que "alfa (α)" teria como tarefa, a formação de símbolos. Históricamente (sempre segundo os dados escritos), é o primeiro passo dado por Bion para separar a teoria sobre "alfa (α)" da teoria sobre os sonhos. Até então, confundidos. Bion teria chegado a esse ponto em decorrência de sólida apreensão das percepções de Melanie Klein – popularizadas por Hanna Segal – sobre formação simbólica, aliando-a à experiência com psicóticos, cuja excessiva senso-concretização, impede-os de sonhar em vigília.

A separação (ou, não-confusão) entre alfa (α) e sonhos permitiu que Bion localize alfa (α) como *precursor de sonhos*. E não mais, como o fora na primeira tentativa teóricas, tendo a função específica de *gerar* matéria-prima para ser empregada em sonhos; afinal, foi ele mesmo quem havia percebido que tal concretização onipotente ocorria em psicóticos. Concluí[138] que as injustificadas e hostis críticas contra a obra de Freud vigentes em sua época foram um fator para que Bion tenha citado uma observação de Freud em *A Interpretação dos sonhos* (SE 4, p. 54), sobre pessoas que utilizam

---

[138] Em conversas e correspondência pessoal, Francesca Bion e André Green concordaram com a minha conclusão. Esmagar violentamente a obra de Freud popularizou-se nos anos 1960; incrementou-se, alcançando um clímax entre 1990 e 2015. Atualmente (2021), arrefeceu-se.

a *"necessidade de depreciar o sonho, em um estado de vigília"*, para enfatizar a constatação de Freud, frequentemente neg- ligenciada por membros do movimento psicanalítico, **da dependência da vida de vigília dos sonhos**. Acrescento à citação de Freud, por Bion, a página 19 da mesma obra, e também, na obra de Bion, C, 47 e 54, onde há uma confirmação da ideia de Freud que o pensar, originalmente, é inconsciente; e com maior precisão: o pensar, era de fato *"ainda inconsciente"* (C, 54).

OSumarizando: Bion criou a noção de trabalho onírico alfa (α). Precisou de dois dias de maior experiência clínica para iniciar sua substituição, pela teoria alfa (α). Referindo-se à obra de Freud, [SE 4 p. 54] *"A maioria das críticas citadas é hostil e indica a necessidade, em um estado de vigília, de depreciar o sonho. Isto é compatível com a teoria alfa (α), que diz haver uma falha de "digestão mental". Isso explicaria, em parte, porque os 'fatos' e a sua contraparte ideacional não foram digeridos, uma vez que a atitude racional consciente é tão hostil à contraparte ideacional do estímulo, independentemente do lugar na realidade onde ele se originou. Pois tal hostilidade provavelmente inibe o trabalho onírico alfa (α), e quando a inibição falha – pois, apesar de tudo, o paciente sonhou – a hostilidade estende-se ao produto do trabalho onírico"* (C, 56-57).

Quatro dias depois, emerge outra invariância, permeando toda a obra de Bion; imposta pelos dados clínicos. Do ponto de vista da teoria da ciência e da matemática,[139] Bion se baseia em Bacon, Locke, Hume, Kant, Schlick, Prichard, Braithwaite, Bradley e, em pequeníssima parte, Karl Popper, para buscar uma teoria geral que pudesse abarcar conjunções constantes e fatos selecionados. Cita obras desses autores – a meu ver, com absoluta fidelidade e coerência - em vários capítulos de *Cogitations* e nas compactações teóricas (incluindo questionamentos) e clínicas (incluindo excertos de casos) advindos destes capítulos, em *Learning form Experience* e *Transformations*.

No trajeto histórico-científico que levou Bion à teoria da função-alfa (α), estamos então em uma fase intermediária, por ele denominada "trabalho onírico alfa (α)". Já vimos que, partindo de "alfa (α)", e chegando ao "trabalho onírico alfa (α)", a modificação foi separar "alfa (α)" de "sonho". O próximo passo, devidamente descrito, foi: *"Sob o título de trabalho onírico alfa (α), proponho reunir um certo número de atividades mentais, todas elas familiares aos psicanalistas praticantes, mesmo que não tenham sido associadas desse modo antes"* (C, 62).

Temos aqui uma aplicação prática em psicanálise de uma teoria da filosofia da matemática, sobre a descoberta de um pesquisador, de fato selecionado, de Poincaré. Pode se aplicar a todo e qualquer estudo científico; foi trazida à consciência dos membros do movimento psicanalítico as por Bion, para construir uma ampliação clínica e

---

[139] Usualmente, filósofos usam – a meu ver, imprecisamente - o termo "epistemologia", para se referir à filosofia ou ciência do conhecimento. Bion se utiliza dos termos, filósofos da ciência, filósofos e teóricos da ciência. Teóricos da ciência estudam não apenas a episteme, mas também doxa (o primeiro significa, um fragmento, ou o todo do conhecimento; o segundo signifca, uma opinião ou crença, ou senso comum.

teórica do trabalho de Freud: *"O termo, 'trabalho onírico', já possui um significado de grande valor. Desejo ampliar algumas ideias que já lhe foram associadas e limitar outras"* (C, 62). Bion, que sempre escreveu cientificamente, reconhecendo suas fontes, explicita sua filiação ao trabalho de Freud, conforme está registrado em A Interpretação dos Sonhos, "Formulações sobre os dois princípios do funcionamento mental", "Instintos e suas vicissitudes" e "Novas con- ferências introdutórias sobre psicanálise". Integra essas quatro fontes com "Notas sobre alguns mecanismos esquizoides", de Klein. *"Em nome da brevidade"* (C, 63), usa uma notação quase-matemática, idêntica à usada por Freud: a letra grega alfa (α), com o valor de uma notação. Parece-me indicar um primórdio – como nos estudos de Freud sobre o aparato psíquico: um estímulo inicial, desconhecido, mas atuante. No caso, "trabalho onírico alfa (α)". Portanto, as duas teorias alfa (α) e trabalho onírico alfa (α) possuem características que se manteriam ao seu desfecho, a teoria da "função-alfa (α)". Nenhuma das duas foram consideradas como funções, talvez por abranger muitas intenções: diferenciar sonhos de alucinações; e algo ainda mal definido, que não seria o sonho propriamente dito, nem o pensar de vigília. Os termos revelaram um "funcionamento" teórico inesperado – idêntico à observação de Bion em psicóticos, que não se comportam como alguém acordados, nem tampouco dormindo, nem sonhando. Se é verdade que o trabalho clínico é algo que sustenta conceitos e teorias psicanalíticas úteis, duráveis e transcendentes, também é verdade que promover apressadamente, ou elevar de modo direto constatações clínicas obtidas por estudos de casos à condição de regras de funcionamento da natureza humana acarreta o risco de ir contra a verdade dos fatos, dando base real a algumas críticas das conclusões de membros do movimento psicanalítico. Foi isso que ocorreu com as duas teorias iniciais de Bion – rapidamente mutantes, uma questão de poucos dias.

    O leitor atento poderá ver que o método de estudo se mantém; a facilidade em substituir teorias que provam ser invalidas na prática é idêntica à de Freud: nas teorias propostas por Bion, fatos selecionados conferiram coerência a fenômenos que pareciam estar desconectados, sob forma caótica, e por vezes sentidos como caotizantes na experiência clínica. Foi obtido conjunções constantes de fenômenos observáveis – chamados por Braithwaite de fatos empíricos de nível básico (*low level*), depois usado por outros teóricos, como Hempel. Entre 1959 e 1961, Bion assinalou claramente nessas descrições, que conjunções constantes e fatos selecionados pertenciam apenas *à mente do observador*, mas *não* ao fato observado: fiel a Hume e Poincaré. A observação clínica abriu caminho para a constatação – realização, se usarmos o termo em inglês, hoje globalizado – de que o funcionamento psicótico é a "camada" mais profunda do que chamamos de normalidade; sua utilidade foi a elucidação da existência de algo que Bion denominou, personalidade psicótica. O desenvolvimento final foi devido ao uso da teoria das transformações e invariâncias, com o conceito de transformações em

T

alucinose (q.v.). Durante a década de 1950, Bion manteve-se sujeito ao padrão conceitual, "patologia ou saúde": o modelo de cura. Pode ser aplicado ao sofrimento humano, como o era pela medicina e psiquiatria? Bion, como Freud antes dele passa a questiona o padrão – que contribuía para inconsistências que Bion encontrava na teoria sobre trabalho onírico alfa (α), na tentativa de resolver a função do sonho e solucionar suas dúvidas sobre a teoria do sistema consciente de Freud. Obteve o auxílio da teoria de Klein, observando que alguns sonhos estavam a serviço de identificação projetiva. Parece-me claro que a tentativa de resolver todos esses problemas em uma única estrutura teórica – a teoria do trabalho onírico alfa (α) – resultou em complicações e incoerências. Percebeu um problema desnecessário: a amplitude onipotente de seus objetivos; seria fundamental haver uma restrição – frustração – nas pretensões. A questão que enfrentava era idêntica à que percebia nos pacientes: onipotência e onisciência. No entanto, as teorias, que provaram ser falhas, iluminaram melhor a existência do sonho de vigília, por extensão das observações de Freud sobre problemas decorrentes do fracasso em sonhar, e continuidade das ocorrências diárias nos "restos mnêmicos" dando forma aos sonhos: *"O trabalho onírico alfa (α) é contínuo, dia e noite"* (C, 63). Freud dera maior ênfase à atividade de sonhar ao dormir do que no estado de vigília; parece-me consequência da clivagem que pensava existir entre consciente e inconsciente, na sucessão do tempo. Para Freud, a experiência emocional de atemporalidade se restringia ao sistema inconsciente: uma ideia similar à das pessoas que elaboraram a tradição religiosa judaico-cristã, em um dos pontos nos quais muçulmanos concordam: no início, tudo eram trevas. (Genesis). Bion percebia que o sistema inconsciente transitava com maior penetração no sistema consciente durante o dia, do que parece ter sido percebido na clínica dos praticantes pós-Freud – apesar das observações contidas em *Psicopatologia da Vida Cotidiana*, que também começavam a ser ignoradas. Nesse momento, Mas Bion ainda tentava transplantar uma teoria da ciência – de Bradley – sobre o funcionamento mental para resolver um problema no trabalho de Freud, cuja origem é clínica: pensou que o trabalho onírico alfa (α) *"opera sobre a contraparte mental dos eventos da realidade externa, ou sobre aquilo que Bradley chamou de contraparte ideacional do fato externo"* (C, 63). Essas ideias geradoras contendo transplantes de outras disciplinas lhe pareceram impublicáveis, por serem refutadas pela sua própria experiência clínica e conterem excesso de pretensões substitutivas do trabalho de Freud. As teorias sobre alfa (α) e trabalho onírico alfa (α) mostraram-se excessivamente amplas. Pretendiam total abrangência: substituir a teoria sobre sonhos de Freud: "sonhos operariam" sobre o material da mente; não seriam seu produto nem apenas interações. Bion estaria subestimando, nestes momentos, o valor de impressões sensoriais? *"No momento, o máximo que conseguimos alcançar, em termos de compreendermos o material mental sobre o qual α opera, consiste em: vários tipos de tiques, inclusive a* *gagueira; relatos de supostos sonhos, nos quais aparentemente não existe conteúdo, exceto uma poderosa experiência emocional; relatos de sonhos em que as imagens visuais não estão associadas a emoções. Talvez seja possível complementar isso, em alguma medida, se conseguirmos saber qual é a contraparte de realidade do material sobre o qual alfa (α) opera. Nesse sentido, a experiência que nos oferece maior esperança é a da situação analítica, na qual o analista pode ver, por si mesmo, os fatos correntes sobre os quais alfa (α) opera, no ali e agora, à medida que esses fatos se desvelam"* (C, 65). *"Essa contraparte ideacional, sobre a qual α opera, parece ser a consciência ligada a certas impressões sensoriais, que Freud chamou de consciência ligada aos órgãos dos sentidos* [1900, S.E. V, p. 615]. *Não sou capaz de sugerir o que ela seja"* (C, 63).

Parece-me ter percebido que criara um obstáculo: o dispositivo proposto, alfa (α), operaria na matéria da qual a mente é feita – contrapartes mentais –, em vez de operar nas impressões sensoriais, como iria afirmar em 1961, dois anos depois, ao propor a teoria da função-alfa (α).

Como Freud, Bion não separava as duas formas – material e psíquica – nas quais a realidade aparece para todos nós, seres humanos. Freud usou um recurso discursivo para mostrar a verdade da formulação verbal, realidade psíquica, como uma das duas formas de existência humana – pela primeira vez na história das ideias da civilização ocidental (Sandler, 1997a). Realidade, ou "existência", na terminologia precisa de Freud, é indivisível. Problema também enfrentado por Platão, Spinoza, Bacon, Hume, Kant, Schopenhauer e Nietzsche; e, tardiamente, por Aristóteles. Mas nunca enfrentado por Descartes, Auguste Comte. Sibilinamente tratado por São Tomás de Aquino. Um excessivo número de membros do movimento psicanalítico tentou separar a realidade, esquecendo que Freud falou de duas formas da mesma existência, e chamou as duas de "realidade" (material e psíquica), para enfatizar que nenhuma delas nos era completamente acessível pelos órgãos sensoriais – seguindo a observação de Kant, em *Crítica da razão pura*. (Sandler, 1997a, 2001a, 2001b). Bion resvalou, por poucos dias, na tentação idealista, ou "abstracionista", na afirmação de que o trabalho onírico alfa (α) opera nas contrapartes mentais, em vez de operar nas impressões sensoriais – o ponto de partida neurológico de Freud – não estava mais usando o trabalho clínico, mas uma teoria filosófica. Entre 1960 e 1961 retorna ao exame da origem do sonhar a partir de impressões sensoriais, como porta de entrada dos estímulos.

A crítica construtiva efetuada por Bion sobre a teoria de Freud a respeito do sistema consciente é o fato de que ele não conseguia isolar fundamentos clínicos (empíricos) que pudessem ter originado essa parte específica da teoria de Freud – a consciência como órgão sensorial para apreensão de qualidades psíquicas, que se acresceu à dificuldade de definirmos precisamente, o são "qualidades psíquicas"; algo que nem mesmo neurologistas, que retornaram ao exame da cognição, puderam resolver. Caso não se apoie em algum autoritarismo divinizado conferido a um "Freud" ("se foi Freud quem falou, está falado"), eufemisticamente chamado de postulado, ou paradigma, perceber-se-á que é uma formulação verbal, originada de um tripé diagnóstico: intuição, experiência clínica e senso comum. *"Sinto não ter nenhuma experiência clínica que, em contraste com outras experiências clínicas, fosse útil para diferenciá-la, identificando-a como parte daquilo que constitui a consciência ligada aos órgãos dos sentidos"* (C, 63).

Todo leitor atento à obra de Bion poderá fazer muitas outras citações mostrando a *Weltanschauung* científica – amor à verdade - orientando o trabalho escrito por Bion. Temos relatos de pacientes, também, corroborando essa visão. Haveria alguma outra *Weltanschauung* que pudesse encaminhar, talvez resolver essa questão, que sumarizo como pertencente ao âmbito do diagnóstico científico – de uma doença, situação, evento, coisa, personalidade, seja lá qual for? Aparentemente, Bion parece tê-las sentido como minimamente encaminhadas, ao aceitar teoria de Freud sobre o sistema consciente. "Trabalho onírico alfa (α)" fica como falsa teoria, produto de cogitações não evidenciadas pela prática clínica. Bion a substitui por uma teoria de observação – função-alfa (α), aliviada do encargo de ser uma teoria de psicanálise propriamente dita sobrecarregada por muitos objetivos. Reservar o lugar da teoria de função-alfa para lidar com a apreensão e transformação de impressões sensoriais (captadas pelo sistema sensorial humano) – exatamente o mesmo já reservado por Freud em *A interpretação dos sonhos*. O percurso é mapeado nos livros de 1962, 1963 e 1965, na recomendação de que não se abandonasse teorias deficientes enquanto não se encontrasse nada melhor: preferiu **não** publicar em vida as teorias de alfa (α) e "trabalho onírico alfa (α)". No entanto, caso o leitor atual faça do modo que Bion fez, colocando-as como hipóteses entremeadas de registros de sessões analíticas com pacientes exibindo severos distúrbios nos processos de pensar, poderá extrair ensinamentos fundamentais. Bion trabalhava com formação de hipóteses, como fazem cientistas que testa "hipóteses nulas"; como o fez Freud. Retrospectivamente, as teorias, trabalho onírico alfa (α) e alfa (α) foram feitas para serem abandonadas, na medida em que não se sustentaram na utilidade clínica. Fez exata- mente o que os técnicos em estatística fazem quando. Podemos aceitar a visão, de senso comum na ciência, de que a matemática é a ciência mais precisa até hoje conhecida. Talvez seja útil colocar Bion no contexto social circundante em que vivia: do ponto de vista macrossocial, viveu nos tempos de Churchill, que observou[140], "democracia é a pior forma de governo existente, com exceção de todas as outras já tentadas" – popularizada com outras palavras, como "democracia é muito ruim, mas até agora não se descobriu nada melhor". Do ponto de vista microssocial, Bion viveu nos ferozes tempos acusatórios, que psicanálise seria uma pseudo--ciência religiosa e charlatanismo, feitos alguns teóricos, como Karl Popper, homem

---

[140] *... democracy is the worst form of government except from all those other forms that have been tried from time to time"* (Sutcliffe, J.A. [1992/1999]. *The Saying of Winston Churchill*. Londres: Duckworth). A admiração de Bion pelas atitudes de Winston Churchill, como político, foi atestada em correspondência pessoal mantida pelo autor, e também em conversas pessoais, com sua esposa, Francesca Bion – que trabalhou em seu gabinete de guerra. Admiração e gratidão, compartilhada pela maior parte da população da Inglaterra, Europa e do continente norta-americano.

incapacitado, por questão pessoal com Adler, de discriminar a psicologia individual da psicanálise; e Hans Eisenck, baseado crenças da Religião Positivista de Auguste Comte. A desinformação do público sobre psicanálise é tal que filósofos e professores universitários não podem ser totalmente culpados pela ignorância, devido a um fato real, que foi qualificado por um dos mais respeitados presidentes da International Psychoanalytical Association, Robert Wallerstein (1988), a questionar sobre a existência de "uma ou muitas psicanálises". Em parte, por descuido dos membros do movimento psicanalítico quanto a definições e principalmente, descrições das condições empíricas que permitem afiançar as definições.

Um dos indícios que levaram Bion a abandonar suas próprias teorias abrangentes, em vez de abandonar as teorias de Freud, foi sua observação de que pessoas diferentes podem usar as **mesmas palavras** – mas com **sentidos** diferentes; e que uma mesma pessoa pode usar a mesma palavra, com sentidos diferentes, de acordo com o contexto e época. "Contexto" não equivale exatamente ao significado do termo em linguagem comum, mas implica a situação clínica: provavelmente o maior fator no *setting*, anglicismo precocemente usado para descrever a situação clínica em psicanálise. A tentativa terapêutica com pacientes psicóticos levou Bion a apreender que algumas pessoas proferem frases, e até mesmo palavras isoladas, *"desprovidas de implicação"*.

> "Houve algumas ocasiões em que um paciente falou de uma sensação de uma determinada maneira, em que pensei poder estar diante de um exemplo desses, um fenômeno mental antes de sua transformação por alfa (α) . . . um paciente fala, por exemplo, de uma mesa; fala de um modo tal que fica claro que ele não está querendo dizer ou expressar aquilo que, ordinariamente, queremos dizer ou expressar quando usamos a palavra mesa. Geralmente, a diferença reside no fato de que, para diferentes pessoas, as mesmas palavras têm, além de seu significado comum, uma diferente penumbra de associações. Mas nos exemplos que tenho em mente, a diferença reside naquilo que parece ser a *falta* de associações. É como se a palavra fosse uma contraparte de uma nota pura em música, despida de sub ou supratons; como se não significasse nada além de "mesa", não significando quase nada" (C, 63).

Neste momento – 10 de agosto de 1959, data marcada precisamente por Bion e pela sua esposa, Francesca – Bion estava se aproximando de uma descoberta, a da existência de algo que, pouco depois, chamaria de "elementos-beta". A descrição do fenômeno, ou do dado empírico, estava pronta. A concepção estava pronta. Faltava-lhe o conceito, pois não tinha ainda contraparte verbal que indicasse sua pertinência ao âmbito numérico. Que, segundo minha investigação, corresponde ao (Sandler,

1997a), que hoje denominamos, sistema inconsciente, ou, mais usualmente, inconsciente ou desconhecido (*unbewußt*) – introduzido no parágrafo seguinte:

"*Existem outras experiências, que envolvem emoção, medo, ansiedade ou terror, às quais o paciente parece incapaz de vincular um nome ou uma imagem*" (C, 63). Neste texto, Bion faz trajeto similar àquele feito pelo paciente em seu próprio sofrimento. Bion, como escritor, compartilha de tal sofrimento. Talvez o fazia, como analista; cogitações sobre compaixão e verdade são dessa época (C, 125). Alguns leitores podem sentir-se convidados a experimentar algo, em si mesmos, em suas análises, e quando tentam analisar alguém. Algo que ocorre o tempo todo, que muitos se habituam e tornam-se insensíveis, pois órgãos sensoriais, quando habituados, necessitam de mais doses para apreender o "algo": percurso de todo hábito, útil ou nocivo. No funcionamento mental, mecanismos de defesa do ego usam o "algo" contra ansiedade produzida por verdade sentida como dolorosa: a "algo" adquire um sobrenome sensorializado: "algo psicótico"; pode chegar e ser um algo com gosto, cheiro ou visão; ou um misto dos três. Um "algo psicótico" desabilita o paciente a tolerar a cesura (q.v.) que diferencia e unifica, simultaneamente, por filtragem, e de modo dinâmico, aquilo que é consciente do que é inconsciente. A pessoa sente que tudo lhe é consciente, ou sente que tudo lhe é inconsciente. (o leitor pode examinar o verbete "Barreira de contato"). Os termos, unifica e diferencia, tentam descrever uma situação de movimento constante, de vai-e-vem entre os sistemas consciente e inconsciente. O termo "filtragem", emprestado da fisiologia de membranas vivas, é usado para filtros naturais, no aparato urinário. "*Essas experiências parecem também não terem sido transformadas por alfa(α) . . . é um fato não digerido; não foi 'sonhado', não foi transformado por alfa*"(α)" (C, 63-64).

Mais um passo em direção à teoria da função-alfa (α): "É possível descrever mais detalhadamente o que alfa (α) *faz? Alfa* (α) *atenta para as impressões sensoriais*" (C, 64). Logo veremos - ou o leitor já pode ir constatando, ou ter constatado no verbete "Função-alfa (α)" - que a função-alfa (α), por sua vez, mais do que "estar atenta às impressões sensoriais", irá utilizá-las ativamente, transformando-as em elementos que serão úteis para serem armazenados na memória, pensados e sonhados. Há uma certa antropomorfização inerente ao discurso, mas não ao modelo científico da funçao alfa (α).

Meu método de investigação da história das contribuições de Bion é a cronologia da inserção dessas contribuições (usualmente chamadas de ideias – evito esse nome pela origem empírica: não se trata apenas de uma ideia) nos textos disponíveis. Ao definir alfa (α) como algo "atento às impressões sensoriais", e considerando que "sentimentos" são impressões sensoriais internas, Bion pode abandonar a dependência de reflexões filosóficas de teóricos da ciência sobre o aparato psíquico – ainda que mantendo os métodos de exame de Bradley e Braithwaite. Os textos em *Cogitations* mostram estágios intermediários no desenvolvimento da teoria: na mesma época em que Bion cortejava teóricos da ciência para dar respostas a questões que demandam experiência clínica, ressalta criticamente questões cruciais nas quais a prática em psicanálise demonstra enganos ao se transplantar para psicanálise postulados filosóficos, úteis para raciocínios lógicos auto-alimentantes; ou para voos imaginários, mesmo que tenham valor literário – são transplantes heterólogos, destinados ao fracasso. Esta afirmação pode ser evidenciada nos escritos de Bion. Por exemplo, na análise crítica sobre política social e psiquiatria *"em tempos de crise"*, escrita em 1947 para a Sociedade de Psicologia Britânica, aponta limitações e também excessos das ações de líderes políticos, religiosos e de outros ativistas, incluindo filósofos no que se refere ao âmbito da psiquiatria e psicologia: *"Parece-me que... o filósofo... retrocede, habilmente negado. Este é meu ponto: é função da filosofia negá-lo"* (C, 341). Em alguns estudos, Bion ressalta que analistas que estudam os processos de pensar que resultem em aproximações à verdade enfrentam questões similares às questões enfrentadas por fenomenologistas e teóricos da ciência, e que críticas de fenomenologistas à teoria cientifica de base positivista são similares à postura dos psicanalistas, de que analistas precisam ser analisados.

> .....proponho que agora possamos dizer o senso-comum é um termo empregado comumente, abrangendo experiências nas quais o orador sente que seus contemporâneos, indivíduos que ele conhece, irão sustentar, sem hesitação e de comum acordo, o ponto de vista que ele apresentou. O senso-comum, o mais elevado fator em comum do sensório, por assim dizer, sustentaria o ponto de vista que os seus sentidos veiculam. Além do mais, o orador tem um sentimento de certeza, de confiança, associado com uma crença que todos os seus sentidos estão em harmonia, cada um se apoiando nas evidências fornecida pelos outros. Também nesta acepção, privativa ao próprio indivíduo, ele sente que o termo "senso-comum" é uma descrição adequada, que abrange uma experiência que sentiu estar apoiada por todos os sentidos, sem desarmonia. Como contraste, posso citar a experiência na qual uma impressão táctil de, digamos, veludo – repentina e imprevista – dá origem à idéia de um animal, idéia que então tem de ser confirmada ou refutada pela visão; e assim, espera-se, o ponto de vista de senso-comum é adquirido.
>
> Mas existe uma dificuldade. Poderíamos dizer que, até aqui, o ponto de vista do paciente concorda essencialmente com o ponto de vista estritamente científico, que Braithwaite investiga depois de ter limitado o escopo de sua pesquisa, como mostrei anteriormente. No entanto, o analista também pode reivindicar que sua interpretação se baseia no senso-comum; mas ele é comum somente para alguns psicanalistas, presumivelmente, os que testemunham os mesmos eventos e fazem as mesmas deduções.

O problema do analista não se associa às possíveis objeções de um fenomenologista, embora seja possível argumentar que o ponto de vista do analista, de que todos os analistas deveriam ser analisados, apoia implicitamente uma percepção da crítica do filósofo fenomenologista à teoria científica. (C, 9-10).

Em *Learning from Experience, Transformations* e *Attention and Interpretation*, enuncia claramente o que falta para filósofos, ou para qualquer teórico: experiência clínica. Em psicanálise, inclui submeter-se a uma análise (em sociedades de psicanalistas, "análise didática") e analisar outras pessoas. Por outro lado, os dados históricos permitem a conclusão de que tentar submeter uma parte da teoria de Freud a uma crítica sob o vértice da teoria da ciência, como um instrumento inspirador, sobre métodos, deu-lhe mais segurança para não usá-la como substituta do método de Freud: *"A diferença entre filosofia (e mesmo psicanálise teórica) e a prática da psicanálise pode ser vista ao se considerar o que a detecção desta diferença significa para o filósofo ou teórico, e o que ela significa para o psicanalista praticante - que tem de decidir na própria situação emocional se os enunciados do paciente representam uma alucinação ou um fato de realidade externa"* (AI, 16-17). Deu-lhe segurança para usar o "criticismo" proposto por Kant: teoria da ciência aponta caminhos para a ciência, mesmo que não se encarregue do trabalho científico propriamente dito (Kant, 1781; Sandler, 1997a). Não apregoa superioridades a nenhuma das duas atividades, uma sobre a outra: aponta colaborações mútuas, observando que algo que falta a uma atividade fica presente na outra: *"Aqui está uma vantagem do psicanalista sobre o filósofo: seus enunciados podem ser relacionados a realizações; e as realizações, a uma teoria psicanalítica."* (T, 44)

Bion demonstra em vários textos quais restrições tem, para com filósofos idealistas, ao dispensar de vez ideias como *"contrapartes ideativas de eventos da realidade externa"* – uma das afirmativas vagas de Bradley frequentemente criticadas pelos teóricos da ciência herdeiros das intuições e observações de Sócrates, via Platão, resultando nas obras de Spinoza, Bacon, Hume, Kant, Schopenhauer e Nietzsche. Nelas, há o que denomino de teoria correspondencial colocada de modo inverso: haveria contrapartes, na realidade, daquilo que teorias científicas procuram expressar. Enuncia claramente que se filia a estas escolas: *"Seleciono... os encadeamentos de pensamento que eu poderia trilhar: um tangencia a natureza do senso-comum para o qual apelo, e para o qual, de acordo com as visões de uma poderosa escola de filósofos à qual me afilio, atribuo um papel extremamente importante. No momento, deixarei esse pensamento em suspenso, contentando-me, simplesmente, com uma delimitação parcial do termo, que abarque aquele aspecto da personalidade que é um condensado de um componente dos sentidos, comum a dois ou mais sentidos, que acredito ter um componente social; este componente social funcionaria de modo análogo aos impulsos sexuais, segundo a suposição de Freud;*

parece-me isso seja verdadeiro para todos os impulsos emocionais [Freud, 'Instincts and their Vicissitudes', 1915c, SE 14]." (C, 16-17)

Bion observa que o sonho, conforme o conhecemos, e as impressões sensoriais, tão logo chegam à psique, constituem-se como essas contrapartes: sonhos mantêm contrapartes com a própria realidade externa, e, portanto, nunca são apenas "ideativos". Um indivíduo precisa construir, momentaneamente, essas contrapartes, que sempre se compõem de realidades individuais, genéticas – muito além da ideação; e também adquiridas, pelo ambiente: as séries complementares de Freud. São, e também não são previamente existentes. Um filósofo não se ocupa em investigar como essas contrapartes são construídas; e raramente considera a parte já existente.

Bion considerou que a impressão sensorial *"precisa ser ideogramatizada"*. Ao propor isso, valoriza – como Freud – o componente visual. Uma das características da mente humana – e de todo mamífero – é a capacidade de transformar estímulos, internos ou externos, em imagens. Do ponto de vista da doutrina do neurônio, isso é feito pelos nossos olhos, ou, mais precisamente, a superfície de contato sensorial dos olhos - retina, composta de células (cones e bastonetes) que captam a energia luminosa (fótons). Isso – e apenas isso – que precisaria ser denominado "imaginação". Em uma psicanálise que respeita conceitos científicos, o termo nunca incluiria constructos fantasiosos, por mais que usem – a rodo – imaginações. Bion valoriza ideogramas na extensão em que conferem "durabilidade" às impressões sensoriais; são passíveis de reprodução artesanal e artística. Bion tenta investigar de que modo estímulos internos ou externos perdem seu aspecto material. Ou de que modo matéria quase pura transforma-se em energia. Algo que intrigou físicos por muitos séculos, até que apareceram um Planck e um Einstein para iluminar, em parte, o que ocorre. (para correlações entre psicanálise e física: Sandler, 1997a). Bion está prestes a enunciar a função "de-sensorializante" da mente humana, na extensão que faz das contribuições de Freud e Klein:

> Mas, nesse momento, surge aqui uma nova característica, subordinada ao princípio que vai prevalecer: ou princípio do prazer-dor; ou o princípio da realidade. Caso prevaleça o princípio da realidade, o objetivo do ideograma será tornar a experiência adequada para armazenagem e recordação; caso prevaleça o princípio do prazer-dor, o objetivo do ideograma tenderá a ser o valor que o objeto tem, enquanto objeto excretável. (C, 64)

Bion se ocupa de expressões ou formulações ideogramáticas até o fim de seus dias (AMF, vol. I, pp. 85 e seguintes). Experiências com psicóticos, conforme descritas nos artigos clínicos escritos entre 1950 e 1958, ainda não conseguiram dar unidade à sua teoria: *"até o momento, tenho que confessar, realmente não posso ir além de indicar o tipo de material que é trabalhado por alfa (α)"* (C, 65). Durante esse período, Bion observou muitas atuações e outras manifestações concretas. Foi capaz, como analista, de extrair o poder de comunicação dessas atuações. Transformou em eventos psíquicos, ou imateriais, tudo aquilo que recebia sob a forma de eventos materializados, ou concretizados. Como analista, de-concretizou a comunicação:

> "A impressão precisa ser ideogramatizada. Quer dizer, caso a experiência seja uma experiência de dor, a psique deve ter uma imagem visual do esfregar de um cotovelo, ou de uma face em lágrimas, ou algo assim. . . . Freud assinalou que sob a dominância do princípio do prazer, o objetivo da ação é a excreção do acúmulo de estímulos (mudanças de fisionomia etc.), contrastando com a ação sob a dominância do princípio da realidade, quando o objetivo é efetuar mudanças no ambiente. De acordo com isso, a natureza da imagem visual sob domínio do princípio do prazer será diferente daquela sob o domínio do princípio da realidade. Uma careta de dor ou o esfregar de cotovelo, sob o princípio do prazer-dor, será o produto final de um mecanismo destinado a aliviar a psique de uma experiência emocional, de modo que a pessoa não só irá sentir que excretou a experiência emocional, mas também que essa experiência foi evacuada em um continente. Na prática, este tipo de fantasia onipotente tem maior aparência de realidade quando a sua expressão não fica limitada à formação de um ideograma dentro da psique, mas é expressa por meio da musculatura, quando se faz realmente uma careta de dor ou se esfrega de fato o cotovelo. No consultório, às vezes podemos diferenciar esse tipo de ação muscular da ação que visa mudar o ambiente por meio da reação emocional que engendra no observador. Quando se trata de uma expressão muscular evacuatória de um ideograma, o analista percebe, nos sentimentos que essa ação desperta, a ausência de componentes apropriados à ação que poderia satisfazer esses sentimentos – a meta evacuatória do paciente é assegurar que os sentimentos indesejados fiquem inexoravelmente contidos em seu novo receptáculo. Se o ato for levado a cabo sob a dominância do princípio da realidade, então o ideograma – retido dentro da psique ou externalizado pela musculatura – terá como meta uma alteração subsequente do ambiente. Isso significa que o analista sentirá o ideograma expresso pela musculatura como modo de comunicação e como convite para fazer algo, contrapondo-se ao estado de expressão de um ideograma evacuatório, em que o analista sente ter que se submeter passivamente à intrusão.

Além do efeito subordinado à dominância do princípio do prazer-dor ou do princípio da realidade, há o efeito produzido pela predominância, como característica da personalidade, da tendência à cisão e à identificação projetiva excessivas. Se a tendência é excessiva, o valor do trabalho onírico-alfa (α) é alterado imediatamente; pois se a psique dispõe das experiências que teria de armazenar, no fundo a que chamamos de memória, é claro que alfa (α) não ajudará no armazenamento dessas experiências" (C, 64-65).

A citação acima ilumina uma questão frequentemente ignorada na técnica desenvolvida por Melanie Klein, pela prevalência de uma distorção nas leituras sobre identificação projetiva: um analista precisa perceber quando há um ambiente analítico com identificações projetivas, e precisa ser um mau continente para elas paciente. Discriminá-las não implica em ser dominado por elas. O único bom continente é a mãe do paciente, que participa da fantasia onipotente de seu bebê, até que a posição depressiva se introduza. Pouco tempo, de três a seis meses após o nascimento. Corresponde à definição de Winnicott, sobre a mãe suficientemente (minimamente) boa. Como toda fantasia inconsciente, tem uma contraparte real: ansiedade de aniquilamento – uma experiência não alucinada, caso o bebê não conte com algum adulto para ampará-lo e nutri-lo. Não é o caso dos pacientes, nem de seus analistas: nunca são seus pais. Foi essa, a constatação de Freud, que o fez cunhar o termo, transferência.

E o paciente? Sobre qual tipo de material ele efetua seu próprio trabalho alfa (α)? O paciente tinha algum alfa (α) com o qual pudesse contar? Neste curto período de desenvolvimento da teoria, Bion não ainda não simplificara seu modelo; pareceu não respeitar, como Freud respeito, fatos descobertos pela neurofisiologia e neurologia. Consequentemente, ainda não podia colocar que alfa (α) opera exclusivamente sobre impressões sensoriais. Recordou-se dessa origem real pouco depois. Incapaz de prosseguir, examinou *"a relação de alfa (α) com mecanismos de identificação projetiva e clivagem. . . . O ponto imediato é o efeito adverso que o trabalho onírico alfa, quando associado ao princípio do prazer e à identificação projetiva excessiva, tem sobre a personalidade . . . o verdadeiro sonho é sentido como promotor de vida, enquanto o sonho empregado como continente para identificação projetiva é sentido como artefato, senso tão deficiente nas suas qualidades promotoras de vida quanto é o seio alucinado para prover alimento"* (C, 66-67).

A teoria apresentava um problema: sonhos seriam "introjetores" (por meio do trabalho onírico alfa) e excretores (ao ser usados como receptor de rejeitados, sentidos como dejetos psíquicos, para identificações projetivas). Teorias incoerentes, redundantes ou com muitos objetivos podem ser falsas. Como tais, precisam de constante reparo, ficam flácidas, como se fossem uma tira de elástico muito esticada, que perde poder de contração. Perdem seus limites, confundem-se com outras já existentes: no caso, ficou idêntica à teoria de Klein. Bion percebeu a necessidade de pressupor dois tipos de sonhos, com duas naturezas incompatíveis. Não haveria problema caso Bion estivesse trabalhando dentro dos limites da teoria dos sonhos proposta por Freud – que, inicialmente, supôs que sonhos teriam apenas uma função: satisfação de desejo. O incremento de experiência clínica o fez descobrir a presença de alucinação nos sonhos de satisfação de desejo, permitindo-o descobrir outras funções, mantendo a mesma natureza, ou invariância (sonho). A falta de definição adequada obrigou Bion a atribuir excesso de funções e objetivos à teoria. As duas funções eram contraditórias: uma atendia ao princípio de realidade; a outra, o princípio do prazer/desprazer. Na prática, com um paciente, paciente, é possível ver as duas funções quando analisamos sonhos – eventos psíquicos que expressam os processos inconscientes, marcados por irracionalidades, atemporalidade e multifuncionalidade ilógica, contraditória – justamente pela prevalência do princípio do prazer-desprazer. Resistências, transformação pelo contrário, deslocamentos etc. fazem parte da teoria de Freud sobre o trabalho onírico. A tentativa de Bion, construir uma nova teoria geral sobre sonhos dotada de pelo menos duas funções contraditórias entre si, e tentando aproveitar uma parte que lhe pareceu válida, já existente - sobre trabalho onírico, que me parece ser um gerador de resistências - constituiu-se um sério problema teórico, que não refletia os achados clínicos. Ao atribuir a alfa (α) uma grande similaridade com os sonhos, tornou a teoria complicada, por excessiva abrangência. Ao retornar à consideração de que sonhar é uma atividade inseparável da captação e introdução (que sugiro denominar, no aparato psíquico, de introjeção) de estímulos sensoriais – Bion pode descomplicar a teoria, voltando a trabalhar com os sonhos sob o modo já considerado como clássico (depois de 60 anos). Faz uma sugestão: vamos voltar à definição original de Freud sobre sonhos: algo que ocorre durante o sono, mas acrescido da consideração de que são *"um sintoma de indigestão mental"* (C, 67). Parece-me que Bion se utiliza de uma percepção da medicina clássica, dos antigos hebreus, egípcios e gregos, que se tornou senso comum, não apenas na medicina, mas na população. Bion agora vai investigar se, e quando alguns relatos de sonhos - na terminologia de Freud, o conteúdo manifesto – seriam um sintoma da *"falha do trabalho onírico alfa (α)"*. Parece-me que Bion percebe uma questão séria, uma fonte de dificuldades para Freud: como discriminar sonho de alucinação? Há um ponto nevrálgico: faço uma analogia com lentes em fotografia, um "círculo de confusão" intersectando sonho e alucinação. Ambos baseiam-se na capacidade humana de criar imagens visuais: *"a falha pode acontecer, precisamente, pela causa que acabei de descrever; a utilização de imagens visuais a serviço da identificação projetiva, mas também existem . . . gradações na frequência com que o paciente recorre ao uso de imagens oníricas a serviço da identificação projetiva. A investigação do sonho como um sintoma de falha no trabalho onírico alfa (α) implica em uma necessidade: preciso reconsiderar as hipóteses que agrupei sob o título de trabalho onírico alfa (α)"* (C, 68; grifos do autor desse dicionário). Percebendo as impossibilidades de aplicação da teoria que tentava construir, abordou-a através do método psicanalítico, não fazendo uma clivagem entre manifestações sensorialmente apreensíveis, positivas, fenomenais, quaisquer que sejam elas, com as negativas (q.v.) – do âmbito "menos". Bion tentava testar a hipótese, ainda nebulosa, através da observação da **falta** de fenômenos que pudessem corresponder a tal fato. Suponho, baseado nas contribuições de Freud, Klein e Bion, que os primórdios da observação científica sejam a obtenção de alguma noção – por intuição sensível – de que está havendo algum tipo de "não- observação"; de algo que ainda não sabemos o que é, mas intuímos que exista, e nos faz falta. Bion observou um fator "negativante", que denominou, integrando Freud (na imagem de uma divindade de fúria vulcânica, Jeová, em *Totem e Tabu*) a Klein, de "*superego assassino*": "*Há um perigo nas sessões de análise em que o trabalho-onírico-alfa falha: o paciente poderá clivar o superego assassino – e evacuá-lo*" (C, 69). O fracasso em sonhar implica em fazer um *acting out* do sonho noturno por alucinações durante a vigília, geralmente de qualidades assassinas – há o assassinato da própria verdade. A cuidadosa atitude empírica de Bion é clara, nesse período em que tentava examinar possibilidades de estabelecer uma teoria. Duas semanas depois (8 de setembro de 1959), Bion faz nova abordagem, baseado na clínica: "*A incapacidade do psicótico "digerir" mentalmente sua experiência, em função de sua falta de capacidade para α, contribui para uma situação familiar para a maioria dos observadores: o fácil acesso do observador ao que seria o inconsciente do psicótico. Estes elementos permanecem detectáveis porque o paciente não consegue torná-los inconscientes. Portanto, como demonstrei, esses elementos também não ficam disponíveis para o psicótico, pois não foram submetidos a nenhum trabalho onírico que os tornasse inconscientes, e assim ficassem-lhe disponíveis. O psicótico é um homem duplamente incapaz: tanto de tornar esses elementos inconscientes, quanto de tirar proveito da experiência, pois tirar proveito da experiência significa ser capaz de converter o material percebido conscientemente em material que possa ser estocado mentalmente, de tal modo que possibilite tanto a concretização quanto a abstração*"(C, 71). Bion, de acordo com a nomenclatura filosófica e psicológica de sua época, denomina de "abstração", aquilo que hoje podemos denominar de um exercício de "de-sensorializar" e "de-concretizar"; estou utilizando as contribuições que Bion estava esboçando. Uma necessidade que me parece absoluta, para que nos capacitemos para uma atividade imaterializada: pensar, na *ausência* de objetos concretos. Bion estava observando, desde 1952, que psicóticos *não* fazem isso. Talvez a incapacidade não-reabilitável, em pessoas que pensamos ter deficiência mental, inata ou adquirida. Bion ainda não via como *fazê-lo*; mas dispunha, ao menos, de uma alternativa, conferida por observação, paciência e capacidade de autocontenção. Parece-me ter praticado esse exercício desde a juventude, quando comandava equipes militares em batalhões de tanques. Talvez os treinamentos em medicina e psicanálise o tenham auxiliado a aperfeiçoar esse exercício. Freud ficou impressionado com um dito de Charcot – "*aguarde, um padrão aparecerá*"; Bion também ficou impressionado, pois repetiu a citação de Freud. É grande, a possibilidade de que Bion não se fragmentou pela atuação do paciente psicótico, ou se integrou depois de tê-lo sentido, pois manteve-se minimamente capaz de conservar, pelo menos em parte, seu próprio aparato psíquico livre das identificações projetivas do paciente. Suponho – baseado nos escritos autobiográficos – que a análise com Melanie Klein o tenha auxiliado a "realizar" a natureza fantástica da identificação projetiva. Gradualmente, habilitou-se a observar a função exercida pelos bombardeios concretizados de pacientes psicóticos – uma ação (*acting-out*) destinada a criar climas emocionalizados, estimulando sentimentos de culpa, perseguição, curiosidade sexualizada, fantasias de superioridade, pressa no entender, onipotência e rivalidade, além de seus opostos: sensações de estupidez, desespero frente o desconhecido, violência, sadismo, sensações de triunfo, rapidamente mutantes para impotência. Os conteúdos emocionais dos psicóticos podem ser decodificados a partir dos vários eventos atuados durante a sessão; o psicótico não pode sonhá-los, e pensa que o analista o fará por ele.

Sob o vértice histórico, a cogitação acima citada, escrita na primavera de 1959, parece-me indício do que estava por vir: mostrar a origem clínica do que se tornou título de livro, ainda não estava escrito: *Aprender com a experiência*. Bion recorre ao senso comum para obter essa formulação verbal. A citação e o livro incluem uma analogia com o sistema digestivo. Há também a referência principal, ao sonho, acrescida da observação sobre o inter-relacionamento contínuo entre consciente e inconsciente. Isso permitiu atribuir uma função mais limitada para o Trabalho Onírico Alfa (α): a de um transportador circular, entre consciente e inconsciente e vice-versa. O conceito não precisará mais suportar a carga de substituir a teoria de Freud; e sua função será análoga à digestão; outro desenvolvimento limitante foi atribuir a função de "armazenamento" para o Trabalho Onírico Alfa (α): mais um passo para alfa (α) desempenhe mais claramente uma função diferenciada do ato de sonhar, ou do sonho propriamente dito – uma das características hiperbólicas e confusas da teoria, em seu início.

Passa-se mais um mês – outubro de 1959 – e Bion promove mais um passo na separação de alfa (α) do sonho propriamente dito, aceitando de vez a concepção de Freud: *"Usarei sempre o termo 'sonho' para os fenômenos descritos por Freud sob esse termo""* (C, 95). Pode-se dizer que este momento marca o início de uma carreira: a de apresentar novas formas que parecem resgatar as ideias de Freud, bem como facilitar a sua apreensão: *"Usarei sempre o termo 'sonho' para os fenômenos descritos por Freud sob esse termo"* (C, 95). Nesse momento, delimita melhor toda sua contribuição posterior: apresentar e possibilitar a apreensão ideias de Freud que haviam sido esquecidas e distorcidas, sob novas formas que as resgatam e as desenvolvem. Bion continua o parágrafo: *"Do ponto de vista do desenvolvimento, o sonho é uma experiência emocional que fracassou, por ser uma tentativa de suprir funções incompatíveis; situa-se em dois âmbitos distintos: do princípio da realidade e do princípio do prazer; representa a tentativa de satisfazer a ambos: é uma tentativa de conseguir evasão da frustração e ao mesmo tempo, modificação da frustração – fracassa nas duas tentativas. Como tentativa de modificar frustração, requer interpretação. Como tentativa de evasão de frustração, fracassa, pois o elemento de satisfação de desejo, presente no sonho, torna a personalidade cônscia de que o desejo não foi satisfeito na realidade. Assim, o sonho ocupa um papel conspícuo no tratamen-*

to; contém dolorosas tensões, sendo, ele mesmo, uma manifestação delas" (C, 95). Observações de valor descritivo na vida real e em uma psicanálise real – que é amostra representativa da vida real, permitem de vez que Bion possa atribuir uma função clara para alfa (α). O sonho é considerado visto como ferramenta no tratamento, como Freud o considerou – e não mais como panaceia para resolver todo e qualquer proposito de psicanalistas e outros, como os artistas - prática e teoricamente. Minha investigação transdisciplinar mostra um paralelismo com o repto aberto pelo de desejo de David Hilbert e seguidores: queriam obter uma formulação geral que resolveria todo e qualquer problema matemático, deixando a disciplina em uma base sólida e inexpugnável. Repto resolvido de modo negativo e surpreendente, por Kurt Gödel, com um teorema que retirou da matemática o cetro ideal de "ciência exata", introduzido-lhe o indeterminismo. Demonstrou haver enunciados e postulados em relação aos quais não existia nenhum procedimento matemático que poderia determinar se eram verdadeiros ou falsos; consistentes ou não; não havia provas lógicas internas ao postulado, nem externas, de outros postulados ou sistemas de raciocínio que pudesse decidi-los. Um golpe na onipotência dos matemáticos, cujo efeito foi promover desenvolvimentos até então impossíveis, ao notarem melhor suas impossibilidades. Seria útil que psicanalistas pudessem aproveitar disso? Freud, mesmo sem ter conhecido Hilbert nem Gödel, conhecia indecibilidades, no indeterminismo inexorável dos paradoxos relacionais dos princípios do funcionamento mental, dos sistemas psíquicos (consciente, pré-consciente e inconsciente), das instâncias psíquicas (ego, super-ego, id). Na constatação de uma verdade observável na clínica, o fracasso funcional do sonho, Bion viu-se na condição de procurar outra ferramenta teórica para tratar desse fenômeno observável, examinando – como os matemáticos, químicos, físicos, biólogos e médicos – as formas e consequências das falhas de sua teoria. A questão não é apenas teórica; talvez a mente humana, percebendo a falha do sonho, também procure outra ferramenta prática. Pesquisadores científicos, em busca de verdade, seguem um percurso idêntico ao do aparato psíquico. Procurar outra ferramenta implicou manter a teoria sobre trabalho onírico e sonhos de Freud, aceitando não só as capacidades, mas também limitações, sem procurar, como fazem crianças e adolescentes, algo final e último, para ultrapassar e substituir a teoria de Freud. Uma nova teoria – alfa (α) – mais madura, terá suas próprias aplicações, sem se sobrecarregar avidamente por tarefas abarcadoras de tudo: *"Mas, justamente por esta razão, sua importância, dentre os processos envolvidos na manutenção da continuidade do desenvolvimento, é menor. Os mecanismos cruciais são aqueles associados a tornar as percepções das experiências adequadas para armazenamento na psique, isto é, α, fazendo com que essas transformações armazenadas da experiência fiquem novamente disponíveis, quando a psique necessita delas"*. O problema é: quais são esses mecanismos cruciais"?" (C, 95)

T

Certamente, a expressão *"continuidade do desenvolvimento"* presume a existência de um processo mais básico e primitivo do que o processo onírico, talvez propiciando condições para a instalação da atividade do sonhar. Trata-se de uma exploração das funções do inconsciente dinâmico (no alemão de Freud, desconhecido: *unbewußt*).

Em certo sentido, o sonho, se considerado como "limiar da consciência" (partindo do inconsciente e tornando-se consciente), precisará ser interpretado como algo muito comprometido pela consciência – sempre eivada de resistências, repressões e regressões. Boa parte dos conteúdos manifestos não conseguem dar conta de alguns fenômenos com os quais Bion foi forçado a se confrontar no tratamento de pacientes que apresentavam prevalência da personalidade psicótica. A natureza e os mecanismos daquilo que se denominou "limiar da consciência" permanecem misteriosos; compartilham do mistério de todas as descobertas científicas, limitadas pelo descobrimento de relações – conhecidas – entre dois "algos" absolutamente desconhecidos em sua natureza última; por exemplo, as relações entre matéria e energia, ou seja, a velocidade da luz ao quadrado. O "limiar" nessas relações pode produzir explosões atômicas ou a criação da matéria; existente e real, permanece misterioso. O "limiar da consciência" permanece misterioso, até mesmo nos sonhos – questão enfatizada por Freud. O trabalho onírico parece ser o principal dispositivo até hoje conhecido que torna (ou transforma) aquilo que é inconsciente em consciente, e vice-versa; e também falha nestes movimentos de idas e vindas. Graças à falha, tornou-se possível interpretar sonhos – até certo ponto, transitória e instantaneamente, como o é a própria vida.

Os fenômenos com que Bion tentou lidar apresentaram-se da seguinte forma: *"os mecanismos cruciais são aqueles associados a tornar as percepções das experiências adequadas para armazenamento na psique"*. Esse mecanismo precisa transformar aquilo que é prevalentemente materializado e consciente no que é inconsciente - prevalentemente imaterial. Esse mecanismo não é o sonho; nem o trabalho onírico. O primeiro usa elementos já armazenados na psique; o último tem por função tornar os elementos armazenáveis, mas não de armazená-los.

Freud tratou desse problema ao perceber que mecanismos que enviam as percepções sensoriais à memória precisam ser diferenciados dos mecanismos que enviam percepções sensoriais à consciência. Essa discriminação, como se fosse um fio, ficou solta, na obra de Freud. O descobridor da psicanálise abriu um número significativo (talvez algum dia algum pesquisador os enumere) de caminhos. Seria possível exigir, ou mesmo esperar que ele pudesse ter trilhado e mapeado todos? Uma vida humana seria suficiente? A verdade é que nós, das novas gerações de analistas, herdamos notável riqueza de tarefas. Bion pode mapear a discriminação dos mecanismos de envio de percepções, para dois "destinatários" diferentes para poder tratar de pessoas com distúrbios sérios no pensar. O autor desse dicionário reitera a afirmação de Bion: seus leitores precisam ter uma base sólida da obra de Freud. Recomendo que consultem "Regressão", capítulo VII de *A Interpretação dos Sonhos* (SE, pp. 539-40), e *Além do Princípio do Prazer* (1920), para constar como Freud fez tentativas iniciais para discriminar os dois mecanismos.

O percurso de Bion é um exemplo de pesquisa científica no campo da psicanálise. É semelhante à criação da "constante da natureza" por Planck e criação da constante "c" por Einstein (Sandler, 1997): *"O problema é: quais são esses mecanismos cruciais? Pode ser que nunca saibamos, que possamos apenas postular sua existência, para explicitar hipóteses passíveis de serem traduzidas em dados empiricamente verificáveis; e que devamos trabalhar com esses postulados sem supor que possamos descobrir, em algum momento, realidades que lhes correspondam. Considero α como um postulado dessa natureza."* (C, 95).

Investigar o desconhecido (inconsciente), ou psicanálise, propiciou que Bion postulasse alfa (α), à luz do seu negativo - ou seja, de sua destruição (sofrimento na natureza humana – psicose): *"Uma consequência: priva-se a psique de suprimentos de realidade. Não há nada que se oponha à fantasia . . . a sua destruição de alfa torna impossível o armazenamento de experiências, resta-lhe apenas fatos 'indigestos' . . . o paciente sente que contém coisas-em-si, não suas imagens . . . considera coisas-em-si do mesmo modo que a parte não-psicótica de sua personalidade, ou um indivíduo não-psicótico considera 'pensamentos' e 'ideias'"* (C, 96-97). Na próxima citação, veremos a diferença entre alfa (α) e sonhos, e sua natureza alucinada na produção de imagens durante a vigília: o paciente *"espera que as imagens se comportem como se fossem imagens visuais em sua mente . . . o resultado que quero considerar aqui consiste na incapacidade de sonhar do paciente. . . . A psique fica privada de todos os elementos necessários para crescimento e desenvolvimento, dando um caráter de extrema urgência à incapacidade de sonhar do paciente . . . essa atividade é extrassessão . . . o medo diz respeito a nada menos que aniquilação. Consequentemente, o paciente necessita, como já vimos, restringir essas tentativas à sessão. . . . A combinação da incapacidade para sonhar com a urgência imposta pela privação que a psique sofre dá origem a . . . sonhos alucinados, que não fornecem associações"* (C, 97-98).

> A incapacidade para sonhar é, em si mesma, tão séria que o paciente fica compelido a ter um sonho, um "sonho estranho", que é a contraparte, no nível do pensamento onírico, da gratificação alucinatória experimentada na vida de vigília, quando a verdadeira gratificação é impossível . . .
>
> O paciente sente a falha em sonhar como um desastre tão grave que continua a alucinar durante o dia, alucinando um sonho ou manipulando os fatos, de modo a sentir que está tendo um sonho – essa é a contraparte diurna da alucinação noturna de um sonho. . . . E nesse aspecto o sonho que não produz associações e a realidade que não produz sonhos equiparam-se. São semelhantes à gratificação alucinatória. (C, 111-112)

T

Nutrido empiricamente pelo material clínico, Bion se aproxima, passo a passo, de um processo que é diferente dos sonhos, mas é fundamental à formação de sonhos. Este verbete omite nessas duas citações a descrição pormenorizada de duas situações clínicas que o conduziram às observações: um superego cruel, aniquilante, ameaçando emergir fora da sessão, conjugada à função do analista durante a sessão (o leitor está convidado a examinar o verbete, "Visão Analítica").

Em janeiro de 1960, Bion cogitou, pela primeira vez, a hipótese de um proto--elemento-alfa (α). Não o denominou "elemento"; utilizou o termo "objeto". Como sempre, os dados clínicos ajudaram-no a elucidar a formulação: um paciente traz *"consigo dois conjuntos de objetos"* (C, 113). Um desses objetos é continuamente fragmentado, *"semelhante, senão idêntico"*, aos objetos bizarros (q.v.), acessíveis à justaposição, mas não à combinação; são *"inúteis para pensamentos oníricos, para armazenamento como memória, ou, como Freud disse, para notação e, portanto, não servem para o pensamento inconsciente de vigília"*. O outro, denominado "objeto alfa (α)", adequa-se *"aos pensamentos oníricos"*, permitindo elaboração da posição depressiva.

A hipótese da existência de Objetos alfa (α) interpõe uma separação entre o Trabalho Onírico alfa (α) e os sonhos. Os Objetos alfa (α) assumem a função de matéria-prima para a construção dos sonhos. Comparado aos sonhos, Alfa (α) executa funções oníricas em menor escala; continua atuando sobre o movimento de PS para D. Bion vai deixar de atribuir essas funções para Alfa (α). A teoria irá se formular pelas definições de "função-alfa (α)", "elementos-alfa (α)" e "elementos-beta" (q.v.). Mesmo que modifiquem e substituam as teorias de pouca duração (comparativamente), a teoria final permanece vinculada à formação dos sonhos; e constituirá um fator no movimento em tandem entre as Posições psíquicas (segundo Klein). Sonhos, PS$\Leftrightarrow$D, função-alfa irão adquirir (no caso da função-alfa) ou recuperar (no caso de sonhos e das posições) definições claras. Relação entre sonhos, PS$\Leftrightarrow$D e função-alfa fazem-se na adoção de uma teoria na ciência matemática: funções e fatores.

Em fevereiro de 1960, após ter definido "elementos-alfa (α)", Bion observou outro "algo" que denominou, pela primeira vez, de "elementos-beta (β)": *"os objetos estão vivos; possuem um caráter e uma personalidade que, podemos presumir, são indistinguíveis dos objetos da criança... real e vivo ficam indistinguíveis; se um objeto é real para a criança, então ele está vivo; se estiver morto, então não existe"*.

O modelo se fez pela necessidade de discutir, de modo verbal, objetos em estado pré-verbal, elementos considerados como não vivos: foram, por assim dizer, "extintos" pela fúria infantil: *"se o objeto é desejado morto, está morto. Tornou-se, portanto, não existente e suas características são diferentes das do objeto existente, vivo e real; o objeto existente é vivo, real e generoso"*. Bion propôs *"chamar elementos-alfa (α) de objetos vivos e reais e elementos-beta (β), objetos não reais, mortos"* (todas as citações de C, 133).

Um dia depois, novo avanço na teoria. Relacionando às funções do sonhar, da atividade onírica de vigília e do fluxo das impressões e experiências do consciente ao inconsciente e vice-versa, observa que existem ocasiões nas quais *"o paciente expressa vários sentimentos verbalmente – "'Estou ansioso, não sei por quê.'" "'Estou me sentindo um pouco melhor, mas não sei por quê.'" – que podem expressar experiências como aquelas que sugeri ocorrerem quando o paciente tem um sonho. Quer dizer, ele tem uma experiência emocional que é submetida ao trabalho onírico alfa, de modo que a experiência emocional torna-se disponível, armazenável para ser usada na consciência. Normalmente alfa opera para possibilitar que uma experiência emocional consciente seja armazenada no inconsciente""* (C, 135). A definição, função-alfa (α) ficou pronta: ainda que não nomeada, pois Bion permanecia na tentativa de utilizar o conceito de Trabalho Onírico Alfa (α)" – mesmo que destituído de tantas funções substitutivas das teorias de Freud. À Função-alfa funcionaria como um processo intermediário, convertendo experiências vagamente definidas em "elementos-alfa (α)" – que, por sua vez, retêm experiências emocionais que não podem ser experimentadas em vigília, quando se está acordado. Devem ser sonhadas para que possam ser acessíveis ao sonhador que não consegue acessá-las em vigília. O conceito é importante, no sentido de afirmar que experiências emocionais não fluem só em uma direção, do inconsciente para o consciente. O funcionamento é mais complexo, indo e vindo, do mesmo modo descrito por Freud no capítulo VII de *A Interpretação dos Sonhos* – principalmente no item B, "Regressão", tentando reproduzir um modelo neurofisiológico onde há estímulos afetando nosso aparato sensorial: *"Imagino se os sonhos, isto é, as experiências terão que ser retidas por meio da sua conversão em elementos-alfa pelo trabalho onírico alfa; esses elementos-alfa são então combinados de acordo com certas regras, fazendo com que se aproximem daquilo que, no estado de vigília, seria a narrativa do evento do qual participo e que necessito registrar"* (C, 149).

Além do estado mental do paciente, também o do analista está constantemente sob escrutínio. A teoria do trabalho onírico alfa forneceu a Bion uma ferramenta aparentemente útil para essa empreitada que se tornou parte importante de suas contribuições à psicanálise: *"A atenção livre e flutuante, considerada necessária ao trabalho analítico, poderia então ser descrita como um estado de mente no qual o analista permite-se ter as condições necessárias para o trabalho onírico alfa operar, produzindo elementos-alfa"* (C, 150).

Um Esquema

Poderia esquematizar o processo da seguinte maneira:

Experiência emocional → trabalho onírico alfa (α) → elementos-alfa (α) → racionalização e "narração" → sonho.

Sensação de evento de vigília, do qual a personalidade participa, como numa narrativa desvelada → trabalho onírico alfa (α) → elementos-alfa (α) → pensamentos oníricos. (C, 149)

Trabalho onírico alfa (α) é então visto como gerador de elementos-alfa (α). Aparece no esquema como componente "lógico", que se expressa explicitamente por meio da emissão de palavras: "racionalização" e "narração". Posteriormente, o componente lógico seria eliminado, na teoria da "função-alfa" (α). Pode-se perceber que foi sendo gradativamente dispensado em todos os trabalhos posteriores de Bion – especialmente em *Transformations, Attention and Interpretation*, atingindo um acme na trilogia *A Memoir of the Future*. Bion estava altamente influenciado pelo positivismo lógico – a tentativa de elaborar proposições gramaticais que pudessem "matematizar" qualquer tipo de enunciado científico, dando-lhes status de teoremas lógicos. O maior expoente desta escola foi Rudolf Carnap; o movimento, nascido na Alemanha e Áustria, com Moritz Schlick, Otto Neurath, Ernst Mach e Ludwig von Wittgenstein, também teve como propagadores Karl Popper e Carl Gustav Hempel.

O componente lógico que Bion tentou conferir a essa teoria tornou-a mais aceitável aos que estão acostumados a acreditar em pensamento racional – cuja fronteira com racionalização, fruto de explicações dedutivas autoalimentantes e autoportantes, é muito tênue. Esquemas lógicos e construções lógicas sempre demandam e deságuam em causalidade; quando formuladas verbalmente, apelam para formas narrativas. O apelo de Bion para esta tentativa, totalmente engolfada no *Zeitgeist* do final de século XIX, estendendo-se por mais da metade do século XX, reflete a tentativa de dotar a psicanálise com um estatuto científico. No entanto, Bion foi altamente crítico ao que foi considerado, de modo absolutamente dominante, como ciência em sua época – o positivismo de Auguste Comte. Bion mostrou rara apreensão das percepções opostas e críticas ao positivismo, o herdeiro da "razão pura", já criticada por David Hume e Immanuel Kant. Acrescentou a essas críticas um pleno uso dos avanços da escola de Copenhague, e também das contribuições de Werner Heisenberg a respeito da falsa objetividade dessa autointitulada ciência. O leitor pode conferir essa afirmação do autor deste dicionário, por exemplo, em "Crítica à psicanálise também aplicada a outras ciências" (C, 152), escrito contemporaneamente às tentativas de estabelecer a teoria do "trabalho onírico alfa (α)". Bion aprofundaria essas mesmas críticas em *Transformations* (T, 4) e em tantas partes da trilogia *A Memoir of the Future* – uma citação exaustiva comporia um livro à parte.

Bion estava consciente das limitações do pensamento lógico; consciência esta incrementada sobremaneira por experiência analítica, e também por experiência de vida. No entanto, tal percepção não havia sido totalmente desenvolvida durante o final dos anos 1950 e início dos anos 1970. Bion, também influenciado pelo meio histórico-cultural que o gerou, pareceu tentar não confundir aquilo que é "não racional" com "irracional". Talvez seja útil ao leitor contemporâneo considerar que Bion sofreu severamente consequências da influência do romantismo tardio – já degenerado – nos movimentos sociais que tipificaram os tempos em que ele viveu. Mais especificamente, stalinismo e nazismo, enormemente influentes em toda organização social europeia.

Na história das ideias que estavam resultando na elaboração da teoria do "trabalho onírico alfa (α)" – 1960-1969 – é patente o fato de que Bion tentava resolver algumas questões ligadas à função da lógica no que se refere ao trabalho da mente. A tentativa de inserir pensamento lógico em uma teoria psicanalítica estava a serviço do desejo de que a psicanálise pudesse ser inserida em um sistema científico dedutivo. A credibilidade da análise, da mesma forma que ocorreu na época de Freud, estava em jogo. Apesar das tentativas de Freud e de Bion, continua estando.

Bion tentou naquele momento dotar a teoria que tratava dos estados similares ao sonho durante a vigília com uma forma lógica. Por exemplo: tentou descrever verbalmente um elemento-alfa (α), afirmando que sua representação verbal era uma imagem. Propôs chamar a imagem de elemento-alfa (α). Isso aconteceu, como tenho tentado enunciar neste texto, no mesmo momento em ele estava tentando discutir a questão: *"Qual deve ser o conteúdo de uma interpretação psicanalítica"?"* (C, 175). De modo sumarizado, tentando descobrir algo a respeito do *"valor-Verdade"* que poderia existir, ou não, embutido nos enunciados verbais expressos pelo analista. Seguiria este percurso em *Learning from Experience* e *Elements of Psycho-analysis* – concebendo o instrumento "Grade" (Grid) (q.v.). Aplica esse instrumento em *Transformations*. Uma determinação neopositivista do *"valor-Verdade"* intrínseco ao enunciado difere da predeterminação por regras, típica do positivismo de Comte.

A elaboração teórica envolvida na criação do elemento-alfa (α) se faz por conjunção constante de três fatores: uma detecção do trabalho onírico do paciente; um exame momentâneo do estado de mente do analista ao fazer essa detecção; indicações feitas por Prichard, Bradley e Braithwaite sobre o modo científico de operar, tanto na detecção do trabalho onírico como no exame do estado de mente momentâneo do analista. Descreve o que proponho ser uma **função científica da personalidade** em ação no contexto (*setting*) psicanalítico: uma ciência *in situ*, feita a cada momento de uma sessão psicanalítica. Suponho que a função científica da personalidade opera em um paciente que genuinamente procura por análise; e também no trabalho de todos os analistas que se dedicam a efetuar uma psicanálise real (q.v.); e no estado de mente de todo cientista intuitivo. Na descrição de Bion, fazem-se presentes os processos de identificação projetiva e alucinação, em oposição ao sonhar

> Parece-me, no entanto, que me envolvi em algum tipo de contradição. Essa comunicação pretendia ser uma comunicação científica. Já expressei meu ponto de vista: a comunicação precisa ser dirigida a um conceito hipotético, pela partenão-psicó-

tica da personalidade, dotada de certas características imutáveis, não especificadas. Sinto que estou dirigindo minha comunicação a uma pessoa real – inteligente, amistosa, absorvida naquilo que estou escrevendo e, para ser franco, apreciando calorosamente meu esforço. A experiência analítica me diz que, na verdade, essa pessoa sou eu mesmo. Tenho de estar preparado para um brusco despertar caso descubra a resposta real. "Um brusco despertar": então estou dormindo? De modo algum. No entanto, doto para você essa figura, imbuída de características que poderiam muito bem existir em um sonho.

Proponho chamar esta imagem de "elemento-alfa (α)". (Isto não se refere à sua função como parte de uma fantasia; aplica-se apenas à própria imagem visual.) Considero o conceito hipotético, a "parte não-psicótica da personalidade", como sendo uma versão do elemento-alfa (α), pertencente a um nível de generalização crescente na hierarquia de hipóteses que formam a teoria a que pertencem tanto o elemento-alfa (α) como o conceito hipotético. De modo inverso, o elemento-alfa (α) aproxima-se de um nível de generalização decrescente, ou de particularização crescente; deste modo, mantém com o conceito hipotético uma relação similar à relação existente entre o nível de dados empiricamente verificáveis e as hipóteses do sistema dedutivo científico a eles relacionados. (C, 178)

Bion prossegue na tentativa de elaborar uma definição sobre o "trabalho onírico alfa (α)". Resumindo: permanecendo em desacordo com as funções dos sonhos – mais especificamente, o fracasso dos sonhos em modificar e ao mesmo tempo evitar a frustração, de outubro de 1959 – re-descobriu, a existência da atividade onírica de vigília. Permanecia ainda em desacordo com a definição de Freud sobre o sistema consciente, que lhe pareceu carente de base científica. Ao mesmo tempo, após rigoroso exame, apreendeu aquilo que Freud descrevia em relação ao trabalho onírico; área onde não havia nenhuma discordância com sua própria experiência: testemunhara empiricamente a ação de artifícios mentais, como condensação, transformação ao contrário, negação, deslocamento etc. que compõem os "conteúdos manifestos". Tentava, ainda, validar as interpretações do analista na formulação de "conteúdos latentes". Neste momento, ou seja, o trabalho conducente a conteúdos latentes, sugeriu modificar o termo "trabalho onírico" de Freud *para descrever uma série de fenômenos diferentes, porém relacionados*."Qual a utilidade de tal modificação? *Para evitar confusão com os conceitos já estabelecidos na prática psicanalítica. . . . Proponho, para os meus propósitos. modificar o termo de Freud, chamando-o de trabalho onírico alfa (α)*" (C, 179).

Bion recuperou o caminho dos neurologistas, esquecido pelo movimento psicanalítico, mas idêntico àquele utilizado por Freud: do aparelho sensorial à psique. Revertendo o sentido do processo descoberto por Freud (B, capítulo VII de *A interpretação dos sonhos*), por ele denominado "regressão", usado para descrever o retorno de um pensamento que não pode ser pensado, mas pode ser imaginado em sonhos; a imagem pode ser visual ou verbal. O termo regressão, na obra de Freud, teve seu campo semântico alargado quinze anos depois (em "Instintos e suas vicissitudes"). Não perdeu o conceito inicial, mas passou também a corresponder ao retorno de um instinto já desenvolvido, a uma etapa anterior. Por exemplo, ligações de objeto edípicas voltam a ser ligações anais, ou orais. A reversão de sentido feita por Bion corresponde à via neurológica para apreensão da realidade, que Bion chamou de "observação": *"No estado de mente de atenção relaxada, necessário para se fazer observações, o indivíduo consegue estabelecer contato com seu meio ambiente através de seus sentidos""* (C, 179). Uma vez mais, Bion não nega a obra de Freud; apenas a expande, examinando e enfatizando sentidos possíveis, mas ainda não examinados detalhadamente.

O "contato com o seu meio ambiente" ressaltado por Bion também ocorre em contextos mais complicados do que o sonho, durante o sono. O exemplo dado por Bion é o de uma conversa com um amigo. Faz-nos lembrar de uma conversa entre duas pessoas. A conversa – qualquer conversa – constitui-se como formulação verbal que provoca estimulação acústica –sempre investida com a criação de imagens, similares àquelas que temos ao sonhar. No entanto, estas imagens que surgem em uma conversa entre amigos são formadas quando se está bem acordado. No exemplo dado por Bion, o amigo pergunta sobre o lugar onde Bion propõe passar férias. Bion visualiza *"a igreja de uma pequena cidade, não muito longe da aldeia"*, em que pretende ficar.

A visualização similar ao sonho tem outro importante parentesco com os sonhos noturnos: fragmentos mnêmicos, armazenados na memória: *"A imagem da igreja se estabeleceu em uma ocasião anterior – não posso dizer agora quando foi. A evocação dessa imagem, na situação que descrevi, não surpreenderia ninguém; mas o que desejo acrescentar agora pode ser mais controverso. Sugiro que a experiência dessa conversa específica com meu amigo e esse momento específico da conversa – não simplesmente as palavras dele, mas a totalidade daquele momento de experiência – estão sendo percebidas sensorialmente por mim e sendo convertidas em uma imagem daquela igreja de vila específica"."*

Ou seja, um fato imaterial – a experiência emocional, de "amizade" – indivisível de outro fato imaterial e material, a experiência do pensar – é, como qualquer estímulo, inicialmente acolhido pelo aparato sensorial. Freud havia descrito de forma similar o percurso de formação onírica: uma experiência sensorial sendo transformada no âmbito de outros sistemas mentais que não o sistema consciente, denominados por Freud de pré-consciente e inconsciente. Quando o trabalho onírico funciona, há um retorno (regressão) ao fenômeno sensorial. *"Não sei o que mais pode estar ocorrendo, mas tenho certeza que acontece muito mais do que eu tenho consciência. Mas a transformação de minhas impressões sensoriais nessa imagem visual é parte de um processo de assimilação mental. As impressões do evento estão sendo re-figuradas como imagem visual daquela igreja específica e, assim, sendo convertidas em uma forma adequada para serem armazenadas em minha mente*" (C, 180). Em outras palavras: quando permitida, a mente funciona de forma similar ao sonho, em um estado paradoxal de uma "atenção relaxada" paradoxal. Parthenope Bion Talamo, em conversa pessoal com este autor, formulou isso de modo coloquial, ao descrever o estado de mente de um analista durante uma sessão: "prestar intensa atenção a coisa nenhuma" – para permitir a captação de associações livres ou, mais especificamente, para descrever o estado de atenção livremente flutuante já definido por Freud.

A *re-figuração (ou re-modelação)* e *armazenamento* referidos por Bion constituem-se como evolução teórica (e, hoje, histórica) do conceito. Bion procura unidades irredutíveis, básicas, elementares do funcionamento mental. Mais tarde (1963) chamados por ele mesmo de "elementos". Que evoluíram, em mais dois anos, para formar "invariâncias". À medida que foi sofisticando, por desenvolvimento, os conceitos de alfa (α) e beta (β), preenche uma lacuna, talvez a última, que até então o impedia de chegar à teoria de função-alfa (α). Ou seja, a equiparação conceitual de impressões sensoriais a elementos-beta (β), ou coisas-em-si – sejam estes provenientes de qualquer tipo de estímulo externo ou interno. Será útil recordar que o início de toda essa investigação prático-teórica se deu com o contato de Bion com a tendência de concretização e sensorialização exibida pelos pacientes psicóticos. Há um paralelismo no percurso tomado por Bion com o percurso de Freud, o percurso que o levou a substituir a ideia de que pudesse ter ocorrido algum trauma concreto, pela noção real de que se tratava de fantasias imaginadas, produtos da mente dos pacientes. Elementos-beta (β) passam doravante a ser vistos também como produções do psicótico:

> Em contraste, o paciente pode ter a mesma experiência, as mesmas impressões sensoriais e, mesmo assim, estar incapacitado de transformar a experiência, para poder armazená-la mentalmente. Ao invés disso, a experiência (e as impressões sensoriais que ele tem dela) permanece como um corpo estranho; o paciente sente-a como uma "coisa", que não tem nenhuma das qualidades que geralmente atribuímos ao pensamento ou à sua expressão verbal. (C, 180)

Realmente, no pensar do psicótico, existe a crença de conhecimento e domínio da "verdade absoluta". Bion descreve ter sobrevivido a um desses momentos em sua própria adolescência, quando falsamente abrigado durante uma batalha na Primeira Guerra Mundial:

> Durante toda esta época, não apareceu nenhum dos oficiais de infantaria. Hauser e eu começamos a nos perguntar, o que teríamos que fazer? Parecia imperativo que fossemos nos juntar aos nossos soldados. De minha parte, como já disse, não "esta-

va nem aí" a respeito de todo aquele negócio de guerra, para pensar na ideia de que poderia ser morto. Penso isto influenciou-me, combinado a um tipo curioso de excitação que nos invadia ao entrarmos em ação em uma batalha. Disse para Hauser que a única coisa que podíamos fazer, para podermos ser úteis, seria cair for a daquele lugar e nos juntar ao nosso batalhão. Hauser concordou. Agora também posso dizer que isso formou um ponto de vista de uma doidice pura, que seguiu-se à coisa mais maluca e perigosa que jamais fiz, antes ou depois. Eu devia estar quase que totalmente maluco para fazer este tipo de coisa. Mas nunca *pensei* de modo tão claro em toda minha vida. (WM, pag.106): .

De modo correspondente ao incremento de experiências práticas, Bion melhora as definições conceituais: elementos-alfa (α) continuam sendo considerados como produtos do trabalho onírico alfa (α), e precursores dos sonhos; o "trabalho onírico alfa (α)" é gradualmente considerado como fato diferente do "trabalho onírico". Elementos-beta (β) ainda são considerados como objetos inanimados, mas com diferenças importantes, ocasionando novas alteração conceitual; transcendem o raciocínio que os limitava a uma patologia para formar uma função mental:

Proponho chamar o primeiro desses produtos, o do trabalho onírico alfa (α), de "elemento-alfa (α)"; o segundo, a impressão sensorial não assimilada, de "elemento-beta" (β). Alguém poderia imaginar por que, em uma investigação sobre o método científico, eu teria que levar em conta os elementos-beta, já que eles são característicos de uma personalidade perturbada (β). A minha razão é que, embora eu tenha sido levado a observar os elementos-beta (β) ao tratar de pacientes perturbados, a sua ocorrência não se restringe, de modo algum, ao uso desses elementos por indivíduos perturbados . . .

Se meu argumento estiver correto, a produção de elementos-alfa (α) é de primordial importância: o suprimento adequado desses elementos depende da capacidade daquilo que Freud chamou de "pensamento inconsciente de vigília", a capacidade para entreter e usar os pensamentos oníricos, a capacidade para memória e todas as funções . . . que Freud sugeriu, pela experiência, que passa a existir com a dominância do princípio da realidade "("Dois princípios do funcionamento mental" [Freud, 1911, SE XII]). (C, 181)

Em seguida, sempre por observação de dados clínicos, Bion chega ao que seria a definição final de elemento-beta (β). Por meio dessa definição, integra o trabalho duplo de Freud – neurológico e psicológico – sobre os dois princípios do funcionamento mental com a descoberta do que, por falta de nome melhor, foi formulado por Klein como identificação projetiva. *"Elementos-beta são característicos da personalidade durante a dominância do princípio do prazer: deles depende a capacidade para a comunicação não verbal, a habilidade do indivíduo em acreditar na possibilidade de se livrar das emoções indesejáveis e a comunicação da emoção em um grupo"* (C, 181).

Este elemento começou como um objeto morto, pois assim o bebê o sentiu por não tolerar a frustação provocada no contato com tal objeto. Um objeto inadmissível, inaceitável, por constituir fonte de dor; a presença de dor nega a expressão do princípio do prazer/desprazer (ou seja, procura de prazer e fuga do desprazer). Ou seja, um objeto que foi *"considerado morto"*. O elemento-beta, agora concretizado, ficou isento de vida (idêntico à morte); algo que poderia ter sido animado tornou-se inanimado, por um decreto sentimental, na visão do autor deste dicionário. Neste momento, Bion deu-se conta de que o "elemento (β)" compartilhava características da coisa-em-si, ou verdade absoluta (na terminologia de Kant), como eternidade e provendo sensações de posse absoluta de verdade. Sua "concretude" conduziu à situação de ser sentido como coisa-em-si. A "concretude" parece ser necessária se o objeto for sentido como preenchimento, ou satisfação, negando de vez qualquer parcela em frustração.

Bion utilizou a terminologia da Kant, trazendo observações de teoria da ciência feitas pelo mestre alemão ao conhecimento dos membros do movimento psicanalítico, que parecem não ter prestado atenção ao fato de que Freud se apoiou no mesmo autor (Sandler, 1997a, 2000a). Pode-se dizer que as pessoas que contam apenas com elementos-beta correspondem ao "realista ingênuo" de Kant; no movimento científico e filosófico, são os positivistas.

A apreensão dos estímulos sensórios, o pensamento inconsciente em vigília, o trabalho onírico e os processos de conhecimento são expressões da "necessidade de saber", enunciada pela primeira vez na história das ideias da civilização ocidental por Aristóteles. Bion tenta formular os processos de conhecimento do indivíduo nos termos de Prichard, Bradley e Braithwaite. O autor deste dicionário acrescentaria ainda Schlick, Wittgenstein, Russell e Carnap, mesmo que nenhum deles tenha sido citado por Bion:

> Podemos presumir que os elementos-alfa (α) são mentais e individuais, subjetivos, personalizados em alto grau, específicos e pertencentes, de modo inequívoco, ao domínio da epistemologia de uma pessoa em particular. O exemplo que dei, de uma imagem visual da igreja, é altamente específico, e deve ser considerado como pertencente ao nível mais inferior dos dados verificáveis empiricamente. (C, 181)

Manter essa citação em mente pode ajudar a evitar distorções e mal-entendidos na leitura da obra de Bion. De fato, essas distorções ocorreram posteriormente. Algumas descrições delas podem ser encontradas em outros locais deste dicionário – o leitor pode consultar os verbetes "Função-alfa (α)" e "Elemento-alfa (α)". Uma dessas distorções é confundir elementos-alfa (α) com o próprio ato de pensar; ou com símbolos. Nossa visão é da necessidade de manter-se a natureza atribuída a elementos-alfa (α) em mente, ou seja, de que Bion lhe atribui função de "matéria-prima" adequada para ser empregada em pensamentos oníricos.

> No contexto citado, não é nem mesmo um símbolo, embora, uma vez que o indivíduo tenha experimentado esse tipo de imagem visual, não haja nada que impeça seu aparecimento em outros contextos, preenchendo as funções comumente associadas aos símbolos.
> O que desejo enfatizar é que a característica de ser elemento-alfa (α) o faz adequado para ser empregado no pensamento-onírico e no pensamento inconsciente de vigília; enfatizo igualmente que não é importante o modo pelo qual possa ser empregado. Teria mais a dizer sobre as características que tornam o elemento-alfa (α) adequado para ser usado como um símbolo ou um ideograma, mas no momento enfatizo seu caráter como elemento – um objeto irredutivelmente simples. (C, 181)

A busca por "elementos da psicanálise" começou, no nosso modo de ver, justamente nesta conjuntura publicada postumamente, cujo título nos parece revelador, e totalmente adequado ao conteúdo do escrito: "Comunicação" (feito em torno de 1960). *"Sem elementos-alfa (α) não é possível conhecer qualquer coisa. Sem elementos-beta (β) é impossível ser ignorante de alguma coisa: ambos, essenciais para o funcionamento da identificação projetiva; qualquer ideia indesejada é convertida em elemento-beta (β), excluído da personalidade, tornado, deste modo, um fato do qual o indivíduo ignora..."* (C, 182).

Embora Bion não cite especificamente a definição de Freud sobre a incognoscibilidade última do inconsciente (*The Interpretations of Dreams*, SE, VI), bem como a definição de protofantasia (em *Além do princípio do prazer*), parece, ao autor deste dicionário, que as duas são as origens de seu conceito.[141]

> Seria bem possível que esse aprendizado primitivo, ou o primeiro estágio de qualquer aprendizado, fosse feito, de um lado, pelo trabalho onírico alfa (α) e, de outro, pelo mecanismo da identificação projetiva. Supõe-se assim que, quando não existem elementos-alfa (α), possa se empregar os elementos-beta (β) e que os elementos-alfa (α) sejam um estágio posterior de elementos-beta – ou seja, o trabalho

---

[141] Esta hipótese encontrou concordância de muitos colegas brasileiros e estrangeiros, exterior, em conversas pessoais e correspondência por carta, entre 1976 e 2013: Dr. Jayme Sandler, Dr. Mario Yahn, Profa. Virginia Leone Bicudo, Profa. Judith Seixas Teixeira de Carvalho Andreucci, Dr Antonio Sapienza, Dr José Longman, Dr. José Américo Junqueira de Mattos, Dr. James Groststein, Dr. Albert Mason, Dr. Leon Grinberg, Dra. Parthenope Bion-Talamo, Sra Francesca Bion e Dr. André Green (a ordem é cronológica, segundo as conversas ou cartas).

onírico alfa (α) opera sobre os elementos-beta e não diretamente sobre os dados sensoriais. (C, 183)

Esta última citação diferencia o estágio intermediário da teoria, da versão final. Elementos-beta *(β)* ainda não estavam equiparados à coisa-em-si. Pode-se presumir o momento em que Bion percebeu que elementos-beta compartilham as qualidades da categoria kantiana (na verdade, uma categoria platônica, resgatada por Kant): a coisa-em-si. Depois disso, Bion faz uso mais amplo das contribuições de Kant para tecer sua própria teoria. Em um certo momento, Bion considerou a hipótese de que elementos-beta seriam equivalentes a dados sensoriais propriamente ditos. A diferença final entre a teoria de "trabalho onírico alfa (α)" e a teoria de "função-alfa (α)" é que esta última *realmente* opera sobre os dados sensoriais. Pode-se concluir que restaram algumas ideias vagas sobre a natureza dos elementos que pertencem ao âmbito do pensar e sobre a natureza dos elementos que não pertencem a esse âmbito. Seriam esses os elementos a serem expelidos em fantasia por meio da identificação projetiva? Esses elementos pertencem ao âmbito do pensar? Bion apreendeu a necessidade de se considerar a existência de elementos do não pensamento; e que as dificuldades de pensar tais elementos baseia-se na ideia esquizoparanoide de que eles seriam a Verdade absoluta. Isto o capacitou, finalmente, a se descartar do termo "trabalho onírico alfa (α)". Embora preservando a definição de elementos-alfa (α), Bion demoraria pelo menos mais um ano para alcançar a definição de elementos-beta como coisas-em-si, nunca submetidas a nenhum processo de pensar (ou "não pensáveis"). Ciente de que o "trabalho onírico alfa (α)" *"não abrangia o mecanismo no qual o elemento-alfa (α) é usado para explorar a experiência emocional em que o indivíduo se encontra"* (C, 183). Isso dependeria de uma função mental que considerasse os estímulos internos, como as emoções e sentimentos, enquanto experiências sensoriais a serem decodificadas pela consciência – exatamente como propôs Freud – e que se considerasse a existência do não pensamento.

A reconciliação com a definição original e fundamental de Freud sobre o sistema consciente e a incognoscibilidade última do inconsciente colocaria Bion em oposição ao movimento psicanalítico de seu tempo, que estava tornando muito mais interessado nas atividades conscientes, aproximando-se da psicologia acadêmica; e, ao mesmo tempo, advogando medidas indistinguíveis da psiquiatria, de controle comportamental para adaptações à ordem social externa, ambiental; distanciando-se da observação e ajuda em eventuais alternativas a uma adaptação ao mundo interno. O autor deste dicionário tem evidências de dificuldades crescentes, por membros do movimento psicanalítico, principalmente os comprometidos com a meritocracia política deste movimento, que passaram a ditar os rumos do aprendizado e dominar os centro de formação, de apreender aquilo que Freud escrevera – refletida nas dificuldades para exercer o método psicanalítico e continuas escolhas de transplantes de outras disciplinas, para substituir o método psicanalítico (Sandler, 2015a, 2015b).

A situação se agravou por outro fator, que já ocorria durante a época de Freud: o método tendia a transformar-se, na visão de leitores que se viram como discípulos e. em vários casos, apóstolos, como sendo algo concreto; e aplicado de modo mecanicista. O método tornou-se uma espécie de decodificação de símbolos definidos *a priori* e previamente conhecidos (por algum grande autor bem cotado na meritocracia política, ou idealizado por si mesmo ou por seguidores). Além disso, surgiriam transplantes heterólogos de teorias filosóficas (fenomenológicas, existencialistas, estrututuralistas, pós-modernas), que versavam sobre "erros" de Freud (pan-sexualista, excessivamente vitoriano, excessivamente libertino, excessivamente judaico, excessivamente capitalista etc.) e uma multiplicidade de "novas" teorias que não passavam de "manipulações engenhosas de símbolos", na formulação de Whitehead, emprestada por Bion em *Learning from Experience* e *A Memoir of the Future*. Nos anos 2000, o elenco destes transplantes se incrementou, com tentativas de concretizações forçadas de "provas" científicas que seriam obtidas por "neurociência".

Em agosto de 1960, as observações de Bion assumiram uma forma verbal mais enfática e integrada. Pode-se observar a utilização de recursos gráficos, em tentativa de ampliar o poder comunicacional daquilo que Bion sentia necessidade em comunicar: passou a utilizar-se de termos hifenizados, na tentativa de animar ou dinamizar formulações verbais. Quando escrevi o texto deste dicionário pela primeira vez, entre 2002 e 2004, inseri o comentário de que não será realística, pelo menos para aqueles interessados na história das ideias da civilização ocidental, a esperança de que futuros leitores não se autoproclamem como discípulos ou seguidores; e, portanto, que não irão empregar este recurso gráfico de hifenizar de modo banalizado, por imitação desbragada e por isto, superficial. Com isso, tornarão algo útil em um dispositivo não comunicativo, degradado, jargão e lugar-comum. Dezoito anos depois, esta afirmação, baseada em poucos casos, encontrou confirmação nos fatos, infelizmente. Não por poderes premonitórios, que nunca tive, e nunca conheci alguém que tivesse, mas porque já se tratava de uma memória do futuro, ou de algo que já estava ocorrendo. O exame de vários livros e artigos que passaram a ser publicados, no Brasil e no exterior, re-lembra uma coleção de termos hifenizados. Concretiza-se, novamente uma situação – a de imitação idolátrica. Basta hifenizar, assim como basta citar um poeta (ou alguns casos, escrever textos que o autor imagina serem poéticos), que este autor "torna-se", em alucinação, um "bion encarnado".

É aconselhável retornar várias vezes ao sonho do paciente – elaboração 1, 2, 3... *n*; mas não simplesmente como sonhos a serem interpretados e relacionados a um estímulo. *Os sonhos devem ser relacionados ao trabalho onírico que o estímulo estimulou . . . os métodos de trabalho onírico alfa (α) não são os mesmos do trabalho onírico* relacionado à interpretação dos sonhos, mas são *recíprocos* ao trabalho onírico e estão relacionados com a capacidade para sonhar, isto é, para transformar em sonho eventos captados apenas em nível consciente, racional . . . o elemento de "resistência", que Freud elucidou no trabalho onírico, compõe-se de dois elementos: a resistência, como foi descrita por Freud; e o sentir a necessidade de converter um sonho em experiência racional consciente. "Sentir a necessidade" é *muito* importante; caso não lhe seja dado o devido peso e significado, o verdadeiro mal--estar do paciente estará sendo negligenciado; ela fica obscurecida pela insistência do analista na interpretação do sonho. (C, 184)

Em todas as vezes – aparentemente, cada vez mais raras, à medida que passa o tempo – nas quais as contribuições de Freud forem diferenciadas das distorções feitas em nome dele, vai ocorrer algo que ocorreu com as contribuições de Bion feitas na época em que ele desenvolveu a teoria de função-alfa (α) e descartou uma teoria substitutiva, de trabalho onírico alfa (α). Na opinião deste autor, as citações que Bion passa a fazer, emprestadas da obra de Kant, foram mais uma maneira de explicitar e relembrar o emprego que Freud fez da obra de Kant.

As influências de Freud, Planck e Einstein, no sentido de obsoletar a crença positivista, ainda não alcançaram amplo uso, se comparadas com a influência dessas crenças de mais fácil assimilação, por serem mais simplórias – como ocorre em toda crença. Noções de causalidade são sempre originadas em religiosismos; a rápida adoção de ideais dedutivos e indutivos sempre alcança popularidade, em muitas disciplinas: sociologia, psicologia, medicina, psiquiatria – mas não em matemática, física e psicanálise, ou em psicanálise real (q.v.), na formulação de Bion. Independentemente da popularidade, sistemas dedutivos provaram ser nada científicos, ou menos científicos do que seus criadores e propagadores desejaram que fossem. Cientistas e teóricos da ciência não preconceituosos reconhecem a circularidade de sistemas dedutivos: nunca vão além de seus próprios pressupostos, dificultando o desenvolvimento científico até obstaculizá-lo irremediavelmente. Um desenvolvimento científico será feito sempre que se investigue aquilo que é desconhecido. Bion abandonaria essa tentativa a partir de 1965 (o leitor pode conferir no verbete "Senso comum"). Há uma série de obras para leigos interessados que ilumina essa questão: *Autobiografia científica*, de Max Planck; *Ciência e método*, de Jules-Henri Poincaré; *Física e filosofia*, de Werner Heisenberg; *ABC da relatividade*, de Bertrand Russell; *Uma breve história do tempo*, de Stephen Hawking; *A mente nova do rei* de Roger Penrose. Foram revistos em um trabalho dedicado ao psicanalista praticante, *A apreensão da realidade psíquica*, deste autor.

Referências cruzadas sugeridas: Função-alfa (α), Sonho, Sonhar a Sessão, Mente.

Transferência

Bion utilizou todas as definições originais de Freud ao longo de seu trabalho. Entre 1959 e 1960 tentou substituir a hipótese de Freud sobre a função da consciência no trabalho onírico, para adaptá-la à análise de psicóticos, desistindo de fazê-lo. A partir daí, expandiu, sem intuitos de substituição, teorias de Freud sobre as funções do ego, voltadas ao aparato de pensar. Trabalhando sempre sobre dados empíricos obtidos na clínica (ST, 44, 55), instrumentou teorias observacionais do ato analítico, fortalecendo o status científico da psicanálise. Utilizou-se da teoria da ciência, criando notações quase-matemáticas para finalidades de comunicação científica; o clímax desse percurso foi a aplicação da teoria de transformações e invariâncias à psicanálise, para integrar as teorias sobre o sistema inconsciente de Freud e Klein, centrando-se em transferência, identificação projetiva e seus desdobramentos na apreensão da realidade. Transferência é qualificada como um modo especial de transformação, denominada de "Transformação em Movimento Rígido": o paciente transfere, alucinatoriamente, para outras pessoas – incluindo o analista - os muitos sentimentos, afetos e emoções que tivera quando criança, então dirigidos às figuras parentais. A natureza alucinatória, já apontada de modo claro por Freud em "Dinâmica da transferência" (1912) foi negada e esquecida por muitos membros do movimento psicanalítico; Bion tentou lembrá-la e explicitá-la melhor: transferência é intermediada por transformações em alucinose (T, 133). O esquecimento das observações de Freud tornou-se uma tendência em grande parte dos membros do movimento e tem atingido as contribuições de Klein. Pode ser caracterizado de dois modos:

1. A utilização de Bion do conceito clínico, Transferência, respeita a definição original de Freud, sem depreciá-la; a nomenclatura acrescentada se deve à integração com a teoria de Klein, mas não em suposta superioridade. A miríade de substituições oferecidas por outros autores precisariam ter alguma evidência empírica para sustentar sua origem, e não uma "teorização" por manipulação de símbolos verbais sedutores. Melanie Klein desenvolveu, com base clínica, as origens do fenômeno transferencial, que ocorre mais precocemente do que Freud pensou ser. Freud e Klein formularam a "situação total" de transferência. No entanto, foi auto-creditada, por Betty Joseph; e por aqueles que se denominam de kleinianos e neo-kleinianos: um folclore do movimento psicanalítico, multiplicado por desatenção a textos originais, e pela tendência anti-científica de omitir citações bibliográficas precisas e ao "ouvir dizer" de algum membro da meritocracia política, resulta em distorções. Já havia ocorrido com o conceito de equação simbólica, termo cunhado por Klein, depois creditado a Hanna Segal.

2. Transferência tem sido um dos conceitos que foram submetidos a repetições mecanizadas, dentro de uma transformação que a torna uma teoria vazia de intuição psicanaliticamente treinada. Esse fato expande demasiadamente o campo semântico do conceito, que pode ser comparado – como Nietzsche o fez, e Bion reutiliza a metáfora no artigo "Evidência" – a uma moeda antiga, que, por ter sido manuseada de forma repetida e com descuido, perde seu valor, o qual, em alguma época anterior, era aparente, cunhado na face.

PAUL: E porque o analista? Porque não outras pessoas?

P.A.: O analista é um exemplo "típico" destas "outras pessoas". Em análise, pode-se discutir êstes 'transfers' característicos.

ROBIN: *Só* pelo paciente?

P.A.: Não. O analista também reage ao paciente. Isto é conhecido como contra-transferência, na medida em que estas reações são, para o analista, inconscientes. Você pode ler tudo sobre isto na literatura, ou, melhor ainda, descobrir por si próprio fazendo uma psicanálise. Não quero continuar neste assunto, pois na melhor das hipóteses conseguiriamos falar "sobre" -- e não experimentar. (AMF, II, 249-50)

Desejo e memória são discerníveis como elementos na transferência - isto é, supondo que possamos reconhecer a realidade para a qual Freud cunhou o termo transferência. (BLI, 51)

Falhas na apreensão do conceito, mal-entendidos e distorções: a nomenclatura, transformações em movimento rígido é um modo para integrar as teorias de Freud e Klein, submetidas a falsas controvérsias com base em julgamentos de valor, de superioridade de uma em relação à outra. Isso ocorreu também com a formulação verbal utilizada por Bion, "análise clássica" (e.g., LE, 13). O folclore expressa-se por idolatria e sua outra face, iconoclastia, em relação a autores. Resultou em sérias distorções: uma pretensa análise inventada por um "Bion" alucinado seria revolucionária, tornando obsoleta e *demodée* a psicanálise descoberta por um "Freud"; a esse "Bion" inventado não importaria a análise de fenômenos transferenciais. Alguns dizem que "Bion não analisava sonhos"; outros afirmam que "Bion trouxe o conceito de infinito para a psicanálise". Realmente, parece infindável, a tendência grupal para fantasiar ídolos messiânicos; o movimento psicanalítico, até agora, repete a tendência da sociedade circundante. (ver o verbete "Bionianos")

Transformação; Transformações e Invariâncias

Definição Transformações e Invariâncias são parte do mesmo *conceito*, que forma uma *teoria observacional* (q.v.) (T, 7 e T, 34, respectivamente).

O conceito é claramente definido por Bion: uma transformação é uma experiência analítica *total* sendo submetida à interpretação (T, 13). Em *Transformations*, sugere um "*método de abordagem crítica à prática psicanalítica*" (T, 6). É um conceito prático que possibilita ao psicanalista observar o trabalho psicanalítico; compartilha com a "Grade" (*Grid*) (q.v.) as qualidades de uma ferramenta epistemológica para avaliar o "valor-verdade" dos enunciados emitidos por pacientes e analistas, segundo vértices que precisam ser definidos durante a situação analítica, em uma sessão (consultar o verbete "Visão analítica").

Afirmar que a teoria das transformações é uma teoria de observação psicanalítica implica dizer que ela é diferente da observação psicanalítica propriamente dita e das teorias psicanalíticas propriamente ditas. Seu propósito é o de ampliar a comunicação entre analistas. Foi um desenvolvimento do instrumento "Grade" (q.v.) – uma tentativa de construir símbolos quase-matemáticos generalizadores, permitindo melhor comunicação por serem padronizados, carreando campos semânticos (significados) unívocos, com sentidos precisos. Bion tentou reduzir a penumbra de associações, inevitável em definições por formulações verbais: palavras, sintagmas ou frases. Bion apela para a teoria das transformações e invariâncias na época em que teóricos da ciência buscavam sistemas sintáticos unificados para conferir cientificidade a enunciados que partiam de experiências práticas, empíricas. Caracterizaram o trabalho de alguns teóricos da ciência que se viam como fazendo parte do movimento neopositivista: Moritz Schlick, Otto von Neurath, Ludwig Wittgenstein, Karl Popper e Rudolf Carnap; e de outros teóricos da ciência independentes de escolas: Pritchard e Braithwaite. O trabalho de Bion inclui análises críticas em relação às tentativas dos neopositivistas; o leitor pode consultá-las nos trabalhos preparatórios publicados postumamente por Francesca Bion em *Cogitations*. (por exemplo, ("Método científico", C, 2)

A intenção de Bion: melhorar a comunicação entre membros do movimento psicanalítico envolvidos em uma confusão conceitual: nomes diferentes eram atribuídos às mesmas entidades clínicas; inversamente, entidades clínicas diversas recebiam o mesmo nome. a teoria das transformações poderia ser usada na comunicação do analisa com seu paciente, e do analista consigo mesmo, continuando a tentativa com o instrumento "Grade": "*O psicanalista tenta ajudar o paciente a transformar aquela parte de uma experiência emocional que lhe é inconsciente, em uma experiência emocional que lhe seja consciente*" (T, 32).

Bion oferece uma **formulação** nova, expandindo as de Freud, tornadas aforismos psicanalíticos: "tornar o inconsciente, consciente"; "onde havia Id, haja Ego"; nunca teorias revolucionárias – o desejo ardente dos idólatras desatentos.

A formulação de Bion é totalmente voltada para a experiência vivenciada no aqui-e-agora de uma sessão analítica ". . . *considerando-se que o trabalho científico demanda que a descoberta seja comunicada para outros pesquisadores, o psicanalista precisa transformar sua experiência privada de psicanálise de modo tal que ela se torne uma experiência pública*" (T, 32).

Trata-se de uma teoria *observacional* de *observação* psicanalítica, em vez de uma teoria psicanalítica: "*A teoria das transformações e seu desenvolvimento não se relacionam ao corpo principal da teoria psicanalítica, mas à prática da* **observação** *psicanalítica. As teorias psicanalíticas, os enunciados do analista e do paciente são representações de uma experiência emocional* (q.v.). *Se pudermos compreender o processo de representação, isto nos ajuda a compreender tanto a representação como aquilo que está sendo representado. A intenção da teoria das transformações é iluminar uma cadeia de fenômenos no qual a compreensão de um vínculo, ou aspecto dele, ajuda na compreensão dos outros. A ênfase desta investigação é sobre a natureza da transformação em uma sessão psicanalítica*" (T, 34).

A teoria das transformações é um instrumento para obter o que Bion qualificou de "análise apropriada" e "interpretações corretas" (q.v.). Dez anos depois, em *A Memoir of the Future*, reformulou os dois termos, integrando-os em apenas um: "*análise real*", cuja intenção era torná-la menos suscetível a confusões, diminuindo a penumbra de associações. Foi bem-sucedido? Não, enquanto alguns membros do movimento não distinguirem nossa atividade daquelas da polícia, pedagogia e política, fantasiando que "análise real" (q.v.) é uma afirmação de superioridade.

Bion afirma que todos os psicanalistas concordariam que uma "análise apropriada" exige que as formulações verbais do analista obedeçam a uma necessidade, a saber, a necessidade de "*formular aquilo que o comportamento do paciente revela* "(T, 35). Portanto, transformações nunca são uma questão de mera opinião individual de algum analista em particular. Opiniões não fazem parte da observação científica; fazem parte dos âmbitos filosóficos, teológicos e religiosos.

Uma análise apropriada significa que o analista mantém o respeito pela verdade – a verdade que "*o comportamento do analisando revela*". O comportamento do analisando *per se* não possui importância no *setting* analítico exceto como um indicador que oculta e simultaneamente revela aquilo que é importante – o desconhecido, algo que é inconsciente. Outras disciplinas podem agregar importância para aquilo que é conhecido, que o paciente sabe, ou acha que sabe, ou que o analista sabe, ou acha que sabe –por exemplo, o behaviorismo e a psicologia acadêmica voltada ao consciente, que breca sua investigação em fenomenologias.

Bion não se alça a aplicações da teoria de transformação em comunicações científicas que não sejam psicanalíticas: "*a não ser para ilustrar transformação na práti-*

ca analítica" (T, 34). Isso não significa que sua teoria observacional não possa encontrar aplicações transdisciplinares. Este talvez seja a única aplicação disponível para os membros do movimento psicanalítico, das tentativas de Moritz Schlick, Ludwig Wittgenstein e Rudolf Carnap de expandir a verificação do valor-verdade das afirmações científicas.

O que importa é verificar se o que está ocorrendo durante uma sessão pode merecer a qualificação de psicanálise. Como um dispositivo prático, sua definição se dá por uma caracterização prática.

Bion lança mão, uma vez mais, de conceitos da teoria da ciência em matemática; na primeira vez, usou a teoria dos números de Frege (em "Uma teoria do pensamento"); na segunda vez, o conceito de fatores e funções, na terceira, fato selecionado, de Poincaré (em *Learning from Experience*).

Origens

Nossa pesquisa indica que o conceito foi desenvolvido por dois matemáticos: James Joseph Sylvester e Arthur Cayley, nascidos em Londres e que também trabalharam nos Estados Unidos, na cidade de Baltimore. Sylvester faleceu em 1897; Cayley, em 1895. Além de ser um dos maiores matemáticos da era vitoriana, Sylvester foi professor de filosofia natural (um campo de pesquisa originalmente criado por Goethe; aparentemente, é uma das raízes da psicanálise; Sandler, 2001a) e também de direito. Na Grã-Bretanha, lecionou no University College. Nos Estados Unidos, na Universidade Johns Hopkins. Uma de suas pupilas foi Florence Nightingale. Arthur Cayley teve uma carreira semelhante; trabalhou no Trinity College, em Oxford. Enquanto moravam na Inglaterra, Sylvester e Cayley criaram a *teoria das formas e invariantes algébricas*, descobrindo o cálculo matricial. Posteriormente, esses dois amigos encontraram-se por acaso na Universidade Johns Hopkins, reiniciando a colaboração mutuamente produtiva. Ambos são considerados fundadores da Escola Britânica de Matemática pura.

A primeira versão da teoria dos invariantes descreveu que coeficientes equacionais algébricos permaneciam quando suas coordenadas são submetidas a variações, expressas por transformações em torno dos coeficientes. As coordenadas variam, por sofrerem rotação ou translação. Posteriormente, Cayley observou que a ordem de pontos formados por linhas intersectantes é sempre invariante. Isso abriu a possibilidade de estudo dos relacionamentos de espaço e tempo, logo aplicadas em outra disciplina coirmã: a física. Cayley desenvolveu a geometria, pelo cálculo de espaços sob qualquer número de dimensões que se considere. Geometria ficou livre dos grilhões visuais impostos pelo esquema euclidiano tridimensional. Syvester e Cayley criaram a álgebra matricial: agora, a geometria não mais dependeria de pontos ou linhas para construir espaços geométricos. Partindo desses estudos, Hamilton demonstrou um espaço hexadimensional; tanto o trabalho de Hamilton como o de Cayley foram precursores imediatos do trabalho de Albert Einstein, que agora podia fazer cálculos na ausência dos objetos concretos: estrelas e átomos. Bion supôs que a teoria seria útil para psicanalistas, que trabalham com a mesma ausência, pois apreensões do aparato sensorial de mamilos, seios, mães, pais etc. de-concretizam--se, emergindo imaterialmente nas sessões.

Até o ponto que foi minha pesquisa sobre a história das ideias, Paul Dirac, da primeira geração de físicos que investigaram o fenômeno quântico, foi o primeiro a aplicar a teoria das Transformações e Invariâncias na física, observando que "a natureza" trabalha de acordo com leis fundamentais permanentes e invariantes. Em suas próprias palavras, leis fundamentais invariantes *"não governam o mundo sob as formas que o mundo aparece, de modo direto, em nossas imagens mentais; ao contrário, invariantes controlam um substrato do qual não conseguimos formar nenhuma imagem mental que não introduza irrelevâncias. A formulação dessas leis requer o uso da matemática das transformações. O que realmente importa no mundo aparece como os invariantes (ou mais comumente, as quase invariantes, quantidades com propriedades simples de transformação) dessas transformações"* (Dirac, 1930, vii). Alguns leitores estranharão que um físico utilize formulações verbais, como natureza, e imagem mental. Outros poderão não estranhar, caso recordem-se que e a disciplina que hoje conhecemos como Física nasceu como o estudo geral da natureza: Aristóteles, um médico, por ter sistematizado pela primeira vez o estudo da *physis*, não o separando, como tenta-se fazer hoje, da psiquê (*psyche*). *Physis* compreendia todos os fenômenos da natureza, incluindo estruturas internas de todas as entidades animadas – incluindo o que hoje denominamos cérebro.

Dirac, nascido em Bristol, Inglaterra, de ancestrais originários do cantão francês na Suíça, foi agraciado com o Prêmio Nobel em 1933, junto com Erwin Schrödinger. Talvez tenha sido o professor mais bem-sucedido de mecânica quântica até hoje aparecido. Pesou o fato de ter escolhido um método peculiar de ensino, resultando em uma obra transcendental, o mais bem-aceito manual introdutório ao estudo de fenômenos quânticos publicado até o momento; resumiu suas aulas de matemática em Cambridge. Chamou-o de "método simbólico" (Dirac, 1930, p. ix), *"que lida diretamente de forma abstrata com as quantidades de importância fundamental (as invariâncias etc., das transformações)"*. Deixou de lado o método mais familiar aos matemáticos do seu tempo e dos dias atuais: formulações matemáticas sobre coordenadas: representações numéricas correspondentes a essas quantidades. Matemática quântica exige um cálculo matricial de um nível de complicação notável. Foram desenvolvidos, a partir de Sylvester e Cayley, por vários autores: Planck, Bohr, Heisenberg, Schrödinger, Rabi e, mais conhecido pelo público leigo em nossos dias, Higgs. Dirac afirma que *"o método simbólico, entretanto, parece aprofundar-se mais na natureza das coisas"*. O método simbólico pedagógico de Dirac compreende formulações verbais e formulações matemáticas, sem mergulhar em cálculos matriciais – necessários na prática.

Como Dirac, vou descrever o funcionamento do conceito de transformações e invariância(s) por formulações verbais. Para finalidades didáticas, não vejo alternativa que não considerar algum ponto de início – no espaço e no tempo – para a descrições desse conceito. Este ponto de início – por exemplo, a data de inseminação de um óvulo, ou uma data obstétrica do nascimento de uma criança – é definido arbitrariamente.

A primeira transformação é conectada ao ato de observar "algo". Pode ser materializado – uma coisa concreta. Ou podem ser fatos predominantemente imaterializados, como o são os fatos psíquicos. Tem uma forma inicial (essa forma também não é necessariamente material) que é submetida à observação. O ato de observar, sempre feito por meio do nosso aparato sensorial, cria uma impressão (sensação e/ou sentimento) no aparato psíquico (mais usualmente denominado "mente") do observador, que produz uma transformação. Transformação significa uma mudança na forma; pois a forma adquirida no "cérebro" ou na "mente" não é mais aquele "alguma coisa"; o prefixo "trans" indica que há uma transitoriedade aqui, operando na situação original. Freud utilizou-se do termo "apresentação de imagem", no que se refere ao correspondente à impressão – desde seus tempos de prática neurológica, quando se interessava por apresentações no cérebro –, para se referir a esta "alguma coisa". Continuou usando a mesma terminologia no que tange ao "aparato psíquico", termo e conceito cunhados por ele mesmo. Quando a impressão se refere ao aparato fonador, usou o termo "apresentação de palavra"; quando se refere a coisas materializadas, concretas, usou o termo "representação de coisa". Freud utilizou-se do termo "transformação" ao longo de todo seu trabalho a respeito de interpretação de sonhos; por exemplo: o fenômeno que denominou "transferência" é uma invariante que permeia infinitas transformações individuais. Embora Freud já procurasse por invariâncias, nunca se utilizou explicitamente desse termo; algo que, em psicanálise, precisou esperar pelo advento da obra de Bion.

Todos os autores que trabalharam com o que hoje podemos dizer que são transformações e invariantes, mesmo sem ter feito uso explícito ou consciente do conceito – já que ele ainda não havia sido descoberto, como foi o caso de Kant; ou o autor não o conhecia, como ocorreu com Freud, levaram em consideração a interferência do observador no fato observado (Heisenberg, 1958). A transformação, *a alteração na forma apreensível*, pertencente ao âmbito dos fenômenos (Kant, 1781), *implica, de modo que ainda não podemos alcançar, uma conservação das características seminais dos fatos materiais e imateriais, objeto ou pessoa* observados. A observação implica uma tentativa de comunicação: o nosso aparato sensorial pode ser visto como o primeiro tipo de comunicação entre o observador e o observado: paradoxo que demanda tolerância. Tais "características seminais" não são dadas diretamente ao aparato sensorial; foram chamadas de **invariâncias** (q.v.) por Sylvester e Cayley. Pertencem ao âmbito numênico ou "**O**" (q.v.), na denominação de Bion. Invariâncias podem ser analogicamente comparadas a gêmeas siamesas de Transformações: um par antitético necessário, que demanda observação a partir de uma **visão binocular** (q.v.). É necessária uma tolerância mínima de paradoxos para que se possa lidar com os dois componentes de um par biunívoco simultaneamente.

Talvez não seja difícil perceber que Freud utilizou implicitamente o conceito de Transformações e Invariâncias em psicanálise para descrever conceitos chave fundamentais: (i) conteúdo manifesto e latente dos sonhos traduzem-se, respectivamente, em transformações. Freud usa explicitamente esse nome para caracterizar os resíduos diurnos que fornecem forma aos sonhos, que carreia invariâncias; (ii) realidade material e psíquica; (iii) transferência: onde invariâncias transitam, por assim dizer, "para a frente" e "para trás", sob infinitas formas – experiências psíquicas passadas são fantasiosamente transplantadas – transformadas – para pessoas da vida atual.

Bion aplica a teoria de Transformações e Invariâncias para descrever uma *atividade dinâmica*, de forma alguma restrita à psicanálise. Transformações e Invariâncias são desempenhadas pelos seres humanos em muitas atividades. Muitas destas são tarefas humanas que buscam ir além da superfície – ele as chama de "grupo de transformações", selecionando as seguintes atividades como prototípicas: pintura, matemática e psicanálise. "*Para meu objetivo, é conveniente considerar psicanálise como pertencente ao grupo de transformações. A experiência original, a "realização" – no exemplo do pintor, o tema que ele pinta, e no exemplo do psicanalista, a experiência de analisar seu paciente – é* **transformada**. *Na pintura, em um quadro; na análise, em uma descrição psicanalítica*"(T, 3-4).

Uma interpretação é uma transformação: *A interpretação psicanalítica fornecida durante uma análise pode ser vista como pertencendo a este mesmo grupo de transformações. Uma interpretação é uma transformação; uma experiência, sentida e descrita de um modo, é descrita de outro - para mostrar as invariantes* (T, 4).

Ao introduzir o termo, Bion afirma que utiliza "*emprestado da filosofia, por já estar investido de significados próximos aos que procuro exprimir*" (T, 6), enfatizando a necessidade de manter em mente a especificidade do uso psicanalítico da teoria, "*a própria teoria das transformações precisa ser liberada das associações existentes caso seja para adequá-la à sua tarefa psicanalítica. A sugestão de diferenciar transformações projetivas de transformações em movimento rígido é apenas um passo para indicar as possibilidades*" (T, 140-141). A contradição aparente é reduzida pela lembrança de um alerta feito por ele próprio: "*Como a psicanálise vai continuar se desenvolvendo, não podemos falar de invariantes na categoria psicanálise como se psicanálise fosse uma condição estática*" (T, 4).

A teoria de transformações e invariâncias permite que se direcione o caminho das interpretações durante uma sessão de análise conforme novos dados vão aparecendo, justamente pela aplicação da teoria. O mesmo ocorreu com o percurso de Freud na construção de teorias em psicanálise. O leitor poderá se recordar da metáfora de Otto von Neurath sobre a ciência, em *Anti-Spengler*. Formulou uma descrição metafórica do trabalho científico: solicita ao leitor que imagine marinheiros em um barco precário, por ter um formato redondo, no meio do oceano. Precisam mudar a forma original, que desafia regras de hidrodinâmica, para uma forma mais afunilada, similar a um peixe, ou uma gota de água. Para transformar o barco, os marinheiros usam tanto a madeira da estrutura original do barco como pedaços de madeira que flutuavam na água. Não podem desembarcar e atracar em terra firme, o que iria possibilitar que o construíssem do zero e com mais facilidade. Em vez disso, precisarão trabalhar enquanto se mantêm no barco, agora considerado como antigo, pois começaram a reforma, enfrentando ondas tumultuosas e tempestades violentas: *"esse, o nosso destino enquanto cientistas"*.

Bion considera *dois* vértices – vértice do analista e do paciente: um casal vivenciando uma experiência emocional, que não pode ser concebida sem uma dupla.

O sistema inconsciente humano, abrigando a realidade material e psíquica, na formulação de Freud não é diretamente apreensível pelo aparato sensorial; nele "habitam" invariâncias imateriais similares às do âmbito numênico descrito por Platão e Kant; e às do "substrato subjacente" descrito por Dirac e à "constante da natureza" de Max Planck no fenômeno quântico; e à constante c^2 (velocidade da luz ao quadrado) descrita por Einstein. O sistema inconsciente descrito por Freud não é desconhecido, de modo último; mas pode ser intuído; é apreendido sob transformações, no âmbito dos fenômenos: associações livres, sonhos, o brincar de crianças e talvez sob outros modos não descobertos: *"o inconsciente é a verdadeira realidade psíquica; em sua natureza mais íntima, nos é tão desconhecido quanto a realidade do mundo externo; os dados da consciência o apresenta de modo tão incompleto, do mesmo modo que o mundo externo é incompletamente comunicado pelos nossos órgãos sensoriais"* (Freud, 1900, p. 607).

Freud, Plank, Bion, Heisenberg, entre outros, respeitaram as descobertas de Platão e Kant sobre aquilo que é desconhecido de modo último: o âmbito numênico. Parece-me natural, a aplicação da teoria de transformações e invariâncias como teoria de observação que esclareceu melhor o status científico da psicanálise: de modo especial, a precisão das interpretações psicanalíticas – seu valor-verdade.

Em geral, Bion deixou claro de quem, e de onde emprestou teorias: "*Em analogia ao artista e ao matemático, proponho considerar o trabalho do psicanalista como sendo a transformação de uma realização (a experiência psicanalítica ocorrida factualmente) em uma interpretação, ou uma série de interpretações. Foram introduzidos dois conceitos: trans-*

formação e invariância. Este livro será dedicado a estes conceitos -- e à sua aplicação a problemas da prática psicanalítica. Para objetivos psicanalíticos, utilizo vários termos. Alguns, tomei emprestados da filosofia, por já estarem investidos de significados próximos aos que procuro exprimir. Ao escrever "transformação" ou "invariância", fica entendido: estou discutindo psicanálise" (T, 6).

AApesar de ter feito minuciosa pesquisa na biblioteca de Bion, sob guarda de sua esposa (em 2004), permanecem desconhecidos ao autor desse dicionário os fatores pelos quais Bion não cita Sylvester e Cayley. Encontrei uma cópia de *Men of Mathematics*, de E. T. Bell, que os menciona: mas não há nenhuma anotação à margem, um hábito de Bion, que cita Bell apenas na teoria causal. (C, 184, 286). Também cita obras de outros matemáticos: Quine, Heath e Whitehead.

Ao emprestar essa teoria, Bion enfatiza alguns fatos ao usar palavras como percepção e realização: não se trata apenas de uma ideia. A aplicação dessa teoria depende de percepção e experiência. Psicanálise tem sido mal aprendida na medida em que se instalou uma tendência entre os membros do movimento psicanalítico, e no grupo social circundante, de entender e conhecer totalmente o que pertence ao âmbito numênico, "O". Que não pode ser conhecido e muito menos submetido ao entendimento racionalizado. Dirac, que, nos limites do meu conhecimento, parece ter sido o primeiro a aplicá-lo fora da matemática, também não cita Sylvester e Cayley. Uma hipótese é de que teria sido uma teoria tão difundida, ao ponto de fazer parte do senso comum na formação escolar secundária na Europa daquela época. Bion cita Heisenberg em associação com uma importante derivação das famosas palestras de Dirac: a interferência do observador no fenômeno sob observação. Bion aplicou o conceito de transformações e invariantes pela segunda vez na história da ciência *aplicada*; Dirac foi o primeiro a aplicá-la na física. Em 2001, o filósofo norte-americano Robert Nozick, dois anos antes de falecer, aplicou-o à filosofia – sem mencionar Sylvester, Cayley e Bion, mas reconhecendo a precedência de Dirac.

Falhas e distorções na apreensão dos conceitos e da teoria derivada deles: Identifiquei cinco fatores em minha experiência com membros do movimento psicanalítico em alguns países:

i. Leituras superficiais, banalizando o termo "transformações".
ii. Negação das invariâncias, resultando em sua clivagem das transformações e (descrita na introdução desse dicionário).
iii. Desconhecimento sobre a origem do conceito.
iv. Desprezo pelo caráter científico da matemática, acoplado à desconsideração ou desconhecimento da hipótese psicanalítica de Bion sobre a cientificidade da matemática: parece-me uma tentativa humana primitiva para apreender a realidade tal como ela é, e de respeitar outros humanos, se considerarmos as medições ao longo do Rio Nilo como uma das origens da matemática; em

Transformações, Bion sugere que matemática é uma tentativa primeva do ser humano de lidar com a psicose, com a noção da falta, expressa pelo número zero. Em função dos itens iii e iv anteriores, espalha-se a notícia de que Bion "queria matematizar a psicanálise". (O leitor pode consultar o verbete "matematização da psicanálise".)

v. Leitores orientados por idolatria e iconoclastia, duas faces da mesma atitude destrutiva, atribuem a um "Bion" fantasiado o intuito de substituir as teorias psicanalíticas disponíveis, de Freud e Klein. "Novidades revolucionárias", segundo idólatras; "isso não é psicanálise, segundo conservadores iconoclastas. Nenhum parece ter lido os alertas para tal distorção: "*A teoria das transformações e seu desenvolvimento não se relacionam ao corpo principal da teoria psicanalítica, mas à prática da observação psicanalítica*" (T, 36). "Revolucionários" e "conservadores" expressam um cânone macro-social, originado no século XVII, na decadência do movimento romântico; destroem a ciência, usando-a para finalidades políticas.

A teoria de transformações e invariância, tentando resolver questões turbulentas que esfacelavam o movimento psicanalítico, sob forma de vários partidos escolásticos, compondo meritocracias políticas disfarçadas de crenças em torno de ídolos "psicanalíticos", sofreu precoce incompreensão nos três centros irradiadores de estudos em psicanálise, Inglaterra, Estados Unidos e França. Bion saiu da Inglaterra três anos depois dela ser publicada. Negada e precocemente descartada pelos membros da meritocracia política, os autointitulados "freudianos", "kleinianos", "kohutianos", "neokleinianos", diziam, desde 1961, que os conceitos de Bion não eram aplicáveis na clínica. (verbetes, Uma Teoria do pensar, "Bionianos" e "Kleinianos"). As reações foram, e continuam sendo, contraditórias; alguns, que sugiro denominar de conservadores e iconoclastas, demonstram repúdio à aplicação da teoria das transformações e invariâncias na observação em psicanálise, desprezando-a. Outros, "revolucionários idólatras", desprezando pela pseudo aceitação demasiadamente rápida e acrítica. Ambos executam a clivagem referida nos itens I e II, acima, contaminando as reações por pouco saber. A distorção continua, pelos que rejeitam a abordagem científica de Bion; atribuindo os termos invariantes e transformações a produtos idiossincráticos.

Sem se preocupar com origens na observação clínica. Nos últimos dez anos, tentam adaptar a clínica a uma teoria banalizada e distorcida. O des-entendimento – na linguagem de Bion, o exercício de –K (q.v.), é consequência inevitável de leituras desatentas. Será essa, a invariância subjacente, movendo defensores idólatras e detratores iconoclastas? Parecem-me duas faces da mesma moeda, cuja utilidade é destruir a ciência: um dos modos nos aproximar da realidade. Paradoxalmente, banalização resulta em complicação. Bion deixou outros alertas:

T

Utilizando o sinal T, desejo proteger o significado que quero reservar à teoria da transformação de um perigo: que ele se infecte do sentido coloquial que a formulação verbal, uma "transformação da análise", pode adquirir. A "transformação da análise" refere-se a uma mudança dos "usos", conforme estabelecidos no eixo horizontal da "Grade". (T, 25)

Para meu objetivo, é conveniente considerar psicanálise como pertencente ao grupo de transformações. (T, 3)

Os itens i e ii, acima, sobre leituras superficiais, hipersimplificadas, banalizando o termo "transformações", constantemente conjugadas à negação da existência das "invariâncias", resultaram na clivagem entre as contrapartes na realidade que os dois termos tentam assinalar.

Observei que alguns leitoresfantasiam um falso homônimo – comum no falso aprendizado de algumas linguagens. Sem poder – ou se dar ao trabalho – de examinar adequadamente as contribuições de Bion, pensam ser idêntica à de uma frase atribuída a Antoine-Laurent Lavoisier: "nada se cria e nada se perde na natureza; tudo se transforma". Cegos para o fato de que a definição matemática de transformações e invariâncias é qualitativa, enquanto a máxima de Lavoisier é quantitativa; extraída da observação que iniciou a disciplina de química, sobre a conservação da massa em algumas composições químicas - a água, que sofre a da combustão de um componente, oxigênio. Lavoisier não conhecia a físico-química moderna, quântica e relativística, que não haviam sido descobertas; mostraram que a frase se aplica a casos específicos, não merecendo uma generalização científica, sob a forma de um aforisma definitivo. Além disso, a frase atribuída a Lavoisier também sofreu a mesma hipersimplificação banalizadora, nesses últimos trezentos anos. Idólatras de "Bion" repetem, já há meio século, que "tudo que ocorre na sessão analítica é transformação". Negam contribuições fundamentais da psicanálise, que se continuaram na obra de Bion. Freud não fantasiou entidades únicas, quase que antropomórficas, mas detectou e estudou pares de opostos inter-conectados (dialéticos) que resultam em sínteses. Exemplos: o complexo de Édipo, sobre o inter-relacionamento entre mãe, pai e filho; os dois princípios do funcionamento mental; os três sistemas psíquicos; a teoria dos instintos, a teoria das Posições, por Klein, entre vários outros. Bion detectou pares de opostos até então desconhecidos: a teoria do continente-contido e outras, descritas nos verbetes desse dicionário.

A hipersimplificação banalizante não apreende a complexidade intrínseca ao relacionamento paradoxal entre o par de opostos, transformações e invariâncias. Vulgarizações baseadas no "ouvir dizer" - opiniões de pouco saber, dos ídolos da meritocracia política, degenera a potência científica que os conceitos e teorias anteriormente tiveram. Alguns leitores da obra de Bion fantasiam poder nomear transformações ao bel-prazer; apelam para nomenclaturas de outras disciplinas – psiquiatria, neurociência, linguística, filosofia – que já haviam se tornado modismos (*fashion*) no movimento psicanalítico. O exame desses trabalhos demonstra alguns fatos: substituem-se experiências clínicas que validariam afirmações sobre "tipos de transformações". por uma enxurrada de argumentações manipuladas racionalmente, fantasiando "provar" a existência da "transformação" à qual pespegaram algum nome da moda. Ironias da história (Deutscher, 1956): Bion tentou incrementar a base científica para a validação das interpretações, incluindo uma abordagem integrativa teorias consideradas como mutuamente exclusivas, descritas por Freud e Klein. Meio século depois, o exercício do des-entender (-K) por membros do movimento psicanalítico nulifica a teoria de **observação psicanalítica**, transformações e invariâncias, condenando-a à função de ser mais uma pseudo-teoria psicanalítica **propriamente dita**, entre as muitas rapidamente aparecidas e desaparecidas. Modismos infiltrados no movimento psicanalítico o fazem menos psicanalítico e mais social; em conjunção constante com um estado psíquico narcísico, expresso por idealismo, criou um solo fértil para a precoce (historicamente) clivagem da teoria de transformações e invariâncias, resultando na negação da parte da teoria de maior complexidade de apreensão – as invariâncias. Deu à contribuição de Bion o enganoso e enganado título de ser obscura e complicada. Uma das acusações, unindo detratores (iconoclastas) a defensores (idólatras) é sumarizada pela afirmação "Bion é um místico". Se idólatras e iconoclastas pudessem manter uma leitura não pre-conceituosa, não determinada por conceitos prévios a seguinte citação (apenas um exemplo, entre vários) teriam outra noção?

> Em consequência, a atividade da razão como escrava das paixões é inadequada. Em termos da teoria do princípio do prazer/dor há um conflito entre o princípio do prazer e o princípio da realidade para obter controle da razão. A objeção contra um universo (independentemente do quão grande ou pequeno se pense ser este universo) deriva do medo de que a falta de significado deste universo seja um sinal de que o significado tenha sido destruído, e da ameaça disto para o narcisismo essencial. Caso um universo dado, qualquer que seja, não permita a existência de um significado para o indivíduo, o narcisismo do indivíduo vai demandar a existência de um deus, ou algum objeto supremo, para o qual este universo tem um significado; significado este, supõe-se, do qual o indivíduo se beneficie. Em algumas situações, por meio de clivagem, ataca-se a ausência de significado projetando-a para dentro de um objeto. Em psicanálise, significado -- ou sua ausência -- é uma função de auto-amor, auto-ódio, auto-conhecimento.
>
> Caso o amor narcísico não seja satisfeito, o desenvolvimento de amor fica perturbado; o amor não pode se estender para amor a objetos.

T

Auto-amor perturbado se acompanha por intolerância de significado, ou intolerância de carência de significado. Uma colabora com a outra. Se as teorias que propus neste livro são sentidas como possuindo, ou não possuindo significado, elas, e as razões para rejeição, ou aceitação, podem ser consideradas como funções dos vínculos L, H e K do self com o self. A importância do auto-amor, auto-ódio e auto--conhecimento na prática psicanalítica pode ser contrastada com sua importância filosófica, moral ou religiosa, conforme ela aparece, para citar um exemplo, no aforismo de Jesus, "Ninguém ama mais do que aquele que sacrifica sua vida por outra". A psicanálise se ocupa com amor como um aspecto do desenvolvimento mental; o analista precisa considerar a maturidade do amor; e considerar "grandeza" em sua relação com maturidade (T, 73)

Realidade pode ser intuída, utilizada e vivida, mas a *"crença de que realidade é algo que é conhecido, ou poderia ser conhecido, é equivocada porque realidade não é algo que se presta, por si, a ser conhecido. É impossível conhecer realidade pela mesma razão que faz com que seja impossível cantar batatas"* (T, 148; o leitor pode examinar o verbete "O"). O mesmo ocorre com psicanálise e com a obra de Bion, que demandam intuição clínica, uma aquisição que demanda anos de experiência: a necessidade *sine qua non* para detectar-se a parte clivada nessas leituras, as invariantes.

O privilégio das transformações também se expressa por nova complicação, igualmente precoce: uma confusão da obra de Bion com as pregações das escolas idealistas (ou subjetivistas) e hermenêuticas em filosofia; alguns supõem igualdades na obra de Bion com a de Jacques Lacan. (O leitor está convidado a examinar o verbete, "Opinião do analista"). No capítulo 4 de *Transformations* (T, 37), Bion enfatiza a necessidade de respeitar-se a verdade e de que um analista precisa ser sincero, contrastando essa postura com a impossibilidade de "possuir" a verdade absoluta. A necessidade de se disciplinar memória, entendimento e desejo são tentativas de buscar o valor-verdade durante uma análise.

Alguns, entre os defensores da obra de Bion, tem utilizado o texto acima citado para negar que haja algo que pudesse corresponder às formulações verbais realidade e verdade – que estou usando como sinônimos, como Freud e Bion usaram. Reproduzem no micro-cosmo do movimento psicanalítico, as tendências que preocuparam uma longa linhagem de filósofos, teóricos da ciência, psiquiatras e psicólogos, que as denominaram de alguns modos: subjetivismo, idealismo, solipsismo e relativismo. Sócrates, Aristóteles, Bacon, Spinoza, Hume, Kant, Goethe, Nietzsche, Freud e muitos outros se ocuparam e se preocuparam com essa tendência. Para alguns "bionianos" e outros idealistas, seria suficiente que o analista emitisse suas opiniões pessoais; nenhum comprometimento com "O" ou "O(paciente)" seria necessário.

Negam a existência de invariâncias imateriais subjacentes às transformações materializáveis; esses, os leitores que entendem alguns escritos de Bion como se fossem manifestações idealistas. Não apenas os textos de *Transformations*, mas de outros trabalhos. Por exemplo:

"Psiquiatria em uma época de crise", de 1947, logo após as hecatombes nazista e stalinista (C, 336) contém uma crítica do idealismo romântico – em minha investigação, a degenerescência de um movimento social criativo que descambou para idolatrias idealistas e crenças na posse da verdade absoluta (Sandler, 2003). Idealistas na atualidade autointitulam-se "pós-modernos"; afirmam que toda tentativa de apreender a realidade seria uma quimera; a única coisa que nós, humanos, podemos obter são nossas fabricações individualistas – a fórmula geral pode ser compactada: o universo, o mundo, a vida, seriam produtos de nossa mente. Aqueles que não compartilham dessas visões seriam "meros realistas", técnicos simplórios, ignorantes das alturas às que chegariam os verdadeiros pensadores.

Bion deixou muitas iluminações sobre um funcionamento paradoxal, escolhendo a teoria que pode ser expressa como [**transformações-invariância**] como se fosse uma "fonte de luz" geral. Bion denomina uma situação específica: *deformação* (T, 12), descrevendo o que ocorre quando surgem transformações clivadas da invariância subjacente (ou superjacente). Introduzem-se idiossincrasias, substitutas mal--sucedidas (a não ser que algum analista intuitivo interfira) para o estreitamento e obstrução das capacidades perceptivas, feitas sob o viés alucinatório. Caracteriza estados psicóticos, que perdem contato com a realidade. Não é necessária perplexidade que pacientes estejam nesse estado: justamente por isso tornaram-se pacientes; alguns procuram auxílio. Tal estado pode ocorrer com a pessoa que tente ser o analista desse paciente, tanto dentro como fora do desempenho de sua função. Nos dois casos indicará necessidade de análise (ou "mais" análise) desse analista, que terá um foro e um tempo mais apropriados, se comparados com a situação em que está com pacientes, para examinar esse tipo peculiar de transformação (deformação) – usualmente qualificado como contra-transferência.

Em *Transformations* há ênfases que indicam a noção de Bion a respeito do perigo idealista rondando suas contribuições: "*Isto parece introduzir uma doutrina perigosa, que abre espaço para o analista que teoriza desvinculado dos fatos da prática. No entanto, a teoria das transformações não é aplicável a nenhuma situação onde um elemento indispensável não seja a observação. Usa-se a teoria das transformações para se fazer a observação e registrá-la de um modo apropriado para se trabalhar com ela, e desfavorável para fabricações instáveis e indisciplinadas. Como as categorias da "grade" demonstram, qualquer teoria científica pode ser usada de acordo com as categorias da coluna 2,* [isto é, falsidades; q.v. e "Grade"] *mas pode-se impedir mudanças imprevisíveis de usos, de uma coluna da "grade" para outra. Sumarizando: a teoria é para ajudar a observação e o registro em termos apropriados para o manejo científico, sem a presença dos objetos*" (T, 40).

É exatamente a tarefa de todo e qualquer bebê, ao defrontar-se com a ausência do seio – o não-seio – que lhe possibilitará pensar e simbolizar um seio real. Foi a tarefa de Aristóteles, que precisou formular a concepção de objetos matemáticos, que o permitiram trabalhar em matemática, na ausência concreta de tais objetos. É o que o bebê continuará fazendo ao introjetar objetos internos. Foi o que fizeram Al-Khovarism, Descartes e Pascal, criando e desenvolvendo a álgebra, que lhes possibilitou incrementar cálculos geométricos sem ficaram atados por amarras sensorialmente apreensíveis de desenhos complicados; foi o que Minkowsky e Einstein fizeram com espaços hexadimensionais, invisíveis para o aparato ocular humano. Estou fazendo um sumário transdisciplinar inspirado na obra de Bion, sob o vértice da teoria de transformações e invariâncias; o leitor que necessitar detalhes poderá obtê-los em outras publicações (Sandler, 1997a, 2013). Analistas nunca lidam com objetos concretos, mas precisam se haver com fatos imaterializados – sentimentos, emoções, vivencias, relatos do paciente sobre pessoas, eventos ou coisas, em formulações verbais ou não; ou seja, transformações:

> A partir do tratamento analítico como um todo, espero descobrir, proveniente das invariantes neste material, o que é O, e o que o paciente faz para transformar O (equivale dizer, a natureza de $T^{(paciente)}\alpha$) e, consequentemente, a natureza de $T^{(paciente)}$" (T, 15).
>
> O que o pensamento psicanalítico requer é um método de notação e regras para seu emprego. Elas nos habilitarão a fazer o trabalho na *ausência* do objeto, para facilitar a continuidade do trabalho na *presença* do objeto. A barreira a este trabalho apresentada pela atividade desbridada das fantasias do analista foi reconhecida há tempos: enunciados pedantes por um lado, e verbalização carregada de implicações não-observadas por outro significam que o potencial para mal-entendidos e deduções falsas é tão elevado que chega a ponto de por a perder o valor de um trabalho executado com instrumentos tão defeituosos. (T, 44)

Pode-se perguntar – meio século depois do livro *Transformations* ter sido publicado – quantos, no movimento psicanalítico, puderam ter contato real, apreender e considerar os vários alertas contidos nessa obra? Na primeira folha do livro em que Bion introduziu a teoria de Transformações e Invariância, deixou claro que envolvia dois polos complementares: farei uso gráfico da notação quase matemática utilizada por Bion para representar a teoria das Posições de Melanie Klein para auxiliar a apreensão dessa teoria, que tem sido objeto de incompreensão: [**transformaçõesóuma invariância**]. Em termos filosóficos: [**imanências mutáveisótranscendência**].

Bion lamenta, e pede desculpas para leitores, na primeira página do livro III de *A Memoir of the Future)* por não encontrar alternativa para o apelo às palavras (formulações verbais) em comunicações escritas, condenando-as ao fracasso, por não poderem fazer essa tarefa - comunicação. Continua sendo meu problema, mesmo nutrindo a esperança de que meu apelo à combinação de dois modos de notação (verbal e quase-matemática) possa ajudar alguns leitores na apreensão da teoria. Na prática e na teoria em psicanálise, como na vida, a única solução que conheço para des-entendimentos reside em uma capacidade do praticante e do leitor de obter dois tipos de tolerância mínima: (i) frustrações: ao nascer, o não-seio; à infância, daquilo que não se possui (q.v); (ii) paradoxos, a versão mais desenvolvida de (i): daquilo que não se sabe, não se entende e/ou não se possui; e não se sabe se irá possuir ou não. A falta de tolerância a frustrações e a paradoxos origina-se de um ciclo narcisista de avidez/inveja.

Teorias científicas, para serem comunicadas, precisam ter contrapartes (verbais e em outras formulações) desses paradoxos, incógnitas, e frustrações – as últimas, são os limites de toda e qualquer teoria: todas as "teorias de tudo" até agora propostas tem sido mal-sucedidas, só encontram satisfação transitória em alucinação e crenças. A apreensão mínima das teorias depende da elaboração do leitor de seus próprios núcleos esquizoparanoides, que o impulsionam para fantasiar sensações de posse da verdade absoluta. A perda de percepção de um dos polos do par antitético (dialético) da teoria de transformações e invariâncias repete (o eterno retorno observado por Nietzsche e a compulsão à repetição observada por Freud) a incapacidade de apreensão dos conceitos e teorias verdadeiras em psicanálise, como os princípios do funcionamento mental; instintos; objetos internos, de Freud; das Posições de Klein; na mãe suficientemente boa, de Winnicott, e vários conceitos de Bion, como cesura (q.v.). **Aprender** a ler textos (transformações em alfabetização: T,3) não fornece capacidade de tolerar paradoxos, que demanda ser **apreendida**, em consequência de sofrer experiências de vida – entre elas, a experiência de uma análise real. Leitores que não tenham **apreendido**, de modo inconsciente consciente (um paradoxo) as contrapartes na realidade que teorias tentam indicar (elaborando e recordando, como observou Freud), não vai **aprendê-las** (repetindo, como papagaios e gravadores) por leituras de textos. Em contraste, quem já as apreendia, encontrará nas formulações verbais uma forma de pensar, e de se desenvolver ao comunicar-se consigo mesmo e com outros. Molière (em *Les Précieuses Ridicules*) observou que "Pessoas de qualidade sabem de tudo, sem jamais terem aprendido" (*Les* **gens de qualité** *savent tout sans avoir jamais rien appri*): tornou-se máxima popular em países de fala francesa.

A multiplicação desordenada de pseudo-teorias psicanalíticas (reprodução no micro cosmo do movimento da multiplicação social de crenças e partidos políticos) origina-se da incapacidade de detectar a invariância subjacente. Prevalecem transformações desenfreadas e desordenadas: o idealista ingênuo ataca a percepção daquilo que transcende as formas, inalterado. Suponho que a noção de invariância equivale à de transcendência: aquilo que não-muda, sob infinitas aparências mutáveis (por cultura, época). Também pode ocorrer paralisia estultificada no polo da "invariância", contentando os realistas ingênuos, na denominação de Kant: os que procuram prazer na fantasia de um universo (fatos, pessoas, eventos, coisas) imóvel e imutável: ataca a percepção daquilo que muda. Ambos apegam-se à imanência, perdendo a percepção da realidade. Ao utilizar a teoria das transformações, é necessário dar-se atenção àquilo que muda para detectar emanações de "O", aquilo que não-muda. Ambos ocorrem simultaneamente.

Bion apresenta transformações e invariâncias de modo prático, em psicanálise: como lidar com pacientes sob esse vértice, em *Transformations*, sob forma de casos clínicos: como o do homem que gostava de pimenta e o caso do leiteiro (T, 16 e 31). Mais desenvolvidos em *Attention and Interpretation* – ainda que de modo embrionário, como se fosse um teste: Bion faz uma substituição gradual das representações por novos conceitos e notações quase-matemáticas (iniciadas em *Learning from Experience* e *Elements of Pscyho-analysis*), por formulações verbais originárias da poesia e da prosa, psicanaliticamente orientadas. Nos quatro, lançou mão, com parcimônia, de aforismos, analogias metafóricas e metonímicas, além de máximas, como método de aproximação à verdade e iluminação da mentira – alucinação e delírio. Enfatizo a fábula da função social dos mentirosos (AI, 100): uma introdução, como se fosse uma amostra prévia (*trailer*, na linguagem cinematográfica) de *A Memoir of the Future*. Deixou de lado o que, em retrospecto, seria timidez: considero-a como demonstração prática, empírico-intuitiva, em termos científico-artesanais, sob uma linguagem viva, coloquial, desenvolvida a partir do que antes era uma linguagem observacional-teórica; embora tenha voltado a introduzido poucos conceitos, como "infra-sensorial". Essas formas já apareciam em *Cogitations*.

Idêntico à escrita de Freud, e talvez mais abrangente, lança mão de quantidade notável do conhecimento na civilização ocidental: teoria da ciência, medicina, matemática, física, desde os hebreus, e sua evolução no Cristianismo, Renascença, Iluminismo e Movimento Romântico.

Forneço um exemplo eloquente, explicito de transformações e invariâncias, em *A Memoir of the Future*:

PSIQUIATRA Idiota! Desse jeito vai acordar todo mundo. Enfermeira, dá um sossega-leão nesse aí, rápido – morfina.

ENFERMEIRA Mas... essa dose não é quase letal?

PSIQUIATRA Meu trabalho é manter a ordem por aqui. Se a questão é decidir entre ele perder sua vida, ou eu, a minha, tudo bem para mim que ele a perda seja dele! Uma dose de morfina quase letal para ele não passa de um soporífero para o chefe. E o que é um soporífero para o chefe é o meu feijão-com-arroz.

BION Não é isso que aquele sujeito, o Não-sei-como-se-chama, denomina de "Transformações"?

PSIQUIATRA DO GOVERNO Sabe, até eu estou transformado. Não é um servicinho ruim...? Estou surpreso: Newton concluíra que era sensato ser chefe de todas as mentes - até descobrir maior segurança em ser chefe da cunhagem de moedas sobressalentes. Aquele camaradinha, – Jesus – continua sendo um estorvo. ainda é uma amolação. "Ferimos a cobra, não a matamos", como o fez aquele que se chamou a si mesmo de Shakespeare. "Não podes tratar de uma mente enferma?". Será um paliativo, sem serventia, levá-la para o subsolo. Mortos não tem amizades. Ah! Os dois fortões, estão bem aí! Assassino número um e assassino número dois. Parecem rudes, mas os dois tem um coração de ouro. Família distinta essa aí, a dos Cains. Os melhores da cepa! Ei, você aí – não é você que toca flauta, ou algum instrumento? E você – não é o que faz poesia? Homero? Tudo Grego pra mim... mas diga! Você não pode fazer algo de bom com lutas e assassinatos? Não tenha medo, vou dar um jeito de traduzir isso. Temos um departamento de tradução de altíssimo nível lá no F.B.I. O que é isso? – Fede a Bosta da Infantaria. Não soa nada bem, não é? De qualquer – todos eles, fortões. Enfermeiro – não, é você, enfermeira – estou chamando o enfermeiro. Ah, você está aqui. Pegue aí um balde cheio de condecorações. Vamos precisar delas, logo, logo. Coloque umas com o rótulo, "herói garantido". Isso sempre os faz dormir, silenciosamente. "Saco vazio não para em pé". Foi a mesma coisa com Satanás. Agora sim! Acabou ficando um sujeito confiável. Deixai vir a mim os pequeninos, não os impeçais, com seus sorrisos e mandíbulas gentis. Adoro criancinhas – principalmente as que sejam suficientemente pequeninas e tenras. O que? Ainda estão dormindo? Dormem que nem pedra. Sem sentido, desvitalizados, sob tons rosados, tingindo a alvíssimo esplendor da eternidade. Desditosos, miseráveis poetas – "ante Agamemnon multi" – por que não vos deixam descansar desonrados nas tuas tumbas, sem celebrações e lamentações? "O quê?" sorriem eles, "nossos nomes, nossos atos, tão cedo tornam-se apagados no mármore do Tempo, onde se inscrevia a glória de suas vidas? Onde se registra a glória da vida? Seus nomes viveram mais ainda" Agora, graças a Deus, podemos ir dormir.

ALICE Que noite! Roland, o que você ficou fazendo? Tossindo, berrando, virando para cá e para lá! Não preguei o olho a noite inteira.

ROLAND O que você ficou fazendo? (AMF, I, 81-82).

As explicações a seguir são fruto de meu reconhecimento de que uma esperança de Bion não tem encontrado eco popular: alguns leitores reconheceriam a origem de suas citações; os que não conhecessem, iriam procurá-las por si mesmos: *A Memoir of the Future* foi elaborada sob uma forma dialógica, representando uma conversa de Bion sincera, consigo mesmo: isolou objetos parciais para apresentar experiências na sua própria vida (Sandler, 2015a, c). Suponho que ele falava assim, com seus pacientes.

Bion descreve uma invariância humana; pode ser nomeada: "morte" e seu par paradoxal, vida, expressa por consecuções observáveis na vida de todos nós, por transformações perenes, vinculadas à fusão e clivagem dos instintos de vida e morte. Sonhos de Bion: patriotismo, poesia, ciência, medicina, psiquiatria, transformam-se em pesadelos: guerra, psicose socialmente compartilhada, assassinato. O texto se desenvolve como tentativas de apreensão da realidade, diferenciando atividade onírica, alucinação e vida real. A citação que escolhi para esse dicionário inicia com a experiência de psiquiatra militar do governo inglês durante a segunda guerra mundial, na seleção de oficiais, e em um hospital de reabilitação de medicina física; mescla-se, em retrospecto, com a experiência de comandante de tanques na primeira guerra. Ilumina o fato de que subserviências ao princípio do prazer-desprazer transformam a prática médica em homicídio culposo – e que a guerra oculta homicídio doloso, através de versos de MacBeth, sobre os assassinos do Rei Duncan e Banquo e a loucura de Lady Macbeth. Governantes irresponsáveis assassinando a juventude aparecem na referência a Napoleão, que dizia que soldados, para matar, precisam estar alimentados; e a um Jesus difícil de distinguir de um Satanás, imolando para jovens soldados; e ao verso de Horácio, sobre Homero, um dos poetas que nos relembram da existência de um soldado notável (Agamenon: já citado em AI, 1). A profunda reflexão sobre a morte combina, oniricamente, citações de poetas preferidos por Bion: Percy Shelley, em Adonais, um hino à morte de John Keats, e Robert Browning, em *Ferishtah's Fancies e Oh, Love no, Love! All the noise below...* (Fantasias de Ferishtah e Oh, Amor não, Amor! Com todo esse ruído embaixo...).

Ao apelo à arte literária, alia-se a ciência, com a figura de Isaac Newton. Sempre em envolto em desastres sociais, já havia sido feito de modo menos compactado - e mais teórico. Dez anos antes, Bion descreveu uma polêmica entre Isaac Newton a o Bispo de situação, de modo menos sintético e mais teórico: considera que Berkeley fez transformações sob o vértice da rivalidade destrutiva; Newton, sob o vértice de conhecimento (transformações em K). Os trechos entre colchetes são uma tentativa de auxiliar a leitura dos sinais quase matemáticos correspondentes a categorias do instrumento "Grade" (Grid, q.v.).

O bispo Berkeley, incitado pelo ateísmo de Newton e de seu patrocinador, Edmund Halley, atacou algumas características ilógicas na apresentação feita por Newton do cálculo diferencial; de modo marcante, o raciocínio circular. Suas críticas prenderam a atenção de matemáticos por mais de um século. Segue-se uma citação extraída do The Analyst (publicado em 1734). [142]

"Realmente, é necessário reconhecer que ele usou *fluxions* lembrando andaimes de uma construção, como coisas que têm que ser postas de lado, ou se livrar delas assim que tenham se descoberto linhas finitas que lhes são proporcionais. Mas então esses expoentes finitos são descobertos por meio da ajuda dos *fluxions*. Portanto, tudo o que se consegue por meio desses expoentes e proporções será imputado aos *fluxions*: que devem ser, portanto, previamente compreendidos. E o que são esses *fluxions*? São as velocidades de diferenciais evanescentes. E o que são estes mesmos diferenciais evanescentes? Não são quantidades finitas, nem quantidades infinitamente pequenas, ainda não são nada. Será que não poderíamos denominá-los, os espectros de quantidades desaparecidas?"[143]

A formulação de Newton do cálculo diferencial é uma transformação em K. "Os espectros de quantidades desaparecidas" expressam o negativo da dimensão da coluna 1 da formulação de Newton. A transformação em K é efetuada pelo descarte dos "andaimes" de *fluxions*, "os espectros de quantidades desaparecidas". O descarte do andaime pode ser considerado como um passo para se obter linhas finitas "que lhes são proporcionais", uma formulação de categoria H3 [sinal quase matemático para **notação de um cálculo algébrico**; o leitor pode ver este modo de ler os sinais do instrumento "Grade" no verbete correspondente, ou na introdução deste dicionário]; ou "as linhas finitas . . . que lhes são proporcionais" pode ser considerada como uma formulação F3 [sinal quase matemático para **notação de um conceito**] utilizada como uma formulação de coluna 2 [categoria da "Grade" para **mentiras e falsidades**], para impedir que aflorem os "espectros de quantidades desaparecidas" e a turbulência psicológica que tal emersão precipitaria; Newton teve aquilo que hoje consideramos um colapso psicótico, no qual, em suas próprias palavras, perdeu "a antiga consistência de sua mente". Emergiu dele, de acordo com J. M. Keynes, "um pouquinho "gagá"". O ensaio de Keynes, lido por seu irmão nas Celebrações do Centenário, em julho de 1946, contém material que vale a pena estudar em função de seus perspicazes *insights*, embora eu não possa adentrar nele aqui.

A formulação de Berkeley pode ser considerada como uma contribuição F_3. O tom polêmico lhe confere uma categoria na coluna 2, ao negar, ainda que reconheça a verdade do resultado de Newton, a validade do método: o tom irônico nega a realidade dos "espectros das quantidades desaparecidas". Consequentemente, o pan-

---

[142] "O Analista".
[143] No original, *Increments* e *Departed*. *Increments*, literalmente, equivale a aumento, desenvolvimento, fomento. Em matemática, convencionou-se no século seguinte a Newton a terminologia "diferencial"; *Departed* corresponde a "morto, defunto, desaparecido".

fleto, como um todo, é um exemplo de uma formulação F_3 usada, em um segundo ciclo, como coluna 2, para negar tanto o componente "espectros" como o componente H_3 em sua confrontação com Newton. A partir de um vértice psicanalítico, as duas formulações, de Newton e Berkeley, podem ser vistas como Tβ col. 3 [sinais que podem ser lidos como **produtos finais de uma transformação pertencentes à função de ego de atenção**] (cuja intenção é produzir uma formulação Tβ (col. 3)(ciclo 2), [**segundo ciclo de transformações pertencentes à função de ego de atenção para produzir um produto final destas mesmas transformações**] ou Tβ col. 2 [**falsidades como produtos finais de uma transformação**](cuja intenção é negar a emersão de elementos-β) [ou **verdade absoluta**] (T, 175)

Através de um trocadilho intraduzível para o português, em *A Memoir of the Future*, Bion acrescentou a transformação comportamental e modificação social de Newton, indo da meritocracia científica para a meritocracia política: de "chefe da mente", por genialidade – *Master of the Mind*, em inglês –, para chefe casa da moeda – *Master of the Mint*. A invariância: "fantasias de superioridade", ou "meritocracias"; transformações dela emanadas: científica e política.

Utilidade A teoria das transformações e invariâncias tenta solucionar problemas de comunicação entre um analista e ele mesmo, com seu paciente e com seus pares, ao conferir (ou não) valor científico às interpretações, no sentido de estarem mais ou menos próximas da verdade; de apreender a realidade do modo mais próximo possível, de acordo com o vértice de observação. Em *Transformations* e *Attention and Interpretation*, usando o instrumento "Grade", Bion tenta explicitar estados mentais do analista sob a égide, até então inobservada, de memória, desejo e entendimento; e aproximar-se da natureza alucinatória da comunicação do paciente, que desempenha funções de inventar mentira; por vezes, como método para apreender verdade: "*A teoria das transformações precisa servir para iluminar e resolver os problemas que permanecem irresolutos no cerne de algumas formas de transtornos psíquicos; e fazer o mesmo para problemas inerentes à psicanálise de tais distúrbios*" (T, 39).

& Suponho que o exame dos diálogos imaginários entre os objetos parciais de Bion, "P.A." e "Sacerdote" será útil. Ambos emergem, durante todo o texto, de modo transformado, sem perder suas respectivas invariantes. Os vários diálogos de "Alice" e "Roland" com objetos parciais representando pessoas de classe sociais economicamente desfavorecidas mostram que ambos emergem isentos de transformação em torno de uma invariância compartilhada; que formulo verbalmente como "ausência de contato consigo mesmo".

Outras indicações:

Volume I (O sonho): pp. 7-58: transformações projetivas entre "Alice" e "Rosemary", ao tentar lidar com o sentimento de desesperança. Transformações em alucinose: a falsa fazenda inglesa; o falso casamento entre "Alice" e "Roland"; a falsa condição de empregado/empregador de "Alice", "Rosemary", "Roland" e "Tom"; a falsa segurança de "Robin" em um pombal; comportamento imprudente e desdenhoso: "Roland". Ambientes sociais falsos, baseados em erudição e honras sociais: pp. 8-9, 85-92, 101-110, 115, 185-190. Para transformações em K: pp. 61, 63, 65, 86-87, 121-122, 127. Para transformações em "O", pp. 41-54, 63, 115, 128, 215 - (especialmente o objeto parcial de Bion, "Eu mesmo").

Volume II (O passado apresentado): pp. 39-75, p. 73 (sobre "O"), 127-142. Transformações em psicanálise: diálogos entre "P.A." e "*formações deve servir para iluminar e resolver os problemas que permanecem não resolvidos no cerne de certas formas de perturbação mental; e fazer o mesmo para problemas inerentes à psicanálise de tais distúrbios*" (T, 39)..

Pontos a ponderar: Reitero que Bion, usualmente cuidado nas citações de predecessores e inspiradores, ao aplicar a teoria de transformações e invariâncias como método observacional em psicanálise, não mencionou Sylvester e Cayley. Nesses quinze anos que separam a primeira publicação desse dicionário, em inglês, e essa segunda edição, em português, os motivos pela falta de citação permaneceram-me desconhecidos; e também para a família de Dr. Bion, segundo minha correspondência com D. Francesca Bion (até seu falecimento, em 2015) e com D. Nicola Bion e o Dr. Julian Bion. Parthenope Bion também relatou desconhecê-los; e nenhum deles sabia sobre a existência dos matemáticos inspiradores que viveram no século XIX.

O correto – segundo meu método de investigar, baseando-me apenas no que Bion publicou – é dizer que a origem da aplicação da teoria, e da própria teoria, ficaram nebulosas, em *Transformations* (T, 6). E em todas as obras escritas por ele às quais tivemos acesso, publicadas ou não. Fiz uma hipótese, corroborada por D. Francesca Bion: de que o conhecimento dessa teoria era senso comum em todas as pessoas com escolaridade secundária na Europa, e que Bion poderia ter tomado como certo de que todos os seus leitores saberiam sobre o que ele estava escrevendo. Dado o fato de que observei que Paul Dirac, ao aplicá-la em física, não citou Sylvester e Cayley; e que Robert Nozick, ao aplicá-la a teoria em filosofia, cita Dirac, mas omite Sylvester e Cayley. Químicos, como D.H. Rouvray, usam a teoria e citam Sylvester e Cayley; Walter Nery, um músico, cita a teoria, mas não cita Sylvester e Cayley, mas apenas seu predecessor, Bernhard Riemmann! Uma invariância os iguala: o sentido no qual a utilizam.

Outra hipótese é que Bion foi um autor sem interlocutores: segundo Francesca Bion, poucos amigos íntimos no movimento psicanalítico: o casal Lyth; Money-Kyrle; Arthur Williams; Elliot Jaques; Hans A. Thorner, Albert Mason e Frank J.

Phillips. Maurits Katan, André Green, León Grinberg, Virginia Leone Bicudo, James Grotstein e Ignacio Matte-Blanco, de gerações mais novas, podem ser considerados como bons ouvintes, mas não exatamente interlocutores para mútua colaboração. Além dessas pessoas, foi uma ilha cercada de perplexos idólatras e raivosos iconoclastas. Nenhum deles pode ter a função de Elliot Jaques com Melanie Klein: um ex-analisando que sugeriu-lhe, de modo apto, a mudança do título de um livro que quase se chamou Inveja, para *Inveja e Gratidão*. Com a tranquilidade de que minha fantasia jamais será realizada, e se eu tivesse a idade que tenho agora em 1967 (quando me preparava para entrar em uma escola médica), e se pudesse ter o mesmo contato que tive com a família de Bion que hoje tenho, poderia ter sugerido as seguintes mudanças de títulos: ao invés de *Transformações, Transformações e Invariantes*; ao invés de "Notas sobre Memória e Desejo" (1967), "Notas sobre Memória, Desejo e Entendimento"; ao invés de "Sobre a Arrogância" (1957), "Curiosidade, Estupidez e Arrogância".

Referências cruzadas sugeridas: Transformações em alucinose; Transformação em –K; Transformações: sinais; Transformações, teoria das; Transformações, modos de.

Transformações, modos de

Bion descreve *quatro modos* de transformações *positivas*; e um *modo* de transformação *negativa*.

A descrição se qualifica como uma modulação (ou modalidades) reais:

Positiva:

(1) Transformações em movimento rígido – idênticas ao que Freud descreveu como Transferência.

(2) Transformações projetivas – idênticas à identificação projetiva, descrita por Melanie Klein.

(3) Transformações em alucinose.

(4) Transformações em psicanálise:
    (4a) Transformações em K
    (4b) Transformações em O

Negativa:

(1) Transformações em –K.

Assim como Freud manteve alguma esperança de que alguém pudesse desenvolver a psicanálise, Bion esperou que outros pesquisadores pudessem descrever outras modalidades.

Utilidade Há vantagens operacionais em reposicionar os as teorias de Transferência e Identificação Projetiva, para compor um sistema mecanismo generalizador, de Transformações e Invariâncias? Na experiência do autor deste dicionário, incrementa, de modo integrativo, a comunicação científica entre psicanalistas. Parece-me um passo inicial em direção a uma teoria unificada da psicanálise. Cujo momento atual padece de clivagens contínuas em escolas doutrinárias, em um crescimento tumoral de fugas fantásticas de imaginações de alguns membros, apelando para transplantes heterólogos de outras disciplinas, que não se originam da prática empírica de psicanálise.

Transformações: sinais

Bion construiu sinais quase-matemáticos para que analistas pudessem se comunicar, utilizando a teoria de Transformações e Invariâncias, evitando formulações verbais repetitivas. Esperava que seus colegas pudessem aprender essa linguagem de sinais, toda vez que se defrontassem em situações clínicas nas quais ouvissem um enunciado verbal do paciente – o produto final de uma série de processos psíquicos, que denominou do mesmo modo que Freud denominava os processos nos quais percepções, ideias e noções que um dia teriam sido conscientes, tivesse sido "inconscientizadas", transformando-se em sonhos.

Vou lançar mão de um quadro sinóptico compactado, para apresentar os vários conceitos, a teoria como um todo, e cada modalidade de transformação. Consultar: Transformações, modos de. Ver também: Visão analítica; Transformações em movimento rígido; Transformações projetivas; Transformações em alucinose; Transformações em psicanálise (em K e em O); Transformações, teoria das; Transformações em –K.

Quadro Sinóptico: um ciclo de transformações

Símbolo	Definição (as referências permitem ao leitor o exame das definições originais constantes na edição original publicada do livro *Transformations*, de Bion)	Exemplos práticos
"O"	Representa o âmbito do numênico: a realidade última, a coisa em si mesma (T, 131). Em "O", encontram-se as invariâncias	"Papoulisse" (T, 1): "Spoonerismo" (LE, 1)
T	Ciclos de trans-formações: mudanças na *forma* (apresentação) de eventos no âmbito dos *fenômenos* (Kant, 1781); contrapartes de "O"	Podem-se considerar duas pessoas observando um campo de papoulas. Uma delas é um pintor (pi) e o outro (t), um dependente químico.
Tα	Processos pelos quais uma determinada Transformação ocorre. Tα é o processo, empregando elementos-α, pelos quais o indivíduo chega em Tβ (T, 152)	Tanto o pintor quanto o dependente químico estão cientes de suas impressões sensoriais. O pintor agrupa essas impressões de algumas experiências emocionais e pinta uma tela; o dependente químico também acopla as impressões sensoriais com experiências emocionais que diferem significativamente, em sua natureza, das do pintor. Ele pensa em ópio.
Tβ	Produto final de uma Transformação	Um quadro mostrando um campo de papoulas.
Ta	O ciclo de Transformações de um determinado analista	**Ta** = Transformações do analista **Taα** = processos mentais através dos quais um analista fornece uma interpretação (T,17). **Taβ** = a interpretação (ou construção; Freud, 1937; T, 25) Em nosso exemplo: **Tpi** = Transformações do pintor **Tpiα** = impressões, emoções, técnicas de pintura, ou os processos de transformações em um pintor **Tpiβ** = o quadro
Tp	Transformações do paciente	**Tp** = Transformações do pintor **Tpα** = trabalho onírico **Tpβ** = um sonho, a conversa durante uma sessão, a pintura. **Tt** = Transformações do dependente químico **Ttα** = impressões, desejo; **Ttβ** = ópio.

Transformações em alucinose

O termo "alucinose" foi criado por psiquiatras no final do século XIX e início do século XX, para designar um transtorno perceptivo em alcoolistas, sistematizada por Karl Bonhöffer, para designar presença de alucinações (percepção sem objeto externo) em personalidades, de resto, conservadas. Uma descrição mais acurada está adiante. Na experiência de todos os psicanalistas que trabalharam entre 1900 até 1980, a técnica diagnóstica sindrômica desenvolvida pela psiquiatria, por práticos na Alemanha, França, Suíça e Inglaterra -.F. Meynert, K. Bonhöffer, Enest Krestchmer, Emil Kraepelin, J-M Charcot, Pierre Janet, Havellock Ellis, Kraft-Ebbing, Sigmund Freud, e depois sistematizadas por Eugen Bleuler, Karl Jaspers, Henry Ey, e, nos anos 1950, Wilhelm Mayer-Gross e, nos EUA, Alfred M. Freedman e Harold Kaplan – tem sido muito útil, como passo inicial na apreciação de pacientes que procuram psicanálise. No entanto, apenas como passo inicial – psiquiatria procura adaptar a pessoa a seu meio social, arriscando-se a ser apenas mais uma técnica policial, de controle social. A psiquiatria acreditava – e ainda acredita, em alguns locais - em normalidade e seu oposto total, patologia. Psicanálise não é técnica adaptativa ao meio externo, nem baseada em julgamentos de valor, mas torna a pessoa, ela mesma: um tipo de adaptação interna. Esse, um dos fatores da descoberta da psicanálise por Freud.

Bion utilizou-se da psiquiatria como técnica diagnóstica; usou o termo, alucinose, tal sempre foi usado psiquiatria, que tem qualidade descritiva (fenomenológica) razoável. Psiquiatras que puderam se beneficiar da psicanálise submeteram-se a esse tratamento, dando-se conta que fenômenos até então vistos como psicopatológicos, qualitativos, correspondem muito mais a variações quantitativas de alguns aspectos do funcionamento psíquico. Podem ser vistos a qualquer momento, em qualquer lugar, em qualquer pessoa viva, desde que se possua algumas condições específicas para observação: intimidade e tempo, ocorre em consultório de análise – Freud demonstrou a universalidade da neurose; Klein e Bion, da psicose.

Conceitos diagnósticos psiquiátricos tornaram-se observáveis pela psicanálise em suas características "microscópicas": não apenas comportamentais, nem olháveis, ou escutáveis pelo nosso aparato sensorial, mas, acrescidos desse método, enxergáveis e audíveis pela intuição sensível e analiticamente treinada. A observação de alucinose, em psicanálise, evidenciada pela observação participante direta na sessão analítica, é, na experiência do autor desse dicionário, uma síndrome que pode ser denominada de psicose da vida cotidiana: perdura em todos os dias, variando em grau, dependendo de condições externas e internas. O vértice psiquiátrico a vê como uma condição patológica momentânea, incompartilhável por outros – os "normais". Uma observação participante implica o fato de que o conceito de alucinose, conforme observado por Bion, é considerado como um evento associado à vivência real de duas pessoas: uma experiência emocional, que depende de um relacionamento interpessoal (LE, 42). Não é um atributo exclusivo de um dos membros do par – usualmente visto como reservado a pacientes, mas não a analistas. Bion leva em consideração (T, 49) o fator pessoal, ou equação pessoal, primeiro percebida por Freud (em *A questão da Análise Leiga*, e outros estudos) Bion não se estende na definição precisa de alucinose. Ao invés disso, fornece dados sobre suas características conforme se desenvolvem na sessão analítica. A sra. Francesca Bion, editora de todos os trabalhos de seu marido, em conversa com o autor deste dicionário – e também no prefácio para *Bion em New York e São Paulo*, referiu-se à suposição de Bion, que leitores contassem com conhecimento e experiência em psicanálise e tivessem noções básicas de psiquiatria. Sob tal suposição, a definição básica de alucinose, conforme utilizada em psiquiatria e por Freud, não imporia problemas aos leitores.

A experiência do autor deste dicionário tem revelado que a suposição de Bion não se aplica aos tempos atuais – como também não se aplicou aos leitores de alguns países em sua época, que não contavam com experiência psiquiátrica. Essa experiência compreende quarenta anos de frequência a seminários, aulas, leituras de outros trabalhos, congressos e reuniões a respeito da obra de Bion, no Brasil e no exterior. Em função disso, o leitor já pode ter visto a definição geral do termo, alucinose, acima. Foi usada com clareza por Emil Kraepelin, contemporâneo de Freud, o primeiro a sistematizar uma nosologia psiquiátrica; por Karl Bonhöffer, o primeiro a se utilizar do diagnóstico para intoxicações por álcool, e para psicoses alcóolicas crônicas; e por todos os autores de livros de texto em psiquiatria.

Definição Alucinose, em termos psiquiátricos, corresponde a um **estado psíquico caracterizado por alucinações e delírios pouco estruturados aparentemente, em uma personalidade, de resto, conservada**. Há ocorrência aguda e recorrente de alucinações (q.v.; percepções sem objeto externo que poderiam justificá-las) em pessoas que mantêm, ainda que parcialmente prejudicadas, outras capacidades cognitivas, motoras e intelectuais, por vezes notáveis, mas acompanhadas de exacerbação de fenômenos paranoides e maníacos, em função das alucinações e/ou delírios de superioridade. Pode haver um pequeno grau de confusão mental, pouco aparente, e também sinais de prejuízos intelectuais fragmentários, em algumas funções de ego – principalmente noção e atenção. Alucinose foi originalmente relacionada à intoxicação exógena por álcool e brometo. Na primeira, os fenômenos paranoides acompanham-se de alucinações auditivas e delírios de ciúmes, principalmente em homens, devido à polineurite alcóolica que promove impotência sexual. Alguns pacientes apresentam comportamento violento, tipificando mania ou hipomania. Analistas precisariam se certificar se não há estímulos exógenos patogênicos, por ingestão de algum psicotrópico – sendo prototípico, o álcool – que possam não estar mais sendo utilizados pelo paciente, embora o tivessem anteriormente

Características de estados de alucinose: (i) alucinações recorrentes com atividade intelectual preservada, (ii) estado mental intoxicado de forma aguda, mantido cronicamente, (iii) violência de sentimentos, (iv) um gatilho externo anterior que desaparece, mas seus efeitos permanecem. Esse estado foi descrito literariamente por Lewis Carrol, com o gato de Cheshire, em *Alice no País das Maravilhas*: o gato desaparece, mas o sorriso permanece. Há formas múltiplas e combinadas durante a evolução e involução de uma única sessão, ou de momentos na sessão. Em psicanálise, alucinose corresponde ao aparecimento de alucinações e delírios evocados por experiências emocionais vividas pelo casal analítico. Freud e Bion enfatizaram o fato de que psicanálise utiliza, como instrumento principal, comunicações verbais, através das quais comunicam-se transformações (q.v.).

Estados de alucinose durante uma sessão analítica podem ser detectados caso o analista considere, com cuidado especial, a emergência de características aparentemente "normais" no intercurso verbal entre paciente e analista. A abordagem psicanalítica poderá ser feita sobre afirmações verbais que pareçam, no lugar comum, como bizarras; ou desconectadas de qualquer realidade observável; e, paradoxalmente, como total e completamente "realísticas". Bion observou alguns alertas, nos sentimentos do analista: (i) sentimentos de "normalidade", por um dos dois integrantes do casal analítico, ou pelos dois, são sinais de predominância de um estado de alucinose. (ii) evitar a experiência de sofrimentos de dor; (iii) disfarçar, favorecer ou ter prazer na percepção da intromissão de sentimentos de superioridade, em um ou outro integrante do par, ou nos dois. A operação de "*inveja, avidez, rivalidade, superioridade "moral" e científica*" é sugestiva da presença de alucinose (T, 133).

Parece-me ser absolutamente necessário manter uma atitude crí- tica (autocrítica, no caso do analista), toda vez que haja sentimentos de normalidade no intercurso verbal intrassessão. De forma característica, Há uma alta probabilidade de que isso seja manifestado por prevalência de diálogos racionalizado, ou racionalizantes, pleno de explicações e justificativas. Em pacientes nos quais se observam posturas autoritárias, pedagógicas e morais, sempre serão acompanhadas de tentativas de evocar posturas idênticas (homo) no analista. Procedimentos terapêuticos classificáveis como psicoterapia de apoio e de sugestão, ou a percepção de que isso esteja ocorrendo, constituem outro sinal de alerta para a presença de alucinose. Será exagero afirmar que estados de alucinose expressam um travesti de realidade? Produções alucinatórias e delirantes assemelham-se a mentiras; carreiam ódio à verdade. Estados de alucinose são alicerce para conluios: sentimentos de bem estar socialmente compartilhados. Bion observa que grupos extraem um sentido de bem-estar a partir de mentiras, de evasões à realidade. T, 129). Logo depois de apresentar o conceito de Transformações em Alucinose, Bion observa um sério problema: a suposição de que todas as transformações (do analista e do analisando) que são expressas verbalmente *"não podem ser mantidas legitimamente"* com pacientes que fazem transformações em alucinose; ou em qualquer outro âmbito desconhecido. (T, 67). É necessário ter em mente que dificilmente há comportamentos agressivos manifestos. A violência de sentimentos é intra-sessão; intra-psíquica; emerge pela utilização abusiva de identificação projetiva, e tentativas de evocação de reações contra-transferenciais.

Na primeira vez que Bion utiliza o termo (T, 63), lança mão de uma observação anterior em "Sobre a arrogância", de 1957; *Learning from Experience*, de 1962; e *Elements of Psycho-Analysis*, de 1963, sobre a relativa incapacidade da mãe de aceitar a identificação projetiva do bebê; e a associação de tal falha com perturbações intelectuais, que correspondem exatamente às mesmas complicações originadas pela existência de uma mãe extremamente compreensiva, devido à sua capacidade de *aceitar irrestritamente* identificações projetivas de bebês extremamente ávidos e invejosos. Esse paradoxo precisa ser tolerado para que se possa apreender o que Bion tenta transmitir. Em ambos os casos, há uma esperança desejosa de situações sempre gratificantes: haveria o que um analista brasileiro, Deocleciano Alves, denominou de "avidez por satisfação.

Outra observação clínica de Bion é a incapacidade de enfrentar a perda de um *"estado idílico"*, acompanhada de uma tentativa de substituí-lo por uma nova fase que é instantaneamente suprimida, na medida em que envolve dor. "*É em relação a este pano de fundo de alucinose, identificação projetiva, clivagem e perseguição, acolhidos como se fosse um estado idealmente feliz, que quero considerar o âmbito da comunicação verbal. O sentido de bem-estar, engendrado por uma crença na existência de uma mãe (ou analista) perfeitamente compreensiva(o), fortalece o medo e ódio do pensar. Que são intimamente associados ao "não-seio", e podem ser sentidos como indistinguíveis do "não-seio". A pessoa se aferra a um estado de mente doloroso, que inclui depressão, pois sente que a alternativa é sentida como ainda pior; a alternativa é pensamento e pensar, significando que o seio quase perfeito foi destruído"* (T, 63).

Essa, a origem mais primitiva de alucinação e alucinose até hoje conhecida. No bebê, inicia-se na intolerância de frustração diante do não-seio. Freud observou que alguns bebês alucinam um seio por meio de uma ação concretizada, usualmente utilizando-se do polegar ou de outra de suas extremidades, colocando-o à boca. A concretização expressa uma clivagem forçada (q,v,: LE, 10), com prevalência de procura, na idade adulta, de satisfação por objetos materiais e experiências concretizadas. Bion desenvolve continuamente, durante toda sua obra, as origens de estados de alucinose. Ao sugerir o conceito de transformações em alucinose, Bion integra todas suas observações anteriores sobre os processos de pensar nos psicóticos, desde 1950: saindo das observações sobre prevalência de projeções do aparato de pensar para o exterior, e para a pessoa do analista, forçado a pensar pelo paciente (ST, 36,43,65; LE, 37): "*Intolerância de uma não-coisa, tomada em conjunto com a convicção de que qualquer objeto capaz de uma função representativa, em virtude daquilo que a personalidade sã considera como sua função representativa, não é nenhuma representação, mas é a própria não-coisa, exclui a possibilidade de usar palavras, círculos, pontos e linhas como fomento para o aprendizado a partir da experiência. Eles se tornam uma provocação para substituir a coisa pela não-coisa, e a própria coisa como um instrumento para tomar o lugar de representações, quando representações são uma necessidade, como elas o são no âmbito de pensar. Assim, almeja-se um assassinato factual, ao invés do pensamento representado pela palavra "assassinato"; um pênis ou seio factuais ao invés do pensamento representado por estas palavras . . .Tais procedimentos não produzem os resultados comumente obtidos por pensamento, mas contribuem para estados que se aproximam de estupor, medo de estupor, alucinose, medo de alucinose, megalomania e medo de megalomania"*. O que intentou ser uma sessão analítica, mas falha nessa função, passa a ser uma atividade na qual *"ações e objetos reais bastante complexos sejam elaborados como parte de acting-out"* (T, 82-3).

Estados de alucinose não percebidos expressam-se por uma série de *acting-outs* ("atuação") – um conceito proposto por Freud para descrever a passagem direta de um estímulo instintivo para uma ação motora, sem interpolação dos processos de pensar. Sessões compostas de "atuações" despercebidas passam por sessões reais; as manifestações comportamentais não precisam ser necessariamente extravagantes, como demonstrações de raiva, depressão ou similares; quando o analista se dá conta delas, percebe que o intuito é idêntico ao de propagandistas, diverso daquele dos artistas (T, 37). Ocorre o que Bion sintetiza com o termo, "hipérbole" (q.v.). Impedem uma atividade onírica de vigília, mesmo que o analista considere que está se defrontando com relatos típicos de conteúdos manifestos de um sonho, sonhado na própria sessão (q.v.). Consideremos um praticante que seja, instantaneamente – e todos nós o somos, em alguns momentos –, incapaz de detectar a presença de alucinose. Irá falhar em perceber que alguns pacientes são capazes de levar adiante aquilo que imaginam ser uma sessão de psicanálise. Pois aprenderam a imitar o que pensam ser uma sessão de análise – por "ouvir dizer". Afinal, após 120 anos da descoberta da psicanálise, boa parte das pessoas já se submeteu a um bombardeio sensorial caricaturizado por relatos pessoais de conhecidos, familiares, de espetáculos públicos como teatro, cinema e novelas em televisão. Esse paciente profere palavras, imitando um discurso coloquial racionalmente orientado. O praticante pode passar momentos nos quais não percebe a ocorrência de uma reação bizarra às suas interpretações, na medida em que essa reação estará travestida em um vocabulário familiar ao profissional; demasiadamente técnico, em muitos casos. Na base disso, há uma falha em perceber que o que está ocorrendo pode, na verdade, ser um estado mental que *"impede a possibilidade de palavras"*. Bion descreve de casos clínicos – por exemplo, o caso da chave do leiteiro (T, 131), e o manejo que lhe foi possível ter.

Função

Para demonstrar a utilidade prática da elucidação consciente de alucinose, Bion utiliza uma analogia retirada da geometria: *"O exemplo que usei, simples, da linha reta que pode cortar um círculo em dois pontos que são, respectivamente, (i) real e distinto; ou (ii) real e coincidente (caso a linha seja uma tangente); ou (iii) conjugados complexos (caso a linha esteja inteiramente "fora do círculo") estabelece um problema que o matemático conseguiu resolver tomando um ponto de vista matemático, mas eu o utilizo para ilustrar a natureza do problema psicológico. Vou colocar isto da seguinte maneira: no domínio do pensar -- onde uma linha reta pode ser considerada estando dentro, ou tangenciando, ou estando inteira- mente fora de um círculo -- efetuou-se uma transformação; nela, certas características, já conducentes por si mesmas ao manejo matemática, foram manejadas matematicamente para esboçar, e então resolver, um problema matemático. No entanto, as características residuais retêm seu problema, a-nônimas (des-vinculadas) e, portanto, permanecem sem ser investiga- das. Alucinose é um âmbito, análogo ao da matemática, no qual se procura sua solução. O problema matemático é parecido com o problema psicanalítico, no que se refere a uma necessidade, que a solução deve ter um amplo grau de aplicabilidade e aceitação, evitando assim a necessidade de usar argumentos diferentes para casos diferentes, quando os diferentes casos parecem ter essencialmente a mesma configuração"* (T, 83).

O conceito tem auxiliado analistas (Sandler, 2017), durante as sessões, para resgatar o vértice analítico na observação de perturbações do pensamento, conluios e falsidades – que produzem imitações de análise, caracterizadas por explicações racionalizadas do comportamento do paciente. Secundariamente, oferece uma oportunidade para examinarmos criticamente a persistente questão do *establishment* psicanalítico, enfrentando o milagre, segundo alguns, e praga, segundo outros, da multiplicação de teorias, resultando na dúvida, se há *"uma psicanálise, ou muitas?"* (Wallerstein, 1996). As *"muitas psicanálises"* podem ser elucidadas na observação de Bion, do uso desordenado de termos diferentes para descrever a mesma situação clínica. O *status* científico da psicanálise depende do fato de que os analistas precisam tornar-se capazes de dialogar entre si:

> Todo analista reconhece a confusão, ou na melhor das hipóteses, a prevalência de um sentido de insatisfação quando, em uma discussão entre colegas, torna-se claro que apreendeu-se a configuração do caso, mas que os argumentos formulados em sua elucidação variam de pessoa para pessoa; e de um caso, para outro. Para haver progresso, será essencial que tornemos esta situação desnecessária. (T, 83)

Muitos fenômenos que parecem ser "normais" na visão do paciente e de seu analista, dentro da sessão como nos relatos de eventos fora dela, necessitam de atenção psicanalítica mais cuidadosa. Parece-nos necessário, à luz da análise pessoal do analista, lidarmos com enunciados verbais como pertencentes à categoria A⁶, até prova em contrário: lidar como se fossem **elementos-β** atuados (q.v.) ou **hipóteses definidoras** atuadas (favor ver Grade (Grid)). "*Um resultado de se tratar os elementos do enunciado como A⁶ é que certos fatores periféricos a A⁶ podem ser vistos como sendo ativados, e podem ser detectados em análise*" (T, 132).

Observar e considerar situações de alucinose, auxilia no aprofundamento da análise; segundo alguns praticantes e pacientes, torna útil uma análise, na mesma extensão em que emergem situações reais – no aqui e agora de uma sessão – de como o paciente desperdiça sua vida, com feitos irreais, com aparência de bombásticos, ou épicos, ou epopeicos, mas passíveis de elucidação analítica em sua falsidade, ainda que disfarçadas, com aparências de que seriam verdadeiros. A observação desses aspectos reduz consideravelmente o risco de alucinose compartilhada, durante a sessão de análise. Usualmente, denomina-se esse compartilhamento de conluio. Um par clivado, ligado apenas na aparência de justaposição geográfica, que intentaria exercer as funções de paciente e de analista, não consegue, nessas condições, tornar-se um casal analítico. Em contraste, um casal analítico, onde haja um analista com intuição analiticamente treinada (T, 18; 49), mantém a presença de dor real, e evita ocorrências seguidas de dor excessiva (EP, 75).

Fatores e regras de alucinose

Bion descreve seis fatores, usualmente não detectados, a não ser superficialmente, sem esclarecimento de sua natureza alucinatória; acrescento dados obtidos em minha experiência clínica, baseados nessas descrições:

i. Alucinação como um modo de adquirir um tipo de independência, considerada como superior à psicanálise. Que, por sua vez, é uma forma de interdependência simbiótica (no sentido biológico do termo – o leitor pode consultar o verbete "Vínculos"). Analogamente, como são as relações conjugais, parentais e em todo relacionamento fundamental para o desenvolvimento da vida.

ii. Falha dos processos de alucinose – um desfecho inevitável no caso de análises minimamente bem-sucedidas; é *"atribuído às propensões do analista à rivalidade, inveja e roubo"* (T, 132). O suposto roubo é da capacidade alucinatória, considerada valiosa pelo paciente, que pode se revoltar, quando ainda não encontrou algum substituto. Suportar-se que não se encontra demanda tempo e paciência: não há substituto para alucinação, a não ser outra.

iii. Rivalidade, inveja, avidez, roubo, sentimento de ser irrepreensível, tendências paranoides de propriedade sobre a verdade absoluta: manifestações fenomênicas indicando necessidade de exame minucioso, como **invariantes** (q.v.) *sob alucinose* (T, 132-133).

iv. Bion supõe ser válida, toda tentativa de expandir o conceito de alucinose; permite a percepção de configurações que, *"presentemente, não são reconhecidas como pertinentes a este conceito"* (T, 133).
v. A alucinose é um dos meios (mídia) pelos quais fluem **transformações em movimento rígido** (q.v.) e **transformações projetivas** (q.v.).
vi. É possível descobrir regras para transformações em alucinose, mas apenas *"por intermédio de observação clínica"* (T, 133).

Modos para detectar alucinose na clínica

Bion propõe, *"de forma provisória"*, quatro regras das transformações em alucinose; penso que são apresentações fenomênicas do habitar-se a posição esquizo-paranóide em dedicação exclusiva e tempo integral:

A. Um objeto que é "o máximo", irá ditar "ação"; é superior, em relação a todos os outros objetos, em todos os aspectos que se considere; é auto-suficiente e independente desses outros objetos.

B. Objetos que podem ocupar tal posição incluem (a) Pai, (b) Mãe, (c) Analista, (d) Objetivo, objeto ou ambição, (e) Interpretação, (f) Ideias, sejam morais ou científicas.

C. A única relação entre dois objetos é a de superior para inferior.

D. Receber é melhor do que dar. (T, 133)

O estado mental básico do paciente é o de incapacidade para tolerar frustrações. Bion procura auxílio na prosa de Percy Shelley para conseguir enunciar verbalmente esta contingência – que, na minha experiência, é muito comum: *"aquele estado psíquico no qual as ideias podem assumir a força das sensações através da confusão do pensamento com os objetos do pensamento, e o excesso de paixão que anima criações da imaginação"*. Essa, a visão poética de Shelley; no entanto, para que não se conclua precipitadamente algum endosso de Bion a respeito do vértice "idealista" (no sentido filosófico do termo; por exemplo, Sandler, 2001b), será necessário recordar-se que Shelley não conseguiu produzir poesia com o mesmo nível alcançado por alguns de seus contemporâneos, com os quais mantinha amizade sincera, como Keats; ou Wordsworth. Era pessoa generosa e teve atitudes humanitárias, e fez crítica literária como poucos; suponho que foi prejudicado por excesso de romantismo. Que levou sua esposa, Mary, a elaborar um conto irônico, com finalidade de crítica conjugal, multicolorido por todos os exageros dos românticos, especialmente o de Byron: a novela do Dr. Frankenstein. Alcançou popularidade não intencional e muito durável; vendeu muito mais do que todas as obras de seu marido e seus contemporâneos da decadência do romantismo – até nossos dias, em versões teatrais e cinematográficas.

Parece-me fundamental tentar detectar a sutileza das associações livres, e sua interação com o conteúdo manifesto da sessão, quando se possa realmente adotar-se a extensão de Bion sobre a obra de Freud, no que tange a "sonhar o material do paciente" (q.v.). Desse modo, pode-se considerar uma sessão do mesmo modo que Freud considerou os sonhos: o casal analítico poderá construir, conteúdos latentes imateriais, totalmente específicos nos vários aqui e agora de cada sessão de análise. O resgate da obra de Freud se dá no exercício de uma análise crítica que tente não ser levado a enganos, dados pelas aparências externas dos fenômenos materializados que se desenrolam no aqui e agora de uma sessão. O caráter alucinatório da transferência – **transformações em movimento rígido** –, claramente explicitado por Freud (Freud, 1912), tem sido continuamente negado por membros do movimento psicanalítico. Não possuo dados estatísticos, escrevo o alerta baseado em leituras de trabalhos de colegas e em frequência a seminários, palestras e supervisões, privadas e públicas. O que está em jogo é o resgatar da natureza onírica na comunicação humana, discernindo-a de produções alucinatórias – do mesmo modo feito por Freud, ao interpretar sonhos.

Penso ser oportuno – correndo o risco de parecer autoritário, ou simplesmente tedioso – registrar minha observação de que alguns membros do movimento, intitulando-se "bionianos", e tendo frequentado os vários encontros locais e mundiais sobre a obra de Bion, na última década, passaram a fazer tentativas de usar o conceito de alucinose. Alguns deles parecem-me confundir a presença de manifestações materializadas, teatrais, de natureza histeriforme, e também presença de alucinações e delírio, como se fossem exemplos de transformações em alucinose. Do ponto de vista teórico, usam apenas a concepção de transformações, sem se preocupar com a identificação clínica das invariâncias; ao contrário, partem de algum empréstimo termos psiquiátricos, ou de outras disciplinas eruditas, como filosofia e seus afluentes da moda, e até mesmo propaganda, tentando encaixar, de modo forçado, por manipulações racionalizadas de símbolos verbais, fragmentos dos escritos de Bion a essas ideias. Alguns autores fantasiam que existiriam "tipos" de transformação, esquecendo-se de que sua identificação precisa ter origem empírica, no aqui e agora da sessão analítica, e que os modos descritos por Bion formam um espectro, e não são tipos individualizados, como se fossem coisas concretas. Isso tem criado uma espécie de competição inter-pares, para inventar algum tipo novo de transformação, que daria fama e gloria ao inventor.

Na prática clínica, a tentativa de descobrir uma igualdade entre atitudes aparentemente normais e insanidade encoberta parece-me ser fundamental. Para isso, um analista precisa manter em bom estado – como se fosse um treinamento físico – algo que só consigo denominar como "ingenuidade". Uso o termo no sentido proposto por Schiller e, posteriormente, por Isaiah Berlin, no seu ensaio sobre a obra musical de Giuseppe Verdi. Ingenuidade é oposto de descuido, de *laissez-faire*, *laissez-aller*, tantas vezes propagandeados como se fossem manifestações de liberdade, e não de libertinagem. Em escritos posteriores 1965, Bion afirmou que essa "ingenuidade" pode ser obtida através de disciplinar-se memória, desejo e entendimento. Em minha experiência, partindo das observações de Bion compactadas em 1967 (em "Notas sobre Memória e Desejo", e no Comentário a *Second Thoughts*) um reconhecimento mínimo de transformações em alucinose pode ser feito quando o analista livra-se, ainda que transitoriamente, das próprias memórias, no que se refere a seus próprios valore morais, preconceitos, julgamentos e ideias de normalidade. Pode se livrar de desejo, na medida em que dá-se conta que seus próprios desejos, em nada diferentes, em essência, dos desejos do paciente (embora a forma possa ser variável) são combustível para alucinose. Principalmente desejos de curar o paciente – fato já notado por Freud. E livrar-se de entendimento, que nos leva às prisões de lógica euclidiana e cartesiana, a racionalizações: crenças da religião positivista inventada por Auguste Comte, que propagou a existência de redes de causalidade simples (uma causa, um efeito). Ao utilizar esse estado mental, que pode ser obtido por meio da observação conjunta de experiências de alucinose na própria análise será possível perceber que razão é escrava da paixão, ao compor crenças sentidas psicologicamente como se fossem necessárias (T, 73, 137): em função disso, analistas precisam *participar* dos estados de alucinose, para apreciarem alucinações, mas não ficarem alucinados (AI, 36).

Transformações em alucinose possuem contrapartes factuais construídas no meio externo graças à nossa capacidade humana, de construir ferramentas; e usá-las para obtermos formas materializadas para o que, em sua origem, foi um delírio imaterial (Sandler, 1997a). É claramente possível, e favorecido por grupos sociais, criar-se ambientes emocionais hiperbólicos, de forma mais ou menos sutil (T, 34; 141), claramente alucinados para aqueles que conseguem manter uma distância emocional mínima. Podemos fazer coisas de forma maníaca, dando preferência a *acting-out*, onde o pensamento real nunca se interpola entre o impulso e a ação – que se torna *"plena de som e fúria, nada significando"* (Macbeth, V, v, 19). Estados apreciáveis em análise, caso o analista consiga *"cegar-se artificialmente"* (como Freud mencionou em uma carta para Lou Andreas Salomé, que desejava saber o segredo da escrita do descobridor da psicanálise) e *"ouvir com o terceiro ouvido"* (Reik, 1948) de forma a alcançar aquilo que Bion supôs ser *"ultra e infra-sensorial"* (q.v.).

Na experiência psicanalítica deste autor, uma porcentagem alta de pacientes que buscaram auxílio por meio de psicanálise sentiu, e alguns perceberam, que existem obstáculos para o exercício libertino de transformações em alucinose. Sentem que estados de ansiedade natural – denominada "ansiedade-sinal", por Freud), derivados de um contato mínimo com a realidade, ou com fatos da realidade tais como eles são, passam a ser sentidos como insuportáveis. São, realmente, insuportáveis? Apenas um teste obtido por análise poderá dizer: os limiares para tolerância de frustração são absolutamente individuais – e variáveis no passar do tempo, dependente de experiências de vida. Alucinose é um fato social, pois carreia identificação projetiva: ambas necessitam de "receptores adequados". Não há vigarista sem um "vigarizado", não há um demagogo sem um "inocente útil".

O DESFECHO DE ESTADOS DE ALUCINOSE NA SESSÃO: A POSTURA DO ANALISTA

Bion observou a impossibilidade de investigar-se transformações em alucinose, caso não se examine o relacionamento das transformações do paciente vis-à-vis as transformações do analista (T, 141). Toda relação baseada em rivalidade, originada por fantasias de superioridade, é indicativa de estados de alucinose. Não há evidência real de superioridade entre seres humanos, mesmo que fenômenos macro-sociais lucrando com preconceitos insistam que tal superioridade existe. Haverá limites para preconceitos? Contra etnias, contra pigmentação da pele, credos religiosos, diferenças genéticas produzindo deficiências ou eficiências raras; ou capacidade de amealhar ou desperdiçar dinheiro, personificados por movimentos de massa despersonalizados, tipificados por moda, que incluiu os fenômenos nazista, estalinista e maoísta, responsáveis por um recorde do século XX: o de morticínio concentrado. Foram mais do que noventa milhões de pessoas, por quatro décadas (entre 1919 e 1959), sempre em nome de fantasias de superioridade - de uma falsa "raça", ou de um estrato social sobre todos os outros.

Uma consequência inevitável das clivagens nos processos de pensar – o único efeito real de identificação projetiva – é o pouco saber: algo perigoso, segundo Alexander Pope (1711) – um dos sábios do Iluminismo inglês citado por Bion: *"O moto do paciente cujas transformações são efetuadas no ambiente de alucinose quase poderia ser, "ações falam mais alto do que palavras", dando a entender que rivalidade é uma característica essencial da relação. Parece que ao analista é oferecida a escolha de abandonar sua técnica, o que é uma admissão de submissão à sabedoria e técnicas superiores do analisando; ou, caso ele conserve a análise, estará, portanto exibindo através de suas ações que ele considera a sua técnica superior; os dois caminhos se encaixariam em uma atuação de rivalidade"* (T, 136).

Bion enfatiza, "*O que importa . . . não é tanto rivalidade, mas rivalidade sob transformações em alucinose*" (T, 137). Esse, o ponto crucial onde se encontram as questões impostas por transformações em alucinose, Pacientes os utilizam, sob um postulado: de que resolvem qualquer tipo de problema que se apresente. Mas o problema torna-se ainda complicados, pelo método utilizado para solucioná-lo. A complicação é um problema secundário, mas mostra-se especialmente séria durante uma análise: o paciente utiliza um método basicamente falso para resolvê-lo, enquanto o analista usa outro método, que basicamente respeita a verdade tal como ela é. O desacordo fundamental transforma-se, quase que invariavelmente, em uma guerra entre verdade e mentira. Os dois membros da dupla – impossibilitada de criar um casal – serão responsáveis por recorrer a uma competição violenta, ainda que escamoteada da percepção, para provar as "*respectivas virtudes de uma transformação em alucinose e as virtudes de uma transformação em psicanálise*" (T, 142). O paciente sente que o "*desacordo entre paciente e analista é um desacordo entre rivais*" (T, 142); e o analista precisará resistir a sentimentos similares, por meio da disciplina de memória, desejo e, permito-me anexar às observações de Bion, disciplina sobre entendimentos, que me parece ser a base da tolerância de paradoxos. Um método nutrido por respeito à verdade não pode rivalizar com um método que utiliza mentiras: o segundo "produz" algo não-existente e, portanto, inesgotável: "*Não se progride, caso este ponto não fique claro*" (T, 142). A questão é exemplificada por uma observação feita por outro sábio do Iluminismo inglês, o Dr. Samuel Johnson, citada por Bion em três textos (C, 6, 114; AI, 7). Johnson tinha um jovem amigo e admirador, Bennet Langton, com quem trocara correspondências; em uma delas, Johnson declara desconhecer se o consolo derivado da verdade – se houver – seria superior ao proveniente das mentiras. No entanto, observa que o primeiro é duradouro, e o último, devido à sua própria natureza, é *"falacioso e fugaz"*. A recuperação do vértice psicanalítico que havia sido perdido implica fidelidade ao trabalho de Freud, sem necessidade de apelar-se para outras abordagens substitutivas de acordo com a moda vigente. Modas que têm variado na forma aparente, ou em suas transformações, mas expressam a mesma invariante em sua profundidade essencial: desejos de substituir análise por outra disciplina. Uma que não exija experiências prolongada na clínica; e menos ainda, análise pessoal do analista.

Disciplinas filosóficas, literárias e psicológicas, sempre escolásticas tem sido aventadas como superiores à psicanálise: behaviorismo (cujos pontos em contato com psicanálise têm sido continuamente negados), surrealismo, fenomenologia, estruturalismo, existencialismo, linguística, semiologia, semiótica, subjetivismo, filosofia das formas simbólicas, pós-modernismo, cognitivismo (como se alguma psicologia, ou psicanálise, não incluísse alguma técnica cognitivista) – seus nomes já fazem uma legião: "*Quando o desacordo é esclarecido, ainda persiste, mas torna-se endo--psíquico: os métodos rivais lutam por supremacia, dentro do paciente*" (T, 142). A psicanálise não está em risco, mas a prática de psicanálise dentro do movimento psicanalítico está. Noções, como "endopsíquico", "dentro do paciente", ou seja, internos à pessoa que exerce a função de paciente, implica a necessidade de lidar com identificação projetiva; e de tornar-se responsável por si próprio; o arbítrio é pessoal, como alertou Bertrand Russell, e não delegável a outros. Essa, uma diferença notável entre psicanálise e outros métodos, que podem ser autoritários, carismáticos, hipnóticos e sugestivos. "*É mais fácil discernir as características do conflito quando ficam externaliza-*

das, como um conflito entre paciente e analista; isto pode levar a um conluio entre os dois, que o paciente acha mais tolerável; e o analista, mais fácil" (T, 142).

Esses métodos podem ter suas aplicações; mas diferem do método psicanalítico. Um praticante que eventualmente se sinta superior, sábio, que pense ser a corporificação da bondade-em-si-mesma, ou da maldade-em-si-mesma, será presa fácil de enganos, ao estar em ambientes plenos de identificações projetivas. Usualmente florescem nesses ambientes: impossibilita-se a prática de análise, o que demonstra a importância fundamental da análise do analista (T, 142).

Um paciente nesse estado – criando e obedecendo as regras da alucinose observadas por Bion, passa a não perceber necessidade de análise; e, portanto, de contar com um analista. Poderá fornecer para si mesmo – tantas vezes, invocando o que pensa ser "análise" – usando fugas fantásticas de imaginação, mas na verdade, racionalizações, tudo o que "precisa" para uma cura. "Sabe" melhor do que o analista como obter a cura para o tipo de material que ele próprio produziu. Sente-se o "máximo", aquele que está no "topo" (*the top*, gíria em inglês, hoje globalizada). "Cura" e "prazer" são marcas de rivalidade; alucinose é vista como superior à psicanálise. Obter uma "cura" equipara-se a "vencer": situação paradoxal para o analista, pois qualquer resultado que seja interpretado pelo paciente como benéfico, proveniente de uma análise real, será visto pelo paciente como se fosse prova de seus "defeitos". O analista estará sempre sujeito a ser culpado por coletar "provas" da superioridade da análise sobre a alucinose. Se o analista demonstra compaixão, será admirado: em consequência, precisa se preparar para um ciclo renovado de avidez e inveja. Bion considera (T, 144) que o assunto é complicado por tendências narcísicas inatas (primárias). *"A impressão que tais pacientes dão, que sofreriam de uma perturbação de caráter, deriva do sentido de que seu bem-estar e vitalidade brotaram das mesmas características que originam sofrimento"* (T, 144). Portanto, *"ainda que o analista tenha um compromisso de falar com a menor ambiguidade possível, na realidade seus objetivos são limitados pelo analisando, que está livre para receber interpretações de qualquer modo que escolha"* (T, 145). Sob o vértice de uma análise real, ou sob o vértice de um analista real: um analista diz a um paciente quais são suas características, para permitir ao paciente formar sua visão a respeito de si mesmo; cabe ao paciente decidir se tanto as características, como suas próprias visões sobre elas são débitos ou créditos. (AMF, II, 159)

A presença de transformações em alucinose e a prevalência de rivalidade sob alucinose conduzem a uma situação difícil: no caso de que um psicanalista não tenha obtido uma análise real, torna-se quase impossível que o analista mantenha uma disciplina mínima sobre seus próprios desejos de ser "o máximo"; de *"conduzir-se de modo que sua associação com o analisando seja benéfica ao analisando. A prática, na visão do paciente, é a instituição da superioridade e rivalidade, inveja e ódio sobre compaixão, complementação e generosidade"* (T, 143). O paciente tentará evocar no analista a ideia de que o analista é sábio, bom, sereno e compassivo; irá provocá-lo a receber sua rivalidade e ódio. Isso pode ser visto de modo especial em uma "análise bem-sucedida", mas também nos casos de abandonos com sentimentos de que o analista é rígido, ou incompetente, ou incompetente por rigidez". O ambiente não é necessariamente irracional ou grosseiramente anormal; ideias, valores e discurso do paciente ficam similares aos do analista. Quando julgamentos de valor finalmente obtêm acesso ao sistema consciente (usualmente denominado de consciência) do analista, são um sinal de alerta que já extavam dominando o sistema pré-consciente (e estavam sendo negado e clivados) e inconsciente desse mesmo analista. Costumo dizer que é boa hora para chamar o serviço de bombeiros, ou o serviço médico de emergência, caso existissem para auxiliar um analista sob "terror hipotalâmico", na analogia neurológica de Bion (AMF, II, 239), vitimado por transformações em alucinose. Não é possível enfatizar o suficiente a necessidade de que um analista procure obter para si mesmo uma análise que seja a mais ampla e profunda possível. Tomo a liberdade de incluir uma visão que, espero, possa ser rapidamente datada e ultrapassada: os tempos atuais não têm sido nada propícios a tal atitude. Não me refiro exatamente às racionalizações usuais dos membros do movimento psicanalítico, sempre apelando para o ambiente macro-social quando trata-se de se responsabilizar pela *falta* de procura por uma análise pessoal, depositando queixas na área financeira. Do modo que a meritocracia política tem decidido comandar, com alterações sérias na frequência, minimizado o número de sessões semanais e o número de anos dispendidos em análise, como se isso fosse algo regulamentável socialmente, e não individualmente, teremos, muito breve, um ditado popular e uma fábula para crianças, como modelos para descrever sinteticamente nossa situação, nos clubes de pessoas que se dizem interessadas em psicanálise, mas negam sua própria necessidade de auxílio: "Faça o que digo, mas não o que faço" é o dito. A fábula é a que descreve um fazendeiro sovina que dispunha de um cavalo para puxar o arado e levá-lo a outros lugares; um dia resolveu diminuir a ração de feno em 50%; o cavalo emagreceu, mas continuou fazendo os serviços, apenas para excitar a avidez do fazendeiro. Incontinente, diminui para 25%; maior emagrecimento, mas continuou prestando serviços; e assim por diante, até que um dia o fazendeiro acordou e encontrou o cavalo morto. A questão, antes externa, de críticas violentas à psicanálise, tornou-se intestina ao movimento psicanalítico, que tem sofrido de ampliação numérica. Como coadunar quantidade com qualidade? Um problema sério em fabricação de engenhocas materializadas. No caso do movimento psicanalítico, parece-me estar compondo um ambiente micro-social hostil à psicanálise, disfarçado de benéfico, tendendo à formação de uma elite autoritária composta por alguns membros da meritocracia política, às expensas de uma meritocracia científica, como o era no início do movimento. A hostilidade – ódio à psicanálise - expressa-se na advocacia da diminuição compulsória, institucionalizada, à frequência de sessões. E também no apregoamento de que leituras, cursos teóricos, cursos de "esclarecimento à população", demasiadamente tornados propaganda pessoal dos "escolhidos", supervisões e similares são superiores, e por isso, boas substitutas à análise pessoal. Em alguns locais, e pelo menos desde os anos 1980 – quarenta anos – membros do movimento psicanalítico permanecem em torno de dois anos em análise; e décadas em supervisões. Outras disciplinas que não científicas, mas artísticas, das quais derivaram atividades não práticas, como tendências da moda em filosofia, crítica literária, têm sido aventadas para justificar modificações técnicas que têm sido vistas como superiores ao método psicanalítico. Obedecem, macro-socialmente, às "regras de alucinose".

Uma matemática para alucinose

Bion notou falhas de comunicação entre membros do movimento psicanalítico, localizando-as na multiplicação desenfreada de pseudo-teorias sem base clínica, dando lugar a falsas controvérsias (q.v.). Tentou introduzir uma alternativa para essa comunicação inter-pares, identificando uma questão anti-científica – a falta da definição do vértice de observação e, portanto, de colheita de dados clínicos. A alternativa envolveu um esforço para incrementar a base científica da psicanálise.

O destino dessa alternativa, ironicamente, foi o mesmo que já ocorria na comunicação entre os membros: dificuldades e impedimentos na apreensão, resultando em des-entendimentos e distorções que estavam grassando anteriormente – o exercício de -K na hora da leitura. A meu ver, baseado em minha observação e principalmente nas contribuições de Bion, des-entendimentos são inevitáveis quando a leitura é feita desacompanhada de análise pessoal do leitor. Terá sido um caso ilustrável pelo modelo dado por uma máxima popular, um "tiro que saiu pela culatra"? Bion tentou esclarecer e explicitar algo implícito na obra de Freud: quais são os elementos fundamentais que nos permitem exercer uma psicanálise, com nossos pacientes? Freud e Bion seguiram o modo já utilizado pelos antigos gregos, expandidos em sua redescoberta na Renascença e no Iluminismo. Os dois utilizaram-se de analogias e notações emprestadas da física, química, biologia e matemática. Os problemas com a alternativa oferecida por Bion passaram a surgir já na introdução dela: membros do movimento, incluindo idólatras ("bionianos") e iconoclastas (que qualificam a obra de Bion como "isso não é mais psicanálise") as consideram de modo excessivamente materializado; ou, na nomenclatura que tenho proposto desde 1988, senso-concretizado. Julgam que Bion "queria matematizar" a psicanálise (o leitor pode examinar o verbete, **matematização da psicanálise** (q.v.)).

Críticos imparciais que tenha se submetido à melhor análise que puderam encontrar, notarão que Bion se utiliza de *analogias* com teorias matemáticas, em teorias de observação do ato psicanalítico, mas não em teorias de psicanálise propriamente dita. Utiliza-se de *notações quase-matemáticas* em toda sua obra. De modo especial, no detalhamento das características de transformações em alucinose. Traz ao exame crítico de seus colegas uma "matemática de alucinose", análoga a uma matemática "Lewis Carroll". Trata-se de uma aplicação emprestada da teoria da ciência matemática (usualmente denominada, filosofia da matemática), como contrapartida teórica da tentativa humana de lidar com o funcionamento psíquico. Bion propõe que consideremos a existência de pessoas que relacionam-se com um seio que, sentem, como inexistente, em todas as vezes que o seio possa ser, de algum modo, frustrante (AI, 133). Todo psicanalista que tenha reunido prática clínica suficiente, já se defrontou com pessoas assim. Em minha observação, na realidade humana, todo e qualquer seio será frustrante, pois, sob o vértice do espaço-tempo, sempre haverá ausência, mesmo que temporária; assim como a presença, que igualmente é temporária. Se examinarmos a situação sob o vértice de qualidade, a ausência será muito variável, pois depende da capacidade do bebê, e depois, durante seu ciclo de vida, de tolerar frustração – ausência do seio. Alguns a utilizam para desenvolver seu aparato de pensar. Outros, para desenvolver seu aparato para alucinar - alucinam um substituto cem por cento satisfatório para um seio ausente: em minha experiência, origem da masturbação. Um analista precisa experimentar estados de alucinose para poder percebê-los no paciente (AI, 36 e 40). Explora como indivíduos em particular, em análise, vão lidar, ou não com o ser humano lida, ou não lida, com frustrações; e em que grau. Muitos não conseguem tolerar frustração, transformando a experiência em "nada". Sob o vértice o relacionamento com o seio: transformam a experiência em "Zero seio". Nesse momento, Bion propõe uma notação quase matemática para ser usada em situações de alucinose. Para a finalidade desse dicionário, estou propondo também uma notação verbal, para auxiliar a apreensão do conceito, aliada à notação quase-matemática de Bion:

Em notação verbal: "Zero seio", adicionado a um seio real, equivale a um seio alucinado.

Vou reproduzir a notação quase matemática "Carroliana" de Bion para uma transformação em alucinose (de *Transformations*)

$$1 \text{ seio} + 0 \text{ seio} = 1 \text{ seio}.$$

Se usarmos uma notação apenas matemática: $1 + 0 = 1$

Bion não abandona representações verbalizadas, sob o vértice psicanalítico: "*memória de satisfação é usada para negar falta de satisfação*" (T, 134).

Um indivíduo pode não suportar o fato de que $1 + 0 = ?$. O sinal "?" representa algo desconhecido. O problema é usar 1 para "*remover a nulidade do zero*". Bion conclui: "*no âmbito da alucinose, $0 - 0 = 1$*". Questiona qual seria o resultado de somar-se 0 e 0. No âmbito da realidade, a resposta seria zero, mas, no âmbito da alucinose, a soma é um insuportável O^0. Apelo para o mesmo enunciado, mas sob formulação verbal: zero elevado à zerogésima potência: ". . . *se a nadisse fosse adicionada à nadisse, a nadisse fica multiplicada por si mesma. O estado emocional que poderia prover uma realização, em um segundo plano, que se aproxima disto, é o estado de total liberdade das restrições impostas por contato com realizações de todo e qualquer tipo*" (T, 134).

Apelo outra vez para formulações verbais sob o vértice teórico em psicanálise: não há restrições para a malignidade, dada por crescimento cancerosos, de fenômenos esquizoparanóides e narcisismo endógenos - ou inveja e narcisismo primários, nas formulações de Klein e Freud. O pensamento idealista de que o seio que é desejado ou necessitado deve coincidir com algum seio real que esteja disponível, acaba por significar que o mundo (ou universo, ou pessoas, ou coisas, ou eventos) é um produto da mente individual. Liberdade é confundida com libertinagem. Origina-se um crescimento não criativo de ideias alucinatórias e delirantes: "*A capacidade de 0 [zero] para se ampliar, por partenogênese, corresponde às características de avidez; avidez também é capaz de extraordinário crescimento e florescimento, suprindo-se de suprimentos irrestritos de nada*" (T. 134). O resultado parece ser um *"um inferno feroz de ávida não--existência"*.

Esse tipo específico de transformação é geralmente o meio pelo qual ocorrem transformações em movimento rígido e transformações projetivas (T, 133): transformações em alucinose são a mídia pela qual as duas primeiras são carreadas. A observação dessa ocorrência pode aguçar e aperfeiçoar a observação de fatos psicanaliticamente relevantes durante uma sessão.

Na trilogia *A Memoir of the Future* há, talvez, os melhores exemplos disponíveis de alucinose, expressos em termos coloquiais, por descrições da vida real – ou, melhor dizendo, não-vida real – composta de transformações em alucinose cotidiana. O autor deste dicionário supõe que o primeiro livro de *A Memoir of the Future*, intitulado *O sonho*, é um desenvolvimento explícito, em experiências de vida, de *A interpretação dos sonhos* de Freud; talvez a única até agora havida. E que os livros II e III, intitulados, respectivamente, *O passado apresentado* e *A aurora do esquecimento*, sejam desenvolvimentos similares de como fenômenos transferenciais podem ocorrer, ilustrados por experiências reais de vida, e identificações projetivas podem ocorrer, como experiências de vida. Este é um resumo muito generalizado; detalhes podem ser vistos em outros trabalhos (Sandler, 2015a, 2015c). Os três livros descrevem revelações reais de vários estados provenientes de transformações em alucinose: as entretidas por proprietários de terras e empregados; da alucinose a respeito da superioridade da educação formal sobre a vida prática propriamente dita; de superioridade militar; de profissões; de guerras para demonstrar superioridades de disciplinas e de pessoas.

Referências sugeridas: *At-one-ment* (estar-uno-a-si-mesmo); Sonho; Trabalho onírico alfa; Hipérbole; –K; Transformações projetivas; Transformação; Transformações, modos de; Transformações, teoria das; Transformações em movimento rígido; Transformações em psicanálise (em K e em O); Psicanálise real.

Transformações em K

Um dos modos (não se trata de "tipos", na extensão em que essa formulação verbal torna estática uma descrição que pretende ser dinâmica; ou senso-concretiza, em tipologias, fenômenos modais) de transformações que todos nós, seres humanos, precisamos fazer em nossas tentativas de apreender a realidade. O conceito, introduzido em *Transformations*, expande o anterior, sobre o vínculo K, introduzido em *Learning from Experience*. Tipifica os produtos finais do movimento científico, e da própria ciência. É o primeiro passo para aqueles psicanalistas que tentam fazer com seus pacientes transformações em O. Podem ou não ter como consequências estas últimas.

O conceito coloca aquilo que era um vínculo e, portanto, uma expressão dos instintos em uma observação mais refinada em relação à sua função nos processos do pensamento e, especialmente, os processos de pensamento do analista. É uma das formas de "transformações em psicanálise", juntamente com as transformações em O (q.v.).

Referências sugeridas: *At-one-ment* (Estar-uno-a-si-mesmo); Psicanálise real; "O"; Transformações; Realidade última.

Transformações em –K

–K refere-se a uma crença de que desentender, ou "entender" de forma errônea, é superior a entender. Bion introduziu o conceito em *Learning from Experience*. Houve uma evolução no conceito, tornando-o um vínculo com outras pessoas, eventos e coisas, no último capítulo desse livro. – K (menos K) originou-se do vínculo K (q.v.). Foi uma das consequências de uma observação mais abrangente de Bion, a respeito da existência de um âmbito de fenômenos que denominou de "menos", ou "negativo", para poder lidar com problemas práticos advindos dessa observação. O âmbito negativo havia sido prefigurado por Kant (com o conceito dos numena) e por Freud, como um dos mecanismos de defesa do ego, e um dos fatores na produção de psicose. Mecanismos psíquicos correspondentes aos conceitos, Alucinose, Mudança Catastrófica e Transformações em "O" puderam ser integrados em uma teoria geral, que se iniciou nos vínculos Menos K, Menos L e Menos H (q.v.), ou –K, –L e –H, justamente pelo acréscimo, na teoria de Transformações e Invariâncias, das Transformações em –K.

Transformações em movimento rígido

Correspondem *exatamente* à definição original de Transferência dada por Freud: ideias, emoções, sentimentos, reais ou não, originados à infância, dedicados a pessoas significativas na vida do paciente, são "transferidos" para o analista de natureza alucinatória (Freud, 1912; T, 19, 27; BL, 1977, 44).
Referências: Transformações projetivas; Transformações em alucinose; Transformações em psicanálise (em K e em O); Transformação; Transformações, modos de; Transformações, teoria das; Transformações em –K.

Transformações em O

Por favor, consultar os verbetes "'O'" e "transformações em psicanálise".

Transformações em psicanálise

Conceito explicitado *Transformations*. Por fatores desconhecidos, parece nunca ter sido utilizado por outros membros do movimento psicanalítico, com exceção do autor deste dicionário, em outros estudos práticos. Inclui dois estágios, em um espectro de abrangência: (i) Transformações em K (conhecimento); (ii) transformações em "O" (T, 144). Funcionam de maneira interconectada:
Em K (Conhecimento) – desempenhadas pelos processos de conhecimento, na detecção de pensamentos-sem-um-pensador (EP, 35; 1965, T, 141 ff.). Incluem elementos racionais (não racionalizados!): do processo secundário, na nomenclatura de Freud. Consideramos a situação analítica como um relacionamento vinculando um paciente a um analista: K (desde 1962) é um vínculo intrínseco e necessário no ato da interpretação. Uma interpretação analítica precisa se dar sob a égide de K, e não sob os vínculos H (Ódio) e L (Amor); os dois introduzem tendências erráticas à interpretação. O conceito é superponível à analogia prática de Freud: um analista precisa se inspirar em um cirurgião, na hora em que interpreta (SE, XII). Em 1965,

em função de maior segurança em lidar com as questões de apreensão da realidade material e psíquica, e, portanto, da verdade, envolvendo a qualidade do trabalho analítico, emergiram limitações do conceito, K (conhecimento), enquanto um vínculo. K não é mais o objetivo, excludente, mas apenas *um*, dentre os objetivos de uma análise. K torna-se necessário, ao invés de suficiente. Em conversa pessoal com a Sra. Francesca Bion, o autor deste dicionário soube que Bion escrevia "de cabo a rabo", sem rever seus escritos - com uma única exceção: os comentários no livro intitulado *Second Thoughts*. Sintagma intraduzível para o português; parece-me ser expresso por expressões idiomáticas: "no entanto..." ou "pensando melhor...". Expus para a Sra. Bion uma hipótese, que ela achou muito provável: seu marido ia "pensando melhor", como vários "no entantos", *nos momentos em que ia escrevendo*, tentando aperfeiçoar os conceitos e teorias à medida que os escrevia. Essa hipótese tornou-se tese, quando pude examinar o livro *Cogitations*. Penso que Bion escrevia de modo similar ao que analisava pacientes; os aperfeiçoamentos podem surgir durante as sessões. Repete o processo de escrita de Freud, e de todo cientista e artista reais: Freud nunca entreteve dúvidas em mudar suas teorias quando prática lhe recomendou que o fizesse. Algo que deixou perplexos alguns de seus contemporâneos que sempre o respeitaram, como Eugen Bleuler e Max Eitington.

Em O – vislumbres transitórios derivados de intuições analiticamente treinadas, de aspectos parciais do âmbito numênico (T, 147, 156): são expressos por pensamentos-com-um-pensador (LE, 83) durante um processo que Bion denominou, "tornar-se", em contraste com o "falar sobre" e o "compreender", que se constituem como Transformações em K.

Os dois estágios – Transformações em K e em O – relacionam a apreensões transitórias de verdade, e nunca dispensam a experiência de enganos - passos preliminares, que precisam ser deixados de lado, para fazermos apreensões de realidades. Os outros estágios interconectados de transformações – em movimento rígido (ou transferência), transformações projetivas (identificação projetiva), em alucinose, enunciados pertinentes à coluna a 2 na "Grade" (q.v.) são caminhos possíveis em direção a O. No entanto, há uma ênfase a problemas relacionados às transformações em O. Um deles é o fato de que algumas pessoas nutrem uma crença consciente de que a ilusão é essencial para a sobrevivência da humanidade. Bion supõe que "*o resto de nós acredita inconscientemente nisto – mas não menos tenazmente*" (T, 147). Porém, as muitas pessoas que consideram a verdade como essencial também afirmam que "*o hiato não pode ser transposto porque a natureza do ser humano impede o conhecimento de algo além dos fenômenos, que não seja conjectura*". Bion chama isso de "inacessibilidade de O", considerando-a como fenômeno familiar aos analistas sob outra forma verbal: "*disfarçada de resistência*". Sempre há uma "*lacuna entre O e o conhecimento*".

Isso implica em adesão à causa tenazmente defendida pelos relativistas/idealistas? Dificilmente, pois Bion explicita uma alternativa: "*É necessário liberar os místicos desta convicção da inacessibilidade da realidade absoluta*". Segundo Francesca Bion, e alguns analistas que o conheceram, seu marido supôs que seus leitores teriam noção prévia a respeito do que estou denominando, tradição mística (*"os místicos"*, na linguagem de Bion). Se não tivessem, procurariam saber por conta própria, a respeito das citações que fez dos trabalhos de pensadores e também teólogos, que me parecem ser qualificáveis como pertencendo à cabala de confissão judaica e cristã, católica e protestante e, em pequeno grau, muçulmana: Isaac Luria, Gershom Scholem, Martin Buber, os livros do Velho Testamento: Gênesis, Profetas, Salmos de David, e Deuteronômio; e do Novo Testamento: o Evangelho segundo São Lucas; Santo Agostinho, Dante, São João da Cruz, católicos; Gerard Manley Hopkins, jesuíta; Meister Eckhart, John Milton, Jon Ruysbroek, protestantes; Robert Browning, poeta que, depois de ter contato com a obra de Percy Shelley, passou por curto período dizendo-se ateu, e voltou a fazer parte da Igreja protestante não conformista: a mesma confissão da família de origem de Bion, que lhe deu educação até 8 anos de idade; William Blake; e os salafistas, uma tendência minoritária não fanatizada dentre as muitas no movimento muçulmano. O autor deste dicionário descobriu um volume em inglês do Alcorão, editada na primeira década do século XX – anos da juventude de Bion. Está sem nenhuma anotação à margem, que foi meu guia para atribuir raízes intelectuais da obra de Bion. Em contraste, Bion não faz nenhuma outra citação de teólogos místicos sem referências críticas ao que Bion denominou de *establishment* em todos os seus trabalhos. Um termo de senso comum na época em que Bion nasceu, e ficou esquecido entre algo em torno de 1920 – uma época de ditaduras violentas, nas quais *establishments* auto-intitulados de "esquerda" e "direita" tornaram-se absolutos, assassinando inconformistas. Modas passam; o termo retornou ao vocabulário coloquial na Inglaterra em torno de 1955, agora significando o fato de que há uma minoria, compondo uma elite autoritária, que impõe modos de conduta ao povo. Fornece ao estudioso da obra de Bion mais um contraponto crítico para os que pretendem enquadrar os escritos sob alguma escolástica, como querem os filósofos - seja ela "realista" ou "idealista". Bion utilizava-se do que lhe foi possível, dentro dos limites de seu conhecimento, para expressar o que lhe parecia ser necessário de ser expresso, no aperfeiçoamento científico do trabalho analítico.

Bion – e, suponho, qualquer leitor com disciplina sobre preconceitos – experimentam um estado psíquico no qual teria existido algum contato com algo inefável, mas que pode ser indicado por meio de prosa (inclusive científica) e poesia (que, para Vico, é a forma primitiva de ciência) e portanto pode ser reconhecido pelo leitor, como tendo sido escrito, ao longo de dois milênios, por alguém com experiências ou intenções similares: *"O hiato entre a realidade e a personalidade, ou, como prefiro denomina-lo, a inacessibilidade de 0, é um aspecto da vida com a qual os analistas estão familiarizados sob a forma de resistência. Resistência é algo que só fica manifesto quando a ameaça é o contato com o que se acredita ser real. Não há resistência a nada que se acredite falso. Resistência opera porque se teme que a realidade do objeto esteja iminente. 0 representa esta dimensão de coisa de qualquer espécie, qualquer que seja - sua realidade"* (T, 147) – em linguagem coloquial, a mesma definição de Freud sobre resistência, algo onipresente em sessões de análise, e na avaliação do analista sobre a realidade psíquica de cada paciente em um dado momento.

Muitos místicos foram capazes de descrever uma situação na qual a crença é que realmente existe uma força, um poder que não pode ser medido, pesado ou estabelecido por um mero ser humano dotado de uma mera mente humana. Essa assunção me parece ser um postulado profundo, até agora completamente ignorado; e mesmo assim as pessoas falam sobre "onipotência" como se soubessem o que isto significa, e como se ela tivesse uma conotação simples. Há certas realidades envolvidas no ato de se recorrer ao discurso humano; Martin Buber foi alguém que chegou mais perto do reconhecimento delas. [*Eu e Tu*: "A Atitude do homem é dupla, em concordância com as duas palavras básicas que pode falar. As palavras básicas não são termos singulares, mas pares de palavras. Uma palavra básica é o par de palavras Eu-Tu... Esse é diferente da palavra básica Eu-Isto."]. Quando alguém fala sobre "Eu-Tu", a coisa significativa não é dois objetos relacionados; mas a relação – ou seja, uma realidade em aberto onde não existe término (na acepção que os seres humanos comuns compreendem). A linguagem dos seres humanos comuns adequa-se apenas àquilo que é racional; pode descrever unicamente o racional; pode fazer afirmações apenas em termos de racionalidade. (C, 371)

A tarefa do analista e de seu paciente seria a de se aproximarem, o máximo possível, de O; para o analista, o intuito principal. Precisa transformar suas percepções acerca do que está acontecendo na sessão, incluindo mentiras, em algo no qual poderá intuir a natureza de O, que poderá possibilitar uma expressão verbal e não verbal, mas sempre em termos verbais, mais tangíveis para ambos, analista e paciente. Isso requer ser vivenciado: mais além do conhecer (K). A tangibilidade é obtida pela transformação em palavras ou, mais especificamente, o apresentar por palavras, como observou Freud. Constituir-se-á como uma materialização possível para dados predominantemente imateriais, como o são os fatos psíquicos: "*Não é o conhecimento da realidade que está em jogo, nem mesmo o equipamento humano para conhecer. A crença de que realidade é algo que é conhecido, ou poderia ser conhecido, é equivocada porque realidade não é algo que se presta, por si, a ser conhecido. É impossível conhecer realidade pela mesma razão que faz com que seja impossível cantar batatas: pode-se plantá-las, colhê--las, ingeri-las, mas não canta-las. Realidade tem que ser "sendo": poderia existir um verbo transitivo "ser", para ser usado expressamente com o termo "realidade"'* (T, 148). Em notação quase-matemática: partindo de K, em direção a O. Também será representado por setas – o vetor direcional do movimento.

COMPARANDO TRANSFORMAÇÕES EM K E TRANSFORMAÇÕES EM O: NOVA ABORDAGEM A RESPEITO DE UM FENÔMENO CONHECIDO: RESISTÊNCIA

Transformações em K são um primeiro estágio – não obrigatório, mas comum. Alguns tem intuições quase que instantâneas, sobre pessoas; em alemão, *Menschen Kenner*, "conhecedores do ser humano". São típicas das descrições clássicas em textos psicanalíticos – segundo Bion. A denominação "clássica" é uma forma respeitosa de descrever algo que transcende tempo e espaço. Freud esperava que a psicanálise pudesse ser enriquecida por visões renovadas a seu respeito (ver o verbete "psicanálise clássica"). Concluo que Transformações em K são indispensáveis: assim como o são impressões sensoriais: a porta de entrada de tudo que nos penetra, que nos será possível introjetar.

Um ato intuitivo, denominado por Freud *Einsicht*, cuja versão idêntica para o inglês tornou-se globalizada, *insight*, requer algo além do âmbito das transformações em K. Há um percurso, no espaço-tempo, que parte de um Conhecimento, dirigindo-se ao Torna-se. Há aproximações graduais, transitórias – indeterminadas, em princípio, mas determinadas a seguir - àquilo que se pode intuir. O modelo matemático de funções, derivadas e limites serviu – até certo ponto. A partir dele, surgiu a metáfora de Bion, a respeito de uma realidade: batata existem, mas não clamam por entendimento. Demonstra a possibilidade de apreensões das utilizações que se podem ser feitas com algo existente, mas que não sabemos o que é, de modo final e último, mas denominamos, no senso comum, de batata. Não há necessidade de que se conheça a realidade última de uma contraparte verbal dela, que denominamos de "batata". O sistema de notação proposto por Bion descreve o percurso em direção a O, com o auxílio de uma seta – um símbolo e um sinal – utilizado em matemática, física e química. Cuja "trajetória" vetorialmente indicada se dá, a partir do Conhecimento dirigindo-se ao âmbito numênico: "O".

Para ler o texto que segue, será necessário estar familiarizado com um código (como o código dos números arábicos), que também pode ser considerado como vocabulário (feito de letras e palavras), mas construído com sinais e símbolos, pois Bion propôs que tentássemos utilizar um sistema quase-matemático de notações:

Coluna 2, ou Ψ: corresponde ao aparato psíquico segundo Freud; especificamente, às fantasias inconscientes, um depósito de falsidades – o par paradoxal necessário, contrastante com realidade última.
$T\alpha$: processos de transformações.
$T\beta$: produtos finais de uma transformação.
K: conhecer ou conhecimento, como um vínculo e também como transformação.
O: realidade última.
→ um vetor, conferindo um sentido.

Interpretações são parte de K. Ansiedade para que transformações em K não levem a transformações em O é responsável pela forma de resistência na qual parece que se aceitam interpretações; mas, de fato, a aquiescência tem a intenção de "conhecer sobre", e não "tornar-se". Em outros termos: é uma aceitação para preservar o vínculo K como um elemento de coluna 2 contra a transformação em O. Ao concordar com a interpretação, espera-se que o analista seja logrado e adentre em um relacionamento de conluio para preservar K, sem estar cônscio disto. Se a manobra é bem-sucedida, a transformação em K preenche um papel F^2, impedindo que se inicie $T\alpha \rightarrow T\beta=K \rightarrow O$ (T, 160).

Torna-se fundamental que analistas e pacientes reconheçam o hiato entre "conhecer os fenômenos" e "torna-se realidade". Analogamente a um relâmpago na escuridão de uma noite; mas esse lampejo é tudo – se usarmos uma citação de Poincaré, que deu o mote ao livro *Cogitations*; segundo Francesca Bion, citada por seu marido em conversas com familiares. Há uma questão: adesões peremptórias e não críticas aos enunciados da coluna 2 (mentiras), quando sabe-se que são falsas e persiste-se nelas com o intuito de fazer uma barreira contra enunciados verdadeiros. É necessário que uma interpretação facilite uma transição: entre a realidade de *"conhecer"* para *"tornar-se"* (T. 153). Essa diferença poderia iluminar o fato de que existem muitos pacientes que "sabem" muitas coisas acerca deles próprios. Mas tornaram-se virgens de análise: diferencia imitações de análise de análise real, algo que Bion procurava pelo menos desde 1962.

Há – pelo menos – uma dificuldade fundamental envolvida no percurso entre K e O; Bion oferece um modo verbal de comunicá-la, lançando mão da obra de poetas da tradição mística. Pude constatar, em pesquisa na sua biblioteca particular, que Bion conhecia vários; por concisão, escolhe a definição das "três noites da alma", retirada da obra de São João da Cruz: *"teme-se as transformações em K quando elas ameaçam fazer emergir transformações em O. Isto pode ser enunciado ainda de outro modo: medo quando $T\alpha \rightarrow T\beta=K \rightarrow O$. Resistencia a uma interpretação é resistência contra a mudança de K para O. Mudança de K para O é um caso especial de Transformação; é particularmente interessante ao analista em sua função de auxiliar a maturação das personalidades de seus pacientes. . . . . . transformação em O, ou seja, de $K \rightarrow O$. A transformação* *que envolve "tornar-se" é sentida como inseparável de tornar-se Deus, a realidade última, a Causa Primordial. A dor "noite de trevas" é medo de megalomania. Este medo inibe a aceitação de ser responsável, ou seja, maduro, porque isto parece envolver ser Deus, ser a Causa Primordial, ser a realidade última com uma dor que pode ser, ainda que inadequadamente, expressa por "megalomania"."* (T, 158-159)

Podemos considerar algum entusiasta, usualmente qualificado como "amador", que seja erudito em leitura de revistas e livros (exemplos históricos: Adolf Hitler, Josef Stalin, Donald Trump) que acredita saber tanto quanto alguém que seja um prático especialista – em culinária, psicanálise, um esportista em futebol, pilotagem de aviões ou barcos, músicos, engenheiros, que enfrenta cotidianamente um fogão aquecido, a dureza de um campo de futebol, um quarto fechado com outra pessoa, ou comanda um aeroplano, ou apresenta-se em um palco, ou constrói um prédio, respectivamente. Atividades que envolvem habilidades desenvolvidas por experiência, sobre dotes inatos, que lhes permite discriminar o "saber o que", do "saber como": tarefa observada por Platão e Aristóteles. Há outras condições necessárias: o ato de disciplinar privilégios prazenteiros ou desprazenteiro envolvidos; exercer continuamente intuição; ser de quando em quando acusado de "megalomania" no momento decisivo do mergulho e emersão em "águas desconhecidas": as da experiência. Essa, a diferença entre transformações em K e em O: "*resistências, aparentemente fenômenos K, derivam de Transformações em* **O**. *Ódio e medo derivam do fato de que transformações em K ameaçam que se sigam novas transformações . . . A resistência baseada em ódio e medo de T K* → *T* **O** *se manifesta como preferência de conhecer a respeito de algo, sobre tornar-se algo"* (T, 163).

Falhas na apreensão do conceito, mal-entendidos e distorções: quando a intenção é fazer um trabalho psicanalítico, o analista tenta apreender a realidade de uma determinada personalidade, mas nunca poderá se limitar ao "conhece a ti mesmo, aceita a ti mesmo, seja a ti mesmo" apregoado por incontáveis gerações de filósofos, teólogos, pedagogos, sacerdotes, repetindo Sócrates. O uso da palavra "místico" tem sido reservado para teólogos. Mas a noção e o conceitos da contraparte na realidade correspondente a essa noção é compartilhada, na prática, por cientistas e artistas – na mesma medida em que cientistas e artistas ocupam-se de fazer aproximações verdadeiras à realidade. Bion faz *"empréstimos"* do termo "místico", aproveitando de modo parcial a penumbra de significado que cerca essa palavra, de acesso ao âmbito imaterial; não me parece adequado tomá-lo concretamente. Através dessa falha, surgem distorções de que Bion teria sido apenas um teórico – a exemplo do Dr. Edward Joseph, que expressou essa opinião em entrevista ao periódico brasileiro *IDE*. O Dr. Joseph, nos anos 1980, alcançou a mais prestigiada função burocrática, na elite feita pela meritocracia técnica. Por exemplo, Dr. Donald Melzter; de início, favorável, talvez por idolatria, às contribuições de Bion; mas, após algum tempo, afirmou restritivamente que Bion tentava matematizar a psicanálise (q.v.). Em contraste, leituras atentas demonstram os muitos alertas sobre vértices que não fossem os da experiência prática, não teórica; não pedagógica; não autoritária; não religiosa: "*implícita ao procedimento psicanalítico está a ideia de que sem a experiência psicanalítica não se pode colocar esta exortação em prática*" (T, 148).

>Qualquer interpretação pode ser aceita em K, mas rejeitada em O. Aceitação em O implica no quê? Implica em aceitar-se uma interpretação que habilita o paciente a "conhecer" um aspecto, em relação ao qual o analista, e o paciente, levaram a atenção desse paciente. Será sentida como envolvendo *"ir sendo"* ou "tornar-se" aquela pessoa. Para muitas interpretações, paga-se este preço. Em outras, sente-se que o preço é demasiadamente alto, de modo notável, aquelas nas quais o paciente considera que estariam levando-o a *"enlouquecer"*; ou a perpetrar homicídio, seu ou de outrem; ou tornar-se responsável e, portanto, culpado. Existe uma classe de interpretações que parece iluminar boas qualidades; não é tão fácil compreender que haja oposição a elas. O exemplo extremo é o temor de interpretações que envolvem "tornar-se O" que ficam inseparáveis de megalomania, ou aquilo que os psiquiatras ou público poderiam denominar, delírios de grandeza ou outros diagnósticos ... Em O, a falsidade do enunciado é secundária ao fato de se saber que ele é falso, pois é isto que inibe o desenvolvimento, enquanto que a primeira condição (a falsidade do enunciado) faz parte da limitação humana. Em K, o fato de saber que o enunciado é falso é secundário ao fato dele ser falso, pois é este último que inibe o estabelecimento do significado, enquanto que o primeiro é parte do desajuste individual. (T, 164, 168).

Referências sugeridas: *At-one-ment* (Estar-uno-a-si-mesmo); Psicanálise clássica; Análise apropriada; Transformações, modos de; Psicanálise real.

Transformações projetivas

Para formar uma nomologia integrativa em psicanálise, Bion se utilizou de uma teoria de observação psicanalítica, emprestada da matemática: Transformações e Invariâncias (q.v.). Sugeriu uma classificação para identificação projetiva: transformações projetivas .
Referências cruzadas sugeridas: Transformações, tipos de; Transformações em movimento rígido; Transformações em alucinose; Transformações em psicanálise.

A linguagem de Bion

Tropismos

A noção sobre tropismos – retirada da biologia – refere-se a uma das poucas tentativas feitas por Bion, para formular uma teoria da psicanálise. Decidi incluí-la nesse dicionário pelo fator histórico, pois foi abandonada – deu origem a diversas contribuições diferentes pertencentes tanto às teorias psicanalíticas como a teorias de observação. Foi substituído, por superação, pelas seis teorias a seguir, detalhadas em verbetes específicos nesse dicionário:

(i) Uma teoria do pensar onde há, inicialmente, pré-concepções inatas, que se casam com realizações (do seio e Édipo).
(ii) O conceito de Reverie.
(iii) A noção de violência de emoções e sentimentos.
(iv) A teoria de Continente-Conteúdo.
(v) A teoria observacional sobre a tríade, arrogância, estupidez e curiosidade.
(vi) As duas teorias observacionais sobre Vínculos: L, K, H, parasítico, comensal e simbiótico. Nessas teorias, toma os termos emprestados da biologia. O fio condutor é a teoria de identificação projetiva de Melanie Klein.

O trabalho "Sobre a arrogância", publicado em 1957, parece conter as sementes da noção de tropismos. Levo em consideração, para não qualifica-lo como conceito, que o mesmo trabalho foi republicado novamente em 1967 – sem conter nenhum desenvolvimento da ideia a respeito de tropismos.

O que parecia ser uma teoria, estava imbuída de características ousadamente imaginativas, e ainda mais pretensiosas, em comparação com o que podemos observar no trabalho no Bion – com uma exceção, igualmente abandonada: a teoria do trabalho onírico-alfa: "*Os tropismos são a matriz a partir da qual brota toda a vida mental*" (C, 35). Há alguma semelhança básica, mas apenas com o valor de hipótese. Pois é necessário considerar a ausência de Bion – que faleceu em 1979. Jamais tive contato pessoal com ele, e em função desse fato assumo o risco de expressar hipóteses, baseadas na história das contribuições de Bion: (i) haveria alguma insatisfação com a teoria de Freud sobre os instintos, que aborda o mesmo âmbito de questões? (ii) apesar de originar-se de aspectos clínicos, é uma teoria que difere de outras tentativas de Bion, nas quais escopos não tão amplos eram a regra. Conjecturo que esses aspectos contribuíram para a substituição por teorias parciais, com foco mais específico. Assim como a ausência de citações sobre a teoria de Transformações e Invariâncias, e também de algumas obras de Freud, de maneira mais explícita, essas questões ficarão sem resposta até que algum pesquisador tenha acesso a dados que eu não pude ter.

T

    Historicamente, a formulação do conceito e da teoria sobre Tropismos, é contemporânea às tentativas de substituir a teoria da consciência proposta por Freud, e também de um desenvolvimento da teoria de Freud sobre o trabalho onírico (consultar o verbete "trabalho onírico alfa"). Bion concebeu os tropismos como uma **ação**: "*a ação própria dos tropismos, no paciente que procura tratamento, é a busca de um objeto com o qual seja possível fazer identificação projetiva*" (C, 35). Os tropismos buscariam três objetivos: (1) um objeto para assassinar ou ser assassinado; (2) um parasita ou um hospedeiro; (3) um objeto para criar; ou por quem teria sido criado – em suma, suspeita que pacientes buscando tratamento estariam inevitavelmente buscando por um objeto com quem ou com o quê pudessem fazer identificação projetiva. Explicitou alguns fatores que afetavam os tropismos; e o que sucedia a esse movimento de busca, quando esses fatores eram predominantes. Em termos de teoria da ciência, essa tentativa, onde por vezes notamos um conceito, e em outras, uma teoria, há diferenças significativas se comparada com teorias desenvolvidas posteriormente.

    Nessa época, ainda acreditava em teorias causais – do trauma precoce – em namoro com a Religião Positivista (C, 35) – e simplificações populares, como "personalidade fraca": "*Os tropismos podem ser comunicados. Em certas circunstâncias, eles podem ser excessivamente poderosos para os modos de comunicação disponíveis à personalidade. Podemos presumir que isso se deva ao fato da personalidade ser muito frágil ou mal desenvolvida, caso a situação traumática tenha ocorrido pre-maturamente*" (C, 34).

    Até certo ponto, é perceptível que a influência do vértice psicanalítico já está resgatando Bion das crenças positivistas sobre relações simplistas de causa e efeito. A influência de Freud pode ser vista na seguinte frase: "*Mas quando surge esta situação, todo o futuro desenvolvimento da personalidade irá depender da existência de um objeto, o seio, no qual os tropismos possam ser projetados*" (C, 34). De Klein, na frase seguinte: "*A intolerância à frustração associa-se à força dos tropismos, mas é, provavelmente, secundária a eles*" (C, 34)

    O desfecho fica dependente da "força dos tropismos", em todo igual à teoria dos instintos e das catexias objetais, descrita sob três vértices: (i) do paciente; (ii) do objeto dentro do qual as identificações projetivas são feitas; (iii) das características fundamentais do método psicanalítico. Em (i), a ausência de um seio, conjugada a uma busca de um seio feita de modo violento resulta em desastre "*que, em última instância, toma a forma de perda de contato com a realidade, apatia ou mania*" (C, 34). Em (ii), se existe um objeto acolhedor, precisará ser um seio capaz de receber identificações projetivas. O resultado é mais favorável e pode ser considerado antecessor do conceito de Reverie (q.v.), proposto três anos depois. Em (iii), Bion não vê que a força dos tropismos seria "*psicopatologicamente*" importante. Contudo, "*do ponto de vista clínico, a frustração coloca um problema grave: coloca em risco a abordagem analítica, onde a frustração é essencial – e não extrínseca*" (C, 34).

O trabalho original inclui alguns comentários sobre introjeção, e reintrojeção de tropismos que não são bem-aceitos por um seio que seja acolhedor. Trata-se do predecessor de algo que posteriormente será visto como um terror sem nome (q.v.) Bion considera que o choro do bebê e dois dos órgãos sensoriais, os olhos e ouvidos, não se envolvem "*apenas na comunicação, mas também no controle do tropismo*" (C, 35).

O conceito ressurge em *Transformations*, pois permanece a natureza misteriosa dos movimentos em direção à vida propriamente dita, e suas contrapartidas – aparentemente resolvida para Freud e Klein, clinicamente, com a teoria dos instintos. Bion parecia necessitar de algo mais preciso; e agora, já dispõe de outros instrumentos observacionais: a "Grade" (Grid; q.v.) e o conceito de Saturação (q.v.). Para poder ler o texto a seguir, será necessário familiaridade com os sistemas de notação com sinais quase-matemáticos: ←↑ Um sistema de dupla flecha; uma seta aponta para "cima"; a outra, para a "esquerda"; estão constantemente conjugadas: "*em busca de existência*" (T, 107).

Os fatos a serem representados podem ser ilustrados através das situações primordiais (primitivas) que tem ocupado todas as gerações de analistas, há um século e pouco, e todas as gerações de seres humanos, há pelo menos centenas de milhares de anos – pois *"psicanálise real"* (q.v.) é a vida real. O leitor talvez já saiba quais seriam essas "situações primordiais" que chamaram a atenção de Freud, Klein e Bion: respectivamente, o ato do nascimento; um bebê buscando um seio; o nascimento dos processos de pensar. O desenho gráfico, sistema de dupla flecha, simboliza algo que objetiva descobrir alguma realização que se aproxime desse algo. Pode ser visto como a descoberta de alguma conjunção constante. O símbolo representado pelo sistema de dupla flecha não faz nenhuma clivagem entre realidade psíquica e realidade material, e tanto precede, como pertence ao âmbito da senso-percepção. Nesse aspecto, expande a proposta de Freud, sobre a consciência ser o órgão de percepção das qualidades psíquicas. A meu ver, é uma tentativa de descrever uma dessas qualidades psíquicas: os instintos de vida e de morte, que me parece implícita ao texto.

O símbolo representado pelo sistema de dupla flecha corresponde ao que Bion qualificou, três anos antes, como um elemento-β. Pode – ou não – transformar-se em um elemento-α. Se mantivermos em mente que o símbolo significa "*em busca de existência*", é necessário lembrar um fato evidenciado pela prática analítica: é necessário incluir *"estupor e ambição voraz e violenta de possuir todas as qualidades da existência"* naquilo que busca por existência; não há exclusividade moralística em nada que seja investigado psicanaliticamente.

O símbolo pode ser representado de dois modos complementares – sempre sigo a diretriz básica de psicanálise, que Bion, claramente, também seguiu, dado pelo fato de que há vínculos positivos e negativos, correspondentes aos dois grupos de instintos principais, e também aos dois princípios do funcionamento psíquico. Quais são esses modos complementares de simbolização, através da dupla flecha?

T

Um, sob forma positiva, buscando por vida; outro, sob forma ávida e destrutiva, buscando por não-vida (morte), que usualmente é visto como negativa. A rigor positivo e negativo podem ser trocados, dependendo do vértice. Sob o vértice de alguns militares, políticos e economistas, a forma positiva buscaria por não-vida. Exemplos sociais, concretizados, podem ajudar: a destruição do nazismo e do estalinismo, foram positivas ou negativas? Retornando ao texto de Bion:

$$\pm \leftarrow \uparrow$$

Ou, decomposto em duas partes,

$$+ \leftarrow \uparrow$$

e

$$- \leftarrow \uparrow$$

Em *Transformations*, Bion utiliza-se plenamente do instrumento "Grade" e de tudo que escreveu entre 1961 e 1963. Usando-a, torna-se possível imaginar um movimento dinâmico, em direção às categorias, Hipótese definitória (A1) e Ação (A6). Leitores que sintam dificuldades com a nomenclatura podem consultar o verbete "'Grade' (*Grid*)" neste dicionário; reitero que todo o uso da "Grade" demanda consciência de que é feito por conjunção constantes dos dois eixos, representados por um plano bi-dimensional euclidiano (T, 108). Como uma *"medida temporária"* (C, 108), Bion utiliza o *"Cs, como um símbolo de 'consciência'"*. Cs é indissociável de "procura positiva e negativa por existência". Em termos gráficos, Cs é inseparável de $+ \leftarrow \uparrow$

Portanto, é possível obter Cs (A1), que significa "uma hipótese definitória em busca de existência". É uma ação; é um movimento dinâmico. *"Cs (A1) é a natureza de um tropismo"*. Com essa frase, Bion retorna ao uso do termo, Tropismo - após seis anos. "*Envolve $\Psi(\xi)$ onde (ξ) procura por saturação. Esta "consciência" (awareness) é uma consciência de uma falta de existência que demanda uma existência, um pensamento em busca de um significado, uma hipótese definitória em busca de uma realização que dela se aproxime, uma psique procurando por uma habitação física que lhe dê existência, ♀ procurando ♂*"(T,109). Uma função do Tropismo, assim definido, é Intuição. (q.v.).

☉ O termo parte de uma teoria abrangente e adquire a natureza de descrição auxiliar de um fato ligado ao inconsciente, à vida e aos processos de pensamento.

Turbulência emocional ou turbulência psicológica

Turbulência emocional é um fenômeno da vida tal como a vida é. Ocorre quando seres humanos se encontram. Envolve e é embebida por "O", a verdade última: o estímulo inicial, seja lá do que for: a meu ver, qualificável como instintivo, ou que põe nossos instintos a funcionar. Ocorre quando existe contato real, ou apreensão da realidade. Postulações pseudo-científicas que alcançaram o lugar-comum, como a existência de feromônios, e também ideias irrealísticas, ditas parapsicológicas (auras, fenômenos alucinatórios compartilhados na massa: "líderes carismáticos", demagogos, manipulando palavras-chave apocalípticas, na clivagem "amigo-inimigo", como "esquerda" ou "direita", descritas por Mackay, Le Bon, Trotter, Freud e Canetti, podem ser vistas como percepções nebulosas, pertencentes ao sistema pré-consciente" expressas por "turbulência emocional".

O conceito tenta retratar medos e resistências à turbulência associada ao "tornar-se" – usualmente ligado à presença, sempre perene, daquilo que é desconhecido, seja ao indivíduo ou ao grupo. Perturbação emocional ou psicológica – medo da turbulência emocional – significa resistência a transformações em O. Turbulência emocional corresponde a uma das observações, e formulações verbais sobre essas observações, feitas por Bion, a respeito de estados mentais de qualidade dolorosa.

O conceito de turbulência emocional e/ou turbulência psicológica foi formulado com a ajuda de uma conjunção constante de um sintagma de dois termos, que incorporam duas expressões: um deles tornou-se jargão ("psicológico"); o outro, usado em física hidrodinâmica e ondulatória ("turbulência"). Quando o conceito apareceu pela primeira vez, os dois termos, tomados separadamente, faziam parte da linguagem coloquial, embora conjugá-los constantemente fosse incomum. A investigação deste autor mostrou que o fato de que os dois mantêm amplo espectro de associações com a linguagem coloquial, pois as duas palavras são amplamente conhecidas, ainda evoca uma penumbra de associações igualmente ampla, prejudicando a apreensão do conceito. Em geral, tende-se a entender o conceito baseando-se ora em um termo (turbulência), ora em outro (emocional), sem apreender-se a conjunção constante dos dois, evocando, ou provocando, em alguns leitores associações equivocadas.

Bion usou, como sinônimo de "turbulência emocional", a expressão "turbulência psicológica". De modo notável para um escritor razoavelmente cuidadoso com a precisão dos termos que utilizou, também usou uma abreviatura: "turbulência", incorrendo na mesma questão acima apontada. Ecoando Freud na escrita de um dos dois princípios do funcionamento mental – o princípio do prazer-desprazer, logo transformado em apenas "princípio do prazer". Freud também era razoavelmente preciso no que tange às suas definições científicas, e avisou que usaria "princípio do prazer" apenas por facilidade gráfica. De qualquer modo, tanto turbulência emocional como turbulência psicológica e turbulência mantém, indiferentemente da forma, o mesmo sentido: mudança e resistência à mudança.

Aparecem em três momentos importantes de sua obra; 1965, 1975 e 1977. Em 1977, introduz o termo "turbulência emocional" como título e conteúdo de um artigo curto. Nessa mesma época, ilustra quase literariamente, ou artesanalmente, emoções turbulentas em outra parte de sua obra, *A Memoir of the Future*.

T

⏺ Em *Transformations*, de 1975, Bion introduz o termo "turbulência" no arsenal prático para uso de psicanalistas praticantes, como passo para a elaboração de uma teoria de observação, a ser aplicada ao ato psicanalítico. O termo é introduzido sob forma de uma analogia, como auxílio para definir um conceito, de "transformações e invariâncias" (q.v.). Turbulência é apresentada pelo seu inverso: tranquilidade. Após ter sido introduzido, o termo é definido por meio de um fato estudado pelos físicos: o reflexo da imagem de uma árvore na água de um lago (T, 47). Condições atmosféricas podem se modificar, da *"calma à turbulência"*; isso *"influenciaria a transformação"* existente no reflexo da imagem das árvores no lago, e na aparência do próprio lago.

A analogia agora se torna um modelo científico, aplicado ao estado mental do analista. Caso encontre-se em estado turbulento, dificultaria, e poderia impedir, uma "visão analítica" (q.v.). Bion considera os processos por meio dos quais um analista efetua interpretações; usando a nomenclatura sugerida por Bion em *Transformations*: interpretações são os processos pelos quais o psicanalista faz transformações acerca ou expressando algo que foi originado pelo paciente. Esse "algo" pode ser uma ou mais expressões verbais e/ou não verbais. Podem ser atuadas ou não – uso o termo "atuação" no sentido definido por Freud, *acting-out*, ou *acing in*, definido por John Rosen. Bion se utiliza de uma notação quase matemática, na própria definição dos "processos de transformação do analista": $T_a \alpha$. O autor deste dicionário recomenda[144] uma leitura escandida desta notação, principalmente para os que ainda não têm familiaridade com a obra de Bion: $T_a \alpha$, usualmente lida como "T a alfa", pode ser lida mais precisamente, como "Processos de Transformação do analista" $(_a)$. Ou seja ($T \alpha$) representa simbolicamente "Processos de Transformação do analista". Esses processos levam a um "produto final", a interpretação ou construção, representada quase matematicamente por $T_a \beta$. A leitura escandida seria: Produtos Finais de Transformação ($T \beta$) do analista $(_a)$ *"Vou assumir um analista ideal e que $T_a \alpha$ e $T_a \beta$ não estejam perturbadas por turbulência – ainda que a turbulência e suas fontes sejam parte de O"* (T, 48).

Outro fator é introduzido: embora examinando necessidades do analista nesta parte do livro *Transformations*, é necessário perceber que a turbulência é parte de O. A premissa "deve-se evitar a turbulência" não se constitui como regra, mas como disciplina. Bion retornaria ao ponto, enfatizando que a tentativa de evitar a turbulência é um obstáculo para se fazer interpretações. Neste momento, cria outros conceitos: argumento circular (q.v.) e hipérbole (q.v.), ao enfocar um caso no qual a interpretação é feita *"principalmente por estar à mão, sendo um enunciado col. 2, cuja intenção é impedir a 'turbulência' no analista"* (T, 167). Outras menções à turbulência e tentativas de evitá-la são discutidas no verbete "Proto-resistência".

---

[144] Ver a "Introdução" deste dicionário, e também o verbete "Grade" (Grid).

TURBULÊNCIA EMOCIONAL E MUDANÇA CATASTRÓFICA

Bion destaca um estado sentido por muitos como prazeroso; pode ser definido pela expressão verbal *status quo*. Trata-se de um estado estático, ou o inverso de um estado dinâmico (o leitor pode consultar o verbete "Perspectiva reversa"). O estado estático é mantido passivamente, para permanecer imperturbado. No que tange aos processos de pensar, e também em atividades como a artística e a científica, essa condição é rompida, por exemplo, por algum movimento em direção àquilo que é desconhecido. Análogo ao que acontece naquilo que nós, seres humanos, denominamos "vida" – mesmo que não saibamos o que vem a ser isso, em sua natureza mais profunda. O conceito de turbulência emocional mantém vínculos e semelhanças com o conceito de mudança catastrófica (q.v.). Uma diferença é que a segunda usualmente instala-se *depois* que ocorre alguma mudança. Por exemplo, uma verdade interna que possa estar na condição de ser temida emerge como mudança catastrófica. Uma das expressões dessa contingência é a natureza psicótica dos fenômenos comumente ditos, psicossomáticos, apresentados nas primeiras páginas do livro *Transformations*. Outra diferença é que, em alguns casos, a turbulência emocional é um fenômeno que envolve "O", verdade última, em um sentido inverso ao da mudança catastrófica (ou sentida como catastrófica, como este autor tentou demonstrar no volume I de *A Clinical Application of Bion's Concepts* (2009). O envolvimento de "O" implica haver contato real ou alguma apreensão da realidade, independentemente da negação, ataque ou da percepção ou negação que ocorre mais frequentemente quando o caso é a ocorrência de alguma mudança catastrófica. Turbulência emocional é um conceito que tenta apontar temores e resistências à turbulência associada ao "tornar-se", mas que nem sempre constituem obstáculos ou impedimentos. Por outro lado, Bion utiliza os termos perturbação emocional ou psicológica para implicar resistência a transformações em O (q.v.); nestes casos, a mudança catastrófica conduz a transformações em alucinose. Em alguns casos, intolerância a estados de turbulência emocional pode levar a uma catástrofe; temores à mudança catastrófica, um evento tão vital (intrínseco à vida) quanto a turbulência emocional, usualmente levam a desastres e catástrofes. Manutenções forçadas de *status quo* conduzem a tragédias.

O termo turbulência emocional também foi definido de modo prático com a ajuda de um episódio real, retirado da história da ciência: o final da vida de Isaac Newton. Ciência tem sido considerada por muitos autores, por muitos séculos, como forma de apreensão da realidade tal como ela é. Bion transformou o episódio história em parábola, similar àquela que ele construiu no estudo "Cesura", a respeito dos saqueadores de túmulos em Ur, Caldéia (atual Iraque). Os saqueadores parecem ter sido mais bem-sucedidos do que *Sir* Isaac Newton; ambos incorreram no risco de enfrentar o desconhecido. Os primeiros, cujo nome ficou desconhecido,

T

podem ser vistos como os pais da ciência moderna, ao enfrentar o tabu de religiosidade dogmática. Ligou-se ao fenômeno do Cristianismo, logo tornado dogma, cujos efeitos, observa Bion, perduram até hoje (AI, 80), advindos da mesma região, originando outros dogmas, como o muçulmano, ocasionando turbulências até hoje intermináveis. No caso de Newton, houve um surto psicótico impediente à criação ulterior.(o leitor pode consultar o verbete, Transformações em Alucinose).

O episódio foi usado mais de uma vez, e de formas diferentes, no trabalho de Bion (o leitor pode consultar o verbete "Continente / contido"). No uso que estamos enfocando agora, Bion centra-se em um evento de relações humanas, ligado à teoria dos *fluxions*, de Newton – atualmente denominada de cálculo diferencial. O bispo Berkeley teve reação sarcástica, investindo contra essa teoria, acusando Newton de "irreligiosidade".

A leitura da seguinte legenda pode facilitar o entendimento da próxima citação, para leitores ainda não familiarizados com a notação quase- matemática, fazendo uma nomenclatura, propostas nos livros *Learning from Experience*, *Elements of Psychoanalysis* e *Transformations*:

K = vínculo que se mantém com outras pessoas e coisas, chamado "conhecimento"; neste vínculo, conhece-se algo ou alguém. Parece-me lícito acrescentar-se a "pessoas" e "coisas", constantes da definição de Bion sobre K, "eventos".

T = transformação (ou transformações).

T Newton = transformações feitas por Newton.

T Newton β = produto das transformações efetuadas por Newton.

H_3 = refere-se a uma categoria da "Grade" (Grid) (q.v.): alguma notação de algum cálculo algébrico. O autor deste dicionário tem proposto que a leitura deste sinal quase-matemático, de valor simbólico, se faça do mesmo modo com que são construídas expressões qualificativas na língua inglesa, em que o adjetivo precede o substantivo. O "3" simboliza a categoria notação, expressão verbal substantiva; H simboliza cálculo algébrico, como adjetivo qualificativo.

Col. 1 = refere-se à coluna 1 da "Grade" (Grid), hipóteses definitórias e coisas-em-si.

Col. 2 = refere-se à coluna 2 da "Grade" (Grid), enunciados reconhecidos como falsos. Assim, a notação quase-matemática "T Newton β H_3" significa: um cálculo algébrico de valor definitivo (final), conforme transformado por Sr. Isaac Newton. Correspondentemente, "T Newton β col. 2" significa "uma mentira expressa pela transformação de Newton", ou "uma resistência expressa pela transformação de Newton". "T Berkeley β col. 2" significa "uma mentira de valor definitivo expressa por transformações de Berkeley". "Definitivo" equivale a "final", como sentenças de um juiz; difere de "definitório".

F_3 = significa a notação de um conceito.

A polêmica registrada na história da matemática pode ser colocada da seguinte forma: Newton desenvolveu um dispositivo matemático que denominou *fluxions*. O dispositivo *fluxions* podia ser descartado toda vez em que se pudesse encontrar um determinado resultado: linhas finitas, proporcionais ao dispositivo *fluxions*. Comparando, por analogia, o descarte, a andaimes em um edifício – dispositivos descartáveis, mesmo que tenham sido indispensáveis em momentos anteriores à própria construção do edifício. Esse dispositivo matemático *fluxions* funcionava por meio de incrementos evanescentes. Um século e pouco depois, matemáticos, reunidos em convenção, modificaram a nomenclatura por outra que lhes pareceu mais precisa: aquilo que Newton e seus contemporâneos denominavam *fluxions* passou a ser denominado cálculo diferencial.

O Bispo Berkeley ficou perturbado. Denominou esses incrementos evanescentes de "espectros de quantidades desaparecidas"; mas o fez não de modo contributivo, mas de forma hostil, desafiadora. Bion considerou o cálculo diferencial, conforme formulado por Newton, como "transformação em K" – um real avanço que desenvolveu o conhecimento matemático. *"A transformação em K é efetuada pelo descarte dos 'andaimes' de fluxions, 'os espectros de quantidades desaparecidas'. O descarte do andaime pode ser considerado como um passo para se obter linhas finitas 'que lhes são proporcionais', uma formulação de categoria H_3; ou 'as linhas finitas . . . que lhes são proporcionais' pode ser considerada como uma formulação F_3 utilizada como uma formulação de coluna 2, para impedir que aflorem os 'espectros de quantidades desaparecidas' e a turbulência psicológica que tal emersão precipitaria"* (T, 157).

Newton desenvolveu o cálculo diferencial e também se envolveu em polêmica com o bispo Berkeley. Sofreu o que hoje denominamos colapso nervoso; seu escritório incendiou-se. Newton jamais se recuperou, tornando-se uma pessoa incapaz de retomar atividades como físico. Bion acrescenta que, *"em suas próprias palavras, perdeu 'a antiga consistência de sua mente'. Emergiu dele, de acordo com J. M. Keynes, um pouquinho 'gagá'. . . . . A formulação de Berkeley pode ser considerada como uma contribuição F_3. O tom polêmico lhe confere uma categoria na coluna 2, ao negar a validade do método, ainda que reconheça a verdade do resultado de Newton: o tom irônico nega a realidade dos 'espectros das quantidades desaparecidas . . . T Newton β H_3 dá continuidade à investigação matemática: T Newton β col. 2 nega os 'espectros'. T Berkeley β col. 2 nega, por ironia, 'espectros' e, por polêmica, a abordagem científica. Nos dois exemplos a dimensão da col. 2 é dirigida contra a turbulência psicológica; por quê? Por medo da turbulência e do 'tornar-se' a ela associado. Colocando em outros termos, teme-se as transformações em K quando elas ameaçam fazer emergir transformações em O"* (T, 158).

É necessário elucidar meu termo "turbulência psicológica". Por intermédio dele, quero dizer um estado de mente cuja qualidade dolorosa pode ser expressa em termos emprestados de São João da Cruz. Cito [*de A Subida do Monte Carmelo*]:

T

> *"A primeira (noite da alma) tem a ver com o ponto a partir do qual a alma parte, pois ela tem que se privar gradualmente de desejo de todas as coisas terrenas que possuía, negando--as para si; negação e privação destas que são, por assim dizer, noite para todos os sentidos humanos. A segunda razão tem a ver com o meio, ou o caminho ao longo do qual a alma precisa viajar para esta união – ou seja, fé, que, para o entendimento, também é tão escura quanto a noite. A terceira tem a ver com o ponto para o qual viaja a alma – ou seja, Deus, que, igualmente, é noite de trevas para a alma nesta vida".*
>
> *Uso essas formulações para expressar, de forma exagerada, a dor envolvida em obter o estado de ingenuidade inseparável de aglutinação ou definição (col. 1). Toda nomeação de uma conjunção constante envolve admitir a dimensão negativa; a ela se opõe o medo à ignorância. Portanto, ao nascedouro, ocorre uma tendência à antecipação precoce, quer dizer, para uma formulação que é uma formulação coluna 2, cuja intenção é negar ignorância – a noite de trevas dos sentidos. A relevância disso para os fenômenos psicológicos origina-se do fato de eles não serem susceptíveis à apreensão por meio dos sentidos; isso tende a precipitar transformação para dentro de objetos tais como são e assim colabora para Transformação em hipocondria.*
>
> *De modo semelhante, a abordagem intuitiva fica obstruída porque a "fé" envolvida é associada à carência de investigação, ou "noite de trevas" para K.* (T, 158-159)

Turbulência Emocional parece ter sido, em termos de investigação bibliográfica, um conceito importante na obra de Bion. Em 1975, os famosos esboços de Leonardo da Vinci sobre desregradas cabeleiras ilustram o modo em que um dos maiores artistas na nossa civilização leva boa parte de seus espectadores, através dos tempos, a ver águas turbulentas: uma "viagem" a partir de impressões sensoriais alcançando experiências emocionais e afetos, muito além do aparato sensorial, conduzida por transformações artísticas (o leitor poderá examinar a citação completa a respeito dos esboços de Leonardo nos verbetes "Continente/contido" e "Mente"). Em 1976, Bion introduz o termo "turbulência emocional" – que serve de título para um artigo científico. O termo adquire agora valor descritivo. Retrata emoções que permeiam dois seres humanos cujos caminhos se cruzam: quando duas personalidades se encontram há um período de turbulência marcada por angústia; muitas emoções e afetos são despertados. O leitor poderá refletir a respeito da diferença entre **saber** e **ser**: situações sexuais podem emergir; bem como situações de sobrevivência, pois hostilidade e agressão podem se impor. A situação sexual aparece por meio de seu negativo. Em "Turbulência emocional" e "Sobre uma citação de Freud" (publicados em *Clinical Seminars and Other Works*) Bion oferece criteriosa análise do conceito de *"borderline"*, então em voga, juntamente com uma exploração a respeito do período de latência, no qual o latente é a própria turbulência emocional.

Utilidade O conceito não se aplica apenas ao meio utilizado por Bion para transmiti-lo, emprestado da história da ciência, exceto em um sentido importante: cada indivíduo repete, em sua própria história individual, a história da ciência e suas vicissitudes para ressaltar a utilidade clínica do conceito em psicanálise. Nossa disciplina constitui prática epistemológica; um dos modos desenvolvidos por nós, seres humanos, para conhecermos algo real: *"Resistência a uma interpretação é resistência contra a mudança de K para O. Mudança de K para O é um caso especial de Transformação; é particularmente interessante ao analista em sua função de auxiliar a maturação das personalidades de seus pacientes"* (T, 158). Bion ressalta a diferença entre "falar sobre análise" e "ser analisado". Faz parte da experiência de qualquer psicanalista praticante defrontar-se com pacientes que aprendem muito a respeito de si mesmos para nunca entrar em contato consigo mesmos. É a diferença entre práticas intelectualizadas, plenas de racionalizações explicativas lógicas, vestidas por palavras extraídas da obra de Freud, e uma análise real.

Referências cruzadas sugeridas: Mudança Catastrófica, Negativo, Proto-resistência.

Turbulência psicológica

Ver o verbete "turbulência emocional".

U

Ultra-sensorial, infra-sensorial, ultra-humano, infra-humano, ultra-lógico, infra-lógico, infra-conceitual, infra-intelectual, infra-visual:

Quais seriam os fatores que contribuem para que todos nós, seres humanos, mantenhamos notáveis dificuldades para perceber fatos de natureza predominantemente imaterial? E, complementarmente, notável facilidade para perceber fatos predominantemente materializáveis? Esse, o fator para que Bion cunhasse os termos ultra-sensorial, infra-sensorial, ultra-humano, infra-humano, ultra-lógico, infra-lógico, infra-conceitual, infra-intelectual, infra-visual: formulações verbais que tentam oferecer uma possibilidade de desenvolver métodos para lidar com fatos predominantemente imateriais e imaterializáveis.

Quais seriam as disciplinas envolvidas no estudo dessas situações, partindo do princípio de que existam? Física? Filosofia? Teoria da ciência, muitas vezes denominada, epistemologia? Teologia? Psicanálise?

> Fenômenos não sensoriais formam a totalidade daquilo que geralmente se considera ser experiência mental ou espiritual. ψ (ξ), que representa apreensões (dar-se conta) de fatos correspondentes a algo que existe de natureza não sensorial, parece ser relativamento adaptável para manipulações que representem os dar-se conta *sensoriais*, mas não para manipulações que representem dar-se conta, apreender fatos não sensoriais, correspondentes a algo que existe. Se "três" representa um dar-se conta não sensorial de "tres-isse", porque não se poderia, combinado com "dez", "cinco", etc., fazê-lo representar ansiedade, ou amor, ou ódio?
> Pode-se lidar com certos problemas por meio da matemática. Com outros, por meio da economia, outros, pela religião. Um problema pode parecer pertencer a uma determinada disciplina, mas não se submeter ao manejo por ela proporcionado; deveria haver a possibilidade de se lidar com esse mesmo problema com uma outra disciplina. Se a geometria euclidiana não pode lidar com problemas multidimensionais, pode-se transferi-los à geometria algébrica, que pode lidar com eles. (AI, 91).

A linguagem de Bion

Para que o leitor possa adquirir uma apreensão minimamente adequada deste verbete, precisará ficar claro o que se segue. Podemos começar com uma pergunta – dificilmente feita por um leitor que não exerça o que se denomina "espírito crítico", ou faça uma leitura crítica, no sentido do criticismo sugerido por Kant: uma crítica do método científico utilizado; pois toda leitura – a não ser aquela influenciada por propaganda ou política ideológica – é um método científico, na extensão de que é um modo de se aproximar da realidade.

Quando temos acesso a um texto – além de adquiri-lo, e pedi-lo emprestado, ou seja, um acesso que não seja apenas materializado –, a realidade à qual nos aproximamos é a realidade do autor – o que ele pretende ou pretendia dizer (e não apenas escrever), ou o que ou qual realidade pretendia abordar? Não estamos advogando nem sendo partidários de leituras idealistas, ou relativistas, que autorizam apenas o que vai na concepção do leitor; algo indispensável e intrínseco, mas de forma alguma suficiente. A experiência psicanalítica – idêntica à experiência médica de diagnóstico e semiologia (armada ou não), e também a algumas testagens psicológicas, como o teste de Rorscharch, de Pfister, WISC e outros – nos mostra a necessidade peremptória (um imperativo categórico, na linguagem de Kant) de que nos aproximemos do que o paciente, ou o indivíduo que não é a nossa pessoa, está pretendendo dizer e não dizer. De como o paciente ou o indivíduo que não é a nossa pessoa está estruturando sua linguagem, e a ausência dela – em atos falhos, ou sob efeito de trabalho onírico, ou sob comunicações não verbais.

O autor deste dicionário propõe ainda que não executemos uma leitura idolátrica, na qual o que o autor diz não está sujeito, *a priori*, a nenhuma crítica; nem uma leitura iconoclasta, na qual o que o autor diz está destruído *a priori*. As duas leituras, idolátrica e iconoclasta, apelarão para racionalizações. Na maior parte das vezes, idênticas na invariância, apesar de aparentemente opostas na aparência, transformada por palavras para persuadir o leitor de que se trata ou do melhor texto do mundo escrito pelo melhor autor, ou do pior texto do mundo escrito pelo pior autor.

Caso façamos uma leitura isenta de preconceitos idolátricos ou iconoclastas, o que implica o termo "fenômenos não-sensoriais" na frase *"Fenômenos não-sensoriais formam a totalidade daquilo que geralmente se considere ser experiência mental ou espiritual"*? Nossas hipóteses, já adiantadas em outros verbetes e na introdução do dicionário, é de que possa ter existido:

1. uma falha de revisão literária e gramatical. Quando o texto impresso reza "fenômenos não-sensoriais", seria necessária uma revisão para conferir precisão ao qualificativo.
2. uma abreviatura imprecisa. Bion poderia ter abreviado o termo "fenômenos não-sensorialmente apreensíveis" como "fenômenos não-sensoriais". Nesta segunda hipótese, estaria fazendo do mesmo modo que foi feito por Freud, que usou uma abreviatura para escrever sobre o princípio do prazer/desprazer,

U

quando passou a chamá-lo apenas de "princípio do prazer", supondo que os leitores saberiam do que estava escrevendo. Ou dos sistemas psíquicos, inconsciente, pré-consciente e consciente, eliminando o termo "sistemas".

A primeira hipótese surgiu durante uma leitura atenta dos textos de Freud e Bion e, uma década depois, de dois textos de Kant. Em um esforço de brevidade, vamos citar apenas um exemplo. Pode-se detectar a presença de uma redação totalmente precisa no seguinte texto, constante do mesmo livro, *Attention and Interpretation*. Ao mencionar detidamente os efeitos deletérios de uma indisciplina sobre o ato de memorizar – idêntico ao que Freud se referia como "repetir", sem recordações (oníricas, inclusive) ou de elaborações (em "Recordar, repetir e elaborar") –, Bion alerta que

> ... o analista que vem para uma sessão com uma memória ativa não se encontra em posição de fazer "observações" dos fenômenos mentais desconhecidos, pois estes não são sensorialmente apreensíveis. (AI, 107)

Com base nesse texto e em outros, rejeitamos a segunda hipótese (de que Bion teria se utilizado de uma abreviatura. Adotamos a primeira hipótese e, a partir daí, sugerimos uma leitura minimamente adequada: substituir será "fenômenos não--sensorialmente apreensíveis".

A questão é não apenas de semântica, embora a inclua necessariamente, pois em psicanálise precisamos fazer uso de formulações verbais. Uma parte dos leitores poderá fazer o ajuste, utilizando-se de senso comum (q.v.) na leitura – diferente de uma pessoa qualificável como "psicótico".

Quem poderá ou poderia afiançar a porcentagem desses leitores que fazem o ajuste entre os leitores de textos psicanalíticos? Por outro lado, há uma necessidade de precisão mínima em uma linguagem comunicacional; *a fortiori*, em um texto científico e em um texto com pretensões de se constituir como dicionário. Parece-nos necessário considerar um aspecto ambiental; estamos vivendo sob uma tendência escolástica, dita "pós-moderna", que favorece idealismos. Parece-nos absolutamente necessário considerar que não há nada, seja lá qual for o vértice que se considere, que possa ser "não-sensorial", nem tampouco "sensorial", *que não se atenha aos nossos órgãos sensoriais*. Por exemplo, um tecido renal é não-sensorial, por não ser inervado. Um tecido de cortiça ou um pedaço de madeira, ou ferro, também são não-sensoriais – mesmo que sejam sensorialmente apreensíveis. Bion se pergunta se uma pedra pode sentir calor (C, 3). E não há nada que possa ser qualificado como "sensorial", a não ser os vários órgãos ou organelas de captação de estímulos, que compõem nosso aparato sensorial.

Levamos nossa hipótese para a sra. Francesca Bion, encarregada – por ela mesma – e autorizada – pelo dr. Bion – de editar e rever gramaticalmente os escritos de seu marido, preparando-os para publicação. Não havia a possibilidade de acesso às casas publicadoras, Heinemann Medical Books e Tavistock Publications, por não mais existirem, restando a memória da sra. Bion como nossa fonte científica para transformar a hipótese em tese válida. Ela, dentro de sua sinceridade e abertura de sempre, nos confirmou a ideia. Ao verter para o português os livros de Bion, encontramos vários enganos, produtos dessa deficiência. Por exemplo, em *Transformations*, detectamos quarenta enganos, alguns dos quais já conhecidos da sra. Bion. Boa parte dessas anotações foi utilizada para modificar os textos que acabaram resultando na edição das obras completas. Três fatos inevitáveis, que considero desafortunados, cercaram a primeira edição das obras completas: a idade provecta e falecimento da Sra. Bion (2015), a venda da Karnac Books (2017) e o falecimento muito precoce do Sr. Cristopher Mawson, em 2020, que ficou com a responsabilidade final de edição em 2013.

Bion não relia seus trabalhos, a não ser no caso do volume *Second Thoughts*, cujo corolário, produto de análise crítica sobre seu trabalho clínico, foi o *leitmotiv* da escrita, parecendo-lhe ainda mais importante do que as descrições nos artigos clínicos, cuja serventia foi nutrir a autocrítica. Outra evidência aparece no escrito a quatro mãos, com sua esposa, denominado *A Key to A Memoir of the Future*. Registra que "odeia ver seu próprio vômito": uma qualificação sincera e razoável de qualquer escrito, por qualquer pessoa. Muitos escritores e artistas fazem isso – e a profissão de revisor literário e gramatical não surgiu à toa. Embora outros possam amar ver seus próprios escritos, que não lhe parecem vômitos.

> HOMEM: Quando a mente tiver sido mapeada, as investigações podem revelar variações nos vários padrões que ela demonstra. É possível que o mais importante não seja, como os psicanalistas presumem, apenas revelações de doenças ou enfermidades da mente, mas padrões indiscerníveis no domínio no qual Bio (vida e morte; animado e inanimado) existe, pois a mente abarca um espectro da realidade muito inadequado. Quem poderá liberar a matemática dos grilhões revelados por seus vínculos genéticos com os sentidos? Quem poderá encontrar um sistema cartesiano que de novo transforme a matemática, de modo análogo ao da expansão aritmética efetuada pelos números imaginários e números irracionais; ao das coordenadas cartesianas ao libertar a geometria do jugo de Euclides, abrindo o domínio dos sistemas algébricos dedutivos; ao da desajeitada infância da psicanálise, do domínio da mente baseada na sensualidade? (AMF, I, 130)

Os termos foram criados por Bion por volta de 1973. São neologismos, na procura de uma maior precisão na escrita em psicanálise. Foram usados pela primei-

U

ra vez em palestras no Brasil; em seguida, em outras palestras em outros locais no mundo e em todos os volumes de *A Memoir of the Future*.

Esses livros foram construídos de modo dialógico, em que os "personagens" são objetos parciais de W. R. Bion, sintetizando sua experiência psicanalítica – indivisível de sua experiência de vida. O leitor pode consultar a introdução deste dicionário, e também o verbete "método científico", além de outros textos do autor deste dicionário.

Sua origem foi analógica, em termos físicos, de ondas eletromagnéticas pelas quais se propaga a luz e também de ondas mecânicas pelas quais se propaga o som.

Os neologismos tentam lidar com fatos na realidade, sempre vistos ou sentidos como idênticos, ou vinculados a problemas na nossa vida – a vida de seres humanos – que têm sido tratados por formulações verbais com pouco sucesso durante pelo menos três milênios e, de modo mais aproximado da realidade, nos últimos dois milênios. Inicialmente foram tratados sob o vértice religioso; tentativas de tratá-los sob o vértice científico têm sido igualmente malsucedidas. O tratamento sempre inclui uma tentativa de ligar com os problemas a eles vinculados.

Entre uma série de 54 nomes (que constam de outra investigação do autor deste dicionário – ver Sandler, 2019), entre eles, "psique", "mente", "personalidade", "inconsciente", "espírito", "alma", "caráter", "ego" e outros, Bion acrescenta, com o intuito de substituí-los, ou pelo menos conferir-lhes maior precisão, sob o vértice de uma teoria de observação, os termos ultra-sensorial, infra-sensorial, e os outros relacionados como entrada do verbete.

Esses termos se endereçam a vários problemas que pareceram centrais na investigação de Bion, que relacionou o aparato psíquico ao meio ambiente do movimento psicanalítico, endereçando, ainda que subliminarmente, à formação analítica:

1. Ignorância, ou negligência à intuição analiticamente treinada, como indicado em *Transformations*. O leitor pode encontrar detalhes no verbete específico.
2. Tentativas de substituir intuição e experiência por excessiva concretização
3. Tentativas de substituir intuição e experiência por (e excessivo apelo à) racionalização – no sentido dado por Freud no exercício psicanalítico sobre o diário do juiz de instrução Paul Daniel Schreber –, que produzem "engenhosas manipulações de símbolos" para dar a impressão de que se está lidando com o fenômeno com o qual a psicanálise conseguiu de início, ao ser descoberta por Freud, lidar.
4. Demasiada degeneração por falsas controvérsias introduzidas por escolásticas e mal-entendidos. Boa parte deles, devido ao uso contínuo de palavras que desgasta seu sentido, conforme indicado em alguns textos.

Parece-nos que, com mais felicidade, mas ainda apelando para a terminologia teórica derivada de matemática e de história das religiões, em *Transformations*,

Attention and Interpretation e, de modo muito mais completo, por maior liberdade comunicacional, em *A Memoir of the Future*, com o auxílio de objetos parciais de Bion:

> ALICE: Sua intuição parece ser aquilo que fica quando o pensamento desaparece.
>
> ROLAND: Ou como o pensamento, quando o conceito já se foi.
>
> BION: "Cegos", como diria Kant sobre pensamentos sem conceito; ou "vazios" – conceitos sem intuição. Mas não acho que seja isso o que Eu Mesmo quer dizer.
>
> EU MESMO: Você tem razão. Com "intuição" eu não quero dizer nada disso. É igual a coisa nenhuma. Não é o "negativo de" ou o "oposto a" ou a "perspectiva reversa de". Esses termos são emprestados do inglês coloquial, assim como outros são emprestados da psicanálise clássica. Esse empréstimo é legítimo, mas não implica que o significado, no contexto do pensamento "clássico", não tenha sido alterado quando utilizado por mim.
>
> ALICE: E isso tem alguma importância?
>
> EU MESMO: Infelizmente, sim. Mesmo frases empregadas por Freud com grande precisão se tornaram, hoje em dia, quase incompreensíveis, pois as palavras a partir das quais ele indicou suas construções se modificaram irremediavelmente. Quem poderia ter certeza hoje do significado de "complexo de inferioridade"? Ou "paranoide"? Quem depara com essas expressões num livro de Freud ou de um psiquiatra e tem certeza de que sua familiaridade com os usos atuais não o desqualifica para entender as formalizações dos autores?
>
> ALICE: Duvido muito que o que Mozart ouvia, quando ele, ou outra pessoa, tocava clavicórdio, pudesse lhe parecer como sendo os mesmos sons produzidos por um piano de cauda, tocado por um mestre contemporâneo, num concerto moderno.
>
> EU MESMO: Eu esperaria que ele achasse o "tom" familiar.
>
> ALICE: Ouço aspas durante a sua fala, e acho que sei a diferença de significado entre isso e a mesma verbalização caso eu não ouça as aspas. Isso me lembra a página impressa onde se lê "um, dois, e já".
>
> EU MESMO: Você se refere àquilo que chamei de aparelho defeituoso de comunicação lateral.
>
> BION: Só que este é um defeito de comunicação tanto no tempo como no espaço.
>
> EU MESMO: O gênio superou os problemas que poderiam ser eficazes em obstruir a comunicação.
>
> BION: O mesmo sucesso que teve em superar suas dificuldades pode ter contribuído para aumentar nossas dificuldades na recepção.

EU MESMO: Sugiro que uma solução para a dificuldade de comunicação pode ser confundida com a solução para uma dificuldade no assunto da comunicação (???.....) Mas estou ouvindo pontos de interrogação...... (AMF, I, 216)

Bion alerta os membros do movimento psicanalítico para a necessidade peremptória que não é exclusiva para os que tentam ser analistas, por recair em todos os praticantes que defrontam-se com o que lhes é desconhecido e tendem a negar o fato: necessidade que médicos dizem ser, manter um "olho clínico" e "intuição clínica", tentando apreender algo além ou aquém do reduzido espectro de apreensão dos nosso aparato sensorial: na nomenclatura de Bion a partir de 1965: adentrar ao âmbito de "O" (q.v.).

Ser psicanalista

Uma postura que possa ser qualificada como "psicanalítica" ou "analítica", que diferencia uma psicanálise de qualquer outro tipo de atividade, aparece em outros verbetes deste dicionário ("estar-uno-a-si-mesmo (*at-one-ment*)"; "psicanálise real"; "visão analítica"). Esses novos termos se endereçam a essa postura:

BION: Você poderia dizer que ser um psicanalista é como usar um sortimento de roupas mentais – a pessoa poderia escolher qualquer personagem que gostasse de ser e vestir o uniforme apropriado. O problema é a pessoa ter que ser um psicanalista, e não simplesmente aprender um papel com o objetivo de encenar.

ROSEMARY: Não sou de ficar encenando e é por isso que não te dou um beijo.

BION: Alguns beijos ficaram famosos. Um deles é chamado "beijo" de Judas" por causa de um personagem famoso e notória. Beijos, como outras ações, falam mais alto que palavras.

EU MESMO: A interpretação, de modo semelhante, depende tanto da qualidade como da quantidade, e o mesmo ocorre com as coisas interpretadas. "Sonoridade", expressando "quantidade", não é suficiente nem mesmo no domínio dos sentidos físicos e de outros fenômenos; tudo aquilo a que o termo "fenômeno" se aplica pertence, por definição, ao domínio dos sentidos. Nós, juntamente com os muitos que têm a intenção de existir ou dos quais há registro de que existiram e ainda existem, acreditamos que existe algo "mais" que pode ser chamado "ultra" ou "infra"-sensorial. É esse algo mais, ou "algo +", que, supomos, torna-se significativo por meio do refinamento proporcionado pela psicanálise na prática. (AMF, I, 203)

Bion tinha total noção do que poderia ocorrer. Ainda não ocorreu – se contarmos a época na qual foi lançada a edição original deste dicionário na língua inglesa, em

2005. Mas é seguro que irá ocorrer, assim que alguém que se intitule "bioniano" venha a ler estes escritos: os termos ultra-sensorial e os derivados serão submetidos à mesma degradação concretizante – coisas-em-si-mesmas, animizadas, antropomorfizadas, como atualmente se usa o termo "inconsciente", ou "metapsicologia". Não são termos técnicos, para que membros do movimento comecem a escrever que descobriram algo que o paciente falou, que "é ultra-sensorial", e darem exemplos apropriando-se de alguma palavra, ou conceito, que lhes pareça bem erudito, ou sofisticado, ou esotérico, pleno de alguma simbologia da moda vigente na *intelligentsia*, que poderia ser útil para outras disciplinas, como hermenêutica ou fenomenologia:

> WATSON: Você estava falando de computadores que liam radiografias com precisão maior que radiologistas talentosos. O que você acabou de dizer soa como se você estivesse advogando um escrutínio feito por seres vivos, de preferência a máquinas – estou certo?
>
> EU MESMO: Não exatamente. Eu não estou querendo advogar nada. Estou sugerindo que, de uma forma ou de outra, funções podem ser manejadas por máquinas ou por métodos mecânicos. Nós mesmos aprendemos, numa certa época, a andar "mecanicamente"; isso foi e ainda é uma habilidade muito útil; mas mesmo agora é útil lançar mão, em determinadas ocasiões, de movimentos específicos, hábeis. Não excluo o valor do "pensamento mecânico" ou da "interpretação mecânica", mas não quero que esse progresso substitua, ou impeça, o desenvolvimento do ultra ou do infra-sensorial, mesmo que seja o caso de eu não saber o que é isso ou mesmo se isso existe. O laboratório de patologia não deveria ser substituído pela observação clínica, ou vice-versa.
>
> WATSON: Absolutamente certo.
>
> SHERLOCK HOLMES: Descobri que as análises clínicas eram muito úteis.
>
> BION: Você teve que "interpretar" suas cinzas.
>
> SHERLOCK HOLMES: ... à luz dos meus achados.
>
> EU MESMO: E com o auxílio do livro onde você registrou suas conclusões. O livro é um exemplo daquilo que eu chamo de "instrumento". Estritamente falando, são assim as "teorias" registradas nele. Mesmo que elas não fossem registradas em nenhum "instrumento", eu poderia encará-las como um instrumento a ser "usado" – e não cultuado, como um dogma ou religião.
>
> BION: Apesar disso, eu estava pensando o quanto soam religiosas algumas de suas afirmações sobre "infra e ultra" sensorial.
>
> EU MESMO: Entendo o que você quer dizer. Os adeptos da religião provavelmente vão se apegar àquilo que eu apresentei como "intuições" (*hunches*) . . . (AMF, I, 203-204)

U

Leitores familiarizados com a obra de Conan Doyle poderão lembrar da primeira novela que deu fama mundial para o oftalmologista que tinha poucos pacientes, mas nunca perdeu a noção científica: *Um estudo em vermelho*, no qual o personagem Sherlock Holmes, nome que se tornou mítico. Faz uma análise científica de cinzas de charuto, seguindo o modelo para investigações diagnósticas em medicina que perduram até hoje.

P.A.: Vou me outorgar de seu aval para verbalizar: "infra-conceitual".

PAUL: Bom, isso é suficientemente horrível para não conseguir durabilidade enquanto expressão artística. O mundo do pensamento contrai suas fronteiras na proporção inversa ao comprimento das armas verbais que usa; quão mais curta a "baioneta", maior a influência do império. (AMF, II, 249)

Nesse excerto de um diálogo imaginário entre dois objetos parciais de Bion, um Psicanalista ("P.A.") e um teólogo-historiador cultural (certamente inspirado em Coppleston, um dos autores preferidos por Bion) com pendores ao sacerdócio (denominado "Paul" e, depois, Sacerdote), há uma compactação notável de questões comunicacionais sérias, enfrentadas por psicanalistas e ministro religiosos, conjugadas com outra questão social tão séria quanto – fantasias de autoritarismo, que sempre desandam para imposições armadas, totalmente concretizadas e materializadas. Bion já havia considerado, no primeiro volume da trilogia, o que faria a Inglaterra algo transcendente e influente sobre o comportamento humano – em si, imaterializado: a força da armada, ou do exército, ou de autores como Shakespeare? Bion testemunhou a degenerescência do império, de modo particularmente difícil, por ter feito parte das forças armadas em duas guerras. Neste diálogo subjaz a questão milenar dos limites da apreensão da realidade e dos fatos; questão em que a influência no trabalho de Bion pode conter alguns pontos cardeais de orientação – sem implicações religiosas, neste nome, mas apenas de limites impostos por comunicação: Platão, Luria, Kant e Freud, entre muitos outros, numerosos demais para serem listados. O diálogo continua, diminuindo e aprofundando o foco para a atividade psicanalítica:

ROLAND: Não acredito. Quem, hoje em dia, ia se abalar a ficar andando com um rifle por aí? Não consigo sequer encaixar uma baioneta.

P.A.: Se eu pudesse, tentaria a matemática, que é a forma de expressão mais concisa que se conhece, mas tenho que me comunicar de maneira tão prolixa que receio que você não suportaria. Bom, pode ser até que você seja tolerante, o que me facilitaria as coisas.

ROLAND: Se você fosse tolerante, tornar-se-ia mais fácil para nós prestarmos atenção.

P.A.: O meu problema é a relação quando duas pessoas, mentes, caráteres, se encontram. Freud chamou a atenção para um aspecto dessa relação, que chamou de transferência. Penso que Freud queria dizer que, quando um homem se encontra com seu analista, ele transfere características ao analista que, em um dado momento, esse mesmo homem pensou, de modo consciente e de uma forma nada irrazoável, serem inerentes a algum membro de sua família parental. Tais características são impróprias quando sentidas como em relação a um estranho – o analista.

PAUL: E por que o analista? Por que não outras pessoas?

P.A.: O analista é um exemplo "típico" dessas "outras pessoas". Em análise, pode-se discutir esses *transfers* característicos. (AMF, II, 249)

Pelo menos desde a época homérica – a dos antigos médicos gregos, que descobriram nosso aparato sensorial, influenciados por toda a cultura indo-européia, egípcia e hebraica –, sabia-se que o espectro de absorção abarcado por esse aparato é extremamente limitado. Não por coincidência, Sócrates e vários de seus contemporâneos que exerceram medicina – como Tales, Alcméon de Crotona, Aristóteles – e os que exercem outras atividades – como Platão –, tinham noção da existência do âmbito numênico, imaterializado, fora da captação sensorial, que produz cognoscibilidade materializada, o âmbito dos fenômenos. Que pode ser apreendido pelos nossos órgãos sensoriais. Platão denominou o âmbito numênico de "Formas Ideais", e tentou fazer investigações nesse âmbito por formulações verbais. Foram necessários pelo menos dois milênios para adquirir-se a noção de que a própria apreensão, dentro do espectro abarcado pelo aparato sensorial, é limitada e modificada pelo instrumento usado para apreendê-la – o próprio aparato sensorial; e, descobriu-se depois, por tudo aquilo que está apenso ou interligado, ou que implica um desenvolvimento a partir dele, que é hoje denominado aparato cerebral, indivisível de vários outros aparatos internos (endócrino etc.) e indivisível do nosso meio ambiente externo.

No que se refere ao aparato sensorial, a limitação se deve ao espectro de captação, e de absorção de estímulos, de cada um dos nossos órgãos sensoriais. Por exemplo, nosso aparato visual não consegue captar ondas eletromagnéticas da maioria das frequências possíveis, que podem ser medidas por aparelhos eletromecânicos, eletrônicos e quânticos, em termos de uma unidade operacional, denominada "comprimento de onda". Os físicos inicialmente utilizaram – e ainda utilizam, para certas finalidades, até hoje – uma escala colorimétrica; para facilidade de exposição em um texto que não é destinado a físicos, podemos afirmar que nossa limitação é que não enxergamos, por mais acuidade genética que tenhamos, frequências de onda abaixo de uma cor que chamamos vermelho; nem tampouco acima de outra cor, violeta. A descoberta dos "raios infravermelhos" e "ultravioletas" precisou de milênios para ser feita; e, talvez, da extinção de incontáveis pessoas que não dispunham de melanina suficiente para não ter inutilizados, por calor, muitos órgãos internos vitais, como o fígado.

As antigas civilizações egípcias, mosaicas e gregos dividiram suas descobertas sobre a natureza humana, e dos sofrimentos e vicissitudes que nela se abatiam, em algumas disciplinas entremeadas por religiosidades, como medicina e matemática, sem separações rígidas entre o que hoje denominamos de "matéria" e "energia". Por pouco tempo, a civilização romana conservou as descobertas. Mas, nos trezentos anos seguintes, foram quase extintas pelos interesses econômicos de uma ideologia religiosa que se autoproclamou cristã, imposta na Europa pelo ramo apostólico romano da Igreja católica. Decretou-se o esquecimento da indivisibilidade entre "matéria" e "energia", a não ser para a elite sacerdotal, em época de trevas no conhecimento, disfarçada do verdadeiro e único conhecimento. Iniciou-se na época de São Paulo; consolidou-se pelo uso autoritariamente selecionado, para os interesses do Catolicismo, feito por São Tomás de Aquino das ideias do jovem Aristóteles e de parte das descobertas de Euclides, na matemática, para dar uma tonalidade de lei canônica a ser obedecida cegamente, pela massa desamparada. Aristóteles, na velhice, reconciliou-se com as ideias do antigo mestre, Platão, ao reconhecer o âmbito numênico. A imposição da clivagem a ferro e fogo pelas Cruzadas, expulsando o conhecimento para uma região entre o que hoje chamamos de Síria e norte do Irã, de população muçulmana e hebraica; solidificou-se na época de René Descartes. Seres humanos que não faziam parte da elite religiosa teriam conhecimento limitado daquilo ainda hoje prossegue ser denominado como "razão"; o que não o fosse, persistiu como reserva mercadológica dos sacerdotes. A tendência se espalhou para os outros monoteístas, maometanos e judeus.

Parece-me que o mito da Fênix tenta nos relembrar do percurso do acesso à verdade: houve então a redescoberta do âmbito numênico, feita pelo que hoje é conhecido como Renascença, Iluminismo e movimento romântico – com o resgate da ciência grega não dogmática, produzindo aproximações à realidade. Vista como catástrofe na sociedade inquisitorial, tomou o nome de Revolução Protestante, ao romper com o autoritarismo papal, expressou-se fenomenicamente pela revolta contra a concretização de imagens de Cristo e de "santos", relembrando o episódio do Bezerro de Ouro. Durou pouco, essa "revolução": o protestantismo rapidamente se tornou apenas outro rival da Igreja Apostólica Romana, guiado pela mesma invariância. No entanto, permitiu o trabalho de pessoas que não estavam obrigatoriamente ligados ao protestantismo: Baruch Spinoza, Francis Bacon, Thomas Browne, Blaise Pascal – que, como Galileu Galilei, preferiu não arriscar a vida com a ditadura do Tribunal do Santo Oficio –, David Hume, John Locke, Georg Hammann, Dennis Diderot, D'Alembert, Racine, Immanuel Kant, Jean Jacques Rousseau, Montesquieu, Von Herder – que leu os textos sagrados como se fossem mitos sobre a espécie humana – Maimon, J. W. Goethe, Leibniz, Newton, Lobachevsky e Riemann, entre outros. Foram além daqueles que Kant denominou "realistas ingênuos". Alguns mais timoratos, outros menos, mas o percurso foi se firmando. Kant, influenciado por Hume, escreveu dois textos, metodizando os caminhos da ciência deste então – sob os títulos de *Crítica da Razão Pura* e *Crítica da Razão Prática*.

O que era esse "algo mais", além ou aquém da Razão, que permitia melhor aproximação da realidade? Minha pesquisa, publicada em outro lugar, mostra que a obra teatral de Shakespeare foi um marco na nomeação do "algo mais"; influenciou boa parte dos autores acima citados. Até o surgimento de Von Herder e Von Goethe, obras que ressaltassem paixões e emoções eram vistas como, diversionistas, por divergir do que era erigido como verdade absoluta. Após a síntese promovida por David Hume, Razão pura, ou lógica euclidiana, durante seis séculos imposta como o único método verdadeiro para apreensões da realidade, passou ser considerada como escrava das paixões. Até o ponto que foi a pesquisa do autor deste dicionário, sempre influenciado pela obra de Freud e de Kant, o clímax desse caminho de vários séculos, se denominou "psicanálise". Caso possamos utilizar um termo cunhado por John Locke, a despeito de sua aparência pleonástica: descobriu-se que a realidade real podia ser desconhecida – inconsciente – imaterializada e, em última análise, inatingível. Freud, cuja contribuição para o conhecimento humano, até antes não obtido, **não** foi, como acreditam os membros do movimento psicanalítico, e muitos outros fora desse movimento, a noção do inconsciente, ou do que é desconhecido (*unbewubt*, no alemão usado por Freud). Pois toda a ciência se constitui como investigação no que não se conhece. A contribuição notável de Freud foi a descoberta de uma forma de existência *"diversa da realidade material"* (um termo usado por Kant), que denominou "realidade psíquica", acrescentando que *"O inconsciente é a verdadeira realidade psíquica;* **em sua natureza mais íntima, é tão desconhecido por nós quanto a realidade do mundo exterior, e é tão incompletamente apresentado pelos dados do consciente quanto o é o mundo exterior pelas comunicações de nossos órgãos sensoriais**" (Freud, 1900, p. 613; negritos de Freud). Isso possibilitou-lhe um mapeamento teórico sobre o "aparato psíquico", ligado, mas não limitado, ao aparato sensorial e ao aparato neurológico, já conhecidos, em três sistemas: inconsciente (ou desconhecido), pré-consciente e consciente. E também a descoberta de dois princípios do funcionamento psíquico: princípio do prazer/desprazer, sobejamente conhecido, e princípio da realidade, que marcou mais uma contribuição única, até então não obtida. A amplidão do campo ainda está para ser mensurado: sobre descobertas de Darwin e Lamarck, Freud sugeriu uma teoria sobre os instintos humanos: epistemofílicos (ou de conhecimento, correspondendo à "ânsia de conhecer", sugerida por Aristóteles), vida, morte, e grupais (gregários); de fantasias inconscientes. Em todos esses sistemas, princípios e instintos, o fator maior permanece sendo as emoções. Podem ser utilizadas como instrumentos para apreensões da realidade; ainda que de modo paradoxal – por serem ao mesmo tempo construtivas (confiáveis sob o vértice de manutenção de vida) e destrutivas (inconfiáveis sob o vértice de manutenção de vida; esse vértice pode ser visto como um vértice médico, sob o ponto de vista histórico, mas certamente não é reserva desse vértice). Uma analogia pode ser estabelecida com a descoberta do manejo do fogo e, mais recentemente, da energia atômica. Se pudermos utilizar uma descoberta de Shakespeare, colocada sob uma formulação verbal em *Hamlet*: *"Pelo descaminho, encontramos o caminho"* (*"By indirections, find the direction out"*).

Concreto; sensorialmente apreensível; inanimado e...

Nenhum estudo a respeito da natureza humana e de suas vicissitudes e sofrimentos que almeje alcançar uma qualidade que possa ser científica poderia desprezar a existência de nosso aparato sensorial – e, consequentemente, a importância das funções de nosso aparato sensorial (q.v). Não há a menor diferença, neste aspecto, na obra de Bion, em relação à obra de Freud; diz-se que um fruto nunca cai longe da árvore. Uma das raízes de toda a psicanálise foi um estudo inacabado; serviu como rascunho para toda a obra posterior. Atualmente conhecido por um título dado após a morte de Freud por James Strachey – *Projeto para uma psicologia científica* —, depurado de excessos por falta de instrumental, foi berço para A Interpretação dos Sonhos. (Título original; *Entwurf einer Psychologie*) Freud usou um alicerce, sintetizado em formulação verbal por Claude Bernard, sobre a utilidade em considerarmos que há um meio externo e um meio interno a todos nós. Fez parte de um movimento social abrangendo pessoas interessadas na formação de imagens e outros aspectos já denominados psíquicos. O nome para nova disciplina médica, "psiquiatria" fora cunhado há meio século, por Johan Reil, na Alemanha. Iniciou-se uma era de mensurações envolvendo o aparato sensorial: destaco Gustav Fechner e Von Helmholtz. A formação médica de Freud o fez partir de um princípio básico: nosso aparato sensorial tem uma função primordial comparável, em analogia literária, a um porto de entrada para tudo que possa ocorrer conosco, proveniente do ambiente externo a nós, e que precisa ser captado e que também precisa não ser captado. A "alfândega" é, como todos os sistemas humanos, falha; como um filtro ainda não bem desenvolvido, provavelmente pelo pouco tempo que habitamos a face do nosso planeta – comparado ao de outras espécies. Provavelmente sempre será falho, pela imprevisibilidade de fatores externos – se nos recordarmos dos seres mais aptos à sobrevivência até agora, que chamamos de sáurios.

Freud e, depois dele, Bion, como aqueles que os antecederam, levaram adiante a tentativa de mapear a natureza e a composição daquilo que precisa ser captado. Essa natureza é intrinsecamente ligada à função e precisa adentrar o interior de todos nós – o âmbito da fisiologia, iniciada com os antigos gregos, principalmente Aristóteles, e o da medicina interna, iniciada metodicamente por Claude Bernard. Todos os investigadores – pelo menos desde Hume, e mais particularmente, Fechner – consideraram a existência de um estágio que, sugerimos, pode ser denominado do mesmo modo que histologistas, oftalmologistas e neurofisiologistas denominaram as imagens concentradas em uma região especial de cada um de nossos olhos, no terço inferior esquerdo, a *macula densa*: o estágio pós-sensorial.

O que se segue após a captação de estímulos pelo aparato sensorial? Partimos do princípio intuitivo, por exame de fatos: especificamente, nossas ações no meio exterior, hoje chamada, de modo geral, "comportamento", para começarmos a ter alguma noção "daquilo que se segue" após captações pelo aparato sensorial. De um modo geral: percursos no espaço-tempo, interno a nós, e a natureza daquilo que se segue. Tudo isso permanece vastamente desconhecido.

Haverá surpresa no fato de que não sabemos do que se trata algo – que pode ser animado ou não – e já dispormos de nome para esse algo? Por exemplo: uma criança ainda não nasceu, mas usualmente já se dispõe de um nome para ela, mesmo sem se saber se irá nascer ou não. Nomes são formulações verbais. Dependem de nossa capacidade para a linguagem – a primeira capacidade humana que foi objeto de estudo de Freud, em publicação de 1891. Justamente no momento em que faltou essa capacidade, em um estado denominado "afasia". A medicina surgiu assim: quando falta uma função, isso evoca, ou provoca, seu estudo. Demasiadas vezes, as críticas aos estudos sobre psicologia feitos por Freud centraram-se neste fato: de que ele partia daquilo que era socialmente visto como doença para fazer generalizações para o estado não doentio – baseavam-se na crença sobre um estado de normalidade, do primado ou império da razão. Que, na época de Freud, produziu duas hecatombes nunca vistas, sob o nome de "guerras mundiais". O leitor pode consultar o verbete "teoria do pensar" – em que há a hipótese psicanaliticamente orientada de que o pensar se impõe em função de uma ausência concreta de um objeto.

Qual seriam as disciplinas envolvidas no estudo deste "aquilo que se segue"? De início, tentaram tomar conta dessas situações os sacerdotes religiosos; com o tempo, surgiram outras disciplinas, de certa forma herdeiras, ou "filhas". Quais seriam elas? Medicina? Matemática? Física? Filosofia? Teoria da ciência, muitas vezes denominada epistemologia? Teologia? Política? Ciências jurídicas? Neuorologia? Psicologia? Psiquiatria? O comportamento precisa ser visto sob o vértice apenas social, se considerarmos, como Aristóteles alertou, que "todo homem é um ser social"? Ou individual, como tentou a psicologia enquanto era apenas uma preocupação de filósofos e teólogos? Ou os dois, em conjunção constante? Embora tenha

U

havido essas especializações ou clivagens nos nossos processos de conhecimento, movimentando verdadeiras populações, devido a certos movimentos sociais que podem ser estudados sob o vértice psicanalítico (como em outro trabalho do autor deste dicionário), usualmente os problemas hoje denominados comportamentais, ciclicamente, retornavam ao cuidado de ministros religiosos. Que, durante algum tempo, e não por coincidência, mas por precisão, ainda que demasiadamente otimista e ilusória, foram chamados de "curas". Em certos segmentos que podem ser grosseiramente isolados no tempo – na Grécia antiga, na transição entre a civilização grega e a romana, em áreas isoladas pela violência das Cruzadas – principalmente na civilização andaluziana – e no período que historiadores denominam Renascença, houve pessoas que se dedicavam a quase todas essas atividades, os chamados polímatas: Aristóteles, Galeno, Maimônides, Descartes, Goethe podem servir de exemplo. Atualmente, pessoas envolvidas nessas várias atividades, mesmo que excessivamente clivadas e trabalhando isoladamente, têm se ocupado do comportamento humano, grupal e individual. Isso não implica que estão em jogo questões que só poderiam ser estudados por meio de métodos providos por essas várias disciplinas – formulações verbais e outras.

É necessário registrar que houve um retorno, na adesão à religião positivista, disfarçada de ciência, mas aplicando preconceitos típicos das práticas plenas de religiosidade: crenças em causalidade, fantasias de localização espacial dessas causas ditas "neurocientíficas"; apelo religioso a modismos tecnológicos; e um uso lamentável de teorias de probabilidade, com finalidades comerciais, subjacente a uma "medicina baseada em evidências" – que despreza a intuição cientificamente treinada por experiência clínica, sob o método *princeps* da prática médica: histórias de casos. Um exemplo disso é a procura, tão incessante quanto infrutífera, pela *"magic bullet"*, uma pílula que pudesse extinguir todos os problemas imaterializados que nos afligem: depressão, paranoia, ansiedade, mania, psicopatia. Ou seja, problemas que até agora só puderam ser abordados por formulações verbais.

A natureza daquilo que vem após a captação sensorial – que sugerimos seja denominado "pós-sensorial" – prossegue idêntica à natureza daquilo que foi captado e, até certo ponto, e transitoriamente, mantido sob controle rapidíssimo pelos órgãos do aparato sensorial; uma natureza paradoxal: imaterializada e materializável pelo próprio aparato sensorial. Faz-se por processos dinâmicos, em boa parte semoventes, pertencentes ao sistema inconsciente humano.

Tem sido possível estudar, tosca, parcial e primitivamente, por lampejos vivos, o funcionamento relacional entre alguns processos dinâmicos, por um instrumento antiquíssimo – formulações verbais e visuais - quando nos damos conta de que existem, mas não sabemos exatamente quais são, nem como são; nem onde se originaram, nem para onde irão. Por esse instrumento, formularam-se mitos poéticos – uma das mais primitivas ciências, ao lado da engenharia, medicina e matemática, de que temos notícia. Prosseguem sendo o instrumento de literatos, filósofos e cientistas. No ensino de algumas ciências – como matemática quântica – utilizam-se de modo conjugado, formulações visuais, matemáticas e verbais – sem superioridade exclusiva para nenhuma. Um cirurgião, um engenheiro ou um físico continuam necessitando de formulações verbais técnicas, contendo contrapartidas na realidade – mesmo que em algumas disciplinas rapidamente perdem sua qualidade de senso comum, substituídas por jargão, no lugar-comum.

O nome "sistema inconsciente", logo abreviado – por Freud, e por todos os analistas que o seguiram – para "inconsciente", foi cunhado e a realidade interna que corresponde a ele, focalizada pela primeira vez, de modo sistemático, pela psicanálise. A abreviatura, idealizada para simplificar a comunicação, complicou-a: degenerou-se rapidamente para uma concretização. Usualmente, membros do movimento psicanalítico e no lugar-comum ficam procurando "o inconsciente", como podemos procurar um objeto materializado. O nome forneceu, como toda formulação verbal utilizada para construir um modelo, ou uma teoria, um modo para estudarmos o funcionamento do aparato psíquico; outro nome cunhado por Freud. Mas envolve outros aparatos: neurológico, endócrino, renal, digestivo, neuromuscular, reprodutor. Quando um médico (ou um eletricista, um mecânico, um jardineiro, um espeleologista ou um cozinheiro) faz um diagnóstico de uma doença (ou de um sistema elétrico ou mecânico, uma plantação, uma caverna ou um prato, que é sempre novo), está fazendo uma exploração naquilo que desconhece, que lhe é inconsciente.

O leitor atual poderá, com certa justiça, imaginar e talvez até criticar o que se segue, argumentando que pende para a descrição de produtos de conhecimento parcial obtidos pela medicina. Atualmente, prefere-se esquecer que a psicanálise nasceu da prática médica. Outros vértices têm sido aventados como superiores para o estudo da natureza humana e de seus sofrimentos e vicissitudes. Será necessário considerar, dentro de um "amor à verdade" explicitado por Freud (em vários textos, como "Construções em análise"), que estudos advindos de especialidades médicas, ou inicialmente médicas, como neurologia, psiquiatria, psicanálise, endocrinologia, histologia e biologia molecular, ainda são mais confiáveis do que o pseudoconhecimento baseado em crenças filosóficas, escolásticas ou idolátricas, obtidas por manipulações engenhosas de símbolos, com finalidade de propaganda (pessoal ou comercial) – se utilizarmos a expressão cunhada por Alfred North Whithehead, trazida à psicanálise por Bion (LE, 26; T, 37; AMF, I, 92). Essa consideração inclui o pseudoconhecimento apressado, manifesto por algumas subespecialidades – como psicofarmacologia e estimulação cerebral por ondas magnéticas –, filiado a crenças positivistas e estimulado por avidez financeira de grandes laboratórios e empresas de tecnologia dita avançada. Analogicamente, descobrem um grão de areia e concluem que dominam todos os oceanos e a terra que lhes é adjacente: pretensões ao conhecimento da realidade última, ilusões sobre fama, parecem não escolher nacionalidade, nem cultura, nem época ou lugar.

O que se segue tenta dar uma ideia, ainda que pálida, por ser muito geral, de que há muito mais entre a Terra e formulações idealistas engenhosas do que sequer suspeita a vã ignorância sobre fatos de eruditos, apesar da quase incomensurável limitação – por setorialização ou clivagem excessiva, por falta de integração transdisciplinar – do conhecimento obtido por essas disciplinas ainda fortemente materializadas, em função do nível de observação disponível atualmente: no máximo molecular ou de trocas iônicas.

Nos últimos 150 anos, e principalmente nos últimos cem anos, dispomos de outras formulações, que não substituíram as formulações verbais, mas puderam conferir alguma precisão: formulações matemáticas, providas por teorias de probabilidade, formulações bioquímicas, formulações eletroquímicas, no que tange à condução de estímulos, e também ao impedimento de condução de estímulos no sistema neuronal.

Um marco nessas descobertas foi o isolamento de compostos hoje denominados neuromediadores por Walter Canon, em 1927; que resultou na formulação da teoria do *stress* por Hans Selye, de 1936. Correspondem ao nível bioquímico de observação (mesmo que nessa época a disciplina com esse nome ainda não tivesse sido organizada, e o nome ainda não estivesse cunhado): moléculas complexas envolvidas em trocas iônicas, inter e intracelulares, em uma estrutura materializada, denominada "axônio": ácido gama-amino butírico, acetilcolina, adrenalina, noradrenalina, dopamina, serotonina. Esses compostos podem ser isolados nas terminações que interligam os axônios. Nelas pode haver liberação, em uma terminação, captação, em outra, e existem também outros compostos, denominados enzimas, que facilitam ou impedem as liberações, a captações e recaptaçoes dos neuromediadores. Há muitas teorias apressadas, que carecem de confirmação real, a respeito de psicotrópocos "dopaminérgicos" ou "serotoninérgicos", que causariam certas afecções, ou curariam as mesmas afecções. Ocorre uma verdadeira corrida financeira para o lançamento de drogas, criando modismos. Esses modismos podem durar de dez até trinta anos, quando a realidade se impõe e a droga acaba sendo praticamente abandonada – para ser substituída por outras, de efeito idêntico. O que se chama na medicina de efeito placebo.

Em termos da realidade dos fatos, fora do terreno da "novidade", ou modismo, a descoberta dos assim chamados "neuromediadores" é real; mas pertence a um estágio intermediário, de um processo que não sabemos como nem onde começa, nem como ou onde termina, se é que começa e termina em algum ponto no espaço-tempo. Podem ser isolados em um estágio intermediário na condução, que ainda não pode ser alçado à construção de modelos, e menos ainda de teorias. Suspeita-se haver outros neuromediadores, cuja presença real ainda não foi observada, como as "endorfinas", ligadas à supressão de estímulos de dor.

Existem confirmações de que métodos verbais de tratamento – como o método psicanalítico – interferem na liberação ou falta de liberação desses neuromediadores.[145]

Esses processos dinâmicos revelam que existe ou que não existe vida; revelam ainda que parcial e transitoriamente, mas de modo que tem sido umas poucas vezes generalizador, no sentido científico, por dar conta de casos particulares.

Alguns exemplos de descrições verbais de processos dinâmicos, obtidas pela intuição cientificamente treinada que permitiu a observação participante de fatos reais: (i) processos de seleção natural, estudados em botânica, antropologia e etnologia, por J. W. Goethe e Charles Darwin; (ii) processos de instalação e manejo de doenças, sob o vértice epistemológico, com o controle da ingestão e descarga de água, separando a água potável de água servida, mesmo que não se conhecesse, nessa época, nada da transmissão bacteriológica, por John Snow; (iii) ou a descoberta da penicilina, baseada em observação e experimentação; (iv) a descoberta dos dois princípios do funcionamento mental, por Sigmund Freud; (v) a descoberta da "constante da natureza" que regula interações quânticas, por Max Planck; (vi) a descoberta da teoria da relatividade (geral e restrita), por Albert Einstein.

Nesses processos, houve sempre a interferência fundamental, como fator básico e necessário, ainda que não suficiente, de uma intuição não lógica, ou, na linguagem de Bion, "infra-lógica", após alguma captação sensorial – como o comportamento, por vezes ondulatório, e por vezes materializado, da energia luminosa. O sistema inconsciente descrito por Freud pode ser qualificado segundo as denominações ultra-sensorial, infra-sensorial, ultra-lógico, infra-lógico. Os estudos que vieram depois dos estudos de fisiologia, de matemática, e de política, de Aristóteles, são "pós-sensoriais" e "infraconceituais". Receberam o título de "metafísicos" – que vieram depois da física, na primeira edição das obras de Aristóteles, 150 anos após sua morte.

O ato de sonhar envolve imaginação – a capacidade humana de formar imagens, sem estímulos sensorialmente apreensíveis, mas armazenáveis naquilo que não sabemos bem o que é, mas denominamos "memória". Temos aqui dois processos dinâmicos – que sabemos existirem, possuímos evidências e possibilidades de manejo nas contrapartes na realidade que correspondem a estas formulações verbais: (i) o ato de sonhar e sua parcela desconhecida (inconsciente ou esquecida, ou reprimida) que pode tornar-se consciente, até certo ponto; (ii) memória, igualmente desconhecida (inconsciente ou esquecida, ou reprimida, se usarmos a linguagem psicanalítica). No entanto, pouco sabemos de sua natureza mais profunda. E,

---

[145] Citando apenas um exemplo: Berlin (2011).

U

mesmo que avancemos por formulações biológicas, físicas ou químicas, a natureza mais profunda permanecerá desconhecida.

No que tange a sonhos, possuímos, como porta de entrada, formulações verbais – advindas tanto da pessoa que sonha como da pessoa que tenta interpretar sonhos – um retorno a uma impressão sensorial que construiu o sonho na primeira vez.

Mesmo permanecendo nessa porta de entrada, sob formulações verbais, podemos adentrar além dela. Hoje temos métodos para lidar e manejar – e utilizar, no caso de pessoas que sofrem – o ato de sonhar; hoje podemos não apenas ter sonhos. Isso não vale para todas as pessoas: para algumas delas, trata-se de uma atividade proibida, por elas mesmas (mesmo que não saibam disso): por algo que a psicanálise descobriu, formulado genericamente como repressão: um dos mecanismos de defesa do ego, para manter a energia do aparato psíquico em um nível de excitação o menor possível; em parte, por prevalência do princípio do prazer-desprazer. Costumam dizer "Eu não sonho". Isso se altera na evolução de uma psicanálise.

Em memória e no ato de sonhar, em nível ainda relativamente tosco de observação e, mais tosco ainda, de manejo, podemos estender as formulações verbais existentes: nos dois ocorre algo que não é mais exatamente visual, por não envolver mais – embora tenha envolvido anteriormente – todo o aparato visual. Envolve parte dele: algumas áreas difusas na região cerebral (denominadas lobos occipitais, hipocampo e amígdalas), mas não os olhos e o quiasma óptico. Então, a formulação verbal pode ser, como Bion propõe, infra-visual. São infra-visuais, apesar de parecem visuais, captações de estímulos internos, por meio de avanços na formação de imagens, por engenheiros de computação. Que envolvem um derivado de microscopia eletrônica – denominados pelos engenheiros *pixels*, em ressonâncias magnéticas de áreas cerebrais – cujo espectro de captação é muito maior do que o do nosso aparato visual. Embora muito desenvolvido em termos de complexidade tecnológica, permite que tenhamos uma visão igualmente tosca, parcial e provisória, de alguns fatores dentro de um nível infracelular – ou interno às células; e molecular, de proteínas e trocas iônicas infra e ultracelulares. Ocorrem em toda e qualquer célula do corpo humano e de todos os outros animais e vegetais, o que garante que podem ser qualificados como básicos e primitivos, relacionados à vida.

Sabemos que há depósitos de um composto proteico – que necessitou de dois séculos para ser conhecido – chamado pelos bioquímicos de ácido ribonucleico. Em todos nós, seres humanos, o ácido ribonucleico é especialmente concentrado em uma das organelas celulares, o ribossomo. Quantas células temos? De qualquer modo, independente disso, concentra-se esse ácido principalmente em uma região difusa, mas paradoxalmente concentrada no aparato cerebral, denominada anatomicamente de rinencéfalo. Por alguns fatores, a maioria desconhecida, e estudada ainda apenas em roedores, ocorre um aumento do ácido ribonucleico nos ribossomos do rinencéfalo quando o roedor é submetido a algum tipo de aprendizado já bem estudado pela disciplina denominada comportamental, ou behaviorista – como acionar uma lâmpada para obter um alimento. Sabemos ainda que esses depósitos, enriquecidos por aprendizado, são consumidos e ficam depletados assim que o roedor aciona a lâmpada. Pode ser novamente preenchido por meio de novo aprendizado – agora por treinamento contínuo, durante a vida dessa entidade viva, caso ela não adoeça.

Há uma probabilidade de que o mesmo ocorra conosco, seres humanos, por semelhanças genéticas com roedores – nos quais estudos científicos são mais possíveis.

No entanto, embora seja impressionante que tenhamos chegado até este nível de observação – molecular –, nada sabemos a respeito de outros níveis ainda mais microscópicos, em que nem mesmo artefatos ópticos podem funcionar – os níveis de trocas iônicas, e níveis ainda menores, das micropartículas. Nada sabemos a respeito de mecanismos envolvendo micropartículas – como léptons, bósons e múons – internas à memória. Será necessário que algum dia isso seja alcançado. Mas não se pode saber se realmente o será. Até lá, precisaremos ficar com as observações e as teorias sobre essas observações disponíveis. Em psicanálise, observações clínicas e teorias formuladas verbalmente: estados ultra-sensoriais e infra-sensoriais são exemplos disso – como todas as teorias psicanalíticas.

Bion teve reais experiências de vida demonstrando que, para muitos seres humanos, a diferenciação entre animado e inanimado é problemática. Segundo suas notas, examinadas do ponto de vista cronológico, será necessário registrar as duas autobiografias propriamente ditas – *War Memoirs*, escrito entre 1917 e 1919, com novas anotações em 1972, publicado em 1997; e *The Long Week-End*, publicado em 1986, em que ficam ressaltadas lembranças de infância e de juventude, principalmente o envolvimento na Primeira Guerra Mundial (1914-1918).

A diferenciação, sempre incompleta e com graus variáveis em sua aquisição, ocorre no início da vida, quando há aquilo que Klein designou, por formulação verbal, angústia de aniquilamento. Uma angústia real, não imaginária nem fantasiosa – que nutre fantasias inconscientes, agora determinadas, em parte, não apenas por fatores inatos e instintivos, mas ambientais. Em primeiro lugar o relacionamento com a mãe e, depois, com o pai e eventuais irmãos. Isso tudo obedece ao princípio observado por Freud das séries complementares.

Fundamental para um recém-nascido, e natural, normal na vida humana – é o motor instintivo para que um bebê procure por um seio. Nesse momento, até o início da introdução da posição depressiva, e de forma decrescente, ocorrem misturas em graus variáveis de proporção, entre animado e inanimado: o seio concreto, que fornece leite materializado, e "seio", que fornece alívio, calor, afeição, cuidado. O autor deste dicionário propõe a utilização dos termos predominantemente mate-

U

rializado, para o seio concreto, e predominantemente imaterial, para "seio". Em termos físicos ou matemáticos, um círculo de confusão; ou, no diagrama de Wenn, a zona de intersecção entre dois conjuntos.

Algumas pessoas, que no seu futuro poderão ser rotuladas de psicóticos ou esquizofrênicos, lidam com aquilo que é vivo, se-movente, animado, parcialmente imaterial com métodos mais adequados ao que é inanimado, materializado. Os estudos clínicos de Bion em *Learning from Experience* tentam demonstrar esse fato, que muitos psiquiatras, psicanalistas e psicólogos também comprovam em experiência clínica, caso a tenham.

As primeiras tentativas de Bion foram as teorias que resultaram na formulação da função-alfa. Os termos sujeitos a esse verbete vieram posteriormente. Elas tentavam se ocupar das seguintes questões: a natureza do que é apreendido – a natureza da mente –, a função do que é conhecido como CNS e ANS, os limites de nossa apreensão.

Entre os muitos termos – para expressar modelos, conceitos e teorias – cunhados por Bion, que formam o todo deste dicionário, pode-se dizer, em termos históricos, que as expressões verbais infra e ultra-sensorial (e as outras que dão nome a este verbete) constituem-se como partes da evolução final da tentativa de lidar com a impossibilidade – e, intrinsecamente, com a possibilidade – de obter-se uma noção minimamente integrada, com a menor clivagem possível, a respeito de realidade material e psíquica. Essas expressões têm como base a noção de integração do objeto, mais bem descrita por Klein, e, como base mais primitiva, o equilíbrio homeostático entre instintos de vida e de morte, descrito pela primeira vez por Freud.

Talvez haja algo a ser dito em relação ao "uso" que fazemos das "coisas". Se alguém considerar a acumulação de experiência e, a partir daí, o uso que se faz dessas "posses", essa pessoa estará usando o vocabulário que foi forjado para um universo de experiências sensoriais; e também um vocabulário que foi forjado a partir de experiências sensoriais. Na verdade, é exatamente esse mesmo vocabulário que executa o procedimento que estou tentando utilizar na presente comunicação. É improvável que isso seja adequado, mas também é quase certo que o "uso" que sou capaz de fazer disso se exerça mais amplamente apenas naqueles aspectos nos quais isso tem um passado e uma história esquecida. Também é um equipamento peculiar àquela parte do espectro do pensamento-sem-pensador que é peculiar à esfera biológica, advindo do que poderia ser chamado de o infra-sensorial ao ultra-sensorial. Mesmo assim, o intervalo talvez pudesse ser mais bem definido como estando compreendido entre o infra-humano (simpático) e o ultra-humano (algébrico) – em outras palavras, um intervalo limitado da vida animal. Apesar de, sob um vértice, o intervalo ser microscópico, ao mesmo tempo ele é grande o suficiente para tornar improvável uma ponte através de algo tão insignificante, tão trivial, quanto os produtos do animal humano. (AMF, I, 56)

Aquilo que, para a psiquiatra na época de Freud, e mesmo para a psicanálise em seus tempos iniciais, parecia ser uma questão apenas para pessoas rotuláveis como psicóticos, revelou-se mais um função do aparato psíquico – que sempre tem um estrato, uma parte ou uma face (o leitor pode escolher o sinônimo que melhor lhe aprouver) psicóticos.

Krishna vai ao âmago da questão; mostra a Arjuna que sua depressão é parte de sentimentos de compaixão, que são indignos do pensamento e menos ainda da natureza divina. Esse tipo de coisa pode ser apropriado para a recepção e a emissão, na esfera da percepção sensorial, se percebido direta ou mecanicamente por meio de constructos como receptores de rádio, filmes de raio X, instrumentos musicais e, em suas manifestações mais imperfeitas e grosseiras, pelos animais e criaturas da esfera biológica. Organismos animais muito sensíveis podem então ser capazes de interpretar ou transformar os distúrbios em ondas que os tornam opacos e obstrutores. São João da Cruz assinalou mesmo que, no processo de vulgarização, se poderia encontrar uma analogia útil, cujo objetivo fosse tornar as imperfeições mais grosseiras ainda mais grosseiras, até que elas se chocassem com elementos ainda pertencentes ao espectro do infra-sensorial e do ultra-sensorial, embora sem sair dessa faixa muito estreita e limitada. (AMF, I, 69)

Deixem-me sugerir que o estado de mente dos homens de Ur, há seis mil anos, está de tal modo distante que dificilmente nos seria possível conhecê-lo. Poderíamos supor, como hipótese, que existissem homens separados de nós por um intervalo de tempo igual e oposto, ou seja, seis mil anos no futuro. Seus estados de mente nos seriam igualmente impossíveis de conhecer. Podemos imaginar ainda que o intervalo entre – 6000 e + 6000 é incomensuravelmente pequeno; tão pequeno, na verdade, que se situa dentro dos limites de nossas mentes da mesma maneira, ou, mais corretamente, de maneira "análoga" àquela em que o intervalo que vai do infravermelho ao ultravioleta mede o espectro da parte "visível" da amplitude total das ondas eletromagnéticas (ou *quanta*). A amplitude à qual arbitrariamente atribuí limites numéricos, de – 6000 a + 6000, continuarei, ainda arbitrariamente, a descrever (não em termos numéricos) como se estendendo do infra-sensorial ao ultra-sensorial.

A totalidade dessa amplitude é o que descreverei como pertencendo ao domínio da mente humana. Assumirei agora que a mente se estende tão para "além" da mentalidade humana quanto a vida se estende para "além" do que o nosso limitado equipamento pode conceber como "mente". Suporei um bio + e um bio –, ou seja, algo para além do animado e do inanimado. (AMF, I, 127)

Transformações: quantidade, qualidade

A questão é tão séria para o desenvolvimento de uma pessoa individual como para a teoria da ciência. Envolve questões de quantidade e qualidade, e um ponto de viragem (se usarmos uma expressão emprestada da química) onde uma se transmuta na outra. No desenvolvimento individual a seriedade da situação pode ser vista na ocorrência daquilo que Bion denominou "clivagem forçada" (q.v.).

EU MESMO: Como preparo psicológico, tomarei emprestadas formulações verbais ou alfabéticas, como O, ou zero, ou infinito. Durante alguns séculos, a imagem visual do espaço euclidiano antes limitou que libertou o pensamento. Em combinação com o teorema de Pitágoras, as coordenadas cartesianas criaram uma possibilidade de relacionar pontos uns com os outros, prescindindo do auxílio visual de linhas e círculos. Tais auxílios visuais introduziram forças poderosas, não detectadas, que distorceram o equilíbrio da probabilidade. Essa distorção ainda é incalculável. O desenvolvimento, + ou –, permanece inacessível ao pensamento, apesar de inconfundível para o sentimento. Dentro dos limites dos universos de discurso existentes, é impossível relacionar pensamento conceitual e sentimentos apaixonados.

O problema poderia ser enunciado por analogia; os números sofreram repetidas expansões para suportar uma carga aumentada – números racionais, números irracionais e, recentemente, pontos complexos conjugados. No domínio emocional, a perseguição à paixão cresce até a depressão. A relação de uma com a outra requer uma expansão em que a quantidade se transforma em qualidade. Intervalos de tempo, espaço, probabilidade, "muito grande", "muito pequenos", envolvem qualidade de maneira análoga ao desenvolvimento de quantidade. Assim, termos quantitativos, como "excessivo", "inadequado", "muito pequeno", "muito grande", podem significar uma mudança em espécie ou qualidade; de maneira inversa, mudança em qualidade, por exemplo, amor ou ódio, pode implicar uma mudança em quantidade. Isso não é uma coisa grosseira, tal como a diferença entre um "ódio" alemão e o "ódio" de toda a nação alemã; pode ser "sintomático", "significativo", de um método de comunicação lateral. A mudança pode ser formulada em linguagem, música, matemática: ela é, na verdade, alguma coisa "infra" ou "ultra" humana, animada – viva ou bio-lógica. A comparação entre animado e inanimado revela uma necessidade de discriminação; os "russos" enviaram um artefato mecânico à lua e retiveram na terra um ser animado, mecanicamente auxiliado por computadores e outros meios. Em contraste, os americanos" privilegiaram o envio de "seres animados" suficientemente disciplinados para serem máquinas. Bernardino Sahagun descreve o debate entre aqueles que favorecem deuses formados artificialmente, por meio da arte humana, a partir de madeira e pedra, que "parecem" ser controláveis, e aqueles que, como os católicos romanos, preferem um Deus independente e controlável. Jesus Cristo é uma solução de compromisso entre o Messias e o Jesus humano verbalmente articulado que prega "Seja feita a Sua vontade tanto no Céu como na terra". Concede-se um certo grau de independência a "Deus", ainda que, depois da criação da "operação de criar crenças", e visto do vértice humano, ambos os produtos finais ainda sejam imprevisíveis. O ídolo feito a partir de material inanimado revela características inconfundíveis de uma espécie geralmente atribuída a animais, geralmente humanos; reciprocamente, o deus criado a partir de materiais ultra ou infra-sensoriais exibe características geralmente consideradas como prerrogativas de ídolos. Em outros termos, "emprestadas" à ilustração lunar, a máquina, independentemente de raça, tempo, espaço, é e-vocativa e pro-vocativamente animada, e o objeto humano é similarmente e-vocativo e pro-vocativamente inumano e inanimado. Se nós agora ampliarmos a dimensão, usando o "tempo" como um instrumento de medida, iremos encontrar uma estabilidade entre os objetos discriminados e registrados pelos animais humanos, como santos, filósofos, cientistas, artistas, e (tomando emprestado a Sócrates) artesões. Sócrates sabia que não era sábio, mas não pôde mobilizar fatos para indicar nada, nem ninguém, deus ou ídolo, de quem se pudesse dizer de modo plausível que contestava o título. No domínio dos sentidos humanos existe evidência de assassinato, desde a sepultura de Ur até Hiroshma, e além. (AMF, I, 138-140)

ROBIN: Qual seria o motivo de não apelarmos, uma vez mais, à arte, religião, ou matemática?

P.A.: Já te disse que não conheço nenhuma dessas línguas para usá-las de modo que não seja uma grosseira falsificação.

ROLAND: Você está sendo modesto.

ROBIN: Não – acho mesmo é que ele é um charlatão.

P.A.: Isso é uma coisa que frequentemente se fala; eu seria um verme caso dissesse que não existe verdade nessa acusação. Mas você vai sair perdendo caso sinta que o motivo último é o único; assim como penso que não passa de uma falácia assumir que a verdade científica, ou que a verdade religiosa, ou que a verdade estética, ou verdade musical, ou verdade racional sejam, cada uma delas, a única verdade. Mesmo aquilo que os psicanalistas chamam de racionalizações tem de ser racional. O fato de eu pensar que poderíamos estar conscientes do ultra ou infra-sensorial, ou do super-ego e do id, não implica que eu penso que se deva negar o resto. (AMF, II, 232)

Ultra-lógico; plausibilidade e racionalizações sociais

O prefixo "ultra", ou além de, foi utilizado por Bion para alertar sobre as limitações do uso indiscriminado, como se fosse a verdade absoluta, da lógica formal, também conhecida como lógica euclidiana e lógica cartesiana. Os que favorecem uma linguagem derivada diretamente do grego, usualmente filósofos, poderiam correr o risco de menor precisão, adentrando em uma zona de neblina compacta de significados, apelando para o prefixo "meta" (aquilo que vem "depois de"). Pois ultra-lógico não se limita ao aquilo que emerge "depois de"; pode estar "antes de"; ou "ao lado de", ou "circunscrevendo a":

> Mas suponha que a realidade não obedeça a nenhuma das leis baixadas pelo animal humano – nem mesmo a "lógica" em relação à qual se supõe que não só o pensamento humano, mas também o universo *não* incluso no pensamento humano estão de acordo. Será que existe uma ultra lógica ou uma infra-lógica que não se inserem dentro do espectro da lógica humana, o espectro lógico que seria análogo à porção visualizável do espectro das ondas eletro-magnéticas? (AMF, II, 395_

A qualidade desse alerta corresponde à crítica da razão pura feita por Kant. Corresponde aos *insights* de Freud com relação à natureza ilógica do inconsciente – ou, de modo mais preciso, do sistema inconsciente. Em outros termos, da natureza humana – de modo mais preciso, a ilógica do nosso aparato instintual; a ilógica da luta por sobrevivência em ambiente hostil e sempre mutante. É considerada "ilógica" quando se considera apenas a Lógica Formal, composta de racionalizações, que odeia o uso de intuição sensível; de paradoxos irresolvíveis justamente por essa lógica. *Insights* obtidos por Freud e por alguns que podem se submeter a uma ajuda sob o vértice psicanalítico são comparáveis aos *insights* obtidos pelo uso da teoria da probabilidade; da lógica não euclidiana, ou a geometria não euclidiana.

Embora tenha se tornado lugar-comum o notável engano de atribuir à psicanálise um interesse na natureza humana que negaria influências ambientais, como se fosse inimiga de antropologia ou sociologia – crítica malévola atribuída principalmente à obra de Freud e Klein –, tem sido mais difícil atribuir esse tipo de negação à obra de Bion. Componentes sociais emergem explicitamente em toda a sua obra, lado a lado com o exame psicanalítico de características intrapsíquicas. Mesmo assim, se não há uma violência explícita com a aplicação de falsidades – sempre por pouco saber e desinformação, ou leituras parciais –, também parece, pelo menos ao autor deste dicionário e a outros autores, que não tem havido maior esclarecimento a respeito dessas contribuições de Bion, no sentido de uma integração e uso em trabalhos publicados por autores posteriores a ele.

Talvez a citação extraída de *A Memoir of the Future*, abaixo, seja uma tentativa de auxílio para que possamos colocar um ponto final nesse tipo de afirmações falsas a respeito de a psicanálise desprezar fatores ditos ambientais, e também das contribuições de Freud.

Antes da citação, é necessária uma ênfase – para ajudar a ler a citação – e uma introdução.

A ênfase é que, nessa citação, há o objeto parcial escolhido por Wilfred R. Bion que ele mesmo denominou "Bion" – uma escolha que nos parece muito significativa.

A introdução se forma pelas três expansões sugeridas por Bion sobre a obra de Melanie Klein, motivadas por observações clínicas de Bion em pacientes psicóticos – algo que nem Freud nem Klein puderam ter. Nessas expansões não faltam desacordos entre Bion e Klein no que tange à visão de Bion sobre limitações na contribuição de Melanie Klein. Usualmente os autodenominados "bionianos" gostam de dizer que Bion era contra Freud, mas não é possível achar pontos de discordância em sua obra final. No que tange à obra de Klein, isso é uma possibilidade real. A discordância foi consequente à limitação da teoria, que não permitia que pudesse se alcançar uma apreensão dos fenômenos clínicos relativos a manifestações psicóticas que parecia mínima para Bion. Essas expansões são feitas do único modo que nos resta: o modo teórico, quando o caso é de uma comunicação escrita para membros do movimento psicanalítico. Circulando em torno da mesma invariância – a questão de limitações do uso da lógica formal e da geometria euclidiana na apreensão da realidade clínica –, as três expansões podem ser enumeradas:

(i) Bion expõe, em *Transformations*, um detalhe de uma *"conversa pessoal"* que manteve como Melanie Klein, que *"opôs-se à ideia de o bebê ter uma pré-concepção inata do seio"*. Reconhecendo ser *"difícil produzir evidência de que existe uma realização que se aproxime desta teoria"*, mas que *"a própria teoria"* lhe pareceu *"útil como uma contribuição para um vértice que quero verificar"* (todas as citações de T, 138). Ser difícil difere de ser impossível; talvez caiba a gerações posteriores de psicanalistas tentar demonstrar essas evidências, caso isso possa partir da observação clínica.

(ii) Em *Attention and Interpretation*, Bion volta a desenvolver essa diferença, em que a introdução teórica da pré-concepção – equivalente à herança filogenética dos instintos básicos – permite um resgate da origem biológica, inata, de todos nós; algo claro na obra de Freud. Essa introdução teórica da existência de pré-concepções inatas parece ao autor deste dicionário como um fator que propicia uma visão prática mais ampla do que a visão tridimensional provida pela teoria de Melanie Klein, que *"enfatizou que um fator determinante do grau de perturbação mental demonstrado pelo paciente em seu contato com a realidade é o grau de fragmentação e distância em que os fragmentos são projetados".* Bion concorda *"com esta visão; mas, se for o caso de a interpretação do analista eliminar o hiato entre representação e apreensão, foi ficando evidente, à medida que foi aumentando minha prática com pacientes, a necessidade de uma formulação mais rigorosa da teoria"* (AI, 8). Podemos continuar com o texto de Bion: *"Isto me ficou claro nas circunstâncias delineadas em* **Learning from Experiênce** *e* **Elements of Psycho-analysis**. *Vou recapitular de modo sumarizado aquilo que escrevi naqueles livros e, depois, em* **Transformations**.

Existem pacientes cujo contato com a realidade apresenta mais dificuldade quando a realidade é seu estado mental. Por exemplo, um bebê descobre sua mão; bem poderia ter descoberto sua dor de estômago, ou seu sentimento de terror; ou ansiedade; ou dor mental. Isto é verdade na maioria das personalidades comuns. No entanto, existem pessoas de tal modo intolerantes à dor ou frustração (ou em quem dor ou frustração são de tal modo intoleráveis) que elas sentem a dor, mas não a sofrem; não se pode então dizer que a descubram (AI, 9).

A questão nos parece séria: ela diz respeito à potência de uma psicanálise para a apreensão da realidade clínica, na hora da sessão. Ou aproximação à Realidade psíquica. Usando a terminologia proposta por Bion: como executar "transformações em O". A resposta, implícita, não é uma receita, mas é um alerta: é necessário não apelar para racionalizações, relações de causa e efeito e um modo de apreender fenômenos limitado ao aparato sensorial. Trata-se de uma pesquisa no "não", no âmbito do negativo, do que "não é", como percurso para descobrir-se o que é. Kant denominou o âmbito numênico – ou seja, o que Bion abrevia como "O", a Realidade absoluta, o estímulo básico – de âmbito do negativo.

O **quê** tais pacientes não vão sofrer, ou descobrir, temos que conjeturar a partir do que aprendemos dos pacientes que **se permitem** sofrer. O paciente que não sofre dor falha em "sofrer" prazer; isso impede que obtenha ajuda a partir de algum alívio acidental ou intrínseco. Outro paciente poderia compreender uma palavra como algo que marca uma conjunção constante; esse paciente experimenta uma palavra como algo que não está lá; e o algo que não está lá, como se fosse o algo que está lá, fica indistinguível de uma alucinação. Dado o fato de que o termo "alucinação" tem uma penumbra de associações que seriam impróprias, nomeei esses objetos elementos-beta. (AI, 9)

Nessa época – 1970 – havia uma quase unanimidade nos poucos membros do movimento psicoanalítico que se interessavam pela obra de Bion: diziam que ele era obscuro. A reação não lhe passou despercebida: arriscou uma última tentativa, publicada cinco anos depois. No entanto, essa publicação praticamente não foi lida. As três editoras que haviam arriscado publicar suas obras – Heinemann, Tavistock, Jason Aronson – recusaram-na:

EU MESMO: Como já vimos antes, provavelmente estamos familiarizados com aquelas atividades para as quais a evidência que se requer é a mera existência de um vocabulário. A própria "evidência" é de uma espécie que se inclui na esfera da experiência sensorial com a qual estamos familiarizados. Qualquer um entende o termo "sexo" quando ele está relacionado com a experiência sensorial. Se, ao invés de dizer "sexo", eu falasse em "amor de Deus", estaria fazendo uso da expressão que comumente se ouve em comunidades religiosas que têm uma distribuição dentro de coordenadas temporais e topológicas particulares. Mas suponha que meu termo "sexo" se refere a um domínio que não tenha tais coordenadas sensoriais e um O do qual não haja elementos análogos ou átomos mentais ou psico-lógicos; então O poderia ser desqualificado enquanto "pensamento", do modo como uso o termo.

BION: E no que diz respeito a sonhos e pensamentos oníricos?

EU MESMO: Sugeri um "truque", por meio do qual uma pessoa poderia manipular coisas destituídas de significado, pelo uso de sons, como "α" e "β". Esses sons são análogos àquilo que Kant chamou de "pensamentos desprovidos de conceitos", mas o princípio, e uma realidade que dele se aproxima, também pode ser estendido à palavra de uso comum. As realizações que se aproximam de palavras como "memória" e "desejo" são opacas. A coisa-em-si", impregnada de opacidade, torna-se ela mesma opaca: o O, do qual a "memória" ou o "desejo" é a contrapartida verbal, é opaco. Estou sugerindo que essa opacidade é inerente aos muitos "O"s e suas contrapartidas verbais, e aos fenômenos que geralmente se supõe que expressem. Se, por meio da experimentação, nós descobríssemos as formas verbais, também poderíamos descobrir os pensamentos aos quais a observação se aplicou de modo específico. Dessa maneira, conseguiríamos uma situação em que essas formas poderiam ser utilizadas deliberadamente para obscurecer pensamentos específicos.

BION: Há alguma coisa nova nisso tudo? Assim como eu, você deve ter ouvido com muita frequência pessoas dizerem que não sabem do que você está falando e que você está sendo deliberadamente obscuro.

EU MESMO: Elas estão me lisonjeando. Estou sugerindo um objetivo, uma ambição, o qual, se eu pudesse atingir, me capacitaria a ser obscuro de maneira deliberada; no qual eu poderia fazer uso de certas palavras que poderiam ativar, de modo instantâneo e preciso, na mente do indivíduo que me ouvisse, um pensamento, ou cadeia de pensamentos, que surgisse entre ele e os pensamentos e ideias já acessíveis e disponíveis para ele.

ROSEMARY: Ah, meu Deus! (AMF, I, 189-191)

U

Embora para alguns leitores essa nova forma tenha feito todo o sentido possível, para uma imensa maioria implicou que Wilfred Bion havia ficado gagá, ou estava louco. Isso atingiu muitos que se diziam interessados na obra de Bion, mas que se recusavam a ler a trilogia *A Memoir of the Future* – de modo notável, os autodenominados "kleinianos" e "neokleinianos". Que se demonstravam, na melhor das hipóteses, magoados com o que lhes pareceu um abandono, quando Bion se transferiu para Los Angeles; ou, na pior das hipóteses, como um ultraje irracional – típico de algum doido.

O fato persistiu até o final do século XX. Durante a publicação da primeira edição deste dicionário, em inglês, a reação passou a se modificar. Ainda domina o movimento psicoanalítico, em 2021 – mas não da forma extremada e esmagadora como ocorria antes. O leitor pode encontrar outos detalhes nos verbetes, "'bioniano'" e "'kleiniano'".

(iii) A limitação das concepções sobre formação simbólica, em que Melanie Klein e seus seguidores estavam valorizando de modo excessivo o símbolo em si, e os vários modos pelos quais esse símbolo não podia ser elaborado, ou seja, os processos de elaboração de símbolos, mas apenas quando eles não existiam, e o produto final das transformações, o próprio símbolo, como ele deveria ser ou já era em pessoas cuja parte não psicótica da personalidade era prevalente. Assim, Melanie Klein afirmou que psicóticos não faziam símbolos.

> Melanie Klein escreve a respeito de formação simbólica como se fosse uma função específica que poderia se desintegrar ou ser perturbada, originando distúrbio profundo em uma personalidade; existem "fatos reais" que permitem apreender dessa teoria, mas penso que se deveria considerar que a área de perturbação é maior do que sua teoria implica. Por exemplo, o paciente psicótico nem sempre se comporta como se fosse incapaz de formação simbólica. Realmente, com frequência fala ou se comporta como se estivesse convencido de que algumas ações, para mim destituídas de qualquer importância simbólica, obviamente são simbólicas. Elas significam, aparentemente de modo óbvio, que alguma mensagem se refere a si, de modo pessoal e particular. Este "significado" é muito diverso daquele que se presume estar subjacente a uma conjunção constante pública, não restrita a um único indivíduo. É e parece pertencer a uma comunicação privada feita por um Deus (ou Diabo, ou Destino). (AI, 65)

No entanto, a experiência de Bion com pacientes nos quais a personalidade psicótica era prevalente demonstrou que, ao *"nos deparamos com o símbolo psicótico na prática, sua importância parece estar mais em indicar que o paciente está em uma relação privada com uma deidade ou demônio do que sua importância para simbolizar algo. O símbolo, conforme é usualmente entendido, representa uma conjunção reconhecida pelo grupo como constante; do modo que é encontrada na psicose, representa uma conjunção entre um paciente e sua deidade, que o paciente sente ser constante"* (AI, 65). Em consequência, a conclusão de que o psicótico não simboliza é falsa; deve-se a uma limitação teorica e também de um modo de apreensão das ocorrências humanas. Visões a partir de como as pessoas ou eventos ou coisas devem ser diferem daquelas que tentam ver como podem ser. A primeira visão é jurídica, educacional, policial ou política. A segundo é a visão artística e científica. Bion tentou chamar a atenção de que não é apenas o produto final de transformações, nem tampouco os processos pelos quais essas transformaçoes são feitas – principalmente se orientado pelo que deveriam ser, juridicamente – mas o todo dos processos do pensar. Designou esta procura por T; os próprios processos pelos quais transformações são feitas, por Tα; os produtos finais desses processos, de Tβ. O leitor pode consultar os verbetes específicos. No entanto, essas designações – notações quase matemáticas – sempre foram consideradas como obscurecedoras.

Bion perece ter percebido limitações na teoria da ciência proposta por Kant, no que se refere às categorias *a priori* de tempo e espaço, tomados de modo totalmente clivado. Em outro texto, o autor deste dicionário tentou demonstrar quais são essas limitações (Sandler, 2000a). De modo resumido: Kant re-descobriu, ou desenterrou a noção de categorias *a priori*, mas nos parece ter errado na identificação delas. Espaço e tempo inexistem de modo clivado: o que existe é a categoria *a priori* de "espaço-tempo". Nesse sentido, Bion aproveita os avanços providos pelas obras de Freud, Hamilton, Einstein e Planck:

BION: A experiência do espaço físico, sensorial, não foi abandonada. A ela aferrou-se com tal tenacidade que impediu a perda de segurança envolvida caso se perdesse o sentido pictórico. Ela obscureceu a percepção de que as provas euclidianas dependem de sua obviedade visual. Assim, a geometria euclidiana permaneceu durante séculos sem rival. Não houve rival na esfera da educação, já que a comunicação daquilo que é conhecido pelos que o conhecem àqueles que o ignoram depende do sentido visual. O "óbvio" era prova e evidência da verdade do que se afirmava. O "tempo" era tão inquestionável quanto o "espaço". Supõe-se que os eventos ocorram num determinado tempo e num determinado espaço; o "passado" e o "futuro" dependem de experiências sensoriais, mas não se confere a isso um grau maior de reconhecimento do que à dependência que a geometria euclidiana tem do sentido da visão. Teorias sobre a "vida mental" são consideradas corretas, assim como os antecedentes (*background*) das teorias da geometria euclidiana; postulados semelhantes sobre "o espaço e o tempo mentais" colocam em perigo o desenvolvimento da vida mental.

As teorias causais, comumente delineadas no contexto do mundo físico, são baseadas na indiscutível e inquestionável fundamentação de ideias sobre o tempo e o

U

espaço. Newton aceitou essa fundamentação. O que ele aplica ao mundo físico é aplicável ao mundo mental ou psíquico ou espiritual. Devem esses pressupostos ser aceitos por psicanalistas ou filósofos? Descartes não tinha a menor dúvida sobre a validade da Dúvida filosófica, no entanto, não duvidou da validade do *"cogito ergo sum"*; ainda que ele tenha chegado muito perto, acabou não dando o passo final. Eu proponho estender a teoria psicanalítica, inicialmente formulada por Melanie Klein, a áreas que ela na verdade não incluiu no domínio terapêutico para o qual a propôs. A expansão envolve a suposição de que não somente o indivíduo abriga fantasias onipotentes de dispersão e distribuição, mas que existe um ser ou força onipotente que destrói o objeto total e dispersa amplamente os fragmentos.

EU MESMO: Vejo que, na esfera da astronomia, em que tanta coisa depende do sentido da visão, de modo direto ou a distância (no exame e comparação de fotografias), talvez seja possível, ao juntar os "fatos" de muitas centenas de fotografias, desenhar uma sequência que supostamente representasse um "quadro móvel" de eventos, como o desenvolvimento do nosso próprio sol – como se durante alguns minutos uma pessoa pudesse examinar um evento que levou muitos séculos para acontecer. Mas não vejo a que objetivo útil possa servir uma construção fictícia desse tipo.

HOMEM: Ela dá imediatez e realidade a algo que de outra forma seria difícil de entender.

BION: Mas não é exatamente aí que reside o perigo? Uma nova teoria plausível criada para inchar ainda mais o já enorme arsenal de teorias plausíveis.

HOMEM: É claro. Mas o medo do que poderia acontecer é um mau guia.

BION: A plausibilidade também. Imagino quantas teorias plausíveis não foram usadas e confundiram a raça humana. Gostaria de saber. Não estou certo da facilidade com que se produzem as "teorias plausíveis" de que estamos falando, a teoria plausível (ou a "interpretação convincente") pode ser bem difícil de aparecer. Pode ser plausível e falsa. A ideia de que o "sol nasce" é um testemunho disso – confusão ela causou! Não sabemos o custo, em termos de sofrimento, associado à crença num Deus Cristão, ou num deus da Ur de Abrão, ou da Alemanha de Hitler, ou no peyotismo – ou noutro Deus de qualquer espécie. (AMF, I, 171-172)

🕐 Ainda que o conceito utilizado com os prefixos ultra, infra etc. carreie o todo das recomendações para que psicanalistas obtenham uma prática que possa ser denominada "psicanálise real", parece-nos necessário que sejam lidos com o cuidado necessário para que a leitura não descambe para juízos de valor, nem regras pedagógicas ou receitas simplificadoras. O leitor pode ver o verbete "julgamentos" (q.v.).

Utilizando-se, de modo que nos parece muito siginificativo, do objeto parcial que representa o próprio autor, W. R. Bion, como pessoa, podemos constatar:

> EU MESMO: Não exatamente. Não estou querendo advogar nada. Estou sugerindo que, de uma forma ou de outra, funções podem ser manejadas por máquinas ou por métodos mecânicos. Nós mesmos aprendemos, numa certa época, a andar "mecanicamente"; isso foi e ainda é uma habilidade muito útil; mas mesmo agora é útil lançar mão, em determinadas ocasiões, de movimentos específicos, hábeis. Não excluo o valor do "pensamento mecânico" ou da "interpretação mecânica", mas não quero que esse progresso substitua, ou impeça, o desenvolvimento do ultra ou do infra-sensorial, mesmo que seja o caso de eu não saber o que é isso ou mesmo se isso existe. O laboratório de patologia não deveria ser substituído pela observação clínica, ou vice-versa. (AMF I, 204)

O conceito ainda foi apresentado mais uma vez: de modo mais claro, para abranger um quadro total. Embora se refira a toda uma vida de percepções, e tardio demais para processar essas percepções. Dessa vez, a analogia – que se repetiria ao longo de suas últimas conferências em Nova York (1977a) e São Paulo (1978) – levantou a hipótese de um certo estímulo que podia atingir uma pessoa que ainda não houvesse nascido. Levando-se em consideração que o cérebro, o olho e o ouvido estão prontos no quarto mês de gestação, a hipótese tem uma sólida base neurofisiológica. Bion sugere que a existência de um terror que nos assola, denominando-o medo subtalâmico, pode ser uma emoção estrutural básica da natureza humana. O modelo de uma vida pré-natal é usado para sugerir a dimensão "estelar" ou quântica da questão, ou seja, o quanto ela é desconhecida. Bion sugere a enorme – talvez incomensurável – complexidade das possíveis variáveis abrangidas pelos fatos que nós, como analistas, tentamos estudar.

O texto seguinte cerca, mais e mais, o esforço analítico e a visão analítica. Seria necessário darmos especial importância às frases que representam a tolerância que Bion teve para com os paradoxos – como o fazem alguns artistas, cientistas e psicanalistas – e também à frase que diz "Tem a intenção"? Uma psicanálise não aparece por geração espontânea, nem por um passe de mágica, ou religioso, ou de desejo; não é sólida, mas não se dissolve no ar – e sim é produto de processos do aprender, da aprendizagem, da atenção e do esforço, associados à dedicação apaixonada à vida e consideração inabalável à existência de verdade. Melanie Klein duvidava que fosse possível analisar um mentiroso.

Toda essa consideração, em um texto teórico, precisou incluir a biologia ontogenética e filogenética – trata-se de realidade material e psíquica. E não material ou psíquica.

U

EMBRIÃO DE SETE SEMANAS: Se eu tivesse imaginado que iria me transformar em Helena de Troia, teria me afogado no fluido amniótico. Por sorte o Seis Semanas reconheceu a diferença e transmitiu-a sobre seus mesonefros. Não é de admirar que Rosemary tenha se cansado das pessoas que só conseguiam ver a prole de seu ectoderma. Apenas não tenho certeza se quero ser prensado no Seis Semanas.

P.A.: A beleza está no olho do ectoderma – assim que a concha se desenvolve, ela quer se tornar permanente. Não admira que no íntimo todos nós sejamos insetos nem que alguns de nós desenvolveram um endo-esqueleto.

ROLAND: E o que há de tão maravilhoso nisso? Sempre tive uma espinha, e até o meu pênis frequentemente ficava ereto, mas não consigo me achar melhor por causa disso.

DOUTOR: Mas acharia, caso sua falta de espinha o levasse para dentro de um campo de prisioneiros de guerra, ou um pinto mole impedisse seu casamento.

ALICE: Nunca desencorajei uma ereção de mamilo, clítoris ou pênis.

P.A.: Hmmmm... nem eu, embora tenha visto muitos que o façam. Frequentemente se encara a maturidade sexual como o fim da jornada, quando, a rigor, é um outro começo.

DOUTOR: O que há além da maturidade sexual?

P.A.: Termos como "maturidade sexual" deveriam ser utilizados de modo preciso para maturidade física, por exemplo, na adolescência. O uso disseminado desse termo disfarça a ausência do amor apaixonado que não é apenas físico ou mental, mas o desenvolvimento de uma fusão de ambos.

ROSEMARY: Isso soa interessante.

P.A.: É de propósito. Caso você esteja certa a respeito disso, o som poderá viajar através do meio líquido e alcançar o aparelho auditivo dentro de você.

ALICE: E a respeito dos orifícios?

P.A.: Qualquer que seja a pressão das ondas sonoras, subsônicas ou infravisuais, elas poderiam alcançar os orifícios óticos e auditivos. Infelizmente o Doutor poderia estar tão cego pelo seu treinamento psiquiátrico que não as interpretaria corretamente quando elas rebatessem em sua mente. Assim, muitos não verão ou ouvirão porque achariam que são alucinações visuais ou auditivas, ou sentimentos litigiosos ou de medo quimicamente gerados das adrenais – como se isso os fizesse dignos de atenção. Freud ouviu e citou seu grande mestre Charcot. Se outros fizessem o mesmo, poderiam repetir suas observações, ainda que elas pudessem parecer compulsivamente repetitivas, até que do caos do acaso um padrão se tornasse discernível. Olhe para seus fatos. Respeite-os, mesmo que você não goste deles. As brumas podem se dissipar e revelar um padrão que é tão desagradável...

SACERDOTE: Ou tão brilhante que cega, como descobriram Arjuna e outros...

P.A.: Ou um vazio tão profundo, tão negro, um buraco tão astronômico que você vai lamentar o preço que teve que pagar.

VOZ: Que preço é este?

ALICE: Que eco foi este?

ROSEMARY: Me faz tremer.

DOUTOR: Ricocheteia pelas paredes do buraco.

P.A.: Provavelmente nós aprendemos o preço tarde demais.

ALICE: Tarde demais para quê?

P.A.: Para corrigirmos nossa rota. Muito "tarde" ou "cedo", quando medido por uma escala de tempo que é relevante apenas para a nossa efêmera existência, não os milênios e milênios necessários para sondar os confins mais próximos da realidade.

ALICE: Podemos ficar juntos?

TERCEIRO SOMITO: Encantado – mas permita-me lembrar-lhe que vocês aí gastaram todas as suas energias tentando se livrar de mim. Se não fosse pela minha persistência...

PLASMA GERMINATIVO: *Sua* persistência! Você quer dizer *minha*.

TERCEIRO SOMITO: Eu nutri você e providenciei as condições para a sua sobrevivência.

TODAS AS ALMAS (pré-natais): Se não fosse pelo cuidado de nossos pais e pela capacidade que você teve de tirar proveito disso, capacidade que aprendemos de você, nenhum desta turma dos pós-natais existiria.

TODAS AS ALMAS (pós-natais): Vamos concordar que há certos fundamentos básicos de caráter e meio ambiente – como colocou Yeats, em termos de Escolha e Acaso – que não podem ser extintos sem nossa própria extinção.

TERCEIRO SOMITO: Tudo que eu digo é...

SETE SEMANAS: Tudo que nós dizemos é...

P.A.: Tudo que tenho a dizer é: não esqueçam que graças a todos nós – ainda que eu não veja muita utilidade em uma dor de barriga ou estrabismo.

TODAS AS ALMAS (pré-natais): Não vemos muita utilidade em ter que escolher "dores" como único método de chamar atenção para nossa existência. Não achamos que Depressão e Paranoia nos ajudem em nossos esforços.

P.A.: Se posso falar em nome de todas as almas Pós-Natais: não achamos que ficar deprimido ou maluco seja útil até obtenhamos atenção. (AMF, III, 471-473)

U

Falhas na apreensão do conceito, mal-entendidos e distorções: quando da elaboração deste dicionário, trinta anos depois da introdução do termo, estes conceitos precedidos dos prefixos ultra-, infra- etc. não haviam sido efetivamente notados pelos membros do movimento analítico. Portanto, parecia ainda não haver falhas e distorções em sua apreensão – pelo menos pelo que constatou a pesquisa deste autor. O mesmo continua ocorrendo agora, na preparação da versão em português (2019). Portanto, este alerta pode parecer injustificado.

Anexar a possibilidade de des-entendimentos a este verbete é apenas uma conjectura – que se baseia em experiência. Levamos em consideração a alta taxa de des-entendimentos que já tem cercado boa parte das definições sobre conceitos feitos por Bion, que têm sido examinados ao longo de todos estes verbetes. Levamos em conta o fato de que existem muitos ambientes no movimento psicanalítico cujos aderentes se intitulam – apesar dos alertas feitos por Bion contra isso – "bionianos". Nesses ambientes tornou-se jargão dizer-se "isto é sensorial"; "isto é demasiadamente sensorial", equivalendo a algo digno de desprezo – e que não se qualificaria a constituir-se como psicanálise, caso seja "muito sensorial". Levamos em consideração, ainda, o fato de que uma sombra, como se fosse uma memória do futuro, já parece estar lançada. Sopros desta concretização alucinada já se fazem sentir. Alguns grupos acreditam que Bion afirmou que uma mórula, embrião ou espermatozoide possuem uma mente – e que podem fazer constatações e interpretações – utilizando palavras que inicialmente foram elaboradas como tendo uma função em sessões de psicanálise – de como mórulas, embriões, óvulos ou espermatozoides pensam. Na América do Sul, independentemente da obra de Bion, um membro do movimento psicanalítico elaborou descrições literárias que não lhe pareceram sequer ficcionais, mas que refletiriam verdades absolutas a respeito de um "psiquismo fetal" (Rascovsky, 1960). Achando que explicações desse tipo pudessem ser ligadas à obra de Bion, e incluindo citações extraídas de *A Memoir of the Future*, outro membro do movimento psicanalítico, interessado em entidades associativas de profissionais, fundou uma entidade dedicada ao "estudo do psiquismo pré e peri-natal" (Wilheim, 1992). Se for esse o caso – como está sendo atualmente, embora atingindo público quase irrelevante, ao se fazerem manipulações de símbolos verbais criados para uma finalidade –, a prática em psicanálise – transplantando-os para outras finalidades, de natureza puramente pessoal – busca a fama, a originalidade, premiações sociais ou a criação de escolas, ou todas essas tendências reunidas – submetendo os textos originais a uma leitura que tenda a concretizá-los excessivamente, e será inevitável que os leitores percam, ou jamais tenham obtido a noção do valor analógico dos textos originais. Talvez alguns tentem "medir", no futuro, quantidades infra ou ultra-sensoriais; estudos da assim denominada "neuropsicanálise" indicam essa possibilidade. Parece não haver limite para as ditorções determinadas pelo "realismo ingênuo", como o denominou Kant, e do "idealismo ingênuo", na denominação do autor deste dicionário. O leitor pode consultar os verbetes "Estar-uno-a-si-mesmo (*At-one-ment)*", "psicanálise real", "'O'".

Na mesma época em que Bion escreveu a respeito desses conceitos, também deixou alertas sérios a respeito de des-entendimentos e distorções:

> É fácil ver por que gostamos de obter sentimentos agradáveis e até mesmo acreditar ser possível ter uma sensação agradável por si só. Penso que essa ideia é inútil; temos que supor que ou temos sentimentos ou não. Se não estivermos dispostos a pagar o inevitável preço da dor, ficaremos restritos a uma situação na qual só nos restará procurar o isolamento. Fisicamente é bem possível: podemos fechar as persianas, desligar a luz, cortar a linha telefônica, parar de ler os jornais e ficarmos em uma situação de completo isolamento – *fisicamente*. Mentalmente, não penso que seja tão fácil. Por exemplo, mesmo se fosse possível voltar ao útero, permanece como muito duvidoso imaginar se isso traria um completo isolamento, pois se continua vivo. O feto humano vive em ambiente fluido, o líquido amniótico; embriologistas descrevem fossas ópticas e auditivas. Em que ponto tornaram-se funcionais? Não há nenhuma razão para que não sejam funcionais para um feto, visto que mesmo o fluido aquoso é capaz de transmitir pressão. Penso que, em algum momento, o feto pode estar tão submetido a essas mudanças de pressão que, antes ainda da mudança do fluido aquoso para o estado gasoso – o ar, o nascimento –, esse mesmo feto pode tentar livrar-se de toda aquela pressão.
>
> Penso que seria uma distorção completa da teoria kleiniana sugerir que fetos poderiam recorrer à clivagem de pensamentos, ideias e fantasias, evacuando-os para o líquido amniótico. Mesmo assim, não vejo por que não poderíamos ter tais phantasias.[146] Freud disse: "Aprendi a controlar tendências especulativas, seguindo as palavras, hoje esquecidas, de meu mestre, Charcot: observar repetidamente as mesmas coisas, até que comecem a falar por si" (*S.E.* 14, p. 32). Tenho enorme simpatia com tal atitude, mas penso ser um perigo que possamos fazê-lo dispensando aventuras especulativas. Requer-se algum tipo de disciplina.
>
> Parece-me haver remanescentes arcaicos, quando consideramos a curiosa progressão de uma existência piscosa para uma existência anfíbia, rumando-se a partir daí

---

[146] Conservamos o termo originalmente cunhado por James Strachey, Alix Strachey e Joan Riviere para a primeira versão em inglês da obra de Freud – a única lida e autorizada por ele. O termo *phantasia* serve para assinalar a presença daquilo que Freud definiu como "fantasias inconscientes"; tornou-se útil como discriminação de meras fantasias conscientes, ou devaneios. Assim como outros termos cunhados pelo casal Strachey e Riviere – por exemplo, "id" –, *phantasia* acabou sendo utilizada por Freud em seus próprios textos. O termo *phantasia* foi respeitado em várias línguas neolatinas, inclusive no português, até pelo menos os anos de 1990. Embora essa discriminação inicial esteja, atualmente, sendo perdida, o termo foi utilizado por Bion neste livro e em toda a sua obra. Em favor de fidedignidade, optamos por mantê-lo.

para uma existência mamífera. Um cirurgião diria: "Penso que há um tumor na fenda branquial". Um resquício, parte arcaica do corpo que pode proliferar-se, torna-se perigosa. Há uma cauda vestigial que produz um tumor, requerendo uma operação. Seria muito bom e sedutor se esta sobrevivente arcaica– a mente – pudesse ser tão facilmente detectável. Mas... Não é. Não nos parece que estejamos capacitados a sentir o odor de uma mente, de que possamos tocá-la, ou olhá-la; mas estamos cientes de sua existência. Infelizmente, só podemos dizer que talvez estejamos completamente enganados: por sermos estimulados por isso ou aquilo, elaboramos sistemas de paramnésias, intrincados sistemas teóricos, pois fica mais rápido e mais bonito ficar capacitado a recair em teorias. Caso eu esteja correto, penso que poderíamos dizer que estamos em nossa infância, até o ponto que toca a vida mental; simplesmente nada sabemos sobre que desenvolvimento ocorrerá, nem se o desenvolvimento será extinto pela capacidade de nosso magnífico equipamento simiesco – habilitado para produzir fissão nuclear que nos elimine da face da Terra antes de obter maior desenvolvimento. (TS, 6)

Em outras palavras: este alerta leva em consideração a existência de uma expressão da proibição mítica sobre o acesso humano ao conhecimento – já ressaltada por mitos como o do Jardim do Éden, da Torre de Babel, e trazidos à consideração de membros do movimento psicanalítico por W. R. Bion e H. Thorner.

Existe ainda outra probabilidade: a de que este conceito, sobre situações que possam ser mais bem percebidas caso qualificáveis como **ultra-sensoriais, infra--sensoriais, ultra-humanas, infra-humanas, ultra-lógicas, infra-lógicas, infra--conceituais, infra-intelectuais, infra-visuais**, dificilmente receberá atenção.

O conceito se refere a um fato real – que ocorre para além, ou antes da capacidade humana de apreensão sensorial. Pode ser usado para descrever um fato alucinado, dentro das capacidades sensoriais. Podemos ver que nenhuma teoria está a salvo da concretização. Foi o próprio Bion que observou isso no último ano de sua vida:

> Esses elementos primitivos do pensamento são difíceis de serem representados por qualquer formulação verbal, porque precisamos nos apoiar em uma linguagem elaborada posteriormente e com outros objetivos. Houve época em que tentei empregar termos desprovidos de sentido – alfa e beta são exemplos típicos. Descobri então que "conceitos sem intuição são vazios e intuições sem conceito são cegas" rapidamente se tornaram "buracos negros nos quais a turbulência se infiltrou e conceitos vazios fluíram com significados desordeiros". (AMF, II, 229)

P.A.: A beleza está no olho do ectoderma – assim que a concha se desenvolve, ela quer se tornar permanente. Não admira que no íntimo todos nós sejamos insetos nem que alguns de nós desenvolveram um endo-esqueleto.

ROLAND: E o que há de tão maravilhoso nisso? Sempre tive uma espinha, e até o meu pênis frequentemente ficava ereto, mas não consigo me achar melhor por causa disso.

DOUTOR: Mas acharia, caso sua falta de espinha o levasse para dentro de um campo de prisioneiros de guerra, ou um pinto mole impedisse seu casamento.

ALICE: Nunca desencorajei uma ereção de mamilo, clítoris ou pênis.

P.A.: Hmmmm... nem eu, embora tenha visto muitos que o façam. Frequentemente se encara a maturidade sexual como o fim da jornada, quando a rigor é um outro começo.

DOUTOR: O que há além da maturidade sexual?

P.A.: Têrmos como "maturidade sexual" deveriam ser utilizados de modo preciso para maturidade física, por exemplo, na adolescência. O uso disseminado desse termo disfarça a ausência do amor apaixonado que não é apenas físico ou mental, mas o desenvolvimento de uma fusão de ambos.

ROSEMARY: Isso soa interessante.

P.A.: Estou dizendo isso exatamente com esse propósito. Caso você esteja certa a respeito disso, o som poderá viajar através do meio líquido e alcançar o aparelho auditivo dentro de você.

ALICE: E a respeito dos orifícios?

P.A.: Qualquer que seja a pressão das ondas sonoras, subsônicas ou infravisuais, elas poderiam alcançar os orifícios óticos e auditivos. Infelizmente o Doutor poderia estar tão cego pelo seu treinamento psiquiátrico que não as interpretaria corretamente quando elas rebatessem em sua mente. Assim, muitos não verão ou ouvirão porque achariam que são alucinações visuais ou auditivas, ou sentimentos litigiosos ou de medo quimicamente gerados das adrenais – como se isso os fizesse dignos de atenção. Freud ouviu e citou seu grande mestre Charcot. Se outros fizessem o mesmo, poderiam repetir suas observações, ainda que elas pudessem parecer compulsivamente repetitivas, até que do caos do acaso um padrão se tornasse discernível. Olhe para seus fatos. Respeite-os, mesmo que você não goste deles. As brumas podem se dissipar e revelar um padrão que é tão desagradável...

SACERDOTE: Ou tão brilhante que cega, como descobriram Arjuna e outros...

P.A.: Ou um vazio tão profundo, tão negro, um buraco tão astronômico que você vai lamentar o preço que teve que pagar

VOZ: Que preço é este?

U

ALICE: Que eco foi este?

ROSEMARY: Causa-me tremores.

DOUTOR: Ricocheteia pelas paredes do buraco.

P.A.: Provavelmente nós aprendemos o preço tarde demais.

ALICE: Tarde demais para quê?

P.A.: Para corrigirmos nossa rota. Muito "tarde" ou "cedo", quando medido por uma escala de tempo que é relevante apenas para a nossa efêmera existência, não os milênios e milênios necessários para sondar os confins mais próximos da realidade. (AMF, III, 471)

Caso exista algum modo que previna a ocorrência, pelo menos deste tipo de distorção – o realismo ingênuo e o idealismo ingênuo –, já que não há limites na possibilidade humana de destruir, talvez ele possa ser encontrado em uma recomendação feita por Bion na introdução de *Learning from Experience* – que o texto fosse lido sem que o leitor tentasse entendê-lo de modo direto e automático; que pudesse ler e esquecer a seguir o que leu. Com a experiência em muitos casos – de modo emblemático, na tentativa de tratamento do senhor feudal nascido na Rússia cognominado *O Homem dos Lobos* –, Freud descobriu o fato de que pode haver entendimento intelectual de construções verbais que poderiam ter sido analíticas, mas que resultava em ausência de *insight* real. A pessoa aprende tudo de psicanálise e permanece isenta de contato consigo mesma. O uso na prática de todo e qualquer escrito real em psicanálise depende da experiência do aqui e agora, em uma sessão de análise real.

Referências cruzadas sugeridas: Estar-uno-a-si-mesmo (*At-one-ment*); Controvérsia; Mente; "O"; Pensamentos-sem-pensador; Psicanálise real; Realidade sensorial e psíquica; Transformações em O; Vértice.

 Leituras sugeridas: Francis Yates e Gershom Scholem, sobre cabala cristã e judaica; Goethe, *Fausto*; William Blake, *O livro de Urizen*; Freud, *A interpretação dos sonhos*, "A questão da *Weltanschauung*", *Análise terminável e interminável*; Lewis Carroll, *Alice através do espelho*; Machado de Assis, *Memórias póstumas de Brás Cubas*; James Joyce, *Finnegan's Wake*; Friedrich Nietzsche, *Além do bem e do mal, Gaia ciência, Assim falou Zaratustra*; H. G. Adler, *Panorama*.

Universidade

Além das críticas às instituições, de modo geral, W. R. Bion dá seu reconhecimento a professores universitários, por quem tem uma consideração arrependida por ter tido contato muito precoce, e desperdiçado alguns deles. E também a um professor de medicina em particular, o cirurgião Wilfred Trotter, interessado em psicologia das massas e o fenômeno da guerra. Pessoa de notável intuição, serviu à casa real inglesa durante duas gerações e lecionou no University College de Londres.

Muitos membros do movimento psicanalítico têm apregoado poder substituir, pela própria formação em uma associação de psicanalistas, qualquer outra formação prática que requer acurácia e trabalho continuado. Notadamente, uma formação científica; ou ainda outras formações, como a artística. Ou certas profissões frequentemente qualificadas como alheias à psicanálise, como economia, engenharia, direito, matemática etc. Ou, como ocorre com alguns artistas, uma formação em outros ofícios, como condução de autoveículos[147] para transporte. Em suma, ofícios do cuidar, que demandam consideração à verdade e respeito à vida.

Se a "universidade" de um psicanalista pudesse ser a formação em um instituto ou associação de psicanalistas, o seguinte alerta não teria a menor utilidade:

P.A: Se fosse simplesmente uma questão de dizer *"ditto, ditto* pela sra. Klein, só que ainda mais precoce", eu concordaria que existiriam todas as razões para dispensar tanto a teoria kleiniana como seu suposto "progresso" como sendo provavelmente ridículos e não merecedores do dispêndio de tempo e esforço envolvidos em considerá-los. Muitos analistas repudiam a extensão kleiniana da psicanálise conforme Freud a elaborara. Achei difícil entender a teoria e prática de Klein apesar de – talvez porque – ter sido analisado pela própria Melanie Klein. Mas, depois de grandes dificuldades, comecei a sentir que havia verdade nas interpretações que ela me deu e que elas iluminaram muitas experiências, minhas e de outras pessoas, que até então estavam incompreensíveis, isoladas e não relacionadas. Metaforicamente, a luz começou a alvorecer e então, com intensidade crescente, tudo ficou claro.

ALICE: Você permaneceu convencido através de experiências posteriores?

P.A: Sim – e não. Uma das características dolorosas e alarmantes da experiência continuada foi o fato de que tive certos pacientes com os quais empreguei interpretações baseadas em minha experiência prévia com Melanie Klein, e, embora que

---

[147] Os exemplos poderiam ser do flautista Maurice André e do tenor Luciano Pavarotti, cuja carreira anterior ou simultânea à música foi a de condução de autoveículos de transporte de carga.

eu sentisse empregá-las corretamente, não podendo achar nenhum erro em mim mesmo, não ocorreram nenhum dos bons resultados que eu havia antecipado.

ROBIN: Em outras palavras: as objeções levantadas à teoria kleiniana pelos psicanalistas contemporâneos de Melanie Klein foram apoiadas pela sua própria experiência de futilidade?

P.A: Realmente, esta foi uma de minhas ansiedades – e foi uma que eu não me senti disposto a ignorar.

ROLAND: Mas você deve tê-la ignorado. Você não sente ter tido um interesse escuso encoberto em continuar a sustentar a psicanálise, kleiniana ou qualquer outra?

P.A: Eu estava ciente de que provavelmente iria ficar acalentando as minhas preconcepções. Mas passaram a ocorrer "aquis e agoras" e em cada um deles ocorria algo que me convencia de estar sendo tolo em abandonar as minhas ideias como se elas estivessem claramente erradas. De fato ficou claro que elas não estavam sempre erradas. Então tornou-se um problema de discriminação.

ROLAND: O que induziu você a persistir?

P.A: Em parte, uma recapitulação casual da descrição dada por Freud, da impressão criada nele pela insistência de Charcot sobre a observação continuada dos fatos – fatos sem explicação – até que um padrão começasse a emergir; em parte pela sua admissão de que o "trauma do nascimento" poderia produzir uma razão plausível, porém enganosa, para se acreditar que havia mesmo tal cesura entre natal e pré-natal. Havia outras cesuras impressionantes – por exemplo, entre consciente e inconsciente – que poderiam ser, de modo similar, enganosas. As interpretações de Melanie Klein começaram a ter uma qualidade vaga, mas verdadeiramente iluminadora. Foi como se, tanto literal como metaforicamente, a luz começasse a crescer, a noite substituída pela aurora. Percebi com uma nova compreensão o trecho de invocação à luz de Milton, no começo do Livro Terceiro do *Paraíso perdido*. Li outra vez todo o *Paraíso perdido*, de um modo que jamais havia lido anteriormente, embora tenha sido sempre devotado a Milton. Isso também foi verdade para a *Eneida* de Virgílio – embora isso tenha envolvido muito mais arrependimento doloroso pelo modo como eu desperdiçara e odiara o privilégio de ter sido ensinado por alguns mestres-escola por cuja devoção não obtiveram mais do que uma pobre resposta de minha parte. Permitam-me agora louvar homens que deveriam ter sido famosos. Para meu próprio prazer escrevo-lhes os nomes: G. A. Knight, F. S. Sutton, Charles Mellows. Depois veio o débito para com meus amigos, que não vou nomear para não lhes causar embaraço.

ROBIN: Gostei disso, mas gostaria de saber um pouco mais a respeito da "iluminação".

P.A: Não seria melhor perguntar a si mesmo a quem você deve tal iluminação que lhe poupou da sua jornada de ser lançado na noite eterna ou, ainda pior, no esplendor da eterna certeza e boa sorte?

SACERDOTE: Posso introduzir uma pitada de piedade pelos desafortunados que foram lançados na eterna sombra e autossatisfação do conhecimento científico – um destino que eliminou da vida de muitos as alegrias da devoção a Deus e respeito por sua verdade.

ALICE: Sem dúvida os cientistas se devotam à verdade, com toda modéstia. Conhecem-se até mulheres que desejaram criar filhos nos quais pudesse germinar um amor à verdade; não ambicionamos apenas sermos satisfeitas sexualmente. (AMF, III, 559)

O leitor pode ter uma noção daquilo que Freud tentou expressar – a sexualização dos processos de pensar (em *Totem e tabu* e outros textos). Dedicações maníacas, às custas da própria vida, a carreiras, universidades e assemelhados teriam iluminado um de seus fatores.

Há também apenas uma referência colocada em termos de objetos parciais:

ROBIN: Se estou entendendo o P.A., você tem a sorte de não carregar um enorme peso de pré-conceitos, mesmo que sejam preconceitos respeitáveis santificados e consagrados por uma qualificação universitária...

P.A.: Por "universidade" penso que você quer dizer: um grupo de indivíduos que se auto-outorgam o privilégio de declarar quem é, e quem não é, merecedor de se juntar a esta sua associação. (AMF, II, 247)

As relações entre institutos universitários e o império racionalizado de explicações, típico da religião positivista, mereceu ênfases em alguns textos de Bion – tanto no iníco de sua obra, com os textos que compõem *Experiences in Groups*, como na obra final:

SACERDOTE: Milton falou do Pandemônio.

DIABO: Isto foi antes que a Razão assumisse a direção.

P.A: E o Juqueri – já que a Razão foi um Diretor muito ruim. As assim chamadas *leis* da lógica eram uma receita para o Caos. Não deixaram nenhum espaço para a vitalidade. Mesmo hoje, ela seria uma natimorta, caso não tivesse encontrado refúgio naquilo que Alice chamaria de loucura, ou...

DOUTOR: Psicose maníaco-depressiva, ou histeria, ou esquizofrenia, etcetera, etcetera, etcetera – e assim por diante.

P.A: Ou o Royal College of Physicians, ou o Royal College of Surgeons[148]

DOUTOR: Ou a Associação Psicanalítica Internacional, ou a Igreja.

DIABO: "Vá lá, Justiça; vá lá, João.

Vá lá, Clarissa; vá lá, Perdão".[149]. Adoro ouvir isto – é música para os meus ouvidos! Todos mortos – e todos tão vívidos.

P.A: Todos os Institutos são mortos; portanto, como todos os objetos inanimados, seguem as leis e subleis que são compreensíveis dentro dos limites do entendimento humano. Entretanto, como essas Instiuições são compostas de pessoas e indivíduos, que são susceptíveis de desenvolvimento, a Instituição começa a ceder à pressão. (AMF, III, 445)

---

[148] O equivalente brasileiro seria a Associação Médica Brasileira.
[149] "Go it Justice; go it Percy, / Go it Eustace, go it Mercy" no original.

V

Verdade

"verdade" é um nome que dou à qualidade que atribuo a qualquer afirmação que seja uma hipótese ligada a fenômenos com os quais mantenho uma relação "eu conheço...." (C, 270 – escrito por volta de 1959)

Havendo deficiência em obter-se essa . . . uma visão de senso comum, induz-se um estado mental de debilidade no paciente - como se inanição de verdade fosse, de algum modo, análoga à inanição por fome alimentar. (ST, 119 – escrito por volta de 1961)

. . . um desenvolvimento mental parece depender de verdade do mesmo modo que o organismo vivo depende de alimento (T, 38)

Por definição e por tradição de toda e qualquer disciplina científica, o movimento psicanalítico é dedicado à verdade como principal objetivo. (AI, 99 – escrito por volta de 1970)

A postura inicial de Bion seria mantida até o fim de sua vida. No meu modo de ver: polida, como se fosse uma arte de ourivesaria.

No início, a partir da experiência clínica, faz uma analogia entre verdade e nutrição – correspondente à analogia do sistema digestivo com o aparato psíquico. Tal postura difere de ideias de obtenção da verdade absoluta, na medida em que a posição de Bion depende do senso comum (q.v.). Que relaciona inequivocamente essa postura à realidade; novamente, de modo idêntico a Freud, que equacionava o significado das palavras realidade e verdade para uso prático em psicanálise. Equação que poderia ultrajar filósofos, mas que pode auxiliar no reconhecimento de que psicanálise não é filosofia. A mesma equação foi feita por um enorme número de matemáticos, biólogos e físicos. A forma como o movimento psicanalítico parece ter lidado com a verdade e a realidade, a partir dos anos 1980, ecoa a maneira com que o meio social circundante lidou com elas: aversão, negação, e desprezo – e incrementou as primeiras "dissidências". Esse assunto tornou-se um tabu nos últimos quaren-

V

ta anos. Termos como "realidade psíquica" estão sendo crescentemente deixados de lado.

O fato de que a ciência em geral, e Freud, Klein e Bion em particular, deixaram explícito seu compromisso com o empenho científico, a saber, de aproximar-se com a realidade *como ela é*, parece ter desencadeado uma reação contrária da mesma intensidade.

Qualquer menção à verdade é muito frequentemente sujeitada a preconceito e acusações de megalomania e autoritarismo. Qualquer pessoa que simplesmente profira a palavra, ou expresse uma inclinação a buscá-la, é mal interpretada, como se fosse alguém que mantivesse pretensão de *possuir* a verdade, de conhecê-la por completo, de uma forma estática, ossificada e concretizada. A dúvida acerca da própria existência da verdade e da realidade revela-se popular entre acadêmicos e leigos cultos. Não há interesse equivalente no trabalho de indivíduos que se esforçam para aproximarem-se da "realidade como ela é" – termos de Sócrates, Platão, Browne, Bacon, Kant, Johnson, para citar alguns que podem ser considerados como precursores de Bion. O demagogo e o charlatão são mais amados do que um político que promete fazer o que é possível ou do que o médico que diz ao paciente a verdade sobre uma doença grave.

Nos dias atuais, quem quer que tenha interesse na realidade ou na verdade corre o risco de ser visto como um simplório equivocado; ou um positivista pretensioso. Solipsistas, como eram chamados à época de Freud, ou pós-modernistas, como gostam de ser chamados hoje, promovem-se e possuem uma imagem de si mesmos como pessoas desinteressadas em questões como a verdade; eles a consideram ilusória e inexistente. Veem-se a salvo de serem presas do essencialismo e da verdade absoluta. Porém, na verdade, sua postura revela um fato: operam justamente como alguém que está tomado de sentimentos de ter "alcançado" a verdade absoluta, a saber, sabem absolutamente que verdade não existe. Estariam tentando livrar-se do fato de que essa postura real vai de encontro à sua postura? Seria mais um caso de identificação projetiva? Em outras palavras, o idealista manifesto abriga um poder interior de ser proprietário da verdade absoluta. Contudo, essa verdade absoluta mostra-se intolerável; na tentativa de livrar-se dela, o idealista, como que agindo por ato falho, acaba por tentar colocar sua própria verdade abominável em outra pessoa – de modo predominante em cientistas.

Verdade, em psicanálise, não é uma verdade jurídica, exceto como uma postura ética. Verdade na análise está relacionada ao autoconhecimento: "Já que o autoconhecimento é um objetivo do procedimento psicanalítico. . . " (EP, 91). Não é apenas um filósofo teórico da ciência: *"Aqui está uma vantagem do psicanalista sobre o filósofo: seus enunciados podem ser relacionados a "realizações"; e as "realizações", a uma teoria psicanalítica"* (T, 44). Cinco anos mais tarde, Bion colocaria em termos mais simples: *"o psicanalista considera de modo prático um problema que o filósofo aborda de modo teórico"* (AI, 97).

Os procedimentos psicanalíticos pressupõem que haja, para o bem-estar do paciente, um constante suprimento de verdade, tão essencial para sua sobrevivência quanto o alimento é essencial para a sobrevivência física. Além disso, pressupomos que uma das pré-condições para sermos capazes de aprender a verdade, ou pelo menos para procurá-la na relação que estabelecemos conosco e com os outros, é descobrirmos a verdade sobre nós mesmos. Supomos que, em princípio, não podemos descobrir a verdade sobre nós mesmos sem a assistência do analista e dos outros. (C, 99)

Assumo que o efeito permanentemente terapêutico de uma psicanálise, caso exista algum, depende da extensão em que o analisando tenha sido capaz de usar a experiência para ver um aspecto de sua vida, a saber, ver como ele mesmo é. A função do psicanalista é usar a experiência dos recursos para contato que o paciente consegue lhe estender, para elucidar a verdade a respeito da personalidade e das características mentais do paciente, exibindo-as a ele, paciente, de modo que este possa ter uma razoável convicção de que as asserções (proposições) que o analista faz a seu respeito representem fatos.

Segue-se que uma psicanálise é uma atividade conjunta, do analista e do analisando, para determinar a verdade; que, sendo assim, os dois estão engajados—não importa quão imperfeitamente — em algo que pretende ser uma atividade científica. (C, 114)

Bion observou que *"a realidade de um enunciado não implica em uma realização que se aproxime da verdade deste mesmo enunciado"* (ST, 119). Um exemplo dessa situação são formulações matemáticas, depois aplicadas na física: o efeito de diferença de pressões atmosféricas sobre uma superfície denominada asa, que faz um aeroplano voar, de George Cayley; a teoria da relatividade geral de Einstein; e o bóson de Higgs, cuja verdade foi demonstrada matematicamente, antes que qualquer experiência empírica – ou realização experimental – pudesse ser feita. Esses *insights* obtidos por "matemática pura", como usualmente é chamada, poderiam ser ampliados por um outro *insight* obtido por um homem que não era matemático, mas psicanalista – Freud –, em uma formulação diversa? Realidade psíquica possui uma imaterialidade intrínseca, pertencendo ao sistema inconsciente de nosso aparato psíquico. Dependendo de uma série de fatores, pode se transformar e ser transitoriamente percebida, de um modo parcialmente materializável através do sistema consciente, no mesmo aparato psíquico, compondo alguma realidade material. Realidade pro-

V

priamente dita, ou "existência" – que aparece, pelo menos, sob duas transformações –, ou seja, algo incognoscível de modo último, mas que de fato existe, e é real: *"O não incide no âmbito do conhecimento ou aprendizado, a não ser incidentalmente. Pode 'tornar-se'; mas não pode ser 'conhecido'"* (AI, 27). Não é útil, mas danoso, negar-se a frase: *"a não ser incidentalmente"*.

Para citar apenas um exemplo de distorção da realidade na área da percepção do espectador: medo à verdade parece estar relacionado a estados primitivos de amor e ódio. Ambos levam à idealização. A questão ilustra a visão psicanalítica básica na medida em que a realidade se apresenta na forma de pares paradoxais que não podem ser forçadamente simplificados, sob risco de distorção cognitiva séria: instintos de morte e de vida; dois princípios de funcionamento mental; posições esquizoparanoide e depressiva.

A prática analítica traz à baila, o tempo todo, pares paradoxais. No momento decisivo da sessão, as palavras enunciadas e o que elas realmente significam – conteúdo manifesto e conteúdo latente – podem ser formulações suficientemente boas para expressar a questão. Funcionam do mesmo modo que o belo funciona: nunca será apenas superficial. Ambos conteúdos formam um par, no aqui e agora da sessão, de onde emerge uma verdade a respeito da realidade do paciente. Observando obstruções que inibem o impulso de um bebê de obter sustentação do seio, mesmo – ou especialmente – de um seio bom:

> Suponha que o temor à agressão, própria ou alheia, bloqueie sua iniciativa. Se a emoção é suficientemente forte, inibe o impulso da criança para obter sustento. O amor, tanto na criança como na mãe, mais aumenta do que diminui o impedimento; em parte, por ser o amor inseparável da inveja do objeto tão amado; em parte, por sentir-se que o amor desperta inveja e ciúmes em um terceiro objeto que está excluído. O papel desempenhado pelo amor pode passar despercebido; pois inveja, rivalidade e ódio obscurecem o amor, embora não existiria ódio caso o amor não estivesse presente. A violência da emoção impele a um reforço do impedimento, porque não se distingue a violência de destrutividade e subseqüentes culpa e depressão. O temor à morte por privação do essencial impele a retomar a sucção. Uma cisão entre a satisfação material e psíquica se desenvolve. (LE, 10).

O Dr. Samuel Johnson observou que, em estados de guerra, a primeira vítima é a verdade; observação popularizada durante a Primeira Guerra Mundial por um senador norte-americano, Hiram Jackson. Violência de emoções, um resultado de narcisismo primário e inveja primária, pode ser vista, metaforicamente, como uma guerra interna que se desenvolve dentro de cada indivíduo, que sofre com ela. Verdade é sentida como insuportável para a personalidade psicótica, que odeia frustração; tende a considerar qualquer fato relacionado a ela como adquirindo uma importância desproporcionada de qualquer parâmetro proveniente da realidade. Incapaz de tolerar suas próprias imperfeições ou qualquer coisa que não sua própria visão idealizada de si mesmo e, em consequência, de outros. Emoções violentas impedem a busca por verdade.

"Não pretendo aqui, ao atribuir violência às emoções, referir-me apenas à quantidade de sentimento. Vou considerar apenas amor e ódio, pois penso que eles abrangem todos os outros sentimentos; não separo instintos de vida e amor, ou ódio e instintos de morte, nem vou considerar se a violência tem origem na dotação instintual ou é secundária ao estímulo ambiental externo. Em algumas ocasiões ela pode dever-se a uma deficiência na capacidade para pensar, ou a alguma outra função própria à instalação do princípio da realidade, que tende a produzir uma parada no estágio onde a psique usa a ação como método para descarregar o acréscimo de estímulos, contribuindo assim para a expressão física de amor ou ódio, que pode ser característica da violência. Então a violência, ainda que relacionada à quantidade ou ao grau, contribui para uma mudança qualitativa na emoção. As mudanças qualitativas fazem com que amor e ódio contenham laivos consideráveis de crueldade junto com uma diminuição na consideração pelo objeto. Assim tanto o amor como o ódio associam-se, com facilidade, à falta de consideração para com a verdade e para com a vida" (C, 249-250) – enunciado proveniente da observação de Melanie Klein: não é somente o ódio que destrói o objeto, mas também a intensidade de amor, na medida em que amor excessivo carreia avidez e inveja (Klein, Rivere, 1936). A implicação de tal contingência é de que verdade, tal como é, não pode mais ser percebida, por ataques ávidos à percepção: prevalecem materializações. Um seio alucinado, pleno de uma "nadisse" – inesgotáveis depósitos de "nada" –, não nutre, mas abunda no autismo. No primeiro caso, produz, fenomenicamente, aquilo que Kant denominou de "realismo ingênuo". Manifesta-se por fenômenos esquizoides; no segundo caso, produz aquilo que o autor deste dicionário propôs denominar de "idealismo ingênuo", manifestando-se por fenômenos paranoides. Há evidências de vinculações originais desses fenômenos no relacionamento do bebê com o seio – uma situação invejosa impede consideração por verdade e respeito pela vida (consultar os verbetes: "senso da verdade"; "compaixão"; "pensamentos-sem-pensador"; e **Falhas na apreensão do conceito, mal-entendidos e distorções,** a seguir).

> A característica mais importante é seu ódio a qualquer desenvolvimento posterior na personalidade, como se o novo desenvolvimento fosse um rival a ser destruído. Portanto, qualquer geração de uma tendência a procurar pela verdade, de estabelecer contato com a realidade e, resumidamente, de ser científico, mesmo que seja em um modo rudimentar, encontra-se com ataques destrutivos que seguem a tendência e a reivindicação contínuas da superioridade "moral". Isto implica no advento do que, em termos sofisticados, seria denominado, uma lei moral e um sistema moral, como superiores à lei científica e ao sistema científico. (LE, 98)

V

Uma noção mínima a respeito do que é verdade, em uma sessão de análise, talvez seja uma questão urgente e séria para o analista, para o paciente e para o futuro da psicanálise, caso este futuro venha a ser dar dentro do movimento psicanalítico. Uma consideração com verdade e um respeito pela vida marca uma das raras tentativas de Bion de construir uma teoria psicanalítica *per se*. Condenada a permanecer não publicada durante toda a vida de Bion, por ele mesmo, encontrou formas variadas e práticas em *Transformations*, *Attention and Interpretation* e *A Memoir of the Future*.

Preciso explicar um pouco a minha escolha do termo "estado de consciência comunicável": o termo "comunicável" não é sinônimo de "consciente", pois uma pessoa pode estar consciente de algo e mesmo assim ser incapaz de comunicar essa consciência. Ou pode estar inconscientemente cônscia desse algo e, ainda assim, ser capaz de comunicar seu estado de consciência a outrem, que pode interpretar sua comunicação, mesmo que ela própria pessoa não possa. Posso estar inconsciente a respeito do medo que sinto de algo de que estou cônscio (e, de fato, desse meu estado de consciência) e, mesmo assim, comunicar meu medo a outrem, o qual não terá nenhuma dificuldade em compreender, a partir de minha comunicação, que estou receoso e de que estou receoso. Obviamente, a eficiência dessa comunicação depende da receptividade do receptor e, portanto, não há nenhum modo, rápido e seguro, para determinar qual é o ponto em que podemos dizer que o estado de consciência é comunicável. Mas essa é uma dificuldade que irei discutir quando chegarmos ao problema de recolocar uma hipótese, em termos de dados empiricamente verificáveis. Por enquanto, desejo apenas colocar meu argumento, que o estado de consciência precisa ser comunicável.

O exemplo que dei (que eu poderia comunicar minha consciência a respeito de algo que temo) pode servir como uma introdução para o tipo de relação que declaro ter com um objeto quando digo que conheço esse objeto. Posso dizer que temo um objeto, mas essa afirmação não inclui a afirmação que eu o conheça. De fato, pode ser uma característica essencial de meu medo, que eu não o conheça. Mas a afirmação que eu o conheço, pode incluir o fato, enunciado ou não, que eu tenha medo dele. Então, de certo modo, dizer "eu conheço X" é um enunciado inclusivo; implica a inclusão de uma relação mais ampla do que a implicada pelos enunciados "eu amo X" ou "eu odeio X".

Meu objetivo é definir um uso comum, cuja definição poderia obter grande apoio. Essa meta torna-se mais exeqüível se tentarmos descrever aquele uso limitado de "conhecer" que fica implícito quando o orador entende que, ao falar "eu conheço X", ele esteja realmente significando um tipo de relação com X, que dever ser discriminada especificamente de todos os outros tipos de relação cujo sentido é expresso por "eu odeio X", ou "eu amo X", "eu vejo X", e assim por diante.

Em uma análise, a ação do analista, ao ser um analista, significa duas coisas: como investigação, significa: "eu quero conhecer você"; como interpretação, significa "eu conheço você". Isso é um exemplo do tipo de relação que desejo descrever quando uso a expressão "eu conheço X". Ela se dá entre o estado de consciência comunicável e o paciente.

O significado da palavra "conhecer" é determinado por seu contexto. Ao tentar definir como a uso, estou desejando controlar o contexto de modo que a palavra tenha um significado mais rígido, e portanto um significado menos suscetível a flutuações. O mesmo objetivo permeia minha tentativa de dirigir meus comentários a uma audiência selecionada. Caso a audiência seja letrada, espero que a penumbra de associações das palavras reforce o significado que desejo expressar. Claramente essa limitação se impõe novamente pela seleção de uma audiência filosófica ou psicanalítica.

No entanto a palavra "conheço", no enunciado "eu conheço X", tem um significado continuamente cambiante, e essas mudanças no significado permanecem fora do controle da pessoa que faz a afirmação, independente do cuidado com que ela se empenhe para torná-la exata, através de definição, do controle do contexto onde ela a utiliza, ou selecionando a quem dirige suas observações. Posso esclarecer meu ponto, exagerando uma visão extrema, ou seja, que não podemos em um momento qualquer conhecer o significado da palavra "conhece", a menos que conheçamos todos os significados da palavra naquele momento – e isso significa, nunca. Tal visão não tem, geralmente, nenhuma consequência prática, embora possa servir, às vezes, para indicar o caminho para uma compreensão de algumas dessas dificuldades que são de importância prática. Entre essas, estão aquelas que surgem porque é um problema alcançar até mesmo o objetivo relativamente modesto que todo escritor pode e deveria ter: conhecer todos os significados que ele esteja dando à palavra em qualquer momento. (C, 147-249)

⏱ Considerações detalhadas sobre possibilidades de acesso à verdade aparecem em *Brazilian Lectures, Italian Seminars, Bion in New York and São Paulo, Tavistock Seminars*. A posição final de Bion a respeito pode ser conferida em *A Memoir of the Future*.

ROLAND: Você acha que existe algum tipo de reza que não seja um ultraje ao bom senso? Obviamente, a ginástica de se ajoelhar não poderia satisfazer nenhuma pessoa íntegra. O que pensa o P.A.?

V

P.A.: Isto não é o meu departamento. Tenho idéias a esse respeito como qualquer outro homem, mas não gostaria que se supusesse que por ter me estabelecido como um perito em psicanálise, a minha perícia se estenderia à religião e outras disciplinas - pintura, música, literatura.

SACERDOTE: Isto não é uma certa covardia?

P.A.: Você e outros podem pensar que seja, mas eu não. Mesmo em meu limitado campo estou familiarizando com a retirada covarde de expressar uma verdade que, eu sei, será mal vinda. Alguns fogem para a dúvida - "O que é a verdade? - falou um Pilatos, cinicamente"; o próprio Bacon não esperou por uma resposta, pois sabia que poderia ser assassinado se o fizesse. A morte física é um preço alto para pagar - especialmente para aqueles de nós que, a partir do treinamento e observação, acreditam no aniquilamento do corpo. Também creio na aniquilação do respeito de uma pessoa tenha pela verdade; não é simplesmente por métodos físicos - por exemplo, álcool - que a pessoa pode destruir sua capacidade de discernir ou proclamar a Verdade.

SACERDOTE: Acredito na morte mental, religiosa. A Verdade pode ser nutrida; pode se permitir que ela morra por negligência; ou envenenada por seduções. Esta é uma covardia que se repete amiude. No entanto, a Verdade é robusta; os "fatos" não podem ser assassinados, mesmo que não saibamos o que são. O frágil respeito humano pela verdade não pode ser jogado fora assim tão facilmente quanto parece.

P.A.: Espero que você esteja certo. Entretanto, não posso dizer que meu conhecimento de mim mesmo ou de outros me forneça alimento para esperança. A própria religião dá evidência da enorme força do poder, fanatismo, ignorância; e a psicanálise é permeada pelos erros e defeitos que nós, humanos, que tentamos praticá-la, possuímos.

SACERDOTE: Você está se contradizendo ao extremo, reivindicando que a psicanálise é uma ciência e é verdadeira. Ela tem que ter um ponto de referência fora de si mesma. Você não pode acreditar na Verdade, não mais do que pode "acreditar em Deus", Deus é -

ROLAND: ou não é.

P.A.: Não, "Deus é ou não é" apenas uma formulação humana em conformidade com os princípios humanos do pensamento. Não tem nada a ver com a realidade. A única "realidade" sobre a qual conhecemos algo são os vários sonhos, fantasias, desejos e as várias memórias e esperanças que são parte de nós. A outra realidade existe, é, gostemos ou não dela. Uma criança que sofre uma contusão pode querer punir a mesa que a machucou. No entanto, ele pode desejar punir a si mesmo por "sofrer" uma contusão. Mas finalmente, pode ser compelido a acreditar que, além disso, existe uma mesa que não é boa nem má, quer goste dela ou não, quer lhe dê um punição ou a perdoe. Podemos decidir punir nosso deus, punir a nós mesmos por acreditar "nisto"; "nele" ou "nela". Não vai afetar a realidade que continuará sendo real, não importa o quanto ela seja ou não imperscrutável, in-cognoscível, inacessível à capacidade humana. Afinal, não sabemos muito a respeito do mundo em que vivemos, ou das mente que somos.

ALICE: Pensei que se supunha que vocês, psicanalistas, houvessem descoberto tudo a nosso respeito. (AMF, III, 498-500).

Verdade e o Realismo Ingênuo: falácia da apreensão da realidade através do nosso aparato sensorial

HOMEM: Seja lá como for, acredito em Deus; tenho evidência de sua bondade.
ROLAND: Eu acredito no Diabo; tenho evidência de sua crueldade e maldade.
P.A.: Eu divirjo. Evidência é uma função do sensório; isto não pode conduzir de modo lógico, à "verdade" de Deus -- só conduz à verdade da realidade daquilo não é Deus. (AMF, II, 351).

Falhas na apreensão do conceito, mal-entendidos e distorções: apreensões transitórias e parciais da verdade absoluta, denominada a partir de 1970 de Verdade-O, têm sido usualmente confundidas com ideias de posse da verdade absoluta. Tentativas de obtenção de *insight*, vislumbres transitórios de aspectos e emanações da verdade são confundidos com pretensões megalômanas de posse eterna da verdade; transcendente tem sido confundido com eterno. Para que as afirmações nas citações não sejam utilizadas como se fossem enunciados autoritários, ou julgamentos puritanos, será útil considerar que apreciações científicas da realidade como ela é podem ser visualizadas a partir do âmbito negativo – "menos", "–", de "O", ou do âmbito negativo dos números, definido por Kant como um "conceito limite", que delimita (seja lá o que for).

Verdade absoluta é, por vezes, referida por Bion como "realidade objetiva". Ao falar sobre o relacionamento entre duas pessoas e as vicissitudes da sua observação:

Vou supor que a relação é uma "conjunção constante", ou seja, que a relação é um elemento na mente do observador, e pode ou não ter uma contraparte na realidade. Não tenho pretensão à realidade objetiva, até o ponto que entendo o significado comumente atribuído a este termo, mas, para mim, uma situação factual (pen-

V

sada), um estado emocional (digamos, ódio, também pensado), uma representação (T^{p}β) estão constantemente conjugadas e eu registro (na "grade", E^3) ou vinculo (na "grade", E^1) isto pelo termo "transformação". (T, 68)

O postulado é aquele já designado por **O**. Para que **O** se qualifique . . ., arrolarei as seguintes negativas: Sua existência como moradia não tem nenhum significado, seja a suposição de que **O** habita em uma pessoa individual, em Deus ou no Diabo; não é bem nem mal; não pode ser conhecido, amado ou odiado. Pode ser representado por termos como realidade última ou verdade. O máximo, e o mínimo que o indivíduo pode fazer é ser **O**. Estar identificado com **O** é uma medida da distância de **O**. O belo que há em uma rosa é um fenômeno que denuncia a feiura de **O**. . . A rosa *é* ela mesma, seja lá o que se possa *ter sido* dito que ela seja. (T, 139-40)

Ou, como escreveu aproximadamente dez anos depois:

EU MESMO Talvez eu possa ilustrar com um exemplo tirado de algo que você conhece. Imagine uma escultura que é mais fácil de ser compreendida se a estrutura é planejada para funcionar como uma armadilha para a luz. O significado é revelado pelo padrão formado pela luz assim capturada – não pela própria estrutura, ou pelo trabalho de escultura em si. O que estou sugerindo é que, se eu pudesse aprender a falar com você de maneira tal que minhas palavras "capturassem" o significado que elas não expressam nem poderiam expressar, eu poderia me comunicar com você de um modo que no presente não é possível.

BION Como as "pausas", numa composição musical?

EU MESMO Um músico certamente não negaria a importância dessas partes de uma composição, nas quais nenhuma nota soa; porém, resta uma imensa quantidade de coisas por serem feitas além do que se pode conseguir por meio da arte hoje disponível e de seus procedimentos tradicionalmente estabelecidos de silêncios, pausas, ranço espaços em branco, intervalos. A "arte" da conversa, do modo como é conduzida como parte do relacionamento conversacional da psicanálise, requer e demanda uma extensão no domínio da não-conversa.

BION Mas será que isso é novo? Será que todos nós, de alguma forma, não estamos familiarizados com "lacunas" dessa espécie? Isso não geralmente, uma expressão de hostilidade?

EU MESMO Como já vimos antes, provavelmente estamos familiarizados com aquelas atividades para as quais a evidência que se requer é a mera existência de um vocabulário. A própria "evidência" é de uma espécie que se inclui na esfera da experiência sensorial com a qual estamos familiarizados. Qualquer um entende o termo 'sexo' quando ele está relacionado com a experiência sensorial. Se, ao invés de dizer "sexo", eu falasse em "amor de Deus", eu estaria fazendo uso da expressão que comumente se ouve em comunidades religiosas que têm uma distribuição dentro de coordenadas temporais e topológicas particulares. Mas suponha que meu termo "sexp"se refere a um domínio que não tenha tais coordenadas sensoriais e um O do qual não haja elementos análogos ou átomos mentais ou psico-lógicos; então; O poderia ser desqualificado enquanto "pensamento", do modo como uso o termo.

BION E nos que diz respeito a sonhos e pensamentos oníricos?

EU MESMO Sugeri um "truque", por meio do qual uma pessoa poderia manipular coisas destituídas de significado, através do uso de sons, como "α" e "β". Esses sons são análogos àquilo que Kant chamou de "pensamentos desprovidos de conceitos", mas o principio, e uma realidade que dele se aproxima, também pode ser estendido a palavra de uso comum. As realizações que se aproximam de palavras como "memória"e "desejo" são opacas. A coisa-em-si", impregnada de opacidade, torna-se ela mesma opaca: o O, do qual a "memória" ou o "desejo" é a contrapartida verbal, é opaco.

Estou sujerindo que essa opacidade é inerente aos muitos Os e suas contrapartidas verbais, e aos fenômenos que geralmente se supõe que expressem. Se, através da experimentação, nós descobríssemos as formas verbais, também poderíamos descobrir os pensamentos aos quais a observação se aplicou de modo específico. Dessa maneira, conseguiríamos uma situação em que essas formas poderiam ser utilizadas deliberadamente para obscurecer pensamentos específicos.

BION Há alguma coisa nova nisso tudo? Assim como eu, você deve ter ouvido com muita freqüência pessoas dizerem que não sabem do que você está falando e que você está sendo deliberadamente obscuro.

EU MESMO Elas estão me lisonjeando. Estou sugerindo um objetivo, uma ambição, o qual, se eu pudesse atingir, me capacitaria a ser obscuro de maneira deliberada; no qual eu poderia fazer uso de certas palavras que poderiam ativar, de modo instantâneo e preciso, na mente do indivíduo que me ouvisse, um pensamento, ou cadeia de pensamentos, que surgisse entre ele e os pensamentos e ideias já acessíveis e disponíveis para ele.

ROSEMARY Ah, meu Deus! (AMF, I, 189-191).

Uma interpretação apropriada está expressa em termos de que "*A interpretação poderia ser tal que se favoreceria a transição de conhecer sobre a realidade para tornar-se real"* (T, 155).

Uma busca por verdade traz à tona problemas clínicos relacionados a um estímulo para alguns pacientes que utilizam tal busca, e eventuais verdades, para criar uma guerra contra aquilo que é visto como a superioridade da análise e do analista:

V

De modo resumido: parece que emoções avassaladoras associam-se ao pressuposto – feito pelo paciente ou pelo psicanalista – de que existiriam as qualidades necessárias para buscar verdade e, em particular, uma capacidade para tolerar as pressões associados à introjeção de identificações projetivas de outras pessoas. Colocando em outros termos: sente-se que o objetivo implícito de uma psicanálise, buscar a verdade a qualquer custo, é sinônimo de uma pretensão de ter uma capacidade para conter aspectos clivados e descartados por outras personalidades, e ao mesmo tempo, manter uma perspectiva equilibrada. Este parece ser o sinal imediato para surtos de inveja e ódio. (ST, 89-9)

Para ver mais detalhadamente a utilização clínica dessa observação, consultar os verbetes "cura", "compaixão" e "transformações em alucinose".

Desde a Antiguidade, a filosofia esteve dividida em dois partidos opostos, em guerra incessante: de um lado, o realismo ingênuo esquizoide e, de outro, o idealismo ingênuo paranoide. Expressa-se de vários modos, como a confusão que o realista faz entre aquilo que é animado e aquilo que é inanimado, e também, de modo paradoxalmente idêntico, na entronização dos produtos da mente feita pelo idealista: a crença de que o universo é uma ideia individual, do ser humano. Tivesse o filósofo da ciência se beneficiado das contribuições epistemológicas da psicanálise, teria também obtido uma oportunidade de não ser lançado à escuridão da ignorância, disfarçada de sabedoria única e suprema.

Referências cruzadas sugeridas: Místico; "Ciência *versus* Religião".
Referências sugeridas: Verdade absoluta; Visão analítica; *At-one-ment* (Estar-uno-a-si-mesmo); Tornar-se; Senso comum; Compaixão; Correlação; Personalidade perturbada; Clivagem forçada; "O"; Jargão; Mentiras; Manipulação de símbolos; Místico; Filosofia; Psicanálise real; Realidade sensorial e psíquica; Senso da verdade; Pensamento-sem-pensador; Função-verdade; Ultra-sensorial; Incognoscível; Desconhecido.

Verdade absoluta

Formulação verbal utilizada para falar ou escrever a respeito de algo que postula-se existir em coisas materializadas, concretas; ou em eventos; ou em pessoas, mas que é incognoscível de modo total e último, também denominada, pelo menos desde o século XVI, de "coisa-em-si". Hipoteticamente, teria natureza imaterializada. Formulada, ou intuída, e observada em suas formas materializáveis (como fenômenos) há alguns milênios, por culturas indo-europeias, egípcias e hebraicas; sintetizada pelos antigos gregos em descrições a respeito do âmbito numênico; também denominado de âmbito platônico das Formas Ideais. Seria necessário diferenciá-la daquilo que ocorre no âmbito dos fenômenos, que permitem apreensão pelo nosso aparato sensorial – ainda que parcial. Entre outros autores que , entre aqueles que recuperaram conscientemente a noção de "verdade absoluta", e descreveram características sobre algo que admite um círculo de confusão, por ser considerado tanto como postulado e como hipótese de trabalho, podemos citar Baruch Espinosa, Blaise Pascal e, principalmente, Immanuel Kant, que a descreveu de modo mais explícito.

O fato real de que a verdade absoluta é incognoscível, ou seja, permanece desconhecida de modo total e último, parece ter sido sentido como insuportável por muitos – segundo a experiência psiquiátrica, psicanalítica e da história das civilizações, talvez a maioria - de nós, seres humanos.

O sentimento de que fica insuportável pode ser iluminado pelo método psicanalítico: enraíza-se no nosso medo e ódio ao desconhecido. Por meio de fatores que, em grande parte, também nos são ainda desconhecidos, e neste aspecto, compartilham esta mesma caractertística (incognoscibilidade) com a noção de verdade absoluta, obtivemos uma capacidade, na tentativa de lidarmos com isso que nos parece insuportável. Qual seria esta capacidade? Parece ter sido primeiro identificada por Francis Bacon, que a denominou "voos de fantasia imaginária" em *Novum Organon*. A descrição de Bacon abrange apenas a forma final no âmbito do pensar, mas não abrange quais seriam estes processos e, por hipótese, a natureza deles. Francis Bacon tem sido considerado por boa parte dos cientistas e teóricos da ciência o "fundador", ou "pai", da ciência moderna. Tal qualificação merece estudo psicanalítico; está fora do escopo deste verbete, mesmo que nos pareça adequada a inclusão de sua história, já que este dicionário também se constitui como uma história das ideias. A questão que interessa a psicanalistas, e em especial, os interessados na obra de Freud e Bion, é que esses "voos de fantasia imaginária" podem produzir falsidades; acoplados a duas outras capacidades humanas, a de crer e a de racionalizar (processo descrito por Freud, no exercício psicanalítico sobre a autobiografia do Juiz Paul Daniel Schreber), acabaram por constituir-se como desprezo aos fatos e à realidade. Pessoas há que imaginam serem proprietárias de verdade absoluta, negando sua incognoscibilidade última. Baseiam-se em pelo menos duas outras capacidades humanas: (i) a de formar imagens; (ii) a de formar linguagem. A primeira capacidade tem uma característica especial: podemos fazer imagens a partir de estímulos externos, mas também podemos fazê-las quando não há estes estímulos. No primeiro caso, interessou inúmeros pesquisadores nas áreas de neurologia, neurofisiologia e psicofísica, por G. Fechner e H. Von Helmholz, da geração imediatamente anterior à de Freud; que reconheceu a influência dos dois, na descoberta da psicanálise.

V

"Voos de fantasia imaginária" tem grande probabilidade de se desprenderem da realidade. Nestes casos, ficam indistinguíveis dos estados de alucinose e delírio, descritos pela psiquiatria – uma disciplina médica proposta por J. C. Reil durante o Iluminismo alemão. Todas estas disciplinas, acrescidas de outras, atinentes à arte, foram geradoras da disciplina de psicanálise. Onde ocorre descrição de fenômenos atinentes à natureza humana – verdade última, incognoscível - e de suas vicissitudes, vistas inicialmente, pela psiquiatria, como doenças. Esta nova disciplina, psicanálise, necessitou da da cunhagem de novas palavras: de modo geral, o aparato psíquico, que tenta se aproximar da realidade material e psíquica – formulações verbais cunhadas por Freud, usadas inicialmente no *Projeto para uma Psicologia Científica* (1895) e utilizado de modo mais profundo em *A Interpretação dos Sonhos e Três Estudos sobre a Teoria da Sexualidade* (1900 e 1905, respectivamente). Freud, como todo cientista, deixou muito claro, em seus textos, que propunha modelos teóricos e conceitos teóricos baseados na observação empírica da realidade clinica; nunca arrogou-se a ter posse de verdade última. Ao contrário: tentou estudar fatores intervenientes no aparecimento de sentimentos de posse da verdade última. Podem ser enunciados, na terminologia proposta por Freud, como um estados paranoides, caracterizados por racionalização, negação e clivagem do ego. Se usarmos a expansão provida pelas observações clinicas de Melanie Klein: ocorre imobilização na posição esquizoparanoide.

Para descrever estes estados, Freud utilizou denominações generalizadas: estados paranoides e parafrênicos. A última palavra caiu em desuso, sendo substituída por esquizofrenia – termo cunhado por Eugen Bleuler, um psiquiatra suíço que ficou intensamente interessado na obra de Freud. Cunhou este termo um pouco antes de ter sido um dos fundadores da Associação Psicanalítica Internacional, por respeito à obra de Freud (1913); anos depois, foi um dos cientistas que fez a indicação do nome de Freud para a obtenção do Prêmio Nobel.

Segundo a pesquisa clinica do autor deste dicionário (Sandler, 2009, 2011, 2013), baseada nas contribuições de Freud, Klein e Bion, sentimentos de posse da verdade última vincula-se a pelo menos três fatores:

1. A tentativa de lidar com seres animados usando métodos adequados para entidades inanimadas: expressando um estado psíquico mental que tenta transformar situações dinâmicas em situações estáticas, típico da prevalência da personalidade psicótica sobre a não-psicótica (q.v.). O "observador" crê que o estado estático é passível de ser possuído em fantasia.
2. A tentativa de substituir nossa capacidade de distinguir entre certo e errado (ou entre realidade e alucinação) por julgamento moral; de ditar como as coisas, acontecimentos ou pessoas deveriam ser.
3. Inveja primária, narcisismo primário, resultando em desconsideração à verdade e desprezo pela vida.

No estado de fantasiar posse da verdade última, o "observador" – que perde a capacidade real de observar – abomina a existência de (i) movimento; (ii) evolução e involução; (iii) transitoriedade; (iv) desenvolvimento e falta dele; (v) realidade.

Tenta substituir "Como é" por "deve ser". Autismo, arrogância a se considerar superior a tudo, e a todos, e "independência" configuram manifestações perceptíveis deste estado.

Referências cruzadas: Visão analítica; Estar-uso-a-si-mesmo (*At-one-ment*); Tornar-se; Senso comum; Compaixão; Correlação; Personalidade perturbada; Clivagem forçada; "O"; Jargão; Mentiras; Manipulação de símbolos; Místico; Filosofia; Psicanálise real; Realidade sensorial e psíquica; Senso da verdade; Pensar; Verdade; Função-verdade; Ultra-sensorial; Desconhecido, incognoscível

Vértice

"Espero que possa se desenvolver um método conciso para designar o vértice, com brevidade e precisão" (AI, 55).

Vértice é termo utilizado desde os antigos hebreus, babilônios, gregos e romanos, para designar o acme, o ponto máximo de qualquer coisa que se considere; foi utilizado por Euclides, na geometria plana, para designar o ponto onde duas retas se cruzam para formar um ângulo, para definir (limitar) muitas figuras geométricas, denominadas poliedros, e utilizadíssimo em arquitetura. Pelo seu poder definitório, e de determinar não apenas formas, mas também funções, foi trazido à consciência dos psicanalistas como útil para a observação psicanalítica, no sentido de auxílio para determinar as condições sob as quais uma observação está sendo feita. Uma formulação mais clara dessas condições constitui-se como **a** condição científica de observação. O autor desse dicionário não encontrou, na obra escrita de Bion, nenhuma referência a Max Weber. Também não encontrou nenhum exemplar de algum livro de Weber em sua biblioteca particular. No entanto, a necessidade de que se estabeleça – mesmo que arbitrariamente – um determinado vértice para aproximações científicas à realidade foi observada, e enfatizada, por este investigador, sob o vértice sociológico e político. Talvez o leitor possa alcançar a definição por meio do seguinte exemplo prático: psicanalistas usam o vértice psicanalítico; pilotos de meios de transporte, o vértice do meio de transporte escolhido; advogados, o vértice jurídico; psicólogos acadêmicos, o vértice do sistema consciente; encanadores, o vértice da hidráulica.

V

🕐 A primeira vez na qual Bion usa o termo foi no seu empréstimo de analogias da lógica e geometria euclidiana, com pontos, linhas e círculos. Propôs um exercício a fim de ajudar o leitor a se familiarizar com o conceito:

"Podemos começar com uma imagem mental de uma linha defronte a nós. Podemos supor que as duas extremidades da linha aderem ao nosso olho e que nosso olho projeta a linha para fora, em um ponto onde queremos. Nos dois exemplos o olho é um vértice de uma configuração de linhas. Podemos girar a linha de tal modo que ela fique perpendicular com a nossa 'linha de visão' e assim adquira a aparência de um ponto" (T, 89). O exercício continua ao considerar o ponto como sendo projetado para fora, enquanto permanece ligado ao olho, e em outras situações. Pode-se dizer, sob o vértice de um olho que esteja aberto, que o ponto pode ser considerado como sendo projetado para fora. O vértice pode ser também formulado como o da medicina interna. Bion prossegue o texto, considerando expressões populares e coloquiais que exibem uma mudança de vértice; ou a adoção de mais de um vértice para resolver problemas; ou para chegar mais perto da realidade. Por exemplo: "isso está me cheirando mal" (T, 90); este é um vértice complexo, derivado de nosso aparato sensorial, associando tato com olfato, e olfato com visão, respectivamente. Além disso, *"métodos musicais de notação lembram os métodos algébricos de notação geométrica"*. Enfatiza que o vértice visual tem um poder superior para iluminar um problema em relação a todas as outras contrapartes mentais dos sentidos. Esse fato já havia sido notado por Freud, e pode ser visto em sonhos, que são predominantemente visuais. Certamente, a aquisição da linguagem, ontogenética (em uma pessoa individual) e filogeneticamente (na história da espécie *Homo sapiens*, e talvez entre os antigos hominídeos), é posterior à aquisição de imagens visuais – uma capacidade inata que herdamos de espécies ainda mais antigas.

Vértices podem ser vistos como uma evolução das considerações anteriores de Bion sobre senso comum. Também ajudam no desenvolvimento – e talvez tenham sido responsáveis pelo início – do estudo sobre processos alucinatórios: *"A reversão de direção em um sistema (cujo vértice é parte integrante desse sistema) se associa ao que comumente é conhecido como alucinações"* (T, 91).

Bion preferia utilizar o termo "vértice" ao termo "ponto de vista":

"Sou desfavorável ao uso do termo 'ponto de vista', pois não gostaria de ser levado a escrever 'do ponto de vista da digestão', ou 'do ponto de vista do olfato', quando há boas discriminações entre usos metafóricos e literais, mas difíceis de preservar. Posso descrever meu uso do termo 'vértice' como exemplo do aproveitamento de um termo matemático . . . usando-o como um modelo" (T, 91). O termo matemático é considerado um termo científico. A formação de modelos, em termos de processos de pensar, é similar aos processos de pensar envolvidos na formação de mitos (no grupo social) e sonhos (em indivíduos).

A questão também toca nos problemas de comunicação:

BION: Eu estava me expressando em termos coloquiais.

SHERLOCK: Ah, no meu ofício, a pessoa tem que ser precisa.

EU MESMO: Nós também temos que sê-lo no nosso. Infelizmente, temos que falar em inglês coloquial, e essa linguagem não foi planejada para os propósitos para os quais temos que usá-la.

SHERLOCK: E eu, ai de mim! Tenho que usar a linguagem que meu autor põe à minha disposição.

EU MESMO: Vocês – estou me referindo a ambos – não estão se saindo mal. Minhas personagens não são fictícias, e ficam muito desgostosas com tais meios de comunicação, quando eu os coloco à sua disposição.

SHERLOCK: "Meios de comunicação"! Você quer dizer o inglês? Senão...

EU MESMO: Não. O inglês *não* basta. Estou ciente de que o inglês coloquial é inadequado; mas você deveria ouvir o que eles falam sobre outras coisas.

BION Jargão, por exemplo.

SHERLOCK HOLMES: Por que não pintar ou desenhar ou compor música, ou...

BION: ... tocar violino. Alguma vez você tentou tocar violino para seus clientes ou criminosos ou tribunais? (AMF, I, 202)

ROBIN: Bom, é claro que eu tenho uma mente.

ROLAND: É isto que nós estamos discutindo.

ROBIN: Se nós pudéssemos falar na língua da matemática...

PAUL: Se nós pudéssemos falar na língua da religião...

ALICE: Se nós pudéssemos aprender a enxergar pelo menos o que os artistas pintam...

ROLAND: O que há de errado em não falar nada e ficar ouvindo a música?

EDMUND: Antes tivesse sido entendida a exortação para que ouvíssemos à música das esferas.

ROBIN: Eu não teria a menor objeção, caso pudesse falar a "matemática" das esferas.

P.A.: Deve haver alguma coisa que possa ser dita em relação à linguagem do psicanalista.

ROLAND: Ele não adquiriu uma linguagem – apenas "jargão".

V

P.A.: Não é bem assim. Tento falar em inglês porque esta é a língua que melhor conheço. Mas não a conheço suficientemente bem para utilizá-la para o que desejo exprimir. Não falo mais jargonês do que o Paul fala jornalês. Tento fazer uma deferência ao Robin, mas acho que mesmo os matemáticos intuicionistas não conseguiram dar conta do que quero expressar. Esta é minha falha e seu azar; na medida em que você queira que eu fale uma linguagem que você possa "compreender" e eu queira que você me encontre, pelo menos, no meio do caminho, falando uma linguagem que eu possa entender. (AMF, II, 230-231)

Exceto em certos exemplos especiais, lembrar-se-á que o termo "vértice" pode ser entendido como semelhante a "ponto de vista". Existe uma especificidade psicológica ou mental análoga à especificidade associada à relação entre órgãos dos sentidos e impressões sensoriais. Para se permitir esta especificidade é necessário descartar-se o termo "ponto de vista", substituindo-o por um termo mais abstrato, como "vértice". (AI, 126)

Sua formulação mais recente do uso de vértices talvez seja a mais simples a que chegou:

P.A.: . . . Nós não nos preocupamos tanto com o que o indivíduo *quer dizer* quanto com o que ele *não* tem a intenção de dizer, mas de fato diz.
ROLAND: Isto vai depender da sua interpretação do *que* ele diz – não do que ele *diz*.
P.A.: Eu me preocupo com o *que* ele diz e sobre o que ele diz. Minha interpretação é uma tentativa de formular o que ele diz de tal forma que ele possa compará-lo com suas outras ideias.
ROLAND: Se eu digo que estou indo para Munden, quero dizer exatamente isto. Eu não estou querendo dizer que vou ter uma orgia sexual.
P.A.: Se, como é o caso, eu estou tendo um contato social com você, vou me preocupar apenas com o fato de que você pretende ir a Munden. Se você vier me procurar em busca de auxílio médico, vou então me preocupar com suas condições físicas para ir, e procuraria ouvi-lo e observar por mim mesmo quais questões médicas estariam envolvidas em sua viagem daqui até lá. Se você dissesse que deseja ajuda mental, eu encararia a intenção "ir para Munden" como sendo "periférica" ao que está envolvido. Caso eu considere ter tido sua permissão para descobrir o que estava envolvido em vir me procurar e "ir a Munden", eu poderia dirigir minha resposta para a área sinalizada pelas palavras "orgia sexual". (AMF, II, 269)

Alguns anos antes, ele já chegara a uma formulação quase coloquial de vértice, ao discutir controvérsias (q.v.) entre analistas:

> ... poder-se-ia abreviar muitas dificuldades definindo-se mais precisamente o ponto de vista (vértice). É admissível que um observador diga não dispor de nenhuma evidência a respeito da sexualidade infantil, garantindo-se que se trata de um engenheiro aeronáutico, e que observa crianças apenas superficialmente. O que *não* seria admissível é que esta pessoa dissesse não dispor de nenhuma evidência a respeito da sexualidade infantil sem mencionar seu vértice. (AI, 55)

Outra iluminação a respeito do sentido no qual o termo é utilizado aparece no mesmo livro:

> O vértice da pessoa que sonhou e agora está acordada difere do vértice desta mesma pessoa quando sonhou; o vértice da pessoa que é o artista difere do vértice da pessoa que interpreta a obra de arte. De modo semelhante, o vértice do psicanalista, e as mudanças de vértice que correspondem às mudanças ocorrendo momento a momento em uma sessão, têm como resultado as transformações que se manifestam em associações e interpretações. (AI, 93)

O capítulo que inicia o primeiro livro de *A Memoir of the Future* é um prólogo, escrito de modo hifenado, usualmente usado, ainda que com parcimônia, por Bion: "Pró-logo", ou conhecimento prévio, sintetiza e reúne, em linguagem coloquial, todas essas observações anteriores, que se utilizavam de termos técnicos, emprestados da matemática e física, contidas em *Transformations* e *Attention and Interpretation*:

> A vantagem de lançar mão de um termo matemático, como vértice, é que isso torna possível conversar com lunáticos que ficam confusos quando se diz coisas como "do ponto de vista do cheiro". É simplesmente exasperante topar com um sujeito que te interrompe, dizendo: "Meus olhos não cheiram" ou "Meu cheiro não consegue ver nada". Mas também não ajuda eu ficar me exasperando. Estou me lembrando de um fragmento de sonho sobre violência e assassinato. Era a respeito de Albert e Victoria, acho. Suponha que esses vértices sejam separados e distintos, e que os dois possam contribuir para uma harmonização, como numa visão binocular. Suponha que eu tenha utilizado meu trato alimentar como uma espécie de telescópio. Eu poderia entrar lá por baixo, pelo cu, e olhar pra cima e ver a boca cheia de dentes, as tonsilas, a língua. Ou correr para a extremidade mais alta do canal alimentar e ficar sacando qual era a do meu cu ...

Suponha que os vértices fossem separados e coincidentes. Isso aconteceria se um dos pontos, que era separado e distinto, corresse arco abaixo para encontrar o outro; mas, a julgar pelo que o vértice andou sentindo ontem à noite, seria mais como o som viajando através de tubos retorcidos. (AMF, I, 3-4)

Albert e Victoria referem-se a figuras míticas para todos os ingleses nascidos em meados do século XIX, até o final do século XX: a imperatriz mais longeva, e a última a manter o Império Britânico, "onde o sol nunca se punha", e que "dominava as ondas do mar" – referências à enorme extensão, nunca havida antes, nem depois, e à poderosa armada, que conseguia decidir guerras e invasões até a Primeira Guerra Mundial (1914-1918). Bion tenta demonstrar como evoluções a partir de um vértice precisam ser levadas em consideração (capítulo 8 de *Attention and Interpretation*).

Na observação do autor deste dicionário, sempre baseado na obra de Bion, a necessidade de se estabelecer um vértice, e seu aperfeiçoamento pelo estabelecimento de outros, que permitem correlações, comparações, similaridades ou diferenças, corresponde, em teoria da ciência (e em qualquer disciplina científica), à obtenção de um senso comum. Onde os vértices são, pelo menos, dois dos nossos órgãos sensoriais. Bion fornece um exemplo: a expectativa messiânica, *"formulada e institucionalizada na religião cristã, pode representar o aspecto evoluído de um elemento que também é representado em seu estado evoluído por meio do mito de Édipo"* (AI, 84). O que está em jogo é a apreensão da realidade – que pode ser feita a partir de muitos vértices; e cada vértice se expressa por formulações diferentes, mas a realidade à qual se tentam aproximações é a mesma. Vértices diferentes permitem transformações diferentes.

O VÉRTICE PSICANALÍTICO

Os vértices do analista, do paciente e do público são formulados no primeiro capítulo de *Transformations*. Vértices são pontos de partida de onde transformações são feitas; as diferenças entre vértices ajudam, por comparação, a detectar a invariância que gerou as transformações.

... ainda que o analista tenha um compromisso de falar com a menor ambiguidade possível, na realidade seus objetivos são limitados pelo analisando, que está livre para receber interpretações de qualquer modo que escolha. Em certo sentido, pode parecer que o analista ficou preso em sua própria armadilha: ele é livre para decidir como interpretar os enunciados do analisando; o analisando devolve-lhe na mesma moeda. O analista não é livre exceto no seguinte sentido: quando o paciente o procura para análise, ele fica obrigado a falar de um modo que seria intolerável em qualquer outro quadro de referência e, neste caso, apenas sob um determinado vértice.

A resposta do paciente também seria intolerável se não houvesse indulgência psicanalítica para perdoá-la, ou se não fosse em função de um vértice psicanalítico. (T, 145)

Referências cruzadas sugeridas: Visão analítica; Mudança catastrófica; Controvérsia; Matematização da psicanálise (especialmente o subitem "Vértice e frustração"); Ultra-sensorial.

Vínculo

Bion, baseado na teoria sobre instintos humanos e suas relações com sofrimentos na personalidade, de Freud, elaborou dois modelos a respeito de vínculos, que formaram uma teoria sobre vínculos possíveis a seres humanos, e seus sofrimentos e dificuldades.

Primeiro modelo notacional

Ao introduzir a parte desempenhada pela função-alfa *"na transformação de uma experiência emocional em elementos-alfa"*, Bion liga um estímulo sensorialmente apreendido com sofisticadas, complexas atividades psíquicas. Por exemplo: função-alfa seria um fator na origem daquilo que ele – a partir de Freud e Klein – denomina experiências emocionais. Elementos-alfa são colocados, teoricamente, como elementos fundamentais para serem armazenados como memória – correspondendo aos "restos diurnos" descritos por Freud, e também, na visão deste autor, correspondendo àquilo que neurologistas e bioquímicos descobriram ser uma produção momentânea de memórias pela reprodução de RNA (ácido ribonucleico) em áreas difusas mas também concentradas naquilo que neuroanatomistas denominaram rinencéfalo (uma área de formação primitiva no desenvolvimento dos seres animados); elementos-alfa, além de poderem ser armazenados como memórias, também são úteis para elaborar pensamentos diurnos; e também pensamentos noturnos, como trabalho onírico, conforme descrito por Freud. Portanto, o exercício funcional daquilo que Bion denominou, função-alfa, é fundamental para que se possa conseguir apreensões da realidade - e pode ser feito quando se consegue utilizar a Linguagem de Consecução (q.v.). Trata-se apenas de um modelo teórico, como tentativa para lidarmos com algo que permanece sendo misterioso. Provavelmente,

V

permanecerá como tal, pois se liga àquilo que chamamos vida, que inclui sempre imaterialidade.

Como algo que é pleno de materializações, nas condições normais de temperatura e pressão em que, nós, seres humanos, vivemos, pode tornar-se, de modo prevalente, imaterializado? E vice-versa: como algo imaterializado pode tornar-se materializado? O leitor que tiver alguma familiaridade com a obra de Freud, Bion, Reik e talvez de outros autores não conhecidos (como é o caso do autor deste dicionário) percebe que estamos tentando descrever uma questão que envolve transformações no relacionamento do que usualmente se denomina – principalmente em física e química – de "matéria" e "energia". Pode-se fazer a hipótese, embora não tenhamos dados empíricos a respeito, de que esses processos seguiriam alguns estágios. Quais seriam os estágios, ou caminhos, e de que modo ocorrem esses dois processos, de materializações e imaterializações? Como, quando e onde funcionam? Não podemos saber, embora saibamos que esses processos existem, funcionam, pois temos acesso, ainda que tosco e limitado, às suas transformações finais, no âmbito dos fenômenos, materiais e psíquicos – sempre marcados por transitoriedade. Temos várias formulações verbais para essas transformações finais: míticas (pode-se considerar também as bíblicas, para aqueles que a consideram como mito); científicas; artísticas; físicas; musicais. Podemos também fazer modelos, toscos e limitados – como "andaimes" – para nos aproximamos do funcionar psíquico. Que permanece desconhecido de modo último – na analogia de Freud em *A interpretação dos sonhos*. Um desses modelos toscos, formulado por Bion, é a função-alfa: uma teoria de observação para tentar integrar neurofisiologia, neurologia e psicanálise, nas teorias de Freud e Klein.

Bion, para elaborar seu primeiro modelo sobre vínculos, faz uma analogia com nosso aparelho digestivo e os processos de nutrição. Na visão do autor deste dicionário, há base humana – da realidade material e psíquica, na denominação de Freud, ou sensorial e psíquica, na denominação de Bion – para este modelo teórico: podemos lembrar que o sistema digestivo, a pele e o cérebro provêm das mesmas camadas embriológicas, denominadas em medicina e biologia comparada de ectoblasto. Impressões – sensações e sentimentos – captadas pelo nosso aparato psíquico "nutrem" algo (que não sabemos, ainda, o que é, sabemos apenas que existe) que flui do aparato sensorial para a realidade psíquica. Não sabemos onde fica a realidade psíquica; sabemos apenas que é interna a nós. Há uma crença ainda generalizada de que se localiza apenas e unicamente no cérebro; algo que não encontra uma contrapartida real no corpo humano, pois nossas reações emocionais a estímulos abrangem outros sistemas e aparatos orgânicos que não apenas o cérebro: o sistema endócrino, o eixo hipotalâmico-hipofisário-suprarrenal e todo o sistema nervoso autônomo, incluindo a medula espinal. Independentemente da localização e do imenso mistério que ainda cerca o funcionamento psíquico, pode-se afirmar que sensações e sentimentos, dependentes do aparato sensorial, nutrem afetos e emoções. Bion sugere que uma tentativa de obtermos, e principalmente, mantermos uma postura que pode ser denominade de "senso de realidade" (q.v.) tem tanta importância para cada indivíduo vivo quanto os atos de comer (deglutir e digerir), beber e respirar têm importância para a sobrevivência de cada indivíduo que se considere. *"Impossibilidade de comer, beber ou respirar apropriadamente traz consequências desastrosas para a própria vida. Não conseguir usar a experiência emocional produz um desastre comparável para o desenvolvimento da personalidade; incluo entre esses desastres certos graus de deterioração psicótica que poderiam ser descritos como morte da personalidade"* (LE, 42).

Ao usar o modelo do sistema digestivo, Bion permanece cônscio dos muitos perigos comuns ao uso de qualquer modelo. Diferentemente das teorias, modelos têm uma vida comparativamente curta no movimento científico. São descartáveis; falta-lhes durabilidade, que pode ser conferida por uma teoria – desde que seja real, que mantenha contrapartes verificáveis na realidade. Um dos fatores da popularidade e uso espraiado de modelos, tanto na confecção como no seu uso, é que dependem de se fazer alguma imagem sensorialmente apreensível, altamente concretizável, sempre analógica e mais fácil de apreender, quando comparados com teorias, que dependem mais de símbolos abstratos. No entanto, uma desvantagem dos modelos é também a facilidade com que seu uso descamba para reificação e excessiva concretização. Acabam substituindo, no aparato psíquico do usuário, a própria realidade que intentavam descrever. *"Para moderar esses perigos e possibilitar discussão científica,* **faz-se necessária uma notação científica** *que represente a experiência emocional"* (LE, 42; negritos nossos). Essa representação notacional forneceria *"a 'chave' da sessão"* (LE, 44).

Parece-nos que que este é um ponto fundamental para leitores dispostos a se utilizar dos textos de Bion, de acordo com o modo pelo qual foram escritos; especificamente, dispostos a utilizá-los dentro das limitações apontadas por Bion. Se algum leitor decidir (conscientemente ou não) não respeitar, muitas vezes por sequer perceber que a formulação verbal "vínculo" é um **mero sistema de notação**, no mesmo sentido em que o termo "experiência emocional" (q.v.) também é, tal leitor atribuirá um *status* falso a um mero modelo. Para citar um exemplo que já está ocorrendo em leitores mais apressados: poderá pensar que o modelo analógico e, de modo ainda mais distorcido, o sistema de notação são uma teoria. Sistemas de notação referem-se ao espectro abrangido (teoricamente) pela realidade, psíquica e sensorial – estudadas pela psiquiatria, psicanálise, psicologia e neurologia. O termo "notação" é um fator evoluído daquilo que Freud propôs que se considerasse como sendo as funções do ego. Aparece, ontogenética e filogeneticamente, logo após o exercício de "atenção". Tanto atenção como notação (além de outras funções, como

V

investigação e ação) foram contempladas com representações, compondo o eixo horizontal do instrumento "Grade" (Grid) (q.v.).

Notação, uma das funções do ego, consiste em um exercício funcional complexo, é atividade básica e essencial para manter a vida: integra o aparato neurológico, psíquico e endócrino; toda e qualquer pessoa envolvida em toda e qualquer atividade prática – alimentar-se, higiene, ganhar a vida, matrimônio, maternidade/paternidade/filiação, ciência, arte, as começa e termina por notação. É tão necessário para a sobrevivência como o ato de alimentar-se. E o ato de se alimentar se inicia pelos estímulos sensorialmente apreensíveis, sentidos como atrativos ou seu inverso, incrementados por experiência.

Notação é uma formulação verbal; junto a ela, Bion inspirou-se na matemática – que fornecia um sistema notacional desenvolvido por muitos séculos, com um arsenal de objetos elementares com que trabalhar. Na mesma época em que Bion desenvolveu o sistema de notação no qual se utiliza da palavra "vínculo", em *Learning from Experience* –, Bion aprofunda o vínculo entre as obras de dois autores (a coincidência do termo é intencional) com a noção de objeto psicanalítico (q.v.), inspirado pelos objetos matemáticos de Aristóteles e a teoria das relações objetais de Freud. A partir dessa noção – fazendo parte de um sistema notacional –, introduz o termo "vínculos" para descrever relacionamentos e representar cientificamente experiências emocionais. Relacionamentos: a essência da disciplina matemática – e de toda ciência, que não busca por essências, mas relações entre objetos. Bion observa ser impossível separar experiências emocionais de relacionamentos. Para nomear os vínculos, Bion escolhe letras isoladas, sinais quase-matemáticos. A busca pelos elementos ficaria mais clara em seu livro seguinte, *Elements of Psycho-analysis*. Busca por elementos caracteriza não só matemática, mas física, química e biologia.

Pode-se perceber uma orientação científica na busca de instrumentos elementares – similares aos instrumentos elementares de operações aritméticas – que possam ter um alcance generalizador. Bion recomenda que cada analista elabore um sistema de notação para ajudá-lo a construir, *"para uso próprio, uma antologia operacional de teoria psicanalítica, baseada em poucas teorias básicas, que estejam bem compreendidas e sejam capazes, tanto individual como combinadamente, de cobrir a grande maioria de situações que ele espera encontrar"* (LE, 42).

Ao introduzir o sistema notacional "vínculos", Bion alerta o estudioso de sua obra a não sobrecarregar esse sistema de notação com conotações estranhas àquelas com que dotou o sistema: *"O que segue é um esboço que considerei útil, e indica as linhas ao longo das quais é possível progredir [na definição de um sistema de notação que possa representar uma experiência emocional] . . ."* (LE, 42).

O sistema de notação "vínculos" e os seis modelos derivados da biologia não constituem uma nova teoria de psicanálise propriamente dita. Mas fazem parte de um corpo de teorias observacionais.

Em um exame da historia dos conceitos de Bion, podemos observar que incialmente há a proposta de considerarmos três vínculos básicos: H, L e K. Esta notação quase-matemática representa, especificamente: Ódio, Amor e Conhecimento (em inglês, *hate, love* e *knowledge*). Bion não explicita algo que, segundo o autor deste dicionário, parece implícito neste primeiro modelo (LE, 79): sua tentativa é fornecer uma trampolim para observarmos o que é, em última instância, inobservável. O que é inobservável? Três, dentre os quatro instintos básicos que nos caracterizam, como seres humanos, conforme descritos por Freud: instintos de morte, instintos de vida e instintos epistemofíilicos. O quarto: os instintos que une as pessoas em grupos: o primeiro grupo é feito pela copulação, o segundo e o terceiro, umbilical, pelo bebê com sua mãe e, indiretamente, com seu pai, e assim por diante, elevando o nível de complexidade após no nascer. Bion elabora uma forma verbal para representar um fator em experiências emocionais.

O leitor poderia perguntar: "Mas por que utilizar o termo vínculo?".

A escolha parece-nos óbvia: não é possível haver amor, nem ódio, isoladamente. Recorrer ao termo "vínculo" já ocorrera na visão de que existe uma apreensão da realidade por meio da função-alfa – que se vincula a impressões sensoriais. O *leitmotiv* do sistema de notação é uma necessidade, quando o intuito é anotar-se uma experiência emocional: *"Não se pode conceber uma experiência emocional isoladamente de uma relação"* (todas as citações: LE, 42). E, mais tarde, ele deixaria claro que existem fatores individuais que exigem consideração: *"amor real não é função daquilo que se ama, mas da pessoa que ama"* (AMF, I, 197).

Algumas relações:

1. X ama Y.
2. X odeia Y.
3. X conhece Y.

Os vários vínculos, que precisam ser procurados, intuídos, observados e descritos durante uma sessão analítica, constituem um movimento dinâmico, parcialmente imaterializado – como movimento – e materializável em seu efeito final. No esquema verbal acima, os vínculos são representados por verbos, denotando ação: ama, odeia, conhece. No modelo de Bion, são representados, respectivamente, pelos símbolos L, H e K.

> O analista precisa se permitir apreciar a complexidade da experiência emocional que ele é chamado a esclarecer; e, ainda, restringir sua escolha a esses três vínculos. Ele decide o que são os objetos vinculados, e qual desses três vínculos representa com mais precisão a ligação real entre eles...
>
> Para sintetizar, um episódio como **K** deve produzir um registro imperfeito, mas um bom ponto de partida para a meditação especulativa do analista. Nesse aspecto,

V

o sistema que eu esbocei, a despeito de ser tosco e de sua simplicidade, possui os rudimentos dos fundamentos de um sistema de notação – um registro de fato e um instrumento operacional. (LE, 43-44)

Bion sugere que o sistema notacional HLK – e, em consequência, (–HLK) – poderá ser utilizado intrassessão de dois modos, mutuamente excludentes: para descobrir a "chave" da sessão; ou para registrar (observar e descrever) uma experiência emocional. Uma descoberta pode levar a um registro linear, por palavras (LE, 45).

Segundo modelo notacional

Em *Attention and Interpretation*, Bion detalha um modelo apenas delineado em *Learning from Experience* e *Elements of Psycho-Analysis*, prosseguindo nas analogias biológicas já utilizadas para o conceito de psicanálise propriamente dita, de continente e conteúdo: as relações entre os dois são vistas segundo três vértices: parasíticos; comensais e simbólicos (consultar esses verbetes específicos).

Falhas na apreensão do conceito, mal-entendidos e distorções: qualquer leitor atento poderá apreciar um tratamento cuidadoso e preciso, por parte de Bion, dispensado ao modelo a respeito de vínculos para mantê-lo como tal. Leitores há que tentam elevar um mero modelo às alturas das teorias. Não sabemos, por falta de estudos estatísticos, se constituem maioria ou não. Só temos uma impressão, adquirida na leitura cuidadosa de trabalhos que tentam se dedicar ao tema, na frequência a congressos e eventos em vários países, e no contato com estudantes de três institutos de psicanálise (um deles, filiado à IPA) e, então, podemos afirmar que nesse espaço amostral eles têm sido maioria desde a década de 1980 até hoje. O tempo poderá afiançar se essa leitura dos textos de Bion poderá originar uma outra teoria com esse nome – já há algumas tentativas, como a feita por Enrique Pichon-Rivière, sobre uma "teoria vincular" voltada a grupos operativos. Caso seja acompanhada de descrições sobre evidências clínicas que as originaram – no caso citado, provém de trabalho grupal, não individual –, terá lugar garantido no instrumental prático e teórico real em psicanálise. Se houver leituras dos textos de Bion, sejam reais ou não, precisarão ser discriminadas daquilo que foi escrito por ele; por exemplo, adotando outros nomes, para não acrescentar mais confusões de teorias, onde já não há nenhuma escassez delas.

Na tentativa de colaborar para a discriminação entre o primeiro modelo de Bion, sobre vínculos K, L e H, será necessário que o estudioso perceba que há uma teoria envolvida como gerador inicial: elaborada por Freud, é a teoria sobre instintos, acoplada as quatro teorias (três, de Freud; uma, de Klein) sobre o funcionamento do aparato psíquico. Vínculos K, L e H são atinentes ao âmbito numênico do sistema inconsciente. Vínculos denotam – trata-se de uma teoria de notação – de fatos observáveis, expressões fenomênicas de emoções básicas, ou equivalentes de instintos: ódio, amor e processos de conhecer. São expressos por meio de experiências emocionais, que podem ocorrer tanto em uma sessão de análise como em qualquer outro lugar. Sessões de análise intentam auxiliar o paciente e providenciam ambiente mais adequado para apreendê-las, com menor incidência de estímulos, maior intimidade e sigilo – a herança teórica e prática da medicina, vivificada em psicanálise. Não é possível, enfatiza Bion, conceber experiências emocionais apartadas de relações. Relações entre o quê? Primariamente com outras pessoas; secundariamente – e em casos que geralmente são considerados, social e psiquiatricamente, como patológicos – com eventos e coisas concretas. No caso de relação com eventos, o leitor poderá consultar o verbete "narcisismo e social-ismo". No caso de relações com coisas concretas, inicialmente observadas por Freud sob temas de fetichismo, o leitor poderá consultar o verbete "clivagem forçada".

Uma "psicanálise" relacional?

Membros do movimento psicanalítico tomaram um mero sistema de notação, de inspiração matemática, para elaborar mais uma teoria - como se houvesse escassez delas no movimento psicanalítico. Esta teoria foi chamada de "relacional", ou "vincular". Como quase todas as novas teorias que tem aparecido, advoga-se superior a qualquer outra teoria já aparecida. E, de modo mais específico, colocou-se como superior a qualquer prática "intrapsíquica" – um modo pouco sutil, e muitas vezes claramente expresso sem o menor escrúpulo científico, de dispensar ao lixo da história toda a obra de Freud e de todos os outros, incluindo Bion, que permaneceram usando-a. Introduz confusão conceitual, quando esses membros justificam essa teoria não por evidências clínicas, mas por justificativas racionais baseadas em fantasias de superioridade.

Desprezam - ou ignoram, o autor deste dicionário não pode saber - que há um uso frequente dos termos *"endopsíquico"* (LE, 27 e *"intrapsíquico"* (T, 121, 142; AI, 34, 57) nos escritos de Bion. Estou citando apenas os livros iniciais. Sempre são acrescentados às questões relacionais. Também ignoram ou desprezam as várias menções a respeito do objetivo de uma psicanálise: um método de apresentar a pessoa para si mesma. Estas menções são mantidas durante toda a evolução da obra de Bion. Estes membros do movimento insistem em alegações tipificadas pela frase, que tenho visto com maior frequência desde 2005, até hoje: "o que importava para Bion era a relação, e não a mente do indivíduo". São pessoas que nunca conheceram W. R. Bion pessoalmente; estão mais interessados em comprovar teorias baseadas em preferencias pessoais, tantas vezes fantasiosas e idolátricas com outros autores, nunca

V

originadas na experiência clínica, e imiscíveis, por princípio, nas teorias de Freud, Klein e Bion.

Trata-se do caso já descrito na introdução deste dicionário: há pessoas que clivam partes do texto de Bion, negam outras partes e tomam a parte que lhes interessa para elaborar pareceres racionalizados, advocatícios a favor de preferências idolátricas – tanto a "Bion" como a outros autores que, em vida, desprezaram a obra de W. R. Bion. Como todo jurista, conseguem "provar" segundo lógicas racionalizadas, suas ideias. Que são ideias desses autores, não de W. R. Bion, mesmo que usem alguns termos propostos na obra elaborada por W. R. Bion. Todas as ideias, de todas as pessoas que podemos considerar, merecem respeito, em princípio. Mas é elevação de uma ideia à condição científica necessita de alguma evidencia de sua origem empírica, o que, em psicanálise, só pode ser dada pela experiência clínica. Isto difere de filiações idolátricas a alguém que nunca poderia ter tido contato com essa ideia. E que essas pessoas chamam de "Bion".

A ideia dessas pessoas é respeitável, como qualquer ideia. No entanto, para ser elevada à condição de ciência, necessita de evidência clínica. Isto difere de filiação a um autor idolatrado que sequer escreveu sobre essa ideia. E que essas pessoas chamam de "Bion".

K versus L e H

Em *Learning from Experience*, *Elements of Psychoanalysis* e *Transformations* (por exemplo, LE, 47), Bion recomenda que uma interpretação necessita ser feita preferencialmente em K (conhecimento), mas não em L (amor) ou H (ódio). Isso indicaria um privilégio de interpretações em K sobre H e L no trabalho clínico? Alguns leitores advogam a extinção de H e L no trabalho clínico; outros afirmam que, sem dúvida, "Bion" era um homem insensível, pregando perfeições automatizadas desumanas. Confunde-se, nessas leituras, atenção especial, nas comunicações do analista para com o paciente, de K, como se fosse uma lei jurídica, ou religiosa que proibissem a existência de H e L. A recomendação aponta a necessidade de uma disciplina no momento da interpretação, para que o analista identifique a égide de suas afirmações intra-sessão, nos escritos publicados entre 1962 e 1965. O assunto fica mais claro – justamente por Bion ter dado atenção aos mal-entendidos que surgiram – entre 1967 e 1970 (em "Notas sobre memória e desejo", nos "Comentários" (ST, 120) e em *Attention and Interpretation*. O leitor está convidado a examinar os verbetes "K" e "menos K (–K)".

📖 O leitor poderá consultar estudos preparatórios que resultaram no conceito de –L no texto final em *Learning from Experience*, em Cogitações, pp. 267, 271, 274.
Referência cruzada recomendada: Experiência emocional.

Vínculo H

Consultar o verbete "Vínculo".

Vínculo L

Ver o verbete "Vínculo".

Violência de emoções

Minha investigação na história dos conceitos e teorias de Bion demonstra quatro tentativas de elaborar teorias propriamente psicanalíticas, e não exclusivamente teorias de observação psicanalítica. O conceito, Violência de Emoções, faz parte da terceira tentativa; as duas outras foram: "Uma Teoria do Pensar" (ST, 120), a Teoria do Continente-Contido (LE, 89) e as duas Teorias sobre Vínculos (LE, 82, AI, 78). Todas integram a obra de Freud com a de Klein. As teorias de função-alfa, composta de vários conceitos, como elementos-beta, elementos-alfa, objetos bizarros, rêverie, vínculos, clivagem forçada, o âmbito "menos" foram *instrumentos de trabalho* (LE, 89), formando teorias observacionais, auxiliando a observação do aqui e agora da sessão.

    Alguns autores deixaram obras inacabadas, como Schubert e Beethoven nas sinfonias números 8 e 10, respectivamente. Fato que serve de analogia para a teoria de Bion que incluiria o conceito de "violência de emoções", que assim ficou. À semelhança de natimortos, apesar de inacabada, recebeu um nome: "metateoria". O nome parece-me notável; basta observá-lo de modo escandido, que o sentido emerge: "o que vem depois da teoria". Pois "meta", um prefixo grego, tem o sentido de "o que vem depois de". Alguns podem considerá-lo como neologismo, e dificilmente leitores com formação psicanalítica, ou psicológica, ou filosófica, deixarão de associá-lo com "metapsicologia" e "metafísica". Metateoria nunca fora utilizado, pois só foi cunhado por Bion em torno de 1960, e divulgado apenas em 1992 O artigo inacabado é essencialmente prático, contendo tesouros para psicanalistas praticantes.

    Considero que os termos metapsicologia e metafísica – cunhados, respectivamente, por Freud, no início do século XX, e por Andrônico de Rhodes, na transição entre as civilizações grega e romana – têm sido objeto de confusão; como toda

V

confusão, inútil. Quais seriam os fatores contribuintes para tal confusão? Mal-entendidos gerados por desprezo e consequente ignorância da história etimológica dos dois termos, complicadas por idolatria a eruditos filosóficos. Resultam em atribuições de significados distantes da origem, da função – dada pelo sentido - que tiveram quando foram cunhados. Penso ser útil enfatizar o sentido do termo metateoria, já de início, com o intuito de evitar a repetição do mesmo estrago havido com metafisica e metapsicologia.

O que viria depois de uma teoria? A prática, obviamente. Caso contrário, legalizaríamos todos os voos fantasiosos da imaginação idiossincrática, e dos delírios de pacientes tão bem exemplificados no caso do Juiz Schreber, e em todos os livros de texto sérios em psiquiatria; e acrescentaríamos inumeráveis pseudo-teorias inúteis às que já foram inventadas. Todos os conceitos definidos no estudo sobre "Metateoria" são conceitos práticos, advindos de observação clínica, principalmente com pacientes onde a personalidade psicótica prevalece sobre a personalidade não-psicótica. Foram formulados por integração dos conhecimentos advindos das contribuições de Freud e Klein. Alguns desses pacientes haviam recebido a qualificação psiquiátrica de psicóticos. A tentativa de elaborar uma teoria de psicanálise se iniciou em torno de 1959 ou 1960; devemos acesso a ela graças ao esforço de Francesca Bion, que dedicou boa parte de sua existência (de 1950 até 2015) para editar as obras escritas pelo esposo – resolvendo divulgar as até então inéditas, postumamente, em um volume, por ela denominado de *Cogitations*.

Essa teoria serviu, durante o tempo de vida de Bion, como preparação e base para construir teorias de observação em psicanálise que pudesse ser mais abrangente do que as disponíveis. Foi uma época em que Bion constatou um fato: termos cunhados por Freud e Klein estavam sendo submetidos a falsas controvérsias; notou que as leituras e usos, por boa parte dos membros do movimento psicanalítico, os transformaram, muito rapidamente, em jargão; ou os utilizavam para montar engenhosas manipulações de símbolos verbais. Pressões reais que os afastaram, irremediavelmente, da origem clínica do trabalho analítico. Notou ainda dificuldades intrínsecas na elaboração desses termos, talvez devida à sua origem empírica e à necessidade absoluta de que o leitor tivesse experiência em psicanálise. Interpretações que denomino de "filosofantes" e literárias resultavam em uma situação contraditória: ou havia excessivas concretização; ou excessiva abstração. Tornaram os termos inúteis para comunicações entre psicanalistas. Limitações, em parte, intrínsecas ao método psicanalítico, foram enfatizadas em *Learning from Experience*, *Elements of Psycho-analysis*, e *Transformations* – demonstrando o que afirmo ter sido uma das serventias dessa cogitação sobre uma eventual metateoria. O termo Violência de Emoções, extraído diretamente da obra de Klein, pode ser lido em vários livros (ST, 33, 41, 69; LE, 10, 25, 96, EP, 13, 23, 52, 58, 93; T, 8, 9, 51-53, 97, 112, AI, 93, enumerar as partes de *A Memoir of the Future* seria supérfluo, formam parte do *éthos* desses livros) e seguintes, foi compacta no conceito observacional de "hipérbole" (q.v.).

Violência de Emoções é o trampolim para *acting-out* – atuação, onde o impulso passa diretamente à ação motora, sem interpolação dos processos do pensar). Expressa adesão estática à posição esquizoparanóide, impedindo o movimento dinâmico para posição depressiva, e seu retorno: a aparência de dinamismo é meramente uma aparência externa: dá-se apenas no sentido destrutivo. Socialmente, emergiu nos fenômenos nazistas e estalinistas. Não expressa exclusivamente *"quantidade de sentimento"* como a formulação verbal poderia indicar. O sentido é oposto: Bion observa que não é importante se violência tenha se originado *"na dotação instintual ou é secundária ao estímulo ambiental externo"*. Pode ser inata, ou não, e nas duas situações pode ocorrer *"uma deficiência na capacidade para pensar . . . própria à instalação do princípio da realidade, que tende a produzir uma parada no estágio onde a psique usa a ação como método para descarregar o acréscimo de estímulos, contribuindo assim para a expressão física de amor ou ódio, que pode ser característica da violência..., ainda que relacionada à quantidade ou ao grau, contribui para uma mudança qualitativa na emoção. As mudanças qualitativas fazem com que amor e ódio contenham laivos consideráveis de crueldade junto com uma diminuição na consideração pelo objeto. Tanto o amor como o ódio associam-se, com facilidade, à falta de consideração para com a verdade e para com a vida"* (C, 249-250).

A pessoa finge, através de exageros, um amor que não possui genuinamente. Ou um ódio que também não tem. A materialização, por meio da onipotência do pensamento – descrita por Freud em *Totem e Tabu*. A manobra tenta substituir a ausência; experiências emocionais, originadas dos instintos de vida e morte são predominantemente imateriais, embora suas consequências e realização não o sejam. Neurose histérica e outras expressões de fantasias de superioridade mostram imitações de amor ou ódio que rendam vantagens materializadas (financeiras, de *status*, e outras). Parece-me claro que a origem da percepção de Bion a respeito de violência de emoções deriva da observação de Klein de que não é somente ódio que destrói o objeto, mas também a intensidade – violência – do amor (Klein, 1934).

Visão analítica

> . . . consideramos o procedimento analítico como essencial, no caso de que uma pessoa se disponha e apreender quais seriam as crenças às quais esteja aferrada – e quais seriam as crenças que as mantêm nas crenças iniciais. (AMF, II, 332)

V

> É difícil conceber que uma análise tenha um desfecho satisfatório sem que o analisando se reconcilie consigo mesmo – ou torne-se "uno-a" si mesmo. (AI, 34)
>
> Na metodologia psicanalítica o critério em relação a um uso específico não pode ser o de certo ou errado, significativo ou verificável; e sim o de promover desenvolvimento, ou de não promovê-lo. (LE, Introdução, 3)
>
> Um explorador precisa conhecer seus instrumentos de tal modo que possa utilizá-los em situações de *stress*[150], O analista precisa usar instrumentos planejados para estudar circunstâncias que alteram esses mesmos instrumentos. (T, 75)

Este verbete representa algumas perspectivas a respeito de uma questão frequente que persiste desde a introdução de nossa atividade em consultório, apesar dos esforços de Freud. Ela pode ser resumida na frase "o que é psicanálise?" Bion aborda essa questão ao longo de toda a sua obra.

> P.A.: Tento demonstrar as qualidades do indivíduo. Se elas são créditos ou débitos, ele pode então decidir por si mesmo. (AMF, III, 541)
>
> A.: A esperança é que a psicanálise traz à luz pensamentos, ações e sentimentos dos quais o indivíduo pode não estar consciente e, portanto, não pode controlar. Se o indivíduo puder estar consciente deles, poderá, ou não, decidir – ainda que inconscientemente – modificá-los. (AMF, III, 509-510)

Em Nova York, 1977, Bion observa que

> O procedimento analítico constitui-se em tentativa de introduzir o paciente a quem ele é, pois isto é um casamento que perdurará por toda sua vida, independentemente de o paciente gostar disso ou não. (BNYSP, 40)
>
> P.A.: Tenho muito respeito pelo indivíduo. Você acha isto errado?
>
> CINQUENTA ANOS: Não, mas isto não está acompanhando o crescimento da Horda. Posso ver que o P.A. vai se meter em sérias complicações se a Horda se desenvolver mais rápido do que ele.

---

[150] Stress é um conceito médico criado por Hans Selye, em 1936, baseado nas investigações de Walter Canon, a respeito da homeostase do ser humano: que é rompida em situações de ameaça à sobrevivência, com descarga violenta de neuromediadores – catecolaminas – através do eixo neuroendócrino formado pelo hipotálamo-hipófise-suprarrenais, produzindo reações neuromusculares de luta ou fuga, afetando vários sistemas no corpo humano, frente à ameaça. Foi submetido a distorções, como se quisesse dizer "pressão", e logo associado a questões sociológicas, como "pressão da vida moderna".

P.A.: Se o desenvolvimento da Horda é incompatível com o do indivíduo, ou o indivíduo perece, ou a Horda vai ser destruída pelo indivíduo a quem não se permite desenvolvimento. (AMF, III, 44)

O ETHOS DA PSICANÁLISE

As formulações verbais de Bion citadas acima tentam compactar o *éthos* da psicanálise, originado na medicina, como um método (talvez o mais eficiente até hoje descoberto, com todas as sérias limitações que o caracterizam, por ser exercidos por nós, seres humanos) para aliviar o sofrimento humano: atenção cuidadosa e desprendida ao sofrimento individual. Formulações descrevendo situações reais, obtidas por observação participante na experiência clínica: a natureza científica de nossa prática, buscando aproximações à verdade, e seus correspondentes verbais em teoria da ciência. O exame dos autores que inspiraram Bion demonstra um amplo espectro que inclui os antigos gregos, notadamente Platão, a cabala hebraica e cristã, menções a um ramo muçulmano, o sufismo, e, principalmente, de alguns autores do Século das Luzes (*Aufklärung*), que tiveram continuidade com algumas vertentes do Movimento Romântico. A pesquisa transdisciplinar do autor deste dicionário (Sandler, 1997b, 2003), publicada anteriormente, inspirada na obra de Freud e Bion, demonstra que o fator preponderante derivado do espaço-tempo mais conhecido como Iluminismo e Romantismo pode ser formulado como um anti-dogmatismo. Expresso pela defesa do indivíduo, resultando, em parte, no cuidado com o desenvolvimento da liberdade individual e dos fatores que a impedem: um resgate da medicina vivificado na descoberta de Freud. Alguns filósofos franceses, influenciados pela tradição iniciada que me parece ter se iniciado na época de Descartes e atingido um acme com a Religião Positivista de Comte, tentam caracterizar a aquisição de racionalidade como se pudesse resumir o Iluminismo: minha investigação mostra que trata-se de erro preconceituoso: racionalidade é típica da decadência do Iluminismo e seu oposto, resultando na mesma situação, da decadência do Movimento Romântico, que denomino, romantismo.

As obras de Freud e Bion apreendem a **necessidade** e **algumas possibilidades** de insubordinação a autoritarismos, para que a pessoa alcance algum grau mínimo de autoridade pessoal (Russell, 1928; famoso matemático e teórico da ciência), sempre respeitando nossa natureza humana. Compactada por Freud na formulação verbal, complexo de Édipo: a situação familiar, ou fêmea-macho-prole, expressão máxima do sistema inconsciente, "habitado" pelos instintos. Freud e Bion centram-se nas tentativas de apreender, ainda que incompleta e parcialmente, algo funcionamento dos "empurrões" instintivos: vida, morte, epistemofílicos e grupais.

V

Liberdade, livre-arbítrio individual difere das posturas de laissez-faire do idealismo solipsista, pai de todos os autismos.

    Apreensão responsável por pequenas remessas, por vezes minimamente suficientes, para o âmbito do que Freud denominou de sistema consciente, cujo funcionamento permite os processos de conhecer – qualificado por Bion como um conceito, o vínculo do conhecer: K (*knowledge*, q.v.). Conhecer o quê? Algo sobre algumas manifestações do sistema inconsciente, transitória, imperfeita e parcialmente: uma maneira de não ser escravizado por essas manifestações. Difere radicalmente de reconhecimento intelectualizado por meio do mecanismo psíquico de racionalização – como fazem os filósofos. Psicanálise é uma aplicação prática – que poderia ter sido chamada, caso tivesse sido descoberta na Grécia antiga, techné – para ajudar pessoas em sofrimento. Herdeira da medicina, constituiu-se, sob o vértice da história das ideias da civilização ocidental, como integração fundamental de tentativas anteriores. Como integração, constituiu-se como resgate, que ampliou as tentativas na antiga Grécia.

    Expor e definir o *éthos* da psicanálise também significa tentar diferenciar a psicanálise de outras abordagens. Bion se interessa por algo que lhe pareceu uma necessidade: é preciso reconhecer aquilo que a psicanálise é, e isso pode ser obtido pelo reconhecimento daquilo que a psicanálise não é. Este modo de investigação já havia sido utilizado frutiferamente em outras disciplinas científicas, como na matemática euclidiana, na "prova por absurdo", ou na química estequiométrica. Em outras palavras: quais seriam os "elementos" fundamentais, quais seriam as "qualidades" de uma psicanálise que a torna ela mesma, e nenhuma outra prática? No mesmo sentido em que Shakespeare, por meio de Hamlet, na passagem da peça em que o personagem "procura" atores reais, pede-lhes: "Come, give us the taste of your quality" (Hamlet, II, ii, 408). Hamlet, como pacientes que precisam de análise, busca Verdade. Medicina pode ser considerada, de modo útil, com tentativa de "devolver" Verdade a uma pessoa em degenerescência: doença – degeneração - me parece ser vista como uma mentira da pessoa, sobre ela mesma: funcionar de modo destrutivo é útil para a morte.

    Seria exagero dizer: Bion dedicou boa parte de sua vida psicanalítica tentando avaliar o que o analista faz durante uma sessão? Não, segundo ele mesmo: *"Parece absurdo que um analista não possa avaliar a qualidade de seu trabalho"* (AI, 62). Bion assinala alguns objetivos de uma psicanálise:

1. interesse humano; nas palavras de Bion: consideração pela vida e respeito à Verdade (C, 125, 247);
2. tornar-se aquilo que **realmente se é (tornar-se)**. Enfatizo a necessidade de não confundir essa formulação verbal como o "vir a ser" apregoado, apostolicamente, por algumas escolásticas filosóficas - por exemplo, os auto-intitulados

"existencialistas". Análise não é futurologia; não tem preceitos canônicos de conduta; trata do presente das pessoas;
3. escrutínio científico participante – "visão binocular" (q.v.) detalhada, atenta, nunca fantasiosa – daquilo que ocorre durante uma sessão;
4. desafios à comunicação daquilo que é observado, para o paciente, implicando em usar-se linguagem coloquial, modelos e mitos;
5. obstáculos à observação, iluminando e explicitando questões cognitivas, no aparato sensorial (perceptual) e do pensar;
6. necessidade de intuir algo da natureza imaterial, dos padrões subjacentes a comportamentos externos.

Kenneth Sanders, clínico geral analisado por Bion,[151] formulou psicanálise como uma *"questão de interesse"*: manter compaixão, buscando Verdade (C, 125): interesse construtivo no ser humano, voltado para a vida, auxiliando desenvolvimento, através de observar, nunca negar destruição e degenerescência (o ciclo avidez-inveja). Uma *"das intenções da associação analítica -- livrar a pessoa de algum mal e ser benéfica" podem ser "frustradas por ações intencionalmente danosas . . . Uma psicanálise se ocupa com amor como um aspecto do desenvolvimento mental; o analista precisa considerar a maturidade do amor; e considerar 'grandeza' em sua relação com maturidade . . . Uma visão analítica inclui a capacidade de sentir uma "compaixão madura . . . um analista se interessa no desenvolvimento da personalidade"* (T, 25, 74 e 143 e 169, respectivamente). Reitera isso em 1978: *"Consideramos que a tentativa de melhorar os humanos é tão urgente quanto valiosa"* (AMF, III, 528). Não há diferença essencial entre os enunciados de Bion e os de Freud sobre a postura analítica método de investigação da mente com implicações terapêuticas. A tarefa que se apresenta ao analista é uma ênfase sobre intuição, tanto no diagnóstico como nos métodos de comunicação, que precisam se orientar por uma lógica interna ao paciente, na experiência emocional entre duas pessoas – o paciente e o analista, com o intuito de que haja uma consequência, sob o vértice de obter-se uma "Linguagem de Consecução"(q.v.): um grau mínimo de apreensão das reações (respostas) do analisando à situação emocional na sessão, à medida que os dois possam se ater às evidências para as quais o analista chama a atenção do paciente, conforme vai interpretando. Não há interpretações prontas, pois ninguém antes atendeu esse paciente, por mais famoso que seja o "santo psicanalítico" invocado por algum "-ano" (freudiano, kleiniano, winnicottiano, lacaniano, seja lá qual a forma da fantasia apavorada do praticante); e não é suficiente que analista se convença da veracidade de suas interpretações; evidências serão suficientes quando proporcionarem a oportunidade que o paciente se dê conta – não apenas intelectual, que pode, ou não pode existir – de que o fato psíquico apontado real-

---

[151] Kenneth Sanders: *A matter of interest: clinical notes of a psychoanalyst in general practice* (London: Karnac, 1986). Depois de sua análise, o Dr. Sanders tornou-se amigo pessoal do casal Bion.

V

mente exista. (C, 91). Não se trata de dizer que a função do paciente no processo de *insight* seja profícua: Bion descreve, sem autoritarismo pedagógico, como, e onde se dá a proficuidade:

> "Psicanalistas não almejam conduzir a vida do paciente, mas capacitá-lo a conduzi-la de acordo com suas próprias luzes e, portanto, conhecer quais seriam estas luzes". (T, 37)
>
> P.A.: Você não precisa ser uma ovelha. Não aspiramos a ser líderes ou pastores; nós esperamos apresentar a pessoa ao *self* "real". Ainda que não apregoemos ter sucesso, a experiência tem mostrado quão poderoso é o impulso do indivíduo para ser conduzido – para acreditar em algum deus ou bom pastor. (AMF, II, 266)

Bion demonstra uma postura invariável ao longo de toda a sua obra. Parece-me que ficou ainda mais clara e detalhada, no que tange à técnica intra-sessão, em *A Memoir of the Future* – principalmente nas frases do objeto parcial de Bion (Sandler, 2015a) denominado "Eu Mesmo", no volume I de *A Memoir of the Future*, reproduzidas a seguir; e nas palestras em alguns países. Há um ato necessário do analista em seu trabalho, muito além e aquém do que meras explicações para convencer o paciente: o de obscurecer algo, com o intuito para torná-lo mais claro (AMF, I, 202-204). Uma visão se qualifica como *"analítica"* quando alguém refere-se ao *"que está ocorrendo"* (T, 7). Corresponde à atenção ao "aqui e agora" observado por Freud; o objetivo consciente do analista é o mesmo do paciente, consciente ou inconsciente: conseguirem obter *insights* sobre a verdade a respeito de si mesmo: prioritariamente o paciente, e isso só se consegue se o analista for ele mesmo. A análise é concebida como uma experiência da vida que é, ela mesma, viva e irrepetível; uma experiência que não pode ser obtida em nenhum contexto racionalizado ou explicativo. Uma experiência única, que jamais exclui noção sobre paradoxos.

> Vamos agora considerar mais profundamente a relação entre a consciência primordial com a qualidade psíquica. As emoções preenchem uma função semelhante no que se refere ao aparato psíquico, às funções exercidas pelos sentidos, quanto aos objetos no espaço e no tempo. Em outras palavras, no âmbito do conhecimento privado (individual), a visão emocional comum corresponde, como uma contraparte, à visão de senso comum; experimenta-se um senso de verdade quando a visão de um objeto odiado pode ser conjugada com a visão do mesmo objeto quando ele está sendo amado; e a conjunção confirma que o objeto – que está sendo experimentado sob emoções diversas – corresponde ao mesmo objeto. Uma correlação está sendo estabelecida.

Uma correlação semelhante, possibilitada através da comunhão daquilo que é consciente com aquilo que é inconsciente, dentro do consultório psicanalítico, fornece aos objetos psicanalíticos uma realidade inconfundível, ainda que sua própria existência tenha sido colocada em dúvida. (ST, 119)

Parece a este autor que a abordagem de Bion possa ser qualificada como "humana"; isto talvez fique claro no exame do modo como Bion investigou um ato específico, o de sonhar, durante uma sessão psicanalítica. Emergem esclarecimentos a respeito de medos relacionados ao sonhar; a presença de um superego cruel, tendente ao aniquilamento da vida:

A psique fica privada de todos os elementos necessários para o crescimento e o desenvolvimento, dando um caráter de extrema urgência à incapacidade de sonhar do paciente. Mas essa atividade é extrasessão e está impregnada com os perigos relativos ao superego restabelecido. Esse medo conflita com a necessidade de restaurar a capacidade para sonhar, pois o medo diz respeito a nada menos que aniquilação. Consequentemente, o paciente necessita, como já vimos, restringir essas tentativas à sessão. Então, e só então, o paciente ficará seguro da ajuda externa que a presença do analista proporciona. Isso conduz aos eventos que já descrevi, em que o paciente luta por sonhar na sessão. (C, 97-98)

Isso significa que a psicanálise prosseguirá sendo desprezada por pessoas que nunca a experimentaram – independentemente da eventualidade de frequentarem consultórios de "psicanalistas", sejam eles ou elas autointitulados como psicanalistas; ou heterointitulados por certificados escritos, ou aclamações provenientes de grupos ou instituições, "oficializadas" ou não. A experiência de uma psicanálise exclui todo aprendizado que não provém dessa mesma experiência – em outras palavras, exclui todo e qualquer aprendizado unicamente racional; ou "por ouvir falar"; ou por leituras de trabalhos, que sempre se reduz ao "ouvir falar". Para os que se dispuserem a examinar o assunto, ficará óbvio que a experiência de uma psicanálise não é diferente da experiência em nenhum outro tipo de atividade prática – no que tange ao fato real, o "experimentar". Nesse sentido, a psicanálise se constitui como atividade empírica, mas nunca apenas imaginativa, ou teórica.

Uma visão analítica precisa ser empregada no modo pelo qual o analista se expressa

"seria necessário que ele não se expressasse em quaisquer outros termos que não aqueles utilizados por um adulto; teoricamente, isso exclui algumas categorias (em

V

particular a coluna 2)[152] – o analista tem um compromisso, o de falar com a menor ambiguidade possível. Na realidade, seus objetivos são limitados pelo analisando, que está livre para receber interpretações de qualquer modo que escolha. . . . O analista não é livre exceto no seguinte sentido: quando o paciente o procura para análise, ele fica obrigado a falar de um modo que seria intolerável em qualquer outro quadro de referência e, nesse caso, apenas sob um determinado vértice. A resposta do paciente também seria intolerável se não houvesse indulgência psicanalítica para perdoá-la, ou se não fosse em função de um vértice psicanalítico". (T, 145)

Bion tentou classificar o material que se apresenta como a visão final do paciente em resposta a um estímulo, para poder formular aquilo que precisa dizer ao paciente. Denominou o estímulo ou experiência *original* de "O"; este é uma realidade última (veja o verbete O), incognoscível de modo completo (por isto, último); denominou os produtos finais da transformação, ou de transformações feitas pelo paciente a partir de "O", de Tpβ (veja o verbete correspondente). A letra "p" indica paciente. "T" indica transformação; a letra grega β indica um produto final.

O problema de classificar o material é complicado, por encerrar elementos das três transformações: Tp, Tpα e Tpβ. Isto é uma questão relevante, pois a decisão depende do que for mais conveniente ao analista. . . . O problema é reformular Tpβ em termos coloquiais, mas precisos. (T, 26)

Para Bion – assim como para Freud e outros autores, como Reik –, torna-se impossível fazer psicanálise se não houver respeito por Verdade; *"um desenvolvimento mental parece depender de verdade do mesmo modo que o organismo vivo depende de alimento"* (T, 38). Isso não coloca a prática de psicanálise, nem a teoria, como algo peculiar, de um outro mundo, pertencente a algum tipo de misticismo (partindo do princípio de que tal atividade realmente exista, fora de convenções ou crenças sociais), ou especialíssima; nem tampouco moral. Qualquer atividade prática, construtiva ou destrutiva, compartilha do mesmo tipo de respeito.

Interpretação correta

Respeito por Verdade implica ausência de mentiras. Em consequência, uma interpretação correta deve estar livre de mentiras. Uma interpretação correta, sendo uma aproximação da Verdade-O do paciente, sendo a busca da Verdade-O, depende da evolução do desconhecido. Não admite autoridade nem muito menos porta-vo-

---

[152] Ver a coluna 2 da "Grade" (Grid): categoria formada por enunciados falsos: mentiras. O sinal Ψ corresponde à notação dada por Freud ao aparato psíquico: fantasias inconscientes.

zes oficiais. O casal analítico tem uma oportunidade de verificar, ou de perceber de modo transitório e parcial, pelo menos de relance, aspectos daquilo que é Verdade. Provém não apenas daquilo que é falado, mas também daquilo que *não* é falado, mas pode ser *dito*, visível e audível, mas pouco "olhável" ou "escutável" pelos nossos órgãos sensoriais; em termos da teoria da ciência de Platão e mais bem esclarecido por Kant, trata-se de algo imaterializado pertencente ao âmbito negativo dos numena. O trabalho do analista depende fundamentalmente daquilo que ele vai dizer; ou do que não vai dizer, em relação aos tópicos que destaca; à racionalidade ou irracionalidade, partes do processo:

> Ninguém precisa pensar um pensamento verdadeiro: ele aguarda o advento do pensador, que adquire importância por meio do pensamento verdadeiro. A mentira e o pensador são inseparáveis. . . . Os únicos pensamentos para os quais o pensador é absolutamente necessário são mentiras. . . . Pensar ou não os pensamentos é importante para o pensador, mas não para a verdade. Se forem pensados, conduzem à saúde mental; caso contrário, dão início ao distúrbio . . . assemelha a verdades – pensamentos que não precisam de nenhum pensador.
>
> Já que o analista se ocupa dos elementos evoluídos de O e suas formulações, pode-se avaliar essas formulações considerando-se até que ponto a existência do analista é necessária para os pensamentos que ele expressa. Quanto mais suas interpretações possam ser julgadas como demonstrando como *seu* conhecimento, *sua* experiência, *seu caráter* são necessários para formular aquele pensamento daquela maneira que foi formulado, mais razão existirá para supor que a interpretação é psicanaliticamente inútil, ou seja, alheia ao âmbito O. (AI, 103, 105)

Em consequência, caso nos mantenhamos dentro do exame da obra de Bion, uma interpretação analítica precisa iluminar uma relação que se ocupa de obter alguma apreensão da realidade, necessitando, proporcionalmente, manter-se longe de falsidades.

Durante alguns anos, Bion enfatizou apenas um dos vínculos que podermos manter com outras pessoas, eventos ou coisas; a ênfase foi para privilegiar a manutenção consciente desse vínculo, no aqui e agora de uma sessão analítica; o vínculo ressaltado foi denominado K, ou conhecer (*knowledge*, em inglês[153]), às expensas de

---

[153] Na versão para o português brasileiro, feita pelo autor deste dicionário, de *Transformações* e *Atenção e interpretação*, e, em conjunto com Ester Hadassa Sandler, de *Elementos de psicanálise*, optamos por manter o sinal quase matemático para indicar os vínculos K, L e H, nas iniciais dos termos na língua inglesa, conforme grafados por Bion. Pareceu-nos que traduzir sinais constitui-se como inadequação. Sinais matemáticos são universais, assim como sinais para elementos químicos – não demandam tradução. Algo que apenas semeia confusão. Principalmente no que se refere à obra de Bion. Traduções que preferiram usar a letra C para Conhecimento resulta-

V

manter-se utilizando os vínculos H (ódio, *hate* em inglês) ou L (amor, *love* em inglês). Todos esses três vínculos (K, H e L) podem apresentar-se no sentido positivo ou no sentido negativo – neste último, denominam-se, –K, –L e –H. Em uma relação analítica, é necessário evitar que prevaleçam os vínculos H e L, e também –K:

> A peculiaridade de uma sessão psicanalítica, o aspecto que estabelece que ela é uma psicanálise e não poderia ser nenhuma outra coisa reside no fato de o analista usar todo material para iluminar uma relação K. . . . o analista está restrito a interpretações que expressam uma relação K com o paciente. Elas não devem ser expressões de L ou H. (EP, 81)

O privilégio de manter-se prevalente o vínculo K (conhecer) modificou-se a partir de 1965. Ainda que Bion tivesse prosseguido na recomendação sobre a necessidade de manter uma disciplina em utilizar K durante uma sessão de análise, expandiu o escopo da própria prática psicanalítica, alertando que não será suficiente manter apenas o vínculo K; é necessário que K seja também uma transformação: corresponde aos alertas de Freud a respeito de entendimento intelectual da teoria analítica, contido em vários artigos, por exemplo, nas suas notas autobiográficas. Uma prática que alcance o *status* de ser qualificada como analítica necessita de algo além do conhecer; algo que pertença ao âmbito dos numena; que transcende o conhecimento:

> O valor destas formulações pode ser avaliado conforme as condições sob as quais se efetuam as transformações. O valor das formulações dos eventos de análise feitas durante a análise deve ser diferente daquelas feitas fora da sessão. Seu valor terapêutico é maior quando conducente a transformações em O; e menor quando conducente a transformações em K . . . O analista precisa focalizar sua atenção sobre O, o desconhecido e incognoscível. O sucesso da psicanálise depende de se manter um ponto de vista psicanalítico; o ponto de vista é o vértice psicanalítico; o vértice psicanalítico é O. O analista não pode estar identificado: ele precisa *sê-lo*. (AI, 26-27)

O símbolo "O" (veja verbete) representa o ambiente dos numena. Identificar-se com O implica pretensões de possuir verdade absoluta. Ao tentar-se abordar Verdade – seja como questão ou não – implica abordar sinceridade; implica, nessas abordagens, a linguagem possível de ser utilizada por analistas:

---

ram em confusão na leitura, pois C é uma letra que também indica a terceira linha do instrumento "Grade" (Grid) – ver os verbetes específicos "K" e "Grade" (Grid).

ALICE: Fazer trocadilhos: isto é baixar excessivamente nosso nível.

P.A.: Fundamentalmente, a vida é realmente "abaixar o nível" – "caralhos", "bocetas" e nadar em um mar de fluido amniótico e mecônio, e agora a psicanálise. Mesmo o feto está envolvido com o *não-feto*. Um cone intercepta outro cone. Aqui, podemos descrever os olhos de cada um de nós varrendo uma área do espaço mais ou menos da forma de um cone. Entretanto, esses cones apresentam intersecções com outros cones cuja origem focal é diferente. Poder-se-ia descrever pictorialmente esses pontos de intersecção recorrendo-se a figuras geométricas. Como disse Robin, isso é uma supersimplificação, que é suficientemente complexa para tornar redundantes quaisquer descrições posteriores. Entretanto, não vejo por que o universo em que vivemos deveria curvar-se a nós, sendo compreensível justamente a nós, meros seres humanos. Isso vale para nossos próprios corpos e mentes, com os quais temos que viver. Mesmo se não nos afligirmos com o "universo", o *não-nós*, descobriremos que a mera tentativa de saber quem sou "Eu" envolve uma quantidade intolerável de descobertas daquilo que nunca fomos capazes de tolerar e que, com igual probabilidade, estamos certos em não tolerar.

ROLAND: Você me fez lembrar – Britannia me faz lembrar – de uma mãe que, em seu leito de morte, juntou seus filhos pois desejava confessar que jamais havia amado seu marido, o pai deles. O primogênito, o primeiro a se recobrar da espantosa informação, anunciou: "Bom, não sei de vocês, seus filhos da puta, mas estou indo para o cinema"; e então todos eles se escafederam.

ALICE: Muito divertido. Lamento que meus músculos faciais não expressem todo meu entretenimento.

ROBIN: Acho que você não está percebendo o quão divertido é para você o fato de não estar se divertindo.

ALICE: Embora eu tenha dito "muito divertido", não esperava que você acreditasse que era bem isso que eu queria dizer.

P.A.: Embora você não chame isto de psicanálise, você interpreta naturalmente e espera que outros interpretem seu comportamento, inclusive a sua linguagem. Estes diagnósticos e interpretações são intrusões, talvez ultrajantes, em sua privacidade – nossa privacidade.

ALICE: Se você estiver certo, acho que isso é uma razão a mais para se agir de uma maneira razoavelmente civilizada.

P.A.: Com toda certeza. Mas, na realidade, conforme sou capaz de perceber a realidade ou a verdade, mais me dou conta de que a realidade não é civilizada, ou razoável, ou considera nossos sentimentos ou ideias. Isso se aplica a você e a mim; não somos polidos, civilizados, atenciosos, apenas. Então, à medida que adquirimos um caráter "civilizado", nossa capacidade para mentir, matar, roubar, gozar de *plena saúde*, "mofa em nós, desusada", como coloca Milton.

ALICE: Sem dúvida Milton não queria dizer o que você diz que ele queria.

P.A.: Estou pronto para acreditar que Milton não queria dizer isso. É necessário pelo menos um treinamento considerável para se alcançar agora alguma ideia do que Milton quis dizer – ou Nietzsche, ou Newton, ou qualquer outra grande figura do passado. No presente, não temos que nos incomodar, pois não há nenhuma grande figura a ser percebida. De fato, estamos aprendendo a encará-los como sendo inventos de nossas imaginações.

ROLAND: Lembro-me da moda das "Figuras Paternas"; a paisagem era tal que não se podia ver o pai genético da pessoa, de tanto que o ar estava cheio de Figuras Paternas.

ROBIN: Sinto o som de uma Figura Paterna; vejo-a no Ar; vou arrancar fora esta campainha.

ROLAND: Pode me chamar de boa companhia – muito mais cordial.[154]

P.A.: Termos técnicos não estão a salvo de des-valor-ização; daí meu recurso de soletrar a palavra, na esperança de que um retorno a essa dificuldade de aprendizado de infância possa reforçar minha comunicação. Devemos manter nossos termos técnicos sob manutenção constante? A boceta,[155] que não tem nada a ver com sexo anatômico, nem com o masculino, feminino, nem hematologicamente, nem religião, mas poderia se dizer que é sagrada, tem, apesar de tudo isso, uma compreensão quase que universal – pelo menos ocidental. Deixou Alice irada; até articulada, degrada o usuário quase tanto quanto o recipiente.

ALICE: Então por que utilizá-la?

P.A.: Não estou advogando ou condenando seu uso. Já que ela está aí, parece sábio reconhecer ou respeitar sua presença do mesmo modo que se pode respeitar qualquer outro fato, gostando ou não dele.

ROBIN: Posso ver o ponto de vista de Alice – por que sair do seu caminho para ficar procurando o desagradável?

P.A.: Se isso fosse apenas uma questão de agradável ou desagradável, dependeria do caráter ou da pessoa, e de seu gosto ou desgosto. Sugiro que isso também envolva o *é* ou *não é*. Se é então o indivíduo deveria respeitar a *é-sisse* ou *não-é-sisse* disso. Você pensa que essas "coisas" são tão raras que é uma perversão sair de nossa rota

---

[154] Há um trocadilho no original: "ROBIN: *I smell a Father Figure; I see him in the air; I will nip him in the bud.* / ROLAND: *Call me Buddy – so much more friendly*". Literalmente: "ROBIN: Sinto um odor no ar... o de uma Figura Paterna; vou arrancá-la pela raiz. / ROLAND: Chame-me de amigo – muito mais amigável".

[155] *Bloody cunt* no original.

para encontrá-las. Eu digo que elas são tão universais que é perverso fazer grandes desvios mentais para evitar ficar consciente.

ROBIN: Mas quem usa essa linguagem?

P.A.: Para mencionar um: eu uso. E você também. E Alice também.

ALICE: Desculpe-me – eu não.

P.A.: Mas você disse "filho da puta" há poucos instantes; reagiu em relação ao jeito espontâneo de Roland falando "boceta". Se fosse uma língua estrangeira, eu diria que você deveria ter nascido para ela, vivido esta língua, e a ela dedicado amor como se fosse sua própria língua favorita. Concordo que você falou como se dela tivesse esquecido e não quisesse ser lembrada. (AMF, III, 490-493)

Verdade, ou Realidade, em uma psicanálise não é uma "questão" filosófica; o sentido é o de uma postura ética, inegociável: refere-se a um alvo absoluto: *"Autoconhecimento é um alvo do procedimento psicanalítico"* (EP, 91). Bion enfatiza que Verdade pode se constituir em questão teórica para filósofos, mas que um *"psicanalista considera de modo prático o que o filósofo aborda como problema teórico"* (AI, 97).

Os procedimentos psicanalíticos pressupõem que haja, para o bem-estar do paciente, um constante suprimento de verdade, tão essencial para sua sobrevivência quanto o alimento é essencial para a sobrevivência física. Além disso, pressupomos que uma das precondições para sermos capazes de aprender a verdade, ou pelo menos para procurá-la na relação que estabelecemos conosco e com os outros, é descobrirmos a verdade sobre nós mesmos. Supomos que, em princípio, não podemos descobrir a verdade sobre nós mesmos sem a assistência do analista e dos outros. (C, 99)

Assumo que o efeito permanentemente terapêutico de uma psicanálise, caso exista algum, depende da extensão em que o analisando tenha sido capaz de usar a experiência para ver um aspecto de sua vida, a saber, ver como ele mesmo é. A função do psicanalista é usar a experiência dos recursos para o contato que o paciente consegue lhe estender, para elucidar a verdade a respeito da personalidade e das características mentais do paciente, exibindo-as a ele, paciente, de modo que este possa ter uma razoável convicção de que as asserções (proposições) que o analista faz a seu respeito representem fatos. Segue-se que uma psicanálise é uma atividade conjunta, do analista e do analisando, para determinar a verdade; que, sendo assim, os dois estão engajados – não importa quão imperfeitamente – em algo que pretende ser uma atividade científica. (C, 114)

V

Se nós – do mesmo modo como feito por Bion – pudermos sempre, mas não apenas, partir das contribuições de Freud, sem esquecimentos e clivagens de autores que podem ser considerados como ancestrais ou antecessores de Freud, e sempre pudermos nos disciplinar e até mesmo nos isentar de leituras secundárias, que demasiadas vezes distorceram a obra de Freud, poderemos, então, dar maior atenção ao termo "realidade psíquica", por ele cunhado *via-à-vis*, mas não contra à realidade material. Em consequência, haverá a possibilidade de que percebamos que, na forma como Freud as observou, são formas diferentes da *mesma* realidade – fato frequentemente ignorado. Freud utilizou-se do mesmo termo – "realidade" – para descrever duas formas diversas de apresentação dessa mesma *"existência"*. Só um leitor desatento, ou preconceituoso, ou baseado em algum apóstolo preferido, concluirá que foi mera coincidência de um escritor igualmente desatento. Sabemos, com farta evidência, de que não era o caso de Freud.

Dispomos, igualmente, de muitos modelos concretizados que podem ilustrar a indivisibilidade do conceito de "realidade material e psíquica". Por exemplo: tomemos, como imagens, uma moeda ou uma mão. Tanto a moeda como a mão podem se apresentar sob duas faces – da mesma moeda, no senso comum, "cara e coroa"; ou da mesma mão, a face ventral e a face dorsal. Parece a este autor, baseado em investigações em história da ciência publicadas anteriormente, ser absolutamente necessário considerar as raízes da psicanálise nas contribuições de Platão, de Aristóteles (quando este atingiu sua maturidade, reconciliando-se com seu antigo mestre Platão) e de seus resgates por Espinosa, Kant e Hegel. A psicanálise se ocupa, na prática, com o âmbito numênico; se ocupa de efetuar, no limite das possibilidades humanas, de modo geral, e individuais, de modo específico, aproximações à realidade. Com a natureza imaterializada do número – classificada por Kant como "negativa". A realidade psíquica corresponde ao âmbito numênico. Permanece, em última instância, incognoscível para o nosso sistema consciente, se o considerarmos, como fizeram Freud e Bion, como o órgão sensorial destinado à apreensão de qualidades psíquicas. O modelo teórico de Freud, em *A interpretação dos Sonhos* (pp. 600-634), contempla, como Kant contemplou, a mesma incognoscibilidade última na realidade material. Nas condições normais de temperatura e pressão na Terra, onde apareceu a vida humana, existem graus variáveis de materialização. Um modelo tosco é o da água. Realidade imaterializada prossegue sendo misteriosa no lugar comum: o termo "espírito", no século XIII, substituiu o termo "alma" do cristianismo, baseado no "estranho" comportamento do álcool, que se esvanecia, tornando-se inobservável dentro do pequeno espectro de apreensão de nossos órgãos dos sentidos. Psicanálise e a física moderna foram descobertas no mesmo tempo histórico, e para alguns membros do movimento psicanalítico, como para os físicos relativistas e quânticos, fatos imateriais não causam mais tanta espécie como ainda causam para muitos leigos. A física moderna demonstrou que algo se comporta como partícula e algo que se comporta como onda são duas formas paradoxais da mesma realidade última. Mas leigos e alguns cientistas dão mais crédito consciente às constatações materializadas. Por exemplo: a constatação da existência real do bóson de Higgs, a micropartícula materializante, foi demonstrada matematicamente, em 1961. Não impediu, mas ao mesmo tempo, não foi necessária a comprovação materializada. Que acabou ocorrendo em 2012. O comportamento grupal no lugar comum continua dependendo de "provas" materializadas, que sempre incluem a materialização de campanhas midiáticas em jornais etc. – que não podem apresentar formulações matemáticas nem experiência emocionais – formulações psicanalíticas, que dependem de desenvolvimento, formação e experiência. Necessitam uma percepção e expressão subjacente ao âmbito fenomenológico, que parece se satisfazer, e sempre por pouco tempo, logo submetido a esquecimento, de constatações sobre aparências captáveis pelo espectro de absorção dos nossos órgãos sensoriais.

Nós, analistas, procuramos por **padrões imateriais, subjacentes ou "superjacentes", ou de um lado ou do outro – de algo que sequer tem lados**: *"Uma interpretação dada ao paciente é uma formulação que pretende estabelecer um padrão subjacente"* (ST, 131) – pertinente aos sistemas inconsciente e pré-consciente, no modelo teórico de Freud para apreender uma situação dinâmica, semovente:

> O psicanalista tenta ajudar o paciente a transformar aquela parte de uma experiência emocional que lhe é inconsciente em uma experiência emocional que lhe seja consciente. (T, 32)

Tais padrões não nos são dados diretamente para nossos órgãos sensoriais. Sua apreensão ocorre aquém ou além deles. Correndo o risco de cunhar um neologismo não autorizado por nenhum uso anterior; pode-se dizer que esses padrões não apenas subjazem, mas, eventualmente, podem "superjazer" às aparências fenomênicas; como podem embebê-las, ou estarem "de um lado" ou "do outro lado" dessas aparências, caso se possa considerar que elas tenham "um lado". A identificação – o mais correta possível – desses padrões permaneceu como preocupação, e também ocupação, na vida profissional de Freud, Klein, Winnicott e Bion. No que tange à obra deste último, pode-se citar um texto de sua obra final:

> ... proponho uma teoria de ψ com um dos órgãos do aparato sensorial recentemente proliferado, conhecido como "fim", no qual se presume que várias funções, geralmente associadas com a psicanálise (a situação edipiana, agressão rivalidade), sejam observadas (no modelo, sob forma de dis-túrbio, dis-função, sexo, medo, amor). Na realidade, elas são padrões, configurações insignificantes em si mesmas, mas que, delineadas, indicam uma realidade subjacente em função de suas perturbações, reagrupamentos, mudanças em padrões e cor; refletem uma categoria e

uma espécie em cuja presença humana não pode formular ou conjecturar. (AMF, 121-122)

Um modo detectar tais padrões depende do desenvolvimento – por experiência de análise – de uma intuição analiticamente treinada (T, 49). Até o ponto em que a experiência deste autor chegou, esta parece ser a única forma até agora desenvolvida; isso não implica que não haja outras. Consideramos alguns vértices: neurológico, psiquiátrico, psicológico, psicanalítico e o fornecido por alguns teóricos da ciência com experiência científica, que podem ser comparados com outros poucos vértices, como o de teóricos da ciência sem experiência científica. Se a quantidade destes vértices pode ser considerada como "muita", ou "pouca", dependerá da avaliação de cada leitor.

Existem conjunções imateriais constantes que podem percebidas e conferem significado a algumas apresentações fenomênicas pelas quais ocorrem sofrimentos materiais e psíquicos na natureza humana. Bion propõe alguns termos emprestados da matemática para tentar descrever, ainda que minimamente, o que compõe alguns padrões subjacentes: "fato selecionado" (em 1962) e "invariância" (1965).

Outra característica sempre presente, mas embebendo, subjacente ou envolvendo de modo "superjacente" aparências, pode ser formulada de modo verbal usando alguns termos, sempre pouco precisos como qualquer verbalização: afeto; emoção; compondo experiências emocionais. Que não são dadas de modo direto para serem apreendidas pelos nossos órgãos sensoriais. Nem tampouco se submetem totalmente ao pequeno espectro de absorção desses órgãos:

> Superficialmente, uma sessão analítica pode parecer tediosa; ou desprovida de traços característicos; ou alarmante; ou sem interesse, boa ou má. O analista, vendo além do que é superficial, está consciente da presença de ardente emoção; é necessário não haver nenhuma ocasião em que isto não lhe seja aparente.
>
> A ardente experiência é inefável; entretanto, uma vez conhecida, é inconfundível; este capítulo deve ser compreendido como relacionado a ela, um preparo para participar dela; pois, se este contato for mantido, o analista pode se devotar à avaliação e interpretação da experiência central; e, se achar útil, das superficialidades nas quais a experiência central se incrusta. (T, 74)
>
> Uma interpretação de um psicanalista formula aquilo que o comportamento do paciente revela; de modo inverso, que o julgamento do analista precisa ser incorporado em uma interpretação, e não em uma descarga emocional (por exemplo, contratransferência ou *acting-out*). (T, 35)

A linguagem de Bion

O fator principal para a elaboração desse dicionário – secundado apenas pela motivação puramente pessoal, necessidade de compartilhar de resultados que me parecem úteis e construtivos – é que na atualidade, as definições dos termos em psicanálise foram degeneradas, por excesso de uso descuidado, ou com intenções de roubo – como na observação de Nietzsche (1887), de modo similar ao de velhas moedas, que perderam o valor facial. A definição básica de *acting-out* por Freud, vertido para nossa língua como "atuação" é a passagem direta de um impulso instintual para uma ação motora, sem interpolação dos processos do pensar.

O que Bion tenta caracterizar nas duas citações anteriores? Não será misterioso para analistas praticantes: são descrições de um percurso, que se inicia naquilo que parece ser conhecido e tem um sentido, dirigido ao desconhecido: trata-se da exploração daquilo que Freud denominou na língua alemã de *unbewuβt*. Tanto o sentido como o significado desse termo em português são: "não conhecido". Usualmente e hoje transformado em jargão: "inconsciente". Caso não tivesse sido transformado (degenerado, na apreciação deste autor) em jargão, poderia ter sido sempre traduzido como "sistema inconsciente". Freud, Klein, Bion e Winnicott, além de outros, praticaram-no para apreender um evolver vivo, denominado por Bion *tornar-se*. Para "extrair", ou des-abstrair, e apresentar para o sistema consciente do paciente, e do analista, quem é aquele paciente específico, naquele momento único vivido durante o aqui e agora, em uma sessão de psicanálise. Caso se possa apreender o âmbito negativo dos numena, perceber-se-á a possibilidade de alcançar uma visão analítica, intrassessão, por intermédio da observação daquilo que a pessoa – o paciente – *não* é, mas pensa que é. Aquilo que ele ou ela pensam que são pode se expressar por intermédio daquilo que Freud observou nos relatos de sonhos: conteúdos manifestos. Por exemplo, no discurso falado pelo paciente a respeito dele mesmo, ou de outras pessoas.

> A suprema importância da transferência reside em seu uso na prática de psicanálise. Ela está disponível à observação por analisandos e analistas. Nesse aspecto é única – essa é a sua força e sua fraqueza; a sua força porque o "fato" está disponível às duas pessoas e, portanto, passível de ser discutido por elas; sua fraqueza porque o fato é inefável e não pode ser discutido por mais ninguém. A falha em reconhecer esse fato simples tem levado a confusão. (C, 353)

Uma prática que tenha natureza similar à da psicanálise exige respeito pela vida e consideração por Verdade, o que inclui habilidade ou disposição mínima para tolerar paradoxos. Pacientes procuram por analistas; ato que nunca garante uma disposição inquestionável para serem analisados; assim como muitos procuram formação científica e artística. Mas quantos a enfrentam?

V

A psicanálise não te diz nada; ela é um instrumento, como a bengala do cego, que aumenta o poder para colher informações. O analista usa a psicanálise para acumular um tipo *selecionado* de informação: o analisando utiliza a psicanálise para acumular um material que pode usar para (1) o objetivo de imitar; (2) aprender a filosofia do analista; (3) aprender como conduzir sua vida de modo socialmente aceitável, e (4) tornar-se familiarizado com seu *self*.

Ainda que seja verdadeiro que o analista não intente satisfazer (1), (2) e (3), ou qualquer outro desejo que não (4), é impossível fazer alguma afirmação que gratifique apenas (4), pela falta de precisão do discurso espontâneo em português.[156] O analista pode tentar não poluir a sua interpretação; ou, por outro lado, pode tentar não ficar falando como se fosse um computador vivo, estranho à cordialidade humana, ou à vida com a qual todos os nossos companheiros humanos, como membros de nosso universo, estão familiarizados.

Certas palavras e frases parecem ser necessárias para a comunicação de "acontecimentos" recorrentes em um aspecto da experiência humana com o qual estou mais familiarizado; este aspecto também é uma parte de minha vida: a minha profissão. É algo que, em função de me faltar a força para descrever adequadamente, denomino "sofrimento mental". Isso toca em eventos em relação aos quais o analista nada pode fazer, e também nos pensamentos e sentimentos que o paciente tem a respeito desses eventos. A distinção é importante, mas não pode ser facilmente delimitada e isolada para exame sem a inclusão de pensamentos que merecem, por si mesmos, uma discussão. (C, 361)

Como toda e qualquer situação humana, e muito similar à prática médica, a psicanálise também configura complexidades: paradoxalmente, uma atividade cordial e perigosa:

Um analista não está fazendo seu trabalho se investiga algo porque é agradável ou lucrativo. Os pacientes não nos procuram porque antecipam um evento agradável iminente. Vêm porque estão desconfortáveis . . . quem, ao estar engajado em psicanálise, não sentir medo não está fazendo seu trabalho ou não está preparado para ele. (AMF, III, 516-517)

Uma visão analítica e a consequente postura analítica foram mais bem esclarecidas nas últimas obras de Bion? Cada leitor pode fazer seu julgamento pessoal; na visão deste autor, a resposta é "sim". Modificando tentativas anteriores para alcançar clareza e concisão por meio de modelos matemáticos, Bion incrementa seu apelo anterior para formulações verbais quase-literárias, e também formulações feitas por

---

[156] No original, *spontaneous English speech*.

literatos e poetas, diminuindo apelos às formulações quase-matemáticas e quase-biológicas. Como os sábios iluministas, e também Freud, elabora máximas – e algumas fábulas ficcionais, ou baseadas em tradição histórica, principalmente em *Transformations* e *Attention and Interpretation*. No primeiro livro, inclui citações de poetas da tradição mística, da Cabala judaica e cristã, com referências à tradição sufista dos árabes, para oferecer uma aplicação prática do conceito de númeno, como extensão da investigação no sistema inconsciente. Mais especificamente, dos númena como um âmbito "negativo", no que tange à necessidade de apreender o âmbito numenico quando ocorre algum *insight* psicanalítico. Em *Attention and Interpretation*, pode-se encontrar uma fábula bem-humorada sobre uma hipótese a respeito de possível função social exercida por mentirosos; e sobre problemas grupais conforme foram desencadeados, e continuam sendo enfrentados pelo cristianismo. Citações de poetas, teóricos da ciência, fábulas e máximas aumentam em número em *A Memoir of the Future*.

Até o ponto em que foi a investigação deste autor, publicada em outras obras, o âmbito negativo dos númena parece ter sido mais bem descrito por Platão na formação verbal das "formas ideais"; e resgatado por Kant e Hegel. Na história das ideias da civilização ocidental, constata-se a insistente negação da existência dos númena – no sentido psicanalítico do termo "negação", definido por Freud. Tal negação, caracterizando resistência ao conhecimento, parece ter atingido um primeiro clímax na obra de Aristóteles quando jovem – em função da rivalidade com seu antigo mestre Platão. E também com Platão, em suas dificuldades iniciais com a Medicina e o que via como limitações desta disciplina – resolvidas quando mais idoso, sob uma visão mais desenvolvida da natureza especial desta técnica, que passou a abranger o nível das Formas Ideais. No caso das diatribes criadas por Aristóteles, também houve um desenvolvimento em sua maturidade e velhice: reviu parte das negações anteriores. No entanto, as mesmas foram aproveitadas com intuitos político-econômicos da continuidade do império romano, por meio do ramo apostólico da Igreja católica romana; as ideias de São Tomás de Aquino e Descartes despontam como novos momentos de negação do âmbito dos numena, em termos do conhecer humano. Segundo esses pensadores, seria um âmbito reservado para autoridades eclesiásticas, como porta-vozes da divindade na tradição judaico-cristã. No entanto, *insights* a respeito do âmbito dos numena reapareceram após a Reforma; pode-se destacar a contribuição de Georg Hamann, um dos professores de Immanuel Kant. Que, por sua vez, resgatou a noção do âmbito negativo dos numena. Vários autores, influenciados pela obra de Kant, como Maimon, Von Herder, Goethe, Fiche e Hegel, circunscreveram com maior precisão o âmbito negativo dos numena. O desenvolvimento daquilo que todos esses autores intuíram culminou em um uso prático da concepção de um âmbito numênico na obra de Freud – cuja experiência médica e científica lhe permitiu elaborar um modelo teóri-

V

co totalmente inspirado em sua experiência médica e científica prévia. O modelo precisou de algo em torno de quatro décadas para ser expresso sob forma escrita, alcançando o *status* de teoria. Freud supôs, ou intuiu – pois obteve dados clínicos que evidenciaram a utilidade e aptidão do modelo –, que nós, seres humanos, possuímos algo que pode ser nomeado como "aparato" ou "sistema psíquico", Análogo a todos os nossos outros sistemas ou aparatos já descritos pela medicina, capaz de apreender a "realidade material e psíquica", conforme ele escreve em 1900. Ou seja, capaz de apreender fenômenos (realidade material) e algo do âmbito numênico (realidade psíquica). Fenômenos e numena podem ser, analogicamente, vistos como duas faces de uma mesma realidade – material e psíquica. Tal aparato seria constituído, teoricamente, de "sistemas psíquicos"; obedeceria a "princípios de funcionamento psíquico" para apreender e se comprometer (e também não se comprometer) com a realidade, por meio de "instâncias psíquicas". De modo detalhado, sempre com apoio ou evidência clínica, Freud observou os sistemas inconsciente (desconhecido), pré-consciente e consciente; regulados ou mal regulados pelos princípios do prazer/ desprazer e da realidade, segundo o "princípio da constância" observado por Gustav Fechner (atualmente denominado entropia dos sistemas vivos); e das instâncias de Ego, Superego e Id (*Das Es*).

Bion, depois de Freud e Klein, parece ter sido um dos poucos a fazer retornar o foco da pesquisa psicanalítica ao sistema inconsciente (e, portanto, ao âmbito do Id), como parte fundamental, em uma postura analítica pura. Os textos de Bion não privilegiam clivagens nem tendências favorecendo algum recurso teórico de Freud – como a que ocorreu com algumas práticas, iniciadas com a "psicologia do Ego". Passados mais de quarenta anos da publicação de *A Memoir of the Future*, persiste um fato no movimento psicanalítico: poucos leitores apreenderam o quão prático é esse texto. Na primeira edição da primeira obra introdutória à trilogia no mundo, que pude publicar com o estímulo de Francesca Bion, James Grotstein, Meg Williams e de Jayme Salomão, em 1988, assinalei que a apreensão mínima dos diálogos exige experiência psicanalítica, que sempre inclui algum tipo de autocrítica: o exercício de uma disciplina de autocritica que: (i) libere o leitor de preconceitos teóricos favorecidos pelos grupos institucionais, sobre como se deve escrever textos psicanalíticos; (ii) que libere o leitor de ficar procurando sentidos prévios, substituindo-a por uma procura dos sentidos do autor – exatamente como é necessário quando atende pacientes.

BION: Não estou entendendo.
EU MESMO: Talvez eu possa ilustrar com um exemplo tirado de algo que você conhece. Imagine uma escultura que é mais fácil de ser compreendida se a estrutura é planejada para funcionar como uma armadilha para a luz. O significado é revelado pelo padrão formado pela luz assim capturada – não pela própria estrutu-

ra, ou pelo trabalho da escultura em si. O que estou sugerindo é que, se eu pudesse aprender a falar com você de maneira tal que minhas palavras "capturassem" o significado que elas não expressam nem poderiam expressar, eu poderia me comunicar com você de um modo que no presente não é possível.

BION: Como as "pausas", numa composição musical?

EU MESMO: Um músico certamente não negaria a importância dessas partes de uma composição nas quais nenhuma nota soa; porém resta uma imensa quantidade de coisas por serem feitas além do que se pode conseguir por meio da arte hoje disponível e de seus procedimentos tradicionalmente estabelecidos de silêncios, pausas, espaços em branco, intervalos. A "arte" da conversa, do modo como é conduzida como parte do relacionamento conversacional da psicanálise, requer e demanda uma extensão no domínio da não conversa.

BION: Mas será que isso é novo? Será que todos nós, de alguma forma, não estamos familiarizados com "lacunas" dessa espécie? Isso não é, geralmente, uma expressão de hostilidade?

EU MESMO: Como já vimos antes, provavelmente estamos familiarizados com aquelas atividades para as quais a evidência que se requer é a mera existência de um vocabulário. A própria "evidência" é de uma espécie que se inclui na esfera da experiência sensorial com a qual estamos familiarizados. Qualquer pessoa entenderá o termo "sexo" – quando o termo fica relacionado com a experiência sensorial de sexo. Se, ao invés de dizer "sexo", eu falasse em "amor de Deus", estaria fazendo uso da expressão que comumente se ouve em comunidades religiosas que têm uma distribuição dentro de coordenadas temporais e topológicas particulares. Mas suponha que meu termo "sexo" se refira a um domínio que não tenha tais coordenadas sensoriais e um O do qual não haja elementos análogos ou átomos mentais ou psicológicos; então O poderia ser desqualificado como "pensamento", do modo como uso o termo.

BION: E no que diz respeito a sonhos e pensamentos oníricos?

EU MESMO: Sugeri um "truque" por meio do qual uma pessoa poderia manipular coisas destituídas de significado, pelo uso de sons como "α" e "β". Esses sons são análogos àquilo que Kant chamou de "pensamentos desprovidos de conceitos", mas o princípio, e uma realidade que dele se aproxima, também pode ser estendido à palavra de uso comum. As realizações que se aproximam de palavras como "memória" e "desejo" são opacas. A "coisa-em-si", impregnada de opacidade, torna-se ela mesma opaca: o O, do qual a "memória" ou o "desejo" é a contrapartida verbal, é opaco. Estou sugerindo que essa opacidade é inerente aos muitos Os e suas contrapartidas verbais, e aos fenômenos que geralmente se supõe que expressem. Se, por meio da experimentação, nós descobríssemos as formas verbais, também poderíamos descobrir os pensamentos aos quais a observação se aplicou de

V

modo específico. Dessa maneira, conseguiríamos uma situação em que essas formas poderiam ser utilizadas deliberadamente para obscurecer pensamentos específicos.

BION: Há alguma coisa nova nisso tudo? Assim como eu, você deve ter ouvido com muita frequência pessoas dizerem que não sabem do que você está falando e que você está sendo deliberadamente obscuro.

EU MESMO: Elas estão me lisonjeando. Estou sugerindo um objetivo, uma ambição, o qual, se eu pudesse atingir, me capacitaria a ser obscuro de maneira deliberada; no qual eu poderia fazer uso de certas palavras que poderiam ativar, de modo instantâneo e preciso, na mente do indivíduo que me ouvisse, um pensamento, ou uma cadeia de pensamentos, que surgisse entre ele e os pensamentos e ideias já acessíveis e disponíveis para ele.

ROSEMARY: Ah, meu Deus! (AMF, I, 189-191)

Haveria, na literatura disponível, algum outro esclarecimento similar, ou comparável ao trecho citado, que tenha sido escrito de modo coloquial, sem maiores dotações literárias que não aquela necessária para a comunicação entre psicanalistas praticantes, a respeito do âmbito numênico e, de modo ainda mais detalhado, da natureza negativa? Que pode também ser nomeada da forma como Bion a denominou: "menos" (ou "negativo") – *minus* em inglês? Ou, em notação matemática, o âmbito (–), que sempre ocorre em conjunção constante com o âmbito "positivo", ou, na mesma notação matemática, (+)?

Em termos de teoria da ciência – durante vários séculos, a teoria da ciência foi assunto de matemáticos, teólogos e filósofos –, pode-se afirmar que Bion nos deu uma indicação precisa de que, no trabalho analítico, é necessário levarmos em conta o âmbito "negativo", já antevisto por Platão, Pascal, Kant e Hegel. Embora outros analistas, como Theodor Reik, Jacques Lacan e André Green, também tenham mencionado a existência desse âmbito, parece a este autor que as indicações de Bion foram mais bem-sucedidas, em termos práticos, em indicar uma postura do analista em sessões de psicanálise.

Como demonstrou Freud, esse âmbito pode emergir de forma materializada – dita, a partir de Kant, da realidade material. Esta forma dependeu de observações e teorias anteriores, de Darwin e Lamarck, outros grandes inspiradores da obra de Freud: trata-se das nossas dotações instintivas.

Esse âmbito também pode ser visto como o âmbito das formas ideias de Platão. Sumarizando: o âmbito numênico, resgatado à consciência dos estudiosos na civilização ocidental por Kant e, mais tarde, mapeado por Freud, nas investigações sobre as duas formas de existência, ou duas formas de realidade. Ou seja, a mesma realidade, em si incognoscível de modo último: realidade material e psíquica. *Insight* a respeito das duas formas; e uma investigação científica sobre como, onde e quando ocorrem conjunções constantes interligando as duas formas, constituindo o trabalho conjunto, do analista e do analisando.

Vamos prosseguir com o texto de Bion? Seu próximo passo parece seguir uma sugestão de Freud, ao perceber a natureza alucinatória de um fenômeno que denominou, à falta de um nome, de "transferência" (Freud, 1912). Uma entre algumas necessidades para que haja uma consecução de um ato psicanalítico, é aquela que pode ser descrita como uma imersão em realidades psíquicas. Que incluem algum tipo de discriminação mínima com produções alucinatórias e delirantes. Essas produções aparecem quando a pessoa se torna subserviente apenas ao princípio do prazer – desprazer. Essa pessoa, nesses momentos – que podem ser mínimos, mas também podem ser muito prolongados –, nega o princípio da realidade, evadindo-se de experiências de frustração do desejo. Neste caso, frustração fica indistinguível de dor. O autor deste dicionário propôs, em outro estudo (Sandler, 1997b, pp. 21-34, 55, 73-104), que realidade psíquica inclui "não-realidade psíquica" – que produz simultaneamente às produções da realidade psíquica, negação da realidade. Que podem ter contrapartes prevalentemente materializadas, ou equivalentes concretizados, pseudofactualizados, apreensíveis pelo nosso aparato sensorial – mas falsos. Isso ocorre por nossa capacidade de construir ferramentas e conferir formas factualizadas daquilo que nunca passa de alucinação, alucinose ou delírio. Fragmentos de processos de pensar, que não mais se constituem como processos, ao perder uma natureza dinâmica, substituída por algo estático – morto – que pode ser mais bem caracterizado como o não-pensar, ou ausência do pensar, totalmente baseados no mecanismo psicótico mais básico que se conhece, racionalização – combustível do "fazer crer". Há um paradoxo que demanda tolerância: a capacidade humana de alucinar é real; os produtos dessa capacidade, não.

Por exemplo, os termos bruxa ou belzebu referem-se a entidades inexistentes – das quais é possível fazer imagens e conferir-lhes formas antropomórficas. Não-realidade psíquica, âmbito de falsos enunciados, falsos constructos materializados que passam por verdadeiros apenas quando submetidos a exames superficiais. Estes, os exames dos apressados em busca de satisfação imediata; daqueles a quem falta um dos estágios primários do pensar, a função de ego de atenção; ou dos eivados de desejo. Novamente, esta situação é paradoxal, na medida em que o não-pensar é companheiro inseparável do pensar; não-realidades psíquicas são inseparáveis de realidades psíquicas. No mesmo sentido em que a produção de uso-frutos químicos nutrientes – como o trifosfato de adenosina, ou ATP, a fonte mais básica de energia até hoje conhecida para manutenção de entidades vivas – é inseparável da produção das fezes.

V

P.A.: O meu problema é a relação quando duas pessoas, mentes, caráteres, se encontram. Freud chamou a atenção para um aspecto dessa relação, que chamou de transferência. Penso que Freud queria dizer que, quando um homem se encontra com seu analista, ele transfere características ao analista, as quais, em um dado momento, este mesmo homem pensou, de modo consciente e de uma forma nada irrazoável, serem inerentes a algum membro de sua família parental. Tais características são impróprias quando sentidas como em relação a um estranho – o analista.

PAUL: E por que o analista? Por que não outras pessoas?

P.A.: O analista é um exemplo "típico" dessas "outras pessoas". Em análise, pode-se discutir estes *"transfers"* característicos.

ROBIN: *Só* pelo paciente?

P.A.: Não. O analista também reage ao paciente. Isto é conhecido como contratransferência, na medida em que essas reações são, para o analista, inconscientes. Você pode ler tudo sobre isso na literatura, ou, melhor ainda, descobrir por si próprio fazendo uma psicanálise. Não quero continuar neste assunto, pois na melhor das hipóteses conseguiríamos falar "sobre" – e não experimentar. (AMF, II, 249-250)

Falar *sobre* análise implica, em muitos casos, principalmente em textos escritos, em que a dependência do observador – o leitor – é ainda mais pronunciada caso se a compare com outra situação, por exemplo, uma descrição "ao vivo", individual ou com mais pessoas, em efetuar clivagem entre realidade material e realidade psíquica – como a definiu Freud no capítulo VII de A interpretação dos sonhos, p. 614). Experiência da análise, idêntica a qualquer experiência na vida humana, implica o viver a realidade material e psíquica, ou "realidade sensorial e psíquica", na terminologia de Bion em Attention and Interpretation (AI, 26).

Em 1975 Bion recomendou, à guisa de convite para uma aquisição mínima de visão analítica, que psicanalistas poderiam fazer tentativas para evitar formalismo, expresso por manipulações racionais dos símbolos, muitas vezes engenhosas ou eruditas – bem como "investigações em psicanálise":

SHERLOCK: Watson é que lidou com a parte simples da coisa. Você já ouviu falar naquele cara, o Bion? Ninguém nunca ouviu falar nele, nem tampouco na psicanálise. Ele acha que ela é real, mas que seus colegas estão envolvidos. Numa atividade que não passa de uma manipulação mais ou menos engenhosa de símbolos. O que ele fala faz sentido. Existe uma impossibilidade de se entender que qualquer definição deve negar uma verdadeira prévia, assim como trazer em si um componente insaturado. (AMF, I, 91)

O método de investigação mais profundo que podemos conhecer – psicanálise – dificilmente consegue fazer mais do que um arranhão na superfície. (BLI, 52)

O ponto prático é não continuar com investigações da psicanálise, mas sim da psique que ela denuncia. Isso precisa ser investigado por meio de padrões mentais; isso que é indicado não é um sintoma; isso não é uma causa do sintoma; isso não é uma doença ou algo subordinado. A própria psicanálise é apenas uma listra na pele de um tigre. Em última instância, ela pode conhecer o Tigre – a Coisa-em-Si – O. (AMF, 112)

Em artigos breves, escritos para publicação em periódicos – "Evidence" (1976) e "Emotional turbulence" (1977d) –, Bion alertou para um risco: seria o todo da psicanálise *"uma vasta paramnésia com a intenção de preencher o vazio de nossa ignorância"*? Em 1979, voltaria à questão:

> ROLAND: . . . existe alguma evidência que uma mente realmente exista? Não tem cor, cheiro nem qualquer outro componente sensorial. Por que toda a psicanálise não seria apenas uma enorme e crescente Babel de paramnésias para preencher o espaço onde deveria estar nossa ignorância? (AMF, III, 540)

Freud tentou dotar a prática psicanalítica de uma base cientificamente sólida – não considerou que enunciados considerados cientificamente válidos em sua época, para algumas disciplinas, pudessem se aplicar; foi um dos responsáveis pelo fato de que nós, seres humanos, pudemos dispensar algumas crenças da religião positivista inventada por Auguste Comte, desenvolvendo métodos que podem ser vistos como ontológicos, de investigação empírica aplicados a entidades vivas, animadas, iniciados por Darwin, e de investigação clínica, sugeridos por Claude Bernard: o "porquê", crença favorita da religião positivista, foi substituído por "como", "onde", "quando". Bion prosseguiu nesse caminho: nenhum dos dois negou e menos ainda racionalizou justificativas ou explicações para impor que a psicanálise pudesse ser considerada como independente de uma abordagem científica – ou seja, de uma disciplina que pudesse apreender, ainda que minimamente, fatos da realidade tal como ela é. Os dois percebiam limitações tanto dos métodos científicos até então disponíveis como da própria psicanálise para tal intuito; os dois persistiram na tentativa de discriminar o mais claramente possível a prática psicanalítica de quaisquer outras práticas, notadamente práticas filosóficas.

Ao adotar métodos observacionais – de observação participante, em que uma entidade, o observador (um analista), compartilha outra entidade, aquilo que é observado (um paciente), a própria natureza da observação –, fazendo comparações com a teoria da ciência proposta por Heisenberg, Bion tentou demonstrar evidências sobre o "valor-verdade" contido ou ausente nos enunciados verbais emitidos pelos pacientes e pelos analistas. Fazia parte integrante e necessária, mas não suficiente, a descrição o mais clara possível do vértice adotado no momento em que os enunciados verbais fossem emitidos. Isso possibilitou descrever eventuais refutações para interpretações, ou construções em análise, conforme estabelecidas por Freud (em *Construções em análise*, SE XXIII): ocorre psicanálise quando pacientes reagem a uma determinada interpretação fornecendo uma nova cadeia de associações livres.

Em *Elements of Psycho-Analysis* e *Transformations*, Bion faz suas últimas tentativas calcadas em enunciados verbais inspirados nas tentativas de teóricos da ciência de uma tendência denominada "neopositivismo". Foram teóricos que tentaram criar uma forma universal de sintaxe matemática que pudesse garantir cientificidade a enunciados de algumas disciplinas, como matemática: uma avaliação do "valor verdade" de enunciados científicos. Na investigação deste autor, o clímax dessas tentativas pode ser encontrado na obra de Rudolf Carnap; não se trata de um autor citado por Bion; não encontramos nenhuma obra dele em sua biblioteca privada. Bion cita uma pessoa que se apresentou como fazendo parte do movimento neopositivista: Karl Popper; no entanto, cita-o de modo crítico.

Em uma sessão de psicanálise, há a necessidade de que o analista faça enunciados verbais; também são úteis quando feitos pelo paciente, mesmo nas fases iniciais, quando é duvidoso que o paciente consiga fazê-los fora do âmbito denominado por Winnicott de "falso *self*". Para o paciente está aberta a possibilidade de fazer outros enunciados que não verbais, mesmo que a correta identificação do sentido pareça não ser tão fácil – como mudanças no semblante e outras expressões de sentimentos. A especificidade da disciplina psicanalítica, em contraste com outras disciplinas, é que os enunciados verbais, correspondentes a comportamentos da entidade observada – o paciente –, também são objetos de escrutínio: correspondem, por exemplo, ao comportamento de micropartículas na física quântica, de elementos e compostos químicos em química, de macropartículas na física relativística. Se uma interpretação pode sobreviver à refutação, pode sofrer um desenvolvimento ou uma correção. Freud foi capaz de desenvolver a psicanálise modificando ou abandonando alguns modelos, e também teorias, conforme fatos clínicos demandassem tal medida.

P.A.: Não penso que Freud ou qualquer outro psicanalista dariam boas-vindas para tal abrangência; é típico da desvalorização a que o uso da linguagem está sujeito. Estou preparado para considerar a possibilidade de que os castelos nas nuvens das estruturas imaginativas humanas possam desaparecer como a visão imaterial de um sonho. Não tenho a menor dificuldade em pensar que a própria raça humana possa desaparecer em uma baforada de fumo. Suponha que o Sol começasse a piscar, como um prelúdio à sua própria desintegração – algum humano sobreviveria? Este mundo é apenas um grão de poeira cósmica; e o nosso Sol, uma estrela comum – é isso que nos dizem os astrônomos. Não conhecemos nenhum outro mundo para o qual poderíamos fugir, à guisa de um lar.

ROBIN: Por outro lado, seria extraordinário se, entre os muitos milhões de sistemas solares, não existisse nenhum acidente semelhante a este que produziu o "homo-sapiens".

ROLAND: Que grande serventia, se soubéssemos . . .

P.A.: Nesse meio-tempo poderíamos permanecer fiéis à nossa natureza e nos empenharmos em fazer o melhor de nós mesmos.

ROLAND: Será que o P.A. está entre os moralistas? Pensei que sua turma tivesse orgulho por ficar acima disso.

P.A.: Não tenho consciência de nos orgulharmos ou nos depreciarmos por sermos membros comuns da raça humana. Como os meus amigos, eu seria grato caso descobrisse ser excelente de alguma forma; na realidade, não descobri nenhuma evidência de minha "excelência" como psicanalista.

ALICE: Seus colegas lhe têm em alta conta.

P.A.: Alguns, por sorte; não deixo de reconhecer o fato, mas isso me diz mais sobre a generosidade e afeição de meus colegas do que sobre *meus* méritos. Penso que podíamos discutir algo de maior interesse do que eu, minhas qualidades e meus defeitos.

Para o autor deste dicionário, há uma questão, enfrentada por Bion, como já havia sido por Freud, na última conferência introdutória à psicanálise que nos legou. Intitulada "A questão da *Weltanschauung*", parece ser frequentemente subestimada por membros do movimento psicanalítico, como tem sido frequentemente superestimada por críticos destrutivos do método psicanalítico. Questão que, se pudesse ser submetida a um escrutínio científico, poderia iluminar os preconceitos dos praticantes – a dupla analítica – que usualmente aparecem disfarçados de julgamentos morais, como se fossem apenas critérios de cura:

ROBIN: E seu dia de trabalho não consiste em discutir as qualidades e defeitos dos outros?

P.A.: Tento demonstrar as qualidades do indivíduo. Se elas são créditos ou débitos, ele pode então decidir por si mesmo. (Todas as citações anteriores: AMF, III, 540-541)

Parece-nos necessário que uma visão que possa ser qualificada como "visão analítica" inclua a avaliação crítica de conceitos de cura; que não os adote *a priori*; nem *ad hoc*. Historicamente, isso caracterizou a psicanálise desde sua descoberta – no que se refere a diagnósticos – a partir do momento em que Freud fez um estágio na clínica de Jean-Martin Charcot, alguém que questionou o diagnóstico de epilepsia

V

em mulheres, provando ser mais adequado, por ser verdadeiro, o diagnóstico de histéricas. Ou da noção de que a histeria era apanágio de mulheres, e nunca de homens; ou, na época do falso diagnóstico de "cérebro ferroviário" e em alguns casos de "neurose de guerra", em que quadros histéricos em homens que haviam sofrido acidentes ferroviários ou que simulavam terem sido atacados por gás mostarda viraram epidemia de massa na Europa. Um caso tristemente famoso foi o de Adolf Hitler, cuja cegueira física após um destes ataques de gás pode ter sido colocada em dúvida por um psiquiatra, Edmund Foster, que tinha interesse em psicanálise[157]. A análise crítica de Freud aparece, por exemplo, no julgamento de Werner Von Jauregg, o inventor da malárioterapia - que confundiu um quadro histérico com manifestações de psicopatia, em um tenente do exercito austríaco. Análises críticas de Freud sobre uma pretensa inocência sexual, ou inexistência de sexualidade na infância, incrementaram os embriões de investigação sobre sexualidade – iniciados por Krafft-Ebing – dando-lhes aplicação clínica. Os exemplos poderiam ocupar o espaço de um livro: por análise crítica, Freud demonstrou a universalidade das neuroses; Klein, fez o mesmo com relação à psicose. Bion expande e clarifica, criticamente, adoções de modelos curativos à prática da psicanálise (q.v.). Embora Bion se utiliza do modelo médico para fazer a crítica, pode-se afirmar, com base tanto em sua obra como na prática da medicina, que o modelo curativo, quando aplicado à própria prática médica, é falacioso e conduz a degenerações, produzindo algo que bem poderia ser qualificado como antimedicina. Na terminologia médica: iatrogenia; na linguagem popular entre estudantes e médicos, o alerta da presença de um *furor curandis*. Pode-se dizer que a presença de fantasias ou desejos de cura sempre se expressam como furor. Todos os médicos ou estudantes de medicina precisam se decidir sobre qual seria seu lema: *sedare dolorem opus divinus est* ou *primum non noscere*. Levando em consideração que o uso da língua latina está restrito a poucas escolas de línguas, podemos anexar a versão em português: "acalmar a dor é um trabalho divino"; ou "em primeiro lugar, não danificarás". Em um lema, a égide é um desejo onipotente, típico de estados paranoides, em que um homem pensa-se deus. No outro lema, a égide é o princípio da realidade, na aceitação típica daquilo que Klein observou ser a posição depressiva, ou seja, na aceitação de uma realidade humana usualmente negada e racionalizada: violência e agressão independentes de necessidade de sobrevivência.

Tendências humanas agindo contra uma visão analítica

Caso haja paciência do leitor para o uso de metáforas, sugerimos qualificar que um dos fatores agindo contra o exercício de uma visão analítica é a tendência sim-

---

[157] Maranhão Filho, P & Rocha e Silva, CE (2010) Hitler's hysterical blindness: facto r fiction? *Arq Neuropsiquiatr* 68:826-830.

plista de transformar em jargão, pleno de significados, o que antes havia sido sentido dos termos cuja intenção original era uma pretensão de auxiliar a comunicação técnica entre psicanalistas , em jargão (q.v.). Nessa tendência, a ausência do pensar age como se fosse, analogicamente, uma indústria lucrativa de mercado de massa, que se utiliza de formas pré-moldadas para produção em série de peças em materiais plásticos. Possibilita um modo predeterminado para que nós, seres humanos, façamos um exercício de não-pensar racionalizado, como se fosse um pensar genuíno. Jargões constituem-se como disfarces, para permitir a imposição daquilo que já é conhecido. Em contraste, uma visão analítica permite-nos o exercício do pensar científico ou artístico: um percurso para aquilo que nos é desconhecido. Bion resgata alertas de Freud, em "Construções em análise" e "Um esboço de psicanálise", sobre a necessidade imperiosa de que um analista precisa dizer ao paciente aquilo que este mesmo paciente *não sabe*.

Parece-nos que Bion observou um fato óbvio: no estado inicial de uma sessão, ou de uma análise, o analista também *não sabe*. Os dois poderão captar parcelas, em sua maioria de modo transitório, em evolução, daquilo que não sabem – algo que em nada difere de uma postura científica. Um teórico da ciência ligado ao movimento neopositivista, Otto Von Neurath fez uma analogia metafórica do exercício científico – seria uma atividade análoga à contingência de um navio que, ao navegar, teria sofrido avarias no casco. O concerto precisaria ser feito durante a travessia. Pode-se ressaltar nessa analogia interações entre o observador – um cientista, um analista, um navegador –, seus métodos de estudo – navegação, ciência, psicanálise – e o objeto observado – um paciente. Que também é navegador, embora diverso em suas funções. E também a situação dinâmica, semovente, de problemas inesperados que aparecem ao sabor do momento. Von Neurath não escreveu a analogia com nenhuma referência específica à psicanálise, mas parece-nos que ela se aplica, como se aplica a qualquer ciência.

> PAUL: Timidez é um fato de nossa natureza. Agarramo-nos a qualquer coisa que nos dê a oportunidade de dizer: "daqui não passo". Qualquer descoberta é seguida de um fechamento. O que permanece de nossos pensamentos e esforços é devotado a consolidar o sistema para impedir a intrusão de mais um outro pensamento. Qualquer farpa do nosso sistema que porventura pudesse facilitar o alojamento do gérmen de outra ideia é logo suavizada e polida. (AMF, II, 265)

Bion percebeu várias necessidades na atividade de análise que ainda não haviam sido bem esclarecidas anteriormente, apesar das tentativas de Freud. Uma delas, mostrada durante a experiência de atender pacientes que podiam ser classificados sob a nomenclatura psiquiátrica de psicóticos e *borderlines* (conservamos a precoce

V

anglicização em nossa língua, talvez inaugurada pelo movimento psicanalítico nos anos 1960), engendra um ambiente analogicamente comparado por Bion a tempestades emocionais. Estas têm o intuito de impedir que se conserve uma visão analítica e são formadas por estruturas de personalidade predominantemente narcisistas, acopladas a distúrbios do pensamento. A necessidade emergiu da melhor consciência das funções dos núcleos psicóticos – as indicações de Bion aparecem nos trabalhos sobre a linguagem do esquizofrênico e na descoberta da coexistência da personalidade psicótica com a personalidade não psicótica, entre 1953 e 1957.

Esses pacientes recorrem à identificação projetiva para transformar o que poderia ser uma análise num jogo de respostas emocionais, substituindo o que precisaria ser um percurso em direção ao conhecimento, através do desconhecido.

Fenômenos observáveis nos chamados psicóticos – de modo essencial, estados alucinatórios e de alucinose – também se fazem presentes, embora de forma modificada, mais sutil, racionalizada e com maior probabilidade de serem confundidos com fenômenos cotidianos "normais", em pacientes ditos "normais" ou "neuróticos". As sutilezas da apresentação dos fenômenos psicóticos demonstram que uma visão analítica pode ser mais difícil de atingir e de ser conservada. Freud alertou sobre isso – a respeito de análises "intelectualizadas", em que o paciente aprende os modos de comunicação do analista, os interesses do analista, e passa a imitá-lo. Um exemplo disso pode ser a análise do Homem dos Lobos.

No início de suas contribuições – entre 1940 e 1970 – Bion fez tentativas para garantir um valor-verdade mínimo dos enunciados do analista, por meio do instrumento "Grade" (Grid) (q.v.). Alertou que a visão analítica fica impossível quando o praticante não se disciplina para evitar enunciados pertencentes às categorias da coluna 2 – mentiras. É necessário que o analista tenha noção daquilo que é mentira, ou falsidade. Freud observou que existe, no âmbito do Ego, um "teste de realidade"; corresponde a uma operação executada por matemáticos que seguem a lógica euclidiana: a "prova por absurdo" de alguns teoremas de geometria plana, e de outras operações em lógica formal. Para a consecução desse "teste de realidade" é necessária uma noção do que não é realidade – de modo breve, falsidade. Um modo claro de ressaltar esse fato é considerar aquilo que pode ter sido a melhor e mais fundamental recomendação de Freud para analistas praticantes, que aparece, por exemplo, em "Construções em análise": um ato psicanalítico demanda amor à verdade, evitando evasões e subterfúgios. Em última análise, um ato que evite produção e disseminação de mentiras. Verdade – ou seja, uma apreensão o mais próxima possível dos fatos reais – parece-nos o critério mais claro para atividades cientificas e, portanto, para a atividade analítica.

Freud assinou um documento oficializando uma instituição social em prol da investigação científica, em conjunto com alguns dos mais competentes cientistas de sua época, como Ernest Mach e Albert Einstein: o grupo depois ficou conhecido como a "Escola de Viena" e depois, como "neopositivismo" – que procurou o "valor-verdade" (termo usado por alguns deles, como Rudolf Carnap) em enunciados científicos, utilizando como instrumento aferidor alguma sintaxe matemática que pudesse ser universal a toda e qualquer ciência. Dessa procura apareceu uma espécie de critério, que, depois da Segunda Guerra Mundial, logo se transformou em mantra: o movimento científico tem sofrido do mesmo problema que qualquer movimento feito por nós, grupos humanos, sofre: hipersimplificação. O mantra – antigo critério – pode ser enunciado da seguinte forma: para uma prática ser qualificada como ciência, teria que ser "matematizável". Apregoado por filósofos sem experiência prática em ciência; pois cientistas reais o faziam, sem apregoamentos, mas utilizando-os como ferramenta necessária. Nesta época, Bion ficou interessado na notação matemática, pela precisão comunicativa incorporada por essa disciplina. *Elements of Psycho-Analysis* e *Transformations* marcam tentativas inspiradas pelos neopositivistas, que também tentavam estabelecer o valor-verdade das afirmativas científicas (o leitor pode ver os verbetes "Conjunção constante", "Fato selecionado", "Grade" (Grid), "Matematização da psicanálise", "Senso comum" e "Transformações e invariâncias").

Mesmo tendo assinado o documento junto com cientistas de sua época, Freud ultrapassou esses limites, recorrendo a outras tradições de apreensão da realidade para manter a visão analítica. Essas outras tradições podem ser qualificadas, como Bion as qualificou, de místicas – Bion cita o movimento luriânico, a cabala cristã e o sufismo árabe. Sugere fortemente que o âmbito numinoso, chamado de "O", poderia ser a bússola do analista. Analisar iguala-se à "busca da verdade-O" (AI, 29); pode ser formulado verbalmente como um contínuo "tornar-se".

Bion sugere um passo necessário e fundamental, cuja consequência poderá ser uma visão analítica: evoluir de "transformações em K" para "transformações em O". Para tanto, faz-se necessário disciplinar o uso de memória, desejo e compreensão. Em *Atention and Interpretation* e *A Memoir of the Future,* leitores com experiência em psicanálise encontram textos cuja leitura poderá ter uma consequência natural, não buscada conscientemente: uma visão analítica sob o vértice do senso comum. Intimamente relacionada com a capacidade do analista de sonhar o material do paciente – e, na leitura, fazer imagens com o próprio texto

Dor

Uma visão analítica sempre se ocupa de uma situação em que emerge ou submerge a dor. Intuição relaciona-se à dor – principalmente ao comporem, em conjunto, uma ética analítica:

V

Quando uma emoção chama a atenção, ela teria que ser óbvia para o analista, mas não observada pelo paciente; normalmente, uma emoção que é óbvia para o paciente é *dolorosamente* óbvia; e evitar a dor desnecessária deve ser uma meta no exercício da intuição analítica. Uma vez que o analista, por intermédio de sua capacidade intuitiva, é capaz de demonstrar uma emoção antes de ela ter se tornado *dolorosamente* óbvia, seria útil que a nossa procura por elementos de emoções se dirigisse a facilitar as deduções intuitivas. (EP, 74)

A consequência do ato de que uma pessoa tente evitar – conscientemente ou não – que percepções de dor lhe fiquem claras é que se extinguirá, na mesma proporção, a possibilidade de se adotar um vértice psicanalítico. Dor é uma amiga daquilo que nos é desconhecido, e, até certo ponto, produto de terror e ameaças à vida. Trabalhamos para mantê-la desconhecida, criando ilusões ou delírios de conhecimento, por negação e racionalização. Evitar-se percepção de dor é instrumento do princípio de prazer-desprazer. Explicações são uma das ferramentas para evitar a percepção e experiência de dor – florescem em ilusão, alucinação e delírio. .

A dor não pode estar ausente da personalidade. Uma análise deve ser dolorosa, não porque exista necessariamente algum valor na dor, mas porque não se pode considerar que uma análise na qual não se observa e discute a dor seja uma análise que esteja lidando com uma das razões centrais para a presença do paciente. A importância da dor pode ser subestimada, como se fosse uma qualidade secundária, algo que irá desaparecer quando os conflitos estejam resolvidos; de fato, a maior parte dos pacientes adotaria esse ponto de vista. Além disso, essa visão pode ser sustentada pelo fato de que uma análise bem-sucedida leva mesmo à diminuição do sofrimento; entretanto essa visão obscurece a necessidade, mais óbvia em alguns casos do que outros, de que a experiência analítica aumente a *capacidade* do paciente para sofrer, mesmo que o paciente e o analista possam esperar diminuir a própria dor. A analogia com a medicina física é exata; destruir uma capacidade para a dor física seria um desastre em qualquer situação, exceto naquela em que um desastre ainda maior seja certo – a própria morte. (EP, 61-62)

Lidar com dor em uma análise é fundamental para que se possa obter uma visão analítica. Requer a noção de perspectiva reversível (q.v.) – um uso especial da identificação projetiva, para que possa transformar uma situação dinâmica em algo que seja estático.

O trabalho do analista é restituir a dinâmica a uma situação estática, possibilitando o desenvolvimento . . . . o paciente manobra para estar de acordo com as interpretações do analista; assim, estas se tornam o sinal exterior de uma situação estática. É improvável que as interpretações do analista sempre permitam isso; também é improvável que o paciente sempre possua agilidade mental suficiente para combinar a interpretação com um desvio que reverta a perspectiva, a partir da qual a interpretação é vista; assim, o paciente emprega um arsenal que é reforçado por delírio e alucinação. Se não conseguir reverter a perspectiva de imediato, ele pode ajustar a sua percepção dos fatos, ouvindo erroneamente e compreendendo erroneamente, de modo que estes possam dar substância ao ponto de vista estático: um delírio em curso. Se isso não for suficiente para manter a situação estática, o paciente recorre à alucinação. Para simplificar, posso recolocar isso como: alucinar para preservar, temporariamente, uma habilidade de reverter a perspectiva; e reverter a perspectiva para preservar uma alucinação estática. . . . O recurso prolongado à perspectiva reversível é assim acompanhado por delírios e alucinações difíceis de detectar, porque ambos são estáticos e evanescentes. Além disso, uma vez que o seu objetivo é preservar as formulações do analista (interpretações) como uma expressão patente de concordância e uma defesa contra mudança, o verdadeiro significado do comportamento do paciente como um sinal de delírio ou alucinação não é aparente, a menos que o analista esteja alerta a essa possibilidade. . . . Na perspectiva reversível, o fato de o analista aceitar a possibilidade de a capacidade para a dor estar prejudicada pode ajudar a evitar erros que poderiam levar a um desastre. Caso não se lide com o problema, à capacidade do paciente manter a situação estática pode sobrevir uma experiência de dor tão intensa que resulta em um colapso psicótico. (EP, 60-62)

Durante essa época, Bion escreveu alguns textos que podem ser qualificados como bem-humorados e ilustram, com fatos extraídos do senso comum do convívio em sociedades de psicanálise, a perda da visão analítica por negação de dor. Decidiu não publicá-los; segundo Francesca Bion, para evitar a emergência de falsas controvérsias, ou ser acusado de sarcasmo contra seus colegas. Inédito até 1992, integrou os vários textos que formaram o livro *Cogitations*: "Psicanálise profética e psicopatologia profética: uma fábula para nossa época". Agrupando e sintetizando algumas advertências com relação à perda da visão analítica, incluindo perigos que cercam o movimento psicanalítico quando considerado como fato social relevante, o texto demonstra um fator primordial nos vários ataques efetuados por membros do movimento psicanalítico para extinguir uma visão analítica: são expressões dos instintos de morte.

Como em boa parte das questões psicanalíticas enfocadas em toda obra de Bion, a trilogia *A Memoir of the Future* consegue o clímax de esclarecimento de todas as tentativas anteriores, ao integrá-las em forma diversa (se comparada com as anteriores) de formulações verbais, ao incluir algo apenas delineado anteriormente:

V

poesia romântica e poesia da tradição mística. O intuito é sempre o mesmo: demonstrar a possibilidade e necessidade de se manter uma visão analítica durante sessões de análise.

Em resumo: exclui-se a possibilidade de se exercer uma visão analítica quando o praticante pretende substituir a necessidade de desenvolver uma intuição analiticamente treinada, com explicações e justificativas *a priori*: *"O erudito pode ver que uma descrição é de Freud ou Melanie Klein, mas pode permanecer cego para a coisa descrita"* (AMF, I, 5). Esse tipo de explicação normalmente funciona como alívio alucinatório para a dor; que persiste, embora esta possa ser transitoriamente diminuída no âmbito da percepção e no sistema consciente.

Visão binocular e correlação

Uma visão analítica exige capacidade mínima das duas pessoas envolvidas em uma atividade psicanalítica para formar um casal – não apenas um par. Essa situação humana foi abordada por Bion dentro de dois conceitos, depois usados para formar duas teorias: (i) contido e continente; (ii) as duas teorias de vínculos (q.v.).

Uma visão binocular (q.v.) depende de condições que só podem ser descritas em situações clínicas, mas não em um texto teórico sobre conceitos, em um casal, funciona durante o aqui e agora da sessão analítica. Dentro desse limite, pode-se observar que uma visão binocular apresenta (e, teoricamente, representa) o confronto de pelo menos dois vértices. Permite a formação de uma visão de senso comum (q.v.). Pode-se afirmar que o método crítico de Kant reemerge continuamente em uma sessão analítica; tolerar o confronto com algo diverso – um *vis-à-vis* – é a condição para desenvolvimento. Essa situação contrasta com outra, conhecida por psiquiatras como Autismo - uma formulação verbal cunhada por Eugen Bleuler e depois por Leo Kanner, que a popularizou e elaborou um modo de tratá-la, em crianças. Suspeito que era descrita, na psiquiatria da época de Freud, como delírio solipsista. Nessa síndrome, existe uma fantasia pessoal que se pode denominar "manter a independência total": uma ideia delirante compondo a base mais profunda para estados da alucinose (q.v.). Por outro lado, correlação, relações entre objetos – e, consequentemente, entre pessoas – permitem experiências emocionais, que não podem ser concebidas em uma situação que esteja isolada de uma relação (LE, 42). *". . . presumo que a correlação seja uma parte necessária da confrontação, e que a confrontação seja uma parte necessária da análise"* (AI, 93).

O desenvolvimento de uma análise inclui, como passo intermediário, o "argumento circular" (q.v.). Trata-se de um conceito destinado a avaliar a efetividade de uma interpretação dada por um analista *vis-à-vis* as afirmativas do paciente. Uma "interpretação apropriada" (q.v) precisa ter uma natureza de tal ordem, que evite restringi-la ao "saber a respeito de", mas que atinja o "tornar-se" (q.v.). O conceito de visão analítica recebeu uma expansão duradoura com a descoberta de outros fenômenos clínicos, formulados verbalmente como contido/continente; Bion também se utilizou de uma formulação emprestada da biologia, como sinônimo desta formulação verbal: ♀♂. Integrou a teoria de Freud, Édipo, ao componente sexual vivido no aqui e agora da sessão, algo que está sempre em evolução (ver o verbete "continente/contido").

Equação pessoal

Qualquer leitura atenta da obra de Bion não deixará nenhuma dúvida de que uma visão analítica somente pode ser obtida por meio da análise pessoal. Existem muitas menções e até recomendações de que um analista precisa buscar a melhor análise que puder. O mesmo sentido é expresso quando ele adverte que seus livros precisariam ser lidos por analistas práticos.

Entre dezenas de descobertas, para as quais Freud precisou cunhar novos termos, será necessário, neste momento, ressaltar a expressão "equação pessoal". Como sempre ocorreu, Freud cunhou não apenas o termo, mas também, e mais importante, possibilidades de se lidar clinicamente com o fenômeno ao qual o termo se refere. "Equação pessoal" cerca a interferência do observador no objeto observado em termos de avaliá-lo e discipliná-lo – até um certo ponto (Freud, 1925, 1938c). Ferenczi (1928) parece ter sido o primeiro – e um dos poucos – que voltou à questão; depois dele, Theodor Reik (1948) e Donald Winnicott (1958) enfocaram o problema. Não parece a este autor que a moda a respeito de "utilizar a contratransferência (q.v.) como instrumento terapêutico", inventada por Heinrich Racker e Paula Heimann, e que alcançou enorme sucesso no movimento psicanalítico, e também fora dele, faça parte do estudo da equação pessoal, a não ser como negação desta, tentando limitá-la ao sistema consciente do analista. Até o ponto em que chegou nossa investigação, que pode ser falha, até 1965 nenhum outro analista enfatizou este fator fundamental para uma visão analítica.

> O primeiro requisito para usar uma teoria é o uso de condições apropriadas de observação. A mais importante delas é a psicanálise do observador, para assegurar que ele tenha reduzido a um mínimo suas tensões e resistências internas; de outro modo, elas obstruiriam sua visão dos fatos, impossibilitando a correlação do consciente com o inconsciente. O próximo passo exige atenção do analista. Darwin enfatizou que julgar obstrui a observação. No entanto, o psicanalista precisa intervir com interpretações; isso envolve o exercício de julgar. Um estado de *rêverie*, conducente à função-alfa, à introdução do fato selecionado e da feitura de modelos, junto com um suprimento limitado a poucas teorias, assegura menor probabilidade de que ocorra um rompimento grosseiro no tipo de observação recomenda-

do por Darwin; podem ocorrer interpretações com perturbações mínimas de observação. (LE, 86-87)

Vou ignorar a perturbação produzida pela personalidade ou aspectos da personalidade do analista. A existência de tal distúrbio é bem conhecida e seu reconhecimento é a base para a aceitação analítica da necessidade dos analistas de serem analisados e dos vários estudos sobre contratransferência. Conquanto outras disciplinas científicas reconheçam a equação pessoal, o fator de erro pessoal, nenhuma ciência que não a psicanálise tem insistido em uma investigação tão profunda e prolongada de sua natureza e ramificações. . . . Vou assumir um analista ideal e que $T^a\alpha$ e $T^a\beta$ não estejam perturbados por turbulência – ainda que turbulência e suas fontes sejam parte de **O**. (T, 48)

Utilidade Seria dispensável descrever a possível utilidade deste conceito? Pois definir consciente e inconscientemente critérios e limites para a consecução de uma visão analítica equivale a estabelecer quais seriam os limites entre uma psicanálise e qualquer outra coisa. Não se trata de um juízo de valor, mas de uma busca científica de aproximações à Verdade: abordagens não psicanalíticas, ou feitas sob um vértice não psicanalítico, podem ser válidas dentro dos seus âmbitos de aplicação. Há determinados problemas que não podem, não suportam ou não admitem abordagens sob um ponto de vista psicanalítico. Exemplos: uma abordagem que permita ajudar pessoas com severas limitações inatas de cognição e intelecção – os assim chamados "deficientes mentais"; ou aqueles que fazem tentativas de suicídio; ou aqueles que apresentam quadros de intoxicação por psicotrópicos, como o álcool, e algumas urgências psiquiátricas ou movimentos de massa; ou psicopatia.

A busca por tal desenvolvimento pode ser vista como motivo fundamental para que alguns analistas passassem a insistir, pelo menos a partir de 1909, na necessidade de algo que foi denominado "análise didática" como parte integrante da formação de um psicanalista. Isso ocorreu em função (e não apesar) do fato de que os primeiros analistas não dispuseram dela – Freud precisou, por falta de outra alternativa, realizá-la por si mesmo. Mesmo que nós, que o sucedemos, permaneçamos admirados e reverentes diante do fato de que ele precisou fazer uma autoanálise, fundamental para a descoberta da própria psicanálise, é importante que não nos percamos na admiração, escorregador para a idolatria. Basta lembrarmos as limitações de qualquer autoanálise; por mais profunda que possa ser – e o foi, no caso de Freud, pela sua dedicação, cuidado e respeito à Verdade, aliada à consideração incondicional à vida, acrescida ao fato de que foi a única possível. As dificuldades que caracterizaram a vida pessoal de Freud, em vários aspectos, podem ser vistas como expressando um comportamento subserviente ao princípio do prazer-desprazer. Por exemplo: escolha apressada e talvez impensada de amigos, confundindo-os com alguns que eram, na realidade, inimigos; uso de medicações tóxicas e opções políticas de nacionalismo ou patriotismo mais típico da juventude; e tentativas de fazer análise em familiares – todas úteis no seu próprio desenvolvimento da psicanálise. O mesmo pode-se confirmar quanto ao percurso vital dos primeiros interessados em psicanálise, que também insistiram na introdução da análise didática. Alguns de seus primeiros amigos também foram colaboradores: Ernest Jones, Max Eitingon, Hans Sachs, Eugen Bleuler, Karl Abrahami, Franz Alexander. Outros se disfarçaram de colaboradores, como Carl Gustav Jung – que arrogou a si mesmo, segundo Ellenberger (1970), aparentemente sem ter sido contestado,[158] a "invenção" do método de análise didática; e Wilhelm Stekel. Poucos, como Alfred Adler, desprezaram o método de análise didática, favorecendo outros métodos, como o aprendizado intelectual por leituras, discussões em grupos de interessados, de modo limitado ao sistema consciente – uma tendência que retornou em várias cidades ao redor do mundo, iniciando-se na França e Estados Unidos, incrementando-se nos anos 1980. E alguns voltaram-se contra ele, como Sandor Ferenczi, após uma temporada onde pareceia haver amizade.

A noção da possibilidade de uma visão analítica que pudesse ser claramente diferenciada de qualquer outra visão, ou do estabelecimento do vértice analítico, marcou todo o trabalho de Freud, desde 1891 até 1938. Desde os trabalhos pré-psicanalíticos, como psicanálise sob a forma de psicodinâmica, era latente ou, talvez de modo revelador, ainda não se podia falar (*On aphasia*) na própria fundação da psicanálise (*Studies on hysteria*, *A interpretação dos sonhos*) e em todos os trabalhos posteriores. A partir deles, analistas destacados e experientes no mundo inteiro, como Karl Menninger, tentaram estabelecer de modo mais claro uma "teoria da técnica", e outros, como Theodor Reik, tentaram conservar a postura puramente analítica. Pode-se destacar nos anos 1990 as tentativas de André Green.

De modo concorrente e rival, muitos outros – compondo a maioria – tentaram transplantar outros modelos para a análise. Promoveram, conscientemente ou não, explicitamente ou não, uma degeneração – por negação e racionalização – na visão analítica, ao hipervalorizar a noção do sistema consciente às expensas de desvalorizar as noções dos sistemas pré-consciente e inconsciente. Sem poder mencionar exaustivamente, do ponto de vista histórico, por questões de escopo, todos os envolvidos nesse processo rival, apelo para as linhas intelectuais seguidas nos transplantes, que se demonstraram heterólogos, ou poderão se demonstrar como tais, destinados à rejeição histórica. Foram, ou seriam, os modelos filosóficos – denominados pela próprio movimento filosófico de hermenêuticos, existenciais, estruturalistas e, atualmente, pós-modernos, que tem defendido a tese racionalista de que a psicanálise é apenas mais uma forma de literatura ou arte; dentro dos modos filosóficos, podemos incluir sua maximização, ideológica, perpetrada em todo o espectro hoje dis-

---

[158] Até o ponto em que chegou a pesquisa deste autor.

V

ponível: de "direita", por Carl G. Jung, sobre uma "alma germânica" e uma "degeneração sexual judaica" que, segundo ele e outros colaboradores, teria sido promovida por Freud e "sua psicanalise"; e de "esquerda", por Wilhelm Reich e Sandor Ferenczi, com alguns desenvolvimentos em outros países, como Argentina e Brasil. Ainda dentro de transplantes ideológicos, podemos incluir tendências religiosas ou teológicas, por Oskar Pfister, depois seguidas de ideias de que a psicanálise não passa de um cabalismo judaico para os tempos modernos; e, como sub-ramo dessa mesma tendência ideológica, as tentativas pseudocientíficas submetidas ao "realismo ingênuo", termo cunhado por Immanuel Kant para a crença religiosa de que apreensões da realidade só podem ser feitas dentro do espectro de absorção de nossos órgãos sensoriais. Exemplos deste reducionismo podem ser vistos nas tentativas de se formarem disciplinas denominadas, na atualidade, de neurociência e neuropsicanálise.

Essa movimentação social não tem impedido outros modos de desenvolver a visão analítica, mas como acessória, e não substitutiva da análise didática, limitando-se explicitamente a uma formação intelectual: o modo iniciado por James Strachey e colaboradores, por meio de uma cuidadosa tradução de Freud para a língua inglesa. Donald Winnicott tentou alertar Klein sobre a interferência da política na ciência. E, finalmente, não por serem menos importantes, mas por uma ordenação histórica, a notável – mesmo que ínfima, em termos da população mundial de aderentes a outras atividades universitárias – legião de psicanalistas praticantes, cujos nomes têm sido colocados em listas de aderentes a sociedades dedicadas ao estudo da visão analítica, responsáveis tanto pela manutenção como pela degeneração desta.

Se no início do movimento – anos 1910 – já houve dificuldades para delimitar a visão analítica, recorrendo-se ao fator social – um marco disso pode ser visto no trabalho de Freud, *História do movimento psicanalítico* –, o que se pode constatar na atualidade? Seria possível desprezar o crescimento numérico de praticantes, há um século e meio visto como fundamental para a sobrevivência do método? O dificílimo equilíbrio entre quantidade e qualidade torna-se ainda mais difícil, talvez impossível, justamente pela interferência do fator social. Pode-se, atualmente, garantir que a maioria dos aderentes realmente contribui para a manutenção da visão analítica – algo que se consegue na prática de consultório, a dois? A existência de dissidências demonstra o paradoxo da situação, tornada contraditória por fenômenos de religiosidade idolátrica, que sempre abrangem, à espreita, iconoclastia. Um exemplo, como movimento intestino às sociedades ditas "oficiais", que juraram lealdade à International Psychoanalytical Association, é a tendência, a partir dos anos 1990, de impor tendências nacionalistas, patrióticas, ditas culturais, de uma "psicanálise sul-americana", ou de tendências ditatoriais (mesmo que disfarçadas de ditadura da maioria, quando democracia é o respeito a minorias) para impor a diminuição de convívio real do casal analítico, impondo um "número oficial" de tempo de análise

– medido em vezes de sessões, no tempo, em profunda negação (ou ignorância), por clivagem, de que a única unidade real é a de espaço-tempo.

Uma visão analítica nos capacitaria a atingir um sucesso específico, um sucesso **analítico**. Sucesso aqui definido como parcial e transitório, como parcial e transitória é a vida humana. Tal sucesso, ou aquisição, ou consecução, pode ser visto como reabilitação:

> Se a análise for bem-sucedida em restaurar a personalidade do paciente, ele vai se aproximar de ser a pessoa que foi quando seu desenvolvimento tornou-se comprometido. (T, 143)

Não há juízos de valor externos: uma postura avaliativa pode fazer parte da personalidade do paciente, e sempre será dependente do grau de subserviência ao princípio do prazer-desprazer, ou, de modo alternativo, da apreensão do princípio da realidade, da "função do real", no dizer de Pierre Janet, citado por Freud em "Formulações sobre os dois princípios do funcionamento mental".

O que está em jogo aqui? A possibilidade de promover que nossa atividade seja uma atividade real, verdadeira e útil para os pacientes, em primeiro lugar; e, em consequência natural e óbvia, também para psicanalistas e para a espécie humana. No longo prazo, implica em sobrevivência ou esquecimento.

&; Bion tentou desenterrar uma psicanálise "pura", uma descoberta de Freud. Como toda descoberta, pode ser vista como científica. Se pudermos nunca excluir seus trabalhos finais e, em especial, *A Memoir of the Future*, pode-se afirmar que Bion tentou, por todos os meios de que dispunha, nunca se filiar a nenhum dos dois tipos de ruptura, que o autor deste dicionário sugeriu denominar em outras obras, citando Kant, de "realismo ingênuo" e, inspirado por Kant, de "idealismo ingênuo". O "realismo ingênuo" constitui-se como uma distorção que favorece a entronização daquilo que pode ser apenas materializável – uma tendência à senso-concretização que favoreceu e ainda favorece uma percepção de realidades materiais. Dado o fato de que Freud iniciou sua atividade médica por intermédio da especialização denominada neurologia, pode-se ressaltar o fato de que essa tendência se instalou, em sua época, com os esquemas (modelos) falsos de Paul Broca e Carl Wernicke, para reduzir fenômenos da vida humana e de seus sofrimentos a realidades materializadas, mais susceptíveis de serem colocadas em termos localizatórios, no espaço, impondo visões estáticas para fenômenos dinâmicos. Analogicamente, é como se, na disciplina matemática, fosse possível ter apenas a noção de números estáticos que nunca fossem submetidos aos processos aritméticos, que tentam espelhar a possibilidade dinâmica, semovente. Freud deu-se conta da inadequação tecnológica e, mais ainda, dos princípios hipersimplificadores que norteavam esses esquemas, sem se deixar

V

levar pelas pressões do instituições (*establishment*) nem por moda. Durante os anos 1950, e parcialmente influenciados pelos esquemas de Penfield, alguns neurologistas tentaram adequar as noções de localização estática – a despeito de esforços de outros, como Ramon y Cajal – para que se encaixassem nos modelos do funcionar psíquico propostos por Freud: o Id e o inconsciente, segundo eles, se localizariam no sistema límbico; o ego se localizaria no córtex cerebral. Uma descoberta fundamental na própria neurologia, a do sistema nervoso autônomo, fica negada; como também fica negada, em favor de uma racionalização, toda a realidade espelhada pela endocrinologia. Pode-se sintetizar essas tendências, como o fez Auguste Comte, na religião positivista, que ressurgiu nos anos 1980 sob os nomes de pesquisa "neurocientífica" (como se a neurologia clínica não fosse ciência) e "neuropsicanalítica", como se a psicanálise não fosse neurologia. Em função disso, muitos membros do movimento psicanalítico ainda se surpreendem e negam o alerta de Freud sobre um "ego corporal". Ao mesmo tempo, tendências igualmente intensas na direção – conscientemente ou não – do "idealismo ingênuo" permitem voos e fugas desordenadas e libertinas de imaginação, que têm atormentado a possibilidade de aquisição de uma visão analítica desde a descoberta dela. Duas advertências de Freud, que podem ser exemplificadas pela ênfase de que "por vezes um charuto é só um charuto", de um lado e, por outro lado, pela sua rejeição dos avanços de André Breton no reducionismo de que psicanálise e surrealismo eram a mesma coisa, poderiam ser sempre lembradas, ou nunca esquecidas. Desde o final dos anos 1970, tendências subservientes ao "idealismo ingênuo", elaborando, por vezes de modo engenhoso, manipulações de símbolos e cadeias causais imaginárias expressas em palavras quase psicanalíticas, voltaram a ganhar popularidade. O modo engenhoso para fazer constructos verbais, parece a este autor, é mais típico do "realismo ingênuo", mesmo que haja modos engenhosos reais, expressos, por exemplo, pelas disciplinas tecnológicas. Demonstra-se, portanto, que extremos opostos – realismo ingênuo e idealismo ingênuo – refletem o mesmo excesso em sua invariância básica, ou seja, o excesso ingênuo, ou superficial. Manipulações verbais, também típicas de antigos excessos – na oratória, no direito canônico, ou no direito romano – não podem ser sujeitas a testes de realidade, como observaram Descartes e Freud; imaginam um ser humano desincorporado, uma realidade material e psíquica em que se nega o "material"; e, portanto, acabam no final negando o "psíquico" (Sandler, 2001b, 2001c). Tanto o realismo ingênuo acaba sendo "sem evidência", permanecendo em esquemas falsos, por sua natureza racionalizada, como o realismo ingênuo acaba sendo "sem evidências", por desprezo a elas, por sua natureza libertina. Ambos ficam indistinguíveis, como observou Bion, de paramnésias. Será útil lembrar que o termo paramnésia foi cunhado por Freud? Bion lembrou – evidência disso é que o citou.

Freud falou a respeito de uma "paramnésia" como sendo algo que intenta preencher o espaço onde um fato deveria estar. Mas será que é certo presumir que uma paramnésia é uma atividade peculiar apenas aos pacientes, ou é apenas uma existência patológica? Acho que a psicanálise poderia ser um modo de entupir o vazio de nossa ignorância a respeito de nós mesmos, ainda que minha impressão seja de que ela é mais do que isso. Podemos produzir uma excelente estrutura de teoria na esperança de que ela vá preencher o buraco para sempre, de tal modo que nunca mais precisamos aprender nada a respeito de nós mesmos, como pessoas ou organizações. (BNYSP, p. 30)

Referências cruzadas: Psicanálise real; Argumento circular; Estar-uno-a-si-mesmo; Compaixão; Continente/contido; Cura; Desastre; Intuição; Jargão, Julgamentos; Mente; "O"; Pensamentos sem pensador; Princípio de incerteza; Trabalho onírico alfa; Ultra-sensorial; Verdade.

Visão binocular

O *modelo* de visão binocular perpassa toda a obra de Bion, a partir de 1944 – pois um trabalho que considere a existência de "pressupostos básicos" (q.v.) de um grupo é um trabalho baseado em pelo menos dois vértices, ou seja, o vértice do grupo como um todo e o vértice de seus integrantes, que constituem um par binocular. A primeira *definição explícita* data de 1962, vinculada ao trabalho com psicóticos com distúrbios de pensamento (LE, 54). Bion observou um paciente obeso que abrigava internamente um *self* ávido, mas mantinha-se fisicamente como se fosse de um paciente fisicamente magro; ou um paciente tímido que se mantinha fisicamente pálido, por incapacidade de se ruborizar.

O leitor que se detenha no exame de *Cogitations* verá que a maior parte das observações clínicas que formaram a base empírica que possibilitou a formação do conceito de visão binocular corresponde a dados intrassessão obtidos entre 1959 e 1960. Sugeriram a necessidade de alterar – e não de rejeitar – um aspecto específico da teoria do sistema inconsciente conforme suposta por Freud, de um órgão sensorial para a percepção de qualidades psíquicas. Bion descobre que, em pacientes psicóticos, o princípio do prazer/desprazer e o princípio da Realidade precisam ser considerados como eventos simultâneos; ou seja, sob um ponto de vista genético, não sequenciais: *"assim, o consciente e o inconsciente constantemente produzidos juntos funcionam efetivamente como se fossem binoculares e, portanto, capazes de correlação e autoconsideração. Devido ao modo de sua gênese, registro imparcial da qualidade psíquica*

V

do self, ser excluída, a 'visão' de uma parte pela outra é, por assim dizer, 'monocular'" (LE, 54) . . . *"O modelo é formado pelo exercício de uma capacidade similar à que fica em evidência quando os dois olhos operam numa visão binocular para correlacionar duas visões do mesmo objeto. O uso em psicanálise do consciente e do inconsciente em se observar um objeto psicanalítico é análogo ao uso dos dois olhos na observação ocular de um objeto sensível à vista"* (LE, 86). *"O analista está, portanto, na posição de alguém que, graças ao poder da percepção 'binocular' e da consequente correlação que a posse de uma capacidade de pensar consciente e inconscientemente confere, é capaz de formar modelos e abstrações que servem para elucidar a incapacidade do paciente de fazer a mesma coisa"* (LE, 104, n. 19.2.1). A possibilidade de se fazer uma correlação parece depender da existência de uma diferença de vértices (AI, 93).

Origens filosóficas

Bion integrou avanços filosóficos de Locke, Hume e Kant, aparentemente diferentes, mas, na verdade, mutuamente complementares (Sandler, 1997b). "Binocular" refere-se à obtenção de uma imagem única, por uma conjunção constante (Hume, 1748) de duas imagens, por intermédio de dois olhos humanos; ou de dois conjuntos de lentes ao longo de um eixo longitudinal imaginário. John Locke, ao renovar e aprimorar o conceito de "senso comum" (Locke, 1690), permitiu o estabelecimento de um método epistemológico fundamental de apreensão da realidade. Foi trazido para a psicanálise por Freud e Bion. Nenhum dos dois o cita textualmente, mas utlizam-se do termo; Bion cita filósofos e teóricos da ciência que expandiram o estudo de Locke, como Braithwaite e Prichard. O método se constitui por pares, ou contrapontos. Por exemplo, num quarto escuro, tem-se a impressão táctil de feltro, como se fosse uma toalha ou um tapete. Um segundo sentido, a audição, informa: um "miau" também está presente (C, 10). A percepção total se modifica e, consequentemente, a apreensão da realidade é ampliada. A realidade, para ser apreendida, fica além do espectro coberto pelo aparelho sensorial humano; pertence ao âmbito dos númenos (Kant, 1781).

Raízes psicanalíticas

Bion integra as observações de Klein sobre processos de clivagem com a teoria de Freud sobre o sistema inconsciente de modo específico, em relação ao efeito de clivagem na área da percepção e do pensar – tanto do analista quando do analisando. Torna explícito um fato já revelado, ainda que implicitamente, por Freud: a coexistência do sistema consciente com o sistema inconsciente por meio de um funcionamento dinâmico entre os dois: a **barreira de contato** (c.v.)

Algumas implicações: o *modelo*, visão binocular, é uma ferramenta a serviço de uma teoria do conhecimento (usualmente denominada epistemológica) a ser usada na sessão psicanalítica. Oferece uma maneira de esclarecer fatos clínicos previamente existentes, mas até então não observados. Fica aberto ao debate se é o caso de ser um conceito ou uma maneira pessoal de lidar com os assuntos clínicos. Na experiência do autor deste dicionário, o conceito ilumina questões de conhecimento gerais, na medida em que pode constituir um passo adiante a partir do que tradicionalmente se denomina "dialética" em filosofia. Em vez de se limitar ao exame de um par de opostos em rivalidade, um em relação ao outro, sob a égide dos instintos da Morte, o modelo elucida a existência de um par criativo – leva em consideração o produto de um par genuíno, que forma um casal; de modo abreviado, Édipo (Sandler, 1997b).

Com relação à *"correlação e autoconsideração"*, exercer "visão binocular" propõe um modo ideal de funcionamento que não faz concessão à predominância consciente ou inconsciente; teria valor prático como alvo inatingível, mas aproximável por disciplina. A correlação e a autoconsideração referem-se a níveis de funcionamento psíquico, mas também a uma capacidade de autoapreensão de um *self*. Em outras palavras, apreender-se quem realmente se é. Até certo ponto, detectável na prática, abre caminho para a consciência de qualquer coisa que se considere. Visão binocular permite o *insight*; paciente e analista formam um binocular. No funcionar intrapsíquico, visão binocular implica o aprender com a experiência. Isso não pode ser feito sem a ajuda de outrem; em primeiro lugar, da mãe.

"Monocular", em contraste, refere-se à visão de que um sistema, consciente ou inconsciente, "contém" o outro. "Binocular" aplica-se à integração, enquanto "monocular" refere-se à separação nos processos cognitivos (o âmbito da percepção), bem como nos processos do pensamento. Na prática clínica, esse modelo ajuda a evocar o conteúdo latente do material consciente – que se desdobra de maneira não muito diferente do contraponto musical. Por meio de correlação e de contraste, o modelo enfatiza a incapacidade do paciente de alcançar sua visão binocular. O modelo gerou outros esclarecimentos de noções que se escondiam nos *insights* originais de Freud: *"nada pode ser consciente sem ter sido inconsciente"* (C, 71; LE, 8). Qualquer sessão analítica exibe uma natureza onírica, até então não observada; por meio da visão binocular o analista pode *"sonhar a sessão"* (C, 38, 39, 43). O material conscientemente verbalizado do paciente é aparentado com o conteúdo do sonho manifesto, podendo ser abordado como tal.

Sugerimos que o exercício de uma "visão binocular" ajuda analistas a divisar, identificar e tolerar paradoxos sem se apressar em tentativas de resolvê-los (Sandler, 1997b, 2000a, 2000b, 2001a, 2001b, 2001c).

Um bebê sente fome de um modo "monocular"; o seio provê uma "segunda visão", formando a situação binocular, a ser realizada pelo bebê. Um seio bom (ou ruim) é o resultado binocular experiencial da união de um par não-sensorial, *i.e.*, "mãe-bebê".

V

A existência de visão binocular oferece uma oportunidade para adquirir uma noção, na realidade psíquica, expressa pelo fato básico da vida humana tal como ela é: a existência fundamental da "suprema criatividade do casal parental" (Klein, 1932; Money-Kyrle, 1968). Um casal que demanda ser minimente visto pela visão binocular de qualquer observador que se considere: uma pequena criança, após o pai ter sido apresentada pela mãe – após algumas experiências "binoculares" descritas anteriormente, do seio, da relação mãe-bebê.

Uma visão binocular oferece dois pontos de vista suscetíveis de se integrarem por meio do senso comum: em uma família, expressam-se pela existência da prole, filhos e/ou filhas. Trata-se de ato transitório dependente de dados disponíveis, formando um processo vivo, destinado a se desenvolver – ou não. Um seio sentido como mau pode ser visto como "resultado binocular" da união entre uma boca e um mamilo; pode ser sentido como mau por faltar e pode ser sentido como mau por ser pródigo, quando fatores do ciclo inveja e avidez preponderam. Pode ser sentido como bom, mesmo quando falta, ou como bom, quando não prepondera o ciclo de avidez/inveja.

Pode haver, com o tempo, uma visão mais integrada do seio sentido como bom e do seio sentido como mau, em um ciclo incessante de formação e transformação de casais, apreensíveis pelo exercício da visão binocular. Isso pode ser observado em *todas* as áreas de atividade humana: a formação dos processos do pensamento; a relação mãe-bebê; a união entre um artista e seus meios de expressão; de um psicanalista e o material consciente/inconsciente de seu paciente. A união de dois pontos de vista produz um terceiro que não é nem o primeiro nem o segundo, mas que cria algo novo e, portanto, até então, desconhecido. O que é novo, até então desconhecido, é "produto" da visão binocular. Suas expressões fenomênicas são: a apreensão de pensamentos sem pensador; amor materno por um filho ou filha, fatos reais; uma obra de arte, um *insight* numa sessão analítica e assim por diante. Esse *insight* é o produto do encontro da pessoa consigo mesma: uma "dualidade" elementar: o grupo básico interno.

Como sempre ocorre no trabalho de Bion, também na elaboração desse conceito há apenas o vértice científico, sem julgamentos de valor.

Um uso útil, porém arriscado, da visão binocular, aliado à prevalência suavizante, porém perigosa, da visão monocular, ou de apenas um vértice de observação, foi retratado em muitas partes de *A Memoir of the Future*. Por exemplo, sob forma metonímica, em uma quase fábula que inicia o livro III, *A aurora do esquecimento*, Bion cria alguns objetos parciais que empreendem uma conversa fictícia entre si, toda composta de vários pares interligados. Toda essa conversa é uma conversa de uma pessoa com ela mesma. Para tanto, dota os vários objetos parciais de nomes que podem parecer curiosos ou surpreendentes, para cumprirem uma notação ontogenética, histórica, de uma história que é comum a todos os seres humanos. Alguns desses objetos são denominados de "Somitos", por um empréstimo da embriologia; representam experiências pré-natais. Outros objetos são pós-natais; Meninos, Adultos e Velhos, com variadas idades cronológicas segundo um calendário gregoriano. Todos esses objetos são partes de uma pessoa que se chamou "Wilfred Ruprecht Bion". Expansões e maiores exemplos podem ser encontrados em outros textos (Sandler, 2015a, 2016).

Outros exemplos de visão binocular caracterizam o livro I, *O sonho*: oferecem um todo compactado retratando um analista trabalhando; limitações da análise, elaborado sob alguns modelos fornecidos pela matemática onírica contida na obra de Charles Dodgson, e também pelas observações que resultaram na teoria de função-alfa (q.v.):

> E que seduções, que tesouros, resta desvelar, escondidos (ainda que traídos) pela memória e seu binocular, o Desejo? . . . Se alguém então considerar a acumulação de experiência e a partir daí o uso que se faz dessas "posses", essa pessoa estará usando o vocabulário que foi forjado para e a partir de um universo de experiências sensoriais . . . sob um vértice, o intervalo ser microscópico, ao mesmo tempo ele é grande o suficiente para tornar improvável uma ponte através de algo tão insignificante, tão trivial, quanto os produtos do animal humano.
>
> Mesmo uma mente tão estupenda (em certa escola de medida) quanto a de Pascal, quando se vê face a face com aquilo que ele, em cooperação com outros, só conseguiu revelar no domínio do espaço da capacidade visual, seria apenas e tão-somente capaz de incitar medo e desejos de uma força onipotente. *Ces espaces infinites m'effraie*. O vértice de Newton, quer empregado no domínio religioso quer no científico, custou-lhe a desintegração da mente. Henrique IV, que autolimitou sua ambição contentando-se em possuir Paris, pôde fazê-lo porque seu custo pareceu-lhe corresponder à pequenez de suas ambições – uma Massa "apenas". Como Pascal e Newton, ele tornou seu vértice "binocular", mas com um olho relativamente cego.
>
> Nelson, um homem de ação, como Henrique IV, pôde alcançar sua ambição enquanto fez uso de um olho que era "cego" com o objetivo de "não" ver (o que é diferente de "ver"; ele deixou tal atividade para sua metade "melhor"). Mas é claro, aqui e agora, que a metade melhor (painosso painosso)[159] está ameaçando arrastar-se de volta para o "consciente" e para a segurança relativa do mundo dos fatos. A luz do dia é mais segura; ainda que se deva lembrar que um protagonista tão importante da luz celestial não foi salvo da cegueira, do domínio do infinito e dos horrores da ausência de forma, não mais do que as Formas de Plantão puderam

---

[159] *"Arf arf"*, no original: corruptela infantil para "Our Father". As crianças submetidas à educação religiosa têm dificuldades na audição e na fonação de palavras usadas por adultos.

salvar a ele e a sua coisa-pública dos poetas. O instrumento revelador, caso fosse utilizado, poderia ser empregado pelo objeto escrutinado para observar o escrutinador em outro sentido (direção). O poeta ou o gênio podem observar o cientista ou o gênio, e as revelações nos lados opostos do telescópio são tão grandes e tão pequenas que não podem ser toleradas ou mesmo relacionadas de modo reconhecível. Acaba-se sentindo que é uma "falha" do instrumento que reúne objetos tão diversos. Mas pode ser que a "falha" seja dos objetos que teimam em ser tão diferentes – ou será que é o animal humano que tem que "usar" suas acumulações de fatos, pois não possui a experiência que poderia capacitá-lo a "entender" o que vê, cego ou vidente? É hora de dormir. Me desculpe . . . (Saída para α.) (AMF, I, 55-57)

Referências cruzadas sugeridas: Estar-uno-a-si-mesmo (*At-one-ment*), Conjunção constante; Fato selecionado; Invariância; Visão analítica.

Visão pública, ou Opinião pública (*Public view*)

O movimento psicanalítico nunca foi poupado de banalizações. Bion tem sido vulgarmente considerado como se tivesse criado a terapia de grupo, ou, nos melhores casos, como se tivesse sido o introdutor da técnica de grupos sob o vértice psicanalítico – visão pública que encontrou nele profunda discordância, como se pode ver na entrevista publicada em *Seminários na clínica Tavistock*. Recomendamos que se faça uma leitura conjunta deste verbete com pelo menos um dos seguintes verbetes: "Instituição (*Establishment*)"; "K"; "mudança catastrófica"; "'O'"; "transformações em alucinose". A questão da opinião pública, da sociedade circundante ao analista, foi considerada por Bion como um sério problema para a continuidade do trabalho de um (ou uma) psicanalista em particular. E, com maior força, para a sobrevivência do movimento psicanalítico. Que parece ter perdida a respeitabilidade que teve no seu primeiro meio século de vida, na visão do público, ou na opinião pública. Na visão histórica do autor deste dicionário, parte da respeitabilidade social prévia devia-se ao efeito placebo, com base em idolatria; ou seja, temores profundos espraiados na massa faziam uma solicitação desesperada por algum passe de mágica que resolvesse problemas emocionais. Tratava-se, portanto, de falsa respeitabilidade. Outra parte do respeito angariado inicialmente pela psicanálise se constituiu pela contribuição científica real – incluindo colaboração mútua com a psiquiatria e sociologia, e resultados terapêuticos não questionáveis fornecidos pela descoberta de Freud. Esse problema, que afeta o estudo de grupos humanos, é apresentado tanto no capítulo inicial como no final do livro *Transformations* (I e XXII); foi mais bem

desenvolvido em *Attention and Interpretation* e *A Memoir of the Future*. Por favor consulte a entrada "Instituição (*Establishment*)" para examinar essas explicações.
Definição. Refere-se à visão, dependente do vértice (ou ponto de vista do indivíduo, *vis-à-vis* ao vértice, ou ponto de vista do grupo. Na situação analítica, o grupo é o casal analítico. O leitor pode examinar uma questão crítica levantada pelo próprio Bion, no que se refere à preferência que teve pelo termo "vértice" em relação ao termo "ponto de vista", no verbete "vértice" (q.v.). No entanto, como ocorreu com o termo "kleiniano", Bion utilizou algumas vezes o termo ponto de vista, a despeito da crítica que fez sobre o uso dessa expressão. Bion sempre ficou preocupado em conseguir obter a máxima comunicabilidade com seus leitores; em função disso, por vezes usou termos mais utilizados socialmente, no movimento psicanalítico, mesmo mantendo crítica sobre esses termos. Pudemos confirmar essa ideia com a sra. Francesca Bion, em conversa particular.

Visão do público e alucinose

A situação psíquica denominada por psiquiatras de alucinose (q.v.) depende do vértice ou do ponto de vista do analista. Nesse vértice, abre-se a possibilidade de contato com premonições do analista, em relação a seu paciente. O detalhamento do termo alucinose, no que se refere ao vértice do analista, pode ser visto à página 51 de *Attention and Interpretation*, onde o leitor com experiência psicanalítica encontrará um exame intra ou extrassessão de seu próprio estado mental, podendo evocar, em uma situação nevrálgica, a premonição. Ou, em outra situação angustiosa para si mesmo, *"elementos proliferadores de resistência"*, para apreender o movimento originado na própria dupla, estimulando-o:

> Quando o psicanalista antecipa alguma crise, e especialmente se ele tem, ou pensa ter, base sólida para sentir angústia, sua tendência é recorrer à memória e ao entendimento para satisfazer seu desejo por segurança (ou recorrer à "saturação" para evitar "insaturação"). Caso capitule a tal tendência, está caminhando em uma direção calculada para impedir qualquer possibilidade de união com O. O paciente psicótico compreende isso, não recorrendo a resistências, mas à sua capacidade de evocar elementos proliferadores de resistência no seu analista; em outras palavras, estimular os desejos do analista (de modo notável, desejos de um desfecho bem-sucedido para a análise), memórias e entendimento. Portanto, sua intenção é que o estado de mente do analista não fique aberto à experiência que, de outro modo, esse analista poderia testemunhar. (AI, 51)

Há uma resistência *"baseada no ódio e medo"* perante um movimento voltado para o desenvolvimento construtivo (T, 163). Na observação do autor deste dicioná-

V

rio, baseado nas contribuições de Bion, ocorre um paradoxo: não há a menor resistência caso haja um movimento destrutivo – na denominação de Bion, (–K) (q.v.). O paradoxo se desfaz caso se observe que existe ódio e medo, mas essas emoções são fantasticamente expelidas, e vistas no ambiente exterior, por identificação projetiva. A resistência se inicia com o desenvolvimento sob o vínculo K (q.v.), estado de **saber sobre** "algo", e se incrementa nas quantidades de ódio e medo, agora sentidos como insuportáveis, conforme se caminha para um estado, ou situação, em que se torna aquilo que é aquele "algo". Bion denomina transformação em K o conhecer "algo", o saber sobre "algo", que é o objeto ou objetivo do conhecimento:

> Qualquer interpretação pode ser aceita em K, mas rejeitada em **O**; aceitação em **O** significa aquela aceitação de uma interpretação que habilita o paciente a "conhecer" aquela sua parte em relação à qual sua atenção foi chamada; é sentida como envolvendo "ir sendo" ou "tornar-se" aquela pessoa. Para muitas interpretações, paga-se esse preço. Mas algumas são sentidas como envolvendo um preço excessivamente alto, notadamente aquelas que o paciente considera como levando-o a "enlouquecer"; ou perpetrar homicídio, seu ou de outrem; ou tornar-se responsável e, portanto, culpado. Existe uma classe de interpretações que parece iluminar boas qualidades; não é tão fácil compreender que haja oposição a elas. O exemplo extremo é o temor de interpretações que envolvem "tornar-se **O**" quando são inseparáveis de megalomania, ou aquilo que os psiquiatras ou público poderiam denominar delírios de grandeza ou outros diagnósticos implicando perturbação patológica séria. As visões pública ou psiquiátrica são mais importantes do que poderia parecer, dado o fato de que introduzem o componente social ou grupal na doença mental e seu tratamento. . . . Um paciente vai manejar sua análise e seu ambiente de um modo consistente, determinado, com o cunho de um plano estabelecido, cujo padrão, entretanto, permanece obscuro. Com muitos pacientes é fácil compreender que, para eles mesmos, suas incapacidades constituam-se em provação; o mesmo ocorre para os que com eles convivam; mas, com uns poucos, sua dor, suficientemente óbvia, parece importar-lhe muito menos do que importa para todos os demais, incluindo o analista. Parentes e sócios, aterrorizados com sua irresponsabilidade, aceitam, não obstante o quão incapazes possam ser, a responsabilidade que o próprio paciente não aceita: ele, que tem a capacidade, não vai exercê-la; e eles, que não a tem, são forçados a tal. Sua companhia, tão dolorosa para si mesmo, é nutrida e desenvolvida de tal modo a ser ainda mais dolorosa para outros. (T, 164)

Essa situação é sentida pelo público pelo menos sob três modos (T, 165), até o ponto que foi a investigação de Bion. Pode ser que, no futuro, observem-se clinicamente outros modos, ou formas. "Público", neste texto, pode tomar a forma de um analista e seu paciente; ou parentes e associados do paciente e do analista:

1. *"Sempre que o paciente incita piedade ou compaixão, ele as associa a 'enunciados' que deixam uma escolha ao analista: odiar o paciente, ou sentir que tem sido culpado de inexperiência do mundo tal como este mundo é"*; que *"o analista não está consciente dos sentimentos que todos os homens de senso comum estariam fadados a ter sobre sua conduta do caso"* (T, 165).

2. Sentimentos de superioridade, ou demonstrados pelo paciente com relação ao analista, mostrariam, alternativamente, que *"o analista não percebe os sentimentos que todas as pessoas de bom senso entreteriam a respeito do modo como ele conduz o caso"*, ou que *"o analista está, sem razão, sentindo-se perseguido. A experiência total, típica, demonstra a falta de refinamento da expressão e das ideias expressas pelo analista, contrastadas com a sutileza e potência evocativa das ideias e métodos de expressão do analisando. Além do mais, o analisando demonstrou que a intenção de exacerbar dor é superior à intenção de aliviá-la"* [fn: *Learning from Experience* – tela beta] (T, 166).

3. Presságios e presságios sobre presságios: *"O analista se encontra no seguinte dilema: os enunciados do paciente (dicas, indícios, insinuações) fornecem todas as razões para se supor que paira alguma ameaça grave ao analista e à análise; o paciente está completamente inconsciente de algo que cause ansiedade"* (T, 165).

Em todos os livros, Bion sempre fornece um resumo das situações que observou em termos mais generalizadores – embora usualmente avise que sumários desse tipo são notáveis por serem muito toscos em relação às suas contrapartidas na realidade:

> Sumarizando em termos ainda mais gerais: a análise é transformada em uma peleja de (a) pensamento contra ação, (b) uso terapêutico do *insight* contra o *insight* usado para exacerbar dor, (c) grupo de acasalamento e dependência contra grupo de ataque-fuga, (d) indivíduo contra grupo.
>
> O dilema do paciente, na medida em que ele também está tentando ser colaborador, reparador e criativo, é que ele tem que escolher entre, por um lado, "sanidade" poderosa, destrutiva e devotada à exacerbação e, por outro, criatividade impotente e "insana". Se ele desejar ser destrutivo, sua escolha é entre sanidade criativa e destrutividade insana. O fator determinante é a força do desejo. (T, 166)

O autor deste dicionário propõe uma explicitação: o fator determinante é a subserviência ou não ao princípio do prazer-desprazer, e à possibilidade ou não de permitir a introdução do princípio da realidade – ou amor à verdade, como observado por Freud em "Construções em análise". Parece-nos necessário recordar que há

V

um pressuposto subjacente, na postura analítica, idêntica à da ciência, de *"fidelidade ao vínculo K"* (T, 129) e, em alguns casos, levando a transformações em O, que, igualmente, fazem parte do mesmo pressuposto, seja aproximável ou não; isto é, uma consideração à verdade e respeito à vida (C, 125), em que *"as personalidades do analista e do analisando podem sobreviver à perda de sua capa protetora de mentiras, subterfúgio, evasão e alucinação, e podem até ser fortalecidas e enriquecidas pela perda.* É uma *suposição fortemente questionada pelo psicótico, e a fortiori, elo grupo, que se baseia em mecanismos psicóticos para sua coerência e sentido de bem-estar"* (T, 129). Não constitui uma surpresa que ideias psicóticas de superioridade, e a superioridade de uma sanidade racional, que é destrutiva, tenham provado ser muito populares. Recrudescências de fenômenos de massa como a ascensão de demagogos expressam tal popularidade.

Essa visão do público determina *"uma questão difícil para o analista, qual seja, conduzir-se de modo que sua associação com o analisando seja benéfica ao analisando. A prática, na visão do paciente, é a instituição da superioridade e rivalidade, inveja e ódio sobre compaixão, complementação e generosidade"* (T, 143). O *"ponto crucial"* será *"o caráter da cooperação entre duas pessoas"*; mas *"não no problema para o qual se requer a cooperação"*. O caráter ou natureza da cooperação será limitado ou expandido *"por meio das perturbações da personalidade do paciente"*. Situação que pode ser *"susceptível à psicanálise: difere da situação produzida pela disposição inata do paciente. Se a análise for bem-sucedida em restaurar a personalidade do paciente, ele vai se aproximar de ser a pessoa que foi quando seu desenvolvimento tornou-se comprometido. Seu estado perturbado pode ser um desfecho de uma solução inadequada de seu problema, mas, quando aquela situação tiver sido psicanaliticamente reconstruída, surge a necessidade de resolver mais adequadamente o problema. Se rivalidade, inveja e ódio forem secundários, a chance de uma solução adequada parece maior do que seria o caso se a dotação de rivalidade, inveja e ódio for intrínseca, inata, a verdadeira matéria-prima de sua personalidade"* (T, 143).

Desde a descoberta da psicanálise por Freud, a visão do público tem sido paradoxal: nada favorável à análise por idolatria e adesão incondicional, e favorável à análise por oposição externa, do próprio público, com intervalos de apreensão e apreciação real. Ideias de cura pelo analista garantem sua adesão suave ao grupo e adesão do grupo à análise, por idolatria renovada, por meio de esquecimento ou de ausência de aprendizado por experiência. A relação dos grupos com a verdade tem provado, até o momento, ser turbulenta. Talvez pelo pouco tempo no qual nossa espécie, autodenominada, "humana", habita a Terra, se comparada com todas as outras espécies.

Para o estudioso das contribuições de Bion à psicanálise, pode ser interessante notar que o artigo sobre personalidade psicótica e não-psicótica é um dos poucos estudos nos quais adota o segundo modelo do aparato psíquico, composto de três instâncias – ego, id e superego. Na maioria dos estudos, adota o primeiro modelo sobre o aparato psíquico dos três sistemas, consciente, pré-consciente e inconsciente. No entanto, mesmo nesse caso, o termo pré-consciente foi substituído por um resgate de um termo neurológico abandonado por Freud – o de barreira de contato (q.v.)

Referências cruzadas sugeridas: Estar-uno-a-si-mesmo (*At-one-ment*), Catástrofe, mudança catastrófica; Psicanálise real; Transformações.

Y

Y

Um sinal quase-matemático usado para denotar o desenvolvimento de um objeto psicanalítico (LE, 69-70). O leitor pode consultar os verbetes a respeito de desenvolvimento, ou crescimento, e também sobre objeto psicanalítico.

Referências

Obras de Bion usadas para a elaboração do texto

a) Trabalhos curtos

1940 The war of nerves. In: E. Miller & H. Crichton-Miller (Eds.), *The Neuroses in War*. London: Macmillan.

1943 Intra-group tensions in therapy. *The Lancet*, 27 November 1943.

1946 The leaderless group project. *Bulletin of the Menninger Clinic*, 10 (May).

1948 Psychiatry at a time of crisis. *British Journal of Medical Psychology*, 21.

1953 Language and the Schizophrenic. In *New Directions in Psycho-analysis*, editado por Melanie Klein, Paula Heimann e Roger Money-Kyrle, Tavistock Publications, 1955.

1966 Catastrophic Change *Bulletin 5*, British Psycho-Analytic Society.

1967 Notes on memory and desire. *The Psycho-analytic Forum*, 2. Republished in: F. Bion (Ed.), *Cogitations*. London: Karnac, 1992.

1976 Emotional turbulence. In: *Borderline Disorders* by P. Hartocollis. New York: International Universities Press. Re-published in: F. Bion (Ed.), *Clinical Seminars and Other Works*. London: Karnac, 1994.

1976 On a quotation from Freud. In: *Borderline Disorders* by P. Hartocollis, New York, International Universities Press. Re-published in: F. Bion (Ed.), *Clinical Seminars and Other Works*. London: Karnac, 1994.

1976 Evidence. *Bulletin 8*, British Psycho-Analytic Society. Re-published in: F. Bion (Ed.), *Clinical Seminars and Other Works*. London: Karnac, 1994.

1977a Introduction. In *Seven Servants*. New York: Jason Aronson, 1977.

1977b *Two Papers: The Grid and Caesura*. Rio de Janeiro: Imago.

1977c The past presented, in: *A Memoir of The Future*. London: Karnac, 1990.

1977d Emotional Turbulence, in *Borderline Personality Disorders*. New York: International University Press.

1979 Making the best from a bad job. *Bulletin 10*, British Psycho-Analytic Society.

1979 The dawn of oblivion. In: *A Memoir of The Future*. London: Karnac, 1990.

Referências

b) Livros

1961 *Experience in Groups*. London: Tavistock.
1962 *Learning from Experience*. London: Heinemann Medical Books.
1963 *Elements of Psycho-analysis*. London: Heinemann Medical Books.
1965 *Transformations*. London: Heinemann Medical Books.
1967 *Second Thoughts*. London: Heinemann Medical Books.
1970 *Attention and Interpretation*. Tavistock.
1975 The dream. In *A Memoir of The Future*. London: Karnac, 1990. c.
1976 *Tavistock Seminars*. Editado por Francesca Bion. Londres; Karnac Books, 2015. / Seminários na clínica Tavistock. São Paulo: Blucher, 2017.
1977 *Taming Wild Thoughts*. F. Bion & P. Bion Talamo (Eds.). London: Karnac, 1997. (TWT)
1978 *Italian Seminars*. Editado por Francesca Bion. Karnac Books, 2015. (IS)
1979 *Four Talks with W. R. Bion*. Editado por Francesca Bion. Strathfordhsire: Clunie Press
1982 *The Long Week-End* volume I. F. Bion (Ed.). Oxford: Fleetwood Press. Re-published London: Karnac, 1982.
1985 *All My Sins Remembered: Another Part of a Life and The Other Side of Genius*. F. Bion (Ed.). Oxford: Fleetwood Press. Re-published London: Karnac, 1991.
1991 *Cogitations*. F. Bion (Ed.). London: Karnac, 1992.

c) Conferências e seminários

1973 *Brazilian Lectures I*. London: Karnac, 1992.
1974 *Brazilian Lectures II*. London: Karnac, 1992.
1978 *Four Discussions with W. R. Bion*. Perthshire: Clunie Press.
1978 *Taming Wild Thoughts and The Grid 2*. Karnac, 1997.
1978 *Seminari Italiani*. Rome: Bolatti Boringhieri, 1990.
1979 *Bion in New York and Sao Paulo*. Perthshire: Clunie Press.
1987 *Clinical Seminars and Four Papers*. Oxford: Fleetwood Press.

d) Parcerias

1980 *A Key to A Memoir of the Future* (with Francesca Bion). Perthshire: Clunie Press; re-published in *A Memoir of The Future*. London: Karnac, 1990.

BIBLIOGRAFIA GERAL

Adorno, T. W., Frenkel-Brunswlk, E., Levinson, D. J., & Sanford, R. N. (1950). *The authoritarian personality*. Nova York: Harper & Row

Alves, D. B. (1989). Sobre o sentimento de soledade: Paidéa II. *Rev. Bras. Psicanal.* 23: 209.

Anscombe, G. E. M. (1959). *An Introduction to Wittgenstein's* Tractacus. London: Hutchinson.

Arendt, H. (1963). *Eichmann in Jerusalem: a report on the banality of evil*. London: Penguin, 2006.

Aristóteles. (360AC). *Metaphysics* (The Great Books of Western Hemisphere). Chicago: The Encyclopaedia Britannica Inc, 1994.

Bachelard, G. (1938). *A Formação do Espírito Científico (contribuição para uma psicanálise do conhecimento)*. Versʻo brasileira, por E.S.Abreu. São Paulo: Contraponto, 1996.

Bacon, F. (1625). Of Vicissitudes Of Things, In In *The Essays*. Ed. J. Pitcher, P. 229. Londres: Penguin Books, 1985.

Berlin, H. A. (2011). The neural basis of the dynamic unconscious. *Neuropsychoanalysis*, 13(1).

Berlin, I. (1996). *The Sense of Reality: Studies in Ideas and Their History*. London: Chatto & Windus.

Bicudo, V. L. (1996). Personal communication.

Cartier-Bresson, H. (1952). *The Decisive Moment*. Göttingen: Steidl Verlag, 2014.

Chuster, A. (1997). "The myth of Satan". Presented at the W. R. Bion Centennial held at Turin.

Cohen, R. S. C., & Laudan, L. (Eds.). (1983). *Physics, philosophy and psychoanalysis, essays in honor of A. Grünbaum*. Dordrecht: D. Reidel Publishing Con.

Copleston, F. (1953). *A History of Philosophy*. (Vols. 1, 6). Maryland: The Newman Press.

Dirac, P. A. M. (1932). *The Principles of Quantum Mechanics*. Oxford: University Press, 1999.

Ellenberger (1970)

Eysenck, H. (1985). *The decline and fall of the Freudian empire*. Londres: Penguin Press, 1988.

Ferenczi, S. (1928). The elasticity of psycho-analytic technique. In: M. Balint (Ed.)., *Final Contributions to the Problems and Methods of Psycho-analysis*, E. Mosbacher

Referências

(Trans.), pp. 87–102. London: The Hogarth Press and the Institute of Psycho-analysis (1955).

Foucault, M. (1963). *El nascimiento de la clinica*. Versão castelhana por Francisco Peruzo. Mexico: Siglo XXI Editores, 1966.

Foucault, M. (1997). Qui êtes-vous, Prof. Foucault? In D. Defert & F. Ewald (Ed.), *Dits et écrits*: 1954-1971. Paris: Galimard.

Freud, S. (1895). Project for a scientific psychology. *S.E.*, I.

Freud, S. (1900). The interpretation of dreams. *S.E.*, IV & V.

Freud, S. (1905) Three essays on the Theory of Sexuality. *S.E.*, VII.

Freud. S. (1911) Formulations on the two Pricniples of Mental Functioning. *S.E.*, XII.

Freud, S. (1912). The dynamics of transference. *S.E.*, XII.

Freud, S. (1912-1913) *A Phylogenetic Fantasy*: an overview of transference neurosis. Editado por Axel Hoffer and Ilse Grubrich-Simitis.New York: Belknap Press.

Freud, S. (1914) On the history of the psycho-analytical movement. *S.E.*, XII.

Freud, S. (1915). Instincts and their vicissitudes. *S.E.*, XIV.

Freud, S. (1916-1917). Introductory lectures on psycho-analysis. *S.E.*, XVI.

Freud, S. (1920) Beyond the Pleasure Principle. *S.E.*, XVIII.

Freud, S. (1924). Neurosis And Psychosis. *S.E.*, XIX

Freud, S. (1925). Negation. *S.E.*, XIX

Freud, S. (1925-1926). An Autobiographyc study. *S.E.*, XX.

Freud, S. (1926). Inhibitions, Symptoms and Anxiety. *S.E.*, XX.

Freud, S. (1928). The Question of Lay Analysis. Talks with an impartial person. *S.E.*, XX.

Freud, S. (1933). New introductory letters in psycho-analysis. *S.E.*, XXII.

Freud, S. (1937). Constructions in analysis. *S.E.*, XXIII.

Freud, S. (1938a). Analysis terminable and interminable. *S.E.*, XXIII.

Freud, S. (1938b). Splitting of the ego in the process of defence. *S.E.*, XXIII.

Freud, S. (1938c). An outline of psycho-analysis. *S.E.*, XXIII.

Freud, S. (1939). Findings, ideas, problems. *S.E.*, XXIII.

Ferro, A. (1999). Narrative derivatives of alpha-elements. Presented at the meeting, "Bion's Readers around the World", Non-official session at IPAC, Santiago de Chile.

Fromm-Reichmann, F. (1950). *Principles of Intensive Psychotherapy*. Chicago: The University of Chicago Press.

Gombrich, E. (1959). *Arte E Ilusão (Um Estudo Da Psicologia Da Representação Pictórica)*. Versão Brasileira, Por R.S.Barbosa. São Paulo; Martins Fontes, 1986.

Green, A. (1992). Book Review, *Cogitations*. *International Journal of Psycho-Analysis*, 73: 585.

Green, A. (1995). Has sexuality anything to do with psychoanalysis? *International Journal of Psycho-Analysis*, 76: 871.

Green, A. (2000). The central phobic position: a new formulation of the free association method. *International Journal of Psycho-Analysis*, 81: 429.

Green, A. (2001). *4 questions pour André Green*. São Paulo: Departamento de Publicações da Sociedade Brasileira de Psicanálise de São Paulo.

Green, A. (2003). *Quatro questões para André Green/Quatre questions pour André Green* (edição bilingue; P. C. Sandler, editor). São Paulo: Departamento de Publicações da Sociedade Brasileira de Psicanálise.

Grunbaum, 1984

Hartmann, N. (1960). *A Filosofia do Idealismo Alemão*. Portuguese version, by J. G. Belo. Lisboa: Fundação Calouste Gulbekian, 1983.

Heath, T. L. (1956). *The thirteen books of Euclid's Elements*. Cambridge: Cambridge University Press.

Heisenberg, W. (1958). Physics and Philosophy. In *The Great Books of the Western World*. Chicago: Encyclopaedia Britannica Inc., 1994

Hempel, C. G. (1962). Explanation in science and in history. In: R. G. Colodny (Ed.), *Frontiers of Science and Philosophy*, pp. 7-33. London: Allen & Unwin.

Hume, D. (1748). *An Enquiry Concerning Human Understanding*. In: L. A. Selby-Biggs (Ed.), *The Great Books of the Western World*. Chicago: Encyclopaedia Britannica Inc., 1994.

Jones, E. (1937). Rationalism and psycho-analysis. In: *Essays in Applied Psycho-Analysis*. London: The Hogarth Press and the Institute of Psycho-Analysis, 1951.

Jones, E. (1955). *Sigmund Freud: Life and Work*. Vol. II. *Years of Maturity*. London: The Hogarth Press and the Institute of Psycho-Analysis, 1956.

Jones, E. (1956). *Sigmund Freud: Life and Work*. Vol. III. *The Last Phase*. London: The Hogarth Press and the Institute of Psycho-Analysis, 1957.

Joseph, B. (2002). Public supervision held at Sociedade Brasileira de Psicanálise de São Paulo, tape-recorded.

Joseph, E. (1980). Interview .IDE: vol. III

Kant, I. (1781). *Critique of Pure Reason*. M. T.Miklejohn (Trans.). In: *The Great Books of the Western World*. Chicago: Encyclopaedia Britannica, 1994.

Kant, I. (1783). Prolegômenos. Brazilian version, by T.M.Bernkopf. In *Os Pensadores*. São Paulo: Abril Cultural, 1980.

Referências

Kleene, S. C. (1959). *Introduction to Metamathematics*. Amsterdam: North Holland Publishing Company.

Klein, M. (1928). Early stages of the Oedipus conflict. In: *Contributions to Psycho-Analysis*. London: The Hogarth Press and the Institute of Psycho-Analysis, 1950.

Klein, M. (1930). The importance of symbol-formation in the development of the ego. In: *Contributions to Psycho-Analysis*. London: The Hogarth Press and the Institute of Psycho-Analysis, 1950.

Klein, M. (1932). *The Psycho-Analysis of Children*. London: The Hogarth Press and the Institute of Psycho-Analysis, 1959.

Klein, M. (1934). A Contribution to the Psycho-Genesis of the Manic-Depressive States. In *Contributions to Psycho-Analysis*. Londres: The Hogarth Press and the Institute of Psycho-Analysis, 1950.

Klein, M. (1940)

Klein, M. (1945). The Oedipus complex in the light of early anxieties. In *Contributions to Psycho-Analysis*. London: The Hogarth Press and the Institute of Psycho-Analysis, 1950.

Klein, M. (1946). Notes on some schizoid mechanisms. In: M. Klein, P. Heimann, S. Isaacs, & J. Riviere (Ed.), *Developments in Psycho-Analysis*. London: The Hogarth Press and the Institute of Psycho-Analysis, 1952.

Klein, M. (1947)

Klein, M. (1957). *Envy and Gratitude*. London: Tavistock.

Klein, M. (1960). On the sense of loneliness. In M. Klein, *Our adult world and other essays* (E. Jaques e B. Joseph, ed.). Londres: Heinemann Medical Books, 1963.

Klein, M. (1961). On the sense of loneliness. In: *Our Adult World and Other Essays*. London: Heinemann Medical Books. Lawrence, W. G., Bain, A., & Gould, L. (1996). The fifth basic assumption. *Free Associations*, 6: 28–55.

Klein, M., & Riviere, J. (1936). Hate, Greed and Aggression. In *Love, Hate and Reparation*. Londres: The Hogarth Press And The Institute Of Psycho-Analysis, 1953.

Kuhn, T. (1970). *The structure of scientific revolutions*. Chicago: University of Chicago Press, 1996

Lawrence, W. G., Bain, A. & Gould, L. (1996). The Fifth Basic Assumption. *Free Associations*. 6: 2855.

Locke, J. (1690). Ensaio Acerca Do Entendimento Humano. Versão Brasileira, Por A.Aiex. In *Os Pensadores*. São Paulo: Nova Cultural, 1988.

Melzter, D (1978) *The Kleinian Development*: volume III. Perthshire: Clunie Press.

Meltzer, D. (1980) Obituary: Wilfred Ruprecht Bion (1897-1979). *International Review of Psycho-analysis*, 61.

Meltzer, D. (1983). Speech at the Memorial Meeting to W. R. Bion. *International Review of Psycho-analysis*, 8: 11.

Menninger, K. (1960).*Teoria de la Técnica Psicoanalitica*. Spanish version, por M. Gonzalez. Mexico: Editorial Pax- Mexico, 1960.

Merton, R.W. (1948). The Self-Fulfilling Prophecy. *The Antioch Review*, 8(2), 193-210.

Miller, J. G. (1965a). Living Systems, Basic Concepts. *Behav. Sci.* 10:193.

Miller, J. G. (1965b). Living Systems, Structure And Hypothesis. *Behav. Sci.* 10: 337.

Miller, J. G. (1965c). Living Systems, Cross Level Hypothesis. *Behav. Sci.* 10: 380.

Money-Kyrle, R. (1968). Desenvolvimento Cognitivo. In *Obras Selecionadas De Roger Money-Kyrle*. Versão Brasileira, Por E.H.Sandler E P.C.Sandler. São Paulo: Casa Do Psicólogo, 1996.

Nietzsche, F. (1873). Sobre a verdade e a mentira no sentido extra-moral (R. R. Torres Filho, trad.). In *Os Pensadores*. São Paulo: Abril Cultural, 1978.

Norris, C. (1997). *Against Relativism*. London: Blackwell.

Onians, R. B. (2000). *Origins of european thought*. Canbridge: Cambridge University Press.

Penrose, R. (1989). *The Emperor's New Mind (concerning computers, minds and the laws of physics)*. New York: Penguin, 1991.

Pepe, D. (1989). Il circolo filosofico de Viena. In: Domenico de Masi (Ed.). *L'emozione e la regola*. Roma: Guis, Laterza & Figli Spa

Philips, F. (1989). Imitations et hallucination en Psychanalyse. *Rev. Franç. Psychanal.* 53, 1293.

Pinckney & Pinckney, 1965

Planck, M. (1949). *Scientific Autobiography*. F. Gaynor (Trans.). In: *The Great Books of the Western World*. Chicago: Encyclopaedia Britannica, 1994.

Poincaré, H. (1955). *Science and method*. Nova York: Dover Publications.

Poper, K. (1959). *The Logic of Scientific Discovery*. New York: Basic Books.

Popper, K. (1963). *A lógica da pesquisa científica* (versão brasileira por A. Aiex). São Paulo: Cultrix, 1974.

Rascovsky, A. (1960). *El psiquismo fetal*. Buenos Aires: Paidós.

Reik, T. (1948). *Listening with the Third Ear*. Nova Iorque: Grove Press.

Referências

Rickman, J. (1950). The factor of number in individual and group dynamics. In: W. C. M. Scott & S. Payne (Ed.). *Selected Contributions to Psycho-Analysis*. London: The Hogarth Press and the Institute of Psycho-Analysis.

Rosen, J. (1953). *Direct Analysis: Selected Papers*. New York: Grunne & Stratton.

Rosenfeld, H. (1965). *Os estados psicóticos*. Brazilian version, por J. Salomão & P. D. Correa. Rio de Janeiro: Zahar, 1968.

Ruben, D. H. (1993). Introduction. In: D. H. Ruben (Ed.). *Explanation* (pp. 1–16). Oxford: Oxford University Press.

Ruskin, J. (1894). *Sesame and Lillies*. Orpington: George Allen.

Russell, B. (1925). *ABC da Relatividade*. G.Rebuá (Trans.). Rio de Janeiro: Zahar Editores, 1963.

Russell, B. (1928).). *A Autoridade e o Indivíduo*. Versão brasileira, de A. S. Santos. São Paulo: Companhia Editora Nacional, 1956.

Sanders, K. (1986). *A Matter of Interest*. Strathclyde: Clunie Press.

Sandler, E. H., Camargo, C. V., Sandler, P. C., Botelho, E. Z., Mattos, L. L., & Serebrenik, T. (1997). "The myth of Ajax". Presented at the W. R. Bion Centennial held at Turin.

Sandler, J (1969) Delinquentes: personalidades psicopáticas? *Rev. Bras. Psicanal*. 1: 263-265.

Sandler, J. J. (1992). Interview. IDE: vol. 15.

Seifter, J. L. (2015). Don't Abandon the Case Report in the Race for Big Data. *Medscape Nephrology*. 3 set. Recuperado de https://www.medscape.com/viewarticle/850365.

Shakespeare, W (1599-1601) *Hamlet*. Ed. por B Lott. Londres: Longam Classics

Sokal, A., & Bricmont, J. (1997). *Fashionable Nonsense. Post Modern Intellectuals' Abuse of Science*. New York: Picador USA, 1999.

Sulloway, 1979

Symington, J., & Symington, N. (1997). *O pensamento clínico de Wilfred Bion*. Lisbon: Climiepsi Editores, 1999.

Ruben, D. H. (1993). Introduction. In: D. H. Ruben (Ed.), *Explanation* (pp. 1-16). Oxford: Oxford University Press.

Schrödinger, E. (1944). *What is Life?* In: *The Great Books of the Western World*. Chicago: Encyclopaedia Britannica, 1994.

Segal, H. (1989). Carta pessoal ao autor.

Singer, I. B. (1950). *The Family Moskat*. New York: Alfred Knopfinger.

Smith (1798)

Sokal, A., & Bricmont, J. (1997). *Fashionable nonsense: postmodern intellectuals' abuse of science*. Nova York: Picador.

Talamo, P. B. (1995). On alpha-function. Comment at the meeting "Bion readers around the world", non-official session at the IPAC, San Francisco

Turquet, P. M. (1974). Leadership, the Individual and the Group. In: G. S. Gabbard et al (Eds.). *Analysis of Groups: Contributions to Theory, Research and Practice*. San Francisco: Jossey-Bass.

Wallerstein, R. (1988). One psycho-analysis or many? *International Journal of Psycho-Analysis*, 69: 5–21.

Wilheim, J. (1992) *O que é psicologia Pré-natal* (Primeiros Passos). São Paulo: Brasiliense.

Winnicott, D. W. (1958). Collected Papers. *Through Paediatrics to Psycho-Analysis*. Londres: Tavistock Publications.

Winnicott, D. W. (1961). Psicanálise E Ciência: Amigas Ou Parentes? In *Tudo Começa Em Casa*. Editado por Clare Winnicott, Ray Shepherd and Madeleine Shepherd. Versão Brasileira, por P.C.Sandler. São Paulo: Livraria Martins Fontes Editora.-

Wordsworth, W. (1798). Preface to *Lyrical Ballads*. In: *Wordsworth Poetry & Prose*. Oxford: Clarendon Press, 1960

OBRAS DO AUTOR USADAS NO TEXTO:

Sandler, P. C. (1987). Grade? *Rev. Bras. Psicanál.*, 21: 203.

Sandler, P. C. (1988). *Introdução a "Uma Memória do Futuro", de W. R. Bion*. Rio de Janeiro: Imago.

Sandler, P. C. (1990). *Fatos: a tragédia do conhecimento em psicanálise*. Rio de Janeiro: Imago.

Sandler, P. C. (1994). Cogitations. *Rev. Bras. Psicanal.* 28: 347.

Sandler, P. C. (1997a). The apprehension of psychic reality: extensions of Bion's theory of alpha-function. *International Journal of Psycho-Analysis*, 78: 43.

Sandler, P. C. (1997b). *A apreensão da realidade psíquica (The Apprehension of Psychic Reality)*, Volume I. Rio de Janeiro: Imago.

Sandler, P. C. (1999a). Um desenvolvimento e aplicação clínica do instrumento de Bion, o grid. *Rev. Bras. Psicanál.*, 33: 13.

Sandler, P. C. (1999b) Uma teoria sobre o exercício de feminilidade <=> masculinidade (Conforme apreendidas durante uma sessão de psicanálise). *Revista Brasileira de Psicanálise* 33,.459 - 484

Referências

Sandler, P. C. (2000a). *As origens da psicanálise na obra de Kant* (*The Origins of Psychoanalysis in the Work of Kant*). Volume III in the series, A apreensão da realidade psíquica (*The Apprehension of Psychic Reality*), Rio de Janeiro: Imago.

Sandler, P. C. (2000b). Turbulência e urgência (*Turbulence and Urgency*). Volume IV in the series, *A apreensão da realidade psíquica* (*The Apprehension of Psychic Reality*). Rio de Janeiro: Imago.

Sandler, P. C. (2000c). What is thinking—an attempt at an integrated study of W. R. Bion's contributions to the processes of knowing. In: P. Bion Talamo, F. Borgogno, & S. Merciai (Eds.), *W. R. Bion: Between Past and Present*. London: Karnac.

Sandler, P. C. (2001a). *A apreensão da realidade psíquica* (*The Apprehension of Psychic Reality*), Volume V: *Goethe e a psicanálise* (*Goethe and Psychoanalysis*). Rio de Janeiro: Imago.

Sandler, P. C. (2001b). Le projet scientifique de Freud en danger un siècle plus tard? (Is Freud's scientific project in danger a century later?). *Rev Fr Psychanal*, 65:181–201 (In special issue: *Courants contemporains de la psychanalyse* (*Current Trends in Psychoanalysis*).

Sandler, P. C. (2001c). Psychoanalysis and epistemology: Relatives, friends or strangers? Official panel, 42nd IPA conference, Nice, 22–27 July 2001.

Sandler, P. C. (2001d). O Quarto Pressuposto. *Rev. Bras. Psicanal.*, 35: 907.

Sandler, P. C. (2002a). *O Belo é Eterno*. Volume VI da série *A Apreensão da Realidade Psíquica*. Rio de Janeiro: Imago.

Sandler, P. C. (2002b). *Goethe e a Psicanálise*. Volume V da série *A Apreensão da Realidade Psíquica*. Rio de Janeiro: Imago.

Sandler, P. C. (2003a). Bion's *War Memoirs*: A psychoanalytical Commentary. In: R. M. Lipgar & M. Pines (Eds.), *Building on Bion: Roots*. London: Jessica Kingsley.

Sandler, P. C. (2003b). *Hegel e Klein*. Vol. VII da série *A apreensão da realidade psíquica*. Rio de Janeiro: Imago.

Sandler, P. C. (2005). The origins of the work of Bion. *International Journal of Psychoanalysis*, 58, no prelo.

Sandler, P. C. (2006a). "O quarto pressuposto". *Revista Portuguesa de Psicanálise*, 1, 75.

Sandler, P. C. (2006b). The origins of Bion's work. *International Journal of Psycho-Analysis*, 87: 180-201.

Sandler, P. C. (2008). Freie Einfälle: a irrupção verbal do desconhecido. *Revista Brasileira de Psicanálise* 42, 43 – 57.

Sandler, P. C. (2009). *A clinical application of Bion's concepts*: Dreaming transformations, containment and change (Vol. I). London, Karnak Books, 2009.

Sandler, P. C. (2011). *A clinical application of Bion's concepts*: Analytical Function and the Function of the Analyst (Vol. II). Londres: Karnac Books.

Sandler, P. C. (2012). Publicações, psicanálise e o movimento psicanalítico. In *Dimensões. Psicanálise. Brasil*. São Paulo. São Paulo: SBPSP.

Sandler, P. C. (2013). *A clinical application of Bion's concepts*: Verbal and Visual approaches to Reality (Vol. III). Londres: Karnac Books.

Sandler, P. C. (2015a). *An introduction to 'A Memoir of the Future' by W. R. Bion*: Authoritative, not authoritarian psycho-analysis (Vol. I). Londres: Karnac Books.

Sandler, P. C. (2015b) Commentary on "Transformations in hallucinosis and the receptivity of the analyst" by Civitarese. *Int J Psychoanal*. Aug;96(4):1139-57. doi: 10.1111/1745-8315.12414. Erratum in: *Int J Psychoanal*. 2015 Dec;96(6):1703. PMID: 26373252.

Sandler, P. C. (2015c) *An Introduction to W.R. Bion's A Memoir of the Future*: Facts of Matter or a Matter of Fact? (Vol. II). Londres: Routledge, 2019

Sandler, P. C. (2016). Curso de psicoterapia psicanalítica: meriocracia técnica e política. In Ryad Simon, Kayoko Yamamoto & Gina Khafif Levinzon (Org.), *Novos Avanços em Psicoterapia Psicanalítica*. São Paulo: Zagadoni Ed.

Sandler, P.C. (2017) Wirkliche Psychoanalyse ist wirkliches Leben Jahrb. *Psychanal*.76:81-220.

Sandler, P. C. (2018)

Sandler, P. C. (2019). *Funções de um psicanalista em um centro de reabilitação de medicina física em um hospital público de uma Universidade* (Tese de Doutorado). Faculdade de Medicina da Universidade de São Paulo, São Paulo.

GRÁFICA PAYM
Tel. [11] 4392-3344
paym@graficapaym.com.br